U0504898

本书获得国家社会科学基金项目（07BZX040）和
中央基础研究专项基金（NKZXTD1105）资助

# 奥义书思想研究

第一卷

## 奥义书精神的历史 · 自然的精神

*The Upanishadic Thought and Its Development*

吴学国◎著

人民出版社

责任编辑：洪　琼
版式设计：顾杰珍
封面设计：林芝玉

**图书在版编目（CIP）数据**

奥义书思想研究：1－5卷／吴学国 著．—北京：人民出版社，2017.1（2024.1 重印）
ISBN 978－7－01－016223－2

Ⅰ．①奥…　Ⅱ．①吴…　Ⅲ．①婆罗门教－宗教经典－研究　Ⅳ．① B982

中国版本图书馆 CIP 数据核字（2016）第 109875 号

**奥义书思想研究**

AOYISHU SIXIANG YANJIU

第一——五卷

吴学国 著

人民出版社 出版发行
（100706　北京市东城区隆福寺街 99 号）

北京九州迅驰传媒文化有限公司印刷　新华书店经销

2017 年 1 月第 1 版　2024 年 1 月北京第 4 次印刷
开本：787 毫米 ×1092 毫米 1/16　印张：140
字数：2600 千字

ISBN 978－7－01－016223－2　定价：749.00 元（全五卷）

邮购地址 100706　北京市东城区隆福寺街 99 号
人民东方图书销售中心　电话：（010）65250042　65289539

版权所有・侵权必究
凡购买本社图书，如有印制质量问题，我社负责调换。
服务电话：（010）65250042

# 目 录

CONTENTS



## 第一部 奥义书精神的历史

## 第二部 奥义书的观念与实践

## 第三部 奥义书思想的影响

# 序　言

对于传统研究，19 世纪末的著名思想史家马克斯·缪勒曾说："我想仅仅简单地复述古代哲学的观点是不够的，我们必须至少试图把古代的问题带到我们近处，使它们成为我们自己的，试着跟随古代思想家留下的脚步。"① 这应当是所有思想史研究者的追求。不过还需要指明的是，使"古代的问题"成为"我们自己的"，往往不是我们从古人那里得到了某种与我们自己本不相干的东西，实际上这东西本来就已经是我们的，只不过对于古代的研究让我们重新发现了它们。在这种意义上，研究古代思想的一个重要目的，就是为了将我们现实精神的内容重新呈现出来，为了实现更清晰、更充分的自我理解。另外，"跟随古代思想家留下的脚步"也不是要被古人引到一个异国他乡，而是跟随他在我自己的心灵中游历。这其实是追踪我自己的、带有普遍意义的心路历程，而且这种跟随、追踪，不是像猎犬一样，只盯着前面一个脚印，不是只抓住个别的观念，而是要呈现观念的整体。这整体必然是一种运动。它表现了精神的思想在一个更深刻的、超越的层次上的展开。而这整个思想展开过程就体现了精神的自由，它被这自由所推动，就是这自由的实现。因此可以说思想史研究的最终价值在于促进精神达到更好的自我理解，使它看清自己的观念内容；并透过观念的帷幕，看到在精神的历史和现实中，纯粹思想的展开，而且由此呈现出自由推动现实精神展开的逻辑。这种研究的终极目的，是促使人们认识到自由的意义和价值，因为精神自我理解的终点，是认识到自我的究竟本质就是自由，而且精神的任何思想、观念都是在自由推动下形成，都是这自由的实现、产物。这个目的应当成为所有人文科学，乃至全部艺术、文学、宗教活动的理想。而这最终是为了使人能更自由、更有尊严地活着。任何人文科学研究，如果最终的目标不是为了让人生活得更自由、更有尊严，都将是毫无价值的。而为了达到这一目标，除了唤醒人对于自身本有的自由的意识，唤醒他对于自身自由的绝对性和无限性的领会，实在是没有

① Max Muller, *The Six Systems of Indian Philosophy*, Associated Publishing House, New Delhi, 1982.293.

别的办法。对于思想史研究来说，这就在于阐明自由是人类精神中唯一的绝对力量，是精神的全部现实存在的根源，是精神的所有创造和发展的最终源头。针对这一目的，我们发现古印度奥义书思想是一个最理想的研究对象。这是因为奥义书的发展，历时近千年，其精神经历了从最原始、最粗鄙的思维到最高明、最深刻的觉悟的巨大思想跨度，包括了现实精神的所有基本形态；所以以它为研究对象，将使我们得以把人类精神的现实内容最充分地展示出来，从而最终使自由本身的绝对运动，即自由自身对我们呈现出来。

奥义书，梵名“Upaniṣad”，是印度最早的一类哲学文献总称。其得名之由，现在仍存疑议。商羯罗谓其来自动词根 sad（毁灭），谓毁无明得解脱，不知何据。杜伊森根据奥义书自身的解释（如 Śvet V・6 即声称奥义书是“吠陀之秘密”），谓此词指深奥、秘密之教义。缪勒说其词来自动词根 sad（坐），加上前缀 upa（向前）和 ni（向下）组成，本意为学生恭敬地坐于师近处（以听其讲道），转意为“秘密之教导”、“甚深之义理”。后二解实不相矛盾。盖以其义既深奥隐秘，故必师徒避地近坐而传授之。圣者本来应当有教无类，但胜义真理，凡夫无能领会，或有听闻，徒生误解，故宜秘之，必待资秉秀异之士而授之也[①]。盖出世之教，其超越的真理往往与尘世生活相矛盾，若体道未融，或有导致全毁世间伦常者（此如明代心学之流于狂禅，以及吠檀多末学之非伦理倾向）。实际上，奥义书有许多表述（如 BṛihIV・3・22 谓人若得梵智，则不系于善、恶，故贼不复为贼、杀婆罗门者不复为杀婆罗门者、乾陀罗不复为乾陀罗），极易引起误解，从而导致全弃道德、危害社会的结论。故奥义书屡次告诫授业要慎重，至上教理，唯传之长子，或曰最亲近的学徒，或居于师家一年以上者，或得安心者，而不可传与妇女、首陀罗、凡夫。奥义书也多处记载导师在开示至道之前，必先设严格的考验，唯被证明上根利器者，方得闻道。

奥义书又称为“吠檀多”（Vedānta），即吠陀的终结、归宿、目的之义。奥义书的思想是从吠陀（Veda）发展而来的。其被置于吠陀之末，不仅是由于编年史上它是最后形成的，而且是根据吠陀学派的教学顺序，盖因奥义书内容深奥，乃为梵志学习的最后阶段的内容[②]。吠陀有广义和狭义之分。狭义的吠陀又称作吠陀本集（Saṃhitās）。广义的吠陀还包括梵书（Brāhmaṇas）、森林书（Āraṇyakas）、奥义书

① 故耶稣亦云，对有真理觉悟者，应当给他更多；而不能看见真理者，他已有的那一点也要被夺去（马太 13・2）。大乘佛教亦初有于教二谛之设，后有显、密二宗之判。

② 来自奥义书自身的信息似乎肯定了这一点。如 ChānVI 说到室韦塔克图随师学习十二年，倘未及闻自我之理，同样 ChānVII 中沙那库摩罗悉通吠陀，也未尝得自我之智，这些都表明奥义书的智慧，当不是梵志学习一开始即得领受的。

(Upaniṣads)。吠陀本集主要是献给神的赞美或祈祷诗集。梵书的主要内容是阐明以吠陀为依据的复杂祭祀仪式，且对这些仪式的神秘内容进行解释。森林书是林中隐居者修行和沉思用的书。奥义书主要是对于存在真理、宇宙起源、人生本质等问题的哲理思考。吠陀本集、梵书、奥义书，“大体可分别称为诗人、祭司和哲学家的作品”①，但这些部分往往相互交织，比如梵书已包含哲理的探讨，而奥义书本来就是从梵书的祭祀观念发展出来，许多早期奥义书仍包含大量祭祀学内容。印度传统将这些文献合称为天启文献(’sruti)，以区别于后世创作的传承文献(smṛti)、经(sūtras)、吠陀支(vedāṅgas)等。称之为“天启”，就是说它们不是任何神或仙圣所创作，而是在宇宙产生之前就已存在的永恒语词，并对仙圣启示出来。

吠陀本集属于人类现存的最早文献之一。吠陀(Veda)原意为“知识”，特别是宗教方面的知识。汉译佛典将其译为“皮陀”、“韦陀”或“明论”等。《成唯识论述记》说：“明论者，先云韦陀论，今云吠陀论。吠陀者，明也。明诸实事故。”吠陀是婆罗门—印度教最根本的圣典，地位非常崇高。婆罗门视之为无比神圣，代代珍传，细心保存，不容有丝毫改动。故现存的吠陀文本，可信与三千多年前编订成书时没有多大差别。一般所谓吠陀有四种，即《黎俱吠陀》(Ṛg-veda)、《娑摩吠陀》(Sāma-veda)、《夜珠吠陀》(Yajur-veda)、《阿闼婆吠陀》(Artharva-veda)。《黎俱吠陀》，又译《赞诵明论》，是四吠陀中最古的部分，为韵文形式，主要是一部用于祭祀的唱祷诗歌总集。对于《黎俱》的编辑年代，很难精确界定。可以肯定其中有一部分内容是在雅利安人进入印度之前就已经形成，其最早的作品大概可以上推到约公元前3500年。因此《黎俱》也是考察雅利安人定居印度前的情况的最古资料。《黎俱》大部分作品在公元前1500年即已出现，其余的部分也完成于大约公元前1000年前，后者即《黎俱》的编成年代。《黎俱吠陀》包括共1028首颂诗，有10600颂之多，共有八分(aṣṭakas)，每一分又有八章(adhyāya)，每章有32组(vargas)。更通行的版本是将《黎俱吠陀》分为十回(Maṇḍala)。其中第一回包括乔达摩、甘婆等十五位仙人所作的颂诗191首，其编排有一定格式，以献给阿耆尼者排在最先，其次是献给因陀罗者，再次为献给其他诸神者。在接着的第二至第七回中，每一回皆归于一特定诗人家族，且其内容编排的结构也相同。第八回排列无一定之规，而且同第一回一样被归属于不同的作者。第九回是献给须摩的颂诗。第八、第九回的许多颂诗被《娑摩吠陀》采用。第十回为《黎俱》最晚阶段形成，其内容和精神都与前九回有显著区别，应是后来附加上去的。其主要内容，一是对宇宙起源、存有本质之哲理思考，二是下接《阿闼婆吠陀》、梵书

① R.E.Hume (Trans), *The Thirteen Principal Upaniṣads*, Oxford University Press (India), 1995.5.

的迷信与魔法；要之前此对神倾情赞颂的热情已消失无遗。《娑摩吠陀》，又译《歌咏明论》，共有1549首配上曲调的圣歌，其中歌词绝大部分完全取自《黎俱》，皆为韵文，为婆罗门祭司实行酒祭时所唱。《夜珠吠陀》，又译《祭祀明论》，是婆罗门僧侣祭祀用的祷文，包括2000余首散文诗，有黑、白两种夜珠之分（前者本颂与释文分辨不清，后者本颂与释文分辨很清楚）[①]。《夜珠吠陀》包括韵文即“mantras”与散文即“yajus”（祭祀的仪式）两部分，前者内容基本取自《黎俱》，后者则为新的创作。三吠陀对应于须摩祭的不同部分。其中《黎俱》为Hotṛi祭司（荐神祭司）在祭祀开始时诵出，以请神降临、享祀；《夜珠》为Adhvaryu祭司（执事祭司）在行祭同时所念诵之经文；《娑摩吠陀》为Udgātṛi祭司（高唱祭司）唱出，以伴随祭祀全程。《阿闼婆吠陀》，又译为《禳灾明论》，其编成在《黎俱》之后，它包括731首诗歌，内容主要是禳灾除病的咒语、巫术。它又被称为“大众的吠陀”，因其本来存在于民间，其中许多内容来源于土著部落，思想颇猥杂，总的精神取向与《黎俱》有很大差别，故此吠陀曾长期被排除在婆罗门祭祀之外，大概到公元前7、8世纪后才被婆罗门教吸收。《阿闼婆吠陀》还包括不少医药知识，被认为是印度科学思想的萌芽。与《黎俱》主要为表现对神的感恩、热爱和崇拜不同，《阿闼婆》旨在通过魔法、咒术驾驭自然力量，以祛祸求福。魔法又以其善、恶之别，分为白、黑二种，分别名为阿达梵和案吉罗斯，故此吠陀又得名《阿闼婆案吉罗斯》（Atharvāṅgirasaḥ）。彼亦得名《梵吠陀》，盖以其崇拜魔法（梵）之故。其内容包括祛魔除病之法术，求长寿、子嗣、财富、福乐之祈祷，求得妇人欢心之咒语，为王者于战事、国政等之顺利而献的颂歌，以及种种驱邪的仪式。不过《阿闼婆吠陀》的一些作品，也体现了很深刻的哲学思辨。四吠陀中，《娑摩》、《夜珠》的内容皆以《黎俱》为基础，《阿闼婆》则相对独立。前三种都属于神教，而《阿闼婆》则属于魔教。印度传统根据吠陀诗歌的内容不同，将其分为智藏、业藏、皈依藏三种。

吠陀本集辑成之后，通过记诵由师徒相传。导师并将本集对于祭祀仪式的说明一并传授，后者即是梵书。梵书（Brāhmaṇas）字面意即“婆罗门书”，是婆罗门祭祀所用之书，其内容主要是描述祭祀的仪则及其起源、所代表的意义、能导致的利益等。

① 据说Vyāsa的弟子Vaisaṃpāyana有一次犯了错误，因而要举行仪式弥补过失，这要求他的弟子协助。但其徒弟Yājnavalkya坚持认为只要他一人承担仪式就够了。Vaisaṃpāyana对他的骄傲十分生气，命令他将过去从他所受的《夜珠吠陀》全吐了出来。Vaisaṃpāyana的其他弟子都化作鹧鸪（tittiri），啄食这些吠陀，使其不失，故这些经文又称作Taittirīyas。而Yājnavalkya，非常想再得到夜珠吠陀，故对日神行祭，日神许之曰，“汝将得汝师所未见之夜珠吠陀。”故现存有两种《夜珠吠陀》，其中更古的是《黑夜珠吠陀》。若以“格义”之法，则《黎俱》略相当于中土之《诗》，《夜珠》可相当于《礼》。

由于祭司的职事不同，思想的倾向不同，其在祭祀的实践中也有不同的需要，因而导致不同师资之间逐渐形成思想上的差异（甚至对同一部吠陀，不同传承的理解也有不同），由此形成了不同的吠陀学派（śākhās），或称梵书学派。梵书形成的年代大约在公元前 1000 年至前 300 年间。在这个时代，祭祀成为宗教的核心内容，人们将全部精神投入其中，所有智慧、想象，无不服务于此。在吠陀中原本简约的仪式，现在变得非常复杂繁琐。祭祀活动还有了分工，祭祀中的不同环节（如唱诵、默祷等），都是由专门的祭司实行。每一吠陀都有多个吠陀学派。比如属《黎俱》者，有爱多列亚学派、考史多启学派等；属《娑摩》者，有檀丁学派、耆米尼学派、罗那衍尼学派等；属《黑夜珠》者，有鹧鸪氏学派、羯陀学派、慈氏学派、白骡氏学派；属《白夜珠》者，有伐遮桑内以学派等。每一学派都有自己的梵书，且一般以此学派命名。除以上所述，历史上存在过的学派可能还有很多。比如《解脱奥义书》（Muktikā Up.）提到属于《黎俱》的学派曾有 21 家，《娑摩》的有上千家，《夜珠》的有 109 家，后来分别仅余 2、3、5 家。梵书是一类非常庞大的文献，其中最重要的是《鹧鸪氏梵书》、《爱多列亚梵书》与《百道梵书》。森林书（Āraṇyakas），意为在林中传授之学问，在梵书之后出现，被归属于梵书或附缀其后。其所以选择在林中传授，传统的解释是它与婆罗门四行期的林栖期相应，是林栖修行者的用书；或云此是为保密，盖其学包含一些秘密或危险内容，不宜在村庄讲授，故应择偏僻丛林以讲论之。由于丛林缺乏举行通常的祭祀的条件，故要求以观祭，即在观想中进行的祭祀，代替实祭，即日常的家祭和天启祭。盖梵书既已强调祭仪必须与正确的观想结合，才能得到预期的结果。在林栖生活中，祭仪的实行受到限制，故观想成为祭祀的主要内容。森林书的内容颇不定，然以 Mahā-vrata 祭（一种新年祭）为主。在吠陀文献史中，森林书经历的时代较短暂，在内容上与早期奥义书很难划清界线。有些森林书又是奥义书，比如《广林奥义书》。另外几乎所有的早期奥义书都包含在相应的森林书中，如《爱多列亚奥义书》就包含在同名的森林书中。二者区别大致在于，森林书是在观想中行祭，奥义书则强调观想祭祀每一环节的宇宙论意义。

主要的奥义书（Upaniṣads）是作为梵书的结尾部分出现的，其年代上接最早的梵书，下迄六派哲学之兴起，故其时间应大致在公元前 1000 年至公元后 2—3 世纪。其主要内容是对存在、自我和神性的终极意义的思考。这种思考是从吠陀宗教中缓慢发展而出，与吠陀晚期和梵书的思想直接衔接，与旧的祭祀宗教不存在巨大的精神断裂。早期奥义书充斥的祭祀敬思内容，清楚地表明奥义书思想就是从梵书的祭祀观想发展出来的。如果说梵书是指导婆罗门实际祭祀活动的用书，森林书是以观祭代替实祭，奥义书则完全以对祭祀的宇宙论寓意的沉思代替祭祀的活动。随着奥义书思想的发展，这种沉思越来越摆脱与祭祀的关联，从刚开始出于祭祀崇拜而求索祭祀内容的神秘寓意，到后来丧失对祭祀的崇拜而只是把祭祀当做沉思世界的象征、隐喻，最终完全舍弃祭祀学的隐喻，转入纯粹哲学层面。奥义书之最终完全抛弃吠陀的感性偶像崇拜和梵书的外在仪式宗教，向一种具有真正的超越性和反思性的精神宗教的转变，不是一次剧烈的"革命"，而是一个在精神内在自由推动下的缓慢演化过程。其中，取代祭祀观想的，首先是一种典型的宇宙生成论。存在的本原被认为是一种自然的实质。然而反省和否定思维的进一步深化和提升，使奥义书思想逐渐扬弃外在、直接的自然思维，认识到存在真理乃是一种精神的内在、超越原理，于是这反省和否定思维，便转化为真正的精神反思和超越。在奥义书中，这种反思和超越也在自由推动下进一步发展，使思想最终克服全部现实性和现存性的偶像，认识到存在的真理、本质是超越全部现实的、内在的自由，从而上升到一种本真的精神觉悟层面。因此，从吠陀、梵书的宗教到奥义书宗教的转化，就是从外在的、形式化的自然宗教到具有真正的内在性和超越性的精神宗教的转化。

这一转化具有普遍的精神意义，对于现在的宗教、道德生活仍能带来启发。杜伊森曾说："奥义书之于吠陀，诚如新约之于圣经。"① 拉达克利须南也说："由于旧的信仰支柱，诸如被赋予绝对真理性的圣典，以及奇迹、预言等，皆逐渐失去效力，将信念建立在精神经验基础上的奥义书，就对于我们具有无上价值。我们时代的宗教衰落，主要是宗教的形式胜过了精神的生命的结果。奥义书的研究将有助于回归作为宗教基础的真理，没有它宗教将成为毫无意义的。"② 盖人类精神在其童年，只是执着于外在的自然，没有实现内在、超越的生活。其宗教也只是服从外在意志，以期赏避罚，而未能回到内心，未有自身意志的自由。与这种情况相应，吠陀与旧约皆主训诫、赏罚之教。吠陀的本集与梵书，合称"业犍度"，就专注于行业与报赏。旧约也是强调外在法则的权威性，并许诺遵守法则会带来幸福，否则会带来惩罚。这里道德一方面是外在的，它只是服从外在意志，只是遵守外在的法则；另一方面这种服从乃着眼于赏罚，因而是从经验自我的存在出发的。这里精神执着于经验的现实性，执着于直接的自然，没有意识到它自身内在的超越性和自由。然而人类精神在自身自由推动下，必然否定这种自然思维的局限，进入真正的精神反思与超越的国度。于是宗教也必然克服自然宗教的外在化、形式化，成为一种超越、内在的宗教。比如新约即声明尘世一切外在的行为，即使是善的，对于灵魂的拯救也无根本的价值，同

---

① Paul Deussen, *The Philosophy of the Upaniṣads*, Motilal Banarsidass Press Delhi, 2000.46.

② Sarvepalli Radhakrishnan, *The Principal Upaniṣads*, George Allen & Unwin LTD, London, 1953.8.

理奥义书亦否认业行会导致解脱。因为拯救与解脱，不在于求得“这个世界”内的任何存在，而恰恰是对这世界的彻底否定，这就是灵魂克服世界的魔障，重新与超验的真理联结。这种自我否定的实现，在圣经是通过意志的纯化，这在于使人克服自我的自然的粗俗性，用正义、爱、无私充实内心；在奥义书则是通过意识的觉悟，即知尘世为因缘假立、无常幻灭，唯至上我真实、常住。精神由此脱离世界的束缚，而得其自由。然而人既是意志又是意识，故这两种途径皆不可废，故奥义书与新约之教，实可相互补充。奥义书精神的漫长发展的结果，使其典型的、成熟的思想，得以确立人内在的精神与存在、上帝真理的同一；使“得救”完全维系于明心见性、超凡拔俗，从而彻底否定自然思维和外在的、形式化的崇拜，完全走向吠陀、梵书的祭祀宗教的对立面。

奥义书的崭新观念，与吠陀、梵书的教义存在巨大鸿沟，在其初期无疑会导致与婆罗门教正统思想的冲突。这种冲突，从最根本意义上说，是植根于在所有宗教中都存在的宗教真理与宗教形式的矛盾。任何宗教，都是以某种超越的真理作为其生命源泉，而形式不过是守护这真理的手段。但在实际的宗教史中，往往是时间的遥远，造成了信徒与这神圣源泉的距离，导致形式逐渐代替真理，成为人们关心的主要内容。这时重新回归源泉的呼声，就往往被视为异端。耶稣与犹太教律法派的矛盾，原因之一即在于他认为实践上帝的爱比守住安息日之类烦琐教条更重要。而在基督教以后的发展中，形式又逐渐成为宗教生活的核心。天主教规定教徒只有通过事功或善行，如做弥撒、奉献、补赎、忏悔等，才能补偿罪恶，得到上帝的救恩。基督教新教之受迫害，一个主要原因也是它否认行圣事能带来救恩，而强调因信称义。考虑到这一点，如果反对梵书的仪式主义而强调对真理的觉悟的奥义书思想引起当时大多数婆罗门的反感，也是很自然的情况。另外，这种冲突还因为，作为奥义书核心观念的自我与神的本质同一，也与吠陀宗教的人格神崇拜相矛盾。对于任何一种有神论来说，主张人类自我与神本质上同一，无疑都是最大的僭越。吠陀宗教对于主张梵我一如的奥义书思想的反感，想必不亚于正统的基督教对某个宣称“我就是神”的异端的反感。神自在地就是人的自我理想，然而，除非人认识到其自我本质就是超越全部现实存在的绝对自由，且唯有神是这自由的圆满实现，那么对人的自我与神的同一，必然导致神的理想性丧失，从而最终导致宗教意识的瓦解。这是东西方的绝对唯心主义经常带来的宗教效应。对于奥义书的梵我一如观念对吠陀宗教的旧崇拜带来的致命威胁，当时婆罗门想必是很清楚的。在这种情况下，奥义书必须以某种方式重新领会神对于现实自我的超越性（从《羯陀》到《慈氏》，奥义书始终在作这样的试探），才能使真正的宗教崇拜得到恢复。最后，导致奥义书与当时正统婆罗门教矛盾的还有一个最直接的原因，就是奥义书的反祭祀立场，严重损害了世袭的婆罗门祭司的宗教特权和经济利益。

有鉴于此，可以设想奥义书的许多观念，其被婆罗门社会接受，不会是一个一帆风顺的过程。杜伊森以为奥义书之理，盖兴于婆罗门，在刹帝利中发展、成熟，后被婆罗门接受并通过寓意解释与仪式学传统结合，后来这些仪式学者也转变为奥义书的支持者①。尽管这种说法听起来也许太曲折了一点，而且可能忽视了有些奥义书观念的非婆罗门起源，不过奥义书本身的内容的确反映了刹帝利阶层的重大影响。奥义书中大量的婆罗门求刹帝利为师的故事，是吠陀、梵书中罕见的。许多奥义书思想家都属于刹帝利，如阿阇世、该祗夜、茶跋厘、阇那伽等。这表明当时婆罗门已丧失了在精神生活中的垄断地位，而刹帝利取得了与之平等甚至超越的地位②。比如业力轮回说就被称为"刹帝利智"，清楚地表明它是通过刹帝利进入婆罗门传统之中的③。这是因为刹帝利无关于祭司的阶级利益，而且在观念上可能受婆罗门正统思想束缚也会少些。这使刹帝利可能更容易产生新思想，或者更能接受非传统的或来自异质文化的因素。我们完全可以把奥义书当作婆罗门和刹帝利两种思想类型相互影响、共同创造的产物。

如杜伊森所说："编辑一个奥义书全本是不可能的，我们甚至无法知道奥义书到底有多少种。故每一种对奥义书的研究，都不得不局限于特定选本。"④ 在留传于世的不同版本的奥义书辑子中，每一种的奥义书数目都不一样，收入的奥义书也有差别。根据《解脱奥义书》（Muktikā Up I · 1）的说法，奥义书的总数应当至少有一千多种（其云共有 1180 个吠陀学派，每一学派都有自己的奥义书），而它具体列出名字的有 108 种，而且这些奥义书的文本都仍然存在。在今天，挂名为"奥义书"的文献据说有超过 200 种，而且还不时有新的"奥义书"被发现。就现存的奥义书看，大部分产生的年代都很晚（公元 3 世纪以后），且内容很杂，有些文本来路可疑（甚至有讲伊斯兰教义的《安拉奥义书》）。并不是每一种都有同样重要的价值。其中被认为重要者，即跋陀罗衍那、商羯罗、罗摩努阇等注释家曾引用或注解过的，有十余种（其数不确定）。这些奥义书在内容上更纯粹，在时间上也是较早的，被称为古奥义书或主要的奥义书。古奥义书还分早、中、晚期。在早期古奥义书中，除《伊莎》直接属

① Paul Deussen, *Sechzig Upaniṣaden des Veda*, F.A.Brockhaus Leipzig, 1921.21.

② K.N.Upadhyaya, *Early Buddhism and the Bhagavadgīta*, Motilal Banarsidass Press Delhi, 1983.78.

③ 《薄伽梵歌》（BGIX · 2）也声称其说为"王者智"（Rāja-vidyā），即"刹帝利智"。它表明了刹帝利在当时思想中的优势地位。其中的思想主角，克里希那与阿周那，都属于刹帝利。

④ Paul Deussen, *Sechzig Upaniṣaden des Veda*, F.A.Brockhaus Leipzig, 1921.541.

于《白夜珠吠陀》本集，其余诸书在名义上皆被归属于作为梵书结尾部分的森林书之中。不过即使在古奥义书中，也有一些已与梵书失去关联，这种情况越到晚期越明显。比如《羯陀奥义书》与《羯陀梵书》就没有内在关联。而《白骡奥义书》似乎也不能被归属于任何梵书。《慈氏奥义书》乃被缀于《慈氏本集》之后，也很可疑。不过属于前三吠陀的其他古奥义书，其所归属的吠陀学派和梵书都是很清楚的。然而属于《阿闼婆吠陀》的诸奥义书则情况颇不相同，其中《蒙查羯》、《六问》分别被归属于首那伽学派和毕钵罗陀学派，这种归属其实大可置疑。《蛙氏》被归属于蛙氏学派，但此学派其实早已绝传。在十几种主要奥义书之外，又涌现出大量新的奥义书。后者则只在名义上被归属于《阿闼婆吠陀》，其实在内容上与后者没有任何关系。这类奥义书被统称为新奥义书。

A.E.Gough 说："无论多么小心，一个印度哲学研究者总难避免说得过多或过少。"① 这除了因为今天的我们与古代印度的精神相去甚远，另一个重要原因是印度思想自身的特点使得理解上的偏差极容易产生，对于奥义书来说尤其如此。

谈及奥义书思想的特点，如果把它与同它具有较大亲缘性的欧洲文化比较，可能会是一个更好的视角。从古希腊直到现代，西方人对印度思想特点的认识大体上没有改变，在他们看来，印度哲学是"非世俗的、悲观的、神秘主义的"。② 这一看法基本上也是对的。粗略地说，与西方哲学相比，奥义书思想表现出如下特点：第一，是其观念的极端驳杂性。"关于世界发生的过程细节，没有两种奥义书是完全一致的。"③ 一方面，如中村元指出，早期奥义书的许多观念都极幼稚、鄙野，甚至属于原始信仰④；另一方面，奥义书也包含了许多最高明、深刻的洞见。这种思想的驳杂性，极易导致理解的偏差。恪守传统的印度学者往往会忽视奥义书思想的内在冲突，总倾向于把它们看做是一贯的。在西方学者中，杜伊森也企图把奥义书的理论体系化。但实际上严整、缜密的体系在奥义书中是不存在的⑤。不仅不存在一个可以将所有奥义书包括在内的体系，甚至一般而言在每一种奥义书内部其思想也是极纷纭散乱的。在这里，各种东西非常杂乱地凑合在一起。形上的哲理往往与魔法、符咒、诫命、方

① A.E.Gough, *The Philosophy of the Upaniṣads and Ancient Indian Metaphysics*, Kegan Paul, London, 1891.5.

② K.S.Murty, *The Indian Spirit*, Andhra University Press, Waltair, 1965.117.

③ Swami Chinmayananda, *Discourses on Upaniṣads, KāṭhIV · 6*, Central Chinmaya Mission Trust, Mumbai, 1952—1954.

④ Hajime Nakamura, *A History of Early Vedānta Philosophy,* Motilal Banarsidass, 1983.41.

⑤ Sarvepalli Radhakrishnan, *The Principal Upaniṣads*, George Allen & Unwin LTD, London, 1953. 8.

术混为一体，陵逸凡尘的深刻启示往往与最幼稚、粗鄙、平庸的见解并行不悖，最高明最玄奥的智慧常常与最迂腐、狂诞的白日梦汇于一炉。在这些纷然杂旮的观念之间，并不存在一种自觉的逻辑关系。如果我们试图从中清理出一个逻辑统一体，那么事实上后者在奥义书的任何阶段都是不曾存在过的，但它却存在于奥义书的历史中，奥义书的哲学是一种“构成中的哲学”①。因此，最好的办法就是把奥义书的全部思想当做一个历史的整体，将每一观念放在这整体之中，这样我们就可以参照思想发展的普遍逻辑对观念进行解释，从而减少对于这些观念的理解上的偏差并把握奥义书思想的统一性。第二，是其本体论的神秘主义。西方哲学的神秘主义，基本上是一种“认识论的”神秘主义。它把本体当做一种理性的存在体，但后者超越了人的感官、理性，因而是人无法直接认识的。在这里，人不能认识这本体，不是由于它“原则上”就不能被理性认识，而是因为人类理性的有限性。从早期基督教神学对上帝本质的不可认知性的强调，到康德的物自体观念，大都是这种神秘论的体现。然而奥义书的神秘主义，则不仅是认识论的，而且是本体论的。在这里，本体之所以不可被人类理性认识，不仅仅是因为人类理性的局限，更是因为这本体是完全超越（或排除）了理性的、无差别、无关联的“一”，因而它“原则上”就不能被理性所认识（理性就是对差别、关联的把握）。这种神秘主义立足于本体的超理性存在。实际上，早至《黎俱》晚期的思想，就试图领会存在的本原为一种无差别、“非有非无”、不可思议的原理。正是从这种领会发展出了印度后来所有神秘主义。在奥义书中，这神秘原理被从不同层面上领会。一是自然的层面，最早的奥义书往往将作为存在本原的无差别的“一”，理解为一种混沌黑暗的原始物质。二是反思的层面，无差别性被理解为作为存在本质的纯粹意识的均匀性、单一性。三是超越的层面，无差别性被理解为作为超验实体的清净意识对所有自然表象、思想、观念的排除。在前面所有三个层面上，本体对理性的超越，都被简单理解为对理性的排除。在这里神秘主义就成为非理性主义。然而当奥义书思想发展到最高阶段，就终于认识到本体是绝对超越现实的原理，因而与理性不处在同一层面，不是理性的对立面，而是处在一个更深沉的层面并规定着理性的原理。这本体就是自由本身。奥义书对本体的这种领会，我们称之为本真的精神觉悟。在这里，神秘主义上升到了觉悟的层面。只有在这一层面，对本体的神秘性的理解才是究竟的。神秘性的本质是超现实性。应当承认，奥义书对本体的神秘性的领会，包含极深刻的洞察，但也容易走入误区，且易导致理解的偏差。从根本上说，被奥义书加之于本体之上的诸如无差别、清净、一味等特征，

① Nakamura, Hajime（中村元），*Indian Buddhism*, Motilal Banarsidass, 1987.110.

都不属于精神、觉性的实体（精神就是一个创造着无限差别且将其包含在内的运动整体），而只适合于古代哲人模糊领会到的，被存在之光明照亮之前的黑暗原理（后者可称为一种冥性存在体，以与精神、觉性存在体对立）。一种无差别的清净意识其实是思维的假相。在这里，其实是属于冥性本体的特征被错误地加到觉性、精神之上。然而始于奥义书的非理性的无差别清净心观念，对印度哲学产生了根本影响，它是后来吠檀多派哲学的基石，甚至成为如来藏佛教的自性清净心观念的最终来源。第三，是由于对精神的内在、超越存在的强调，导致对现实、经验世界，以及对外在自然和世俗生活的忽视。奥义书思想最早是一种外在化的、自然的思维，也与希腊和中土的宇宙论颇为一致。然而它在以后的发展中，越来越转向精神的内在、超越领域，把后者当做真理、实体，而所有外在的、自然的东西则只是后者的表象。它于是进入真正的精神反思和超越层面。在奥义书接着的发展中，这种反思和超越不断强化，导致思想完全沉浸在对精神的内在、超越本体的领会之中，完全丧失了对外在自然、对所有经验和世俗东西的兴趣，甚至把这些东西当做一种由人心中无明愚痴所生的无意义幻相。这种情况，又由于奥义书对非理性的一味境界的追求，对于差别性、个别性的否定而被加剧。其结果是使得自然科学的探讨完全成为无意义的，公共的福利、世俗的伦理等等也丧失了应有的价值。尤其严重的是奥义书的强烈出世主义与非理性倾向的结合，导致对道德生活的蔑视，甚至是明确的非道德倾向。奥义书的非世俗化和非理性主义，后来都转化为印度民族精神的重要方面，是使印度文化几千年来在个人精神自由方面达到了极高的境界，然而在道德思想方面无所成就，在科学方面也成果有限的主要原因。第四，是逐渐增强的悲观主义倾向。在人类文化史上，悲观主义一定是在精神极成熟后才有的现象。这是因为悲观主义必然是真正的精神超越牢固确立之后的结果。超越思维把存在的意义、真理转移到超现象的彼岸，于是作为世俗、自然和经验存在的此岸就失去了自身价值，甚至成为人实现生命理想的障碍，沦为令人生厌的秽物或假相。奥义书的思想就经历了这样的发展。早期奥义书继承了吠陀的天真的乐观主义。世间的财富和享乐，仍然是人们所追求的。然而即使在此一阶段，对大梵作为超越的真理的领悟，也开始使得家庭、财富、子嗣失去价值，如 Bṛih IV・4・22："唯欲求梵故，苦行者离家出走。信然，知此故，古圣人不欲子嗣，曰：'吾等既已得此我，得此界，子嗣何益？'信然，彼已脱离子嗣欲、财富欲、世界欲，乞食而活。盖子嗣欲即财富欲，财富欲即世界欲；二者皆是欲故。"而到中期的《羯陀奥义书》，则认识到世间的一切财富、享乐，不仅无常幻灭，而且是人解脱的障碍。如 Kāṭh I・25—29："凡此之一切，皆仅至明朝，且损诸根力，嗟乎死亡神！尽人一生寿，如实亦短暂。请收汝宝车，请收汝歌舞！非由财富故，人可得欣足。吾等若见汝（死），岂复欲财富？……尘世老死者，其若得亲知，不老不死者，复善知可爱、欲乐与欢喜（之无常），岂乐于长生？”在晚期奥义书中，悲观主义已经成为主流，世界成为空虚的幻相，生命成为可恶的累赘。如 Mait I・2—3：“此骨、皮、筋、髓、肉、精、血、涎、泪、涕、粪、溺、风、胆汁、痰液之所聚集，此臭恶无实之身中，有何欲而可乐耶？此欲、贪、嗔、畏、忧、嫉、爱别离、怨憎会、饥、渴、生、老、病、死，患等所袭，于此身中，有何欲而可乐耶？”于是，作为存在之灭尽、生命之断除的涅槃境界，就成为宗教的终极理想。奥义书的悲观主义，最早应来自其中数论学的发展。盖数论学最明确地表现了奥义书的超越思维，其以为自我与自然本为各自独立的实体，但自我恒为自然所缚，此即尘世生命所由产生，故生命必为趋求解脱之士所当断除者。因此奥义书的悲观主义恒与数论联结，且因数论学的发展而逐渐强化，到晚期乃随数论之成熟而趋于极致。滥觞于奥义书的悲观主义，构成所有印度宗教的精神特质。无论是印度教还是耆那教、佛教，都把对生命的绝对断灭，对现实的彻底舍离，当做究竟的追求。这种悲观主义也渗透到世俗生活中①。印度哲学的这种悲观主义，往往引起西方学者的反感。黑格尔评价道，印度智慧的终极追求，就是“要在有生命的时候，达到这种‘生命的死亡’——来造成这一种抽象——必须消灭一切道德的活动和一切道德的意志，而且一切的认识也得消灭。”②悲观主义有其深刻的一面，但其消极意义也是不容否认的。悲观主义使我们达到一种否定的自由，但这自由也仅仅是否定的而已。第五，是贯穿始终的泛神论。印度的泛神论思想在吠陀晚期出现并逐渐流行，在梵书中成为主导的思想。在这里，一种究竟、绝对的存在，即生主、补鲁沙、大梵、至上我、元气，被认为是全部存在者的根源、归宿和全体，一切事物皆是通过这绝对者的自身转变、自我分化而产生。这个绝对者就是至上神。梵书的绝对主义，可以概括为两条路线：一是大梵的路线，力图在客观宇宙中寻求存在之本原；二是自我的路线，力图从人自身内部探讨自我之本质。二者在梵书后期逐渐合一，结果在此时，作为对奥义书影响深远的立场，“我即是梵”的观念乃得以确立。“我即是梵”或梵我一如，标志着印度思想对绝对存在的长期追问之终点③，但

① 如《摩奴法论》：“此身如五大所成之房舍，全是不净，忧、老所迫，疾病所缠，苦、贪所逼，无常变灭，人应弃之。”（ManuVI・77）诗人伐致诃里也吟道：“人若寿百年，一半处夜眠。童竖与老朽，余半之一半。尽其余生中，病苦别劳患。如泡影虚空，此生何乐焉？”（Vairāgya-śataka III・32・50）

② 黑格尔：《历史哲学》，上海书店 1999 年版，第 161 页（译文略有调整）。

③ Pande, G.C, *The Dawn of Indian Civilization*, *Vol.1*, *Centre for Studies in Civilization*, Delhi, 1999.603.

这终点实为奥义书思考之起点。这就在于在奥义书中，不仅梵我一如，或存在与自我的绝对同一，成为贯穿始终的宗旨，而且奥义书思想的任何大的发展，都表现为对“我即是梵”这一命题理解的深化。奥义书的大梵既是至上神，又是至上有、至上我。大梵通过自身转化生成世界以及人的现实自我。它不仅作为内在本质进入万有之中，而且作为全体将万有包含在内。世界的本质就是梵，现实世界是梵的表象。这种泛神论贯彻奥义书精神发展的始终，而且在其思想的不同层次和阶段具有不同形式的变奏。奥义书的泛神论不仅是印度教吠檀多思想的基础，甚至对东西方文化都产生了影响。学者们早就承认伊斯兰教的泛神论神秘主义（苏菲派）的产生离不开印度宗教的影响，而伊斯兰教的泛神论又启发了欧洲的类似思想（斯宾诺莎对笛卡尔的泛神论改造，即受阿维罗伊的重要影响）。许多学者甚至认为，作为基督教泛神论根源的新柏拉图主义，就受到了印度宗教尤其是奥义书思想的影响①。另外，奥义书的泛神论，又通过如来藏佛教的中介，对中国文化产生了实质影响（本书有多处对儒、道二教受奥义书的影响进行了较深入的讨论）。奥义书的这些特点，决定了以后印度思想的基本面貌。

婆罗门教是以雅利安文化为主体，吸收非雅利安的土著文化（达罗毗荼文化）形成，它本身就是雅利安文化和土著文化相互斗争同时相互对话和影响的产物。尽管可以肯定刚开始的时候，雅利安人对于土著人非常敌视，但是随着他们越来越深入印土并置身于土著人的包围之中，两种文化的对话和影响就是不可避免的。《黎俱吠陀》的许多颂歌就反映了达罗毗荼文化的因素。而奥义书则反映了婆罗门教与土著文化对话的进一步深化。其中，业力轮回说，毗湿奴、兽主、湿婆的崇拜，苦行、瑜伽的实践，都无疑渊源于土著文化；而对真理、彼岸以及自由解脱的执着追求，对理论思辨的兴趣，以及绝对主义的形上学，等等，都属于或来自婆罗门教自身的遗产。在奥义书中，这两方面内容达到了很好的统一（轮回被用来说明解脱之必要，真理、彼岸被当成苦行、瑜伽的理想）。毫无疑问，来自土著文化的新观念，在进入婆罗门传统中时会遭遇到抵触。比如根据奥义书自身表明的情况，业力轮回说刚开始就不被多数婆罗门接受，这除了因为它与祭司的利益矛盾，还因为它与正统学说的冲突。在这种情况下，其他社会阶层可能比婆罗门更容易接受来自土著、异端的思想。其中，刹帝利在新思想进入雅利安社会的过程中肯定起到了重要作用，许多新观念，比

① E.Brehier, *The Philosophy of Plotinus*, the University of Chicago Press 1958.106—131; A.M.Wolters, *A Survey of Modern scholary Opinion on Plotinus and Indian thought*, Neoplatonism and Indian thought, ed. R. B.Harris, State University of New York Press, 1982.

如轮回说，就是通过刹帝利进入婆罗门传统中的。然而总的说来，在奥义书时代，思想的讨论是相当开放、活跃的。从奥义书文本反映的情况来看，不仅刹帝利，妇女与低级种姓的人也参与讨论，婆罗门似乎没有太多的权威。人们更关注的是真理而不是种姓、出身、性别①。这些都为新思想的进入，为婆罗门传统与土著文化的进一步融合创造了条件。

就奥义书对于印度哲学与宗教思想的重大意义，拉达克利须南曾经如是评价："奥义书代表了人类精神史的一个伟大阶段，并且主宰了印度人的哲学、宗教和生活达三千年。兹后每一次宗教运动都要从奥义书思想中寻找支持。甚至怀疑和否定的思潮，都要从中寻找其疑惑和否定的前驱。奥义书思想历经沧桑，帮助一代又一代印度人形成他们的人生观和存在观。"② 达斯古普塔说："至少对于印度人，古奥义书的语言具有一种神秘的力量。它朴素、简洁，能穿透人的心灵，即使反复诵读也不会让人感到厌倦，而且历久弥新。所以它即使抛开其传达的道理，也有其自身的魅力。"③

奥义书思想不仅主宰了印度哲学和宗教思想的历史发展，而且规定着今天的印度民族精神。它不仅仍然是印度哲学的主流，其影响还涉及印度文化的方方面面。马克斯·缪勒就曾提到印度每年出版的奥义书和商羯罗作品的数量远超过欧洲出版的笛卡尔和斯宾诺莎著作的数量。现代印度教的宗教革新运动，乃旨在破除流行的偶像崇拜和迷信，复归于奥义书的绝对理想。近代以来的印度思想巨人，从罗易、辩喜到泰戈尔、阿罗频多、甘地等，无不受到奥义书思想的深刻影响。时至今日，奥义书的智慧仍然启迪着印度知识分子的心灵。正如休谟所说："奥义书无疑具有巨大的历史和比较价值，但是它亦有其当代重要价值。我们对于今天一个有教养的印度人的思想和结论，若不了解他的祖先们多少世纪来从中汲饮，而且他自己亦从中引出自身精神生命的源泉，就不可能透彻理解。他的哲学从中孕育的意象，它由以得到表述的术语，由以得到支持的类推，在今天的讨论中仍与在奥义书及商羯罗对它和《梵经》的注释中大致一样。"④ 因此如果我们要更深入了解印度精神的历史和现实，加强文化思想交流，对于奥义书的充分理解是必须的。

另外，奥义书对于今天的哲学研究，不仅构成一个难得的参照系，而且在许多重要问题上仍能提供深刻的启示。正如休谟所云："(奥义书) 其哲学相对于西方诸

---

① S.Dasgupta, *A Histroy of Indian Philosophy Vol.1*, Cambridge University Press, 1957.35.

② Sarvepalli Radhakrishnan, *The Principal Upaniṣads*, George Allen & Unwin LTD, London, 1953.17.

③ S.Dasgupta, *A Histroy of Indian Philosophy Vol.1*, Cambridge University Press, 1957.38.

④ R.E.Hume (Trans), *The Thirteen Principal Upaniṣads*, Oxford University Press (India), 1995.34.

国的哲学探究，呈现了许多饶有兴味的平行、参照和对比。故西方哲学界，一如文献史研究界，亦领会且表示奥义书的重要性。”① 达斯古普塔也说：“只要我们对印度哲学和西方哲学对许多本体论和形上学问题的解决进行比较，都会注意到其中大量相同之处，这将使我们看到在世界范围内，哲学发展在很大程度上具有一致性这一事实。”② 更为重要的是，奥义书的神秘主义，对近现代西方哲学和宗教打破根深蒂固的逻各斯中心主义迷雾、认识到存在本质和上帝超越理性的意义，构成了直接启发，而且将是一个永远的资源。“许多国家的神秘主义者，都从这些文献（奥义书）中，发现了对寻常视见隐藏着的事物的无数指示，及迈向精神成就之路的诸多线索。”③ 从谢林、叔本华到杜伊森、奥托等德国唯心主义者，皆对奥义书思想给予了极高评价。这些哲学家要么不满于基督教的人格神信仰，要么对科学发展导致的种种庸俗的唯物主义和实证主义感到厌倦，要么认识到近代哲学理性主义的局限，皆希望从东方神秘主义得到某种启迪，其思想在不同程度上皆沾惠于奥义书。其中，叔本华的思想受奥义书影响最深刻。在这里，我们不妨把叔本华经常被引用的一段话再引一遍：“（奥义书）每一行都具有坚定、明确和和谐的意义，每一页都充满深刻、原创和高尚的思想，而一种崇高、神圣的真挚充满全篇……阅读此书，是世间能有的最有收获、最能提升精神之事。这是我生之安慰，也将是我死之安慰！”④ 他多次声称奥义书与他自己的哲学旨趣相同。其以为绝对真理为一超理性本体即意志，所有个别事物皆是这个绝对同一的本体显现出来的表象，因而皆为虚假非实，这种立场与奥义书思想的确具有本质的一致性。奥义书思想也影响到英、法等国文化界，如卡莱尔、柯勒律治、库辛、斯塔尔夫人、西蒙娜·薇依等，亦从中吸取灵感。在美国文学中，从爱默生和梭罗代表的超验理想主义，到 T.S. 艾略特的哲理诗歌，皆从奥义书思想汲取资源。

对奥义书与东、西方思想的比较，还有更深层次的价值。我们发现，伊斯兰教苏菲派思想，从古希腊、中世纪到现代的西方泛神论和神秘主义，以及中土新儒家和道教内丹心性学，都与奥义书思想存在一种实质的一致性，而且我们通过思想史的回溯发现这种一致性不是思想的偶然，而就是来自奥义书思想直接或间接的渗透（参考本书绪论第四节）。其中，苏菲派的形上学受到奥义书启发已是学界普遍承认的

---

① R.E.Hume（Trans）, *The Thirteen Principal Upaniṣads*, Oxford University Press（India）, 1995.3.

② Dasgupta, S, *Yoga in Relation to Other Systems of Indian Thought*, Motilal Banarsidass, Dehli, 1979.12.

③ R.E.Hume, *The Thirteen Principal Upaniṣads*, Oxford University Press, 1995.3.

④ Schopenhauer, *Parerga and Paralipomena*, Vol. II · 182.

事实。新柏拉图主义的泛神论神秘主义本来也不属于希腊、希伯来传统，而与晚期奥义书思想具有本质的一致，因而肯定是以某种形式受到后者启发①。新柏拉图主义被认为是基督教神秘主义的源头。另外，现代西方思想（从叔本华、克尔凯郭尔到马塞尔、海德格尔）之克服欧洲传统唯理主义的精神困境，也无不是诉诸基督教神秘主义、新柏拉图主义乃至奥义书这三大思想资源。可见奥义书对于更深入理解基督教神学和现代西方哲学，都具有不可低估的价值。最后中土儒家心学和内丹道教的真心本体论，也与儒、道二家的固有传统存在巨大鸿沟，而与奥义书—吠檀多思想在本质上一致，其形成追根结底是因为后者通过作为中国佛教主流的严重吠檀多化的真心如来藏思想的中介缓慢渗透到中国文化之中（参见本书在各章结语中的讨论）。在这种意义上，对于奥义书的充分了解，甚至是我们更深刻地理解我们自身的传统和了解西方思想必修的一课。

近代西方人最早接触的奥义书，是穆斯林莫卧儿帝国的皇储陀罗室可（Muhammed Dara Shikoh）组织翻译的波斯文译本。陀罗室可是沙贾汉的长子，被指定为皇位继承人。他的曾祖父就是阿克巴大帝。他继承其曾祖、祖、父的开明态度，雅好梵学，尝著书试图调和印、回二教之争。其于1640年访克什米尔，见诸婆罗门耆宿，后者告之以奥义书。他遂从贝拿勒斯延请诸婆罗门耆宿至德里，翻此书为波斯文。其所据原本应颇具权威性。其书于1657年翻完，名为《至上奥义》（Sirr-e-Akbar）。陀罗室可于序中称奥义书之教，与《古兰经》之《秘密书》部分相同。后来其弟奥朗则布（Aurangzib）乃以此诬之以叛教罪，将其处死，遂篡帝位。1775年，法国学者杜帕农（Anquetil Duperron）从任职于印度穆斯林朝廷的根提尔（M.Gentil）处收到此奥义书译本之部分，遂更索其余，乃译之为法语和拉丁语两种译本。其中唯拉丁语译本于1801年出版，名为Oupnek'hat。此译本对欧洲思想界产生了重大影响。德国哲学家叔本华读到的就是这个译本。在印度，近代以来奥义书研究的兴起，也得力于罗易（Ram Mohan Roy）的推动。他最早将其书译为英文出版，且于孟加拉成立梵社（Brahma Samaj），推动印度教的革新。其学说即以奥义书为主要依据。19世纪中叶，西方学界兴起了一股梵学研究的热潮。学人对奥义书的兴趣日增。随之出现了数种奥义书新译本。其中重要的有：缪勒（Max Muller）的《奥义书》（The Upaniṣads）、杜伊森（Paul Deussen）的《六十奥义书》（Sechzig Upaniṣad's des Veda）、休谟（R.E.Hume）

---

① E.Brehier, *The philosophy of Plotinus*, the University of Chicago Press, 1958.106—131; A.M.Wolters, *A Survey of Modern scholary Opinion on Plotinus and Indian thought*, Neoplatonism and Indian thought, ed. R. B.Harris, State University of New York Press, 1982.

的《十三种主要的奥义书》(The Thirteen Principal Upaniṣads)。这些在今天仍然是权威的译本。此后西方和印度仍陆续有新的译本出现。本书除了以上列出的译本，主要参考了拉达克利希南(S.Radhakrishnan)的《主要的奥义书》(The Principal Upaniṣads)、奥利维勒(P.Olivelle)的《早期奥义书》(The Early Upaniṣads)等，此外还有一些奥义书单行本。本书将主要的奥义书参照拉达克利希南和奥利维勒的本子提供的梵文，斟酌以上各译本重译了一遍。许多其他奥义书则未找到梵本，主要根据杜伊森(Paul Deussen)的《六十奥义书》、爱耶尔(K.N.Aiyar)的《三十种小奥义书》(Thirty Minor Upaniṣads)、奥利维勒的《出世道奥义书》(Saṃnyāsa Upaniṣads)以及金奈版(The Theosophical Publishing House, Chennai)的《奥义书全集》译出。另外在20纪20年代，日本曾经组织梵文学者多人，译出奥义书全集，共116种。在汉语佛藏固曾有数论、胜论等典籍之翻译，而于奥义书则无任何译文。最早的奥义书汉语全译本是徐梵澄先生的《五十奥义书》，译文忠实且注释精当，堪称佳译。最近有黄宝生先生译《奥义书》出版。这些都是本书的翻译所依赖的重要参考资料。

正如达斯古普塔所说："一个现代的研究者，最好不要跟随古代解释者们所有奥义书都表现为一个相互联系的整体的立场，而是要将文本分别、独立地对待，以确定其意义，当然同时也要留意其上下文。"① 事实上，不仅传统的印度注释家，就是西方研究者(比如杜伊森)，也往往习惯于将奥义书作为一个内在一致的整体。然而这种立场是不成立的。实际的情况是，奥义书不仅作为一类文献的总体，其思想跨度极大，内容极端矛盾、混乱，根本不可能从中清理出一个理论整体；甚至大多数单独的奥义书(除了某些篇幅极短小者如《蛙氏》之外)，其思想都具有杂糅的性质，内容的异质性非常明显，其中也不存在一个统一的理论体系。早期奥义书往往现存地将所有能找到的文本编在一起，而完全未考虑其内容差异。比如《广林奥义书》分为三部，每一部结尾都列出了自己的师资传承(vaṃśa)，三种传承各不相同。这表明这三部分原来都是完整的文献，最后被编排在一起。在这里，编者甚至完全没有对于这些文本的思想差异的意识。晚期奥义书往往试图将它采纳的不同文本在思想上统一起来，但由于其理性思辨能力薄弱，这种努力一般都很不成功；另外它还大量引用吠陀和早期奥义书的文本，这些文本在思想上也没有得到很好的统一。因此对于每一种奥义书，其思想之自相矛盾、含混模糊和散乱无序的情况，皆极常见(甚至每每同一奥义书前后两行或数行的说法正好相反)。这种情况使得将全部奥义书，甚至将每一种单独的奥义书的思想作为一个事实的整体来研究，都是毫无意义且误入歧途的。然

① Surendranath Dasgupta, *A Histroy of Indian Philosophy Vol.1*, Cambridge University Press, 1957.42.

而另一方面，对于一个思想传统，只有当我们将它把握成一个整体之时，我们才可以说对它真正“理解”了。对于奥义书思想而言，这里唯一的解决办法就是将它理解为一个历史的整体。只有在历史的发展中，相互差异、相互矛盾的思想才能统一起来，构成一个有机的运动整体的不同阶段、层次。

对于本书的研究目的来说，奥义书的上述“缺陷”，恰恰构成一个最大的优点。本书旨在通过对奥义书观念的历史阐释，揭示其思想发展的详细历程，最终以此为基础，阐明精神本有的自由推动人类思想、观念展开的普遍逻辑。就此而言，奥义书为我们提供了其他任何一种单独文献所不能提供的最大时间和历史跨度及思想类型上的最大丰富性。奥义书的形成过程持续近千年，思想经历了从最原始野蛮的魔法思维到最内在、超绝的精神觉悟的全部重要阶段，所有这些阶段的思想都沉淀在奥义书无比斑斓驳杂的观念总体中。因此，奥义书为我们研究一般的人类精神史提供了最丰富的素材。这就是作者选择它作为研究领域的原因。然而即使一种历史性的研究，也不能把每一种奥义书（尤其是那些较大的、综合性的奥义书）作为一个思想整体来研究。由于每一种奥义书文本都有的思想驳杂性，这样做不仅是无意义的，而且使我们根本无法厘清奥义书思想发展的轮廓。在这种情况下，唯一合理的做法是将每一种奥义书的思想分解开来，把奥义书的各个学派、观念作为独立整体来研究，并用观念史的线索将它们贯穿起来。另外，应当承认奥义书中有许多内容在现在看来完全是垃圾（缪勒说过同样的话），比如早期奥义书中充斥的魔法、祭祀、咒术，但是我们对于这些垃圾也没有简单地把它倒掉。对于奥义书大量的祭祀学、巫术内容，本书也花了很大篇幅来处理。这样做并不是因为这些东西还有什么真理价值，而是因为这是更客观地展现奥义书思想发展的整体所要求的，而且这些东西也代表了人类精神普遍经历的阶段，甚至呈现了我们现实的精神中被忽视的底层（弗雷泽的《金枝》表明了即使在现代社会生活中巫术仍然在起作用），对它们的研究也是更深入理解普遍的人类精神史所必需的。

由于奥义书思想巨大的历史跨度和思想容量，它不仅最完整地展示了人类精神发展的过程，而且最充分地呈现了现实精神的内容，因而它还是我们达到充分、全面的自我理解的一个最好的中介。精神的现实性就是思想，而具有必然性的思想就是概念，而观念则表现相应的概念。概念必然在精神经验的历史中构成。它对所有旧的概念进行淘汰、同化、重组，并在此基础上构成自己的结构，后者只能通过历史凝聚成形。纯粹内在的概念、思想的发展表现为观念史。一方面，任何概念、思想必须通过历史才能被内在地统一起来构成更普遍的概念，它们只有在这构成史中才有意义，相应地它们的观念（即它们带来的存在理解）也只有在构成新观念的历史中，才能实现逻辑的统一，且只有在这里它们才能被“定位”、被理解；另一方面，如我们在绪论中所阐明，精神的纯粹概念、思想的结构总是对于精神的直接意识隐藏自身，然而观念史，比如奥义书的观念史，则通过重现概念构成的历史过程，把现实精神概念隐藏的结构重新呈现出来，所以我们通过以现象学方式对观念构成进行历史回溯，就可以使概念对于精神的目光重新“显化”出来（参考本书绪论第一节）。另外，通过在历史层面阐明自由推动思想、概念构成的逻辑，我们才能在现实层面领会自由推动思想开展的机制。而奥义书由于包含了观念的完整历史，因而最充分地呈现了现实精神的纯粹思想运动的内容，以及自由在其中的推动作用，从而将我们自己精神的内容最充分地暴露出来，这无疑对于深化我们的自我理解具有巨大价值。总之对观念的历史阐释，乃是我们了解人类精神现实的根本途径。易言之，人只有通过历史，即观念史或精神史，才能真正理解自己；在这种意义上，哲学必须就是哲学史。进一步说，哲学史植根于精神史，后者本质上就是人类自由的历史。

正如柏拉图所说，真知是一种回忆，就是回忆我们与神圣本原的本有的联结（柏拉图：《斐德罗》249B-250B）。人类精神只有通过回忆才能认识自身。不仅要回忆自己的历史，而且要回忆它由以展现自身的本体，后者就是精神本有的自由。通过回忆，精神才认识到自己的现实内容和最终本体：自由。哲学的真正价值应当不是别的，而就是唤起人对于自由的回忆，从而使人意识到自身存在的真实价值和使命。唯有当人类精神时刻意识到这自由并且以之为社会生活的基石，才会使人享有自由和尊严，避免人格的扭曲和社会的异化。唯有当精神意识到自由本有的无限性，才会使人打破对偶像的依赖，消灭专制奴役的内在根源。本书的目的，是试图通过对奥义书思想的阐释，使我们回忆起自身精神的内容和展开过程，且在这展开过程中重新体验自由的本真存在，并通过阐明自由在精神发展中的根本推动作用，揭示自由的真正价值。

本书的写作花掉了作者近十年的几乎全部时间，这主要是由于作者的目标是试图通过对奥义书思想的研究阐明人类精神的历史和现实的一般真理，也由于写作的框架太大，因而大大增加了写作的难度。本书所做的工作包括：第一，也是最基础性的工作，是将涉及的全部奥义书文本重译了一遍，力图尽量充分地反映近代以来奥义书研究的成果。其中十几种主要的奥义书参照了拉达克利希南的《The Principal Upaniṣads》（George Allen & Unwin LTD, London1953）和奥利维勒的《The Early Upaniṣads》（Oxford University Press, Oxford1998）中的梵本。其他奥义书则没有找到梵本，主要根据杜伊森的《Sechzig Upaniṣad's des Veda》（F.A.Brockhaus Leipzig 1921）、爱耶尔的《Thirty Minor Upaniṣads》（Madras1914）、奥利维勒的《The

Saṃnyāsa Upaniṣads》(Oxford University Press, Oxford1998)译出。译文参考了前面列出的全部译本及数种奥义书单行本。第二，根据思想发展的自身逻辑，对本来十分含混暧昧的奥义书思想进行了客观、细致、详尽的疏理、阐释，使其呈现出较清晰的发展轮廓，呈现为一个历史的有机整体；另外还对奥义书思想与吠陀、梵书思想的源流关系，及其对印度各教、各派思想（尤其是数论、瑜伽派和佛教）的影响进行了较详细的分析。第三，阐明最终推动奥义书精神发展的自由的无限展开运动，阐明自由的自身绝对化的展开推动精神的反省和否定思维的不断深化和提升，从而促使奥义书精神从自然阶段过渡到自由阶段，又从实在的自由过渡到本真自由阶段的详细进程；由此最终阐明了自由作为本体的实质内容，以及它通过呼唤和倾注，推动精神的省思不断构成新的概念和观念的普遍逻辑，阐明了精神生命内在的多重辩证法展开为观念和实践运动的机制。第四，将奥义书思想发展的每一环节，都与西方、中国思想进行了广泛、深入的比较，通过奥义书思想发展与两千多年欧洲思想的发展的平行性，表明了奥义书思想发展的一般性，另外也阐明了它通过如来藏佛教的中介对中国文化的深刻影响。

# 绪　论

叔本华曾经说，一本经过长期思虑、锤炼写成的哲学著作，本身是一个复杂的思想整体，每一部分都相互关联、相互包含，所以读者除了把这书从头到尾读上几遍，实在没有别的了解它的办法①。因此给这样一部书再写一个导言或绪论之类的东西，就是完全不必要的。不过我们今天的哲学作者们，已经谁都没有老前辈享受的这种福气了。不仅每一部哲学著作前面都要给写一个序，甚至有时给这个序还得写一个序。对于每一个经历了漫长的艰苦劳役的作者来说，这无疑都是一件很痛苦的事情。这就好比一个溺海的人，经过数日游到了岸上，却发现这岸原来只是一个小岛，离陆地尚有数里之遥，中间是惊涛骇浪。此时他甚至不得不恐惧他极度疲乏的身躯，会在这中间力竭而沉。然而从读者的利益来考虑，这一劳作看来是应该的，因为在当今时代，一方面是人们的生活越来越急促，以至能坐在书桌前阅读一本内容艰深的著作的时间已是少之又少，另一方面是各种出版物在数量上急剧膨胀，估计现在世界各国一天出版书籍的数量就超过了叔本华之前所有时代积累的文献总和。在这种情况下，如果一本书的作者竟然在读者还完全不知道这本书要说什么及对自己有什么用的时候，要求他把它从头到尾全部读完甚至读上几遍，则不仅不现实，甚至可能显得狂妄。因此，一本哲学著作，必须在一开头就要把这书的写作目的、结论、研究价值和思路都告诉大家，以便读者决定它是否值得一读。

在以下内容中，我们首先给出了本书的写作目的和结论。本书的写作目的是通过对奥义书思想的阐释，揭示人类精神的现实内容，以及精神本有的自由推动它不断自我否定、自我展开的逻辑。本书的结论包括两个层面：(1) 奥义书的思想史是精神在自由推动下不断自我扬弃、自我深化的历史，它经历了从自然精神到自由的精神、从自由的精神到本真精神的转化，自由就是在这一过程中展开自身。(2) 上述思想史阐释，一方面使精神生命的存在结构得以呈现：精神的最终本质就是超绝的自由或自否定，就是精神自身否定、自身建构、自身维持和自身出离的无限运动；精神的内在现实性就是纯粹思想或先验意识，为存在的本体，是人类意识无法直接认识

① 叔本华：《作为意志和表象的世界》，商务印书馆 2009 年版，第 2 页。

的领域；精神的最外在存在是观念（包括内在和外在的观念），它构成自然和经验的内容，是意识的直接对象。另一方面，这种思想史阐释也使精神运动的逻辑得以呈现。盖自由作为绝对，本来就具有在现实层面实现自身绝对化的冲动，它要求通过现实精神实现对自身本质的直接规定，因而推动精神的省思不断内在化和超越化。然而人类精神由于其本质的局限性，只能以自然为起点。自由推动精神的反省和否定思维不断深化和提升，终于扬弃自然思维而进入真正的反思和超越思维，并扬弃实在的思维进入对自由的超绝存在的本真觉悟。精神以此从自然精神转化为自由的精神，从自由的精神转化为本真的精神。于是精神最终实现了对于自由的超绝本质的直接规定，即本真的自由。在本书包括的这两个结论中，(2) 是最终的结论，它同时也是本书的本体论出发点，所以我们在以下内容中，将首先对它予以较详细阐明。其次我们将交代一下奥义书产生和发展的精神背景。接着将讨论的是奥义书的年代和排序问题。然后我们将主要从奥义书对东西方各主要文化的启迪，以及它对于一般精神史阐释的独特意义，来阐明奥义书在今天的学术价值。最后是对本书主要思路的说明。

## 第一节　哲学史与精神史

### 一

一切存在物，须得既有其自在本质，又要有一种光线把它照亮，它才能如是把自己呈现出来。那内在于我们的心中的，从存在论上把事物和世界揭示出来的光明原理，就是人类的觉性；后者在我们每个人身上的个体化被称为我觉。我们直接经验到的任何事物，都是觉性呈现出来的内容。但光线不能照亮自己，它不能对自己呈现自己，而只能照亮事物。觉性的直接经验也只能把对象照亮。觉性的照明作用就表明有在它之外的东西存在。这种与觉性对立的东西，这种外在于自我的黑暗本体，就是作为存在的另一基础的冥性原理。属于我们直接经验的任何存在，都是这两种原理交会的结果。觉性是全部的活动和生命，是区分、关联、把握、构造，因而它创造事物的全部存在意义。而正如被照亮的黑暗就不再是黑暗，黑暗从来就不能进入光明的内部，冥性或物自体也不能进入事物的存在意义之中，它只是事物存在的外在依托。在这种意义上，觉性就是存在本身。

觉性就是心灵，它的存在包括以下层面：其一，生存论的存在，即自然，在人的直接经验中呈现，是意识可以直接认识到的。它是觉性的外在躯壳，是觉性最外在的、经验的表象。自然也属于心灵。心灵有外在与内在的方面：其内在方面指心的活动，其外在方面指这活动的外在表现及活动构成的现存世界，即自然。自然的实质是观念，包括内在的观念（心理现象）和外在的观念（物质现象）。观念只是觉性的纯粹内在存在的标记、符号。其二，纯粹的思想，是觉性的内在现实。它是觉性的先验概念运动。它构造观念、自然，试图以此对它自身的活动进行标记、指引，从而使之成为必然的。纯粹思想是意识无法直接认识的。相反，它匿名地规定着意识的指向。它的实体是理性和意识的统一。觉性、精神的内在现实被概念、理性规定，而自然则是这内在现实的生存论表象。这意味着，概念、理性规定了觉性、精神的全部现实存在。其三，超越现实的存在，即自由本身。觉性必有一种绝对超现实的存在。因为，既然觉性、精神的全部现实存在皆被概念、理性规定，而概念、理性总是当前、确定的存在，就是既定的"传统"，这就意味着，如果现实存在就是绝对，就是觉性的全部存在意义，那么觉性、精神就永远不可能超越它的"传统"，超越其当前的理性、概念，如此则觉性、精神的发展就是在逻辑上完全不可能的。然而人类精神在其几千年的发展中，总是在不断突破、超越它的传统，不断打破已有的概念、构成新的概念。这有力证明了觉性、精神有一种绝对超现实的（超绝的）自由。这自由才是觉性、精神的生命和究竟本质。在自由与现实的关系中，自由是绝对、本体，它超越现实且规定现实。自由是无规定的绝对运动，它构造现实存在，作为其自我实现的中介。现实就是自由的展开、实现。因此自由是觉性、精神，乃至全部存在的真理、本质。这种意义上的自由，我们称之为本体自由。

另外，人类觉性的存在还包括自然意识和精神两个领域，这二者的存在都包括生存论存在、内在的现实和本体自由三个层面。自然意识或自然觉性（或称原觉），就是直接的存在经验，即人类觉性的存在领会及其内容，是觉性生命运动的出发点和基础。它直接与冥性打交道，自然、宇宙的存在都是在它与冥性的交涉中揭示出来，都属于它。自然觉性就是人直接的生活世界。它的主体是人的直接意识。自然觉性的特点是完全没有反省（省思），没有任何普遍观念，只认识经验的个别事物，而且它的行动完全从功利的需要出发。与此相关，它只对自然的感性个别之物，即生存论的存在有自由，而对于觉性的普遍、内在的自身存在，则既无认识，亦无自由，反倒是完全被其所规定。然而觉性的自由就是绝对和无限。这绝对自由不允许有任何禁区，它必然要求实现为对觉性的自身存在的自由。而精神就是后面这种自由的具体现实。精神就是对自然经验，即原觉的直接性的否定。盖自然经验的对象只是个别、感性之物，而觉性的自身存在则是普遍、内在的原理。精神作为对觉性自身存在的自由，就必须有对觉性的普遍、内在存在的认识。然而精神的任何认识都必然包括直接意识在内，以之为基础（直接意识从未表现过的东西，精神永远也不可能对它有认识)，而人类的自然经验和直接意识则对任何普遍、内在存在皆全无认识(这是人类觉性的有限性)。因此精神在这里，唯有在直接意识呈现的内容，即感性、个别的自然基础上，通过归纳、还原，达到对作为感性、个别事物的本质和基础的普遍、内在存在的认识(精神的起点是自然)。精神的这种认识方式是一种再认识，因而称之为省思(nachdenken)。与自然觉性的直接意识对应，省思是精神的主体。其对象就是觉性的自身存在。精神唯有通过省思，才能认识觉性及它自身的内在存在，并实现对这存在的自由。精神也就是这样的自由。唯精神具有针对它自身内在存在的自由。因此，在其本真意义上，精神就是绝对自由。唯精神能规定、扬弃自己的内在本质，因此唯它有历史；而自然经验则否(生活世界没有真正的历史)。觉性的历史就是精神的历史。

## 二

人类真正的历史就是精神史。对于任何一种传统，理解了它的精神，就理解了它的本质，以及它的历史。必须立足于精神史来阐释哲学史、思想史，或把哲学史揭示为精神史，对于印度思想也是这样。

当人们省思整个人类精神的历史(包括印度、西方精神的历史)时，可能会对精神的巨大差异性、多样性感到惊诧，但是同样应当令人感到惊诧的是，人类精神发展，在由无数曲折、歧途、暗道、迷误、混乱和陷阱构成的历史丛林中，却总能表现出一个唯一的方向(而无论精神有多么巨大的文化、地理跨度)。这就是：精神总是在否定其直接、当前的存在，达到更内在、本质的存在，它总处在由此到彼的持续运动中。应当看到，精神的这种不断自身否定和自身内在化，并不是一个人甚至一个民族的自然生存所必需的(一个完全无反思和超越性的民族，照样可以生存得好好的)。它对于人的生存来说，其实是偶然的。它的普遍方向性与它对于人的生存的偶然性相矛盾。这按照日常的逻辑本来是很费解的。如果我们不想假设一个背后安排着的上帝，那么只能认为这种精神发展，是由一种内在于觉性自身的存在决定的。这种存在不能是现实性(无论内在和外在的现实都是被规定的，无法超越它自身的此在，规定它自身的发展)。它就是本体自由自身。唯自由本身具有跨越文化和历史的普遍性，因而能普遍地指引精神的进步。自由本身就是指针。

本体自由之所以能引导、规定精神历史的方向，首先，因为自由就是时间，是精神的时间，它将自身转化为现实的精神历史，从而决定历史的方向。自由作为时间，是生命的时间，是生命的本质。我们之所以认为觉性、精神是生命，从根本上说，就是因为它们的本质就是自由，而自由就是生命自身。生命的时间，就是生命进化、发育的时间，就是生命不断否定自身直接性以实现更大自由的运动。这就是自由本身。自由或自否定，就是一个无限积累的脱离自身运动，因而表现为一种独特的时间。这个生命的时间与自然时间根本不同，甚至是相反的。盖自由作为自否定，本质上是绝对、无限。它要求将自身的绝对、无限性展开为现实的运动，这就是绝对自由的实现。为此它必须不断展开为精神的现实性，但不能被这现实性固着，所以还必须否定这现实性，创造新的现实……如此无限地展开自身。于是，本体自由不断否定精神的此处，迫使精神作无限的由此到彼的运动，而其最终的彼岸就是绝对自由。在这过程中，自由将自己展开为精神的现实活动，即省思。自否定就实现为精神的否定和反省思维。于是自由自身绝对化就实现为这否定和反省思维的无限自我提升和深化，其目标就是使绝对自由成为精神的现实性、思想。因此自由的自身运动，决定精神的历史必然是一个从相对不自由的此处，到绝对自由的理想彼岸的无限进程。在这种意义上，自由规定精神历史的方向。

其次，本体自由还通过存在论的情绪，引导精神的进展。人类的情绪，大多与人的自然之本能、生存之顺逆相关，且因某种明确对象引起；但也有一类，与任何生存本能以及具体生活内容无关，甚至没有明确对象，却时常在不经意间袭上心头的情绪，比如空虚、厌烦、无聊等。这些情绪其实就是本体自由的现身。本体自由通过这类情绪对现实精神的存在表示肯定或否定，因此我们称之为存在论的情绪。在这里，它其实是在对精神的存在是否体现了本真自由表示判决。一方面，当现实精神在某一历史时刻，打破了自身惰性，克服原来的局限，进入自由的新国度，那么这就意味着在此刻，本体自由战胜了精神惰性的阻拦和环境的压制，恢复了它的本真存在。于是本体自由就会通过一种愉悦情绪，将它的这种状态告诉现实精神。这就是自由感。它使精神确定新的自由状态相比原先的不自由状态为善。本体自由通过自由感对精神的进展表示肯定。然而在精神历史的长河中，这种本真自由的绽放，只是一瞬间的事，表现为天才的灵感（自由感更多地是在艺术、诗歌、宗教和哲学活动中体现）。一旦自由已经展开为新的现实并通过后者规定了自己，这本真的瞬间立即消退。精神于是又回到平凡生活的轨道。另一方面，当精神在其历史中达到某一种现实性，它内在的惰性就会诱使它停留于此，把这此处当做绝对。于是精神的自由就丧失它本真的绝对性和无限性。然而本体自由要求实现为绝对、无限，因而它会向现实精神呼吁，使精神不满于它的此处。这就是苦恼感。自由通过苦恼感逼迫现实精神，使其不得安于此处，不得停留于其有限的现实，而是不断舍此就彼，以迈向绝对自由的理想。情绪是自由与现实精神的对话。它既是本体自由的现身，也是精神对这自由的应答；既是呼唤与肯认，又是谛听与回答。本体自由就是通过苦恼感的逼迫和自由感的确认，引导现实精神从此到彼、从不自由到自由的持续运动。

自由就是通过它自身的展开和情绪的引导，推动现实精神不断迈向更宽广高深的自由境界，从而规定了精神历史的进程。这使得精神的历史就是自由的历史。因此，不论文化跨度多大的精神，其历史发展都表现出从原先比较不自由到更大自由的本质必然性。但这种必然性能在多大程度上实现，则受到已有的传统、制度和环境等多方面因素的制约。而哲学和宗教只是更闳阔深邃的精神历史的一个侧面。它们的历史，也同样体现了自由不断深化和提升的进程，并且必须作为精神自由的历史来理解。

## 三

自由是推动精神的历史发展的唯一力量，精神的历史就是自由的实现。要阐明自由推动精神发展的机制，必须阐明自由本身的内容。作为生命的本质，自由是一种时间。这时间与宇宙时间方向相反，它正是对宇宙时间的否定。因此自由是一种逆式运动。这在自然生命是如此，在精神生命亦是如此。我们将这种生命运动进一步分析为几种独特作用，称之为生命的自主势用，它们都是生命所特有的，包括：(1) 精神生命的自我组织、自身建构作用，即自凝势用。精神生命通过它克服自身的混沌和混乱，赋予自己形式的规定。这种自组织作用，是区分生命与非生命的最明确特征。(2) 精神生命的自身维持、自身指向作用，这就是把精神的所有生命活动，都指向这生命的本质，使后者成为它们的中心、最终目的，它们都是为了维持这本质而存在。这就是自反势用。精神依自反作用克服其外在性，建立起自身内在的空间，并实现自身独立。(3) 精神的自身出离作用，即自离势用。这是精神生命的自身丰富、自我繁殖、自身突破、自我扩张和自我分裂。它使精神生命克服自身贫乏、单一和自我封闭。这种作用也是生命特有的。(4) 精神的自身否定作用，即自舍势用。这是精神直接否定自身存在的作用，是精神生命永恒进化、永不停滞的动力。精神由此克服其直接性、单面性、执著性和惰性。这种作用通过精神的无限进化得到验证。它也是生命特有的，唯生命体才能否定自身存在。

每一自主势用都同时是否定和维持，否定旧有的存在，维持新的存在，因而既是自否定，又是自维持（自否定的另一面就是自维持）。对于觉性而言，凡被维持的即是真理，凡被否定的皆是虚妄。另外，自凝、自反、自离是自主的肯定势用，自舍是自主的否定势用。在现实的精神中，这两类势用相互补充、相互颉颃、此消彼长，它们的“破”、“立”辩证法，推动精神省思在有与无、内与外、本质与表象之间的无限辩证往复运动。精神省思正是在这种辩证循环中不断进化。省思是展开为现实性的自由。它包括反省思维（对于自我的直接或间接的领会）、否定思维（否定当前直接的存在，确立某种超越这直接性的真理）、理性思维等。每一种省思都包括全部自主性的参与，但其中总有一两种势用是主导的，这在于省思只为后者构造观念。在这种意义上，我们说这种省思就是这一势用的实现。比如说反省思维是自反势用的实现，否定思维是自舍势用的实现，理性思维是自凝势用的实现等。每一种现实精神的发展，都是以反省与否定思维的发展为其最基本线索。而无论否定还是反省，都包含自舍与自反两种势用的辩证交织。正是这二者否定与肯定、"破"与"立"的辩证运动，推动精神的否定与反省思维不断深化和提升，臻乎极境。

此外，正如现实生命总是包括生与死两种力量的对抗，因为生命活动必然以自然的质料为其内在物质基础，于是便把后者的自在运动引入生命之中，唯有当生命的自主力量能规定这种自在运动，使两者达到力量平衡，生命才能持存，否则生命就会解体；现实精神同样包含了自主性与自在性的矛盾。精神的活动也必以觉性的自然内容为基础。其中自主性或自主势用就是对这自然的否定，是逆自然而行的时间。而自在性或自在势用，则是随顺自然而行，是对自主性的消解，它其实就是精神内在的惰性，是精神内部的死亡。但它也是精神生命的条件，是现实精神运动不可或缺的一方，因为自主性按其本真存在都趋向无限，而自在势用则力图将它限制在此处，使它被规定。只有当在精神发展的某一点上，这两种力量达到了平衡，精神才会获得确定的现实性。自在势用的作用，就是把精神的自主势用及其现实性一一消解，使之彻底回到原初自然（精神的零点）。因而它也包括四种：(1) 自肆势用。这就是消解自凝势用，消解由后者构造的全部省思概念，乃至消解直接经验的概念，以回到精神原始的混沌状态。精神若被这种消极势用支配，就会把理性乃至全部概念，都当做难以承受的负担和痛苦；它只有完全解构理性，解构逻各斯，无中介地自暴于自然之混沌，才能感到自快。(2) 自放势用。这就是消解精神的自反势用及其产生的精神自身指向、解构精神的自身空间的作用。它使精神沉湎、自忘、自弃于其自然的外在性中，以陶醉于忘知废照、心物不分、物我混同的玄冥之境为最大幸福。(3) 自适势用。这是消解精神的自离势用及其造成的与自然的贫乏性、单一性和封闭性的距离的作用。它使精神重新回到并安然自满于其原初的贫乏、单一、封闭的此处。(4) 自任势用。这就是精神消极的执著性，是消解自舍势用对精神自身原始性的背离，自在地肯定精神最直接、当前的现实性的作用。在它的支配下，精神对自身的矛盾和无根基感到痛苦，因而力图消解任何超越或否定，重新回到其自然存在的直接性、朴素性、单面性，在其中怿然自得。因此，现实的精神生命不仅包括自主否定与自主肯定势用的对待，也包括自主势用与自在势用的对立。正是这种双重的辩证法，决定精神的现实存在和走向。

自由是生命的本质，又是精神生命的意义和理想。但生命的本质作为自否定，乃是一种个体的痛苦；作为自维持，又是个体的劳累。因此生命本质上是苦。觉性的生命就是存在，因而存在就是苦。只有存在、生命的断灭才是苦的终结，因而是真正的幸福，这是佛教告诉我们的真理。同样，精神的生命也是苦。有限的人，往往不能承受这种精神之苦。因此，消解精神的生命，复归于直接、朴素、原始、粗鄙的自然状态，实在是人性本然的冲动，通过自暴自弃反而达到舒适逍遥、怡然自得的境界。因此现实精神中，求生的冲动与向死的冲动，总是同时存在的。对精神死亡境界的追求，在玄道文化中起着支配作用。它在楚民族的庄玄大通之境、魏晋放达之行，到渊明颓废之诗中，都是触目可见的。然而这精神的死亡与觉性、生命的死亡尚有区别。盖后者要求对自然觉性、自然生命的彻底断灭，这是必须通过艰苦的精神超越完成，而后者正是精神自由的实现。反之，庄玄等追求的忘知废照、蠢然若愚之境，其实是精神的全部生命和自由的彻底丧失，而回到无精神的自然觉性和自然生命。

精神的自主性与自在性两种势用，就是精神的生命与死亡、自由与奴役两种内在冲动。只有当这二者达到某种平衡，精神才获得一种确定的现实性。于是觉性、精神得以安立于某一此处。然而自由是绝对自否定，它必然要进一步否定这些，以趋向无限。于是自主性与自在性的平衡被打破。自主性得以展开为新的现实。同时自在性必然起来抵消这自主性迈向无限的冲动，把精神固定于又一个新的此处。正是这种自主性和自在性的辩证运动，或者说自由与自然两种时间的交织，决定精神不断从此到彼的现实运动。这个运动就是精神的历史。无论是观念的历史，还是实践的历史，本质上都是自由的历史，是后者在自然、生存论层面的表现。

## 四

全部精神科学研究的目标，最终都应是为了揭示精神的纯粹思想，以及自由实现为思想的机制，从而促进人类精神的自我理解。这也是本书的目标。本书就旨在通过对奥义书的精神阐释，最终达到对我们现实精神的内在存在的更清晰理解。

这种理解，必须贯彻一种现象学的明证性。然而精神的内在存在，它的纯粹思想以及自由展开的机制，都是人的意识无法认识的。意识唯一可观察的东西是自然、观念，属于觉性的生存论存在。我们如果要阐明精神的内在存在，就必须用意识可以看见的东西把这不可见的存在的诸环节标识出来，使之对意识显现。我们必须以某种特殊方法，使精神内在存在的内容通过自然、观念显现出来，亦即使之显现为生存论的内容和活动，从而能够鲜明地呈现于我们的意识中。这就类似于遗传学的染色法。遗传学所研究的DNA分子本来是不可见的，但研究者通过添加某种化学染料，使它附着了特定颜色，于是就可以在显微镜下清晰地观察它的结构和活动。我们使用的是与此完全一致的方法。这就是把意识可见的东西，即观念的表象，重新附着于精神的内在存在，使后者的运动和结构对我们得以呈现出来。这相当于把一种本来没有颜色的东西染上颜色，使它更鲜明、触目。我们把这种特殊方法，称为生存论的染色。只有通过这种染色，才能使精神内在的概念运动的诸环节和自由展开的机制清楚地呈现出来，我们对精神内在存在的阐明才具有现象学的明证性。这种染色的途径，是重新使精神活动具有初生活动的生疏性，从而使这活动的环节对我们的意识显现出来。任何思想，当它作为一种初生活动出现，即在现实精神中被构成时，它的各环节都必然是通过观念在意识中清晰呈现的，但是当它在后来相当长的时间中，逐渐积淀为精神的一种固定的、具有必然性的活动时，我们就对它丧失自觉性，使它成为一种自动控制我们思想的力量，即成为概念（比较车间学徒初次学习某种复杂操作的有意识性，和以后的熟练操作的无意识的自动性）。于是我们对于概念的结构、环节就是盲目的，也就是说，标志概念诸环节的观念已被消磨掉①。如果我们要重新认识这概念的结构，就必须以某种方式再次回到这概念初生时的情形。这就是通过重新观察概念初始的构成机制，使概念的内容、环节对我们呈现出来（概念的存在与构成在本质上是同一的）。这其实就是有意破除对概念的熟悉性，重新把它生疏化，使它像初始活动一样展现其清晰结构。这种情形就为我们阐释精神概念的运动提供了一种现象学的例示。

在我们看来，思想史和宗教经验，最好地再现了这样的情形。在宗教生活中，个人的灵修活动就始终具有初生性和自觉性。它旨在构成某种精神概念。此时，这概念的每一环节都被现象观念标记了，都在意识中显现。可以说，灵修程序实现了对概念的染色。以灵修程序为基础的全部宗教形式，都是对精神概念的生存论化。灵修活动与文化精神有紧密关联，而且它本来具有充分的形式自觉，因而可以作为阐释精神的概念运动的现象学的例示。思想史则提供了另一个例示，而且对于作为学者的我们，思想史才是更具合法性的资源。同灵修过程类似，思想史也以一种普遍、历史的形式把我们带到概念的原初构成的情形，使这构成过程通过观念运动清晰呈现在我们面前。精神的每一概念，都既是现实，又是历史，因为它是历史地构成的，

① 尽管每一概念的形成过程，都包括系列观念运动，它们标记了概念的内在结构，但一俟概念定形，这些观念便被抹去，于是概念的内在结构隐化，概念似乎成为一个不动的、无时间性的实体（这是所有概念实在论的本体论根源）。所以我们一般对于现实精神概念的内在结构是完全无意识的。

且将这历史包含在内。它的现实活动与这历史构成活动本质上是同一活动，具有相同的结构。但概念的现实活动无法对我们显现，而其历史构成活动的结构、环节则通过观念史对意识呈现出来，因为概念构成史在生存论层面就是观念的构成史；所以通过呈现观念运动，历史就把概念活动的环节生存论化并对意识显现出来。因此对于每一现实的精神概念，我们都只有返回到其构成的历史，通过其相应的观念构成使这概念的结构再次对意识显现出来。这就是对概念的内在形式的生存论染色。这种染色也包括一种观念的重构。这在于，在日常精神中，往往由于诸观念所标记的某一概念结构被隐化，使得这些观念失去了内在关联。在这种情况下，我们必须先努力将这些观念按精神运动的逻辑重新构成一个整体，这是完成对这概念染色的条件。

然而通过这种染色直接呈现于我们意识中的，只是观念和观念的运动，为精神的生存论外壳。这只是觉性、精神内在存在的标记、符号。因此我们还必须超越这意识的观念，透过生存论的标记和外壳，领会觉性生命的内在性。也就是说染色之后还要脱色。后者就是一种生存论还原。通过染色使思想被标识，通过还原排除标记，使思想的纯粹活动呈现出来。这种还原就是排除精神的生存论外壳，即完全排除精神的自然、经验的存在，使其纯粹内在存在得以显化。排除是一种意义窄化。它包括在质料上，将观念的全部感性、心理属性的意义排除，使其还原为一个意义的零点；以及在形式上，将观念的全部经验结构，即一切处在自然的时间、空间、因果等关联中的形式，也窄化、还原为一个点。正是由于对精神生命的自然的、生存论的意义窄化，才使精神被遮盖的内在先验活动呈现出来。这种生存论还原我们称为纯粹还原。这还原就是一种理智直观（纯粹直观），通过可见的观念运动直观精神的纯粹思想。这种方法完全适用于思想史领域，我们通过对观念史的生存论还原，就可以将纯粹思想、概念的活动呈现出来。

其次，精神的思想也不是其绝对存在。思想史研究为了揭示推动思想构成的原理，即自由本身及其运动方式，还须要对观念史进行超绝还原。这就是把某一观念的历史涉及的全部意义关联进行窄化，因而也将思想、概念的形式抹平，使思想、概念仅仅呈现为精神对其自身存在的关系，即自否定的运动。比如我们通过对某种自我观念的纯粹还原，可以直观到反省的概念。但是我们也可以对这反省概念进行窄化或还原（它仍然是直接针对观念史进行的）。在这里，我们可以尝试超越具体的反省概念，把人类整个自我理解的历史作为生存论还原的对象。当我们将这个历史包含的全部现实意义进行窄化、抹平，那么它呈现的是一种明确的自身指向运动。精神越来越深入地指向其内在本质。这种自身指向运动就是生命特有的自反势用。类似地，我们也可以通过对否定思维的现实意义窄化，呈现生命的自舍势用。这种还原就是去现实化。通过它，我们得以透过现实存在领域，进入绝对超现实的（超绝的）领域。这种超绝还原同时也是一种超绝直观。通过超绝直观，自由自身的超绝存在的全部内容才得以成为明证的。同样，在这里，还原和直观，也是以观念的重构为前提。在这里，重构把精神的观念构成一个整体以使精神的内在本质得以着色、显现，但是它又须以精神内在运动的逻辑为预先指引。因而重构就已经包含直观，二者是互为前提、同时进行的。

这种通过染色和还原使精神内在存在成为明证的方法，是严格的现象学方法。我们称之为生命现象学。因为这种意义窄化的方法，不仅适用于精神生命领域，而且适用于自然生命领域（超绝直观的方法完全可适用于对自然生命的思考）。

本书试图以生命现象学为方法论的基础，通过对奥义书观念史的重构、染色，以及还原和直观，呈现奥义书精神运动的全体，并且以此为例示，阐明自由推动精神的思想和观念发展的普遍逻辑，使之具有明证性，从而试图为一般的哲学史和比较哲学研究提供思想基础。

## 五

人类精神的发展，是一个辩证的历史过程。精神对每一个根本观念的理解，都经历了在有与无、主与客、真与妄及本质与偶像之间的屡次来回往复运动，而且正是在这运动中不断得到深化。观念的这种辩证运动体现了精神自身运动的辩证性。人类精神无论从现实还是从历史上看，都是一个包含多重辩证法的运动整体。它就其纯粹内在存在而言，主要包含以下辩证法。

第一，在现实思想层面，精神的否定与反省，或超越与反思的辩证法。否定思维是精神在现实层面的自我扬弃，是精神自舍势用的展开。它是精神为实现更大的自身自由，不断否定当前、直接存在的绝对真理性，领会一种更普遍、更本质的存在真理的思维运动。反省则是精神在否定思维开辟的领域中，领会觉性的内在性、自我。反省将否定思维的存在真理内在化，领会它与主体、自我的同一性。这二者一“破”一“立”，构成精神省思发展的两条主线。其中，否定是“破”，它不断破除存在、自我、神性的偶像；反省是“立”，是在偶像破灭后重新寻求并确立内在的真理。二者在每一精神阶段都达到了一种平衡。然而在自由的进一步推动下，否定思维终将领会到这内在真理仍是虚假的偶像，故亦必破除。反省又必须尝试再次确立新的内在性。……于是这二者构成精神不断地在内与外、偶像和本质之间来回运动。在自然精神阶段，否定与反省都是自然的。它们都是把某种自然东西当做真理，完全被自然支配。但在自由推动下，它们必然要转化为对外在自然的扬弃，对觉性的超越、内在存在的确认。于是否定思维乃意识到自然、经验的存在其实不具有自在自为的真理性，甚至是无意义的、虚假的，而唯一自为的真理是超验的实体界。它因而升华为真正的精神超越。反省也意识到心灵、思维才是绝对真理，外在自然则是以心灵为本质、基础的。于是反省也成为真正的反思。只有在这里，精神才实现了真实的自由。但即使在这新的精神阶段，超越与反思的辩证运动也不会有确定的终点或归宿，而是要无限地持续下去。

第二，在本体层面，不仅是自主否定与自主肯定势用（主要是自舍与自反势用）的辩证法，而且每一势用都包括否定与维持两方面的作用。精神的自舍与自反势用，一“破”一“立”，每一方按其本真存在都是绝对、无限而且都要求将其绝对性在现实领域充分地展开。这二者在实现自身绝对化的过程中相互交织、相互促进，推动人类精神的无限发展。首先，自舍势用是纯粹的破执，它的充分展开是对存在、自我的任何直接性，对一切偶像的、现存的、非生命的东西，乃至一切现实性的否定。但是它在否定直接的存在时，也必须确认另外一种（更普遍、更本质、更具自明性的）真理。自舍势用按其本性要求实现为绝对的，因而它就成为精神不断扬弃自身的无限意志。精神的除旧布新，从根本上是依赖自舍势用的力量，是通过它的自身绝对化的展开而实现。自舍势用的绝对实现就是绝对否定思维。佛教的空思维可以作为其代表。其次，自反势用是纯粹的内向化。它把精神的全部活动引向觉性、精神的内在本质，使它们为维持后者而存在。在有意识的生命中，这种自身指向推动这生命对于这本质的领会。自反势用的充分展开是使精神确认本体自由自身为存在的内在本质、为真实的自我。自反势用按其本性也要求实现为绝对的，因而它就成为精神不断内向化的无限意志。精神对本质、主体性、生命、心灵的领会，从根本上是依赖自反势用的力量，是通过它的自身绝对化的展开而实现。自反势用的绝对实现就是绝对反省思维。有些中世纪基督教神学思想将上帝本质理解为自由，一些晚期奥义书领会存在、自我的超绝本体就是自由，可以说都体现了绝对反省的不同侧面。无论自舍还是自反势用，其绝对实现都在于对本体自由自身的维持，但它们都只能始于最粗鄙的自然，这决定它们到达其理想的道路都是无限漫长的。二者正是在这漫长道路上相互交织、相互促进，决定人类思想在每一阶段的形态。还应当指出，无论否定与反省思维，都包含自舍与自反两种势用的共同参与，只是必以其中一种为主导。比如反省就是以自反势用为主导。这在于反省构成的观念是只为自反势用的展开服务的，因此可以说反省是自反势用的实现。但反省其实也包含自舍势用参与，体现了自舍与自反势用的破、立辩证法。反省唯有通过自舍势用的持续展开才能使自己不断纯化，从最外在、形器、自然的自我，逐渐深入本质的、超越的乃至超绝的自我。一旦自舍势用推动反省认识到原先的内在性、本质其实只是一种外在东西、偶像，并确立一种新的绝对真理，自反势用就会推动这反省领会这新的真理为内在、本质，然而自舍势用的进一步推动又将使反省意识到这新的内在、本质仍然是外在的、偶像性的，随之自反势用又必须在新的真理基础上进一步内在化……这二者的辩证运动，推动反省在内在与外在、本质与偶像、自我与存在之间作无穷往返运动，一直指向绝对反省的终点。否定思维的进展也是在类似的自由辩证法推动下，指向绝对否定的终点。

第三，介于本体与现实之间者，即精神的自主性和自在性的辩证法。其中自主性就是自由，属于纯粹本体。自在性则不属本体，而是来自精神、觉性的自然存在的一种惰性力量。但是它决定现实精神的意志、取向。其中自主性是积极的，且积累着现实自由的力量，而自在性则是消极的、消解着现实自由的力量。二者之间同样存在一种立与破的辩证运动。每一种精神自主势用，都力图在现实性中展开自身绝对化，都本然地趋向绝对和无限。然而与它相对的自在势用，则力图消解它的作用，抵消它本真的无限性。前者推动精神无限地脱离它的当前此处，后者则使精神退回且停滞于此处。只有当二者达到一种暂时的力量平衡，精神才能获得某种确定的现实存在，即精神确定的此处。在这里，自在性消解了自主性进一步前进的力量，使精神固着于此处。这种固着随之变成停滞。于是自主性丧失了其本真的无限性。然而本体自由必然通过呼唤和倾注，促使精神内在的自主性恢复其本真存在，使之战胜对立的自在势用的抵消，展开为新的活动，推动精神进一步舍此就彼。一旦在它推动下精神到达某一新的此处，那么对立的自在势用又会立即起作用，抵消这自主性的无限性……如此无限往复。现实精神的历史就是在这两种力量的永恒较量中展开。然而是自由决定精神发展的方向，自在性只是制约精神能走到哪一步。

现实精神就包含了这种多重辩证法。每一现实精神，不仅其形成和发展是由这种多重辩证运动构成、推动，而且它就是后者的现实性、体现。不同民族的文化，也由于这些矛盾的差异，而表现出不同的精神特质。其中有些文化，比如希腊文化、基督教文化、伊斯兰文化、印度文化，在其中精神的自主势用得以战胜惰性的自在势用而得到较充分展开，形成了真正的精神反思和超越，领会到了觉性内在、超越的存在，故我们称这种类型的文化为觉道文化。然而另外的许多文化，比如东亚文化、中美洲文化、澳洲文化，由于种种内在和外在的原因，使得其精神自主势用的展开受到极大抑制，以至其本真存在完全被遮蔽，始终没有形成真正的精神反思和超越，未能突破自然思维的桎梏，进入真实精神自由的领域。这种文化，由于其中觉性的内在、超越存在从来没有得到领会，故可以称之为一种玄道文化。此外，在我们所观察到的范围之内，不同民族的文化还可以区分为本觉的文化和本寂的文化两种类型。前者的特点是在其中自反和自舍势用都得到较充分展开，精神反思与超越同时具备，省思把觉性本身（在此往往表现为心灵、思想）作为存在的绝对真理，觉道文化的大多数类型（希腊文化、基督教文化、伊斯兰文化、印度教文化）属此。后者的特点是其中自反和自舍势用的展开极不平衡，自舍势用得到充分展开而自反势用则否，结果导致这种文化无法形成真正的精神反思，它不能确定觉性本身或觉性内在的活动、生命为真理，而是把一种无生命、无心灵特征的黑暗寂灭原理，即冥性存在体作为绝对真理。同属于觉道文化的佛教、耆那教就代表了这一文化类型。在人类精神史上，不同类型的文化精神相互渗透、影响是很常见的。东亚文化本属于玄道文化，但后来在印度佛教长期渗透下，发生了向觉道文化的缓慢转移。就印度文化而言，它本来就包含了本寂的精神和本觉的精神的二元性，二者的相互斗争、相互交融在很大程度上决定了印度精神的历史。

## 六

自由构成精神最内在的本质，它是精神的生命演进的最终推动力量。

自由的推动，乃是通过它与现实精神的对话。精神生命的生存论存在即自然，与其内在的思想、省思，构成精神的全部现实性。这就是精神的传统。其中精神省思是传统的核心，但它也不是一种自为、独立的存在，而是最终由自由构造出来，作为其实现的中介。在这里，自由是本体，省思及其观念是其表象。自由的本真存在是绝对和无限，它既是对它者的自由，也是对自身的自由，而且在这两方面都是绝对的。在精神生命中，自由正是作为这样的绝对和无限，推动现实精神传统的不断构成和演变，推动精神历史的无穷升华和拓展。在本体自由与现实精神的关系中，一方面，自由是无规定的绝对意志，它必须构造出概念、传统作为形式中介，以使自己成为必然和确定的。然而这概念、传统一旦被构成，就可能成为一种凝固的客观力量。一旦当它被视为绝对，就会反过来成为自由进一步展开的障碍。另一方面，本体自由既然是超现实的存在，它不可能被传统真正窒息。它始终要求在现实层面实现自身的绝对化。当它意识到传统成为它实现绝对化的障碍，它就会唤起现实精神对传统的不满，并将自身倾注到现实精神之中，在后者中展开为新的思想，从而推动传统的重构。在这里，自由与现实精神、传统就是一种本体论的对话关系。人类精神的任何进步都是在这一永恒对话中展开的。其中，自由的自身绝对化通过现实精神的谛听和应答得以展开的机制，作为这对话的普遍逻辑，决定精神发展的必然性；而传统与自由交会中发生的种种偶然性，决定着现实精神的独特面貌。现实精神的发展，就是省思在本体自由的推动下，不断深化和提升自己的进程，就是这自由的历史展开。它从总体上可以分为以下三个大的阶段。

(1) 自然阶段。由于人类精神的局限，精神的发展只能以自然为起点。精神的本质是对自然觉性或意识的否定。然而精神最初没有自己独立的观念，而只能利用自然觉性的观念。但自然觉性以直接意识为主体，只能认识觉性的自然外壳即生存论存在，只具有对它的自由，而不能认识觉性的内在存在，不具有对后者的自由。自然觉性只能认识到自然的、物质的、现存的、而且是个别的无生命东西的存在。它只有这类东西的观念。即使对于一种有觉性、生命的存在，它也要将其觉性、生命内容抹杀，而只呈现其生存论的自然、物质外壳。它对于觉性的自身内在存在没有一种直接的自由。因此，直接意识呈现给精神的就是外在、个别、感性、偶然事物的杂乱堆积。然而自由作为自否定，必然推动觉性实现对其自身内在存在的规定，后者才是精神的实质。精神就是对觉性自身内在存在的自主设定，因而是对觉性的直接、绝对的自由。但精神必包含直接意识作为基础，且只能以这意识呈现给它的内容为逻辑起点。然而这意识呈现的乃是自然的个别、感性事物的大杂烩。这决定精神的起点只能是自然，而且是最朴素、粗野的自然。然而自由作为绝对，要求实现为精神对觉性自身存在的绝对性和本质的规定，它必通过呼唤和倾注，使现实精神内在的自舍与自反势用得以恢复其本真的无限性，克服自在势用的消解，重新展开活动，推动反省与否定思维扬弃外在、个别、感性的，乃至一切自然、经验的东西，返回到觉性的自身存在，即绝对性、本质。但精神在其童年，仍只能使用自然的观念，而没有自己独立的存在国土。它理解的绝对、本质观念，尽管不是自然意识的构造，但却是从自然的外在、个别事物归纳、抽象出来的。尽管唯一的绝对、本质其实就是觉性的自身存在，但在这精神的童年，绝对、本质仍然只被理解为一种自然的存在，而非觉性、精神的内在、超越的存在。因此，人类精神的早期阶段，必是自然的精神。它的现实性就是自然思维。在这一阶段，精神把自然当做存在的绝对真理，丝毫没有意识到还有超越、独立于这自然的存在。

(2) 自由阶段。精神在其自然阶段，仍将自然，即觉性、存在的生存论外壳当做绝对真理，没有超越自然，实现对觉性内在本质的自由。它没有意识到自身的自为、绝对的存在，还没有获得其真实的尊严与价值。因此它还不具有一种真实的自由。然而本体自由必然推动精神从自然到自由阶段的转型。盖自由作为自否定，就是绝对、无限，它要求实现为对自我的全部存在，包括其内在性和本质的自主设定。因此它必然唤醒现实精神，又倾注自身于后者之中，赋予精神的自主势用新的力量，使其战胜精神内在的惰性，展开为积极的活动，推动精神省思的深化和提升。以这种方式，它首先促使精神的自舍和自反等势用恢复其本真的无限性，从而展开为精神对自然偶像的否定、对内在心灵、实体的绝对真理性的确认，从而推动超越和反思的形成。首先超越思维是对自然的否定，由于它使精神摆脱自然的奴役而具有了自身存在的尊严，因而它就是否定思维的自由。超越思维也体现了自舍与自反两种势用的辩证互动。它彻底否定全部自然、经验存在的自身价值和真理，确认一种排除了时间、空间、因果等全部自然、经验特性的超验存在为绝对真理，体现了自舍势用的展开。另一方面，它领会这超越的真理是一种实体，也体现了自反势用的作用。盖作为否定势用，自舍势用确认的真理是抽象的，唯自反、自凝等肯定势用能赋予这真理具体的规定。对存在之为实体、本质等的领会，都来自自反势用的推动。总之，在这里，自舍势用将否定思维推到超越的领域，自反势用则推动它领会这超越的存在是一种实体。前者是否定，后者是肯定。超越思维包含了这两种势用的辩证交织，但以前者为主导，是前者的真实的实现。其次，在自由精神的阶段，反思认识到内在的心灵为绝对真理、绝对目的，首次确立了精神的自身价值，因而它是反省思维的自由。反思否定了外在、物质的存在的独立性和绝对性，确认觉性内在的意识、思想为绝对存在，为物质东西的基础、根源；因而它同样包含了精神的自舍与自反、否定与肯定的辩证互动，但是以后者为主，是后者的真实的实现。反思就是内在的反省。它领悟到外在自然的虚假性，认识到自然只是觉性的内在心灵的环节、产物，不具有自为的真理性。除了精神的内在现实、心灵，一切东西都不具有独立的存在和价值。心灵才是一切事物的存在和价值的根源。因此通过反思和超越，精神才实现了真实的自由。然而由于人类精神的有限性，它首先认识到的总是经验的、有限的、相对的东西，因而最早的反思是经验的，它自囿于经验意识的表层，还没有深入到精神的纯粹内在存在，不具有对于后者的自由。与此相对，最早的超越是相对的，把实体当做一种封闭、不动的基础，而不是存在的绝对真理，故精神对实体的绝对维持还没有展开。然而精神的纯粹内在存在既是超越的，又是绝对的。本体自由作为绝对，要求实现为对于后者的规定，它必促使自舍势用在反思中重新展开，推动反思领会绝对心灵是超越的本体；另一方面，它亦必促使自反势用作为绝对维持在超越思维中展开，推动后者领会超越的实体就是全部存在的绝对真理、本体。这最终导致反思与超越的绝对融合，于是精神得以从理智思维进入思辨思维的领域。思辨思维把先验的实在，即纯粹思想、理性当做绝对，当做存在的本体。在这里，精神打破经验反思的表面化和理智超越的隔阂，实现了对于纯粹绝对理性的规定。但思辨思维亦有其局限。它将理性当做绝对，使理性遮蔽自由本身，必导致理性成为精神进入本体自由的障碍，使传统（具体的理性）成为自由绝对无法改变的现实，从而取缔了精神的进一步发展。然而本体自由要求实现为对它的自身存在的规定，它必然促使精神的自舍势用进一步展开，推动超越思维否定理性的绝对、自为存在，领会某种超理性的本体为绝对真理；同时，它亦必促使精神的自反势用进一步展开，推动反思思维领会这超理性本体与内在心灵的同一。当超越与反思在这新的基础上再次达到统一，精神便最终扬弃思辨思维，进入新的、直觉思维的层次。直觉思维领会本体为一种超理性的心灵现实，即澄明。它将这澄明本体当做一个可以排除任何思想、理性的存在，对其只能通过神秘直觉了解。它使精神获得一种超越理性的自由。然而理性与澄明其实本为一体，是精神现实的两个不可分割的方面，一种超越理性而独立的现实、澄明事实上不存在，所以这种直觉思维实现的这种超理性自由没有本体论依据，因而是主观的。一直到此为止，人类精神始终受实在思维支配，都是将某种现实存在（内在与外在的现实、经验与超验的现实）当成绝对、自为的真理。然而全部现实性其实只是自由实现自身的中介，自由本身才是唯一绝对、自为的存在。自由作为绝对，要求实现为对它自身本质的规定，这决定精神的理想不能仅仅是对于现实的自由，而应当是对这自由本体的自由；后者就是绝对自由的现实。因此，自由必然推动精神超越现实存在，进入本体自由的自身存在领域，从实在的精神过渡到本真的精神。

（3）本真阶段。精神无论是在自然阶段还是在实在的自由阶段，都被一种实在思维支配。它或执着于外在的现实，或执着于内在的现实，都是将现实性视为绝对、自为之物，为存在、自我的真理。然而唯一的绝对、自为存在其实就是自由。现实被自由构造出来，以自由为本质、目的。当它被当成一种脱离自由的独立、绝对的实体，就成为抽象的，从而失去其真理性。这抽象的现实就成为精神的偶像，成为精神实现其绝对自由的障碍。然而本体自由本来具有在现实层面将自身绝对化的冲动，它要求超越现实性的障碍，实现为对它自身本质的直接自主设定，这就是精神的最高理想。它必然通过呼唤和倾注，促使精神内在的自舍势用恢复其本真存在，深入到本体自由的自身存在领域，展开为对现实存在的彻底否定，对某种超现实的（超绝的）真理的维持，推动精神省思破“有”入“空”；同时激励自反势用展开活动，推动省思领会这真理为一种实体、本质。这种精神转型的成果体现为一种超绝否定的确立。超绝否定是对现实存在的绝对超越。它否定全部现实的自为真理性，将其存在意义彻底空洞化，从而领会到本体的超绝性。这在精神的现实历史中，就表现为对现实性的彻底虚无化。超绝否定是超绝思维的一个方面。它领会到一切现实存在皆是虚幻，而本体则属于空无的领域。它对本体与现实的这种区分，就是一种严格意义上的“存在论区分”。除了这种超绝否定，超绝思维还包括超绝反省作为其另一方面。超绝反省的形成同样是在自由推动下的必然结果。在超绝否定基础上，本体自由促使精神内在的自反势用展开为积极活动，推动省思领会超绝的本质、实体为内在心灵、自我的真理。超绝思维既是本真的超越，又是本真的反省。这本真性在于，那唯一的超绝存在，就是本体自由自身。因此超绝思维就是精神对这自由的本真觉悟。精神由此进入本真的阶段。但是在自由推动下，精神这种本真觉悟也经历了从外在到内在、从偶像到本质、从抽象到具体的演进。最早的超绝思维是一种启示思维。它通过将全部现实存在空洞化、虚无化，明确领会存在本质是一种超绝本体，而且这本体就是觉性、精神的内在存在、自我，所以这本体就具有了真正的神圣性。在这里，启示思维体现了超绝否定与超绝反省的辩证统一，实现了精神本真的自由。但是它仍有较大局限性。这在于它仍然将超绝本体领会成一种不动、永恒的现存基础、本质，一种现存实体。然而一种超绝的现存实体其实是启示思维的假相，因为超绝本体的实质就是本体自由自身，而后者就是自否定的绝对运动，是对任何现存存在的否定。因此启示思维对超绝性的领会是抽象的。它的超绝现存实体其实是一个精神的庇护所，也是现实自由永远无法打开的门。这表明在这里，精神即使进入超绝存在的领域，也仍是有住、有执的，未能达到无住、绝对的自由。然而本体自由绝不会被精神的当前处境完全窒息。它要求实现为对自身实质的规定。因此它必然促使精神内在的自舍势用恢复其本真的无限性，展开在量上的自身绝对化（否定任何对象，唯余否定自身），实现为对任何现存存在的否定，从而推动超越思维领会到一切现存实体皆是假相，不仅现实是空，而且本体亦空，甚至空亦复空；于是精神的自反势用亦随之展开，推动超越思维自觉意识到那无依无住的空空之境就是存在的真理、本质。于是超越思维成为精神的绝对否定。精神由此放弃任何安全、庇护和家园，担当起自身本真的了无所依、无家可归状态。绝对否定是一种绝对自由。绝对否定包括否定思维在质上和量上的双重自身绝对化（即超绝否定和究竟否定）。它否定一切对象，最终只接受它自己的具体现实为唯一直接的真理，因而它取消了一切现存存在，领会到真理就是自由，而超绝的真理就是超绝的自由，即本体自由自身。省思由于领会到超绝本体就是自由本身，于是就成为一种具体的觉悟。我们称它的具体现实为无住的精神。这无住的精神也有其根本的局限性，因而也不是精神运动的终点。这表现在它还没有明确意识到那自由、本体，其实就是一种内在存在，是心灵、自我的本质。这表明在这里，尽管精神的自舍势用实现为绝对自由，而其自反势用还没有得到充分展开，所以精神的现实自由仍有很大局限。然而本体自由作为绝对，要求实现为对其自身存在的充分、完整的自由。因此它必然促使精神的自反势用在绝对否定的领域内展开为积极的活动，推动精神逐渐将这绝对否定内在化，于是省思最终领会到那超绝的自由不是一种客观性，而就是内在于现实精神之中的，就是精神、自我的本质和真理，于是省思进入绝对反省的领域。因而精神的具体觉悟，最终内在化为一种本己的觉悟。本己的觉悟是绝对否定和绝对反省的辩证统一。其中，前者是自舍势用的绝对实现，是否定的绝对自由；后者是自反势用的绝对实现，是反省的绝对自由。然而尽管如此，否定和反省仍只是精神现实性的两个方面而非全体，它们的自由也不是精神绝对自由的圆满、完整的意义。后者就是精神的全部现实性（还包括理性思维、分别思维等）的绝对自由，是精神全部自主性的绝对实现。这就是精神的最高理想，是现实精神永远为之奋斗的目标。

奥义书的精神发展，也大致经历了以上阶段。本书试图以生命现象学的方法，通过对奥义书观念史的阐释，阐明在本体自由推动下奥义书精神的发展，并由此揭示自由推动人类精神的思想和观念发展的一般逻辑。

## 第二节　奥义书的思想背景：吠陀晚期与梵书的思想

在奥义书之前印度思想就有了漫长的历史。盖印度民族的主体，是由早在公元前 15 世纪以前从中亚入侵的雅利安人，和印度土著居民结合而成。这一结合，在文化层面，就伴随着入侵的雅利安文化和土著文化的相互斗争、相互影响和相互渗透。这决定了印度文化的二元性。

一方面，印度雅利安人在进入五河流域之前，就具有了一种与古希腊的奥林匹斯教和波斯的阿吠斯特教类似的多神崇拜，吠陀和婆罗门教主要就是在此基础上形成。神话学研究表明，古希腊的主神 Zeus，古罗马的 Jupiter，条顿部落的 Tyr 或 Tyi，来源于一个为古老的印欧民族共同尊奉的神 Dyaus，后者即 Div 或 Deva。这透露出吠陀神话与希腊罗马神话具有共同的起源。至于吠陀宗教与伊朗阿吠斯塔教，其亲缘性就更大。《黎俱》早期的内容，往往可与《阿吠斯塔》沟通①。这样一类文化，都发展出完备的神话系统，具有较纯洁的宗教意识。神而非尘世的事物被认为是最真实且更有价值的存在。对神的光明性和人格性（其本质即精神性），对它的超越性（彼岸性）、自由的领会，以及由此表达的对光明、自由的执着渴望，体现了精神、觉性强烈的自身指向、自身否定冲动，故此类文化，可称之为一种觉道文化。此类文化还表现出一个特点，就是对真理本身的尊重和追求以及对一种绝对存在的追寻。

① 吠陀对 ṛta（宇宙法则）的崇拜，就与阿吠斯塔的 aśa 崇拜具有同样来源。构成吠陀祭祀主体的须摩（soma）祭，来自伊朗的豪麻（hauma）祭。另外对火的崇拜，也为吠陀宗教与阿吠斯塔教共有。

在印度，觉道文化构成婆罗门传统的主体。它最早通过吠陀得到体现，且在《黎俱吠陀》的早期诗歌中，表现得更加单纯，也更原始。盖《黎俱》为四吠陀中最早定型，其许多作品，当是雅利安人进入印度之前就已形成，其书最后编成的年代，亦为入主印度后不久，故其受土著思想影响尚少，早期尤然。其中大部分作品在公元前1500年即已出现，其余的部分也在大约公元前1000年前形成，但《黎俱》本集的集成，为时较晚，当在梵书时代，于公元前1000年以后。近代学者将《黎俱吠陀》本集的形成分成两个时期，即创造期（Chandas）与集成期（Mantra）。前一阶段是诗意的创作阶段，人们满怀对神的真诚的崇拜和感激之情，并形之于诗篇；此时尚无系统化的祭祀，人能给予神的主要是真诚的祈祷。后一阶段是诗歌的辑成和系统化的阶段，在此阶段祭祀的观念日渐浓厚；吠陀之集成，就是为祭祀之用。

《黎俱》早期思想，与其他印欧民族的神话阶段，大体相同。神是其意义世界的核心，是真理和价值之所在。人们对神充满天真的热爱、依赖、敬畏和崇拜之情。祈祷、祭祀是人与神交流的途径，但有时带有很强的功利色彩，成为人与神的贸易（向神祈祷、献礼是为了获得世俗的好处）。神的超越性、自由表现在：神的世界超越人的世界，神不受时间和身体重力限制，具有种种神通（吠陀晚期祭祀学的膨胀，导致以为神也须通过人的献祭才能生存的观念，使神的超越性受到影响）。神的精神性、主体性表现在它与光明的内在关联（其最主要的神，包括因陀罗、婆楼那、苏黎雅等都是光明神），以及它的经验的人格性上。在这里，神就是人自在的自我理想。它是觉性的内在、超越和自由存在的表象。不过如前所述，在这里，觉性的内在性、超越性和自由都表现为一种自然的特征。

吠陀的神是个体的、具有明确感性特质的自然神。《黎俱》早期的神话，就是由大量这样的神组成的万神殿。据吠陀自己的说法，神有3306种，也有说是3339种，总之数目不小。耶斯伽将吠陀神分为三种，即：地神，如阿耆尼（火神）等，居住在地上；天神，如婆楼那（天空神）、苏黎雅（日神）等，居于天上；中界神，如因陀罗（雷电及暴风雨神），居于天、地之间的空中。同奥林匹斯神话一样，吠陀的万神殿也是经历了漫长的演化史形成的，因而包含不同的历史沉积层。可依时间顺序，大致将其分为三个层面①：

---

① R.N.Dandekar 将吠陀神话分为三个阶段：一是黎答－婆楼那和阿耆尼、须摩崇拜阶段，其所崇拜神祇为与伊朗宗教所同。二是因陀罗崇拜阶段，象征战争的新英雄神取代印欧旧神的主导地位。三是毗湿奴－禄陀罗崇拜阶段，来自民间和土著的神进入吠陀中，且势力越来越强大（*The Encyclopedia of ReligionXV*, Macmillan Publishing Company, New York 1987.215）。他的区分着眼于吠陀神话与伊朗和印度前雅利安文化的关系，我们的区分则着眼于神话思维自身发展的逻辑，二者可相互涵盖。

第一，始祖神。吠陀诗人曾经就问道："何神为先出？何神为后生？神如何而生？"（ṚVI·185·1）正如在希腊神话中，诸神的始祖是天空神乌拉诺斯和地母盖亚，吠陀的始祖神是天空神提奥斯（Dyaus）和大地女神阿底提（Aditi）。Aditi 者，谓无形象、无限量、无分别、混沌之意①。阿底提从四周包围着我们，象征存在的基础、最终根源②，实际上就是诸神和世间产生之前的混沌玄冥之境。ṚVI·89 云："阿底提是天，阿底提是中界，阿底提是父、母、子，阿底提是诸神及五部众，阿底提是所有已生及当生者。"阿底提实际上是"普遍的、包容一切的自然的人格化"③。后来奥义书也明确地释之为混沌、原初自然（如 KāṭhIV·7）。提奥斯（Dyaus）其实是印欧民族共同尊奉的神。他是天空和光明之神④。在吠陀中，提奥斯和阿底提似乎皆未彻底被神格化。他们作为两个最初的本原，象征存在的觉性与冥性本体，与其他印欧文化的创世论中常见的光明与黑暗的二元性一致，而为数论的原我、自性的二元图式之嚆矢⑤。这种光明原理，与黑暗原理是相互交织的，如 ṚVX·72·4 说，"达蹉（即提奥斯）是阿迭底所生，阿迭底又是达蹉的孩子。"诸神及世界就是在二者的明暗互动、阴阳䜣合中产生出来⑥。不过同在希腊、巴比伦、赫梯和迦南等神话中的情况一样，吠陀的始祖神也是逊位神。在吠陀中，这二者，尤其是提奥斯，已经不常被提到了（对于提奥斯，在吠陀中没有一首单独献给他的颂歌），代之而起的是第二代甚至第三代神。

第二，人格神。存在真理从抽象的"一"到具体的"多"的转移，是理性省思的必然进展。同样反省思维的进展也决定自我的人格性的建立。这两方面的思维进展也决定了神性真理从抽象贫乏的始祖神、太一到具体、多样、感性的人格神的演化。吠陀神话的主体，就是由众多具有鲜明的个体性和人格的自然神组成的万神殿。但吠陀的神没有升华到精神的内在、超越层面，其人格是一种自然、经验的人格，神与自

---

① "Aditi"的字面意思为界限、障碍之否定。马克斯·缪勒释之为"可见的无限性"（SBEXXXII. 241—242）。Wilkins 释之为"永恒"（W.J.Wilkins, *Hindu Mythology,* Thacker, Spink and co, Calcutta, 1913. 19.）。奥登堡释之为无缚（Nichtgebundenheit）、无罪、自由（Hermann Oldenberg, *Die Religion des Veda*, J.G.Cottasche Buchhandlung Nachfolger, 1917.202）。它不仅指物质的界限、限制之否定，而且是罪责和苦难之消除（在 ṚVVII·51·1，93·7，VIII·67·14 等中，阿底提皆以赦罪者形象出现）。

② Benimadhab Baru, *A History of pre-Buddhistic Indian Philosophy*, University of Calcutta Press, 1921.18.

③ W.J.Wilkins, *Hindu Mythology*, Thacker, Spink and co, Calcutta, 1913.17.

④ 他应首先是光明神，其次才是天空神，而天空正因为分享了神性之光，所以才成为神。

⑤ Sarvepalli Radhakrishnan, *Indian Philosophy Vol.1*, the Macmilian Company, London, 1924.82.

⑥ 天地的相互联结还表现在所有在地上死亡者，应归于天；所有在天上死亡者，应归于地（Ait ĀraII·1·2·15）。

然界还有明显的亲缘性（比如因陀罗、阿耆尼、苏黎雅有时就被等同于闪电、火、太阳；另外许多神皆有动物化身，有象征特定动物的佩饰，或以动物为坐骑，表明其与原始动物崇拜有关[①]）。正如在赫梯宗教中，诸神因为其巨大的光（melammu）而成为神，吠陀的主要神祇（闪电、黎明、火、太阳、星、月等神），也是如此。日、月等具有的自然之光，其实是一种更原始的、照亮世界存在的神性光辉的体现。前面已经谈到，提奥斯就是原始的光明神。他是“诸神之父”，或“诸神之母”，阿耆尼、乌莎斯、苏黎雅、马禄特、阿底提耶诸神，都是他所生出（ṚVI·185·4—6）。这表明这些神皆是因分享了始祖神的光明而成为神。自然的光辉是神圣的原始光明的符号。因此很自然地，首先成为神的当然是同始祖神一样具有光明的存在，到后来河流、山川等也成为神。与其他多神教相比，《黎俱》宗教的一个特点是似乎没有固定不变的主神，每一个神都会轮流成为主神而受到崇拜，而其他神则暂时被遗忘或降低到次要、从属地位。马克斯·缪勒命名这种宗教为“单一主神教”（Henotheism）。在吠陀众神中，择其最具代表性者，可略举以下几位：（1）婆楼那（Varuna）。婆楼那也是吠陀中最古老的神之一，他与古希腊的乌拉诺斯神和波斯的阿修罗马自达神可能来自同一个神。在吠陀中，他属于最显赫的“阿底提耶”八神之列，后者包括：密特拉，阿黎曼，薄伽，婆楼那，因陀罗，苏黎雅，阿姆苏，陀克娑。这些神的共同特点是都具有光明性，他们的本质乃是永恒、常住的光明，是天堂之光。在往事书中，婆楼那为全身白色，执大棒，以一个奇怪的水生动物为坐骑。在《黎俱吠陀》中，婆楼那是宇宙主宰者，是诸神与整个世界之王。他支配宇宙万物，诸神、世界皆听其命令而运行。日月运转，风雨雷电，四季交替，皆从其意。婆楼那也是道德神，明察秋毫，洞悉真伪，扬善惩恶。对于虔诚者，乃度其苦厄，恕其罪恶。对于罪恶深重者，乃以疾病、灾馑、水肿等给予惩罚。婆楼那还具有摩耶之力，并通过它调理世界[②]。而婆楼那之最引人

① 吴学国：《存在·自我·神性：印度哲学与宗教思想研究》，中国社会科学出版社 2006 年版，第 805 页。

② 我们这里选译了一首献给婆楼那的诗：“1 言歌风暴神，睿哲胜汝众；吁请婆楼那，屈尊降此处，善护人思想，如牧牛羊群。……3 彼现一切处，且以摩耶术（摩耶，maya，此处当指魔术——引者），摄立夜与晨。彼所亲爱者，乃依其法则，毕备三黎明（“彼所亲爱者”，可能指黎明生起前之黑夜，“三黎明”指早晨、中午、黄昏——引者）。4 遍笼大地者，建立天诸维，此皆其牧场，彼为一切主。5 彼持一切者，洞奥朝阳名；如天作诸相，睿哲诚圣人。6 如辐归于轴，智咸集于彼。汝应礼此神，如牛归于厩。7 彼如一大袍，包裹全宇宙；注视诸神聚，及人间诸业。于彼圣殿前，诸神遵旨行。8 彼为天外海，众生俱顶礼；驱散彼摩耶，妙足登天庭。9 光辉遍诸土，充溢三重天；宝座甚稳固，为七河之王（“七河”：吠陀说天下有七条大河，此处乃以之代指世界也——引者）。10 彼以光明衣，覆黝黑者身（谓转黑夜为白昼——引者）；测量古宝座，支撑诸世间，如彼擎天者；愿敌皆消亡。”（ṚVVIII·41；参考了巫白慧先生的译文）

注意者，在于其与普遍的宇宙法则即黎答（ṛta）的关系。吠陀的黎答观念，也是继承原始的印欧宗教而来。黎答是至上的宇宙和伦理法则。在吠陀早期，黎答仍受到崇拜，世界被视为一个由黎答联结而成的整体[①]。在有些吠陀颂歌中，黎答被当成一个独立的原理甚至实体，而婆楼那则是黎答的守护者；但在另外一些作品中，黎答不过是婆楼那意志的体现。在吠陀神话的发展中，作为道德神的婆楼那，后来不得不将天王的宝座让给战神因陀罗了。这表明人们对战事和农事的关注超过道德生活，故使因陀罗作为战神和雷雨神得以夺婆楼那之位[②]。在梵书中，婆楼那堕落为一个丑陋不堪的畸形人。婆楼那的失势反映了印度宗教道德感的衰落，这一点影响了后来全部印度文化的品质[③]。(2) 因陀罗（Indra），又译为王、帝释，是雷雨和战斗之神[④]。在吠陀颂歌中，献给他的最多[⑤]。因此他可能是地位最高的神。传说他有四臂或二臂，一手执闪电，一手执长矛，全身有千目，身骑大象，所居帝释天宫为造物神所制，极为华美，但此神性格暴躁、嗜饮须摩。因陀罗要降服的妖魔很多。其为首者，为黑云魔毗黎特罗（Vṛtra），专聚捡雨水，导致干旱。只有因陀罗打败了毗黎特

① Hillbrandt, Alfred, *Vedic Mythology*, Motilal Banarsidass, Delhi, 1980.11.

② 黎俱吠陀还记录了因陀罗和婆楼那关于最高统治权的争论，结果是因陀罗功劳更大，应享帝位（ṚVIV · 42）。黎俱第十卷《阿耆尼诸神之歌》，记述了人们的这种宗教崇拜变迁的情况："我现即离开，阿修罗天父（指婆楼那——引者）；离彼婆楼那，无人祭祀者，去就因陀罗，众祀之所归。王权常更迭，我就顺时宜。乃离天之父，纵事此多年。神力已他归，阿耆尼、须摩，婆楼那偕隐，如此我已见"（ṚVX · 124 · 3—4）。

③ 正如研究者指出，即使在印度的高尚文化中，哲学与宗教的根本兴趣也是在智慧而非道德，这是与伊朗宗教根本不同之处（Keith, Arthur B, *The Religion and Philosophy of Veda and UpaniṣadsII*, Harvard University Press Cambridge, 1925.434）。

④ 有学者考证，"因陀罗"一词可能是远古印欧人的一个军衔，相当于现在所谓"将军"，公元前2000年之前，尚在中亚活动的雅利安游牧民族的首领就叫着"因陀罗"。

⑤ 我们这里也选译一首献给因陀罗的颂诗："1 稽礼因陀罗，最伟大的英雄，他以强力分开天地；他遍满一切，为人类之依止。2 他是苏黎雅：穿过广阔的空间，因陀罗将他引向前来，迅疾如车轮；如河流般永远活动，从不停息：他用光明摧毁了黝黑的黑神。3 我应对他吟诵神圣的祈祷，它清新鲜活，举世无匹，永不停息，为天地所共；他区分一切生物，好像在布上打上记号：高贵的因陀罗，永不失为朋友。4 对因陀罗，我将放歌，如大江之水，永不停息，如重溟之水，永不枯竭。天与地被安置于其车之两端，如轮之安于轴。5 那震撼者，从干渴中醒来，猛烈地向前冲撞，他手执弓箭，强大无比，他就是须摩；林中树并不以其相似欺骗因陀罗。6 须摩流向他，无有能与之匹敌者，大地，诸天，太空，山脉。当其愤怒生起时，他摧毁一切坚固者，将强大者撕为碎片。7 他杀死毗黎特罗，摧毁坚壁，凿出河流。他摧裂山脉，如毁土罐。因陀罗及其战友，乃将牛群释放出来。8 那些过着邪恶生活的人，那违背盟约者，以及伤害婆楼那、阿黎曼和密特罗的人，——对于这些怨敌，强大的因陀罗严阵以待，如愤怒的死神。10 因陀罗是天地之至上主宰，因陀罗是山川和诸水之主宰。因陀罗是精进者和圣人的主宰：无论在工作中，或在偃息中，人皆应召唤因陀罗。"（ṚVX · 89）。

罗，雨水才能降下来。此外因陀罗的敌人还有阿修罗众、达休众、波尼众、罗刹鬼、蛇魔阿孜等。闪电之神因陀罗与黑暗之神毗黎特罗斗争的故事，在《黎俱》中占有极大篇幅。对于这一故事，在经验生活层面可能有气象和种族战争两种原型（参考本节第四目），而在本体层面，实际上隐射了在存在发生与维持中光明与黑暗的矛盾[①]。据说很早的时候，雅利安人的牛被毗黎特罗众偷去了。于是仙人们举行祭祀，吁请因陀罗诸神前来。彼既享须摩醉饱，遂与毗黎特罗众展开战斗，以闪电破重扉，穿坚壁，将牛群从黑暗洞穴中释放出来。在这里，牛群象征存在。在这一过程中，光明与黑暗的矛盾得到戏剧化的表述。盖光明揭示存在，而黑暗亦吞噬存在，故光明须不断打破黑暗，以解救（维持）存在。因此光明必须是运动、否定，故象之以闪电，实为最宜。另外一种说法，同样极具戏剧性和精神体验的深度。其云被盗去的就是太阳。在印度古代，太阳往往象征真理（satya），或心灵的光明。其云真理曾被魔鬼以暗夜和阴霾掩盖，光明也是魔鬼的珍藏。因陀罗发现真理、太阳被藏匿于帕尼人的黑洞之最深处。斗争既是光明逐渐下降到洞穴深处，也是真理次第上升到存有之山的顶峰[②]。光明之战既象征存有之创生，也表现文明之开辟，其中贯穿了光明与黑暗两种原理错综复杂的相互否定、相互纠缠和渗透。(3) 阿耆尼（Agni）。即火神。阿耆尼也是吠陀的重要神祇。据说在最早的时候所有神力量都是一样的，但后来阿耆尼、因陀罗和日神苏黎雅急欲凌于众神之上，故厉行祭祀、苦行，终得成就。此三者又称为吠陀“三聚合”，以其为吠陀诸神之核心也。吠陀献给阿耆尼的颂歌也很多[③]。在他身上，神的光明本质也得到了充分体现。火（Agni）不仅是有形的存在，而且是无形的力量，是生物运动、呼吸的生命原理，是世界的生命、灵魂、

---

① 吴学国：《存在·自我·神性：印度哲学与宗教思想研究》，中国社会科学出版社 2006 年版，第 806—810 页。

② ṚVIV·1·17：“于是黑暗崩溃，天国重光，曙光再现；太阳升至（真理的）宽广的境域，烛照人的一切善、恶。”

③ 《黎俱》中献给阿耆尼的颂歌亦不少，如 ṚVI·143·1—8：“最强且崭新，我以兹祷歌，即我之思想，奉献阿耆尼，谓强者之子；彼水之爱子，安坐于地上，如祭司视礼，与婆苏众俱（婆苏为阿耆尼另称）。生于至上天，造物者所视。一时烈焰起，乃依心意力，及其殊胜德，光辉塞天地。其容至妖好，其光乃丽都，其焰永不老。其力即光辉，阿耆尼之焰，不眠亦不衰，夜流如河水。请以祷歌送，火神入其居，彼为财富王，统治诸天众，如婆楼那神。世界一切力，皆为彼具有，请以祈祷歌，唤醒阿耆尼。迅疾如风暴，无物能阻碍，如彼大军行，如天作闪电——火神阿耆尼，以利齿噬物，摧毁大森林，如勇士扑敌。彼愿赴我祝？彼能足我愿？赋予生力者！能否激吾祝，使生诸财富？我以此诗歌，颂彼光颜者。点燃火神者，乃奔赴与之，如会良友神，颜面泛油光，彼持正法者。愿彼如迅马，闪耀于祭祀，高举吾祝词，包以其光辉。恒守护吾等，以你之守护，吉祥且强盛；如是护吾民，周遍且无欺，不眠亦不懈，愿你能如是。”

光明、温暖，它潜入于一切事物之中，推动其生长、运动①。古人心物不分，因此这自然之火，又是内在的渴望、意志、心的力量，是人的精神之火（人的灵魂被认为是通过太阳光线进入心中的宇宙之火，这在后来的奥义书得到更清晰阐明）。就像在赫拉克利特的哲学中一样，在印度传统中，火也是对觉性的光明和否定作用的象征表达。在吠陀宗教中，阿耆尼的重要地位还因为献给其他神的祭品往往都要投入祭火焚烧才能被众神歆享，所以他又被称为“众神之口”，也被视为主管祭祀之神。此外，重要的吠陀神祇还有神医双马童（Aśvin）、造物神（Viśvakarma）、阎摩（Yama）、风神（Vāyu）、语言神（Vāk）等。像毗湿奴（Viṣṇu）、禄陀罗（Rudra）等，则在吠陀中不太重要，到奥义书的时代才逐渐成为至上神。吠陀神祇自在地表现了觉性本质的光明和自由。然而在这里，正如在所有神话宗教中一样，光明和自由只表现为自然，精神没有清晰意识到它们与觉性本质、绝对的关联，因而它们不再被理解为象征，而是成为独立的感性个体。在近代注释者中，拉姆·莫汉·罗易认为吠陀诸神是唯一的最高神的不同属性的表象；阿罗频多·高斯认为，吠陀的诸神，是人的心理活动的符号；日神象征理智，火神象征意志，须摩神象征情感。这些说法反映了印度传统学者常见的历史意识缺乏；它们都是用后来的精神的一神教立场来解释吠陀神话，而忽视了自然宗教的特点。

第三，唯一神。反省思维和理性思维的进一步深化，决定吠陀的存在理解，最终必然要扬弃感性、个别、相对，领会超越个别性和感性形象的绝对、本质。如此则必然使吠陀万神殿失去原先的真理性，而被一神论代替。吠陀晚期宗教，就表现了向一神论甚至一元论转化的倾向。在这里，原先具有鲜明个体性的众神，逐渐都成为了一个最高存在的名号或化身，而这至上存在则是他们的共同本质。如ṚVI·164·46："彼是一，虽则圣者称之以异名：因陀罗，密特拉，婆楼那，阿耆尼，天空神，苏拔那，贾鲁特曼，阎摩和造物者。”（另见：ṚVII·1·4）在犹太教、基督教、伊斯兰教等中，从多神到一神的过渡都是通过未来的至上神以暴力消除异己的方式实现，然而在婆罗门—印度教中，这种过渡采取了一种非常和平的方式。在这里，诸神由于具有某些共同特征，使他们得以被逐渐相互同化。典型的如阿耆尼、因陀罗和苏黎雅。另外，所有的神都具有一些普遍特质（比如超越性、自由以及智慧、神通、正直等），这也使所有的神有可能最终融合为一个新的单一神。然而从根本上

① 如ṚVI·66·1："他是我们生存的呼吸与生命”；I·23·14："（阿耆尼）是隐藏的充满光辉的王”；I·59："阿耆尼！你的善德是光明和生命之海，遍及天、地、植物、诸水，充塞虚空”，“……你是天地之首领，是在天、地二界运动的强力。”

说，是理性和反省思维的发展决定神性观念的这一过渡。这一发展使得吠陀的神性思考得以逐渐扬弃神的感性、个别、多样的特征，上升到其绝对性和抽象本质的层面。晚期吠陀的金卵（Hiraṇygarbha）、补鲁沙（Puruṣa）、梵主（Bṛihapati）等，就具有唯一神的特征。晚期吠陀的一神论也是一种泛神论。此外，一些晚期颂歌还提出了从一种并不具有神格性的抽象原初存在转化出万有的宇宙论，这实际上是从一神论发展到哲学的一元论。古代《词源学》（Nirukta）的作者耶湿伽（Yāska），就是立足于这种一元论，把吠陀的众神解释为同一本体的不同表象："由于至上神分为万殊（māhābhāgyāt），故人们用一个接一个的众多名称称呼它。其他神只是这唯一本体的部分（pratyangāni），他们都从业而生，一个生于另一个，一个有另一个的自性。而这本体是他们的本源，是每一个神的全部本质。"① 但总的说来，一神论和一元论在吠陀中都不占主要地位。在《阿闼婆吠陀》中，一神论逐渐占据主导地位②。梵书和奥义书思想则完全是继承和发展了吠陀晚期一神论和一元论，而《黎俱》早期的多神崇拜仅仅成为一种观念的残留物（vestige）。《黎俱》的诸神在后来的印度教中都居于次要地位。印度教所崇拜的主神是梵天、毗湿奴和湿婆的三位一体神，多神教乃最终为具有泛神论特点的一神教所代替。

吠陀和婆罗门思想是印度文化的基础。首先，吠陀圣典在印度教中具有最高权威。盖印度教思想，数千年来，屡经陵替，兰因絮果；而恒以吠陀为最高权威。吠陀以后之梵文文献，每援之为其合法性的基础。印度教各派哲学，无不称祖述吠陀，独穷典奥。吠陀仪式，乃数千年来，绵亘于今；乃至道德规范、法律设施，不过是吠陀训诫之系统延续③。其次，即使对于异端沙门思想而言，吠陀神话及其反映的世界观，甚至吠陀的祭祀、魔法，都构成它们得以展开的精神语境。像佛教、耆那教这样的宗教，其浸润吠陀之深，是超乎它们自身想象的。

另一方面，在前雅利安时代，印度本土就形成了自己的民族、文化，包括以哈拉帕和摩亨焦—达罗为代表的高度发达的城市文明，这些文化也逐渐被整合到后来印度民族的文明之中。尽管印度早期的城市文明（印度河文明）后来由于尚不明确的

① Radhakrishnan, Sarvepalli (ed), *The Cultural Heritage of India vol.1*. The Ramakrishna Mission Institute of Culture, Calcutta 1993.300.

② 《阿闼婆吠陀》："一切诸神皆在梵天之中，如牛在牛棚。于初梵天即是此宇宙。他创造诸神。即创造已，他又将他们放在各自世界中，如火神在此世界，风神在中界，日神在天界。在更高的世界中，他安置的神就更高。于是梵天进入至上界（据说此即真如界 Satyaloka）。诸神本来皆有死，唯因梵天遍入之，故成不死。"（OSTV・387FF）

③ S.Dasgupta, *A Histroy of Indian Philosophy Vol.1*, Cambridge University Press, 1957.10—11.

原因被摧毁，而且这原因很可能就是雅利安人的入侵，另外从吠陀反映的情况来看，雅利安人对印度土著非常敌视；然而雅利安人既进入如此广袤的土地，接触如此众多的人民，因而不能完全不受后者文化的影响，尤其是在其逐渐从西北向东南扩展的过程中，在人数上越来越稀薄，而土著民在数量上占绝对优势（甚至东部许多部族并非被武力征服，而是主动接受了雅利安文化），故其文化必然更深入地受后者影响。

谁是印度河文明的创造者，至今仍无定论。但考古发掘证明这一文明与西亚的阿拉姆—美索不达米亚文明存在很多类似性、且颇多相互交流的证据（比如在一些前萨尔贡和阿卡德王朝遗址中，就发现了哈拉帕文化特有的印章）。考古发掘的人类遗骸，包括原始澳洲人种、地中海人种（达罗毗荼人即属此族）、蒙古人种和阿尔卑斯人种，都属于非雅利安种族。这些人种的遗骸，在西亚文明遗址中也皆被发现。这种情况表明印度河文明的主要创造者，可能是来自地中海—西亚地区的移民，属于地中海—达罗毗荼人种。他们进入印度河流域，创造了高度发达的城市文明，可以称这种文明为达罗毗荼文明。当然，前雅利安文化与印度河—达罗毗荼文化，还是两个不同的概念。不过大概可以认为达罗毗荼文化是吠陀时代的雅利安人所唯一直接接触到并可能受其影响的土著文化。在对当时印度其他地区的文化缺乏了解的情况下，我们只能满足于这一看法，即达罗毗荼文化体现了印度前雅利安文化的某些普遍特征。

这里可以把哈拉帕文化作为土著文化的代表，来表明非雅利安信仰的一些最主要的因素，后来都渗透到了婆罗门思想中。哈拉帕宗教的主要特征有：(1) 母神崇拜。考古发现了一些象征母神的小雕像。这种崇拜相信女性的生殖能力是万物之本源。母神崇拜在许多原始信仰中都存在过。这种母神信仰，应当是印度教中的性力（śakti）崇拜的最早源头①。(2) 兽主——湿婆神崇拜。哈拉帕和摩亨焦—达罗的遗址的出土文物中，有多件印章、环饰、滚筒章，都与某种原始的湿婆崇拜有关。有三枚印章描绘了湿婆的形象。其中较大的一枚，中间为一人采取瑜伽 kūrmāsana 坐姿，双腿叠于身下，脚心相对，脚趾朝下，叉形兽角于高高的发髻顶部联结。其脸有三面，两侧戴一对倒置的三叉形兽角，扇形发髻，饰以珍宝，阳具勃起，犀牛、水牛、象、虎四兽环绕，座下有二鹿。学界确定此即最早的湿婆（兽主）形象②。另外两枚较小的

---

① 尚会鹏：《印度文化史》，广西师范大学出版社 2007 年版，第 11 页。

② Sunti.K.Chatterji (Ed), *The Cultural Heritage of India I*, The Ramakrishna Mission Institute of Culture, Calcutta, 1993.122.

印章中，神戴有同样的发髻，同样的臂镯，(与第一枚) 同样以 Kūrmāsana 瑜伽坐式坐于低座。主持发掘的英国考古学家马歇尔描述说：“其神有三张脸，以典型瑜伽姿式坐于印度低座，双腿折叠于身下，脚底相对，脚趾向下。双臂伸开，双手置膝，拇指向前。从腕部到肩部皆佩手镯，八小三大……一对兽角于高高的发髻联结。两侧有四兽：右侧为象、虎，左侧为犀、牛。座下有双鹿，回首而立，其角指向中心。印章顶部有七字，最末一字因右上角缺乏空间而置于象、虎之间。”① 三面湿婆像在其他遗址亦有发现。Huvishka 出土的一枚金币亦有此像。邻近哈拉帕遗址出土的石雕男性舞者躯干，也与后来印度教舞王湿婆造型颇有共同之处②。这些文物都表明后来印度教的兽主湿婆崇拜，是源于达罗毗荼宗教的。在后来印度教中湿婆作为“牛神”(Nandīśvara) 的形象，也在哈拉帕文化中可以找到线索。在这里出土的一些钱币上，此神的形象都与牛结合在一起。在有些印章中，此神也被与牛刻画在一起③。摩亨焦—达罗湿婆像的每侧各有一跪着的祈求者，戴蛇形头罩。后来印度神话中的龙蛇 (nāga) 形象当与此有关④。一些湿婆像呈阳具勃起状态，由此可以看到后来湿婆教的陵伽 (男根) 崇拜的最早根源⑤。在这里，神的创造力被表现为生殖力。(3) 苦行和瑜伽实践。早在 19 世纪末，就有学者认为瑜伽苦行与《黎俱》总体的快乐精神不侔，猜测其来自北部山区的半野蛮民族，是伴随着湿婆崇拜被引入婆罗门教的⑥。这一设想在今天也通过哈拉帕的考古发现大体被证实。在印度教中，湿婆也是苦行的象征。在哈拉帕和摩亨焦达罗出土的多枚印章中，湿婆神皆以 Kūrmāsana 瑜伽坐式坐于低座、呈冥想状态。马歇尔说：“湿婆教自身和瑜伽皆起源于前雅利安人群。”⑦ 另外，从此遗址还发掘出一尊祭司或国王胸像，微闭双目，呈冥想状态。另有一尊红色石灰石的男性躯干雕像，表现了瑜伽的元气观念。这些表明苦行和瑜伽实践在达罗毗荼文明中就已经非常盛行。在《黎俱吠陀》中，对林栖、披发的孤独修行者，即牟尼 (Muni) 和仙圣

① Pande, G.C, *The Dawn of Indian Civilization*, Vol.1, Centre for Studies in Civilization, Delhi, 1999.385.

② 克雷文：《印度艺术简史》，北京：中国人民大学出版社 2004 年版，第 8 页。

③ Pande, G.C, *The Dawn of Indian Civilization*, Vol.1, Centre for Studies in Civilization, Delhi, 1999.388.

④ Sunti.K.Chatterji (Ed), *The Cultural Heritage of India I*, The Ramakrishna Mission Institute of Culture, Calcutta, 1993.123.

⑤ Pande, G.C, *The Dawn of Indian Civilization*, Vol.1, Centre for Studies in Civilization, Delhi, 1999.386.

⑥ A.E.Gough, *The Philosophy of the Upaniṣads and Ancient Indian Metaphysics*, Kegan Paul, London, 1891.18.

⑦ Pande, G.C, *The Dawn of Indian Civilization*, Vol.1, 387.

(Yati) 的崇拜，以及对于神由苦行创世的设想 ①，都表明了苦行的实践在其时已有影响。而这种实践在同属印欧文化的波斯和希腊、罗马文化中却并无对应物 ②，因而可以确定婆罗门传统中的苦行实践是来自非雅利安的土著影响。这种影响从雅利安人遁入印土就开始了。对于瑜伽和湿婆崇拜的接受是同时的。盖湿婆就是瑜伽之王，湿婆崇拜与瑜伽不可分割。(4) 男女生殖器崇拜。印度河文明就广泛存在对男女生殖器的崇拜③。在这里，阳具和女阴象征神的两种生殖力，这实际上是宇宙得以形成、演化的两个根源 ④，类似于中土所谓阴阳、生杀。首先，上述男根勃起的湿婆像，表明了一种阳具崇拜。这类崇拜与湿婆崇拜本来应当是各自独立的。至于它们后来是如何结合起来的，学界尚无明确的认识 ⑤。其次，摩亨焦—达罗的一些印章表现了符号化的女性生殖器形象，表明当时居民盛行女阴崇拜。在这里，女阴象征丰产女神，与母神崇拜亦有关联。学界已确定这种男女生殖器崇拜，是后来在印度教盛行的陵伽 (liṅga) 和约尼 (yoni) 崇拜的源头⑥。亦有学者推测此二者是后来印度教所谓原我和自性两种原理的象征 ⑦。另外，湿婆神的雌雄双性形象，也反映了土著的生殖崇拜影响。(5) 祭祀。哈拉帕墓葬遗址出土的陶罐上绘有一图，画一人左手持弓箭，右手以绳牵牛；有一犬咬住牛尾；又有一羊，其角带有数个叉形饰物。在这里，牛、羊可能都是作为祭品出现的。在一些土葬墓中，被宰杀的小羊或绵羊被摆放在人的尸体旁边。在这里，动物被献给神，从而使死者得以保全。这种信仰被吠陀宗教吸收。在后者这里，被宰杀、焚烧的羊被献给火神阿耆尼，为的是使后者将死者送至天国 (ṚV X · 16)。这些墓葬和图画中反映的场景与 ṚV X · 14, 16, 18 所描绘的情况一致，充

---

① 吠陀中最早的宇宙生成论，据说由阿贾氏（Aghamarṣana）仙人提出，即阐明了由苦行生成法则、真理、水、时间等，最后生成整个世界的过程（ṚVX · 190 · 1—3）此种说法，在梵书中更为普遍，如说生主、元气、意等通过苦行创世（Sat BrāVI · 1 · 1.etc），并明确声明“（彼）知苦行之力且行之者，将得永存”（Tait BrāII · 2 · 9 · 1—2）。

② K.N.Upadhyaya, *Early Buddhism and the Bhagavadgīta*, Motilal Banarsidass Press Delhi, 1983.91; Heinrich Dumoulin: *Zen Buddhism*, Macmillan Publishing Company, New York 1994.14.

③ Pande, G.C, *The dawn of Indian civilization*, Vol.1, Centre for Studies in Civilization, Delhi, 1999.387.

④ Pande, G.C, *The dawn of Indian civilization*, Vol.1, Centre for Studies in Civilization, Delhi, 1999.387.

⑤ Pande, G.C, *The dawn of Indian civilization*, Vol.1, Centre for Studies in Civilization, Delhi, 1999.388.

⑥ Sunti.K.Chatterji (Ed), *The Cultural Heritage of India I*, The Ramakrishna Mission Institute of Culture, Calcutta, 1993.123.

⑦ Pande, G.C, *The dawn of Indian civilization*, Vol.1, Centre for Studies in Civilization, Delhi, 1999.387.

分反映了《黎俱》晚期已受达罗毗荼文化影响[①]。另有一图，绘有飞翔于星空的长角的孔雀，每只孔雀体内皆绘有半人半兽形象，可能象征死者的灵魂被带到天国[②]。从这里可以看到吠陀的灵魂往生观念的一个重要根源。死者南北向入葬且配以诸生活用品以备来世使用。在哈拉帕文化后期，火祭的仪式也已经出现，祭坛如法而筑，祭品被投入火中焚烧，以献神明[③]。这表明吠陀、梵书中的这一重要祭仪，也有其达罗毗荼渊源。(6) 动、植物崇拜。摩亨焦—达罗出土文物中大量半人半兽形像，就表现了动物崇拜。这些形象都长牛角，以象征其神圣。其中一个半人半牛的怪兽，与苏美尔文学中的恩基杜 (Enkidu) 形象明显相似[④]。牛被神圣化。许多在这里出土的印章都有牛的形象，且牛的形象出现远多于其他动物。在另一些印章和钱币上，牛的形象被与湿婆神的形象刻画在一起[⑤]。在印度教中湿婆作为“牛神”(Nandīśvara) 的形象在此可以找到线索。对蛇、虎的崇拜在此也得到表现。此外考古发现当时对圣树 (菩提树) 的崇拜也很盛行。菩提树和牛角被用来作为使对象神圣化的修饰[⑥]。这些因素后来都不同程度地被婆罗门文化继承。(7) 仪式性沐浴。摩亨焦—达罗遗址的大规模公共浴场，即与一种仪式性沐浴有关。在这里沐浴不单单为了卫生，还有洗涤邪恶、罪孽等宗教含义。从这里可以看出后来印度教的圣池 (Puskala) 和祭祀中的沐浴仪式原型[⑦]。此外，考古还发现印度河文化对“万”字、十、轮等图像的崇拜，这些也都为后来的婆罗门文化所吸收[⑧]。最后，根据吠陀的记载以及《阿闼婆吠陀》、梵书所受的影响，也可以得知达罗毗荼文化还有一个重要方面，就是魔法和巫术的实践。这种实践往往与苦行、瑜伽结合，旨在以主观的意志、行为改变客观世界的进

① Sunti.K.Chatterji (Ed), *The Cultural Heritage of India I*, The Ramakrishna Mission Institute of Culture, Calcutta, 1993.125.

② Sunti.K.Chatterji (Ed), *The Cultural Heritage of India I*, The Ramakrishna Mission Institute of Culture, Calcutta, 1993.123.

③ Pande, G.C, *The dawn of Indian civilization*, Vol.1, Centre for Studies in Civilization, Delhi, 1999.378—384.

④ Sunti.K.Chatterji (Ed), *The Cultural Heritage of India I*, The Ramakrishna Mission Institute of Culture, Calcutta, 1993.123.

⑤ Pande, G.C, *The dawn of Indian civilization*, Vol.1, Centre for Studies in Civilization, Delhi, 1999.388.

⑥ Sunti.K.Chatterji (Ed), *The Cultural Heritage of India I*, The Ramakrishna Mission Institute of Culture, Calcutta, 1993.123.

⑦ 尚会鹏:《印度文化史》，广西师范大学出版社 2007 年版，第 13 页。

⑧ G.C.Pande, *The Dawn of Indian Civilization*, Vol.1, Centre for Studies in Civilization, Delhi, 1999.377.

程。从西亚到美洲的萨满教就表现了这种巫术实践的形态。吠陀宗教的魔法化转向，离不开土著的魔法宗教影响。

哈拉帕文化的上述特征，大多（除湿婆崇拜之外）也是所有非印欧原始文化都可能具有的。如果我们把上述特征同早期吠陀和其他雅利安文化相比，可以作出以下几点分析：第一，尽管哈拉帕文化没有留下多少文字资料，但我们可以把其中（为早期吠陀所无）的母神崇拜与所有原始文化中普遍存在的大母神崇拜当成同样类型的信仰。这种普遍的大母神崇拜皆是把母神想象为生育世界万物的混沌黑暗的子宫（典型的如《道德经》："谷神不死，是为玄牝。玄牝之门，是为天地根"），为万物由之生出又复归其中的根源、整体，但这整体既缺乏普遍的规定，其内在差别也不明确，因而是极抽象、模糊、贫乏的"太一"。在所有这类文化中，大母神都是自然的混沌生育力的化身，就是自然本身，没有彼岸性、超越性。对它的崇拜不包含在印欧神话中得到体现的超越追求。对于子宫（yoni）、对于世界诞生之前的混沌黑暗境界的崇拜，也与印欧文化的光明崇拜形成对比。因此，这类文化追求的是缺乏精神超越和反思的玄冥之境，所以我们称之为与印欧的觉道文化对立的玄道文化。第二，与母神崇拜相关，哈拉帕文化中的生殖力崇拜，也是所有原始文化共有的。盖原始人总是更具明确的生命意识。这是因为他们面临的是直接、原初的自然，而后者就是一个处在永恒的时间性中的、生生不息的洪流，因而就被当做一个生命体。原始人乃以生殖力象征自然的永不停息的造化、生成能力。这种能力往往又根据性隐喻被分成雌雄、阴阳两面。二者交会而万物生焉。生殖力崇拜其实是对原初、朴素的自然的崇拜，表明原始人关注的始终是自然、尘世，而缺乏对于在尘世之上的理想彼岸的兴趣。它同样表现了玄道文化缺乏超越追求的特点。第三，在哈拉帕文化中，也找不出吠陀和印欧文化中引人注目的光明神崇拜。在这里找不到像吠陀的阿底提耶诸神（Adityas）那样的光明神系列，单一的光明神似乎也不存在。相反，母神崇拜表明的崇黑尚玄倾向，表明这样的文化崇拜的不是光明，而是黑暗原理。这也表现了玄道文化缺乏内省反思冲动的特点。第四，魔法宗教表现了土著文化对黑暗的自然力的崇拜，同样表明了缺乏对精神的光明和超越性的体验的玄道文化特点。另外，在哈拉帕文化中，看不出有系统的神话存在；在其出土文物中，看不到祈祷、请神的场景，也没有证据表现印欧神话那种对神热烈的爱和渴望之情；相反，魔法与苦行的盛行，恰好表明真正的神性崇拜不存在，所以人要达到目的必须以自己的力量驾驭自然魔力，或调节自己的身心。这些情况表明哈拉帕文化缺乏对神所属的彼岸的关注、向往和信仰，这也与玄道文化缺乏超越冲动的特点一致。第五，对苦行的强调，表明了哈拉帕文化注重实践的特点。苦行的实践是在非印欧的原始文化中十分普遍的现象。其宗旨是通过饥饿、自残、催眠及吸食麻醉品等手段，达到一种狂喜体验，一般不包含后来高等宗教的精神修炼、沉思所应有的真理追求，缺乏理论思考的兴趣。哈拉帕文化的苦行，也应当同样如此。总而言之，哈拉帕文化，乃至全部前雅利安的印度文化，都属于缺乏真正的反思和超越冲动的玄道文化范畴，与满洲萨满教、东土文化、美洲原始文化属于本质上相同的类型。

约公元前16世纪前后，仍处游牧生活阶段的雅利安人从西北侵入印度。他们的侵入可能是导致达罗毗荼文明毁灭的最主要原因之一（尽管可能的原因还有很多，比如环境破坏等）。达罗毗荼人的城市被破坏，其人民除少数被作为奴隶保留，大部分被驱赶到印度东南部和偏僻山区。雅利安人的吠陀文化成为主流文化。然而尽管其城市文明被毁灭，退居山区和边缘地带的达罗毗荼人仍然在某种（可能较低的）层面保留了他们原来的文化。因此雅利安人在其持续东扩的过程中，必然越来越多地与土著的达罗毗荼文化交融。正如伊利亚德（M.Eliade）指出：印度河的都市文明的崩溃“并不等于整个文化的灭亡，而仅仅是文化退化为村落的、萌芽的、‘大众的’形式。”① 因此哈拉帕文化的一些因素，比如大母神和湿婆崇拜，阳具和女阴崇拜，苦行和瑜伽，等等，在后来的印度宗教中成为“大众”文化的内容。“很有可能，所有这些哈拉帕宗教的概念在‘大众’阶层，在说雅利安语的新主人的社会与文明的边缘都被保留下来了，当然不可避免地有所退化。很有可能就是在这些地方涌起浪潮，经过以后几次文化的融合而形成了印度教。”② 印度文明就是雅利安的觉道文化和达罗毗荼的玄道文化交融的产物，而且它的发展很大程度上由这两种文化的相互斗争、相互渗透、此消彼长所构成。

这种文化交融是分阶段的、逐步深入的。《黎俱吠陀》就已经开始受到土著文化的影响。拉达克利希南说：“在《黎俱吠陀》中，我们就可以发现印度教的包容精神，它总是乐于接受外来信仰，并按自己的方式将其同化。”③《黎俱》的编成地点，应是在印度河支流的婆罗室瓦第河流域④。这时雅利安人从空间上差不多已占有了印度河流域全境，从时间上进入印土已有数百年之久。因而受土著文化影响是不可避免的，并且这种影响必然在《黎俱》中得到反映。我们前面的分析表明，在《黎俱吠陀》中，比如苦行者的出现，火祭的仪式，灵魂往生的观念等等，都表现了达罗毗荼文化

① 伊利亚德：《宗教思想史》，上海社会科学院出版社2004年版，第111—112页。

② 伊利亚德：《宗教思想史》，上海社会科学院出版社2004年版，第112页。

③ Sarvepalli Radhakrishnan, *The Principal Upaniṣads*, George Allen & Unwin LTD, London, 1953.41.

④ Pande, G.C, *The dawn of Indian civilization*, Vol.1, Centre for Studies in Civilization, Delhi, 1999.269.

影响的痕迹。在《阿闼婆吠陀》、梵书的时代，雅利安人已经扩张到恒河流域。雅利安人扩张到东部地区是一个很缓慢的过程（一直持续到佛陀时代），而且其在人数上已不占优势。另外东部诸王对于婆罗门文化更多是主动归附（许多东方酋长都派自己子弟到西方求学）而不是被武力征服。结果导致在这些新的国土，雅利安人的婆罗门传统力量要相对薄弱，而土著文化则具有较大的生存空间。这一方面使婆罗门传统受土著文化的影响进一步加强，另一方面也使东部后来成为非婆罗门的沙门传统产生的土壤（沙门思想都是产生于印度东部）。这种影响是相互的。无论婆罗门传统还是沙门传统，都是在雅利安文化和土著文化的不同程度的交融中形成和发展的。就前者而言，《阿闼婆吠陀》和梵书都反映了土著文化的强烈影响。比如《阿闼婆》的魔法宗教，与《黎俱》的精神迥异，无疑是来自前雅利安文化。吠陀晚期和梵书泛神论的确立，也与土著文化对作为世界根源的大母神信仰有关。《阿闼婆》和梵书的灵魂往生受业观念，亦为《黎俱》所无，且不见于其他早期印欧文化，故必然也是受土著思想影响的结果。湿婆、兽主崇拜和苦行、瑜伽实践，亦皆应追溯到土著文化。学者早就设想瑜伽及与之相关的湿婆崇拜的非雅利安起源①，这一点后来通过考古发掘被证实。湿婆被引进婆罗门教后，被与吠陀的风暴神鲁陀罗结合。他是与苦行、瑜伽实践一并被引入的。在婆罗门传统中，他被设想为独居于深山的苦行者，辫发涂灰，止息摄念、断诸思想、萧然静坐。另外，雅利安文化的入侵导致土著文化传统的碎裂，至少从可以见到的材料看，非雅利安文化直到公元前6—7世纪才重新确立自己的传统，这就是沙门思想。在这一背景下形成的沙门传统，自然要受到雅利安文化的深刻影响。比如瑜伽学，就是由前雅利安文化的苦行实践，逐渐接受婆罗门文化的形上学和宗教理想并不断自我提升而形成②。沙门文化的世界观也离不开婆罗门文化的影响。比如其生灭流转的现实世界与寂灭不动的彼岸世界（涅槃）的对立，就不属于其他玄道文化传统，而应追溯到雅利安文化对超越性、彼岸的追求③。后来的印度精神史，就表现为婆罗门传统与沙门传统、觉道文化和玄道文化的长期斗争、对话和交融的历史。

作为吠陀文献最后形成的部分，奥义书思想表现了婆罗门传统和沙门传统更深入的交融。其受土著和异端思想之影响，由于婆罗门传统对异端思想的独特开放态度，而获得了极便利的通道。（1）正如C.Eliot指出，婆罗门教在理论上极为松散。

① A.E.Gough, *The Philosophy of the Upaniṣads and Ancient Indian Metaphysics*, Kegan Paul, Trench, Truebner, &CO.LTD, London, 1891.18.

② 吴学国：《奥义书与佛教的发生》，《宗教学研究》2013年第1期。

③ 吴学国：《奥义书与佛教的发生》，《宗教学研究》2013年第1期。

在印度，任何学派，只要名义上承认吠陀权威，都可归宿其内①。大部分梵书和奥义书的思想都极混杂。同一部奥义书内部的思想往往就差舛丛出。奥义书作为一个整体更显得纷纭芜杂。这既是由于一种思想的包容性所致，也表现了理论的批判和统握能力的严重缺乏。也正因此之故，使非吠陀思想进入奥义书传统变得极为容易。(2)在奥义书中，明确的宗派意识迟至《慈氏》才得到表现。可以肯定，最迟在奥义书晚期阶段以前，婆罗门传统在单纯思想方面其实没有所谓“正统”与“异端”的明确概念，因而它对所有新的以及非吠陀的学说都是完全开放的。这一点也可以从佛教文献得到印证。从佛经大量记载看，属于婆罗门的思想是极其多样的，许多婆罗门的议论甚至与佛世六师沙门都如出一辙②。甚至持无神论的数论和胜论派后来都被纳入正统思想之中。这些都表明婆罗门阶层和婆罗门教，对于思想的多样性是极具包容态度的。(3)无论从梵书、奥义书还是从佛教、耆那教的记载，我们都可以看出众婆罗门放下身段追求知识和真理的高贵品质。Sat Brā XI·4·1·1 就提到了优陀罗羯持一枚金币，遍访天下善知识，以求胜己者的故事。就像达斯古普塔所说，在奥义书中，人们更关注的是得到梵的真理，而不是种姓、出身、性别③。奥义书的编者为婆罗门，但发明者却不必是。学界早已阐明，其思想受当时的统治者，即刹帝利思想影响甚巨。妇女与低级种姓的人也参与讨论。《唱赞奥义书》中莱克婆、茶跋拉等的故事，就表明人无论出身，在真理面前都是平等的（Chān IV 1—4）。奥义书中有大量的婆罗门向刹帝利汲汲问道的故事，中国人熟悉了儒家道统，或以为这只是一种文学藻饰。这实在是由于在中国文化中，“真理”二字至为苍白乏力。反之，在奥义书中，人们对于真知的渴求，充满字里行间！求道若此，则种姓、出身，岂能重于真理乎！另外，在佛教《阿含经》中，婆罗门向佛弟子问道并且接受佛说的记录也比比皆是④，故婆罗门对待真理，实非孔门陋学可以仿佛。综合以上考虑，婆罗门向刹帝利乃至更低种姓虚心求道，应该是反映了当时的实际情况。而其所学，必然包含更多与婆罗门正统思想违背的新观念。这也为异端思想渗透到婆罗门传统中大开方便之门。(4)梵书要求梵志不仅要学四吠陀及各吠陀支（包括语法学、词源学等），还要学古代传说、英雄事迹等（Sat Brā XI·5·6·8）。这使民间传说、民间崇拜得以加入到婆罗门传统中（如始于民间的罗摩、克里希那崇拜正是由此成为印度的正统

---

① Charles Eliot, *Hinduism and Buddhism, An Historical Sketch*, Vol.1, Sri Satguru Publications, Delhi, 1988.XVII.

② 可参看《长阿含布吒婆楼经》（大正藏第1册）。

③ S.Dasgupta, *A Histroy of Indian Philosophy Vol.1*, Cambridge University Press, 1957.35.

④ 比如《长阿含三明经》记载了婆罗门几人争论请求世尊裁决的故事（《大正藏》第1册）。

信仰)。而如伊利亚德所云,非吠陀的土著文化正是通过这种民间、大众的途径逐渐渗透到婆罗门传统之中。因此,奥义书思想包含了大量来自土著文化甚至属于原始思维的内容。聊举数例:其一,奥义书的灵魂轮回受报之说,不属于雅利安传统,可以肯定来自达罗毗荼文化影响。在 Bṛih III · 2 · 13,当耶若婆佉 (Yājñavalkya) 为阿多跋伽 (Ārtabhāga) 开示业报轮回时说:“阿多跋伽,吾友,请执吾手。此义唯我二人可知。不便广说于众前。”这表明其说在当时还属于婆罗门正统所不能接受的思想。然而灵魂的轮回受报乃是被地中海—达罗毗荼文化广泛接受的思想。因而应当确定达罗毗荼文化是奥义书轮回说的最终来源。其二,奥义书仍然具有的物活论与魔法、咒术,也不属于雅利安传统,而只能是要么通过《阿闼婆吠陀》,要么直接地来自土著文化影响。在奥义书中,以魔法求得财富、女人和除灭仇敌的例子极多①,而以咒术为祈求吉祥、禳灾除病之方也很常见②。其三,在奥义书中,苦行、瑜伽逐渐代替祭祀,成为最主要的宗教实践,这无疑也是与强调苦行的土著文化影响分不开的。

然而,奥义书思想的主体仍属于婆罗门传统,它是吠陀思想的继承者。正如拉达克利须南所说,奥义书是发展吠陀中的哲学萌芽而形成③。希里衍那也说:“在《阿闼婆吠陀》中,宇宙自我或世界灵魂被说为‘以大地为其足,以气界为其腹,以天空为其首,以日月为其目,以风为其呼吸’。梵与我有时亦被等同,而且正是二者这种玄妙的同一构成奥义书教义之精髓。”④ 尤其是吠陀晚期和梵书思想,是奥义书哲学的最直接、最主要的思想根源。故从《黎俱》晚期以至梵书的思想发展,乃是我们应作为重点讨论的。

吠陀早期朴素的偶像崇拜,必然随人类精神自由和自我意识的发展而失势。面对吠陀众神的黄昏,印度精神发现只有两条道路可以拯救自己:其一是追寻众神背后的绝对,此则《黎俱》晚期诸书已启其端,在《阿闼婆吠陀》、梵书中进一步酝酿,至奥义书乃结出硕果。其二是把祭祀神圣化。本来作为对神的奉献的祭祀,被赋予了超自然的魔力。祭祀之力代替了众神已失去的力量。祭祀本身代替神成为人们崇拜的对象。此种崇拜,夜珠、娑摩已露端倪,至梵书乃集大成而为婆罗门教之精神。这两条道路在理论上并非绝对对立,故梵书宗教也容许对绝对的追求,奥义书亦未曾完全否认祭祀的意义。由此发展出业道 (karma-patha) 与智道 (jñāna-patha),为

---

① 比如 Kauṣ II 开示的祭元气以为催情之法或求得财富,BṛihVI · 4 开示的求合、交遘、击败情敌、求生儿子之法。

② 如《广林奥义书》既有助妇女保守其夫爱情之咒,亦有助男子消灭情敌之咒(BṛihVI · 4)。

③ Sarvepalli Radhakrishnan, *The Principal Upaniṣads*, George Allen & Unwin LTD, London, 1953.48.

④ M.Hiriyana: *The Essentials of Indian Philosophy*, George Allen & Unwin London, 1949.21.

印度宗教两种最根本的生命向度。

与奥义书的精神直接衔接的，就是吠陀晚期和梵书的思想。奥义书又称为“吠檀多”（Vedānta），即吠陀的终结、归宿、目的之义。这一种称呼意味着奥义书的思想是从吠陀发展而来的。这也符合思想史的事实。在奥义书思想与吠陀、梵书的思想之间，不存在显著的精神断裂。奥义书的新观念不是一种剧烈的革命的产物，而是在吠陀传统中缓慢地孕育而成的。尽管奥义书的思想也融入了非吠陀的土著文化因素，但仍以植根于吠陀的婆罗门思想为主体。吠陀晚期和梵书对于奥义书思想无疑影响更大，因而不妨多谈一些。奥义书最早的思想就完全继承了始于晚期吠陀的去神话倾向、绝对追问和祭祀崇拜。在以下的讨论中，我们试图把晚期吠陀的新思想倾向概括为以下几方面，并追溯这每一方面发轫于《黎俱》，酝酿于《阿闼婆》、梵书，最后延伸到早期奥义书思想中的演变过程。

## 一、神性的失落

印度学者有云，印人之精神包括两种：一种是提婆（神）的精神，另一种是阿修罗（魔）的精神。若夫明心见性之方、虔敬解脱之想，皆属前者，其在理论上皆以唯心主义为归宿；而尘世污秽之欲、魔法淫怪之行，皆属后者，其在理论上乃以唯物论为基础。推而广之，金丹之法，房中之术，权谋之学，亦属魔道；现代科技，实亦不离于此（古代科技即起源于魔术，其精神一贯）。前者否定自然、厌弃尘世，而系心于超越、内在的真理；后者耽着世间、溺于外境，孜孜于驾驭物质力量以求得世俗欲望之满足。神道与魔道，乃为两种文化类型，即我们所谓觉道与玄道。

学界一般认为《黎俱吠陀》属于神教，而《阿闼婆吠陀》属于魔教，其精神乃分别属于神道与魔道。盖神性自在地是觉性自我的理想，其本体为超绝、内在的自由。故唯觉道文化，才有真神、真崇拜。然而精神的起点是自然。即使在觉道文化中，神最初也只能作为自然的神出现。在这里，神的超越性、自由也表现为自然的现象，即距离和奇迹。《黎俱吠陀》的神就是这样的自然神。自然神是超越的，但不是绝对的。当自由推动现实精神确立对实践主体性的反省，以及对事物客观因果性的确信，那么神的意志就成为有限的；另外在这里，理性与反省思维的进一步发展必然导向对一种自然的绝对存在的领会，这使神与世间的距离，即神的超越性完全丧失。在吠陀晚期，思想对绝对者的追问，最终导致神性的丧失。一种宇宙论意义上的本原、绝对代替神，从根本上规定人们对世界、自我的理解。然而这个绝对是自然的，不具备任何超越性。

在《黎俱吠陀》晚期和《阿闼婆吠陀》中，一种从绝对本原开始的宇宙演化论代替神话，提供了对存在起源的解释。《黎俱》就提出了许多关于宇宙起源于水、混沌、风、日、时间等的说法（见本节下一目）。在《阿闼婆吠陀》中，一方面绝对主义的立场得以完全确立，故其对世界存在的解释，基本属于宇宙演化论。其以为世界存在根源于三种力，即：一是时间（kāla），为创生万有之力；二是爱欲（kāma），为推动存在演化之力；三是正持（skambha），为维持万有存在之力。另外亦有把世界存在归宿到水、风、日等自然元素者；原始的物活论在其中也大行其道。因此，在这里，《黎俱》旧有的自然神完全被贬抑到从属地位，成为绝对者的派生物。即使《阿闼婆》颂歌将绝对者等同于神，因而相对于《黎俱》，确立了一神论的稳固地位，然而这个唯一神只是自然的（它其实只是宇宙论根源的神话化），故实际上丧失了神圣性，也无法再唤起真正的崇拜。另一方面，《阿闼婆吠陀》还发挥了来自土著思想的魔力崇拜，以魔力代替神作为存在的支配者。《阿闼婆》不仅企图找到一种凌驾于生主神之上的宇宙力量，而且相信勺子、泥、砖、符草、粥等物，都可能具有改变世界、超越人神的巨大魔力。在《优吉湿多歌》中，《阿闼婆吠陀》力图追寻一种为一切祭祀所"遗忘"的原理（AVXI·7）——它实际上就是祭祀所追求的、普遍意义上的魔力。魔咒也被认为具有摧毁敌人的力量。梵或咒语被与三吠陀并列起来，被认为与它们具有同等法力。以魔咒之力，几乎无物不能成办。如结草人，记某人姓名以诅之，其人必死。其他如男女相求、妊娠吉祥、财货增积、灾祸消除、赌场好运、行窃得财，乃至社稷兴衰、宇宙运行，无一不可因魔咒而致。在《阿闼婆》的魔教中，神也受魔力支配，堕落为凡间的存在者，而魔力则成为宇宙第一原理①。总之，在《阿闼婆》中，神丧失了神圣性，原先天真、朴素的自然神崇拜已失去活力。

在梵书时代，神的概念一方面是一种宇宙论追问的结果，另一方面完全从魔法化的祭祀宗教得到规定，因而尽管梵书确立了严格的一神教，但其中，首先神也受魔法支配，因而成为有限者，其次这一神教属于自然的泛神论，神被当成自然的根源，因而丧失了超越性，所以在梵书中，神完全丧失神圣性，无法成为真正宗教崇拜的对象。

《百道梵书》曾屡次谈到，神、生主被创造活动耗尽了（Sat BrāIII·9·1·1），这种说法实际上反映了梵书时代的精神状况。梵书的一神论并没有给宗教意识带来新的生命，从而取代多神祭祀而发展出一种更高的精神崇拜。相反，梵书的神性概念，甚为贫乏，相对于吠陀晚期，不但在内容上并无实质深化，而且完全丧失其原先的活力。真正的崇拜则渐趋淡化，乃至神成了可有可无的东西。其原因如下：

① 这一过程与现代科技取代宗教而成为占统治地位的意识形态，完全是一致的。

第一，祭祀崇拜的发展最终导致神性被空洞化。正如学者指出，在梵书中“整个道德气氛都充满了魔术、神秘主义、宗教性，它们取代了《黎俱》的活泼的、真实的宗教。……这里除了一种外在的更拘泥的道德，就只剩下顽固、偏执和沉闷”。[①] 在《黎俱吠陀》中，祭祀本来是对神的献礼，它是召唤神性的手段，是神、人交流的空间。但一方面婆罗门祭司为获取更大利益而鼓吹祭祀崇拜，使祭祀逐渐脱离神意而具有了独立的自身力量。这种祭祀中的神性失落在吠陀晚期就已出现，而在梵书阶段得到进一步发展。此时，祭祀具有了“客观”的魔力，只要行之得法，就可以得到任何神奇的结果，无须神的帮助。事物离神而去，连祭品也脱离神的创造，而具有了自身的因果关联，所以祭祀具有了非神性的内容，且后者竟然超越神性的方面，在祭祀中占据主导地位，乃至造物主神如果要重新获得他创造的事物的话，都必须通过祭祀才能达到（Sat BrāIII・9・1・4）。人乃至可以通过它改变宇宙，调遣神明[②]。在这里，神的存在成为次要的，甚至是多余的。

第二，《阿闼婆》的魔法宗教的影响，也促使祭祀丧失原先的虔诚之情，完全成为达到功利目的的手段。《黎俱》的祭祀是以对神的信仰和崇拜为基础的。祭祀是对神的赞美和献礼，人们由此吁请神的降临，所以祭祀是人与神达到相互交流的途径。神的降临满足了人们的神圣渴望，神也会赦免人的罪恶，为人的道德行为提供某种指引。但魔法不具有对神的信仰，而是只有对自然力的迷信。它完全不包含对神圣东西的渴望，只以个人功利欲望的满足为目的，没有上升到宗教层面，也无道德意义。在《阿闼婆》的影响下，梵书宗教很快魔法化。它没有对神圣的崇拜，只有对魔性力量的迷信。它的祭祀宗教丧失了对神的经验，旨在利用某种魔力达到功利的目的。同在《阿闼婆》中一样，这些目的也无非是邀福求财、禳灾祛疾或得天界欲乐等。现在学者证明梵书的魔法迷信与原始的物活论有内在联系[③]；这就是因为它通过《阿闼婆吠陀》接受了前吠陀的土著信仰。物活论是自然神产生之前的宗教阶段。在这里，人们相信一切事物皆有自身的生命或灵魂，它是事物中存在的一种隐秘的不可见的力量。这实际上是一种魔性的力量。祈求或操纵这种力量，就可以达到任何目的。魔咒、法术、巫觋等，都以物活论为基础。梵书将吠陀中作为祈祷、感恩和献礼的祭祀，变成魔咒之术，与《阿闼婆吠陀》的魔术一脉相通。在其中，祭祀的所有环节、仪

---

① 转引自 Baru, Benimadhab, *A History of pre-Buddhistic Indian Philosophy*, University of Calcutta Press, 1921.40.

② 据信如果举行上千次马祭，甚至可以将因陀罗从其天国宝座上赶下来。

③ Baru, Benimadhab, *A History of pre-Buddhistic Indian Philosophy*, University of Calcutta Press, 1921.40.

式和用品都充满魔力，祀词也从原先单纯的祈祷变成魔咒。而如果认为这种非神性的魔力高于神，并将其作为崇拜的对象，那就属于魔教的范畴了。在这种意义上，梵书同《阿闼婆吠陀》一样都应属于魔教之列。总之，祭祀转化为魔法，是梵书宗教的最大特点。在这里，神也受魔力支配，猥同凡俗，而魔力则成为宇宙第一原理。

第三，与上述思想相呼应，梵书对宇宙绝对本原的追问，最终使一种宇宙始基代替神，成为世界的根源，使神本身也成为宇宙演化的一个环节，从而失去神圣性。梵书确立生主为至上神，但它对神性的思考并没有就此止步。与祭祀转变为魔法相适应，梵书企图寻找一种超越于生主神（祭祀）之上的力量（即魔力）。结果是神、生主的概念完全被掏空了，而一种非精神的魔性原理占了上风。后者在宇宙论背景之下，就被理解为一种绝对的自然本原，比如水、风等。与《黎俱吠陀》“未知神歌”所谓由生主先创造原初之水，然后生主又作为金卵进入之，以演化为万物不同，《鹧鸪氏本集》提出水的存在先于生主，生主是作为风在水中产生的（Tait Saṃ V · 6 · 4 · 2, VII · 1 · 5 · 1）。《百道梵书》或将本来属于生主的达帕（tapas），归诸原初之水（Sat BrāXI · 1 · 6 · 1），以为在水中产生达帕，后者使水转化生成万物。《百道梵书》又以为世界之初为非有，然后产生了梵，梵作为创造原理进入大水，于是产生宇宙之卵，从中最先产生的是梵自身，然后是作为火的生主神（Sat BrāVI · 1 · 1）。这些说法，都是企图将至上神置于一种宇宙原理之下，使后者代替神的绝对者地位。

以上三方面的发展，导致在梵书中神性的彻底失落。梵书认为神的本质来自祭祀。神的一切光荣、力量以及永生，都是通过祭祀获得。这使得神丧失了超越性和自由，在世界秩序中变得次要，所以神丧失了真正的神性。一方面，梵书宗教仍然继承吠陀的众神，但首先它们都丧失了原先独立、自为的存在，而完全依附于祭祀。根据梵书的说法，诸神开始的时候体质都较柔弱，唯依祭祀得以战胜阿修罗。据说诸神还害怕死亡，必须连续举行如法的祭祀，以延续生存。神战胜魔鬼，也并不像吠陀仙人所相信的那样是因为神性本身的优越，而是因为神掌握了祭祀的正确知识。正确的知识决定祭祀的成败。人、魔鬼有可能通过祭祀而战胜神。有趣的是，在神与魔鬼的斗争中，魔鬼总是朴质憨悫，而众神则狡计百出。神或欺骗魔鬼祭司，使其举行错误的祭祀以坐观其败，或佯诺分享胜利以离间诸魔，但得胜后又违背诺言，如此等等①。神还经常为分享祭祀的成果而争吵不已，乃至相互陷害②。这说明诸神在道

① Tait SaṃVI · 4 · 10 · 1; Tait Brā I · 8 · 3 · 3.

② 据说毗湿奴因为精于祭祀成了最高神，又因为傲慢而被其他神憎恨。他们诱使蚂蚁啃断了他的弓弦，最终使他的头被砍下了（Sat Brā XIV · 1 · 1 · 1—10）。

德上也已经退化，与魔鬼实无本性的区别。其次在这里，吠陀的诸神仍然是自然神，而且进一步自然化。在梵书中，“诸神”被祭祀之“五颂”、自然之“五大”（地、水、火、风、空）所取代。五颂、五大就是神，同时人的五根、九种元气（即意、语言、气息、双眼、双耳、男女、大遗），也被称为神。人就是由于这些诸神进入而共同组成的。在《爱氏梵书》看来，世界由三界，即无生命的器界、生命界、人界组成（详见下文），而神乃属于器界，日月星辰、地水火风等都是神（Ait Āra I · 5 · 1 · 9, II · 6 · 1 · 5）。因此在梵书时代，吠陀的众神已完全堕落为自然的形物，再也看不出人们对他们有丝毫崇拜的影子。总之，在梵书中，吠陀的旧神彻底丧失了神圣性，不复为崇拜对象。另一方面，梵书确立的新的至上神，也不是精神崇拜的对象，不具有神圣性。梵书扬弃吠陀的万神殿，确立了单一的至上神，即生主、补鲁沙、梵、元气等。梵书的至上神是一个知性的概念。它脱离了吠陀众神的感性和个别化特点，成为一个抽象、普遍的宇宙根源、全体。至上神是宇宙的创造者、本原，也是宇宙的整体。但是神还不仅仅是宇宙，他超越宇宙。其存在不可度量、不可思议，梵书称之为三十三天（神）之上的第三十四天、十六种生气之外的第十七种生气。梵书中充斥着生主创世的故事。他从口中生出诸神，从腹中生出阿修罗，并成为他们的主宰。他永离痛苦，绝对平静，是三界之主。创造活动常常被认为就是达帕推动的。在达帕推动下，产生了包含宇宙热力的金卵，从金卵中产生了世界的一切。然后生主自身进入世界，于是产生了生命，并且生主进入后者成为世界的维持者、主宰者。实际上生主的存在是从祭祀学得到规定的，他就是祭祀的化身。Sat Brā I · 5 · 1 · 16,6 · 3 · 5说神、生主，就是祭祀。生主的创世实际上就是祭祀的创造。生主在祭祀中献出自身，产生出神、人以及宇宙万物，因而祭祀与生主乃被等同。另外这些故事的结尾总要谈到生主被创造活动消耗殆尽，因而感到空虚，需要通过祭祀的程序重新被填补。生主和祭祀，也等同于年（Sat Brā I · 1 · 1 · 13,5 · 2 · 17）。创世是以时间为动力的，所以时间也被等同于创造者。祭祀活动是在一年中完成的，因此也被认为是“年”完成的，所以祭祀乃与年等同起来。因此在梵书中，即使生主神在精神上也不是独立的，而是完全从祭祀学得到规定。梵书也不包含对生主的真正崇拜。

总之，在梵书时代，祭祀空前发展、日益丰富且趋于魔法化；而真正的崇拜则渐趋淡化，乃至神成了可有可无的东西，这一发展最终导致了弥曼差派的无神论。梵书的神性观念也被早期奥义书继承。奥义书基本放弃了吠陀的多神崇拜，吠陀诸神被当成是由大梵产生且被包含在大梵之中的。许多早期奥义书学说（比如莱克婆、该祇夜、耆跋厘、优陀罗羯之学）都是宇宙结构论或宇宙生成论，其世界观几乎是无神论的。

神性的本质是内在、超绝的自由。凡能引起崇拜的、真实的神，都必须既是内在的，又是超越性、自由。这是严格意义上的神与巫术宗教信仰的魔法力量不同之处。神自在地就是人的理想自我。然而精神的起点是自然，宗教也是如此。在自然宗教阶段，神性也必须表现为自然的现象。神的超越性、自由表现为天国与尘世的距离，表现为神的不死、神通和完美性；它的内在性表现为其经验的人格性、主体性。吠陀宗教、阿吠斯塔教和奥林匹斯宗教的神，都属于这样的自然神。纵观其历史发展，自然神最初从魔法的单纯自然力量崇拜脱胎而出，然而人类思维的发展又逐渐暴露出神的自然性与其自由本质的矛盾，从而导致自然神的瓦解。在上述印欧宗教中，理性精神的发展导致绝对主义及客观功利思维的兴起（在婆罗门传统中，再加上对祭祀的崇拜和魔法化），促使众神黄昏的到来。比如在古希腊思想中，在米利都学派等的绝对一元化的宇宙论产生以后，荷马时代的神越来越变得仅仅只有符号、象征的意义。在这里，精神经历了一次否定之否定，似乎又回到魔法时代的单纯自然力崇拜。

在这里，把华夏远古宗教同印欧宗教比较，或许会有所收益。《卜辞》、《尚书》等文献中的帝或天，都极抽象、含混而且空洞，只是自然力的模糊整体，完全没有体现神性应有的超越性、主体性和自由。这些文献也没有反映出对它的真正崇拜，因而它不是吠陀和奥林匹斯教的真实的神，而是与任何原始民族的魔法宗教信仰的神秘自然力相同（参考本书第二部分第一编第三章结语）。由于理性思维尚未能建立明确的个体性原则，在这些原始宗教中，神只是作为极抽象模糊的整体出现，《卜辞》的"帝"正是如此。它是人们恐怖和依赖的对象，但不会引发真正的爱和崇拜。然而，在《楚辞》中，我们发现了楚人特有的，与华夏宗教截然不同的神性观念。在这里，神成为非常具体的存在，被赋予鲜明的个体性和人格，具有了属人的形象，具有人的情感、思想和性格。另外，《楚辞》的神也居住在天国，比人更自由、更美好。因此楚人的神凝聚了人对自身的理想。《楚辞》也表现了人对神真诚的渴慕、爱和崇拜。这些都表明楚人的神性观念，乃与属吠陀、奥林匹斯教者本质上一致，而实与华夏民族有重大区别。然而自从大一统帝国建立，楚文化被扼杀，在中土宗教中真实的神性观念不复存在，秦汉宗教退化到谶纬、灾异和天人感应的原始巫术实践状态。

在自然神失落之后，神只有复归于超绝、内在的自我，才能重新找回其失去的神圣性。这就在于，精神通过一种超验反思，认识到超验、内在的觉性，进而把这觉性当做世界之本体，当做宇宙大我。只有在这个大我基础上，精神才能再次领会到神对现实性的否定、它的自由和人格。这样的反思直到奥义书中、晚期阶段才出现。因此，在印度思想中，神性的复生只有在中、晚期奥义书阐发自我的超验、内在的秘义之后，才成为可能。

## 二、祭祀的热狂

希腊人 Polybius 曾对罗马人的祭祀宗教作如是评价："罗马宗教的古怪、复杂的仪式，完全是为了大众而发明，这些人缺乏理性的力量，而须要被符号和奇观统治。"① 而梵书祭祀之荒谬繁琐，其愈于罗马宗教者不啻万倍，故这一评价对于梵书宗教也是完全成立的。

任何古代宗教都有祭祀。在祭祀中，人们按某种仪式献给神祈祷、赞颂、歌舞、饮食、牺牲、收成等，以表达对神的崇拜、赞美、热爱、感恩，祈求神降临并赐福、赦罪、禳灾。吠陀时代的宗教也大致如此。盖三吠陀皆应祭祀的不同需要而编成，且各有专门祭司主之。其中《黎俱》为祭祀中诵出的赞美诗，为 Hotṛi 祭司所持；《娑摩》为祭祀中谱上曲调唱出的部分，为 Udgātṛi 所持；《夜珠》为祭仪的指导书，为 Advaryu 所持。在吠陀时期，祭祀活动就已经变得十分复杂。祭祀还出现了分工，有了包括主祷者（Hotṛi）、圣诗咏唱者（Udgātṛi）、执祭者（Advaryu）等在内的祭司队伍。祭祀活动进行前还须要做极复杂的准备工作。祭品包括奶酪、馅饼、掺和了牛奶或水的须摩汁、粮食等。神被召唤来，坐在祭坛前的草荐上，受用这些祭品。至于奠酒，每天至少应有三次，分别在早晨、中午和晚上。牛、羊、马等动物也被作为祭祀的牺牲品。在葬礼祭中，羊作为献给阿耆尼的牺牲，与死者的尸首一起被火化，据说阿耆尼在享用了这礼物后，就会将死者无痛苦地焚烧。然而到吠陀晚期，人们对神的天真的热爱和感恩之情大为褪色。在祭祀活动中，对神的真诚崇拜和赞美也逐渐失去，祭祀活动也变得十分功利，几乎成为人与神的交易。祭祀活动也是一种对话，在其中，神与人双方是彼此需要，不能分离的，"人需要神占有的一些东西，如雨水、阳光、温暖、康宁，而神也渴望、追求人提供的祭品；双方都有所接受和给予"。② 只是这种对话更接近一种商务谈判③。人向神献出粮食和牲畜，只是为了将来能有好的收成；而神有时也竟至卑陋到斤斤于祭物多寡的地步④。人若不行祭祀，则神就不会工作，或将不能工作，因为祭祀是神的力量的来源。如果神停止了工作，其严重后果

---

① Mommsen, Thedor, *The History of Rome III*, London: Routledge/Thoemmes Press, 1996.455.

② *EREVI*.693.

③ 如《鹧鸪氏本集》说："啊因陀罗！让我们以规定的价格交换力与生气吧。请你给予我，我亦给予你；请你给我礼物，我亦带给你礼物"（Tait Saṃ I · 8 · 4 · 1）；"若有欲害敌者，乃祝于日神曰：请击之；我将献祭于你。于是日神欲得祭品故，乃击之。"（VI · 4 · 5 · 6）

④ 如神竟然计较，"我是应该给他一头母牛，还是一匹马？我不知是否能从他得到须摩。"（转引自 Sarvepalli Radhakrishnan, *Indian Philosophy Vol.1*, the Macmilian Company, London, 1924.106.）

是江河不再奔流，太阳不再升起，风雨亦不复出现，整个世界会重新陷于混沌。尽管吠陀宗教的祭祀逐渐变得功利化，但有两点须要指出：第一点，人在献祭中的“皈敬”（sraddhā）仍然要受到强调，没有皈敬的祭祀和祈祷是无效的（ṚVI · 104 · 6，X · 151）；第二点，祭祀之得果必须通过神的赏赐。然而在婆罗门传统中，祭祀被赋予的生果功能，使得它的意义被极端扩大，以至到梵书时代，祭祀活动已经成为社会生活的核心。梵书就代表了一种形式主义的、僵化的祭祀宗教。

拉达克利希南曾评价道：“（梵书的）祭祀完全是为了获得尘世的利益而非天堂的喜悦。代替吠陀的单纯、虔诚的宗教的，是以利益交换为动机的，使灵魂窒息的僵死的商人信条。”① 与神性的失落相一致，婆罗门的祭祀从吠陀到梵书的转化，可以概括为从神教到魔法，或从神话精神到功利精神的转化。这一转化表现在四个方面。

第一，在祭祀的思想基础方面，梵书脱离吠陀的多神论和神、魔对抗模式，而是诉诸唯一的至上神、生主。早期的吠陀祭祀常常具有公共性，由村舍、部落集体举行。祭祀仪式往往包含双方参与的竞争、冲突、战斗，象征诸神与阿修罗的战争，其结果亦具有不确定性。这些祭祀多是献给战神因陀罗的。这种祭祀旨在加强神的力量，使其在与阿修罗的战斗中取胜，从而也使部落在与敌人的战斗中取胜。从一种更深的精神背景来理解，祭祀表现的神与魔的斗争，暗示了精神与自然、自由与奴役的矛盾。精神、自由只有通过克服其对立面才能实现自身。因此，吠陀祭祀体现了对神性本质作为精神、自由的某种真实领会。但梵书的祭祀在这方面有很大变化。首先在梵书时代，这种公共性的、竞争性的祭祀已不易见到。梵书主要开示天启祭。其中施祭者只是一人，不包含任何由公众参与的、带有竞争性的仪式；祭祀也只为他的私人目的。即使王室的祭祀，也只国王一人为祭者，且只服务于他的个人利益。其次祭祀不再是诉诸吠陀诸神，而是诉诸唯一神生主、补鲁沙。祭祀中的竞争场面的消失，一个原因是至上神、生主作为绝对者的地位得以确立。他作为绝对的一元性消除了原先相互对立的宇宙力量的冲突。在这里，祭祀的成功不在于在搏斗和言谈技巧的竞争中取胜，而在于精确遵守祭祀仪式，正确观想其神秘意义。另外，梵书祭祀还有一个与吠陀不同的特点是，在梵书的祭祀过程中，祭祀者被完全与祭祀的牺牲等同，后者也被等同于生主和神。祭者应沉思自己与至上神、生主完全同一。生主、补鲁沙就是宇宙大我、绝对。祭者应观想他的小我与宇宙大我为同质、同构，而这二者又被祭祀的环节所象征，因而与祭祀亦为同质同构。然而梵书的自我理解，没有上升到对精神自身的反思，它所理解的补鲁沙、生主，实即宇宙本身、自然界的总体。

① Sarvepalli Radhakrishnan, *Indian Philosophy Vol.1*, the Macmilian Company, London, 1924.125.

它以为祭祀、人、宇宙为三个同质同构的系统。通过祭祀，可以操纵宇宙进程，并改变人的自我以达到永恒。因此在梵书祭祀中，神已经成为一种自然的绝对，完全丧失了与现实的距离。在这里，吠陀对神性本质的超越性和自由的真实领会已不复存在。祭祀形式就是绝对者与万物的因果关系。在祭祀中，至上神通过这种特殊的因果关系生成世界。这种世界观，体现的是一种巫术化的功利思维，与吠陀的神话思维有根本区别。

第二，在祭祀思想方面，梵书的祭祀完全脱离神意，具有了自身的客观力量，因而沦为魔法。在吠陀中，祭祀本来是对神的献礼，它是召唤神性的手段，是神、人交流的空间。但是在梵书中，与神性的失落相伴随的是，人们更加迷信祭祀仪式自身的因果关联。人们似乎认为祭祀与其结果之间直接存在着一种神秘的因果关系，因此神反倒居于次要地位了。祭祀生果不再须要神意的中介。祭祀也无须祈求于神明。它自身便具有了“客观”的魔力，只要行之得法，就可以得到任何神奇的结果。人乃至可以通过祭祀改变宇宙，调遣神明。但祭仪中的每一细节，都应做到完美无失，才能使祭祀获得成功。最微小的过失，比如祷词发音不当，祭祀所用之草放置的地方不对，向祭火倒油的动作稍有偏差，都会使祭祀失败，导致可怕后果①。若每一环节都做到完美，则任何力量也不能阻止其目的的实现。在这里，祭祀完全被魔法化而成为巫术。在其中，神被贬到非常次要的地位。与此相应，祀词也从原先单纯的祈祷，变成咒语。比如“梵”（Brahman）本来就是祈祷的意思，后来逐渐从祈祷变成魔咒。在梵书中，魔咒优于祈祷之处，就在于前者被认为本身就具有一种神秘的力量，而祭祀的效果就来自这一力量；这种意义的转变，最终使“梵”变成了世界的最高原理。祈祷者只信赖神的力量，但魔咒则自有其超越神的强力。借魔咒之力，无物不能成办。随着魔咒的日益隆盛，祈祷就逐渐衰落了。因此，梵书宗教完全丧失了神的经验，而成为荒诞的迷信。

梵书认为神的本质也来自祭祀。神的力量和永生都是通过祭祀获得。神战胜阿修罗，并非因为其自身的优越，而是因为更好地实行了祭祀，并（以狡计）破坏阿修罗的祭祀。反过来说，祭祀的魔力既然与神无关，所以祭祀并不专属于神。阿修罗、仙人都可以通过正确的祭祀而获得酬报，甚至有可能通过祭祀而战胜神②。祭祀包含的因果关系，使人们将它与宇宙起源联系起来。梵书甚至认为世界产生于

---

① 如埵须妥举行一种祭祀，冀能产生一魔鬼，俾杀其敌因陀罗，但是因为在念祷词时将某一重音念错，就导致了完全相反的结果，魔鬼乃为因陀罗所杀。

② 祭祀的学问最早来源于神，但神这方面的知识也可能不够全面，有时候还得向仙人们学习。神总是保守其祭祀之学，但仙人总能设法得到它。仙人甚至可以通过祭祀控制神。

祭祀，祭祀代替了神的创世业绩。祭祀之仪节用具，多有象征，如茅草以象天地，歌曲音韵以象人类，其余牺牲神龛等，无一不有所指。祭祀要素既象征天地万物，祭祀关联便象征存在的关联。故宇宙演化乃为一宏大祭祀。天地万物皆由此祭祀产生。一切事物，天、人、阿修罗等，皆生于祭祀。连生主也被认为是祭祀所生（而同时祭祀又是生主的创造）。在梵书中，祭祀常常被与世界的创造神（生主）等同起来。但实际上祭祀要高于生主，而且是生主的力量来源。据说生主是祭祀的第一个祭品，他通过以自身行祭祀，创造世界，结果使自身变得空虚，而这种空虚必须通过祭祀来满足。梵书的祭祀学体现了这样一种观念，即生主必须不断通过祭祀而被重新创造，因为生主在宇宙创造中已牺牲自身，其分解的各部分又必须在祭祀中重新联结起来。祭火的建筑就象征了生主的再造①。梵书中充斥的这类想象，无不自许为独到、高明，但是在其中其实看不出多少深意，而只表现出一种怪诞、夸张、狂妄甚至愚昧。

总之，梵书的祭祀，完全丧失了神性的经验，而退化为魔法、巫术②。梵书祭祀的魔法化，一方面是因为（可能通过《阿闼婆吠陀》，也可能直接地）受到土著的魔法宗教影响，另一方面也是梵书思想自身的绝对追求的结果。由于这种追求，梵书首先企图将宇宙以一种变相的因果关系（祭祀关联）把握成一个整体，其次它还试图通过这种因果关系将万物的起源追溯到某一共同的宇宙论始基（生主、原人）。因此就以上第二个方面来说，魔法化也是一种合理化，体现了一种扭曲的功利思维。然而，与自然经验的因果关联相比，祭祀的因果关联的客观性并不真实，它不是来自概念，而只是主观的想象力的产物。一切魔法、巫术都反映了精神对主观世界和客观世界的混淆不分。

梵书也强调信仰，认为没有信仰的祭祀必定毫无结果。但信仰是对祭祀的信仰，而不是对神的信仰。信仰恰恰在于，人们相信正确举行的祭祀必然会产生所期望的

---

① 在建筑中的祭坛就是生主的象征。"年"在这种祭祀中具有重要象征意义。"年"就是生主，所以祭坛的建筑要历时一年，火坑也应在一年中建成，同时祭坛所需之砖也应在一年中准备，如此等等。年、祭祀、生主是同一的，所以在年对祭祀物质的联结中，祭祀、生主也被重建了。

② 在最野蛮的文化中没有上帝，也没有祈祷，人们不是通过祈求神灵达到目的，而是直接用自己的主观的意志和行动来驾驭自然力量，这就是巫术。如 Jane Harrison 所云："野蛮人是行动者。他不要求神来作出他想要做的事情，而是自己去做或试图自己做。他不祈祷，而念咒语。总之，他施行巫术，尤其巫术性的舞蹈。当一个野蛮人想要让太阳出来、起风或下雨，他不是到教堂在上帝面前叩头，而是召集他的部落，大家跳一个太阳舞、大风舞或霖雨舞。当他将要去狩猎熊，他也不是祈求上帝给予力量和智慧以猎取一头熊，而是跳一个熊舞来排演他的狩猎。"（Jane Harrison, *Religion*, Cambridge: Cambridge University Press, 1922.9.）

结果，而完全无须神的帮助。信仰还表现在，祭祀者应完全听任祭司摆布。梵书也高谈真理，但真理只是对祭祀的准确知识。因而这种信仰也是与魔法和功利思维一致的。

第三，在祭祀的目的方面，梵书祭祀是完全世俗、功利的。《百道梵书》说："祭祀是双重的：对神的献祭和对祭司的献礼。人通过献祭满足天神，通过献礼满足人神（即婆罗门祭司）。此二神既得满足，乃送祭祀者达乎天上。"（Sat BrāII·2·2·6）与吠陀祭祀相比，梵书祭祀的另一个转变在于它的彻底世俗化、功利化，没有了任何真正宗教、道德的目的。

尽管吠陀祭祀也不免有功利性，但总还体现出一种超越的、真正宗教的追求。在这里，祭祀仍然是一种崇拜。吠陀祭祀的目的是多方面的，除了向神祈求财富牲畜子嗣等，还包括：其一，祭祀就是为了表现对神的感恩、热爱、赞美之情；其二，请神赦罪，为人的罪恶感，为人的良心提供安慰；其三，求神降临，神的降临满足了人们的神圣渴望，神也为人的道德行为提供指导，神也要拯救人类脱离灾难、痛苦，得到幸福；其四，祭祀也是奉献和牺牲，是人为了一种更理想的存在牺牲自己的直接、个人的利益，即牺牲自我，以达到以某种方式与神即自我自在的理想的结合。而神的理想性就在于它的绝对自由和超越性，尽管这种自由和超越性在这里仍然以自然的形象表现。在吠陀宗教中，神始终还是祭祀围绕其进行的核心。祭祀反映了理想与现实、尘世与天国的反差，表现了祭祀者克服他的直接现实进入某种理想存在的愿望，其最纯粹的目的是牺牲自我，实现与神的结合。因此，吠陀祭祀体现了精神对人的直接现实的否定及对绝对自由的渴望，它本身也是精神的本真自由的展开。正因为吠陀祭祀自在地包含了这种超越、本真的特质，因而它是真正宗教的。

然而，在祭祀去神话化的大趋势之下，梵书完全排除了祭祀原有的宗教、道德内容，使其目的完全成为功利的。伴随对神性本质的真实体验之丧失，在梵书中，祭祀包含的对神的感恩、热爱、赞美、依恋之情，求神降临、祈神指引、请神赦罪之愿，通过否定自我的直接存在以达到与神结合的理想，皆已不复存在。祭祀失去了神，就只能出于俗骨凡胎之贪念，故祈福者有之、求财者有之、求色寿子孙者有之、求生天国者有之。要之皆贪秽卑琐，固无虔敬解脱之念，亦无助于道德之提升也。祭祀可以导致现世的果报。在这里祭祀就完全等于巫术。比如通过施行某种特定的法术和咒语，可以摧毁敌人，或诅人以死。此外，如何赢得妇人爱情或加害情敌，或使屋主沉睡以行窃得财，或使战事胜利、仇人灭亡，或使商旅平安、财宝盈积，或求美名广被、学徒众多，或求多得子嗣、牲畜繁盛，或求身体康健、无灾无恙，如此等等，皆有特定仪式可致焉[①]。人由于贪求甚多，故祭祀日繁。通过正确的祭祀，人可以操纵宇宙的能量，达到自己想要的任何结果。不过梵书祭祀的目的主要是为了获得来世之福。凡是此人在祭祀中献出的，在来生都会得到加倍地偿还。最高的福报是获得永生，得升天界。据信人若举行马祭、须摩祭，且准确无误，死后灵魂就可升天，与诸神为侣，甚至自身成为神，乃至超越神。人若不如法行祭、慷慨布施，则不可能得永生，逝后将一再受死亡之苦。然而梵书的天国也已经丧失任何超越的意义，也不包含任何精神性，而只是尘世欲乐得到最大满足之处，因此对天国的追求也是完全世俗、功利的[②]。据说更早的时候神与人生活在一起，但由于人对神绕求不已，使神生厌，他们就离开人类，远徙天国。人类还想跟着进入天国，神于是想方设法阻止人类进入，比如赋予人以懒惰、愚昧、悭吝、怯懦等品性。诸神甚至对人类的祭祀成就心怀妒忌，总要想法破坏它，这时就需要生主躬行祭祀保护人类。人若生前早夭可致，生后亦不得永生，唯生愈百年者，死后方得常住（Sat BrāX · 1 · 5 · 4,2 · 6 · 8）。根据神与人的协议，死者不可携肉身升天，此外进入天堂还需要经过严格的资格检验。除天界外，父祖界也是祭祀的果报。有说二道有一共同通道，两边都是烈火，应通过者可顺利通过，不应通过者乃被烧焦（I · 9 · 3 · 2）。或说人到底是投生天堂还是人间，乃由祭坛砖块的摆放位置决定（VII · 5 · 1 · 3）。

应当指出，梵书的祭祀主义与其泛神论的神学立场存在着巨大矛盾。梵书神学以为至上神是存在的大全、基础，且阐明人与神的同构。这导致一方面天国与尘世的距离被填平，另外人死后自然地归宿于绝对者、至上神而与其在世的行为无关，这些都直接与祭祀的实践相冲突。然而由于婆罗门祭司垄断了宗教生活且在巨大的利益驱动下不断强化仪式崇拜，使得梵书宗教在面临上述冲突时，非但没有像世界上其他泛神论宗教那样，导致祭祀的消解，反倒导致祭祀原先追求的理想国的覆灭和

---

① 梵书许多祭祀，都涉及男女交媾的观想和实践。如《鹧鸪氏梵书》："他要在酥油中献一乳头，因他认为自己无所依靠，若他不寻求依靠，便不得依靠。酥油是女人的乳和血，大米是男人的酥油。此即交合。信然，如是交合为他繁殖子女和牲畜，使之传宗接代。"在这里，男女交媾的仪式，可以保证牲畜繁盛、子孙繁衍，从而使人有"依靠"。把祭祀中的赞歌、祷词、音韵等与交媾的细节等同，也是梵书中常见的做法。如《鹧鸪氏梵书》如是解释须摩祭的 Anuṣṭubh 祷歌："彼出开首二句，于是女人分开其股。彼出末尾二句，故男人合其股。此即交合。信然，如是人在连祷开首，即作一次交合，以求生育和繁荣。"《考史多启梵书》："然后他诵 Ajya 词……，彼出开首二句，此即交媾，男人分开女人双股，复次，于分开中，即是繁荣昌盛。"（以上文献参考恰托巴底亚耶：《顺世论》，商务印书馆 1992 年版，第 83—84 页）在《百道梵书》中，把性交的各环节与祭祀和娑摩唱赞的环节等同的说法，占有极大篇幅。其内容皆颇荒怪淫秽。《广林》、《唱赞》等早期奥义书，也继承了这方面的大量内容（参考本书第二部分第二编第二章第一节第一目）。

② 《金七十论》曰：马祠者说言，杀尽六百兽，少三不具足，不得生天为戏（男女戏乐）等五事。

来世期待的淡化，从而使祭祀的目的更加彻底地功利化、此世化。

此外，正如上引 Sat BrāII · 2 · 2 · 6 文本所表明，祭祀也是为了满足祭司的目的，即祭司必须收取酬报（祭礼）。梵书特别强调祭礼（dakṣiṇā）的重要性。其云祭祀必待施舍祭礼后才有果效，且果效之大小与祭礼的厚薄直接相关。祭礼本身被抬高为祭祀的一个重要元素。或云祭祀自身也会经历死亡，其重生乃以付给祭司酬礼为条件。在梵书中，对于不施祭礼或祭礼太少带来的危险，亦多有强调。据说人如果拒付酬礼，在他死后，阿耆尼等诸神就会在他身上擦去罪恶，就像熊在树上搔痒一样。这些说法多有欺诳、恐吓之嫌，反映出婆罗门的强烈逐利动机。故后世思想，从佛陀、大雄，乃至六派哲学的数论、瑜伽和吠檀多派，皆屡斥婆罗门之贪婪卑琐，良有以也。而祭祀地位越尊、规模越大、仪式越繁，则祭司之得利也愈多、特权亦愈盛。除了索取祭礼，在有些祭祀中，祭司还将自己同祭主一道，作为祭业的受用者。

总之，梵书祭祀彻底丧失了神性经验，没有任何宗教理想和追求，其目的是彻底世俗、功利的，完全没有精神性。

第四，在形式方面，梵书的祭仪得到了系统化，且被极端复杂化。正如 Jan · Heersterman 指出："尽管梵书的祭祀系统可视为魔法化的，但也不能掩盖其对祭祀的严格系统化，这导致对仪式的最大限度的组织化以及一个绝对、全面、详备的规范系统的构成。在这种意义上可以说梵书包含了一种'仪式的科学'。"① 梵书在祭祀形式上的贡献在于不仅使之系统化，而且将其极端复杂化。

在罗马的朱庇特崇拜中，祭祀形式也变得十分复杂，对祭仪的精确性也有苛刻的要求。其教以为祭祀中任何极细微的差错都会使祭祀完全失效。如果念诵祈祷词或执行仪式稍有闪失，或音乐非时而止，则祭祀必须从头开始。这种苛求达到如此程度，以至有时候，一次祭祀因为出现差错，竟要重复三十次以上！正是这种祭祀的复杂性和高度的准确性要求，使得掌握祭祀学问的祭司享有极高威望②。而且这两方面的日益发展，其实离不开祭司阶层出于自身利益的推动。在梵书宗教中，祭司的利益驱动也同样促使祭祀越来越复杂化，以至达到惊人的程度，形成了庞大的梵书文献。这些文献的内容是任何个人穷其一生也没法全部掌握的。梵书（Brāhmaṇa）就其字面意义指对吠陀祭仪的宇宙论意义的阐释，但它的主要内容是对祭祀规范的确定，解释性内容其实在其中只占据次要地位。最早出现的梵书为属《夜珠吠陀》

---

① ERII.297.

② Mommsen, Thedor, *The History of Rome II*, London: Routledge/Thoemmes Press, 1996.400.

(《黑夜珠吠陀》)者。

梵书的祭祀，种类极其繁多[①]。自帝王灌顶马祭，以至平民之火祭，几于无日无之。其时常延至一年以上，参与者亦常至千万。除日常火祭，人自出生、成人、婚媾以至老死等，每一阶段皆有相应的祭祀。祭祀俨然成为人生首要职事，以及全部社会生活的核心。另外在梵书中，祭祀的仪式似乎是在变化的，而没有完全固定。因此我们经常看到神、仙人们关于祭仪进行争论、商讨。祭祀的复杂化使祭司进一步分工。在梵书时代，祭司依其职责分为四种：一曰 Hotṛi（荐神祭司，或吟诵祭司），在祭祀开始时，通过诵读祷词，请神降临、享祀，这些祷词集成《黎俱吠陀》；二曰 Adhvaryu（执事祭司），为具体祭仪的执行者或操作者，在行祭同时念诵经文，这些经文集成《夜珠吠陀》；三曰 Udgātṛi（高唱祭司），高声唱谱曲的颂歌以伴随祭祀全程，这些颂歌集成《娑摩吠陀》；四为 Brahman（梵祭司，或纠察祭司），静坐一边，掌管祭祀全局，随时纠正祭祀的差错，必须掌握三吠陀全部。祭司所掌握的学问，除吠陀的曼陀罗或本集部分，还包括每一吠陀学派专有的庞大梵书文献。每一种祭司的职事又进一步分为多人承担。比如 Udgātṛi 祭司又分为三：Prastotṛi 祭司，为唱"Prastāva"（序颂）之祭司；Udgātṛi 祭司，为唱 Udgītha（高唱颂）之祭司；Pratihartṛi 祭司，为唱"Pratihāra"（应答颂）之祭司。三者之中，Udgātṛi 祭司为首，余二者为辅。其他如 Hotṛi 祭司、Adhvaryu 祭司，亦进一步分工。故祭司总数乃多至十六位。在天启祭中，即使再小的祭祀，比如最小的须摩祭，即赞火祭，也要求这十六位祭司全部参与。

祭祀一般分为常祭（nitya）和时祭（naimittika），或天启祭（śrauta）和家庭祭（gṛhya）两大类。前者为依时间的便宜区分，后者为依祭祀内容的区分。常祭按时节进行，包括每日的火祭，新月祭和满月祭，四月祭（于春、雨、秋三季开始举行的祭祀），收获祭等。时祭为针对祭主（yajamāna）的特殊需要而随时举行者，包括国王加冕仪式、动物祭、须摩祭、马祭等。家庭祭为人出生、成人、婚丧等时举行的祭祀，只与人的日常生活相关，目的为祈求福禄、财运、长寿、生育及禳除灾祸等，为每一高级种姓家庭所必行者。其法较简略，只需设一堆祭火（家火），一般是祭主（唯前三种姓已婚男性有此资格）在妻子陪伴下亲自行祭。或可延请婆罗门祭司代之，这时祭祀的执行者是祭司，但后者行祭是为了祭主的利益。祭品（奶油等）被投于火中，伴以祝祷。天启祭中，祭主或施祭者往往为王族或富人，必请婆罗门祭司主持执行，

① Sunti.K.Chatterji (Ed), *The Cultural Heritage of India I*, The Ramakrishna Mission Institute of Culture, Calcutta, 1993.244ff.

须设家火、东火、南火三堆祭火①。仪式极复杂,四种祭司皆必参与,其数可多至十六位。天启祭的内容乃关乎宗教、政事、国运、节候乃至宇宙的存在,最终亦是为祭主的目的。祭品不仅包括谷物果实,还有牲畜。其仪式既复杂,执行亦极严格。甚至极微小的差错都非但使祭祀失效,而且会产生严重危险。在祭祀过程中,祭司享有绝对权威。祭主的作用仅是事前准备、事中尸位、事后酬报而已。

《梵书》与《天启经》(śrauta-sūtras)阐明天启祭,《家居经》(Grihya-sūtras)阐明家庭祭。祭主在祭祀开始前应行预备性的净身仪(dīkṣā),此后应严格遵守祭仪的规定,直至以沐浴仪结束祭祀。所有祭祀皆围绕祭火进行。全部的牺牲或献礼都应投入祭火中。据信,随着火焰焚烧祭品,众神乃得以享用之。故阿耆尼(火、火神)被认为是众神之口,众神通过他得以尝享。阿耆尼既自己受用祭品,亦传祭品于诸神,故称为传送者。土、水、空气等有时亦承担传送者之职。献于水神的祭品被投于水中,献于父祖的祭品被置于土坑中,献于禄陀罗及诸魔的祭品被抛于空中,挂于树上,或被置于山崖等处。家庭祭与天启祭亦可重叠(比如火祭既是家庭祭,又属天启祭)。

梵书祭祀全部为天启祭。其祭火乃于新、满月或依与祭主种姓适宜的时节而设。设火仪式持续二日。首日设二棚。于其中之一设家义祭坛,为圆形。其南面立半圆的施礼(dakṣiṇa)或曰南火祭坛。于另一棚立方形的东火(āhavavanīya)祭坛,祭主及妻应于夜间听笛、琴的演奏、彻夜不寐,次晨乃以燧石生火或由婆罗门或富家借火,置于家火祭坛,且添柴,并念诵祭主祖先之名。当火点燃,乃取出部分,点燃东火或南火。于家火备祭品,且暖祭器。献于诸神之祭品投于东火,献于父祖及诸魔之祭品投于南火。祭品通常包括乳、酪、奶油等乳制品,烹或焙制的麦、米饼。常见的牺牲为绵羊和公山羊。

梵书的天启祭种类既多,仪式亦极复杂,亦分为常祭与时祭两类。兹各略举数种,以为例示:首先所谓常祭,包括火祭,新月祭和满月祭,四月祭,收获祭等。火祭(agnīhotra)属于日祭。其法为先于家火将牛奶加热并与水调和,然后投于家火和东火。于夜间应行献于火及奶牛的祝火仪式(agnyupasthāna),于中祭主应念其子孙名字。此祭目的是为了保证子孙延续。新月祭持续二日。于初日,祭主持戒如仪,且备祭火。次日,乃从碾谷开始,如法经历制祭饼的全阶段。备祭坛。祭主

① 其中,家火(Gārhapatya)设在祭坛西边,是每一家庭都应保有的一持续不灭之火,故谓家火。所谓南火(Anvāhāryapacana 或 Dakṣiṇa)或施火,设在祭坛南边,为谢礼之火。东火(Āhavanīya)或献火设在祭坛东边,为献祭之火。东火南火皆由家火中取出。

之妻束腰坐于指定位置。然后祭主将火炬投于祭坛，同时念诵吠陀经文。于是献奶油二次。接着是献奶油于全部诸神，献酪于阿耆尼和须摩，献饼于阿耆尼和因陀罗，然后是礼赞阿耆尼和众神。于是主祭结束，祭司食祭品和祭奶。祖先亦被吁请分享。祭司分配祭礼。然后是对祭火、草荐等的后献，继之以祈祷，最后投圣草于火。祭事结束。满月祭仪式与此基本相同，区别唯在新月祭献饼于阿耆尼和因陀罗，满月祭献饼于阿耆尼和须摩。四月祭又称季祭。以敬拜风暴神摩禄特为主，兼及阿耆尼、须摩等神。每一四月祭皆始以分别针对阿耆尼、须摩、沙吠特黎、普鄯（此二者皆属日神）和沙罗室婆底（文学、艺术之神）之五献。祭祀中使用的木柴应选取当季开花之树，做草荐的祭草亦应选取当季发芽者。于第一个四月祭，在五献之后，应献祭饼于摩禄特，献乳糜于众神，再献祭饼于天、地。第二个四月祭于雨季前举行。其法为将作成公羊和母羊的面团，覆以羊毛，随乳糜分别献于婆楼那和摩禄特，以促牲畜之增长。并献竹简之果实以致雨水和丰收。其中还包括一种献于婆楼那的赎罪仪。在其中，祭主之妻应陈其情夫之数目、名字，并献粥于南火。第三个四月祭于秋天举行，包括祭奠父祖仪式。其中，祭品被献于南火。此祭还包括对禄陀罗的献礼，俾其平息，不害畜群。此祭以献礼于耕犁而结束。季祭的目的是保证风调雨顺，以利农牧。

其次所谓时祭，包括须摩祭、马祭、动物祭等。其中须摩祭（somamedha）为梵书祭祀之最重要者，由国王或有大财富者举行，为大众观赏，而祭祀之目的非为百姓邦族，纯为祭主本人。此祭始于一年之初日，结束于新月或满月之日。其祭有七种，以赞火祭（agniṣṭoma）为原型。在此类祭中，赞火祭最简约，但具体而微，其他六种，如生力祭（vājapeya）、国王灌顶祭（rajasūya）等，皆为以此为基础扩展而成。须摩祭为春天举行，主祭为时一天，但余下的相关仪式可持续数日。此祭主要仪式为榨须摩汁之仪。须于晨、午、夜三次榨取，且祭献一山羊。然后将须摩汁过滤，与奶调和，献之于以因陀罗为首的诸神（晨、夜榨出之须摩献于因陀罗及其他诸神，中午出者唯献因陀罗）。于是祭司饮之。兹更详述如下：于祭祀中首先是选择祭司，须足十六位之数。祭祀地点可从国王处借得。祭祀之法为：首先为祭主及其妻行开导仪（dīkṣā），以使其得到净化，遂能与神交通。此后二人应遵守一系列戒律，包括独处、静默、持斋（唯食熟乳）、戒淫等。接着是模拟以一头母牛换取须摩的滑稽仪式。然后是三个备献日（upasad）。其中每日应行热乳祭。于第二备献日筑成置须摩车之大祭坛。于第三个备献日祭一山羊于阿耆尼和须摩。接着是献祭日（sutyā），为须摩祭的高潮。其仪以献给阿耆尼、乌莎尸（黎明神）和阿湿文的晨祷开始。接着祭司以石从须摩草的嫩芽榨出须摩汁液，并缓慢通过羊毛过滤，然后倒入坛中，并与牛奶调和，于是注于祭杯，献于祭火中。祭杯之注奶、倒出，皆有极细致的仪则，且伴以《黎俱》、《娑摩》之吟唱。此日还应举行献牲于因陀罗和阿耆尼的仪式。献饼、酒奠及其他奉献之仪，亦包含在此日祭事中。最后诵《黎俱》阿耆尼—摩禄特赞（Agni-Mārut śastra），同时将榨过的须摩渣、山羊皮、（祭主妻在祭祀中使用过的）束腰以及其他在祭中使用的用品投于水中。于是祭主及其妻进入水中，互搓其背，浴毕而出着新衣。接着是献祭品及赞颂于水神婆楼那和沐浴本身。祭祀完毕。动物祭（paśubandha）亦属时祭，且为梵书经常提及者。此祭可从属于须摩祭，亦可作为独立祭祀。其作为独立祭祀，必须是家备三祭火者方可行之。其法为以牲兽代替新月祭之牛乳献于因陀罗。其仪式一般持续二日，分两个阶段。在第一阶段，首先通过给牲口涂膏以及在其上吟诵吠陀，使其充满神圣本质，将其神圣化。接着将其沐浴并系在插于祭坛的柱上，并膏以乳油。然后行祭献乳糜仪、新月与满月祭，直至前献。然后举行绕火仪（paryagnikaraṇa）。其法为持燃烧之木柴绕此牲行三圈，谓构一魔环护之，使避开邪灵。于是牵此牲于屠宰处，祭主以叉子触之，象征其自身与此牲联结。然后诵吠陀以祈宥杀生之罪，宣称此牺牲实未死而将升至天国。于是 śamitṛ 祭司以绳索将牲口勒死（以避免流血），其他诸祭司则背过脸去，注视东火。然后切开尸体，取出息膜，以叉子烤熟，献于诸神。其血则献于罗刹和诸精灵。于是投叉于火。最后是施与祭司三头母牛作为祭礼。第一阶段结束。于第二阶段，首先是肢解牺牲，且备一掺以牛乳之米饼。牺牲烹后，部分献给诸神，部分为主祭司所食，并佐以牛乳。最后是十一种后献仪（anuyājas），包括献礼于圣草、圣门等诸祭祀用品者。所余乳油及脂类、圣草及牺牲的碎渣等皆投于火中焚烧，其他用具皆被掩埋。盖此等物事已获得神性，勿使其扰于世间也。马祭（aśvamedha）应从其他动物祭祀分离出来，为国王所举行，是所有祭祀中最辉煌、最能体现王室荣耀者。据信此祭将使国王升至生主、诸神之界。其祭之仪式与须摩祭相关，而其献祭日（sutyā）乃有多日，故又称为连日须摩祭（ahīna soma）。其法为选择一匹具有特定花色和体征且快捷、美观之马，乃于天竺历的钵求那月（pālguna，其时段跨越公历第二、三月）之第八、九日，牵此马而沐浴之。然后在火边为此马行净化仪。于接着三日，献不同类型的祭饼。然后纵此马漫游一年，王之军队随之。其间祭司应每日于王前行祭，举行各种奉献和仪式。同时念诵祭司述古代圣王遗事，琴音与歌唱伴随。一年后乃将此马带回。于是行三日之须摩献祭（sutyā）。于其第二献祭日，乃将此马如法宰杀，同时宰杀的还有（从象至蜂之）数百种野生和家养的动物，一并献祭。其后王后应躺于马尸之侧，祭司与国王妃嫔以淫词互相调戏。于是肢解此马而烹之。众祭司设吠陀谜题而自解之。然后供献此马之各部分。第三献祭日以沐浴仪结束祭祀。

家庭祭包括糜祭、元气祭、生命火祭以及生殖仪、求子或祈儿长命之仪、父子元气传受礼等。其仪式亦极复杂多样，见于《家居经》，非梵书所论。而其精神气质与梵书无重大差别，故观梵书而可知其实质矣；至于其细节，可以参考本书在其他章节中的讨论①。

《黎俱吠陀》就说道，人若不知祈祷所针对的作为万有依止的至上存在，则祈祷毫无用处（ṚVX・164・39）。梵书也强调对于祭祀的知识之重要。其所谓祭祀，应同时包括祭仪（vidhi）与敬思（upāsana）两部分。祭仪即祭祀的仪轨，敬思是执祭者在祭祀中伴随祭礼而进行的观想、沉思。后者来自对祭祀的知识，也就是梵书所谓智慧。祭礼为外，敬思为内。二者有很大区别，而皆为祭祀不可缺少的方面。祭祀若要取得成功，不仅要在祭仪上绝对准确无误，而且应伴随正确的敬思。如 Sat BrāX・5・4・16："人唯因知识达于所欲迁移之处，非由祭祀之布施，亦非由无智之苦行。唯于知者，世界乃属之。"盖祭祀的每一环节，都有其神秘的象征；人若行祭而知其义，则祭祀的力量就会加倍，否则祭祀将完全无效。Sat BrāII・2・2・8—20 亦说当初诸神和阿修罗皆愚顽无智，沉沦于变易生死，因而企图通过祭祀以脱离死亡之口。阿修罗只把祭祀当做外在的仪式；而诸神则在其心中行祭，于是成为不死、不可战胜，终于克敌制胜。人应在自我之内升起祭火，以诚实使其炽燃，而诳语使之熄灭；当人以全部生命作为祭祀，则外在的仪式同时也是内在的净化。但梵书所谓知识、智慧，主要是指对祭祀的符号、象征的正确了解，而非形上学的智慧，亦非对存在的内在、超越实体之觉悟。因此，总的说来，梵书属于印度宗教所谓业道（karma-marga）而非智道（jñāna-marga）。

最后对此议题作一总结。霍普金斯曾如是评价道："对于梵书而言，不仅其调子相对于《黎俱吠陀》发生了变化，而且其整个道德气氛都充满了戏法、神秘主义、宗教性（religiosity），它们取代了《黎俱》的活泼的、真实的宗教，后者虽然是形式的，但却是《黎俱吠陀》的灵魂。在梵书中，没有朝气、没有诗意。这里有一种外在的更拘泥的道德，此外只剩下顽固、偏执和沉闷。尽管上述这些特征也有可能在《黎俱吠陀》中被发现，但它们不能代表当时的时代精神，但却代表了梵书时代的精神。"② 我们的分析也表明在梵书时代，祭祀的形式极度发展，而祭祀的精神乃退化萎缩。首先，梵书宗教丧失了神的经验和真正的崇拜，祭祀脱离神，被完全魔法化，成为空洞的形

① 可参考本书第一部分第一编第一章第三节第一目，第二章第三节第三目；第二部分第二编第二章第一节第一目，第一章第二节第二目等处。

② 转引自 Baru, Benimadhab, *A History of pre-Buddhistic Indian Philosophy*, University of Calcutta Press, 1921.40.

式、荒诞的迷信。祭祀的思想退回到原始的物我不分，和物活论的力量崇拜①。其目的纯为一己之功利，完全丧失超越、内在的追求。正如有的学者所说，梵书祭祀主义，是以唯物主义为理论基础的②。祭祀主义迷于形式，拜物教愚于形物，其见物而丧心，执器而失道，理趣一也。祭祀的空前发展、真正崇拜的完全丧失、神性的逐渐淡出，最终导致了弥曼差派的无神论。因此在梵书宗教中，吠陀旧的崇拜丧失了，而新的崇拜尚未建立，它是仪式的白昼、神性的黑夜。其次，梵书的祭祀崇拜导致祭祀成为全部社会生活的核心，成为人生唯一的职责。在这里，祭祀成为绝对，吞噬了人的生命以及全部社会生活。梵书以为每一婆罗门有五种责任（对父祖有延续子嗣之责；对仙人有研诵吠陀之责；对人类有殷情尽礼之责；对诸神有奉献祭祀之责；对低等生命有慈悲仁爱之责）。在梵书中，这些要么被归结到祭祀之中、为祭祀服务，要么被淡化、漠视。如果说，吠陀的黎答（ṛta：法则）崇拜，体现了先民对宇宙、伦理法则的极度尊重，那么在梵书中，黎答则失去了其道德意义，而仅仅成为祭祀的规范。祭祀也吞噬了人的全部理论思考。哲学从属于祭祀，完全成了仪式的阐释。其对宇宙人生的看法，完全从祭祀出发，其唯一任务是解释祭祀与神、人、宇宙之关联。梵书理论的极端狭隘、片面性，导致其思考力萎缩，以至完全丧失创造的活力。第三，梵书祭祀被极端复杂化。在这里，精神对琐细形式的狂热执着，不仅导致思维的僵化，而且抽空了精神的全部力量，使其无法致力于更有价值、更富成效的思想，造成梵书思想的极端贫乏性。总之，梵书宗教既失去了宗教上神圣崇高的超越追求，也远离了吠陀早期朴素的道德生活。在这里，祭祀吞噬了真正的宗教、道德生活，吞噬了全部思想，造成了精神的极度贫困化。

婆罗门祭祀学的发展，符合宗教精神发展的一般规律，可与世界其他宗教比照。在较高级宗教中，祭祀皆为神举行，而原始宗教中祭祀则无此动机。在这里，祭祀被认为具有直接生果之效力。比如原始人泼兽血于枯壤以求得雨，非祭于地神，乃因信血液直接有致雨之魔力；或咒语、舞蹈使太阳东升，亦非祈于日神，而是信其法术有直接控制宇宙之能力。这类活动的思想基础，在于原始思维尚未达到主观和客观世界的完全分离，故以为主观意志、行为可以控制宇宙运行。这类活动在所有原始文化中普遍存在，其实属于魔法范畴，没有真正的宗教性，只在一种较宽泛意义上，可称为祭祀。然而在一种较高级的文化中，一方面，精神意识到自身自由，并将此自

---

① Baru, Benimadhab, *A Histroy of Pre-Buddhistic Indian Philosophy*, University of Calcutta Press, 1921.40.

② Baru, Benimadhab, *A Histroy of Pre-Buddhistic Indian Philosophy*, University of Calcutta Press, 1921.55.

由理想化，因而便有真正的神性观念及崇拜，这促使祭祀从魔法转化为对神的崇拜仪式；另一方面，精神在此克服了原始人混沌的物我不分，达到主、客观世界的彻底分离，主体意志不能再直接干预宇宙运行，故祭祀之得果，也必须诉诸神明。在这里，祭祀就脱离魔法，成为真正的宗教。吠陀祭祀即属此列。它与奥林匹斯宗教、阿吠斯塔（伊朗）宗教同源（比如须摩祭与伊朗宗教之豪麻祭），且基本精神一致。兹略以读者更熟悉的希腊、罗马宗教作为参照。同在吠陀中一样，希腊宗教的祭祀思想，甚为单纯质朴。祭祀被认为是施与神的献礼，或分享神性的方式。在前者，牺牲未被人类分享，纯为献神之礼物，以表感恩、崇拜并祈其帮助。如投牛马于海以祭海神，沉四驾之车以祭日神，投麦饼于深崖以祭地母，掷豖于地窟以祭冥后，以及献犬于赫卡特，献马于波赛冬，献驴于阿波罗等。在后者，人通过分享祭品，而参与神性。其典型者如收获节献祭耕牛仪式。其中，牛被牵至祭坛且食置于祭坛之谷物，于是被神圣化。祭司杀牛后要佯装逃遁并被捕受审，其斧被掷于海。人们分享牛肉后，还要举行象征此牛复活的仪式。这就是将牛皮重新缝合，并以干草填之，并套于耕犁。在这里，牛在祭坛的仪式，使神的精神进入牛之中，因而人杀牛是犯了大罪，而复活仪式乃表达对屠杀之道歉。另一方面，人由于分食牛肉，就分享了神性。麦哥尼西亚的祭祀宙斯仪式，也表现了同样的思维。在其中，牛亦因在祭坛举行的仪式，使宙斯的精神进入其中，而人食牛肉，便与宙斯直接交通。希腊宗教相信被献祭的牺牲可长期保持其神圣性。牺牲的血被赋予神秘的净化能力。得尔斐的祭司因为与献给阿波罗的牺牲的仪式性接触，也获得了神圣性。尤其是被献动物的皮毛，被赋予极大的神秘力量。如谓祭宙斯之羊皮可消除谋杀之罪；崇拜迦尔喀斯者，若眠于献于后者之黑羊皮上，便可得其喻示；而献于雅典娜的山羊皮，乃被祭司用以祝新婚。祭品包括用麦、小米、谷类等制成的饼，以及果品、酒、奶等；牺牲包括所有家养和野生的兽类、禽类甚至鱼。祭品应像该神之特质。如祭阿波罗之圣饼被做成月桂或弓箭之形；月神之祭品为公牛，乃因其角像新月；以雄兽祭男神，以雌兽祭女神；以皮毛黑色之兽祭地狱诸神，以毛色亮丽之兽祭奥林匹斯诸神；祭怀孕之母猪于地神以促其丰产，献公兽于男神以强其雄风，施雄鸡于战神以励其斗志。希腊的祭祀亦颇复杂。比如祭谷物女神得弥特尔的节日便有从初春的 Chloia 节（庆谷物发芽）至十二月的 Haloa 节（祭农业之发明，其最后仪式于打谷场举行）等六种。奉献于奥林匹斯诸神者，有各种赛会（比如诗会）、体育竞技（如奥林匹斯赛）、戏剧。此外尚有厄琉西斯、奥菲斯、狄奥尼修斯、萨摩特拉等秘仪。总的说来，希腊宗教的祭祀较真诚朴实，还不够系统。各城邦甚至不同的神庙对于同一神的祭祀仪式都有很大差别。罗马宗教是在同化希腊宗教基础上形成的。从希腊宗教到罗马宗教的演变，与从吠陀到梵书宗教有一致之处，这就在于祭祀得到系统化，且仪式被大为复杂化，但其基本精神未变。罗马宗教中，最引人瞩目的现象是盛大的公共祭祀，围绕它形成众多宗教节日。这些祭祀都由国家举行，按其内容大致可分为关于农业和战事的两大类，此两类皆依日历安排。比如与农业相关的祭祀安排在四月和七、八月，与战争相关的安排在三月和十月。每一类的祭祀都不少，其中与农事相关者，就有二月十五日祭牲畜与森林神 Faunus，四月十五日祭地神 Tellus，四月十九日祭谷物神 Ceres，四月二十一日向 Pales 献祭用小米作的饼以及牛奶，六月九日向 Vesta 献祭用刚抽穗的谷物制成的饼，十二月祭种子神 Saturnus，等等。与战事相关者，有三月十四日行祝战马仪式，十九日为祝兵器仪式，十月一日献祭于战神马尔斯，十九日为兵器净化仪式，等等。祭品包括果实、奶、由谷麦制成的饼等，牲祠包括牛、绵羊、猪等。祭品类型与所祭神的性质和祭祀者的目的相关。在牲祠中，献于男神者为雄兽，献于女神者为雌兽，献于大地母神者为怀孕的母牛，献于未婚女神者为小母兽，献于战神者为公牛或马，如此等等。祭祀活动的内容，除了奉献、祈祷，还有竞技、角斗、赛车、战舞表演，以及音乐、哑剧等演出。祭祀仪式亦极为复杂，由庞大的祭司队伍主持。但与梵书祭祀中神的完全退隐不同的是，罗马人始终保持了对神的信赖。如公元前 4 世纪的罗马终生执政官加米路斯（M.Furius Camillus）说道："总结过去一些年的事情，不论成败，你将发现，在每件事上，当我们跟从神，这事就会成功；当我们蔑视神，这事就会失败。"古罗马祭司的重要职能除了洞测神意，就是通过祭祀和祈祷求神的保佑和赐福。因此罗马人的祭祀不是直接诉诸自然力量，因而没有像梵书那样被魔法化。事实上，公共祭祀之发达，正植根于罗马人对神的高度敬畏，这使得普通市民觉得自己根本无法知道神的秘密，不知道何种崇拜仪式合乎神意，所以必须由国家组织庞大的专业祭司团体通过花费巨大且极复杂精确的仪式，才能实现人、神沟通。因此祭祀也强化了罗马人的国家崇拜。

同在吠陀末期的情况一样，在希腊—罗马宗教后期，祭祀宗教也面临着神性论上的绝对主义思潮兴起带来的极大挑战。一般情况下，绝对主义的神性观念都会导致祭祀宗教的消解，这一点在犹太教、基督教和伊斯兰教思想的发展中都得到充分证实。一旦神被理解为绝对者、唯一的存在本体，那么一切偶像化的、琐碎的、外在的祭祀，都容易变得毫无意义。然而在这方面，梵书宗教和新柏拉图主义，似乎是宗教史上仅有的两个例外，而且这二者的宗教旨趣还是截然对立的。面对绝对神学与祭祀崇拜的矛盾，前者的解决方法是完全排除祭祀原有的神性经验和理想性，使祭祀沦为完全为满足个人功利目的而通过法术直接控制宇宙的手段，因而退回到原始的魔法、巫术实践的层次。后者则一方面坚持神的超绝性，以及人性本质的软弱、渺小和虚无，因此人在正常情况下不能直接见到神；另一方面又相信可以通过神秘的法术，让神进入感性事物之中，从而对人直接显现出来。这种法术是人获得救赎、提升的唯一希望。这就是显神学（Theurgy），它超越了祭祀宗教的功利和偶像性，完全不包含世俗追求，而只以超越现实世界、见到神且与神合一为目标。甚至基督教圣餐礼，通过法事使酒和饼变成基督的血和肉，人饮食这酒和饼，就分享了基督的神性，都与新柏拉图主义的显神学有关。显神学仪式尽管极端复杂，包含了对众多偶像、符号的精致运用，却以超越偶像，从而直接分享神的绝对光明为宗旨。其宗教理想固然极高洁，其仪式亦具完全的合理性，且其救赎模式在承认绝对者的人格性而完全否定人的现实存在意义之神秘神学前提下，似乎也完全成立。因为在这一前提下，获得救赎的直接原因只能是神的自身显现，而人的宗教实践本质上只是为神的慈悲显现作准备，故不必为明心见性之自力功夫。但是若不承认绝对者的人格，那么依赖神的慈悲的他力拯救途径势必不再成立，那么包括显神学在内的复杂外在仪式都失去意义，拯救只能寄托于人自己戡破现实偶像，领会存在的超绝、自由的真理。于是内在的精神修炼必然代替外在的祭祀，成为宗教实践的核心。这正是更成熟的奥义书思想的选择。

把祭祀学在印欧思想中的上述发展同中土思想对照，亦将有其启发意义。可以肯定，华夏民族的所谓祭祀，应归属于魔法、巫术范畴，而不是真正的宗教祭祀。华夏民族的所谓宗教仪式中，没有任何超越的追求，没有对神的崇拜、祈祷和赞美。其所谓的帝、天、神的观念，都只是对自然力的模糊整体的一个空洞表述，而不具有真正的神性。仪式要么是窥测天机，要么是以法术影响天地运行，皆完全是为了达到尘世功利的目的。因而它完全是魔法的，与任何原始民族的巫术宗教都没有本质区别。这种性质，一直到董仲舒的天人感应说，都没有改变①。谶纬、灾变之说以及天人相副理论，皆以主、客世界的含混不分为基础，完全属于巫术范畴。类似的说法在许多野蛮民族都能找到。甚至董仲舒本人还经常登坛作法，调控风雨雷电，左右气候运行，竟与非洲原始部落巫师同其侪侣！儒家祭祀天地的仪式，由于不包含真正的神性经验，也应纳入巫术范畴。至于道教，其魔法性质就更为显著。早期道教的符箓灾醮之法就完全是巫术的，不包含任何精神性内容。甚至在受佛教渗透数百年后，两宋道教的大师们，仍然以“运五雷于掌心”、“驱风雪于眼前”（如林灵素的“神霄雷法”）相标榜，并得到最高统治者的信赖和重用。在一个人口如此众多且自称有

① 董仲舒云：“凡灾异之本，尽生于国家之失。”（董仲舒撰，凌曙校注：《春秋繁露》，中华书局1975年版，第318页）“废德教而任刑罚，刑罚不中，则生戾气。邪气积于下，怨恶生于上。上下不和，则阴阳缪而妖孽生矣。”（《汉书》，中华书局1962年版，第2500页）

数千年历史的民族中，这种原始巫术竟俨然居于主流文化之位，这在世界文化史上皆为仅见！不过楚民族的祭祀仪式，却表现出迥然不同于华夏的特点。《楚辞·九歌》的祭祀，就远远超越了原始魔法的范畴，表现出与吠陀和奥林匹斯祭祀类似的宗教性。楚人以赞美、祈祷、歌舞、音乐请神降临，其活动体现了对神的真诚热爱与崇拜。这些都与印欧早期宗教活动类似。更有一点应引起注意者，《九歌》之请神仪式，没有表现任何世俗、功利的目的，比如吠陀和奥林匹斯祭祀之请神赐予财富子嗣之类，这似乎表明楚人的祭祀活动比这二者具有更纯洁的宗教性。然而随着楚文化的灭亡，楚人的宗教也最终消失了。

如前所述，梵书的祭祀本来包括祭仪和敬思两部分。在其后来发展中，这两部分逐渐分化。关于祭仪的部分独立出来，成为《天启经》（śrauta-sūtras），并发展出专精祭仪的前弥曼差派（Purva-Mimaṃsa）；关于敬思的部分也独立发展，形成奥义书（Upaniṣad），以此为基础形成后来的后弥曼差（Uttara-Mimaṃsa）或吠檀多派（Vedānta）①。奥义书也是婆罗门的林栖、苦行阶段实践的产物。此时因为往往不具备行“实祭”的条件，故只能以“观祭”（在观想中行祭）代替。从这种“观祭”很容易发展出后来的奥义书的思想。另外即使“实祭”，也有一些在奥义书中仍有进行。因此奥义书最早的宗教，完全继承吠陀、梵书的祭祀主义。其于祭祀仪轨、观想之开示，占了相当大的篇幅。许多学者过于夸大奥义书的反祭祀特征。然而事实上，在奥义书与梵书之间，没有一种思想的断裂，它其实是从吠陀、梵书的传统中缓慢发展出来的。因此奥义书最早期的思想，与吠陀、梵书在精神上完全一致。甚至晚期奥义书中，也表现了对祭祀的热情。不过最典型的奥义书思想，由于对自我的超越、内在存在的领会，乃从梵书的外在祭祀，转移到超拔俗染、明心见性的内在精神修炼；从神话、功利的实践转化为真正宗教、道德的实践。这是一个经历了数百年的缓慢历程。

## 三、本原的追问

吠陀诗人问道（ṚVIII·54）：

> 谁人知路径，达乎诸神所？可见皆是彼，最下之住处。何道通达彼，至上秘密处？

① 达斯古普塔指出，从吠陀时代开始，“祭祀就已不能让思考的少数人感到满足。他们开始感到仪式与规范只是针对大众的，遂以沉思的符号形式代替早先精密的祭祀，以作为真正的崇拜。”（Dasgupta, S, *Yoga in Relation to Other Systems of Indian Thought*, Motilal Banarsidass, Dehli, 1979.13）

在《黎俱吠陀》晚期，就已经表现出对自然的偶像崇拜的怀疑，以及对超越自然、超越经验存在的绝对者、唯一者的追求。“他们问，他在何处？信然他们也说，他并不存在。”（ṚVII・12）另一则献给因陀罗的颂歌唱到“彼若真有，此颂至诚。众人皆云。因陀罗无。谁人见之？谁受此颂？”（VIII・89・3）人们也表现出对于早先信仰丧失的惶惑[①]。伴随对偶像崇拜的怀疑而生的，是对偶像背后的绝对者、唯一者，即本质的追求。然而这绝对者只有到晚期吠陀和梵书中，才以自身面目呈现出来。

《黎俱吠陀》之教，马克斯・缪勒称之为一种独特的“单一主神教”（henotheism）。盖吠陀诗人凡颂及某神，皆把此神当做至尊甚至唯一，其他诸神则沦为其附属或化身，甚至被遗忘[②]。故吠陀尽管崇拜多神，却恒有对唯一主宰之追求。而把这主宰作为众多神祇、众多存在背后的唯一者和绝对者的倾向，在晚期吠陀中也日益强烈地表现出来。这唯一者最终出现于吠陀的意识，乃是因为：(1) 一些神祇具有共同的势力和特征，促进了他们的相互融合。比如阿耆尼以火驱逐妖怪，因陀罗以闪电降服魔鬼，二者有共同之处，因而这两个神乃逐渐结合成一个整体，乃至被当做一个神。这种融合的最终结果，是众多的神汇集为一个神。如吠陀诗云：“你，阿耆尼啊，生来就是婆楼那；强大的儿子！一切诸神皆集中于你；对于崇拜者，你就是因陀罗”，“彼华翮之神鸟，圣者称之为因陀罗，密特拉，婆楼那，阿耆尼；彼是一，而圣者称之以异名：阿耆尼，阎摩和造物者。”（I・164・46）而诸神之所以有这些造成其融合的共同特征，首先是因为与神相联系的自然现象具有统一性，如地能生火（石头撞击产生火花）、水能生光（云中生闪电）等；但更根本的是因为，所有神祇都是觉性的表象，这就使所有的神有可能最终融合为一个新的单一神。(2) 而现实地带来这种融合，带来唯一、绝对之观念的，是因为精神中恒有自否定之势用，导致人们对超验、绝对、无限和普遍东西的渴望，导致思想在反思和超越性向度的无限进展，这使人们越来越清晰地认识到偶像背后的本质，使吠陀仙圣们逐渐认识到后者是超越诸多自然偶像的唯一者，而众多神祇不过是这唯一者的不同名称、符号、表象[③]。如颂诗云：“虽生于多处，阿耆尼是一，唯一之太阳，遍照一切处，唯一之朝霞，撒满于大地。万有皆

---

① 《黎俱》晚期中亦有祈求信仰回归的祷文：“请赐予我相信！”（ṚVX・151・5）

② 比如在某处吠陀诗人颂扬婆楼那道：“婆楼那是天，婆楼那是地，婆楼那是空界，婆楼那是全宇宙及一切事物。”在别处又会以同样方式颂扬阿耆尼：“你，阿耆尼啊，……一切诸神皆集中于你；对于崇拜者，你就是因陀罗。”

③ 故吠陀一神地位的形成，与巴比伦、波斯、希伯来等西方宗教中，主神通过暴力消灭异己的神而实现独尊，方式有所不同。

是一，由此生世界”（X・81・3），“神是唯一，虽则有阿耆尼，因陀罗，婆楼那，密特拉，阿黎曼，或阿姆苏等名。”（II・1・4）又云：“诸神之体其实是一”（II・3・55）①。在黎俱晚期，这个普遍者或唯一者，又被称为“造物主”（Viśvakarman）或“生主”（Prajapti）、“金胎”（Hiraṇyagarbha）等。正由于把至上神理解为存在的根源和全体，故吠陀的一神论，具有浓厚的泛神论色彩。这种泛神论的典型是《原人颂歌》，它将神描绘为一个巨大的生命体，“原人”（Puruṣa），他以日、月为眼睛，以虚空为躯干，以草木为毛发，以江河为经脉等（X・90・1—5）。神是一切物质和精神现象、创造者与被造者、主体与客体的统一。《原人颂歌》接着描述了神和仙人们以原人作为牺牲进行祭祀，从而产生了马、山羊、森林、江河、村庄及四种姓等。故神不仅是万有之全体，而且万有皆从他里面产生出来。泛神论将神与世界等同，使神本来应有的与世界的距离完全丧失，于是神丧失了自身的真理性（正如诗人柯勒律治抱怨说，“一切皆神”实与“无神”同义）。

另外，晚期吠陀表现出的对偶像崇拜的怀疑，也导致一种去神话倾向。这表现在，在此期出现的一些哲理诗中，存在的发生成为一个不须要神的参与的自发过程。一方面，对于上述泛神论的绝对者，只需去除其神话色彩，它就成为一个形而上学的本体，所以从这里很容易过渡到一元论；另一方面，对于吠陀多神教的去神话化，也使众多的自然现象蜕去神光，沦为俗物。原先作为神意之体现的宇宙过程，终于被还原为由自身的因果关联维系的过程。晚期吠陀对绝对本质的追求，越来越脱离神话甚至宗教色彩，而成为纯然宇宙论和形上学的思辨。比如语言与气息曾被作为万有的本质（X・168・4）。但吠陀晚期，更多的是把某种自然元素或神秘本体，作为世界的根源。对世界之最终本源的思考，用吠陀诗人的话来说，就是追问何物是存在由之雕刻而出的“木头”（X・81・4）。而根据《黎俱》晚期的创造歌的回答，此物首先就是水。水在宇宙起源中占有关键地位，创造歌认为一切自然物都是从一种原初之水产生的。这里，水代指存在之无色、无相、无定形的本原状态。在不同作者的思想中，它可以是一种超验的宇宙本体的象征，也可意指混沌，乃至于某种原始的宇宙物质。但对于这水从何来，也是众说不一。有人说水生于“黑夜”或“答摩”（阿贾氏仙人），有人说生于无限（Aditi），有人说生于“非有”（梵主仙人），有人说生于“非有非非有”（胜持仙人），还有人说生于风（阿尼罗仙人）（X・168）。另外，何物首先从水产生？对此也有多种说法。或说是年（阿贾氏），或说是欲（胜持），或说是金卵

① 耶湿伽：“圣者以多种方式，言说阿耆尼即至上我。”（*The Cultural Heritage of India Vol.1*. The Ramakrishna Mission Institute of Culture, Calcutta, 1993.301）

（未知神歌），或说是补鲁沙（那罗衍那氏）。当然《黎俱》中也有绕过水的隐喻来解释存在起源的，比如语言说（Vāk-vāda）（X·125）。

吠陀晚期哲理诗对本原存在的探求，下接奥义书的思考。然而应当承认，在《黎俱吠陀》中，无论是一神论、泛神论还是一元论，皆未成为思想主流。然而在《阿闼婆吠陀》，尤其是梵书之中，对于本原或绝对的沉思，俨然已经成为其思想的核心；此二者的学说，乃是下文将要详细阐明者。兹将源于《黎俱》晚期的几种关于本原的学说经《阿闼婆》、梵书而传至早期古奥义书的线索，略述如下。

**1. 时间说（Kāla-vāda）**

此说乃印度最早的宇宙生成论，据说由阿贾氏（Aghamarṣana）仙人提出。它认为在宇宙之先，首先有一种原始的水出现，然后因为年（年就是时间，远古有年、月、日等名，而无概括的"时间"一词，故以"年"指时间）的作用，就从这水生成了世界万物。如ṚVX·190·1—3云：

> 由于达帕（热力）增盛，生法则（黎答）与真如（satya）。然后生夜（答摩），然后生大水。从大水中，生年，彼（年）为昼夜之安排者，一切瞬目者的主宰。于是创造者闼他，依适当的秩序做成了太阳与月亮，如在前此的创造中一样。他做成了星空和大地，空界和上面的天堂。

此说表明印度思想很早就具有了一种时间意识，在这里时间被作为存在发生的根本原理。但应当注意的是：（1）此说并未将时间当做宇宙的最高本体，而认为这最高本体是一种原始的冲动（达帕）。当这种冲动从潜伏状态被激起时，便产生出法则（逻各斯、天理）和真理（真如），然后是原始的混沌（答摩），后者为存有之本原。从答摩生水。水就是原始物质，整个形器的宇宙，都是从它产生。（2）宇宙并非单纯生于时间，而是产生于时间与水的二元化作用：由水而生年，年又作用于水，即赋予它秩序、光明，使之脱离混沌未凿的状态。这时间不是现在所谓的客观时间，它就是存在的运动、生成的法则，是一切秩序、一切存有意义之来源。人类理解的最早秩序就是时间的秩序，它表现为日、月等运行之常轨。因此说年是昼夜的安排者、世界的创造者（Dhātar）。此偈表明时间依其法则、秩序创造日月、开辟天地、主宰世界。故时间只是形式因和作用因，而非质料因。另外此说认为宇宙在时间中展开，实际上排除了神对宇宙生成的干扰，使后者成为一个自然的演化过程。

"时间说"在梵书和《阿闼婆吠陀》中受到极大重视。如AVXIX·53·1云：

时间是备七缰之神马，世界为其车，唯有智之诗仙御之。《百道梵书》说年就是生主（Prajāpati）或至上神，是一切有生命与无生命的存在、也是人与神的创造者[①]。Sat BrāX·2·4·1—3："1 信然，生主即是年，且阿耆尼乃其全部所欲。此生主、年，乃生欲望：'我其为自己造一自我，以得阿耆尼乎？'……彼乃造一自我，以得阿耆尼，一切所欲者，彼自身乃成为一切所欲者；彼以外无有可欲者。3 故此年即是彼太阳，即是彼阿耆尼。"Sat BrāX·4·3·1："无疑，年即是死亡，因彼以昼、夜毁灭一切有死者之生命……人若知此年为死亡，则于其年老以前，年不以昼夜毁其生命，故其得全寿。"梵书还讲到诸神恐惧年，乃按生主所嘱行祭，故得不死。Sat BrāX·4·3·9—10："9 死亡于是对诸神说，'信然，汝等皆由此得不死，然则何物为我所有？'诸神说：'由此无人于身体不死：唯当你得其身，人方可因智、业得不死，从身得分离故。'10 人若知此，或行圣业，则于死后再生，且再生于不死。反之若不知此，或不行圣业，亦于死后再生，且一再成为死亡之食。"

梵书在对吠陀这一颂的解释中，似乎认为"达帕"是属于水的一种属性，所以宇宙最初唯有水，此外并无别物，并且是寂然不动的。水从这种潜伏状态被激起，因而有了活动，于是金卵——万有之胎藏，就产生了。这金卵就是生主，它在大水中漂流一年，最后固定下来，发育广大，形成现在的宇宙。梵书的这种解释，串入了《黎俱》其他几颂的思想（如：ṚVI·164，X·121）。《阿闼婆吠陀》用"伽拉"（kāla，即时间）取代"年"这个过于朴质的称呼。AVXIX·53·1—4 说时间表现为太阳，其形乃为备七缰（七缰者，即年、冬至、季、月、半月、日、夜、时七者）、具千目之神马，常住不朽，为一切光、热、生命之源，万有之主宰。时间不仅是世界的创造者，也是其毁灭者，不仅是生命，也是死亡。一切存有皆是时间之子，时间是唯一的永恒实在，是最高的神。如 AVXIX·53·5,9,10："5 时间生苍天，时间生大地。已有将有者，时间促彼生。9 时间生宇宙，时间促彼行，时间安立彼。时间诚为梵，支持胜持氏（生主）。10 时间于泰初，创造诸生命，创造彼主宰（生主）；惟彼自存者：伽叶与达帕（热力），皆时间所生。"AV XIX·54·1："时间生（作为宇宙质料之）诸水，时间生大梵，时间生热力，时间生诸方。即于时间中，太阳升且落。"

人类精神最初面对的存在就是处在时间性中、生灭不已的自然，因而远古的文化，往往对于存在的时间性具有更明确的意识。另一方面，时间是人类最初理解的存在统一形式。这导致远古思想往往将时间理解为主宰世界和人生的基本原理，乃至就是存在自身的本质、根源。在希腊神话中，克罗诺斯（时间）阉割了天空神乌拉

---

① Sat BrāX·4·2·2："生主即年，创造了一切事物，包括有呼吸的与无呼吸的、人与神。"

诺斯，使天、地分开，暗示时间是最初的宇宙秩序的创造者。奥菲斯教则以为克罗诺斯先是从以太中创造出一只宇宙卵，从中诞生厄罗斯（爱），后者创造其他诸神和世界；或以为海洋之神生下克罗诺斯，克罗诺斯生以太和混沌，混沌生世界万物。在波斯宗教中，察宛神（zurvan），即时间与命运，也曾经被认为是宇宙的创造者和主宰者。察宛是雌雄同体的神，从他的子宫生出奥尔马自达和阿赫里曼两个神。此二神分别代表光明和黑暗两种原理，通过二者的对立统一形成世界。这些思想与吠陀、梵书的上述思想皆明显具有本质的一致性。

在美洲文化、东亚文化中，也可以看到类似思想。在这里，时间就是历法。在美洲人的精神世界中，历法或时间是独立决定人的命运甚至神的行为的力量，每一时刻都包含各种神的力量交汇，从而决定人类的生存。在有些美洲神话中，世界的创造者被称为"时间老爷"（梵书也有同样的称呼①）。在华夏的殷商思想中，历法也逐渐取代神成为宇宙最高的、主宰的原理②。东周时期，儒、道的"因时处顺"、"守时顺命"的思想，都表明时间是最基本的存在秩序。《易》则表现了对存在与时间的同一性的领会。但美洲和东亚人所理解的时间，一开始就与印欧文化所理解的很不相同。这在于，他们始终没有对时间进行充分的抽象，使时间从事物的存在中分离出来，成为独立的原理或实体；而在希腊、波斯以至印度的吠陀文化中，时间不仅经历了完全的抽象化成为独立的实体，而且反过来成为存在和世界的根源、本质。

吠陀、梵书的时间说，在奥义书中亦有反映。如PraśI · 9—13称年、季节、月份、昼夜就是生主。ŚvetI · 2亦提及此议。Mait VI · 14—15云："万有由时出，复由时生长，且于时消亡。……如实此万有皆生于年。信然，彼等由年生已，复于年生长。彼等亦消亡于年。是故，信然，年即生主，即时间，即食物，即梵处，且即至上我。"（有删节）其说在部派佛教和初期大乘时期仍有影响。如《大智度论》（什译卷一）："复次有人言：一切天地好丑皆以时为因，如时经中偈说：时来众生熟，时至则催促，时能觉悟人，是故时为因。"僧伽提婆著《三法度论》（卷下）记时论师言："时节生一切，一切时节熟，一切时所坏，一切世时作。"其说与Mait VI · 14相同，极有可能来自同一文本。然而总的说来，在印度哲学中，自《羯陀奥义书》以后，由于真正的精神超越的形成，自然、时间性逐渐被当做假相，存在真理被认为是一种超越时间的永恒实体。对于时间性存在与实体的区分就是自然、经验世

---

① Julius Eggeling, *Introduction to SBEXLIII*, PageXXII.

② 吴学国：《中国古代哲学中的时间与存在》，《南开学报》2011年第1期。

界与超验世界的区分，因而是一种形而上学区分。这种区分不仅在中、晚期奥义书中得到普遍贯彻（大梵、自我被理解为超验的实体），而且表现为早期佛教、耆那教对于生死（处于时间性中的经验界）和涅槃（不生不灭的超验界）的截然分剖。在耆那教和受其影响的胜论派中，甚至时间本身的时间性也被否定，时间被当成一个永恒的实体。

2. **风说（vāyu-vāda）和元气说（prāṇa-vāda）**

风说之提出，盖因为人们意识到自我、存在的真理不应是一种粗显、被动的有形物，而应当是一种能动的主体性、生命。然而古人缺乏纯粹的精神省思，故只能用一种自然的观念来表达这种能动的主体，而在所有自然物中，无疑风是最能表象这种主体性的。传统上将风说归于阿尼罗（Anila）。其以为风是神的气息，为宇宙的灵魂、生命。如ṚVX·168·4云："万有之胎藏，众神之气息。有此神灵，随意而行。其形无睹，其声可闻。请以奉献，敬此风神。"到《阿闼婆吠陀》和梵书，风这个过于感性化、物质化的概念，乃被更抽象、更具有生命特征的"元气"（prāṇa）代替。元气是精神和生命的原理，为世界的创造者。《阿闼婆吠陀》说元气是不息的生命，"于彼睡者中，仍立而不卧"（AV XI·4·25）。XI·4·22说元气以其一半造出世界，而另一半则隐藏起来。XI·4·20说元气创造诸有之后，又作为原卵进入之，如父入于其子（父以其精为其子），由此得再生（子乃是父之生命延续），故元气是诸有之生命或灵魂。《百道梵书》说"元气即是生主神"，为宇宙之最高存在（Sat Brā VIII·7·4·21）。VI·1·1将元气等同于吠陀中作为"存有"根源的"非有"，一切存在来源于它。或云任何生命通过元气而得维持（VI·3·1·9, VIII·2·2·8）。VI·1·1云元气被点燃，产生七个原人，后者合而为生主、至上有。其中七原人可能指人的七种生命机能（呼吸、视、听等）。梵书还说人的头部有五种元气，即意、目、呼吸、语言、耳；身体有五种元气，上气（prāṇa）、下气（apāna）、出气（udāna）、通气（vyāna）、腹气（samāna）（IX·2·2·5, VIII·1·3·6）。或说为十一种，即前十种加上恒住、不变的自我为其基础（VIII·4·3·8）。VIII·1·4·9说元气为体内恒住，随身量大小。梵书始终认为，元气就是风，风就是至上神、生主的呼吸。如IX·1·2·38说："元气即是风，而信然，风乃是众神之自我。"当风进入人体，就转化为人的气息、生命。VII·1·2·5说风进入人体内，成为十种元气。当人死时，元气乃离他而去，复成为风。

梵书这些提法大都为早期奥义书乃至以后的印度哲学所继承。早期奥义书的元气论基本上是继承梵书而来。比如Kauṣ II云元气与风同一，为包摄诸根的全体，为所有物质、精神现象的起源与归宿，其说完全是梵书的（KauṣII·12,13的诸神入没之说与 Sat BrāX・3・3・6—8 完全相同)。Ait ĀraII・1—3；PraśII・1—13 亦皆认为自我、梵就是元气，亦是继承了梵书思想。此外，梵书十种元气之说，可以视作奥义书的细身 (sūskṣma sārira) 概念的前身；盖奥义书所谓细身，就是眼等诸根与觉谛、元气构成的整体，亦被称为元气。从梵书所谓十一种元气之说，还发展出奥义书自我十六分之说。BṛihI・5・14,15；ChānVI・7 说人有十六分，其十五分为有生灭之属性，第十六分为无生灭之自我，是前十五分之依止。亦云人有十六分，十五分皆依止于食物，而第十六分则依止元气。BṛihI・5・15, II・5・15, ChānVII・15・1, KauṣIII・8 等谓十六分依止自我，如辐于轮毂。梵书所谓元气为体内恒住，随身量大小之说，也被奥义书吸收。如 BṛihI・4・7 说阿特曼由指尖进入人体，如刀藏于鞘。甚至后来耆那教仍然以为自我随形量卷舒，毗湿奴派亦持命我因业力所染，体有卷曲 (SBI・1・1)。梵书将元气分为上气、下气、出气、通气、腹气五种，后来成为奥义书、数论和吠檀多以至印度医学通常的说法。在这些说法中，五气被认为有呼吸、消化、循环等功能，或就是此诸功能。但是随着奥义书精神反省的逐渐深化，导致在其中、晚期思想中，梵书的元气论在两个方向上被扬弃：一是元气被内在化，元气不再被认为是一种自然物，而是被与内在的心识等同 (KauṣIII・2, IV・20)；二是对元气的超越，元气被等同于生灭的存在，而真实自我则是超越元气 (无气)、不生不灭、寂静无为的实体 (PraśIII・3；BṛihIII・8・8；MaitII・4, VII・4, VI・28)。在后来的吠檀多派那里，元气往往指包括十一根 (眼等五知根、手等五作根、意根) 和我慢、觉谛在内的所有身心机能的全体，它们构成对真实自我的限制、执受 (upādhis)。

3. **日说** (Garutmān-vāda)

相传此为迪贾氏 (Dirghatamas) 所说[①]。此说将世界万有，及宇宙的秩序，归结到太阳 (迪贾氏喻之为神鸟 [Garutmān])。ṚVI・164・46 云："彼华翩之神鸟，圣者称之为因陀罗，密特拉，婆楼那，阿耆尼；彼是一，而圣者称之以异名：阿耆尼，阎摩和造物者。" 这太阳非仅指视觉所见的太阳，而是指其背后的宇宙灵魂 (ṚVI・115・1)。迪贾氏设想它是一种原始的火或光。此火有三种存在，即天火 (太阳、星星)、空中火 (闪电)，乃至地火 (NiruktaVII・28)。这宇宙之火也是"植物、诸水之种子" (I・164・52)，是"世界的血液、生命与灵魂" (I・164・4)，是永恒地燃烧的生命源泉。此说以为组成太阳的成分，为一种灰色物质 (palita)。由这同一原始物质，形成地、水、火、风、空五种元素，复由此五者形成一切存在。迪贾氏还提示

① ṚVI・164・1—52.

人的灵魂也源于此火[1]。日说在《原人赞歌》中亦有反映。歌云原人就是太阳，为宇宙的灵魂、一切存在之种子、源泉（ṚVX・90・1—2）。吠陀又说人眼所见的太阳只是宇宙之目（ṚVI・164・14；AV XIII・1・45），实是以目喻意识（识者视也），如谓"生主在高天，用眼睛控制世界"（ṚVX・129・7），即谓宇宙灵魂以此目认识、主宰世界。

日说被《阿闼婆吠陀》、梵书所继承、发展。《阿闼婆吠陀》说日神（Rohita）创造天地万物，且化身为一精进的梵志，或一由东向西飞驰的骏马，如AV XI・5・7云："此梵志生育，梵、诸水、世界，生主（Prajāpati）与自然（Virāj），亦为一原卵，入永恒子宫。"Rohita就是火（XIII・1・11），是孵化万物的热力，是宇宙的能源、燃料（XIII・1・13）。梵书说太阳就是梵主，就是真理，就是大梵（Sat BrāXIV・1・2・15,22, XIV・1・3・3）。太阳是世界的灵魂（意），是生命（元气）的基础、本质（VI・3・1・12），是神的活力（VII・1・2・5），是宇宙和人生命内部的永恒的光和火（VI・3・1・15），是人瞳中之小人（X・5・2・7）。它将光赐予众生物，或多或少（X・2・6・5）。因此，太阳是一切存在的实质、根源。

在《阿闼婆吠陀》和梵书阶段，日说表现出以下趋势：一是与金卵说融合。如《阿闼婆吠陀》说太阳（Rohita）在水中运动（XIII・1・40），从水中升起（XIII・1・1—2），为永恒者中的原卵（I・5・7）。这些说法都是把太阳从海面升起又沉入海中（并在海底运行至东方）的现象，与《黎俱》以世界的原初存在为一漂浮在宇宙洪水中的金卵的意相结合起来。梵书也说太阳就是金卵（Sat BrāXIV・1・4・2）。二是与元气说融合。在《阿闼婆吠陀》和梵书中，太阳被认为就是生命元气，是全部生命机能、活动的基础（Sat BrāVI・3・1・12）。三是与时间说融合。比如AVXIX・53・1说太阳为备七缰（指七季）之神马，以诸世界为其轮，唯有智之仙圣御之，这就是将太阳等同于时间。四是与蜜汁（须摩）说融合。太阳被与须摩同化，其实质被认为是闪光的须摩汁（ṚV IX・63・7—9, Mait SaṃII・1・4）。

在奥义书中，尤其是在其早期，日说仍然得到继承。比如PraśI・10—11；ChānVIII・6・1—6则以日为元气依处、大梵；Bṛih V・5・2亦云太阳是真理、绝对；MaitVI・1—3说至上我就是太阳。ChānIII・19・1—4将日说同吠陀的金卵说结合；ChānIII・1・1—11・6则将日说与蜜汁说结合起来。其皆以为太阳是万有的实质、根源和基础；MaitVI・2则反映了日说与时间说的结合。在晚期奥义书中，日说往

① Baru, Benimadhab, *A History of pre-Buddhistic Indian Philosophy*, University of Calcutta Press, 1921.29.

往脱离其宇宙论含义，完全在譬喻意义上被理解，于是太阳被当做精神光明的象征（ŚvetIV・18）。

4. **蜜汁说**（Madhu-vāda）

蜜汁说或曰蜜论（Madhuvidyā）[①]，它认为有一种神秘的宇宙汁液，是一切生命、存在的精华和实质。此说产生于吠陀时代盛行的须摩崇拜（蜜汁在这里指的就是须摩）。须摩本来是从一种植物（须摩草）提取出来的饮料，它由于有麻醉、致幻的作用，被认为有某种神秘力量，从而导致人们对它的崇拜。须摩崇拜甚至可以追溯到原始的印欧古代[②]。吠陀的须摩神（Soma），与波斯的胡玛神（Homa）是同一个神，须摩祭与阿吠斯塔（Avesta）的胡玛祭的实质内容也一致。这表明须摩崇拜在印度雅利安人与伊朗人分离之前就已经有充分发展。吠陀的须摩崇拜导致这样一种观念，即认为须摩不仅是一种植物汁液，而且是宇宙的原始汁液和精华，是所有生命的活力的源泉，它作为一种宇宙原汁贯穿在群有之中，并作为它们的实质，就像蜜存在于所有花中。作为崇拜对象，须摩有三个显著特征：一是它具有某种巨大的神秘力量。据说诸神的力量皆来自于此："阿底提诸神因须摩而有力，地神因须摩而强大。"（ṚVX・85・2）它的这种力量，后来被夸大，导致它被认为是天空、大地的主宰者、创造者（IX・90・1），进而成为是众神之父，天、地之父，一切存在的根源（IX・86・10，96・5）。二是它始终保持其液体特性。ṚVIX・86・33说它是"诸水所生"，是众水之主。IX・8・8说雨水从它产生，并从天空倾注而下。吠陀（ṚVIX・85・5）还相信月亮是这种神圣液体在天上的储存处，导致须摩与月被等同[③]（月之盈虚被设想为须摩之被饮尽、注满）。这神圣液体生长、养育万物，因而被称为"天界之妙乳"（IX・51・2）。三是它具有光明性，是宇宙之一切光、火的源泉。在吠陀中，是须摩给予太阳光明，它最终被与太阳等同（IX・28・5，37・4）。ṚVIX・96・5宣称须摩是"阿耆尼（地火）之父，苏黎雅（天火）的生育者，也生育了因陀罗（空中火）和毗湿奴（苏黎雅的另一种存在）。"在这里须摩就是原始的宇宙之火，是太阳和火的实质（见日说）。在须摩的概念史中，其光明性和液体性逐渐融合。ṚVI・164・35称须摩为太阳之精液。后来它被逐渐与太阳同化（IX・63・7—9），二者最终"合为一体"

---

① 据说因陀罗初授此论于陀底耶（Dadhyan Atharvaṇa），并威胁他若将此说传与别人，将取其首。神医阿湿文（Aśvins，为骑马之双胞胎）急欲闻道，乃预先行手术，以马首替陀底耶之首，后者乃宣此论。待因陀罗取此马首，阿湿文遂复陀底耶之真首（ṚVI・84・13，116・12）。

② Julius Eggeling, *Introduction to Satapatha Brāhmaṇa Part two*. xi.

③ Hermann Oldenberg, *Die Religion des Veda*, J.G.Cottasche Buchhandlung Nachfolger, 1917.175—178.

(Mait SaṃII · 1 · 4)。须摩于是成为流动的光和火，是“光曜的蜜汁”(IX · 9 · 3,8；IX · 15 · 5, etc.)，闪电、日光皆是其流射(IX · 61 · 16—19)。以上三个特征之融合，最终使须摩成为一切存在的始基、实质。《黎俱》此说，在《阿闼婆吠陀》和梵书中亦得到继承。《阿闼婆吠陀》称闪电为“蜜鞭”，盖以此光曜蜜汁之射出如鞭击然，而此“蜜鞭”为下滴之金色酥油，为诸神之母，为众生之元气，为不死者之毂，为孵育有死者，且入于彼中之原卵(AVIX · 1 · 4)；同时此蜜汁又是吾人生命、自我的实质(AVIX · 1 · 16—17)。在梵书中，把原初之水当做宇宙万物的唯一始基的思想，较之吠陀得到了更清晰的表达。由于须摩与水的等同，这种思想终于导致这样一种观念，即万物都是某种一味的液体实质的不同表现。

蜜汁说在早期奥义书中仍然得到继承和发展。BṛihII · 5 · 1—16；Chān Up III · 1—10 等皆详述其学。其以为一切事物的实质相同，无有差别，故随举一物即包摄万有。地、水、火、风、空、日、月、电、真如、人类皆是万有之蜜汁，万有亦是地、水等之蜜汁。一切事物的实质皆是蜜汁，都是蜜汁的表现。这里所谓蜜汁，已不再是一种植物汁液，而是宇宙原质，是群有的精华和生命，是它们存在的基础。它没有定型、不断流转，就像存在于所有植物中的汁液一样。蜜汁说后来成为印度的泛神论和圆融思想常用的隐喻，但脱离了原先的宇宙论色彩。

5. **水说**(Ap-vāda)

此说认为水是万物本原。拉达克利希南说《黎俱吠陀》也提出“水是所有其他存在从中缓慢演化而出的原始物质”。① 此如ṚVX · 30 · 10：“水为世界母，仙圣所赞颂。”吠陀晚期设想水作为存在本原，往往是从以下三个方面来谈：(1) 金卵与洪水、光明与混沌的二元存在发生模式。比如ṚVX · 82 · 5—6, X · 121 · 1—5,7—9就开示了晚期吠陀常见的金卵与大洪水为两种最原初存在原理的宇宙发生模式。另外在《黎俱》晚期，甚至金卵也常常被认为是由洪水产生的。于是上述二元发生模式就变成了由水演化出万有的一元化宇宙生成论。(2) 以母神阿底提(Aditi)象征水。学界关于阿底提有诸多解释，并不一致②。但可以肯定她与许多原始文化中的大母神有共同起源和内涵③，就是作为一切存在之母、孕育世界的黑暗子宫，或原始的混沌。比如ṚV VIII · 101 · 15, IX · 26 · 1称之为宇宙母牛，以其能生长、养育

① Sarvepalli Radhakrishnan, *Indian Philosophy Vol.1*, the Macmilian Company, London, 1924.104.

② Arthur B.Keith, *The Religion and Philosophy of Veda and Upaniṣads I*, Harvard University Press Cambridge, 1925.216—217.

③ Arthur B.Keith, *The Religion and Philosophy of Veda and Upaniṣads I*, Harvard University Press Cambridge, 1925.217.

万物之故，这表明她与原始母神崇拜的关联。“她（阿底提）作为宇宙子宫的观念似乎最早地揭示了所有存在的基质。”① 另外从字面上，“Aditi”就是无形象、无限量、无分别、混沌之意。她象征诸神和世间产生之前的混沌玄冥之境。不过随着吠陀晚期的去神话化，阿底提这一神话象征开始转化为一种自然象征，无形式的原初洪水代替阿底提成为创生世界的混沌原理，成为阿底提的实际所指（AVXII·1·8说阿底提最初就是水）。(3) 将宇宙论意义上的非有或非有非无（即混沌）解释为水。如ṚVX·129·3在此颂开头提出非有非无为唯一者、宇宙根源后接着说：“太初，黑暗隐蔽着黑暗；无有标记，彼唯无限之水。”这就明确将非有非无等同于黑暗、无限之水。在ṚVX·72·2—4中作为存在本原的非有（asat），也被梵书解释为水。如上所述，在吠陀晚期的存在起源论中，水起着很关键的作用，在梵书中更是如此。

在梵书中，以水为存在本原，乃成为一种主要的宇宙论立场。其中一种说法，是设想从原初之水产生生主，然后生主以水为材料而行创造之事。如Tait Āra I·23：“于初世界唯有水；于是生主作为风，生于莲花瓣上；在他的意中产生了欲望：我其创造世界乎！故人所欲者，遂以语言说之，以实践成之。如云（以下为ṚVX·129·4之变文）：‘于是从他之中首先产生欲望，此为意最初之种子。圣者在自心的欲望中寻找，发现在非有中的存有之根。’……他（生主）乃行达帕（tapas：苦行，操劳）；行达帕已，遂从自我生成其身体。”② 还有一种说法，是认为原初之水自身产生了欲望而演化出世界。这是更纯粹的宇宙生成论。比如Sat BrāXI·1·6·1—2说宇宙泰初只有水。这原初之水，产生了繁殖欲望，乃行苦行。历时一年，产生金卵。金卵经过一年的发育，产生了生主；然后产生了母牛。生主于是破卵而出，随此卵漂流水上，历时一年。于是金卵通过言说，创造天、地、虚空③。其说试图将以水为本原的宇宙生成论，金卵孵化说（见下文）及生主创造说结合起来。另外，还有一种看法，认为是生主生成洪水和金卵，然后由后二者生成世界。Manu I·5—9记载了此说，其云：“此世界最初只是黑暗，无区分、不可见、不可知，如沉于睡眠。于是彼无敌之自有主宰，未得显现，乃使五大及万有之宇宙呈现，于是彼驱逐黑暗，显现自身。彼超越诸

① A.B.Barth, *The Religions of India*, London Kegan Paul, 1921, 19.

② 类似说法，亦见于Tait SaṃV·6·4·2：“于初世界唯有水；生主作为风起于莲花瓣；他寻视无住处，唯见彼大水，乃置火其上，火变成土；他于是住于此土。”Tait SaṃVII·1·5·1：“于初世界唯有水；生主作为风行于上；他于水底见土，乃掘出之，置于上；于是土伸展为地；于是生主行达帕，创造诸神。”

③ Sat BrāXI·1·6·1：“于初世界唯有水。水乃欲望：云何我繁殖自身？彼于是操劳，修达帕。当其修达帕时，乃于自身生金卵。彼时尚未有年。金卵漂浮，为时一年。在此年中，原人生于金卵，彼即生主。……生主一年后乃欲有言。其言‘地’，遂有地，言‘空’，遂有空，言‘天’，遂有天。”

感官的认识，微细不可见，常住，为万有之本质，不可思议，自身光明。彼乃意欲，求从自身生多，于是先产生诸水，且投一精子于其中。此（精子）成为金卵，光曜如日，于是彼自有者复入于金卵，再生为梵天，即诸世界之产生者。”

吠陀、梵书的存在发生论与古希腊的宇宙论比较，其最根本不同在于前者并不是（像泰勒斯等人那样）把存在起源理解为一个单纯自然的、物质的过程，而是主观与客观、精神与物质不分，自然过程总是掺杂了心理或精神的因素。其作为存在根源的水、火、日等，都既是物质的始基，也是心理的根源。

有些早期奥义书文本如实继承了梵书以水为本原的说法。如 Bṛih V・5・1 说万物本原是水，梵天、生主皆由水而生。Aita I ・3・2 则以为最初之水与梵并存，梵作用于水，遂生万物。杜伊森指出，吠陀以至早期奥义书的洪水或原初之水，乃是此后印度哲学（晚期奥义书、数论、吠檀多）的自性（mūlaprakṛti）的前身①。

**6. 金卵说（Hiraṇyagarbha-vāda）**

金卵说（或金胎说）实为一种生命演化论，为《黎俱吠陀》所提出。它认为世界是从一种闪光的原始生命胚胎，即金卵（Hiraṇyagarbha）发育而成。这金卵就是至上神。金卵说和原人说（ṚVX・90）一样，反映了《黎俱吠陀》晚期思想从多神论向一神论或泛神论过渡的趋势。如“造物神歌”说：“那先于天、地，先于阿修罗与诸神者，是水中的原卵，众神皆在其内。……它位于不生者的脐上，它包含一切事物。”（ṚVX・82・5—6）其以为世界产生前，只有这原始的胚胎漂浮于混沌的水面上，接着造物神从这卵中产生了，然后他创造了世界的事事物物。也有说先是从混沌的水中产生了“金卵”，然后这金卵开始发育、演变，开展出万事万物。《黎俱》于此义开示最详者——“金卵歌”，其云：“唯初光卵生；一切之主宰。安立天与地。此主我应颂。彼乃生元气，生机与活力，众神以之王，影相即不朽；彼即是死亡，此主我应颂。彼以殊胜过，呼吸、瞬目者，为其唯一主；彼人、兽之主；此主我应颂。以其大神通，雪山因之存，江海为其资；此是其手臂，天界亦属之。此主我应颂。诸天因之强，大地因以固；天穹、光明界，因之得支持；中界他量度。此主我应颂。何时洪水至，包含宇宙卵，由此而生火；由此彼乃生，诸神之精神。此主我应颂。他乃以神通，遍视大洪水，包含生育力，亦能生虔敬。彼乃神中神，无在其右者。此主我应颂。愿彼无伤我，彼大地之父，其法乃不移，天界亦彼造；彼生大洪水，此主我应颂。”（ṚVX・121・1—5，7—9）歌云在存在生成中，首先产生的是作为世界根源的原始生命体（金卵），它就

① Paul Deussen, *Allgemeine Geschichte der Philosophie Bd1*, Abteilung I, F.A.Brockhaus Leipzig, 1922.253n.

是神，是一切存在者的唯一主宰和维持者。诗人接着指出神就是生命。一切可见的生命都来自神，人和动物的生机、元气、活力，都是神给予的。神是生命的本质，具体的生命体都是它的表现。然而生命的本质却是死亡。诗人随后声明神是一切生命之主宰，也是自然的主宰，是一切有生命和无生命事物的灵魂；而自然事物则是神的肢体。世界存在的秩序，乃是通过神、生命得以生成、展开和维持。大洪水中包含一种创生万物的原始的生命能量（生育力），祭祀等等皆由之而转起，而这种转变，是以神的观照为条件的。世界就是在大洪水与至上神的相互作用中演化、生成，这里隐含了一种二元论。诗云金卵与原初大洪水同至，从金卵中产生火，然后至上神乃从金卵中转变出现。这也是神自身的转变——宇宙卵就是神的前身。诗的最后，声称世界万物乃至原初之水，都是神创造出来的。尽管这首诗的内容有相互不一致之处，但是它是以生命的演化为核心的。它认为神是最根本的生命原理：原始的发光胎藏，一切存在都是由这个胎藏发育出来。《黎俱》中《造物神歌》以金卵说为基础，而有所发展。它说金卵系于"不生者"（即至上神）之脐，即从后者获得支持、营养（X·82·6）。金卵不再是至上神，而是以至上神为基础的。这更接近于奥义书的立场（盖奥义书认为金卵是至上梵的表现，是有德梵［大自在］的产物）。

《阿闼婆吠陀》和梵书，把金卵说转变为一种明确的一神论。在这里，金卵被等同于大梵、原人，即至上神。AVX·8·34；Tait Āra I·23 喻金卵为水中之莲花，并将其等同于太阳、生主、原人、大梵等。梵书表明金卵生于原初的大洪水，并且这原初之水在神产生之后仍然存在。这金卵神就是创造万物的生主（Sat BrāVI·2·2·5）。在《阿闼婆吠陀》和梵书的创世论中，还有一个频繁出现的主题，就是生主先创造世界或大洪水，然后自己作为金卵进入其中，最后从其中再生，继续创造之业；这一多次创造的主题，在早期奥义书中仍经常出现（Tait II·6；ChānVI·3·3—4；Aita I·1—3）。《阿闼婆吠陀》还说太阳在升起之前，本来漂浮在水中（AVXIII·1·1），另外还喻太阳为永恒者中的原卵（XI·5·7），这可能暗示金卵说是起源于日说的。正是以此为基础，金卵说与日说最终融合为一（Sat BrāXIV·1·4·2 把太阳和金卵等同）。《阿闼婆吠陀》和梵书的金卵说，把神与世界解释为灵魂与身体的关系，把世界转化理解为神的自身转变。世界被认为是梵自身发育、转化的产物。其说下接奥义书的有德梵观念，而延续到罗曼奴遮的差别一元论。

奥义书中，金卵也被当做一个人格神。ChānIII·19 反映了金卵说和日说的结合，其云由泰初的非有发育为金卵，金卵发育为世界。ChānVI·3·2—4 谓至上神先创造原初之水，然后化为金卵进入水中，并进一步分化产生出地、水、火、风等界。

ŚvetIII・4（以及 Mahā-Nārāyaṇa UpVI・19）提到禄陀罗创造金卵，IV・12 亦与此一致。MaitVI・8，VII・7 说自我是生主、创造者、金卵……这些说法都与吠陀和梵书一致。然而奥义书之说此神，与吠陀、梵书相比，有两点进步：其一，上述较早期的思想，强调金卵神并非至上神，也并非最原初的存在，而是至上神的表现、产物，或为自然演化产生；其二，较晚期的思想，尽管很少直接提到金卵，但根据商羯罗等传统注释家的解释，其中提到的元气、梵天等，乃与金卵神等同。另外《蛙氏》自我四位中之炎炽位，在其宇宙层面就是金卵（遍在、炎炽、般若、第四位被分别等同于 Virāṭ、Hiraṇyagarbha、Īśvāra、无德梵），这些说法都是明确将金卵与大梵的关系规定为现象与本体的关系。在这里，奥义书就超越了吠陀和梵书的经验的人格神观念，领会到绝对者是一个非人格本体。

7. **非有说**（asat-vāda）

此说以为存在、世界生于非有。其说亦最早出现于黎俱晚期，相传为梵主（Brāhmaṇaspati）所开示。如诗云："2 梵主如冶匠，熔铸此世界。有生于非有，在诸神之前。3 有生于非有，在诸神之前。此后诸方生，由彼生殖力。4 生殖力生地，由地生诸方。底提（Aditi，地神）生达蹉（Dakṣa，天空神）[①]，达蹉生底提。"（ṚVX・72・2—4）杜伊森说此诗乃是以神话的"旧瓶"装宇宙起源论之"新酒"[②]。在此诗中，梵主与阿贾氏的达帕类似，即根本的创造原理。而后面所谓达蹉（造物神），实即梵主转化而成的另一形态。除了自身，造物神开始并无创造的材料（"有生于非有"）。对于此诗中所谓"非有"（asat），古代注释家往往解释为创造之前的无相、混沌（avyaktam）状态，后者为神（梵主）创世的质料。然而这种解释可能与"asat"的最本原意义不合。此词原意是非实、非真之意，就是不存在、虚无，而其作为无相的质料之意，乃是后来梵书和奥义书的宇宙论附加给它的意义。因此 X・72・2—4 表达的意思，就是梵主从虚无创造世界，与基督教的创世论类似。诗中所谓有、生殖力、底提（Aditi，或译阿底提），即为创造的质料，这质料也是梵主造出。从这质料生地（世界）和诸方（空间），于是梵主又作为金卵、达蹉进入质料之中孕育、生成，此即所谓"底提生达蹉"。其中蕴含了后来梵书和早期奥义书津津乐道的神多次创世观

---

① Aditi 是吠陀的母神，或地神（达蹉为天空神），其意为无限、自由、无垢（Baru, Benimadhab, *A History of pre-Buddhistic Indian Philosophy*, University of Calcutta Press 1921.19）。吠陀说它不死、常住、清净（ṚVI・24・1，15）。与它相对立的是尼黎底（Nirṛti），为黑暗、死亡、系缚、衰朽、混乱之母（V・62・8）。阿底提的这种观念，可以作为奥义书阿难陀（ananda，无限、自由、喜乐）观念的先驱。

② Paul Deussen, *Allgemeine Geschichte der Philosophie Bd1*, Abteilung I, F.A.Brockhaus Leipzig, 1922.145.

念（ChānVI · 3 · 3—4；Aita I · 1—3；Tait II · 6）。《阿闼婆吠陀》也反映了这种非有论，如 AVXVII · 1 · 19 云："非有安立有，有安立世界。现在与将来，皆相互安立。"其意义应与《黎俱》所云一致。

在梵书中，非有说被大肆发扬，但意义有所变化。这在于，非有不再是不存在、虚无，而是不可见的宇宙根源，往往被等同于原初之水、至上神、元气、意、生主等。如 Sat Brā VI · 1 · 1："信然，于初世界唯是非有。彼乃言：何为此非有？非有即彼仙圣。何谓彼仙圣？彼即诸元气。元气先于此世界，并欲望此世界，且通过操劳与达帕引导此世界，故谓之仙圣。"这就是将非有等同于元气，且以之为世界之根源。Tait BrāII · 2 · 9："信然，于初世界唯是非有。无天、无地、无空界。此非有之有乃作意曰：'我其为有乎！'彼乃行达帕；由此达帕行，乃生烟。彼复行达帕；由此达帕行，乃生火。……彼再行达帕；由此达帕行，乃生雾。彼复行达帕；由此达帕行，此雾结为云卵。彼撕破卵膜，遂生大洋。……然后生 Daśahotar，即生主。世界只是洪水。生主乃泣曰：'若立足之地皆无，何为生我乎？'其泪坠于水者，化为大地；其拭去者，化为空界；其拭去而挥于上者，化为天。……此即世界之发生焉。"这里非有就是至上神，它通过作意、苦行生成火、洪水、生主等。Tait Āra III · 14 · 9："非有生有，彼由有生。彼所生者，亦彼护者。当彼厌倦，负此护者，乃尽弃之，入于自所。"这里非有指混沌、非显现者（avyaktam），有指空（ākāśa），"彼"指风或元气。"护者"指构成人或宇宙的存在的上述诸要素，从元气所生，又包含（护）此元气。其云在人睡眠中，元气厌倦这些存在（"多"），故离开它们进入自身（"一"）。在全部上述说法中，非有都被当成构成世界存在的原始质料（因而它如果被当做神，也完全是泛神论的神）。在这种意义上，非有在后来的奥义书及吠檀多、数论思想中，就逐渐被非显（avyaktam）、原质（pradhāna）、自性（prakṛti）这些更明确的概念所代替。

非有说在奥义书的时代仍然存在。ChānIII · 19 · 1—2 说世界刚开始只是非有。唯此非有有。此非有遂演变而为一卵。此卵经一年而裂开，而为天、地、山、云雾、河流、海洋等。Tait II · 7 亦云世界开始只是非有，由非有生成有。这些说法只是梵书思想的延续。ChānVI · 2 则对非有说提出了明确的（巴门尼德式）反驳："于初此世界只是有（sat），唯一、无二。信然，人或有说：'于初此世界只是非有（asat），唯一、无二。从非有产生有。'这如何可能？从非有何以生有？相反，于初此世界只是有，唯一、无二。"

吠陀对于非有的体验，可以视为佛教空说的最早萌芽。在佛教思想中，空、非有就是对现实存在的否定，因而空说超越了梵书和早期奥义书非有说的宇宙论，表现了对超绝本体的领会。晚期奥义书受佛教影响，说大梵为非有（ŚvetV · 14），或非有非非有（ŚvetIV · 18；金奈版 MaitIII · 4—24）、非有非空（TejobinduI · 10—11）等，都是把非有理解为本体的绝对超越性，与吠陀和早期奥义书的理解有根本区别。

8. **非有非无说**（Nāsadīya-vāda）

此说以为存在的本原是一个超越有和无的原理，即非有非无。其说最早见于黎俱“无所有歌”（Nāsadīya-sūkta），传统将此歌归于生主或胜持氏（Prajāpati Parameṣthin）。歌云：“1 彼时，无有非在，亦无有在：无气，亦无超越于彼之天，何物隐藏？何处隐藏？谁人隐藏？彼处可有无底之渊？ 2 彼时无死，亦无永生；无昼，亦无夜。彼唯一者，由其自力（svadhayā），无风而呼吸：舍彼超越者，无有存在。3 太初，黑暗隐蔽着黑暗；无有标记，彼唯无限之水。生存，为虚空所遮蔽，彼唯一者因为热力（tapas）而生。4 于是，爱欲入乎彼唯一者：此是心灵（意）最初之种子。圣者以智慧在自心中探寻，觅得有在非有中之亲缘。5 其分线穿过存在：然彼唯一者为居于上，抑或于下？① 生育者在彼，诸力量在此：自力在下，活动力在上。”（ṚVX · 129 · 1—5）在这里，宇宙起源被认为是从绝对黑暗到光明，从有无、生死泯然一味到所有存在宛尔分殊的过程。

诗云世界之初即“彼唯一者”（tad ekam），非有非无、非生非死。诗人在后面把它的这种无差别的绝对黑暗比喻为水。诗人说这绝对者是一个有呼吸的生命体。后来由于热力增盛，它脱离了沉睡状态。热力（达帕，tāpas），学者或释为“苦行”（austerity，谓创造之前的思索），此指存在之原始冲力②。在热力的作用下，绝对者产生了爱欲（即意志），爱欲演变产生心灵、思维（manas）。盖吠陀以心灵为火为光，故此诗冥合于印度思想由“热”生“光”之理（兹理亦可参照阿贾氏之说 [ṚVX · 190]）。故

---

① 此中所谓分线，即圣者划出的界线，由此存在的整体被区分为本体与现象、此岸与彼岸。那唯一绝对者、本体，是在下的、在彼处的、不可知的；而众多具体的存在物，都是在上的、在此的、可知的。

② 达帕的意义包括：热；痛苦；苦行；精进，沉思。其中属词源的意思当是指热。在印度气候条件下，这热带来痛苦的感受，因而达帕也意指痛苦。古代印度人修苦行，包括承受这种炎热之苦（如有所谓侍五炎［pañca tapānsi］者，乃自暴于东、南、西、北四方之火，再加太阳为五），遂以达帕为苦行之名。由苦行转义为精进，沉思等（此等作为苦行之目，在后来的印度宗教中亦很常见），进而转义为宗教的全部精神活动，然后转义为所有精神、思想和生命的活动，乃至宇宙之一切运动。梵书屡次提到生主修达帕以创世，而达帕既然可修，当释为苦行。但在黎俱中，达帕从来没作为一种修行。故在此颂中，达帕应取其最本源意义，即热，较为妥帖。盖以此热之孵化，万物乃从彼无差别的唯一者破壳而出，如孵卵然（杜伊森认为此“热”乃取譬于鸟类孵卵之“热”［Paul Deussen, *Allgemeine Geschichte der Philosophie Bd1*, Abteilung I, F.A.Brockhaus Leipzig, 1922.182］）。唯此热非来自外部，而是唯一者本身具有。此热力尚不成其为活动。另外此热力既不属于自然，也不属于精神，而属于二者尚未区分之混沦状态。

一切意识、思维的内容，皆是原始冲动、意志、欲望的产物。盖意志欲受用诸境，心灵乃将此诸境照亮、呈显出来。故绝对者因为有了心灵，乃由一体演为主、客的二元。心灵的照亮，就是思想的分别，亦即将唯一的本体（在下的、彼岸的），分别为杂多的现象（在上的、此岸的）。

学者多以为此诗展现了“一种清晰的一元论”思想①，“以一元论克服了二元形而上学”②，具有“绝对主义的萌芽”③，已经“处在奥义书一元论的门槛上”④。不过，尽管诗中提出了“唯一者”这样的概念，但这“唯一者”究竟能否被理解为一种形上学的绝对仍大可质疑。从文本自身看来，其一元论实际上并不是完全清晰、确定的。比如在 §3 中，我们就无法确定所谓“黑暗”、“水”、“虚空”、“唯一者”指的是否就是同一个东西。即使我们肯定其所指为同一东西，那么这东西可能也不是一种内在单纯的实体。根据诗中的描述，这本原的存在、“唯一者”，一方面是完全的黑暗、静止和混沌，因而具有冥性的特征；另一方面，它又是有呼吸、有生命的，同时以（包含意志、心灵、思维之种子的）热力为其“自能”（svadhayā），此皆是觉性的表现。诗以为存在的发生既以混沌为根源，又必须借着达帕的作用，故离不开觉性与冥性的共同作用。盖混沌是冥性之体，达帕即觉性之功，二者交会，訢合无间，才有分别境相升起。但在《黎俱》此颂中，二元性似乎只是隐含着的。梵书以及后来的注释者，往往将达帕、爱欲解释成上帝的行动和意志，此即将它们归属于一种神性主体。然而在这里，主体性其实很模糊，欲望可能不是一种主体的属性，而就是觉性、精神本身。整个宇宙就是一个包含冲动和欲望、精神和生命的运动整体。

诗中所谓本体“非有非无”的观念，可能也与当时的思想争论有关。其时梵主（Bramanaspati）持“有生于无”；阿贾氏、迪贾氏（Dīrghatamas）等，则倾向于“有生于有”。而胜持兼非二者，认为本原是“非有非无”。这非有非无对存在本原的理解显然是更深刻了。“非有非无”不是一个逻辑的中项，而是“有”、“无”被揭示出来之前的无分别境界，它无相无表、渊玄寂静、极窅难言，所以诗人强说之为（遮蔽生存的）“虚空”⑤。对于这个“非有非无”、“虚空”的实质是什么，尽管古代和现代的注

① Eliot Deutsch and J.A.B van Buitenen, *A Source Book of Advaita Vedānta*, The University of Hawaii Press, Honolulu 1971.8.

② Sarvepalli Radhakrishnan, *Indian Philosophy Vol.1*, the Macmilian Company, London, 1924.105.

③ T.M.P. Mahadeva, *Outlines of Hinduism*, Chetana Limited, Bombay, 1971.251.

④ M.Hiriyana, *Outlines of Indian Philosophy*, Motilal Banarsidass Publishers, Dehli, 1993.42—43.

⑤ 有的学者将这作为本体之水执实，乃称胜持的思想为“自然主义”（Baru, Benimadhab, *A History of pre-Buddhistic Indian Philosophy*, University of Calcutta Press, 1921.12），恐怕有误。盖属自然之水已然是“有”，岂能是“非有非无”？

释家都企图作出而且自信作出了很确定的解释，但就文本本身而言，其意义是模糊的，因而我们必须对一种过于确定的解释保持距离。此词可能意指：(1) 混沌的物质始基，由于没有感性表象，故被称为“非有非无”、“虚空”；(2) 一切心、物存在潜伏未显的状态，即后来数论、吠檀多所谓自性、潜名色（后者往往被明确说为“非有非无”）；(3) 作为现实存在之绝对否定的超绝本体（基督教神秘主义就常常称超绝的上帝本质为“黑暗”，不二吠檀多和大乘佛教用“非有非无”、“虚空”描述无德梵或空性），但此诗即使表达了这样的体验，这体验与其在不二论和大乘相比，也一定是很模糊的。在《阿闼婆吠陀》和梵书中，将存在本质、至上神说为“非有非无”，也是颇为常见的表述（Sat BrāX・5・3・2—3），但皆是指这本质超越感性表象，并无多少深意。

《黎俱》对“非有非无”的模糊体验，可以视为后来奥义书、吠檀多的“无德梵”观念，耆那教的究竟涅槃，瑜伽派所谓“无觉三昧”境界，大乘佛教的“涅槃”、“空性”、“一真法界”等观念的萌芽。

就奥义书而言，其最基本的存在思考，以为存在的本质或本原乃是一个无分别的混沌实质，世界的发生就是由这无差别境界，转起差别的万有（BṛihI・4・7，II・4・12；ChānVI・1・4—4・7；MaitII・6）。这要么是通过这本原的自身分化，要么是本原被施与思维的分别。这都是将有差别的名色增益到一味的实质之上，使其现起差别。另外，奥义书对本体的无相无表、不可思议、超越言诠特性的领会（BṛihIII・8・8；TaitII・7；KāṭhIII・15，VI・8；MuṇḍII・1・2；MāṇḍVII），也与此诗的体验有关。在这里，奥义书将《黎俱》的模糊体验明确化，以上分析ṚVX・129“非有非无”的三种可能意义，在奥义书中都得到了明确的表达。

9. **祭祀说**（yajña-vāda）

晚期《吠陀》和梵书还有一说，以为世界产生于神或人的祭祀，乃至它就是祭祀，这祭祀是宇宙层面的。在ṚVI・164・2—51中，迪贾氏就相信宇宙万物及其秩序与祭祀的环节和程序一一对应，人通过祭祀可以控制宇宙的运行①。ṚVX・90・6—14也说世界是通过诸神以原人为牺牲进行的祭祀而创造出来的。而ṚVX・130则为祭祀说之最充分反映。其云：“1 祭祀之线，伸至万方，百一圣师，将其展开。诸父来此，编织祭仪，彼等坐下，织之吟之：‘织之向前，织之向后’。2 原人扩之，原人解之；竟至将之，扩至天际。”祭祀的神线即宇宙法则，被用来编织世界。由于祭祀

① Paul Deussen, *Allgemeine Geschichte der Philosophie Bd1*, Abteilung I, F.A. Brockhaus Leipzig, 1922.107.

的内容代表世界万有，故神圣的祭司通过编织、创造祭祀，就创造了世界。这种祭祀创世说，为《阿闼婆吠陀》所坚持。后者也接受了《黎俱》所谓以祭祀之线编织存在之说（AVII·1·5，VIII·1·6，IX·9·6，X·8·37—38，XII·1·13）。AVXIX·6则继承ṚVX·90的说法，说诸神以原人而行祭祀，由此祭祀而生宇宙万有。AV XI·7·24—27提出世界乃由祭祀之“剩余”（ucchista）生出。后者就是终极的持存者，或存在的终极根源、归宿；而祭祀就是世界本身。其说以祭祀与剩余之关系，说明世界与其本源的循环转化。其以为在整个世界的寂灭状态，宇宙归于原质，一切名色皆不复存在，只有至上神（即剩余）独存。此时一切名色都潜在地存在于至上神之中，甚至吠陀、诸天也只有在至上神中得以持存。然后宇宙又进入创造期，故吠陀、诸神、天界、地界、日月、风雷、草木、人物，以及法、诸根、元气等，一切名色之物，又重新从寂灭中开展出来。这种说法是奥义书及以后印度教的宇宙轮回说的前身。

吠陀关于祭祀创造存在的说法，后被梵书无限夸张，极显僻诡迂诞。梵书以为，神、生主，就是祭祀（Sat BrāI·5·1·16,6·3·5）。生主和祭祀，也等同于年（I·1·1·13,5·2·17）。生主在祭祀中献出自身，产生出神、人以及宇宙万物。而生主则被创造活动消耗殆尽，因而感到空虚，需要通过祭祀的程序重新被填补。《阿闼婆吠陀》也有类似的说法。实际上在梵书和《阿闼婆吠陀》中，神的存在已退居次要，祭祀被赋予超越神的魔力。梵书将宇宙等同于祭祀，一方面是夸大祭祀作用的结果。夸大祭祀的作用与神性的退隐有关。盖祭祀本来是奉献给神的，以表达对神的崇拜和感恩之情，但是在吠陀晚期，这种崇拜逐渐淡化，祭祀成了邀福之具。在梵书思想中，对神的崇拜完全丧失，而祭祀则成为脱离神意直接起作用的客观力量。它被认为可以控制宇宙运行，乃至创世也被认为是通过某种宇宙祭祀进行。而婆罗门举行的祭仪，则是使创造世界的宇宙祭祀得到重复、维持。另一方面它也反映了古人对于存在的统一性试图作出一种巫术化的理解：在这里，人试图以某种普遍关联将存在统一起来，但没有真正物我的区分，因而将一种主观、人为的关联（比如祭祀中的事物关联），当做普遍的宇宙关联。对于祭祀的关联来说，这一点，在祭祀崇拜的语境下，应当是很自然的。因为祭祀本来就象征现实，其内容与宇宙的存在有着对应。而祭祀崇拜很容易导致祭祀的形式、过程成为宇宙的结构和生成的体现。于是世界存在就成为一个祭祀学的整体，祭祀的形式就成为存在的形式。以祭祀象征宇宙的生成和结构，在许多原始文明中都曾存在过，如一些澳洲土著迄今仍持此种观念。

在早期古奥义书中，祭祀说仍然频繁出现。其中，吠陀的祭祀创世之说已不多见（但这并不意味着这种信念已经被放弃），祭祀说主要表现在对祭祀与存在的同构性的想象。在这里，祭仪、祭祀咒语、祭坛的结构，都被当做世界存在的结构（参考本书第二部分第一编第一章第一节第五目）。祭祀说在印度思想中的影响曾长期存在。比如《薄伽梵歌》提到有所谓"超祭祀"（BGVII · 30，VIII · 4），即至上神的创作，等同于世界之开辟，这其实就是吠陀的宇宙祭祀。

10. **原人说**（Puruṣa-vāda）

吠陀、梵书对于存在本原的解释，还有一种原人说，亦为后来印度教思想所继承、发扬。其说设想宇宙本身为一个独一无二的巨人，即原人或补鲁沙（Puruṣa）。世界万物被认为来自这原人的自身分解或（诸神）以原人为牺牲的祭祀。此说可称为一种泛神论的一元论（pantheistic monism），它最早见于《黎俱吠陀》"原人歌"（Puruṣa-sūkta）。传统将此歌归诸那罗衍那氏仙人（Nārāyana），其思想似乎是在阿贾氏和胜持之歌基础上，朝一元有神论发展而来。歌云："1 原人具有千首、千目、千足。他从一切方面包含大地，其形量为十指之广。2 原人是一切世间，是一切已在和当在者。他是不死的主宰，由祭食而生长。3 这就是他的伟大，而原人的伟大更有逾于此。他的四分之一是万有。他的四分之三是天国的不死者。4 原人的四分之三生长在天国，四分之一生长在大地。所以他遍满一切方面，遍满一切食者与非食者。5 由原人生毗罗吒（Virāṭ），由毗罗吒复生原人。他出生后遍满大地的东方和西方。6 诸神行祭祀，以原人为牺牲。其油是春天，其圣礼是秋天，其木是夏天。8 从祭祀中溅出油汁，神将其收集。神乃以之做成森林、村庄和空界中的生命。12 从其（原人）口生婆罗门，从其两臂生王种，从其两腿生吠舍，从其双足生首陀罗。13 从其意生月，从其目生日，从其口生因陀罗与阿耆尼，从其气息生风。14 从其脐生中界，从其头生天，从其脚生地，从其耳生四方。由此形成世界。"（ṚVX · 90 · 1—6，8，12—14）

拉达克利须南认为，吠陀晚期的思想，明显在一神论与一元论之间摇摆①。原人歌乃是从《未知神歌》、《造物神歌》等的一神论过渡到一元论。若一神论虽许神的数目为一，而未将神与存在等同，一元论则坚持这种等同，因而也是泛神论。盖一神论还承认一种二元性的存在，一元论则以一切收于神。在《黎俱》思想中，祭祀说与金卵说，都是明显的二元论；而时间说、非有非无说，是模糊的一元论。原人说则是明确的一元论，世界被认为是从作为独一无二的始基的至上神转变而来的。此诗以为原人是存在的一切精神与物质要素的结合，是世界的唯一本源，一切光、热、欲望、意志、精神皆由它产生；一切黑暗、怠性、愚钝、物质也由它产生。诗的第一偈说原

① Sarvepalli Radhakrishnan, *Indian Philosophy Vol.1*, the Macmilian Company, London, 1924.96.

人既是宇宙“大我”，又是个体的“小我”。其中，大我是一个总体概念。它首先是人类的整体，如诗说原人具有千首、千目、千足。其次也又是存有的整体，如云“他从一切方面包含大地”。另外，原人又进入人心（其形量为“十指之广”，即人心脏的大小），为人的“小我”①。第 §5—14 表明整个世界及其中的存在，都是从原人产生的。最初产生的是无机的自然。接着产生的是方位、四季。然后产生了有生命的存在。再后来产生的就是四种姓的人。然后是众神、诸界。所以原人是存有和世界的本源。§3 说原人的四分之一是万有，四分之三是天国的不死者。吠檀多派的传统注释家以为这旨在表明原人具有超验存在的层面，但这可能是根据吠檀多立场对文本作了过度诠释。因为根据 §4，这里所谓“四分之一”和“四分之三”，指的就是一般神话意义上的人间和天国。

这种通过肢解原人而生成世界的神话，在许多远古文明中都曾存在。比如日耳曼神话以为世界是众神肢解巨人伊米尔（Ymir）而成。在波斯宗教中，太阳神马自达也是通过肢解女神提阿马特创造世界。中国古代盘古死后，其身体分解为宇宙万物的神话，也具有类似的思维图式。

原人论成为《阿闼婆吠陀》和梵书的主要思想。比如 AVXIX・6 的内容就是来自 ṚVX・90。AVXI・2 立意类似屈子《天问》，乃询问是谁赋予原人四肢、躯干、脑髓、血液以及苦乐、睡眠、疲乏、恐惧、愉悦、期盼、邪恶、痛苦、成功、荣耀、思想、语言、意识、行动、气息、理智。原人遍满诸方，遍及上下左右，覆盖大地，包围山川，生成天、地、空界以及万物。这表明在《阿闼婆吠陀》阶段，原人不仅仅是形体意义上的，而且包含了人所具有的全部心理和生理的存在，它就是一个宇宙大我。万有皆由这宇宙大我分化产生。梵书也继承了吠陀原人通过祭祀分化为宇宙万有的说法（Sat BrāVIII・6・1・1—3）。在其中，原人往往被与生主、大梵、元气等在同样意义上使用（VI・2・1・23，X・6・3・1—2）。原人就是至上神，也是世界万有的本原、全体。Sat BrāX・6・1・1—11 说到优波毗尸、包鲁尸、阿室婆多罗室毗、荼跋拉、跋罗毗耶、阇那沙伽罗叉六人，共诣该祇夜问至上神之本质。此六人各以地、水、空、风、火（日）、天为至上神。该祇夜乃说至上神即是原人（补鲁沙），包含这六者而超越之，谁若知此至上神之本质，则克服死亡。梵书的原人论特别强调的是宇宙与人体的同质、同构，以及原人与现实的人的对应关系。其云月、火、日、四方、风五种宇宙存在，分别

① 或云十指之广是太阳的大小，因而解释说原人的灵魂就是太阳，它的身体则包括宇宙的万事万物，此说亦通（Baru, Benimadhab, *A History of pre-Buddhistic Indian Philosophy*, University of Calcutta Press, 1921.31）。

与原人之意、语言、眼、耳、气息本质相同，为后者所生出；而月、火、日等，当进入现实的人体之中，又复转化为与人的意、语言、眼等五种生命机能，原人或宇宙与人体完全同构（Sat BrāX·3·3·7；Tait BrāIII·10·8）。这种同构说，被梵书极端渲染，已然成为陈词滥调。

同祭祀说一样，原人论反映了古人对存在整体性最初的、不免幼稚的理解。在这里，理性还不能根据事物的内在关联，而只是用一种类比的、外在的关联将世界构成一个整体。原人论对自我、人的绝对化（人与宇宙的等同），其实没有多少深刻意义（不同文化中都有这类看似高明而其实肤浅的思想，且尤以东方文化为甚）。因为自我的绝对性在于它是内在的觉性、精神。它只有作为后者才能包含世界万有在内，因而才是绝对。吠陀和梵书的原人论所理解的自我，仍只是外在的形器之我，因而其对后者的绝对化，没有存在论的根源，只是一种幼稚的夸张，丝毫没有带来自我理解的深化。然而这种思想似乎很有诱惑力，欧洲中世纪神学就曾鼓吹人作为小宇宙与大宇宙的同构，不能排除这种思想是通过伊斯兰神秘主义，间接受到印度观念的影响。

吠陀和梵书的原人论，在奥义书最早的思想中，仍然具有支配地位。许多早期奥义书文本，完全是梵书式的。比如ChānV·11的内容与Sat BrāX·6·1·1—11完全相同。此外，Chān III·13,18；Bṛih I·4·1，II·1；KauṣIV；Aita I·1·4；Praś VI；Muṇḍ II·1·3—10；Śvet III·14—16，皆是继承梵书的宇宙与人同构论。此外，奥义书中大量关于原人大如拇指或为十指宽，或小于米粒、燕麦粒（BṛihV·6；KāṭhIV·12），还有所谓人瞳孔中的小人与太阳中人为同一原人（BṛihII·2·2；MaitVI·7）等类说法，也完全是继承梵书而来。然而中、晚期的奥义书（比如《羯陀》、《白骡》、《慈氏》），则对吠陀的原人说有重大发展。这在于它更明确阐发了《阿闼婆吠陀》模糊提到的原人为遍满、恒常、超越的存在之义（比如AVX·2·18说原人覆盖大地，包围山川；28说原人遍满诸方，遍及上下左右）并将其内在化，以为原人是超越生灭变异、恒常、遍满的意识实体（KāṭhVI·8；MuṇḍI·2·11，II·1·2，III·2·1；Śvet I·12—16，VI·10—13；MaitII·3—5，V·1—2），从而使之成为一个数论学概念。

在后来的印度教思想中，罗摩努阇的差别一元论，以神为（包含所有实体、作用、属性的）存在的整体，神是唯一无二的，它高于世间一切，是一切的给予者，一切皆由他所出，同时他又遍满一切，涵载一切。其说最终是从吠陀、奥义书的原人论发展出来的。

11. **语言说**（vāk-vāda）。

在古代思想中，语言和事物存在之间往往浑然不分。这在印度思想中也不例外。

《黎俱》更早的诗篇，把语言称作承担万有的母牛（ṚVVIII·89·11），到了晚期，更明确地把它当做一种形上学的原理①。其"语言赞歌"（vāka-sūkta）云："1 我高举婆楼那和蜜特那，因陀罗和阿耆尼，还有阿希文。2 我庇佑和维护着高涨的苏摩，支持着特洼希达，莆仙，巴伽。3 富有宝藏，充满思想，在所有神圣之中最值钦敬，我（语言）乃女王。于是诸神为我，广置宅宇，让我进入，让我居住。6 我升起和解决人间之纷争，渗透了大地和天空。8 气息强如风暴，而我将所有的存在汇积。在我的光辉之中，我的威权如此巨大，超越地表，超越诸天。"（ṚVX·125）语言容纳所有事物，并居住于它们之中。它还是人间和天上的秩序维持者。它威权极大，容纳所有存在，将万有置于自己的威力之下。在这里，语言被认为是存在和世界的基础、全体。这一思想在《阿闼婆吠陀》和梵书中得到继承，并被大大强化。AVIV·30·1—8 的内容基本与上述 vāka-sūkta 相同。AVIX·2·5 将语言比喻为养育万物的母牛（BṛihV·8 亦有此喻）。

梵书对语言的思考有两个向度。其一是对于普遍语言，以为它就是存在的根源。在这里，梵书一方面强调语言在存在发生中的重要作用，另一方面取消了语言作为绝对存在的地位，使之成为与最高神（生主、意、元气）并存或隶属于后者的原理。如 Pañk BrāXX·14·2 说："于初唯有生主。诚然有语言属于他，作为伴侣。" Sat Brā VII·5·1·6—7 说元气是语言之夫，VI·1·2·6—9 谓意与语言结合，而生育诸神。其以为至上神把语言当做创造的工具、中介。然则说法颇杂，除以上所说，Sat BrāVI·1·1·9 云生主从语言创造原初之水，从水创造世界万物，II·1·4·11 曰生主神通过言说、命名创造世界："生主说'bhūr'，乃生大地；说'bhuvah'，乃生空界；说'svah'，乃生天界。" X·5·3·1—7 亦曰宇宙太初唯有意，意生语言，语言生呼吸，呼吸生目，目生耳，如此依次生成世间万有。梵书的语言思考的另一个向度，也是其对奥义书思想影响更大的一个向度，是其引入对梵（Brahman），即祈祷语言（亦指全部吠陀）的崇拜。梵最早被认为是居于祈祷、颂诗中的神圣力量，接着被认为是吠陀语言的真理和本质，"梵即是语言，语言的真理是梵。"在印度思想中，语言是与人、宇宙对应的另一个系统，并与后二者同构②。于是，作为语言的主宰、本质的梵，也被与宇宙、人的内在本质，即阿特曼等同，"天地被大梵统握起来"。③

早期奥义书继承和发展了梵书的语言思考。一方面，其最早的思想，仍然重复梵书的说法。比如 BṛihI·2·4—5 说至上神以意与语言交，生成年、世界。另一方

① Deussen, Paul, *Allgemeine Geschichte der Philosophie Bd1*, Abteilung I, F.A.Brockhaus Leipzig 1922.148.

② Hermann Oldenberg, *Buddha*, Motilal Banarsidass, Delhi, 2006.26.

③ Hermann Oldenberg, *Buddha*, Motilal Banarsidass, Delhi, 2006.27.

面，奥义书于此亦提出自身的想法。这包括：一、以梵与名色代替生主与语言作为存在发生的两种基本原理，明确指出差别来自语言（ChānVI・3—4；AitaII・1・6；PraśVI・5）。二、大梵基本脱离原先与语言的关联，而一些祭祀的咒语、曲调，被夸大成为吠陀的实质，及全部世界存在的本质。如 Udgātṛi 祭司所唱之 Udgītha，Hotṛi 祭司诵之 Uktha，在中、晚期奥义书中还有吟唱吠陀开始和结尾时发出的“Om”声等，皆被神秘化，成为存在本质，与大梵、至上我等同（ChānI・3・6—7；Bṛih V・14・1—3；Tait I・5・1）。三、与上述第一点有关，MaitVI・22 将大梵区分为有声梵（śabdabrahman）与无声梵（aśabdabrahman），二者分别即上梵与下梵。有声梵即语言，也就是全部差别世界，唯有通过有声梵，无声梵即存在的绝对本体才能显现出来。

许多古代文化，都曾有对语言与存在发生的独特关联的领会。《圣经・创世纪》提出上帝通过语言或逻各斯创造世界。苏美尔神话也认为创世的过程是神先通过思想作计划，然后通过命名将世界万物创造出来。澳洲土著亦有人类祖先通过命名使事物存在之说。在印度思想中，奥义书的语言思考，被继承和发展。对于大梵与名色、无声梵与有声梵的区分，构成吠檀多形上学的基石。至上神与语言的神秘关系，也是印度穆斯林苏菲派沉思的对象（比如伽比尔）。大乘佛学对离言法性与戏论言说关系的讨论，其实是奥义书对大梵与名色关系思考的深化。

12. **意欲说**（kāma-vāda）

把爱、欲望当做存在发生的根源，在古代文化中并不陌生。在古希腊，赫西俄德及其后的作者将爱罗斯（Eros）与宇宙创生联结，以为爱是最早的神之一，它是宇宙演化的推动力量。奥菲斯教以为，爱是宇宙初生者，它从时间创造的一枚闪光的卵中生出，使宇宙的黑暗受精，生成天地。亚里士多德亦认为欲望是世界运动的原因①。近世弗洛伊德之“性力”（Libido）说，乃是此种思想之心理学形式。另外，奥菲斯教的爱欲创世论，在古代闪族和伊朗宗教中也存在。

在印度，表达欲望或爱的词是“kāma”，它亦指意志、冲动、愿望，在此姑译为“意欲”。把意欲当做存在根源的说法，在印度哲学中亦曾有普遍的影响。其最早出现于ṚVX・129・4。在这里唯一者的爱欲被当成心灵的种子，其大意以为爱欲孕育思想，思想揭示存在。到《阿闼婆吠陀》和梵书的时代，意欲创世论乃成为一种主流的学说。

AVIX・2・19—23 将意欲乃人格化为神明，歌云：“19 意欲最初生，诸神与诸父、诸人无其匹。至尊且伟大，我稽首敬汝。20 若虚空之大，覆盖天与地；若江河之遥，若火焰之速。意欲之伟大，皆永胜于彼。嗟乎意欲神，我稽首敬汝。21 若诸

---

① 亚里士多德：《形而上学》，商务印书馆 1991 年版，1072a25—35，第 246—247 页。

方之阔，遍于一切向；若天界之广，纵览于一切。意欲之伟大，皆永胜于彼。嗟乎意欲神，我稽首敬汝。22 多如蜂、蚁、虫、/ 牝蛇、蝼、草木。意欲之伟大，皆永胜于彼。嗟乎意欲神，我稽首敬汝。23 意欲与情绪（Manyu，此处将二者等同），高于瞬目者（有生命者），高于僵立者（无生命者），高于彼大洋”。其说以为爱欲是亘古以来之存在原理，诸神乃至虫蚁、植物皆被其支配，故爱欲是宇宙的最高主宰者、推动者。此外 IX・2・5 说语言养育万物，而语言乃是欲望之女。盖欲望决定语言之指向，而语言乃揭示事物的存在。XIX・52・1 论及宇宙起源亦说：“最初生意欲，即原初种子，心灵之胎藏”，亦是将意欲置于存在根源的地位。这些思想都颇有深度。《阿闼婆吠陀》还有一个对后世思想影响颇大的观念，就是提出人的存在产生于欲望。如 AVXI・8・1—18 说人的存在源自情绪（Manyu）和愿望（Akūti，愿、目的、希求）女神的婚姻，人因而有勤奋与懒惰、智慧与愚笨、正直与邪伪、快乐与悲痛、善良与歹毒等情感。其中“akūti”与“kāma”的意义基本相同。

梵书将《阿闼婆吠陀》的意欲说进一步明确化。其以为爱欲是存在之种子，生主以意欲创造生灵及万有。**首先**，在创世论上，以为世界是由某个最初的唯一者产生了欲望，然后创造出来的说法，属于梵书最常见的想象。梵书说宇宙最初只有生主、意、水、元气等存在，唯一无二。这唯一者乃产生对于杂多或他者的欲望，于是创造或转化出世间万有。比如 Sat BrāII・5・1・1—3：“于初唯有生主在焉。其自思曰：我云何繁衍乎？乃行斋戒与苦行。其遂创造生物也。”Ait Brā V・32：“生主乃欲望：我其繁殖自身，我其成为多乎。彼于是行达帕；行达帕已，彼于是生此世界：大地、空界、天界。”此皆为梵书随处可见的文字。在这里，由于梵书对唯一者的理解处在不同的思维水平，其意欲说便包含不同的意义层面。其最原始者，为将唯一者等同于水、风等自然物，以为从这类物质中产生欲望，后者是世界存在的原因。如 Sat BrāXI・1・6・1—2 说宇宙泰初只有水。这原初之水产生了繁殖欲望，乃行苦行。历时一年，产生金卵。金卵经过一年的发育，产生了生主；然后产生了母牛（或指语言）。生主于是破卵而出，随此卵漂流水上，历时一年。于是金卵通过言说，创造天、地、虚空。Tait ĀraI・23 亦云：“于初世界唯有水；于是生主作为风，生于莲花瓣上；在他的意中产生了欲望：我其创造世界乎！故人所欲者，遂以语言说之，以实践成之。如云（以下所引为 ṚVX・129・4 之变文）：‘于是从他之中首先产生欲望，此为意最初之种子。圣者在自心的欲望中寻找，发现在非有中的存有之根。’……他（生主）乃行达帕；行达帕已，遂将身体从自身摇落。”Sat BrāVI・1・1，XI・1・6・1—2 则将唯一者当做生命元气，谓从元气生生主，生主因其意欲，而行苦行，乃生梵（三吠陀），且由语言生诸水。复由意欲，乃自入于诸水，而为金卵。复由意欲，生地、土、石、沙、植物等。这是梵书和早期奥义书中常见的，唯一者产生多重欲望，因而进行多次创世之说。亦有将原初的唯一者等同于精神的原理（比如意）之说。比如 Sat BrāX·5·3·1—3 就说于初此世界唯有意（思维）："3 此意生已，乃欲成为显明，成为确定、实在：彼欲得一自我。彼遂沉思（paryālokana），彼遂得其实在（prāmūrakhat）。"[①] 接着，意生语言，语言生元气，元气生眼根，后者生耳根，后者生业，业复凝聚为元气，"业无元气则不全，元气无业亦不全"（X·5·3·4—8）；此业生成后，又产生欲望，故招引果报，"此业生已，乃欲成为显明，成为确定、实在：彼欲得一自体。彼遂沉思，彼遂得其实在。"（X·5·3·9）**其次，**梵书还继承《阿闼婆吠陀》的生命产生于欲望之说，并将其与新的灵魂往生说结合起来。如 Sat BrāX·6·3·1 云："人生于意欲（kratu），彼命终时所欲为何，将依此意欲投生彼世界。"这种说法在梵书中也极常见。这里"kratu"与"kāma"、"akūti"的意义基本相同。欲望是尘世生命的种子，并决定往生的归趣。人临终一念所想的世界，就将是他死后往生的世界。在梵书中，意欲论的上述两个方面，即宇宙论和人生论的方面，是相互呼应的，后者是前者之具体而微者。

在吠陀和梵书中，意欲论和语言论，都或强或弱地暗示了一种二元论的存在发生模式。在这里，意欲或语言都不是被当做一种绝对原理，而是依附于某种实体并与后者共同发生作用。

梵书意欲论的上述两个方面对于奥义书及以后的印度思想皆有重要影响。ChānVIII·2·1—9 说一切存在皆来自欲望。Chān III·14·1 说："信然，人由意念而生（kratu-maya）。人在此世所念为何，死后将成为彼。是以人应作念。"MuṇḍIII·2·2："人所念为何，将依此念而再生。"这些说法皆为直接继承梵书而来。奥义书更成熟的思想，对梵书意欲论有重大发展。这在于，由于对世界、生命的否定，导致对作为存在、生命的原因的意欲的否定，而灭尽欲望，以达到断除世界与生命的解脱境界，乃成为人生的宗旨。这方面最有代表性的看法是 Bṛih IV·4·6,7 的耶若婆佉之说，其云欲望导致轮回，"彼无欲者，彼离欲者，彼愿欲恒已满足者，彼以自我为愿欲者，则其元气不离。彼已成为大梵故，乃径入于大梵"。由于奥义书的影响，意欲在以后印度各派哲学的存在和生命思考中都起着关键作用。就佛教而言，代表早期佛教世界观的十二缘起说中，行缘识，爱、取缘有，都明显沿袭了奥义书以意欲为世界根源的说法。另外，早期佛教意念决定投生趣向的信念，也毫无疑问是来自奥义书的。如《杂阿含经》卷三十四："婆蹉白佛：众生于此命终，乘意生身往生余处，云何有余？佛告婆蹉：众生于

① 实在（prāmūrakhat）：摩陀婆释之为"大、显"。

此处命终，乘意生身生于余处。当于尔时，因爱故取，因爱而住，故说有余。”佛的这些说法可视为梵书、奥义书意欲论的回响。中国净土宗信徒要在临死前念西方净土，实际上是这种信念的实践形态。这些思想最终都应上溯到吠陀和梵书的源头。

以上诸说不是固定不变的，也不是孤立的。每一说法都可能有多种变样，比如吠陀、梵书对于金卵、元气、语言等的产生、创造或转化，就有多种不同程式。诸说之间亦常相互交织，比如：日说、时间说、蜜汁说、金卵说、原人说；元气说与语言说；欲望说与语言说、非有非无说；原人说与祭祀说、金卵说等，都存在逐渐相互同化或整合的情况。吠陀、梵书对存在本原和发生的解释，还不止有这些。我们只列举了与奥义书思想紧密相关的学说。此外，在梵书中还出现了若干在吠陀中还不存在或未受重视的重要观念，也表达了对绝对存在的理解。如杜伊森指出在梵书思想发展中，先后有以下几个概念被作为存在的最高原理：生主（Prajāpati）；梵（Brahman）；自我（Ātman），梵书的思想可大致依此分为三个阶段。这也反映了印度思想从神话宗教到祭祀宗教，然后开始向精神宗教过渡的大致历程①。关于这些概念的更详细分析，可以参考本节第一目、第四目，及本书第二部分第一编第一、二、三章引言。

## 四、自然的反省

吠陀诗人叹曰：“我是何有，我所不知：藏于心中，深隐难知，我自遨游。”（ṚVI·164·37）对自我本质的省思，即反省，在吠陀、梵书思想中占有重要地位，而且其重要性是不断加强的。精神的自我反省同样也只能从自然开始。吠陀、梵书的自我观念，同其神性观念和存在观念一样，也是自然的。

《黎俱》的自我观念，甚为朴质。在其早期，自我被称为末那（manas）、阿特曼（ātman）、阿苏（asu）。其中末那即灵魂，似乎是一种物质性的东西，具有思维、情感的功能。在《黎俱吠陀》中，阿特曼或指呼吸②，如ṚVVII·87·2，X·92·13谓风

① Paul Deussen, *Allgemeine Geschichte der Philosophie Bd1*, *Abteilung I*, F.A. Brockhaus Leipzig, 1922.180.

② 阿特曼（ātman，自我）一词的起源，在语源学上有不同的解释。凯思（Keith）等人提出它本来的意思是风、呼吸，与现代德语的“atemen”（呼吸）一词同源。杜伊森（Deussen）则认为“ātman”由字根“a”和“ta”组成，“a”来自“aham”，即自我，“ta”是“此”的意思；因此“ātman”的意思就是“这个我”。从比较语言学上看，似乎前一种说法更具说服力，因而为更多学者所接受。但这种说法也不是没有疑问的。这种解释认为阿特曼首先指呼吸，然后指维持生命的气息，再后来就意指生命本身、灵魂，再后来就是人的精神。但是在古代印度哲学，一般表示“呼吸”的意思用的是另一个很重要的词“prāṇa”，而“prāṇa”的意义史与这里对阿特曼的解释乃至基本相同（只是没有发展到精神层面）。所以根据凯思的说法，要说清楚阿特曼与“prāṇa”的关系就很困难。

(印度思想中呼吸往往被与风等同)即诸神之“自我”，X·16·3谓人死时其“自我”入于风；或泛指生命，如X·97·4,8祝于药草以救回某人之“自我”；或指灵魂，如I·164·4云：“何为世界之血液、生命与自我？”；或指身体(X·163·5)。这些都与其在吠檀多中作为纯粹精神、心灵的意思不同。阿苏的意思是“精气”，就是人(和动物)的自然生命。可见在这里，吠陀的自我，仍然是一种自然的东西，远没有上升到精神存在的层面。

吠陀早期所理解的自我，完全是个体性的。吠陀先民相信人的灵魂是不死的，尽管尚无后世那种明确的灵魂轮回观念。吠陀似乎认为，事物一旦存在，就永远不会消亡。人的死亡只是灵魂离开了身体，而迁移它处，或进入其他生物体内。如果人们能将他的灵魂招回，那他就会复活。ṚVX·58·1—12(参考了巫白慧先生的译文)的招魂诗，反映了这样的信念。其云：“汝之末那，已经离开，竟至遥远，阎摩境内。我等招之，重回汝身，长享生活，在斯人间。汝之末那，已经离开，竟至遥远，天地之间。我等招之，重回汝身，长享生活，在斯人间。汝之末那，已经离开，竟至遥远，地之四维。……汝之末那，已经离开，竟至遥远，过去未来。我等招之，重回汝身，长享生活，在斯人间。”死后的灵魂有两条道路：一是所谓父祖道，即进入祖先们所去的阎摩之国。灵魂到那里与其所有祖先见面，但后世以阎摩国作为(惩罚罪恶的)恐怖地狱的观念尚未确立(ṚVIX·41·2, X·6·10)。二是所谓天神道，即灵魂升到天堂，与诸神同享天国之福(ṚVII·2, X·1·3)。另外据说作恶之人将被婆楼那推向黑暗的深渊。灵魂既然不死，则其必然与肉体有异。但其与肉体之联结，则是一个秘密。ṚVI·164·4云：“谁曾见到，无骨的灵魂，大地之生命与精神，以何种方式居于身窟？”ṚVI·24·15称是婆楼那神，以所谓婆楼那结(varunapaśa)，将灵魂与肉体联结起来，因而使灵魂缚于不同命运。神主宰人的命运，决定人的福祸寿夭。由于人还没有充分地将自己从自然界中分离出来，人没有意识到自己与其他动物的本质区别，而往往将自己与它们混为一谈。一些家养动物也被当做家庭的重要成员。只要是生有两排牙齿的动物，都有可能成为家庭的成员。动物被拟人化，被赋予人的思想、意志、感情等。它们是人的伙伴、朋友或者仇敌。除了人、神、阿修罗、兽，世界上还有许许多多的罗刹、夜叉等，他们一般都在夜间活动，有时害人。在《黎俱》晚期，四种姓的区分(婆罗门、刹帝利、吠舍、首陀罗)已经很清晰。

总之，吠陀早期完全把自我当做一种自然物，当做自然家庭中的一员，未曾意识到自我的内在、超越的存在。克实言之，自我的本质就是觉性的本体自身，是本原的光明和自由，是存在和世界的开显者、创造者。而印、西觉道文化的特征，正植根于对觉性的存在开显作用的领悟。无论埃及宗教的太阳崇拜及对太阳战胜黑暗的想象，还是琐罗亚斯德教、摩尼教通过太阳神与混沌女神（提阿马特）、光明神与黑暗神的残酷斗争的创世历史，还是犹太教、诺斯提教创世论中的光明隐喻，皆表达了古人对觉性本体在存在发生中的本质作用的体验。这一体验，在吠陀的提奥斯与阿底提（混沌女神）的二元创世模式，以及因陀罗与毗黎特罗（Vṛtra）、神（光明力量）与魔（黑暗力量）的永恒战斗中①，也得到清晰表现。这些谦卑朴素的先祖们，相信存在是一种神秘的光明创造出来的，并且沉思着存在发生壮丽奇伟的景观，然而他们在由此而生的惊诧惶恐中，从未敢想象这光明其实就是他真实的自我。他们相信它一定是一个比那卑微渺小的自己不知要高多少的存在，这就是神。即使披上自然的外衣，神仍然更自由、更美好，因而它是人自在的自我理想。反之人自觉的自我，则仍处在尘土之中，乃至与鸟兽同跻。吠陀早期的自我概念就是这样。自我完全是一种自然物，是神创造的结果。自我的内在性、超越性和自由还没有得到领会。

《黎俱》晚期试图尝试自我思考的新方向。这包括：一是试图超越个体小我，领会一个绝对自我。仙人伐摩提婆（Vāmadeva）就觉悟到了万有与内在自我的同一："我即是摩奴，我即是太阳（Sūrya）"（ṚVIV·26·1）。同样特罗娑达修王亦说他就是因陀罗，就是婆楼那（IV·42·2）。这种绝对自我的观念，最充分地表现在晚期

---

① 参考吴学国：《存在·自我·神性：印度哲学与宗教思想研究》，中国社会科学院出版社 2006 年版，第 797、808 页及以下。盖闪电之神因陀罗与黑暗之神毗黎特罗（Vṛtra）的斗争，在《黎俱吠陀》中占有极大篇幅，它象征了精神的光明与黑暗之间的斗争。盖闪电就是运动的光，而 Vṛtra 则象征黑暗。Vṛtra 是帕尼人（即"黑暗之子"）的首领，表现为黑云。据说很早的时候，雅利安人的牛被达萨人和帕尼人偷去了。在梵语中，"go"（牛）兼有光明之意；而在另外有些诗篇中，被盗去的就是太阳。牛、太阳被藏在洞穴的黑暗深处。在这里，牛、太阳就是存在本身的象征，而偷盗则象征存在被黑暗剥夺。因陀罗以闪电穿入黑洞，将牛和太阳解救出来（ṚVIV·1·17："于是黑暗崩溃，天国重光，曙光再现；太阳升至［真理的］宽广的境域，烛照人的一切善、恶。"）。这一过程的存在发生论意义是很明显的。存在就是通过光明与黑暗的艰苦斗争获得的。对于这一神话，历来吠陀诠释者持说非一，总结起来可以说，这场战斗象征了光明与黑暗之争。存在揭示的运动被譬喻为因陀罗找出牛群的过程。

案：关于因陀罗与毗黎特罗的战斗，古来学者有多种解释，大致皆与上述光明—黑暗斗争模式一致。第一种说法，尼禄克多的作者耶室伽认为毗黎特罗就是云，而因陀罗则是把云驱散开的雷雨神，这种说法可称为"雷雨说"。第二种说法，毗耶娑（相传为史诗的作者）则认为因陀罗和毗黎特罗都不是自然现象，而是历史上实有其人，这种说法类似于现在所谓"神话即历史说"。第三种说法，认为毗黎特罗就是黑夜，而因陀罗就是消灭黑暗的太阳，这种说法可称为"黎明说"。第四种说法，有些近代学者解释说，毗黎特罗和因陀罗分别指人类生活在极地时期所见到的各持续半年的长夜和长昼，这就是所谓"极地说"。第五种说法，认为毗黎特罗意指寒冬，而因陀罗则指春天，因为寒冬使河水冻结，而春日的阳光则使冰霜融化，这种说法称为"春天说"（参考 *The Religion and Philosophy of the Veda and Upaniṣads I*, Harvard University Press. 126—127）。其中第三、第四种说法喻义甚明。就第一种说法而言，闪电象征光明，云象征黑暗。第二、第五种说法也不违背我们的解释，因为春日象征生命，寒冬象征死亡，生与死乃是创世的二元本体的名称，而历史人物也可以是这二元本体的拟人化表达。

吠陀对作为宇宙巨人的补鲁沙（原人）的设想中。如ṚVX·90·13—14说补鲁沙：“从其意生月，从其目生日，从其口生因陀罗与阿耆尼，从其气息生风。从其脐生中界，从其头生天，从其脚生地，从其耳生四方。由此形成世界。”二是试图将绝对自我理解为内在于自心之中的，因而朝一种绝对反思靠拢。如ṚVX·81·4：“汝等思者，应视自心，彼（至上者）于此住，安立万有。”ṚVX·129·4：“圣者以智慧在自心中探寻，觅得有在非有中之因缘。”三是试图将自我理解为一个超越的实体，因而朝一种超验反思靠拢。此如ṚVX·16·4说自我是居于人的肉体之上的控制者，不生不死。ṚVI·113·161，164·30说它甚至超越个体灵魂。ṚVI·164·17，22将人类自我一分为二：其一作诸事业且受用苦乐，其二则不作不受，仅仅是消极的观者，此即超越之大我（这一观念后来被奥义书大加发扬，并成为数论学的基础）。

梵书的反省思维的进步，主要在于巩固了《黎俱》晚期提出的绝对自我观念，并确定其为理论基础的地位。然而梵书的自我观念同样是自然、朴素的，没有实现真正的精神反思。如爱氏梵书把一切存有分为器界、生命界、人界三界，以为三者相互转化、互为因果，本质无异，从草木瓦砾以至人，都是从同一元气（prāṇa）进化而来（Ait Āra I·5·1·9, II·6·1·5）。Sat BrāVI·2·2·15对人的定义是“无角而有须”。Sat BrāVII·5·2·6说人只是动物的一种：“生主以其元气创造五种动物：从其意造出人，从其眼造出马，从其呼吸造出牛，从其耳造出绵羊，从其声造出山羊。”VI·2·1·2说人、马、牛、公羊、母羊五物都是神的牲畜。在梵书中，表达“自我”的概念是原人或补鲁沙（Puruṣa）、阿特曼（ātman）、元气（prāṇa）、意（manas）等，都既指宇宙之大我，亦指人的小我，且二者皆为自然之我。其中补鲁沙的观念，基本是发挥《黎俱》“原人歌”的思想，其他则为梵书思想之新发展。

补鲁沙之说，乃为梵书主要观念之一。补鲁沙，本义为男人、人类，在《黎俱》末期就开始被作为宇宙基本原理，《阿闼婆吠陀》则使其作为至上本体之义得以巩固。梵书之说，基本上是继承吠陀思想，唯更加强调大我与小我、人与宇宙之同构。其云补鲁沙与生主（Prajāpati）、大梵等同，是创造神（Viśvakarman）最先造出，而现身于太阳，但其实它是永恒的本体，在诸神之前就已存在，然后又被诸神造出（Tait Āra III·13）。补鲁沙是时间之源，而自身却是无时间的。它又再生于此世界，为宇宙灵魂；再生于女人之腹，成为人的灵魂。补鲁沙进入人以后，与人身同其大小（Sat BrāVII·1·1·37）。或云太阳中的金人与人右眼中闪闪发光的小人是相同的，分别即是宇宙灵魂与人的灵魂，二者的实质都是补鲁沙（Sat BrāVII·4·2·17）。由于宇宙灵魂本质上即人的灵魂，故知事物之本质，即为知我（Tait Āra X·1·2—4）。人若知补鲁沙，则成为“其父亲之父亲”，即人之为人的最高本质（Vāj Saṃ 32·9）。

这意味着人若觉悟此自我，则与之同一。偈云：“超越众生与诸界，超越诸方与诸极，彼达宇宙初生者，乃见、成彼本是者。超越天地、诸世界，超越诸极与光明；智者既释世界网，乃见、成彼本是者。”（Vāj Saṃ 32·11—12）梵书强调宇宙大我与人的小我的同质同构，而由于其对补鲁沙的自然化理解，这往往就是人与宇宙的同构。如 Sat BrāVI·2·2·3,4 说人有二十一分：十指、十趾、身体；相应地，祭祀有二十一颂，生主亦有二十一分：十二月、五季、三界、太阳。

梵书继承了ṚVX·90以原人行祭祀而创世的观念。Ait ĀraII·1·7·2—5就说补鲁沙是从其语言中创造地和火，从其气息创造虚空和风，从其双眼创造天和日。吠陀和原人创世的观念，可能来源于原始人举行人祭的习俗。梵书中就有把真人当做祭品的记录（Sat BrāVI·2·1·5,18），亦有用偶人行祭者（VI·3·1·24），大概是后来的发展。因为人是生物之首，而生命是宇宙的精华，故以人为祭，乃代表了生物界乃至宇宙的全部。宇宙由人祭而生，故与人体相同。另外，既然祭祀是为了获得彼岸的幸福生活，人们很自然地又有了这样的观念，即一切祭品，将成为祭者未来生活的组成部分：“祭祀者的一切将得回报；牺牲将在彼岸成为祭祀者的自我。”（XI·1·8·6）这导致这样的结果：祭祀的内容成了未来生命的象征，一切祭品都是用来代替祭祀者自身的①。尽管梵书有些地方提到补鲁沙超越时间，超越众生、世界（Vāj Saṃ 32·11—12），似乎表达了对自我的超验性的某种领会，但这些说法皆属偶然且不确定。总的说来，这一观念仍然停留在自然层面。梵书无论是讲原人创世还是讲人与宇宙的合一，基本都是从形器上着眼，并不包含多少深刻的思辨。

表现梵书的自我反省的另一个重要观念是“元气”（prāṇa）。这也是梵书中对奥义书思想影响最大的观念之一。元气本意是呼吸，转而指生命的机能乃至生命本身。《阿闼婆吠陀》就已提出元气为自我、存在之绝对真理。梵书继承《阿闼婆》的元气论，且将其确定为最基本的思想。在梵书中，元气的意义乃等同于灵魂，它首先是人类自我的本质（Sat BrāIV·2·3·1）。因为当意、语言、眼、耳依次离去，生命仍然存在，但一旦气息离身，则人立即死亡（Ait ĀraII·1·4·9,10）。这些说法是奥义书中屡次出现的诸根争胜而元气最终胜出的寓言的来源。Sat BrāIX·1·2·32说元气为不死者、最尊者。X·2·6·18,19说元气是不死之火，知此则征服不断的死亡。据说大梵作为元气，是从人的脚趾进入人体，渐次上行，至股、腹、心、头部，头部的元气乃转化为意、语言、眼、耳、气息（Ait ĀraII·1·4·1—9）。人死后，元气推动其上升至天国（Sat BrāVII·4·1·18）。其次元气也是存在的本质以及宇宙的

① Julius Eggeling, *Introduction to SBEXLIII*, PageXVI.

灵魂。元气被与意、补鲁沙、阿特曼、梵、生主直接等同起来(Sat BrāVIII · 4 · 1 · 3,XIII · 5 · 2 · 15)。Sat BrāVI · 3 · 1 · 9说元气即是生主。VIII · 7 · 4 · 21是宇宙之最尊者。Tait Āra III · 14 · 6说元气作为宇宙原理“是一而贯穿于多”。Sat BrāX · 3 · 3 · 6—8说宇宙元气生出意、语言、眼、耳、呼吸五者,后者分别成为月、火、日、四方、风;此五者进入人体内,乃转化为人的意、语言、眼、耳;当人处睡眠中时,语言、眼、耳、意皆归宿于元气,而当他醒来时,它们再度从元气中生出;在宇宙层面月、火、日、四方、风与宇宙元气,也有同样的相互转化关系。同理,Tait Āra III · 14 · 9亦云:“彼(风或元气)所生者(日、月、火等),亦彼护者。当彼厌倦,负此护者,乃尽弃之,入于自所。”日、月、火等宇宙存在要素,皆从元气所生,又包含(护)此元气,故曰护者;在睡眠中,元气离开它们进入自身存在之中。一般将元气分为十种,其中五种位于头部,即:意、语言、眼、耳、气息;五种位于体内,即通气(vyāna)、腹气(samāna)、入气(apāna)、水气(udāna)、出气(prāṇa)(Sat BrāVIII · 1 · 3 · 6)。另外,梵书也常常从元气论角度阐明人与宇宙的同质同构,这一点从以上所引的Sat BrāX · 3 · 3 · 6—8、Tait Āra III · 14 · 9文本就可以清楚看到。

从原人论到元气论,表现了在梵书中自我反省的巨大进步,在这里,反省克服了原先的形器之见,开始追寻自我的内在本质。此前是补鲁沙,即人的外在形体,被当做自我。然而真实的自我其实不是形器、物质,而是生命、主体性。后者是一种超越形器的原理。随着反省思维的进一步深化,梵书终于理解到自我的这一本质层面。它把这一原理称为元气、风,因为元气、风是在自然物中最具能动性,因而最能体现人的主体性和生命者。生命元气被认为是形器之我的本质、基础,如Sat BrāXIII · 5 · 2 · 15云:“补鲁沙入于五风,五风依止补鲁沙。”然而应当承认,作为一种自我理解,梵书的元气论还有很大缺陷。盖所谓元气其实也仍是一种自然物。元气不是一个精神概念,甚至不是一个心理的原理。它大致是指一种自然的生命力,是人和动物生命的基础。梵书甚至还认为元气是从风产生的(这其实是从吠陀发展来的观念),如Sat Brā I · 1 · 3 · 2说:风有两种,一种属于自然界,当它进入人,就转化成人的元气;同样幼稚者,元气被设想为可以因身体形量而卷舒,所以在身体每一部分皆有元气(VIII · 1 · 4 · 10)。这些说法,都与一种纯粹精神的观念相抵触。

其他许多文化也曾经历过将人的自我本质等同于呼吸、气息的阶段。这固然植根于对生命现象(比如死亡)的观察,却是由于在形而上学层面对心与物、实体与自然的清晰区分而得到巩固和明确化。正是由于这种区分,在一些文化中,原先被作为呼吸的原理便最后转化为纯粹、超越的精神实体。比如在希伯来文献中一个极重要的词，即 rūaḥ，原先也是指人的气息，但经过漫长的意义转化，最终脱胎换骨，变成超越自然的精神。在《旧约》中，精神就是被上帝吹进人的灵魂之中的气，因而它不是来自自然，而是构成了人的存在中的超越、神圣的部分①。犹太人的这种精神概念，成为基督教的圣灵概念的资源。在斯多葛派那里，spiritus 一词也是从原先作为“火热的呼吸”，转变为意指居住于人之中、遍在存有之内且包含宇宙万物的神圣精神、理智。因此拉丁神学以 spiritus 翻译 rūaḥ，实在是最恰当的选择。然而梵书的元气观念，并没有走上这些许多文化所经历的内在化和超越化之路，元气始终只是自然生命，尽管这生命是绝对、普遍的。在后来的奥义书、吠檀多思想中，亦有在纯粹精神意义上使用 Prāṇa 一词者，这自然是后话了。

反省思维的深化，必将促使梵书扬弃元气论对主体性、生命的自然化，领会到主体性的实质是心灵、意识。这种领会，在其意（manas）论中得到表现。在印度哲学中，“意”这个概念很特别。它在吠陀时代即已存在，在那时其意思很简单，就是指人的魂魄、灵魂。从梵书时代起，一般以补鲁沙、元气指人的灵魂，而意则用来指思维和情感的功能、依处，有时其意义相当于现在所谓意识（consciousness）、心。意一般被认为是组成人的现实生命的一个要素（其他有耳、目、气息等）。一般认为它是居于心腔之中的。在奥义书中，意常指感觉的总体或感性意识。在后来各派哲学中，它被认为是一种物质性的思维器官。

然而在梵书中，意的概念也经历了较大的意义变迁。在其早期，意仅仅是五种身、心机能（意、语言、眼、耳、呼吸）之一。在这个意义上，意大概指的是心里的感觉、思想，但还没有被明确地与其他生理机能区分开。如 Sat BrāVIII・4・3・5 就说意是元气的一种，是第五种元气。VII・5・2・6 说意是所有元气的实质，所有元气都依止于意。在这里，一方面，意还没有被当成绝对，它只属于个人，还没有上升到宇宙大我层面；另一方面，意与单纯生理机能的混淆，表明它还不具有纯粹的精神性。

梵书后来的思想，一方面将意提升至元气之上，以为意，或感觉、思想，而非元气，才是人的自我的本质、生命的基础：“意是自我（指人的身体）的依持，因为身体以意为基础……身体因为元气而与食物联结。”（VI・7・1・21）一切对象必须经过意才能被了解，“一切通过意而获得；得意者乃得一切”。（V・4・3・9）因此意，而非元气，才是真正的主体性、自我。另一方面试图把意推扩为绝对、宇宙大我，从而等同于大梵、生主神等（VIII・5・2・3）。Sat BrāX・5・3・2—3 解释《黎俱》“无所有歌”

① 在《旧约》中，人的存在由“rūaḥ”（精神）、“nephesh”（意识）、“bāsār”（肉体）三个独立部分组成，前者来自神，后二者来自自然。

(ṚVX · 129）时，以意为最初之“非有非无”，其余一切皆由此而生，因此自我具有了存在本原的意义，其云：“‘彼时无有，亦无非有’，因为意如其所是，非有非无。方创造已，意乃欲显现，——更确定，更凝实：乃欲得一自我（身体）；乃修苦行，遂得实在……故存有是意之转变，意之创造。”

然而即使在梵书晚期的思想中，意的具体内容，也没有得到很明确的规定。我们认为，它的内涵当与其在早期差不多，只是（1）被提升至自我本质的地位；（2）被扩展为绝对的存在。如果那样，那么在梵书早期思想中，意与单纯生理机能的混淆，在其晚期也会同样存在。因此即使在晚期梵书思想中，意也仍然不具有纯粹的精神性。梵书关于意的许多说法，都给人以颟顸懵惘之感。其中，心理、生理和宇宙论的内容经常被混为一谈。在这方面，还有一些更奇怪的说法，比如说神从无形的风中创造了意，而夏天则是意的儿子（VIII · 1 · 1 · 8）；或说意就是月亮，生主又从月亮创造语言，而冬天则是语言的儿子（VIII · 1 · 2 · 7—8），如此等等。这些似乎都表明意来源于物质的自然，或与后者本质一致。在这种情况下，即使我们把意，以梵书中可能不存在的理论一贯性，解释为思想、意识，那它也是经验、自然的。

在梵书中，另一个表述自我的概念，“阿特曼”（ātman：自我）开始被提到形而上学层面。多数学者认为此词与现代德语的“atemen”一词同源，故其本来的意思可能是风、呼吸。然而在梵书中，我们其实找不到在此意义上使用“ātman”一词的证据。与前面所说的补鲁沙、元气、意等不同，阿特曼是作为第一人称代词出现，因而更抽象，没有具体、固定的对象，将其译为英文的“self”较恰当。

在梵书中，阿特曼也经历了很大的意义转化。在大多数情况下，梵书所谓阿特曼或自我，就是指人的身体，引申为宇宙原人的身体。比如 Sat BrāVIII · 4 · 3 · 8 说阿特曼是元气的第十一种，意思就是说自我是除呼吸、消化等较抽象的生理、心理功能之外的有形的身体，它被认为是人的全部心、身机能的基础、根源，是“无名的元气”，为“有名的元气”的根源。“人身体的一切部分从阿特曼而生”，“阿特曼是其中第一”。① 另外在宇宙层面，梵书也说有所谓“意（思维）之我”、“语言之我”、“元气之我”甚至“生主之我”，这里我指的实际上也是作为世界灵魂的、无形的意、语言、元气和生主之有形的躯体（VI · 7 · 1 · 21）。梵书常常说生主、意是通过创造万物而获得了自我（X · 5 · 3 · 3），指的也是神给自己创造出物质的形体。另外一个常见的创世论模式是以为创造者阿特曼分解自己的形体从而产生世界万有。在这里，阿特曼被等同于补鲁沙（宇宙巨人）。如 XIV · 4 · 2 · 1—5：“1 于初，此

---

① 转引自 Hermann Oldenberg, *Buddha*, Motilal Banarsidass, Delhi, 2006.24—25.

世界只是阿特曼，有人（Puruṣa）之形。彼环视没有余物，仅有我。彼乃云：‘此是我’。于是成为有‘我（aham）’之名者。……3彼乃恐惧。故人若独处者乃恐惧。彼乃思曰：‘我之外既无所有，则何所惧焉？’遂不复恐惧。4彼乃不乐。故人若独处，乃不乐。彼欲得配偶。彼如男女合于一体然。5彼乃分此自我为二，遂有夫妻焉。”这与源于《黎俱》的补鲁沙创世论的实质相同。另外，人的阿特曼被认为是与宇宙同构的，比如其眼是日、其呼吸是风等（Vāj Saṃ XXXII・11—12；Tait BrāIII・10・8；Sat Brā X・6・3），这就是人的自我与宇宙自我的同构。此即印度传统所谓“桑底厘耶智”（Śāṇḍilya-vidyā）也。

梵书在其以后的思想发展中，先是把阿特曼当做人生命的本质。实际上《阿闼婆吠陀》就开始将阿特曼与人的身体、生命区分开来（AV V・1・7,9・7）。梵书也逐渐将阿特曼当做不同于身体的微细本原。比如 Sat BrāXI・2・1・2 认为阿特曼是作为十种生命元气根源的第十一种元气，是人和宇宙的实质。Tait ĀraI・23 也说神“以其自我入万物之中”而为其自我，即成为事物的本质，世界乃是神从其内在自我转化出来。于是自我成为世界的本原、实质。在其最晚期的思想中，梵书进而把这本质从自然生命区分出来，将其规定为意（manas）或识（vijñāna），因而使之成为一种精神的原理。如 Vāj Saṃ XXXIV・3：“为识、思、抉择，为不死之光，彼至上自我，居于有情中，抬手皆其力，愿彼善念我。”Tait Āra III・11・1：“彼居吾人中，为人之主宰；彼虽为唯一，而现为多有；天界之千光，于彼乃为一；吠陀与祭司，于彼亦为一；彼乃是人类，心灵之自我（mānasīnā ātmā）！”Sat BrāX・6・3・2：“应沉思至上我，彼由智慧而成，以心识为体，以光明为相，体性微妙，如意变化，迅如思想，是真决、真愿，包括一切甘美的气味，主宰四方，遍满宇宙，无言诠、无差别。小如米粒、大麦粒、粟粒，甚至最小的粟米粒，此即心中金色的补鲁沙；如无焰之光，大于天，大于空，大于地，大于一切存在者；——此元气之我，即是我的自我：当离此世时，我乃得此自我。”以及 Ait ĀrII・6・1・5：“此至上我，体即是识，彼即是梵，即是因陀罗，即是生主。一切诸天，地、水、火、风、空五大，……一切诸由，皆是由此心识而生。”另外如 Vāj Saṃ XXXIV・4 云：“含过去、现在，未来及万有，彼自我不死，祭火因其燃（此句译文略有调整），彼愿彼善念我。”在这里，阿特曼似乎被当成一个超验永恒的实体。自我观念发展到这一阶段，便自然与奥义书衔接了。

不过应当承认，在梵书的庞大文献中，对自我的内在性和超越性的明确表述，其实是非常少见且很偶然的，应当被归属于向奥义书思想过渡的时期；而以阿特曼为外在形躯的观念则占绝对优势。因此，总的说来，梵书的阿特曼，与奥义书成熟思想中作为超越、绝对的精神的自我，不能等同。

在印度哲学中与自我密切相关的一个概念是梵(Brahman)。到《百道梵书》，梵才有重要意义。但是在梵书中，梵还不具备(像在奥义书中的那种)形上学本体的意义。它指的是祭祀中的祈祷文。梵书的祭祀至上，使其中祷文的力量被夸大。或说梵创造世界，“信然，于初唯有梵。彼创造诸神；创造诸神已，彼乃使之降于诸世界：阿耆尼于地界，伐育于空界，苏黎雅于天界。……于是梵自身乃进入超越诸世界之域。既入之超越之域，彼复思维，‘我如何再进入诸世界？’于是彼乃依名、色进入”。(Sat BrāXI・2・3・1—3)或说梵是世界之基础、全体：它支撑天与地(VIII・4・1・3)；它是至上者，无有在它之上者，无有在其前，其后者(X・3・5・10—11)。或说梵乃是宇宙之究竟，生主即是梵，或梵的实质(XIII・6・2・7—8)，梵是生主的体现或化身。梵亦被拟人化，故说梵为自存者(Svayaṃbhu)，通过苦行而进入生物之中，又使生物进入其自我之中，于是梵成为一切生命的主宰(XIII・7・1・1)。但是在上述这类地方，梵很明确地指的就是一种祈祷的颂文(Gāyatri)。这类表述只是梵书惯用的宗教性(religious)狂想或修辞性(rhetorical)夸张。

梵书已经有明确的灵魂不灭观念。《黎俱》有时说行恶之人死后将被完全消灭，而梵书则以为人无论善恶，将来必有再生，以受其行为之果报①。“人将投生他所作之世界。”(Sat BrāVI・2・2・27)据说人在再次投生之前要在天平上称量一次，以根据其履行职责的情况确定其此期生活之好坏。当然第一位的职责是祭祀。祭祀做得越好，其未来身就越微细，也就是说其所需的食物就越少(X・5・4)②。人若完全正确地理解、完成祭祀的仪节，就可生于天神界。“人无论在此世所食为何物，来世必将为此食物所食。”(VII・9・11)但梵书只谈到人的来生仅有一期(它可能是永恒的)，也没有业力的概念，因此它还没有印度后来那种轮回概念，即灵魂不断往生以清偿业果之说。

总之，吠陀、梵书的自我反省，大体应当被归属到自然反省的范畴。吠陀早期理解的自我，是经验、个体之我，是人的肉体和灵魂，与其他自然物尚未得到本质区分。吠陀晚期，尤其是梵书，将自我推扩为绝对，为宇宙大我。在这里，对自我的绝对化导致自我概念与作为绝对神性和绝对存在的生主、大梵概念相通，所以对生主、大梵的理解也决定其自我理解(参考本书第二部分第一编第二章第一节引言)。在梵书的不同思想阶段，自我分别被理解为形体、元气、意等。它既是个人之我也是绝对大

---

① 此种信念，其实在《阿闼婆吠陀》中就已经建立起来，如AVV・1・2：“人若在前生依法或正义而行，因此之故，他将在来生得善趣。灵魂在离开此生之后，乃进入下一胎藏。在此他接受神圣之语言的祝福并受用诸福报。”

② Sarvepalli Radhakrishnan, *Indian Philosophy Vol.2*, G.Allen&Unwin LTD, London, 1931.2, 134.

我，这二者同质同构。吠陀晚期和梵书的绝对反省，首次领会了自我的真理。盖自我如实就是觉性自身，因而就是存在的绝对整体。反省只有领会自我为绝对，才真正把握住觉性的实体。绝对反省意味着精神开始把自我作为绝对目的，因而首次确立了自我的真实价值。然而在印度思想的这一阶段，绝对反省也仍是自然的。在这里，绝对自我也仍是一个自然的大全、实质，而不是纯粹的精神、心灵。

由于人类精神的有限性，那最外在、最表象化的存在，对于精神的省思总是最直接、最触目的。这个存在就是自然，它其实只是觉性、精神的物质外壳。然而正如省思最早必然将存在、神性都理解为自然，它也必然将自我理解为自然。因此印度精神的这种自然反省，也是其他文化所普遍经历过的。就西方思想而言，在荷马时代，人的身体被等同于他的自我，意识、欲望、爱情、愤怒等，都被认为是属于不同身体器官的，而灵魂则只是没有实体性的"影子"或"映像"。爱奥利亚哲学家把气当做存在的本质，而人的灵魂只是气的一部分。第奥根尼称灵魂为"内在的气"。赫拉克利特则认为灵魂的本质是火。由于受奥菲斯教的灵魂不灭观念影响，在毕达哥拉斯、恩培多克勒以至苏格拉底、柏拉图思想中，灵魂被当做独立、永恒的实体，是人类自我的本质。柏拉图认为，灵魂是唯一的能动者、主体，天体运动是因为它们有灵魂，世界运动表明有一个世界灵魂存在，神也应被认为是一个灵魂。然而至此为止，希腊人对于灵魂作为一种内在、精神的存在，作为意识、思想，似乎仍不清楚。即使在柏拉图那里，灵魂也只是被规定为"能动的生命"（animate creature），而没有被与理念、纯粹思维等同起来。因此希腊人的自我观念也是自然的。这种情况，直到希腊罗马世界受东方思想和基督教大规模影响后，才得到彻底的改观。在东亚传统中，反省也一直未脱离自然思维。儒家和墨家认识到人是认识和实践的主体，但这主体完全是经验的、心理意义上的，因而只是一个自然的主体；主体也从未被当做一个独立自为的存在、实体①。墨家和道家以及有些儒家学者，还认为人的实质是气。因此，无论在吠陀、梵书时代的印度，还是古典时代的希腊，还是在佛教传入前的东土，其自我反省都属于自然思维范畴，大体属于同一层次，但相互亦有很大区别。其中，东土思想还一直未曾象印、希思想那样，将自我理解为一个实体，其自我总是依附于外在自然，并被后者规定，因而完全没有自身尊严；另外自我的绝对性也从未被领会，故自我也不具有真正的自身价值。因此在这三种传统中，东土思想代表了反省思维的最原始、朴素层面。古典希腊思想尽管领会到自我的实体性，但没有形成印度人那种绝对自我观念，没有达到吠陀晚期和梵书的绝对反省。在这三种传统的未来发

① 吴学国：《内外之辩：略论中国哲学的自我概念》，《哲学研究》2004 年第 9 期。

展中，印人的自我反省不断朝觉性的内在、超越方面深化，最终领会到自我为超绝、内在的自由，为存在的绝对本体；而希腊人也在基督教、东方思想影响下，开始领会到自我的内在、超越存在。因此在这两种传统中，真正的自我反思都得以建立起来，并且一直支配着现实的精神生活。反之，在战国以后七八百年内，东土思想的自我反省没有任何深化，始终停留在自然思维的领域。这种情况，直到佛教进入中国数百年后，才开始得到改变。

奥义书对自我的最早领会，就完全继承了吠陀、梵书的自然的绝对反省，而且通过不断的自身深化，逐渐否定自我的外在性、表象性，领会到自我是一个超越、内在的原理，因而上升到真正的精神反思的层面。

梵书时代的狂热祭祀主义以及绝对的神性、自我和存在观念，都直接被早期奥义书继承。然而一种自然的绝对是虚假的。盖自然只是觉性、存在最外在的生存论层面，只是存在的标记、符号，而标记之为标记，就决定它不能是普遍，至少不能是具体的普遍。唯一的绝对者是觉性自身，它的本质是内在的思想、自由。神性、自我和存在，都只有被理解为觉性自身，才是真实的绝对。因此，梵书的神性、自我和存在，作为一种自然领域的绝对，其实是一种思维假相。在这里，精神试图把握觉性的自身实体，然而由于没有发展出对觉性的内在存在的反思，于是就把自然当成了绝对。而神作为自然的绝对，就是泛神论的上帝。但是在任何宗教中，泛神论都将会导致神与世界的距离丧失，神不再神圣，而成为一种自然本原。这种神性的丧失使祭祀成为空洞、僵化的形式和魔法迷信。因此，梵书的祭祀宗教和绝对形上学，都不会使精神得到最终满足。正如在其他文明发生的情况一样，在自由推动下，印度精神必然打破其早期（吠陀、梵书）的自然崇拜，领会到存在真理是超越自然的、内在的实体，并且在此基础上恢复神的神圣性，形成真正的精神崇拜。奥义书思想就体现了这一精神转型。而从事实层面看，奥义书之所以克服吠陀、梵书的自然崇拜和僵化、外在的祭祀宗教，形成真正的精神崇拜，不仅是雅利安精神自身成长的结果，异端的沙门思潮也在其中起到了重要作用。

正如我们在本书中多次谈到的（参考本书第三部分第二编导论），印度精神始终包含一种二元性，即属于觉道文化的雅利安传统和属于玄道文化的土著传统。前者的特点是更具有纯粹的真理追求和理论旨趣，更具理想性和超越冲动，表现出对彼岸、绝对的强烈兴趣。后者的特点是更强调个体的心理满足感，更具实践精神，追求通过严酷的苦行、自残等方式达到某种神秘体验，缺乏理论的兴趣。在印度文化中，婆罗门传统是以雅利安文化为主体的，而沙门传统则以土著文化为主要根源，然而这二者其实都是雅利安文化和土著文化，或觉道精神和玄道精神的长期相互对话、融合的产物。其中，在属于婆罗门传统的奥义书思想和属于异端的沙门思想之间，就存在长期的相互影响和渗透的关系。这种关系，在奥义书中、晚期思想中，表现得更清晰（比如《白骡》、《慈氏》之受佛教影响，就是无可置疑的）。另外，这些沙门思潮在形成确定的宗派之前，皆可能有其漫长的前史。比如原始佛教就有过去七佛之说，佛陀也表示他只是在开示“古仙人道，古仙人径”。耆那教文献皆表明其教在其立宗者大雄之前，已有二十三传，其最早的祖师是《黎俱吠陀》中的黎沙勃仙人（Ṛṣabha）。从中可以推测这些异端思想，应当在此前早就开始传播了，只不过不是作为固定的宗派，而是作为一种思想的流派或学派。另外，从印度整体的精神氛围来看，在佛教、耆那教等正式形成之前，没有证据表明有明确宗派意识存在。在这种情况下，各派思想的相互借鉴应当是非常自由的。因此婆罗门思想可能早就受到某种前佛教和前耆那教思想影响了①。在奥义书中，明确的宗派意识迟至《慈氏》才得到表现。可以肯定，最迟在奥义书晚期阶段以前，婆罗门思想其实没有所谓“正统”与“异端”的明确概念，而是对所有新的学说都持十分开放的态度。这一点，可以从早期佛教和耆那教文献中大量婆罗门问道故事得到证明。也正是由此之故，我们把沙门思想也当做奥义书的重要思想背景。

沙门思潮是作为对婆罗门教尤其是梵书宗教的反抗而产生的。在梵书中，神丧失了神圣性，宗教活动完全变成祭祀，宗教丧失其生命力，退化成空洞的形式。同时祭祀建立和巩固了婆罗门的精神垄断。这些都招致广大群众的不满，导致约于公元前7、8世纪左右反婆罗门的沙门思潮开始流行。顺世论、耆那教、佛教皆是这一思潮的产物。沙门思想反对祭祀主义和婆罗门的宗教特权，其在世界观上的革新在于：其一，它否定了吠陀的自然神，也抛弃了梵书中毫无生气的神性概念，但是由于缺乏一种深刻的精神反思，结果就导致了无神论。其二，它否定了吠陀、梵书的抽象空洞的绝对，而代之以具体的多元实在论。其三，它反对婆罗门教魔法化的、外在的祭祀，而以对人自身身心的艰苦修炼代替之。其主要流派可说如下：

(1) 顺世论。又名斫婆伽，即以其创始人而得名。其说为唯物论。顺世论起源甚早，后来六师富兰那、拘舍罗门徒，也渐归其宗。其哲学是无因论，认为一切世间，皆不由因，自然而有，因此反对神创论，也反对自性转变等说。其以为神即使存在，也无创造之功，且其存在亦属生、灭。自我或生命亦自然而生，自然而灭。无灵魂常住，亦无业报轮回。其说以感觉为唯一的知识，物质为唯一实在。天堂地狱等非感官所

---

① 舍尔巴茨基就曾指出在婆罗门思想中早就存在前尼乾子的耆那教思想萌芽，前佛陀的佛教思想萌芽。（Th. Stcherbatsky, *Central Conception of Buddhism*, Susil Gupta Ltd, 1961.58—62.）

知，故全非实有。世界由地、水、火、风四大组成，灵魂乃是物质的另一形态或功能。否定圣言量，反对吠陀的权威。其云三吠陀为三恶（虚假、自相矛盾、重复）所玷，仅为骗术，火祭只是为婆罗门之生计①。其纵欲背道，固为人所恶，然其揭偶像之伪，祭祀之妄，祭司之悭，未尝不有利于婆罗门教之革旧布新也，故拉达克利须南亦曾云顺世论于破斥旧仪式与魔术宗教，不谓无功②。

(2) 生活派。为末迦黎拘舍罗创立，其说与顺世论接近。与顺世论持无因论不同，拘舍罗以命定论为根本教义，认为一切都是业力决定，业力极大且非人力、神宠所能改变，而必待其在漫长轮回中自身消灭。其云须经八百四十万大劫，依次转生，方能除尽五业（《大毗婆沙论》卷一九八，大正 27·991）。其有所谓抛缕丸之喻，谓道不须求，业力深重，须经生死劫数，苦尽自得，如转缕丸，于高山缕尽自止（见吉藏：《维摩经义疏》卷三，大正 38·941）。如此则虔敬、祭祀及行善、布施都毫无意义。在世界观上，拘舍罗持多元的唯物论，认为宇宙与人，皆是由地、水、火、风、空、得、失、苦、乐、生、死、命十二种原素组成，而且命运是原素相互结合的最终动力，完全取消了神的存在。此外，佛教所谓六师中的富兰那迦叶、婆浮陀迦旃延的学说与拘舍罗大同小异，现在的学者认为它们其实属于同一学说，故不必赘述。

(3) 耆那教。实际的创宗人是伐驮摩尼乾子，即大雄。其哲学也是多元的实在论，认为一切存有，包括在六实六德之中。实有六种，即命、空、法、非法、时、补特伽罗（质）。命指有生命、有心识的存在；后五者为无生命存在，称为非命。除命、空以外，世间一切皆生于质。质之极微而不可见者，为原子。由原子积聚成地、水、火、风四大，由四大形成一切形物。耆那教持泛灵论，认为不仅生物体内有灵魂，而且非生物（如地、水、火、风）也有灵魂居住其中。神不再是宇宙创造者和统治者，而只是一种普通的生命，不再具有神圣性。在此意义上，耆那教应该算作一种无神论（原始佛教的情况与此相同）。耆那教反对祭祀魔咒，尤其反对祭祀中宰杀动物的行为，认为唯禅定解脱方是人生终的。其以为业力果报决定人生，无关于神。一切生命皆苦，皆因贪染，使业质漏入，故被缚。解脱之道，在于以苦行断业缚，故出离轮回，进入涅槃。其道有三：正智、正信、正行。

最后是佛教。其基本教义，谅必为读者所知矣。原始佛教以四谛十二因缘为纲。以为一切有为法，皆由五蕴聚合而成，缘生缘灭，刹那而住，如影如梦，而无实体，故诸法皆空。以其云五蕴合成世界，故亦属多元实在论。唯五蕴法亦为无常生灭，非

---

① *SDSI*; Krsna Misra, *Prabodha-Candrodaya*, Bombay, 1811 II. 247.

② Sarvepalli Radhakrishnan, *Indian Philosophy Vol.1*, the Macmilian Company, London, 1924.283.

为实体。自我则举体非有，完全是在五蕴聚合之上由虚妄分别产生的假相。天人六道，皆为凡夫，同处轮回苦海。生命之一切，皆自作自受。解脱亦在于通过修菩提分法，断除烦恼，进入不生不灭的涅槃境界。后来大乘空宗又讲性空如幻，谓诸法皆虚假不实，依虚妄分别生，如梦幻泡影，及唯识讲内有外无，事皆唯识，皆远离了原始佛教立场，而反映了与婆罗门传统的相互渗透。

总体上说，沙门思潮皆倾向无神论；皆反对祭祀邀福之学，或倡苦行、解脱之法，或主纵欲求欢之道；皆反对绝对主义，而持多元实在论；除顺世论，皆持业力轮回观念；其自我反省皆属自然思维，没有领会自我为内在的实体（六师与佛教皆仅把自我理解为自然的生命）。其尽管皆以婆罗门教反对者的姿态出现，然其打破吠陀的偶像崇拜，否定僵化、外在的祭祀宗教，对于奥义书真正的精神反思和超越的形成，无疑也起到了积极的推动作用[①]。尤其是佛教和耆那教，更是在其漫长发展中，与婆罗门—奥义书思想相互影响。这种影响在中、晚期奥义书中越来越突出（比如《慈氏奥义书》的空观念，明显产生于对佛教空论的不够充分的理解；而《光明点奥义书》这样的作品，其基本立场已经与如来藏佛教没有实质区别了）。

可见，奥义书的精神背景，是通过婆罗门传统与沙门传统的对话和融合而构成的。奥义书始终继承了婆罗门传统的绝对主义，同时汲取了沙门的修道实践，并把这种实践转化为体证绝对的途径。然而应视为奥义书精神之巨大独创者，在于真正的反思和超越思维。在这里，精神终于领会到存在的绝对真理，就是内在、超越的心灵（尽管类似的思想在某些晚期梵书文本中也曾提到，但极偶然，而且其出现的年代，也已进入奥义书时代）。这就是作为奥义书思想基础的“心、性一如”立场。

## 第三节　关于奥义书的年代

拉达克利须南说：“奥义书对于吠陀思想的发展，在于对吠陀颂歌中的一元论线索的逐渐强化，这同时也是从（吠陀的）外在中心到内在中心的转移，是对吠陀祭祀的漠视和其外在性的反抗。”[②] 印度古代的学者，往往将从梵书至奥义书的转化，视为从业道（karma-patha）到智道（jñāna-patha）的转移。不少现代学者也认为奥义书是反叛吠陀、梵书的外在化思维、自然神崇拜和祭祀宗教，而转移到对内在精神本体

① 斯里兰卡学者 Upadhyaya 指出，梵书祭祀走向衰落，部分由于婆罗门教自身思想深化，部分由于沙门思潮影响。（K.N.Upadhyaya, *Early Buddhism and the Bhagavadgīta*, Motilal Banarsidass Press Delhi, 1983.79.）

② Sarvepalli Radhakrishnan, *Indian Philosophy Vol.1*, the Macmilian Company, London, 1924.144.

的领悟和以超拔世俗、明心见性为宗旨的宗教实践。这种判断只对奥义书最典型、最成熟的思想才成立。然而应当看到，大量的早期奥义书文本，在精神倾向和思想内容方面，都与吠陀晚期和梵书直接衔接。在奥义书与吠陀晚期尤其是梵书思想之间，不存在明确的精神分水岭。奥义书本来就是从梵书的祭祀观想发展出来的。早期奥义书中充斥的祭祀敬思内容都是梵书祭祀的延续。盖梵书强调祭仪必须与正确的观想结合，才能得到预期的结果。然而在林栖、苦行阶段，祭仪的实行受到限制，因而观想成为祭祀的主要内容。可以说从梵书到奥义书的思想转变就表现为从"实祭"到"观祭"的转变。此外，梵书的宇宙论和自然反省，都完全被早期奥义书继承。因此奥义书最早的思想（应当经历了相当长的时间跨度），完全与吠陀晚期和梵书的自然思维属于同一类型。只有当奥义书思想经过漫长的发展，达到完全成熟后，它才真正认识到存在、自我的内在性和超验性，从而克服自然思维，形成精神的反思与超越，展开自由的思维。在这种情况下，如果我们把奥义书思想如何起源的问题，转化为奥义书自身如何脱离其早期自然思维，发展出后来真正的精神反思和超越的问题，会更有事实针对性，更能清楚地展现奥义书思想发展的实际情况。对于这后一问题，本书将在对奥义书的精神史诠释中进行很充分的阐明（参见本书第一部分第一编的结语和第二编的引论）。因此我们在这里暂时搁置这一问题，而是先来讨论关于奥义书的形成年代这个更具体的问题。

由于印度文化缺乏编年史的传统，对于它的大部分文献，我们都无法准确断定其年代，对于奥义书亦是如此。学界大都将其早期部分确定在约公元前 6 世纪，大约在佛陀之前，然其许多思想若与佛陀说法对比，则明显粗糙、原始，因此至少这类内容当是远早于佛陀的。

属于前三吠陀的早期奥义书来自不同的吠陀学派。后者由于对吠陀的不同解释而形成，其最早者，应始于前三部吠陀大致集结定形之后。但这种解释，一般是导师口头即兴传给学徒，后者记诵相传，并且通过师承的积累，最终形成不同学派（Vedic śākhās）。尽管这些学派都以三吠陀作为其教理的共同核心，但其解释、引申却各相径庭，不仅侧重的项目不同，而且对同一内容的理解亦大有差异。其中许多学派可能消失在历史的长河之中，只有少数杰出者得以传承下来。出自三吠陀的奥义书，都明确地隶属于各自的学派，而为其教籍。这些奥义书，可以归于以下几个吠陀学派：

| 奥义书 | 所属学派 |
| --- | --- |
| **1. 属黎俱吠陀者：** | |
| 爱多列亚奥义书（Aitareya Up.） | 爱多列亚学派（Aitareya school） |

| | 奥义书 | 学派 |
|---|---|---|
| | 考史多启奥义书 (Kauṣītaki Up.) | 考史多启学派 (Kauṣītaki——) |

**2. 属娑摩吠陀者:**

| | 奥义书 | 学派 |
|---|---|---|
| | 唱赞奥义书 (Chāndogya Up.) | 考图马（或檀丁）学派 (Kauthuma or Tāṇḍin——) |
| | 由谁奥义书 (Kena Up.) | 耆米尼学派 (Jaiminīya or Talavakāra——) |

**3. 属夜珠吠陀者:**

| | 奥义书 | 学派 |
|---|---|---|
| (a) 黑夜珠吠陀： | 鹧鸪奥义书 (Taittirīya Up.)<br>大那罗衍那奥义书 (Mahānārāyana Up.) | 鹧鸪氏学派 (Taittirīya——) |
| | 羯陀奥义书 (Kāṭhaka Up) | 羯陀学派 (Kāṭha——) |
| | 慈氏奥义书 (Maitrāyanī Up.) | 慈氏学派 (Maitrāyanī——) |
| | 白骡奥义书 (Śvetāśvatara Up.) | 白骡氏学派 (Śvetāśvatara——) |
| (b) 白夜珠吠陀： | 广林奥义书 (Bṛhadāranyaka Up.)<br>伊沙奥义书 (Īśā Up.) | 伐遮桑内以学派 (Vājasaneyi——) |

而为数众多的诸《阿闼婆奥义书》，情况则有所不同，其中除了蒙查羯、六问（分别被归属于首那伽和毕钵罗陀学派。此二者应是此类奥义书中最早的。）、蛙氏、茶跋拉、频伽罗等奥义书，大多数都看不出与特定吠陀学派的隶属关系。据学者推测，其说大概兴于婆罗门，在刹帝利中发展、成熟，但可能因其年代较晚，或内容扞格，故不能见容于三吠陀学派，唯托庇于《阿闼婆吠陀》[①]。兹后凡新出之奥义书，皆归于《阿闼婆吠陀》。后者因为这种包容性，故其奥义书乃集成数量最大、内容最庞杂的一部。学者将《阿闼婆奥义书》分为五个部类[②]：

① Paul Deussen, *The Philosophy of the Upaniṣads*, Motilal Banarsidass Press Delhi, 2000.8.

② Paul Deussen, *Sechzig Upaniṣaden des Veda*, F.A.Brockhaus Leipzig, 1921.9—11.

1. **纯吠檀多奥义书**(pure Vedānta Upaniṣads):**与早期奥义书思想基本一致,尚未明显分化为各个教派。其中包括:**

蒙查羯奥义书(Muṇḍaka Up.)、六问奥义书(Praśna Up.)、蛙氏奥义书(Māṇḍūkya Up.)、胎藏奥义书(Garbha Up.)、生命火祭奥义书(Prānāgnihotra Up.)、飧祀奥义书(Pinḍa Up.)、自我奥义书(Atma Up.)、精要奥义书(Sarvopaniṣatsāra Up.)、迦楼荼奥义书(Gāruḍa Up.)。

2. **瑜伽奥义书**(Yoga Upaniṣads):**主张通过持诵"om"音,依瑜伽力证自我。其中包括**(分属于三个不同时间阶段):

梵明奥义书(Brahmavidyā Up.)、慧剑奥义书(Kṣurikā Up.)、冠顶奥义书(Cūlikā Up.);

声点奥义书(Nādabindu Up.)、梵点奥义书(Brahmabindu Up.)、蜜滴奥义书(Amṛitabindu Up.)、禅点奥义书(Dhyānabindu Up.)、光明点奥义书(Tejobindu Up.);

瑜伽顶奥义书(Yogśikā Up.)、瑜伽谛奥义书(Yogatattva Up.)、飞鸿奥义书(Haṃsa Up.)。

3. **出世奥义书**(Sannyāsa Upaniṣads):**执出世苦行为吠檀多实践之方,内容要在开示出世之行。其中包括:**

大梵奥义书(Brahma Up.)、出世奥义书(Sannyāsa Up.)、阿卢尼奥义书(Aruṇeya Up.)、胜诃萨奥义书(Paramahaṃsa Up.)、茶跋拉奥义书(Jābāla Up.)、梵住奥义书(Aśrama Up.)、键达室鲁奥义书(Kaṇṭhaśruti Up.)。

4. **湿婆奥义书**(Śiva Upaniṣads):**持湿婆为至上我之化身。其中包括:**

阿闼婆首奥义书(Atharvaśiras Up.)、阿闼婆顶奥义书(Atharvaśikhā Up.)、尼罗鲁陀罗奥义书(Nīlarudra Up.)、伽罗耆尼鲁陀罗奥义书(Kālāgnirudra Up.)、解脱奥义书(Kaivalya Up.)。

5. **毗湿奴奥义书**(Viṣṇu Upaniṣads):**持毗湿奴为至上我,其诸化身为自我之化身。其中包括:**

摩诃奥义书(Mahā Up.)、那罗衍那奥义书(Nārāyaṇa Up.)、我觉奥义书(Atmabodha Up.)、神狮道奥义书上(Nṛisiṃhapūrvatāpanīya Up.)、神狮道奥义书下(Nṛisiṃhottaratāpanīya Up.)、罗摩道奥义书上(Rāmapūrvatāpanīya Up.)、罗摩道奥义书下(Rāmottaratāpanīya Up.)。

我们可以根据思想发生的逻辑,及其相互援引的关系,确定奥义书包含的观念的先后顺序。此外,语言史的研究也可以为我们提供参考。但每一种奥义书往往是由某一学派数代人持续思索、探讨积累而成，其间不同学派往往相互影响、相互参照；因此我们可以对奥义书包括的诸多观念、学者、学说及文本片断进行较好的排序，但对每一奥义书作为整体，则难以给它们划出精确的时间界线。杜伊森把十几种主要奥义书大致分为以下阶段：

**1. 古散文体奥义书：**

广林奥义书；唱赞奥义书；鹧鸪奥义书；爱多列亚奥义书；考史多启奥义书；由谁奥义书（以上的顺序大致依年代先后，下同）。

**2. 韵体奥义书：**

羯陀奥义书；伊沙奥义书；白骡奥义书；蒙查羯奥义书；大那罗衍那奥义书。

**3. 晚期散文体奥义书：**

六问奥义书；慈氏奥义书；蛙氏奥义书。

学界将以上奥义书称为古奥义书。在古奥义书之外，后来印度还不断有冠名为奥义书的文献被发现，其数目已超过200种之多，这就是所谓新奥义书。它们全都被归于《阿闼婆吠陀》，但很难发现它们的内容与后者有什么内在关联。其中每一种的篇幅都较小、主题集中，文体要么是散文，要么是韵、散混合。新奥义书即除《蒙查羯》、《蛙氏》、《六问》以外的诸阿闼婆奥义书。这些奥义书思想很杂，杜伊森依其内容将其分为五类，如上所述。温特尼兹另加上萨克提道奥义书①。其中属于不同类别的奥义书，内容上往往相互交叉，因而其界线不是很确定。阿闼婆奥义书的形成年代跨越较大，其中较早者，如《胎藏》（Garbha）、《胜鸿》（Paramahaṃsa）、《荼跋拉》（Jābāla）、《阿闼婆首》（Atharvaśira）、《苏跋拉》（Subāla）、《金刚针》（Vajrasūcikā）等书，可能形成在公元前后；其晚者或迟至10世纪②。甚至时至今日仍常有来路可疑，但声称为奥义书的文献出现于世。古奥义书分早、中、后期，但对于晚期阿闼婆奥义书，由于其时间关系很难理清楚，这里只作列举，而非排序。

**4. 晚期阿闼婆奥义书：**

胎藏奥义书、生命火祭奥义书、飨祀奥义书、自我奥义书、精要奥义书、迦楼荼奥义书、慧剑奥义书、冠顶奥义书、声点奥义书、梵点奥义书、蜜汁滴奥义书、禅点奥义书、光明点奥义书；瑜伽顶奥义书、瑜伽谛奥义书、飞鸿奥义书、大梵奥义书、出世奥义书、阿卢尼奥义书、波罗摩诃萨奥义书、荼跋拉奥义书、梵住奥义书、键达室鲁

---

① M.Winternitz, *History of Indian Literature*, Vol.1, Calcutta, 1927.240.

② M.Winternitz, *History of Indian Literature*, Vol.1, Calcutta, 1927.240.

奥义书、阿闼婆首奥义书、阿闼婆顶奥义书、尼罗鲁陀罗奥义书、伽罗耆尼鲁陀罗奥义书、解脱奥义书、我觉奥义书、神狮道奥义书上、神狮道奥义书下、罗摩道奥义书上、罗摩道奥义书下。

杜伊森的排序，一直为大多数学者所接受。但凯思（Keith）首先提出异议。他经过详细分析，认为《爱多列亚奥义书》的部分章节比《广林奥义书》和《唱赞奥义书》都要古老[①]。他的看法曾在学界引起较大反响。然而后来人们通过语言学的研究对奥义书进行排序，结果却不支持凯思，而与杜伊森基本一致[②]。事实上，《广林》和《唱赞》的语言都要比《爱多列亚》古老。因此杜伊森的结论基本上成为定论。但应当注意的是，这三种奥义书都是在一个较长时期内形成的诸多观念基础上集成的。上述研究只可以表明《爱多列亚》的集成较另两种晚一些，不可能它的每一部分内容都比后二者晚（反过来也是如此）。由于奥义书的这种集成性，我们认为更有价值的是具体的观念、学说的顺序，这是我们要在奥义书的概念史阐释中给出来的；当然在这里前辈学者对奥义书的排序，不失为一个重要的参照。

然而对于古奥义书的年代定位，尚大有争议。休谟假定其最早成立于公元前600年左右，但有保留[③]。杜伊森认为其年代是公元前1000或800至前500年间[④]。拉达克利须南认为是公元前1000至前300年间[⑤]，贝伐伽认为是前1250至前500年（Belvalkar, Lectuers, 44f.）。达斯古普塔认为是公元前700至前600年间[⑥]。果查克认为公元前650年左右至公元后300年左右[⑦]。这方面，以波尼尼、巴檀遮厘等语法为参照的语言分析，仍然是较为有用的手段。但每种语法都只是对现有语言用法进行归纳，且不能保证兹后的所有作者都必然严格遵照它。故这方面研究从语言分析获得的认识仍然是很有限的。另外思想史的参照在这里也是一种重要手段，甚至可能是更有效的手段，尤其是对奥义书文本与佛典的比照研究。这方面的突破性成

① Keith, *Journal of the Royal Asiatic Society of Great Britain and Ireland*, 1906, 492.

② 魏克尔（Wecker）、克费尔（Kirfel）、弗斯特（Fuerst）分别根据语法（主要参考波尼尼语法）、词法（主要是复合词）、语音变化方面的研究对奥义书进行排序，得到的结论大体都与杜伊森一致。这方面研究的较详细情况可以参看 Nakamura, Hajime, *A History of Early Vedānta Philosophy*, Motilal Banarsidass, 1983.13f.

③ Robert E Hume, *The Thirteen Principal Upaniṣads*, introduction, 6.

④ Deussen, Paul, *The Philosophy of the Upaniṣads*, Motilal Banarsidass Press Delhi, 2000.51.

⑤ Sarvepalli *Radhakrishnan*, *Indian Philosophy Vol.1*, the Macmilian Company, London, 1924.142.

⑥ S.Dasgupta, *A Histroy of Indian Philosophy Vol.1*, Cambridge University Press, 1957.28.

⑦ Richard Gotshalk, *The Beginnings of Indian Philosophy*, University Press of America, Lanham, Maryland, 1998.113.

果，首先是舍尔巴茨基比较了《羯陀奥义书》第4章第14至15节："如山中顺众多山涧流下的雨水，因此有方向的差别，视诸法为差别者，也必将追随差别。如一味之水注入一味之水，合而为一，啊乔达摩，得（无差别之）智的圣者的自我也成为一味"。（Kāṭh IV · 14—15）与《杂阿含经》的如下一段："婆蹉白佛：如天大雨，水流随下。瞿昙法、律亦复如是。比丘、比丘尼、优婆塞、优婆夷，若男、若女，悉皆随流，向于涅槃、浚输涅槃。甚奇！佛、法、僧平等。"① 他发现这两段话的思想、用语都非常一致，因而认为佛教的一些基本观念，在奥义书思想中有其根源②。接着中村元详细比较了《羯陀》与《杂阿含经》中婆蹉比丘的对话，认为二者的观念、表达方式以及提出与解决问题的方法乃至后面的皈敬颂都十分相似，因而断定这部奥义书受到佛教影响，故其年代应晚于佛陀③。兹前他根据希腊史料，考定佛陀生活的年代为公元前463年到前383年，于是确定《羯陀》的前面部分应当最早成立于公元前四世纪中叶，后面部分成立更晚。故他认为，《羯陀》的全部，当成立于公元前350年至前300年间④。于是中村元以《羯陀》为坐标，确定古奥义书成立的年代，大致如下：早期诸奥义书，包括《广林》、《唱赞》、《爱多列亚》、《考史多启》、《鹧鸪氏》、《由谁》、《伊沙》，早于佛教，年代在公元前5世纪以前。中期诸奥义书，包括《羯陀》、《蒙查羯》、《六问》、《白骡》，晚于佛陀，年代大约在公元前350年到前300年间。至于晚期诸奥义书，《慈氏》应在公元前200年或以后，《蛙氏》应在公元1至3世纪之间⑤。

应当承认中村元等人的研究思路和结论都很有价值。但尚有以下几点值得再作考虑：第一点，关于佛陀的年代尚有争议。对于佛诞的年代，西方学者的看法也不一致，不过大致都认为应在公元前560年左右，印度学者的看法与此也大体一致⑥。南传佛教国家一般认为是前624年。中村元确定的佛陀年代可能是太晚了些。因而他确定的《羯陀奥义书》年代可能太晚。中国学者依僧枳跋陀罗所译《善见律毗婆沙》师资相传的"众圣点记"，考定释迦生于公元前565年，灭于公元前486年。这个年代是较为可靠的。这样《羯陀奥义书》的年代就应当比中村元确定的提前100年左

---

① 《杂阿含经》卷第三十四，宋求那跋陀罗译。

② Th.Stcherbatsky, *Central Conception of Buddhism*, Susil Gupta Ltd, 1961.58f.

③ Nakamura, Hajime, *A History of Early Vedānta Philosophy*, Motilal Banarsidass, 1983.20—27.

④ Nakamura, Hajime, *A History of Early Vedānta Philosophy*, Motilal Banarsidass, 1983.28.

⑤ Nakamura, Hajime, *A History of Early Vedānta Philosophy*, Motilal Banarsidass, 1983.42.

⑥ 拉达克利须南认为佛陀出生在公元前567年（Sarvepalli Radhakrishnan, *Indian Philosophy Vol.1*, the Macmilian Company, London 1924.347.），达斯古普塔认为是前560年（S.Dasgupta, *A Histroy of Indian Philosophy Vol.1*, Cambridge University Press, 1957.81.），马宗达认为是前566年（R.C.Majumdar, *Ancient India*, Motilal Banarsidass, Delhi.160.）。

右。全部古奥义书的年代也应随之前移。第二点，语法学研究表明《羯陀》的形成应当早于波尼尼（Panini）①。但后者的年代，大多数学者定在前350年或更早一些。这样中村元对《羯陀》的断年就面临困难。但如果佛陀的年代提前，这一困难就容易解决了。第三点，在思想比较方面，应当把数论、瑜伽思想也作为重要参照系。在古奥义书中，早期的《唱赞奥义书》，说到万有皆有赤、白、黑三种元素（ChānVI·4），就包括数论三德说的萌芽；在《羯陀》、《蒙查羯》等中，数论、瑜伽的思想越来越体系化；在《白骡》、《慈氏》中，数论学已经成为完整的理论系统。同样，瑜伽学为早期奥义书所无，它最早出现于《羯陀》，此后亦被《蒙查羯》等不断体系化，在《白骡》、《慈氏》中形成完备的系统。因此奥义书中数论、瑜伽思想的演变，可以作为对奥义书进行排序的一个清晰线索。可是另一方面，数论、瑜伽派本身的发生年代也还很不确定，学界据此推定奥义书的年代，大都仍流于猜测。但是佛教，由于其发生、演变的时间是很确定的，因而可能是一个更好的参照。第四点，《羯陀奥义书》反映的被认为来自佛教的因素，诸如多元实在论，无我论，唯离贪、嗔才能觉悟的立场，以及求法舍身的传说，恐不必是佛教所专美，而更可能属于当时的时代思潮。奥义书以及当时其他一些思想派别，都或多或少分享了这些内容②。舍尔巴茨基就曾说，在婆罗门思想中，早就存在前尼乾子的耆那教思想萌芽，前佛陀的佛教思想萌芽，后者在

---

① S.Fuerst, *Der Sprachgebrauch der Aelteren Upaniṣads verglichen mit dem frueheren vedischen Perioden*, Zeitschrift fur vergleichende Sprachforschung auf dem Gebiete der indogermanischen Sprachen, Vol.48, 1915; 以及：Nakamura, Hajime, *A History of Early Vedānta Philosophy*, Motilal Banarsidass, 1983.28.etc.

② 如所谓得觉悟者必离贪、嗔，则《梵书》、《广林》早启其端（Sat BrāX·5·4·15；BṛihIII·4·2；IV·4·12），几乎是印度各派哲学的普遍信念，而不必源自佛教。如《胜论经》说："由舍离而除贪、嗔等心，由是不生法、非法，法、非法断尽故，一切业只属于净法，由净法产生对至上真理的觉悟，兹后净法亦灭。"（VSVII·6·136）。耆那教也认为贪、嗔、邪信、懈忽等产生业缚，只有灭贪、嗔等，依苦行断除业缚，才能得圆满智（TSVIII·1, X·1。另见：Walther Schubring, *Doctrine of the Jainas*, Motilal Banarsidass Press Delhi 1995.174）。数论《金七十论》亦云"因离欲得善法。因善法得八自在"（真谛译《金七十论》卷中），数论认为只有当心（buddhi）完全被净化后才能得到圆满智（arṣam jñānam），能够知存有的全体。瑜伽以不嗔、不贪（内清净）隶属五夜摩，为修道证真之最初工夫。Viṣṇu-dharmottara 亦云："人若灭妒灭嗔，则至上者爱之。"

另外，阿耆多（Ajita Kesakambala）持地、水、火、风四大说，波浮陀（Pukudha Kaccayana），持地、水、火、风、苦、乐、命七要素说，耆那教执命、时、方、法、非法、补特伽罗六种实体，胜论执地、水、风、火、空、时、方、我、意九实，皆属于多元实在论。阿耆多及顺世论否认灵魂实体，亦与早期佛教的无我论一致。

其他如羯陀书中那支启多（Naciketas）问道于死神的故事，在《梵书》中已有记述（Tait BrāIII·11·8·1—6; Paul Deussen, *Allgemeine Geschichte der Philosophie Bd1*, Abteilung I, F.A.Brockhaus Leipzig 1922.175—176）。它在羯陀的时代，适如业报轮回说一样，已经属于公共的思想资源，而不是受到佛教影响。

《羯陀奥义书》中得到反映[①]。因而《羯陀》的上述内容，恐怕就不是单向地受了佛教影响，倒不如说是它与佛教都分享了当时某种共同的资源或时代思潮。由此可以得到的结论是，《羯陀》当与早期佛教大约处于同一时代或略早，而不必晚于佛陀[②]。第五点，应当把奥义书思想是否反映出佛教的实质性影响作为一个重要的年代区分标准。然而在古奥义书中，直至晚期的《慈氏》等书，佛教的实质性影响才清晰地表现出来。事实上，除了上述关于《羯陀》的讨论之外，学者们对于早期和中期奥义书受到佛教影响的种种猜测，皆缺乏有说服力的证据。比如 Hume 引用 Bṛih III・2・13 所云人死后其各部分归没于相应之自然、其自我归于虚空、唯业力不失等诸说，认为这“彻头彻尾”是佛教的说法[③]。但事实上这些说法在梵书中已极常见，它只是吠陀、梵书的人与宇宙同构论的一个表现，实在看不出它何以是“彻头彻尾”的佛教说法。另外学者往往根据奥义书中出现一些在巴利语佛经中出现的词汇，推断奥义书受佛教影响。比如 Bṛih IV・3・9 有 sarvāvat 一词，当来自巴利语 sabbāvā；Bṛih IV・3・2—6 的 play-ayate 亦来自巴利语 pary-ayate；尤其是在有些奥义书中，出现梵文第二人称复数尾语“ta”被代之以巴利文的语尾“tha”的情况。如 Muṇḍ I・2・1 的 ācaratha，II・2・5 的 jānatha，vimuñcatha；Praś I・2 的 saṃvatsyatha，pṛcchatha，II・3 的 āpadyatha 等。不过，除非我们发现了奥义书的某些主要术语是来自佛教的，否则上述现象可以解释为单纯梵语和巴利语语言学层面的交流，这种交流在佛教未产生时也同样可以进行。有学者认为，印度教中信奉《阿闼婆吠陀》的湿婆宗（大自在天派、兽主派）与部派佛教关系密切，因而可能佛教的影响由此传播到属于《阿闼婆》的《六问》、《蒙查羯》书中[④]；这种影响是可能的，但也是很间接的，至少对于这两种奥义书而言，其思想受到的佛教影响还很难看出来，完全可以忽略不计。但晚期奥义书的情况可能不一样，在其中，外来思想的影响是很明显的。在这里，《白骡》明显地受到佛教的实质性影响，故应置于晚期奥义书中。而《蒙查羯》、《六问》、《蛙氏》等，由于皆缺乏受佛教实质影响的证据，故应当置于中期奥义书行列。

考虑到以上内容，对于古奥义书的年代，我们可以作以下推断：

① Th.Stcherbatsky, *Central Conception of Buddhism*, Susil Gupta Ltd, 1961.58—62.

② 拉达克利须南就认为《羯陀奥义书》早于佛教，将其年代确定在公元前 8 至前 7 世纪（Sarvepalli Radhakrishnan, *The Principal Upaniṣads*, George Allen & Unwin LTD, London, 1953.22），与我们的推论大体一致。

③ R.E.Hume（Trans by），*The Thirteen Principal Upaniṣads*, Oxford University Press（India），1995.6.

④ R.E.Hume（trans），*The Thirteen Principal Upaniṣads*, Oxford University Press（India），1995.7.

第一，对于早于《羯陀》的奥义书的年代，现在只能作出很粗略的推断。一方面，由于这些最古的奥义书都属于梵书的部分，且语法、文风、关注的问题、精神的气质皆与梵书接近，故其成立的年代，想必去梵书不远。而梵书的编辑，当与婆罗门世袭优越地位的确定基本同步[①]，其年代上限大致应在公元前10世纪前后[②]。这就可以作为古奥义书年代的上限。另外，从内容上看，早期古奥义书与中、后期明显存在鸿沟，其思想接近梵书，许多观念都极朴素、幼稚，与佛陀时代的成熟思想有很大差距，因而可以把佛陀年代作为它的下限（其中《广林》和《唱赞》当远早于佛陀）。这样早期古奥义书，包括《广林》、《唱赞》、《爱多列亚》、《考史多启》、《鹧鸪氏》、《由谁》、《伊沙》，年代大致应当是公元前10至前6世纪之间（考虑到此期奥义书巨大的思想跨度，这样长的时间段也是很自然的）。

第二，中期古奥义书，则已脱离梵书，独立传承，另外其思想中明确的悲观主义、寂灭主义倾向出现，在精神上与佛教、数论等衔接，故其最后成立的年代当与佛教仿佛。其年代上限视《羯陀》为定，应当是公元前6世纪前后。然而此期奥义书的思想，尚未受到佛教的实质影响。我们主要以这种影响作为区分中期和晚期奥义书的标志。事实上，在奥义书中，直至《白骡》、《慈氏》等，佛教的实质性影响才清晰表现出来。这意味着在它们成立时，佛教已成为一种较普遍的宗教。这如果以阿育王奉佛作为界限，其时大约在公元前2世纪前后。我们据此把晚期古奥义书的年代上限定在公元前200年前后，这也就是中期奥义书的下限。这样中期的古奥义书，包括《羯陀》、《蒙查羯》、《六问》、《蛙氏》的年代，大致应当是公元前6世纪至前2世纪之间。

第三，晚期的《白骡》和《慈氏》奥义书受佛教影响，已是学界定论。据此我们将其年代上限定在公元前2世纪前后。另外，语言学研究表明《白骡奥义书》的形成应当在波尼尼以后，故其上限当为公元前4世纪前后。另外《摩诃婆罗多》曾引用《白骡》某些段落。《摩诃婆罗多》的主要内容，据信在公元前2世纪前就已开始形成[③]，故《白骡》的成立当早于此。另外《白骡》提出的幻化观念（ŚvetI·3），也与早期大

---

① 婆罗门种姓的至上地位，在黎俱吠陀中尚不明确，但在梵书阶段得到确定。梵书的形成，表明当时祭祀已经高度复杂化，而社会如此热衷于这些复杂且耗费巨大的祭祀，就足以证明婆罗门阶层已经成为社会文化中的主导者。

② Gotshalk, Richard, *The Beginnings of Philosophy in India*, University Press of America, New York 1998.29. 达斯古普塔认为梵书形成年代的下限应当是公元前500年左右（S.Dasgupta, *A Histroy of Indian Philosophy Vol.1*, Cambridge University Press, 1957.14）。

③ *ERE VIII*.325.

乘的性空如幻说接近，但比后者更朴质、原始，所以它应当大致早于后者（约在公元前1世纪左右）或与之大约同时。《白骡》以及其后几个奥义书，已有数论思想之完整体系。反映古典数论的《数论颂》，大概成立于公元3世纪。但《白骡》等反映的数论思想，不同于古典数论的典型的二元论，而是有神论和精神一元论。这可能是早期数论的立场[①]，这种思想当远早于《数论颂》的年代（从古典数论过渡到晚期数论，经历的时间超过了10个世纪）。鉴于上述考虑，把《白骡奥义书》的年代定为公元前4世纪至前2世纪间，是比较合理的。《慈氏奥义书》则反映了大乘佛学的明显影响，故其最终成书，应当是在大乘已广为流行的时代，所以其年代应定于公元2—3世纪以后。

在上述古奥义书之外，后来印度还不断有冠名为奥义书的文献被发现，其数目已超过200种之多，这就是所谓新奥义书。它们全都被归于《阿闼婆吠陀》，但很难发现它们的内容与后者有什么内在关联。其中每一种的篇幅都较小且主题集中，文体要么是散文，要么是韵、散混合。这些奥义书思想很杂，杜伊森依其内容将其分为五类，如上所述。温特尼兹另加上萨克提道奥义书[②]。其中属于不同类别的奥义书，内容上往往相互交叉，因而其界线不是很确定。阿闼婆奥义书的形成年代跨越较大，其中较早者，如胎藏（Garbha）、胜诃萨（Paramahaṃsa）、茶跋拉（Jābāla）、阿闼婆首（Atharvaśira）、苏跋拉（Subāla）、金刚针（Vajrasūcikā）等书，可能形成在公元前后，其晚者或迟至10世纪[③]，甚至时至今日仍常有来路可疑，但声称为奥义书的文献出现于世。

但是要注意两点：第一，对奥义书的年代确定仍然只是大致的估计，没有也不可能完全精确化。因此对一种思想史研究来说，各奥义书的先后顺序比其具体年代更重要。第二，每一奥义书的不同部分可能形成的时间非常不一致，比如两部最大的奥义书，《广林》和《唱赞》，其各部分是先独立编成的，每一部分有新有旧，然后汇集为一部（在佛经的形成中也有这种情况，比如《大般若经》就是由众多独立的小经汇成），因而尽管《广林奥义书》可能比《爱多列亚奥义书》的集成要早，但不可能前者的每一部分、每一观念都比后者为早。

由于理论的批判和统握能力薄弱，奥义书的编纂者们往往是将所有能找到的现存文本编在一起，而完全忽视其内容的差异，或没有能力将它们在思想上统一起来。

---

① Sarvepalli Radhakrishnan, *Indian Philosophy Vol.2*, G.Allen&Unwin LTD, London, 1931.253.

② M.Winternitz, *History of Indian Literature*, *Vol.1*, Calcutta, 1927.240.

③ M.Winternitz, *History of Indian Literature*, *Vol.1*, Calcutta, 1927.240.

绝大多数奥义书思想都具有杂糅的性质，内容反差极大，尤其是那些较大的、综合性的奥义书（从《广林》、《唱赞》到《白骡》、《慈氏》）。比如在《慈氏奥义书》中，对于觉性的超绝本体的本真觉悟，就令人惊骇地同来自原始时代的巫术思维混杂在一起。在《广林奥义书》中，同样是作为原始思维残留的魔法实践，同对觉性先验自我的思辨反思同处一区。大部分奥义书都是由许多在极大时间跨度内形成的不同文本汇集而成，因而包含了不同时代的思想沉积面。另外一种情况是，同一类型的思想、观念，又经常在多种奥义书的不同层面出现。

这种情况，使得对于我们的哲学史研究来说，把《广林》、《唱赞》等每一种综合性奥义书作为一个思想整体来确定其年代和先后顺序，意义并不是太大。更有意义的不如说是把奥义书的每一种特定思想、观念都作为一个独立整体来看待。这种思想、观念的顺序比完整的奥义书的顺序更重要。在这里，更合理的思路，应当是把特定的思想、观念，而非每一种奥义书文献，作为奥义书精神发展的一个单元、环节来加以分析、阐释。这样将能更清晰呈现奥义书精神发展的历史。这正是本书选择的思路。

## 第四节 奥义书的学术价值和意义

在哲学史研究领域，很少有一种思想像奥义书思想这样，甚至在专门的研究者内部对于其精神价值的评价都有如此巨大的反差。一方面是褒之者极尽赞美，誉之为人类智慧之最完美结晶，有永恒的精神价值。典型者如杜伊森，其云奥义书与新约圣经，乃是人类宗教意识的两个最高贵的产物①，并赞叹道："永恒的哲学真理，罕有获得如此清晰、确定之表述，如于（奥义书所论）使人解脱之自我智学说者。"他认为奥义书阐明了包含在柏拉图和康德哲学中的深刻真理："根据我们的判断，没有什么比揭示出柏拉图和康德的深刻、基本的思想是如何精确地与奥义书的基本教义相同，更能表明这一文献在世界范围内的价值的。"② 不仅如此，奥义书甚至超越了西方思想。它将圣保罗在对上帝与人的"灵性的身体"的同一的宣示中以及康德对人自身作为物自体、绝对自由的阐明中"怯弱且试探性地"摸索到的上帝与自我的超绝本质的同一性，以最清晰、确定的形式表现出来：上帝就是人的神圣自我③。杜伊森

① Paul Deussen, *The Philosophy of the Upaniṣads*, Motilal Banarsidass Press Delhi, 2000.49.

② *The Philosophy of the Upaniṣads*, Motilal Banarsidass Press Delhi, 2000.42.

③ *The Philosophy of the Upaniṣads*, Motilal Banarsidass Press Delhi, 2000.50.

在1893访印离开时，在对皇家亚洲学会孟买分会的告别讲演中说："吠檀多，就其真实的形式而言，是纯洁道德的最强大基础，是生死痛苦的最大安慰。印度人，请保持它！"在印度本土学者中，达斯古普塔和拉达克利希南等人，也都对奥义书给予了极高的评价[①]。另一方面是毁之者极尽贬损，以为其今天已无任何精神价值。典型者如A.E.Gough，认为奥义书仅仅是雅利安文化受低等的印度原土著文化污染的产物，价值极有限。其云奥义书只是"一个原始的时代、退化的种族，以及一个野蛮、未开化的人群的作品。"[②] 奥义书哲人对崇高精神的追求，"不是通过纯洁的情感、高尚的思想和不懈的努力，不是通过持续致力于求真与为善，而是通过断灭每一种情感、思想，通过空、无情、消极和出神。他们从未曾以纯然个人的情感和意志的克服，为自由地遵从一种更高级的共同本性的途径。他们的至上我只是一个空洞的名字，只是抽象理智的产物。他们追求的不是某种完美人格，而是完全的无人格。"[③] "这种努力（追求自由、解脱）在于消解每一种人格存在，且永远抛弃这个世界，在一种虚无缥缈的境界获得稳固的安息。"[④] "这里没有对公正，对正义的有效法则的追求，只有对退回到无分别存在的原初同一性的渴望。"[⑤]Arthur B.Keith 也认为，一方面，对奥义书思想的了解固然为理解印度传统、理解今天的印度人所必须，"但是另一方面，就其为解决哲学基本问题作出的真正贡献而言，应当认为奥义书的价值是相对较小的：尤其是当西方世界了解它的时候，已经过了能从其中获得教益的阶段"。[⑥] 在印度本土学者中，对奥义书的精神价值持否定态度的也不少。比如安倍卡批评奥义书哲学"其实是一些对印度的道德和社会秩序没有任何作用的最无用且零乱的思辨的碎片"。[⑦] 这种强烈反差，一方面是因为奥义书思想本身的特点造成的。奥义书思想擅长于深

---

① Sarvepalli Radhakrishnan, *Indian Philosophy Vol.1*, the Macmilian Company, London 1924.138; Sarvepalli Radhakrishnan, *The Principal Upaniṣads*, George Allen & Unwin LTD, London, 1953.8.

② A.E.Gough, *The Philosophy of the Upaniṣads and Ancient Indian Metaphysics*, Kegan Paul, London 1891.268.

③ A.E.Gough, *The Philosophy of the Upaniṣads and Ancient Indian Metaphysics*. Kegan Paul, London, 1891.267.

④ A.E.Gough, *The Philosophy of the Upaniṣads and Ancient Indian Metaphysics*, Kegan Paul, London 1891.268.

⑤ A.E.Gough, *The Philosophy of the Upaniṣads and Ancient Indian Metaphysics*. Kegan Paul, London, 1891.267—268.

⑥ A.B.Keith, *The Religion and Philosophy of Veda and Upaniṣads II*, Harvard University Press Cambridge, 1925.599.

⑦ B.R. Ambedkar, "Philosophy of Hinduism", in *Dr Babasaheb Ambedkar Writings and Speeches, Vol.3*, Government of Maharaṣtra, Bombay, 1987.

刻的直觉而疏于逻辑的推导和经验事实层面的验证，沉浸于超越的体悟而忽视世俗存在的价值，执着于理体之一味而否定差别之实在，陶醉于神秘、非理性的本体而漠视伦理、道德的规范。这些都与更具理性精神，更注重理论的推理和验证，更强调伦理道德意义的西方思想有巨大差异。这使得不同的学者，会由于对奥义书思想上述特点的积极和消极方面的不同取舍、评判而表现出对其整体价值判断的重大反差。另一方面，学者们自身的思想取向和理论背景也是造成上述反差的原因。一个研究者如果将理性主义的、注重推理和验证的欧洲哲学作为唯一合法的哲学（比如Gough），那么他在奥义书思想中的确很难发现多少可取之处。可能他的确抓住了奥义书思想的短板，却没有发现或未曾重视奥义书最有价值的方面，即对精神的内在本质、自由的深刻、超绝的体悟。反过来，另一类研究者可能对西方唯理主义和经验主义的局限性有更深刻的反思，而自信在奥义书中发现了对治之方（比如叔本华、杜伊森等人）。可能他也的确抓住了奥义书思想最有价值的方面，即它的内在、超绝的体悟，但是往往忽视了奥义书的强烈非世俗和非理性倾向导致的非道德化、漠视现实和消极悲观等恶果。因此，即使在思想史研究领域，如何客观地评价奥义书思想的价值，也仍然是一个问题。

在通常情况下，当我们谈及某种思想的价值时，它往往包括历史价值和真理价值两方面。前者在严格意义上，是指这种思想对人类精神史的贡献，它对后来思想的影响；后者是指它在今天仍然可以成为真理的，仍有其生命，仍能给我们的精神带来启迪的方面。对于奥义书来说，前者应当包括：(1) 奥义书对印度思想史的影响；(2) 奥义书对其他文化（比如西方文化、阿拉伯文化、中国文化）的影响。而后者，即奥义书的真理价值就在于：(3) 奥义书对于今天的人类精神生命的启迪。另外，立足于一种精神生命阐释，奥义书还可以有如下价值：(4) 它的思想体现了精神的必然性，因而也是人类现实精神的内容，了解它是了解我们自己的精神状况所必需的；(5) 它的发展体现了人类精神的本质和运动逻辑，透过它我们可以看清自身自我的最深刻本质和运动。

有鉴于此，要完整地阐明奥义书思想的价值，就应当对上述五个方面都作出详细的分析。我们先略谈如下：首先，对于 (1)，几乎所有的奥义书研究者都持肯定态度。奥义书是后来印度大多数哲学与宗教的基础，“没有一种重要的印度思想，无论是正统的还是异端的，不是植根于奥义书”。① 在印度哲学各派中，吠檀多派为奥义书思想的直接继承者。其学乃是直接阐发奥义书而来。跋陀罗衍那《梵经》，即是集

---

① Sarvepalli Radhakrishnan, *Indian Philosophy Vol.1*, the Macmilian Company, London, 1924.138.

奥义书要点编纂而成。乔荼波陀《圣教论》，即对《蛙氏》书的注释。商羯罗又广泛注释诸奥义书，并疏解《梵经》。罗摩努阇亦通过注疏《梵经》展开其教说。因此奥义书乃为吠檀多派思想之根本。其他各派中，数论派于《羯陀》已见雏形，到《慈氏》已成完整体系，故其学应当是从奥义书思想中发展出来。瑜伽之学，亦可看出其从《羯陀》到《慈氏》的缓慢发展。根据真喜（Sadananda）的《吠檀多纲要》（Vedānta-sāra），甚至拒斥吠陀、不信来世的顺世论者，以及佛教徒、弥曼差派和正理派学者，都试图以奥义书为立论根据。事实上，顺世论的唯物主义在自然论奥义书中有充分的根据，因而它应当是以奥义书思想为渊源的。至于佛教，早在佛陀本人的思想，就充分反映了奥义书的影响，此后印度佛教的每一次根本转型，都离不开奥义书—吠檀多思想的渗透。奥义书思想还渗透到印度文化的方方面面，包括文学、艺术、习俗，乃至政治、法律、医学之中。易言之印度人的全部精神生活，都打上了奥义书思想的烙印。在今天，印度教的各宗，都以吠檀多思想为其神学基础。属于晚期吠檀多的商羯罗派的不二论思想，仍然是印度哲学界的主流。据说印度现在的传统学者，有六分之五属于商羯罗的学系①。19世纪兴起的号召改革传统印度教的组织，梵社与雅利安社，都是从奥义书—吠檀多传统中汲取精神资源。近现代印度的一些伟大思想家，如辨喜、泰戈尔、甘地、阿罗频多，都是以吠檀多思想为其精神支柱。总之，奥义书不仅在过去影响了印度哲学、宗教的发展，而且在今天也仍然对印度人的精神生活发生影响。杜伊森曾说："奥义书对于今天的每个印度人，就如同新约对于基督徒。"休谟也说："奥义书无疑具有巨大的历史和比较价值，但是它亦有其当代重要价值。我们对于今天一个有教养的印度人的思想和结论，若不了解他的祖先们多少世纪来从中汲饮，而且他自己亦从中引出自身精神生命的源泉，就不可能透彻理解。他的哲学从中孕育的意象，它由以得到表述的术语，由以得到支持的类推，在今天的讨论中仍与在奥义书及商羯罗对它和《梵经》的注释中大致一样。"② 因此，对奥义书思想的全面、深入的研究，是真正理解印度精神的历史和现实的前提。对于奥义书的这一重要价值，我们将在本书第三部分作专门讨论。

学者的争论主要集中于（3），即奥义书对于今天的人类精神生命是否仍有所启迪。争论来自学者们要么将奥义书上述特点的积极方面，要么将其消极方面绝对化，从而导致不同的片面性。我们应当既看到它的积极方面仍然具有的真理性，也看到

① M. Winternitz, *Geschichte der indischen Literatur*, *III*, 432; Hajime Nakamura（中村元）, *Indian Buddhism*, Motilal Banarsidass, 1987.3.

② R.E.Hume（Trans）, *The Thirteen Principal Upaniṣads*, Oxford University Press（India）, 1995.34.

其消极方面带来的弊端。如印度学者 Kalupahana 云:“尽管(奥义书)对事物本质同一性的追寻取得了成功,但这种超验思维也给哲学带来了严重的负面影响。”[①] 一方面,奥义书对觉性、精神的内在、超越本体的揭示,具有普遍、永恒的真理价值。尤其是它对本体的超现实、超理性意义,对本体作为心性与空(即绝对自由)的同一性的领会,不仅曾经直接启迪一些西方思想家(典型的如叔本华、杜伊森)认识到理性和传统对于人的自由本质的相对性;而且将永远启发现实精神认识到自我、存在的本质是绝对自由,是超越全部现实性、传统的本体,从而使精神克服现实性、传统的窒碍,恢复其自由的本真无限性。奥义书的这种领会的超现实性、超历史性,使它具有永恒且普遍的真理性。如休谟说:“奥义书无疑具有巨大的历史和比较价值,但是它亦有其当代重要价值。”[②] “许多国家的神秘主义(超理性主义)者,都从这些文献(奥义书)中,发现了对寻常视见隐藏着的事物的无数指示,及迈向精神成就之路的诸多线索。”[③] “奥义书的思想不仅成为直至今天的印度哲学的主流,给印度之外的神秘主义带来启迪,而且其哲学相对于西方诸国的哲学探究,呈现了许多饶有兴味的平行、参照和对比。故西方哲学界,一如文献史研究界,亦领会且表示奥义书的重要性。”[④] 凯思也认为,奥义书最有价值的部分是它的神秘主义,它试图“通过持续的自我净化发现内在于心中的神”。[⑤] 而且较之基督教(其神秘主义源于普罗提诺),奥义书的神秘主义不仅更具原创性,且可能更纯粹[⑥],因为它的神的超现实性、超人格性更明确。另一方面,奥义书在强调本体的内在性和超越性的同时,越来越将自然的、经验的、世俗的存在虚幻化,导致其蔑视和离弃现实的生活,另外它还将自我、存在本体的超越理性、超越现实差别的特点误读为非理性、无差别,这些导致奥义书忽视对经验事实的研究,以及实践上的消极悲观、对世俗伦理的漠视,甚至有时表现出反道德倾向。奥义书思想家相信真理为恒常同一,故以为一切差别、变异只是假相,因而导致对多元性的完全拒绝。杜伊森评价说:“(奥义书的)这个同一排除了所有多元性,并且因此排除了所有空间、时间的关联,所有的因果相互作用,所有的主、客

---

① David Kalupahana, *Causality: The Central Philosophy of Buddhism*. The University Press of Hawaii, 1975.15.

② R.E.Hume (Trans), *The Thirteen Principal Upaniṣads*. Oxford University Press (India), 1995.34.

③ R.E.Hume (Trans), *The Thirteen Principal Upaniṣads*. Oxford University Press (India), 1995.3.

④ R.E.Hume (Trans), *The Thirteen Principal Upaniṣads*. Oxford University Press (India), 1995.3.

⑤ Arthur B.Keith, *The Religion and Philosophy of Veda and Upaniṣads II*, Harvard University Press Cambridge, 1925.599.

⑥ Arthur B.Keith, *The Religion and Philosophy of Veda and Upaniṣads II*, Harvard University Press Cambridge, 1925.600.

对待。”[①]Kalupahana 亦云：“(在奥义书中)真理被认为是超越时间、空间、变化，因而超越因果性。变化只是言语之戏论，只是名言。于是在奥义书中，形上学思辨占了上风，任何企图对经验事物作出合理解释的严肃尝试都不存在。”[②] 凯思则指出奥义书的神秘主义，导致其社会、伦理关怀之缺乏：“奥义书的缺陷是使道德在终极意义上变成无价值、无意义的。”[③] “如果一种学说，既视道德为虚无，且以通过神秘的出离手段达到与绝对者的合一为人生归趣，那么将不可避免地导致为达到这种神秘境界而采取严重非道德的手段：比如印度教和佛教的密教倾向。”[④]“如果一种学说像奥义书那样，把美与善视为无意义的笑柄，那么它就是有缺陷的，而且其理论基础本质上是有问题的。”[⑤] 对于奥义书的真理意义，我们将在对其具体内容的阐释中更详细讨论。

最后就上述第(4)、(5)二项，奥义书也有极高的精神价值。这是因为奥义书思想的发展，历经了近千年，包括了从最原始、粗鄙的思维到内在超绝的精神觉悟的各种现实精神形态。同一部著作的时间和思想跨度如此之大，在世界思想史的文献中也是绝无仅有的。另外，奥义书的观念，很少来自书斋里的理论思辨，而是来自不同时代的一般精神生命，来自活生生的宗教与道德体验，因而更好地体现了精神的现实性。因此奥义书具有如下独特优点：其一，奥义书的精神内容极为丰富，包含了人类精神现实性的几乎全部重要类型，因而它也最充分地呈现了我们自己的精神现实的内容；其二，奥义书思想经历的发展阶段也很完整，包括了人类精神发展的几乎所有重要的阶段，因而它也最充分地展现了精神一般的历史和运动。也正是因此之故，我们就可以通过对奥义书思想的生命现象学阐释，揭示我们自身精神的现实和历史内容，并在此基础上阐明精神发展的普遍逻辑，由此回溯到精神最内在的本质。这本质就是自由。我们在前面表明这自由就是自我、存在的最终本质，因而它就是一个究竟的本体(见第一节)。在这里，奥义书的精神史，由于其上述优点，就为我们提

① Paul Deussen, *Philosophy of the Upaniṣads*. trans.A.S.Geden, Edinburgh: T. & T. Clark, 1906.156.

② David Kalupahana, *Causality: The Central Philosophy of Buddhism*. The University Press of Hawaii, 1975.15.

③ Arthur B.Keith, *The Religion and Philosophy of Veda and Upaniṣads II*. Harvard University Press Cambridge, 1925.596. 不过凯思认为这是神秘主义的普遍问题，“基督教神秘主义在这方面也似乎有与奥义书同样的缺陷。”(Ibid.599)

④ Arthur B.Keith, *The Religion and Philosophy of Veda and Upaniṣads II*. Harvard University Press Cambridge, 1925.598.

⑤ A.B.Keith, *The Religion and Philosophy of Veda and Upaniṣads II*. Harvard University Press Cambridge, 1925. 596.

供了一个绝佳的例示，使我们可以通过以生命现象学（同上）方式对它的抽象、还原，从而将自由推动现实精神发展的全部逻辑呈现出来。这正是本书给自己规定的任务。精神的全部思想、观念都是自由的产物，是自由借以实现自身的中介。作为本体的自由与现实精神的永恒对话，决定精神的发展。一方面，自由将自己转化为现实性，转化为作为精神的具体现实性的思想，并推动后者构成属于自己的观念，自由以此使自己得到规定，获得现实的必然性；另一方面，自由本来就是绝对和无限，它要求实现为对自身本质的直接、自主的规定。这要求就是良心的呼唤，它促使现实精神不要停留于现实和传统，而是应当朝自由本体自身无限地迈进。自由推动现实精神不断逼近本体自身，这也是精神不断摆脱奴役，实现其绝对自由理想的过程。我们通过对奥义书的生命现象学阐释，将揭示出自由在其自身绝对化的实现过程中，推动现实精神不断推陈出新，从自然的精神转化为自由的精神，从自由的精神开展出本真的精神的进程。这一工作，最终将使自由的全部现实性和超绝本质都呈现在我们面前。因此，奥义书可以作为我们的自由本体论阐释的最佳例示。这一点，对于本书的研究来说，就是奥义书的最高精神价值，也是我们选择奥义书作为研究对象的主要原因。奥义书的这一价值，在本书第一部分的全部论述中，得到了充分体现。

以上在涉及奥义书的价值和意义的五个方面之中，我们简略谈到了其涉及（1）、（3）、（4）和（5）项的价值。就其更详细的说明，属于（1）者将留在本书后面第三部分；属于（3）、（4）和（5）者，亦将在本书的全部内容中体现。在绪论中，我们唯独打算对于（2），即奥义书对其他文化的影响作出更详细说明，而且将范围限制在其对伊斯兰和西方思想的影响。奥义书的价值在于，它对神性本质作为超理性的绝对本体的领会，曾经给阿拉伯和欧洲的宗教精神带来深刻的启迪，促使其觉悟被日常见识掩盖的神秘本体①，故在很大程度上决定了其思想面貌，而且仍能继续启发它们放弃现实性的偶像，体悟神性本质为绝对自由。研究西方神秘主义的著名学者 Underhill 曾经表示：“以一种诚实的态度，那么婆罗门（奥义书）、苏菲派和基督教的神秘主义，就其最高的部分而言，没有大的差别。”② 我们试图表明这种精神的相似性，不是偶然的，且主要不是来自精神的平行发展，而是暴露了这些传统中隐藏的精神亲缘性：伊斯兰教的苏菲派、新柏拉图主义和许多基督教的神秘论，都直接或间接地受到过印度宗教尤其奥义书思想的影响。另外，奥义书通过佛教的中介，对中国思想也产

① R.E.Hume, *The Thirteen Principal Upaniṣads*.3.

② E.Underhill, *Essentials of Mysticism*, London: Routledge 1920.4; R.Kumar, *Hindu Saints and Mysticism*, Crescent Publishing Corporation 2008.65.

生了极深刻的影响，这一点我们也将放在每一章节的引论和结语中讨论。因此，系统地疏理奥义书对这些传统的影响，将有助于加深对于它们的理解。然而这方面的研究还很不足。其中，关于奥义书对伊斯兰教和西方思想影响的研究，国内学界尚未有人做过，在国外也只有一些零散的成果。这与奥义书对这些传统的深刻影响是不相称的。我们在这里试图对这问题进行一番梳理，以图更清楚表明奥义书对于世界文化的价值和意义。

## 一、奥义书与伊斯兰教和犹太教神秘主义

伊斯兰教，同公元前后出现的许多新兴宗教（摩尼教、密特拉教、诺斯替教等）一样，产生于作为东西方文化交流之地的西亚地带，其形成可能就受到了印度宗教的影响。这种影响，由于伊斯兰教与印度文化在地缘上的邻近，是随着时间流逝而逐渐加强的，而且因为穆斯林对印度的武力征服而具有了更便宜的通道。这种影响最集中表现在伊斯兰教的泛神论神秘主义，即苏菲派的思想中。

学者们早就承认伊斯兰教泛神论的产生离不开印度宗教的影响。事实上，苏菲派的思想本来就是穆罕默德教、基督教，以及希腊和印度哲学融合的产物[①]。而在涉及伊斯兰教的印度思想中，奥义书的影响无疑是最重要的。无论是在理论上还是实践上，苏菲派的学说都与《古兰经》的教诲之间存在巨大鸿沟，而与奥义书宗教表现出实质的一致性。比如苏菲派认为安拉是唯一真实的存在，其他皆是虚假的。神是真实的自我、绝对的存在，它在所有被造物中显现。人只有通过彻底否定自我、消灭个体意识，才能发现神的本质。这些思想都与《古兰经》格格不入，而与晚期奥义书（《白骡》、《慈氏》等）的教义如出一辙。这种强烈的一致性只能归因于后者的影响。可以从理论和实践两方面说之如下：

首先，在理论方面，《古兰经》是最严格的一神论，认为神是一个与人的灵魂、物质世界完全分离的、超越的人格实体，而宇宙和人的灵魂也都具有独立的实体性；其教义与任何形式的泛神论，以及将神与人在本质上等同的说法，都是根本不相容的，在这一点上它同作为其思想资源的犹太、基督教一致，且更极端。然而，苏菲派的基本立场就是泛神论，而且这种泛神论表现为绝对一元论，神是人和世界的本质，一切皆是神的显现，其与《古兰经》的对立非常明显。这种绝对一元论的进一步发展，是导致对人和世界的虚无化，安拉成为唯一的真实，其他皆为虚幻。人只有打破世界幻相，彻底舍离“我”的观念，才能证悟神的本体并融入其中。如哈拉智（Hallādj）说：

① EREXII.11.

除安拉的本体之外，别无实在。世界只是幻象。安拉的存在超越万有、无形无相，不可通过理性被认识。在创世之前上帝在绝对同一性中孤独地爱自身。为了见到这种孤独、无二的爱，神从虚无中创造了他自己的形象。后者具有神的全部属性和名。这就是最初的人，神在他之中，通过他显现①。人的自我本质与上帝绝对同一："我就是安拉。""见我便见他，见他便见我。"人被其虚假的"我相"或自我观念与神性本质隔离开来："在我与你间，尚有'我相'在折磨我。啊，请你以慈悲，将这'我'从我们之间拿去。"这我相是人的个体性的根源。人唯有通过破除我相，才能与神的本体融合。这些观念并不存在于《古兰经》中，而是典型的奥义书晚期思想。其与奥义书所谓"我即梵"，唯梵实有，世界皆幻，至上神以爱欲创世，以及证梵之道非由言语思维，而在于破除梵、我有二之相，彻底使自身融入大梵之中的思想，如出一辙。不过哈拉智有些说法，也明显反映了基督教的影响，如云爱是上帝本质的本质。他的神秘主义，可以看做是把基督教的爱的神秘论与奥义书的幻化的神秘论结合起来的尝试。伊本·阿拉比（Ibnal-Arabī）的思想又在此基础上有进一步发展。其说标举"存在的同一性"，以为真有是绝对、无分别的太一，所有显现的差别皆是一的行相。太一欲被知，乃通过想象将自己投射到显现的杂多性中。真有无德无名，唯当其显现于现象界中，才被赋予属性和名称。宇宙就是这全部属性之总体。通过它，上帝的唯一、内在本质显现为外在、杂多的存在。故一切被造物，皆为神圣。真有与现象终究是一，如水与冰。现象世界是纯粹本体的自身显现，因而不是幻相，而是分有了本体的实存。阿拉比说："我们自身就是我们借以描述上帝的属性；我们的存在只是他的存在的客观化。正如我们必依神才能存在，神也必依我们而对自身显现。"在定心中，被造物的世界回归到其本原的同一性。人作为上帝之像，亦从宇宙看到上帝之像，终于使宇宙和自我的差别消失，一并回归到神圣的本源之中。可见，阿拉比派对于哈拉智思想的发展主要在于：一是将上帝本质理解为奥义书式的无差别同一性；二是将在哈拉智的思想中仍然存在的神性（lāhūt）和人性（nāsūt）的区分，融合到绝对者之中，使之成为这唯一者的两个方面，其立场与奥义书的标榜的梵、我一如完全同化；三是提出定心作为证入绝对者的途径，也反映出印度宗教的禅定之学的影子。可见阿拉比派对神秘主义的发展，使其与奥义书的立场进一步趋同了。安萨里（Al-Ghazālī）将人的自我分为四个层面：一是饮食之我（nafs），为欲望之依处，完全邪恶；二是意识（rūḥ），处于经验时间中的、全部变化的精神活动的总体；三是心（qalb），为一超验的微细、清明的实质，如镜子一般，一切事物的存在皆照于其上；四

① *ERE XII*.15.

是智（aql），即纯粹的理性。心被罪恶、我相、博学和传统信仰等所覆盖，当这些覆盖被去除，它才能照了事物实相。而神的本质则为超越这四个层面的绝对真理。这种说法，也与奥义书的五身说呼应。后者将自我分为食我、元气我、意我、识我、喜乐我，分别对应于饮食之我、意识、心、智以及神性本质。安萨里的说法，可能间接受到奥义书思想的影响。阿尔基里（Abd al-karīm al-Jīlī，15 世纪）的学说也表现了与奥义书思想的高度一致性。其云上帝本质没有属性和关系，它就其自身为不可知，是神圣的黑暗（al-amā）。神圣本体经历同一相（ahadīyat）、他相（huwīyat）和我相三个阶段，克服其纯粹性和简单性，下降到现象层面。通过这种下降过程，绝对同一的本体转化为主体和客体两方面，并显现为杂多的一切。一切存在皆在某一方面显现了本体的真理，故本体在每一存在中皆意识到自身。其中，唯人是小宇宙，秉受存在之全，因而绝对者在人身上完全地意识到自身。神通过人的中介返回自身，在这里，神对自身的意识和返回，就表现为圣者、完人对本体的觉悟。达到这种觉悟的过程，是与本体的下降相反的从现象界返回本体的上升过程。它包含与下降过程一一对立的三个阶段，即悟入名称（觉悟到一切名只是对本体的表现）、悟入属性、悟入本体。完人就是先知穆罕默德，就是 Logos（理智）、上帝之光，他在创世之前就预先存在，是宇宙存在的目标和轴心。完人是事实上至善的，而人只是潜在地至善的。阿尔基里世界观的基本框架，就是由这种神性的下降和上升，出离和返回的辩证运动构成。其所谓神圣黑暗从同一相、他相到我相的转化，与晚期奥义书从黑暗的自性生大（mahāt）、由大生我慢（ahaṃkāra），由我慢生万有的图式作桴鼓应，可能受到后者影响。其说逻各斯与上帝的关系，固然反映了犹太、基督教的影响，但也可以看出奥义书中大梵与般若（prājñā，即理智）关系的影子。苏菲派诗人阿拉曼·贾米（Abd al-Raḥmān Jāmī）的作品，也表达了与晚期奥义书的幻化的泛神论相同的领会。其诗云："唯一且无相，万有皆蛰藏，于无我之境。而唯此'一'有，无二无你、我，妙体未裎露，除非以自光。彼有大势力，迷惑众生我。……。一微尘皆镜，于中至上神，映现彼妙体。玫瑰绽妙体（神的妙体于玫瑰绽出），夜莺痴恋之。蜡烛呈妙光，飞蛾投其中。……。你若审思维，应知彼亦镜，为珠宝及匣。你、我相于此，皆无立足处，是皆为幻影，虚妄而非实。"[①] 又云："当心，不应说：/ 他是至美者，/ 我为其爱人。/ 你只是一镜，/ 他为临镜者，/ 投其镜像中。/ 唯他得显现，/ 而你实被隐。/ 纯洁之爱、美，皆由彼所出，/ 显现在你中。"[②] 在这里，神被认为是超绝、不二、无相、无我之绝对，通过其自身的

---

① *ERE XII*.16—17.

② E.G.Brown, *A Year amongst the Persians*, Cambridge 1926. 138.

势力，幻化出差别的万有，而它的妙体就在这万有中显现，人的灵魂只是映现神性的镜子。这样的理论，与晚期奥义书和吠檀多不二论特有的，大梵无德、无相、不二，而通过自力（śakti）幻现宇宙，生成觉谛（人的心灵）并映现于其中的观念，也具有十分明显的思想亲缘性。应当认为前者是受后者影响的结果。另一位苏菲派的代表人物巴亚齐德（Bāyazīd）的思想，则直接受到印度宗教的影响。其云："我从神到神，以至于彼（神）在我中对我呼喊：'我即是汝'。如实，我即是神，除我之外无神，故且拜我，荣耀我！我的尊荣多么伟大！生命的最高境界一无所有、无苦行、无论说、无作为。人若无所有，则无不有。有生命者皆有其意象（aḥwāl，即情绪、性格、经验等，其来去皆是神操纵），而得觉悟者无意相，因他的意相被消除，他的个体性消逝于另一个体性（神）之中，他的迹象被他者（神）的迹象掩盖。"① 这些观念与奥义书的"彼即是汝"、"我即是梵"，及得梵智者离差别相、完全融入大梵的教义，完全相同。从这些苏菲派代表人物的思想，可以看出伊斯兰教的泛神论神秘主义与《古兰经》的传统存在巨大鸿沟，而与晚期奥义书的独特教义表现出实质的一致性。这种一致性只能解释为伊斯兰传统受到印度宗教持续影响、渗透的结果②。

其次，在实践方面，苏菲派超越伊斯兰教原先强调的律法、五功、朝圣等，将宗教的重心从其教对世俗、伦理法则的遵从和外在对象的崇拜，转移到以内在心性的锤炼培养定心从而证悟某种超伦理、超现实原理的修行。这与奥义书宗教超越梵书的祭祀、律法转向对大梵的神秘直觉，是完全一致的。苏菲派以为其掌握了某种神圣秘密，觉悟到某种超越世俗的真理，因而视普通信众的祭祀、事功、朝圣等，要么全无意义，要么仅为觉悟神性之准备，要么将其寓意化，以其实指人内在的精神修炼（如以心灵内在的除罪为朝圣，以脱去世俗欲望和情感为着朝圣之袍）。修道的最高目标也从成为义人而升天变为实现与神的绝对同一。从中我们都可以看到它从《古兰经》的实践到奥义书宗教的转移。与此一致，苏菲派将追求与安拉结合的修行之道分为四个阶段（四乘）：一是礼乘，指通过竭诚地履行正统教法规定的五功来接近安拉。二是道乘，指走上苏菲主义的道路，在苏菲派导师指导下修炼心性，摈除个

---

① *ERE XII*.12.

② 苏菲派的泛神论，还导致以下结论：(1) 一切存在本质上都是善的，唯其完善的程度不同。罪与不忠也表现了神的活动。撒旦的叛逆也服从永恒意志，因而也荣耀了神（ERE XII · 15）。(2) 所谓罪恶是缺乏和虚无。上帝、至善是唯一的存在，作为它的反面，罪恶就是无。罪恶只属于现象世界。(3) 一切宗教信仰本质上皆真，皆以某种方式接触到上帝本体，上帝是一切信仰的真理和本质，并非某种宗教、信仰所独有。不同信仰的相互差异性，乃是由于神在其中显现自身的名与属性的差异引起的。阿尔基里说拜偶像者，崇拜的其实是神的物质表象；虚无论者崇拜的是神的他相；所有人最终都可得救。

人意志和我相，唯专注于安拉、炽爱安拉，由此渐入心醉神秘状态，即第三阶段。三是觉乘，即在一种出神状态，认识到世界皆幻，善恶等有二相悉假，而安拉的本体为涵载万有的绝对。四是真乘，即无我无物，唯安拉独存，灵魂完全融入安拉之中的境界。即处在出神状态的圣者超越道德。其中第一阶段即礼乘概括了伊斯兰教原有的实践，后面三乘则为苏菲派独有。礼乘基本停留在世俗、外在层面，仅仅是为更高的精神修炼作准备。后面三乘则具有显著的内在、超世俗的特征。其体验世界的虚幻、神我的合一，其追求超道德、超理性的不二、无差别之境，皆与《古兰经》的宗教对立，而带有浓厚的奥义书宗教色彩。

苏菲派实践的内容中，有两个重要方面表明其受印度尤其奥义书宗教的深刻影响。第一个方面是法那（fanā）作为宗教理想之确立。法那指这样一种境界，在这里人断除一切欲望、冲动，断灭自我，彻底融入神之中。这与晚期奥义书断除我慢、贪嗔等，完全融入大梵之中的解脱理想是完全一致的，因而明显反映出奥义书的影响①。史载苏菲派的代表人物巴亚齐德（Bāyazīd）就是从信德的阿布·阿里接受法那之道，且吸收印土宗教的数息法作为敬神之手段②。第二个方面是把培养静虑和定心作为宗教实践的核心。苏菲派的修道以离罪向神为宗旨。它以饥渴、孤独、寂默为与肉体斗争的武器，要求学者达到无私、诚实、无视毁誉、忍耐、谦卑、仁爱、信赖神及一心敬奉神。然而这些皆非最高的宗教理想，苏菲派实践的最高理想是通过修炼静虑（murāqabat）和定心（dhikr），以达到一种出神的经验，从而觉悟到神性本身。饥渴、孤独以至敬奉神等，皆只是培养静虑和定心的准备条件。培养定心（dhikr）才是其全部宗教实践的核心。"定心的最初阶段是忘我，最后阶段是在思维中泯灭思者之相，消除对思维本身的意识，完全沉浸在所思的对象之中而不复意识到主体的存在。"（Nafaḥāt al-uns）③ 培养定心的手段是修炼精神的专注。其最简单方法，是一边念安拉名号或祷文，一边专注地沉思神。调息和鞭笞也是增进专注的手段。其所谓专注，就是心克服散乱、去除杂念、止息外缘，完全集中于神，大致相当于奥义书瑜伽（及古典瑜伽、佛教等）所谓的总持（dharaṇa）。当精神由于长期修炼达到绝对专注，就进入定心阶段。定心的最初境界，是去除我相，完全不动摇地持续专注于神，相当于奥义书瑜伽的禅定（dhyana）。修行者由于我相的完全泯灭，进入一种狂喜陶醉的状态。其次是心境合一，心与神的形象合而为一，相当于奥义书瑜伽的有觉三

① *ERE XII*.12.
② *ERE XII*.12.
③ *ERE XII*.13.

昧（saṃprajnata samādhi）。最后是修行者的主观相，完全泯灭，思者和思维本身皆消失不存，唯余神的无相无分别的本体，相当于奥义书瑜伽的无觉三昧（asaṃprajnata samādhi）或佛教的空。不过苏菲派认为这种超绝、出神的体验其实并非静虑和定心的直接产物，而是来自神的恩赐。静虑和定心只是为接受神显准备条件。这也与晚期奥义书的恩宠神学一致。其以为与神的结合包含肯定与否定两方面，即对个体性的“脱离”（fanā）与对神性的“入住”（baqā）、“忘我”（faqd）与“证神”（wajd）、“狂喜”（sukr）与“冷静”（ṣaḥw）。这其实就是从无我、狂喜回到意识。盖纯粹的苏菲派以自我的否定为究竟目标，无有超越之者；但穆斯林传统的立场，又使苏菲派最终不得不将在上帝中的生活置于自我的死亡之上，将对神的清明体证置于无意识的狂喜之上。与神的融合必须是这肯定和否定，分离与结合的辩证统一。这其实也与晚期奥义书彻底否定现实的人与世界以呈显神性本体的宗旨并无二致。应当指出，通过系统地培养定心以达到绝对专注从而证悟至上真理并获得自由的修道形式，无论是在埃及、波斯还是希腊、希伯来传统中，还是在作为苏菲派直接资源的《古兰经》和新柏拉图主义等思想中，都不存在，而为印度宗教所特有。因此苏菲派的这种修道形式最终应追溯到印度宗教的瑜伽、禅定之学的影响。而从其以对于世界的虚妄性和本体的超绝性、一味性的领会为目标，可以推断这种影响应当来自晚期奥义书的瑜伽学（自我瑜伽）①。

同奥义书的情况一样，苏菲派的神秘主义对于究竟真理的超伦理、超律法性质的强调，也同样导致了人的自由与道德的巨大冲突。回历5世纪的一位波斯苏菲派僧侣就曾经悲叹他的同辈把享乐称为律法，把自己的无意义幻想当做“神圣智慧”，把自然的情感当做“圣爱”，把异端当做“守贫”，把怀疑论当做“清净”，把不信奉任何确定宗教当做“舍离”，把无视先知的律法当做“奥义”（Hujwīrī, kashf al-Mahjūb）②。这其实是一个印度宗教特有的困境。这种困境的本体论根源在于没有把握自我超绝性的实质，误将自我对理性的超越理解为一种无差别的纯粹意识对任何理性、观念的排除。这种非理性的清净意识是印度宗教所特有的（而且最终是来自奥义书）。它没有立法的功能，因而所有道德规范、律法对于它都是外在的、本质上与它的自由相矛盾的，于是自我对自由的追求很自然会导致它与世俗道德法则的冲突。因此奥义书的自我觉悟经常会导致非道德甚至反道德的结论。希腊思想由于将

---

① 关于晚期奥义书的瑜伽学，请参见本书第一部分第三编第一章第一节第五目及第三章第一节第三目，第二部分第二编第二章第二、三节等处。

② *ERE XII*.14.

自我本质与理性等同故避免了这一困境。犹太、基督教则明确贬低自由的价值、将律法置于人的自由意志之上，从而也避免了类似的困境。而东土孔孟儒家则由于对自我的内在性和超越性缺乏真正的领会，对于自由与道德的张力从未有过反思，所以还没有能够进入上述的困境。因此我们肯定苏菲派的同样困境是来自印度宗教，更准确地说是来自奥义书思想。

苏菲派传入印度后，自觉强调安拉与梵的同一，回教与梵的同一，开始大量吸取印度教的资源，以至其思想和实践都逐渐与后者趋于同化。比如法里杜丁（Sheikh Fariduddin）便将瑜伽引入其修证的实践中①。由于受印度思想影响，他把定学置于宗教修炼的首位，其定境如此之深，以至据说在其定中时，有鸟雀试图在其头上筑巢。其云上帝即真理、真心，一切皆上帝显现，神充满万有，草木瓦砾皆具神性，其说已与吠檀多难分伯仲②。其后的印度苏菲派代表人物，如奥黎耶（Nizamuddin Auliya）、阿尔库室罗（Amirkhusro）、哈马丹尼（Syed Ali Hamadani）等，说法皆与此大同小异。可以说，印、回融合，梵与安拉的合一，是印度苏菲派哲学的特点。这种立场导致苏菲派逐渐被奥义书—吠檀多思想完全同化，以伽比尔（Kabir）学派为代表，以及形成了融合二教的新宗教，即那纳克（Nanak）的锡克教。印度苏菲派接受的印度教因素，也会进一步扩展到伊斯兰世界的其他地区。

以上从理论和实践两方面谈到了伊斯兰教苏菲派思想与《古兰经》教义的巨大鸿沟，以及与印度奥义书宗教的本质一致性。一种思想在如此短的时期内急剧地脱离其原先的传统而大幅度朝另一种传统靠拢，很难解释为其自身独立、平行的发展，更合理的解释是它受到后者的影响。我们提到的几项重要事实也验证了这一点。奥义书既然曾经启迪了伊斯兰教神秘主义的传统，也必然能继续对它有所启迪。另外，对于奥义书的研究将会有助于我们更深刻地理解苏菲主义和伊斯兰教本身。

另外，中世纪犹太教归附阿拉伯帝国，其思想也通过伊斯兰教的中介受到（包括奥义书在内的）印度思想影响。7世纪后兴起的幅员广阔的阿拉伯—伊斯兰帝国，前所未有地把东方和西方文化置于同一种政治体制之下。帝国的一端与希腊化和基督教化的罗马帝国连接，另一端与印度连接且后来将印度并入其中。这就在客观上为东西方文化的交往提供了极大的便利。尤其在伊斯兰教占领印度后，印度的宗教、哲学思想的影响逐渐从东方扩展到西方，自然也会波及犹太教。公元7—8世纪犹太民族大部处在穆斯林统治之下，并参与到新的阿拉伯—伊斯兰文明的建构中，其

① S.Santideva, *Sufi Saints and Mysticism*, Cosmo Publications, New Delhi, 1999.15.

② S.Santideva, *Sufi Saints and Mysticism*, Cosmo Publications, New Delhi, 1999.32.

思想亦在伊斯兰教语境之下展开。犹太学者用阿拉伯语作为交流、写作的语言。犹太哲学家对伊斯兰教徒和犹太教徒的作品一视同仁，其主要著作往往是对伊斯兰教的相关著作的回应，以至9—13世纪的犹太哲学和神学完全融入到伊斯兰教发展之中，几乎难以看出其犹太特征。

伊斯兰教的影响，一方面使希腊哲学和苏菲派神秘主义元素大量渗透到犹太教中；另一方面也使犹太教和印度传统关联起来，使犹太教和伊斯兰教一样受印度影响。比如犹太教中力图捍卫传统信仰的凯拉姆派思想就反映出印度和希腊的双重影响。沙阿迪亚就是这一派思想的代表。他属于凯拉姆的穆塔奇派，接受了凯拉姆派对理性的信仰。同许多穆塔奇派哲学家一样，萨阿迪亚的著作也以讨论有效知识来源的认识论开始，这其实是中世纪印度哲学著作特有的写作模式。他的主要著作《信仰与意见之书》，把人的有效知识分为四种：感觉；理智（先天知识，比如分辨善恶的能力）；推理；由可靠的人传达的信息。这与印度哲学通常将知识分为现量、比量、类比量、圣言量基本一致。其论推理，亦以"有烟必有火"为例，这是印度逻辑学常用的例子。另外他论证上帝存在的理由：(1)世界在空间上是有限的，因而其存在不可能是永恒的；(2)一切由部分组合而成的东西都必有一个创造者；(3)世间一切存在都在时间中生灭变化，因而世界处在时间之中，是从无到有，故创世说是合理的解释。其中除第一条来自亚里士多德，第二、第三条都是印度哲学证明神存在常用的论证。这些情况都反映了印度哲学对犹太教思想的影响。

不过在中世纪犹太教中，受印度哲学影响更多的是犹太教的新柏拉图主义和神秘主义者。在他们的思想中常常能看到奥义书的影子。

10世纪的所罗门·以色列是最早的新柏拉图主义者，其主要著作为《定义之书》，认为神创世时，首先从虚无创造质料与形式。形式即智慧，质料是一切物质、精神现象的始基。二者结合生成理智，通过理智的光照产生理性的灵魂；通过理性灵魂的光照产生动物灵魂；通过动物灵魂的光照产生植物灵魂，逐次类推，以至万物。伊萨克·以色列继承其说。然而在他们的学说中作为物质和精神的共同实质的质料观念，乃与新柏拉图主义不同，亦不属于犹太教传统，而是印度哲学特有的。印度哲学这种独特观念，乃发轫于晚期奥义书的数论学。另外从自然的质料生成理智，从理智产生全部精神现象的观念，也是数论学特有的构想且源于奥义书的心理学。这种质料观念固然也可能与普罗克洛有关，但由于新柏拉图主义本来就产生于伊斯兰教形成前东西文明交往非常活跃的西亚北非地区，即使普罗克洛的思想也可能受到印度宗教影响。11世纪下半叶的伊本·加布里奥是西班牙犹太新柏拉图主义哲学的最早代表。其主要著作为《生命之泉》，进一步突出质料的地位。他认为万有皆通过质料与形式的结合而成，质料来自神的本质，形式来自神的意志。神的意志来自其本质而又与之有别，前者为相对、有限，后者为绝对、无限。这一创世模式与旧约的神话有很大差别，与以形式为真理、主张形式高于质料的希腊哲学亦判然有别，却与奥义书的数论学以质料为真理、本质，以形式为派生、假立的一贯立场相同。其中神的意志与本质的区别，同晚期奥义书的萨克蒂（神的能力、意志）与大梵的对待基本一致。神的意志产生万物形式的观念，与奥义书从萨克蒂生成名色（概念、形式）的图式对应。神使这形式与质料结合生成万有，也与奥义书中大梵将名色增益于自身本质以生成世界一致。这些一致性不应被视为偶然的，可以肯定这是印度哲学通过阿拉伯思想影响犹太神学的结果。

在犹太教历史上，神秘主义从公元 1 世纪就有表现。犹太教神秘主义有三种类型：(1) 通过出神体验进入超自然领域，后者与不可接触的上帝仍有无限距离；(2) 通过形上学沉思达到极限，受新柏拉图主义影响较大，如斐洛；(3) 卡巴拉派所代表的秘教，强调苦行和禅定，追求一种旨在探讨神及神与非神圣存在的对应关系的秘密知识，在伊斯兰教的影响下展开，其思想已与西方哲学十分疏远，而与印度等东方传统有很复杂的联系。其中卡巴拉派的秘教成为中世纪以后犹太神秘主义的核心。《创造书》（约公元 6 世纪）是犹太秘教最早的重要文献，是后来许多犹太教哲学家和神秘论者的思想资源，也是卡巴拉派重要的思想资源，其影响施及当代。此书着重探讨宇宙起源和结构。创造被认为是神的工作，在观念和物质两个层次进行。创世的过程包含 10 个数字（“1”到“10”）和 22 个希伯来语音字母的交织。其中数字就是宇宙的构成要素。“1”就是神的精神（ruah，元气）。其他 9 个数字分别是风、水、火三元素，空间的六方（四方及上、下）。同时 22 个语音字母也是创世的工具。语言不仅是交流的工具，而且具有本体论价值，是生成存在的作用因。世界是根据天堂、季节、人的身心结构的同构、对应法则构成的。这些思想中有几点很独特：一是以风、水、火三元素和空间的六方并列作为宇宙的物质基础；二是宇宙与语言、季节、人的身心结构的同构关系；三是把语音作为创世工具。这类观念都在犹太教传统、希腊思想和伊斯兰教哲学中找不到根据，却是印度梵书和早期奥义书中十分常见的思想。另外，元气转化为风、水、火诸元素和诸方等以构成宇宙的说法，在梵书和早期奥义书中也是老生常谈了。在后来的卡巴拉派思想中也可以经常看到印度思想的影子。比如《形象书》提出了宇宙循环的观念，认为宇宙从其产生到最终融入原初统一体，必经历（内容不同的）多次循环，对律法的理解在不同的世界会有不同。这种思想与奥义书以来印度宗教中根深蒂固的宇宙轮回观一致，却完全不属于犹太、希腊的传统。路里亚派的灵魂轮回说（轮回是完成灵魂修复工作必需的过程），及其对苦行、神秘祈祷和冥想（禅定）的强调，也都不属于犹太和伊斯兰早期的传统，而与印度宗教更一致，并且印度宗教的这些内容都应追溯到奥义书。卡巴拉派还把亚当视为宇宙原人（如《荣光之书》），认为他是神的最初造物，是宇宙的原型、万物的根源。这种思想也不属于希腊、犹太以至伊斯兰传统，而与吠陀和奥义书的原人神话完全一致。这些比较使我们相信犹太秘教思想是通过伊斯兰教的中介，受到了梵书和奥义书哲学的影响。

## 二、奥义书与西方思想

较之与伊斯兰教，奥义书与西方思想的关系更复杂、曲折一些。印度与欧洲文化的交流，可以大致分为三个时期：一是希腊—罗马时期。印欧的文化交往在苏格拉底之前就已存在。而希腊和罗马帝国先后征服东方，使西亚、北非成为东、西方各种文化交会的大熔炉，其时印、欧文化的交流应当是很频繁的。二是中世纪。伊斯兰教的兴起阻断了印、欧直接交流的通道，但通过伊斯兰世界进行的间接交往仍然存在。三是近现代。西方殖民主义的扩张，使印、欧文化的直接接触得以恢复。尤其是进入19世纪后，印、欧文化的相互理解逐渐深化，相互影响也日益深入。就印度文化对西方文化的影响，从思想史事实来看，其最主要的应当是奥义书—吠檀多思想对西方宗教和哲学的影响。就奥义书与西方思想的关系，可分为以下三个方面进行讨论：

### （一）奥义书与古希腊、罗马哲学

奥义书对西方文化的影响，仍是一个有待深入研究的课题。欧洲与印度文化的交往，始于古希腊。从很早时候开始，希腊人就已知道印度。在亚历山大以后，希腊人对印度的兴趣日益增长。直到罗马帝国崩溃之前，欧洲都与印度保持着持续的交往。在印度文献方面，佛教《杂阿含经》提到在佛陀时代就有希腊人的喻那国，波尼尼《文法》、史诗《摩诃婆罗多》、《薄伽梵歌》等都提到喻那国。古希腊历史家锡库鲁斯、斯特拉波、普鲁塔克、阿里安以及克里索斯托姆、帕拉底乌斯，还有新毕达哥拉斯派和新柏拉图派的文献，皆记载了希腊和印度的文化交往。在亚历山大征服之前，印度文化就可能通过西亚对希腊思想发生过影响。阿里安说远早于亚历山大之前，就有希腊人在印度西北和伊朗以东定居。有大量史料佐证这一点。据扬布里柯说，毕达哥拉斯曾游学印度，考虑到他的灵魂轮回说不属希腊传统而属印度思想，其说亦有一定可信度。希罗多德记载，波斯皇帝大琉士于公元前329年征服了印度河流域，并将其作为其第二十个省。其时便有许多希腊人作为大琉士的扈从、雇佣兵等，直接进入过印度。不久亚历山大征服波斯并进入旁遮普地区。随后，在印度西北和西亚建立了若干希腊人的王朝，导致希腊人与印度文明的直接接触。从此以后，一直到伊斯兰教切断印、欧交通之前，印度和西方始终保持着活跃的商业、文化交流。

在这种文化交流中，希腊人持一种十分开放的态度，积极从印度宗教汲取资源，并且印度的形象在一定程度上塑造了欧洲人的宗教生活[①]。当时的希腊人对东方文化，并没有近代欧洲人那种自我优越感。他们的历史学家坦率承认其文明广泛地吸收了埃及、巴比伦等文化的资源，他们对印度文化也持同样的开放态度。因此，随着印、欧文化交流越来越频繁，他们也受到印度思想越来越多的影响。克雷芒记载说，当时的希腊人意识到哲学很早以前就在包括印度人在内的野蛮人中兴盛，并扩散其影响，最后渗透到希腊文化中[②]。前苏格拉底哲学与吠陀、奥义书的宇宙论的关联早已是学界熟知的事实[③]。一些学者认为"它（印度哲学）影响了奥菲斯教、毕达哥拉斯派和斯多葛派，也影响了诺斯替教和摩尼教"。[④] 关于毕达哥拉斯的思想是否受到印度文化影响，学界仍有争论。我想在这里讲两件事：一是毕达哥拉斯的灵魂无限轮回接受业报之说，在希腊、埃及、巴比伦思想中皆不存在或至少不明确，它在奥义书中首次被系统地阐明，而且成为了印度宗教的主要信念。二是有记载提到毕达哥拉斯曾经到过印度问学。考虑到他的轮回说的明显印度色彩，那么他到印度问学的经历也应当具有很大的可信度。因为在当时的西方知识界，轮回说的印度起源尚不明确，所以，除非毕达哥拉斯如实到过印度，那么这一杜撰的事实与他的思想的内容如此符合是不可思议的，因此我们可以将上述记载确定为真实。因此，如果我们将这两件事互参，就可以肯定，不仅毕达哥拉斯曾经如实到过印度问学，而且其灵魂轮回之说，就是来自印度宗教，更准确地说是来自奥义书思想。奥义书的影响，在后来的新毕达哥拉斯主义中表现得更突出。奥菲斯教的灵魂观念，也可能直接或间接受印度宗教影响。

亚历山大东征，使希腊文化得以同印度文化直接接触，印、希思想交流得以大大深化。从佛经（比如《那先比丘经》）的记载可以推测，在亚历山大死后建立的一些印度希腊人王国中，有许多希腊人皈依了佛教，这其中包括著名的弥兰陀王。另外，希腊思想也可能对阿毗达摩的体系化起到直接的影响[⑤]，佛教和印度教的虔敬思潮

① K.S.Murty, *The Indian Spirit*, Andhra University Press, Waltair1965.117.

② K.S.Murty, *The Indian Spirit*, Andhra University Press, Waltair1965.115. 与此一致，希腊当代的大诗人锡克利亚诺斯也曾说，印度是关于生命的所有精神智慧和深刻的宗教思潮的根源。（Ibid.103.）

③ M. H.Harrison, *Hindu Monism and Pluralism*, Oxford University Press, London 1932. Ix.

④ K.S.Murty, *The Indian Spirit*, Andhra University Press, Waltair 1965.117.

⑤ 山口益：《般若思想史》，上海古籍出版社 2006 年版，第 10 页。

的形成，也与希腊、波斯文化的影响有很大关系（参考本书第三部分第二编第三章）。此外，对于婆罗门教同希腊思想的交流，希腊史料也有较多的记载。不过对于有没有希腊人皈依婆罗门教，目前还没有看到明确证据。但是至少可以相信，随着印、西文化直接交流的管道被打通，婆罗门思想，尤其是奥义书哲学，通过这一管道影响希腊文化，是极自然的事情。毕竟在此之前，东方文化也曾对希腊文化产生过深刻影响，在希腊罗马文化的鼎盛时期，仍有许多西亚的信仰（比如奥菲斯教、密特拉教等，以及后来的基督教）被引进来。

在希腊化时代，希腊人对印度哲学的态度，或许可以从亚历山大本人身上得到体现。古希腊历史学家锡库鲁斯、斯特拉波、普鲁塔克、阿里安以及克里索斯托姆、帕拉底乌斯等都谈到亚历山大与印度婆罗门的交往。据说亚历山大曾居住在拘首陀罗伽乡村的婆罗门中间，并从他们求学，且赞叹他们的思想比他所知的任何哲学都要高明。考虑到他的导师是亚里士多德，他的看法可能代表了当时希腊许多知识分子在比较印度和希腊哲学后作出的选择。在这种情况下，印度思想之进入希腊，应当是极为便利的。多位史学家都记载了亚历山大和婆罗门 Dandamis 的交往。据记载，亚历山大听说塔西拉地方有两个婆罗门智者，都有许多徒众，乞食而活，常于市场向人说法，其中之一即 Dandamis。亚历山大仰慕二人智慧，乃派人召之。使者对 Dandamis 说，亚历山大，神的儿子，现在想要见他，如果他去，将得到赏赐，如果不去，将被杀头。据说 Dandamis 听到这话，躺着都未起身。他带着漠然、嘲讽的口气说，他同亚历山大一样是神的儿子。神是至上主宰，是光明、和平、生命、水、身体和灵魂的创造者。他是灵魂的主宰者。神将灵魂包裹在肉体内且置于地上，以考察他们是否能遵从其命令生活。灵魂是不死的实体。肉体如灵魂的衣裳。死后灵魂脱离肉体上升到神那里。神根据灵魂在人世的行为决定其奖惩。神还重新赋予亡灵以生命。灵魂的内核是精神。人死后灵魂变成精神。Dandamis 说，大地给予每个人足够的东西，唯当一无所有，人才能无所牵挂、随意而行，从而享受精神的宁静。贪求聚敛只会导致烦恼痛苦。他表示，所有真正有价值的东西他都已经有了：林子有果实可食、有水可饮、有树叶可用以搭棚，而亚历山大能给予他的，对于他都是完全无用的。如果亚历山大要杀他，他将很高兴能摆脱这肉体。当他听到毕达哥拉斯、苏格拉底和第欧根尼的学说时说，这些人虽都是天才，但仍然过于执着法律，以至被法律所系缚。精神高于法律，智者遵从内心的准则而不是被外在的法律和习惯左右。另一位婆罗门智者 Calanus 则来参见亚历山大并成为他的随从。

我们从这些记载可以作出两个推论：其一，这些记载呈现的 Dandamis 思想，是真实的婆罗门思想，而且应当归属于奥义书哲学的范畴。其中，Dandamis 所谓神、人关系，与奥义书所谓人是至上神所生成的观念一致。他所说的灵魂与精神的关系，也大致与奥义书中元气与自我的关系符合。其说灵魂与肉体的关系，也符合奥义书的轮回说。他对毕达哥拉斯等人的评论，与奥义书对梵智对于世俗道德的超越性的强调一致。其二，亚历山大本人对婆罗门思想的评价，代表了当时希腊知识界的态度。当时的学者们认为婆罗门思想有一种超越希腊人的独特智慧，并渴望学习这一智慧。因此，我们可以肯定，印度宗教尤其是奥义书思想，当时已经对希腊哲学产生了很深刻的影响。

从材料看，当时的希腊史学家和学者对印度的描述，大体一致。根据他们的理解，婆罗门思想认为生命就是苦。婆罗门只是把生命当做自然加给他的责任，而不得不承受。死是苦的解脱。我们的生命如同子宫中的婴儿。事无好、坏，否则同一事不可能使一人得乐而使他人生苦。对于智者，死使他进入真实、幸福的生命，故他必须修炼自己以等候死亡。人死后还可获得新的生命。他们对现世的生命毫无兴趣，而只关注死亡和来生。神创造宇宙、支配它且充满它。一切事物皆由四种元素构成。灵魂不死且在人死后应受审判。苦行、自残为修道的方式。有的记录说婆罗门以为至上神是光和语言。其中，语言就是理性。只有当灵魂最外在的覆障，即虚荣（无明）被除去，理性才能显现出来。语言以肉体为覆障，当它脱离肉体，便能显现出来。人为了走向神，就必须与肉体和情欲作持续斗争。灵魂只有摆脱了肉体，才能见到神或成为神。后来的历史学家梅伽斯顿尼曾作为西亚的希腊塞琉古王朝派驻孔雀王朝的月护王朝廷的大使，在华氏城居住过一段时间。他对当时婆罗门思想的记述，也与上述说法基本一致："关于死亡，他们有很多争论。最后，他们认为在此岸的生活实际上类似于在子宫中发育的婴儿，反之死亡才是一个新生命的诞生。此乃是智者之喜乐。据信，人唯有修苦行，才能得此喜乐。"① 现在看来，希腊学者对婆罗门思想的描述，大致符合事实。以至今天的印度学者也承认："考虑到语言和交流的困难，希腊人对于印度哲学的理解整体上是正确的。"② "希腊人（对印度思想）的描述有许多谬误、神话和矛盾，但确实抓住了婆罗门出世哲学的实质精神。"③ 在希腊人看来，"印度哲学是非世俗的、悲观的、神秘主义的。"④ 现代西方人也大体仍然是这么认为的。这表明当时的希腊人对印度文化和宗教有了很充分的了解。

到罗马帝国时代，婆罗门——奥义书思想对欧洲哲学和宗教的影响仍在持续深

---

① Hajime Nakamura, *A History of Early Vedānta Philosophy*, Motilal Banarsidass, Delhi, 1983.361.

② K.S.Murty, *The Indian Spirit*, Andhra University Press, Waltair, 1965.117.

③ K.S.Murty, *The Indian Spirit*, Andhra University Press, Waltair, 1965.117.

④ K.S.Murty, *The Indian Spirit*, Andhra University Press, Waltair, 1965.117.

化。这里试以在当时具有重要影响的两个哲学—宗教派别，即新毕达哥拉斯派和新柏拉图派为例加以说明。毕达哥拉斯派和新柏拉图派有两个共同点，就是：其一，围绕他们的重要人物都有一些关于其与印度交往但往往难以证实的记载（从毕达哥拉斯到阿波罗纽斯，以及从巴德沙涅、阿摩尼乌到普罗提诺）。其二，其思想有些已显然脱离希腊传统，而与印度思想表现出本质的一致性。这暗示了这两派思想都与印度传统有某种特殊关系。以下试以这两派中各自最有代表性的两位人物，即阿波罗纽斯和普罗提诺为例来进一步探讨这一问题。

阿波罗纽斯是新毕达哥拉斯派的最重要人物，曾对罗马帝国的知识界有巨大影响，甚至被罗马帝国尊为神，以抵消基督教的影响。他强调苦行，坚持素食，且放弃任何财产。据说他曾经到印度从婆罗门学习了四个月时间。据史料记载，阿波罗纽斯曾经从婆罗门 Iarchas 学习印度哲学[1]。他对 Iarchas 洞察物情的神通惊诧不已，于是问他，他是否能如是洞察自我（因为在古希腊人看来认识自己乃是极难之事）。Iarchas 出乎意料地回答说："唯因我们首先认识了自己，我们才能认识所有事物。人除非先深思在吾人心中之自我，就不能得此道。"[2] 知自我才是最究竟的知识，人若知自我，则知一切。据说某个印度人曾经告诉苏格拉底同样的事情。Iarchas 对灵魂轮回和知前世的看法，与毕达哥拉斯派相同。世界由五大构成，其形为一巨人。它从自身产生出万有并将其包含在内。它有智慧，可以知晓众生的需要，惩罚他们的罪过。有一个初始神创造世界，并将其各部分交给不同神明统治。灵魂清静无为。当一人有为而无执，则实为无为（参见 BG IV · 20，V · 7—8，13 的同样表述）。人若得平衡（平等）、宁静（寂灭），则活着时就可以超越此世界（生解脱）。他们似住于此世，而实住于彼岸（参见 BGV · 19，26 的同样表述）。阿波罗纽斯认为他的学说远比自己的更有智慧。他认为婆罗门即居住于世，又不在世；一无所有，又具有一切；现在于此，而实不在此。一无所有指他们断除了自私（我慢），放弃一切，出离世间；但是由于他们证悟、得到了包含万有的自我，因而又具有一切。他们是完全自由的精神，断除了所有贪欲、愤怒、愚痴，体验到彻底的孤独（清净独存）和奇妙的喜乐。

在这里我们可以看到，Iarchas 所说的内容，尽管经过了希腊化解读而不可避免会有一定误差，但与奥义书尤其是晚期奥义书的思想是高度一致的。这表明这一记载，至少就其核心内容来看是基本可信的。第一，它所转述的灵魂轮回说符合奥义书的实际情况，这就是奥义书人生论的基本立场。第二，所谓知自我则知世界，

---

① K.S.Murty, *The Indian Spirit*, Andhra University Press, Waltair, 1965.113—114.

② Hajime Nakamura, *A History of Early Vedānta Philosophy*, Motilal Banarsidass, Delhi, 1983.365.

也是奥义书独特的观念。因为，奥义书以为自我就是万有之全体、本质，故知自我则知一切。第三，五大（地、水、火、风、空）说也与希腊的四元素（土、水、火、气）说不同，是典型的奥义书说法。第四，把宇宙想象为一个巨人的形体，通过他产生万有并将它们包含在内的说法，也不见于希腊传统，而是梵书和奥义书的通常观念。第五，由唯一的初始神创造世界然后将其交给不同神明统治的说法，也是梵书、奥义书的基本观念，而不见于希腊传统。第六，灵魂清静无为，属于《羯陀》以后奥义书共同的观念。第七，通过证入平等、寂灭达到解脱的理想，以及在解脱境界的无所住、无所得、无所有，都是《白骡》、《慈氏》、《光明点》等晚期奥义书最重要的思想。

今天我们对于新毕达哥拉斯派的思想所知甚少。我们对阿波罗纽斯的上述知识，都来自后来的该派学者菲洛斯特拉特为他写的一部内容真实性颇受质疑的传记。然而上述记载，如前所论，对于印度思想的转述是颇真实的，绝不可能来自杜撰。从中我们首先可以肯定此派对于印度奥义书思想有了相当深刻的理解。在这里我们可以作如下推理：(1) 如果上述记载符合历史事实，那么从阿波罗纽斯对这些奥义书思想的高度赞赏和崇敬的态度，可以肯定他应当接受了其中大部分内容。(2) 如果此事属于杜撰，那么这也表明后来的毕达哥拉斯派对于这些思想是完全认可的。在这两种情况下，我们都可以推断，新毕达哥拉斯派应当是吸收了上述奥义书思想的大部分内容（如果不是全部）。至于他们是如何将这些新内容与毕达哥拉斯派原有的哲学整合起来的，现在恐怕不可能拟出清晰的线索了。

新柏拉图主义与印度思想亦有特殊关联。此派哲学通过普罗提诺得到系统化，他其实是此派的核心人物。普罗提诺与东方思想的关系，由于他对欧洲神学和哲学的重大影响，具有很重要的意义，且一直是西方学界颇为关注的话题。考虑到普罗提诺本来出生在埃及，且在埃及、西亚的广泛求学和活动的经历，考虑到东方思想对希腊化文化的广泛渗透，他受这些思想的深刻影响应当是确定无疑的①，以至有学者说现在还讨论这一问题简直是浪费时间②。因此我们将下面的讨论集中到普罗提诺是否受到印度思想影响这个更小的问题。这个问题在西方和印度学界亦曾引起热烈的讨论，但这种讨论，尽管持续了数十年，仍未取得决定性的结论。

一些普罗提诺研究者，如 E.Brehier 和 A.M.Wolters 等，肯定普罗提诺受印度思

---

① P.M.Gregorios (Ed), *Neoplatonism and Indian Philosophy*, State University of New York Press, Albany, 2002.14.

② P.M.Gregorios (Ed), *Neoplatonism and Indian Philosophy*, State University of New York Press, Albany, 2002.21.

想影响[①]，但也有学者持反对立场[②]。争论双方皆承认普罗提诺与印度思想的一致性[③]，分歧在于这种一致性是否因为前者受到后者的影响。我们在这里想着重指出以下两点事实。

第一，在普罗提诺的时代，希腊罗马世界与印度文化的交往已经非常频繁，且新柏拉图主义一直与印度思想有特殊关联。一方面，在希腊化时期，希腊的文化中心事实上已从雅典转移到亚历山大里亚。希腊化文化于是暴露在东方（亚洲和非洲）文化的更直接影响之下，因而大量汲取了埃及、舒利亚、波斯和印度文化内容，其精神已与理性主义的雅典时代有很大差距[④]。在亚历山大里亚，公元前后就已经有婆罗门教和佛教的活动，公元3世纪还出现了佛教徒的精舍[⑤]。普罗提诺的主要活动地正是亚历山大里亚，因此他可能早就对印度思想有所接触。另一方面，普罗提诺曾从学的毕达哥拉斯派和新柏拉图派，都与印度思想有关。毕达哥拉斯派的情况已如前所说。2世纪的新柏拉图主义者巴德沙涅（生于154年）也曾经从印度派往罗马帝国的使团学习过印度哲学。法国东方学权威Danielou甚至提出普罗提诺的导师阿摩尼乌（Ammonius Saccas）的名字乃是“Sakyamuni”（释迦牟尼）的拉丁文转写[⑥]，尽管此说还缺乏进一步的证据，但至少表明学界早就注意到新柏拉图主义与印度思想的特殊关系。波斐利的传记说，普罗提诺在阿摩尼乌处研究哲学多年后，乃急于获得对于印度各种学说的知识。这表明阿摩尼乌可能经常提到这些学说。出于上述动机，普罗提诺参加了罗马派往波斯和印度的远征军，并且由于这个征服计划失败而逃了回来。另外一个正常的推测是，如果普罗提诺不是预先对印度哲学有了相当的了解，否则他冒生命危险去参加远征计划是不合情理的。考虑到这些事实，普罗提诺直接受印度思想影响，应当是很自然的事情。

---

① E.Brehier, *The Philosophy of Plotinus*, the University of Chicago Press 1958.106-131; A.M.Wolters, “A Survey of Modern Scholary Opinion on Plotinus and Indian Thought”, *Neoplatonism and Indian Thought*, ed. R.B.Harris, State University of New York Press 1982.

② P.M.Gregorios (Ed), *Neoplatonism and Indian Philosophy*. State University of New York Press, Albany 2002, 71FF.

③ P.M.Gregorios (Ed), *Neoplatonism and Indian Philosophy*. State University of New York Press, Albany 2002, 71.

④ P.M.Gregorios (Ed), *Neoplatonism and Indian Philosophy*. State University of New York Press, Albany 2002, 19.

⑤ P.M.Gregorios (Ed), *Neoplatonism and Indian Philosophy*. State University of New York Press, Albany 2002, 17.

⑥ P.M.Gregorios (Ed), *Neoplatonism and Indian Philosophy*. State University of New York Press, Albany 2002, 16.

第二，普罗提诺思想有许多重要内容，不仅与希腊传统有别，而且不属于被他作为资源的犹太—基督教传统，也不见于其他西亚思想，却与印度思想尤其奥义书的哲学表现出本质的亲缘性。兹略举如右：(1) 正如 Brehier 所指出，普罗提诺思想中"自我与普遍存在的同一"观念不属于希腊哲学传统，因而应是来自印度宗教尤其是奥义书思想的影响①。普罗提诺说："在真智慧中我们与实在事物同一，我们就完全成为实在事物，因而构成一个同一的存在。"② 自我的本质是太一，即存在的本质。当人回归太一，就融入其神圣本原，于是丧失了任何差别，包括主客、心境、物我的差别，进入融然一如的境界。普罗提诺的自我与存在绝对同一观念，可以被当做奥义书最重要的"梵我一如"观念的希腊版。(2) 普罗提诺把存在本质、太一理解为一种超越理性、逻各斯，排除了全部思维念虑的无差别、一味的神秘本体，这也脱离了希腊理性主义传统，而与奥义书对大梵的描述一致。希腊哲学没有领会到一种在理性、逻各斯之外的存在本体。其中，柏拉图明确将存在的真理、本体确定为理念，事物只是理念的摹本。此前阿那克萨哥拉提出作为灵魂本质的"奴斯"概念，但奴斯也被与理性、理智等同。尽管犹太—基督教也强调上帝的超现实性，但在受新柏拉图主义影响之前，其所理解的超现实性意义还很模糊。在其他西亚思想中，也没有出现一种超逻各斯的存在本体观念。但是一种超越理性、理智的纯粹精神本体观念，可以说是典型的奥义书观念，它表现在《蛙氏奥义书》对于至上梵对般若（理性、理智）的超越性的阐明中。在这种情况下，我们推测普罗提诺的太一观念，应当受到了奥义书超理性的大梵观念的启发。(3) 普罗提诺对于太一的一些最重要表述，往往与奥义书对大梵的说法雷同。跋多 (S.R.Bhatt) 指出普罗提诺把唯一者从否定方面说为不可知、不可确定，从肯定方面说为存在、心灵、喜乐，以唯一者为杂多、差别中内在、超越的存在，这些都与奥义书——吠檀多的说法如出一辙③。这类一致性恐怕不会全都是偶然的。尤其是普罗提诺将绝对者解释为存在、心灵、喜乐（由此出发，波斐利把太一解释为存在、理智和生命的统一），与《鹧鸪奥义书》说大梵之本体为存在—心识—喜乐 (satya-jñāna-ānanda)，如合符节。这种类似性很难解释为偶然的一致，而应视为普罗提诺受奥义书思想启发的结果。(4) 学者指出普罗提诺对四种存在的区分（太一、努斯、灵魂、物质），与奥义书 (MāṇḍI—VII) 的大梵（自我）四位之

① E.Brehier, *The Philosophy of Plotinus*, the University of Chicago Press 1958.117.

② P.M.Gregorios (Ed), *Neoplatonism and Indian Philosophy*. State University of New York Press, Albany 2002.213.

③ P.M.Gregorios (Ed), *Neoplatonism and Indian Philosophy*, State University of New York Press, Albany, 2002.211.

说，存在明显的理论同构性[①]。太一是没有思维和观念、无差别、不二、无限的绝对同一的精神，它超越一切存在而为其最终源泉。奴斯即上帝的纯粹思想、理智。理智由太一流射出。它是超验的理念体系，是世界万物的模型、本体。由奴斯流射出灵魂。灵魂是纯粹思想的产物、影像或摹本。它就是有人格、有情感和欲望的、经验性的意识。它分为宇宙灵魂和人的灵魂，后者是前者的一部分。灵魂通过流射、创造，形成物质世界。普罗提诺的上述存在区分，不属于希腊、西亚和希伯来传统。但我们如果把普罗提诺上述思想与《蛙氏奥义书》比较，可以看出他对太一、努斯、灵魂、物质的描述，与《蛙氏》对在大梵的四位，即至上梵、般若（熟眠位）、炎炽（梦位）、遍有（醒位）的描述是完全一致的。《蛙氏》的学说后来成为吠檀多的思想基础。《蛙氏》所谓至上梵，超越理性，无思无虑、不二、无分别、一味，与普罗提诺的太一具有本质的一致性。般若、炎炽和遍有，分别是超验理智、经验意识和客观的经验或物质世界，与普罗提诺的努斯、灵魂、物质，意义基本相同（参考本书第一部分第二编第四章第二节）。奥义书同样确立了这四位的次第生成机制。这种形上学结构的一致性，也很难解释为完全偶然的，同样应视为普罗提诺受奥义书思想启发的结果。(5) 普罗提诺的宗教理想，也与奥义书思想高度一致。普罗提诺的圣者视宠辱、祸福为一，完全不为所扰、无所执着，而专注于对太一的沉思，处于内在、永恒的喜乐之中。学者指出，这与奥义书——吠檀多对生解脱的描述基本一致[②]。尤其是其超越理性、理智，将自身融入一种无分别的单纯本体的理想，为希腊思想所无，反而属于奥义书独特的精神追求。普罗提诺说："我通过理智发现神。于是我便不再如从前一样需要理智。神可以通过逻辑法则被发现，但不可由此被分析。逻辑的能力和必要性应予承认，但它对于单纯者无效。因为它的功能是分析而单纯者不能被分析。当我通过理智的力量到达单纯者，我就沉思这单纯者，因为此外没有别的事情可做。"有学者指出这与 Kāṭh I・2,3 所云如出一辙，简直就像后者的翻译[③]。我们推测普罗提诺的宗教理想，也受到奥义书思想的影响。(6) 新柏拉图主义对于人的灵魂看法，也往往与奥义书的一些独特观念高度一致。其云人的灵魂是世界灵魂的一部分，最终来自太一。这三者的关系，与晚期奥义书所谓命我、神、至上梵的关系基本一致。更独特的

① P.M.Gregorios (Ed), *Neoplatonism and Indian Philosophy*. State University of New York Press, Albany 2002.190.

② P.M.Gregorios (Ed), *Neoplatonism and Indian Philosophy*. State University of New York Press, Albany 2002.219.

③ P.M.Gregorios (Ed), *Neoplatonism and Indian Philosophy*. State University of New York Press, Albany 2002.213.

是其所谓 Ochema 概念，相当于奥义书所谓细身。灵魂与 Ochema 结合而进入轮回之中。当这结合体进入肉身，与肉体联结，便形成现实的生命。这些说法，都完全是奥义书式的。更让人惊奇的是新柏拉图派同奥义书一样，将灵魂的解脱之路置于宏阔的天文学背景之下，而且同样认为灵魂是脱离肉体之后，飞离地球，依次进入月界、日界、行星界，然后进入最高的天界，由此进入超宇宙的诸神界，最终融入太一。这种亡灵旅程的想象，与奥义书经常谈到的，所谓人死后，灵魂脱离肉体，依次进入月界、火界、风界、日界、诸神界（婆楼那界、因陀罗界、生主界），最后进入大梵的说法（KauṣI · 3—7, Chān IV · 15 · 5—6），惊人地相似。二者对灵魂旅途的出发点、归宿和所经历的具体阶段的构想，都具有高度的一致性。这种灵魂旅程，不是正常的逻辑思维能得到的结论，而完全是偶然的想象。上述想象，因为其极端奇异性，所以其高度一致性就不可能是一种巧合，而只能来自思想的亲缘性。由此可以肯定新柏拉图主义的灵魂理论通过某种途径受到奥义书思想启发。

考虑到以上两点事实，我们可以肯定新柏拉图主义通过某种途径受到奥义书思想影响，而且这种影响在新柏拉图主义的体系构成中发挥了极重要的作用。总之，印度的婆罗门——奥义书传统对于古代希腊、罗马的哲学—宗教发展发生过实质性的影响。这一点是可以作为学术界的定论的。

**（二）奥义书与基督教的神秘主义**

德国神学家赫尔曼评价基督教神秘主义者："当宗教情感在他们中翱翔到最大高度，他们就脱离基督而飘到任何时代的非基督神秘论者的国度。"[①]"奥古斯丁写了一本十五卷的书论三位一体，但是当他与他母亲站在奥斯提河边窗口试图表达被上帝抓住的玄妙感觉时，他说的不是三位一体，而是一个唯一的神，在其显现中灵魂被提升到它自身之上，以及所有语言和表象之上。"[②]这些说法表明了两点：其一，神秘主义与基督教本来的信仰有巨大张力；其二，基督教神秘主义的形成离不开外来文化，尤其是东方宗教的影响。

我们这里谈谈基督教神秘主义与印度宗教的关联。一方面，如前所说，在基督教形成之前，在西亚、北非就已经有婆罗门教和佛教的活动。另一方面，早在公元 2 世纪，基督教就已经开始在印度传播。到伊斯兰教征服之前，无论是基督教正统派，还是聂斯托里派，在印度都有了广泛的传播[③]。因此，早期基督教与印度宗教的交往

① R.Kumar, *Hindu Saints and Mysticism*, Crescent Publishing Corporation, 2008.65.

② R.Kumar, *Hindu Saints and Mysticism*, Crescent Publishing Corporation, 2008.65—66.

③ *ERE VIII*.705.

途径是很多的，其相互学习、相互影响亦属正常。事实表明商羯罗和罗摩努阇都与早期基督教有交往并或多或少受其影响[①]。反过来，基督教受印度思想影响也是很自然的，尽管在这方面目前可靠的史料较少。早期基督教神学就包含了神秘主义的因素。后者的形成与东方传统的长期影响是分不开的。这种神秘主义认为上帝本质是超越现实、不可思议、不可名状的存在，因而不能直接作用于世界，而是必须通过中介，这就是创世的理由。创世就是神的显灵（theophany），现实的存在是上帝的符号、表象。人必须透过这表象，才能领会神性本质。这样的观念与印度教和初期大乘佛教中大梵、如来为绝对超现实本体，故必须幻现、转变为化身、表象才能对众生显现，而众生必须超越这化身、表象才能领会神圣本体的思想，表现出本质的相似性。考虑到在公元前后，西亚地区希伯来、波斯、印度宗教熔炉，则基督教这种新的神秘思想，是通过某种途径受到印度宗教启发，也是很自然的。另外，学者指出在圣保罗对神显的直接经验中，就明显可以看出当时已渗透到罗马帝国的"东方神秘主义"的因素[②]。亚历山大里亚教父克雷芒，曾从他的老师潘塔努斯学习印度哲学，后者曾作为早期的传教士到印度传教。克雷芒说婆罗门不仅蔑视生命，而且蔑视死亡，相信人死后还可获得再生（不过克雷芒对此显然是在基督教意义上理解的，而不是理解为轮回）[③]。米兰主教圣安布罗斯也记载了 Dandamis 关于神创造灵魂且将其与肉体结合以考察其在此世的行为，及神重新赋予亡灵以生命，人死后灵魂变成精神等说法[④]。在这里，早期基督教神学家对于印度宗教同其对希腊哲学的态度一样，往往是选择其认为有价值的内容吸收过来并加以神学改造。但是印度思想之影响基督教，主要是通过间接的途径，即以新柏拉图主义和苏菲派哲学为中介实现的。尽管如此，在基督教神学，尤其是泛神论和神秘主义思想中，来自印度宗教尤其是奥义书思想的影响，也是时时可以感受到的。早期基督教神学中的一些伟大人物，比如奥利多和奥古斯丁，都曾受到新柏拉图主义的根本影响。进入中世纪后，基督教神秘主义又从苏菲派汲取资源。地域的邻近使穆斯林和基督教长期相互影响。尤其是穆斯林对西班牙和东欧、地中海地区的征服，使苏菲派的观念进入欧洲思想获得了直接通道。在安萨里之后，穆斯林世界的思想中心实际上已经从波斯和东部地区转移到西班牙，苏菲主义对基督教世界的渗透更强有力。安萨里和伊本·阿拉比都对西方神秘主义产生了重要影响。众多文献表明了苏菲派的爱的神秘主义与基督教晚

① S.Santideva, *Sufi Saints and Mysticism*, Cosmo Publications, New Delhi, 1999.185.

② *ERE IX*.90.

③ K.S.Murty, *The Indian Spirit*, Andhra University Press, Waltair, 1965.115.

④ K.S.Murty, *The Indian Spirit*, Andhra University Press, Waltair, 1965.105.

期神秘主义在精神上的亲缘性。比如阿维拉的特丽莎的作品，与拉比娅（Rābiah al-Adawīyah）的诗歌，在内容上表现出惊人的相似性。十字架的约翰的《暗夜》，亦可视作阿贾尼（Shakh al-Junayd）诗歌的回响。我们这里想指出的是，无论是新柏拉图主义还是苏菲派，其影响基督教最深的是其泛神论以及本体的神秘论。而我们前面表明这样的思想其实都不属于希腊和《古兰经》原先的传统，而是最终应追溯到印度宗教尤其是奥义书思想。因此基督教的神秘主义，也必然与奥义书思想存在精神的亲缘性。尽管这种亲缘性，由于是经过新柏拉图主义和苏菲派中介的，肯定不如后二者与奥义书宗教的亲缘性那么显著。我们还是试图从理论和实践两方面来谈谈这个问题。

一方面，从亚历山大里亚的克雷芒、奥利金、奥古斯丁、阿娄帕果的狄奥尼修斯到爱克哈特的神学，都试图表明上帝的本质是超越逻各斯、理性的存在，从而对于《旧约》对上帝的超现实性的模糊领会，给予了一个非常清晰的规定。然而对于上帝本质的超理性特征的领会，在圣经中并没有得到清晰表述，但是在印度宗教中却得到最明确阐明、成为其思想的核心且渗透到新柏拉图主义之中和苏菲派思想中。基督教神秘主义首先就是在新柏拉图主义启发下，将上帝的超现实性明确解读为上帝本质对逻各斯、理性的超越性，因而与印度宗教尤其奥义书的神秘主义有实质的亲缘性。

首先，克雷芒的神学，就表现出印度宗教的影响。亚历山大里亚的克雷芒是一个浸润印度宗教颇多的神学家，也是第一个留下著述的基督教神秘主义者，但其主要作品都是劝教性质的，直接阐明其形上学者很少。根据有限的资料可以看出，他认为上帝是无形相方所、无上下左右、无运动静止，超越时间、空间、言语和思维的。上帝只能从虚无、黑暗中寻求。真正的智慧不是通过学习而得，而是通过苦行、厌世、放弃自我和沉思上帝而获得。最后，唯有通过持续、专注的沉思，才能达到神。他对上帝的描述与奥义书对大梵的描述完全一致。这一点，对比 Kāṭh II · 14 谓大梵“离法非法，离过去未来、因与果”，II · 20—22（有删节）谓彼“细于微细者，大于广大者，为此至上我，居于众生心。若人得无欲，乃因诸根静，而见我之大，遂脱于苦厄。安坐而行远，偃卧赴四方。知身中无身、于动中不动、广大、遍满我，故智者离苦”，以及其他奥义书中大量的关于大梵无上下大小、无声色嗅味、无形象方所、不可思议、不可言说的表述（如 BṛihIII · 8 · 8），就可得证。然而这类表述在圣经中是少见的，所以鉴于克雷芒与印度哲学的较多接触，可以认为他在这里受到了后者的启发。另外克雷芒开示的宗教实践，也与圣经以信、爱、责任为核心的实践有重大区别，而将实践重心转移到通过苦行与沉思证悟神性的印度式修道论之上。

其次，奥利金的思想的一些重要方面，也可以通过柏拉图主义等的中介追溯到奥义书神秘主义。在他的神学中上帝本质是超理性、言语的无差别的“一”，存在者的差异性本质上是其脱离唯一者的方式不同的思想；灵魂的投生是出于自由意志，而且是对其意志误用的惩罚的思想；世界永恒循环及最后救赎的思想，皆与犹太和希腊思想有相当大的距离，而无疑受到东方思想的影响。其中将上帝本质理解为超理性、无思虑、无差别、一味的绝对，与犹太—基督教的人格神、天父，有巨大鸿沟。如前所议，这样一种上帝观念，是奥义书宗教的独特成果，后来渗透到新柏拉图主义的神学中，而奥利金的这一上帝观念来自新柏拉图主义启发，乃是学界公认的事实。这意味着他的这种上帝观念应当最后追溯到奥义书宗教。灵魂的投生是出于自由意志且是对意志误用的惩罚的思想，也与梵书、奥义书的意志决定往生，往生是为了接受业报的思想类似。最后，世界永恒循环及最后救赎的思想，不见于正统的犹太和希腊思想，只能来自东方神秘主义的影响。事实上，把宇宙当做一个无限轮回的苦难聚合体，把生命的最终救赎当做世界轮回的终止，乃是奥义书悲观主义的独特构想，完全与圣经的宇宙观和救赎论不同。因而我们推测奥利金的此类观念，是以某种途径（新柏拉图主义和新毕达哥拉斯派）受到奥义书宗教的启发。

第三，奥古斯丁的神学，由于浸润新柏拉图主义，也表现出与奥义书神秘主义思想的亲缘性。与奥义书的神秘主义一致，奥古斯丁也明确指出了上帝对于理性、逻各斯，对于一切现实存在的超越或否定：“若理性不通过任何身体器官，不靠触、尝、嗅，也不由眼、耳或低于理性的任何感官，只靠它本身看到永恒不变之物，那么，它会承认自己为低等，而那永恒不变之物即是它的上帝。”① 他认为上帝是绝对自由的精神本体，超越逻各斯和其他任何存在物。它具有一切事物的理念或形式，并通过理念创造世界，但不受理念的限制。他对上帝本质的描述与奥义书对至上梵的描述一致；上帝与理性、逻各斯的关系，与《蛙氏奥义书》的大梵与般若（理性）的关系基本一致（参考本书第一部分第二编第四章小结）。奥古斯丁《忏悔录》提出的反思实践，也与《鹧鸪奥义书》的五身观想极为类似，其云：“我被一步接一步地引领向上，从肉体到以肉体感官进行感知的灵魂；进而到灵魂的内感觉机能，这是动物心智之极限；再到理性的机能，通过肉体感官获得的知识被移交给它（理性机能）的判断。当这种也属于我的能力发现自己是变化的，它就将自己提升到其自身的理智，从经验中将其思想抽出，把它自己从感觉印象的杂乱聚合中抽离出来，它就会发现它沐浴于其中的光明。于是它会大声宣言：毫无疑问那不变者要比可变者更值得追求。

① 奥古斯丁：《论自由意志》，上海世纪出版集团2010年版，第111页。

此时它也领悟到了那不变者。这样，它以颤抖的一瞥，到达到那'在'者。"① 在这里，人的现实生命被分为五个层次：肉体、感知灵魂、内感觉、经验的理性、超验的理智，而上帝本质则超越理智。这种反思就是从肉体逐渐深入到自我的内部，最后超越理智，领会上帝的本质。《鹧鸪》的五身观想（Tait II）也是同样的反思途径。其云人有五身，层层相裹，从外到内依次为食身（肉体）、元气身（生命气息）、意身（感觉的总体）、识身（经验意识）、喜乐身（先验意识）（参见本书第一部分第二编第三章第二节）。修道者应从外到内，依次证五身为存在的本质。这里，我们可以明显看到奥古斯丁的说法与《鹧鸪》五身说的亲缘性。其中"肉体"就是《鹧鸪》的食身，以肉体感官进行感知的灵魂就是元气身，灵魂的内感觉机能相当于意身，理性的机能相当于识身，而超越经验的理智相当于喜乐身。所以这一观证的程序与五身观想基本一致，代表了同样的反思概念。至于其最后要求超越理智进入不变的在者，即上帝，则是否定自我的先验现实性，进入神秘的本质，则为《鹧鸪奥义书》所未到。不过，在ChānVIII 中，五身说的另一版本，则提出灵魂最后应超越熟眠位（理智），进入至上梵，故与奥古斯丁所云完全契合。无论是在奥义书中，还是在奥古斯丁神学中，这种反思途径都同时表明了对于人的现实存在的理解。

第四，狄奥尼修斯浸染新柏拉图主义更深，比以上诸家更接近印度式的泛神论。其以为：神就是万物的存在，一切存在物皆由神所生出，且欲复归于神。所谓创造，其实是上帝揭示、显现自身，是上帝的显灵（theophany）。一切事物的存在皆是上帝的显现或表象。同普罗提诺的太一的分阶段流射一样，在狄奥尼修斯的神学中，上帝之光的显照也是遵循其阶梯的，离光源的远近决定了存在的等级。较低级的存在者从较高者接受光（存在），并传递于更低者。其中，纯粹理智是神的最初显现，故处于所有存在者的顶端，其次依次是心、灵魂、生命，最后是物质。神性依这一次第、转化为世界万有的存在，世界就是神的显灵。每一存在物既是从神而有的，故又渴望复归于这神性的本原。事物这种复归于神的冲动，狄奥尼修斯称之为爱。爱就是存在者具有的一种内在冲动，它将存在者从其自身存在中拖出来，将其带回神之中，所以爱就是出神（exstare）。因此世界就是一个"善的循环"，万有依次产生于神，而又依次复归于神。显然这种宇宙图式，既不是犹太—基督教原有的，也不属于古希腊罗马哲学的传统，倒是与奥义书（《鹧鸪》、《蛙氏》等）所说的，在宇宙发生中，绝对超越的至上大梵依次显现为理智、意识、生命和物质。而在个人和宇宙的末世论结局中，事物从最粗显的物质依次入没，皆消融于理智（般若），最终理智亦没入至

① 奥古斯丁：《忏悔录》，商务印书馆 1981 年版，第 131 页。

上梵循环图式，表现出极大的思想一致性。这种一致性可能也不应视为一种巧合，而更可能是表明了基督教早期（直接地或通过新柏拉图主义）受到印度宗教的影响。另外，狄奥尼修斯的上帝本质，也明显偏离了基督教的神性理解，而与印度宗教神秘的大梵更一致。其云上帝本质是唯一、无分别的绝对存在，是全部多样的世界的根源，万有皆由这无分别的唯一者流射而出，并分有了一。万有从一生成并复归于一。这种上帝本质观念，与奥义书（《白骡》、《慈氏》等）的无差别、超绝的大梵观念如合符节。狄奥尼修斯的这些说法，同新柏拉图主义一样，都表现出强烈的泛神论色彩，在精神上更接近奥义书哲学而非传统的希伯来—希腊思想。狄奥尼修斯的万有由神射出、分有神并复归于神的观念后来成为基督教神学的共同遗产。这使得在整个基督教神秘主义传统中，我们始终都可以听到东方思想的回声。

最后，爱克哈特的神秘主义，也同样由于沾溉新柏拉图主义而与晚期奥义书的泛神论表现出思想的亲缘性。他认为上帝是唯一的存在，在它之外无物存在。上帝之外的存在皆是幻相、虚无，上帝则为超绝、唯一的真理。对于受造物而言，存在是上帝从外面输入，从未真正成为它们的自身内容，就像原型从未真正进入摹本之中，因而受造物，至少就其自身而言，完全是虚无，它只是纯粹理智、逻各斯的影像。上帝呈现于人的灵魂中，灵魂分有上帝。《白骡》、《慈氏》等晚期奥义书表达了对上帝本质几乎与此相同的领会。其云至上神是唯一真实的存在，世界只是他投射的幻相、举体虚无。神通过自力幻现宇宙。晚期奥义书所谓神的自力，其实质等同于《蛙氏》所谓熟眠识、般若，即超验的理智。当至上神执着于他的幻化产物，与之联结，就形成人的灵魂（命我），他内在于灵魂之中，为其本质。另外从《羯陀》起，奥义书就有了这样一种信念，即至上神进入万有之中，但并未真正成为万有，故其实仍在万有之外（参考本书第一部分第二编第二章第三节）。可见，爱克哈特的泛神论的、神秘的上帝观念，与晚期奥义书的至上神观念，具有实质的一致性，另一方面它却与圣经的上帝大相径庭。与此相应，爱克哈特的宗教理想，也表现出与奥义书宗教的高度一致性。其云人与上帝结合，其实是回归于自身的本原。这要求人意识到一切世间事物，包括人的个体性，就其自身而言都是纯粹的虚无，从而抛弃这些虚无之物，将灵魂的目光内指，把自己锁在其"灵魂之城"中。后者分有了太一，灵魂在这里不复与上帝区别。"当虚无被舍弃，则万有复归于太一。"这与《白骡》、《慈氏》等开示的打破宇宙和个人自我的幻相，将自身彻底融入内在的至上神之中的修道方针，是完全一致的。他描述融入上帝的境界讲道："在此人不再谈及灵魂，因它已在那彼岸的神圣本质的同一性中丧失其名。在此它不再被称作灵魂，而被称为不可规定者。"对比奥义书形容的解脱境界："如诸川奔流，归于大海洋，消失其名色，知者离名色，归神圣原人，超彼超越者。”（Muṇḍ III·2·8）可以看出，无论是在思想的内容还是表述上，这二者的一致性都是非常醒目的①。爱克哈特思想与晚期奥义书神学的这种高度一致性，考虑到他的新柏拉图主义背景，应当归结为一种思想的亲缘性。

另一方面，基督教神秘主义的实践，也与奥义书的宗教实践有颇多一致，其对于苦行和定心的强调，应当追溯到印度宗教的影响。“印度的苦行——神秘哲学影响了基督教苦行主义的全部发展，唯于其影响之程度尚有不一致看法。”② 西方人通常所谓苦行主义（ascetism），可能与印度宗教所谓苦行（tapas）并不完全对应，它指的是这样一种修道实践，即试图通过出世、禁欲、自残和系统的身心控制，以达到一种高度专注的沉思，从而使某种超越真理显现，并使人由此获得拯救。这种苦行主义，可以将印度宗教所谓禁欲、自制、瑜伽、禅定、三昧等全都包括在内。应当承认这种苦行实践对于基督教以至整个西方传统本来都是很陌生的。基督教在实践上原本强调的是信、爱和责任，通过实行公义，献身于神，期待上帝的末世审判，未曾将通过禁欲和身心控制以达到某种神秘体验作为追求的目标。

然而从公元2世纪起，苦行主义在基督教中兴起，此后便逐渐增强，这种变化离不开印度宗教的直接或间接影响。一些早期基督教派别（比如孟他努派）就曾经试图通过空掉心中所有思虑以达到一种狂喜出神状态，从而与上帝结合③，表现出明显的东方神秘主义色彩。亚历山大里亚的克雷芒提出上帝是超理性的存在。证悟神性的真正智慧，不能通过博学、思辨而得，而是通过苦行、厌世、放弃自我和沉思上帝而获得。唯有通过持续、专注的沉思，才能达到神。他的宗旨是通过苦行培养专注的沉思从而证悟神，这与奥义书瑜伽通过修炼禅定以证入大梵的旨趣完全一致（奥义书所谓禅定或定心就是专注的沉思）。在这里，他已经从基督教原有的信和爱的实践转移到印度式的苦行主义。与奥义书对智道和业道的区分类似，如奥利金、圣格

---

① 事实上，在中世纪神学家的言论中，与奥义书类似或相同的表述十分常见。比如圣伯纳德：“正如一个小水滴坠入酒中，似乎被同化而消失，具有了酒的颜色和味道；正如烧红的铁变得像火一样，似乎失去其原有的形相；正如空气被阳光充照，似乎变成一个自身明亮澄澈的东西，以致它似乎不是被照亮的，而本身就是光；同样在圣徒心中所有情感最终消解、溶化，而全部流入上帝意志中。事实上，如果在人之中还有属于人的某物，上帝怎能成为所有事物中的全部?”（De diligendo Deo 10，引自 Gilson, Etienne, *Histroy of Christian Philosophy in the Middle Ages*, Sheed and Ward, London 1980.165）其中水滴入水喻、炽铁喻、空气被阳光充满喻，皆是吠檀多常见的比喻。这些譬喻在这里如此集中出现提醒人们，印度奥义书——吠檀多思想对中世纪思想的影响尽管是间接的，但其深度可能超过了基督教神学家们所想像的。

② K.S.Murty, *The Indian Spirit*, Andhra University Press, Waltair, 1965.116.

③ *ERE IX*.91.

利高里也区分出两种宗教生活：行动与沉思，分别形容玛大和玛丽，而且同样将沉思置于行动之上，以之为见证神性的直接途径（Ezechielem II·2·9）。唯通过沉思才能达到与上帝结合。奥利金强调要在沉思中上升到感觉、形相和影像之上，进入神秘、不可言说的境界。他相信通过苦行、禁欲，就可实现与上帝的结合。其云当亚当和夏娃之眼睁开，则人内在之眼即关闭。唯当人关闭感性之眼，睁开灵魂之眼，才能见证上帝。因此唯不见者实见，而见者实盲。他的实践宗旨，同克雷芒一样，也偏离基督教本来的实践而转向与印度宗教一致的苦行主义。圣格利高里则试图将行动与沉思很好地统一起来，且进一步把苦行实践系统化。他认为沉思的条件包括宁静、舍离、自制以及对神和邻居的大爱。其修炼之法包括：其一，灵魂舍弃所有通过视、听、嗅、触、味呈现的境相，舍离一切天国和地上的形象，断绝外缘，摄心内指（Ezechielem II·5·9）①；其二，收摄自心使不散乱；其三，专注于自心而不动摇；其四，超越自心进入对无相的神自身的沉思（Ezechielem II·5·9）。这种培养沉思的功夫，与奥义书瑜伽所谓的止根、总持、禅定、三昧（无觉三昧），具有实质的一致性（与佛教定学亦相呼应），可称作一种广义的定学。而且这种定学同样以将自我消融于无差别的至上光明境界为目的，心灵在这里充满了宁静、甜美，但是灵魂在目睹天国的壮美景相后，又很快被自身腐败的重量打回来，再次坠落到浊世之中（Morals on Job V·27，VIII·50，X·13）。与奥义书早期实践通过遮破法和晚期通过“空”逐渐排除经验、现实的存在，呈现神性的真理一致，教父哲学也主张通过对现实性逐步排除和否定的方法达到对于上帝本质的神秘体验。这种“否定神学”在奥利金、圣格利高里那里已经得到表现②，在阿娄帕果的狄奥尼修斯那里得到系统化。他说：“对上帝的最神圣知识，乃是在一种超理智的结合中由愚昧而生。在这里，理智离弃一切存在者，离弃自身，而与超越光明的光明结合，被深不可测的智慧（神）照亮。”“你应在修炼神秘主义沉思时，离弃感觉和理智，及所有通过感觉和理智被知的东西，使你自己尽量远离一切存在与非存在，从而使你自己在无知无识中，与超越所有存在和知识的他（上帝）结合，因为当你完全自由、离缚，无我、无物，你将被带到神圣黑暗的光线之

① 圣格利高里说神只有在黑暗中才被见到，人应排除一切通过感觉被知的东西，才能为神显准备条件。

② 鲍那文图拉也表现了同样的沉思，其云：“我承认心灵的眼睛能如此专注于神，以致不见余物；但它不能觉知和看见光明自身之荣耀，而是升入到黑暗之中；它只有通过排除所有事物，才能上升到这种（黑暗的）知识，正如狄奥尼修斯所云，他称这种知识为‘有学问的无知’。在这种知识中，正如对那些狂喜中的人那样，爱被点燃了。在我看来这种知识是每个正直的人在其生活中所当求的。”（Comment on Sentence II，转引自 *ERE IX*.94）

中，被剥夺了一切，挣脱了一切。”[①] 愚昧、黑暗不是缺失，而是过剩，智慧和光明的过剩，“对上帝的无知才是真知。”狄奥尼修斯的否定神学，也包含了一种系统的沉思法或定学。在沉思中，我们先确定是什么（比如“生命”、“存在”等），然后应否定这“什么”以沉思上帝的绝对超验性，最后应否定这否定，沉思上帝在一种超越意义上又是这“什么”（如说上帝为“超存在”、“超生命”等）。因而这种否定神学包含了一种定学的实践的次第。另外，他将信徒分为八个教阶。不同教阶就是根据与神秘沉思的关联进行区分的，其中最高的是主教（hierarch）。唯主教可以直接沉思超越的理智存在体，故他自己不需要祭祀（祭祀是为达到神秘沉思服务的手段），而是为僧侣和平信徒行祭。僧侣和平信徒则必须借助于符号的帮助，才能达到对于超越者的沉思。

公元4世纪，圣安东尼和圣帕科缪斯首次在埃及建立隐修制度和专为此服务的修道院，基督教的苦行实践开始得到制度化。随后，众多隐修院在埃及、叙利亚和小亚细亚建立起来。5世纪时，隐修院已遍布欧洲，以卡西安派为主。6世纪时，本笃会开始形成。修士应离世隐居，实践仁爱、贞洁、自舍、禁欲、忍耐、绝情之道。唯通过斋戒、自残、读经、持续祈祷和期待死亡，才能培养圣性。上帝的显现以持续地专注于神、沉思神的存在为条件。沉思就是定心，是苦行的目标，其他皆为此作准备。如圣安东尼说：贫穷、自制、离群索居、彻底顺服、牺牲自我意志，皆是为了达到“对神的持续念想”。在这里，原先基督教作为对上帝的请求的祈祷被转化为对上帝的沉思，从而与奥义书和佛教对至上神和如来的沉思旨趣一致。如圣安东尼和伊莎克所说，完美的祈祷往往勿须诉诸言语，而只有灵魂在活动。在其中灵魂一切有表象的东西而飞升，超越全部感觉和经验，进入一种无法言说、无声无息的光明之境。在这里，祈祷成为一种定学实践。

修院制度的兴起，反映出神秘主义和定学逐渐成为基督信仰的核心。修院生活就是为了舍离现实世界，摆脱世俗的干扰，以达到早期教父们开示的对于上帝的纯粹（或无相）沉思（祈祷），即专注于上帝超绝本质的无相定心。沉思是隐修的僧侣的一项主要实践。通过沉思达到神秘的狂喜境界，证悟神性，是所有隐修士的最高追求。圣安东尼有时就彻夜处于狂喜出神的境界，以至抱怨黎明打断了他的沉思（祈祷）[②]。在隐修制度下，基督教的定学得到组织化、制度化。它在教父那里依然是灵感式的、个人化达到定境的方式，逐渐形成普遍、合理的修证功夫，其基本方针仍与教父的否定神学一致，就是通过设法排除任何现实表象的干扰，以专注于上帝自

① 狄奥尼修斯（托名）：《神秘神学》，三联书店1998年版，第98页及以下。

② ERE IX.91.

身。早期修院院长伊萨克就曾提出把念诵短小的祷文作为达到持续的定境的手段。他教导应当排除任何上帝偶像，心地纯净，进入超越感官、无形无相，不可言说思议的神秘专注境界，即定境。只有在这定境中才能达到与神的合一。埃及的圣马卡留斯（St Macarius）提出了沉思的十二个步骤。在沉思中，灵魂逐渐脱离现实世界，进入另一世界的深处。在其最高境界，心灵漠视一切现实存在，因为它被天国的景象所迷住、被上帝的光辉所融化、被神圣的甜蜜所充满、陶醉于无限、不可思议的妙境。人在这种出神中不能自持，而是因为参与神圣的秘密而在这个世界中成为傻子和野蛮人（Homilies VIII）。据说他就生活在这种持续的出神状态，与上帝结合而远离尘世。马卡留斯把基督教的定学实践进一步深化。他首次把定境分为不同阶段，使定心的修证有了确定的次第。

从中世纪后期以来，基督教神秘主义实践仍继承了马卡留斯的努力，试图将定学进一步细化、合理化。比如多米尼克修士阿尔伯特（Albertus Magnus）也将祈祷视为一种沉思。其云祈祷应包括三个阶段：一是摄心内缘；二是泯除心中观念和影像；三是使心灵在上帝中获得静谧和纯化。吕斯布鲁克（Ruysbrouck）将真正的圣洁生活分为七个阶段，且喻之为我们由以上升至神的国度的梯子①。第一阶段是善的意志，即立意爱神和侍奉神。第二阶段是自愿的贫穷。这是由善的意志发出的。这就是放弃对尘世东西的执着，而只盼望神的国度。第三阶段是灵魂的清净和身体的贞洁。前者是远离世俗的爱恋，转向内心，唯专注于神。后者是尽管为了做善工而要照料好自己的身体，但应当痛恨肉体，应当避免支配身体的罪。“我们应该锻炼自己，将这一（基督受难的）形象铭刻在我们心上，铭刻在我们的感觉中、灵魂里、身体上，铭刻在我们所有的天性上，就像一个图章盖在蜡上，在上面留下印记，这样基督就会亲自将我们引到与神合一的高贵生活中，我们的清净灵魂就会通过爱的手段追随圣灵和居住在圣灵之中。看，那里有神露的甜蜜波涛，和所有神恩的汩汩泉水。当我们品尝过这神圣的泉水，我们的血肉之躯和俗世的一切都将让我们反感。我们的感官生活在多大程度上提升了，与我们的灵合一了，被神占领了，朝向神和爱神了，我们就在多大程度上拥有了纯洁的灵魂和身体。”② 第四阶梯是真正的谦卑，包括服从（轻视自己，仰望神和他的所有造物）、温驯（放弃忧郁和愤怒，保持沉默）、忍耐（乐于受难）、放弃自我意志和全部自我（脱离依附、清空自己，清空所有在时间中和在永恒中压迫我们的东西）。在这一阶段的最后，灵魂通过美德克服了所有的罪，但仍

① 田汉平等译：《吕斯布鲁克文集》，华东师范大学出版社 2011 年版，第 225 页及以下。

② 《七重阶梯》，见田汉平等译：《吕斯布鲁克文集》，华东师范大学出版社 2011 年版，第 230 页。

应与易于犯罪的自然天性和感官作斗争。第五阶段是所有美德和所有善功的高贵性。这在于愿望神的荣耀超过一切。这包括：一是将我们与神直接地联结起来（放弃和忘记自我、世界，专心念神、爱神）；二是通过神恩和善工而使我们与神的意志结合起来（通过神的恩典和人的善工，灵魂自由将自己交给圣灵，置身于无尽的幸福，忘记自我）；三是维持我们与神的合一。第六阶段是清晰的洞见，精神的纯洁和心灵的纯洁，这三者构成沉思或定的内容。在这里，灵魂超越理性、美德与神合一。首先是清晰的洞见。在这里，心灵必须摆脱所有意象，成为空旷的，否定纠缠与牵挂，裸露在神之中，无思无虑。心灵的纯洁是心灵摆脱全部意象，成为空的。精神的纯洁是精神因为心灵的空，而逐渐获得其纯粹性。这三者构成真正沉思的生活。第七阶段是灵魂舍弃包括自身在内的一切现实存在，与神一起融入无分别、黑暗的永恒喜乐之中。这是一种不可思议、不可名状、不可知识的永恒空虚和无边的喜乐。灵魂在这未知黑暗中沉没、迷失、死去。灵魂呼出自己、融化自己，与神融合成一个存在。这黑暗的喜乐，就是神性的本质，也是全部灵魂的根源、本质。在精神修炼的最后阶段，灵魂回到这神性本质中，“在那里，既没有父，也没有子，也没有圣灵，也没有任何造物。在那里，什么都没有，除了一种根本存在，即：诸位格的神圣本质。在那里，我们全部是一体，都是在最高意义上非创造的。”“那里存在的是处于他的简单、无作用的本质中的神：永恒的无活动、不可言说的黑暗、没有名称的是、所有造物的最高本质，神和所有圣人的简单的、无边的福乐。”① “在那里，既没有神，也没有按照个人性的模式来说的被造物。在那里，我们全都是与神没有分别的，是一个无边的简单的福乐。”② 许多基督教神秘主义者强调与神结合的狂喜，将其视为沉思的最高境界，但圣特丽莎和十字架的约翰，则表明祈祷和沉思的最高境界不再是狂喜出神，而是没有任何意相、感觉和感受的“荒芜之地”，是“理智的黑夜”和“精神的黑夜”。这黑夜也是心灵的纯粹光明。定境越纯粹，就越是不可知觉，其在思想和情绪中的效应就越小。它的理想是通过彻底舍离和自弃，达到无任何思维、观念、情绪的纯粹澄明之境。

基督教神秘主义的定学次第，在以下方面表现出与奥义书宗教的关联：其一，在修定的目标方面，它旨在通过内在反省途径证悟上帝的真理，这其实是以上帝存在于人的灵魂为预设的，这样的预设与圣经的教义不一致，也不属于欧洲、西亚传统，最终应当追溯到奥义书特有的至上神即人的灵魂本质的观念。其二，在定心中泯除

① 田汉平等译：《吕斯布鲁克文集》，华东师范大学出版社 2011 年版，第 262 页。
② 田汉平等译：《吕斯布鲁克文集》，华东师范大学出版社 2011 年版，第 263 页。

任何意识的观念和影像的工夫，与犹太—基督教的原有传统存在矛盾；通过消灭个体自我以完全融入上帝存在之中的理想，也与基督教原有的通过最后审判达到与神的团结（communion）的追求相悖。然而这些都是奥义书宗教特有的。中世纪基督教定学的这些内容，最终应当（通过苏菲派和新柏拉图主义）追溯到奥义书宗教的影响。其三，把救赎理解为向某种被遗失的神圣本原、绝对的复归，也与犹太—基督教传统不侔，而可视为奥义书宗教的回响。其四，中世纪基督教苦行主义理想所经历的，从出神的狂喜到无感受的定心的转化，也与奥义书的定学从奇妙的喜乐境界到无觉三昧的转化一致。中世纪的定学早期以神秘的狂喜为最高境界，这与早期奥义书（《广林》、《鹧鸪氏》）以达到喜乐为修炼沉思的归宿一致；后期则以没有任何感受和表象的纯粹澄明为目标，这与晚期奥义书开示的无觉三昧，和佛教定学以“不苦不乐”为四禅的最高境界，亦颇有异曲同工之妙。在这里应当指出的是，奥义书无论将最高的定境规定为喜乐还是无觉三昧，都是其对神性本质的不同领会（神分别被理解为喜乐、空性）的自然延伸，但是类似的定境却与基督教传统的上帝观念没有关联。因此我们可以推测基督教苦行主义的上述理想，皆是来自外来文化的影响，而且最终必然要追溯到印度宗教这个源头。

还应当补充一点，与新柏拉图主义和新毕达哥拉斯主义不同，基督教的苦行实践始终与恩宠神学结合在一起。正如圣鲍那文图拉所表明：理智之安息于神，不是由于学习、欲望、智慧、祈祷和研究，而是由于神的恩宠。定心只是为神显准备条件。这与在中、晚期奥义书中兴起的虔敬神学立场完全一致。对比 Kāṭh II · 23：“此至上自我，非由自慧得，非由习吠陀，亦非由饱学，彼唯现自身，于彼所择者。”至上神只对于心识清净、定心坚固的人显现自身，而无视他的学问、聪慧和功德。可以看出二者在精神实质上的一致。

由此我们可以得出结论：就是苦行主义实践在基督教中的形成和发展，都离不开印度宗教的直接或间接影响。总之，通过理论和实践两方面的考察，我们可以确定印度的婆罗门—奥义书传统，通过不同渠道，对于基督教神秘主义和泛神论的形成、发展产生过实质性的影响。

**（三）奥义书与现代西方哲学和文化**

奥义书的最高智慧，由于具有超理性、超现实的特质，因而也超越了人的生存境遇和历史。这意味着，它过去能给不同传统的人们带来启迪，今天也仍然能够。自奥义书译为西文，欧洲哲学、宗教、文学和艺术界皆积极从中汲取资源。我们在序言就对此有所提及。另外，与奥义书存在亲缘性的新柏拉图主义，也仍然在对西方文化发生影响。

奥义书的泛神论和神秘主义，始终能给西方哲学带来启迪。正如休谟指出：“显然奥义书的绝对主义曾经对西方的绝对主义发生过影响而且将继续发生影响，因为它包含了某些深深穿透到每个要透彻、有根据地解释经验的哲学家必须达到的真理之中的内容。”① 其中，比如斯宾诺莎对笛卡尔的泛神论改造，即受苏菲派哲学的重要影响。这种影响其实最终可以追溯到印度宗教。歌德、谢林的泛神论倾向也受到奥义书的启发。从费希特的绝对自我观念，也可以看出奥义书的阿特曼的影子。这一点，从他对绝对自我的描述可以得到证明。其云：“人不是感官世界的产物，他的存在目的不能在此世界中达到。他是什么及他应为之努力的目标是什么，这是必须弄清楚的。他的天职超越时间和空间，以及一切属于感觉的东西。因为他的天职是崇高的，所以他必须将其思想提升到感觉局限性之上。他必须成就它。其存在在这里找到家园，其思想找到依处。唯一为人所值得求的、其精神力量在其中得到表现的真实人类思想形态，就是他将自己提升到这些局限性之上，在这里一切属于感觉的存在皆消失于虚无，成为仅仅是那唯一自为存在的无限者在有限的人类眼中的一个影像。唯天真、虔诚、单纯的心灵最能知道你。……你自身如何，何为你的本性，我永远无从得知、无法揣摸。即使经历千万次精神的生命，我对你的理解也将同我现在在这尘俗存在中一样的少。凡我所思想者，必由于这思想而成为有限的。这思想纵使无限地提升，也不可能升到无限之中。在人的观念中总有不完善和局限：我怎能用这观念表现你，而避免这些不完善和局限？当我心对尘俗之物关闭，当我不再牵挂任何变灭无恒的东西，世界将以一种更光辉的形象呈现在我眼前。充塞空间的僵死而沉重的物质将消失。代替它的是从一切生命的源头，从你，无限的唯一者的生命流出的永恒生命、能量和行动之河的奔涌流淌，伴随着强大波涛的激昂音乐，因为一切生命都是你的生命，唯虔诚的目光能达到真美之境。从前将我心与此世界联结且由其隐密的指引使我跟随其运动的系缚已经永远断开。于是我进入自由、寂静、不动的境界，我成为自身的世界。我不再通过情感，而只以精神的眼光看外在的东西并与之关联。并且这眼光也已得到净化，通过丑陋和假相看到真与美，如同在平静的水面，物体更清晰地呈现。我的精神已永离烦恼、恐惧、不定、疑惑和焦虑。我的心灵也永离忧伤、悔恨和欲望。”② 这里面的主要观念都与欧洲哲学传统有很大距离，而带有奥义书哲学的浓厚色彩。这些观念包括：其一，世界为虚幻，唯绝对自我是真实存在。其二，绝对自我超越思维、理性，为自由、寂静、不动的本体，对这自

---

① R.E.Hume, *The Thirteen Principal Upaniṣads*, Oxford University Press（India）1995.34.

② Fichte, Gottlieb, *The Popular Works of Johann Gottlieb Fichte*, Bristol: Thoemmes Press, 1999.368.

我的认识不是通过感觉和思辨，而是神秘直观。其三，通过证悟真实自我，就可脱离烦恼、恐惧、不定、疑惑和焦虑，获得自由解脱。这类观念，应当直接或间接地追溯到奥义书的泛神论神秘主义的影响。

19 世纪下半叶兴起的唯意志主义哲学，标志着西方精神的一个重大转向。它试图克服欧洲的逻各斯中心主义传统的局限性，而试图领会存在本质为一种超理性的本体（绝对意志、上帝）。这一转向，要么直接受奥义书启发影响（比如叔本华），要么重新诉诸新柏拉图主义和基督教神秘思想（比如克尔凯郭尔），因而也与奥义书思想有千丝万缕的联系，所以奥义书思想对当代哲学的唯理主义解构，也带来重要启迪。叔本华是这一哲学运动最初的，也可能是最具原创性的代表。他读过杜帕农（Anquetil Duperron）的拉丁文奥义书译本，对于奥义书思想给予极高的赞赏，认为它属于人类精神的最高成就，与他自己的哲学旨趣相同。叔本华的哲学肯定受到奥义书的深刻影响。他的学生杜伊森就指出奥义书之教是叔本华思想的先驱①。叔本华自己也指出读者对奥义书的理解，是进入他自己的哲学的前提。他说："如果读者甚至还分享了吠陀给人带来的恩惠，而由于奥义书给我们敞开了获致这种恩惠的入口，我认为这是当前这个年轻的世纪对以前各世纪所以占有优势的最重要的一点，因为我揣测梵文典籍影响的深刻将不亚于 15 世纪希腊文艺复兴；所以我说读者如已接受了远古印度智慧的洗礼，并已消化了这种智慧；那么，他也就有了最好的准备来倾听我要对他讲述的东西了。"② 叔本华受奥义书思想的影响，不仅表现在他对奥义书的大量引用（奥义书可能是他在其主要著作，即《作为意志和表象的世界》中引用最多的文献），而且表现在其思想与后者具有实质一致性，而与欧洲哲学传统有很大差距。这样的思想包括：其一，一个绝对的、超越理性和一切现实存在的本体（意志），是全部世界存在的根源，世间万有皆只是它的表象。其二，所有个别事物都是这个绝对同一的本体显现出来的表象，皆为虚假非实。其三，世界现象是无意义的烦恼和痛苦聚合，人生的理想在于泯灭意志，断除世界表象，以切断苦难的源头，获得自由解脱。叔本华这些思想，皆不属于从古希腊到现代的欧洲哲学主流，但都属于奥义书的基本观念，因而可以肯定它们的形成离不开奥义书哲学的启发。叔本华认为奥义书的体验是善良生活所必需的。他说只有真诚的利他主义和同情的行为具有道德价值。这要求我们将他人的痛苦和幸福当做自己的，而要做到这一点，必须以对

---

① Paul Deussen, *Philosophy of the Upaniṣads*. trans. A.S.Geden, T.& T.Clark, Edinburgh, 1906.350.

② 叔本华：《作为意志和表象的世界》，北京：商务印书馆 2009 年版，第 6 页（引言对译文稍有调整）。

一种绝对一元性的领会为前提。这种领会使“我”与“他”的区别成为微不足道的，我与他都是同一实体的不同表现。也就是说，奥义书的绝对主义，是道德与爱的前提①。即使到了今天，西方哲学和宗教对于唯理主义的批判和解构，也往往从奥义书或新柏拉图主义汲取灵感（比如西蒙娜·薇依的神秘主义）。

奥义书的神秘主义，要么直接地，要么通过这些思想家的影响，要么通过新柏拉图主义和基督教神秘主义，也给现代西方文学带来了深刻启迪。这一点，通过一些知名作家的作品表现出的与奥义书神秘主义思想的一致性，可以得到验证。从歌德、柯勒律治、库辛到卡莱尔的作品，都可以看出奥义书泛神论的影子。爱默生和梭罗代表的超验理想主义，亦常常从奥义书思想汲取资源。如爱默生诗云：“杀者思彼杀，被杀思被杀，则彼等皆昧，我生、住、灭道。遥远或久忘，于我皆为近。光明与阴影，于我乃为一。已逝之诸神，乃对我显现。尊荣与羞辱，于我为同一。孰若弃离我，则陷烦恼罟，如其欲飞逝，则我为其翼。我同是疑者，以及彼疑惑，我亦是梵士，所唱之颂歌。威力之诸神，皆渴念我处，七圣亦如是，徒然而念之。然哉汝既为，谦柔慕善者，其证悟自我，而弃舍天福。”这首诗的意境显然来自奥义书。对比 Kāṭh II · 18—19 可知，其云：“不生亦不灭，不来亦不成，无生且不动，亘古且恒常，若知彼智者，身杀不为杀。若杀者思杀，被杀思被杀，二皆不识彼，不杀不被杀”。《羯陀》此二偈，后被《薄伽梵歌》（BGII · 19—20）转引，并被与晚期奥义书的幻化论和泛神论统一起来。晚期奥义书和《薄伽梵歌》皆以为至上我是不生不灭之本体，万有皆是其显现。本体为不二、绝对，一切有二、对立之相皆是双昧（dvanda）所起，虚幻不实。由此可见，爱默生的诗，较为忠实地表达了奥义书的宗教体验。T.S. 艾略特的哲理诗歌，也每受奥义书思想的启发。其代表作《荒原》，就体现 Bṛih V · 2 提出的三“da”说，即自制（damyata）、布施（datta）、慈悲（dayadhvam）的三重美德。在西方神秘主义文学中，与奥义书具有相似精神意境的作品是不胜枚举的。

从以上或许显得繁冗的陈述，可以总结出以下两点：第一，奥义书的智慧能够给生活在东西方各种传统中的人们带来启迪。这种跨文化的影响，本质上是因为奥义书试图领会的是一种超现实、超理性的真理，所以这种领会超越了人的历史处境，也超越了传统的差异。在这种意义上，它不仅在过去，而且在现代和将来，也仍能给处在不同文化传统中的人们带来启迪。第二，因为奥义书的智慧对东西方几种主要文

① 然而这种思想与实际的情况存在差距，因为道德只是实现一种消极自由，它只是对人的内在尊严的守护，因而只需以对人的本质作为精神实体的领会为条件，而勿须诉诸对某种绝对存在的领悟；而爱则必以对我与对象的差别意识为前提，一种泛神论的绝对主义恰恰使爱成为不可能。谁也不可能做到像 T.S.Eliot 所说的那样，因为体验到万有不分、人神为一，从而可以“自己吻自己的嘴唇”。

化的精神都产生了深刻影响，所以对于奥义书的了解将有助于我们更充分理解这些文化的深层意义（它们本来固有的和来自外来影响的意义），加深这些文化的自我反思。不仅基督教和伊斯兰教神秘主义与奥义书思想有千丝万缕的联系，因而对奥义书的理解是厘清这二者的历史和现实的条件，而且由于奥义书思想通过佛教的中介对中国文化产生了深刻影响，所以对它的理解也是中华民族更深刻理解自身精神的历史和现实的前提。本书在多处阐明了如下事实：其一，中国文化原有的传统属于自然思维范畴，缺乏真正的精神反思与超越，导致中华民族精神生活的困境。其二，佛教的传入，给中华民族带来了真正的精神反思与超越，正是禅佛教的长期渗透促使儒、道思想脱离自然思维的桎梏，领会到心灵、精神是超越自然的实体或本体，最终导致儒家心学和道教内丹之学的形成。其三，中国佛教与正统的印度佛教有很大区别，其主流是严重吠檀多化的如来藏佛教。后者的基本特点是心性一如、真心缘起和透彻心源的反思型修道论，这些都与印度佛教原有的传统对立，而完全是奥义书—吠檀多的观念。因此中国佛学，较之印度佛教，实与奥义书—吠檀多思想具有更大亲缘性。其四，奥义书的心性一如、真心缘起和反思型修道论，通过佛教中介，最终进入儒家心学和道教内丹心性学之中，构成后者的主体。其五，奥义书的思想还通过佛教中介，影响到中国的文学、艺术、道德等诸多方面。因此对奥义书的更深入了解，也是深化我们对于自身民族精神的理解所必需的。此外，本书旨在以奥义书为例示，揭示人类精神的一般历史和现实。奥义书无疑是最符合这一目的的选择。这是因为奥义书思想经历了巨大的时间和思想跨度，展现了人类精神发展的所有重要的阶段、类型及其完整历程。这使我们可以以此为基础最大限度地呈现人类精神史的丰富性，而且最终充分地展示精神发展的一般逻辑。这种历史阐释最终是为了把我们现实的精神内容揭示出来。

## 第五节　本书的主要思路

本书就旨在通过对奥义书观念史的阐释，最终达到对我们的现实精神的内在存在的更清晰理解。因为作为一种生命存在，精神的现实与历史是同一的。我们现实的精神完全是历史地构成的。在它之中，精神过去所经历的历史仍然在进行，甚至构成它最主要的活动。因此只有理解了历史才能真正理解我们自己。而奥义书思想的历史，一方面体现了在自由推动下人类精神发展的普遍、必然逻辑，另一方面它还通过佛教的中介，对华夏民族精神产生了极深远的影响。因此对它的内在精神的阐明，也是我们更好地理解今天的人类精神，乃至理解我们民族的精神的途径之一。

首先，本书的讨论在横向上，即从其内容的逻辑关联方面，可以分为以下几部分：其一，奥义书的精神史。其二，奥义书的观念。其三，奥义书的实践。其四，奥义书对印度思想的影响。其中第一部分试图通过对奥义书精神的生存论还原，阐明其内在思想在自由推动下发展的历史。然而精神外在的观念与实践，也各有其历史。第二、三部分就试图阐明奥义书的观念与实践的历史。本书前三部分其实是从不同侧面阐明同一精神发展的历程。

第一部分着眼于精神的内在、本质层面，旨在通过对奥义书精神的生命现象学阐释，呈现奥义书思想的历史及精神发展的内在必然逻辑。它直接以奥义书的精神为阐释对象。然而精神是一个生命体，是一个包括诸多概念、观念的复杂整体。只有把处于不同历史阶段的每一现实精神都当做一个有机整体，才能呈现精神的生命演进过程。这就要求我们在对奥义书精神的阐释中，只能把（包含诸多观念、理论的）每一奥义书学派或学者的思想整体作为一个意义单元，而不是抽离出个别的观念和理论进行讨论。本书第一部分的内容就是试图立足于生命现象学的视角，通过对奥义书的学派史或学说史阐释，揭示奥义书思想的发展脉络及详细内容，阐明自由推动奥义书精神演进的逻辑，并且最终通过这种阐释呈现人类精神的自由及其推动思想演进的一般规律。不过，由于大量的奥义书观念即使在名义上也无法归属于任何学派或个人，而我们在本书这一部分只着眼于阐明奥义书思想发展的内在逻辑必然性，所以对于上述观念采取如下措施：其一，凡内容完全不见于各学派思想者，可以略作叙述；其二，凡相似内容在某一学派思想中有所表述者，则此类观念皆略去不议。因此，从通常的思想史角度来说，这一部分涉及的奥义书观念是不全面的。本书这一部分的最终目的，是以奥义书精神为例示，通过对它的生命现象学阐释，证明一种自由本体论，即自由是人类精神的本体，它是超现实的绝对，不断构成现实的思想、观念以作为自我实现的中介，并且在展开其自身绝对性的进程中不断扬弃当前的思想、观念，推动精神的无限进程。

第二、第三部分则着眼于精神的现象、自然的层面，试图立足于自由本体论阐明奥义书的观念和实践的全体，根据已经确立的精神演进逻辑厘清奥义书的观念和实践发展的线索，将其内容更完整、更充分地呈现出来。精神的现实性包括纯粹内在存在和生存论的外在存在两个层面。前者就是纯粹思想，为意识无法认识；后者是这思想表现为可以直接认识的、自然的存在，它就是精神的观念与实践。观念与实践就是纯粹思想的自然的、生存论的表象。精神的纯粹思想是构造事物意义的先验运动。每一种必然的思想，都应包括作为事物先验原型规定着这构造活动的理念，而如此被规定的先验活动就是概念。然而理念、概念都只是在意识背后支配着构造事物意义的活动，它们本身是不可直接认识的。唯有这如此被构造出的事物才是可以直接被意识的，这就是观念。每一观念其实都只是相应的先验理念的标记，是理念的自然外壳，它赋予理念以经验的表象，使之对意识呈现出来，以指引概念的活动。观念有主观的（属于思想的）与客观的（属于物质世界的）之分。概念以诸理念为其运动的指引，因此当诸观念将理念标识出来，也就使概念的活动被标识出来。这就使概念活动被赋予了自然的外壳。于是概念就成为可认识的、经验的思想。当这思想被进一步赋予物质的形态，转化为客观、普遍的活动，它就成为实践。总之，观念与实践分别就是理念和概念的自然、经验外壳，它们就是自然的、生存论的思想。这就使得，当我们在此前阐明了奥义书思想发展的内在逻辑，那么在这里对观念与实践的阐释就具有了清晰的线索。我们将阐明奥义书的观念与实践，在自由推动下从自然阶段进入自由阶段，又从实在的自由进入本真阶段的线索，并根据这一线索对奥义书的全部观念与实践形态——从朴素的神话观念到反映精神本己觉悟的无住真心观念，从原始的魔法、巫术实践到实现了精神绝对自由的本己的宗教——都给予充分的阐述。

第四部分则局限在通常的学术源流分析层面，以期从一个侧面表明奥义书思想的影响。奥义书包含了后来印度大多数哲学与宗教派别的萌芽，所以理解奥义书思想是理解印度哲学的前提。然而不同宗教与哲学派别与奥义书的关系并不一样。其中，吠檀多派与奥义书关系最近，为其思想的直接继承者。跋陀罗衍那《梵经》即是将奥义书要点编纂而成。无论是乔荼波陀和商羯罗的不二论，还是罗摩努阇的差别一元论，都是通过注疏《梵经》和奥义书敷演其学，故其基本理论都是从不同角度对奥义书思想的阐发。正因为这种原因，分析奥义书对吠檀多派思想的影响是没有意义的。而耆那教、胜论的实体哲学、弥曼差派的祭仪学和正理派的形式逻辑，则与奥义书的关系较疏远，因此也不在本书讨论范围之内。本书将讨论的是奥义书对数论派、瑜伽派、顺世论以及佛教思想的影响。其中，数论思想应当认为是从奥义书发展出来的，我们将详细阐明数论学的主要观念从早期奥义书开始萌芽，经《羯陀》、《六问》、《白骡》、《慈氏》等逐渐成熟和完善，逐渐朝数论派的完备体系靠拢的过程。瑜伽是前雅利安的苦行实践渗透到奥义书思想中并嫁接婆罗门的宗教理想而形成，我们将追溯奥义书的瑜伽学从《羯陀》到《慈氏》逐渐发展并向瑜伽派的体系靠拢的过程。我们也将阐明顺世论（唯物主义）的思想在自然论奥义书的根源。最后佛教因为其与中国文化的关联以及相关资料较完备，所以本书将其与奥义书的关系专作一编讨论。本书将阐明印度佛教的形成、发展的每一阶段都离不开奥义书—吠檀多思想的影响。在原始佛教的理论和实践中，就包含了大量来自奥义书的内容。另外，作为印度正统的奥义书—吠檀多思想的长期渗透是促使大乘佛学形成和演变的重要原因。这种渗透的最终结果是导致在真心如来藏思想中，佛教几乎被吠檀多完全同化。

其次，本书的内容还应在纵向上，即从时间、历史的维度分为三个大的阶段：自然阶段、自由阶段、本真阶段。每一阶段还包含若干发展环节。奥义书内在精神的历史，与其观念史和实践史互为表里（这三者构成本书前面三个部分的主题）。尽管它们属于精神存在的不同层次，但其发展服从同样的精神逻辑，经历了大致相同的发展阶段。也就是说，它们都经历了精神发展的上述三个阶段。本书的前面三个部分（它们构成全书内容的主体）其实是从不同侧面阐明奥义书精神发展的同一历程。

从根本上说，人类精神的历史就是自由无限展开的历史。自由是精神发展的最终推动力量。它的推动乃是通过它与现实精神的对话。自由的本真存在是绝对和无限。它必然要展开为精神的现实，以作为其自我实现的中介。然而现实一旦构成，就成为一种具有支配性的必然力量。如果精神由于内在惰性（自在性）而安住于这现实，将其视为绝对，那么这现实性就会反过来成为自由的自身绝对化展开的障碍。于是本体自由必然通过呼唤和倾注，促使精神内在的自主势用恢复其本真存在，战胜自在性的抵消，展开为对精神当前现实的否定、对一种新的存在真理的维持，从而推动反省和否定思维的进一步深化和提升，以构成新的现实。在这里，本体自由的呼唤和倾注，现实精神的倾听与敞开，就构成一种本体论的对话关系。现实精神正是通过这对话确定方向、汲取力量，以不断发展自身，迈向绝对自由的理想。奥义书的精神也是如此。它的发展，从总体上可以分为上述三个大的阶段。其演化逻辑可提示如下：

（1）自然阶段。精神的发展只能以自然为起点。精神最初没有自己独立的观念，而只能利用自然觉性的观念。但自然觉性以直接意识为主体。它只能认识到自然的、物质的、现存的、而且是个别的无生命东西的存在。它对于觉性的自身内在存在没有一种直接领会和直接的自由。因此它呈现给精神的就是外在、个别、感性、偶然事物的杂乱堆积。这就是精神最初的起点。然而精神本质上就是对觉性的自身存在的自由。这自身存在不是外在性和个别性，而是绝对、本质。因此自由必通过呼唤和倾注，促使现实精神内在的自舍与自反势用战胜自在势用的抵消而重新展开其自身绝对化进程，推动反省与否定思维扬弃外在、个别、感性的东西，乃至全部的自然、经验，返回到觉性的绝对性、本质。但精神最初理解的绝对、本质，仍是自然的，只是对自然的外在、个别、偶然事物的归纳和抽象。这就是精神在自然阶段的特点。在这里，绝对、本质只被理解为一种自然的存在，觉性、精神的内在、超越存在还完全没有被领会到。

早期奥义书就经历了这样的阶段。最早的奥义书思想就是把绝对真理当做一种自然的东西。从莱克婆、该祇夜，到荼跋拉、考史多启、爱多列亚等的思想，皆是如此。这表明在这一阶段，精神还没有真正看到觉性的内在存在。觉性的内在生命处在黑暗中。事物被切除了与觉性内在生命活动的联系，而成为独立、自为的东西，即物质。奥义书在其自然阶段，就是把一种外在的物质性的原理当做存在的真理。

然而即使是自然精神，也是在自由推动下不断自我提升的。最原始的自然精神，由于对觉性内在结构的抹杀，使存在瓦解为由经验的个别、偶然事物组成的一堆碎片。在这里，思想只把外在的个别、形器之物当做真理，既无自我，又无绝对。这一层次的思想，在吠陀、梵书以及一些最原始的奥义书思想中都有所体现。

本体自由要求实现为精神对其自身存在的自由，而这自身存在就是绝对、普遍。于是本体自由促使现实精神内在的自凝、自反、自舍等势用展开为积极的活动。其中，自凝势用推动省思克服存在的分散、孤立、和无序性，重新建立事物的关联；自反势用推动省思克服存在的个别、外在性，确立某种普遍、内在的实质。这二者的交互作用，推动理性省思的形成和发展。于是省思将存在、世界把握成为一个绝对。但最早的自然省思对于这绝对没有任何实质的领会，故它理解的绝对只是一个量的整体。莱克婆、该祇夜等的大梵作为总体、大全，就是这样的绝对。这大全不是一种共同的实质或本质，而只是全部感性个别存在的外在、松散的统一体，因而它不是实质的绝对。这就是神话精神领会的总体、宇宙。这种省思就是感性省思。它仍然是极幼稚贫乏的。

然而本体自由作为绝对，要求实现为对觉性生命的实质的规定。因而它，一方面促使精神内在的自凝势用进一步展开，推动省思构成存在的绝对、内在关联（普遍的因果性）；另一方面也促使自反势用展开，推动省思寻求事物的普遍实质，并将其进一步抽象化。于是省思（理性思维）乃确立一种普遍实质为全部存在的真理、始基，并根据因果法则将一切存在追溯到这一始基。早期奥义书以日、水、火、风等为宇宙实质的说法，以及耆跋厘的虚空说，都体现了这一思维进展。而优陀罗羯的原质说，则使这宇宙实质脱离了感性，成为一种抽象的本质。于是奥义书思想超越了感性，进入知性省思层面。但是这省思领会的普遍实质或本质仍然是自然的，其观念就是宇宙生成论。知性省思的具体现实就是功利精神。

这知性省思在以上阶段仍然是外在的，它将存在本质理解为某种现存的自然实质，但存在的本质应当是觉性的内在生命，即自主性和能动性。本体自由作为绝对，要求实现为对觉性生命的自主设定，它因而促使精神的自反势用的展开，推动省思的内在化，领会存在本质是一种有生命的、活泼、能动的原理。省思认识到觉性的主体性、生命性，因而成为精神反省。反省就是一种内在的知性省思。荼跋拉、考史多启、爱多列亚等的元气说就体现了这一思想进展。元气就是绝对生命，就是能动的主体。精神对主体性、生命的反省，是伦理实践的前提。因此内在知性省思的具体现实就是伦理精神。元气说在实践层面更多地强调对主体性的修炼、提升，此即伦理的实质。精神在这里实现了对自身主体性的自主设定。但奥义书思想在这一阶段，元气仍然被认为是一种自然物，而不是心灵、精神，不是精神的真实、纯粹的内在性。

总之在自然阶段，精神的活动始终被局限在自然范畴之内。精神未能超越自然，真正实现对自身内在存在的自主设定，因而还没有真正的自由。自然精神没有意识到其内在自我的独立自为的存在，因而还没有获得精神真实的尊严与价值。但本体自由最终必然推动精神打破自然的囚笼，成为真正自由的精神。

（2）自由的精神。本体自由作为绝对，要求实现为对觉性、精神的纯粹内在存在的自由，它必然通过呼唤和倾注，促使精神的自舍和自反势用恢复其本真的无限性，以战胜自在性的抵消，展开为精神对自然偶像的否定和对内在心灵、实体的绝对真理性的维持，从而推动超越和反思思维的形成。通过超越和反思，精神否定外在自然的偶像对它的内在存在的支配，领会到内在的心灵、思想的绝对、自为的真理性。于是精神打破自然的奴役，实现了对其内在存在的直接自主设定，因而获得真正的自由。

其中，反思是反省思维的内在化。反思否定了外在自然的独立性和绝对性，确认觉性内在的意识、思想为绝对真理，为一切存在的本质、基础。在反思中，精神内在的自反势用展开为真实的自由，即对觉性内在存在的绝对维持。在奥义书思想中，这种反思最早通过从桑底厘耶到波罗多陀的识论得到体现。在这里，思想领会到其内在的心灵（识、般若）才是唯一自在自为的存在，是一切存在的绝对真理和根源，且是真实的自我。这意味着，精神把心灵当成了全部思想和实践的最终价值和目的。只有这样的实践才真正是道德的。奥义书精神在此进入道德精神阶段。然而由于人类精神的局限，反思也总是容易抓住那些更外在、粗显的东西。奥义书的识论最先抓住的就是心灵的自然、经验内容。它的反思是一种经验反思。在桑底厘耶那里，心灵就是经验的感性意识。这是心灵最外在的表象。然而精神的自反势用必然推动奥义书的反思的进一步深化。在阿阇世、波罗多陀等的学说中，反思乃超越这感性意识，领会到作为后者基础的更深层的心灵本质，即理智或理性，然而这只是经验的理智。经验反思所领会的绝对心灵，其实就是内在的自然。它仍未认识到心灵的纯粹、本质的存在。在这里，精神摆脱了外在自然的奴役，但仍然受内在自然的支配。

本体自由要求实现为对觉性的纯粹本质的自主设定，它必促使精神内在的自舍势用展开为积极活动，推动奥义书的精神彻底否定全部心理、物理的表象，确立某种超越经验、自然的实体作为自为的真理，于是真正的超越思维得以形成。《唱赞奥义书》的一些文本（ChānVIII・1—6）、《考史多启奥义书》的伽吉耶夜尼学说、《六问奥义书》的毕钵罗陀学说和《羯陀奥义书》中被那支启多传承的学说，就体现了这一精神进展的成果。奥义书思想在这里否定了元气论对梵、存在真理与自然生命的等同，也否定了早期识论对梵与经验意识的等同，而领会到这存在真理是超越一切自然、经验表象的实体。这种领会，表现为大梵、自我与名色世界的区分，这是一种严格意义上的形而上学区分。名色世界是相续变灭的时间、因果现象的总体，它就是自然。而真理则被说成是超越了时间、空间和因果性、否定了任何经验表象的无相、无差别、寂静、无为的超验实体。这是一个典型的形而上学对立图景，与欧洲的二元论形而上学精神一致。这种领会就是超越思维。超越思维否定尘世的价值，将真理、意义确立在彼岸，属于真正宗教的精神。在奥义书思想中，超越思维与反思思维具有不同起源。超越思维刚开始是无反思的，因而实体最初没有被理解为心灵、意识（ChānVIII・1—6），或至少这种理解不明确。随着奥义书思想的发展，超越思维不仅越来越清晰，而且越来越具有明确的反思性，于是升华为一种内在的超越。这在《羯陀》中得到最清晰的表达。《羯陀》不仅清晰地开示实体界与现象界的对立，而且明确将实体等同于意识、自我。超越思维对独立、自为的心灵实体的确信，标志着印度精神首次具有了一种内在的自我尊严。然而在奥义书中，这种超越思维仍将实体领会成一个形而上学的孤立、封闭的单子，没有领会实体其实就是绝对，是存在、世界的全体、本质。实体没有获得绝对性，没有成为存在的本体。

正如前面所谈到的，在奥义书思想中，精神自由的两个向度，即反思与超越，最早是相互分离的。最早的绝对反思完全没有超越性，最早的超越思维也没有反思性。这种反思与超越，我们称之为理智的，而非思辨的。尽管因受奥义书已有的反思观念影响，《羯陀》等的超越思维也具有了一种反思性，但始终不具有绝对反思。因此在奥义书思想很长时期内，绝对反思与内在超越，构成两条独立的思想路线；二者的各自发展和相互交织，决定此后奥义书思想的基本面貌。但这二者都有其内在的精神局限。前者执着于经验意识，没有实现精神超越。后者把心灵实体当做一种封闭的实体，没有实现对心灵的绝对维持。因而现实的精神自由仍然具有很大局限性。然而正如自由推动奥义书精神从自然思维进展到理智省思，它也必将推动其克服这两种理智省思的局限，进入新的自由境界。首先，本体自由必然促使奥义书精神内在的自舍势用在绝对反思领域展开为积极活动，推动反思领会绝对心灵为超越的实体。其次，这自由也必促使精神的自反势用在内在超越思维领域展开为积极活动，推动超越思维领会心灵实体是全部存在的绝对真理、本体。于是奥义书精神得以将反思与超越绝对地统一起来，由此进入思辨省思的层次。《广林奥义书》中被归属于耶若婆佉的学说，以及《鹧鸪奥义书》中被归属于步厉古的学说就体现了这一精神发展的成果。其中耶若婆佉的三位说，将自我分为三个层面：醒位、梦位、熟眠位。前二者分别相当于客观经验和主观经验。熟眠位则超越二者而为其共同根源、本体，它就是先验实在（先验意识），是超越、绝对的存在真理。故其说体现了一种思辨省思。步厉古的五身说，将大梵区分为层层相裹的五个层面，由外到内依次为：食身（肉体）、元气身（生命机能）、意身（感性意识）、识身（经验的理智）、喜乐身（先验实在）。其说亦以先验实在为存在的最终本体。然而此二家思想，对于先验实在的具体内容都未作充分阐明。因而思辨省思在这里仍然是抽象的。

此外，思辨省思亦有其根本局限。它将先验意识作为存在的绝对基础，然而先验意识仍然是一种现实存在，而且奥义书思辨省思后来更清晰、具体的说法，表明先验意识的实质就是纯粹理性、概念。然而存在的究竟本质应当是超越现实、理性的自由本身。精神如果把现实性当做绝对，就会颠倒传统、理性与自由的关系，最终可能使自由被理性、传统禁锢，使精神的发展陷于停滞。然而本体自由呼吁精神克服对于现实性的执着、实现对这自由本身的领会。它必促使精神的自舍势用展开为对现实存在本身的否定，自反势用展开为对某种超现实真理的维持，推动精神省思否定现实存在、理性，确立某种超现实、超理性的真理。《蒙查羯奥义书》中被归属于首那伽的思想，和《蛙氏奥义书》的思想，最早反映了这种思想尝试。《蒙查羯》以为，至上我不仅超越经验实在，而且超越“非有”、“超越心识者”、“不坏者”、“超越者”，因而超越那支启多的超验实体和耶若婆佉等的先验实在，而且为其归宿。因而至上我包含了对现实性的超越。《蛙氏》则使这种思想更明确。其核心内容即所谓自我四位之说，即在耶若婆佉所谓醒位、梦位、熟眠位之上再加第四位（究竟本体）。四位的意义依次是：客观经验；主观经验；先验实在；超越理性的真心。其书明确规定先验实在就是般若，即先验的思想或理性，又阐明绝对真理为“非般若，非非般若”即超越了先验思想的清净真心（澄明）。它将先验实在与本体的区分明确规定为理性与澄明的区分。《蛙氏》企图通过澄明对理性的否定来实现本体对现实的超越，这使《蒙查羯》中对至上我的超越性尚且抽象的领会，得到具体、清晰的表达。这澄明本体既然是超理性的，因而对它的省思就不再是概念、理性的结果，而是来自超理性的直观。这就是一种直觉省思。它的具体现实性我们称之为神秘精神。然而奥义书精神在这神秘精神阶段，对现实的超越其实并不彻底。精神对于现实性的绝对超越就是对它的意义空洞化，而这在精神史上就表现为对现实性的彻底虚无化。精神于是将本体置于空无即超绝存在的领域。这就是严格意义上的“存在论区分”。显然《蒙查羯》和《蛙氏》的直觉省思还没有达到这种区分。其所谓澄明其实仍然是一种现实性。这在于直觉省思并没有将现实存在彻底虚无化，所以现实性仍然是真理。于是“存在论区分”就沉沦为理性与澄明两种现实存在的区分。从本体论言之，一种超理性或非理性的澄明根本不存在。因此通过澄明实现的对现实、传统的超越其实是虚假的。这表明在这里，现实精神的自由仍然未能真正冲破现实性的笼罩，进入本体自由的超绝领域，成为本真的精神。故直觉省思的局限性反映精神在这里未能否定现实性，进入超绝的自由本体领域，未能实现对这本体自身的自由，即精神本真的自由。后者必然包含精神对现实性的绝对否定，即超绝的自由。

总之，全部实在思维的最终局限，都在于把现实存在当成绝对，从而导致对本体的超绝存在的遮蔽。于是现实性的偶像阻断了自由本真的无限性。这种精神局限，亦唯有在本体自由的进一步推动下才能最终被克服。

(3) 本真的精神。本体自由本来具有在现实层面将自身绝对化的冲动。它要求展开为对它的自身本质的自由（直接自主设定）。后者就是精神对现实性的否定、对某种绝对超现实（超绝）真理的维持。因而本体自由必然唤醒那被现实性的梦境麻痹的精神，并给它倾注力量，促使其内在的自舍势用展开其积极活动，实现为对现实存在的彻底否定和对超绝真理的维持，推动精神省思将现实性空洞化，从而挣脱现实偶像的重负和传统的囚禁，破“有”入“空”，进入超绝真理的领域；于是精神的自反势用也随之展开为对这超绝真理的维持，推动省思进一步确认这本体为一种实体或本体。这种精神省思就是超绝思维，而且是超绝的否定。然而自由不仅要求实现为超绝的否定，而且要求实现为超绝的反省。因此它也必然促使精神内在的自反势用展开其积极活动，实现为对超绝真理的本质的、直接的自身维持，推动省思领会这真理就是觉性、精神的内在存在、自我。这个省思就是超绝的反省。盖超绝的否定即本真的超越，超绝的反省即本真的反思，超绝思维就是二者的辩证统一。超绝思维之所以是本真的，就在于它领会的超绝存在实质上就是本体自由自身。唯有对这本体自由的领会，才是精神对其最内在本质的本真觉悟。这也就是精神本真的自由。精神由此成为本真的精神。在印度思想中,《白骡》、《慈氏》等更晚期的奥义书、《薄伽梵歌》以及大乘佛学的思想就体现了这一精神发展的成果。

《白骡》、《频伽罗子》、《清净》、《自我》、《我觉》等书的思想,体现了这种精神觉悟的最早形态。其主要立场即所谓幻化论。其说将全部现实存在虚幻化,以为本体只能是对现实性的绝对否定,即超绝真理、"本无"。这种对现实与本体的区分,就是一种严格的"存在论区分"。它体现了对存在本质的超绝性的领会。这就是超绝思维,也就是对本体的本真觉悟。精神因而彻底否定现实性偶像对自由的遮蔽和桎梏,获得了一种本真的自由。幻化论不仅由于对现实性的虚无化而体现了一种超绝否定,并且由于理解超绝本体与内在存在、自我的同一而体现了一种超绝反省。因此奥义书的超绝思维,乃是一种内在觉悟。它领会的本体,既是超绝的,又是内在的,所以才真正是神圣的。我们称这内在觉悟的具体现实为神圣的精神。然而由于这种内在觉悟对现实性,包括人自身的现实存在的虚无化,使得从人到达神的通道被阻断,对真理的觉悟只能最终来自神的启示,所以这也是一种启示省思。奥义书精神由此达到了自由的新局面。内在觉悟既体现了精神在其现实层面的超越与反思的辩证交织,也反映了在本体层面的精神自舍与自反势用的辩证互动。这种双重辩证运动,体现为精神在"有"与"无"之间的持续运动。这种运动构成了精神本真的自由的现实。

然而奥义书的本真精神在这一阶段仍有其局限。这表现在,省思仍然将超绝本体领会成一种不变、不动、静止的现存实体、本质。这本体就成了现实自由无法进入的禁区。这表明精神在这里仍然是有住、有执的,未能达到无住、绝对的自由。精神仍受其内在惰性的诱惑,失去了自由本真的无限性。然而一种超绝的现存实体观念其实是虚假的。因为那唯一的超绝存在的实质,就是本体自由自身,它作为绝对自否定,恰恰是对现存性的绝对否定。这意味着,在启示省思领域,精神对本体的觉悟是抽象的、虚假的。启示省思对这种超绝现存实体的执着,必然会成为自由进一步展开的障碍。然而自由必然推动精神打破这种现存性的偶像,实现对自由自身的直接自主设定,即绝对自由。这必须通过超越和反思的充分自身绝对化。在这里,超越与反思思维成为绝对自由,于是否定一切在自身之外的现存东西,只以其自身的具体现实为唯一真理。唯有在此基础上领会那超绝本体,精神才会认识到本体不是一种固定、不变、僵死之物,而就是运动、自由,因而才有了对本体自由的具体的觉悟,即正智省思。本体自由必然推动印度精神这一转型。首先它必然推动超越思维实现充分的自身绝对化。它必然通过呼唤与倾注,促使精神内在的自舍势用克服惰性自任势用的抵消，恢复其本真的无限性，从而推动超越思维彻底否定任何现存本质的假相，领会到不仅现实是空，而且本体亦空，唯有这空的运动或空思维自身，才是真实。在这里，超越思维不仅是超绝否定，而且是究竟否定，因而就是绝对否定，即否定思维的绝对自由，或精神内在的自舍势用的绝对实现。我们称这种精神为无住的精神。在这里，精神首次获得了一种绝对自由。

在印度思想中，这一精神进展最早通过大乘佛教得到表现，后者构成晚期奥义书思想进一步发展的起点。大乘的空思维是对奥义书幻化思想的进一步发展。首先它继承了后者的超绝否定。这体现在空对一切有为法、世俗法，即全部现实存在的否定中。其次，空思维还是一种究竟否定。这体现在般若的“毕竟空”以及“不二中道”思想中。在这里，空思维不仅否定现实的存在，而且否定真如、法身等超绝存在，是对真、俗的双重否定。它于是取消了一切对象的真理性，最终只能确定它自身为唯一真理。空思维就是超绝否定和究竟否定的辩证统一，就是精神的绝对否定。它是精神自舍势用的绝对实现。印度精神在此首次获得了一种现实的绝对自由。大乘思想正是通过这绝对否定，领会到超绝本体、空性就是自由本身，因而首次领会到本体的实质，使本真觉悟成为具体的。这种觉悟就是正智省思。正智省思领会到真理是无所受、无所取、无所行、无所住、无所得的运动，故我们称它的具体现实为无住的精神。然而般若的空思维有其显著的局限，这就在于它不包含任何反思性。这表明在这里，精神的自反势用没有得到任何真实的实现。然而本体自由要求实现真正的反思。佛教的精神正是在这自由的促动和奥义书反思传统的冲击之下，得以使其内在的自反势用展开为积极的活动，从而推动空思维的内在化，形成真正的精神反思。大乘瑜伽唯识思想，就反映了这一精神进展。它的反思包括多个层面。其最根本的层面，是领会到空性，即超绝自由，不是一种外在的存在，而就是内在的心性（真如就是识的清净分）。这就是一种超绝、无住的反思。这种反思领会到存在的究竟本体是精神内在的自由，而这正是反省思维在内容上的极限，也是自反势用在内容上的绝对化的实现。总之在这里，精神实现了一种内在、无住、超绝的自由。但是大乘瑜伽学，也仍然表明出精神的局限。这主要在于，它将这内在、自由的本体，即超绝的真心，当成一种处在现实自我之外的客观精神原理，而没有认识到这本体其实就在人的自我之内，就是自我的本质。因而它的反思缺乏一种主观性，它的真心还不是一种本己的存在。这反映出精神内在的自反势用还没有展开为对这本体的直接维持，自反势用的绝对化尚未得到在形式上的实现。

然而本体自由必然推动精神克服这种局限，开展出更高、更完善的自由境界。盖自由要求实现对它自身的绝对维持，即实现自反势用的自身绝对化，这不仅是内容上的，而且是形式上的，后者正是大乘佛教所缺乏的。于是自由为达到完全的自我实现，乃促使精神内在的自反势用在佛教的具体觉悟领域，展开其直接、同一的自身维持，推动精神领会到那超绝的自由、心性，就是每个人内在的自我、主体性。这就是一种本己的觉悟。它的具体现实就是本己的精神。晚期的《慈氏奥义书》、《光明点奥义书》等就体现了这一精神进展。《慈氏》、《光明点》等的最大思想成就，就是将大乘佛学的绝对否定与奥义书的绝对反思传统统一起来。其以为一切现实、现存的存在皆属空无虚妄，唯一的存在真理就是超绝、无住的真心，其实质就是内在、绝对的自由。本体不仅是空，是无住、无依、无得的真理，而且就是每个人真实的自我。因而《慈氏》等的思想体现了一种本己的觉悟。在这里，奥义书的精神否定了《白骡》、《频伽罗子》等的现存性执着，也克服了大乘佛学的反思性的缺乏，实现了绝对否定与奥义书的绝对反省的辩证统一。精神的自反、自舍势用在这里都得到了绝对实现。精神达到了一种本己的自由。

尽管如此，奥义书的本己的精神，仍有其根本的局限。首先它未能领会到超绝本体的无住性的实质就是自由，它的觉悟仍然是抽象的，所以它没有在完整意义上继承大乘的绝对否定，自舍势用的绝对实现仍不完整。其次，它包含的绝对反省也不完整。绝对反省必须是一种究竟反省，即反省否定一切外在的现存东西，只确认它自己为唯一直接的真理。绝对反省只有作为究竟反省与超绝反省的统一，才能领会作为本体自由实质的本真自反运动。这种究竟反省在印度精神中从未建立起来。这两点表明，在奥义书的本己精神中，自舍与自反势用自身绝对化的实现皆不完整。精神尽管在某种程度上实现了绝对自由，但后者无论从超越还是反思角度看都不完整。另外，《慈氏》、《光明点》的思想表现出的非理性主义，表明奥义书精神始终缺乏一种理性的自由。奥义书思想大多将存在、自我的真理理解成一个无思维、无分别、单纯空洞的“一”。这表明理性思维几乎没有参加到奥义书的存在和自我理解中。理性思维是精神的自凝或自我建构势用的实现。理性的缺失表明精神的自凝势用没有展开为真实的自由。总之，在奥义书的本己精神阶段，本体自由的自主势用的展开很不平衡，绝对自由的实现仍不完整。它并不是精神发展的一个理想的终点。它的自身局限的克服，只有在自由的进一步推动下才有可能。

精神的最终理想，是全部自主性的自身绝对化的充分实现，是现实的绝对自由的完整和圆满性。正是这一永恒理想，引导着奥义书思想，乃至整个人类精神不断克服自身局限，迈向自由的更高明、深广的境界。

奥义书思想，无论在内在精神方面，还是在外在的观念和实践方面，都经历上述发展阶段。另外，本书还将奥义书精神的上述发展，与西方和中国思想进行了广泛的比较。这种比较表明这一发展具有普遍的精神逻辑。它表明奥义书精神史与欧洲思想几千年的发展存在本质上的一致和呼应，体现了共同的精神规律。而中国本土传统只停留在自然精神阶段，其后来的发展离不开佛教的启发和刺激。本书表明华夏民族真正的精神自由（超越与反思）都是受印度佛教影响的产物，且随佛教的衰微而终被抛弃，民族精神又回到原来的老路上去。

# 第　一　部

# 奥义书精神的历史

# 引　子

# 一

意识是生命的理想，而精神则是意识的理想。盖生命的本质是自由，而自由应当是绝对、无限，因而应当是针对自身的自由。然而自然生命只具有对外界的自由，不具有针对自身存在的自由；这自身存在对于它还从来没有呈现出来。意识则既具有对外界的自由，也具有针对自身存在的自由（意识对于意识内容的自主设定）：意识的本质就是对自身的自由。在此意义上，意识实现了生命本质上应有的绝对性，因而较之自然生命，它更符合生命的真理。不过自然意识对于其自身存在的规定是间接的。它的目光是完全向外的，从不具有内向反省性。与此相应，它将一切存在领会成自然的、外在的东西，因而也总是将它自身的内容及其自我，都视为一种脱离意识之外的实在。因此它从不具有对其自身内在存在的意识和直接、自主的规定。易言之它对其自身存在的规定是外在、间接的。它不具有针对自身的绝对自由。精神则是对意识的直接、内在的自由。唯精神具有对觉性、意识的外在、内在存在的直接、自主的规定，因而是对意识的绝对自由。在这种意义上，精神更充分地实现了意识的本质，因而它就是意识的真理。

因此精神亦具有与意识、生命相同的本体论结构。同其他生命一样，精神亦包括：其一，生存论的存在，即其自然、经验的内容，为所有客观、主观的观念的总体，是精神可见的外壳，其直接、外在的现实性；其二，纯粹的思想，即先验的意识、理性（后者的实质是先验概念），是精神的内在现实性；其三，作为精神的究竟本质的本体自由。其与意识的区别主要在于第二层面。盖意识的思想是直接思想。它只抓住觉性的生存论存在，即其最直接、外在的现实性，而且完全以之为在它自身之外的东西，对其进行分割、连接、统握，以资利用。而精神的思想则是建立在意识基础之上的思想，即省思（nachdenken）；是对于意识的思想已经领会的内容的再思或后思，它试图从这些内容中发现更内在、本质、普遍的东西。同一切生命的情况一样，对于精神生命而言，本体自由构成其最内在的本质，它是精神的生命演进的最终推动力量。本体自由赋予精神的自主势用以无限性，而正是精神自主的否定和肯定两类势用之无限的“破”与“立”的辩证统一，推动奥义书的思想不断除旧布新，朝着绝对自由的理想前进。

同在自然生命和意识生命中的情况一样，精神生命的进展，也最终是由本体自由推动的。在这里，精神生命的生存论存在，即自然，与其内在的思想、省思，构成精神生命的全部现实性。这也就是精神的传统。其中精神的省思是传统的核心；而精神的自然，包括内在和外在的观念（指依内在观念构成的制度、设施等），乃是由内在思想构造出来，作为其外在的躯壳和标记。然而省思也不是一种自为、独立的存在，它最终是由本体自由构造出来，作为其实现的中介。它的具体现实就是凝聚的自由。在这里，自由是体，省思及其观念是用。前者规定后者。省思及其观念，即传统，是历史的、相对的、个别的、被规定的、现实的，而自由则是永恒的、绝对的、普遍的、不可被规定的、超现实的。这自由就是精神的永恒良心。自由的本真存在就是绝对和无限，它不仅是对他者的自由，而且是对自身的自由。因而本真的自由必是自由的自由，乃至自由的自由的自由。自由这种本有的绝对性和无限性，在现实层面就体现为自由的永不枯竭的自身绝对化意志。正是它最终推动生命的无限进展。然而在所有生命形态中，唯精神不仅具有对于自身存在的自由，而且可以具有对这自由的自由，因而可以在其现实的种类（文化精神）甚至个体（个人）身上实现自由的绝对性和无限性。在精神生命中，自由正是作为这样的绝对和无限，推动传统的不断构成和演变，推动精神历史的无穷升华和拓展。在自由与传统的关系中，一方面，本体自由是无规定的绝对意志，它需要为自己构造出形式中介，以使自己成为必然和确定的，这中介就是传统。然而传统，作为逻各斯，一旦被构成，就成为一种凝固的客观力量。当它被视为绝对、实体，就会反过来成为自由不可进入的领域。于是传统就变成了自由进一步展开的障碍。另一方面，本体自由既然是超现实的存在，就意味着它不可能被传统真正窒息。一旦它发现传统成为它的自身绝对化的障碍，它就会呼唤现实精神意识到传统的局限性，并将自身倾注到现实精神之中，在后者中展开为新的思想，从而推动传统的重构。在这里，自由与传统就是一种本体论的对话关系。人类精神的任何进步都是在这一永恒对话中展开的。奥义书的精神也是如此。这对话的普遍逻辑——即自由的自身绝对化通过现实精神的谛听和应答得以展开——决定精神发展的必然性，而传统与自由交会中发生的种种偶然性，决定着文化精神的独特面貌。奥义书的精神发展，可以分为以下三个大的阶段。

(1) 自然的精神。由于人类精神的局限，精神的发展只能以自然为起点。自然就是直接的现实，即全部心、物经验的总体。它是自然觉性或直接意识的对象，是觉性的生存论外壳。精神的本质是对自然觉性或意识的否定。盖自然觉性以直接意识为其实体。它只具有对觉性的自然外壳即生存论存在的自由，而不具有对于觉性内在存在，即纯粹的思想，以及本体自由自身的自由，因而它不具有对于后者的意识。自然觉性只能意识到自然的、物质的、现存的、而且是个别的无生命东西的存在。对于意识而言，这些东西就是它领会的全部存在，是它唯一的真理。它即使对于一种有觉性、生命的存在，包括对它自己，也要将其觉性性、生命性置于黑暗中，而只呈现其生存论的自然、现存、物质的外壳。因而自然觉性、意识对于觉性、存在自身，只具有一种外在、间接的自由。然而精神则是对觉性的内在存在的自主设定，因而是对觉性的直接、绝对的自由。与自然觉性相比，精神的特点就在于它能扬弃存在的自然、经验的外壳，深入其内在的深处，对其内在内容进行自主设定。因而精神要求对于觉性的内在存在的“意识”。这“意识”当然不同于直接意识，而是一种省思（nachdenken），即通过直接意识给定的现象材料，把握这现象之后或之上的本质、普遍性。因而省思必然包括两个环节：一是意识；二是对意识的统握。也就是说，省思必然将直接意识作为前提和基础包含在内。它只能以直接意识呈现的对象为出发点。任何存在，若理论上就不会以某种方式（直接或间接地）成为意识的对象，它也永远不会成为省思的对象。所以，任何文化精神，无论它最终达到多么深刻高明的境界，它最初也必以这意识揭示的存在，即自然为其出发点。盖精神最初没有自身独立的观念，而只能接受自然觉性呈现的观念。因而它刚开始时也必然将那自然的外在、个别、现存、偶然东西的总体当做唯一的真理。因而精神的第一个阶段，必然是自然精神，其现实性就是自然省思。

奥义书的精神亦是如此。最早的奥义书思想，从莱克婆、该祇夜等的作为存在的量上的总体的大全观念，到耆跋厘、优陀罗羯等的万有的普遍实质的观念，乃至茶跋拉、考史多启、爱多列亚等作为自然生命的元气观念，皆属于一种自然省思。在这里，精神只把直接意识的对象当做对象。由于直接意识只能看到自然的、生存的存在，且将主观的观念当做与物质存在同样的东西，故从未真正看到觉性的内在存在。因而自然省思亦未能看到这内在性，唯后者是觉性、存在的自主性、生命真理。在这里，一方面，觉性的内在生命，即它的全部思想、自由，都处在黑暗中；另一方面，事物被切除了与觉性的自主性，与它的内在生命活动的联系，而成为独立、自为的东西。这东西就是物质。这就是省思对自主性的“隐化”。这是觉性的内在结构的“塌缩”。作为这种内在“塌缩”的结果，奥义书的自然思维，皆是把一种外在的物质性的东西当做存在的真理。

然而即使在自然精神的领域之内，自由亦推动着省思的不断提升，以开展出自然精神的全部内容。对于最原始的自然省思而言，一方面，由于直接意识的对象都是经验的个别、相对、有限之物；另一方面，由于觉性内在结构的“塌缩”，结果使得万物脱离了与精神的自我的存在论关联成为独立的实在，它们之间也丧失了植根于觉性生命的本真关联而成为僵死的、相互孤立的现存东西。这样一种理解，甚至不符合自然的真理（因为自然本来就属于觉性的思想和生命整体）。这省思完全执着于外在的个别、形器之物，既无自我，又无绝对。它在原始儒学中表现得最充分，在吠陀、梵书以及一些最原始的奥义书思想中亦得到体现。然而本体自由要求实现为精神对其自身存在的自由，而这自身存在就是绝对、普遍。于是本体自由促使现实精神内在的自组织（自凝）、自身维持（自反）和自身否定（自舍）势用展开为积极的活动。其中自凝势用推动自然省思克服存在的分散、孤立和无序性，重新建立事物的关联，自反势用推动省思克服存在的个别、外在性，确立某种普遍、内在的实质；而自舍势用则推动精神克服原始自然省思的执着，使自凝、自反势用得以更充分开展。

在奥义书中，自然省思的进展，首先，在于理性思维的发展。自然理性的进展构成自然精神发展的主要内容。理性思维通过某种普遍观念，将存在、世界组建成为一个绝对的统一体。然而，由于自然省思对觉性、存在的内在生命关联的遗忘，理性在这里建立起来的只是一种时间、因果关联整体，乃至自我自身也被作为一现存环节纳入这功能关联中。在这里，理性思维只是对自然的、物质的东西的规定，并且将这物质的存在绝对化，而未曾具有对觉性、精神的纯粹思想、心灵的规定和认识。因而这只是一种朴素的自然理性。然而这自然理性也在自由推动下逐渐拓展、深化。盖最早的自然省思把握的绝对，只是一个量的整体。这就是神话精神领会的总体、宇宙。在奥义书最原始的思想中，莱克婆、该祇夜等的作为大全、总体的大梵，就是这样的绝对。这大全既不是普遍的法则，也不是共同的实质或本质，因而它的统一性是外在、松散的，因而它不是实质的绝对。它其实只是一个感性的整体，因为其全部内容都属于可感觉对象领域。这就是感性省思。总之感性省思尽管克服了原始自然省思的混沌和偶然建立起绝对性，但其自身仍很幼稚。然而本体自由力图实现对觉性生命的更普遍、更实质的维持。因而，它一方面促使自然省思内在的自凝势用进一步展开，推动这省思建立起事物的绝对、普遍、内在的关联，导致因果性的绝对普遍化；它另一方面也促使这省思内在的自反势用进一步展开，推动省思寻求事物的普遍实质，并将其进一步抽象化。在自然省思中这实质只能是一种物质的质料。正是这种宇宙实质的确立，标志着因果律成为绝对普遍的法则。早期奥义书以日、水、火、风等为宇宙实质的说法，以及耆跋厘的虚空说，都体现了这一思维进展。在这里，这普遍法则及实质，作为知性的对象，获得自为、独立的存在。于是奥义书思想进入知性省思层面。知性省思的具体现实就是功利精神。我们详细阐明了从神话精神到功利精神转化的逻辑。其次，在奥义书中，自然省思的进展，还包括否定思维的发展。

盖自由作为绝对，要求实现对觉性、存在的内在本质的自主规定，因而必然推动省思对这本质的领会。然而觉性的真实本质不是外在的感性表象，而是超感觉的抽象原理，所以自由应当推动省思否定感性表象，确立一种抽象本质为存在的真理。在这里，唯自舍势用推动省思对感性表象的否定，唯自反势用推动省思对更内在的本质原理的确认。因而这种省思必然包含自舍与自反两种势用的辩证运动。这种省思就是否定思维，正是它导致功利精神的提升。在奥义书中，优陀罗羯的实有论就体现了功利精神的这一进展。其说以为感性表象只是名言施设，其实是虚假的；而实有则不具任何感性表象、非感觉可知，因而它超越了感性，成为一种抽象的本质。这本质就是纯粹的知性观念。在这里，奥义书思想的知性省思得到纯粹化。然而同耆跋厘等的感性实质一样，优陀罗羯实有论的本质仍然是自然的，仍只是一种物质的原理。最后，在奥义书中，自然省思的进展，还包括反省思维的发展。自由作为绝对，要求实现对觉性、存在的内在本质的自主规定，然而觉性的真实本质不是耆跋厘、优陀罗羯等理解的现存的自然实质，而是生命，是主体性和能动性，因而自由为实现其自身绝对化，必须推动省思对这主体性的领会，形成主体性反省。本体自由作为绝对意志要求实现对觉性生命、主体性的自主设定，它因而促使自然精神的自反势用的展开，推动自然省思的内在化，而觉性的内在性首先就是它的生命性、主体性；于是省思不再将本质理解为一种僵死、现存的东西，而是以之为一种有生命的、活泼、能动的原理。然而当精神处在自然思维视域之中，就只能将这原理表述为某种自然的东西，比如某种活泼的物质元素，因而这主体性就仍然是自然的。在奥义书中，茶跋拉、考史多启、爱多列亚等的元气说就体现了这一精神进展。在最早的奥义书思想中，这能动的原理或主体性就是风（vāyu），后来被代之以元气（prāṇa）。但风与元气最初都仍然是一种自然实质，一种自然主体，而不是纯粹的心灵、意识、思想。这种对于存在的主体性、能动性的省思是一种内向的知性省思，它是伦理实践的前提。相应地，元气说在实践层面更多地强调对主体性的修炼、提升，此即伦理的实质。这种实践大致与儒家的修身以礼、老庄的养生以道以及伊壁鸠鲁的幸福伦理处于同样的精神阶段。内向的知性省思的具体现实就是伦理精神。精神在这里实现了对自身主体性的自主设定，或主体性的自由。因此自然精神是在自由推动下形成和发展的。它的局限性在于把自然当成绝对真理，没有认识到觉性真实的本质、主体性不是某种自然之物，而是觉性的纯粹心灵、实体。精神也唯有在本体自由的进一步推动下才能克服这一局限，开辟现实自由的新境界。

（2）自由的精神。精神在其自然阶段，仍将自然，即觉性、存在的生存论外壳当做绝对真理，完全没有进入觉性内在本质的领域。心灵仍然躺在自然的怀抱中，它的自由也只是在自然的襁褓中翻腾。自然精神没有意识到自我的独立自为的存在，因而还没有获得其真实的尊严与价值。在这种意义上，自然精神还不具有一种真实的自由。真实的精神自由，就是精神否定外在自然的偶像对它的内在本质的支配，因而对其自身内在本质有了直接的自主设定，后者就是反思与超越的活动。反思与超越就是自由的反省与否定。反省与否定思维的具体现实，就是精神的自反与自舍势用的实现，而且都是在这二者的肯定与否定的辩证交织中展开，其中自反势用总是推动省思确定某种内在本质，自舍势用则促使省思最终认识到这本质只是虚假的偶像，于是自反势用又推动省思进一步向内寻求，如此循环往复以至无穷。自然省思也包含否定与反省，但这只是自然的否定与反省，它们只在自然领域内活动，把自然当成绝对、自我，不是真实的精神自由。反思与超越则是真实的自由。首先，反思思维是内在的反省。反思思维领悟到外在自然的虚假性，认识到自然只是觉性的内在思想的环节、产物，不具有任何独立的存在和价值，不具有自为的真理性，而唯有觉性的内在现实、心灵才是存在的绝对真理、根源。通过反思，精神才确立自我的真正价值。其次，超越思维是本质的否定。超越思维领悟到任何自然的、经验的、现象的东西都只是偶像，存在的真正本质是对全部自然、经验的超越或否定。本质是与现象界对立的、超验的实体。然而唯一的实体就是觉性、自我本身。唯有当精神否定经验、现象的权威，确立实体为绝对真理，才从根本上否定了自然的奴役，使其自我获得其自身的尊严。总之，唯反思与超越才能赋予精神以真正的价值与尊严。精神由此脱离自然阶段，进入自由阶段。这一根本的精神转型最终是由本体自由推动的。盖自由作为自否定，就是绝对、无限，它要求实现为对自我的全部存在，包括其内在现实性（觉性的思想）和自身本质（自由本身）的自否定。这要求对于现实精神就是一种呼声。自由通过呼吁唤醒现实精神，使其克服沉睡，对本真自由保持敞开，又通过倾注，赋予精神的诸自主势用新的力量，使其战胜精神内在的惰性，展开为积极的活动，推动精神省思的深化和提升。自由呼吁精神克服自然思维的外在化和偶像化，进入更内在、本质的思考，并且为这精神倾注力量，促使精神的自舍和自反等势用恢复其本真的无限性，从而展开为精神对自然偶像的否定、对内在心灵、实体的绝对真理性的确认，从而推动超越和反思的形成。在这里，首先超越性是否定思维的自由。它一方面彻底否定全部自然、经验存在的自身价值和真理；另一方面确认一种超验的存在，即否定了自然的时间、空间、因果等全部经验特性的实体为绝对真理。前者是否定，后者是肯定。因此超越思维包含了精神的自主否定与自主肯定两种势用的辩证交织，但以前者为主导，是前者的真实的实现。其次，反思是反省思维的自由。反思否定了外在、物质的存在的独立性和绝对性，确认觉性内在的意识、思想为绝对存在，为物质东西的基础、根源，因而它同样包含了精神的自主否定与自主肯定（在这里是自身维持）两种势用的辩证运动，但是以后者为主，是后者的真实的实现。由此可见，精神的超越和反思的形成和发展，都是本体自由的展开。精神在这里才获得了真正的尊严和价值，具有了真实的自由。这一精神进展在奥义书思想中得到充分体现。其中从桑底厘耶到波罗多陀的识论，体现了一种理智的绝对反思；从伽吉耶夜尼到那支启多的形而上学，体现了一种理智的超越。奥义书思想在自由精神阶段的进一步发展，乃是由这个思维向度的不断自我提升和相互交织构成；这一发展最终同样是由本体自由推动的。

桑底厘耶、波罗多陀等的识论，体现了奥义书精神最早的内在反思，且是绝对反思。在这里，精神领会到其内在的心灵（意识、思想）才是唯一自在自为的存在，即绝对或实体，是一切存在的绝对真理和根源；这也就是真实的自我。于是，心灵成为人的全部思想和实践的最终价值和目的；只有这样的实践才真正是道德的，因此这内在反思的具体现实就是道德精神。然而对于有限的人类精神而言，那些最外在、粗显的东西总是最触目，最容易被抓住，即使反思也是如此。因此桑底厘耶、波罗多陀等的识论，最先抓住的就是心灵的自然、经验的内容。在桑底厘耶那里，心灵就是经验的感性意识，是完全偶然的、表象性的；在阿阇世、波罗多陀等那里，它被深化到本质层面，但他们理解的心灵本质，仍然是一种自然的本质，一种经验的、心理学的东西，它大致就是经验的理智或理性。在这种意义上，绝对心灵仍然属于生存论的层面。它就是内在的自然，仍只是觉性的现象、观念，而不是觉性的真正本质、真理；在这里，精神摆脱了外在自然的奴役（只有反省的自由），但仍然受内在自然的支配（没有否定的自由）。觉性的真正本质首先是一种理智的本质。理智的本质是对现象，即全部经验、自然的根本否定，因而就是超越性、实体。唯有对这实体的领会才是真正精神超越，才是否定的自由。唯有通过对自然力量的彻底否定或超越，精神才能真正确立自身的尊严。

本体自由必将推动奥义书的精神彻底否定全部外在和内在的自然表象，确立超越自然的实体为存在之自为的真理。因为精神在自然思维和经验反思领域，都只抓住了觉性的现象、观念，而没有领会觉性的纯粹本质、思想。在这种情况下，它就只具有对这现象的自由，而不具有对这本质的自由。然而本体自由作为绝对的自否定，要求实现为对这本质的自由。它通过呼唤和倾注，一方面促使奥义书的自由精神内在的自主否定（自舍）势用恢复其本真的无限性，得以战胜精神惰性的自在势用（自任）的阻拦，展开为对全部自然和现象界的存在的彻底否定，实现为否定的自由；另一方面精神内在的自主肯定（自凝、自反）势用亦展开为对某种超自然存在的维持。

通过这种破与立的精神辩证法，一种真正的超越思维得以形成。它否定了全部现象界、自然，确立一种超现象的原理即实体为自为的真理。超越思维的具体现实就是宗教精神。盖超越性是一切真正的宗教唯一的共同特征。真正的宗教精神，就是要否定尘世的、现象的、自然的存在的意义，而以一种超越的实体世界、彼岸为生命的理想和归宿。在奥义书思想中，这超越思维一开始就是与反思结合的，因而是一种内在的超越。

《考史多启奥义书》的伽吉耶夜尼学说、《六问奥义书》的毕钵罗陀学说和《羯陀奥义书》中被那支启多传承的学说，就体现了这一精神进展的成果。在这里，奥义书思想否定了此前的茶跋拉等的元气论对自我与元气、自然生命的等同，也否定了桑底厘耶、波罗多陀等对自我与经验意识的等同，而将自我确立为超越自然、经验意识的实体。在这里，自我与名色世界的区分，是一种严格意义上的形而上学区分。其以为名色世界、此岸是相续变灭的现象的总体，而自我、彼岸则是不生、无差别、寂静、无为的超验意识实体。这是一个典型的形而上学对立图景，与欧洲的二元论形而上学精神一致。它在很大程度上规定了印度精神的取向（佛教、耆那教和数论、瑜伽对生命的否定，皆是由此图景出发）。这种超越思维在伽吉耶夜尼学说中才刚开始形成，因而还比较含混、幼稚，但是它不断成熟、发展着，在那支启多学说中得到最后的清晰表达。这超越思维对独立、自为的心灵实体的确信，标志着印度精神首次具有了一种内在的自我尊严。这种宗教精神的超越只是一种理智的超越，并不是奥义书的超越思维发展的终点。理智的超越有其根本的局限。其中最突出的是形而上学的局限。这理智的超越，与西方的同类思想一样，持一种二元论形而上学立场。它将纯粹意识领会成一个封闭的形而上学实体，没有领悟超验意识乃是存在、世界的本质、根源。这意识实体没有获得绝对性，没有成为存在的本体。

奥义书精神开创的以上两个思维向度，即绝对反思与内在超越，构成其后来发展的两条主线；两者的各自发展和相互交织，决定此后奥义书思想的基本面貌。不过，前面也指出了在奥义书的上述精神阶段，这绝对反思和内在超越各自的局限性。前者对经验意识的执着，反映出精神还完全不具有对于其纯粹内在心灵的自由；后者将这纯粹心灵领会成一种其内容永远不能被认识、被触及的封闭实体，反映出精神尚不具有对这纯粹心灵内容的自由。因而现实的精神自由仍然具有很大局限性。然而正如自由推动奥义书精神从自然思维进展到理智思维，它也必将推动其从经验的反思和形而上学的超越（即反省的理智和否定的理智）上升到作为二者之统一的绝对理智即思辨省思层次。盖本体自由由于其自身绝对化意志，并不满足于精神对自然、现象内容的自由，它还要求实现为精神对其纯粹内在内容的自由。于是，这自由便呼唤精神打破自然、现象的遮蔽，否定心灵实体的封闭隔阂，领会心灵的超越内容。这内容就是精神的内在现实，它超越经验，同时又是所有经验的本体、根源。它就是先验概念，而纯粹心灵就是先验的思想、意识。这种领会就是先验反思。它由于将超越的思想视为主、客体的共同本体，因而就是思辨省思。自由正是通过呼唤和倾注，一方面促使奥义书的精神内在的自反与自舍势用进一步展开，推动反思和超越在经验反思和理智超越基础上开展出新的破、立辩证法；另一方面推动反思与超越的融合。奥义书的思辨省思即由此形成。精神由此脱离道德和宗教的阶段，进入哲理精神阶段。

《广林奥义书》中被归属于耶若婆佉的学说，以及《鹧鸪氏奥义书》中由步厉古所传承的学说就体现了这一精神发展的成果。其中耶若婆佉的三位说，将存在、自我分为三个层面：醒位、梦位、熟眠位。前二者分别相当于客观经验和主观经验。熟眠位则超越经验的主观性和客观性而为其共同根源、本体，因而它就是先验意识。步厉古所传的五身说，将大梵、自我区分为层层相裹的五个层面，由外到内依次为：食身（肉体）、元气身（生命机能）、意身（感性意识）、识身（经验的理智）、喜乐身（先验意识）。其说将现实存在的全部内容，包括内在与外在、先验与经验、本质与偶像，都纳入此五身的系统之中。五身说亦以先验意识为存在的最终基础、本体，因而是思辨的。如果说耶若婆佉思想表明了奥义书的思辨省思的发生，步厉古的五身说则表明这思辨省思获得必然性（这尤其表现于五身的观想系统之提出）和清晰性（“喜乐身”较之“熟眠位”，更少经验心理色彩）。然而这两家思想，对于先验意识的具体内容都未作充分阐明。因而思辨省思在这里仍然是抽象的。尽管《蛙氏奥义书》的自我四位理论超出了哲理精神阶段，但奥义书思辨省思的最成熟形态，却唯在其对般若的解释中得到最充分反映。这主要在于：一是《蛙氏》将醒位、梦位、熟眠位、第四位，分别规定为遍在、炎炽、般若、至上梵，分别即客观经验、主观经验、先验意识、超理性的绝对。此四位皆脱离耶若婆佉、步厉古等的三位、五身之说的经验心理学意义，得到本体论的提纯。其中根本识被规定为般若（纯粹思维、理性，为遍在、炎炽的根源），相比于前此的熟眠位、喜乐，意味着对先验意识的纯化。这意味着思辨省思在这里获得了完全的纯粹性。二是蛙氏学明确表明先验意识的实质就是般若，即心灵的纯粹思想、概念的整体。般若就是种子识，包含了所有主观、客观经验的种子，即名色种子，由后者生成遍在、炎炽位的全部存在。因此先验意识就脱离其在耶若婆佉、步厉古等学说中的抽象性，被赋予明确、具体的内容。思辨省思在这里获得了具体性。然而蛙氏之学，更进一步超越这思辨省思，进入了神秘直觉的思维层次。思辨省思的这种发展和成熟，正如其形成的过程一样，也是在自由推动下展开的。

然而在印度精神中，同在西方的情况一样，思辨省思本身亦有其根本的局限，这就在于它仍然具有的对现实性的执着。它将先验意识作为存在的绝对基础，然而先验意识同作为经验现实和形而上学的实体一样，仍然是一种现实存在，并非存在的究竟本质。存在的本质就是超越一切现实存在（“有”）的本体自由自身，是本无。现实性只有当其包含本体自由自身为其本体或实体，才是具体的、真实的，如果将它当成自在自为的实体、绝对，那么它就成为抽象的、完全虚假的。这是所有实在思维的误区，思辨省思也不例外。盖精神的现实性就是思想、逻各斯、理性、概念和观念，这就是传统。如果现实成为绝对，就意味着精神的自由将永远无法超越当前的传统，无法进入本体自由的领域。于是自由的绝对化意志将被这抽象的现实性、传统遮蔽、窒息。这终将使精神的发展陷于停滞。然而本体自由必然推动精神克服对于现实性的执着、实现对这自由本身的领会。这自由必促使精神的自舍势用展开为对现实存在本身的否定，推动精神否定自然的重压和概念的窒息；它亦促使精神的自反势用展开为对超现实真理的维持，推动精神实现对这超现实存在的确认。精神由此脱离哲理阶段，进入神秘和本真精神的阶段。

《蒙查羯奥义书》中被归属于首那伽的思想，和《蛙氏奥义书》的思想，最早反映了这一精神进展。《蒙查羯》对超越性的理解，包含了一个比以往的奥义书都更高的意义层面。其以为，至上我不仅超越经验实在，而且超越“非有”、“超越心识者”、“不坏者”、“超越者”，因此它超越那支启多和耶若婆佉等学说的超验实体和先验实在，而且为其归宿。因而至上我包含了对现实存在的否定。《蛙氏》则使这种思想更明确。其核心内容即所谓自我四位之说。这四位代表存在、自我的四个意义层面，依次是：客观经验、主观经验、先验的实在、超越思想的真心。《蛙氏》一方面明确规定先验实在就是般若、思想，使先验反思达到具体化；另一方面也阐明存在、自我的究竟本质为“非般若，非非般若”，是超越了先验思想的清净真心（纯粹意识）。它将先验实在与本体的区分，明确规定为思想、理性与意识、澄明的区分。它否定般若的绝对性，以为般若尽管是存在的直接根源，但并不是究竟的理体，究竟理体为超越先验思想的至上梵、至上我，即绝对真心、纯粹意识。然而奥义书精神在这一阶段，对现实的超越其实并不彻底。精神对于现实性的绝对超越就是对它的意义空洞化，否定其自为的真理性；而这在其历史的形态上，就表现为对现实性的彻底虚无化。精神领会一切现实存在皆是虚幻，而本体则属于空无的领域。这就是严格意义上的“存在论区分”。显然奥义书思想在这里还没有达到这种领会。它并没有否定全部现实存在包括先验实在的真理性，将其虚无化。现实性仍然是真理。于是“存在论区分”就沉沦为两种现实存在的区分。在《蒙查羯》和《蛙氏》思想中，这就是感觉、知觉和理性的世界与超越它们的真心的区分，这真心就是神秘的清净意识、澄明。精神对它的省思不再是概念、理性的产物，而是来自超理性的直观，它就是一种直觉省思。它的具体现实性我们称之为神秘精神。在这里，先验实在与本体的区分就是理性与超理性的清净意识的区分；这就是一种"直觉的区分"（可思维存在与不可思维存在的区分）。总之，直觉省思对现实存在的超越不彻底。然而本体自由是绝对地超越精神的现实性的（即超绝的）理体。故直觉省思的局限性反映精神在这里未能否定现实性，进入超绝的自由的领域，未能实现对这本体的自由，因而精神还不具有本真的自由；本真的自由必然包含超绝的自由，即精神对现实性的绝对否定。这种精神局限，亦唯有在本体自由的推动下才能最终被克服。

（3）本真的精神。盖本体自由本来具有在现实层面将自身绝对化的冲动，这就是要通过现实精神，实现对它自身本质的直接自主设定，这就是精神进化的最终目标。正是它实现对自身直接自主设定的要求，唤醒那被现实性的梦境麻痹的精神，并给它倾注力量，促使其内在的自舍势用展开为对现实存在的彻底否定，推动精神破"有"入"空"；同时激励自反势用展开为对绝对超现实的"空"、"本无"的维持，推动精神领会某种绝对超越（超绝的）的神圣本质为究竟真理。唯本体自由是超绝的存在，因而精神对本体超绝性的领悟就是真正的觉悟。精神由此进入本体自由自身，使自身彻底升华，成为本真的精神。《白骡》、《慈氏》等更晚期的奥义书、《薄伽梵歌》以及大乘佛学的思想就体现了这一精神发展的成果。

在奥义书中，《白骡》、《频伽罗子》、《清净》、《自我》、《我觉》等书的思想，体现了上述精神觉悟的最早形态。其主要立场即所谓幻化论（māyā-vādā）。幻化论将现实存在彻底虚幻化、空无化，以为本体只能是对现实性的绝对否定，即超绝真理、"本无"。这意味着奥义书的否定思维，已经扬弃前此的实在的（理智的、思辨的或直觉的）超越，上升为绝对超越，即超绝否定。幻化论对现实与本体的区分，就是一种严格的"存在论区分"。精神由于对存在本质的超绝性的领会，获得了对本体的本真觉悟。它因而彻底排除现实性的偶像对自由的遮蔽和桎梏，首次获得了一种本真的自由①。因此幻化论体现了奥义书超越思维的重大突破，即从实在的超越升华到觉悟的超越。另外，奥义书的幻化论还体现了一种超绝的反思。它将超绝本体理解为觉性的实体、至上神，而且后者就是至上我，这不仅是内在反思，而且是绝对反思。与任

① 本真的自由与本真自由不同，前者是后者的现实性，即后者在此成为了具有自身持续性和普遍性的存在。

何实在的（理智的、思辨的、直觉的）反思不同，这超绝的反思首次透过现实性的帷幕进入本体自由的自身存在领域，故为一种觉悟的反思。因此这觉悟就是内在的。它所呈现的本体，既是觉性的内在本质，又是对现实的绝对超越，所以它就是神圣的。由于这种内在觉悟，我们称这精神为神圣的精神。幻化论思想反映了奥义书精神自由的新局面。首先，它的内在觉悟体现了精神在其现实层面的超越与反思、"破"与"立"的相互交替。在这里，先是超绝否定扬弃抽象的现实，从"有"入"无"；接着超绝反思确认这超绝存在、"无"乃是精神最内在的实体、自我，又由"无"归"有"。这构成思想层面的辩证循环运动。其次，这种现实层面的超越与反思的辩证运动，反映了在本体层面的精神自舍与自反势用的破、立辩证法，正是后者推动前者的展开。超绝否定对抽象现实的排除、对超绝自我的确认，就分别体现了自舍与自反势用的开展，但是以自舍势用为主导。超绝反思也同样包含这两种势用的共同作用，而以自反势用为主导。超绝否定和超绝反思都是在这两种势用的推动下在"有"、"无"之间作辩证运动。精神生命的这种双重的辩证运动，在奥义书思想的任何阶段都得到体现。而在这里，它构成了精神本真的自由的现实性。然而奥义书的觉悟在这一精神阶段仍有较大局限性。这在于，思想仍然将超绝本体领会成一种不变、不动、静止、永恒的东西，因而就是一种现存的基础、本质。这就是精神自由的终点。这表明精神即使进入超绝存在的领域，也仍在寻求止息处、安全和庇护。本真精神在其内在的自在势用诱惑之下，忘却了自由本真的无限性。它在这里仍然是有住、有执的，未能达到无住、绝对的自由。在这里，精神实际上是将真正的爱和崇拜的逻辑推至极端。它一方面将现实的存在、自我彻底虚幻化；另一方面将上帝的理想化推到极至，它成为唯一、永恒、不变、真实的存在（变异被认为是真实性和存在性的缺陷）、基础，因而它只能是现存的。这导致现实精神甚至无法从自己出发到达上帝，所以对上帝的觉悟只能来自上帝的自身呈现或启示。这实际上把本体与现实精神永恒对话的结构转变为本体的单方面行动。本真觉悟的这一层面就是启示省思。无论是在西方还是在印度传统中，启示省思的局限都在于对一种超绝的现存实体的执着，这现存性就成为自由进一步展开的障碍。精神要打破这种现存性的偶像，必须通过超越和反思的自身究竟化。也就是说，超越与反思思维否定一切在它自身之外的现存东西，因而将处在这思维之外的现存上帝也虚无化，而只以它自身的具体现实为唯一真理。于是，精神就领会到存在的真理、本体不是一种固定、不变、僵死之物，而是运动、自由。

然而本体自由既然是绝对，就永远不会被精神的当前处境完全窒息。它必然通过呼唤与倾注，促使精神内在的自舍势用战胜惰性的自任势用的抵消，恢复其本真的无限性，从而推动超越思维彻底否定任何现存本质的假相，领会到不仅现实是空，而且本体亦空；不仅有是空，而且空亦复空。精神于是放弃任何安全、庇护和家园，担当起自身本真的无依无住、无家可归状态。这一点，无论在西方还是印度思想中都在于，精神的否定思维在启示的超绝否定基础上，又发展出一种究竟否定。如果说超绝否定是否定思维在质上的自身绝对化，究竟否定就是其在量上的自身绝对化。二者分别是精神的自舍势用在质和量上的绝对展开。而正是本体自由呼唤与倾注，促使精神的自舍势用如是展开。这超绝否定与究竟否定的辩证统一，就是绝对否定，是否定思维的绝对自由。于是精神首次获得其绝对自由，尽管只是否定的自由。其中，通过究竟否定，精神领会到这否定思维的具体现实为唯一直接的真理，故真理就是自由；另外由于超绝否定，精神领会到存在本体是这自由的超绝性。精神于是领会到那存在的超绝本体的实质就是自由，因而本真觉悟在这里才成为具体的。在印度思想中，这一精神进展最早通过大乘佛教得到完成，后者对于吠檀多学和晚期奥义书思想都发生了本质的影响。因此，为解释奥义书思想此后的发展，我们也将大乘佛教作为印度精神发展的一个环节，专辟一章，予以阐明。

在印度佛教中，属初期大乘的般若思想，体现了精神的上述绝对否定最充分、纯粹的形态。般若即空智或空思维。空智首先是一种超绝否定。这体现在般若学的空论和“二谛”对一切有为法、世俗法，即全部现实存在的否定中。有为法和世俗都被认为是如幻如化、举体虚妄的，究竟真如为超绝的空性本体。在这里，它无疑是受到奥义书的启示省思启发。其次，它还是一种究竟否定。这表现在般若的“毕竟空”以及“不二中道”义，不仅否定现实、世俗的存在，而且否定空性、涅槃、真如、法身等超现实存在，是对真、俗的双重否定。空智取消了一切对象的真理性，因而最终只能确定它自身为唯一真理。它就是无所受、无所取、无所行、无所住、无所得的思想。这是在这种意义上，我们称大乘精神为无住的精神。大乘的空智就是究竟否定与超绝否定的辩证统一。这就是精神否定的绝对自由。《金刚经》所谓“佛说般若，即非般若，是名般若”。表明般若就是超绝否定与究竟否定的辩证往复的整体；在其中，空智不仅意识到它自己就是绝对自由，而且透过自身的现实性，领会到它的本体，即空性就是这绝对自由的超绝本质（本真的自身否定势用）。因此存在的本体不是《白骡奥义书》等的大梵那样的现存基础，而就是超绝的自由。因而空智就是究竟觉悟，也是具体的觉悟。这究竟觉悟就是精神从现实、现存的存在到超绝的自由的持续运动。它反映出精神的自主否定势用终于彻底消除了阻挠它的惰性消解力量，实现为绝对自由。然而般若空智只是超越性的绝对自由，却不包含任何反思性，表明在这里，尽管精神的自舍势用得到绝对实现，而其自反势用则被其惰性力量阻断，没有得到任何真实的实现。因而般若的自由也是有缺陷的。然而本体的自反势用同样要求实现其绝对性。这要求就是本体自由的呼吁，它伴随奥义书反思传统的冲击，遂得以唤醒佛教沉睡的精神，并给它倾注力量，促使其内在的自反势用战胜其内在的惰性（自放势用），展开为积极的活动，从而推动精神将般若正智领会的本体内在化，形成真正的精神反思。大乘瑜伽唯识思想，就反映了这一精神进展。“万法唯识”的思想就表明了一种内在反思。阿赖耶识缘起说表明了一种先验反思。“三自性”说则表明了一种超绝、无住的反思，即正智反思。在唯识思想中，这正智反思首先是一种空智的反思。其以为，空智自身即清净依他作为绝对否定的具体现实，就是圆成实性或真如，为识的应然、本然的真理。这反思把空智的绝对自由领会成觉性内在的真理，所以是一种无住反思。后者实际上是般若的究竟否定与来自奥义书的内在反思的辩证统一。正智反思其次也是一种空性的反思。唯识以空智与空性（法性真如）为真识（圆成实性）之二分（实即对于识的存在论区分）。其中空智是真识的现实存在，空性则是内在于识的超绝本体。此种领会由于把般若的空性本体内化为觉性的超绝本质，因而就是一种空性的反思。这是般若的正智与瑜伽的内在反思的辩证统一。反思由此领会到存在的究竟本体，就是超绝、内在的自由，而这正是反省思维在内容上的极限。因此，作为一种真正的反思，正智反思不仅是精神自反势用的真实实现，而且是自反势用在内容上的绝对化的展开。精神具有了对存在的究竟本质即本体自由的自主设定。它实现了一种内在、无住、超绝的自由。

大乘佛教是印度精神戏剧的一个宏大插曲。印度精神通过它得以在最大程度上超越自身，然而这自我超越却导致了自我遗忘。精神在这里实现了其否定的绝对自由，但其反省尚未得到充分发展。反映在这里，精神的自反势用与自舍势用的展开是极不平衡的，自反势用尚未得到充分展开。然而本体自由必然推动精神克服这种局限，开展出更高、更完善的自由境界。自反势用的自身绝对化的意志，就是本体自由的呼声；而奥义书反思传统的强大冲击，使精神在大乘佛教的正智思想起点上倾听到此呼声并敞开自身以接纳这自由，使其内在的自反势用恢复其本真的自由，推动精神反省在正智层面的绝对化。自反势用的绝对化既包括内容上的，也包括形式上的。作为其现实性，反省思维的绝对化也包括内容与形式两个方面。前者即前所谓正智反思；后者就是绝对反思，即反省领会到内在的主、客体的绝对同一。如果说前者在唯识思想中已经得到实现，后者则在传统的印度佛教中尚未形成。然而自反势用在形式上的自身绝对化意志，必将推动绝对反思的形成。自反势用本来就具有这一意志。它作为自身维持，本来就要求它所维持的对象就是生命的绝对、最终的目的(这个目的就是自我)。这就是它在形式上的自身绝对化。于是它就是绝对维持,亦即自我维持。正是这绝对维持推动主观反思和绝对反思的形成。因此,唯有这精神的绝对自身维持的实现,推动省思领会到正智省思呈现的超绝、内在的自由,就是精神的内在自我。于是大乘佛教的正智或究竟觉悟,就转化成为本己的觉悟,即本觉省思。后者就是精神的绝对否定与绝对反省的辩证统一。精神由此进入本己的阶段。

在印度传统中,佛教的真心如来藏思想、乔荼婆陀的不二论,以及《慈氏》、《光明点》等一些具有严重佛化色彩的晚期奥义书思想,就体现了这一重大精神进展。我们只讨论与此主题相关的晚期奥义书思想。《慈氏》、《光明点》等晚期奥义书的最大思想成就,就是将大乘佛学的绝对否定与奥义书的绝对反思传统统一起来。其以为一切现实、现存的存在皆属空无虚妄,唯一的存在真理就是超绝、无住的真心、真我。这些奥义书的思想,一方面体现了一种精神的绝对否定。其以为,不仅现实存在是彻底空幻虚无的,而且超绝的本体也是空,是无住、无依、无得的真理,故现存的实体亦属假相。这些说法,体现了精神的超绝否定和究竟否定的统一。于是精神否定了《白骡》、《频伽罗子》等执着的现存性,将本体"无"化,因而使本体成为绝对的自由。这就是精神否定的绝对自由,是自主否定势用的绝对化的完全实现。另一方面,这些思想还体现了一种绝对反省。首先,与唯识的立场一致,《慈氏》等也坚持那超绝、无住的空性、本体,就是真心,体现了与唯识一致的正智反思。其次,《慈氏》等奥义书,明确揭示出,那空、无相、无住的超绝大梵,就是至上我,就是每一个现实的人的真实本质,体现了与奥义书传统一致的绝对反思。这使得其思想从根本上与印度的大乘正统区别开来。故《慈氏》等的思想,包含了一种大乘佛教缺乏的绝对反省。它体现了大乘的究竟觉悟与奥义书的绝对反思的辩证统一,而这就是本觉省思。本觉省思的具体现实,就是精神的否定与反省的绝对自由,是自舍与自反势用的自身绝对化的实现。这本觉省思的形成意味着,印度精神通过最大限度的自身否定,达到了最深入的自我返回。本觉省思作为精神的具体现实,就是由精神的否定与反省、自舍与自反的绝对化的双重辩证运动构成的复杂整体。它体现了奥义书精神自由的最高境界。

然而,印度晚期奥义书的这种本觉省思,仍有其根本的局限。首先它没有在完整意义上继承大乘的究竟否定,未能领会到本体的无住性的实质就是否定的自由,即本真的自舍运动,因而它在这里是抽象的。本觉省思的具体化在于领会到本体的实质就是觉性的自由、自否定纯粹运动。其次,这本觉省思包含的绝对反省也不完整。绝对反省必须是一种究竟反省,这在于它悬置一切在它之外的现存物,结果只能确认它自己为唯一直接的真理；而它自己就是对反省的反省，是反省的无限性和绝对性，这其实就是自反势用在量上的自身绝对化的实现。反省作为这究竟反省与超绝反省的统一，才能领会作为本体自由实质的本真自反运动。应当承认这种究竟反省在印度精神中从未建立起来。这两点表明，在奥义书的本觉省思中，精神内在的自舍与自反势用自身绝对化的实现，既不究竟、亦不完整。另外，《慈氏》、《光明点》的思想表现出的非理性主义，以及其精神的封闭性和贫乏性，表明精神的理性和分别思维在这里没有实现真正的自由。理性思维是省思克服混沌，实现对象的组织化与秩序化。分别思维是克服封闭和贫乏，实现对象的分裂、差异化、丰富化。《慈氏》、《光明点》乃至全部奥义书思想，都将存在真理、本体理解成一个无思维、无分别、单纯空洞的"一"，表明奥义书精神缺乏一种理性的自由。另外这些奥义书思想所理解的本体，总是一个完全自我满足、自身封闭的"一"，既不能自身分裂，亦不能从外在世界摄取养料，从而使自身差异化、丰富化。思想牢牢固守着实体的"一"。这种情况表明在这里分别思维也没有成为真正的自由。同否定与反省一样，理性与分别也都不是精神的自然活动，而属于精神的自主性，是精神生命本有的自我组织（自凝）、自身出离（自离）势用的实现。因此奥义书本觉省思的这些局限，反映出在这里，自凝、自离势用还全未实现为真实的精神自由。

正如自由推动本觉省思的产生和发展，它也必将推动精神克服本觉省思的上述局限性。本体自由包含的自主势用的绝对化意志，必将推动精神的否定、反省、理性、分别思维达到完整的自身绝对化。于是精神将克服任何惰性、昏暗、狭隘、奴役，生活在完全的自由、开放、光明的境域之中。它对于它的全部存在内容都具有了直接的自主设定，而且有了充分、直接的领会。这精神我们就称之为绝对的精神，其现实性即绝对觉悟。它就是有限的人类存在的理想。

另外，我们还将奥义书精神史的上述发展，与西方和中国思想进行了广泛的比较。这种比较表明这一发展具有普遍的精神逻辑。我们将阐明，奥义书精神史与欧洲思想几千年的发展具有平行和对应关系，二者遵循共同的生命与思想逻辑。而中国本土传统只停留在自然精神阶段，它后来的发展来自印度佛教的启发和刺激。华夏民族真正的精神自由（超越与反思）都是受印度佛教影响的产物，且随佛教本身的衰微而终被抛弃，民族精神又回到原来的老路上去。

## 二

一种精神史的阐释，可有学说史和观念史两种切入点。每一种学说可以包含多种观念，是以后者为基础构成的理论整体。现实精神都是个别的，是由多种精神省思的具体现实构成的各具特点、处在不同发展阶段的实体。不同文化，乃至其在不同阶段，都具有不同的精神。有华夏精神、印度精神、西方精神，有婆罗门的精神、奥义书的精神、佛教的精神，甚至奥义书、佛教思想在其不同时期，都体现出不同的精神。每种精神的内在现实性，就是其独特的思想、省思。每种精神包含相互关联的多种省思，比如反省思维和否定思维等，它就是这些省思的具体现实性的整体。每种省思，乃至其在不同阶段，都必构造出相应的观念。一方面，它就是这构造的活动、逻各斯；另一方面，它也必须以观念为工具、指引和标记，才能施展自身，且成为必然的。观念是精神的自然，是精神的生存论外壳，精神唯有通过观念才能实现在世界中的持存。纯粹的省思是先验活动，是省思的意识无法认识的领域；同样，精神的自身本质，即本体自由，由于其超现实性，也不是这意识可以直接认识的。因此，观念就是精神的省思唯一可以意识到的东西。我们只有通过对观念的生命本体论阐释，才能揭示省思的活动，揭示精神生命的自由。如果说每一精神观念及其历史体现了一种精神省思，或精神生命的一个方面、层次，那么一种由全部相关的观念构成的学说整体，则体现了省思的具体现实性的整体，也更完整地反映了精神自由的现状；而这些学说的历史演变，则更充分体现现实精神的历史。因此，如果要对奥义书的精神史作出一种整体的、阶段性的阐释，就不应当是针对个别观念的演进的，而是应当把奥义书思想中出现的不同学派的学说整体作为精神发展的诸环节，对其进行生命本体论的阐释，即通过对其进行先验还原，揭示奥义书思想的运动，且通过进一步的超绝还原，揭示本体自由自身的运动。当然，如果一种学说的逻辑性不够强，它包含的诸观念可能缺乏内在的一致性。这是奥义书中常见的情况。在这种情况下，我们只能将其中不同观念置于不同层面，将它们结合成一个多层次的整体，但这整体也可能是松散、模糊的。于是，对这一学说的分析所揭示的现实精神自由，也应具有多层面性、模糊性。

我们之所以必须选择奥义书的学说史作为其精神史阐释的对象，还出于以下考虑。

(1) 在理论的自觉性更强的传统中，一本著作会反映一种学说的体系，但是奥义书的情况大不一样。早期奥义书多具有杂糅的性质。比如其中最大、最主要的两种，即《广林奥义书》和《唱赞奥义书》，就是由不同时期形成的多种文献缀合而成。其中包含思想差异极大的多种学派和思想家的学说，后者并未得到很好的综合。这种思想的极端杂糅甚至混乱，在其他奥义书中也都不同程度地存在着。大部分早期奥义书的思想，都无法形成一个理论的整体，因此如果把每一种奥义书作为对奥义书精神史阐释的单元，将是没有意义的。另外早期奥义书（尤其是早期的综合性奥义书）对于不同思想家的学说往往是不加辨别地取用的，同一学者的学说经常在不同学派的奥义书中出现。这种情况也导致，如果我们视每一奥义书为一个单元，将无法给予它思想史的精确定位。因此将一种奥义书包含的不同学说体系作为各自独立的单元来进行阐释，比直接以每一奥义书自身为阐释对象，显得更合理。

（2）从学派史的角度来考察奥义书思想的发展，也不可行。早期奥义书皆见于不同吠陀“学派”（Śākhās）的文献①，且往往几种奥义书同属一个学派。此诸奥义书思想既杂糅，其所属学派思想则更混陈，缺乏思想的差别意识。盖所谓“学派”，梵语为“Śākhās”，直接意思为树枝，或动物的四肢。也就是说，吠陀就像一棵树，而这些学派（Śākhās）都是这树上的枝条。这也意味着这些学派被认为是从属于一个整体的，它们相互承认、彼此接受，不存在相互竞争和排斥，因而它们与后来印度思想的各种流派和宗派，性质都大不相同。从奥义书反映的情况看来，这些吠陀学派并没有一种自觉的学派立场。属于不同吠陀学派的奥义书在内容上完全自由地相互资取，没有任何门户之见；学者们相互辩难，也相互学习，完全以达到某种共同真理为宗旨，没有表现出执着于某一学派立场或以此料简其他学说的情况；此时似亦未出现学生在思想上要忠于导师的观念，学生在导师处完成学业后，往往另投师门，或别立新说，甚至推翻师说（其师徒关系与一般古代宗教的情况很不相同，倒有些类似于现代的学术培养制度），这些都意味着真正意义上的流派或宗派尚未形成。同一学者的学说经常在不同学派的奥义书中出现，表明奥义书对属于其他学派学者的说法，没有任何立足于学派观念的排斥态度②。这意味着，奥义书思想家们的学说，相对于

---

① 吠陀的学派（Śākhās）是在对四吠陀的祭祀学解释中形成的。随着婆罗门教的发展，祭祀日益复杂化，祭司也出现固定的分工。另外吠陀文献也在发展，其包括的祭祀说明和解释的内容日益增加。所以，婆罗门也从以往全部掌握四吠陀，到只专门掌握、使用其中的一部。如荐神祭司（Hotṛ）掌《黎俱吠陀》；高唱祭司（Udgātṛ）掌《娑摩吠陀》；执事祭司（Adhvaryu）掌《夜珠吠陀》。每一吠陀都应用于祭祀的不同环节。每一吠陀皆包括曼荼罗（Mantras，吠陀的赞歌、祭词、咒文）与梵书（Brāhmaṇas）两部分内容，前者主要为圣歌总集，且言及祭祀的准则；后者主要是针对前者的用法说明和意义解释。四吠陀中，每一吠陀都有多个学派（Śākhās）。在这些学派的文献中，曼荼罗部分都是被公认的，在内容上没有实质差异。而梵书部分是由这些学派的先师们对曼荼罗的仪式学阐释构成，后者经历漫长年代不断积累，形成庞大文献，当然各学派所传皆不相同。故更准确地说，吠陀学派应称为梵书学派。

② 婆罗门的这种思想开放性，甚至表现在他们对非婆罗门思想的态度上。梵书就经常提到优陀罗羯持一枚金币求负的故事（Sat BrāXI·4·1·1）。佛教《阿含经》也大量记载了婆罗门问道的故事（比如《长阿含三明经》记载了婆罗门几人争论请求世尊裁决的故事［大正藏第1册］）。佛陀的婆罗门种弟子，有许多在皈依佛陀之前是拜火教以及属于沙门思想的散若惹、拘舍罗等的信徒。

其所从属的吠陀学派，有完全的独立性[①]，因而直接以这些学说为对象来阐释奥义书思想史，比以吠陀学派为对象更恰当。如果说早期奥义书与相关的吠陀学派有紧密联系，那么随着时间推移，这种联系就逐渐淡化甚至消失。中晚期奥义书，尽管名义上也被归属于某一梵书学派，但其内容与后者并无任何实质性的关联[②]。《白骡奥义书》、《蒙查羯奥义书》不归属于任何学派。《慈氏奥义书》被无根据地归属于慈氏学派，亦无内容上的根据。《六问奥义书》被归诸毕钵罗陀（Pippalāda）学派，也颇有疑点。《羯陀奥义书》与羯陀学派的关系，亦有待辨析。《蛙氏奥义书》的学派归属也不清楚。尽管如此，中晚期奥义书的学说，往往皆更能自成一体。一般每一种奥义书都能大致成为一个学说单元。因此，以梵书学派作为单元阐释奥义书思想史是不可行的，只能以这些学派包含的学说各自为独立单元。

（3）在奥义书思想家和奥义书学说之间，也应当以后者为主体。最早的奥义书都没有提到作者自己，而且许多奥义书学说的开示、传承者都是伪托的。造成这种情况的原因可能是：其一，奥义书思想家，渴望传播真理，但没有现代人的著作权的观念，所以往往把自己的思想委托于吠陀时代的尊神或仙圣。奥义书中出现的梵天、生主（Prajāpati）与因陀罗（Indra）神，一般可视为伪托的。当然，也应考虑到在印度传统，真实的历史人物亦往往以神、仙圣来命名。在奥义书中，这两种情况往往很难分得清楚。其二，最早的奥义书学说的提出者皆是匿名的。这还因为一方面，这些奥义书属于启示文学，而启示文学具有超越个人的特质，比如吠陀罕言作者，最早的奥义书亦是如此；另一方面其对学说的彼此差异缺乏充分意识。最早的奥义书，启示色彩最浓厚，且从不谈及学说的差异，这使得这些学说的提出者不受关注。不过这种情况，在梵书中就开始有所变化。梵书中已经提到不同的作者名字，已有关于学者间思想争论的记载，这表明它已有思想差别的意识。如果我们将这种现象划归梵书思想的后期，那么无作者的早期奥义书，应属于梵书较早的、即与吠陀直接衔接时期的思想，故它们应是奥义书中最古老的。其三，印度传统普遍缺乏历史感，而且真正意识到这一点，即对于一个思想家来说，“思想才是他们的生活。”[③] 思想家的思

---

① 《鹧鸪氏森林书》将其奥义书性质的7、8、9三编，称为“vallī”，意为藤萝。此三编的名称分别直译为音韵藤（Śikṣa-vallī），喜乐藤（Ānanda-vallī），步厉古（Bṛgu-vallī）。《羯陀奥义书》的六节也称作“六藤”。藤萝从其自根生长，相对于枝条（Śākhās）是完全独立的。这也意味着奥义书的思想独立于它所从属的吠陀学派。

② Hajime Nakamura, *A History of Early Vedānta Philosophy*, Motilal Banarsidass, 1983.37.

③ Charles Eliot, *Hinduism and Buddhism, An Historical Sketch*, *Vol.1*, Sri Satguru Publications, Delhi, 1988.13.

想比他的生活更重要。所以《梵书》和奥义书尽管介绍了许多思想家的思想，但几乎不提他们的生活经历，甚至对其人存在与否也缺乏历史学兴趣。

如上所述，许多奥义书将自己的思想委托于吠陀的天神或仙圣，以自标榜；也有些可能其历史人物以天神或仙圣命名。比如，唱赞奥义书中的生主（Prajāpati）与因陀罗（Indra）、那罗陀（Nārada）与沙那库摩罗（Sanatkumāra）等，我们无法绝对肯定到底是哪一种情况。在奥义书中，可能为历史人物的有：爱多列亚、莱克婆、桑底厘耶、茶跋拉、耆婆厘、优陀罗羯、耶若婆佉、阿阇世等。然而即便如此，许多被归属于上述人物的思想也是伪托的。

奥义书凡有涉及学说提出人者，皆以其与他人对话形式开示其学，但此类对话，绝大多数不应视为历史事实，故其谈话者大多应属伪托。有的奥义书列出了很长的师资名录，以作为这对话的铺垫。然而这名录追溯到最后，都是以吠陀的天神或仙圣作为对话者，其学说乃通过他们对话展开①。另外多数对话都具有寓言形式。其中的情节，恐怕不会比大乘佛经及《庄子・内篇》所录更可信，其中的人物，也不会比文殊、普贤，或鸿蒙、列缺等更真实。而且在多数对话（在晚期奥义书中，是全部对话）中，很明显都是提问本身预设了结论，全部对话只是结论的展开②。这一点，并不符合真实的对话逻辑。因而这些对话是根据结论虚构的，对话者也应是委托的。这些事实意味着奥义书的说法者，可能多数都是委托的。甚至像优陀罗羯、耶若婆佉这类人物，其学说是否委托亦非绝无疑义。而且在奥义书中，真实人物与委托的人物很难区分；时至今天我们也没有一种科学手段可以对此进行确定无疑的甄别。我们只能确定有些人物，比如优陀罗羯、耶若婆佉等，其为历史人物的可能性更大一些。

以上问题也给我们的阐释工作带来困难。因为按通常情况，我们是以某一学说的作者来命名它。此于其他思想固未尝为难，以其每一学说，要皆有明确的作者之故。

---

① 比如《广林奥义书》VI・5・1 和 VI・5・4 都列出了“白夜珠学派”的师资名录。两个名录中，从 Sāñjīvī 子以降 34 传的导师名字都是相同的。Sāñjīvī 子以上，VI・5・1 为 17 传，包括耶若婆佉、优陀罗羯（但不包括桑底厘耶），最终由语言神（Vāk）、仙圣 Ambhiṇī，溯源至日神（Āditya）；VI・5・4 为 12 传，提到了桑底厘耶，但没有耶若婆佉、优陀罗羯的名字，最终由仙圣 Tura、生主溯源至梵（Brahma）；两份名单上没有一个名字是相同的。学者们推测这可能表明此派是由原先独立存在的两个学派传到 Sāñjīvī 子时融合在一起而形成（J.Eggeling, SBEXLIII.pXVIII.）。这也不违背我们的以下推测，即很可能在这一学派中，（1）Sāñjīvī 子以降 34 传师资，皆是实际的历史人物，（2）Sāñjīvī 子以上则可能更多是委托的历史、神话人物。然而实际的情况是，此奥义书的全部对话，只与（2）中的人物有关，其学说都是被后者所开示。

② 比如《六问奥义书》（Praś）共六章，每一章皆先由一位婆罗门共提出一组问题，然后圣者毕钵罗陀作答并在结尾标出其观点，从这些观点与所提的问题的对应看来，应当是前者决定后者。

然而此于奥义书却是甚难，盖奥义书多数学说，皆不能确定其作者为谁，及这作者是否实有其人。在这种情况下，我们尽管尽量按传统将奥义书的各种学说都与相应的思想家联结起来，但应当承认，这种联结只有名义上的意义。我们只是以传统上与某学说相关的某一思想家命名此学说，将此说在名誉上归属于他，而不必实以此学说为他所提出或传承。

有鉴于以上考虑，我们对奥义书精神史的阐释，乃选择以各种奥义书学说为单元，以奥义书传统中的思想家和流派为此学说的名称，试图通过对奥义书学说史的生命本体论分析，来揭示自由推动思想、观念进展的逻辑。但是应当交代的是：一是我们对奥义书学说的排列，主要是根据其精神发展的逻辑而非事实（印度思想中，事实性的因素往往都极模糊）。逻辑的顺序通常与历史的顺序一致，但这不是一定的。二是在奥义书乃至整个印度思想的发展中，同在任何其他传统中一样，精神的许多环节要么没有充分展开而被跳过，要么在传统中没有留下遗痕，这使得其历史发展往往表现出断裂和不完整性。然而从整体上说，奥义书精神的历史表现出充分的必然性，而且基本上是完整的。我们以下将它分为三个大的阶段予以阐明，即：自然精神阶段；自由精神阶段；本真精神阶段。

第 一 编

# 自然的精神

# 引　论

## 一

意识是自在自为的实体，包括觉照（即狭义的意识）与指引觉照的活动（思想）两方面。意识活动的语境或逻辑关联决定意识内容，即被觉照的观念。这语境是由意识的概念（意识的自由或自否定的形式）和观念构成，故意识的活动决定觉照。意识活动的语境决定我的对象设定行为，设定就是意义揭示，正是它把某物对意识呈现出来。设定是自由的自主决定。其自由就在于：其一，直接的自治（autonomy），即活动的这一环节不是被现存地规定好的，不是自动、自然的行为，而是有待于我的审慎抉择；其二，这决定有其选择空间（optionality），这由对象的差别性构成。只有当我对某一对象具有了这样的自由，这对象才会对意识直接呈现出来。故意识与观念是自由的产物。唯当自由的发展使某物成为我的直接设定的对象，它才会在意识中呈现出来。可以说意识产生于我的自由区分的需要。自由的区分要求我为自己构成一种观念的值域或空间。我的设定行为就在这空间中进行。意识在这空间之内设定对象的不同意义。自主决定本身就是自否定或自由。这否定在这里由于具有自治性和选择空间，所以就具有了无限性。自主设定即无限的自由。

精神也是自在自为的实体。精神的现实性即省思。省思是觉性对自身存在的揭示，是对直接意识已经揭示的存在，即自然的再思考、再规定。与自然事物的个别性、相对性、有限性相比，觉性的自身存在就是绝对、普遍性、无限。省思试图否定直接自然，领会觉性的普遍、内在、本质的存在。它包括省思的意识（觉照）与省思的活动（思想）。省思的观念，或省思意识的内容由省思的活动决定，后者构成精神实践的本质。由精神的概念、观念构成的语境决定何种存在能进入精神省思，成为省思意识的对象。省思是觉性对自身存在的意识，故它也服从意识的发生规律，所以在这里，唯有当精神的自由发展到这样的地步，以致它将觉性的某种自身内容当做自主设定的对象，这内容才会在省思中呈现，即被省思观念指称。观念在这里就是为完成这种指称被构造出来，所以观念及相应意识就是精神的设定或自由的产物[①]。在这里，自由推动省思的发展，而省思的发展决定观念的演替。

如前所述，精神的自由即自否定，其本质无外乎自反、自凝、自舍和自离四种运动（自主势用）。每一种自主势用都会展开为现实的精神省思，后者构造相应的观念。精神的全部自主势用，无外乎否定（自舍、自离）与维持（自反、自凝）两种。这是自由的两个矛盾方面。自由通过这二者的辩证运动展开自身，并由此推动省思的发展。任何省思的展开，都包含全部自主势用的参与，但必须以其中一种为主导（它就被当做这种主导势用的实现），并且包括一种对立的自主势用的积极活动。比如反省思维就是在分别作为否定与维持的自舍与自反两种势用的辩证运动推动下展开的，而以自反势用为主导。一方面，反省思维是精神自反势用的实现。自反势用作为自身维持，要求将自我对象化（在这种意义上它又是一种自身指向运动），它于是展开其积极活动，推动精神领会自我本质构造出相应自我观念并对它予以确认（即设定），从而使反省思维得以形成。在这里自反势用设定自我观念，且在精神对这观念的理解中得到展开。另一方面，反省思维也包括自舍势用的积极活动。与自反势用对立，自舍势用则是一种否定力量。它旨在否定觉性的直接现存性，为实现觉性更真实的自身维持创造条件。而觉性最内在的自我，就是自否定的运动或自由本身，故真实的自身维持，就是维持自由或自否定的无限性。然而自反势用在其历史实现中，一开始总是指向一种直接现存的东西，把自己展开为对这种东西的维持，从而丧失了自身的本真性、无限性。然而自由作为绝对，要求实现其本真的自身维持。它必然呼吁现实精神打破这种直接性的遮蔽。为此它必促使精神的自舍势用展开其积极活动，推动精神否定觉性直接存在的外在性、偶像性、相对性、个别性，以使真理作为内在性、无限、本质和绝对呈现出来。它为此必须设定一个超越原先的直接存在观念的新观念，而这精神否定就是思想从前者到后者的运动。于是自舍势用推动反省思维扬弃其旧有的自我观念。然而它推动省思领会的这种新的真理，一开始往往是外在于自我的。而既然精神的否定本身就是为了实现更真实的自身维持，故自反势用必然在这否定的新起点上设定自我，于是促使省思从这真理中认出自身，从而将这真理内在化，构造出新的自我观念，导致反省思维的深化。然而精神的自身否定

---

① 自由在其无限的自我实现过程中，不断创造出新的省思概念，而省思的观念（即精神观念）则隐含了这概念的图式，精神的活动必依此图式进行。省思观念和意识观念一样，有指称与功能两种意义。直接的指称即标识，它在我们的理解中将对象的存在直接呈现出来。观念的功能意义则与这理解的活动相关，它隐含指导活动的功能密码，往往对于自身的意识并不透明。或者说，每一省思观念都既是指称观念又是功能观念，前者在于它指称了某种真理，后者在于它指引着对这真理的理解活动。

是无限，伴随着无限性的现实展开，精神必然会意识到这新的自我也仍是相对的、偶像性的、有限的，因而它必然以一种更真实的本质观念再次否定这一自我观念；而自反作用又必然促使省思的再次领会这本质与自我的同一性，从而推动反省思维进一步深化。因此，反省思维就是在自舍与自反的无限“破”、“立”辩证运动推动下，不断打破偶像，逼近自我的究竟本质（即自由本身）。精神的否定思维与理性思维乃至其他任何类型的省思，也都是以某一自主势用为主导（分别是自舍与自凝势用），而其展开也同样包含否定与维持两种势用的辩证法。否定思维和理性思维都是在作为否定势用的自舍与作为肯定势用的自反、自凝势用的矛盾中展开并不断提升、不断发展，只不过前者以自舍势用为主导，后者以自凝势用为主导。以下将表明自然精神的省思，也体现为这样一种辩证发展的过程。

## 二

人类精神由于其固有的局限性，只能以自然为起点。精神最初的省思就是自然省思。最初的精神也就是自然的精神。盖最终的绝对是觉性自身，但觉性的存在就是为了揭示事物，而它自身存在的内容对于它自己的意识从来是隐藏着，对于这个意识直接呈现的全部内容只是自然，即觉性的物质外壳。这决定当精神开始其省思，尝试把握这绝对之时，只有这自然对于它是触目的、现存在此的，因而这省思就把自然当成了绝对。这样的省思就是自然省思。自然省思试图通过某种统一性或绝对来把握自然经验中呈现的全部存在，但由于它还没有领会超越的东西，所以这绝对仍然要披上自然的外衣，或者是从自然中抽象出来的（比如泰勒斯的“水”、阿那克西美尼的“气”、老子的“道”等）。自然省思的特点是，尽管它试图从自然意识呈现的存在中领会绝对、本质，但仍然将这绝对、本质理解为一种自然的普遍性。这在于自然省思的观念，即使如绝对、本质等唯属于精神而非自然，亦皆只是通过对自然意识的观念进行综合、归纳和抽象形成，因而它即使是作为精神的观念，也不包含对自然的真正超越，也还不够纯粹。

尽管如此，自然省思表现的精神对于绝对的追求，仍十分显然地表明了这一点：精神已经开始怀疑或不再满足于它所面对的个别东西，它意识到后者的存在不是究竟的，而是相对的、有限的、转瞬即逝的、缺乏实在性的，故必须将其安立在某种绝对的基础之上，后者是全部个别事物的总体、起源、实质和真理。这种怀疑或不满足，体现了精神对觉性的自身直接存在的否定，因为作为觉性的直接存在的自然经验，就只能提供那些个别、有限、散乱的东西，觉性对这些东西的否定其实就是否定了自己的直接存在，使自己从自然经验上升到精神的国度。这种否定就是精神的自由，也是精神的本质。正是它推动精神实现从野蛮到文明的转化。也正是它推动自然省思的不断发展。

自由之本体就是自舍、自凝、自反等自主运动。它们在其展开过程中，推动精神省思的形成和发展。自然精神的省思，也同样是在它们推动下演化。在这里，决定自然精神面貌的省思，主要是反省、理性和否定三种。它们都在自由推动下不断向存在的内在、普遍、绝对的领域转移。其中，自然的反省就是在自反和自舍势用推动下不断自身深化的。自然反省最初完全是外在的，其所谓自我只是感性的、经验的、个别的人。这只是自我作为觉性的最外在的生存论意义。这种观念把自我当成了经验中呈现的一般物，完全没有意识到自我与其他存在的本质差别，没有涉及自我的内在性，所以它其实是属于自然经验或意识的观念，而不是真正的省思观念或精神的观念，尽管它被精神使用。这种反省仍然没有脱离野蛮思维范畴。在这里，尽管觉性的自身维持是自觉的，但它只是维持着自己纯然感性的、形器的存在（它作为这样的存在就只是一种个别东西），而这恰恰是作为存在全体的觉性之中最“非我”的东西，亦即离觉性的真实自我（即自由、生命）最远的东西，所以这种自身维持是最外在的、甚至是虚假的（在自然意识层面，觉性通过对这感性东西的维持，间接地维持自身）。然而本体自由作为绝对，促使自身维持实现对觉性的内在、本质的维持，为此它必然要求打破这种对感性、形器东西的执着，它必然促使精神内在的自身否定势用展开。为此，自由为自己构造出一种绝对观念，后者与感性东西之间存在一种空间；精神在领悟绝对时，实际上是在这空间中自由运动，这自由运动才是精神的内在自我。这种领悟不仅是否定，而且是维持；不仅维持着这绝对观念，而且维持着精神的内在自我（然而这自我是匿名的，因而对它的维持也是间接的）。绝对不是自然的意识的对象，它只对精神省思呈现，所以绝对观念是真正的精神观念。绝对是万物的全体、本质。万物都是多、相对、有限，只有觉性本身才是一、绝对、无限。故唯一的绝对其实就是觉性自身，所以绝对的观念总是指称自我的，尽管这指称一开始总是间接的（自我并没有自觉地将自己与这绝对同一）。对于自然精神而言，绝对观念比自我观念更真实地意指觉性的自身存在，更接近本真的自我。然而与绝对观念相应的自身维持是不自觉的，因而是有限的。但作为自由之本体的自身维持是绝对的无限性。它要求自己本有的这种绝对无限性在觉性的现实生命中得到实现。自由的这种本己的绝对化冲动，促使觉性产生对这自身维持活动的意识，促使这活动转化为自觉的，即成为以觉性的自体为直接对象的维持。这要求明确的自我观念。自反势用的活动就是将精神的一切活动指向觉性的自我。然而自我的存在是多层面的，而作为其某一存在层面的呈现，真实的自我观念总是与存在观念一致。当省思将存在的本质设定为绝对,自我就有可能被从绝对意义上理解。使这理解成为现实的根本力量就是精神的自反势用。后者展开为以这绝对为目的的自主设定过程,即精神在对这绝对的指向性中将一切观念、存在自觉地综合起来。这促使省思明确地将绝对等同于自我,唯其如此现实觉性的自身维持才能成为自觉的,从而具有了绝对无限性。然而自由是无限,精神的超越或否定也是无限。作为绝对自由,精神无所得、无所取,它不会安住于任何一种现存的存在,因此也不会安住于任何现存的绝对者。为实现其自身无限性,精神的自舍势用最终必然否定现存的绝对者,使之成为相对的,为此精神又必须设定新的绝对观念。它就在对后者的理解中,即从相对到绝对的运动中实现其自身否定。然后自反势用又必然在这新的存在层面设定自我,……如此循环往复。自然精神的省思,正是在这种辩证的循环往复中展开。自然的理性则是在自凝、自反和自舍势用的辩证运动推动下不断朝普遍化、内向化方向发展。自凝势用是精神的自身建构运动,它旨在把直接自然的散乱、个别存在构成一个有序的整体。理性思维被自凝势用所主导。自凝势用推动理性思维不断扩大视域,用更普遍的、更内在的关联统握自然经验的存在;自反势用则推动理性思维不断内向化,从自然经验中领会绝对、实质。在这里,自凝与自反势用的作用,分别通过理性思维对自然的组织和建构,及其对自然的绝对、实质的追求得到体现,而这又分别通过自然省思中,时间和因果性作为存在关联的确立和普遍化,以及自然的绝对和实质观念的形成,获得经验的明证性。另一方面,理性思维的发展也离不开自舍势用的推动。唯自舍势用的积极展开,才能促使省思否定原先更粗糙、局限和表面的存在观念,确立新的更加组织化,更加普遍和内向化的存在观念。因而理性思维的发展,同样也包含否定与维持两种精神势用的辩证互动。否定思维同样如此,它就是在作为否定势用的自舍与作为肯定势用的自反、自凝势用的矛盾中展开并不断提升。不过在自然省思层次,无论是反省、理性还是否定思维,都把自然当做究竟真理。精神的否定与维持势用都只是在自然领域之内活动。在这里,精神还完全躺在自然的怀抱中。它的自由只是一种自然的自由,还不是真实的自由。

## 三

奥义书的精神也是以自然为起点。最早的奥义书思想也是把自然当成绝对。精神完全在被自然所局限,从未曾扬弃自然,领会一种超越、内在的真理,没有实现真正的超越和反思。不过,即使这自然省思也是在自由推动下不断发展的。奥义书最早阶段的学说史演变,表现了自然的理性、反省和否定思维持续的普遍化、内向化和抽象化。这种精神运动,只能是精神的自凝、自反和自舍势用所推动的。

我们通过在一种比较哲学视域下对奥义书学说史的现象学阐释，将奥义书自然精神的发展分为以下历史阶段：

（一）神话精神。它以感性省思为其内在现实体现。感性省思试图领会绝对，但仍然未能把握事物的内在关联和普遍实质，因而只是把绝对理解为一个量的整体。感性省思对绝对的领会，体现了精神的自身建构（自凝）和自身维持（自反）作用的推动。

神话精神是对人类野蛮状态的否定。它否定了野蛮思维沉迷其中的直接、粗暴、混乱的世界，首次把存在领会为绝对。这绝对是第一个精神观念。精神在这里首次获得自身的生命和真理。盖精神就是对自然意识的否定，它旨在超越自然而领会那规定这自然的觉性自身。因而精神的省思是对自然的再理解。但是人类最早的省思，其精神性还不明确。这在于，省思完全只能利用自然的直接观念，而没有构成属于精神自身的观念。这就是野蛮思维的特点。在吠陀和印度土著文化中，仍然多少保留着这种野蛮思维的遗迹。野蛮思维的世界是完全粗朴无序的感性个别性的堆砌。这是因为，当自然的东西最初在省思中呈现时，它们所从属的内在生命关联（纯粹概念、逻各斯）完全被遮蔽，因而它们就成为一个个孤立、偶然、个别的东西。自然省思最初领会的存在就是这些东西的总体。但是这总体本身尚未成为实在，即没有作为对象被领会。易言之，省思还没有构成总体的观念。在这里，省思完全执着于外在、个别、偶然的事物，被后者羁縻，没有领会到任何绝对、普遍性、本质。它甚至没有把自然的宇宙作为对象领会，所以它是无世界的。事物在这里是分散的、孤立的、偶然的，没有形成普遍的统一体。直接的自然观念就是关于这些事物的观念。这种观念直接来自自然经验，没有任何精神性。然而自由必然推动省思克服这种野蛮性。因为自由作为绝对、无限，要求实现为对觉性自身存在的自主规定，而这就是精神有别于自然觉性的本质。然而与自然事物不同，觉性的自身存在是绝对、普遍性、本质。因此，自由必然推动省思实现对这绝对、普遍性、本质的规定，推动省思形成对觉性自身存在的领会。这促使省思努力从自然经验呈现的全部存在中领会绝对、本质。

对于绝对的领会是精神的开端。在自然精神阶段，这首先是理性思维的成就。自然理性的作用，就在于把散乱的自然统握成一个整体。不过在自然精神的最早阶段，理性尽管开始认识到时间和因果关联的意义，但还没有把它们当做一种绝对普遍的法则并以此把这自然整体组织起来，也没有认识到一种普遍实质作为这整体的基础，因而这个整体只是一个感性个别物的量的总体，而不是一个具体的实在。这一阶段的省思就是感性省思。在这里，精神仍然依赖、满足于存在的最直接、外在、具体的意义，没有力量通过自身自由否定这直接性。这种顺受其命的精神，就是神话精神。

奥义书最早的思想，就体现了这种神话精神。比如斫克罗衍尼、莱克婆、该祗夜的学说，就表现了奥义书中最原始的感性省思。其中斫克罗衍尼的学说认为元气、太阳、食物是世界的基础，但这三者都是感性的、有限的、形器的存在，而且三者没有成为明确的整体。另外其说完全用祭祀的主观、外在的关联来规定世界的结构。因此他的思想表现出明显的神话、魔法思维的特点。在他的思想中，没有本质观念，也看不到关于事物客观法则的观念，绝对观念也很模糊。这一思想属于神话精神的早期阶段。莱克婆的绝对观念，是奥义书最原始的精神观念。莱克婆提出摄尽说，谓风或元气将一切存在赅摄无余。其以为自然的火、日、月、水、风，与人的眼、耳、意、语言、元气，最终入于唯一的大有（Virāṭ）——此即万物的包容者，存在之大全、总体，因而就是绝对。莱克婆的绝对观念，表现了一种自然的理性思维。它表明理性思维对直接自然的初步综合以及对觉性自身存在的最初指涉，因而表明了精神的自身建构（自凝）和自身维持（自反）势用的作用。然而，莱克婆对这绝对者的自身实质并无明确规定，它仅是一个感性个别物的全体，其全体性也没有根据普遍法则被规定。这就是一个量的绝对，也就是一个典型的神话式的整体。它表明精神的自身建构活动还没有涉及对象的具体内容，因而是外在的、空洞的。另外，这绝对还没有被与自我关联起来，反省思维尚未建立，表明在这一阶段，精神的自身维持活动还没有成为自觉的、直接的。

该祗夜的学说，表现了奥义书自然省思的进一步深化，表明了自由的进一步展开。其说明确将绝对与自我同一。他的学说又称作“总相智”，以为绝对者乃是超越了现实个人小我的宇宙“大我”。他认为全部宇宙的存在，包括天界、太阳、风、虚空、水、地等，都是大我的内容，故应敬思它们乃是大我之方面，也要敬思由它们构成的大我之总相。这种作为存在全体的绝对自我观念在奥义书中很普遍。该祗夜的学说，意味着精神从绝对认出自我，体现了奥义书最早的反省思维，这表明精神的自身维持成为自觉的，而这就是自反势用的自身绝对化的结果。该祗夜的思想意味着自然省思的内向化，表明奥义书精神展开了一片新的自由领域。但该祗夜的大我仍只是一个量的绝对，而不是实体、本质。省思仍然停留于那自然赐予的感性、形器和个别的存在，而没有扬弃后者，达到觉性自身存在的内在性、本质的层面。精神仍然完全满足于接受自然施与的全部存在，所以它仍属于神话精神。

奥义书的神话精神阶段，与中土商周时期（《卜辞》、《周易》），以及阿兹台克文明的精神一致，在希腊神话中仍有类似的精神遗迹。在这些传统中，世界只是一大堆偶然、个别的感性事物的总体，同样偶然的神意成为决定世界进程的根本力量。

神意与时间的模糊二元性规定了基本的宇宙图景。

总之，在奥义书这一精神阶段，省思无法根据一种绝对普遍法则对于自然的整体进行再组织，表明了理性思维仍然很薄弱、很有局限；它也没有领会到一种作为这整体基础的普遍实质，表明理性思维仍然很抽象、空洞；与此一致，它也没有认识到自我的内在实质，表明了反省思维的感性外在性、空洞性。这意味着精神的自身建构还没有涉及对象的具体内容，其自身维持没有涉及对象的内在实质。因此，神话精神的自由是非常有限的。不过奥义书思想在其发展中，很快克服了这种感性省思的局限性，领会到一种普遍的自然实质，从而进入功利精神阶段。

（二）功利精神。它以知性省思为其现实体现。知性省思否定神话精神沉湎其中的感性和偶然性，把存在理解为根据客观必然法则（时间、因果）构成的统一体，而且根据因果法则将万物的存在追溯到某种普遍的宇宙实质或本质，这就是质的绝对。知性省思对普遍关联的构成，体现了精神的自身建构作用的展开；而将其绝对内向化为存在的实质，体现了精神自身维持（自身指向）作用的活动。功利精神的特点，是试图从某种唯一宇宙本原出发，完全根据自然的因果功能关系解释存在的根据，否定神意，也否认任何超越的存在。

这种知性省思，在早期奥义书的诸种实质论中得到表现。奥义书最早的宇宙实质观念，与古希腊爱奥利亚学派以水、气为宇宙本原之说一致，也把存有的实质、绝对真理，等同于一种可感的具体事物，比如水、气、火、风等。如被归属于跋拉毗耶的风说（可追溯到吠陀的阿尼罗仙人），补卢室的日说，阿湿婆多罗的水说，阿阏婆那仙人的甘露说，耆婆厘的空说，等等。这样一种感性的实质，被认为是万物的质料，是世界的本原、基础。它本身无分别、一味，通过自我分化产生世间万有，而且成为后者的精华、真理。在这里，精神否定自然物的个别性、偶然性，但仍只能攀缘粗显的感性表象，还不能离开存在的直接性而真正独立地行走。

不过，早期奥义书的实质观念逐渐从日、水、火向甘露、风、空转化，表明它越来越淡化感性的色彩，朝更抽象的方向发展。到优陀罗羯的思想，奥义书的实质论就实现了完全的抽象化。优陀罗羯提出实有（sat）作为万有之实质。与日、火、风等不同，实有不带任何感性色彩，是一个真正的抽象原理。它无形无象，不是感觉可接触的，而只能通过思维去把握。实有就是一种超感性的实质，即本质。它与具体事物是本质与表象的关系。实有是无差别、均匀、单一、无转变、不动的绝对，是唯一的真理。而一切有差别的存在本质上仍是这实有，其转变、差别之相完全由语言的分别、施设活动而起，只是名字的不同。优陀罗羯开示了实有转起火、水、土三有（三种物质要素），然后由三有进一步分化、聚合构成万物的宇宙生成论机制。这其实是根据普遍因果法则将世界构成一个整体。优陀罗羯的本质论，表明奥义书的省思否定了全部感性表象的自为真理性，确立真正的实质为超感性的原理，即本质。这种省思就是否定思维。另外，优陀罗羯的本质论也表明奥义书的理性思维完全否定了个别、感性、偶然，进入本质、必然性的领域。优陀罗羯还明确将实有、绝对等同于真实自我，表明反省思维也同样进入了本质的领域。

奥义书的实质论与米利都学派的物理学和老、庄哲学的“道论”，处于同样的思维层次。它们都是把某种普遍的宇宙实质作为万物的本原、始基。

总之，奥义书思想从野蛮思维到神话精神再到功利精神的转变过程，体现了省思的如下进展：(1) 理性思维一方面不断将事物的关联法则进一步普遍化并以此将存在统握为一个更加组织化的整体，另一方面不断将事物归属到更内在、本质的绝对。这种持续进展，清楚地表现了精神生命的自身建构（自凝）和自身指向（自反）势用的积极活动。(2) 反省思维不断否定自我的外在、个别化理解，逐渐深入到更内在、本质的自我真理。这种持续内在化也清楚地表现了精神的自反势用的积极活动。(3) 否定思维对直接、外在的感性表象的排除，对超感觉的内在本质的真理性的确认。这种朝向存在的高处和深处的持续双向运动，也清楚地表现了精神的自舍和自反势用的积极活动。精神在这样的运动中，不断脱离其现存的此而奔向彼处。其他文化也表现了同样的精神运动。这种运动不是随顺自然的，而是只能归结为精神自由本身的推动。然而这种省思，仍然只是将自我理解为一种现存的实质，而这种自我观念其实仍是虚假、外在的。因为自我的真实本质不是一种现存的质料，而是能动性、主体性、生命。精神要实现真实的自由，首先必须实现对自我的主体性、生命的规定，因而反省必须进一步内向化，进入自我的主体性、生命的领域。省思于是进入伦理精神阶段。在奥义书思想的进一步发展中，这种伦理精神得到了充分表现。

（三）伦理的精神。它以内向的知性省思为其现实体现。这种内向知性省思克服神话和功利精神对自我的现存化理解，明确将自我理解为生命、能动性、主体性，并以之为存在的绝对真理；但它仍没有克服自然思维的局限性，而将这生命、主体性理解为一种自然的原理。内向知性省思将功利精神的本质反省进一步内在化。它否定了后者的纯然物化的宇宙之我，进入到作为自我真实本质的主体性领域。这种自我反省的内向化，体现了精神自身指向（自反）和自身否定（自舍）作用的辩证推动。

在奥义书中，这种内向知性省思表现为荼跋拉、考史多启、爱多列亚和毕钵罗陀等学说的元气论。这些学说都认识到自我的本质是生命、主体性，但是仍然把主体性当做一种能动的自然原理，即生命元气或风，且皆以元气为万有的本原。其中，荼跋拉学说以为元气即是永恒不灭的大梵、喜乐、虚空；万有可归结为四足（诸方、物质、光、元气）十六分，其中每一分都是大梵、元气的体现；诸根皆生于元气且最终会复归于元气，为元气的不同功能；人死后，元气依二道往生，其中唯证知大梵者，死后乃经天神界进入梵，不复轮回。考史多启学说亦以为元气或风是万有本原；外在的诸神与内在的诸根，最终皆归宿于元气、风，并从中生出，是为“诸神入没”；元气、梵为一切存有之全体，人若悟此乃得自足圆满，不待乞求而得一切，是为“不乞法”；诸根相互争胜而元气最终胜出，故元气为生命中最尊。总的说来，考史多启学说在形上学层面，较之荼跋拉的元气论没有实质的进步，但其内在火祭之法，使祭祀由外在的仪式转移到内在的生命修养，即伦理的实践。在荼跋拉和考史多启学说中，元气仍然被与风等同，具有宇宙论色彩。到爱多列亚学派，乃试图脱离元气观念的宇宙论色彩，而强调元气作为生命机能、灵魂的意义。因而在这里，元气说得到最终定型。其说以为生命、元气，是自我的本质，也是万有的真理、依持、胎藏；处于每个人心腔中的元气就是他的命我或灵魂；众生、万有皆通过生命流转而达到相互融通；自我分四次创世，其初生汽、光、死、水四界，再由水造出宇宙原人，为其开八处，生八根、八神，形成万有，然后又由水中造一人，使彼诸根、诸神各入其处而得食，最后再次从水中创造食物，以为诸根受用，其说可以解释为对元气转化产生世界的譬喻说法。

总而言之，奥义书的元气论思想，就是把元气或宇宙的生命、主体性，当做自我、存在的绝对真理。在这里，反省思维进一步内向化，从现存的宇宙本质转移到作为自我真实本质的主体性领域。这意味着奥义书精神在此实现了对于生命、主体性的自主规定，因而成为伦理的精神。与此相应，奥义书的实践也逐渐从外在的祭祀学，转向对于人的生命、主体性的修炼，即成为伦理的实践。反省思维的这种持续内向化，清楚地表明了精神自身指向运动的积极活动。

奥义书的这种内向知性省思，其他文化也曾普遍经历过。希腊思想和中土思想，也是从完全物化的自我理解深化到对人的主体性、能动性的反省，而且最初也是把这主体性表述为某种具有最高活动性的自然原理，比如气或火。在古希腊，阿那克西米尼就认为这能动原理是气，气是活泼的，永恒运动着的原理，气是宇宙的灵魂的本质。赫拉克利特认为这种永恒的能动原理就是火，火不仅产生万有，也是生命、灵魂的本质。在中土思想中，《管子》也曾强调精气是生命或主体性之原理（《枢机》）；《庄子》亦谓“通天下一气也”（《知北游》），强调气是宇宙万物的本原。相应地，这些思想也都把对生命、主体性的修为、提升作为实践的宗旨。比如赫拉克利特以为道德就意味着以理性自律和控制情欲；而在中土思想中，儒家强调“隆礼重法”，道家强调养生、养气。这都与考史多启学说强调以祭祀行善修身，以元气敬思养气一样，是一种服从现存法则、着重生命完善的自然伦理。中、西方传统这些思想，都与奥义书的元气论具有实质的一致性。这意味着它们处在类似的精神发展阶段，当然也具有类似的局限。这主要在于，这些思想都把自我的主体性理解为一种自然的生命。反省没有进入自我真正的内在存在即纯粹的心灵、思想领域。与此一致，其伦理实践的宗旨也只是自然生命、自然主体的完善而非真正的精神自由（反思与超越），因而还不是真正的道德。

总之，奥义书思想从野蛮思维到神话精神再到功利精神、伦理精神的转变过程，一方面体现为理性思维对存在的组织化的逐渐加强和深化，另一方面也体现为反省思维的持续内向化。这样的精神进展，清楚地表明了精神的自凝和自反势用的积极活动。我们通过与希腊和中土思想比较可以看到，这样的精神进展，也不是一个偶然的过程，而是具有其普遍必然性。同时，精神在这里表现出的无限地脱离它的此而趋向彼处的运动，也不是一种自然的运动。这些都表明这种精神进展，是由某种超越传统、历史的普遍力量推动的。这种力量就是自由。自由促使精神的自凝、自反和自舍势用展开活动，从而推动了奥义书这一精神进展。因此，我们通过对奥义书自然精神发展的现象学阐释，就将使自由的本真存在及其推动省思发展的逻辑得到初步呈现。

# 第一章　神话的精神

## 引　言

黑格尔说，什么时候思想开始以普遍的观念把握事物，哲学便开始了[①]。然而这究竟是如何发生的呢？任何观念都是自我、觉性的自由的产物、中介。而觉性的绝对自由是精神，即觉性对自身存在的自主设定，为此觉性需要对其自身存在的意识即省思，并且创造出省思的观念。事物都是一个个的，不仅相互外在，而且每一个对于现实的自我也是外在的。觉性无法从这些个别的、有限的事物上面看出自我，它对它们的思考完全是外在的。但省思不是对个别、有限事物的认识，它必然开始于思想对普遍性、绝对的把握。通过普遍性、绝对的观念，精神开始初步把握觉性的自身存在，为其绝对的自身规定，即精神的自由或精神本身创造了前提。所以对普遍事物的把握，不仅是哲学的开始，也是人的自由乃至精神自身的开始。

人类精神不仅以自然经验为基础，而且包含了自然意识为其意义的底层。自然意识的特点是没有任何绝对和超越的观念。在这里，精神只领会一个个自然的东西，或它们个别的关联，而没有意识到在它们之中的绝对性或普遍性。在这里，人的全部思想、意志和生命都系着于这些个别事物上，此外的一切对于他都还不存在。有智慧的人或许会说，这样的人生是执着的、被系缚的、完全不自由的。然而吾等亦可看到，那些成为个别事物的奴隶的可怜人，在处理这些东西时，仍的确是自由的。他的自由属于自然经验领域，而他的不自由或被系缚则属于精神经验的领域，也就是自我、觉性应当对其自身存在享有直接自由的领域。而觉性最直接的自身存在就是自然的宇宙、世界。在自然意识中，人的不自由在于他完全不能自觉地规定这自然本身。他被个别东西束缚，其实是他被自然绝对地支配。他放纵地追求个别的东西，但其实是被匿名的宇宙直接控制着，而后者正是他自然的自我。人若无任何的精神自由就是这样，他完全无省思地追逐外在的事物，且别无他求，没有领会任何绝对、

---

① 黑格尔：《哲学史讲演录》第一卷，商务印书馆 1997 年版，第 93 页。

超越的真理；得到与满足会让他欣喜若狂，不获与丧失又让他悲不自胜；世间到处是致命的危险和考验，人应战战兢兢，如履薄冰，方能避祸得福①。一个完全沉浸于自然意识，执着于自然的个别性，没有对任何绝对、普遍东西的追求的人，就是彻底的庸人。然而一个人即便是庸顽到底，也仍然与动物的执着于感性个别性有所区别。这在于他对他所经历的事件有一定省思。他试图将后者把握成一个整体。这就是命或命运。命是包括这人经历的全部生命存在的总体，往往被与他的自身存在等同。但命在这里还不是绝对。它完全属于个人，是一个个别物。对命运的关注最初与绝对关怀完全无关。这种关注，丝毫不能把他从彻底陷溺于感性个别物的粗俗、原始生活中超拔出来。

真正的精神自由从来是天才的事业。只有天才能透过精神、觉性由传统积累成的直接存在即习俗与自然的厚甲，听到自由微薄的呼声，并否定这习俗与自然的绝对权威和暴力，自由地规定其自主活动。当远古人类还在自然经验中、在汹涌而来的个别现象的粗野总体面前惊慌失措时，真正伟大的心灵已经开始意识到所有这些个别东西的有限性甚至虚假性，而将目光转移到作为普遍性、绝对的觉性自身，并在这种转移中实现了精神的自由。他便用一种普遍性的观念来标识这真理，使得对后者的领会成为必然的，即成为概念。这概念要成为文化精神的普遍现实，前提是相应观念成为普遍的真理②。这观念可以视为精神自由的中介、产物。

可见普遍性、绝对性观念的产生，乃是人类精神史的重大事件。先哲们由此超越凡俗，达到自由解脱之境。而我们唯有亲切领悟这些观念的真理性，才能不负先贤。否则就有可能在精神自由的起点上，竟落在了他们后面。然而可悲的正是，尽管在中、西、印传统中，先哲们很早就揭示了这样的绝对、普遍的存在，大多数芸芸众生似乎没有比远古先民对普遍的东西有更多关注，而是仍然只看到、只关注、沉湎于个别事物。尽管现代人对于古代思想家经过艰苦探索得到的那些绝对观念，比如水、空气等作为万物本原的观念、实体观念、人格观念等，似乎都很容易理解。然而坦率地说，

---

① 我们在反映中土早期文明的卜辞与《易经》、谶纬等之中，看到的就是这样的精神。它在两千多年的中国历史中，甚至在现在的国人身上，得到了最充分的体现。这里自然意识完全听不到自由的呼声，自由的良知被彻底泯灭。自然的厚重皮壳窒息了觉性的自由本有的实现其绝对无限性的冲动。在这片人类精神最大的废墟之中，似乎最简单的灵性生命都无法生存。佛教能度化这样的民族乃是人类精神史的奇迹，而佛教的精神最后被消磨殆尽才是平常不过的事情，民族精神总要回到它原来的轨迹。由此我们也完全可以预见自由、平等、科学、人权等西方观念在中国的未来，更何况这些观念在这个民族的精神中迄今还没有成为真理。

② 在这里，如果天才的观念能适应一种文化精神的现状，它就能唤起这精神的普遍的良知，使精神对它敞开并且根据它塑造自身的活动，它于是成为精神的普遍真理。

它们未必成为他精神生命中的**真理**。尤其对于生长在彻底世俗功利的中土文化传统中的人们而言，尽管他们都知道这些观念的意义，但是它们并不能规定他们的精神生活。易言之，它们在这里是从精神的生命脱离的，所以它们没有获得真理性，没有成为真观念。这种人的最好的例子是今日养尊处优的权贵。他从未曾缺少任何自然的东西，尽管如此，他始终追求的仍然只有这类个别东西（权、钱、色之类），而未曾有过对于绝对东西的任何兴趣；这些绝对的观念，尽管他可能都“懂”，但没有一个对于他而言是“真”的。在这样的人身上，我们连人类起码的尊严都是找不到的，更何谈精神的自由与创造。一个古代天才即使放在现在，他与一个现代庸人之间，仍然是天才与庸人的距离，尽管他的思想在后者看来可能过于简单。这就在于只有对于他来说，绝对、普遍才是“真”的；而对于现代的庸人，绝对的观念唤不起他的自由，因而不能实现为真。精神的真观念必然是自由的结果。

唯有观念是意识的直接对象。只有通过对观念运动的分析，才能使凭借这观念进行的精神内在的概念活动和自由本身得到阐明。唯有在观念基础上通过现象学还原阐明精神通过它实现的自由，庶几得以使观念重新展现其生命。我们同时也得以回想这观念为自己的生命内容，由此得以与历史上那些伟大的心灵直接接触，使他们的自由以某种形式在吾人生命中得到确认、延续、拓展。唯有这样将哲学史或任何历史阐释为精神史或自由史，观念才能展现其真理意义及其最大的价值，而吾人自身的慧命又从中得到涵泳滋养，此诚为研究古典学术之最大裨益。

从人类精神史上说，对绝对的思考是精神省思的开始，也是人类脱离野蛮进入文明的标志。这种省思其实就是对觉性自身生命的思考。绝对、一其实就是自我，或生命本身。自我是一、无限、全体；万物是多、有限、个别。精神对一、无限、全体的任何思考，归根结底都是对觉性，对自我自身的省思。这省思早在神话精神中就已开始，但它在这里只局限于外在的、量的层面。人类最早的绝对观念，是在神话意识中产生，而且是从人类对自身命运的思考发展出来的。神话精神把觉性、存在理解为一系列不可支配的神秘、偶然事件的总体，这就是命（命运、使命）。神话对于自我、宇宙的省思，就体现在命的观念上。命是通过自然经验呈现的、处于时间之流中的全部感性事物的总体。命作为总体观念，体现了精神最早的存在综合，这是理性思维的萌芽。对命的领会之所以是一种省思，是因为只有觉性自身才是个别事物的总体，全部世间存在只有在觉性自身之中才能统一起来，故总体本质上是觉性自身的而非某一自然物的表象。神话精神的特征在于对命的领会。由于省思的不断发展，神话精神对命的领会也在发展。联系人类早期文明的情况，神话精神可以分为以下不同的历史阶段。

在神话精神前期，命被神意和时间的模糊二元性规定。命的思考就起源于这一阶段。作为存在的总体，命具有以下特点：其一，它的存在根本上不是由人自己决定，而是由神意决定，命中的一切皆来自神的创造、安排，正是在这个意义上我们说命的观念属于神话精神；然而时间似乎是独立于神的必然原理，并且同神意一道，规定事件的发生。其二，在神话意识中，现实自我的理性还没有力量决定他的世界即命的内容，因此一般情况下后者就是一些偶然、个别的事物的粗野、散乱的总体；神意也是完全偶然的。在神话精神中，神意与时间的关系往往是极模糊的。在其前期，大致来说，命的内容由神意决定，但必须根据时间来报到。

在这一时期，命的观念经历了从个别（环境）到绝对（世界）的发展。

当人最初开始试图将他所面临的散乱无序的存在把握成一个整体时，他就把这个整体称为命。但此时他的目光还完全被个人、家庭、部落的需要决定，他完全不能克服这种需要，从一个更客观、普遍的视域来理解他面临的存在。他没有认识到任何绝对、普遍的东西。他的存在、自我都只局限于眼前个别的环境。人类早期思维的发展表明了这一点。在最初的神话意识（比如《卜辞》的思想）中，命就是个别的而非普遍的。神话精神最初还没有关于绝对、普遍性的观念，故命作为存在总体，一开始还是个别、有限的，只与周围世界相关联，它不是绝对；而且命并没有被当做单一的实体，而只是个人生命中遭遇的全部存在、事件的集合。神话精神的这个最初阶段就是自然意识。自然意识是野蛮思维的全部内容。自然意识完全没有绝对、普遍性的观念。在这里，人沉迷于感性、个别的事物，而且没有达到完全的主客分别，其实践具有巫术、魔法特点。事件的发生出于神意，而人可以通过巫术、魔法窥知神意，甚至左右神意。他的命就是这些事件的总体，但这总体也是一个个别物，是属于他自己或家庭、部落的。一种普遍的宇宙命运的观念尚未确立。《卜辞》的思想最充分反映了这种自然意识的状态。在这里，人关注的只是天气、收成、灾馑、疾病等个别事件，此外便无所关心。他恐惧、迷恋、依赖、忧虑、牵挂的全部对象，都是自然的个别东西。它们的获得与丧失，完全维系于“帝”命。占卜之设，就是为了窥知“帝”命。占卜的盛行，充分表明了殷人对于这些东西之得失的战战兢兢、充满忧患的心情。在《卜辞》中没有提及任何绝对、普遍的存在。人们对于部落生活之外的世界毫无所知，且全无兴趣。“帝”只属于部落，只是自然力量的模糊化身，而不是绝对。在这里，任何真正精神的生活都还不存在。

论及印度文化，则《黎俱》早期颂歌也反映了这种原始的自然意识的特点。在吠陀早期，人不能脱离自然，故所需的一切生活资料，皆委之于天，故以为世间一切，皆是某种超越的生命所赐。此超越的生命，即是神，神之所授，就是命。天地万物，皆神所造，由神主宰。日月运转，四季交替，皆从神意。风、雨、雷、电，亦神所授。吉凶祸福，皆其所赐。总之，世间一切，皆来自神的赐降。人所能为者，唯祈祷于神，秉受其所命。兹引《黎俱》“阿耆尼颂”（ṚVI·143·1—8）以明之：“彼（阿耆尼）为财富王，统治诸天众，如婆楼那神。世界一切力，皆为彼具有，请以祈祷歌，唤醒阿耆尼。迅疾如风暴，无物能阻碍，如彼大军行，如天作闪电——火神阿耆尼，以利齿噬物，摧毁大森林，如勇士扑敌。彼愿赴我祝？彼能足我愿？赋予生力者！能否激吾祝，使生诸财富？我以此诗歌，颂彼光颜者。点燃火神者，乃奔赴与之，如会良友神，颜面发容光，彼持正法者。愿彼如迅马，闪耀于祭祀，高举吾祝词，包以其光辉。恒守护吾等，以你之守护，吉祥且强盛；如是护吾民，周遍且无欺，不眠亦不懈，愿你能如是。”这种顺受神命的态度，表明现实精神完全执着于其眼前的直接、感性、个别的存在（命），缺乏理性与反省的思维。在吠陀早期思想中，很难见到作为存在之大全的绝对观念，也没有对觉性的自体性的反省。把感性个别物当作神就表明绝对尚未完全确立，没有获得确定性而成为生命的真理。这种自然意识，奥义书中亦有表现，但学派归属不明显。它通过早期奥义书中大量的巫术、魔法实践得到表现。在这里，祭祀完全成为操纵自然力量的手段，因而被魔法化。其施设也完全是为了满足求欢、生子、求财、去疾、禳灾、邀福等个别目的。在这里，精神没有任何普遍、超越的追求。这类思想都可与中土殷商思想比照。

总之，在人类精神史上，命是最早的存在整体。通过命的观念，神话精神首次克服婴儿和动物的世界的散乱、分裂状态，把存在统一起来。这体现了人类最早的理性思维，反映了精神生命的自身建构作用（自凝势用）。但是在自然意识阶段，理性思维才刚开始，仍然非常薄弱。它把握的存在整体，即命，仍然局限于个人、部落的经验，没有成为普遍性、绝对。正由于命仍然是一个个别物，对它的关注就不包含任何绝对关怀，因而不能把他从感性个别物的粗暴枷锁中超拔出来。他的自由是非常有限的。

神话精神最终脱离了这种自然意识的局限。这表现在，省思逐渐否定了原先只属于个人和部族的个别化的命，领会到一种普遍的、宇宙的命运，实现了从环境到世界的转移。世界通过一种宇宙命运呈现出来，它是超越任何个体、群体主观性的普遍存在总体，因而就是绝对。借助于这个绝对，精神突破其周围世界，融入一种普遍视域。世界是最原始的绝对观念。现实精神通过它，把握了自身生命中的全部现实内容。世界观念属于精神省思的理论层面。省思的普遍化还表现在实践层面。这就是人类自我在其生存中不断突破自身环境，获得更大空间的活动，这最终使实践成为普遍的。从经验历史的层面来看，世界的形成必然伴随着人类实践的普遍化。实践的普遍化必然促使精神突破个人的环境，融入一种普遍视域，此时命作为相对、有限的总体就转化为绝对、无限的总体，于是世界就产生了。世界是超越任何个体、群体的主观性的普遍有效存在，是宇宙的存在、事件的总体。唯有实践的普遍化，使世界观念成为普遍必然的。但是世界并没有否定命的实质，因为它仍然是神秘、偶然事物的总体。在神话精神早期，人既没有看到其自身主体性对世界存在的影响，也没有意识到事物的独立、内在、必然的关联，一切存在仍被认为是得自神的偶然赐降；神没有明确被当成一个有理性的存在，神意仍然是偶然的。

在中土传统中，周初思想就表现了神话精神从环境到世界的转移。《尚书》提出“天命”观念，反映出周人与殷民不同的存在理解。这在于“天命”不再只关系到个人、部族，而是整个世界的命运。“天命”表明了一种存在的绝对整体即世界观念的形成。这是中土思想中最早的绝对观念。同样，在阿兹台克文明中，神意与时间也不仅决定人的生存际遇，而且决定了世界的进程。在印度传统中，《黎俱》早期的黎答观念，也反映了类似的绝对思考。黎答即是宇宙的普遍法则[①]，亦是道德准则和祭祀的规则。在吠陀早期，世界被视为一个由黎答联结而成的整体。因此，黎答的观念表明了印度神话精神从环境到世界的转移。然而黎答只是至上神婆楼那的主观意志。婆楼那是宇宙主宰者，是诸神与整个世界之王。他支配宇宙万物，诸神、世界皆听其命令而运行。日月运转，风雨雷电，四季交替，皆从其意。他也是道德神，明察秋毫，洞悉真伪，扬善惩恶。婆楼那还具有摩耶之力，并通过它调理世界（ṚVVIII・41）。这些表明，世界仍然是由神意规定。吠陀早期这种存在理解，在某些奥义书思想的最原始部分仍然保留着。

总之在神话精神前期，命运观念从个别到普遍的转移，表明精神的目光不再像它在野蛮时代那样完全被个体、家族和部落的自然需要蒙蔽，以致只能看见那些个别、偶然的东西，以及由它们组成的同样是偶然的环境（Umwelt）。它首次意识到了超越这环境的绝对，即世界（Welt）。精神首次克服了自然意识的巫术、魔法色彩，把存在理解为一个超越人（个人或族群）的主观性的普遍整体。这体现了理性思维的进一步拓展。这种理性思维的进展，也反映了精神自由的新局面。一方面，理性思维对精神自身内容的绝对综合，反映了精神自身建构（自凝）作用的积极活动；另一方面，通过绝对的观念，理性思维第一次指向了觉性的自体。这也表现了精神的自身指向（自反）作用的积极活动。因此，理性思维的进展最终是由自由的自身展开推

---

① 如ṚVI・24・8：“黎明谨遵，黎答之道，彼为正道，如前所视。黎明循之，无过不及。日神亦行，黎答之道。”

动的。

然而在神话精神的早期阶段，神与世界、时间的关系很模糊，而且神意是偶然、任意的。神意的绝对性表明存在的无序性。这意味着在这里，理性思维仍然很幼稚。神意的偶然性一方面表明，人只是在等待、接受神的偶然赏赐（神这样赐予的必然是一个无序的存在），而不是根据自身理性对于事物进行规定，未能在宇宙整体中建构起一种普遍必然的秩序；另外，它也表明人仍处在自身的任意性中。总之，对神意的绝对化表明理性思维既未能完全独立地规定事物、克服存在的无序性，也未能克服人的任性，因而它的自由仍十分有限。

在神话精神后期，绝对观念成为明确的，而神意淡化。于是命完全被时间规定，而且因果性也逐渐被确立为普遍法则。时间之逐渐替代神意，在经验实践层面，与农耕社会的发展，使得历法、节气的必然循环得以最终代替神的偶然决定成为制约生产、生活的主要因素有关；而在内在精神层面，这是理性思维进一步发展的必然结果，因为一方面，理性越来越具有对存在的自身必然性（比如节气的循环）的确信，使神意作为外在的影响因素意义逐渐淡化；另一方面，理性的视域从个别环境到世界、绝对的必然拓展，也使原先决定族群命运的部落神，成为隶属于绝对者的存在，神意也失去支配世界的力量；这都意味着，理性在这里已经在用一种普遍必然法则来将世界统一起来，这清楚表现了精神的自身组织、自身建构（自凝）作用的积极活动。然而精神领会到的最早的必然法则，就是时间（因果性尚未成为普遍法则）。这也是神话精神在后期领会到的唯一绝对普遍法则。

在这一时期，神话精神对命的领会也经历了从宇宙到自我的内向化转型。

一种脱离神意的绝对，首先必然是宇宙论的。盖人类对绝对的思考产生于神话精神对命的领会，这种领会本来就离不开人对自身有限性的认识。在这里，人只把自我当做一种自然的个别物，而没有领会自我与绝对的等同。因此神话精神对绝对的最初领会，是不包含反省的。这个绝对是一个依时间法则统一起来的整体。这种存在理解从神意到时间的逐渐转移，在不同文化传统中都有表现。

在中土思想中，《周易》最早把世界理解为一个完全依时间法则构成的整体。在《周易》中，《卜辞》、《尚书》中的帝、天的存在变得模糊，神意不再是决定世界事物的力量，时间成为绝对普遍的存在关联，成为宇宙、人生的真正主宰①。《易》用卦的更替来描述宇宙的结构，而卦的整体就是时间："卦者时也。"② 卦不仅规定每一事物的

① 吴学国：《中国古代哲学中的时间与存在》，《南开学报》2011 年第 1 期。

② 孔颖达疏：《周易正义》卷八，《十三经注疏》，中华书局 1980 年版。

时间[1]，而且卦的更迭决定了宇宙的秩序和事物的兴衰存亡。另外《周易》旨在根据卦揭示的宇宙时间以确定人事的时间，比如《屯》卦初九是"居贞"之时，故有"居贞"之事，等等[2]。于是时间本身成为自然和社会实践领域的真正主宰。在《易传》中，时间不仅被与宇宙自身等同，故人对自然的适应就是服从它的时间，而且被与伦理实践同化，故伦理的"应当"与"适宜"就是"当"于时或"宜"于时，所以时间既是自然的法则，也是道德的准绳。时间规定宇宙命运。世界是根据时间构成的统一体。在美洲文化中，我们同样能看到这种存在理解从神意到时间的转移。从奥尔梅克文化（约始于公元前1200年）开始，历法或时间就成了一种独立决定人的命运的力量。历法决定人行事的时机，它后来甚至成为神的行动的决定者。神依其时节降临，并被以其时节命名。神话被纳入时间的框架内，每一时刻都包含各种神的力量交汇，从而决定宇宙命运。这种时间崇拜使得作为日子和时刻的创造者、时间主宰者的太阳神重要性大大加强。在有些美洲神话中，世界的创造者被称为"时间老爷"。总之，在这里，时间代替神意成为宇宙的绝对法则，甚至被与宇宙的存在等同。波斯宗教也曾经把时间与命运等同，认为察宛神，即时间是宇宙的创造者和主宰者。从察宛生出光明神奥尔马自达和黑暗神阿赫里曼，通过二者的对立统一形成世界。在希腊神话中，克罗诺斯（时间）通过对天空神乌拉诺斯的阉割，使天、地分开，也暗示时间曾经被等同于最初的宇宙秩序和法则。甚至早期基督教神学也曾说到上帝的逻各斯或光就是时间、尺度和秩序，"光也是钟点、日子，以及我们所有时间的尺度和计数者。"[3]这些表明，把存在理解为一个完全依时间法则构成的整体，乃是人类早期思想共同经历过的。

在印度传统中，把世界当成依时间法则构成的整体的观念，始自吠陀晚期。比如ṚVX・190・1—3就提出了所谓"时间说"，以为宇宙之发生，在于年或时间作用于水，赋予后者秩序，使之脱离混沌未凿的状态。时间就是存在的绝对法则、秩序。时间依其法则、秩序创造日月、开辟天地、主宰世界。"时间说"在梵书和《阿闼婆吠陀》中受到极大重视。年被认为就是宇宙的全体，它把宇宙万物摄于自身；甚至说年就是生主，是世界的创造者（AVXIX・53・5,9,10；Sat BrāX・4・2・2,5・2・20）。这种存在理解，也被早期奥义书继承。如BṛihI・1・1想象宇宙就是年，而为一祭马之形，其云："年为祭马之身，天为其背，空界为其腹，地为其腹底，四方为其侧，四方

① 《系辞下》："六爻相杂，唯其时物也。"（据孔颖达疏：《周易正义》）

② 孔颖达疏：《周易正义》卷八。

③ 狄奥尼修斯（托名）：《神秘神学》，三联书店1998年版，第26页。

之间为其肋骨，季节为其四肢，月与半月为其关节，昼夜为其足，星辰为其骨，……其呵欠为闪电。当其摇动其身，乃为暴雷。其溺为雨。万籁为其声。”Bṛih I・5・14亦云生主，作为存在的绝对全体，就是年：“生主即是年。彼包含十六分。”TaitIII・1亦云：“万有由时出，复由时生长，且于时消亡。时有相无相。”以年或时间为存在之绝对整体的观念，甚至在晚期奥义书中仍有余响（PraśI・9—13；Mait VI・14—15）。此类说法，皆以时间作为存在统一性的原则，甚至就是存在、世界本身。不过早期奥义书的这些说法，学派归属不明确，因此我们在这一章没有作更详细介绍。

时间代替神意成为宇宙的绝对法则，表明理性思维首次赋予绝对、世界以客观、必然的形式，理性依此形式把绝对组织为一个依自身必然性联结的整体。这清楚表现了精神的自身组织、自身建构（自凝）作用的积极活动，表明了理性的自由。然而这种理性的自由仍有很大局限。因为在自然界因果性才是真正内在的关联，时间作为存在关联仅仅是外在的，神话精神将时间作为唯一的绝对法则，没有确立因果法则的绝对性，表明理性还没有把握世界的因果统一性，这表明理性思维仍然很幼稚。理性思维这种局限性，反映出精神内在的自凝势用的展开在此受到牵制。另外，神话精神往往表现出来的时间崇拜，导致时间遮蔽了因果性，堵塞了从后者理解事物运动和时间的道路①。

在奥义书中，属于这一时期的思想，且有明确学派归属的，为斫克罗衍尼和莱克婆之说。不过此两家学说与上述诸传统中神话精神对宇宙命运的理解不同的是，它们尽管同样也取消了神意对于世界的支配，但是却将吠陀—奥义书传统中对于时间的专题思考遗漏了。尽管如此，在它们的思想中，因果性作为绝对法则亦未得到确立，世界仍是一个缺乏内在关联的偶然整体；在这种意义上，我们仍将它们的思想归属于神话精神阶段。

斫克罗衍尼的学说，代表了奥义书诸学派中最原始的思想。其要旨是五分娑摩与自然的对应，以为五分娑摩之 prastāva、udgītha、pratihāra 三颂，分别归属于元气、太阳、食物三位神祇（自然现象）。在这里，精神仍执着于其最直接的个别、感性和外在的存在。从实践上看，无论生活与祭祀，其目标都是完全世俗、感性的，其中没有任何超越、内在的追求。从理论上看，首先元气、太阳、食物被认为是世界的基础，但这三者都是感性的、有限的、形器的存在，而且相互关系是松散的，没有形成明确的整体；其次事物的联系完全建立在祭祀的主观、外在比附之上，而不是建立在事物自身独立、内在的关联之上。在斫克罗衍尼的思想中，绝对的观念仍然很不确定。

① 吴国盛：《时间的观念》，北京大学出版社 2006 年版，第 39 页。

另外，在他的思想中，没有本质观念，没有对自我的思考，也看不到关于事物客观法则的观念。这表明在这里，理性思维还很幼稚、原始，反省思维则完全没有展开。在莱克婆学说中，奥义书的绝对观念首次成为确定的。莱克婆的摄尽说，谓风或元气将一切存在赅摄无余。其以为人的元气与风是同一存在。在自然层面，火、日、月、水入于风，被其包含；在生命层面，眼、耳、意、语言皆入于元气。而火、日、月、水、风，与眼、耳、意、语言、元气，最终入于唯一的大有（Virāṭ）。这大有或"唯一神"（Deva Ekaḥ）是万有的包容者、"吞食者"，也就是存在之大全、总体，因而就是绝对。现实精神以这绝对的观念为中介，而实现了对觉性的直接存在的个别性、有限性的超越。然而，莱克婆对这绝对，或风、元气的自身实质，并无明确的省思，它仅是一个集合，而不是实体，也就是说它只是一个量的绝对；另外莱克婆也没有超越事物的感性、形器存在的本质观念，事物的全体性也没有根据普遍内在关联被规定。精神否定人们各自的个别环境，而融入一种普遍的存在，即世界。精神在这里既没有实现对事物的感性、形器存在的超越，也缺乏对自我主体性的省思，表明其自舍、自反势用也都没有得到充分展开。因此精神仍然彻底服从于命运，完全满足于接受自然赐予的全部存在，所以它仍属于神话精神。

斫克罗衍尼和莱克婆之说，一方面，表明理性仍没有以因果性作为普遍法则把绝对、世界构成一个内在关联的整体，因而其理性思维仍极幼稚；另一方面，唯一的绝对、大全其实就是觉性自身，因而莱克婆等的绝对思考，也是对觉性自我的省思，但他们所谓绝对对于自我是外在的，因而这种省思也是外在、间接的，还不是真正的反省。

在奥义书中，神话精神后期的进一步发展，在于明确的精神反省的建立。这在于省思从绝对认出了自我，领会到绝对与自我的同一。这种反省思维体现了精神的自反势用的展开。其中该祇夜的思想，可视作这种反省最原初的表达。该祇夜明确将绝对与自我同一。他的自我超越了现实个人的小我，而是涵载万有的宇宙"大我"（Vaiśvānara Ātman），故他的学说又称作"总相智"（Vaiśvānara Vidyā）。他认为，其他婆罗门奉为最高存在的天界、太阳、风、虚空、水、地等（概括了宇宙存在的全部内容），都是大我的内容，故应敬思它们乃是大我之方面（天界是大我之头，日是其目，风是其气息，虚空是其身体，水是其膀胱，地是其足……），也要敬思由它们构成的大我之总相①。绝对的自反势用，是觉性永恒的自身指向性，它不懈地寻找真我。这

① 这种作为存在全体的绝对自我观念在奥义书中是很普遍的，在《广林》、《考史多启》的阿阇世说，《唱赞》的荼跋拉说等之中，都有反映。

真我首先是真，即实有；其次是我，即觉性的自体性。自反势用就是在一切实有中设定、维持觉性的自我。它本来具有在其实现中将自身绝对化，即以绝对为维持对象的冲动，因为唯有对绝对的维持才是真实的自我维持。正是这种本来具有的精神冲动，推动奥义书的省思意识从此前思想中的绝对身上认出自我，从而确立自我为绝对。在这里，自反势用省思从理性思维确立的绝对者身上认出自我，遂构造出绝对自我的观念。它便由此展开为必然的思想，使自己成为现实的。于是省思转化为反省。但正如理性思维在这里领会的存在只是一个量的绝对，反省思维领会的自我也必然是一个量的绝对。该祇夜的自我就只是一个量的绝对，而不是超越的本质或本体。因此在这里现实精神的自反作用，只是从量的方面向觉性返回，只是返回自我的外在总体，而不是返回其内在本质，它仍然是外在的。总之在该祇夜的思想中，省思仍然没有达到觉性的内在性、本质的层面，而停留于那自然赐予的感性、形器和个别的存在。精神满足于觉性最直接、具体的存在，没有力量否定这直接性：既缺乏对后者的本质超越和理性规定，也没有主体性的自觉。精神仍完全接受命运的赐予。这样的精神，仍然属于神话精神范畴。

以下试将奥义书的神话精神的内容分两节予以阐明。

## 第一节　斫克罗衍尼和莱克婆的学说

神话意识的特点是没有领会因果性的绝对普遍意义，因而它首先把事物的发生归结到偶然的神意，把存在当成是一个个别、偶然事物的总体，即命的整体；后来尽管神意逐渐淡化，但因果性的普遍意义仍未确立，存在的命运性质仍未改变，因而精神仍然处于神话意识阶段。在奥义书中，斫克罗衍尼和莱克婆的学说就属于这一阶段。

其中，斫克罗衍尼的学说，极为粗陋原始，基本上是继承梵书的祭祀与宇宙同构论，以为五分娑摩之三颂（prastāva、udgītha、pratihāra），分别归属于元气、太阳、食物。元气、太阳、食物被认为是世界的基础，但这三者都是感性的、形器的存在，且相互没有内在必然关联，存在的统一性建立在祭祀的主观、外在比附之上，而且这种统一体、绝对的观念仍然很不确定。这表明在这里，理性思维还很幼稚。

在莱克婆的“摄尽说”中，绝对者首次成为确定的。其说谓唯一的大有（Virāṭ）将一切存在赅摄无余，因而它就是绝对。这大有是万有的“吞食者”，也就是存在之大全、总体。属于自然与人的生命的全部存在要素，包括火、日、月、水、风，与眼、耳、意、语言、元气，最终皆入于大有，为其所包含。然而莱克婆也是既没有认识到事物的普遍实质,也没有确立因果性的绝对普遍意义。他的绝对同样只是一个感性、形器事物的量的整体,仍然只具有命运的统一性。另外,其说没有领会到绝对与自我的同一,没有形成对绝对自我的反省。因此在他的思想中,理性思维仍然幼稚,而反省则完全没有确立。精神仍完全满足于命运赐予的全部存在,所以它仍属于神话精神。

神话精神通过对命的领会,首次抓住了绝对,实现了对觉性的直接存在的个别性、有限性的超越。命是觉性直接的自身存在。命的观念表现了精神对觉性自身的存在、生命的省思。通过它,精神初步将其存在、自我对象化,而对象化就意味着现实的自由(自主设定)。任何观念、存在都是由自由揭示出来。精神对觉性的自身存在、生命的意识,就表明了它对后者的自由,即它可以自主设定后者。这种设定,有别于对个别事物的规定,才是精神的自由。这种自由首先表现在神话精神努力获得对命运的预见,并作出相应的安排来应对它,这就使命的绝对性被中介,即被设定或扬弃了。命所包含内容的直接、感性、偶然的特点表明,在这里精神只是被动地接受命运赋予的全部事物。命不具有超越后者的自身实在性,也无法对后者予以规定,故它似乎只是一个没有自身实质的空虚的容器。因此命是最抽象、贫乏的绝对。这样的绝对不可能成为精神的理想。因此,神话的精神追求的仍然是个别、有限的事物,不能从根本上摆脱原始文化的粗俗性。尽管有时人与命运的矛盾激化,对命运的否定表现为斗争(这种斗争往往以失败告终),但这仍然只是一种生存斗争,仍只是争取某些有限、个别的东西,而非绝对、普遍物。故神话的精神是省思最贫弱、最执着于外物,即最不自由的精神。

斫克罗衍尼和莱克婆的学说,就表现了这种神话式的存在理解,兹略述之。

## 一、斫克罗衍尼的学说

优沙湿底·斫克罗衍尼(Uṣasti Cākrāyaṇa),可能是俱卢人。据说他穷困潦倒,妻名阿底姬(Āṭikī)。奥义书中有两处提到此人:一处是BṛihIII·4。这里他只是作为耶若婆佉的问难者出现,问后者"谁为现存在此之大梵,谁是万有中之自我?"但这里他的思想没有得到直接叙述。另一处是ChānI·10—11,奥义书仅有此处展示了他的思想,而且非常简略。不过从这点材料中,我们也可以发现其思想的基本特点。

奥义书叙斫克罗衍尼之事,不乏幽默感。它描绘了一个稍有气节,但由于极端贫困而汲汲求食、求财的婆罗门形象,足以让某国之众多凡心不死的穷书生们唏嘘不已。窃以为人处穷困中更应有出世之想。盖穷困饥渴实为解脱之资粮。藉贫而体至无至空之道，则贫而无害。由此小则致身心之康宁，大则促圣朝之和谐。故贫而无欲，则举世皆贫而一官独富亦不足患，实乃天下之大福也。斫克罗衍尼则是穷而有欲，故智慧远逊于释氏，不足以致太平，必为今朝圣主所不悦矣。书云时值俱卢遭遇雹灾之后，斫克罗衍尼乞食于一食豆之富人。此人说：“吾仅余眼前些子矣。”斫克罗衍尼说：“请从所余施我。”此人与之，且施饮水。斫克罗衍尼说：“我不受饮水之余。”“此豆不亦是食余乎？”“信然，若我不食则不得活，而饮水则可自处。”斫克罗衍尼食讫，乃持其余，归遗细君。其妻亦已乞食得饱，遂善藏之。竖日斫克罗衍尼起而谋于妻：“我既可致此少许食物，或亦可致少许金钱。彼处有王欲行祭祀。王或择我主之。”妻曰：“此为余豆，吾主。”斫克罗衍尼食毕赴祭，祭典已经开始。奥义书乃述云：

10・8 时诸高唱祭司（Udgātṛi）端坐其于座中，正欲唱颂，斫克罗衍尼乃坐于其侧，语 Prastotṛi 祭司：9“Prastotṛi 祭司，若汝唱 Prastāva 而不知此颂所属之神，则汝必头坠于地。”①10 如是彼亦语 Udgātṛi 祭司：“Udgātṛi 祭司，若汝唱 Udgītha 而不知此颂所属之神，则汝必头坠于地。”11 如是彼亦语 Pratihartṛi 祭司：“Pratihartṛi 祭司，若汝唱 Pratihāra 而不知此颂所属之神，则汝必头坠于地。”于是彼等皆止而默坐其处。11・1 于是施祭者语彼曰：“信然，吾欲知子，先生。”彼答曰：“吾为优沙湿底・斫克罗衍尼。”2 施者云：“先生，我曾四处访求于卿，欲委以此全部祭事，而不能得，遂择此诸位。”3［施者云］“是故先生，请为我行此全部祭事。”彼曰：“可。然可许此诸位祭司参与唱赞，唯汝当施我与彼同等之金钱。”施者云：“然。”4 于是 Prastotṛi 祭司近前曰：“先生，子言：‘Prastotṛi 祭司，若汝唱 Prastāva 而不知此颂所属之神，则汝必头坠于地。’请问谁是彼神？”5“元气”，彼曰，“信然，万有随此元气出、入（于此生命）。此即 Prastāva 所属之神。既受此教，若汝唱 Prastāva 而不知此，则汝必头坠于地。”6 于是 Udgātṛi 祭司近前曰：“先生，子言：‘Udgātṛi 祭司，若汝唱 Udgītha 而不知此颂所属之神，则汝必头坠于地。’请问谁是彼神？”7“太阳”，彼曰，“信然，日出（uccais）之时，万有歌唱（gāyanti）。此即 Udgītha 所属之神。既受此教，若汝唱 Prastāva 而不知此，则汝必头坠于地。”8 于是 Pratihartṛi 祭司近前曰：“先生，子言：‘Pratihartṛi 祭司，

① Prastotṛi 祭司，为唱“Prastāva”（序颂）之祭司。Udgātṛi 祭司，为唱 Udgītha（高唱颂）之祭司。Pratihartṛi 祭司，为唱“Pratihāra”（应答颂）之祭司。三者之中，Udgātṛi 祭司为首，余二者为辅。Prastāva，Udgītha，Pratihartṛi 皆为《娑摩吠陀》之部分。《唱赞奥义书》本属《娑摩吠陀》。

若汝唱 Pratihāra 而不知此颂所属之神，则汝必头坠于地。'请问谁是彼神?"9 "食物"，彼曰，"信然，万有摄取 (pratiharamāṇa) 食物而活。此即 Pratihāra 所属之神。既受此教，若汝唱 Prastāva 而不知此，则汝必头坠于地。" ①

早期奥义书往往寄托于祭祀学的玄思。比如对祭祀中所吟、唱之诗颂（属《娑摩吠陀》者曰 stotra，属《黎俱吠陀》者曰 śastra），常有诸多想象，后者占据了早期奥义书的很大篇幅。属《黎俱吠陀》之奥义书，皆以思考 Uktham 颂之奥义开始，而属《娑摩吠陀》之《唱赞奥义书》开首二篇，皆为思考 Udgītha 颂之密意。在火祭中，Udgātṛi 祭司及其助手唱 stotra，Hotṛi 祭司及其助手吟 śastra 答之。每一 stotra 由取自《娑摩吠陀》之若干诗句组成，且有专名（如 Rathantaram, Gāyatram, Vāmadevyam, Vairūpam 等）。每一 stotra 皆有五分，曰：hiṃkāra, prastāva, udgītha, pratihāra, nidhana。其中第一、第五分，即 hiṃkāra 和 nidhana 仅为开头、结尾之"兴"音和"阿"音，而 prastāva、udgītha 和 pratihāra 的内容则取自吠陀。每一 stotra 皆依此式，将《娑摩吠陀》诗句的内容编入此五分之中，故曰"五分娑摩"（亦有"七分娑摩"之说，即于五分中插入"om"为一分，另将 pratihāra 裂为二分）。此五分中，乃以 udgītha 为主。故对 udgītha 的沉思，往往占据属《娑摩吠陀》之奥义书极大部分内容，其早期如斫克罗衍尼者，往往将认识 udgītha 所献与的诸神，当做最高智慧，其思维仍未脱离吠陀时代。接着的奥义书，乃将 udgītha 当做诸神化身。而后来由于大梵学说，udgītha 又被作为大梵的化身，乃至就是大梵。

我们从上述引文，可以看出斫克罗衍尼的思想，一方面完全依附于对祭祀的解释，梵书色彩极为浓厚；另一方面其思维极为朴拙。由此可以判断他的学说，应当属于奥义书思想史的早古老层面。另外上述引文反映出斫克罗衍尼的时代的婆罗门，可能既无如后来大梵、自我这样的绝对观念，也无后世学者离世解脱的追求，其生活愿望似乎完全是世俗的，这也从侧面印证了斫克罗衍尼的学说可能属于奥义书思想史中，大梵作为绝对者的地位尚未完全确立的阶段。

在这里，斫克罗衍尼所许为思想高明之处，在于指出火祭或须摩祭之三颂，即 prastāva、udgītha、pratihāra 所分别献与之神。盖 prastāva 所属之神为元气（Prāṇa），udgītha 所属之神为太阳，pratihāra 所属之神为食物。而从这文本看来，他作这种连属，唯一的根据是字面上的。比如 prastāva 之所以属于元气（Prāṇa），是因为它与后者第一音节同为"Prāṇa"；udgītha 之所以属于太阳（Āditya），是因为太阳至"高处"

① *ChānI*·10—11.

(Ud) 而众生“欢呼”(gāyanti)；pratihāra之所以属于食物(Anna)，是因为万有“摄取”(pratihṛ)食物而活。其说似颇无稽。此处斫克罗衍尼并没有在实质意义上将这些诗颂与这诸神的存在联系起来，比如像后来的奥义书和《往事书》等，把某些颂、咒或某一音节视作神的象征、符号或化身。后来印度思想中大行其道的象征和化身的观念，对于他似乎仍然是陌生的，所以他对这些诗颂的解释仍然是朴素的，完全吠陀式的。而斫克罗衍尼对诸神的看法，看来也更接近吠陀的多神论和自然神观念。他的说法没有提及后来成为奥义书思想之基本特征的，把至上神作为唯一的绝对者，作为存在之究竟真理和归宿的观念。元气、太阳、食物皆被他尊为神，但他却并没有表现出将三者归宿为一的意向，所以就此处的说法而言，其与吠陀的多神论并无二致，而其以太阳、食物为神，亦透露出吠陀自然崇拜的意味。其对元气的理解，亦囿于自然形器，无逾于吠陀之见。其所谓元气，实即呼吸，谓众生得呼吸以生，失呼吸而死。这些都表明斫克罗衍尼的学说是直接与吠陀思想衔接的，应置于奥义书思想之最原始的底层。

在这里，有不少学者跟随商羯罗的看法，认为斫克罗衍尼所谓元气就是指万有根源、大梵。尽管这种理解对于后来大多数奥义书学说是成立的，但是在这里却不乎实情。盖商羯罗将上引奥义书之I·11·5解释为“信然，万有由此元气而生，复没入此元气”。Muller和Swahananda的译本皆依此迻译。然质诸梵本，Prāṇa为宾格，而非夺、处格，故与商羯罗解释有隙①。本书参考Deussen和Hume的德译和英译本，将此句翻译为：“信然，万有随此元气出、入。”其意为当气息进入此肉体，万有乃紧随其后进入，而当气息出离此肉身，则万有亦随之出离。而众生自我与元气到底有何内在关联，则未被深究。

紧接在斫克罗衍尼学说之后的ChānI·12，题为“诸犬之Udgītha”，亦极谐趣幽默，且同样为讥刺婆罗门以祭祀求财求食之事，风格与主题皆与斫克罗衍尼故事相通，故可能出自一家之手，故亦备述于此。其说婆罗门跋伽或哥罗婆去学吠陀。见一白犬，众犬围之，曰：“先生，请唱祷歌为吾等致食，吾等饿极。”白犬答众犬曰：“竖晨汝等可候我于此。”于是此婆罗门乃伺之。是时，一如唱Bahiṣpavamāna Stotra之祭司一一执手而行，此众犬亦效之，每犬皆衔前犬之尾而行，事毕齐坐而唱“hiṃ”声，且歌：“Om! 愿吾等得食。Om! 愿婆楼那、生主、日神致食于此！食物之主，请致食于此！请致食于此！ Om!”对此节奥义书，尽管吠檀多学者往往从譬喻的角度解释，如释为天神感婆罗门跋伽或哥罗婆求学之诚，乃化为众犬为其开示教理，谓学习吠

① Paul Deussen, *Sechzig Upaniṣaden des Veda*, F.A. Brockhaus Leipzig 1921.80.

陀之目的乃为求食，然似颇无稽。通观全篇，此节讽刺婆罗门汲汲乞求之意甚为明显，与《黎俱吠陀》的“青蛙之歌”（ṚVVII · 103）同调。杜伊森说它完全是因为后人从譬喻义曲解，而得以见收于奥义书中①。从其所举之神，皆为《黎俱吠陀》之旧神，未见梵说之影响，亦未见毗湿奴、湿婆崇拜之踪迹，故其成文之时代，想必甚早。然此说寓意为何？为穷困婆罗门之自嘲，或他人之刺婆罗门强乞？难以断定，但后者可能性更大。

总之斫克罗衍尼的思想，体现的完全是梵书的精神，具有神话精神后期的特点。在这里，精神试图把握绝对，即觉性的自身存在，但仍局限于觉性最直接的存在，即它的外在、偶然、形器方面，而没有深入到事物自身的本质和内在必然法则的领域。这也就是命运中的自然。在斫克罗衍尼的学说中，超越自然的彼岸、绝对者的观念仍然很模糊，而出世解脱的人生追求亦不见踪影；故其学问不脱离自然，亦仅为满足自然目的之工具。但是在这里，自然精神还是主观的。自然被个人的主观、偶然的想象力规定，尚未实现为客观必然的存在。这种主观的自然精神是最外在的，因为它甚至无法进入自然的内部。梵书的精神就是如此，斫克罗衍尼的思想亦完全承此而来。在这里，精神被包裹在祭祀学的厚重硬皮之中。它只有通过这层皮接触、把握世界，后者就为适应这硬皮而完全改变了形状。首先在理论方面，人们只能通过祭祀学理解一切存在，甚至自然事物的关联、意义，都是由祭祀的形式和规范建立、规定。然而从祭祀学关联衍生的自然关联，完全属于个人的主观想象而非普遍理性的成果，它对于自然来说，既非客观的，亦非必然的。斫克罗衍尼的思想就是如此，他并非像较后的奥义书思想（如耆跋厘的学说）那样，仅仅是以祭祀形式为譬喻来解释世界，而是就是从祭祀学理解世界的存在。比如在他的学说中，属须摩祭的 prastāva、udgītha、pratihāra 三颂与元气、太阳、食物的关联以及后面三者与万有的关联，就是凭声韵学上的关联来比拟。由此建立的自然关联，就完全是主观的，而不是属于自然物自身的客观联系，对于自然来说是被外在地添加在上面的。在这里，事物的内在必然关联完全没有建立，因而这绝对只是一个偶然个别事物的总体。其次在实践方面，祭祀学的实践也是一种主观外在的自然实践，即魔法实践。所谓自然实践就是人类为着满足自然的欲望这一目的，自觉地根据事物的因果功能关联而建立的活动整体。然而精神的内在、本真的实践，就是精神的生命，是它通过自主的自否定而实现自身维持，其目的与手段都是自由。它从对象上看必须是一种内在的自我规定，而且这规定必须是依据其自身内在法则、以实现精神的自身自由为目的的。

---

① Paul Deussen, *Sechzig Upaniṣaden des Veda*, F.A.Brockhaus Leipzig 1921.83.

但是在自然实践中，精神将自己完全系缚在其外在的偶像、标记和形器方面，这里实践表现为对自然物的规定，依据的是事物的外在法则，而且其最终目的也是维持自然的自我，完全没有涉及精神的内在生命。而祭祀的实践，作为一种主观的自然实践，甚至是自然实践中最外在的。祭祀实践企图通过支配象征性的自然物、咒语、仪式等，来影响神的旨意，控制宇宙的进程，以期达到某种功利的目的，往往完全无关乎精神的内在性，因而它首先是一种自然实践。然而在这里，人还不是根据自然自身的法则来达到自然的目的，而是根据祭祀的法则，后者对于自然界来说，就是一种完全主观、外在的法则，故根据这种法则来改变自然的实践，乃是自然实践之主观、外在阶段。另外在梵书中，由于神性的退隐，祭祀已不再诉诸神意的中介，而是直接导致功利的结果。这意味着人的主观行为可以控制宇宙进程。因而祭祀在这里完全被魔法化。斫克罗衍尼所从事的正是这样的实践。比如他认为在须摩祭中唱颂 prastāva、udgītha、pratihāra，必须敬思元气、太阳和食物，才会导致理想的结果，否则非但无功，反倒招至灾祸。总而言之，斫克罗衍尼的思想，在理论上把存在理解为一个脱离了神意的命运整体，在实践上继承梵书的魔法化祭祀，体现了神话精神后期的特点。

## 二、莱克婆的学说

在奥义书中，最早提及风——元气说的人物，应是莱克婆（Raikva）。莱克婆之说，又曰摄尽说（Saṃvarga Vidyā），谓风或元气将一切存在赅摄无余。吠檀多的传统，历来将摄尽说解释为对风、元气的一种观想。此说大意为，人内在的生命气息或元气，与宇宙层面的风，是同一实在。在宇宙层面，火、日、月、水四者皆入于风，被其包含；故曰风摄尽或吞食此四者。同样在个体生命层面，眼、耳、意、语言（其实质分别与火、日、月、水相同）皆入于元气或为其所摄尽、吞食。修行者应观想火、日、月、水四者皆入于风，眼、耳、意、语言没入元气，然后观想此十种存在没于唯一绝对的大有（Virāṭ），并观想其自身与此大有完全同一。

在奥义书中，莱克婆及他的对话者阇那室鲁谛，都只出现过一次，且与其他奥义书思想家没有发生关联，因而从奥义书本身推知此人的历史年代是不可能的，但其思想非常古老，完全属于梵书时代。据说莱克婆是一贫贱、邋遢的车夫，因为知道元气说，而获致佳人、财富。这意味着：其一，真正的智慧不因出身、种姓而受影响；其二，即使最贫贱者，若悟元气为摄尽者，乃摄尽世间一切财富荣华。在奥义书中，莱克婆的故事经过了较大修饰，这意味着它确定为现在这个形式，必定是在其原始学说出现以后很长时间的事。其云王族阇那室鲁谛，虔诚供养、慷慨布施、广积善德。

某晚有大雁飞过。一雁呼曰："哦，阇那室鲁谛之光焰已达天空，其勿近之！以免被灼。"另有一雁曰："谁为汝所言之人，其德竟然如车夫莱克婆？前雁曰：车夫莱克婆何许人也？"后雁曰："如掷骰者，其得点数低者，其赌注尽归于得点数最高者，即赢家。如是众生所为一切善业，皆归于彼（莱克婆）。凡知莱克婆之所知者，亦皆如是。"（ChānIV·1·4）在掷骰子时，较低点数（1、2、3点）的注全都转移到最高点数（4点）之上。与此类似，于知摄尽说者，其他众生所做的一切善业皆归之，而莱克婆正是这样一个人。而且凡具有与莱克婆同样智慧之人，亦皆有此神力。

阇那室鲁谛闻此，乃语其侍者："吾有何德，汝等竟然以我媲美于车夫莱克婆！其为我寻访之。"侍者说："莱克婆何许人也？"曰："如掷骰者，其得点数低者，其赌注尽归于得点数最高者，即赢家。如是众生所为一切善业，皆归于彼（莱克婆）。凡知莱克婆之所知者，亦皆如是。"侍者遍访而未得。阇那室鲁谛说，汝应于人访求婆罗门处访之。后来侍者见一人坐于车底，剔其肤癣。乃爬入车底，坐于其侧曰："汝是车夫莱克婆否？""然也。"侍者归曰："我已访得莱克婆。"于是阇那室鲁谛乃携六百母牛，金项链一条，骡车一驾诣之，欲使莱克婆货其学术，告以所敬之神（即所观想的对象）。莱克婆怒其礼物之薄，曰："嘘，首陀罗（此为骂人语）！其速持此牛、车、金链去！"于是阇那室鲁谛再次携一千母牛，金项链一条，骡车一驾，及其女儿，诣莱克婆之所。曰："莱克婆，此为赠与汝之一千母牛、金项链一条、骡车一驾，此女可为妻室，此村庄亦为汝所有。请授汝学。"莱克婆抬起此女脸颊，曰："此首陀罗带来如许礼物，然而只此脸蛋即足以使吾言之。"他开示的道理如下（ChānIV·3·1—4）：

> 1 信然，风即是摄尽者。信然，当火熄灭，其唯归入于风。当太阳西沉，亦唯归入于风。当月亮消失，亦唯归入于风。2 当水干涸，亦唯归入于风。因为信然，风即是摄尽一切于自身者——此就诸天（宇宙层面的存在）而言。3 以下就人之自身而言——信然，元气即是摄尽者。信然，当人睡眠，语言入于元气；眼入于元气；耳入于元气；意入于元气；因为信然，元气即是摄尽一切于自身者。4 信然，有两个摄尽者：诸天中之风，诸根中之元气。

依莱克婆之说，世间万有皆归宿于两种最基本的存在：风与元气。当火焰熄灭、太阳西沉、满月消逝、水流干涸之时，实际上火、日、月、水四种元素并非澌灭无余，而是没入于其所由以产生的风之中。同样当人死或处于熟眠状态时，其眼、耳、意、语言四种生命机能亦非完全断灭，而是没入其所从出的元气。风与元气是万有的来源和归宿。然而从此则奥义书来看，其云万有于风、元气出生与入没，并没有明确的存在转变论含义。在这里宇宙和生命存在似乎是以风、元气为容器，其生即由此处而出，其灭即归入于此处，但奥义书没有明确表明风、元气是万有的始基、本原或实质。其所谓风、元气摄尽 (Saṃvarga) 万有，意味着它们是万有的包容者，但没有明确表示其为万有本原、实质。就此而言，莱克婆的风、元气，只是一个大全、集合、总体。他对这摄尽者的自身实质没有明确的省察、规定。风、元气，以及后面的“Virāṭ”，都只是一个容器的名称而已。

与莱克婆学说类似的说法，在梵书中就已经存在。梵书已经表明了眼、耳、意、语言四种生命机能与火、日、月、水四种宇宙元素具有相同的实质；《百道梵书》说作为宇宙基础的风进入人体，成为各种元气；人死时诸元气又离他而去，复归于风 (Sat BrāVII · 1 · 2 · 5)；当人处睡眠中时，语言、眼、耳、意皆归宿于元气，而当他醒来时，它们再度从元气中生出 (Sat BrāX · 3 · 3 · 6—8)；《爱多列亚梵书》说到日、月、火、雨、闪电归宿于风并再度从风中产生 (Ait BrāVIII · 28)。而且梵书说事物从元气、风中产生，明显有转变论的意义，所以莱克婆似乎是在一种更低的层面上继承了这些说法。

接着莱克婆讲了一个年轻梵志向婆罗门舜那迦 · 迦别夜和阿毗波罗多乞食的故事。二人开始不理会年轻梵志的乞求，可能是想考验其知识水平。Chān IV · 3 · 6—8 接着述其事曰：

6 于是彼 (年轻梵志) 曰：
“孰为唯一神，
护持此世界，
吞食四大有 (mahātman)？
阿毗波罗多，
迦别夜可知？
虽住于诸方，
凡夫不见之。
信然此食物，
未施应得者。”
7 于是舜那迦 · 迦别夜深思其义，答曰：
“诸神之自我，
创造一切有。

金牙之食者①，
信然其有智。
人皆说其大②，
如实为广大，
以其不被食，
而食不可食。
是故梵志，信然吾等敬彼大有——请施其食物。”

8 于是人施与彼（梵志）食物。

此五（风、火、日、月、水）加彼五（元气、眼、耳、意、语言）而为十，此为掷骰之最高点数。是故于一切处，十或掷骰之最高点数即是食。此亦是食者Virāj。世界一切由此而被见。其知此者，世界一切亦被其所见，彼遂为食者，其知此者！

此中第一偈接续上文的思路，解释作为绝对者的“唯一神”（Deva Eka）包容、维持此世界，而为其归宿，亦为上述两种“摄尽者”（风与元气）的归宿。这“唯一神”并未被明确等同于梵，而应当是接续梵书的生主神（Prajapati）的观念。此神护持此世界，即是说万有的存在通过它被维持。它“吞食四大有”，谓生主包容火、日、月、水等，为其归宿。绝对者既是“食”（anna），亦是“食者”（babhasa）。与“食”相关的两个动词，“bhasa”与“bhuj”，在这里在同样意义上使用。前者为啃、吃、咀嚼之意；后者谓食用、享用、受用，引申为摄受、包容、认识之意。唯在摄受、包容的意义上，“食”与“saṃvarga”（摄尽，网罗，为某物归宿、依止）同义，故“食”之一字，应主要从此义理解（尽管在奥义书别处，它主要指主体的认识、受用）。世间万有，每一种皆为另一种所食，或归宿于它。而最终的食者（故不被他者所食）或一切存在（包括对于众生而言“不可食”者）之归宿，就是生主、大有。偈云绝对者广大、遍满宇宙（住于诸方），也表明它作为空间含括一切的特征。最末一偈以掷骰为喻，更明确地强调绝对、Virāṭ的总体性质。盖十或掷骰之最高点数，乃譬喻一切存在之全体，这全体即是食。奥义书在此明确强调：一方面，绝对包容这全体，故为食者；另一方面，绝对就是食，此谓它就是这全体。绝对、Virāṭ既是容器，又是容器包含的东西。因此这一譬喻充

① hiraṇya：金，黄金；金的，不变的，不坏的。hiraṇya-daṃṣṭrā：有金齿或牙齿不坏的，比喻此唯一神为永恒的“食者”。

② maha：广大、有力、殊胜。

分表明了绝对的总体性质。人类知觉只能认识这绝对者所包括的火、日、月、水等事物，但无法触及这绝对者自身，尽管后者是遍满宇宙的。然而此唯一神是否可以与元气等同，从而使元气确定为绝对本原？从莱克婆的说法中我们无法得到明确答案。

莱克婆以譬喻、连类之法，表明此生主、大有作为最高的摄尽者，超越或包含风、元气二者在内。这类方法至少对于我们来说，恐怕并没有增加其理论的说服力。其云外在的宇宙与人的内在生命，共包括十种存在，即风、火、日、月、水、元气、眼、耳、意、语言。而骰子四面共有十点，是故如同骰子之十点都要归于最后的赢家，故风等十种存在都要归宿于最高的神，即生主，故曰此十者即是食。其推说生主即是"Virāṭ"神，则颇为无稽。其云生主包括十种有，而吠陀"Virāṭ"韵包括十个音节，故二者乃为同一，而"Virāṭ"又是宇宙尊神，为物质层面的存在之全体，故莱克婆以为生主即是"Virāṭ"。"Virāṭ"是最高的包容者、依止，它摄尽一切存在、以一切为食，故为终极的食者。这里一个可能有价值的思想是，至上神作为宇宙之大全，既是包容者又是被包容者，故没有食与食者之分；一切食皆归入彼，同时一切食复由彼出。有些学者将食与食者的同一理解为后来的奥义书所谓的"不二"或主、客体同一，我们至少可以认为此解是片面的。这实际上是将"食者"仅仅理解为认识的主体，但根据莱克婆的上述说法，"食者"的主要意义应当是包容者、摄受者、依止。而根据后面的引文"世界一切由此而被见"，可以肯定在莱克婆思想中，包容、摄受之义与主体的认识、缘取、受用之义是被混同的。故其所谓食与食者的同一，可能（未被反思地）包含两个层面的意思。

从语义上分析，莱克婆的摄尽者、绝对，可以包含三个方面的意义：(1) 作为一切存在的实质、本原；(2) 作为一切存在的包容者、大全；(3) 作为最高的认识主体。就第 (1) 项而言，莱克婆的一些说法（比如掷骰喻）与之明显冲突。第 (2) 项在这些说法中都能成立，可以肯定是"摄尽说"明确包含的内容。第 (3) 项中绝对作为最高认识主体的意义，亦与掷骰喻不符合，且与第 (2) 项的意义无法很好地融合。这里可以看出莱克婆对这绝对者的看法，是十分含混、摇摆不定的。其中唯第 (2) 项可以视为明确的理解。

在奥义书各派思想中，莱克婆的学说最早开示了明确的绝对观念。奥义书的精神，正是凭借这绝对观念，开始其理性思维。精神开始脱离感性的个别、有限之物的系缚，即对于后者有了自由。这种自由仍然很不确定，而且很不成熟。这在于：(1) 在这里，理性思维仍未能把绝对按一种普遍内在法则组织起来，也没有把绝对当做一种实质，因而它的绝对只是感性、个别、偶然事物的量的总体，仍十分苍白、空洞，不如个别事物具有实在性。这些都表现理性思维在自然层面也没有实现充分的自身拓展和深化。精神仍未超拔于自然的差别、杂多表象，且仍然是现存地接受自然、命运授予的一切，与神话时代的“顺受帝命”的精神并无不同，因而它仍然是一种神话精神。理性思维的局限表明精神的自身建构作用（自凝）没有得到充分展开。(2)这自由也是完全外向型的，盖精神将存在的境域扩张到绝对、无限，却在这无限的境域中忘记了自我，故其省思的绝对是外在的，而其自我依然渺小，不能分享这绝对；在这里，精神的自我维持作用（自反）仍然停留在感性的个别性和有限性层面。然而本体自由在其绝对实现中，必然促使自凝和自反势用进一步展开，从而推动理性和反省思维的进一步发展，促使现实精神彻底否定外在的差别、杂多、感性表象的系缚，领会存在的绝对原理、本质，并且领会到存在与自我的同一。

斫克罗衍尼和莱克婆之说，是奥义书精神的起点。其说反映了神话精神晚期的特点。在这里，野蛮思维的完全个别、散乱、分裂的世界图景被否定，存在被综合成一个整体，即绝对。对这个绝对的领会，体现了理性思维最初的活动，反映了精神自身组织（自凝）作用的初步展开。精神否定人们各自的个别环境，而融入一种普遍的存在，即世界。

不过在这里，一方面，理性思维还没有深入绝对内部、领会到事物的内在因果性和普遍实质。这表明理性思维内在的自凝势用还没有展开为对事物内在关联的规定，其自反势用也没有展开为对事物内在实质的指向性。另一方面，反省思维尚未形成。尽管唯一的绝对其实就是自我，但神话精神在这里没有认识到它所领会的绝对与自我的等同，因而它是无反省的。反省思维的阙如表明精神的自身维持（自反）势用没有展开为自觉的活动。因此在这里，奥义书精神总的发展方向应当是：一、否定自然的外在表象性、偶然性而揭示其内在必然法则、本质；二、确立绝对的自我，以克服个别的小我。就后者而言，这就在于，精神内在的自反势用推动省思从其已经揭示的外在绝对身上认出自我，这势用就实现为省思对绝对自我的领会，这就是反省。

同所有生命存在一样，觉性、精神也有一种使所有活动都指向自我的作用即自身维持势用。在反省思维中，精神的自反作用也具有自主、自觉的特征，它就是对觉性自体性的自觉的自身维持，即自我维持。而自我反省就是这自我维持势用的实现。婴儿或动物思维是完全“无我的”，他完全通过本能的欲望而非自觉地实现自身维持。一方面他是完全自我中心的，其全部活动都是为了满足自己的欲望，都指向其直接的自我；另一方面这自我又是完全匿名的，这在于他没有将我与非我区分开来，仍然完全把我当成周围事物之普通一员，因而这“自我中心”对于他始终没有显现（绝对专制制度造成中国古代的帝王大多具有这种婴儿人格）。在这里，精神绝对地放纵于外物，从来没有返回它的自体。在野蛮思维和早期神话精神中，人有了一种初步的自我意识，开始区分我与非我，这表明觉性开始以自觉的方式实现自身维持。然而首先这我仍只意味着自我的外在、感性的存在，人们不仅没有意识到自我和其他物质实在有实质的区别，没有注意到自我的主体性，完全没有深入到自我的内在性领域。其次这自我完全是个别的，自我的绝对意义完全没有被意识到。这种情况表明在这里，精神的自反势用仍然是间接的、有限的，尚未实现为内在的、绝对的，没有实现为真正的反省。吠陀和一些早期奥义书的自我观念，就反映了这一精神阶段。在这里，自我完全被当做一种个别的自然物，其存在被神意和自然决定。精神没有意识到自我的独立性和绝对性。它完全是被偶然、个别的事物牵制，受自身外在强力支配。自我看来完全依附于、被规定于外在力量，缺乏精神的自我规定和自身的空间。这样的精神就是完全无反省的。

本真意义上的精神自反势用是绝对、无限，它在不懈地寻找更真实的自我存在并加以维持，从而推动反省思维的形成和发展。它要求在现实精神身上实现其自身绝对化。后者由于神话精神对绝对的领会，而具有了自身展开的契机。这绝对，而非个人的感性存在，才是觉性更真实的自我。而精神的自反势用为实现更真实的自我维持，总是力图设定更真实的自我。在这种情况下，它就推动省思明确将自我与这大全、绝对等同起来，并通过对这绝对者的维持使自身活动提升到普遍层面。自反势用因而设定了一个绝对自我，并通过精神省思对后者的领会将自身转化为现实活动。这种领会就是最初的精神反省。它就是在理性思维提供的绝对观念基础上，领会到这绝对与自我的同一。而该祇夜学说，就表现了这种最初的精神反省。

## 第二节 该祇夜

奥义书最初的理性思维，扬弃了觉性的直接自然的个别性、有限性，领悟到作为一切存在之大全的绝对。然而这绝对只是量上的，即并不包含对自然的表象性的否定。另外它起初也并未与自我关联起来，它似乎是外在于觉性的自体性的。因而在这里，精神反省还没有建立。然而精神本真的自反势用，要求实现为对觉性自觉的维持，因而它的进一步展开推动省思从理性思维领会的绝对认出自我，从而构成绝对自我的观念。于是一种真正的精神反省得以形成。该祇夜（Aśvapati Kaikeya）学说中作为存在总相的大我，就表现了这种反省。

根据奥义书中涉及该祇夜的内容判断，其年代在早期奥义书思想家中一定很晚。奥义书中优陀罗羯向该祇夜求教，虽然不必属实，但可以作为一个证据，表明该祇夜的年代，或更准确地说，被归宿于他的奥义书文本的形成年代，应当是晚于优陀罗羯的。支持这一看法的另一证据，是此则奥义书后面开示祭祀五种元气之法(ChānV·19)，应当是以 BṛihVI·3 中被委托于优陀罗羯的“糜祭”仪式为基础的。伽吉耶问学于阿阇世、优陀罗羯问学于耆跋厘的故事情节透露出，婆罗门向王族求学在当时还是稀有之事，但在该祗夜的故事中，多位婆罗门向王族该祗夜问道，被后者一一纠正。从逻辑上说，该祗夜的故事应当是以前面的故事为前提的，并且在时间上可能远较前面两个故事为晚。然而这里所反映的该祗夜的学说却极原始，基本上仍然停留在类似于梵书的宇宙拟人论的层面，没有什么新意。这里可能的情况是，这种学说的基本思想很早就已经存在了，在它作为现存文本编入奥义书之前，作者们将它的内容以该祗夜开导优陀罗羯等著名学者的形式予以展开，以抬高其身价。

## 一、作为存在大全的自我

奥义书称该祗夜为一贤明君主。据说在其治下，国无盗贼，无财奴酒鬼，无人废祭，无人愚昧，无夫不贞，无妇不淑。其时有博学婆罗门优波曼尼耶婆(Aupamanyava)，补卢室(Pauluṣi)，跋拉毗耶(Bhāllaveya)，阇那·沙伽罗叉(Jana Śārkarākṣya)，阿湿婆罗(Āśvatarāśvi)五人，聚集一起思考何为自我、大梵。于是他们决定前往优陀罗羯·阿楼尼(Uddālaka Āruṇi)处请教①。优陀罗羯说：“信然，阿室婆波底·该祗夜尝深究此大我。吾等且往彼处。”该祗夜正欲举行祭祀，故请诸位婆罗门留下，执掌祭事，并许以丰富布施。然而诸婆罗门对财物的布施不以为意，而请教至上我之义。该祗夜答应明日再议。次日诸婆罗门再执薪而来，求为学徒。然而在回答诸位的问题之前，该祗夜先问他们自己如何观想大梵、自我。该祗夜首先肯定这些观想的意义，然后一一指出其片面、支离，表明其所观之自我，只是至上大我(Vaiśvānara Ātman)之一方面②。ChānV·12—18 云：

12·1（该祗夜问）“优波曼耶婆，孰为汝所敬为阿特曼者？”彼曰：“信然，为天界，大王。”“信然，此汝所敬为阿特曼者，乃是作为有光辉者(sutejas)之大我。以故，必可见汝家中具足各种须摩献礼③。2 汝食于食，见可爱者；盖孰若如是敬此大我，则食于食，见可爱者，且家中常放圣智之光。然而彼仅为阿特曼之

① 以上情节，盖取自 Sat BrāX·6·1，唯以优波曼尼耶婆替荼跋拉(Mahāsala Jābāla)，以优陀罗羯替阿楼那·优波维尸(Aruṇa Aupaveśi，或为优陀罗羯之父)，余事皆同。

② Vaiśvānara：作为全体、总体的，遍在的，一般的，普遍的，共同的。

③ 此单从“有光辉者”(sutejas)与三种须摩献礼，Suta、Prasuta 和 Asuta 字面上的相似而作联想；此三种献礼分别为一日献，数日献，多日献。

头。汝若未到我处（闻解此义），则必已头坠于地。”13·1 于是彼（该祇夜）谓实祀·补卢室（Satyayajña Paulusi）：“波罗支那约吉夜（Prācīnayogya），孰为汝所敬为阿特曼者？”彼曰：“信然，为日界，大王。”“信然，此汝所敬为阿特曼者，乃是作为具众相者（Viśvarūpa）之大我。以故，必可见汝家中具众多财物。2 有牝骡之车，有女奴，有金项链。汝食于食，见可爱者；盖孰若如是敬此大我，则食于食，见可爱者，且家中常放圣智之光。然彼仅为阿特曼之眼。汝若未到我处，则必已目盲。”14·1 于是彼（该祇夜）谓因陀罗朱摩那·跋拉毗耶（Indradyumna Bhāllaveya）：“毗耶偈罗波底夜（Vaiyāghrapadya），孰为汝所敬为阿特曼者？”彼曰：“信然，为风，大王。”“信然，此汝所敬为阿特曼者，乃是作为有多途者（Pṛithagvartman）之大我。以故，礼品必由多途趋向汝所，车辙必以多途趋向汝所。2 汝食于食，见可爱者；盖孰若如是敬此大我，则食于食，见可爱者，且家中常放圣智之光。然彼仅为阿特曼之气息。汝若未到我处，则必已气断。”15·1 于是彼谓阇那：“沙伽罗叉，孰为汝所敬为阿特曼者？”彼曰：“信然，为虚空，大王。”“信然，此汝所敬为阿特曼者，乃是作为宽广者（Bahula）之大我①。以故，汝必广有子孙、财富。2 汝食于食，见可爱者；盖孰若如是敬此大我，则食于食，见可爱者，且家中常放圣智之光。然彼仅为阿特曼之身体（saṃdeha）。汝若未到我处，则汝身必已堕为碎片。”16·1 于是彼谓浮底拉·阿湿婆多罗（Buḍila Āśvatarāśvi）：“毗耶偈罗波底夜（Vaiyāghrapadya）②，孰为汝所敬为阿特曼者？”彼曰：“信然，为水，大王。”“信然，此汝所敬为阿特曼者，乃是作为财富（Rayi）之大我。以故，汝必富裕兴旺。2 汝食于食，见可爱者；盖孰若如是敬此大我，则食于食，见可爱者，且家中常放圣智之光。然彼仅为阿特曼之膀胱。汝若未到我处，则汝膀胱必已爆裂。”17·1 于是彼谓优陀罗羯·阿楼尼：“乔答摩，孰为汝所敬为阿特曼者？”彼曰：“信然，为地，大王。”“信然，此汝所敬为阿特曼者，乃是作为支持（Pratiṣṭhā）之大我③。以故，汝必由子孙、牲畜得支持。2 汝食于食，见可爱者；盖孰若如是敬此大我，则食于食，见可爱者，且家中常放圣智之光。然彼仅为阿特曼之脚。汝若未到我处，则汝必已脚坏。”18·1 于是彼谓众人：“信然，汝等于此处食诸食物，而执此大我为别物④。而谁若思此大我为一

---

① bahula：宽广的；厚密的；丰富的，众多的，充满……的。

② 梵本中此名与前面第 14 节跋拉毗耶之名相同，可能有误。

③ pratiṣṭhā：住，止；住处，依处，基础，支持，依止；脚。

④ 此说“别物”，谓大我为“有别于自身之物”，多数注释家同此；马克斯·缪勒、拉达克利须南释此为差别、多样之物，亦通。

掌宽 (prādeśa-mātra)①，或等同于内自我，则食诸食物于一切界、一切有、一切自我。2 即于此大我，彼有光辉者（天界）是其头，彼有众相者（日）是其眼，彼有多途者（风）是其气息，彼宽广者（虚空）是其身，彼财富（水）是其膀胱，彼支持（地）是其脚。祭坛是其胸，圣草是其发，家火 (Gārhapatya) 是其心，南火 (Anvāhāryapacana) 是其意，东火 (Āhavanīya) 是其口。”

该祇夜的上述说法，就是所谓“总相智”（Vaiśvānara Vidyā）。其宗旨在于观万有皆为一普遍大我 (Vaiśvānara Ātman) 的内容。正如 KauṣIV · 5—18 中阿阇世与伽吉耶的谈话一样，该祇夜的对话也不必是历史的事实，而只是奥义书作者展开其思想的方式，此为奥义书中常有的情况。另外同奥义书中其他学说或“智”一样，总相智首先也是一种伴随祭祀的观法，即优波舍那 (upasana)；《唱赞奥义书》第五编末尾几章介绍的所谓“元气火祭”，表明此智与祭祀的关联。

引文第 18 章是对“总相”说的总结、提炼，而前面六章是对它的展开。首先，要观想此大我总相，就要求对于大我的各方面内容都要观想。盖大我作为全体，不是虚空，不是抽象的“一”，相反唯因其包含诸多部分、差异和个别性，它才成其为全体，因而唯有正确把握了这些不同方面，吾人才能真正领会全体。该祇夜的总相观就表明了这一理解。它实际上是先借优波曼耶婆等六婆罗门之口，提出对大我的六个方面的观法。这六个方面，包括天界、太阳、风、虚空、水、地，概括了宇宙存在的全部内容。因为它们都是大我的内容，所以对它们的观想，就是观想大我有光辉的方面（天界），有众相的方面（日）、宽广的方面（虚空）、有多途的方面（风），以及作为财富（水）和支持（地）的方面。观想天界、太阳、风、虚空、水、地具有这些方面的德性，实际上是观想大我具有这些德性，否则后者就是被埋没的。在这种意义上，可以说观想重新发现，或说使大我重新获得了这些德性，故奥义书在譬喻的意义上说，人通过对太阳（有众相者）、天界（有光辉者）、风（有多途者）、虚空（宽广者）、水（财富）、地（支持）的敬思，则必具众多财物、必具足各种须摩献礼、宾客礼品必由多途趋向其处、必广有子孙、财富、必富裕兴旺、必由子孙、牲畜得支持，必汝食于食、见可爱者；简而言之，通过观想某物为自我，而使自我获得了某物之德性。唯有通过对大我的所有存在方面的观想，吾人才能获得大我之全德。

其次，总相智还要求敬思所有存在物都属于大我之全体。尽管上述各方面的敬思皆有裨益，但若将它们当做大我的自体（将主宰世界之某一有限领域的个别“神”

① prādeśa：为拇指与食指张开的宽度，奥义书通常以此代指心脏。

当做绝对自我），乃是执有限为无限、个别为全体、相对为绝对，导致对绝对者的忽视，所以是很危险的。在这种情况下，一方面世界不复成为一整体，而成为分散、离坠的混沌之境；另一方面事物不再属于自我，而成为一种冷漠、隔越、外在的东西。而精神由于只执着于个别、有限和外在的东西，丧失对绝对者的意识和追求，就失去了其本有的自由。因此在这里该祇夜警告诸婆罗门说，如若不是从他听受天、日等诸有皆属于自我，则“汝”必“头坠”、“目盲”、“气断”、“身堕”、“脚坏”、“膀胱爆裂”。此所谓“汝”，首先是指内在于每一个人的宇宙大我，其次才是指优波曼耶婆等单独的个体。该祇夜的警告意思是，人若不悟此诸有属于大我，亦即主观地使之脱离此我、使此我裂为碎片，则此诸有亦必裂为碎片，或离此人而去矣。因此，总相智要求的正确敬思，是要将部分聚为整体，并且意识到这整体等同于人的内在自我。

而该祇夜完全是在梵书的宇宙拟人论意义上，将存在之全体规定为宇宙大我。在梵书思想中，祭祀、宇宙、人，乃是完全同构的，而且本质上是同一的（Sat BrāVI·2·2·3,4）。人的意、语言、眼、耳、气息的实质被分别等同于月、火、日、四方、风诸天（宇宙现象）（Sat BrāX·3·3·7）。诸天被归属于一个至上神或宇宙大我，后者被与人的自我等同起来（Vāj SaṃXXXII·11—12；Tait BrāIII·10·8）。这种宇宙拟人论在早期奥义书中仍然是极为常见的。比如在《广林》、《考史多启》二奥义书中，伽吉耶依次提出梵是日、月、闪电、雷、风、虚空、火、水、镜、影、回响、声音、睡梦中人、此身中人、右眼中人、左眼中人，而阿阇世一一指出它们只是大我的一个方面，应分别观想它们是大梵表现的食物之我、真理之我、声音之我、常胜不败之我、常恒具足之我、征服一切之我、光明之我、似相、伴侣、生命、死亡、阎摩王、生主、语言之我、光明之我（BṛihII·1；KauṣIV）；另外 BṛihIII·9·10—17 提出色、身、欲、日、声音、阴影、镜中光、水等八有（八种原人）与火、心、眼、耳、心等八界（八种生命现象）以及诸大、女人、真理、四方、死、生命（asu）、雨水、祖宗八神（八种对象）的对应，遵循的也是宇宙拟人论的思路。关于祭祀与宇宙、自我同构的思想，在早期奥义书中也是十分常见的，比如 ChānII·2 说人应敬思娑摩五分为土、火、空、日、天五界，BṛihIII·1·3—6 将执行须摩祭的四位祭司分别等同于人的四种生命机能，即语言、视、元气、末那（意、思维），以及四位天神或宇宙天体，即火、日、风、月。该祇夜的说法，首先毫无疑问是继承了上述思路。他说天界是宇宙大我之头，日是此大我之眼，风是此大我之气息，虚空是此大我之身体，水是此大我之膀胱，地是此大我之脚，祭坛是其胸，圣草是其发，家火是其心，南火是其意，东火是其口，而此宇宙大我，又是内在于人心中的（此即“大我为一掌宽”之意），所以他把人的自我与宇宙、祭祀对应或等同起来。另外，他事实上是在比耶若婆佉、阿阇世的理论，乃至梵书的元气论等更低的层面继承了人与宇宙等同的思想，因为这些理论把绝对、自我理解为构成人的生命和宇宙现象的共同实质或本质，它们都具有了某种本质思维，但该祇夜没有提到一种作为人与宇宙的存在之共同基础的实质或本质的观念，他的思维仍然停留在外在宇宙的具体性、差别性、表象性的层面。

## 二、生命火祭

生命火祭（Prāṇa Agnihotra，或元气火祭）是该祇夜的总相智（Vaiśvānara Vidyā）的一部分。此祭之设，即是以领会人的生命之一切皆属于宇宙大我为宗旨。ChānV·2·4—8 和 BṛihVI·3 开示了“糜祭”（mantha）之法，以祭生命元气，与生命火祭在仪式上多有雷同，二者应当是同源的，而其中生命火祭较为复杂。此祭法的理论前提是，人若得总相之智，则视众生生命与自然皆是一体，都属于宇宙大我，是故众生的日常生活，着衣吃饭、弹指瞬目等，都应视作宇宙大我的活动，或应视为对此大我的献祭，乃至人的一生，皆是献给大我的祭礼。此祭法袭取了被“糜祭”所揭示的在进食中对元气的祭礼（此种祭礼也应当在编入奥义书之前就早已存在），而且将其与宇宙现象及大我关联起来。

生命火祭要求人在进食中，首先应将食物当做献给五种生命元气的祭品，并且它因而也是献给诸根与宇宙现象的。此是家主每天都要举行的一种祭祀仪式。在此祭祀中，家主被要求敬事三种家庭祭火，即家火、东火、南火，而且他在行事过程中，必须伴随有一种敬思（优波舍那）。此即观外在的祭事为在宇宙大我之内进行的活动，因而也是在吾人的内自我之中进行的活动。盖此诸火是在宇宙大我（Vaiśvānara）体内的，而吾人则与此宇宙大我一体，故诸火也是在吾人内自我中的。Vaiśvānara 这个词，有“全体”、“火”两方面意义，故大我包含了宇宙之火。而火被认为与元气是本质同一的，“生命火祭”（Prāṇa Agni-hotra）这一词语就表明了在这里“生命”（Prāṇa）与“火”（Agni）是被等同的。盖印度传统，通常以元气为人体内的消食之火。无论是祭祀之火，还是人的这种消食之火，都属于大我内部的宇宙之火，故这二者是一体的。在这种意义上，人吃进的食物被元气消化，或食物被投进祭火焚烧，乃是本质上相同的过程，都是对大我的献礼。因而我们可以理解，何以进食与燔祭（比如 ChānV·2·4—8 和 BṛihVI·3 表明的）都同样被认为是对元气的献礼。而生命火祭的敬思，乃将对元气的献礼，推扩为对一切世界、一切生命、一切存在的献礼。万物皆由此祭受益，乃至赖此祭而活。ChānV·19—24 云：

19·1 是故若初得食物，应以之献祭。于其初献，人当祝曰：“献礼上气

(prāṇa)！”于是上气得满足。2 若上气得满足，则眼得满足。若眼得满足，则日得满足。若日得满足，则天（Dyaus，天空神）得满足。若天得满足，则天与日以下之一切皆得满足①。由于彼等之满足，故食者亦满足于子孙、牲畜、食物、活力，以及圣智之光。20·1 于是，于其次献，人当祝曰：“献礼通气（vyāna）！”于是通气得满足。2 若通气得满足，则耳得满足。若耳得满足，则月得满足。若月得满足，则天空之四方得满足②。若天之四方得满足，则月与天之四方以下一切皆得满足。由于彼等之满足，故食者亦满足于子孙、牲畜、食物、活力，以及圣智之光。21·1 于是，于其三献，人当祝曰：“献礼下气（apāna）！”于是下气得满足。2 若下气得满足，则语言得满足。若语言得满足，则火得满足。若火得满足，则地得满足。若地得满足，则地与火以下之一切皆得满足。由于彼等之满足，故食者亦满足于子孙、牲畜、食物、活力，以及圣智之光。22·1 于是，于其四献，人当祝曰：“献礼腹气（samāna）！”于是腹气得满足。2 若腹气得满足，则意得满足。若意得满足，则雨水（Parjanya，或作雨神）得满足。若雨水得满足，则闪电得满足。若闪电得满足，则雨水与闪电以下之一切皆得满足。由于彼等之满足，故食者亦满足于子孙、牲畜、食物、活力，以及圣智之光。23·1 于是，于其五献，人当祝曰：“献礼出气（udāna）！”于是出气得满足。2 若出气得满足，则风得满足。若风得满足，则空得满足。若空得满足，则风与空以下之一切皆得满足。由于彼等之满足，故食者亦满足于子孙、牲畜、食物、活力，以及圣智之光。24·1 若人行火祭而不知此理，则如撤（祭火中）正燃烧之炭而倒祭品（炼乳）于死灰。2 若人行火祭而如是知之，则其祭礼乃施于一切界、一切有、一切自我。3 是故，如芦絮置于火中即刻焚尽，彼行火祭且如是知之者，则烧尽其一切罪恶。4 复次，人若知此，则即便施其余食与旃陀罗（caṇḍāla），亦是献祭于宇宙大我。于此有偈曰：如世众饥儿，围其母而坐，故一切有情，绕火祭而坐。

按照此祭的要求，家主应于餐前，先祭而后食。应将前五口食物，当做对五种元气的献祭。梵书提到人的头部有五种元气，即意、目、呼吸、语言、耳；身体有五种元

① 梵语“yat kiṁ ca dyauś cādityaś cādhitiṣṭhataḥ”，缪勒、拉达克利须南和 Swami Swahananda 译为“位于天、日下方的”，Hume 和杜伊森译为“被天、日所统治的”；前者为字面义，本书译文从之。

② 这里把耳与空间的方位在本质上等同，也是婆罗门传统中很早就有的观念（见下文）。其原因大概在于，梵语中表示方向、方位的词“diśā”，与动词“diś”，即说、言说有字面的联系，而唯有耳才能听闻说话；另外古代印度人很早就相信人耳朵中的虚空（即耳根），不仅依其振动听到言说，而且具有感知空间方位的能力；故梵书——奥义书的思想乃以为耳根（听觉）与方位是本质同一的。

气，上气（prāṇa）、下气（apāna）、出气（udāna）、通气（vyāna）、腹气（samāna）（Sat BrāIX・2・2・5, VIII・1・3・6）。此则奥义书将梵书所谓头部的五种元气归属于身体的五种元气①。五种元气是同一种元气的不同作用，就像同一火焰的五支火苗。而人体内的元气即是宇宙元气，故对每一种元气的献礼，同时都是对宇宙元气的献礼。于是此祭祀便与绝对者关联起来。奥义书相信此种献礼，能使天地诸神乃至大我蒙受喜悦，吾等亦因此获致财富、光荣和智慧。

依此生命火祭之法，人吃进第一口食物时，应于心中默祝："献礼于上气！"（prāṇāya svāhā）并观想此食物是献给上气的。于是上气得到满足。由于上气与眼（此指眼根、视觉）被认为是同一种元气，故眼也由此得到满足。另外根据婆罗门传统的人与宇宙同构论，眼与太阳（日神）乃是同一种物质（天神），故太阳也由此得到满足。复次太阳每被视为天或天空神之眼，即是以天空神为依处（处）的，故其满足亦使此神得到满足。由于此二者之满足，故一切被它们主宰、统摄、包容的存在者，即日界、天界之万有（界），亦皆得满足。在这里，我们看到了一种效果递推线路。其中受献的对象由元气递推到诸根，再到神，再到处，再到界，每次后者总比前者广大，故这献礼也被层层放大，以至充满了日、天所涉及的世界。当人吃进第二口食物时，应默祝："献礼于通气！"于是通气得满足。于是根据同样的逻辑，耳、月、四方，以及月界、四方界皆得满足，此是第二条效果递推线路。如此以至五献完毕。于是五条效果递推线路最终汇合到一处，即宇宙大我。因此，宇宙大我，包括其内的一切存在物，皆受此祭之供献而得满足。

而这种递推的理论基础，是构成世界的诸元气、诸根、诸神、诸处、诸界的同构论。联系这种同构论，上述递推线路可以图示如下：

| 受献者 / 献礼 | 元气 | 诸根 | 神 | 处 | 界 |
|---|---|---|---|---|---|
| 初献 | 上气 | 眼 | 日 | 天 | 日界、天界 |
| 次献 | 通气 | 耳 | 月 | 四方 | 月界、四方界 |
| 三献 | 下气 | 语言 | 火 | 地 | 火界、地界 |
| 四献 | 腹气 | 意 | 雨水 | 闪电 | 雨水界、闪电界 |
| 五献 | 出气 | 风 | 空 | 空 | 空界 |

① 一般而言，此所谓上气与下气分别对应于呼吸中的入和出两种气息；通气为元气之遍布全身者；腹气即是腹内消食之气；出气即人死时导引灵魂从颅顶逸出之气。然而印度思想对此的理解亦颇不一致。

在上表中反映的元气、根、神、处、界五者的对应关系，主要内容皆是婆罗门传统中已经发明的。如《黎俱吠陀》之“原人歌”（ṚVX·90·13—14）即云：“13 从其（原人的）意生月，从其目生日，从其口生因陀罗与阿耆尼，从其气息生风。14 从其脐生中界，从其头生天，从其脚生地，从其耳生四方。由此形成世界。”《百道梵书》说人由意、语言、眼、耳、气息五者组成，它们的实质分别是月、火、日、四方、风（Sat BrāX·3·3·7）。《鹧鸪氏梵书》说：“风神居于我息，日神居于我眼，月神居于我意，空居于我耳，水居于我精，土居于我身，草木住于我毛发，因陀罗住于我力，云神住于我首，风暴神住于我怒，阿特曼住于我之自我，阿特曼住于心，心住于我。”（Tait BrāIII·10·8）《唱赞奥义书》（ChānIII·13）有所谓“最上光说”（para-jyotir vidyā），谓上气、通气、下气、腹气、出气这五种元气，乃是诸神由以进入心脏的五种管道；它们依次分别等同于眼、耳、语言、意、呼吸五根，日、月、火、雨、空五神（ChānIII·13·1—6）。在《广林奥义书》中，耶若婆佉提出八有（人的生命内容）与八神、八处、八界的同质对应关系（BṛihIII·9·10—17）。尽管很难断定上述奥义书说法出现的历史年代，但从逻辑上可以肯定该祇夜和耶若婆佉之说都是以ChānIII·13 的说法为前提的。其中该祇夜之说与 ChānIII·13 的亲缘性更大，且它们的内在逻辑更一致；耶若婆佉的说法则增益的内容较多，且比该祇夜之说更复杂、逻辑上更混乱。这意味着它很有可能是在后者基础上退化、衍生而来的，当然也不排除耶若婆佉说法的某种前身在该祇夜之前就已经存在且为其所借鉴的可能。

应当指出，生命火祭只是奥义书开示的一种观想的例示。这种观想要求吾人在日常生活的任何活动中，领会自我、绝对者的存在。Swami Krisṇānanda 说：“生命火祭（给我们）的教导就是，即使在像进食这样的简单活动中，皆应观想其在人的生存中具有的普遍含义。”“人若在举行诸如生命火祭这样的祭祀时，具足对其含义、作用的了悟，他便从个体转化为普遍的存在。其情感、思想、意识皆被提升到一种超验实在的层面。他的活动成为普遍的行为。”① 换句话说，人若能观想其生命为普遍的大我，且持守这种观想，则他便与大我合一，其情感、思想、意识都成为大我的作用。而且他由于意识到对于大我的从属性，就使他的全部日常活动，甚至吃饭穿衣，等等，都成为一种献祭或宗教的修行。这与禅宗的守一、于作用中见性以及所谓应对酬酢、挑水砍柴、着衣吃饭、屙屎放尿等皆是妙道，本质上是相通的，故很可能是后者的最初源头。同时，当人领悟到世界万有皆属于大全、至上我，则他所做的一切，他施与任何人的任何物，都是同时献给一切世界、一切众生、一切有，且最终皆归于其大我。

---

① Krishnananda, Swami, *The Chāndogya Upaniṣad V · 19-24*, Divine Life Society 1984.

他对于哪怕最卑微的生命（如乾陀罗）之最微薄的施舍，最终都是对宇宙大我的献礼。人若行生命火祭而不了解它的含义，即不知它是献给至上我的，则其献出祭物，适如倒酪于祭灰，全属浪费；而若行此祭且知其义，则微小的祭物亦能导致巨大的果效，如以灯芯点燃祭火。在后一种情况下，其施舍便依上述效果递推线路逐次放大，以至于无量世界中的众生皆蒙其恩。若行火祭而伴以自我之智，则此火祭可满足一切众生，众生皆依止此火祭而活，如饥儿依止其母。

到该祇夜的学说为止，奥义书的精神经历了第一次历史性循环。首先在斫克罗衍尼和莱克婆的思想中，奥义书的精神从觉性的最直接的自我，即个别、有形、有限的存在出离，而领会作为这直接性之否定的绝对；然后在该祇夜的思想中，它又从这绝对认出自我，从而再次回到自身。在这里，是精神的自身否定和自身维持势用的交互推动，决定反省思维的形成。

然而神话精神把握的绝对是一个缺乏内在关联和实质基础的偶然命运整体。这只是一个量的绝对。它只是一个集合，而不是具体的实在。其特点是：(1) 它仍然是差别、杂多的个别事物的总体，因而属于觉性直接存在（自然）的最外层，即宇宙（外在自然）的表象层面。精神省思还没有把握到作为这些差别表象的共同基础的存在，即本质或实质。因而否定思维（对存在的直接性的超越）在这里只是外在的、量的否定，还不是内向的、质的否定。(2) 与此相关，它还是一个由分离、散乱的事物外在地聚集起来的总体，精神省思还没有根据事物普遍的内在法则（因果法则）将它们统一起来，事物的存在没有从根本上克服偶然性。因果法则的普遍化的最明显表征，是省思试图根据某种唯一的本原、实质解释所有物的起源。其中是不允许任何因果断裂的，这就意味着神话的解体（神话就预设了自然因果性的断裂）。(3) 它的存在没有反映人的任何主体性的影响。在这里，精神反省还没有实现主体意识，没有明确意识到人的主体性对世界现存状态的否定。以上三点归结起来就是：此所谓绝对，乃是现实精神未经否定直接从自然接受的一切感性的、偶然的、表象性的存在的总体，因而它是与神话意识理解的为上帝赐降的命完全相同的存在。所以我们把这种省思归属于神话精神。在神话精神中，自凝、自舍得到初步实现，展开为现实的思想（即否定思维与理性思维），而自反势用则完全没有实现自身，形成反省思维。神话精神是精神自由最初的实现，它也是现实精神中最幼稚、原始的。

总之，神话精神仍然执着于个别表象的世界，它并没有实现实质、普遍的自由。然而自由就是绝对和无限。它的历史实现就是精神自否定的无限过程。盖觉性的本真存在（作为绝对的自否定运动）就是无限。故精神的自由，作为日益接近对这本真性的直接内在规定的过程，也应当是无限的；这过程也就是精神的自由无限地指向这本真存在的过程。精神的全部自主势用，在其无限的自身实现进程中都力图将自身转化为对这本真存在的规定，因而推动省思日益深入地把握觉性的内在性、本质。因此精神的自由不会止步于神话意识中命运的感性、个别、偶然表象的境域，即觉性直接存在（自然）的最外在层面，而不涉及这些表象共同的实质、本质及其内在法则。精神的自否定在其实现中必然要扬弃这种命运存在的外在性、偶然性，而实现对存在的内在必然性、本质的规定，它由此推动省思的进一步深化。在这里，自由仍然是通过它的否定与肯定的辩证法，推动理性和反省思维的进展。这在于精神的自舍势用，作为自由的否定方面拓展到实质层面（即对外在个别表象的否定），推动精神否定神话存在的彻底外在性、表象性；同时作为自由的肯定方面，自凝势用也必在自然领域达到绝对展开，推动精神完全用事物内在必然法则（因果法则）将其统一起来，而自反势用也必展开为对觉性的内在的、自觉的维持，推动精神领会作为个别表象基础的共同实质、并领会后者与自我的同一。因此，自由的辩证运动，首先推动理性思维的深化，理性确立因果性为绝对普遍法则，并依此将万物的存在追溯到某种绝对的存在实质（质的绝对），从而彻底否定了神意、命运的存在余地。其次，它同样也推动反省思维从形器之我到实质之我，从量的绝对到质的绝对的深化。于是神话精神最终被扬弃。这是奥义书精神在此阶段的发展方向。然而由于人类精神的局限，它最初领会的存在实质、法则都是自然的、宇宙论意义上的。它只是把属于感性范畴的一种宇宙实质理解为存在的真理、本质，把自然的因果法则当做存在的最高法则，这里对觉性真实的内在存在（心灵）和内在法则（逻各斯）的领会，还存在非常遥远的距离。在这里，精神否定了神话意识中的外在干预，彻底地根据某种严密的因果功能关联，从某种唯一宇宙本原出发，解释一切存在者的起源。这就是功利的精神。在这里，绝对不再是空洞的、松散的、量的整体，而是具体的、紧密的、实质的统一体。这精神由于没有进入觉性的内在本质领域，因而仍然属于外在的自然精神。在奥义书中，耆跋厘、优陀罗羯等的思想就体现了这种功利精神。

## 小　结

神话精神把存在理解为一系列不可支配的神秘、偶然事件的总体，这就是命（命运、使命）。神话对于自我、宇宙的省思，就体现在命的观念上。命是通过自然经验呈现的、处于时间之流中的全部感性事物的总体。命的观念之所以是一种省思，是因为只有自我、觉性才是个别事物的总体，全部世间存在只有通过自我才能统一起来，因此命的观念不是指称任何自然经验的存在的，而是指称觉性存在自身的。作为存在的总体，命具有以下特点：其一，它的存在根本上不是由现实自我决定，而是由神意决定，命中的一切皆来自神的创造、安排，正是在这个意义上我们说命的观念属于神话的精神；其二，理性还没有力量决定精神的意义世界即命的内容，因此一般情况下后者就是一些偶然、个别的事物的粗野、散乱的总体。

“命”的观念，在所有文化中都曾经产生过重要影响。它反映了人类对自我、存在的最初思考。在这里，人试图把他经历的全部事物领会成一个整体，但是由于未能认识存在的内在、必然关联，因而将这整体理解为由一些完全偶然的或被在它们之外的、不可知的神秘力量决定的事物组成的统一体。而命运就是这些事物的统一性，乃至就是自我、存在的整体自身。人们对命运只有耐心接受。“命”在汉语中，最早是命令、宣布、赏赐之义。其他传统对所谓命运的理解，大致也与此类似。在埃及宗教中，表示命运的词 shai 来自动词 śa。śa 是决定，规定之义，故 shai 亦是被决定者、被规定者之义。在巴比伦宗教中，表示命运的词是 śimāti，来源于动词根 śāmu，后者同样是决定、规定、确定之意，故 śimāti 即被确定、被规定的存在。在希腊宗教中，命运 moira 也是由一个表示决定、赏赐的动词 meirethai 变形而来，为被决定、被赐予之义。在拉丁语中，fatum 亦为被宣布的、被确定的、被规定的之义。这些表述都表明在“命”中，事物的发生不是由于其自身的因果关系，而是由一种处在这些事物之外的力量，比如神意决定的，而且人对于命运则是无能为力的，只能顺从地接受。“命”的观念表现了神话精神特有的存在理解。

对于命运的思考，在所有远古文明中都曾具有核心地位，而且随着人类精神的演进而不断发展。

神话最初还没有关于绝对、普遍性的观念，故命作为存在总体，一开始还是个别、有限的。它只与周围世界相关联，而不是绝对。在野蛮人那里，命运就只是对个人、族群的生命经验的统握，而不包含对世界、宇宙的思考。比如最原始的美洲宗教是一种多魔教，认为人生命中遭遇的任何事物，都是某些魔性力量的偶然、任意作用导致。这些魔鬼，乃至世界本身，都没有被当成一个绝对统一体。命运仍然被当做一种个别存在，只属于个人、族群。以对自然的统一性的认识为前提的宇宙命运观念，在这里还不存在。《卜辞》反映了与此相同的思想。在这里，命作为存在总体，也仍然是一个个别物，只与周围世界相关联。它不是绝对，只是个人或族群在现实生存中遭遇的全部存在、事件的集合。命的观念在这里，不包含任何对于普遍、绝对的思考（《卜辞》的“帝”也没有上升到绝对层面）。《黎俱》早期颂歌也反映了同样的精神阶段。其以为生命中的一切，皆来自神的赐降。人所能为者，唯祈祷于神，秉受其所命。

在其最原始思想中，也缺乏对于普遍、绝对的思考，没有对于宇宙命运的关注。这种个别的命运观念，属于神话精神的最早阶段。它也是理性对个体生命内容进行综合的结果，它反映了理性思维的最早活动。精神完全被束缚于其眼前的直接、感性、个别的存在（命），而没有对绝对、普遍和超越的意义的任何追求。这一点也充分表现在此期的实践中。在这里，宗教实践完全是魔法化的，只是为了满足求欢、生子、长寿、求财、去疾、禳灾、邀福等个别目的，最多也只关系到部落的福祉，而从未关系到世界、人类的命运。这种自然意识，奥义书中仍然存在。它通过早期奥义书中大量的巫术、魔法实践得到表现。在这里，祭祀完全被魔法化，成为人通过主观力量操纵自然的手段，其施设也完全为满足个人功利目的，没有任何普遍、超越的关怀。这类思想都可与中土殷商和美洲土著思想比照。总之在神话精神的这一阶段。命运只是属于个人、部落的个别物。一种普遍的宇宙命运的观念尚未确立。在这里，人只有环境，而没有世界。这表明理性思维仍很幼稚，未能领会存在的绝对整体。精神只认识到感性、个别的存在，完全没有意识到觉性的自身存在（即绝对）。

然而随着神话精神的发展，一种普遍的宇宙命运观念逐渐得到确立。存在被理解为一个超越个人、族群命运的统一体，即绝对。在奎夸人和阿兹台克人那里，宇宙成为一个由神意与时间规定的秩序整体。人的实践与宇宙天体的运动和气象变迁相互对应，相互影响。通过占卜、释梦、催眠等窥知命运、洞晓神意，乃是人生最重要的智慧。星体的运行与尘世的事物对应。异常的天文现象往往预示国家的灾难。为了窥测天命，阿兹台克人发展了一套特殊的天文学。与这种宇宙命运观念一致，在阿兹台克和玛雅宗教中，实践也具有了超越族群利益的宇宙意义。比如阿兹台克人定期的人血祭祀等，就是为了保证太阳神的每日升起、维持宇宙的正常运行。在中土思想中，《周易》表现了与此基本相同的思维。与《卜辞》、《尚书》的命运思考基本局限于个人、族群的个别利益不同，其书最早把命运思考同宇宙兴衰联系起来（这一点在《易传》中更明确），把命运当成普遍的、宇宙的必然性。同阿兹台克神话一样，《周易》也把时间作为决定命运的必然法则，把世界理解为一个完全依时间法则构成的整体。在这些思想中，神意与时间的关系往往比较模糊。时间逐渐成为绝对普遍的存在关联，有时代替神意成为宇宙、人生的真正主宰。埃及、巴比伦宗教，也清楚表现了一种宇宙命运的观念。在埃及宗教中，命运被人格化为 Shai 神，指被规定、具有必然性、不可更改、不可逃避之事。在宗教早期，不可避免的命运被认为是邪恶的，被当做一个令人恐惧的对象。命运甚至被形容为一只吞噬一切的恶狗，或被与死亡等同。影响命运的力量有：努特（Nūter），代表神的力量；女神马特（Ma'et），代表自然和伦理秩序；哈托斯（Hathors），代表爱情。在埃及宗教中，命运的焦点集中在死后灵魂归宿上。亡灵魂的归宿由以上三神决定。通过善行与魔法，灵魂可从最后审判中得到拯救。其教以为宇宙是一个依命运、时间而运行的整体，但命运显然没有从神意独立出来。在巴比伦宗教中，命运（śimāti）是控制诸神与宇宙存在的力量。巴比伦宗教一方面以为自然、社会的法则就是神意，对于这二者的悖离就是触犯神明；另一方面相信自然的法则是支配一切的命运，由星体运动决定。在这里，神意与命运的关系颇为含糊，而占星、魔法、禳灾之法亦十分盛行。在巴比伦创世神话中，命运的强大力量被表现为神佩戴的一张命运牌（象征命运的符箓表）的神奇魔力。其云女魔提阿玛特给魔军首领金古胸前佩上命运牌，使其有了控制宇宙的力量，而马尔杜克最终将命运牌夺过来佩在自己胸前，从而获得神力①。在这里，命运被实体化，成为一种独立于诸神的、支配宇宙的客观力量，而命运牌则是此力量的符号化。在其晚期神话中，神被等同于诸天体。尘世是天国的摹本。而地上的城市、地区乃至一切事物皆有其天空的对应物。天体运行决定尘世间的事件，如同物体运动决定其在镜中影像的运动。部分与全体对应。每一事物皆反映宇宙的全体。天体运行不是诸神的任意行为，而是服从永恒的宇宙法则。可见，无论是天体还是地上事物的运动，皆是被不可更改的命运支配。然而在许多情况下，神意也可以干预命运，至上神往往表现为命运的决定着。神意与命运的关系颇显含混，且越到晚期，神意对命运的影响越弱化。在《黎俱吠陀》中，黎答（Ṛta）的意义也与宇宙命运基本等同。

命运观念从个别到普遍的转化，在生存论层面是人类实践的普遍化使精神突破个人的周围世界而融入了一种普遍视域；而在内在精神层面则是自由推动理性思维发展的结果。自由要求实现为对觉性自身存在的规定，这个存在就是绝对。而精神最早领会的绝对就是自然，这完全是理性思维对自然经验进行统握的结果。自由必然推动神话理性否定个人的生存视域的局限，把握存在的绝对整体，即世界。于是个人、群体的命运融入到一种更宏阔的宇宙命运之中。于精神通过命运的观念，把握了存在、生命的绝对全体。不过在神话精神的发展中，宇宙命运最初仍是由神意的偶然任意性决定（与野蛮思维把命运归属于神魔的偶然任意决定类似）。无论在阿兹台克宗教还是中土《尚书》等的思想中，命都曾经被认为是由上帝或“天”的意志决定。在埃及宗教中，神意决定命运的观念也得到清晰表述。巴比伦宗教早期亦持

---

① 在另一则传说中，风暴神侏谋划将命运牌偷来，云：“我将盗取诸神的命运牌。于是我将决定诸神命运。我将建立宝座，发布命令。我将统治所有天神！”侏因盗得命牌而成为宇宙主宰者，直至太阳神用网将他缚住，把命运牌交还至上神。

此义。在《梨俱吠陀》中，黎答（Ṛta）也曾被描述为婆楼那的意志[①]。然而神话精神的总的发展趋势是：神意逐渐丧失作为命运决定者的地位，时间成为命运的决定者；最终由于理性和反思思维的形成和发展，命运被因果性及精神的内在法则取代。这一趋势在巴比伦宗教中就已经十分明显，希腊、北欧宗教则属于这一发展的完成阶段。

希腊、北欧宗教的命运思考，最大的特点是命运最终脱离神意，成为独立的存在必然性。在希腊宗教中，神意逐渐从命运观念中淡出。命运（Moira）被认为就是宇宙的必然性。在荷马史诗中，人的命运是一出生就决定的。希腊神话也把命运设想为一个编织人的命运之网的神。在《奥德赛》中是宙斯自己编织此网。后来命运神被三个一丝不苟织网的老处女形象（柏拉图称三人为必然性的女儿）取代（她们分别是：克罗托，负责织成生命之线；拉喀西丝，将不同生命内容附着于此线之上；阿特罗波丝，将此线剪断）。三女神在人出生时即将其命运之网编织完毕。命运也是希腊悲剧的主题。人往往被表述为某种注定将他引向灾难的、不可见的、可怕力量的牺牲品。在《安提戈涅》中，合唱队对克瑞翁说："完全不要祈祷，因为有死者根本不可能从预定的灾难脱离。"命运观在《俄狄浦斯》中达到顶点。在其中，俄狄浦斯就像一只蜘蛛网上的苍蝇，他越想挣脱，反而被缚得越紧。神似乎能改变人的命运，但从来不这么做。比如宙斯为他儿子斯帕冬之死流泪，对赫克托也深感同情，但却没有予以干预，而是让他们各自的命运来决定。神也必须遵从命运，甚至神也不能逃脱命运。在有些悲剧中，宙斯也受不可知的命运支配。在条顿民族的宗教中，宇宙从一开始就注定了毁灭的命运。其教以为在 Urd 深渊居住着比主神奥丁（Odin）更老的命运女神 Hela 的三个女儿：过去、现在、未来。她们编织着宇宙、生命之线。这意味着命运、时间，而非瓦拉哈宫的诸神，才是决定宇宙进程的更根本力量。宇宙与诸神皆注定了最终毁灭的命运。从一开始虫子就在啃噬宇宙之树（Yggdrasil）。在众神黄昏，恶狼 Fenris，女神 Hela，魔蛇 Midgard 纷纷现身于世，与诸神搏斗并取得胜利。世界最终被大火吞噬。这整个宇宙进程都是命运安排好的。这种命运观念的特点是，神意对于宇宙命运的影响被完全取消。诸神也完全受命运支配。由于基督教的传播，北欧宗教的进一步发展被中断，而希腊人的命运观念则在哲学时代仍在发展。在希腊哲学中，命运观念经历了两个重大转型。其一，是自然哲学的兴起导致命运被因果必然性代替。比如在米利都学派的宇宙论中，自然万物都是根据因果法则从某种

① 即使在一种主张超自然上帝的严格精神宗教，比如犹太教中，由神意支配的命运观念仍然在很大程度上决定着人们对宇宙人生的理解。在这里，宇宙进程由人类理性不可知的，而且往往是任性、偶然的上帝旨意决定。

宇宙始基转化出来，命运只具有譬喻的意义。其二，是理念哲学的发展，导致命运被内在化，成为理性、逻各斯。据说赫拉克利特最早把命运称为“秩序”（eimarmai），并且第一次把命运的本质规定为逻各斯，即主宰宇宙的理性。由于希腊哲学逐渐朝一神论过渡，神被等同于绝对理性。此种观念在斯多葛派思想得到进一步发展。芝诺将命运等同于神意和自然。克里锡浦斯声称命运就是宇宙理性。而安提帕特直接将命运等同于神。最终宙斯即宇宙理性代替命运，成为世界秩序的决定者。在中土思想中，命运观念也经历了前一种转型。在儒、道二家思想中，作为绝对存在的“天”、“道”的人格性丧失，神意不复规定命运，命成了自然的客观必然性。而在儒、墨二家思想中，对主体性的明确反省使实践自身独立的因果性得到充分展现①，人们由此进一步确立了对自然因果性的绝对普遍性的确信，后者最充分地表现在人们试图把整个宇宙的存在都回溯到某种共同的原因性（如气、阴阳等）。于是因果性代替时间成为真正的存在关联，“命”的观念失去原来的真理性。这种情况在春秋以降占卜的失势中得到充分反映。而后一种转型在中土思想中未曾发生。这两个转型都导致命运观念的最终消灭，导致了神话精神的自身瓦解。

神意从宇宙命运中退失，也是理性思维进一步成熟的结果。在神话精神早期，命运被神意决定，而且神意是偶然、任意的。神意的绝对性表明存在的无序性。神意的偶然性，既表明人仍然在被动地等待、接受神的偶然赏赐，而存在作为这样的赏赐必定是混乱无序的；另外也表明人仍处在自身的任意性中。因此，理性思维既未能完全独立地规定事物秩序，未能把存在完全秩序化，也未能克服人的任性。无论是世界还是人的生命，都还是一个无关联的混乱整体。在这里，理性思维仍然很幼稚。然而自由推动理性思维的成熟。自由或精神的生命，包含了精神的自身组织（自凝）作用，后者的展开必然推动理性对存在秩序的建构，理性遂得以用一种普遍必然法则将世界统一起来，从而克服存在的无序性。而理性最早确立的必然法则，就是时间。但时间只是事物的外在关联。理性通过时间法则仍未能克服存在的偶然性和被给予性。存在作为时间的统一体，仍然是命运。在神话精神后期，时间逐渐取消了神意，成为命运的唯一规定者。除了时间，自然的因果原理，甚至精神的理念，也逐渐代替神意，成为存在的必然法则。其中，要么是神意被认为是依据必然法则而行的，这最终使法则成为更高的、甚至决定神意的原理；要么是神意直接被必然法则代替。这两种情况最终都导致命运观念的解体。

① 如儒家的“为仁由己”（《论语·颜渊》）就完全是从行为的自身关联来解释实践，墨家的“非命”、“尚力”亦是如此。

宇宙命运从神意的独立，在吠陀晚期就已经开始，在梵书和早期奥义书中已彻底完成。在奥义书中，斫克罗衍尼和莱克婆的学说，包含了奥义书最原始的绝对观念。在这里，一方面，由于吠陀晚期兴起的宇宙结构论，导致了神性的丧失，神意失去了对于世界的影响力；另一方面，理性思维的进展，使存在被理解为一个绝对整体。不过这个整体的内在关联仍然不清楚，它仍然是一个感性、个别事物的偶然聚合体，即命运的整体。其中，斫克罗衍尼学说继承梵书将宇宙与祭祀在结构上等同的思路。在斫克罗衍尼的学说中，绝对观念还不是很确定。其说将娑摩三颂（prastāva、udgītha、pratihāra）分别对应于元气、太阳、食物三种自然要素，把娑摩的结构作为宇宙结构。然而对于自然事物来说，祭祀形式只构成一种主观、外在的关联。在这里，事物自身内在的关联还没有进入省思的视域。另外，超越感性个别性的实质或本质观念，在斫克罗衍尼学说中也没有出现。其思想仍然执着于感性、个别、形器的存在，后者的相互关系是松散的，没有形成独立、内在的秩序。这样一个存在总体，仍然是命运的整体。在莱克婆的学说中，绝对观念成为完全确定的，而且完全脱离祭祀与宇宙的比附。其说亦即所谓“摄尽说”，谓唯一的大有（Virāṭ）包含了构成宇宙的全部要素，即火、日、月、水、风、眼、耳、意、语言、元气。这大有或“唯一神”（Deva Ekaḥ）就是万有的“吞食者”，即存在之大全，因而就是绝对。然而莱克婆的绝对，同样是一个缺乏内在关联、也没有实质或本质的基础的量的整体，它仍然是一个感性个别物的偶然聚合体，因而仍然是命运的整体。不过与其他传统相比，奥义书的宇宙命运观念中，神意的退失并未导致对时间作为命运决定者的关注，因而命运的存在关联仍然非常模糊。此二家学说表明在神话精神这一阶段，理性思维仍然极幼稚、原始。另外，唯一的绝对、大全其实就是觉性、自我自身。精神对绝对与自我的同一性的领会就是反省。而精神内在的自身维持作用（自反势用），必然推动这种反省思维的形成。反省就是自反势用的实现。自反势用就是在一切实有中设定、维持觉性的自我。因而它就是精神永恒的自身指向性。它不懈地寻找真我，而唯有绝对才是真我。因此自反势用必然推动精神领会绝对与自我的同一，导致反省思维的形成。

在奥义书中，该祇夜的思想是这种反省思维的最早体现。该祇夜明确将绝对与自我同一。其说又称为“总相智”（Vaiśvānara Vidyā），以为自我超越了现实的个人，是涵载万有的宇宙“大我”（Vaiśvānara Ātman）。其以为宇宙的一切，包括天界、太阳、风、虚空、水、地等，都是大我的内容。应敬思它们乃是大我之方面，也要敬思由它们构成的大我之总相。这种作为存在全体的绝对自我观念，在《广林》的阿阇世说，《唱赞》的茶跋拉说等之中，都有反映。在这里，精神从绝对身上认出自我，确立自我为绝对。这就是反省思维的成果，而这反省最终是被精神的自反势用推动的。然而同在斫克罗衍尼和莱克婆思想中一样，该祇夜的绝对也仍然是一个感性个别事物的量的整体。在该祇夜的思想中，精神省思仍没有构成事物的内在秩序，也没有达到对存在本质的认识，而自囿于那自然赐予的感性、形器、个别和偶然的存在，即命运。精神满足于觉性最直接、具体的存在，满足于命运的赏赐；没有力量否定这直接性，挣脱命运，实现真正的自由。这种顺受其命的精神，仍然属于神话精神范畴。奥义书思想对于宇宙与自我同一性的领会，是印度传统特有的，我们在同样处于神话精神阶段的其他传统中还不曾见到过（儒家所谓“万物皆备于我”，只表达了一种审美体验，而不是一种存在真理，不是泛我论）。

在神话精神阶段，理性思维通过对绝对的领会实现对直接自然表象的综合，以及通过时间关联对这绝对的内容的再组织，都明确地体现了精神生命内在的自身建构（自凝）势用的积极活动。正是自凝势用推动理性思维对原本混乱无序的自然表象的建构，把存在的关联构筑得日益缜密和普遍。同时，反省思维对绝对与自我的同一性的领会，也明确体现了精神内在的自身维持或自身指向势用的积极活动，正是后者推动反省思维不断寻求更真实、内在的自我。因此，神话精神的形成和发展，最终都是由精神内在的自由推动的。

不过神话（包括巫术、魔法）只是精神的起点。对命运的顺从和等待，对觉性的最直接、外在存在的执着，都表明了神话精神还处在精神史的婴儿阶段，其自由还非常有限。首先，在神话精神的存在理解中，因果性还没有成为存在的普遍必然法则，这表明理性思维还没有把存在组织为一个内在关联的整体①。其次这种存在理解仍然只把绝对当成一个由感性个别事物组成的总体，没有认识到这些个别事物的内在

---

① 神话意识用天命观念将一切事物统一起来，并且尝试通过时间性建立事物的普遍关联，表明了神话精神否定直接自然的散乱分裂状态，构造世界之整体的作用，体现了精神的自凝势用的初步活动。但在神话意识中，命只是一个外在的总体，时间法则尽管是普遍的，但只能构成事物外在的统一，而精神要建构世界的内在统一性，前提是它确认了因果法则的普遍性，但是这一点恰恰意味着神话精神的完全消解——因为神话就意味着事物的自身因果性的断裂。神话意识没有建立对因果性的普遍意义的确信，这意味着自凝势用在这里尚未实现其绝对性。理性还没有能力利用一种内在必然的法则规定世界的存在。与此相应，在伦理、政治的实践上，神话精神内在的自凝势用推动理性思维的成熟，促使人类扬弃原来由自然本能结成的群体，而根据具有一定普遍性的伦理法则构成更大的群体，但一般情况下这种法则的普遍性仍非充分、绝对的（具有普适性的），理性在这里没有强大到能根据一种绝对普遍的法则（比如普遍正义）来规定活动，将全部活动构成内部自恰、充满活力的整体实践（希腊人即使在神话精神中也表现出理性思维的强大力量，但这与神话精神的独特性并无内在关联）。这表明神话精神的自身建构势用没有充分展开，仍然没有在自然层面实现其绝对性，精神仍无力从根本上扬弃存在的分离、散乱和偶然性，不能充分地对存在予以普遍的规定，仍得听命于内在和外在自然的任性与暴力。

实质，这表明这理性思维还是完全外在的，没有深入到事物的存在内部。这证明了精神的自凝和自反势用面临的局限。其次，在神话精神中，对命运（最直接、朴素、外在的表象的总体）的顺从和等待，表明了否定思维的阙如。尽管神话精神企图通过对命运的领会，以及通过实践和思想中对事物存在关联的规定，扬弃直接自然的粗暴野蛮，但这种扬弃（它是通过精神的自凝势用间接实现的），并不是对这直接性的实质否定，不是精神自主否定（自舍）势用的现实。这表现在它没有领会到超越这直接性的存在。这种领会才是自舍势用的实现。这就是否定思维。命的观念就表明人们还完全执着于觉性提供的直接存在，即自然；实际上当人把生活中的一切都归属于命的时候，不仅意味着他只是被动地接受这一切，而且意味着他对这一切是完全满足的，因而他没有任何否定自然和他自身的直接存在的冲动。因此神话精神不包括任何否定思维。这表明精神的自身否定作用（自舍势用）在这里没有得到实现。最后，神话精神在早期基本是“无我”的，没有任何精神反省。在奥义书思想中，神话精神在晚期终于认识到绝对与自我的同一，形成了最早的反省思维。这反省思维是精神内在的自反势用的实现。精神的自反势用，为实现更真实的自我维持，总是力图设定更真实的自我观念，但是绝对而非个人的感性存在，才是觉性真实的自我。因此当精神领会到绝对，自反势用必然推动它明确将这绝对与自我等同起来。于是自反势用对这绝对者的维持，就实现为自觉的。不过神话精神的这种反省仍然是完全外在的，它只是把自我理解为一种感性、形器的绝对，完全没有领会到自我的内在本质。然而神话精神的绝对自我，仍然是完全外在的，它只是一个外在、感性的绝对。反省不仅没有意识到自我和其他存在有实质区别，没有注意到自我的主体性，完全没有深入到自我的内在存在、主体性领域。这种反省的外在性，表明精神的自身维持还没有深入到自我的内在、实质的领域。总之，神话精神还完全停留在感性思维层次，它的自由仍然是非常初等、幼稚的。

然而，自由作为绝对自否定的意志，就像熔岩在精神的地核奔流着。它作为绝对和无限，渴望向现实精神的永恒转化。它必然通过呼唤和倾注，促使精神内在的自身维持和自身建构势用进一步展开为积极的活动，推动理性对存在的进一步组织（构成事物普遍的内在关联即因果秩序）和反省向主体性领域的深化（领会自我是主体、心灵）。在奥义书中，这一精神转化首先表现在一种普遍的宇宙实质观念的提出。与命运作为量的、抽象的绝对不同，实质是具体的绝对。这里，理性不再仅仅把感性、个别当做一个量的总体，而是在这些差别的存在者上面，重新看到了一个单一的实在，即这些存在的共同实质。这种认识，通过“某物（水、风等）即世界”这一命题得到表述。这某物不仅是绝对，而且是具体的实在之物。于是绝对便不再是仅属于观念界的空洞贫乏之物，而是落实到某种现实的东西上面。这种宇宙实质也是宇宙的始基。宇宙始基观念的出现，标志着理性终于确立了因果律的绝对普遍性，自然理性因而得以成熟。盖始基的观念就意味着，所有其他东西的存在都可以根据因果关系追溯到它，而这种追溯是不允许有因果断裂的。这宇宙始基就最终取代了命运的绝对地位。于是抽象的知性省思扬弃了粗朴的感性省思。这意味着神话精神的结束。奥义书思想进入完全以因果功能法则规定存在的功利精神阶段。

在奥义书思想中，还有一种特殊的因果性，即业报因缘。业力说的流行，也使命运完全脱离神意的规定，而被认为从根本上是由个人与社会的宿业决定。轮回说则表明时间也参与到对命运的规定中。宇宙人生被宿业与时间支配，唯通过艰苦的精神修炼人才有望挣脱业的束缚。然而在这里，由于业与报之间的严密因果关系，以及人可以通过行善、苦修有意影响未来果报，甚至从业力轮回脱离，就使得命运的观念其实已被消解掉了。另外，在奥义书更成熟的思想中，莱克婆、该祇夜那种作为自然物总体的命运观念也被内在化。这在于，精神、至上我的自身创造力（心识、理性），代替混沌模糊的命运，成为现实存在的原因、规定者。总之，在希腊思想中，命运观念导致其自身消解的两种转型，在奥义书思想中也都经历过。

# 第二章　功利的精神

## 引　言

神话意味着因果性的断裂。当因果法则得到普遍的确信，神话意识就终止了。这普遍确信最充分地表现在，世界内的一切存在都被追溯到某种唯一的本原（这种追溯不容许存在丝毫因果的漏洞）。于是世界成为一个由事物的普遍因果性联结的整体。我们将这种思想归属于功利精神阶段，不仅因为它的追求是世俗的，缺乏明显的超越精神，而且在于它同一切功利主义一样，试图从某种唯一宇宙本原出发，完全根据事物自身的因果功能关系解释其存在的根据。神话精神局限于感性省思，沉湎于最直接的个别、有限存在。它尽管领会到绝对，但这绝对只是自然的个别物的总体，没有认识到绝对比这些个别物更真实，是后者的基础。因而这些个别物仍然是不可怀疑的真理，而绝对者自身则只是一个抽象、空洞的存在。精神在这里仍然被感性个别东西系缚，不具备实质的自由。功利精神则领会到绝对不仅是一个全部存在的数量上的总体，而且是万有的共同实质、基础，因而绝对具有了自己自在自为的内容，而且比感性个别物更真实。于是精神对个别之物具有了更自由的态度，实现了一种实质的自由。

如果说一个哲学家要比普通人“聪明”的话，这大概就是因为他比起后者来，能对于直接、感性、个别的东西采取一种更自由的态度。这样的自由，使他直觉到普遍的东西，也使他即使对于个别、自然的事物，也往往会有超越一般人的洞察和决定。比如伊奥利亚人泰勒斯，是第一个把握普遍性的希腊哲人，另外据说他曾利用其天文学知识预测来年橄榄油的丰收，就提前以低价租用了当地所有的榨油设备，然后在橄榄收获季节以高价租出，赚取了大量财富。这两种智慧其实来自同一种精神能力，因为其他人之所以在个别事物上没有泰勒斯那样的洞见，其原因正在于他们的思维完全执着于或被系缚于眼前的、个别的东西，不能自由驰骋。而正是因为这自由，思想才首次把握到普遍性、绝对。

这种自由，在斫克罗衍尼、莱克婆、该祇夜等的思想中，仍属虚无。这在于，如上所述，斫克罗衍尼等的思想仍完全沉迷在存在的直接性中，是彻底世俗、感性的，执着于在经验时空中生灭相续的个别、有限和偶然的事物，没有真正绝对、超越的追求，未脱离庸人气象。他们也提到过绝对，但这绝对还不具有属于它自身的实质内容（它只是存在全体、世界的空洞指称），不具有自身的真理性，不是精神生命运动可以凭借的观念。精神不可能通过这样的观念否定它眼前的个别、具体之物，实现其实质的自由。实际上，神话精神的自由就完全被限制在感性的个别性和有限性的狭小圈子之内，尽管后者现在作为大全呈现。

精神为实现更高的自由，必须扬弃这感性的个别性，以及这贫乏、空洞的绝对。在自然精神阶段，这主要通过理性思维在自然领域的绝对化和内向化实现。在这里，理性经历了一种否定和肯定、破与立的辩证运动。理性一方面否定感性个别物自为的真理性，试图确立一种普遍的真理作为个别物的存在基础，另一方面也否定事物的外在感性表象的独立存在，确认真理为事物的内在实质。理性于是认识到感性个别物以及它们的全体，都不是独立、自为的存在，而是一种普遍内在的实质或本质的表象、产物，这普遍实质作为个别物的基础，才是唯一自为的真理。而上述两个方面就是理性思维的普遍化和内在化。它们分别体现了精神的自凝、自反势用的积极活动。因而是精神本有的自由推动理性思维的上述进展。

盖本真的精神就是觉性对自身存在的自主设定，是觉性绝对的自否定或自由，后者在精神的历史中就实现为自否定的无限性。精神的本真存在或良心，呼吁它不要安住于任何现存的归宿。正由于倾听这一呼声，精神才意识到其直接存在的有限性甚至虚假性。呼声是永恒的意志，即自由本身，而现实精神的倾听和应答则意味着这自由在精神自身的语境中展开出来。在这里，倾听与应答是同一的。真正的倾听就已经是一种应答，而应答必然是倾听的体现。倾听与应答，就是自由得到实现并构成精神省思的实质内容。只要精神的良知尚存，呼声就始终能透过传统的厚幕传来，使精神意识到自由的无限性。自由通过呼唤和倾注，促使精神的自主势用进一步展开为现实的活动、思想，推动省思的无限进展。精神的省思就是由自由推动，就是精神自主势用的实现、产物。

这也是我们在奥义书的精神发展中将要见到的情况。首先，是精神的自凝与自反势用推动奥义书的自然理性克服神话的感性省思的幼稚性而达到真正成熟。(1) 自凝势用是精神生命的自组织作用，它的活动目标是将精神的全部内容构成一个绝对完善的有机整体。这活动在生存论层面，就在于精神将全部存在构成一个严密的观念组织。这就是理性的综合统一作用。因此理性是自凝势用的实现。理性的综合作用是在自凝势用的推动下逐渐拓展的。在精神的每一存在境域，自凝势用都要求其实现其自身绝对性，而这就在于理性自组织作用的严密性。在这里，每一存在者都在精神的观念系统中被绝对必然地定位。这绝对必然性就在于存在者与它的位置的单一对应性。这在于：理性把所有存在都置于多种秩序中，并通过不同秩序的交织来确定每一存在者不可更改的位置；这秩序就是法则，它必须是在特定存在境域中一条贯彻始终的线索，即绝对的普遍性。自然理性最早的法则是时间，这是神话精神的唯一法则。然而时间只是事物的外在关联，它构成的存在整体仍然是松散的、不严密的。于是自凝势用在自身绝对化进程中，必然展开为对存在整体的进一步构成，推动理性思维在时间秩序基础上，构成新的因果秩序。因果法则的绝对普遍性遂得以确立，这是自然理性成熟的标志。在这里，神话的时间法则留给神意和命运的大量偶然性，都被因果法则所规定。而因果法则的绝对普遍性之确立，表现在一种普遍的宇宙实质或始基观念被接受。(2) 自反势用是精神生命的自身维持作用。此即精神将全部存在用来维持其内在本质。精神要实现更真实的自身维持，就必须不断否定外在偶像，深入存在的内在实质。神话精神执着的感性的个别性，无疑是觉性全部存在中最外在的层面。因而自反势用在其自身展开中，必然推动精神扬弃存在的这种外在、形器的躯壳，发现内在的实质。自然理性因而得以深化，从而领会到个别事物内在的普遍实质。自然理性于是确认这普遍实质为绝对真理，为万有的存在基础。在这里，省思首次确立了一种知性观念（即普遍、绝对）自为的真理性，因而成为一种知性省思。当然自然理性由于其自身局限性，它最早领会的实质是一种宇宙论的实质。总之，精神的自凝与自反势用在其辩证展开中的力量交织，推动自然理性最终扬弃神话精神的感性省思，进入功利精神的知性省思范畴。另一方面，理性思维的发展还离不开自舍势用的积极活动。自舍势用就是精神生命自主的自身否定作用。唯有它推动精神破除执着，对自由保持无限的开放性。盖自凝、自反势用推动理性确认某种存在真理，但是一旦精神僵化，这确认就变成执着，而自舍就是破执。唯有自舍势用的展开，才能推动理性思维除旧布新。其次，精神的自反与自舍势用推动奥义书反省思维的发展。(1) 精神的自反势用的展开是推动奥义书反省思维发展的核心力量。反省或自我意识，是精神对内在自我的追问、确认。自我意识产生于精神之自觉的或绝对的自身维持（自我维持）。盖绝对的自反势用，要求它的活动自己成为自己的对象，即成为自觉的，故自在的自身维持转变为（有意识的）自我维持（绝对的自反势用首先必定是自我维持）。在这自我维持势用的推动下，在此前的省思（如理性思维）中被自在的自反活动维持的内在性、本质，就被明确等同于自我。一种全新的自我观念即由此产生。这种自我维持向本质层面的无限深入推动反省不断向存有内部追寻自我的真理。而随着早期奥义书的理性思维达到实质论的境域，精神省思确定某种绝对的实质被作为存有之真理，于是那向内追寻的反省思维，便在这实质中确认自我。在这里反省是随着理性的进展而深入，确立自我为自然实质。正是在精神从作为个别实在之我到作为绝对实质之我的恒常自由运动中，自我维持势用得以在知性省思领域展开自身，实现为实质的反省。(2) 精神自舍势用的展开也是推动奥义书反省思维不断深化的重要因素。盖自反势用推动反省思维确认真实自我，但是一旦精神僵化，这确认就变成执着；而自舍就是破执，唯它推动反省思维除旧布新。在奥义书思想中，最原始的神话精神的反省，就是执个别感性的实在为我，于是现实生命完全听命于这自我的维持。这自我维持就是一种我执。现实精神若完全由它规定，必然是平庸低俗的，更重要的是，它不能实现一种实质意义上的自我规定或自由。然而自反势用的绝对性，不仅在于它是自觉的，针对自身的，而且在于它（自我维持）的自身深入的无限性。后者就要求反省破除神话精神中的我执——而这正是自舍势用的活动。唯当自舍势用不断破除精神对自我的外在性的执着，自反势用的内向深入的无限性才得以可能。盖自反势用（自我维持）推动反省在当前的存有境域中确立自我的真理；但究竟意义上的自我真理就是觉性之本真的内在性，即绝对自由，其他一切自我观念都只涉及这自我的外在方面、因而在某种程度上都是虚假的，故反省必须依靠自舍势用层层破除这些外在方面，才能无限地逼近自我的本质；故自反势用的无限推进，必然离不开自舍势用资助。总之，奥义书反省思维，也是在自反与自舍，即立与破、“有”（自主肯定）与“空”（自主否定）的相互交织和辩证转换中不断向觉性的自我内部推进的。在这里，最初是自反势用推动神话精神的反省将外在的、感性的绝对确认为自我（如该祇夜之学），但自舍势用破除了这一自我，于是自我维持必须进一步指向存有的内在性，即普遍地内在于个别实在之中的实质，而这个实质自我也是对自舍势用开放的（可被否定的），于是自反必须再次确立自我……如此无限循环。这种精神循环决定反省思维的循环，而实质的反省则是这循环的一个环节。总之，正是精神的自反与自舍势用的展开，推动早期奥义书的精神扬弃神话精神的感性的、外在的反省，而实现一种知性的、实质的反省。这种精神转型，可以概括为从感性省思到知性省思的转变。最后，精神的自舍和自反势用的展开推动奥义书否定思维的形成和发展，也推动理性思维从感性的实质到抽象本质观念的过渡。否定思维是精神主动舍弃自身直接现存的存在，确立更普遍、本质的真理。它是精神内在的自舍势用的实现。奥义书的自然理性，最早仍未能脱离对感性表象的执着，仍然把事物的普遍实质理解为一种感性的原理（比如水、火等）。然而这种感性实质的观念其实是虚假的。因为感性就是个别和偶然，而真正的普遍性、实质应当是对感性的否定，所以它必然是一种抽象原理，即本质。知性省思只有领会到这抽象本质，才能成为纯粹的。精神扬弃感性实质而确立超感觉的本质的运动，就是最早的否定思维。在这里，否定思维扬弃直接、外在的感性实在，领会更抽象、内在的本质，体现了自舍（自身否定）和自反（内向化）势用的积极活动，也包含了这二者的辩证互动。因此这否定思维的形成也最终是被自由推动的，是自由的实现。

上述省思进展，在早期奥义书的诸种实质论中得到表现。奥义书最早的宇宙实质观念，比如被归属于跋拉毗耶的风说（可追溯到吠陀的阿尼罗仙人），补卢室的日说，阿湿婆多罗的水说，阿闼婆那仙人的甘露说，耆婆厘的空说，等等，都是把存有的实质、绝对真理，等同于一种可感的具体事物，如水、气、火、风等。这样一种感性的实质，被认为是世界的本原、基础。它本身无分别、一味，通过自我分化产生世间万有。这种实质论意味着理性确立了因果法则的绝对普遍性，这标志着自然理性的成熟。精神通过确立普遍实质的自为的真理性，就使此前汹涌而来的蛮野粗暴的直接自然的偶然个别总体得到中介，精神因而不再绝对地被这些东西束缚和压制，而是对它们具有了一种实质的自由。在这里，奥义书的理性思维对存在的内在必然秩序（因果性）的建构和对绝对者的内在实质的领会，体现了精神的自凝和自反势用的进一步展开。不过一种感性的普遍实质观念其实是有矛盾的。它也表现了奥义书精神在这一阶段的局限。在这里，精神尽管扬弃了自然物的个别性、偶然性，但仍只能攀缘粗显的感性表象，还不能离开感性自然而独立。

不过奥义书的精神省思在自舍和自反势用推动下，将不断否定事物的直接、外在的表象，将存在归属到更内在、本质的绝对。早期奥义书的实质观念从日、水、火向甘露、风、空的转化，就已经越来越淡化感性的色彩。到优陀罗羯的实有（sat）论就实现了完全的抽象化。作为万有之实质，实有是一个真正的抽象原理。它无形无象，非感觉可得，只有通过思维去把握。它就是一种超感性的实质，即本质，与具体事物是本质与表象的关系。实有是无差别、不动、绝对的真理，而一切转变、差别之相唯因语言的分别、施设活动而起，只是名字。宇宙发生的过程在于实有转起火、水、土三有，三有进一步分化、聚合构成万物。这其实是根据普遍因果法则将世界构成一个整体。优陀罗羯的本质论，表明奥义书思想完全否定了个别、感性、偶然的自为真理性，确认一种超感觉的本质为绝对真理，因而体现了一种否定思维，也表明理性（以及反省）思维进入本质的领域。否定思维扬弃事物的直接、外在的感性表象，确立更内在、本质原理为绝对真理，体现了自舍与自反势用的辩证互动。本质是纯粹的知性观念。在优陀罗羯的本质领会中，功利精神的知性省思，最终完全代替了神话精神的感性省思。

奥义书思想从神话的感性全体观念发展到宇宙实质论并进一步到本质论的进程，符合人类思维发展的普遍逻辑。它与希腊思想从神话宇宙观转化到米利都学派的宇宙实质论，再从其早期泰勒斯的“水”到阿那克西曼德的抽象的“无限”的发展基本一致。在中土思想中，还未曾见到过把某种感性实质作为存在本原的说法。不过老子的“道”已经是一种抽象本质。道生万物也属于一种因果功能系列。这同样是把某种普遍的宇宙实质作为万物的本原、始基。其他如儒、墨、兵、农、法诸家，尽管理论上乏善可陈，但在其实践中，神意、命运的影响都几乎可以忽略，事物内在的因果功能关联成为实践的主要原则，这就是功利的实践。因此春秋时期的思想，也实现了从神话精神到功利精神的转移。不过印、中思想，由于其自身精神的特质，都倾向于把实质、本质当做一种无形式的原理，没有认识到存在的真正本质，就是纯粹形式、思想。这种倾向的发展导致理性精神被严重削弱，甚至导向明确的非理性主义。

以下我们将通过对早期奥义书宇宙论的形成和发展过程的阐释，呈现在奥义书功利思维阶段理性、反省和否定思维的逐渐拓展、深化和提升，揭示自由推动理性、反省和否定思维的发展，从而规定观念演替的过程。

## 第一节　早期的实质说

当人们说“某物即世界”时，可能意味着这某物是一个绝对的全体或总体；而当说“世界即某物”时，则意味着世界是以某物为绝对实质的。只有后者标志着思维已进入实质论的阶段。奥义书的实质论就是如此，它明确将日、火、水、风等感性实在规定为绝对，于是一方面，这些实在扬弃其个别性，而成为绝对、普遍，成为万有的本原；另一方面，绝对便不再是仅属于观念的模糊表象，而是落实到某种实在上面，成为被专门思考的实有之物，成为精神省思中的真理。在这里，由于精神自舍与自反势用的推动，一方面，奥义书的超越思维首先领悟到作为感性个别性之否定的绝对实在或实质；另一方面，其反省思维从这绝对实在认出自我，领悟到自我与实质的同一。就前一方面而言，奥义书思想的成就与伊奥利亚的泰勒斯宇宙起源于水和阿那克西米尼宇宙起源于气的理论，以及与中土思想的气论一致。然而无论是爱奥利亚的哲学家，还是中土思想，都缺乏奥义书这种自我反省，没有领悟到自我与实质的同一。这表明了精神的自由在其实现中的差异性。另外在精神发展的这一阶段，它的现实自由还极端幼稚，只能在感性自然的领域蹒跚而行，而不能在超感性的本质王国飞翔，故无论是奥义书，还是泰西、中土的思想，其所把握的存在真理、绝对，仍然是感性的。然而奥义书与希腊精神，毕竟皆展现了这自由之自身实现的远大前景。反之在大一统之后的中国，只能看到精神自由的彻底死亡。

另外，在这些奥义书片段中，仍然像在吠陀中一样，作者一般是匿名的，这与奥义书的一般风格不一样；另外考虑到它们的思想亦与奥义书典型思想存在相当大的距离，而是上接吠陀晚期的宇宙论；那么可以推测，它们可能属于奥义书中最古老、原始的年代层面。这一年代一方面直接衔接吠陀，因而自然地接受了后者的启示文学风格，其中包括作者的自我忽视（在启示中作者总是匿名的）；另一方面，此时的思想者们缺乏一种相互差别意识（譬如在吠陀中看不到思想争论），缺乏后来那种学派意识，所以他们可能将这些思想归属于社会的共同体，尚不习惯将其归属于自己。尽管我们在奥义书中找到了一些学者作为这些思想的代表，但这些学者，以及这些思想被编入现存的奥义书的年代，大都应当是在这些思想形成很长时间以后，而且他们的名字一般都是委托的。

## 一、日　说

在《唱赞奥义书》（ChānV・13・1）中，婆罗门补卢室（Satyayajña Pauluṣi）告诉王族该祇夜说，他所敬为阿特曼者为日；该祇夜指出补卢室所敬为阿特曼者，乃是作为具众相者（Viśvarūpa）之大我。补卢室的说法属于奥义书最古老层面的日说（āditya-vāda），即以日为存在本原和基础的说法，但补卢室在这里没有对此说作直接的阐明。而《广林奥义书》（BṛihV・5・2）对此有明确的开示，其云："彼太阳即是真有。彼日轮中之人与右眼中之人相互依持。前者通过光线为后者依持，后者通过元气为前者依持"。[①] 此即以日为宇宙和人生命之依持、基础。而奥义书释日说之更详细内容，乃见于 ChānIII・1・1—11・6，其云：

1・1 信然，彼太阳为诸天之蜜。天界是其横梁。空界是蜂巢。光粒是蜂卵。2 太阳之东面光线为其东面蜂房。黎俱祷诗为蜜蜂。《黎俱吠陀》为花。其蜜汁如是滴出：信然，此黎俱祷诗，3 采蜜于《黎俱吠陀》（花），由彼（《黎俱吠陀》，当彼被采时，乃生光荣、令誉、力、能与食，为其蜜汁。4 彼（蜜汁）即流出。彼

① 此中以为人的灵魂是日中之神进入于人身而居于右眼，且死时此灵魂乃循太阳光线复归于日，乃是梵书、奥义书中较通常的想象。

遂趋向太阳。信然，彼即太阳之红相 (rohitaṁ rūpa) 所是者。2·1 如是其南面光线为其南面蜂房。夜珠仪式为蜜蜂。《夜珠吠陀》为花。其蜜汁如是滴出:2 信然，此夜珠仪式，采蜜于《夜珠吠陀》，由彼 (《夜珠吠陀》)，当彼被采时，乃生光荣、令誉、力、能与食，为其蜜汁。3 彼遂流出。彼遂趋向太阳。信然，彼即太阳之白相所是者。3·1 如是其西面光线为其西面蜂房。娑摩颂歌为蜜蜂。《娑摩吠陀》为花。其蜜汁如是滴出:2 信然，此娑摩颂歌，采蜜于《娑摩吠陀》，由彼 (《娑摩吠陀》)，当彼被采时，乃生光荣、令誉、力、能与食，为其蜜汁。3 彼遂流出。彼遂趋向太阳。信然，彼即太阳之黑 (kriṣṇa) 相所是者。4·1 如是其北面光线为其北面蜂房。阿闼婆案吉罗尸 (Atharvāṅgiras) 颂诗为蜜蜂。史传 (itihāsa)、往事书 (purāṇa) 为花。其蜜汁如是滴出:2 信然，此阿闼婆案吉罗尸颂诗，采蜜于史传、往事书，由彼 (史传、往事书)，当彼被采时，乃生光荣、令誉、力、能与食，为其蜜汁。3 彼遂流出。彼遂趋向太阳。信然，彼即太阳之极黑 (para kriṣṇa) 相所是者。5·1 如是其上面光线为其上面蜂房。秘教 (奥义书) 为蜜蜂。大梵为花。其蜜汁如是滴出:2 信然，此秘教，采蜜于梵，由彼 (梵)，当彼被采时，乃生光荣、令誉、力、能与食，为其蜜汁。3 彼遂流出。彼遂趋向太阳。信然，彼即于太阳中央翻动者之所是。4 信然，彼即实质之实质，因为吠陀是实质，而彼为吠陀之实质。信然，彼为蜜汁之蜜汁，因为吠陀是蜜汁而彼为吠陀之蜜汁。6·1 以阿耆尼为首，婆苏天赖头道蜜汁 (即《黎俱吠陀》) 而活。信然，彼天不饮不食，仅目视此蜜汁即满足矣。2 彼进入太阳之红光，并由彼光而出。3 谁若如是知此蜜汁，乃成为诸婆苏天之一，且以阿耆尼为首，仅目视此蜜汁即得满足。彼乃进入彼光且由彼而出。4 与太阳东升而西落同久，彼 (如是知蜜汁义者) 为婆苏天之主人、真宰。7·1 以因陀罗为首，禄陀罗天赖二道蜜汁 (即《夜珠吠陀》) 而活。信然，彼天不饮不食，仅目视此蜜汁即满足矣。2 彼进入太阳之白光，并由彼光而出。3 谁若如是知此蜜汁，乃成为禄陀罗天之一，且以因陀罗为首，仅目视此蜜汁即得满足。彼乃进入彼光且由彼而出。4 二倍于太阳东升而西落，为太阳南升北落之时，与此同久，彼 (如是知蜜汁义者) 为禄陀罗天之主人、真宰。8·1 以婆楼那为首，阿底提天 (Ādityas) 赖三道蜜汁 (即《娑摩吠陀》) 而活。信然，彼天不饮不食，仅目视此蜜汁即满足矣。2 彼进入太阳之暗光，并由彼光而出。3 谁若如是知此蜜汁，乃成为阿底提天之一，且以婆楼那为首，仅目视此蜜汁即得满足。彼乃进入彼光且由彼而出。4 二倍于太阳南升而北落，为太阳西升东落之时，与此同久，彼 (如是知蜜汁义者) 为阿底提天之主人、真宰。9·1 以须摩为首，摩禄特天 (Maruts) 赖四道蜜汁 (即《阿闼婆吠陀》) 而活。信然，彼天不饮不食，仅目视此蜜汁即满足矣。2 彼进入太阳之极暗光，并由彼光而出。3 谁若如是知此蜜汁，乃成为摩禄特天之一，且以须摩为首，仅目视此蜜汁即得满足。彼乃进入彼光且由彼而出。4 二倍于太阳西升而东落，为太阳北升南落之时，与此同久，彼（如是知蜜汁义者）为摩禄特天之主人、真宰。10·1 以梵为首，娑底耶天（Sādhyas）赖二道蜜汁（即《奥义书》）而活。信然，彼天不饮不食，仅目视此蜜汁即满足矣。2 彼进入太阳之白光，并由彼光而出。3 谁若如是知此蜜汁，乃成为娑底耶天之一，且以梵为首，仅目视此蜜汁即得满足。彼乃进入彼光，且由彼而出。4 二倍于太阳北升而南落，为太阳上升下落之时，与此同久，彼（如是知蜜汁义者）为娑底耶天之主人、真宰。11·1 于是，当其升至天顶，乃不复升、降。彼将独居中央。于此有偈云：2 于彼界不落，亦不复升起；诸天以此真，护我不失梵。3 信然，于彼如是知此大梵奥义者，太阳不升不落，于彼恒为白昼。5 信然，父亲应唯授此义于长子或可靠之学徒，6 而非任何别人，纵有人献以此大洋所包围之全部大地及其上之所有财富，（因为）此（教义）较彼（大地及财富）更珍贵！噫，此较彼更珍贵！

此则奥义书没有涉及作者，它的宇宙观完全由祭祀规定，它提到的神仍然是吠陀—梵书的旧神，这些都暗示它所处的时代是属于梵书的。它以为梵就是宇宙中的太阳，但不是形器的太阳，而是其实质。在这里，太阳被比作蜜汁。尽管此则奥义书的学说亦被称为“蜜汁说”（madhu-vāda），但与 BṛihII·5·1—15 不同的是，在这里蜜汁仅为譬喻，谓万有实质之意。此则奥义书的核心观念即太阳是万有实质。此说通过一种昏乱的祭祀学想象（在梵书和早期奥义书中，这类貌似深刻独到，其实平庸肤浅的想象是随处可见的），被与吠陀崇拜联结起来。它将黎俱祷诗、夜珠仪式、娑摩颂歌、阿闼婆案吉罗尸颂诗、奥义书比作蜜蜂，将《黎俱吠陀》、《夜珠吠陀》、《娑摩吠陀》、史传与往事书比作花。蜜蜂采于此花而得蜜汁。蜜汁通过太阳的光线流向它，而构成太阳的（具红、白、黑、深黑及翻动相之）实质，故太阳为诸吠陀之实质。此则奥义书（5·4）还提到“吠陀为实质”，故太阳为“实质的实质”（rasānāṁ rasā）。云何吠陀为实质？此书不表。应释曰：吠陀为万有之实质。盖此义在其他奥义书中有明确的开示。比如 ChānIV·17 说生主于诸界之上修苦行。当此诸界被施苦行已，生主乃抽出其实质：由地出火，由空界出风，由天界出日。生主复于此三天（火、风、日）上修苦行。当此诸天被施苦行已，生主乃抽出其实质：由火出《黎俱》，由风出《夜珠》，由日出《娑摩》。此谓三吠陀为一切存在之实质。ChānIII·1·1—11·6 的日说，应以此说作为补充，故日说的完整思想应是：吠陀为万有之实质，太阳为吠陀之实质，故太阳为实质的实质[①]。优陀罗羯尚未说及智慧的作用，而此则奥义书说之甚明。其云孰若知黎俱祷诗、夜珠仪式、娑摩颂歌、阿闼婆案吉罗尸颂诗、奥义书之蜜汁，则不仅成为婆苏天、禄陀罗天、阿底提天、摩禄特天、娑底耶天之一员，享用蜜汁，而且为相应诸天之主宰。其云知此者享用蜜汁的时间为不可思议。此奥义书设想了一种完全不可能的情况——如太阳西升而东落！而知此义者，其享用蜜汁的时间，乃为此种情况出现所需时间之数倍。而于彼如是知大梵之奥义者，太阳不升不落，恒在中天。此谓得此智者进入梵界，于彼慧日高照，故恒为白昼。

除以上所议，奥义书论及日说者，尚有多处。如ChānIII·19把渊源于《黎俱吠陀》的金卵说（ṚVX·129·3，121·1）和日说的结合。其云："1 太阳即是大梵，此即所教。就此有详释曰：于初此世界只是非有，彼（非有）即是有。彼乃发育，而为一卵。历时一年，彼乃分裂。其壳一半成为银，一半为金。2 其为银者即地。其为金者即天。其外膜即丛山，内膜即云雾，脉管即江河，体液即海洋。3 复次，由此所生者即彼太阳。当其初生，万物欢腾，万有及众欲皆趣之。是故每当其升起、复出，万物欢腾，万有及众欲皆起而趣之。4 人若如是知彼（太阳），且敬思太阳为梵，则受欢呼且喜悦，且喜悦！"太阳被认为是宇宙的原卵，从中孵化出天地万物，同时它又从这孵化中生成。ChānVIII·6·1—6也表明了奥义书一种常见的说法，其云："1 复次，如其所云，彼心之诸脉管，彼等由棕红、白、蓝、黄、红色之最微细实质构成。信然，彼处太阳乃为棕红色，彼为白色，彼为蓝色，彼为黄色，彼为红色。2 复次，如一大道通达此处与彼处二村，如是太阳光线亦通达此处与彼处二界。其发于彼处太阳，进入彼等脉管。其发于彼等脉管，进入彼处太阳。3 复次，当人沉睡，安稳、寂静，彼不复梦，于是彼乃进入彼等脉管，于是罪恶不染于彼，彼已达乎光明故。4 复次，当人已衰（将死），彼等（亲友）绕坐曰：'汝识我乎？''汝识我乎？'若彼尚未离此色身，则识。5 然若彼离此色身，乃循彼诸太阳光线而升。信然，彼乃因敬思Om而升高。于是，迅速如思想，彼遂达乎太阳。信然，彼（太阳）如实即是世界之门，唯知者入之，不知者不能入。6 于此有偈云：心有百一脉，其一达颅顶。若由彼飞升，人乃入不死。余者当其逝，乃趋于多途，乃趋于多途。"其以为太阳即是真理之门或就是真理自身，太阳的棕红、白、蓝、黄、红五色光线，与由人心腔发出的诸脉管包含的五色

---

① 吠陀与风、日等自然物互为实质的循环模式，ChānIV·17亦有开示。其云生主由诸天抽出黎俱、夜珠、娑摩三种实质已，又于此三吠陀上修苦行。当此三吠陀被施苦行已，生主乃抽出其实质：由黎俱出bhūr，由夜珠出bhuvas，由娑摩出svar。bhūr，bhuvas，svar，为仪式中所诵的三个单音，被认为有神秘意义。三者分别暗示地、空、天。故地、空、天又分别为三吠陀的实质。

微细实质相同，人沉睡或死亡，其灵魂乃从心腔由此等脉管逸出，循太阳的五色光线上升，进入太阳之中，从而获得永恒。反过来，人的灵魂的产生，也应当是太阳实质由相反的途径，进入人心腔中形成。这里，太阳中的质料，被认为是宇宙万物和人的灵魂的根源、实质。由人心腔发出多色脉管与太阳光线相接及灵魂循此升至太阳之说，是奥义书一种常见的想象，Bṛih II · 1 · 20，IV · 2 · 3，3 · 20；ChānVIII · 6 · 1；AitaI · 3 · 12；PraśIII · 6—8；MaitVI · 18—30 皆提及此说。这些说法，都以奥义书曾经以太阳为存在本原之说为背景。日说甚至在晚期奥义书中仍有其影响。比如 PraśI · 10—11："10 然则彼依苦行、净行、正信、正智而追求至上我者——彼等由北道而得日界。信然，彼（日界）即元气之依处。彼即不死者、无畏者。彼即究竟归宿。彼等不复由彼返回——如其所言。彼即灭尽。就此有偈云：11 人称其为父，五足十二相，具丰沛之水，住天之上部。或称彼照远，乘七轮六轴（之车）。"这是把日说与时间说衔接起来。

奥义书反映的这种日说，甚为古老，属于梵书早期，与吠陀日神崇拜衔接。盖黎俱的迪贾氏（Dirghatamas）说，即将宇宙秩序及世界的万有归结于太阳（ṚVI · 164 · 1—52。以上所引 PraśI · 11 即是 ṚVI · 164 · 12）。《阿闼婆吠陀》说日神化身为一梵志，创造天地万物，"此梵志生育，梵、诸水、世界，生主与自然，亦为一原卵，入永恒子宫。"（AVXI · 5 · 7）梵书说太阳就是梵主、真理、大梵（Sat BrāXIV · 1 · 2 · 15，22，1 · 3 · 3），为人瞳中之小人（X · 5 · 2 · 7），是世界的灵魂，生命的基础、本质（VI · 3 · 1 · 12）。由此可知，奥义书之日说，基本内容皆是直接继承吠陀、梵书而来。此则奥义书将日说与吠陀的甘露说（Madhuvādā）结合，其基本思路也是吠陀、梵书中已经存在的。盖甘露说源于须摩汁崇拜。吠陀以为须摩本身具有光明性，是流动的火或光（ṚVIX · 9 · 3，8，IX · 15 · 5，etc.），这导致须摩往往被与太阳同化（ṚVIX · 63 · 7—9），甚至是它给予太阳光明（ṚVIX · 28 · 5，37 · 4，63 · 7—9）。

## 二、水　说

在 ChānV · 16 中，浮底拉 · 阿湿婆多罗（Buḍila Āśvatarāśvi）说他敬阿特曼为水。他代表了最早的奥义书中尚有的以水为万物实质、本原的思想。可以肯定像泰勒斯那样以水为万物本原的学派或学者，在印度曾经存在过。比如佛典《提婆菩萨释楞伽经中外道小乘涅槃论》说提到有所谓"服水论师"，其云："外道服水论师作如是说，水是万物根本，水能生天地，生有命无命一切物。下至阿鼻地狱，上至阿迦尼吒天，皆水为主。水能生物，水能坏物，名为涅槃。"因此，尽管阿湿婆多罗并没有将其思想详细展开，我们也可以肯定他代表奥义书中持此类学说的一批学者。而可能比阿湿婆多罗年代更早的 BṛihV·5·1 和 AitaI·3·2，则说义较详。BṛihV·5·1 说万物本原是水，梵天、生主皆由水而生，其云："于初世界只是水。彼水生实有。梵即实有。梵生生主。生主生诸天。"与之不同，AitaI·3·2 则以为最初水与梵并存，梵作用于水，遂生万物，其云："彼乃修苦行（达帕：tapas）于诸水之上。由彼诸水，当其被施苦行，乃生万有（mūrti）。"[①] 这两种说法皆甚为古老，基本上只是继承吠陀、梵书中的成说。在吠陀、梵书中，水常常与生主一道，被当做创造的基本原理。至于其中何者更为根本，则颇有异说。有谓水最根本者，如 Sat BrāXI·1·6·1："于初世界唯有水。水乃欲望：我云何繁殖自身？彼于是操劳，修达帕。当其修达帕时，乃于自身生金卵。……原人生于金卵，彼即生主。"Tait SaṃhV·6·4·2："于初世界唯有水；生主作为风生起于莲花瓣；他寻视无住处，于是见彼大水，乃置火其上，火变成土。"BṛihV·5·1 就是继承了此种说法。另外如 ṚVX·82·5—6："那先于天、地，先于阿修罗与诸神者，是水中的原卵，众神皆在其内。"Tait SaṃhVII·1·5·1："于初世界唯有水；生主作为风行于上；他于水底见土，乃掘出之，置于上；于是土伸展为地；于是生主操劳，创造诸神。"则似乎认为生主、金卵是一开始就与水并存的能动原理；AitaI·3·2 的说法乃沿于此。

## 三、火 说

早期奥义书中尚有所谓火说（agni-vāda），以为宇宙及人生命中之一切，皆起源于火。此说的内容可归属于吠陀、梵书的宇宙发生论，且像吠陀颂诗一样完全未提及其作者和传承者，故其可能是在吠陀晚期形成的作品。此如 ChānIII·13·7："此炽然于诸天之上、于万有之上、于每一物之上、于至上界中，无有世界超越于它之火（jyotis）——信然，彼即与人中之火相同。人可如是见之，当人触知体内之热。亦可如是听之——当人塞耳，即可听到某种声音，似为燃烧的火焰之声音。人应敬思此所见所闻之火。"此说以为有绝对的宇宙之火，包围诸世界，当其（通过太阳作为孔道）进入此世界，就凝聚为世间的万物，转化为人的内在生命。人的灵魂的实质就是火，当我们捂上耳朵，可听到一种轰鸣声，奥义书这就是此内在之火燃烧的声音；而活人的身体是热的，当灵魂离此身而去，身体就会变冷，奥义书以为这也表明灵魂的实质就是火。BṛihV·9 亦说有宇宙之火为世界本原，当其进入人体，即成为人的消

---

① Ait ĀraII·1·8 亦云："如实一切皆是水。此（水）是本（原因），彼（世界）是末。此为父，其他为子。凡属于子者必属于父，凡属于父者必属于子。"

食之火。其云:“此即是进入人之中的宇宙火,它烹熟人吃进的食物。人塞耳所闻者,即它的声音,故人临死时不复闻此声音。”

早期奥义书的火说,基本上是继承吠陀、梵书的思想。盖吠陀即已有将永恒、绝对的火作为世界的实质、生命的猜想。《黎俱吠陀》说火是世界之血液、生命、精神,它作为“无骨者”(无形者)为“有骨者”(有形者)之基础,是“世界的血液、生命与灵魂”(ṚVI·164·4)。它是永恒地燃烧的生命源泉,也是“植物、诸水之种子”(ṚVI·164·52)。它作为不生的唯一者,建立诸世界与六方、五季、十二月,众生皆安立于它(ṚVI·164·6F)。太阳的实质是火或光(ṚVI·164·1—52)。火分三种,即天火(太阳、星星)、空中火(闪电),乃至地火(ṚVI·79·1;NiruktaVII·28)。《黎俱吠陀》说因陀罗、婆楼那、蜜特罗、阿黎曼神等都是阿耆尼(火神)的表现,暗示全部自然现象都是以火为实质的(ṚVII·1·3,4;V·3·1—3)。或曰,由太阳火中的某种实质(palita),形成地、水、火、风、空五种元素,复由此五者形成一切存在,人的灵魂也源于火①。《阿闼婆吠陀》也说创造天地万物的日神(Rohita)就是火,是孵化万物的热力,是宇宙的能源、燃料(AVXIII·1·11,13)。它生成天地、宇宙、万物、六方、季节、月份、过去、未来,为世界根源(AVXIII·1·6,55;XIII·3·1—8)。梵书或把生主等同于火(Sat BrāII·3·4·8;VI·2·2·8)。Sat BrāXI·8·3·2说:“火分为四种:下降者、逸出者、上浮者、扩充者。下降者为此世界(人间、地界);逸出者为空界;上浮者为天界;扩充者为诸方。”亦以为火是世界根源。可以说,奥义书的火说基本保持了吠陀、梵书思想的原貌,这也证明它的年代是极为古老的。在奥义书后来的发展中,火说基本被放弃。火被作为一个环节,整合到从梵开始的宇宙发生论序列(较常见的程序是:梵—虚空—火—风—水—土等)之中。尽管如此,此说的残余形态,在晚期奥义书仍然可见②。

## 四、甘露说

早期奥义书所谓甘露说(madhu-vāda或madhu-vidyā),被归诸陀底耶·阿闼婆那(Dadhyach Atharvana)。此说甚为古老。它在《黎俱吠陀》的时代就已存在,据说

---

① Benimadhab Baru, *A History of pre-Buddhistic Indian Philosophy*, University of Calcutta Press 1921.29.

② 如MaitVI·2说住于心中、以一切为食之梵,与住于天界的太阳之火是同样的。MaitVI·17说梵即是在太阳及火焰中之火,同时亦是腹内消食之火,“彼于火中者,彼于心中者,彼于太阳中者——彼实为一。”

最早是因陀罗开示给阿闼婆那的①。其说产生于吠陀—阿吠斯塔（Veda-Avesta）时代盛行的须摩（在 Veda 中为 soma；在 Avesta 中为 haoma）崇拜。须摩本来是一种从植物提取的带有麻醉性的饮料②，并由于其致幻作用而被神化了③，它于是被认为是所有生命的活力的源泉（古代希腊人所谓 nektar［琼浆］，亦有此义）。《黎俱吠陀》早期所谓的甘露智（madhu-vidyā），最早就是指发现须摩之知识。到吠陀晚期和梵书阶段，思想的兴趣转移到宇宙发生论层面，于是人们认为须摩不仅是一种植物汁液，而且是世界之精华、实质。它作为一种宇宙原汁（rasā）贯穿在群有之中，就像蜜存在于所有花中。《黎俱吠陀》说须摩"作为原汁流遍世界"，而且"产生诸神"，"生成万有"（ṚVIX·41·6；IX·42·4,5）。它是流动的光和火（ṚVIX·9·3,8；IX·15·5, etc），是"光曜的甘露"，闪电、日光皆是其流射（ṚVIX·61·16—19）。《百道梵书》说："梵即是甘露，即是彼等之甘美实质。"（Sat BrāXIV·1·4·13）这些说法，将甘露提升到绝对的存在实质的层次。甘露说在奥义书时代仍然有重大影响。奥义书中有多处涉及此说，其中以 BṛihII·5·1—19 和 ChānIII·1·1—11·6 发挥最详。其中 ChānIII·1·1—11·6 实是借此义开示其日说（āditya-vāda），而 BṛihII·5·1—19 立义较纯粹。故此处以 BṛihII·5·1—19 为范本。其云：

> 1 土是万有（sarvāṇi bhūtānī）之甘露（madhu），万有亦是土之甘露。此土中光辉、不灭之人（Puruṣa），及对于（人）自身（adhyātman）而言，此身（śarīra）中光辉、不灭之人（Puruṣa），彼即阿特曼（ātmān）、不灭者、大梵、一切（sarva）。2 水是万有之甘露，万有亦是水之甘露。此水中光辉、不灭之人，及对于（人）自身而言，此作为精液的光辉、不灭之人，彼即阿特曼、不灭者、大梵、大全。3 火是万有之甘露，万有亦是火之甘露。此火中光辉、不灭之人，及对于（人）自身而言，此作为语言的光辉、不灭之人，彼即阿特曼、不灭者、大梵、大全。4 风是万有之甘露，万有亦是风之甘露。此风中光辉、不灭之人，及对于（人）自身而言，此作为呼吸的光辉、不灭之人，彼即阿特曼、不灭者、大梵、大全。5 日是万有之

① ṚVI·116·12。据说因陀罗将甘露说开示阿闼婆那后警告他不要将此说传给别人，否则就要他的脑袋。而双马童（Aśvin，亦是吠陀神祇，为孪生兄弟，马身人首）急欲闻道，乃与阿闼婆那密谋，用马首代其头，为其宣说此秘密义。未了因陀罗果取其头（实为马首），而双马童乃复阿闼婆那之首（盖双马童是吠陀中的神医，故能为此）。故其说遂得流布。

② 须摩最早可能是提取自欧亚之间山区地带生长的一种蘑菇（amanita muscaria），后来当雅利安人迁移到南亚，此种植物已不可得，故禅定、苦行等作为通神的手段乃逐渐被强调（William K. Mahony, ERXIII, 414—415.）。

③ 此种体验，见：ṚVVIII·48·3，5，ṚVVIII·79·2，ṚVX·119·8，12.

甘露，万有亦是日之甘露。此日中光辉、不灭之人，及对于（人）自身而言，此人眼中的光辉、不灭之人，彼即阿特曼、不灭者、大梵、大全。6 诸方（diśa）是万有之甘露，万有亦是诸方之甘露。此诸方中光辉、不灭之人，及对于（人）自身而言，此作为耳①的光辉、不灭之人，彼即阿特曼、不灭者、大梵、大全。7 月是万有之甘露，万有亦是月之甘露。此月中光辉、不灭之人，及对于（人）自身而言，此意中光辉、不灭之人，彼即阿特曼、不灭者、大梵、大全。8 闪电是万有之甘露，万有亦是闪电之甘露。此闪电中光辉、不灭之人，及对于（人）自身而言，此作为热（tejasa）的光辉、不灭之人，彼即阿特曼、不灭者、大梵、大全。9 雷是万有之甘露，万有亦是雷之甘露。此雷中光辉、不灭之人，及对于（人）自身而言，此言音②中的光辉、不灭之人，彼即阿特曼、不灭者、大梵、大全。10 虚空（ākāśa）是万有之甘露，万有亦是虚空之甘露。此虚空中光辉、不灭之人，及对于（人）自身而言，此住于心中虚空的光辉、不灭之人，彼即阿特曼、不灭者、大梵、大全。11 法（dharma）是万有之甘露，万有亦是法之甘露。此法中光辉、不灭之人，及对于（人）自身而言，此作为称法（dhārmas）行的光辉、不灭之人，彼即阿特曼、不灭者、大梵、大全。12 真理是万有之甘露，万有亦是真理之甘露。此真理中光辉、不灭之人，及对于（人）自身而言，此作为守真（sātyas）的光辉、不灭之人，彼即阿特曼、不灭者、大梵、大全。13 人类（mānuṣa）是万有之甘露，万有亦是人类之甘露。此人类中光辉、不灭之人，及对于（人）自身而言，此作为人类的光辉、不灭之人，彼即阿特曼、不灭者、大梵、大全。14 此自我（Ātman）是万有之甘露，万有亦是自我之甘露。此自我中光辉、不灭之人，及对于（人）自身而言，此作为自我的光辉、不灭之人，彼即阿特曼、不灭者、大梵、大全。15 信然，此自我即是世界之主宰，万有之王。正如车轮之所有辐条安立于轴心，一切事物、一切天神、一切世界、一切生命、一切自我皆安立于此大我。18 仙圣（即开示甘露说的仙圣 Dadhyañc Ātharvaṇa）云："彼作二足城（pura，喻人的粗色身），彼作四足城。原人（puruṣa）化为鸟（pakṣī，喻细身），遂入此诸城。"信然，此即住于一切诸城（puriśaya）之原人（puruṣa）③。无物不覆藏彼，无物不为彼充满。19 仙圣

① 文中"耳"为"śrotra prātiśrūktas"（耳与回声或声音），其中"prātiśrūktas"（回声、声音）可能为衍文，故略不译。

② 文中"言音"为"śābda sauvara"（言词与音调）。

③ 此为对于"puriśaya"与"puruṣa"的文字游戏，其更早的尚有 AVX・2・30："彼大梵之城，原人因之名，人若知此者，离早夭目盲"；Sat BrāXIII・6・2・1："此城（pura）即诸界，原人即是气（vāyu）。彼因住（śete）于此城而名为补鲁沙（puruṣa：于城中住者）。"

云："彼乃依众形，而为种种相。因陀罗以幻，而入于众相，其骏马千万，皆因此被缚。"① 彼（原人）即众骏马。信然，彼即千万，众多无量。梵无先无后、无内无外。此自我即是梵，遍满一切。

奥义书这里所谓甘露，指的是一种作为万有精华的宇宙原质。它既是万有的基础、实质，也是存在之大全、整体。它没有定型、不断流转、随缘成物，就像存在于所有植物中的汁液一样。正由于甘露流贯万有，因而成就一切存在互容互即、层层缘起、无尽融通之义。Belvalkar 评价说："此仙圣（陀底耶）持万物相依之说，因为万物皆因为在自我中且通过它而不可侵害地联结在一起。一切事物皆相互关联，因为它们被归结到同一基础，即自我。……风、日、空间、月、闪电、雷、虚空，甚至黎答（法则）、真如、人类，皆是万有之实质，而万有亦是彼之实质，因为同样的法则，同样的元素，同样的关联把它们联结起来。最终个人自我是万有之实质，万有亦是个人自我之实质，因为同一宇宙大我把二者联结起来。这宇宙大我才是万有之主宰。……此即陀底耶所说的至上存在为唯一，而其表现为多的道理。"② 此融通之义，庶几可分为以下两方面明之：

（1）事事融通。此奥义书将 bhūta 与 adhyātman 分别对待，二者分别指外在的存在与人的内自我两方面③。就存在方面，它举出地、水、火、风、日、诸方、月、电、雷、空、法、真如、人类、自我共十四法，其中每一法皆是万有之甘露，而万有亦是此每一法之甘露。与此对应，就自我方面，它亦举出身、精液、语言、呼吸、眼、耳、意、热、言音、心中空、如法行、如真行、人类、自我十四法。此十四法中，同样每一法皆是万有之甘露，万有亦是每一法之甘露。是故法法互为甘露，互摄互即，一即一切，一切即一。奥义书还以为此十四与彼十四本质上是一一同一的，如身与地同、精液与水同、语言与火同等，故不但是法法互即，而且是内外融通。每一法皆是无碍流动的绝对实质的成分，且法法无碍无阂、互相流通，故随举一法，即包含其他一切法之实质。此事事融通之义，包括三方面：其一，诸法一一互为实质，一法为一切法之实质，一切法亦为一法之实质；其二，诸法互摄互即，互相流通，互相包含，一中有一切，一切中有一；其三，诸法互缘互生，如蜜蜂采蜜，蜜复滋养蜜蜂，亦如种子生大树，大树生

---

① 此偈取自 ṚVVI·47·18.

② S.K.Belvalkar and R.D.Ranade, *History of Indian Philosophy: the Creative Period*, Oriental Books Reprint Corporation, New Delhi 1974.192.

③ bhūta（bhūtānī 为复数）谓实存者，存在物，众生，精灵，大种（如所谓地水火风四大）。adhyātman 谓内在自我，自身，自己，内身，内心。

种子，是故地、水、火、风以及身、语言、呼吸等，皆一一互为因缘，层层缘起无穷。

(2) 理（阿特曼、梵）事（诸法）融通。事事融通的基础是理事融通，唯事与理融通无碍，事与事方得融通无碍。如商羯罗释云：“包括地在内，宇宙各成分皆为互助互缘。依常情，一切互助互缘之物，皆生于一共同根源且将归入之。宇宙亦是如此。此即此节所说义。地是万有之甘露，同样万有是地之甘露或结果，另加地中光辉、不灭之人，与身中光辉、不灭之人，此四者皆为复合之果，即是宇宙。故宇宙由同一根源而生。彼由之而生的同一者，即是实有，即是梵。其他皆为果、转变，只是名字。这就是事事互助互缘说之宗旨。”① 此即是说诸法的互摄互缘，互为因果，必须是因其为一共同原因（本体、实质）之果（表现、行相、转变）——尽管在吾人看来此种推理成立与否尚存疑问（奥义书——吠檀多学说因、果，往往以之指本体、实质，果往往指表象、变异、形相，相当于中土哲学所谓本、末）。对于理事融通之旨，此奥义书及吠檀多学的说义，颇多含糊之处。此处权将奥义书的说义析为以下两方面：其一，自我、梵是一切事物之一味的甘露、实质、根源。此奥义书说“此土中光辉、不灭之人，及对于（人）自身而言，此身中光辉、不灭之人，彼即阿特曼、不灭者、大梵、一切。”此中所谓“土中光辉不灭之人”（pṛthivyāṁ tejomayo'mṛtamaya Puruṣa）及“身中光辉不灭之人”（śārīras tejomayo' mṛtamaya Puruṣa），应分别理解为土、身之实质、基础，这实质在这四者中是相同的，而且此土中光辉、不灭之人，与一切有中光辉、不灭之人相同②。总之，每一法中都有一“光辉不灭之人”，且彼于一一法中皆相同，彼即自我、梵。这“人”或补鲁沙，就是梵、甘露之被土等诸法所包含者，如铁器中之铁、金器中之金然，故曰“无物不覆藏彼，无物不为彼充满”。一切事物的实质皆是甘露，都是甘露的转变。通过这甘露、实质的流溢、充满、转化，自我生成万物，且居万物之中③。诸法的实质一味无别，因而它们彼此融贯而为一整体。其二，自我包容万有，为世界之全体，同时支持万有，如毂与辐。Sivananda 释云：“宇宙实质上就是自我，大梵，不死者，大全。所谓自我，大梵，不死者，大全之类言词，其意义相同，皆指同一个绝对不二之实有。”④ 此则奥义书说随举一法，譬如土，即为四法之复合，谓土、土中之人、身、身之人，此四者皆唯是阿特曼非余。四重之果合于一因之中，彼此互

---

① Swami Madhavananda（Trans by）, *The Bṛhadaraṇyaka Upaniṣad with the commentary of Śaṃkarācharya*II・5. Advaita Ashram, Kolkatta. 1934.

② Swami Sivananda, *The Bṛhadaraṇyaka Upaniṣad*II・5. Divine Life Society 1985.

③ 早期奥义书的轮回说，以为原人在相续流转中分别入于五火等物，乃是将此种甘露相续凝为诸法的说法，在历史维度予以阐明。

④ Swami Sivananda, *The Bṛhadaraṇyaka Upaniṣad*II・5. Divine Life Society 1985.

相含融，互相关联，相互依持。宇宙间任一法皆属于此四重之果，且最终归入于梵。梵、自我就是由一切法通过无尽的因缘联结构成的大全。但人因无明，不见全体，故以为有众多法、众多根、众多我、众多世界，而如实只有大梵，唯一无二。自我包括创造、存在、毁灭。创造者与被创造者都只是他。梵正因为是这一跨越时间、空间的绝对，故奥义书说它为"无先无后、无内无外"。同时，正因为梵是一个不可分割的整体，故一切法皆是它的体现，随举一物即是梵的全体（适如窥一斑而见全豹，捉人之手即得此人），即包含万有，故可以说一即一切，一切即一①。总之，梵与诸法，是理随事显、事揽理成，理中有事、事中有理，理事互入互融、一际无异。

甘露说的事事融通与理事融通，与华严、法华的圆融之学，其亲缘性是一目了然的。故它应视为华严、天台的圆融思想的最早渊源。唯此说影响大乘佛学之途径，尚待进一步考证。

## 五、风　说

在奥义书时代，以感性物质作为存在基础的学说，尚有风说（vāyu-vāda）与虚空说（ākāśa-vāda）。后者在耆跋厘说中得到正面开示，可参见我们下一节的讨论。前者在梵书—奥义书中，往往与元气说（prāṇa-vāda）合一（风被等同于人的生命元气）。因此，完全宇宙论意义上的风说，在奥义书中保留的资料极少，但这并不表明此说在当时已绝迹。佛典就记载有所谓风仙论师，如《提婆菩萨释楞伽经中外道小乘涅槃论》记："风仙论师说，风能生长命物，能杀命物。风能造万物，能坏万物，名风为涅槃。"可以肯定在奥义书时代就存在持此学说的学派或学者。在 ChānV · 14 中，因陀罗朱摩那 · 跋拉毗耶（Indradyumna Bhāllaveya）就代表了此说，可惜他没有对其说进行详细开示。跋拉毗耶对王族该祇夜说，他敬思风（vāyu）为梵。该祇夜告诉他说，彼所敬为梵，其实为梵之呼吸（prāṇa）。这意味着，跋拉毗耶把作为存在实质的风，只是理解为一种外在物质，而尚未同梵书、奥义书的典型思想一样，将风等同于普遍的生命元气（呼吸），因而更符合吠陀的宇宙论。

在《黎俱吠陀》中，风往往被与主神因陀罗等同（Indra-Vāyu），它被称之为"世界之胎藏，诸神之灵魂，彼自在而行。其声可闻知，其形不可见。"（ṚVX · 168 · 4）或谓风即诸神之"自我"（即实质）（ṚVVII · 87 · 2；X · 16 · 3）。这里风被认为是

---

① 如 Swami Sivananda 释云："一切相互联结。人随触一物，皆触全世界。人随见一物，其所见皆非彼一孤立对象，而是宇宙全体。任何一物皆是甘露、阿特曼。"（Swami Sivananda, *The Bṛhadaraṇyaka Upaniṣad II · 5*. Divine Life Society 1985.）

宇宙万物的根源、实质，而且它很明显仍是一种外在的物质。在吠陀时代，风由于不断吹拂，故有时被理解为唯一能动的原理，因而为众生生命之本质①。据信人死时其“自我”即入于风中（ṚVX・92・13）。此种理解，是梵书的元气（prāṇa）概念的根源。尽管梵书将宇宙元气与风等同，但主要仍是将元气归宿于风，而不是反过来。也就是说，作为一种外在物质，风才是宇宙和生命的本原、实质、基础。首先，就生命元气与风的关系，《百道梵书》说：“元气即是风，而信然，风乃是众神之身体”（Sat BrāIX・1・2・38）；作为宇宙基础的风进入人体，成为各种元气，人死时诸元气又离他而去，复归于风（VII・1・2・5）；或云风有两种，一种属于自然界，当它进入人，就转化成人的元气，元气有两种，即出息和入息（I・1・3・2）。这些都明确表示元气是从风产生的，故风更根本。其次，一切宇宙现象，皆从作为绝对实质的风产生且最终复归于它，《爱多列亚梵书》说到日、月、火、雨、闪电归宿于风并再度从风中产生（Ait BrāVIII・28）；《百道梵书》亦有同样思想，其云：“当人睡眠，其语言入于呼吸，眼、耳、意亦皆如是；当其醒来，彼等复由呼吸生出：此为就人身而言。以下就神（自然现象）而言。彼语言如实是火自身；彼眼即彼日；彼意即彼月；彼耳即诸方；彼呼吸即此处吹拂之风。是故当火灭时，乃归入于风。当太阳落时，亦入于风，月亦如是；诸方亦依止于风。彼等又从风中重新生出。”（Sat BrāX・3・3・6—8。译文略有删节）而奥义书思想，则由于其根本的内在转向，一般认为自我的元气比风更根本，为后者的实质、根源、基础（更成熟的奥义书思想将元气理解为一种精神原理）。因此，如果我们把吠陀—奥义书的“风—元气（vāyu-prāṇa）”说区分为：其一，风未与生命元气联结的阶段（吠陀末期）；其二，风被认为是元气根源的阶段（梵书时期）；其三，元气成为风的根源的阶段（奥义书时期），那么跋拉毗耶提到的思想，其来源显然属于第一阶段，而从其反映的宇宙发生论兴趣，可以设想其在年代上应属于吠陀末期。

奥义书的实质论，从宇宙生成论上，将所有事物的存在都根据因果关联追溯到一种共同的实质、始基。它标志着自然理性的成熟，因为在这里，一方面，理性确立因果性为绝对法则，从而完全否定了神意、命运的偶然性；另一方面，理性通过确定绝对为作为事物基础的普遍实质，使绝对成为具体的实在，获得了自为的真理性。正是因此之故，精神就使此前压迫和束缚着它的直接自然的粗野狂暴的偶然个别性总体得到中介，精神因而对它们具有了一种实质的自由。

---

①　此如梵书所解释：“诸兽为风主宰，风即是呼吸，诸兽因有呼吸而活动。”（Sat BrāIV・4・1・15）

奥义书的实质论，表明精神从神话阶段到功利阶段的转移。在这里，省思为存在建立了内在必然秩序，且确立了存在的普遍基础，因而克服了神话精神特有的偶然性、个别性，使存在成为一个自然的因果功能整体，其中每一事物的存在皆为满足某种自然的（功利的）目的——这种省思是功利精神的特点。实质论也表明奥义书思想从感性省思到知性省思的蜕变。盖绝对、实质都是知性的观念（通过对感性个别性进行综合、归纳、抽象形成的省思观念，但其指称仍属自然的范畴）。在神话精神阶段，省思就尝试通过一个知性观念，即绝对，来领会存在。但是在这里，绝对只是感性个别物的一个松散的总体，不是一个独立、自为的实在。精神仍然只把感性个别物当成自为的存在。在功利精神阶段，绝对被当成一种具体的实在、实质，反过来成为感性个别物的基础。这意味着知性观念首次获得了自为的真理性。奥义书精神因而进入知性省思领域。奥义书的实质论表现出的理性思维对存在的内在必然秩序（因果性）的建构和对绝对者的内在实质的领会，体现了精神的自凝和自反势用的进一步展开。可见理性思维的这一进展最终是精神本有的自由推动的结果，而且就是这自由展开的现实性。

即使在奥义书的实质论阶段之中，自由也在推动思想朝更抽象、更内在的方向发展。正如在伊奥利亚学派，后来哲学家如阿那克西曼德和阿那克西米尼，便开始对泰勒斯以水这种过于粗糙的东西为万物本原、实质的理论不满，而试图以一种更微细、更抽象的东西（无限、气）代替之；同样早期奥义书的实质论自身也越来越朝抽象化方向发展，被作为实质的存有，从日、水到甘露、风，以及（比如耆跋厘的）虚空，越来越精细、接近抽象。但在两种传统中，这抽象化皆未触及本质。盖无限、气以及风、虚空，同水、火一样，皆仍是感性的实质。于是，精神的现实自由只能在感性的范畴中运动。然而真正的抽象，应剥除存有的感性色彩，揭示其超感性实质，即本质（本质即抽象的实质）。这种本质抽象，在泰西思想中，由毕达哥拉斯的数、色诺芬尼的神、巴门尼德的存在的观念得到体现；在中土思想中，通过老庄的道的观念得到体现；而在奥义书思想中，则最早通过优陀罗羯的实有观念得以体现。本质是纯粹的知性观念。奥义书的本质思考表明功利精神的知性省思，最终完全代替了神话精神的感性省思。

本质抽象是奥义书否定思维的表现，意味着奥义书的精神自由的一次重大发展。盖自由为自身实现而创造观念、存有，也为其更本质的自身实现而否定这些观念、存有。自由在其无限的自我展开中，推动精神的发育成长。因而精神作为成长的生命体，最终必然离开它诞育其中的感性世界的摇篮，独立地承担其自身本质。这就在于，精神的自身否定和自身指向势用，促使精神的省思否定感性实质的真理性，而确立一种抽象的、超越感性的本质作为存有的绝对真理，精神由此否定了自身的感性存在(实现了对感性自我的自由)。这就是否定思维。否定思维扬弃事物的直接、外在的感性表象,确立更内在、本质原理为绝对真理,体现了自舍与自反势用的辩证互动。因此奥义书否定思维的形成,以及功利精神的转型,最终是自由所推动的,是自由在新的历史语境下的展开。

## 第二节 耆跋厘

尽管耆跋厘(Pravāhaṇa Jaibali)的宇宙观仍然属于奥义书的感性实质论的范畴,但由于奥义书中有关其学说的材料相对较多,而且他的思想,除了这种实质论以外,还有许多别的内容,故我们将他别立为一节,予以阐述。

据奥义书说,耆跋厘为般遮罗(Pañcāla)的王族。奥义书中,BṛihVI·2以及ChānV·3—10皆载有婆罗门父子优陀罗羯和室韦塔克图向耆跋厘问学之事,内容基本相同。其事在KauṣI中再现,其学说亦一致,唯耆跋厘换成伽吉耶夜尼,且理论更为复杂,所以KauṣI应是以BṛihVI·2或ChānV·3—10为蓝本的,而在后二者中,《唱赞奥义书》所载应当是更早的文本(见下文分析)。但奥义书这则故事的情节不必属实。盖优陀罗羯是梵书中伟大的婆罗门圣者,且他在梵书中作为一个汲汲求知的婆罗门的典型形象,想必给人极深印象。而耆跋厘的轮回说,其实不属于雅利安的传统,而是来自印度土著的新思想,故不属吠陀之学。它可能在当初不被婆罗门接受,然而刹帝利可能对这类新思想更开放。在奥义书中,轮回说被称为"刹帝利智"(Kṣatriya Vidyā),这意味着它可能首先被刹帝利接受。而持此义者,为自神其说,使之见容于婆罗门,得录于圣典,故撰此故事以为装饰,是极有可能的。另外,既然BṛihVI·2和ChānV·3—10都明确说到此说本不属于婆罗门,故这两处奥义书反映了轮回说最早被婆罗门接受的过程,这意味着这两处奥义书的思想是极古老的。这两处奥义书所载的耆跋厘学说,即通常所谓"五火说"。另外ChānI·8—I·9还载有耆跋厘所谓"空说",从内容上看比前面两处所记录的思想更为原始,故应当是反映了一个更古老时代的思想。

### 一、五火说

耆跋厘的理论一般被称为五火说(Pañcāgni-vidyā)。据说,幼承家学的少年婆罗门室韦塔克图一次在般遮罗人聚会上遇到耆跋厘。后者乃以如下五个问题,一一问之,五问皆是关于死后生命之相续轮回的:"你可知道此世众生死后,如何分赴不同趣处?""你可知道彼等众生何以再返此世间?""你可知道彼岸何以不因此众多生命数数归之而爆满?”“你可知道依何献祭，水具有人声，起而言语?”“你可知道去往天神之道，或去往父祖之道? 人以何功业，得行于天神道或父祖道?”室韦塔克图皆答以“不知。”耆跋厘乃请他留住。室韦塔克图不领其情，而跑回家中，言其父优陀罗羯:“汝向时告曰，已尽付汝学于我，今一王族子于我五问而皆不知!”优陀罗羯了知其所问后，说:“我儿，汝知凡我所自知者，我已悉授于汝。吾等且趣其处而为学徒焉。”“汝便自去。”于是优陀罗羯至耆跋厘处。后者备足礼遇。曰:“在下愿惠尊者乔答摩!”优陀罗羯说:“我所求之惠是:请告我你所问于我儿者。”彼曰“信然，乔答摩，此为天惠。请言人惠。”“众人皆知我已富有金钱、牛马、仆役、毡毯、美服。故先生请不吝于我，以彼丰沛者、彼无限者、彼无量者。”“如是，乔答摩，则汝应求之以常道。”“我即就汝为学徒!”此处耆跋厘与优陀罗羯的对话，可视为对后者的考验:首先，优陀罗羯的答问表明其求道之心坚定而纯粹，金钱、牛马、仆役等世间福利，即所谓人惠，已不复能蒙蔽、动摇其目标，此为舍;其次，他身为婆罗门耆宿，而虚心为年轻刹帝利门徒，亦可见其为得真知，谦卑自处、不事虚荣的品格，此为忍。唯其具有了舍、忍两种资粮，故耆跋厘以为可与语其至上之学，即所谓五火说。以下为其所开示的道理(BṛihVI·2·8—16):

8 彼乃曰:“君既如是言，我岂能不教汝乎。然此学从未属于婆罗门，故请勿(以此学)害我等(刹帝利种)，应如汝父祖。”彼云:9“信然，彼岸(即天界)为一祭火，乔答摩。太阳如实是薪，阳光为烟气，白昼为焰，四方为炭，中央为火星。诸神献信仰(śraddhā)于此火中，由此祭品而生须摩。”10“信然，雨云(即空界)为一祭火，乔答摩。年如实是薪，云层为烟气，闪电为焰，雷为炭，雷声为火星。诸神献须摩于此火中，由此祭品而生雨。”11“信然，此世界(即地界)为一祭火，乔答摩。地如实是薪，火为烟气，夜为焰，月为炭，星为火星。诸神献雨于此火中，由此祭品而生食。”12“信然，人(补鲁沙)为一祭火，乔答摩。张开之口如实是薪，气息为烟气，语言为焰，眼为炭，耳为火星。诸神献食于此火中，由此祭品而生精液。”13“信然，女人为一祭火，乔答摩。诸神献精液于此火中，由此祭品而生人(补鲁沙)。此补鲁沙尽其寿而活。然后当其死亡，”①14“于是众人投

① 此段译文略去了原文的中间部分，恐译之丧雅故。为备有志深究之士查考，兹录Hume的英译全文如下:“Woman, verily, is a sacrificial fire, O Gautama. The sexual organ, in truth, is its fuel; the hairs, the smoke; the vulva, the flame; when one inserts, the coals; the feelings of pleasure, the sparks. In this oblation the gods offer semen. From this oblation a person arises. He lives as long as he lives. Then when he dies,……”(BṛihVI·2·15)

之于（毗荼或焚尸之）火。此火如实是火，薪是薪，烟气为烟气，焰为焰，炭为炭，火星为火星。诸神献人于此火。此人复由此祭品而生，其色光耀。”15“彼知此理者，以及于丛林中敬思（upāsate）信仰（śraddhā）与真理者，此时乃入于此火。由此火入于昼。由昼入于望月。由此之半月入于太阳北行之半年。由此半年入于天神界。由天神界入于日。由日入于光焰界。在此光焰界乃被一由意念所生（mānasa）之人（puruṣa）引入梵界。彼等遂长住于此梵界，而不复返回（此世界）。”16“彼以祭祀、布施、苦行而征服世界者，乃入于（毗荼之）烟气。由烟气入于夜。由夜入于朔月。由此之半月入于太阳南行之半年。由此半年入于父祖界。由此父祖界入于月。彼等即入月宫，乃变为食。诸神享用此食①，如人饮用闪光之须摩汁，且曰：‘其增乎，其减乎！’当此业果受尽，彼等众生遂入于空。由空入于风。由风入于雨。由雨入于地。彼等入地后，乃变为食。由此再被献于人之火。由此再被献于女人之火。由此再次投生此世界，如此循环往复。而彼不知此二道者，乃变为诸爬虫、飞虫，暨一切叮咬于人者。”

ChānV·3—10的基本内容与上文一致，我们可以肯定在这里是《广林奥义书》沿袭了《唱赞奥义书》的内容。一方面，从文字风格上说，ChānV更简朴，而BṛihVI·2则更生动、形象，这意味着后者可能是在前者基础上增饰而成。另一方面，更有力的证据是，我们发现前者部分内容为后者所无，而这部分内容可以确定是后者在转抄中遗落了。第一点、ChānV·8—9包括了上文BṛihVI·2·13的内容，然而多出了一部分，多出部分内容见于下文：“8·2诸神祭精液于此火（即女人之火）中。由此祭品而生胎。9·1是故在此第十五祭中（以上每节为一献祭），水始有人声。彼作为膜包裹之胎，（于母腹中）处十月或不定，然后生出。”此部分乃回应故事开始时耆跋厘提的第四个问题，即“你可知道依何献祭，水具有人声，起而言语？”故可断定此处是BṛihVI·2·13遗失了这部分内容（而非为ChānV·9增补）。第二点、ChānV·10·5—10包括了BṛihVI·2·16的内容，但也有许多内容为后者所无，见下：“5……（趣向父祖界之众生）由风入于烟。由烟入于雾。6由雾入于云。于是彼作为云，乃雨于地。彼等于是生为稻、麦，草、木，麻、豆等。然而彼众生由此得出，乃极难得。盖唯当有人食之，且将其化为精液排出，彼等乃由此发育。7是故，凡于此世为善行者，将于来世入善胎，如婆罗门之胎，刹帝利之胎，吠舍之胎。而凡于此

① “食”在这里可能是譬喻，指被受用、被作为对象者。此句的意思可能是，众生入月宫，为诸神之仆役或财富，被其享用。

世为恶行者，将于来世入恶胎，如狗胎、猪胎、乾陀罗（caṇḍāla）胎。8 而彼不断出生之小虫（蚊蝇等），则不入于此二界，彼即所谓‘生已即灭’者——此即第三界。是故彼岸（即天界或月宫）不因众生归之而爆满。是故人应戒慎其身。于此有偈云：9 盗金与饮酒，污导师床榻，杀害婆罗门，及与四者通，有此诸罪者，则必将沉坠。10 然谁若知此五火之义，则不为恶行染污，纵与上述人等交。‘彼知此义者，乃得清净、无染，居于净土——嗟乎，彼知此义者！’”（ChānV·10·5—10）其中第 5、6 段论趣父祖界众生死后的道路，比 BṛihVI·2·16 复杂。第 7、9、10 段内容为 BṛihVI·2·16 所无。第 8 段中的“是故彼岸（即天界或月宫）不因众生归之而爆满”一句，亦为后者所无，然而此句乃是回答故事开头耆跋厘提的第三个问题，即“你可知道彼岸何以不因此众多生命数数归之而爆满？”① 由此我们可以断定是 BṛihVI·2·16 缺失了这一句，故紧随这句的其他内容也极可能是与之一并脱落的。第三点，ChānV·10·10 表明得五火智的功德以作为结束，按理这也应当是这个故事不可缺少的，而亦为 BṛihVI·2·16 所无，故也极可能是后者的缺失。这些都清楚地证明了这一点，即《广林奥义书》这则故事是袭自《唱赞奥义书》，而且在沿袭中缺失了不少内容。后者中最重要的是往生与此生行为善恶的关系，即所谓由善行得善报，恶行得恶报（即由月宫返回者，因其前世之善恶而有不同往生），此为 ChānV·10·7 的内容；其次是圣智超越善恶，可除业染，得圣智者乃得清净、无漏，此为 ChānV·10·10 的内容。这两点被 BṛihVI·2 漏掉，但却是奥义书轮回思想的重要内容。

尽管耆跋厘的上述说法，被无区分地称为五火说，但实际上从《广林奥义书》上述文字就可以看出，它包括了两部分内容。其一是此奥义书上引第 8—13 段，讲的就是五火说；其二是第 14—16 段，乃是讲生命不同趣向的往生说。二者的出发点并不相同，但是在《广林》和《唱赞》两种奥义书中它们都被糅合起来了。尽管如此，二者的不一致仍然存在。以下我们先阐明这两种学说的内容，然后再分析其结合的情况。

首先是五火说。五火说一如斫克罗衍尼对“五分娑摩”的沉思，亦由优波舍那（upāsana，为祭祀之敬思）发展出来。优波舍那将祭祀与诸神、世界联系起来。它或者敬思祭祀所象征的宇宙存在，或者将宇宙现象观想为祭祀的环节；“五分娑摩”之说属于前者，五火说属于后者；对于后者而言，将宇宙现象观想为祭祀，往往只具有譬喻的意义，因而它对于祭祀宗教，在精神上更自由。五火之说，就是将生命寄寓其

① 其原因是：在望月中，新的生命不断进入此月宫，故月渐圆满；在下弦月中，这些生命离月宫各归其趣处，故月渐亏。

中的五个阶段，观想为祭火，故生命于其流转中，应经历五种祭火：天界、空界、地界、男人、女人。此五者，乃是以古说之天、地、空“三界”（tripartite）为基础，加上男、女而成。盖所谓祭火，首先指焚烧牺牲（燔祭）之火。人们将牺牲投入火中，相信彼将随火焰上升，达乎神界。而人死后亦被投入火中，且据信亦将随烟焰升至神界，故毗荼（火葬）之火也是祭火。于是祭火就被理解为生命由以获得升华的熔炼之处。生命作为祭品被投入祭火，然后在其中发育、酝酿，最后以更新更美的形态再生。于是一切使生命得到熔炼、培育、升华的事物，皆被称作祭火。而天界、空界、地界、男人、女人，皆是人在生命流转中必经的熔炼之处，故称之为祭火。所以，五火说肯定受到燔祭和毗荼仪式的启发。但祭火在这里完全只有譬喻意义。这里讲的就是生命、存在的相互转化、相互贯通的道理，实质内容与祭祀学没有什么关系。在这里，生殖的全部过程被视为一种献祭，是诸神通过人完成的，因而获得一种神圣性。人在这里参与到宇宙的整体演进之中，使其活动获得了某种极闳阔辽远的意蕴。

五火说的思路其实很简单。按此说，人在其生命流转中，先是随毗荼之火上升，然后他作为信仰（śraddhā）被众神献于天界之火。人何以被当做信仰？因为在婆罗门传统中，信仰是承善业者，唯信仰将人在此世的祭祀修道之行携至天界，故信仰被等同于此相续之生命本身。这也意味着，人若无信仰，则不在天界祭品之数，甚至进不了天界。信仰通过天界之火，转化为须摩。须摩被献于空界之火，转化为雨水。雨水被献于地界之火，转化为食。食被献于人之火，转化为精液。精液被献于女人之火，转化为人①。此为五火说的核心内容，至于祭火生焰、烟气等类，乃属多余的增饰。此说之要点可说为：其一，自我可以进入自然现象（天界、空界、地界），可以依缘起生成为各种自然的和精神的存在，包括信仰、须摩、雨水、食、精液、人。其二，此类自然和精神存在，亦可相互转化，互为缘起，如信仰转化为须摩，须摩转化为雨水，雨水转化为食，食转化为精液，精液转化为人。其三，任何事物之生成，都是整个宇宙共同参与的结果。譬如夫妇之生子，并非仅是二者性行为的简单结果，而是包括天、地、空在内的全部宇宙参与其中共同作用的结果。男女交媾、精血和合，其实只是宇宙缘生过程之一个环节，而被宇宙缘起的整体决定，故奥义书说通过此男女交合，诸神献出精液云云。人之生成既是全宇宙缘生的结果，推及一切事物之生成，皆是如此。故依此五火之教理，一切存在皆是相互贯通、相互转化、互缘互生的，宇宙、

---

① 五火说关于灵魂经雨水、植物、男人、女人而投生的图式，应当是印欧民族的共同想象。在《阿吠斯塔》中，琐罗图斯德的灵魂就是随雨水降下，进入植物中，为奶牛所食而化为乳汁，被先知父母喝下，并通过交合成孕。

人生由此构成一个融贯的整体。此说可视为《华严》圆融理论之最早先驱。与后世的轮回说不同，五火说没有谈到人的行为善恶对往生的影响，似乎认为信仰是决定生命趣向的唯一因素。

其次是往生说。此说将死后亡灵所行的道路分为两种，即天神道（devayāna，或译天乘）和父祖道（pitṛyāna）。将要进入此二道的灵魂，其死后都要进入月亮（前者经火、昼到望月，后者经烟、夜到朔月），然后走上不同的道路，前者经太阳最终进入梵界，不复返回（其详细旅程为：太阳北行之半年、天神界、日、光焰界、梵界），后者又返回月亮，并化为云雨，降落于地，转为粮食，待人食之化为精液，后者入女人之腹并最终出生为人（其旅程为：太阳南行之半年、父祖界、月、空、风、雨、地、食、人）①。二道都要以月亮为中转站。奥义书还设想月之盈、亏，分别是灵魂进入和由之逸出的结果②。在后世思想中，此二道日益明确地成为两种不同的生存方式，即智道和业道的代称，依智道人。两种奥义书在此皆模糊地提到还有第三条道路，即爬行、飞翔之虫类，此类动物是“生已即灭”，即可能不会经过升天这一环节，没有往生，直接澌灭。至于何者规定往生的不同，则奥义书所说在此大致是清楚的：一是人依信仰、悟真的智慧、出家的修行（林栖），得入天神道；二是依在家的祭祀、布施等功德，得入父祖道；三人若不知往生之理，则将入于虫道。

这种往生说，首先继承了五火说的事物互相转化、互为缘起的观念，并加以发挥，使之更复杂。五火说只是讲信仰、须摩、雨水、食、精液和人这几种存在的相互转化，往生说则增加了许多环节。比如它说祭祀者死后，依次先后进入或转化为毗荼之烟气、夜、朔月、太阳南行之半年、父祖界、月、须摩、食、空、风、烟、雾、云、雨、稻麦等、精液、胎儿等，于是更多的环节参与到生命相续的直接因缘之中（ChānV·10·5—7；BṛihVI·2·16）。任何事物之间不仅互为缘生的条件，而且一一互为根源、亲因，宇宙由此构成一个融会的整体。另外，往生说至少在以下几个重要方面与五火说不同：第一，往生说强调天神道与父祖道之不同，五火说则似乎没有对此二者进行区分；第二，依五火说，全部众生经天界以后，都必须返回地界，最终再投生为人，而往生说则认为众生入天神道后，终将进入梵界，不复返回；第三，五火说以信仰为轮回之环节，而往生说则认为人依信仰最终脱离轮回，入于梵天；第四，五火说似乎尚未将轮

① 类似的往生图式亦见于 KauṣI·2—7 等。

② KauṣI·2。摩尼教的人生论明显袭取了奥义书的这种独特往生图式。其以为人的灵魂被囚于物质之中，亡灵将于望月升至月亮，逐渐充满，形成满月。然后在朔月，灵魂逐渐离开，故月亮渐亏以致消失；其中一部分灵魂将转移到太阳，由此到达天国，另一部分仍然被物质（魔鬼）吞噬。从这里可发明显看出摩尼教此义与耆跋厘、伽吉耶夜尼等的说法的渊源关系。

回与业报统一起来，没有区分善、恶行为对众生归趣的影响，而往生说则明确将二者统一，认为人从月宫返回后，乃依前世善恶决定其投生之处，善得善果，恶得恶果。由此可知，往生说思想比五火说更复杂，故在此二说中它应当是较后产生的。然而两种如此不一致的学说在两处皆猥集一篇之中，亦可见奥义书思想之芜杂、混乱。

轮回有没有一个承担的实体，抑或只是一团物质、能量之流？从耆跋厘的学说看，它应当是持后一种见解。无论是就五火说还是往生说而言，众生的自我都是以其自身存在，不停地转化为多种自然形态，循环往复。它既不会住持于某一种形态，古人也没有明确意识到它有一种自性、内核在此转化中常恒不变，一切都属于生生不息的流动，所以这种轮回是无实体或无我的。这种轮回观念，比起耆那教、数论等以明确的灵魂实体观念为基础的轮回说来，显得非常原始。这也从侧面表明了耆跋厘的思想来自非常古老的年代。而佛陀学说的核心，可以说是结合缘起无自性观念的生命轮回说，认为众生无我、无自性而相续流转，却与奥义书轮回说的这种最古老形态，表现出本质的亲缘性。

然而耆跋厘之说，与原始佛教识体轮回的观念亦有很大差距。从以上陈述看来，轮回的生命并没有被当做意识或精神性的存在。自我、生命的实质，还完全是从自然、物质、感性的层面被理解的。在耆跋厘思想中，后来奥义书（甚至《阿闼婆吠陀》和梵书）对自我的丰富精神内容的发掘，以及诸如五身、四位说对自我的内在层次的深刻阐释，都还不见踪影。自我的实质被认为是一种液体状的东西：如在五火说中，自我曾作为信仰（śraddhā）、须摩、雨水、食、精液、胎儿，其中信仰以水为象征且往往与后者等同，食的实质被认为是有营养作用的流体物质，胎儿亦是从水中生出。这种理解可与轮回观念完全适应：一方面，液体的东西具有流动性，因而适合作为生命在过去、现在、未来之间永恒相续的载体，以携带此世的业到来世去生果；另一方面，液体没有定型，故同一液体可因容器的不同而被赋予不同形状，这也为同一生命表现为不同形态提供了方便的解释。食物无疑在生命相续中有关键作用。雨水化为食，食化为精，精液发育成人，人化为须摩，须摩又是神的食物，而化为雨水，如此循环不已。故生命、自我的实质就是食。所以耆跋厘对自我的理解，仅仅达到了后来婆楼那等的五身说的最低层次，即食身的层次，而后者所谓元气身、识身，则尚未进入前者的思想视域，因而耆跋厘的自我观念是非常原始的，甚至比斫克罗衍尼的观念更原始（斫克罗衍尼还达到了元气的观念）。

## 二、虚空说

在ChānV·15中，婆罗门阇那·沙伽罗叉（Jana Śārkarākṣya）告诉国王该衹夜

(Aśvapati Kaikeya)，谓他敬思虚空(ākāśa)为阿特曼，故他应是代表“空说”(ākāśa-vāda)的，但他在这里并没对其说加以展开。在ChānI·8—I·9中，耆跋厘立足于娑摩崇拜，对“空说”予以详细阐明。其以Udgītha等同于虚空，以虚空为世界之归宿、依止。奥义书在这里谈到婆罗门湿罗迦·娑罗婆蹉、宰启多衍那·达薄夜和刹帝利波罗婆诃那·耆跋厘三人精于Udgītha，此三人乃聚而讲论之。现录其对话如下(Chān I·8·4—9·2)：

> 8·3于是湿罗迦·娑罗婆蹉语宰启多衍那·达薄夜：“若蒙准许，吾且问汝。”答曰：“请问。”4问曰：“《娑摩》归宿于何？”“声音。”“声音归宿于何？”“呼吸。”“呼吸归宿于何？”“食。”“食归宿于何？”“水。”5“水归宿于何？”“彼岸(天界)。”“彼岸归宿于何？”“人不应执《娑摩》于天界之外，吾人安立《娑摩》于天界，赞《娑摩》为天故。”6于是湿罗迦·娑罗婆蹉语宰启多衍那·达薄夜：“信然，达薄夜，汝之《娑摩》无依止。若人此时说‘汝将头坠于地’，则汝必坠头。”7“吾请学此道于先生。”“学焉。”“天界归宿于何？”“此岸(地界)。”“地界归宿于何？”“人不应执《娑摩》于此世界依止之外，吾人安立《娑摩》于此岸以为依止，赞《娑摩》为地故。”8于是波罗婆诃那·耆跋厘语湿罗迦·娑罗婆蹉：“信然，娑罗婆蹉，汝之《娑摩》已穷。若人此时说‘汝将头坠于地’，则汝必坠头。”“吾请学此道于先生。”“学焉。”9·1“此岸归宿于何？”“虚空(ākāśa)。信然，万有生起于虚空。彼亦没入虚空，虚空大于此万有故；唯虚空为究竟。”2“此即最胜Udgītha。此为无限。人若知此，且敬思此最胜Udgītha，则最胜者属于彼，彼且致最胜界。”

这里所谓“归宿于”某物，即依止某物或以之为起源、本质、实质之意。兹所谓虚空“大”(jyāyān，此处为比较级，谓较尊贵、优先、杰出、强大、尊长之意)于万有，为万有之究竟(parayana)，可有两种理解：第一种理解谨守字面意义，以为此虚空之“大”谓其比万有强大，涵盖、支持万有；虚空之为“究竟”谓其为万有之绝对的包容者、承载者。易言之，此解只以虚空为包容、支持万有的容器、基石，不涉及它与万有之根源性关系。Hume、Radhakrishnan和Swahananda的翻译从此解。他们将“jyāyān”译为“greater”，将“parayana”译为“final goal”等，没有给原文增添任何意思。第二种理解，不仅承认了上述看法，且以为这里虚空是万有之根源。Deussen和Muller的译文皆从此解，因而他们将“jyāyān”译为“古老”，前者还明确将“究竟”译为“最终起源”(der letzte Ausgangspunkt)。可见这第二解可以包含第一解在内。

但我们通观全文，认为第一解无疑是成立的，第二解则无绝对保证。

在印度思想中，空（ākāśa）包含了较丰富的意义维度，且后者往往在这词的使用中没有得到明确的区分或是被融合在一起。它最早可能指容器所包括的虚空（vārivas，room）；后来转指天地之间的空界或大气界（atomsphere）；再后来就是指整个宇宙的空间（space），或者包括宇宙的容器；最后它亦指充满这空间的、无色无形、不生不灭的极微细物质（ether），是一切有形相的东西的实质；在佛教尤其是大乘佛学产生后，它有时被与“空”、“空无”（śūnya，nothingness）等同。耆跋厘所谓的空，可能包含上述第二、三、四种意义。它似乎即是万物的容器，亦是其实质。万物生成时，便出现在此虚空中；其坏灭时，亦消失在此虚空中。这种虚空是万有依止，也是自我的实质。这种思想尽管极简单，但却是后来奥义书—吠檀多思想和如来藏佛学的虚空说的最早根源。如《唱赞奥义书》云：“信然，所谓自我，乃与一人之外的虚空相同。信然，人之外的虚空，乃与人之内的虚空相同。信然，人之内的虚空，乃与心内的虚空相同。彼即遍满、恒常。”（ChānIII・12・7—9）这也是说人心中有一种虚空，是世界存在和众生自我的本质。在更往后的思想中，虚空被认为是心本来的纯洁无染状态，即自性清净心。这构成了晚期奥义书、吠檀多派和如来藏佛学的基本立场。如《白骡奥义书》说清净心如虚空遍入一切，包容一切：“彼隐藏于一切，遍入一切，彼万物中之自我，摄一切业，居于众生中”（ŚvetVII・11）。不二吠檀多派鼻祖乔荼波陀，也将真我、大梵喻为虚空，以此解释自我与非我、大我与小我的关系。如《圣教论》云：“一我现起为诸我，如空现为众瓶空；是皆和合如瓶等，此乃所说生之义。”（ĀŚIII・3。参考巫白慧译）正是在吠檀多这类空说的基础上，佛教的净心如来藏说，将如来藏自性清净心说为众生自我内在的虚空，为众生自我的本质、真理。如《宝性论》云：“如空遍一切，而空无分别，自性无垢心，亦遍无分别。如虚空遍至，体细尘不染，佛性遍众生，诸烦恼不染。如一切世间，依虚空生灭，依于无漏界，有诸根生灭。”（卷一）“阴入界如地，烦恼业如水，不正念如风，净心界如空。……净心如虚空，无因复无缘，及无和合义，亦无生住灭。”（同上）净心如来藏的这些说法，在奥义书—吠檀多传统中都已经存在。

然而耆跋厘的空说与五火说，看来并没有很好地整合。(1) 空说反映了属于奥义书的宇宙观之最早层面的、以为世界由天、地、空三界构成的三界说，它认为天、地二界安立于空界之上，以后者为依止、支撑，这基本上仍然是一种宇宙结构论。而我们前面看到，五火说实际是在天、地、空三界基础上加上男人、女人二者构成，故它是以三界说为前提。在此意义上说，空说应比五火说更古老。(2) 另外空说只以空为万有依止，并没有明确提到万有的生成，而五火说强调的正是存在的生成转化过程，这也从思维发展的逻辑上表明了空说比五火说原始。但空说所谓《娑摩》、声音、呼吸、食、水、天、地、空递为依止，与五火说所谓生命依止天、地、空、男、女的相续流转，似乎也有可沟通之处。(3) 空说以为灵魂的实质是没有差别、常住不动的虚空，那么它何以会有轮回流转？何以会有不同的归趣？也就是说空说与五火二道说提出的生命流转观也难以达到一致。尽管如此，考虑到奥义书思想的极端含混性，若此二种学说果为一家之言，亦无甚可怪者。

## 三、生命观想

如上所述，耆跋厘的五火说乃是由优波舍那发展出来。它将宇宙现象观想为祭祀的环节，将生命流转中经历的五个阶段，即天界、空界、地界、男人、女人，观想为五种祭火。杜伊森说其思想主旨更多地是梵书的而非奥义书的①，盖以未能脱离祭祀思维的框架故。然在这里，祭火只有譬喻的意义，谓生命由以获得升华的熔炼之处，其实质内容与祭祀学没有什么关系。这种观想，实际上是要求吾人沉思自我转化为五种形态，以及世间所有生命、存有互为因缘、相互贯通的道理。此种观想与该祇夜的总相观有关，后者要求沉思太阳、天界、风、空界、水、地界属于宇宙大我。五火观，同总相观一样，旨在沉思自我统摄万有，但是它将总相观的沉思方式由横向的（空间性的）变为纵向的（时间性的）。往生说也包含一种观想。其云知五火说义，及于从林中修出世行者，乃由毗荼之火入于火界，由火界入昼，由昼入望月，由望月入于太阳北行之半年，由此半年入于天神界，由天神界入日，由日入光焰界，最后入于梵界且永住于此；而修祭祀、布施等世间行者，乃入烟气，由烟气入夜，由夜入朔月，由朔月入太阳南行之半年，由此半年入父祖界，由父祖界入月，待业果受尽乃入空，由空入风，由风入雨，由雨入地，乃变为食，被献于人之火，再被献于女人之火，遂再次投生。从思想发生的角度来看，此中诸界应当首先属于一种与五火说类似的、对自我转化为各种宇宙现象的观想，这些现象由于同一自我贯穿其中，而成为一连续的整体，然后诸界才被当做往生的实际环节，最后包含这些内容的往生过程，本身又成为观想的对象；也就是说，人应当如理一一沉思生命流转的这些环节，方能获得正确的往生。

另外 BṛihVI · 1 阐明了一种元气观想。BṛihVI · 1—3 的思想，从内容上看，显然不属于耶若婆佉的学说，但其自成一连贯的整体，因而很可能是一并袭自耆跋厘的学说。其中 BṛihVI · 1 和 ChānV · 1—2 的基本内容相同（后者被归宿于

① Paul Deussen, *Sechzig Upaniṣaden des Veda*, F.A.Brockhaus Leipzig 1921.132.

茶跋拉的学派)。可能二者皆来自某一共同的(口传)文本,唯前者的内容有更多增饰。BṛihVI・1 的优波舍那,谓人应依次观诸根之殊胜,于是彼即可得其殊胜。BṛihVI・1・1—6 云:

> 1 Om! 信然,人若知彼最尊、最胜者,则成为共自类中(svānām,即同类中)最尊、最胜者。信然,元气(prāṇa)即是彼最尊、最胜者。人若知此,则为自身中,乃至其所欲成者中之最尊、最胜者。2 信然,人若知彼最富足者(vasiṣṭhā),则成为其自类中最富足者。信然,语言即是彼最富足者。人若知此,则成为其自类中,乃至其所欲成者中之最富足者。3 信然,人若知彼安住处(prati-ṣṭhā),则于平地得安住处、于不平地亦得安住处。信然,眼即是彼安住处,人以眼于平不平地皆得安住处故。人若知此,则于平地得安住处、于不平地亦得安住处。4 信然,人若知彼成就(saṃpada),则凡其所愿皆得成就。信然,耳即是彼成就,以由耳全部吠陀可闻得故。人若知此,则凡其所愿皆得成就。5 信然,人若知彼依止(āyatana),则成为其自类之依止,人民之依止。信然,意即是彼依止。人若知此,则成为其自类之依止,人民之依止。6 信然,人若知彼生殖者(prajāti),则为其自身繁殖后代与牲畜。信然,精液即是彼生殖者。人若知此,则为其自身繁殖后代与牲畜。

孰若观元气为最尊、最胜者,语言为最富足者,眼为安住处,耳为成就,意为依止,精液为生殖者,则成为最尊、最胜者、最富足者、安住处、凡所愿皆得成就者、依止、为其自身繁殖后代与牲畜者。云何如此?首先因为诸根皆是元气、自我的转变,且依止于元气,实质上就是元气,故诸根之功德,实皆为元气之功德。就此问题,此则奥义书以梵书、奥义书中经常谈到的诸根互争殊胜而元气最终胜出的故事来表明元气才是最殊胜的。其云争论之诸根诉于梵,梵曰:"汝等之中,若谁离此身去后,此身最敝劣者,则谁为汝等中最胜者。"于是语言、耳、眼、意、精依次出游一年而返,而此身仍然存活。于是元气欲离此身出游。如烈马逃逸时,拔出桩栓,此元气亦拔出诸根。故诸根皆呼元气留住,知彼为最胜,"于是语言曰:'何处若我是最富足者,则汝亦是最富足者。'眼曰:'何处若我是安住处,则汝亦是安住处。'耳曰:'何处若我是彼成就,则汝亦是彼成就。'意曰:'何处若我是依止,则汝亦是依止。'精液曰:'何处若我是生殖,则汝亦是生殖'"。(BṛihVI・1・14)故诸根之德,皆属元气。观想诸根之德,实即由此观元气之德。其次,奥义书相信,人若如理观想大我之何种功德,则彼即得此功德。如《唱赞奥义书》中该祇夜的总相观,即谓人通过观想天界、太阳、风、虚空、水、地为大我之有光辉的方面、有众相的方面、宽广的方面、有多途的方面，以及作为财富和支持的方面，即成为光辉者、有众相者、宽广者、有多途者、有财富者、有支持者（ChānV·12—18）。此则奥义书亦具同样思路。盖人观想元气为最尊、最胜者，语言为最富足者……精液为生殖者，实际观想自我为最尊、最胜者、最富足者、安住处、成就、依止、生殖者，而人若观想自我具有如是功德，则可如实具有全部这些功德。

总的来说，耆跋厘的思想是自然论的、表象的、感性的。尽管任何对自然的实质或本质的追问，都是精神试图返回自身（因为只有精神自身才是真正的内在性，才是任何存在的最终实质和本质），但精神在这最初的返回中没能真正找到它自己。精神最初的自我返回就是自然反省，在这里它仍然停留在完全外在的、偶像和符号的自然之域，然而却要试图克服这种自然存在的直接性，而认识它自身的存在，即作为一切存在之真理、实质、本质、法则的东西。这种自反省属于精神的童年时代。在这里，精神认识的真理是自然的，它是把自然当做自我。这种自然反省也有自觉的（内在的）和不自觉的（外在的）之分。人类最原始的哲学思考都属于不自觉的自然反省。精神试图找出作为自然物的实质或本质的东西，但却没有把后者当做自我自身，而是以之为一种外在物。像东土思想中老子与《易传》的宇宙演化论，希腊的米利都学派的物理学，就属于此类探索。但即使像耆跋厘所代表的最原始的奥义书思想，也已经开始把这种自然的实质等同于生命、自我，于是反省实现为内在的。精神在这种自觉中归宿于一种自然的内在性，但这种内在性是不真实的。耆跋厘把生命、自我理解为某种处于无限的流动、转化中的原理，然而却把后者规定为一种感性的具体性（在五火说是食或水，在空说中是人们见到的虚空），而非如老子的道、优陀罗羯的原质那种感性的抽象；尽管前者是内在的，后二者是外在的。无论是感性的具体还是抽象，都是以自然，即精神对意识直接呈现的存在为依据的，而这种直接存在只是精神最外在的标记、符号或外壳，因而自然反省离真正的精神反思还相当遥远。自然由于是对意识直接呈现的对象，因而是生灭不已、永不会停留于一处的，所以必然是时间性的。自然反省总是具有一种时间意识。然而当精神试图穿透自身存在的这层直接、感性的膜，一个超越时间、超越感性的国度必将最终展现在它眼前，精神由此而逐渐进入其自身内在性中。

如上所述，五火说与往生说都企图通过事物的相互缘起实现存在的统一，然而这种统一是肤浅的。首先，从现实层面上说，它尽管作为存在的统一性，反映了理性的要求，但这不是一种真正理性的统一。因为它是通过个体的想象力而不是普遍理性实现的。真正的理性总是通过普遍法则来活动的，因而必然是普遍的。比如传统的欧洲思想，总是企图通过某种普遍法则来把握存在的统一，由此实现的就是一种理性的统一。然而在印度的后吠陀思想中，原先对“黎答”（ṛta，宇宙法则）的崇拜接近消失，于是印度人的理性生活就主要表现在编织复杂的祭祀仪式上，其对于自然的客观规律的认识，仍然极贫乏、肤浅。于是，当他们试图把握存在和世界的统一性时，便采取了一条非常独特的，在很大程度上决定了以后印度人的理性精神发展的思想，即泛祭祀化思想。它把宇宙的生灭演化当做一种宏大的祭祀，故世界的形式就是被祭祀的形式规定，或者说就等同于后者。这种思想在很大程度上阻塞了印度人探究世界的客观法则的理性冲动。它的法则，即祭祀的规则，完全是主观的。后者在自然领域就只是一种想象的法则；在此基础上建立的存在统一性，就只能作为主观想象力的成就，不具有任何理性的客观性，所以说它不是一种真正理性的统一。耆跋厘的思想仍然属于这一传统。尽管他只是以祭祀为譬喻，将天地日月星空乃至一切存在，通过生命无尽缘起的法则，纳入宇宙的整体性中，然而这种法则，与上述泛祭祀化的自然法则一样，完全出于主观的想象力，它在自然领域不具有任何客观的普遍性。如此把握的宇宙统一性，并没有真实反映事物本身的存在关联，它对于我们正确地认识世界，价值是极为有限的。其次，从本质层面上说，存在的统一性应当通过生命概念来理解。存在、自我的本质就是生命，就是自否定的无限运动。只有将一切存在者都作为这一运动的环节（标记、组织、功能）来理解，才能在本质的或绝对的意义上把握存在的统一。然而耆跋厘的思想，不是把众生的自我理解为运动、否定，或生命本身，而是以之为一种现存的物质（水、食、空等）。从后者之融会、贯通、转起万有解释世界的统一性。这种解释，只触及存在、生命的最外在的形器、自然层面，而没有触及其内在本质，因而是肤浅的。应当承认，尽管耆跋厘的融贯的存在统一思想对后来的奥义书的大梵概念，乃至对整个印度思想都产生了很大影响，且应当被认为是佛教《华严经》的圆融思想的最早根源，但是这种统一性，乃是根据某些主观法则，通过某种原始质料的因缘转化而建立的，因而是肤浅的，它对于我们理解自然、生命的真实存在，不会带来多少启发。同样，由此发展而出，后来在如来藏佛学，尤其是中国佛教中被大加宏扬的圆融思想，实质上也是肤浅的、贫乏的。

耆跋厘的空论，作为一种宇宙论，同此前的日、火、水、风等说一样，属于实质论奥义书阶段。这种实质论在耆跋厘这里，达到其最精微的层次。盖此处作为世界依止的空，已不同于前述几种元素那般粗显，而是一种无色无形的存在，已经很接近一种纯粹抽象原理。但是空还不是真正的抽象，因为虚空尽管无色无形、没有分别，但在某种意义上它仍然是感知的对象（在印度古代思想中，它常常被认为是由耳根感知的），而不是纯粹知性的观念。

奥义书的实质论也是一种宇宙生成论，它把所有自然物根据因果关联追溯到一种普遍的实质，这也就是存在的始基。奥义书的实质论反映了理性思维的发展和成熟。在这里，省思为存在建立了内在必然秩序，且确立了存在的普遍基础，因而克服了支配着神话精神的偶然性、个别性，进入了以对存在的因果功能关联的把握为特征的功利精神阶段。实质论也表明了奥义书思想从感性省思到知性省思的蜕变。在这里，绝对不再是神话精神中那种不具备自身实在性的、量的存在，而是被当成一种具体的实在、实质，这实质反过来成为感性个别物的基础。这意味着知性观念首次获得了自为的真理性。精神因而进入知性省思领域。

奥义书的这种实质观念以及相应的宇宙生成论，表明理性思维已经在绝对存在中建立起内在必然的秩序，并且领会了绝对的内在实质。这清楚表现了精神的自凝、自反势用的积极活动。在这里，自凝、自反势用进一步展开为针对绝对自身的运动，推动了理性思维的拓展和深化。因此，奥义书精神的上述进展，最终是自由推动的，是自由的展开。

不过即使发展到耆跋厘的阶段，奥义书的精神自由依然还很幼稚。即使耆跋厘的空，也仍未能最终剥去感性色彩。在这里，精神尽管挣脱了偶然个别性的系缚，但仍未能离开它诞育其中的感性世界的摇篮，在纯粹本质的王国驰骋。奥义书的实质论反映出，精神在其童年若离开对最粗显、直接的感性存在的攀附，便寸步难行。然而存在的最终实质，并不是一种自然物，而是觉性之本真自我（自由）。克实言之，觉性的内在自我才是唯一的实质。这实质是超越感性的，因而就是本质。究竟意义上的实质思考必然导向对本质的追问。在这里，省思必须彻底否定感性的真理性。这表现为感觉的抽象，即剥除存有的感性色彩，揭示其超感性的本质。这就是否定思维的作用。否定思维的形成和发展也是精神自由推动的。盖自由作为绝对，要求实现为对自我的内在存在的自主规定，它因而推动省思不断逼近这自我的本真性。这决定思想必须对感性存有进行还原、抽象，进入超感性的本质领域。真正的抽象即本质抽象，它把某种彻底剥除了感性色彩的、作为纯粹思维规定的绝对作为存有之依持、基础或根源。这就是否定思维的作用。在希腊思想中，毕达哥拉斯的数、色诺芬尼的神、巴门尼德的存在的观念，以及中土老庄思想的道的观念，都达到了这种本质抽象。

在奥义书思想中，优陀罗羯的实有观念就体现了这一精神转型。实有观念就属于这种本质抽象。通过确立这种抽象的、超越感性的本质作为存有的绝对真理，奥义书的精神否定了感性个别性的支配，实现了对于感性的超越。这是奥义书精神自由的一次重大发展。

## 第三节 优陀罗羯

在莱克婆、耆跋厘等的学说中，精神省思领悟到一种超越个别性的普遍实质为万有之始基。奥义书的精神由此初步超越那有限、个别的感性事物系缚，在普遍性、绝对的王国翱翔，它由此获得了某种解脱或自由。然而由于自由才刚刚开始在现实思想中展开，作为其实现的理性与反省思维仍显幼稚、肤浅，无力脱离直接自然的窠臼，只能把某种感性质料普遍化，将其理解为一切存在者的绝对实质或本质。由于精神仍然只能在感性自然的领域活动，它的理性与反省都是最表面、外在的，它的自由也是表面的，远非本质的。

自由作为绝对，必然要求将自身绝对性在现实思想中实现。这种绝对性在现实思想中表现为精神自否定的无限性。自由势必推动精神否定对任何现存存在的执着，展开自否定的绝对性。然而最外在的现存存在就是自然，最直接的自然就是感性的表象。因此自由在其自身实现中，必然要推动精神否定这种对自然，首先是对感性表象层面的自然的执着，而进入某种超感性的境域。这种精神进展主要体现为否定思维的发展。唯否定思维能扬弃最直接、外在的感性表象，确立存在的实质为抽象、内在的原理，由此决定精神省思向超感性层面的提升。否定思维的这种破、立辩证法，体现了精神内在的自舍、自反势用的积极活动，表明这二者在本质领域得到了展开。因而它的形成和发展，也是精神本有的自由推动的，它就是自由的现实展开。否定思维就是自舍势用的实现。

不过精神的内在自舍、自反势用的展开，还需要传统（包括构成精神当前语境的思想、观念及相应的社会存在）为其提供空间（反过来传统本身又是自由构造出来的）。印、西文化，从神话时代就表现出强烈的彼岸追求，在这里如此复杂的神话系统，本身就蕴含着对现存存在的否定，对超越境界的神往；而“认识你自己！”“我是谁？”的不懈考问，也使精神反省具有了无限的空间。总之印欧传统在其开端之处，就表现出对否定与反省思维之无限发展的开放性。因此可以说，这种传统为精神的绝对自舍、自反势用的展开准备了合适的土壤。然而这种开放性在中土文化传统中是无法看到的。一方面这种文化就只关注尘世（它甚至没有真正的神话），精神完全陷溺于对自然（最直接的现存性）的恐惧和依赖之中（如《周易》的忧患意识表明的），更直接地“体会”自然、更如其自然地生活，成了中土智慧的典范，从中看不出任何否定的精神；另一方面，这种文化在对觉性的直接外在性的沉醉中，完全“忘我”，以“丧我无心”为至上幸福，反省的精神在这里也极端缺乏。因此这种文化对于更高层次的精神否定与反省是封闭的。易言之，精神的绝对自舍、自反势用的展开，在这传统中没有合适的土壤。

在整个奥义书精神史中，自舍、自反势用的展开总是持续推进的。此种精神势用在其持续实现中，促使奥义书的否定和反省思维超越其最早阶段的直接、感性、粗显的自然论，确认某种超感性的实质或本质。精神的超越和反省正是在这从感性表象到超感实质之间的运动中，实现其自由。优陀罗羯（Uddālaka Āruṇi）的思想，就体现了这一精神发展。

在优陀罗羯的实有论否定了以火、风、虚空等感性具体存在为万有实质的观念，而以一种超感性的实质，即"实有"（sat）作为存在的基础、真理。这就是否定思维的成果。在这里，否定思维克服了前此的奥义书思想对直接、感性的执着，进入超感性存在即本质的境域。奥义书的知性省思由此克服其在早期实质论中表现的感性杂质而成为纯粹的。另外在优陀罗羯思想中，精神的否定为反省开辟了地基。盖自反势用在现实精神中将自身绝对化（使自反活动成为自觉的）的永恒冲动，决定反省思维的绝对化，即反省明确意识到存在的实质、真理就是自我。在优陀罗羯思想中，这种永恒冲动得到了体现。它在否定思维开辟的超感性境域中，立即为其自身展开找到契机，因而推动反省马上领悟到超感实质与自我的同一。优陀罗羯所谓"彼即是汝（tat tvam asi）"，就标志了这种反省的新阶段。自我被置于本质的领域。

在优陀罗羯的思想中，否定思维扬弃最直接、外在的感性表象，确立更抽象、内在的本质为存在真理，体现了精神内在的自舍、自反势用的辩证运动，表明这二者在本质领域得到了展开。因而它的形成和发展，也是精神本有的自由推动的。优陀罗羯的思想正是精神本真的自舍、自反势用现实化的环节。

传统上将优陀罗羯视为奥义书中最主要的思想家之一。在梵书、奥义书文献里面，他的名字可以说是在他们中出现得最经常的。在梵书中，优陀罗羯持一枚金币与人争论求负的著名故事，表现了一个执着于真理、虚心求道的婆罗门的典型形象。在奥义书中，BṛihVI・5 的传承表提到此人的名字，BṛihIII・7，BṛihVI・3，4，ChānIII，V，VI 都提到了他的思想。但是奥义书关于优陀罗羯的众多说法，同书中许多人物一样，颇多差舛。比如 BṛihVI・3・7，5・3 说优陀罗羯是耶若婆佉之师，而在 BṛihIII・3・7F 则优陀罗羯作为耶若婆佉学说的挑战者出现且最终被后者折服；在 BṛihIV・6・2，优陀罗羯（Uddālakayana）是荼跋拉（Jābālāyana）的学生，而在 BṛihVI・3・8—12 中，娑底耶迦摩（Satyakāma，荼跋拉之名）又是优陀罗羯的第五代徒弟；ChānV・3F 说室韦塔克图被耆跛厘问倒，归白其父优陀罗羯，优陀罗羯乃亲自向耆跛厘求学，而 ChānVI・1 则说室韦塔克图在外求学十二年，仅学得皮相之知，后因其父开导才得悟解大梵之究竟，两种说法也存在矛盾。杜伊森猜测说："这看来表明了，人们最初没有固定的传承系统，而只有一些著名人物的名字，人们将新出现的学说归之于他们头上，而没有过多考虑由此导致的矛盾。"① 进一步说，这表明在古奥义书阶段，还不存在有自觉意识的、固定的思想传统或思想流派，各梵书学派对于其他学派的思想是完全自由资取的。

尽管奥义书关于优陀罗羯的资料很丰富，然而其中只有 BṛihVI・3,4, ChānVI 是正面介绍他的思想②。我们只能仅就以上材料进行分析，其中 ChānVI 所载他对其子室韦塔克图的教诲，是他思想的最集中体现，也是奥义书中最著名的段落之一；故我们以此作为了解优陀罗羯思想的主要依据。

## 一、优陀罗羯的宇宙观

优陀罗羯的宇宙论，通过他与其子的对话得到阐明。据说，当其子室韦塔克图（Śvetaketu）到了适学的年龄，优陀罗羯对他说："汝且应过梵志之生活！信然，爱儿，于我家似未有不学而仅依出身为婆罗门者。"室韦塔克图十二岁便离家求学，于二十四岁学毕全部吠陀而回其家，自以为饱学，颇为贡高、自得。其父曰："室韦塔克图，汝既自以为饱学，贡高、自得，汝尚请问彼教，由彼故，所未曾闻得以闻，所未曾思得以思，所未曾解得以解？""孰为彼教，先生？"于是其父接着开示道（ChānVI・1・4—4・7）：

1・4 "如从一块土，可知一切由土所成器，而其变异（vikāra）③ 亦只是语言生成，只是名字——实相只是土；5 如从一块铜（loha）④，可知一切由铜所成器，而其变异亦只是语言生成，只是名字——实相只是铜；6 如从一把剪刀，可知一切由铁所成器，而其变异亦只是语言生成，只是名字——实相只是铁。吾爱，此即吾教。"7（室韦塔克图曰：）"信然，彼诸位先生不曾知此。彼若知此，何不教授于我？请先生教我。""然，吾爱，"彼（优陀罗羯）曰。2・1 "吾爱，于初此世界只是有（sat），唯一、无二（advitīya）⑤。信然，人或有说：'于初此世界只是非有（asat），唯一、无

---

① Paul Deussen, *Sechzig Upaniṣaden des Veda*, F.A.Brockhaus Leipzig 1921.154.

② ChānV・11 说优波摩尼耶婆等五婆罗门曰优陀罗羯为善知大我之义者并一齐来向他问学，其说或许多少也与优陀罗羯的实际思想有关。ChānIII 的日说（Madhu-vidyā，或蜜汁说）与上面归属于优陀罗羯的学说皆不合，故应从其思想中排除出去。

③ vikāra：转变，变易，差异，异常；兹译"变异"，兼有转变、差异之意。

④ loha 最初指铜，后来指金，或泛指所有金属。

⑤ 此无二（advitīya）意为单独、独一、没有它者，与后来印度思想所谓不二（advaita 或 advaya：无二分、一味、平等）意思不同。

二。从非有产生有。’①2·2 这如何可能？从非有何以生有？相反，吾爱，于初此世界只是有，唯一、无二。3 彼自思维：‘我其为多乎！我其繁殖自身！’彼于是生(sṛjate)火(tejas)②。彼(火)自思维：‘我其为多乎！我其繁殖自身！’彼于是生水(āpas)。是故无论何时，若人苦痛或流汗，皆由火生成水③。4 彼水自思维：‘我其为多乎！我其繁殖自身！’彼于是生食(annam，即是土)。是故无论何时，若有雨水，则有丰富食物。故所吃之食物唯生于水。”“3·1 复次，诸有唯有三生(bīja)，谓卵生、胎生、芽生④。2 彼神(devatā)自思维：‘噫！我其以命我(jīva ātman)入于此三神且分别名色乎。3 我且复使三者各自为三。’彼神以命我入此三神，而分别名色。4 彼复使三者各自为三。复次信然，吾爱，且由我信解云何三者各自为三。4·1 于火(agni)之中，凡红相⑤，即火之相；凡白相，即水之相；凡黑相，即食之相。是故火失其火性，盖一切变异只是言语所起，只是名字。实性(satya)只是此三相。2 于日之中，凡红相，即火之相；凡白相，即水之相；凡黑相，即食之相。是故日失其日性，盖一切变异只是言语所起，只是名字。实性只是此三相。3 于月之中，凡红相，即火之相；凡白相，即水之相；凡黑相，即食之相。是故月失其月性，盖一切变异只是言语所起，只是名字。实性只是此三相。4 于闪电之中，凡红相，即火之相；凡白相，即水之相；凡黑相，即食之相。是故闪电失闪电之性，盖一切变异只是言语所起，只是名字。实性只是此三相。5 信然，此即古之大持家者、大吠陀学者说‘凡今人所提及者，无有吾所未闻者，所未思者，所未解者’之时所明者。盖其以知此(三相)，故知一切。6 其知凡现红色者即火相；凡现白色者即水相；凡现黑色者，即食相。7 其知凡现为不曾解之物，唯是此三神之和合。信然，吾爱，且从我受解云何此三神，当其至于人身，乃各自变为三分。

优陀罗羯对其子的提问，简单地说就问他是否被教导一种存在，知此则知世间一切。这与《蒙查羯奥义书》所问“由知何物，则知此全世界”⑥，意思是一样的。这

---

① 见 ChānIII·19·1 和 TaitII·7, etc.

② sṛjate：射出、流出、投掷、产生。tejas：热，火，光焰，活力，荣光。

③ 因苦痛流泪，因热流汗。苦痛亦是热或火。

④ 杜伊森说，三生说与此处上下文不谐，可能为后来插入（Paul Deussen, *Sechzig Upaniṣaden des Veda*, F.A.Brockhaus Leipzig 1921.155.）。

⑤ 相：rūpa，本意谓色、相、形相、像、尘，在此处非为颜色之意，为免误解，译“rohita rūpa”为“红相”（以下准此），其他处译“rūpa”为“色”。

⑥ MuṇḍI·1·3。其答案如 BṛihII·4·5 所说：“信然，人若见，若闻，若思，若解此自我，则知全世界。”优陀罗羯的说法比这两则奥义书都更简单，故应当是最早的。

个问题预设了两个前提：(1) 人的知识分为两种，即关于事物本质的知识和关于个别性、表象的知识。《蒙查羯奥义书》说有上智和下智，以为全部吠陀之学，包括四吠陀、式叉（声韵学）、劫波（仪式学）、毗耶伽罗（语法学）、尼禄多（词源学）、键度（韵律学）、星象学，皆属下智；而上智即对大梵，即存在本质的亲证。在优陀罗羯的上述说法中也隐含了这种区分。在奥义书思想中，对本质的知识是最根本的，其所谓知某物往往就是指知某物之本质。优陀罗羯所谓“未曾闻得以闻，所未曾思得以思，所未曾解得以解”，指的就是人若证知彼实有（Sat），就知道了一切未曾闻、未曾思、未曾解的事物的本质，而这也意味着：(2) 所有事物，无论已知与未知，其真正的本质都是同一种存在，即实有、梵。这表明了一种彻底的绝对主义立场。实有、梵作为绝对者包括一切，为一切本质。人若知此绝对者，则知一切；反之若不知此绝对，则知识再多亦无益，如商羯罗所说：“除非知自我实相，一切知识皆属无用。”优陀罗羯与其子的全部对话的最终目标，就是启发其子产生对绝对实有的亲知[①]。优陀罗羯的宇宙论，可从以下几个方面加以阐明。

**（一）实有的体相**

优陀罗羯的根据立场，是认为有一种绝对的实有（sat），为宇宙万物的共同本质、根源和真理。此则奥义书一开始就讲到的世界是起源于有还是非有（asat）或无的问题。盖《黎俱吠陀》“无所有歌”（ṚVX · 129 · 1）提出原初的存在是“非有非无”（nāsas āīn no sas āsīt tadānīm）。兹后，ṚVX · 72, Sat BrāVI · 1 · 1, TaitII · 7 · 1 和 ChānIII · 19 · 1 等强调原初存在为“非有”（asat）[②]。优陀罗羯试图对这些看法进行纠正，强调世界生于“有”（sat）。他说：“人或有说：‘于初此世界只是非有，唯一、无二。从非有产生有。’这如何可能？从非有何以生有？”他在这里实际上是将吠陀、奥义书等提到的非有当做一种逻辑上的无（nothing）或否定；就此而言，无中生有的确有悖于正常的逻辑和人们的生活经验，因而不可能[③]。可以看出优陀罗羯在这里是

---

① 对于优陀罗羯的学说而言，所谓若得何知则知一切，则前面一个知应当包括：一是知绝对、实有；二是知一切存在包含火、水、土三相；三是知实有生三相、三相生一切存在。

② Sat BrāVI · 1 · 1：“信然，此宇宙于初只是非有（asat）。”Tait BrāII · 2 · 9 · 1：“于初，此世界只是无。无天，无地，无空界。”ChānIII · 19 · 1：“于初，此世界只是非有。此非有乃为有。彼转变而生金卵（世界胚胎）。”TaitII · 7 偈云：“彼初为非有，由彼而生有。彼以自作故，得名为善成。”

③ 对于此所谓非有或无（abhava），汉译胜宗《十句义论》总结有五种，曰：一、未生无，二、已灭无，三、更互无，四、不会无，五、毕竟无（大正 54 · 1264 上）。未生无就是事物因缘不会，未得生起，故是无。已灭无就是事物已生而坏。更互无就是任一事物都是其他事物的否定，如火中无水。不会无指事物无法和合，如空无香，时、方无屈、伸。毕竟无就是像石女儿及龟毛、兔角等，于过去、现在、未来皆无因缘，毕竟不生，称为毕竟无或绝对无。由这种逻辑的无，自然生不出有来。

立足于一种自然的实在论立场，认为一种实在只能生于另一种实在，但是吠陀、奥义书说非有，可能包含了一种超验的体悟，即以为有一种超越一切实在的本体、彼岸，为这些实在的基础。在这种情况下，优陀罗羯对非有说的批评，可能是在比非有说更低的思维层面进行的（与之类似的是中土之儒士辟佛，由于这种思维反差更大，以致总显得十分滑稽可笑）。此则奥义书所谓实有的体相，可从以下几方面阐明。

（1）实有是存在的无分别、一味的实质①。一种无差别的实有的观念，可以追溯到吠陀早期，而且贯穿古代印度思想之始终。如《黎俱》说："诸神之体其实是一"，"彼真实者是一，圣者称之以多名字"（ṚVI・164・46）。在奥义书中，优陀罗羯最早阐明了这种无分别的绝对。其以为杂多的名色世界只是一味的梵的表象，而一味梵则是存在的本原、实际。在这里他举出了在奥义书中很著名的三个譬喻，即实有作为事物的无差别、均匀、单一的实质，就像可以做成各种陶器的土、各种铜器的铜、各种铁器的铁；而一切有差别的、具体的存在本质上仍是这实有，如各种陶器、铜器或铁器本质上仍然是土、铜或铁。梵是塑成万有的质料因，语言、名字是万有的形式因。杜伊森评价说"此段文字为对杂多世界之虚假性的最早表述"。② 历来亦有许多印度注释家（如商羯罗）从这一角度理解此则奥义书。对此我们认为：一方面，优陀罗羯的说法，的确可能启发了后来奥义书乃至整个印度思想以一切差别、转变为虚假的观念。后者如 BṛihIV・4・19（此偈被 KāṭhIV・10—11 重复）："世间并无差别，彼视此处有差别者，将一再受死。彼（梵）只能被当做'一'——此无相、常住之有。"更进一步，BṛihIV・3・23 说至上有"无二、无他"，ĪśāXII—XIV 提出"无生"，MāṇḍVII 提出"不二"。故世界只有现似有二（BṛihII・4・14）、现似为多、现似有它者（IV・3・32）、现似有转变。这些说法明确否定了差别、变化的实在性，而且应当是从优陀罗羯的实有观念发展而来的。另一方面，如果认为优陀罗羯的说法是否定杂多世界、完全将它当做虚假的，则恐怕是一种误解。而正由于从他的思想发展出后来奥义书对一切差别相的否定，使得这种误解很容易发生。就此则奥义书而言，它并未明确指出差别、转变的存在都是虚假的，而且在其从实有转变产生三相，从三相产生日、月、闪电等乃至众生的发生论模式中，无论转变的过程还是作为其产物的差别行相都被认为是实在的，这与优陀罗羯的实在论立场是一致的。本质是无差别

---

① 印度哲学讲有三种分别（bheda）：其一，种内分别（sajatiya bheda），为同一种事物中的相互区别，如此牛与彼牛；其二，种间分别（vijatiya bheda），为不同种事物之区别，如此牛与彼人；其三，自身分别（svagata bheda），为同一个事物之内在区别，如此屋之檐与梁。究竟实有超越此全部三种分别，为一味之绝对。

② Paul Deussen, *Sechzig Upaniṣaden des Veda*, F.A.Brockhaus Leipzig 1921.154.

的"一"，现象是有差别的"多"，二者都是实在的。故当优陀罗羯说差别是语言所生，其目的只是为了解释"一"何以生"多"，而非否定"多"的存在，其宗旨在"立"而不在"破"。因而他的学说与后来奥义书的无差别观念，尤其是晚期奥义书以幻化（māya）解释差别世界的观念（ŚvetIV・9—10），有根本的不同。然而此则奥义书乃是兹后印度思想的无差别本体观念的先驱，不仅吠檀多对大梵的一味、不二的领悟，甚至原始佛教说涅槃是无分别、不动（avikāra）之境，大乘说空是无差别（nirvikalpa）、平等（sama）、无生（ajati），如来藏缘起宗说如来藏真心为一味清净，皆应以此为（直接或间接）源头。

优陀罗羯开启了印度人的一种独特精神反省，即把存在的统一性理解为抽象的内部同一，把存在的本质、真理理解为无差别、不动、一味的绝对。这种领悟是印度思想特有的，与印度文化精神的独特性有关。反省意识由现实的文化精神决定，而现实精神皆有其目的性（目的向度），且不同文化精神在目的向度上有巨大差异。精神不能创造自然经验，但能调节自然意识的活动，通过后者实现自身的目的，这就是它对自然意识的否定，后者在纯粹本质的层面被文化精神的目的所规定，且其内容因后者而不同。与西方精神不同的是，印度文化精神之否定自然意识，要在诱导、强化后者的辟势用，促使其自我消解，以至于无，因而其目的主要是消极的；而西方文化精神则由积极的目的主导，旨在对自然意识予以提升、扩充、进一步复杂化。其中积极的目的是独立、内在地存在于精神自身之中而且自发地起作用的（不被外界诱导），因而也是纯粹的。它是由精神自身本质即觉性的绝对生命规定的，是生命的向度。而消极的目的并不是文化精神的本然趣向，这里目的性是被诱导的，因而不是独立、纯粹的。实际上，只有幸福才能对现实精神起到持续的诱导作用。幸福感不是来自精神（精神活动本身作为绝对自否定是痛苦而非幸福），而是来自自然意识（自然意识的自否定在种属层面是既定的而非绝对的，故本质上不必有痛苦意识）；不仅如此，现实觉性的任何幸福皆与死亡（觉性的绝对死亡即是归于冥性本体）有本质关联，是对死亡（冥性）的某种预先体会（后者对自然意识的完成甚至有诱导作用），这是因为现实觉性在先行的死亡境界中，完全消解了自否定的逆向努力的劳累，品尝着自在、自适、自任的安宁。至上的幸福，首先是自然意识的自否定的彻底消解，于是那寂灭空虚、渊默黑暗、了无分别的冥性本体直接呈现出来；其次精神亦随之消解，觉性进入绝对死亡之境。在印度文化中，精神正是受这种预先的死亡体验的幸福感诱导，乃恒以消解自然意识、趣向死亡之境为目的（且这目的随着印度思想的发展而愈显清晰、彻底），故其目的性乃属于死亡的向度（准确地说是以死亡的向度为主导，盖任何一种现实精神皆应或多或少包含这两种向度）。这种消解作用是间接的，它在于强化自然意识的辟势用，利用后者抵消阖势用累积的生命成果（千差万别的概念［即活动］、观念［即行相］等），它也属于精神的自主作用。奥义书精神对自然的否定就受到这种消极目的引导。盖奥义书所谓无差别、不动、一味境界，就是死亡（冥性）境界，而非生命和觉性的境界。因此，优陀罗羯这样描述存在和自我的本质，使得绝对死亡（缘此而有灭定、涅槃的境界）从此成为印度人的精神修为的最终理想，而且可以说他开启了印度人的精神反省的一个根本误区，即把属于冥性的特征加诸觉性、精神之本体。实际上一种无差别、不动、一味的自我或觉性本体根本不存在，因为这些特征都是与觉性作为生命的本质相矛盾的。对于一种无形式、无生命的绝对之追求，后来成为印度哲学之一大特点。无论是瑜伽的灭定（nirodha），佛教、耆那教的涅槃（nirvana），还是不二吠檀多派的梵我合一之境，皆应以优陀罗羯学说的无差别、不动的实有为前身。佛教、不二论等的思想进步在于，不同于优陀罗羯的绝对只是一种自然实质而远非冥性自体，他们所理解的绝对是超验的彼岸，是对自然意识的彻底否定，反映了冥性的超越性；尤其是灭定和涅槃，就是意识活动完全熄灭的境界，于是冥性自体便直接呈现出来。

（2）此则奥义书暗示一切转变、差异皆是依语言生起的，故其存在皆是语言性的。它比喻一切变异，就像由土、铜或铁制成的各种陶器、铜器或铁器，后者本质上仍然是土、铜或铁，“变异只是语言生成，只是名字”（vācārambhaṇaṁ vikāro nāmadheyam）。事物的转变、差别不仅完全是由语言的分别、施设活动导致，从而依止于语言，而且其存在只是名称，因而缺乏独立性、实体性。《广林奥义书》也表明了相同的思想，其云：“信然，彼时世界只是一味无别，彼唯因名色而被分别，如说：‘彼有如是名。如是名’。甚至现在此世界也因名色而被分别，如说：‘彼有如是名。如是名’”（BṛihI · 4 · 7）。此种思想，可以在严格意义上称之为一种语言本体论。而它在印度传统乃是古已有之，且流布甚广。盖古代思想往往对语言和事物存在浑然不分，印度思想亦是如此。《黎俱吠陀》视语言为一种形上学的原理①，它容纳、支持、汇集万有，维持世界的存在（ṚVX · 125）。《阿闼婆吠陀》喻语言为养育万物的母牛（AVIX · 2 · 5）。梵书把语言当做生主的创造工具（Sat BrāVI · 1 · 2 · 6—9）。后来的印度教思想家，往往以为这语言特指吠陀。如说：“大神从吠陀的词语中塑造一切有的名色，一切行的过程”（ManuI · 21）②；“包括神及其他存在在内的世界，起源于

① Deussen, Paul, *Allgemeine Geschichte der Philosophie Bd1*, AbteilungI, F.A.Brockhaus Leipzig 1922.148.

② 参考《摩奴法典》，马香雪译，商务印书馆 1982 年版，第 11 页。

同样的吠陀语词。”（BSBHI·3·28）而优陀罗羯的贡献在于：其一，明确区分现象与本质，一切的现象（转变、差别）皆生于语言、依止于语言，而绝对真理、本质则超越语言，是对名色世界的否定；其二，明确了语言产生名色世界的机制，他把实有作为名色世界的质料因，语言作为其形式因，因而名色世界之产生就是语言将其有差别形式增益于无差别实有的结果。这种思想不仅启发了奥义书后来的语言思考，而且是不二吠檀多派和佛教大乘瑜伽行派语言哲学的先驱。对于优陀罗羯的语言思考，后来这些思想的发展主要在于：其一，晚期奥义书提出对佛学和不二吠檀多学产生了重大影响的“幻化说”（Maya-Vāda），如《白骡奥义书》说“全世界即是幻者从此（梵）投射出。……人应知宇宙是幻相，而至上主宰即是幻师”。（ŚvetIV·9—10）《慈氏奥义书》说众生的世界，如癫、如狂、如醉、如幻网、如梦、如芭蕉（中间空无故）、如戏、如画（MaitIV·2）。幻化说既视名色世界为幻梦，故语言乃是产生幻梦的资具。由此出发，导致后世印度哲学（如大乘佛学和吠檀多不二论）彻底否定语言，视一切言说法为无明所作、皆为颠倒戏论的倾向①，但应当承认这种倾向在优陀罗羯的学说中至少还不明确。其二，不二论和佛教唯识学接受晚期奥义书（比如《蛙氏奥义书》）的种子识（熟眠位识、阿难陀识）观念，并将语言的名相（作为名色种子）归宿于此种子识，因而使语言揭示存在的活动上升到先验哲学层面②。

（3）实有超越了任何感性的存在，是一种理智的抽象。奥义书更早的宇宙论，从事物的多样性中，抽出比如火、日、水、虚空或风等绝对原理，作为它们的共同实质，然而这些原理仍未超越感性的特征，因而这种抽象只是一种感性的抽象（这种实质还不是真正的本质）。但是优陀罗羯的实有，则是纯粹理智的观念，脱离任何感性的意蕴。他明确指出火、水等都仍属于现象（变异）的范畴，而实有则是它们的本质，因而实有超越了所有感性的现象。在这一点上，优陀罗羯扬弃了前人以火、水、日、风等为存在本质的“形而下学”，而进入了以抽象、纯粹的实有为本体的“形而上学”范畴③。在奥义书思想中，这种实有的观念，由于剥除了绝对存在、觉性最外在的、感性的外壳，才首次正确揭示了觉性的本质，所以它是一种本质抽象或理智的抽象。

---

① 如商羯罗说：“名色区分作为无明的虚构，完全由语言而生，故无害于梵的一味性。作为名色的全部世俗之有，非有非无，皆依止于无明。”（BSBHII·1·27，有删节）

② 参阅吴学国：《奥义书与唯识思想的发生》，《唯识研究》2011年第1期；《境界与言诠：唯识的存有论向语言层面的转化》，上海人民出版社2003年版，第151页以下。

③ 如杜伊森所说，从“形上学的”（metaphysischen）实有（sat），产生了火，水，食或土三种“形物学的”（physischen）实在（Paul Deussen, *Sechzig Upaniṣaden des Veda*, F.A.Brockhaus Leipzig 1921.154）。

然而优陀罗羯的实有，仍然是自然的，甚至是宇宙论的。盖自然乃是绝对存在、觉性在时间、空间、因果性等框架中或通过这些概念向自己呈现的存在，然而这些概念都无法把握觉性的内在本质，它们所把握的只是觉性的物质外壳，而觉性的内在本质则是对全部这些概念的否定和超越。而奥义书最早领会的形上学绝对，都仍是处在经验时间空间中的存在。如 BṛihI·4·7 所说"彼时世界只是一味无别 (taddhedam tarhy avyākṛtam āsīt)，彼唯因名色而被分别"，其中有时间副词"彼时"(tadd)，且"是"(as) 以第三人称简单过去式形式 (āsīt) 出现。同样此则奥义书说"于初此世界只是有，唯一、无二"(idam agra āsīd ekam evādītīyam)，其中"于初 (agra)"亦为时间副词，"是"也是过去式 (āsīt)。这明确意味着奥义书思想中最早的形上学绝对本身（包括优陀罗羯的实有）及其创造过程，都是处于经验时空之中的。到奥义书思想中后期，大梵、绝对对于时间、空间乃至世界的超越性，才得到充分阐明①，这意味着本体的真实内在性或先验性被明确领会了。另外，在优陀罗羯及更早的奥义书思想中，始于绝对、实有的创造或转变，被理解为一种自然因果过程。比如此则奥义书说由实有生出火、水、土三种物质，这意味着实有直接是这些物质的始基，因而也必然是一种自然物；且此中"生 (sṛjate)"有流出、射出、排出之意，这似乎暗示着"生者"（实有）与"被生者"（三相、世界）是同质的。此外诸如 ChānIII·19·1 所谓由泰初的非有 (Asat) 发育为金卵 (Hiraṇyagarbha)，由金卵发育为世界，BṛihI·4·5 所谓梵即是世界，因它"完全从自身流出此一切"等说法，也都是同样的宇宙发生论立场。到奥义书中后期思想，乃将梵与世界（摩耶）截然分开，将世界的种子依与真如依分开，最终把世界的发生解释为神的幻化，遂彻底破除了这种宇宙论立场；实际上吠檀多不二论和大乘佛学的存在发生论，正是以晚期奥义书这种本体论变革为起点的。

(4) 实有就是人的内在自我。在奥义书中，论及自然实质的学说，无论是莱克婆的风说，耆跋厘的虚空说，还是奥义书最早的日说、火说，其所谓实质，除了都还局限于感性的领域，也没有与自我关联起来，它对于觉性自身还是外在的。然而精神的自反运动，最终将促使奥义书的思想从在新的真理国度寻找自身，将存在的实质或本质等同于自我。在此则奥义书接下的内容中（见 ChānVI·9·1 以下几节），优陀罗羯以蜜汁、盐、江河入海、尼拘陀树子等九喻开示，此实有作为存在之实质，就

---

① 如 MāṇḍI 说，"Om"（梵）是过去、现在、未来三时，亦是超越三时者。ŚvetVI·2，5，6 说至上神超越时间，亦超越空间 (a-kala；无方分)，为时间之创造者。MaitVI·15 说有二种梵，"有时"梵与"无时"(a-kāla) 梵，其中无时梵亦无方分 (a-kala)，为究竟绝对、本质。

是人的自我；其每一喻的结尾都是："信然，彼最精微实质，全世界以之为其自我。彼即真理。彼即自我。彼即是汝。"其中"彼即是汝 (tat tvam asi)"，被视为奥义书之"伟言" (mahāvākya)①。在这里，优陀罗羯就是把前面关于存在本质、实有思考的全部结论，引入到其自我理解中。实有作为绝对无二、无分别、超感性、超言诠的存在本原，就是吾人的真实自我。一般说来，吠檀多所谓"彼即是汝"，意义甚为含糊。细究起来，在此则奥义书中，"彼"的意义是确定的，就是指实有、存在本质。而"汝"则有两个意义层面：一是作为个体生命之我；二是至上我、普遍的大我。故"彼即是汝"亦包含两个意义层面：(a) 在普遍性、本质层面，至上我与实有同一；(b) 在个体层面，现实自我与实有同一。其中 (b) 以 (a) 为前提，因为现实自我只有作为普遍的至上我，才能够而且必然与实有同一。因此，(b) 的实现就包含了 (a)。盖奥义书以为个人之自我，本质上为一普遍物，与实有、大梵相等，但是因为有了执受 (upadhi，即附着于个人自我之上的身、根、识等诸限制性条件)，乃与实有隔阂，如瓶中的空与瓶子外面的大虚空。唯当破除执受，即消灭小我的个别性，人的生命才能融入大我、实有，如瓶中空入于大空。如商羯罗解释说："吾人只有遮除所有执受……才能证解吠陀之伟言所开示之至上我与命我的同一。"② 因此，对"彼即是汝"的证悟首先包括一种还原，即将自我的感性、个别的存在全部消解，使之成为绝对的普遍物；其次是对后者与实有同一性的意识。不过，优陀罗羯的自我作为一种自然的抽象本质，尽管脱离了感性的外在化，但它不仅没有达到觉性真实的内在性，即先验存在领域，而且仍然是一种现存存在，而不是运动、生命。而觉性本有的绝对超越势用，必然促使奥义书精神打破其当前的存在和自我理解，将它们投入到一种无限的辩证运动之中，反省由此实现自我的无限内在化。这就决定奥义书精神在其发展的这一阶段必须：①否定自我、存在的自然性，在彻底超越的领域领会自我 (如耶若婆佉的"非此，非彼"，彻底超越外在和内在自然的至上我)；②否定自我的现存性、质碍性，将其理解为永恒的生命、运动 (如荼跋拉的元气我)。这是奥义书思想今后发展的两个向度。而其中第二个向度，即生命的向度，由于奥义书最早理解的是一种自然的生命，因而可以与其自然论的存在理解直接衔接，故荼跋拉的元气我的观念，在思想上可能要早于

① 吠檀多派认为吠陀有四句"伟言"，即："彼即是汝" (tat tvam asi)，"我即是梵" (aham brahma amsi: BṛihI · 4)，"阿特曼即是大梵" (ayamātmā brahma: BṛihIV · 4 · 25)，"梵即是本觉" (prajñānam brahma: AitaIII · 3)。

② ĀB29；另外 BSBHI · 2 · 20："(自我如实是一) 但由于执受，同一个自我被当作是两个；譬如我们分别瓶中的空与遍在的空。何处有二相，则其中之一视其他，故整个现实世界只有在无明境界存在，在正智境界中必然消失。" (译文略有调整)

耶若婆佉的超验自我观念。

**（二）实有的创造过程**

ChānVI·2—4 阐明了从实有转起宇宙万物的过程。其意思含糊、思维不连贯处甚多，为使其逻辑更清晰，姑将此转变过程分为三个环节：

(1) 实有通过转变，从自身产生出火（热）、水、土（食）三种物质成分。首先是实有产生了自身繁殖、自我分化的欲望，于是便从自身生成火，亦即火从实有中流射 (sṛjate) 出来。由于远古思想对物质现象与心理现象并无明确区分，这里火 (tejas) 既可指外在的物质现象，亦可指内在的情绪、感受①。作为一种物质要素，火既然是从实有直接流射、分离出来，故实有只能被理解为一种自然的，甚至物质的实质。其次是按照与此同样的程序，火亦产生了自我繁殖欲望，并由自身生成水。最后水按照与前二者同样的程序生成食（土）。此转变总的过程，至少从直接意义上说，应视为一个宇宙生成论过程。这火、水、土三者，乃为构造宇宙万有之基本物质成分，奥义书在此称之为神 (devatās)，那么产生它们的实有就是至上神 (paradevatā)。其说火、水、土为三神，并无崇高神圣之意。盖梵书、奥义书每称基本的自然现象与心理现象为神祇。三神即是三种有，三有为世界之基础。根据奥义书的思维，既然火，水，食是从实有产生的，那么它们其实仍然只是此实有，本末相同故。实有是唯一的本体，此三者乃此本体之变异。一切存在皆是实有之变异，如由土所作各种陶器。

此奥义书继承了印度自吠陀、梵书时代以来的欲望创世说，谓至上神依欲望、意志创造存在。《百道梵书》即认为爱欲是存在之种子，谓生主以意欲创造生灵及万有："于初唯有生主在焉。其自思曰：我云何繁衍乎？乃行斋戒与苦行。其遂创造生物也。"(Sat BrāII·5·1·1—3) 另外《阿闼婆吠陀》、梵书强调意愿、欲望乃是人类生命的根源 (AVXI·8·2—18；Sat BrāX·6·3·1)。在奥义书中，欲望导致轮回乃至肇生一切存在的说法都是很平常的 (ChānVIII·2·1—9)。奥义书正是由此开出依断灭欲望实现解脱、寂灭之方。优陀罗羯不仅以为至上神通过欲望创世，而且认为它所创造的火、水等亦因有欲望而发生转变，生成其他存在。盖远古思想将宇

---

① tejas（热，火，光焰，活力，荣光）一般可译为热（一种德、能、行相）、火（一种物质元素）。一方面其直译应为火，此译与后面水、食一致，且后来由此三有说发展出五唯（五元素）说也表明此奥义书至少隐含了将三有理解为三种物质元素（唯，tanmatras）的思想，故此译自有其道理。另一方面，tejas 亦包括人的烦恼忧苦，似译为热更恰当，另外此奥义书的 tejas，āpas，annam 三有说乃为数论三德（sattva，rajas，tamas）说的前身，也表明将三有理解为三德的思想，至少是此奥义书隐含的，故此译亦有道理。故三有说可以为五唯说与三德说的共同前身。本书姑且就其与 āpas（水），annam（食、土）的字面一致，将其译为火。

宙万物的发生，比拟为生命的繁殖、生育过程（由一到多，就是一种繁殖），而欲望乃是生育活动的推动力量。唯有有欲望的存在才能进行生育。故此则奥义书以为火、水亦唯因欲望推动而转变。但实有有愿欲，尚能理解，而火、水何以亦有愿欲？只有两种解释：要么是火、水自身就是有欲望、有意志、有生命的存在；要么是至上神进入火、水之中，在其中进行生育、创造，使其表现出欲望、意志、生命。后一种解释更合理一些，但与下文至上神再次进入三有而生成名色的说法似有不协。这种不协调应视为奥义书思想本身的含糊性的结果。

这整个转变就是一个由本及末、从一到多、由同生异的过程。它是本体论亦或宇宙论的？由于这本体其实未有脱离自然性，这转变其实是一种因果性的、同质的演化，故应当承认这过程是宇宙论的（但不应忘记古人往往不得不用宇宙论的语言表达本体论的体悟）。

优陀罗羯的三有说，可以视为奥义书后来的五元素说与三德说的共同前身。首先，杜伊森把三有理解为从形上学的实有产生的三种物质元素①。应当说这至少揭示了优陀罗羯三有说的一个意义方面。后来的奥义书思想，从这里的三元素（trivṛtkarana）说，发展出五元素（pañcīkarana）说，即在此三元素基础上，增加风（vāyu）和空（ākāśa），而成五种。如TaitII・1・1说由至上神生空，由空生风，由风生火，由火生水，由水生土，由土生植物，由植物生食，由食生精液，由精液生人。其中五种宇宙元素之生成，由空以至土，是一个逐渐由细转粗的次第，比优陀罗羯所说更优越；而由土生植物以至于人，乃是解释人类生命之由来，对应于此则奥义书VI・5—7的内容。此外，AitaIII・3亦说有五大（mahā-bhūtāni），谓土（pṛthivī）、风（vāyu）、空（ākāśa）、水（āpas）、火（jyotīṃṣi）。奥义书的元素说，是后来印度沙门思想和胜论、正理派的多元实在论的最初根源。其次，此奥义书所谓三有，亦可说为存在物的三种属德、性相、潜能。比如火（tejas）亦包括人的烦恼忧苦，而且以下ChānVI・4分析火、日、月、闪电，即一切自然物，皆具红、白、黑三相，分别为火、水、土三有。故三有说乃为数论三德（sattva，rajas，tamas）说的前身。对此我们下面还有更详细的分析。杜伊森指出数论的产生，是因为奥义书的一元论被放弃，而其本有的实在论倾向被加强②。由此我们可以肯定地说，优陀罗羯的实有转变论，可以说是后来的奥义书和印度各宗思想的所有实在论的源头。

---

① Paul Deussen, *Sechzig Upaniṣaden des Veda*, F.A.Brockhaus Leipzig 1921.154.

② Sarvepalli Radhakrishnan, *The Philosophy of The Upaniṣads*, George Allen & Unwin LTD, London 1924.159.

(2) 至上神进入三有而分别名色。VI・3・3—4 说“命我入此三神，而分别名色。彼复使三者各自为三”。而下面 VI・4 的内容并未紧跟这个主题全面探讨火、水、食分化为宇宙万物的问题。而是说火、日、月、闪电四者皆是由三相构成，故无实体；皆是由语言而成，只是名字。故其所说不是分别，而是合成。也就是说，VI・4 的内容并非对 VI・3・4 的问题，即“云何三者各自为三”之解释，故此问题在此奥义书中实未得到直接展开。这意味着 VI・3 提出的转变，既不是 VI・2 的实有生成三有，亦非 VI・4 的三有生成宇宙，而是宇宙生成中的一个单独环节。这就是至上神进入火、水、土三有，于其中进行分别，而生名色，此乃是实有的二重创造。这里所谓“分别”的动词原形为“vyā-kṛi”，本义为分割、切割、分开、离析（引申为解释、阐明、授记等义），与动词“vi-kṛi”词根相同①。这种二重创造之说在婆罗门思想传统中并不陌生。梵书中常说到生主以二重创造的方式创世。生主先产生某种原初物质（洪水），然后进入后者使后者再度分化。优陀罗羯的说法，显然继承了这一传统。其以为至上神生出火、水、食，然后进入三有之中，复使后者各分化为三，于是生成名色，比如由原来的火，再次分化生出火、水、地三种成分。盖自然界之差异为无限，非三有可以直接囊括，故三有必须进一步分化，以至于无限，方能解释世间万殊之相。然如上所说，分化既是一能动的生育过程，故非无机之自然物所能者，而唯有至上神是能动的原理，有欲望、意志，故此分化必然是神的行为。梵书、奥义书皆设想是至上神进入物质要素，以从事分化活动。然而至上神既是唯一、无二，故它须转化为多，即成为经验、个别的命我（jīva ātman）②，方能入于三有，以事创作。在其中，神分别三有为三，亦可分别此三有之三为三，……以此达乎无穷。而所谓三有构成世界，实即三有之三或之三之三……相互杂糅，以构成万物也。因而在经验世界中，火、水、地三者是相互包含，互摄互入的③。

(3) 由三有聚合构成万物。VI・4 通过分析火、日、月、闪电之构成，表明宇宙由三有而成，VI・5—7 讲生命体亦由三有构成，这里先分析前一方面。按优陀罗羯所说，火（agni）④、日、月、闪电四种存在中，每一种皆有红、白、黑三相。此三相分别是

---

① vi-kṛi：使改变、使变坏；使生差别、分割、区分；展开、产生。此为 vikāra（变异）之动词原形。

② 吠檀多关于至上神转化为命我的过程，有分有说与映像说两种解释，见下文。

③ 印度后来的宇宙论，复在五元素说的基础上，将事物的互摄关系进一步精细化。如以为吾人看见的水，其元素构成为：1/2 水 +1/8 土 +1/8 火 +1/8 风 +1/8 空。其他土、火等的构成亦准此。因此经验中的一切事物，皆是互容互即的。

④ 此火（agni）与作为三有之一的火（tejas）之区别，在于前者是形器、粗显的存在，后者是作为主要成分组成前者的微细实质。

火、水、土。故火、日等物，皆是由三有和合而成，其实质就是三有。这里优陀罗羯通过分析表明唯有三有是真实的存在（trīṇi rūpāṇīty eva satyam），而火、日等物则是在此基础上，由于语言的作用而产生的因缘聚合，只是名字（vācārambhaṇam vikāro nāma-dheyam），而没有自身的实体性，故曰“火失其火性”（apāgād agner agnitvam）、“日失其日性”等。奥义书实际上是以此四者为例，阐明一切宇宙现象的起源。由于万有皆由三有形成，其实质即是三有，故知三有乃知一切。人若知此三有说，则即便对于现前不曾了知之物，亦可知其唯是火、水、土之和合，故说“凡今人所提及者，无有吾所未闻者，所未思者，所未解者”。这里三有的成分是形成日月等的杂多质料，而语言、名字则提供形式。转变就是将质料与形式结合，将三有的成分按不同比例和合，形成森罗万象。按照后来吠檀多学者的解释，这里应先将三有中的每一种均分成两份，其中一份不动，而另一份复均分为两份，后两份遂入于另外二有；而其不动的二分之一，复结合另外二有各四分之一，由此构成作为形器之物的火、水、土。因此宇宙万有，皆是互容互即，相互摄入的。泰西哲学中，有阿那克萨哥拉亦云每一物皆包含一切物。而中土天台宗之诸法互具、华严宗之事事圆融，乃以奥义书说为最早源头欤！

于优陀罗羯之学，尝须论究者有：是谁将此三有成分进行和合？是谁将此质料结合于言语之形式？尽管优陀罗羯自己没有明说，但答案很明确：就是实有或至上神。因为神是唯一的能动者，而三有的成分，作为无生命的、惰性的物质，不可能有自发转变、自动和合、自我赋形之德能。

拉达克利须南指出优陀罗羯的三有（tejas, āpas, annam）说是数论三德（sattva, rajas, tamas）说的前身①。杜伊森也说三有说“抛弃了奥义书的一元论，而达到了三种不变实质在一个统一中结合起来的结论，这为数论三德组成自性的学说打下了最早的基础。”② 盖数论学在晚期的《白骡奥义书》和《慈氏奥义书》中已初具雏形。然若追溯这二者中随顺数论的观念，则其自性观念及转变次第，在KaṭhIV · 7, III · 10—13；MuṇḍI · 1 · 8, II · 1 · 3；PraśVI · 4等之中，皆多少已有所阐明；唯其三德之说，乃直接与优陀罗羯三有说衔接③。如ŚvetIV · 5偈云：“无始之玄牝，其相

---

① Sarvepalli Radhakrishnan, *The Principal Upaniṣads*, George Allen & Unwin LTD, London 1953.452.

② Sarvepalli Radhakrishnan, *The Philosophy of The Upaniṣads*, George Allen & Unwin LTD, London 1924.234.

③ 奥义书思想看来很喜欢将存有“三”分的模式，比如早在BṛihI · 2 · 33，就有至上神将其自我（ātmānam）分为火、日、风三者说法，三有说当是从这类更朴素的说法演化而来，故三德说的前史还可以往前推。

红、白、黑，生子其众多，皆与彼相似。一牡与之乐，一牡乐已去。”其以为作为世界根源的玄牝，有红、白、黑三种成分，并通过这三者生成万有。其与三有说之关联，是一目了然的。ŚvetV · 7和MaitVI · 10称红、白、黑三相为三德（guṇa），且提出三德被自性（prakṛti）包含，人所受用的一切（物质的与心灵的）皆是自性通过三德的转变产生出来的说法，数论的三德说在此可说是初具规模了。

优陀罗羯的思想，可以说在绝对者与诸现象之间实现了一种本质论的区分，但这种区分是实在论的，而非形上学的。在这里，作为普遍本质的绝对被与感性表象严格区分开来。但这绝对本质只是自然的、宇宙论意义上的，它还不是超越自然的本体；相应地，存在转变就是从绝对产生三有、从三有生成世界的因果系列，这完全是一个宇宙发生论过程。

文化精神的势用在其绝对层面推动（与自然的思想相对的）精神的思想即省思的发展，在其相对层面规定思想的独特内容（或思维）。思想是精神势用的现实化和中介，势用是思想的先天本质。我们在这里用思想作为精神所有现实活动的（不加区分的）总称，而思维则指具有特定取向和发展阶段的思想。这思想取向是特定精神势用的现实化，而其发展阶段就是由这势用实现的程度决定的，因而思维与精神的势用一一直接对应。精神的自舍、自反、自凝、自离势用将自身现实化为（属于精神省思范畴的）否定、反省、理性、分别的思维，并为其实质。这里任何一种思维形式，尽管以某种势用为主要，但都不仅仅包含后者，而且必然包括其他势用。比如超越思维必须包含自反势用，才能以觉性的内在性为理想，使自身活动内在化；反省亦必须包含自舍势用，才能别开生面，推陈出新，使自身不断深化；理性亦必须包含自舍、自反，才能实现其自身内在化和自我更新，等等。优陀罗羯的思想，一方面力图否定直接自然的感性表象和个别性，而确立一种绝对本质作为存在之真理，实现了一种质的超越（有别于该祇夜等人的量的超越）。然而这种超越思维离真正的自由仍然很遥远。这在于：第一，超越性没有将自身绝对化，易言之，自舍势用没有实现为绝对的。盖超越性或自舍活动是空，绝对的超越性则是连超越亦超越，连自舍的现实形式亦舍，因而是空亦复空，为无所住、无所得的境界，但优陀罗羯的超越，最后归宿到了一个确定的基础（实有），因而把绝对的自舍势用否定（取消）了；另外这实有仍是一种自然物，故超越只是在自然的领域活动，因而是非常有限的。第二，在这里，精神的自反势用仍薄弱，超越思维没有自反势用支持，因而还是外在的。精神省思在这里对存在的内在性（实质或本质）的理解还不具备真实性；它只是在自然中寻找本质，而非回到觉性自身（它的生命、意识、主体性）。易言之，在此超越性还没有实现为以觉性的内在存在为目的的即内在的超越。第三，由于缺乏自凝、自离势用的支撑，使超越省思不能实现为理性的、分别的，它不能理解自我（作为概念、思想）本质上的差别性、丰富性，故将本质理解为抽象、无差别的“一”；这种自我观念开启了整个印度思想的一个根本错误，这一错误延续到大乘佛学，甚至通过佛学影响到中国儒、道二家的心学。另一方面，优陀罗羯将实有等同于人的真实自我（“彼即是汝”），是一种反省，为精神自反作用的实现。这反省不仅超越了感性的具体性，而且是自觉的即自我反省（反省对象被明确与自我同一），然而这种反省仍然是自然的（我们将在下文中对此进行更详细的分析）。

觉性的自否定势用作为绝对自由，必然要求将自身在思想中实现为绝对的。这自由在其绝对的实现中，势必否定精神的这种自然性、外在性。奥义书精神的发展就表明了这一点。在这里，一方面觉性的绝对自身否定作用，使现实精神真正获得对于自然的超越和自由，从而打破早期奥义书的精神对自然的执着，使奥义书的省思意识到纯粹超验的本质、彼岸。另一方面，觉性的绝对自反势用，恒指向觉性的内在本质，它促使奥义书的省思从上述超验、彼岸的存在中发现觉性的内在自我，即意识、精神、生命。吾人对于这一点，从晚期奥义书和《薄伽梵歌》的本体论对早期奥义书思想的否定，就可以获得一个清晰的图像：首先奥义书思想发展到了耶若婆佉，开始运用遮诠法（“非此，非彼”），将一切自然存在从大梵、绝对的领域中排除出去，绝对与自然之间被画上了一条鸿沟，梵在本质上是与自然完全不同的存在，而且它与自然转变的因果关联被切断。在晚期的《白骡奥义书》、《慈氏奥义书》和《薄伽梵歌》中，大梵被认为是超越自然，超越时间和空间的神圣，是唯一的真理；自然中发生的一切皆被归属于三德的作用，三德的实质则被等同于人的无明（愚痴颠倒）或神的摩耶（神的幻力），整个宇宙（外在的与内在的宇宙）及其生、住、灭，皆是幻化的影像。于是思想上升到一种明确的本体论区分（超验的本体与经验的现象），奥义书早期的实在论和宇宙论就完全被否定了。这种对自然的彻底否定，才真正是精神对觉性的直接存在的自身否定，或真实的超越，这就是精神的自舍势用在奥义书思想中的新实现。其次，在奥义书此后的思想中，如桑底厘耶、阿阇世分别将存在的本质等同于意、觉、识，而耶若婆佉、婆楼那、爱多列亚等人则扬弃经验意识，开示一超验的精神本体，即自性清净心。晚期奥义书将外在的宇宙与内在的经验意识都归宿于自性，将其从至上我中排除，至上我乃为超越有无、不二绝对的真如心。在这里，精神的省思彻底否定觉性的生存论外在性，而真正指向了其内在本质。这才是真正的精神反思，即精神的自反势用在奥义书思想中的真正实现。总之，优陀罗羯之后，奥义书的精神省思的发展向度就是：在超越思维方面，否定觉性自然的直接性，到达超验的王国；在反省思维方面，否定自然的外在性，到达觉性的内在本质，即超越的真心领域。

## 二、优陀罗羯的生命思考

优陀罗羯的生命思考，分为两部分。第一部分讲生命体的构成，谓组成人的现实生命之生理和心理成分，皆由人吃进之食、水、火三有各自分化而成，立场完全是唯物论的。第二部分阐明了生命的三种境界，即睡眠、死亡、解脱，并开示作为宇宙万有之本质的实有就是吾人的内自我。因此优陀罗羯的生命思考，直接与其宇宙观中的三有说和实有论衔接。

### （一）生命体的构成

关于生命体是如何构成的，优陀罗羯开示如下（ChānVI・5・1—7・6）：

> 5・1 食物，当被吃进后，遂化为三分。最粗者为粪，中间者为肉，最精细者为末那（意）。2 水，当被饮进后，遂化为三分。最粗者为尿，中间者为血，最精细者为呼吸（prāṇa）。3 火，当被吃进后①，遂化为三分。最粗者为骨，中间者为髓，最精细者为语言（vāk）②。4 因为，吾爱，末那由食而成，呼吸由水而成，语言由火而成。"先生，请再为我开解。""然，吾爱，"彼曰。"6・1 吾爱，若凝乳被搅动，则其最精细实质上行，变为奶油。2 是故，吾爱，若食物被吃进，则其最精细实质上行，变为末那。3 吾爱，若水被饮，则其最精细实质上行，变为呼吸。4 吾爱，若火被食，则其最精细实质上行，变为语言。5 因为，吾爱，末那由食而成，呼吸由水而成，语言由火而成。""先生，请再为我开解。""然，吾爱，"彼曰。7・1"吾爱，人由十六分而成。汝且禁食十五日，而随意饮水。只要人饮水，则由水所成之呼吸不会断绝。"2 彼（室韦塔克图）遂禁食十五日。于是彼至其（优陀罗羯）前曰："何为我应说？先生。""（请说）黎俱之祷诗、夜珠之仪式、娑摩之颂歌，吾爱。"彼曰："如实，彼皆不至于我（之意中），先生。"3 于是彼父语之曰："吾爱，如从大火中取出萤火虫大小之炭，其火唯止此也（即十分微弱）——如是吾爱，汝十六分中唯余一分，是故以之汝不能念解吠陀。4 汝且进食，然后受解于我。"彼遂进食。于是当彼至其父，凡其所问者，皆能回答无余。于是彼（父）语之曰：5"吾爱，譬如若覆之以草，可使从大火中所取出萤火虫大小之炭再次燃起，然

① 火（热）作为油脂被人所食。

② 在梵书中，火变为语言已经是很通常的说法。

后其火焰将大增。6 如是吾爱，汝十六分中唯余一分。若覆之以食物，彼（所余一分）乃燃起。由此汝此时能念解吠陀。因为，吾爱，意由食而成，呼吸由水而成，语言由火而成。”于是彼（室韦塔克图）由其（优陀罗羯）受解——噫，彼已受解。

此说试图将三有说与梵书和早期奥义书的人与宇宙同构论连接起来：(1) 从吠陀的宇宙拟人论出发，梵书将人的现实生命与宇宙元素一一对应，如《黎俱吠陀》之“原人歌”（ṚVX・90・13—14）即谓从原人的意生月，从其目生日，从其口生火（因陀罗与阿耆尼），从其气息生风，从其脐生中界，从其头生天，从其脚生地，从其耳生四方。《百道梵书》说人由意、语言、眼、耳、气息五者组成，它们的实质分别是月、火、日、四方、风（Sat BrāX・3・3・7）。《鹧鸪氏梵书》谓风居于我息，日居于我眼，月居于我意，空居于我耳，水居于我精，土居于我身，……故人与宇宙同源同构（Tait BrāIII・10・8）；此即梵书所谓“桑底厘耶智”（Śāṇḍilya-vidyā）（Sat BrāX・6・3, Vāj SaṃXXXII・11—12）。早期奥义书如实继承了这种同构论。比如 ChānIII・13 说人有五窍，即人体内五种元气，谓上气（prāṇa）、通气（vyāna）、下气（apāna）、腹气（samāna）、出气（udāna）；五窍的实质，依次同于眼、耳、语言、意、呼吸五根，及日、月、火、雨、空五境。该祇夜的元气祭祀基本上就是以这种同构论为理论基础的（ChānV・19—24）。ChānIII・18 亦说人有四分，谓语言、呼吸、眼、耳，宇宙有四神，即火、风、日、方，它们一一对应，相互同一。此类理论，皆完全继承梵书之陈说。在 BṛihIII・9・10—17，耶若婆佉提出八有与八处、八界对应之说，对此同构论作出了一种新的概括，但实质的内容亦是前此思想中已有的。然而优陀罗羯之说，却在这方面贡献了实质性的新内容。这在于他将此同构论衔接于他的独特宇宙观（三有说），赋予前者新的理论基础。他认为人的生命内容，全都是由火、水、土三有的成分被食用后形成；而三有是可分的，其接着在体内分解，形成生命中粗细不同的成分。其中食物被吃进去后分解为三分，最粗者为粪，中间者为肉，最精细者为意；准此，水分解为尿、血、呼吸；火分解为骨、髓、语言；故曰意由食而成，呼吸由水而成，语言由火而成。因此优陀罗羯的理论，比梵书和早期奥义书中由宇宙元素直接构成生命的说法，显然要深了一层。(2) 梵书把祭祀、宇宙、人（乃至语言、时间），当作同构的系统。如说人有二十一分（十指、十趾、身体），祭有二十一颂，宇宙亦有二十一分（太阳、三界、五季、十二月），三者乃为同一（Sat BrāVI・2・2・3,4）。而在奥义书中，所谓“十六分说”（Sodaṣa-Kala Vidyā），即将人分为十六分，且以轮与辐喻人与十六分，盖已成定说也。如 BṛihI・5・14—15 说人有十六分，其十五分为其财德，第十六分为其自我，如辐与毂。PraśVI・4 说人之十六分为元气、信、虚空、风、火、水、土、根、意、食、力、精进、咒、祭祀、世界、名，其由自我发出，如辐发于毂。ŚVET·I·4说人之十六分为五大(bhūta)、五知根(buddhīndriya)、五作根(karmendriya)、意(manas)，其安立于自我，如辐辏于毂。在《唱赞奥义书》第四编，荼跋拉亦开示十六分说，谓大梵具四足，即诸方、宇宙、热、元气。其中诸方包括东、西、南、北，宇宙包括天、空(气界)、地、大洋，热包括火、日、月、闪电，元气包括气息、眼、耳、意，共有十六分，此十六分将世界内的一切存在皆涵盖在内(Chān IV·5—8)。故优陀罗羯说人由十六分构成，应当是取资于梵书、奥义书现存的说法，但是他用三有赅摄十六分，则为独创。此十六分不仅概括了人生命之全部内容，而且按奥义书的理论，还概括了宇宙的全部。优陀罗羯要求其子室韦塔克图禁食十五日，以此证明十六分由三有形成。盖其以为每日对应于十六中之一分，室韦塔克图在禁食中，日损一分，第十五日后，仅余一分，即元气，以其绝食而不断水故(元气由水而生)。此时室韦塔克图仍有呼吸，但不能念解三吠陀，即不复有记忆思维；也就是说他尽管仍有呼吸，但意的活动停止了。此时生命变得十分薄弱，譬如从大火中取出的一小片炭，其焰必微；若重新进食，此生命乃复炽燃，如以草覆此炭然。奥义书即以此证明意由食而成，元气由水而成。不过，既然意、呼吸、语言皆是由上述物质元素构成的，故人的生命本质上仍然是物质的、自然的。因而优陀罗羯的生命思考完全是外在的，他对于生命的真实本质，丝毫没有涉及。

**(二)睡眠、饥渴、死亡**

在奥义书中TaitII, III提出五身说，MāṇḍIII—VII提出自我四位说，皆以更早的奥义书学说为基础。此如ChānVIII·7—15中生主的四界说，BṛihIV·3·15—19中耶若婆佉的自我醒位、梦位、熟眠位三位说。然而这些思想中，理论最原始、朴素的，因而也应当是最古老的，是优陀罗羯对睡眠、死亡、解脱的分析。ChānVI·8,15述其学云：

> 8·1于是优陀罗羯·阿楼尼语其子室韦塔克图曰："吾爱，且由吾受解睡眠位。吾爱，当人于此睡眠(svapiti)，如其所说，于是彼已融入实有，彼已趣至其自身(svam apīta)。是以人说其'彼睡眠'，以其已趣至(apīta)其自身(sva)故。2如被系之鸟，当其于各方飞舞，而不能另外寻得栖止处，兹后便回到且安栖于其系着处，如是吾爱，当末那于各方飞舞，而不能另外寻得栖止处，兹后便回到且安栖于呼吸，因为末那以呼吸为其系着处。3吾爱，且由我受解饥、渴。当一人于此饥饿(aśiśiṣati)，如其所说，唯水已领走(nayanti)其所食(aśita)。是故，如众人说领牛者(go-nāya)，领马者(aśva-nāya)，领人者(puruṣa-nāya)，彼

等亦说水为领食者（aśa-nāya，即饥饿）①。吾爱，以是（即由被消化之食）应解此（身）为萌出之芽（śuṅga）②，彼不可无根也。4舍彼食物，孰为其根乎！准此，吾爱，食亦是芽，乃以（寻求、归宿于）水为根。水亦是芽，乃以火为根。火亦是芽，乃以实有（sat）为根。故此一切众生，吾爱，皆以实有为其根，以实有为其住处，以实有为其支持。5复次，当一人于此渴，如其所谓，唯火已领走（nayanti）其所饮（pipāsati）。是故，如众人说领牛者（go-nāya），领马者（aśva-nāya），领人者（puruṣa-nāya），彼等亦说火为领水者（uda-nyā，即渴）。吾爱，以是应解此（身）为萌出之芽，彼不可无根也。6舍彼水，孰为其根乎！准此，吾爱，水亦是芽，乃以火为根。火亦是芽，乃以实有（sat）为根。故此一切众生，吾爱，皆以实有为其根，以实有为其住处，以实有为其支持。然则云何此三神，当其至于人身，乃各自变为三分，已于前面（VI·5·1—4）讲明矣。当一人于此死时，吾爱，其语言归于意，其意归于呼吸，其呼吸归于火，其火归于至上神。7彼最精微实质，全世界以之为其自我。彼即真理。彼即自我。彼即是汝（tat tvam asi），室韦塔克图。”“先生，请再为我开解。”“然，吾爱，”彼曰。15·1“复次，吾爱，如于一（将死之）病人，亲属齐集周围，问曰，‘汝可识我？’‘汝可识我？’若其语言尚未归入末那，其末那未归入呼吸，其呼吸未归入火，火未归入至上神，则彼识之。2若其语言已归入末那，其末那已归入呼吸，其呼吸已归入火，火已归入至上神，则彼不复识矣。3彼最精微实质，全世界以之为自我。彼即真理。彼即自我。彼即是汝，室韦塔克图。”“先生，请再为我开解。”“然，吾爱，”彼曰。

优陀罗羯论人的现实生命与至上的实有，是本末、体用的关系，其论睡眠、饥渴、死亡，乃立足于此。本既赅末，末必归本。人于睡眠（特指无梦熟眠状态）、死亡中，乃魂归实有；而于饥饿焦渴之时，唯其所食消解于水、火、实有，故此（由食所成之）身最终归宿于实有。兹详论之：(1) 人于熟眠位，乃融入实有，趣至其自身。此则奥义书先是玩了一个文字游戏，谓“睡眠”（svapiti）之真义即“趣向自身”（svam apīta）之谓，睡眠即人重新与其自我合一；接着其以鸟喻开示睡眠中人与其至上我的关系。盖吾人的唯一依持就是内在的自我，如鸟止于桩。尽管末那在醒、梦位中四处飞腾，而在睡眠中必回归、栖止于实有。人只有回归此自我，才能得到放松、休息、安乐、颐养。众人皆图于吾外求依止，日夜奔竞，故其意劳神疲，以吾外实非依止处故，是

① 此以水与饥饿同有消食之用，故以二者等。

② śuṅga：芽，萼，结果。

故其每天必于睡眠中入于此自我，以解疲劳。此奥义书对于睡眠位实际上有两种说法：其一谓此时人（末那）进入了实有，而实有即人的命我，故曰人在此进入了自身（svam apīta）；其二谓于睡眠中末那进入元气，二者似乎不一致。此中“人”或指命我、或指末那（意），而优陀罗羯似对此没有作明确区分。(2) 对饥渴的说义在于表明，食与身为本（mūla）与末（śuṅga）的关系，而食亦本于水、火，且最终皆以实有为本。首先饥饿在于水领走食物，以满足身体之需。水（aśanāyā）的词源义即“领走食物者”。因食是从水而生，水为食根本，故水可领走食物。奥义书以为此肉身（etad，即 śarīra）由食而成，故以食为本。故云身为芽，而以食为根。食亦是芽，以水为根。水亦是芽，以火为根。火亦是芽，以实有为根。其次与此类似，渴在于火领走所饮之水。火能领水，以其为水之根本故。水亦是此身之根，而其以火为根，火复以实有为根。总之，组成人生命之三有，最终皆以实有为本源、归宿，故曰“一切众生皆以实有为其根，以实有为其住处，以实有为其支持”。(3) 人死后复归于实有。优陀罗羯同许多早期奥义书思想家一样，把熟眠位、死亡二种境界等同。在此则奥义书中，VI·8·1 说于熟眠位，末那归乎至上我，而接着的 8·2 则说此时末那归入元气，对此可能的解释是：末那先归入元气，最终元气归入至上我；而 VI·8·6 和 VI·15 论人死亡时其生命内容归入至上我之次第，使末那经过元气与至上我连接，乃为此解释提供了理论支持。盖 8·2 说于睡眠中末那归入元气，未说元气归入何处。而 VI·8·6 和 VI·15 不仅下及元气归没之处，且上及语言之归没末那，故其论生命之归没，乃有完整的系列，谓人死时，语言入意，意入呼吸，呼吸入火，火入至上我。从 VI·15 的叙述可以看出，这里语言代表（被归属于末那的）人的全部心理活动，包括认知作用。也就是说，人死时，首先是认知、语言学、思维等所有心理活动归没末那之中，不复生起，然后按末那——呼吸——火——实有的顺序，依次入没。

但是这里说人死时，语言入意，意入呼吸，呼吸入火，火入实有的次第，与 ChānVI·5 的说法不一致。后者以为语言生于火，而意入呼吸非末那；意生于食，而非呼吸；呼吸生于水，而非火，如此等等，与生命归没的次第不相应。睡眠位在这里实质上被与死等同，首先是因为人的生与死、醒与眠，都具有循环的特点，人经历熟眠后醒来，完全恢复了其睡前状态，同理人在死亡中亦只作一短暂停留，然后再生人间，恢复其从前的生命；其次，熟眠与死的状态相似，二者皆是心识泯灭、寂静安详、冥然一味之境，然而生命之差别被认为是潜藏于中，缘会复起的。从上述说法看来，优陀罗羯同许多早期奥义书思想家一样，将熟眠和死当作生命之终极，当作至上的安宁、幸福；人人皆可入于此极乐之境，复从中出来。他没有明确提出解脱的理想，没有表现出否定轮回、脱离系缚的追求，也没有探讨过超凡入圣、彻底解脱的方法、途径，这与他完全肯定现实的实在论立场一致。

**（三）人的生命与大有的关系**

当室韦塔克图请教乃父更为开示，优陀罗羯就进一步以九喻（例）阐明命我与实有或小我与大我的关系。九喻（例）包括前面 VI·8 的睡眠、饥渴和 VI·15 的死亡二例，余为花蜜喻、江海喻、树喻、尼拘陀树子喻、盐水喻、归乾达罗村喻、斧刑喻[①]，共为九种。奥义书（ChānVI·9·1—16·3）述其教云：

（优陀罗羯曰）"9·1 吾爱，如蜜蜂采集差别众树之实质为蜜，乃融此实质为一整体，2 彼等（实质）不复分辨其为此花之实质、彼花之实质，信然，吾爱，同理此一切众生，尽管其（于熟眠、死）入于实有，不知'吾等已入实有。'3 无论其在此世界为何，若虎、若狮、若狼、若野猪、若虫子、若蝇、若蚋、若蚊，其将复成为彼[②]。4 彼最精微实质，全世界以之为自我。彼即真理。彼即自我。彼即是汝，室韦塔克图。""先生，请再为我开解。""然，吾爱，"彼曰。"10·1 譬如江河，其东向者流向东方，西向者流向西方。彼唯从大洋到大洋。彼乃成为大洋自身。如彼于此处不复知'我为此（河）'，'我为彼（河）'，2 是故信然，吾爱，此一切众生，尽管由此大有而出，皆不知'吾等由大有而出。'故无论其在此世界为何，若虎、若狮、若狼、若野猪、若虫子、若蝇、若蚊、若蚋，其将复成为彼。3 彼最精微实质，全世界以之为自我。彼即真理。彼即自我。彼即是汝，室韦塔克图。""先生，请再为我开解。""然，吾爱，"彼曰。"11·1 吾爱，譬如此大树，若人于其根部斩之，其将流液，而活。若人于其中间斩之，其将流液，而活。若人于其冠斩之，其将流液，而活。其为命我（jīva ātman）充满故，仍然屹立，汲饮水气，欣欣向荣。2 若于其一枝，命根（jīva）离开，则彼（枝）枯萎。若其（命根）离下一枝，彼（枝）亦枯萎。若其离再下一枝，彼（枝）亦枯萎。若其离（树之）全部，则彼全部枯萎。信然，吾爱，同理应解，"彼曰。"3 信然，如实当命我离此身，则此身死亡。而命我不死。彼最精微实质，全世界以之为自我。彼即真理。彼即自我。彼即是汝，室韦塔克图。""先生，请再为我开解。""然，吾爱，"彼曰。12·1（优陀罗羯曰：）"且由彼尼拘陀树为我取一果子来。""此即是，先生。""剖开之。""已剖开，先

① 斧刑，为古印度一种刑法，若人被控而不认罪，则令其手捉烧红之斧，若其不被烫伤，则为无辜，否则有罪。

② 末一句，缪勒解为"…that they become again and again"，似乎从轮回理解，与原文有隙。联系上文，则此处所说仅为众生于熟眠、死亡入于同一实有，然后又如是出来，恢复其原来的存在，不必就轮回而说也。

生。”“汝所见者何?”“彼极微细之种子,先生。”“取其一而剖开之。”“已剖开,先生。”“汝所见者何?”“一无所有,先生。”2于是彼语之曰:“信然,吾爱,彼最精微实质,汝不能见,由彼最精微实质,此大尼拘陀树如是生出。3其信我,吾爱,”彼曰,“彼最精微实质,全世界以之为自我。彼即真理。彼即自我。彼即是汝,室韦塔克图。”“先生,请再为我开解。”“然,吾爱,”彼曰。13·1(优陀罗羯曰)“且置此盐于水,明朝来我处。”彼如是为。于是彼(优陀罗羯)语之曰:“汝昨晚所置于水之盐,汝且取来。”彼遂于水中捉之,而不可得,其已全化入水故。2“请于其上层取而尝之,”彼曰,“何如?”“盐味。”“请于其下层取而尝之,”彼曰,“何如?”“盐味。”“请于其中间取而尝之,”彼曰,“何如?”“盐味。”“请于其下层取而尝之,”彼曰,“何如?”“盐味。”“且置之,前来。”彼(室韦塔克图)如是而为,曰,“彼始终同一。”于彼(优陀罗羯)语之曰:“信然,吾爱,如实汝不见此处之实有。信然,其如实在此。3彼最精微实质,全世界以之为自我。彼即真理。彼即自我。彼即是汝,室韦塔克图。”“先生,请再为我开解。”“然,吾爱,”彼曰。14·1“吾爱,譬如人(强盗)于乾达罗地方带走一人,蒙其双目,然后弃于陌生之地。彼或向东,或向西,或向北,或向南乱撞,以其被蒙住双目掠走并弃置故。2譬如有人揭开其蒙蔽,而告之,‘乾达罗在此方向,汝其朝此方而行!’彼若有智,当走一村问(路)于一村,得其指示,而回乾达罗。如是于此世间得(明)师者,乃知:‘我仅当未脱离(肉身)时属于此(世间),然后我将得成就。’①3彼最精微实质,全世界以之为自我。彼即真理。彼即自我。彼即是汝,室韦塔克图。”“先生,请再为我开解。”“然,吾爱,”彼曰。16·1“复次,吾爱,如彼等手捉一人,将其带前,呼曰:‘彼尝为盗!彼尝偷窃!请烧其斧!’彼若犯此罪(而不承认),则使其自身为伪。彼因说伪故,乃以伪覆盖自身。其手执炽斧,而被灼烧。彼于是伏诛。2彼若未犯此罪,则其自身为真实(satya)。彼因说真实(satya)故,乃以真实覆盖自身。其手执炽斧,而不被灼烧。彼于是被赦免②。3正如人(因有真实而)不被灼烧,故全世界以之(真实)为自我。彼即真理。彼即自我。彼即是汝,室韦

① 此译为直译。Hume译为:“I belong here only so long as I shall not be released (from the body). Then I shall arrive home。”杜伊森译为:“diesem (Welt) werde ich nur so lange angehören, bis ich erlöst sein werde, darauf werde ich heimgehen。”皆为意译,且对本文原意有所发挥。盖所谓“成就”即入乎实有(sat),此即前述离者归家之喻所指者,实有即众生家园。此寓言意为,众生被贪、嗔等所掠,被无明所覆,不知其本原。而一旦遇明师指示,破除无明,乃知实有为其本,当其死时,宿业酬尽(得智者不造新业,然肉体作为宿业之报仍存,直至命终),乃进入实有。然而质诸原文,则此奥义书并无明确的“解脱”理想,其所谓进入实有,亦不能贸然等同于解脱。

② 后来吠檀多释此为人因真理而得解脱,因虚妄而被系缚。

塔克图。”于是彼由其（优陀罗羯）受解。噫！彼已得解。

此则奥义书，每一节皆以“彼最精微实质，全世界以之为自我。彼即真理。彼即自我。彼即是汝”结束（除16·3稍有调整），故其宗旨在于开示命我（jīva ātman）与实有或大梵之本质同一。前八种喻例皆把现实生命、表象的世界作为一边（此世界），把实有、本质的世界作为另一边（彼世界），而且皆旨在阐明人的自我在这两个世界之间的往复转换，以及这两个世界的相互转化。在此八喻例中，醒位我、生存之我、众花、众江河、树之枝叶、尼拘陀树株、盐水、被从乾达罗村掠走之人，显表此世界；而熟眠位、死亡、由众花酿成之蜜、众江河汇成之海、溶于水中之盐、乾达罗村，则显表彼世界。此世界是杂多、差别、转变的领域，彼世界是唯一、绝对、无差别、一味、恒常的国度。后者是本体，前者是相用。后者是实有（sat），前者是变异（vikāra）。万有的实质是实有。它作为转变，由彼世界而生，又复归于彼世界，因而它是在此世界与彼世界之间来回转换。实有同样是人的自我的实质，而人的现实生命内容，如语言、意、呼吸等，皆由三有生成，属于变异，故命我也是在这两个世间之间不断迁移的。

就此则奥义书而言，可以肯定它至少模糊地表明了一种个人灵魂即命我的观念。它认为命我可以在变异的此世界与实有的彼世界之间迁徙。那么这命我与此世界和彼世界是什么关系？它与人的现实生命是什么关系？我们知道晚期奥义书将语言、意、呼吸等生命内容归宿于元气，将其与自我明确区分开来；命我的实质是恒常、一味、真实的至上我，而语言、意、呼吸等只是增益于此自我之上的执受（物质和精神的外壳）。但此则奥义书看来没有作这种明确的区分。它没有明确表明命我是异于语言、意、呼吸以及三有的，也没有明确思考过命我与这类变异的关系。它的命我概念很模糊，命我到底是由语言、意、呼吸构成，还是只是被后者所限制（如虚空被瓶所限制）？从优陀罗羯的说法中我们很难得出明确答案。另外，8·1说睡眠中命我入于自我，8·2说此时是末那入于呼吸，似乎命我就是末那；然而末那只是现实生命诸内容之一，且11·1似表明命我就是至上我，故命我又似应与末那有别。按照后来吠檀多派的解释，命我的实质就是至上我，末那属于限制后者的执受。其论及命我与至上我的关系，有分有说与映像说。前者以为此二者如瓶中空与大虚空，而末那即是瓶；后者喻末那为镜，自我映照其上，而生我相，命我便是这种映像。要之命我与末那本质上有区别。在熟眠和死亡位，由于与命我联结的末那归入元气，于是命我失其依怙，乃复归实有。然而就此则奥义书而言，我们尚看不出它对此问题有如此明确的理解。其次，命我与至上我的关系亦有模糊之处。11·1似表明命我就是至上我，亦有多处表明作者对命我与末那未作区分，故命我与至上我乃有本质区别。另外，命我有无量差别行相，而至上我融然一味，那么当命我在熟眠、死亡中进入至上我，其包含的差别行相，是完全被根除，抑或只是潜伏不起？若是前者，则无法解释命我何以从熟眠、死亡中再次转起。此则奥义书应是主张后者。它说此一切众生入于实有而不知，亦不复分辨其差别，且无论其在此世界为何，将由实有出而复成为彼，意味着众生的差别相在熟眠、死亡中是潜伏，而在醒位和此世界生存中再次转起。然若如是解，则与实有的绝对一味性相矛盾，而且由于命我和万有皆从其自身潜伏状态转起，故此解亦与以为命我、万有的实质皆是绝对同一、一味均匀的实有，而它们皆只是后者变异的观念矛盾。为解决此问题，后世有吠檀多学者解释意进入实有，有两种方式：(1) 无意识的方式，包括睡眠（熟眠位）与死。在这里，人只是无意识地偶然进入实有，其自我意识消失，但他并未完全融入实有之中，仍然有贪欲、业力，而且由于后二者的促动，他必再次从这里出来而进入醒、梦位。(2) 有意识的方式，即人们通过自觉的修道悟解，亲证实有，最终自我意识消失，自我完全融入实有之中。此时自我超越世尘，解脱业力，永不复回生死轮回道中①。此种解释的问题是：其一，在优陀罗羯思想中，并不存在所谓解脱与熟眠、死亡位的区分，故此说有过度诠释之嫌；其二，既然命我于解脱位与熟眠、死亡位皆是进入实有，则在此二位中，命我与实有之关系的差别，在逻辑上没法说清楚。倒是晚后的奥义书（比如《鹧鸪氏奥义书》、《蛙氏奥义书》、《白骡奥义书》等），大体上解决了上述理论困难。其以为尘世的一切，皆生于喜乐（ananda）我之转变，而至上我（真实自我）则恒常一如；人于熟眠、死亡位，入于喜乐我，而非真我，故可再生；而于解脱位乃融入至上我，遂永不复生。

此奥义书以树蜜和江河之喻表明命我进入实有时，意识消失的过程。盖千万花朵，酿成美蜜，诸蜜完全融为一体，不复分辨其为此花之蜜、彼花之蜜；弱水三千，皆归大海，其水亦不复分辨其为此河之水、彼河之水。同理，众生的命我在熟眠、死亡位进入实有，冥漠玄同，废知绝照，不复分辨其为此我、彼我；其于醒位与往生，乃如其前所是，重新转起。然而此则奥义书在这一点上，说法亦颇有不连贯处。盖若详究其所谓意识消失或“不知”，乃有三义：其一，不知差别（无分别心）；其二，不知自我（无自我意识）；其三，不知其入于实有，同理，其出于实有时亦不知。这里作为譬喻，9·2 所谓“不复分辨其为此花之实质、彼花之实质”，10·1 所谓“不复知‘我为此’，‘我为彼’”，应兼包此中第一、二义；而作为结论，其所谓“一切众生，尽管其入

① Swami Krishnanda, *The Chāndogya Upaniṣad*, comment on VI, Divine Life Society 1984.

于实有，不知‘吾等已入实有’”，“此一切众生，尽管由此大有而出，皆不知‘吾等由大有而出’”则应是其第三义。可以看出，由于上述思想的含混性，导致这里的结论与譬喻衔接不上；另外即使在9·2和10·1的譬喻中，优陀罗羯对其第一、二义也没有作明确的区分；这使优陀罗羯要表达得思想，在这里变得很模糊。为了使此二节奥义书义理更通顺，可以认为优陀罗羯在说上述三义之一时，皆已经把另外二者也包含在内了。从认识论角度解释，人之所以入于实有而不知，是因为，首先人的诸根仅能接触外境，而无法缘取实有；其次末那的主要功能是统合诸根的作用，故末那亦是指向外境的，而不能直接缘取实有。然而末那有思维、推理之用，人依此修为，可以引发对实有的证智。

此外，11·1—3以大树与其命我，喻现实生命与自我的关系。盖人若斩大树之枝、干、梢，它将仍然活着，若其命我离开，其乃枯萎死亡。同理，当人的命我，即实有离此身，则此身死亡，而命我不死。其旨趣不在于说轮回，而在于表明实有、至上我是现实生命之常住的基础。12·1—2以尼拘陀树喻世界、现实生命，以尼拘陀树子中的虚空喻实有、自我。现实的世界万象森然、浩瀚无垠，然而是以如虚空般微细、不可见的实有、自我为其本质的。13·1—2以盐与盐水，喻实有与变异。盖盐溶于水中，不可见、不可捉。同理，在构成世界的全部变异中，实有亦不可见、不可捉，然而却是诸变异之常住的实质。14·1—2以乾达罗村喻实有、至上我，以被蒙住双目，由此处掠走之人喻现实生命。譬如此人遇善人，为其揭开其蒙蔽，指明归家之路；人若得善知识开导，乃知自我才是其归宿，回归自我才是其生命之目标。对于此喻，商羯罗解释说，吾人真正的家园是实有，而对世间东西的贪欲遮住了人们的眼睛；若逢机缘，遇知自我的善知识，后者乃为吾人除去遮蔽，指明道路；于是吾人乃知自己原非仅为世间之物，而属于至上实有（商羯罗以为，由于此种证悟，当人宿业受尽、肉身毁灭之时，乃入乎实有，得彻底解脱）。15·1—3表明人死时，属于现实生命之语言、末那、呼吸等心理要素，以及火、水、土构成的物质色身，皆泯灭无迹，彻底消融到实有之中（故人于死亡中无意识），此实有即至上我。16·1—3以斧刑之喻，表明真理乃是吾人生命之依持，故真理即是自我。

总结起来，此则奥义书的基本教义无外乎：其一，处于流转、变异中的现实生命和世界，与不变、一味之实有，分别构成存在之表象界和本质界，唯后者是存在之实质、真理；其二，变异的表象界和恒常的本质界之间，是相互转化的；其三，众生的命我在此二界之间往返迁徙；其四，作为构成世间万有的一味的微细实质，梵、实有就是吾人之真实自我，吾人唯有回归此自我才能得到安乐。

优陀罗羯的生命思考，是反省从绝对本质上认出自我。作为觉性的自否定，自反势用具有将自身绝对化，即把自己作为自身自主设定对象的本真冲动。后者促使自反活动自身，包括其目的对象（自我），对省思的意识呈现出来，这决定反省在思想发展的任何阶段，最终都会从（被不自觉地维持的）存在、真理上面认出觉性的自我。盖思想是自由的现实化和中介，自由是思想的先天本质。我们在这里特意将思想与思维区分开来。思想是精神所有现实活动的（不加区分的）总称，而思维则是具有特定取向和处于特定发展阶段的思想。这思想取向是某种特定精神势用的现实化（而其发展阶段就是由这势用实现的程度决定的），因而思维与精神的势用一一直接对应。反省思维就是精神的自反势用的现实化。这里，自反势用的绝对化冲动决定了反省思维的绝对化。在早期奥义书思想中，当省思进入存在本质的层面，自反势用最终促使反省从这本质意识到觉性自身，意识到本质与自我的同一，于是反省在自然本质的层面实现了绝对化。优陀罗羯的自我观念，就代表了反省的这一阶段。其所谓“彼即是汝”，就是明确将存在的本质与自我等同起来。而正是由于这种等同，使得在自然本质思想层面的精神自我维持或自反活动成为自觉的。

但是，正如在优陀罗羯思想中，超越只是一种自然的超越，同样其反省也只是一种自然的反省。反省尽管领会到存在本质与自我的同一，但它所谓本质仍然是自然的、宇宙论意义上的存在，而没有真正涉及存在、自我的内在性，即其超越自然的层面。因而这种反省还不是本质的反省或反思，所以奥义书的反省思维还有待进一步深化。这种反省思维的深化，首先离不开精神的自身否定或自舍势用的促动。任何一种思维，尽管以某种势用为主要，都必然包括其他势用。比如超越思维必须包含自反势用，才能以觉性的内在性为理想，使自身活动内在化。同理，反省思维依靠自反势用（作为主导势用）实现对自我的确认、意识，同时它亦必须包含自舍势用，其自我意识才能别开生面，推陈出新，而反省思维就是在自反与自舍势用二者这种交互推动中不断被深化的。在优陀罗羯思想中，反省思维实现为本质的、绝对的，但它仍然囿于自然的范畴，盖自然由于其直接性，乃是人类反省思维的共同起点。当精神缺乏自我否定的力量（自舍势用薄弱），反省将无法突破自然的桎梏，乃至完全被窒息，而不可能上升为真正的反思（比如中国思想的情况）。然而觉性的本真的自我否定是绝对的，它必然要求在现实性中将自身绝对化，这决定精神省思对反省观念具有无限的超越空间。盖自舍是空，而且必是空亦复空，因而它本身要求实现为无限的。印度的文化土壤为自舍势用的这种绝对化提供了充分的条件。在整个奥义书精神史中，这种空的运动是持续推进的，而且保持着一种开放性。正是由于自舍势用的无限促动，奥义书的反省思维，才没有像中土思想那样停留于肤浅、外在的自然论，而是最终破孳去遮，使自我的超越自然的、纯粹内在的本质呈现出来。这是奥义书较晚时期思想发展的成就。

## 三、祭 仪 学

所谓祭仪，包括祭祀之祭礼，乃至日常起居之仪轨。BṛihVI・3 的糜祭和 BṛihVI・4 的生殖仪，皆被归诸优陀罗羯。此种祭仪包含的浓厚迷信色彩与僵化的形式主义，与优陀罗羯在其宇宙观中表现出的冷静理智气质颇不相侔，唯其体现的功利主义态度，与其世界观的自然论立场庶几一致。兹略述之：

(1) 糜祭。BṛihVI・3 和 ChānV・2・4—8 皆开示了糜 (mantha) 祭之法，二者在其传承中皆提到荼跋拉，故此祭应实与此人相关。BṛihVI・3 列荼跋拉于此祭师传的最末，而优陀罗羯作为荼跋拉的第五代师，被列于最初。另外 BṛihVI・3 的祭法远比 ChānV・2・4—8 复杂。这里有两种可能的解释：其一，是荼跋拉学派实际创立此祭，此祭法在后来的流传中，被加上了优陀罗羯、耶若婆佉等人的名字；其二，是此祭为优陀罗羯所创，五传而至荼跋拉，然后被编入奥义书。两种情况在奥义书的形成中皆为常见，故在此难以定案。兹姑将 BṛihVI・3 的祭法配于优陀罗羯之学。其谓人若欲得大成就（名声、财富），乃可行此祭。其法为，在太阳北行之半年，于望月行优波沙斋戒 (Upasad，即唯食乳品戒) 十二日后，遂择吉日，以无花果 (udambara) 木杯或盘盛各种果蔬，洒扫地面，乃设祭火，以圣草洒地，备炼乳 (āgya) 如仪，然后以米、大麦、芝麻、豌豆、粟、小米、小麦、滨豆、豆子、巢菜豆十种粮食混合磨成粉，加以凝乳、蜜、奶油，调和成糜，于是献炼乳于火。祝曰：“嗟乎全知者（即火神）！在汝之治下，无论何众神，而沮人所欲，我今在此处，敬献彼一分。愿彼得满足，而遂我所欲！敬礼！即汝横进 (tiraścīnipadyati) 者，曰我为主宰，我其倾炼乳，愿汝眷顾我。敬礼！”(BṛihVI・3・1) 然后为二种献祭：其一，祭献于诸内在神，即诸根，包括元气、语言、眼、耳、意、生殖①。其法为：先祝曰：“敬礼彼最尊、最胜者！”后献炼乳于祭火，投其余于糜。此为祭元气。复咒：“敬礼彼最富足者！”献炼乳于火，投其余于糜。此为祭语言。然后准此祭眼、耳、意、生殖。其二，献祭于火、须摩、地、空、天诸外在神，以及婆罗门、刹帝利、一切有、大全、过去、现在、生主等。其法为：先祝曰：“敬礼火神！”后献炼乳于祭火，投其余于糜。此为祭火神。祭其余项目准此而行。此二种献祭毕，乃以手沾糜，祝曰：“汝为活动者（即元气）。汝为炽然者（即火）。汝为圆满者（即梵）。汝为安住（即天）。汝为一切依处（即地）。汝为已（在祭仪开始时被 prastotri）

① 此处对元气、语言、眼、意等献祭，方法与 ChānV・2・4 完全相同，故应是从后者袭来；但后者只提及元气、语言、眼、意四者，而无耳、生殖二者。

诵之 hiṁ 声，汝为正（在祭仪中被 prastotri）诵之 hiṁ 声。汝为已（在祭仪开始时被 udgātri）唱之 udgītha，汝为正（在祭仪中被 udgātri）唱之 udgītha。汝为（在祭仪开始时）已被（adhvaryu）呼者，汝为（在祭仪中）正被（āgnīdhra）呼者。汝为云中焰。汝为遍满者。汝为有力者。汝为食。汝为光。汝为归灭处。汝为吞摄一切者。”于是举其糜，祝曰：“āmaṇsi āmaṇhi te mahi（汝［既能］思想，且思汝之伟大）。信然，彼（元气）为王、主宰、至上主子。彼且使我为王、主宰、至上主子！”于是食此糜且以吠陀祝曰：“敬思彼妙光①：于彼正行者，诸风降蜜汁，河流淌蜜汁。唯愿于我等，草木如蜜汁②。敬礼大地神（bhūr）！③敬思彼神光④。旦暮光如蜜！气界其如蜜！天父（dyaus pitā）其如蜜⑤！敬礼空界神（bhuvas）！愿彼启吾思⑥！唯愿于我等，树木其如蜜！太阳其如蜜！母牛多蜜汁⑦！敬礼天界神（svar）！”再诵全部日神颂及“蜜颂”，祝曰：“我其如实为此全世界！敬礼地神、空神、天神！”最后食其余糜，洗手，头朝东卧于祭火后面。晨起敬礼太阳，祝曰：“汝为天界之莲花，愿我为人中之莲花！”于是循其来路而回，坐于祭火之后，而诵此祭之师资名号焉。人由此祭，可致世间名声、财富⑧。

（2）生殖仪。早期奥义书延续了梵书的祭祀精神，以为生活中一切无非祭祀。此生殖仪式，乃以房中作为祭祀之场，谓行此仪可生育理想之后代云。其谓地为万物精髓（rasa），水为地之精髓，植物为水之精髓，花为植物之精髓，果实为花之精髓，人为果实之精髓，精液为人之精髓。此仪包括以下环节：其一，求合与交遘之法。人应于女人经期结束，容颜正美时，请求交合。其若不许，则贿之。若仍不许，乃以棍或手击之，使其就范。至于交合之方，BṛihVI・4・19 有详述焉，于中尚有求女欢心之法、得孕与不孕之法等。其二，收回精液之方。人若于梦中、醒时遗其精，应祝曰：“吾精泄于地，入草木与水，嗟惟此精液，其重回我身！精气回我身！力量与容光，其复归于我！祭坛及祭火，再设于其处！”于是以无名指和拇指取之，涂于胸前及眉毛上。其三，行房事时的正确观想。行此仪时，人应观女人下体为祭坛，其毛发为圣草，其肌肤为榨须摩器，其阴户为祭坛中间之火。人若知此而行房事，则取得女人善业于自身；若不知

① Tat savitur vareṇyam，此为吠陀著名的日神颂（ṚVIII・62・10）之初行。

② 以上五句，见于 ṚVI・90・6，Vāj SaṃXIII・27。

③ 此句为前面数句之结束咒，以下准此。

④ Bhargo devasya dhīmahi，此为日神颂（ṚVIII・62・10）之次行。

⑤ 以上三句，见于 ṚVI・90・7，Vāj SaṃXIII・28。

⑥ Dhiyo yo nah prokodayāt，此为吠陀著名的日神颂（ṚVIII・62・10）之第三行。

⑦ 以上四句，见于 ṚVI・90・8，Vāj SaṃXIII・29。

⑧ BṛihVI・3。此祭法见录于《家居经》（如 āśvalāyana gṛihya sūtrasI・3・1，以及 pāraskara gṛihya sūtrasI・1・2）。

此而行房事，则女人取得其善业。其四，求生理想儿女之法。若欲得白肤、能诵吠陀且全寿之儿子，则夫妻二人应于房事前食以乳烹之米饭，佐以奶油。若欲得褐肤、棕瞳、能诵二吠陀且全寿之儿子，则夫妻应于房事前食以酸乳烹之米饭，佐以奶油。若欲得黑肤、红瞳、能诵三吠陀且全寿之儿子，则应食以水煮之米饭，佐以奶油。若欲得饱学且全寿之女儿，则应食掺芝麻烹成之米饭，佐以奶油。若欲得饱学、有大名声、常入议会、善于辞令、能诵全部吠陀且全寿之儿子，则应于房事前食和肉烹成之米饭，佐以奶油。这种生殖仪反映了当时印度社会生活之一方面，其目的也完全是功利的。

自由推动精神省思的发展，规定省思的独特内容、阶段、取向。精神的自舍、自反、自凝势用的将自身现实化为否定、反省、理性的思维，并为其实质。奥义书精神的发展，主要由自舍与自反势用推动，故在其中，否定与反省思维得到最充分发展。

早期奥义书体现了精神的否定与反省逐渐成熟的过程。在其最早阶段中，其反省与否定都完全是外在的、表象性的、空洞的，尚无本质的领会。其中否定思维不仅完全囿于自然的、外在的国度，而且完全是一种量的超越：精神在这里否定存在自身作为感性个别性的绝对意义，而确立大全为存在真理；但这大全只是自然物的全体，而不具备自身独立、自为的存在，精神对这全体的自身内在存在无任何明确领会。这种否定是精神自舍势用的最初步的实现。而反省也只是在将这自然的大全确认为自我，因而也是最外在、空洞的，对于这自我的实质没有任何明确省思。

在优陀罗羯的思想中，否定与反省都克服了感性表象的束缚，达到超感性实质的领域。一方面，否定思维在自舍势用推动下实现了对觉性的感性表象之否定，在自反势用推动下具有了从表象到本质的内在化取向。

首先，否定思维在这里实现为本质的，这是由精神自舍势用的进一步展开决定的。这在于，省思否定了此前执着的直接自然的感性表象和个别性，确立一种超越感性的绝对本质（实有）作为存在之真理。精神在这里否定了觉性的感性表象性，进入抽象本质领域。这意味着精神的自舍势用实现为本质性的。精神首次脱离感性表象的束缚而获得自由。然而这种本质的否定仍然停留在自然的范畴之中，离真正的自由还很遥远。这首先是因为否定没有将自身绝对化，盖绝对的否定是空亦复空，为无所住、无所得的境界。但优陀罗羯的超越，停留于一个确定的基础，即作为自然本质的实有观念之上，因而否定只是在自然的领域活动，成为有限的、仍不离执着。

其次，这否定思维在自然领域内表现出从表象到本质的内向化取向，这是由精神的自反势用决定的，但自反势用的薄弱决定这种内向化仍停留于表面。盖否定思维的实质或主导力量是精神的自舍势用，但是它还必须包含其他势用（首先是自反势用）以为辅佐。自舍势用是精神的自身否定，自反势用则是精神的自身确认、自身维持。自舍是破，自反（及自凝）是立，前者是否定的根本动力，后者为其构筑概念的工具使之形式化、必然化；前者体现自由，后者揭示真理。超越思维只有在破与立，或否定与确认的交互作用中，方能次第展开、逐渐深化。盖觉性对任何本质真理的领会都体现了自反势用，因为对某种存在的真理性的确认就意味着在现实层面对它的维持，而在任何意义上被把握的普遍本质，总已是自我的符号或自我本身，因而对本质真理的确认就是觉性自身维持的现实化。自反势用决定否定思维在其每一发展阶段，必然在破除外在偶像之后，确立觉性的某种本质真理（否则精神的超越将彻底外在化，从而失去归宿，坠于自我寂灭；比如佛教就是因为自反势用的缺乏，最终归于空寂之途）。在优陀罗羯的思想中，尽管自反势用决定否定思维由外到内的取向性，但这自反势用才开始展开，它只能指向觉性存在的直接、表面的内容，只能在自然境界中活动。它尚无能力指向觉性的真实内在性即心灵、思想本身，而是力图从自然确认自我。因此，否定思维尽管在否定自然最外在的感性表象之后，确认了某种内在本质，但这内在性或本质仍然是自然的、宇宙论意义上的，而非觉性真实的内在性、本质，后者是对自然、经验的否定。因此在这里否定思维还没有成为真正的精神超越，即以觉性的纯粹内在本质为目的的活动，而是仍停留于外在层面。精神的自身否定只是在外在自然、宇宙的国度运动，省思只纵情于某种自然本质，没有真正领会存在的纯粹内在性，没有意识到生命、意识和主体性才是存在、自我的真正本质。

另一方面，在优陀罗羯思想中，反省不仅超越了感性的具体性，而且实现为自觉的即自我反省，然而这种反省没有得到自舍势用的充分支持，未能突破自然的樊篱。反省思维的主导力量是精神的自反势用，但它亦必须包含其他势用（尤其是自舍势用），才能不断推陈出新、自我深化。它也是在自反与自舍两种势用，即破与立的交互作用下不断向内推进的。自反势用不仅恒指向觉性的内在本质，使后者作为真理逐渐对省思呈现，而且它也具有将自身绝对化、把自己作为自身自主设定对象的冲动，正是这一点促使自反活动自身对省思的意识呈现出来，于是使反省最终会从存在、真理、本质上面认出觉性的自我。这里是自反势用的绝对化冲动决定了反省思维的绝对化（反省对象与自我被明确等同）。在早期奥义书思想中，当省思进入存在本质的层面，自反势用乃促使反省思维意识到这本质与自我的同一。优陀罗羯的思想，就代表了这样一种自我反省。所谓“彼即是汝”，就是明确将存在的本质与自我等同起来。而正是由于这种等同，使得在自然本质思想层面的精神自我维持或自反活动成为自觉的（绝对的），于是反省在自然本质的层面实现了绝对化。

然而，正如在优陀罗羯思想中否定思维只是一种自然的否定，同样其反省也只是一种自然的反省。自我被当成一种宇宙论的本质。这表明在反省思维中，精神的自舍势用未得充分开展。盖于反省思维的发展中，自反是立，自舍是破。反省唯赖自反之立，才能确认自我之真理；唯赖自舍之破，才能别开生面、不断深入。在优陀罗羯思想中，正是精神的自舍势用促使反省思维否定前此思想对最外在的感性表象之执着，使反省上升到本质层面。然而如前所述，在优陀罗羯思想中，精神的自舍势用只得到初步展开，只在自然的樊篱之中活动，没有展开为对自然、经验存在的否定。这决定反省思维只能在自然圈子中打转，而无法突破自然达到觉性内在本质的领域。在优陀罗羯的思想中，自我本质只是自然的、宇宙论意义上的存在，而觉性真正的内在性，即纯粹心灵、意识，则完全没有被涉及。因而这种反省还不是真正内在的反省或反思，所以奥义书的反省思维还有待进一步深化。

总之，优陀罗羯思想代表了奥义书精神发展的这样一个阶段，此时精神的自舍与自反势用刚开始在现实生命中展开。作为它们的实现，精神的否定与反省思维，才刚起步，只能在自然的领域蹒跚而行。精神的生命难免显得幼稚肤浅。精神仍然未得独立、自由，仍不离对偶像和外物的攀缘。在这种情况下，即使自由推动精神省思否定存在的直接性、感性性，这省思也只是权把某种超越感性的实质作为理想，来哄骗这自由。总的说来，优陀罗羯思想的特征，仍属于一种自然实质思维，与米利都学派的宇宙论和中土道家思想大致相侔。优陀罗羯的实有，作为超越感性表象的实质，与阿那克西曼德的无限（τοἄπειρον），老子的道，是处于同一思维水平的观念。然而任何自然思维，由于都只是把觉性的外在皮壳而非其自体作为对象，故都被系缚于存在的直接性和朴素性，都是执着，而且是最粗浅的执着。

另外，优陀罗羯的实有论还有一个影响着以后印度思想走向的重大误区。这就是没有领会到本质与形式的同一性，而是一方面把本质当成无形式、无差别、一味均匀的质料，另一方面把形式当成不具有自为真理性的、虚假的东西。然而事实上正好与此相反的是，现实存在的真实本质，不是无差别的质料，而恰恰是安立着差别、规定着差别的形式、逻各斯。优陀罗羯思想对形式的虚假化和对本质的空洞化，表明奥义书的理性思维没有展开对本质的内在构成，也没有把形式作为自身维持的对象。这表明精神内在的自凝、自反势用没有得到充分展开，没有进入本质的内在领域。这种理性思维的局限性，与印度精神的特质有关。

唯自凝势用推动省思对对象的形式构造。但是在奥义书的神话精神阶段，它只得到最初步的实现，它推动理性思维把握存在的量的统一；在奥义书的功利精神阶段，省思在某种宇宙实质观念基础上，通过普遍因果关联将世界万有构造为一个整体，把握了存在的质的统一，这表明自凝势用在存在的内在的、质的层面展开为积极活动。优陀罗羯的思想属于后一阶段。然而在这里，省思无法领会这实质、本质是有丰富的内部结构和差别的（盖觉性、存在的真正内在性或本质就是包含诸概念、理念的生命整体），也无法领会存在、自我（作为概念、思想）自身内在的差别性、丰富性，表明自凝始终没有展开为对存在之实质、本质的建构作用，自反势用也没有展开为对形式的维持。于是省思将存在实质、自我都理解为抽象、无差别的"一"。这决定了奥义书精神的非理性主义倾向。这种存在、自我观念开启了整个印度思想的一个根本误区，这一误区延续到大乘佛学。

中土思想也存在类似情况。儒家的"天"，作为存在整体，内在意义非常贫乏，实质很模糊，表明理性只是从量上对绝对、存在整体进行了把握，与该祇夜等的思想处于相应的思维层次。道家则达到了与优陀罗羯类似的思维水平。老、庄思想同样试图以某种超感性的实质（道）为基础，根据一种普遍的宇宙生成法则将万有统握起来，这表明理性开始对绝对、存在整体进行质的、内在的形式建构。不过道也是一种消解了概念运动（无因果性、实体性）、淡化了内在差别的非理性的混沌存在、玄一，与优陀罗羯的无差别的"一"作桴鼓应。这表明精神的自凝同样没有展开为对存在之实质、本质的把握。

早期奥义书思想同中土思想中出现的这种相似的精神局面，与两种传统各自不同的精神特质有关（见本章小结的讨论）。在印度传统中，是本寂的精神抑制了自凝和自反势用的积极展开并激发相反的惰性势用的活动，从而阻碍了理性精神的成长，导致印度文化中根深蒂固的非理性主义和寂灭主义倾向。在中土传统中，是玄道精神抑制了自凝和自反势用的活动，导致与印度传统中出现了类似的结果。这两种情况下，精神的自凝势用都无法展开为对本质的作用，使得省思未能领会存在、自我本质与形式、概念的同一。因而其所谓实质或本质就是无思维、无差别的"一"或无规定的混沌，因而东方精神的本质思维是非理性主义的。但希腊思想则避免了这样的误区。自赫拉克利特把存在基质理解为逻各斯、理性，毕达哥拉斯将存在本质规定为数，希腊哲学就一直把本质和形式等同。这表明精神的自凝势用开始在本质思维中得到展开，精神具有了明确的理性倾向。到柏拉图，纯粹形式或理念被确立为唯一真理，而质料、自然则被贬低为虚无。从这里开始，西方精神就走上了一条与印度精神截然相反的道路，并且很自然地导向了后来的逻各斯中心论。

由于自然是觉性存在之最直接、最醒目的层面，故立足于这一层面的自然思维，是人类精神的共同起点。先秦的中土思想，米利都学派的希腊思想，优陀罗羯之前的印度思想等都属于此类型，其全部精神省思皆未越出自然之域。在这种情况下，当一种传统中精神的自舍与自反势用不能充分展开（成为针对本质的活动），使精神的否定和反省缺乏进一步推进的力量，从而无法冲破自然的桎梏，乃至被完全窒息，而不可能上升为真正的超越和反思。真正的精神生命在这里就终结了。中国思想就属于这样的情况。在这里，传统和政治制度的压迫，使精神的自舍、自反势用的展开受到阻碍，其本真的绝对性和无限性被阉割。现实的精神生命无法扬弃存在的直接性，进入其真正内在、本质的领域。中华文化精神一直就没有脱离自然思维的樊篱（与印、西精神后来对自然的贬斥对立，中土文化始终保持甚至在不断强化着对自然的崇拜）。正是上述精神动力的缺乏使中土思想发展陷于停滞，使得这种文化自秦汉以后便失去了自主创造的能力。可以说自秦一统之后，中华文化的精神生命实际上已经死亡了。然而在优陀罗羯之后的奥义书思想发展中，我们看到了不同的情况。印度的文化土壤为精神自由的绝对展开提供了充分的条件。在整个印度思想史上，精神的超越和反思都表现为一个无限提升和深化的过程。这一进展体现了精神内在的自舍与自反势用的“破”、“立”辩证法的无限展开。盖自舍是无限的超越、否定，而自反则总是在前者开辟的新领土中确认本质的真理；二者的交互作用使精神生命逐渐破除起初的幼稚和贫乏性，走向日益成熟的未来。

奥义书思想在兹后的发展，为这无限精神运动提供了一个验证。首先，奥义书观念的发展，表现了否定思维的自身绝对化进程。比如耶若婆佉学说运用“非此，非彼”（neti, neti）遮诠法，将一切自然存在予以排除，在大梵、绝对与自然之间画上了一条鸿沟，标榜大梵与自然的本质差异，表明了否定思维向真正的精神超越的过渡。晚期奥义书和《薄伽梵歌》，认为全部现实存在皆属于人的无明、神的幻化，整个宇宙及其生、住、灭皆是幻相，大梵则是超越全部现实的本体。于是奥义书的否定思维从实在的超越上升为本真的超越。奥义书精神在这里表现出的否定思维的自身绝对化，最终应归因于精神内在的自由，即自舍势用在现实精神中的绝对展开的推动。在这里，是精神的自舍势用首先推动奥义书的精神打破了在其（由优陀罗羯等所代表的）早期阶段对自然的直接存在的执着，使省思最终否定了自然实质的绝对意义而领悟到存在的超验本质、彼岸，导致真正的精神超越的形成；其次自舍势用的自身绝对化的展开，推动超越思维领会到一切现实存在的空洞性，确立本体为超现实的原理。其次，奥义书的观念，也表现了反省思维的自身绝对化。优陀罗羯以后的奥义书思想，乃日益将目光指向人的内心、意识、精神，把后者作为存在之绝对真理，形成了真正的精神反思。人们最初是尝试着将存在的本质等同于意、觉、识，后者尚不离经验特征，是为经验反思。在此基础上，到耶若婆佉、婆楼那、爱多列亚等人那里，反思遂剥落经验意识（内在的自然）外面的硬壳，使觉性的超验本体，即自性清净心呈现出来。到晚期奥义书，反思把全部现实存在都归宿于无明、幻，将其从觉性的内在本质、至上我中排除，自我乃为超绝的真心。于是反思才真正指向了觉性本真的自我。在这里，反思向觉性本真的内在性的持续深化，清晰地体现了精神自反势用的持续展开；而其对旧的自我偶像的不断破除，也反映了自舍势用的积极活动。反省思维就是在自反和自舍势用的无限辩证运动推动下，逐渐迈向其自身绝对化的理想。总之，在精神的自舍和自反势用的推动下，奥义书精神的超越和反思思维，都克服了自然精神的局限，实现为真正的自由。

然而，印度宗教和哲学对一种无差别、无思维、无形式、空虚寂灭的境界的追求，清楚地表明在整体的印度文化中，精神的自凝势用的展开受到了很大阻碍。在奥义书的现实精神中，自凝势用都没有足够的力量，推动超越和反思构造、领悟本质的内在概念、结构、差别和内容的丰富性。这一点在优陀罗羯以后的思想中并无根本改变，所以奥义书的精神省思总的倾向是非理性主义的，它只能将本质理解为没有内在规定的、无概念、无观念、无差别、一味恒常的实质。这种理解之所以错误，在于它遗失了觉性本质的逻各斯性和生命性。在道德哲学层面，如此理解的自我就没有自己给自己立法的能力，其在实践方面的后果是这自我的自由与道德法则总是扞格不通。这一思维误区不仅决定了后来吠檀多派在智慧与道德关系问题上的困境，而且通过佛教影响到中土儒家心学，造成后者同样的理论困境①。

## 小　结

精神的任何观念都是自由的产物。它们都是自由在现实精神语境中得到某种程度实现的结果。精神内在的自主势用在特定传统中展开为省思的活动。其中与精神的历史语境适应的活动便逐渐转变为必然的，即成为精神的概念，而观念总是与它相应的概念同时被构成。其中构成精神发展的主要线索的省思类型，包括否定思维、反省思维、理性思维。其中每一种思维，皆指的是其实质由某种精神势用主导、作为

① 无论是商羯罗的真心，还是佛教的如来藏心，乃至阳明心学的本心，都是无思维念虑、无善无恶、清净一味的神秘本体；这样一个非理性的心性本体，当然无法给自己建立伦理的法则（实现自律）。结果无论在吠檀多还是在王学中，在实践上都始终不能摆脱这样的困境：一个人往往越专念自心，越强调内在自由，反倒越疏离了现实的伦理规范（早在奥义书思想就常常因为强调自我的绝对自由而导致反道德的结论）。要纠正这一难题，就要求反省思维领悟觉性自我或真心的内在本质，就是逻各斯的先验运动，就是理性，因此我自己的本性要求设定道德规范，于是道德才不违自由。在所有古代文化中，唯有自凝势用推动下的希腊精神，才达到了这样的反省。

后者之实现（因而在现实层面显现后者的鲜明特征）的省思。它是由这势用推动的、具有明确目的性的现实精神运动。它是处在无限发展中的思想，没有固定不变的形式，不是（概念那样）确定的功能单元。与之相应，它也没有一个最终的、绝对的目标，但有其究竟的目的，且依此而在每一精神语境中为自己确定适宜的目标①。这目标在生存论层面就是精神的观念②。省思正是为领会这观念，将一系列相关概念结合起来，构成某种运动整体，故这观念先行地就是思维运动的指导性原理。一种思维活动的完成需要多个概念和观念的参与③。作为精神自主性的实现，省思就是现实的精神自由。本体自由是绝对的、盲目的、无规定的意志，超越历史语境和传统。但它要在某一传统中展开，就必须与后者相互适应。这相互适应在于，人们透过传统，在某种程度上听到了自由的呼声。这呼声由此规定传统的特征及目的。每一种思维都是在自由与传统的协调中形成。它在与特定历史语境的适应中，使自由的究竟目的转化为精神的现实目标，而它自己也得以形成现实精神的明确需要。思维在与传统的相互适应中确定其发展的形态。就传统对思维的制约而言：首先传统构成的语境对思维发展的目标有鼓励和抑制的作用。比如在中土思想中，无论是理性、反省还是否定思维，都满足于自然的范畴；传统完全抑制了思维超越自然的冲动。其次语境决定概念的持存。适者生存，不能与语境达到协调的概念最终将被淘汰。传统制约着省思的发展，因而制约着精神自由实现的程度。由于否定等思维都是特定自主势用的实现，故它与语境的结合也可说就是这势用与语境的结合。精神的本真势用因此而被赋予明确目标，或曰使自己得到规定，即展开为活动、概念。精神的绝对自舍、自反、自凝势用，与不同语境适应，将自己转化为精神的否定、反省和理性思维之不同层次、类型。它们推动否定、反省等思维构造概念，推动这精神省思逐渐走向

---

① 每一种思维皆有其究竟目的而无究竟目标。这目的就是自由或自否定本身，后者属于超越一切现实性的本无领域，它不是一个可作为目标的现存对象，但为了达到这一目的，思维必须给自己确定一系列阶段性的目标，后者组成一个延伸至无限的链条。与之相应，思维没有专属于它的单一的观念。自我观念属于反省思维，但自我观念是多个内容不同的观念，而不是一个。其中每一个都属于（反省包含的）各自不同的自我概念。

② 严格地说是意义观念，不同于与概念对应的实在观念。在这里两种观念区别在于，意义观念调节的思维，其每一环节都离不开自觉的自主抉择，而实在观念调节的概念活动则否。在前者，思维意识到观念的内部结构，且依此结构而活动，而在后者，思维忽视观念的结构，观念作为无自身意义的标记引发概念的必然活动。但正如思维的活动可以转变为概念，意义观念也可以转变为实在观念。当观念指导的省思运动在精神的发展中成为必然的，它就构成新的、高阶的概念；这意义观念也就转变为实在观念。

③ 思维与概念之区别在于，思维能否定自己，概念则否（只能是新概念否定旧的）；思维永远是自觉自主的，始终想创新、想突破，而概念则表现为一种非自主的自动活动。

成熟①。当思维的活动形成必然的概念，作为其支撑、指引的观念就被确立为存有之真理。

在印度文化精神中，同样是自由在与传统的相互适应中推动省思的发展。奥义书思想也是如此。一方面，奥义书功利精神的发展包括理性、反省和否定思维的进步，而这根本上是由精神的自身自由推动的。其中自凝与自反势用的展开，推动理性思维不断拓展、深化其存在的建构，也推动反省思维则力图寻找、确立更加真实、内在的自我；另外自舍势用的展开推动否定思维扬弃直接的感性表象、确立超感性的本质。这三种思维相辅相成，构成自然精神发展的主线。另一方面，功利精神包含的理性与反省思维，是从神话精神末期追求绝对存有的历史语境出发的。吠陀的思想还处在精神的儿童时期，尽管它时常有天才的热情和灵感，但总的来说，精神只把在自然意识中呈现的个别、感性、偶然的东西当作实有，尚未明确意识到超越后者的更普遍、更内在的存在。精神仍生活于外在宇宙的直接性的温暖襁褓之中，生活在对自我的最外在、最直接的存在的简单肯定之中，精神作为自否定或自由，尚未真正觉醒。精神要克服这种感性省思的局限，必须一方面确认因果法则的绝对普遍性，确认每一事物的存在皆有其内在的充分必然性；另一方面根据此因果法则将每一事物的存在追溯到一种普遍实质，后者为绝对真理，而个别性则不再具有自为的真理性，而仅为这实质的表现、产物。只有在这里，精神才克服了感性省思对感性的偶然、个别之物的执着，确认普遍的实质或本质为更真实的原理，将感性省思的量的绝对转化为质的绝对。这实质观念表明精神首次领会到绝对存在之自为的真理性，并将个别东西的存在安立其上。在这里省思首次确立了一种知性观念（即普遍、绝对）自为的真理性，因而成为一种知性省思。精神在对这绝对存有的维持、守护（即对其真理性的理解、领悟）中，就对个别、有限的东西有了距离，因而它就首次挣脱后者的束

① 省思必须为自己构造出概念。这也可以说是自由通过省思构造概念以作为其自我实现的中介。精神的自主势用转化为思维的运动，而思维在其历史中，就把自己的一部分活动作为必然性确定下来，即赋予其普遍的形式，使之转变成概念，于是这部分活动便似乎从思维的整体中分化出去。这自主势用于是便通过概念的形成凝固下来，从其绝对存在中分化，转变成凝聚在概念中的现实势用。尽管如此，自由之本体仍然是超越概念、思维的绝对。自由转化为思维活动的可能性是无限的，但其中只有有限的活动类型与精神的历史语境适应，后者就为它们提供了使自己必然化、普遍化的空间。这思维活动从偶发性的转变为必然的，从心理层面上说，必须经过无数次重复（或复制、练习）。通过重复，它就从一种有意识的、自主的、生疏的活动转变为无意识的自动活动，即转变为精神的概念。一旦这转变完成，它就从一种思想自觉地支配的过程，变为一种无意识地支配着思想的机制，就成了一种其内在程序无须思想干预的精神功能单元。思维为了将更多能量用来丰富、提升自我，总会不断将自己的一部分活动转变为无须它有意识干预的自动过程，即概念活动。所谓思维构造概念，就是思维使自己的一部分活动具有了形式必然性，于是后者便作为一个独立功能被分化出来。

缚，具有了质的自由。这一点，只有通过理性思维的拓展和深化才能做到。其中，理性思维对因果性的建构和对存在内在实质的确认，体现了精神的自凝和自反势用的展开。

奥义书的实质论的形成和演变，就验证了上述精神发展。实质论把全部个别事物的存在，都根据因果法则追溯到一种宇宙实质，以为唯后者是绝对真理。实质(rasa)就是作为所有个别、有限、杂多东西之共同质料、本原、基础的普遍物。奥义书的实质论经历了从感性实质到抽象实质即本质的转化。

奥义书最早的实质论思想仍处在这样一个阶段，精神刚开始试图脱离感性省思的襁褓，但还不能完全离开存在的直接表象而真正独立地行走。以这样的历史语境为起点，省思仍只能攀缘粗显的感性蹒跚而行。于是它就把作为存在之绝对真理的实质，等同于一种可感的具体事物，如水、气、火、风等。如被归属于跋拉毗耶的风说（可追溯到吠陀的阿尼罗仙人），补卢室的日说，阿湿婆多罗的水说，阿阏婆那仙人的甘露说，耆婆厘的空说。这种实质是万物的质料，是世界的本原、基础。世间万有皆是通过它的自身分化和繁殖产生，而且以它其精华、真理。这与古希腊爱奥利亚学派最早的存有观念大体一致。只是奥义书明确把这实质也当成自我的真理，体现了一种普遍反省。

在这里，精神通过把有形的、个别的事物还原为水、气、火、风等普遍原理，从而克服了从自然经验中不断向精神汹涌而来的完全偶然的、无限杂多的、纯属个别感性表象的最直接存在的粗野和狂暴，对它们进行了中介，于是精神不再被这原始洪流卷带而去，而是首次站稳了脚跟。因此，它在对实质的领会中，便对那些偶然的个别物具有了质的自由。这种实质观念的确立，乃是理性思维的成果。一方面，省思对宇宙发生的因果系列的追溯，体现了理性对事物内在必然关联的建构；另一方面，省思通过对外在的差别的还原而领会内在的普遍，体现了理性向存在内在性的深化。这两方面运动，分别表现了精神的自凝、自反势用的积极展开。同时，奥义书思想明确将这绝对实质与自我等同，体现了一种实质的反省，这表现了自反势用作为自我维持在知性省思层面的积极展开。因此，正是自由推动了奥义书精神从感性省思到知性省思的转化。在这种实质的领会中，精神的自由从神话精神的量的层面上升到质的层面。不过奥义书在这里理解的实质，尽管否定了个别实在的绝对性，但它仍未超越其感性的特征，因而这种抽象只是一种感性的抽象，这种实质仍只是一种感性的实质。因此知性省思在这里仍然不纯粹。到此为止，精神的现实自由仍然是非常幼稚的。自由只是在感性表象的摇篮中翻腾。省思只是将感性个别实在普遍化，而没有剥离感性的颜料、还原到存在之更内在的东西。然而存在的真正实质，就是觉性之超越自然、超越感性的内在性。这种超越感性而为所有感性东西的本原、基础的存在就是本质。本质才可能是觉性的内在存在。

精神每一种本真的自主势用，作为自由或自否定，就是绝对、无限，它具有在现实精神中将自身绝对化的冲动。自舍势用不仅要求否定思维对任一观念、存有，包括它自己设定的观念的执着，从而否定觉性的一切现存性而达乎无限；而且要求否定它自身，否定它自身的全部概念与观念，以实现无所住、无所得的性空境界。自反势用则力图不断穿透觉性之直接外在的标记、表象、偶像，以寻求、确立更内在、更合乎本质的真理，它规定思维恒常的内在指向性。这两种势用一破一立，推动否定和反省思维的无限进展。其中否定思维不断扬弃现存的精神概念，剥夺其观念的真理性，而确立更内在的真理；此即不断否定精神现存的自由，尝试实现新的自由。而反省思维则总是从这内在真理中确认自我，领会存在与自我的同一，使精神的自身维持成为自觉的。精神的观念就是在否定与反省思维的交织中，层层展现出来。因此，精神的自由必然推动奥义书的否定与反省思维在其无限展开中否定其最早思想中那种粗朴的感性实质观念，更加接近觉性本质的真理，因而思想必须进入真正抽象的（即本质的）领域。它必须从感性抽象过渡到本质抽象。通过本质抽象，精神扬弃感性存在的真理性，领悟到超感的本质，从而克服了感性表象的系缚。于是精神脱离攀附，实现了一种超感觉的自由。

奥义书功利精神的进一步演化，验证了上述发展。实际上，早期的实质论就已表现出不自觉地向本质论靠拢的趋势，其实质观念从日、水、火向甘露、风、空推进，越来越淡化感性的浓度，朝更微细、更抽象的方向发展。空论认为梵就是虚空，虚空作为事物不可见的实质，可以说是一种半抽象的观念（完全的抽象即本质抽象）。在优陀罗羯的思想中，奥义书的省思上升到抽象本质领域，知性省思成为纯粹的。优陀罗羯提出实有（sat）作为万有之实质。与被此前思想家当作存有实质的日、火、风等原理不同，实有不带任何感性色彩，是一个真正的抽象观念。它无形无象，不是感觉可接触的，而只有通过思维、意识去把握，因此它是一种超感性的实质，即本质。它与具体事物是本质与表象的关系。实有是无差别、均匀、单一、无转变、不动的绝对，而一切有差别的、具体的存有本质上仍是这实有，其转变、差别完全由语言的分别、施设活动而起，只是名字。实有就是真实自我。优陀罗羯的宇宙生成论包括三个大的阶段：其一，实有通过转变，从自身产生出火、水、土三有；其二，至上神（实有）进入三有，依语言对其进一步区分，转起名色表象；其三，同样因语言的分别、设施，由被区分之三有聚合构成万物。在这里实有是万物的质料因，语言、名字是万物的形式因。在这里，奥义书思想首次从本质上否定觉性最直接的存在，即感性自然的自为真理性，确立真理的超感觉意义，体现了否定思维的运动。否定思维对感性表象的扬弃，反映了精神自舍（自身否定）势用的积极展开；其对一种比感性更内在的实质即本质的确认，反映了精神自反势用的展开。否定思维就是自舍势用的实现，其活动被自舍势用所主导。奥义书思想对超感性的实有与自我的同一性的领会，就是一种本质反省。本质反省同样体现了自舍与自反势用的辩证互动。其对感性实质的扬弃体现了自舍势用的作用，而对本质与自我的同一性的确认则体现了自反势用的作用。不过这反省是被自反势用主导的，它是自我维持在本质领域展开导致的结果。因此，最终是精神的自由推动了奥义书思想的上述进展。

作为奥义书实质论的最高阶段，优陀罗羯的实有仍然只是一种自然本质。实有是知性的抽象。优陀罗羯指出火、水等都仍属于表象范畴，而实有则是它们的本质，因而实有超越了所有感性的现象。这首次在奥义书思想中引入了一种本质论区别。然而他解释由实有生成万物，仍然将其说成一种处于经验时空之中的活动；另外实有的创造或转变，被理解为一种自然因果过程。其以为由实有"流射"（srjate）出火、水、土三有。这不仅意味着实有直接是这些物质的始基（因而也是物质性的），也暗示着"流出"者与"被流出"者是同质的。所以实有仍然是自然的，甚至是宇宙论的。它只是自然的本质而非存在或觉性自身的本质。在这里，省思尽管超越存在的感性直接性，确立内在的真理，但它的超越只是在自然内部进行的超越，它的内在性也只是自然的内在性，因而它达到的超越和内在性，即（通过本质论区分达到的）所谓本质论的超越和本质论的内在性，并不是（指向觉性之先验存在的）本质的超越和本质的内在性。总之，即使在本质论奥义书的阶段，精神自由仍然只是在自然的、宇宙的范畴内活动，自由实现为本质论的否定和反省。精神的自身否定和自我维持势用，只是以一种宇宙论的本质为目标。精神仍未能脱离自然的卵翼独立飞翔，未能穿透自然的外壳而在觉性的内在领域自由驰骋。

奥义书功利精神的上述发展具有普遍意义。米利都学派的物理学从早期的感性实质（水）之说到晚期的抽象的无限、太一之说的转型，体现了否定思维同样的抽象化，与奥义书功利精神的转型体现了同样的精神逻辑。类似地，中土思想从最早的五行之说到老、庄哲学的"道论"，也体现了同样的抽象化。五行都是感性的材料，而"道"则无形无相，为超感觉的实在。然而由于"道"不具有真正的超越性（作为超验实体）和内在性（作心灵），它只是一种自然本质。这里，米利都学派的物理学和老、庄的"道论"，与奥义书的本质论处于同样的思维层次，都属于自然精神的阶段。盖"自然"一词，从其本来意义上，就是指最直接、最朴素、最原始的现实性，它就是觉性、自我的最直接、外在、粗显的存在。正因为它的直接性和粗显性，自然对于精神省思，就是从理论上说最易上手而且从实际上也是最早被把握的。因此自然就是包括中、西、印在内所有传统的文化精神之共同起点。在这种意义上，任何文化的起点都是相同的。然而我们看到，这三种文化却从这里走上不同的道路。在欧洲，柏拉图主义把理念确定为“真有”而把自然贬低为“虚无”，教父哲学则把属于自然的生命和冲动当成罪恶，自然作为“过去”被西方精神否定了；印度的精神生命也经历了同样的痛苦。盖精神首先就是对自然的否定。在印欧文化中，精神自主的自否定或阖的势用，实现为强大的思想力量，展开为现实的省思，推动其文化精神日益脱离觉性的自然乃至一切现存存有的系缚而趋向自由的无限性，因而这种文化是一种阖势文化。然而主张“道法自然”、“顺天而行”的中国人，不但没有否定，反倒在不断强化着对自然的崇拜，他就始终处在自然思维之中（更谈不上对一切现存存在的自否定的无限性）。无论是儒家强调的对天命的顺受和对天地生生之“仁”的体会、呼应，还是道家所谓的去除窒碍、离系逍遥对宇宙之流行无滞的效仿，都是把人生的最高目标确定为人的生命与自然大化流行的一致。中国的精神几千年来基本停留在这种自然思维阶段。在这种文化中，精神的阖势用并没有实现为否定自然的思想活动，没有凝聚为省思的现实力量，所以这种文化是被精神的辟的势用主导的，是一种辟势文化。这种文化的精神，一直把作为觉性、存在之最直接、外在存在的自然当成绝对，从来没有否定觉性这种物质的外壳而领悟其内在的真理，故它既无反思，也无真正的超越。也就是说，它没有实现一种本质的自由。中国文化属于所有这些文化中最执着的、精神的系缚最深的文化。尽管佛教的渗透，曾经给中国文化带来了一种真正的超越和反思精神，但随着佛教本身的中国化，这种超越和反思精神最终还是被传统冲刷得荡然无存了。这种文化精神的差异，应归结为自由与传统在其相互适应、互相生成中出现的众多偶然性造成的结果。

印度精神为奥义书思想的发展提供了无限的空间。盖精神的本质就是觉性对自身存在的自由，而觉性的绝对本质就是本体自由，因此精神的理想是对这自由的自由，是自由的绝对化，而这理想是由本体自由规定且被它推动而实现的。自由之本体就是良心，它始终在呼唤、吁请现实精神，企图通过后者将自己在现实生命中实现为绝对的。尽管对于东亚文化，这呼吁未能透过传统的厚幕，唤起精神的良知，自由之本体终于湮没无闻了；在完全摆脱良心呼唤的折磨之后，精神在天地自然的庇护之下尽享安全、怡然自得；但这实际上意味着真正的精神，作为自否定的绝对性，在这里已经死亡了（有鉴于此，则从大一统后中国精神就完全丧失了自主创造的能力，又有什么可奇怪的呢？）。但是印度精神却始终对这呼吁保持警觉，它的真诚谛听与应答，决定现实精神对绝对自由或自否定的无限开放性，这意味着对觉性、自我的一切现存性的自主否定。而这首先就是要否定作为觉性最直接现存性的外在自然（物质的宇宙），否定这自然对精神的系缚（实际上就是否定自然的究竟真理性）。这也意味着在这里，精神必须对奥义书的传统采取自由态度，它必须否定奥义书的实质论思维，否定奥义书在此阶段实现的质的自由。

良心的吁请是自由在现实中的自身绝对化冲动，而精神的应答则是这自由实现、展开为省思的思维。这种自由与精神的对话，必然推动知性省思从彻底物化的外在性到存在的内在、主体性的领域过渡。这在于自由通过对话，促使精神的自舍与自反势用展开为积极的活动。其中，自舍势用的展开彻底否定了觉性的外在自然，包括精神此前确立为真理的宇宙实质和本质，而自反势用则旨在在寻求、确立一种内在存在为绝对真理，以图达到更真实的自我维持。这二者的辩证运动，推动省思向觉性内在存在领域的深化。而觉性的内在存在，与外在宇宙对立，首先就是生命。在这里，自由就实现为生命的否定与反省。其中，自反势用实现为对生命真理的维持、守护，而自舍势用则实现为对生命的现存存在的否定，或生命的扬弃；二者在否定与反省思维中皆得到自身展开，形成生命的修为。而生命即觉性的主体性，故对生命的意识与修为，意味着精神进入了对主体性进行自主设定的阶段，即伦理精神阶段。

在之后的奥义书思想中，茶跋拉、考史多启、爱多列亚的元气论，就表明这一精神转型的完成。

黑格尔曾经指出，在东方思想中，精神没有将思想、逻各斯理解为实体，因而逻各斯不能成为差异、个别性的稳固基础，"所以外在的、客观的东西没有按照理念加以理解。"① 因而在这里，理性精神的薄弱，导致个别东西从来没有获得确定的自身存在。在印度思想中，这一问题早在奥义书的功利精神阶段就已经开始萌芽。这在于奥义书思想在此尽管进入本质思维领域，达到了形式和质料的区分，但是没有把形式当作本质。

在印度文化中，幼稚单薄的理性精神与高度成熟的否定与反省精神形成巨大的反差。这使得即使精神的否定与反省进入了存在的绝对本质领域，这精神也由于缺少理性思维的支撑，而没有能力把这本质理解为形式或逻各斯、思想，理解为包含内在差别的逻辑整体。因而它很自然地把存在的统一性理解为抽象的内部同一，把存在的本质、真理理解为无差别、无思想、不动、一味的绝对。

印度文化的这种独特精神省思，从吠陀晚期的宇宙论就开始萌芽。《黎俱吠陀》就有从一味、无区分的原初之水通过分化产生万有之说（ṚVI · 22, IX · 96 · 5,

① 黑格尔：《哲学史演讲录》，商务印书馆 1997 年版，第 154 页。

X · 190 · 1—3)① ；或云泰初之有非有非无、无相无表、唯一无二，通过意识的分别作用而产生世间一切 (ṚVX · 129 · 1—3)。包括耆跋厘的学说在内，奥义书最早（功利精神阶段早期）的宇宙生成论也基本继承吠陀和梵书的说法，但往往明确把存在本原规定为某种感性的宇宙实质（水、火、空等）。任何宇宙生成论，都是根源普遍的因果形式把全部存在构成一个整体，因而体现了理性思维的拓展。不过我们看到在这里，一开始就是质料（水等）而非形式被当成存在的基础，实质被认为是无形式的原理。形式或法则一方面没有上升到对实质、真理的规定；另一方面相对于质料，它总是处在背后的暗影中，没有被突出出来，当成存在的本质基础、实体，没有获得自身坚固性，以成为差异和个别性的坚强支撑。理性在这里仍然是非常薄弱的。这种情况在以后的印度思想中也没有什么改进，甚至还进一步恶化。在优陀罗羯思想中就是这样。

如果说耆跋厘等的思想，还因为对感性自然的坚持，使得个别性的意义没有被取消，那么到优陀罗羯把实质抽象化，个别性就完全丧失了独立的自身存在。在优陀罗羯那里，对于本质的领会由于否定与反省思维的发展得到很大改观。这在于：第一，他把前此的宇宙论中“一”与“多”在时间中的原因与结果关系，提升为本质与表象的关系。“一”不仅是“多”的本原，而且是其实质、基础和真理。第二，与对本质为唯一实有之确信一致，他否定差别、“多”的自性，一切转变、差别只是由语言的分别、施设活动产生，其存在只是名称，因而缺乏独立性、实体性。第三，吠陀只是模糊地提到“一”是“多”之本原，优陀罗羯则对从“一”生成“多”的机制进行了系统的展开、阐明。第四，语言、概念在“一”与“多”的转换中的根本作用得到初步阐明，“多”被认为是语言分别的结果。第五，在吠陀中，这绝对的“一”，对于自我是外在的，优陀罗羯则明确将“一”等同于真实自我，“一”与“多”是自我与世界的关系。这些方面反映了奥义书的否定与反省思维的成果。但与耆跋厘等的思想相比，在优陀罗羯的宇宙论中，一方面形式被明确虚假化。本质、绝对真理是无差别、无形式的、抽象空洞的“一”。形式只是语言的虚妄作用，而非存在之真理。这是明确否定了理性本身。另一方面与此相关，形式的虚假化导致差别、个体性完全没有立足之地，其存在的真理性被取消。可见，在优陀罗羯思想中，本质思考的深化和提升反而导致对印度早期朴素理性思维的抵消。奥义书的否定与反省思维的进展，结果使理性精神进一步削弱。

然而现实存在的本质，不是无差别的质料，而是安立着差别、规定着差别的形式、

① 另见 Sat BrāXI · 1 · 6 · 1。

逻各斯。奥义书思想对形式的虚假化和对本质的空洞化，表明理性（1）没有展开对本质的内在构成，（2）没有把形式作为自身维持的对象。这表明精神内在的自凝、自反势用没有得到充分展开，没有进入本质的内在领域。因此，理性思维的这种局限性，反映了奥义书精神自由的局限。这种局限，与印度精神的特质有关。

人类精神既有生的意志，亦有死的意志。而死亡既可以是全部觉性、意识断灭而归于冥性存在体、虚无，也可以是精神死亡而归于自然意识、自然经验。这分别就是涅槃和逍遥。与前一方面相关，人类精神有两种取向，一是把冥性存在体，即绝对死亡、虚无当作存在的理想、究竟的真理，二是把觉性存在体，即生命、存在当作存在的理想、究竟的真理。我们分别把由这两种取向规定的文化精神称为本寂的精神和本觉的精神。印度文化则包含了两种精神的长期对话和交融。印度精神的特质在于它始终包含了这两种精神的二元对话结构，且其发展受到本寂精神的至关重要的影响。在这里，本寂的精神取向既然以绝对死亡为理想，因而它促使精神内在的自主势用将冥性及其表象作为维持的目标，使省思确认其为存在、自我的绝对真理。这一点在奥义书思想中得到反映。比如优陀罗羯将大梵、自我的本质、真理理解为无差别、一味、均匀的质料。这其实就是冥性的表象。因为只有冥性，即绝对的黑暗，才是无形式、无思维、一味均匀的存在体，而觉性现实存在的真实本质是逻各斯，即纯粹思想、形式。这种存在理解的局限性表明，理性的自凝尚未展开为对本质的建构，而自反势用没有展开为对形式、思想的维持。其根本原因在于本寂的精神抑制了自凝、自反势用的进一步展开，而激发了相反的自肆（自身解构）、自放（自身放失）势用的活动，因而精神的旨趣不是在建构，而是在消解存在的形式。而在中土的逍遥文化（玄道文化）中，精神以断灭自身的省思，复归于自然为理想。玄道文化复归于朴素自然的取向，也抑制了精神自主的自凝、自反势用的展开，而激发了相反的自肆、自放势用的作用，因而也导致对理性形式的解构。在这里，彻底无形式的混沌玄冥之境，成为最高智慧的境界。

因此，与西方的建构文化（其精神的自凝势用强盛的文化）不同，东方文化是一种消辟文化。无论是在印度还是中土文化中，理性精神之发育都明显受到阻碍（在中土文化中这种情况还更严重）。理性思维是精神本有的自凝势用之实现。尽管自凝势用是一种绝对的力量，但它与东方传统没有很好地协调，没有在东方文化中充分实现、转化为具有强势的理性思维；与之相对，精神本有的自身解构（自肆）势用，在东方思想中居于强势，所以在这里，理性没有成为独立的省思。理性思维之薄弱、幼稚是印、中文化的共同特点。由自肆势用支配的精神省思，缺乏综合、建构的能力，难以根据某种普遍法则，在肯定多样性、差别性和个别性的情况下将存有把握成统一体，而是倾向于要么通过淡化、抹杀事物的一切差别、个性以实现空洞、贫乏的“一”（如瑜伽等的“灭尽”，佛教、耆那教等的“涅槃”）；要么将这个“一”彻底瓦解，事物陷于无规定的、彻底偶然的、相互分离的混沌状态（如道家的“物各独化于玄冥之境”）。这绝对专制的“一”和无政府状态的“多”，在东方人的社会生活中得到充分反映。实际上中国历来暴君的独特人格表明，这两种倾向常常是相通的——暴君将臣民当作空无而实现了“一”，但他自己则受制于彻底偶然的无规定的个别任意性，即混沌；因为无论是专制的“一”还是暴民的“多”，都是对普遍的法则，对理性精神的否定。

奥义书这种本质思考，构成了以后整个印度哲学理解“一”与“多”、本体与现象关系的出发点。正是从此种思想，发展出后来奥义书乃至整个印度思想以实有为一味、不二、无生，而以一切差别、转变皆为虚幻的观念（BṛihIV・3・23，4・19；ĪśāXII—XIV；MāṇḍVII）。无论吠檀多之一味、不二的大梵，还是佛陀无分别、不动的涅槃，大乘的无差别、平等、无生、不二的空性，如来藏缘起宗的一味清净的真心，皆应以奥义书此类思想为最初源头。这种精神省思，由于佛教东传及如来藏缘起思想成为中国佛学的主流，就成为中国佛教各宗的理论基础，并且深刻地影响了中国文化，乃至渗透到儒、道二家思想中，促进了后者的转型。阳明心学与唐代以后新道家的清净一味、无善无恶、无相无分别的本心观念，就是通过如来藏佛教，汲取了奥义书对一味、无生、不二的清净真心的领悟。正如我们前面分析指出的，在奥义书这种自我理解中固有的自由与道德法的矛盾，也造成儒家心学在道德实践问题上的困境①。

① 吴学国：《从印度吠檀多到中国阳明心学》，《学术月刊》2007年第2期。

# 第三章　伦理的精神

## 引　言

当觉性用它的全部生命内容来维持某种存在的时候，这种存在就成为绝对真理，也就是觉性的自我。自我就是被觉性、精神（自觉或不自觉地）当作生命的最终目的或意义中心的东西。觉性、精神生命的这种自身维持或自身指向，就是自反势用。当精神的自身维持势用成为自觉的、绝对的，它就会推动精神明确将对象等同于自我；这样的自身维持就是自我维持，而自我反省就是这自我维持的实现。然而，一方面觉性的真实自我就是自由之本体自身，是最究竟的内在性、本质；另一方面，任何精神省思的起点都只能是最外在、直接的自然。这决定自我反省要达到对觉性真实自我的领会，也必须从自然的外在、直接存在开始，逐渐深入，趋向本体自由自身。作为精神的本真自由，自身维持本来具有绝对性和无限性，它要求展开为对觉性、精神的最内在本质即自由自身的自觉的维持活动；正是自反势用的无限展开推动反省思维的持续深化。在这里，是自由本真的自身绝对化意志，呼吁并推动精神朝向觉性的内部，实现对觉性内在本质的自主设定，把握住更真实的自我。奥义书的自我观念的发展，验证了反省思维的这一进展。

与它所包含的一切个别、有限和表象的东西不同，觉性的自我首先是普遍性，是个别、有限和表象东西的共同基础，因而它就是存在的实质或本质。精神的反省，首先就是把自我理解为实质或本质。精神以这样的观念为前提，实现了一种质的自由。在奥义书中，这种反省通过耆跋厘等的实质论和优陀罗羯的本质论得到反映。然而我们看到，在奥义书思想的这一阶段，精神仍非常幼稚，它仍只能看到且完全依赖于自然的最醒目、直接、外在的现存存在或惰性的物质，无法涉足自我的内在本质的领域。反省无法穿透自然的现存存在的厚甲，接触觉性的内在存在。它只能以现存的自然为唯一实在，它构想的实质、本质只能是一种属于惰性的现存自然的实质、本质，然而觉性的真正实质和本质，乃是生命，而生命就是对直接现存性的否定，就是主体性、能动性，即自由本身。奥义书的精神在实质论阶段实现的自由，仍属于最外在的自然的自由。盖自然中的任何现存东西，无论是具体的（如耆跋厘的实质）、还是抽象的（如优陀罗羯的本质），皆只是自我的外在标记，而不是自我本质①。奥义书这种自我理解，表明精神在这里还没有实现对自我的真正内在本质，即主体性、生命的自觉的规定，还不具备伦理的品格。自由作为绝对，要求实现为对自我的内在本质的规定，因而必然推动反省进一步深化，领会主体性、生命为绝对真理、自我。

在奥义书思想中，茶跋拉、考史多启、爱多列亚等的元气论就体现了这种精神反省的进展。在印度传统中，最早是用“元气”（prāṇa）一词，来指人的内在生命，同时它亦是宇宙的生命。元气论代表了印度人的生命观念。其基本的立场，是以为一种能动的、具有生命和主体性的原理，即元气，是存在和自我的绝对真理、本质。

这种元气论，其实在吠陀晚期就已成为婆罗门的重要思想。《阿闼婆吠陀》对此多有开示，如其《元气赞歌》（AVXI·4）云：

> 1 敬礼彼元气，统治全世间，为万有主宰，一切所依持。3 元气轰鸣中，赐降于植物，彼等皆持种，孕育且广生。7 敬礼于元气，无论其来去。敬礼于元气，无论于坐卧。8 敬礼于元气，于每一呼、吸。敬礼于元气，无论其即、离。即以此敬彼，元气之全部。9 元气其示我，汝可爱妙相。愿以汝生机，赐我得生活。10 元气夺众生，如父夺其子。彼为一切主，尽有、无气息。12 元气是Deṣtri、Virāj②，为众所崇拜。彼即是日、月，又名为生主。15Mātarisvan、风神③，亦称为元气。过、未及一切，皆依止元气。17 当元气倾注，雨水于大地，地上众草木，皆苏醒、生长。18 人若知元气，之真理、根基。众生献于彼，以至上意乐；众生献于彼，于至上世界。20 流浪诸神间④，彼内怀胎儿：发育而临产，彼再次生出。于过去未来，彼父已长成，乃以其力量，进入儿子中。21 当此鸿（Haṃsa）升起，留一足水中。若彼抽此出，则无今、明日，不复有夜晚，

① 这种无生命的惰性东西，乃是被觉性的生命规定，因为生命在特定环境中的需要，决定何种存在被标记出来，所以作为标记的现存存在，是在觉性生命的运动中，作为生命的内容呈现出来、以生命为意义根源。其与生命的关系，就像果实与它从中长出的、作为活的机体的大树的关系。因此生命才是无生命东西的本体或真正本质。

② Deṣtri 为神的一种位格，Virāj 意为主人、主子。

③ Mātarisvan 为风神之名号。此偈开示元气与风的同一性，在 ṚVX·90·13 中即有反映。

④ AVXV 亦形容元气为流浪者（Vrātya）。

昼光与晨辉。22 具八轮一轴，且具有千眼①，彼滚滚而行，向前复向后。彼以其一半，生一切造物。言有何标记，示吾另一半？ 25 于诸眠者中，彼常醒、不卧。无人尚闻彼，随诸眠者眠。26 惟愿汝元气，勿遮、断于我。我系汝于我，适如水中胎。②

此即以元气为一切生命与非生命东西之根源、归宿。梵书进一步发挥了晚期吠陀的元气说。元气被视为存有之绝对本质，它就是生主、原人，永恒不死，最为殊胜，为万物的主宰、包容者、根源（AVXI · 4；SATVI · 3 · 1 · 9，VIII · 7 · 4 · 21，IX · 1 · 2 · 32）。梵书还对元气进行了详细剖析。它提到人的头部有五种元气，即意、目、呼吸、语言、耳；身体有五种元气，上气（prāṇa）、下气（apāna）、出气（udāna）、通气（vyāna）、腹气（samāna）。故一般说元气有十种（Sat BrāVIII · 1 · 3 · 6，IX · 2 · 2 · 5）。元气与风的实质相同。根据梵书的宇宙拟人论，构成人的现实生命的意、语言、眼、耳、元气五者，实质分别是月、火、日、四方、风（Sat BrāX · 3 · 3 · 7）。如意、语言、眼、耳皆以元气为归宿，月、火、日、四方乃以风为归宿，最终亦是归宿于元气。另外应当指出元气（prāṇa）一词的意义，在梵书—奥义书传统中很不固定。它在最广义指上述十种元气的全部（推广到包括所有生理功能，即诸根），在较狭窄的意义上仅指人身中的五种气息，即上气、下气、出气、通气、腹气；在最狭窄的意义上仅指后面五者中的上气。元气与风的关联，意味着印度的生命哲

---

① 此所谓八轮，联系此后奥义书通常的说法，可能指语言、眼、耳、意四根，以及火、日、月、诸方四物，合为八者。盖《百道梵书》即有语言、眼、耳、意四根以及火、日、月、诸方四有皆以元气、风为归宿之说，Chān IV · 3 · 1—4 亦承此义。尤其是语言、眼、耳、意四根依止于元气之说，在 KauṣII · 14，ChānV · 1—2，BṛihVI · 1 及 PraśII · 1—4 中皆有反映。所谓一轴，即元气本身，超越以上四根、四有而为其依处。所谓元气具有千眼，可能是将元气与《黎俱吠陀》晚期（ṚVX · 90 · 1）所谓千首千眼之补鲁沙（原人）等同（此种等同在梵书时代已成定说）的结果。

② 其中第 3，17 偈开示元气为所有世间生命之根源。第 12，15，21，22 偈开示元气为万有、世界之本原；第 22，25，26 偈开示元气为人内在生命机能（诸根）之根源、依止及内在本质。第 21，22 偈表明元气只是以其一半转化为外在的自然及人体内在的诸根，尚有另一半深藏而不发者。第 20 偈可能反映了婆罗门思想中最早的轮回观念。联系到后来 KauṣII · 12，13 所谓人死时诸根没入元气，元气携诸根之种子再生之说，及 PraśIII · 7—9 所谓人死时诸根没入意，意没入出气（udāna），出气携来生之生命种子依善恶业往生等诸说法，这一偈前段的意思应当是指元气包含来生的种子，人死后元气携此往生，在另一生命体中再次生出；后段的意思似有偏离，可能指父亲通过生育使自己的元气进入儿子，故曰通过儿子再生，此种理解在奥义书中亦有佐证，比如 KauṣII · 15 就有父亲临终时传其元气于儿子之仪；这两种思想是相互矛盾的，然而事实上即使在奥义书的成熟思想中，都仍然存在元气轮回说与这种父子相传说并存的情况。

学乃是在实质论（风说属于实质论）的基础上发展出来的[①]。印度生命哲学最主要的来源有三种：一是从“风论”过渡到“元气论”。梵书和早期奥义书绝对大多数说法，都反映出与风说的关联。二是从“火论”过渡到“元气论”。宇宙之火被等同于生命。比如 PraśI · 6—8 将元气等同于太阳、宇宙之火，认为后者摄众生生命。MaitII · 6 也以宇宙之火为众生生命基础，这些都反映了元气与火的关联。三是某种宇宙原汁（madhu）被等同于生物的精华，成为生命原理。比如上引 AVXI · 4 · 3，17 说元气降雨水，就反映了元气与原汁说的关联。

奥义书的元气论，尽管在其最早时期还将元气归属于风，但在其成熟过程中，元气逐渐脱离风之类宇宙元素，成为内在、独立的原理。在荼跋拉、考史多启、爱多列亚和毕钵罗陀学说中，元气被理解为生命的机能，且与生命轮回相联系。我们阐明奥义书的元气论，乃以此四家之说为主。荼跋拉学说之主要者有：(1) 十六分说，先将万有归纳为四足（诸方、物质、光、元气）十六分（东、西、南、北四方；天、空、地、大洋四界；火、日、月、闪电四光；气息、眼、耳、意四种元气），然后阐明这十六分中每一分都是大梵的体现，故吾人生活世界中的一切，莫非梵的形象，即事而真；(2) 元气即是梵、自我，不死且无畏，为喜乐、虚空；(3) 元气与诸根为本末、体用的关系，诸根不异于元气，为同一元气的不同表现、功能，它们都生于元气且在人死后复归于元气；(4) 生命往生的南道与北道之说，唯知梵之真谛者，死后依次经历光、昼、望月、太阳北行之半年、年、太阳、月、闪电而至于梵，乃不复回人间，否则即使祭祀行善，仍不离轮回。考史多启之说，较引人注目者有：(1) 所谓的“不乞法”，以为元气即是梵，故元气即是一切存有之全体、自足圆满，人若悟此，则亦成为自足圆满，故曰不待乞求而得一切；(2) 所谓“诸神入没”（daiva parimara）之说，乃据梵书之万有没入元气之说及《唱赞奥义书》中莱克婆所谓摄尽说（Saṃvarga Vidyā）提出，谓语言入于（依止于）眼，眼入于耳，耳入于意，意入于元气，相应地，火、日、月、闪电亦次第入于风，而风的实质即是元气；(3) 诸根互争孰为最胜，最后元气胜出之说，为早期奥义书中常见的主题，可能为继承梵书而来；(4) 考史多启的祭祀学，已经进入作为自觉生命修养的伦理学范畴。爱多列亚学派的主要立场为：(1) 自我就是生命、元气；(2) 自我的四次创世说，谓其行创造汽、光、死、水四界，再由水造出宇

① 将生命与风这样的物质性东西等同，也符合精神发展的逻辑。生命的实质是觉性、存在的能动性、主体性。然而当精神处在宇宙论的视域之中，它除了寄托于某种宇宙元素，还没有其他词语可以指称这种能动性和主体性。而在这些元素中，风一方面具有最充分的活动性，因而最适合标记存在的能动性、主体性；另一方面还具有某种连贯性和持续性，适合表现生命之持续。所以印度思想最早以风为生命实质，是很自然的。

宙原人，生八处（对应于人之八窍）、八根（身心机能）、八神（自然存在），然后为让诸根、诸神平息其饥渴，复由水中造一人，使彼等各入其处，最后，自我再次从水中生食，以为诸根受用；(3) 处于每个人心腔中的生命元气，就是他的命我（Jivātman）或灵魂；(4) 三生说，谓父与子的自我相同，同一自我在生殖中经历胎前的（作为精液）、胎中的与离胎后三个阶段；(5) 元气进化为各种生命及与此相关的万物融通观念。茶跋拉、考史多启、爱多列亚，大抵皆以自我、梵等同于元气，其思想大致处于同样阶段。奥义书的元气论，表明反省思维超越了此前的功利精神执着的完全物质化的现存的自然实质，领会自我的真正实质是觉性内在的生命、主体性。在这里，人体内流转不已、不断运动着的元气被与自我的生命、主体性等同。唯生命、主体性才可能是觉性、自我真实的内在存在、本质。于是知性省思否定了此前领会的完全宇宙论的现存实质或本质，而将自我本质内向化。奥义书的省思由此成为一种内向知性省思。

对于存在的主体性、能动性的反省是伦理实践的前提。与这种反省相应，奥义书的元气论在实践层面更多地强调生命的修炼、提升，此即伦理的实质。“控制、调节元气即控制、调节生命。”① 在奥义书的全体论和实质论阶段，人们看不到一种自觉的生命修为，从斫克罗衍尼、莱克婆、该祇夜、耆跋厘乃至优陀罗羯，皆未提出明确的修己之法。然而持元气论的茶跋拉、考史多启和毕钵罗陀诸说，则提出了印度思想中最早的修养论，即对生命元气的调节、培护之法。这包括外在的祭祀学与内在的元气调理法。其祭祀学要求以祭祀为修己之道，即在祭礼中敬思元气，而使元气、生命得到提升；元气的调理一是直接的调息，二是通过修苦行、净行、智慧等使元气、生命得到培养、净化。这种实践就是对生命的主体性的自主设定，因而它与儒家的修身以礼、老庄的养生以道以及伊壁鸠鲁的幸福伦理一样，是一种伦理的实践；另外也同这诸家一样，都没有意识到生命的本质是心灵、觉性从而成为真正的精神修炼（宗教），因而这种实践属于与儒学一致的自然伦理范畴。我们称奥义书精神的这一阶段为伦理精神阶段。

奥义书的自我反省，首先是（感性省思）否定自我的经验个别性，领会自我真理为量的绝对；其次是（知性省思）否定量的绝对，领会自我真理为个别物的普遍实质；再次是否定感性实质，领会自我真理为更内在的、超感性的本质；在伦理精神阶段，则是否定现存的、纯然物化的本质，领会自我真理为内在的主体性、生命。这一过程其实就是反省思维不断否定外在、表象性的自我，深入到自我的更内在、

① Ram K.Piparaiya, *Ten Upaniṣads of Four Vedas*, Yatisha Creations, Mumbai 2003.575.

更本质层面的不懈运动。这种持续的双向辩证运动，清楚地验证了精神内在的自身否定和自身维持势用的积极活动，而且它本身就是这二者的辩证运动的现实展开。反省思维的持续深化，就是由精神内在的自舍与自反势用的破、立辩证法推动的。

奥义书的反省对生命和主体性的领会，表明奥义书精神自由进入新的局限。它表明精神在此已经能赋予生命、主体性以必然的自主设定，实现了一种内在的、主体性的自由。奥义书精神的伦理的自由，就是这种主体性自由的实践方面。唯有这主体性的自由才可以算作精神的内在自由或直接的自身自由，因为只有生命、主体性，而非其他宇宙论或自然的存有，才真正是自我的内在性，才是觉性自身。

前面我们已经表明精神内在的自舍与自反势用交互推动导致奥义书的自我反省的持续深化，然而这自主势用的展开，不是偶然的，也不是神的推动，而只能是来自潜藏在精神自身中的自由本体的促动。自由作为绝对，要求实现为对自身本质，即觉性究竟的内在性的自觉自主设定。它先行地决定精神对觉性的规定必然是无限地向内深入的。觉性的真实内在性，首先是生命，而这是神话精神和功利精神没有领会到的，这就使自由的实现受到阻碍。在这里，自由作为绝对，要求实现为精神对觉性的生命的自主设定。于是它必然通过呼唤和倾注，促使精神内在的自舍和自反势用展开积极的活动。这二者的辩证运动，推动反省超越那种现存的自然实质或本质，继续朝向觉性的内部挺进，以把握觉性的生命性，通过对后者的自主设定实现一种生命的自由；而生命就是存在的主体性、能动性，故这自由其实就是主体性的自由。总之，自由推动反省思维的内在化，即向生命、主体性层面的深入；精神必然否定那外在的、作为惰性的自然现存东西的自我，揭示自我的内在本质；而这内在本质就是生命、主体性（生命就是对自然的惰性、现存性的否定）。

当精神还处在自然的襁褓之中，它的自由与自我都是自然的、外在的。包括荼跋拉学说等在内，奥义书较早时期的元气论，对于生命即主体性的领会仍模糊。在自然思维主导下，觉性的生命被混同于自然的活动。生命的活动被理解为自然的现存物在时间中的交替、转变，主体性被当作一种自然的活动性。这种生命只是一种宇宙的生命（不同于通常的自然生命概念）。如果说本质论只是把握住了生命的标记，那么元气论则把握了生命的映像。时间之流只是生命运动的外在表象，是它在自然之镜中的投影，而非生命本身①。相反，生命的本质就在于它有其自身独立的时间，这时间与宇宙时间恰恰相反。生命就是抵抗宇宙生生之流的逆势运动，因而是对宇宙之流的否定。因此，元气论的生命观念（以及中、西方各种“气”论的生命观念）只是抓住了生命的外在表象，完全错失了生命的本质；甚至超越时间的永恒静止也比这宇宙之流更契合生命的本质。所以在这里，精神的自由在挣脱了自然的直接现存性之后，终于还是重新被自然引回笼中（这牢笼还一直被中土文化当作理想家园）。觉性的生命或主体性的真实本质不是这种自然的活动（自然的主体性），而是内在心识的先验活动。总之，在自然精神阶段，反省只是把生命、主体理解为自然的生命、自然的主体。

以气或风为存在之本原、归宿的思想，大概在东西方思想中都不陌生。阿那克西美尼曾经说气是宇宙的基本原理，是神（theos）。阿波罗的第欧根尼，发挥其说，认为元气亦是心灵的基本原理。欣披里丘述其说曰：“通过呼吸，人及其他动物皆依气而活；此气于彼，既是心灵，亦是灵魂。所有动物的灵魂都相同，即都是气，此气唯较包围吾等的空气温暖，而较太阳附近的空气则寒冷得多。依我之见，那有智识的存在，即人们称为气者，一切事物皆由它指引，它支配所有事物；因为它即是我当作神的实体。”②《管子》亦云：“有气则生，无气则死，生者以其气”。（《枢机》）“精也者，气之精者也”，“凡物之精，此则为生，下生五谷，上为列星，流于天地之间，谓之鬼神，藏于胸中，谓之圣人”（《内业篇》）。盖以为某种气体状的微细物质，即精气，为产生宇宙现象以及人的生命的根源。此说可与莱克婆说作桴鼓应。《庄子·知北游》曰：“通天下一气也”，“人之生，气之聚也；聚则为生，散则是死”，立义与前说基本相同。而《庄子·人间世》所谓“无听之以耳而听之以心，无听之以心而听之以气”，似乎亦表明气是比耳、意（心）等官能更根本的生命原理。这与梵书、奥义书所说眼、耳、意、语言归宿于元气，颇能相互发明。气论乃是汉代以后华夏宇宙观的基础。

---

① 把自然当作一个生命体的观念，在人类早期的自然思维普遍具有过的，因为向人类意识呈现的最直接的现象恰恰是不断流动、转化而非恒住的。人们只需将目光由个别转移到普遍之物，就可以把握宇宙的生生之流，并且将后者视作一种普遍的生命。这样的思想，在中、西、印传统中都曾存在。中国的儒、道诸家，皆强调对于宇宙生命的体悟。《易传》说“生生之谓易”（《系辞上》），《庄子》说“万物化作，萌区有状，盛衰之杀，变化之流也”（《天道》）。一切都处在宇宙的生命之流中，而人生的智慧就在于与宇宙生命保持一致。同样，古希腊人所谓“自然”（physis），就是一个不断涌现、呈显、创造的生命本源和全体。古代印度人亦称存有之本原为“自然”（prakṛti，从词源上可直译为 procreation），亦是指一种不停创造、生显的原始生命，这与希腊人的“physis”、中土人的“天道”，意思几乎相同。然而印度人一开始就把这“自然”从自我中切割下来。

② Guthrie, W.K.C, *The Greeks and Their Gods*, Boston: Beacon Press, 1950.135—136.

然而这元气作为一种自然生命，其实只是觉性真正的生命、主体性的外在表象。真正的生命、主体性是觉性内在的心灵、思想。这种伦理反思的局限性意味着精神在这里没有实现对于自我的真实内在存在的自由，即反思。只有反思才是自由的反省，才是真实的精神自由。奥义书伦理精神的这种局限，也只有随着自由的进一步展开才能被克服。

## 第一节 茶跋拉

《唱赞奥义书》和《广林奥义书》有多处提到娑底耶迦摩·茶跋拉（Satyakāma Jābāla）。在 BṛihIV·1·6，茶跋拉告诉阇那伽说梵就是意（manas），而耶若婆佉对他的说法进行了纠正，对阇那伽说意只是梵之住处，梵是喜乐。根据此处奥义书，则茶跋拉与耶若婆佉是同时代人，且二者之间无师承关系。而 BṛihVI·3·8—11 则说明茶跋拉是耶若婆佉的第四代徒弟，其导师是阇那启·阿夜吐那（Jānaki Āyasthūṇa），自然茶跋拉与耶若婆佉就不是同一时代的人了。而 ChānIV·4—9 则说茶跋拉的导师是诃黎朱摩多·乔答摩（Hāridrumata Gautama）。由此可见，在奥义书关于茶跋拉生平的诸多说法之间，没有任何一致之处，所以这些说法中最多只有一种是真的。这也意味着，奥义书所提到的众多思想家的名字，大多数都应当是伪托的。我们今天甚至几乎无法确切证明任何一个圣贤之名不是伪托的。不过我们讲的是观念史，而这些圣贤的名字，大可仅作为观念之标签，所以应当着重的是观念的逻辑秩序而不是人物的历史顺序。观念本来就有其由精神的自由生成的不同于历史时间的自身时间。

茶跋拉的学说，主要集中在《唱赞奥义书》第四编第 4—15 章。其中第 4—9 章，述茶跋拉求学之事。第 10—15 章，为其弟子优波拘舍罗在茶跋拉处求学之事。这两部分的思想、风格一致（比如二者都是先由学生经历苦行，然后由某些非人类的存在开示教理，然后由导师点睛），故应许为一家之学。茶跋拉的学说，一般称之为“十六分说”（Sodaṣa Kala Vidyā），即以梵为十六分之意。茶跋拉的名字，“Satyakāma”，即“爱真者”（诚实者）之意，颇符合奥义书中他特别真诚的美德，故这名字可能是为他“量身定做”的；易言之，在这里这个人可能是虚构或伪托的[①]。

① 杜伊森指出，奥义书中圣贤之名，大多数不像真名，而更像“绰号”（Paul Deussen, *Sechzig Upanişaden des Veda*, F.A.Brockhaus Leipzig 1921.377.n）。这也为奥义书思想家作为历史人物的真实性增加了疑点。即便我们承认他们都有真实的历史人物为背景，但至少可以认为，奥义书中许多内容（可能占早期奥义书之大部）是托名于这些人物的。这也是我们更应当注重阐明思想自身的逻辑进展而不是历史人物个性的原因。

## 一、十六分说

据说娑底耶迦摩·茶跋拉年少时渴望学道，乃问其母曰："阿母！吾欲成为梵志，请问我出身何室？"母曰："吾儿，我亦不知汝出身何室。吾年少时随侍于诸家，遂生汝。故吾亦不知汝为何家子。虽然，我名茶跋拉，你名娑底耶迦摩。故汝可自名曰娑底耶迦摩·茶跋拉。"于是他到乔答摩处请其收为学徒。当乔答摩问及其出身，茶跋拉说："吾不知出身何室，先生。吾尚问及家母，彼曰：'吾年少时随侍于诸家，遂生汝。故吾亦不知汝为何家子。虽然，我名茶跋拉，你名娑底耶迦摩。故汝可自名曰娑底耶迦摩·茶跋拉。'故我名娑底耶迦摩·茶跋拉，先生。"乔答摩感慨地说："若非婆罗门种，岂能真诚若此。卿可束薪来，吾收汝为学徒，汝不离于真实故。"于是他挑出四百老弱之牛，嘱茶跋拉看顾之。茶跋拉说："苟非此牛群达千数，誓不回还。"然而这些牛似乎存活下去都很难，何况繁殖。但茶跋拉极为认真、勤奋，经数年之劳，终于使牛群达到千头，到了应该返回的时候。这时先是领头的牡牛，接着是火、天鹅、水鸟先后给他启示，兹录其内容如下（ChānIV·5—8）：

5·1 于是牡牛语之："娑底耶迦摩！""先生！"彼答。"吾等已达千数。请引吾等归导师所。2 我将告汝大梵之一足。""先生请讲。"于是彼语之："东方为十六分之一，西方为十六分之一，南方为十六分之一，北方为十六分之一。信然，此即大梵之一足，由四分构成，名曰遍及者（Prākāśavat）①。3 孰若如是知，且敬此由四分构成之大梵一足为遍及者，乃于世间成为遍及者。于是彼得遍及界（即虚空），彼若如是知，且敬此由四分构成之大梵一足为遍及者。6·1 火亦将告汝一足。"于是彼晨起驱牛而行。至日暮，彼乃升火，驱牛入栏，置薪于火，乃于火之西面，东向而坐。2 于是火语之："娑底耶迦摩！""先生！"3 "我将告汝大梵之一足。""先生请讲。"于是彼语之："地界为十六分之一，空界为十六分之一，天界为十六分之一，大洋为十六分之一。信然，此即大梵之一足，由四分构成，名曰无极（Anantavat）。4 彼如是知，且敬此由四分构成之大梵一足为无极者，乃于世间成为无极。于是彼得无极界，彼如是知，且敬此由四分构成之大梵一足为无极者。7·1 天鹅亦将告汝一足。"于是彼晨起驱牛而行。至日暮，彼

① Prākāśavat（名词），照，光明，光荣，如光一样普及者，如光遍至者，空间，明示。大多数学者将此词译为"光明"之义，但此处它与诸方联系，故指的应是空间遍至一切，似光明一般，然非即是光明；另外译为"光明"，亦与下文第 7·3 段有意义重复之嫌。故我们译为"遍及者"。

乃升火，驱牛入栏，置薪于火，乃于火之西面，东向而坐。2 于是一天鹅飞至，语之：“娑底耶迦摩！”“先生！”3 “我将告汝大梵之一足。”“先生请讲。”于是彼语之：“火为十六分之一，日为十六分之一，月为十六分之一，闪电为十六分之一。信然，此即大梵之一足，由四分构成，名曰光明（Jyotiṣmat）。4 彼如是知，且敬此由四分构成之大梵一足为光明者，乃于世间成为光明。于是彼得光明界，彼如是知，且敬此由四分构成之大梵一足为光明者。8·1 水鸟（Madgu）亦将告汝一足[①]。”于是彼晨起驱牛而行。至日暮，彼乃升火，驱牛入栏，置薪于火，乃于火之西面，东向而坐。2 于是一水鸟飞至，语之：“娑底耶迦摩！”“先生！”3 “我将告汝大梵之一足。”“先生请讲。”于是彼语之：“气息为十六分之一，眼为十六分之一，耳为十六分之一，意为十六分之一。信然，此即大梵之一足，由四分构成，名曰安住者（Āyatanavat）。4 孰若如是知，且敬此由四分构成之大梵一足为安住者，乃于世间成为安住者。于是彼得安住界，彼若如是知，且敬此由四分构成之大梵一足为安住者。”

人从自然界获得神秘启示之事，在东西方宗教中皆有记载。禅宗史上有颇多闻鸡声、击竹声，睹红日、飞鸟而开悟的例子。基督教亦有摩西由山中火焰得到启示的说法。圣伯纳德也说：“凡我知乎圣智或圣典者，皆是由田野林中觅得。海滩、橡树便是我师。”（《诗篇》IV·9·2）大凡此类经验，皆以于荒野的长期孤独苦修为前提。盖修行既久，根性圆熟，故一遇机缘，无明覆盖便立即解除，智慧豁然现前。茶跋拉的故事即属于此类经验。彼于荒野为师牧牛数年，断绝俗缘，持业精进，心神专注，意念纯洁，乃为接受神秘启示的最佳人选，故牡牛、火、天鹅、水鸟为其现身说法。而他既然一直在自然中修行，则自然给予启示，亦合乎情理。

奥义书说茶跋拉还至师所，其师见其脸上有光，若得梵智者。问其缘由，茶跋拉遂告以情。其师视其机缘成熟，乃尽授其学，无所遗失。然而其所授的内容究竟为何？奥义书却就此终止，没有明示。学人以为乔答摩在此所传授的内容，通过ChānIV·10—15 所记茶跋拉对弟子优婆拘舍罗的教导得以体现。传统的解释以为给茶跋拉带来启示的牡牛、火、天鹅、水鸟，分别为四位天神即风、火、日、元气之化身。其所教导者，谓大梵具四足（喻大梵有四部分，如兽之有四足然），或四种肢体、部分、表现，即空间、物质界、光明（热、能量）、元气（生命或灵魂）。

梵有四足之观念，来源甚古。盖ṚVX·129·3 即已提到唯一者有四足，由其一

---

① madgu，一种水鸟。

足构成全世界，其余三足则为超越境界。ChānIII・18 说大梵有四足，谓语言、呼吸、视、听，此就自我言；或谓火、风、日、诸方，此就宇宙言；其实此四者与彼四者是一一同一的。这里吠陀对超越境界的强调被忽视了。茶跋拉之义，应当是发展此传统的说法而来的。他进而提出此四足之中，每一足又包括四分，如空间包括东、西、南、北四方，物质界包括天、空（气界）、地、大洋四界，光明包括火、日、月、闪电四种，元气包括气息、眼、耳、意四分，共有十六分。此十六分将世界内的一切存在皆涵盖在内。此则奥义书的宗旨是，这十六分中，每一分都是大梵的体现，故吾人生活世界中的一切，莫非梵的形象。求道者应在事事物物上皆见大梵，即事而真。

大梵包含十六分之说，乃是梵书经常提到的思想。梵书将生主对应于半月，每一半月皆有十五天，是为生主之十五分，此外尝有一分过渡至下个半月者，是为第十六分（Vāj SaṃVIII・36）。人与生主同构，故亦为十六分①。比茶跋拉更早期的奥义书学说亦经常提及此义。比如 BṛihI・5・14，15 说生主即是年，具十六分，人亦具十六分；其十五分为财德，有增减，第十六分为自我，无增减。ChānVI・7 亦云人有十六分，十五分皆依止于食物，而第十六分则依止元气。茶跋拉的说法，基本上是继承前说而来。但是前此关于十六分的诸种说义，皆旨在标榜自我、梵的超越层面（第十六分），此则为茶跋拉说所不及也。

茶跋拉的十六分说，也属于优波舍那（敬思、观想）的范畴，亦与宗教实践有关，但我们可以看出，其学说已经完全脱离了与祭祀学的关联，它不包含任何祭祀学阐释，而是对宇宙、人生完全独立的思考。所以在这里优波舍那，作为对万有实相的观想，实际上已经与瑜伽、佛教、耆那教等的禅定属于同一范畴。在这里修行者观想世界万有为四足十六分，然后专注地沉思每一分皆非独立的存在，而是梵的表象，故万有不离于神。奥义书说人若如实悟此四足皆是梵的部分，则得到相应的大梵之德。如人若悟虚空之四方（东、西、南、北）皆为大梵的部分，即可如虚空一般遍至一切处；若悟物质界之四界（天、空、地、大洋）皆为大梵的部分，即可如物质界一般，包容一切，而为无极；若悟光明之四种（火、日、月、闪电）皆为大梵的部分，即可得同样的光明；若悟元气之四分（气息、眼、耳、意）皆为大梵的部分，即可如元气一般，得自身安住，而且让众生安住，并于此岸、彼岸皆得安住。这十六分属于梵的道理，也不是孤立地被观想的，而是相互贯通，作为一个整体被证悟的。然而十六分说，仅涉及梵的表象。它旨在通过上述观想，获得梵的正确符号、观念、象征。这是证得大梵本质的

---

① Sat BrāVI・2・2・9 谓人有十七分，十种元气（眼、耳、鼻、舌、身、意、上气、下气、腹气、通气、出气）、四肢、身、颈、首。

前提，但仍未涉及梵的本质，后者应当是茶跋拉对其弟子优婆拘舍罗开示的内容。

## 二、梵是元气、喜乐、虚空

后来茶跋拉自己也成立了家室，成为梵学导师。ChānIV・10—15 记述了茶跋拉的弟子优婆拘舍罗（Upakosala Kāmalāyana）求学之事，而且后者亦是从自然界得到启示。优婆拘舍罗住于师傅家中学习祭祀，已辛勤侍火十二年，而师傅仍未准其毕业回家。茶跋拉之妻语茶跋拉："此梵志已极苦行，且事火得宜。请即教之，以免此火责汝。"然其师仍离家远行，而未之顾。优婆拘舍罗由于极度愁苦而禁食。其师母曰："梵志请食！汝缘何不食？"彼曰："此身有诸欲奔腾，吾心甚苦。吾不欲食。"于是诸火甚怜之，乃相与谋曰："此梵志已修苦行，且善事我等。我等且教之。"遂相携为优婆拘舍罗开示梵之自相。奥义书述其教曰（ChānIV・10—14）：

> 10・5（彼等语之曰：）"梵为元气。梵为喜乐。梵为空。"于是彼（优婆拘舍罗）说："我知梵是元气，而不解其为喜乐与空。"彼等曰："信然，喜乐（ka）即是空（kha）。信然，空即是喜乐。"于是彼等为之释何以梵是元气与空。11・1 于是家火（Gārhapatya）告之："地、火、食、日（为自我之相，而）于太阳中所见之人，吾即是彼；信然，吾即是彼！"2（诸火合唱：）"彼如是知且敬此火者，乃消除一切恶行，得此（家火之）界，尽其寿而活，其命长久，子孙无恙。彼如是知且敬此火者，吾等于此世界及彼世界皆善事之。"12・1 于是南火（Anvāhāryapacana）告之："水、诸方、群星、月（为自我之相，而）于月中所见之人，吾即是彼；信然，吾即是彼！"2（诸火合唱）："彼如是知且敬此火者，乃消除一切恶行，得此（南火之）界，尽其寿而活，其命长久，子孙无恙。彼如是知且敬此火者，吾等于此世界及彼世界皆善事之。"13・1 于是东火（Āhavanīya）告之："元气、空、天、闪电（为自我之相，而）于闪电中所见之人，吾即是彼；信然，吾即是彼！"2（诸火合唱）："彼如是知且敬此火者，乃消除一切恶行，得此（东火之）界，尽其寿而活，其命长久，子孙无恙。彼如是知且敬此火者，吾等于此世界及彼世界皆善事之。"14・1 于是彼等曰："优婆拘舍罗，汝已有关于我等之智及自我之智。汝师将教汝（得此自我之）道。"

这同样是从自然界接受启示的例子。上述牡牛等对茶跋拉的启示，仅涉及梵的表象，而这里诸火的启示，则涉及梵的本质。诸火睹优婆拘舍罗之疾苦，而告之曰，梵即是生命元气、喜乐、空，非由愁苦、禁食而得。梵是生命元气，这种观念是直接继承梵书的元气论而来，而且奥义书思想家中，前面莱克婆等已有说明。然而说梵为喜乐、空，则显然是此则奥义书的新思想。优婆拘舍罗能理解梵是元气，却不解梵为喜乐与空，就表明了这一点。我们下文将要阐明，说梵是喜乐、空，乃是对生命的超越性的最早解说。盖此前的奥义书思想，还没有把生命的寂灭作为理想境界，而是认为梵是流转的生命体，但是其所理解的生命，就像中国人的“生生之谓道”所说的一样，只是一种宇宙的或自然的生命，而非觉性或精神的生命。然而奥义书更成熟的思想，却是主张一种无生命的精神，即空虚寂灭的自性清净心，作为自我和存在的本体，这与柏拉图、普罗提诺把永恒不动的理念、太一作为现实存在之根源，属于大致相同的思维层次。对这种空寂的清净心的体验，不仅构成印度教的宗教经验的基础，而且早期佛教的涅槃、初期大乘的空性和晚期大乘的真心如来藏观念，也都是在此基础上经过漫长的发展形成的。而这种无生命的精神观念，当肇始于此则奥义书。这一观念的发生从思维发展的自身逻辑来说也很自然，因为人们最早理解的生命，就是生生不息的宇宙之流，而真正的精神反省则是要超越这宇宙时间之流，看到觉性的内在本质，然而在理论思辨还不够成熟的情况下，人们很容易将这本质对时间性的超越理解为在时间中永远不变（永恒），将它对形器、表象的超越理解为如虚空一般没有任何形象，于是本质成为无生命的虚空。后来印度哲学各派对绝对的表述，大都可视作对这个包含了致命错误的同一主题的展开、变奏和回响，不过这并不意味着这些思想都是没有价值的。

优婆拘舍罗所以不解梵为喜乐与空，盖以为喜乐生灭而无常，而虚空寂窅，无生命亦无意识，与大梵不侔。尽管此则奥义书开头一段表示上述对话就是为了解释何以梵是喜乐与空，然而它接着的教示却将此问题完全抛在一边。我们试对此问题解释如下：

（1）这里所谓空，首先指人心腔中的虚空。此虚空是元气、喜乐的安住之所，因而被认为与此二者同一，故虚空亦是元气、喜乐。元气、喜乐皆是梵，故虚空亦是梵。这些后来都成为奥义书的普遍观念。将自我说为虚空，既有字面意义，也有譬喻意义，而且在奥义书中这两种意义通常是汗漫不分的。自我的本质如实就是心中虚空，而虚空无相无形、不生不灭、清净无染，易言之，它超越了自然的存在。故奥义书亦以虚空义，阐明自我无相、超越的自性，此是从譬喻意义上说。盖虚空无相，故它就是对表象的否定，因而就是本质，但它显然仍是一种优陀罗羯的实有（sat）意义上的自然本质。此种理解从此则奥义书说“喜乐即是空，空即是喜乐”，将空与喜乐等同，即可得证。因为只有吾人从将自我等同于虚空的体验中，感受到一种超越性，即意识到自身自我逸绝众相、凌轹群有从而脱离系缚的自由，才能从这体验中获得喜乐，并将此喜乐与虚空等同。总之虚空不仅仅是作为空间、容器的空，也是指自我的超越性和自由（尽管这虚空只是一种自然本质，这里的超越和自由仍然属于自然范畴）。在后一种意义上，它就可以与生命（元气）、意识（心）衔接起来。另外，奥义书将元气与虚空等同，也是以此前的学说为基础的。早在耆跋厘，就已提出虚空之说，但其所谓空，是指包括整个宇宙的空间，或充满这空间的微细物质，故仅仅是宇宙论的，他尚未将空与人的生命联系起来，对空的含义也缺乏更详细的说明；斫克罗衍尼、莱克婆持元气说，有了一种朴素粗浅的生命意识，但是他们对元气的解释，仍完全落于梵书彀中，元气仍然是宇宙论的，它与世界存在的关系亦较模糊。而被归诸荼跋拉学派的此则奥义书，则将元气说与虚空说融合，故自我既是生命，又是超越和自由。然而奥义书在这里，没有明确地将自我内在的虚空等同于宇宙的大虚空，也没有明确地以其为一切存在的实质或本质。因而后来的奥义书以为自我、虚空包含万有、生成万有、为万有实相的观念，在这里尚不见踪迹。

(2) 此处说梵、自我是喜乐，意义简朴，是奥义书这方面最早的阐述。使宗教的精神得以延续的原因之一，在于宗教经验的某一阶段可能伴随着一种神圣的愉悦感。基督教将对神的存在和爱的体验当作幸福的根源。老子以“玄之又玄，众妙之门”言道，亦与道的体验中包括的某种神秘愉悦感有关。在佛教中，小乘的四禅及大乘的十地的修习，皆以一种强烈的出世喜乐之感受为其开始的标志。甚至耆那教也以无作无愿、自在无碍、寂静安乐，为涅槃的境界。瑜伽、吠檀多派的证道，也伴随某种强烈的精神愉悦。正因为见道的体验总是与一种神圣的愉悦联系在一起，因而人们就很自然地认为后者乃是道或绝对者的属性。就印度思想而言，无论是异端沙门还是婆罗门正统的思想，其以喜乐形容宗教境界，皆以奥义书为其最早先驱，而荼跋拉学派之论喜乐，乃是奥义书此类思想中最古老的。在这里，喜乐究竟是一种什么状态，尚未得到直接的描述。

然而将自我、元气说为虚空、喜乐，尽管包含了对精神超越性的某种领悟，却开启了印度精神的自我反省的几种普遍误解。(1) 奥义书在这里领会到觉性、自我的本质是自由，然而用喜乐来解释自由则是一重大失误。奥义书的精神在其自我反省中，领会到觉性自身超越自然的影响，无对无碍，不受任何有形相的东西束缚。然而这种自由，就是觉性对自身直接、自然的存在的否定。这种自否定与其说是喜乐、幸福，勿宁说是痛苦的根源。相反人的一切幸福、喜乐，都来自对自身直接存在的肯定，来自对自否定的消除，因而来自对生命的自在性而非自主性或自由的体验，故它们是与自由正相反对的。精神面对的一切自然的形象、概念、差别，都是精神的直接自主性或自由的中介、产物，然而这些中介乃是生命之重负，自主性也是生命之劳累，故人的觉性总有一种冲动（即觉性的消辟势用），就是消解自身精神的自主性，解构由以实现这种自主性的一切概念、差别、形相，包括自然的概念、差别、形相，回归到某种极原始的、前人类、前精神的境界，由此体会到一种极为轻松的快感。萨满教、印度的生活派、佛教、中国的道家思想、古希腊的狄奥尼修斯崇拜都包含某种出神的狂喜，即与这种体验有关。显然这种体验其实是与精神的自由相违背的。精神的自由，作为对其自身自然性的否定，首先就是对自然精神的自主性，和作为其中介的概念、差别、形相的否定。这种否定应当是一种对象化，即精神在这里意识到它的本质与自然或其直接存在的区别，并自觉保持它自身与自然的张力。被归宿于荼跋拉学派的上述奥义书思想，就体现了这种自由的最初尝试。然而这最初的尝试，由于不够坚定而且缺乏自我意识，极易陷入这样一种危险，即精神以为其对自然的自主性和中介的否定，乃是将后者完全消解以返回上述前精神的原始混沌境界；而后者许诺的喜乐之感，又构成对返回的精神的巨大诱惑，且促使它将这混沌视为存在之归宿、本质，并将与这混沌伴随的喜乐作为存在的本质属性。因而精神在最初的自否定中，极易陷入上述误区，将自我或存在本质与喜乐等同。在这里，奥义书思想正是陷入了这样的误区，而且此后的印度思想一直没有真正走出这一误区。(2) 与此有关，奥义书在这里用虚空解释自我、精神的超越性，也是一个重大失误。自我的本质无形无相，超越感官与日常思维认识的能力，因而奥义书很自然地说之为极微细、不可见；另外自我作为纯粹精神，当然没有属于自然、感性的痛苦、快乐等象，奥义书说之为清净、无染，也是同样自然的。所以奥义书的精神在其最初的反省中，很容易将虚空视为这本质的相状，进而将它与虚空等同。然而自我的本质是生命、是觉性自否定的运动。它超越了自然、感性的生存，但是将后者作为逻辑环节包含在内。它对后者的否定，不是回归到一种没有自然、感性的差别和对立的虚空，而是在其自身自主性与这自然的生存之间维持一种内在的空间；它也不是某种神秘抽象的现存存在（如虚空），而是自否定的绝对运动。因而奥义书将自我本质视为无差别、不动的虚空，是严重的误解；至于说自我本质为清净、无染，更加是一种错觉。然而这种误解对印度精神的影响同样是极为深远的。我们在佛教、耆那教的涅槃境界、瑜伽派的无觉三昧以及不二吠檀多派对大梵证悟甚至巴克提教对神的体验中，都能看出这一观念的影子。

但奥义书接下来的叙述，与大梵是元气、喜乐、空的教义失去了联系，而转向阐明梵、自我的十二种表象。后者与上述“十六分说”的思路基本一致，它与后者不同之处在于，其将存在物区分为三界，看起来更加随意（日、月、电所包含的内容，并不像“四足”的内容有明确的类的属性），而且是联系往生的观念来讲的。其三界（loka）

之说，就是将宇宙万有分为日、月、电三个层次，并通过祭祀学的想象，将其分别与家火、南火、东火三种祭火联属。“界”在这里应释为灵魂往生的境界、阶段较妥当。它是灵魂游历的领域、空间，以及其中包含的全部存在。每一特定的界，皆是以某种宇宙元素为基础、质料构成。如日界的所有存在（地、火、食、日）都是由（作为宇宙元素的）日构成，都是后者的分化的产物；同理水、诸方、群星、月是月的分化产物，元气、空、天、电是电的分化产物。故宇宙间的一切存在，皆是由日、月、电三种元素形成。按往生说，灵魂会分别进入这三界，即成为日、月、电中所见之人。凡由日、月、电三者形成的存在，皆成为这灵魂之相。但这自我，即“日、月、电中所见之人”与日、月、电等是否是同一的呢？根据奥义书紧接着的叙述，答案应当是肯定的，因为茶跋拉说诸火启示的只是“诸界”。易言之，他没有认为这诸界中“所见之人”与诸界是不同的。

在此则故事中，诸火在给予优婆拘舍罗上述启示后说：“汝师将开示汝得吾等及大梵之道。”待其师归，发现其徒脸上有光如得梵智者，乃问是谁教导了他。优婆拘舍罗支吾再三，暗示是诸火教之。师曰：彼等所教，乃为通达大梵之诸界，我将示汝彼大梵之自体；如雨水不粘莲叶，人若知此，则诸恶不染于他。优婆拘舍罗请问此义，其师遂曰（ChānIV・15）：

> 1 彼眼中所见之小人，彼即自我（Ātman）。彼不死、无畏。彼即是梵。是以人若泼清油或水于其上，乃流向边缘①。2 人称彼为“聚福者”（saṃyadvāma），一切福乐（vāma）聚集（saṃyanti）于彼故。彼知此者，一切福乐聚集于彼。3 彼亦是“召福者”（vāmanī），召引（nayati）一切福乐（vāma）故。彼知此者，召引一切福乐。4 彼亦为“集光明者”，于一切界放光明（bhāti）故。彼知此者，乃于一切界放光明。5 是故彼等（即知以上诸义者）死后，无论人为之营火葬或否，彼等皆入于光（火），由光入于昼，由昼入望月，由望月入太阳北行之半年，由太阳北行之半年入年，由年入太阳，由太阳入月，由月入闪电。彼处见有一非人（a-mānava）士夫（puruṣa）。6 此士夫引彼等至于梵。此即天神道，大梵道。人若行入此道，则不复回人间；不复回人间！

梵不是日、月、闪电中之人，而是人眼中的补鲁沙。梵是超越者。他超越一切形器之物，甚至时间，故曰无畏、不死。他超越一切善恶之业，故曰无染，如眼不粘

① 此谓泼油、水于眼球，油、水不会黏附其上，而是流到眼球的边缘处。

油、水。此中说梵是"聚福者"、"召福者"、"集光明者"，似乎与上文所谓梵是遍及者（Prākāśavat）、无极（Anantavat）、光明（Jyotiṣmat）、安住者（Āyatanavat），有着松散的意义联系。梵是"聚福者"、"召福者"，意味着梵包容、生成万有，与梵为无极、遍及者之义呼应；梵是"集光明者"，与梵作为光明之义呼应。荼跋拉说知梵者死后，乃经历光、昼、望月、太阳北行之半年、年、太阳、月、闪电，在彼处由一非人士夫引导，最终入于大梵，人若至此则不回人间，此诸义皆与耆跋厘的学说相同（BṛihVI・2・15），故可能是沿袭后者而来，或者二者有共同的来源。说梵是人瞳中之小人，亦是梵书早有的说法（Sat BrāX・5・2・7）。

## 三、元 气 说

荼跋拉对奥义书的元气说（prāṇa-vāda），亦有一定发展。元气说，乃是由吠陀的风说（vāyu-vāda）发展出来，盖以为风进入人的体内，成为人的生命元气。传统将此说归于阿尼罗（Anila）仙人。在更早的奥义书思想中，斫克罗衍尼提到元气是"五分娑摩"之 Prastāva 分所敬拜之神，但是并没有把元气作为绝对者看待，亦未论及元气的意义及与万有和众生生命的关系。莱克婆似乎把元气当作究竟的存在，但对元气的具体内容亦未涉及，其说义仍嫌贫乏、粗略。而荼跋拉之说元气，乃更具系统。他的学说，首先是继承了吠陀、梵书的元气说。《黎俱》最早把具有活动能力的风，当作宇宙的灵魂、生命（ṚVX・168・4）。到《阿闼婆吠陀》和梵书，"元气"（prāṇa）代替风成为精神和生命的原理。元气被认为是众生之生命或灵魂，是宇宙之最高存在、万物的创造者、根源、归宿、生命的维持者①。梵书还提到人的头部有五种元气，即意、目、呼吸、语言、耳，身体有五种元气，上气（prāṇa）、下气（apāna）、出气（udāna）、通气（vyāna）、腹气（samāna）（Sat BrāIX・2・2・5, VIII・1・3・6）；风是宇宙元气；风进入人体内，成为人的十种元气；反过来说，人死时元气离他而去，复入于风（Sat BrāVII・1・2・5）；元气在人体内随身量大小而变化（VIII・1・4・9）。荼跋拉继承这些说法，认为人的所有生理、心理功能（诸根）皆是同一元气的不同表现、功能，诸根都生于元气，且不异于元气，而且在人死后皆复归于元气，故诸根与元气为本末、体用的关系。挈本制末，末必归本。人若欲得不朽，就应观想诸根没入元气，由悟元气之恒住而得自身之恒住。

不过，吠陀、梵书说元气，具有强烈的宇宙论意蕴：不仅人的生命元气来源于风，而且诸根本质上与火、日、风、虚空等是相同的。但是在荼跋拉的学说中，元气说由

① AVXI・4・20, 22, 25; Sat BrāVIII・7・4・21, VI・1・1, 3・1・9, VIII・2・2・8.

于与生命轮回说的结合，一方面开始脱离宇宙论意义，元气就是指众生的生命，另一方面元气反过来成为风、火、日、虚空等的根源。ChānV · 1 · 1—5 的元气敬思，就表明了元气的这种殊胜地位。其大致思路是，人应先观想诸根之殊胜，然后观想此等殊胜，皆属于元气，诸根以元气为最胜者、本原故。如 ChānV · 1 · 1—5 云：

> 1 Om! 信然，人若知彼最尊、最胜者，则为最尊、最胜者。信然，元气即是彼最尊、最胜者。2 信然，人若知彼最富足者，则（于人中）成为最富足者。信然，语言即是彼最富足者。3 信然，人若知彼安住处，则于此岸、彼岸皆得安住处。信然，眼即是彼安住处。4 信然，人若知彼成就，则于人、天界，凡其所愿皆得成就。信然，耳即是彼成就。5 信然，人若知彼依止，则成为其人民之依止。信然，意即是彼依止。

此为荼跋拉所开示对元气的敬思（upāsana）的第一步，即观想作为元气之行相、分位的诸根之殊胜。其第二步，即是观想诸根归宿于元气，故诸根之殊胜，亦全归属于元气。而在奥义书中，元气之作为诸根归宿义，往往被解释为元气最胜、最不可或缺之义。ChānV · 1—2，KauṣII · 14，BṛihVI · 1 及 PraśII · 1—4 皆说到诸根尝相互争论孰为最胜而终以元气为最的寓言，其中 KauṣII · 14 和 PraśII · 1—4 较少文学性修饰，故应当是最早的。ChānV · 1—2 和 BṛihVI · 1 基本内容相同，前者被归宿于荼跋拉；后者归宿不明，且内容有更多增饰，很可能是与前者来自同一文本，并略加增益形成。ChānV · 1—2 说诸根因为此争论而质诸生主（Prajāpati）。彼曰："汝等之中，若谁离此身去后，此身最敝劣者，则谁为汝等中最胜者。"于是语言离开此身，出游一年，及归，则见此人仍然活着。盖人若喑哑无语言，仍能以其气息呼吸，以其眼视，以其耳闻，以其意思想，故能存活如故。语言复入。于是眼（指视力）离开此身，出游一年，及归，则见此人仍然活着。盖人若目盲无视，仍能以其气息呼吸，以语言言说，以其耳闻，以其意思想，故能存活如故。眼复入。然后耳、意亦各自离开此身，出游一年，此人仍能存活。于是元气欲离此身出游，如烈马逃逸时，拔出桩栓，此元气亦拔出诸根。于是诸根皆呼元气留住，称彼为最胜者。于是语言对它说，若我是最富足者，则汝亦是最富足者。眼对它说，若我是安住处，则汝亦是安住处。同样，如耳是彼成就，意是彼依止，元气亦是彼成就、依止，因语言、眼、耳、意为元气所生，即是元气故。对于元气于诸根之殊胜，商羯罗解释说，"当人尚在胎中时，其诸根尚未开始活动，而元气已经行使其功能，促胎儿生长。故元气为最长者。离去诸根，生命仍能持续，若离元气，则生命立即终止。一切皆元气之食物。凡人所食者，皆为元气所食。

词根‘ana’谓‘活动’，加上前缀‘pra’，则谓活动之一种。是故上气、下气、出气、通气、腹气（以及眼耳等诸根），皆为生命元气之特殊活动。”（商羯罗：《BṛihVI · 1 注》）所以人应当由观想诸根的殊胜，进而观想元气的殊胜。对元气正确的敬思，就应观想它为最尊者、最胜者、最富足、安住处、成就、依止。末尾茶跋拉对其弟子许诺说：“人若说此义于枯杌，彼乃生出枝叶。”（ChānV · 2 · 3）商羯罗说此为庄严对元气的敬思，“如若对枯杌讲述此说尚能使其生枝，何谈对活人讲述此说之效果？”①

与此优波舍那相关，奥义书还讲了两种仪式。（1）人进食前，应先饮水，食毕亦要饮水。奥义书以为，一切食物，都必须经过元气消化、吸收，是以人之食一切食物，其实是元气在食用，一切皆是元气的食物，甚至犬鸟等类亦是如此。然而元气应有覆盖，不能赤裸，故餐前后饮水，乃为覆盖元气云（ChānV · 2 · 1—2）。（2）糜（mantha）祭，稍为复杂，亦是享祭元气的。ChānV · 2 · 4-8 和 BṛihVI · 3 皆开示此祭法，二者在其师承中皆提到茶跋拉，故此祭应实与此人相关（另外 BṛihVI · 3 提到 Madhuka Paiṅgya，而在 KauṣII · 3 中实际上作为糜祭前身的元气祭，亦以此人为师承之一，故此人亦应是此祭之形成史上的实际人物）。“mantha”是将十种谷物磨成粉，再加蜜、酪、炼乳调和而成之糜状物。此为献于语言、眼、意等元气之祭品。祭者必须是知元气者。彼应于新月之夜行开导仪（Dīkṣā）。然后经十二日斋戒，仅食乳品，乃于月圆之夜，将谷粉加蜜、酪调制成糜。祭者诵请神咒：“敬礼彼最尊、最胜者！”献炼乳于祭火，投其余于糜。此为祭元气。复诵请神咒：“敬礼彼最富足者！”献炼乳于火，投其余于糜。此为祭语言。然后准此祭眼、耳、意。于是捧钵，稍离此火，复诵咒赞元气。然后诵日神咒（Gayatri mantra），每一句毕，辄食其糜。事毕敛声摄意寝卧于祭火西侧，据说若梦见妇人，则可知此祭成功。人由此祭，可使其自身元气与宇宙元气达到和谐，故可如后者之殊胜，亦可致世间名声、财富。

相比于斫克罗衍尼和莱克婆之学，茶跋拉的元气说的贡献在于：一是确立生命元气作为众生与万有的存在之绝对基础的地位；二是揭示了元气是超越世间形器的本体。直到此时，奥义书思想，仍然同人类所有早期思想一样，把存在和世界理解为生命性的。然而人类早期的生命意识，包括中国的儒、道二家把宇宙理解为生生不息的流动整体的观念，其实并没有把握生命的内在本质（存在的超越性），而只看到了存在的时间性（这种时间性是自然的、外在的），并把后者理解为生命。它的强烈生命意识，恰恰是因为它没有领悟生命作为存在本质超越直接自然及其时间性的层

---

① Swami Gambhirananda, *Translation of Commentaries of Śaṃkarācharya on Upaniṣads*, *BṛihVI · 1*, Advaita Ashram, Kolkatta 1957.

面，因而它是最肤浅贫乏的，其对生命本质的看法，甚至比完全否定生命性的实体哲学更加外在、疏离。它对于吾人当今的生命思考，可以说没有任何参考的价值。但觉性或精神的生命，包含有否定其直接存在的外在性而返回自身本质的冲动。精神若倾听它自己内在的呼声，顺应其自身否定和自我返回的势用，其自我反省就不会满足于那种原始的生生之流的观念。这一点，从茶跋拉的学说即可看出端倪。茶跋拉试图破除对自然形器的执着，领会元气、自我为喜乐、虚空，即超越自然的实体。这表明奥义书的精神反省开始试图超越直接自然的桎梏，实现初步的自由。

不过茶跋拉的超越反省，仍然是试探性的、且很不明确，对于元气之为虚空的意涵，缺乏更充分的说明。盖真实的超越是对经验的时间、因果性的否定。这在茶跋拉的虚空说中还不清晰。元气的虚空义与生生流转义之间的张力，仍没有被清楚意识到。虚空说把元气的实体对于宇宙生生之流的超越性，理解为它的恒常性、不变性、无差别性。由于如此理解的超越性，与作为运动的生命是背道而驰的，所以反省不得不把自我、本质与生命对立起来。我们可以看到在茶跋拉的元气说中，这种超越的向度与生命的向度之间存在一道裂痕。不过后者在这里并没有被意识到，所以在茶跋拉的学说中这二者是共存的。但这道裂痕在此后的思想中逐渐扩大。奥义书后来对此问题的解决是取消元气说本有的生命向度。于是，生命和变化逐渐被当作永恒本体折射出的假相，是求道者应当加以铲除的。最终元气说被否定，本体作为无生命、虚空的绝对被普遍确立。这种绝对者的观念后来成为瑜伽的三昧和耆那教、佛教的涅槃观念的基础。从茶跋拉的学说开始的生命观念，最终导致印度宗教在整体上对人类生命的贬斥。

## 第二节　考史多启

《考史多启奥义书》（又曰《考史多启梵书—奥义书》）属于考史多启学派或曰僧劫衍那学派（Śāṇkhāyanas）。考史多启学派有梵书 30 编（adhyāyas）、森林书 15 编。《考史多启奥义书》为《考史多启森林书》的第 3—6 编①。《考史多启森林书》最末列有师传，最末一代为僧劫衍那（Śāṅkhāyana），考史多启为其师，而此书编者为僧劫衍那的匿名弟子，故其所述，可能并非全为考史多启本人的学说。从《考史多启奥义书》本身来看，唯第二章提到考史多启，第一、三章分别被归宿于伽吉耶夜尼

① 此外，《考史多启森林书》第 1、2 编分别对应于《爱多列亚森林书》第 1、5 编，第 7、8 编对应于后者第 3 编。

(Gāṅgyāyani) 和波罗多陀 (Pratardana)，其内容皆与第二章迥然不同，所以在这里，只有第二章最可能代表了考史多启本人的思想。

考史多启的学说也是一种元气说。他的理论看来完全没有脱离梵书的范畴，一方面它的祭祀学色彩极为浓厚，另一方面它的元气说仍基本上是继承梵书，没有实质的突破。他把元气等同于梵。梵仍然被理解为吠陀的言词，它由三吠陀构成，实现为宇宙万物。元气被认为是一切物质和精神存在的本源和归宿。他对元气的领会，都被用于祭祀之中，成为其消罪、祈福仪式的理论基础；故其学说包括元气论与针对元气的祭祀两部分。

## 一、考史多启的元气论

考史多启元气论主要包括两种敬思：一是观想元气为包摄诸根的全体；二是观想元气与风同一，为所有物质、精神现象的起源与归宿。KauṣII · 1—2 阐明了上述第一点。其云：

> 1 "元气即是梵，"信然，考史多启如是说。信然，即于此元气梵，意为信使，眼为守卫，耳为禀报者，语言为女侍。信然，孰若知此意为此元气梵之信使，乃如实有一信使；孰若知此眼为守卫，乃如实有一守卫；孰若知此耳为禀报者，乃如实有一禀报者；孰若知此语言为女侍，乃如实有一女侍①。信然，诸天（即意、眼等）献供于此同一元气梵，而不待其乞求。是故信然，众生皆献供于知此义者，而不待其乞求。其（知此义者）奥义为："不应乞求！"如一人乞于村而不得，乃坐曰："我绝不食此处所施！"于是从前拒彼之人，乃请于彼曰："望受吾等布施！"此即"不乞法"。然而布施者（因其不乞而）请之曰："望受吾等布施！"2 "元气即是梵，"信然，钵盎伽夜如是说。信然，即于此元气梵中，语言为眼所包围；眼为耳所包围；耳为意所包围；意为元气所包围②。信然，此诸天（即意、眼等）献供于此同一元气梵，而不待其乞求。是故信然，众生皆献供于知此义者，而不待其乞求。其奥义为："不应乞求！"如一人乞于村而不得，乃坐曰："我绝不食此处所施！"于是从前拒彼之人，乃请于彼曰："望受吾等布施！"此即"不乞法"。然而布施者请之曰："望受吾等布施！"

---

① 此中从"信然，孰若知此意为此元气梵之信使"至"乃如实有一女侍"，A 本中无。

② 这里"为……包围"，原文是"ārundhate"，意为被包围的、被包裹的、被围绕的，其动词根为"ārudh"（包围、锁闭）。此词在这里应解释为"归宿于"，"依止于"之意。

伽吉耶夜尼所谓"座前智"，以无量光座（amitaujasa paryaṅka）即元气为求道者死后旅程的终点，而此则奥义书乃接着开示此元气的本质。其以为元气即是梵、自我，为诸根所服侍，或曰为其归宿。诸根缘取何境，皆献与元气受用，如奴仆献财物于主人。人若知元气摄诸根，则其自我乃摄诸根。于是如诸根奉献于元气，众生皆奉献于他，而不须待他乞求。

在考史多启之前，梵书早就提出元气为语言、眼、耳、意的归宿、主宰（Sat BrāX·3·3·6—8），故语言、眼等所缘取，皆为元气受用。而《唱赞奥义书》中莱克婆所谓摄尽说（Saṃvarga Vidyā），谓风或元气将一切存在赅摄无余，眼、耳、意、语言皆没入元气；人若知此则摄尽他人之一切功德。考史多启在这里似乎只是把这元气明确等同于梵、自我。

另外，考史多启探讨了眼、耳、意、语言、元气的依存关系。其云在此元气梵中，语言为眼所包围，眼为耳所包围，乃至意为元气所包围。结合以下所谓诸神入没说，其意思，应当是语言依止于眼，眼依止耳，乃至意依止元气。这种递进的依存关系，为梵书与此前奥义书思想家所不到，可能是考史多启将梵书中火、日、月、闪电诸天没入风的次第（亦见下文）（Ait BrāVIII·28），（由于风与元气被等同）与元气说结合起来的成果。

以上阐明元气为包摄诸根的全体，只是考史多启学说的一个方面。梵书的传统，是将自我和宇宙等同起来。在此思想背景下，考史多启便将其自我思考拓展到更阔阔的、宇宙论的领域。他要求人们进一步观想人体内的元气与宇宙内的风同一，观想元气、风为所有物质、精神现象的起源与归宿。这就是其说"诸神入没"（daiva parimara）之主旨[①]。KauṣII·12,13 云：

> 12 以下为诸神之入没。信然，当火燃烧，此梵亦辉耀；准此，当火熄灭，梵亦入没。其光（tejas）入于日，其元气入于风。信然，当太阳照耀，此梵亦辉耀；准此，当太阳不现，梵亦入没。其光入于月，其元气入于风。信然，当月亮照耀，此梵亦辉耀；准此，当月亮不现，梵亦入没。其光入于闪电，其元气入于风。信然，当闪电照亮，此梵亦辉耀；准此，当闪电不照，梵亦入没。其光入于风，其元气入于风。信然，此诸神皆进入风，彼等没入于风而非澌灭；

---

① "daiva parimara"，谓"诸神之入没"。其中"daiva"为"诸神的"。"parimara"直译为"死在……周围"，准确的英译为"dying around"。"daiva parimara"，可译为"the dying around（brahman）of the gods"，即"诸神死在（梵的）周围"。此为表明梵是最强大、最恒久者，为诸神（一切存在）之本原。

如实彼等复于中生出。——于诸神如此。以下谓自我——13 信然，当人以语言言说，此梵亦辉耀；准此，当人不言说，梵亦入没。其光入于眼，其元气入于元气。信然，当人以眼视，此梵亦辉耀；准此，当人不视，梵亦入没。其光入于耳，其元气入于元气。信然，当人以耳闻，此梵亦辉耀；准此，当人不闻，梵亦入没。其光入于意，其元气入于元气。信然，当人以意而思想，此梵亦辉耀；准此，当人不思，梵亦入没。其光入于元气，其元气入于元气。信然，此诸神皆进入元气，彼等没入于元气而非澌灭；如实彼等复于中生出。是故信然，于彼知此义者，纵若南北二山共前而轧之①，彼亦不被轧。而彼所憎恶或憎恶彼者，皆死于彼周围。

大梵，即吠陀的言词，在这里被实在化，成为世界存在的基础、本体。梵在这里被认为依止于元气，它实际上被与诸神，即全部外在与内在的自然现象等同；另一方面，由于某种思想的含糊性，它又被等同于元气，即诸神之本体。此则奥义书的主旨，在于开示宇宙和人的生命现象的循环转化关系。

按考史多启所说，首先，大梵在宇宙层面显现为火、风等神（宇宙现象），并随后者的消失而死去。其云火、日、月、闪电，当其消失时，并非彻底断灭，而是分别转化为下一种存在。这种转化，是建立在这些存在有一种共同实质（即风或元气）基础上的，转化只是同一实质以不同表象（即所谓“光”[tejas]）显现出来。比如奥义书说当火熄灭之时，其光入于日，其元气入于风，意思是说此时火并非消灭无余：一方面它的实质（“元气”或生命）仍然未变，还是风，此即所谓其元气入于风之意；另一方面火作为表象（即其“光”）的确消失了，而转化为另一种新的表象（即日），是故说其光入于日。在表象的层面，可以简单地说火没入日中。同理日没入月中，月没入闪电，闪电没入风。风即宇宙元气、大梵。是故诸神皆没入元气，即归宿于其自身的实质。然后它们又可从这实质中重新生出。其重生的次序，应当与没入的次序相反，即由风生闪电，由闪电生月，由月生日，由日生火。因此，自然界的万物之间，是一个循环转化的关系。此说可视为印度教的宇宙轮回观念的始祖。其次，大梵在个体生命层面，显现为语言、呼吸诸根（各种生理机能，亦称为神），并随后者的消失而死去。其以为人的语言、眼、耳、意等生命功能，当其活动之时，乃是元气梵的显现（光）。当人处在睡眠中，诸根伏灭，实际上是诸根没入作为其根源的元气之中。其没入的次序是，语言入于眼，眼入耳，耳入意，意入元气。当人醒来时，诸根又依相反的次

---

① 此南、北二山，即印度南方的频陀山（Vindhya）和北方的喜马拉雅山（Himālaya）。

序从元气中重生。考史多启在这里提出的诸种生命机能相互转化的理论，可以视为数论的自性转变论和佛教的十二支缘起论的最早先驱。由于早期奥义书缺乏形上学的语言，故其论及事物的形上学关联，亦必使用宇宙论乃至神话的语言。这也是哲学在其童年时期常有的情况。考史多启的说法亦是如此，其所谓诸神之没入（daiva parimara）元气，似乎完全是一个感性的、发生在宇宙时间和空间中的事件，但它实际上意味着诸神以元气为归宿、依止或基础，因而包含形上学的维度。诸神与元气，是表象与实质、本与末、体与用的关系。

然而考史多启此说，大体内容亦是婆罗门传统早已具有的。首先对于诸神与风、诸根与元气的本末关系，梵书与更早的奥义书思想皆多有开示。如《百道梵书》云："6 信然，彼火即是元气。因为当人睡眠时，语言入于元气，眼、意、耳等，亦入元气。当其醒时，复从元气生出。于自我如此。7 于诸神亦如此。信然语言即是火；眼即是日，意即是月，耳即诸方，而元气乃是风。8 故当火灭时，乃入于风，故人说它已灭；当日落时乃入于风，月亦如此，诸方亦建立于风；彼等复由风生出。人若知此者，命终时，乃依语言入于火，依眼入于日，依意入于月，依耳入于诸方，依元气入于风。"（Sat BrāX · 3 · 3）在《唱赞奥义书》中，莱克婆提出所谓摄尽说（Saṃvarga Vidyā），认为万有皆归宿于风与元气这两种最基本的原理。当火、日、月、水四种宇宙现象，眼、耳、意、语言四种生命机能消逝之时，皆非澌灭无余，而是没入于其所由以产生的风或元气之中（ChānIV · 3 · 1—4）。其次，考史多启学说中，诸神死于大梵周围的想象，以及依此而设诅仇敌尽死的咒术，亦是婆罗门传统中已有的。如《爱多列亚梵书》提出所谓"梵之没入"（Brāhmaṇaḥ parimara），谓闪电（Vidyut）灭入雨水（Vṛiṣṭi），雨水灭入月（Candramas），月灭入日（Aditya），日灭入火（Agni），火灭入风（Vāyu）或梵；然后诸神又按相反的次序从风中重新产生出来（Ait BrāVIII · 28）。此说主要是作为观想被包含在某种消灭仇敌的魔法中的。这种思想在《鹧鸪氏奥义书》中亦有反映（TaitIII · 10 · 4）。这种咒敌术的成分，在考史多启这里尽管已淡化，但仍然存在着。可以看出在上述说法中，考史多启学说的主要内容皆已具备了。在这里，考史多启学说的主要贡献是：第一，针对火、日、月等每一种宇宙元素，都区分出现象（光）与本质（元气、梵）两种存在，从而扬弃了梵书的存在转化论的宇宙论，具有了形上学的意蕴；第二，结合梵书传统的宇宙拟人论，将《爱多列亚梵书》中宇宙现象之间的循环转化，拓展到生命现象的领域，于是语言、眼、意、耳、元气也具有了循环转化的关系，因而使其形上学更加系统。

在个体生命层面，语言、眼、意、耳、元气等都是生命的机能，其中谁为最根本？《考史多启奥义书》说诸根、元气尝互争孰为最胜，其云（KauṣII · 14）：

复次，（诸根之）争优胜（niḥśreyasādāna）。——信然，此诸天尝共争论谁为其中最优胜者，皆离此身体而去。彼遂断气倒卧，如枯木然。于是语言入之。彼仍倒卧，而以语言言说。于是眼入之。彼仍倒卧，而以语言言说、以眼视。于是耳入之。彼仍倒卧，而以语言言说、以眼视、以耳听。于是意入之。彼仍倒卧，而以语言言说、以眼视、以耳听、以意思想。于是元气入之。彼乃起立。信然，此诸天共识元气之优胜，且进入元气或般若我（prajñātman），彼遂一齐离此身而去①。彼等遂入于风，于是变为虚空（ākāśātman），入于天界（svar）。同理，信然，其知此者，由识元气之优胜，且进入元气或般若我，乃与彼等一齐离此身而去。彼既入于风，乃变为虚空，入于天界。彼遂入众神处。既入彼处，如诸神不死，彼乃成为不死——其知此者。

梵书—奥义书普遍认为在诸生命机能中，元气是最根本的；而其对于为何后者是最根本的，都采取神话—寓言的形式予以回答。其云语言、眼等尚争论谁为最胜，然后依其中谁为生命维系最不可缺少者决定，最终答案是元气。KauṣII · 14，ChānV · 1—2，BṛihVI · 1 及 PraśII · 1—4 皆有诸根尝相互争论孰为最胜的寓言。其中 KauṣII · 14 之说比起 ChānV · 1—2 和 BṛihVI · 1，文学性的修饰较少，所以在时间上应较后二者为早。ChānV · 1—2 和 BṛihVI · 1 基本内容相同，但可能前者比后者更早一些。另外 PraśII · 1—4 的内容比 KauṣII · 14 更简单，可能其年代更早。可以看出 KauṣII · 14 和 ChānV · 1—2 的叙述模式是相反的。ChānV · 1—2 是递减的思路，其云诸根在争论中，语言、眼、耳、意一一离此身而去，而于其他诸根无损，生命仍然继续，然而当元气欲离此身出游，诸根皆自知其必无法维持，于是皆呼元气留住，称彼为最胜者。反之，KauṣII · 14 则是递增的思路，其云元气与诸根在争论中负气出走之后，语言、眼、意、耳依次进入此身体，但身体仍然僵卧不动，最终当元气进入，此身乃起立，意即重获生命。而 PraśII · 1—4 仅说诸根随元气而行、止，可以说 KauṣII · 14 和 ChānV · 1—2 皆是以此为共同思想内核的，但是依不同思路对此加以发挥，所以很可能 KauṣII · 14 和 ChānV · 1—2 都是以 PraśII · 1—4 为共同母本的。奥义书以元气为最根本的生命机能，意味着元气才是生命、自我的本质存在。

## 二、考史多启的祭祀学

早期奥义书的全部理论，都是服务于祭祀中的观想的，而祭祀的目的，无外乎祈

① 此依 B 本，依 A 本为“离此界（lokā）而去”。

福禳灾。故这些理论，无论境界多高，最终都服务于世俗的目的。往往新的世界观一旦出现，便马上被用于祈福的祭仪之中。因为人们一旦确信把握住了某种最究竟的存在，便以为对它的崇拜可以带来最大的世俗利益。

考史多启之学亦是如此。在这里，对元气的观想马上成为邀福的手段。其所开示的以元气说为基础的献祭或仪礼包括：(1) 献祭于五根与元气（般若），以求获得某种财宝。其法为，选择于新月、满月或星象吉祥的月明之夜设立祭火，洒扫地面之后，曲右膝，以勺子或木钵、铁杯献酥油于祭火。祝曰："语言神为取得者。彼其为我从某某（此处应具呈该人的姓名，下同）取得此物！敬礼语言神！气息神(prāṇa)为取得者。彼其为我从某某取得此物！敬礼气息神！眼神为取得者。彼其为我从某某取得此物！敬礼眼神！耳神为取得者。彼其为我从某某取得此物！敬礼耳神！意神为取得者。彼其为我从某某取得此物！敬礼意神！般若神(prajña)为取得者。彼其为我从某某取得此物！敬礼般若神！"(KauṣII·3) 于是嗅祭火之烟，以酥油搽身，然后此人就可前去或派人去宣称此物为自己所有。据信他此时必得此物。(2) 借诸神（诸元气）催情之法(daiva smara)，即献祭于诸元气，以求其激发某人之爱情。其仪式与前一种献祭相同。唯祝词不同。应祝曰："汝之语言且献祭于我中，汝某某（此处应说该人的名字）！敬礼！汝之气息且献祭于我中，汝某某！敬礼！……汝之意且献祭于我中，汝某某！敬礼！汝之般若且献祭于我中，汝某某！敬礼！"(KauṣII·4) 此即咒某人之全部心灵皆倾慕于我也。据信人若行此祭后，即可被某人爱恋。(3) 内在火祭(Agnihotra)或自制(sāṃyamana)之法，相传为波罗多陀设立。此祭以人的呼吸为火祭的代替物。盖火祭为婆罗门日常实行、不可废止之祭祀，而呼吸亦为日常持续、不可一时停止者，故可通过观想，将呼吸作为火祭之代替者。其法为：其一，当人说话时，就不能呼吸，此时他应观想献祭呼吸于语言中；其二，当人呼吸时，就不能说话，此时他应观想献祭语言于呼吸中。其他任何祭祀都有停止之时，唯呼吸与说话无时或止(KauṣII·5)。此法将祭祀从外在仪式之执行，转向为针对人的内在生命自身的修行，把包括每一次呼吸在内的全部生命活动作为祭品而献出，这样就使日常生活得到了升华。(4) Uktha崇拜，被归属于Śuṣkabṛiṅgāra，其人不详，且此观想以元气论为基础，故这里仍将它归属于考史多启。Uktha为须摩祭中Hotṛi祭司以吟诵形式对Udgātṛi祭司所唱之《娑摩》歌咏的呼应，内容取自《黎俱吠陀》，被等同于《黎俱》。在奥义书中，Uktha被尊为元气、梵(BṛihV·13·1)。考史多启学说以Uktha为崇拜对象。此崇拜包括：其一，敬思Uktha为《黎俱》，为《夜珠》，为《娑摩》，为至上吉祥(śrī)、至上荣华(yaśas)、至上光(tejas)。据信人若如此敬思，则其自身得至上吉祥、至上荣华、至上光。其二，敬思 Adhvaryu 祭司之自我即是 Uktha，即是祭仪（aiṣṭika）和业，即是三吠陀（大梵）、元气之自我[①]。据信人若如是敬思，则其自我乃等同于因陀罗之自我。(5) 敬拜新月以求儿长命或求生子。《考史多启奥义书》相信月亮之盈亏，是它积取、释放众生元气的结果（KauṣI · 2）。此仪式即是请求新月不要取其子孙元气，而应取仇人子孙之元气。首先若求儿长命，其法为每月当新月于西方出现时，以与下述敬拜日神相同的仪式敬拜月神，或以两片绿草叶投之。祝曰："轮廓甚美妙，吾心住天月[②]。我知此信仰，愿不为儿恙，而悲哀哭泣！"（KauṣII · 8。此依 B 本）其次若求得子，仪式与上面相同，唯应诵三句吠陀，谓："其增乎，须摩！愿生气归于汝。""愿奶、食物归于汝。""彼为日神充满之光芒……"[③] 然后应祝曰："请勿以吾等之元气，以吾等之子孙、牲畜而增；彼憎恨吾等及吾等所憎恨者，请以其元气，以其子孙、牲畜而增[④]。于是我转因陀罗之所转，我转日神之所转！"[⑤] 事毕北向站立，举右臂由西向东而转（或说以头由左向右转），以象征日神于夜间的运动；而太阳由此运动，明日又出现于东方，则可象征父亲的生命于儿子再生；故这里的象征是双重的（KauṣII · 9 开示的敬拜满月仪式，与此基本相同）。事毕与妻卧，抚摸妻子心胸，祝曰："发际优美者，汝心既置于，生主神之中[⑥]。我即以此（指妻子之心）祈，永恒之女王，其不遇儿恙！"[⑦] 据信若行此礼，则她的儿子不会夭折。(6) 父、子传受礼（pitā-putrīya saṂpradāna），即父亲临终时传其元气于儿子之仪。其法为父亲感觉其将死，乃遣召其子，然后撒草于地，设祭火，置一碟、一水盆于其侧，着净衣，卧候其子。其子既来，或面对其父而坐，或躺卧父亲之上，其肢体、器官皆与父亲一一对应相触。于是父亲祝曰："吾将置我语言于汝！"儿子对曰："吾受汝语言于我。""吾将置我气息于汝！"儿子对曰："吾受汝气息于我。""吾将置我眼于汝！"儿子对曰："吾受汝眼于我。""吾将置我耳于汝！"

---

① 婆罗门教要求祭司应如是修学，以至其自我（或内在精神）完全由三吠陀构成：Adhvaryu 祭司由《夜珠》构成，Hotṛi 祭司由《黎俱》构成，Udgātṛi 祭司由《娑摩》构成。在此基础上，此则奥义书说 Adhvaryu 祭司之自我即是祭仪和业，他依此自我而编《夜珠》，Hotṛi 祭司依《夜珠》之内容而编《黎俱》，Udgātṛi 祭司依《黎俱》之内容而编《娑摩》（KauṣII · 6）。

② 此处以日、月暗指夫妻。梵文"susiman hṛdayam"，此处解为"轮廓甚美妙之心"，以月为吾心，示其亲也。此处赞月亮之轮廓甚美。或以为此中"susiman"应是"susīme"，谓"发际优美者"，即指妻子（下文对 KauṣII · 10 中相应一偈的翻译乃从此解）。

③ 此三句咒分别见于：ṚVI · 91 · 16（ṚVIX · 31 · 4），ṚVI · 91 · 18；AVVII · 81 · 6。

④ 以上祝词的基本内容取自 AVVII · 81 · 5。

⑤ KauṣII · 8。"转因陀罗之所转……"即以手臂向东而转，盖印人以为因陀罗、日神，于夜间由西方转向东方，故以此手臂动作象征此二神之运动。

⑥ 生主神（Prajāpati），即生育万物者，故在此与妻子的生育力联系起来。

⑦ KauṣII · 10（依 B 本），与 KauṣII · 8 的偈颂呼应。

儿子对曰："吾受汝耳于我。""吾将置我味于汝！"儿子对曰："吾受汝味于我。""吾将置我业于汝！"儿子对曰："吾受汝业于我。""吾将置我苦乐于汝！"儿子对曰："吾受汝苦乐于我。""吾将置我喜（指性快感）、乐、生殖于汝！"儿子对曰："吾受汝喜、乐、生殖于我。""吾将置我行走于汝！"儿子对曰："吾受汝行走于我。""吾将置我意于汝！"儿子对曰："吾受汝意于我。""吾将置我识于汝！"儿子对曰："吾受汝识于我。"（KauṣII · 15）如果父亲已无力说话太多，可唯祝曰："吾将置我诸元气于汝！"儿子对曰："吾受汝诸元气于我。"然后，儿子右转，东向而去。父亲在其后呼曰："愿荣华（yaśas）、梵光（brahma-varcasa）、令誉充满于汝！"儿子乃转头于左肩视父，以手或衣角掩面，曰："汝其得天界与诸欲！"。倘若行此仪礼之后，此父亲竟然病愈，将从其子而活，或游方乞食，尽其余生。此种仪礼当然以考史多启对元气的阐释为基础。它反映了奥义书中与轮回说相对的另一种生命观念，即生命是传承于祖先的观念。

另外，考史多启开示的祭祀和仪礼中，有些也与元气说无实质关联。这包括：（1）敬拜日神以祛罪恶。其法为于太阳初升时，佩上祭绳（yajñopavītaṁ），取水，洒水三次于杯，祝曰："汝为移去者（varga），请移去我之罪！"复于日中、日暮，仍以同样仪式祝之（KauṣII · 7）。据信人若依此敬事太阳，则太阳移去其一切罪恶。此种祭礼实质上属于吠陀的自然崇拜，可能是考史多启学说之传承于远古者。（2）父亲久别后对儿子的问候礼。若父亲外出，其回家后应吻其儿子之头，祝曰："从吾肢体来，由吾心而生！信然，吾爱儿！汝即吾自我。汝其寿百岁，某某！"于是念儿子名字。再祝："如石亦如斧，如不坏之金！信然汝即光，汝其寿百岁，吾儿某某！"于是念儿子名字。然后拥抱其子，曰："如生主拥抱万物，为保全之，如是我拥抱你，某某！"于是念其子之名。然后对其右耳低语："哦！摩伽梵，请施与他，如激流……"[①]于是对其左耳低语："哦！因陀罗，请施与他最胜资财！"[②]然后祝曰："其勿被割断[③]！勿恼！应寿百岁。我儿，我念你名，吻你头，某某！"于是吻其头三次。再祝："如母牛于牛犊上低鸣，我亦于汝头上低鸣。"于是在其头上模仿母牛的声音作三次低鸣（KauṣII · 11）。此仪式的目的亦是保儿子长命。

自由内在的自身绝对化要求决定它必然转化为精神，即对觉性自身存在的自主设定，后者先行预设了省思对这自身存在的意识，而这自身存在就是作为一切存在基础的普遍性、实质或本质，故自由推动省思的普遍实质、本质观念之形成。然而由

① 此句取自 ṚVIII · 36 · 10。Maghavan 为因陀罗的称号，意为"善施者"。

② 此句取自 ṚVII · 21 · 6。

③ 谓儿子生命被断绝，或家庭血缘被割断，可能前者意思更恰当。

于直接意识呈现的现存自然，对于现实的觉性始终是最醒目、最直接、最易上手的，因而精神在其初期，总是把这现存的自然当成唯一的实在，它总是从这自然的角度理解存有的实质、本质，因而后者只能呈现为一种现存的自然实质或本质。耆跋厘和优陀罗羯代表的早期奥义书实质论和本质论，就属于这一精神阶段。这种思想把某种感性的实质或抽象本质作为世界的本原及自我的真理，而这实质或本质仍然被理解为一种现存的自然物。在这里，反省思维完全停留在一种物化的自我理解，完全没有深入到自我的内在存在中。

然而，自然中的任何现存东西都只是自我的标记，所以它们是自我的最外在存在。自我的内在存在或本质，首先应当是生命、运动（一切现存的、无生命的东西都处在生命流程之中且为了生命的目的而呈现出来并以生命为其意义根源，所以说生命是无生命东西之真正本质）。因此，在自由的推动下，精神作为对觉性自身存在的自主设定必然向内指向觉性的生命本身，转化成为对这生命或自主活动本身的意识和设定，由此实现为某种内在的自由。这必然导致精神反省的内在化。盖自由本有的自身绝对化意志表现为它在现实层面将自身自主设定绝对内在化的冲动。后者促使精神的自舍与自反势用展开积极活动，推动精神反省的内在化。在这自由推动之下，精神必然否定原先外在的、物化的现存自我观念，进一步揭示自我的内在本质；这内在本质首先就是生命、主体性。

在奥义书思想中，茶跋拉与考史多启的元气论的产生，就验证了上述精神发展。元气论代表了奥义书最早的生命意识。在这里，元气、生命的存在被绝对化，被理解为一切现存存在的根源、本质和真理，因而成为觉性的自我维持的对象。为实现生命的维护和提升，人应通过祭祀、仪礼和对元气的调理、敬思，以完成生命修为。其中如 KauṣII · 5 的内在火祭或自制（sāṃyamana）之法，以人的呼吸为火祭的代替物，把每一次呼吸乃至全部生命活动作为祭品而献出，此即使全部日常生活成为修道的内容。此法实际上是将外在的祭祀仪式转化为针对人的内在生命自身的修行，而这修行的目的完全在于这生命自身的完善，所以在这里，精神从祭祀的转化为伦理的。

元气论表明奥义书的知性省思把原先的宇宙论本质转化为自我内在的生命、主体性，因而这知性省思实现了内向化。它表现了一种朴素的主体性反省。这表明奥义书的精神实现了一种对于自我的生命本身的自主设定，即一种主体性的自由或伦理的自由。这种主体性反省对外在、物化的宇宙之我的否定，对自我内在的生命、主体性的确认，验证了精神的自舍与自反势用的辩证运动，它就是在这二者的交互推动下形成。而这二者只有在自由本身的呼唤、促动之下才会展开为积极的活动。因此奥义书的精神反省向内向知性省思的深化，最终是精神本有的自由推动的结果。

然而人类精神在其童年时期，总是无法脱离自然的支撑，而独立行进于纯粹省思的领域。对于它而言，自然仍然是唯一的实在，所以，正如早期的实质论奥义书是从自然的角度理解存有的实质，奥义书最早的元气论，也是从自然的角度理解生命。其中，所谓主体性反省也仍然是一种自然反省。在这里，生命作为绝对运动被理解为自然的生生之流。元气就是一切在时间中转变的事物的全体。然克实言之，这种宇宙之流只是生命运动的映像，而非生命本身。尽管精神在其童年把这种自然的生命和运动当作静止、现存东西的内在本质，但其实这自然生命既不内在，亦非本质。盖绝对的生命、存在就是觉性。觉性生命的真实内在性不在于外在自然的层面，而是指意识、思想的活动；而觉性的真正本质则属于存在的超越领域（自然精神所谓本质只是一种自然本质）。因而伦理精神对这生命、元气的自主设定，皆仍属于自然的省思，仍是一种自然的自由。如果说在奥义书的精神中，本质论的自由只是把握住了生命的标记，那么伦理的自由则把握了生命的映像，它们都没有实现为对觉性的真实本质的自主设定，还不是精神的真正内在、本质的自由。

## 第三节　爱多列亚

爱多列亚之说，主要见于《爱多列亚奥义书》，后者属于《爱多列亚森林书》。根据《爱多列亚森林书》，爱多列亚的全名是摩蚁陀娑・爱多列亚（Mahīdāsa Aitareya）。娑衍那（Sāyaṇa）在其《爱多列亚梵书注》序中说其父为婆罗门之大圣者，妻室众多。其中有一位叫蚁多罗（Itarā），即爱多列亚之母（Aitareya 即“Itarā 之子”的意思）。据说摩蚁陀娑幼时受其父冷遇，倍感痛苦。其母怜子之苦，乃求诸地神。于是地神在其父的祭祀中显灵，当着众人赐予摩蚁陀娑宝座，宣称他才是众多兄弟中智慧殊胜者，并出于慈悲，将四十卷的《爱多列亚梵书》及五编《爱多列亚森林书》（作为另一部梵书）在他心中启示出来。然而据娑衍那所述，此处启示的《森林书》实际上只包括 Ait ĀraI・1・1・1—III・2・6・9 的内容。现存的《爱多列亚森林书》第4、5编不包括在内，这两编应是后来误被加入的①；它们应属于修多罗（sūtra：经，为人类创作，不具神圣性）而非室鲁谛（sruti：天启文学，为历劫不毁的永恒存在，对仙圣启示出来，特指吠陀文献）。其作者分别被认为是马行（Āśvālāyana）和首那伽（Śaunaka）两位吠陀仙圣。此外《爱多列亚森林书》第1编，完全是祭仪的说明，实应归诸梵书。第2编1—3节是真正的森林书，即旨在以观想代替在丛林中不可能

① Paul Deussen, *Sechzig Upaniṣaden des Veda*, F.A.Brockhaus Leipzig 1921.8.

实行的祭祀。其内容在《考史多启奥义书》中重现，由于其将吠陀圣吟（Uktham）等同于元气或补鲁沙，这就与奥义书衔接起来，故马克斯·缪勒在其奥义书译本中将其一并译出。但其中与奥义书相关的思想极不清晰，内容芜杂，故商羯罗将它排除在奥义书之外，杜伊森的译本依之。第3编为对梵语的字符及其联结的神秘意义的思考，内容亦极芜杂，故学者们亦将其排除在奥义书之外。

严格意义上的《爱多列亚奥义书》，只包括其森林书的第2编4—6节，其第1、2、3章，分别为森林书的第2编4、5、6节。此奥义书先在第1章讲宇宙原人由自我生出，以及由自我生诸神，然后形成人；再于第2章讲人的自我通过生殖而延续；最后于第3章阐明何为这自我的实质。从外在形式上看，这三章构成一逻辑的整体，然而就内容而论，则思想差距极大，不可能是一家之言。其第1章的思想基本与梵书的元气论和宇宙拟人论一致；第2章的基本内容是阐明生命通过生殖活动得以延续，思想相当幼稚；第3章则开示一种绝对的唯心本体论，属于奥义书最成熟思想之列，这种唯心论与前两章的思想反差极大，在前两章中不见其踪影，因此它肯定是后来的作者添加的，并不代表爱多列亚学派的思想①，但我们仍将其义阐述于后，以备考索。

## 一、宇宙的发生

《爱多列亚奥义书》说创世，实有四次创造：首先是自我生出汽、光、死、水四界；其次，自我由水造出宇宙原人（Virāṭ Puruṣa），然后为其开八处（对应于人之八窍），由此生八根（身心机能），由后者生八神（自然存在）；再次，自我为让诸根、诸神平息其饥渴，复由水中造一人，使彼等各入其处而得食；最后，自我再次从水中生食，为诸根受用。此奥义书的存在发生模式，亦即由至上神生原人，原人的诸根生各种宇宙要素，后者再变为人的诸根进入人之诸窍，然后至上神进入人之中为其主宰，也是梵书和早期奥义书中司空见惯的理路。正如杜伊森指出，这种从宇宙原人生八处、八根、八神的图式最终渊源于《黎俱吠陀》原人歌（ṚVX·90）中众神以原人为牺牲创造世界之说②。AitaI·1·1—2·5云：

1·1 信然，于初此（idam，指现在世界）只是自我，唯一无二——无任何其他瞬目者。彼自思维："我其创造诸界！"2 彼遂创造此诸界：汽（ambhas）③、

---

① Max Mueller, *Introduction to Upaniṣads I*, The Clarendon Press, Oxford 1879. XcIII.

② Paul Deussen, *Sechzig Upaniṣaden des Veda*, F.A.Brockhaus Leipzig 1921.14.

③ ambhas 意即水，此处指在天上之水，考虑到后面有 ap 亦指水，故此处译之为汽。商羯罗释云："尽管诸界由五大构成，然而以其中水大增上，故以水名之。"

光（marīci）、死（mara）、水（ap）。彼在天之上者，为汽，天为其依处。光即中间（antarikṣa）界。死即地界①。其以下为水界。3 彼自思曰："此即诸界矣。我其创造诸界之守护者！"于是彼由水中取出一人且赋予其形。4 彼遂于其人之上苦行。其人受如是苦行矣，其口遂开如卵形。由口中生语言②，由语言生火。其鼻孔遂开。由鼻孔中生呼吸，由呼吸生风。其眼遂开。由眼生视（cakṣus），由视生日。其耳遂开。由耳生听（śrotra），由听生诸方。其皮遂开。由皮生毛发，由毛发生草木。其心遂开。由心生末那，由末那生月。其脐遂开。由脐生下气（apāna）③。由下气生死（mṛtyu）。其生殖根遂开。由生殖根生精液。由精液生水。2·1 此诸神被创造矣，乃坠于无尽汹涌大洋（arṇava）之中。于是彼置此（诸神）于饥、渴。彼等（诸神）语之曰："请为吾等寻一住处，使吾等安住且得食。"2 彼牵一牛于彼等。彼等曰："如实，此不能满足我等所愿。"彼牵一马于彼等。彼等曰："如实，此不能满足我等所愿。"3 彼牵一人于彼等。彼等曰："噫！善成（sukṛta）！"——信然，人为善成。彼告之曰："汝等其各入其处（āyatana）。"4 火变为语言，进入口。风变为呼吸，进入鼻孔。日变为视，进入眼。诸方变为听，进入耳。草木变为毛发，进入皮。月变为意，进入心。死变为下气，进入脐。水变为精液，进入生殖根。5 饥、渴亦语之曰："亦请为吾得寻（一住处）。"彼告二者曰："我派汝二者入于彼等，汝其与彼等共享。"是故无论献祭于何神，饥渴皆与之共享。

首先，是自我生出（asṛjata）汽、光、死、水四界。自我从自身体内流溢出此四者。此奥义书由汽、光、死、水组成的宇宙观极为朴拙，属于奥义书最初级的思维层面。其中汽与水界存在重复（这也表明其思维之幼稚）；其以为大地浮在水上，乃是晚期吠陀和梵书时代的世界图景；其汽、光、死、水四界说，可能表明奥义书中更典型的宇宙天、空、地三界的模型，当时尚未定型；中间界被说为光，表明作者尚不知有"虚空"（akāśa）的观念（奥义书一般以中间界为虚空）。这些意味着 AitaI·1·2 的内容属奥义书中极为古老的年代层，奥义书许多后来通常的说法皆未定型。它开示的宇宙结构论，幼稚粗陋，应当归入原始思维的范畴。

其次，自我由水造出宇宙原人（Virāṭ Puruṣa），然后使其开八处，由此生八根，由

① 地被称之为死，因为凡地上之物皆有死。

② 直译应为"语言从口中生出"，以下悉皆准此。

③ 此奥义书以下气指消食之气，其他奥义书一般以 samāna 指消食气，而以下气指司排泄、生殖的下行之气（PraśIII·5）。

后者生八神。其中至上神由水中造原人，以及自我于原人之上苦行使其发育，皆为梵书中常见的寓言。八处（āyatana）谓口、鼻、眼、耳、皮、心、脐、生殖根八种身体器官。由此八处生八根（indriya）或八种生命机能，即语言、呼吸、视、听、毛发、意、下气、精液（其中毛发、精液被归属于根，当属思维幼稚，对感官与功能的区分不清所致），与前面的八处一一对应。八处是八根的居处及实现其作用的工具。I·1 谓自我于原人之上苦行（tap：热、发热、烤、苦行），原人受如是苦行矣，遂开八窍，于中生八根。此说乃取譬于鸟类的孵化，喻原人如卵，自我于其上暖之，使原人发育，彼遂开八窍，窍中出八根。接着是八神，即组成宇宙的火、风、日、诸方、草木、月、死、水八种元素，由各自相应的根中生出。这也是继承了吠陀和梵书中宇宙与人的同构论。宇宙被认为是一个巨大的人体，每一种宇宙元素皆与人体的某种机能对应且实质上等同。比如，火被认为与语言实质上相同，因而它是从后者生出；同样风与呼吸、视与日、听与诸方、草木与毛发、月与意、死与下气、水与精液皆为同一，故皆一一由相应的根生出（八处、八根、八神的对应关系见下文的表格）。整个由原人生出宇宙的图式，带有原始洪荒时代的思维特点①。

再次，诸神既由宇宙原人中生出，都处在生灭相续之中，受饥渴之苦，自我乃由水中造一人，使彼等各入其处而得食。此奥义书关于诸神的存在状态，有两点说明：(1) 诸神既生矣，即跌入水中，这实际上意指诸神皆陷于生灭相续。I·2·1 中“arṇavap”原义为运动、骚动、澎湃、波、大洋。大洋譬喻生灭之相续，如印度传统每称生灭为相续海（saṃsārārṇave, saṃsāra-samudre）②。诸神坠于无尽汹涌大洋，谓彼等仍不离生死、无常（如释氏亦云诸天仍受轮回之苦），而不得恒住的彼

① 这个图式在许多原始文化中都有对应物。比如中土神话就有说盘古死后，其双目变日月、血变江河、骨变群山、毛发变草木，而百兽人类为其发中虮蚤。一些现代原始民族仍有类似观念。

然而，印度传统的注释家，往往立足于一种纯粹的精神本体论释之，典型的如商羯罗《爱氏奥义书注》即联系晚期奥义书的自我四位说来解释这一过程，其云：“于初，唯有独一之自我，无二无对，无执受、身，无世界，寂静一味、无为无欲，言语道断、心行路绝，故唯依遮诠得知。其次，此自我转化为全知之大自在；后者以最清净之识为身，并使无分化的宇宙原卵，或宇宙幻相开始活动，它被说为内在主宰，从内部推动一切事物的运动。再次，此自我转化为金卵，即妄执自身为作为生灭世界种子之心识者。复次，此自我转化为具有最初色身者，即生主、毗罗等。最后，此自我转化为具有可见的火等形相的阿耆尼和其他诸神。如是，梵通过执受不同之身份，而具有或此或彼之名色，或至尊如最高神梵天，或至贱如一株野草。”（Gough, A.E, *The Philosophy of the Upaniṣads and Ancient Indian Metaphysics*, Kegan Paul, Trench, Truebner, &CO. LTD, London 1891.55—56）这反映了传统注家常有的历史意识丧失。

② 商羯罗释曰，人生不能满足之欲望，如大海水；世间诸苦，如海中鳄；由相续之此岸到寂静之彼岸，亦如大洋之难渡；而人渡生死海，亦必由海上智慧之舟。

岸。(2) 诸神受饥、渴煎熬，于是欲求其安住处，且欲由此进食以避开饥、渴，这实际上意指诸神受欲望驱使，而要求受用外境（饥渴泛指促使诸根活动的欲望）。为什么诸神，即火、风、日等自然元素，还有欲望？这是因为诸神本质上与人的诸根同一且为后者主宰。梵语“devata”（神）的字面义即照明，乃指居于诸根，首先是宇宙原人的诸根中之觉照者，诸根依此感知或（用印度哲学的术语）受用（bhuj：食用、享受、占有、缘取）外境（所谓诸根之得食，即了别自境之义）。此所谓诸神之饥渴，意指诸神、诸根受用外境的本能欲望。奥义书说自我非单独为饥、渴寻一住处，而是派此二者寄寓于诸神，意味着诸神恒受欲望煎熬，且为满足欲望而活动。为满足其各自欲望，诸神必须各自求得其住处（āyatana），即人体之器官（八窍），以之为受用之具。

奥义书说在这里，至上神乃选择牛、马等，最后选择人，赐与诸神以为居处。众神遂分别转化为八根，进入八处，以受用外境。诸神进入人的次第，与其由原人产生的次第相反，谓火变为语言进入口，风变为呼吸进入鼻，日变为视入眼，诸方变为听入耳，草木变为毛发入皮，月变为意入心，死变为下气入脐，水变为精液入生殖根。八神为八根之普遍实质，且推动八根之活动。诸根之活动全赖其中诸神之功，如鼻因风而生嗅、眼因日光而生视等等（八根中毛发、精液不属于生命功能，反映了作者的概念模糊）。八处、八根、八神的对应关系可图示如下：

| 八处 | 八根 | 八神 |
| --- | --- | --- |
| 口 | 语言 | 火 |
| 鼻孔 | 嗅 | 风 |
| 眼 | 视 | 日 |
| 耳 | 听 | 虚空 |
| 皮 | 毛发（触） | 植物 |
| 心 | 意 | 月 |
| 脐 | 下气 | 死 |
| 生殖根 | 精液（繁殖） | 水 |

根据《爱多列亚奥义书》，欲望在世界生成中起着关键作用。(1) I·1·1 仍然沿袭了梵书和早期奥义书中通常的至上神因意志、欲望创世的观念。ṚVX·129；AVIX·2·19,23；Sat BrāII·5·1·1；ChānVI·2·2—4；BṛihI·4·1 等皆涉及此种观念。《爱多列亚奥义书》在这里是沿用陈说（尽管这自我的创世愿望没有被与饥渴等同）。(2) 更有深意的是，此奥义书认为是欲望促使诸神从混沌不分的境界中脱离，各住其处，各取其境，最终导致多元境界之升起。而在饥渴产生之前，诸根共

住于宇宙原人之中，且以同一宇宙原人为境，而不加分别，故没有多样、差别的境界。多元性乃是在饥渴逼迫之下呈现出来。然而正如 Swami Sivananda 所说，饥渴唯属于相续的生命，而自我则无饥渴①。

BṛihIII · 9 · 10—17 中，耶若婆佉所谓八有（Puruṣa）、八处（āyatanam）、八界（loka）、八神（deva）之同构说，显然与爱多列亚的上述说法有关。若将二者比较，耶若婆佉的说法尽管看似更复杂，但内容更混乱、随意，缺乏逻辑，而爱多列亚的说法在逻辑上更清晰，因而可能二者来自一共同文本，耶若婆佉对其进一步敷衍增饰，而爱多列亚之说则对其进行了较多的逻辑归纳。

最后，自我再次从水中生食，为诸根受用。此为 AitaI · 3 所开示。其云（AitaI · 3 · 1—14）：

> 1 彼自思曰："此有诸界与诸界守护者矣。我其为彼等创造食物。" 2 彼苦行于诸水之上。当彼等被施苦行，有形物（mūrti）由其中产生。信然，彼所生之形物，彼即是食。3 彼既被造矣，乃欲逃离。彼欲以语言捉之。彼不能以语言捉之。若彼诚能以语言捉之，则人仅由言说食物即可得满足矣。4 彼欲以呼吸捉之。彼不能以呼吸捉之。若彼诚能以呼吸捉之，则人仅由对食物吹气即可得满足矣。5 彼欲以视捉之。彼不能以视捉之。若彼诚能以视捉之，则人仅因看见食物即可得满足矣。6 彼欲以听捉之。彼不能以听捉之。若彼诚能以听捉之，则人仅由听到食物即可得满足矣。7 彼欲以皮捉之。彼不能以皮捉之。若彼诚能以皮捉之，则人仅因触食物即可得满足矣。8 彼欲以意捉之。彼不能以意捉之。若彼诚能以意捉之，则人仅由想到即可得满足矣。9 彼欲以生殖根捉之。彼不能以生殖根捉之。若彼诚能以生殖根捉之，则人仅因生出（visṛjya）即可得满足矣。10 彼欲以下气（apāna，消食气）捉之。彼遂得之。风（vāyu）即是得食者（āvayat）。信然，此依食为生者（annāyu），即风所是也。11 彼（自我）自思曰："此物若无我则何以存？"彼自思曰："我由何进入？"彼自思曰："若依语言而有言说，依上气而有入息，依眼而有见，依耳而有闻，依皮而有触，依意而有思想，依下气而有出息，依生殖根而生育，则我为谁何？" 12 于是，彼分开（头顶之）发际（sīman），由此门而入。此门即名颅缝（vidṛti）。彼即喜乐（nāndana）。彼有三住处，有三睡眠位（醒位、梦位、熟眠位）②。此即一住处（醒位住于眼）。此即一住处（梦

① Swami Sivananda, *The Principal Upaniṣads*, coment on AitaI · 2, Divine Life Society 1942.

② 醒位、梦位、熟眠位皆被称为睡眠位，可能指凡夫心较之究竟觉悟而言，皆属沉睡状态。

位住于意)。此即一住处(熟眠位住于心中虚空)①。13 彼既出生矣②,乃环顾诸有(bhūta):"于此何者可声称为异于我?"彼见此人为遍满之大梵③。彼曰:"我见之矣(idam adarśa)。"14 是故其名为 Idaṁ-dra(彼见者)。信然,Idaṁ-dra 即为其名。而众人以 Indra(因陀罗)暗指 Idaṁ-dra,诸神皆好讳名故,如其所是。诸神皆好讳名故,如其所是。

此处自我亦是因为苦行于诸水之上,而生有形物(mūrti:有形状、有表象之物,固体物),彼即是食。这是自我(继造出宇宙原人、人之后)第三次以水为创造的原料。这原初之水,指的就是万物产生以前的混沌无相境界,故诸根无法缘取。自我赋予此无相者以行相,使其得以被感知、受用。§3—10 试图借助神话的方式,表明何以唯下气可得食。其云当自我创造食物矣,为饥渴煎熬之诸根,乃试图各以其自力取食。语言、视、听等皆不得,唯下气得之,下气即消食之气(其他奥义书说消食为腹气)。在早期奥义书中,经常可以见到这类自以为深刻、独到,其实很幼稚、平庸的说明。

自我在创造出世界万物以及人之后,意识到尽管有诸天入内,人若无自我、灵魂,则仍不能生存,于是自我再次进入创造物中。在梵书和早期奥义书思想中,至上神创造世界之后又重新进入世界之中,乃为陈说。甚至认为至上神要三次进入世界:其一,是彼创造原初之水已,乃化为金卵(世界胚胎)进入水中;其二,是当此金卵分化出地、水、火、风等界,至上神复进入地、水、火等中,使后者进一步分化、组合,生成名色;其三是至上神创造出人体后,再进入其中,成为其灵魂(jivātma,命我)(ChānVI · 3 · 2—3., etc)。《爱多列亚奥义书》只说到第三,即自我进入人的色身,为其内在主宰。其云自我由人头顶发际的"梵窍"(vidṛti,或曰 brahma-randhra,位于头顶颅骨的弥合处)进入(其于人死时亦由此窍逸出)。为什么人若无自我就不能生存?按照梵书、奥义书的说法,因为自我乃是究竟的主宰者,它支配、调节诸根之作用(AVXI · 4 · 1;Sat BrāX · 3 · 3 · 6—8;BṛihVI · 3;PraśIII · 4 说自我支配、统治诸根);按照后来数论、吠檀多派的解释,因为自我是世界、诸根存在、活动的归宿、目的。

这里当自我看见诸根各司其职时发出的疑问"我为谁何?"意味着一种本质反省

---

① 此依商羯罗释。商羯罗又云此三住处亦可能指父身、母腹、己身。Sāyaṇa 和 Ānandagiri 释三住分别为右眼、喉、心。

② 谓自我已进入人身。

③ "遍满之大梵",梵本为 Brahma-tatama(确然是大梵),然此处当为 Brahma-tatatama(遍满之大梵)。

的出现。盖自我的本质乃是觉性超越经验的生理、心理活动的纯粹存在。作者在列举出语言、视、听、触、想等之后，勿问“我为谁何”，表明他认为我是这些经验心理活动不同的东西。但到底什么是这东西的实质，《爱多列亚奥义书》第1、2章皆未说明，第3章将它说为绝对意识，但此章应视为后来作者添加，不属于爱氏思想。此问题的答案，应当在《爱多列亚森林书》II・1—3中寻找，后者明确阐明了梵就是一种生命元气，此种元气遍满万物，为其本质，而且不断流转成形。所以爱多列亚学派的根本思想就是元气论。

AitaI・3・12云自我于人中“有三住处，有三睡眠位”，意义不明。依商羯罗释，此三睡眠位指自我的醒位、梦位、熟眠位三种心理状态。三住处，谓眼、意、心中虚空，自我于醒位住于眼，于梦位住于意，于熟眠位住于心中虚空①。醒位、梦位、熟眠位皆被称为睡眠位，可能指凡夫心较之究竟觉悟而言，皆属沉睡状态。§12结尾三次重复“此即一住处”，其中“此”分别指眼、意、心中虚空，即自我之住处。不过这种解释从文本本身而言，缺乏充分的根据。

自我既入于人，乃环视是否有异于它自身者。结果它所见者唯有自我，于一切物中皆唯见自我故。尽管它以诸根，见无限多样之境，然而此一切境，皆无非自我。自我即是遍满一切、而为其实质之大梵。因而在这里是自我见于自我，是谓自证（ātma-boddha）。于是此内在于人之我，乃为见者（Idaṁ-dra）。盖人中有我，境中亦有我（反之，我中有境，我中亦有人），人之触境，乃人中之我，借助诸根，见境中之我。故人由境见我，如揽镜自照。斯诚为后世吠檀多与佛学心、境交融说之滥觞也。

## 二、爱多列亚的生命思考

爱多列亚学派对自我的超越的理解，并不是很明确或彻底。《爱多列亚奥义书》所谓三生说，以为父亲的自我进入儿子，乃是把自我与承担生命相续的元气等同了；《爱多列亚森林书》II・1—3则明确以为梵就是一种生命元气，元气生生不息，不断转化，产生出客观事物和人的心理活动，这元气仍然是自然的。

对于森林书第2编的三部分内容，商羯罗评论道：“求智者有三类种姓。其最胜种姓已厌离世间，心注一境，意在当下得顿解脱。于彼等应授以Ait ĀraII・4—6（即《爱多列亚奥义书》）开示之梵智。中间种姓愿通过金卵界（Hiraṇyagarbha）得渐解脱。

① 商羯罗又云此三住处亦可能指父身、母腹、已身。Sāyaṇa和Ānandagiri释三住分别为右眼、喉、心。

于彼等应授以 Ait ĀrII·1—3 开示之元气正智与敬思。最劣种姓于顿、渐皆不希求，唯乐得子嗣牲畜。于彼等应授以对吠陀之敬思，如第 3 编森林书所开示。彼等执着于圣典文字，故无法得元气或梵之智”。“吾等最初级之职责，在于实行祭祀，如吠陀初分即本集（Samhitās）与梵书（Brāhmaṇas）以及森林书（Āranyakas）之部分所明者。对正智的希求，乃随之生起，彼唯由得心一境性（ekāgratā）而满足。为得此心一境性，当行敬思与禅定，如森林书 II 所开示。”① 故森林书 II 的内容是开示一种敬思，其中主要的 II·1—3 开示元气敬思，而 II·4—6 在我们看来，基本内容仍属元气敬思。奥义书的敬思有两种，即梵敬思（brahmopāsana）与相敬思（pratīkopāsana）。前者为直接敬思大梵之功德；后者为敬思某种世间东西为梵，以此收摄内心，排除外扰。此类作为大梵影像的世间东西，又分为两种，即属祭祀的与不属祭祀的。同梵书和奥义书最早期的思想一样，《爱多列亚森林书》第 1 编所开示的敬思属于前者，即敬思某一吠陀颂诗或其中某一词语、音素为日、月、天等；然后于第 2 编过渡为对元气梵的敬思。故爱多列亚学派思想的基础是一种元气论，即自然的生命论。兹阐明其生命思考为以下几点：

**（一）元气作为梵**

Ait ĀraII·1—3 认为自我、梵就是生命，或元气（Prāṇa）②。其云：

> 彼元气即是真如（sattyam），因为 sat 是元气，ti 是食，yam 是日③。此即三重。人若知云何真理为真理者，纵其将诳语，而其所说亦为真理。④ 我即是元气，汝亦是元气，一切皆是元气。元气照耀如日，而我作为元气，遍满一切处。⑤

生命元气就是梵。这元气创生一切，而且是恒处运动、永无休止的（Ait ĀraII·1·6—7）。元气无定形、无表相，但却是有形体、有表相的躯体的内在主宰，是它们运动、感知、领受的原因，是自我的本质。

首先，元气是万有真理、依持、胎藏。一方面，爱氏以为，世间万有皆为元气包容，且依止于元气：“元气包容一切。元气作为大，为虚空依止。元气作为大，既为此虚

---

① 转引自：Mueller, Max（trans）, *The Upaniṣads I*, The Clarendon Press, Oxford 1879.200, 201.

② 此处涉及《爱多列亚森林书》（Aitareya Āranyakas，略写为 Ait Āra），皆引自 Muller, *The Upaniṣads I*。

③ 此处为文字游戏，将“sattyam”分为“sat-ti-yam”。

④ Ait ĀraII·1·5·5.

⑤ Ait ĀraII·2·3·4.

空依止，是以人应知其为一切依止，以至虫蚁”。(Ait ĀraII · 1 · 6 · 12,13) 另一方面，爱氏沿袭梵书的陈说，以为作为原人、生主，元气生成全世界，包括外在的宇宙和人的内在生命。在 AitaII · 1 · 7 中，作为元气的拟人化，原人由其语言产生地和火，由地生草木，而火使之生长，故凡地与火所届，皆属于元气；从其呼吸生空和风；从其眼生天和日，天为其生雨水、食物，日为其生光；从其耳生四方和月；从其意生水和婆楼那界。故凡是地、火、空、风、天、日、四方、月、水所及的世界，皆是生命元气所生，皆属于此元气。故元气即是世界，“彼即是生命，即是气息；即是有与非有。诸神敬其为有，是以强盛。阿修罗敬其为非有，是以衰败”(Ait ĀraII · 1 · 8 · 5—7)。元气既生成世界矣，又置自身于一切存在者之中 (II · 2 · 1 · 2)，并作为一切存在的个别本质和自我，而从内部支配事物的活动。

其次，处于每个人心腔中的生命元气，就是他的命我 (Jivātman) 或灵魂。命我无形，无形故无碍，而恒处流转、运动。无形的命我从所有方面被肢体包围，并且把后者当作运动的工具。自我位于肢体中间，正如呼吸位于视、听、语、意中间，太阳位于天、地、水、风中间 (Ait ĀraII · 3 · 5 · 9—10)，如君临众臣。爱氏认为人的所有生命机能，包括语言、视、听、意、气息五根，入气、出气、水气、腹气、通气五气，都是元气的表现、方面，是从它衍生出来的 (II · 3 · 3 · 4)。五气分别代表机体的呼吸、消化、代谢、感觉等生理机能。五气被认为是五根的本质、基础。入气和出气两种呼吸构成视、听、语、意等的本质、基础，“当呼吸停止，彼等亦停止”(II · 3 · 3 · 4)，所以“呼吸就是究竟自我”(II · 3 · 5 · 8)。

据说梵或元气在创造人之后，乃从他的脚尖进入其体内，然后逐渐上升，经过股、腹、胸，最后到达头部[①] (这与 AitaI · 3 · 12 所说自我从人头顶梵窍进入不一致)。然后这元气分化为语言、视、听、意、元气五根。爱氏在这里袭取了梵书、早期奥义书热衷的诸根争论谁最殊胜的故事 (Ait ĀraII · 1 · 4 · 9—18)。KauṣII · 14, ChānV · 1—2, BṛihVI · 1 及 PraśII · 1-4 皆有此故事。其中 ChānV · 1—2, BṛihVI · 1, PraśII · 1—4 为递减的思路，谓诸根在争论中决定五者一一出走，看此人是否仍能生存。KauṣII · 14 则是递增的思路，其云元气在负气出走之后，又依次进入此身体，唯当元气进入，此人乃重获生命。Ait ĀraII · 1 · 4 · 9—18 则将这两种思路结合起来。其 II · 1 · 4 · 9—11 云在诸根争论中，语言先离去，此时人虽不能言语，但仍屹立不倒，仍有思维、视、听、仍然能吃能喝。接着视、听、意依次离去，人失去相应的机能，但其他机能仍然正常，仍能吃能喝，维持其命根不坏。最后当气息离去，

① Ait ĀraII · 1 · 4 · 1—6.

此身立即倒下而僵卧，生命停止。此为递减的思路。然而II·1·4·13—17说出离的诸根仍有不服，遂决定若谁进入此身能使彼生活，则为最胜。于是，语言、视、听、意又依次进入此身，但它仍然没有生命，语言、视、听、意也不能活动。只有当元气进入此身，此人才得复活，其他诸根才重新开始其活动。故元气是语言、视、听、意的依持。此为递增的思路。争论的结果是元气最终胜出，故元气是所有生命机能中最根本的，它就是自我的本质。

**（二）三生说**

婆罗门传统常提及三生之说，但内容稍有差异。如《百道梵书》所谓三生，为由男女生，由祭祀生，及死后再投生（Sat BrāXI·2·1·1）①。《爱多列亚奥义书》说三生，旨在阐明父与子的同一，以及生命通过两性的生殖而延续。AitaII·1—6云：

> 1 信然，此（自我）最早于人（puruṣa）中成为一胎藏（garbha）。彼精液（retas）为来自肢体之光（tejas）。如实人于自我中有一自我。当他注此自我于女人，乃使其生出。此为其（孩子之自我的）初生。2 彼进入女人之自我（ātma-bhūya），如其自身之部分。故彼无害于她。她养育他（丈夫）进入她之自我（胎儿）。3 她既为养育者，故应被养育。女人受他为胎藏。如实，自孩子初生后，他应护之。当他自其初生后护此孩儿，其实是护其自身自我，为诸界之持续故；盖此诸界如是得以持续。此为人之次生。4 彼（儿子），作为他（父亲）之我，乃取代他而完成其善业（puṇya karman）。彼另一自我（父亲），既已尽其业（kṛta-kṛtya）且老矣，乃由此而逝。于是，彼如实由此逝矣，复再生。此为人之第三生。就此有仙圣曰：5 于胎藏之中，我已善知此，众神之出生。纵有百铁城，用以囚固我，我如鹰而逝②。信然，当其尚处胎中，婆摩提婆即已开示此智。6 于是，彼既知此，且离此身（śarīra-bheda）而飞升，乃于天界（svarga loka）得一切所欲，以及不死——噫，其得不死！

此三生为：（1）男子由其体内生精液，及注此精液于女人子宫，此即所谓此我（男人）注彼我（精液）入另一我（女人）。（2）胎儿由母腹诞出，以及随后父亲对儿子的教育、抚养，直到他可以代替其父举行祭祀。（3）父亲死后的再次投生。三生即命我相续的三个阶段，即胎前的，胎中的与离胎后的。其中（1）（2）的出生者是孩子，

---

① 此种三生说曾经是人类早期文明的普遍观念。人不仅有从母腹的出生，在原始人中，年轻男人加入成年人的“入会礼”，就往往被当作“再生”（婆罗门之视接受圣带为再生乃与此相似），而且死后灵魂再生的模糊观念也是普遍的。

② 以下一偈为ṚVIV·27·1。

(3) 是父亲自己出生，故出生的主体似乎不同。但事实上这反映了一个在奥义书中仍然经常出现的观念，即父与子为同一体，儿子的自我、生命来自其父，是父亲的自我、生命的延续，父与子具有同一自我，因而三生的主体是相同的①。通过生殖，父成为其子。这属于任何文化早期都曾有的祖先崇拜。祖先崇拜的观念认为人的自我来自祖先。但是由于这种观念与奥义书中认为人的自我是独立相续、自作自受的轮回主体的观念有矛盾，另外《爱多列亚奥义书》在这里的确表现了一种思想的混乱。它与 I·3·3—10 一样，属于早期奥义书中常有的自以为深刻但其实浅薄、平庸的说教之一。Sarvananda 亦批评道："此处对于父子灵魂的等同并无深义。它只是对生命通过生殖延续的一种随意松散的想象。"②

不过此处可能反映了当时印度人对家庭伦常的思考。父子同体之说，表现了远古印人对亲子关系之珍视。父亲精液即为其浓缩之自我。当其注入母腹，乃由此自我生一胎儿，此胎儿亦为其夫之自我。母亲善护此胎儿，实即护其夫之自我。她还生出、喂养、照顾此儿，实际亦是生出、喂养、照顾其夫之自我。故为夫者对其妇，应因她孕育、生出、养护其自我，怀无限感恩之心。故夫妇关系为极神圣者。总之后世印度宗教常见的悲观厌世、蔑弃人伦之念，在奥义书早期思想中仍很陌生。

奥义书这一章原文开头有"请孕妇暂时离开"，结尾有"请孕妇再入座"，暗示在古代印度，妇女亦同男子一样有学习圣典的权利。此处只是请孕妇（而非所有妇女）暂时离开，在这部分内容讲完之后，还会再请她们回来，可能是因为此部分内容对孕妇不宜③。

婆摩提婆所说偈表明，即使诸神亦有轮回、往生。自我为超越色身的元气、大梵。婆摩提婆因为悟知此理，乃挣脱色身之城，而得自由。应当承认，传统的注释家们，在这里亦有过度诠释的问题，一般以为 AitaII·5—6 指自我超越生死轮回，人因证悟此自我的超越，得以了断生死，入于永恒④。然若仅限于文本，则 AitaI, II 皆无超越生命相续的自我实体观念存在的明确证据，而且 AitaII·1—4 显然认为自我是处在

---

① 比如 BṛihIII·9·22 说儿子是从父亲的心（汗栗驮）中产生的。在 KauṣII·11 中，远归的父亲对儿子说："来自我肢体，从我心中生，汝即我之我，惟信然吾儿！"在 KauṣII·15 中，临死的父亲将其视、听、言、业、思维、意志、识一一交给其子。

② Swami Sarvananda, *Upaniṣad Series, comm on Aita II*, Sri Ramakrishna Math, Chennai.

③ Chinmayananda 说是因为此部分内容会激发孕妇淫欲，对胎儿造成不良影响（Swami Chinmayananda, *Discourses on Upaniṣads, comm on Aita II*, Central Chinmaya Mission Trust, Mumbai, 1952—1954）。

④ Swami Sarvananda, *Upaniṣad, Series*（*Aitareya, Īśā, Kāṭha, Muṇḍaka and Taittiriya*）. *comm on AitaII*·5—6. Sri Ramakrishna Math, Chennai.

相续流转中的。比较稳妥的解释是以 Ait ĀraII · 1—3 为依据，将此自我解释为相续的生命，或元气。于是 AitaII · 5—6 讲的就不应当是自我超越生命之相续，而是元气超越色身（śarīra）的限制，谓于人死后元气可以脱离色身，达乎天界云（奥义书的元气于二道往生说，都包括得智慧者死后其元气进入天界的构想）。

**（三）生命进化**

有趣的是，《爱多列亚森林书》还提出了一种生命进化的概念。Ait ĀraII · 3 · 2 · 1—5 云：

> 人若知自我之逐渐进化者，其自身亦得更多进化。有植物与动物，此人知自我于其中逐渐进化。因为于草木仅见营养功能，在动物中乃有思想（citta）。在动物中自我复又逐渐进化，因为于某些动物见有营养功能且有思想，而于其他动物则不见有思想。在人类自我又逐渐进化，因为其智识最高。他说他所知者，他见他所知者①。他知明天将要发生之事，亦知天堂地狱。他通过有生灭的东西追求不灭者。因此其禀赋最高。其他动物的心识只表现为饥、渴一类，它不说它所知者，不见它所知者。不知明天将要发生之事，亦不知天堂地狱。其生命就到此为止②，因为其生命是由它们（前世的）智识决定的。

此中自我即是元气（prāṇa）。《爱多列亚森林书》提出所有生命体都是同一自我的进化产物，因而其本质是相同的，只有进化阶段、程度之别。其中植物的进化程度最低，仅有营养活动；而动物不仅有营养功能，而且有感觉、情绪、欲望等心理活动。Ait ĀraII · 3 · 2 接着说自我在动物中亦逐渐进化。其中某些动物只有营养功能却无思想，这可能指像虫子之类低等动物，仅有感觉，而没有意识活动。较高等的动物，比如哺乳类，则表现出包括感觉、情绪、欲望、意识等在内的全部心理活动。但动物的心识只表现为直接的感性意识（不说它所知者，不见它所知者）、情绪、欲望（只表现为饥、渴一类）。它们有声音而无言语，有意识但无计度，昏蒙倥洞，不知今夕何昔，更不知有未来，至于天堂地狱的果报，更是他们从来也不曾挂怀的。而人类自我又在此动物自我基础上进一步进化，他不仅有直接的感觉、情绪、欲望、意识等，而且发展出推理、想象、语言等高级智慧。故他说他所知者，见他所知者，推知明天，想

① 此两句是说，人能把记忆中已知的东西对别人说出，另外当他想起所知的某事物时，还会再次去观看。

② 即它们的灵魂随现在的肉体的死亡而死亡，而不能像人的灵魂那样得到永生。或者此句应译为“它们（的智识）仅止于此”，意思也通。

象天堂地狱。他还能确立宗教理想并修行，追求永恒不灭之境。因此其禀赋最高。也就是说他的自我进化程度最高。与此一致，爱氏梵书为强调人与其他动物无本质区别，又说人之高于其他动物，是因为他能以后者为食，如鹰之高于鶉鷯麻雀等[①]。

另外在爱氏看来甚至植物在进化的序列中也不是最低的，因为它们还有营养功能，而像石头这样的无机物，则连营养功能都没有，而只有单纯的"存在"（sattā）。在爱氏看来生命乃是无机自然进化的结果，人就是从无机物经过植物、动物而逐渐发展出来的。即使贱如瓦砾，其中也潜藏着人的灵魂；而人贵为四灵之长，也不过是瓦砾草木等充分发展的结果。如此说来，人的存在完全属于自然。

这也表明爱多列亚所谓的自我，就是自然界中的生命，而不是一种精神存在。爱氏奥义书中宇宙大我或生主创造世界的说法，并不意味着一种超越的精神在进行创造。它其实还是元气转变论的另一种说法。元气作为胎藏，转变产生万有，其实是一种自然的演变过程。

**（四）万物融通的观念**

与生命进化观念紧密联系的，是万物融通观念。盖以同一自我（即元气）进化为万物，故万物在其流转中乃通过这自我作为共同实质构成一个通贯的整体。爱氏梵书把一切存有分为三界：器界、生命界、人界。其中器界包括日月星辰、江河大地、地水火风等，即所有无生命之物。诸神，如日、月、天空等，乃属于器界（Ait ĀraII・6・1・5；I・5・1・9）。生命界包括草木菌蒴、鸟兽鱼鳖等。人界包括四种姓及四行期的所有成员，以及达休、帕尼等。爱氏梵书认为这三种存在者，皆属于同一自我的不同发展阶段，因而没有本质的区别，而只有数量、程度上的区别。尽管植物仅有吐纳，动物有低级意识，人则有智慧，故优于前二者。但人的智慧与动物心理乃至植物最低级的生命活动，都是从同一生气（prāṇa）进化而来，故二者也只有程度高低之别，而无本性优劣之分。甚至器界也是由与人相同的元气、自我构成，故草木瓦石是没有充分进化的人，而人则是进化充分的物。世界万有由于有自我的连通而构成一融贯的整体。另外，爱氏奥义书的三生说以为通过生殖活动，同一自我在父、母、子之间流转，可能亦促使爱氏森林书的万物融通观念产生。爱氏森林书乃以为任一事物皆为它物之精液、种子，因而世界构成一互生的整体，Ait ĀraII・1・3・1云：

---

① 然而 Ait ĀraI・3・12，II・1・4 说梵或元气在创造人之后，乃从其头顶或脚尖进入其体内。这意味着人的自我是唯一直接来源于神者（故它也是我们达到神性的唯一途径），故与动物是截然不同的。此说与上文所谓动物与人由同一自我进化的思想存在矛盾。

生主的种子（精液）是诸神，诸神的种子是雨，雨的种子是草木，草木的种子是食，食的种子是精液，精液的种子是众生，众生的种子是心（hṛdaya），心的种子是意，意的种子是语言（吠陀），语言的种子是业（祭祀）。人即（前生）已造之业，为梵之居处。

这种互生关联尽管主要建立在想象基础上，但它反映了作者要将世界把握成一个有机整体的企图。作者列举生主以至人这十二项，实际上代表了世间一切存有。其中，生主即是元气、原人，根据前面的宇宙发生论，由元气生日、风、诸方、月等诸神，故谓生主的种子（retas：精液、种子、后代）是诸神。雨水是诸神之精液，在梵书和早期奥义书中也是很常见的说法；由雨水生草木，由草木生食，由食生精，由精生众生，亦是早期奥义书之通常说法（比如 ChānV·10·6—7）。至于所谓众生的种子是心（hṛdaya），心的种子是意，意的种子是语言，语言的种子是业之说，则为此处独有。其谓心是一肉体器官（处，āyatana），由它而生意或思维机能（根，indriya），由思维生语言，由语言生业（即以吠陀为指导而行祭祀也）。由业导致人的出生。而梵、元气则住于人之中。如此则元气、诸神（日、风、诸方、月等）、雨水、草木、食、精液、众生、心、意、语言、业、人乃至世界万有，构成一次第相生的整体，而人又是元气的住处，故这整体具有循环的形式。此说只是生殖的形式普遍化，将所有事物联系类比于生殖，而非试图从事物内部探讨其因果关联，因而它对事物联系的理解是很肤浅、外在的。实际上早期奥义书对事物相互关联的理解，大都是外在的、建立在想象或类比基础上的（其中比这种生殖类比更广泛的是祭祀类比，它将所有事物的关联皆类比于祭祀学的关联）。后来数论的二十四谛转变说与佛教的十二缘起，尽管应当以早期奥义书对事物普遍联系的探讨为源头，但皆已试图从事物内部因果关联来解释存有发生，故相对于奥义书上述思想有实质的进步，然而它们也抛弃了奥义书之说蕴含的绝对本质观念，故其论转变、缘起，皆失奥义书之融通旨趣。

奥义书之论融通者，于其他学派尚有甘露说与往生说，可为典型。所谓甘露说（madhu-vāda），BṛihII·5·16 详述其义，以为一切事物皆是在某种无定形的宇宙原质的不断流转中形成，因而其实质相同，无有差别，随举一物即包摄万有，故曰地、水、火、风、空、日、月、电、真如、人类皆是万有之甘露，万有亦是地、水、火等乃至人类之甘露；一切即一、一即一切（BṛihII·5·16）。此说甚为古老，在《黎俱吠陀》的时代就已存在（ṚVI·22；I·117；I·157）。Ait ĀraII·1·3·1 之讲融通，在思想和行文上皆与 BṛihII·5·16 存在明显的相似性，因而应当受到此说影响。奥义书的往生说，此处可以耆跋厘的五火二道说为代表。五火说讲同一自我于相续中依次转化为信仰、须摩、雨水、食、精液和人，二道说增加了许多环节，它说祭祀者死后，其自我依次进入烟、夜、下弦月、太阳南行之半年、父祖界、月、须摩、食、空、风、烟、雾、云、雨、稻麦等、精液、胎儿等（ChānV・10・5—7；BṛihVI・2・16）。Ait ĀraII・1・3・1对于此类说法亦有明显的沿袭痕迹。

作为世界万有之基础、本质，生命或元气在爱氏这里仍只是一种自然的存在。生命运动仍然被理解为自然的生生流行。但是正如KauṣIII・3所说，生命（元气）就是精神（般若），精神（般若）就是生命（元气）。生命哲学之过渡到精神哲学，乃其自身发展之必然。

**（五）元气与语言**

自吠陀时代始，语言就一直是印度哲人思考的重要内容。在奥义书中，语言一般被认为是世界的杂多性、差异性产生的根源（比如ChānVI・1）。这里，爱多列亚学派对语言的思考，颇显特别。

《爱多列亚森林书》云梵即是元气，为语言之根本。语言当发于耳语，仍然是元气，若大声说出，方有其"体"，即成为现实的语言，从而被理解，"是故若发于耳语，彼几乎被隐藏，凡无体者皆几乎被隐藏，故元气是无体。而如大声说出，则彼为有体，于是彼乃可感知，因为体可被感知"（Ait ĀraII・3・6・15）。

爱氏从婆罗门对祭祀祷歌结构与世界对应的信念出发，称所有事物的存在都是语言性的，"一切事物实际上只是名称"（Ait ĀraII・1・6・1—2）。语言是元气之"绳索"，词语是绳上之"结"。语言之索对应宇宙之索，词语作为语言之索上的结，对应于具体的事物。故依元气中的语言之"绳"，词语之"结"，一切存在被联结起来。这实际上是对梵书的祭祀、语言与宇宙同构观念的发挥。因为祭祀之每一环节皆象征某种宇宙存在，故梵书相信通过祭祀，可以建构世界。Ait ĀraII・1・6这里只是将梵书这种同构推及语言领域。但爱氏在这里不仅讲的是世界与语言的同构，而且接受ChānVI・1等对语言的本体论阐释，以为名色世界就是语言。而既然名色也属于梵，故语言世界也属于梵，"凡语言所届，梵必到达"（Ait ĀraI・3・8・9）。

这里，语言之索和宇宙之索皆为一直线，有始（结）有终（结），非为无限延伸者。其中始结和终结（都是梵，梵是存在物序列的起点与归宿）都不能以"是""否"（以肯定与否定方式）言说，但中间诸结则可。《爱多列亚森林书》还提出，否定的言说是语言的根本，肯定的言说则是语言的枝叶，其云："'是'（Om）是语言之花、果。人若说'是'，即语言之花、果，乃得令誉。'否'（Na）是语言之根本。正如树木暴露其根之后，必干枯死亡，人若说'否'，亦暴露其根本，亦必干枯死亡。故人不应说'否'，

应慎戒之。”(Ait ĀraII・3・6・9—10)

总的说来，爱多列亚学派的语言思考，没有超越 ChānVI・1 中优陀罗羯的水平。而且这些带有神秘色彩的思考，对于今天的语言哲学是否有价值，还很值得怀疑。

## 三、自我作为心识

《爱多列亚奥义书》第 3 章，乃为此奥义书被引用最多的文本。其云(AitaIII・1—4)：

> 1 (问) 孰为此 (婆摩提婆所说者)？ (答) 吾等敬之为自我。谁为此自我？即人由之而见者、由之而闻者、由之而嗅者、由之而说者、由之而尝甘苦者。2 彼作为心 (hṛdaya) 与意 (manas) ——即意识 (saṃjñāna)、感觉 (ājñāna)、分别识 (vijñāna)、觉 (prajñāna)、智 (medhas)、见 (dṛṣṭi)、忍 (dhṛti)、慧 (mati)、思 (manīṣā)、冲动 (jūti)、忆 (smṛti)、念 (saṃkalpa)、谋虑 (kratu)、精气 (asu)、欲 (kāma)、意志 (vaśa) 者，如实此一切皆为觉 (prajñāna) 之异名。3 彼即大梵。彼即因陀罗。彼即生主。彼即一切神。彼即地、风、空、水、光 (jyotīṃṣi，或火) 五大 (mahā-bhūtāni)；即微细者 (kṣudra) 及由此聚合者；即此或彼一切之种子，无论其为卵生 (鸟类)、胎生 (哺乳类)、湿生 (sveda-ja，虫类)、芽生 (植物类)；彼即马、牛、人、象；彼即一切有呼吸者，无论其为行走、飞翔或静止。此一切皆为觉所统治，依止于觉，由觉所生成。此世间由觉所统治，且依止于觉。觉即是依止 (pratiṣṭhā)。梵即是觉。4 是故彼 (婆摩提婆) 既与彼觉我由此世界飞升矣，乃于天界得一切所欲，以及不死——噫，其得不死！如是！ Om!

此则奥义书的宗旨，由 III・3 所谓“prajñāna brahman” (梵即是觉) 得以概括。后者为奥义书四句“伟言” (mahāvākyas) 之一①。其所谓觉 (prajñāna)，与后来吠檀多派和佛教唯识学所谓识 (vijñāna) 同义②。故此则奥义书开示的是一种绝对的心识本体论，以为一切存有本质皆是识，由识所生，且包含于识之中。它首先提出心、意

① 吠檀多派认为吠陀有四句“伟言”，其余三句为：“彼即是汝” (tat tvam asi：ChānVI・9・4)，“我即是梵” (aham brahma amsi：BṛihI・4)，“阿特曼即是大梵” (ayamātmā brahma：BṛihIV・4・25)。

② “prajñāna” 与 “vijñāna” 是由同一词根 “jñāna” (知、认识) 衍生出来，最早的奥义书，乃至许多唯识典籍都把它们当作同义语使用 (参考山口益：《般若思想史》，上海古籍出版社 2006 年版，第 29 页；Ranade, R.D, *A Constructive Survey of Upaniṣadic Philosophy*, Oriental Book Agency, Poona 1926.181)。

识、感觉、智、见、忍等，易言之，人的全部的心识活动，皆由识（觉）而生，且住于识中，体即是识（为识之异名），如所有金器的实体只是金。其次，包括无生命的宇宙（地、风、空、水、火五大）和所有生命体（卵生、胎生、湿生、芽生之属）乃至诸神在内的全部世界存在，皆由识所生，且包容于识、依止于识。此为奥义书典型的心识本体论，应视为后来佛教唯识学之滥觞①。

然而正我们前面也提到，《爱多列亚奥义书》这一章的内容，应视为后来窜入，并不反映爱多列亚学派的思想②，主要因为：其一，它开示的唯心本体论，与爱氏奥义书前两章的自然的实在论，思想反差太大；其二，在自然观方面它接受了奥义书较成熟时期的地、风、空、水、光，而 AitaI · 1 则将自然分为火、风、日、月、草木诸神，及汽、光、死、水四界，其思维非常幼稚、原始，完全属于吠陀和梵书的范畴，易言之 AitaIII 与它不属于同一时代；其三，在认识论上，AitaI—II 只讲八处、八根、八神的对应关系，讲元气的受用，思想完全是梵书的，根本没有意识到识的作用，而 AitaIII · 1 则表明真正的主体是识，这也表明它们不处在同一思维水平之上。

爱多列亚的学说，大体上与荼跋拉、考史多启的元气论处于同样范畴。它把元气作为存在之绝对本质和根源，但元气仍然是一种自然生命。元气作为胎藏转变产生万有的过程，其实仍是一种自然的演变。不过与荼跋拉和考史多启比较，爱多列亚的生命观念亦有进步。盖荼跋拉和考史多启仍然将元气视作一种宇宙论存在。尽管在他们思想中，元气代替了风的绝对者地位，但其意义仍未脱离风的隐喻，故这元气仍然是宇宙论的。而 Ait ĀraII · 1 · 3 的生命转化论，以及 Ait ĀraII · 3 · 2 的生命进化说，都已经把生命思考集中于生物界的转变、演化现象上，抛弃了梵书对元气、诸根与风、火、水等的无意义比附。这表明爱多列亚已开始意识到生命是与风、火、水等宇宙元素本质上不同的存在。但爱氏对生命这种独特性的意识并不是很确定，对到底何为生命之本质，仍未作出更有价值的思考。

爱多列亚等的元气论，意味着奥义书的精神反省进入主体性的领域。这种主体性反省表明奥义书的精神实现了一种对于自我的生命、主体性本身的自主设定，即一种主体性的自由。后者表现在实践层面就是一种伦理的自由。与神话精神的对神意的绝对服从和对主观任意的彻底沉溺，以及功利精神对外在谋划的执着都不同，在这里，精神开始对人内在的生命进行自觉的规定。在这里，被绝对化的，作为一切

---

① 吴学国：《奥义书与佛教唯识学的发生》，《唯识研究》2012 年第 1 期。

② Mueller, Max（trans）, *The Upaniṣads I*, The Clarendon Press, Oxford 1879. Introduction to Upaniṣads.XcIII.

现存存在的本质和真理的元气、生命，成为精神的自身维持的对象，生命目的完全在于它自身的维持、完善。而为实现这维持和完善，就必须通过自觉的生命修为，包括宗教的与伦理的。元气论奥义书在这里强调的是宗教方面。生命的修炼表现在自觉通过祭祀、仪礼磨炼生命、净化自我，以及通过对元气的调理、敬思，对生命加以培护，这也可以被纳入广义伦理范畴。此外日常伦理也被视为对生命的自觉磨砺，或是为更高的生命修行准备资粮。人的全部活动都成为修道的内容。吠陀的外在祭祀被转化为对人的内在生命自身的设定，精神从祭祀的、神话的转化为伦理的。

这种主体性反省对完全外在、物化的现存自然的否定，对自我内在的生命、主体性的确认，清楚表明了精神的自舍与自反势用的积极展开，它就是在这二者的辩证交互运动推动下形成。然而究竟而论，任何有价值的观念的产生、发展，最终皆是由精神本有的自由促动的。盖自由作为绝对，要求精神实现对觉性的内在生命的自主设定。它于是通过呼唤与倾注，促使精神的自舍与自反势用展开，推动反省否定外在的、现存的自然，揭示自我的内在本质。而这内在本质首先就是生命。元气论奥义书就表明了这种生命意识。因此奥义书的精神反省向内向知性省思的深化，最终是精神本有的自由推动的。

然而，精神在其童年，无法从根本上脱离自然的系缚，因为自然是存在、觉性之最直接、最醒目、最明显的层面，因而尚处童年的自然精神就很容易把它当作唯一的实在。于是精神对任何东西，包括生命，都必从外在自然（宇宙）的视域来理解，于是生命也必定呈现为自然的、宇宙的。因此，从茶跋拉到爱多列亚的精神反省，把握的都是这种自然的、宇宙论的生命。这生命就是宇宙的生生之流。尽管爱多列亚似以为生命是与宇宙的元素不同的东西，然此义并未得到更明确的阐明。精神本来试图把握生命的主体性，结果抓住的却是自然的生灭恒转，于是它就把生命理解为时间性。元气就是一切在时间中转变的事物的全体。然而生命在本质上恰好是对自然的生灭恒转，对宇宙的时间性的否定。生命之所以为生命就在于否定宇宙的时间，开出属于它自己的独特时间，后者恰恰是与宇宙之流相反的时间，生命的本质或主体性就是这时间。自然的生生之流只是生命运动的投影，而非生命本身。伦理精神意识到主体性的存在，却通过自然生命的观念将这主体性的实质遮蔽了。由于伦理精神所领会、所设定的内在性仍属于自然，所以它实现的内在自由或自主设定仍然属于自然的自由，还不是对觉性的真实本质的自主设定，不是精神的真正内在、本质的自由。觉性是绝对自由的生命。觉性生命的真正内在性不属于自然，而是指意识、思想的活动；它的真正本质不是早期奥义书提到的实质、元气那样的自然本质，而属于存在的超越领域。只有对这内在性与超越性的自主设定才是精神真正内在、本质的自由。唯有在自由本身的推动之下，精神才能克服自然思维的局限，进入超越与反思的领域，实现真实的自由。这也是此后奥义书的发展方向。

## 小 结

反省是精神内在的自身维持势用的实现。唯生命需要自身维持，而这就是生命将其全部活动指向一个唯一的中心（即生命的自身存在、本质），用它们来维持这中心的存在；唯其如此，生命才能保持其本质，也才具有了自身的空间。对于觉性来说，正是这自身维持或自反势用的活动，使觉性的自身存在进入意识之中。觉性对其自身存在的意识，就是精神的反省。当精神的自反势用把某种存在当作对象，后者就成为精神生命的究竟目的，即绝对真理、自我。而当这自反势用成为自觉的，便会推动反省思维领会这绝对真理与自我的同一。然而一方面觉性、精神的真正中心或本质，就是超绝的自由，它是超越一切现实存在的、最内在的本体；另一方面由于人类精神的局限，恰恰是越外在的存在对于它越触目。这决定：其一，精神的自身维持和自我反省，都只能从觉性、自我的最外在层面，即感性的自然开始；其二，这自身维持必然从这最外在自然持续深化，以逐渐接近那最内在的本体，这决定反省思维的发展必然是一个逐步内在化的过程。

奥义书的精神反省的发展就体现了这个持续内在化的进程。其最早的反省是神话精神（斫克罗衍尼、该祇夜等）的反省，即把绝对、自我理解为个别、感性事物的量的整体。这种反省是最外在的。在功利精神早期（耆跋厘等），反省扬弃这种最外在的个别偶然性的总体，领会到绝对、自我是个别性的普遍实质，反省于是进一步内在化。但它理解的实质，仍然是一种感性的、外在的原理。在功利精神后期（优陀罗羯），反省扬弃这外在的感性实质，领会自我为超感觉的抽象本质，于是再进一步内在化。伦理精神的反省则进一步否定功利精神的全然物化的现存的本质，领会自我的真正内在存在为主体性、生命。

在奥义书思想中，伦理精神的反省通过荼跋拉等的元气论得到体现。元气就是人的内在生命，同时亦是宇宙的生命。元气论的基本立场，是以为一种能动的、具有生命和主体性的原理，即元气，是存在和自我的绝对真理、本质。奥义书的元气论思想，包括被归属于荼跋拉、考史多启、爱多列亚和毕钵罗陀等的说法。荼跋拉学说之要旨包括：其一，十六分说，先将万有归纳为四足（诸方、物质、光、元气）十六分，然后阐明这十六分中每一分都是大梵的体现；其二，元气即是大梵、喜乐、虚空，永恒不灭；其三，诸根为同一元气的不同功能，皆生于元气且最终会复归于元气；其四，往生的二道之说：唯证知梵者，死后经天神界至于梵，不复返回；而祭祀行善以求福报者仍不离轮回。考史多启之说，主要者有：其一，所谓“不乞法”，谓元气即是梵，为一切存有之全体，人若悟此乃得自足圆满，故曰不待乞求而得一切；其二，“诸神入没”之说，诸根、诸神最终皆归宿于元气或风；其三，诸根互争孰为最胜最后元气胜出之说，为早期奥义书中常见的主题；其四，考史多启的祭祀学，使祭祀由外在的仪式转移到内在的生命修养。爱多列亚学派的主要思想为：其一，自我、梵就是生命，或元气，元气是万有之真理、依持、胎藏，试图脱离更早的元气观念的宇宙论色彩，强调元气作为生命机能、灵魂的意义；其二，自我的四次创世，其初生汽、光、死、水四界，再由水造出宇宙原人，为其开八处，生八根、八神，然后又由水中造一人，使彼诸根、诸神各入其处而得食，最后再次从水中创造食物，以为诸根受用；其三，处于每个人心腔中的生命元气，就是他的命我（Jivātman）或灵魂；其四，三生说，谓同一自我经历胎前的，胎中的与离胎后三个阶段；其五，对于生命演化以及万物通过生命流转而达到融通的设想。总的说来，奥义书的元气论思想，就是把元气或宇宙论的生命，当作大梵、绝对。

伦理精神的主体性反省，一方面否定完全外在、物化的现存自然；另一方面确立自我内在的生命、主体性为究竟真理，它包含的破与立的辩证法，清楚表明了精神的自舍与自反势用的积极展开，它就是在这二者的交互作用推动下形成。精神生命的任何成长，最终皆根源于生命自身本质（自由）的推动。精神反省的持续深化，离不开精神的内在良心，即本体自由自身的引导。唯有自由的永恒呼唤才使精神不停滞于其现存存在，从而对更大的自由保持开放。在这里，自由的呼唤促使精神的自舍与自反势用（它们本质就是自由的方面）恢复其本真的无限性，展开为积极活动，从而推动奥义书精神反省不断否定外在的、现存的自然，揭示更内在、更本质的自我真理，而这内在本质首先就是生命、主体性。因此最终是精神本有的自由，推动奥义书的精神反省向内向知性省思的深化，导致了主体性反省的形成。

元气观念体现了奥义书的主体性反省，表明精神实现了一种主体性自由。然而这种主体性自由仍然是外在的。在这一精神阶段，自由尚未实现为对觉性的直接现存存在即自然的超越，而仍只能在自然王国之内活动。与之相应，精神省思所领会的内在性、主体性都仍只在自然范畴之内有意义，而不是觉性的真实内在性。觉性的现实内在性、生命，首先是超越自然、彻底否定了宇宙时间性的实体；其次它是排除了外在自然的心灵或思想（意识与逻各斯）的活动。觉性的生命与外在自然是对立的，但奥义书的元气论却试图以某种宇宙论原理解释生命、主体性，因而陷入了逻辑悖论。这种元气论，首先因为把生命理解释为宇宙论意义上的时间性整体，完全抹杀了生命对宇宙的否定，抹杀了真正的觉性生命的超越性；其次它把觉性生命的本质即主体性混同于自然运动（比如风的流动）也是一种严重误读，这种误读一方面使自我的主体性被完全错失了，因为主体性本质上是对现存存在的否定，而所有自然物都属于现存存在，自然的运动也属于现存性范畴；另一方面它抹杀了觉性的内在性，觉性的现实内在性是心灵、思想，自然只是觉性的物质外壳。总之在这里，精神试图把握觉性的内在性，却完全没有把握住。它实现的内在自由并不是真实的、本质的，因为它对自我主体性的规定，仍然只是对诸如自我的外在的行为、气质等以及自然生命的规定，而没有实现为对自我的内在心灵的规定。与它相应的伦理学就是一种外在的自然伦理。人们遵守来自传统、习惯的规范，以它来规定自己的生命、主体性，而没有自觉将其与内在的精神关联起来。

作为自由的绝对自身实现的阶段，奥义书精神的这种自然的主体性自由的形成，服从精神发展的普遍逻辑，欧洲和中土的精神也都同样经历过。希腊思想和中土思想都包含对主体性、能动性的反省，后者反映出精神对主体性的自主设定的现实。由于这种自由最初必定是自然的，在中、西传统中，这主体性最初也必然只是从自然角度理解的。在这里，主体一开始也被表述为某种具有最高活动性的宇宙物质，比如气或火。在古希腊哲学家中，米利都学派的阿那克西米尼就认为这能动原理是气，气是活泼的，永恒运动着的原理。气是太一和无限，灵魂也是一种气。气通过凝聚依次变为风、云、水、土和石头，稀释时就变成火。其他东西都是由这几种东西组成。赫拉克利特认为这种永恒的能动原理就是火，他有时亦称之为气（奥义书也每将元气等同于太阳、宇宙之火 [PraśI · 6—8, MaitII · 6]）。火不仅产生水、土，也是生命、灵魂的本质。世界是这原始的宇宙之火的产物。在中土思想中，《管子》所谓“有气则生，无气则死，生者以其气。”（《枢机》）“凡物之精，此则为生，下生五谷，上为列星，流于天地之间，谓之鬼神”（《内业篇》）强调精气是生命或主体性之原理。《管子 · 内业篇》所谓“抟气如神，万物备存”与《庄子》所谓“通天下一气也”（《知北游》）、“游乎天地之一气”（《大宗师》），皆是强调气是宇宙万物的本原。可见，无论中、西思想，最初都是用气、火之类宇宙元素表述生命的能动性、运动，并认为是这种能动原理创造世界万物。这与元气论奥义书的思想具有实质的一致性，这意味着它们处在精神自由的类似发展阶段。它们的伦理实践也处于大致相同的水平。就古希腊思想而言，米利都学派没有提出自己的伦理学，赫拉克利特强调对普遍理性、法则的服从，以为道德就意味着守法、律己和控制情欲；中土思想中，儒家强调“隆礼重法”，道家强调养生、养气；这都与奥义书中考史多启等人强调以祭祀行善以修身，以元气敬思养气一样，是一种服从现存法则、着重生命完善（而非精神的自由）的自然伦理。然而值得注意的是，中土气论的生命反省，与奥义书元气论，尚有实质区别。后者明确指出绝对元气、生命就是人的内在自我，前者的绝对仍然只是宇宙的、外在的（“我亦属气”不等于“元气即我”）。易言之，前者的生命反省没有实现为绝对的（绝对反省即将绝对等同于我）——在佛教传入以前，中国精神没有实现任何形式的绝对反省。中土的反省乃是一种直接反省，它把“我”与“物”初步区别开，发展出对这“我”存在的特殊性的意识，但这“我”始终是个体的，印欧思想那种由于将存在真理确认为我而产生的绝对自我观念在这里从未存在过。比如奥义书思想在优陀罗羯之后，正由于确认了存在与自我同一性，使存在省思与自我省思成为同一活动，此即绝对反省。这在中土思想中就没有发生过。这反映了东亚精神的主体性自由之缺陷。盖精神的观念是自由的产物。反省的观念是精神的自反势用所构成的。精神的内在自由之实现、发展，离不开自反势用的推动，而后者本身就是自由。精神的自反势用作为直接的自身维持推动存在省思的内在化，作为自觉的自身维持或自我维持推动自我省思或反省的绝对化，精神先通过前者发现存在的内在性、本质，然后通过后者确定这本质就是自我。精神的内在自由正由此实现为必然的。从逻辑上说，奥义书的元气论也必定先是一种存在省思，它意识到一种能动性、主体性的存在原理，并且将其视为所有存在者的绝对本质、真理；在此基础上它才有自我省思或反省，即从这绝对中认出自我（尽管由于奥义书传统很早就已经实现存在省思与反省的同一，比如优陀罗羯所谓“彼即是汝”就标志了这两种省思的同一）；正是因为后者，奥义书精神的主体性自由的实现为必然的。而东亚的精神，尽管意识到一种能动性、主体性的普遍存在原理，也初步意识到个体自我的主体性，却从未将这普遍原理等同于自我，从而构造出印欧思想的绝对自我观念。这反映出精神的自反势用的自身绝对化的展开受到了阻碍：故一方面自反作为直接的自身维持尽管实现为绝对的（作为真理，绝对存在亦是自身维持的对象），但这绝对自身维持却未实现为自觉的（即自我维持）；反之，自觉的自身维持即自我维持也未能实现为绝对、普遍的，它在现实性上仍只是对个体生命的维护，只是出于保命本能，不是对绝对（觉性的自我）的自我维持。这表现在，在这样的文化中，一方面是仅仅为了外在东西彻底消灭人的尊严之无我的“崇高”，另一方面是粗卑赤裸的肉体中心主义，二者交织构成此种文化的核心价值取向。因而在奥义书精神中主体性自由的绝对化，在东亚精神中从未得到实现。

在梵书和早期奥义书中，自我的小宇宙与外在的大宇宙的等同，就像中土的“天人合一”观念一样，已经成为一个陈腐的话题，貌似深刻而实极肤浅，它过去没有、现在也不会给人类自我理解提供任何启迪。因为这种等同完全在物质层面进行，它根本没有意识到自我本质上是与自然完全不同的东西，易言之，它没有真实的精神反省。而早期奥义书将元气、诸根这些精神原理与风、火等元素的等同，也属于同样浅薄无趣的“别出心裁”，完全抹杀了精神东西与非精神东西的本质区别（与此一致，中土思想直至程朱仍将“心”归属于“气”）。正如黑格尔所说：“要等到精神把自己设立为自为的独立的，对自然是自由的，自然才会显现为一个他物，一个外在的东西。”① 奥义书精神和中土精神的那种自然的自由，并不是真正的自由，真正的精神自由是以对自我与自然的彻底区分为前提的。

在人类文明史上，一种文化精神能克服其自身现实性、传统局限而迈向更高的自由，充分证明了一种超越任何现实、传统和历史的本体存在，后者就是自由本身。只有自由本身才有力量促使精神否定其自身现存存在、保持对绝对、无限的开放性。盖本真自由就是绝对、无限，它要求实现为对它的自身内在本质（这内在本质不是自然，而是对自然的否定）的自主设定。这要求必然从最外在的自然开始的精神省思，必须以对这最内在本质的明确领会为理想，这决定省思的持续内在化、超越化进程。自由呼唤精神的内在化，呼唤精神通过自身否定克服原先那种自然的、外在的自由，通过自身维持实现对自我的真正内在本质，即心灵、实体的自主设定，此为精神之超越、内在的自由。因此精神必须否定自然思维，进入真正的超越和反思的领域。

奥义书思想此后的发展验证了这一精神转型。在原有的朴素生命意识基础上，奥义书思想后来开出了两个发展向度（它们决定了兹后印度精神的基本面貌）。其一是超越向度，即否定自然论的元气、生命的现象性、直接现实性，将自我确立为超越的实体。这通过省思对时间性的现象与非时间性的实体的形上学区分，或自然与本体的本体论区分，而得到完成。这种区分展开了奥义书的一种基本世界图景，即生命、元气作为相续变灭的名色世界、此岸与绝对本体作为不生、无差别、寂静、无为的彼岸世界之对立。这一对立图景规定了印度精神的取向。比如佛陀和耆那教以为处于相续流转中的生命是毫无意义的，是无尽苦海；人生理想在于断灭生命相续，达到寂静安隐的、非时间性的，作为绝对、彼岸的涅槃之境。数论、瑜伽亦以证得纯粹自我与相续转变的生命之彻底分离为究竟目标。这些都应当是以奥义书对现象与本体的区分为逻辑前提的。通过这个实体观念，印度精神实现了其超越的自由。其二为内在向度。这在于否定元气说的自然生命的外在性，将元气、生命归属于内在的心灵、意识。正如《考史多启奥义书》所说，生命就是精神（般若），精神（般若）就是生命（KauṣIII・3）。印度的精神哲学就是从生命哲学中发展出来的。桑底厘耶、阿阇世等代表了这一省思向度。这内在向度的理论归宿就是奥义书的绝对唯心论。

① Hegel, *Lectures on the Philosophy of Religion*, Vol.I. Kegan Paul, London, 1895.81.

在这里，心灵代替元气，成为存在的根源、全体，成为绝对者；这作为绝对存在的心灵，即是所谓心性。通过绝对心性的观念，印度精神实现了其内在的自由。盖精神的真正内在自由是对心灵的自主设定，即心性的自由（或思想的自由）。正是绝对心性的观念，使这种自主设定成为必然的。精神的这两种自由，在内在现实层面就是超越与反思思维。通过这种超越与反思，奥义书思想否定了早期的自然论，确立觉性超越自然的、内在的存在的绝对真理性。这里超越因为进入超验的实体，而成为真正的超越即纯粹超越，于是精神实现了真正超越的自由；同样反省也由于进入了内在心灵而成为真正的反省即内在反省，精神由此实现真正内在的自由。于是精神省思成为自由的。在其中，超越思维否定自然精神对那种外在的现象的、时间性的存在、自我的执着，并安住于一种超验的真理；反思思维否定自然精神对外在宇宙的执着攀缘，并安住于觉性内在的心灵、思想。这二者皆同样体现了精神的破与立，即自舍与自反势用的积极活动。唯前者是自舍为主导，后者以自反为主导，遂成精神的超越与反思向度之别。然而这自舍与自反势用的积极活动，离不开自由本身的引导。正是自由的绝对化呼声，促使精神的自舍与自反势用恢复其本真存在，从而推动精神省思的深化，从而使作为觉性的直接、现存存在的自然丧失其真理性，而真正内在、超越的领域被确立为究竟的真理。

然而奥义书的这两个省思向度，最初是分离的。一方面，其内在向度达到的作为所有经验根源的心性本身，最初仍然是自然的、经验性的、心理的，比如桑底厘耶、阿阇世等的意、识、觉、心等，都不具有纯粹超越性，不是真正的本体，因而这心性本原也没有上升到先验的层面。另一方面，其超越向度达到的实体，最初并没有被与自我的内在心识关联起来，此如伽吉耶夜尼、毕钵罗陀的实体自我，类似于古希腊奥菲斯教、毕达哥拉斯派的无意识灵魂，尽管《羯陀》将它等同于意识，然而它仍没有被理解为心识经验的本体，没有上升到先验的层面，与阿那克萨哥拉作为绝对简单的同质实体的努斯（nous）、普罗提诺作为包容一切、生成一切的绝对精神的上帝、太一，属于同样的思维范畴。然而奥义书精神发展的最高成就，是将超越精神与反思精神绝对地统一起来，从而将理智思维的超越向度与内在向度结合起来，这从理论上最终导致了耶若婆佉、步厉古等的先验本体论。这个结合，就在于将超越本体与内在心识等同。这一方面使超越本体内在化，超越者成为心识的基础；另一方面使根源性的心识被超验化或提纯，使之脱胎为现行意识之超验本体。于是一种严格意义上的先验意识观念便得以形成，奥义书的精神自由得以实现为真正本质的自由。

在一个真正超越、内在的精神看来，不仅早期奥义书的人与宇宙同构论陈腐无聊，其对元气与风、火等宇宙元素的等同亦了无意趣、毫无价值可言；而且它通过元气实现万物融通的观念，亦是虚假的。盖奥义书之论融通者，首先有所谓甘露说（madhu-vāda），以为一切事物皆是由某种不断流转的宇宙原质形成，故随举一物即包摄万有，地、水、火、风、空、日、月、电、真如、人类皆是万有之甘露，万有亦是地、水、火等乃至人类之甘露，一切即一、一即一切（BṛihII·5·16）；其次有耆跋厘等的往生说，以为同一自我于相续中依次转化为信仰、须摩、雨水、食、精液、人，或曰自我依次进入烟、夜、下弦月、太阳南行之半年、父祖界、月、须摩、食、空、风、烟、雾、云、雨、稻麦、精液、胎儿等，实际上通过自我的流转，将万有联系起来，构成一融贯的统一体（ChānV·10·5—7；BṛihVI·2·16）。前者的融通是空间上的、横向的，后者是时间上的、纵向的。而爱多列亚之说则对于这两种说法皆有沿袭，似乎是综合了二者，将其整合到元气相续转化的层面，以为万有皆是生命流动中的一个环节，皆是同一元气的体现，一切存在皆实质上相同，一切皆是一切的原因、实质，世界由此构成一融贯流通的整体（Ait ĀraII·1·3·1）。这种通过元气流贯实现万物融通的观念，将自我、生命降低为一种活跃的宇宙元素，完全误解了生命的本质，也未能正确把握存在的统一性（后者在于万有皆是觉性生命运动的环节，是绝对生命自身实现的途径，自然与生命自身属于完全不同的存在层面）。这种观念将存在、自我的本质与自然物混为一谈，这意味精神尚未冲破自然的外在性和直接性，进入心灵的、本体的国度，因而奥义书精神之真正内在、超越的自由在这里尚未实现。然而在奥义书思想此后的发展中，觉性的自由之本体推动精神的内在化，精神终于否定了那种自然的、外在的自由，实现了真正内在、超越的自由，这意味着自然、现象界丧失了真理性。这意味着，早期奥义书中立足于对自然的肯定的融通思想也失去了意义，省思确立觉性的真正内在、超越领域为真理，本体与现象的对立成为奥义书世界观的基础。精神的超越与内在向度导致的是存在的分裂：本体与现象的分裂；心与物的分裂。正如我们前面指出，不仅晚期奥义书，佛陀、数论、耆那教都生活在一个分裂的意义世界中；晚期奥义书和《薄伽梵歌》以不二及吠檀多派的幻化论，以为世界是幻，唯心性为真，强调的仍然是性、相的分割。总之，由于发扬了奥义书的本体论区分，初期佛教及印度各宗，对于融通乃至任何形式的圆融观念，都是根本否定的。在任何意义上讲本体与现象的融通、心与物的融通，都是没有真正把握心灵、本体特性的颟顸之言。

在这种意义上，最能代表中土佛教独特性的圆融境界，实际上反映了一种思想的退化，它意味着在奥义书精神晚期和印度佛教中实现的超越与内在的自由，又被丧失了，佛教精神的超越性与反省性又退化到自然论奥义书的层次。因为这种超越与内在的自由之标志，就是现象与本体、心与物的严格区分，即本体论和心性论的明确区分，而在一种真正的本体论和心性论思想看来，所谓本体与现象的圆融、心与物的圆融，根本就是一个悖论。圆融思想就意味着中土佛学对印度佛学的本体论区分之放弃，它大大淡化了印度佛教的超越精神，也使其反思精神被模糊化了。其结果是，有别于印度佛教，中土佛教似乎又大步回到印度早期奥义书的自然论思想。

这种情况的发生当然不是偶然的，因为与印度和欧洲传统不同，中土思想从来就没有实现一种彻底的精神超越和反思（楚文化或有少许超越因素，但这文化本身也随着国家统一而被扼杀了），它始终属于自然的精神，始终只以直接、现存的自然为现实的存在，没有印欧文化那种严肃的超越理想和内在追求①，没有真正的精神自由。中土文化就是这样一种完全满足、欣喜于最直接、现存存在的，自适、自任、自放、自肆于自然之境的玄道文化。它的全部智慧就是：活着！而且活在当前！这传统不仅窒息了自由的呼声，消除了不满，也消灭了希望，而且会将一切体现真正精神自由的东西化解于无形。然而印度佛教以其强大的智慧之力，竟能穿透中土传统如海洋贝壳一样由于数千年一成不变的同质积累形成的厚壁，使其中沉睡的自由觉醒。唯极稀有上等之人，其良知尚未被传统窒息而死，尚能超越传统，倾听内在自由的呼声，并勇于面对虚无，承担将这自由展现出来的责任。佛教的真精神，其超越与反思，永远只是在少数精英的心灵中才是活的。佛教在中土的成长有赖于对自固于自然精神的本土传统的否定。但这种否定永远是局部的，佛教带来的精神觉悟的些许亮光，最终注定要被众生的茫茫大海吞噬。印度佛教的真正超越和内在自由，它的超越和反思，终将被这自放、自任、自适的，旨在消解任何超越与反思的传统湮没，故印度佛教的心性各别、性相分剖（本体与现象之分裂）的立论，最终皆被中土传统道法自然、体用一元、天人合一、心物不分等对直接现存存在的肯定所代替。此即中土佛教所由生也。到中土佛教晚期，印度佛教超越生死的宏愿，终于被老庄式的任性合道、逍遥绝恼取代。一言以蔽之，东亚精神把印度的“批判的佛教”转化为“圆融的佛教”。后者乃为中土佛教之根本特质。可以说，中土佛教之产生，就是立足于对直接、自然生命的否定、超越的印度佛教，在中土传统的自然论渗透之下，向自然精神复归的结果。这在客观效果上是向自然论奥义书的复归。因而中土佛教与奥义书的融通思想一致是不奇怪的。然而正是圆融，消解了佛教的真精神，因而它是佛教在中国灭亡的根本原因。

① 吴学国：《关于中国哲学的生命性》，《哲学研究》2007 年第 1 期。

# 结　语

## 一

德国东方学家奥登堡曾经感慨道："吠陀文化诞育了这样一种思想，其对自我和宇宙的思考之博大深邃与幼稚荒诞如此独特地结合在一起，以至人类历史罕有其匹。"① 奥义书思想的巨大内在反差亦每使人困惑。其中，属于神话、巫术、魔法的内容，与体现了人类最高精神觉悟的观念，烩于一炉。要解决这样的困惑，唯一的途径是采取历史的方法。只有当我们把奥义书思想中已经磨灭的历史之维重新建构起来，并由此对涉及的每一种思想进行定位，才可能把握奥义书思想的整体性。在这里，那些反差极大的思想，必须被归属于奥义书精神史的不同阶段、环节，其意义必须从奥义书精神史的整体得到解释。其中，自然思维就属于奥义书精神史的最初阶段，而它也包括了从神话、魔法的感性省思到伦理的主体性反省的巨大思想跨度。

觉性作为生命，其本质就是自由。自由必须通过觉性的概念、观念的中介规定自身，才能成为必然的，从而真正实现自身。而概念、观念，作为觉性的内在现实，乃是由超绝、无住的自由自己构成的。其中，概念是自由的先验活动形式，观念则是指引活动的经验标记。

作为觉性生命的一个方面，精神也是如此。精神的任何种类的自由（从印度佛教的禅定到雅典城邦的政治）都必须通过特定种类的概念和观念实现。自由预设概念，而概念构成观念并借助观念完成。其中自由与概念活动都是匿名的，唯观念是意识和省思的直接内容，它就是觉性、精神意识到的全部存在或世界。对于自然意识，觉性的本质总是为事物的存在而隐退自身。唯有当自由发展到这样的程度，即它可以并且必须自由地规定某物的存在，这某物才会对意识呈现出来，即成为观念。观念只是觉性的自由借以实现自身的工具、外壳。不仅在自然经验中如此，在精神经验中也是如此。因此，哲学如果要上升到精神史的层面，而真能对吾人的生存有所裨益，就应当穿过观念的外壳，洞视现实精神通过不断构成和消解省思观念从而扬

① Hermann Oldenberg, *Buddha*, Motilal Banarsidass, Delhi 2006.15.

弃自身直接性以达乎绝对、无限（即实现其绝对自由）的过程。

观念是社会存在的根据。宗教、政治、道德等方面的规范、制度、组织，乃是精神的自由根据省思的观念创造出来。它们是精神生命的自然组织（如同生物的组织），是被凝聚的、客观化的自由。如同自然界的生命现象一样，任何现实的精神自由或精神生命，都必须为自己创造出相应的组织，由此才能实现自身。比如佛教精神的自在解脱之境，必须以从禅定系统到僧团制度的全部组织为保障，才可能在其内部得到普遍的实现。雅典人的普遍自由，也是以城邦制度为保障的。对于观念而言，只有制度保障它的真理性，因为制度规定了一种生活，人若不确认这样的观念，就不能进入这样的生活；观念由此成为必然的。因此，雅典的城邦生活就要求每一公民必然确认人格、实体、灵魂、尊严等观念的真理性，而在专制国家，人格、实体、尊严等都不是真理，至少其真理性不是现实的。在上述意义上，任何省思观念及依此被规定的自由若要成为某一文化精神的现实内容，都必须以相应的社会制度、组织的存在为前提。精神的概念、观念，以及在此基础上构成的社会存在，一起构成精神的传统；它们分别是传统的内在方面与外在方面，两个方面互为前提。

自由与传统构成精神的实体的两个方面。一方面，自由必须通过传统才能实现自身、规定自身；另一方面，人类精神在发展中不断否定自身的概念和观念而迈向更高的自由境界的事实，就证明自由在本体论上是超越传统，而且超越现实的。

精神只有在自由与传统的相互对话中才能得到发展。一方面，传统是自由实现自身的条件。自由是精神生命的究竟本体，是推动精神发展的根本力量。但这本体自身是无规定的绝对自否定运动，它必须通过概念、观念和相应的社会存在，即精神的传统的中介，才能实现自身、赋予自己必然性。另外它能否展开自身，还取决于它能否适应已有的传统。自由与传统的相互适应，具有相当大的偶然性。人类精神发展的任何必然性、普遍性，皆植根于自由的自我实现的内在必然逻辑，而其偶然性、特殊性则在自由与传统、环境的相互适应中出现。另一方面，自由超越传统、规定传统并推动传统的更新。概念、观念是精神中被规定、被固定的现实。它们一经形成，就不会改变自己。传统是我们每一个人面对且早已浸润其中的现存实在。它允诺自由，同时也限定了生活于其中的绝大多数人的自由。唯有当自由在本体层面超越了传统，并且始终能够在现实历史层面将它的超越性展现出来，精神才不致被传统、现实窒息，对更高明广大的自由保持无限的开放性。人类精神在其历史发展中对于自身现实的不断否定和提升，表明概念、观念、传统都是相对的、有限的，而自由才是绝对的、无限的。后者是体，前者是用。

自由与传统或精神本身的正当对话关系，关键在于精神能时刻倾听到自由的呼声，从而认识到自身的有限性。自由是存在、精神的绝对本体。这本体是一个超现实的原理、本无。但是本无从来没有对现实精神显现过。这使得精神总是倾向于把现实性、传统当成绝对，导致“有”遮蔽了“无”，导致现实性、传统对本真自由的禁锢。自由构造现实，本来是要把它当成自己活动的外壳、工具，但是当这现实被绝对化，便最终变成了自由的囚牢。现实性包括多个层面（自然的现实、内在心灵的现实等），每一个层面都有可能被绝对化，将自由囚禁起来。这种情况导致自由与传统的正当对话关系被破坏。这种情况的发生也是精神的必然。因为精神始于对绝对的领会，而在其最终觉悟本无（自由本身）之前，精神领会的绝对必然皆属于现实存在之一种，而且必然始于最直接、外在的现实，即自然。这决定精神在其发展的不同阶段，必然将现实性的不同层面绝对化，使后者成为现实自由无法逾越的门，于是自由被囚禁了。精神完全满足于当前的现实，对于良心的呼声充耳不闻，遗忘了自由本真的无限性。然而自由的本体既然是超越现实与传统的，它就只可能被遮蔽，不可能被泯灭。它的呼声仍然会透过厚壁传来，不时侵扰着被麻痹的心灵。精神唯有通过天才的心灵，才能被这呼声唤醒，并对自由积极敞开和接纳，且通过天才的创造对这呼声给予回答。唯有当自由给现实精神倾注力量，这天才的创造，以及这创造物得以成为精神的普遍现实，才是可能的。总之，自由通过与现实精神的永恒对话，不断实现自身，从而推动精神的无限发展。

精神就是生命。精神的发展与生命进化一致，也是一个由低到高、循序渐进的过程，不存在断裂和躐等。正如我们通过奥义书与中、西方思想的比较研究表明的，精神必以自然精神为起点。在这里，自然被认为是存在的绝对真理。然而自由必然推动精神克服自然思维的局限，进入实在的自由的阶段（在这里，觉性的内在现实被认为是绝对真理），并推动精神最终克服实在思维的局限，进入本真的自由的阶段。于是精神终于觉悟到，真正的绝对就是本无，即本体自由自身。在其中每一个大的精神阶段（自然的精神、自由的精神、本真的精神），精神也在不断舍此就彼，即突破自我的现存存在而将现实自由向前推进，从而向理想的彼岸（精神的绝对自由）进一步逼近。总之自由推动精神生命每一阶段的成长。

自然精神也是如此，它也是在自由推动下形成，并不断自我提升和深化的。精神诞生于对绝对的思考，但由于人类精神的局限，它最初只能把绝对理解为自然。这就是自然精神的特点。从人类思想史来看，自然精神对绝对的理解也是逐渐拓展和深入的，经历了从量的整体到普遍的实质，从普遍实质到生命、主体性的转变。这种转变体现了理性、反省和否定思维的持续发展。这种发展体现了精神内在的自身建构、自身维持和自身否定势用的积极活动。它最终应当归结为自由的推动。

人类最早的省思，完全只能利用自然的直接观念，而没有构成属于精神自身的观念。然而当这些观念在省思中呈现时，不仅它们所从属的内在生命关联（纯粹概念、逻各斯）完全被遮蔽，而且它们原有的（被自然经验构造出的）生存论的、自然的关联也被遗忘。存在的普遍形式结构被瓦解，于是事物就沦为一个个孤立、偶然、个别的东西。这就是自然意识或野蛮思维的特点。自然意识的存在就是这些东西的总体，但是这总体本身还没有作为对象被领会。易言之，省思还没有构成总体的观念，因而它的存在是完全粗朴无序的感性个别性的堆砌。在这里，省思完全执着于外在、个别、偶然的事物，被后者羁縻，没有领会到任何绝对、普遍性、本质。

然而自由必然推动省思克服这种野蛮性。因为自由作为绝对、无限，要求实现为对觉性自身存在的自主规定。然而与自然经验的事物不同，觉性的自身存在是绝对、普遍性、本质。因此，自由必然推动省思实现对这绝对、普遍性、本质的规定。这促使省思努力超越个别、偶然之物，领会绝对、本质。这是精神生命的起点。但是这绝对、本质最初只能是自然的，只能是通过对自然东西的综合、归纳和抽象形成。因此人类最早的精神就是**自然精神**。自然精神立足于直接意识的对象。由于直接意识只能看到自然的、生存的存在，从未真正看到觉性的内在存在，因而自然精神亦未能看到这内在性，唯后者是觉性的自主性、生命真理。在这里，一方面，觉性的内在生命，即它的全部思想、自由，都处在黑暗中；另一方面自然被切除了与觉性的自主性，与它的内在生命活动的联系，而成为独立、自为的东西。这就是省思对自主性、生命的“隐化”，是觉性的内在结构的“塌缩”。作为这种内在“塌缩”的结果，自然精神总是把一种外在的物质性的东西当作存在的真理、绝对。

这自然精神也是处在不断发展中的，而且同一切生命存在一样，它的发展也体现了一个自由逐渐开展和提升的过程。它的发展表现为省思对绝对的领会的逐渐拓展、提炼和深化。我们根据东西方各种传统表现的普遍情况，把自然精神的发展归纳为三个阶段：

**（一）神话精神**

神话精神是对人类野蛮状态的否定。它否定了野蛮思维沉迷其中的直接、粗暴、混乱的世界，首次把存在领会为绝对。这绝对是第一个精神观念。对于它的领会是精神的开端。精神在这里首次获得自身的生命和真理。这在于，省思开始超越直接意识呈现的存在，即个别、感性、偶然之物，而试图领会觉性的自身存在，即绝对。神话精神对于绝对的领会，反映了理性思维的作用。它表明理性试图把散乱的自然统握成一个整体。在这里，理性对自然个别性的统握和对绝对的追求，表现了精神的自身建构（自凝）和自身维持（自反）作用的积极活动。因此神话精神的产生离不开自由的推动。

不过在神话精神阶段，省思对绝对的领会仍然是空洞、贫乏的。省思还未能根据一种绝对普遍的法则把绝对者组织为一个有内在秩序的整体，也没有将绝对理解为一种普遍实质，因而所谓绝对只是一个偶然的感性个别物的量的总体（即命运），而不是一个具体的实在。这种省思就是感性省思。感性省思的绝对不具备自为的真理性，不能真正取代个别、偶然东西的地位。在这里，精神仍然依赖、满足于存在的最直接、外在、具体的意义。这种顺受其命的精神，就是神话精神。如果说精神的自由就在于对绝对的省思，那么这感性省思，由于只把握了量的绝对，因而也只体现了一种量的自由。而本体自由作为绝对，要求实现为精神的质的自由。后者在于精神否定个别、偶然事物的自为的真理性，而确定绝对者为唯一自为、独立的存在。于是自然精神的发展进入下一阶段，即功利精神阶段。

**（二）功利精神**

人类所有主要文明，都经历了从神话精神到功利精神的转型。功利精神的特点，是试图从某种唯一宇宙本原出发，完全根据自然的因果功能关系解释存在的根据，完全否定神意、命运的偶然性。功利精神以知性省思为其现实体现。知性省思否定神话精神沉湎其中的感性和偶然性，把存在理解为根据客观必然法则（时间、因果）构成的统一体，而且根据因果法则将万物的存在追溯到某种普遍的宇宙实质或本质，这就是质的绝对。于是知性省思首次将绝对，作为一种知性的原理，确立为自为、独立的存在，而相对、个别的东西反而失去原有的独立性，成为依附于这绝对原理的存在。这种省思的确立，主要归因于理性思维的进一步成熟。相对于神话精神，功利精神的理性思维进一步拓展和深化。这首先在于理性思维的自身普遍化。在这里，理性确立了因果法则的绝对普遍性，不仅扬弃了事物的个别性、偶然性，而且以一种客观的“世界”眼光否定了个人、族群的主观、狭窄的视野。其次，理性明确将感性的个别性安立于存在的内在实质，体现了理性思维的内向化。绝对、实质代替个别性成为自为的真理。因此，相对于神话精神，功利精神实现了一种“实质”的颠倒。

理性思维对存在的普遍关联的构成，体现了精神的自身建构作用的展开；而其将绝对内向化为存在的实质，体现了精神自身维持（自身指向）作用的积极活动，它从感性省思到知性省思的转型，就是由这两种精神势用推动的，但这二者的积极活动，离不开自由的促动。然而由于人类精神的局限性，功利精神在其早期，仍然执着于存在的感性表象层面，把绝对、实质理解为一种感性的原理（如水、火等原理），因而知性省思仍不纯粹。然而感性只是觉性最外在的表象，觉性的真正实质是超越感性的内在存在，即本质。在这里，现实自由仍然没有进入本质层面。然而自由作为绝对，要求实现为对自身本质的自主规定。这意味着精神必须扬弃感性的表象，领会觉性、存在的超感性本质，使知性省思成为纯粹的。

这种转型，在功利精神的进一步发展中得到了完成。人类早期的存在理解，都经历了从感性实质到超感性的本质观念的转移。于是原先的水、火等绝对原理，被太一、无、无限、数等抽象原理代替，后者成为存在的绝对实质和真理。精神否定直接的感性表象，确认真理、本质为一种超感性的原理，体现了否定思维的作用。在这里，否定思维对直接、外在的感性表象的排除，对超感觉的内在本质的真理性的确认，清楚地表现了精神的自舍和自反势用的积极活动。这二者的活动，也是被自由所唤醒、促动的。这种否定思维就是精神自舍势用的实现。

总之，功利精神的发展，首先在于理性思维的拓展和深化，其次在于否定思维的推进。在此阶段，人类精神经历了同样的发展进程。精神在这样的发展中，不断脱离其现存的此而奔向彼处。这种运动不是随顺自然的，而是只能归结为精神自由本身的推动。然而这种知性省思，只是将实质或本质理解为一种现存的质料，但觉性、自我的真实本质是能动性、主体或生命，所以是对现存性的否定。这表明功利精神的自由还完全是外在的，不具有针对主体自身的自由。然而自由作为绝对，要求实现为对自我的主体性、生命的规定，因而省思必须进一步内向化，进入自我的主体性、生命的领域；省思于是进入伦理精神阶段。这是自然精神进一步发展的方向。

**（三）伦理精神**

人类精神也普遍经历了从功利精神到伦理精神的转型。这主要表现在反省思维将功利精神的本质思考进一步内在化。在这里，反省明确将自我理解为生命、能动性、主体性，并以之为存在的绝对真理。这种反省意味着自然精神进入了内向知性省思的层面。相应地，精神的实践也深入到对生命、主体性的规定，即伦理实践的领域。因而精神在这里实现了一种主体性的自由。内向知性省思否定神话精神和功利精神的纯然物化的宇宙之我，进入到作为自我真实本质的主体性领域。这种主体性反省对物质的现存存在的否定和对觉性内在的主体性、生命的肯定或指向，体现了精神的自身否定和自身指向的双向运动。这清楚表现了精神内在的自舍和自反势用的推动，而这二者的活动又离不开自由本身的呼唤和倾注。本体自由作为绝对意志，要求实现为对觉性生命的自主设定。它因而促使自然精神的自舍和自反势用展开为积极的活动，推动知性省思的内在化，而觉性的内在性首先就是它的主体性；于是省思否定了原先那种僵死、现存的本质，确立本质为有生命的、活泼的主体性原理。主体性反省遂得以形成。因此，是自由最终推动反省思维的上述进展。它通过这一进展而进入主体性的领域。

然而由于人类精神的有限性，它最早领会的主体也是一种自然的主体。主体性反省仍然处在自然思维视域之中，将觉性的生命、主体性表述为一种自然的原理，一种具有能动性的自然物，比如风、生命元气等。然而真实的主体性是觉性内在的心灵、思想。这种情况表明伦理精神尚未实现对觉性的真实内在存在的自主规定，不具有真正的反思与超越，还没有真实的自由。这是伦理精神普遍的局限性。然而自由作为绝对，必然要求实现为对自身内在本质的自主规定。精神为此必须彻底扬弃自然的存在，确定一种内在、超越的原理为自我的本质，唯其如此才能实现真正的自由。这是人类精神普遍的发展方向。

总之，自然精神的发展，在于理性、否定和反省思维的拓展、提升和深化，这体现了精神内在的自凝、自舍和自反势用的积极活动。在这里，精神经历了逐渐否定直接、外在、感性的存在，确立更本质、内在、抽象的真理的过程。精神不断地舍此就彼，日益离开它的原先的此处而奔向远方。这种运动表现出的坚定的方向性（在自然精神阶段，这种方向性最明确地表现在反省思维的持续内向化上），表明它不是偶然的，而是被某种同一者规定的必然过程；另外它也不是自然的，而恰恰是逆自然之势而行的。因此它必然是被某种逆自然的力量规定，这就是那同一者。这个逆自然的力量就是自由本身。省思的发展，使这自由本体的内容成为明证的。比如就反省思维而言，它在自然精神阶段的持续内向化，就表现出精神的自身指向运动，而这种运动清楚地表明了精神内在的自反势用的作用。其中，首先是神话精神的反省否定野蛮思维的完全个别感性的存在，首次指向觉性的自身存在即绝对；其次是功利精神的反省先是否定这外在的量的绝对，领会存在的内在实质，然后是否定感性实质，领会更内在的抽象本质；最后是伦理精神的反省则进一步内在化，否定功利精神的现存本质，领会自我本质为主体性。精神这种持续内向化，在生命现象学意义上验证了自反势用的持续展开。然而自反势用也好，以及其他自主势用也好，都是自由的内容，而且其在现实精神中的展开需要本体自由唤醒并倾注力量。

正是这本体自由的呼唤和倾注，促使精神的自凝、自舍、自反势用展开积极活动，从而推动省思的发展，使自然精神逐渐成熟。其中，首先是本体自由由于其自身绝对化冲动，促使自凝和自反势用展开活动，推动省思扬弃个别事物而领会觉性的自身存在（即绝对），并将存在统握成一个整体，并进一步构成这整体的普遍内在秩序且最终将原先外在的量的绝对建立在某种内在的普遍宇宙实质（质的绝对）基础上。自然精神的理性思维因此得以形成、发展。其次，本体自由也将促使精神内在的自舍和自反势用展开活动，推动省思否定原先外在、感性的实质，确立更内在的、超感觉的本质为存在的真理，于是自然精神的否定思维也得以形成、发展。最后，自由也将促使精神的自舍和自反势用展开活动，推动省思不断舍外入内，使自然的反省不断否定自我的外在、表象存在，确立自我更内在的、本质的真理，并最终领会到觉性的真实内在性，即生命、主体性才是自我、存在的真理。正是精神的理性、否定与反省思维在自由推动下的持续拓展、深化和提升，决定省思观念的不断演变。

## 二

早期奥义书思想在自然精神阶段的发展，就验证了上述精神逻辑。最早的奥义书思想也是把自然当成绝对，从未领会一种超越、内在的真理，属于自然省思范畴。不过，即使这自然省思也是在自由推动下不断发展的。其发展主要在于自然的理性、反省和否定思维持续的普遍化、内向化和抽象化。其中呈现的精神不断否定当前、现存的存在而奔向自由的远方的运动，表现了本体自由作为绝对自否定的展开。

奥义书自然精神的发展，同样可以分为上述三个主要历史阶段。

神话精神属于印度精神的最早阶段，它是否定野蛮思维而形成。这种野蛮思维的遗迹，在吠陀和印度土著文化中仍然有所保留。它完全被自然意识决定。在其中，省思没有构成属于自己的观念，只看到自然经验呈现的观念。它看到的只是完全没有被规定的自然的狂野粗暴的洪流。在这里所有事物都是分散、孤立、偶然的，没有形成普遍的统一体。因此野蛮思维甚至是无世界的。它没有任何精神的观念，没有表现出任何的精神性。神话精神则试图否定这种存在的散乱性和偶然性，将存在领会成一个统一体即命运的整体。

在奥义书最早的思想中，斫克罗衍尼、莱克婆、该祗夜的学说，就体现了这种神话精神。其中斫克罗衍尼的学说属于神话精神的早期阶段。其说以为元气、太阳、食物是世界的构成要素，但这三者都是感性的、有限的、形器的存在。其说还完全用祭祀的主观、外在的关联来（而不是事物的客观必然性）规定世界的结构。因此他的思想表现出明显的神话、魔法思维的特点。应当承认在他的说法中，世界作为绝对、整体的观念还不够明确。其思想属于奥义书中最原始的感性省思。莱克婆的绝对观念，是奥义书最早得到明确表述的精神观念。其说将世界万有概括为火、日、月、水、风等自然要素与眼、耳、意、语言、元气等生命要素，以为它们最终皆被唯一的大有（Virāṭ）所包含。此大有即存在之大全、总体，因而就是绝对。然而，莱克婆理解的绝对仍仅是一个感性个别物的全体，莱克婆对这绝对者的自身实质并无明确规定，其全体性也没有根据普遍法则被规定。这就是一个量的绝对，也是一个典型的神话式的整体。奥义书的这个绝对观念，表现了一种自然的理性思维。它表明理性思维对自然的初步综合以及对觉性自身存在（即绝对）的最初指涉，因而表现了精神的自身建构（自凝）和自身维持（自反）势用的作用。精神通过这理性思维，就对于汹涌而来的原初自然进行了中介，对它具有了初步的自由。然而从这个绝对观念的外在性、空洞性，可以看出理性思维仍极幼稚。这也表明精神的自凝、自反作用还没有涉及绝对的具体内容。它的自由仍极为有限。

该祇夜的学说表明了奥义书神话精神的进一步深化。其说标榜绝对与自我的同一，以为绝对者乃是超越了现实个人小我的宇宙“大我”。其说提出应敬思全部宇宙的存在包括天界、太阳、风、虚空、水、地等都是大我之方面，同时也要敬思大我的总相。这种作为存在全体的大我观念在奥义书中很普遍。该祇夜的学说，意味着精神从绝对认出自我，体现了奥义书最早的反省思维。这表明精神的自身维持成为自觉的，而这就是自反势用的自身绝对化的结果。精神的自我维持在这里实现为现实的自由。但该祇夜的大我同样只是一个没有内在必然性的绝对，也不是实体、本质，而只是一个量的整体。精神仍然没有扬弃自然赐予的感性、形器和个别的存在，实现对觉性的内在存在、本质的自由，所以它仍属于神话精神。

总之，奥义书最早对绝对的思考，表现了理性思维的成就。在这里，理性试图将粗野无序的直接自然统握成一个整体，这种精神的自身建构运动体现了自凝势用的作用；而理性对绝对的确立，也是精神在返回觉性自身存在，体现了自反势用的作用。因而神话精神的理性思维，最终是在自由推动下形成，是自由的展开。其中，精神通过对绝对的领会，使作为个别、孤立和散乱事物总体的直接自然的粗野狂暴得到中介，精神对这种自然意识呈现的存在具有了初步自由。然而奥义书思想也表现了神话精神的局限性。它没有确立因果法则的绝对有效性，也没有设想过存在的实质或本质。绝对只是一个偶然的命运整体。这表明理性思维仍然很薄弱、很有局限，无法构成自然整体的内在必然关联，也无法突破外在、个别的事物表象领会其内在实质。这意味着精神的自身建构还没有涉及对象的具体内容，其自身维持没有涉及对象的内在实质。与此相关，绝对没有成为自为、独立的存在，没有获得生命的真理性，精神仍然追逐着个别、偶然之物，它对后者只有一种量的自由（而非质的自由）。因此神话精神的自由是非常有限的。

印度思想从自然意识到神话精神的转型，符合人类精神史的必然逻辑，在其他传统中也普遍经历过。这表现在人们通过对作为存在全体的命运的思考，使粗朴的个别、感性事物之流得到中介。无论在中土商周时期（《卜辞》、《周易》的思想、阿兹台克和玛雅宗教，以及埃及、巴比伦宗教，甚至希腊和北欧神话中，我们都可以看到一种命运式的存在理解，以及从个人、族群的命运到一种普遍的宇宙命运的转移（参考本书第一部分第一编第一章小结）。在这种命运思考中，由于因果性尚未确立于普遍的法则，世界只是一大堆偶然、个别的感性事物的总体，同样偶然的神意成为决定世界进程的根本力量。命运的基本结构由神意与时间的不确定的二元性决定。总的说来，在神话精神的发展中，神意对命运的影响逐渐淡化。在这些传统中，神话精神也反映出与在印度传统同样的局限。

奥义书思想在其发展中，很快克服了这种感性省思的局限性，确立了因果法则的绝对普遍性，领会到一种普遍的自然实质，从而进入功利精神阶段。功利精神的特点是完全否定神意、命运的偶然性，把世界理解为由内在因果关联构成的整体，并且根据这关联将万有的存在都归结到某种共同的实质、始基，于是将神话精神的量的绝对转化为质的绝对。在这里，省思首次赋予绝对、实质这样的知性存在体以自为、独立的存在，因而它是一种知性省思。

奥义书最早的宇宙实质观念，就表现了这种知性省思。此类说法把存在的实质、绝对真理，等同于一种可感的具体事物，比如水、火、风等。如被归属于跋拉毗耶的风说，补卢室的日说，阿湿婆多罗的水说，阿闼婆那仙人的甘露说，耆婆厘的空说，等等。因而这实质是一种感性的实质。它被认为是万物的质料，是世界的本原、基础。与神话精神不同，在这里，绝对即实质取代了个别、偶然事物的自为真理性。知性省思根据一种宇宙发生论模式把全部存在都追溯到一种共同始基，这证明因果法则的绝对普遍性得到确立。奥义书功利精神的上述进展，主要在于理性思维的拓展和深化。理性对于因果法则的绝对普遍性的确立，表明它开始构造存在的内在必然秩序。它对于普遍实质的领会表明它在寻求觉性更内在的真理。从中我们看到了精神的自身建构和自身指向运动，这清楚地表现了精神的自凝、自反势用的作用。这表明理性思维的这种拓展和深化，最终是精神本有的自由推动的，是后者的进一步展开。在这里，精神通过对因果性和实质的观念，彻底否定了个别、偶然东西的自为的真理性，因而对它们具有了一种质的自由。

奥义书精神的上述发展也符合人类精神发展的普遍必然逻辑。其他传统也经历过同样的发展。比如米利都学派早期的物理学，就完全否定了神话的世界，把宇宙发生理解为从一种普遍的实质或始基发展出万物的过程，这种始基也是一种感性的原理，比如泰勒斯的水。类似地，中土思想从《尚书》就提出五行相生的宇宙论，以代替《卜辞》由神意和命运决定的世界观。其中，五行也都是感性的材料。这些思想与奥义书早期的宇宙实质论一致，其形成与后者符合同样的逻辑。它们也反映了同样的精神局限。真正的存在实质必然是超感性的。一种感性实质观念本身是虚假的。它表明精神仍不能离开存在最直接的表象而真正独立地行走，没有进入存在的本质领域。精神的自由在这里还是完全外在、表面的。

在此后的发展中，奥义书思想逐渐放弃这种感性的实质观念，而将存在实质理解为一种超感性的抽象本质，从而进入纯粹知性省思层面。奥义书早期的实质观念从日、水、火向甘露、风、空转化，已经越来越淡化感性的色彩。到了优陀罗羯，就将实质完全抽象化。他提出一个真正的抽象原理，即实有，代替日、火、风等，成为万有的实质、始基。实有无形无象，不是感觉可接触的，而只有通过思维去把握。实有就是一种超感性的实质，即本质。实有是无差别、均匀、单一的绝对，是唯一的真理，而一切转变、差别之相只是语言的分别。优陀罗羯开示了实有转起火、水、土三有（三种物质要素），然后由三有进一步分化、聚合构成万物的宇宙生成论机制。优陀罗羯的思想表明奥义书的省思否定了全部感性表象的自为真理性，确立一种超感性的原理即本质为存在真理。这种省思就是否定思维。否定思维扬弃直接的感性表象，把存在真理推入超感性领域，体现了精神的自身否定运动，表明了自舍势用的积极活动；它就是自舍势用的实现。另外，优陀罗羯还明确将实有、绝对等同于真实自我，表明反省思维也同样进入了本质的领域。反省思维从最初的外在、个别化的自我到感性实质之我再到更内在的本质之自我的持续内在化，清楚地表现了精神的自反势用的积极展开。因此奥义书这种纯粹知性省思的形成，离不开精神内在的自舍与自反势用的展开，它最终是由自由本身所推动的。

总之，奥义书早期的实质论，表现了理性思维的进一步拓展和深化。理性思维一方面通过因果法则将存在统握为一个更加组织化的整体，另一方面不断将事物归属到存在的更内在、本质的原理。这清楚地表现了精神生命的自身建构（自凝）和自身指向（自反）势用的积极活动。优陀罗羯等的更成熟的实质论，则表现了否定思维的发展。否定思维对直接、外在的感性表象的排除，对超感觉的内在本质的真理性的确认，也清楚地表现了精神的自舍和自反势用的积极活动。这些精神自主势用的展开，都离不开自由本身的呼唤和倾注。因此，奥义书功利精神的形成和发展，最终都是被自由所推动，是自由的展开。

奥义书的功利精神的形成和发展，也符合人类精神演变的普遍必然逻辑。其他传统也经历了类似的转化。米利都学派的物理学也先是用一种立足于某种感性实质的宇宙发生论，否定神话的命运世界观，后来又扬弃早期的感性实质观念，把存在的实质说成抽象的无限、太一。类似地，中土思想也是先用“五行”这些感性原理的相生相克解释宇宙运动，否定神意和命运对世界的影响；到老、庄哲学的“道论”，又用“道”这个无形无相的超感觉实在代替五行等感性材料作为存在的本质。这种抽象化同样体现了否定思维的作用。中、西思想的上述进展，与奥义书功利精神的形成和发展的路径一致，都包括了理性思维的再次统握和否定思维的抽象化两个环节。

它们也体现了与奥义书功利精神发展同样的逻辑和同样的精神自由。然而这种功利精神也有其共同的局限性。这在于在这些思想中，存在本质（无论是优陀罗羯的实有，还是阿那克西曼德的无限、太一，还是老、庄的“道”）都还不具有真正的超越性和内在性，它只是一种现存的自然本质，而不是觉性真实的内在本质，即主体性、心灵。这表明在这一阶段，精神还不具有对自身主体性的自由，它离真实的自由仍然还很遥远。

奥义书思想在此后的发展中，通过茶跋拉等人的生命思考，终于克服了功利精神的上述局限，确立了一种内向知性省思。内向知性省思否定了功利精神领会的本质的纯然物化的现存、惰性特点，确立自我、存在的本质为一种能动的原理，即主体性、生命。这种省思的深化，主要在于反省思维的内向化：反省首次成为主体性的反省。奥义书的精神正是因此实现了对自身主体性的自主规定，实现了主体性的自由，它因而进入伦理精神阶段。

在奥义书中，茶跋拉、考史多启、爱多列亚等学说的元气论，就表现了这种主体性反省。这些学说都认识到自我的本质是生命、主体性，但是这主体性仍被当作一种能动的自然原理，即生命元气；元气为生命、宇宙的本原。其中，茶跋拉学说以为元气即大梵；诸根皆生于元气且最终会复归于元气，为元气的不同功能；人死后，元气依二道往生，其中唯证知大梵者，死后乃经天神界进入梵界，不复轮回；万有可归结为四足十六分，每一分都是元气的体现。考史多启学说亦以为元气或风是万有本原；元气为生命、宇宙中最尊，诸根与诸境皆由元气、风生出并最终归宿于元气；元气为一切存有之全体，人若悟此乃得自足圆满。另外考史多启学派还提出所谓内在火祭之法，把外在的祭祀转化为内在的生命修养，即伦理的实践。此二家学说仍将元气与风等同，表现出浓厚的宇宙论色彩。爱多列亚学派则更强调元气作为生命机能、灵魂的意义，试图剥离元气观念的宇宙论意蕴。在这里，元气说得到最终定型。其说以为处于每个人心腔中的元气就是他的自我或灵魂；元气是自我的本质，也是万有的依持、胎藏；众生、万有皆通过生命流转而达到相互融通。其说还将元气转化产生世界的机制比喻为自我四次创世之说：自我初生水等四界，再由水造出宇宙原人，通过分化原人形成万有，然后又由水中造一人，使诸根各入其处而得食，最后从水中创造食物，以为诸根受用。

总的说来，奥义书的元气论思想，就是把一种自然的生命、主体性，当作自我、存在的绝对真理。这表明奥义书的反省思维的进一步内向化，即从现存的宇宙本质转移到自我内在的主体性领域。奥义书精神由此实现了对于生命、主体性的自主规定，成为伦理的精神。其实践也逐渐转向对于人的生命、主体性的修炼，即成为伦理的实践。其中，反省思维否定外在、物化的自然，转向更内在的主体性的过程，属于精神的自身指向和自身否定运动，表明了精神的自反、自舍势用的积极展开。因此它最终是自由本身所推动的。

奥义书思想从功利精神到伦理精神的转化，符合自由展开的必然逻辑，其他文化也曾普遍经历过。在古希腊，阿那克西米尼就否定了米利都学派早期的现存实质（水、无限），认为气作为一种能动原理，才是宇宙的灵魂的本质。气是活泼的、永恒运动着的原理，它其实就是生命、主体性的自然表述，与奥义书的元气一致。赫拉克利特把火作为存在本质，也在于强调这本质的能动性、主体性。火被认为是永恒的能动原理。火不仅产生万有，也是生命、灵魂的本质。与此类似，在中土思想中，对存在本质的思考也曾发生过从五行说、本无说（老子）到气论的转化，同样反映了一种主体性反省的确立。比如《庄子》谓“通天下一气也”（《知北游》），强调气是宇宙万物的本原；《管子》也曾强调气是生命或主体性之原理，为人与世界之根源（《枢机》）。与这种主体性反省的确立一致，这些思想也都把对生命、主体性的修为、提升作为实践的宗旨，从而进入了伦理实践的范畴。中、西方传统这些思想，也是从完全物化的自我理解深化到对人的主体性、能动性的反省，与奥义书的元气论具有实质的一致性。它们反映了与奥义书同样的精神现实，其形成也遵循同样的精神逻辑。另外，这些思想也表现了伦理精神共同的局限性。它们都是把主体性表述为某种具有最高活动性的自然原理，只领会到一种自然的主体。省思还没有进入自我真正的内在本质即纯粹的心灵、思想领域，没有形成真正的精神超越与反思，因而还不具有真实的自由，仍然属于自然精神。

总之，奥义书思想在自然精神阶段的发展，包含了精神从野蛮思维到神话精神再到功利精神、伦理精神的转变。这种精神转变，表现为理性思维对存在的组织化的逐渐加强和深化，否定思维对存在的直接、表象性的不断扬弃，以及反省思维的持续内向化。这其实就是精神持续的自我组织、自身否定和自身指向运动。一方面，这种精神运动表现出的普遍必然性，表明它不是一个偶然的过程。另一方面，精神在这里表现出的舍此就彼的持续方向性，也表明这不是一种自然的运动，而恰恰是一种逆乎自然的运动。这证明这种精神运动是被某种逆自然的力量推动的。这种力量就是自由。精神在这三个方面的持续运动，清楚地表现了精神的自凝、自舍、自反势用的积极活动。它们就是自由的展开。自由促使精神的自凝、自反和自舍势用展开活动，从而推动了奥义书的自然精神的发展。

自然精神是人类精神的童年，它把自然当作唯一真实的存在。自然是最直接、最朴素、最原始的现实性，它就是觉性、自我的最直接、外在、粗显的存在。正因为它的直接性和粗显性，自然对于精神省思就是最容易，也是最早被把握的。此时的人类精神就是自然精神。自然精神把自然当成绝对真理，没有涉足任何超越自然的领域。在这里，精神完全被自然所局限，从未曾扬弃自然，领会一种超越、内在的真理，没有实现真正的超越和反思。

从存在论上说，被自然精神当作绝对真理的自然其实是不真实的，因为自然只是觉性的内在存在的生存论表象，只是觉性的外在标记或符号，在这种意义上它没有其自身存在的意义，因而绝不是自然精神理解的绝对、独立的存在。自然被觉性内在的思想、意识构造而成，从觉性的先验生命整体生长而出。然而对于自然意识来说，这内在的思想、意识乃至觉性的全部生命关联都完全被置于暗处，唯它们呈现的自然才被认识，因而后者就当然地被人类最早的精神即自然精神当作唯一的真实存在。

对于自然精神，自然就是脱离了觉性内在生命关联的、直接的现存存在。这自然中的一切，全都处在生生不息的经验之流中。在这里，没有任何超经验的实体，也没有独立于物质的心灵。一切东西都任运地生灭流转，并无自身常住的本质；它的存在由人的实践需要来规定，因而不是独立自存的。易言之，这里事物不是实体，其存在完全从实践的因果功能关联得到规定，不具备独立自为的真理性。这个自然也不同于客观的自然界，不具备严格意义上的客体性，因为此时还没有真正意义上的主、客分离，主体性、意识没有从自然独立出来，客体无法被清晰地对象化。尽管既不是实体，也不是客观对象，但自然却的确是实在。这种实在乃是我们出于实践的需要必须加以确认的①。这样一种实在，对于国人来说应该是最容易理解的，它就是华夏传统思想中的存在意义；中国哲学就是这样，既缺乏实体和客观实在的观念，又坚决认为存在物是实在的。

对存在的自然论理解，使得事物丧失了属于自身的存在意义，也使人对事物的尊重失去前提。那直接对我显现的存在，既不是什么独立的实体，也不是客观的对象，它就是属于我的。在我的私人世界中的偶然显现，就是它的全部意义，因此它被系着于我的自然性，没有自身的尊严。从这种存在理解出发，就不会有对他人的普遍尊重。一切都属于我，那么对任何事物的无情利用乃是很正常的结果。随心所欲，

---

① 自然还有外在的自然和内在的自然。外在的自然即宇宙，内在的自然即人的各种心理活动、感受。但内在自然也不是真正的自我，它对于纯粹的精神来说仍然是“外在”的。而自然精神对于人的内心世界尚且缺乏关注，它关注的主要是外在自然，所以在自然省思中最真实的存在其实就是宇宙。但这种外在性在古人那里没有被明确意识为外在（因为精神没有意识到一种与“外在”对立的“内在”——即纯粹心灵的存在）。在这里自然就是唯一真实的存在。

加膝坠渊，也是自然之事。另一方面，我的任何欲望，作为自然，都具有最高的实在性，一切事物都应听命于此。这意味着人在实践上没有摆脱自身的自然性的支配。我国封建社会的种种野蛮暴行，的确与我们民族传统的存在理解的原始性有关。人类最起码的道德要求我们必须对自然保持距离。这距离包括两个方面：对他者的"距离"就是尊重，对自身的"距离"就是克制。对于印度思想来说，这第一种距离的获得是通过事物的进一步外在化成为自身独立的实体，从而脱离吠陀和早期奥义书思想中的自然，这是耆那教和胜论——正理哲学的道路；第二种距离的获得是通过自我的进一步内在化而成为纯粹的精神本体，从而也脱离了自然，这是吠檀多的道路。在欧洲思想中，德谟克利特和留其伯的原子论，走的是与耆那教和胜论——正理哲学一致的道路；而阿那克萨哥拉的奴斯观念、柏拉图的理念论，则反映了与吠檀多类似的道路。这两条道路，其实就是分别通过精神的超越与反思，克服自然的统治，实现精神的真实自由。

## 三

自然是包括中、西、印在内所有传统的文化精神之共同起点。在这种意义上，任何文化的起点都是相同的。然而我们看到，这三种文化却从这里走上不同的道路。无论是在欧洲还是印度，都经历了精神对自然的否定，这最明确表现在柏拉图主义和奥义书更成熟思想对自然的虚无化，以及基督教、印度教把自然规定为邪恶或染污。精神否定自然的自为真理性，确立心灵、思想为绝对、自为的存在，就是反思与超越。在印欧文化中，精神通过这种反思与超越，挣脱觉性的自然乃至一切现存存有的系缚而趋向自由的无限性。精神因而成为自由的、真实的精神（精神首先就是对自然的否定）。在这种反思与超越之中，精神自主的自否定或阖的势用，得以展开为真实的自由。在印欧文化中，阖势用最终冲破自然的束缚，展开为真实的自由，精神具有了对觉性内在本质的真实领会而获得自身的生命和真理性，因此我们称这种文化为阖势文化或觉道文化。觉道文化指以精神生命之积聚提升为理想、精神的求生冲动强烈的文化。觉道文化促使精神的自主势用展开并为其提供了广阔的空间。唯它可以发展出精神的超越与反思。

然而主张"顺天而行"的中国文化，不但没有否定，反倒在不断强化着对自然的崇拜。无论是儒家强调的顺受天命，还是道家的顺化逍遥，都是把人生的理想确定为人的生命与自然大化流行的一致。中国原先的传统完全停留在这种自然思维阶段。在这种文化中，精神的阖势用并没有实现为否定自然的思想活动，没有获得真正的自由，所以这种文化是被精神的辟势用主导的，是一种辟势文化。在这里，由于自由没有展开为真正的精神反思与超越，所以省思从来未领会存在的内在、超越的真理，而是一直把自然当成绝对，甚至把彻底消解自然的理性与反省思维（尤以道家为著），回到混沌无心的玄冥之境作为人生的最高智慧。因此这样一种文化我们也称之为玄道文化，以与印欧的觉道文化对立。玄道文化就是以精神的死亡为理想、精神的向死冲动强烈的文化。玄道文化抑制精神自主势用的展开，而促使自在势用，它渴望精神的自我消解。这种文化不可能发展出精神的超越与反思，不可能有真正的精神自由。

华夏文化就是玄道文化的典型，因而它始终停留在自然精神阶段。其中，殷商思想完全被巫术、魔法支配，且唯执着于眼前、个别之物，缺乏对普遍、绝对的东西的兴趣和思考，为一种感性省思，属于神话精神。在周人思想中，功利和伦理的精神逐渐兴起。这充分表现在《尚书》对于人的实践自身的因果性以及对实践主体的道德动机的关注中。诸子思想，往往在不同的层面和阶段，使神话、功利、伦理精神都在不同程度上得到体现。比如，道家思想对道作为宇宙本质的领会，体现了一种功利精神，然而道家对无情、无己境界的追求，对于安“时”顺“命”的人生智慧的标榜，则又完全放弃了理性对人类实践的规定，体现了消极地接受命运支配的神话精神特点。道家思想最充分体现了玄道文化的特点。它的理想是消除儒、墨二家达到的朴素精神省思，回到所谓混沌玄冥之境，这其实是消灭了精神中介的，彻底无精神的蛮野状态。首先，作为玄道文化的代表，道家思想不仅没有任何反思性，甚至旨在解构儒、墨二家的朴素精神反省。其谓无情、无己，就在于消解人的主体性。其云无心、丧我，则旨在解构人的朴素自我意识。道家的理想是“弃圣绝智”，达到混沌忘我、“蠢然若愚”的境界。这就是反省的完全消除。其次，道家也企图消解否定思维，完全满足于自然的直接性。他们把自然的最直接、朴素、原始的混沌状态，视为“天地之大美”。其所谓无情、无己，也旨在排除对于这直接性的任何规定、中介。所谓“道法自然”、“雕琢复朴”，亦旨在排除人为，恢复自然的最原始、直接状态。庄子后期对“命”的强调，也是把满足于自然的直接赐予当成最高生命智慧。这些都体现了道家对否定思维的彻底解构。最后，道家对于事物的是非、可否的否定表现出的对于实体概念的解构，对于事物“自尔独化”的标榜表现出的对于因果概念的解构，体现了道家对于朴素的自然理性的消解。道家对于自然的反省、否定和理性思维的消解，其实是解构了任何精神省思，从而彻底退回到无中介的自然意识，回到人类野蛮状态。道家的精神表现了华夏人格结构的最底层，反映了华夏人格最深处的野蛮性。其“无情”、“无己”、“无为”、“无待”、“逍遥”之道，表现了华夏人格最深处的放弃任何自我规定和自我中介，回到彻底任性、粗野和完全无教养状态的精神取向。这种精神取向，直到今天也仍然在深处支配着国人的心灵生活。另外尤其是其所谓“无心”、“无我”之道，在后世华夏民族精神中得到最充分的体现。华夏传统的精神省思的特点，是不仅“无心”（心灵从未成为自为的实体），而且任何意义上的自我意识都极为薄弱，甚至导致在中国人中常见的一种“无我”人格。在后者这里，人甚至不能清楚意识到“我”的存在，但实际上又确有一个“我”在暗中决定事物的意义，人把全部情感、欲望都维系于它，只是这“我”在人的省思中是缺席的。这种彻底野蛮的、婴儿式的“无我”人格，只能潜伏在大多数国人的精神深处，但却在中国历史上层出不穷的暴君身上得以彰显。中国古代的帝王，大多具有这种婴儿人格。他一方面“举天下以适己”，用全世界来满足他那个“我”，但另一方面他的眼光却从来没有看见过这个“我”，可以说在他的意义世界中这个“我”其实根本就没有存在过。总之，道家的无为、无我表现的精神生命的彻底死亡，催生了中国历史和现实中无数这类人中渣滓。儒家思想，也同样在其不同层面，体现了神话、功利和伦理的精神。在世界观方面，儒家继承了《尚书》、《周易》对“天”、“命”与“时”的高度尊重，此外还有对祭神之礼的重视，都体现了神话精神的遗迹；其五行相生的宇宙生成论，以及对君王、社稷、家庭利益的强烈关怀，都属于功利精神；其对人心性的省思和涵养，则体现了伦理的精神。儒家的实践也同样包括这三个精神层面。儒家道德，上系于天命敬畏，外关乎家国福祇，内关乎生命完善，故其为道德，乃包括神话、功利和伦理三个层面，乃历史积淀而成也。盖神话之道德，完全唯系于对某种神秘的外在意志之恐惧，商、周初思想即如是也。其以为一切事物之存亡，及吾人生命之全部遭际，皆受宰于“帝”、“天”之意志，故人的行事亦必与“帝命”、“天命”合，而以此为道德之根基。然而随着精神的成熟，此种外在道德，必然被扬弃。盖精神之壮大，必致脱离外在权威，而普遍因果观念之确立，乃使“祛魅”为必不可免者。若“帝”、“天”由神圣人格沦为凡常之器物，则其对人类实践之规定便荡然无存，故德行失去基础，人或重陷于放纵恣乱。于是人必确立某种新的原理，取代“帝”、“天”之外在意志，以为德行基础，是为功利。在这里，人既依因果性之确认而否定了偶然的“帝命”、“天命”对于现实生存的影响，便自然把因果性作为实践的根据。于是家国天下的福祉代替“帝”、“天”的意志，成为德行的最高目的。这就是功利的道德。儒家实践的进一步深化，是对实践主体的规定超过了实践的因果关联而成为关注的焦点。对主体的修炼、提升和完善成为实践的核心。于是道德成为伦理的。总的说来，儒家也同其他华夏思想一样，没有形成真正的精神反思和超越，完全没有领会到心灵、思想的独立、绝对的存在，仍然把自然当作绝对真理。儒家对作为更原始的存在的“天”的向往、对未经雕琢的“赤子”之心的标榜，反映出其精神深处也潜藏同道家一样的（精神自我解构的)玄道取向。从儒、道二家,我们基本上可以看出诸子思想的特点。这些思想全都属于朴素的自然思维范畴。

即使同样处在自然精神阶段,印欧的觉道文化和华夏的玄道文化,就已经表现出精神取向的重大区别。在神话精神阶段,唯印欧文化具有真实的神性观念并构想出系统的神话。盖神性自在地体现了人类对于自我的理想(神其实就是这样一个自我,在其中觉性的本质即自由得到绝对完满的实现),神性的本真存在就是绝对自由和光明。真实的神性观念,就是以某种形式表达对神的自由和光明本性的领会(后者其实已经是一种自在的超越和反思思维)。在自然精神阶段,这种形式也是自然的。比如通过将神等同于某种发光天体(天空、太阳),来表达对神的光明性的领会。盖光明其实就是觉性、精神,但在这里只能被表述为一种自然的光亮,这种领会就是一种自在的反思。另外在这一阶段,对神的绝对自由,即对它的绝对超越性和主体性的领会,也只能得到自然的表述。它们被理解为天国与尘世的距离,以及神的伟力神通。这种领会就是一种自在的精神超越。古代印度和希腊的神话,就反映了这种神性理解。它们的神才是真实的神。印欧精神通过这种神性观念,表达了人对于自由的强烈渴望,以及趋向超越、内在存在的理想。这就是觉道文化的典型精神取向。正是这样的精神取向,促使印欧思想最终超越自然,进入觉性的内在本质领域,从而也实现了真正的精神自由。

这种觉道精神取向,在印欧文化进入功利、伦理精神阶段后,仍继续发挥着影响。优陀罗羯认为本质否定一切感觉表象、唯思维可知,巴门尼德把存在归属于超越虚假的可感世界的可知世界,这都明确地把感觉视为虚假的。对直接自然的这种虚假化,与上述神性领会,表现了精神超越现实世界的同样取向。另外,荼跋拉、考史多启、爱多列亚等把存在本质归结为自我的主体性,与赫拉克利特认为火作为宇宙基质就是生命、逻各斯以及毕达哥拉斯认为存在的本质是数,与上述神性观念对神的光明性、主体性的领会,表现了精神回归觉性内在存在的同样取向(但这内在存在同样被以自然形式表述)。这些思想,都反映了觉道文化的特质。唯有这种觉道文化,才为精神自由的进一步展开提供了空间。

然而华夏文化是典型的玄道文化。华夏精神绝对地执着于当前、直接的现实性,即自然。它的特点在于对这当前、直接的现实完全满足,总是在其中自怡自乐。其最大智慧是在这直接自然中逍遥自得,其最高道德是完全服从自然、顺天安命。它对于这现实没有任何不满,也未曾有过对一个超越这现实的存在的渴望和认真思考。这意味着真正的神性观念在这里是不可能出现的。因此华夏文化的神话精神,与印欧文化在精神取向上有根本区别。尽管我们在一种极宽泛意义上谈到商、周的神和神话，但是在严格意义上神性观念和神话系统，在华夏传统中其实从未产生过。商周文献的“帝”或“天”，既没有对世俗世界的超越性，也没有表现出自由与人格性。因而它没有寄托人对自身存在的理想，所以不是真正的神，而只是一种原始自然恐惧和依赖的产物，完全被人的尘世欲望规定，本质上只是巫术迷信的对象（参考本书第二部分第一编第三章小结）。另外在这里，神的存在极为苍白、贫乏，寄托了神话的自由理想的天国、彼岸观念也从未产生，因此在这里也没有真正的神话。总之，华夏的神话精神，完全不具有觉道文化在神话中体现的超越当前现实回归光明本源的冲动，也没有后者的神性观念表现的自在反思与超越。精神缺乏开辟真正自由的理想与力量。这种情况，在功利精神和伦理精神阶段也依然如此。如前所谓，华夏精神的特点在于对当前的自然完全满足，把回归更原始更直接的自然（老庄的“道”或儒家的“天”）当成最高的理想。在儒、道二家的宇宙论中，本质观念的抽象性往往不明确（比如儒家的“天”），而且立足点完全不在于对直接自然的否定（“道”与“天”都是指最直接自然）。老、庄的“道论”要么是把无序的感性表象总体的无，要么是把比明确的感性表象更直接、原始的混沌作为存在本原。古希腊和印度宇宙论通过将感性表象虚假化表现的对直接自然的超越，对于中土宇宙论是很陌生的。精神超越现实世界的取向在华夏精神中完全没有得到表现。另外，与印欧传统不同，华夏传统罕有明确把存在本质理解为主体性、思想的观念。觉道文化的克服外在自然回归觉性内在存在的精神取向，在华夏传统中并不存在。总之，华夏文化属于玄道文化，只以退回到原初自然为理想，完全不具有印欧文化超越当前现实转向光明本源的精神冲动。从这样的文化，不可能自发产生真正的精神超越与反思。因此华夏精神只能停留在自然精神阶段，无法实现真实的自由。根据玄道精神的自我消解逻辑，华夏传统甚至时刻面临着解构其自然省思，泯灭全部精神生活，回到彻底野蛮状态的威胁。这表现在王朝更替时期周期性地陷于彻底野蛮化。在秦汉以后数百年，华夏民族都退化到并一直停留在（属于人类最野蛮思维的）谶纬意识形态。如果说精神的生命在于创造，那么可以说在秦汉统一之后的六百多年内，华夏民族在精神上已经彻底死掉了。至于它经历两晋至隋唐，终于走出黑暗时代，与佛教东渐给中华民族带来了真正的精神超越与反思，从而给华夏精神注入了新生命是分不开的。

唯有通过反思与超越，精神才能确立自身的价值与尊严，从而才能确立正常的价值观。人类所有的思想、道德、法律、政治、科学、艺术等活动，最终目的都应当是为了服务于人的内在精神，都是人实现自由的手段，并且最终应根据自由来规定其价值。我们必须把人内在的精神自由作为衡量一切精神现象的最高标准，没有任何东西的价值能够凌驾于内在精神之上。

然而自然精神由于没有真正的反思与超越，对于精神自身的价值与尊严的意识都很模糊。在这种情况下，对于一种属于玄道文化而极端执着于当前现实的精神，就必然导致彻底的物质崇拜，进而导致价值观的严重扭曲，以及普遍的人格缺陷。在这里，巨大的物质偶像（天地、君王、国家、社稷、家族等）必然吞噬人自我的精神空间，个体自身存在的权利和价值完全被忽略或有意抹杀。人们唯一理解的“高尚”（如韩非的“高尚”、儒家的“高尚”、义和团的“高尚”、红卫兵的“高尚”等），就是为物质偶像献身的“无我”。人的知识、信仰、思想、道德、艺术等，即一切属于内在精神、心灵的东西，都应当是为国家和他自己的物质利益服务的。这样，人对于其内在的精神自我奴役，竟然被视为“最高尚”之事，成为他“最神圣”的职责！由于没有把人内在的精神自由确立为道德的本质，道德就只能建立在对君、父的偶像崇拜之上，这必然导致普遍的人格扭曲（比如中国传统的“孝”道故事，大多只让人感到一种精神的变态和畸形）。这就是华夏民族精神的历史和现状。正由于精神对自身的贱视，导致国人对物质强权的极端恐惧和依赖，以及人性上的懦弱与贪婪。专制奴役确实是民族文化的必然选择，要走出千年奴役，唯有待于民族精神的拯救。

对于一个健全的良知和人格、正常的人性都尚未建立的民族，现代化的议题往往会使它错失了真正的问题。在这里，现代化可能只是树立了一个更大的物质偶像。这样的民族真正需要的是文明化。对于漠视人的精神价值的东方专制社会，现代化往往只意味着物质力量的空前增长，从而使物质更彻底地将精神置于它的奴役之下，物质被用作控制人类的手段将更加坚强有力。因此专制社会的现代化必然导致奴役的进一步加重，最终结果是绝对奴役制，即极权政治。于是物质强权彻底粉碎人的精神生活和自由空间，人类重回野蛮状态。总之，对于华夏民族，把精神从自然、物质的深重奴役中拯救出来并使它承担起自身真实自由，以此恢复人的健全良知和正常人性，才是民族的唯一出路，并且是远比现代化更重要、更根本、也更迫切的问题。

尽管奥义书的精神发展也必须以自然为起点，但印度文化作为一种觉道文化，为奥义书精神的发展提供了无限的空间。这从根本上是由于在觉道文化中精神对于良心的呼唤保持警醒。盖精神的本质就是觉性的自否定（自由）的自由，是自由的绝对化，而后者乃是觉性的自由本体的内在要求（自由之本体必须包含对自由的自由）。这自由本体就是良心，它要求将自己在精神的生命中实现为绝对的。这要求就是对现实精神的呼唤。尽管对于东亚文化，这呼吁未能透过传统的厚幕，唤起精神的良知，自由之本体终于湮没无闻了。盖良心的呼唤带来烦恼。而东亚的怡乐文化，就一直把泯灭良心的呼声，达到心理的舒适（逍遥）当作最高的生命智慧。在完全摆脱良心呼唤的折磨之后，精神就可以在自然的庇护之下尽享安全、怡然自得；但这实际上意味着真正的精神，作为自否定的绝对性，在这里已经死亡了（有鉴于此，则自大一统后中国精神就完全丧失了自主创造的能力，又有什么可奇怪的呢？）；但是印度精神却始终对这呼吁保持警觉，它的真诚谛听与应答，决定现实精神对绝对自由或自否定的无限开放性，这首先意味着要否定作为觉性最直接的现存性的自然，否定自然对精神的系缚（实际上就是否定自然的究竟真理性）。这也意味着在这里，精神必须对奥义书的传统采取自由态度，它必须否定奥义书的自然省思，超越奥义书在此阶段实现的自由。

良心的吁请是自由在现实中的自身绝对化冲动，而精神的应答则是这自由实现、展开为省思的思维。奥义书的精神为这自由的展开提供了充分的空间。自由推动奥义书的精神在自然省思中的进展，也必推动它进一步扬弃这自然省思。因为自由为了实现其绝对无限性，必然转化为精神对心识的先验活动的自主设定，后者首先必然是超验的，即对觉性之超越存在的设定；其次必然是内在的，即对觉性的内在心识活动的设定。在这里，本体自由通过呼唤和倾注，促使现实精神内在的自舍、自反势用恢复其本真存在，重新展开积极活动。于是自舍势用推动省思彻底否定觉性的外在自然，包括精神此前确立为真理的实质和本质，而自反势用则推动省思在新的意义层面寻求、确立真正的内在存在为绝对真理、自我。觉性的内在存在就是纯粹心灵、意识、思想。于是这省思提升为真正的超越与反思。奥义书的精神只有在省思从外在的自然到内在意识的持续运动中才实现了一种精神的独立、内在的自由。

于是奥义书的精神省思便在自由推动下，开出了两个发展向度。其一是那支启多学说等代表的超越向度，即否定自然论的实质、元气的直接现实性，进入存在、自我的超越领域。这一向度后来发展为晚期奥义书对自然、生命的彻底虚无化。其二为桑底厘耶、阿阇世诸说代表的内在向度，即否定自然思维对外在自然的执着，进入自我的内在意识领域，否定元气说开示的自然生命的外在性，将元气、生命归属于内在的心灵、意识。奥义书思想由此完成向本体论和心性论的转化。然而在这两种向度中，前者的超验实体，没有与自我的经验心识关联起来，没有被理解为心识经验的本体，因而这实体尚不具有绝对性；后者将某种心识（意、识、觉、心等）作为所有经验的根源，但这根源性的心识本身仍然是自然的、经验性的、心理的，不具有超越性。因而这两者都没有达到先验的向度。奥义书思想的进一步发展，在于将这两个向度统一起来，即将超验实体与内在心识等同。这一方面使超越实体绝对化，超越者成为存在的基础；另一方面使根源性的心识被超验化或提纯，使之脱胎为现行意识之超验本体。于是一种严格意义上的先验意识观念便得以形成。

本书获得国家社会科学基金项目（07BZX040）和
中央基础研究专项基金（NKZXTD1105）资助

# 奥义书思想研究

第二卷

奥义书精神的历史 · 自由的精神

The Upanishadic Thought and Its Development

吴学国◎著

人民出版社

责任编辑：洪　琼
版式设计：顾杰珍
封面设计：林芝玉

**图书在版编目（CIP）数据**

奥义书思想研究：1－5卷／吴学国 著．—北京：人民出版社，2017.1（2024.1 重印）
ISBN 978－7－01－016223－2

I. ①奥…　II. ①吴…　III. ①婆罗门教－宗教经典－研究　IV. ① B982

中国版本图书馆 CIP 数据核字（2016）第 109875 号

**奥义书思想研究**

AOYISHU SIXIANG YANJIU

第一——五卷

吴学国 著

人民出版社 出版发行
（100706　北京市东城区隆福寺街 99 号）

北京九州迅驰传媒文化有限公司印刷　新华书店经销

2017 年 1 月第 1 版　2024 年 1 月北京第 4 次印刷
开本：787 毫米 ×1092 毫米 1/16　印张：140
字数：2600 千字

ISBN 978－7－01－016223－2　定价：749.00 元（全五卷）

邮购地址 100706　北京市东城区隆福寺街 99 号
人民东方图书销售中心　电话：（010）65250042　65289539

版权所有・侵权必究
凡购买本社图书，如有印制质量问题，我社负责调换。
服务电话：（010）65250042

第二编

# 自由的精神

# 引　论

## 一

从任何一种健康的文明（比如埃及、苏美尔、吠陀的印度、波斯、犹太、希腊文明），无论其内在独特性或发展程度有多大的差异，人们都可以发现精神对高度与光明的执着追求，非常强烈而且突出。然而也有例外，比如像中国、美洲和黑非洲文明，我们从中就很难找到这样的追求。在前一种文明中，精神迷恋着一种高度，似乎是要脱离大地而去。它设想有一个高于大地的世界，比地上的世界更有价值、更理想，或许还更真实。这就是天堂。在许多文化中，天堂的美好还以地上世界的悲惨、无意义为衬托。在有些文化中，精神还设想天堂还有许多层，离地面越远的越美好、越有意义。这充分表达了健全精神的一种永恒愿望，即要脱离大地、飞升而去（升得越高越好）。这样一种愿望或追求，着实令人惊奇。它显然对人（在地上）的生存毫无益处。那么它的存在到底为了什么？迄今为止也没有一种令人完全满意的解释。精神对光明的迷恋也同样令人惊奇。从地中海到恒河流域，从北非到斯堪的纳维亚，对太阳乃至一切发光天体的崇拜，都曾是一种极重要的精神现象。这些文化都表现了一种对光明的强烈渴望。在有些文化中，人们甚至渴望（在死后）将自己完全融入光明的源泉中。这种崇拜同样对人的生存毫无益处（没有它人们照样会活得很好），却极为普遍。这种情况，当人们想起它的时候，定会深感困惑。或许后一种文明（即东亚—非洲文明），即执着于大地、只留意此处当下的文明更容易解释。盖于远古人类，环境艰险，生存极为不易，人必须抓住一切物质的条件和机遇，以求存活，故精神全神贯注于大地、于当前环境（典型者如《周易》对生存的极端焦虑与恐惧），不遑它顾，实为自然。然而在第一种文明中，天堂的意义居然压倒大地，精神对太阳的关注也竟导致对所有被照亮东西的忽视。此种独特倾向具有这样的普遍性，才是人类精神中真正值得惊叹者。它清晰表明了人类本来就具有一种不同于或超越了自然生存的冲动，验证了人生来就是自由的。

对此我们试图给予进一步的现象学阐释。首先，精神对高度的追求，与它的另一种体验，即对重力的体验有关。一切处于低处的东西，都是沉重、固着的；而处于高处的东西，比如空气，都是更轻盈、灵动的。因而高处意味着自由，而低处意味着不自由。这自由与不自由，与重力有根本关系。显然在这里，自由被表象为失重状态，而不自由被表象为被重力压制的状态（古人以为空气比大地自由、意识比物质自由，都包含了重力的象征）。重力与高度都是人类精神之深层隐喻。重力是限制自由的东西。而在人类精神体验中，一切重量大的东西，也能起到这样的作用，因为当精神与这样的东西结合，后者就会将它的重力转移到精神之上，使精神不能再自由飞翔。因而重力往往也等同于有重力的东西。那么在精神的隐喻中，重力的本质到底是什么，以至精神摆脱它成了如此执着的渴求？在此我们或许还是应当回到高度的隐喻。精神在其历史中，不断否定低处的东西，飞向更高的东西：否定感性个别性而趋向普遍，否定感性表象而趋向抽象本质，否定物质趋向意识，否定自然、经验趋向超验实体，最后否定超验实在趋向空无……这一精神历程表明，精神不断飞向高处的过程就是愈益接近空无的过程；而逐渐升华的失重状态，显然就是愈益脱离存在重负的漂浮状态。这清楚地表明了，灵魂与重力的矛盾就是自我、自由与存在的矛盾，重力就是全部现实的存在。一切存在都是自由构造出来，却都反过来限制着自由，成了自由的重负。所以自由唯有否定它们，即否定它自己的现实存在，才能保持自身。这否定也是自由的实质内容，我们称之为自舍势用。这否定总是从最直接的现实，即存在之最低处开始，逐渐上升，以达于空无之境，这就被表象为灵魂从低处向高处飞升的过程①。总之，精神对高度的追求，验证了本体自由的自身否定势用在精神中的存在，它就是由这势用推动的，就是后者对现实精神的呼唤。

其次，精神对光明的追求，也同样有其自由本体论的根源。盖几乎所有文化，皆曾以光明、灯作为觉性、意识、精神的隐喻。心灵认识对象，被形容为灯、太阳的光线照亮了事物。真理的显现以光的照射为条件。精神获得了某种更本质的认识，被表述为光照亮了从前被隐藏的真理。知识的拓展、提升和深化就是光照的扩大、提高和深入。在有些文化中，光的照明被赋予本体论的意义，被认为是存在发生的根源。

---

① 佛教的四禅八定就是如此，这是一个从最低级最粗显的存在即物质开始的逐渐提升的否定过程，其理想境界是“灭尽”（niruddha），即全部存在泯灭的状态。基督教认为上帝的创造是神圣本质从上到下的显灵，而灵魂复归上帝则是从下到上的升华。其典型如奥古斯丁所描述：“我们神游物表，凌驾日月星辰丽天耀地的穹苍，冉冉上升，怀着更热烈的情绪，向往‘常在本体’。我们印于心，诵于口，目击神工之缔造，一再升腾，达于灵境，又飞越而进抵无尽无极的‘膏壤’；在那里，你用真理之粮永远‘牧养着以色列’，在那里生命融合于古往今来万有之源，无过去、无现在、无未来的真慧。真慧既是永恒，则其本体自无所始，自无所终，而是常在；若有过去未来，便不名真慧。我们这样谈论着，向慕着，心旷神怡，刹那间悟入于真慧……”（《忏悔录》IX·10，第177页）这些都充分表现了精神对高度的追求。

从生存的需要来看，光明的存在仅仅是为了照亮事物，正如我们点灯就是为了照亮室内室外的东西。而远古神话、宗教的光明追求则意味着，人对光明本身的关注超过了对它照亮的东西的关注，或这盏灯本身的价值竟超过了它照亮的财物。这表明光明追求包含了一种旨趣的倒错，而这种倒错在我们上述第一种文明中具有绝对普遍性。因而精神对光明的追求同对高度的追求一样令人惊奇，它也验证了人的精神有超越生存的自由。它验证了本体自由的自反（自身维持）势用的存在，它反映了这自反势用的呼唤，就是由这势用推动的。因为在所有文化中，光明就是对觉性、精神自身的隐喻。对光明的追求意味着精神不再将生存的物质偶像当作最高价值，不再将对这偶像的守护当作生活的最高目的，而是用觉性、精神的内在本质代替它，以之为全部生命活动之目的。这是精神从生存的、物质的存在返回其自身本质的运动。在自由本体论层面，这种反自然的运动，就是自反势用在现实精神中的展开。自反势用同样是本体自由的实质内容，是生命的维持所必需的，它就是生命将其全部活动指向其内在本质，使它们皆为维持这内在本质而存在。而在精神的生命中，一切自由、自主的活动都必然包括对对象的意识或省思，因而自反势用必然推动省思的目光从外到内、从偶像到本质的持续转化。精神对内在本质的省思，就是反省，而精神的自反势用作为主导力量推动反省的形成和演化。

对高度与光明的追求都包含一种双向运动：既是本体自由（良心）对现实精神的永恒呼唤，也是精神的倾听和应答。任何精神的发展，都来自自由与现实精神在本体层面的对话。精神必须时刻保持觉醒，才能倾听到自由的呼声，从而作出应答，即克服自身的局限，展开其存在的无限性。这种觉醒就是精神的良知。如果在一种文明或文化中，精神对良心的呼唤保有持续的觉醒，而不是陷入麻痹昏睡，我们就称之为觉道文明或文化。高度与光明追求就表明了这种持续的觉醒，所以我们将上述第一种文明归属于觉道文明。

然而上述第二种文明，则表现了完全不同的情况。我们姑以华夏文明为例略说明之。在这里，精神对高度与光明的追求要么完全不存在，即使存在亦显得非常偶然。首先，与觉道文化不同，华夏远古文化，关注的永远只是大地，只是人在自然中的生存，精神完全沉浸于尘世的操劳，从来不曾抬起头来，仰望、沉思天空之胜景（或许楚民族稍有例外）。从卜辞、《周易》、《尚书》等上古文献中，都找不到像希腊、印度、波斯等的天堂观念，上帝的观念即使存在，也极抽象模糊。从这些文献中，可以看出远古华夏民族“上帝”观念的特点：其一，“帝”的存在完全从尘世的利益得到思考，在卜辞中，他总是作为“降饥”、“降食”、“降诺”、“受（授）禾”、“受（授）年”、“令雨”等的主体出现。在全部这类上古文献中，未曾看到有哪怕是一条脱离人的自然生存关联，独立思考“帝”的自身存在的记录，也没有“天国”的观念。“帝”的存在意义完全从尘世祸福这一狭隘角度被规定，人们甚至从未试图思考过以下问题：一是“帝”到底是什么（本质）？二是它的形像是如何？有何属性？总之“帝”的面目极为抽象模糊。其二，在这里也从未出现过把“帝”作为更理想存在的观念。没有看到对上帝的理想化，对它的赞美和爱。全部华夏上古典籍中没有一篇献给神的颂歌。人们从未设想过上帝是比他自己更卓越的存在，也未曾有过与上帝结合的愿望。因而在觉道文化中，那种精神脱离大地将自己提升到原本不属于自己的存在高度的追求，在这里完全不存在。总之卜辞的“帝”其实只是全部不可知、不可控的自然力量的总称，而不是某种更理想、更高存在的代表。尽管人们对它充满恐惧和依赖，但它的存在却从未被认真思考，是完全模糊、抽象、贫乏的，不具有人格性和理想性。卜辞的“帝”，并非中土独有，它也是许多澳洲和黑非洲土著文化共同的上帝。这种上帝观念反映了精神从来未曾设想、追求的一个比大地的生存更理想、更卓越、更有价值、更真实的存在。同样，在这些文明中，还没有一种真正的（具有系统性的）神话，谁曾耽搁地下的活计去操心那远在高处的天国中发生的事情？甚至这天国也极模糊，或者说它根本就不存在。因而在这类文化中，精神对高度的追求根本不存在。后世的华夏文化也同样表现了这一特点。儒、道、法、墨、兵等诸家，其思想都完全被直接生存的利益吞噬，从未追求、沉思过比大地更高、更理想的存在。反倒是像水一样的处柔居下、自求卑污成为中土文化的最高智慧。另外，尽管像玛雅、阿兹台克等文化都把天、地分为高低不同的层次，如玛雅人和阿兹台克人都以为天上有十三层，地下有九层，墨西台克（Mixtec）人认为天上有九层，地下有一层，但是在这里，这些层次区分只是空间的、宇宙结构论意义上的，其着眼点并不在于存在价值的区分。在所有第二种文明的类型中，觉道文明对精神高度的追求都不存在。

其次，华夏远古文明乃至所有其他第二种文明的另一个特点是，缺乏对光明的追求。在第一种文明中普遍存在的太阳崇拜，在华夏远古文化中就找不到任何存在的痕迹；在印欧神话中普遍存在的世界通过光明与黑暗两种原理的斗争、最后由于光明的胜利而显现的发生模式，在中土传统中也是踪迹全无。儒家对“天”的崇拜，就不包括任何光明隐喻，它其实可以归结为对自然的必然性和力量的崇拜。而法家则崇尚一种黑暗的权谋智慧，认为帝王的权术应当是秘不示人、不可测度，完全见不得光的。道家则明确标榜一种“崇黑尚玄”的智慧，与觉道文化的光明追求形成鲜明对照。其以为真人应当弃圣绝智、忘知废照、无心忘我、蠢然若愚，进入精神、意识的光明完全熄灭的混沌玄冥境界。与中土文明类似，在属于第二种文明的其他类型中，前一种文明那种执着的光明追求也同样不存在。尽管作为后者的反面，像中土文化中的那种黑暗崇拜，在这些文明类型中很少出现。在美洲、澳洲和黑非洲土著文化中，人们没有构想出光明与黑暗的二元图式，也没有领会光明在存在发生中的重要作用。固然在其中有些文化的确存在与第一种文明类似的太阳崇拜，但这种类似是表面的。其中显著的区别是：其一，在第一种文明中，人们在日神崇拜中最关注的是太阳的光照；而在第二种文明中，人们最关注的其实是太阳与时节的关联，这种日神崇拜甚至不是一种真正的光明崇拜。其二，在第一种文明中，太阳或者另一种光明原理，总是与存在起源、与知识、智慧有本质的关联，而在第二种文明中，这种关联并不存在。以上两点表明，在第二种文明中，太阳或其他天体，未曾作为觉性、精神的隐喻。比如，玛雅人、特奥提华坎人、阿兹台克人都有太阳崇拜，并建立了非常壮观的太阳神庙。其中，特奥提华坎人建立的巨大的太阳金字塔遗迹迄今仍存，高达 63 米。阿兹台克人自称为太阳的族胤，其主要祭祀，就是通过大规模的宰杀人牲，以其鲜血使太阳保持活力。然而在这里，太阳神的重要地位，并非由于它照亮、揭示了事物的存在，而是因为太阳由于其运动产生的同宇宙上下、四方的关联，更重要的是它与历法的关系。盖人类从采猎社会过渡到农业社会，导致对时节、历法的高度重视甚至崇拜，适应农耕生活的历法逐渐取代与采猎生活符合的、偶然的神意，成为支配天地运行和人类生存的必然力量。这导致在所有初期农业社会中，神话与历法两种意识形态的并行和交织，而且历法甚至逐渐取代神话成为宇宙最高的、主宰的原理①。从东亚的殷商文化，到美洲的奥尔梅克（Olmec）（约始于 1200BC）、玛雅、扎波台克、墨西台克、特奥提华坎等文化，都具有这样的特点，因而它们属于本质上相同的精神阶段。从奥尔梅克文化开始，历法或时间就成了与神一样的，独立决定人的命运的力量。所有这些农业文明都有复杂、精致的历法②。历法决定人行事的时机，它后来甚至成为神的行动的决定者。神依其时节降临，并被以其时节命名。神话被纳入历法框架内。这种历法崇拜，自然使得某些与历法有特殊关系的神重要性大大加强。太阳神无疑是与历法关系最为密切的。古人以太阳运动纪日、授时③，于是太阳被认为是日子和时刻的创造者、时间的主宰。阿兹台克人认为每一时刻都包含各种神的力量交汇，从而决定人类的生存，故洞察某一时刻哪一位神降临及其带来的灾祥并作出对应，乃是人最要紧的智慧，与殷人观念完全对应。结论是，在阿

① 吴学国：《中国古代哲学中的时间与存在》，《南开学报》2011 年第 1 期。

② 在玛雅、扎波台克、墨西台克、特奥提华坎等文化中，历法高度成熟，它们采用了长历（365 天，阳历）和短历（260 天）的双轨日历。

③ 在阿兹台克文字中，同在中国文字中一样，作为天体的“太阳”与作为时间单位的“日”是同一个词“kin”。阿兹台克人还以“太阳”指宇宙历史的时期，宇宙迄今已经历了五个“太阳”。

兹台克等文化中的太阳崇拜，主要是由于太阳与历法的关联导致的，而非由于太阳与光明的关联[①]。在所有第二种文明的类型中，对于光明的执着追求都不存在。

所以，如果说精神对高度与光明的追求是对本体自由的倾听和应答，象征着精神的觉醒，那么在这第二种文明中，精神就始终处在沉睡之中。尤其是在华夏文明中，精神还自我陶醉于这种良知昏睡的玄冥之境。因而我们称这种文明或文化为玄道文明或玄道文化，以与觉道文明或觉道文化相对。在玄道文化中，良心的呼唤被现实生存的厚重盔甲和传统的坚固壁垒隔绝，良知陷于沉睡或泯灭，精神自由的本真无限性被阻断，精神的自舍与自反势用都被相应的自在势用抵消、被传统固化，精神的反省与否定思维失去进一步发展的推动力，导致精神的发展陷于停滞。精神将自己囚禁在存在的直接现实性，即自然的狭小天地中，且只能攀附物质的偶像而行，没有力量打破囚笼，脱离攀缘，获得其自为自足、独立绝对的存在，实现内在、本质的自由——这才是真正的精神自由。因而玄道文化只能永远处在自然思维支配中，永远不能脱离自然精神，进入自由精神阶段，永远不能领会精神的尊严和价值。而在觉道文化中，由于精神始终对自由的呼唤保持觉醒并积极应答，因而精神就能够对存在保持无限的开放性。这在于，精神通过倾听和应答恢复了它的本真自由，从而克服自身的局限，开辟更高的思维层次。在这里，本体自由以其内在必然性，推动精神实现对其内在、本质的具体现实，即思想、实体性的自主设定，推动它从自然的否定与反省思维提升到真正自由的思维即超越与反思的层次。唯在觉道文化中，精神才能实现这种从自然到自由的升华，而奥义书的精神就实现了这一升华。

## 二

如前所述，否定与反省的思维皆包含精神内在的自舍与自反势用的积极展开，其发展演化最终由后者推动。精神的每一种省思活动都必须有全部自主势用参与。这些精神自主势用的作用有积极与消极之分，前者是规定着省思的目的，通过这省思构造出服务于自己的观念者（如自反势用之于反省思维，自舍之于否定思维）；而后者是为积极势用之展开起辅助作用，没有在这省思中构成属于它自己的观念（如在反省、否定思维中包含了自凝势用的活动，它们都必有自凝势用的参与才能构成观念，但这观念往往不是为自凝势用的展开服务）。对于精神的每一种思想、概念，

① 在埃及与西亚神话中，太阳神也与昼夜交替相关，然而在这里昼夜的交替包含的光明与黑暗的斗争被大大强调（比如埃及神话解释白昼的产生为代表光明的太阳神瑞［Re］驱逐代表黑暗的蛇怪阿波非斯［Apophis］的过程），成为创世过程的缩影；这一点是美洲与东亚文明中完全没有见到的。

我们只讨论其中起积极作用的势用，包括起主导作用的与辅助作用的。所谓主导的势用就是在某种省思中始终起着积极作用，始终作为这种省思发展的根本推动力量的自主势用；而辅助势用则是自主势用中，阶段性地参与到该省思中，规定其历史特性的积极势用。在否定思维中，起主导作用的是自舍势用，自反、自凝等势用起辅助的作用。在反省思维中，自反势用起主导作用，自舍、自凝等起辅助作用。

奥义书精神的发展，同其他文化的情形一样，也是由否定与反省两种思维的交织构成其主线。无论是否定还是反省思维，都是在自由（自舍与自反势用）的推动下不断提升、不断深化的。我们在上一编通过对奥义书最早期思想的分析阐明了在精神内在的自舍与自反势用的交替推动下，奥义书的否定与反省思维在自然思维层面的发展。我们也表明了自然思维或自然精神的根本局限，这就在于，否定与反省都只在觉性、存在的最直接肤浅的层面即自然范畴内活动，它们只在这里才有其自由，即只有一种自然的自由。在这里，否定思维克服了感性的表象性和个别性，却仍以一种物质性的普遍实质或本质为绝对真理，而反省思维则将自我与这种普遍实质或本质等同起来。反省思维还没有发现自我内在的意识、思想，即心灵的绝对性，仍然把心灵当作物质的部分或属性，没有领会心灵才是存在的绝对基础、本质。因而这反省只是自然反省，完全没有发现觉性、存在的内在性，不是真正的反思。与此呼应，否定思维也没有脱离自然、经验，没有否定自然生生不息的时间性，进入超越经验现象、超越时间、因果与变易的实体或本体领域，因而这否定也只是一种自然的否定，它始终停留在觉性最粗浅的生存的层面，仍然被缚于觉性的偶像，没有进入其真正超越的、本质（实体）的领域。因而这否定思维还没有提升为真正的精神超越。在自然精神阶段，唯外在的自然、“天”才是绝对存在，人类自我的存在完全被自然规定，心灵也产生于自然，且被当成自然的一部分。奥义书最早时期的思想，就属于这种自然精神，这是我们在上一编讨论的内容。在自然精神阶段，一方面，自我完全丧失了独立的自身空间和自己与自己的关系，它的全部存在都被自然的强力侵占、掌控，因而它没有任何尊严，实际上成了自然的奴隶；另一方面，心灵没有成为自然事物存在的归宿、目的，反倒以自然为归宿、目的，因而丧失了其真正的价值。总之自然精神没有意识到自我的独立自为的存在，因而还没有获得其真实的尊严与价值，还没有真正的自由。

精神的真正自由不是自然思维的外在、表象的自由，而是内在的、本质的自由，它就是反思与超越。真正的精神自由，就是精神否定外在自然的偶像对它的内在本质的支配，因而对其自身内在本质有了直接的自主设定，后者就是反思与超越的活动。这反思与超越思维，由于彻底否定了自然的自为、绝对的存在，深入到自我、存在的内在、超越领域，因而是一种理智省思。理智省思由于对自然的否定而使精神获得解放，因而它就是自由的省思。首先，反思就是自由的反省。这反省领悟到外在物质自然的虚假性，因为自然只是觉性、自我的内在具体现实的标记、碎片，只是觉性思想活动的环节、产物，不具有任何独立的存在和价值，其存在总是相对的、个别的，不具有绝对的、自为的真理性（任何绝对、普遍的自然之物都是思维的虚构），而真正绝对的、自为的存在，就是觉性的内在现实（心灵）的汪洋大海。反省只有看到了这绝对的心灵，才算是真正领悟到了觉性的内在世界，故自由的反省（反思）就是内在反省。其次，超越就是自由的否定。在这里，否定思维领悟到任何物质性的实质、本质，都仍是偶像的，而不是存在的、觉性的真正本质。任何自然的、经验的、现象的东西，都只是存在的标记和符号，存在的真正本质是对全部自然、经验的超越或否定。这本质就是与现象界对立的实体世界，它是现象世界的基础、真理。克实言之，唯一的（绝对）实体就是觉性、自我本身。唯实体才是觉性、自我真正的具体现实。唯有当现实精神否定经验、现象的权威，确立实体为绝对真理，才终于打破了存在、自我的根深蒂固的自然偶像，从根本上否定了自然的奴役，意识到自身的超验性，从而获得其独立和自为自足的存在，于是这省思就扬弃了自然否定的局限性，转化为真正的精神超越。精神由此冲破自然的囹圄，进入真实自由之境。总之，反思与超越就是精神自由的反省与自由的否定思维。唯反思与超越才能赋予精神以真正的价值与尊严。

自由必然推动从自然精神到自由精神的转化。自由推动精神的内化和提升。盖本体自由作为自否定，就是绝对、无限。它根据其本性，要求实现为对其全部存在，包括其现实性（觉性的思想）和自身本质（自由本身）的自否定。本体自由的这种自身绝对化的要求或冲动，对于现实精神就是一种呼声。它要求实现为精神的思想、活动。这决定精神对自我存在的自主设定的无限内在化、本质化取向。本体自由必然通过呼唤与倾注，实现为觉性、精神的思想①。在这里，本体自由通过呼吁，唤醒现实精神，使其克服沉睡，恢复其本真自由，朝更内在、本质的思想、活动敞开自身；另

① 对于一种现实精神而言，其内在的自主性已与自在性达到相互钳制的均衡态，其自主势用被传统凝固，丧失了本真的无限性。因而精神的现实存在及其内在自由都没有克服传统、超越传统的自身力量。于是这自主势用只有在某种超越传统与现实精神本身的原理促使之下，才能恢复其本真的无限性，从而战胜精神惰性的抵消而历史地展开，于是庶几可以推动精神克服传统的局限实现新的自由，否则精神的进化、发展在理论上都成为不可能。这个绝对超越的原理只能是本体自由自身。唯本体自由是在存在论上绝对超越现实与传统的实体，因而不被传统的有限性束缚。因此唯有在本体自由促动之下，精神的内在自主势用才有可能打破传统桎梏而展开自身，精神的发展才成为可能。而现实精神之毕竟能够扬弃自身传统，就证明了这种本体自由的激发机制的事实存在。

外，它又通过倾注，赋予精神的诸自主势用新的力量，使其战胜各自的自在势用，展开积极的活动，从而推动精神省思的深化和提升。对于仍处在自然囹圄中的精神，这种呼吁要求它克服其思想的外在化和偶像化，进入真正内在的、本质的思考。盖自然作为觉性的生存论外壳，只是觉性现实存在的标记、符号，而不是其真理、本质。自然思维的错误在于把标记、符号当成自在自为的实体、绝对，当成了存在本身，因而使这标记、符号成为假相，另外完全没有看到真正的绝对、实体，即觉性的内在现实，也就是思想。然而本体自由作为绝对，要求展开为对觉性、精神的内在存在的自主设定。它因而呼唤精神否定其对自然的外在偶像的迷执，进入对其内在现实的领会，促使其扬弃自然的否定和反省，开展出真正自由的思想。

同时它又为现实精神倾注力量，促使其内在的自舍和自反等势用恢复其本真的无限性，从而展开为精神对自然偶像的否定以及对内在心灵、实体的绝对真理性的维持，从而推动真正的精神超越和反思的形成。其中超越是否定思维在自由精神中的活动，它是精神彻底否定了全部自然、经验存在的自身价值和真理（自主否定），并确认一种超验的存在，即否定了自然的时间、空间、因果等特性的实体为究竟真理（自主肯定）。它体现了精神内在的否定与肯定、“破”与“立”两种自主势用的辩证运动，它就是由这二者凝聚成形。反思是反省思维在自由精神中的活动，它是精神否定了外在、物质的存在的独立性和绝对性（自主否定），确认觉性内在的意识、思想为自为、绝对的真理，为物质东西的基础、根源（自主肯定）。它同样体现了精神的否定与肯定两种自主势用的辩证展开。由于反思与超越包含了同样的精神势用的展开，这决定它们必须是相互融通、相摄相入的。

奥义书的精神就经历了这样一种转型。盖早期奥义书，从斫克罗衍尼、该祇夜等的宇宙全体论，到耆跋厘、优陀罗羯等的实质论，以至茶跋拉、考史多启等的元气论，都是把某种自然原理当作绝对，皆属自然思维范畴。然而奥义书思想经过长期发展，到了其成熟时期的思想，就终于否定了早期的自然论，领会到觉性的超越、内在的存在。奥义书在原有的自然元气论之后，开出了两个基本思维向度。其一是桑底厘耶、阿阇世等开始的反思向度。奥义书思想在这里否定了外在自然的绝对真理性，而领会到了人内在的心灵、意识才是存在的绝对真理、本质。这种观念体现了一种绝对反思。在这里，绝对反思表现为精神一方面否定外在自然的自为真理性；另一方面确立一种内在心理原理作为绝对真理的双向运动，这清楚地表明了精神内在的自身否定和自身维持势用的积极活动。正是这二者的辩证运动推动精神从自然反省到反思的转化，以及反思自身的活动。然而这自舍与自反势用得以克服自然思维传统的限制，恢复其本真的无限性，离不开本体自由作为永恒良心的呼唤与倾注。

因此最终是自由推动奥义书精神反思的形成。其二是《羯陀》、《六问》等表现的超越向度。这些奥义书认为一切经验表象,包括外在、内在的自然,都不是自为的存在,真正的自为存在是超越一切经验表象,超越了自然的时间、空间和因果性的原理,即实体。这种观念体现了一种纯粹的超越思维。在这里,超越思维对全部自然、经验存在的否定,对一种超自然实体的确认,也清楚地表明了自舍与自反势用的破、立辩证法。因而在这里,同样是自由最终推动精神实现从自然思维到真正的精神超越的转型。反思和超越思维的确立,意味着奥义书的精神终于脱离自然阶段,进入具有真实自由的阶段。我们就称这一阶段的精神为自由的精神。在奥义书思想中,反思与超越最初是平行发展的。这二者的各自发展和互动、交织构成了奥义书思想在自由精神阶段发展的主要线索。我们根据这一线索,将奥义书思想在这一阶段的发展进一步分为以下阶段。

(1) 道德精神阶段。唯有当人的全部实践都是以其内在心灵为最终目的,那么这实践才真正是道德的;而这应当以内在的精神反思的确立为前提,这就是精神领会其内在的意识、思想才是唯一自在自为的存在,即绝对或实体;因而道德精神就是具有内在反思的精神,它以内在反思或内向的理智为具体现实。这反思意味着精神脱离了执着于自然的外在表象的感性和知性省思,进入纯粹的理智省思层次。在奥义书思想中,理智的反思(与理智反思即对理智的反思不是同一概念)包括绝对反思与本质(超验)反思,二者最终融合到一起。前者把觉性内在的心灵,即意识、思想作为绝对存在,为世界万有的根源、基础;后者则意识到自我是一超经验的实体,从而否定了自我的自然表象,真正领会到自我的本质,这种反思就是超验反思。奥义书最早的反思是绝对反思。这种绝对反思通过奥义书的识论得到表现。识论(vijñāna-vāda)以为内在的心灵,即心识、意、般若,而非外在的自然,才是存在的真理、本质。这种绝对反思的产生意味着奥义书的精神发展进入了一个新的阶段。通过它,精神首次确立了真实的自身价值,首次摆脱自然的强暴而具有了真实的自由。

然而由于人类意识只能认识觉性最外在、粗显的存在,即生存、自然,而精神省思必须以意识为其内在环节,而且以意识提供的内容为出发点,这决定省思也必须从最外在、粗显的存在开始,然后不断深化和提升。这种逻辑,我们从奥义书自然思维的发展就可以看出来了。奥义书的反思的发展也同样如此。就其绝对反思而言,这就在于:其一,如前所述,这种反思是通过扬弃更早的元气论的自然反省而来的。它否定元气说的自然生命的外在性,将元气、生命归属于内在的心灵、意识。正如《考史多启奥义书》所说,生命就是精神(般若),精神(般若)就是生命。这就使反省真正回归到觉性、自我的内在现实,即成为反思。其二,就这反思的性质而言,不仅它的最早形态是经验的，即以经验意识为绝对真理，而且这经验反思也是以经验意识的最外在、粗显的层面，即感性意识为起点。然而正如自由推动省思从自然反省到反思的转化，它也必将推动反思自身的深化。本体自由作为绝对，必促使精神内在的自反和自舍势用恢复其本真的无限性，从而推动反思不断否定意识的表象性，进一步寻求觉性更具本质性的意识原理。在这里，自反势用的展开将推动反思确定某种意识原理为存在本质，然后自舍势用的展开将推动反思发现这原理其实仍是存在的偶像而非本质，于是反思又必然在自反势用推动下确认更加内在的本质……反思就是在这两种自主势用的"破"与"立"的辩证往复运动中不断深化。另一方面，这两种势用的无限展开，又会由于其对立的惰性势用的抵消、拦截而中断，这就使反思呈现出不同阶段、形态。奥义书识论的形成和发展，就验证了绝对反思上述生成和转化的逻辑。

对于反思的意识来说，也总是那些感性、表象性的东西，比抽象、本质的东西更直接、显著，更容易被抓住，所以最初的精神反思总是从意识的感性层面开始。这种反思就是一种感性反思。《唱赞奥义书》中被归属于桑底厘耶（Śāṇḍilya）的思想，就体现了这种反思的最原始形态。其说以作为感性表象之归宿、总体的意，即感性意识为存在、自我之绝对真理。在这里，反思仍局限在偶然、杂多的感性范围内，没有领会到意识的普遍、本质的层面（理智）。在这种感性反思中，精神否定外在自然的自为存在，同时确立一种内在心灵的原理为存在的本质。这种双向精神运动，清楚地表现了精神内在的自舍、自反势用在精神内在存在领域的积极展开。反思就是在二者的推动下形成。但是在这里，精神仍把感性表象当成绝对。它已经停留于意识的最直接、当前的存在，即感性意识而止步不前了。这表明当精神自主势用推动这最初的反思打破外在的物质偶像，向觉性的内部探寻时，其本真的无限性便被（精神内在的惰性）阻断，从而使精神不能不停留于意识的感性表象层面。而精神若把这偶然任意的感性意识当做绝对，就无法确立其本质同一性，它固然挣脱了物质强权的魔掌，却可能陷入主观任性的梦魇。然而，道德精神唯有将全部感性的偶然性牢牢维系于一固定不变的本质，用后者来支配、主宰这感性，这道德才可能成为普遍、客观的。而这支配、主宰着感性的本质意识，就是理智、理性。自由作为绝对和无限，必然推动奥义书的反思从感性意识过渡到理智领域。

在《考史多启奥义书》和《广林奥义书》中被归属于阿阇世（Ajātaśatru）的思想，就体现了奥义书精神反思的进一步发展。它将意识分为醒位和沉睡位两个层面，前者即感性意识，后者为潜伏在感性之下的、没有任何表象的意识本质，即理智，后者是存在、世界之最终根源。因此阿阇世等的学说表现了一种理智反思（与理智的反思不是同一概念，后者相对于思辨的反思而立）。理智反思在观念层面表现了精神否定意识的感性表象和确立内在理智本质的双向运动，这清楚地表明了精神的自舍、自反势用在这新的存在领域的积极活动。而这二者的历史展开离不开本体自由的促动。只有本体自由的呼唤和倾注，才能促使精神的自舍势用恢复其本真的无限性，使精神打破感性的反思对意识的外在表象的执着；它同时促使自反势用展开为对意识的内在本质即理智的维持，使反思确认理智的绝对真理性。于是反思否定了感性意识，而达到对意识的理智本质的领会。因此奥义书这种精神反思的发展最终是自由推动的，是自由的现实展开。然而在这一阶段的反思中，意识本质、理智仍然是一种经验的、知性的本质。它只是在知性立场上对经验意识进行概括、抽象的结果，与经验意识的其他成分是同质的，是后者的始基。这种反思仍属于经验反思。经验反思的这种局限性，表明了精神内在的惰性力量对精神自由的牵制。这表明当精神的自舍、自反势用推动反思否定意识的感觉表象，确立一种超感性的内在本质时，其内在的惰性则阻断这自主势用的无限展开，使反思最终停留于觉性经验意识的范畴之内。这一点，在后来被归属于沙那库摩罗和波罗多陀的学说中，都未能被克服。

尽管如此，奥义书的内在反思仍然在完善和发展。盖于阿阇世学说中，本质意识或理智仍然是抽象的、空洞的，其具体实质还没有得到领会。然而本体自由作为绝对，要求展开为对理智的具体实质的自主设定，为此它必须通过其呼唤和倾注，促使精神的自反势用展开为针对这本质意识内容的自主设定，从而推动反思固着于深入这宝藏，将其内容一一呈现出来。《唱赞奥义书》第七篇中被归属于沙那库摩罗(Sanatkumāra)的学说，就验证了上述精神进展。在这里，本质意识、理智的实质内容得到具体的规定，它被区分为念、想、静虑、智四个层面，尽管其中每一项的所指并不完全明确。然而在阿阇世和沙那库摩罗学说中，内容极为杂芜混乱，来自梵书的粗俗的宇宙论被颟顸地与绝对反思混杂在一起甚至规定后者，使反思的价值大打折扣。在这里，纯粹的本质反思往往被包含在肤浅的宇宙论框架中，甚至被后者规定（如沙那库摩罗的十六分敬思）。在这里，反思没能实现对传统的外在化宇宙论立场的彻底否定，在现象学上表明精神内在的自舍势用的展开受到阻碍；而思想的逻辑统一性之严重欠缺表现了精神自组织能力之缺失，表明精神的自凝势用的开展也受到阻碍。然而本体自由为实现其绝对性，必须促使精神的自舍、自凝势用更充分地展开，从而使反思彻底清除由因循传统导致的外在性和紊乱，达到思维的纯粹性和一致性。《考史多启奥义书》第三章中，传说波罗多陀(Pratardana Daivodāsi)从天神因陀罗处接受的思想，就验证了这一精神进展。其说完全脱离阿阇世大梵十六分说以及沙那库摩罗圆满说中肤浅的宇宙论。绝对心识不再被与宇宙现象及自我的诸身心机能混为一谈，而是被视为它们背后的主体、本质，反思由此得到纯粹化、彻底化。另外，其说开示至上我超越善恶、烦恼、变异、增损，为喜乐、恒常、不老、不死，与奥义书后来的超验实体观念颇为一致，可以构成经验反思朝这种超验反思过渡的桥梁。然而在波罗多陀学说中，这些开示只是从量的、知性省思的层面，对自我、经验意识作为存在的绝对全体和本质的描述，与超验反思（意味着对经验的彻底否定）仍有本质的差距。它仍然只是表现了一种对经验本质的反思。

总之，奥义书识论在道德精神阶段的发展，表现了绝对反思的形成和持续发展进程。其中，反思先是否定外在自然，确立感性意识为绝对真理；然后是否定感性意识，确立意识本质即理智为绝对真理。它在观念层面表现了精神持续的自主否定和自身内向化的双向运动，从而在现象学上使精神内在的自舍与自反势用的作用成为明证的。奥义书观念的发展，表明了这些自主势用的历史展开，表明它们冲破了传统的规定而重新获得本真的无限性。而现实精神这种对传统的持续的否定，表明它是被一个超越任何传统和历史的原理促动的。这个原理只能是本体自由自身。唯有本体自由的呼唤和倾注，才能促使精神内在的自主势用冲破传统的限制，从而推动精神不断开辟更广阔的自由境界。因此上述精神反思的发展最终是由自由推动的。所以，通过奥义书识论表现的绝对反思的形成和发展过程，为自由推动精神发展的逻辑提供了生命现象学的例证。

不过在奥义书的道德精神阶段，反思仍然是经验的。即使本质反思，也仍然把意识本质理解为经验意识的一个层面，故这本质只是知性的、自然的本质，而非理智的、自由的本质。觉性的真正内在本质属于心灵的超验领域，是对全部外在与内在自然的否定，这种本质就是自由的、理智的。盖理智省思就是对自然的否定。理智的本质是对全部经验、自然的现象的否定，因而这本质就是超越性、实体。唯实体才是意识本质的真理。而在奥义书的道德精神阶段，反思还没有实现对精神的实体性的领悟，还没有提升为超验反思。在这种情况下精神就不能真正确立自身的尊严（精神的尊严就是对自然强力的否定）。奥义书经验反思的这种局限，在观念层面表明精神内在的自舍势用还没有展开为对自然、经验的否定，没有实现为真正的精神自由。在这里，精神的否定思维仍然只是自然的否定，而不是真正的精神超越。

然而，本体自由作为绝对、无限性，必将推动精神彻底否定自然的外在和内在表象，确立某种超越自然的实体以为存在之绝对真理。盖一切经验、自然的东西（无论物质的与精神的），都只是觉性、存在的外在表象、标记，而那被表象、标记的内容，则是潜藏于内的东西，它们否定了一切现象，为超验的实体，这才是觉性真正的内在现实。所以无论自然思维还是经验反思，都只是把觉性的表象、标记当作绝对，没有领会觉性内在现实的真理。在这种情况下，精神只具有对觉性的表象、标记的自由，而不具有对其内在本质的自由。然而本体自由作为绝对的自否定运动，要求在现实精神中实现其绝对性。这要求就是对现实精神的呼吁。当精神倾听到这一呼吁，便将它理解为对于实现对其内在本质的自由的吁请。精神对这一吁请的积极回应，在于对本体自由敞开自身，以接纳它的倾注。这将促使精神内在的自主否定（自舍）势用恢复其本真的无限性从而得以战胜自任势用的惰性、展开为对全部自然和现象界的存在的彻底否定；同时精神的自主肯定（自凝、自反）势用亦展开为对某种超自然真理的积极规定。这两方面的精神自主性的作用，必然推动反思否定全部现象界、自然之自为的真理性，而确立一种超现象的原理即实体为自为的真理。于是精神的否定思维便从自然领域提升到理智领域，成为真正的精神超越，从而获得了真实的自由。人类思想由此进入下一个阶段，即宗教精神阶段。奥义书思想接着的转变，就验证了这一精神进展。

（2）宗教精神阶段，以超越思维或否定的理智为其具体现实性。盖无论其内在差异多么巨大，一切真正的宗教都必然是超越的。从佛教、耆那教的世间与涅槃的对立，到波斯宗教、摩尼教的物质、自然与精神的二元，再到犹太教、基督教、伊斯兰教的尘世与天国的分裂，都体现了一种真正的精神超越。真正的宗教精神，就是要否定尘世的、现象的、自然的存在的价值和真理性，而以一种超验的实体世界、彼岸为存在的理想和归宿。在这种意义上，我们也可以把一些没有形成宗教组织的学派的思想，如柏拉图主义、斯多葛派等归属于宗教精神阶段。在本书此后的叙述中，无论是宗教精神还是超越思维，主要都是指的其最初的阶段，即受形而上学主导的阶段。形而上学就是最初的超越思维。形而上学在否定经验、现象的时间和变化之时，也否定了存在的全部生命、运动，因而将那超越的真理，即实体，理解为一种永恒不动的东西。其典型的世界观，就是处在时间中的、生生不息、变化不已的现象界，同处在时间之外的、静止不变的实体界的分裂。这种分裂表明实体是自我封闭的单子，因而也是相对的，因而不能成为经验、自然的本质、意义根源，不是绝对的本体。这种世界图景，在从印度到西欧的几乎所有宗教中都普遍存在过。

同精神的任何必然的思想一样，这种形而上学思维也是精神的自主性和自在性，或自由与惰性两种对立力量达到阶段均衡的结果。如前所述，在超越思维包含的积极自主势用中，以自主否定（自舍）势用为主导，以自主肯定（自凝、自反）势用为辅助。由于精神对本体自由的倾听和应答，自舍势用得以在觉性、精神的本质领域积极展开，从而推动省思最终彻底否定束缚着现实精神的全部自然的、生存的偶像（这些东西只是存在、自我的符号、隐喻），确立某种超越自然、生存的原理；而自反、自凝势用则推动省思进一步积极地规定这超验原理的存在，于是否定思维便从自然的过渡到自由的，即升华为真正的精神超越。无论是自主否定还是肯定的势用，其本真的存在都是趋向绝对、无限性。这决定了超越思维具有无限的空间。然而，与这些自主势用并列，在现实精神生命中还有另一种力量，力图给这自主性以限制，消解其无限性，从而把飞扬的精神重新拖回大地，把奔向无限的超越思维固定在某一确定的位置、阶段，这就是精神内在的惰性或自在存在。与自由的呼唤对应的是自在性、死亡的诱惑。自在存在的诱惑使精神放弃自否定的劳累和痛苦，寻求安全、庇护、家园和永恒的休憩。这使精神委身于消极的自身肯定（自任）、自我放失（自放）、自身解构（自肆）等势用，后者得以抵消诸自主势用的无限性，将超越思维固定在当前的真理，即实体性之上。精神对永恒的休憩之所的寻求，诱使这超越思维将实体理解为永恒、不动、静止的现存之物。于是这超越思维就成为典型的形而上学实体思维。这种精神转化的逻辑，通过奥义书超越思维的形成和发展得到验证。

奥义书最早的超越思维就属于这种形而上学思想。由于奥义书思维一开始就是反省的，以为存在的本质、真理就是真实自我，因而其超越思维也是反省的，是超越的反省（或超验反省），这就在于领会实体与自我的同一。奥义书的形而上学思维否定了此前的荼跋拉、考史多启等的元气论对作为自然生命的元气与自我的等同，也否定了桑底厘耶等对自我与经验意识的等同，而将自我确立为超越自然、经验意识的实体。它在时间性的现象与非时间性的实体之间引入了一种"形而上学区分"。这种区分开启了奥义书的一种基本世界图景，即生命、元气等作为相续变灭的名色世界、此岸，与实体作为不生、无差别、寂静、无为的彼岸世界之对立。这是一个典型的形而上学对立图景。这一图景在很大程度上规定了印度精神的取向（佛教、耆那教的生命与涅槃的对立和数论、瑜伽的自我与生命之分离，皆是由此图景出发）。《考史多启奥义书》的伽吉耶夜尼学说、《六问奥义书》的毕钵罗陀学说和《羯陀奥义书》中被那支启多传承的学说，皆体现了这种形而上学思维。

在伽吉耶夜尼（Citra Gāṅgyāyani）学说中，超越思维刚开始形成。其说开示了自我的两个存在层面：其一，作为时间的自我，包含全部生灭、变化、差异，就是无限循环的生命流动的总体，它就是元气；其二，否定了时间、变易，超越了一切经验现象（有二相）的恒常不二之我，即作为超验实体的自我。此实体自我否定了感性的欲望、表象，否定了昼夜、善恶等经验的现象，而且超越了自然的时间之流，类似于古希腊人的灵魂原子，为一个自为自足的原理，是经验、现象世界的稳固基础。这种实体与现象的区分，就是一种形而上学的区分。通过这个实体观念，印度精神实现了其超越的自由或本质自由。由于奥义书的超越思维一开始就领会到实体与自我的同一，因而它始终具有一种主观性，所以它同时是一种超验反省。然而在伽吉耶夜尼学说中，这种形而上学区分很是模糊不定。超验反省对自我实体的内容，以及它与现象的区分，仍然缺乏清晰而稳固的把握。实体与意识、思想的关系亦不清楚。总之在这里，超验反省仍然是外在、抽象且动摇的。唯有自由，才能推动超验反省的进一步完善。精神唯有通过自舍势用的进一步展开才能推动超验反省彻底排除在超验实体之上的经验的、现象的残留；唯有通过自反势用的持续展开才能推动超验反省对实体的领会更加明确、巩固，从而获得清晰、纯粹和确定的形态。而最终，唯有本体自由才能促使精神的自主势用恢复其本真的无限性，从而推动超验反省的完善。

《六问奥义书》中被归属于毕钵罗陀（Pippalāda）的学说，就初步体现了这一精神进展。其说最有价值的内容，是在形而上学层面对元气与自我的更清晰、明确的区分，由此达到了对自我实体性的更确定的领会。它将元气与自我区分为两种截然相反的存在：元气是包含一切变易的、不断流逝的、生灭无常的，是所有时间性的东西之全体；自我则是不变、不易、不流、不逝、不坏、不老、不死、断灭（nirodha）、寂静、无畏的绝对、彼岸，是超越时间的实体。自我是自为自足的存在，而元气则由自我产生且以之为基础，没有独立的自性，它被比喻为自我投出的飘忽不定的影子。因而其说达到了一种清晰、明确的形而上学区分，奥义书的超验反省在这里成为完全清晰、纯粹、确定的。而《六问》既为晚出，其思想之杂糅特征亦甚显著，如其所谓十六分说，乃为宇宙论与心理学之杂烩，与其超验形而上学颇为不侔。另外其超验反省，不仅分享了印度文化不可克服的寂灭主义，而且即便与后来的奥义书思想相比，亦有明显局限。这就在于，超验反省在这里仍然是抽象、外在的。它对精神的内在性，即意识、思想，则缺乏领会。它的自我实体还不是意识、思想，不是精神的内在现实，不是真正的主体。因而这反省只是外在的（同希腊奥菲斯教、毕达哥拉斯派的无意识灵魂实体一样），尚未开展出其内在向度。而且这反省由于没有赋予自我实体任何实质内容，因而它也是抽象的。这种外在的实体，既非意识、思想，就仍然是处在客观的时间、空间之中的，因而它其实是一种经验的实体。在这里，实体对经验的时间、空间的否定，就表现为它对后者的外在性（此如耆那教及古希腊的原子）。然而这种经验实体其实是一种思维假相，因为真正的实体就是觉性、精神的内在现实，即超验的意识、思想。在这内在的意识之外，不存在任何超越时间、空间和经验现象的现实性。所以实体、本质的真理是内在性，一如内在性的真理是实体、本质。在伽吉耶夜尼和毕钵罗陀学说中的这种超验反省的局限表明在这里本质自由尚未转化为内在、具体的，即对精神的意识、思想的自由或自主设定。然而本体自由为实现自身的绝对化，必然要求展开为对精神内在存在的自由，要求精神的本质自由实现从外在到内在的转化。因而它必促使现实精神内在的自反势用在超验反省的层面展开、成为对精神的内在现实的维持，后者推动反省对这内在性的守护，于是反省就将这内在现实，即精神的意识、思想当成了绝对的真理，这意味着将它与超验实体等同起来。这超验反省领会到了实体与意识或思想的同一，因而成为内在、具体的，即成为超验反思。精神的自身维持也由此实现为内在的、具体的。

《羯陀奥义书》中由那支启多（Nāciketa）传承的思想，就体现了这一思维进展。在这里，超验反省明确地领会到那永恒的自我实体，就是纯粹意识、澄明，后者是变动不居的物质和心理宇宙的超越、同一的基础；于是超验反省成为具体的、内在的，超越思维就与主观反思统一起来。奥义书的精神超越在这里就转化为一种内在的超越或超验反思。与此相应，《羯陀》的修道论也成为一种真正内在反思型的实践。《羯陀》确立了一种典型的二元论形而上学。其说以为自我就是一个纯粹的意识实体。它超越一切经验的差别、变易、表象，为一恒常、无形式、无差别、一味的理体。这种超越的意识实体的建立，标志着印度精神首次具有了一种内在的自我尊严。自我与自性两种原理的结合导致世界的生成。然而自我在这种结合中，其实质没有任何变化，仍然为超越、清净、无染、无为、不动、恒常，一切变易与差别的行相最终皆由自性原理生成而被增益于自我。所以这个自我、意识并不是事物存在的本质，它仍是一个独立、封闭的形而上学实体，而非存在的本体。《羯陀》的思想进展也反映了奥义书精神自由的发展。《羯陀》对作为超验心灵实体的自我的理解，在观念层面表现了超验反思否定自我的自然、经验存在，确立内在的心灵、意识实体为自我真理的精神运动。后者首先是一种精神超越，是精神否定的自由（否定思维成为自由的）。精神这种自由的自身否定运动，在现象学上表明其内在的自舍势用已经展开为对全部经验、自然存在的否定和对超自然真理的维持。其次，这也是一种精神反思，是精神反省的自由。精神这种自由的内在化运动，在现象学上表明其自身维持势用已经展开为内在的心灵，即意识、思想的直接维持。因此超验反思体现了自舍和自反势用的辩证运动（双重自由），它就是在这二者的历史展开推动之下形成。然而这二者的历史展开，唯当作为精神的绝对本质的本体自由自身促使现实精神复归其本真存在，才得以可能。因此从根本上说，是自由推动超验反思的形成，也是它推动奥义书已有的超越与反思思维的统一。所以，《羯陀》思想的形成过程，在观念层面验证了自由推动省思发展的内在精神逻辑。

尽管在《羯陀》中，奥义书的超验反思达到其最终的完成，然而这种超验反思也不是奥义书的理智省思发展的终点，它亦有其根本的局限，这包括：其一，形而上学的局限。它仍将超验的心灵领会为一个封闭、现存的形而上学实体，没有领悟这心灵乃是存在、世界的本质、根源。这心灵实体没有获得绝对性，没有成为存在的本体。其二，寂灭主义的局限。在奥义书传统的本寂文化支配下，它将意识实体领会成一个无生、寂灭、静止、永恒、不动、无为、清净的原理，因而意识实体丧失其本有的生命和运动，成了一个僵死的现存物。其三，非理性主义的局限。它将理性、思想从纯粹意识或自我中排除出去，使自我成为一个无思维、无观念、非理性的空洞意识。因而《羯陀》领会的自我理体，就是一个封闭自足、无生寂灭、无思无虑的现存意识实体。然而自我的实体性就是其本质、内在、现实的生命，是意识、思想的先验运动，它在这运动中构成全部观念、存在并将其纳入自身之内，因而它就是包含了存在和世界的绝对统一体，所以《羯陀》那种无生命、非理性的现存意识实体其实只是一种思维假相。

这种思维局限，其实是奥义书超验反思共同的局限。它反映了现实精神自由的缺陷。第一，其寂灭主义和非理性主义表明在印度文化的本寂取向支配下，精神无法完成对心灵的内在形式建构，以及对自身生命性的守护。这反映出精神内在的自身否定和自身建构（自凝）的展开受到抑制，使精神误将一种静止不动、无分别、无思虑的存在视为最终归宿；这种精神局限在印度思想后来的发展中，亦未得到克服。而其形而上学的局限则在奥义书后来的精神发展中得到克服。形而上学将自我、实体理解为一个封闭、僵死、现存的东西，然而唯觉性本身才是实体，故实体就是绝对。实体性的真理是觉性内在现实的超越性，这内在现实是唯一具体的现实性，因而它就是绝对，实体性就是这绝对性的本质，即其超越经验、生存的基础。这自我实体，既超越经验的现实性，又是这经验的根源，因而它就是一种先验实在。唯这先验实在才是觉性的内在性和实体性的共同真理。第二，《羯陀》的形而上学对现存存在的执着，首先，在观念层面表现了精神对庇护、安全、基础的需要。这表明在这里，精神的自主否定势用的无限性被其惰性力量（自在的肯定，即自任势用）抑制，后者阻断了超越思维的绝对性。其次，《羯陀》的二元实体论，使自我实体丧失绝对性，成为一个封闭、孤立、个别的存在。这在观念层面表明在奥义书的超验反思中，精神还没有把心灵实体确立为存在的最终、绝对目的。这反映出精神内在的自身维持势用的无限性被（精神的内在惰性）阻挡，还没有展开对心灵实体的同一维持（见本编第二章的第二节及小结），故未能推动反思克服实体的封闭，领悟意识的先验性，从而使意识实体成为绝对的本体。

然而正如自由推动奥义书思想从自然思维进展到超越思维，它也必将推动其从经验的反思和形而上学的超越，即反省的理智和否定的理智，上升到作为二者之统一的绝对理智，即思辨省思层次。盖本体自由为了实现其绝对性，必须促使奥义书的精神克服其道德和宗教的自由的局限，从而抛弃这一阶段内在反思的经验性，否定形而上学的封闭隔阂，进入思辨思维和直觉省思的绝对王国。惟其如此，奥义书的精神才能脱离道德和宗教的阶段，进入哲理和神秘阶段。奥义书思想接下来的演变就验证了这一精神进展。

(3) 哲理精神阶段，以思辨省思为其具体现实性。思辨省思体现为精神对其先验实在（先验的意识、思维、概念。唯这先验实在作为否定了一切自然的、直接的、表象性的绝对实体，才是自我的真正内在本质），即那超越经验、生存的现象而作为其基础、根源的原理的领会。思辨思维是反省的理智与否定的理智，或绝对反思与实体超越的统一；在这里，精神领会到那超验的意识实体同时是全部经验存在的本体。在奥义书思想中，绝对反思与实体超越最初是各自独立的两个向度。一方面，奥义书的绝对反思所领会的作为存在、世界的根源的绝对心识，最初仍然是经验的、心理的（桑底厘耶、阿阇世等），不具有超越性；另一方面，其超越思维领会的实体，最初只是一种封闭的现存存在（伽吉耶夜尼、毕钵罗陀、那支启多），不具有绝对性，不能成为自然、经验的本体，没有上升到先验的层面。然而奥义书精神发展的最高成就，是将超越精神与反思精神绝对地统一起来，从而将理智思维的超越向度与内在向度结合起来（这个结合，就在于将绝对心识与超验实体等同），使理智思维转化为思辨思维。

自由最终推动这一思维转化。盖本体自由要求实现为绝对的，因而它作为精神对自身的自主设定不应停留于自然、生存的层面，而是要求实现为对其内在现实的自由，而觉性内在现实的真理不是经验意识，也不是理智的实体，而就是作为经验的根源的绝对实体，即先验实在，故本体自由呼吁现实精神实现对其先验实在的自主设定。唯有本体自由的呼唤与倾注，才能将现实精神从理智省思的局限性中解救出来。它必将促使精神恢复其本真自由，促使其内在的自身维持势用首先展开活动，推动省思离开理智的偶像，寻求更加内在、本质的真理，即先验实在；其次与此呼应，精神的自身否定势用也展开活动，推动省思意识到理智思维执着的经验意识的外在性和形而上学实体的虚假性；在这里，自反与自舍势用是互为条件，同时开展的。正是在这二者的交互推动下，精神对自身先验实在的领会，即思辨思维才得以最终确立。在奥义书思想中，《广林奥义书》中被归属于耶若婆佉的学说、《鹧鸪氏奥义书》中由步厉古所传承的学说，还有《蛙氏奥义书》中蛙氏学说，就反映了这一重大的精神进展。

《广林奥义书》中被归属于耶若婆佉（Yājñavalkya）的学说，体现了奥义书最早的思辨省思。从逻辑上说，奥义书的思辨思维包含了绝对反思与形而上学超越的结合，而从事实上说，它乃是在桑底厘耶、阿阇世等早期奥义书的经验反思基础上，引入超越思维的维度而形成的。耶若婆佉的学说便是以阿阇世等的绝对反思为历史前提。

耶若婆佉的学说，可以说是早期奥义书唯心论的最高成就。一方面，其说继承了从桑底厘耶到波罗多陀的绝对反思，把心识作为一切存在的全体、本质、根源，即根本识。其以为大梵就是纯知，是不二、绝对的心识。强调大梵的不二、绝对，旨在打破主、客对待，使存在统一于纯粹意识。纯粹意识不只是单纯的主体性，而是包括识与境、主体和客体在内的绝对者。它无量无表、无相无对、寂静一如，是遍在万物的无差别的“一”。另一方面，其说在这绝对反思中引入了一种“形上学的区分”。其以为绝对的心识、梵我不是经验意识，而是否定了一切经验表象、排除了时间和空间的超验存在体。其云梵我非粗非细、非长非短、无光（非火）、不沾（非水）、无风、无空、无明无暗、无影无像、无违、无见、无嗅、无味、无眼、无耳、无声、无意、无作、无气、无口、无名、无老死、无畏惧、无饥渴、不灭、非显、非隐、无度量、无内外、非此、非彼、不食于一切、不为一切所食等，充分阐明了梵我或根本识对经验、自然的超越。本识就是超越名色、迥绝世界、永离轮回的实体。这实体因为又是经验世界的根源、本质，因而又是存在的本体。故耶若婆佉的“形而上学区分”又是一种“本体论区分”（本体与现象的区分），这使耶若婆佉克服了早期奥义书的泛神论和经验唯识论，而进入了真正的精神本体论领域。本识作为经验世界之超越的根源就是先验实在。对于这先验实在的领悟，是耶若婆佉学说中最有价值的内容。

耶若婆佉的说法，表明奥义书省思已实现为对精神的先验实在的领会，即思辨思维。省思由此克服道德和宗教精神的局限，进入哲理精神阶段。耶若婆佉思想，在观念层面表现了思辨省思否定心灵的经验表象，确立心灵为超验实体，以及破除实体的封闭性，确立其为绝对的心灵本体的双向精神运动。这两方面运动都验证了精神内在的自舍与自反势用的积极展开，而且正是这二者的双重辩证运动推动思辨省思的形成。然而若联系思辨省思由以产生的历史语境，则精神自主势用要展开为这样的活动，就必须冲出理智省思的限制，恢复其本真的无限性，而这只有在本体自由的促动之下才是可能的。盖人类精神总是在其自由或自主性与相对的惰性消解力量或自在性的永恒斗争中，确定其具体现实的形态。一旦自由推动精神进入绝对反思的领域，这精神的惰性力量便诱使它停留于当前，因而反思的精神总是易于停留在其内在存在（意识、思想）的最直接最触目的存在即经验意识之上，丧失其本真自由。反思确定经验意识为绝对的真理，但经验意识只是自我内在的自然，仍然是直接的、生存的存在，仍只是自我的标记与符号，而自我内在现实性的本质乃是超越自然、经验而为其根源的先验实在。而自由为实现自身的绝对性，就必须推动现实精神否定这种理智的、经验的反思，实现对精神的纯粹内在本质即先验实在的自主设定，即思辨的反思。在它的促动下，精神内在的自身否定和自身维持势用才得以恢复其本真的无限性，从而抵制惰性力量的消解，因而得以在绝对反思中展开，以促进反思的深化。首先，精神的自身否定在绝对反思中的积极展开必将推动这反思对经验即觉性的表象、符号的否定，反思于是排除绝对意识的经验层面，确立一种超验的真理，精神由此获得了一种超越的自由。其次，精神的自身维持势用的持续展开也将推动反思领会那超越者就是绝对意识，于是意识就成为先验的实在。盖绝对反思，就已经将意识视为绝对。故在这里，自反势用只是促使反思将这绝对与超越者等同。总之，思辨省思就是将超越性引入绝对反思，从而排除绝对意识的经验性，将其提升为先验意识。

耶若婆佉的学说属于奥义书思辨省思的初级阶段，仍然有很大局限性。首先，在这里，思辨的反思往往与心理的、宇宙论的观察混为一谈，因而它仍然是含糊的；其次，思辨反思对先验意识的实质内容，即思想、概念缺乏领会，因而它仍然是抽象、空洞的；最后，耶若婆佉没有（像《鹧鸪氏奥义书》那样）开示以先验意识为基础的完善的存在系统，也没有开示出一种证悟这先验意识的系统方法，这意味着无论在理论还是在实践上，思辨反思仍然带有偶然性，它被与大量自然的、经验性的内容混杂在一起，看上去似乎只是一种偶发的灵感，表明它还没有完全被概念化。然而自由作为自否定的绝对冲动，必定促使这尚且幼稚的哲理精神重获其本真自由，从而推动思辨反思的进一步完善。它必促使精神内在的自身否定势用进一步展开，推动思辨反思否定其在初期的混杂性并对先验意识进一步提纯；亦必促使自凝势用进一步展开，推动思辨反思构造出意识的整体性及其意义结构，以及反思的实践系统，思辨反思正是通过这结构和系统而获得必然性，即成为概念活动。这一发展将使思辨反思克服最初的含糊性和偶然性，而变得更确定、必然。

《鹧鸪氏奥义书》中被归属于步厉古（Bhṛigu）的思想，就表明了奥义书哲理精神的上述发展。其思想对耶若婆佉等的思辨省思，无论在理论和实践上都有新发展：首先，它通过阐明所谓五身说，开示了一个完备的思辨形上学体系。其说将宇宙和人类自我分为层层相裹的五个层面，由外到内依次为：食身（肉体）、元气身（生命机能）、意身（感性意识）、识身（经验的理智）、喜乐身（先验意识）。于是现实存在的不同层面，包括内在与外在、先验与经验、本质与偶像，都被纳入此系统之中。存在的真理就是这样一个系统整体。其说因而克服了耶若婆佉思想的本质主义。这种存在的系统化体现了一种思辨的理性。其说对存在的差别统一性的构造，在观念层面表现了精神的自身建构势用在这里展开为对思辨的存在、世界的自主设定。正是自凝势用在思辨领域的展开，推动思辨理性的形成。其次，相对于耶若婆佉的理论，五身说进一步涓洗掉本识的经验色彩。五身说以“喜乐”代替熟眠意识，以识与喜乐的区分代替耶若婆佉的梦位与熟眠位之分，都意味着对先验意识的进一步纯化。五身说对经验性、自然性的涤除，在观念层面验证了精神内在的自舍势用在思辨领域的进一步展开。最后，相对于耶若婆佉之学，步厉古的五身说表明思辨省思不仅在理论上，而且在实践上也具有了必然的形式。在理论上，《鹧鸪氏》通过确立五身的形上学系统，较彻底排除了耶若婆佉思想中的混杂性和偶发性，使先验反思在这里具有了必然性。另外耶若婆佉没有系统的修道论，而五身说则包含了一套系统的修道实践，是谓五身观想，就是在修观中将这自我由外至内，层层剥除，最后使喜乐身的理体呈现出来。这表明在五身说中，思辨省思不仅在理论上，而且在实践上也具有了必然的形式（上述观想本质上就是作为概念的思辨省思的自然化）。因此五身说在观念层面表现了精神对于思辨省思的形式、概念的建构运动。这验证了精神的自凝势用在思辨领域中的活动（在这里，自凝势用是消极的，只为反思服务，不构成自己的观念）。总之，步厉古之学，不仅代表了思辨省思发展的新阶段，也反映了奥义书的精神自由的进一步拓展。

然而，步厉古之学代表的思辨思维，也同样不够完善，反映了精神的现实自由的局限：其一，五身说仍未完全脱离心理学的、经验的色彩，故思辨思维在这里仍然不够纯粹，对经验存在的排除、超越还不彻底，这意味着精神的自主否定势用还有待进一步展开。其二，五身说对存在的先验意识的实质内容（其内在的形式、概念）尚无明确把握，所以思辨反思在这里（同在耶若婆佉思想中一样）仍然是抽象的。这在观念层面表明精神没有完成对先验自我的内在形式建构。这反映出精神内在的自凝势用还没有展开为对先验自我的内在规定，自凝势用的活动在反思中仍然是消极（这在于它只是为自反、自舍活动的积极展开构造概念、观念，而没有为自己的展开构造观念）。这种现实精神的局限唯有通过自由的进一步展开才能被克服。

《蛙氏奥义书》的思想，就反映了哲理精神的进一步进展。其在思辨省思层面的主要进步在于：其一，《蛙氏奥义书》对自我四位的描述，排除了耶若婆佉、步厉古等的三位、五身之说的经验心理学意义。它将醒位、梦位、熟眠位、第四位，分别规定为遍在、炎炽、般若（思维、概念、理性）、至上梵，即：客观经验；主观经验；先验的实在（纯粹思维、概念，为遍在、炎炽的根源）；超越现实的绝对（排除了抽象现实性的超绝真理）。此四位皆脱离了心理学的遗痕，得到本体论的提纯。其中根本识被规定为般若，相比于阿阇世和耶若婆佉的熟眠位、步厉古的喜乐，意味着对先验意识的纯化。总之，思辨思维在这里获得了前所未有的纯粹性。其二，耶若婆佉、步厉古等学说以先验意识为熟眠识、喜乐等，都只是描述了它的相状而未阐明其实质内容，而蛙氏学则明确开示这先验意识的实质就是般若，即觉性超验的思想、概念的整体，于是先验意识被赋予明确、具体的内容。思辨思维在这里获得了具体性。然而蛙氏之学，更进一步超越这思辨思维，进入了神秘直觉的思维层次，故我们将其学说全部放到下一章讨论。《蛙氏》的思想进展也表现了奥义书现实精神自由的发展。首先，其思辨省思领会到先验本体的内在形式，即概念、逻各斯，认识到这本体就是概念、逻各斯的活动，即思想，体现了精神对先验自我的内在形式建构，因而它清楚地表明了精神内在的自凝势用的积极展开。另外，《蛙氏》的思辨省思彻底否定本体的心理学的、经验的意义，达到自身的纯粹化、彻底化，体现了精神进一步的自身否定运动。这表明了精神内在的自舍势用在思辨领域的积极展开。因此《蛙氏》的思辨省思体现了精神内在的自舍、自反势用的辩证互动。正是这二者的展开推动奥义书思辨省思的最终完善。然而这自舍、自反势用的历史展开，都离不开本体自由的促动。唯本体自由才能促使精神内在的自主势用恢复其本真的无限性，从而冲破原先传统的滞碍而重新展开。

从早期的绝对反思和内在超越到思辨省思的最终完善，奥义书精神经历了否定外在的自然确立内在的心灵、自我为存在的绝对真理，否定外在和内在的经验现象确立更本质的超验心灵实体为存在、自我的真理，否定形而上学的现存、封闭的心灵实体确立作为经验的主、客体的共同本质、根源的先验思维为绝对真理的漫长发展。这一发展首先是精神持续地否定其当前直接的存在、否定其自身此在，从而不断扩大与自身距离的运动。这在观念层面充分验证了精神内在的自舍势用的持续展开。其次这一发展也是精神持续地穿透自我的外在、表象的覆盖，进入自我更内在、本质的真理的运动。这也在观念层面充分验证了精神内在的自反势用的持续展开。正是这自舍、自反势用的持续历史展开推动思辨省思的形成。然而唯作为精神绝对本质的本体自由，才能促使这二者恢复其本真的无限性，从而不断冲破传统的规定获得历史展开。因此，奥义书在这一阶段的思想发展，在观念层面进一步验证了自由推动省思发展的内在精神逻辑。

同在西方的情况一样，在印度精神中，这思辨省思本身亦有其根本的局限，这就在于对抽象现实的执着①。它将先验实在作为存在的绝对基础，然而先验的意识、思

① 盖现实性本应是包含超绝真理作为其本体或实体的，因而是具体的，但是如果将它当成自为、绝对的存在，那么它就成为抽象的、完全虚假的。这是所有实在思维的误区，思辨思维也不例外。

想，同作为经验现实的自然和作为超验现实的实体一样，仍然是一种现实存在，并非存在的究竟本质。存在、自我的究竟本质，就是本体自由自身。它超越一切现实存在（“有”），而为空无，后者又是一切存在的真理、根源、基础，故谓本无。思辨省思将自己局限在抽象的现实性中，完全没有意识到本体自由的存在，从未进入本无的神圣空间。因此哲理精神只具有在现实领域的自由，还没有进入本无之中，没有在后者中的自由。它的超越由于这种执着，没能实现为绝对超越；其反思也由于未能领会本体自由自身，故没有达到本真的精神觉悟。这势必导致自由的绝对性被精神的抽象现实性（自然的规律与精神的概念，尤其是后者）遮蔽、囚禁。在这里，唯有本体自由自身才能推动精神克服对于抽象现实性的执着、实现对这自由本身的领会。本体自由为实现其自身的绝对性，必然促使精神内在的自舍势用恢复其本真性、展开为对现实存在本身的否定，使精神摆脱自然的重压和概念的窒息，进入绝对超越的领域；它亦必促使精神内在的自反势用恢复其活力、展开为对超现实真理的维持，促使精神实现对这超现实存在的领悟。精神由此脱离哲理阶段，进入神秘和本真精神的阶段。奥义书思想接下来的发展也验证了这一精神转型。

（4）神秘精神阶段，以超理性的直觉为其具体现实性。在这里，省思试图否定抽象的现实的真理性，领会超现实的本体自由自身。但是它对于这本体自由最初总是难以达到确定、清晰和透彻的把握。精神尽管试图超越思辨性，但它最初对于现实（存在者的存在）与超现实存在（存在的自身本质）的区分还不明确。存在的自身本质并没有作为本体自由、作为对抽象现实性的彻底否定显现出来（这要求对抽象现实性的彻底虚无化）。在这里，精神对现实性的超越还不彻底、对本体自由的领会亦不直接、充分。《蒙查羯奥义书》中被归属于首那伽的思想，和《蛙氏奥义书》的思想一样，就表现了这一精神阶段的特点。在这里，精神对其内在现实（思想）的超越只落实为对本体的概念、逻各斯、理性的否定，结果本体就被理解成一个被排除了全部思维的概念、理性的纯粹意识，即澄明。然而这意识、澄明其实仍然属于觉性的抽象现实方面。因而精神并没有真正进入本无、自由的领域，它将现实性与本无的“存在论区分”理解为思想与意识，或理性与澄明的“直觉的区分”。这澄明作为本体，是感觉与概念都无法达到的领域，因而是神秘的。对它的领会不能通过概念、理性，而只能通过某种超验、神秘的直觉。此处直觉不是感性直观，而是指一种出神的亲证。在这里，精神排除了概念、理性以及感官知觉乃至全部思想的作用，使心灵变成空虚的澄明并达到高度专注，从而使超越的真理对这澄明显现出来。所以我们称奥义书这一精神阶段为神秘精神阶段，其思想为直觉的省思。在这神秘精神阶段，超越没有成为绝对的，反思也没有实现为本真的（对本体自由的真正精神觉悟）。

《蒙查羯奥义书》中为首那伽（Śaunaka）所传承的思想，代表了奥义书的神秘精神发展的最初阶段。它对超越性的理解，包含了一个比以往的奥义书都更高的意义层面，以为至上我不仅超越经验实在，而且超越了那支启多和耶若婆佉学说执着的那种超越的或先验的实在。其云至上我超越了“非有”、“超越心识者”、“不坏者”、“超越者”，后者就是指超越的或先验的实在，至上我超越了它们而为其归宿，因而它包含了对现实存在的否定。所以《蒙查羯》的思想开始从根本上否定理智和思辨省思对现实存在的执着，打破概念、逻各斯对自由的窒碍，使奥义书的精神自由进入新的阶段。然而它对现实存在的否定其实并不彻底，这在于，它并没有否定超越或先验的实在、“有”的真实性、将其“空洞”化；那超越了实体和先验实在的神秘本体，也仍属“存有”而非“本无”，因而仍然是一种现实存在。这实在，因为是人的感觉、知觉和理性都无法到达的，所以是神秘的；精神对它的省思不再是概念、理性的产物，而是来自超理性的直观，它就是一种直觉省思。在这神秘本体与经验和先验的实在之间的区别，其实仍是两种不同现实之区别，它不是真正的“存在论区分”，而属于一种“直觉的区分”（为可思维存在与不可思维存在的区分）。

然而，在《蒙查羯奥义书》中，直觉省思才刚开始，还很不完善。这表现在，《蒙查羯》书无论对先验实在还是超现实本体，都没有对其实质内容作出明显规定。我们难以确定在它这里，这先验实在和超现实存在到底指的是什么。一方面，克实而论，自我的先验实在就是先验的思想、概念。而《蒙查羯》书对此并未表现出清晰的领会，这表明它没有明确把握先验实在的实质，因而同在耶若婆佉、步厉古学说中的情况一样，思辨反思在这里仍然是空洞、抽象的。另一方面，看来《蒙查羯》书对那超现实存在的实质内容，对其作为自否定或自由也没有清楚的领会。它对那神秘本体没有作出任何积极的规定。总之直觉的反思在这里也同样是空洞的、抽象的。在上述情况下，它就不可能对现实与本体作出有效的区分，它的“直觉的区分”仍极抽象、模糊，故它对这神秘本体的把握也不可能稳固。总之直觉省思在这里仍然是空洞、抽象且不稳固的，有待进一步完善。

《蛙氏奥义书》的思想就反映了这种直觉省思的进一步发展。《蛙氏奥义书》的核心内容即所谓自我四位之说，它将人的意识分为醒位、梦位、熟眠位、第四位共四个层次，与宇宙大我的四个层次，即遍在、炎炽、般若（思维、概念、理性）、至上梵（真心）一一等同。这四位代表存在、自我的四个意义层面，依次是：客观经验；主观经验；先验的实在；超越思想的真心。《蛙氏奥义书》的贡献是双重的：一方面，它明确规定先验实在就是般若、思想，使先验反思达到了充分的纯粹化、具体化；另一方面，它也阐明存在、自我的究竟本质为超越了这先验思想的清净真心（纯粹意识），也使直觉省思变得明确、巩固、具体。它否定般若即先验思想的绝对性，以为般若尽管是存在的直接根源，但并不是存在、自我的究竟理体，究竟理体为“非般若，非非般若”，为超越先验思想的绝对真心，即纯粹意识。因而它对先验实在与绝对本体的各自内容都有很确定的把握，前者就是思想、逻各斯，后者是超越思想、逻各斯的神秘存在。所以它将先验实在与本体的区分，确定为思想、理性与意识、澄明的区分，因而“直觉的区分”在这里成为完全明确、具体的。由此可以看出《蛙氏》的直觉省思相对于《蒙查羯》书的重大进步。在这里，最终是自由推动这种直觉省思的进一步自我完善和提升。《蛙氏》的直觉省思对现实的否定更加彻底，对超现实存在的确认更明确、坚定。这清楚表明了精神的自舍、自反势用在直觉省思中的进一步展开。而这最终皆来自自由的促动。因此，最终是自由的推动使直觉省思对神秘本体的把握更确定，直觉的区分也更明确。

奥义书思想在神秘精神阶段的发展，同样体现了现实精神自由的展开。它在观念层面表现了精神一方面彻底地否定理性、思想的自为、绝对的存在，确立存在本质为一超理性原理；另一方面确认这超理性原理为内在心灵的本质。这是精神在新的存在层面展开的“破”、“立”辩证运动。它既是精神进一步超越自身此在的否定运动，也是精神进一步穿透理性遮蔽寻求更本质自我的内在化运动。因而这种精神运动，分别在现象学上验证了自舍、自反势用在觉性的澄明本体领域的积极展开。直觉省思就是在这二者的辩证运动推动之下形成。这二者的历史展开，意味着自主势用在这里冲破理智、思辨省思传统的规定，恢复了其本真的无限性。而这种情况，只有当本体自由，作为唯一超越传统、理性的觉性原理，唤醒了现实精神并为之倾注力量，才有可能。在这种意义上，直觉省思最终也是在自由推动之下形成，就是自由的展开或实现。

然而，无论《蒙查羯》还是《蛙氏》思想，都未能摆脱直觉或澄明思维固有的局限。盖究竟言之，那超越了精神的现实性（思想、概念）的绝对理体，就是本体自由自身。自由将自身展开为现实的思想、概念，但它本身绝对地超越了任何思想、概念，是对现实存在的彻底否定。然而直觉省思作为人类精神领会本体自由的最早尝试，未能对这自由把握得很稳固、清晰、准确、彻底。它未能领会到绝对理体就是本体自由自身，就是觉性的永恒、绝对的自否定运动。后者彻底否定或超越了现实的存在，而为“空”、“本无”的境界。在《蛙氏》书中，本体对精神现实的超越被正确理解为对思想的超越。但直觉省思对现实存在的否定并不彻底，它未能将那超越思想的本体推入“本无”的领域，故本体在这里事实上成了另一种现实性、“实有”，即纯粹意识、澄明。本体在这里失去了自己本来具有的神圣性，即现实性的牺牲（sacrifice）。

它只是一种神秘存在。现实与本无的“存在论区分”蜕变为思想与意识的“直觉的区分”。本体自由对现实存在的否定蜕变为意识与思想、澄明与理性的永恒矛盾。这反映精神在这里还没有将对现实存在的自由彻底化，也没有实现对超现实的本体自身的直接自由；它的翅膀仍然背负着现实的重压，未能飞出实有之境，翱翔于空无的领域。神秘精神对现实存在的超越仍不彻底，它的超越思维没有成为绝对的；它对本体自由的领会也仍然是间接的，所以其反思尚未上升到真正的精神觉悟的层次。因而我们称这种精神为神秘精神，相应的省思（作为超越理性与知觉的神秘直观）为直觉省思，也是为了将它与本真的精神和（对本体自由的）真正的觉悟区别开来。直觉省思的上述局限，亦唯有在本体自由的推动下才能最终被克服。

盖本体自由本来具有在现实层面将自身绝对化的冲动，这就是要通过现实精神，实现对它自身本质的直接自主设定，这就是精神进化的最终理想。人类精神自由的全部历史，都是在这本体自由与现实精神的对话中展开的。自由以其永恒的绝对化冲动唤醒沉睡的精神，并给它倾注力量，促使其自主势用恢复其本真的存在。正是它实现对自身直接自主设定的要求，激发精神的自舍势用展开为绝对的精神超越，即对现实存在的彻底否定，破“有”入“空”，同时激发自反势用展开为对彻底超现实的“本无”、“空”的绝对维持，这必将推动精神省思领会那绝对超现实的原理就是觉性最内在的存在、自我。精神由此进入本体自由自身，使自身彻底升华，成为本真的精神。我们将在更晚的《白骡》、《慈氏》等奥义书、《薄伽梵歌》乃至大乘佛学中看到这一精神发展的成果。

从一种生命现象学角度，观念的演变揭示内在精神省思的运动，而省思的运动则表现了精神内在自由的展开。奥义书观念在这实在的自由阶段的演化，揭示了精神的反思和超越这两条思维主线的持续发展和相互交织的情景。在其中，反思思维否定外在自然转向内在的心识，否定心识的感性表象转向其内在本质，否定这仍被外在的时间和空间经验规定的自然本质进入心灵的纯粹内在的、超验的实体，否定实体的形而上学封闭性进入作为实体本质的、更内在的先验实在，最后还企图否定这先验实在，进入作为一切现实性本质的究竟内在本体。其发展体现了精神不断内向化的运动。从生命现象学视角来看，在观念层面表现的这种持续的内在指向运动，使精神的自身维持势用（它在省思中表现为对更真实、内在的自我的追寻）的活动成为明证的，它就是后者在现实层面的展开。同时，反思在这过程中表现的对外在、偶像东西的持续否定，也赋予了精神自舍势用的活动以现象学的明证性。反思的持续发展，从根源上说应归因于这自舍与自反、自主肯定与自主否定两种力量的辩证交互作用的推动。另外，奥义书超越思维的发展也呈现出与此类似的图景。在这里，超越思维表现为精神持续地否定它面前的直接、当前存在，即否定它自身的此在的过程。精神不断否定存在的偶像而确立更本质的真理。奥义书的超越思维在其发展中先是否定自然、经验的存在，确立超验实体为自为的真理；然后是否定形而上学的超验实体，确立思辨省思的先验实在为绝对真理；再后来是否定思辨的先验实在（纯粹概念、理性），确立超理性神秘澄明为绝对真理。其中表现的精神持续的自我超越、自我扬弃运动，在现象学上使精神内在的自舍势用持续的历史展开成为明证的。而同时与这否定交替进行的反复的真理确认，也使精神内在的自主肯定势用（自反、自凝）获得了现象学的明证性。因此超越思维的活动，也包括了精神的自主否定（自舍）与自主肯定势用的交互展开，其形成和发展就是由后者推动。总之，奥义书思想的发展，在现象学上呈现了精神的自舍与自反、自主否定与肯定两方面势用不断冲破传统的桎梏，推动精神省思持续深化和提升的机制。然而应当指出，现实精神作为省思无法超越传统（概念、逻各斯），其内在自由（自主势用）也被传统规定，不能冲出传统展开其无限性。因此如奥义书思想所表现的，精神的自主势用之最终能够不断冲破传统的局限，恢复其本真的无限性，展开为积极的活动，就在现象学上验证了有某种绝对超越传统、超越全部现实或思想、理性的原理的促动。这个原理只能是本体自由自身。因此，我们通过对奥义书的观念史的生命现象学阐释，最终使本体自由推动精神发展的普遍逻辑获得了事实上的明证性。作为绝对和无限，本体自由不仅推动奥义书的精神经历了从自然省思到直觉省思的漫长发展，也必将推动它最终克服直觉省思乃至全部实在思维的局限，进入本真的精神觉悟领域。

## 三

黑格尔曾经谈到，在印度思想中，由于“天上站立着心智的实体，于是地上就变得荒凉干燥。”① “梵就是在单纯状态里的实体，而它的本质使它扩展为种类无限的不同现象。要知道这个抽象观念、这个纯粹的统一，实在是‘全体’的基础，一切实际存在的萌芽。认识了这个统一，一切客观性便都消失了。因为纯粹的‘抽象’是空而又空的认识。要在有生命的时候，达到这种‘生命的死亡’——来造成这一种抽象——必须消灭一切道德的活动和一切道德的意志，而且一切的认识也得消灭，就像在佛教中一样；以前所述的种种苦行，便是以取得这种‘生命的死亡’，这种抽象作为目的或对象。”② 他在这里正确地指出了奥义书的实在的自由精神与西方精神的

① 黑格尔：《哲学史讲演录》，商务印书馆 1997 年版，第 154 页。

② 黑格尔：《历史哲学》，上海书店 1999 年版，第 161 页。

同样阶段相比的一个显著特点。

奥义书精神在自由推动下，从自然思维过渡到理智思维，从理智思维过渡到思辨思维，最后进入神秘的直觉省思层次。这一过程，与西方自由精神发展具有根本的一致性（详见本编各章及结语的讨论）。其区别，一方面，在于发展路径不同，在奥义书思想中，精神的自由以主观反思开始，经过与超越思维的结合形成思辨思维，由此过渡到直觉省思；而在希腊到中世纪思想中，精神的自由以超越思维开始，过渡到客观反思，由此（未经思辨思维的阶段）在来自希伯来传统的绝对超越思维启迪之下，过渡到直觉省思；另一方面，二者的精神实质亦有不同，这就在于，在奥义书思想中，自由的省思将觉性、精神的实体或本体理解为一种非理性、无生命、无内容的清净意识，然而这样的清净意识观念，在西方传统中是难以立足的。盖希腊思想，自赫拉克利特始，就明确以逻各斯为存在之真理，这一传统，到柏拉图的理念形而上学得到最完善的表述，即使阿那克萨哥拉的努斯概念，也不是一个与逻各斯、理性对立的存在。在古希腊哲学中，奥义书那种非理性的清净意识观念还未曾出现过。在犹太——基督教传统中也同样可以看到对逻各斯的高度尊重。在《圣经》中，上帝与逻各斯不能分离。圣约翰说语言、逻各斯就是光、澄明，"他（语言）是真实的光明，照亮来到这世上的每一个人"，所以那种脱离逻各斯的单纯的光明、意识，也是《圣经》作者未曾想到过的。

奥义书自由精神具有的这种独特实质，一方面，使它较之西方精神，较容易摆脱概念、逻各斯的桎梏，因而对于传统更自由；另一方面，也使它难以通过逻各斯，赋予现实存在更稳固、客观的基础，这正是黑格尔所正确指出了的。黑格尔上述对于印度思想的特有局限的洞察，对于奥义书的自由精神是完全成立的。这种局限就是寂灭主义和非理性主义局限。尽管奥义书精神的自由阶段，省思达到了对于"心智的实体"的纯粹、自为存在的认识，但是没有将这实体理解为思想、逻各斯，因而这实体缺乏真正的客观性，不能成为差异、个别性的稳固基础，"所以外在的、客观的东西没有按照理念加以理解。"① 由此造成实体与表象、普遍性与个别性的分离。另外与此相关，省思在否定实体的自然性时，也排除了它的生命性，生命、元气本身被当作外在的、偶像性的东西。所以在这里，自由的省思就将一种无思虑、非理性、寂灭无为的没有生命（无生）意识实体作为归宿。

正如我们多次阐明的那样，思维的局限反映了精神现实自由的局限。奥义书的寂灭主义和非理性主义思维，从根本上是因为属于非婆罗门传统的本寂取向（寂灭

① 黑格尔：《哲学史讲演录》，商务印书馆 1997 年版，第 154 页。

冲动）渗透到奥义书的精神反思与超越之中，从而促进精神惰性的消解（自肆）、肯定（自任）力量的活动，并抑制了精神的自凝、自舍等势用的正常拓展。此中逻辑，我们将在以下的具体论述中进一步展开。

以上是我们从生命现象学的角度，对奥义书自由精神阶段发展的内在逻辑的初步说明。这也是我们以下分析的基本思路。此外，我们将奥义书这一阶段的每一发展环节，都与欧洲思想进行了比照。由此我们既可以看出奥义书思想表现的，自由推动精神发展的逻辑，具有普遍、必然意义，也可以看出奥义书精神的独特个性。

# 第一章 道德的精神

## 引 言

精神的尊严是就精神的自身独立性而言，精神的价值则是就精神与其他东西的关系而言。任何东西，当它在某种意义上于我有益，它对于我就是“有价值”的。“我”的存在有精神方面与非精神方面，相应地，事物有精神价值与非精神价值。唯当“我”被当成自在自为的精神，事物的精神价值才被意识到。这精神价值，就在于事物成为精神实现其自身目的的手段。上述说法也意味着，如果没有反思，人们将无法意识到精神价值的存在。反思就是精神意识到其真实自身存在就是思想、意识。然而精神自身的价值何在？显然，在没有精神反思的情况下，自我只是被物化地理解，精神的价值还无从谈起，精神的思想、意识仍然被视作达到其他目的的手段。唯有当思想、意识不再被视为为满足非精神东西而存在，而是成为非精神的、自然的东西的目的，精神才可以说具有了真正的价值——这当然以精神反思为前提。于是，与事物的价值截然不同，所谓精神自身的价值，反倒指的是它是其他事物价值的最终规定者。精神的思想、意识从实践上应当而且从理论上本来就是一切非精神东西的最终目的因而普遍地规定着一切事物的价值，所以精神的“真正价值”就是绝对价值。而如果要使精神的思想、意识在实践上被视作一切非精神东西的最终目的，那么这精神就必须领会这思想、意识乃是一切非精神东西的绝对真理、实质、本质，这种领会就是绝对反思。所以，绝对反思使精神获得真正的价值，正如内在超越使精神获得真正的尊严。

反思是道德的前提。道德是精神将自己的内在存在分为自主的和自在的两部分，而且前者自由地规定后者。而这种规定要成为自由的，前提是精神的内在性，即意识、思维成为自在自为的存在，而唯有反思——绝对反思与超越反思——赋予意识、思维这样的存在。绝对反思领会意识的绝对性，超验反思领会意识的实体性。在这两种反思中，绝对反思更简单，因为它只是反思的自身展开，而超验反思是超越思维的内在化，以超越思维（实体领会）为前提；就奥义书的精神事实而言，绝对反思的发生也先于超验反思。当精神在理论上领悟到它内在的自在自为存在，那么它在实践上就能够自由地规定自己的内在性，这种自由规定就是道德。因而在本书中，我们把绝对反思，作为反思的起点，也规定为道德精神的起点。

反思是理智的反省。反省是面向觉性内在存在、面向自我自身的思维，它是精神的自反（自身维持）势用的实现。精神通过反省与否定思维的辩证运动展开自身的具体现实性。在自然精神阶段，否定思维扬弃作为觉性之最直接、外在存在的感觉、个别、表象的东西的绝对性，并确认某种普遍的全体、实质或本质为真理；反省思维则将这些东西（个别的与普遍的）领会为自我。尽管自然反省也可能试图把握某种内在存在，但它对自我与内在都是从自然意义上领会的。比如在奥义书的功利精神和伦理精神阶段，自我分别被理解为一种自然实质或自然生命。人的意识即使被注意，也没被当成自我的本质，而且其存在是从自然得到规定，没有被理解为一种独立、自为的真理。这种完全停留在自然层面的反省，乃属于知性的反省（知性思维只能领会自然的、生存的存在，它即使把握了普遍性和内在性，也只是把它当作自然的）。自然反省所理解的内在性、本质，完全属于自然、生存的层面，只是知性的内在性、本质。然而觉性、存在的真正内在性、自我，乃是对生存、自然的否定，是意识、思维之独立、超越于自然的存在；相对于知性的内在性、本质，我们称它为理智的（或自由的）内在性、本质。本体自由由于其本有的绝对化冲动，必然实现自身为精神对于觉性的内在性、自我的自由，而且唯此才是真正的精神自由。正是这一实现过程推动精神对于觉性真正的内在性、自我（即其自在自为的意识、思想）的反省，即真正的精神反思的产生。这在于，本体自由呼唤现实精神打破窒碍，恢复其自由之本真的无限性，从而促使反省内在的自反与自舍势用得以克服相应的惰性势用，重新展开活动。于是自舍势用就得以展开为对外在的、生存的存在的绝对真理性的否定，促使反省克服对外在自然的执着；自反势用也得以展开为对精神自身内在性的维持，促使反省确认这内在性为存在、自我之自为的真理。正是在自舍与自反势用的这种交互推动之下，自然反省才最终转化成对觉性内在的意识、思想的省思，即真正成为反思。奥义书的精神反思的形成和发展，在生命现象学上验证了上述逻辑。

真正的反思是对外在自然的否定。反思否定自然的自身真理性，取消了自然的独立、自足、绝对的存在，使自然成为以精神为基础的、相对的东西，使之降低为手段而非目的。同时，它使精神内在的意识、思想成为绝对真理，成为人的全部生存的目的和中心。于是守护思想的自由、独立成为现实生活的最高意义。反思同超越一样，是真正的精神自由的前提，或就是自由。在这里，我们如果约略谈谈中土思想和印欧思想的巨大反差，可能会加深对于此问题的理解。在印欧文化中，对知识、信仰的真理性的坚强守护或捍卫，在东亚传统中是难以被理解的。它每将精神推入与外在强力的殊死搏斗，甚至到蔑视肉体生命的地步（为上帝、真理而舍身）。其精神前提就在于，反思使人领会到他自己内在的意识、思想才是最真实的、绝对的存在，才具有最高的价值；而一切外在的、物质的东西都是相对的，甚至是虚假的，只有服务于内在精神才有其价值。因而人可以蔑视任何外在的强权、蔑视整个物质的宇宙。意识、思想只为自身现实而存在，而不是为任何其他东西而存在。然而在东亚传统中，精神的内在性，即意识、思想，从来没有获得真正的自身价值。正如黑格尔所说，在这里，一切知识、学问都是"绝对地以国家的'实用'为主——专门适应国家和个人的需要"①。为"中华崛起"、为"造福人类"而读书，被标榜为求知之最高尚动机，而知识独立的真理价值则被湮没。道德也完全从"修齐治平"的功利目标出发，也是从国家、天下的利益得到规定，而没有获得其独立性。精神的全部生活都是被外在的强力规定，而没有获得其自身独立性，没有成为绝对目的。其根本原因在于，东亚传统始终没有实现真正的精神反思。由于觉性的内在性，即意识、思想对于自然的否定始终没有被领会，所以人的内在精神太过薄弱，因而始终处在物质强权的奴役之中。而在印欧传统中，反思是精神获得自由或内在独立性的第一步。在这里，真正的哲学与宗教都是反思性的。在欧洲传统中，从巴门尼德开始，客观反思逐渐在哲学中占据主导，且在柏拉图思想中最终确立其统治地位。由于柏拉图主义的影响，整个基督教的精神修炼变成舍弃外在世界，迈向理念的天国，即纯粹思维的世界的过程。任何真正有健全精神的文化，都是把打破外在的物质、感性、肉体的世界，进入更内在、抽象、深刻，更透明的纯粹意识、思维的领域，当作人生之基本导向。在印度传统中，反思对于整个文化的导向性更为强烈，从奥义书思想到今天的印度教，都是把证悟真实自我作为修行之蓍龟，而精神对于物质的否定，甚至经常通过苦行自残等极端方式体现。

在ChānIII · 14中被归属于桑底厘耶（Śāṇḍilya）的思想，体现了奥义书最早的精神反思。然而由于人类精神的自身局限性，即使对于反思，也是那些感性、表象性的东西，比抽象、本质的东西更直接、显著，更容易被抓住。所以最初的精神反思总是从意识的感性层面开始。这种反思就是一种感性反思。桑底厘耶的思想就体现了这种最初的精神反思。在这里，感性意识被认为是存在、自我之绝对真理。其学说之主要内容有：(1) 大梵是万有于其中出生、生存、归没的绝对者，即Tajjalān。梵是包容一切存在者在内的全体，同时又超越世间万有。奥义书说它如虚空，包含一切

① 黑格尔：《历史哲学》，上海书店1999年版，第139页。

业、一切欲、一切嗅、一切味，包含全世界；又大于地，大于虚空，大于天，大于诸世界。以其包容万物而无偏私，故言其“无着”（anādara）、“不动”（asaṃbhrama）。（2）宇宙、人生皆由意念决定，人此世之所念，决定其逝后之往生。人若善念大梵，即可成为梵。（3）此大梵就是每个人的内自我。此自我既是包含宇宙之大我，亦是在于“吾人心中”之小我，故说它“大于地，大于虚空，大于天，大于诸世界”，同时又“细于谷粒、大麦粒、芥子、黍子、黍米心”。宇宙万物，皆被包容在我心之中。（4）自我的实质是意（manas），这是此说中最重要的一点。此说明确地区分了意与元气（prāṇa），以为意是自我之实质、自体，而元气是自我之工具，从而扬弃了该祇夜、茶跋拉等人的作为自然生命的元气观念。意，作为觉性的内在内容，被认为就是绝对存在。这表明奥义书的精神在这里首次确立了一种绝对反思。这反思使得奥义书的实践升华为对人的内在精神之自觉、自由的规定，从而真正成为道德的，奥义书的道德精神乃发轫于兹。然而，在桑底厘耶学说中所谓的意只是感性意识，或者在其中意识的感性与理智层面尚未得到明确区分。意被说成是“包含一切业，包含一切欲，包含一切嗅，包含一切味，包含全世界”，表明它就是全部主观和客观的感觉表象的总体。

桑底厘耶思想在奥义书中首次表现了一种真正的精神反思。反思就是内在的反省。精神通过对内在心灵的绝对真理性的领会，首次打破了物质自然对精神的专制，确立了真实的自身价值。因此这反思就是真实的精神自由。桑底厘耶的思想否定外在自然的真理性、确立内在心灵为绝对真理。这在观念层面表现了精神内在的自身否定与自身维持势用在反思中的积极展开，从而赋予后者以现象学的明证性。反思不仅体现了这二者的辩证运动，而且是在后者推动下形成。然而这自舍、自反势用之冲破传统规定而历史地展开，只有在那唯一超越传统、现实性的原理即本体自由的呼唤和倾注之下，才有可能。因而奥义书精神反思的产生最终归因于自由的推动，它就是自由的展开。盖人类精神由于其固有的局限性，它最早的省思就只能是没有任何反思与超越性的自然省思（自然的否定与自然的反省）①。其中自然反省将自我理解为一种外在、自然的存在。在奥义书思想中，从斫克罗衍尼、莱克婆、该祇夜等的全体观念，到耆跋厘、优陀罗羯等的宇宙实质或本质观念，再到茶跋拉、考史多启、爱多列亚的生命元气观念，都属于自然反省。在这里，省思将某种宇宙的大全、实质或自然的生命当作自我的真理。这个自我真理只是感性或知性的外在物，自我作为

① 因为人类的直接意识由于其本性，就只能呈现存在、觉性之生存的、自然的层面，而精神的省思以直接意识为前提，这决定对于它来说，生存的、自然的东西也是触目、最易上手的。因而它必然从自然省思开始。自然省思的特点是，它的所有观念都要么是自然经验提供的，要么是从自然经验中内在地抽象、归纳出来的。

觉性真正的内在性（即自在自为的意识、思想）、作为现实的自由还根本未被意识到。这表明自由尚未展开为精神对这内在性的自主设定。然而本体自由作为绝对，要求实现为精神对于觉性的内在性、自我的自由。它必然呼吁精神内在的自舍、自反势用展开为对觉性内在存在的自主设定。然而在奥义书自然精神阶段，这些自主势用已经被自然省思传统规定，而丧失了本真的无限性，已不可能冲出传统的桎梏。奥义书思想之最终否定自然省思而发展出真正的精神反思，就清楚地表明了精神内在的自舍、自反势用恢复了其本真的无限性，获得历史的展开。这种历史展开只有在一种绝对超越传统的本体的促动之下才可能。这个原理只能是本体自由自身。本体自由要求实现其自身的绝对性。这要求对于现实精神而言，就是一种永恒的呼吁。它呼唤现实精神打破窒碍，恢复其自主势用之本真性。唯有当本体自由唤醒并为之倾注力量，精神内在的自反与自舍势用才得以历史地展开，于是自舍势用将推动省思销解自我的外在、生存的存在的沉重甲胄，自反势用则推动省思确认觉性之内在、自由的意识、思想为存在、自我的真理。在自舍与自反势用的这种交互推动之下，自然反省最终蜕变为对这意识、思想的反省，于是真正的精神反思得以产生。因此，奥义书精神反思的发生，在观念层面使自由推动省思发展的逻辑得到验证。

然而，除了这种自主势用，精神内部还包含了与之对立的惰性消解力量，即自在势用，而且任何精神省思的形成，都有赖于这两种势用达到某种力量均衡。在这里，当精神的自舍、自反势用推动反省思维打破外在的物质偶像，向觉性的内部探寻，其内在的惰性势用（自任、自放势用）总是会抵消这种自主势用的无限性，将反省思维缚着于意识之最直接、当前的存在。桑底厘耶的反思就验证了这一点。它就是一种感性反思，把绝对的心灵、意识理解为全部主观和客观的感觉表象的总体。这种感性反思的局限性是很明显的。由于反思未能深入意识的本质，因而它领会的感觉表象的总体就是完全偶然无序的聚合体。正如 Hume 所说，"像这样一个作为聚合体的实在论的大梵观念，对于大梵的概念在根本上包含的统一性，是颠覆性的。很难理解那些千差万别的物质对象、心理机能和意识状态，能作为构成一个单一的世界始基的材料。"① 总之这反思仍完全局限在杂多的感性范围内，意识之本质、超感性的层面（理智、实体意识）还完全没有呈现出来。这种思维局限也反映了现实精神自由的局限，它表明精神内在的自舍、自反势用的无限性都被（精神内在惰性）阻断，因而都停留于意识之最直接、当前的存在，而未能在意识内在本质领域展开。在这里，精神固然挣脱了物质强权的魔掌，却可能陷入主观任性的梦魇。精神的本质同一性

① Hume, R.E（trans）, *The Thirteen Principal Upaniṣads*, Oxford University Press（India）, 1995.33.

和自由的客观必然性，都完全未能建立起来。然而那道德精神的船筏，必须在感性偶然性的狂风暴雨中，牢牢系着于一固定不变的砥石，将全部感性都维系于它；这个砥石，作为意识中支配着感性的同一性，就是理智、理性。这一精神进展也只有在自由的推动下才能实现。

在印度传统中，这一反思的进展最早通过在《考史多启奥义书》和《广林奥义书》中被归属于阿阇世（Ajātaśatru）的思想得到体现。其说代表了奥义书最早的理智反思。这在于它将意识分为醒位和沉睡位两个层面，前者即感性意识，后者为潜伏在感性之下的、没有任何表象的意识本质，即理智。然而其杂芜含混之处，亦颇显著。其说之要点有：(1) 梵是大全、本体、绝对、无限，而一切宇宙和心理现象都是只梵的部分、相状。其说通过阿阇世与伽吉耶的对话，依次提出大梵为日中人、月中人、闪电中人、雷中人、风中人、虚空中人、火中人、水中人、镜中人、影中人、回响中人、声音中人、睡梦中人、身中人、右眼中人、左眼中人，由此开示梵的十六个方面，梵则是这十六个方面构成的绝对全体。(2) 元气为万有之根源与归宿。其说以为由元气、自我生语言、眼、耳、意四根，复由四根生火、日、方、月四神，由四神生名、色、声、想四界，故一切形器，最终皆由元气、自我所生，且为其分位。当人进入沉睡，则诸根携其各自境界进入元气；此人再次醒来，此诸根、诸境又从元气再度生出。(3) 识（vijñāna 或 prajñā）、识我（prajñātman）又被认为是元气的本质、基础，因而成为存在、世界之最终根源。在《广林奥义书》的相应学说中，识与元气得到明确区分。其以为元气我从识我产生出来，复生成诸根、诸境，故识为万有的绝对基础，于是旧有的元气论被转化为一种绝对唯心论。(4) 意识被区分为醒位、梦位、熟眠位三个存在层面，且存在之发生乃由这三者的转变得到理解。BṛihII・1 中的阿阇世说法，在 KauṣIII・3 和 KauṣIV・20 的自我二位（醒位与沉睡位）区分的基础上，进一步将沉睡位区分为梦位与熟眠位，故成立自我醒、梦、熟眠三位之说。其中醒位相当于具有内、外感觉的意识，梦位相当于只具内感觉的意识，二者皆属感性意识。而熟眠位则是心识的内、外感觉都泯灭的领域，相当于超越内、外感觉的意识层面，即意识本质或理智层面。在熟眠位，意识否定其全部变灭的表象（感性），进入稳定、不变的本质（理智）之境。熟眠位是醒、梦二位的根源、归宿、基础。奥义书的识论认为心识就是存在，故意识三位的转化，就是存在、世界的转化。

阿阇世的理智反思，在观念层面表现了精神否定意识的感性表象、确立理智本质的双向辩证运动，因而赋予精神内在的自舍、自反势用的积极活动以现象学的明证性，表明它们已经展开为针对心灵理智本质的自主设定。唯有这二者的历史展开，推动奥义书的感性反思到理智反思的转型。然而只有作为精神绝对本质的本体自由自身的促动，才能导致这种精神自主势用的历史展开。本体自由由于其绝对化冲动，要求实现为对精神的内在本质，即理智、思维的自由，它因而要求反思达到对这理智本身的领会。由于本体自由的呼唤和倾注，精神内在的自主否定恢复其本真的无限性，并战胜敌对的惰性势用，推动精神打破感性反思传统对意识的外在表象的执着；同时自反势用亦因此展开为对意识的内在本质即理智的维持，推动反思确认理智的绝对真理性。正是在这种“破”与“立”的辩证运动中，奥义书的精神反思征服了感性的惊涛骇浪，抓住了理智的坚固砥石。于是精神否定感性意识，而达到对意识的理智本质的领会。

然而，在奥义书道德精神的这一阶段，反思把握的意识本质只是知性的。知性思维的特点就是企图通过归纳、抽象、概括，从自然之中确定某种普遍的实质或本质（耆跋厘、优陀罗羯之说即属此种思维）。后者仍是自然的。同在其他传统中一样，奥义书最早的精神反思也是将意识、思维理解为经验、自然的。在这里意识就是内在的自然，尽管它被赋予了绝对意义。此种反思乃是一种经验反思。阿阇世以及随后的沙那库摩罗、波罗多陀之说试图否定意识的感觉表象，确立其内在本质。然而这意识本质只是在知性立场上对经验意识进行概括、抽象的结果，它与经验意识的其他成分是同质的，是后者的始基，因而它仍然是自然的、经验的。意识、思想之究竟的内在性，就是意识、思想的超验性或实体性。它是对觉性之生存论存在，即其外在与内在的全部自然的否定。

尽管如此，奥义书的本质反思仍然在完善和发展。我们看到在阿阇世的学说中，本质意识或理智仍然是抽象的、空洞的，理智的具体实质还没有得到领会。这意味着精神还没有实现对理智内在内容的自主设定。这在现实层面表明精神内在的自反势用还没有深入到这理智的内部，而是被精神内在的惰性抵消，丧失了它的本真性。这使得反思被挡在理智的门口。这就好像反思觅到了本质的宝库，但自反势用却没有能力推动它进入其中，检阅乃至取用其宝藏。然而本体自由作为绝对，要求实现为对其内在本质的自主设定，要求精神克服这理智反思的空洞性、抽象性，深入理智的内在实质；为此它必然促使精神内在的自反势用进一步展开。

ChānVII 中被归属于沙那库摩罗（Sanatkumāra）的学说，就体现了奥义书的理智反思的进一步发展。在这里，本质意识、理智的实质内容得到具体的规定，它被区分为念、想、静虑、智四个层面，但其中每一项的所指并不完全明确。其说亦颇杂沓。其主要内容有：(1) 此则奥义书前面部分（ChānVII · 1—7）开示了一种严格的精神反思。它开示应依次观想名、语言、末那、念、想、静虑、智为梵，实际上是逐渐排除意识、精神中的表象、感性的内容，最后深入到它的本质，即理智。其后面六分，皆不是对某物之意识，而是意识实体的不同层面①，既是活动，也是实在。按照通常的理解，其中语言、末那指意识之感觉层面，而念、想、静虑、智皆无涉于感官，为意识针对自身内容之活动，故为理智层面。其中念（saṃkalpa）主要指意志、决定，想（citta）在此处指思维，静虑（dhyāna）在此指思维之持续、深层的层面。智（vijñāna）在此指心识中之最本质的层面，为静虑、思想、意志、感觉的根源、基础。然而智的意义究竟为何，尚不明确。此则奥义书开示的观想，就是从精神之最外在的层面即名相开始，去外入内、舍滥留纯、弃末求本，最后达到对于理智实质的充分领悟，因而是对奥义书的本质反思的具体化、充实化。（2）沙那库摩罗在ChānVII中开示的学说，传统上被称为“圆满说”（bhūma-vidyā），它以对大梵的十六分义之敬思为基本框架。它要求依次观想为名、语言、末那、念、想、静虑、智、力、食物、水、火、空、忆、希望、元气为大梵、绝对，最后达到圆满（bhūman）。前十五分皆是有限，唯最后一分是无限。其宗旨在于从宇宙论层面，阐明万有之互融互摄，从而构成一圆满整体。在这里，ChānVII似乎放弃了它一开头的自我反思，而完全被一种来自梵书和更早奥义书的对存在的宇宙论上的广大、丰富、圆满的追求吸引过去了。

沙那库摩罗的学说表明奥义书的理智反思克服了其原先的空洞性和抽象性，实现了对理智的内在内容的领会。在这里，反思确立这些内容为存在的绝对真理。这在观念层面表明精神的自反势用深入到意识本质的内部，展开为对其内容的自主设定。唯本体自由促动精神内在的自反势用在这新的自我领域的历史展开。本体自由为实现自身绝对化必促使精神内在的自反势用展开为针对理智内容的自由（以使精神能充分享用这一宝藏），从而推动反思的意识固着、深入这宝藏，将其内容一一呈现出来。在奥义书思想中，从阿阇世到沙那库摩罗学说的理智观念的转变，验证了这种本体自由的活动；它最终是自由推动的结果。

然而，我们也可以看到在阿阇世和沙那库摩罗的思想中，内容都极为芜杂混乱。在这里，纯粹的本质反思被颟顸地混杂于宇宙论的粗俗形器之见中，甚至被后者规定（如沙那库摩罗的十六分敬思），使其价值大打折扣。省思的这种局限也反映了现实精神自由的缺陷。首先，那种来自梵书的宇宙论被无批判地混入这些学说之中，表明反思对那种完全外在化的宇宙的否定并不彻底，这在观念层面表明精神的自舍势用在这反思中没有得到全面展开。其次，思想的这种逻辑统一之严重欠缺，表明精神无力完成对自身内容的理性建构，这也在观念层面反映了自凝势用的开展受到阻碍。然而本体自由的绝对自我展开，要求道德精神实现其纯粹性和必然。为此它

---

① Ram K.Piparaiya, *Ten Upaniṣads of Four Vedas*, Yatisha Creations, Mumbai, 2003.278.

必须促使精神内在的自舍、自凝势用更充分地展开，从而使省思彻底清除由因循传统导致的外在性和紊乱，达到建基于反思的纯粹和一致。奥义书思想的进一步发展，就体现了道德精神的这种自我完善。在《考史多启奥义书》第三章中，传说波罗多陀（Pratardana Daivodāsi）从天神因陀罗处接受的思想（我们且将它归属于波罗多陀）就反映了这种反思的进展。一方面，其说完全脱离阿阇世大梵十六分说的粗俗宇宙论，以及沙那库摩罗圆满说中肤浅的形器之见。绝对心识不再被与宇宙现象及自我的诸身心机能混为一谈，而是被视为它们背后的主体、本质。这不仅使反思彻底化，而且避免了宇宙论和心识论的掺杂导致的逻辑混乱；另一方面，它对于现实认识主体有更充分的反思，它将人的感性机能区分为十种（即眼、耳等十根），而在背后规定这些机能的就是识，故现实的认识主体是复合的，由识与十根构成，这相比于阿阇世等的说法反映了一种更合理的观察。波罗多陀之说的主要内容有：(1) 旧有的元气论思考被引入心识论的层面，元气就是识。识是一切物质和精神现象之绝对全体、根源和基础。它既是世界的来源又是其归宿。当存在发生时，乃由识生十根（语言、呼吸、眼、耳、意、舌、手、身、足、生殖），由十根生各自对应的十境；当世界入没时，十境没入十根，十根没入心识。识作为全体就是绝对、“一”，超越一切有限性、相对性，因而超越善恶、烦恼、变异、增损，为喜乐、恒常、不老、不死。(2) 现实的主体性是由识与十根共同构成，其中识是认识之最终的主体，它就是理智，超越感觉（十根）和感性意识（意）而为其基础、本质。识、究竟主体才是应当被领悟的，人若知此乃超越善恶业，得喜乐、不老、不死。(3) 至上我被敬为神。神的意志决定人的为善与为恶、救赎与沉沦。波罗多陀的识论反映的反思的纯粹化和逻辑统一，在观念层面表现了精神的自我否定和自我建构的双向运动，验证了精神内在自舍、自凝势用的积极活动；而这自主势用的历史展开唯有在本体自由促动下才有可能。因此，这种反思的进展最终是自由推动的，是自由的自我展开的途径。然而波罗多陀学说中的本质反思，尚未根本克服奥义书道德精神的根本局限。这表现在，它仍然将理智领会成一种经验、心理的本质。尽管其说对至上我超越善恶、烦恼、变异、增损，为喜乐、恒常、不老、不死之开示，与后来的毕钵罗陀、那支启多之学描述的超验反思对意识实体的领会颇为一致，可以构成朝这种反思过渡的桥梁，但是它的这种开示只是对自我作为“唯一”、绝对全体的存在的描述，它在此只是从量的、知性思维的层面对于绝对进行了把握，与那支启多等对自我作为意识实体的超越、理智的把握（表现为对经验的彻底否定）有本质的差距。

总之，奥义书思想在道德精神阶段的发展，表现为绝对反思的形成和持续自我深化与提升的进程。在这里，反思先是否定外在自然，确立感性意识为绝对真理；其次是否定感性意识，确立意识本质即理智为绝对真理。一方面这是精神持续否定其当前现存存在、否定其自身此在的运动，因而在观念层面验证了精神内在的自舍势用的持续展开；另一方面这也是精神不断穿透存在、自我的外在、直接的表象，进入其更内在、本质的真理的内向化运动，因而在观念层面验证了精神内在的自反势用的持续展开。这二者的历史展开，意味着它们不断冲破传统的规定而重新获得本真的无限性。在这里，现实精神对传统的持续的扬弃，表明它是被一个超越任何传统和历史的原理，即本体自由促动的。唯有本体自由的呼唤和倾注，才能促使现实精神超越其传统，促使精神内在的自主势用冲破传统的限制，展开其本真的无限性，从而推动精神不断开辟更广阔的自由境界，推动省思的除旧布新。因此上述精神反思的发展，最终是由自由推动的，是自由实现自身的途径。总之，在观念层面表现的奥义书的绝对精神反思的形成和发展过程，为自由推动精神发展的逻辑提供了生命现象学的例证。

然而在奥义书的道德精神阶段，反思仍然是经验的。即使阿阇世、沙那库摩罗和波罗多陀学说中的本质反思，也仍然把意识本质理解为经验意识的一个层面，故这本质只是知性的、自然的本质。觉性的真正内在本质，是先验现实的领域，是对全部生存论存在，包括外在与内在的自然（物质宇宙与经验意识）的否定，因而这种本质是自由的、理智的。盖理智思维就是对自然的否定，理智的内在性是对外在自然的否定；理智的本质是对现象（在这里是全部经验、自然）的否定，因而这本质就是超越性、实体。而在奥义书的道德精神阶段，省思还没有实现对精神的实体性的领悟，超验反思还没有真正建立起来。在这种情况下精神就不能真正确立自身的尊严。这种省思的局限性也表明了现实精神自由的局限性。省思对自然的执着表明精神内在的自舍势用尚未进入实体的领域，尚未实现为对自然的否定和对超自然真理的维持。因此精神的否定思维作为自舍势用的实现，还没有成为对全部自然、经验的否定，没有成为真正的精神超越，在这种意义上，它还没有成为真实的精神自由。这种精神局限，也唯有通过自由的进一步展开才能被克服。

## 第一节　桑底厘耶

对于有限的人类精神而言，其究竟的理想总是会处在与其平庸的现实存在的矛盾中。一方面，作为精神绝对本质的本体自由为精神设定了展开其现实的绝对自由的目标；另一方面，与一般的生命进化的情况类似，精神要达到这目标，还必须以其最直接、朴素的存在，即自然精神为起点。盖本体自由的内在冲动，是在现实精神中达到自身绝对化，即实现对它自己的绝对自由，即彻底的精神自由；这绝对化就是精神直接以本体自由作为自主设定的对象。本体自由自己就是这一冲动。它推动现实精神永恒的自我深化，即朝着对这本体自身的真正觉悟迈进。所以，本体自由的冲动，就成为精神省思的无限内在化和超验化的力量源泉。这种内在化主要表现为精神的反省。自由推动反省的深化，即不断寻找更内在的自我真理。然而人类的觉性只具有对于自然的、物质的世界的直接自由。它对自身的自主设定是间接的，因而它只能以存在、自我之物质的、生存层面的外壳为意识的直接对象。而精神的反省乃以直接意识为基础，故对于反省来说，自然的、外在的、感性的东西，总是最直接、最触目、最易上手的，所以最初的精神反省总是自然的。

在奥义书中，最早的反省也是自然反省。无论神话的感性思维、功利的实质思维，还是伦理的内向思维，都是把一种外在的自然存在当作觉性、存在之本质。但自由必然推动反省的深化。它要求实现为对自身内在性，即意识、思想的自主设定。精神不应只具有对物质的、生存的东西，即对自我的生存外壳的直接自由或规定，而且应当推进到对自我的内在性的直接自由或规定。因而，本体自由在其展开过程中，必然否定自然精神的外在性、偶像性。它促使精神内在的自舍势用进一步展开为对自然精神的直接现实性的否定，并促使自反势用展开为对精神内在的现实性，即意识、思想的直接维持。这自舍势用推动精神省思否定外在的自然偶像，同时自反势用推动省思领悟意识、思想为绝对的真理。于是自然省思执着的宇宙论实质失去真理性，精神首次明确意识到自身内在的意识、思想的独立的、自在自为的存在。精神由此否定了自然的压迫，获得了真正的自身自由。在这里，反省不再被生存的偶像蒙蔽，而是真正发现了自我的内在存在，于是它否定了自然反省，进入了真正的精神反思的层次。这反思意味着奥义书思想终于否定狭隘、粗俗、肤浅的自然精神，进入真正的自由精神的阶段。然而由于人类精神的根本局限性，即使反思，也总是最先抓住那些对于意识最直接、显著的东西。对于觉性的内在存在而言，这东西就是意识、思想的感性、经验表象。所以，反思一开始总是把感性、经验意识当作自我的究竟真理。奥义书最早的反思，也是这种经验反思，同时，它还将经验的意识当作存在之绝对真理，因而也是一种绝对反思。其最初的形式是把自我理解为感性意识，而将这感性意识视为存在和世界之基础、本质；《唱赞奥义书》的桑底厘耶学说，就体现了印度传统中这种最初的精神反思。

桑底厘耶（Śāṇḍilya），《唱赞奥义书》和《广林奥义书》皆有多处提到此人。在BṛihII・6・1、BṛihIV・6・1、BṛihVI・5・4 列出的师传中，都提到此人名。在 BṛihII・6 列出的师资名录中，此名就出现三次；在 BṛihIV・6・1 的名录中出现两次。梵书亦有多处提到桑底厘耶。Sat BrāX·6·3 还提到所谓“桑底厘耶说”（Śāṇḍilya Vidyā），并记录了他的主要思想。由此可推测其学说可能曾经有很大影响力，然而古奥义书中被归属于他的仅有一章，即 ChānIII·14。学者们往往认为此则奥义书是吠檀多中最早视大梵为世界之全体者。兹后《爱多列亚奥义书》、《广林奥义书》（AitaIII·1；BṛihIV·4·5）将大梵规定为心识，并由于心识包容万有，故曰梵由一切存在所构成（即所谓“由此所成，由彼所成”）。这乃是此种思想发展的最成熟形态。而桑底厘耶说之最早前身，可能是《黎俱》的“原人颂”（ṚVX·90·1—14）。后者以为某一宇宙巨人（Puruṣa）是世界的根源，万物皆是由于诸神以原人献祭而从他的身体分化产生。在梵书中，最高神“生主”（Prajāpati）代替原人与诸神，成为万有的根源与创造者。梵书还充斥着这样的思想，即生主既然通过祭祀将自身分解为万有，于是人必须通过祭祀让生主重新结合起来，以使其再次分生，是为祭祀之最高目的。这种思想很可能应当归属于桑底厘耶及其师资。因为（1）尽管这种思想是祭祀之最高目的，但一般的祭祀活动尚缺乏这种闳大的旨趣，故其与此思想并无紧密的关联，而唯有作为须摩祭一个复杂部分的设火仪式（agnikayana，即祭火坛的建筑）是以上述思想作为其全部活动基础的，所以这种思想可能最早在 agnikayana 仪式中发展，且由于此祭被吸纳进须摩祭，而成为在梵书中被普遍接受的思想。（2）《百道梵书》14 编，唯于 agnikayana 部（即第六至十编）中桑底厘耶被当作义理上的主要权威，而在其余部分则是耶若婆佉享此尊荣。这表明 agnikayana 仪式很可能原来属于桑底厘耶师资，后被吸收到梵书的系统中①。当这一仪式被吸收进梵书的祭祀学中，它所包含的思想，即生主的牺牲与通过祭祀再生，也成为被梵书普遍接受的观念。对祭火坛的建筑，就充分象征对宇宙、生主的恢复、重建。祭坛应建成鸟形，象征生主（梵书有七种元气合，取鸟形而成生主之说）。建坛用到的砖有许多种类，每一种都象征一种宇宙元素。坛分三层，分别象征天、虚空、地三界。筑历时坛一年，象征所有在时间（年）之内的存在者都被包含在内。桑底厘耶说还要求伴随这种组合、重建，人应敬思生主乃是一切存在之全体，且生主即是祭者的内自我，即是意，故世界万有皆是包含在自我之内的。《百道梵书》开示这种敬思云：“1 人应敬思‘真实梵’。信然，人由念而成。依其逝时所念之伟大，人将往生彼界。2 人应敬思自我，彼由意所成，其身为元气，其相为光，其自性为虚空，随意变形，迅速如想（指自我于诸感官之间迅速运动，无论感官缘取何境界，自我立即赴之），其思想为真，其意念为真，包含一切嗅、一切

① Eggeling, Julius（trans）, *The Satapatha Brāhmaṇa*, SBEXLIII, Motilal Banarsidass, Delhi, 1963. XXVIII.

味，统摄诸方，包含全世界，而无言、无着（anādara）、无作（asaṃbhrama）；如谷粒，大麦粒，黍子，乃至黍米心；彼心中补鲁沙即是如此；彼如无烟之火，大于天，大于虚空，大于地，大于一切存在者；——此元气我即是吾自我：我离世时将得此自我。信然，人若信此，则不复有疑惑——此即桑底厘耶所教者。”（Sat BrāX·6·3）通过比较可以看出，ChānIII·14 显然是以这一节梵书为底本的。奥义书在这里所作的实质性变化，是不再将自我等同于原人，割掉了梵书的原人论尾巴，而将自我的实质等同于意、心识，将梵书的宇宙论转化为唯心论。

## 一、意为万有之全体

ChānIII·14 的基本宗旨是开示梵的实质是意，为包含世间万有之全体。其思想与上引 Sat BrāX·6·3 的亲缘性是一目了然的。其云（ChānIII·14）：

> 1 信然，此全世界即是梵。人应静思彼（梵）为 Tajjalān[①]。信然，人由念而成（kratu-maya）[②]。依其此世所念，人辞世时将依之往生。2（梵）其实质为意（manomaya），其身为元气，其相为光，其思想为真，其自性是虚空，包含一切业，包含一切欲，包含一切嗅，包含一切味，包含全世界，而无言、无着（anādara）[③]。3 此即吾心中之自我，细于谷粒、大麦粒、芥子、黍子、黍米心；而此心中之自我，乃大于地，大于虚空，大于天，大于诸世界。4 包含一切业，包含一切欲，包含一切嗅，包含一切味，包含全世界，而无言、无着——此即吾心中之自我，此即是大梵。吾死时将入于彼。人若信此，则不复有疑惑——此即桑底厘耶所教者。噫，桑底厘耶！

奥义书所谓桑底厘耶说的主要思想包括：(1) 大梵是万有于其中出生，在其中生存，且最终归没于它的绝对者。奥义书这里说梵是 Tajjalān，商羯罗释之为 Taj-ja-la-an。“ja”谓生成，“la”谓消灭，“an”谓生存、持续。总之，大梵是一切存在在其中生、住、

---

① Tajjalān：即 tat-ja-la-an，为生造之词，为吠檀多派袭用。其中 tat 是定冠词。ja：所生成者。la：所归没者。an：有呼吸者，即持存者。Tajjalān 即指万有于其中生成、消失、持存的绝对者。

② Kratu：念、思考、决定、意志、愿望。Hume（及拉达克利须南）、缪勒、S.Swahananda、J.Eggeling（见其所译 Sat BrāX·6·3，SBEXLIII.400）和杜伊森分别译为 purpose，will，faith，understanding，einsicht。

③ 《百道梵书》中与“anādara”对应的地方为“anādara asaṃbhrama”，见以下 Sat BrāX·6·3 的译文。anādara：轻慢、不关心、无执、不计较、平静；asaṃbhrama：心不动摇。

灭的全体。(2) 人依此世之所念，决定其逝后之往生。盖宇宙、人生皆由意念决定之说，始于《阿闼婆吠陀》。其云意欲 (kāma：爱、乐、欲) 是世界之初始，或云欲望生语言、语言养育万物，或说人的存在源自情绪和愿望 (Akūti：愿、目的、希求) 的婚姻 (AVIX·2·19, IX·2·5, XI·8)。在这里，kāma、akūti 与 kratu 意思都是相通的。梵书有大量文字表明欲望是人和世界存在的本体论根源 (Sat BrāXI·5·8·1；V·32；Tait ĀraI·23)。早期奥义书继承此类思想，而将其与轮回说结合起来 (ChānVIII·2·1—9)。然而在奥义书思想中，意念决定往生之说，容有数解：其一，人死前之一念，决定其往生，故人死前应善护正念，印度教乃至佛教都有此种修行；其二，人的意念决定其行为，行为造成业果，业果随识流转，决定识体的往生，此为奥义书较成熟思想，亦被印度教各宗以及耆那教乃至佛教经量部、唯识学等广泛接受；其三，人的意念决定其行为，行为造成业，业决定死前的意念，后者决定往生。桑底厘耶说的思想仍属于梵书范畴。而一般来说，作为上面第二、三解理论前提的轮回及行为与业果的关系的观念，在奥义书中才逐渐变得明确；其在梵书思想中至少是不明确的，故在此可大致确定桑底厘耶说属于以上的第一解。因此，人若欲与梵合一，欲成为梵，唯有善念此梵。人为何要勉力敬神？答案或许在印度教中比在基督教、伊斯兰教乃至任何其他宗教中都要简单、明确：敬神方可成为神！ (3) 大梵是包容一切存在者在内的全体，同时又超越世间万有。奥义书说它如虚空，包含一切业，包含一切欲，包含一切嗅，包含一切味，包含全世界；又大于地，大于虚空，大于天，大于诸世界。此所谓"大" (jyāyās)，即超越、更殊胜、更强大、更卓越、更尊贵之意；但克实言之，它在这里仅仅是表明大梵作为绝对者比一切相对的存在更殊胜、强大，而没有以梵为超验的彼岸之意。有些学者认为桑底厘耶在此表明了梵既是内在的，又是超验的①；但考虑到超验彼岸观念之确立，前提是本体、现象的严格区分，后者是奥义书思想很成熟之后才有的，而在梵书和最早的奥义书思想并不存在，故我们对上述看法持保留态度。所谓大梵"无言"，盖因为语言只属于相对的、有限的存在的领域，而对于大全、绝对者、无限来说，语言是无效的。所谓大梵"无着" (anādara)、"不动" (asaṃbhrama)，即是说全体、绝对一味包容万物而无偏私。但是，正如 Hume 所说，"像这样一个作为聚合体的实在论的大梵观念，对于大梵的概念在根本上包含的统一性，是颠覆性的。很难理解那些千差万别的物质对象、心

---

① Sarvepalli Radhakrishnan, *The Principal Upaniṣads*, George Allen & Unwin LTD, London, 1953. 392.

理机能和意识状态，能作为构成一个单一的世界始基的材料。”① 如何解决这个问题呢？在奥义书中大致有两种途径：一是宇宙起源论的途径，即以大梵为产生万物的始基，由单一的始基可以分化形成千差万别的事物，如由一味的种子发育出枝叶花果。二是形上学的途径，即以为梵与世界之间，是本体与现象、可知世界与可感世界的区分（形上学区分），本体、可知世界是一，而现象、可感世界则现似为杂多。对此问题的解决，晚期奥义书一般采取第二种途径；但后者包含的形上学区分，梵书和最早的奥义书思想尚不具备，故它们只能通过第一种途径。(4) 此大梵就是每个人的内自我。吾人的内自我不是大梵、至上我的部分、产物，而就是大梵之全体，此即奥义书说梵在于“吾人心中”、“细于谷粒、大麦粒、芥子、黍子、黍米心”之所谓者。此自我在宇宙层面显现为无限大，在人心中显现为无限小，但它始终是同一的。宇宙万物，皆被包容在我心之中。一切业，一切欲，一切嗅皆是我之作用。(5) 自我的实质是意 (manas) 或心、思维。桑底厘耶在这里扬弃了该祇夜、茶跋拉等人将自我等同于自然生命的观念，在奥义书思想中首次揭示了自我的内在性，即它作为心、思维的存在。他明确地区分了意与元气 (prāṇa)：意是自我之实质、自体，而元气是自我之身 (śarīra)，即自我的工具，于是自我成为与元气本质上不同的意识、心。由于他把自我规定为心，所以使得奥义书的修行，升华为心性的修炼，从而真正成为道德的，所以在奥义书中道德的精神乃开端于此（而茶跋拉等之学仅仅体现了一种伦理的精神）。不过奥义书后来更成熟的思想，一方面，对意与心、识进行了严格的区分，以心、识为纯粹心理的、意识方面的活动，而意仅为与之伴随的身心机能甚至一种物质器官（心根）。而桑底厘耶所谓意，则是不加区分地包含了这两方面内容，比如说自我“包含一切业，包含一切欲，包含一切嗅，包含一切味，包含全世界”时，则此我应指意识、思维；而说到自我“细于谷粒、大麦粒、芥子、黍子”时，则此我可能指心根——显然，后世如耆那教、胜论、吠檀多派等关于心根细如极微、迅速在体内运动的观念，皆应溯源于梵书、奥义书的上述说法。另一方面，即使将意理解为纯粹的心识的活动，桑底厘耶之说也仍然被后来的奥义书思想所扬弃。因为在奥义书的通常术语中，意 (manas) 作为识，与“vijñāna”和“prājñā”的区别，在于它往往更直接地与感觉联系，它指的就是感性意识，或一切感觉的总体。后来奥义书更成熟的思想，比如《广林奥义书》的耶若婆佉学的识说、《鹧鸪氏奥义书》中步厉古的五身说及《蛙氏奥义书》的自我四位说，都对此有较为明确的区分，但这种区分在桑底厘耶学说中仍为阙如。也就是说，在桑底厘耶学说中，反思还没有弄清意识的感性方面与非感性方面的区

① Hume, R.E (trans), *The Thirteen Principal Upaniṣads*, Oxford University Press (India), 1995.33.

别，易言之没有意识到非感性意识（理性、意识实体）的存在，因而它仍然被完全局限在感性意识范围内。但此说作为奥义书最早的精神反思，对后来奥义书思想的影响还是颇深远的。比如它说自我“其实质为意（manomaya），其身为元气（prāṇa）”，后来《鹧鸪氏奥义书》的五身说就认为自我由“元气身”（prāṇamaya ātman）、“意身”（manomaya ātman）、“识身”（vijñānamaya ātman）乃至“喜乐身”（ānandamaya ātman），后者显然直接或间接沿袭了前者的思想。

## 二、观想的实践

此则奥义书尽管短小，但可能是奥义书中最早标榜“梵我一如”者，故于吠檀多学中地位极为重要，修道者视之为“如握奥义书全部义旨于一掌中”（此为 Swami Krisṇananda 语）。它的旨趣不是建立某种形上学，而是指导观想。首先，它要求人应观想大梵为万有于其中生成、消失、呼吸的绝对者。其次，它开示修观时人应当如何专注于绝对，而非游心于此物与彼物、此处与彼处。这就在于，思考一切事物皆属于彼绝对者，是后者之表现、部分（后者乃是大全、整体），因而尽管事物千差万别，但实际是一。最后，它要求人应观此绝对者就是吾人的内自我。由于上述观想人去世后将与大梵合一。

同在其他奥义书中常见的情况一样，在此则奥义书中，崇高的宗教理想也是与粗俗的功利追求混杂在一起的。在这里，对自我作为宇宙全体的观想，也被应用于祈求儿子长命多福之类的世俗目标（以至杜伊森在此感叹道：“o miseras hominum mentes! o pectora caeca!”①）。为达此目标，人应观想宇宙为一恒常、无量、具种财富、包括万有的匣子，而风或元气于宇宙中，适如儿子之于家中，故元气为宇宙诸方之子。此即奥义书所谓“匣智”（kośa-vijñāna）。人若知此，则宇宙成为其儿子的守护者，故其必不会因儿子早夭而哭泣。ChānIII·15·1，2 云：“1 匣中为空界（空界，兹指天、地之间的大气界），地为不坏底。诸方为其角，上天为其盖。此匣藏财宝，一切于中住。2 匣之东面曰祭勺（juhū，以此勺献祭时朝东向故），南面谓阎摩国（sahamāna），西谓婆楼那王所（rājñī），北面曰善财（subhūta，财神俱比罗之所）。风乃是此诸方之子。谁若如是知风为诸方之子，乃不为儿子（早夭）而哭。我如是知风为诸方之子，我其不为儿子（早夭）而哭矣。”（此译文参照商羯罗《唱赞奥义书注》）此即沉思宇宙、宇宙中的万物以及元气为儿之保护者。然后人应如是祈祷：“我其求彼不坏之匣，庇护此

① 意为：“啊！人可悲的心灵。啊！盲目的心！”（Paul Deussen, *Sechzig Upaniṣaden des Veda*, F.A. Brockhaus Leipzig, 1921.110）

某、此某、此某。我其求彼元气，庇护此某、此某、此某。我其求地界（bhūr），庇护此某、此某、此某。我其求空界（bhuvas），庇护此某、此某、此某。我其求天界（svar），庇护此某、此某、此某。”（ChānIII · 15 · 3）这是直接祈求宇宙、元气等之保护。所谓“此某、此某、此某”中，“某”应是儿子的名字，每一祈祷中应连续念三次。按照奥义书的解释，这里所谓地界，还包括空、天；所谓空界，还包括火、风、日；所谓天界，包括三吠陀（ChānIII · 15 · 5—7）。尽管这样的联类显得任意、混乱，但表明了奥义书在这里的大致思路，是用三界包括宇宙内的全部实体（吠陀的语言也被认为是一种永恒的实体），通过诉诸这个全体来保障儿子的长命与幸福，与上述观想的主旨还是一致的。

《唱赞奥义书》的桑底厘耶之学，为奥义书之最早标榜“梵我一如”，即存在与自我之绝对同一者，而且它明确地领悟到这自我的真理，不是宇宙论的、生存的偶像，而是真正属于自我的内在本质者，即“意”（manas）。按照此则奥义书的说法，此意是人心中之自我，它以元气为资具（其身为元气），其相为光，其思想为真，其相如虚空，包含一切业，包含一切欲，包含一切嗅，包含一切味，包含全世界。这就是说，意作为心识，是感觉（嗅、味）、行为、意志等主观经验的全体，也是客观经验的全体，因而它就是大全、绝对意识。它不仅是独立于自然的自在自为的心灵，而且将世界包含在内，也就是说自然的存在反倒是依赖于它的。在这里，奥义书精神首次达到了一种绝对反思，而精神的内在存在由此便成为生命的终极目的，获得了绝对价值。

在任何文化中，在社会存在层面对人内在的意识、思想的自身价值的觉察和维护，都是以精神对自我的内在存在的绝对性的认识，即绝对反思为前提的。自然思维没有任何真正的反思，因而不可能认识到意识、思想的自身价值，而总是以之服务于其他目的，比如国家的福祉。传统的中国思想就属于这种情况。诸子的思想尽管有对意识的内容，比如情感、思维等的反省，但是并没有对于意识自身的思考，即反思。这在于，在这里，意识没有获得独立自为的存在，也没有被理解为自我的本质，故反省所认识到的全部意识内容，都是从属于自然的，而且从属于一个本质上仍作为自然物存在的自我。事实上，中国传统思想对人性、心性的反省，最多只达到心理学的层面，而没有达到形而上学层面。反省意识到这人性、心性依附于某种人格实在，但这实在仍然被置于空洞、模糊性中，并没有被规定为心灵，它实质上仍然是外在自然的产物，从属于自然。所以在这里，意识、思想完全被自然规定，没有获得自身的绝对性和实体性，没有其独立自为的存在；故精神的内在存在从属于自然的目的（比如天命），而没有自身价值。因而在这个传统中，没有真正的反思，也完全不可能意识到精神的内在价值和尊严，人的心灵始终处在外在强权的逼迫之下，任何真正的精神自由在这里都无从谈起。对于印度精神而言，正是桑底厘耶学说反映的绝对反思，使它摆脱了恐怖和依赖，打破了奴役的梦魇，呼吸到真正自由的新鲜空气。

在精神生命的进展中，任何精神现象都不是突然产生的，而必是精神长期进化的结果。桑底厘耶的反思也是如此，它实际上是从梵书思想演化出来的。盖 Sat BrāX・6・3 就已指出意是包含全世界的精神整体，而 ChānIII・14 显然是以它为底本的。另外，在梵书中早就有把意（manas）作为世界的创造者、根源的观念。如 Sat BrāX・5・3・1—8 说泰初唯有意，由意生存在、自我、语言、元气、诸根。其云："信然，于初此世界，如其所是，非有非非有，彼时唯有意。故仙圣说彼时既无有亦无非有。因为意，如其所是，非有非非有。此末那生已，乃欲成为显明，成为确定、实在；彼欲得一自我。彼遂沉思（paryālokana），彼遂得其实在（prāmūrakhat）。"（X・5・3・1—3）接着，意生语言，语言生元气，元气生眼根，后者生耳根，后者生业，业复凝聚为元气（X・5・3・4—8）。但是首先，梵书在更多情况吓（比如在 Sat BrāX・6・3）仍将自我等同于原人，仍然是从传统的宇宙拟人论来理解自我，用人的自我象征宇宙的整体，不免形器之见，ChānIII・14 则割掉了梵书的原人论尾巴，将自我的实质等同于心识，将梵书的宇宙论转化为绝对唯心论。同样，Sat BrāX・6・3 说原人"如谷粒，大麦粒，黍子，乃至黍米心"而 ChānIII・14 将其改为"吾心中之自我，细于谷粒、大麦粒、芥子、黍子、黍米心"，也抛弃了梵书对自我粗俗的形器化理解①。其次，Sat BrāX・5・3・1—8 的存在发生图式，仍然包括对梵的人格化、神话化，而 ChānIII・14 则避免了这种幼稚性，在这里，大梵不仅被当作一种抽象、普遍的原理，即 Tajjalān，为一切存在在其中生、住、灭的全体，而且就是人的意识本身。因而可以说，精神的绝对反思，唯到奥义书的桑底厘耶之学，才获得明确、纯粹的形态。

桑底厘耶之学标志着奥义书具有了真正的精神反思。在这里，省思终于否定感觉思维的任性和知性思维的表面化，进入理智思维层次。这个反思，既是奥义书的精神自由的真正起点，也是奥义书的思想、观念演进的新起点。后来更成熟的奥义书思想，从毕钵罗陀、那支启多的内在超越，到耶若婆佉、步厉古的思辨反思，无不是从这种早期的经验反思出发，通过扬弃后者而展开自己的思想。

然而，无论精神自由的花枝将来能开得多高，它都必须立足于卑污却坚实的大地。盖人类思想总是更容易抓住自然的、外在的、表象性的东西，反思也是首先以

① 实际上，Sat BrāX・6・3 的原人细如谷粒说法，直到晚期奥义书中仍然存在，表明思想对形器的这种执着的确是非常顽固的。

心识的最外在意义，即自然、心理的意识为对象。最早的精神反思必然是经验性的，奥义书的反思也是如此。那被桑底厘耶思想作为存在和世界之绝对基础的意识，不仅是经验的，而且其实只是一种感性意识。此则奥义书将自我、存在的本质规定为"意"（manas），后者通常指感觉的全体、主体，或感性意识；此奥义书说意包含一切业，包含一切欲，包含一切嗅，包含一切味，包含全世界，也明确表明了意就是感觉、行为、意志等主观和客观经验的全体。总之反思领会的绝对意识乃是一种感性意识。

这种精神反思的局限意味着现实自由的局限性。它表明在这里，自反势用只展开为对意识的最直接、粗显的层面，即它的感性存在的维持，而自舍势用尚未展开为对这感性存在的否定或超越。自由只是初步否定了外在自然的束缚，却以最直接的内在自然为归宿。精神摆脱了外在强权的暴力，却可能迎来主观任意性的专制，陷入内在偶然性的梦境。如果它要否定这主观任性的自由，就必须否定对感性的绝对化，确认在意识的存在中作为感性基础的，更普遍、更抽象、更稳定的存在，即理智、知性的绝对地位，故反思应上升到理智的层面。在奥义书中，最早体现了这种理智反思的，是 KauṣIV 和 BṛihII · 1 中被归属于阿阇世的思想。

## 第二节　阿阇世

感性尽管是更明显的，但它是纯粹偶然、变灭无常的，其内容完全是个别的；而理智虽则更抽象，却有其稳定、必然、普遍的形式，并且先验地决定感性的内容，故理智而非感性才是意识的本质。理智的活动就是思维，它是感性的基础和目的。感性的内容是由思维先验地规定的，概念决定感觉，"你只能看见你想看的东西"。盖感觉只是心灵加在事物上的标记，而心灵要在何物上加标记，必然是理智、思维已经预先将此物纳入其意义网络之中。思维正是通过感觉的标记，引导自己到达存在的每一角落。感觉以此标明思维活动的全部环节。这意味着感觉只是思维的表象，而思维、理智才是意识的本质。

正如我们走路时，一般只会注意马路上的各种交通标记而不是走路的活动本身。同样，对于处在生活世界中的思想，更能引起它注意的也只是感觉的东西，而不是思想、理智的活动自身。精神的反思也是如此。反思最初只能抓住意识的感性层面，而未能明确领会潜伏在感性的底部而规定着它的理智活动或思维本身。在奥义书中，桑底厘耶的绝对反思就属于这样的情况。我们阐明了这种反思的局限性透露出的精神现实自由的局限。在这里，精神否定了外在自然的压迫，却可能陷入了主观任性的梦境。它未能掀开感性意识的偶然性帘幕，进入理智本质的密室。

然而自由必然推动反思达到对这理智本身的领会。盖本体自由作为绝对，要求实现为对精神的内在实质，即理智、思维的自由。它在这里必然促使精神内在的自主否定势用重新展开，从而推动精神打破感性的反思对意识的外在表象的执着，并促使自反势用展开为对意识的内在本质，即思维、理智的维持，后者推动反思确认理智的绝对真理性；于是反思否定感性意识，而达到对意识的理智本质的领会。《广林奥义书》和《考史多启奥义书》中被归属于阿阇世的思想，就初步体现了这一精神进展。这主要在于它将意识分为醒位和睡眠位两个层面。前者为感性意识。后者不同于日常的睡眠状态（即晚期奥义书所谓"梦位"），而是潜伏在感性之下的、没有任何表象的意识本质，即理智。

KauṣIV 和 BṛihII · 1 皆述及婆罗门伽吉耶（Gārgya）与伽尸（Kāśis，即贝拿勒斯）国王阿阇世（Ajātaśatru）论学之事。两处文本基本内容相同，显然同源，然而很难完全确定它们是谁沿袭了谁。更为复杂的是，我们从文本比较发现，即使 KauṣIV 和 BṛihII · 1 内部的不同部分年代也可能不一致。通过比较可以看出：（1）KauṣIV · 1—18 与 BṛihII · 1 · 1—16 基本一致，但前者的内容比后者有所增加，BṛihII · 1 · 1—16 以十二义说梵的表象，而 KauṣIV · 1—18 基本接受，并加以扩充为十六义，而且 KauṣIV 的行文有明显的文学化增饰；另外与 BṛihII · 1 · 2,3 的相应内容对照，KauṣIV · 3,4 有一处可以解释为在抄录时的文本错位①。这些证据表明 KauṣIV · 1—18 在年代上应当晚于 BṛihII · 1 · 1—16，前者沿袭后者的可能性亦存在（亦有可能二者皆来自某一共同文本）。（2）BṛihII · 1 · 17—20 尽管与 KauṣIV · 19—20 基本内容一致，但亦有显著改变。这在于：KauṣIV · 19—20 尚未

① 盖 BṛihII · 1 · 2 说应敬太阳为"最胜者、众生之首、大王"（atiṣṭhāḥ sarveṣāṁ bhūtānāṁ mūrdhā rājā），BṛihII · 1 · 3 说应敬月亮为"伟大的、着白袍的须摩王"（bṛhan pāṇḍara-vāsāḥ somo rājā）；KauṣIV · 3，4 基本内容与 BṛihII · 1 · 2，3 相同，但 KauṣIV · 3 相应于 BṛihII · 1 · 2 上面所引部分的内容，变成应敬太阳为"伟大者、着白袍者、最胜者、众生之首"（bṛhan pāṇḍara-vāsāḥ atiṣṭhāḥ sarveṣāṁ bhūtānāṁ mūrdhā），而 KauṣIV · 4 相应于 BṛihII · 1 · 3 所引的部分，变成应敬月亮为"须摩王"（somo rājā）。在这里，显然是原来 BṛihII · 1 · 3 的一段文字"伟大的、着白袍的"（bṛhan pāṇḍara-vāsāḥ）在转写过程中窜到前一段的"最胜者、众生之首"（atiṣṭhāḥ sarveṣāṁ bhūtānāṁ mūrdhā）前面，于是原文"伟大的、着白袍的须摩王"（bṛhan pāṇḍara-vāsāḥ somo rājā）变成"须摩王"（somo rājā）。而且在"印度文库"本中，"somo rājā"也一并略去（《考史多启奥义书》现在接触到的有两个梵本，其一为"Ānandāśrama"梵文丛书［Ānandāśrama Sanskrit Series］本，其二为印度文库［Bibliotheca Indica Series］本；学界分别称为 A、B 本）。另外从字义上说，"着白袍的"本来是譬喻月亮之发出白光覆盖大地（Sarvepalli Radhakrishnan, *The Principal Upaniṣads*, eorge Allen & Unwin LTD, London, 1953.184），用来形容太阳也不合适，这也证明它在这里是从别处窜来的。

将识从元气区分出来，且只说自我有醒位、睡眠二位；而 BṛihII·1·17—20 则十分明确指出了识与元气的区别，且将自我二位扩展为醒、梦、熟眠（无梦睡眠）三位；由此可见，BṛihII·1·17—20 更充分地吸收了奥义书的识论和心理观察的成果。在正常情况下，这表明 BṛihII·1·17—20 的文本年代应晚于 KauṣIV·19—20。鉴于以上两点，看来最为合理的解释是：KauṣIV 和 BṛihII·1 都来自某一共同文本，它们基本上沿袭了后者的整体结构和内容，但其由于传录的误差或根据已有思想对原文的有意调整，便使文本有了差别，这种差别也表现在思想的年代上。

奥义书中阿阇世为何许人也？有说此阿阇世即为佛世之阿阇世王，但这仍无有力证据。目前看来他的思想、年代都与佛世相差极大。我们也看不出阿阇世和伽吉耶与其他思想家有何交涉。所以此人的年代目前是无法断定的。从思想上说，他的学说代表了奥义书之学从外在的、宇宙论的思考转移到探究人的内心世界的阶段。其学说以对话形式展开，其内容可以分为两部分：前一部分阐明大梵是存在之全体、绝对；后一部分揭示此绝对就是作为众生生命本质的心识，后者也是一切存在的根源。实际上这两部分只是完全外在地衔接起来的，其实质的内容乃完全不相关，甚至格格不入。这表明此二者肯定是来自两个独立形成的文本，被马马虎虎地一同编辑到阿阇世的学说之中。文中诸如饱学婆罗门在与刹帝利论辩中被折服而自愿为其学徒，通过逐一驳倒对方对于大梵的一系列定义以揭示梵作为全体、本质，元气既为诸根起源亦为其归宿等说法，亦皆是在奥义书中经常以不同变奏、组合频繁出现的主题。其说前一部分基本上是梵书和更早奥义书的宇宙拟人论的延续，大梵、自我完全在自然、物质的层面被当作世界的整体、绝对，完全继承了梵书的陈腐粗鄙的躯壳之念，没有任何真正的精神反思，其思想昏瞆颟顸，乏善可陈。其后一部分则通过对自我在醒位和睡眠位之间的过渡，阐明包含诸杂多表象的、有差别的感性意识（醒位），乃是以一种潜伏其下的无表象、无差别的本质为根源的，这本质就是作为感性之否定的理智的意识；它体现了奥义书的精神反思的一个重要进展，即扬弃感性表象，进入本质反思的层次。显然这两部分内容颇不相侔。其中，唯后一部分具有真正的精神价值。兹就此两部分略述其学。

## 一、大梵作为宇宙之全体

按照奥义书的说法，有一博学婆罗门名跋拉启·伽吉耶（Bālāki Gārgya）者，游于乌尸那罗、俱卢、般遮罗、伽尸、毗提诃诸国，而颇自矜其学。一日他对伽尸王阿阇世说："我其教汝以梵。"阿阇世乃欣然许以一千头牛。于是伽吉耶提出对梵的十二种（或十六种）定义，而阿阇世毫不客气地一一驳倒，认为它们都是片面的或表面的，只开示了梵的一方面，而未涉及其全体、本质，尽管他承认敬思上述诸义亦有大功德，盖奥义书以为人若敬思梵、自我为某物，则自己亦得某物之德云。伽吉耶既自觉无智，乃求为阿阇世的学徒。但阿阇世没有直接回答大梵与它的上述表象的关系问题，而是转而就自我醒位、梦位、熟眠位的状态谈自我与诸根、诸境的关系。

奥义书往往将对话作为思想展开的方式，而在历史事实层面不必实有此次对话；此则奥义书显然就是如此。因为在这里，跋拉启，作为对话的一方，每次都被阿阇世驳倒并接受了后者立场，但是每次阿阇世提出的观点，似乎也都没有更有力的逻辑根据，这样的过程不符合对话的固有逻辑。这样的对话在正常情况下是不可能发生的。易言之这里支配对话进程的并不是一种对话逻辑，而事实上是一种阐述的逻辑。换句话说，奥义书的作者先就有了一个最终的观念，只不过采取对话的外在形式，将其意义一层层展示出来。这是奥义书独特的思想展开形式。在印度的演绎逻辑尚未成熟的情况下，这也是一种主要的理论阐述方式。

就此则奥义书而言，其宗旨就是通过对话实现一种观念的综合。在这里，对话的一方，即跋拉启先提出一种观念，阿阇世则指出这种观念的片面性；于是前者又提出另一种观念，后者又指出其片面性……如此等等，奥义书就通过这种方式把绝对者、大梵包含的全部内容展示出来。其云：

2 伽吉耶说："信然，彼太阳中之人 (Puruṣa)，即是我所敬为梵者！"阿阇世说："勿与我谈彼人！我敬其为最胜者、众生之首、大王。谁若如是敬彼，乃成为最胜者、众生之首、大王。"3 伽吉耶说："信然，彼月亮中之人，即是我所敬为梵者！"阿阇世说："勿与我谈彼人！我敬其为伟大的、着白袍的须摩王。谁若如是敬彼，则须摩日日恒常持续为彼流出。彼乃不乏于食。"①

5 于是跋拉启说："信然，彼闪电中之人，是我所敬者。"阿阇世对曰："勿与我谈彼人！信然，我敬彼为真理之自我。"谁若如是敬思之，乃成为真理之自我。②6 于是跋拉启说："信然，彼雷中之人，是我所敬者。"阿阇世对曰："勿与我谈彼人！信然，我敬彼为声音之自我。"谁若如是敬思之，乃成为声音之自我。7 于是跋拉启说："信然，彼风中之人，是我所敬者。"阿阇世对曰："勿与我谈彼人！

① 此二段根据 BṛihII · 1 · 2，3 译出。

② "真理之我"，梵语为 satyāsyātmān。依杜伊森的解释，奥义书此处说闪电为"真理之我"，盖因为真理如闪电照亮无明之黑暗云（Paul Deussen, *Sechzig Upaniṣaden des Veda*, F.A. Brockhaus Leipzig 1921, p.53）。

信然，我敬彼为遍胜天（Vaikuṇṭha）因陀罗、不败军。”信然，谁若如是敬之，乃成为常胜者、不败者、胜敌者。8 于是跋拉启说：“信然，彼虚空中之人，是我所敬者。”阿阇世对曰：“勿与我谈彼人！信然，我敬彼为具足、不动①之大梵。”谁若如是敬之，乃具足子嗣、牲畜、荣誉、圣智之光（brahma-varcasa）及天界；彼全其寿而活。9 于是跋拉启说：“信然，彼火中之人，是我所敬者。”阿阇世对曰：“勿与我谈彼人！信然，我敬彼为征服一切者（viṣāsahi）。”谁若如是敬思之，乃于他人中成为征服一切者。10 于是跋拉启说：“信然，彼水中之人，是我所敬者。”阿阇世对曰：“勿与我谈彼人！信然，我敬彼为光明之自我（tejasa ātmā）。”谁若如是敬思之，乃成为光明之自我。——以上为针对天神（即自然现象）而言者。以下为针对自我而言——11 于是跋拉启说：“信然，彼镜中之人，是我所敬者。”阿阇世对曰：“勿与我谈彼人！信然，我敬彼为（镜中之）似相（pratirūpa）。”于是，谁若如是敬思之，其子孙乃似于彼，而非不似彼。12 于是跋拉启说：“信然，彼影中之人，是我所敬者。”阿阇世对曰：“勿与我谈彼人！信然，我敬彼为不可离之伴侣（dvitīyo' anapaga）。”谁若如是敬思之，乃有得于其伴侣（妻子）并获得伴侣（孩子）。13 于是跋拉启说：“信然，彼回响中之人，是我所敬者。”阿阇世对曰：“勿与我谈彼人！信然，我敬彼为生命（asu）②。”谁若如是敬思之，则不会于寿尽前失心（即早夭）。14 于是跋拉启说：“信然，彼声音中之人③，是我所敬者。”阿阇世对曰：“勿与我谈彼人！信然，我敬彼为死。”谁若如是敬思之，则不会早夭。15 于是跋拉启说：“信然，此沉睡中之人，于梦中遨游者，是我所敬者。”阿阇世对曰：“勿与我谈彼人！信然，我敬彼为阎摩王。”谁若如是敬思之，则此万有皆服（yamyate）彼之尊胜。16 于是跋拉启说：“信然，彼身体中之人，是我所敬者。”阿阇世对曰：“勿与我谈彼人！信然，我敬彼为生主（Prajāpati）。”谁若如是敬思之，于彼乃多生（prajāyate）子嗣、牲畜、荣誉、圣智之光，以及天界；彼全其寿而活。17 于是跋拉启说：“信然，彼右眼中之人，是我所敬者。”阿阇世对曰：“勿与我谈彼人！信然，我敬彼为语言之我（vāca ātmān）、火焰之我（agni ātmān）、光辉之我（jyotiṣa ātmān）。”谁若如是敬思之，则成为彼一切之我。18 于是跋拉启说：“信然，彼左眼中之人，是我所敬者。”阿阇世对曰：“勿与我谈彼

---

① “pūrṇa”，意为充满、具足，译为具足；“a-pravarti”，意为不动、无为、止灭、不生起，译为不动。

② 杜伊森就此解释说，有意识的生命之特点是，它能对外界刺激作出反应，如回响然（Paul Deussen, *Sechzig Upaniṣaden des Veda*, F.A.Brockhaus Leipzig, 1921.55）。

③ 据“Ānandāśrama”梵文丛书的文本应译作“彼影中之人”。

人！信然，我敬彼为真理之我（satyātmān）、闪电之我（vidyuta ātmān）、光明之我（tejasa ātmān）。”谁若如是敬思之，则成为彼一切之我。①

梵是大全、本体、绝对、无限者，而一切宇宙和心理现象都是只梵的部分、相状，因而如果执任何一种自然物为大梵，就是把梵理解为相对的、有限的。在此段奥义书中，伽吉耶就犯了这样的错误。他首先将自我、梵等同于太阳。他所谓“彼太阳中之人”（āditye Puruṣa）一语，其实是将太阳与此人（Puruṣa）等同；而这所谓人或“Puruṣa”乃是世界的根源、基础之意，是大梵、自我之代称。伽吉耶的意思就是敬思、观想太阳为世界的根源、基础，亦即敬思彼为大梵。而阿阇世指出，彼太阳中之人并不是梵的自体，而只是梵的一个方面。正确的敬思是观想彼为最胜者、众生之首、大王，且人若如是观想，乃成为最胜者、众生之首、大王。但它只是梵的一个部分、产物（或一种自我 [ātmān]），而不是梵的全体、本体。于是伽吉耶又依次提出月亮或月中人（candre Puruṣa）、闪电中人（vidyuti Puruṣa）、雷中人（stanayitnau Puruṣa）、风中人（vāyau, Puruṣa）、虚空中人（ākāse Puruṣa）、火中人（agnau Puruṣa）、水中人（apsu Puruṣa）、镜中人（ādarse Puruṣa）、影中人、回响中人、声音中人、睡梦中人、此身中人（ātmani Puruṣa）、右眼中人、左眼中人为绝对、大梵。阿阇世对此一一予以纠正，指出以上诸义都只是梵的一种“自我”（ātmān）。这自我就是大梵的一种体相或产物，而不应视为绝对、大梵之自体。正确的敬思（upasana），既要观想以上诸义各自的体性，也要观想其为大梵的体相和产物。这就是分别观想它们为食物之我（annasyātmān）、真理之我（satyātmān）、声音之我（śabdasyātmān）、常胜、不败之我（因陀罗天）、常恒具足之我（pūrnam apravarti brahman）、征服一切之我、光明之我（tejasa ātmān）、似相、伴侣、生命、死亡、阎摩王、生主、语言之我、光明之我；前面八种（包括引文中的第一种）属于宇宙现象，后面八种属于人的生命现象。而凡此诸我或观想对象，皆是从大梵产生，且包含在其内的。通过对它们的观想，吾人乃得以了悟大梵的全体。

为使上述对话的线索更清晰，我们参考马克斯·缪勒的做法②，试图用图表形式来表示对话的内容。另外，《广林奥义书》和《考史多启奥义书》相应的内容还有不少差异，《考史多启奥义书》的两个版本亦有不同③。我们将两种奥义书的异同一并

① KauṣIV · 5—18.

② Mueller, Max (trans), *The Upaniṣads I*, The Clarendon Press, Oxford, 1879.300-302.

③ 本书按惯例用“A”、“B”代指《考史多启奥义书》的两个版本：“A”为“Ānandāśrama”梵文丛书［Ānandāśrama Sanskrit Series］本，“B”为印度文库［Bibliotheca Indica Series］本。

图示如下：

| 广林奥义书（BṛihII・1） | | 考史多启奥义书（KauṣIV） | |
|---|---|---|---|
| 伽吉耶对梵的规定 | 阿阇世提出的相应观想内容 | 伽吉耶对梵的规定 | 阿阇世提出的相应观想内容 |
| 日中人（āditye Puruṣa） | 最胜者、众生之首、大王（atiṣṭhā sarveṣā bhūtānā mūrdhā rājā） | 同左① | 伟大者、着白袍者、最胜者、众生之首（bṛhan pāṇḍara-vāsā atiṣṭhā sarveṣā bhūtānā mūrdhā） |
| 月中人（candre Puruṣa） | 伟大的、着白袍的须摩王（bṛhan pāṇḍara-vāsā somo rājā） | 月中人（candramasi） | A：须摩王（somo rājā）、食物之我（annasyātmān）；B：食物之我（annasyātmān） |
| 闪电中人（vidyuti Puruṣa） | 有光明者（tejasvī） | 同左 | A：光明之我（tejasa ātmān）；B：真理之我（satyātmān） |
| | | 雷中人（stanayitnau Puruṣa） | 声音之我（sabdasyātmān） |
| 虚空中人（ākāse Puruṣa） | 不动、具足者（pūrṇam apravarti） | 同左 | 不动、具足之我（pūrṇam apravarti brahman） |
| 风中人（vāyau Puruṣa） | 遍胜天因陀罗、不败军（indro vaikuṇṭho'parājitā senā） | 同左 | 同左 |
| 火中人（agnau Puruṣa） | 征服一切者（viṣāsahi） | 同左 | 同左 |
| 水中人（apsu Puruṣa） | 似象（pratirūpa） | 同左 | A：名中之我（nāmnasyātmān）；B：光明之我（tejasa ātmān） |
| 镜中人（ādarse Puruṣa） | 光耀者（rociṣṇu） | 同左 | 似象（pratirūpa） |
| 背后的声音、回响（yanta paśca sabda） | 生命（aṣu） | B：回响中人（pratisrutkāyām Puruṣa）；A：跟随人后的声音（ya sabda Puruṣam anveti） | B：生命（aṣu）；A：寿命（ayu） |

① 兹谓同于左列中内容相应的项目（在此处指同于左列第一格的内容“日中人”[ā ditye puru a]，以下准此）。

续表

| 广林奥义书（BṛihII·1） | | 考史多启奥义书（KauṣIV） | |
|---|---|---|---|
| 伽吉耶对梵的规定 | 阿阇世提出的相应观想内容 | 伽吉耶对梵的规定 | 阿阇世提出的相应观想内容 |
| 影中人（chāyāmaya Puruṣa） | 死（mṛityu） | A：影中人（chāyā Puruṣa）; B: 声音中人（sabde Puruṣa） | 死（mṛityu） |
| 诸方中人（dikṣu Puruṣa） | 伴侣（dvitīyo ‘napaga） | B：影中人（chāyā Puruṣa）; A：回响中人（pratisrutkāyām Puruṣa） | 伴侣（dvitīyo ’napaga） |
| 身中人（ātmani Puruṣa） | 占有身体者（ātmanvī） | 身中人（sarīre Puruṣa） | 生主（prajāpati） |
| | | B：于睡梦中漫游之人（Puruṣa svapnayā carati）; A: 睡中人依之漫游的识我（ya prājña ātmān, yenai-tat supta svapnayā carati） | 阎摩王（yamo rājā） |
| | | 右眼中人（dakṣine ’kṣan Puruṣa） | B: 语言之我（vāca ātmān）①、火炎之我（agne ātmān）、光辉之我（jyotiṣa ātmān） |
| | | 左眼中人（savye ’kṣan Puruṣa） | 真理之我（satyātmān）、闪电之我（vidyuta ātmān）、光明之我（tejasa ātmān） |

阿阇世的全部对话，实际上开示了这样一个思想过程，这就是先将大梵、自我，实际上即整个宇宙的存在区分为十六个方面，通过一一观想这十六义以达到对梵的明确把握，然后将这十六义综合起来，以实现对大梵、自我的整体理解。

一般来说，奥义书宗教往往是通过两种形式，即轮回说与观想实践，来实现观念的综合。阿阇世的综合也与这两个方面有关，它的形式受到后者规定。兹略就此两方面追溯其思想渊源：(1) 轮回说。奥义书认为同一自我在不同存在之间轮回，于是所有存在都成了自我或大梵的表象，它们由此成为一个整体。早在耆跋厘就指出生命于其流转中，应经历五种祭火，即依次进入天界、空界、地界、男人、女人；或说得

① 此处“A”本为：名之我（nāmna ātmān），后面相同。

道者的自我死后依次入于火、昼、望月、天神界、日、光焰界，最后进入梵界。他以这种方式阐明了存在或世界的统一性。此则奥义书依次提出梵是日中人、月中人、闪电中人、雷中人、风中人、虚空中人、火中人、水中人、镜中人、影中人、回响中人、声音中人、睡梦中人、此身中人、右眼中人、左眼中人，显然与耆跋厘的自我轮回说存在相同的思维范式，其宗旨亦在于阐明世界的统一性。

(2) 观想的次第。哲学与宗教不分是奥义书思想的特点。它的大多数观念、理论，其实都是修行中观想的对象。在每种观想中，人们思考某种东西为存在的本质、绝对真理、梵，是为优波舍那（敬思）。奥义书相信人若敬思自我、大梵为某物，则自己亦得某物之德（佛教谓得某禅境则可升相应的某禅天，亦当溯源于此种信念）。这种信念最早的理论根据是大梵、绝对就是每个人的真实自我。后者本来包含一切存在，具一切功德，只是在凡夫那里完全被遮蔽了。人通过敬思梵为某物，重新发现了自我的相应功德，也可说是获得了这些功德；而通过敬思梵、绝对者为存在之全体，则可以获得绝对者的全部功德；这就是此则奥义书的旨趣。这种敬思包含两个环节：首先是对大梵的各个存在方面的一一观想，敬思其为梵，阿阇世对话中提出的十六义就暗示了这种敬思。在这里，阿阇世把那些被伽吉耶绝对化的存在，都当作梵的方面来观想，其所立十六义事实上旨在赅摄所有存在、穷尽大梵意蕴。其次它还要对梵的所有这些存在方面进行综合。就阿阇世而言，其所立十六也展示了观想的次第，通过这种次第，全部观想的内容被统一起来，行者得以敬思梵的全体。于是，奥义书在其观想中实现了一种观念的综合。

阿阇世学说在观想层面的存在综合，无论从内容还是形式上，都可视作梵书和奥义书最早的神话思维的延续。神话思维执着于自然的外在性和杂多性，缺乏本质思维，其对存在整体性的把握只能是宇宙结构论的。此外，印度思想一开始是从与人同构的角度来把握宇宙结构的。从吠陀、梵书开始，宇宙便被视作一个巨人，其全部存在皆与人的身体一一对应。此种思想在早期奥义书中仍大行其道。比如在《广林奥义书》中，耶若婆佉提出八有（八种原人）、八处、八界、八神的对应，遵循的就是这样的思路（BṛihIII · 9 · 10—17）。阿阇世十六义的内容，显然就来自这种宇宙拟人论。在这里，宇宙被认为就是一个包含物质和精神两方面内容的巨人。十六义说在形式上也在梵书中有其直接借鉴。梵书就常常将至上神、生主对应于年、月，月之亏盈即生主之消长，每日皆有一分生成或消失，然尚有一分为常住不灭者，即为生主之本质，故生主共有十六分（Vāj SaṃVIII · 36）。此十六分说，在早期奥义书中屡被提及。BṛihI · 5 · 14 说生主即是年，具十六分。BṛihI · 5 · 15 曰人亦具十六分，十五分为属德，第十六分为自我。ChānVI · 7 亦提及人有十六分，十五分皆依止于食物，第十六分则依止元气。ChānIV·5—8 则列出了十六分的内容：天、空、地、大洋、东、西、南、北、火、日、月、闪电、气息、眼、耳、意。ChānVII·1—26 开示十六分敬思，谓依次观想大梵为名、语言、末那、念、想、定、识、力、食物、水、火、空、忆、希望、元气、圆满。显然阿阇世之说，就是根据梵书、奥义书已有的十六分说的框架，对当时所接触到的不同观想内容进行了整理。更晚的PraśVI·1—8 说十六分为：元气、信仰、虚空、风、火、水、土、十根、末那、食、力、苦行、真言、业、界、名，而认为自我是“无分而常存不灭”的超验的实体，体现了一种精神超越，因而突破了上述宇宙结构论的局限。

观想的综合往往与轮回说的综合具有本质的一致性。这表现在不仅观想的各环节的内容与轮回的环节基本一致，而且观想的次第也与后者一致。至于这二者究竟谁是更基本的，恐怕是难以确定了。

人类全部知识，皆来源于直觉、推理、想像三种认识。其中，前二者都具有明证性，唯想象无之，故想象必须经直觉与推理验证，方有真理价值。然而早期奥义书的思想，主要通过想象展开，往往未经直觉与推理之铨直，故俶诡荒怪之说，充斥行间。如其人与宇宙同构之说，既非得自真实的直观，亦非得自严密的推理，纯为想象力的产物，其真理价值未得任何确证，故仅为汗漫迂阔之谈，只是满足了贫乏肤浅的感性思维对于一种纯粹量上的广大的迷恋，而对于存在、自我的本质并无任何深刻省思，故其对于吾人精神生活，实无任何有价值的启迪。

## 二、识作为万有的根源

据说跋拉启之说既被阿阇世一一驳倒，彼乃默然无语。阿阇世遂嘲之曰：“学只此乎，跋拉启？”跋拉启说：“学只此耳。”于是阿阇世说：“信然，汝徒然说授我大梵。信然，跋拉启，彼为此等（上面所示）诸人之作者，而此等为其业——彼乃是应知者。”于是跋拉启执薪求为学徒。阿阇世说：刹帝利竟然收婆罗门为徒，实属非常，但我将使汝生解。于是执彼手而行，见一人沉睡。阿阇世呼之以“大哉白袍须摩王！”此人仍然沉睡。乃以杖触之，此人遂起。阿阇世以此表明跋拉启以为自我、梵就是须摩或月神等自然神的看法是不对的，因为若果真如此，那么当人以此类名号唤此睡者，则彼应醒，但其并未被唤醒，而是因杖击方醒。在接着的对话中，阿阇世开示了另一个重要思想。KauṣIV·19—20 云：

19 于是阿阇世语之曰：“跋拉启，此人尝逗留何处，成为何者，由何处归？汝欲知否？——此即人体内之众细脉，名曰悉多（hitā）。彼由心脏发出，达于心包，细如毛发千分之一。其中充满了棕红、白、黑、黄、红色之微细实质。当人沉睡无梦，乃逗留此处。20 彼遂与元气合一。于是语言及诸名归入之；眼及诸色归入之；耳及诸声归入之；意及诸想归入之。当彼醒来，此诸元气（prāṇa：语言、眼、耳、意四根）复从自我（ātman）生出，趣向各处，如火星从火焰溅出；由此诸元气生诸天（deva：火、日、方［diga］、月四神）①；由诸天生诸界（lokā：名、色、声、想四界）。此元气我（prāṇātman），乃至识我（prajñātman）②，遂进入此身我（śarīra-ātman），达于须发、指甲尖。如刀藏于匣，或火藏于燧木，此识我遂进入此身我，达于须发、指甲尖。其他诸我皆依止此自我③，如臣依君，且服侍于君。如君为臣依，且为臣服侍，此自我为彼诸我所依，且为彼服侍。信然，若因陀罗不悟此自我，则为诸魔（Asuras）所胜。若彼悟此自我，则摧伏诸魔，且因胜诸魔而为诸神及众生中之殊胜者（śraiṣṭhya）、独立自治者（svārājya）、自在者（ādhipatya）。准此，人若知此（自我），则摧伏诸恶（pāpman），而为众生中之殊胜者、独立自治者、自在者——其知此者，其知此者！”

阿阇世首先是将万有归宿于元气。他在这里将世界万有，概括为名、色、声、想四界，火、日、方、月四神，语言、眼、耳、意四根，而四界生于四神，四神生于四根，故一切形器，最终皆由诸根所生，而诸根或诸元气就是从根本的元气、自我所生，或就是其分位。当人进入睡眠中，语言、眼、耳、意四根不再驰骋于外，而是携其境界，进入元气，与元气合一。奥义书说人体内共有 72000 条细脉（或云 101 条），名曰悉多④，从心脏出发，达于心包（即心脏外膜）⑤，其中脉管中充满了棕红、白、黑、黄、红

① 在梵书、早期奥义书中，火、日、方、月四神每被认为是与语言、眼、耳、意四根本质上同一的。此处四神即指四根之为普遍者，即其属宇宙大我者。

② “此元气我（prāṇātman），乃至识我（prajñātman）……”，原文为“sa eṣa prāṇa eva prajñātma”，杜伊森、奥利维勒解为“此元气我，或此识我”，乃将元气我与识我等同，拉达克利须南、休谟解为“此元气我，乃至此识我”，将识我从元气我中区分出来。考虑到与在《广林奥义书》中的相应文本中阿阇世对识我与元气我的明确区分（见下文）一致，此处认为持后一种理解更恰当。

③ 兹所谓“其他诸我”，即前面所说食物之我、声音之我、语言之我、真理之我、火炎之我、光明之我等，皆为至上我的产物。

④ Hitā：1、形容词：a、为动词“Hi”（推动、发动、促动、使活动）的被动式，意为被推动，被发动，运转；b、善的，有益的，有助于……的。2、名词：a、善，利益；b、坝，管道。其在此处的含义可能与以上诸义都有意义关联。

⑤ 更通常的说法是，悉多从心脏发出，达于身体各处。此细脉与太阳光线连接，其中五色与太阳光之五色融合，人的心脏由此与太阳连接起来。或云这千百条细脉之中，唯有一条与太阳连接，此脉管于人颅顶有一开口曰“梵窍”（Bramarandhra），得道者死后，灵魂由此逸出、循阳光飞升，而入于太阳，并由此进入梵界；但对于无明之人，此“梵窍”是关闭的（BṛihIV・2・3，3・20；ChānVIII・6・1；AitaI・3・12）。

五色之微细实质①。在睡眠位，自我、元气乃回到人体内细管之中，且由之达于心包，并逗留、止息于此，于是诸根、诸境皆没，一切表象、分别皆泯灭无余。而当此人再次醒来，其元气乃重新由自我向外部伸发出来，从心中虚空出发，由悉多达到身体的各处，分化为诸根，由诸根生诸境。正是按照这样的方式，由至上我产生出世界万物，如火焰溅出许多火星，或如蜘蛛吐出蛛网②。

因而与 KauṣIV・5—18 的完全偶像性的自我和存在理解不同，此则奥义书说自我醒位与睡眠位，开示了自我、存在的两个层面即表象与本质之区分，醒位代表自我的感性的、表象的存在；睡眠位我代表自我的抽象、本质、潜藏的存在（KauṣIII・3 也提出了大致相同的思想）③。另外它也通过睡眠位与醒位的转化，开示了一种存在发生论，在其中，睡眠位我就是大梵，它作为本质、基础，开展出醒位我，即表象的世界。这种存在发生理论，可以称之为一种实在的转变论。然而在这里，作为原因的大梵与作为结果的万物之间，是否仍具有同一性？尽管此则奥义书在这一点上说得比较含糊，但是联系上下文，它更可能是倾向于因果同一论的。从下文它将自我进入色身喻为刀置于鞘或火藏于燧木，可以看出它对意识、本体与物质、现象的区分很模糊，它似乎认为梵就是一种普遍的质料、实质，它流溢、分裂、转化而形成万物。

其次，自我作为存在之根源，被规定为识（vijñāna 或 prajñā），识我（prajñātman）被认为是元气我（prāṇātman）的基础，元气我从识我产生出来，复生成诸根、诸境，故识为存在、世界之绝对本源。在《考史多启奥义书》的相应部分，元气与识的区分似乎还比较含糊。比如它阐明识我的展开，认为识我进入身我，到达诸根，生成诸境的过程，但这识我到底是伴随元气我展开，还是作为元气我展开呢？单从此则奥义书无从断定。但是元气与识的区分在《广林奥义书》的相应部分却是很明确的。在这里，识被明确规定为元气的根源、基础，因而也是万有的绝对基础，于是旧有的元气论被转化为一种绝对唯心论。比如在 BṛihII・1・17—20 中阿阇世说道："17 当此人如此睡倒，于是彼由识（vijñāna）所成之人，既以其识摄诸根（元气）之识，入而息

---

① 这些微细实质，与元气、自我，到底是否是同一种存在？此则奥义书没有明言，但根据奥义书别处的说法，答案应当是否定的。如《广林奥义书》第四篇第二章说充满人体内微细脉管中的白、蓝、黄、红色浆液乃是因陀罗、自我的微细食物，意思是说这些颜色是自我在梦中所经历的景象。早期佛学十遍处观中的青遍、黄遍、赤遍、白遍处观，也是把颜色当作观想的景象，可以与奥义书这些说法互证。

② BṛihII・1・20 有此二喻，而 KauṣIV・20 仅有前面一喻。

③ 此种观念的雏形最早见于《梵书》，如 Sat BrāX・3・3・6-8 就提到当人处睡眠中时，语言、眼、耳、意皆归宿于元气，而当他醒来时，它们再度从元气中生出。但《梵书》这里把醒、眠只当作元气的两个层面，而没有将它当作心识的层面。

于心腔中的虚空。当此人收回诸根，故说此人沉睡。于是其呼吸被收回，声音（语言）被收回，眼（视觉）被收回，耳被收回，意识被收回。18 当彼于梦中游历时，凡其所历（之境界）皆为其世界（皆为其所有）。彼乃现似为大婆罗门，遨游高下，或如大王携其民人，随其意乐而游于其国中。如是此人（于睡梦中）亦携其诸根，随其意乐而游于其身中。19 当人进入深沉睡眠（suṣupta），不知任何物，于是彼由从心中达到心膜的 72000 条名为悉多（hitā）的脉管，进入心膜并停留于此。信然，如大婆罗门、大王、少年达乎极乐（性快感），乃止于此，如是此人亦止于此。20 如蜘蛛吐出其丝，如微小火星由火焰中溅出，一切元气、一切界、一切神、一切有皆从此至上我生出。此中奥义是'真理之真理（satyasya satya）'①。信然，元气是真理。而彼为元气之真理。"

将 BṛihII · 1 上述内容与 KauṣIV 中的说义结合起来，我们可以将阿阇世的相应思想概括为以下几点：(A) 识被从元气中明确区分出来，被作为存在、自我的真理、本质。首先，自我被说成是"由识所成之人（vijñānamaya Puruṣa）"，表明自我的实体就是识。其次，所谓自我"以其识摄诸根（元气）之识"也表明：其一，识与元气是不同的，识是处于元气之中且支配它们的主体；其二，自我只包括元气之识，而非元气本身，为其自身的内容；因此，在这里元气我与识我是被明确地区分开了的。再次，BṛihII · 1 · 20 所谓"信然，元气是真理。而彼为元气之真理"更明确表明识我与元气我的区分：前者是后者的基础、本质。万有依止元气，元气依止心识，故心识才是存在的最终实性、究竟的绝对，即阿阇世称之为"真理之真理"（satyasya satya）者。心识不仅与人内在的自然（元气）和外在的自然（宇宙）都有根本不同且完全独立于后者，而且是后者的本质、基础、根源。所以在阿阇世的思想中，一种明确的唯心论哲学得以确立。(B) 醒位与熟睡位的转化。结合 BṛihII · 1 的说义，KauṣIV 所论醒位与熟睡位的转化，应当进一步解释为心识的两个层面的转化。BṛihII · 1 的说法相对于后者的明显进步在于：首先，它将 KauṣIV（以及 KauṣIII · 3）的睡眠位区分为梦位（svapnāya）与熟眠位（suṣupta）（其中 §17, 18 所说为梦位，§19 所说为熟眠位），因而将自我二位扩展为三位，在理论上更加完备；其次，自我三位完全应视为意识的三个层面，三位的相互转化是意识之不同境界的转化。其中醒位相当于具有外感觉的意识。在这里至上我或识我进入人身，达于须发、指甲尖，如刀藏于匣，或火藏于燧木。于是识我转化为视、听、言、意等诸感觉，由诸感觉转化产生日、月、火方等诸天，及名、色、声、想等诸界，"如蜘蛛吐出其丝，如微小火星由火焰中溅出，一切元气、一切界、一切神、一切有皆从此至上我生出"，易言之全部客观世界皆是识于醒位经

① 此语亦见于 MaitVI · 32.

由诸感觉的转化产生。梦位相当于只具内感觉的意识。KauṣIV 说人在梦位，其自我乃于体内这些脉管中自由地漫游，经历其中的种种景象。BṛihII · 1 · 18 则试图脱离这种躯壳的关联，认为梦位就是意识将诸感觉收回，进入心中虚空，即不缘外相、唯取内境的状态。在这里，心识所见境界，皆是它自己变现出来，而为其所有。自我于是得大自在，如大婆罗门，遨游高下，如大王携其民人，随其意乐而游。然而醒、梦二位意识皆有感觉，皆属感性意识，而熟眠位则相当于超越内、外感觉的意识层面，即意识本质或理智层面；用奥义书的语言，这就是心识的内、外感觉都泯灭的领域。其云当人进入无梦睡眠或熟眠位，乃由诸脉管进入心中的虚空，并逗留于此，与至上我合一。在这里，自我得到完全止息，不再游历各处，不复见任何景象，所有意识表象都泯灭无余，于是自我乃得极乐；易言之，意识在这里否定其全部变灭的表象（感性），进入稳定、不变的本质（理智）之境。

阿阇世以意识不同存在层面之间的转化，来解释存在的发生。按照其识生诸根、诸根生诸天、诸界的程序，那么是至上我或识我先转化产生主观意识，由主观意识经过转化才产生客观意识，后者便包括物质的宇宙在其中。因此，无论物质还是精神的表象，最终都是识（本质意识、理智）产生的，而识才是终极、绝对的存在，是“真理之真理（satyasya satya）”。

儿童身上特有的鲁莽、任性，乃是由于儿童意识完全执着于感觉及以之相联的情绪、冲动，没有实现从主观性到客观性的过渡，客观性还没有牢固建立。在这里，感性就成为意识的唯一实在，这决定儿童精神总是受偶然的任意性支配。要克服这一点，就有待于儿童精神超越主观偶然的感性，发现事物的客观性，即事物的普遍实质或本质。相应地，在其自我反省中，必须让孩子认识到，在他自己的心灵中，除了那变幻无常的感性，还有一个相对稳定的、普遍的东西，即理智。后者规定着前者，它才是心灵的基础、本质。我们的教育如果不能做到这一点，那就是完全失败的，孩子甚至不能形成具有自我同一性的人格。

在绝对反思的发展中也存在同样的情况。由于意识本身的特点，偶像性的、直接表象的、感性的东西总是最触目，最先被领会；而反省必然以意识为起点和归宿，因而这类东西，对反省也同样是最先上手的。即使在当精神的眼光试图注视意识、觉性本身，那也是意识中表象性的、感性的东西，而不是这意识的本质，最先对它呈现出来。所以即使绝对反思，也总是先抓住觉性内在的感性、表象，把后者当作觉性、存在的绝对真理。在奥义书中，桑底厘耶之学就体现了这种感性的反思。在这里，反思领会觉性的内在存在、意识为存在之真理，但这内在性只被认为是诸感觉之归宿、总体，即感性意识。这意味着，在这里，精神的自由本质上在于对这感性的维持，唯感性具有绝对价值。于是反思将导致类似于上述儿童意识的误区。那建立在反思基础上的道德精神之舟，亦将在感性偶然性的狂风暴雨中失去方向。道德丧失了自身必然性，而不复为健全的道德。所以精神必须在感性的变幻无常中确定一不变的根基，并将全部感性都维系于它；它作为感性的支配者，就是理智、理性。所以反思应当确定理智、理性为意识、自我的本质。在奥义书中，应当是阿阇世的学说最早达到这种理智反思。

阿阇世的学说体现了奥义书精神反思的以下进展：第一，在这里，反思不仅将自我作为意识与世界万物明确区分开来，而且规定这自我自身为一切存在的基础，反思因而实现为绝对反思。第二，反思还对意识的内容进行了进一步区分，否定了主观和客观的感性意识的绝对性，将超越主、客观感觉的本质意识即理智作为自我的真理、一切经验意识的根源，反思因而实现为本质反思。其说对超感觉的理智作为自我、存在的本质、基础之阐明，使奥义书思想得到大大深化，对奥义书识论的发展产生了根本影响。其对醒位和睡眠意识的分析，乃是《广林奥义书》中耶若婆佉自我三位说的直接源头，亦是《蛙氏奥义书》的四位说之滥觞，并通过蛙氏之学，规定了吠檀多学对自我、意识的基本理解。

精神的省思就是它的现实自由。阿阇世思想中的本质反思在现象学上表明：精神内在的自反势用已展开为对意识的本质即理智的维持，正是它促使反思确认这理智为究竟真理；其次与之呼应，精神的自主否定也随之展开，抵制精神惰性势用导致的感性执着，促使省思超越意识的表象性层面，确认一种抽象、必然的意识原理。奥义书的精神反思，正是在这种"立"与"破"的交互运动中，战胜了感性的惊涛骇浪，抓住了理智的坚固砥石。

然而阿阇世的思想仍然只是一种经验反思。在经验反思中，意识、思想即使被当作绝对，也仍然是从觉性生命中涌出的现存东西，只是一种内在的自然，即便是阿阇世的本质反思亦是如此。在这里，理智，作为意识本质的超越性没有得到明确把握，它仍然不是真正的实体，而是仍然作为经验意识的一环。而任何属于经验意识的东西，都是从自我、意识的内在生命中涌现、被后者构造出来的东西，因而它并不是意识的真正内在性，所以阿阇世思想把握的这种经验的理智，作为意识的本质，并不是真正内在的本质。意识的真正内在性是使经验的东西对我涌现出来，将它们构造出来的活动。这就是觉性的本质生命，是超越经验、自然的先验实在。后者首先是一种超验的心灵实体。本体自由的绝对化冲动，呼吁精神实现对这先验实在的自由，呼唤反思破除自我的经验、自然的外壳，实现对这超验的心灵实体的意识，即超验的反思。超验反思包括对于经验的否定和对超越实体的确认，在后来的《羯陀》、《蛙氏》

乃至《白骡》、《慈氏》等奥义书的思想中，它明确地表现为反思对一种否定了经验的时间、空间和因果性的常住、清净的纯粹意识实体的领会。然而应当承认，在阿阇世的学说中，我们还看不出存在这种领会，所以超验反思在阿阇世之学中还不存在。精神尚不具备对自我的先验性的自主设定。这种自由的局限性，亦唯有通过本体自由的进一步展开才能被克服。

## 第三节 沙那库摩罗

在《唱赞奥义书》第七篇中沙那库摩罗（Sanatkumāra）对那罗陀（Nārada）开示的对梵的十六分敬思，体现了对意识内容的一种比阿阇世所说更细致的分析，然而对意识不同内容缺乏明确规定，以致在阿阇世思想中对理智作为意识本质的强调反而被大大弱化；另外，在其十六分敬思中，想、识等精神内容与水、火等物质内容混杂在一起，使其中包含的反思被大大地模糊化。

至于此则奥义书中的人物，那罗陀为年老的婆罗门圣者，在印度传统中被认为是彻悟自我者。沙那库摩罗则为年轻刹帝利，传统说之为永恒童子，永远为五岁孩童，意指他超越了生命相续。《薄伽梵歌》中克里须那声称"我是圣者中之那罗陀"，"我是刹帝利中之室犍陀（Skhanda，见 ChānVII · 26 · 2）"①。年轻刹帝利为年老婆罗门开示智慧，乃是奥义书热衷的情节，盖以此彰显其道之独诣深杳，非吠陀旧识所能及，是以人若独具慧根，则顿悟实性、径造极境，非关乎年龄学识。此人此事皆不必为实，兹姑援以为一学说之命名耳。

沙那库摩罗的十六分敬思，传统上被称为"圆满说"（bhūma-vidyā）。它要求依次观想大梵为名（nāman）、语言（vāc）、末那（manas）、念（saṃkalpa）、想（citta）、静虑（dhyāna）、智（vijñāna）、力（bala）、食物（anna）、水（āpas）、火（tejas）、空（ākāśa）、忆（smara）、希望（āśa）、元气（Prāṇa）为绝对，并寻求更大者，终于在其最后一个环节达到绝对圆满，故于这最后一环节，乃以圆满（bhūman）名之。前十五分皆是有限，唯最后一分是无限。修道者依上述次第修观，便逐步由有限达乎无限。拉达克利须南说："无限者安立于自身，而有限者非安立于自身，而是安立于它者。"对每一分的观想，既是确认，也是排除：确认此分义为梵、为真实，同时排除前一分义为假立。十六敬思与耆跋厘的五火二道说、茶跋拉的十六分说、爱多列亚的十二分说（谓元气、诸天、雨水、草木、食、精液、众生、心、意、语言、业、人等十二法互为实质）、乃至

① BGX · 26, 24.

阿阇世的十六分观想的基本旨趣一致，即在于从宇宙论层面，阐明万有之互融互摄，从而构成一圆满整体。这种圆满（bhūman），唯有当人全面观证了前十五分，并使其汇集起来，才能在最后达到。

尽管十六分义的这种繁冗拖沓且任意散乱的次序（这样的阐述方式，的确是奥义书思想家极为热衷的），每令西方学者困惑甚至反感。如杜伊森说抱怨说："何以一个见地如此高明的思想家，却如此乐于这种让读者生厌、且削弱其主要旨趣的多次规定？"① 但如果我们考虑它亦是在开示一种观想的次第，可能会对这种阐述方式更能容忍。正如拉达克利须南说："沙那库摩罗指出精神自由是一切行、一切喜乐之基础。吾人须历阶而致。"盖吾人直接认识之物，皆属有限，要领会到无限性，或自由，必须使观想渐次拓展，方能致之；至于其观想的内容，或不免有偶然性。

十六分敬思可以分为在内容上有显著差异的两部分，其中前七分，即对名、语言、末那、念、想、定、识的观想，体现了一种严格的内向反思，试图从意识的表象性的、感性的内容开始，逐渐深入，探讨意识之更内在、更本质的内容，与阿阇世学说的识论旨趣一致，但对这些概念缺乏更明确的规定，故我们难以根据其所说确定它是否达到比后者更深的程度。而在其接着的八分敬思，即对力、食物、水、火、空、忆、希望、元气的观想之中，思想明显偏离原来反思的轨迹，而转向追求耆跋厘等对于存在的宇宙论上的、数量上的圆满、丰富的追求。显然，这两部分在内容与精神旨趣上都有巨大差异，因而它们很可能本来是两种各自独立的学说，而在此则奥义书中被根据后者（八分敬思）的思路糅合在一起。我们在这里还是将其作为两部分来讨论。

## 一、识作为存有之归宿

此则奥义书前面部分（ChānVII·1—7），开示了一种严格的精神反思。它通过沙那库摩罗和那罗陀的对话展开。其中，沙那库摩罗开示应依次观想名、语言、末那、念、想、静虑、智为梵、最胜者，实际上是逐渐排除意识、精神中的表象、感性的内容，最后深入到它的本质，即识（理智）。其云：

1·1"请教我大梵，先生！"那罗陀以此语就于沙那库摩罗。彼乃语之："汝其先说汝已知者，吾将示汝超越于彼者。"2 那罗陀遂云："先生，我知《黎俱吠陀》、《夜珠吠陀》、《娑摩吠陀》以及第四《阿闼婆吠陀》、第五史传与往事书（itihāsa-purāṇa），以及吠陀明（语法学）、祭祖学（Pitrya）、算学（Rāsi）、占卜

① Paul Deussen, *Sechzig Upaniṣaden des Veda*, F.A.Brockhaus Leipzig, 1921.174.

学（daiva）、历法学（Nidhi）、逻辑学（Vākovākya）、伦理学（Ekāyana）、天神学（deva-vidyā）、梵学（brahma-vidyā）、魔学（bhūta-vidyā）、军事学（kṣatra-vidyā）、天文学（nakṣatra-vidyā）、咒蛇术与各种技艺（Sarpa and Devagana-vidyā）。此为我所知者，先生。3 我即是如此一人，先生，我穷尽圣典（mantra-vid），而不知自我。我尝闻诸如先生者，谓人若知自我，则渡诸苦厄。我正处苦中，先生。先生，请引我，如此一人，渡此到苦彼岸。"沙那库摩罗语之："信然，汝之所学，皆只是名字。4 信然，若《黎俱吠陀》、《夜珠吠陀》、《娑摩吠陀》以及第四《阿闼婆吠陀》、第五史传与往事书，以及吠陀明、祭祖学、算学、占卜学、历法学、逻辑学、伦理学、天神学、梵学、魔学、军事学、天文学、咒蛇术与各种技艺，此皆唯是名。应敬思名。5 人若敬思名为梵——于凡名之所届，彼皆得无限自在（kāma-cārin）①，彼敬思名为梵者。""先生，有更胜于名者乎？""信然，有更胜于名者。""先生，请教我。"2・1"信然，语言为更胜（bhūyas）于名者②。信然语言使人知《黎俱吠陀》、《夜珠吠陀》、《娑摩吠陀》以及第四《阿闼婆吠陀》、第五史传与往事书，以及吠陀明、祭祖学、算学、占卜学、历法学、逻辑学、伦理学、天神学、梵学、魔学、军事学、天文学、咒蛇术与各种技艺，乃至天与地、风与空、水与火、神与人、禽与畜、草与木、兽与虫蝇蚁类、对与错、真与伪、善与恶、净与不净。信然，若无语言，则人将不知对错、不知善恶、不知真伪、不知净不净。信然，语言使此一切被知。应敬思语言。"2 人若敬思语言为梵——于凡语言之所届，彼皆得无限自在，彼敬思语言为梵者。"先生，有更胜于语言者乎？""信然，有更胜于语言者。""先生，请教我。"3・1"信然，意即胜于语言。信然，譬如握紧之手容二盎摩罗果，或二枣，或二恶叉果，如是意摄语言与名。当人由末那作意'我欲学圣典，'彼遂学之；'我欲行圣业，'彼遂行之；'我欲求儿子、牲畜，'彼遂求之；'我欲求此岸和彼岸，'彼亦求之。信然自我即是意。信然世界即是意。信然大梵即是意。2 人若敬思意为梵——于凡意之所届，彼皆得无限自在，彼敬思意为梵者。""先生，有更胜于意者乎？""信然，有更胜于意者。""先生，请教我。"4・1 信然，念（saṃkalpa）更胜于意。信然，当人生一念，彼乃于此生意，于是彼发语言，且发言为名。名包括圣言（mantra）；圣言包括业。2 信然，彼等皆集于念，以念为自我，依止于念。天与地由念所成。风与空由念所成。水与火由念所成。因彼等得成，故雨水得以成。因雨水得成，故食物得以成。因食物得成，故生命（prāṇa）

① 参见 TaitIII・10・5。kāma-cārin：直译为自由出入、任意活动之人。

② bhūyas：更胜、更大、更多、更强、更重要（主要指量的方面）。

得以成。因生命得成，故圣言得以成。因圣言得成，故圣业得以成。因圣业得成，故世界得以成。因世界得成，故一切得以成。如是即念。应敬思念。3 人若敬思念为梵——如实，彼即得念界；得持存界，以彼自身持存故；得安稳界，以彼自身安稳故；得不动界，以彼自身不动故。于凡念之所届，彼皆得无限自在，彼敬思念为梵者。"“先生，有更胜于念者乎？”“信然，有更胜于念者。”“先生，请教我。”5·1 信然，想 (citta) 更胜于念。如实当人思想，彼乃起念，彼乃于此生意，于是彼发语言，且发言为名。名包括圣言；圣言包括业。2 信然，彼等皆集于想，以想为自我，依止于想。是故，纵有人博学多识，而无思想，众人乃议之：'彼为蔑如，无论其如何多识。信然，若彼果有识，则彼不会无想！'反之，人若有思想，则即便所知有限，众人皆乐闻于彼。信然，如实思想为核心，思想为自我，思想为依止。3 人若敬思想为梵——如实，彼即得想界；得持存界，以彼自身持存故；得安稳界，以彼自身安稳故；得不动界，以彼自身不动故。于凡想之所届，彼皆得无限自在，彼敬思想为梵者。"“先生，有更胜于想者乎？”“信然，有更胜于想者。“先生，请教我。”6·1 信然，静虑更胜于想。天若静虑，水若静虑，山若静虑，神、人若静虑。是故无论何人成其大者，彼皆若得静虑之一分报偿。复次人若卑渺，必为好诤、好骂、好谤之徒。然而彼高贵者，彼皆若得静虑之一分报偿。应敬思静虑。2 人若敬思静虑为梵——于凡静虑之所届，彼皆得无限自在，彼敬静虑为梵者。“先生，有更胜于静虑者乎？”“信然，有更胜于静虑者。”“先生，请教我。”7·1 信然，识更胜于定。如实人因识而解《黎俱吠陀》、《夜珠吠陀》、《娑摩吠陀》以及第四《阿闼婆吠陀》、第五史传与往事书，以及吠陀明、祭祖学、算学、占卜学、历法学、逻辑学、伦理学、天神学、梵学、魔学、军事学、天文学、咒蛇术与各种技艺，乃至天与地、风与空、水与火、神与人、禽与畜、草与木、兽与虫蝇蚁类、对与错、真与伪、善与恶、净与不净、食与饮、此岸与彼岸——凡此人皆因识而解。应敬思识。2 人若敬思识为梵——彼如实即得识界和智界 (jñāna-loka)。于凡识之所届，彼皆得无限自在，彼敬识为梵者。"

此则奥义书旨在开示一种渐次内向化的精神反思。它开示的对名、语言、末那(意)、念、想、定、识以及超越它们的存在的依次观想，实际上是一个逐步排除意识的表象、感性的内容，深入到其内在本质的过程。这意识最内在的本质就是自我，人唯证得此我方能得彼岸。在这里，同在其他早期奥义书中一样，末那、念、想、定、识等概念的意义还不甚确定，而且与后来的奥义书和吠檀多学的惯用法有差别，故有必要先对其含义作初步阐明。末那 (manas，意)，在梵书和最早的奥义书中指心灵、思想，在晚期奥义书和吠檀多学中它是六根之一，属于人体的一种器官或机能，其作用是接纳、统领全部感觉印象。在此则奥义书中，同在更早的桑底厘耶、阿阇世学说中一样，根（感觉机能）与识缺乏明确区分，因而意既是根又是识。它作为识包容了全部感觉并作为其根源、归宿，故它就是感性意识。念（saṃkalpa）来自动词词根 saṃ-klṛip①。saṃ-klṛip 为出现、带来、造出、构想、愿欲、寻求，谓使人获得某种观念的活动。saṃkalpa 作为其名词化形式，可译为念、意志、想象、创造、决定、愿欲等，这里主要指意志。citta，印度传统一般说之为"心"、"识"，与 vijñāna 同义，而在此处它特指思维，故译为想。dhyāna，直译为静虑。对于此词，印度传统从晚期奥义书开始，皆说之为"定"，为一种修道工夫。然而在此处，它指的是意识的一个实在的存在方面，即深层的思维，是思维的本质层面。在此意义上，它不仅是一种活动，也是一种实体。vijñāna 在印度传统中就是了别识，为心识的统称。Witz 说："识（vijñāna）是心识的层次或水平，而非对某物之意识。"② 它在此处专指心识中之最深隐的层面，为深思、思想、意志、感觉的根源、基础，与一般所谓识不同，故译为智。然而此智的实质为何，则尚无确切之说明。此则奥义书开示的观想，就是从精神之最外在的层面即名相开始，去外入内、舍滥留纯、弃末求本，层层深入，最后达到对于智的领悟。

其开头说到有饱学的婆罗门耆宿那罗陀者，尽管穷尽典谟、术有多方、学富如海，然而不知自我，故仍处苦厄，闻沙那库摩罗证知自我，脱离苦海，到达彼岸，遂请求其开示妙道，渡其至圆满喜乐之彼岸。此为印度思想中首次开示人生是苦，且理想的境界为生命彼岸之义，可视为后来悲观主义之最初源头。沙那库摩罗遂云，吠陀圣典，及世俗诸学，皆只是名相（nāman），而自我理体，乃超越名相，唯由妙悟得之。然而名相亦是梵的方面，人若敬思名相为梵、绝对，深谙圣俗诸典，乃于名相的世界，即吾人所处的日常世界中，得其自在。唯理体超越名相，故人欲得证解，必求超越名相者，此即那罗陀随后问之者。沙那库摩罗答曰，语言（vāc）为超越名相者。盖语言是人类一切间接知识的来源。人唯依语言，方知诸名相，知吠陀和世俗诸学问、技艺，乃至知天地、水火、人神、禽畜、草木以及对错、真伪、善恶、净秽等。故人应敬思语言为梵、绝对，洞晓语言传达的全部知识，如此则能在语言的世界中得无限自在。不过沙那库摩罗对语言的理解是工具性的，语言仅仅被视为传达感觉、思维的内容的手段，因此感觉、思维之直接知识，乃超越语言、名相而为其基础（"意摄语

---

① saṃ-klṛip 的原义为"出现，被带来，生成"，转义为"带来，造出"，再转为"构想，渴念，愿欲"，后者在现实或观念中导致某物之获得。

② Ram K.Piparaiya, *Ten Upaniṣads of Four Vedas*, Yatisha Creations, Mumbai, 2003.278.

言与名”)。在这种意义上，沙那库摩罗说意（manas）胜于语言。人应当观想意就是绝对，就是大梵、自我，就是世界。人若如是敬思，则于凡意之所届，彼皆得无限自在。然而更深入的反思会发现，感性意识只是心识的表象层面，所以观想应当进一步深入意识之本质。因此，那罗陀并没有满足于意，而是追问是否有更胜于意者。沙那库摩罗乃答之以念（saṃkalpa）。念即意志、决定、构想。念通过其意志作用规定感性意识的指向性，而且通过其构想作用赋予其感性意识的内容即诸感觉（视、听、嗅等相）以确定的形式，从而构成事物的意义。正是在后一种意义上，沙那库摩罗说天、地、风、空、水、火等，即世间一切，皆由念所成。意、语言、名相皆归宿于念，以之为本质、基础，即所谓“集于念，以念为自我，依止于念”。因为较之意、感性意识的变化无常，念作为决定、意志是相对稳定、持续、固定的，故人若敬思念为梵，得念界，即得持存界、安稳界、不动界；于凡念之所届，彼皆得无限自在。不过更深入的反思会发现，念还不是最本质的，它作为决定、构想，都是由思维或想（citta）规定的，是思维的功能或部分，而思维才是心识的内在实质。正是出于这种反思，沙那库摩罗说想更胜于念。故念、意、语言、名皆是思维的作用、表现，皆归宿于思维，以思维为本质和基础。人若敬思想为梵，即得想界，得持存界、安稳界、不动界，于凡想之所届，彼皆得无限自在。沙那库摩罗进一步认识到，思维既分散为不同活动、机能，也有超越这些活动、机能的本质同一性，因而它的存在可以分为两个层面，他称后一个层面为静虑（dhyāna），即深层的思维。他用静虑一词，强调的是思维中始终保持自我同一性的一面，即思维之实体、自我。尽管因为静虑的活动深密微细，没有对意识显示，故它表现为寂静不动的，但它其实是一切思维、意志、感觉的本质基础。甚至，就像人因静寂而得其常，天、水、山等亦有其常，故说天等亦处静虑。故人应敬思静虑为大梵、自我。而沙那库摩罗进一步阐明比深层思维更深刻、更本质的意识层面就是智（vijñāna）——“智更胜于定”，但对这智的实质到底为何，并未给出明晰的规定。其云人因智而解吠陀、史传、祭祖学、算学、占卜学、历法学、逻辑学、伦理学、天神学、梵学、魔学、军事学、天文学、咒蛇术与各种技艺，乃至天与地、风与空、水与火、神与人、禽与畜、草与木、兽与虫蝇蚁类，还有对与错、真与伪、善与恶、净与不净、食与饮、此岸与彼岸等，然而这些内容似乎也是念、想、静虑的对象。但我们可以确定，从名、语言、感觉，经念、想、静虑到智，是一个主观反思不断深化的过程。其中念、想、静虑、智皆超越了感性意识，而属于本质意识即理智的范畴。所以同阿阇世学说中表现的情况一样，在这里，主观反思扬弃其表象性，进入本质反思层次。只是这反思混杂在大量含糊的表述中，而且反思的绝对性亦不似在桑底厘耶和阿阇世思想中那般明确。

## 二、自我作为圆满

在接下来的部分中，此则奥义书似乎放弃了它一开头的自我反思，而完全被一种来自梵书和更早奥义书思想的，对存在的量上的广大、丰富、圆满的追求吸引过去了，试图通过敬思自我、大梵存在的各个方面，最后达到对自我、大梵的整体性、圆满性的把握。后面这一点，实际上规定了此则奥义书的整体框架。此则奥义书实际上将前面部分的主观反思纳入到这个（可能对其并不合适的）框架之中。在以下的内容中，它接着前面对名、语言、末那、念、想、静虑、智的敬思，以同样方式，展开对力、食物、水、火、空、忆、希望、元气的敬思，并在十五分敬思完备之后，最终证得最后一分，即圆满（bhūman）。ChānVII·8·1—26·2 云：

8·1“信然，力更胜于智。如实一有力士夫可使一百有智者发抖。人若有力，则能起，能起则能行，能行则能就人，能就人则能有所见，有所闻，有所思，有所觉，有所行，有所识。信然，地、虚空、天、山、神与人、禽与畜、草与木、草与木、兽与虫蝇蚁类皆因力而立。世界因力而立。应敬思力。2人若敬思力为梵——于凡力之所届，彼皆得无限自在，彼敬力为梵者。”“先生，有更胜于力者乎？”“信然，有更胜于力者。”“先生，请教我。”9·1“信然，食更胜于力。是故若人十天不食，则纵然其不死，乃不复见、不复闻、不复意、不复觉、不复作、不复识。然而彼一旦得食，乃复见、复闻、复意、复觉、复作、复识。应敬思食。2人若敬思食为梵——信然，彼乃得饮食界。于凡食之所届，彼皆得无限自在，彼敬食为梵者。”“先生，有更胜于食者乎？”“信然，有更胜于食者。”“先生，请教我。”10·1“信然，水更胜于食。是故，若无好雨水，则众生忧苦，曰‘食将缺矣。’若有好雨，则众生欣然，曰‘食将足矣。’盖地、虚空、天、山、神与人、禽与畜、草与木、兽与虫、蝇与蚁，皆为水凝聚成形。此一切皆是水凝聚成形。应敬思水。2人若敬思水（āpas）为梵，则得（āpnoti）一切欲，而得满足。于凡水之所届，彼皆得无限自在，彼敬水为梵者。”“先生，有更胜于水者乎？”“信然，有更胜于水者。”“先生，请教我。”11·1“信然，火（tejas）更胜于水。信然，彼摄风而暖空（ākāśa）。于是人曰：‘如其热！其热如焚！定有雨乎！’如是火先显现自身，然后创造水。是故，当闪电上击、横击，雷声轰鸣。于是众人云：‘有闪电矣！有雷声矣！定将有雨！’如实火先显现自身，然后创造水。应敬思火。2人若敬思火为梵——信然，彼以自身放光故，得放光、辉耀、无暗界。于凡火之所届，彼皆得无限自在，彼敬火为梵者。”“先生，有更胜于火者乎？”“信然，有更胜于火者。”“先生，请教我。”12·1“信然，虚空更胜于火。虚空包容日月、闪电、群星与火。人由虚空呼叫，由虚空闻声，由虚空应答。人于虚空生喜悦，复于虚空不悦[①]。人生于虚空，复向虚空生长。应敬思虚空。2人若敬思虚空为梵——信然，彼乃得空阔、光明、无限（asaṃbādhān）、广大界。于凡虚空之所届，彼皆得无限自在，彼敬虚空为梵者。”“先生，有更胜于虚空者乎？”“信然，有更胜于虚空者。”“先生，请教我。”13·1“信然，记忆（smara）更胜于虚空。是以若无记忆，纵有多人聚集，亦不相闻，不相思，不相识。然而如实，若彼等有忆，乃相闻，相思，相识。如实，人由记忆辨其子女，由记忆辨其牲畜。应敬思忆。2人若敬思记忆为梵——于凡记忆之所届，彼皆得无限自在，彼敬记忆为梵者。”“先生，有更胜于记忆者乎？”“信然，有更胜于记忆者。”“先生，请教我。”14·1“信然，希望更胜于记忆。信然，唯当被希望点燃（āśeddha），记忆乃习圣言，人乃行圣业，且求儿子牲畜、此岸彼岸。应敬思希望。2人若敬思希望为梵——由希望故，凡其所欲皆得满足，凡其所祈求（āśiṣa）皆不失。于凡希望之所届，彼皆得无限自在，彼敬希望为梵者。”“先生，有更胜于希望者乎？”“信然，有更胜于希望者。”“先生，请教我。”15·1“信然，元气更胜于希望。譬如辐辏于毂，（由名至希望之）一切皆安立于此生命元气。元气推动元气（此为复数，指前面十四分）。元气生成元气，且赋予众生元气。父亲是元气，母亲是元气，兄弟是元气，姐妹是元气，师傅是元气，婆罗门是元气[②]。2人若以粗言对其父、其母、兄弟、姐妹、师傅、婆罗门，众人乃责之：‘呸！信然，汝为杀父者！信然，汝为杀母者！信然，汝为杀兄弟者！信然，汝为杀姐妹者！信然，汝为杀师傅者！信然，汝为杀婆罗门者！’3然而当彼等失其元气，人至若以叉子将其堆起（于柴堆之上），将其肢解而烧之。众人于此亦不责曰‘汝为杀父者’，或‘汝为杀母者’，或‘汝为杀兄弟者’，或‘汝为杀姐妹者’，或‘汝为杀师傅者’，或‘汝为杀婆罗门者’。4因为，如实元气即是彼一切。信然，人若见此，思此，识此，乃成为殊胜言者。纵使众人誉之以‘汝为殊胜言者（ativādin）’，彼当答曰：‘我是殊胜言者’。彼不应辞之。16·1然而信然，人若以殊胜说真理，乃为殊胜言者。”“若是，先生，我将以殊胜说真理。”“但人当（首先）求识得真理。”“先生，我欲识得真理。”17·1“信然，若人能识（vijānāti），则说真理。人若无识，则不说真理。唯有识者说真理。

① 缪勒解释说，喜悦是因为人们得以相见，不悦是因为人们分离。

② 此句意思，联系到§2，§3，当谓父母、兄弟以至婆罗门，其生命存在之本质为元气，而非他物，如色身等。故元气存则骂之为非礼，元气失则烧之无不宜。

但人当（首先）求识（vijijñā）得识（vijñāna）。”“先生，我欲识得识。”18·1信然，若人思想，则其有识。人若不思想，则无识。唯有思想者有识。但人当（首先）求识得思想（mati）。“先生，我欲识得思想。”19·1“信然，当人有信仰，则其思想。人若无信仰，则不思想。唯有信仰者思想。但人当（首先）求识得信仰。”“先生，我欲识得信仰。”20·1信然，当人安住（niṣṭhā）①，则其有信仰。人若不安住，则无信仰。唯安住有信仰。但人当（首先）求识得安住。”“先生，我欲识得安住。”21·1“信然，当人有作，则其安住。无作者则不安住。人唯因有作而安住。但人当（首先）求识得作（kṛiti）。”“先生，我欲识得作。”22·1信然，当人为己得喜乐，则其有作。若不得喜乐则不作。人只为得喜乐而有作。但人当（首先）求识得喜乐（sukha）。”“先生，我欲识得喜乐。”23·1“信然，圆满（bhūman）与喜乐相同。于微小者中无喜乐。唯圆满者是喜乐。但人当（首先）求识得圆满。”“先生，我欲识得圆满。”24·1“若人不见余物，不闻余物，不识余物，是为圆满②。若人见有余物，则为微小（alpe，谓有限）。信然，圆满者即是不死，而有限者为有死。”“先生，彼圆满者于何安立？”“安立于其自身之大（sve mahimni），否则不谓安立于大（na mahimni）。2世间众人说牛与马、象与金、女与奴、田与宅为大，我不说此。我不说此，”其云：“因为（于此）一物皆安立于它物。”25·1信然，彼圆满者，为在下、在上、在西、在东、在南、在北。如实彼即全世界。复次关于我相（ahaṃkārādeśa）：信然，我为在下、在上、在西、在东、在南、在北。如实我即全世界。2信然，此自我（Ātman）为在下、在上、在西、在东、在南、在北。如实我即全世界。信然，人若见此，人若思此，人若识此，人若爱自我，人若于自我得喜乐，人若于自我得欢喜，人若与自我交会，人若与自我作乐，则彼得自主（sva-rāj）。彼于一切界得无限自在。人若不知此，则为它者所主（anya-rāj）；彼致有灭界，于一切界不得自在。26·1信然，人若见此，人若思此，人若识此，则元气生于其自我（Ātman），希望生于其自我，记忆生于其自我，虚空生于其自我，火生于其自我，水生于其自我，生灭生于其自我，食物生于其自我，力生于其自我，识生于其自我，定生于其自我，思想生于其自我，念生于

① niṣṭhā：安住于、专注于、以……为基础、立于……之上，谓思想专注于某物（学问、智慧等）。多数注释家接受商羯罗的解释，谓专注服侍导师，不过这种解释从文本本身而言，根据尚不充分。杜伊森读niṣṭhā为niḥ-ṣṭhā，后者为植根于、由……产生、在……基础上生长之意，此解并未得到多数注释者认同。兹姑直译为“安住”，留待识者详辨也。

② 认识涉及根、境、识三方面。在圆满中，此三者皆属于自我之全体。人若悟此圆满，则不见、闻、嗅、尝余物，故此圆满者超越一切相、一切感官觉知。

其自我，意生于其自我，语言生于其自我，名生于其自我，圣言生于其自我，圣业生于其自我。信然，此全世间皆生于其自我。2 于此有偈云：人若见得此，则不见死亡、疾病与苦恼。彼唯见大全，随处得大全。自我为一分，三、五、七、九分，或说十一分，及百十一分，亦云二万分①。人由净食（āhāra-śuddhi）而得净性（sattva-śuddhi）。由净性得强记（自我或学问）②。由强记而心结解③。于如是一湔灭诸染之人（如那罗陀），沙那库摩罗乃显示无明之彼岸。人誉之为室犍陀——噫，人誉之为室犍陀！

此则奥义书开示的观想，无论在形式上还是在内容上，都表现出对其他奥义书的沿袭。在形式上，在 KauṣIV・1—18 与 BṛihII・1・1—16 的阿阇世与伽吉耶夜尼对话中，阿阇世就是把被伽吉耶绝对化的十六种存在都当作梵的方面来观想，从而统摄了大梵的意义全体。同样在 BṛihIII・9・10—17 娑伽里耶（Śākalya）和耶若婆佉（Yājñavalkya）的对话中，也是娑伽里耶依次提出身、欲、日、声、影、镜中光、水、子息八有作为绝对，耶若婆佉逐次开示应观想此八有只是至上我（Puruṣa）的一方面，真实自我乃是包括此八有的整体。这两种对话的思路与沙那库摩罗和那罗陀对话完全一致，故后者在形式方面肯定受到前者（或类似的其他文本）启发。在内容上，ChānV・10・5—7；BṛihVI・2・16 说人死后依次转化为火、夜、朔月、太阳南行之半年、父祖界、月、须摩、食、空、风、烟、雾、云、雨、稻麦、精液、胎儿等，这些环节参与到生命的相续整体之中；ChānIV・5—8 说梵是包括东、西、南、北、天、空、地、大洋、火、日、月、闪电、气息、眼、耳、意共十六足之大全；BṛihII・1・1—16 说自我有食物之我、真理之我、声音之我、常胜不败之我（因陀罗天）、常恒具足之我、胜一切之我、光明之我、似相、伴侣、生命、死亡、阎摩王、生主、语言之我、光明之我等十六义；Ait

① 此中各分所指意义不明。根据后人的解释，一即不二梵，三即内自我（adhyatmic）、诸大（adhibhautic）、诸根（adhidaivic），五即五根，七即七界，九即五根加四内根，十一即五知根、五觉根加末那（Ram K.Piparaiya, Ten Upaniṣads of Four Vedas, Yatisha Creations, Mumbai, 2003.449）。然此类解释尚可置疑，以其过分依赖数论学，而在此则奥义书其他部分不仅没有反映出任何数论学说的影响，甚至理论上与之矛盾。

类似的表述亦见于 MaitV・2："信然，彼'一'乃成为三分、八分、十一分、十二分、无量分。"

② 根据商羯罗的解释，在这里净性乃就内根（心、理智）而言。如镜必净方可持照，人必净其心方可觉、持内在自我。但凡夫心为贪、嗔等所染，故处无明，无此持照之用。

③ 心结（hṛdaya-granthi），亦见于 ChānVII・26・2；MuṇḍII・1・10，II・2・8，III・2・9，谓痴、贪、业，即无明、私欲及相应的行为，亦称为梵结、毗湿奴结或禄陀罗结。granthi：结、关节、系缚、缠、惑。

ĀraII · 1 · 3 说元气、诸天、雨水、草木、食、精液、众生、心、意、语言、业、人十二法乃至世界万有，构成一相互贯通的整体。其中后面两项皆以大梵、自我为身、心之混合体。可以看出，沙那库摩罗的十六分敬思的内容（名、语言、末那、念、想、静虑、智、力、食物、水、火、空、忆、希望、元气等），大都取自上述文本（或与其来自共同的原始文本）。

如人富有财宝而不觉喜乐，那罗陀富于学问却不离痛苦。沙那库摩罗乃开示曰，人若占有任何物，则其自在唯局限于此物，皆不能带来真实喜乐；唯当人悟得存有之全体，乃得大自在，生真实喜乐。此诚如商羯罗所云："彼无量、不可思议、不可超越、无相者，即是欢喜（sukha）、喜乐。一切低于彼者皆为有限。而有限者中无喜乐，因其会引起更多欲望，而欲望是苦种子。是以唯无限给予喜乐。无限不能引起欲望。此文大义为有限想唯存于无明，职此之故，有限者有灭，无限者不灭。"①

人若欲得绝对喜乐，必求其大（bhūyas）者。此篇对话，始终贯彻着一种对量上的"大"的追求。"于微小者中无喜乐（na alpe sukham asti），唯圆满者是喜乐"，沙那库摩罗乃如是说。故"小"（alpe）与"大"（bhūyas）之判，为本篇之落脚处；弹偏斥小、叹大褒圆，为此文之蓍龟。其所褒叹者，Bhuma（完满、丰富、大量、财富、全体、绝对）、Mahat（大）、Brahman（广大、大梵），实际所指相同，皆为至大之体，包括万有而为绝对。而与之相比，世间的一切，名利权势子嗣等，皆是相对、微小的。诚如萨诃难陀所云："人心不会满足于比其所想更微劣之物。人不会因占有卑微之物而喜乐。人总是想占有比其所有更多之物。当其得到某物，他总想得到更殊胜者，直至达到究竟，即无限。是以无限或圆满（Bhuma）被说为无比者、无限者、不可超越者。此即吠檀多之极致，亦是一切哲学、宗教追求之目标。"② 当人渴求某物，必以为得此物则得喜乐。然而他若果得其此物，总不会就此满足，而是必然会意识到有另一某物比此物更圆满、更可欲。人的追求便循此以前，直至到达那最广大、圆满者，即大梵、自我，唯此圆满者包含绝对喜乐。

本篇对话就体现了这种逐渐舍"小"就"大"，持续地打开心灵视域的过程。它要求修行者在观想十六分之每一分为"大"、为绝对之后，寻思比其更"大"者并对之观想，如此分分递进。然而它在前面七分的反思之后，从第八分敬思开始，便突然转向对于色身、自然的观想，退坠到 Ait ĀraII · 1 · 3，BṛihII · 1 · 1—16 等的

---

① Swami Gambhirananda, *Translation of Commentaries of Śaṃkarācharya on Upaniṣads, comm on ChānVII*, Advaita Ashram, Kolkatta, 1957.

② Swami Swahananda, *The Chāndogya Upaniṣad, comm on ChānVII*, Sri Ramakrishna math, Chennai, 1956.

粗俗形器之见。其云在前七分中，智为最大，而力（bala）大于智，一有力士夫可使一百有智者发抖，人若有力则能起、行、侍师、有见、有闻、有思、有觉、有为、有识，甚至世界也因为力而有其持存，故应敬思力为梵。然而食（anna）大于力，若人十日不食，乃不复有见、闻、意、觉、作、识的能力，故应敬思食为梵。而水（āpas）大于食，为其本质。食乃至地、虚空、天、山川、人神、禽畜、草木、兽虫等，皆为水凝聚成形，故应敬思水为梵。火（tejas）大于水，因为火创造水（雷电生成雨水）且使水消亡（挥发），故应敬思火为梵。复次空（ākāśa）大于火，因为世间的四种火，日月、闪电、群星与地上火，皆被包容在虚空之中，不仅如此，一切存有皆被虚空包容，故应敬思虚空为梵。复次记忆（smara）更大于虚空，人由记忆得以相闻、相思、相识，由记忆辨其子女、牲畜，故应敬思记忆为梵。复次希望（āśa）更大于记忆。记忆被希望点燃。人有希望，方有追求、获得，故应敬思希望为梵。复次生命元气（Prāṇa）更胜于希望。"如实元气即是一切"，由名至希望之十四分，皆以元气为本质，安立于元气，如辐凑于毂。根据此则奥义书至此为止的思维理路，元气亦当安立于最终的圆满（bhūman）。

然而此则奥义书在圆满之前，又加上了识（vijñāna）、思想（mati）、信仰（śraddhā）、安住（niṣṭhā）、作（kṛiti）、喜乐（sukha）六个环节，与前面的八分敬思颇不相侔，可能是窜入的内容。这在于，首先其叙述方式有所不同。这包括：它不再使用"敬思（upāste）"，而是用"识（vijijñā）"，人应识得识、思想、信仰、安住、作、喜乐；在前面八分中，每一环节与其下一环节为比较关系，盖必以后一环节更大、更胜，而其在后面六分中，则为严格的条件关系，谓必有后者方有前者：因有识而得真理，因思想而有识，因信仰而有思想，因安住而生信仰，因作为而生安住，因喜乐而有作为（此云人有喜乐方有行动，悲观消沉则致怠惰）。其次其内容亦有实质区别。前八分是对人的色身以及外在自然的观想，是宇宙论的；后七分则是对人的精神、心理内容的观想，是心理学的。然而后七分的内容却与此则奥义书开头（VII · 1—7）的心识观想大体一致。我们猜测可能它和VII · 1—7属于同一原始文本，后来八分敬思（VII · 8—15）插入其中，导致这文本分成了两部分。由于它的内容和VII · 1—7颇有重复，因而我们在此将其作为文本错讹处理，不列入十六分敬思之中。

在圆满境界，人不见他物，不识他物，因为圆满就是包容万有的绝对，故一切存有，皆属于我，我即是宇宙之大全。若人见有他物，则失其绝对（bhūyas），而落入相对性（alpe，微小）中。万物皆安立于他者，唯此绝对安立于自身；万物皆有生灭，唯此绝对无生灭。故唯此绝对、圆满为独立、自主、常住、无二之有。

此圆满者就是自我（Ātman）。此自我在一切处，是一切物，吾人所见一切皆是彼行相。故奥义书说自我为在下、在上、在西、在东、在南、在北，此自我即全世界。元气、希望、记忆、虚空、火、水、生灭、食物、力、识、定、思想、念、意、语言、名、圣言、业，乃至全世间皆生于自我。亦说自我为一分乃至三、五、七、九分、十一分、百十一分、二万分，一分谓自我为大全、整体，三分乃至二万分谓自我包容万有在内。人若如实证悟自我为圆满、绝对、喜乐，且沉浸于此大我，则得自主（sva-rāj）、自在，否则就为它者所主（anya-rāj）。于是人不见死亡、疾病与苦恼，唯见大全、得大全。此如Krișṇananda所云："人若得此觉悟乃成为自身主宰，亦即万有之主宰。盖主宰自我即是主宰宇宙。统治自我即是统治自我所包容之一切，而此自我为遍在者。对于这圣者而言，一切有皆由其自身自我而生。他不必趣向诸有，诸有趣向他。如大海不趣向江河，而江河趣向大海。一切有皆趣向彼不复有小我者。彼于是成为遍在者。人以彼为生解脱（jiva-mukta）。"①

然而，自我作为圆满、大全，仅仅是表象论的、而且是一种量上的绝对，其所谓大，亦主要是量上的广大。自我作为存有之实质、本质、实体的意义，尚未得到阐明；其作为自为的意识、精神，亦未得到明确领悟。因此，圆满说包含的自我概念，尽管在年代上可能是较晚出的，但它不仅将其开头部分的自我反思模糊化以至几乎丧失，其他丧失了早期奥义书在耆跋厘、优陀罗羯学说中所获得的实质论思维，而退回到类似于斫克罗衍尼、该祗夜的神话式的、完全表象性的思维。

基督教中世纪隐修士肯培（Thomas Kemper）说道："你们希望通过享乐制伏欲望，但是你们将发现眼不可能满足于见，耳不可能满足于听。若全部可见的自然皆会在你面前逝去，则彼何异于幻境？"（《基督之像》）。吾乡袁宏道先生亦云："人生愿欲，决无了时。作童生时，以青衿为了。然一入学宫，而不了犹故也。作孝廉者，以得乌纱为了。然一登甲第，而不了犹故也。未得则前途为究竟，途之前又有途焉，可终究与？已得则即景为寄寓，寓之中无非寓焉，故终身驰逐而已矣。"（《袁宏道集·顾绍芾秀才》）印度近世黑喜师尊（Swami Krișṇananda）亦说：当人获得所追求的东西，其心得到某种满足，"但这种满足是表面的、不真实的，它只持续片刻。此心（末那）很快就会明白还有比此物更胜者，有待追求。故它开始追求此能带来喜乐之更胜者。是故此世间任何喜乐皆是表面的、短暂的。即使此种表面、短暂之喜乐，亦是因为有了对有限者中之圆满或无限的意识。"②

尽管在现象层面，凡人的自我是被欲望支配、缚着，不断追求着不可得的永恒满

① Swami Krishnananda, *The Chāndogya Upanișad*, *comm onVII*, Divine Life Society, 1984.

② Swami Krishnananda, *The Chāndogya Upanișad*, *comm onVII*, Divine Life Society, 1984.

足，但是在本质层面，始终是自我的内在存在支配欲望、以欲望为实现自己目的的工具。欲望是自我、觉性的自由在生存层面的表现。人生的无穷欲望，在情绪层面验证了觉性内在的自身扩张、自我丰富的冲动，即自离势用，后者本属于觉性的自由。自离是自我的本有冲动，它的本真存在面向觉性、存在在量上的无限。在现实觉性的存在揭示活动中，它与自我所处的存在关联一起，决定这揭示活动对对象的需要。这对象必然是现象界中的个别、有限之物（自然觉性只能有这样的对象）。这种存在论的需要在现象层面就表现为我的欲望。总之自离势用的无限展开决定自我对对象的需要和欲望，而且正是这种展开的无限性决定这种需要和欲望不可能得到绝对满足。通过这需要、欲望，自离势用推动自我将存在扩张到某一对象、某一边界；但它的进一步展开，也必然会越过这对象、打破这边界，寻求新的对象、边界……如此以至无穷。这决定现实人生必然永远处在欲望、满足、失望的循环交替带来的痛苦之中。这种永无止境的欲望追求和破灭的无聊游戏，在前省思的自然觉性中是无解的。自然觉性把欲望的对象，即现象中的个别、相对、有限之物当作唯一实在，因而完全被欲望、被欲望的对象牵制、束缚，对于这欲望没有任何真正的自由。这似乎意味着，人类最有意义的生活，只能一场唐璜或加缪式的悲剧：一方面人生意义就在于对生命的单纯量的无限的追求；而另一方面这追求又注定是永远不得满足的。不过人类的自我不仅是自然觉性，它还有超越自然觉性的另一层面，即精神。作为对自然觉性的自否定，精神可能以其对觉性自身的省思打破上述欲望的梦魇。这就在于省思通过对超越了个别、相对、有限之物的普遍性、本质、绝对的领会，祛除了附着在个别东西之上的魔力，使自我开始具有对绝对、无限性的追求，自离势用乃从原觉的个别性需要转化为精神的普遍性求索。由此可见，拜伦和加缪的误区在于将自然觉性当作自我的全部，没有看到自我作为对自然觉性之否定的真正精神的层面，后者的内在现实性就是省思。

然而，在省思最初未获得独立性时，其对象完全来自自然觉性，因而也都是感性的个别、相对、有限之物，完全没有普遍性、绝对、本质的观念。此时精神仍然完全被欲望及其对象牵制，对于后者全无自由。原始人的精神就是如此，儿童的精神也是如此，庸人精神也是如此。代表华夏远古思维的卜辞乃至《周易》就表现了这种精神状态。在这里，精神沉沦于自然的吉凶灾馑，它在其中关注的永远只是个别的事物，其中甚至找不到一个绝对范畴。与此一致，庸人和孩子也只追求个别的东西，认为只有这样的东西才是实在。他们狭小的心灵从未真正意识到绝对东西的真理性。然而作为精神的内在现实，省思必然在本体自由推动下获得独立。而本体自由不会局限于对属于觉性物质外壳的个别、相对、有限东西的自由，而是要求实现为对觉性的自身存在的自由，而觉性的自身存在乃是普遍性、绝对、本质；所以自由推动现实觉性对于其自身存在的领会，这种领会就是省思。省思注定是觉性对其普遍性、绝对、本质的领会，故只有普遍的观念才是真正的省思观念或精神观念，但它们不属于原觉的内容，而是由省思独立构成。省思之领会绝对、普遍，与它的获得独立，乃是同一事件。

总之，自由必然推动精神扬弃现象界的个别之物，确认某种普遍、绝对的存在。精神在此领悟到那普遍、绝对的存在才是终极真理和究竟的价值，才是值得自我去追求、获取、维持的。而一切个别之物都成为相对的，它们只有安立于这绝对才有其真理和价值。精神于是颠覆了个别性、欲望的统治，活跃在它自己创造的绝对存在的王国之中。精神在此首次感受到自身的自由。在奥义书中，沙那库摩罗的圆满说就体现了这种绝对省思。在这里，一个荷载万有的大全、绝对，即所谓圆满（bhūman），否定了所有个别东西，成为唯一自在自为的真理，及一切事物的存在和价值的根源。这种省思也体现了精神自由的现实性。圆满说对于绝对的领会，在观念层面表现了精神自反势用的积极活动。如前所述，唯觉性、自我自身是绝对，故任何绝对思考都是（尽管可能是不自觉地）指向自我的，它就是精神的自身指向运动，因而它在现象学上表明了精神内在的自反势用的展开。生命的自反势用的作用在于将存在的所有个别内容连接到那唯一的中心，即生命的自我，使它们仅为这中心而存在；它便使这个中心对于省思显现为一个绝对存在。然而对于庸人的精神而言，他的世界就是大量个别事物的偶然堆积，他永远只能看到个别物，甚至不能把它们把握成一个整体，反映出在这里自反势用被（精神内在的惰性自肆力量）压制而得不到充分展开。圆满说对绝对的把握，表现了省思从个别到绝对的持续运动。这在观念层面表明精神的自反势用在这里战胜了自在性的压制而得到积极展开。而且，不同于希腊人和基督教的客观反思，在这里，绝对存在已经被自觉地等同于自我。自我就是圆满（bhūman）、绝对，就是世界，万物只是自我的表现或部分。自我本身，作为绝对的真理，成为精神要维持、守护的核心，成为全部精神活动的目的。这在现象学上表明精神的自反势用在这里已经展开为一种自我维持。然而奥义书的这一省思总是在“破”与“立”的辩证交互中推进的。其中自反势用作为肯定的、“立”的方面的展开，离不开“破”的、否定势用的资助。没有自主否定势用的推动，精神不可能打破省思对于感性个别性的执着，否定个别性的自为的真理性，如此则对绝对的省思就不可能实现。实际上，精神的省思就是在其内在的“破”与“立”两种力量的交互展开中，实现为从个别到绝对的持续运动。

如同在其他文化中经常发生的情况一样，在这里，自由感也被理解为喜乐、幸福，

因而圆满 (bhūman) 被等同于喜乐 (sukha)。谈者有云:"这普遍圆满者即是万有中之自我。彼在作为外在对象全体的宇宙中显现者,即是在人的主体性中显现者。圆满者既是主体又是客体。喜乐唯在圆满者中,而非余处。人若悟此则为最有喜乐之人。彼于其自身自我中得喜乐,彼享受自我,且安住于自我的喜乐之中。"①

不过圆满说的绝对思考,并没有实现为内在和超越的省思层面,没有否定外在自然,确认意识、思维为自在自为的真理,我们称这样的省思为知性省思。知性省思不否定自然的本质,只是对自然进行外在的综合、抽象,而未进入在自然之上或之下的区域。在这里,省思的观念仍然来自外在自然,因而省思没有获得自由。从斫克罗衍尼、莱克婆、耆跋厘以至优陀罗羯的自然论,都属于知性思维层次。而沙那库摩罗的圆满说,其理论框架甚至还处于知性思维最低的量的阶段。它的绝对只是一个缺乏实质规定的抽象的、量的整体。思想未能透过个别性把握普遍的本质,也未能根据普遍的法则将事物内在地关联起来,而只是在量上将所有事物聚为一个统一体。贯穿在十六分观想中的从小 (alpe) 到大 (bhūyas) 的持续过渡,表明这观想对存在统一性的追求,其实就是对存在在量上的绝对广大的追求。圆满说对作为大全之自我的领会,与最早奥义书中斫克罗衍尼尊元气、太阳、食物为神,该祇夜的"总相说" (Vaiśvānara Vidyā) 观天界、太阳、风、虚空、水、地 (这六个方面概括了宇宙存在的全部内容) 皆为一普遍大我的内容,反映了同样的精神阶段 (神话精神)。在这里,思想仍未完全克服对感性、个别东西的执着,相应地,绝对在这里没有获得任何独立的、实质的规定,它只是一种量上的抽象物。圆满说体现的精神省思,甚至没有达到优陀罗羯的本质思维的层次,与桑底厘耶、阿阇世以及 ChānVII · 1—7 的绝对反思有非常大的距离。

不过,如前所述,ChānVII · 1—7 的思想则体现了一种较深刻的反思。在这里,思想在阿阇世等的基础上,将主观反思更向前推进一步。在此奥义书开示了一种依名、语言、感觉 (意)、念、想、静虑、智的次第,逐渐内向化的精神反思。它开示的实际上是一个逐步排除意识的表象、感性内容,深入到其内在本质的过程。在这里,沙那库摩罗学说的主要贡献,在于将本质意识的内容进一步区分为念、想、静虑、智,从而使阿阇世的本质反思得到进一步深化,因为阿阇世对于本质意识或理智的实质内容仍缺乏规定。不同于知性省思始终停留于自然的表层,反思力图探寻觉性之自为的内在性和实体性,它们都是对自然的否定,因而反思是一种理智省思。在此则奥义书中,反思对本质意识实质的进一步领会,也反映了现实精神自由

① Swami Krishnananda, *The Chāndogya Upaniṣad*, *comm onVII*, Divine Life Society, 1984.

的进展。在这里，反思固着、深入理智的宝藏，将其内容一一呈现出来。精神这种持续内在指向运动，在现象学上表明自反势用深入到意识本质的内部，展开为对其内容的自主设定。正是这自反势用促使省思固守自我且进一步向内探寻。自反势用的这一历史展开，离不开本体自由的促动。本体自由为实现自身绝对化，必促使精神内在的自反势用针对理智内容展开自身，以使精神能充分享用这一宝藏。从阿阇世到沙那库摩罗的思想转变，就验证了这种本体自由的活动。这转变最终是自由推动的结果。

一切生命总是在其包含的生与死，即自由与自在两种力量的较量中成长、演变，精神作为生命亦是如此。在奥义书的精神中，一方面自由力图实现为无限，于是推动精神省思的不断进化；另一方面精神的自在、惰性力量则总会抵消这自由的无限冲动，将那试图凌空飞去的自由牢牢系着于自我直接性的大地。任何现实的精神省思都反映了这两种力量的平衡。从本质上说，是精神的自在性阻碍了精神前进的脚步，造成现实精神及其自由的局限性。自然这种局限性在沙那库摩罗的两方面学说，即圆满说与本质反思中，都会有反映。兹略论以下两点：(1) 圆满说只把绝对理解为一个量的总体，而非万有的本质，它表现的只是一种量的知性思维。在这种量的知性思维中，精神未能透过个别的表象，领会普遍的本质（唯本质才是自我）。这在观念层面表明在这里精神内在的自舍、自反势用的进一步展开受到（惰性的自任、自放力量的）阻碍，使省思仍然自由缚着于自然的表层，不能进一步内在化。(2) 此学说包含的本质反思，对作为本质意识内容的念、想、静虑、智的含义缺乏明确规定，而且与阿阇世学说相比，反思的绝对性被模糊化。不过这种反思的主要局限性在于它同阿阇世学说所表现的一样，仍然只是一种经验反思。在这里，本质意识的超越性没有得到明确把握，它仍然是经验意识的一环，是一种内在的自然，而不是自我的实体；而自我、意识只有作为实体、超越性才是真正内在的。这种反思的局限性也表明了现实精神自由的局限性，它表明在这里自舍势用的开展受到（精神惰性的自身肯定即自任势用的）抑制而未能实现为自由的，即对自然本质的否定；同时精神自反势用的开展受到（惰性的自我外化即自放势用）抑制，也未能实现为自由的，即对意识的本质内在性即意识、思想的实体的维持、领会。这种自由的局限性，亦唯有通过本体自由的进一步展开才能被克服。

## 第四节　波罗多陀

杜伊森引用商羯罗喜（Śaṃkarānanda）的看法，认为《考史多启奥义书》四章内容的安排，是从显教逐渐过渡到密教，从人格梵过渡到元气，复从元气到自我[①]。这基本上符合此奥义书的思路，尽管可能这种思路只是奥义书编纂者的思路，而其每一章都是独立形成的。《考史多启奥义书》第一章先将元气作为天神道的终点，第二章再探元气的本质，第三章揭示元气即是般若、识，第四章进一步阐明元气为绝对本体。第三、第四章的思想基本一致。第四章以阿阇世和那罗陀的对话展开，第三章以波罗多陀和因陀罗的对话展开。

波罗多陀·提婆达尸（Pratardana Daivodāsi）为传说中的战斗英雄。KauṣIII 说波罗多陀因战功，得以进入因陀罗宫。因陀罗神乃阿特曼之化身（Ait ĀraII·2；AitaI·3·14；KauṣII·6）。本篇以因陀罗开示其学，乃是假因陀罗之口，以自神其说，故其说义，应归之于波罗多陀更为恰当。其说以为感觉对象依赖感觉机能，感觉机能依赖元气（Prāṇa）或识我（Prajñātman）。元气即是识我，为喜乐、不老、不死。得解脱的知识，不应于诸境上求，亦不应于诸根上求，而应于知识与业行之最终主体上求。此种说义，正如杜伊森指出，乃是"建立在基本正确的心理观察基础上，而且得到很好的组织"。[②]

在波罗多陀学说中，一方面思想完全脱离阿阇世大梵十六分说的粗俗宇宙论，以及沙那库摩罗圆满说中肤浅的形器之见。绝对心识不再被与宇宙现象及自我的诸身心机能混为一谈，而是被视为它们背后的究竟主体、能动性。于是反思获得其纯粹性；另一方面，其说自我较之桑底厘耶、阿阇世，与元气说之关联反而更紧密，此实为思想发展之参差性所致。盖桑底厘耶说自我为意，完全脱离与元气说的关联，而在阿阇世的识论中，尽管可以看出它从元气说发展而来的痕迹，但他亦明确提出要区分元气我与识我（BṛihII·1·17）。而《考史多启奥义书》的波罗多陀之学，则强调元气与识的同一："至若元气，彼即识我！至若识我，彼即元气。"（KauṣIII·2）以下且分两个方面论其说义。

## 一、识作为绝对

KauṣIII·1 说波罗多陀因战功，得以进入因陀罗宫。因陀罗乃请其许一愿。波罗多陀说："请汝为我择汝以为是人之至福者。"一般来说，凡人所择者无非财富子嗣之类，此即因陀罗所预想于波罗多陀者。波罗多陀却抵抗了诱惑，将选择权交给神，他相信神的选择一定比凡人的选择更好。从寓意学角度解释，这意味着他放弃世间

---

① Paul Deussen, *Sechzig Upaniṣaden des Veda*, F.A.Brockhaus Leipzig, 1921.23.

② Paul Deussen, *Sechzig Upaniṣaden des Veda*, F.A.Brockhaus Leipzig, 1921.42.

的（属人的）态度，而采取超越的（属神的）态度。于是因陀罗说："夫最尊者不为卑者决焉。汝其自择。"波罗多陀说："若果如此，不许也罢！"然而因陀罗是金口玉言，不违其诺。遂为波罗多陀开示说，唯对于自我之智乃为人之至福。其情节或不免幼稚，然其道理则颇有过人之处。其宗旨在于开示元气、识我为生命之本质，它超越善恶、不死，是生成、包容万有的绝对意识。因陀罗说（KauṣIII · 1—5）：

1"应知我，我自身。信然，我许为人之至福者，为知我。我诛堙须妥（Tvaṣṭṛi）之三头子①。我掷阿禄年迦众、苦行者于狼群②。我屡毁契约，刺（atṛṇam）波罗罗陀众于天，波罗摩众于空，迦罗犍者众于地③。而于我，作如是行矣，则毫发无损。是以人若知我，则无论所作为何，其界无损，若盗、若杀胎、若弑母、若弑父，无论其犯何罪恶，其色不失④。"

2 于是彼云："我即是元气（prāṇa）、识我（prajñātman）。如是，应敬我为生命（āyus），为不死者⑤。生命即是元气。信然，元气即是生命。如实元气是不死者⑥。因为，唯若元气在身中，则有生命。因如实人既于此世界⑦，以元气得不死；以识得真知（saṃkalpa）。是以人若敬思我为生命，为不死者，乃于此世界得全寿，于天界（svarga-loka）得不死、不灭（akṣiti）。"（波罗多陀云：）"或有人言'诸元气如实合而为一（ekabhūya gacchanti），'彼云'否则人将不能同时以语言知名，以眼知色，以耳知声，以意得思想。信然，当诸元气合为一体，故彼等一一知此一切。当语言言说，一切元气随之言说。当眼见，一切元气随之而见。当耳听，一切元气随之听。当意想，一切元气随之想。当元气呼吸，一切元气随之呼吸。'""诚哉是言，"因陀罗曰："然而此诸元气中，有最殊胜者。"3 人若失语，仍存活，吾等见有哑人故；人若失目，仍存活，吾等见有盲故；人若失耳，仍存活，吾等见有聋人故；人若失意，仍存活，吾等见有痴人故；人若丧臂、腿，仍存活，

---

① 因陀罗诛堙须多（造物神、工匠神）之子（Viśvarūpa），事见于 ṚVX · 8 · 8，X · 99 · 6；Sat BrāI · 2 · 3 · 2，XII · 7 · 1 · 1 等。

② 其事亦见于 Ait BrāVII · 28.

③ 波罗罗陀众，波罗摩众，迦罗犍者众，皆为阿修罗族。atṛṇam 谓其被因陀罗以闪电击穿云。

④ "其色不失"谓脸色不变苍白。杜伊森解释说："人若悟自我且知与自我同一，而破除小我之假相，则其善恶业皆消失；彼皆不复为其业，以此人已失其小我故。"（Paul Deussen, *Sechzig Upaniṣaden des Veda*, F.A.Brockhaus Leipzig, 1921.44, note1.）

⑤ 此依 A 本，依 B 本应译为："我即是元气。应敬我为识我，为生命，为不死者。"

⑥ 此句 B 本缺失。

⑦ "此世界"依 B 本，依 A 本应为"彼世界"。

吾等见之故。至若元气，或识我，乃执持、存活（ut-thā，令起、赋予生命）此身。是故人应敬此为Uktha①。此即于元气中得一切（sarvāpti）云。至若元气，彼即识我！至若识我，彼即元气。因如是此二者同住于此身，且同离之。此即是见，此即是知：当一人沉睡无梦，彼乃融入此元气之中。于是语言与一切名入之，眼与一切相入之，耳与一切声入之，意与一切想入之。当其醒时，如从猛火中，火星四溅，诸元气从此自我各趣其处；由元气生诸根（deva），由诸根生诸界。此即于元气中得一切云。至若元气，信然，彼即识我！至若识我，彼即元气。此即是成（siddhi），此即是解：当人寝疾而失心（sammoha），于是彼等议之曰："其心（citta）已逝。彼不复见。彼不复以语言言说。彼不复想。"于是彼乃融入元气。是以语言与一切名入之，眼与一切色入之，耳与一切声入之，意与一切想入之②。当彼离此身，彼乃携此一切而离。4 语言注入（abhivisṛjyante）一切名于彼之中，故彼由语言得一切名。呼吸注一切香于彼之中，故彼由呼吸得一切香。眼注一切色于彼之中，故彼由眼得一切色。耳注一切声于彼之中，故彼由耳得一切声。意注一切想于彼之中，故彼由意得一切想。此即于元气中得一切云。至若元气，信然，彼即识我！至若识我，彼即元气。因此二者同住于此身，且同离之。复次，吾等将开示何以诸大（bhūta）与此识为一。5 语言是由彼中取出之一分，名称为外在与之（指语言）相关之大唯（bhūta-mātrā，存在元素）。呼吸是由彼中取出之一分，香为外在与之相关之大唯。眼是由彼中取出之一分，色为外在与之相关之大唯。耳是由彼中取出之一分，声为外在与之相关之大唯。舌是由彼中取出之一分，味为外在与之相关之大唯。手是由彼中取出之一分，业为外在与之相关之大唯。身是由彼中取出之一分，苦、乐为外在与之相关之大唯。生殖根是由彼中取出之一分，喜乐、快感、子嗣为外在与之相关之大唯。脚是由彼中取出之一分，行走为外在与之相关之大唯。意（manas）是由彼中取出之一分③，思想、欲望为外在与之相关之大唯。

此则奥义书的宗旨，在于将茶跋拉、考史多启、爱多列亚等的元气论，转移到绝

① Uktha为须摩祭中Hotṛi祭司以吟诵形式对Udgātṛi祭司所唱之《娑摩》歌咏的呼应，内容取自《黎俱吠陀》。在奥义书中，Uktha被等同于元气、梵（另见BṛihV·13·1；Ait ĀraII·1）。

② A本下文尚有"当其醒时，如从猛火中，火星四溅，诸元气从此自我各趣其处；由元气生诸根（deva），由诸根生诸界。"为上一段相应内容之重复。

③ 按A本，此句及衔接的内容应译为："识（prajñā）是由彼中取出之一分，思想及所知（vijñātavyam）……"。

对唯心论层面。其云至上我即是生命元气（prāṇa）、识我（prajñātman），元气即是识我，识我即是元气。此说实际上表明这自我是一体二面：

首先，自我是元气，而元气即是生命（āyus），唯元气赋予众生生命故、众生唯因元气得不死故，故自我就是生命；唯元气是不死者，故说自我是不死者。此则奥义书云眼等诸元气（诸根）在其实际活动中是合为一体的，故当眼见，一切元气随之而见；当耳听，一切元气随之听。然而此诸元气中必有最殊胜者。奥义书在此又引入ChānV·1—2，KauṣII·14，BṚIVI·1等中元气争论谁为殊胜的思路，而且也同样根据减法原则，即诸根依次离去，最后发现唯元气离去才导致生命的断绝。此则奥义书抛弃了ChānV·1—2等幼稚的神话、寓言表述，直接诉诸生命的事实，谓人若失语言、眼、耳、意等根，尽管成为哑、盲、聋、痴之人，仍能存活，唯丧失元气则必致死亡。故元气或自我乃执持、存活此身。

其次，自我是绝对心识。此如III·6云唯因心识驭语言、嗅、眼、耳、舌、意等根，人方得名、香、色、声、味、想等境，故识才是究竟的主体、自我。商羯罗喜（Saṃkarānanda）释云："此段义为若无识则无相应之诸根，若无与相应诸境（viṣaya）对应之诸根，则无任何知觉。一物若无它物则不存在或不可知，则以此它物为本质。如离纱则不可知布，故布以纱为本质。或如银相之觉，依珠母之光而升起，故银相以珠母为本质。如是诸境离诸根则不可知，故以诸根为本质。诸根离识亦不可知，故以识为本质。"① 这种解释与III·3，5所阐明的由心识、元气生成诸根，复由诸根生诸境的理论是一致的。在这里心识被认为是一切物质和精神现象的根源，是存在和世界的绝对基础。同样，III·8亦说此识我是唯一、无别，譬如辐集于毂、毂集于轴，如是十大唯集于十觉唯、十觉唯集于元气、心识，于是心识成立为绝对。

总之，自我既是生命，又是意识、心灵。然而奥义书在这里似乎对识与元气之同一存有犹豫。III·3："至若元气，彼即识我！至若识我，信然，彼即元气（yo vai prāṇaḥ sā prajñā yā vā prajñā sa prāṇaḥ）。"而III·4："此二者（元气与识）同住于此身，且同离之（saha hy etāv asmin śarīre vasataḥ sahotkramataḥ）。"前者强调元气与识我之同一，后者似乎认为二者并非一事。我们把前者当作《考史多启奥义书》中固有的思想，把后者当作受奥义书更成熟识论影响的结果（参考本章第二节第二部分的相关讨论）。

自我被认为是世界的根源和归属。与KauṣIV·19—20的阿阇世学说一样，此则奥义书亦以自我的两种存在状态，即醒位和沉睡位的相互转变为存在发生的基础，其文本中有多处与后者基本相同，而其说在学理上亦有新的扩展。III·3中"当一

① 转引自 Paul Deussen, *Sechzig Upaniṣaden des Veda*, F.A.Brockhaus Leipzig, 1921.47, note1.

人沉睡无梦，彼乃融入此元气之中。于是语言与一切名入之，眼与一切相入之，耳与一切声入之，意与一切想入之。当其醒时，如从猛火中，火星四溅，诸元气从此自我各趣其处；由元气生诸根，由诸根生诸界。此即于元气中得一切云。至若元气，信然，彼即识我！至若识我，彼即元气。”与 KauṣIV · 20 中的一段文字基本相同（见本章第二节第二部分中的引文）。从 III · 3 余下部分以至于 III · 5，皆为 KauṣIV 所无者。III · 3 后部以及 III · 4 关于人死前失心，诸根、诸境入于元气且随之离去的描述，可能袭自奥义书其他文本（类似说法亦见于 BṛihIV · 4 · 1—2；ChānI · 11 · 5 等）。在这里，死前失心状态被与沉睡位等同。在这里，醒位和沉睡位分别指意识之感性、表象层面和本质、本体的层面。沉睡位作为意识之本质、本体，就是规定着感性的理智。

在这里，理智对意识内容的规定作用，被说为理智的创造。理智被认为是全部经验意识及其对象的创造者、根源。III · 3 说当人沉睡时，其语言、眼、耳、意四根与名、色、声、想四境，皆融入元气之中；而待其醒时，四根复生于自我，四境生于四根，如火星从猛火中向四周溅出。此说大致与 KauṣIV 相同。从 III · 3 余下部分以至于 III · 5，则为 KauṣIV 所无之新意。在这里，语言、眼、耳、意四根被扩展至十根（语言、呼吸、眼、耳、意、舌、手、身、足、生殖），相应地名、色、声、想四境亦被扩展为十境（名、香、色、声、想、味、业、苦乐、喜乐、行）。此说在理论上更成熟，也更接近于晚期奥义书和数论、吠檀多派标准说法。于是存在和世界的发生，被认为就是由元气、识我分生出十根，由十根各自分生其外在对象，是为十境，世界乃由此生成；反过来，元气、识我又被认为是存在和世界的归宿，当人沉睡或死亡，十境乃归入十根，十根归入元气、识我，世界由此入没。生与死、醒与眠，就意味着存在、世界的转化。

然而，波罗多陀之学，并未把识当作超验存在、实体。其云不受善恶业、老死影响，乃谓其为绝对，不因相对的东西而有所增损，与实体的超越性有别，后者必通过省思对经验表象、时间和因果性的自觉排除，才得到确切领会（对自我实体性的领会，在伽吉耶夜尼、毕钵罗陀、那支启多之学，才得到较明确的表达）。波罗多陀所谓自我对业、老死等的否定，唯旨在开示自我作为绝对者的独立、自为性，故与阿阇世强调理想自我为殊胜者（śraiṣṭhya）、独立自治者（svārājya）、自在者（ādhipatya），同其意趣。

## 二、识作为认识的主体

梵书和更早的奥义书将元气区分为四种：眼、耳、意、语言（Sat BrāX · 3 · 3 · 6—8；ChānIV · 3 · 1—4）。此则奥义书则将四根扩展为十。此十根即：语言、呼吸、眼、耳、意、舌、手、身、足、生殖。十根缘取十境，即名、香、色、声、想（观念）、味、业、苦乐、喜乐、行。其以为，认识最终的主体是识我，识以诸根为工具，得以了别十境；故现

实的主体乃是由识我与十根共同构成。KauṣIII · 6—8 云:

6 以识驭 (samāruhya) 语言故, 人依语言得一切名。以识驭呼吸故, 人依呼吸得一切香。以识驭眼故, 人依眼得一切相。以识驭耳故, 人依耳得一切声。以识驭舌故, 人依舌得一切味。以识驭手故, 人以手得一切业。以识驭身故, 人以身得一切苦、乐。以识驭生殖根故, 人以生殖根得一切喜乐、快慰、子嗣。以识驭足故, 人以足得一切行走。以识驭意故, 人得一切想①。7 因为, 信然, 若离识则语言不复知任何名。"我意已失," 人云:"我不复知彼名。" 因为, 信然, 若离识则呼吸不复知任何香。"我意已失," 人云:"我不复知彼香。" 因为, 信然, 若离识则眼不复知任何相。"我意已失," 人云:"我不复知彼相。" 因为, 信然, 若离识则耳不复知任何声。"我意已失," 人云:"我不复知彼声。" 因为, 信然, 若离识则舌不复知任何味。"我意已失," 人云:"我不复知彼味。" 因为, 信然, 若离识则手不复知任何业。"我 (me) 意已失," 人云 (āha):"我 (aham) 不复知 (prājñāsiṣam) 彼业。"② 因为, 信然, 若离识则身不复知任何苦、乐。"我意已失," 人云:"我不复知彼苦、乐。" 因为, 信然, 若离识则生殖根不复知任何喜乐、快感、繁殖。"我意已失," 人云:"我不复知彼喜乐、快感、繁殖。" 因为, 信然, 若离识则足不复知任何行走。"我意已失," 人云:"我不复知彼行走。" 因为, 信然, 若离识则不复有任何想 (dhī), 亦无任何境相可想。8 语言非所应知, 人应知彼言者。嗅非所应知, 人应知彼嗅者。相非所应知, 人应知彼视者。声非所应知, 人应知彼听者。味非所应知, 人应知彼尝者。业非所应知, 人应知彼作者。苦乐非所应知, 人应知彼了别苦乐者。喜乐、快感、繁殖非所应知, 人应知彼了别喜乐、快感、繁殖者。行走非所应知, 人应知彼行走者。意非所应知, 人应知彼思者 (mantṛ)。信然, 此十大唯 (bhūta-mātrā) 依止于觉 (adhi-prajña)。此十觉唯 (prajñā-mātrā) 依止于大 (adhi-bhūta)。因如实若无大唯则无觉。因如实若无觉, 则无大唯。因为如实于其中任一单独者, 皆无色相 (rūpa) 生起。然而此 (识我) 无差别 (nānā)③。如于一车, 辐集于毂, 毂集于轴, 如是十大唯集于十觉唯, 十觉唯集于元气。如实此元气即是识我; (彼为) 喜乐、不老、不死。彼不因善业而增 (bhūyas), 不因

① 按 A 本, 此句应译为:"以识驭想 (dhī) 故, 人得一切所知及所欲。"

② 此据 A 本, 其中 "我的 (me)"、"人云 (āha)"、"我 (aham)"、"知 (prājñāsiṣam)" 皆用单数, 于下文涉及 "双足" 处亦同, 而 B 本则皆用双数。考虑若设定此处发言者为此人而非双手、双足会更合理一些, 故取 A 本。

③ nānā: 差异、区别、多、杂多。

恶业而损（kanīyas）。信然，如实此神于彼欲引其上升者，乃导其为善。信然，如实此神亦于彼欲引其堕落者，乃导其为恶。彼为护世者（loka-pāla）。彼为世界主（lokādhipati）。彼为一切之主宰（sarveśa）①。“彼即是我”——此即人应知者。“彼即是我”——此即人应知者。

知识形成的前提，必有待于根、境、识三者的结合。III · 8 所谓“此十大唯依止于觉。此十觉唯依止于大。……因为如实于其中任一单独者，皆无色相生起。”表明在认识产生的过程中，根和境是互相支持的。认识必以二者相互作用为条件才能形成。此外，人要获得对于对象的知识，还必须有意识的参与。只有当意识驾驭语言、眼、耳、意等根，人才能了知（获得）名、色、声、想（观念）等境。若无意识参与，则语言、眼、耳、意等根即使触境，亦不能形成真正的知识。故感觉与意识的结合亦是认识形成的必要条件。

根据商羯罗喜（Saṃkarānanda）的阐释，III · 6 还包含了更深的一层意思。这就是强调识是在所有这些感性的、多样性的认识活动中保持同一的主体，即本质意识②。如果我们把此则奥义书中的意（manas）解释为表象意识或感性意识（这也是符合吠檀多派理论的解释），那么识（prājñā）就是规定着感性意识的本质，我们可以把它称作理智。III · 6 还表明理智才是知识的最根本条件。唯因与理智结合、被理智规定，感性意识方能形成认识。

既然心识是包含世界的绝对、全体，那么心识的本质就是存在、世界的本质或本体。因而人若领会本质意识、理智，就领会了存在的本质、根源。III · 8 说语言、嗅、色、声、想、味、业、苦乐、喜乐、行皆非人所应知之究竟存在，究竟存在乃是语言之言者、嗅之嗅者、色之视者、声之听者、想之想者、味之尝者……，即唯一之主体；此主体当然不是指诸根、感觉，而是指本质意识。杜伊森释此云：“简而言之，人不应追逐对多元相、差别相的经验知识，而应追求对绝对唯一、无分别者的形上学知识。”③ 人若领悟这意识本质、理智，就证悟了存在、世界之本质，故曰此理智为应知者。

## 三、对识我的敬思

印度的智慧，本质上是实践的。理论的兴趣完全为宗教的实践服务。此则奥义

① 此据 A 本，B 本为“世界之主宰（lokeśa）”，意思相同。

② Paul Deussen, *Sechzig Upaniṣaden des Veda*, F.A.Brockhaus Leipzig, 1921.47, note1.

③ Paul Deussen, *Sechzig Upaniṣaden des Veda*, F.A.Brockhaus Leipzig, 1921.47, note6.

书对自我的阐释，实际上是在阐明一种宗教观想。其开头所谓“应知我，我自身”，标明其宗旨是要反思并证得自我真理。其云人若证此则无论其犯何罪恶，若盗、若杀胎、若弑母、若弑父等，其自我皆毫发无损，且于天界得不死、不灭。盖至上我是大全、绝对，个人小我乃是于此大我假立之法。善恶业行唯属小我，不属至上我，因善恶唯属相对之物，而至上我为绝对故超越善恶。同理，一切差异、杂多、变异、生死皆属于小我及其他相对之物，不属大我、绝对，大我乃为唯一、无异、不变、不死者。根据奥义书的信念，人若证得至上我，则其自身便成为此至上我。故此则奥义书云，人因证得自我，乃不受善恶业影响，且得不死、不灭。

至于具体的敬思工夫，此则奥义书所说并不系统；我们根据本文分析，可以阐明它包括以下要目：(1) 敬思自我为元气、生命 (āyus)。观想自我就是元气，元气为诸根的主宰和基础，赋予众生生命，它就是生命本身。人若行此种敬思达于圆满，即可得不死、不灭。(2) 观想元气与识的同一：“元气就是识我，识我就是元气”。(3) 敬思心识为绝对，为存在之本质、根源。观想所有感官对象依止于感觉的机能，而感觉机能依止于心识，心识生诸感觉机能，诸感觉机能生外在对象。(4) 观想心识超越语言、呼吸、眼、耳、意、舌、手、身、足、生殖十根，以及名、香、色、声、想、味、业、苦乐、喜乐、行十境，为究竟的主体，是贯穿于杂多的认识和实践中的绝对唯一者。(5) 敬思元气、识为绝对的“一”。如辐集于毂，毂集于轴，如是十境唯集于十根，十根唯集于元气、识。故元气、识超越一切有限性、相对性，因而超越善恶、烦恼、变异、增损，为喜乐、不老、不死。

值得注意的是，KauṣIII · 8 结尾处，乃敬思此至上我为神，并且在奥义书中首次提出了一种恩宠论神学。此神被称为护世者 (loka-pāla)、世界主 (lokādhipati)、一切之主宰 (sarveśa)。当此神欲使某人上升时，乃于背后引导其为善；当其欲使某人堕落时，乃引导其为恶。而善恶业是得救的条件。因而神的意志最终决定人的救赎与沉沦。这种恩宠论在晚期奥义书中乃进入思想之主流，且最终为巴克提神学所发扬，遂成为毗湿奴教之圭臬。如《羯闼》、《蒙查羯》、《白骡》等诸书皆说神、至上我不从训诫而得，不从理智而得，不从多闻而得，唯神所挑选者，神乃向他显示自身 (KāṭhII · 23；MuṇḍIII · 2 · 3；ŚvetVI · 21)。然而晚期奥义书认为唯有远离邪恶、清静无为、自持不怠者，乃蒙神之选，而以般若智得证神性 (KāṭhII · 24；MuṇḍIII · 2 · 4)。所以恩宠也不能脱离正智、正行，因而纠正了 KauṣIII · 8 的恩宠论彻底否定人的自由之偏颇。然而后来巴克提的“献身”之教 (prapatti)，复再次否定人的自由之价值，使得救的前景完全寄托于对神恩的消极等候。

由于人类的精神省思必须以直接意识为前提，因而对于它来说，那些外在的、表象性的东西总是更容易上手。即使真正的精神反思，也是首先抓住心灵的表象、感性的层面。奥义书最初的精神反思就是如此，它将感性意识（意）当作绝对，为存在、自我的本质和根源（此如桑底厘耶之学）。这种感性的反思也反映了现实精神自由的局限，表明在这里精神内在的自舍势用被（惰性的自任势用）抵制，未能展开对表象的否定；其自反势用也被（惰性的自放势用）抵制，未能进一步展开为对意识本质的确认、守护，推动反思克服精神幼稚的外在化、表象化。然而自由作为绝对，终必推动反思进一步内在化，使反思否定感性意识的偶然性和表象性，寻找意识中更稳定、更内在的基础，即本质意识、理智。《唱赞奥义书》中被归属于沙那库摩罗的学说，以及《考史多启奥义书》中被归属于阿阇世和波罗多陀的学说，就反映了这一精神进展，其中波罗多陀之学可以视为这种精神发展的最后一个环节。

波罗多陀学说的主要内容有：(1) 将梵书和早期奥义书的元气论思考引入心识论的层面，阐明元气与识的同一："至若元气，彼即识我！至若识我，彼即元气。"然而这种等同难免使得在桑底厘耶、沙那库摩罗学说中很明晰的心识与人的自然生命的区分又被模糊化。(2) 元气、识就是存在之绝对大全、基础和本质。它既是一切物质和精神现象的根源，也是其归宿。当存在和世界发生时，乃由元气、识生语言、呼吸、眼、耳、意、舌、手、身、足、生殖十根，由十根生名、香、色、声、想、味、业、苦乐、喜乐、行十境；当存在和世界入没时，十境没入十根，十根没入元气、心识。(3) 识超越感觉（十根）、超越感性意识（意），而为感觉、感性意识的基础、本质。(4) 元气、识作为全体就是绝对、"一"，超越一切有限性、相对性，因而超越善恶、烦恼、变异、增损，为喜乐、恒常、不老、不死。(5) 识是究竟的主体，而现实的认识、实践主体乃是由识与十根共同构成。具体经验认识的形成，必待根、境、识三者结合。(6) 识、究竟主体才是应当被领悟的，知此至上我乃超越善恶业，得喜乐、不老、不死。(7) 对心识、至上我的神化。至上我被敬为神，为护世者、世界主、一切之主宰。神的意志决定人为善为恶，故最终决定人的救赎与沉沦。

自我既是生命，又是意识、心灵。如果不考虑元气作为生命概念的自然色彩，那么此则奥义书这一立论实有千古不易之价值。其云人"以元气得不死；以识得真知(saṃkalpa)"，即是说人依自我的元气方面得生命、不死，依其识的方面获得对真理的认识，而唯有将生命与识合为一体，自我方得完善。由此可见，波罗多陀之学尽管由于元气与识的区分模糊导致识的意义难免含糊，却挽救了意识、心灵的生命性，避免了较晚期的奥义书（如《羯陀》、《六问》、《蛙氏》等）由于对元气与识的严格分剖导致的后来印度思想特有的意识与生命之彻底分离（以数论学为最典型），即一方面是寂然不动的无生命的纯粹意识（自性清净心），另一方面是仅属于盲目之自然的恒处运动的无意识生命。

相对于阿阇世、沙那库摩罗等的学说，波罗多陀之说的主要进步在于：(1) 它完全摒弃了阿阇世的大梵十六分说（梵是日中人、月中人、闪电中人、雷中人、风中人、虚空中人、火中人、水中人、镜中人、影中人、回响中人、声音中人、睡梦中人、此身中人、右眼中人、左眼中人）与沙那库摩罗的圆满说（梵是名、语言、末那、念、想、静虑、智、力、食物、水、火、空、忆、希望、元气等）的神话和宇宙拟人论的粗俗形器之见，使思想完全集中到心识的自身存在，因而使反思得到纯化。在它之前的奥义书中频繁出现的那种怪僻肤浅的宇宙论狂想，在其后的奥义书中便极少出现了。(2) 它在理论思维的水平上有显著提高，其思维的内在逻辑更一致。上述事实也表明阿阇世和沙那库摩罗之说都是由思想上存在很大断裂的两部分构成。而在波罗多陀学说中，所有内容都围绕其自我反思组成了一个逻辑整体，体现了理性思维能力的极大提高。(3) 它对于现实认识主体的内容进行了更深入的分析。它不仅明确区分了识与诸根（感觉），而且首次将诸根区分为语言、呼吸、眼、耳、意、舌、手、身、足、生殖十者，以十根对名、香、色、声、想、味、业、苦乐、喜乐、行十境。后来的奥义书、吠檀多学尽管可能对此十者的名目略有调整，但其整体框架一直被沿用。(4) 它首次提出自我、识超越善恶、烦恼、变异、多元、增损，为喜乐、恒常、不老、不死。尽管一般来说，自我这些特性可能由它作为"唯一"、绝对全体的存在得到理解，但在更晚的奥义书中，它们一般用来描述自我的超验性或实体性，所以波罗多陀的这些说法，可以视作从桑底厘耶、阿阇世等的经验的绝对反思过渡到代表奥义书更成熟思想的超验反思（《六问奥义书》、《羯陀奥义书》等）和先验反思（耶若婆佉学、步厉古学、蛙氏学等）的桥梁；而且不能排除波罗多陀这些说法可能本身就包含了某种模糊的实体领会。

波罗多陀学说的这种思想发展，也反映了精神自由的进展。首先，思想的内在整体性的加强，在观念层面表现了精神对其观念内容的组织化。这种精神运动在现象学上表明精神内在的自凝势用战胜了其内在惰性力量（自肆）的混沌化而获得历史的展开，从而推动了省思的理性建构。其次，其说在观念层面表现了理智反思一方面否定外在的宇宙和感性的意识，另一方面确认某种更内在的、作为意识本质的东西为绝对真理双向运动。这种精神运动在现象学上验证了精神内在的自舍、自反势用在反思中的积极活动。正是这自舍势用（克服自任势用的惰性和呆滞）的历史展开推动省思否定对外在自然和感性表象的执着；正是自反势用的历史展开推动反思的内在化，使之领会那超感性原理就是意识本质、理智。然而这自主势用的历史展开唯有在本体自由促动下才有可能（参考本编引论）。因此，这种反思的进展最终是自由推动的，是自由的自我展开的方式、途径。

然而，奥义书的精神反思在这里也表现出了明显的局限性。这主要在于，那被作为存在之绝对基础、根源的本质意识，仍然是经验的，它只是经验的理智。意识对于经验的否定，即它的实体性，在这里尚未得到明确的领会。一种真正的精神超越没有真正形成。在这种情况下，精神就还不能真正确立自身的尊严。这种思想局限也反映了现实精神自由的局限。在这里，精神的否定思维仍属于自然领域，没有提升到超越层面。这在现象学上表明精神内在的自身否定（自舍）势用还没有实现为真正的自由。这种精神局限亦唯有通过自由的进一步展开才能被克服。

## 小　结

### 一

诗人拜伦写道：

难道群山、波涛和诸天
不是我的一部分，不是我
心灵的一部分，
正如我是它们的一部分吗？

唯有当精神意识到它的内在性是一切存在的本质、真理，使精神自身成为生命的究竟目的，它才因而具有了绝对的（因而才是真正的）价值。当精神具有了真正的价值，就意味着精神或精神的东西不再是为满足非精神东西而存在，而是只以精神自身为目的，反之一切非精神的、自然的东西只是实现精神目的的手段。只有精神反思才能确定精神的价值。而且只有反思才能使实践成为精神自觉的自由、内在的（针对而且出于其内在性的）规定，即成为道德。自我反思的精神就是道德精神。

在西方思想中，来自新柏拉图主义的自我反思，不仅使犹太—基督教成为内在精神的宗教，而且使它成为真正的道德（其超越的生活被道德化）。柏拉图的理念论反映了一种纯粹反思，但这反思是客观，因为省思尽管领会到思想（理念）的自在自为的存在，但并没有将这思想与自我等同起来，于是思想呈现为自我的他者、外在物。新柏拉图主义者普罗提诺则通过太一、理智（思想）、灵魂的分阶段流射图式，确立太一作为精神的绝对本质，为存在的真理，故认为追求真知的人，应当将心灵目光从物质转向灵魂，从灵魂转向理智，从理智转向神，在一种心醉神迷的境界中与神合一。这也开示了一种反思型的修证之道。正是在新柏拉图主义影响之下，早期基督教神学将灵修过程落实为一种自我反思的实践。奥古斯丁就认为我们走向上帝之路不是通过追逐外在的自然，相反，灵魂必须深入自身内部（intus），在自己心灵中探寻，使我的意识、思想、体验成为关注的对象，在灵魂深处找到上帝。用查尔斯・泰勒的话说，就是"面向自己采取激进反省态度，持第一人称立场"。[①]《忏悔录》提出的从肉体到灵魂，从灵魂到经验理性，从经验理性到理智，从理智到上帝自身（太一）的反思实践[②]，就是以普罗提诺由太一到物质的分阶段流射图式为基础的。鲍拉文图拉也要求我们进入自己的灵魂中，"每一次当我们真正深入自身，我们就能直接发现神"。[③] 因为灵魂是精神的，最接近上帝的真理；他还认为灵魂的上升包括三种境界：初等境界是发现上帝在感觉世界的遗迹和影子；第二个境界是在我们自身的灵魂之中找寻神的形相；最高的境界是超越所有创造物而直接进入上帝本质的神秘光芒中[④]。Ullathorne 主教说："应完全明白，除非我们进入我们自身，否则就不可能回归上帝。……上帝唯于一点与我们联结，这一点就是我们自己灵魂的中心。他在此等待我们，会见我们，对我们说话。因而为了寻求他我们必须进入我们自身内部。"[⑤] 总之，反思使基督教的超越精神道德化，正是由此之故，基督教才得以成为西方道德的基石。同奥义书精神的逻辑一样，在欧洲思想中，这种自我反思也是在自由的推动之下展开的。

奥义书的精神也经历了自我反思的不断深化。但是在欧洲思想中，自我反思是在柏拉图主义的超验（尽管是客观、外在的）反思基础上展开的，是将后者的超验的客观、外在理智确认为自我的内在本质，于是自我内在的理智以超验存在者的面目呈现出来。精神在这里不仅意识到它的真实价值，而且意识到了它的内在尊严。然而奥义书的最早的自我反思则是从经验心理的反省（元气论）中发展出来，而且在从桑底厘耶到波罗多陀的发展中始终停留在经验层面。

奥义书的这种精神反思，在观念层面表现了精神一方面否定全部外在自然的自身存在，另一方面又确立内在的心灵为绝对真理的运动。这种双向运动在现象学上清楚地呈现了精神的自舍和自反势用在觉性内在存在领域的积极活动。而这二者的

---

① 查尔斯・泰勒：《自我的根源：现代认同的形成》，译林出版社 2001 年版，第 194 页。

② Warner Rex, *The Confessions of St Augustine, VII・23*. New York: Penguin Books. 参考《忏悔录》，第 131 页。

③ Etienne Gilson, *Histroy of Christian Philosophy in the Middle Ages*, Sheed and Ward, London, 1980.334

④ Etienne Gilson, *Histroy of Christian Philosophy in the Middle Ages*, Sheed and Ward, London, 1980.333.

⑤ William Bernard Ullathorne, *Groundwork of Christian Virtues*. Kessinger Publishing, 2008.74.

历史展开，离不开本体自由的促动（参考本章引言）。正是在这二者推动下，反思将原先在梵书和更早的奥义书的元气论中被作为一种自然心理机能的心识，解除了自然的遮蔽和限制，使之成为存在之大全、根源、绝对。于是，精神的内在现实，即意识、思想首次成为自在自为的存在。精神的意识、思想作为存在之绝对真理，便彻底排开外在自然的缠绕，而具有了自身的绝对价值。精神的实践于是便成为只以自身为目的，而且是自觉、自由的自我规定，即成为真正的道德。因此反思就是自由的反省。只有到这里，印度的精神才首次摆脱外在强权的奴役，享有了真正的自由。总之，奥义书的精神反思就是在自由推动下形成和发展的。

在 ChānIII · 14 中被归属桑底厘耶（Śāṇḍilya）的思想里，反思还停留在感性层面。桑底厘耶学说最主要的内容是：意（manas）就是大梵。它既是万有于其中出生、生存、归没的绝对者，是包容万有又超越万有的大全，又是每个人的内自我。然而在这里，意只是全部主观和客观的杂多感觉表象聚合而成的、变幻无常且偶然无序的总体，而作为这些表象基础的、具有自身同一性的意识本质，仍未对反思显现出来。这使得精神的自由沦落为一种偶然的任性。桑底厘耶的思想的局限性，反映了现实的精神自由的局限性。反思缚着于意识之最直接、当前的存在，即感觉的总体或感性意识。这在观念层面表明精神内在的自舍、自反势用的本真无限性被（精神内在的惰性即自任、自放等势用）阻挡、遮蔽，因而不能推动反思扬弃感性意识，确认意识的理智本质。这种误区，只有当精神内在的自舍、自反势用展开为对意识本质即理智、思想的自主设定，才能被克服。这在实践上表现为具有客观必然性的道德的确立。

在 KauṣIV 和 BṛihII · 1 中被归属于阿阇世（Ajātaśatru）的学说，体现了奥义书的精神反思的进一步发展。其说代表了奥义书最早的理智反思，而杂芜含混之处颇多。其说之主要进步在于，将心识，作为绝对的存在，分为醒位和沉睡位两个存在层面或醒位、梦位、熟眠位三个层面，其中醒位、梦位分别指具有外感觉或仅有内感觉的意识，二者皆属感性意识，而熟眠位则是心识的内、外感觉都泯灭的领域，相当于超越内、外感觉的意识本质或理智，它是醒、梦二位的本质、根源。因而反思否定了感性意识，达到对意识的理智本质的领会。由于心识与存在的同一，故心识在醒位、梦位、熟眠位之间的转化就是存在、世界的转化。在这里，反思将自己提升到理智反思层面。理智反思否定意识的外在表象，实现对意识的内在本质即理智的守护和领会，确认理智的绝对真理性，精神于是首次实现对其自身内在本质，即理智、思维的自主设定或自由。阿阇世的思想，在观念层面表现了理智反思一方面否定感性意识的自为存在，另一方面确认超感性的理智为存在、意识的绝对真理的双向辩证运动。

这既是精神否定其直接现存存在、否定其自身此在的运动，也是精神穿透外在表象的覆盖、寻求更本质的自我的内向化运动。这就在现象学上使精神内在的自身否定与自身维持势用的积极活动成为明证的。奥义书识论从感性意识到理智的转移，在观念层面表明精神内在自舍、自反势用在这里突破了原先的感性反思传统的规定而恢复了本真的无限性，从而战胜惰性自任势用的执着和自放势用的外在化，展开为针对理智、思维的自主设定。而只有本体自由作为唯一超现实的觉性原理才能够促使这精神自主势用恢复其无限性（参考本编引论）。因此，理智反思的形成最终是自由所推动的，它就是自由展开自身的方式、途径。然而阿阇世学说仍然有明显的局限性。这不仅在于它所把握的意识本质仍然属于自然、经验意识范畴，只是知性的本质，因而它的反思仍然是一种经验反思，而且在于它的理论的极端混杂，以及本质反思的空洞和抽象。在这里，绝对的理智反思被混杂于来自梵书的粗俗宇宙论想象之中，省思在理论层面没有展开对梵书宇宙论的完全外在化立场的否定，这在观念层面表明精神内在的自舍势用在这里受到了（精神内在惰性力量的）牵制；另外其思想的逻辑统一性之欠缺，也在观念层面体现了理性自我建构作用的缺失，表明精神自凝势用的展开受到（惰性势用的）抑制。此外在阿阇世的学说中，本质意识或理智的具体实质还没有得到领会，这理智仍然是抽象、空洞的。这表明反思并没有进入理智的内部。这在观念层面表明精神内在的自反势用被（精神内在的惰性即自放势用）挡在理智的门口，未能进入理智之中。然而自由必然推动奥义书的反思进一步克服其局限性。本体自由作为绝对，要求实现为对理智内容的充分享用。为此它必须促使精神内在的自反势用展开为针对理智内容的自主设定或守护，从而推动反思的意识固着、深入这宝藏，将其内容一一呈现出来，使理智成为丰富、具体的。

在 ChānVII 中被归属于沙那库摩罗（Sanatkumāra）的学说，就验证了理智反思的上述发展。它对意识本质、理智的实质内容进行了分析，将其区分为念、想、静虑、智四个层面，使本质意识得到具体的规定。它开示应依次观想名、语言、末那、念、想、静虑、智为梵。其中语言、末那、念、想、静虑、智是意识实在的不同层面。这里语言、末那属于意识之感觉层面，而念、想、静虑、智皆超越感觉，为意识之理智层面。我们通过思考自我、梵就是念、想、静虑、智，就使理智的不同内容呈现出来了。其中念指意志、决定，想指思维，静虑指思维之持续、深层的层面。智指心识中之最本质的层面，为静虑、思想、意志、感觉的根源、基础，然而其意义并不十分明确。此学说要求从精神之最外在的层面即名相开始，去外入内、舍滥留纯，以达到对于理智实质的充分领悟。奥义书的本质反思的这种具体化、充实化，在观念层面表现了精神对理智内在实质的绝对真理性的捍卫、守护。这表明精神内在的自反势用已经展开为对理智内在实质的维持（使这实质成为精神省思守护的真理）。然而同阿阇世学说一样，沙那库摩罗之说亦颇杂沓紊乱；其十六分敬思试图将上述本质反思和梵书的宇宙论在同一层面糅合在一起，使这种反思的价值大受减损，因而与阿阇世说反映了同样的精神局限。但同样自由亦必推动奥义书的精神反思彻底清除由因循传统导致的外在性和紊乱，建立基于反思的逻辑统一。

到了 KauṣIII 的波罗多陀（Pratardana Daivodāsi）思想，奥义书的本质反思就完全抛弃了阿阇世、沙那库摩罗学说所因循的粗俗的宇宙论想象，克服了理论的外在性和紊乱，达到了高度纯粹性和内在统一。波罗多陀学说的主要进步在于，一方面，它完全否定阿阇世大梵十六分说和沙那库摩罗圆满说的粗俗宇宙论，结束了心识与宇宙现象及自我诸身心机能的混杂，将心识确定为规定一切物质、精神现象的究竟主体、本质；另一方面，它认为现实认识主体是由人的十种感性机能（即眼、耳等十根）与在背后规定它们的识复合而成，这相比于阿阇世等的说法反映了一种更合理的观察。其以为当存在发生时，乃由识生十根，由十根生各自对应的十境；当世界入没时，十境没入十根，十根没入心识；故心识是万有之绝对根源与归宿。识作为绝对超越一切有限性、相对性、差异性，因而超越善恶、烦恼、变异、增损，为喜乐、恒常、不老、不死。其说最后还首次提出了一种恩宠论神学，以为至上我就是神，人的解脱完全仰赖神的意志。这也是奥义书思想首次有解脱之志。然而波罗多陀学说中的本质反思，尚未根本克服奥义书道德精神的根本局限。尽管其说对至上我超越善恶、烦恼、变异、增损，为喜乐、恒常、不老、不死之开示，与晚期奥义书对意识实体超越性的领会颇为一致，可以构成朝超越反思过渡的桥梁，但它只是对自我作为绝对全体的存在从量的、知性思维的层面进行了描述，而晚期奥义书的同类表述则包括了对自我作为意识实体的存在从质的、理智思维的层面进行的把握，后者包括对自然、经验的根本否定，因而构成超验反思。

总之，在道德精神阶段，识论的发展表现了奥义书的绝对反思的形成和持续自我深化与提升的进程。在这里，观念的发展史表现了反思先是否定外在自然，确立感性意识为绝对真理；接着是否定感性意识，确立意识本质即理智为绝对真理。精神这种持续的自主否定和自身内在化的双向运动，在现象学上使精神内在的自舍与自反势用的历史展开成为明证的。这自主势用的历史展开，意味着它们冲破了传统的规定而恢复了本真的无限性。然而在现实精神中，自主势用都已经被传统规定，被精神的惰性（自在势用）牵制，早已丧失其本真存在，丧失了超越传统的力量。在这种情况下，这自主势用的历史展开只能是因为它们被那唯一超越任何传统和历史的原理，即本体自由所促动。唯有本体自由的呼唤和倾注，才能促使现实精神超越其传统，促使精神内在的自主势用冲破传统的限制，战胜自在势用的抵消，展开其本真的无限性，从而推动省思不断除旧布新。因此，奥义书精神反思的发展最终是由自由推动，是自由实现自身的途径。总之，在观念层面表现的奥义书精神反思的形成和发展过程，为自由推动精神发展的机制提供了生命现象学的例证。

然而奥义书的识论也反映了其道德精神阶段的局限。它仍然把绝对心灵理解为一个经验原理。桑底厘耶的意，作为感性意识，就完全是经验性的。即使如阿阇世、沙那库摩罗和波罗多陀学说中的意识本质，也只是经验意识的一个层面，故这本质只是知性的、自然的本质。无论是感性反思还是理智反思，都仍然属于一种经验反思。心灵的超越性完全没有被领会到。在这种情况下精神就不能真正确立自身的尊严。这种省思的局限性也表明了现实精神自由的局限性。精神这种对自然的执着，在观念层面表明其内在的自舍势用尚未展开为对自然的否定和对超自然真理的维持，没有实现为真正的精神超越，没有实现为真实的精神自由。这种精神局限，也唯有通过自由的进一步展开才能被克服。

## 二

中国精神与印欧精神的一个根本差别，就在于它没有任何真正的反思。在这里，精神从来没有领会到其内在性的自在自为的存在，因而从未获得自身的价值和尊严，而总是作为外在强力的依附者出现。就好像一个出身高贵的少女，从其闺房中被强横的自然掳去，惨遭蹂躏，结果她竟然把这种结合当作自己命定的婚姻，甚至从中发现了神圣和快感，以至甘为忠顺的媵妾和放荡的娼妓，此外已别无所求。

传统的中国思想尽管有对意识内容，比如情感、思维等的反省，但是并没有对于意识自身的思考，即反思。这表现在，在中国思想中，意识没有获得独立自为的存在，也没有被理解为自我的本质。中国人的反省所认识到的全部意识内容，都是从属于自然的，而且从属于一个本质上仍作为自然存在的自我。中国传统思想对人性、心性的反省，最多只达到心理学的层面，而没有达到形而上学层面。反省似乎意识到这人性、心性依附于某种人格实在，但这实在仍然被置于空洞、模糊性中，并没有被规定为意识、思想，它实质上仍然是外在自然的产物，从属于自然。所以在这里，意识完全被自然规定，没有获得自身的绝对性和实体性，没有其独立自为的存在。在这一传统中，"心"始终只是自然派生出来的（直到宋儒仍以为"心"是"气化流行"的产物）。它无论作为墨家的认识论主体还是儒家的道德主体，都只是心理上的主体，本质上仍依附自然，既不是独立的实体，也不是绝对意识。另外道家标榜的是"无我"、"无心"，甚至企图在一种"忘知废照"、"蠢然若愚"的精神黑暗中，消解儒、墨两家思想中尚且存在的微弱自我反省。作为实体或绝对的心的观念，在中国哲学中从未产生，心只被当作个体经验的认识和实践功能。总之在这个传统中，精神还完全没有意识到其内在实在之自在自为的存在。它还没有任何真正的反思，也完全不可能意识到精神的内在价值和尊严，任何真正的精神自由在这里都无从谈起。它完全沉迷于外在的偶像崇拜，内在的心灵屈服于物质，成为实现自然目的的手段。精神包括知识、道德在内的全部内在生活，包括意识、思想、观念在内的全部内在实在，都是为了服务于个人和国家的利益，乃至服务于宇宙运动的目的（天道），而没有获得它真正的自身价值，即属于它自己的、独立的价值。

为了更清楚地说明这一点，或许可以以儒学为例。在儒家思想中，知识与道德都依附于自然的强权，没有获得丝毫的内在独立性。这里先讨论一下关于知识的问题。在《论语》中，“知”就是知礼、知仁、知德、知天、知人等，它的对象全都是些经验、个别的事物，且都是服务于修齐治平的目的。在这里，精神从来只关注个别性、具体性、表象性的东西。在全部儒家经典中也难以找到知识对普遍的、本质的东西的追求，儒者更不会像印欧传统的哲人那样，把发现、守护真理当作人生之宗旨，或生命提升之钤键。最醒目地表明儒家对真理的蔑视者，无过于其道统论。儒者之排佛斥老，从未曾试图诉诸孔学之真理性，而更多地是诉诸君王的意志。道统论完全无涉于真理，它关心的似乎只是思想的“贞操”，而且为了这“贞操”往往必须牺牲真理。这方面突出的例子，是晦庵这样的理学家们，因为惧怕佛教的“诱惑”力，而极力回避对其作更深入的了解，以确保其心灵的“贞洁”不被玷污。总之，在儒家这里，单纯以真理自身为目的的、自由的知识追求是完全不存在的。知识的追求始终背着外在功利的沉重枷锁，怎能发挥其自由的创造力？如此一来，号称有数千年积累的中国思想，竟如此惊人的贫乏，又有何奇怪呢？

其次所谓儒家道德也没有获得内在独立性，它完全是外在的，只是对自然法则的遵守和对外在意志的服从，因而它只是一种自然伦理，而非真正的道德。真正的道德是精神通过其纯粹理性实现的自觉、自由的自我规定，其目的是为了守护意识、思想的自由，这必然以精神反思为前提。儒家没有精神反思，不能否定自然的权威，意识到精神内在的意识、思想的自为存在和绝对价值，而是以对自然的顺从为美德，这决定其伦理实践的基本取向。其所谓“礼必本于天”（《礼记·礼运》），就是明确把外在宇宙的秩序作为伦理准则的根据，伦理行为就是对自然的遵从。即便是主张“仁、义、礼、智根于心”（《孟子·尽心上》），但由于这里“心”只是自然的，故它的准则最终也是自然赋予它的，而非来自这主体的自我抉择，因而主体在这里只是被规定的。于是它的主观意志的自决只是坚持其自然的“被规定性”，从根子上说就是不自由的了①。这后面一点每通过儒家对所谓良知良能的诸多说法得到了验证。如孟子的所谓“人性之善也，犹水之就下也”（《告子上》），就以为人的善行完全是出于本性的不可克制的自然行为。《中庸》所谓“不勉而中，不思而得，从容中道”（《中庸》二十章）也认为圣人的道德乃是出于他的自然本性，其行为不用思虑、不必勉强、自然而然地就合于天道。在这里，实践者的自由意志实际上被取消了。自然则是绝对权威。总之儒家的伦理，取消了人的主观自由，它强调的是对作为自然之总体的“天”的服从。而帝王则是天的具体化，并且最终代替了天的全部权威。与此同时，天逐渐失去人格力量，变成空洞的抽象物。正如黑格尔所指出的，“中国人的天是完全空洞的东西”，“并不是天在支配自然，是帝王在统治一切。”②于是儒家的自然崇拜就归宿于政治强权的崇拜。宇宙秩序对于实践的支配，实际上让位于专制制度下对帝王叩头的秩序。总之，由于精神反思的阙如，原始儒家的实践缺乏内在精神的独立，其目的不是内在精神的自由，而是成全宇宙的目的（实即帝王的目的），故它还不是真正“道德的”（moralisch），而只是“伦理的”（sittlich）（与茶跋拉至爱多列亚的元气论一致）③，其社会理想是维持对强权的跪拜秩序，以冥契宇宙之天理。

总之，在儒家思想中，我们看到是精神被自然权力强暴之后，便从此甘为贱妾，乃至以之自贵，最后竟夸耀起自己对强权的贞洁来。正是由于精神对自身价值的蔑视，导致整个中国历史就是一场无限延续的权力狂欢。除非这个民族通过真正的精神反思荡尽物质自然的魔咒，否则在这里将永远只有政治暴力的独舞，永远只有权奸的盛宴。精神必须鼓起勇气，打破与自然的非法结合，进入与内在心灵的神圣婚姻，才能获得其高贵性，并恢复其健康的生命。这就是精神反思之路。这条道路，对于经历了两千年囚笼生涯的民族精神，无疑是极艰难的。

在印度和西方思想中，正是反思赋予精神以内在价值和尊严。然而这种反思起初并不是很完善的，它只能从经验开始。诚如杜伊森在评价奥义书识论时所指出，在奥义书和西方哲学中经常见到的，以内在心识为存在之本质的思想，就其试图在吾人内在自我中寻求解决宇宙之谜的锁钥论，乃为真实；但若其仅止于对我们呈现意识活动之现象层面而非由此深入作为这现象基础的我们自身存在之根，则为虚

① 邓晓芒：《灵之舞》，东方出版社 1995 年版，第 152 页。

② Hegel, G.W, *Lectures on the Philosophy of Religion*, University of California Press, 1984.337.

③ 黑格尔曾说儒家只是遵守礼法的规范，而没有从中“认出他们自己的意志”，所以它只有“实体的”或“客观的”自由，而没有一种“主观的自由”（黑格尔：《历史哲学》，上海书店 1999 年版，第 118、119、111 页），故儒家实践只是伦理的，不具有“真正的道德”（Hegel, *Vorlesungen uber die Philosophie der Religion Teil2*, Felix Meiner, Hamburg, 1994.457）。

假①。西方哲学到近代才建立主观反思，然而从贝克莱、洛克到休谟，这反思皆始终停留在经验层面，它所把握的是经验的、心理学意义上的感觉、知性、理智。在奥义书思想中，反思最初也属于经验层面。它即使作为本质反思，也仍然把意识本质理解为经验意识的一个层面，故这本质只是知性的、自然的本质。觉性的真正内在本质是它的先验现实性，后者是对全部生存论存在，包括物质的宇宙与人的经验意识的否定，因而是超越的。觉性的先验现实是存在之内在基础和生命本身，而其生存论存在只是由前者结出的现存果实，是处于黑暗中的巨大潜流显现的表层。经验的绝对反思仍然只看到这个表层，甚至这表层的局部。因而精神在这里仍然无意识地被其先验实在决定，对它没有真正的自由。只有当精神打破这生存论表层，一睹内在生命的洪流，它才有望主宰、驾驭这洪流，实现对后者的自由。精神于是从道德阶段过渡到宗教与哲理阶段。本体自由的绝对化冲动，必然推动现实精神实现这一过渡。自由促使反思包含的自身否定和自身维持势用恢复其本真性，推动反思否定全部经验、自然的存在，确认超越的心识实体为绝对的真理。于是反思从自然的转化为超越的，从知性的转化为理智的。知性的反思是对自然、经验意识的概括、归纳，理智的反思则是对自然、经验意识的超越、否定。在奥义书中，《六问》的毕钵罗陀、《羯陀》的那支启多等学说的实体反思，和《广林》的耶若婆佉、《鹧鸪》的步厉古等学说的先验反思，就体现了这种精神转型的成果。

① Paul Deussen, *Sechzig Upaniṣaden des Veda*, F.A.Brockhaus Leipzig, 1921.14.

# 第二章　宗教的精神

## 引　言

### 一

杜伊森说:“一切宗教与哲学皆以这样一种思想为根源,即宇宙只是现象而非实在(物自体);此即是说,包括其无限时空变化的整个外部宇宙,以及我们内知觉的复杂全体,只是本质实在对我们的意识展现自身的形式,但却不是独立于我们的意识而存在的。易言之,内在和外在经验的总体只能知事物针对我们知识能力的、为我们构造的存在,而不能知它们离开我们认识能力的自身存在。”① 在这一点上,一切真正的宗教,同奥义书的形而上学,以及柏拉图的理念论、康德的先验哲学,可以说有其共同的基础。严格意义上的宗教,就是以制度化的方式实现对某种超越真理的守护。对这超越真理的领会构成宗教的核心。这种守护之必要,恰恰在于这真理的非经验性甚至反经验性。宗教精神的独特性就表现在它对世俗、对经验东西的彻底否定。当凡人的精神完全被经验、自然的东西吞噬,宗教必须完全否定经验、自然东西的意义和真理性,建立起一个超验的、自由的王国。若经验现实即是真理,则一切真正的宗教的三个基本信条,即上帝的存在、灵魂的永恒、精神的自由,皆无从成立,因为这三者都只属于本体的超验领域。若上帝是属于经验现实的,则经验科学的发展业已将它排除。若我们的生命只是处于生死之间的尘世存在,也绝无永恒可言。若我们的精神只是属于服从客观因果律的经验世界,则自由绝无可能。总之宗教的信念揭示的是超越的真理。宗教的使命就在于通过对尘世的否定、对超验世界的彰显,来实现对现实生命的救赎。由此可见,真正宗教的思维就是超越思维。宗教精神就是这超越思维的具体现实。在这种意义上,奥义书的形而上学以及柏拉图的理念论等,由于其明确的超越思维,因而都具有真正的宗教性,都属于宗教精神。超验哲学与宗教的实质一致,其区别仅在于哲学只是达到了对于超越东西的领会,

① Paul Deussen, *The Philosophy of the Upaniṣads*, Motilal Banarsidass Press Delhi, 2000.40.

而宗教则通过客观的形式、组织使这领会得到巩固、成为必然。因此我们把所有超越思维都归属到宗教精神之下。而在奥义书中，超越思维就是宗教，因为它就是伴随着这种宗教的形式出现的（比如，《羯陀》的超越思维就是与瑜伽实践的形式分不开的）。精神从自然思维进入超越思维，从自然的存在提升到宗教的存在，最终是在自由的推动下通过自身的发展实现的。

作为觉性自由的绝对化，精神就是觉性对其直接的自身存在、自然之本质的否定。自然就是觉性在其原初、朴实的生活中，按照其在世界中生存的需要、逻辑揭示出来的全部东西，即对前省思的日常经验呈现的全部存在的总体，它是觉性的自身存在的物质外壳。但自由作为存在的本体，超越了这自然、物质的东西。它始终从存在最深处发出呼声，而且这呼声一旦被听到，总是那么刺耳、那么令人不安，搅动着人们由于被粗粝的生活打磨、被平滑的生活浸润，而变得近乎麻木的良知。尽管世间的芸芸众生日日心驰于外务，但当我们一旦静下心来，端详那些我们从前如此热烈追求的成果，是否会隐隐感受到心中有一丝的空虚、无聊？甚至当我们正处在这热烈的追求之中时，是否不经意间也会有对这追求本身的厌烦之感袭来，无论你是多么成功？你即便具有了世界上的一切财富、荣耀、权势，也仍然会有某种不满足之感，你甚至可能不知道自己何以不满，不知道自己到底还想要什么。作为情绪，这些空虚、无聊、厌烦、不满，与动物性无关，亦与人的世俗兴趣无关，乃是本体自由对未泯的良知的诉说方式（存在论的情绪）。盖自由本身超越自然，超越此世界的一切财富、荣耀、权势，在这里，自由以情绪呼唤人对这超越性的意识。

尽管像耆跋厘、优陀罗羯、考史多启等于自然实质之一味融入，中土老庄道家于混沌玄境之顺化逍遥，古希腊厄琉西斯教于酣醉境界之合于自然，皆力图装作对这恼人的呼声充耳不闻，但其中隐含的对自然的对象化，本身就暗示着精神对自然的距离，这距离就是对自然的超越、否定、自由。这距离，唯有当自然本身都仍不能作为一个绝对者对精神呈现，精神只能抓住自然之中的碎屑、片断，才会完全丧失。这精神就是彻底的庸人精神。庸人的精神完全沉浸在个别、有限的东西之中，甚至自然作为自然都未曾对它露面，因而它就完全无意识地受自然支配。对于印欧文化，思想史是天才心灵的领地，平庸辈不可能在其中留下足迹。唯有在中土这种特殊文化中，庸人的思想居然被抬高到神圣的地位。在孔子的思想中，充斥着的只是对名分、习俗、仪节、服饰、饮食等的操心，对君、父的敬爱，对等级秩序的执着，对荣辱得失的忧患。在孔儒思想中，精神的关注完全被“事”湮没，何曾确信过任何普遍、绝对的东西的自身真理！（甚至“天”，由于其与“地”相对，也不过是一种相对的存在）它抓住的实在只有一堆碎片。这种彻底的庸人精神，与自然完全无距离，它对于一切直接现存的存在都是完全的满意，彻底泯灭了对自由的良知。而在中土传统中，它却正因为其对一切自然东西的权威，尤其是皇帝与习俗权威的绝对肯定，因为其没有任何批判性的柔媚顺从，被统治者当作巩固和谐局面不可缺少的因素。因而它在专制社会中找到一种最合适的生存之道。一切专制制度最终都是因为精神丧失了对自由的良知，遗忘了其自身对任何现存存在的超越性，彻底委身于自然、传统、权威的避风港，完全放弃了对直接现实存在的批判性和自由造成的结果。

幸运的是印、欧传统，尽管也曾历经自然和社会的强力、暴政的碾轧，但是对自由的良知，在这里始终顽强地生存着，并且透过厚壁，不断呼唤缧绁之中的精神冲破桎梏，争得更大的自由。这从根本上是因为，现实精神与自由之间建立了一种正当的对话关系。一方面，自由必须展开为精神的现实，它因而受到后者规定；另一方面，本体自由又超越精神的全部现实与传统，推动后者的发展。这二者的正当对话关系，在于精神既要对自由进行规定，又要对自由本真的无限性保持开放。这对话就在于本体自由的呼唤和倾注，及现实精神的倾听、回应和接纳。盖现实精神总倾向于停留于其现存存在、传统，从而遗忘了其本真的无限性。本体自由则是潜藏在精神最深处的绝对、无限。唯有它能促使精神从其自我禁锢中走出，迈向无限的自我否定、自我提升的自由之途。在这者，本体自由不仅永恒地对精神发出呼唤，促使精神意识到自身的有限性和自由的无限性，而且无限地将自身倾注到现实精神之中，促使精神内在的自主势用展开为积极的活动，推动省思的发展。而精神对这自由呼声的倾听，就是良知。它接受自由的倾注，并由此使自身自主势用展开为新的现实性，就是接纳与应答。精神的任何进步都必须在这种对话中实现。在这里，我们可以区分出两种文化类型。一种是对本体自由的呼声始终保持警醒，并听从这种呼召而展开真正自由的精神生命的；另一种是对这自由的呼声充耳不闻或有意泯灭之，以精神生命死亡的朴素、玄冥之境为理想，未能展开任何真实的精神自由的。我们称前者为觉道文化，印欧文化属此；后者为玄道文化，东亚、美洲和黑非洲文化属此。只有前一种文化能否定自然的专制暴力，领会到觉性、自我的绝对、自为的存在，从而发展出真正的精神超越与反思。唯有通过这超越与反思，精神才能实现其真实的自由。精神的真实自由就是对觉性的直接现实性即自然的否定。其中反思思维否定了自然的外在性，确立内在的心识、精神以为存在真理；超越思维否定了自然的直接性，确立一种超验实在作为存在真理。精神由此才获得自身的价值和尊严。这超越与反思都是处在朝着某种绝对自由的理想而不断地自我提升和深化的进程之中的。

奥义书的观念演进，就呈现了精神超越与反思两条思维主线各自发展和相互交织的情形。我们前一章讨论了奥义书反思思维的发展，这一章将讨论其超越思维的发展。

所谓超越与反思，就是自由的精神否定与反省。这否定与反省思维的各自开展和相互交织，构成任何一种文化精神发展的主线。人类观念史表明否定思维总是处在不断扬弃直接、表象的存在，确立更普遍、本质的真理的无限进程中。精神的这种无限地否定直接、现在的存在，即否定其自身此在，无限增加着与自身的距离，而迈向遥远的彼岸的运动，在现象学上验证了生命内在的自身否定冲动。这冲动是与人的任何自然本能相反的。它属于精神乃至一切生命的究竟本质，即自由或自主势用。我们称这自身否定冲动为自舍势用。否定思维就是这自舍势用的实现。同样，精神观念的历史也表明反省思维总是处在从外到内、从偶像到本质的无限内在化运动中。这一持续内在化运动也证明了精神的另一种自主势用，即自身指向或自反势用的展开。反省思维就是这自反势用的实现（它就是精神的自身维持在省思中的表现）。然而应当指出，无论否定还是反省思维，其现实运动和产生、发展都必须包含精神全部自主势用的参与，尽管一般只以其中一种为主导，因而它就被视为后者的实现，其他势用即使是积极的，也只起辅助作用。其中否定思维以精神的自舍势用为主导，而自反或自凝势用为辅。反省思维以自反势用为主导，而以自舍或自凝势用为辅。否定与反省思维中自主势用的相互渗透、融通，决定这二者的发展也是互为条件、相摄相入的。超越与反思也是如此。在现实的精神发展中，首先这二者也是相互交织的。其中反思思维是精神自身维持（自反）势用的实现，但它也包含自舍势用的展开，后者推动它不断超越自身，并最终确认心灵的超验存在；另外超越思维尽管是精神自身否定（自舍）势用的实现，但它也包含的精神自反势用的展开，后者推动它不断将自身内在化，并最终意识到超越者就是自我、心灵。其次这二者的发展也是相互促进、互为前提的。比如其中，反思由于与超越都包含了同样的自舍势用的展开，因此当这自舍势用推动超越思维达到某一精神阶段，反思也会自然地从这一阶段出发。反过来反思的发展也会成为超越思维的出发点。

超越思维是精神否定自然的真理性，确立一种超验的存在真理。其中，我们所谓宗教的超越，指的是形而上学的超越。这是精神最初的超越，尚未达到绝对境界。其特点是，它将一切处在经验的时间、空间中的自然之有作为破执的对象，同时又由于精神内在的惰性，力图使自己经历一番荡破之后有所着落，于是把超验的真理理解为一个比自然的东西更坚固的现存存在，即否定了时间性、在自然的生生之流中屹立不倒的实体，给自己作为归宿。然而只要这实体仍然被理解为一种固定的、现存的东西，那么它就是一个形而上学的实体，这超越也就是一种形而上学的超越。古希腊人的原子、奴斯、理念，犹太—基督教的一般信仰中的灵魂、上帝，耆那教、胜论的实体、灵魂，都属于这实体范畴。形而上学的超越，就是上升到了理智省思领域的否定思维，即否定的理智，与内向的理智（反思）对待。

超越思维就是自由的否定思维，以自舍势用为主导，但也离不开自反、自凝势用的参与。在这里，自舍势用实现为真实的自由。决定超越思维的形成、发展的，首先，是自舍势用自身的辩证运动。自舍势用就是破执，但它必须包含“破”与“立”即否定与维持的双重运动。否定同时也是维持，这二者分别决定存在的妄与真。精神在“破”妄的同时必须“立”真（即使破坏一切的虚无主义也必须确立虚无为真）。否定思维在取消旧观念的真理性时，必须确立新的真观念，它的活动才能实现为必然的。这活动就是思想在舍妄就真的通道上的持续运动。这“真”与“妄”的观念就规定了否定思维的特质。这自舍势用的破、立辩证运动是无限的，它因而推动否定思维的无限自我提升。自舍势用的否定与维持进入何种存在层面，决定否定思维的高度。到超越思维领域，全部自然、经验的存在都成为自舍势用否定的对象，因而丧失了真理性；只有一种超自然的存在才被它所维持，因而成为存在真理。然而在超越思维领域，精神自舍势用的否定与维持也仍然在无限推进，这决定超越思维的无限自我提升，以迈向绝对超越的理想。这种绝对超越在大乘佛教的空境界得到最充分实现。在这里，精神不仅否定的自然的、此岸存有的真理性，而且否定了形而上学的实体、彼岸，否定了一切现存东西的真理性，否定了一切可以作为依靠、家园的本体，甚至否定了对这些东西的否定，空亦复空，以达到完全无所住、无所执的境界。这就是超越思维的绝对自由。然而自由的精神在其最初萌发之时，尚无力承担这样的自由。它在否定自然的存有之时，必须抓住另一种更牢固的现存东西，它由此不仅获得了一种安全，而且获得了一种可以抵抗时间之激流的庇护所。这现存东西就是超越时间的，形而上学的实体。所以精神的超越，最初必然是形而上学的超越。其次，作为自主否定的自舍，与作为自主肯定的自反、自凝，两方面势用在其展开中的相互交织，也决定了超越思维的发展进程和走向。在这里，自舍作为否定势用，其主要作用是“破”（破执）而不是“立”，它所确认的真理是抽象的、空洞的。这决定超越思维的第一个逻辑环节是否定，它最初对于领悟到一种抽象、空洞的真理就已经感到满足。在超越思维的最初阶段，自舍势用否定了一切自然、经验的存在的真理性，确认存在真理为一种超自然原理。唯自舍势用可以否定自身的现实性，因而它是绝对、无限地展开的。另一方面，超越思维也包含了自主肯定势用的展开。只有通过自主肯定势用的建构、维持作用，超越思维才能将自身概念化。另外只有通过自主肯定势用的积极活动，超越思维才能把那本来抽象、空洞的真理具体化、实在化。这就构成超越思维的第二个逻辑环节。其中自凝势用推动超越思维赋予这超验原理以形式内容；

自身维持(自反)势用则推动它领会这超验原理为内在的本质、实体,乃至最终确立这超验原理与心灵、自我的同一,于是超越思维最终走向与反思的交融。因此,在超越思维发展中,自舍势用不断将存在真理推入更高超越性的领域,自凝、自反势用则促使省思将这真理具体化、实在化。超越思维必定先通过自舍势用破除自然的专制,然后通过自凝、自反势用确认超自然真理的意义。

总之,超越思维的发展,包含了自舍势用内在的否定与维持,以及自舍势用与自主肯定势用的双重辩证运动。这两方面辩证运动的相互交织、交互展开,决定了超越思维发展的主要阶段。在印度精神史中,超越思维的发展就包含了上述逻辑环节的展开。

超越思维的发展,或其中自主势用的展开,还受文化取向差异的影响。有本觉的文化与本寂的文化之分(在印度传统中,沙门文化根本上属本寂的文化,婆罗门文化根本属本觉的文化)。前者受自由感引导,以觉性、存在、生命的完满性为理想,以觉性为真理的本质(其省思往往把光明、主体性、思想作为存在真理);后者受幸福感引导,以冥性、虚无、死亡为理想,以冥性为真理的本质(其省思往往把一种无分别、现存的黑暗原理作为存在真理)。属于此二者的超越思维也有两种类型,即本觉的超越与本寂的超越。对于本寂的超越而言,其中自主肯定势用的展开受到抑制;因而它是消极的,旨在消解一切存在,最终达到冥性本体。对于本觉的超越,则自主肯定势用也得到充分展开;因而它是积极的,旨在扬弃直接存在的肤浅性、狭隘性,以更本质、更内在、更合于自由之绝对性的存在代替之,最终达到觉性之绝对自主、丰富、完满。在本寂的超越中,究竟真理只能是某种虚无(本无、冥性的表象),超越思维的进展就是对存在的逐渐虚无化。在本觉的超越中,究竟真理必定是一种存有(存在、觉性的表象),超越思维的进程就是不断否定旧的存有而以更高明、普遍的存在代替之,这就是对存在的逐渐提升和丰富。超越思维通过无限地否定自身而展开,在这里它总会否定它已经设定的真理的绝对性,确立新的真理。但在本觉的超越中,被否定的真理往往不是被当作错误抛弃,而是被克服了绝对化,成了达到新的绝对真理的环节、阶梯,而新的真理亦终将被否定……如此往前推,超越精神于是展开了一条真理之链,其中每一环节在其适当的位置都仍是真的,而究竟的真理,即是觉性的本真存在;在这里,世界是存在的,而且其存在是不断增益的。然而在本寂的超越中,被否定的真理就成为假相,精神唯有将它消解,才能领悟下一真理,后者亦将被否定,成为假相,被消解,省思便如此不断推进;超越思维在这里也展开了一条存在之链,只不过这是一条假相之链,其中每一环节的存在就是为了被消解,唯有通过这种次第的存在消解,精神才有望达到终点,即融入冥性本体或本无、空;在这里,世界的存在其实是虚无的，这存在是随着超越的省思而不断损耗的，损之又损，至于本无。柏拉图主义、犹太—基督教的超越是本觉的超越，早期佛教、耆那教的超越是本寂的超越，而婆罗门—印度教的超越则尽管以本觉的超越为主，但包含了本觉的与本寂的超越之交织。奥义书的超越思维亦不例外。盖冥性是本无、黑暗、寂灭、无生、不动、一味、无差别、不二、清净、平等。反之，觉性是存在、自我、光明、生命，是自身否定、自我分离、自身差异化、自身丰富、自我对立的运动整体。包含无限差别的一切现实的存有，都是觉性作为其自否定的中介为自己创造出来的。在奥义书成熟思想中，精神的超越无疑旨在领悟存在、自我的超越本质，或绝对的光明，因而就其主导倾向而言它是本觉的超越。然而本寂的超越，在其中也是存在的，这充分地表现在，奥义书将超越的至上我、绝对描述为寂灭、寂静、无差别、一味、不二、清净、无生、不动的实体。这类描述皆与觉性的真实存在揆违，而是针对冥性本体的，是以对冥性的体悟为根据的。易言之，在这里，冥性亦成为精神超越的目标，此即本寂的超越之特征。但奥义书—吠檀多终究没有走向释氏的涅槃寂灭之途，这表明本寂的超越在这里不占主导地位。这两种超越的交织，贯穿于整个印度精神之中。总之，在印度精神史中，超越思维的发展也被本觉与本寂两种精神取向的互渗、互融所决定。

## 二

对于印度传统而言，超越思维在宗教精神阶段的发展，也是在精神的自主否定（自舍）和自主肯定势用两种精神力量的交织中展开的，并同时受精神的本觉与本寂取向的交互影响。这两种自主势用分别实现为超越性的否定方面和肯定方面。首先，作为对自然经验和自然精神的克服，超越精神首先必然是否定的，是自舍势用的实现；其次，这否定性设定的真理开始必定是抽象的、无规定的，而精神自主肯定势用的展开则促使省思对这真理进一步规定，使之具体化、实在化，以作为否定性进一步展开的中介；再次，自舍势用会进一步行使其否定职能，确立超越性更高的真理，肯定势用必然对这新的真理作进一步规定。印度精神的超越思维，就是在这种否定与肯定的无限辩证往复中开辟道路。另外，精神的本寂与本觉取向，同样构成否定——肯定的矛盾运动，引导着自主势用的展开。其中本觉的取向为主导，但本寂的取向也始终贯穿其中。这二者的矛盾交织也影响着印度传统的超越思维在宗教精神的发展。

就印度精神的整体而言，其宗教的（形而上学的）超越可以展开为以下逻辑环节。

第一，从纯粹否定到实体的超越。当人类的超越思维最初（在天才的大脑中）

闪现时，必然是一种本真的、纯粹的否定。它体现了自身否定势用的本真存在。在这里，省思在这自舍势用推动下，消解了存在，一时融入本无之境。这种否定最初因为尚未为自己确立中介的规定，所以是纯粹的、本真的。这种纯粹否定在吠陀—奥义书中是潜在的，但在佛陀的涅槃境界中得到充分呈现。在涅槃体验中，精神领会到一切意识、感觉、表象、观念、生命，即一切存在的消灭，从而进入绝对死亡、本无、空的境界。这种存在的消灭，表明精神内在的自主肯定势用未能展开为对这否定及其真理的积极规定，从而使超越思维获得中介。这超越的真理在这里未能被具体化、被进一步充实，因而表现为一种抽象、空洞的绝对超越者。然而随着精神的自主肯定势用的介入，超越思维最终将那超越的真理实在化，在早期佛教中即已明确存在将涅槃实在化的倾向。超越的实在即实体，这实体若尚未被当作存在的本质，我们就称之为形而上学的。早期佛教往往把涅槃当作一种永恒、常住、无变易的绝对，这种观念就是形而上学的。到更晚的时候，说一切有部将涅槃归属于七十五种实法，成为众多实体之一种，涅槃乃失其绝对性。但在佛教中这种形而上学化，同在一切觉道文化中一样，并没有将本无体验，将精神的纯粹否定完全吞噬，后者只是转为潜在的（而在大乘佛学中勃发，实现为绝对自由）。在婆罗门传统中，精神超越也经历了与此类似的发展逻辑。精神的纯粹否定思维在吠陀—奥义书中是潜在的。在ṚVX·72中，梵主（Brāhmaṇaspati）就说到有（sat）生于非有（asat），然后有生世界（诸方）、诸神。ṚVX·129的“无所有歌”，说太初的唯一者是非有非无。AVXVII·1·19亦说有依止于无。在梵书中，由非有生成世界万有，亦为常见的存在发生图式（Sat BrāVI·1·1；Tait BrāII·2·9·1—2）。虚无论在奥义书思想中仍不绝如缕。比如ChānIII·19·1说由泰初的非有（asat）发育为金卵（Hiraṇyagarbha），由金卵发育为世界。在ChānVI·2·1中，优陀罗羯也提到有虚无论者，认为此世界本来只是非有（asat），唯一、无二（advitīya）。可以设想最初提出非有论的圣者，应当是成就了一种本真的否定、超越，他只想否定一切存有的束缚，并非着眼于建立一种更高的存有。然而印度精神早期的否定思维、其对本无的领悟，尚不能达到佛陀思想的究竟性，这里精神可能只抓住了本无的宇宙论表象。在这里，无或非有非无，被表述为存有的宇宙发生论根源，因而它还没有明确进入冥性、本无的层面，我们姑且称之为虚无。虚无是对本无的宇宙论表述，它譬如覆盖在本无之上的一层含糊、飘忽的膜。在梵书和早期奥义书中，这虚无同样不能避免被实在化，比如梵书将非有和非有非无，等同于原初之水、意、元气等，早期奥义书中耆跋厘、优陀罗羯等将绝对者说为无分别、一味、微细的虚空、原质等。

第二，超越思维对实体的提纯。梵书和早期奥义书对虚无的实在化，同佛教对涅槃的实在化一样，是由超越思维的内在逻辑规定的必然。但是在这里，一方面由于精神的超越并不究竟，缺乏一种清醒的形而上学区分，所以精神容易对于一种超感觉的自然本质感到满足；另一方面，不同于本寂的超越之简单地归宿于本无、冥性而断灭存有所以不必考虑存有发生问题，吠陀—奥义书传统的超越作为一种本觉的超越，必须确认存有的真理性，因而必须思考存有从超越者、绝对发生的问题。在这种情况下由于婆罗门思想早期还未达到一种清晰的本体论区分（后者乃以严格的形而上学区分为逻辑、历史前提），所以它就很容易将这发生过程误读为一个万有从某种自然始基肇生的宇宙论过程（在耆跋厘、优陀罗羯等就是如此），从而导致精神的超越进一步模糊化、弱化，最终超越者的超越性被放弃，重新沦落为一种自然的存在。总之在这里，省思对虚无实在化的结果是将后者作为自然之否定的意义模糊化，使其成为某种不可感觉的宇宙实质，而不复为真正超越的实体。

然而一方面，正如早期佛教对本无的实在化并没有将本无体验、将精神的纯粹否定完全吞噬，在婆罗门传统中，这纯粹否定也同样仍在潜伏中活动、积蓄力量、积聚成果，在奥义书较成熟的思想中，它终于进入精神省思的前台。比如与吠陀传统中更早的实在论和虚无论不同，我们从 BṛihIII · 8 · 8，9 · 26；TaitII · 4；MāṇḍV，VI；ŚvetIV · 18；MaitII · 4 说绝对者是非有（asat）、非有非无（na sattanna-asat）、非此非彼（neti neti）、无我（nirātman）或空（śūnya）等，皆可明确看出其旨在彻底否定这绝对者的所有时间、空间、因果属性，否定它的自然意义。这在观念层面表明了精神内在的自主否定（自舍）势用对其本真存在的复归。正是这自舍势用推动超越思维的纯化。另一方面，在上述奥义书的思想中，对超越者的自然存在的否定，皆并非将超越者消解于空无，而是旨在阐明它是一种超越自然的永恒、常住、不易的存在，即实体。省思对超越者的存在的积极规定，验证了精神内在的自主肯定势用的积极展开。后者推动精神设定某种实在，以作为超越、自由进一步展开的中介，而超越的实在即是实体。正是精神内在的自主否定和肯定的双重辩证运动，推动超越思维对实体的进一步提纯。

第三，省思进一步赋予超越者更丰富的特征和内涵，促使实体由"一"变为"多"。无论是在婆罗门传统还是在沙门传统中，超越者、实体作为对世界的多样性的否定，首先都被理解为一个空洞的普遍物。而对于吠陀传统代表的本觉的文化而言，超越思维旨在展开存在、觉性自身的无限性，故它除了自我还必须设定其他存在作为自身展开的中介，这些存在亦必然是真理、实体，于是实体由"一"变为"多"；即使对于佛教代表的本寂的文化来说，精神超越的实现亦必通过程序形式的中介，这形式包含的观念环节也被越来越执实，此即小乘有部之最终执五蕴等为实体之所由也。

精神对于超越者的这种积极规定，体现了其内在的自主肯定势用的展开。当宗教精神内在的肯定势用进一步积极活动，赋予那空洞的唯一超越者更详细规定时，这超越者由于被赋予更丰富特征和内涵，必然由“一”分裂为“多”。在实际的精神史上，由于婆罗门的绝对主义传统极深厚，主张多元实体论的思想，在这传统中就被压伏着，而最早在沙门学说中得到明确表现。此如上面提到的耆那教的六实说、拘舍罗的十二原素说、波浮陀的七原素说，及后来小乘有部的五位七十五种法体之说。其中，地、水、火、风、空、灵魂六种是这些学派公认（后来亦被胜论、正理及室利毗湿奴派等正统学派承认）的实体。它们是各各自我满足、自身独立、各自分离、不可分剖、不生不灭、永恒不变，因而是形而上学的超越实在。它们通过相互组合构成现实世界的框架、基础。

然而，超越思维在这一阶段，仍有其局限性。因为在这里，实体性未与自我发生本质关联，因而是外向性的。尽管上述沙门思想都将个体自我、灵魂包括在实体范畴内，但是对自我的独特本质及与其他物质实体的区别并不清楚，故这自我实体本身也是外在的。然而对于本觉的文化来说，只有觉性的内在自我本身才是真正的超越者，才是唯一的实体或包含了实体的。因此，当本体自由最终促使精神内在的自反势用实现为直接、内在的，这种与自我、心识无关的外在实体，就会被省思揭露为一种纯粹的思维假相。

第四，超越思维确定实体就是人的内在自我。根据精神自由实现的逻辑，宗教精神包含的自身维持势用必然要转化为自觉的，即直接针对觉性之自我的维持。后者的展开推动省思领悟实体与自我之同一，这就是超越思维对实体的内向化。在印度思想中，超越思维这一内在化转型，通过宗教精神的发展得到证实。如前所述，在印度最先的形而上学思想中，实体有绝对的与多元的。相应地，超越思维对实体的内在化也有两条路线：一是确认绝对实体与自我的同一。此为奥义书的路线，其代表是 ChānVIII·1—6、《六问》等的思想。后者认为那生生不已的自然，都是元气的产物，而自我则是一个究竟超越于自然的，恒常、不变、不生、不灭的绝对者。其中包含了一种严格的形而上学区分，由于这种区分，自我被从自然东西剥离，成为一种绝对实体。二是确认多元实体与自我的同一。此一路线由于多元实体论在吠陀—奥义书思想中还没有发生显著影响，因而在这里亦无明确线索。但是对于后来的婆罗门思想而言，首先，是在沙门思想的启发下，婆罗门思想也开始确认多元存有的真理性，多元实体论思想也开始成为正统学派（比如胜论、正理派）的内容；其次，正是在上述基础上，其精神的自我维持势用促使省思领悟到实体与自我的同一，由此导致多元自我论。后者在婆罗门学派中，通过数论、瑜伽学得到充分发挥，而在晚期奥义书中，或有模糊表现。精神这种以自我实体为中介的自由，就是自我超越。不过在这里，自我实体仍未明确与觉性的内在心灵即意识、思想关联，因而它不仅是空洞的，也是虚假的。这表明在宗教精神的这一阶段，自反势用还没有展开为对觉性、精神的内在实质（意识、思维）的维持，即内在维持。这种情况决定了作为自我、实体的内在实质的意识、思维在这里仍是隐蔽未昭。

第五，超越思维进一步内在化，确认自我实体就是意识。本体自由作为绝对，必然促使精神内在的自反势用开展出对觉性、精神内在的意识、思想的维持即内在维持，从而推动省思确认实体就是内在心灵本身，于是超越思维便实现内在化，成为内在的超越（超验反思）；它也必促使自身维持展开为自觉的维持或自我维持，从而推动省思领会这心灵实体与自我的同一，于是超验反思实现为主观的。这种主观的超验反思，通过《羯陀》等奥义书和吠檀多学得到表现。而客观的超验反思，则通过强调至上神与个人自我的本质差异的毗湿奴教得到表现。超验反思无疑在古代印度文化中获得了其生命成长的合适精神语境。首先，此前精神在对自我实体的领悟中实现的自我超越，是超越精神的内在化的新起点。其次，奥义书的反思对心识的绝对存在和内涵的充分揭示，为超越精神提供了新启示。像桑底厘耶、阿阇世乃至耶若婆佉等代表的奥义书成熟时期思想，都是将意、觉、心识当作存有之本质、真理。这无疑为自反势用的内在化在超越思维领域的实现提供了合适的机缘，使省思意识到自我实体就是意识。于是，精神的超越与反思交织在一起，超越思维内在化为超验反思。在这里，超越思维的内在化同样有两条路线：一是将多元自我与意识同一。如前所述，多元自我的思想，乃与异端的多元实体论有关。但超越精神的内在化乃是必然的趋势，它使省思逐渐将实体与心识关联起来。实际上在耆那教、胜论等的思想中，意识便已经被视为自我实体的属性，而到数论学，自我实体才被与意识直接等同起来。数论的多元自我，也被吠檀多的差别一元论继承。二是将普遍自我与意识同一。这是奥义书，也是后来吠檀多派的主导思想。这就是将毕钵罗陀思想揭示的超越、绝对之自我，等同于纯粹意识或清净心。《羯陀奥义书》可以视为此种思想在奥义书中的代表。

总之，精神在超越思维的这个最初阶段，仅能理解实体的超越性是它对自然的彻底否定，却未能领会真正的实体（觉性自身）同时是自然乃至一切存在之基础、本体，因而这种超越是形而上学的，而非本体论的。

以上可以说是超越思维在印度精神的宗教阶段发展的基本环节。但对于奥义书的精神史而言，并不一定这些环节的存在遗迹全都能充分保留下来。从现存的古奥义书文本看来，许多环节都是断裂的。尽管从观念史的角度，我们或许可以把奥义书超越思维发展的环节疏理得更完整一些，但从学说史角度则往往存在较大的缺口（许多观念没有明确的学派归属）。因此就奥义书这一阶段的思想，我们暂时只能谈到最有代表性的几种学说，即《考史多启奥义书》的伽吉耶夜尼学说，《六问奥义书》的毕钵罗陀学说和《羯陀奥义书》的那支启多学说。

## 三

我们对于奥义书思想发展的诠释，采用的是将本体论阐释和现象学阐释相结合的方法。前者使自由推动奥义书精神发展的内在逻辑得到清晰呈现，后者使这一逻辑得到观念的验证。引言的前面部分是从自由本体论的逻辑提示了精神自主势用推动印度宗教的超越思维发展的机制。但本章的主要目的则在于通过对奥义书在这一阶段的学说发展的生命现象学阐释，使这一机制得到事实的验证。

印度传统中，宗教的超越思维最早在《考史多启奥义书》（KauṣI）的伽吉耶夜尼（Gāṅgyāyani）学说中得到的反映。其说的主要内容是开示自我的两个存在层面：（1）作为时间的自我，即处在相续流转中的自我。其说在此接受了耆跋厘等的往生说，认为自我是处在无限循环的生命流动之中，或者说它就是这一流动的总体。（2）否定了时间、变易，超越了一切经验现象（有二相）的恒常不二之我，即作为超验实体的自我。此我否定了感性的欲望、表象，否定了昼夜、善恶等经验的现象，而且超越了自然的时间之流，类似于古希腊人的灵魂原子，为一个自为自足的原理，是经验、现象世界的稳固基础。这种对经验的现象与超验的实体的区分，就是一种形而上学的区分，它是超越思维形成的标志。由于超越思维领会到实体与自我的同一性，因而它同时也是一种超验的反省。伽吉耶夜尼的学说，在观念层面反映了超越思维一方面否定全部自然、经验表象的自为存在，确认存在真理为一超验实体，另一方面扬弃超验实体的对象性，将其等同于内在的自我的双向精神运动。这分别使精神内在的自舍和自反势用的展开成为明证的。奥义书的超越思维正是在这二者的推动之下形成，就是这二者的（向超验实体领域的）积极展开。因而它是精神自由的新境界。它由于对自然的绝对、自为存在的扬弃，就是否定思维的自由。在这里，自舍势用实现为真实的自由。超越思维就是否定的理智（与反思作为内向的理智对应）。在这里，印度精神由于领会到自我为超验的实体，终于否定了自然的专制，使自我、精神首次成为自为、独立的存在，从而获得自身的尊严。然而在伽吉耶夜尼学说中，超越思维刚开始形成。省思领会自我为超越时间、变化乃至一切经验现象的实体，但是对这实体的实质内容，以及它与现象的区分，仍然缺乏清晰而稳固的把握。在其中，形而上学的区分很是模糊而且不定。超验反省被不恰当地置于传统的灵魂往生图景中，被赋予寓言、隐喻式的表达，因而变得含混、随意且动摇。对于此超验自我的实质，也只有几句飘忽不定的提示。总之，在这里，超越思维还很不成熟，超验反省仍然是外在、抽象且动摇的。这种省思的局限性，反映了现实精神自由的局限。它表明精神内在的自舍势用对自然的否定还有待进一步彻底化。这种精神局限也唯有在自由的进一步推动下才有望被克服。

《六问奥义书》中被归属于毕钵罗陀的学说，就体现了超越思维的进一步发展。其说的主要内容有：(1) 在形而上学层面将元气与自我区分为两种截然相反的存在：元气是包含一切变易的、不断流逝的、生灭无常的，是所有时间性的东西之全体；自我则是不变、不易、不流、不逝、不坏、不老、不死、断灭 (nirodha)、寂静、无畏的绝对、彼岸，是超越时间的实体。自我是自为自足的存在，而元气则由自我产生且以之为基础，没有独立的自性，它被比喻为自我投出的飘忽不定的影子。其说对元气与自我的区分，乃是一种清晰、明确的形而上学区分。奥义书的超验反省在这里成为完全清晰、纯粹、确定的。(2) 十六分说，其以为由“无分而常存不灭”的自我转化生出十六种名色，即元气、信仰、虚空、风、火、根、末那、食、业、界、名等，此名色皆随人之复归于自我而融入一味大梵之中。(3) 元气与物质结合的创世模式。其以为生主或自我先创造出元气 (prāṇa) 和物质 (rayi)，然后由这二者配合创造世界，与前面所谓超验反省和十六分说未能很好地统一。(4) 从形上学层面对自我的三种状态即醒位、梦位、熟眠位的阐明，与前面的超验反省亦缺乏确定关联。(5) 依 Om 敬思大梵整体之法，可能从《羯陀》等发展出来，为晚期奥义书所常见。其说的主要成就，在于清晰地阐明了实体与现实的形而上学区分，从而克服了伽吉耶夜尼思想的极度混乱芜杂和不定性，使奥义书的超越思维获得更清晰、纯粹的形态。《六问》对于形而上学的发展，在观念层面呈现了超越思维更彻底地否定自然的自为存在，同时使超验真理更加明确、巩固的双向精神运动，因而在现象学上验证了精神内在的自舍、自反运动的积极活动。正是这二者的历史展开，推动超越思维彻底排除在超验实体之上的经验的、现象的残留，使它获得了清晰、纯粹和确定的形态。然而《六问》既为晚出，其思想之杂糅特征亦甚显著。此外，在《六问》中，超越思维还表现出以下两方面的局限性：其一，寂灭主义局限。在非雅利安传统的渗透之下，这个奥义书的超越思维也具有了本寂（趋向寂灭）的向度，因而它将属于冥性的无生、寂灭、静止、永恒、无分别、无思虑、不二、清净等特性作为理想并将其嫁接于觉性的实体之上，于是自我实体也成为一个无生命、非理性的存在。这造成了奥义书精神的自我理解的一个根本误区。这个误区在后来的印度精神发展中一直没有被克服。其二，外在性局限。在这里，超验反省对精神的内在性，即意识、思想，则缺乏领会。它的自我实体还不是意识、思想，不是精神的内在现实，不是真正的主体。因而在这里，超验反省只是外在的（同希腊奥菲斯教、毕达哥拉斯派的无意识灵魂实体一样），尚未开展出其内在、心灵的向度，还不是真正的反思。这种思维的局限同样反映了现实精神的局限。其中精神反思的缺乏表明在奥义书宗教精神的这一阶段，自反势用没有展开为对精神的意识、思想的自由或自主设定，自由尚未实现为内在、具体的。只有自由的进一步展开才能推动奥义书的宗教精神克服这种局限。

《羯陀奥义书》中由那支启多传承的思想，就体现了奥义书超越思维的进一步发展。在这里，超验反省明确地领会到那永恒的自我实体，就是纯粹意识、澄明，后者是变动不居的物质和心理宇宙的超越、同一的基础；于是超验反省成为具体的、内在的，即反思。在这里，超越思维就内在化而成为超验反思。《羯陀》的世界观是奥义书中最典型的二元论形而上学。其书的主要内容有：(1) 对自我作为纯粹意识实体的阐明。它包括以下立场：其一，那超越的实体、绝对真理就是自我；其二，实体、自我就是人的心灵、纯粹意识；其三，实体、自我、真心是一恒常、无形式、无差别、一味的理体。(2) 二元的存在发生论。其以为自我与自性两种原理的结合导致世界的生成。然而自我在这种结合中，其实质没有任何变化，仍然为超越、清净、无染、无为、不动、恒常，一切变易与差别的行相最终皆由自性原理生成而被增益于自我。故这个自我、意识仍然是一个独立、封闭的形而上学实体，而非存在的本体。(3) 内在瑜伽。此乃是一种真正内在反思型的实践，其宗旨就是否定外界、偶然东西的遮蔽和染污，直指人心、透彻心源，通过证得意识的清净实相而得解脱。在《羯陀》思想中，超验反省首次成为内在的，成为超越思维与主观反思或自我超越与内在反思的结合。这使奥义书的精神超越转化为一种内在自我超越。在这种超越中，省思从对自然的否定，过渡到对自我作为超验意识实体的绝对真理性的确认，所以《羯陀奥义书》的普遍实体，就是作为超验心灵的自我，它是世界和个体生命存在的基础。与此相应，《羯陀》的修道论也成为一种真正内在反思型的实践。《羯陀奥义书》这种超越的意识实体的建立，标志着印度精神首次具有了一种内在的自我尊严。精神彻底排除了外界、偶然东西的诱逼，实现了对纯粹内在的意识、思想的至上价值的确信和守护。奥义书的超越思维的这一重大进展，最终也是由自由推动的。超验反思否定自我的自然、经验存在，确立内在的心灵、意识为自我的实体。这种精神内在化运动，在观念层面使精神内在的自身维持（自反）势用的积极活动成为明证的。它表明这自反势用已经展开为对内在的心灵、意识的维持即内在维持。超验反思就是在这内在维持推动之下形成。盖自身维持就是生命的内在指向运动，这是一切生命持存的条件，因为生命要继续存在下去，条件是它将其一切活动都（直接或间接）指向其最内在的本质（自由或自主活动的整体），使它们为维持这本质而存在。它就要求生命将一切活动指向其最内在的中心。在它的不懈推动下，现实的自身维持活动必然会由外到内、由表及里，朝着对这自由本身的维持转化，这一点在生命进化中得到了验证。与自然生命不同，精神的自身维持势用则必包含对对象的意识。它的实现就是反省。它的不断内在化表现为反省对更内在的自我真理的寻求。因而自反势用的不断内在化将推动精神反省的内在化，对于超验反省也是如此。对于觉性、精神来说，生命的内在现实，就是意识、思想，就是概念、逻各斯的活动。在宗教精神阶段，当自反势用恢复其本真的无限性，就必然突破传统的规定，进一步拓展到这内在性的领域，即展开为内在、主观的维持，于是推动超验反思确认意识、思想为绝对真理，将其与自我实体等同。《羯陀》的二元论形而上学，就是这一精神发展的成果。因此《羯陀》的思想标志着奥义书的超越思维的真正成熟和超验反思的最终完成。总之，《羯陀》的思想体现了精神内在的自舍与自反势用的双重辩证运动进一步展开。正是后者推动奥义书超验反思的形成。然而这二者的历史展开，离不开本体自由的促动（参考本编引论）。因此最终是自由推动奥义书超越思维的自身纯化和内在化。但《羯陀》的思想也体现了印度精神的超验反思固有的局限。这主要包括：其一，形而上学的局限。在这里，超验反思仍将纯粹意识领会为一个封闭的形而上学实体，没有领悟超验意识乃是存在、世界的本质、根源（意识实体没有获得绝对性，没有成为存在的本体）。因而它仍未脱离毕钵罗陀学说中的二元形而上学的特征，而且将这二元论更加明确化，使之成为生生不已的自然与恒住无为的纯粹意识的对立。这种思想仍属于理智思维的范畴，从中可以看到数论哲学的前身。其二，寂灭主义的局限。《羯陀》继承了奥义书已有的寂灭主义，将其置入其内在反思层面。于是它将自我领会成一个无生、寂灭、静止、永恒、不动、无为、清净的意识实体，于是自我、意识丧失其本有的生命和运动，成了一个僵死的现存物。其三，非理性主义的局限。在《羯陀》中，寂灭主义还导致一个严重结果，即非理性主义。盖理性、思想是活动，而《羯陀》以为意识是寂灭无为的实体，故理性、思想被从纯粹意识或自我中排除出去，自我成为一个无思维、无观念的空洞意识。然而，自我的实体性就是其本质、内在、现实的生命，是意识、思想的先验运动，它在这运动中构成全部观念、存在并将其纳入自身之内，因而它就是包含了存在和世界的绝对统一体，所以那种封闭自足、无生寂灭、无思无虑的现存意识实体其实只是一种思维假相。

总之，奥义书从伽吉耶夜尼到那支启多的思想发展，首先在观念层面表现了省思日益彻底地否定自然、经验的存在，从而不断剥落实体的假相，更清晰地领会实体的超越性的运动。这其实就是精神在不断拓展对自身直接现实性的否定。它使精神内在的自舍势用的持续展开获得现象学的明证性。其次这一思想发展，也在观念层面表现了省思不断透过自我的外在、经验的存在，确立更内在、本质的自我真理的运动。精神这种持续的内向化运动，同时也使精神内在的自反势用的积极活动获得现象学的明证性。奥义书的超越思维就是在这自舍与自反势用的双重辩证运动的推动之下形成并发展的。然而正如我们在前面表明的，在现实精神的省思中，这些自主势用都被传统所规定，被自在势用所钳制，因而都已失去其本真存在，不可能靠自身力量冲破传统，在新的领域展开自身。然而，奥义书超越思维的形成和不断发展的事实，就表明这些自主势用已超越传统获得自身展开。它们的这种历史展开，表明它们只能是被某种超越传统的力量促动的。这个力量就是本体自由自身。本体自由作为永恒的生命、良心。它为实现其绝对性，必然通过其呼唤和倾注，促使精神的自主势用冲出传统的桎梏，恢复其本真的无限性，从而推动超越思维的不断纯粹化，以至最终剥落实体的任何自然、经验的覆蔽；推动超验反省从客观到主观，从外在到内在的转化，以至最终领会到实体与意识或思想的同一。因此，奥义书超越思维的形成和发展，最终是由自由推动的，就是自由展开的方式或途径。总之，奥义书观念在宗教精神阶段的演变，使自由推动超越思维发展的逻辑获得生命现象学的明证性。

然而，《羯陀》等的思想也表现了奥义书超越思维在这一阶段的局限。这包括形而上学的局限、寂灭主义局限、非理性主义局限。这些局限也反映了现实精神自由的局限：首先，形而上学对现存实体的执着，反映了精神对庇护、安全、基础的需要，表明在这里，精神自舍势用本真的无限性被（精神内在的惰性即自任势用）抑制，后者阻断了超越思维迈向自身绝对自由的通道。另外形而上学还将实体当成一个封闭、个别的原理，这在观念层面表明精神内在的自反势用还没有展开针对实体的同一维持（参考本章小结），其本真的无限性被精神的惰性力量（自放势用）抵消，后者阻断了反思的无限内在化进程。其次，超验反思把自我、意识实体当成一个僵死的现存物，而不是觉性的活动、生命、自由。这表明精神的自身维持没有展开为对自我的生命、自由的直接自主设定。最后，自我观念的非理性主义，表明反思无力实现对自我的形式建构。这表明精神的自身建构（自凝）势用没有在超验反思中展开为积极的活动，因而这反思仍然被精神的惰性消解力量（自肆势用）主宰。这使它排除了自我内在的形式、概念，导致其非理性化。于是自我就成为一个无形式、无思想、无观念的空洞抽象的意识实体。因此奥义书的超验反思既不能在自我生命运动的整体性中实现自我与存在的绝对统一，也不能在理性、概念意义上理解自我是世界存在的原型、本质。因而超验反思无法打破意识实体的封闭性而成为绝对反思。超验自我无法成为经验存在的根源，即先验实在，因而无法成为存在和世界的绝对基础（唯这先验实在是自我的本质内在性的真理）。然而本体自由作为绝对、无限，必将推动奥义书的精神克服这种自由的局限，从而抛弃这一阶段超验反思的狭隘性，实现绝对反思；否定形而上学的封闭隔阂，进入思辨思维和直觉省思的绝对王国。在奥义书思想中，《广林奥义书》的耶若婆佉学说、《鹧鸪氏奥义书》的步厉古学说等表现的思辨思维，《蒙查羯奥义书》的首那伽学说、《蛙氏奥义书》的蛙氏学说表现的神秘、直觉省思，就体现了这种精神发展的成果。

以下试图通过对伽吉耶夜尼、毕钵罗陀、那支启多三家学说发展的诠释，在现象学上验证自由推动省思发展的内在精神逻辑。

## 四

另外我们将表明，印度传统的超越思维的产生和发展，在西方思想中也能发现一致的进展。这种印、西对比表明这种超越思维的形成具有普遍必然性。这是因为超越思维的产生和发展，最终是由自由自身展开的内在逻辑规定，符合精神发展的必然规律。不过事实上它只在印西等觉道文化中成为现实，在中国、美洲和黑非洲等玄道文化中则未曾产生。这种差异是由精神自由与传统、社会存在的相互关系决定的。因为这种精神超越，最初只是一种自由的可能性。印欧的传统为这种可能性的实现提供了条件，但是在中国、美洲、黑非洲的固有传统中则不具备这样的条件。

首先，与耆那教、胜论等的实体论的发生一致，西方思想也经历了实体超越思维对自然省思的否定。古希腊最早的哲学是米利都学派的宇宙论，完全属于自然省思。在其接下来的发展中，同样经历了多元实体论代替早期的宇宙论的过程。此种多元实体思想最早的代表是恩培多克勒的元素说、阿那克萨哥拉的终极实体观念、留基伯和德谟克利特的原子论（后者被近代科学所继承）。其说皆主张实体为超越经验的时间、变化、因果的自为独立的存在原理，为世界的基础。这些思想与耆那教、胜论的实体哲学完全一致。它同样表现了实体性的超越对自然省思的否定。这种印、西对比表明，这种实体性的超越的形成符合精神发展的普遍规律。这种省思在其他觉道文化中也曾被普遍经历。不过它在中国、美洲和黑非洲的玄道文化中却从未产生。这种差异取决于精神自由与传统、社会存在的对话关系。超越思维最初只是一种自由的可能性。印欧的传统和社会存在的特点，使这种可能性具有实现自身的空间。在这里，尊重人的自由、尊严、权利的政治、法律、宗教实践在一定程度上成为现实，而它与抽象所有权和抽象人格的观念，即物的实体和人的实体的观念，是互相促进、互为条件的。也就是说，在这里精神的自由构成的偶然观念，由于适宜于精神所处的社会实践，而转变成现实的必然性。反过来这种可能性在中土社会就无法转化为现实。在中国传统的绝对专制社会，既无人的尊严、亦无物的尊严；一切存在皆被置于暴力，存在的自身空间彻底被强权碾破。因而在这里，一种抗拒外物影响的自我满足、自己作为自己存在根据的、卓尔独立的实体观念，在这里没有任何生长的土壤。反之实体、独立性、尊严的意识完全缺失，也使得在这种传统中专制极权逐渐走向绝对化。这种情况在美洲和黑非洲的原始文化中也曾存在，不过尤以华夏传统为最严重。

其次，与印度传统的超验反思一致，其他觉道文化也同样经历了对实体的内在化。在西方思想中，柏拉图主义否定自然的真理性，把理念作为存在的真理；斯多葛派把超越自然、经验的宇宙理性当作存在的基础；以及早期基督教把自然当成虚无、罪恶，把上帝理解为超自然的纯粹精神实体。这些都是把实体理解为一种内在的精神原理，体现了与印度宗教精神同样的超验反思（内在超越）。在这里，同样是超越思维将自身内在化，实现了与反思的统一。然而在中国思想中，这种超验反思从来没有产生过。尽管自由展开为超验反思是本体论的内在必然性，但它同样取决于自由与传统的协调。在这里，自由与传统、社会存在也是相互规定的。一方面，精神的现实自由构造传统及相应的社会存在，一旦超验反思使精神意识到人内在的心灵、思想才是最高贵的东西，是一切价值的基础，那么精神最终会粉碎一切蔑视、污辱这种高贵性的强权，包括最坚固残忍的奴役、最野蛮疯狂的欲望，并重新构造一个与这新的自由适应的传统和社会。另一方面，传统反过来制约自由的实现，在一种绝对专制传统（比如中土的传统）中，现实自由在尚处萌芽时期、尚未有能力抗衡强权时就被扼杀了（比如楚民族的朴素自由意识，随着统一的专制帝国的建立，终被窒息而死）。在中国传统中，绝对的政治暴力和思想专制，彻底泯灭了良知，没有给意识、思想的独立和尊严留下丝毫余地。这种文化从来未曾有过（意识到过）内在心灵的高贵。因此，奴性与鄙俗就成为这种文化的根本特点。总之在这里，精神内在超越的自由是不可能的。而古代印度与希腊，没有经历中国式的绝对奴役和专制，外在强权没有强大到吞噬精神的内在空间。早期的民主和对思想的放任，为精神的自由提供了无限场景。当时精神生活对内在心灵之价值、对思想的神圣权利的自觉尊重、维护，也使意识、思想成为独立、超越的存在成为可能。在这种情况下，精神的内在超越，作为自由之本体的必然性，注定成为现实精神自由的内容。另外，不同的文化取向也决定这内在超越思维能否实现。事实上，这超验反思只有在觉道文化中才是可能的，在玄道文化中则不可能。只有通过这内在超越思维，即对意识、思想作为实体的领悟、守护，人才会获得真正精神的尊严。然而精神的史实表明，这只有在觉道文化中才能够成为事实，在玄道文化中则绝无可能。

最后，在印度传统（《羯陀》等奥义书和吠檀多思想）中，超验反思进一步将心灵实体与自我等同，因而具有了主观性，同样的转化在西方思想中也同样发生过。阿那克萨哥拉奴斯概念，就是将实体与人的灵魂等同，而新柏拉图主义则以为作为普遍精神本质的“太一”是内在于自我之中的，是自我的究竟真理。这些说法，在不同层面反映了超验反思的主观化。由于这种主观的超验反思，精神的尊严才成为自我内在的。这种主观超验反思，在逻辑上是主观的超验反省与超验反思两个环节的辩证统一。前者即对自我作为独立、自足的实体的领悟、守护（比如奥义书中被归属于伽吉耶夜尼和毕钵罗陀的思想），它使精神实现了最基本的自我尊严；后者即对意识、思想作为实体的领悟、守护，它使精神实现了其内在的尊严（真正的精神尊严）。而作为这两个环节的辩证统一，主观的超验反思，即对这自我实体与超越的意识、思想之同一性的领会，才使精神实现了其真实的（内在的）自我尊严。盖最初的超验反思往往还只是客观的，尚未领会到精神实体（意识、思想）与自我的同一性。它尽管赋予了真正精神的东西以最高尊严，但精神的东西在这里往往作为自我的否定者、作为一种神圣的外在对象（上帝、理念）出现，精神的尊严还不就是属我的。柏拉图和斯多葛派的逻各斯观念、早期基督教的上帝观念，以及毗湿奴教的至上神观念，都表现了这种客观反思。唯当自我从这超验的精神实体认出自身，精神的尊严对于它而言才成为是内在的、属于它的自我的，因而才是绝对的。那超越、纯粹的心灵、思想，唯当它就是吾人真实自我，才具有绝对价值。与超越思维此前发展的情况一致，这主观超验反思尽管是印、西等觉道文化普遍经历的，但却未曾在中国、美洲和黑非洲这类玄道文化中产生。在这里，同样是自由自身展开的逻辑必然性受到传统的制约。一方面，自由构造传统。主观超验反思是精神内在的自舍、自反势用在新的存在领域的积极活动。在这里，精神内在的自舍势用展开为对自然、经验存在的否定，自反势用展开对超验实体的直接、内在维持。于是对心灵、思想的超越性和自由的维持就成为全部生命活动的目的，内在自我的尊严成为人值得生存的必要基础。那么精神就必然要否定侵蚀其内在自我尊严的传统、社会存在，构造为使这尊严得到巩固的传统、社会存在。另一方面，传统也制约自由的实现。在印、西觉道文化中形成的主观超验反思，在一种比如中土这样的绝对专制传统中，就根本没有生存、开展的空间。在这里，精神内在的自我尊严不可能成为现实。在中国传统中，大一统帝国的绝对政治暴力和思想专制碾碎了意识、思想的独立空间，独立心灵的绝对价值被否定。强权不仅剥夺了人的思想自由，而且剥夺了属于人自己的理想、目的。它以自己的利益代替了个体的自我目的，国家利益、君命、天理、道统等巨大偶像吞噬了个人为自己而活的天赋权利。总之，在中土两千多年的外在强权阴影之下，精神若要把心灵的独立、自由和真实作为自我一切活的中心，即作为精神的自觉维持的对象，乃是根本不可能的。易言之，精神内在的自我超越，尽管属于自由的必然性，但是这必然性在中土乃至任何一种玄道文化中都根本无法转化为现实。所幸中土这样的绝对专制传统在世界范围也是少有的。在希腊城邦，政治专制被时刻提防；而在古代印度，政治权力对私人生活影响极为有限。这确保了精神生活具有独立的空间。在当时的精神语境中，意识或思想作为独立、超越的存在，以及其神圣的权利，已经是一种相当普遍的信念。就印度传统而言，奥义书既然在更早的阶段已经确立自我作为实体和意识的意义，精神的超越思维已分别实现了对实体的自觉维持和对意识的内在维持。在这种情况下，超越思维若要将心灵的超越存在作为一切活动应守护的中心，就意味着将这两种维持结合起来，于是使超验反思成为主观。易言之在这里，自由实现为精神的内在自我超越乃是当然之事。

在印、西传统中，主观的超验反思是宗教精神发展的顶点。通过它，人终于领悟到超越的心灵、思想是一切生命活动的中心，维护心灵、思想的绝对独立、自由和真实，就是他自己生命的本性，也是其最终目的。事实上，每一生活在现时代的人都必须有这种精神的觉悟和尊严（它作为精神内在自由的普遍性就是道德），唯此他才有资格作为自由国度的市民。盖国家的存在只是为维护精神的普遍自由，后者之最高层次即自我的内在超越的自由——准确地说是后者之（作为对自然、传统、社会强制的否定的）消极或抽象方面（即精神的尊严）。人只有当意识到他的内在自我就是超越的精神并坚持将此意识付诸实践，才能最终避免对自我的物化，才有力量抗拒国家、宗教偶像、传统习俗乃至其他一切来自社会、自然的因素对自我的内在精神尊严的侵蚀，唯其如此才能促进国家、社会朝健康方向发展。作为自我内在超越自由的消极、抽象方面，精神的尊严只为这自由划定范围。它是可以而且必须被普遍化而成为每一市民之禀赋的（因而它属于道德层面）。反之这自由的积极、具体方面，即它在这范围内具有的自否定形态的无限可能性（比如宗教、哲学、艺术等方面的启示、体验、灵感），则应当完全属于个体精神，不可能而且不应当被（特别是通过某种外在权力）普遍化（尤其是企图通过政治手段将此种自由普遍化，是吾人恒应保持警惕者，因为此种企图不可避免会导致精神专制和这自由自身的瓦解）。总之，人的内在精神尊严是自由国家的基础，它应当通过后者得到巩固、实现为普遍的，只有这样它才能守护精神自由的无限可能性。

以下试图通过阐明伽吉耶夜尼、毕钵罗陀、那支启多三家学说发展的内在精神逻辑，为自由推动精神发展的机制提供一个现象学的例示。

## 第一节 伽吉耶夜尼

在精神的国度中，每一个观念就像一个人。正如人的品格有高贵与低贱之分，观念、思想亦有高贵与低贱者。有的观念，一看就仿佛出身龌龊的下流社会，浸润并散发出残暴、巧佞、卑鄙、肉欲的臭味（比如东方盛行的权谋术、官场经、厚黑学、房中术等的观念）；反之，有的观念则具有真正的贵族气息，体现出极高尚的精神教养，散发出纯洁心灵的光辉。后面这种观念，可称为高贵的观念。它决心与一切卑鄙龌龊的东西一刀两断，为此它甚至决意否定为这些东西提供温床的人性的自然。在印欧思想中，那超越经验的实体观念，就是这样的观念，它是观念王国中的第一个贵族。它蔑视一切物质的、情欲的、感性的东西，即一切世俗、自然之物，将后者视为幻相、罪孽或苦难，唯恐其污损自身。反之，那种完全自然化的自我观念，比如中土思想中视自我为气化产物的观念，完全取消了自我的独立存在和自身价值，使之成为实现物质目的的工具，应属于观念国度中之低贱者。本书试图立足于生命的现象学，阐明奥义书实体观念产生、发展的精神逻辑。

在奥义书思想中，理智省思有两种形态，即从桑底厘耶至波罗多陀的绝对反思，以及从伽吉耶夜尼到那支启多的超越思维。前者是上一章讨论的内容，后者是这一章要讨论的内容。前者（尽管只是在经验层面）领会到思想、意识是存在、自我的绝对真理、本质，其在理论上以一种经验的绝对唯心论为归宿；后者则领会到自我的真实本质是一种超越经验、否定了时间、因果、变易及所有经验表象的绝对自身同一性或实体，其在理论上以形而上学为归宿。唯自我是实体，但实体的超越有多种意义层面（理智的、直觉的、启示的等等）。其最初级者，即理智的超越，为对经验存在的超越，故此种超越性又作超验性。一种超验的自我反省，就是把自我理解为超越经验、现象，否定了外在和内在的自然的永恒实体；倘若它理解到这自我就是意识、思维，它就同时是一种内在反思。我们在这里要讨论的就是奥义书的这种超越思维（或超验反省）。在奥义书思想中，这两种理智省思的发展道路相互交织，但刚开始它们是各自独立的。超越思维同样也是以早期奥义书的自然思维（耆跋厘、优陀罗羯的实质论和茶跋拉、考史多启等的元气论）为逻辑起点。但是在自由推动下，它必然突破自然思维，确立自己独特的道路。

一切存有，包括精神的任何观念，皆是觉性自由的产物。自由构造精神的观念，并以之作为自身实现的依据。奥义书的精神，一方面通过优陀罗羯的本质观念，实现了一种超感性的质的自由，或功利的自由；另一方面通过（茶跋拉与考史多启）自然生命观念，实现了一种直接的自身自由或伦理的自由（精神开始将生命作为自主否定或设定的对象)。然而正如我们前面的分析表明,此所谓本质仍然只是一种自然本质,而非觉性的超越性,后者才是存在之真正本质;此所谓生命亦只是一种自然生命,而非觉性内在的生命,即意识、思想的先验运动。因而精神对它们的自主设定或否定,皆仍属于自然的思想,是一种自然的自由,而不是内在、本质的自由。

本质的精神自由(或理智的自由)是对觉性的超越存在的自主设定(本质首先必然是超越性,即对自然的否定)。本体自由作为不竭的意志,总要求展开、实现为这种精神自由。它推动奥义书的精神从自然的自由转化为本质的、理智的自由(后者既是对自然存在的否定,也是对自然精神的否定)。盖自由或自否定,本身就要求实现为绝对的,也就是实现为对其自身存在的自主设定,即绝对的自否定或精神。然而通过直接意识呈现的自然,总是已被这意识从自由的本体中剥落下来,因而总是已经成为觉性的它者。作为对它的自主设定,自然的自由并没有满足自由的这种绝对化要求。于是,这种要求(或精神对它的倾听,即良知)迫使精神否定这种自然之我的真理性,揭示觉性本质自身的超越向度(换句话说,健全自由的精神本来就具有不断深入觉性自身,挖掘出其被埋没的超越本质的冲动或本能),并由此实现对这本质自身的自主设定,即精神的本质自由。这种本质的自由,以及对超越性的清晰把握,在理论领域表现为思想对自然与实体(或本体)的严格分剖,即所谓形而上学区分。而这区分往往被化约为对时间性的东西(自然、现象界)与超时间的东西(实体、本体)的区分;后者的存在是自足的、独立的,是前者的根据和基础,前者的存在是依赖后者的。

这一精神进展,在《考史多启奥义书》(KauṣI)中的伽吉耶夜尼(Gāṅgyāyani)学说中,得到最初的反映。其说以伽吉耶夜尼教导优陀罗羯(Uddalaka)的方式展开。但是这一对话不可能发生过。理由有二:(1)其中出现的优陀罗羯乃是梵书、奥义书中的著名人物,但优陀罗羯本人的思想在这里完全没有被提到,他只是作为对话中的听讲者形象出现,这意味着他的名字在这里很可能是被借用的。而且KauṣI的文本没有正常的对话逻辑,既无回答亦无交流,只是伽吉耶夜尼单方面的宣讲,表明它可能是试图将某种现存学说改装成对话,但这种改装仍然很初步,故对话的形式很粗略。上述推测的结论,考虑到后面这一点,就成为确定无疑的事实。(2)在BṚIVI·2·1—16;ChānV·3—10中,皆有年轻婆罗门室韦塔克图被刹帝利耆跋厘问倒,回来请问其父优陀罗羯,后者亦不明此理,乃亲自拜此问者为师,再度为学徒的情节。其所学亦是关于轮回。所以此处室韦塔克图与伽吉耶夜尼的对话,毫无疑问与上述故事有亲缘性。相比《广林奥义书》的上述说法,《考史多启奥义书》对轮回的解释更复杂,更生动,艺术加工的程度更高。这意味着它或者以前者为基础,或者与前者根据某一共同蓝本加工而成。因而其中的对话可以确定是伪托的,根本不可能事实地发生过。这也意味着伽吉耶夜尼其人或者是委托的；或者实有其人其说，但被后人增添了优陀罗羯求学之事。后者的可能性较大。盖优陀罗羯是著名的婆罗门智者，优陀罗羯及其子室韦塔克图（Śvetaketu）在奥义书中多次出现，而伽吉耶夜尼的名字则在奥义书中只出现一次，故可能此人不太著名。在奥义书中常有这样的情况，即一种学说借助一些著名人物抬高其身价，或增加可信度。就此则奥义书而言，其托于优陀罗羯以饰其学，是毫无疑问的，但反过来，托于伽吉耶夜尼这种可能不太出名的人物，则似无必要。这反倒意味着伽吉耶夜尼可能实有其人，但即便如此，由于其人其学从产生到最后进入奥义书文本，也可能经历了多次传承、改作，此人与保存在 KauṣI 中的伽吉耶夜尼学说有多大关联，已难确定。另外，伽吉耶夜尼学说尽管被收入于《考史多启奥义书》之内，然而其说与 ChānV・3—10 的耆跋厘学说更一致，而与考史多启的学说有区别。前者以为死者的生命经过月宫后，转为雨水，降落地上，又转变为各种生物。后者认为死者的生命归宿于元气，唯元气是轮回相续的实体。故伽吉耶夜尼之说若归诸考史多启，似乎也不恰当，所以我们在这里权将其说单独列为一家。

伽吉耶夜尼学说的主要贡献在于，尽管它仍以耆跋厘等的往生说为基本框架，但它在奥义书思想中首次（尽管是十分模糊地）提出了自我的本质超越感官表象、超越时间和变化、超越一切经验现象的本质，即实体；自我由此成为独立的、自为自足的存在，获得了真正的尊严。此即其说与耆跋厘、荼跋拉等的往生说相比的进步。

其说乃以亡灵游历的阶段展开其内容，其表达是寓言或隐喻式的，因而颇为含糊暧昧。它其实就是在耆跋厘、荼跋拉等的二道往生说基础上，加上了灵魂在月宫和梵座前两次接受考问的情节。这两次问答，揭示了自我的两个意义层面，即（1）时间之我，即处在相续轮回之中或作为其总体之我。此即 Kauṣ I・2 的内容。其云人死后，其灵魂随毗荼之烟气升至月宫。当其在此逗留期满，月神便会考问他："汝为谁？"正确的回答是：我就是季节、时间，因而就是时间。此所谓我即轮回流转之我。奥义书在这里正确揭示了人的经验存在的时间性。若此自我是时间，便知有超时间的本质，此即自我的第二个意义层面，即（2）永恒之我，即作为超验实体之我。Kauṣ I・3—6 仍以亡灵的经历揭示这一超越的自我，后者是对感官表象、时间乃至一切经验现象的否定。首先，自我实体超越感官世界。其云亡灵至贪恚湖，乃以意渡之，"彼唯知当前境者，则溺"。所谓"当前境"就是现象界，尤其是感官认识的对象，"唯知当前境者"即执着于现象或感官满足者。盖众生之贪、恚皆因执着于感官对象引起，是以人若要超越贪、恚（渡贪恚湖），就必须克服感官方面的缘取心，而唯"以意（思维）渡之"。易言之，人在这里应当克服对感官的表象即当前境的执着，而以思维领会超越感官的本质，即实体。反之，若人不能克服这种执着，则溺于湖中，即永陷贪恚之境，无法自由。奥义书在这里也表明了这实体就是元气。其云“凡异于诸天、诸元气者谓实。而诸天、诸元气谓性。”这里“实”（sat）应指可以感知的对象，即前面所谓“当前境”，而“性”（tyam，彼、它）则是此类感性存在的“它者”，即超越的实体。元气与诸有，就是实体与表象的关系。其次，自我否定了时间性，为恒常不变者。其书云亡灵应渡不老河，且超越昼夜。这里所谓不老河、昼夜指的就是时间或一切时间性的东西。亡灵要达到梵界或回归真实自我，必须超越（渡过）此二者，即否定时间、变易，这表明真我就是处在时间之外的实体。此所谓时间，其实就是自我的经验、感性存在的全体。再次，耆跋厘、荼跋拉的学说，都没有出现以大梵的体性为无对待、无差别、不二的观念，这意味着在这些学说形成时，此种观念可能尚不存在或未进入其视野。然而伽吉耶夜尼的学说，则明显反映了这一观念。其云亡灵若渡过不老河，便可俯视（超越）“昼夜、善恶，及一切有二相”。盖昼夜、善恶、有二相、差别相皆属于现象界，得到解脱的灵魂就超越了现象界，这意味着它进入了超验的实体领域。这类说法是耆跋厘、荼跋拉的学说中所没有的（或至少是不明确的）。而且自我的超伦理性质（脱落善恶业），也是在这里被明确提出。

总的说来，伽吉耶夜尼学说尽管初步提示了自我的超验实体性，开始摆脱自然思维，进入超验反省的层次，但其学说极含糊且飘忽不定，表明超验反省在这里仍很模糊。其说可以说正处在印度精神由一种自然的自由上升为本质自由的转折点上。兹乃依其所说自我的两个意义层面，阐明其学说。

## 一、自我与时间

KauṣI 的结构，就是在奥义书已有的二道往生说基础上，加上了灵魂在月宫和梵座前两次接受考问的情节。显然其思想侧重点在于两次考问的内容，后者才是伽吉耶夜尼学说真正要开示的道理。在这种意义上，应当承认 Kauṣ I 其实是假托往生说的框架以张其学，它将自己的自我思考的新苗嫁接到往生说的旧枝上；从文本看来，其实这两个意义层面的衔接痕迹是很明显的。作者假托这种考问的形式开示其道，目的显然就是为了标榜其学说之价值。

Kauṣ I 说王族质多罗 · 伽吉耶夜尼（Citra Gāṅgyāyani）欲行祭祀，乃请著名婆罗门优陀罗羯 · 阿楼尼（Uddalaka Āruṇi）为主其事①。优陀罗羯遂遣其子室韦塔克图

① 《考史多启奥义书》现有两个梵本，其一为“Ānandāśrama”梵文丛书［Ānandāśrama Sanskrit Series］本，其二为印度文库［Bibliotheca Indica Series］本，学界分别称为 A、B 本。

(Śvetaketu) 往代之。伽吉耶夜尼问道:“乔答摩子 (乔答摩指室韦塔克图之父优陀罗羯),汝将引我进入之世界,有轮回之终点乎? 或汝将引我由他道,入他世界乎?”室韦塔克图答曰不知,而归问其父。其父曰:“我亦不知此。我二人且往其处求学焉。”于是他执薪往伽吉耶夜尼处,求为学徒。伽吉耶夜尼说:“乔答摩,汝虚心如此,堪受梵智。来! 我其教汝生解。”于是他开示道:

2 信然,彼等辞此世者,乃入于月,于望月进入,于是彼 (月) 因彼等之元气而满盈;彼复于朔月遣彼等往生。信然,彼月亮亦是天界之门。谁若 (如理) 答之①,彼乃准其前行。谁若不答,乃化为雨水,彼 (月亮) 雨之于地。或为虫,或为蛾,或为鱼,或为鸟,或为狮,或为野猪,或为蛇,或为虎,或为人,或为或此或彼处之其他生命,彼 (亡灵) 如是再次投生,依其业,依其智。当其来彼处 (月亮),彼问曰:“汝为谁?”应回答:“哦,季节! 从彼光耀者 (月),从彼十五分 (即朔月),父祖之居所 (亦指月亮),精液得聚集。被置于能人 (有生殖力的男人),由彼注母身。于是我便作为第十二、三月,由十二、三分之父 (即年) 而生②。我知此,亦知反此者③。哦,季节,请带我入永恒④。我已由 (知) 此真理、苦行而成为季节,为季节戚属。我为谁? 我即是汝。”彼乃准其前行。3 既行天神道,彼 (亡灵) 遂入于火界,入于风界,入于婆楼那界,入于日界,入于因陀罗界,入于生主界,入于梵界。信然,此梵界有贪恚湖 (Āra),制贪时 (Yeṣṭiha)⑤,不老河 (Vijarā),如意树 (Ilya)⑥,强弩城 (Sālajya)⑦,无胜幢 (Aparājita),因陀罗和生主二门卫,广大堂 (Vibhu)⑧,远照床 (Vicakṣaṇā),无量光座 (Amitaujas),二位如实编织世界之持花净女 Mānasī (意) 和 Cākṣuṣī (眼)⑨,诸天女 (Apsarases),

---

① 即回答月神的问题 (见下文)。

② 亡灵魂生于月,故说它即是月,而季节、年皆由月规定,皆是月,故亦说亡灵是季节、年 (参考 Paul Deussen, *Sechzig Upaniṣaden des Veda*, F.A.Brockhaus Leipzig, 1921.25)。

③ 此句意思不明,“此”与“反此者”可能分别指父祖道与天神道。

④ 缪勒释此“永恒”为梵智,但联系到下文讲的轮回去向,应当释为梵界才对;杜伊森释之为死,可能是梵文读解出了问题。

⑤ Āra,由敌(ari,此指贪恚等) 所构成的。Yeṣṭiha,所指不明,或谓产生贪恚而废祭祀之时间,或谓为制服欲望所花费之时间,兹从后解。或谓 Āra 与 araṇya (林栖) 关联 (见 ChānVIII · 5 · 3)。Āra 湖和 Yeṣṭiha 时,都是对求梵者的考验。

⑥ 如意树 (Ilya) 在此所指不明。或谓其关联于 ilā (语言、地)。

⑦ 谓由粗如 Sāla 树之弓守护之城。

⑧ 缪勒译为“由我慢 (Vibhu) 所成之堂”,亦通。

⑨ 意与眼分别缘取名、色,故说世界由其编织而成。

诸母（Ambās），诸保姆（Ambāyavīs），小母河（Ambayās）①。人若知此，乃至此
界。梵天（对诸仆）曰：“汝等其趋之。信然，以吾之光荣，彼已度不老河。信然，
彼将不老。”4 于是五百天女迎之，其一百执果，一百执膏油，一百执花环，一百
执香，一百执衣。彼等以梵天之饰庄严之。以梵天之饰庄严矣，此人作为知梵者，
乃趋向梵。彼至贪恚湖，乃以意渡之。既至此，彼唯知当前境者，则溺。彼遂至
制贪时。彼等皆逃去。彼至不老河，亦唯以意渡之。彼于此脱落善恶业。其亲
朋承其善业，非亲者承其恶业。于是，适如驾者俯视车之二轮，彼亦如是俯视昼
夜、善恶，及一切有二相。彼人既离善业，离恶业，为知梵者，乃趋向此大梵。5
彼至如意树，故梵香入之（入此人）。彼至强弩城，故梵味入之。彼至无胜幢，故
梵光入之。彼至因陀罗和生主二门卫，二者逃之。彼至广大堂，故梵之光荣入
之。彼至远照床，Bṛihad 和 Rathantara 娑摩为其二前足，Śyaita 和 Naudhasa 娑
摩为其二后足，Vairūpa 和 Vairāja 娑摩为其二长边（南北向的边），Śākvara 和
Raivata 娑摩为其二横边（东西向的边）②。此床即般若（prajñā），人（于此床）唯
依般若而了知（远处事物）故。彼至无量光座，此即元气。过去、未来为其二前
足，吉祥与地（śriś ca irā）为其二后足。Bhadra 和 Yajñāyajñīya 娑摩为其二顶
侧，Bṛihad 和 Rathantara 娑摩为其二长边，黎俱、娑摩为其长边之索，夜珠为其
横边之索，须摩茎③为其垫，Udgītha 为其底（upaśrī），吉祥为其枕。梵坐于座
上。彼知此（知其与梵为一）者，先唯以一足登座。梵问曰：“汝为谁？”彼应回答：
6 “我乃季节，乃季节戚属。我从虚空藏（yoni，子宫、根源）而生，乃为女人（而
备）之精液，乃年之光④，是一切有之自我（ātman）。汝为一切有之自我。汝为
谁，则我为谁。”彼（梵）曰：“我是谁？”应答曰：“实性（satyam，真理）。”“何谓实
性？”“凡异于诸天、诸元气者谓实（sat，实在、实有）。而诸天、诸元气谓性（tyaṁ，
[代词] 彼、那）。此即‘satyaṁ’所表示者。彼包含全世界。汝即全世界。”⑤7
夜珠为其腹，娑摩为其头，黎俱为其体，惟应视彼为，不灭者大梵——此为大智
者，由吠陀而成（brahma-maya）。彼（梵）问之：“汝何由得我阳性名？”“以元气

① 缪勒释 Ambās 为吠陀圣典（sruti），Ambāyavīs 为理智、觉谛（buddhi），Ambayās 为导向梵智之河。

② Bṛihad、Rathantara、Śyaita、Naudhasa 等，皆为娑摩歌咏之名。

③ 缪勒释为月亮的光线，于理亦通。

④ 意为时间之起源。此译依 B 本，“为……光”原文为“bhāryāyai retas”；A 本此处为“bhāyās etad”（由光所生，故为……光）。

⑤ 以 satyam 为包含 sat 和 tyam 二分，亦见 BṛihII · 3 · 1。

(prāṇa, 阳性),”彼应如是答。“何由得我阴性名?”“以语言 (vāc, 阴性)。”“何由得我中性名?”“以意 (manas, 中性)。”“何由得香?”“以呼吸。”“何由得色?”“以眼。”“何由得声?”“以耳。”“何由得食物之味?”“以舌。”“何由作业?”“以双手。”“何由得苦乐?”“以身。”“何由得极乐、性快感、子嗣?”“以生殖根。”“何由行?”“以双足。”“何由得思想、知识、愿欲?”“以般若,”彼应如是答。彼 (梵) 曰:“信然,原初之水是我世界①,彼亦属汝。”凡大梵所胜者,所得者,皆为彼所胜,彼所得,彼知此者——噫,彼知此者! ②

伽吉耶夜尼的说法,又被称为座前智 (Paryaṇka-Vidyā)。此即人死后,亡灵在梵天的宝座前被考问时,应准备的正确答案。实际上,在此则奥义书中,亡灵要经历两次考问。两次的答案分别涉及对自我的轮回和永恒的知识,实际上包含了对自我存在的两个层面,即时间性的与常恒的层面的反省。第一次考问是亡灵在月宫待半月后,月神对他的考问 (“汝为谁?”)。给出正确回答 (“我即是汝”) 的灵魂即入天神道 (Devayāna, 或曰北道),由此到达梵界,否则 (若答以自身姓名) 乃经过父祖道 (Pitṛyāna, 或曰南道) 返回人间。第二次是已走上天神道的灵魂,经历一系列的考验到达梵界后,梵对他的考问 (“汝为谁?”)。正确的回答仍然是“我即是汝”,但亡灵还被要求阐明梵的自相。若回答正确,亡灵就能与梵合一;但如果回答错误或未通过考验呢?——这里没有谈到。其第一次的答案,阐明了自我处在相续轮回中的存在,与耆跋厘的学说基本一致。在这里,自我实质上被等同于元气。而第二次的答案,则阐明了自我作为意识的内容,其说发展了桑底厘耶等的识论。在这里,般若 (思维) 被认为是自我的本质。综合起来,伽吉耶夜尼之说阐明了自我的两个方面,即元气与般若,前者为轮回生灭,后者则恒常不变。

伽吉耶夜尼的学说虽然看上去较为粗糙,但可以看出它包含了对已在更早的奥义书思想中发展的两方面内容,即轮回说与识论的综合。其说亡灵经过的路径,属于轮回说的内容,而其区别元气、意、般若 (此处作识解),属于识论的内容。故伽吉耶夜尼的学说,必以奥义书已有的轮回说和识论为前提。这两方面的内容,分别被包含在亡灵的两次回答之中。

首先,对月神提问的正确回答 (“我即是汝”),阐明了自我的轮回的、时间性的

---

① 梵在这里被等同于 Hiraṇyagarbha (金卵)。在吠陀传统中,金卵被认为是宇宙创生以前漂浮于原初之水中的世界胚胎。在奥义书——吠檀多思想中,金卵被认为是大梵的一种分位。

② KauṣI · 2—7。其中第 2 节后面部分、第 7 节开始为韵文,译文亦以诗体出之。

方面，与耆跋厘的“五火二道”说有渊源。伽吉耶夜尼说人死后灵魂升到月亮，由此分别进入父祖道和天神道。其入父祖道者，乃作为雨水降落于地，化为虫、蛾、鱼乃至人等生命；而入天神道者，须经火、风、婆楼那界、日、因陀罗界、生主界，最后入于梵界。耆跋厘的说法是：亡灵于父祖道，须依次入于烟气、夜、朔月、太阳南行之半年、父祖界、月、空、风、雨，然后作为雨水降落于地，化为食物，转化为人的精液，注入女人之腹，生而为人，死后再入轮回；而入天神道者，则入于火、昼、望月、太阳北行之半年、天神界、日、光焰界，于是被一由意念所生之人引入梵界。《唱赞奥义书》中，荼跋拉提出的轮回线路与这两家也大同小异①。尽管耆跋厘的说法较复杂，但伽吉耶夜尼的说法对元气、意、识的明确区分，则反映了奥义书较成熟的识论的成果，而这是耆跋厘的学说中见不到的，因而在这里还是设想二者来自某种共同的思想渊源比较合适。在两种说法中，智都在决定轮回方面起到根本作用。但在这里，比起耆跋厘的说法，伽吉耶夜尼的说法显然吸收了奥义书更新的思想成果。这在于：其一，在耆跋厘学说中决定轮回趋向的智，就是对于轮回路径的知识（五火智），而伽吉耶夜尼所谓的智则是对轮回的自我的实质的了悟（“我即是汝”），后者在耆跋厘五火说中尚且阙如，故五火说只涉及轮回，而伽吉耶夜尼之说则企图把轮回说与对自我实质的反思整合起来；其二，五火说以为人依业得父祖界，依智得天神界，也相信依正智脱离轮回，但对智的性质及其与业的关系缺乏充分说明，而伽吉耶夜尼则以为，智既然是对自我实质之知，就超越了一切当前的境界，超越了“昼夜、善恶，及一切有二相”，因而超越一切业，其所谓正智超越一切有限性、超越善恶业之说，亦为五火说所未到。所以，此则奥义书的思想比耆跋厘说更为晚近。

月宫答问之超越以往陈说、真正有独到价值的看法就在于对自我的时间性的思考。其云：“哦，季节！从彼光耀者（月），从彼十五分（即朔月），父祖之居所（亦指月亮），精液得聚集。被置于能人，由彼注母身。于是我便作为第十二、三月，由十二、三分之父（即年）而生。我知此，亦知反此者。哦，季节，请带我入永恒。我已由此真理、苦行而成为季节，为季节戚属。我为谁？我即是汝。”这里月亮作为季节、时间的象征，被与季节等同。而我由季节而生，即是季节，故我的实质乃与月亮等同。这些带有寓言性质的说法，实际上旨在表明宇宙、自我就是时间。后面I·6说的更直接，其云：“我乃季节，乃季节戚属。我从虚空藏而生，乃为女人（而备）之精液，乃年之光（根源），是一切有之自我（ātman）”。此奥义书还说，人唯有

① 其谓得圣智者的亡灵入于火、昼、望月、太阳北行之半年、年、太阳、月、闪电，此处由一非人士夫引至梵（ChānIV · 15）。

知宇宙、自我是时间，才能超越时间，达到永恒。而奥义书论及自我的时间性，无外乎两点：一是自我的相续流转，即它永远在轮回中迁流；此则奥义书同此，其说自我是时间，指的是自我就是轮回中的三世的统一体。二是自我的变灭无常，乃针对人的当前身心状态而言；而在此则奥义书中，联系到它后面表明的唯心立场，故自我的变灭无常应指心识内容的念念生灭，而感觉是最变灭无常的。其中，轮回流转的自我就是元气，而感性意识最符合变灭无常的特点。因此在伽吉耶夜尼学说中，作为时间之自我，实际上应包括两个层面的内容，即元气与意（感性意识）；其中自我作为感性意识的层面，联系下文对伽吉耶夜尼的心识理论的分析，会更明确一些。

此则奥义书对灵魂回答月宫提问后归宿的说明，也颇有深意。凡对此问给出正确回答（"我即是汝"）的灵魂，即知道存在、自我就是时间者，便可进入天神道，最终达到永恒的梵界；而不知存在、自我就是时间者，乃重回生灭轮回。人如果不知道存在、自我就是时间，就会是盲目地处在时间的魔掌中，永溺生死轮回之海。反之，人只有知道了存在、自我就是时间，才可能领会那超越时间的永恒绝对，即心识最内在的本体（见下文）。此则奥义书实际上以一种类似寓言的形式，指出了精神的两种归宿。

将自我、存在的实质说为时间，在印度思想中有悠久的传统。早在《黎俱》中，便有阿贾氏（Aghamarṣana）仙人提出时间说（Kāla-vāda），为印度最早的宇宙生成论，以为年（时间）通过和原初洪水相互作用生成了世界万物（ṚVX・190・1—3）。梵书和《阿闼婆吠陀》乃进一步以为时间就是至上神（生主）、大梵。比如Sat BrāX・4・2・2："生主即年，创造了一切事物，包括有呼吸的与无呼吸的、人与神。" Sat BrāX・2・4・1—3："信然，生主即是年，且阿耆尼乃其全部所欲。此生主、年，乃生欲望：'我其为自己造一自我，以得阿耆尼乎？'……彼乃造一自我，以得阿耆尼，一切所欲者，彼自身乃成为一切所欲者；彼以外无有可欲者。"《阿闼婆吠陀》以为时间是世界的创造、毁灭者，是生命和死亡。一切存在皆是时间之子，时间则是永恒的根源。其云："时间生苍天，时间生大地。已有将有者，时间促彼生。时间生宇宙，时间促彼行，时间安立彼。时间诚为梵，支持胜持氏（生主）。时间于泰初，创造诸生命，创造彼主宰（生主）；惟彼自存者：伽叶与达帕（热力），皆时间所生。"①。从《阿闼婆吠陀》和梵书的说法，可以解释伽吉耶夜尼的一些独特观念。此类说法包

---

① AVXIX・53・5；9；10。另外AV XIX・54・1："时间生诸水（宇宙质料），时间生大梵，时间生热力，时间生诸方。"

括：(1) 至上神、大梵、自我就是时间；(2) 时间是一切存在的根源、本体；(3) 一切存在受时间支配，故变灭无常，唯时间本质为常恒之实体；于是，(4) 人若知自我就是时间，就会领悟自我为常恒，故超越时间的变灭无常，证得永恒的境界。这些观念便可以直接地和伽吉耶夜尼的时间思考衔接起来了。

## 二、永恒的自我：梵

接着，伽吉耶夜尼所谓座前智，则继承、发展了奥义书较成熟的识论的结论。在奥义书最早的轮回思想，还没有反映出作为奥义书思想特征的深刻自我反思。比如耆跛厘的轮回说，认为亡灵在月宫变为神的食物，即须摩汁（等同于精液），然后经历空、风、雨等，降落于地，变为食物，后者在人吃后变成精液，精液在母胎中再变为人。这实际上是把自我的本质理解为食物或精液（二者其实相同）。这种自我理解当然是很肤浅的。在《唱赞奥义书》中，茶跋拉的学说规定轮回的自我的本质是元气，即自然的生命机能（ChānV · 1 · 1—5）。这些说法都没有达到奥义书的自我理解的应有深度。典型的奥义书式的自我观念，是把自我理解为绝对的心识，后者亦是存在之真理、本体；识是自在自为的意识，它不是色身、元气之类的生理、心理存在，而是后者的本源，不是物质自然的产物、属性，而是其根源。最早体现这种绝对反思的是《唱赞奥义书》的桑底厘耶说。其说充分吸收梵书的自我理解，规定自我的本质是意或感性意识，此意识乃为世界之根源与基础（ChānIII · 14）。在伽吉耶夜尼的说法中，月宫问答透露的自我理解，与耆跛厘、茶跋拉学说一致，而其所谓座前智，将识或般若（prajñā，在早期奥义书中往往与后来用来专指识的 vijñāna 在同样意义上使用）明确与元气（prāṇa）、意（manas）区分开来，而且成为思想、知识、愿欲的根源，则是对桑底厘耶等的识论的进一步发展，尽管后者的心识绝对化观念在这里也许并未被接受。

Kauṣ I · 3—7 描述的进入梵界之后的灵魂经历，实质上象征一种精神修炼的经历。这种修炼的宗旨是以自己心识之力，进入内在的自我，最后凭借吠陀的帮助，领悟心识之最内在存在。其云灵魂既行天神道，遂依次入于火界、风界、婆楼那界、日界、因陀罗界、生主界、梵界。灵魂游历此诸界的路径，其实是奥义书相应的观想的实在化。进入梵界以后，灵魂还要经过贪恚湖、制贪时、不老河、如意树、强弩城、无胜幢、因陀罗和生主、广大堂、远照床、无量光座、意、眼、诸天女、诸母、诸保姆、小母河，最后与大梵合一。

其说极为混乱、模糊，可能由某一原始文本退化而来。但可以确定：其一，它暗示了一个观想的过程，盖人若生前如是观想自我、梵，死后灵魂便会依如是次第到达梵（灵魂于天神道的全部旅程应皆准此解）；其二，这观想大致是在阐明一个心灵逐渐内向化的过程，灵魂超越感性（贪恚湖）、时间（不老河），及昼夜、善恶等有二相，最后与自我最内在的本质，即大梵合为一体。其中，贪恚湖代指人的情感；昼夜代指一切时间性的东西；昼夜、善恶等亦代指一切有二相，即有差别、对立的存在。如意树、强弩城、无胜幢、因陀罗和生主、广大堂、远照床、无量光座、意和眼二净女、诸母、诸保姆、小母河，要皆象征人的不同心识内容，然而其具体所指，则多暧昧含糊。其中远照床即般若，无量光座即元气。余者往往所指不明；缪勒释广大堂为“由我慢（Vibhu）所成之堂”，释诸母（Ambās）为吠陀圣典，诸保姆（Ambāyavīs）为理智、觉谛（buddhi），小母河（Ambayās）为导向梵智之道，但此则奥义书是否对心理内容有如此成熟区分，尚可置疑。

按伽吉耶夜尼之学，灵魂应超越包含差别对立的、感性的、时间性的存在，进入不二、恒常之纯粹自我。这一点，通过I·4的灵魂经历得到较清晰表现。其云：“彼至贪恚湖，乃以意渡之。既至此，彼唯知当前境者，则溺。彼遂至制贪时。彼等皆逃去。彼至不老河，亦唯以意渡之。彼于此脱落善恶业。其亲朋承其善业，非亲者承其恶业。于是，适如驾者俯视车之二轮，彼亦如是俯视昼夜、善恶，及一切有二相。彼人既离善业，离恶业，为知梵者，乃趋向此大梵。”其义略释如下：(1) 贪恚代指人的全部情感，而“彼唯知当前境者，则溺”一句表明在这里贪恚湖实际上象征人的全部感性，因为感性意识的特点就在于只取当前、直接的境相，而不见普遍本质，故灵魂若执现境必陷溺其中，不能自拔。这一句话表明人若要获得真实自我，就必须超越那直接、表面、偶然、动荡的感性意识，追寻更本质、内在、普遍的自我。(2) 昼夜代指：其一，一切时间性的东西；其二，一切有二、有差别的表象。伦理的善、恶行为也包括在有二相之内。在这里，昼、夜等有二、有差别相，指的是感觉可知的东西、现象界，而大梵则是超感觉的存在、实体界。感觉、现象有二、有差别、有变异，而超越现象界的大梵则不二、无差别、恒常。(3) 不老河象征时间或世界。盖I·2和I·6以为时间本身作为变化之大全，不受变化支配，说之为永恒，且人若证自我即时间则得永恒；若与此联系起来读解，则I·4中所谓“不老河”就是象征时间以及全部生灭变异之世界。人的贪恚等内在情感、昼夜等外在表象、善恶等行为，都属于时间。此则奥义书，重点强调的应当是感性意识的时间性，故不老河指的应当就是感性意识，后者作为纯粹偶然的生生之流，最充分体现了时间和变易。人既已渡不老河，即超越时间、感性，乃进入自我的纯粹存在领域，即梵界。灵魂的这种经历也象征观想的次第，在这种观想中，思想逐渐否定时间性、现象性的存在，即经验、自然，而领悟到超越了时间、现象及一切经验内容的永恒、不变的真理，即超验的实体，并且意识到这实体就是意识、自我。也就是说，在这里，奥义书思想首次领会到一种否定了自然和经验心识的超验意识实体。这意味着奥义书的精神已开始脱离更早的元气论的自然反省和识论的经验反思，具有了一种超越反思，而且是内在反思。它开始否定自然思维和经验唯心论，进入超验的、形而上学思维的层面。

然而在伽吉耶夜尼学说中，超验反省作为奥义书最早的形而上学形态，仍然是试探性的、而且非常模糊的，显得幼稚、笨拙：(1)《考史多启奥义书》的神话、寓言式的表述，在这里显得十分笨拙、幼稚，神话、寓言表达的模糊性、随意性使得自我作为超越的意识实体的意义变得含混且动摇；另外对亡灵历程的观想带有强烈的经验、心理学色彩，使得自我实体对经验、自然的否定变得很模糊。这些都使超验反省在这里大打折扣。(2) 另外，对自我作为超验实体的观想，也被置于沿袭自耆跋厘、荼跋拉等的灵魂往生图景中，因而自我实体作为轮回流转的对立面的意义没有真正突显出来，这表明其是否真正得到清晰的领会都很成问题。而且，同许多早期奥义书的情况一样，此则奥义书既无理智的推理，亦无系统的修证，因而其结论似乎只能来自对传统的因袭再加上幼稚的想象。这些都极大地减损了其超验反省的价值。(3) 此座前智对究竟何为梵的实质缺乏明确回答，也使超验反省显得很不确定。I·6的回答，首先表明自我即是时间，亦即处于相续轮回中的元气，此与I·2所说一致；其次它亦表明此自我、大梵包括超越了元气和诸天，即超越了时间的层面，此则为I·2所未到。大梵是“实性 (satyaṁ)”，是“sat”（实：诸天、诸元气）与超越它的“tyaṁ”（性，彼岸的实体）之总体，故曰大梵“包含全世界”，“就是全世界”。总之此奥义书所谓大梵实际上包括了两个意义层面，即时间（感性）与超越时间（超感性）的层面。然而此超越层面究竟何指？它与感性的关系究竟为何？就此则奥义书而言，这些都是极为模糊的。这超越者的实质可能就是元气、般若（在这里二者其实是同一的）。然而在此则奥义书最后，梵天宣布：“信然，原初之水是我世界，彼亦属汝。”梵由于超越了差别、粗显的感性表象，故进入无差别的混沌状态（原初之水），后者被认为是存在的初始状态。在这里，自我、大梵似乎被等同于吠陀—梵书中飘浮于原初之水上面的“金卵”(Hiraṇyagarbha)，而其具体所指在此亦很模糊。

从Kauṣ I的全篇看来，结合在伽吉耶夜尼学说中的两部分内容，即轮回说与绝对自我观念，最终也没有达到真正的思想综合。二者对于自我本质的理解相互矛盾：这里亡灵的第一次考问的答案，实质的思想与耆跋厘等的轮回说一致，亡灵在月中变为须摩，后来洒落大地，变为众生，这实际上是把自我理解为精液或水，总之其实质是一种具体的、物质的基础；而第二次的答案，即所谓座前智，则是把我等同于大梵、绝对，为超越时间、感性的实体，这显然是以更早的奥义书中的绝对自我观念为基础，而加以超验化的结果。然而在这里作为绝对实体的自我，与作为精液、雨水之自我，显然是格格不入的。在伽吉耶夜尼的学说中，甚至没有看出将二者调和起来的努力。

## 三、两种观想

与自我的两个意义层面对应的，是伽吉耶夜尼学说实际上包含的两种观想。

其一，是与感性、时间之我相应的轮回观想，这在月宫问答中得到体现。奥义书关于轮回的种种古怪说法，乃是服务于观想的。耆跋厘的五火智就是一种观想；《考史多启奥义书》第四章依次提出梵是日中人、月中人、闪电中人、雷中人、风中人、虚空中人、火中人、水中人、镜中人、影中人、回响中人、声音中人、睡梦中人、此身中人、右眼中人、左眼中人，也是以之为观想的途径（KauṣIV · 5—18）。然而这种观想的内容，到底是从何而来呢？可能主要有两方面来源：首先是修定中出现的幻觉。因为奥义书受土著思想影响，出现了苦行、禅定等的修行。这中间，人们由于高度集中注意力观想，以及禁食等原因，可能会出现一些幻觉。此时在修行者脑海中浮现的事物，有些可能是此生经历过的，有些则似乎此生没有经历。若遇到后一种情况，那么设想其可能在过去的生命中经历过，可能也是很自然的。其次濒死体验也毫无疑问是这种观想的来源。古代埃及、巴比伦宗教都涉及灵魂转生的问题，而且差不多所有现在的原始宗教都有人死后灵魂脱离肉身，漂移到别处的信念。这都与人的濒死体验有关。人临死前有许多大致相同的意识经验，比如灵魂脱离身体，融入某种光明、某种永恒、神圣的存在之中等等。而且由于这种体验受文化启发，故同一文化中人们这方面体验的相同之处就更多了。比如在行火葬的民族中，人濒死时出现像亡灵随火焰上升，到达天上（太阳、月亮）的印象，乃是很自然的。但也可以肯定濒死体验中必然也有些是完全偶然的。由于奥义书这方面内容是服务于观想的，前辈流转的关于亡灵趣向的这些体验、观念，也在修行者的观想中被强化，成为濒死时实际体验的内容。这使得奥义书轮回说的元素逐渐积累，从而形成了系统的理论。

其二，是与恒常、不二之我相应，对自我实质的观想，这在灵魂回答梵天提问的所谓座前智中得到体现。然质其所观境界，亦甚平庸。其 I · 6 阐明我为时间，即开示了一种观想。奥义书接着说："彼（梵）曰：'我是谁？' 应答曰：'实性'（satyaṁ）。'何谓实性？' '凡异于诸天、诸元气者谓实（sat）。而诸天、诸元气谓性（tyaṁ）。此即 satyaṁ 所表示者。彼包含全世界。汝即全世界。' 夜珠为其腹，娑摩为其头，黎俱为其体，惟应视彼为，不灭者大梵——此为大智者，由吠陀而成（brahma-maya）。彼（梵）问之：'汝何由得我阳性名？''以元气（prāṇa，阳性），'彼应如是答。'何由得我阴性名？''以语言（vāc，阴性）。''何由得我中性名？''以意（manas，中性）。''何由得香？''以呼吸。''何由得色？''以眼。''何由得声？''以耳。''何由得食物之味？''以舌。''何由作业？''以双手。''何由得苦乐？''以身。''何由得极乐、性快感、子嗣？''以生殖根。''何由行？''以双足。''何由得思想、知识、愿欲？''以般若，'彼应如是答。凡大梵所胜者，所得者，皆为彼所胜，彼所得，彼知此者——噫，彼知此者！"由此可见：(1) 梵的概念在这里仍然保留了其最原始的意义，即作为吠陀之整体（"夜珠为其腹，娑摩为其头，黎俱为其体，惟应视彼为，不灭者大梵"），而处在向作为宇宙精神本体的过渡中；(2) 其对自我实质的观想，也仅仅揭示了自我由诸根构成，其中意、般若等精神原理被与呼吸、生殖等生理功能混杂在一起，表明这种自我反省仍然完全停留于梵书的元气论阶段，没有什么新的内容。这种观想，也唯有当我们把它与Ⅰ·3,4对自我的超时间、超感性意义的阐明衔接起来，才可以看出它对梵书的陈词滥调的超越之处。

伽吉耶夜尼学说最有价值的内容，在于对自我作为超验实体的领会，自我就是一个否定了一切经验的表象、差别、变易和时间性的自在自为、独立自足的存在，即实体。唯实体作为经验的否定，才能在时间、现象的流动中保持绝对的自身同一。唯有作为实体，自我才摆脱了外在和内在自然的支配，真正具有了自身尊严。奥义书思想在这里开始否定自然思维对直接现实性的执着，进入超验的、形而上学的思维层次。它首次展示了一种形而上学区分，将时间性的、感性的、经验的现象之我同超越时间、感性、经验的实体之我区分开来，唯后者才是自我的究竟真理。唯自我才是实体，唯实体才是真正现实的自我。唯作为实体的内在性（意识、思想），而非桑底厘耶至波罗多陀的经验意识，才是自我的本质内在性。其说体现了奥义书最早的超越思维，而且由于领会到超验实体与自我的同一，因而其超越思维同时是一种超验的自我反省。精神由于其对经验的、自然的存在的彻底否定，便从自然精神脱胎为宗教精神。

伽吉耶夜尼的形而上学，在观念层面表现了奥义书超越思维包含的双向精神运动：一方面是精神否定经验、自然的存在，确立超验实体为自为的真理。精神这种对觉性和它自身的自然的彻底否定和超越运动，在现象学上验证了其内在的自舍的积极活动。另一方面是精神扬弃这超验实体的客观性，确立其与自我的同一。精神这种主观、内向化运动，在现象学上表明其内在的自身维持势用已展开为对自我的实体性的维持。正是这自舍、自反势用的历史展开，推动奥义书超越思维的形成。然而精神内在的自主势用已经被传统规定、被对立的自在势用（精神的内在惰性）抑制。唯有在本体自由的促动之下，这些自主势用才能恢复其本真的无限性，从而战胜精神惰性的抵消，冲破传统的规定而历史地展开。本体自由的呼唤和倾注，促使精神内在的自舍、自反势用扬弃自然、经验的现象界，进入超验的实体界，展开为对实体的自主设定，推动精神实现真正的超越的自由。本体自由一方面促使精神的自身否定势用克服了传统的桎梏和自任势用的抵消，展开为对其全部的直接实在，即自然的彻底否定，从而推动省思脱离自然思维的逍遥顺化，转化为真正的精神超越，或否定的理智；另一方面促使自反势用克服实体的客观化和自我的自然化，确认实体与自我的同一，从而推动超验反省的形成。总之，奥义书的超越思维最终是在自由推动下形成，就是自由实现自身的方式、途径。正是在自由推动之下，精神解开自然的魔咒，挣脱外在自然的囚笼和经验意识的梦魇，打破物质强权的欺凌和自身主观任意性的奴役，离开粗俗、卑琐和低贱，获得自己自为、自足、高贵的存在和独立的价值。易言之，精神自己首次成了真正的主人。

奥义书的上述形而上学区分，是印度精神的自由进一步展开自身的出发点。一方面晚期奥义书和《薄伽梵歌》在此基础上提出幻化说（māyā-vāda），将现象界、自然的存在贬低为幻相（māyā），唯超越、恒常、不灭之大梵本体为真实；这一进展很大程度上奠定了吠檀多派的思想基础，并催生了大乘佛学的如幻性空思想。其次原始佛教的基本世界观，乃是由处在永恒的生灭相续中的、时间性的缘起法，即生死轮回的此岸，与否定了时间性的、不生不灭、寂静常住的涅槃境界，即超越生死的彼岸的对立图景。这一图景正是以奥义书的绝对形上学对时间性的自然与超越时间的本体的区分为前提的。这一世界观图景决定原始佛教的宗教理想，脱离了自然、现象界的束缚，进入作为这现象界之否定的涅槃之境。同理，耆那教对生命的厌恶，及其永恒寂灭的解脱理想，也是受到了奥义书对超越实体的阐明启发。

在后来由梵佛对话主导的印度思想发展中，晚期奥义书的幻化说与原始佛教的涅槃理想逐渐交融。在佛教方面，首先正是由于受奥义书幻化论的影响，导致初期大乘如幻性空思想的产生，这一影响使原始佛教在人生观意义上对现实世界的否定转变为般若大乘在本体论意义上对世界存在的真实性的否定；其次，奥义书的绝对主义形上学的持续渗透，也使在原始佛教中隐藏的绝对本体，在大乘佛学中成为显明的①，大乘佛教用所谓真如（tathatā）、空性、法性、实相（satya）、实有（bhūtatā）、实谛（tattva）、实际、胜义、法界、法身、不二、绝对、涅槃、寂灭、佛性，当然是要描述

① 吴学国：《奥义书与大乘佛学的发生》，《哲学研究》2010 年第 3 期。

某种作为万有本质的、形上学的绝对①，而这些描述，绝对多数皆是汲取奥义书的形上学而来②。在印度教方面，晚期奥义书即开始受到原始佛教厌恶生死、追求涅槃的悲观态度影响，进一步扩大了自然与本体界的鸿沟，自然与现实生活的意义被彻底否定，厌世求脱的人生观日益突出③；另外大乘佛学从晚期奥义书幻化论发展而来的性空如幻论，反过来影响吠檀多思想的发展，导致吠檀多不二论的形成④，不二论不仅把幻化等同于佛教的虚妄分别，故以为由幻或摩耶产生的世界完全是空，而且认为梵或自我实相就是"非有亦非非有，亦非有且非有"（USI·13·20, 15·49），故即是空性（本无）⑤，因而使早期吠檀多的形而上学区分上升为真正的存在论区分（存有与本无的区分），本无既超越现象，亦超越本体界，了无所住，故对它的领悟破除了对本体与现象界的双重执着，精神由此才实现彻底的自由。

从自然思维到超越思维的转化，是精神内在的必然。在希腊思想中亦可看到与之平行的发展。从毕达哥拉斯开始，希腊思想就开始意识到古人执着的感觉的、变灭流行的现象世界，可能不是究竟的真理，因而试图寻找一种超越感觉、现象和时间性的永恒原理，作为万物的基础、真理和实体，比如数。巴门尼德区分可感的现象世界和可知的实体世界，前者变灭、虚假，后者恒住、真实。阿那克萨哥拉提出了努斯（nous）的概念，努斯是无限、自主、纯粹、单一、独立的，不与任何事物混合的原

---

① Conze, Edward, *Buddist Thought in India*, George Allen&Unwin LTD, London, 1962.225—226；Nakamura, Hajime（中村元）, *Indian Buddhism*, Motilal Banarsidass, 1987.168—169。长尾雅人说，空"不是归于虚无。它勿宁说是揭示了一个肯定的绝对存在"，"当佛教徒用'空'表达一种强烈否定时，它同时亦肯定地意指绝对的实在"（Gadjin Nagao, *Mādhyamika and Yogācāra*, State University of New York Press, Albany, 1991.209）。

② 松本史朗：《缘起与空》，中国人民大学出版社 2006 年版，第 133、134、137、140、141 页；霍巴德等主编：《修剪菩提树》，上海古籍出版社 2004 年版，第 251 页；凯思：《印度和锡兰佛教哲学》，上海古籍出版社 2004 年版，第 243 页。凯思也说："大乘佛教无疑从奥义书的传统中借用了有关世界的终极真实性的观念。"（《印度和锡兰佛教哲学》，第 252 页）。长尾雅人认为奥义书的绝对为后来佛教的空论的基础 Nagao，Gadjin（长尾雅人），*Mādhyamika and Yogācāra*, State University of New York Press, Albany, 1991.209）。

③ 拉达克利须南说："在佛陀以后的所有思想家都生活在出世的阴影之下。出家人的僧袍象征了生命的目标。尘世欲望的罪性被夸大。"（Sarvepalli Radhakrishnan, *Indian Philosophy Vol.1*, the Macmilian Company, London 1924, p.609）

④ 拉达克利须南说："龙树的否定逻辑，将经验还原为现象，为不二论哲学准备了地基。"（Sarvepalli Radhakrishnan, *Indian Philosophy Vol.1*, the Macmilian Company, London, 1924.669）另有学者亦云："可以毫不夸张地说，商羯罗的哲学只是装在新瓶子中的龙树学。"（Mahendra P.Mittal（Ed），*Buddha and Early Buddhism* Vol.1, Originals, Delhi, 2002.140）

⑤ 吴学国：《存在·自我·神性：印度哲学与宗教思想研究》，中国社会科学出版社 2006 年版，第 268—269 页。

理，因而是一个超越所有现象事物的、永恒地自身同一的精神实体。从上述思想中，我们可以看到超越的、形而上学的思维正在形成。而柏拉图和斯多葛派思想可以视为希腊形而上学的典型代表。柏拉图认为那永恒、不动的超验的理念世界或实体界才是世界存在本质、真理，而处在时间之流中的现象界或自然则是前者的虚假幻影。实体与现象之间是原型与摹本的关系。斯多葛提出逻各斯为世界灵魂，其中包含一切存在者的种子，后者包括内在的和超越的两部分，前者是世界的形式，后者则是超验的本质，超越时间与因果，永恒不变。无论柏拉图的逻各斯还是斯多葛派的超验灵魂，都是自为自足的精神实体，它们超越经验、自然存在，而且反过来成为后者的基础、根据。

与伽吉耶夜尼的超验反省相比，希腊哲学的形而上学显然更加成熟、清晰、严谨。无论是在伽吉耶夜尼还是希腊的形而上学中，都没有建立一种主观、内在的反思。这在于，在希腊形而上学中，逻各斯、实体对于精神的自我仍然呈现为一种外在的东西，精神没有意识到它其实是属于自我的，因而其反思缺乏主观性。在伽吉耶夜尼学说中，实体被认为就是精神的自我，但这实体的内在性，即它与意识、思想的同一，仍然很不确定，因而实体性仍然可能是外在于意识的，因而其反省缺乏内在性，甚至还不是真正的反思。在这两种情况下，超验的主观反思（即领会自我的内在存在就是超验实体）都无从建立。在此后的奥义书（比如《羯陀》）思想中，超验反省不仅克服了其在伽吉耶夜尼学说中的含糊性和不确定性，而且克服其单纯的外在性，领会到自我实体就是内在的心灵，因而成为超验反思。

唯实体是绝对自身同一、自为自足的存在。唯实体具有固定的、绝对由自己规定的自身空间。这空间是完全自我满足的，具有不可入性。这种不可入性，通过奥义书和古希腊思想的形而上学区分得到充分表述。这区分表明实体就是对自然、现象的否定。实体是这样一个超越的原理，以至时间、变化、因果性乃至任何在自然中发生的事件，对于它的本质都没有任何影响。也就是说，所有自然物乃至任何它者都不能侵入这实体的内在空间。它在这里是绝对自己规定自己的。唯有作为实体，自我才真正具有了尊严。就其社会性而言，我的存在不仅包括我的身体，而且包括了我的全部劳动成果、全部财产。这些东西构成我的存在空间，或者说，作为社会的存在，我就是这一空间。自我唯有领会到了它自身的实体性，才会意识到它的不可入性，它的空间的不可侵犯性，这就是它的尊严；而自我对于这空间内的东西的完全占有，就是它的权利，权利是尊严之体现于实体与其内容之关系者。自我唯有意识到它是实体，才会意识到它的尊严与权利。从这里我们也可以看出中土思想的另一个重大缺陷：它不仅没有任何真正的反思（见本书上一章的讨论），也没有任何超越思维。盖超越思维在于对那否定自然的实体或本体的领悟，而中土思想始终被局限在自然思维的狭小天地里，将自然、直接的现实当作唯一、绝对的实有，所以像奥义书和古希腊思想那种实体领悟在这里从未发生过。因而一种超验反省或反思，在中土传统中是不可能存在的。在这里，自然的时间性、天地乾坤之生生不息的洪流被尊为最深刻玄妙之真理，冥契自然、与时俱化、顺物而为被认为是最高明的智慧。一种否定了经验的时间、因果性，否定了天地宇宙，将一切自然的、异己的存在排斥在外的超验实体、自我，在国人固有的意义世界中完全未曾存在。中国人的自我从未成为实体，不具有绝对自为的存在和自身独立的空间、主权，易言之他从未曾有过作为人的尊严和权利。在这里，自然的、物质的强权彻底摧毁了自我的自身空间，取缔了人的尊严。在强权渗透下，中国人连最起码的尊严和权利都荡然无存。无论是对他脚下的土地还是他双手创造的财富，他都没有绝对不可侵犯的主权，甚至他的身体也经常沦为他人任意处置的对象（从古人登峰造极的肉刑到今人的“批斗”）。造成这种精神灾难的根本原因，是精神的反思和超越思维没有得到发展，使中土精神始终处在自然思维的幼稚性和卑贱性中，本质的精神自由尚未开出，精神仍处在对自然母亲的儿童式依赖和崇拜之中，没有获得真正独立[①]。而决定这种思想局面的一个关键因素，是大一统专制国家的建立，一方面以其伴随的强大思想专制，扼杀了精神的活力，精神的自由失去了进一步展开的空间，精神无法挣脱自然开辟出新的世界，其本质自由的实现之路完全被阻断了；另一方面它使统治者的绝对物质权力强大到使每一个臣民没有任何力量与之抗衡的程度（在专制社会必然是国家越“大”，臣民越“小”），使他的个人空间完全被摧毁。所以，伽吉耶夜尼学说，尽管与古希腊形而上学相比，颇显幼稚粗糙，但与中国思想相比，仍显其高贵与纯洁，因而即使对今天国人的精神，仍然能带来有益的启迪。

诚然，伽吉耶夜尼学说只表现了奥义书超越思维的最初级阶段。在这里，省思最早开始试图把握那超验的实体世界，因而很难把握得足够清晰、准确，因而超越思维在这里仍然是很不完善的：(1) 超验反省被不恰当地置于传统的灵魂往生图景中，因而变得模糊。盖自我的超越性就是对经验的时间性、对生命的流转轮回的否定，因而将它置于轮回的框架中，表明它可能并没有得到十分清晰、确定的领会。另外，对亡灵历程的观想的强烈经验、心理学色彩，也增加了省思的模糊性；此则奥义书的寓言、隐喻式表达，也使思想变得更加含混、随意且动摇。(2) 同许多早期奥义书的情况一样，此则奥义书既无理智的推理，其修证亦无系统，因而其结论似乎只能

---

① 吴学国：《关于中国哲学的生命性》，《哲学研究》2007 年第 1 期。

来自对传统的因袭再加上幼稚的想象，而且其理论内部（沿袭来的往生说与其自己的宗义）并没有达到真正的协调。这些都使超验反省在这里大打折扣。(3) 对于此超验自我的实质，此则奥义书的说法很不明确。它可能是元气或般若（心识）。如果是后者，那么这超验反省同时也是内在反思。但我们从文本中只能看到几句飘忽不定的提示。所以在这里，超验反省仍然是外在、抽象且动摇的。伽吉耶夜尼这种思想的局限性，也反映了宗教精神的现实自由的局限。首先，超验反省的抽象性、外在性，在现象学上表明精神内在的自反势用的无限性再次被（精神内在的惰性）阻断，没有展开为对自我的内在存在即心灵、思想的自主设定。其次超越思维的模糊含混，意味着精神对自然的否定还有待进一步彻底化，这也在现象学上表明精神内在的自舍势用的活动也被（精神内在的惰性）抑制，未能展开其现实自由。这种精神的局限，也只有通过自身的进一步展开才能被克服。本体自由作为精神的永恒生命、良心，必然通过其呼唤和倾注，促使精神的自主势用恢复其本真的无限性，从而在奥义书宗教精神中进一步展开，推动超验反省的进一步发展。其中，精神自舍势用的持续展开，将推动超验反省彻底否定自然思维的残余，排除添加在超验实体之上的经验的、现象的内容；自反势用持续展开，一方面将推动超越思维对实体的领会更加确定、更加具体化，另一方面它作为主导势用必将推动超验反省的内在化，即领悟超验实体就是意识、思想，使其成为真正的反思。《六问奥义书》中被归属于毕钵罗陀的学说，就初步体现了这一精神进展。

## 第二节 毕钵罗陀

《六问奥义书》(Praśna Up) 所载的毕钵罗陀 (Pippalāda) 学说，代表了奥义书超越思维的进一步发展。《六问奥义书》被归属于阿闼婆奥义书系列[①]。所谓阿闼婆奥义书，即被归属于《阿闼婆吠陀》之诸奥义书，乃是一批数量众多（Colebrooke 辑有 52 种）、篇幅较小且形成年代很晚的奥义书。这些奥义书被归宿于首那伽学派

---

① 商羯罗说《六问奥义书》乃是《蒙查羯奥义书》之增补部分（Swami Gambhirananda: *Translation of Commentaries of Śaṃkarācharya on Upaniṣads*, Praś I · 1, Advaita Ashram, Kolkatta 1957），值得怀疑。若以此二书相较，《六问奥义书》论大梵、自我仍表现出与早期奥义书的元气说的内在关联，也沿袭早期奥义书的散文对话体，而《蒙查羯奥义书》中，则大梵已完全脱离元气，而且此书体裁亦改为晚期的直陈的韵文体，还有同样重要的是《六问奥义书》像早期奥义书一样，没有开示明确的修道论，而《蒙查羯奥义书》则提出了系统的修道论，其中甚至出现了依神恩得救的巴克提 (bhakti) 思想因素。这表明二者可能不属于同一时代，其中《蒙查羯奥义书》的时代应当更晚。

(Śaunakīya Śākhā)、毕钵罗陀学派(Paippalādi Śākhā)等学派。所谓的阿闼婆奥义书，其实绝大多数与《阿闼婆吠陀》并无实质关联，而是因为其出现既晚，而彼时前三吠陀皆已有固定学派专之，且门禁甚严，故此诸新书不能掇入；而《阿闼婆吠陀》本身编成既晚，亦无专门吠陀学派持守，故这些来历不明、甚为可疑的新奥义书，乃掇于其末。唯《六问奥义书》就其内容可能实为隶属《阿闼婆吠陀》的，其书多处与《阿闼婆吠陀》之元气歌(AVXI·4)有关(如其II·7后二句来自AVXI·4·19)。但此书被归诸毕钵罗陀，亦有疑点。其开头六婆罗门问道于圣者毕钵罗陀之事，似为模仿Sat BrāX·6·1和ChānV·11·1中六位婆罗门问道于该祇夜的故事而来。与之前的诸说不同，这里毕钵罗陀之说，大部分内容见于《唱赞》、《广林》、《考史多启》、《羯陀》、《蒙查羯》、《白骡》等其他奥义书。这确定地表明它有很大部分内容是沿袭了其他多种奥义书而来。作者很可能只是把能得到的已有文本编为一个整体。故此奥义书的最终定形，应当处于奥义书晚期。尽管如此，它并没有明确接受上述奥义书中已出现的，从自然生命(元气)向内在心识的转向。也就是说，此奥义书的作者对于原始文本还是有一定选择性的。所以，尽管其形成年代甚晚，肯定在《羯陀奥义书》之后，但它反映的思想大体属于奥义书典型的绝对唯心论尚未成立的早期阶段，其内容不仅大大早于晚期的《蒙查羯》、《蛙氏》诸书，中期的《羯陀》，甚至早于《广林》、《唱赞》、《考史多启》等早期奥义书的许多片断。故我们在这里将其学说置于《羯陀》之前。

同奥义书中常有的情况一样，在这里的每一对话中，显然都是结论预先决定了所提的问题(不知道结论就不可能那样发问)，全部对话只是结论的展开。此奥义书共分六章，每一章皆先由一位婆罗门提出一组问题，然后圣者毕钵罗陀作答并在结尾标出其观点。从其观点与所提问题的对应看来，应当是前者决定后者。因而这些观点是原始内核，整个对话是随后构造出来的。在这种情况下，这种对话的情节，与其说是记事，不如说就是寓言。另外六人各自所问及毕钵罗陀的回答，皆颇不相谐，且思维水平有很大差别，似乎不属于同一时代。其中有的思想与梵书紧密衔接，故其年代亦必甚古；而有的思想甚至反映了数论学的萌芽，应当属于奥义书晚期。所以这里的情况肯定是，此奥义书的作者借用梵书中六婆罗门问道的情节，将他接受的奥义书诸学说组织起来(尤以最后一章最明显体现了综合、杂糅的特点)——而对于这些文本的思想相关性缺少关注。这也意味着，这故事的情节，恐怕不会比大乘佛经及《庄子·内篇》所载之事更可靠；而其中出现的人物，也不会比文殊、普贤、维摩，或鸿蒙、狂屈、列缺之属更真实。因而此则奥义书的内容亦不必实为毕钵罗陀所说。我们权且在名誉上将其归属于他。

毕钵罗陀学说乃是从茶跋拉、考史多启、爱多列亚的较朴素的元气论发展而来，与伽吉耶夜尼学说不一定有亲缘关系。其说糅合的特征非常明显，意义甚为杂乱。相对于前此的元气说，其根本的变革是将元气与自我区分开来，从而提示了自我对于自然生命，乃至对于一切世间存在的超越性。其说在本体层面将元气与自我区分为两种截然相反的存在：元气是包含一切变易的、不断流逝的、生灭无常的，是所有时间性的东西之全体；自我则是不变、不易、不流、不逝、不坏、不老、不死、断灭(nirodha)、寂静、无畏的绝对、彼岸，是超越时间的本体，它还被说成是“无影、无体、无血、清净之不变者”，这也表明了它的绝对超越性；另外自我是永恒自足的实体，而元气则由自我产生且以之为基础，没有独立的自性，它被比喻为自我投出的飘忽不定的影子。元气是一切生灭转变的时间性东西的根源、全体，统摄了全部现象事物，而绝对自我是处在生灭流行的现象界之外的恒常不变、没有时间性的超越实体。这种对元气与自我的区分，乃是一种清晰、明确的形而上学区分，与柏拉图对自然、感觉的世界与理念界的形而上学区分，具有实质的一致性。奥义书思想通过这种区分把握住实体或本体的观念。正是通过这样的观念，自由凝聚为现实的思想，精神的本质自由转化为必然的。

此外，毕钵罗陀学说主要内容尚有：(1) 十六分说，相对于茶跋拉说理论上有很大进步，其以为自我本是“无分而常存不灭”，却转化生出十六种名色，先是生出元气，后依止元气生成信仰、五唯（虚空、风、火、水、土）、根、末那、食、力、苦行、真言、业、界、名，若人复归于自我，其名色亦复融入自我的一味恒常的自体；(2) 生主或自我先创造出元气 (prāṇa) 和物质 (rayi)，然后由这二者配合创造世界的宇宙生成论图式，与前所谓十六分说不谐；(3) 元气（实际上是元气中的出气 [udāna]）为轮回之承载者，人死时诸根入于意，意入于元气，元气入于出气，出气携此进入其所念之界，与此相应，轮回道与解脱道得到了明确区分；(4) 从本体论层面对自我的三种状态即醒位、梦位、熟眠位的阐明；(5) 依 Om 敬思大梵整体之法。

相对于伽吉耶夜尼学说，毕钵罗陀学说也取得了充分的思想进步。它克服了前者对元气与自我的颟顸不分，以及表述上的混乱、随意和含糊，并且完全抛弃了前者的往生说框架和幼稚的神话、隐喻式陈述，使形而上学区分得到完全清晰、确定的形态，因而超越思维在这里获得了充分的明晰性和确定性。总之，奥义书的超越思维在此取得了长足进展。这一思维进展也是由自由推动的。在这里，超验反省对于伽吉耶夜尼学说的自然思维残余的彻底否定，对添加在实体之上的自然赘瘤的切除，表现了精神的自身否定运动的持续展开，从而在观念层面验证了自舍势用的积极活动；而它对实体的领会之确定、明晰和巩固，则表现了精神持续的内在指向活动，从而在观念层面也验证了自反势用的积极活动。在这里，精神终于彻底脱离现象的领域，进入实体的国度，扬弃了自然的自由，具有了本质的自由。兹且将《六问奥义书》的思想，阐述如下：

## 一、元气之为绝对

此奥义书的内容以婆罗门跋罗埵遮（Sukeśan Bhāradvāja）、娑底耶迦摩（Śaibya Satyakāma）、伽吉耶（Sauryāyaṇin Gārgya）、阿湿婆罗衍（Kauśalya Āśvalāyana）、毗陀比（Bhārgava Vaidarbhi）和迦旃衍（Kabandhin Kātyāyana）[①]六人问于毕钵罗陀而展开，此即其得名六“问”（Praśna）之由。书云此六人皆敬事梵、精思梵、欲求梵。彼等为此而执薪投圣者毕钵罗陀之门，求为开示。圣者说：“请居此一年，修苦行（tapas）、净行（brahmacarya）、正信（śraddhā）。此后随汝所问，我将为汝开示无余。”盖苦行、净行、正信，乃是持受梵智必要的前期准备[②]。六人修行一年后，遂请问于他。此奥义书第二章，即由毗陀比之所问及毕钵罗陀的问答构成，揭示元气为存有之绝对原理，生成并包括万物。其思想与此奥义书中其他部分差距很大，而与梵书和早期奥义书的元气说一致，故它应当是此奥义书中思想最古老的成分。PraśII·1—13 云：

> II·1 于是薄伽婆·毗陀比问之曰：“先生，有几多天神（deva）持此生命体？几多照耀此（色身）？何为其中最殊胜者？”2 彼遂答之曰：“如实，空即是一神——风、火、水、土、语言、意、视、听亦是。彼支持此生命体，曰：‘吾等支撑、护持此身躯（bāṇa）！’3 于是元气，彼中最殊胜者，谓之曰：‘汝其勿坠妄见！如实，我区分自我为五分，（以此）支持、维护此身！’4 彼等不信。彼因骄傲，拟（从此身）向上逸出。于是，当其起身，则所有它神亦起身（欲离）；当其栖止，则所有它神亦栖止。于是，如群蜂随蜂王之起而起，随蜂王之止而止，语言、意、视、听亦皆如是。彼等遂满足而赞彼元气曰：5 彼如火生热。彼即是太阳。彼即是雨水。彼即因陀罗。彼即是伐育（风）。彼亦即是土，物质与天神，为有及非有，

---

① 根据商羯罗，Bhāradvāja、Śaibya、Gārgya、Āśvalāyana、Bhārgava、Kātyāyana 皆为族名。Bhāradvāja、Śaibya、Sauryāyaṇin、Āśvalāyana、Bhārgava、Vaidarbhi、Kātyāyana 皆为父系名（Sauryāyaṇin 意为 Sūrya 之孙。Bhārgava 意为 Bṛgu[吠陀仙圣] 之后人。Bhāradvāja、Śaibya、Āśvalāyana、Kātyāyana 分别谓 Bhāradvāja、Śibi、Āśvala、Kātya 之子）。Vaidarbha 为古印度国名。Ait BrāVII·34 曾提及有 Vaidarbha 国之王名 Vaidarbha 者，Vaidarbhi 设为其胤。

② Rohit Mehta 释云：“严肃的探究要求人有旺盛的精力，尤其是心理方面的。苦行是弃绝非本质因素的程序。它有助于将心从非本质东西的缠缚中解脱出来。这带来心理能量的释放。净行则有助于保持这释放的能量。”（Rohit Mehta, *The Call of the Upaniṣads*, Praś I·1, Motilal Banarasidas, Delhi 1970）

以及恒有者。6 如辐集于毂，一切归元气：《黎俱》之诗颂，《夜珠》之仪式，《娑摩》之赞歌，祭祀、婆罗门，及王者种姓！ 7 汝即是生主，运行于母胎。汝由此复生。即于汝元气，众生献祭品，汝居诸元气。8 汝为诸天之，最胜承祭者。汝是初祭品，以献于父祖。诸吠陀仙圣，汝是其真业，彼为阿闼婆、案吉罗后嗣。9 汝是因陀罗，以汝之光辉。汝为禄陀罗，以是庇护者。如日行空界，汝为光明主。10 嗟乎元气神，当汝行雨水，属汝之众生，皆欢喜愉悦，思量将有食，满一切欲故。11 汝为流浪者 (Vrātya)①，为唯一仙圣，汝即为食者，为一切真宰。我等献汝食，汝为风 (Mātariśvan) 之父。12 惟汝之自体 (tanū)，居言、视、听中，于意中持存，愿彼为吉祥，而不离我去。13 元气之德能，包含全世界，乃至第三天。愿汝护我等，如母护其子。愿赐与我等，智慧与吉祥。”

诸根尝相互争论孰为最胜，而最终以元气为最殊胜的寓言，为梵书和早期奥义书经常谈到的素材，ChānI・2, V・1—2；KauṣII・14；BṛihI・3, VI・1 及 PraśII・1—4 皆述及此。其中 ChānV・1—2 和 BṛihVI・1 基本内容相同，可能来自同一文本；而 PraśII・1—4 和 KauṣII・14 较少文学性修饰，可能根据的是更早的版本。

此段奥义书认为元气即是生主，为一切存有中最殊胜者，包括全世界，这与梵书和奥义书早期的元气论是一致的，而与此奥义书其他部分的立场相差甚大。盖《阿闼婆吠陀》和梵书就已开示元气就是生主、原人，永恒不死，为宇宙中最尊者，为万物的主宰、包容者、根源，总之元气在这里被视为存有之绝对本质 (AVXI・4；SATVI・3・1・9, VIII・7・4・21, IX・1・2・32)。茶跋拉和考史多启代表的奥义书早期元气论，也是将元气视作这样的绝对。然而此奥义书的 I・3—4 和 III・2—3 节，则将自我同元气区分开来，以为元气是生灭流动的自然存在，而自我是恒常、不灭的实体或本体，元气由自我产生，故自我代替元气成为绝对；这种看法属于奥义书成熟时期的立场，可比照阿阇世 (如 BṛihII・1・17,20)、耶若婆佉 (如

---

① 商羯罗释“Vrātya”为“未引入者”，而释此句意为：“因汝为最初生，故无人引汝，故汝为未引入者。此谓汝为自性清净者。”其中“自性清净”义，没有文本根据；而“未引入者”义，亦堪斟酌。盖婆罗门传统中，“Vrātya”一词本为贬义，指未被引入正统婆罗门社会者，即出身于前三种姓但未适时持受十净法，或为刹帝利女子与首陀罗男子所生而被排除于种姓之外者；亦泛指无种姓者、流浪者、乞食者；然而在《阿闼婆吠陀》(AVXV) 及此奥义书中，它都被用来庄严元气、原人。此处释“Vrātya”为“流浪者”，理由有二：其一，AVXV 就已形容原人为在诸方流浪的灵魂，故此解已有典据，而且此奥义书属于《阿闼婆吠陀》，其内容多处反映后者思想，故其接受此义是很自然的；其二，在奥义书时代，游方乞食已成为哲人赞赏的生活方式，大梵、自我之超越种姓的意义得到强调，故以种姓之外的流浪者称誉元气、自我，谅有以也。

BṛihIII·4·1)、沙那库摩罗（如 ChānVII·26·1）之说。

文中所谓“天神”（deva），指组成世界和生命体的要素，既有物质的也有精神的，包括空、风、火、水、土、语言、意、视、听等。文本所谓它们支持此生命体，意思是说它们聚合起来构成这生命体。在支持现实生命体的所有这些存在中，元气是最殊胜、最根本的。因为如空、风乃至语言、视、听等，即使离开，生命体仍能维持，若元气离开，则生命体必然死亡、瓦解。其后面的偈颂，说元气是火、太阳、雨水、因陀罗、伐育、禄陀罗、《黎俱》、《夜珠》、《娑摩》、祭祀、婆罗门、王者种姓、土、物质、天神、有、非有、恒有，又说元气之自体居言、视、听、意之中。奥义书这类表述往往包含了双重含义：元气既是包容、涵载所有物质和精神现象的全体，也是产生它们并在其中持存的本体。II·11 说：“汝为流浪者，为唯一仙圣，汝亦为食者，为一切真宰。”其中仙圣（ṛṣi）、食者（attṛ）、真宰，都是说元气是认识、支配其他存在的主体，而所谓流浪者（Vrātya），乃是形容元气是众生之超越种姓的内在本质。这一则奥义书的全部思想，基本上都可以在《阿闼婆吠陀》、梵书和早期奥义书中找到。

## 二、十六分说

在此奥义书除第 II 章以外的部分，自我被与元气分离；元气被认为是一切差别、转变的事物的直接根源；自我包括元气及其全部产物，然而其自身是常住不变的。此奥义书第 VI 章，结合已有的十六分说，表明了这种思想。PraśVI·1—8 云：

> VI·1 于是苏克哂·跋罗埵遮问之：“先生，拘舍罗王子希蓝衍那跋，尝过余问曰：‘跋罗埵遮，汝识彼十六分之人乎？’我告此少年：‘我不识之。我若知之，能不告汝乎？信然，人若作一诳语，则由底萎败。故我不应作诳语。’我现问汝：‘彼人现在何处？’”2 于是彼答之曰：“噫，吾友！彼十六分由之生起之人（Puruṣa），正在此身中。3 彼自思惟：‘我由谁之升起（utkrānti）而升起，由谁之安住（pratiṣṭhā）而安住？’”4 彼遂生（sṛjate）元气（prāṇa）；由元气生信仰（śraddhā）、虚空（kha）、风、火、水、土、诸根（indriya）、意、食；信然，由食生力（vīrya）、苦行、真言（mantra）、祭祀、诸世界（lokā）；于诸界中有名（个体存在）。5 譬如诸江河，向大海奔流，当其入海，则自身消失，其名色（nāma-rūpa）消灭，人仅称之为唯一大海；如是此全知者（补鲁沙）之十六分，当其趣向补鲁沙，达到补鲁沙，乃自身消失，其名色消灭，人仅视之为唯一补鲁沙。彼无分而常存不灭（amṛta）！于彼有偈云：6 诸分依止彼，如辐于轮毂。我且知彼为，至上补鲁沙！人应识知彼，免为死所害。7 于是彼（毕钵罗陀）曰：“我如是知至上梵。无有超越彼者。”8 彼等赞之曰：“汝诚为

我等父，以汝引我等过无明，达彼岸故。”敬礼至上仙！敬礼至上仙！

梵书就常常将至上神、生主等同于年，由此出发，生主又进一步被等同于半月，盖年由二十四半月组成；而每一半月皆有十五天，是为生主之十五分，此外尝有一分过渡至下个半月者，是为第十六分；月之亏盈即生主之消长，其中每日皆有一分生成或消失，然尚有第十六分为常住不灭者，是为生主之本质（Vāj SaṃVIII・36）。或曰生主有十七分，以元气为独立一分故（Sat BrāX・4・1・17—19）。由于梵书相信生主与人同构，故人亦与年相应被分成十六分①。此十六分说，在早期奥义书中经常被提到。比如 BṛihI・5・14 说生主即是年，具十六分。其说以为生主的内容、属德日有增减，以半月为期，故说生主即半月或年。BṛihI・5・15 曰人亦具十六分，十五分为财（属性、部分、表象），第十六分为自我，唯财有增减，而自我无增减。在 ChānVI・7，优陀罗羯亦提及人有十六分，说其十五分皆依止于食物，而第十六分则依止元气，并对此进行了论证。唯荼跋拉在 ChānIV・5—8 中列出了十六分的内容，其以为自我、大梵有物质、诸方、光明、元气四足，其中每一足又包括四分，总为十六分，此即：天、空、地、大洋、东、西、南、北、火、日、月、闪电、气息、眼、耳、意。

此则奥义书显然在不同程度上沿袭了上述思想，并予以发展。其所谓十六分为：1. 元气，2. 信仰，3.—7. 虚空、风、火、水、土五唯，8. 根（十根被视为一体），9. 末那，10. 食，11. 力，12. 苦行，13. 真言，14. 业，15. 界，16. 名。它认为自我本是“无分而常存不灭”，却产生出这十六分②；后者囊括了世界的全部存在（即名色），包括所有物质和精神现象在内③。此十六分之人，即在此时此处，它就在吾人身内④。彼既有创造

---

① 年与人之同构，梵书亦早有发明，如 Sat BrāXII・3・2・1—4（有删节）：“年有白天黑夜，人有出、入二风；年有五季，人有五气；年有十二月，人有十二种气息；年有三百六十夜，人有三百六十骨；年三百六十昼，人有三百六十种髓。”

② 商羯罗释云：“彼因无明而现似有多分，后者唯彼之执受。应以正智泯除此限制补鲁沙之部分，而使补鲁沙呈显出来。此即说多分生于补鲁沙之理由。补鲁沙不增不减，而因其执受之属性现似有差别。”（Gambhirananda, Swami, *Translation of Commentaries of Śaṃkarācharya on Upaniṣads*, PraśVI・1, Advaita Ashram, Kolkatta, 1957）

③ Chinmayananda 说：“此处所谓 kalā 被译为分（parts），其实应译为相（facets，方面）更合适。彼无限、常恒存在不能像有限物体一样可包括部分，如人身体包括四肢。它是同一之整体。此说只是针对执着于有限经验者的一种譬喻。”（Swami Chinmayananda, *Discourses on Upaniṣads*, PraśVI・1—2, Central Chinmaya Mission Trust, Mumbai, 1952—1954）

④ 商羯罗释曰：“所谓（十六分之人）‘在此身中’，谓如虚空在宇宙中。虚空是宇宙基础，然彼亦入于万物，故亦被视为被万物限制于内。”（Gambhirananda, Swami, *Translation of Commentaries of Śaṃkarācharya on Upaniṣads*, PraśVI・2, Advaita Ashram, Kolkatta, 1957）

的欲望，乃通过其所造众色相而显现自身，并给予每一色相以名称，于是名色世界被创造出来。

至于这十六分产生的过程，首先是由自我（Puruṣa，原人）生出（sṛjate）元气。自我由于其内在欲望，即欲得其由之升起、安住之存在，即十六分，而进行创造。其第一步是直接从自身流射（sṛjate）出元气。其次，自我又通过元气生信仰、五唯、诸根、意、食。在这里自我似乎是这发生过程的监督者，元气则为直接行动者。自我以元气为直接质料，一方面生成物质世界，另一方面生成人的全部生理、心理机能。最后，自我通过食生力、苦行、真言、祭祀、诸世界、名（人的个体存在、报身）。此谓人因进食而有气力，故能施苦行、持真言、行祭祀，因而入诸界、得报身①。此十六分即自我（补鲁沙）之名色。自我执受此名色而现似为不同的现实个人。自我由十六分升起（utkrānti）而升起，盖由十六分从自我分离或产生，自我之名色差别亦由此产生故；复由十六分之安住（pratiṣṭhā）而安住，盖以十六分复归于自我之本体，自我亦归其本体故。商羯罗释云："如江河入海，其名字消失，唯有一味之海。如是十六分以补鲁沙为归宿，当其与补鲁沙同一，即自身消失。人若知此，则离诸分。诸分为无明、贪、业所生。当彼消失，智者因对无分者之知，而得不死。"②谓若个人复归于自我，其自身存在即消失，其名色亦消灭，而融入自我的无差别、恒常的自性中，如百川入海而为一味。

从上文看来，与茶跋拉及以前的说法相比，此奥义书的十六分说，显然更成熟一些。这在于：首先，它把视角从宇宙论的、外在的方面，转移到属于人的生命自身的、内在的方面，人的内在生命被认为是宇宙、世界的基础；其次，它提出自我生元气，由元气直接生其余十五分的模式，因而自我、元气、现实生命三者的关系更明朗；另外它在这里用构成物质世界的虚空、风、火、水、土五种元素（五唯）代替天、空、大洋、火、日、月等粗显的宇宙现象，也表明其对自然界的认识大大深化了。

此则奥义书许多内容为由其他文本杂糅而来。除十六分说对已有文本的沿袭之外，其开头王族问道于婆罗门，后者不知而转问他人的情节，于 BṛihVI · 2，

---

① 商羯罗："彼创造根身已，复创造食物，以为其维持。然后由人吃进之食物，创造力以作诸业。然后创造苦行，即自制。然后创造圣言（四吠陀）、业、界。复于界中创造名。"（*Translation of Commentaries of Śaṃkarācharya on Upaniṣads*, PraśVI · 4）

② Translation of Commentaries of Śaṃkarācharya on Upaniṣads.PraśVI · 5。另外 Chinmayananda 释云："吾人平日执着于外境。当我收回我之意、诸根及其他分而内指，彼等即融入大有，如江河入海。"（Swami Chinmayananda, *Discourses on Upaniṣads, PraśVI* · 5, Central Chinmaya Mission Trust, Mumbai, 1952—1954）

ChānV · 3—10, KauṣI 皆有类似的版本；其云自我因欲成为多，而从自身流射出名色，与 ChānVI · 2 · 3 中优陀罗羯的说法一致；以江河入海比较个人融入自我，亦见于 ChānVIII · 10, MuṇḍIV · 2 · 8；以信仰为生命之种子，最早见于 ChānV · 4 · 2 和 BṛihVI · 2 · 9 所载的耆跋厘五火说；所谓十六分依止自我，如辐于轮毂，亦为奥义书中常见的譬喻，BṛihI · 5 · 15, II · 5 · 15, ChānVII · 15 · 1, KauṣIII · 8 等皆有相同或类似的表述。

此则奥义书明确区分元气与自我，以为自我是超越的实体，是一味无别、常恒不变的绝对，而一切差异、转变皆归属于元气的转化，生灭无常的自然、生命之流，全都是元气的展现。这一思想影响了奥义书乃至整个印度传统对本体与现象的理解，此如中后期奥义书的常恒一味的自我与转起差别且不断迁流的幻化或无明；吠檀多派的绝对梵我与流转的执受；数论的无为清净的神我与不断转变、生起世界的自性；佛教的不动、无生、一味的真如法界与如幻如化、刹那生灭的缘起法等对立的图式，皆可视作上述思想的延伸。然而此则奥义书对元气与自我的这一区分并不很彻底。盖自我通过元气生十五分，尚可理解为自我从外部监督、影响元气，使其从自身分化、转起十五种法，类似数论的神我对自性转变的影响，然而自我生元气，则似乎不能作此解释。文中以为自我是从自身流射出元气，如此则自我不仅是活动的，而且是与元气、名色同质的，这就与自我作为绝对实体的超越、不变、无差别相矛盾。对这一矛盾，此奥义书 III · 3 节通过以人与地上的影子（chāya）定义自我与元气的关系，而从理论上给予了解决。

## 三、元气与物质作为两种基本原理

对于上述矛盾，I · 4—8 提供了一个在奥义书思想中很独特的方案。它设想生主或自我先创造出元气（prāṇa）和物质（rayi），然后由这二者配合，创造世界。与 VI 所说的不同，生主在这里似乎把创造万物的工作委托予元气和物质，故这后续创造是这二者的独立行为，而生主则超越这过程之外。PraśI · 3—16 云：

I · 3 于是伽盘底 · 迦旃衍上前问曰："如实，先生，众生何由而生？"4 彼遂答之曰："信然，生主（Prajāpati）欲得众生（prajā）。彼乃修苦行。彼修苦行已，乃生物质（rayi）与元气（prāṇa），以为配偶。思维：此二者其以多方为我造众生乎！"5 "如实，太阳是元气；如实，物质自身是月亮①。信然，物质即是此处一切，

① 商羯罗释云太阳为食者（主体、归宿），为火；而物质为食，即须摩，而须摩常被与月等同。

有形者（mūrti）与无形者。是故，一切有形者皆是物质。”6 是以，当太阳升起于东方，彼遂集东方（众生）之元气于其光线。当其照耀于南方、西方、北方、下方、上方、中方，当其照耀众生——于是集（众生之）全部元气于其光线①。7 彼遂作为遍在（vaiśvānara）、具种种相（viśvarūpa）之元气、火焰升起。有偈开示此说云：8 彼具种种相、金色知一切、为究竟归依（parāyana）、为唯一光辉、且施与热量、具千光百色，彼太阳君临，为众生元气②。9 信然，年即是生主。彼有二道，曰南道与北道③。是以，信然，彼唯以祭祀与善行为务者，唯得月界。信然，彼等复由此（月界）返回。是故凡欲得子孙之仙圣乃行南道。此道即父祖道，如实即是物质④。10 然则彼依苦行、净行、正信、正智而追求至上我者——彼等由北道而得日界。信然，彼（日界）即元气之依处（āyatana）⑤。彼即不死者（amṛta）、无畏者。彼即究竟归宿。彼等不复由彼返回——如其所言。彼即（轮回之）灭尽（nirodha）。就此有偈云：11 人称其为父，五足十二相，具丰沛之水，住天之上部。或称彼照远，乘七轮六轴（之车）⑥。12 如实，月份即是生主。其暗之半月为物质，其明之半月为元气。是以仙圣于明之半月行祭；余者于另外半月行祭。13 如实，昼夜即是生主。于中昼为元气；夜为物质。信然，彼若于白昼行欲乐（性交之乐）者，则浪费其元气；彼若于夜间行欲乐，则为净行。14 如实，食物即是生主。由此生精液，由精液生众生。15 是以，人若行生主之法（即修生主之苦行），乃生子嗣。人若有苦行、净行、守真，则彼如实得梵界。16 彼无邪伪欺诈者。

此则奥义书亦采用了梵书、奥义书中常见的生主、至上神通过欲望、苦行而创造世界的模式。生主先产生创造的欲望，然后通过苦行实施创造。生主既为究竟圆满，故其欲望不为摄取、补充，反倒是要抛出自身之丰赡。婆罗门传统所谓苦行，概指一

---

① 商羯罗释曰所谓太阳以其光线吸收一切存在即是说“它使彼等与自身同一。”（*Translation of Commentaries of Śaṃkarācharya on Upaniṣads*, Praś I · 6.）

② 此偈亦出现于 MaitVI · 8，在后者为开示元气与太阳之同一。

③ 分别谓太阳南行或北行之半年，见 BṛihVI · 2 · 15；ChānIV · 15 · 5，V · 10。

④ 此谓人若追求物质利益，而积福德，则入父祖道。此福德之行包括二者：一为行祭祀、奉吠陀，曰 iṣTa；二为作善行，利众生，曰 pūrta。

⑤ āyatana：住处，领域，座，如佛教所谓“十二处”（dvādāśa āyatanāni）。

⑥ 此偈为ṚVI · 164 · 12。“五足十二相”为年之五季、十二月。七缰者（亦见于 AVXIX · 53 · 1—4），似指年之七分，即半年、季、月、半月、昼、夜六分，再加上年而为七分；或曰年之七季，谓每二月一季，共六季，加上年而为七季（Sat BrāX · 2 · 6 · 2）；亦有释七轮为阳光之七色者（Swami Chinmayananda, *Discourses on Upaniṣads*, PraśI · 11, Central Chinmaya Mission Trust, Mumbai, 1952—1954）。六轴，学者或释为六季，然似乎释为宇宙之六方（东、南、西、北、上、下）更合理。

切勉力而为之事，包括劳作、禅定、思维、抉择、忆念等；它在这里指的就是创造过程本身①。

生主通过苦行，乃生物质（rayi，阴性）与元气（prāṇa，阳性），以为配偶。“rayi”谓资财、物质，本义为被给予、提供之物②，指生命中消极、被动、惰性的存在；元气则是积极、能动的方面，是生命的主体性。奥义书以此二者分别为创造世界的被动和主动原理，类似于中土之阴阳二气③。世间万有，以及众生生命，皆是此二者无尽的相互作用的产物。

不过“rayi”的意义与今天通常所谓物质还是有区别的。它首先包括一切自然物，有形的（mūrti）及无形的（指有固定形状的与流动的）、粗显的或微细的（感官可取的与不可取的）。其次它与元气的界限是不确定的，比如商羯罗等多位注家释它为食（annā），然而一切物皆为它物之食，以粗显、有形之物消解于微细、无形之物故，“一切粗显、微细之物，无非食与食者。若统而论之，一切有皆是食，以皆为它物吸收故。若于其中加以区分，则粗显者应为微细者之食，以其为后者所吸收故。”④这说是说物质与元气的区分是相对，因而前者也可以包括所有生理、心理的现象，如视、听、意等。因视、听等由根本元气所生，故为后者之食，而它们亦可以更粗显的东西为食。因此，物质有无量行相、无量差别。物质与元气，即奥义书后来所谓食身（annāmaya kośa）与元气身（prāṇamaya kośa）。

生主被认为是万有之究竟统一体。一方面，物质与元气最终产生于，而且依止于同一本体，即生主，“食与食者之实质为同一存在，即生主，而变为二分”。⑤另一方面，生主遍入、流通万有之中，将其融贯起来。§14 说食即是生主，由此生精液，由精液生众生，即是指生主显现为食、精液、众生。吠檀多学者以为，在食与食者的无尽转化链条中，绝对自我显现为一切事物，“生主生食，故食亦是生主。食生精液，

① 如后来吠檀多学者所解释：“彼所修苦行，乃是对自在对将来世界的思想的一种比喻说法；即有这种思想，彼遂从自身将世界投射出来，此即与众生业力相应的，为轮回的众生在醒位、梦位、熟眠位所经历的，存在于时间和空间中的名色世界。”（Gough, A.E, *The Philosophy of the Upaniṣads and Ancient Indian Metaphysics*, Kegan Paul, Trench, Truebner, &CO.LTD, London, 1891.82）

② 其动词根是 rā：给予、赋予、提供。

③ 此奥义书以被动者、太阳、光明之半月、白昼指元气，以能动者、月亮、阴暗之半月、夜指物质，与中土阴阳观念无异，且吠檀多传统中即有释此二者为阴、阳（femi—masc）二种原理者（Ram K.Piparaiya, *Ten Upaniṣads of Four Vedas*, Yatisha Creations, Mumbai, 2003.575）。

④ Swami Gambhirananda, *Translation of Commentaries of Śaṃkarācharya on Upaniṣads*, Praś I・4, Advaita Ashram, Kolkatta, 1957.

⑤ *Translation of Commentaries of Śaṃkarācharya on Upaniṣads*. Praś I・4.

故精液亦是生主。故吾父是生主，其食生主、育生主、排出生主，我由此而生，故亦是生主”。① 生主由此将世界万有贯通起来。

此则奥义书还试图表明物质以元气为根源、依止，“物质依止元气，如月亮之光依止太阳”。② 物质是月亮、食，元气是太阳、食者。§7、§8说元气、太阳遍在（vaiśvānara）万有之中、转起种种相（viśvarūpa）之元气、火焰③，为万有之最终归宿，即是全知的绝对主体、众生的生命。在这里，元气作为物质的根源、本质、归宿④。似乎就是生主、绝对者。在早期奥义书中，元气与自我、生主的区分经常被模糊化。

此则奥义书还保留了婆罗门传统中古老的日说残余。§7,8说太阳滋养一切生命，转起一切行相，为万有提供能量，为一切众生之生命。§10说日界为元气之依处（āyatana），为不死者（amṛta）、无畏者，为（轮回之）灭尽（nirodha）、究竟归宿。显然在这里，太阳被与生主等同了。其云由北道而得日界，即入于不死者、无畏者而不复返回的说法，可能袭自ChānV·3—10。

它也保留了始于吠陀的时间说（kāla-vāda）。在吠陀和梵书中，太阳崇拜往往与时间崇拜结合起来，太阳以其运行规定时间，故它被认为就是时间。在此则奥义书中，时间被区分为年、月、日。其中每一个皆包含物质与元气二分，故皆是生主。首先年是生主。商羯罗注曰：“物质与元气即是年、生主，以年由日、月所生故。”⑤ 年包含南道与北道，即太阳南行或北行之半年。南道为父祖道，人若追求物质利益而积福德，则入父祖道，故奥义书云此道即是物质。北道为天神道，人若为得至上我而修苦行、净行、正信、正智，则入此道，最终通向不死之元气，故云此道即元气。月亦是生主，包含暗之半月与明之半月，二者分别为物质、元气。日亦是生主，包括昼、夜，亦分别为物质、元气。为何书云白昼行交媾之乐为浪费元气（生命）而夜间寻欢则否？大概因为淫乐属于物质，然而白天属于元气，其时心地清明，应为人生更紧要之事，故耽于性交之乐为浪费生命；而夜晚属于物质，心无它务，故求淫乐也宜。故人之祭祀、作业、起居、修持，皆必因时而为。

总之，对于迦旃衍的问题“众生何由而生”，较完整且逻辑上一致的答案应是：

---

① S.Chinmayananda, *Discourses on Upaniṣads*, *Praś* I·14, Central Chinmaya Mission Trust, Mumbai, 1952—1954.

② Rohit Mehta, *The Call of the Upaniṣads*. *Praś I·1, Motilal Banarasidas*, Delhi, 1970.

③ 吠檀多学者或有释Vaiśvānara为众生生命之本质，viśvarūpa为无生命的物质宇宙之本质者（*Discourses on Upaniṣads*. Praś I·7），亦可备参考。

④ 或有注者曰以太阳照亮一切行相，奥义书于此说其变似众相，故其说仅为譬喻（S.Chinmayananda, *Discourses on Upaniṣads*, *Central Chinmaya Mission Trust*, Mumbai, 1952—1954. Praś I·7），亦可备考。

⑤ *Translation of Commentaries of Śaṃkarācharya on Upaniṣads*, Praś I·7, 8.

由生主生物质与元气，物质经年、月、昼夜，转化为食，众生食之而生精液，由精液生众生。

此则奥义书将自我理解为不死者（amṛta）、脱离轮回之灭尽（nirodha）状态，这实际上是将它与处于轮回中的、生灭相续的元气区分开来。这意味着元气是不断演化的、有时间性的，而自我则是无时间性的、寂静一如的境界。然而从上文我们可以看到，奥义书的思维在这里尝缺乏足够的力量将这一区分贯彻下去；在后面的行文中，元气似乎又被与生主、至上我混同起来。

另外，与奥义书中占优势地位的优陀罗羯所说实有生成水、火、食三有然后通过三有创造名色以及后来白骡、慈氏诸书提出的在至上神支配下由三德创造世界的理论不同，此则奥义书提出了在一个究竟的超越者的支配下，阴阳二种原理相互作用生成世界的模式，这本是一种很好的理论尝试，可惜在印度传统中没有得到继承和发展。

## 四、元气与自我

元气与自我之更明确区分，见于此奥义书第三章。此章的主要内容为元气之由自我生成、进入色身、自身分化以及往生等。其云：

III · 1 于是考沙厘耶 · 阿湿婆罗衍问之："先生，此元气何由而生？云何进入此身？云何区分其自身，安立其自身？何由离开（此身）？彼云何支持外界？云何支持自身（adhyātma）？" 2 于是彼答之曰："汝问太多。然我说汝为最胜婆罗门。是故我将告汝。" 3 此元气乃从自我（Ātman）而生。譬若人有影，彼亦如是连接。藉意之作用（manokṛtena），彼进入此身①。4 如王令其官，曰：'汝其治理此或彼诸村'，如是此元气一一主宰诸元气。5 下气（apāna）居于排泄、生殖根。上气（prāṇa）安立自身于眼、耳，以及口、鼻。而在中间者为平气（samāna，或曰

① "manokṛtena"，依商羯罗释，此指人之来生，为此生命终时意念的结果，如人投影于地；盖意念决定行为，行为决定往生。杜伊森认为，从语法上，此词应为"mano'kṛtena"，谓"勿须意之作用"，此即是说人此身中的生命只是至上我的无意识投影（Paul Deussen, *Sechzig Upaniṣaden des Veda*, F.A.Brockhaus Leipzig, 1921.564）。杜伊森的解释与此节自我产生元气之说一致，但商羯罗的解释与下面 III · 10 的意念决定往生说更一致，而且直接回答第一节阿湿婆罗衍提的第二个问题，即此元气云何进入此身。兹以为从语意上，前句"譬若人有影，彼亦如是连接"（yathaiShā puruShe chāyaitasminn etad ātatam）应为承接首句解释元气之来源，谓元气如自我投下之阴影，元气如是与自我连接；此句"以意力故（manokṛtena），彼进入此身"则转移到另一话题，讲元气之往生；而无论商羯罗还是杜伊森都以为这两句讲的是同一话题，故理解上皆有蹊跷。

腹气），以彼消化所献之一切食物于平等（samam）故[①]，由此而生七种祭火[②]。6 如实，居于心中者，即是自我。于此有 101 主脉。每一主脉复有 100 脉。其中每一脉复有 72000 细脉（hitā）。通气（vyāna）即行于其中。7 于是，彼由其中之一脉管（即颈脉：suṣumnā）逸出者，为出气（udāna）[③]，彼依善业引致善道，依恶业引致恶道；依善恶业引致人道。8 信然，太阳即上气之生于外者，以彼支持眼中之元气故。居于地中之神支持人之下气。彼位于中间者，即虚空，为平气。风为通气。9 信然，光（tejas）即出气。故当人失其光，则往生，挟带其没入意之诸根[④]。10 人无论（临死）所念为何，将携此进入元气。其元气与光结合，与命我（jīvātma）结合，乃引（彼人）趣向其所念之界，无论其所念为何[⑤]。11 人若如是知元气，其子嗣将不失。彼乃为不死。如偈云：12 根源与进入，居处及五分，及与元气之，居于自内（adhyātma）者。知此则不死，知此则不死！

此章奥义书中，其关于元气之分化往生等说，大概皆见于此前的奥义书，而其喻自我与元气为质与影，从而将元气与自我彻底明确地区分开来，则诚为独明孤发，对后世思想产生了重要影响。茶跋拉、考史多启的元气论，乃至此奥义书第 II 章，皆以元气直接等同于自我；第 I、VI 章试图对自我与元气进行区分，但元气被认为是自我通过实在的转变产生的，因而这种区分并没有获得一种本体论的清晰性。此奥义书 III · 3 肯定元气从自我（Ātman）产生，但并不认为其产生是一个实在的、宇宙论的转变过程，而将其譬喻为人投其阴影于地；自我就是此人，而元气则是此人投出的阴影。在这里，元气就是一切变化、一切时间性的东西的根源、全体，故元气统摄了全部现象事物；而与元气不同的绝对自我，则成为处在生灭流行的现象界之外，恒常不变、没有时间性，而以某种方式为现象界之基础的超越本质，即本体；所以奥义书在这里实现了一种明确的本体论区分。由于这种区分，现象界的生灭变化，就不会与本体的恒常一如相矛盾。

精神一旦发现超越的彼岸世界，就会把抽象的现实性（即脱离本体自为地存在的现实性）当作幻影。在古希腊哲学中，对理念本体的发现使柏拉图将理念界与现实对立起来：理念世界是唯一真实的，是完全脱离现实世界的独立实体；而现实则只

---

① 此说亦见于 ChānV · 19F.

② 此说亦见于 MuṇḍII · 1 · 8.

③ 此说亦见于 MaitVI · 21.

④ 此说亦见于 ChānVI · 8 · 6.

⑤ 类似的说法亦见于 ChānIII · 14 · 1；BGVIII · 6.

是理念世界的"影子"和"模仿"，感觉世界中的具体事物是由于"分有"了理念世界的特点才存在。在柏拉图主义影响下，基督教神学也把感性的世界当作上帝的阴影①。这可与此则奥义书的说法作桴鼓应。作为自我的影像，奥义书的现象界、元气有以下特点：其一，如影由实物产生，故全世界由自我所生；其二，元气作为影子，没有其独立、内在的存在；其三，如影反映实物，元气、名色世界包含了自我的存在。

后来的奥义书思想乃从这个影喻，发展出对名色世界的真实性的彻底否定，于是有了晚期奥义书和吠檀多学影像（ābhāsa）说。盖奥义书传统有两个譬喻，以说明世界与梵的关系：一是说世界、命我是梵的分位（aṃśa），如四溅的火星是火的一部分（BSII·3·43）；一是说命我仅仅是梵的影像（ābhāsa），如水中的月影（BSII·3·50）。其中影像说应当是从 PraśIII·3 的更朴素观念发展而来，后来成为吠檀多不二论的基本立场。不二论以为世界、命我只是梵的影像。比如乔荼波陀喻梵我为太阳，永恒绝对、光明无染，而命我、世界则如太阳投在水中的影子。商羯罗亦说："这整个宇宙，从摩耶到外在物质对象，皆只是梵的一个影子。"②"从梵天以至一片草叶，一切存在只是同一自我的多样名色。它们只是影像，而非实有。"③他也用日、影比喻梵与世界：日影虽随水波之不同相状而变化，却无害于太阳本身之一如，故尽管名色世界变化不已，梵自身仍为常住不变④。奥义书以影像的譬喻阐明名色世界之虚幻，也对佛学产生了实质的影响。初期大乘以为世间一切存在，皆如梦幻泡影一般，毫无实性可言。比如《摩诃般若波罗蜜经》（序品）以"十喻"说诸法空，谓"诸法如幻、如焰、如水中月、如虚空、如响、如揵闼婆城、如梦、如影、如镜中像、如化"，其中有四喻（影、镜中像、水中月、焰）与影像说的逻辑是相同的，另外几喻亦可视为影像说的直接或间接延伸。故大乘佛学的如幻论受奥义书影像说的影响是很明显的。另外如上所说，奥义书以影喻表明名色世界也在某种意义上包含了自我、真理。此种思路可能对如来藏佛教产生了影响，并由此影响到中国佛教。如《大乘入楞伽经》（唐译）："大慧，身及资生器世间等，一切皆是藏识影像。""身资财所住，皆唯心影像。"（卷二）《大方广佛华严经》（实叉难陀译）："见一一壁中、一一柱中、一一镜中、一一相中、一一形中、一一摩尼宝中、一一庄严具中、一一金铃中、一一宝

① 巴特：《教会教义学》，三联书店 1998 年版，第 175—176 页。

② Prabhavananda, Swami and Isherwood, Christopher (trans), *Viveka-Chudamani, with an Introduction*, Vedānta Press, Hollywood, 1978.118.

③ Prabhavananda, Swami and Isherwood, Christopher (trans), *Viveka-Chudamani, with an Introduction*, Vedānta Press, Hollywood, 1978.97.

④ Saṃkara, *Introduction to commentary on the Śvet UP*.

树中、一一宝形像中、一一宝璎珞中，悉见法界一切如来。”（卷第六十五）《宝性论》：“如来镜像身，而不离本体，犹如一切色，不离于虚空。”“如彼毗琉璃，清净大地中，天主帝释身，于中镜像现。如是众生心，清净大地中，诸佛如来身，于中镜像现。”（卷一）“如清净水中，见于月影像，是三十二相，依色身得名。”（卷四）《大乘起信论》：“如镜有垢色像不现，垢除则现。众生亦尔，心未离垢，法身不现，离垢则现。”这都是将色法当作真如法界、如来藏的投影。中国的华严宗，在《华严》和《起信》基础上，认为事相既然映现理体，故事遍于理，全理即事，事理圆融。后来曹洞宗有所谓“宝镜三昧”，谓“如临宝镜，形影相睹，汝不是渠，渠正是汝”。这也是要求观诸法如镜影，映现真心，故修禅就是要在每一事相上明见心性本体。实际上在佛性与诸法的关系上，中国佛学普遍地接受了所谓“月映万川”的图式，即认为有唯一的绝对者，投影于万千法相，而以一切为其影像，后者千差万别、变动无常而前者则始终恒常不动、一味无别。其最初渊源，应当就是由此则奥义书发展出的影像说。

此奥义书接着解释了元气如何区分其自身为五重，即五种元气，且于身体不同部位安立五气。其云如王令其官治理诸村，此元气一一分派五种元气主宰身体之各部。上气居于眼、耳、口、鼻而司其职；同理下气居于排泄、生殖根；在中间者为平气；通气运行于全身脉管之中；出气居于其中之一脉管（suṣumnā，即颈脉），待人死时专门引其灵魂由彼逸出（同样说法亦见 MaitVI · 21）。五气并非不同的实在，它们只是功能的区分，实质仍是一气。§8 继承了梵书所谓人的内在官能与外在宇宙现象为同一元气产物的说法。五气被分别等同于日、空、地、风等。这种对应带有很大任意性：上气之所以被等同于太阳，仅仅因为其司头部七窍，在身体最上部；同理下气司排泄、生殖，在身体最下部位，故被等同于地；平气在中间，故等于中界之虚空；通气流通全身，故等于风。就元气之五重、其安立之处、所司之职能及对应的宇宙现象，可以下表略示之：

| 五气 | 其在人体内的位置、作用 | 自然界的对应者 |
|---|---|---|
| 上气（prāṇa） | 在眼、耳、口、鼻七窍，司其功能 | 太阳 |
| 下气（apāna） | 在排泄、生殖根 | 地 |
| 平气（samāna） | 在身躯中部，主消化及分配养分 | 虚空 |
| 通气（vyāna） | 居全身脉管，主经脉血液之流通 | 风 |
| 出气（udāna） | 在颈脉（suṣumnā），人死时引灵魂至头顶出离 | 火 |

奥义书早就设想人体内有许多脉管，元气在其中运动。比如 ChānVIII · 6 · 6 和 KāṭhVI · 16 说有 101 主要脉管。BṛihII · 1 · 19 说有 72000 支。此奥义书将二者结合，

其以为从心脏发出 101 支主要脉管①，每一支皆分为 100 支，此 100 支中每一支复分为 72000 支。如此则脉管总数应为：101+101 x 100+101 x 100 x 72000=727210201 支②。这些脉管在体内呈放射状分布，以心脏为中心，达到身体的每一部位。根据奥义书的思想，意、思维控制人体内元气的运行，元气决定诸根的活动，而诸根能否正常活动决定生命体的能否维持及它的健康状态。这种观念是印度医学的基础。印度医学认为元气在体内的活动完全由意控制，不良思想会导致元气的不正常运动，比如淤结不畅或悖逆、失度等，由此导致身体的各种疾病。故疾病的治疗，首先要求端正意念，并通过意念的引导，使元气的运动复归于正常。

§10 说出气即光（tejasa，光、火、热）。出气首先在人的死亡与往生过程中起关键作用。人的自我居于心室中。当人死时，出气或光照亮连接心脏与头顶"梵窍"（Bramarandhra）的脉管，即 suṣumnā（颈脉）。自我循此光离开心室而进入颈脉，达到梵窍，乃由此逸出（盖人投生时自我亦由此窍进入）。出气引彼往生。出气是诸元气中唯一于人死后仍然活动者。PraśII 说出气的作用为转运（vidhārana），即于人命终时，承载其此生之内容，并转移至来生。人死时诸根没入意，意没入元气，元气没入光，故诸根、意、元气被光所照明（BṛihIV · 4 · 1—2）而成为光性（tejomātrā），遂入于心尖（pradyotate）。光携带元气、意、诸根与命我一道由此而出，经颈脉游到头顶的"梵窍"并由此离去，故人死则失其热（火）。这些内容（诸根等）在下一期生命中，又从出气或光中再萌发出来。这意味着光或出气是元气乃至末那之本根，后者皆以之为归宿且由其中生出。此种说法可能吸收了 ChānVI · 8 · 6，ChānVIII · 6 的理论。在 ChānVI · 8 · 6 中，优陀罗羯说人死时，诸根没入意，意没入元气，元气没入火（tejasa），火没入至上有（sat）。ChānVIII · 6 也说人在死亡或熟眠时进入火、太阳。此则奥义书唯将这二者所谓火理解为出气而已。其次，光或出气构成熟眠位的实质。早期奥义书往往将熟眠位、死亡、解脱等同。PraśIV · 6 说熟眠位末那被光所伏，与死亡时末那没入于光之中，意义相同。如倦鸟归林，构成自我执受的名色世界，在熟眠位皆没入于光以为归宿，故人不复见梦境，唯光遍满③；此名色世界包括五唯、十根、四内根及元气。由于此时诸根与意的活动皆完全停止，故一切差别、对立、转变的观念皆行消失，人即受用寂静、无

① 梵书似乎以为 101 这个数代表了全部存在的总和，比如 Sat BrāX · 2 · 6 · 1—19 说生主、年、祭祀、元气、祭坛、人、祭砖、夜珠皆有 101 分。

② Paul Deussen, *Sechzig Upaniṣaden des Veda*, F.A.Brockhaus Leipzig, 1921.564.

③ 如 S.Chinmayananda 说，在熟眠位"末那因自我之光而盲。"（*Discourses on Upaniṣads*, PraśIV · 6, Central Chinmaya Mission Trust, Mumbai, 1952—1954）

碍、遍常的喜乐（ananda）①。

许多传统的注释家皆把此所谓光，解释为自我、真如心。如 S.Chinmayananda 说，此光即是梵、真心，后者照明一切故曰光；于死亡或熟眠位，末那不起作用，唯真心呈现，故称末那为光所伏②。这也与商羯罗的解释一致，后者说："在熟眠位，名为意之神完全被居于脉管中的识或大梵所伏。在此位，梵处于身中，如火在木中，彼作为心识充满身体。此时意不能见梦境。于是喜乐，彼即无碍心识之自相，乃充满全身。"③然而这种解释，忽视了早期奥义书的历史特点，而且就文本本身而言也没有充分的根据。盖最早的奥义书思想，还没有建立奥义书那种典型的心识本体论。另外如同印度哲学的许多概念一样，像光（tejasa）或火这样的概念意义也很不固定。在早期奥义书中，它或指作为一种物质元素的火（五大之一），或指作为一种普遍实质的热，或指光、光明、能量、强力、精气、精液、刀刃（衍生出光辉、容光、威德、荣耀、庄严、壮丽等义），总之其基本意义是宇宙论的。优陀罗羯主要是在上述第二义上使用此词，把光作为一切存有之始基。另外，在早期奥义书中，光也经常被等同于元气尤其是出气（udāna）。后来印度教各派，也仍然将它归宿于自性（prakṛti）或物质范畴。比如数论派实际上将光与三者中之罗阇（rajas），即冲动、忧恼之原理赞同，谓由罗阇增上，乃生光焰我慢（tejasika ahaṃkara）。类似地，毗湿奴派所奉持的《阿孜菩陀集》（Ahirbuddhnya-Saṃhitā），认为宇宙只是神的势力（sakti，意义与自性等同）的创作。sakti 显现为作用（kriyā）、能（vīrya）、光（tejas）、力（bala）四种财德，由后者以不同方式结合产生四种分身（vyūha），后者再持续分化、积聚，构成名色世界。显然，这些思想都没有将 tejasa 和自我、真心等同起来。所以商羯罗等人的解释，在传统上是没有根据的。此则奥义书把 tejasa 作为诸根、意之归宿，又接受晚期奥义书中的数论观念（参照下文的 PraśVI・7—10），而以为诸根、意归宿于觉谛（buddhi）、我慢（ahaṃkāra）、心（citta），后三者（或亦包括意）即奥义书和数论、吠檀多派统称为内根（antaḥkaraṇa）者④，由此观之，此奥义书实际上是将 tejasa 理解为内根（BṛihIV・4・2 说人死时进入心识，亦是将心识视为光、内根）。有理由相信此则奥义

---

① 商羯罗解释说在熟眠位，由无明所生之根、身皆不起作用，"于是被这些执受扭曲之自我乃恢复其不二、唯一、澄明、寂静之相"，此即喜乐（Swami Gambhirananda, *Translation of Commentaries of Śaṃkarācharya on Upaniṣads*, *PraśIV・6*, Advaita Ashram, Kolkatta, 1957）。

② *Discourses on Upaniṣads*, *PraśIV・6*, Central Chinmaya Mission Trust, Mumbai, 1952—1954.

③ Swami Gambhirananda, *Translation of Commentaries of Śaṃkarācharya on Upaniṣads*, *PraśIV・6*, Advaita Ashram, Kolkatta, 1957.

④ BSBHII・3・32 以及 Radhakrishnan, Sarvepalli, *Indian Philosophy Vol.2*, G.Allen&Unwin LTD, London, 1931.269—270.

书在这里受到数论和优陀罗羯上述观念的双重影响，而将后者的“火”与前者的“内根”融通起来。内根即人死时携自我出离者。然而它尽管是一种心理能力，却不同于自我，而被数论等认为是（作为自我之遮蔽者、限制者、系缚者的）自性的产物①。

§10 谈到意念决定往生。其云人无论临死时所念为何，将携此进入元气、光，于是此念引此光携彼人趣向其所念之界，无论其所念为何。尽管最后意念决定往生，但最后意念非人临死时，通过人为控制产生，“何种意念在人活着的时候支配着他的意识（manas），类似的意念就会在他临死时自动出现。”② §10 此说也是继承婆罗门传统而来。《阿闼婆吠陀》说人的存在源自情绪（Manyu）和意念（Akūti）女神的婚姻（AVXI · 8 · 2—18）。梵书亦云“人生于意念（kratu），彼命终时所念为何，将依此意念投生彼世界。”③ 同样 ChānIII · 14 · 1 说：“信然，人由意念而生（kratu-maya）。人在此世所念为何，死后将成为彼。是以人应作念。” MuṇḍIII · 2 · 2：“人所念为何，将依此念而再生。”毫无疑问，早期佛教意念决定投生趣向的信念（中国净土宗徒要在临死前念西方净土，可视为此信念的实践形态），是来自奥义书的。

然而此说似乎与 §7 的业力决定往生说矛盾。后者以为光或出气携业往生，如风带花香，于是业引导出气进入与之相应的归趣，善业引致善道，恶业引致恶道，善恶业引致人道。此说乃为奥义书之典型说教。如 BṛihIII · 2 · 13：“彼所说者为业。信然，人因善业得善道，恶业得恶道。” KauṣI · 2：“人依其业、依其智而往生。” ŚvetV · 7：“命我依其业而轮回。”对此两种说法之矛盾，此则奥义书并没有给出解决办法，甚至可能没有意识到。但后来的耶若婆佉学说，则明确地指出了这一矛盾并予以解决，其云：“人之所意（kāma）为何，则其念（kratu）为何；其念为何，则其业（karman）为何；其业为何，则得何种往生。”（BṛihIV · 4 · 5）即谓意决定念，念决定业，业决定往生（但这里意、念皆不是临终时的意、念）。在吠檀多传统中，还有一种相反的方案，认为是人一生行为积累的业力，决定临终前一刹那的意念，生前行

---

① 这种想法在印度思想中是很自然的。晚期奥义书、《薄伽梵歌》皆持此观念。相应地，数论将一切思维、认识活动皆归宿于自性的转变。《阿孜菩陀集》也认为自性、sakti，就是思想（saṃkalpa，念）。吠檀多派亦继承此说，以为包括理智、意志、思维等在内的心识活动，皆是无明（即自性）的转变。佛教如来藏思想及由此而来的中国佛教，亦以为真心无念、无思维，思维念虑皆是无明产物，显然是沿袭了奥义书思想。

② Swami Chinmayananda, *Discourses on Upaniṣads*, *PraśIII · 10*, Central Chinmaya Mission Trust, Mumbai, 1952—1954.

③ Sat BrāX · 6 · 3 · 1；此段杜伊森与 Egelling 的读解差别甚大，兹依杜氏解（Paul Deussen, *Allgemeine Geschichte der Philosophie Bd1*, AbteilungI, F.A.Brockhaus Leipzig, 1922.264）

善者，彼时唯念善趣，否则唯念恶趣，并由此决定往生。类似的观念在原始佛教中亦有反映。

## 五、自我三位

同生死问题一样，人的意识状态也是奥义书思想家思考的主题。《六问》亦继承传统，对自我的三种意识状态：醒位、梦位、熟眠位进行了阐明，并且在其中贯彻了不动的自我与转变的元气、诸根的区分。PraśIV · 1—11 云：

IV · 1 于是扫黎夜耶 · 伽吉耶问之："先生，谁为彼等，于此人中睡眠者？谁为彼等，于此人中醒者？谁为彼视诸梦境之神？此喜乐属谁？一切安立于谁？" 2 彼遂答之："噫，伽吉耶，如太阳落山，其诸光线于彼光轮中合为一；而当其再升，此诸光线复从中发出；如此反复。如是，信然，此一切（诸根）于意（manas）中合为一，彼至上神。是以人于彼位不复听、不复见、不复嗅、不复尝、不复触、不复言、不复执、不复乐（性的快乐）、不复排泄、不复行走。人曰：'彼入睡已！'" 3 信然，元气之火于此城中不眠。下气是家火（Gārhapatya）。通气是南火（Anvāhāryapacana）。上气（prāṇa）是东火（Āhavanīya），因被取（prāṇayana）得名，其由家火中被取出故。4 平气平等传送二种祭礼，即出、入息（ucchvāsa-niḥśvāsa）①，故得名 Hotṛi 祭司②。信然，意即是献祭者。出气为祭祀之果。彼日日引献祭者于梵。5 此神（意）于睡眠中受用其伟大（mahiman）。凡彼所曾见之物，彼将再次见之；凡彼所曾闻之物，彼将再次闻之。彼于不同地、处屡次经历者，彼将一次次经历。无论其所曾见或未曾见、所曾闻或未曾闻、所曾受用或未曾受用者，无论实或非实，彼一切皆经历。彼遍视一切，彼即一切故③。6 若彼神（末那）为光所伏④，乃不复见梦境；于是于此身中升起妙乐（sukha）。7 如鸟归于树以为依处，如是吾友，此一切归于至上我（Ātman）。8 地（pṛthivī）与地唯（pṛthivīmātra），水与水唯，火（tejas）与火唯，风与风唯，空与空唯，视与所视，听与所听，嗅与所嗅，尝与所尝，皮与所触，言与所言，手与所执，生殖根与所乐，排泄根与所排泄，足与所行，意与所意，觉谛（buddhi）与所觉，我慢（ahaṃkāra）

---

① 此与婆罗门传统通常所谓平气主消化和分派养分有所不同。

② Hotṛi 祭司传二种祭礼于东火，平气亦传出入二息于东火，故称平气为"Hotṛi"。但此处"Hotṛi"一词可能增补。

③ 此说亦见于 BṛihIV · 3 · 20.

④ 参见优陀罗羯末那入于热之说。

与被执为我者，心与所思，光（tejas）与所照，元气与所支持。9 信然，此视者、触者、听者、嗅者、尝者、意者、觉者、作者、识我（vijñānātman）、原人（Puruṣa），乃于彼不变至上我（para-akṣara-ātman）之中安住①。10 信然吾友！人若识彼无影、无体、无血、清净之不变者，乃达乎不变者自身。彼因悟知一切而成一切。于此有偈云：11 嗟乎吾善友！识我及诸神，元气及五大（bhūta），皆于彼安住，人若识彼为，常恒不变者（akṣara），彼乃知一切，且入乎一切。

奥义书提及自我三位说者，除上文以外，尚有 BṛihIV・3・7—34 中耶若婆佉的说法。应当承认这两者有共同的起源。若将两者比较，可以推测 BṛihIV・3・7—34 继承 PraśIV 并加以发展的可能性更大，也有可能 PraśIV 来自更原始的文本。首先从理论上，PraśIV 只是粗略描述了醒、梦、熟眠三种状态，BṛihIV・3・7—34 对三者的描述要详尽、清晰得多，并且阐明了同一自我在这三位之间的转化。如果是 PraśIV 继承 BṛihIV・3・7—34，它一般不在会遗漏后者这种理论进步。另外 BṛihIV・3・7—34 明确提出"三位（sthāna）"这个专门名称来概括醒、梦、熟眠三种状态，即醒位（buddha-sthāna）、梦位（svapna-sthāna）、熟眠位（saṃprasāda-sthāna）；这在 PraśIV 中是没有的。如果说在这里 PraśIV 的说法是继承 BṛihIV・3・7—34 而来，它没有理由放弃这一专有名称。

此章奥义书对醒位没有作专门分析，大概因为它认为醒位的相状本来是清楚明了的，而只探讨了梦位和熟眠位的状态。兹阐明如下：

一是梦位。首先就梦位的相状，此奥义书举了一个更好的比喻说明之。其云如太阳落山，其诸光线皆没入其中，及待日出又由此生发出来。于睡眠中，眼、耳等十根没入意，于是人不复听、不复见、不复嗅、不复尝、不复触、不复言、不复执、不复性交、排泄、行走。他既不能作用于外境，也完全丧失对外境的感知。于是末那，睡眠中视诸梦境者，便自己为自己创造出诸境界而受用之。然后此奥义书阐明末那或意是梦位中的主体。其云末那在梦位受用其伟大（mahiman）②，因为它在这里包含了一切存在，且认知、主宰一切存在，故其为最伟大者，"凡其在此生或前生所见、所闻、所历之事，无论实际发生的或想象的，意能知此一切，以意即是一切故。"③ §5 对梦境的起源进行了探讨。梦的素材首先来自记忆，包括此前甚至前生所经历之事留下

---

① akṣara：不变、不易、不流、不逝、不坏。

② mahiman：伟大、庞大、威力、力量、自在。

③ Swami Gambhirananda, *Translation of Commentaries of Śaṃkarācharya on Upaniṣads*, *PraśIV・5*, Advaita Ashram, Kolkatta, 1957.

的印象；其次它还来自想象（即所谓“非实的”、“未曾受用的”），后者可能来自被压抑的情感、欲望；末那将所有这些材料重新编排组合，构成梦境。至于伽吉耶的问题：“谁为彼等，于此人中睡眠者？谁为彼等，于此人中醒者？”第一问答案应是：眼、耳等十根于此中睡眠。就第二问，§3 给出的答案是元气。元气为在睡眠中之不眠者，乃是袭自吠陀传统之常见说法。AVXI·4·25 说元气“于睡眠者中，僵立而不卧”。此种观念在早期奥义书甚为普遍，如 ChānIV·3·1—4 中莱克婆亦说元气为睡眠者中之不眠者。此则奥义书乃将元气之不眠与事火仪式（agnihotra）关联起来。在印度古代，每一家庭都应保有一持续不灭之微火，是谓家火（Gārhapatya）。另外所谓施火（Anvāhāryapacana，靠南边的圣火，为谢礼之火）与献火（Āhavanīya，靠东边的圣火，为献祭之火）皆由此中取出。五气分别被视为三火、祭司、祭祀果报，而意则被与施祭者等同[①]。其要义在于元气如圣火恒常不眠。然而既然末那是视梦境者，则它照理应同元气一道，亦是不眠者。

二是熟眠位。对此的阐述包括如下两个主题：(1) 在熟眠位，不仅诸根，意亦停止，唯光遍满。§6 说：“若末那为光所伏，乃不复见梦境”。由于早期奥义书将熟眠位与死亡境界等同，联系 III·9—10 中人死时末那、元气皆与光结合的说法，这应当也是说末那（携诸根）与光结合或融入光之中而停止了活动，于是人的所有思维念虑皆消失，故不复见梦境。由于此时所有差别、转变的表象消灭，故命我体会到一味无分别之境，受用寂静、无碍、遍常的妙乐（sukha）。(2) 至上我为万有之究竟归宿。§7—9 说一切存有归宿于至上我，如鸟归于树以之为依处。这包括五大、五唯[②]、十根[③]、末那、觉谛（buddhi）、我慢（ahaṃkāra）、心（citta）、光（tejas）、元气[④]。其中由五大、五唯、十根、末那、觉谛（buddhi）、我慢（ahaṃkāra）构成的术语系统，已具有数论学的色彩；类似的术语系统在奥义书中，亦出现于 ChānVII·25·1；KāṭhIII·3—5，10—11 及 ŚvetV·8。凡此诸有（全属于自然或执受 [upadhi] 的范畴），皆以自我为依持、归宿。此外 §9 还说，“此视者、触者、听者、嗅者、尝者、意者、觉者、作者、识我、原人，乃于彼不变至上我之中安住”。此即是说，那居于诸根、意、识等中，且以后者为工具而感知、活动的主体，即陷于执受中的自我或命我（jivātman），亦归宿于至上我。盖命我的实质即至上我，因执受而被与至上我分开，若离执受仍复归

① Ait BrāVIII·24 将祭司、妻、儿等同于三种祭火。所谓出气为祭祀之果，是因为它日日将献祭者（意）引至梵，即于熟眠中末那引入梵界。

② 此为奥义书中最早明确提出五唯说，为后来奥义书中同类说法（如 MaitIII·2 等）的来源。

③ 在奥义书中最早系统地列出十根者，即此处与 BṛihII·4·11。

④ 此处元气与诸根、末那并列，在 PraśIII 中，元气属于诸根。

于自我。对此商羯罗解释道:"此处开示至上我的实性,彼进入根身,如日映于水,既是受者亦是作者。彼即识者士夫(vijñānātma Puruṣa)。识者即能知者,士夫谓充满执受或根身者。譬如当水移开,水中之日乃复归于太阳,如是此我复归于至上我,彼即宇宙之依止。"①

然而,在(就熟眠位而言的)这两点的关系问题上,却颇有疑团。盖§6说熟眠位,但§7—9说诸有归宿于至上我,后者是否仍是接着描述熟眠位的状态,抑或已经离开了§6的主题?易言之,熟眠位是否就是诸有、命我归宿于至上我的状态?从这文本本身我们无法得出确定答案。然而考虑到奥义书较早的思想只谈到自我的三位,还没有出现如《蛙氏奥义书》的四位说,后者以为还有超越熟眠位的第四位(Turīya)为解脱位,且是一切存有之究竟归宿②。所以此则奥义书同许多早期奥义书一样,是把熟眠位和死亡当作最高的境界,易言之在熟眠位,包括五唯、十根、觉谛等在内的一切存有,皆应复归于至上我。如此解释是否与§6所谓末那(包括诸根等)没入光中的说法相矛盾?不矛盾。盖ChānVI·8·6,15中,优陀罗羯说人死时,诸根没入意,意没入元气,元气没入火(tejasa),火没入至上有。此奥义书对此说有多处沿袭痕迹。如III·10说人死时,诸根没入意,意没入元气,元气没入光。我们在这里,只需把III·10与ChānVI·8·6,15所谓最后火没入至上有衔接起来即可。传统的印度注释者在此问题上的见解与我们一致。如商羯罗说,在熟眠位"意不能见梦境。于是喜乐,彼即无碍心识之自相,乃充满全身。"由于此时包括五唯、诸根、意、觉谛等在内的诸执受(upadhi)皆没入自我之中不起作用,"于是被这些执受扭曲之自我乃恢复其不二、唯一、澄明、寂静之相。"③Chinmayananda说,如倦鸟归林,诸执受于熟眠位皆没入至上我,唯自我之光遍满,且赐予喜乐④。不过正如我们前面指出,传统注释家在这里往往把自我等同于真心,原因在于历史意识的缺乏。

此章奥义书反映了一种形而上学区分,即区分处于时间、空间中的自然物与超越时间、空间的实体。而在自然物的时间性与空间性中,时间性是更基本的(比如心理经验有时间而无空间),故可以以时间性为自然的根本特点。一切自然的存在总

① Swami Gambhirananda, *Translation of Commentaries of Śaṃkarācharya on Upaniṣads*, *PraśIV · 9*, Advaita Ashram, Kolkatta, 1957.

② 应当承认,商羯罗说§1的第五问"一切安立于谁?"是针对第四位,即超越醒位、梦位、熟眠位的至上我而发(Swami Gambhirananda, *Translation of Commentaries of Śaṃkarācharya on Upaniṣads*, *PraśIV · 1*, Advaita Ashram, Kolkatta, 1957),反映了传统注释家常有的历史意识缺乏。

③ Swami Gambhirananda, *Translation of Commentaries of Śaṃkarācharya on Upaniṣads*, *PraśIV · 6*, Advaita Ashram, Kolkatta, 1957.

④ *Discourses on Upaniṣads,* Central Chinmaya Mission Trust, Mumbai, PraśIV · 6, 1952—1954.

是处在时间性中，处在存有之生生不已的大化流行中。《六问》的形而上学区分，就可以概括为对两种截然相反的存在，即“kṣara”（变易的、流逝的、朽坏的）与“akṣara”（不变的、不易的、不流的、不逝的、不坏的）的区分。这实际上就是对时间性的东西与非时间性东西的区分。§9,10,11都强调至上我是akṣara，即非时间性的存在与时间性东西对立。这也是奥义书中最早以“akṣara”开示本体的意义。非时间性的东西，由于否定了自然的生生之流，因而否定了自然本身。它就是一种独立于自然的、自足的存在，即实体。故与米利都学派以及耆跋厘、优陀罗羯本身属于自然范畴的实质乃至荼跋拉、考史多启的元气不同，实体是真正的超越性。奥义书说它是“无影、无体、无血、清净之不变者”。《六问》的形而上学，不仅领悟到实体的超越性，而且认识到实体才是存在的真理、基础。§11说识我及诸神、元气及五大，易言之全部物质和精神存在，皆安住于彼，谓此诸有皆以这自我实体为根据、真理，且因为增益于自我、分有此自我而得以存在，故知此自我则知一切。这与柏拉图将存在区分为自然的可感世界与理念的可知世界且认为前者是后者的募仿，道理是一致的。然而即使如此，《六问》的主要思想仍然是形而上学的，因为尽管它承认万有皆分有自我，但在其中名色与自我其实是形式与质料的关系，二者仍然是内在分离的，自我既没有进入名色的自身存在中，也没有让名色进入其自身实体之内。在这种情况下，名色与自我仍然处在一种形而上学的二元性中（这一图景在《羯陀》中亦得到清晰的表现）。在这里，《六问》始终强调的是世界与自我的差别，而非存在的统一性，因而形而上学二元论的倾向很明显；其基本术语系统，由五大、五唯、十根、末那、觉谛、我慢、补鲁沙等构成，表现出明显的数论学色彩；§7—9说一切存有归宿于至上我，如鸟归于树以为依处，这也是数论二元论的构想。因此与奥义书的主流的一元论思想不同，《六问》的基本世界图景是数论式的二元论，是一种典型的实体形而上学。

《六问》论自我三位，与耶若婆佉等相比，其特点在于它是立足于一种数论式的二元论形而上学，而且其所谓三位仅仅只有心理学意义，而不像在耶若婆佉等的思想中那样，是一种本体论。在耶若婆佉等那里，熟眠位识就是至上我，而至上我就是存在的绝对本体。但从PraśIV看来，熟眠位只是一种心理状态，而显然不应与至上我等同。其云在此位末那携诸根融入光（自性）之中而停止了活动，于是人的所有思维念虑皆消失，所有差别、转变的表象消灭，人于是受用寂静、无碍、遍常的妙乐。这表明在熟眠位，名色世界融入自性（而非至上我）之中，自性才是名色的直接根源、本体。这《六问》在这里更多的是表现一种心理感受，自性也是一种心理原理，而且与作为心理境界的熟眠位不能画等号。但《六问》又有多处说至上我是万有归宿。如§7—9说在熟眠位，诸尘、诸根、末那、觉谛、我慢、自性，皆归宿于至上我，如鸟归于树。不过这样的譬喻是典型数论学的。它清楚表明至上我只是万有的依止、容器，并非存在的绝对根源、本体。我们在《六问》中只能看到对万有与至上我，即现象与实体的区分的强调，而没有找到（如耶若婆佉学说那样）对以至上我为根源的存在发生论的阐明。这些表明《六问》的世界观不同于耶若婆佉的一元本体论，而是数论的二元形而上学。

正如我们下面还将要讨论的，奥义书这种形而上学区分，与巴门尼德、柏拉图对可知世界和可感世界、自然的现象与理念的实体的区分，精神上是一致的。但它对于始终在强调对宇宙生化流行之体悟的中土思想，却是很陌生的。中土思想始终没有产生过对一种超越自然的实体或本体的领会，这意味着真正意义上的形上学或本体论哲学，在中土原生的思想中从来没有产生过。

奥义书的这一区分，对印度思想的影响无疑是巨大的。晚期奥义书在此基础上，提出幻化说（māyā-vāda），将现象界虚幻化，认为自然的一切皆是增益在梵的本体之上且覆障它的幻境；唯有不灭恒常的超越之境为真实；这很大程度上决定了印度思想的面貌。而佛教以为一切时间性的、刹那生灭之法皆是无意义的，唯不生不灭、寂静常住的涅槃之境为生命之归宿，乃至后来斥一切因缘生灭法为空，亦是以奥义书的形而上学区分为理论前提的。

## 六、对“Om”的观想

梵由于其不可见、不可知，故在奥义书思想中，往往是通过沉思诵吠陀之前作为呼语所唱的“Om”声，作为中介以最终达致对梵的领悟。此种沉思越是到奥义书后期，越发明确。KāṭhII·15—17 将 Om 等同于梵。PraśV 将 Om 分成三个音素：A、U、M，其云人若只敬思其中之一，死后可直接投生人间善处；若同时敬思其中二者，则入月宫，再返回人间；若敬思三者全部，则通过天神道入于梵。这表明 PraśV 是以 Kāṭh 等的发展为基础，故它应当是在相当晚期形成的。其云：

V·1 于是塞别夜·娑底耶迦摩问之：“信然，先生，若人于此敬思 Om 声直至命终，彼由此得何界？”2 彼答之：“信然，娑底耶迦摩，彼 Om 声并是上、下梵①。是故信然，知此者由同一处（āyatanena）达乎此或彼②。”3 彼若唯敬思其

① 此所谓上、下梵，不同于后来所谓无德梵、有德梵，而指两种吠陀知识，即智、业二犍度（或 MuṇḍI·1·4 之“二智”）。

② 即由敬思同一 Om 声达到上梵与下梵相应的两种境界。

中之一（即A）①，唯因其开示故，彼（死后）即刻往生人间②。黎俱颂诗引其进入人间。彼于此由苦行、净行、正行而受用其伟大（mahiman）。4 复次，彼若敬思其中二者（即A+U），乃与意合一。夜珠仪式引其入中间虚空，入月界。彼于月界受用其伟大矣，复归人间。5 复次，彼若一时以"Om"三音（A+U+M）敬思至上补鲁沙（Puruṣa），乃与日中光（tejas）合一。如蛇蜕其皮，如是彼脱离罪染（pāpman）③。娑摩赞歌引彼升至梵界。彼遂见补鲁沙，超越最高之生命④。于是有此二偈：6 三音分离用，/ 仅致生死道，/ 若合用三音 / 于外、中、内行⑤/ 而不分离之，/ 智者不动摇。7 以黎俱颂诗，/ 而致此世界；/ 以娑摩赞歌，/ 而致中空界；/ 以夜珠仪式，/ 致仙圣（kavi）所知；/ 唯以Om声，/ 如实为支持，/ 智者达三界；/ 以此声为缘，/ 智者达乎彼 / 寂静、无老死、/ 无畏至上者。

印度教徒所修的观法，不外两种，一为客观的，即观想心外的对象；一为主观的，即观想心内的对象。前者又包括声观和相观两种：声观即念诵"奥姆真心喜梵"或"奥姆真心不二梵"之真言，并沉思其含义；相观即观想与梵密切关联的有形事物（如梵天、湿婆像）并沉思其本质（至上梵）。后者是通过对主观的、内的对象的观想，以期悟入梵，如依次观想心为莲花苞、虚空相、觉谛相，最终舍觉谛相而直接证会大梵。此章奥义书开示的对Om的观想，即属于声观。这种观想，可以视作早期奥义书与晚期奥义书的分水岭。盖早期奥义书中，如ChānI·5·1和ChānII·23·2—3，尽管已将Om视为吠陀之精华、本质⑥，认为它包括一切语言，在这种意义上，亦譬喻说"Om即是全世界"，但实际上都没有迹象表明它们把Om声作为专门对象进行沉思，把它当作存有之本质、真理来观想。但KāṭhII·15—17，则反映出不同的情况。其云："15 吠陀所开演，苦行所宣示，为得彼真言，众人为梵志。我今开示汝，彼即Om声。16 如实彼声即大梵，

① 即Om的三个音素（A，U，M）之一。

② 此谓死后不经过月界，直接投生此界另一生命体中。

③ BṛihIV·4·7亦有类似说法。

④ 此"最高之生命"指金卵神（Hiraṇya-garbha），依商羯罗的解释，彼谓集全部众生生命之宇宙生命。而超越于彼者，为至上补鲁沙，大自在（Īśvara）。

⑤ 即于一切行中，同时敬思A, U, M三声为梵。所谓外、内、中行，传统上以为指自我的醒位、梦位、熟眠位三位（见下文），在文本本身中没有直接根据，故颇存疑。或曰外、中、内行可能分别指以高声、低声和意念进行唱祷的方式（Swami Sivananda, *The Principal Upaniṣads, PraśV·3—5*, Divine Life Society, 1942），是否应理，亦难定夺，且备一说焉。

⑥ Sivananda说："作为梵的象征，Om乃是在创造中最先产生的声音。由Om之三声产生吠陀中最重要的日神咒之三句；由此三句而生三吠陀。"（Swami Sivananda, *The Principal Upaniṣads*, *PraśV*·2, Divine Life Society, 1942）

如实彼即至上者。如实若人知彼声，/ 乃得一切所欲者。17 彼即至善依，彼即至上依。人若知彼依，乃得梵界乐。”这表明对 Om 声的上述观法，在当时已经存在。PraśV 的观法与此基本一致。再进一步的发展是《蛙氏奥义书》（Māṇḍ9—11），它要求将组成 Om 声的几个音素，即 A 音、U 音、M 音以及无音（amatra），分别观想为与自我的醒位、梦位、熟眠位、至上位等同；从理论上这应当是以 PraśV 的观想为前提的。

此章奥义书之要旨，在于开示对 Om 的正确敬思，是同时敬思 A、U、M 三个音为梵。Om 即是大梵，梵既是内在的又是超越的，既是相对的又是绝对的，既是有相又是无相的，既是有德的又是无德的，既是现象的又是本体的。此对立之方面，皆被 Om 表示，故人若观想 Om 为梵，则得梵之全体，得一切存在，此即所谓“同一处达乎此或彼”。但奥义书接着说，如果各自分离地敬思 Om 的三音（A、U、M）为梵，则仅能致生死之中的果报，而不能脱离轮回。

人若唯观想一音，即“A”为梵，则梵即受限，人亦不能获得足够力量以超越于此世的生活，故其死后（不经历他界）即刻往生地上，受人间之福报，不离大地之系缚（后世吠檀多学者释此谓业瑜伽）。若同时观想“A”和“U”，乃入月界，在彼处受尽福报矣，乃复归人间（后世吠檀多学者释此谓巴克提瑜伽或情感瑜伽，以此见有德梵，盖月即情感之象征也）。唯同时敬思 A、U、M（即同样、连续地唱出其三音且观想 Om 为梵之整体）者，死后得离轮回往生之道（后世吠檀多学者释此谓智瑜伽）。彼乃经历地、空、天三界（分别以地、月、日为象征），而与日中光合一。彼遂脱离罪染，见无相、寂静、不老、不死、无畏之至上补鲁沙、大梵，并融入其中。

至于为何三声各用皆致有死，唯合用方致不死，奥义书在这里并没说明理由。后世吠檀多学者，根据《蛙氏奥义书》，释三音分别为自我的醒位、梦位、熟眠位，作为其间联结的无音（amatra）为第四位（turīya）①。大梵乃是包含并超越前三位的全体，故若单独观想三音为梵，则不能得其全体，不能见大梵之超越性；唯三声合用，兼有醒、梦、熟眠三位，乃成为大自在、存在全体（sarvātmatva），与全世界同一，超越三界的系缚。于是无物可使之动摇，以无物外在于彼（sva-vyatiriktābhāvāt）故②。

---

① Swami Sivananda, *The Principal Upaniṣads*, *PraśV · 3—5*, Divine Life Society 1942; Swami Gambhirananda: *Translation of Commentaries of Śaṃkarācharya on Upaniṣads*, *PraśV · 5—6*, Advaita Ashram, Kolkatta, 1957.

② 对此商羯罗释云：“Viśva（醒位意识）作为个体意识，与 vaiśnara（普遍意识）或 Virāṭ 等同。它居于醒位的粗身中。Taijasa（梦位意识）与金卵等同，它居于细身和梦位中。Prajñā（熟眠意识）与大自在等同，它居于无相者或梦位中。瑜伽的修行，在于分别观想这三者与 A，U，M 为同一。但若将其分离观想，而不涉及梵（整体），则不能引导人超越死亡。”（Swami Gambhirananda, *Translation of Commentaries of Śaṃkarācharya on Upaniṣads*, *PraśV · 5—6*, Advaita Ashram, Kolkatta, 1957）

与PraśIII和PraśIV的形而上学区分一致，在这里，梵亦被确认为超越的实体或本体，它是寂静、不老、不死、无畏的绝对；它尽管在时间中显现，其本质却是无时间性的，是恒常的真理、彼岸。

自我作为精神观念是反省思维的构造（故不同于日常的、作为自然经验内容之我）。精神的观念，乃至一切存有，皆是自由的产物，自我观念也不例外。盖自由或自否定，按其本性就要求实现为绝对的，也就是实现为对其自身存在的否定（自否定的自否定），即绝对的自否定或精神。因而，精神内在的自由或自主势用，就其本真存在，都力图指向觉性的自我，力图展开为对后者的自主设定。这一点推动反省思维日益深化，不断挖掘出被埋没的自我真理。

对于觉性来说，其最直接的存在，就是其自然的、生存论的存在或自我。后者由于在直接意识中，被从觉性的生命整体剥落下来，因而总是已经成为一个它者、一堆惰性的质料，只有通过现象学还原（超验还原）呈现的觉性内在本质（即自否定、生命）才是觉性的自身存在之真理。自由作为绝对，要求实现为觉性对自身存在的自由，要求展开为对这内在本质的自主设定。于是它必推动相应的反省实现为对觉性的超验自我的省思，即超验反省。唯有精神内在的自身否定与自身维持势用能够推动这一生命成长（参考本章引言和结语）。正是这自舍与自反、破与立的辩证交互运动，推动精神的反省否定自然思维的外在自我，揭示自我的超越、内在之维。精神对其自身内在本质的自主设定，才是本质的、真实的精神自由。精神的本质首先是超越性，即对自然的否定；其次是内在性，即是内在的心识、精神。所以最终是自由本身推动反省向自我的超越性和内在性领域迈进。

奥义书的思想充分验证了这一精神历程。如前所述，自由推动反省思维的形成。然而当精神还处在自然的襁褓之中，它的反省也是自然的、外在的。在奥义书早期思想中，无论是耆跋厘、优陀罗羯等的实质论，还是茶跋拉、考史多启等的元气论，都仍然把自我理解为一种自然的实质或生命。这种观念的局限，表现了现实精神自由的局限。它表明奥义书的精神还很幼稚。它的世界就是自然，它的自由只不过是在自然的摇篮中翻腾。无论是耆跋厘思想反映的实质论的自由、优陀罗羯反映的本质论的自由、还是茶跋拉、考史多启反映的伦理的自由，都始终是攀缘自然、被缚着于自然的。即使茶跋拉、考史多启的生命观念，表明精神试图挣脱自然而进入觉性的内在性，然而由于自然思维的强大，这种努力最终是失败的，因为他们理解的生命仍然只是一种自然的或宇宙的生命，只是宇宙生化流行，完全没有把握觉性生命的本质，因而精神终于还是重新被自然引回笼中，而这牢笼也正好是人类精神最早的家园（并且还将一直是东亚民族的家园）。反省思维由于将目光锁定在自然之上，故根本没有发现觉性的真实自我。真正的精神自由，即精神对自身本质的自主设定，在这里没有得到实现。在这里，精神要实现一种真实的自由，就必须：其一，否定前此思想的自然执着，进入自我、存在的超验领域；其二，否定思想对外在形器的执着，进入自我的内在意识领域。这种精神进展，也只有当精神内在的自舍与自反势用在其超越、内在领域展开，才有望实现。

毕钵罗陀的思想，就反映了奥义书的精神克服自然，向超越领域的进展。其说在印度思想中最早提出了一种清晰、明确的形上学区分，即时间中的自然与超越时间的实体的区分（在奥义书中，这种区分同时也是一种本体论区分，因为在这里，超自然的实体被理解为一切自然物之普遍的根据、基础，因而它就是本体）。盖自然即是直接意识领会的存在之全体，而意识的领会总是以时间、空间概念为基本形式，故自然就是以时间、空间性，尤其是时间性为基本特征的，它就是造化万物的生生之流。然而这只是自我的最直接、外在的存在，盖意识的一切观念、存有，皆只是觉性的外在标记、符号，无涉于其内在本质，然而作为实体或本体的觉性内在存在、生命，是有其独特时间和空间的运动，因而它是超越经验时间的。这意味着，对表象与实体或现象与实体的区分，可以约化为对时间性存在与超时间存在的区分。这种区分在晚期奥义书中有明确的表现，与之相应的是对否定了轮回和生命相续的永恒境界的追求。如MuṇḍIII · 2 · 6说得梵智的苦行者（yati）以舍弃瑜伽（saṃnyāsa-yoga）净化其自性，而得以从生生之流中解脱出来，进入时间已停止的梵界。MāṇḍI也说Om或梵超越过去、现在、未来三时。ŚvetVI · 2,5—6,16将作为一切经验存有之直接根源和全体的自性（prakṛti）与时间等同，大梵、至上神不仅超越时间，而且超越空间，为无时、无分（a-kala）之彼岸。在所有这类思想中，PraśIII, IV较其他诸说更为古老①。

毕钵罗陀之说，相对于荼跋拉、考史多启等的元气论的根本进步，在于将元气与自我在形而上学层面严格地区分开来。它们被认为是两种截然相反的存在。自我是“akṣara”，即不变的、不易的、不流的、不逝的、不坏的，谓非时间性的本体；元气是“kṣara”，即一切变易的、流逝的、朽坏的，是所有时间性的东西之全体。自我是寂静、不老、不死（amṛta）、无畏的绝对、彼岸，是轮回之断灭（nirodha）；元气是处在永恒的流转变异、生老死病、相续轮回中的尘世生命。自我是永恒、自足的实

---

① 对于PraśIII, IV而言，其内容相对于白骡、慈氏奥义书之古老，从它将现象与本体之区分说成元气与自我的区分，从而直接与早期奥义书的元气论衔接（在白骡、慈氏等中这种衔接已经模糊了），以及它对这种本体论区分还没有达到后来奥义书那种很确定的把握，都得到表现。

体，而元气就像它投出的飘忽不定的影子（chāya）。以上这些思想，与柏拉图对自然、感觉的世界与理念界的本体论区分、视前者为后者的虚假投影，具有实质的一致性。实体或本体是真正的超越性。它在这里被说成是“无影、无体、无血、清净之不变者”，这与基督教神秘主义的“否定神学”一样，也是以遮诠方式开示本体的绝对超越性。

与理论领域的这种超越领悟一致的，是在实践领域对自然伦理的否定。盖决定茶跋拉和考史多启的生命思考的，是自然伦理的精神。在这于，作为自然生命，元气被确立为人生实践的对象和目的。对它的调理、维持是宗教和世间活动的终极目标。后者没有包含真正的超越向度，因而本质上是世俗的。与自然元气论相应的实践，后来被称为业道（karma-marga），包括祭祀与行善，强调的是在这业的实践中要伴随对元气的调理、观想，旨在获得世间福报、维持生命延续，与功利精神并无本质不同。与茶跋拉和考史多启之说截然不同的是，毕钵罗陀之说不仅没有了祭祀学的内容，而且明确否定了业行的重要意义，并首次提出了超越诸业的解脱理想。此如 I·9—10 以为以祭祀与善行为务者，唯得肉体享乐及子孙繁衍，但仍不离轮回，故非究竟。唯修出世之道，依苦行、净行、正信、正智而追求超越的至上我者，乃进入不生不灭的彼岸，而得轮回之灭尽（nirodha）或解脱。盖思想一旦确立超越世俗的目标，便会否定自然的功利和伦理实践的世俗取向，而以实现本质的精神自由为目标。

毕钵罗陀的学说对自然、经验现象与超验实体的区分把握得更清晰、确定，表明超越思维在这里得到巩固和纯化。这在观念层面表现了超越思维一方面彻底排除残留于实体之上的经验的、现象的遗痕；另一方面更加明确、巩固对实体的确认。这种双向精神运动，在现象学上使精神内在的自舍、自反势用的积极活动成为明证的。它表明在这里，自舍势用恢复其本真的无限性，展开为省思对一切自然、经验的残余的否定，而自反势用则展开为对超验实体的进一步规定。奥义书的超越思维，正是在这二者的辩证运动推动下不断自我提升的。然而这自主势用冲破传统的规定而历史地展开，离不开本体自由的促动。因此最终是自由推动超越思维的完善。

奥义书和古希腊思想的形而上学区分，在中土传统中还从来没有发生过。这表明在这里，真正的精神超越尚未形成。中国人的精神一旦通过自然省思（对自然的对象化）离开原始洪荒的状态，就把自然绝对化，故几千年来，也始终未能透过这自然的厚壁，听到自由之本体或良心的呼声。自由的自我实现之路在这传统中就此被阻断。它的自身否定和自身返回势用，也无法进一步转化为现实的自由，为精神的超越与反省注入活力。如果我们严格地将精神理解为觉性自否定的绝对性或无限性，那么可以看出，在大一统建立之后的中国，它已经彻底死亡了。我们看到，在这里，思想由于缺乏自由（自反和自舍势用）的滋养和推动，始终不能冲破自然的外壳，开辟出更丰富、深广的存在境域。中国思想始终只是把在自然经验中呈现的感性、表象东西视为唯一的实在，而这些东西总是处在时间性的生生之流中。它沉湎于最直接的、持续流变的经验，既未构想出作为后者之否定的实体或本体，也没有对人的内在意识的机理进行过认真的省思，因而它既无本质的超越又缺乏内在的反省，这决定这种文化的意义世界的极端贫乏性。因此，在所有主要的文化中，中国文化是最平庸、最肤浅和最幼稚的。在这里，本质的精神自由尚付之阙如。这种缺乏形上学的自然精神，总是执着于大地，而没有天堂；埋首于尘世，而不见彼岸；操劳于生存，而不需拯救；忧患于吉凶，而从无解脱；纵绝望于现世，亦不悲观于幻灭。中国人称道的最高生命智慧，不过是与时俱化，而完全没有印欧文化那种对超时间的永恒东西追求。在缺乏超越与反省的精神这一点上，无论孔、老，概莫能外①。还有什么比中国精神更不自由的呢？从根本上说，中国精神的幼稚性使自由的绝对实现的途径被完全阻断，真实的精神自由尚未开出，精神仍然处在对自然母亲的儿童式的依赖和崇拜之中。

奥义书的上述形而上学区分，是印度文化的精神超越的实现标志，而且是印度精神的自由进一步展开自身的根据、基础。由于这种区分将唯一的普遍实体作为世间万物的真理和根据、基础，这些事物便成为失去了独立自性的、相对假立的存在。在欧洲思想中，本体与现象的对立，导致柏拉图主义和教父哲学对现象界、自然的虚无化、妖魔化。而印度精神，以上述区分为基础，乃发展出更为极端的形态。首先是晚期的《白骡》、《慈氏》（ŚvetIV · 10；MaitIV · 2）等奥义书在此基础上提出幻化说（māyā-vāda），进一步将现象界、自然的存在贬低为增益在梵的本体之上的幻相；唯有超越、恒常、不灭、一味无相之大梵本体为真实。晚期奥义书的这一进展很大程度上决定了印度思想的面貌。其次原始佛教的强烈解脱欲望，来自对现象界、自然的时间性领悟导致的无意义感。它认为一切时间性的、刹那生灭之法皆唯是苦，人应当在不生不灭、寂静常住的涅槃境界、彼岸寻求生命之归宿，乃至斥一切因缘生灭法为空。佛教这种出世、超越冲动，亦应是以奥义书的绝对形上学对时间性的此岸与

---

① 洞庭杨万里先生曾云，楚人有两种民族精神，即凤的精神与龟的精神。前者陵逸于九天，后者拽尾于泥涂。汨屈子自沉于汨罗，凤的精神竟至绝灭，唯龟的精神得以持续发扬。楚民族的精神曾试图在现实与超越（尽管这超越性没有通过如印欧哲学的形上学区分获得更明确的规定）之间建立一种张力结构，但随着楚文化被扼杀，精神的超越向度终于在东亚文化中完全绝迹。

超越时间的彼岸的区分为世界观前提的。在后来的印度思想发展中，以上晚期奥义书的幻化说与原始佛教的涅槃观念逐渐交融，最终导致吠檀多不二论和真心如来藏佛学。在后者这里，现象世界被彻底虚无化，绝对的真心本体即大梵或如来藏乃成为唯一真实的存在。

然而在毕钵罗陀学说中，超验反省仍然没有达到真正完善。它具有两方面的局限：

(1) 寂灭主义局限。盖自然只是存在的生存论标记，它只标记那无法显现的本体。本体有两种，即觉性与冥性原理（光明与黑暗、生命与死亡），存在乃是在此二者的交织互会中呈现出来，觉性的现实生命也包含这两种力量的较量。相应地，超越思维作为脱离自然趋入本体的精神运动，也有两种：一种是积极的，谓扬弃外在、表象的自然，确立觉性的本质内在性，此为本觉的超越；另一种是消极的，即否定自然乃至一切存在，而确定任何存在，进入空虚寂灭的绝对死亡即冥性境界，此为本寂的超越。前者带来自由、崇高，后来带来至福、安息。这二者属于两种文化精神，一种是本寂的精神，另一种是本觉的精神。在印度文化中，雅利安、婆罗门传统属于本觉的精神，非雅利安的土著传统属于本寂的精神。然而印度文化的任何一种形态，都包含这两种精神的相互交融和渗透。这导致本觉的婆罗门—奥义书思想也包含了本寂的精神。这种本寂的精神渗透到奥义书的超越思维之中，使其本觉的超越中也具有了本寂的向度，促使超越思维将属于冥性的无生、寂灭、静止、永恒、无分别、无思虑、不二、清净等特性作为理想，将其嫁接于觉性的实体之上。这一点导致在《六问奥义书》中超越思维的两个根本误解：一是把自我实体对经验的时间性和运动的超越误解为对生命的否定，实体成为一个无生、寂灭、静止、不动的现存物。《六问奥义书》对元气与自我的形而上学区分，导致了印度思想中盲目运动的自然与澄明寂止的自我之间永恒对立的图式，对后世印度思想有深刻影响，为数论二元论的最早源头。其书对元气论的否定，导致它将荼跋拉、考史多启等早期奥义书思想家的朴素生命概念一并排除。在它这里，元气与自我的对立就是生命与实体的对立，这实体就成了一个无生命的东西。所以它开启了印度传统对生命的彻底否定，生命的绝对熄灭、涅槃成为无数印度人的理想（佛教、耆那教——尽管《六问奥义书》的编成晚于佛教和耆那教，但其思想远较后二者古老）。然而觉性的本质就是运动和生命，它之超越时间，不在于它是静止、寂灭、永恒，而在于它本质上与后者不处在同一存在领域或层次（时间只属于意识的直接经验领域，而觉性本体属于意识无法直接达到的、超验的领域）；这一点通过晚期奥义书将大梵的本体形容为时间的创造者、源泉（ŚvetVI · 2,16），得到了一种模糊的表达。二是把实体对现象的超越误解为它的无相无表、不可见、不可知的状态。新柏拉图主义和基督教神秘论对于上帝也每有类似表述，然而这种神秘论仅仅是认识论上的（上帝本质超越人类认识），《六问》的神秘论则不仅是认识论的，而且是形而上学的，这在于实体本身成为一个被排除了一切差别、关联、形式的非理性原理。其说继承并发展了优陀罗羯的无分别本质观念，以为一切经验的表象、活动，乃至思维、意志、理性、观念等，皆属于现象界、自然，而自我、本体则是无差别、无行相、无形式、无观念、无思维、无意志的存在。这种自我理解排除了自我的理性和生命，因而根本上是一个误区。它开启了印度精神在思想、道德领域的一系列困境，并通过佛教影响了中国儒家的心性之学[①]。此两种误解，也反映出现实精神自由的局限。其中，将自我实体误解为一种无生命、寂灭、僵死之物，表明生命没有被当作自我的本质，这在现象学上验证了精神内在的自反势用没有展开为对生命性的自主设定。而将自我实体误解为一个无形式、无观念、无思维的原理，表明反省没有实现对自我实体的内在形式（即精神的概念、观念）构造，这在现象学上验证了精神内在的自凝势用没有在超验反省的领域展开。在这里，正是本寂的精神抑制了这种自反、自凝势用的展开，而促进相反的惰性消解势用的展开，导致反省无法领会实体的生命性，只是把它领会成一个寂灭原理；无法领会实体的内在形式，只能把它领会成一个无形式、无思虑的抽象原理。这一精神局限，在印度传统中一直没有被克服。

以上两种误解，尽管在柏拉图主义和基督教神秘论中亦得到表现，然而由于希腊传统的理性精神和基督教对生命的强调（上帝是逻各斯、生命和真理），它们的影响不是绝对的、不可摆脱的。而在印度传统中，由于本寂精神的影响，它们竟然成了每一种思想的不可克服的宿命。这类误解实际上都将实体当作现存之物，错失了觉性内在现实的本质。一些晚期奥义书（比如《白骡》、《慈氏》）企图发挥吠陀古老的时间说，强调大梵就是时间、运动，以克服此种现存性执着，但这种努力后来被印度教抛弃。在整个印度精神史上，对现存性的否定，只有到了大乘佛学才获得一种理论上的彻底性。比如中观说真如法界为非有非无、非一非异、非生非不生、非常非断、非实非虚等，完全清除了奥义书的一味、恒常、不动等本体表述中隐含的经验色彩。但随着大乘佛教本身的立场亦在吠陀—奥义书传统的进一步渗透下，逐渐地由“空”向“有”倾斜[②]，晚期奥义书那种实在、恒常、一味、无分别的心性本体观念，最终还是被确立为印度教和如来藏佛教的理论基础。

---

① 吴学国：《从印度吠檀多到中国阳明心学》，《学术月刊》2007 年第 2 期。

② 松本史朗：《缘起与空》，中国人民大学出版社 2006 年版，第 122 页。

(2) 外在化的局限。如果说在奥义书思想中，超验反省的寂灭主义局限与印度独特的文化精神有关，那么它的外在化局限则带有普遍性。盖反省必须认识到自我的、内在的（意识、思想）现实，即觉性的真正主体性，它才是一种内在反省或真正的反思。然而伽吉耶夜尼、毕钵罗陀之学，都没有领会到自我实体与纯粹意识、思想的同一性。同样，希腊奥菲斯教、毕达哥拉斯派也把灵魂当作一个无意识的实体（在这些希腊思想中，灵魂既超越时间与变易的永恒实体且死后转生，又是无意识的存在，如毕达哥拉斯学派说灵魂是"空气中的尘埃"）。在这里，自我实体还不是意识、思想，不是精神的内在现实。因而在这里超验反省只是外在的、抽象的，尚未开展出其内在、具体的向度，即成为反思。

这种思维的局限同样反映了现实精神的局限。它表明，尽管自由在现实精神中展开为本质的，即对精神的实体性的自主设定或自由，但尚未转化为内在的，即对精神的意识、思想的自由——正是这一点导致精神不能产生内在的反思。与之相应，在这里，立足于生命之自觉塑造的伦理实践，亦未升华为立足于内在心性之修炼、以绝对的心性真理之证悟、实现为究竟目的的宗教实践。如果奥义书精神要将这本质自由深化为内在、主观的，它必须为自身构造出一种心识实体的观念，即以心性为世界存在之基础、真理。精神的内在的、主观的自由就在对这观念的领会、守护，即内在、主观的反思中展开。本体自由为奥义书的超验反省的内在转化提供根源性的推动力量。在毕钵罗陀学说之后，奥义书思想发展的方向就是将超越的实体领会为识或心性，实体成为意识或思想的实体，于超验反省就内化为超验反思。

在奥义书思想中，这种转化有两条路线：其一，是绝对主义或思辨的路线，以耶若婆佉、步厉古等学说的先验反思为代表。由于桑底厘耶、阿阇世等人已在经验层面，将存有归属于内在的心识（意、识等），故在奥义书中对超越实体的内在化，往往意味着对绝对心识的实体化或本体化，即在桑底厘耶、阿阇世等人那里被作为存有之绝对根源的经验心识，在这里被剥离了自然的、经验的色彩，升化为超越的本体，即先验意识。这种超越了世界经验，同时又作为全部经验现实的基础、本质和真理的先验本体，乃是耶若婆佉、步厉古等乃至一些晚期奥义书共同的思想基础。其二，是二元论或理智的路线，以《羯陀奥义书》和数论学的形而上学超验反思为代表。在这里，超验反省实现为内在的，领会到自我实体就是纯粹意识，但与上述思辨的路线相比，在这里，意识实体仍未成为绝对的，即成为自然、物质世界的根源、本质，因而超验反思仍未脱离其在毕钵罗陀学说中的二元形而上学的特征，仍属于理智省思的范畴。所以我们下面要讨论的就是《羯陀奥义书》及其早期数论思想。

## 第三节 那支启多

西方学者有誉《羯陀奥义书》为"古代印度神秘哲学和诗歌之完美典型"者①。此奥义书利用传统的那支启多故事框架以阐明其超越生死之智慧。此故事说那支启多进入死亡之国，得知死后生命之秘密，而返回人世。《羯陀奥义书》则借故事中死神之口，宣说其形上之学。与早期的五种散文体奥义书（广林、唱赞、爱多列亚、考史多启、鹧鸪）相比，《羯陀奥义书》显然属于另一个时代。盖早期奥义书仍具有浓重的梵书气氛，为朴拙的散文体，其宇宙观一般依附于对祭祀学的象征性解释得以展开。而包括《羯陀》在内的晚期奥义书（伊莎、由谁、蒙查羯、白骡、蛙氏、慈氏、羯陀、六问），则脱去祭祀学的赘疣，直接开示本体，且用韵文体裁，其思想也更成熟。

此奥义书得名于属《黑夜珠吠陀》学派之一的羯陀学派。羯陀学派有卷帙极大的《羯陀梵书》（Kāṭhakam），内容基本上与《鹧鸪氏本集》对应。此外尚有一些较小文献，涉及置祭火的五种方式（即所谓 Sāvitra, Nāciketa, Cāturhotra, Vaiśvasṛija 和 Āruṇa "五火"）等内容。后面这些内容，尽管来自羯陀学派，却不存于《羯陀梵书》，而是见于鹧鸪氏学派的梵书和森林书（Tait BrāIII · 10—12；Tait ĀraI—II）；此是吠檀多传统所公认者。其中，Tait BrāIII · 11 讲置那支启多火（Nāciketa Agni）之法。其云人若设此祭火且善知其义，即可获得超越太阳之外的不坏、不变、无限之界。其中穿插了那支启多和死神的故事（Tait BrāIII · 11 · 8）②，以解释此祭火得名之由。其大意云婆者氏（Vājaśravasa）行 Viśvajit 祭，此祭要求施尽其全部所有，据信若其成就，乃可得世间一切。"Vājaśravasa" 谓因施食（于婆罗门祭司）而广有声誉者，象征所有热心祭业之人。其有幼子名那支启多（Nāciketa）。那支启多感于祭祀之果，且欲使祭祀成全，乃问："阿父，将施我予谁？"如是再三。其父怒曰："将施汝于死神！"其意思类似于西人生气时所谓 "Go to hell!" 或国人所谓 "见鬼去！" 并非真要置之于死也。但那支启多将此言执实，遂至死神之所，值死神不在。那支启多三夜不食以待之。死神方归，既感其诚，亦慊其失礼，故准满足其三愿，任其选择。那支启多遂

① Ram K. Piparaiya, *Ten Upaniṣads of Four Vedas*, Yatisha Creations, Mumbai, 2003.271.

② 除 Kāṭh I 和 Tait BrāIII · 11 · 8 之外，此故事还见于史诗《摩诃婆罗多》的《阿奴娑哈那篇》（anyśāsana parva）。ṚVX · 135 中有此故事的最早原形，其云少年那支启多被其父遣至阎摩处，而因其有大信力（śraddhā）而被许生还。

许三愿。其一，为平安归于父所，死神准之。其二，为获得确保祭祀、正行之业不失之法，死神即授之以行那支启多火之仪，谓以此可致祭祀、正行之业不失。其三，为不受再死之道，死神即开示那支启多火之义理，凡设那支启多火且明知其义理者，即不受再死。

《羯陀奥义书》沿袭了此故事的框架。然而此奥义书就其现存形式而言，实际上并非羯陀学派的作品；它仅仅借助后者的那支启多故事语境，以展开其说也，其中多少也沿用了此学派的素材。现存的《羯陀奥义书》依其内容分为两部分：前一部分（VallīI-III）为此奥义书原来的内容；下一部分（VallīIV-VI）为后世扩充的内容。

《羯陀奥义书》第一节开首，几乎逐字复述 Tait BrāIII・11・8 的内容。接着也是那支启多许愿，其第一愿与上文相同，第二愿为求可致天界之那支启多火智，亦与上文后二愿的内容相同。实质性的区别在于奥义书中那支启多提出的第三愿，即人死后归宿问题，但其主要关注的并非死后往生的问题，而是揭示自我的形上学意蕴，并由内证自我而脱离生死，此为 Tait BrāIII・11・8 所无。此奥义书 I—III 章即如是展开其内容，不过它将此故事的旨趣从原先的祭祀学完全转移到形上学层面。

由于《羯陀奥义书》对 Tait BrāIII・11・8 的题材进行了转换，使之服务于其形上学思考，使得《羯陀奥义书》的那支启多故事具有了两个意义层面：其一，为 Tait BrāIII・11・8 原有的，属于祭祀宗教的层面，兹称之为意义层面 I；其二，反映了此奥义书作者自己的旨趣，即依此故事揭示超越业报轮回之自我，此为意义层面 II。二者并未完全调和，导致此奥义书有些说法颇自相矛盾。其云昔有名为乔答摩・婆者室罗婆娑（Gautama Vājaśravasa）[①] 者，热衷于祭祀，竟施全部财产以为（献与婆罗门的）祭礼。其有一子名那支启多。根据意义层面 II，在这里婆者氏代表企图通过祭祀、善行获得天国福报的传统吠陀宗教，那支启多则代表否定外在祭祀、善行而指向人的内在自我的奥义书宗教。奥义书云那支启多尽管年幼，但是当他看到其父献给祭司的母牛时，顿时产生信敬（śraddhā）。乃自忖道："饮水而食草，乳尽而瘦瘠！彼界定无乐，施此牛者趣！"首先，根据意义层面 I，这是对其父之祭祀是否得宜，及能否得祭祀福祗之关切；其次根据意义层面 II，这也包含对祭祀求福之道的怀疑。首先，祭祀宗教相信：其一，真诚的布施须施予最为珍贵之物；其二，人依其在祭祀

① 即 Aruni Uddālaki Gotama，商羯罗认为就是 BṛihIII・6・1 的 Aruni Uddālaka，为室韦塔克图（Śvetaketu）之父。

中所施之物，必于天界或来世得同类果报。婆者氏既以如此羸老、无用之牛行施，岂能企望其未来往生之界充满喜乐乎？此为意义层面Ⅰ之关怀，为沿袭于梵书的立场。意义层面Ⅱ则反映了此奥义书作者之旨趣，表明了对功利主义祭祀和布施的价值之怀疑。它指出了祭祀宗教本有的自私、功利态度。施祭者既旨在以布施获得未来的幸福、财富、享乐等，因此必然要计较其所施与所得之关系，而且自然希望以最小的施予获得最大酬报，此即婆者氏以羸老、无用之牛行施之由。故在意义层面Ⅱ，那支启多的话就包含了对祭祀宗教本身的自私和功利性的批评。接着那支启多问其父："阿父，汝将施我于何！"此亦有二义：根据意义层Ⅰ，此谓那支启多知其父布施不诚，恐致罪恶，故愿以己身为施，以使祭祀得全，父罪得免；而根据意义层面Ⅱ，此谓那支启多怀疑其父的执着于世俗福报的祭祀宗教之意义，故欲以此种方式委婉劝诫也。那支启多如是三问。其父怒曰："我将施汝于死神！"尽管这是一句气话，但一语既出，其父必践其诺，那支启多遂至死神阎摩之所。适死神外出。那支启多不食而等待三夜。按照印度注释家的解释，这三夜分别象征身、意、我三重瑜伽，为超脱死亡所必须者。那支启多其间思考生死变灭，乃说偈云："已逝者如何，将来者亦是。人如谷熟落，亦如谷复生！"以此感叹尘世生命之无常且无意义。然吠陀传统极重待客之礼，以殷勤待客为家主应行的五祭之一；盖其以为客人代表诸神，故应待之以舒适、尊崇、荣耀。尤其对博学、智慧、净行之婆罗门，更应如此。若婆罗门竟不得其食于愚人之家，则夺其希望、前程、喜乐、祭业、善业、子嗣、牲口等一切福财。阎摩既归家，惭愧于待客失礼，于是对那支启多说："婆罗门贵客，汝已于吾家，三日不得食，敬礼婆罗门！请善处于我，且择三愿偿。"那支启多所说第一愿为当其归时，其父乔答摩能息其怒而善迎之，阎摩许之，且保证其父将"能于夜里安睡"，此谓其见子归来，解除了心中忧虑，故能高卧也。其第二愿，那支启多以偈说云："天界无恐怖，无汝（死）无老、畏。脱离饥与渴，度苦得喜乐。汝既为死神，应知彼祭火，彼致天界者。请开示于我，我有虔诚（śraddadhāna）故。于天界之中，人皆得不死。此为第二愿。"阎摩答曰："我今授之汝，汝且受、善解，嗟那支启多，此祭火致天。应知此祭火，致永恒天界，且其为依止，隐藏于秘处（可能指心中，后二句以那支启多火代指梵）。"阎摩乃开示由此祭火构造世界之义，以及祭砖之数量、种类及砌砖之法，且名此祭火为那支启多火，并送以多色项链一副，说偈云："人若行三翻，那支启多火，且与三（父、母、师）和合，及行三种业（学习吠陀、举行祭祀、布施），则度过生死。若知梵所生，遍知、神圣者，且敬思于彼，则永入寂静（śānti）。人若行三翻，那支启多火，且知彼三义，若诚如是知，且如实施设，那支启多火，则可于生前，掷脱死亡缠，远离于苦厄，得乐于天界。"然而，既然通过施设那支启多火即可"掷脱死亡缠，远离于苦厄，得乐于天界"，则奥义书至此的内容似乎已然成为一整体，而下面阎摩于那支启多第三愿所论之通过修内在瑜伽离死亡、度苦厄，乃为多余。盖《羯陀奥义书》从第一节开首直至阎摩授那支启多火智，皆与 Tait BrāIII · 11 · 8 的内容相同，故为直接继承后者而来，属意义层面 I，它构成此奥义书最原始的内核。这部分内容是梵书性质的，关注的仍是通过设施祭火获得天界果报。而在原始的《羯陀奥义书》中，阎摩由那支启多第三愿引发的，对超越生死的绝对自我、彼岸及获致此界的修行的阐明，则为奥义书作者敷演的部分，是为意义层面 II，构成此部奥义书的主要内容。显然，奥义书作者敷演的部分与其从梵书沿袭的内核并未很好融合。

奥义书说阎摩满足那支启多前面二愿之后，乃请其选择第三愿。此奥义书的实质内容乃开始于此。那支启多于阎摩之请，乃说偈曰："爰有此疑惑，于人死后状，或云其仍有，或云其已无。我欲知此义，汝请开示我！于我之所愿，此为第三者。"阎摩颇感为难，说甚至诸神亦有此疑惑，以此法甚深难解故，请那支启多勿强求于他，最好另择它愿。那支启多说，正以此法甚深难解，诸神有疑，且如阎摩这样的开示者不可复得，故知此愿远胜于其他一切愿。阎摩乃许以子孙繁盛，广有牲畜、象群、黄金、骏马、宝车、美人，有广大地产，寿如所欲，受用一切世间希有之乐，谓如此则可成为地上之伟大者，只要不问关于死亡（maraṇa）之事。那支启多复以偈答曰："凡此之一切，皆仅至明朝，且损诸根力，嗟乎死亡神！尽人一生寿，如实亦短暂。请收汝宝车，请收汝歌舞！非由财富故，人可得欣足。吾等若见汝（死），岂复欲财富？吾等将生活，至汝主宰时。如实此即是，我所择之愿。尘世老死者，其若得亲知，不老不死者，复善知可爱、欲乐与欢喜①，岂乐于长生？广大之彼岸，究竟有何物，众人之所疑，求汝开示我，嗟乎死亡神！此愿即探入，甚深秘密义，今那支启多，唯择此非余。"

在奥义书中，阎摩对于那支启多最后一愿，开始是坚决不许，甚至以种种诱惑，试图使其转移立场，但最终不仅全部开示此义（轮回），甚至积极敷演此义所未备者（超越者、解脱之彼岸），前后态度似乎很矛盾。这种矛盾考虑到以下一点即可释然，即这里阎摩的引诱，勿宁说是一种考核，盖其所教彼岸之义，唯脱离一切尘世欲望染着，勇猛坚定地希求正智者，方得悟入，故阎摩乃以种种世间欲乐福财考验那支启多是否堪能受法。一旦那支启多证明自己勇毅求道，不染尘欲，堪受正法，阎摩便倾其所有以教之也。如杜伊森所说，那支启多第三愿主要关注的并非死后往生，而是证得人的内自我，并由此脱离生死的相续②。盖往生的问题，对于那支启多已经是确然

① "善知可爱、欲乐与欢喜"谓知可爱（varian）、欲乐（rati）与欢喜（pramoda）之无常。

② Paul Deussen, *Sechzig Upaniṣaden des Veda*, F.A.Brockhaus Leipzig, 1921.270.

无疑的，在I·27那支启多所说："吾等将生活，至汝主宰时。"表明他已经知道生命之无尽相续，故其所疑者，为解脱之状态。

Th. Stcherbatsky和Oldenberg就开始注意到，在古奥义书中，《羯陀奥义书》最明显表现出与佛陀说法的相似性①。此种相似性可以举例如下：(1)KāṭhII·1"善好是一边，欢喜是一边，二者不同趣，而皆束缚人。于中择善者，则得其妙成；而择欢喜者，乃失其所求。"对比Samyutta Nikāya（巴利文《杂阿含经》）I·4·2·6："是以世间有善道、恶道，二者不同趣。恶者趣地狱，善者终至天界。"二者的内容与行文皆有显著相似性②。(2)此奥义书以死神象征无常，以为一切皆无常，若悟无常之理，则于财富、享乐不复贪爱，从而得离欲、解脱，如KāṭhI·26—27云："凡此之一切，皆仅至明朝，且损诸根力，嗟乎死亡神！尽人一生寿，如实亦短暂。请收汝宝车，请收汝歌舞！非由财富故，人可得欣足。吾等若见汝（死），岂复欲财富？吾等将生活，至汝主宰时。如实此即是，我所择之愿。尘世老死者，其若得亲知，不老不死者，复善知可爱、欲乐与欢喜（之无常），岂乐于长生？"此说亦与佛教一切无常之义契合。对比此二颂与佛说以下两段经文："当观知诸所有色，若过去、若未来、若现在、若内、若外、若粗、若细、若好、若丑、若远、若近，彼一切悉皆无常。正观无常已，色爱即除。色爱除已，心善解脱。如是观受、想、行、识。……爱欲断者，如来说名心善解脱。"（《杂阿含经》卷一）"尔时，世尊告诸比丘：'色无常。无常即苦。苦即非我。非我者即非我所。如是观者，名真实观。如是受、想、行、识无常。无常即苦。苦即非我。非我者即非我所。如是观者，名真实观。圣弟子。如是观者，于色解脱，于受、想、行、识解脱。我说是等解脱于生、老、病、死、忧、悲、苦恼。'"（同上）可发现二者在思想上的明显一致。(3)Kāṭh I中那支启多被死神（Mṛtyu）试探的故事，与佛陀在菩提树下受魔罗（Māra）诱惑的情节亦有显著类似。二人皆拒绝无常的欲乐，以求得真实智慧。Oldenberg就已经指出这两则故事存在亲缘性③。(4)KāṭhII·5："彼住无明者，自许其有智，自信其博学，奔走而无绪，窜行于迷途，如盲被盲牵。"此中盲被盲牵的比喻，亦见于佛说，如巴利文经藏说："（众婆罗门）如众盲人列队而行，走在前面的看

① Hermann Oldenberg, *Die Lehre der Upaniṣaden und die Anfange des Buddhismus*, Vandenhoeck & Ruprecht, Goettingen, 1915.288—289; Th.Stcherbatsky, *Central Conception of Buddhism*, Susil Gupta Ltd.1961.58ff.

② Sarvepalli Radhakrishnan, *The Principal Upaniṣads, George* Allen & Unwin LTD, London, 1953.607.

③ Hermann Oldenberg, *Die Lehre der Upaniṣadden und die Anfange des Buddhismus*, Vandenhoeck & Ruprecht, Goettingen, 1915.288—289.

不见，中间的看不见，后面的也看不见”。(Sutta NipātaIII · 9) 汉译《中阿含经》中相应的内容为：“犹众盲儿各相扶持。彼在前者，不见于后，亦不见中。彼在中者，不见于前，亦不见后。彼在后者，不见于中，亦不见前。摩纳，所说诸梵志辈亦复如是。”(卷三十八) 其中巴利文经文的意思更明确，就是说在诸婆罗门的师传中，由于无明故，其师既不见实性，弟子亦不能见，弟子之弟子亦不能见，如盲人引盲人然，在这一点上它与 KāṭhII · 5 的意思一致，相互可能存在沿引的关系。(5) 在阿含经中，佛陀亦常被问及“如来灭后为有，非有?”(如《杂阿含经》卷三十四)，与 KāṭhI 那支启多对于人死后存在状态的追问相呼应。(6) KāṭhIV · 14—15：“如雨水落山，流岩石四周，若见法差别，人亦逐此去。如净水入净，而融然为一，是故乔答摩，于有识牟尼，其我亦如是。”对比《杂阿含经》卷三十四：“婆蹉白佛：‘如天大雨，水流随下，瞿昙法、律，亦复如是。比丘、比丘尼、优婆塞、优婆夷，若男、若女，悉皆随流，向于涅槃，浚输涅槃。’”巴利文《大婆蹉种经》中，婆蹉所说之与此相应的内容谓：“如恒河水流向大海，融入大海，安住其中，如是瞿昙，汝众若出家若不出家，皆流向涅槃，融入涅槃，安住其中。”(Mahā-vaccha-gotta-sutta, MN.NO.73) 这两段经文与《羯陀奥义书》上述两颂在内容上有明显的亲缘性。(7) KāṭhIV · 14—15 两颂中“法”这个词意义特殊，在吠陀文献中极少见，而是与佛教的用法一致，也表明了二者的某种亲缘性。但是对于这二者究竟谁影响谁，或孰先孰后的问题，由于缺乏更充分的材料，目前学界的看法实际上仍处在猜测阶段。大多数印度学家以为《羯陀奥义书》至少就其原始内容而言，是前于佛陀的①，因而《羯陀奥义书》影响佛教的可能性更大。中村元是少数持相反意见的人，他说：“(《羯陀奥义书》中的) 这些特点，在超过 3000 年的婆罗门历史中很少出现，其在《羯陀奥义书》中的出现是突然而且意外的”，故认为设想这些特点是受佛教影响的结果会更合理一些，而反向的影响是不可能的②。但若仅仅因为这些因素是“突然而且意外”出现的，就认为它们一定来自佛教的影响，还缺乏足够的说服力③。更有可能的情况是，《羯陀奥义书》和原始佛教，处于大致相近的时代，因而都共同吸取了一些当时流行的观念。由于反映在《羯陀奥义书》中的这

---

① Hermann Oldenberg, *Die Lehre der Upaniṣadden und die Anfange des Buddhismus*, Vandenhoeck & Ruprecht, Goettingen, 1915.288—289; Th. Stcherbatsky, *Central Conception of Buddhism*, Susil Gupta Ltd, 1961.58; Hajime Nakamura, *A History of Early Vedānta Philosophy*, Motilal Banarsidass, 1983.19.

② Hajime Nakamura, *A History of Early Vedānta Philosophy*, Motilal Banarsidass, Delhi, 1983, p.27.

③ 比如中村元若断定《羯陀奥义书》之上述两颂为从这两则佛经改写过来（Hajime Nakamura, *A History of Early Vedānta Philosophy*, Motilal Banarsidass, Delhi, 1983.22），但若单就二者内容的比较，还无法得出这样的结论。

些观念，远远比在佛经中的原始①，因而可以推测至少《羯陀奥义书》前半部分内容（VallīⅠ—Ⅲ）是远早于佛陀的，在这里我们实际上仍倾向于大多数印度学家的看法；不过对于佛教是否直接受《羯陀奥义书》的影响，只能说这是有可能的，但根据目前学界的研究还无法给出很明确的答案。

尽管《羯陀奥义书》的思想是借死神之口宣说，但这里实际上是奥义书作者以羯陀学派中被归属于那支启多其人的学说为基础，借寓言形式将其展开，并加以推阐、敷演而成。此奥义书实际上是将多种思想糅合，大致上形成统一的体系，而最后作者肯定非那支启多。然而作者既将其说托名于那支启多，且其最原始部分可能实与那支启多其人有关，故本文亦将此奥义书之学托于那支启多名下。

此前的伽吉耶夜尼、毕钵罗陀之学，反映了奥义书最早的超越思维。在这里，精

---

① 对此我们在下文中联系到《羯陀》的具体内容有不少讨论。另外针对上述七项内容，我们也可以就此略举出以下几点加以考察：第一点，就上述第（2）项内容考察，我们从对 Kāṭh Ⅰ·26—27 和相应佛经对比可以发现，佛的说法无论从表述还是思维水平而言，都明显比Ⅰ·26—27 高了一个层次。首先，从表述看来，在阐明诸法无常时，佛教通过过去、未来、内、外、粗、细、好、丑、远、近等一系列对比的范畴，将一切法都包括在内，比《羯陀奥义书》的任意枚举更成熟、更有力量。其次，佛陀将无常观的对象区分为色、受、想、行、识五个普遍范畴，以此概括一切物质与精神现象，而《羯陀奥义书》的无常观涉及的"牲畜、象群、黄金、骏马、宝车、美人"等，都属于感性个别性层面，暴露出二者在思维水平上的显著差别。最后，Ⅰ·26—27 的逻辑是：由观无常，而离贪爱，而得解脱；而此处佛说的逻辑是：由观无常，而悟苦谛，而证非我，而得解脱。这里佛所说，显然更复杂，也更细密，因而明显代表了更高的思维水平。因而设想《羯陀奥义书》反映了无常观念的更早形态，而佛教的无常观念是在后期基础上进一步发展形成，从理论上讲会更自然一些。第二点，在上文第（3）项中，那支启多被死神（Mṛtyu）诱惑的故事相对来说比较简单，而在《阿含经》中，佛陀在菩提树下受魔罗（Māra）诱惑的缘起，则增加了许多细节描写、添加了大量的文学修饰，演变为一个分量可观的故事集，不仅在篇幅上比那支启多故事扩大了好些倍，而且情节也更复杂、生动（可以对《杂阿含经》卷三十九与 Kāṭh Vallī 的相关内容作一比较）。第三点，上文第（7）项中，《羯陀奥义书》上述两颂中"法"这个词的特殊意义。至于他提出，在此奥义书中，法这个词的用法与吠陀文献相差甚远，应视为受佛教影响结果（Hajime Nakamura, *A History of Early Vedānta Philosophy*, Motilal Banarsidass, Delhi, 1983.22），这种推测的前提是最早只有佛教有此用法，这可能不合实际，至少根据《阿含经》，佛教对"法"这个词的用法不是它独有的，外道也在同样意义上使用这个词。比如《杂阿含经》卷三："摩诃男诣彼众富兰那所，与富兰那共相问讯。相慰劳已，却坐一面。时，摩诃男语富兰那言：'我闻富兰那为诸弟子说法，无因、无缘众生有垢。无因、无缘众生清净。世有此论。汝为审有此，为是外人相毁之言，世人所撰？为是法、为非法？颇有世人共论、难问、嫌责以不？'富兰那迦叶言：'实有此论，非世妄传。我立此论，是如法论。我说此法，皆是顺法。无有世人来共难问而呵责者。'"摩诃男与富兰那都是外道，但是他们是在与佛教同样的意义上使用"法"这个词的。因而所谓佛教对"法"这个词的独特用法，更可能是当时思想界普遍的用法。而且即使上述《阿含经》中说偈的婆蹉，《中阿含经》亦谓之"卑卢异学"，初闻佛法（卷三十六），这意味着他使用的表述应当是通常用语，而不大会是佛教的独有术语。中村元自己也承认在早期的古奥义书中，亦可发现与佛教术语类似的表述（Hajime Nakamura, *A History of Early Vedānta Philosophy*.19）。

神在其内在的自身否定和自我维持势用的作用之下，否定了一切经验、现象的存在的独立价值，确认超验的自我实体为绝对真理。这种超越思维由于对实体与自我的同一性的领会，因而同时是一种超验反省。然而因为自我的内在存在，即其具体内容还没有展现出来，所以这种超验反省是抽象、外在的。盖觉性、精神的内在性是心灵，是意识、思想、生命。自我实体只有作为心灵才是真正内在的。然而自由作为绝对，必将推动这超验反省的内在化。反省是精神内在的一种生命力量，即自身维持势用的实现。是这自身维持势用推动反省的内在化。盖精神的自身维持，要求将一切生命活动指向觉性最内在的本质，使一切存在为维持这本质而存在。而在现实层面，觉性、精神的内在本质就是纯粹的心灵、意识、思想。因而，精神的自身维持必然会由外到内、由表及里地展开，转化为对觉性的纯粹心灵的维持。这必将推动反省逐渐确立内在心灵为自为、绝对的真理，推动超验反省领会自我实体与内在心灵的同一性，于是这超验反省转化为真正的反思。

《羯陀奥义书》的那支启多之学，就反映了奥义书这种超验反省的内在化。其说的主要内容包括：(1) 纯粹的心灵实体观念。其说表明那超验的实体就是吾人的真实自我。这实体、自我就是人内在的心灵、纯粹意识。这心灵实体是一恒常、寂灭、无形式、无差别、一味的理体；恒住、一味的心灵实体与包含一切变易、差别的自然（自性），体性完全不同。《羯陀》对这心、物二元实体性的阐明是奥义书中最清晰、最典型的形而上学区分。(2) 这心灵实体与自性（混沌的自然本原）两种原理结合，导致世间万有的生成。其中心灵为恒常、无为、一味，一切变易与差别相皆由自性生成而被增益于心灵实体，但后者的存在却不受这增益的影响。心灵实体尽管是所有经验存在的基础，但它对于后者其实是外在的。它是一个独立、封闭的形而上学实体，而非存在的绝对真理、本体。(3)《羯陀》的修道论就是所谓内在瑜伽，乃是一种内在反思型的实践，与其二元形而上学相呼应。其宗旨在于否定外界、偶然东西的遮蔽和染污，证悟超然、一味的清净真心，从而获得解脱。可见《羯陀》一方面继承了毕钵罗陀思想代表的超验反省，将自我彻底从自然东西剥离；另一方面，它明确地领会到自我、实体就是人内在的心灵，即自性清净心。它因而明确地将毕钵罗陀思想代表的超越思维（否定的理智）内在化，使之成为一种内在超越（超验反思）。后者是超越思维与主观反思的统一。《羯陀》的思想标志着奥义书的超越思维的真正成熟和超验反思的最终完成。

《羯陀》的思想进展，也标志着现实精神自由的进展。其对自我的超验意识实体的领会，标志着印度精神首次具有了一种内在的自我尊严。精神彻底排除了外在和内在的自然的诱惑和压迫，实现了对自身的纯粹内在的意识、思想的至上价值的确信和守护。《羯陀》思想否定全部自然、经验的存在，确立内在的心灵实体为自为的真理。这在观念层面表现了超验反思否定自我的自然、经验存在，确立内在的心灵、意识为自我的实体的精神运动。这其实是一种精神内在化运动。它在现象学上使精神内在的自身维持（自反）势用在超验领域的积极活动成为明证的。它表明这自反势用已经展开为对觉性的内在心灵，即意识、思想的直接维持即内在维持。超验反思就是在这自反势用的历史展开推动之下形成，就是后者的实现。盖作为生命的内在意志，自身维持就是将一切生命活动指向生命的内在本质，使它们为维持这本质而存在，这内在本质就是生命的自由及作为后者之内在现实的自主活动整体。对于觉性生命来说，这内在现实就是心灵本身，就是意识、思想的运动。这才是觉性的自身维持的最终目的，而自然、肉体的存在只是这生命的物质外壳。然而觉性、精神作为有意识的生命，其自主活动必然包括对对象的意识，那么它的自身维持（依其为直接的或间接的）在其现实展开中也必然包含对（这直接或间接的）觉性自我的意识，而精神的自我意识即反省，于是精神内在的自身维持势用的持续展开必然导致反省的深化。在自然意识中，觉性的自身维持是间接的，因为自然意识只认识自然，无从了解觉性、意识自身的内在性，它只能通过生物学意义上的、对觉性之外在、肉体存在的维持，来间接实现对觉性的内在生命、活动的维持。自然精神由于只承认在自然意识中呈现的对象的真理性，精神的自身维持在这里同样未能展开为对觉性的内在生命、活动的维持，即内在维持。唯后者推动省思领会心灵为自为、绝对的真理。盖精神直接的自反势用的现实展开，必然包含直接的对象意识；它就是精神把对象呈现出来并作为究竟真理来领会、守护。因此，精神的内在维持的展开，必推动超验反省内在化，领会心灵与超验的真理、实体的同一性。然而如前所论，甚至在宗教精神早期，这自身维持仍然是外在的，实体尚未被与心灵等同，故超验反省在这里没有深化为反思。精神的自身维持势用的本真存在是省思内在化的不懈冲动，它要求将一切生命活动指向觉性最内在的中心，它推动省思不断朝这中心逼近。但是反思的缺失表明在宗教精神的这一阶段，精神的自反势用已经被传统规定，其本真的无限性被精神的内在惰性（自放势用）抵消，未能展开为对觉性的真正内在性的维持。在这种情况下，自反势用的历史展开，意味着它必然冲破传统的规定，恢复其本真的无限性。《羯陀》的超验反思的形成，就验证了这种自反势用的历史展开。但后者只有在作为精神绝对本质的本体自由促动之下，才有可能（参考本编引论）。本体自由是绝对和无限，它要求精神对存在保持无限开放性，而不是停留于当前此处。它必然通过呼唤和倾注，促使宗教精神包含的自反势用恢复本真的无限性，从而冲破传统的规定，最终展开为对觉性的意识、思想的维持即内在维持，从而推动省思确认实体就是内在心灵本身，于是超验反思得以形成。总之，《羯陀》的超验反思的形成，最终是由自由推动的，是自由在新的精神领域的实现。因此《羯陀》的思想形成，就在观念层面呈现了自由推动超验反思形成的内在精神逻辑。我们在西方思想中也发现了与奥义书的超验反思的形成一致的精神发展，由此证明这一精神逻辑的普遍意义，同时也表明它们各自的特殊性。

现实的生命运动必然是由两种力量，即生命中自主、积极的力量（阖势用）和自在（惰性的）、消极的力量（辟势用）的对立统一所构成。精神作为生命亦是如此。阖的势用作为自由，其本真存在具有自身无限化、绝对化倾向总是被作为惰性力量的辟势用束缚、抵消，精神因前者而飞向高空，因而后者而被系着于大地。在不同语境中，精神的阖势用和辟势用的相互争斗、胶结、制衡、渗透，决定了精神生命的发展阶段和具体形态。奥义书的宗教精神的发展也是这样。在这里，当精神内在的自舍、自反势用推动精神进入超验反思的领域，与之对立的自在势用便立即活动、抵消了这些自主势用的无限性，把现实精神束缚在其当前的此处。这导致超验反思的内在局限性。

《羯陀》的思想在观念层面验证了上述精神局限。第一，它的思想是形而上学的。首先，它把超越者、实体当成一种无生命的、现存的原理。在这里，实体对经验的时间、空间、因果性、运动和差别的否定，被领会成它的不变、不动、永恒、常住、无差别、一味性。这种实体思维就是形而上学。然而实体的真理是觉性内在的自由、生命运动，因而是对现存性的否定，故形而上学的实体概念并不真实。《羯陀》对现存性的执着，在观念层面表明在这里，精神内在的自身否定势用（自舍）的本真的无限性，被精神的自在、惰性力量（自身肯定或自任势用）限制或抵消了，这导致精神寻求作为否定之终点的安全庇护所，它便任运地肯定超越者为某种现存物。这超越的现存实有，就是形而上学的实体。《羯陀》对觉性内在的生命运动的忽视，也在观念层面表明精神的自反势用的活动同样被精神的惰性抑制，没有展开为对觉性内在的生命性的维持。其次，《羯陀》的二元实体论，使自我实体成为一个封闭、孤立、个别的存在，也使实体失去其真理性。《羯陀》的形而上学在强调心灵实体对于自然的超越性时，把实体理解为一个与自然完全分裂的封闭的单子。这就使实体丧失绝对性。然而实体、自我的究竟真理就是觉性、存在本身，因而就是绝对。这种封闭、个别的自我实体观念，表明在奥义书的超验反思中，精神的同一维持仍被其内在惰性阻挡，还没有展开为对心灵实体的自主设定。这同一维持，就是精神把对象确立为唯一最终目的，而把一切其他存在都作为维持这对象的手段，它必然推动省思领会这对象为存在的绝对真理、本体。当精神的自身维持展开为针对心灵实体的同一维持，就必然推动省思领会这心灵实体为绝对本体。这将使省思扬弃《羯陀》的理智形而上学，进入思辨省思领域。第二，《羯陀》的超验反思还是非理性的。它所领会的实体是一种无思无虑、无形式、一味、均匀的纯粹意识。而心灵的内在形式就是纯粹概念、逻各斯，所以《羯陀》的自性清净心是非理性的。然而事实上，纯粹意识与思想，或澄明与理性，乃是觉性内在现实性的一体二面。无思想的意识和与意识无关的思想，都根本不可能存在。因此，《羯陀》的无思想的纯粹意识，乃是一个思维的假相。它在观念层面表明超验反思未能完成对心灵内容的形式建构，这在现象学上表明精神内在的自组织或自凝势用极端薄弱，完全被精神内在的强大惰性解构力量（自肆势用）所制伏，因而只有后者展开为积极的活动，这决定了超验反思的非理性性质。第三，与以上两点相关，《羯陀》的思想还有一个问题就是它的寂灭主义。《羯陀》完全排除精神实体的生命性，而把一种完全无生命、不动、恒住、寂灭的原理当成自我、心灵的真理和人生的理想。然而事实上，心灵、意识就是觉性内在的思想运动，它就是觉性现实的自由和生命。一种无生命的心灵实体也是一个思维假相。《羯陀》对这种寂灭实体的执着，在观念层面表明，在奥义书的超验反思中，精神的自舍、自反势用受到阻碍，没有展开为对心灵实体的生命性的更积极规定。这种寂灭主义以及非理性主义，都与印度传统中本寂的精神的影响有关。整个印度精神传统，就是由本觉的（以婆罗门思想为代表）和本寂的（以佛教为代表）两大文化的相互斗争、相互影响和相互渗透构成。正如大乘佛学也会包含本觉的精神，婆罗门传统亦包含了本寂的精神，所以奥义书的精神超越总是包含了某种程度上向空无、冥性的复归，属于冥性体验的无分别、一味、清净、无生等也被嫁接到绝对的自我实体之上，但是这些特征都与觉性、自我的生命性相违背。奥义书的超验反思领会的自我实体就是这种无分别、一味、清净、无生的实体。在这里，更本质的精神过程在于，本寂的精神一方面抑制了自反势用的活动，使之无法展开对自我的生命性的维持；另一方面促进了与之对立的惰性消解力量（自放势用）的活动，这使奥义书的超验反思抹杀了自我的生命性，而将其理解为一个寂灭的原理。同样，本寂的精神一方面抑制自凝势用的活动，使之无法展开对自我的内在形式（概念、逻各斯）建构；另一方面促进了与之对立的惰性消解力量（自肆势用）的形式消解活动，这使得奥义书的超验反思将自我理解为一个非理性、无形式的实体。这种精神局限，也唯有通过自由的进一步展开才能被最终克服。

作为现实的精神自由，《羯陀》的超验反思必须为自己构造出一种超验、内在的真理观念或理想（即作为纯粹意识实体的自我观念）作为中介，才能使自己成为必然的活动，即概念。这自由就是思想从外在、自然的世俗世界到内在、超验的理想彼岸的持续运动。这运动也就是精神对这理想的领会、守护。在这里精神的现实自由，与其实体、自我的观念，是相互规定、相互诠释的。我们试图通过分析《羯陀》的实体、自我的观念，即它的形上学，来阐明其中隐含的精神自由的内容。

## 一、自我的体性

自由推动省思的进展。正是精神内在的自身否定和自身维持势用，展开为超越思维的否定与肯定方面，推动超越思维无限的自我提升和升华。其中省思一方面否定生生不息的现象界、自然的存在，另一方面确立超越这现象界的永恒、不动的实体为究竟的真理。这种超越就是形而上学的超越。在这里，超越思维从现象到实体的持续运动，就是精神的现实自由。然而超越思维领会的实体最早可能是完全外在的（比如古希腊人和印度的耆那教、胜论等所理解的物理原子），因而是虚假的（唯觉性的纯粹内在存在具有真正意义上的超越性、实体性）。这超越思维就是外在的，没有与反思统一起来。这表明精神的自身维持在这里是完全外在，没有展开为对觉性、精神的心灵的维持，即内在维持。代表奥义书宗教精神的早期阶段的伽吉耶夜尼和毕钵罗陀思想，就表现了这种精神状况。然而本体自由作为绝对，要求实现为对觉性内在存在的自主设定。它必然促使精神内在的自身维持势用展开为内在维持。正是这内在维持，推动超越思维的内在转向，使它领会到实体与心灵、意识的同一性，于是这超越思维就成为超验的反思。这超验反思就是超越思维与内在反思的统一。

《羯陀》的思想就实现了这种统一。这就是在伽吉耶夜尼、毕钵罗陀等的超越思维中，引入反思的维度。一方面，《羯陀奥义书》的思想继承了伽吉耶夜尼等的超越思维并使其进一步巩固和清晰化。奥义书的超越思维，一开始就领会到实体与自我的同一性，因而是一种主观的超越或自我超越。它由于包括了对自我的超验性的领会，故同时也是一种反省，即超验反省。伽吉耶夜尼等的形而上学，就已经属于这种超验反省。奥义书的超越思维向超验反省的转化是很自然的，因为奥义书思想早在自然论阶段，就已经将存在的本质真理与自我同一，表明在奥义书精神中，自身维持作为对存在的究竟真理的确认早已内向化为自我维持，在这一精神语境下，奥义书的超越思维的主观化，即领会作为存在究竟真理的实体与自我的等同，乃是顺理成章之事。《羯陀》的思想就继承了这种主观超越或超验反省。它将自我彻底从自然东西剥离，将它视作对自然的否定，视作一个恒常、不变、不生、不灭的实体。精神对这种自我实体的领会和守护，就是一种主观超越。另一方面，《羯陀》的思想也克服了伽吉耶夜尼等思想中超越思维的外在化，于是精神自由实现为内在的超越。盖毕钵罗陀的形而上学没有揭示自我的本质就是意识、思维，自我实体的独特性没有被呈现出来，这种自我仍然是空洞、外在的。这种反省的外在性，在观念层面表明精神的自身维持势用还没有展开为针对精神的内在存在的直接维持，即内在维持。但是《羯陀》的思想明确领会到自我实体就是纯粹的心灵、意识，表明奥义书的超越思维在此转化为内在的超越，其反省转化为超验反思。《羯陀》的这种领会，在观念层面表现了超验反思一方面否定自我实体的外在性、抽象性，而将其内在化；另一方面否定自我的经验性，将其超越化的双向精神运动。精神这种内在化和超越化运动，分别在现象学上使自反和自舍势用针对心灵实体的展开成为明证的。正是这二者的历史展开推动超验反思的形成。其中，正是自反势用展开为内在维持，推动奥义书超越思维的内在化。在这内在维持推动下，精神终于领会到，唯一的绝对实体、自我，就是人内在、超越的心灵，这就是《羯陀》的纯粹意识或自性清净心。

总之，在《羯陀奥义书》的精神阶段，自由实现为精神的超验反思，并且在与所处精神语境的适应中规定后者的独特面貌。省思在这里领会到：(1) 那超越的实体、绝对真理就是自我；(2) 自我实体是一恒常、无形式、无内在差别的均匀存在；(3) 自我实体就是人的心灵、纯粹意识。以下略从这三方面阐明《羯陀奥义书》的形而上学实体的意义。以下我们将从三方面阐明《羯陀》自我实体之义。

**1. 自我的超越性**

在《羯陀奥义书》第一章，由于那支启多求问彼岸之事，死神乃以种种世间财富、令誉、欲乐诱之，企图使其放弃这种终极追问。这其实也是对于力求证梵解脱者的一种考验，因为人唯有当舍弃此类世间福乐，才有可能敬思自我、证悟自我，从而离弃苦乐，盖此自我乃迥超世俗，不为世间一切所染，故求道者必心体清净，方能会之。盖世间行者有二道：即以善（śreyas）为目标的，及以欢喜（preyas）为目标的。二者截然对立。愚者被欲望支配，而择于欢喜，终必泛求而无得，盖人之欲望无常，所欲既得，终生厌倦，欲既满足，必生更多，人心如此永无满足之时。反之，智者思维、分别，如实择于善，则其所求必成，盖求善得善，于理无违。根据奥义书较通行的说法，一般以善行指行祭、布施以求升天之道，因而也属业道，受欲望支配，但《羯陀奥义书》这里所谓善道，从其上下文看来，当指离弃欲望、业力之道，即觉悟解脱之道，故前此婆罗门所谓行善升天之道，应属受无明系缚的欢喜道。于《羯陀奥义书》第二章，死神既反复考验那支启多矣，知其不为无明、欲望所动，故为入善道，或觉悟解脱之道者，叹善知识难得，真求道者亦难得，遂为其开示自我之实相，靡有余义。

《羯陀奥义书》所谓自我，为超越的绝对者。盖《六问奥义书》尚论自我之超越，但其论自我仍与来自梵书的元气论有关，且其于自我之超越性，仍颇有游移不定处。而《羯陀奥义书》则全弃元气论的语境，其超越思维既清晰又彻底，表明此奥义书思想在整体上应晚于《六问奥义书》。《羯陀奥义书》所谓自我，既超越外在自然，亦超越凡夫内在心识。而阎摩首先开示者为其第一方面，KāṭhII · 11—25 云：

> 11（死神：）"所欲之成就，世界（jagat）之依止，无量业果报，无畏安稳岸，称誉之广大，广居与依止，嗟那支启多，汝即明智者，如是以坚定，已舍离彼等！12 彼难知见者，入乎隐蔽处，深居于秘窟，谓原始亘古——以自我瑜伽（adhyātma-yoga，即与真我之联结）①，敬思彼为神，智者以此故，得离苦与乐。13 如若有死者，闻此而善解，舍离于诸法，悟此微妙者（aṇum），于是彼欣喜，得喜根源（modanīyam）故。为那支启多，梵处已洞开。"14（那支启多：）"（汝既）见离法非法，离过去未来、因与果者矣，请开示于我。"15（死神：）"吠陀所开示，苦行者宣称，众人为得此，乃修于梵行，我于汝略说：此语（pada）即 Om！②16 如实且信然，彼音即大梵！彼音即究竟！如实知彼音，则一切所欲，信然皆归彼。③17 彼即至胜依，彼即至上依。人若知彼依，乐生于梵界。18 不生亦不灭，不来亦不成，无生且不动，亘古（purāṇa）且恒常，若知彼智者（vipaścit），身杀不为杀。④19 若杀者思杀，被杀思被杀，二皆不识彼，不杀不被杀。⑤20 细于微细者（aṇor aṇīyān），大于广大者（mahato mahīyān）⑥，为此至上我，居于众

① 《羯陀》未对自我瑜伽（adhyātma-yoga）的具体意义作出解释。另 II · 3 · 8 也说到人若得自我（adhyātma）智与瑜伽，乃脱离死亡，获得大梵，但 adhyātma 的具体所指未得澄清，所以自我智（adhyātma-vidyā）的意思亦不清楚。不过 II · 3 · 18 提到自我智与瑜伽皆是证悟至上我的途径，因而所谓自我瑜伽，应当是自我智与瑜伽的结合（P.Chakravarti, *Origin and Development of the Sāṃkhya System of Thought*, Oriental Books Reprint Corporation, 1975.18）。从字面意义上，自我智就是对于自我的证知。如 BGX · 32 中神说自己是一切智中的自我智，史诗亦谓自我智即证知自性转变产生的诸谛皆与自我无涉，故自我恒常无染（MBVII · 194, 247, 285, 310 · 10, 351 · 613），其义乃无异于古典数论所云。有鉴于此，《羯陀》的自我瑜伽，可以认为就是一种指向内在自我的瑜伽，故亦可译为内在瑜伽。

② 此颂主要内容亦见于 ŚvetIV · 9；BGVIII · 11.

③ 此颂的内容亦见于 MaitVI · 4.

④ 此颂的内容亦见于 BGII · 20.

⑤ 此颂的内容亦见于 BGII · 19.

⑥ 狄奥尼修斯《论圣名》（De Div nomIX · 2 · 3）："上帝由其独特之伟大，即施其伟大于一切伟大者，而被赞为伟大……此种伟大为无限、无量、无数。""说上帝本性为微细、稀薄，是因为他超越一切形体、距离，无障碍地穿透一切东西……其微细无量、无质，无障碍、无限、无界，包容一切而不可理解。"

生心①。若人得无欲(a-kratu),乃因诸根静②,而见我之大(mahimānam),遂脱于苦厄。21 安坐而行远,僵卧赴四方③。非余孰能知,彼乐非乐神(madāmada deva)④？22 知身中无身、于动中不动、广大、遍满我,故智者离苦。23 此至上自我,非由自慧得,非由习吠陀,亦非由饱学,彼唯现自身(tanūm svām),于彼所择者。⑤24 非未断恶者,非不安宁者,非不摄心者,非心不静者,可依般若智(prajña),而能得于彼。25 彼以婆罗门,以及刹帝利,皆为其食物,佐以死为酱(upasecana)⑥。孰人如实知,彼住于何处?"

超越思维所确认的真理是与现象对立的实体,而奥义书的超越思维,一开始就将实体等同于自我。通过对这同一性的领会,超越思维获得了主观性。通过这种领会,实体也获得其正确的立足点。盖实体即是超越自然者,然而在一切存在中,唯觉性、自我的内在性,即意识、思想、精神是超越自然者。一切外在的实体,如耆那教、胜论的地、水、火、风、虚空乃至时间、实间等实体,及古希腊的留基波和德谟克利特等人所谓原子,其实皆是一种思维假相;在这里,思想仍然赋予了超自然东西以自然的偶像。克实言之,实体、超越者,只能就是自我,或属于自我。

自我作为实体,而且是普遍实体,就是对自然的超越和否定,是存在的究竟真理。然而在奥义书精神的这一阶段,这实体与自然的本质关联还没有明确建立,因而它还是形而上学的,而不是本体论意义上的(即本体)。所谓自然,包括外在的(宇宙论的)和内在的(心理学的),就是存在、觉性或自我的最显著、直接的层面,是觉性的直接意识的对象。自我首先是对外在自然的否定。这自然奠基于自然意识的客观实践。意识在实践中建立事物的因果和时间、空间关联,并通过感觉表象对事物进行标记;因果性、时间与空间性及感觉是这意识把握外在自然的必然方式,故也是这自然的本质特征。因而绝对自我作为对这自然的否定,就意味着:其一,超越自然的因果关联;其二,超越

① 此四句的主要内容亦见于 ŚvetIII · 20；Tait ĀraX · 10 · 1.

② “乃因诸根静”此处依商羯罗读原文为“dhātu-prasādāt”,现代注释家中,杜伊森和拉达克利须南等从此解。Sāyaṇa 的《鹧鸪森林书》(Tait ĀraX · 10 · 1)注,对于本文除了上述读法,还举出了另一读法,即“dhātuḥ prasādāt”,译为“乃因造化(dhātṛ)恩(prasāda)”,乃合于晚期奥义书的虔敬思想(MuṇḍIII · 2 · 3；ŚvetIII · 20；Mahānārāyaṇa UpVIII · 3),亦与此奥义书后段的思想相合。现代学者中,缪勒和休谟从此解。但此解似与此段前面的意思不谐,故本译文选择商羯罗的读解。

③ 此二句类似的表述亦见于 ĪśāIV—V。

④ mada：欢喜,狂喜,迷醉。

⑤ 此颂等同于 MuṇḍIII · 2 · 3。商羯罗:“唯彼所择者,乃可得自身自我。”

⑥ 甚至死神也是永恒者的食物,见 BṛihI · 2 · 1。

自然的时间性和空间性；其三，超越感觉的表象。此三点，《羯陀奥义书》已说之甚明。

(1) 自我超越因果。唯自然内的事物之间，才存在因果功能的关联，实体、内在自我作为超越、自足、自由、独立的存在，与任何自然的事物皆不属于同一存在层面，因而没有直接的因果关系，所以说自我、实体是对因果性的否定。后面这一点，通过上面 §14 所说自我为离因与果者，得到明确的表述。此外，§18 开示自我不生、不灭、不来、不成、不动、恒常，也否定了自然事物对于自我的真实存在的影响；V · 11 说自我如太阳遍照世间却不为世间一切所染着，恒常清净，立意亦与此同。通过否定自然的事物可影响自我的内在存在，也就表明了自我是超因果的。

(2) 自我超越时间、空间。同因果性一样，时间、空间也是自然经验的形式即直接意识把握存在统一性的形式，它们也只对觉性、自我的最外在存在有效，对于自我的内在性，即其作为超越自然的实体的存在，则是完全无效的。自我的超越性也表现为对自然的时间、空间的否定，《羯陀奥义书》对此有清楚的认识。§14 说自我"离法非法，离过去未来"，就是说自我超越现在（法）及过去、未来（后二者为非法）三世。同样 IV · 12—13 说原人、自我为"过去将来主"也表明了它对于时间的自由；IV · 12—13 说自我"住于现在，亦住于明日"，也意味着它是超越时间变化的永恒存在①。§18 所谓"不生亦不灭，不来亦不成，无生且不动，亘古且恒常"，§19 的"不杀不被杀"，亦旨在否定自我实体的变化，及外在事件对它的影响，以阐明其恒常性。另外，§20 说自我"细于微细者，大于广大者"②，则表明自我实体是对自然空间的否定。同理，§21 说此我"安坐而行远，偃卧赴四方"，§22 说它"于动中不动"，IV · 10 云"任何在此者，亦皆在于彼。任何在彼者，亦皆在于此"，皆旨在阐明自我对于经验空间的超越性。

(3) 自我也是对感性知觉的否定。比如 II · 13 说自我是超越诸法之"微妙者"（aṇum），§20 说它"细于微细者"（aṇor aṇīyān），III · 15 说自我为无声、无触、无相亦不坏（avyayam）③、无味、恒常、无始、无终、无嗅、安稳、超越彼大（mahat），都意味着绝对自我是对感觉的否定。感觉是意识的直接观念，它只是意识为对象作的外在标记，其存在仅仅是作为一种区分手段，它绝不是、且丝毫不反映这对象的存在本

---

① Swami Sivananda 解释道："在梵之中，一切皆只是'现在'、'当前'。梵是永恒，超越时间。"（*The Principal Upaniṣads, coment on KāṭhII · 14*, Divine Life Society, 1942）。至上我超越过去、未来，为永恒的"现在"，没有持续，因为时间在这里失效。

② Swami Paramānanda："自我微细于最微细者，因为它是万有之不可见的本质；大于最广大者，因为它包容整个宇宙。"（转引自：Ram K.Piparaiya, *Ten Upaniṣads of Four Vedas*, Yatisha Creations, Mumbai, 2003.277）

③ avyayam：无损耗、不坏、无尽、无减少。

身。然而直接意识必然将标记与对象等同，故对于属于自然精神的凡夫俗子，感觉内容往往与它的对象浑然不分，故觉性、自我本有的对象追求往往通过对感觉愉悦的追求实现（动物作为沉浸在直接意识中的自我亦是如此），于是生命就被欲望控制。因而对感觉的否定，同时意味着：其一，由否定感觉导致否定一切对象的区分、差别。奥义书以为存有的真理、本质为无差别境界。《羯陀奥义书》亦如是说。如IV·11 掇用 BṛihIV·4·19 之文，曰“人唯以意得，于此无差别。人若于此处，见似有差别，则一再受死。如实彼即此”。IV·14—15 所谓“如雨水落山，流岩石四周，若见法差别，人亦逐此去。如净水入净，而融然为一，是故乔答摩，于有识牟尼，其我亦如是”，亦是以为见差别是系缚之道，悟真者乃见一味之绝对且融入其中。其二，由否定感觉导致否定人的感性欲望。在奥义书较成熟时期的思想中，真我被认为是无欲的，如《唱赞奥义书》云：“此自我离一切染、不老、不灭、无苦……人若寻得、证知此自我，则得一切世界、一切欲”。（Chān VIII·7·1）而对自我超越性的体悟也反衬了世界的苦难，“当思想构造出一个绝对、唯一、圆满、恒常的自我，那杂多的世界就必然表现为混浊、灾难和痛苦”。[①] 精神的超越最终导致印度人的悲观主义。奥义书思想，经常把无欲当作精神自由、解脱之条件，《羯陀奥义书》亦如此。如第二章因那支启多舍离欲乐，不动于诸欲，故阎摩以为其堪受超越之智。§20 亦云：“若人得无欲，乃因诸根静，而见我之大，遂脱于苦厄。”盖无欲则心静，心静方能悟自我实相，从而脱离苦海。VI·14 引 BṛihIV·4·7 颂曰：“惟当彼心中，一切诸欲灭，故有死者成，不死得大梵！”亦以断欲作为证梵、解脱之前提。

另外，自我也是对觉性的内在或主观的自然，即经验心识的否定。对于这一点，阎摩乃于 KāṭhIII·1—15 接着予以开示。其云：

（死神曰：）“1 爰有此二者[②]，进入窟穴中，居于至上界（心中虚空），受用正业报（ṛta）[③]；知梵者乃称，彼为光与影。3 汝应知自我，譬如乘车者。色身譬如车，觉谛为驾者，末那为缰绳。4 诸根为骏马，诸境为其途，我与根意合，得名曰受者（bhoktṛ）。5 人若无智识（a-vijñāna），末那不坚住，诸根未制伏，如驾之悍马。6 人若有智识，末那亦坚住，诸根已制伏，如驾之良马。7 人若无智识，意乱恒不

① Hermann Oldenberg, Buddha, *Motilal Banarsidass*, Delhi, 2006.41.

② 此二者即至上我与执受（元气、诸根等），对应于下面的“光”和“影”。此处谓自我携诸执受而轮回。

③ Ṛta，宇宙与道德的秩序、法则，此处应指由符合此法则的业行导致的果报。商羯罗释此为真理，因“其为业行之果故”。

净，则不得成就，而入于轮回（saṃsāra）。8 人若有智识，摄意恒清净，则其得成就，由此不再生。9 若有驭者智，善制意缰绳，其人达途终，毗湿奴胜处。10 超越（para）诸根者，乃为彼诸境。超越诸境者，乃为彼末那①。超越末那者，乃为彼觉谛（buddhi）。超越觉谛者，乃为彼大我（ātmā mahān）②。11 超越彼大（mahat）者，乃为非显者（avyakta）③。超越非显者，乃为彼原人。更无有一物，超越原人者。彼即是归趣。彼即至上道④。12 虽藏于一切，彼我不显现。唯深识者见，以最深细智。13 智者应制其，语言以末那。应以彼智我（jñāna ātman），制伏其末那。复以其大我，制伏其智我。终以寂静我（śānta ātman），制伏此大我。14 其起哉醒哉！取汝所愿矣，且其善识之！难越如利刃，此为极难道，诗圣（kavi）所开示。15 彼无声、无触，无相亦不坏（avyayam）⑤，无味及恒常，无始且无终，无嗅并安稳、超越于彼大（mahat），人因了彼故，得离死之口。”

此则奥义书以一个著名的比喻开始。它以车喻人的色身。自我与自性（即吠檀多派所谓执受）二者，如光与影，乃相携入而为乘者，并以觉谛为驾者，末那为缰绳，诸根为服马，以历诸境。此喻清晰地阐明了人的现实生命的构成，对此且容后文另行解释。我们在此关注者，在于此喻表明人的真实自我只是生命过程中不动的观察者，不是活动者，也不受这生命过程，包括从觉谛到诸根的全部经验心识内容的影

---

① Swami Paramānanda：“诸境超越诸根，因为无境则诸根无用。末那超越诸境，因为诸境除非触动末那，否则其不能影响诸根。”（转引自 Ram K.Piparaiya, *Ten Upaniṣads of Four Vedas*, Yatisha Creations, Mumbai, 2003.278）

② 此“大我”（ātmā mahān）或即数论、吠檀多所谓“大”（mahat）（通常被与觉谛等同），商羯罗释其为由太初的冥有生成之宇宙灵魂（Hiraṇya-garbha），罗摩努阇释其为自我人居之命我（kartṛ）（SBI · 4 · 1: *The Vedānta Sutras with the Commentary by Rāmānuga*, Oxford: Clarendon Press, 1904），恐皆有过度诠释之嫌。文本很可能在这里对“大我”与“觉谛”的意义未作有效区分，且将“大”与“觉谛”视为二物（与古典数论立意有异）。

③ 非显者（avyakta），即作为万有本源之混沌，义同于数论所谓自性。商羯罗释之为无明（avidyā）、幻化（māyā），覆障真理而显现妄境：“摩耶以其不可说为有或非有，故得名混沌、非显者。”（BSBHI · 4 · 3: *The Vedānta Sutras with the Commentary by ŚaṃkarakaryI*, Trans by G · Thibaut, Oxford: Clarendon Press, 1890）。罗摩努阇释之为梵之因位，为实存的万有始基，是名色（经验世界）尚未呈现的微细、潜伏状态（SBI · 4 · 23—27）。

④ 伪狄奥尼修斯：“汝应精进实践神秘沉思，于中离开诸感觉与心智作用，离开一切感觉与心智可知之物，及一切存在与不存在之物，努力尽量实现与超越一切存在与知识的他（上帝）联结。因为由于不停息地、绝对地从自己和事物抽回，舍弃一切，挣脱一切，你将被带到那超越一切存在的神圣黑暗的光线中。”（狄奥尼修斯（托名）：《神秘神学》，三联书店 1998 年版，第 98 页及以下）

⑤ avyayam：无损耗、不坏、无尽、无减少。

响，因而揭示了自我对于心识的超越性。对于后面这一点，此奥义书在 §10—15 接着给予了充分的阐明。它在这里对经验心识的构成，进行了奥义书思想迄今为止最为深入、系统的剖析。它将心识分成多个环节，最终表明自我或原人超越了所有这些环节；这里“超越（para）”，谓超过某物范围，在某种之外、之上或与之不同，较某种更高、更善、更实在。§10—11 说明在构成现实生命的诸环节中，诸境（arthā）超越诸根（indriyāṇi），末那（manas）超越诸境，觉谛（buddhi）超越末那，大我（mahān ātmā，或大［mahat］）① 超越觉谛，非显者（avyakta）② 超越大我，原人超越非显。§13 可与此衔接起来，其云智者应以末那制语言（此节以语言代诸根，属于奥义书最原始的思想层面），以智我（jñāna ātman）制伏末那，以其大我制伏智我，以寂静我（śānta ātman）制伏大我，也暗示了诸根—末那—智我—大我—寂静我—至上我之超越次第。比较起来，§13 的寂静我就是 §11 的非显，但 §13 漏掉了诸境、觉谛，而增加了智我。若把 §10—11 和 §13 的次第结合起来，构成现实生命的全部环节应当是：诸根—（诸境）—末那—觉谛—智我 ③—大我—寂静我—至上我（原人）。

毫无疑问，《羯陀奥义书》这种心理图式，反映了数论哲学的雏形，而且应当联系数论才能较好地理解。大致说来，这里所谓的原人与早期数论学所说一致，都是指一种终极的存在原理（最早的数论学将世界、自性归属于自我，为与奥义书大体一致的自我一元论）。实际上以原人为终极原理之说，早在 ṚVX · 90 即已提出，而在《梵书》中乃酝酿为一最基本的理论。故《羯陀奥义书》之说原人、自我，一方面是继承了传统，另一方面朝形而上学的超越层面拓展，企图将原人理解为对外在自然和经验心理的否定，使之更接近数论学作为超越实体的自我。另外《羯陀奥义书》所谓寂静我，与数论所谓自性（prakṛti）意义等同。其说诸根、末那之义，当然亦与数论无异。唯其所列觉谛、智我、大我，只可说大致与数论所谓觉谛、我慢相应，难以一一落实。

---

① 此“大我”（ātmā mahān）即数论、吠檀多所谓“大”（mahat）或觉谛（buddhi），罗摩努阇释其为自我入居之命我（kartṛ）（SBI · 4 · 1），恐违于文理。

② 非显者（avyakta），即作为万有本源之混沌，义同于数论所谓自性。商羯罗释之为无明（avidyā）、幻化（māyā），覆障真理而显现妄境：“摩耶以其不可说为有或非有，故得名混沌、非显者。”（BSBHI · 4 · 3）罗摩努阇释之为梵之因位，为实存的万有始基，是名色（经验世界）尚未呈现的微细、潜伏状态（SBI · 4 · 23-27）。

③ 许多注释家认为这里觉谛（buddhi）和智我（jñāna ātman）是同一的，但亦有可能智我（jñāna ātman）指的是奥义书一般所谓识（vijñāna）。奥义书中如 TaitII · 5—6 说识［vijñāna］是末那的实质，而喜乐［ānanda］或非显是识的实质，Aita III · 1 说识与感觉、见、智、欲、想等皆以智觉（prajñāna）为本质，都认为识是以一种更本质的精神原理为基础，与《羯陀奥义书》在这里认为智我以大我为基础一致。

在此前的奥义书中，数论学亦早萌芽。比如优陀罗羯于 ChānVI · 4 提出所谓三有说，以为一切自然物，皆具红、白、黑三相，分别为火、水、土（tejas, āpas, annam）三种性相，乃为数论三德（sattva, rajas, tamas）说的前身①。PraśIV · 7—9 说包括五大、五唯、十根、末那、觉谛（buddhi）、我慢（ahaṃkāra）、心（citta）、光（tejas）、元气在内的一切存有，乃至视者、触者、听者、嗅者、尝者、意者、觉者、作者、识我、原人，皆依止于至上我。PraśVI 说元气、信仰、五唯、十根、末那、食、力、苦行等十六分皆依止于自我，而自我为超越十六分的绝对。在这些存在分类中，皆可见到数论的影子，但是相比较而言，还是《羯陀奥义书》的系统与数论二十五谛说最接近。其与古典数论有别者，在于：其一，没有提到我慢（ahaṃkāra）；其二，将大与觉谛分为二；其三，将非显归宿于原人，为绝对唯心论（而非古典数论的二元论）；其四，持有神论，说至上我、原人为神（不同于古典数论的无神论）。不过数论学的立场在发展中经历了很大变化，古典数论的彻底二元论和无神论是较晚时期形成的，早期数论思想则持精神一元论和有神论，与奥义书思想浑然无别。

与数论一致，《羯陀奥义书》对自然、心理现象的分析，目的在于揭示自我、原人对于所有这些现象都是超越者，因而完全不受它们的生灭、变化的影响，故为清净恒常、无缚自在、自性解脱。此奥义书 VI · 6—9，立意亦同于此，其云："6 知诸根为异（于自我），及其（于醒与睡眠二位之）起与没，皆属其自性（而非自我），智者不复忧。7 超越诸根者，如是为末那；超越末那者，如是为萨埵；超越萨埵（即觉谛）者，如是为大我；超越大我者，如是为非显（avyakta）。8 超越非显者，为原我遍满，且无相。知彼 / 得解脱不死。9 其相（rūpa）不可见，无人目视彼②。彼唯依于心（hṛdā），省思（maṇīṣā）以及意（manas），而可得呈现③。知彼则不死。" 其中 §6 明确表明诸根与自我性质是不同的，§7—8 表明原人超越所有自然、心理的存在，是对于经验心识的否定（a-liṅga，无细身）。

自我因为超越一切自然存在，所以也超越了人的感官知觉，故由日常认识无以了知之神秘存在；唯有通过心灵的反察内观，才可得证，奥义书乃以此为断障解脱之途。这超越、神秘之我，为极细甚深、奥渺难通之理体，故证我之道，极险陟艰难，故 III · 14 状之为"难越如利刃"也。《羯陀奥义书》后三章，开示了较系统的内在瑜伽之法，以图舍离非我，证得本我。而于此奥义书前面的第二、三章，尽管亦主内向反思之功，以为依寻常思虑、诵习吠陀，皆无入于理体，唯以深细智反察内观，方能悟入；

① Sarvepalli Radhakrishnan, *The Principal Upaniṣads*, George Allen & Unwin LTD, London, 1953.452.

② 此二句亦见于 ŚvetIV · 20.

③ 此三句亦见于 ŚvetIII · 13，IV · 17.

然而其修观之法，尚非确定，其所说者，略有三种：

第一种，谓直接对经验心识进行调节，使其舍外入内、舍动入静、舍染入净。此又略有三义：其一为制意、根使恒住、清净，以证自我，为总持法门。盖以为意或末那是心之缰绳，以制诸根。意若纷动散乱、着欲不净，则不能驭诸根，反被诸根所牵，故染、缚于境，务外物之纷攘，遗内我之恒净。人由此坠落于轮回苦海。若欲证自我，当善驭诸根令顺伏，且善调末那，使其舍境内缘、去着断染，从而逐渐舍散动为恒住、舍杂染得清净，方能证入恒常清净的自我理体，从而得其成就，脱离生死。此即 III・5—9 所开示者。II・20 所谓由无欲（a-kratu）使诸根寂静，从而证自我、离苦厄，亦属此法门。但这一法门与此奥义书的上述心理图式关系不大。其二为 III・13 开示的建立在上述图式基础上的对经验心识的次第伏除，谓以末那制伏其诸根，以智我制伏其末那，以大我制伏其智我，最后以寂静我制伏大我，为瑜伽法门，接近古典瑜伽的系统。唯此处以寂静我即自性为终点，未将寂静我与真我、原人之证得联结，乃为通向释氏寂灭之道留下间隙。若欲使其理论一贯，此处应说为人因以寂静我制伏大我，故得深细之智或般若智（prajña），由此证自我理体。其三为 II・24 开示的依般若智（prajña）而能得证彼自我，为智解法门。而得般若乃以断染、心静为条件，盖人非因觉悟不可知实相，非因修净使心、意纯净者，不可得觉悟。故此法门亦与前述二法门联系。另外 VI・12 说自我非由末那、诸根可得，唯修道者以智慧观想“彼有”而悟入，亦属智解法门；此与基督教神秘论者唯由思维“彼有”而了解上帝[①]，理趣一也；盖神为绝对超越者，没有任何经验属性，非寻常言语、思虑所能缘取，吾人能说于它者，唯“彼有”。

第二种，谓敬思 Om 之法。晚期奥义书乃开示通过观想 Om 之神秘意义，以证入真理、离缚解脱。其原因正如杜伊森指出：“本质上说，是由于梵作为宇宙第一原理不可知、不可说，这就迫使人们选择以完全无意义的符号，如 Om 表示之。”[②]Swami Paramānanda 也表示了同样看法：“吾人能以何名称呼神？怎能以有限之名限制彼无限者？然而若不以确定名字称之，则难以使众生于彼起思维言说。圣者识此故，乃予至上者以 Om 之名。”[③] 此所谓“Om”，最早出现于 Tait SaṃIII・2・9・6，本为在婆罗门吟诵吠陀之前、后所唱出的音，以吁请于神或表示诵经结束（在梵书中，Adhvaryu 祭司亦以此回应 Hotṛ 祭司的祝词）。以此之故，婆罗门传统以为“Om”乃包含全部

① 比如圣伯纳德曾说：“上帝是谁？我能想到的最好的答案就是，他是有者。没有什么比这更适合永恒的上帝。如果你说上帝是善，或伟大，或幸福，或智慧，或其他什么，这些都被‘他有’包含了。”

② Sarvepalli Radhakrishnan, *The Principal Upaniṣads*, George Allen & Unwin LTD, London, 1953.391—392.

③ 转引自 Ram K.Piparaiya, *Ten Upaniṣads of Four Vedas*, Yatisha Creations, Mumbai, 2003.277.

吠陀在内。由此开始，如同对于 Udgītha、Uktham 的情况一样，梵书和早期奥义书也逐渐将“Om”神秘化，初以之为吠陀精华，并在譬喻意义上说之为宇宙之基础、本质①，然后又逐渐脱离譬喻色彩。结果在《六问》、《蛙氏》等晚期奥义书中，“Om”最终被完全等同于大梵、自我（PraśV；MāṇḍIX—XI）。在《慈氏奥义书》和以后的新印度教思想中，“Om”被作为声音梵（śabdabrahman），为达到无音梵（aśadbdabrahman）的途径。然而专门把对“Om”作为存有之本质、真理的观想作为一种根本的修道方式，乃是晚期奥义书的特点。KāṭhII・15—16，PraśV，MāṇḍIX—XI 皆提及此法。但与后二者相比，KāṭhII・15—16 所说甚为简单，仅笼统提到 Om 即大梵，说应如是观之；且以为此观证乃为“得一切所欲”，没有晚期奥义书的悲观离欲态度，所以它可能来自比后二者更早的文本。PraśV，MāṇḍIX—XI 则对敬思 Om 之法说得更具体，要求应先敬思 Om 包括的 A 音、U 音、M 音的含义，然后再敬思 Om 为其整体。

第三种，谓由神的启示而悟入。此奥义书 II・23 和表明神启乃是证真解脱之关键②，其云：“此至上自我，非由自慧得，非由习吠陀，亦非由饱学，彼唯现自身，于彼所择者。”盖早期奥义书的旨趣，是以梵我代天神、以智慧替信仰、以形上学为宗教，然而在晚期奥义书的时代，信仰主义却日益浓厚，大梵、自我作为绝对者乃被神圣化，成为崇拜对象③，证真解脱被认为来自神的恩宠，如商羯罗对此节奥义书释云：“唯彼（神）所择者，乃可（证）得自身自我。”这种神性复归，主要是奥义书的超越精神内在化的成果，不排除来自外来传统（主要是西亚宗教）的影响④。盖精神若于觉性的自我中发现一绝对的超越者，便自然将后者与（通过自然经验呈现的）人的直接自我对立起来。一方面这超越者对于我，便表现为一个外在的理想存在、一个“它者”，它便成为真正的精神崇拜（不同于早先的自然崇拜）的对象，具有了神圣性，此即任何宗教中真正精神的上帝之所由来也；另一方面由于精神将任何崇高的东西置于上帝之中，而将一切卑鄙、邪恶、污秽的东西留给人的现实自我（无论于印度教还是犹太—基督教、伊斯兰教，神人关系之形成，皆遵从这一逻辑）。于是神圣者愈神圣、卑污者愈卑污，二者之间的鸿沟日益扩大，以至人要认识神，依靠自己的力量已不可能，唯有通过神的恩赐

---

① Ait BrāV・32; Sat BrāXI・5・8; ChānI・5・1, II・22・2—3.

② 此颂等同于 MuṇḍIII・2・3。同样的思想亦见于 ŚvetIII・20，VI・21.

③ 除此则奥义书外，另见：ŚvetI・8, III・20, VI・21, 23; MaitIII・2, V・1—2, VI・8, 18.

④ 晚期奥义书所处的公元前四至后一世纪，由于与西亚民族的频繁交通，尤其是希腊人、塞种人等的相继入侵，使西北印度成为本土文化与波斯、希腊等外来文化交融的场所（Eliot, Charles, *Hinduism and Buddhism*, Vol.2, Sri Satguru Publications, Delhi, 1988.12）。奥义书和佛教的信仰化倾向，都应当受到这些外来文化，尤其是重信仰的波斯宗教影响（参考吴学国：《奥义书与大乘佛教的发生》，《哲学研究》2010 年第 3 期）。

(基督教和毗湿奴教的救赎论皆根据这一逻辑)。《羯陀奥义书》正是通过将印度思想中的超越者、实体内在化,使之成为作为对直接自我之否定的超越精神,从而使超越者成为神圣、上帝;并且由于对人的直接自我的否定而将见神、解脱的希望委之于神的恩赐。然而它尽管以为神恩是悟道解脱的前提,却没有开出与之相应的修道论,更晚的《白骡奥义书》和《慈氏奥义书》则弥补了这一不足。比如ŚvetVI·23说人的虔敬(bhakti)是神显现的条件,I·10指出人应观想神、与神联结、融入于神,最终妄境止灭(māyā-nivṛtti),得清净独存(kevala)。后来印度教的巴克提道,尤其是薄伽梵崇拜,就是在晚期奥义书信仰主义基础上,吸取其他文化因素发展起来的①。

自由既推动超越思维的内向化,也推动反省思维的超验化。作为精神的绝对本质,本体自由一方面促使精神内在的自身维持势用展开为自觉的维持或自我维持,后者推动超越思维确定那超验实体就是自我,是为超越思维之内向化;另一方面,它促使精神内在的自舍自身否定势用展开为对自我的直接现实性、自然的否定和对自我的超验存在的确认,推动反省领悟到自我、意识就是超越者、实体,是为反省思维的超验化。这两方面精神进展的结果,最终都是超越与反省的融合,于是对存在本质的追问和对自我的追问合而为一。超越与反省只是同一精神运动的两个方面。我们只是从精神对这二者的侧重不同,称这精神为超越的或反省的——实际上是这二者中何者最先取得突破,精神的力量便集中在它上面,这就规定了精神的特质。在同一精神中,这两个方面是相互渗透、相互支持的。这二者在奥义书中最终走向融合,是很自然的。

在奥义书中,这两个方面的结合,早在伽吉耶夜尼等的思想中,就已经完成。在这里,反省很自然地将超越思维的实体与自我等同,于是反省成为对自我的超验性的反省,即超验反省。《羯陀》仍继承并发挥此义。其所谓自我就是一个超越的绝对者。尽管伽吉耶夜尼等首揭自我之超越性,但其自我仍与来自梵书的元气论有关,其说义仍颇有游移不定处。而《羯陀奥义书》则全弃元气论的语境,其超越思维既清晰又彻底。它在这里引进了一种彻底的形而上学区分,在不断生灭流转、充满差异和杂多性的现象界、自然与绝对超越的实体、自我之间划了一道鸿沟。它所谓自我,既超越外在自然,亦超越凡夫内在心识。精神由此实现了一种超越的自由,后者才是真正的自由。这在于精神通过对自然的、现象东西的否定,彻底摆脱外在东西的奴役,捍卫了存在的绝对价值和尊严。这种精神的尊严,由于省思意识到超越者、实体就自我,因而就是自觉的、主观的;这超越的自由也成为自觉的自由。唯有当超越思维内向化,领悟超越者与自我的同一,精神才首次具有了自我尊严。

① Sarvepalli Radhakrishnan, *Indian Philosophy Vol.1*, the Macmilian Company, London, 1924.525.

然而首先，在形而上学思维中，精神的超越才刚开始，还不具有绝对的自由，还不能不有所攀缘。它必须通过某种中介来否定自然、世俗社会的强权的侵犯，这中介就是超越的实体、彼岸。但是这超越思维在这里显然失去了其本真的绝对性、无限性。因此精神在这里需要一种依靠，以抵抗自然、现象界的汹涌潮流。它于是把这中介当作绝对可靠的，当作某种安全、家园、避风港。于是否定的中介被当作绝对不可否定的、超越者被当作绝对不可超越的。超越思维为自己设立了界限，在这界限上面它就将自身取消了。总之在这里超越蜕变为对精神安全的寻求。只有在一种现存的真理（实有）中，精神才感到安全。而如若这实有是绝对、永恒、至善，它就许诺了绝对安全。所以对安全的需要使精神将超越者设想为现存的实有。其次，在形而上学思维中，精神内在的自身维持未能实现其充分、彻底的内在化。盖真正、唯一的超越存在，就是觉性的内在性自身，后者就是生命，是意识、理性的先验运动。精神的充分、彻底的内在维持，就是对觉性的生命、运动的维持，唯有这维持赋予生命、运动以绝对真理性。形而上学的超越由于缺乏这样的维持，因而在否定自然、社会强权的专制时，并不能确认超越者、心灵实体作为生命、运动的本质（因而也不能通过这运动把握存在的整体），这也使得实体被误解为一个恒常、不动的现存实有。另外，除了以上的本体论因素，形而上学的实体概念的形成还有认识论的因素。盖作为精神超越的初级阶段，形而上学的思维未能彻底摆脱自然精神的术语、范式，它往往会把实体的超越性置入自然的图景之中，从而将其偶像化。比如它将实体对时间的超越性理解为其在时间流动中的永恒不变性，将实体对杂多的感性知觉和时空因果经验的否定理解为对一切差别、多样性的排除。所有这些方面导致的结果，就是实体终于被理解为一种恒常、不动、无缚、无染的原理（见下文的讨论）。在古希腊哲学中，恩培多克勒、留基伯的原子、阿那克萨哥拉的努斯乃至柏拉图的理念、普罗提诺的太一，都是这样的实体。在印度传统中，伽吉耶夜尼、毕钵罗陀的自我观念最早提示了这种实体，而《羯陀奥义书》则将这实体观念彻底化。《羯陀》对实体的超越性的把握，影响到后来耆那教、胜论派、数论、吠檀多乃至大乘佛教的自我观念。

**2. 自我的恒常、无差别性**

《羯陀奥义书》所谓自我，也是一个恒常、无差别的存在。KāṭhIV · 10—15 云：

10 任何在此者，亦皆在于彼。任何在彼者，亦皆在于此[①]。人若于此处，见

---

① 根据杜伊森的解释，此为阐明事物差别非实，故彼与此亦为同一（Paul Deussen, *Sechzig Upaniṣaden des Veda*, F.A.Brockhaus Leipzig, 1921.280）。

似有差别，则一再受死[1]。如实彼即此。11 人唯以意得，于此无差别[2]。人若于此处，见似有差别，则一再受死。如实彼即此。12 原人大如指，居于人身（ātman）中[3]，过去将来主，知彼则无畏，如实彼即此。13 原人大如指，如无烟焰为[4]，过去将来主。彼住于现在，亦住于明日。知彼则无畏，如实彼即此。14 如雨水落山，流岩石四周，若见法差别，人亦逐此去。15 如净水入净，而融然为一，是故乔答摩，于有识牟尼，其我亦如是。

绝对实体的无差别性就是对经验界差别之否定，故《羯陀奥义书》所论实体之无差别性，不外乎以下几点：其一，时间的无差别性，此如 §13 云"彼住于现在，亦住于明日"。此即谓绝对自我否定了时间，故于过去、现在、未来恒守一如。其二，空间的无差别性，此如 §10 云"任何在此者，亦皆在于彼。任何在彼者，亦皆在于此"。此即谓自我超越空间，故此与彼皆融然无别。其三，因果的无差别性。根据自然经验，人们认为有因有果，由因生果，因与果体性各异。但根据《羯陀奥义书》的超越思维，自我实体是对经验因果性的否定，又是一切经验存有之基础、本质，因而：(a) 绝对自我无因果差别，于因、果皆融然一如；(b) 自然事物，为因为果，其本质皆为一味自我，故因果无别。此如 V·9—12 云："9 譬如唯一火，进入于世界，依其每一相，作种种差别[5]。如是于万有，内在之自我，依其每一相，作种种差别；而此至上我，如实在于外。10 譬如唯一风，进入于世界，依其每一相，作种种差别。如是于万有，内在之自我，依其每一相，作种种差别；而此至上我，如实在于外。12 万有内自我，唯一主宰者，依其一味性，而作杂多相。智者若觉彼，安立于自身，唯彼等非余，得永恒喜乐。"以此成就自我作为绝对实体的无差别义。

盖见性则离缚，牵物遂沉沦。《羯陀》表达了奥义书通常的信念，以为人若证入、持守无差别之梵我，则得自由、解脱，反之若唯见、执有差别之物境，则坠轮回、往生。如 IV·11 开示："人唯以意得，于此无差别。人若于此处，见似有差别，则一再受死。"IV·14，15 亦云："14 如雨水落山，流岩石四周，若见法差别，人亦逐此去。15 如净水入净，而融然为一，是故乔答摩，于有识牟尼，其我亦如是。"谓人若见差别，

---

① 此三句亦见于 BṛihIV·4·19。

② 此二句亦见于 BṛihIV·4·19。

③ 原人大如拇指居于人身中或心中的说法，亦见于 Tait ĀraX·38·1; ŚvetIII·13, V·8; MaitVI·38。

④ 自我不为诸境、根、意等所染，如无烟之焰。

⑤ ṚVVI·47·18 赞因陀罗神以幻力变为多种形相："彼乃依众形，而为种种相。因陀罗以幻，而入于众相，其骏马千万，皆因此被缚。"

则被差别系缚，其命我乃追逐此差别而去，因而入于转变而离弃真我、神圣；至若有识之士，由悟知命我之无差别、一味实相，使之断染成净，终与至上我无异，乃彻底融入至上我之中，而消失自身。基督教尽管不承认自我为非理性、无形式实体，然其所述个体灵魂与神性绝对之合一的体验，亦每与奥义书上述说法相似①。

奥义书的形而上学之所以把自我的真理、实体理解为无分别、一味的存在，从其精神逻辑来说是必然的。形而上学思维乃是精神超越的初级阶段。在这里，一方面，由于精神内在的自身否定势用丧失其本真的无限性，而被精神的惰性（自在的肯定或自任势用）抑制，导致超越思维遗忘了其本真的生命，而是很轻松、自然地肯定实体为某种绝对现存物，以作为生命之依靠、否定之终点。而且单纯从认识论角度来说，形而上学的思维往往也会误解实体的超越性、将其偶像化，它很容易将实体对时间的否定误解为其在时间流动中的不变、不动、永恒、常住性（易言之，即对生命运动的否定）。此种理解进一步强化了实体作为超越的现存实有的观念。这种观念是任何文化（古希腊与印度）在其精神超越旅程中都要共同经历的一站。另一方面，印度传统中独特的本寂精神取向影响，使奥义书的形而上学将实体对杂多的感性知觉及同样杂多的时空、因果经验的否定，误解为实体本身对一切形式、差别、多样性的排除。精神的本寂取向旨在对存在之消解而非建构，以无分别的冥性或本无境界为最终理想。由于印度文化中沙门的本寂的传统与婆罗门教的本觉的传统相互交织、相互渗透，即使本觉的婆罗门传统也包含了本寂的精神取向，其精神超越总是包含了某种程度上向冥性的复归（就《羯陀奥义书》而言，其与佛教的亲缘性早已为学界所注意）。吠陀—奥义书就一直用属于冥性、本无特点的无分别、不动、无、非有非无、清净无染等描述存在的本质、真理。更深层的原因在于，本寂取向的支配使得精神内在的自组织力量或自凝势用未能展开为对自我、实体的自主设定，反之却促使作为解构力量的自肆势用的积极展开，结果超越思维无法领会实体、自我内在的形式差别和丰富性（反倒以之为消解对象，使这种文化具有强烈的非理性甚至反理性色彩）。所以在这里，实体就呈现为无形式的、一味、均匀的存在。

真正的绝对实体唯有两种，即作为存在发生之最终根源的觉性原理和冥性原理。其中冥性本体就是意识、心灵的绝对死亡，黑暗渊玄、无相寂灭、静默一如，是生命、自由要否定的对象，而且生命、自由唯有作为对冥性的否定方能存在。而觉性的本

① 如克莱沃的伯纳德（Bernard of Clairvaux）说：“就像一滴水落入酒中，消失自身，且具有酒的颜色和味道，在圣徒中，一切人类情感，皆通过某种神秘的转化，消失且融入神的意志中。”圣特丽莎也曾说：“属灵的婚姻如雨水从天上掉到河中，融合为一，成为同样的液体，于是雨水与河不可分离；或如小溪流入大海，不能再从中分开来。”

质就是自由，是自否定的运动。它没有恒住的自体，不断否定自身，不断在自身内部制造异化、对立、差别和丰富性并且将所有这些对立、差别包含在内。由此可见，奥义书说绝对自我为恒常、清净、无分别之类，皆属于思维的假相。因为究竟说来，没有什么比这类表述与觉性的本体更不沾边的了。奥义书—吠檀多乃至如来藏佛教对于自我、真心的此类表述，皆是由于这文化中包含的本寂的精神取向抑制了精神的自凝势用的展开，导致反省的非理性解构倾向以及对觉性与冥性两种原理混淆不分，使得本属于对冥性、本无的体验，被转移到了觉性本体之上。对于印度文化精神而言，这种非理性倾向，是造成其宗教、道德、艺术等方面一系列困境的最终根源。

就欧洲文化而言，基督教最显著地代表了其超越思维。然而与印度传统不同的是，基督教传统完全被本觉的精神取向主导。这使得精神内在的自凝、自反势用得以积极展开。因而省思既能实现对自然的否定，也能实现对心灵的纯粹思想、生命的维持，所以基督教避免了印度宗教的非理性主义和寂灭主义。神就是超越了自然的逻各斯、爱和生命。因而同样是超越，基督教却克服了印度、古希腊罗马乃至近代形而上学中存在的僵化和片面性。这一点通过基督教对上帝和灵魂的永恒或“永生”(eternal life)的解释可以得到表现。耶稣说：“我就是道路、真理、生命。”(《约翰福音》十四：6)“认识你独一的真神，并且认识你所差来的耶稣基督，这就是永生。”(《约翰福音》十七：3)上帝的永恒就是生命、理性、思想，因而就是精神的内在性本身，既不是中土人体验的毫无超越性的、彻底委身于自然、自暴自弃、作为精神死亡的混沌，也不是印度人体验的泯灭了存在的、绝对静寂、无为不动、无理性思虑、作为绝对死亡的本无、冥性(及其在婆罗门传统中的化身)。与之相应，灵魂的永生，就是灵魂由信仰获得精神性、自由，从而否定了自然或死亡①。这种永生的状态，正如保罗所说：“不要效法这个世界，只要心意更新而变化，叫你们察验何为神的善良、纯全、可喜悦的旨意”。(《罗马书》，十二：2)所以作为基督徒理想的永生，既不是中土人理想的俗不可耐的血脉延续(儒家)、肉体不灭(道教)，也是不印度宗教和西方形而上学家们理解的灵魂在时间中的永恒不变性(这种永恒不是永生，倒是永灭)，而就是灵魂由于克服自然、世界的支配而回到其纯粹的内在生命时享有的自由。因此，唯有基督教才把握住了超越性的完整内涵，唯在这里精神的超越才显得生机勃勃。

### 3. 自我作为心灵

心灵是主体性与意识之结合，其中主体性谓心灵之生命、自由方面，包括思维、

---

① 将充满生灭、变异的自然、世间生活等同于死，亦为印度超越思维之结论，如《羯陀奥义书》乃至早期佛教，皆以死神作为时间、世界之象征。

意志、能动性等；意识是心灵之明觉、能照方面，包括直接的与省思的意识。任何文化，即使像中国乃至印第安文化，其于此心灵之两方面，皆未尝全无反省；然而吾人唯说印欧传统有真正心灵之反思者，要在于唯此传统于这二者有充分展开，且领会其为绝对无二、超越独存。《羯陀》相对于《六问》等的思想进步，主要就在于在后者的超越思维基础上，开辟出反思之维，实现超越与反思的结合，使超越思维内在为一种超验反思。于是那超验的自我实体，乃被理解为主体、能知者、意识、心灵。

《羯陀》就表现了这样一种自我观念。首先它明确开示自我为超越的主体，如KāṭhVI・2—3 云：

> 2 即此全世界，无论为何物，皆由元气生，且于中活动。彼最可怖畏，如闪电升起，人以知彼故，乃成为不死。3 由畏惧彼故，阿耆尼（火神）焚烧。由畏惧彼故，苏黎耶（日神）生热。闪电因陀罗，及第五死神，亦因畏惧彼，各匆忙奔走。①

Swami Chinmayananda 说此二颂"表明宇宙根源不是某种惰性或不存在的东西，而是一种积极的、生机勃勃的存在。彼即是宇宙意识自身"②。《羯陀奥义书》在此借用吠陀神话的语言，但其旨趣非在神话，而在于表明绝对自我或神之超越的主体性。盖神话属自然精神或自然宗教范畴，崇拜自然或人格化的自然神，而此则奥义书则旨在阐明主体对于自然之超越。这后面一点通过 §2 将世间万物的根源归结为元气，从而将自我与世间完全分割，以至说人若知彼主体则为超越自然的不死者，以及 §3 说作为自然生灭之象征的死神皆受此自我控制，得到充分证明。

奥义书这里所谓恐惧，一方面，是以譬喻形式说明一切存在皆受制于究竟的主体，《黎俱吠陀》说婆楼那是宇宙一切秩序、规则的维持者，因陀罗、阿耆尼等诸神都出于对他的恐惧而履行职责，一切自然现象遵循婆楼那的命令而运行（ṚVIII・54・8），《羯陀奥义书》借用此题材，而将自然神切换成一个非人格的超验主体。另一方面，它也反映了现实精神面对这主体的超越性的体验。与此一致，《薄伽梵歌》也常常把神描述为另人恐怖的宇宙毁灭者和吞噬者（BGXI・25）。商羯罗《大涅槃颂》（Mahānirvāṇa Tantra）也反映了同样的体验，其云："唯汝是世界的创造者、护持者、毁灭者；汝是永恒的至上主宰，绝对者；汝是不变的精神。可怖者之所恐

① KāṭhVI・3 基本与 TaitII・8・1 相同。

② Swami Chinmayananda, *Discourses on Upaniṣads, KāṭhVI・2*, Central Chinmaya Mission Trust, Mumbai, 1952—1954.

怖，可畏者之所畏惧！万有之庇护，清净者之清净！唯汝于高处统治，崇高者之崇高者，保护者之保护者。可畏的主宰，汝使一切相显现，而自身不显，且不坏。”

这两方面都属于所有精神宗教的共同经验。唯其第二方面与精神的超越性关系更密，故有必要对其内在逻辑予以详细阐明。在西方思想中，对神的恐惧与犹太教关系密切。杜伊森在对上述奥义书 §2 的解释中说：“对上帝的恐惧主要是闪米特族的观念，它产生于人将绝对精神不是理解为其自身自我，而是在于他之外的人格。”①黑格尔也曾指出犹太教由于领会到精神、主体性的超越性，使得精神对于自我表现为外在的②；它高高在上，完全是对于现实自我的否定（这否定表现为上帝的愤怒），因此他被理解为一种恐惧的对象。所以这恐惧是因为：其一，上帝是超越者，是否定；其二，上帝对于我是外在的、在我之上的；其三，上帝是绝对主体，其主体性可表现为愤怒、惩罚等。这几点，是任何将神理解为超越精神的宗教都能领会到的，因而犹太教的恐惧意识，属于宗教精神发展的普遍逻辑③。奥义书谈到对神的恐惧，也完全

① Paul Deussen, Sechzig Upaniṣaden des Veda, F.A.Brockhaus Leipzig, 1921.284。如《旧约・诗篇》：“当存畏惧侍奉耶和华，又当存战兢而快乐。”（第 2 篇）“耶和华啊，求你不要在怒中惩罚我……我心也大大惊惶。……我因为忧愁眼睛干瘪。”（第 6 篇）

② 黑格尔：《历史哲学》，上海书店 1999 年版，第 203 页。

③ 神学家鲁道夫・奥托也曾经详细地分析了在宗教的超越经验中恐惧与着迷的奇特对立统一（鲁道夫・奥托：《论神圣》，四川人民出版社 1995 年版，第 36 页及以下）。我也曾分析过在上帝经验中恐惧感形成的必然逻辑（参看吴学国：《存在・自我・神性：印度哲学与宗教思想研究》下编引论论宗教经验的结构部分，中国社会科学出版社 2006 年版）。

应当指出，西方和印度宗教中的这种恐惧，与中土文化中的恐惧有本质的不同。在某种意义上说，没有哪个民族像中华民族那样几千年来始终陷在一种深深的恐惧之中。《周易》就充分反映了这种恐惧。其中看不出任何对精神东西，包括思想、道德的关注。在这里，唯一让人们感到焦虑、牵挂的是事情的“吉凶”。这种焦虑反映出人们对未来的极度恐惧：既恐于罹祸，亦恐于折福。这种恐惧全是针对个别、有限的自然事物，是一种自然的恐惧。这种恐惧恰恰反映了精神对于这些自然东西的依赖。因为中国人的精神还没有对于自然的任何超越性，没有从自然获得独立，所以自然中发生的一切对于他都是性命攸关的，此即中国人的绝对恐惧的精神根源。《谶纬》迷信反映了这种恐惧的极端乃至疯狂的类型。儒家的“战战兢兢，如履薄冰”，及所谓君子“三畏”，都不是针对精神，而仍然是针对自然的。所以中国人的恐惧没有任何超越性、精神性可言，它只是反映而且强化了这个民族对于自然的极度依赖。相反，西方和印度宗教中的恐惧，针对的是超越的精神，它本身就意味着对自然的否定。以犹太教为例。黑格尔就指出，犹太人的恐惧是一种与中国人的自然的恐惧截然不同的“智慧的恐惧”：“在这里不允许特殊有限的东西有其独立存在，它们只作为唯一者所建立的世界中的一个环节才有其合法的存在，这个唯一者是对一切有限物的否定。”“一切特殊的恐惧在这里都消失了，被否定了，因而恐惧不是对依赖性的感受，而是对一切依赖性的超越。”（G.W.Hegel, *Lectures on the Philosophy of Religion*, University of California Press, 1984.vol2.207）。所以犹太教的恐惧意识，恰恰意味着精神对自然的超越和自由，也意味着对中国人那种自然思维的否定（卿文光先生对犹太人的恐惧和中国人的忧患意识进行过深刻的比较；参考卿文光：《论黑格尔的中国文化观》，社会科学文献出版社 2005 年版，第 198—204 页。本书引用上述黑格尔文本亦参考了卿先生的译文）。

来自这样的逻辑。《羯陀奥义书》的神是超越者，又是绝对主体。这绝对主体内在于人的自我之中，但却与直接自我完全不同，是对它的否定。这种否定在神的主体性之内，就表现为愤怒和惩罚，因而神成为恐惧的对象。

除上述文本之外，V·2亦以譬喻形式表明自我为超越的主体，其云："如日鸿于天①，如风住于空②，如祭司于坛③，如客于家中；居于众人中，亦居于神(vara)中④，居天理(ṛta)、虚空(vyoma)⑤。"⑥太阳为天体之中、风为虚空之中、祭司为祭祀之中、宾客于家中(古印人待客之礼极隆)最具能动性者，故《羯陀》此处以之喻自我，即在于表明自我的主宰地位或主体性。自我不仅居于天界、虚空，而且居于众人、众神之中，易言之它居于万有之中而为其绝对主体；另一方面，它又不与万有等同，而是始终保持自身同一，所以它作为主体又超越了万有。

其次，《羯陀》的主体不仅是主宰者、支配者、能动者，而且就是能知者、意识。意识是主体性的重要方面。既然主体性的本质就是意识，故主体的超越性就是意识的实体性(恒住、不动)、纯粹性(无染、清净)。KāṭhIV·1—5；V·8，13—15云：

> IV·1自有者(svayaṃbhū)于内，向外凿(vyatṛṇat)诸窍；故人唯外视，而非内见我(antarātman)。爰有明智者，为求不灭故，转视而内指(āvṛttacakṣu)，亲见至上我。3人依彼知色，味香声互触；人实由彼知，此更有何余！如实彼即此(汝所求者)。4若知于醒眠，皆由彼知之，广大遍满我，智者不复忧。5人若亲证彼，食一切如蜜⑦，生命之自我(ātmā jīva)，过去未来主，则不复畏惧。如实彼即此。V·8彼于睡眠中，始终清醒者；彼原人一一，创造所欲者⑧。彼实即清净。彼即是大梵。信然彼于此，得名不死者。诸界安于彼，无有超彼者。如实彼即此。13不住中住者，无觉中觉者(cetanaś cetanānām)，多中唯一者，且多

① "日鸿"，原文"haṃsa"，即鸿、雁，然而在婆罗门传统中，鸿每等同于日、元气、灵魂、至上我。在这里，"haṃsa"的直接所指显然就是日，故译之为"日鸿"，而其最终所指者，即是至上我。

② 这里"vāyu"(风)或为"vasu"(善财)，"空"指位于天、地之间的虚空界。

③ 《百道梵书》说阿耆尼有三相：其于天者，即是日；其于空者，即是风；其于地者，即是祭司。

④ "varasad"，杜伊森等译作"居于空间"，行文与下文意思有重复，故本书依商羯罗的解释译为"居于神中"。

⑤ ṛta：宇宙、伦理与祭祀的法则，正义，真理。vyoma：虚空、空界、气界。

⑥ ṚVIV·40·5，Tait SaṃIII·2·10·1，Sat BrāVI·7·3·11与此颂内容基本一致。

⑦ Madhv-ada，食蜜者，休谟谓指经验自我。商羯罗释为"受业果者"(karma-phala-bhujam)。

⑧ 此所谓一一所欲者(kāmaṁ kāma)，直译为一个接一个欲望，实际指的是欲望的对象，故译为一一"所欲者"。

赐所欲①；智者若觉彼，安立于自身，唯彼等非余，得永恒喜乐。14“惟此即是彼！”——彼等是以知，至上离言乐。复次吾云何，得了知于“此”？彼照或返照②？15太阳与星月，于彼乃黯然。闪电失其光，遑论地上火！以彼光耀故，从彼之光耀，万物乃闪耀，世界彼照明③。

《羯陀》之学，相对于《六问》等之根本进步，在于发现自我实体就是意识，自我就是超越的知或知者；此种自我理解离不开阿阇世、耶若婆佉等的内在反思的启发。

首先，§8、13、15表明此自我、实体就是意识、光明。意识即是觉性之光明，觉性以之照了万物。§1说自我为自有者（svayaṃbhū），即是实体；其于内向外凿出诸窍，从而知觉万有，因而是意识；故自我就是这两方面的同一。§15一颂，亦见于MuṇḍII·2·10、ŚvetVI·14，指出自我是最原始、绝对的光，世界由彼照明；以彼照耀故，万物乃闪耀。盖存有之发生，乃是觉性作为光明原理，与冥性作为黑暗原理，互动交织的结果。存在之为存在，即是它进入了光明，故意识的照明是世界在此的本体论根源。§8说彼为睡眠中始终清醒者④，§13说彼为无觉中觉者，此二者皆旨在说明实体为恒常同一的意识。

其次，这光明就是知，就是对象化。在自然状态，意识总是对某物之意识，而未有无物而意识独存者。§1说自我是由内向外凿出诸窍，由此触境，表明这自我的本性就是缘取外境。§3、4指出只有这意识、自我才是唯一、究竟的知者，不仅色、味、香、声、互触皆唯因彼知之，而且醒、眠的知觉，皆属于彼，故§5谓此意识实体“食一切如蜜”，为其遍知一切故。

再次，意识是超越者，其超越性表现为清净、恒常、喜乐。首先，这意识实体不会被处在流转变异中的世界，包括人的痛苦、烦恼、情欲等各种心理状态和外在的社会存在所污染、损坏，所以意识的本体是纯粹、清净的，它这种清净性就是对世界、自然的超越性。这一点在§8中得以表明。§4说此意识于醒、眠位中始终清醒，也表明意识不受心理状态影响，因而是清净的。其次，同一切形而上学的实体一样，在这里，意识的超越性也被理解为外在于时间之流的不动性、永恒性。§4表明意识于醒、眠位恒守一如。§5说意识为过去、未来之主宰，表明它对于时间的超越性。§8

① 此四句亦见于ŚvetVI·13。

② “彼照或返照（bhāti vibhāti）”，谓彼自我以自身之光照耀，或由反射它物之光？

③ 此颂即MuṇḍII·2·10；ŚvetVI·14。

④ 此类说法最早来自AV XI·4·25，其云自我、元气“于睡眠者中，偃立而不卧”。其说在奥义书中被普遍接受，如ChānIV·3·1—4、PraśIV·3皆说自我为睡眠中不眠者。

说它为“于睡眠中，始终清醒者”、“不死者”，§13说它是“不住中住者，无觉中觉者，多中唯一者”，亦皆旨在开示在流转的世界中，意识实体的恒常同一性。再次，在任何传统中，超越精神都会在对自然的否定中体会到一种自由感，并且将这自由感当作一种心理快感，基督教神秘论者经常提及对神的领会带来的巨大幸福，《羯陀奥义书》不仅相信与神合一的体验是一种妙不可言、至上、神秘的喜乐（§14），而且神就是这喜乐本身、“喜根源（modanīyam）”（II·13）。

最后，《羯陀奥义书》同其他奥义书一样，以为这意识实体是不可知的神秘存在。盖一方面，§1表明了意识是永远的主体，而不是任何意义上的客体，“故人唯外视，而非内见我”①；另一方面，意识的超越性必然表现为认识论的即对经验认识的超越，比如此奥义书第三章，说自我无声、无触，无相、无味、无嗅，超越一切经验认识（III·15），因而“虽藏于一切，彼我不显现。”（III·12）人若要亲见此自我本体，不应通过寻常认识途径，而应如§1所云，“转视而内指（āvṛttacakṣu）”，即将精神的目光转向意识内部，发现自我之超越的真理；III·12说人应制伏一切经验认识（诸根、末那、大我、智我），而以“最深细智”（超验反思），亲证自我。这种认识就是反思（而且是超验反思），以此为方针的修道论即是反思型修道论。

《羯陀》的思想领会到那自我的实体，就是人内在的纯粹意识，后者就是一清净、无染、自由、无缚的绝对超越者。《羯陀》对于作为纯粹意识实体的自我的理解，在观念层面表现了超验反思否定自我的自然、经验存在，确立内在的心灵、意识为自我的实体的精神运动（这一点通过其自我瑜伽开示的心灵净化之道，得到充分体现）。这种精神内在化运动，在现象学上表明精神内在的自身维持（自反）势用已经展开为对觉性的内在心灵，即意识、思想的直接维持即内在维持。超验反思就是在这自反势用的历史展开推动之下形成，就是后者的实现。自反势用促使省思进一步积极规定自我的意义，推动省思扬弃伽吉耶夜尼等的自我观念的抽象性、外在性，领会自我的实质是内在的心灵、意识，从而使奥义书的超越思维实现内在转型。正如《羯陀》的内在瑜伽表明的，这内在超越就在于精神从自然、经验的此岸到超验心灵的彼岸的持续运动，因而它就是一种内在、超越的精神自由。上述超越思维的内在化使得由此开始，奥义书的精神自由既成为内在的超越，也成为超验的反思；反思与超越，在这里是一体二面。尽管《羯陀》表现的超越思维的内在化无疑受到桑底厘耶、阿阇世等的经验反思的启发，但它根本上是由精神内在自由推动的，而且最终是自由推动

① 同样的意思见于BṛihIII·8·11：“信然，贾姬，彼不灭者，即不可见之见者，不可闻之闻者，不可思之思者，不可知之知者。舍彼无有见者，舍彼无有闻者，舍彼无有思者，舍彼无有知者。”

这超越与反思思维的统一。

对自我实体的领会意味着自我尊严，而《羯陀》对超验的意识实体的领会，标志着印度精神首次具有了一种内在的自我尊严。在这里，精神通过领悟觉性的内在心灵的超越性作为存在之绝对真理，否定了一切自然和社会的强力以及人的本能情感、心理状态的价值，使自我能彻底排除来自外在世界的诱惑与强逼，于是吾人实现对纯粹内在的意识、思想的至上价值的确信、维持。唯有当其自由实现到这一地步，人才可称得上是具有了内在尊严的，才算是一个真正健全的人。在此意义上，《羯陀》达到的自我理解，具有跨文化的价值，实为人类精神的普遍财富。

但也应当承认《羯陀》的自我理解仍有问题。它把心灵、意识领会成为一个无思虑、不动、无差别、恒住、不变、封闭、孤立的形而上学实体。然而这种理解是根本无法成立的。盖心灵、意识就是觉性、精神的内在的思想、概念、生命，就是一个不断创造差别且将这差别纳入自身存在中的运动整体。《羯陀》自我观念的误区，也反映了其现实精神自由的局限。首先，它把超越者、实体当成一种无生命的、现存的原理。这种对现存性的执着，在观念层面表明在这里，超越思维放弃否定应有的绝对性，而是自然、任运、懒惰地肯定实体为某种不可否定的绝对现存物，因而形成了新的执着。这在现象学上表明精神内在的自身否定势用丧失了本真的无限性，被精神的自在、惰性力量（自任势用）限制或抵消了。其次，《羯陀》的自我实体是一个封闭、孤立、个别的原理（见本节下一目的讨论）。这也使实体失去其真理性。实体、自我的究竟真理就是觉性、存在本身，就是绝对。这种封闭、个别的自我实体观念，表明在奥义书的超验反思中，精神内在的自身维持势用仍被其内在惰性阻挡，还没有展开为对心灵实体的同一维持，后者必然推动省思领会这心灵实体为绝对本体。再次，《羯陀》的无思想的纯粹意识，也是一个思维的假相。它在观念层面表明超验反思未能完成对心灵实体的内在形式建构，这在现象学上表明精神内在的自凝势用没有展开为积极活动，而精神内在的旨在消解一切形式的力量，即自肆势用则成为主导，这导致超验反思的心灵实体，在被排除了所有属于自然经验的特性之后，就呈现为一个无形式的、一味、均匀的清净意识，这决定超验反思的非理性性质。最后，《羯陀》的自我理解还有一个误区就是它的寂灭主义。它完全排除精神实体的生命性，而把一种完全无生命、不动、恒住、寂灭的原理当成自我、心灵的真理。这种对存在寂灭境界的执着，在观念层面表明这里，精神内在的自反势用受到阻碍，没有展开为对心灵实体的生命性的维持。这种寂灭主义以及非理性主义，都与印度传统中本寂的精神的影响有关（参考本章引言）。

总之，《羯陀奥义书》的意识实体或自性清净心的观念，标志印度精神具有了一种真正内在的自我尊严，然而它也暗示了精神生命的误区。

## 二、自我与经验存在

在佛教这样的本寂的文化中，精神的超越就是通过对存在、对自然经验的消解以归于本无的冥境，所以尽管这超越必然实现为思想从经验的此岸向寂灭的彼岸的运动，因而也必须设定这此岸的存在，但后者完全不具真理性和自身价值；然而奥义书属于本觉的文化，后者的精神取向不在于存在之消解，而在于存在之绝对完善，因而在这里，省思在其从此岸到彼岸的超越运动中，就不会把这此岸的存在完全消解，而将其作为更理想存在的一个环节予以保留，精神正是在这种克服和保留的无限运动中，使觉性的存在趋于完善。如前所论，在奥义书思想中，这种精神超越最终与反思结合，形成超验反思。

然而，由于人类精神的局限，这种超验反思刚开始总难免有其不完善之处。一方面，精神的超越或否定思维仍然屈服于精神的惰性，还没有将自身绝对化。它以某种超验实体否定自然、现象界，却以为这实体是绝对可靠、不能被否定的：这就是现存的存在。它就在此为自己的自由设立了一个禁区。易言之，超越思维在这里还不能不有所攀缘，而不可能是绝对自由。精神不得不牢牢抓住彼岸、超越者，以抵抗自然、现象界的汹涌潮流。它在这里需要安全、庇护、家园、基础，而不能抛开这些东西，在无根基状态飞翔。精神只有在一种现存存在中才感到安全，而如若这现存存在是绝对、永恒、至善的实有，那么它就会带来绝对安全。所以对安全的需要，使精神将超越者，作为现象界的否定，设想为一个现存实有。另一方面，反思也仍然受精神的惰性限制，未能充分地拓展和深化。这种惰性使超验反思不能进一步深入心灵的生命性和绝对性领域，而诱使它一方面在否定自然的时间性的同时，也抹杀了一切运动和生命的意义，以为真理、实体必然是一个不变、恒住的无生命原理；另一方面在对心灵与自然进行形而上学区分之时，遗忘了心灵本有的绝对性，于是把心灵当成一个与自然分离的封闭实体。以上这些局限都是形而上学的局限。形而上学的超验反思的典型世界图景，就是由不灭、恒常的精神原理与不断生灭、变幻无常的自然或物质原理组成二元实体论；心与物、经验的现象与超验的实体之间隔着一条巨大鸿沟。

在印度传统中，《羯陀》（乃至后来的数论派、毗湿奴派）论自我实体与经验存在的关系，就体现了这种典型的心物二元形而上学。在《羯陀》及数论等的思想中，作为绝对实体的永恒不动的自我、意识，与生灭无常的现象界、自然，实际上处于分裂状态。在《羯陀》中，自我尽管被认为是所有经验存在的基础、依止，但它对于后者其实仍然是外在的。现实世界中的一切转变、差异，皆被认为是由非我的原理，即自性或元气产生，然后被增益于自我实体。自我与自性两种原理的结合，导致世界的生成。在这种意义上，尽管《羯陀》说自我是世界万有的基础。然而自我在与自性的结合中，没有任何变化，仍然为超越、清净、无染、无为、不动、恒常，故这种结合是完全外在的。自我、意识在这里仍然是一个独立、封闭的实体（形而上学的实体），而非世界万有的本体（本体论的实体）。这通过分析《羯陀》中至上我与世界、与个体生命的关系，可以得到阐明。

**1. 自我为世界之基础**

如上所述，在《羯陀奥义书》中，自我作为意识实体与现象界、自然实际上处于分裂状态。一方面，自我被认为是世界万有的基础、依止，世界的生成来自自我与自性两种原理的结合；另一方面，这自我作为基础对于现象界的存有仍然是外在的。现象界的一切生灭流转对于自我的超越存在没有任何影响。自我始终是一独立、封闭的实体，而非世界万有的本体。在这里思想还没有跨越形而上学的鸿沟，上升到精神本体论的国度。KāṭhIV・1—11；V・2，8—12 云：

IV・1 自有者（svayaṃbhū）于内，向外凿（vyatṛṇat）诸窍；故人唯外视，而非内见我（antarātman）。爰有明智者，为求不灭故，转视而内指（āvṛttacakṣu），亲见至上我。2 心智屑小者，唯逐于外乐。彼等皆入于，广大死亡网。智者知永生，故非由此界，不坚之物中，而求坚固者。3 人依彼知色，味香声互触；人实由彼知，此更有何余！如实彼即此（汝所求者）。4 若知于醒眠，皆由彼知之，广大遍满我，智者不复忧。5 人若亲证彼，食一切如蜜①，生命之自我（ātmā jīva），过去未来主，则不复畏惧。如实彼即此。6 于热（tapas）中先于，诸水（adbhya，即自性）初生者，复入居心窟。人若得见彼，于心中逗留，则过一切有，得见彼自性。如实彼即此（tad etad iti）。7 彼阿底提母（Aditi）②，转起为元气③，包容诸神圣，显现为众有，复入居心窟，人若得见彼，则见梵自性。如实彼即此。8 藏于燧木中，如胎藏于母，人应于每日，既醒备祭矣，敬拜于此火④。如实彼即此。9 太阳由彼升，亦复

---

① Madhv-ada，食蜜者，休谟谓指经验自我。商羯罗释为“受业果者”（karma-phala-bhujam）。

② Aditi：无界者，无限者，本为吠陀之神，是众神之母（ṚVI・89・10），在这里代指非显、自性。商羯罗以为此词源于词根 ad（食），意为“食一切者”，似嫌穿凿（其说可能来自 BṛihI・2・5 的相同解释，但在后者 Aditi 指的就是死）。

③ “转起为元气”（prāṇena saṃbhavat）直译为“产生元气”或“与元气俱起”。

④ 此颂取自 SVI・1・8・7，以及 ṚVIII・29・2。

没入彼，即于彼之内，诸神皆安立，无物超越彼①，如实彼即此。10 任何在此者，亦皆在于彼。任何在彼者，亦皆在于此②。人若于此处，见似有差别，则一再受死③。如实彼即此。11 人唯以意得，于此无差别④。人若于此处，见似有差别，则一再受死。如实彼即此。

V·2 如日鸿于天，如风住于空，如祭司于坛，如客于家中；居于众人中，亦居于神(vara)中⑤，居天理(ṛta)、虚空(vyoma)⑥。彼亦为一切，生于水中者，生于牲畜者，生于祭祀者(ṛtaja)⑦，生于山中者。彼即为真实(ṛtam)，⑧亦为伟大者(bṛhat)。8 彼于睡眠中，始终清醒者；彼原人一一，创造所欲者⑨。彼实即清净。彼即是大梵。信然彼于此，得名不死者。诸界安于彼，无有超彼者。如实彼即此。9 譬如唯一火，进入于世界，依其每一相，作种种差别⑩。如是于万有，内在之自我，依其每一相，作种种差别；而此至上我，如实在于外。10 譬如唯一风，进入于世界，依其每一相，作种种差别。如是于万有，内在之自我，依其每一相，作种种差别；而此至上我，如实在于外。11 譬如彼太阳，全世界之眼，不为眼所见外不净所染，如是于万有，内在之自我，世间苦不染，彼(自我)为外在故。12 万有内自我(antarātman)，唯一主宰者，依其一味性，而作杂多相。智者若觉彼，安立于自身，唯彼等非余，得永恒喜乐。

应当说这种存在发生论，许多细节是很模糊的。可以大致从中区分出以下意义层面：

---

① 此颂同于 BṛihI·5·23；第一、二句亦见于 AVX·18·16。此种意象可追溯至 ṚV·121·6。

② 根据杜伊森的解释，此为阐明事物差别非实，故彼与此亦为同一（Paul Deussen, *Sechzig Upaniṣaden des Veda*, F.A.Brockhaus Leipzig, 1921.280）。

③ 此三句亦见于 BṛihIV·4·19.

④ 此二句亦见于 BṛihIV·4·19.

⑤ "varasad"，杜伊森等译作"居于空间"，行文与下文意思有重复，故本书依商羯罗的解释译为"居于神中"。

⑥ ṛta：宇宙、伦理与祭祀的法则，正义，真理。vyoma：虚空、空界、气界。

⑦ ṛtaja，或译"生于法则者"、"生于真实者"。

⑧ 此颂至此部分即 ṚVIV·40·5 中 Vāmdeva 仙人所作之"鸿颂（haṃsavatī mantra）"，其中"鸿（haṃsa：鸿，雁，鹅）"比喻太阳。在印度传统中，鸿用来比喻人的命我或世界灵魂、原人。此颂亦见于 Vāj SaṃX·24，XII·14；Tait SaṃIII·2·10·1；Sat BrāVI·7·3·11。

⑨ 此所谓一一所欲者（kāmaṃ kāma），直译为一个接一个欲望，实际指的是欲望的对象，故译为一一"所欲者"。

⑩ ṚVVI·47·18 赞因陀罗神以幻力变为多种形相："彼乃依众形，而为种种相。因陀罗以幻，而入于众相，其骏马千万，皆因此被缚。"

第一，由大梵生成宇宙灵魂。吠陀就有神通过热力或苦行（tapas）创造世界之说（ṚVX·190·1）；而在《阿闼婆吠陀》和梵书的创世论中，生主先创造世界或大洪水（等于奥义书和数论所谓自性［prakṛti］），然后自己作为金卵（Hiraṇyagarbha）进入其中又从其中再生，乃是一个频繁出现的主题（Sat BrāXI·1·6·1）。ChānVI·3·2—4甚至认为至上神要三次进入世界：其一是彼创造原初之水已，乃化为金卵（世界胚胎）进入水中；其二是当此金卵分化出地、水、火、风等界，至上神复进入地、水、火等中，使后者进一步分化、组合，生成名色；其三是至上神创造出人体后，再进入其中，成为其灵魂（jivātma，命我）。《羯陀奥义书》的存在发生论，毫无疑问受到此类说法启发。其中IV·6所谓"于热（tapas）中先于，诸水（adbhya，ap之复数）初生者，复入居心窟"，讲的就是绝对者（至上我、无德梵）通过热力生成或自身转化为宇宙灵魂（即金卵），后者具有了各种具体的属德（执受），为一普遍人格。此宇宙灵魂进入人心中，成为人的命我（jivātma）。

吠檀多认为命我与金卵是大梵的两种表现。命我是个体灵魂，是大梵执受元气、诸根、觉谛等之个别性形成；金卵是命我的总体，是大梵执受元气、诸根、觉谛等之普遍性形成。如若脱离了这些执受，这二者就成为无差别、一味的大梵。从较严格意义上说，金卵是人处于梦位的自我之总体（MāṇḍIV）。然而在此文本中，却看不出这样的严格性。在这里，在《蛙氏奥义书》中得到区分的宇宙灵魂的两层意义，即作为一个具有全部心理功能的普遍人格（Hiraṇyagarbha）与作为大梵与根本自性（mula-prakṛti）之结合因而在其中诸根、觉谛等尚未生起故不具人格性的有德梵（Saguṇa-Brāhmaṇa 或 Sarvesvara），显然是被混为一谈的。

第二，宇宙灵魂由自性生成万有。盖绝对者创造宇宙灵魂，然后由后者创造世界，乃是梵书通行创世模式之一。由此出发，奥义书亦每以为绝对（无德梵）首先与自性结合，成为造物主（大自在神、有德梵），然后由后者创造万有。此如IV·7云："彼阿底提母（Aditi）①，转起为元气，包容诸神圣，显现为众有，复入居心窟，人若得见彼，则见梵自性。"关于这"阿底提"（Aditi）之所指有诸多解释，相互并不一致②。在《黎俱吠陀》中，阿底提（大地）是众神之母，万有的根源③，故被誉为宇宙母

---

① Aditi：无界者，无限者，本为吠陀之神，是众神之母（ṚVI·89·10），在这里代指非显、自性。商羯罗以为此词源于词根ad（食），意为"食一切者"，似嫌穿凿。

② Arthur B.Keith, *The Religion and Philosophy of Veda and Upaniṣads I*, Harvard University Press Cambridge, 1925.216—217.

③ 如ṚVI·89·10："阿底提是天，阿难陀是空界；阿底提是母亲、父亲和儿子；阿底提是众神；阿底提是大地五方之民；阿底提是一些已经存在的和将要存在的。"

牛（ṚVIX · 26 · 1，VIII · 101 · 15）。阿底提信仰反映了人类早期母神崇拜的遗迹，可能与波斯宗教的母神提阿华斯有共同起源。如学者们指出，在吠陀中阿底提就是“宇宙的子宫”，“所有存在的基质”①，她也是“普遍的、包容一切的自然的人格化”②。故斟酌文本与历史，在此奥义书中，阿底提与原初之水（ap）、非显（avyakta）、自性（prakṛti），为同一原理，为自然之直接根源、总体③。由于宇宙灵魂是至上梵与自性、原初之水、非显的结合，在奥义书中（可能由于概念的含糊性）它经常就被称自性、原初之水、非显，所以《羯陀奥义书》亦将此宇宙灵魂称为阿底提。

IV · 7 实际上提示了自性生成存有的两个方面：一方面是自性转起为元气。此处所谓元气，应根据晚期奥义书通行的说法解释为诸根、末那、觉谛等生理和心理机能之总体。此句谓自性转变生成灵魂的诸种执受。另一方面是自性转起为诸神、众有。此即“包容诸神圣，显现为众有（bhūta）”之所谓也。这里所谓诸神，按奥义书通行的用法，指的应当是日、月、火、水等自然现象。“包容诸神圣”（devatāmayi，直译应为“作诸神之我”）和“转起为元气”（prāṇena saṃbhavat）一样，指的都是宇宙灵魂以自性显现为主、客观现象，而又以其超越存在（至上我）内在于它们，且包容它们。由自性转变产生的众有，狭义指地、水、火、风四种物质元素，广义指全部物质世界——自性应当是先在转变中产生前者，由前者凝聚生成后者。IV · 9 所谓“太阳由彼升，亦复没入彼，即于彼之上，诸神皆安立，无物超越彼”④，讲的也是自然界的创造。盖宇宙灵魂既包含自性，为自然之根源、全体，故日月等诸神，皆由其中产生，且复没入于彼，故彼为万有之归宿和基础。另外 V · 2,8 所谓：“2 彼亦为一切，生于水中者，生于牲畜者，生于祭祀者（ṛtaja）⑤，生于山中者。彼即为真实（ṛtam），⑥亦为伟大者（bṛhat）。8 彼于睡眠中，始终清醒者；彼原人一一，创造所欲者⑦”，亦旨在开示此宇宙灵魂为万有之根源、总体。

---

① A.B.Barth: The Religions of India, Kegan Paul, London, 1921.19.

② W.J.Wilkins, Hindu Mythology, Thacker, Spink and co, Calcutta, 1913.17.

③ 拉达克利须南即持此解（Sarvepalli Radhakrishnan, *The Principal Upaniṣads*, George Allen & Unwin LTD, London, 1953.633）。

④ 此颂同于 BṛihI · 5 · 23；第一、二句亦见于 AVX · 18 · 16。此种意象可追溯至 ṚV · 121 · 6。

⑤ ṛtaja，或译“生于法则者”、“生于真实者”。

⑥ 此颂至此部分即 ṚVIV · 40 · 5 中 Vāmdeva 仙人所作之“鸿颂（haṃsavatī mantra）”，其中“鸿（haṃsa：鸿，雁，鹅）”比喻太阳。在印度传统中，鸿用来比喻人的命我或世界灵魂、原人。此颂亦见于 Vāj SaṃX · 24，XII · 14；Tait SaṃIII · 2 · 10 · 1；Sat BrāVI · 7 · 3 · 11。

⑦ 此所谓一一所欲者（kāmaṁ kāma），直译为一个接一个欲望，实际指的是欲望的对象，故译为一一“所欲者”。

第三，自性的变易被增益于自我。在奥义书的形而上学中，至上我对于现实存有的绝对超越性，与它作为万有之依止，往往在理论上难以调和。比如此前的毕钵罗陀思想，要么为了坚持至上我的超越性而避开了它作为存有根据的意义；要么为了解释其为存有之根源而不得已回到类似于优陀罗羯等的宇宙发生论，于是放弃了形上学区分和对实体超越性的坚持。这种两难在奥义书几百年的历史中，乃至此后吠檀多派的思想发展中，一直是学者们要面对的。然而《羯陀奥义书》却寻找到一条针对此困难的代表性解决方案，对于吠檀多思想的发展产生了深远的影响。这就是认为在宇宙灵魂生成存有的过程中，其实体、真我始终未变，没有转化为自然物，从而恒守其超越性，而一切变易与差别的行相，皆是由此灵魂包含的自性单方面生成，然后被增益于自我实体，但是这实体尽管被增益了这些行相，其内在存在却丝毫不受影响。IV・9—12 几颂表述的存在发生论就属于这一图式，其云："9 譬如唯一火，进入于世界，依其每一相，作种种差别①。如是于万有，内在之自我，依其每一相，作种种差别；而此至上我，如实在于外。10 譬如唯一风，进入于世界，依其每一相，作种种差别。如是于万有，内在之自我，依其每一相，作种种差别；而此至上我，如实在于外。11 譬如彼太阳，全世界之眼，不为眼所见，外不净所染，如是于万有，内在之自我，世间苦不染，彼（自我）为外在故。12 万有内自我（antarātman），唯一主宰者，依其一味性，而作杂多相。"此即取譬于火、风、太阳三者各自进入万物而被赋予种种差别形相却不改其一味性，阐明真我恒常一如，然而由于进入世界，具有种种差别的形相，这些形相是完全外在地增益于此真我理体之上的，因而对于其内在实质没有任何影响，故理体仍保持其超越、无染、一味、清净②。Swami Sivananda 对此有极好的解释，他用电影的屏幕与投映于其上的影像来比喻绝对自我与差别形相的关系："如电影屏幕从未有变，而屏幕上的图像则有来去。梵就像是这屏幕，而诸生灭相的宇宙适如这图像。"③ 诸生灭相是像电影图像一样投射到自我之上的。

然而，应当承认，自我理体既与这些差别形相联结，却能恒处一味，不为后者所染的说法，听起来似乎仍然很让人费解。一种解释是将此奥义书中的理体、一理解为

---

① ṚVVI・47・18 赞因陀罗神以幻力变为多种形相："彼乃依众形，而为种种相。因陀罗以幻，而入于众相，其骏马千万，皆因此被缚。"《羯陀》此颂当与此有联系。

② 或以为 §12 所谓"唯一主宰者，依其一味性，而作杂多相"，指的是自性在转起万有过程中恒守一味，若此解成立，则此处对 IV・9—12 的解释将全被推翻，但此解不成立，因为其 §9，10 皆以"而此至上我，如实在于外"，§11 更以为喻，更突出表明此自我不为世间所染，因而此四颂的宗旨在于强调自我、"一"，对于以之为基础的世界、"多"的超越性，故这里"一味"者指的是宇宙灵魂中的真我而非自性，此当为确定无疑者。

③ Swami Sivananda, *The Principal Upaniṣads*, *KāṭhV・13*, Divine Life Society, 1942.

质料因，将被增益的差别形相、多理解为形式因。质料可以被赋予多种形式，转变为差别的器物，但自身不受形式的影响，故一切宇宙论意义上的转变，皆属于形式一边，于质料一边无所损益。于是理体作为质料，就能在自性的转变中保持恒常、一如，尽管它亦参与到存在发生之中，并构成转变产物的实质。这种解释对于《羯陀》上述思想是成立的。因为将存有绝对真理、本质理解为质料，而认为万有乃是这均匀一味的质料被赋予千差万别的形式而生成，乃是奥义书思想从其早期开始就已经变得十分通行的范式，无论是耆跋厘、优陀罗羯等所代表的自然实质论，还是阿阇世、耶若婆佉等代表的心识本质论，其对存在发生的解释，皆遵从这一范式。这一范式之于《羯陀》上述思想，在逻辑上是随顺无违的。另一种解释，是随顺数论的原我、自性二元论的，就是将此奥义书中的理体、自我，理解为完全封闭、孤立无为、恒常无别的意识实体，那包含无限转变、差别的世界，乃是自性单独创造的结果，自我完全没有参与到创造过程中。对于此奥义书而言，这种解释当然是不成立的，因为它明确表明了是绝对者本身"依其每一相，作种种差别"，或"依其一味性，而作杂多相"，因而自我是积极地参与到存在发生过程中，而非如数论理解的那样，仅为消极的"观者"（sākṣin）。然而理体如若被解释为世间存有的质料，它还能保持为超越者吗？答案是：只要它是"现实地"内在于世间存有中的，就必丧失其超越性；于是存在发生仍然沦为宇宙论的。就《羯陀奥义书》来看，对于这种"现实"性，它的思考是很含糊的，因为在它的质料—形式的存在发生图式之内，很难彻底否定质料、理体是"现实地"内在于事物之中的，这使它很难摆脱宇宙论的阴影。《羯陀奥义书》的这一图式，被后来的吠檀多思想继承，这使得后者，尽管经历了晚期奥义书的幻化论和乔荼波陀等的空性论对现实性的否定，也很难根本清除其宇宙发生论色彩。由于传到中国来的如来藏佛教心性本体论，从根本上说是沿袭了奥义书—吠檀多派传统的真心（质料因）与无明（虚妄分别，形式因）的二元发生模式而来的，因而它也很难脱离宇宙论的误区，而且由于中土传统的自然精神对佛教超越精神的持续消解，使中国佛教日益朝传统的自然思维靠拢，它逐渐淡化了原有的对自然、现实性的否定态度，转向接纳现实，于是心与物、性与相的鸿沟被抹平了，是为中国佛教许为特色的"圆融"观念之所由也。

Swami Chinmayananda 喟叹："关于世界发生的过程细节，没有两种奥义书是完全一致的。"① 不仅两种奥义书会不一致，甚至像《羯陀》这样带有杂糅性质的中、晚期奥义书，由于其吸纳的材料文本所属的年代、学派可能都有很大差异，且后者在该

① Swami Chinmayananda, *Discourses on Upaniṣads*, *KāṭhIV · 6*, Central Chinmaya Mission Trust, Mumbai, 1952—1954.

奥义书最终编成时未得到很好的处理，使得在同一奥义书之中，涉及存在发生的问题，也往往纷纶舛互、义理乖违。比如KāṭhVI・1—2提出的存在发生论，就与上文所分析的有根本不同，而是一种较原始的宇宙发生论。其云："1 其根在上界，枝叶乃下垂，恒常宇宙树！其根实清净，彼即为大梵①。彼如实得名，恒常不灭者。诸界依止彼，无超越彼者。如实彼即此！ 2 即此全世界，无论为何物，皆由元气生，且于中活动。"此二颂将大梵与元气等同，将世界比作一棵宇宙之树（Aśvattha）②，而大梵则是其根。盖以宇宙为大树之构想，乃起源于远古的植物崇拜，为古代印欧民族所共有③。《黎俱吠陀》提到有所谓婆楼那"天界之树"，其根在上，而枝叶向下伸展，盖取像于太阳之向下放射光线也。从早期奥义书中，也常可发现这种圣树崇拜的遗迹④。《羯闼奥义书》将梵说成是永恒的Aśvattha树，此树根基高高在上，而枝叶向下伸展，遍及整个宇宙，以状本体之生万物，而大梵就是此大树之枝叶由以长出的根；这是以大梵为与宇宙万物同质的始基，违背了《羯陀》中占主导的形而上学；其宇宙发生论，及其取像于《黎俱》之日喻，都暗示其来源于某种更古老的传统，而尚未与《羯陀》中更晚期的思想融会也。

### 2. 自我为个体生命之基础

《羯陀奥义书》对绝对自我与个体生命（jīvātma，命我）的关系，开后来吠檀多派之先河，亦对数论思想有启发。其以为至上我为超越的实体，它与诸根、末那、觉谛等（即诸执受，upadhis）联结，形成人的命我。命我由于受执受的牵制及业、智的影响，而轮回流转，但至上我则在其中恒住不动，不受诸执受及轮回、业等的干扰。其于至上我与命我关系之思考，为其人生论之基础，以下就此对《羯陀奥义书》的人生论予以阐明。

首先，至上我是内在于个体生命或命我的绝对超越者。绝对自我对于所有物质与精神现象的超越性，前文对于II・11—25和III・1—15的分析已予以详细阐明。IV・6，7说梵我创造宇宙万物及元气（诸根、末那、觉谛等所有身心机能之全体）之后，乃携元气进入人的"心窟"，成为人的内在主宰即命我，IV・1说此内在主宰又从内部向外凿出诸窍，诸根由此接触外境，使自我有知。V・1说自我为住于"十一门城"

---

① BGXV・1—2与此意思一致，兹译为："爰有神木，其根上指。叶即吠陀，悟此知之（吠陀）。三德滋养，枝叶下蔓；诸根义境，乃其花瓣；惟根下达，生业无限。"

② "Aśvattha"字面义，或意为马厩，盖因神话中太阳神之马在树下歇息而得名。另外Swami Chinmayananda："阿湿婆陀（aśvattha），拆开后字面义为'明日不再者'，因而它表示生灭的对象世界。"（*Discourses on Upaniṣads*, *KāṭhVI・1*, Central Chinmaya Mission Trust, Mumbai, 1952—1954.）。

③ 比如北欧神话有Igdrasil树崇拜，当与吠陀的阿湿婆陀树崇拜有共同根源。

④ BṛihIII・9・28; TaitI・10; ChānVIII・5・3; Kauṣ I・3.

中的"无生、倒想者"，即恒常不动、离虚妄分别（无倒想）者；V·3说自我如乘车者，色身如车，诸根如骏马，末那为缰绳，觉谛如驾者，亦在表明自我是生命流转中不动的观察；V·11说彼内在之自我，实在处于世界之外，故不为世间苦所染。这些都表明至上我是内在于个体生命中的超越实体。

然而，此超越者才是现实生命之真正基础、核心。《羯陀奥义书》第五章第3、4、5颂，对此说得极清楚："3（彼自我）向上引上气（prāṇa），向下驱下气（apāna）。诸神皆敬彼，居中之侏儒（vāmanam）！ 4彼居于身中，当其被解除，脱离于此身，更有何余者？如实彼即此。5任何有死者，非以上、下气，而能得生存；人唯以此二，所依之它者，而能得生存。"（KāṭhV·3—5）这里上气与下气代指元气之整体，即全部执受（全部生理、心理机能）。奥义书在此明确指出：人的生命得以维系，不是因为有了元气，而是因为有了自我、灵魂。因此自我才是个体生命之基础、本质。

《羯陀奥义书》又沿袭了梵书、奥义书中的朴素观念，将人的命我设想成一个居住在心腔中的小人。如上面V·3就说命我是"居中之侏儒"，或许其第四章的说法更为典型："12原人大如指，居于人身（ātman）中，过去将来主，知彼则无畏，如实彼即此。13原人大如指，如无烟焰为，过去将来主。彼住于现在，亦住于明日。知彼则无畏，如实彼即此。"（KāṭhIV·12—13）同样VI·17亦曰："原人大如指，恒居众生心，为其内自我（antarātman）①，人应以勇韧，拔之于色身……。人应知彼为，清净不死者。"（KāṭhVI·17）原人大如拇指，居于人身中或心中的说法，在梵书、奥义书中极普遍②。在奥义书，这种设想是一种观想自我的方式——此由MaitVI·38说人若沉思自我"细于极微，或大如拇指，或为一掌宽，或为全身之量"则得至上界，可得验证。此中说自我"如无烟之焰"，乃谓其超绝、清净，不为诸境、根、意等所染。

其次，命我作为实体与执受结合，具有复杂的结构。此如III·1"爰有此二者，进入窟穴中，居于至上界，受用正业报（ṛta）③；知梵者乃称，彼为光与影"就是说自我实体与执受二者，构成人的命我，此命我在业的驱使下往生，入居于心内的虚空，以受用果报。对于此中"二"或光与影之所指，注释家颇有异解。或谓光与影，分别

---

① 此三句的内容亦见于ŚvetIII·13。

② Tait ĀraX·38·1；ŚvetIII·13，V·8；MaitVI·38。另外BṛihV·5·1说自我"细如米粒或麦仁，而为一切主宰之主宰。"ChānV·18·1说自我为一掌之宽，MaitVI·38说自我或细于极微，或为一掌宽，或为全身之量。通俗信仰亦持此义，如在莎维德丽传说中，死神从她死去的丈夫沙底耶梵身中抽出一拇指大小之小人，是为其夫之灵魂。

③ Ṛta，宇宙与道德的秩序、法则，此处应指由符合此法则的业行导致的果报。商羯罗释此为真理，因"其为业行之果故"。

指显了梵（有德梵）与秘密梵（无德梵）①，或云分别指至上我与命我②。此类解释于文本的逻辑似有未融，且无传统的根据。唯杜伊森说光为至上我，影为包围它的执受③，乃为谌论④。

作为真理的光与影的对立，是真正的心灵反思的标记。此种反思是在自由推动下精神的自身维持势用内在化的结果。盖心灵、精神就是光，而反思一旦真切地触及到心灵、精神本身，就会把后者当作对自然、黑暗东西的否定，如此心灵才会以其纯粹、超越性而得维持，而精神遂得以实现其内在自由。故省思对此种对立之昭示，乃服从于精神自由自身实现之普遍逻辑。在其他传统中，如《旧约》亦皆强调光明与黑暗之对立，《约翰一书》也声称"上帝是光，其中没有任何黑暗"。柏拉图的洞穴隐喻以为真实世界就是洞穴外的光明国度。其他如琐罗亚斯德教将世界解释为光明、善与黑暗、恶两种原理的斗争场所。摩尼教的二宗三际论，亦是以光明与黑暗的对立为基础。

至于构成命我的内容，III · 3—4 有述焉。其云："3 汝应知自我，譬如乘车者。色身譬如车，觉谛为驾者，末那为缰绳。4 诸根为骏马，诸境为其途，我与根意合，得名曰受者（bhoktṛ）。"命我的构成要素为：(1) 至上我，(2) 觉谛，(3) 末那（意），(4) 诸根；再加上 (5) 色身，就组成人的全部存在。其中 §4 说明命我是真我与根、意（代指全部执受）的结合，得名"受者"。盖奥义书以为个人生命之构成，完全由于业力招感，目的是为了受用外境，以酬宿业也，故曰命我为受者。另外，V · 1 说自我为居住于十一门城中的无生、无倒想者。"十一门城"谓色身，其有十一窍，即二目、二耳、二鼻孔、口、肛门、尿道、脐、颅缝（vidṛti，头盖骨的弥合处，或曰梵窍：brahmarandhram）⑤，这自我当指命我⑥，其当为携诸根、觉谛等住于城，而其本质为"无生、无倒想"之真我。

---

① Ram K.Piparaiya, *Ten Upaniṣads of Four Vedas*, Yatisha Creations, Mumbai, 2003.277.

② Swami Chinmayananda, *Discourses on Upaniṣads*, Central Chinmaya Mission Trust, Mumbai, 1952—1954. Comm on KāṭhIII · 1.

③ Paul Deussen, *Sechzig Upaniṣaden des Veda*, F.A.Brockhaus Leipzig, 1921.275.

④ 盖首先奥义书以命我包含梵我，或谓二者本质同一，于它处从未有将其为二并列物者，唯梵我与执受本质不同，故可为并列之"二者"；其次由于意识的反思，奥义书乃以梵、自我为绝对光明，未见有说梵为黑暗者，且因命我与至上我之本质同一，故奥义书于它处恒喻命我为光，未见有喻之为阴影者；另外，以自我或纯粹意识为光，以无意识的自性及由此生成的执受为黑暗、阴影，在其他奥义书中乃为通常的图景（如《蛙氏奥义书》对澄明清净的真心与作为混沌、喜乐的自性的区分，《白骡奥义书》和《慈氏奥义书》对明净的自我与玄冥的自性、摩耶、无明之对待）。

⑤ 其说另见于 AitaI · 3 · 12；ChānVIII · 6 · 6。ŚvetIII · 18；BGV · 13 说九窍，即排除后二窍。

⑥ Swami Chinmayananda："在奥义书中，自我（ātman）一词在不同语境中，分别指色身、末那、觉谛、命我。"（*Discourses on Upaniṣads*, *KāṭhV · 6*, Central Chinmaya Mission Trust, Mumbai, 1952—1954.）当然，自我在最严格意义上指的是至上我、无德梵。

最后，轮回是命我联结于执受而脱离至上我，解脱是命我脱离执受而融入至上我。Chinmayananda 说："人与梵本质同一。人若无我则成为梵。梵若有我则成为人。"① 命我是梵我被诸根、觉谛等执受限制形成，但其本质仍无异于梵我，如瓶中空与瓶外大空，因而只要打破这些执受的限制，命我就获得自由，融入无差别、一味的大梵之中②。

此奥义书 VI · 15 提到将自我与诸执受联结者，谓"心结"（hṛdaya-granthi）③，后者亦称为梵结、毗湿奴结或禄陀罗结④。此义亦见于 ChānVII · 26 · 2；MuṇḍII · 1 · 10，2 · 8，III · 2 · 9。有三种"心结"，即痴、贪、业。痴即无明，指人失明辨之智，不能分别我、非我，真、非真，常、无常，从而执世间相续生灭之物（即死亡、自性）为我、为真、为常，我被等同于有出生、死亡者、作者、受者，因而被缚于生灭之轮，故谓之"结"。贪即因无明产生的私欲，它使人更加执着非我的、生灭的东西而不能自拔，亦是"结"。业是满足此贪欲的行为，这种行为在人心中产生一种潜在势力，后者迫使自我被缚着于诸执受并往生，以受用此业的果报，故业也是"结"。这三结将自我与由自性所生的执受、世界捆绑在一起。只有斩断心结，才能使命我从自作的囚笼中脱离出来，恢复其自由、纯洁、超越的本性。命我于是失去其个体性，而归于绝对大我，如 V · 15 云："如净水入净，而融然为一⑤，是故乔答摩，于有识牟尼，其我亦如是"。

由于思想的成熟，《羯陀奥义书》论轮回的机制，已经对早期奥义书（如耆跋厘、伽吉耶夜尼、考史多启等）津津乐道的、完全来自幼稚想象的带有神话色彩的复杂亡灵旅程失去了兴趣，故删削枝芜，提挈宗旨。KāṭhV · 6—7，VI · 4—5 云：

V · 6 其来，乔答摩！我将开示汝，深密、常住梵；以及人死后，此自我云何。7 或入于母胎，受形成其身，余或入植物（sthāṇu）⑥，皆以其智、业。VI · 4 人于身灭前，于此证自我，（否则）乃依此（临终之念）往生，众生之世界⑦。5 如在于

---

① Swami Chinmayananda, *Discourses on Upaniṣads*, *KāṭhIV · 15*, Central Chinmaya Mission Trust, Mumbai, 1952—1954.

② Ram K.Piparaiya, *Ten Upaniṣads of Four Vedas*, Yatisha Creations, Mumbai, 2003.288.

③ hṛdaya：心、心脏、内心；granthi：结、关节、系缚、缠、惑。此词亦为佛教袭用。

④ Swami Krishnananda, *The Chāndogya Upaniṣad, comm onVII*, Divine Life Society, 1984.

⑤ 基督教徒描述与神和合的体验，亦与此类似。见上文。

⑥ Sthāṇu，直译为固定者、站立不动者。

⑦ 梵本此句疑有错讹。括号内的内容为译者添加。注释家们对此解释不一。盖依现存梵本的意思（排除括号内的内容），谓对自我的证智是往生的原因，乃与奥义书的一般信念，即因证自我得解脱相矛盾，故本译在此因果复合句的主句前加"否则"表示意义的转折，在"依此往生"的"此"后加"临终之念"表示这"此"所指的内容，以区别于前述的自我证智；这符合大多数注家的理解。另外，休谟指出此处"sargeṣu"（世界）或应读为"svargeṣu"（天界），亦似可取。

镜中，如是（自我存在）于身（ātman）中；如在于梦中，是于父祖界；如在于水中，是于乾达婆；如在光、影中，如是于梵界。

首先，正智与无明是决定死后生命归宿之第一环节。人若于死前得正智，证知自我实相，则离轮回，得解脱；否则，将不离生死之流，仍继续往生。其次，对于往生者来说，其生前的智与业决定其趣向，或为胎生，或为卵生，或为芽生（植物）、湿生等，于胎生者又有种姓、家族、福财、德智等别。然而奥义书一般相信，亡灵在最终往生之前，会经历一漫长旅程。后者又分为天神道和父祖道二途①。比如入父祖道者，其自我应依次进入烟、夜、下弦月、太阳南行之半年、父祖界、月、须摩、食、空、风、烟、雾、云、雨、稻麦等、精液、胎儿等，于是重新回到人间（ChānV・10・5—7；BṛihVI・2・16）。乾达婆界亦当属于这旅程的一个阶段②。人死后色身坏灭，自我在宿业影响下，拟取新的行相，但自我的实质没有变化。

《羯陀奥义书》对于往生前的历程未遑多述，其中仅 IV・4—5 二颂涉及，却立义究竟，开示绝对自我于轮回中，乃依其寄寓于其中的存在，而现似有差别，为此而说镜、梦、水等喻③。首先人在死前，其自我寄寓于色身，如投影于镜中。此是以镜子喻色身之为被自我投影的质地（但在此奥义书中，此种影像说立场并非十分坚定），但这镜中影像本质上是异于自我自身的。其次，未证自我的凡夫死后，其亡灵要经过多个环节，这里仅提及父祖界和乾达婆界，期以举一反三也。书云人死后，其自我必进入父祖界，如投影于梦中。父祖界是亡灵往生的诸阶段之一，因为亡灵无色身，而仅有末那、觉谛，因而只能内觉、不取外境，故说在此如在梦中然。这父祖界作为投影的质乃是虚幻不实的。乾达婆界亦是亡灵必经的阶段。乾达婆为天上乐神，以音乐侍因陀罗之宴，而以香气为食，故得此名（Gandha-arva，意为食香者）。佛教以乾达婆为“中有”，即众生死后识体尚未投生的中间状态，亦以香为食。《羯陀奥义

---

① 早期奥义书以为唯入父祖道者终将返回人间，仍入轮回，而入天神道者则经历与前者类似旅程之后，由太阳达到梵界，故永离轮回。但《羯陀》既以为证自我者死后即（不经过上述旅程而）直接得解脱，则天神道似乎亦应属于轮回之道（与它年代接近的原始佛教即持此义），然而《羯陀》（可能由于思维的模糊而）并未明确表明这一点。

② Chinmayananda 说 V・6 中所指的轮回之我，指的是人的细身，而非指真我（Swami Chinmayananda, *Discourses on Upaniṣads, KāṭhV・6*, Central Chinmaya Mission Trust, Mumbai, 1952—1954.），盖以为命我为恒住者，故无与于轮回。但实际上在《羯陀奥义书》中，自我与执受并未像在数论学中那样分离得完全彻底。自我既然与执受联结成为命我，它在某种意义上也随执受而轮回，如乘车者随车而历诸境。

③ 其中镜、水、梦等喻，亦见于 ChānVIII・7。

书》与原始佛教在思想、年代上皆相互衔接，故颇有共同观念。其云乾达婆为亡灵必经阶段，当与佛教“中有”说有关联。自我投影于此界如在水中，盖以乾达婆唯食香，而香仅为水之属德也。而自我之见于水中者，乃为变化不定。镜、梦、水喻也表明大梵的显现或人对它的觉知清晰度的不同层次。唯于梵界，大梵乃成为彻底清晰可见者，如光与影①。

ChānVIII·6·6；BṛihII·1·19，IV·3·20；PraśIII·6 都说居于人心中之自我，通过由心脏发出达到身体各处的众多脉管来控制身体并感知对象。ChānVIII·6·6 和 KāṭhVI·16 说有 101 支主要脉管，BṛihII·1·19 说有 72000 支，其中每一支又分成许多细脉。这些主脉中有一条（名曰 suṣumnā，或即颈动脉）连接心脏与颅顶的梵窍（brahmarandhram）②，人死时灵魂即由彼出离。《羯陀奥义书》接受了这些说法，KāṭhVI·16—17 云：“16 即于人心中，有百一主脉。有一达颅顶，由彼逸出者，即达不死界，余者趣各方③。17 原人大如指，恒居众生心，为其内自我。”人死时，若末那清净无欲，便通过 suṣumnā 脉上行，最终从人头顶梵窍逸出；若末那仍为欲望所染，其时乃下行，由身体九窍逸出，趣向其诸欲所求之界④。

用尼采和海德格尔的话说，欧洲从柏拉图主义和基督教对现实生活世界的否定，是“对大地的复仇”，而由此导致的存在空洞化是现代虚无主义高涨的可能性基础⑤。由对自然经验的超越导致对时间性和现实生命的否定，乃是东西方所有形而上学的共同问题。在《六问奥义书》和《羯陀奥义书》中，对吠陀和早期奥义书的自然精神的否定，导致对其中包含的体现远古印度人朴素生命意识的元气论的否定。

吠陀和奥义书最早的思想属于自然精神的阶段。在这里，精神的自由还没有实

---

① 对于此偈的意义，注释者亦颇有异解。有从存在论上解释者，如 Swami Chinmayananda：“作为人，吾等皆生存于不同心识层面。吾等于醒位之经验不同于梦位经验。……类似地，吾人有父祖界，在此人仅有末那、觉谛，而无色身。当然，细身之经验必定与我们自身的经验有所不同。”（Swami Chinmayananda, *Discourses on Upaniṣads*, *KāṭhVI·5*, Central Chinmaya Mission Trust, Mumbai, 1952—1954.）此以为同一自我进入人身中、父祖界、乾达婆界、梵界，转化为相应的存在。也有从认识论解释者，如 Swami Sivānanda：“譬如人可于镜中清晰观察自身之像，如是人亦可于其觉谛中觉知大梵。觉知有不同层次。其清晰度于父祖界与乾达婆逐渐降低，如梦，如水中影。然而在梵界，大梵可十分清晰地证得，如光与影。”（Swami Sivananda, *The Principal Upaniṣads*, *KāṭhVI·5*, Divine Life Society, 1942.）这是强调大梵在人身中、父祖界、乾达婆界、梵界被觉知的程度不同。本书对此二者皆有所斟酌，读者可见。

② 另见 AitaI·3·12；ChānVIII·6·6；ŚvetIII·18；MaitVI·21；BGV·13。

③ 此颂亦见于 ChānVIII·6·6；KauṣIV·19；BṛihIV·2·3。

④ 参考 MaitVI·21。

⑤ Martin Heidegger, *Nietzsche. 1. Band*. Pfullingen: Neske, 1961.186—187.

现为对觉性的直接现实性即自然的本质超越或否定。自然仍然得到最高尊重，被认为是绝对的存在。而自然、直接现实性的一大特点就是它的时间性。它总是变灭不已的。它就是生生不息的宇宙洪流。因而较之更复杂的思想，自然思维都更能抓住两点，即时间与运动。由于缺乏内在反思，自然精神就把这自然的生生之流当作一种宇宙生命的演变，而且它由于其自身普遍化的逻辑，最终将这生命体归结为一种普遍实质或本质。此即梵书和早期奥义书的元气论之所由来。

奥义书的精神超越导致对这种朴素生命意识的否定。任何现实的精神活动，总是由精神的阖势用（自主势用）和辟势用（自在势用）两种相反力量相互交织、共同展开构成的。如前所论，在奥义书的超越思维领域，精神内在的自主否定势用展开为对充满生灭变化、受时间和因果性支配的自然经验的遮破，而其自主肯定势用则展开为对某种超越自然生生之流的意识实体为存在之绝对真理的维持；然而一旦自主势用在这新的存在领域展开，与之对立的惰性自在势用就会立即展开，以抵消自主势用的无限性。其中，自在肯定或自任势用的作用是抵消自舍势用，阻断超越思维的绝对化。这种消极力量决定精神对安全、庇护的要求。它促使精神抓住某种现存的东西以逃避绝对超越伴随的虚无感，促使超越思维确定意识实体为一种现存实有。同时，自在势用也会抵消自反势用的进一步拓展，阻止它朝自我的生命性领域的展开，即实现为一种生命维持，这使自我实体作为超验的生命、自由没有被领会；同时也阻止它展开为一种同一维持，这使自我未能被领会成存在的绝对本体，而只是一个封闭、孤立的意识实体。此外从认识论上说，超越思维在开始时，总有将超验实体偶像化，即在其解释中重新将其纳入自然经验框架的倾向，使实体成为自然生生之流的逻辑否定，成为一个恒常、不动的存在。总之，在奥义书的宗教精神阶段，自我作为实体，不仅最终成为一个无生命、无运动的僵死的东西，此前的元气论对人的生命活动的领会被完全抛弃，并且成为一个封闭、孤立的单子而丧失其本有的绝对性。在这里，自我实体与世界现象，就构成一个典型的形而上学图景。我们在前文探讨了导致这种形而上学产生的精神机制。

《羯陀》论自我与经验存在的关系，就是以这种形而上学为基础，而明确将自我内在化为一种纯粹意识原理，因而其自我与世界，就构成一种典型的心、物实体二元论图景。一方面，《羯陀》确信自我、意识实体就是对自然的否定，是一个完全自足、恒住不动的原理；另一方面，奥义书属于旨在存在之完善的本觉文化，因而思想在其超越运动中又不会把被扬弃的自然完全抛弃，而将其作为精神生命的一个环节予以保留，并旨在通过这种辩证否定进一步完善觉性的存在。《羯陀奥义书》也是如此，它并没有像一些晚期奥义书和大乘佛学那样，将自然、现象世界贬低为空幻之境，完全否定其价值和真理性，而是仍然许其为实有（尽管其存有不是绝对的）。如此则实体与现象、意识与自然、自我与非我、彼岸与此岸已成二橛，二者间自然形成了一条无法逾越的鸿沟。

这种二元论给《羯陀》解释存在的发生带来了很大困难。《羯陀》认为纯粹意识与自性两种原理的结合导致世界的生成。它设想先是由纯粹意识与自性结合生成宇宙灵魂，再由后者演化生成万有。在宇宙灵魂生成存有的过程中，其纯粹意识方面始终是不变、无为、清净，而一切变易与差别的行相，皆是由自性方面生成，再被增益于意识实体，这实体由此显现出多样性，但其内在存在却丝毫不受这些被增益行相的影响。IV · 9—12 以火、风、太阳为喻来阐明这一理论。正如火、风、太阳三者进入万物，被赋予种种差别形相，却不改其一味性，同理，恒常一如的意识实体由于进入世界，被增益了有种种差别的形相，后者对于这实体仍然是外在的，无预于理体之超越、清净。从这种存在发生图式可以得出以下结论：首先，意识在与自性结合形成宇宙灵魂之时，其体性没有任何变化，它仍然是超越、无染、不动、恒常的实体，故这种结合是外在的；其次，在宇宙灵魂生成存有的过程中，其纯粹意识、真我的方面始终未变，没有转化为自然物；再次，实体尽管被增益了这些行相，其内在存在却丝毫不受影响。由此可见，意识、自我尽管被认为是所有经验存在的基础、依止，但它对于后者其实仍然是外在的。它在这里仍然是一个形而上学的独立、封闭的实体，而非世界万有的本体。

从这种形而上学实体观念出发，《羯陀奥义书》在解释普遍的真我（至上我）与个人的小我（命我）关系时，也陷入相似的理论困境。盖《羯陀》以为至上我作为超越的实体，与诸根、末那、觉谛等诸元气联结而构成人的命我。在这命我中，唯元气（自性）生灭不已，构成全部生命活动，而至上我恒住、无为，完全不受生命流转的干扰。故在这里，自我理体与现实生命，同样分为二片。这二者既不属于一序的存在，其究竟如何联结，同样是一难题。《羯陀奥义书》对此的解释，亦颇有差舛。其中 IV · 6，7 说至上我创造宇宙万物及元气之后，乃携元气进入人的心中，成为人的命我；V · 3 说自我进入人身，如人乘车，而以觉谛为车夫，末那为缰绳，以受用境界，自我对于诸境始终是不动的观察者。依前者则自我为绝对的普遍者，而且是行动者，因执受元气而被分有，遂成命我；依后者则自我一开始就是个体性的，而且是始终不动的，因执受根身而成命我。前者更接近梵书和吠檀多派的观念，后者更接近数论、瑜伽派的观念。

后世数论与吠檀多学者，在处理至上我与命我关系时，都站在与《羯陀奥义书》同样的形上学立场，也面临同样的理论困难。其中代表性的说法，大概有四种：第一是分有说，认为至上我因执受末那、觉谛等，显现出个别性，成为有限的、个体的灵魂。如《梵经》说命我是梵的分位（aṃśa），如四溅的火星是火的一部分（BSII・3・43）。乔荼波陀比喻至上我因诸执受的限制而成为多数的命我如大虚空显现为众瓶中的小虚空相似（ĀŚIII・3）。如瓶内空似乎具有了瓶的形状，似乎因瓶的挪动而挪动，命我也因为执受而现似为作者、受者，造业受报，常溺轮回（BSBHI・2・20）[①]。第二是映像说，以为真我不是被诸执受所分隔，而是投影于其上，如月映于川，或与人照镜子相似。《梵经》亦说命我仅仅是梵的映像（ābhāsa），盖于分有说与映像说未有区分（BSII・3・50）。商羯罗说，自我映入执受之中而具有了后者的属性，如水中之月随水面的摇动而摇动（BSBHII・3・50），命我亦如是现似作者、受者，并随诸执受的轮回而轮回。第三是梦幻说，认为命我像是自我梦中所见或魔术师幻化的存在一样，至上我在摩耶（幻、无明）的影响下，似乎梦见自己现身为天、人、傍生等，或自身幻现为命我，这命我相当然是完全虚假的（USI・17・28）。第四是结合（yoga）说，以为真我、纯粹意识本来就是多元的实体，与自性、执受结合而成为命我，此为数论、瑜伽派的立场。然而，由于其形上学基础有问题，这些说法没有一个是在理论上能完全成立的。其中，分有说的理论问题是：其一，自我、意识与自性分别是超验实体与经验现象，二者不属于同一层面，自性何以对自我分割？其二，若至上我被执受分割成多，则它便与执受或自性有了因果联系且经历了时、空中的转变，这就违背了其超越、不染的本性。投影说和梦幻说把命我完全当成假相，否定了命我与至上我的本质同一性。结合说持自我为多元的实体，与奥义书对自我作为绝对普遍者的信念冲突。

印度文化的超越精神在其进一步发展中，就应当打破这一心灵实体的假相，领会心灵就是揭示着存在和世界的思想、生命，就是存在的绝对真理、本质，从而最终使省思从形而上学提升到真正的精神本体论层面。这一精神进展，最终也只有在自由推动下才得以可能。

## 三、那支启多的修行道

精神的思想，包括理论与实践部分，二者为一体二面，因而是完全一致的。在《羯陀奥义书》，精神实现了一种内在自我超越的自由，真正获得了内在的自我尊严。这种自由既是超越，又是反思；既是道德，又是宗教。它从其消极、普遍的层面来说，是超越的道德，从其积极、神秘、个体性的层面来说，是内在的宗教。《羯陀》的修行道，要在依自我瑜伽，断染除杂、摄心内指，以期见证超越之自我、真心，从而得离缚解脱。

① 商羯罗还举了另一个譬喻，即同样的盐结成不同形状的盐块（BSBHI・3・13）。

在印度文化中，瑜伽最早起源于土著的非雅利安人苦行与巫术结合的实践。在许多非雅利安的原始宗教，比如沙满教和印第安宗教中，都曾存在由苦行通神的实践①，但后者在属印欧民族的波斯和希腊、罗马文化中却并无对应物，因而可以确定婆罗门传统中的苦行实践来自非雅利安的土著影响②。这种影响从雅利安人通入印土就开始了。瑜伽就是婆罗门传统对这种原始的苦行实践加以融摄、提升的结果，使它从原来旨在获取魔力、神通和催眠效果的巫术实践，转化为使人超越世俗、冥契真理、获得精神自由的修炼方式。在婆罗门传统中，《鹧鸪氏奥义书》最早提及“瑜伽”一词，但未展开其内容（TaitII · 4）。直至晚期的《羯陀奥义书》、《六问奥义书》、《白骡奥义书》和《慈氏奥义书》，瑜伽行法始稍具雏形。《薄伽梵歌》对此加以综合，以瑜伽赅摄全部修行之道，提出了三种瑜伽：业瑜伽（karma yoga），它要求在世俗实践中修道，为离欲之行；智瑜伽（jñāna yoga），即以数论学领会唯自性有为而自我无为、恒住；巴克提或信爱瑜伽（bhakti yoga），即由信爱神而得解脱。

《羯陀奥义书》为最早阐明瑜伽行法者。如果与佛世的瑜伽实践比较，可以看出《羯陀》的瑜伽非常简朴古老，应当属于比佛陀早得多的时代。首先，佛陀的定学和古典瑜伽有一整套共同的、很复杂的术语系统——包括无明、五种烦恼、四颠倒、染净、掉举、昏觉、流转、还灭、涅槃、五根、五力、四梵住（慈、悲、喜、舍）、八正道、总持、禅定、三昧、色界定、无色定乃至非想非非想处定等——这暗示佛教定学这套术语肯定来自一个在佛世就业已存在且与瑜伽共同的资源，即前佛陀的瑜伽学。这套术语与属《羯陀奥义书》的瑜伽学（见下文）比较起来，要复杂得多，这暗示《羯陀》的瑜伽属于比佛世的瑜伽学早得多的年代。其次，在作为早期佛传的《过去现在因果经》中，迦罗摩传授于佛的瑜伽行法，实际上包含的佛教禅学的四禅八定的基本轮廓③。现代学者经过详细的比较，肯定四色界禅与四无色定，与瑜伽的四种有觉三昧和四

---

① Charles Eliot, Hinduism and Buddhism, *An Historical Sketch*, Vol.1, Sri Satguru Publications, Delhi, 1988.304.

② 考古发现在印度前吠陀的莫享焦达罗和哈拉波文明中，就已有类似瑜伽的实践。高鄂认为瑜伽苦行对黎俱的快乐精神来说很陌生，来自北部山区的半野蛮民族，是伴随着湿婆崇拜被引入婆罗门教的（A.E.Gough, *The Philosophy of the Upaniṣads and Ancient Indian Metaphysics*, Kegan Paul, London, 1891.18）。

③ 其云：“若欲断此生死本者，先当出家修持戒行。谦卑忍辱，住空闲处，修习禅定。离欲恶不善法，有觉有观，得初禅。除觉观，定生入喜心，得第二禅。舍喜心，得正念，具乐根，得第三禅。除苦乐，得净念，入舍根，得第四禅。获无想报，别有一师，说如此处，名为解脱。从定觉已，然后方知非解脱处离色想，入空处，灭有对想。入识处，灭无量识想，唯观一识。入无所有处，离于种种想。入非想非非想处，斯处名为究竟解脱。是诸学者之彼岸也。”（卷三）

种无觉三昧一致，乃是对瑜伽的继承和发展。这意味着，迦罗摩的瑜伽行法，反映了佛教定学和古典瑜伽的共同来源。如果我们把迦罗摩的瑜伽与《羯陀》的相比，可以看出前者比后者更复杂、更有系统，因而比后者成熟得多。这再次暗示《羯陀》的瑜伽属于比佛世的瑜伽学早得多的年代。这种比较，可以作为《羯陀奥义书》的形成当远早于佛世的有力证据。

佛教定学，包括止（śamatha）与观（vipaśyanā）二法门，前者为摄、伏心、意，使注于一；后者为谛观法相，欲证于真。《羯陀》的瑜伽亦有此二门。兹姑借用佛教术语，谓之修止法门与修观法门。故将其修道论，说为以下方面：

**1. 修止法门**

《羯陀奥义书》将其所开示的修行道，称为“内在瑜伽”（ādhyātma yoga）。“瑜伽”（Yoga）兼有制伏、联结之意，制伏诸根，并与神圣联结。ādhyātma 谓相应于自我者，内向者①。《羯陀》的瑜伽，以修止为纲领。KāṭhIII · 13“智者应制其，语言以末那。应以彼智我（jñāna ātman），制伏其末那。复以其大我 [= buddhi]，制伏其智我。终以寂静我（śānta ātman），制伏此大我。”商羯罗解释说，所谓内在瑜伽，就是从外境收摄自心，使其专注于内在自我，谓收语言于意，收意于识我（jñāna-ātman），收识我于大我（mahat-ātman），最终收大我于寂静我（śānti-ātman）。KāṭhVI 亦说：“10 当五识止息，末那亦与俱，觉谛亦不动，是谓至上道②。11 人谓之瑜伽——收摄、制诸根，以此离放逸（apramatta）③。15 唯当于此处，断一切心结，故有死者成，不死是为教。”（KāṭhVI · 10,11,15）故内在瑜伽，要在修止，以摄心内缘，最终证得真我。

《羯陀奥义书》第二章，乃托死神之口，示其道云（KāṭhII · 1—13）：

（死神曰：）“1 善好（śreyas）是一边，欢喜（preyas）是一边，二者不同趣，而皆束缚人。于中择善者，则得其妙成；而择欢喜者，乃失其所求。2 善好与欢喜，皆至于人前。智者思维彼，而加以分别。彼如实择善，而非择欢喜。愚者因贪执④，而择于欢喜。3 嗟那支启多，如实依思择，于乐、现似乐，所欲皆舍离。汝非是彼等，取财富链（sṛnkā）⑤者，众人缚于彼，是以终沦没。4 截然相对

① ādhibhutic 谓相应于四大、众生者。ādhidaivic 谓相应于天神者。

② 后两句亦见于 MaitVI · 30。

③ 放逸（pramatta）为瑜伽九障之一（YSI · 30）。

④ 贪（yoga）谓贪求所未得者，执（kṣema）为固执所已得者。

⑤ Sṛnkā 一词唯见于此奥义书（另一处为 I · 16），商羯罗释之为“道”，本译文遵从大多数注释家的理解。

立，且致不同道，二者即所知，智慧（vidyā）与无明（avidyā）。汝那支启多，我度汝所欲，乃为得智慧，诸欲不扰汝。①5 彼住无明者，自许其有智，自信其博学，奔走而无绪，窜行于迷途，如盲被盲牵。②6 愚者被财（vitta）惑，故不知灭后（sāṃparāya）③。'唯有此世界，而无它世界！'彼如是思维，每入吾掌中。7 彼（自我）众所未闻，或闻亦不解。奇哉所值人，善说于彼义；奇哉谓此人，闻善师解彼（自我）④。8 若由低劣者，彼遂被开示，则不得善解，纵会以多方⑤。非由他开示，则无路通之，以彼不可议，微于最微者。9 唯此之智慧（mati），非由思议（tarka）得。若由他开示，则彼为易解，如是吾善友（preṣṭha）！汝已得此智。汝实为坚定。吾等惟愿得，如汝之问者，嗟那支启多！"10（那支启多：）"人识为财者，我知不坚定。坚定者如实，非由不坚得。那支启多火，遂由我建立，由不坚定者，我得坚定者。"⑥11（死神：）"所欲之成就，世界（jagat）之依止，无量业果报，无畏安稳岸，称誉之广大，广居与依止，嗟那支启多，汝即明智者，如是以坚定，已舍离彼等！12 彼难知见者，入乎隐蔽处，深居于秘窟，谓原始亘古——以自我瑜伽（adhyātma-yoga，即与真我之联结），敬思彼为神，智者以此故，得离苦与乐。13 如若有死者，闻此而善解，舍离于诸法，悟此微妙者（aṇum），于是彼欣喜，得喜根源（modanīyam）故。为那支启多，梵处已洞开。"

§1—6 阐明了几种截然对立的生活道路，即智慧（vidyā）与无明（avidyā）；善好（śreyas）与欢喜（preyas）。其中后二者都应当包含在"无明（avidyā）"之中。所谓欢喜之道，指人唯以追求财富与享乐为目标，因而精神彻底被外在存在奴役，不得自由，故众"取财富链者"，必将"缚于彼"而"沦没"。所谓善好之道，乃指人以祭祀、布施等世俗善行为务，追求死后升天，而没有超越的追求。

§1 说"于中择善者，则得其妙成；而择欢喜者，乃失其所求"。这句话包含了很深刻的生命感悟。人若以享乐、幸福作为生活目标，结果必然是失望。盖从生命存

---

① 此偈的主体见于 MaitVII · 9。

② 此偈的主体见于 MaitVII · 9 及 MuṇḍI · 2 · 8。

③ Sāṃparāya：死，后世，来世；此处译为"灭后"，综合上述诸义。休谟说此即是死神。

④ 此颂内容亦见于 BGII · 29。

⑤ 此四句主要内容亦见于 MuṇḍII · 4。

⑥ 缪勒和休谟都以为此颂为那支启多所说，而拉达克利须南从商羯罗将此颂归之于阎摩，以那支启多是时尚未行那支启多火故，然而缪勒和休谟的理解更合文理，而且那支启多故事带寓言性质，恐难执实，故本译将此颂归属那支启多。此颂谓财富等皆无常不坚定，故不可由此不坚之物得坚定之物，即彼岸。彼岸唯依坚定的自我舍弃与自我三昧可得。

在论来看，幸福感由人的应许存在即他的未来规定，觉性通过赐予人以获得的快感指引它的追求，而一旦他获得，这未来就成了现在，于是快感失去了基础，因而任何幸福感都包含自身否定的机制。在现实生活中，当人渴求某物，必以为得此物则得喜乐。然而他若果得其此物，总不会就此满足，而是会意识到另一某物比此物更胜、更为可欲，故这种喜乐是短暂的。所以，在 ChānVII・23・1 中沙那库摩罗亦说，唯圆满者包含喜乐，“有限之物没有喜乐（na alpe sukham asti）”。商羯罗解释说：“彼无量、不可思议、不可超越、无相者，彼即欢喜（sukha）、喜乐（ananda）。一切低于彼者皆为有限。而有限者中无喜乐，因其会引起更多欲望，而欲望是苦种子。是以唯无限给予喜乐。无限不能引起欲望。此文大义为有限想唯存于无明，职此之故，有限者有灭，无限者不灭。”① 甚至基督徒也有相同体验：“你们希望通过享乐制伏欲望，但是你们将发现眼不可能满足于见，耳不可能满足于听。若全部可见的自然皆会在你面前逝去，则彼何异于幻境？”（The Image of Chirst）幸福的短暂和幻灭，最终是由自由之本体对现实性、世界的超越性决定的。总之人若以享乐、幸福作为生活目标，必然不可能得到满足。然而人若选择道德的善作为生活目标，则“得其妙成”，因为人若以行善作为目标，则这目标在其善行中就已经实现。

Chinmayananda 说：“善不一定可喜乐。而对于追求绝对之圣者，善道与喜乐道皆为系缚。”§1 说善好与欢喜“二者不同趣，而皆束缚人”。因为无论是善好还是欢喜之道，都是只追求外在、世间、生灭的存在（故谓其“唯有此世界，而无它世界”），而遗忘了那内在、超越、恒常的绝对，即自我或真心，故谓其“不知灭后（sāṃparāya）”。§6 死神说：“彼如是思维（者），每入吾掌中。”因为在此二道，精神同样被束缚于那生灭不已的经验、现象的存在之上，没有证入恒常、超越的理体，不能获得永恒，而不得不再入轮回，故进入死神的“掌中”。IV・2 说：“童稚逐外乐，入死神巨网。智者知不灭，非于变求住。”谓人若受制于贪爱、私欲，执着于福财、喜乐，则陷生死之流，落死神巨网。这也是表明舍内、恒，求外、变之患，而侧重在喜乐道。

§4 乃进一步提出智慧与无明之区分，二者“截然相对立，且致不同道”。按照其行文的逻辑，应当唯有内证解脱之道，即《羯陀》的内在瑜伽才属智慧，而善好与欢喜都属无明。无明即执着于世俗生存。而智慧之道，则克服了世俗的欲望，唯求永恒彼岸的真理。人修此道，则可获得明辨，亲证自我；精神由此最终摆脱经验、现象界的束缚而获得自由。

---

① Swami Gambhirananda, *Translation of Commentaries of Śaṃkarācharya on Upaniṣads*, comm on ChānVII, Advaita Ashram, Kolkatta, 1957.

瑜伽的实践，可以说是《羯陀奥义书》核心，它的全部内容都是围绕内在瑜伽展开的。瑜伽有三学，为闻思修，谓：(1) 听闻得觉悟的善知识开示实性。亲证自我的导师甚为希有，且即使有师如此，若弟子根器下劣，亦无成就。故 §7 阎摩叹师及弟子皆为希有。(2) 寻思所闻道理，如理抉择。其中最究竟者为明辨 (viveka)，即抉择真、非真，常、无常，我、非我。(3) 如实修行，即于禅定中摄心内住，观想所闻实性，以求亲证。最后一项是《羯陀》的瑜伽学的核心，这就是内在瑜伽的方法。对此，上面 §12 只是稍有提示，而此奥义书第三章则有较充分的阐明，其云 (KāṭhIII · 5—9, 12,13)：

5 人若无智识 (a-vijñāna)，末那不坚住，诸根未制伏，如驾之悍马。6 人若有智识，末那亦坚住，诸根已制伏，如驾之良马。7 人若无智识，意乱恒不净，则不得成就，而入于轮回 (saṃsāra)。8 人若有智识，摄意恒清净，则其得成就，由此不再生。9 若有驭者智，善制意缰绳，其人达途终，毗湿奴胜处。12 虽藏于一切，彼我不显现。唯深识者见，以最深细智。13 智者应制其，语言以末那。应以彼智我 (jñāna ātman)，制伏其末那。复以其大我 (maha ātman)，制伏其智我。终以寂静我 (śānta ātman)，制伏此大我。

此内在瑜伽之法，可分为以下环节：

(1) 以智识 (vijñāna) 抉择实相，且使末那安稳、坚住。此智识，亦即下面的“智我 (jñāna ātman)”，印度修行者形容它是“存在—意识的寂静状态，如无波之大海，或不动之虚空”①。它大致相当于西方哲学所谓“理智”（“understanding”或“intellect”）；也大致等同于数论的“觉谛”(buddhi)，就是吾人的思维、分别、决定、意志能力。它主宰、控制诸根、末那的活动。智识人人具有，所谓“人若无智识”，指的是智识不能发挥应有作用（如西人说“sb has no understanding”），不能控制诸根、末那的活动。智识的能力可以培养。通过对智识的培养可以产生明辨 (viveka)，即对我与非我之区别。在印度传统中，智识常常指的就是明辨；而此则奥义书，强调的也是智识的明辨能力。VI · 6 所谓“知诸根为异（于自我），及其（于醒与睡眠二位之）起与没，皆属其自性（而非自我），智者不复忧”，指的就是智识具有了这种明辨能力。“唯当区分至上我与命我，才能得圆满之智。”② 人若失明辨之智，则

---

① Ram K. Piparaiya, *Ten Upaniṣads of Four Vedas*, Yatisha Creations, Mumbai, 2003.278.

② Paul Deussen, *Sechzig Upaniṣaden des Veda*, F.A.Brockhaus Leipzig, 1921.285.

不能分别真、非真，常、无常，我、非我，便会固执于世间生灭之物，以死为实有，因为彼等将自身等同于有出生、死亡者。明辨是实现内在瑜伽的条件，如学者云："唯通过智瑜伽（jñāna-yoga），即区分自然与自我，才能成就自我瑜伽"，"瑜伽不是结合，而是自我和自然之分离，是对吾人'超越的自我'的追求"①。在瑜伽修行中，智识的主要功能，除了明辨我与非我，就是摄伏末那。唯有有智识者，才能制末那和诸根，无智者则被末那和诸根所制。唯依智识之功，吾人方能调伏诸根、末那，断除贪、嗔、痴等杂染，否则人的一生将被贪等烦恼荼毒，被外在的强力挟持，终为囚虏，不得自由。

(2) 末那由于坚住、安稳而转为清净。人非因觉悟不可知实相，非因修净使心、意纯净者，不可得觉悟。这一点，是所有真正的精神宗教都要坚持的。基督亦强调由真信带来的内心平静可以导致证见（约翰福音 · XIV）。中世经的基督教神秘论者波墨也说："当你克服自我观念和自我意志，当你的心智和意志得到宁静，对于外在世界和精神的表现成为被动的，当你的灵魂飞翔于时间性东西之上，当你的感觉和想象被神圣的抽象封锁，于是永恒的听、视和说将在你中得到呈现。于是上帝听到、见到你，并在你之中显现，对你的精神言说。"而大乘佛教以为末那由染转净是菩萨证成佛果的关键，则可能直接与奥义书的观念有关。然而，心、意除非被摄伏，则不会由染转净，呈显实相；如瓶中水，唯当其静止不动，才能使泥沙沉淀而变清澈，从而如实映现事物的影像。III · 3 以车喻人的色身，觉谛（智识）为驾者，末那为缰绳，诸根为马匹。末那既可制诸根，亦可被诸根拽去。关键在于觉谛能否摄、伏末那。摄谓使末那从贪骛于外，转向印忍于内，盖末那若贪于外境，诸根便向外狂奔，末那非但不能驭之，反而被其拖走，永远不得安宁，唯摄意向内，可使诸根与末那渐归平复。伏谓使末那停止肆意驰骋，安住于某处，即由有生灭入无生灭，由有差别入无差别。唯当末那被摄、伏，而渐渐由染转净，瑜伽行者方能证入清净的自我理体，此即 §8 "摄意恒清净，则其得成就"之所谓也。

(3) 全部经验意识的次第入灭。唯当增益、覆盖在纯粹意识实体之上的虚妄、流转的经验心识全部归于止灭，这真常的意识实体才能呈现出来。§13 开示了这些心识入灭的次第，其中起关键作用的仍然是末那。智者应先以末那制语言。这里语言代表诸根。这说的是智者以末那止息诸根。当诸根全部归于止灭，则末那亦止灭。此即所谓以智我（即智识）制伏末那之谓也。而当末那止灭，智识亦归灭。同理 VI · 10

---

① Sarvepalli Radhakrishnan, *Indian Philosophy Vol.2*, G.Allen&Unwin LTD, London, 1931.337（引文略有调整）。

亦说："当五识止息，末那亦与俱，觉谛亦不动，是谓至上道。"① 其中"觉谛"就是前面所说的智识或智我。这种境界就是 §13 所谓"以大我（maha ātman）制伏其智我"。大我（maha ātman）即深层意识，是其他经验心识的根源，但仍然是有了别、活动的东西，因而不究竟，所以应最终以寂静我（śānta ātman）制伏此大我。寂静我就是自性，即直接肇生万物的混沌原理。这里说的是使智识没入自性、消融于无意识的混沌玄冥之境。

然而，《羯陀》以为唯有证悟且融入至上我（绝对的纯粹意识实体），才能获得解脱，则此处所谓没入无意识的寂静我（VI·10 与此一致），岂非与其说抵牾？可能的解释有三：其一，谓一切心识没入自性，即自性停止转变，不复以其行相增益于清净心，于是后者乃自然呈现，这是随顺数论学的解释。其二，谓至上我即自性、混沌，故没入自性即融入自我，这是随顺奥义书早期经验唯心论（如伽吉耶夜尼、波罗多陀、阿阇世乃至耶若婆佉之学）的解释；尽管 VI·8 说"超越非显者，为原人遍满"，明确将自性（非显）与至上我（原人）区分开来，但很难想象《羯陀奥义书》能将此区分贯穿始终，因而它有可能沿袭早期奥义书的思想。其三，谓 III·13 和 VI·10 并未明确规定以寂静我、自性为经验心识止灭过程的终点、归宿，最终寂静我亦应没入至上我、原人（Puruṣa），这是随顺吠檀多派的解释。对于《羯陀奥义书》而言，可能上述三个意义方面都被包含，但没有得到清晰的区分。

（4）通过禅定最终使自我从自性分离。禅定与上述经验心识的止息，在内容上存在重叠，但后者侧重于对妄心的伏灭，前者侧重于对真我的净化、呈现。吾人尽管不能直接感知至上我，然而却可以通过禅定将真我慢慢抽离出来，证入它的纯粹存在。此如 VI·17 云："原人大如指，恒居众生心，为其内自我（antarātman）②，人应以勇韧（dhairyeṇa），拔之于色身，适如抽芦心。人应知彼为，清净不死者。"在禅定中，人须用功仔细，格外小心，而不应用力过猛，如从芦苇中抽其心然。盖芦苇本身就是易折，而其心更是如此。禅定的这种抽离工夫，实际上包括两个方面：一是生命存在论意义上的，这就是通过修炼将自我从世俗的、非我的世界拔出，去其漏染，复其清净；这就是断惑、贪、业三种"心结"（hṛdaya-granthi），使自我完全独立（KāṭhVI·15）；二是认识论意义上的，即去除妄心对自我的覆蔽，使其清净本体对吾人呈现出来。另外，当人进入甚深禅定，其所有心理活动都停止，这与人死亡、休克或进入甚深睡眠（熟眠位）是否有区别？在奥义书—吠檀多更严格的立场看来，

① 此数句被 MaitVI·30 引用。

② 此三句的内容亦见于 ŚvetIII·13。

这当然是有区别的，如 Chinmayananda 说："在甚深禅定中，个体超越诸根、末那、觉谛，达到恒常心识的境界。在熟眠位（或死亡、休克），个体仅收摄诸根、末那、觉谛而进入无意识之境！人在熟眠位是进入黑暗，而在禅定则升起于智的光明中。"① 然而早期奥义书往往将熟眠或死亡境界与至上我、解脱等同（BṛihII・1・17,18, IV・3・20）。

2. **修观法门**

佛教所谓观（vipaśyanā），与奥义书所谓优波舍那（upāsana，敬思）意义一致，应以后者为最终起源。在梵书和最早的奥义书思想中，优波舍那就是观想祭祀环节与诸神、世界的神秘关联。如斫克罗衍尼的"五分娑摩"和耆跋厘的五火说就体现了此种观想。伴随婆罗门传统逐渐确立这样一种信念，即人敬思何物其死后将最终成为何物，奥义书的敬思逐渐转化为对不死者、绝对、真理的观想，并且逐渐剥离与祭祀学的关联，而升华为对形上学真理的沉思，奥义书的哲学即由此而来。《羯陀奥义书》的敬思或观想就是如此。它就旨在通过观想至上我的符号、表象或其本体，最终达到对这自我理体的亲证（前文曾略论《羯陀》前三章之观想，以下为对其观想的较全面、系统的阐明）。其法大致有以下几种。

（1）直接观想自我理体，即自性清净心，是为究竟观想。此如 V・11—13："11 譬如彼太阳，全世界之眼，不为眼所见，外不净所染，如是于万有，内在之自我，世间苦不染，彼（自我）为外在故。12 万有内自我，唯一主宰者，依其一味性，而作杂多相。智者若觉彼，安立于自身，唯彼等非余，得永恒喜乐。13 不住中住者，无觉中觉者，多中唯一者，且多赐所欲②；智者若觉彼，安立于自身，唯彼等非余，得永恒喜乐。"另外 III・15："彼无声、无触，无相亦不坏（avyayam）③，无味及恒常，无始且无终，无嗅并安稳、超越于彼大（mahat），人因了彼故，得离死之口。"II・22："知身中无身、于动中不动、广大、遍满我，故智者离苦。"这都开示了一种究竟的修观法门，这就是直接观想自我的超越、清净、喜乐、一味、无相、明觉、不坏、恒常、不动、广大、遍满的体相，最终证入自我，得到解脱。

（2）从粗显的经验存在开始，由浅入深地观想自我的内容，是为次第观想。如 VI・7—8 说："7 超越诸根者，如是为末那；超越末那者，如是为萨埵；超越萨埵（即觉谛）者，如是为大我；超越大我者，如是为非显。8 超越非显者，为原人遍满，且无相、

---

① Swami Chinmayananda, *Discourses on Upaniṣads, KāṭhVI・11*, Central Chinmaya Mission Trust, Mumbai, 1952—1954.

② 此四句亦见于 ŚvetVI・13。

③ avyayam：无损耗、不坏、无尽、无减少。

知彼，得解脱不死。”这实际上开示了一种观想次第，这就是次第观想自我对诸根、末那、萨埵、大我、非显的超越性，最终使自我、原人从它们中剥离出来，呈现其遍满、无相的实体。

(3) 通过观想“彼有(astīti)”，以期否定自我的经验存在，证悟理体之绝对超越，是为抽象观想。《由谁》、《蒙查羯》等奥义书亦提到类似观想，《羯陀》的观法肯定由此发展而来。VI·12—14 云：“12 非以言说故，亦非以末那，且亦非以视，彼可被知觉。若舍言‘彼有’，彼云何得解？①13 由思维‘彼有’，及许二实相②，如实彼得解。若由‘彼有’想，彼如是得解，其实性自现。14 唯当彼心中，一切诸欲灭，故有死者成，不死得大梵！③”根据商羯罗，此数颂的宗旨为强调对无德梵的观想。就这种观想的特点而言：其一，与次第观想相比，它是直接针对理体的，不通过具体的次第；其二，与究竟观想相比，它是消极的，并未呈现绝对自我的具体内容；所以这种观想是抽象的。通过抽象地思考超越者“存在”而排除其经验、世俗的性质，从而把握其超越性的思路，在其他出世宗教亦可见到，基督教就经常有同样的思想④。然而这抽象的“彼有”，并未对神的存在作出任何说明，单独通过它来把握上帝显然是不充分的。

(4) 观想 OM 就是至上我、大梵，是为符号观想。在最早的奥义书思想中，凡属《黎俱吠陀》者，皆强调观想 Uktham 颂之神秘意义，而属《娑摩吠陀》者则强调观想 Udgītha 颂之秘义，在这里 Uktham，Udgītha 被认为是吠陀之实质，被等同于存在本质、梵。晚期奥义书的 OM 观想，即从此种崇拜发展而来。OM 一词最早出现于 Tait SaṃIII·2·9·6，指 Hotṛ 祭司所诵祝词之尾音的延长。在 Ait BrāV·32，OM 指称吠陀与宇宙的实质。《羯陀》、《六问》、《蛙氏》、《慈氏》等晚期奥义书中，则开示了观想“Om”即大梵、自我之修道途径⑤。如 KāṭhII 中死神说：“15 吠陀所开示，苦行者宣称，众人为得此，乃修于梵行，我于汝略说：此语(pada)即 Om！⑥16 如实且信然，彼音即大梵！彼音即究竟！如实知彼音，则一切所欲，信然皆归彼。⑦”与《六问》、《蛙

① 此颂主要内容亦见于 KenaIII，MuṇḍIII·1·8。

② “二实相”，或谓有(sat)与非有(asat)；或依商羯罗，谓有德梵与无德梵；杜伊森说该句意味着自我同时包含主体与客体，故应译为：“彼即是二者”(Paul Deussen, *Sechzig Upaniṣaden des Veda*, F.A.Brockhaus Leipzig, 1921.286)。但是在本书中找不到充分的依据判定究竟何种理解为是。

③ 此颂亦见于 BṛihIV·4·7。

④ 圣伯纳德：“上帝是谁？我能想到的最好的答案就是：他是有者。没有什么比这更适合永恒的上帝。如果你说上帝是善，或伟大，或幸福，或智慧，或其他什么，这些都被‘他有’包含了。”

⑤ PraśV; MāṇḍIX—XI

⑥ 此颂主要内容亦见于 ŚvetIV·9；BGVIII·11。

⑦ 此颂的内容亦见于 MaitVI·4。

氏》等相比,《羯陀》的 OM 观想是最简单的,因而可能来自更早的文本。

(5) 观想自我为居于自身心中的小人,是为偶像观想。如 IV・12—13 说:"12 原人大如指,居于人身 (ātman) 中,过去将来主,知彼则无畏,如实彼即此。13 原人大如指,如无烟焰为 ①,过去将来主。彼住于现在,亦住于明日。知彼则无畏,如实彼即此。" VI・17 亦曰:"原人大如指,恒居众生心,为其内自我"。这种以原人为居于心室内的小人之设想,乃为沿袭自梵书者,且在奥义书中极普遍 ②。Swami Chinmayananda 释云:"说自我为大如拇指,为无烟之焰,目的是为初修者作观想对象,以作修定之凭借。"③ 但是应当注意:第一,早期奥义书以为至上我实际等同于心中的侏儒,KāṭhV・3 说命我就是"居中之侏儒",就反映了这种信念,在这种情况下,这种观想被认为是究竟的。然而,第二,晚期奥义书开始意识到这样形而下的描述不能凸显自我绝对超越的体性,其中最明确者,如 Śvet III・13, V・8 以为此种小人形像,仅为至上我执受觉谛、我慢等而显现出来的表象。在后面这种情况下,对大如拇指的原人形像,就仅能作方便的观想。观者在这里自觉将它设置为一种自我偶像。通过对它的观想,初修者可以达到集中注意且专心内向的效果,后者是最终证得自我实相所必须的。《羯陀奥义书》由于其思想的含糊性,可能这两个层面的观想都存在。

**3. 解脱境界**

奥义书开示的解脱之道,略有三种,谓业道,智道,虔敬道,《羯陀奥义书》皆有涉及。比如 III・1—2 云:"知梵者乃称,彼为光与影;持家者中设,那支启多火,及五祭火者,亦作如是说。2 彼为祭者桥,达无畏彼岸,永恒至上梵,如是彼即是,那支启多火,吾等应善知。"这里实际上指出了两条解脱之路:(1) 由事那支启多火代表的吠陀祭祀之道。此即梵书和早期奥义书的信念,谓勉行祭祀且正确观想者,死后灵魂将由毗荼之火,次第入于昼、望月、太阳北行之半年、天神界、日、光焰界、梵界,遂长住于此,而不复返回 (BṛihVI・2・15 ;Kauṣ I・3)。晚期奥义书以之为一种次第解脱方式,称之为业道,此为渐解脱。(2) 通过内在精神修炼获得对自我的亲证,而直接进入大梵,是为智道,此即顿解脱。此亦植根于梵书、早期奥义书的信念,即无论人敬思、证得何有,其死后将成为彼,故早期奥义书亦相信,人若证得绝对的大梵、自我,则最终将进入它 (BṛihIV・4・11,13—15)。晚期奥义书 (比如《六问》和《羯陀》),由于对实体与现象界的截然区分,故证得超越的实体,被认为是脱离生灭

---

① 自我不为诸境、根、意等所染,如无烟之焰。

② Tait ĀraX・38・1; ChānV・18・1; BṛihV・5・1; ŚvetIII・13, V・8; MaitVI・38.

③ S.Chinmayananda, *Discourses on Upaniṣads*, *KāṭhIV・12*, Central Chinmaya Mission Trust, Mumbai, 1952—1954.

的现象世界即轮回的根本途径（PraśIV · 10 ；KāṭhIII · 7,8）。另外 Kāṭh II · 23 则提到了另外一条解脱之道，即：(3) 通过神的启示而证真、解脱。其云："此至上自我，非由自慧得，非由习吠陀，亦非由饱学，彼唯现自身，于彼所择者。"在晚期奥义书的时代，信仰主义日益浓厚。除此则奥义书外，《白骡》、《慈氏》亦提到通过崇拜神，获得恩宠，而终致解脱之路[①]。对于《羯陀奥义书》而言，其中第二条道路，即智道，无疑是最根本的。

解脱的境界究竟如何？解脱即消灭无明、贪、业的束缚，摆脱充满转变、差异、欲望、痛苦的此岸、经验界，进入恒常、一味、无欲、妙乐的彼岸、实体界。解脱境界是对世俗生活的否定、对超越实体的肯定。《羯陀奥义书》描述解脱境界，包括如下：第一，人于解脱境界，乃离一切苦厄，得永恒喜乐。如 II · 22 说智者证入至上我则离诸苦。II · 13 说至上我为"喜根源（modanīyam）"，故证得此我即得永恒喜乐。V · 12—13 亦说智者觉悟万有内自我得永恒喜乐。第二，解脱境界为无差别、一味之境。如 IV · 14—15 云："如雨水落山，流岩石四周，若见法差别，人亦逐此去。如净水入净，而融然为一[②]，是故乔答摩，于有识牟尼，其我亦如是。"解脱者进入至上我，不但不复见一切差别，且其自身命我也完全融入至上我，一味无别。第三，解脱是恒常、无念、不动、无为的境界。如 II · 18 说证得自我的智者，乃不为所杀，成为不生不灭；III · 15 说人因解脱而离死之口，得到永恒；VI · 14 说当有死者灭诸欲，则得大梵、成不死。

吠檀多认为，智者若于死前证得大梵，获得解脱，称为生解脱（jīva mukti），谓彼已灭尽痴、贪、业，已断除一切杂染，唯因正受宿业不能终止，故仍留色身，相当于小乘佛教的有余涅槃；彼于身灭后，即得究竟解脱，称为灭解脱（videha mukti），相当于小乘佛教的无余涅槃。VI · 16 还说于人心中有 101 条脉管。其中有一条连接心脏与颅顶的"梵窍"（brahmarandhram，头顶颅骨的弥合处），曰"Suṣumṇā"脉。已得解脱的智者，其末那已清净无欲，其死时命我便通过"suṣumṇā"脉上行，最终从梵窍逸出，趣向梵界；而无智的凡夫，末那仍为欲望所染，其死时命我乃下行，由身体九窍逸出，趣向其诸欲所求之界，再入轮回。

精神的思想既是理论，又是实践。思想就是觉性或精神的活动，它从其本真意

---

① ŚvetI · 8, III · 20, VI · 21, 23; MaitIII · 2, V · 1—2, VI · 8, 18.

② Bernard of Clairvaux："就像一滴水落入酒中，消失自身，且具有酒的颜色和味道，在圣徒中，一切人类情感，皆通过某种神秘的转化，消失且融入神的意志中。"圣特丽莎："属灵的婚姻如雨水从天上掉到河中，融合为一，成为同样的液体，于是雨水与河不可分离；或如小溪流入大海，不能再从中分开来。"

义上说是实践的，其中包含的"认识"只不过是实践对对象进行标记以供抉择。单纯为求知的理论活动则是思想的异化形态，而宗教、伦理、道德、政治等的实践则保持着思想的本真性。思想会在其发展中，通过为自己构造必然的形式，使自己成为必然的。具有必然性的思想就是概念。精神的思想就是省思，即针对觉性自身的思想，精神的概念就是省思概念。精神的实践首先是概念。在现实生活中，人类的精神实践都是无意识地受（作为思想的先天必然性的）概念支配的。精神的内在超越或超验反思，作为思想的必然活动，就是一个概念。这概念既是超越又是反思。反思决定思想的内在指向，即思想必须是针对心灵的自身存在的；超越则否定心灵的直接存在，将内心分为经验的与超越的两个层面，经验的层面被称为虚假、罪、染污，只有超越的层面才是真理、善、纯洁。于是精神内在超越的概念，就展现为宗教、道德生活中通过对凡夫心灵的净化、除罪从而使之获得自由的实践。这样的宗教就是反思宗教。唯有这种反思宗教，即内在超越的宗教，才是真正的精神宗教。

《羯陀奥义书》就代表了这种反思宗教。这一点不仅通过其形而上学，而且通过其修道论也得到充分体现。解脱的关键在于证悟超越的自我，而自我居于吾人内心深隐处，故不为诸根所知，唯通过实践内在瑜伽可以证得。《羯陀》的全部思想，都是围绕内在瑜伽展开的。其修道实践是伽吉耶夜尼等的反思工夫与毕钵罗陀代表的超越工夫之结合。它首先是反思的。它强调克服心灵自然的外向思维，"转视而内指（āvṛttacakṣu）"，深入抉择心灵的全部构成内容。后者包括诸根、意、觉谛、自我，其中，后者依次是前者的内在基础，因而反思是沿着这一次第逐渐深入的。其次这实践也是超越的。这在于它对自我的绝对超越性的领会，及以此为根据的修道工夫。它在根、意、觉谛等心理存在与自我之间进行了严格的形而上学区分。自我是超越的实体，是对所有现象，包括上述心理存在的否定。所以它的工夫论就在于，不断否定心灵中的杂染——后者包括了自然心理的全部内容——从而恢复心灵本来的纯洁、自由，其实就是否定心灵的经验存在，呈现其超越存在。这种修道论，体现了精神从自然、经验的此岸到超验心灵的彼岸的持续运动，这就是超验反思的客观化、自然化。超验反思就是一种内在、超越的精神自由。

《羯陀》的思想体现了奥义书精神自由的新进展。它领会到自我、实体，就是纯粹意识、心灵，后者就是一清净、无染、自由、无缚的超验实体。《羯陀》这种自我理解，在观念层面表现了超验反思否定自我的自然、经验存在，确立内在的心灵、意识为自我的实体的精神运动。首先，这是一种精神自身否定运动。它在现象学上表明精神内在的自舍势用已经展开为对全部经验、自然存在的否定和对超自然真理的维持。易言之在这里，自舍势用实现为真实的自由（否定的自由）。其次，这也是一种精神内在化运动。这在现象学上表明精神内在的自身维持（自反）势用已经展开为内在的心灵，即意识、思想的直接维持亦即内在维持。在这里，自反势用深入到精神的内在存在领域，因而实现为真实的自由（反省的自由）。因此超越反思包含了自舍和自反势用的双重自由，它就是在这二者的历史展开推动之下形成。其中，自舍势用促使精神否定自然，确立一种超验的实体，其持续展开将推动奥义书的超越思维进一步纯粹化。自反势用则促使精神进一步积极规定实体、自我的意义，推动省思扬弃伽吉耶夜尼等的实体观念的抽象性、外在性，领会实体就是内在的心灵、意识，从而形成纯粹的反思。反思与超越，在这里是一体二面。总之精神内在的自舍与自反势用的历史展开，推动奥义书的超验反思的形成（从事实层面，这在于一方面推动伽吉耶夜尼等的超越思维的内在化，另一方面推动阿阇世等的反思思维的超验化）。然而精神内在自主势用的历史展开，唯当作为精神的绝对本质的本体自由自身促使现实精神复归其本真存在，使其自主势用恢复其本有的无限性从而超越传统的规定、战胜精神内在惰性的消解时，才得以可能。因此从根本上说，是自由推动超验反思的形成，也是自由推动奥义书已有的超越与反思思维的统一。总之，《羯陀》超验反思的形成，在观念层面呈现了自由推动省思发展的内在精神逻辑。

《羯陀》对超验的意识实体的领会，标志着印度精神首次具有了一种内在的自我尊严。在这里，精神通过领悟内在心灵的超越性作为究竟的真理，否定了一切来自自然、社会的强权和人的本能情感、心理状态的意义，确立了自身纯粹内在的意识、思想的至上价值，从而赋予人生以内在的尊严。在此意义上，《羯陀》的思想乃具有跨文化的价值。

《羯陀》的内在超越思维，对于人类宗教乃至一切精神活动具有普遍的意义，其基本思路为所有精神宗教和自由道德所分享。盖内在反思与超越之结合，实为健全精神之根本条件。拉达克利须南曾说："精神追求有一种内在向度，导向对最为内在的灵魂的揭示。灵魂如眼，当其沉湎于世间无常的事物，便不再知事物之实相。唯当其转视内向，乃见真理。"他谈到的就是这个结合。后者也支配着欧洲思想的发展，如吉尔松指出，对于神圣东西的体验，即真正的精神超越，必以人的自身反思为条件①。在欧洲思想中，自柏拉图的超验形上学建立，通过内在反思，从心灵、思想中发现超验的世界，乃成为主流的精神追求。

① Etienne Gilson, *Histroy of Christian Philosophy in the Middle Ages*, Sheed and Ward, London, 1980.334.

柏拉图否定现实世界的真理价值，将其贬低为“虚无”（me on），认为真理只属于超验的思想或理念世界（既是内在反思又是超越），因而他认为教育的目的就是使灵魂转向。如《斐多篇》谈到，当灵魂以身体作为感知的工具，便被身体拖向变化的世界，而茫然奔走；当它回到其自身并且反思，于是就进入另一世界，即清净、永恒、不死、不变，且与之同源的世界。当灵魂回到自身，便停止流浪而与不变者结合，成为不变者。灵魂这种状态就是智慧。正是在柏拉图主义影响之下，基督教神学将内在自我反思作为发现超越存在、上帝的根本途径。奥古斯丁指出，要实现一种宗教领悟必须通过我们的自我反思，我们必须“反求诸己”，用灵魂的眼睛发现在人的思想之上的永恒的光①。鲍拉文图拉也要求我们进入自己的灵魂中，“每一次当我们真正深入自身，我们就能直接发现神。”②Ullathorne 主教说：“应完全明白，除非我们进入我们自身，否则就不可能回归上帝。……上帝唯于一点与我们联结，这一点就是我们自己灵魂的中心。他在此等待我们，会见我们，对我们说话。因而为了寻求他我们必须进入我们自身内部。”③

传统的（指受佛教影响之前的）中国思想没有脱离自然意识的樊篱，它所理解的人生的智慧、道德与美，都在于与作为最直接、朴素的现实性的自然、天的契合：人们或于来自自然、社会的不可知强力面前战战兢兢、充满依赖，或于自己的自然生存怿然自乐，自得、自适、自肆、自放于其自我的直接存在，而从来没有体会到真正属于内在精神的尊严。它由于没有超越精神，所以不可能有真正的宗教意识。另外由于它没有反思，没有精神的自我意识，一种真正的精神宗教对于它而言是根本不可能的④。由于罪恶与忏悔意识，以及对内在心灵的超验性的意识，都是以对心灵中自然与超越对立的形而上学图景，及其暗示的精神内在超越为前提，而这种对立图景及其暗示的超越，在中国思想中并不存在，因而传统的中国人在伦理实践中，既不可能反思自己心中的罪恶，也没有真正反思过那种纯粹心灵的独立和自由。在这种意义上，黑格尔说中国人没有真正的“良心”和“道德”。他说在中国

---

① 奥古斯丁：《忏悔录》，商务印书馆 1981 年版，第七章第十节。

② Etienne Gilson, *Histroy of Christian Philosophy in the Middle Ages*, Sheed and Ward, London, 1980.334.

③ William Bernard Ullathorne, *Groundwork of Christian Virtues*. Kessinger Publishing, 2008.74.

④ 正如黑格尔所说：“中国的宗教，不是我们所谓的宗教。因为我们所谓宗教，是指‘精神’退回到了自身之内，……真正的信仰，只有潜退自修的人、能够独立生存而不依赖任何外界的强迫权力的个人，才能具有。在中国，个人并没有这一种独立性，所以在精神方面，他也是依赖的，是依赖自然界的各种对象，其中最崇高的便是物质的上天。”（黑格尔：《历史哲学》，上海书店 1999 年版，第 137 页）

传统中,“道德的规定表现为各种‘法则’,但是主观的意志受这些‘法则’的管束。一切内在的东西,如像‘意见’、‘良心’、正式‘自由’等主观的东西都没有得到承认”①。根据黑格尔的观点,儒家的道德还没有达到“主观的自由”②,没有自己的意志、主见或“个人良心上的反省”③。这些评价至少对于汉代以前的中国思想是完全成立的。

然而,中国思想到了儒家心学,尤其是阳明之学,乃从原先粗俗的自然思维提升到一种绝对的真心本体论,其根本原因是受到了佛教内在超越精神的影响。如阳明心学也将心灵划分为自然的、世俗的私欲层面和超越、真实的良知层面,前者是现象,后者是理体;这种形上学既是反思的,也是超越的,它的内容来自持心性一如立场的佛教华严宗和禅宗思想的启发。与此相应,心学倡导的实践,也是一种与禅宗本质上一致的,以超越反思为导向的实践。只有这一实践才将伦理行为建立在良心对心灵的自然性的审判、及对其超越的自由之确信的基础上,因而在儒家思想中,只有心学的道德才是真正的道德。而由于心学之超越的反思乃是儒家的精神在受中国主流的如来藏佛教的刺激之后形成,而如来藏佛教乃是印度奥义书—吠檀多思想渗透到大乘佛学中的结果,因而心学的反思与超越精神,最终应当溯源至奥义书的传统④。然而奥义书中,最早开示此种精神内在超越之路者,就是《羯陀奥义书》中的那支启多之学。由此可见《羯陀奥义书》反映的思想影响是极为深远的,甚至对东亚人之真正道德的建立都产生了本质的影响。

《羯陀》的思想表明其反思宗教也有其严重缺陷。这包括:第一,形而上学的局限。在这里,超验反思把心灵的实体理解为一种现存、封闭的原理,没有领会心灵本有的生命性和绝对性。(1)对自我实体的现存性理解,在观念层面表现出超越(否定)思维放弃了其本真的绝对性和无限性。这表明精神内在的自身否定(自舍)势用的本真存在被(精神内在的惰性)抵消,而无法推动超越思维的绝对化。这种精神惰性就是辟势用(在这里是消极的自身肯定或自任势用)。在现实的精神生命中,辟势用构成对否定思维的绝对性的限制,它总是要使否定固着于某种形态。这在于,一方面,它抵消了否定思维的无限性,它通过赋予精神对安全的寻求,使精神缚着于现存实体,使否定思维的无限运动被终止;另一方面,它力图抵消否定的绝对性,使否定停止于其自身的当前现实性。就奥义书的宗教精神而言,这辟势用促使它固

① 黑格尔:《历史哲学》,上海书店1999年版,第118页。

② 黑格尔:《历史哲学》,上海书店1999年版,第111页。

③ 黑格尔:《历史哲学》,上海书店1999年版,第111页。

④ 吴学国:《从印度吠檀多到中国阳明心学》,《学术月刊》2007年第2期。

定于形而上学的内在超越，缚着于对实体的领会。于是省思确立实体为否定思维的终点、禁区，或曰超越思维之不可超越者。于是实体成为一种超验的现存存在。实体对经验的时间、空间、因果性和运动的否定被误解为它在经验中的恒常、无生、不动性和完全不受它者影响的封闭自足性，而构成了新的、对彼岸的执着。(2)《羯陀》把心灵实体理解成一个封闭、孤立、个别的原理，没有领会实体的真理就是觉性、存在本身，就是绝对。这种封闭、个别的自我理解，在观念层面表明在这里，精神尚未把心灵当成生命的绝对真理、目的。这在现象学上表明精神内在的自身维持势用仍被其内在惰性即辟势（在这里是外在化的自放势用）阻挡、没有展开为对心灵实体的同一维持。同一维持就是生命以全部存在指向、维持某一对象，于是这对象就成为生命的绝对目的、真理。唯精神的同一维持推动超验反思领会心灵实体为绝对本体。总之这种形而上学的局限反映的是奥义书精神自由的局限。第二，非理性主义的局限。由于受到印度文化精神传统的制约，反思把自我、心灵理解为无形式、无差别、无思维、非理性的一味均匀的实体。这在观念层面表明反思未能实现对自我实体的内在形式建构。这清楚表明精神内在的自凝势用被也其内在惰性（此处即自身消解或自肆的势用）抑制，未能展开为积极的活动、推动反思的形式建构，因而使心灵实体成为一个无形式、非理性的东西（心灵的内在形式就是概念、理性）。这种非理性的自我理解，导致了印人宗教实践的神秘主义倾向。在获得自由、解脱的道路上，理性、经验乃至一切寻常知识途径概无作用："超验的至上梵唯通过圣教而知，而非通过理性。"（BSBHII・1・31）"勿用理性于不可思议者！"（BSBHII・1・27）这种自我理解也导致印人道德实践的困境。非理性主义导致道德在生命实现中的本质意义完全被否定。因为自我唯有作为具有自身立法能力的理性，才能使自己的自由和道德法则统一，而对于一个（像《羯陀奥义书》和此后吠檀多思想所理解的）非理性主体来说，它的自由与道德律必然相互矛盾，在这种情况下，对自由的追求往往意味着对道德的否定。在这个传统中，获得绝对自由的人、解脱者甚至消除了道德意识，奥义书对解脱境界的大量描述都是强调它超越道德的善、恶，纯然是任运而行。中国的儒家心学，也通过如来藏佛教的中介，接受了奥义书的这种自我理解的片面性[①]。在阳明学中，"无善无恶"的良知本体与原始儒家的自然伦理之间的张力，也必然地导致这一实践悖论：即一个人越是专注于内心自由，便越是疏离了现实的伦理规范，而导致"狂禅"。第三，寂灭主义的局限。《羯陀》的自我理解，完全排除了心灵实体的生命性，而把自我、心灵当成一种完全无生命、不动、恒住、寂

① 吴学国：《从印度吠檀多到中国阳明心学》，《学术月刊》2007年第2期。

灭的原理。它在观念层面表现了精神对存在寂灭境界的执着，反映出精神在这里还没有把自身的生命性作为存在的绝对目的。这在现象学上表明精神内在的自反势用受到阻碍，没有展开为对心灵实体的生命性的维持。这决定当超越思维否定了自然生命的假象，反思会就理所当然地把心灵实体理解为一种无生命的寂灭原理。这种寂灭主义的自我理解，造成了印度人的宗教和道德实践的困境。如学者评价吠檀多派说，他们所极力推崇的目标，"不过是所有精神、意识和身体力量，通过归入一种非人格的原理而完全消灭。"① 这一评价对于从《羯陀》以后的几乎所有印度宗教都是成立的。熄灭了意识和思维、断伏了一切生命活动的寂灭之境，成为宗教生活的目标。神秘主义和非理性主义笼罩着人的全部生命实践。总之，《羯陀》的反思宗教表明印度精神具有了一种真正内在的自我尊严，然而它也暗示了精神生命的误区。尽管奥义书的精神在这里实现了一种真正的内在超越（超验反思），其对心灵实体的领会，既纯粹，又深刻、高明。然而应当承认其所开示的不变、不动、永恒、常住、无差别、一味、无思维、无念的封闭意识实体观念，其实是一种假相；因为纯粹心灵、意识就是觉性内在的先验运动，就是创造万有并将其包含在内的绝对思想和生命。《羯陀奥义书》的寂灭、常住、无差别、一味、无思维的纯粹意识观念，是印度传统的自性清净心观念的鼻祖。这种领会，也是后来数论、吠檀多和如来藏佛教中意识、心灵与理性、思维、生命之分离的理论渊源。它在印度文化中成为普遍的，助长了印度人的精神生活的根深蒂固的非理性主义、寂灭主义和悲观主义态度，导致了印度文化精神的困境。

《羯陀》的超验反思的寂灭主义以及非理性主义倾向，都与印度传统中根深蒂固的本寂精神取向的影响有关（参考本章引言）。盖印度传统始终包括一种本觉的文化（旨在建构存在或觉性以达乎完善）和本寂的文化（旨在消解存在以进入空无）之相互交织、相互渗透；因而即使属于本觉文化的婆罗门传统，其中也包含了本寂的精神，因而其精神超越总是包含了某种程度上向空无、冥性的复归。所以吠陀—奥义书就一直用其实属于某种冥性体验的无分别、一味、清净无染、无生、寂灭等状态，来描述存在的本质、真理。《羯陀》同样如此。在这里，它其实是把对冥性的体验嫁接到精神的内在自我超越之上，于是无分别、非有非无、一味、清净、寂灭等成为对纯粹意识、心灵的描述。从更深刻的精神层面来说，这是因为印度精神的本寂取向抑制了精神内部与之违背的自凝、自反势用的活动，而促使相反的惰性力量积极展

① Jacob, G.A. (trans), *The Vedāntasāra of Sadananda*, Kegan Paul, Trench, Truebner & Co. Ltd, London, 1904.130.

开，使精神无法实现对自我内在形式的建构以及对自我的生命性的维持，遂导致超验反思的上述误区。《羯陀》的超验反思这种为印度精神特有的局限，在印度思想此后的发展中，一直没有得到克服。

然而《羯陀》的形而上学局限，则在印度思想此后的发展中得到克服。首先，精神内在的自舍势用的本真存在，就是绝对和无限，它推动精神的超越或否定思维的无限进展。因而它的历史展开，最终必然推动超越思维否定形而上学的乃至一切的现存原理。在印度思想中，超越思维对现存存在的否定，首先表现为晚期奥义书和《薄伽梵歌》的幻化论。后者将所有属于自然、现象界的东西，都视为至上我、纯粹意识或神创造的幻相，从而否定了现象界的真理性，但其所否定者，唯经验的现存性而已，其至上我仍然被理解为一种超验恒住的现存实体，后世吠檀多派幻化论乃宗绍此义。于大乘佛学，超越思维乃在此幻化论基础上更进一步。大乘认为不仅生死是空，涅槃亦空；不仅境空，心亦空；不仅诸法空，真如亦空。最终连空的思维，即精神超越的具体形式也是空（否定）的对象，以达到空亦复空，彻底无所住、无所得的境界。所以大乘的"空"思想，不仅超越一切现存存在（作为觉性生命之成果），而且超越一切先验的现实性（觉性的内在思维活动），乃至无限地超越这超越自身，因而它在人类精神史上，第一次在现实层面实现了精神的自身否定势用的绝对化。然而佛教的基本精神是超越的而非反思的。精神无法在这绝对超越中发现自我。佛教的精神要在现实层面实现绝对自由，就须要领悟这绝对的超越或空的运动本身就是自我。自我就是空，而不是别的什么东西。其次，精神内在的自反势用的本真存在，同样是绝对和无限，它推动精神的反思或反省思维的无限深化。它必然将自己绝对化，成为同一维持。后者的历史展开必将推动反思否定形而上学的心灵实体的封闭、孤立、个别的假相，领会这实体就是存在的绝对真理、本体，于是这反思成为超越的绝对反思（先验反思）。在印度思想中，这种超越的绝对反思首先表现为《广林》中被归属于耶若婆佉和《鹧鸪氏》中被归属于步厉古的先验的唯心论。其说一方面表明真心是超越全部经验、自然的实体；另一方面又强调它是不二、绝对，是超越主观与客观、超越一切经验的差别、对立的现象而为其共同真理、根源的本体。这就是一个先验本体。总之，自我既是超越、内在的，又是绝对的。这一发展被后来的印度思想继承。

## 小　结

琐罗亚斯德教、摩尼教、犹太教的世界观，都包括善与恶、光明与黑暗、神与魔的斗争图景，基督教则把这斗争内化到人心之中。基督教认为在人的精神中有两个相互对立的方面，即属于罪的方面和属于上帝的方面。前者是人的精神中回归自然，因而是消解作为自然之否定的精神本身而回到对自然消极的肯定的冲动，是精神中一种向下的冲动。后者属于人的精神中无限地积聚、提升、扩大对自然的否定，即不断充实、丰富和提高这精神本身的冲动，是精神中一种向上的冲动。二者的相互斗争，构成现实精神的生命。基督教对人的精神生命的这种揭示，无疑具有普遍意义。作为一种生命，精神必然包括一种否定它者（非生命的东西）同时自身积聚的力量，和消解自身而回到这它者的力量；这二者，就是精神运动中阖的势用（自主势用）与辟的势用（自在势用）。这它者就是自然，而对于直接的自然的复归就意味着精神的死亡。阖与辟，就是精神的生与死。生与死的搏斗、竞争和互会、交织，构成精神自我展开的历史。在特定语境之下，这两种精神势用必然会达到一种暂时的力量均衡，于是精神的自由便在此凝聚成形，展开为必然的思想活动。其中，始终作为同一自主势用的实现，并在同一种势用的展开推动下不断发展的思想活动，就表现为具有特定取向、包括不同发展阶段的省思。我们就称之为被这势用主导的特定思维，包括否定思维、反省思维、理性思维等。后者的每一种都包含了某种特定自主精神势用的积极（即直接构成观念的）活动以为支撑，但也必须包含其他自主势用的积极活动和消极（即不直接构成观念的）活动，以为资助。精神的否定思维以自身否定势用为核心，也包含了自身建构、自身维持等肯定势用的积极活动；反省思维、理性思维分别以自身维持、自身建构势用为核心，同时也包含了自身否定势用的积极活动。精神内在的自主势用的持续展开，推动思维不断否定旧的概念，构造新的概念；否定旧观念的真理性，构造新的观念以作为概念的中介。对于包括奥义书在内的印度思想来说，否定思维与反省思维的各自发展和相互交织，构成其精神史的主线。

## 一

自然经验揭示的是觉性、自我的最直接、外在的方面，即自然存在。精神就是对自然经验、自然存在的否定。精神通过其否定思维、反省思维和理性思维，将扑面而来的粗野、朴素的自然中介化，因而为自己筑成自由的空间。然而精神的现实自由、思想，只能是从最粗野朴素的状态开始而不断地自我提升、深化和拓展的。印度精神也是如此。

吠陀、梵书和原始奥义书的精神，属于自然精神，受自然思维支配。盖精神在其发展的最初阶段，还没有能力构造出属于自身的独立观念或存有，而只是接受自然经验提供的观念，因而最初的精神必然是自然精神。这自然精神亦有其成长过程。它最早面对的是自然经验直接提供的、缺乏内在关联的个别事物的朴素、偶然的全体。精神的最初自由就在于对后者的否定或中介。它首先通过其自身建构势用的作用，构成普遍、必然的观念（比如普遍的时间、空间、因果观念），由此将这全体统握起来，否定其偶然、粗野和混乱状态，使其事实上成为一个整体，事物也因此获得现实性，是为理性思维（理性精神）之最初开辟。精神由此获得了相对于这直接自然的最初中介。然而，精神在这里仍然没有摆脱个别东西的支配，个别性仍然是绝对真理，存在的整体还没有真正成为"一"，还不是一种实在，没有作为真理被把握和守护。吠陀、梵书和祭祀论奥义书反映的神话精神，就属于这一阶段。人们力图完全通过神话、祭祀等的形式领会存在之整体，但这种形式之于世界，其实是主观、外在的。因此，相比于泰西与中土传统，印度人的理性思维在这一阶段更加主观、外在，它完全是虚假的。不过在奥义书的自然思维阶段，精神内在的自凝势用的进一步拓展和自反势用的展开，推动了理性思维的深化。理性思维遂克服神话精神中个别性、有限性的专制，否定有限东西的绝对真理性，确立一个绝对的普遍物作为个别、有限东西的基础、实质，唯它为自为、绝对的真理。精神以此为立足点，便相对于一切有限物获得了一种中介，而免于被其蹂躏。这个绝对普遍物就是纯粹的省思观念。奥义书的实质论，就表现了这一精神阶段的思想。然而在实质论阶段，精神仍然未能摆脱对最直接的、感性的自然的攀缘，存有的绝对实质被领会为一种感性的物质（比如米利都学派的水、气，中土思想的气，等等），实质论的奥义书思想亦是如此（日、水、火、风、虚空等都曾被作为万有实质）。尽管精神内在的自主力量否定了自然的个别性、有限性，但精神的自在力量总是将这企图无限展开的自主性收回来，并最终在这里将其缚着于一种感性的实质。然而精神既然是绝对自由，就内在包含有朝向无限性的冲动。盖感性是存在的最外在意义，它只是存在的标记、符号而非存在本身，不具备真正的绝对性。所谓感性的绝对实质只是一种思维假相（存在的唯一普遍实质其实就是觉性自身）。精神若执此为真理，就不可能有真正的自由。在这里，本体自由作为绝对和无限，必然促使精神内在的自舍势用展开活动，推动省思进一步破除感性存有的绝对真理性，确认一种超越感性的存在，作为绝对真理、实质。这种省思就是否定思维。这超感性的实质就是本质。唯本质才是存在的真正实质，因为真正能作为存在之内在基础的东西，必然是超越了感性层面的。对本质的领会是一种抽象或还原的过程。在这里，否定思维一方面因其自舍势用的展开而剥除附着于绝对之上的感性表象；另一方面因其肯定势用的展开而呈现、领会、维护着某种超感性的绝对真理。奥义书的精神由此进入本质论思维的阶段。然而在这里，精神对感性的否定并未进一步导致对现象界、自然的否定和对超自然实体、彼岸的领会，而只达到对某种属于自然的抽象本质的意识（比如优陀罗羯的实有，中土老子道家的“无”，阿那克西曼德的“无限”，毕达哥拉斯的“一”等观念）。自然只是觉性、存在的最直接、外在的表象，在其中根本没有所谓存在本质。存在的唯一本质就是觉性的内在实体或超越自我。所谓自然本质乃是思维的假相。这种思维局限表明在这里，精神的自舍势用被内在的惰性力量同样限制，而不能进一步展开。省思未能突破这一假相，而是固守着自然的樊篱。这种否定思维只是自然的否定，而不是真正的超越。真实的精神自由，作为对全部自然、经验的真理性的否定，依然很遥远。

可以看到，奥义书的自然精神之各阶段环节，都是在精神生命的两种力量，即自主的力量或阖势用，与自在的力量或辟势用的斗争中展开的。精神内在的自主力量，在这里总是力图否定自然的专制，而其自在力量则总是将这企图向无限性飞奔的自主性拉了回来，它将否定存在之偶然性的理性思维拉回神话的个别性和感性的表象，将扬弃感性表象的否定思维缚着于自然的本质。奥义书的自然精神，在其内在惰性影响之下，最终停留于对一种自然本质的领会，满足于一种知性的自由。然而这自由始终只是在自然樊篱之内活动，只是一种自然的自由，不是真实的精神自由。

然而本体自由作为自否定，乃是绝对和无限。自由本体乃是人之为人不可磨灭的内在良心。作为绝对的超越者，它尽管在自然和社会的强暴之中，仍能顽强生存，并且穿越存在的层层厚壁，呼唤着人的良知，号召他毅然砸烂枷锁，奔向自由的新国度。尽管从古印度的奥义书自然论到中土老庄道家，皆力图装作对这恼人的呼声充耳不闻，于朴素自然之境一味融入，顺化逍遥，酣醉淋漓，自怿自得，然而只要人的良知一息尚存，这自由的呐喊总会在不经意间传到他的耳中，唤起他心中空虚、无聊、厌烦、不满的情绪，打破内心的安宁舒适，使其精神受到折磨，以至于中土的道家，不得不专门发明一种智慧（忘、无情、无心），来遮蔽这良心的呼声，麻醉其良知，以继续在自然之中任性逍遥、陶然自乐（腐败的智慧）。本体自由不仅呼唤着人的良知，而且它的绝对和无限性，就体现为自否定的绝对现实化冲动，它永远致力于绝对地将自身转化为精神的现实自由或思想。在适宜的精神语境下，本体的自由总能现起新的自否定活动，冲破自在势用的阻拦，进一步展现精神的丰富内容。自否定的绝对性就是觉性的彻底无所住、无所执的运动，既包括针对存有的否定之外拓的、纯粹量的无限性，也包括对自否定的现实活动即思想的否定之内向的、本质的无限性。就后一方面来说，自否定作为绝对，本质上要求成为针对其内在存在之自由的（具有选择空间的)、直接的(以其为直接设定对象的)自主否定,即否定它自身自主性的直接现实,否定其当前的思想及观念、存有。本体自由若要这种对存在的现实性的否定,就必须将自身转化为现实的活动即思想。因此,它的绝对化冲动体现为它在现实展开中的无限性。

精神就是觉性生命对其自身直接现实性即自然的否定或自由,因而它就其本真性而言,就是绝对自否定或绝对自由,就是自由的无限性。精神更有自由与不自由之分。精神的自由就是它的绝对性。这就在于它自己对觉性的自否定(即精神的内在本质),也成为其自否定(即自主设定)对象。于是精神自身的内在本质也由于自由的绝对化要求而成为精神的自否定对象,因而它就首先作为自主设定的真理对精神省思呈现自身。换句话说,精神既是对自然经验的自由,也是对这自由的自由,正是后一种自由把精神的内在存在揭示出来。实际上(对于日常精神来说)作为精神自主设定对象的内在存在,只可能是属于精神自身的,而不属于(作为自然经验之根源的)自然觉性(普遍地说,精神对自然的自否定是在精神内部进行的,而没有涉及自然经验的内容,它只是对精神中的自然观念的自否定①)。这意味着精神的省思所领悟的存在本质,直接地就是精神的本质。后者由于在同一自我中精神与觉性的统一,因而自然呈现为觉性自身的本质。根据这样的逻辑,觉性的超验性与内在性便对精神的省思呈现出来。总之,正是精神本真自由的绝对无限化冲动推动省思将觉性的自身本质呈现出来。在这里,思想终于意识到觉性的超越性和内在性的真理,同时否定了自然观念的绝对意义。其中,精神的自身否定和自身维持等势用,都把觉性的存在本质作为绝对真理,由这二者主导的否定与反省思维,因此而彻底打碎了自然的牢笼,进入超越和内在的国度,遂蜕变为真正的超越与反思思维。唯超越与反思,才是真正的精神自由。作为自为、绝对真理的实体与意识观念,就是这超越与反思思维的构造。

## 二

本体自由推动否定与反省思维克服自然执着、舍弃自然精神,升华为现实的精神自由,即超越与反思。盖作为觉性自由的绝对化,精神的本真存在就是对觉性的

---

① 精神可以自主设定自然经验,但是在日常情况下,这种设定并不能进入自然经验内部,在这里,精神只能主观地改变自然的内容,而不能实在地生成或消除它们,因为它不能构成自然的概念。然而宗教精神在其神秘体验中,则可能改变自然。在这里,精神行使本原觉性的功能,它可以生成自然表象,也可以构成概念。尽管它由此构成的自然经验不是普遍的,但仍然能成为必然的,因而应当与日常的自然经验享有同等的真理性。

直接自身存在、自然之本质的否定（包括直接否定即自舍与间接否定即自反、自凝等的活动）。然而自然思维误会了精神的自由，把精神对自然存在的否定，窄化为对自然东西的个别性、偶然性、感官性的否定，使精神自由本该具有的无限性、绝对性被埋没，自由失去其本真性。自然是觉性按照其在世界中生存的需要揭示出来的全部东西，它是觉性的自身存在的物质外壳。但觉性的本质即本体自由绝对超越了自然，乃至一切现实存在，从存在最深处发出呼声，它以情绪的方式呼唤人对这超越性的意识（见绪论第一节）。这本体自由不仅对良知发出呼唤，而且以其绝对现实化冲动，推动精神恢复其本真性。精神于是否定自然思维的局限，进入自由的彼岸。这一精神运动包括两个主要向度，即超越与反思，二者作为自由的现实化推动观念的无限进展。前者否定自然的经验性，确认超越的实体性为绝对真理；后者否定自然的外在性，确认内在的意识、心为绝对真理。在奥义书中，毕钵罗陀、那支启多代表的实体形而上学的思路主要属于前者；桑底厘耶、阿阇世等代表的心识论的思路主要属于后者。在现实的精神发展中，超越与反思总是相互渗透、相互交织的。这里我们只讨论前者，即奥义书的超越思维的开展。

构成精神的超越思维的主导势用是自身否定或自舍势用。自舍势用旨在“破”。在超越思维领域，首先要“破”的就是自然的观念。然而精神在“破”妄的同时必然“立”真（精神超越唯有作为在特定的“妄”与“真”的观念规定的固定通道上的无限持续的去、就运动，才能实现为必然的），因而超越思维除了自主否定势用，还必然包含自主肯定势用的积极作用，唯后者才能推动省思对超验真理的进一步规定。与反思一样，这精神的超越思维其实也是由全部的自主势用参与构成。这些势用在其展开中相互交织，决定了超越思维发展的进程和走向。在这里，一方面，自主否定势用是绝对的、无限地展开的，由于它的主要功用是一味地破除，故它确立的超验真理完全是抽象、空洞的；另一方面，自主肯定势用旨在积聚，它把这超验真理具体化、实在化，以支持、引导这自主否定势用的展开。精神超越有本觉的与本寂的两个向度，由此而有本觉的文化与本寂的文化。在本寂的文化中，精神的超越旨在通过自主否定势用消解存在本身，其自主肯定势用亦旨在为这消解提供资具，所以这自主肯定势用不会进一步对超验真理给予积极的规定，从而将它具体化、实在化，于是省思最终只能把本无、空作为究竟真理，故省思在这里不可能把握觉性的真实存在①。反之

① 空、本无的观念，不是存在的观念，它具有这样的特点，即通过精神在对它的领会导向它自身的消灭。因为这空的观念的意义在于标志冥性以及精神逐步脱离存有到达冥性境界的阶梯，一旦精神证入冥性境界，一切觉性的活动将随之断伏，自然地这空的观念也将断伏。

在本觉的文化中，精神的超越旨在通过否定势用打破存在的直接现实性的限制，最终使觉性的存在实现为无限、绝对的，其肯定势用乃设定存在、自我观念之真理，以构筑精神的大厦。正如我们前面谈到的，同样作为超越的文化，佛教、耆那教根本上属于本寂的文化，希腊—希伯来思想和婆罗门（包括奥义书）思想根本上属于本觉的文化。但是在实际的精神生活史中，这两种文化是可以相互渗透的，本觉的文化也包含本寂的精神，反之亦然。

奥义书的超越思维的展开，一方面同样也是由于精神自主的否定与肯定势用的交互推动。在其诸肯定势用中，自反势用起着更重要的作用。在这里，超越精神通过自舍势用否定其对自然的执着，否定了自然观念的自身真理性，扬弃的自然的直接性、外在性，同时通过自凝、自反势用确认实体性为存在的绝对真理，而且自反势用推动奥义书精神超越的内在转向并促使它最终走向与反思的交融；另一方面，在这里也可以看到本寂的文化对本觉的文化渗透，这导致奥义书的超越思维对存在、自我本质的领会，总是掺杂了对冥性的体验，存在、自我的实体被理解为无差别、一味、寂静不动的原理。另外，精神的惰性力量或辟势用力图消解自主势用的无限性。阖与辟两种势用相互颉颃、相互抵消，结果是使阖势用不得不固着于当前状态，使超越思维在不同阶段上定型。

印度精神早期的否定思维，表现为吠陀对“非有”（asat）或“非有非无”（na sattanna-asat）境界的领会。ṚVX · 72 说有（sat）生于非有（asat），然后有生世界、诸神。ṚVX · 129 说存在的绝对根源是非有非无。AVXVII · 1 · 19 亦说有依止于无。在梵书中，由非有生成世界万有亦为常见的存在发生图式（Sat BrāVI · 1 · 1；Tait BrāII · 2 · 9 · 1—2）。非有、非有非无都是对直接自然、对感性、个别东西的否定。而这些文献将这非有描述为无差别的一味境界，这表明对冥性、本无的体验已经渗透到这种否定思维之中了。非有或非有非无被表述为存有的宇宙发生论根源，因而是一种自然的始基。精神在这里只抓住了本无的宇宙论表象，仍属自然思维范畴。最原始的奥义书思想继承了这种虚无论。比如 ChānIII · 19 · 1 说由泰初的非有（asat）发育为金卵，后者乃为世界之胚胎。但精神内部强大的惰性肯定势用，抵消了自身否定势用的无限性，迫使这否定思维进一步朝自然实在论方向发展，使本无的体验逐渐丧失。到了耆跋厘、优陀罗羯等的自然实质论，那作为感性、个别东西之否定的绝对，就被理解为一种宇宙实质。正如优陀罗羯表明的，后者乃是“有”（sat），而非“无”（asat），于是虚无论及其蕴涵的本无体验就被明确地摒弃了。于是否定思维完全被限定在自然的彀中，它只是思想从作为最直接自然的个别、有限东西，向无限、绝对的自然实质的运动，即使优陀罗羯的本质论达到了对感性表象的否定，但仍然以一种抽象的自然本质为归宿，然而存在的真正本质是觉性的超越与内在存在，并不是自然的抽象。因此，精神在上述否定思维中，只实现了一种自然的自由，即使优陀罗羯的自由也只是在自然的摇篮里打滚，而不是一种真正的、本质的精神自由，后者乃是对自然本身的否定。否定思维初期阶段的局限，表明了精神的现实自由的局限。它意味着精神的自舍与自反势都还停留在自然领域，而未能在觉性真实的内在本质领域（心灵的实体）展开。这表明精神的自主性被其惰性钳制而丧失其本真的无限性，故精神无法脱离自然的牢笼。

即使在自然论奥义书阶段，实在化也没有将精神的纯粹否定完全吞噬，后者仍在潜伏中活动、积蓄力量，并终于在奥义书较成熟的思想中爆发出来。于是精神最终得以破除自然的迷惑，确立一种超越自然的真理即实体为存在、世界的基础。在这里，否定思维才终于转化为真正的精神超越。比如 BṛihIII · 8 · 8,9 · 26；TaitII · 4；MāṇḍV, VI；ŚvetIV · 18；MaitII · 4 说绝对者是非有、非有非无、非此非彼、无我或空（śūnya）等，皆可明确看出与自然论奥义书类似说法的旨趣有本质不同。在这里，这类说法旨在否定存在者的经验时间、空间特性、因果性和表象性，阐明一种超越经验的时空、因果和表象的永恒、常住、不易的绝对。这表明精神扬弃了自然本身的存在，进入超自然的领域。精神终于穿破了包裹在它外面的自然的卵膜，看到真实自由（本质自由）的苍天和大地。只有在这里，精神的否定思维才具有了本质的自由，才实现为真正精神的超越。奥义书的超越思维否定自然的绝对真理，同时确立一种超验真理，在观念层面表现了精神的否定和维持的双向运动。这在现象学上验证了精神的自身否定势用的积极活动，表明自舍势用在这里再次战胜精神内在的惰性力量（自在肯定势用），恢复其本真的无限性，从而推动省思对自然本身的存在的否定。另外，在中、晚期奥义书被归属于毕钵罗陀、那支启多等人的学说中，超验真理不再是一种抽象、空洞的存在，而是被给予具体、实在的规定，它被领会成一种超越自然的实在，即实体，而且这实体被进一步等同于自我、心灵。这些学说表明超越思维内化为超验反思，并且是主观的反思。奥义书这种超验反思，在观念层面表现了精神扬弃真理的外在性、客观性，同时确立内在心灵、自我的实体为自为的真理的运动。这种双向精神运动，在现象学上使精神的自身维持势用在超验实体领域的积极展开成为明证的。它表明自反势用在这里再次战胜精神内在的惰性消解力量（自放势用），恢复其本真的无限性，展开为内在维持与绝对维持，从而推动省思领会超验实体与内在心灵、自我的同一。总之，在奥义书的超越思维中，自主肯定势用也同样在积极地活动，它推动省思在否定自然的绝对性的同时，对超验真理给予积极的规定，所以对于自然的否定并非将存在消解于空无，而是要领会存在的更深刻、高明的真理①。然而从精神史角度，精神自主势用恢复其本真存在而历史地展开，意味着它冲破了自然省思传统的规定。这表明它是被某种超越传统的力量促动，后者就是本体自由自身（参考本编引论）。唯因本体自由的呼唤和倾注，才能促使精神

---

① 从生命本体论上说，实体论思维的确立，离不开精神的自主肯定势用的活动。因为，最早的精神超越，在印度传统中，就像在其他传统一样，并不是一种实体的超越。盖超越精神以本质的自身否定为核心，在其最简单的意义层面（也应当是其最原始的存在形态），并不需要肯定势用现起为积极的活动。而精神的省思，由于肯定势用尚未成为积极的，就不能赋予超越者以肯定的内容（后者唯服务于精神的肯定势用，它只有当肯定势用成为活动的目的时才被构成），于是超越者、绝对作为对世界的多样性的否定，首先都被理解为一个空洞的普遍物——例如佛教最早的涅槃观念。但是在奥义书文献中，这一精神阶段没有留下多少遗迹。然而超越思维也离不开诸肯定势用的参与。这些势用在一定条件下也必然在这省思中现起积极的活动，左右这省思的发展方向。盖自舍势用是存在之否定，其真理亦是存在之寂灭、消解；而自主的肯定势用是存在之维持，当它现起为积极的活动（存在之维持成为思维活动的目的），必然确认存在自身的真理性，或确认真理属于存在而非寂灭（任何存在若被作为自主势用积极维持的对象，便必然被赋予自身独立的真理性）。总之精神的肯定势用使省思领会到，那完全独立自为的真理、绝对者是存在，而不是虚无；正因为后者之故，这绝对与其他存在的关系就不得不被考虑。由于唯此绝对是自身独立的真理，而其他东西都是相对的、必须依赖于它的存在，因而它便成为它们的存在基础——这绝对于是就是实体。实体作为一种存在的特殊性在于，它既不同于经验存在，因为后者不具备自身存在的（独立的）真理性，而实体作为超越者则是完全自为、独立的（自然它对于一切经验存在也是独立的）；也不同于具有自身真理性的冥性、本无，因为后者与存在全无关系。实体既与一切本质上具有依存性的经验存在有关联，又是唯一独立自为的存在，因而它自然就是经验存在的基础。上述分析表明，是自主肯定的势用促使超越精神确认那绝对的真理就是实体。其中，自凝势用维持的是多样性、差异性，自反势用维持的则是同一性，二者作为积极活动规定超越思维对真理的领悟。前者促使省思领会到那多样性、差异性就是自为的真理、实体，于是实体现身为多样的个体；后者促使省思领会到实体必然是那绝对唯一者。显然这二者之间亦存在张力。由这二者决定的精神超越，分别为理性的超越与反思的超越。在印度思想中，沙门思想体现了最早的理性的超越。在这里，精神的自凝势用促使超越思维克服实体的空洞普遍性，赋予实体更丰富的特征和内涵，使其由"一"分裂为"多"。在观念的领域，这就表现为多元实体论世界观之确立。比如耆那教的六实说、拘舍罗的十二原素说、波浮陀的七原素说，及后来小乘有部的五位七十五种法体之说，都认为世界是由多种实体构成。这些实体各各自我满足、自身独立、不生不灭、永恒不变。唯实体的真理性是自为、独立的，其他存在的真理性必须通过实体来规定。然而婆罗门思想，由于其绝对主义传统极深厚，故这种多元实体论思想在其中受到压制，只有到了胜论、正理和数论这些受到异端思想较大影响的学派这里，这种多元论才被认可。在多元实体论思维阶段，实体性尚未与自我发生本质关联，因而是外向性的；甚至其所谓个体自我、灵魂作为实体本身也是外在的，因其对自我的独特本质及与其他物质实体的区别并不清楚。然而对于本觉的文化来说，只有觉性的内在自我本身才是真正的超越者，才是唯一的实体或包含了实体的。当自反势用在这超越思维中现起为积极活动，省思必然意识到一种绝对实体的存在，而其他实体乃从属于这绝对实体。但这自反势用起初必定是间接的、不自觉的，结果是这实体并没有作为自我被领会，它仍然是外在的。当本体自由促使这自反势用实现为直接、内在的，这种与自我无关的外在实体就会成为一种思维的假相。超越的省思终于意识到，那绝对的实体其实就是自我。

克服麻痹和沉睡而恢复其本真的生命，促使精神内在的自舍、自反势用恢复其无限性，展开为对超验实体的自主设定。因而奥义书的超越思维的形成和发展，最终都是由自由推动的，是自由实现自身的途径。奥义书的超越思维，由于对某种超验真理的领会，初步确立了超世俗的生活意义，而这正是一切真正的宗教的本质。因此我们称这一阶段的奥义书精神为宗教精神。在这里，奥义书精神初次在超自然、超经验的实体领域飞翔，啜饮了纯粹精神自由的甘醇。

奥义书的超越思维，首先通过《考史多启奥义书》的伽吉耶夜尼学说得到体现。在婆罗门传统中，伽吉耶夜尼学说引进了一种严格的形而上学区分。它将全部生生不已的自然，都归属于时间、现象之我，而更真实的是实体、超越之我，它被认为是恒住、不灭且超越感性表象，超越一切经验现象的自足、究竟原理，于是它就被从相续流转的自然剥离出去，成为一种独立的实体。在这里，超越思维由于领会到超验实体与自我的同一，就成为面向觉性之自我的超越，实现了超越性的内向化。它于是就成为一种超验反省。伽吉耶夜尼学说的主要内容是开示了自我的两个存在层面：(1) 作为时间的自我，即处在相续流转中的自我。其说在此接受了耆跋厘等的往生说，认为自我是处在无限循环的生命流动之中，或者说它就是这一流动的总体。(2) 否定了时间、变易，超越了一切经验现象（有二相）的恒常不二之我，即作为超验实体的自我。此我否定了感性的欲望、表象，否定了昼夜、善恶等经验的现象，而且超越了自然的时间之流，为一个自为自足的原理，是经验、现象世界的稳固基础。这种对经验现象与超验实体的区分，就是一种形而上学的区分，它标志着奥义书的超越思维（在这里就是超验反省）开始形成。伽吉耶夜尼的学说，在观念层面反映了超越思维否定全部自然、经验表象的自为存在，确认存在真理为一超验原理的运动，这种精神运动使精神内在的自舍势用的积极活动成为明证的，表明自舍势用在此展开为对超验原理的自主设定。它也反映了超越思维扬弃超验实体的对象性，将其等同于内在的自我的精神运动，这使精神内在的自反势用的积极活动成为明证的，表明自反势用已展开为对超验原理的直接维持活动。奥义书的超越思维正是在这两种自主势用推动之下形成。因而它是精神自由的新境界。在这里，自舍势用实现为真实的自由。超越思维由于其对自然的自由，因而属于理智省思。它就是否定的理智（以别于反思作为内向的理智）。在这里，印度精神终于否定了自然的专制，使自我、精神首次成为自为的实体，从而获得自身的尊严。然而伽吉耶夜尼学说只代表了奥义书超越思维的最初阶段。超验反省刚开始形成，不仅十分模糊含混、飘忽不定，而且是外在、抽象的。在这里，超验反省不仅对实体与现象的形而上学区分仍然模糊，而且没有领会自我实体与意识、思想的同一性。超验反省的这种局限性，反映了精神现实自由的局限。它表明精神内在的自反、自舍势用的无限性再次被（精神内在的惰性）阻断，自反势用没有展开为对自我的内在存在即心灵、思想的自主设定，自舍势用对自然的否定也有待进一步彻底化。这种精神局限也唯有在自由的进一步推动下才有望被克服。

《六问奥义书》中被归属于毕钵罗陀的学说，就体现奥义书宗教精神的进一步发展。在这里，超验思维克服了其在伽吉耶夜尼学说中的极度混乱、模糊和动摇，终于获得清晰、纯粹和确定的形态。《六问奥义书》的主要内容有：其一，通过对于元气与自我的形而上学区分揭示出自我对于自然生命的超越性，以为元气是一切时间性东西的全体，代表生灭转变的现象界，而自我是超越了现象界的恒常不变、没有时间性的实体；其二，十六分说，以为由“无分而常存不灭”之自我，转化生出十六种名色，概括了世界与人的生命之全部内容；其三，自我通过元气（prāṇa）与物质（rayi）之配合创造世界的宇宙生成论；其四，元气或其中的出气为轮回之承载者，人死时它携诸根、意往生，与此相关轮回道与解脱道得到了明确区分；其五，从本体论层面对自我的醒位、梦位、熟眠位的阐明；其六，敬思 Om 为大梵整体。其思想带有明显的杂糅特征。其说的主要成就，是对自然、经验现象与超验实体的区分把握得更清晰、确定，表明了超越思维的巩固和纯化。在这里，《六问》的思想进展，在观念层面表明超越思维一方面彻底排除残留于实体之上的经验的、现象的遗痕，另一方面更加明确、巩固对实体的确认。这种双向精神运动，使精神内在的自舍、自反势用的积极活动成为明证的。它表明在这里，自舍势用恢复其本真的无限性，展开为省思对一切自然、经验的残余的否定，而自反势用则展开为对超验实体的进一步确认。奥义书的超越思维，正是在这二者的辩证运动推动下不断自我提升的。不过奥义书的宗教精神，在这里仍表现出很大的局限性。这在于：首先，超越思维仍然将实体领会成一个超验的现存存在，一个无生命、恒住、不变的原理。这在现象学上表明在超越思维的这一阶段，尽管精神的自舍势用展开为对超验真理的自主设定，但精神内在的惰性（自任）阻止了它的进一步展开，使之丧失其本真的无限性。这使思想在克服了自然、经验东西的束缚之后，又陷于对超验现存存在的执着，从而将实体领会成恒住、不变的形而上学原理。其次，超越思维的反思维度没有建立。作为自我、实体的内在实质的意识、思维在这里仍未得到充分领会。自我、实体仍未与觉性的内在心灵等同。它由于被遮蔽了其心灵的实质，因而是外在、空洞的。这在观念层面表明精神内在的自反势用在这里没有进一步展开为对精神的内在存在的自主设定（未能实现为精神的内在维持，即对觉性的内在实质的维持），而是被精神的惰性（自放势用）阻断，丧失了其本真的无限性。这种精神惰性阻断了超越思维的进一步内在化的道路，而将其固着于某种外在存在。这种情况决定了超验反省没法转化为真正的反思。这种省思局限，也唯有通过自由的进一步推动，才能被克服。

《羯陀奥义书》的那支启多之学，反映了奥义书宗教精神的进一步发展以至完全成熟。《羯陀》一方面继承了毕钵罗陀思想代表的超验反省，将自我彻底从自然东西剥离，将它视作对自然的否定，视作一个恒常、不变、不生、不灭的超验实体。精神在对这种实体的领会和守护中，实现了其自我的超越性。另一方面，《羯陀》也克服了毕钵罗陀思想中超越思维的外在化，实现了一种自我内在的超越。它明确地领会到，那唯一的实体、自我，就是人内在的心灵，也就是否定了任何自然表象的纯粹意识或自性清净心。这种内在超越就是一种超验反思，而且是主观的超验反思。《羯陀》的主要观念有：(1) 纯粹的意识实体观念。其说表明：其一，那超越的实体、绝对真理就是自我；其二，实体、自我就是人的心灵、纯粹意识；其三，实体、自我、真心是一恒常、无形式、无差别、一味的理体。《羯陀》这种超越的意识实体的建立，标志着印度精神首次具有了一种内在的自我尊严。精神彻底排除了外界、偶然东西的诱逼，实现了对纯粹内在的意识、思想的至上价值的确信和守护。(2) 由这意识实体与自性两种原理的结合，导致世界的生成。其中意识原理始终是不变、无为、清净，一切变易与差别的行相最终皆由自性原理生成而被增益于意识实体，后者由此显现出多样性、差别，但其内在存在却丝毫不受这增益的影响。意识实体尽管被认为是所有经验存在的基础，但它对于后者其实是外在的，因而它仍然是一个形而上学的独立、封闭的实体，而非存在的本体。从这种理论可以看到数论哲学的前身。从这种意识实体观念出发，《羯陀》以为作为超越者、绝对的至上我，与诸根、末那、觉谛等诸元气联结而构成人的命我。在其中，唯元气生生不已，而至上我恒住、无为，不受生命流转的干扰，故自我理体与现实生命乃被分成二片。这种形而上学的二元对立思维，为后来吠檀多与数论学者解释本体与现象、普遍的真我与个人的命我的关系，带来了无法克服的理论困难。(3) 以这种意识形上学为基础，《羯陀》的修道论，即所谓内在瑜伽，乃是一种真正内在反思型的实践，其宗旨就是否定外界、偶然东西的遮蔽和染污，直指人心、透彻心源，通过证得意识的清净实相而得解脱。总之《羯陀》的思想，实现了超越思维（否定的理智）的内在化，即超越思维与主观反思的统一。这使奥义书的超越思维转化为一种内在自我超越，或主观的超验反思。在其中，自我作为超验意识实体的建立，标志着印度精神首次具有了一种内在的自我尊严。这超验反思表现为精神否定自我的自然、经验存在，确立内在的心灵、意识为自我的实体的运动。这种在观念层面表现的精神内在化运动，使精神内在的自身维持（自反）势用在超验领域的积极活动在现象学上成为明证的。超验反思就是在这自反势用的推动之下形成，就是后者的展开。在这里，自反势用的历史展开，表明它冲破了传统的规定，恢复了本真的无限性，而这只有在本体自由的呼唤和倾注之下才有可能（参考本编引论）。本体自由必促使宗教精神包含的自反势用最终开展出内在维持即对觉性的意识、思想的维持，从而推动省思确认实体就是内在心灵本身，形成超验反思。然而自由的这种必然性，只有在适宜的语境之下，才能转化为精神的现实。《羯陀》的主观超验反思的形成，就具有适合的历史语境。因为在之此前的奥义书思想，一方面已经实现一种超验反省，自我被理解为一个超验实体（伽吉耶夜尼等），这表明精神的自反势用已经展开为一种自我维持；另一方面，像桑底厘耶、阿阇世的思想，都是将意、觉、心识，即觉性内在的意识、心灵，当作存有之本质、真理，这意味着奥义书思想早已实现了一种内在反思，表明精神的自反势用已经展开为一种内在维持。这为理智省思的发展提供了新启示。于是奥义书的理智省思便很自然地将这超验反省与内在的反思结合起来，它便由此实现了自身的内在化，意识到那自我实体就是纯粹的意识。精神的自我超越与内在反思终于交织在一起。上述思想语境，只是为奥义书的理智省思的进一步发展提供了历史的资源、条件。这一发展从根本上是由自由自身展开的逻辑必然性决定。总之，《羯陀》表现的奥义书超越思维的重大进展，最终也是由自由推动的，是自由在新的精神领域的展开。

总之，奥义书从伽吉耶夜尼到那支启多的思想发展，在观念层面表现了省思一方面日益彻底地否定自然、经验的存在，从而不断排除实体的假相，进一步提升实体的超越性；另一方面不断透过自我的外在、经验的存在，确立更内在、本质的自我真理的双重辩证运动。这既是精神在持续拓展对自身此在的否定，也是精神的持续内向化。这就使精神内在的自舍和自反势用的持续展开获得现象学的明证性。正是在这自舍与自反势用的双重辩证运动的推动之下，奥义书超越思维才得以形成和发展。然而正如我们在前面表明的，它们的这种历史展开，只有在作为精神绝对本质的本体自由自身促动之下才有可能发生。本体自由作为绝对、无限，必然通过呼唤和倾注，促使精神内在的自主势用恢复其本真的无限性，从而冲破传统的规定而历史地展开，推动超越思维的不断纯粹化和内在化。因此，最终是自由本身推动奥义书超越思维的形成和发展。总之，奥义书观念在宗教精神阶段的演变，在现象学上呈现了自由推动超越思维发展的内在精神逻辑。

《羯陀》的思想标志着奥义书的超越思维的真正成熟和超验反思的最终完成，但它亦有其根本的局限，首先，在于它的形而上学性。第一点，它仍然执着于现存的存在。在这里，超越者、实体被理解为不动的现存物，一种无生命的僵死的存在，它对经验的时间、空间、因果性、运动和差别的否定，被领会成它的不变、不动、永恒、常住、无差别、一味性。这种实体思维就是形而上学。它的超越只是一种理智的超越。然而实体的真理是觉性内在的自由、生命运动，因而是对现存性的否定。因此形而上学领会的实体并不真实。它对现存性的执着，在观念层面表明精神的自主否定势用的本真存在被精神内在的惰性力量阻断，丧失了其无限性；它对觉性内在的生命运动的忽视，也在观念层面表明精神的自反势用的活动同样被精神的惰性抑制，没有展开为对觉性内在的生命性的维持。第二点，它的形而上学区分，导致一种二元实体论。在这里，它为了强调心灵实体对于自然的自为独立存在，就把实体理解为一个与自然完全分裂的封闭的单子。这就在强调实体的超验性的同时，使它丧失绝对性。然而实体、自我的究竟真理就是觉性、存在本身，因而就是绝对。这只是一种理智的反思，它不能理解心灵实体（觉性自身）是自然乃至一切存在之根源、本体，不能在后者基础上理解存在的统一性，它的世界观也必然是分裂的。《羯陀》这种形而上学的自我理解，在观念层面表明精神内在的自反势用仍被（精神的惰性）抑制而丧失其本真的无限性，没有进一步展开为同一维持。唯同一维持推动绝对真理观念的产生。所谓同一维持，就是精神把对象确立为唯一最终目的，而把一切其他存在都作为维持这对象的手段，这必然推动省思领会这对象为绝对真理。《羯陀》的超验反思未能领会这心灵实体的绝对性，表明同一维持还没有展开为对心灵实体的自主设定。然而，克实言之，自我、心灵实体的真理就是存在的绝对本质。它既是超验的，又是一切经验事物的根源，因而就是存在的先验本体。当理智省思领会到这先验实在，便将超越思维与绝对反思，即否定的理智与内在的理智绝对地统一起来，于是进入绝对的理智，即思辨省思领域。总之，《羯陀》的思想仍然停留在形而上学的、理智的层面，没有进入思辨的领域。其次，《羯陀》的思想局限还表现为它的非理性性。《羯陀》把实体对经验心理表象的否定，误解为其对任何思想、概念、观念的排除，于是把心灵实体领会成一个无思无虑、无形式、无分别、一味的纯粹意识，即灭尽了思维和理性的自性清净心。然而事实上，一个无思想的纯粹意识，基本上是印度哲学特有的思维假相。因为纯粹意识与思想，或澄明与理性，乃是觉性内在现实性的一体二面。无思想的意识，和绝对不与意识联系的思想，都根本不可能存在。《羯陀》这种自我理解的局限，表明理智的反思未能完成对心灵内容的形式建构，这在观念层面表明精神内在的自组织或自凝势用受到阻碍，没有在反思中展开为积极的活动。最后，与以上两点相关，《羯陀》的思想还有一个问题，就是它的寂灭主义。《羯陀》由于对觉性内在的生命性缺乏领会，因而对经验时间性的否定导致对精神实体的生命性的排除。在这里，一种完全无生命、不动、恒住、寂灭的原理被当成实体性的真理和人生的理想。然而一种无生命的自我、心灵实体，也是印度哲学中常见的思维假相。事实上,心灵、意识就是觉性内在的思想运动,它就是觉性现实的自由和生命。奥义书宗教精神对这种寂灭实体的执着,表明在其超越与反思中,精神的自舍、自反势用受到阻碍,没有展开为对超验实体内容(比如它的生命性)的更积极规定。

《羯陀》这种思想局限,实际上反映了奥义书宗教精神的共同局限。其中,理智的超越对一种现存、封闭实体的执着,是各种世界各文化中形而上学思想的普遍局限(比如古希腊哲学的原子观念,奥菲斯教和阿那克萨哥拉的灵魂实体观念,还有其他地中海文明中普遍存在的永恒灵魂观念)。这种形而上学的局限,后来通过奥义书思想的进一步发展被克服。另外,《羯陀》表现的非理性主义、寂灭主义,则是印度精神的特点,在印度精神此后的发展中,不但没有被克服,反倒被进一步强化。这样的思想倾向,反映了印度非雅利安思想的本寂的(以冥性为最高理想的)精神之渗透,因而在这里,精神的超越包含了某种程度上向冥性的复归,于是属于冥性体验的无思无虑、无分别、一味、寂灭、无生等被嫁接到自我实体之上。如前所论,奥义书思想体现了本觉(趋向自由的)和本寂(趋向寂灭的)两种精神取向的交织。前者促进精神的反思和超越的不断进步。后者则将反思和超越引向歧途。盖本寂的精神自在地把冥性,即寂灭、死亡作为存在的真理、理想。它因而一方面必然抑制精神内在的自凝势用的充分施展,而促进精神的自身解构(自肆)势用的活动,这将使精神对实体的内在形式的建构消解于无形,于是自我被领会成一种无思无虑、无观念、无分别、无形式、一味的清净意识。另一方面它也强化了自我理体与生命的分离。盖冥性是寂灭、死亡之境,本寂的精神追求寂灭,因而把寂灭当成存在、自我的究竟理想。这种精神取向抑制了自反势用的积极活动,使它无法展开为对觉性生命性的自主设定。它最终使精神对自身生命性的反思丧失了存在的余地。于是反思排除了心灵实体的全部生命特征,将它理解为一种不变、不动、永恒、常住、无生、寂灭的原理。总之,本寂的精神促使反思和超越逐渐将其领会的真理与冥性等同。《羯陀》的思想就充分体现了这种精神取向的影响。它的超验反思,就是把自我领会成一种无思无虑、无分别、一味、无生、寂灭的清净意识(自性清净心)。然而这种自性清净心的观念,是印度哲学特有的思维假相。盖纯粹心灵、意识就是觉性内在的思想和生命,就是觉性现实的自否定或自由的运动,它无限地生成差别、变化并将其包容在这运动中。因此它的体性,与诸如所谓无差别、一味、清净、寂灭、无生等表象,都是完全无关甚至根本矛盾的。这都是把精神体验到的冥性表象,错误地嫁接到觉性、精神的原理上面。

《羯陀》这种非理性、无生命的自性清净心观念,从根本上决定了此后印度精神的存在和自我理解,甚至通过佛教中介而对中国文化都产生过消极影响(见下文)。

## 三

西方思想也经历了与奥义书上述发展相似的进程。在这里,精神最终也否定自然、经验的表象,领会存在真理为超验的实体,表明真正的精神超越代替了原先的自然省思。精神由此打破自然的专制,实现了真实的自由。同在印度思想中的情况一样,我们也把希腊人对形而上学的超验真理的领会,全都归属于宗教精神,尽管它不一定具有通常所谓"宗教"的特征。

在希腊哲学中,恩培多克勒、留基伯等的原子论,也属于形而上学的实体思想,体现了西方传统最早的超越思维。原子论的思想,属于与伽吉耶夜尼、毕钵罗陀的超验形而上学基本一致的思维层次。原子是唯一自为、独立、具有自身空间的存在,为世界万有的基础。它是否定了经验的时间、空间和因果性的实体。在这种意义上,它也具有超验性。与伽吉耶夜尼等的形而上学一样,原子论也否定对生生不息的自然、现象界的信仰,确立唯超验的实体具有自为的真理性。因而它同样表现了精神舍弃自然奔向超自然领域的运动,这一运动也是自由推动的。原子论的产生与奥义书的形而上学具有一致的精神逻辑。不过原子论是多元实体论,而伽吉耶夜尼等的实体则是绝对一元的。盖形而上学在没有意识到实体的先验性情况下,实体若停留于普遍性,就无法解释它与经验事物的奠基关系。伽吉耶夜尼、毕钵罗陀的学说就是为挽救实体的普遍性而放弃了实体对世间事物的奠基作用。解决这一困难的前提是将实体分裂为无数个别的存在,唯此它才能进入多样事物之中而为其真理、本质。这就是多元实体论的思路。不仅古希腊的原子论,印度异端思想中耆那教的六实(命、空、法、非法、时、补特伽罗)说、拘舍罗的十二原素(地、水、火、风、空、命等)说、波浮陀的七原素说等皆属此列。从自由本体论视角分析,多元实体论形成的精神根据在于:宗教精神内在的一种生命的自身建构势用(自凝)现起积极活动,从而阻止了精神生命中的惰性消解力量(自肆)对生命形式(概念、观念)的瓦解,自凝势用确认形式、差别、多样性为自为的真理,理智省思于是被引向建构的、理性的方向。所以,希腊原子论(以及其他类型的多元实体论)与伽吉耶夜尼、毕钵罗陀的实体论反映的精神形态学差异,唯由自凝势用活动的不同造成。然而在希腊精神最早的形而上学超越中,自反势用的活动尚未转化为自我维持或(针对觉性的心灵的)内在维持,因而被这超越思维所维持的真理、实体,最初并未与自我、意识在本质上关联起来,所以希腊精神最初把握的实体、真理就是一种本质上与自我、意识、思想无关的外在物(此种多元实体论,乃为近代科学世界观之基础)。耆那教等印度异端的实体也同样如此,而毕钵罗陀的自我实体,作为精神自我维持最初确认的真理,实际上亦并未与觉性的内在存在、心灵关联起来。

然而希腊的实体形而上学在其接下来的发展中，也经历了同奥义书一样的内在化进程。柏拉图的理念论，以及希腊化的早期基督教实体神学，就反映了与《羯陀》的形而上学类似的超验反思。首先，理念论和实体神学皆认为一切自然的、经验的东西，一切时间性的存在，都是虚无（me on）甚至罪恶，那直接向人们涌现的现实性只是理念、精神实体的虚幻投影；而真理则属于超越经验的时间和空间、永恒不动的彼岸，即纯粹理念或本体的世界，后者为凡夫所不知。因此与《羯陀》的形而上学一样，理念论体现了一种真正的精神超越。精神就是在对彼岸的理念世界的领悟中，挣脱了自然的束缚，实现了超越的自由。其次，与《羯陀》的形而上学一样，理念论也将超验的实体理解为觉性的内在存在，即思想（理念、逻各斯就是超越的思想）。因此它也体现了一种真正的精神反思。所以在这里，一种超验反思得以形成。它表明精神同样也实现了超越思维的内在化。西方哲学的实体观念从恩培多克勒等的原子论到柏拉图的理念论的转化，与从伽吉耶夜尼到那支启多的形而上学的转化，体现了一个基本一致的精神过程，这就是超越思维的内在化过程。这个过程体现了与奥义书超验反思的形成相同的精神逻辑。与《羯陀》的形而上学一样，理念论和实体神学对经验存在的否定、对超自然真理的确认，体现了否定思维的自由，表明了精神的自舍势用在超验领域的积极展开；而其克服实体的外在性，确认实体为内在的思想、理性，则表明了精神的自反势用在觉性的内在存在领域的展开。而从精神史上看，这两种自主势用的历史展开都离不开本体自由的推动。这一过程与《羯陀》的超验反思的形成逻辑基本一致。

然而柏拉图理念论、早期基督教神学反映的超验反思，与《羯陀》的相比，尚有以下不同：（1）奥义书的超验反思中，一开始就领会到实体与自我的等同，因而这超验反思已经是主观的。那支启多学说即反映了此种领会，因而这超越就是自我超越。这表明精神的自我维持势用已经展开为针对实体的自主设定。与此不同，希腊人和早期基督教神学的超验反思则不具备这种主观性。它没有像奥义书那样领会精神实体与自我的等同。在柏拉图理念论中，实体从属的理念世界是外在或异于自我的，基督教的上帝作为超越的精神与人也存在巨大鸿沟。因而希腊和早期基督教思想和还不具有奥义书那种主观反思。这表明精神的自反势用未能转化为自我维持，因而省思不能将自我作为绝对真理来领会、维护。在欧洲思想中，这种主观反思完全建立的标志，是出现了笛卡尔以至胡塞尔的主体哲学。后者领会到那作为内在超越者的意识、思维，就是自我。自我就是自在自为的心灵。（2）尽管柏拉图和早期基督教的形而上学缺乏主观反思，乃至遗忘了意识本身，未能把自我本身作为究竟对象并发掘其内在意识实质，但与奥义书相比，希腊人和早期基督教的精神反思有一个突出优点就是其理性主义立场。而与印度思想只看到精神的澄明性不同，希腊、基督教的传统则主要强调的是精神的逻各斯性。在柏拉图的理念哲学中，省思领会到那超越者、实体就是纯粹思维的理念，即先验形式。早期基督教则强调上帝与逻各斯的一体。在基督教中，存在之光不是空洞无物的单纯性，而就是理性之光、就是逻各斯。神圣的光被认为是存在的时间、尺度和秩序，"光也是钟点、日子，以及我们所有时间的尺度和计数者。"① 所以上帝是形式，是一切秩序的源泉②。鲍拉文图拉也认为世界是一部上帝理性所写的书，并要求我们"在事物的运动、尺度、美、秩序和安排中看到神。"③ 可以说，那支启多的反思是主观的，也是神秘的，以无思维、无观念的清净意识为理体；柏拉图、早期基督教的反思是客观的，也是理性的，以为理体就是思维的观念、逻各斯。后者反映出超验反思对实体的形式建构（理念、逻各斯就是心灵的内在形式），这在观念层面体现了精神的自身建构势用（自凝）的积极活动。印、西文化在这一点上的区别，体现了本寂的精神与本觉的精神在自我理解上的必然差异。(3) 与此相关，在基督教中，对于上帝的超越性的领会，也没有导致对精神实体的生命性的否定，相反，对于精神的生命性的强度，一直是基督教的超验反思有别于希腊和印度传统的独特优点。在基督教中，上帝作为逻各斯，既是形式，也是生命，"精神乃是力量与意义的统一。"④ 精神的力量就是它的自我超越的生命力，以及自我决定的自由；它的意义就是存在之形式与结构。逻各斯不是僵固的系统，而就是运动与生命的形式，或形式的运动：形式只有在存在揭示的运动之中才能存在，同时存在揭示就是逻各斯的运动⑤。印度和希伯来文化在这一点上的区别，也体现了本寂的精神与本觉的精神在反思上的必然差异。(4) 与上述自由形态学相关，唯柏拉图的形而上学实体是真正的本体。《羯陀》的自我只是一个被外在地增益了事物差别行相的封闭意识实体，而柏拉图的理念则是作为事物的存在原型、根据的思维本体。同样作为形而上学的实体，那种（无思无虑的）清净意识本来就不可能成为本体，而理念则可以成为本体，因为尽管在觉性的内在存在中意识（澄明）与思想（逻各斯）不

① 狄奥尼修斯（托名）：《神秘神学》，三联书店 1998 年版，第 26 页。

② 狄奥尼修斯（托名）：《神秘神学》，三联书店 1998 年版，第 17 页。

③ Etienne Gilson, *Histroy of Christian Philosophy in the Middle Ages*, Sheed and Ward, London 1980, p.333.

④ 蒂里希：《蒂里希选集》下卷，上海三联书店 1999 年版，第 1188 页。

⑤ 蒂里希说："作为精神而完成的生命，既包含着真理，又包含着激情；既包含着服从，又包含着冲动；既包含着正义，又包含着强力意志。假如这两方之中的一方被其相关者所吸收，那么剩下的要么便是抽象的法则，要么便是混沌的运动了。"（《蒂里希选集》下卷，第 1188 页。对译文略有调整）。

可分割，但唯有这内在存在的逻各斯方面（而不是澄明方面），包括概念、理念才构造事物的存在，理念就是事物的超验的形式本质。然而由于理念也是一种超越的现存物，因而以它作为存在发生之根据也会面临与那支启多的存在发生论类似的理论困境。柏拉图认为理念以被事物分有的方式形成万物，但此说也导致诸多理论困难，其中包括与那支启多类似的难题，即永恒、不动的本体何以转起为差异、变化。以致于在《蒂迈欧篇》中，柏拉图最终不得不重新启用造物主根据理念塑造万物的神话，把作为现象界与理念界之中介的世界灵魂，当作生命、运动的原理。要真正解决这一难题，思想必须剥离这理念本体的形而上学性，即否定其现存性，领会其为觉性内在的生命运动、自由。

总之，在希腊思想中，从恩培多克勒等实体论到柏拉图理念哲学的进路，与从伽吉耶夜尼、毕钵罗陀到那支启多之学的进路是平行的，这就是超越思维内在化的进路。在这里，希腊思想遵循的也是与奥义书精神进化一样的逻辑。在这里，同样是本体自由在现实性中自身绝对化的冲动，促使宗教精神内在的自反势用转化为对觉性的内在性即意识、思想的维持，从而推动理智省思领会到那超验实体与觉性内在存在的同一性。

## 四

从精神形态学言，与印、欧传统皆截然不同者，为中土传统。中土精神始终滞留于大地，未尝仰望天空。其于天国、上帝、彼岸的理解，皆极空洞、模糊而接近原始文明（譬如与现代原始部落宗教情况相似，殷商卜辞反映了对"帝"的极度恐惧、依赖，但竟然从未思考过这"帝"是什么样子！）。盖以此种文化，精神的全部自主势用（自由）皆极薄弱而自在势用（缚着）强盛，缺乏真正的超越与反思性，故完全沉溺于觉性的直接现实性即自然，而以这直接性之最朴素、原初者即玄境为理想，是为玄道文化。玄道文化，乃以自然为宗。反之，印欧文化之主体则为觉道文化，盖以其精神内在的自主势用强盛而自在势用薄弱，生命、自由在斗争中常能战胜惰性和执着，故精神于此有力量充分、完善地展开觉性的存在。在这里，精神的自身否定势用充分施展，实现为超越思维，使精神的目光逐渐脱离大地，仰望天国的壮丽图景。精神在仰望天空之时，亦盘桓于大地，结果天空与大地相互交织，神祇穿上了自然的外衣，自然内部居住着超越的神明；再到后来，是天空征服大地，超越者、彼岸成为现实世界之绝对基础。总之，天空与大地、彼岸与此岸之关系，是亘古以来，即决定人类精神图景者。而在玄道文化中，思想唯缚着于大地、此岸、尘世，未能飞翔于彼岸、天空，尽情啜饮真正精神自由之甘醇。

《斐德罗》篇谈到良知乃是灵魂对原来所见到过的本体的回忆；人当被唤起这种回忆，就在下界见到了上界事物的影象，此时他就惊喜交集，不能自制，于是像一只鸟似的，引首高瞻，急于展翅高飞，全然不顾下界的事物，因为那本体是灵魂本来见过的（柏拉图：《斐德罗》249B-250B）。若从自由本体论视角阐释，那究竟、绝对的本体就是自由本身，它超越了一切现实存在，是觉性的自否定运动。良知就是对本体自由之知。这良知之所以是一种回忆，是因为任何精神观念之历史构成，无不出乎（本体的）自由且包括了对（现实的）自由之反省，这种反省只是在某种程度上对本体自由的知，所以人对精神观念的领会，总是包含了某种自由回忆。自由是人的绝对超越存在。人对任何超越存在的领会，都包含了某种自由之知，某种自由感。其中自由感就是对本体自由的感受，在这里人感到他的精神超越了尘世事物的束缚，进入一种飘然出神的状态（它不是感受到某种东西之获得，而是感受到脱离了某种东西）；因而自由感也是一种良知，它引导现实精神的无限展开。本体自由穿过传统的厚壁，超越所有强权、暴力、习惯、体制的阻拦，永恒地向良知发出呼唤，而且永远在寻找突破，以求将自身转化为精神的现实自由（思想）。然而这呼声能否被听到，乃至自由能否被实现，都离不开自由的可能性与由传统和社会存在构成的语境的适应，而文化取向则影响着这种适应关系。其中，觉道文化的特点是，在这里精神始终对自由、良心的呼声保持警觉，意识到自身现存存在的局限性，对自由的绝对性与无限性保持敞开与接纳，从而促使精神内在的自舍和自反等自主势用展开积极活动，推动省思的无限进展，最终导致真正的超越和反思思维的形成。在这里，精神克服感性、知性省思对自然的绝对化，进入理智省思对自然的否定和对内在心灵的价值与尊严的确信，于是实现了自身的真正自由。我们通过阐释奥义书和希腊思想从自然精神到道德精神和宗教精神的转型，证明了自由推动精神发展的上述逻辑。然而既然这文化始终对本体自由保持倾听，既然这自由就是绝对、无限，那么这自由也必根据同样的逻辑，推动精神扬弃理智省思的局限，朝现实的绝对自由的理想无限逼近。反之玄道文化的特点是，精神始终处在昏睡懵懂之中，没有听到甚至有意逃避自由的呼声，因而总是执着于或企图回到其最直接、当前的存在。因此，与觉道精神相反，这种玄道精神抑制了精神内在的自舍、自反势用的积极展开，反之促使精神内在的惰性、自在力量（自任、自放势用）的活动。这使精神只能始终停滞在其最直接、原始的阶段，即自然精神阶段。自由推动精神无限发展的逻辑，在玄道文化中是不可能看到的。而中土文化就是最典型的玄道文化。

在中土文化中我们看到的是，一种最俗浊粗重的被不断积累的习俗、说教的厚茧层层包裹（始终停留于偶像与物质崇拜）的传统，与最野蛮、凶残的专制强权，竟然彻底阻隔了自由的呼声，窒息了人的良知，也阻断了本体自由无限自身实现的道路。相对于精神生命中自由、自主、积聚的力量（阖势用）之淹蹇菸邑，是精神内在的自在、惰性、消解的力量（辟势用）之蹁跹飞舞，这惰性力量抵消了精神自否定的无限性。于是，精神被牢牢地钉在自然的单一维面，丧失其本真自由，认为那最直接现实的存在就是绝对真理，故既不可能向上飞跃，也不可能向内突破，即没有真正的超越与反思。精神始终没有脱离自然的感性与知性省思，进入自由的理智省思领域。总之，在这一文化中，自由无力打破传统和社会存在的桎梏，将自己展开为真正的精神超越与反思（前者否定了自然的直接性，确立一种超自然的实体作为存在真理；后者否定了自然的外在性，确立内在的心识、精神为存在真理）。在这一传统中，精神从未曾在存在、觉性的内在本质的天空中游历，欣赏其神圣壮丽的景象。易言之，精神从未有过真正的自由。

在印欧传统中，本体自由促使精神的自舍、自反势用积极展开，推动精神否定自然的专制奴役、获得真实的自身自由的机制，在华夏传统中完全没有得到展开，相反在这里是精神的内在惰性消解力量（自任与自放势用）占了上风，自舍、自反势用的本真存在被永远地断灭，结果是精神无力实现真实的自由，只能永远停留在自然思维领域。

首先，在华夏传统中，精神惰性的自在肯定势用（自任势用）抵消了自身否定势用的无限性。这自任势用使精神放弃了自主否定之劳累、痛苦，只是消极、任运地接受最直接现前的存在。它力图将精神永远禁锢在自然囹圄之内，它对精神的自身否定的消解使后者最终无法实现为本质的即对觉性的自然存在本身的否定。故华夏精神始终是一种自然精神。精神在自然之中自怿自乐，只相信自然为真理，其全部智慧与道德皆在于契应自然之道、一切思虑谋划皆为了自然的福祉。这精神在埋首尘务之时，竟然未曾有过一次闲暇，以抬头偶然瞥见天国之胜景。此实为华夏精神与印、欧精神之诸差异中最显著者！

在这里，惰性力量对自身否定势用的无限性的消解，使否定思维最多只能在自然领域之内活动，只是一种自然的否定，而没有升华为真正的超越思维。这种自然的否定在实践中的一个例子是儒家伦理。它在这里就在于用某种外在、自然的功利（比如君主、国家、家族的利益）或习俗、规范，来否定自我的个别、偶然的要求，使自我上升到某种普遍性，但至少原始儒家对伦理主体的超自然性并无体验。另一方面，这否定在理论思维中的例子是老庄的道论。思想在这里否定了个别、感性的东西而体证了绝对（道），但这绝对仍只是自然的模糊总体或根源，而不是超验的实体。精神在这里从来没有经验过真正的超越性。

如果说印度精神因为自然对自我自由的遮蔽而称之为污秽，西方精神因为自然对精神超越性的消解而目之为罪恶，那么中国精神就始终生活在这罪恶与污秽之中。超越精神的缺失，一方面，使华夏思想失去了崇高的向度，故纵使其最高尚的追求，亦不免透露出猥琐鄙俗之气。比如在儒家的思想中，充斥着的只是对名分、习俗、仪节、服饰、饮食等细节的操心，对君、父的崇拜，对荣辱得失的忧患。在这里，精神从未与任何超越自然的、普遍的东西谋面，它只抓住了一堆自然的碎片。另一方面，超越精神的缺失也使华夏思想缺少批判的勇气和能力，致使沉渍废质，油然垢积，赫然粪涌，而尤以儒为最。故庸如丘、回，竟称神圣；卑言常行，夸为典谟；村规土偶，盍收敬悚。精神委身于自然、传统、权威之卵翼，责纯粹否定之刚毅勇猛为悖逆，褒惰性思维之柔媚顺从为至德，故自由之良知乃溘然澌灭，是为华夏专制痼疾之所由也。

我们已经表明除了自舍或自主否定势用，超越思维的发展还离不开自主肯定尤其是自反势用的推动，它就是通过这二者的“破”与“立”辩证运动展开自身。唯这自主肯定势用推动理智省思进一步确认那超越的真理为自我、意识、思想并构造相应的观念、存有。超越思维就是在自舍与自反、否定与肯定的持续交互展开中实现为真正的自由，领会自我的本质，即其实体性与内在性。唯觉性之自我为超越的真理，故实体性唯属于自我或就是自我。在中土文化中，精神既不能通过自主否定破解自然、尘世的束缚而进入超越思维的自由王国，也不可能在这崭新的国度通过自主肯定势用建立起真理的琼楼玉宇。因而印欧思想领会的实体性，即使像原子论那种外在实体性，在华夏传统中也从来未曾被领会过。但正是由于这实体性的领会，故即使科学那种外在于直接自我的兴趣，其实也比中国人的自然思维更深入到自我本质之中。至于印、欧精神那种自我实体的领会，在华夏精神中就更加不可能了。因此华夏精神不可能实现一种自我超越的自由。

尽管中国思想没有印欧传统构想的超时间实体的观念，但最平庸的灵魂也不甘于自我的消灭，于是中国人就企图靠生命的代代相续来达到永恒。但由于从未窥见那超越境界，故即使他自己对永恒也无明确构想，与其说它是时间之否定，勿定宁说是死亡的无限推迟。他只要能把死亡推到他想象到的或仍然关心的范围之外，便不再费脑筋进一步追问了。这里更严重的是，由于没有对实体性的领会，中国人从未真正意识到觉性、存在的尊严。在中国人的精神世界中，没有任何东西在物质的强力面前，能保持自身独立自为的存在。即使那被无比尊崇的天、道，本身也只是自然的抽象普遍或全体，与其他自然物并无明确分剖。在中国人的社会实践中，从未有过对实体性的维持。事物的存在没有尊严和权利，因而在这里，一方面对任何事物的无情掠夺从不会使人愧疚（满目疮痍的大地）；另一方面财产权神圣的观念也从未有过（普天之下莫非王土）。这使得中国人的社会生活未能从根本上脱离野蛮性。

在中土社会中最让人恐怖的是，由于精神未实现自我超越的自由，未有过对自我实体性的领会（从未有过印欧文化那种灵魂实体的观念），因而它从未真正意识到人的自我尊严（即自我对自然的否定和超越）。国人的自我既未享有实体之尊严，故汩然生灭，夤然外附，虚如游气，贱如尘埃；它既没有自为、独立的存在，也没有自身内在的空间，故不足以抗拒外在强暴。在这里，强权碾碎了人和事物的全部自身空间，褫夺了人和物的一切权利和尊严。是以奴才与暴君，乃为华夏民族人格之二面；儒士之偎媚佞饰之学，竟与强人之屠城、活埋、肉刑、连坐、殉葬等暴行，并列世界之巅。故中土历史，乃为世界上最凶残、龌龊的历史。此传统正因为不能容纳丝毫对人权的尊重，排斥人的任何自为存在的观念，故最有抵抗演变、渗透之功，而恒为专制统治者所激赏。故于两千年中，贱儒恒因先辱而后荣；20世纪以来，人权每以始兴而终废，岂可怪哉？

其次，在华夏传统中，精神生命本来具有的消极的放纵、沉湎、迷失、外化的力量（自放势用），也抵消了自身维持（自反）势用的无限内在化冲动。这自放势用使精神解脱了其内在指向带来的焦虑、慊疚、罪感，只是消极、任运地接受觉性向省思呈现的最直接、外在的存在。它使反省思维只能停留在自然层面，而不能进一步内在化以达到觉性自我的本质，即发展为纯粹的反思。究竟而论，是自由之本体唤醒良知，并以其在现实性中自身绝对化的冲动，促使反省思维内在的自身维持势用，转化为对觉性的内在性即意识、思想的维持，即内在维持，唯这内在维持赋予意识、思想以绝对真理性，从而使反省思维内在化，转化为内在反思。然而在华夏社会中，传统和强权的巨爪拧断了自由的声带，本有的精神良知已然窒息，自由无法进一步促使精神自反势用的内在化，以实现真正的反思。华夏精神从来没有认识到意识、思想、心灵的至上价值。反省从来没有领会到意识、思想是绝对的真理、存在之根基。在这里，精神真正的内在反思从来没有建立起来，当然也不可能有在此基础上的内在自我反思（主观反思），后者领会自我就是作为一切存在之本质、真理的绝对心灵。在这一传统中，一方面，一个独立于物质自然的自在自为的心灵的观念从未产生过，另一方面自我实际上是被简单地等同于肉体①，是以中国文化，实为一肉感文化。正是因此之故，在华夏思想中，竟亘古未见有过赤诚捍卫纯粹意识、思想之价值者，而保持肉体不朽的养生术则登峰造极。所以中国人的自我理解基本属于原始思维。相

① 吴学国：《内外之辨：略论中国哲学的自我概念》，《哲学研究》2004年第9期。

比于印、欧传统，其反省思维之幼稚肤浅、自我观念之贫乏卑俗，实足让吾人触目惊心、满怀愧悚！

华夏精神既无真正的自我超越，亦无真正的内在反思，因而像西方主体哲学和《羯陀奥义书》开示的那种内在自我超越或超验的自我反思乃至柏拉图那种内在超越或超验反思，在这里都是不可能产生的。一个作为超越的意识、思维的自我观念，在中土传统中从未形成。中土传统也未曾像印欧传统那样，领会自我内在的意识、思想为自在自为、绝对超越的真理，为支持世界万有之实体、本体。由于缺乏自我反思与超越，无论儒、法、墨诸家还是道家，都没有真正意识到自我内在的意识、思想的自由和尊严的价值，更没有对这种自我内在自由和尊严之自觉的追求；自我的精神世界从来没有获得它至高无上、绝对独立的意义。这决定在中国传统中，思想专制从来是最为自然之事。从焚书坑儒到独尊儒术，皆为统一思想；从指鹿为马到文字之狱，无非舆论引导。由统治者规定臣民之道德、思想，两千年来畅通无阻，不仅从未受到过智识界的质疑，反倒维系着儒臣的理想。权力的巨手轻而易举地抓紧了人民的大脑。结果是，两千年的洗脑终造成全民族的精神畸形，表现为国人正常人格之缺失与价值观的严重颠倒；这些问题，由于对外交往的日益增多，就更加刺目地呈现在我们面前。

自我内在超越的自由，是每一个合格的现代市民必须达到的精神应许之地。精神的这种现实自由，是一个自由、正义、健康、文明的社会的基石。唯有当人们领悟到自我超越的心灵、思想是一切生命活动的中心，意识到维护心灵、思想的绝对独立、自由和真实是他自己生命的本性和最高目的，才能最终避免对自我的物化，才能抗拒国家、宗教偶像、传统习俗乃至一切外在强权对自我的精神尊严的侵蚀，才能保证国家、社会朝健康方向发展。一种传统只有包含了这一自由，并将其每一成员带入这一自由的园地，这传统才是真正不有辱于自由之本体的，也才是仍有其精神之生命的。一方面华夏文化因为这种精神自由和尊严的缺失，故不能构成自由的传统，是为中土社会的绝对政治强权和思想专制的精神基础；另一方面，这漠视自由的传统及由此构成的社会存在反过来也使真正的精神自由丧失了生存的土壤，君命、天理、道统、国家利益等巨大偶像砸碎了自我心灵的独立空间，使自我内在超越的自由在社会生活中难以实现；故中土社会，乃蔚为专制与奴性之渊薮。

## 五

然而奥义书的超越与反思精神，乃通过佛教的中介，进入中国文化之中，至少在一定范围内改变了中国人的精神状况。在精神形态学看来，不同的文化精神都是独立的生命体。故一般所谓文化的“渗透”、“扩张”、“交融”之说，实为过于简单的图式。在这里，属于某一精神生命的（真正有价值的）思想、观念，并不是被现存地输入另一精神生命之中，实际上是后者通过学习，否定了先前的自我，并在自身内部重新将这些思想、观念构造出来。所以当我们说到一种文化精神“引入”、“吸收”了另一种文化精神的内容，这从根本上说是前一种文化自我发育，从而否定自身原来的存在的过程。中国文化之引入佛教即是如此。盖佛教的本质贡献在于给中华民族带来了真正的超越与反思，而这超越与反思就是精神现实的自由或自否定，故其真正建立就在于中国思想对自身传统的根本否定。这从根本上说是因为，正是透过佛教这种新的传统，本体自由唤醒了精神的良知，良知使精神恍然痛感其不自由，促使它否定或重组原先的传统，而这种否定是通过对新传统的学习、修炼实现的。因此包含在佛教中的精神反思与超越之“进入”中国文化，就是一个否定中国本土传统、开辟自己领地的过程，简单地说这是一种“殖民”模式。任何高级文化的“渗透”都难免如此。在这里，进入的文化要保持其原先的精神性，其与本土文化之间就不存在真正的“融合”；尽管它可能对本土传统的内容进行吸收、重组——但是这一定是以它丝毫不改变其自身本质、以它对本土传统的完全解构为前提的。佛教的精神也不应当与华夏精神有真正的“融合”，盖佛教精神的超越与反思就是对自然思维的否定，而自然思维正是华夏精神的实质，自由精神与自然精神之间不会有“融合”，尽管前者会从后者“汲取”养分。甚至在佛教影响下宋明儒学的转型，也同样可以从上述精神自否定的视角来解释。正是由于佛学带来的超越精神的渗透，理学否定原始儒家的自然思维，而代之以一种以道器、理事、理气严格区分为标志的超验形而上学；而同样是佛学带来的反思精神的渗透，促使理学进一步转型，领会超验的理就是吾人真心的内容，而真心、良知乃为天地万物之绝对本体，此为心学的结论。宋明儒学的这一转型，既是一个儒家精神自我发育的过程，但同时也可看作是一个佛教精神在儒家传统中的“殖民”过程，因为新儒学中的超越与反思思维都不属于中土传统且严格意义上不包括任何华夏文化因素，而是从佛教学习而来。这方面成就最卓著的就是阳明心学。通过对作为一切存在之超越本体的良知的领会，阳明心学实现了一种精神的自我内在超越。不过从其本体论内涵而言，心学的良知与作为中国占主导的如来藏佛教之基础的自性清净心其实是同一观念，然而如来藏佛教自性清净心的观念，其实亦不属于印度佛教原有的传统，而可以肯定是来自奥义书—吠檀多思想的渗透。这意味着，阳明心学的良知观念，应当追溯到奥义书—吠檀多思想中作为世界之超验本体的心灵、意识观念，因此可以说心学的本体论其实是一种“儒学化的吠檀多学”①。而奥义书这一思想的最终源头正是那支启多学说开示的作为存在的绝对基础、真理的超越的意识观念。而观念是精神的生命、思想的标志，故这种观念追溯，表明《羯陀奥义书》反映的精神，实为宋明新儒家（乃至其他各家思想）包含的超越与反思思维的漫长历史源头。

如前所述，中土文化是一种精神自主势用薄弱而惰性的自身肯定（自任）、自身放失（自放）势用强盛的玄道文化。它也反过来会影响中国佛教的精神形态。除非佛教通过对传统的否定，使本体自由充分释放出来，转化为精神自主势用的现实力量，否则中国文化中强大的自任、自放的势用，必会抵消佛教精神包含的自主势用或自由，消解或减损佛教精神的超越与反思性。中国佛教的圆融和生活化（释道融合）、世间化（儒释合流），就反映了对佛教的超越与反思，易言之对佛教的精神性的解构。盖超越与反思就在于对现象与实体、心与物的严格区分，对现象、物的存在之自为真理性的否定，而圆融则是模糊这种区分、淡化对现象、物的存在的否定。佛教的生活化与世间化，同样包括对其自身超越与反思精神的消解。当佛教这种超越与反思精神“殖民”于儒家传统之中时，其受中土之精神惰性的浸蚀尤甚。这惰性力量一方面决定儒家精神对于传统、习俗、精神权威、自然伦理的绝对执着，因而首先它不可能像佛教那样自觉地否定原来传统，自由精神渗入的主因其实是儒者理论辨别能力欠缺所致，此如理学将作为超验的本体的天理、良知皆归诸原儒“未发之秘”；其次当它意识到这超越和反思思维与其自然思维传统过于显著的差异，必然将前者放弃（如所谓“道统”说）；这意味着精神的超越和反思即便进入儒家思想（乃至整个华夏思想）之中，其原有的力度和纯粹性也必然受到大大的污损（文化殖民的悲剧）。另一方面，这惰性力量也决定儒家精神对于自然强权的极端依附，因此即使有极少数儒者（比如王阳明）果真达到了精神的超越和反思，他也绝不可能意识到真正精神的尊严和权利，并由此重建社会存在、反对政治强权；这意味着他的超越和反思只停留在主观精神之内，而不可能成为客观的社会实践（比如阳明“剿匪”发明邻里“连坐”之法，充分表明他尽管主观上意识到自我的内在自由，但客观上对人的权利、尊严还没有最起码的意识）。

然而，即使奥义书精神之内在自我超越与反思，本身亦有其固有缺陷，并导致其理论和实践的诸多困难。首先，盖精神生命的发展阶段和具体形态，乃由其阖的势用和辟的势用的相互争斗、胶结、制衡、渗透决定。阖势用的自身无限化、绝对化冲

① 吴学国：《从印度吠檀多到中国阳明心学》，《学术月刊》2007 年第 2 期。

动总是被辟势用的消解力量限制、阻拦。对于奥义书的内在超越精神来说，尤其严重者，是其中作为理性思维基础的精神自主建构（自凝）的势用极端薄弱，完全被惰性的消解力量（自肆势用）抵消，因而是自肆而非自凝势用实现为思想的积极活动。这决定奥义书精神的内在自我超越思维所领会、维护的意识实体，就是一种非理性的无思无虑、无形式、一味、均匀的存在。其次，在这里，精神惰性的消极自任势用阻挡了自身否定的无限化冲动，使精神在这里放弃了纯粹否定的虚无之痛，而是寻求安全与庇护，乃自然、任运、懒惰地肯定绝对意识实体为某种现存物，因此放弃了否定而成了新的执着。超越的现存存在就是形而上学的实体，后者对经验、自然的否定，就表现为这现存存在与时间、空间和因果性之对立，即它的永恒、不变、自足和封闭性。最后，由于非雅利安文化的渗透，婆罗门传统中也包含了本寂的精神，因而它的精神自否定总是包含了某种程度上向空无、冥性的复归。所以奥义书的省思难免将冥性的体验嫁接到精神的内在自我超越之上，把属于某种冥性体验的寂灭、无分别、非有非无、一味、清净无染等特征，作为对纯粹意识、心灵的描述。所以奥义书精神在其形而上学超越的阶段所开示的绝对真理、实体就是寂灭、不动、不变、永恒、常住、无差别、一味、无思维、无念、封闭自足的意识、心灵，即自性清净心的观念。然而这一观念其实是一种假相。盖觉性的心灵、意识就是理性、思维，它是对任何现存存在的否定，它就是觉性内在的先验运动，就是自由、生命；所以：第一，把它理解为非理性、无形式、无分别、一味的清净心是错误的，相反这意识作为思维，总是在构造形式、制造差别并将其包含在自身之内；第二，把它理解为一种绝对静止不动、永恒常住、自足封闭之物也是错误的，心灵对经验时空、因果性的超越，并不是说它是与后者对立的另一种现存物，而在于它作为觉性的先验运动，恒规定后者而不受后者规定；第三，把它理解为寂灭、无生、清净之体同样是错误的，因为寂灭、无生、清净皆属冥性、本无或绝对死亡之德，而超越的心灵、意识则是觉性的本质，就是存在与生命。

与这种非理性、无生命的自我理解相应的，是笼罩着印度人的生命实践的神秘主义、悲观主义和非理性主义，造成了印度人宗教和道德实践的困境。首先是宗教、道德实践之本质上的反生命取向。熄灭了意识和思维、断伏了一切生命的灭尽（nirodha）境界，成为所有宗教修炼的目标。即使超越的内在反思也是以进入生命寂灭之实相为理想，生命的死亡被当成了生命的自由。其次是这种非理性的自我理解，也导致印度文化在伦理实践方面无法克服的困境。因为一个非理性的自我不可能给自己建立道德法则，结果在理论上，自我的自由必然与客观道德法则相矛盾。正如史怀哲指出，印度人超越的世界观与伦理的实践的行为根本矛盾，是印度伦理思想一直以来如此不完善的原因①。商羯罗试图通过将自由与道德分属于真、俗二谛，以二谛不二来调和这种矛盾，但这种调和当然是外在的。奥义书精神的上述困境，在受到它影响的中国儒、道心性之学中亦有所反映。其中尤其显著者，为心学通过佛教接受了奥义书那种神秘、非理性的自我理解，因而同样继承了印度人的道德实践面临的困境②。在这里，阳明心学亦试图通过将“无善无恶”的本体与“有善有恶”的伦理实践分别归属于“心之体”、“道之用”两个层面，以体用不二来调和自我精神自由与儒家的伦理诉求之间的张力，思路基本上与商羯罗相同，也同样是外在的。上述理论张力并未真正得到解决，也导致心学这一实践悖论：即人越是追求内心的自由，便越是疏离了现实的伦理规范，从而导致“狂禅”之病。其实解决这一困难的根本出路，在于领会那绝对的心灵、自我，就是理性本身，因而它才能自己给自己立法，才能将道德律当作自由的内在要求。应当承认只有西方文化才达到了这种领会。从自由本体论来分析，这就在于唯有在西方传统中，精神的自凝势用才终于战胜惰性自肆势用的消解，实现为积极的活动，使省思为自己构造适宜的观念。正是反思思维内在的自凝势用，预设了理性的绝对真理性，并促使这反思将自我的本质与理性等同起来。

## 六

在自由推动下，奥义书的精神也在进一步发展，并最终克服了宗教精神的形而上学局限。盖本体自由为实现自身的绝对化，必然推动精神无限的自我完善。它必促使精神否定自身、克服滞碍，恢复其本真自由（精神自否定在现实层面的绝对性）的活力。奥义书精神之内在自我超越与反思的缺陷，也将最终在这本体自由的推动下，得以克服。在这里，本体自由的自身绝对化冲动赋予精神自主的否定（自舍）势用以及肯定（自反与自凝）势用以新的活力，使其战胜对立的惰性力量，而展开自身的无限性（精神的本真自由）。正是这两方面自主势用的交互推动，使印度精神得以克服其对于那种超验形而上学的局限，最终进入真正精神本体论的领域。其中自舍势用旨在破执，是对一切外在的、现存的、非生命的东西的否定；自主肯定势用（自凝与自反势用）则确认生命的组织、形式，其中自凝势用的积极活动赋予存在以概念、观念的形式，而自反势用的积极作用则是将自凝势用的建构活动转向围绕、针对

---

① Schweitzer, Albert, *Indian Thought and its Development*, Henry Holt and Company, New York, 1936.200.

② 吴学国：《从印度吠檀多到中国阳明心学》，《学术月刊》2007 年第 2 期。

存在之内在本质而进行（对于这本质自身的形式建构或对于其所处的存在关联的建构）。无论是这否定的还是肯定的势用，在精神的现实性中都是历史地、合乎逻辑地展开的。精神正是在这两种势力之“破”与“立”的辩证统一中，推陈出新，展开其概念与观念的无限丰富性。奥义书的精神在接下来的发展中，正是在这自由推动下，克服了形而上学封闭的实体思维，领会到那超验的心灵实体，就是一切自然、经验存在的根源，因而它就是绝对的先验本体。奥义书的精神于是就脱离理智省思的局限，上升到思辨省思层面。

从精神史的事实来看，在奥义书中，思辨省思的形成和完善经历了两个阶段。

第一，对于先验本体的领会得以形成，但是省思对这本体的自身内容缺乏进一步规定，因而思辨省思仍然是抽象的。《广林奥义书》中的耶若婆佉思想，就代表这一阶段。耶若婆佉提出了根本识的观念。他将阿难陀识作为一切经验意识的根源或种子，而阿难陀识又是超越了所有经验现象、自然的绝对心灵实体，因而阿难陀识就是存在的本体。万有皆从此心灵本体中产生。此种唯心的本体论，为奥义书最典型的观念。一方面，如前所述，意识作为本体与经验事物存在着内在关联，后者可以表述为一种生成运动中的前提、结果关联；另一方面，这本体是绝对者，只能它自己运动，于是上述内在关联就属于这本体独立的生成运动。如前面所分析，像那支启多学说对意识作为超验实体的领悟是超验反思，而像阿阇世等对意识作为存在之根源、本质的领悟是绝对反思，而在耶若婆佉思想中，熟眠位识或根本识既超越了一切经验的现象，又是所有经验存在之根源，故既是超验的也是绝对的。所以耶若婆佉思想代表了一种超验的绝对反思，即思辨的反思。思辨省思乃是超越思维与绝对反思的统一。它把绝对主体性和超验实体融合为一。这在于，它既将阿阇世等在经验层面达到的绝对反思提升到超越层面，剥落前者的绝对意识的经验色彩，使之提升为作为经验之超越根源的先验意识；同时又将那支启多等的内在超越扩充至绝对，打破其所谓超验主体与经验对象的隔阂，使这主体之成为自然、经验存在的本体。精神自由由此进入觉性的先验性领域。这种精神，有别于上述道德精神或宗教精神，我们称之为哲理的精神。在这里，一方面，思辨省思否定心灵实体的个别性与封闭性，确立超验实体为存在的绝对真理，即先验本体，体现了精神否定个别东西的自为存在，确立绝对原理为存在究竟真理的双向运动。这个双向运动，使精神的同一维持势用的积极活动在观念层面得到表现。这同一维持是精神的自身维持势用的展开。它的作用就是把对象确立为唯一最终目的，而仅从这一目的确定全部其他东西的存在，这必然推动省思领会这对象为绝对真理。总之，耶若婆佉的思辨省思，表明精神内在的自反势用已经展开为同一维持，而且它就是在这同一维持推动下形成的。另一方面，思辨省思否定心灵实体的自足、封闭与孤立性，确立心灵实体与所有自然、经验的存在物的内在发生论关联，也在观念层面体现了精神的秩序建构运动，这使精神内在的自凝势用的展开成为明证的。这自凝势用的展开也推动了思辨省思的形成。因此，奥义书的思辨省思主要就是在这自反和自凝势用的双重推动下形成。而这自反和自凝势用的历史展开，离不开本体自由的促动（见本编引论）。因此这整个精神进展最终是被自由推动的，它就是自由的展开。

第二，思辨省思领会到先验本体的实质为理性、理智（般若），因而成为具体的。在奥义书思想中，这一精神阶段只在晚期的《蛙氏奥义书》等的种子识（熟眠位识、阿难陀识）观念中得到微弱的反映。《蛙氏奥义书》实际上将超验的意识实体分为两个层面，即作为万有直接本体的熟眠位识和与从万有截然分离的恒常、清净、不动的真心。后者为直接继承《羯陀》等的超验实体，前者则继承了耶若婆佉等的本识观念，而将后者的内容规定为先验的理性、理智（般若），使这本体初步具有了具体的内容。这内容只能是思维的概念、理念。奥义书精神在这里进入具体的思辨阶段。奥义书对意识本体内容的这种具体化，也汲取了吠陀和梵书对语言的本体意义的思考。盖《黎俱吠陀》即称语言（vāk）为世界之依止、根源、全体（ṚVX · 125），为养育万物的母牛（ṚVVIII · 89 · 11；AVIX · 2 · 5），在这里语言已被当作一种“形上学的原理”[①]。在梵书中，语言被认为是生主用以创造世界的原理（Sat BrāVI · 1 · 1 · 9, 2 · 6—9）。早期奥义书也提出大梵本为无差别的实在，万有唯因增益名色（语言的概念）于此实在之上而得分别（ChānVI · 1 · 4；BṛihI · 4 · 7）。但在这些思想中，语言和概念都还是经验性的。《广林奥义书》中的耶若婆佉与《蛙氏奥义书》则深入心识的超越层面，阐明了种子识（熟眠位识、阿难陀识）的观念，以为名色世界之根源。从逻辑上说，世界既然只是语言性的，只是名色，名色的种子就是概念的潜在状态（先验概念）；在这种意义上熟眠位识就包括了全部概念在内，因而是一个理性的统一体。但这种观念在《广林奥义书》中还不明确，在《蛙氏奥义书》中才有所反映。后来吠檀多派明确将阿难陀识中的种子解释为“潜名色”（先验概念），以为一切现行的名色差别（现实的经验）都是由后者被增益到大梵之上而展现出来（USI · 16 · 35），整个世界都是被增益到存在、大梵之上的名色。佛教唯识学也认为阿赖耶识中的意言种子为诸法产生的根据。这些说法才将这种子识（先验本体）隐含的概念、理性内容充分揭示出来。所以说，印度精神之具体思辨省思，始于《蛙氏

① Deussen, Paul, *Allgemeine Geschichte der Philosophie Bd1*, Abteilung I, F.A.Brockhaus Leipzig, 1922.148.

奥义书》，而到吠檀多不二论和佛教唯识学才得以完成。在西方哲学中，康德哲学也体现了这种具体的思辨省思，它反映了与《蛙氏奥义书》、不二吠檀多派和佛教唯识学同一层次的精神自由，尽管它们的思维水平存在巨大差异。《蛙氏》的思辨省思对先验本体的内在形式，即理性的领会，在观念层面表现了精神对于先验本体的内在建构，这表明精神的自凝势用已经在先验本体的内在存在领域展开自身。在这里，正是自凝势用与自反势用的积极活动结合，促使思辨反思领会到这意识本体内在地包含了形式、组织的统一，即包含了理性的概念、观念之整体性。

总之，本体自由促使精神内在的自反、自凝活动在新的存在领域的历史展开，最终推动奥义书精神从理智省思到思辨省思、从宗教精神到哲理精神的过渡。

# 第三章 哲理的精神

## 引 言

### 一

如果说在精神的理智省思中，反思思维领会到绝对的主体性，超越思维进入超验对象的领域，那么绝对理智就是这二者之绝对统一，它是把绝对主体性和超验境界融合为一。这在于精神在这里打破了对主、客体的现存存在的执着，深入到作为二者的共同根源、基础的领域，即觉性的先验存在的领域。这先验存在既是对经验性的否定，因而是超越的；又是一切主观与客观经验的基础、根源，因而是绝对的。这种绝对理智省思就是思辨省思。通过思辨省思，精神发现并进入作为道德、宗教之基础的先验主体性的园地，因为这主体性既作为绝对规定着伦理的经验实践，又作为超越者成为宗教生活之理想或崇拜对象。在这里，思想开展出了一种可以同时为道德与宗教奠定基础的纯粹本体论。因此，有别于前述的道德精神与宗教精神，我们称这思辨省思所从属的精神为哲理的精神。哲理精神处在一个更高层次上，它既是道德的也是宗教的，是道德精神与宗教精神之统一。所以精神从自由到哲理，从理智到思辨，都包括两条路向之最终会集。

其中第一条路向，是绝对反思的超越化。绝对反思是主观反思和客观反思的结合，前者是对自我内在心灵的独立存在的反省，后者是对对象存在的思维（概念、观念）基础的反省。绝对反思是意识到对象存在的基础就在自我心灵之中。然而最初的反思必然是经验的，最初的绝对反思也往往如此。在这里，觉性、意识尽管被作为存在的绝对真理，但这意识仍然是经验的，是直接呈现的心灵，它其实是内在的自然。然而真正的精神自由就是对自然的否定。本体自由为实现自身绝对化，必然促使精神的自身否定势用展开积极活动，从而推动理智的绝对反思（经验反思）否定其对直接、经验意识的执着而转化为超越的（参考第二章引言），于是作为存在绝对真理、本原的心识，同时被认为是一个超验的实体。这个实体就是先验的本体。省思在这里实现了绝对反思与超越思维的统一，因而提升为思辨省思。这种思想转化最终是由自由推动的。

从理智省思过渡到思辨省思的第二条路向，是超越思维的绝对内在化，这包括主观超越的客观化、绝对化。如前所论，超越思维与反思思维是由精神的不同自主势用推动，所以最早的超越思维往往是无反思的。比如古代希腊和印度的原子论，把超验实体理解为无意识、无生命的原子，早期佛教也把绝对超越的涅槃境界理解为意识、精神的完全泯灭。这样的精神超越就不包含任何反思。然而无论在古希腊还是在印度思想中，这种超越思维都在其发展中经历了逐渐的内在化过程。其中的一种发展在于，超验实体被与内在的心灵、自我等同（阿那克萨哥拉的奴斯、《羯陀》的清净心）。这种领会就是一种内在超越或超验反思。这种超越思维的内在化，是精神自身维持势用推动的结果。精神内在超越的自由就是精神否定了自然、经验对于自我的约束、支配，使其内在的现实性即纯粹意识、思想得到完全解放。然而在这里，超验的心灵实体、自我完全是封闭的原理，而没有成为客观存在的根源、本质。因而这种内在超越仅仅是主观的。然而这种主观的超越作为现实自由是消极的。这就表现在它所领会的意识、主体之无污染性、封闭性、无为恒住性，因而这主体无法到达对象，展开为客观性。反之，当精神的内在超越成为一种积极的自由，那么主体是自觉地规定对象的。在这里，超验的心灵实体成为经验东西的根据、本质，主、客观经验都被纳入其中，于是这超验主体成为绝对的（所有存在的根源），从而进入先验的领域。这种思想转化最终也是由自由推动的。盖主观超越所执着的封闭、孤立、个别的实体意识其实是一个思维的假相。自我、实体性的真理是绝对，是一切存在的真理、本质。然而唯有在精神内在的自反、自凝势用的双重运动推动下，省思对绝对的领会才得以形成。一方面，只有当自反势用在思辨领域展开为同一维持，才能推动思辨省思否定心灵实体的封闭性与个别性，确立超验实体为存在的绝对真理，即先验本体。精神的同一维持的作用，就是把对象确立为唯一最终目的，而仅从这一目的规定全部其他存在的意义，这必然推动省思领会这对象为绝对真理。另一方面，只有精神的自凝势用的展开，才能推动思辨省思否定心灵实体的自足、封闭与孤立性，建立实体与所有其他存在物的发生论关联。因此，思辨省思主要就是在这自反和自凝势用的双重推动下形成（但也离不开自舍势用的积极活动）。而唯有本体自由的呼唤和倾注，才能促使精神内在的自反和自凝势用冲破传统的规定而历史地展开（见本编引论）。因此这整个精神进展最终是被自由推动的，它就是自由的展开。

总之，自由推动精神的理智分别从反思与超越两条路向达到对觉性的先验意识的领会。对于这理智而言，这先验意识既是内在的，又是超越的，更是绝对的。于是理智的反思与超越在绝对层面融合到一起，理智在这里就成为绝对的。绝对的理智就是思辨。

在西方哲学中，从古希腊原子论者最初的实体思维，到阿那克萨哥拉等人对自在自为的思想、意识的领会，就体现了超越思维内在化的路向，精神的超越由此融入反思之中。从柏拉图到笛卡尔，乃至后来欧洲唯理论和主体哲学，都是这一思想进程的结果。柏拉图理念论代表了古代的客观反思，笛卡尔、洛克代表了近代的主观反思，而这两种反思都是在超越思维的地平线上展开的，都同时是超越。另一方面，贝克莱、休谟的思想则属于经验的绝对反思，这种反思不包含明确的超越之维。而康德先验哲学则是上述两方面发展的总结。在康德哲学中，纯粹思想、意识是全部主观与客观、自我与存在经验的根据，因而其中包含了绝对反思；另外这意识是超越的、是对经验存在的否定，因而这种哲学也包含了内在超越。所以在先验哲学中，理智的反思与超越在绝对层面结合起来，理智成为绝对的，亦即将自己提升到思辨的层面。

## 二

在奥义书的精神中，从理智省思到思辨省思的过渡，与西方哲学有类似的逻辑。在这里，思辨省思的形成，就在于在阿阇世、波罗多陀等学说中得到反映的绝对反思，与在毕钵罗陀、那支启多等学说中得到反映的主观的内在超越，最终结合起来，成为统一的精神活动。它同样是两条路向的汇聚。第一条路向是阿阇世、波罗多陀之学说代表的，奥义书在经验层面达到的绝对反思，被提升到超越层面。在这里，绝对意识得到升华，成为超越了经验意识而作为其种子、根源的先验意识。与经验反思把一种经验意识当作绝对不同，在这里，省思领会到一种作为一切经验现象之否定、不是经验意识的对象而又作为主客观经验之来源、基础的根本意识，后者就是潜意识或先验意识。这种领会意味着绝对反思从经验领域进入先验领域，或从理智的省思进入思辨的省思。奥义书这种转型过程，在观念层面表现了省思否定绝对心灵的一切自然、经验的意义，确立其为超验的本体的双向精神运动。这在现象学上使精神的自舍势用在绝对反思层面的积极活动成为明证的，表明这一精神转型最终就是自舍势用的展开推动的。

在奥义书的精神中，思辨省思形成的另一条路向，是《羯陀》等反映的主观超越，被扩充至绝对境界，其所领会的超越意识实体，就打破与自然、经验的隔阂，成为自然、经验存在的本体，成为一切存在物的先验基础。在奥义书中，《羯陀》等最早明确表现了精神的主观、内在超越。在这里，自我被理解为一个否定了自然的普遍意识实体，由于这种理解，精神实现了它内在的纯粹意识对自然、经验的超越。如前所述，精神这种内在超越的自由，有消极的和积极的之分。而那支启多之学，只反映了这自由的消极方面，自由仅仅是精神的纯粹意识断除了自然或经验东西的束缚和污染，而没有表现为对经验东西积极的自主规定。如前所论，这是因为精神按照其发展的惯常情况，当它进入这内在超越的国度以后，其本真自由便随即沉沦，被其惰性力量（自任、自放、自肆势用）抵消了，因而，首先，精神的自身否定势用丧失了本真的无限性，这决定精神对庇护、安全的需要，这使省思肯定超越的意识为永恒的现存实体，这意识对经验的时间、空间、因果性和运动的否定被误解为它在经验中的恒常、无生、不动和封闭性。其次，与此相应，自反势用也丧失其无限性，停滞于对这现存实体的维持，没有进一步扩展到精神的生命性领域，也没有扩展到绝对领域，展开为同一维持，这使省思只能把心灵实体领会成一种个别、相对的存在。最后，自凝势用的活动也被抑制，没有展开为对心灵与存在的发生论关联的建构。奥义书的思辨省思克服了这些局限。在它这里，心灵实体不是一个封闭、孤立、个别的东西，而是全部存在的绝对真理、本质，也是万有的发生论根源。奥义书思想从主观超越到思辨省思的转型过程，首先在观念层面表现了省思否定心灵实体的个别性、封闭性，确立其为绝对本体的双向精神运动。这在现象学上表明精神的自反势用在主观超越层面展开为同一维持，这一精神转型最终就是这同一维持推动的（唯同一维持推动省思领会绝对）。其次，它也在观念层面表现了省思否定心灵实体的封闭性、孤立性，构建以心灵为根源的存在发生关联的双向活动。这在现象学上使精神的自凝势用在主观超越层面的积极活动成为明证的。总之，奥义书思想从主观超越到思辨省思的转型，是由自反与自凝势用的双重辩证运动推动的，是自由在新的精神层面的展开。

在奥义书的精神发展中，从理智思维到思辨思维过渡的这两条路向，即绝对反思的超越化与主观超越的绝对化，不仅最终汇聚到一起，而且在其各自的发展中也可以相互交织。但在这里应当指出以下几点：第一，奥义书的思辨省思形成，可能在早期遵循的是第一条路径，此即反思在其自身否定势用推动下，涤除其经验性的渍染，升华为对超验的绝对意识，即先验的领会；而通过自反、自凝势用的推动，实现对主观超越的绝对化的路径，则可能为时甚晚且与前一路径已经重叠。第二，在这里，思辨省思至少在其开始阶段，还没有达到应有的纯粹性或彻底性，比如就耶若婆佉和步厉古之学而言，对绝对意识主体的超越性把握还不够清晰、坚定，先验意识被混同于心理学的深层意识或潜意识（深沉睡眠状态），绝对反思的超越化并不究竟；同样就晚期奥义书而言，尽管所有经验存在被奠基于某种潜藏的思想（般若），然而后者的先验性也显得模糊，且作为真实主体的意识、自我没有被等同，这意味着主观内在超越的绝对化，在这里也不彻底。第三，在这里，思辨省思可能不是形成于理智的超越和反思完全发展之后，而是与这二者同时发展的，因此一方面它会因为超越和反思之不够彻底，而影响到自身的纯粹性；另一方面，它的不彻底形态的出现可能早于超越和反思的彻底形态，此如耶若婆佉、步厉古反映的思辨思维，在年代上应早于《六问奥义书》、《羯陀奥义书》的超越思维。

## 三

奥义书的思辨省思的形成和发展历程，通过从《唱赞奥义书》的耶若婆佉之学、《鹧鸪氏奥义书》的步厉古之学到《蛙氏奥义书》等一些晚期奥义书思想的演变，得到反映。奥义书思辨省思的发展大致可以分为以下阶段：其一，本质主义的、灵感的阶段，其代表是《广林奥义书》的耶若婆佉之学。在这里，省思领会到先验意识为经验存在之本质，但对本质与经验存在的关系仍未作深入思考；另外这种领会具有偶发的、灵感的特点，而没有成为概念。其二，概念的、全体的阶段，其代表为步厉古的五身说。在这里现实的自我、存在被揭示为本质与现象、心与物、先验与经验之结构整体，而且其修道论也合理化而成为依自我不同意义层面由外向内次第深入的反思型实践，这表明思辨省思成为必然的。其三，具体的思辨阶段，以《蛙氏奥义书》的自我四位之说为代表。在这里，先验意识的实质内容首次得到明确领会，它落实为思维、理性的活动（般若），后者构造主、客观经验。思辨思维抛弃前此的抽象、模糊性而成为具体、纯粹的。其中每一阶段，都是在自由的推动下，由思辨省思必然地展开的。由于思维在每一时期达到的观念，乃是现实精神自由的标记，所以我们通过对观念的生命现象学还原，就可以使这精神自由的结构及其发展的逻辑呈现在我们眼前。由此，我们可以将奥义书精神在思辨省思领域的发展，分阶段描述如下。

第一，耶若婆佉学说反映的本质主义的、灵感的阶段。如前所论，一方面，在阿阇世、波罗多陀等思想中，奥义书的省思已经实现为一种绝对反思。然而正如这类思想表明的，由于精神本有的惰性力量的作用，使它一旦进入这绝对反思的驿站，便以之为终生的安宅，于是精神丧失其本真自由，反思止步于经验意识的领域。然而经验意识仍然是觉性自我的外在表象，而非其本质的内在性，后者即思维、概念的先验活动。另一方面，伽吉耶夜尼、那支启多等的思想，则表现了奥义书的内在超越思维。在这里，自我最终被理解为一个否定了自然的纯粹意识实体。但如前所论，奥义书的精神在这里，也同样被惰性力量牵制，丧失了本真自由，故超越止步于封闭、孤立、个别的实体，亦未能进入作为实体性的真理、基础的先验意识领域。耶若婆佉之学，则通过对先验实在领会，将这绝对反思与内在超越辩证统一起来，从而克服了二者的局限。

一方面，其说将超越之维引入原有的绝对反思传统，克服后者的经验性，使其转化为思辨的反思。耶若婆佉开示的绝对心灵、意识，既是经验世界的根源、本体，万物都由它转化生成，如经与纬；另外它又是对经验存在的超越和否定。这种超越首先是形上学的。耶若婆佉认为根本意识是超越的本体，经验的名色世界只是后者幻灭的表象，二者之间存在着一种“本体论的区别”。耶若婆佉以“遮诠”方式，阐明意识本体的这种绝对超越性。其云此意识本体为非此非彼（neti, neti）、非粗非细、非长非短、无光（非火）、不沾（非水）、无影、无暗、无风、无空、不粘、不可触、无嗅、无味、无眼、无耳、无声、无意、无力、无气、无口、无名、无老、无死、无畏、不灭、非显、非隐、无度量、无内、无外、常住不灭、不可毁坏、无缚、无损、不败、无执、“不食于一切，亦不为一切所食”。这表明本体意识是对一切经验的时间、空间和因果关联的否定，它作为后者的超越根源就是先验意识。其次这种超越也是认识论的。耶若婆佉看到经验意识只能认识自然的、现象的、对象性的存在，而意识的主体性自身则属于包括感性和思维的经验意识完全无法达到的超验境界，为不可见之见者，不可闻之闻者，不可思之思者，不可知之知者、不可捉摸、不可缘取。这超越经验认识的本体自然也是超越语言的，“言语道断，心行处灭”，唯通过某种神秘的宗教觉悟（梵智）而证得。最后这种超越也是实践的，这通过耶若婆佉对本体的无缚、无执以及（于苦乐、善恶的）无染、清净得到阐明。耶若婆佉的意识本体既是对经验世界否定，又是其根源、基础，所以它就是先验主体性。因此，在耶若婆佉的学说中，精神反思完成了从理智到思辨、从道德阶段到哲理阶段的根本转变。奥义书识论从阿阇世、波罗多陀等到耶若婆佉的这种超越过程，表现了省思一方面否定绝对心灵的经验意义，另一方面确立其为超验本体的双向精神运动。这在观念层面验证了精神的自舍势用在绝对反思层面的积极活动。正是自舍势用的展开推动了这一精神超越过程。

另一方面，其说将绝对反思引入伽吉耶夜尼等的超越思维之中，从而克服了后者的形而上学性，使其转化为思辨的超越。耶若婆佉的自我也不等于伽吉耶夜尼、那支启多等的封闭的形而上学实体。自我作为超验实体，乃是主、客体的共同基础、根源，是绝对、不二的真心，全部自然、经验存在的基础，因而就是先验实在。按耶若婆佉的说法，真我是无限之大有，是所有存在之全体，又是万有的绝对同一性、真理。它是无量、无表的心识，遍在万物而不可知，如盐溶水中，每一滴水皆有咸味，但盐却不为所见，不可捉取。如果说那支启多等的形而上学，仍然隐含了主、客的对待，耶若婆佉强调自我的“不二”，就旨在打破主、客对待。有二皆是假相，而不二才是究竟的真理。他所谓本识不是封闭的主体，而是包括意识与对象、主体和客体在内并且超越它们的绝对。万有皆从本识转化生成，整个宇宙是以梵为最终质料构造起来的。耶若婆佉以一种看似笨拙的表述，表明从本识转化生成万有的过程，谓先是由本识生成生主界，复由生主界生成因陀罗界，再由后者生成诸神界，然后准此生成星、月、日、气、风、水等界，最后由水生成万物。耶若婆佉的“不二”、“无对”的本心对伽吉耶夜尼、那支启多等的“有二”、“有对”的自我实体的扬弃，首先，在观念层面表现了省思否定心灵实体的个别性和封闭性、确立其为绝对本体的双向精神运动。这表明精神的自反势用在主观超越层面展开为同一维持，正是这同一维持推动省思领会心灵实体就是绝对。其次，耶若婆佉的思想对伽吉耶夜尼等的自我实体的扬弃，也在观念层面表现了省思否定自我的孤立性、封闭性，同时建构心灵实体与经验事物的发生论关联的精神运动。这种精神建构运动在现象学上验证了精神的自凝势用在主观超越层面的积极展开。正是这自反与自凝势用的展开，推动奥义书思想从主观超越到思辨省思的转型。

总之，奥义书思想从理智省思到思辨省思的转型，是由自舍、自反与自凝势用在新的精神层面的积极展开推动的。然而只有本体自由的呼唤和倾注，才能促使精神的自主势用冲破传统的规定，获得历史的展开（参考本编引论）。本体自由总是在精神的最深处，对现实精神发出呼声。而精神正因为对这呼声的倾听、应答和接纳，才恢复其本真自由，也就是使它的自主势用重新获得无限性。其中，精神的自身否定在绝对反思中重新展开，推动反思否定经验意识的自身真理性，精神于是在绝对反思的层面开辟超越之维；其次，精神的自身维持势用在内在超越中展开为同一维持，推动省思领悟到那超越者就是绝对心灵，精神于是在内在超越层面开辟出绝对反思。在自由推动下的这两个精神发展向度，最终合二为一。理智省思由此转型为思辨省思。耶若婆佉的思想就验证了奥义书这一精神转型。

但耶若婆佉的学说也反映了奥义书哲理精神最初阶段的局限，思辨省思在这里还很不完善。首先，思辨省思对意识本体的经验色素的洗涤还不彻底，这表现在：其一，这本体经常被视为经验心理学的意识，比如被与深沉睡眠状态或死后意识等同；其二，耶若婆佉的存在发生论似乎仍然把意识本体当成了经验存在的质料、始基，因而与宇宙发生论混同。所以思辨省思在这里还不够纯粹，这表明精神的自主否定势用还有待进一步展开。其次，思辨省思只是本质的，而且仍然是抽象、空洞的。一方面，耶若婆佉的思想是本质主义的，他只是阐明了意识、自我的单纯本质，忽视了现实自我的整体内容与结构，这实际上使自我失去其真理性（真理是全体）。因此思辨省思没有领会意识之全体的真理，后者是本质与表象、先验性与经验性之结合。省思不能构造存在的差别统一性，表明在这思辨领域精神的自身建构势用没有展开为对世界的自主设定。另一方面，在这里，思辨省思仍然是抽象、空洞的，先验意识的实质，即理性的纯粹概念、思想，仍未得到清晰的领会，这表明省思未能建构这先验意识的形式内容，反映出精神的自凝势用尚未展开为对本质的自主设定。总之，思辨省思的这种局限性，表明精神的自凝势用无论对于存在的全体还是本质，都还有待展开。最后，思辨省思在这里仍然表现出灵感式的偶发的特点，而没有完全成为精神内在的概念和必然性。耶若婆佉的学说不仅没有像后来步厉古学说那样弄清现实自我的层次结构，也没有像后者那样开示一种系统化的、有意识的修道实践。这在理论和实践两方面都表明，省思对先验自我的领会，尚未形成必然的思想活动，即概念，仍然具有偶然性。这也反映了精神内在的自反、自凝势用有待进一步展开，因为唯有自反势用的展开决定反思的内向化运动，而唯有自凝势用的展开推动反思构建这内向化运动的必然形式。总之，思辨省思在这里的局限性，反映的是精神的现实自由仍然具有的局限性。这种局限性也只有通过自由本身的进一步展开才能被克服。思辨省思的完善，既需要否定势用的开辟、自反势用的确认，还需要自凝势用的建构，唯其如此，省思才能展现精神、自我之丰富、具体的内容。

第二，由步厉古之学代表的概念、全体的阶段。《鹧鸪氏奥义书》所谓“步厉古・婆楼尼智”（Bhārgavī vāruṇīvidyā），核心就是所谓五身说。此说以为人类自我的存在包括五个层面，犹如葱皮，层层相裹，是谓“五身”。五身由外到内，依次为食身（肉体）、元气身（生命机能）、意身（感性意识）、识身（经验的理智）、喜乐身（先验意识）；而宇宙大我与个人的自我同构，亦具此五身，与人的五身一一对应。由于存在与自我的同一，五身不仅仅是对自我意义的区分，而且是对存在意义的区分。

步厉古学说，体现了奥义书哲理精神在耶若婆佉思想基础上的进一步发展。首先，其所谓五身说，表明其思辨省思克服了耶若婆佉思想的本质主义，领悟现实的自我、存在为本质与现象、心与物、先验性与经验性之全体。盖真理不仅是本质，而是包括本质与偶像的全体，自我的真理亦是如此。五身说开示了一个完备的思辨形上学体系。现实存在的不同层面，包括内在与外在、先验与经验、本质与偶像、物质与精神、感觉与思维等，都可被纳入此系统之中。用奥义书的原话，自我“乃成为现实（sat）与超越（tyat）、被诠（nirukta）与非被诠、有依处者（nilayanaṁ）与无依处（ānilayanaṁ）者、识与非识、真（satyaṁ）与伪（abhavat）。”这种存在的系统化，体现了一种思辨的理性。它在观念层面表现了思辨理性对存在的差别统一性的构造，这验证了精神内在的自身建构势用的积极活动，表明自凝势用在这里展开为对存在、世界的自主设定（理性思维就是自凝势用的实现）。正是自凝势用在思辨领域的展开，推动思辨理性的形成。其次，与此相关，相对于耶若婆佉之学，步厉古的五身说表明思辨省思不仅在理论上，而且在实践上也具有了必然的形式。这意味着在这里思辨省思真正成为精神的概念。在耶若婆佉的学说中，对意识先验性的领会往往很含糊，与大量自然的、经验性的内容混杂在一起，看上去似乎只是一种偶然的灵感，这表明这种反思还没有完全被概念化。而《鹧鸪氏奥义书》对意识先验性的阐明，则较彻底排除了这种混杂性和偶发性，表明先验反思在这里成为了概念。然而在《鹧鸪氏》的思想中，反思的概念化更充分地表现在其宗教的实践中。其修道实践，谓五身观想。盖五身既构成自我的完整存在，且越是外在者、粗显者离先验本体越远，故修证的方针，就是将这自我由外至内，层层剥除，最后使喜乐身的理体呈现出来；此种逐层排除的观想同样适用于宇宙大我。通过此种观想，吾人最终获得对先验自我的领会，因此这种观想，本质上就是先验反思概念的自然化（生存论化）。在这里，先验反思表现出的概念化，在观念层面体现了精神对于思辨省思的形式建构，验证了精神的自凝在思辨领域中的活动（但是与在上面思辨理性中的情况不同，在这里，自凝势用的作用是消极的，即只为反思服务，而不构成自己的观念）。再次，相对于耶若婆佉的理论，五身说进一步涓洗掉意识本体的经验色彩，表现了思辨省思的进一步纯化。比如耶若婆佉所谓梦中意识与熟眠意识之分，仍然是在心理学层面展开，而五身说对识与喜乐的区分，则明显开始脱离心理学的窠臼，而更接近康德对经验意识与先验意识的区分，属于更纯粹的本体论和思辨哲学。另外，《鹧鸪氏奥义书》试图放弃耶若婆佉对意识本体与熟眠位的等同，而将这本体规定为更少心理学色彩的"喜乐"。这也意味着对经验性的进一步剥离。这在观念层面表现了思辨省思对经验性、自然性的进一步涤除，验证了精神内在的自舍势用在思辨领域的持续展开。最后，五身说将喜乐理解为先验意识的实质，表明思辨省思力图克服其在耶若婆佉思想中的抽象性，使自身成为具体的。在这里，省思表现出对先验意识内在实质的持续追寻，在观念层面反映了精神内在的自反势用在先验反思领域的积极展开。总之，步厉古之学，不仅代表了思辨省思发展的新阶段，也反映了奥义书的精神自由的进一步拓展。然而现实精神之突破传统，最终都离不开本体自由的促动（参考本编引论）。本体自由作为绝对和无限，永恒地撞击着有限的现实精神，它穿越自然和传统向精神发出呼唤，而且给精神输入新力量；它由此促使精神突破传统和自我的局限，恢复其本真自由或生命。由于印度文化的巨大开放性，精神总能听到这良心的遥远呼声。奥义书的精神也是如此。思辨省思的上述进展，表明精神的自主势用否定了传统的限制，恢复其本真存在，在新的存在领域进一步展开，而这唯因本体自由的呼唤和倾注，才得以可能。因此本体自由的促动，导致奥义书的哲理精神发生以下运动：首先，精神的自舍势用得以恢复其本真的无限性，促使思辨省思对于先验意识进一步提纯，并最终抛弃其在初期的含糊性。其次，自凝势用亦得以恢复其本真的无限性，于是从两个方面推动思辨省思的发展：一是通过积极展开，实现为对存在、世界的意义建构，推动思辨理性的形成；二是只配合反思而消极地展开，使先验反思凝聚为必然的形式。这两个方面其实是一体之二面。省思正因为构成存在的整体性及其意义结构，才赋予先验反思以必然性。先验反思唯通过后者的中介而成为必然的（其形式正是凝聚在这结构中），即成为概念活动。因此是自由推动奥义书宗教精神的发展。

然而步厉古之学代表的思辨省思，也同样不够完善。其思想的局限性同样也表明了现实精神自由的局限。这表现在：其一，在这里，先验本体作为喜乐，仍未完全脱离心理学的、经验的色彩，而且以喜乐为存在根源的发生论图式，仍然未完全摆脱宇宙发生论痕迹。这表明思辨省思在这里仍然不够纯粹，对经验存在的排除、超越还不彻底。这意味着精神的自主否定势用还有待进一步展开，精神的自由仍有局限。其二，步厉古的学说尽管领会到存在、自我是一个具有确定内在结构的整体，但对存在的先验本体内在形式、结构（即逻各斯、理性），尚无明确把握，先验反思仍未克服其抽象性。耶若婆佉、步厉古的思想都没有领会先验意识作为本质自我与概念、思想的同一性。在这里，概念、思想并没有呈现为作为自我本质的喜乐、熟眠位识的实质。思辨省思的这种不完善，反映出精神的自凝势用在这里只是在理性的、量的方面重新展开，使省思领会存在、自我的意义整体；但是在反思的、质的方面，它对于哲理的精神，仍然关闭着闸门，换句话说，它没有在精神对先验本质的领会中展开为积极的活动，没有展开为精神对这本质的内在结构、形式的构建，唯后者使思辨反思领会存在的先验本质就是理性、概念、思想，从而使先验本质被赋予实质的内容，使思辨省思获得具体性。其三，即使所谓哲理精神的充分自由，也只是对觉性的先验实在的自主规定，但这先验实在仍然属于觉性、存在的现实性层面，然而觉性的究竟自我乃是超越现实的神圣本质。在这里，现实自由始终无力打开从这先验现实性到神圣本质的门扉，拥抱那绝色空灵的妙体；易言之它还不是绝对的，因而思辨省思始终不能觉察到这神圣本质。耶若婆佉和步厉古的学说，都反映了哲理精神的这种局限。其说皆以为本质就是先验的现实性，那超现实的神圣还从未对它露出真容。这种精神自由的局限性，也只有通过自由本身的开展才能被克服。

第三，由蛙氏学代表的具体、超越的阶段。《蛙氏奥义书》的学说，一方面，体现了奥义书思辨省思在耶若婆佉、步厉古学说基础上的进一步发展。在这里，思辨省思不仅得到彻底纯化，而且首次明确领会到先验意识的实质就是思维、理性，于是它抛弃前此的抽象、模糊性而成为具体、纯粹的。另一方面，《蛙氏》更重要的进展是在这里，省思最初超越了这先验实在，首次接触到那种否定了包括思想、知觉在内的任何现实性的神秘本质（即存在或本体自由自身），它于是扬弃思辨省思，进入超越了思想、理性和知觉的直觉省思层面。但是我们在此仅提及其前一方面的进展。

《蛙氏奥义书》的思想进步，也反映了奥义书精神自由的发展。这主要在于：(1)《蛙氏奥义书》对自我四位的描述，排除了耶若婆佉、步厉古等的三位、五身之说的经验心理学意义，使思辨省思在这里获得了前所未有的纯粹性。它将醒位、梦位、熟眠位、第四位，分别命名为遍在、炎炽、般若（思维、概念、理性）、至上梵。后面这四者依次意指：其一，客观经验；其二，主观经验；其三，先验的实在（纯粹思维、概念），为遍在、炎炽的根源；其四，超越现实的绝对。此四位皆脱离了心理学的遗痕，得到本体论的提纯。其中根本识被规定为般若，相比于阿阇世和耶若婆佉的熟眠位、步厉古的喜乐，这意味着对先验意识的纯化。可以说，奥义书的思辨省思，迄《蛙氏》才真正成为纯粹的。奥义书思想从耶若婆佉到蛙氏学对宇宙论杂质的逐步排除，在观念层面表现了思辨省思对自然、经验的持续否定运动，这一精神运动在现象学上使精神内在的自舍势用的展开成为明证的。(2) 在印度精神史上，《蛙氏》首次明确揭示本识或先验意识的实质就是理智、理性（般若），即觉性的内在形式，因而使思辨省思真正成为具体的。耶若婆佉等说根本识为熟眠识、喜乐，都只是描述了先验意识的相状，而未阐明其实质内容是什么，因而思辨反思在这里仍然是空洞、抽象的，而蛙氏学则领会到这根本识就是觉性的全部先验思想、概念，即般若，于是先验意识被赋予明确、具体的内容。从耶若婆佉到蛙氏学这种观念转型，体现了精神对于先验本质的形式建构运动。这在现象学上使精神内在的自凝势用的积极活动成为明证的。唯有自凝势用在反思中的积极展开，才能推动思辨反思领会先验本体就是理性、概念、思想，从而使本体被赋予实质的内容，使这反思成为具体的。(3) 蛙氏学说否定了先验实在的绝对性，并确定一种超现实的神秘原理为存在、自我的理体。其自我四位说相对于耶若婆佉、步厉古等说的根本革命在于开示了一种超越般若即先验实在的究竟真理，即第四位。般若尽管是存在之先验根源、基础，但绝对自我则超越它而为其规定者，为“非般若，非非般若”。蛙氏学以为遍在、炎炽、般若三法，即全部的现实存在，皆是对第四位、至上我的覆障，唯将三者全部断灭，才可证入第四位。这意味着存在、自我的本质超越一切现实的存在。所以蛙氏之学已在跨越思辨省思堤封，进入神秘精神的直觉省思之域。因为蛙氏学已经部分超出思辨省思，脱离哲理精神阶段，所以我们将它放在神秘精神一章讨论。这意味着，我们在这一章对于思辨省思的分析是不完整的，因而必须与下一章蛙氏学的相关内容连接起来，才能使奥义书的思辨省思呈现为一个整体。

总之，同其在道德和宗教精神阶段的发展一样，奥义书思想在哲理精神阶段，也是在精神本有的自由推动下，展开其丰富内容。从早期奥义书的绝对反思和内在超越，到思辨省思在耶若婆佉思想中初步形成，再到步厉古对思辨省思的必然化和纯粹化，最后到《蛙氏》对思辨省思的具体化和最终超越；思辨省思的这一漫长的形成和发展过程，在观念层面表现了精神的自身指向、自身否定和自身建构运动的持续深化、提升和拓展，使精神内在的自反、自舍、自凝势用的积极活动在现象学上成为明证的。正是它们的积极展开，推动了思辨省思的进展。然而对于现实精神而言，其内在的自主势用总是已经完全被传统规定。从理论上说，只有那唯一彻底超越传统的原理，即本体自由自身，才能促使精神内在的自主势用冲破传统的规定而历史地展开（参考本编引论），从而使精神的自我进化、自身发展得以可能。而奥义书精神在哲理的阶段乃至在其整个历史中对传统的不断扬弃和提升，就在现象学上验证了精神在其本质中有这样一个绝对超越传统的原理存在，正是这本体自由促使精神内在的自主势用积极展开，从而推动省思的持续进展。奥义书思想在哲理精神阶段的发展，为自由推动精神发展的逻辑提供了一个现象学的例证。以下我们以印度传统上被归属于耶若婆佉和步厉古的二家学说为对象，对奥义书思想在哲理精神阶段的发展予以阐明。

## 第一节　耶若婆佉

由于觉性、精神的自身悬置、自我隐藏的特点，在思想史上的实际情况是，越是接近觉性本质的东西，反倒愈易滑落，愈易被遮蔽。所以人们很晚才意识到心、意识、思想的自为存在，才有观念论和意识哲学。这是因为，意识本来属于自然觉性。在后者层面上，觉性、存在还没有实现其绝对自由，它的展开依附于生命体的物质需要，它的存在领会被物质的生存需要绑架了。在这里，觉性是通过对物质东西的寻求、谋取、制作、使用来构造自身的世界和存在。所以在自然觉性中，意识直接面对的是作为觉性的最外在存在的物质。物质就是最显著的存在。只有当觉性在现实层面展开为绝对自由或精神，它内在的自身存在的宇宙才开始对于意识展现出来。当然这意识已不复是自然意识或直接意识，而是省思的意识，后者专门指向觉性的自身存在。精神就是觉性的绝对自否定，即对自己的自由的自由。觉性的直接自由，就其内在现实性上说，就是它对自然的、现存东西的自主规定；而精神就是对这内在现实性的自主规定，是针对觉性的直接自由的自由，因而在其本真的意义上就是绝对自由。自由规定意识，所以精神作为绝对自由，规定了它的省思对觉性的现实自由即内在的思想、意识活动的意识。

自然意识只意识到外在对象和内在的情绪、感觉、印象，这些东西都作为意识的对象、它者而呈现；但自然意识对它真正的自己，即它的主体性、活动并无意识，所以任何对意识的意识，即对意识主体性、活动的意识，都属于省思的范畴，都属于精神而非自然觉性。精神的省思包括反省思维与否定思维，都有其自然的与自由的阶段。其中对人的自我、主体性、内在性的省思就是反省。唯反省的发展导致精神对存在、自我的内在本质的领会。反省有自然的与自由的之分。自然反省没有领会意识的自为存在。盖意识的自为存在乃是绝对和实体。而自然反省首先没有看到意识的实体性，它将主体性、意识当作从属于自然的大化之流、其生成与消灭皆完全由后者规定的东西，因而这东西不具备独立的自身规定性。其中可作典型者，如中国传统思想。后者就始终以为心、意识是依附自然的，为“气化”所生。其次自然反省也没有看到意识的绝对性，它要么只领会到意识的经验、个别的内容——意识没有成为绝对；要么将能动性、主体性领会为某种并非意识的原理（比如生命元气）——绝对没有成为意识；这两方面的误解往往共存于同一种思想中，比如中国传统思想就从来没有构想出像绝对意识、宇宙的大心之类的观念。基本上人类所有文化传统，都有过这种自然反省。自然反省意味着精神具有了这样一种自由：它可以对个别的主体性、意识的内容进行自主规定，这种规定当然以一种普遍法则为依据。这种自由在实践上就是自然伦理。它的精神就是伦理精神。这就是儒家的精神。儒家对于人的主体性、意志、心有了伦理的规定和反省，但主体性、心都不是一种自为、绝对的存在，而是以生化流行的自然为根源、归宿。在奥义书思想中，荼跋拉、考史多启、爱多列亚的元气论，也体现了这种自然反省（在这里心不是自为、绝对的存在，而元气作为绝对主体，则并未与心、意识等同）；与之相应的实践，作为对主体性、生命的自主规定，也应属于自然伦理的范畴。在这里，自然反省的局限性也反映了精神自由的局限。在这里，精神的内在性、意识本身没有成为精神自己的目的。易言之，精神的自反势用在这里还没有展开为针对精神内在本质的积极、直接的自我维持；唯有精神积极的自我维持，才能促使反省赋予对象以独立自为的存在。唯觉性的内在性自身为自为存在的真理，因为其他一切现实存有，皆依赖觉性的内在性，皆由此获得存在的依据。盖自为存在就是对自然的否定或从自然独立。真正属于独立、自为的存在者，唯有实体与绝对，而唯一的实体和绝对就是觉性本身。唯有反省中精神自我维持势用的积极活动，才最终使自我内在的思想、意识等成为自为的真理（实体与绝对），于是伦理的反省升华为反思。总之伦理反省的局限性表明精神尚未把它自身的内容，即思想、意识、概念、观念作为积极的自我维持的对象；在这里，思想、意识等作为精神的内在性，至多只是维持外在的社会存在（国家、宗族的秩序）的手段，作为精神的物质外壳的社会存在成为自身维持的对象。这表现在实践上，就是要求个人主观的意识、思想、意志对国家、宗族秩序的绝对服从。这就是儒家的理想道德。伦理精神甚至根本不能分清道德与奴役的界限（所谓“从心所欲不逾矩”，到底更应该是道德的最高境界，抑或是奴役的最高境界？）。

然而本体自由的呼唤和激励，必然促使现实精神恢复其本真自由，使自否定的势用重获生机，战胜精神内在的自在、惰性力量，展开其无限性。精神因而打破感性、知性省思对自然的执着，领会到自我对自然的超越、否定，于是它否定伦理精神，而进入真正的自由精神阶段，具有了纯粹理智的省思；只有在这里，精神才有可能获得对觉性内在本质的自为、绝对存在的领会，使反省得到本质的深化和提升。这一精神蜕变，就是在精神的自身否定和自身维持两种运动的辩证交织中展开的。它有两条路径：

(1) 道德的路径，通过反省思维展开。首先，当精神恢复其本真自由，反省包含的精神自主否定重新获得无限性，并克服精神的惰性势用（自任）导致的对外在自然的执着。当这否定在反省中展开为现实活动，就会推动这反省否定自然的外在性，易言之，否定外在、物质宇宙的绝对性；这也意味着否定意识对自然的依附，否定意识的偶然性、相对性。其次，当精神恢复其本真自由，其自我维持势用也会摆脱阻碍，重新展开其本有的内在化冲动。而精神上述否定造成的虚无状态则为自我维持的内在化提供了合适的思想语境。因为，当精神的物质外壳的绝对真理意义被否定，自我维持便不得不放弃自然和社会存在（客观精神）而寻求新的对象领域，于是它本有的内在化冲动，很自然地引导它转移到精神的内在性（主观精神），即意识、思想领域，这自我维持遂转变为精神的内在维持。当这内在维持现起为积极的活动，必然使反省领会到，精神、觉性的内在性，即意识、思想、概念等，而非其物质性存在，才是绝对真理。反省在这里就成为反思，而且是绝对反思，精神由此进入理智思维阶段。联系奥义书的精神史，这种绝对反思是在爱多列亚等的元气论前提下展开的。元气论代表了奥义书的知性思维。知性的反省把元气，作为一种抽象自然本质，当作存在、自我的绝对真理。而当自舍势用使反省否定了这外在的自然元气的绝对真理性，自我维持作为肯定势用必促使反省确认新的真理，在这种情况下它必须将自身内在化，成为对精神的内在性的积极维持，这使反省确认精神、觉性的内在性，即意识、思想为绝对真理。于是自然的知性思维转化为自由的理智思维。在奥义书中，被归属于桑底厘耶、阿阇世、波罗多陀和沙那库摩罗等的学说，就反映了这一精神进展。在这里，属于觉性的内在内容的知觉（意）、意识、思维（般若）等被领会为存在、自我的绝对真理。这类思想就是奥义书最早的意识哲学。

然而即使对于精神反思，往往也是心的经验、心理表象比心的本体更具触目性，它们可以从自然反省中获得资助，是意识中的直接存在。因而最早的反思就把经验的心识当作心的全部存在，经验心识成为存在、自我的本质。奥义书最早的意识哲学就是这种经验唯心论。在这里绝对反思仍属于经验范畴。反思在这里没有达到意识的超验存在领域。这反映精神没有实现对于心识直接存在的否定。而精神若受制于它内在的自然性，则其在理智层面，仍然缺乏一种否定的自由（比照毕钵罗陀、那支启多之学反映的否定的理智）。上述情况表明，当精神进入这种绝对反思，便遗失了其本真自由，其惰性力量便企图使之安住于此，而自舍势用的无限性被抵消、不能展开为对这绝对基础的否定，这导致反思只能在自然意识、经验的圈子里打转。这使否定思维仍然停留在自然否定的层面，而没能升华为真正的精神超越。总之现实的精神自由在这里仍然具有很大的局限性。精神的更高自由必然既是绝对的，也是超越的。在这里，精神不仅以其内在性超越了一切经验、自然东西的束缚，而且会绝对地维持这种超越。这绝对的超越和维持，就将觉性的先验意识、先验思维呈现于反思的目光之中。反思便由此脱离理智思维的限制，进入思辨省思的领域。

(2) 宗教的路径，通过否定思维展开。这也是在精神的自舍与自反两种势用的交织中实现的。首先，当精神恢复其本真自由，其内在的自舍势用便重新获得无限性，从而克服精神惰性力量导致的对觉性直接现存的、经验的存在的执着，展开为本质的否定，即对经验存在之自为的真理性的否定。其次，在这种否定造成的思想语境下，精神的自主肯定势用（自凝、自反）乃随之确定一种超越经验的存在，即实体，为自为的真理。由于这种领会，否定思维就从实质论体现的自然否定，蜕变为超越思维，或曰从知性省思提升到理智省思。精神在对实体的领会中，实现了真正超越的自由。在这里，精神由于对此岸、经验的现实的否定，对彼岸、超验理想的追求，就具有了真正宗教的维度。在奥义书思想史上，被归属于伽吉耶夜尼、毕钵罗陀的学说，就反映了这种超越思维的最初形态。其说以元气为一切自然、经验、表象的全体、根源，因缘生灭，在时间中迁流不已；而自我则否定了经验的时间、空间和因果性，为永恒、不生、无相无表的普遍者，即超验的实体。再次，在这种实体思维的基础上，省思进一步领悟到实体与自我的同一，于是一种超验的自我实体被省思视为普遍、自为的真理。于是精神的超越被主观化，成为主观超越。这既是超越，又是反省（超验反省）。精神由于实现了这种主观超越，才真正具有了自我的尊严。《羯陀奥义书》中的那支启多之学，反映了奥义书精神的这种主观超越的内在化。在这里，自我实体被明确规定为心灵。一个永恒、不生、无相无表的超验意识实体，成为唯一独立自为的真理，为自我、存在的基础。这表明超验反省在这里真正成为反思（超验反思）。与此相应，

《羯陀》所谓内在瑜伽，乃是一种真正内在反思型的实践，其宗旨就是否定自然、经验东西的遮蔽和染污，实现精神的自由和清净。然而，一方面，在这里超验意识实体并未与经验、自然的存在建立本体论的关联。它被抽象地认定为经验存在的基础，但却不是作为生成经验存在的根源和创造力量的先验意识，而仍然是一个封闭的实体而不是绝对的本体，故超越反思在这里仍然是相对而非绝对的。那生生不已的自然、元气，与恒住、无为，完全不受生命流转干扰的至上我，实际上被分成二片。另一方面，自我作为一个静止、恒常、不动的意识实体，实际上是被误解为一种现存的存在，然而觉性的本质是运动、生命、自由，任何现存存在只是从这绝对运动分离出的碎片，故《羯陀》的自我观念，使意识作为思想活动、生命的意义向度被抹杀。省思在这里仍然是形而上学的，是理智而非思辨。此外，《羯陀》那种无思无虑、无分别、一味、寂灭的清净意识观念，与觉性、意识的本质（即先验的运动）完全不相应，实际上是将属于冥性原理的体验嫁接到对觉性、意识的反思之上。

这种理智思维的局限也反映了精神自由的局限。首先省思的任何对现存东西的执着，都反映了精神内在的消极惰性力量的作用。理智思维执着于超验现存实体，反映出这惰性力量使得奥义书精神进入宗教阶段之后，便立即安住于其中，失去了的自主否定的无限性。其次，省思将自我本质理解为一种不动、永恒、常住的现存实体，也反映出精神自反势用的展开受到惰性力量抵消，没有转化为对觉性内在的思想、生命的维持，这使思想无从领会作为觉性真正内在性的先验运动、生命。由于未能领会觉性的先验运动，形而上学就不能在后者基础上理解存在的统一性，理解觉性的实体乃是自然以至一切存在之根源、本体。最后，这种理智的反思将本来属于冥性体验的无思无虑、无分别、一味、清净、无生、寂灭等相嫁接到意识实体上，反映了来自沙门传统的本寂的精神向婆罗门传统的渗透。精神的更高自由必然是它对其绝对的内在存在的自由，后者预设了对这一存在的反思，这绝对存在就是觉性之内在、普遍的思想、意识、生命。这种精神局限也唯有通过自由的进一步展开被克服。本体自由推动现实精神去蔽流滞、推陈出新，而奥义书精神的进一步发展，在于上述绝对反思与内在超越，或内向的理智与否定的理智之统一。由于这种统一，精神便发现了作为一切经验主、客体的超验根源的意识本体，它于是从理智思维过渡到思辨思维。这种统一，乃是自由自我实现的要求，其本身离不开自由的推动。它是由本体自由在理智省思基础上的展开决定的。

《广林奥义书》中的耶若婆佉（Yājñavalkya）学说就代表了奥义书最早的思辨省思。尽管从逻辑上说奥义书的思辨省思应当包含了阿阇世等表现的绝对反思与那支启多等表现的超越思维的结合，然而在奥义书思想中，可以肯定《羯陀》、《六问》等的编成，在年代上皆晚于耶若婆佉从属的《广林奥义书》。对此的解释是，一方面，观念的事实顺序与逻辑顺序并不一定完全相同；另一方面，不排除《羯陀》、《六问》等学说的某种更原始形态对耶若婆佉构成启发，证据是 ChānVIII · 1—6 ；KauṣI 等早已提示了一种超越思维的存在。就奥义书观念的史实来看，应当承认阿阇世等学说的绝对反思是耶若婆佉之前更重要的思维向度。而耶若婆佉思想乃是以此为直接根源且在其中引入超越的维度而形成。

任何现实生命，都内在地包含自由（自否定）与惰性、自主性与自在性、生与死的二元对立。人类精神也总是既包含这种自主性或自由，也包含作为其消解力量的自在性或惰性存在，并且在二者的永恒斗争中，确定其现实形态。其中，精神内在的惰性，总是诱使它在其直接、当前的存在中获得安住、满足；然而它的自主性或自由，在良心的呼唤下，总是在鞭策它，使它打破其直接性和当前性，积累与自身的更大距离。一方面，当精神进入理智的自由阶段（比如奥义书的经验反思），其惰性力量便立即诱惑它以这自由为终生的安宅；这惰性力量抵消了精神自主势用的无限性，使得对安全、庇护、归宿的寻求，代替本真的自由，成为精神的目的。另一方面，自主性就是对自我的直接性和当前性的否定，也是对精神的惰性力量的否定。本体自由永远在推动着现实精神。在适宜的语境下，它必然促使精神的自主力量恢复其本真的无限性，从而战胜这惰性力量，突破精神的直接自我的狭窄空间，开拓更高明、更恢弘的自由之境。然而进入这新的境界之后，惰性力量也随即诱惑着现实精神，使之失去其刚毅和勇猛，而于其当前之我自怿、自乐、自安，精神产生了新的执着；唯有当自主性重新恢复其本真的无限性，战胜这惰性力量，精神才能再次焕发生机，战胜困境，实现更高的自由。精神的自主性与自在性、生与死的对立统一，决定现实精神的发展必然表现为一种辩证的循环往复运动。

奥义书的精神也是如此。一旦奥义书的精神进入内向理智省思（阿阇世等的反思）的驿站，精神本有的惰性力量便诱使它停留于此，乃至使它停留于觉性的内在存在（意识、思想）的最易上手的、最具触目性的存在，即经验意识，于是精神很自然地止步于这种经验绝对反思的领域，丧失其本真自由。这种反思确定经验意识为绝对的真理，但经验意识只是自我内在的自然，仍然是直接的、表象性的存在，然而自我的真正本质，乃是对一切自然的、直接的、表象性的否定，因而它超越了经验意识，另一方面它作为绝对又是经验意识的基础、根源，因而它是先验的。精神、自我的本质内在性，就其现实性上说，就是先验的意识、思维、概念。由于印度文化的巨大开放性，自由必能推动现实精神克服其局限、扬弃理智的、经验的反思，领会意识的先验存在，开展出思辨的反思。盖本体自由作为绝对，必然促使奥义书精神的自身否定和自身维持势用重新获得无限性，从而得以抵制惰性力量的消解，在绝对反思层面获得历史的展开。其中自舍势用的历史展开必然推动绝对反思否定一切经验存在的自为、绝对的真理性，确立真理为某种超验的原理，精神由此获得了一种真正的超越性；而自反势用的历史展开将推动反思领悟到那超越者就是绝对自我、意识。于是阿阇世等的绝对意识洗脱其经验性，被提炼为先验意识。反思由此脱离理智思维，进入思辨的层次。

《广林奥义书》中被归属于耶若婆佉的思想，就体现了这一精神转型。至于耶若婆佉其人，在梵书、奥义书中被广泛提及，应是其中核心人物。传统上将他视为梵书之白夜珠学派的初祖。每一吠陀皆有其相应的梵书学派，而属《夜珠吠陀》的学派，乃有黑、白两种。此二者的区分，传统上颇有说明（见《毗湿奴往事书》）。其云当初诸仙圣会于须弥卢山，而圣者伐桑波衍那（Vaiśaṃpāyana）不至。事后，伐氏命其弟子二十七人设隆重祭祀以为忏悔。其中有耶若婆佉·伐遮桑内以（Yājñavalkya Vajasaneyi）者，谓自己一人独任其事足矣，无须余诸弟子为之。伐桑波衍那怒其自负僭越，乃命其还出所受《夜珠吠陀》。耶若婆佉遂自喉中吐出之。余诸弟子皆化为鹧鸪啄食之。此为属黑《夜珠吠陀》之《鹧鸪氏梵书》得名之由。后来耶若婆佉乃夜祈于日神，复得《夜珠吠陀》，而谓之白《夜珠吠陀》。故白《夜珠吠陀》学派亦名伐遮桑内以学派。此黑、白二《夜珠吠陀》的区别，在于前者把吠陀本集（saṃhita）和梵书（Brāhmaṇas）的内容混杂在一起，以其混杂故曰黑；后者则将二者分编而辑，以其区分清晰故曰白。古奥义书中属白《夜珠吠陀》学派者，有《广林》、《伊莎》两种。耶若婆佉的学说，集中在《广林》第二至四编。他的学说可以说是早期奥义书的观念论的最高成就。他成功地把此前各个主要的奥义书学派（如优陀罗羯等的实在论、阿阇世等的经验唯心论）的思想融合到他的精神一元论体系中。结果，在晚期奥义书中，上述学派的思想似乎已不存在，而耶若婆佉建立的精神一元论则继续存在和发展，而成为奥义书的主流。故耶若婆佉之于奥义书，乃类似于柏拉图之于欧洲哲学，是他以前所有思想的归宿，并是他以后所有思想的出发点。

首先，耶若婆佉的思想继承、发展了早期奥义书中，从桑底厘耶到波罗多陀的绝对唯心论，把心识作为一切存在的全体、本质、根源。耶若婆佉开示大梵就是纯知，是不二、绝对的心识。纯知是无对象性、纯粹、不染的心识，是心性之光的直接显现，是境、智圆融，心、性一如的境界。而强调大梵的"不二"，旨在打破主、客对待，复归于纯粹意识的绝对统一性。心识的真理不只是单纯的主体性，而是包括识与境、主体和客体在内的绝对者。有二皆是假相，不二才是究竟真如（BṛihII·4·14）。无限的大有，就是遍在万物的无差别的"一"，如水中之盐味、陶中之黏土；它就是无量、无表、一味的心识（II·4·12）。人若归于绝对的心识或宇宙精神，乃进入无相无对，寂静一如之境，耶若婆佉称之为“无意识”。在BṛihIII中，耶若婆佉对伽姬的回答，揭示了大梵是世间一切之本体。其以为世界是由水“编织”而成，水由气界“编织”而成，气界由乾达婆界“编织”而成。如此上溯至日界、月界、星界、天神界、因陀罗界、生主界，最终是梵界。故世界的最终原因是梵。与原质论不同，耶若婆佉明确指出梵是一种心识原理：整个世界由虚空“编织”而成，而虚空则是从这种精神原理“编织”而成，“彼不灭者，即不可见之见者，不可闻之闻者，不可思之思者，不可知之知者。……如是虚空乃依彼编织而成，如经与纬”（BṛihIII·8·11）。这是说一切存在，最终都是通过心识本体的运动显现出来。而本末不异，体用不离，因此由梵所生的一切，仍然被包括在梵之内，故梵乃是存在之大全（I·4·16）。耶若婆佉说它是由识所成、由意所成、由元气、视、听、地、水、火、风、欲与无欲、有能与无能、嗔与无嗔、法与非法所成，概言之，即由一切事物所成（IV·4·5）。一切皆属于心识的内容。人若悟此，则成为一切事物的住处。

其次，耶若婆佉首次在心识领域引入了实体与现象的区分。这种区分，我们称之为“形上学的区分”。实体属于思维，是理智存在体；现象属于一般所谓经验，是现实存在体。耶若婆佉描述梵我或本识，是非粗非细、非长非短、无光（非火）、不沾（非水）、无风、无空、无明无暗、无影无像、无违、无见、无嗅、无味、无眼、无耳、无声、无意、无作、无气、无口、无名、无老死、无畏惧、不灭、非显、非隐、无度量、无内外；不食于一切，亦不为一切所食（III·8·8）。故本识属于与现象界完全不同的另一领域，即实体领域。耶若婆佉还以“双非”之法，揭橥梵的奥义，乃谓梵我是“非此，非彼”（neti neti）、不可捉摸、不可执取（III·9·26）。实体属于可知世界，现象属于可感世界。所以实体界当然不是感官所能缘取的，梵我就是不可知、不可见的绝对意识（III·4·2）。不可知不是说实体完全不可认识，在耶若婆佉这里，它意味着实体不可依日常经验，通过感官认识，而是必须依神秘直观，通过内感证知。本识既是超验的实体，它又是经验意识和自然的根源、基础，因而这实体就是本体。所以耶若婆佉的“形上学的区分”，又是一种“本体论的区分”。这种区分使耶若婆佉克服了早期奥义书的泛神论和经验唯识论，而进入了真正的精神本体论领域。总之，梵就是作为至上之本体的纯粹意识，是超越饥渴、陵逸名色、迥绝世界、永离轮回之真心，即超越一切经验的绝对主体。耶若婆佉哲学的这一结论，规定了晚期奥义书的发展方向。

就这自我本体与现实世界的关系，耶若婆佉之说可以概括为以下四点：其一，自我、梵包容万有，为其归宿；其二，自我、大梵是世间存在的基础、根源；其三，自我乃是万有的本质、真理；其四，自我是存在的绝对主体，支持、安排、控制万有。就宇宙与人的现实自我的关系，《广林奥义书》被归属于耶若婆佉的有所谓八有说，它将现实自我分为八个方面，即所谓八有（Puruṣa，包括色身等），与之对应的是八处（土、虚空等自然元素），八界（眼、耳等诸根），八神（自然界中对象物），企图以此表明人与宇宙的统一。这其实是梵书的元气说和人与宇宙同构论的继续。其说与奥义书中作为耶若婆佉学说基础的成熟唯心论立场不一致，可以肯定是某种来自更古时代的文本窜入耶若婆佉学说所致。最后，作为对于人的现实意识的分析，耶若婆佉提出了所谓自我三位说，对于吠檀多的发展产生了重大影响。此说将众生现实自我的存在状态分为三个层次，即醒位、梦位和熟眠位。此说在奥义书的同类说法中，可能是最早的，但是它可能受到 BṛihII · 1 · 15 阿阇世对自我的睡眠（梦位）与熟眠（无梦睡眠）两种状态的分析的启发。醒位就是清醒的日常意识状态，心识通过诸感觉器官认识外境。按照耶若婆佉的说法，在这里感官与外境接触，其所产生的印象被输入某种联结感官与心脏的脉管（hitā），并由此被输送到心中，成为至上我的食物（认识对象）。梦位是与有梦睡眠对应的意识状态，其特点就是各种感官已经关闭，不再缘取外境，故所见的一切境相，都完全是心识变现出来的。在这里，精神离开肉体和外在世界的束缚，恢复其本然的创造能力。熟眠位是与无梦的深层睡眠对应的意识状态。按耶若婆佉的说法，熟眠位就是证得、融入至上我之位，故熟眠位我即是至上界、真如界、梵界。熟眠位小我与大我、心与境、主观与客观、物与我的融合，是绝对不二（advaita）之境。在醒、梦二位，人皆未摆脱善恶业的影响，仍然感觉到痛苦、烦恼，而到熟眠位则脱离一切烦恼、业染，得大自在，体会到纯粹的宁静、安乐。熟眠位意识是醒、梦二位意识的根源。耶若婆佉比喻自我像隼鹰一样，在醒位、梦位和熟眠位中自在地穿梭移动。其前一位的经历对后一位都没有影响。这三位的区分不仅是心理学的，而且是形上学的。用现在通行的表述，醒位识就是客观意识，梦位识为单纯的主观意识，二者包括了全部主观和客观经验，而熟眠识作为二者的超越根源，就是先验意识。

耶若婆佉的人生论与其本体论是一个理论整体。耶若婆佉的人生论，首先包括他对人的生命现实的反思。在这里，他一方面接受奥义书传统的业报轮回说，相信人死只是色身朽坏，业力、元气则伴随自我出离，元气携自我离开色身并再次投生别处，其中人现世的欲望、智慧、业与习气等决定来世生命的趣向、内容；另一方面，他又将自我作为超越的意识本体的理论，与传统的业力说整合，在奥义书思想史上首次提出真实自我是超越业力轮回的本体。其次耶若婆佉的宗教伦理思想，也可被包括在广义的人生论范围内。与其形上学对超越的自我本体的阐明一致，他也在奥义书中，首次提出通过修道脱离轮回的宗教理想。他认为人若得智慧（即对超越的自我理体的证悟）、离欲，就可以断无明，除业染，遂离诸苦而得解脱。正确的修道，必须将智（证梵）与业（行善、祭祀）结合起来。现实人生之究竟目标是否定世俗生命而证入大梵；世俗伦理只有相对的价值，其意义乃从它是否有利于修道证解得到规定。然而耶若婆佉始终没有阐明修道的具体方法。

总之，耶若婆佉的思想就是将奥义书已有的反思和超越思维，或内在的理智与否定的理智绝对地统一起来。它因而进入了绝对的理智省思，即思辨省思领域。思辨省思打破了主、客二元的形而上学，领会到作为二者的共同根源、基础的绝对原理。这绝对原理既是对经验性的否定，因而是超越的，又是一切主观与客观经验的基础、根源，因而就是先验的本体。通过对这先验本体的领会，精神发现并进入了道德、宗教精神的基础，因为这本体既作为绝对心灵规定着伦理的实践，又作为超越者成为宗教生活之理想。我们称这超越道德与宗教的精神，为哲理的精神。哲理精神在一个更高的层次上既是道德的也是宗教的。

耶若婆佉的思想表明奥义书精神达到了新的自由境界。它对先验本体的领会，首先，在观念层面表现出思辨省思一方面否定绝对心灵的经验意义，另一方面确立其为超验本体的双向精神运动。这种持续的精神否定运动，在现象学上验证了精神内在的自舍势用在绝对反思层面的积极活动。正是这自舍势用的展开，推动奥义书的理智的反思向思辨的反思的提升。其次，它也在观念层面表现了精神否定心灵实体的封闭性和个别性、确立其为存在的绝对真理的双向运动。这其实首先就是精神的绝对中心化运动。盖所谓存在的绝对真理，就是精神生命的绝对目的。在这里，精神把全部存在用来维持这唯一的最终目的，并取消了任何与此目的无关的存在。这种绝对中心化运动表明精神内在的自反势用在超验反思层面展开为同一维持（生命本有的将全部存在指向唯一最终目的的功能，它取消一切与这一目的无关的存在）。其次，它也是精神重构心灵实体与经验事物的发生论关联的运动。这也表明精神内在的自凝势用在超验反思层面的积极展开。正是这自反与自凝势用的展开，推动奥义书思想从理智的超越到思辨的超越的转型。总之，奥义书的思辨省思体现了精神内在的自主否定和自主肯定（自反、自凝）势用的辩证运动。正是这二者的历史展开推动奥义书思想从理智省思到思辨省思的转型。然而只有作为精神的绝对本质的本体自由自身，才能促使精神内在的自主势用的历史展开（参考本编引论）。本体自由通过呼唤与倾注，促使现实精神复归其本真存在，使其内在的自主势用冲破传统的桎梏，重新获得无限性，从而战胜惰性自在势用的抵制，推动精神在绝对反思领域开出超越之维，在超越层面开出绝对反思。因此，自由推动理智省思的两个发展向度最终合二为一。于是省思既领会到心灵的超越性，又领会到它的绝对性，既克服了道德精神对于经验性的执着，也打破了宗教精神对心灵实体的锁闭，因而实现了从道德、宗教精神到哲理精神的提升。总之，耶若婆佉思想的形成，在现象学上验证了自由推动理智省思到思辨省思转型的内在精神逻辑。

然而耶若婆佉的学说只属于哲理精神的最初阶段，仍有很明显的思维局限，这反映出现实的精神自由在这里仍不完善。首先，尽管心识被认为是一切经验存在之超越的本体，然而这本体仍被错误地等同于一种心理状态（熟眠位或死后意识）或经验存在的始基（比如其存在发生论），也就是说本体从经验性的脱离并不彻底，思辨反思在这里仍然是含糊的。其次，耶若婆佉的思想是单纯本质论的，他只是阐明了意识、自我的单纯本质，对现实自我的整体内容与结构缺乏阐明，思辨反思在这里仍然是空洞的。再次，耶若婆佉的学说也反映出思辨反思的抽象性，在这里，先验意识的实质，即理性的纯粹概念、思想，仍未得到清晰的领会，本体的丰富、具体的内容还没有被展现出来。最后，耶若婆佉没有开示出一种证悟这超越的意识本体的系统方法，这意味着至少在实践上，思辨反思仍然带有偶然性。思辨省思的这种局限性，也反映出在此阶段的精神自由仍然不够完善。以下为对耶若婆佉思想的更详细分析。

## 一、以自我为基础的本体论

奥义书以为自我是宇宙之根本、解脱之鹄的。唯悟此自我之实相，方能超越生死，而得永恒、得至乐、得全世界。但究竟何为自我，则不能不覃思而慎辨也。而耶若婆佉生于早期奥义书思想的完成时期（其大致以两部综合性的奥义书，即唱赞奥义书和大林奥义书的成立为标志），故其为说，乃总持诸宗，尽该异义，而为集大成者。故阿闼婆那的甘露论、优陀罗羯的原质论、爱多列亚派的元气论、考史多启派的意识（般若）论、婆楼那的喜乐论，以及耆婆厘等的转世论，靡不汇聚于此，而又消除悖论，俨然组成一个统一不分的整体，与百川归海相似。

首先，耶若婆佉继承了阿闼婆那（Atharvana）仙人的“甘露论”，认为我是万物之甘露（BṛihII・5・14）；但他与后者又有重大区别。在他这里，梵、自我不是原质，而是本体；不是自然的，而是精神的。大我是世间一切之实性、本体。在BṛihIII，耶若婆佉对伽姬（Gārgī Vācaknavī）提问的回答，似乎与阿闼婆那和优陀罗羯的原质论立场相似。伽姬认为任何事物，都是由更精细的实质“编织”而成。她先问，如世界是由水“编织”而成，水由何者“编织”而成？耶若婆佉回答说水是由气界“编织”而成。伽姬接着问气界由何者“编织”而成？耶若婆佉说是由乾达婆界“编织”而成。如是乾达婆界由日界“编织”而成，日界由月界“编织”而成，月界由星界“编织”而成，星界由天神界“编织”而成，天神界由因陀罗界“编织”而成，因陀罗界由生主界“编织”而成，生主界由梵界“编织”而成。伽姬似乎还不感到满足，再追问梵界由何者“编织”而成，耶若婆佉警告她不要问得太多，否则当心她的脑袋会掉下来（这也是奥义书中对出言不中的人常用的警告语），因为梵本来是不可言说的。这大致是说梵是一切存在的原因、本体。但与原质论不同的是，耶若婆佉的梵完全是一种精神性的原理。精神与自然有别，不可能直接从自身产生出自然，故“编织”一词，勿宁视为一种譬喻，它是说一切存在，都是在一种精神本体的转化运动中显现出来的。从究竟上说，因果体同，本末不异，因此一切皆是自我。故人若不知万有即自我，则万有离之而去。人若不知婆罗门即自我，则婆罗门离之而去。人若不知诸神即自我，则诸神离之而去。人若不知世界即自我，则世界离之而去。人若不知一切即自我，则一切离之而去。自我是本（mula），世界是末（tula）。挈本则制末，而非相反。如鼓声不可捉，但捉鼓与击鼓手，则声自止；螺声不可捉，但捉螺与吹螺者，则声可止；笛声不可捉，但捉笛与吹笛者，则声自止（II・4・7—10）。由本生末，而末与本不异，不离于本，由自我所生的一切，仍然包括在自我之内，故自我乃是存在之大全。“信然，此自我就是包括一切被创造的事物的世界。故人行祭祀，则成为诸神界；诵习吠陀，则成为仙圣界；欲子嗣而祭父祖，则成为父祖界；与人布施住处、食物，而成为人界”；此外他还包括兽界、虫鸟界等（I・4・16）。人若悟此，则成为这一切事物的住处。

其次，耶若婆佉对爱多列亚学派的生命论亦有所扬弃。自我与生命元气有别，它被认为是伴随并支配元气的精神原理（III・4・1）。但二者的关系还存在许多疑点。耶若婆佉在大林奥义书第三篇与优陀罗羯的讨论中，认为元气是贯穿世界的线索，而梵则是它的内在主宰（III・7・1）。元气或似乎被认为是一种永恒存在的东西，它随自我轮回，构成自我的身份。元气和梵分别是世界的自然原理和精神原理。这种说法开数论原我、自性的二元论之先声。但它实际上与耶若婆佉以自我为万物本体的宗旨相矛盾。所以为保证理论的一致，应该像不二吠檀多派那样，认为元气也是自我产生的，而不是恒有的。

再次，耶若婆佉对桑底厘耶、阿阇世至波罗多陀的经验心理学亦有所扬弃。他尽管继承了后者对自我作为绝对心识的领会，但不像他们那样将自我等同于经验的心理主体。其以为自我不是经验意识，它不同于感觉、欲望、意志、经验认识，而是超越了它们，并以它们为工具。所以自我是唯一真实的主体，它是永恒的、超越于时间、空间的，即先验的主体。如III・7・23；III・8・11云：“彼为不可见之见者，不可听之听者，不可思之思者，不可识之识者。然舍彼无有别见者，无有别听者，无有别思者，无有别识者。彼即汝之自我，内在主宰，不死者。”故自我即是纯知，是超越饥渴、陵逸名色、迥绝世界、永离轮回之真心，是超越一切经验的绝对主体、至上梵。

最后，其说亦批判、发展了ChānVIII·1—6至《羯陀》、《六问》的实体形而上学。其谓超越的自我，不等于那支启多等的封闭的形而上学实体。自我的实质乃是纯粹、不二的真心，或绝对的精神。真实自我遍在万有，但不可知，如盐溶水中，每一滴水皆有咸味，但盐却不为所见，不可捉取。自我就是如此，这无限之大有，只是无量、无表的心识（II·4·12）。耶若婆佉继承了其他早期奥义书的一种说法，认为自我就是阿难陀（喜乐），但他对阿难陀的解释又与后者有别。阿难陀的特点有二：其一，它是所有意识现象之全体；其二，它是所有意识现象中的同一性。这种同一性在印度哲学中被解释为无差别性。耶若婆佉的自我也是这样，它是遍在万物的无差别的"一"，如水中之盐味、陶中之黏土。那支启多的形而上学，仍然包含主、客的对待。而耶若婆佉则强调自我是"不二"，旨在打破主、客对待。用现在的话说，那支启多的哲学仍然是一种意识哲学，而耶若婆佉的则是精神哲学。精神不是意识、不是单纯的主体，而是包括意识与对象、主体和客体在内，并且超越它们的绝对，这就是奥义书和吠檀多所谓"不二"的意思。此如BṛihII·4·14说，人死后归于宇宙精神，无相无对，故为"无意识"（na pretya samjñā ' sti）："唯当有二，如其所似。则此见彼，此嗅彼，此闻彼，此言于彼，此思彼，此识彼。而当一切皆成为自我自身，则盍有所嗅与嗅者？所见与见者？所闻与闻者？所言与言者？所思与思者？所谓与识者？"有二皆是假相，而不二才是究竟的真理。

总之，耶若婆佉对自我、大梵的思考，继承并发展了奥义书以往的泛我论、经验的唯心论和意识形而上学，而将此诸说在一个更高的层面统一起来。这在于他的思想发现了一个可以作为全部自然、经验存在的绝对本质但又超越经验的原理，即先验意识，因而在这基础上将此前的学说对自我的绝对性、内在性和超越性的追求统一起来。他的思想由此而成为一种先验的唯心论。以下略论其自我之义。

**1. 自我体相**

《广林奥义书》如下一段（BṛihIV·4·22），可代表耶若婆佉对于自我本质的基本看法，其云：

彼即广大、无生自我，由识所成，由诸根包围，居心室虚空中。彼为万有主宰、支配者、君王。彼不因善业而益，不因恶业而损。彼为万有主宰、支配者，为万有庇护者。彼为将不同世界分开之堤坝。彼至上者，婆罗门欲以诵读吠陀，祭祀牺牲，苦行斋戒而知之。信然，知彼者乃为牟尼。唯欲求梵故，苦行者离家出走。信然，知此故，古圣人不欲子嗣，曰："吾等既已得此我，得此界（即大梵——译者），子嗣何益？"信然，彼已脱离子嗣欲、财富欲、世界欲，乞食而活。盖子嗣欲即财富欲，财富欲即世界欲；二者皆是欲故。

自我的本质，或谓其体相，包括体性与相状二门。此所谓体性指构成自我之本然存在的实质内容；所谓相状指此本然自我之特征、状态。耶若婆佉之说自我，适可依此二门论之。

下面来看自我的体性。

精神在其自发的自否定进程中，对于其旧的内容，总是试图以新的形式进行重组，而不是将它抛弃。印度婆罗门对于传统的旧说，总是采取融摄态度。这反映了他们对传统的尊重，也反映出他们对新、旧说法的差异缺乏明确意识。耶若婆佉之论我，以先验的精神本体论为究竟，但亦随顺更早的朴素的自然论，将自我实质理解为某种宇宙论意义上的实在。

在耶若婆佉的学说中，自然论的自我，包括：其一，拟人化的自我；其二，宇宙论化的自我。二者皆完全袭自吠陀、梵书的传统。兹略述之：

首先，耶若婆佉学说对自我拟人化的成分，乃是随顺吠陀、梵书而来。盖《百道梵书》即说生主或至上自我是居于人右眼中的小人，而身体乃是此小人之食，乃至整体宇宙皆为其食（对象）（Sat BrāX·5·2·19）。在梵书中，至上神、自我就是宇宙的拟人化的全体①，而以宇宙万物为其身躯（Sat BrāX·5·2·20）。梵书说此自我创造世界之后，乃以其自身进入之；至上神在创造人之后，在人头顶打开一个口子，自己从这里进入，成为人的内在主宰。梵书的拟人化既是个体生命层次上的，也是宇宙论层次上的。看来耶若婆佉继承了这类拟人化的说法。一方面，他的自我论也包括了一种个人生命层次上的拟人化。如在BṛihIV·2中，他说自我是人右眼中的小人，即因陀罗；而人左眼中亦有一小人，为因陀罗之妻，即毗罗吒（Virāj），二人在心内的虚空中相会。他们以心中的红色血块（为一切食物的实质）为食物，以心中的网状物为遮蔽，以连接心脏与躯体的脉管为道路。在心脏中有极微细的脉管，名曰悉多（hitā），粗如人发千分之一，为运输食物之通道。故此自我之食物较根身微细（IV·2·2—3）。另一方面，耶若婆佉对自我的拟人化也是在宇宙论层次上的。比如他说整个宇宙即是此自我之身体，宇宙六方只是此自我之气息、元气："东方为其

① Eggeling, Julius (trans), *The Satapatha Brāhmaṇa*, *SBEXLIII*, Introduction, Motilal Banarsidass, Delhi, 1963.XXIII—V.

东向之元气，南方为其南向之元气，西方为其西向之元气，北方为其北向之元气，上方为其向上之元气，下方为其向下之元气。故诸方只是不同的元气。”（IV·2·4）而自我本身实际上超出宇宙万物。这些说法，总的说来仍属于经验的、形而下的层面①，但它在整个奥义书思想中都大行其道，这表明论者似乎都没有意识到它与成熟的精神本体论的差异。

其次，耶若婆佉学说的宇宙论化的自我观念，也是沿袭了吠陀—奥义书的传统。他首先融摄了梵书把自我实质理解为风（vāyu）、元气（prāṇa）的说法。盖吠陀、梵书的风说（vāyu-vāda）和（由此发展出的）元气说（prāṇa-vāda），即已开示人的生命气息与风等同，可以说风就是宇宙之气息。《黎俱》最早提到风为神的气息，为宇宙的灵魂、生命（ṚVX·168·4）。到《阿闼婆吠陀》和梵书，“元气”（prāṇa）乃代替风，为世界的创造者。《阿闼婆吠陀》说元气是创造万物的不息的生命（AVXI·4·20,22,25）。《梵书》说元气是自我的本质，为宇宙之最高存在（Sat BrāVIII·7·4·21），一切存在来源于它②，任何生命皆通过它而得到维持（VI·3·1·9, VIII·2·2·8）③。这些提法为奥义书哲学所继承。在奥义书更早的思想中，荼跋拉、考史多启、爱多列亚的学说，继承了梵书的元气论。耶若婆佉沿袭这一传统，以为风、元气就是将万有贯穿起来的共同的实质。亦是众生自我的本质，其云：“信然，风即是彼线。此世界及他世界乃至万有皆由风贯穿起来，如线一般。是故人谓死者‘其肢体已散开，盖其本由风如线般贯穿起来。’”（BṛihIII·7·2）。

奥义书的元气论，反映了人的本质思考由外在到内在，由多到一，由相对到绝对的反思的、料简的趣向。在BṛihIII·9·1—9中，当耶若婆佉被娑伽里耶（Śākalya）问及共有多少天神时，他先根据吠陀所说，回答共有“三千零三加三百零三”位，即3306位神祇。然后将他们归结为33天，包括8位遍居天（Vasus），为地、火、风、气、日、月、星、天空，遍为世间提供居处故，曰遍居天；11位禄陀罗天（Rudras），即10种元气加上自我；12位阿第底天（Ādityas），即一年的12个月份，而且认为此3306天只是33天之相用（mahiman）。然后又将33天归结为6天，即地、火、风、气、日、天空。又将6天归结为3天，即三界：天界、人界、父祖界。此三天又归结到一位再加半个神，即元气与被包含在其中的世界。最后再归结到唯一的最高神，谓元气，即是大梵、

① 印土学者如商羯罗、湿婆难陀以为，此云四位自我之醒位我（Indra），与粗身（Virāj）之联结。但就原始文本看来，此种意义似乎很模糊。

② 比如梵书将元气等同于吠陀中作为“存有”根源的“非有”（Sat BrāVI·1·1）

③ Sat BrāIX·1·2·38 亦云：“元气即是风，而信然，风乃是众神之自我。”

彼岸（tya）。在BṛihIII·9·20—24，耶若婆佉将宇宙五方，即东、南、西、北、上方，归宿于吠陀的五位天神，即日、阎摩、婆楼那、须摩、阿耆尼；又将此五位天神归宿于人生命的五种内容，即五种元气活动：眼（视）、祭祀、水（体液）、祭仪、语言。此五种内容复归宿于它们各自的对象：色、祭礼、精液、真理等，最后这一切皆归宿于心。其云："20 东方之神为日，依止于眼；眼依止于色，以眼缘色故；色依止于心，以心知色故。21 南方之神为阎摩，依止于祭祀；祭祀依止于祭礼，祭礼依止于信，因人唯有信方施礼于祭司；信依止心，以心知信故。22 西方之神为婆楼那，依止于水，水依止于精液；精液依止心，从心中所生故。23 北方之神为须摩，须摩依止于开导（Dīkṣā）仪；开导仪依止真理，以人受开导时恒须说真理故；真理依止于心，人唯以心知真理故。24 上方之神为阿耆尼（火神），依止于语言，语言依止于心。"此处提到的"心"，梵语为"hṛdaya"，本为心脏、内核、核心之意，商羯罗释之为识（buddhi）与意（manas）的统一。在这里，"hṛdaya"指的是人的全部生理、心理活动的模糊统一体。它既指人的心脏，也指心识，在后一种意义上它与"cit"等同。上述文本总的倾向是宇宙论的，如果说"心"包含纯粹意识、精神的意义，那后者至少与自然的生理、心理活动没有得到明确区分。III·9·26 接着说心依止身，身依止于入气（prāṇa），入气依止于出气（apāna），出气依止于通气（vyāna），通气依止于上气（udāna），上气依止于平气（samāna），并最终指出自我实际上超越诸种元气（而为根本元气）①。耶若婆佉认为元气最终来源于风，故其自我理解在这里仍是宇宙论的，或至少没有克服宇宙论的残余。

然而耶若婆佉思想中真正有价值，且对后来吠檀多思想的发展产生重大影响的，乃是其对自我作为绝对心识之发明。自我的实质是觉性、意识。耶若婆佉对于自我的最高的规定，是以之为绝对、一味、无差别、清净的纯粹意识，为经验的心识之本体（识性）。如云：

> 譬如盐投于水中，即溶于水，不复可捉取，然从水中任一处取而尝之，皆为咸味。是故此大有，无限，无量，只是识体（vijñāna-ghana）②。生时实无生，其孰能生之？大梵即识性，亦即是妙乐，为修、证大梵，及布施者宗趣③。彼即广

---

① 《百道梵书》曾说自我是"根本元气"（mukhya prāṇa）、"第十一种元气"、"不可知的元气"（anirukta prāṇa）、"无名的元气"，为"有名的元气"（视、听、言、呼吸等十种生命元气）的根源（Sat BrāXI·2·1·2，IV·2·3·1）。

② BṛihII·4·12; BṛihIV·5·13.

③ BṛihIII·9·28.

大、无生自我，由识所成，由诸根包围，居心室虚空中。彼为万有主宰、支配者、君王①。

这种作为精神本体的自我，实质上就是觉性、存在的内在本质。在耶若婆佉思想中，它的意义可以分为以下层面：

第一，自我、梵是究竟的主体，是一切事物内在的主宰。自然界的一切都是元气所生，但梵、自我则凌驾于元气之上。所以梵、我是主宰，自然、元气是工具。如BṛihIII·7·3—17云："彼居于地，而别于地，不为地所知，以地为其身，为地的内在主宰——彼即你之自我、内在主宰、不死者；彼居于水，而别于水，不为水所知，其身为水，为水的内在主宰——彼即你之自我、内在主宰、不死者。"同样，彼亦居于火、风、空、日、月、方、光、一切，为其内在之主宰，彼即吾人之自我、内在主宰、不死者。另外，自我也"居于元气，而别于元气，不为元气所知，其身为元气，为元气的内在主宰"；也居于语言、视觉、听觉、嗅觉、意，为其内在主宰。所以它是所有自然现象和生命现象之自我、内在主宰，是自然中的不死者。而世界的秩序、法则，乃被认为是由梵我所维持，是梵我意志的体现。故天、地遵此不灭者的命令而分开，年、月、日、时以及季节亦遵此不灭者的命令而区分，其他如江河之奔流、山原之静止、宇宙之造化、日月之运行等，无不遵此大命而各守其分（III·8·9）。而人的活动，实亦是此大我控制元气，使其动作，如木偶作戏；其中梵我是控制者，元气是它手中的线。

第二，自我就是意识、心灵，是觉性、精神的光明。在《广林奥义书》中，耶若婆佉与阇那伽（Janaka，毗提诃王）认真探讨了何为人之光，并从日、月等追溯到自我，最终的结论是自我才是本源的光明，为日、月等光明的基础。BṛihIV·3·2—7云："（王问）'耶若婆佉，何为人之光？'圣者答曰'即太阳之光，大王。唯借太阳之光，他坐下，外出作事并回到家中'。'而当日、月已沉，何为人之光？'彼答曰'火即其光，大王。信然，唯借火之光，他坐下，外出作事并回到家中'。'而当日、月已沉，火亦熄灭，何为人之光？'彼答曰'语言即其光，大王。信然，唯借语言之光，他坐下，外出作事并回到家中'。'而当日、月已沉，火已熄灭，语言亦沉默，何为人之光？'彼答曰'自我即其光，大王。信然，唯借自我之光，他坐下，外出作事并回到家中'。'何为自我？''即此诸根包围，由识所成之原人，彼即心中光明。'"商羯罗对此的解释是："在（自我的）每一存在状态，心（末那）都必须依靠一种不同于根、身的光明行事。在醒

① BṛihIV·4·22.

位，它依日、月、火之光明指导根、身的活动。在梦位、熟眠位，既无日光，又无月和火光指导其行事，但它仍继续行事，此乃有某种无形的、精神性的光指导其行事。在梦中人看见自己与友人离合，从熟眠位醒后，他也知其睡眠安宁，不曾见任何物。此无形之光即是自我，它不同于根、身，而像光线一样照明它们，但它自身却不需外在的光（来照明它）。此是内在的光明。"[①] 所谓光，即人借以照明事物、指引行为者，如太阳之光，月之光，火之光，语言之光，等等，皆有这种意义。但日、月等之光都不是最根本的，即使没有这些光线，人仍然能"坐下，外出作事并回到家中"。这时人依赖的是自我之光、觉性之光。后者才是最本原的光。此中还有更深刻的意蕴，即谓事物（日、月等）之光明就是它的存在，一切事物的存在皆来自自我，皆为自我所昭显，自我的光明就是存在的本源。一旦这自我之光消失，整个世界就陷于黑暗，存在复归于虚无，日、月、火之光辉也就不再存在了。在奥义书中，自我既是精神之内在光明，也是瑜伽行者的修道之火。瑜伽士就是以自我的澄明之光，焚毁世界幻相，烧尽一切精神的覆障，熔铄所有暗处、无明，最终达到一种大光明的境界。这就是我的光明与普遍精神的光明完全融合。奥义书在这里说自我作为纯粹意识被元气、诸根包围，乃是说识、光明就是元气或全部身、心活动的本质。

第三，自我还是一个绝对原理，是万有的全体、本质。首先，它是囊括万有的大全，BṛihIV・4・5 说它是由识所成、由意所成、由元气所成、由视所成、由听所成、由地所成、由水所成、由火所成、由风所成、由欲与无欲所成、由有能与无能所成、由嗔与无嗔所成、由法与非法所成，概言之，即由一切事物所成，此即所谓"由此所成、由彼所成"之意。其次，它也是万有的内在本质。BṛihIII・6 提出整个宇宙乃是以自我为最终质料"编织"而成的。先是由梵生成生主界，复由生主界生因陀罗界，然后生诸神界，接着再生成星、月、日、气、风、水等界，最后由水构成万物。

与这种绝对性相关，耶若婆佉把自我描述为所有事物的存在真理的无差别实质。自吠陀、梵书开始，印度精神就试图把本原的存在理解为一味、无差别的绝对。吠陀晚期就有大量关于从一味、无区分的原初之水或蜜汁（madhu）通过分化产生世界万有的说法（ṚVI・22, IX・96・5, X・190・1—3）[②]，或云本原的存在为非有非无、无相无表的唯一者，因意识的分别作用而产生世间万相（ṚVX・129・1—3）。梵书对这些说法大为发挥，并将绝对等同于自我，且试图将它理解为意、识、心（Sat BrāX・5・3・3）。但梵书对自我的精神性，尚无确定的理解，没有形成后来印度思

---

① Saṃkarāchārya, *Bṛih Up Bhaṣya IV・3・2—6,* Anandasrama Sanskrit Series, Vol 15, 1939.

② 另见 Sat BrāXI・1・6・1.

想特有的一味、无差别的纯粹精神、自性清净心的观念①。耶若婆佉首次开示自我为区别于经验心识的、无差别的、一味均匀的纯粹意识或清净心。其云："（至上我）应以内识知，世间无差别，视有差别者，将一再受死……应视（绝对者）为一味，无相且常住，无垢超虚空，无生遍常我。"（BṛihIV · 4 · 19—20）无限的大有，就是遍在万物的无差别的"一"，如水中之盐味、陶中之黏土；它就是无量、无表、一味的心体（II · 4 · 12）。差别的万有皆是人的妄情将名色的分别增益于此一味的心体而呈现的。

另外，自我、真心还被说为"不二"（advaita）。这里"有二"（dvaita）即主体与客体、意识与对象的对待、差别，"不二"即是对后者的超越或消除。耶若婆佉在印度思想史上首次明确阐明了超越主、客体的绝对精神或意识的观念。BṛihII · 4 · 14（及IV · 5 · 15）云："信然，唯当似有二（dvaita）现起，则有一者见他者；一者闻他者；一者言他者；一者思他者；一者知他者。信然，当一切皆成为人之自我，则彼何以见他者；彼何以闻他者；彼何以言他者；彼何以思他者；彼何以知他者？人何以知彼由以知一切者？"BṛihIV · 3 · 31—32亦云："信然，唯当似有二现起，则有一者见他者；一者嗅他者；一者尝他者；一者言于他者；一者闻他者；一者思他者；一者触他者；一者知他者。人若以大梵为其世界，乃成为唯一、不二之见者，遂成大海。此即至上道。此即至上成。此即至上界。此即至上喜乐。所有众生乃由此喜乐之一分而活。"（引文有删节）不二才是自我和存在的绝对真理，有二是对这真理的扭曲。耶若婆佉认为凡夫的日常意识都是有二的，唯有在无梦睡眠和死亡中才能体会不二的绝对；而圣者则可通过梵智证知此绝对。

第四，自我还是一个超验的心灵实体。耶若婆佉引进了对实体与现象的明确的形而上学区分。实体属于可知世界，现象属于可感世界。前者属于思维，是理智存在体；后者属于一般所谓经验，是自然存在体。这种区分，在《广林奥义书》中是以"遮诠"（否定判断）的方式得到表述的。因为一切可见的事物皆属于现象界，而实体则不属于任何经验、现象的内容。但日常语言都是经验性的，不能直接表显本体。所以唯有通过否定属于现象界的诸德，才能彰显本体的实性。典型的如BṛihIII · 8 · 8云："婆罗门称彼（自我）为不灭者（akṣara）。彼非粗非细、非长非短、无光（非火）、不沾（非水）、无影、无暗、无风、无空、不粘、不可触、无嗅、无味、无眼、

---

① 比如在《百道梵书》中，意这个概念，还不具有明确的精神性。意被认为是第五种元气（Sat BrāVIII · 4 · 3 · 5）。梵书还说它是神从风中创造出来（Sat BrāVIII · 1 · 1 · 8），或说它就是月亮（Sat BrāVIII · 1 · 2 · 7—8）。这都表明意来源于自然物或与后者本质一致。

无耳、无声、无意、无力、无气、无口、无名、无老、无死、无畏、不灭、无染、非显、非隐、无度量、无内、无外。它不食于一切,亦不为一切所食。”自我、真心无长短粗细内外等空间表象,亦无生灭等时间表象,无色、声、香、味、触等感觉表象,非地、水、火、风、空五大,非眼、耳、鼻、舌、身、意六根,亦非六根所缘境界。因此它属于与现象界完全不同的另一领域。另外 III·9·26(以及 IV·2·4, IV·4·22)开所谓“双非”之法,谓“此自我非此,非彼(neti, neti)。彼不可缘取,以彼不被缘取故。常住不灭,以彼不可毁坏故。无执,以彼自身不执着故。彼无缚、无损、不败”。耶若婆佉的遮诠法,对于后世吠檀多派和大乘佛学幻论、空论,都构成重要启示。

耶若婆佉尤其强调自我对于时间的超越性。它被认为是否定了时间性的无生、恒常原理。IV·4·25:“信然,此广大(maha)、无生(aja)之自我,不坏(ajara)、不死(amara)、常恒(amṛta)、无畏,彼即是梵。”盖时间是自然意识的领会方式,它只适用于意识的现存对象,即自然,后者只是觉性生命的物质外壳。时间性象征自然。但生命的本质是自由,本与自然的时间性无关,人的自我、觉性也是如此。故精神真正的自我反思,必然要剥落觉性的自然硬壳,穿透时间性的领域,证悟本质的境界。在人类思想史上,唯有印、欧民族的精神,自发地具有这种本质反思,以超越人类直接存在中感性、朴素的时间意识。诸如实体论、理念论、先验意识哲学都体现了这种反思。耶若婆佉的大梵、自我对于时间的超越,是绝对的超越[①]。他认为经验的现实是流转相续、生灭不已的,即是时间性的;而本体则常恒不变,不仅超越时间,而且是时间性经验的根源。这个本体就是先验意识,后者也是存在的唯一的真理,而时间性的宇宙则是相对、假立的。因而对时间意识的质的超越,在他这里是绝对的。然而说自我为常恒、不变,反映了一种思想的模糊性:这其实是把自我对时间的超越性误解为它在时间中的永恒存在。这种误解在奥义书乃至整个印度思想史中是很普遍的。

这种超越性也是认识论的。耶若婆佉认识到,自然意识或日常意识只能认识世间的、现象的层面,对于自我的本质则从无领会,盖后者属于日常意识完全无法达到

---

① 就人类思想史而言,省思对自然时间的超越包括:(1)量的超越,即对处在自然时间之外的实体(包括原子、灵魂,乃至涅槃界、天堂)、先天观念(比如几何学、力学的观念)、法则的省思。这些存在只是从量上被剥离了时间性,与时间相互外在地并存。(2)质的超越,即对作为时间性经验之基础的本体,即先验意识、先验理念和概念的省思。这里本体被认为是存在、自我之绝对真理,时间性被认为是相对的存在或假相。(3)绝对的超越,即反思明确地把自我、觉性作为时间之根源。康德的先验感性论实现了这种绝对超越。晚期奥义书把时间当作自我的产物(Śvet VI·2),也体现了这一超越。

的领域。BṛihIII·8·11说："信然，彼不灭者，即不可见之见者，不可闻之闻者，不可思之思者，不可知之知者。舍彼无有见者，舍彼无有闻者，舍彼无有思者，舍彼无有知者。如是虚空乃依彼不灭者编织而成，如经与纬。"BṛihIII·7·23亦云："彼居于精液中，而异于精液，不为精液所知，其身为精液，且从内部主宰此精液。彼即汝之自我，即内在主宰，不死者。彼即不可见之见者，不可闻之闻者，不可思之思者，不可知之知者。舍彼无有见者，舍彼无有闻者，舍彼无有思者，舍彼无有知者。彼即汝之自我，即内在主宰，不死者。"由于在奥义书中，语言也被认为是日常意识的认识工具，因而自我作为超越日常意识的本体，自然也是超越语言的。IV·4·21说："唯以证彼故，梵志得圣智；不应逐词句，言语之饶舌。"本体为"言语道断，心行处灭"的神秘境界，唯依梵智可以亲证，言说法皆是节外生枝。后来佛氏开示默然之教，吠檀多派标榜无言之境，其对语言之苛责，无不是从奥义书发展而来的。以上表明梵我不可知、不可见，是因为本体既属于可知世界，当然不是日常的感觉和思维所能缘取的。这另外还因为自我是绝对的主体，而永远不能成为知的客体："汝不可见彼见之见者，不可闻彼闻之闻者，不可思彼思之思者，不可知彼知之知者。此即汝之自我，遍在一切。一切异于此者皆为邪恶"（III·4·2）。现象属于客体边，是现实性，故可知、可见；本体只属于主体边，是可能性，故不可知，不可见。但奥义书说本体"不可知"，并不是不可知论。不可知不是说本体完全不可认识，而是说它不可依日常经验，通过感官认识；而是要依神秘直观，通过内感证知。证得梵的途径，《广林》中或说是末那，或说是识，晚期奥义书还说是般若、觉谛等，大致相当于一种理智直观，即心不藉感官之助，而直接认识本体。与一般的感觉知识不同，理智直观不属于经验知识，而是超验的认识。由于耶若婆佉心灵实体，不是一个自我封闭的相对主体，而是存在、世界的绝对真理、本体。因而他的形而上学区分，乃是一种"本体论的区分"。唯一的本体就是精神、自我或纯粹的主体性。这种区分使耶若婆佉克服了早期奥义书的泛神论，而进入了精神本体论领域。

另外，自我的超越性也是实践的。这里超越性，一方面，就是精神的无缚、自由。III·9·26，IV·2·4，IV·4·22真我不可缘取、不可毁坏、无执、无缚、无损、不败。般若大乘追求的无所住、无所执、无所得，以无所住为住、无所得为得的精神自否定的绝对自由，正是由此萌发出来的。另一方面，这超越性也是心性本体的清净性。首先，真心本体无染于欲、苦，是爱灭苦灭，恒常满足自在的。如IV·3·21："信然，此即彼真实自相：无欲、无染、无怖畏。如人在娇妻的怀抱中，不复知有内、外，此人在真心自我怀抱之中，亦不复知有内、外。信然，此即彼真实自相，于中此人一切愿欲皆已满足，自我即是其愿欲故，故人于此无欲无苦。"其次，真心本体的清净性还在于它不为善、恶业所染着。IV·4·22—23 云："22 知此（超越自我——译者）者则不为'我曾为善''我曾为恶'之想所胜，恒胜彼故。无论其所曾为，或其所曾不为，皆无害于彼。23 复有一偈开示此云：常住广大梵，不因业增减。……彼不为罪染所胜，已胜一切罪染故。不为罪染所烧，已烧一切罪染故。彼乃成为大梵，无罪、无染、无疑。此即是梵界。"与此相关，自我本体的超越性，还体现在它对世俗伦理的超越。如耶若婆佉说："此处父不复为父，母不复为母，世界不复为世界，诸神不复为诸神，吠陀不复为吠陀，贼不复为贼，杀婆罗门者不复为杀婆罗门者，乾陀罗不复为乾陀罗，波伽沙（为首陀罗父亲与刹帝利母亲所生之子——译者）不复为波伽沙，商人不复为商人，苦行者不复为苦行者。彼不系于善业，亦不系于恶业，以心离一切苦故。"（IV·3·22）奥义书对日常伦理的超越，尽管维持了自我的自由，但却是消极的。它不是把自我的绝对超越性理解为在伦理规定中的积极自由，而是将其理解为对伦理规定的否定或不相关性（如所谓清净无染），这最终是由印度传统的自我理解的空洞性、非理性性决定的。它最终导致印度精神的伦理意识的淡薄①。

总之，耶若婆佉的自我，是一个无差别、不二、常恒、超越、绝对的清净心灵。自我既是内在的、绝对的，又是超验的；既超越了所有自然、经验的存在，又是全部经验的基础、根源、本质，因而它就是一个先验本体。耶若婆佉对自我的这种描述，很大程度上决定了印度人基本的自我理解和存在理解，从而决定了印度哲学的基本面貌。

**2. 自我本体与世界存在**

耶若婆佉还说自我为万有之依止，它既是世界之全体，也是其来源、根据。这自我本体与世界存在的关系，可以概括为以下四点：

首先，自我、梵包容万有，为其归宿。由此出发，梵、自我也被等同于存在之大全、世界。如 BṛihIV·4·5 云："信然，此自我即是梵，由识所成，由意所成，由元气所成，由视所成，由听所成，由地所成，由水所成，由风所成，由虚空所成，由光与非光所成，由欲与无欲所成，由力与非力所成，由义与非义所成。彼由一切所成。此即所谓'由此所成，由彼所成'之义。"I·4·16："信然，此自我就是包括一切被创造的事物的世界。故人行祭祀，则成为诸神界；诵习吠陀，则成为仙圣界；欲子嗣而祭父祖，则成为父祖界"，与人布施住处、食物，而成为人界；此外他还可以是兽界、虫鸟界等，"人若悟此，则成为这一切事物之世界（住处——译者）"。

① Albert Schweitzer, *Indian Thought and its Development*, *Henry Holt and Company*, New York, 1936.200.

其次，自我、大梵是世间存在的基础、根源。BṛihII・4・10 及 IV・5・11 比喻自我生成世界，如同呼出气息一般："譬如火于湿柴燃烧，众烟各由之生出，信然，由此大有（bhūta）之呼吸生出《黎俱吠陀》、《夜珠吠陀》、《娑摩吠陀》、《阿闼婆吠陀》、《史传》、《往事书》、诸论（vidyā）、奥义书、诗颂（śloka）、经文（sūtra）、疏解（anuvyākhyāna）、传注（vyākhyāna）。信然，此一切皆由彼呼出。"在 III・6 中，耶若婆佉与伽姬（Gārgī）的长段对话，表明至上自我其实是世界、宇宙的始基、质料。其云：

伽姬・婆诃那毗问曰："耶若婆佉，世间一切既由水编织出，如经与纬，请问水由何者编织出，如经与纬？""由风，伽姬。""如是，请问风由何者编织出，如经与纬？""由气，伽姬。""如是，请问气由何者编织出，如经与纬？""由乾达婆界，伽姬。""如是，请问乾达婆界由何者编织出，如经与纬？""由日界，伽姬。""如是，请问日界由何者编织出，如经与纬？""由月界，伽姬。""如是，请问月界由何者编织出，如经与纬？""由星界，伽姬。""如是，请问星界由何者编织出，如经与纬？""由诸神界，伽姬。""如是，请问诸神界由何者编织出，如经与纬？""由因陀罗界，伽姬。""如是，请问因陀罗界由何者编织出，如经与纬？""由生主界，伽姬。""如是，请问生主界由何者编织出，如经与纬？""由梵界，伽姬。""如是，请问梵界由何者编织出，如经与纬？"于是耶若婆佉说："伽姬，汝勿问太多，当心掉头。汝于一不可再问之神圣，实已问得太多。"

这实际上给出了一个宇宙生成论色彩浓厚的存在发生模式，表明耶若婆佉对宇宙论与本体论区分不清。他认为整个宇宙是以梵为最终质料构造起来的。其中先是由梵构成生主界，复由生主界构成因陀罗界，复由后者构成诸神界。然后准此构成星、月、日、气、风、水等界。最后由水构成万物。但梵是这构造过程的终极质料或端点，故不可再问它是以何者为原因的（"由何者编织出"）。按照上述说法，梵似乎成了宇宙发生的因果链条中的一个环节，完全错失了其本体论意蕴。但 BṛihIII・8 的几段对话（它们与上面所引的对话可能本属于一篇后被拆开的），则在一定程度上纠正了上述偏失。其云：

3 伽姬问："耶若婆佉，彼在天之上，在地之下，及在天地二者之中者，众人称为曾有、现有、将有者，彼由何者编织而成，如经与纬？"4 耶若婆佉答曰："伽姬，彼在天之上，在地之下，在天地二者之中者；彼众人称为曾有、现有、将有者，彼由虚空（ākāśa）编织而成，如经与纬。”7 伽姬复问：“如是，彼虚空复由何者编织而成，如经与纬？”8 彼答曰：“伽姬，婆罗门称彼为不灭者。……11 信然，伽姬，彼不灭者，即不可见之见者，不可闻之闻者，不可思之思者，不可知之知者。舍彼无有见者，舍彼无有闻者，舍彼无有思者，舍彼无有知者。如是虚空乃依彼不灭者编织而成，如经与纬。”

在这里，一方面，思想关注的不再是自然事物之间的因果性，而把世界万有作为一个整体，探寻其共同的基础；另一方面，作为存在本质的绝对，被明确与宇宙论意义上的始基区别开来，而被认为是超越宇宙的绝对主体、心性、自我。其中，贾姬的提问一开始就提出了一个宇宙全体或大有的观念。这宇宙大有包括天地，就是天地，而且是过去、现在、未来的一切存在。她接着表明存在一个作为这宇宙大有的始基的东西（它如经、纬线一样“编织”成宇宙），这就是虚空（ākāśa）。接着的问答表明，大梵、自我是超越虚空或宇宙始基而作为其基础（虚空由彼“编织”而成）的绝对者。因而自我就是宇宙的本体。尽管就自我与世界的关系，耶若婆佉仍然用了有宇宙论色彩的表述，比如说虚空是由彼自我“编织”成的，但他在这里也充分表明了自我对宇宙、世界的超越性，其云自我为“非粗非细、非长非短、非热非湿、无明无暗、无影无像、无风、无空、无违、无见、无嗅、无味、无眼、无耳、无声、无意、无作、无气、无口、无名、无老死、无畏惧、不灭、无染、非显、非隐、无度量、无内外。它不食于一切，亦不为一切所食。”（III・8・8）易言之它完全被排除在世界的存在之外，“非此，非彼（neti, neti）”，因而它不是宇宙始基，而是超验的本体。耶若婆佉也表明，这超越的自我，就是绝对主体、精神，即绝对的“知者”、“见者”。所以自我的超越性就是主体的不可知性和绝对自由（III・9・26, IV・2・4, IV・4・22）。

再次，自我乃是万有的本质、真理。耶若婆佉说“此一切无非自我”（IV・3・20），“人若得此圣智，得寂静、安住、忍、定，则见我中之我，见一切为我”（IV・4・23），“人若视世界为异于我，则世界弃之。人若视诸神为异于我，则诸神弃之。人若视诸大为异于我，则诸大弃之。人若视一切为异于我，则一切弃之。此婆罗门、刹帝利、世界、诸神、诸大、一切，皆是此自我”。（II・4, IV・5・1—15）其意思就是说自我、大梵是一切存在的本质、真理。他说梵是“元气之元气，双目中之目，双耳中之耳，心识之心识”（IV・4・18），为“一切有中之我”（III・5・1），亦是此意。奥义书在别的地方充分表明了自我是唯一的实有，世界、万有都是在它的基础上因缘假立的存在。当此本质被设想为居于每一存在者中的灵魂，则它就被等同于万有的内在主宰。如 III・7・15 说：“彼居于万有中，而异于万有，不为万有所知，其身为万有，且从内部主宰此万有。彼即汝之自我，即内在主宰，不死者。”

最后，自我是存在的绝对主体，支持、安排、控制万有。在Ⅲ·7·3—23，耶若婆佉乃以一段长篇议论，开示自我作为一切存在之超越的内在主体的意义，其云：

3彼居于土中，而异于土，不为土所知，其身为土，且从内部主宰此土。彼即汝之自我，即内在主宰，不死者。4彼居于水中，而异于水，不为水所知，其身为水，且从内部主宰此水。彼即汝之自我，即内在主宰，不死者。5彼居于火中，而异于火，不为火所知，其身为火，且从内部主宰此火。彼即汝之自我，即内在主宰，不死者。6彼居于气中，而异于气，不为气所知，其身为气，且从内部主宰此气。彼即汝之自我，即内在主宰，不死者。7彼居于风中，而异于风，不为风所知，其身为风，且从内部主宰此风。彼即汝之自我，即内在主宰，不死者。8彼居于天中，而异于天，不为天所知，其身为天，且从内部主宰此天。彼即汝之自我，即内在主宰，不死者。9彼居于日中，而异于日，不为日所知，其身为日，且从内部主宰此日。彼即汝之自我，即内在主宰，不死者。10彼居于诸方中，而异于诸方，不为诸方所知，其身为诸方，且从内部主宰此诸方。彼即汝之自我，即内在主宰，不死者。11彼居于星月中，而异于星月，不为星月所知，其身为星月，且从内部主宰此星月。彼即汝之自我，即内在主宰，不死者。12彼居于虚空中，而异于虚空，不为虚空所知，其身为虚空，且从内部主宰此虚空。彼即汝之自我，即内在主宰，不死者。13彼居于黑暗中，而异于黑暗，不为黑暗所知，其身为黑暗，且从内部主宰此黑暗。彼即汝之自我，即内在主宰，不死者。14彼居于光明中，而异于光明，不为光明所知，其身为光明，且从内部主宰此光明。彼即汝之自我，即内在主宰，不死者。15彼居于万有中，而异于万有，不为万有所知，其身为万有，且从内部主宰此万有。彼即汝之自我，即内在主宰，不死者。16彼居于元气中，而异于元气，不为元气所知，其身为元气，且从内部主宰此元气。彼即汝之自我，即内在主宰，不死者。17彼居于语言中，而异于语言，不为语言所知，其身为语言，且从内部主宰此语言。彼即汝之自我，即内在主宰，不死者。18彼居于眼中，而异于眼，不为眼所知，其身为眼，且从内部主宰此眼。彼即汝之自我，即内在主宰，不死者。19彼居于耳中，而异于耳，不为耳所知，其身为耳，且从内部主宰此耳。彼即汝之自我，即内在主宰，不死者。20彼居于意中，而异于意，不为意所知，其身为意，且从内部主宰此意。彼即汝之自我，即内在主宰，不死者。21彼居于皮中，而异于皮，不为皮所知，其身为皮，且从内部主宰此皮。彼即汝之自我，即内在主宰，不死者。22彼居于识中，而异于识，不为识所知，其身为识，且从内部主宰此识。彼即汝之自我，即内在主宰，不死者。23 彼居于精液中，而异于精液，不为精液所知，其身为精液，且从内部主宰此精液。彼即汝之自我，即内在主宰，不死者。

其中“内在主宰”（Antaryāmin），为主体性的人格化表述。III · 8 · 11 也表明了自我的主体性：“信然，彼不灭者，即不可见之见者，不可闻之闻者，不可思之思者，不可知之知者。舍彼无有见者，舍彼无有闻者，舍彼无有思者，舍彼无有知者。”主体为遍满、常住的至上我，它通过自身分化，进入万有之中，成为后者的本质。所谓自我“异于万有，不为万有所知，其身为万有，且从内部主宰此万有”，表明这自我主体是唯一的，差别万有只是它的对象、工具、住处（身）。早期奥义书把主体性理解为具有人格化色彩的“主宰”，并在后者 中，容纳了自我的意志、理性和生命的方面。如耶若婆佉说：“信然，伽姬，日月遵彼不灭者之命而分齐。信然，伽姬，天地遵彼不灭者之命而分齐。信然，伽姬，时、刻、昼、夜、周、月、季、年遵彼不灭者之命而分齐。信然，伽姬，江河遵彼不灭者之命而依不同方向从雪山流入大海。信然，伽姬，遵彼不灭者之命，人类称赞布施者，诸天歆乐祭祀者，父祖欲求酌奠（darvihoma）。”（III · 8 · 9）“彼为万有主宰、支配者，为万有庇护者。彼为将不同世界分开之堤坝。”（IV · 4 · 22）“由彼之驱使，年岁转昼夜，诸神敬彼为，不灭之生命（ayuh），光明中光明。”（IV · 4 · 16）至上我命令日月、支配天地，故它就是本然的意志；而它庇护万有，区分岁月，创造并维持世界的秩序，表明它就是理性。但早期奥义书对自我的这类说法，与思维的不彻底性有关。盖奥义书既然以至上我为恒常、寂静、无生、无差别、不二、一味的清净意识，那么严格说来它就不应是一个有意志、理性的能动的存在。然而早期奥义书思想家的思考还没有严密到窥见本心的恒常性与意志、一味性与理性、超越性与人格之内在矛盾的程度，因而这些意义方面都被在一个层面上混杂在一起。然而从晚期奥义书到六派哲学乃至佛教，人们逐渐清楚地意识到上述矛盾，于是人们把意志、理性、生命的因素，从自我的本质，即清净意识中剔除出去，造成印度思想中特有的精神与意志、理性、生命的分离，形成了印度宗教、哲学独特的无意志、无理性、无生命的纯粹意识或精神的概念①。

### 3. 自我的现实存在

耶若婆佉通过对自我与根身的关系，以及自我三位的分析，来阐明他所谓现实

① 关于印度哲学的自我概念的这一根本缺陷，可以参考吴学国：《存在 · 自我 · 神性：印度哲学与宗教思想研究》，中国社会科学出版社 2006 年版，第 752—756 页。

自我之内容。自我的现实存在，是每一众生各别的灵魂，后者印度传统一般称之为命我（jīva）。尽管“jīva”一词到晚期奥义书才出现，但个体自我的观念是奥义书早就具有了的。早期奥义书以为绝对自我（ātman）创造出宇宙及众生的根（生命的元气、机能）身（色身、肉体），然后进入此根身，遂分化为众生各别的自我。另外，耶若婆佉还将现实自我区分为三个存在层面，即醒位、梦位、熟眠位。这种区分不仅是心理学的，也是宇宙论的，而且具有本体论意义。自我三位之说亦可从自我与根身关系的角度来说明。

（1）自我与根、身。

众生的命我（jīva），皆是至上我执受根身形成，可以说它就是这二者的联结。我们上面所引耶若婆佉的一段话说明了这种连结，其云：“16 彼居于元气中，而异于元气，不为元气所知，其身为元气，且从内部主宰此元气。彼即汝之自我，即内在主宰，不死者。……22 彼居于识中，而异于识，不为识所知，其身为识，且从内部主宰此识。彼即汝之自我，即内在主宰，不死者。”（III・7・16，22）自我居于根身之中，为后者的主宰。自我通过根身认识一切对象，作诸事业。如 IV・4・24 说：“此即广大无生我，彼食于诸食，施予财富。知此者得财富。”

至上我本来恒常、无缚，不染于业、报，无相续轮回，唯根身有业、报，有相续轮回，但命我则由于上述结合，而陷于业报轮回。人若证悟根身中不变、恒常的至上我，则得解脱、自在。如 IV・4・23 云：“常住广大梵，不因业增减。……彼不为罪染所胜，已胜一切罪染故。不为罪染所烧，已烧一切罪染故。彼乃成为大梵，无罪、无染、无疑。此即是梵界。”

众生现实自我最外在的方面是色身。在《广林奥义书》中，耶若婆佉比喻人为从大梵根基生长的树，其须发为叶，肌肤为树皮。人皮肤刺破会流血，树皮弄破也会流汁。树纤维如人的肌肉一般有力，人骨骼如树里，骨髓如树心。如是等等，然后他以偈问道：“树若被伐断，复从根新生；死亡伐众生，复从何根生？勿谓从种子，种子未曾死。如树从种生，非谓死后生。若根被拔起，则树不复生；死亡伐众生，复从何根生？”乃自答曰：“生时实无生，其孰能生之？大梵即识性，亦即是妙乐，为修证大梵，及布施者宗趣。”（III・9・28）这就是说，人的色身是从大梵、心识生长出来的。但他在别处又说色身生于地、水、火、风等物质元素（诸大），“人由诸大（bhūta）而生，（死时）复消失于彼。”（II・4・11，IV・5・12）两种说法并不一致。其中后一种说法为后世吠檀多学者普遍接受，也似乎与耶若婆佉的整体思想更一致。

诸根或元气构成众生现实自我更微细的层面（即后来奥义书所谓“细身”：liṅga-sārīra）。II・4・11 云诸根、元气是外在境相的归宿：“譬如一切诸水以海为归宿，一切触以皮为归宿，一切味以舌为归宿，一切香以鼻为归宿，一切色以目为归宿，一切声以耳为归宿，一切念（saṃkalpa）以意（manas）为归宿，一切识以心为归宿，一切业以手为归宿，一切乐（ānanda）以生殖根为归宿，一切排泄以肛门为归宿，一切行以足为归宿，全部吠陀以语言为归宿。”此中“归宿”，梵言“ekāyana”，为集合处、中心、依止、住处、界、一致性、合一、会合等义。而其中提到的皮等诸根，皆非指形体器官（后者属于色身），而是指人的不同生理、心理机能，即元气。元气有多种，即是不同的生命机能。人们或许会问，诸境以诸元气为依止、界，元气复以何者为依止、界？有些学者解释说元气以自我、识体为依止、界。但这恐怕属于过度诠释了。在奥义书中耶若婆佉既没有提出这样的问题，也没有明确给予这样的回答。实际上由于接续梵书的思维，早期奥义书对于自我、心识与元气、诸根，有时是浑然不分的。耶若婆佉所说亦有这种情况。在这里他就是把元气当作自我，因而勿须再问元气的依止、归宿。易言之，耶若婆佉在这里实际上是沿袭了梵书和早期奥义书的元气说，且并没有将后者与他的绝对唯心论在逻辑上衔接起来。

在 BṛihIII · 9，耶若婆佉复将现实自我分为八个方面，即所谓八有（Puruṣa），与之对应的是八处（āyatanam），八界（loka），八神（deva）①，“至若彼分生出此八种有而复包容之，超越之者，此即奥义书所教导者。”其谓自我将自身分化为八个方面，复将它们都包含在内。III · 9 · 10—17 云：

> 10 娑伽里耶（Śākalya）说：“信然，彼有以土为处，以火为界，以意为光，为众生自我之依持（parāyanam）；信然，谁若知彼有，是为智者，耶若婆佉。”耶若婆佉说：“信然，我知彼有，为众生自我之依持，如汝所说。彼即众生色身。是故娑伽里耶，请说孰为其神祇（即根源——译者）？”“彼不死者（amṛtam）②。”娑伽里耶说。11 娑伽里耶说：“信然，彼有以欲为处，以心为界，以意为光，为众生自我之依持；信然，谁若知彼有，是为智者，耶若婆佉。”耶若婆佉说：“信然，我知彼有，为众生自我之依持，如汝所说。彼即欲望。是故娑伽里耶，请说孰为其神祇？”“女人。”娑伽里耶说。12 娑伽里耶说：“信然，彼有以色为处，以眼为界，

① 此处涉及的术语的意义：“puruṣa”，人，自我，灵魂，此处指现实自我之不同方面，姑译为“有”。“āyatana”，处，住处，库，领域，感觉的领域，感官。商羯罗与罗摩努阇分别释之为“āśraya”，依止；“ādhāra”，执持。旧译“处”、“入”，如“十二处”（dvādaśa āyatāni）。此处应为（八有之）居处，身体之意。“loka”，界，世界，场所，活动领域，此处指（八有之）活动领域、根。“deva”，神，天，此处意指八有各自之根源。

② 不死者，兹指构成色身的物质元素（bhūta，大）

以意为光，为众生自我之依持；信然，谁若知彼有，是为智者，耶若婆佉。”耶若婆佉说：“信然，我知彼有，为众生自我之依持，如汝所说。彼即日。是故娑伽里耶，请说孰为其神祇？”“真理。”娑伽里耶说。13 娑伽里耶说：“信然，彼有以虚空为处，以耳为界，以意为光，为众生自我之依持；信然，谁若知彼有，是为智者，耶若婆佉。”耶若婆佉说：“信然，我知彼有，为众生自我之依持，如汝所说。彼即耳与声音。是故娑伽里耶，请说孰为其神祇？”“四方。”娑伽里耶说。……17 娑伽里耶说：“信然，彼有以精液为处，以心为界，以意为光，为众生自我之依持；信然，谁若知彼有，是为智者，耶若婆佉。”耶若婆佉说：“信然，我知彼有，为众生自我之依持，如汝所说。彼即子息。是故娑伽里耶，请说孰为其神祇？”“生主（此处泛指祖宗——译者）。”娑伽里耶说。

此文的宗旨在于说明现实自我与诸根（界）、自然元素（处）以及宇宙现象（神）的统一性。可以用图表更清晰地表示如下：

| 有 | 处 | 界 | 神 |
|---|---|---|---|
| 色身 | 土 | 火 | 诸大 |
| 欲 | 欲 | 心 | 女人 |
| 日 | 色 | 眼 | 真理 |
| 声音 | 虚空 | 耳 | 四方 |
| 阴影（无明） | 答摩 | 心 | 死 |
| 镜中光 | 色 | 眼 | 精气（asu） |
| 水 | 水 | 心 | 婆楼那（即雨水） |
| 子息 | 精液 | 心 | 祖宗 |

此说可以说是梵书的元气说和人与宇宙同构论的继续。其中所谓“分生出此八种有而复包容之，超越之者”，就是梵书的元气、自我。盖梵书曾说元气进入众生，分为十种（Sat BrāVIII · 4 · 3 · 8），或说由自我、元气产生七个原人（Puruṣa），由后者进入众生体内再合为自我（Sat BrāVI · 1 · 1）。尤其是后一种说法，与上文所谓自我分为八有（八个原人），意思一致。另外，梵书亦在构成论上将人的现实自我与宇宙一一对应，如 Sat BrāX · 3 · 3 · 7 说人由意、语言、眼、耳、气息五者组成，它们的实质分别是月、火、日、四方、风。上文中八有与八处、八界的对应，大致也遵循同样的思路。最后宇宙及人生命的全部存在，都被归宿到超越它们的绝对者，即元气之内。这些思想相对于梵书而言，的确没有什么实质性的新发明。

总的来说，耶若婆佉对于现实自我构成的说法，问题都在于没有彻底清晰地把自我作为超越的纯粹意识，从自然的身、心机能区分出来。他在对现实自我的分析中，似乎完全抛开了他在本体问题上的绝对唯心论立场。

另外，与上述讨论相关的还有一个观念，即“心”（hṛdaya）的观念，耶若婆佉对于它的理解也有同样的问题。比如 BṛihV・3：“心即是生主。心即是大梵。心即是一切。”梵语“hṛdaya”本为心脏、心髓、内核、核心之意，而在这里它就是纯粹意识、精神。III・9・20—24 亦云宇宙及诸方，乃至人的内在生命活动，皆依止于心。似乎心就是宇宙的精神本体。然而耶若婆佉在这里又表现出同样的思维不彻底性，心被认为是依止于元气或风的（III・9・26）①，因而也未能从自然的生理、心理存在中抽离出来。

按照后来吠檀多派的解释，命我的实质就是至上我，末那属于限制后者的执受。其论及命我与至上我的关系，有分有说与映像说，前者以为此二者如瓶中空与大虚空，而末那即是瓶；后者喻末那为镜，自我映照其上，而生我相，命我便是这种映像。要之命我与末那本质上有区别。在熟眠和死亡位，由于与命我联结的末那归入元气，于是命我失其依怙，乃复归实有。梵不为苦乐所染，因为仅其映像作为命我，与生活世界联系。映像说违背了奥义书的命我实质就是梵这一基本立场。

（2）自我三位。

就对自我现实存在的认识而言，耶若婆佉的自我三位说，比上述根身说和八有说都表现得更成熟些。此说出现于 BṛihIV・3。它将众生现实自我的存在状态（执受）分为三个层次，即醒位、梦位和熟眠位；于是自我的本质显现为醒位有、梦位有、熟眠位有。杜伊森称耶若婆佉对此三位的描述，是“无与伦比”的，以为研究吠檀多派而不先弄懂耶若婆佉之说，乃是一“致命的错误”。

奥义书对自我心识层面的分析，有一个缓慢发展的传统。在 BṛihII・1・15 中，阿阇世为伽吉夜开示自我的睡眠（梦位）与熟眠（无梦睡眠）两种状态，熟眠的自我得喜乐，为究竟真理、“实性之实性”（satyasya satya）。在 ChānVIII・7—15 中生主亦对因陀罗开示醒、梦、熟眠三位之说，且提到自我是超越三位，与三者皆有别的存在。MāṇḍI—VII 在此三位之上，另立第四位为前三位，即全部现实存在的绝对真理和究竟本体。在上述文本中，显然 MāṇḍI—VII 的自我四位之说，应当以 BṛihIV・3、

① 《百道梵书》曾说自我是“根本元气”（mukhya prāṇa）、“第十一种元气”、“不可知的元气”（anirukta prāṇa）、“无名的元气”，为“有名的元气”（视、听、言、呼吸等十种生命元气）的根源（Sat BrāXI・2・1・2，IV・2・3・1）。

BṛihII・1・15 和 ChānVIII・7—15 的三位说为前提，故最为晚出。BṛihIV・3、BṛihII・1・15 都将至上我等同于熟眠位，而 ChānVIII・7—15 亦提出自我乃超越熟眠，故 ChānVIII・7—15 乃是在前两种文本的思想基础上的进一步发展，故在时间上当晚于此二者。而若将 BṛihIV・3 与 BṛihII・1・15、ChānVIII・7—15 相比，则前者为朴素的陈述义理，后二者乃于此义理之上增加了神话的、文学性的修饰，故前者在年代当应当早于后二者。也就是说，耶若婆佉的三位说，在奥义书的同类说法中，可能是最早的（但这不意味着后二者是从耶若婆佉学说中发展而来，也可能它们最终都来自某一原始的共同文本）。

用现在通行的表述，醒位有的特点是具有客观意识，缘取外境；梦位有为单纯的主观意识，不缘外境；熟眠位有则是泯灭了主、客观对待和差别意识的混沌境界。这三位的区分不仅是心理学的，而且是形上学的。以下试详述之。

一是醒位。在前面所引 BṛihIV・2・3 和 BṛihIV・3・1—7 中，耶若婆佉同阇那伽（Janaka）的对话，可视为对醒位有的阐明。在 BṛihIV・2・3 中，耶若婆佉说至上我居于心中，通过从心中发出的无数微管（hitā）与诸感觉器官（色身）联结。在醒位诸感觉器官与外境接触，其所产生的印象被输入 hitā 之中并存储于内，并被输送到心中，成为至上我的食物。在睡眠中诸感官不复取境，故至上我乃食用 hitā 中的残余印象，是为色身不受用的"细食"（sūkṣmānna）。其中耶若婆佉的思想，同在许多早期奥义书思想家那里一样，被拟人化、神话的幻想搞得十分模糊，其真正合理的想法，无外乎自我在醒位认识外境，在梦位则只缘取醒位残留在心中的印象。在 BṛihIV・3・1—7 中，耶若婆佉提出自我是本源的光明，无论是在醒位还是梦位，人都必须通过这本源的光明才能照亮事物、认识事物。但是在醒位，人们还须借助日、月、火、语言之光，照亮事物。而在梦位、熟眠位，没有了日、月等光，唯余本源的自我之光。自我便依此无形的内在之光而活动、创造①。其意思仍然是说醒位我缘取外境，而梦位我回归内识。

二是梦位。耶若婆佉以为梦位是此岸与彼岸之中间环节。IV・3・9 云："信然，自我有两种有：此世界之有与彼世界之有。复有第三种有位于二者中间，即梦位有。人立于此中间有，遍视彼二种有，即此世界有与彼世界有。无论以何方式进入彼岸世界之有，人已经由此见此世界之罪染与彼世界之乐。" IV・3・7："此诸根包围彼由识所成之原人，彼即心中光明。彼虽恒处同一，随于二界而游，现似有念、有动。其于梦位，乃脱离此世界与诸死相（mṛtyo rūpāni）"。其中所谓此世界，即是醒位的、

① Saṃkarāchārya, *BṛihUpBhaṣya IV・3・2—6*, Anandasrama Sanskrit Series, Vol 15, 1939.

日常意识的世界；彼世界，联系上下文，应指熟眠位（无梦睡眠）的世界；而文中与此世界并列的所谓“诸死相”①，指的亦应是熟眠位有。盖梦位我出于醒位，入于熟眠位；复出于熟眠位，入于醒位。当其从这二位出来，其所曾历之境（此世界之罪染与彼世界之乐）皆不复跟随；故曰梦位我处于二者之间，而脱离或超越之。

梦位的特点就是各种感官已经关闭，不再缘取外境，故所见的一切境相，都完全是心识变现出来的。耶若婆佉所说的梦位，不仅仅是一种心理状态，而且主要是指一种存在论的境界。在这里，精神离开肉体和外在世界的束缚，恢复其本然的创造能力。因此梦位不仅不比醒位虚假，反倒是精神克服其外在化，恢复其内在性的重要一步。这梦位我，相当于主观唯心主义的世界。IV・3・9—14 云：

> 9 当人进入睡眠，他乃携带此世界之材料，将其拆开重建，依其自身光明、自身辉耀而梦焉。于是此人成为自身辉耀者。10 没有车，没有绳，没有路。但是他从自身投射出车，绳，路。没有幸福，没有快乐，没有愉悦。但是他从自身投射出幸福、快乐、愉悦。没有水潭，没有莲花池，没有溪流。但是他从自身投射出水潭，莲池，溪流。因为他是创造者。11 既已于梦中，抛弃此色身，嗟彼不眠者，俯视此梦有。遂携自身光（即诸根），复归其故处（醒位）。彼金色原人（Puruṣa），孤独不死鸟（haṃsa）②。12 既以其元气，看护其劣巢，复出此巢穴，随意游诸境。彼金色原人，孤独不死鸟。13 既于睡梦中，遨游于上下，彼神为自身，创造诸境界：兹与女人乐，欢笑、见怖境。14 唯见其乐所，无人见其身。故云不应将人突然从梦中惊醒，因为若彼（原人）不能及时返回，则难以治愈。或有人说梦中有只是醒位有，因为梦中唯见醒位所见，此义不然。因为彼原人是“自身辉耀”的（即自己给自己创造境相的）。

---

① 关于此词的所指，注释者们所说不一，或曰其即一般所谓死亡，或曰其谓此岸世界的无常性。而根据这两种解释，所谓“脱离此世界与诸死相”在文理上都说不通。唯释之为熟眠位有，并与上文所谓“彼世界”等同，才能文理顺畅。且早期奥义书以为熟眠位是：(1) 肇生万有的混沌玄冥之境；(2) 现实自我与梵的合一，或曰亦即是梵。而早期奥义书所谓“死”也往往同样具有这两方面意义。如 BṛihI・2・1—7 说死（混沌）为本原的存在，生成万有，BṛihII・1・12，III・9・14 也说死即是混沌、无明；ChānVI・15 说死时命我与至上我合一。耶若婆佉也说过人死时现实自我内容（诸根）入于元气、自我（BṛihIV・3・36，IV・4・2）。其说生与死，与说日常意识（醒位）和熟眠位，意义相通。其云：“此自我一旦出生，与根身联结，就有罪恶。当其死亡，离根身而去，亦抛开罪恶。”（IV・3・8）盖生即有染、有欲、有苦，而死亡是复归于梵，故无染、无欲、无苦。同理，日常意识为现实自我从梵生发而出，故有欲、染、苦，而熟眠位则是自我复入于梵，故无欲、无染、无苦（IV・3・21—22）。

② haṃsa：鸿雁，引申为自我、灵魂。

奥义书谈到梦位我，首先是在心理学意义上的。自我本来是世界的创造者，而在睡梦中，由于自我克服了肉体和自然的制约，完全复归于存在和世界的精神本性，它的创造能力才真正得到充分、自由的表现。在梦位，自我携带此世界的资料，将它们拆开为片断，又重新将其构造起来。这种创造完全是自我自由、自发、自为的活动，即"依其自身光明"而进行的。自我完全从自身内部"投射"出车、绳、路、水潭、莲池、溪流，即全部对象世界，乃至苦乐等种种内心感受。奥义书还将梦位我的取境活动，比喻为自我脱离色身（唯留元气守护色身使不坏），自由遨游于各种境界。梦位我远离肉体和物质世界的束缚，因而像神一样，得大自在，可以将整个世界置于自己的支配之下。耶若婆佉说梦位我就是神，"神如是为自身创造许多境相"，它并且是真正的世界之王。

此外奥义书谈到梦位我及其创造，还有其形上学旨趣。根据耶若婆佉的说法，现实世界只是由自我的想象投射而出，如梦中诸境，看似与我相对，而实际不在心外。故说境由心造，一切唯心。但醒位的客观化意识遮蔽了存在和世界的精神内在性。世界（自然、肉体）本来是自我造出且被我包含的，现在却似乎成为完全外在于我的，甚至反客为主，决定、制约、束缚着我的活动；作为自我本质的意识，现在也被认为是以客观对象和肉体感官为条件的。但是梦位我则完全复归于意识、主观性本身，从而使自我对于世界的创造，及自我本身的自由得到充分呈现。

同醒位一样，梦位的世界也是纷繁杂多的，梦位也仍然有物我、心境、主客的区分；易言之，梦位仍然有二、有差别。根据耶若婆佉的说法，梦、醒二位的实质区别，似乎仅在于：醒位的物我、心境、主客的区分，对于凡夫是实在的，而其在梦位则对于他只是现似的，亦即只是自我内在的表象、产物，不具备客观现实性。然而耶若婆佉的基本形上学立场正是，现实世界乃至物我等的分别，本来就是自我的表象，这就意味着梦位有比醒位有具有更高的实在性。

另外耶若婆佉还认为，自我是游历于醒、梦二种境界的同一灵魂。IV·3·18云："譬如一条大鱼随河两岸，上溯下漂，此原人于此二位，即梦位与醒位，悉皆追随。"这意味着自我本身（原人）其实既非醒又非梦，而是独立于梦、醒二位，为其观察者。人在睡眠中经历许多梦境，而在这些梦境之外，还有一个意识始终保持清醒（即"无睡眠者"），并观察着梦境的生生灭灭，这个意识就是每个人的内自我。自我从醒位到梦位，又从梦位返回醒位（IV·3·16—17），就像一只鸟在两个树林间频繁迁徙，或一只大鱼沿河的两岸而游。梦位与醒位，都只是自我的"游乐场"（ārāma）。而此中所谓"唯见其乐所，无人见其身"，就是说人们都只看到这游乐场，而没有看到自我本身。

三是熟眠位。当梦位的自我游历诸境，见诸善、恶已，乃从梦位进入熟眠位："如隼鹰翱翔天空，即而倦息，敛羽归其巢寝。如是人在睡眠中，进入熟眠位，无欲无梦。"(IV·3·19) 在梦位人仍然感觉到痛苦，似乎有被羞辱、被杀害等事，而到熟眠位则体会到纯粹的宁静、安乐。BṛihIV·3·20云：

> 信然，人有许多微细脉管，谓之悉多，细如头发千分之一，彼中充满白、蓝、黄、红之浆液。即于此人，现似有人杀之，现似有人辱之，现似有大象追之，现似跌入深坑：彼人唯依无明构想出醒位所见之诸怖境。当彼现似为天神、为王，证解"此一切无非自我"，此即彼至上界。

耶若婆佉在这里把熟眠位等同于证得、融入至上我之位，故熟眠位即是至上界、真如界、梵界。耶若婆佉认为，梵界或彼岸，就在吾人心中。他想象在心腔中有一个由多片莲花形的瓣膜围成的空间，充满光明、清虚净妙，此即是"梵城"(Brahmapura)。在城中有一棵如意树 (asvattha)，不断滴着须摩汁。还有三个湖，在中间一湖中有一朵莲花，它是大梵的宝座。从心脏到各感官，有许多脉管 (hitā) 联结。在梦位，自我从心中出来，沿这些脉管到达诸根，但是由于诸根关闭，故自我也不能认识外境，只能认识自己变出的印相；而在醒位，自我则通过诸根缘取外境界；在熟眠位，自我则通过这些脉管进入心内的"梵城"中休憩①。自我在这里体会到一切皆属于自我，故能见自色、聆自音、嗅自香、受自乐。然后自我进入莲花座，而完全融入梵，与大我合而为一，从而体会到一种超越的寂静妙乐。BṛihIV·3·21谓在这里人离欲、离染、离怖；譬如人在娇妻的怀抱中，不复知有内、外，彼、此，人在大我怀抱之中，亦不复知有内、外，彼、此。故奥义书亦将熟眠位与作为存在根源的至上喜乐 (ānanda) 等同②。此时人的一切愿欲皆已满足，因为自我即是其最高的愿欲。在这里，人克服了他的所有个别性、片面性，而融入一个绝对同一的普遍精神之中。

熟眠位作为彼岸、梵界，完全超越此世界的存在。耶若婆佉似乎并没有在熟眠位的境界与处在熟眠位的自我之间，作出一以贯之的、清晰的区分，常常把二者等同。熟眠的境界不可捉摸，不可缘取，不落言诠，不可思议，"非此，非彼"，无缚、无苦、不失、无染于已作、未作之业。知此者乃超越子嗣之欲，财富之欲，世界之欲，而以乞食为活 (IV·4·22—23)。熟眠位也超越了世俗的社会秩序与伦理。IV·3·22

① 人从醒位进入梦位，又从梦位进入熟眠位，所以梦位是"此岸"和"彼岸"的联结点。

② 《唱赞奥义书》、《鹧鸪氏奥义书》提出构成现实自我的"五身"之说，以喜乐为自我最内在之身。

说此处父不复为父，母不复为母，世界不复为世界，贼不复为贼，杀婆罗门者不复为杀婆罗门者，乾陀罗不复为乾陀罗，商人不复为商人，苦行者不复为苦行者；不系于善业，亦不系于恶业，以心离一切苦故。在这里，自我得大自在，既不染于善，亦不染于恶，因为他已超越善恶。他知道他是真正的主宰者，就是神，就是大梵，就是全世界（IV・3・20）。

耶若婆佉首次以“不二”（advaita）来阐明熟眠位自我的绝对性，这也对印度思想史产生了极为深远的影响。熟眠位不仅是人的小我与大我完全融合，而且是物与我、心与境、主观与客观的融合，是绝对不二之境。BṛihIV・3・23—32 云：

> 23 信然，当彼于彼处不见，彼实见，虽则不见；以见者之见无终止故，以彼见者为不灭故。然则彼所见者，乃非于彼为二，非为与彼有异、有别者。24 信然，当彼于彼处不嗅，彼实嗅，虽则不嗅；以嗅者之嗅无终止故，以彼嗅者为不灭故。然则彼所嗅者，乃非于彼为二，非为与彼有异、有别者。25 信然，当彼于彼处不尝，彼实尝，虽则不尝；以尝者之尝无终止故，以彼尝者为不灭故。然则彼所尝者，乃非于彼为二，非为与彼有异、有别者。26 信然，当彼于彼处不言，彼实言，虽则不言；以言者之言无终止故，以彼言者为不灭故。然则彼所言者，乃非于彼为二，非为与彼有异、有别者。27 信然，当彼于彼处不闻，彼实闻，虽则不闻；以闻者之闻无终止故，以彼闻者为不灭故。然则彼所闻者，乃非于彼为二，非为与彼有异、有别者。28 信然，当彼于彼处不思，彼实思，虽则不思；以思者之思无终止故，以彼思者为不灭故。然则彼所思者，乃非于彼为二，非为与彼有异、有别者。29 信然，当彼于彼处不触，彼实触，虽则不触；以触者之触无终止故，以彼触者为不灭故。然则彼所触者，乃非于彼为二，非为与彼有异、有别者。30 信然，当彼于彼处不知，彼实知，虽则不知；以知者之知无终止故，以彼知者为不灭故。然则彼所思者，乃非于彼为二，非为与彼有异、有别者。31 信然，唯当似有二现起，则有一者见他者；一者嗅他者；一者尝他者；一者言于他者；一者闻他者；一者思他者；一者触他者；一者知他者。32 人若以大梵为其世界，乃成为唯一、不二之见者，遂成大海。此即至上道。此即至上成。此即至上界。此即至上喜乐。所有众生乃由此喜乐之一分而活。

然而由于耶若婆佉所谓熟眠位自我或喜乐身，既有种子义，又有实性义，因而所谓“不二”也包含两层意思。看来他对此未作明确辨析（到《蛙氏奥义书》才对此有明确辨析）：其一，就熟眠位作为种子而言，它乃是一种潜伏的混沌意识，在其中心境、主客的差别未显现出来（“彼并无异于、独立于自己之第二者可知”），没有现行的认知活动，但这种活动的能力并未消失（“知者之知无终止故”），仍然潜伏于心识中，将来还会再生起。在与耶若婆佉的种子、潜在意识类似的意义上，后来的《鹧鸪氏奥义书》也说喜乐身的体性极微细玄妙、没有分别、非有非无、无记无表，混沌难知，深藏于经验（意、识）之下，不可通过任何感官认识，而唯有通过理智来把握（TaitII·4）；《蛙氏》亦说熟眠位有只是无分别的一味的识体，由喜乐所成，为万有之胎藏、起源和归宿（MāṇḍV，VI）。在这种意义上说不二、无差别，是说醒、梦位的有二、有差别相在这里只是潜藏着，没有显现出来，故自我处在一种无分化的混沌和合状态。其二，就熟眠位作为实性而言，那么说它是不二、无差别，乃是对存在的绝对真理的描述；反过来说，有二、有差别的境界都是假相甚至幻觉，是在这里应当彻底根除的（而不只是潜伏不起）。耶若婆佉上面的说法，如所谓“唯当现似有异于己者，方有一者见另一者，一者闻另一者……”似乎表明有二相皆是不真实的、幻现出来的，因而以主客对待为前提的知识，都是不真实的。耶若婆佉说人死后归于至上我，无相无对，故为“无意识”（na pretya samjñā ’sti），在熟眠位亦是如此：“唯当有二，如其所似。则此见彼，此嗅彼，此闻彼，此言于彼，此思彼，此识彼。而当一切皆成为自我自身，则盍有所嗅与嗅者？所见与见者？所闻与闻者？所言与言者？所思与思者？所谓与识者？”（BṛihII·4·14）然而在这所谓“无意识”（asamjñi）状态，仍然有知。这就是消除了对象性的、相对的知识的绝对之知，即自我自身的光明。

凡人在熟眠位结束后，又会回到梦位。IV·3·15云：“既于熟眠位游历，见诸善恶，他于是由其所从来，复归于梦位。而他于彼（熟眠位）中所见亦不随他，因为彼（真实自我）离诸执受。”接着自我又从梦位复归于醒位。自我就这样在醒位、梦位和熟眠位中自在地穿梭移动。不管是从熟眠位到梦位，还是从梦位到醒位，自我前一状态的经历对后一状态都没有影响。其在前一境界中所历、所见、所为，都不会跟随进入后一境界。因为在三位中迁移的自我就是至上我、梵，本来无染，脱离所有执受，不受过去的影响。如IV·3·15—17，19：“15既于熟眠位受用诸境，经历善与恶，彼乃由其进入处，速回梦位。其于前位（熟眠位）中所见，不复跟随，此原人无执着故。16既于梦位受用诸境，经历善与恶，彼乃由其进入处，速回醒位。其于前位（梦位）中所见，不复跟随，此原人无执着故。17既于醒位受用诸境，经历善与恶，彼乃由其进入处，速回梦位。19如隼鹰翱翔天空，既而倦息，敛羽归其巢寝。如是人在睡眠中，进入熟眠位，无欲无梦。”这里耶若婆佉的说法，暴露出早期奥义书思想家常有的内在不一致性：我们看到他在别处每每将熟眠位等同于真实自我；然而在这里真实自我又似乎是超越三位，自在往来的实体。不过奥义书—吠檀多思想的发展方向，是逐渐将真实自我与醒位、梦位、熟眠位三种心识状态，乃至与心识本身彻底分开，使之成为超越心识的绝对（兹如《蛙氏奥义书》的自我四位说与《鹧鸪氏奥义书》的自我五身说）。数论学乃至佛教大乘瑜伽行派和真心如来藏思想，也是顺着这种发展方向而形成的。

不过，早期奥义书说熟眠位或死亡与解脱位都是个人自我与实有的合一，问题颇多。首先，人们会从熟眠中再回醒、梦位，而奥义书相信人在解脱位则不复返回，所以必须承认这两种结合的方式是有区别的。这种区别被后世注释家解释为，在解脱位自我完全融入实有，在熟眠位则自我仍然保持个体性，仍有业力、欲望①；但这种解释让人难以把握，且熟眠位的这种结合方式也颇令人费解。这些问题反映了早期奥义书思想在理论上的不成熟。直到奥义书晚期提出自我四位之说，这类困难才得到了解决。如《蛙氏奥义书》将自我分为醒位、梦位、熟眠位、至上位。其中熟眠位体即是智（prājña）、妙乐（ānanda），非有非无、混沌一味，是世界万有的胎藏（yoni），它将万有作为无分别种子状态包含在内，其性为杂染、有漏（MāṇḍV；VI）。而至上位即大梵、究竟真如，超越一切世间存在，不动、清净、安详、不二，为万有之归宿、依止（MāṇḍVII）。如此则熟眠位个人的命我非进入实有，而是进入智、妙乐，后者是万有的种子依；唯于解脱位命我乃进入实有、梵，后者是万有的真如依。熟眠状态与解脱于是得到了明确的区分。后来佛教唯识学对真如依（一真法界）与种子依（阿赖耶识、根本识）的区分，乃以此为理论先驱②。

## 二、耶若婆佉的人生论

耶若婆佉以为，自我的本质即是喜乐，为人生幸福之源。是否有对自我的觉智，决定人生的根本价值。如IV·4·11,12以偈云："11黑暗（无明）所覆界，悉皆为悲苦。无智不觉者，死后归彼处。12由'吾即彼'想，若人证此我，竟由何贪、爱，而执于色身?"证我则得自由、解脱，失我则陷悲苦、轮回。故伦理与宗教的价值，皆依是否有利于自我觉证来衡量；世间亲情，也归根结蒂来自人对自我之爱。以下试阐明耶若婆佉以死亡为转折点的生命轮回说，以及他在伦理和宗教（修道论）方

---

① 比如Swami Krishnanda解释人的灵魂进入大梵有两种方式：(1) 无意识的方式，包括熟眠位与死亡。在这里，人只是无意识地偶然进入实有，其自我意识消失，但他并未完全融入实有之中，仍然有贪欲、业力，而且由于后二者的促动，他必再次从这里出来而进入醒、梦位。(2) 有意识的方式，即人们通过自觉的修道悟解，亲证实有，最终自我意识消失，自我完全融入实有之中。此时自我超越世尘，解脱业力，永不复回生死轮回道中。

② 吴学国：《奥义书与唯识思想的发生》，《唯识哲学》2012年第1期。

面的思考。

1. **死亡与轮回、业**

死亡可以说是印度人的人生思考的支撑点。死亡不是灵魂、生命的消灭，而是新、旧生命的过渡环节。耶若婆佉的说法，或以死亡为轮回之环节，或以之为灵魂最终归宿于至上我（元气）、至上界（类似于佛教的涅槃）。他在BṛihIV·3·35—38中的说法，就属于上述后一种情况。其云：

35 譬如一辆负重的破车，当人命终，此色身负载此识我（灵魂），喘息呻吟。36 当人由于老、病而衰朽，彼遂脱离其色身，如芒果、无花果或草莓从其茎脱落。彼乃重回其根源，如其所从来，即复归于元气也。37 如国王驾到，贵族、侍从、御者、村保皆以酒食、住处迎候，呼曰："彼来矣！彼来矣！"故诸有迎候知其业果之人（即识我），呼曰："彼婆罗门来矣！彼婆罗门来矣！"38 如国王离去，贵族、侍从、御者、村保皆聚集其周围，故当人咽气之时，所有元气皆集于自我（即识我）周围。

盖人秉元气而生，死时其自我脱离色身，复归于元气。其临死之时，诸根皆集于自我周围，当自我离此色身而去，诸根亦随之而出，于是自我乃复入于至上我（耶若婆佉此处并未表明它是携诸元气而入）。耶若婆佉另外两处说法表明了相同的意思。如IV·3·8："此自我一旦出生，与根身联结，就有罪恶。当其死亡，离根身而去，亦抛开罪恶。"以及II·4·12, IV·5·12："人由诸大（bhūta）而生，（死时）复消失于彼。死后不复有意识（na pretya saṃjñā 'sti）。此即我说。"第一段说人死时，便脱离其生前罪染，而进入梵界。这等于否认了死后业力的存在。第二段是说人死时色身消解，灵魂乃重新融入大梵、识体，类似盐溶于水，变成一样的咸味，或瓶子破后里面的虚空融入外面的大空；此时自我由于失去了肉体感官，并且与大梵合一，业染也随之消失，在这里自我不再有主、客的差别，因而就没有了日常的对象意识（II·4·12）。就这两段引文来看，耶若婆佉似乎认为死的境界就是复归于梵，既没有提到这是以梵智为条件的，也没有提到众生会由于业的不同而在归宿上有所差别。

但耶若婆佉在BṛihIV·4·1—5谈论死亡问题，则着重开示众生死后归宿的差别，及其生前行业对此的影响，因而与上文所说大有不同。其云：

1 当此自我似转衰朽，意识昏乱，于是诸元气便集于自我周围。彼乃收回诸光①，返回心中。当彼瞳中之小人离开，归去，于是彼不复知色②。2“彼已复归为一③，”人云；“彼不复见。”“彼已复归为一，”人云；“彼不复闻。”“彼已复归为一，”人云；“彼不复尝。”“彼已复归为一，”人云；“彼不复言。”“彼已复归为一，”人云；“彼不复听。”“彼已复归为一，”人云；“彼不复想。”“彼已复归为一，”人云；“彼不复触。”“彼已复归为一，”人云；“彼不复知。”彼心室顶部被照亮。于是彼自我循此光亮而离开，或由双眼，或由头顶，或由其他肢体部位。当自我出离时，元气亦随后出离。当元气出离时，所有生命气息亦随后出离。彼遂融合于识（vijñāna），一切有识者（即属于识的内容）皆随彼出离。自我在这里被其智（vidyā）、业与习气决定④。3 譬如毛虫爬到草叶之尖，乃将身体收拢，朝向下一目标。故此自我在朝向下一目标（来生）时，乃离弃此色身，离弃无明，收回自身。4 譬如金匠取一块金，塑成更新更美之相，故此自我，离弃色身、无明，为自己塑成更新更美之相，如父祖、乾达婆、诸天、生主、梵天及其他生命。5……人依其所作，依其所行，将成为如何。行善者得善果。行恶者得恶果。人依义行成为义人，依恶行成为恶人。或云人唯由欲（kāma）而成。盖有如是欲遂有如是决定（kratu）⑤，有如是决定遂有如是业，有如是业遂有如是果。

应当承认，在耶若婆佉的整体思想中，智、业决定人的轮回、解脱差别的说法是占主导的。比如在 BṛihIII・2・13 中，他与阿多跋伽（Ārtabhāga）关于对于死后归宿的讨论，也表明了同样的看法。其云：“阿多跋伽问道：‘耶若婆佉，若人死后，其声音归于火，呼吸归于风，眼归于日，意归于月，听归于方，身归于土，自我归于空，头毛归于木，体毛归于树，精血归于水，其自我成为何物？’耶若婆佉说：‘阿多跋伽，吾友，请执吾手。此义唯我二人可知。不便广说于众前。’于是此二人避开并检讨。其所说者为业，其所赞者为业。信然，人由善业得善报，恶业得恶报。”

---

① 即诸根或诸感觉、元气。

② 对这后面一句话，不同的注释家解释不一。或以为“彼瞳中之小人”指至上我，或以为仅指视觉（眼根）。或以为彼是离双眼而归太阳，或以为是离视境而归元气。联系下文，我认为彼“小人”应指视觉或眼根，后者于人死时离视境而归于元气、细身，不再缘取色境，如此方与下面所谓“复归为一”一致。

③ 商羯罗释此为诸感觉或根与细身合一。

④ “习气”，梵语“pūrvaprajñā”，直译为过去知识、记忆，此处谓过去经验在心中留下的印象，影响生命的趣向。

⑤ Kāma：愿、爱、欲望、贪、快乐。Kratu：计划、动机、打算、思虑、决定，能、力，理智、智慧，灵感，意志、欲望、决心，兹译决定。

对于业与轮回的关系，耶若婆佉的看法可以归结为以下几点：第一，人死只是色身朽坏，业力、诸元气并未坏失，而是伴随自我出离，自我离开色身之后，又会再次投生到另一色身，是谓轮回。第二，人现世的智、业与习气等决定其来世生命的趣向、内容。据说众生业的差别决定命我从身体的不同部分脱离，从而有不同的归趣。比如彼由目中脱离者入日界，由头顶脱离者得解脱。盖人死时，其过去的业，决定自我移至心顶之光，照亮其来世的根身，彼乃循此前趋，而与此根身联结。如毛虫在离开此片叶子之前必抓住下一片叶子，故自我在此期生命结束之前，必定看到来世的根身而趣向它。另外习气也参与决定来世生命的内容。商羯罗解释说，过去经验形成的习气，决定现世的诸根、元气的构成，从而使人们具有某些不学而得的天分、本能，比如某些人生来具有绘画的天分①。第三，业等最终由欲望决定，有如是愿欲遂有如是决定，如是业，如是果，故欲望是尘世生命（轮回）的根源（saṃsāra-mula）。

在此基础上，耶若婆佉的思想又有重要深化。他明确地提出：

（1）自我是超越的，是现实生命的基础，而不受轮回、死亡的影响。如 IV·4·17 云："五道及虚空②，皆安立于彼。唯彼是自我，及不灭大梵；知彼自我故，我亦为不灭。"IV·4·23："常住广大梵，不因业增减。人应亲证彼，知彼离业染。……彼不为罪染所胜，已胜一切罪染故。不为罪染所烧，已烧一切罪染故。彼乃成为大梵，无罪、无染、无疑。此即是梵界。"他还把人比作由大梵根基生长出的树，然后以偈问道："若根被拔起，则树不复生；死亡伐众生，复从何根生。"并自答曰："生时实无生，其孰能生之？大梵即识体（vijñāna），亦即是妙乐（ānanda），为修证大梵，及布施者宗趣。"（III·9·28）这就是说死亡只是将生命之树伐断，但至上我作为树根则为不灭、恒常，并为众生（行业布施者及离业证梵者）新生之基础，所以它是超越死亡和轮回的。

（2）人若解脱了一切欲望，则超越死亡、轮回，直接入于自我、大梵；而染于欲望者，则死后仍然轮回。BṛihIV·4·6，7 说③：

> 6 末那执何境④，则自我趣之，宿业相伴随，取着此境界。既已于彼界，受此界业果，复归于此界，以造诸新业（以上为偈颂）。此即彼有欲者。至于彼不

---

① 毕达哥拉斯说："就像蜡块很容易被手指按出印迹，而这印迹不能永远保存不变；灵魂始终保持同一，但具有不同形态。"

② 五道，即父祖、天神、乾达婆、阿修罗、罗刹五种生命归趣。虚空（ākāśa），商羯罗释为"avyākṛtākhya"（未显现的原理），即混沌、自性。

③ 此二节皆是前段韵文，后段散文，译文准此。

④ 末那，"manas"，在这里泛指诸根、元气。

欲者；彼无欲者，彼离欲者，彼愿欲恒已满足者，彼以自我为愿欲者，则其元气不离。彼已成为大梵故，乃径入于大梵。7 此处亦有偈云：人若心中欲，皆扫荡无余，乃由有死境，而入不死界。即于此根身，现证入大梵。如蜕下的蛇皮，已死掉被弃，而卧于山坡，此色身亦如是僵卧。然此无形、不死之元气，实即大梵，实即光明。

这里耶若婆佉将有欲者与无欲者的生命趣向作了对比。如前所云，欲望是尘世生命的根源。在这里耶若婆佉又说，人若有欲望（即末那有执着），死后其自我就会携其行业，趣向所欲望的境界，即彼岸世界。当他在彼岸世界将其业相应的果报受用完之后，又会投生到此岸，继续造新业。若人不复有欲望，便解脱尘世的轮回、死亡，直接证入不灭的大梵。商羯罗说若人离欲，当下便证得大梵。盖解脱是无明之结束，勿须等到死后；如盲人复明，当下即见，不待它时。

耶若婆佉又说对自我的觉智，是解脱的原因。在这里，可以将他的颇显零散的意见，概括为两点：第一，知自我实相，乃破无明，遂离诸苦而得解脱。IV·4·11,13—15 云："11 黑暗（无明）所覆界，悉皆为悲苦。无智不觉者，死后归彼处。13 彼至上自我，入于此身窟，人若觉、证之，乃为造物者，创造一切故；世界属于彼，彼依其自身，即是全世界。14 信然于此处，吾人或知梵。否则无智我，将受大坏灭。知此得不死，否则唯受苦。15 亲证光耀我，为至上神祇，过、未有之主，则人无所畏。"那么这自我觉智与前面所谓无欲，到底是什么关系？就前面所引几段偈文来看，无欲应是产生觉智的条件；但他在这里又说："若人证此我，以吾即彼想，竟由何贪、爱，而执于色身？"（IV·4·12）"信然，知此故，古圣人不欲子嗣，曰：'吾等既已得此我，得此界，子嗣何益？'信然，彼已脱离子嗣欲、财富欲、世界欲，乞食而活。"（IV·4·22）这似乎是认为觉智又是无欲的条件。在这里，更为一贯的看法应当是，觉智是解脱的直接原因，克制欲望是得觉智的条件，而觉智的生起意味着欲望的根本消灭。第二，知自我实相，则除业染而得自在。IV·4·22 云："知此（自我）者则不为'我曾为善''我曾为恶'之想所胜，恒胜彼故。无论其所曾为，或其所曾不为，皆无害于彼。……彼至上者，婆罗门欲以诵读吠陀，祭祀牺牲，苦行斋戒而知之。信然，知彼者乃为牟尼。唯欲求梵故，苦行者离家出走。"印度哲学说业有正受（prarabdha）业与未受（sanchita）业二种。前者为正在生起活动，其召引的果报正在现前，后者为尚未生起活动的。所以这里更严格的说法是：人若得正智，则当下除尽未受业；而正受业还有待受尽，当其受尽，则根身毁坏，命我无间融入大梵。

在奥义书思想中，死亡一词意义很宽泛。除了上述色身坏灭义之外，它还指那肇生宇宙的黑暗混沌、无相无表的自性、无明。在更多的情况下，它还泛指尘世生命中的一切无常、变易、衰老、腐朽，进而指生命的全部苦难（如饥饿、疾病等），乃至导致苦难的贪爱、罪恶、愚痴（BṛihI·2·1—7, I·3·11, I·3·28, I·5·23, IV·3·7）。耶若婆佉也在后一种意义上使用死亡一词；在这里，死亡就是与恒常、喜乐的大梵对立的无常、痛苦的现实生活。耶若婆佉与阿多跋伽的如下一段对话，应依此义理解。这里阿多跋伽问道："既然一切皆为死亡所食，谁以死亡为食？"耶若婆佉回答说："信然，死亡实即火。彼为水所食。"（III·2·10）这里说火、水只是比喻，谓如火胜一切，但水胜火，同样死亡胜一切，但大梵胜死亡。大梵是死亡之死亡，以死亡为食（如KāṭhII·25说死亡是至上我之酱）。

**2. 耶若婆佉的伦理与宗教思想**

耶若婆佉以为人生之最高理想在于超越世俗生命而证入至上我、大梵，故世俗伦理只有相对的价值。一方面，伦理生活的根本价值是从它是否有利于修道证解得到规定。伦理的价值在于符合人生的利益。人既有世间利益，也有出世的利益，而以后者为根本。凡能促进这两种利益者皆属于善（punya），反之则为恶（pāpa）。根本的恶是欲望、无明，由此而有执着、疑惑、愚痴、诞妄等。根本的善是无欲、正智，而凡能助人舍离欲望、获得正智者，亦是善。出世的善，最终可导致真我的实现。另一方面，真我是至上主宰，或最终的主体，它规定了个人的道德倾向、情感。首先，至上我先验地规定人的行为动机："信然，遵彼不灭者之命，人类称赞布施者，诸天歆乐祭祀者，父祖欲求酌奠。"（BṛihIII·8·9）其次，世间一切皆属自我，皆因分有自我而对我有其价值。耶若婆佉由此提出所谓"自爱论"（Ātman-kāma），其以为自我才是人之最爱，而包括妻、子、婆罗门等，皆因分有此自我而可爱。

BṛihII·4和BṛihIV·5花了较大篇幅来阐明这种"自爱论"。其云耶若婆佉有慈氏（Maitreyī）与迦旃延（Kātyāyanī）两个妻子。其中慈氏颇有慧根，而迦旃延只有普遍家庭主妇的心智。耶若婆佉打算离家修道，决定先将自己的财产分给她们。此时慈氏问道："如果全世间的财富都属于我，我能得到永恒吗？"耶若婆佉说财富只能使人过上富裕的生活，不能得到永恒。慈氏乃请问得永恒之道。以下（II·4·4—6，与IV·5·5—7基本相同）为耶若婆佉之开示：

4 于是耶若婆佉说："诚如汝为人所爱，汝之言亦为人所爱。请前坐。我将与汝说。唯当我说时，汝应深思。"5 于是他说："信然，人非因爱其夫，故其夫珍贵，而因爱此大我，故其夫珍贵。人非因爱其妻，故其妻珍贵，而因爱此大我，故其妻珍贵。人非因爱子孙，故子孙珍贵，而因爱此大我，故子孙珍贵。人非因爱财富，故财富珍贵，而因爱此大我，故财富珍贵。人非因爱婆罗门，故婆罗门珍贵，而因爱此大我，故婆罗门珍贵。人非因爱刹帝利，故刹帝利珍贵，而因爱此大我，故刹帝利珍贵。人非因爱世界，故世界珍贵，而因爱此大我，故世界珍贵。人非因爱诸神，故诸神珍贵，而因爱此大我，故诸神珍贵。人非因爱诸大（bhūta），故诸大珍贵，而因爱此大我，故诸大珍贵。人非因爱一切，故一切珍贵，而因爱此大我，故一切珍贵。信然，唯此自我是所应见者，应持者，应思者，应证者。信然，人若见、持、思、证此自我，则知全世界。6 人若视婆罗门为异于我，则婆罗门弃之。人若视刹帝利为异于我，则刹帝利弃之。人若视世界为异于我，则世界弃之。人若视诸神为异于我，则诸神弃之。人若视诸大为异于我，则诸大弃之。人若视一切为异于我，则一切弃之。此婆罗门、刹帝利、世界、诸神、诸大、一切，皆是此自我。”

自我作为一切价值的基础，就是人的最高价值或至善，故此自我的证得，就是人生的究竟目标。盖自我是本，世界是末。挈本则制末，而非相反。如鼓声不可捉，但捉鼓与击鼓手，则声自止；螺声不可捉，但捉螺与吹螺者，则声可止；笛声不可捉，但捉笛与吹笛者，则声自止（II · 4 · 7—10；IV · 5 · 8—10）。故证悟或获得此自我，就获得全世界，获得一切价值。

而究其原委，自我之所以是最高价值，就是因为它的本质就是至上喜乐（ānanda），为人生一切幸福之源泉与归宿。耶若婆佉说众生皆得此喜乐之一分而活（IV · 3 · 32）。他在这里提出了一个喜乐或幸福累加的理论，其云：“若有人幸运而有财，为他人之主宰，受用一切人间乐处，是为人间至上喜乐。百倍于此人间喜乐者，为父祖界之喜乐。百倍于父祖界之喜乐者为乾达婆界之喜乐。百倍于乾达婆界之喜乐者为以功德获致天界的诸神之喜乐。百倍于以功德获致天界的诸神之喜乐者为生致天界的诸神之喜乐，以及通晓吠陀、无欲、无染者之喜乐。百倍于生致天界的诸神之喜乐者为生主界之喜乐，以及通晓吠陀、无欲、无染者之喜乐。百倍于生主界之喜乐者为梵界之喜乐，以及通晓吠陀、无欲、无染者之喜乐。信然，此即至上界。此即梵界。”（BṛihIV · 3 · 33）① 故大梵、自我就是至上幸福，通过证悟获得此自我，即获得至上幸福。

当然，奥义书也体现了对世俗伦理的尊重。BṛihV · 2 提出自制（damyata）、布

① TaitII · 8 与此段内容相同。

施（datta）、慈悲（dayadhvam）的三重美德；BṛihV·15的临死祈祷，表现了对真理、自由的渴望，以及对脱离罪恶、符合正义的生活的追求，感人至深。

耶若婆佉对罪恶亦有思考。罪恶就是无明、欲望，及由此产生的一切存在①。它是与自我、大梵对立的：自我是永生，罪恶是死亡（I·3·11，I·3·28，I·5·23）；喜乐是彼岸，罪恶是此岸（IV·3·9）。自我一旦出生，与根身联结，就有罪染；当其死亡，离根身而去，亦抛开罪染（IV·3·8）。这并不是说罪恶就在人的肉体之内，勿宁说它就是自我的个体化（individualization）。自我因为后者而脱离其超越、普遍的存在，而成为此岸、尘世的生命。I·3·1—17以神话的方式解释了人类罪恶的历史起源。其云人的诸根（言、呼吸、味、视、听、意）本来纯洁，秉性端正，合用于天神之祭祀。而阿修罗惧天神依此祭祀胜己，乃以罪恶一一刺入诸根，以败其事，故罪恶即言其所不当言，听其所不当听，乃至想其所不当想。但唯有元气，为罪恶所不入。盖罪恶的实质即死亡，而元气乃不死、清净之自我，故能胜死亡、罪染。知此自我者乃胜死亡、罪染，而且诸根亦唯借此元气之力方能胜死亡、罪染。

与罪恶相关的一个概念是"业"。奥义书所谓"罪恶"（pāpman），往往既指恶行，也指恶造成的后果，即业；可以将其译为"罪染"，既是"罪"（罪行），亦是"染"（罪业）。根据耶若婆佉的说法，一般来说人死后业力不失；由善业得善报，恶业得恶报（III·2·13），但人如果得梵智，就可以将善恶业皆完全断除（IV·4·23）。耶若婆佉还说过人在熟眠位和死亡亦可脱离罪染（IV·3·8，IV·3·21）。

可以明确地说耶若婆佉的人生哲学是超伦理的。盖耶若婆佉所理解的本质自我，作为先验主体性，本来超越伦理的规范而为其规定者。故当人依梵智（即自我觉智）入于自我，就自然获得对于世俗伦理的自由。可以说，这种主观的自由，正是真正道德的起点。但是由于耶若婆佉的自我是非理性的，无法作为伦理的立法者出现，故这主观的自由，以及相应的道德都是消极的。他以为彻底的精神自由就是对世俗伦理的否定。其云人在解脱位，或得到真正自由之时，父不复为父，母不复为母，世界不复为世界，诸神不复为诸神，吠陀不复为吠陀，贼不复为贼，杀婆罗门者不复为杀婆罗门者，乾陀罗不复为乾陀罗，商人不复为商人，苦行者不复为苦行者，彼不系于善业，亦不系于恶业（IV·3·22）；又说人若得梵智，"则不为'我曾为善''我曾为恶'之想所胜，恒胜彼故。无论其所曾为，或其所曾不为，皆无害于彼"（IV·4·22）。这种自由是奥义书修道论的理想。在印度文化中，自由与伦理

① 罪恶："pāpa"或"pāpman"，灾难、痛苦、恶、罪染、罪业。

的内在矛盾，实肇始于奥义书。最后从耶若婆佉的上述说法也可以推论出，凡与圣、妄与真、苦与乐的转化，只在一念之间；人若一念亲证大梵，当下即成为梵，得至上成就。

印度的智慧是实践的。超凡入圣，舍妄证真，必通过艰苦的修道途径。耶若婆佉说："8 亘古有窄道，漫漫其修远，我今已见之，我今已发之。彼有圣智者，彼知大梵者，由此达天界，最终得解脱。9 或说此道有，白蓝黄绿红①。婆罗门所开；其他证梵者，行善且光净，乃得入此道。10 彼崇无明者，将入于黑暗；彼崇智慧者，入更深黑暗。"(IV·4·8,9) 修行之道漫长而艰苦。远古有梵智者发现了它；后来人若有梵智，且行善而内心光净，亦得入此道。圣者由此到达天界，并从天界到达梵界，于是得到最终的解脱。正确的修道，必须将智（证梵）与业（行善、祭祀）结合起来。上引第十偈也表明单纯从智（智慧）或业（无明），都只能导向黑暗。

业是净心、证梵的条件。人们通过祭祀牺牲，通过闻、思、修往圣之学，可以断除欲望的染着，使内心清净，为最终的觉悟做好准备（有欲与无欲，有时被认为是导致解脱与轮回的根本原因，如于 IV·4·6,7）。但由于耶若婆佉继承梵书之教，所以在他的说法中，业主要是祭祀。他与阿湿婆拉（Aśvala）的对话，反映了其对祭祀的理解，其内容与精神气质都与梵书一贯，许多说法都是俶诡迂怪的。兹见 BṛihIII·1·3—6："3 彼（即 Aśvala）云：'耶若婆佉，既然一切为死所执，为死所胜，祭者何由挣脱死亡？''由火特黎（Hotṛi）祭司，由火，由语言。信然，语言即祭祀之火特黎。语言即是此火，即是火特黎。此即解脱（mukti），此即究竟解脱。'4 彼云：'耶若婆佉，既然一切为昼夜所执，为昼夜所胜，祭者何由挣脱昼夜？''由阿禅婆黎（Adhvaryu）祭司，由眼，由太阳。信然，眼即祭祀之阿禅婆黎。眼即是彼太阳，即是阿禅婆黎。此即解脱，此即究竟解脱。'5 彼云：'耶若婆佉，既然一切为弦望月所执，为弦望月所胜，祭者何由挣脱弦望月？''由优陀伽特黎（Udgātṛi）祭司，由风，由元气。信然，元气即祭祀之优陀伽特黎。元气即是风，即是优陀伽特黎。此即解脱，此即究竟解脱。'6 彼云：'耶若婆佉，既然此空界似无立足处，祭者由何阶梯以达天界？''由婆罗门（Brahman）祭司，由意，由月。信然，意即祭祀之婆罗门。意即是彼月，即是婆罗门。此即解脱，此即究竟解脱。'"

印度婆罗门教，早就以祭祀的要素为现实事物之象征。随之祭祀乃成为宇宙之象征，并进而与宇宙等同。在梵书思想中，祭祀、宇宙、人，乃至语言、年（时间），是

① 人于解脱之不同道路，不同阶段，会见到不同颜色。佛教十遍处观中亦有青遍、黄遍、赤遍、白遍、光明遍处观，亦与此相关。

完全同构的系统，而且本质上是同一的①。耶若婆佉秉受梵书之教，他认为执行祭祀的四位祭司，即Hotṛi祭司，Adhvaryu祭司，Udgātṛi祭司，Brahman祭司②，分别等同于人的四种生命机能，即语言、视、元气、末那（意、思维），以及四位天神或宇宙天体，即火、日、风、月。

奥义书中被归属于耶若婆佉的思想，既有自由的形上学思辨，亦颇有拘墟祭祀，接续梵书之论。盖于早期奥义书，自由的思想尝未明确意识到自身与僵固、外在的祭祀学之矛盾，故未见有如晚期奥义书之直接呵责祭祀学，且将智道与业道确然分剖者。但耶若婆佉之说祭祀，与吠陀、梵书之教亦有不同之处。这在于：(1) 在这里祭祀不再是升天、邀福的手段，而是解脱生死之途径。这里所谓死、昼夜、弦望月，实指一切时间性的存在，包括流转无常的生命，以及变灭的经验世界。祭祀的目的在于克服时间性的、感性的、经验的存在，而与永恒、绝对的真理、本体融合。(2) 祭祀的本质不再是外在的业行，而是内在的精神修炼。它不再以外在牺牲（如马、羊等牲畜）为祭品，而是以人自身的生命（语言、视、元气、思维）为祭品。它就是人克服自身的尘俗存在，以合于超验绝对的实践。故兹所谓祭祀，较之梵书所论，更接近瑜伽、禅定之道，而以证得大梵为究竟，故与智道一致。

祭祀离不开觉智。这一点为耶若婆佉屡次强调。BṛihI·4·15云："信然，若人从事诸多伟大的善业，而不知一切皆是自我，其业最终必消失。人须敬自我为全世界。人若敬自我为全世界，则其业不失，因他唯从这自我之中，创造一切他所欲者。"III·8·10："信然，人于此世纵使从事祭祀、皈依、苦行千万年，而不知彼不灭者，其业仍失；故人若离此世而不知彼不灭者，甚可哀悯。"故若离梵智，则祭祀必无其功。

梵智才是得道、解脱的关键。人若知梵则解脱轮回，得大喜乐；若不知梵则永

---

① 比如人有二十一分：十指、十趾、身体，相应地，祭祀有二十一颂，生主亦有二十一分（太阳、三界、五季、十二月［Sat BrāVI·2·2·3，4］），三者为同一。同样人亦是年：年有白天黑夜，人有出、入二风；年有五季，人有五气；年有十二月，人有十二种气息；一年有三百六十夜，人有三百六十块骨头；一年三百六十昼，人有三百六十种髓（Sat BrāXII·3·2·1—4）。就语言与宇宙的同一性，《唱赞奥义书》说："人应沉思娑摩（吠陀）五分为五界。Hinkāra是土，prastāva为火，udgītha为空，pratihāra为日，nidhana为天。人应沉思娑摩五分为雨。Hinkāra为（致雨之）风，prastāva为云，udgītha为雨，pratihāra为闪电，nidhana为霁。人若知此并如是沉思沙摩五分为雨，则必有雨，并致雨于他人。"（ChānII·2）。

② 此四位祭司的职责分别是：其一，Hotṛi祭司，在祭祀开始时诵读《黎俱吠陀》请神降临、享祀；其二，Adhvaryu祭司，为具体祭仪的执行者或操作者，在行祭同时念诵《夜珠吠陀》经文；其三，Udgātṛi祭司，吟唱《娑摩吠陀》伴随祭祀全程；其四，Brahman祭司，静坐一边，掌管祭祀全局，随时纠正祭祀的差错，必须掌握三吠陀全部。

陷生灭、轮回的苦海："11 无明所覆界，悉皆为悲苦。无智不觉者，死后归彼处。14 信然于此身，吾人已知梵。否则无智我，将受大坏灭。知此得不死，否则唯受苦"（IV·4·11，14）。这种相续轮回与解脱境界的对立，几乎被后来全部的印度思想接受，规定了印度人对于自由的基本理解，也规定了印度宗教的基本特征。耶若婆佉以为人通过觉悟大梵、自我而超越轮回之苦，其理论的逻辑实际上是：(1) 人若证悟自我、大梵，则自身就成为这自我："人若觉、证彼（大梵），乃为造物者，创造一切故；世界属于彼，彼依其自身，即是全世界。"（IV·4·13）于是他就具有了至上我的一切功德。(2) 上面这一偈还表明，自我、大梵是世界之创造者、全体，人若依觉悟而成此自我，则成为世界创造者、全体①。(3) 自我、大梵是绝对的超越者、至上喜乐，人若证得自我，亦成为超越者、至上喜乐。自我超越一切世间存在。而从人生论上说，这首先是指它超越一切欲望、烦恼、痛苦，乃至生老病死，是恒常的妙乐，故得自我觉智者亦脱离一切欲望、烦恼、痛苦，乃至生老病死，成为恒常妙乐。如IV·3·21云："信然，此即彼真实自相：无欲、无染、无怖畏。……人在真心自我怀抱之中，不复知有内、外。信然，此即彼真实自相，于中此人一切愿欲皆已满足，自我即是其愿欲故，故人于此无欲无苦。"(4) 从人生论上说，至上我的超越性，其次还在于它超越业力、罪染，超越善恶，故证自我者亦超越业力、罪染和善恶。如IV·4·23云："常住广大梵，不因业增减。人应亲证彼，知彼离业染。（以上为偈颂，以下为长行）人若得此圣智，得寂静②、安住、忍、定，则见我（色身）中之我，见一切为我。……彼乃成为大梵，无罪、无染、无疑。"

耶若婆佉的思想，乃是以桑底厘耶、阿阇世、波罗多陀等的唯心论为直接前提，并将超越思维引入阿阇世等的绝对反思之中，从而成立其思辨的唯心论体系。在此前的思想中，自由推动精神否定外在自然的绝对性，确立内在的心识为绝对的、独立自为的存在。于是精神的省思转变为反思，甚至是绝对反思。阿阇世等的思想就是这一精神进展的结果。我们曾经阐明在这里（参考本编第一章引言和结语），精神在其内在的自身否定和自我维持势用的推动下，首次认识到了它的内在意识、思想才是绝对真理，才是最高价值。精神于是意识到其内在的尊严。然而对于人类意识来说，表象性的、自然的、经验性的东西总是最直接、最触目、最易上手的，对于反思也是如此。所以在奥义书中，反思最早领会的绝对意识，就是经验性的。被归属于桑

① 《广林奥义书》第一编并类推：人因证自我是梵而成为世界，故宇宙泰初唯一的大梵，亦因意识到"我即是梵"而成为世界（即转化为万有——BṛihI·4·9）。

② 寂静（śanta），《薄伽梵歌》说此为无喜、无忧、无嗔、无欲、无贪之状态。

底厘耶、阿阇世、波罗多陀等的学说，都是把某种经验的、心理学的意识，作为存在、世界的绝对基础。这反映出，精神还没有实现对自我、觉性之自然的、经验的存在的超越。这在现象学上表明精神内在的自身否定势用受到（精神的内在惰性）阻碍，还没有展开为针对自我的超验真理的自主设定。精神实现了反思的自由，但仍缺乏超越的自由。然而本体自由作为绝对和无限，必然促使精神内在的自身否定和自身维持势用恢复其本真的无限性，从而战胜精神的惰性，展开为积极的活动，最终推动反思向超验领域的升华。首先，在这里，自舍势用展开为对一切经验、自然存在的自身本质的否定和对一种超验真理的维持，推动省思进入超越思维领域，故经验意识在这里失去其绝对真理性；其次，与此同时，自反势用必展开为对这超验真理的维持，推动省思领会到后者就是心灵、自我。于是反思与超越达到绝对统一。精神便由此领会到这样一种心灵实体：它既是超验的，是对经验、自然的否定，又是绝对的，是全部经验存在的意义根源。因而这心灵实体就是一个先验本体。对这个先验本体的领会就是思辨省思。

在奥义书中，被归属于耶若婆佉的思想，就体现了上述精神进展。耶若婆佉的思想，就是一种思辨的反思。其学说之最有价值的内容，就是对作为自然、经验之绝对根源的超验意识本体的阐明。他既继承、发展了早期奥义书的绝对反思，把心识理解一切存在的本质、全体、根源，又在其中引入了超越的维度，领会绝对意识为超越的本体，因此扬弃了这种反思的理智的、经验的性质，使之上升到思辨的、先验的境界。然而其学说中含糊混杂之处甚多。其要点可总结为：(1) 大梵、自我就是纯粹心识（纯知），其体性为绝对、不二、无染、无量、无表、一味、无分别，是境智圆融、心性一如、主客不分的境界。这绝对心识是遍在万物的无差别的"一"，如水中之盐味、陶中之黏土。有二、有差别皆是假相，无分别、不二才是究竟真如。人若归于绝对的心识或宇宙精神，乃进入无相无对，寂静一如之境，耶若婆佉称之为"无意识"。在耶若婆佉思想中，作为所有存在的绝对根源的心识，即本识的观念，首次得到开示。(2) 对经验现象与心识本体的"形上学区分"。现象属于可感世界，因缘生灭；本识属于可知世界，无因缘、无生灭，为永恒的实体。耶若婆佉说本识为"非此，非彼"、非粗非细、非长非短、无光（非火）、不沾（非水）、无风、无空、无明无暗、无影无像、无违、无见、无嗅、无味、无眼、无耳、无声、无意、无作、无气、无口、无名、无老死、无畏惧、不灭、非显、非隐、无度量、无内外、不食于一切亦不为一切所食，表明了本识对经验的时间、空间和因果性的否定。本识作为超越实体就是先验意识。通过对自我、觉性的先验存在的领悟，耶若婆佉克服了早期奥义书的泛神论和经验唯心论，而进入了思辨省思的意识本体论领域。他的上述思想规定了晚期奥义书的发展方向。

(3)将现实自我与物质宇宙各分为八个方面，通过后者的一一等同，表明人与宇宙的同一。其说以为组成人的存在的八有（色身等），与作为人的生命机能的八界（眼、耳等）、作为自然界构成元素的八处（土、虚空等）、作为具体自然物的八神（雨水等），其实质两两同一。故人与宇宙，无论是在结构还是在内容方面皆是同一的。此说其实是梵书的人与宇宙同构论的继续，与耶若婆佉其他学说颇为不侔，应是来自梵书或更原始的奥义书文本。(4)自我三位说。耶若婆佉将人的现实意识分为三个层次，即醒位、梦位和熟眠位。醒位就是清醒的日常意识状态，在这里意识通过诸感官认识外在对象。梦位为属于有梦睡眠或与之相似的意识状态，在这里，意识不再通过感官接触外境，而只认识心中内在的对象；这是意识完全停留在其内在、主观经验的状态。醒、梦二识分别相当于客观意识和主观意识，但都属于经验意识层面。而熟眠识则为先验意识（或潜伏意识）。盖熟眠位识为客观和主观的经验意识的根源，但是又完全超越二者，故为先验的意识本体。这本体超越了尘世的痛苦，超越了道德的善恶，也超越了业力轮回，为永恒清净、无生寂灭之真心。耶若婆佉认为熟眠位识就是至上我、大梵。(5)通过修道否定现实生命、脱离轮回获得自由解脱的宗教理想。耶若婆佉首次提出一种出世的人生观。他在奥义书思想中最早提出了超越、脱离生命轮回的自我、意识观念。他相信人如果获得对这超越的自我理体的证悟（梵智），并消除全部世间欲望，就可以断无明，除业染，最终获得解脱。而人若不悟自我，且染于爱欲，就会永溺轮回。他的实践是超道德的，世俗伦理的价值完全从其是否有利于修道证解得到规定。然而与这种超越追求相矛盾的是，耶若婆佉的实践理论中也混杂了大量来自梵书和更早奥义书的祭祀学的陈腐、平庸、荒诞的内容，他也没有像更晚期的奥义书那样开示出一套具体的修道方法。

耶若婆佉的思想体现了奥义书最早的思辨省思。思辨省思是绝对反思与内在超越的辩证统一。奥义书的精神在这里克服了道德精神对于经验、自然的执着，以及宗教精神对超验自我的封闭，既领会到自我的超越与自由，又领会到它的绝对性和内在性。我们称处在这一阶段的精神为哲理精神。总之，耶若婆佉的思想反映了奥义书的精神从理智思维到思辨思维、从道德精神到哲理精神的转变。

奥义书的这种思辨省思，反映了精神在自由之路上的新进展。如前所述，从阿阇世等的经验反思到耶若婆佉的思辨省思的转型，表现了精神一方面否定经验意识的自身真理性，另一方面确立一种超验的本体为究竟真理的，即从现象界到本体界的持续运动。这在现象学上使精神内在的自身否定在绝对反思领域的积极活动成为明证的。正是这自身否定势用推动省思脱离原先的自然否定的樊篱，实现为对全部经验、自然的本质的否定（即超越，或自由的否定），精神由此获得了一种超越性。

另外，耶若婆佉的思想领悟到那超越者就是绝对的自我、意识。这就意味着精神把对于这超越者的守护视为其全部生命活动的最高目的。这就在观念层面验证了精神针对这超越者的内在自我维持的积极活动，后者就是精神的自身维持势用的展开。正是这自身维持势用推动省思领会到对超验实体与绝对意识、自我的同一性。精神的内在自我维持的实现，在理论上就在于对自我作为先验意识的领会；在实践上就在于对自我的内在意识、思想在面对一切来自外在自然、习俗和社会的强权与内在的情感、欲望、冲动的专制之时的超越、自由和尊严的坚决捍卫。因此，可见奥义书思想从经验反思到思辨省思的过渡，在观念层面表现了精神内在的自舍和自反、否定与肯定势用的双重辩证运动，正是后者推动奥义书这一精神转型。然而只有在本体自由的促动之下，精神内在的自主势用才能恢复其本真存在而历史地展开（参考本编引论）。因此，自由才是奥义书上述精神转型的最终推动力量。我们对于从阿阇世等到耶若婆佉的思想演变的阐释，就为自由推动精神发展的内在逻辑，提供了一个现象学的例证。

与奥义书思想不同，在欧洲哲学中，严格、清晰的主观反思（把自我的意识理解为超越的实体）和绝对反思（把内在的意识理解为存在的全体和根源）直到近代主体哲学中才真正形成。在此前，柏拉图及其后继者把逻各斯（纯粹思想）作为现实世界之超验的本体，具有了一种超验反思。然而在这里，精神仍没有领会到这逻各斯与自我、意识的同一，因而逻各斯就对于自我表现为一种外在的东西。这种反思只是客观的，而不是绝对反思。思想仍然是形而上学的、理智的，而不是思辨的。柏拉图的这种逻各斯观念，对新柏拉图学派，乃至犹太教和基督教神学都产生了根本影响。无论是在普罗提诺、犹太教的菲洛，还是早期基督教神学家奥利金、奥古斯丁的思想中，都可以看到柏拉图的逻各斯的影子。整个基督教神学都贯彻了对上帝作为外在于人的自我意识的绝对者的超越性和精神性的领会。比如奥利金声称上帝是纯粹精神，是思想，是“单纯的理智”、绝对的精神的“一”。他对此的论证是，物质的体性是变易的，因而包含坏灭，如果神是物质的，就意味着它也会有变易，有坏灭，因而是不完善的；而既然神是完善的，就意味着它是不灭的，因而是非物质的，易言之是精神。另外，他首次引入了所谓“否定神学”来阐明上帝的超越性，上帝作为纯粹、绝对、单纯、无形体的理智不仅超越了物质，也超越了人类的理智，甚至超越“存在”自身，我们对上帝只能说他“不是什么”，而不能说“他是什么”①。总之神是超越的

① Gilson, Etienne, *Histroy of Christian Philosophy in the Middle Ages*, Sheed and Ward, London, 1980.37.

精神本体。阿娄帕果的狄奥尼修斯（Denis the Areopagite）对上帝的绝对超越性的描述，也同样立足于柏拉图主义的本体、现象二分图景。他说唯上帝为永恒的自有者，一切存在者皆因分有它而存有，皆是它在时间中的形象。上帝本身则超越存在自身，以及一切存在者。它既非有，亦非无，超越肯定与否定，不可言说，不可思议①，知上帝不可知才是超越一切认识的最高知识②。由于这种领悟，狄奥尼修斯在奥利金的否定神学基础上提出正确言说上帝必有的三个环节：首先是肯定的环节，比如说上帝是唯一、主、全能、正义等，构成所谓肯定神学（affirmative theology）。第二是否定的环节，为排除唯一、主等的经验意义，说上帝不是唯一等，此为否定神学（negative theology）。第三个环节是前二环节的统一，是在超越意义上对上帝作为太一、主等的重新肯定，此为究竟神学（superlative theology）。狄奥尼修斯的《神秘神学》对此否定神学给予了一个充分展示。它在结尾处先是给出一系列否定，接着是对这些否定的否定，因为神超越了肯定和否定。另外狄奥尼修斯认为上帝全知，为一切存在和知识之根源（Denis the Areopagite，De div. nomVII・2），上帝包含所有理念并以之为创造世界的原理，也就是说上帝是一个精神本体。克莱沃的圣伯纳德首次将以形象与模型关系为基础的希腊神学，与以本性与恩典为基础的拉丁神学综合起来。他在希腊神学基础上，提出对作为本体、模型的上帝与作为结果、形象的现实世界的“形而上学区分”。他通过这一区分表明上帝是一个超越的精神本体。另外与《蒙查羯奥义书》对上智与下智的区分类似，他也区分世间知识与神圣知识，前者为对经验的、世俗的对象的知识，后者是对神圣本体的沉思，唯后者有绝对价值，前者只有相对的价值。托马斯・阿奎那一方面指出上帝不是任何存在的东西，不是任何本质，甚至不是诸如太一、至善、思想、永恒、不变、必然之类的本质，而是存在自身（ipsum esse），是存在的纯粹、绝对的行动（esse, to be），这行动是一切存在者的存在的基础、核心。托马斯通过这种区分表明上帝是否定了一切现存性的精神生命，是超越了一切存在者的绝对。在这里我们看到了海德格尔的“存在论区分”（ontologische Trennung），即对作为运动、时间性的“存在自身”（Sein）和作为现存东西的“存在者”（Seinde）的区分的前身。欧洲思想唯有通过从犹太—基督教对精神的生命性的体验汲取灵感，才能克服希腊精神对现存存在的执着。上帝不是任何东西，在它之中没有存有，没有“什么”，所以它无法形容，不可言说，我们关于上帝的知识皆为揣

---

① Gilson, Etienne, *Histroy of Christian Philosophy in the Middle Ages*, Sheed and Ward, London, 1980.85.

② Gilson, Etienne, *Histroy of Christian Philosophy in the Middle Ages*, Sheed and Ward, London, 1980.85.

测性的、类比性的（STI·13·5）。另一方面，上帝也是纯粹的精神、绝对的意识、智慧和意志，它的纯粹性在于对任何物质因素的排除。所以托马斯从新的角度对上帝的超越性与精神性进行了诠释。在爱克哈特大师的思想中，上帝存在的这两个方面同样得到强调。一方面，神是绝对超越者，是不可言说、不可思议的精神实体，是无限的潜能。由于迈蒙尼德的“否定神学”的影响，爱克哈特大师坚信上帝为超越一切存在的绝对者。他在对“出埃及记”上帝的训诫——“我即是是者”（I AM WHO AM）的重新诠释中，认为上帝其实是要将自己从一切的存在中区别开来。这正意味着上帝不同于存在，“上帝高于存在”（est aliquid altius ente）。上帝正因为超越存在，才能创造存在。上帝在时间开始之前，就在其纯粹性中包含万有，成为世界之根源。另一方面，爱克哈特认为那先于时间和存在的上帝就是纯粹的理智、逻各斯或神圣的语词。物质的东西皆是复合而成，心理的东西也是受造物，皆不具唯一性，唯纯粹理智是唯一，说上帝是理智就等于说上帝是一①。上帝作为理智超越一切东西，包括存在。上帝由于包含逻各斯，即永恒理念的体系，因而是世界的根源、基础。总之在爱克哈特的神学中，上帝就是超越存在的思想。总之从柏拉图到中世纪晚期的欧洲哲学，都受一种超越的客观反思支配。

哲学在这里始终将逻各斯、绝对理智、思想当作一个外在于或超越于人的自我的东西。所以说，尽管在这一传统中，精神省思不仅达到了对存在、自我的内在超越意义的完全、真实的领会，甚至否定对现存性的执着，达到了对存在本质的生命性的洞察，因而反思与超越都达到了彻底的纯粹性和完整性；然而由于思维在这一阶段仍然把它的对象，即超越的精神、思想、生命当作外在于自我意识的，因而它的反思始终局限于客观性，最终也没有实现一种主观反思和绝对反思。思维没有建立超越的绝对反思，仍免不了物我扞格，因而它仍然是理智的、形而上学的，而非思辨的、先验哲学的。精神仍然停留在宗教阶段，没有实现从宗教精神到哲理精神的转变；这意味着与奥义书的精神相比，对于西方精神而言，自由的展开要远为滞后。上述精神转变，在耶若婆佉思想中就得到反映，到晚期奥义书已全部完成；然而在欧洲思想中，它始于文艺复兴后期的主体意识觉醒，到康德的先验唯心论建立，才宣告完成。

在欧洲思想中，主体意识觉醒以笛卡尔的主体哲学为标志。笛卡尔将人的自我灵魂规定为一个思维的实体（res cogitans），以与作为广延的实体（res vastes）的物质区分开来。前者是主动的、自由的，后者是被动的、惰性的，二者完全对立。灵魂

① Gilson, Etienne, *Histroy of Christian Philosophy in the Middle Ages*, Sheed and Ward, London, 1980.440.

被排除在自然界之外，它的存在完全独立于物质，而为一自在自为的精神实体。笛卡尔的主体哲学反映了对自我作为纯粹的思维、意识实体的领会，后者作为自我内在反思，就是主观反思。正是在笛卡尔这里，近代欧洲哲学才首次达到了一种主观反思，有别于柏拉图—基督教的客观反思。这主观反思，反映出精神的自我维持实现为对自我的意识、思维的自为存在的领会、守护，自由真正展开为现实精神的内在自我尊严。它与奥义书的那支启多之学，以及印度后来的数论二元哲学所代表的主观反思，属于同样的精神阶段。

然而在新的科学思维影响下，这种主体哲学已经丧失了基督教神学对精神实体的超越性的兴趣，也无意为经验世界的存在寻找一个超验的本原，它对宇宙存在方式的解释是朴素唯物主义的、机械论的；自我作为纯粹意识只是实体，而不是本体。朴素唯物主义认为经验存在都是直接的摆在那儿的，与心灵的作用无关。到英国经验论，才重新开始从心灵寻找经验的原因。比如洛克论证人的心灵对感觉进行重复、比较和综合，构成复杂观念，后者包括实体、样态和关系，属于客观经验。休谟进而表明，人的任何必然经验，比如因果性、实体性经验，都是来自心灵的联想、想象。这些思想动摇了朴素唯物主义的基础。但是它们仅仅是认识论意义上的。直到康德的先验哲学，才将主体的纯粹思维（统觉）作为客观经验的意义基础，即经验必然性的根源。这纯粹思维是先验的，它为经验奠定基础，但它本身不属于经验范畴。在这里，主观反思为客观性奠定基础，因而主观反思成为绝对的，而先验的绝对反思就是思辨反思。欧洲哲学在此才进入思辨省思层次。

如果说同一切精神省思一样，思辨思维也代表了精神自由的特定现实，那么耶若婆佉的思想与康德先验哲学处在同样的精神阶段；尽管从理论思维的水平，以及学理的精致性、缜密性和逻辑说服力而言，二者都根本不处在同一层次。在这一阶段，一方面主观反思与客观反思达到统一，成为绝对反思；另一方面是绝对反思与内在超越达到统一，成为思辨的反思。在这一反思中，精神的自舍势用已展开为对全部经验、自然的本质的否定，精神由此获得了一种超越性或真正自由。同时，精神的自我维持已展开为对自我的内在超越性和真正自由的维持；这表现在反思对超越的意识实体与自我的等同；后者意味着精神对其意识之于任何经验东西的否定性，即精神的内在尊严的维持成为其全部生命活动的最高目的。这样的精神自由，仍然是思辨思维与理智思维共同分享的。不过思辨反思不仅领会到自我为超越的意识实体。首先在其内在的自主否定势用再次推动下，它必然进一步打破这实体的现存性、封闭性。其次反思也离不开自主肯定势用的确认。其内在的自身维持势用必然促使思辨反思回到精神内在的活动、思想、生命自身。另外，旨在达到生命内部结构统一的自凝势用，必然促使这反思在这生命活动的基础上领会到意识实体与经验现实的统一。这肯定与否定两种自主力量的辩证统一，决定思辨省思的基本形态。思辨省思的这种自由，通过其反思对先验意识的领会得到反映。在这里反思最终领会到，自我不仅是意识实体，而且是全部经验实在之超验的根源、本体。

如果单从思想史上考察，可以说思辨省思来自以前的精神省思的结合。其中，思辨反思来自主观反思与客观反思的某种结合。在欧洲思想中，这种结合是通过以某种方式把近代认识论哲学的主观反思，与渊源于柏拉图—基督教传统的内在超越反思结合而完成。在奥义书思想中，它是通过在早期奥义书的绝对反思中引入超越维度而完成。但是立足于自由本体论的视角，则这种结合，从根本上说不是现存理论融合的结果，而是植根于现实精神的具体形态（自由的不同现实形态）的历史统一。这种统一又植根于精神两种内在自由，即自主否定与自主肯定的辩证统一。后者促使精神利用现有的资源、整合现实精神形态；这在精神的内在现实层面，就在于它对现有思想的融合调整；后者以既有观念的综合为引导，而以更具普遍性的新观念的形成标志。总之，思辨省思的整合从根本上是来自精神内在自由的辩证统一的推动，更具普遍性的理论的形成只是这种统一得到实现的标志。

然而这种思辨思维及其对应的哲理精神，对于始终处在朴素自然思维阶段的中国传统文化来说，都是极为陌生而遥远的。在中国传统中，精神的反省与否定运动，都局限于自然范畴之内。这里反省始终是自然的，而没有实现为自由的，即反思。这在于反省没有领会觉性的内在性，即心灵、意识的独立、自为的存在，而是最终将意识归属于物质的自然。盖唯有作为绝对和实体，意识方成为自为存在。然而首先，中国思想从来没有构想出一个自我规定、自我满足、完全独立于物质自然的意识实体观念，从未意识到精神内在的超越性和自由。在这里，唯直接、朴素、粗野的自然，即天、道被认为是究竟的存在，而作为精神内在存在的心、意识则是依附自然的，其存在完全由后者规定（直到宋儒仍然以为“心”是“气化”所生）。其次，中国传统思想也从来没有构想出像奥义书思想乃至后期古希腊哲学（普罗提诺）以及中世纪犹太教和基督教神学那种绝对心灵、宇宙意识之类的观念。中国人的自然反省只领会到意识的经验个别性的内容。在佛教传入之前，中国人只是把心当作人的个体的、经验的认识、决定、情感机能，从来没有把心灵、意识当作一种绝对存在，更没有产生过把心识作为存在和世界根源的思想。再次，在中国传统思想中，心只是经验的主体，比如墨家把“心”作为经验性的认识主体，儒家的“心”也主要是从经验的道德心理、道德情感和动机角度立论，所以中国传统思想从未进入过意识的超越层面，至于奥义书晚期和德国古典哲学开示的作为经验存在之基础、根源的先验意识，对于它更是完全陌生的。

总之，在这一传统中，心灵从未呈现为自在自为的存在，精神完全屈从于物质。在整个中国思想中只能看到物质的暴力，与之相应，在整个中国历史中只能看到强权的暴力。精神的观念是现实自由的标志。中国传统思想中从来没有出现过作为超验意识实体的自我观念，意味着在这里精神从未实现对自然的真正超越，没有将其自身内在的超越性作为自我维持对象。精神尚未真正意识到内在的自我尊严，更没有将维护其内在世界（意识、思想）的自由、独立作为生命的目的。在整个中国历史中，精神的内在性始终是物质功利的手段，而不具有自身绝对的价值（比较中国人与印、西人对于思想、信仰、观念之自由的迥然不同的态度）。精神在这里完全埋首于自然的、经验的、尘世的俗务中（修齐治平也好、全身保真也好，其目标都是世俗的），从未有某种超越的生活理想在它的意识中闪过，能使它片刻抬起头来，一瞥彼岸的辉煌。总之，中土传统的文化精神，只达到了一种自然、伦理的自由，从未达到真正道德、宗教和哲理的自由。然而佛教进入中国，极大地改变了中华民族文化精神的面貌。无论是禅宗、华严，还是湛然以后的天台宗，都持心性一如和真心缘起，就是把一种清净的真心作为存在和世界的本体。至少在早期禅宗，这真心本体的超越性或先验性还是很明确的。佛教这种真心本体论及其相应的反思实践，都逐渐渗透到儒学之中，最终导致宋明心学的产生。比如阳明心学的本体论就与禅宗并无实质区别，其反思型的工夫论也明显沿袭禅学。然而正如我们已在多处阐明的，无论是佛教还是王学的真心本体论，实际上都是通过印度如来藏佛教的媒介，最终渊源于奥义书—吠檀多的真心本体论[①]。而奥义书—吠檀多的真心本体论之始祖，就是由耶若婆佉的先验唯心论。

然而，耶若婆佉的学说也表明奥义书的思辨思维在这里还很不完善，这也反映出现实的精神自由的局限。首先，省思对本体的超越性的把握还不够纯粹。在耶若婆佉的学说中，本体识被等同于深沉睡眠或死后意识之类的心理状态，仍未免带有经验色彩。而且此说对存在发生的解释，带有宇宙发生论色彩，似乎把本体识当成了经验存在的质料、始基。所以思辨思维在这里还不够纯粹，表明精神的自主否定势用，受到精神生命中惰性的肯定力量阻碍，没有充分、彻底展开为本质的自由，即对觉性的经验存在本身的否定。其次，省思对先验自我的领会，尚未完全定型为必然的活动，即概念。耶若婆佉的学说没有像后来的步厉古学说那样，清晰阐明一种反思实践的次第。这意味着在这里，思辨反思的获得仍然带有偶然性，表明精神的

---

① 吴学国：《从印度吠檀多到中国阳明心学》，《学术月刊》2007 年第 2 期。

自凝势用薄弱，被惰性力量抵消，尚未充分实现为对先验反思的必然形式（先验自我的概念）的构造（概念注定会转化为系统化、必然的实践）。最后，思辨思维仍然是抽象的。在耶若婆佉学说中，先验意识的实质，即理性的纯粹概念、思想，仍未得到清晰的领会、阐明。先验主体的内容在这里仍然是空洞、抽象的。思辨思维的这种抽象性，也表明精神的自凝势用受到阻碍，没能展开为对本质自身的作用；正是后者推动省思确认精神内在的思想、概念为存在之真理，而自我维持势用进而展开为对这思想、概念之维持、领会，最终促使反思领会概念、思想就是先验意识的实质，先验意识于是被赋予具体内容。总之，思辨思维在这里的局限性反映了精神自由本身的局限性。在奥义书精神的未来发展中，最终这种局限性也只有通过自由本身的开展才能被克服。

## 第二节　步厉古

欧洲早期的基督教神秘主义者阿娄帕果的狄奥尼修斯（Denis the Areopagite）形容精神为一种原始的光明，它“照亮了一切能接受它的光的东西，但又永远不会失去它完全的光。它把光芒撒向所有可见的世界”①。“它给予一切能接受光者以光，创造它们，使它们活着，保存和完善它们。”② 在印欧哲学中，觉性、精神被理解为一种照亮存在的澄明之光，这光通过其照明活动，创造、揭示一切世间的存在。宇宙万物都因为进入觉性本源的澄明之光而得以存在，并在其中持存。但光明总是在它的照射中退隐自身。光明照亮一切，但不照亮自身，光线总是消失在其所照亮的存在物之中。觉性之光对存在的揭示亦是如此。就像中世纪基督教神秘论者所说的那样，精神（觉性）是光，但人们总是只看见被光线照亮的事物，而不是照亮事物的光线自身。胡塞尔认为原初的意识现象是意向性（Intentionalitat），这是包括意向活动（noesis）和意向对象（noema）的统一，这种统一是前于反思的，故一切意识本身都是“匿名的”③。马克斯·舍勒在批判对自我反思活动实体化的荒谬时也指出，意识只能指向事物，而绝不可能是指向思维中对于事物的认识④。海德格尔和伽达默尔则把精神、觉性归

---

① 狄奥尼修斯（托名）：《神秘神学》，三联书店 1998 年版，第 26 页。

② 狄奥尼修斯（托名）：《神秘神学》，三联书店 1998 年版，第 26 页。

③ 请参阅胡塞尔在《观念 1》中对意向性结构的论述：Husserl, E, *Ideen zu einer reinen Phaenomenologie und Phaenomenologischen Philosophie*, Max Niemeyer Verlag, Tuebingen, 1980.181—183.

④ 马克斯·舍勒的立场请参阅其长文：《“自我认识的偶像”的引言部分》（《舍勒选集》上卷，上海三联书店 1999 年版，第 114—123 页）。

结为语言的精神。海德格尔指出，自身悬置或自我隐退是语言中的精神运动（“说”）的根本特性：“在所说中，说总是蔽而不显。在所说中，说聚集着它的持存方式和由之而持存的东西，即它的持存（Waehren）、它的本质。但我们所发现的所说往往只是作为某种说之消失的所说”①。语言始终通过否定自身而使事物显现出来，正是通过使自身消失在事物中，语言才真正实现了它的存在。或者说语言的精神、“我”恰恰只存在于语言转化为“非我”（事物）的时间性过程中，所以伽达默尔说，这语言的精神是最“无我”（selbstlos）的。

从本体论的视角，觉性的这种本质的忘我性，乃是因为：(1) 觉性对任何存在的意识或观念，都是其自由的产物；唯当觉性对某物有了直接的自由即自主设定，它才会产生对这某物的意识或观念。(2) 尽管觉性、存在本质上包含了对自身的自由，但作为觉性之最原初存在的自然意识（自然觉性、人类的直接、自然的经验），则只具有对作为觉性的生存论外壳即自然的直接自由，而唯有通过对自然的自主设定，它才能间接实现对其内在存在即意识、思想的自由。因而自然意识只能认识处在时间中的自然之物，或者说它只能把存在理解为这种自然之物。在自然经验的层面，意识用时间、空间、因果等形式、范畴来把握经验或自然的存在，但这些形式、范畴却不能用来把握意识本身。所以意识自身并不是它要揭示的对象，它倒是在使自然东西显现之时将自身隐藏起来了。(3) 精神是对觉性的自身存在的直接自由，这意味着精神应当具有对觉性的自身存在的意识、观念。唯精神能否定自身，因而唯精神具有历史。然而精神在其最初阶段，即自然精神阶段，也只能利用来自自然觉性的观念，后者对于它是最直接的、现成在手的，它的历史必须从这些观念出发，尽管它的自由就表现为对这些观念的扬弃。因而对于现实精神来说，自然的、外在的东西总是比内在的自我更触目、更易上手。精神的省思总是从自然开始，它在试图把握觉性、存在的自身本质之时，总是把后者理解为一种自然物。对于精神省思来说，物质的东西总是比观念的东西更显眼、更具体、更好被抓住，因而它就被认为是唯一真实的东西，被认为是绝对的存在。即使在观念论中，也是心灵的经验表象比心灵的内在自体更具触目性，经验的感性、思维、意志活动被当作心灵的全部内容。所以奥义书的精神省思，最早是把普遍、绝对的东西，即觉性自身，理解为宇宙的总体（如以宇宙为一大的祭祀，或人、祭马等），接着是把它理解为一种作为万物普遍本原的、感性的自然实质（水、火、风、空等），然后把它理解为一种抽象的自然本质（有、原质等），这里省思始终在自然范畴内活动。不过奥义书的精神省思的上述经历，在观

① 海德格尔：《在通向语言的路中》，商务印书馆1997年版，第5页。

念层面表现了精神持续的自身内在化运动。这使精神内在的自反势用的展开，以及其本真的无限性，获得了现象学的明证性。然而唯有作为精神内在本质的本体自由自身，促动精神内在的自反势用的历史展开。因而最终是自由本身推动精神的持续内向化运动。

自由推动奥义书思想从自然精神阶段过渡到自由精神阶段，也推动它从道德精神阶段过渡到哲理精神阶段。盖自然只是觉性、存在的物质外壳。自由作为绝对，本来就包括对觉性自身本质，即觉性的内在性的自由或自否定，后者在其展开中，必然推动精神的省思否定自然的偶像，意识到觉性的自身内在性，即心灵、意识、思想。奥义书早期的唯心论（如被归属于桑底厘耶、阿阇世、波罗多陀等的思想），就反映了这一精神阶段。在这里，存在、自我的本质、根源、真理被认为是一种绝对意识，一切唯心、万有唯识。但这绝对意识仍然是经验的、心理学的。但随着哲学思维的进一步成熟，人们逐渐意识到经验的表象、观念还不能表现意识的自由，还不是意识的究竟真理。意识的真理应该是心灵中使经验的观念、表象可能的东西，即先验意识。后者在奥义书中被称为熟眠位识或阿难陀识。先验意识是本体界，它超越经验的主体和客体，并为它们的基础，它才是存在和觉性的真正内在性或究竟的实质。精神省思对先验意识的思考，标志着奥义书的思想已经否定了理智思维的局限性，进入思辨思维的领域。

这一重大精神进展，也是由自由推动的。本体自由要求实现为绝对、无限。它必然促使现实精神放弃对直接的此在的执着，恢复其本真存在。这一方面将促使精神内在的自身否定势用在绝对反思中展开，展开为精神对一切经验性的否定和对超验真理的维持。经验意识丧失了绝对真理性。另一方面这也将促使精神的自身维持势用在超越思维层面展开，推动省思确定某种超经验的存在代替经验意识，作为存在、世界的本体、根源。易言之，先验意识被确认为存在之绝对真理。于是属于理智的绝对反思转变为思辨的。《广林奥义书》中被归属于耶若婆佉的学说，以及《鹧鸪氏奥义书》中被归属于步厉古的学说，就反映了这一精神发展的成就。在这里，奥义书思想开示了一种超越了经验意识、作为一切经验现象之否定、然而却是全部主客观经验之来源、基础的根本意识，即先验意识。思想在这里将绝对反思从经验领域提升到先验领域。

耶若婆佉的学说反映了哲理精神的最初阶段。但是在这里，奥义书的思辨省思刚开始形成，还很不完善，这种不完善也表明现实精神自由的局限。(1) 在耶若婆佉的思想中，本识的先验性还很不纯粹。本识每每被理解为一种经验心理学的意识，比如被与深沉睡眠状态或死后意识等同。另外心识本体论仍然带有宇宙发生论色彩，本识似乎被当成了自然的质料、始基。这种思想的含糊性，在观念层面表现出精神对本体的经验性的排除还不彻底。这表明精神的自主否定（自舍）势用的活动在这里被（精神的惰性）抑制，没有得到充分展开。(2) 在耶若婆佉的学说中，对意识先验性的阐明往往是含糊的，且与大量自然的、经验性的内容混杂；他也没有像晚期奥义书那样，清晰阐明一种超越的反思实践的次第。因而在这里，反思对先验意识的领会看上去只是一种偶然的灵光闪现，而没有定型为必然的、概念的思维。这种偶然性表明在反思中精神的建构力量（自凝）被惰性力量抑制，未能充分实现对先验反思概念的构造（这是自凝势用在量的方面的活动）。(3) 耶若婆佉的学说对先验意识的实质尚未有明确的规定，先验意识在这里仍然是空洞、抽象的。它的实质内容，即理性的纯粹概念、思想，仍未得到清晰的领会，所以思辨反思仍然是抽象的。这在观念层面反映出精神对先验意识内容缺乏积极的规定，这表明精神的自主肯定势用尚未展开充分的活动（先验意识由此才被赋予真实具体的内容）。其中，精神没有领会先验意识与思想、概念的同一性，亦即没有完成对先验意识的内在形式建构，表明精神内在的自凝势用在这里尚未展开为积极活动并参与到对意识本质的领会之中（这是自凝势用在质的方面活动）。总之，思辨省思的局限性反映了精神自由本身的局限性，后者也只有通过自由本身的开展才能被克服。盖本体自由作为绝对，总会穿越传统和社会存在向精神发出呼唤，而且给精神输入新力量，以此促使现实精神突破直接的自我，恢复本真自由。在这里，首先，精神的自主否定势用必然恢复其本真的无限性，重新展开其活动，推动省思更彻底地否定本识的经验性，这将使超越思维得到进一步纯化；其次，精神的自凝势用亦必恢复其无限性，从而在质和量两方面展开，推动反思使自己必然化并领会到心灵实体的实质就是概念、思想、理性，于是心灵被赋予实质的内容，反思思维成为具体的。因此，自由将推动思辨省思克服原先的抽象性、空洞性和含糊性，而得到自身的纯粹化、具体化。

《鹧鸪氏奥义书》的步厉古学说，就反映了奥义书哲理精神的上述进展。其学说中最有价值者为所谓五身说（pañca-kośa vidyā）。以往的奥义书，曾分别阐明自我之本质为食物、元气、意、识等，但大都各执一端，罕有将自我这些不同意义层面有机整合起来者。《鹧鸪氏奥义书》的五身说，则将以前诸说统一起来，可以视为对以往的自我概念的总结。其以为人类自我的存在包括五个层面，层层相裹，是谓“五身”。此五身其由外到内，依次为食身（肉体、粗身）、元气身（生命机能）、意身（感性意识）、识身（经验的理智）、喜乐身（潜意识或先验意识）。这五身构成人的完整存在，越是外在者离本质越远。另外《鹧鸪氏奥义书》亦接受梵书和更早奥义书的宇宙拟人论，认为有宇宙之大我，与个人的自我同构，亦具此五身，且一一对应。也就是说五身说不仅是对自我的，而且是针对世界、存在的，是对存在、世界的不同意义层面的阐明。所以它不仅是心理学（和生理学）的，而且是宇宙论的，其最究竟的意义，甚至超越心理学与宇宙论，而为先验的本体论。在印度传统中，《鹧鸪氏奥义书》最早开示了一种反思型的宗教实践系统，使明心见性成为修道之指归。其修证之方，与五身说相应，首先是将人的现实自我，从外至内，层层剥除，最后使自我的本真存在即喜乐身显现出来，此法同样适用于宇宙大我。此种五身剥除之法，就其究竟意义而言，亦非仅是心理学和宇宙论的，而是先验本体论的。在这种意义上，它与现象学还原有根本的一致，其宗旨在于依次排除存在物之外在、经验的意义，使其内在、先验的基础呈现出来。

《鹧鸪氏奥义书》的思想体现了奥义书思辨省思的新发展，从而反映了精神自由的新境界。这种发展主要在于：(1) 五身说开示了一个完备的存在系统。现实存在的不同层面，包括内在与外在、先验与经验、本质与偶像、物质与精神、感觉与思维等，都可被纳入此系统之中。五身说因而更充分地揭示了自我和存在的真理。盖真理并非（如其他早期奥义书经常理解的那样）仅是单纯的本质，而是包括本质与偶像的全体。五身说的形成，在观念层面表现了哲理精神对存在的全体和结构的建构，这使精神内在的自凝势用的积极展开获得现象学的明证性。(2) 相对于耶若婆佉的理论，五身说进一步排除意识的经验色彩。五身说对于意识的分析，不再用阿阇世、耶若婆佉等说法中，带有强烈心理学意义的醒位、梦位与熟眠位之类术语，而是用意、识、喜乐代替，表明它明显开始脱离心理学的、经验的窠臼。它对识与喜乐的区分，与耶若婆佉对梦位与熟眠位的阐明相比，更接近康德对经验意识与先验意识的区分，代表了更纯粹的思辨反思。五身说的次第及相应的修道论，都表现了思辨省思对经验性、自然性的否定、排除。它在观念层面表现了精神的自身否定、自我超越运动的进一步拓展，使精神内在的自舍势用的积极展开成为明证的。(3) 在这里，先验意识的实质开始得到具体的规定。耶若婆佉的学说，对于本识的实质内容，没有任何说明；在这里，思辨反思的目光只是找到了先验意识，还没有逗留在其内部、深入挖掘，这反思还是完全空洞、抽象的。步厉古的学说则阐明了本识的实质内容是喜乐（ananda=happiness），使思辨反思首次获得具体性（尽管这阐释不一定真实）。在这里，思辨反思的具体化，表现了精神对于本体自身的持续专注，这体现了精神的自反势用的持续作用（唯此势用能赋予反思这种专注内在指向）①。(4) 到了《鹧鸪氏奥义

① 另一方面，反思确定本体就是喜乐，既包括自由本体论的原因，也不能排除心理学的原因。盖于哲理精神阶段，在对绝对真理的领会中，精神否定了外在、自然东西的羁绊和压迫，因而它在使那超越、内在的本体呈现的同时，也体会到一种微妙的愉悦，这其实是精神摆脱了束缚和重压带来的一种自由感。这自由感总是与本体的呈现同时，因而被反思等同于这本体本身，被当成本体的实质。

书》的思想，思辨反思才成为必然性，即成为概念。这种必然性不仅表现在理论上，而且更清晰表现在实践上。首先，就理论方面，在前此的耶若婆佉学说中，对意识先验性的领悟总是混杂在大量自然的、经验性的内容中，而且往往十分含糊，表明它只是启示性的、偶发的，还不是概念性的。而《鹧鸪氏奥义书》对先验本体的阐释则较彻底排除了这种混杂性和偶发性，表明先验反思在这里成为了概念。反思的概念化更充分地表现在《鹧鸪氏奥义书》的修证实践即五身观想中。盖于构成现实自我的五身之中，越是外在者、粗显者离心识的理体越远，故五身的修证，就是将这自我由外至内，逐层剥除，谓破食身得元气身、破元气身得意身、破意身得识身，最终破识身使喜乐身即先验自我的理体呈现出来。此种逐层还原的观想同样适用于宇宙大我。这种修证系统的构成，表明对先验自我的领会成为必然的程序。因此从本质上说这修证系统就是先验反思实践的概念化（也是这反思概念的自然化）。总之在步厉古思想中，思辨省思获得必然性，真正成为概念。而精神的任何概念构成，都离不开其内在的自组织、自身建构势用（自凝）的活动。因此，《鹧鸪氏奥义书》的学说，代表了思辨省思的新阶段。在这里，精神自由开辟出新的领土。

然而，《鹧鸪氏奥义书》的思辨省思，仍然不够完善，这表明现实精神自由在这里仍然带有很大局限性。这表现在：(1) 奥义书思想对传统的观念往往是无批判地继承，《鹧鸪氏奥义书》亦是如此，这导致在其反思中，仍然包含了一些经验的内容。比如，《鹧鸪氏奥义书》认为与五身中每一身相应的自我，皆具人身或鸟之形，此种荒唐粗鄙之说，纯属躯壳起念，完全来自梵书，而未加批判地被引入五身说中，大大折损了思辨反思的内在超越之维。其次喜乐作为先验本体，尽管与耶若婆佉所谓熟眠位相比，经验的、心理学的色彩大大淡化了，但喜乐仍然是一种情绪，因而把它等同于本识，仍然很难彻底排除心理学的嫌疑。另外，《鹧鸪氏奥义书》以喜乐为存在根源的本体论，亦未完全摆脱宇宙发生论痕迹。总之在这里，思辨反思对经验存在的排除、超越仍不够彻底。(2)《鹧鸪氏奥义书》将本识规定为喜乐，首次赋予先验意识以具体的内容，然而这种理解实际上来自对伴随精神内在超越体验的自由感与在这体验中呈现的先验理体的错误等同，先验意识的真实内容是思想、概念、逻各斯。当且仅当在先验反思中，精神的自凝势用展开为对精神内在的概念、思想、逻各斯的维持，推动反思对这些内容的自觉守护，这些内容才会对反思的目光呈现出来并被与先验意识的本质等同；当且仅当自反势用在这里展开为对精神的先验内容的自我维持，它才会促使反思领会觉性内在的概念、思想、逻各斯为自我的实质。而我们看到在《鹧鸪氏奥义书》中，反思并没有领会到先验意识、先验自我的真正实质就是概念、思想，因而思辨省思的具体性还不是真实的。(3) 步厉古之学把潜藏意识或先验意识作为觉性、存在之究竟真理和基础，但是先验意识仍然属于觉性、存在的现实性层面，而觉性的究竟真理或自我乃是超越现实的神圣本质，即无规定的本体自由自身。精神的一切对象意识、观念，皆是现实自由的产物。当且仅当现实精神具有了对这本体自由自身的直接自由（本真的自由），亦即将本体自由作为精神自主设定的对象，这本体自由自身才会对精神反思的目光呈现出来。在这里，哲理的精神就转化为本真的精神。步厉古之学没有反映出对于这神圣本质的任何意识，因此精神之直接的绝对自由，在这一阶段还没有得到实现。步厉古的学说表明在这里奥义书的精神自由仍然具有很大的局限性。这种局限性也只有通过自由本身之新的开展才能被克服。

步厉古的思想，见于属《黑夜珠吠陀》（Kṛṣṇa Yajurveda）的《鹧鸪氏奥义书》。适如《黎俱吠陀》为荐神祭司（Hotṛ）之书；《娑摩吠陀》为高唱祭司（Udgātṛ）之书，《夜珠吠陀》乃执事祭司（Adhvaryu）之书。每一吠陀皆包括曼荼罗（Mantras，吠陀的赞歌、祭词、咒文）与梵书（Brāhmaṇam）两部分内容，前者主要为圣歌总集，且言及祭祀的准则；后者主要是针对前者的用法说明和意义解释。在《黎俱吠陀》和《娑摩吠陀》中，曼荼罗与梵书被编辑为两部分。就《夜珠吠陀》而言，婆者桑内以学派（Vājasaneyins）所传的《白夜珠吠陀》（Śukla Yajurveda）亦是如此；但鹧鸪氏学派（Taittirīyakas）、羯陀学派（Kāṭhakas）和慈氏学派（Maitrāyaṇiyas）所传《黑夜珠吠陀》，则没有这种区分，而是将其曼荼罗与梵书混为一个本集（Saṃhita），所以羯陀、慈氏学派只有一个本集，而无独立的梵书部分。《鹧鸪氏本集》共有七卷，其中曼荼罗与梵书类型的内容交替出现。缀于此七卷《本集》之后者，为三卷《鹧鸪氏梵书》，而十编《鹧鸪氏森林书》复缀于此《梵书》之后。然而大致说来，此梵书、森林书，仅仅是外在地模仿其他学派之名目，而不是对具体内容的区分，从内容与形式上看，其大部可视为七卷《本集》之延续。其中仅《鹧鸪氏森林书》的最后四编，即第7、8、9、10编，名实符合，为其具有奥义书性质的部分。其中第7、8、9编构成《鹧鸪氏奥义书》（Taittirīya Upaniṣad），第10编即《大那罗衍奥义书》（Mahā Nārāyaṇa Upaniṣad）。此是根据商羯罗的辑本。后代注释家（包括本书作者）亦皆遵此。此外《鹧鸪氏奥义书》还有多个辑本。其中，由鹧鸪氏学派分出去的阿特列蚁学派（ātreyī śākhā）将《鹧鸪氏森林书》第8、9编，即《鹧鸪氏奥义书》第2、3章，结合起来，名为《婆楼尼奥义书》（Vāruṇī Upaniṣad），而以其森林书第10编（即《大那罗衍奥义书》）为《耶若尼启奥义书》（Yājñikī Upaniṣad）。

关于步厉古其人，婆罗门的文献多有记载。比如《百道梵书》记载有步厉古与其父婆楼那的对话，内容完全是关于祭祀学的（Sat BrāXI·6·1·1—13）。在这里，婆楼那应是人名，而不是吠陀中的水神婆楼那。婆罗门传统以步厉古为吠陀十圣（ṛṣi）之一。如《摩奴法典》列举的吠陀十圣是：Marīcī, Atri, Aṅgiras, Pulastya, Pulaba, Kratu, Vasiṣṭha, Pracetas, Nārada, Bhṛigu。在《长阿含经》中，佛陀也列举了Aṣṭaka, Vāmaka, Vāmadeva, Viśyāmitra, Yamadagni, Aṅgiras, Bharadvāja, Vasiṣṭha, Kāśyapa, Bhṛigu 十位吠陀圣哲，佛陀还区分早先的吠陀圣人与后来的婆罗门，认为前者的职责只是吁请天神，而后者，包括爱多列亚氏、鹧鸪氏（对应于奥义书的鹧鸪氏学派）、唱赞氏、乾陀婆氏（Chandavas）、跋勿戾车氏（Bahvṛicas），则教导我与梵的合一（Tevijja Sutta, Dīgha-nikāyaI. No.13）。由此我们可以推测：步厉古与鹧鸪氏学派属于不同时代，前者属吠陀时代，后者属奥义书时代。

关于《鹧鸪氏奥义书》与步厉古的关系，还应当考虑到以下两点事实：第一，此奥义书第 2、3 章开示五身之说，内容基本一致，III · 6 称此学为“步厉古 · 婆楼尼智”（Bhārgavī vāruṇī vidyā），且将它通过步厉古与其父婆楼那的对话展开。第二，此奥义书第 1 章与第 2、3 章内容完全无关，前者的内容是梵书式的，主要属于祭祀及相应的观想，与后者的五身说没有任何关联，而且在精神上也有根本差异。这两点表明此奥义书第 2、3 章与第 1 章的文本形成可能不属于同一时代（后者来源更古），只是后来被编辑在一起。杜伊森推测第 1 章可能就是最早的《鹧鸪氏奥义书》之全部，其开示步厉古智之后两章为后来接上之部分 ①，且其形成年代较晚。考虑到《鹧鸪氏奥义书》本来有不同辑本，且商羯罗辑本《鹧鸪氏奥义书》第 2、3 章在阿特列蚁学派被单独辑为一部奥义书（《婆楼尼奥义书》），我们认为这种推测是合理的（很可能商羯罗所依据的辑本，就是将《婆楼尼奥义书》缀到作为最早的《鹧鸪氏奥义书》的TaitI 而形成）。如果将这个推测与上一段的结论，即步厉古与鹧鸪氏学派分别属于梵书与奥义书两个不同时代，那么可以推测：《鹧鸪氏奥义书》所谓步厉古智，要么是托于圣哲步厉古，要么确实是从后者的某一思想发展而来。而如果将吠陀、梵书与步厉古有关的内容，与此奥义书的步厉古智对照，应当说上述第一种推测可能性更大。然而考虑到其实差不多所有奥义书的观念都存在这种托名的情况（甚至像优陀罗羯、耶若婆佉的学说也基本上是托名的），而且我们在这里，也只是用历史人物给一种学说命名而已，因此我们姑且仍沿用此奥义书本身以及吠檀多派传统的说法，将此奥义书的核心内容，即所谓五身说，归属于步厉古其人。

## 一、五 身 说

《鹧鸪氏奥义书》以所谓步厉古智开示自我的意义。其以为人类自我的存在包

---

① Paul Deussen, *Sechzig Upaniṣaden des Veda*, F.A.Brockhaus Leipzig, 1921.224.

括五个层面，犹如葱皮，层层相裹，是谓“五身”（pañca-kośa，或译“五覆”）[①]。而奥义书相信有宇宙大我与个人的自我同构，亦具此五身且一一对应。五身构成人的完整存在，其由外到内，依次为食身（肉体、粗身）、元气身（生命机能）、意身（感性意识）、识身（经验的理智）、喜乐身（潜意识或先验意识）。越是外在者离本质越远，故修道证解，就是将这自我，从外至内，层层剥除，最后使喜乐身作为自我的本真存在显现出来；此种五身剥除之法，同样适用于宇宙大我。Tait II · 1—9 云：

1 Om! 人若知梵则得至上界！于此有颂云：人若知梵为，真理（satya）、智（jñāna）、无限（ananta）[②]、居至深虚空[③]、且居至上天，乃得一切欲，以及智慧（vipaścit）梵。信然由此自我（Ātman）生虚空（ākāśa），由虚空生风（vāyu），由风生火，由火生水，由水生土，由土生植物，由植物生食，由食生精液，由精液生人（puruṣa）[④]。信然，于此由食乃形成一人：此即其头，此即其左肋，此即其右肋，此即其躯干，此即其底部，即作为基础者[⑤]。于此复有颂云：2 地上之众生，如实生于食。彼复赖食活，且终归于食[⑥]。信然此食物，乃万有之首。是故彼食物，得名万灵药[⑦]。万有生于食，生已依食长。彼食且被食，是故得名食[⑧]。信然，彼有别于此食身而为其内自我者，即元气所成身。此食身由彼元气身充满。信然，彼（元气身）具人形。食身乃相应彼之人形，而具此人形。上气（prāṇa）为其头，通气（vyāna）为其右，下气（apāna）为其左，虚空为其躯干，土为其底，即作为基础者。于此复有颂曰：3 诸神人傍生，以元气呼吸。依彼元气故，众生得其命（āyus）。

---

① kośa，有覆盖物、鞘、壳之义。

② 杜伊森根据上下文推测此处“ananta”（无限）应为“ānanda”（喜乐）之误，故 Satya- jñāna-ananta 应为 Satya- jñāna-ānanda（真—智—乐）（Paul Deussen, *Sechzig Upaniṣaden des Veda*, F.A.Brockhaus Leipzig, 1921.225）。这种读解是合理的。

③ “至深虚空”即心中虚空，亦见于 BṛihII · 1 · 17 等。

④ 类似说法亦见于：BṛihVI · 2 · 8—16；ChānV · 3—10；Ait ĀraII · 4 · 1.

⑤ “此即其头，此即其左肋……”乃为教学中之口头语，盖为师傅以手指对象之各部位而言。此处及以下所谓“人”被设想为鸟形，乃根据放置祭火的祭坛之设置，此坛被设计为鹰或鹭等鸟类之形，具一头、二翼、一躯干、一尾翅。此处“肋”（pakṣa）、“底部”（puccha）在梵语中又分别意指“翅膀”、“尾巴”。阿难陀身即为此鸟形，它决定其他四身之中，每一身皆为此鸟形，具此五分。

⑥ “地上之众生……且终归于食”，为 MaitVI · 11 引用。

⑦ “sarvauṣadham（万灵药）”，字面意义为“所有植物”，“所有药草”，盖以食物为一切植物之共同精华也。

⑧ “万有生于食……是故得名食”，为 MaitVI · 12 引用。众生由食而生、而成长，亦见于：BṛihVI · 2 · 9—13。

是故人谓彼，一切之生命（sarvāyuṣa）。人若敬思梵，为彼元气者，如是等之人，乃得其全寿（sarvam āyus）。依彼元气故，众生得其命（āyus）。是故人谓彼，一切之生命（sarvāyuṣa）。此中之身我（śarīra-ātman，即命我），如实同于前（于食身中命我无不同）。信然，彼有别于此元气身而为其内自我者，即意所成身（mano-maya）。此元气身由彼意身充满。信然，彼（意身）具人形。元气身乃相应彼之人形，而具此人形。《夜珠吠陀》为其头，《黎俱吠陀》为其右，《娑摩吠陀》为其左，教授为其躯干[①]，阿闼婆案吉罗斯颂为其底，即作为基础者。于此复有颂曰：4 言、意自彼回，由不得彼故。若知大梵乐，则人恒无畏。此中之身我，如实同于前。信然，彼有别于此意身而为其内自我者，为识所成身（vijñāna-maya）。此意身由彼识身充满。信然，彼（识身）具人形。意身乃相应彼之人形，而具此人形。信仰（śraddhā）为其头，正直（ṛta）为其右，真实（satya）为其左，瑜伽（yoga）为其躯干，大（mahas，即觉谛）为其底，即作为基础者。于此复有颂曰：5 心识主祭祀，亦主一切行。诸神敬彼为，大梵、最长者。若知梵即识，于此不放逸，则离身中罪（pāpman），得一切所欲。此中之身我，如实同于前。信然，彼有别于此识身而为其内自我者，为喜乐成身（ānanda-maya）。此识身由彼喜乐身充满。信然，彼（喜乐身）具人形。识身乃相应彼之人形，而具此人形。愉悦（priya）为其头，欢喜（moda）为其右，大喜（pra-moda）为其左，喜乐（ānanda）为其躯干，大梵为其底，即作为基础者。于此复有颂曰：6 视梵为非有，是人成非有。若视梵为有，是人则为有。此中之身我，如实同于前。复次有问曰：不知者死后，可否到彼岸？或知者死后，可否得彼岸？彼有欲：'我其为多乎！我其繁殖自身！'[②] 彼乃修苦行（tapas）。修苦行已，彼于是生此全世界，包括一切在此者。既创造已，如实，彼复进入世界中。既进入其中矣，彼乃成为现实（sat）与超越（tyat）[③]、被诠（nirukta）与非被诠、有依处者（nilayanaṁ）与无依处（ānilayanaṁ）者、识与非识、真（satyaṁ）与伪（abhavat）。彼作为实性而成为此之任何有。彼即人所称为实性者。于此复有颂曰：7 泰初者非有（asat），由此而生有（sat）[④]。彼自生（svayam akuruta）其自（Ātman），是故曰善成（su-kṛta）[⑤]。信然，此善成

① 此处"教授"可能指教授祭祀之学的梵书。

② "彼有欲：'我其为多乎！我其繁殖自身！'"来自梵书（比较 Ait BrāV · 32；Sat BrāXI · 1 · 6 · 1 等），亦见于 ChānVI · 2 · 3.

③ 超越（tyat），亦见于 BṛihII · 3 · 1，III · 9 · 9.

④ 有谓显现的名色世界，非有谓非显现的、潜在的存在。

⑤ 善成（sukṛta）。AitaI · 2 · 3："人为善成之物。"

之所是，即是实质（rasa）①。因为信然，人因得此实质故，而得喜乐。因为信然，若无虚空中之喜乐，其孰能呼吸，孰能得活？因为信然，此（实质）生此喜乐。因为信然，人若于彼不可见（adṛśya）、无体（an-ātmya）、不可说（anirukta）、无依处（ānilayana）者之中，见无畏、住处（pratiṣṭhā），彼于是得无畏界。反之若人于此唯一者中产生隔阂，即使至小，则彼有怖畏（bhaya，兹指烦恼）。如实，此即自以为知者之怖畏②。于此复有颂曰：8 由畏惧彼故，风神乃劲吹。由畏惧彼故，日神乃东升。火神闪电神，及第五死神，亦因畏惧彼，各匆忙奔走③。兹为喜乐思择：设有人年少且善好（sādhu）、博学、便给、强健、有力，设若此世间遍布财富，皆为其所有，是为一分人类喜乐。百分人类喜乐为一分乾达婆喜乐，及熟知圣典（śrotriya）且离欲者之喜乐。百分人间乾达婆喜乐为一分天界乾达婆喜乐，及熟知圣典且离欲者之喜乐。百分天界乾达婆喜乐为一分住长生界之祖先的喜乐，及熟知圣典且离欲者之喜乐。百分住长生界之祖先的喜乐为一分生而为神者的喜乐，及熟知圣典且离欲者之喜乐。百分生而为神者的喜乐为一分以其业而列于诸神者的喜乐④，及熟知圣典且离欲者之喜乐。百分以其业而列于诸神者的喜乐为一分诸神之喜乐，及熟知圣典且离欲者之喜乐。百分诸神喜乐为一分因陀罗喜乐，及熟知圣典且离欲者之喜乐。百分因陀罗喜乐为一分梵主（Bṛihaspati）喜乐，及熟知圣典且离欲者之喜乐。百分梵主喜乐为一分生主（Prajāpati）喜乐，及熟知圣典且离欲者之喜乐。百分生主喜乐为一分大梵喜乐，及熟知圣典且离欲者之喜乐。⑤彼住于此人中者，与住于彼太阳中者，乃为同一⑥。人若知此，当离此世间时，乃进入食身，由此进入元气身，由此进入意身，由此进入识身，由此进入喜乐身。于此复有颂曰：9 言、意自彼回，由不得彼故。若知大梵乐，则人恒无畏⑦。信然，如此之人，乃不复忧于所未作之善（sādhu），

① “实质（rasa）”或译为“味”，智者知万有之味，知其由梵即善成者而来故（Mueller, Max（trans），*The Upaniṣads II*, The Clarendon Press, Oxford, 1900.58n.）。Kauṣ I · 5 也提到“梵味”。

② “自以为知者”，即未证不二境界的俗人，仍区分知者与所知境，即主体与客体，而以知者自居。

③ 以上一颂基本与 KāṭhVI · 3 相同。

④ 生而为神者（āgāmaga）指因广为世间善行（smārtika）而得入于天者，依业为神者（karmadeva）指因勤作祭祀（vaidika）而得入于天者。

⑤ 《鹧鸪氏》此喜乐积累之说，乃与 Sat BrāXIV · 7 · 1 · 31，BṛihIV · 3 · 33 为同一说法的翻版，唯其次序略有差异。

⑥ 此说亦见于：ChānI · 7 · 5，IV · 11 · 1；BṛihIII · 7 · 9；TaitIII · 10 · 4.

⑦ 此偈同于 Tait II · 4.

已作之恶（pāpa）。人若知此，则救（spṛṇute）自身脱离彼（善、恶）而入于自我。因为信然，彼救自身脱离彼二者，其知此者！此即奥义！

《鹧鸪氏奥义书》的自我五身之说，可以视为对以往的自我概念的总结。盖以往的奥义书，亦曾分别开示自我之本质、根源为食物、元气、意、识、喜乐，但大都各执一端，以趣其极，而罕有将五者整合，并探索其内在关联者。此奥义书则通过五身之说，将以前诸说统一起来，可谓集其大成。然而《唱赞奥义书》也提出从四个层面观察自我（即身我、梦位我、熟眠我、至上我），由外入内、去粗取精，最后破除前三我，呈现出不老、不灭、无饥、无渴、无苦、无乐、无知、无欲、无嗔、无为、无作、无相、无表、真实、究竟之至上我（ChānVIII·7·1—12·1）。不过，一方面《唱赞奥义书》之论四位我，仅为针对人的不同精神境界安立，并不一定是对自我实际内容的哲学阐明，故只是修道论的方便施设，还不能被视为一种本体论；另一方面它对这自我四个层面之间的实质关联，尚未作过思考。但《鹧鸪氏奥义书》的五身之说，就是着眼于对自我全体内容的本体论阐明，当然它也建立了与这本体论相应的反思型修道论。另外，五身在这里不是偶然地放置在一起，而是根据由外至内的顺序，前者依次以后者为本质，因而五身构成一个层层包裹、完整严密的体系。所以可以从理论上说《鹧鸪氏奥义书》的五身说要比《唱赞奥义书》的四位自我成熟，因而其形成年代可能较晚一些。此五身之义，可以分析如下：

1. **食　身**

构成自我存在的最外在层面者，谓食身（annarasamaya ātman，由食物所成之我）。食身即人和宇宙之感官可见的物质层面，为人的躯体，由食物原汁构成。它就是醒位的众生所执受的自我。食身亦根源于梵，是梵的无意识、无生命的物质外壳。它等同于奥义书它处所谓名色身、粗身（sthūla-śarīra，即人粗显的躯壳），不同于人类更微细的生理、心理的现象（即细身，liṅga-śarīra）。人们完全根据这食身或粗身对生命个体命名，如呼之为马、牛、人等。人的归趣（六道）以及种姓、门第差别，及福寿祸央等，亦皆唯属于食身。食身仅为我一世受用，命殒乃归于毁灭，但细身则随命我继续轮回。整个客观宇宙也是名色，它也是宇宙大我的食身；同时这宇宙大我亦有其细身，如人的各种生命机能乃至意识、思维皆有其宇宙对应物（早期奥义书以为视、听、言分别对应于日、虚空、火等宇宙现象，晚期以为人的感觉、意识、思维皆对应于宇宙精神之不同层面）。人敬思梵为何物，将获得何物，故敬思梵为食者，将得一切食。

在奥义书最早的思想中，将自我和存在的本质归结为物质的观点，曾经蔚为主流。在奥义书的神话精神阶段，人的存在被认为与物质的宇宙同构，同时宇宙也被拟人化，具有人（或其他动物）的形体。典型的如 Bṛih I · 1 将宇宙视为一祭马，以朝霞为其首，日为其目、风为其呼吸、火为其口、天为其背、虚空为其腹等，与梵书对于宇宙原人的设想同俦。斫克罗衍尼和该祇夜亦是将自我视为一种物质的聚合体。然而自由促使省思内向化、普遍化，在奥义书的功利精神阶段，省思乃发现一种普遍实质，比如日、水、火、风、空、甘露、原质等，作为万有的基础，耆跋厘和优陀罗羯的思想就属于此。其中甘露说、原质说占主导地位。其说可以追溯到吠陀的须摩崇拜，以为一种宇宙汁液、原质，是任何有形物的共同基础，如由食物汁液（食物汁液与宇宙汁液为同一种实质）构成人的身体。兹如 BṛihVI · 2 · 8—16；ChānV · 3—10 说由须摩生雨水，由雨水生食物，由食物生精液，由精液生人（五火说），而须摩就是食物、精液；人死后又于月宫中变为食物，后者最终变为雨水，降落于地，再变食物、精液、人，如此循环往复，于是人与宇宙，乃为一以食为实质的圆融整体。食物甚至被当作存在之绝对真理、大梵，如 ChānI · 3 · 6 说全世界皆安立于食，BṛihV · 12 提及食即是大梵之说。

《鹧鸪氏奥义书》的五身说，无疑在自己的理论中，整合了上述食物崇拜（或物质崇拜）。如 III · 10 · 6 曰："我即是食！我即是食！我即是食！我即是食者！我即是食者！我即是食者！……人若施我（此指食物），实为存我！我即是食，且食于食食者！我吞没此全世界！"II · 2 颂云："地上之众生，如实生于食。彼复赖食活，且终归于食。信然此食物，乃万有之首。是故彼食物，得名万灵药。万有生于食，生已依食长。彼食且被食，是故得名食。"III · 2 亦云："食物即彼大梵。因为信然，万物由食物而生，生已复赖食物而活，且死时复归于食物。"II · 1 还同 BṛihVI · 2 · 8—16；ChānV · 3—10；Ait ĀraII · 4 · 1 一样，完全从宇宙发生论角度解释了人的生成，即由自我生虚空、由虚空生风，由风生火，由火生水，由水生土，由土生植物，由植物生食，由食生精液，由精液生人。而 III · 6—10 则在伦理实践中表现出对食物的高度尊重。但总的来说，五身说只是将前人对于食或物质存在的开示作为其自身理论的一个环节。它并没有把食物、物质的东西当作绝对，而只是将其作为自我、存在的一个层面，而且是最粗浅外在的层面。

另外，奥义书所谓食包含歧义性，人们对对象的认识、感受也被称为"食"（与此相应，佛教亦有所谓五食之说，谓念食、法喜食、禅悦食、愿食、解脱食）。在后一意义上，整个世界被分为食与食者（对象与主体）。如 BṛihI · 4 · 6 说全世间只是食与食者，BṛihI · 5 · 1 说神为自己创造世界以为食物，厥有七食。《鹧鸪氏奥义书》似乎是在利用此歧义性，如 III · 10 · 6 所谓"我即是食"，此"食"既有食物义，亦有作为认识对象实质之义。

《鹧鸪氏奥义书》在这里还沿袭梵书和最早的奥义书说法，将“自我”设想为鸟形。此乃与放置祭火的祭坛之设置有关。此坛被设计为鹰等鸟类之形，具一头、二翼、一躯干、一尾翅。祭坛则模仿生主的形状①。无论对于人的自我还是宇宙大我，其五身，包括食身，皆具此形。故食身，即人的身体和物质宇宙，乃具此五分，如 Tait II・1 所云。而五身中，即使就形状而言，较外在者也总是由较内在者规定。其最内在者是阿难陀身。《鹧鸪氏奥义书》以为阿难陀身即为此鸟形，故它决定其他四身皆为此形。

正如 ChānVIII・8—9 表明的，人若以食身为究竟自我，将耽于物欲、虚荣、悭吝，而陷于魔道，并且借因陀罗之口说，人若以食身为自我，那么“若此身美丽装束，则彼乃美丽装束，此周遍华饰则彼周遍华饰，……然则若此盲则彼必盲，此跛则彼跛，是则若此灭而彼必随灭矣！故我不见此中之可乐也。”（ChānVIII・9・1—2）换句话说，人的肉体（食身）是容易坏灭的、无常的，人不能从中发现安身立命之处，因而不能从它得到究竟满足。盖食身是自我、梵之最外在、粗重、显著的层面，离本原最远。本原的自我乃是常恒、不灭、清净、喜乐之理体。故若人欲得喜乐，必须以反思之力，剥除此食身，呈现自我之内在本质。

**2. 元气身**

当人剥除了食身，呈现的自我就是元气身（praṇamaya ātman）。奥义书认为生命的原理是一种元气（prāṇa），人类自我中由后者构成的层面，即元气身。《鹧鸪氏奥义书》认为元气身是食身或物质世界的内在本质，故曰彼为“有别于此食身而为其内自我者”（II・2），且“此食由彼元气充满”（肉体失元气则腐，食物失元气则坏）。II・6 复云“此（元气身）中之身我（śarīra-ātman，即自我），如实同于前”②，就是说在元气身与食身中，自我并无不同，二者的不同只在于此我所之执受有别。此元气于宇宙大我，即是风。人的元气实是由风所成。正如风被认为是推动宇宙万物运动的力量，人的元气也被认为是推动一切生命活动的力量。元气的观念，实际上是对人的生命自身的实体化。在较严格意义上，奥义书（比如《鹧鸪氏奥义书》）以元气指诸根（人的各种知觉、行动机能）背后的推动力量，是原始的生命冲动、能量（更多地是在自然而非精神意义上的）。在更宽泛意义上，元气指一切生理、心理机能的全体，

---

① 将生主及人的灵魂想象为鸟的形状，在梵书与奥义书中皆极常见。此种意像可能属于原始雅利安传统。斯拉夫和南欧的神话就设想在创世之前，上帝与魔鬼皆以水鸟的形象出现，上帝命魔鬼潜入水底带回泥土以创造世界，但魔鬼则在嘴里藏了一些泥土。

② “身我（śarīra-ātman）”，亦见于 KauṣIV・20.

包括诸根、意、识等（即 MāṇḍIII 所说的自我醒位十九窍），也就是后来吠檀多派所谓的细身（liṅga-śarīra）。《鹧鸪氏奥义书》所谓元气是前一种意义上的。在此意义上奥义书一般说有五气，谓上气（prāṇa）、通气（vyāna）、下气（apāna）、腹气（samāna）、出气（udāna）（ChānIII·13），而《鹧鸪氏奥义书》却只说到三种，即上气、通气、下气，可能是以三种代表全部。元气不随肉体死亡而死亡，而是随灵魂继续轮回，转生别处。它在众生生前是主宰诸根的力量，在死后成为种子；每一次新生中，诸根就从这些种子生长而出[①]。同食身一样，元气身亦被设想为具鸟形，上气为其头，通气为其右翅，下气为其左翅，虚空为其躯干，土为其尾翅，不仅个人，而且宇宙之元气皆具此形（在这里，元气实际上被设想为遍布、充满人和宇宙大我身体的有形物；这种想法当然很幼稚迂怪），并且元气身的形状规定裹在它外面的食身的形状。人敬思何物，将获得何物，故敬思元气（生命）者得到全寿（sarvam āyus）。

同食身的情况一样，《鹧鸪氏奥义书》之说元气身，也是整合了以前的思想，后者即梵书和早期奥义书的元气论（prāṇa-vāda）。盖早至梵书时代，以元气为存在和自我之绝对本质的思想，就已成为主流的观念之一。在更早的奥义书思想中，茶跋拉、考史多启、爱多列亚等，皆继承、发展梵书之义，以为元气就是大梵、至上我，为世界存在与众生生命之本质、基础（ChānV·1·1—5；Kauṣ II·1—2；AitaII·2·3·4）。如《爱多列亚奥义书》说："我即是元气，汝亦是元气，一切皆是元气。元气照耀如日，而自我作为元气，遍满一切处"，"彼（元气）即是生命，即是气息；即是有与非有。"（AitaII·2·3·4，I·8·5—7）《鹧鸪氏奥义书》将元气论容纳到五身的体系中，如 TaitIII·3 云："元气即彼大梵。因为信然，万物由元气而生，生已复赖元气而活，且死时复归于元气。"但它否定了元气的绝对性，只将其放置于自我、宇宙的一个意义层面，且它的存在是从自我更内在的存在得到规定。

更深刻的反思会揭示出，自我、存在的本质还不只是一种自然的生命，它更是心灵、意识或精神。元气我包藏真我，但它还不是真我，甚至覆障真我。因此《鹧鸪氏奥义书》还要求人剥落元气身，揭示那内在于它且作为其本质的意识、心灵。

**3. 意　身**

食我和元气我，都是自然论的自我，但自我不仅仅是自然，而是精神、意识，所

① 比如 ChānVI·8·7 说人死时其语言归于意，其意归于呼吸，其呼吸归于火（即出气），其火归于至上神，再生时复从至上神、元气发出。KauṣII·13 亦说言、眼、耳、意、呼吸等诸根皆没入元气，复从元气中生出。

以上述自我概念都没有达到自我的真理。因此《鹧鸪氏奥义书》在破食除身之后，还要求进一步破除元气身。而在元气身被破除时，呈现出来的首先就是意身（manomaya ātman）。意身即由末那（思维、意欲）所成之我，其于个人，即作为经验意识或心理的主体者，它显然比自然的肉体和生命更符合自我的真理；于宇宙即阿耆尼、伐育、因陀罗等天神，因为彼等为意欲所动，因意欲而为，富于谋划，自私而功利。意身或末那即内在于元气之中而作为其本质者。《鹧鸪氏奥义书》以末那为自然、世俗、功利的思维、冲动，故 II · 3 说，旨在行祭求福的四吠陀与梵书构成此意身五分之体①。

同食身、元气身的情况一样，《鹧鸪氏奥义书》之说意身，也是整合了以前的思想，后者即梵书和早期奥义书的末那说（manas-vāda）。盖以意或末那为存在和自我之绝对本质，乃是梵书的一种主流思想。如《百道梵书》说："信然，于初此世界，如其所是，非有非非有；信然，于初此世界，如其所是，非有非非有：彼时唯有意。故仙圣说彼时既无有亦无非有。因为意，如其所是，非有非非有。此意生已，乃欲成为显明，成为确定、实在：彼欲得一自我。彼遂沉思（paryālokana），彼遂得其实体（prāmūrakhat）"，由意生语言，语言生元气，呼吸生目，目生耳（Sat BrāX · 5 · 3 · 1—8）。这表明意是元气，也是一切存在的本质、基础（Sat BrāXIV · 3 · 2 · 3）。奥义书在其自然反思阶段，也接受了这种以末那为绝对实在的思想。比如在 ChānIII · 14 · 2 中，桑底厘耶就开示大梵、自我实质为意所成（manomaya）。

如同对于元气论一样，《鹧鸪氏奥义书》将这种末那说容纳到五身的体系中，如 III · 4 云："意即彼大梵。因为信然，万物由意而生，生已复赖意而活，且死时复归于意。"但它同样也否定了意的绝对性，而将它置于自我的一个意义层面，且表明它是从自我更内在的存在（识）得到规定。自我的真理不只是一种感性、自然、世俗的意识，而是更有其超越的精神追求和本质。后者被末那包藏，也被它覆障，因此《鹧鸪氏奥义书》要求人应进一步人剥落意身，揭示那内在于它且作为其本质的超越存在。

#### 4. 识　身

感觉是昏暗、盲目的，自然、世俗的意识只服从人的功利欲望，二者皆不是自我的真理，因为自我是精神、自由。所以意身也不是真我，而是自我之覆障，它也是修道者应当破除的。《鹧鸪氏奥义书》认为破除意身将得到识身（vijñānamaya ātman）。其 II · 4 云识身为充满于意身之中，有别于此意身而为其内自我者，就是说识身是意

---

① 梵书有同样的说法，如 Sat BrāX · 5 · 1 · 5："彼如是奉献自我，故其自我唯由黎俱、夜珠、娑摩而成。"

身的本质。拉达克利须南:“末那涉及感觉对象而识涉及概念。”① 事实上,奥义书对意(manas)与识(vijñāna)的区分很不固定。根据此奥义书下面所谓识身以“信仰为其头,正直为其右,真理为其左,瑜伽为其躯干,大(觉)为其底”,可以推测意与识的区分,可能在于前者只是自然意识,而后者则包含了作为对自然经验之扬弃的精神。精神就是否定了自然意识之粗俗的功利性的、纯粹的思想、宗教、道德活动。《鹧鸪氏奥义书》把这类活动寄托于一个在人的自我中,较自然意识更深刻更内在更基本的主体性(康德也认为道德理性比作为自然经验之主体的知性更深刻更基本),即识(vijñāna)。

《鹧鸪氏奥义书》之说识身,也是整合了奥义书更早的识论(vijñāna-vāda)内容。其实早在梵书思想,就已经提出世间万有乃是一种绝对的心识的变现且体性即是心识之说②。到了奥义书思想,此说已蔚然成为主流。典型的如KauṣIII·2—5,说眼、耳、鼻、舌、身、意诸种认识主体,及相应的认识对象(bhūta-mātrā,存在元素),都是由“识我”(prajñātman,这里 prajñā 与 vijñāna 义同)取出之一分,以识我为依止、本质,故识是存在之绝对本原③。尤其 KauṣIII·8 所谓“意(manas)是由彼中取出之一分,思想、欲望为外在与之相关之大唯”,与《鹧鸪氏奥义书》识身为意身本质的看法相同。另外 AitaIII·1—3 也宣称“识即大梵”(prajñāna[=vijñāna] brahman)④;包括地、风、空、水、火五大及人的全部身心内容在内,“一切皆为识所摄,依止于识,由识所生成。此世间为识所摄,且依止于识。识即是依止(pratiṣṭhā)。大梵即是识。”奥义书此种心识本体论,实为后来佛教唯识学之滥觞⑤。《鹧鸪氏奥义书》亦将此种识论嵌入其五身框架之中,如 III·5 云:“识(vijñāna)即彼大梵。因为信然,万有由识而生,生

---

① Sarvepalli Radhakrishnan, *The Principal Upaniṣads*, George Allen & Unwin LTD, London, 1953.546.

② 此如 Sat BrāX·6·3·2:“应沉思至上我,彼由智慧而成,以识为体,以光明为相,体性微妙,如意变化,迅如思想,是真决、真愿,包括一切甘美的气味,主宰四方,遍满宇宙,无言诠、无差别。……如无焰之光,大于天,大于空,大于地,大于一切存在者;——此元气之我,即是我的自我:当离此世时,我乃得此自我。”Ait ĀraII·6·1·5:“此至上我,体即是识,彼即是梵,即是因陀罗,即是生主。一切诸天,地、水、火、风、空五大,……一切诸有,皆是由此识而生。”

③ “prajñāna”与“vijñāna”是由同一词根“jñāna”(知、认识)衍生出来,最早的奥义书,乃至许多唯识典籍都把它们当作同义语使用(参考山口益:《般若思想史》,上海古籍出版社 2006 年版,第 29 页;Ranade, R.D, *A Constructive Survey of Upaniṣadic Philosophy*, Oriental Book Agency, Poona, 1926.181)

④ 此为奥义书四句“伟言”(mahāvākyas)之一,余三句为:“彼即是汝”,“我即是梵”,“阿特曼即是大梵”。

⑤ 吴学国:《奥义书与佛教唯识学的发生》,《唯识研究》2011 年第 1 期。

已复赖识而活，且灭时复归于识。”II · 5 亦云“诸神敬彼（识）为，大梵、最长者。若悟梵即识，于此不放逸，则离身中罪，得一切所欲。”然而在这里，识的绝对性被否定，识的存在被认为是由更内在、真实的“喜乐”（ānanda）规定。

这种对识的否定是奥义书精神反思进一步深化的结果。盖奥义书通常所谓识，大致相当于经验唯心论的“心”（或佛教唯识学所谓“现行识”）的概念。识就是一切意识活动、意识现象的总体，而且它的内容主要是经验性的。识既包括知觉意识，也包括知性、理智、思维；既包括知识，又包括意志、欲望，既是认识的主体，又是实践的主体。识我和意我构成耶若婆佉和后来《蛙氏奥义书》所谓的梦位我。作为经验意识，识的特点是有差别、有二、行相粗显、不断流转、迁衍不已。然而，一方面由于精神反思内在的自反势用的推动，这反思必然进一步内在化，深入到觉性的本质内在性，即先验存在领域，先前那种（以自然意识为对象的）自然反思必然被扬弃。于是经验意识的自为、绝对的存在被否定，先验意识被确定为全部经验存在的基础、本体。奥义书思想由于未能克服心理主义色彩，这先验意识往往被与潜意识混同不分，这就是《鹧鸪氏奥义书》所谓的喜乐或《蛙氏奥义书》所谓熟眠位、般若。另一方面，印度精神中积极的理性力量的缺乏以及消极的解构势用的强大，使奥义书的反思无法确认形式、观念之自为真理性，而是倾向于以某种无形式、无差别的非理性意识为绝对真理，这也使奥义书思想最终否定了自我、大梵是有二、有差别的识的观念，而认为真实的自我是不二、无分别的、无相无表的神秘本体。总之，精神的上述发展使奥义书意识到识不是自我的真理，识身也是修道者应该破除的覆障。

**5. 喜乐身**

《鹧鸪氏奥义书》认为唯当修道者破除了识身，真实自我才会最终呈现出来。此真我就是喜乐身或喜乐所成之我（ānandamaya ātman）。喜乐才是自我、存在之最终本体，如 III · 6 云：“喜乐即彼大梵。因为信然，万物由喜乐而生，生已复赖喜乐而活，且死时复归于喜乐。”

II · 5 谓喜乐为有别于识身，充满识身，为其内自我者。因此喜乐就是识的本质、基础。易言之，它超越了经验意识，又是后者的本质根据，因而它就是先验意识。首先喜乐身是对经验现象和经验心理的否定，奥义书说它为非有、不二、无分别、无相、无表、不可见（adṛśya）、无体（an-ātmya）、不可说（anirukta）、无饥、无苦、无渴、离一切染；它不在时间、空间之内，且脱离经验的因果关联，所以说它无生、无依处（ānilayana）、不易、不老、不死、常住不灭；所以它是一个超越的本体。其次喜乐身对经验现象的否定并不是将其彻底断绝，而是否定其现行，将其作为种子潜藏于内，所以喜乐身相当于种子识，后来吠檀多派认为元气身、意身、识身构成“经我”

(sūtrātman)，即经验意识之全体，而喜乐身即"因身"(kāraṇa kośa)，为经验意识之根源。《鹧鸪氏奥义书》的喜乐我，就是ChānVIII·11·3；BṛihIV·3；MāṇḍV所谓熟眠位我[1]，后者被认为是万有之胎藏、种子。作为经验意识之超越的根源，这喜乐我就是一种先验意识[2]。

它之所以称为喜乐，首先，是因为它的超越性，因而对它的领会带来一种自由感，后者否定了饥渴、疾苦等经验表象(在喜乐身中粗显的表象被转化为一味的种子而潜在地被包含着)，因而带来一种心理的愉悦；其次，因为奥义书思想家对它作为无相、无表、不二、无生、无分别境界的领会，也包含了一种存在消解，精神在这里被释放了存在的重负，体验到一种(由本无、冥性带来的)极喜的情绪。就像对其他四身一样，《鹧鸪氏奥义书》同样也将喜乐身物化。II·5认为喜乐身亦具人形(鸟形)，以愉悦(priya)为其头，欢喜(moda)为其右，大喜(pra-moda)为其左，喜乐(ānanda)为其躯干，大梵为其底，而且识身(乃至食身)之人形，乃相应彼而具有。在奥义书中充斥着这种自以为深刻独到其实平庸、粗鄙的想象。在这里，正如在奥义书中常见的情况一样，由于精神缺乏强大的力量，一种真正高明、深刻的思想最终滑向了一些庸劣、昏聩的呓语，大大损害了其原有的价值。

喜乐身是在自我的各种个别表象、状态中始终保持同一的东西，因此说它是遍在、恒常的。故领悟到这一自我，则圣人不复为圣，乾陀罗不复为乾陀罗，杀父母者不复为杀父母者，乃至玷污导师床榻者亦无恶业。这是因为含识之自我，本质皆相同，而且常住无为，其体性并不会因种姓、门第，乃至善恶业所改变，故证悟此我者，乃离一切罪染。喜乐我虽然无相、无表，但并非空无，否则会陷入佛氏断灭之论。

五身说就是将ChānVIII·11·3；BṛihIV·3等对作为本体的先验自我(喜乐身)的开示，与自我的经验、表象存在(食身、元气身、意身、识身)整合起来。盖ChānVIII·11·3；Bṛih IV·3直探自我本体，而没有将本体与现象综合。然而真理不仅是本质(本体)，而是包括本质与偶像的全体。自我的真理亦是如此，必须将自我的本质与偶像、内在与外在、先验性与经验性统一起来，才可以说是把握了自我的真实存在。这正是《鹧鸪氏奥义书》的五身说相对于以前说法的价值。II·6从另一角度开示了自我的这种全体性，它说至上我创造世界后，"复进入世界中。既进

---

① BṛihIV·3·32；MāṇḍV都直接宣称熟眠位即是喜乐。

② 这个先验意识也可以解释为先验思维。MāṇḍV说熟眠位识即是先验思维、理性，故Tait所谓喜乐识亦可作同样解释。此如II·8（此偈为KāṭhVI·3引用）说："由畏惧彼故，风神乃劲吹。由畏惧彼故，日神乃东升。火神闪电神，及第五死神，亦因畏惧彼，各匆忙奔走。"此偈就是以神话语言开示喜乐意识对世界的规定、指引，这意味着喜乐在这里被当作理性的主体。

入其中矣，彼乃成为现实（sat）与超越（tyat）①、被诠（nirukta）与非被诠、有依处者（nilayanaṁ）与无依处（ānilayanaṁ）者、识与非识、真（satyaṁ）与伪（abhavat）。彼作为实性而成为此之任何有。”

然而，对喜乐、熟眠位是否即梵，奥义书及吠檀多派的看法皆颇不一致。在奥义书中，TaitII；Bṛih IV・3 皆以为大梵就是喜乐、熟眠位我，而 ChānVIII・12・1；MāṇḍVI, VII 则以为大梵为超越喜乐、熟眠位我之至上理体（尽管 ChānVIII・12・1 可能只是从精神境界上说）。在后来的吠檀多派中，跋陀罗衍那《梵经》（I・1・12—19）持前说，将喜乐等同于至上梵，后世的薄须羯（Bhaśkara）、阎摩那（Yamuna）等，皆同此义。而以乔荼波陀、商羯罗为代表的不二吠檀多派，则持后一说法，认为喜乐身、熟眠位我不究竟，必破除喜乐身才可证得至上我。根据精神生命演化的逻辑，奥义书思想对喜乐身、熟眠位我的否定是必然的。因为奥义书以喜乐身诠释先验意识，后者是觉性的内在现实性，就是先验的思维、概念、理性，然而自我、觉性之究竟本质就是本体的自由或自否定，本体的自由超越一切现实性、超越觉性的先验思维、概念而为其根源，而这本体自由的绝对性，要求这自由实现为对自身的自由，即本真的精神性，后者预设了精神对这本体自由的意识，包括对自由（对于觉性的内在现实性即先验思维）的绝对超越性的反思。晚期奥义书对超越熟眠位的至上我的证悟，就属于这种反思。

《鹧鸪氏奥义书》的五身说，开示了一个完备的思辨形上学体系。现实存在的不同层面，包括先验与经验、本质与偶像、物质与精神、感觉与思维等，都可被纳入此系统之中。人们有理由设想《鹧鸪氏奥义书》会以这一体系为基础，开出其存有发生论，以及宗教、伦理思想。然而让人失望的是，除了其所谓喜乐思择（见下文）和五身观想与五身说有微弱关联之外，《鹧鸪氏奥义书》的存在发生论和人生观，几乎与其形上学没有瓜葛，而是基本上来自梵书思想。由此足见此奥义书思想之散漫。很可能是它的最后编者，没有真正理解所谓步厉古智的意思，从而将它和与之全不相干的一些来自梵书和更早奥义书的片段掺和在一起。

就存有发生论而言，《鹧鸪氏奥义书》的思想基本上是沿袭梵书和更早奥义书的宇宙发生论，而没有达到真正本体论的层次。其中 II・1 和 II・6—7 为两种不同模式。II・1 说由自我（Ātman）生虚空（ākāśa），由虚空生风（vāyu），由风生火，由火生水，由水生土，由土生植物，由植物生食，由食生精液，由精液生人（puruṣa），完全是继承梵书等的陈词滥调，其说已见于 Sat BrāX・6・3・2；Ait ĀraII・6・1・5，

① “超越（tyat）”，亦见于 BṛihII・3・1，III・9・9。

4·1；BṛihVI·2·8—16；ChānV·3—10 等。II·6—7 谓梵为非有，它产生了繁殖自身的欲望，于是修苦行，创造此全世界，故说“泰初者非有，由非有而生有”。这里是把显现的名色世界称为有（sat），非显现的本原世界称为非有（asat），前者生于后者。II·6—7 的存在发论图式，同样陈腐，其说早已见于 Ait BrāV·32；Sat BrāVI·1·1，XI·1·6·1；ChānVI·2·3 等多处①。

II·7 试图将上述存在发生论与喜乐衔接起来。它将非有解释为喜乐，以为后者即万有之实质（rasa）②，故万有皆由此喜乐转化生成；同样，人及众生，皆因得此喜乐而存在。但是对于上述存在发生论而言，这种衔接并没有给它带来实质的提升，因为五身之义在《鹧鸪氏奥义书》的存在发生论中完全被抛弃，因而后者仍然只是一种宇宙生成论。II·8 提出所谓喜乐思择（ānandasya mīmāṃsā）。其云百倍于人间喜乐者为乾达婆喜乐，百倍于乾达婆喜乐者为父祖界的喜乐，百倍于父祖界喜乐者为生而为神者之喜乐……其最高者为大梵及熟知圣典且离欲者之喜乐；此喜乐累积之说，亦为沿袭梵书而来③，只是在《鹧鸪氏奥义书》中，喜乐被赋予了本体论意义。总之，此奥义书以为喜乐即一切存在之实质与根源，众生皆分享一分喜乐而活。

## 二、《鹧鸪氏奥义书》的宗教、伦理实践

如前所说，《鹧鸪氏奥义书》第 1 章与第 2、3 章（后两章为一个整体）在内容上没有任何关联，在精神上也有根本差异，二者的文本可能是在不同时代形成，后来被编辑在一起。这决定此奥义书开示的实践也不统一。其第 1 章的实践是梵书式的，主要属于祭祀、日常伦理及相应的观想，与五身说完全无关。第 3 章开示的五身观想，即所谓“步厉古·婆楼尼智”（Bhārgavī vāruṇī vidyā），则以第 2 章的五身之教为基

① Ait BrāV·32 云：“生主乃欲望：我其繁殖自身，我其成为多乎。彼于是行达帕；行达帕已，彼于是生此世界：大地、空界、天界。”试比较 TaitII·6 中与之对应的内容。

② 这里“rasa”亦容有不同解释，见上面奥义书引文中对此词的注释。

③ Tait 此喜乐积累之说，乃与 Sat BrāXIV·7·1·31，BṛihIV·3·33 为同一说法的翻版，而次序略有差异，其同异可表示如下：

| | | | | | | | | | | | |
|---|---|---|---|---|---|---|---|---|---|---|---|
| Sat Brā | 人 | | | 父祖 | 依业为神者 | 生而为神者 | 诸神 | 乾达婆 | | 生主 | 梵 |
| BṛihUp | 人 | | | 父祖 | 依业为神者 | 生而为神者 | | | | 生主 | 梵 |
| Tait Up | 人 | 人间乾达婆 | 天界乾达婆 | 父祖 | 生而为神者 | 依业为神者 | 诸神 | 因陀罗 | 梵主 | 生主 | 梵 |

础，通过步厉古与其父婆楼那的对话展开。兹将这两种实践分而论之。

**1. 来自梵书或更早奥义书的实践**

《鹧鸪氏奥义书》第1章，直接开示宗教与伦理实践。其内容是梵书式的，主要属于祭祀、日常伦理及相应观想，与开示五身说的第2、3章不仅在内容上没有明确关联，而且在精神上也有根本差异。这一章开头为ṚVI·90·9，兹为吁请神灵之曲，其（另外还有I·4）所请之神，谓蜜特罗（Mitra）、婆楼那（Varuṇa）、阿利曼（Aryaman）、因陀罗（Indra）、梵主（Bṛihaspati）、毗湿奴（Viṣṇu），皆唯属于《黎俱》旧神。它对"ṛta"作为法则、天理之敬重，亦远绍《黎俱》，皆不同于其他奥义书。这些都表明此奥义书第1章文本可能来源甚古，其产生与第2、3章应当不属于一个时代，只是后来被编辑在一起①。另外此章开示的实践，看上去似颇随意，并不系统。其名为"音韵章"（śikṣāvallī），得名于其第2节为音韵学的讲授，而其他各节，亦与此或多或少有关联。其基本内容包括：

（1）吁请神圣（§1,4,12）。§1和§12为祈祷于吠陀诸神，求其保佑事梵学之师生，使其排除干扰、障碍，得入智慧之途。其中说到风是可见之大梵，可能意味着吠陀诸神都是唯一、不可见的大梵的表象、人格化。§4则专为祈祷于因陀罗者。首先是请求赐我以智慧，使得拯救，而达于不朽。其次是祈求赐予精力、语言甜美、耳根聪敏、记忆持久，此皆为追求智慧所必备者。然后为祈求牲畜、财富、荣耀。

（2）式叉学（sīkṣa）或音韵学（§2），即对吠陀词语的字音、重音、音量（元音）、力量（辅音）、（两个单元音各保留其原来发音的）结合、连声的讲授。在当时的实际传授中，这一节内容应当很丰富，但奥义书记录时仅保留上述内容的科目。以下对连声和Bhūr、Bhuvas、Suvar、Mahas四音的神秘意义的观想，都与式叉学相关。

（3）对连声（saṃhita，saṃtānam，saṃdhi）的神秘观想（§3）。连声为两个单词（尤指吠陀词语）中，前一词的尾音与后一词的首音连接起来发音。在婆罗门思想中，吠陀语言被认为是世界的原型、基础，因而连声作为吠陀词语之连接，被认为是宇宙间一切事物关联的原型。此奥义书便开示了相应的观想，即依此连声观想事物之结合。此观想分为五门：相应于宇宙者；相应于天神者；相应于智慧者；相应于繁殖者；相应于自我者。其中结合（saṃhita）还被区分为和合（saṃdhi）与联结（saṃdhānam）。其云："1 地是前相，天是后相，空为其和合，风为其联结。此为相应于宇宙之观想。复

① 杜伊森推测此一章可能就是最早的《鹧鸪奥义书》之全部，其后两章，即相关于所谓步厉古智者，为后来接上之部分（Paul Deussen, *Sechzig Upaniṣaden des Veda*, F.A.Brockhaus Leipzig, 1921.224）。

次相应于天神之观想。火是前相，日是后相，2 水为其和合，闪电为其联结。此为相应于天神之观想。复次相应于智慧之观想。导师是前相，学生是后相，智慧为其和合，教导为其联结。3 此为相应于智慧之观想。复次相应于子嗣之观想。母亲是前相，父亲是后相，子嗣为其和合，生育为其联结。4 此为相应于子嗣之观想。复次相应于自我之观想。下颏是前相，上颏是后相，语言为其和合，舌为其联结。此为相应于自我之观想。此为大结合。人若知如此开示之结合，则与子嗣、牲畜、圣智卓越、食物、天界结合。”(Tait I・3・1—4) 这与《唱赞奥义书》对所谓“五分娑摩”的观想类似，要之皆迂怪无稽，为祭祀学之延续。

(4) 对 vyāhṛtis 的观想 (§5)。Vyāhṛtis 即吟诵吠陀时插入的感叹声，类似于楚语之“兮”、“些”、“只”等，或英文之“ah”、“alas”。其共有四：Bhūr、Bhuvas、Suvar、Mahas。§5 要求观想此四者代表宇宙与大梵。Bhūr、Bhuvas、Suvar、Mahas 分别为地界、中空界、天界、日界；火、风、阿底提、月；黎俱、娑摩、夜珠、梵智；入气、出气、止气、食物。其中 Bhūr、Bhuvas、Suvar 三者即世界、世间智、元气；Mahas 则为大梵、自我，即彼岸 (以日、月为象征)、梵智、食物，为前三者之基础，与它们是本末关系。人若知此则知梵，诸神皆施于彼。其义颇多紊乱。§6 说趣梵者死后，灵魂依此四音可致之界。其云自我，即由意所成 (mano-maya) 之补鲁沙，光辉、不死，居于心腔中的小虚空①。而由双腭间下垂的乳头状物，此为灵魂必经之所②。灵魂由心中虚空出发③，经过此通道，乃于头顶梵窍 (vidṛti，即头发左右分开处，亦即颅骨弥合处)，排两边颅盖而出④。于是，彼乃因发 Bhūr 音而入于火，因发 Bhuvas 音而入于风，因发 Suvar 音而入于日，因发 Mahas 音而入于梵。彼遂得大自在 (svā-rājya)，得为意之主宰、语言之主宰、眼之主宰、耳之主宰、识之主宰，且超越此世间诸有而成为大梵，后者之身为虚空 (ākāśa-śarīra)、灵魂为实相 (satyātman)、乐处为元气、意为喜乐 (mana-ānanda)，其寂静圆满 (śānti-samṛddha)，其存在不灭。此种观想，同 saṃhita 观想一样迂怪无稽，单调平庸，且涉迷信，看不出有任何灵性的生命。

(5) 对“Om”的观想。Om 本来是婆罗门吟诵吠陀之前的呼语，后来代指吠陀本身。Chān I・5 就表现了一种 Om 崇拜，以为 Om 即是太阳、生命气息，而与 Udgītha 同。TaitI・8 则进一步提炼，说 Om 就是梵、世界 (既是至上梵也是大自在)；另外 Om 也是服从，盖 Om 是祈使词，当人闻“Om！请呼之！”，乃呼之；高唱祭司 (Udgātṛ) 闻

---

① 类似说法亦见于 MuṇḍII・2・6；MaitVI・30，VII・11 等。

② 此通道始于心中虚空，经颈部中央，到达颅顶分发处，瑜伽学称之为 suṣumnā nāḍī。

③ 此处将灵魂说为因陀罗，同样说法亦见于 AitaI・3・12，14.

④ 类似的说法亦见于 ChānVIII・6・6；BṛihIV・4・2；AitaI・3・12；KāṭhVI・16；MaitVI・21 等。

“Om！请唱娑摩”，乃唱娑摩；同理，荐神祭司（Hotṛ）、执事祭司（Adhvaryu）、梵祭司（brāhmaṇa）皆闻“Om”而各为其事。人若敬思Om为大梵，则终得大梵。不过在这里，对“Om”的观想可能并不具有其在《羯陀》、《蛙氏》等奥义书中的本体论维度。尽管它说“Om就是梵”，但在这里，梵指的可能不是世界本体，而是吠陀的知识；其云“Om就是世界”，也仅意味着Om作为吠陀的总体，指涉了世界万物，不具有形上学意义。这种观想同saṃhita，vyāhṛtis的观想一致，没有任何精神的意义。

(6) 五分敬思（§7）。I·7开示五分说，谓存有分为五分，若知此五分义，则得五分之世界全体。其云器世间（adhi-bhūta）与有情世间（adhy-ātma）各有五分，相互对待，可列表如下：

| | | | | | |
|---|---|---|---|---|---|
| 器世间（adhi-bhūta） | 地 | 中空界 | 天 | 四方 | 四方间 |
| | 火 | 风 | 日 | 月 | 星 |
| | 水 | 植物 | 树木 | 虚空 | 身（ātman）① |
| 有情世间（adhy-ātma） | 上气 | 通气 | 下气 | 出气 | 腹气 |
| | 视 | 听 | 意 | 语言 | 触 |
| | 皮 | 肉 | 肌 | 骨 | 髓 |

五分之说，首先与梵书的祭祀敬思有关。盖梵书分别祭祀为五分，以像宇宙、人之构成，如Sat BrāXI·7·4·4云：“祭祀为五分，牺牲为五分，季节为五分……”BṛihI·4·17言之更详，曰：“祭祀为五分，牺牲为五分，人为五分，全世间无论何物，皆为五分。人若知此则得此五分之全世界。”其次它更与梵书的元气论有关。梵书提出元气有五种，曰上气、下气、通气、出气、腹气，其实质等同于构成人的现实生命的意、语言、眼、耳、呼吸五根，构成物质宇宙的月、火、日、四方、风五神（Sat BrāX·3·3·7）。可以看出TaitI·7的五分说是对梵书元气五分说的拓展，但在思想上没有实质的深化。

(7) 职责（§9,10,11）。如前所说，《鹧鸪氏奥义书》第1章所开示的，乃是祭祀与伦理的宗教。其中§9和§11开出了人的多种职责和律仪，皆琐碎而平庸、且乏系统。§9表明人应以教、学吠陀为首要职责，此外尝有正直（ṛta）、诚实（satya）、苦行（tapas）、调伏（dama）、定（śama）、事火、火祭、待客、人道（mānuṣa）、婚姻、生育、养育孩子共十二种职责。一方面，这十二种职责中的每一项都必须伴以吠陀的圣智，才能达到究竟；另一方面，圣智尽管可以致究竟，但仅有它还不够，还必须以完成这些

① “ātman”这里指物质的宇宙，为梵的身体，吠檀多派释之为“Virāṭ”。

职责为前提。§11 为师傅戒徒弟者，其云：不诳语、行正法（dharma）、不可废吠陀学习、如法供奉导师、不失子嗣、不失诚实、不失正法、不失平安、不失利乐、不忽视吠陀学习与传教；不失祭诸神和父祖之职责，事母如神、事父如神、事师如神、事宾客如神；于诸业中唯作无可指责者非余、于吾人诸行中唯应敬习其善非余、凡婆罗门之胜我者应为其置座使得安适，应以信仰而施非以不信施，应以吉祥、谦恭、敬畏、爱忍而布施，非以不吉祥、不谦恭、不敬畏、不爱忍而施；若于行为、知识有疑惑，则应如处于此情景之善决定、熟谙其事、虔敬、善柔、爱正法之婆罗门所为，等二十余项律仪。§10 还说到学习吠陀后得到的神通，显然属于神秘体验的范畴，其歌云："可以拔巨木兮①，吾名高如山巅。如日中甘醇兮，吾练要其有光。圣哲且不死兮，吾乃不灭宝藏！"

《鹧鸪氏奥义书》开示的上述职责与律仪，琐屑杂旮、多有重叠、缺乏系统，几与腐儒之教同气，其绝大多数内容属于日常伦理范畴，为奥义书文献中少见，且与奥义书的一般精神不侔，而与梵书的精神一致。商羯罗说之为学梵之预备性的净化手段。盖已得梵智者，不着于业，故无善无恶；无我无欲，故无世俗兴趣，因而上述世俗道德说教，全无意义（尽管其任性合道、随意离染）。而对于年青梵志，此类伦理规范乃为必要。彼既学完吠陀，其所必需者，乃在于将其知识于生命实践中展开。此种解释，乃为后学的拔高之论，俾其有补圣学也（一如吠陀、梵书之被归于业犍度，为智慧解脱之资粮）。

**2. 步厉古的五身观想**

《鹧鸪氏奥义书》第 3 章通过步厉古与其父婆楼那的对话，开示了一种观想方法。后者即以第 2 章的五身之教为基础，由外到内，次第观想五身即大梵，最后证悟大梵就是喜乐，是为五身观想。此种观想，作为一种修道工夫，是一种内向反思型实践。在这里，精神以自我、存在的最粗显、外在的层面，即肉体或物质为起点，乃逐步舍外就内、去末求本、舍相显性，次第否定经验的表象，证入作为存在、自我基础的先验本体。此即所谓"步厉古·婆楼尼智"（Bhārgavī vāruṇī vidyā）。Tait III·1—6 云：

1 信然，步厉古·婆楼尼趣其父婆楼那，曰："吾父，请教我梵！"其乃教彼以食物、元气、视、听、意、语言，于是告彼曰："信然，彼万物由它而生，生已复赖它而活，且死时复归于它者，应是汝欲证者，彼即是梵。"彼遂修苦行（tapas）②。

---

① 注释者或云此处"巨木"即世界，而得解脱者乃以圣智拔树世界之幻相。此说或可，盖 BṛihIII·9·27，KāṭhVI·1 分别谓人、宇宙为生长于大梵之根上的树。

② 见 Sat BrāXI·1·6·1；ChānII·23·2；TaitII·6 等。

修苦行已,2 彼乃证悟食物即彼大梵。因为信然,万物由食物而生,生已复赖食物而活,且死时复归于食物。既悟此矣,彼复趣其父婆楼那,曰:"吾父,请教我梵!"于是其告彼曰:"汝其欲证梵以苦行。梵即苦行。"彼遂修苦行。修苦行已,3 彼乃证悟元气即彼大梵①。因为信然,万物由元气而生,生已复赖元气而活,且死时复归于元气。既悟此矣,彼复趣其父婆楼那,曰:"吾父,请教我梵!"于是其告彼曰:"汝其欲证梵以苦行。梵即苦行。"彼遂修苦行。修苦行已,4 彼乃证悟意即彼大梵。因为信然,万物由意而生,生已复赖意而活,且死时复归于意。既悟此矣,彼复趣其父婆楼那,曰:"吾父,请教我梵!"于是其告彼曰:"汝其欲证梵以苦行。梵即苦行。"彼遂修苦行。修苦行已,5 彼乃证悟识 (vijñāna) 即彼大梵。因为信然,万有由识而生,生已复赖识而活,且灭时复归于识。既悟此矣,彼复趣其父婆楼那,曰:"吾父,请教我梵!"于是其告彼曰:"汝其欲证梵以苦行。梵即苦行。"彼遂修苦行。修苦行已,6 彼乃证悟喜乐 (ānanda) 即彼大梵。因为信然,万物由喜乐而生,生已复赖喜乐而活,且死时复归于喜乐。此即步厉古·婆楼尼之智,此智安立于至上天 (即喜乐)。人若知此,亦得安立。彼乃食于食,具有食。彼乃广有子嗣、牲畜、令誉、圣智之光。

在这里,步厉古是通过苦行 (tapas) 证悟五身的每一环节。盖在吠陀、奥义书文献中,"苦行 (tapas)"一词歧义颇多。其于此处所谓,商羯罗释为智 (jñāna),即意志、思维、抉择、创造②。拉达克利须南解释说:"tapas 是创造性的赋形力量,专注的思想。"③ 盖修道者欲获得证悟,须以勉力思索为条件,这除了强制性地将思虑专注于所欲证的对象,可能还包括斋戒、持身、调息、禅定甚至自残等。故此种实践,称之为苦行也宜。要之奥义书此处所谓苦行就是一种观想的实践,乃由祭祀敬思发展而出;但在此处完全脱离了与后者的关联,而更一致于晚期奥义书、瑜伽和佛教的禅观。

此种观想分为五重。第一重,也是最简单的,就是寻思并证悟食物即大梵,为自我与存在之根源、本质,为存在之绝对原理。在这里食其实就是物质,更确切地说,它就是作为世界基础的物质原理或普遍实质,与阿湿婆多罗 (Āśvatarāśvi)、跋拉毗

① 以元气同于大梵,见 BṛihIV·1·3;ChānI·2·5,VII·15·1;KāṭhIII·2—9.

② 此种苦行尚有存在论的意义层面,为创世之原理,见 Ait BrāV·32;Sat BrāXI·1·6·1;ChānII·23·2;TaitII·6 等。

③ Sarvepalli Radhakrishnan, *The Principal Upaniṣads*, George Allen & Unwin LTD, London, 1953.548.

耶（Bhāllaveya）、阿闼婆那（Atharvana）、耆跋厘、优陀罗羯等实质论者所持的水、风、甘露（madhu）、虚空、原质为同一层次的概念。当省思试图寻找存在、自我的本质时，它首先就会把后者领会为物质的，因为物质对于它而言，总是比精神更直接，更易上手。然而更深刻的思考，必会发现物质的世界只是存在与自我的外壳，而本质乃是超越并支配此外壳者。步厉古之观想的第二重，乃更进一步，要求寻思并证悟大梵，即自我与存在之根源、本质，就是在人与宇宙中流动的生命元气。后者就是自然意义上的生命力。此种观想与茶跋拉、考史多启、爱多列亚等的元气观想，内容一致，即沉思万物由元气而生，生已复赖元气而活，且死时复归于元气，总之元气为存在的绝对原理。然而自然生命也不是自我、存在的究竟本质，因此反思必须进一步向内探寻。步厉古的第三重观想，乃是观想意（感觉或自然经验）就是大梵、绝对。这与梵书和桑底厘耶等学说的末那敬思内容一致。然而奥义书的反思也认识到，自然经验或自然意识，仍然是外在的表象，而不是存在、自我的真正本质。因此五身观想要求更进一层，观想自我的本质、大梵为比自然意识更深刻的层面，即精神，亦即识或智；此为第四重观想。然而反思的逐渐深化，也必然使精神认识到，这识或智同样是经验意识（精神的经验层面），仍然是表象性的、偶像的，但是存在、自我的真正本质应当是超越自然意识和精神的经验同时又作为这经验之根源的东西，即先验意识（即印度哲学所谓根本识、种子识、胎藏识或喜乐识、熟眠位识），由此反思进入思辨省思的层面。耶若婆佉等阐明根本识、种子识或胎藏识的观念，标明奥义书精神已经具有了一种思辨反思。而对这根本识或先验意识的观想，构成步厉古的五身观想的最后阶段，即喜乐观想，就是寻思并证悟喜乐（ānanda）就是大梵、绝对，万物由喜乐而生，生已复赖喜乐而活，且死时复归于喜乐。前四身皆为经验的存在，故现见有差别、对立、转变，经验自我不可避免被缚着、染污，因而无法脱离烦恼，获得喜乐。而喜乐我则为超越这四身的意识本体，故说它否定了一切经验的差别、对立、变易、束缚、染污。对于它而言，一切差别存在的重负，一切来自内在、外在自然的束缚、干扰，都雪融冰消，故说它为无饥、无苦、无渴、无恼、无畏，此即称其为喜乐之所由。这里所谓饥、苦、渴、恼等，就是烦恼，奥义书以"bhaya"（怖畏）说之。II·7 说："人若如实于彼不可见（adṛśya）、无体（an-ātmya）、不可说（anirukta）、无依处（nilayana）者之中，见无畏、住处（pratiṣṭhā），彼于是得无畏界。反之若人于此唯一者中产生隔阂，即使至小，则彼有怖畏（bhaya）。此即自以为知者之怖畏①。"只有当人证悟这超

---

① "自以为知者"，即未证不二境界的俗人，仍区分知者与所知境，即主体与客体，而以知者自居。

越、无染、无恼之喜乐梵，从而与其融然一如，才能获得圆满、至上之喜乐，才能根除烦恼、怖畏。而人与梵之间，纵有最微小隔阂（ud aram antaram），如人仍持有二，以梵为对立之客观，则仍不离烦恼。

另外II·8说，人若知其“住于此人中”的小我与“住于彼太阳中”的宇宙大我为同一，则其死后乃依五身次第进入喜乐：“人若知此（小我与大我之同一），当离此世间时，乃进入食身，由此进入元气身，由此进入意身，由此进入识身，由此进入喜乐身”①。此说实际上暗示了观想实践的次第。盖印度宗教相信人死前观想何物，则其死后进入何物，从梵书乃至佛教，皆于此同。那么观想的次第就很自然地成为死后灵魂游历的路线。典型的如耆跋厘的五火二道说以及伽吉耶夜尼对修道者死后灵魂所历境界的描述（BṛihVI·2·8—16；Kauṣ I·2—7）。这灵魂旅程的起点和终点，分别就是观想实践的起点和终点。这一点同样适用于步厉古的观想。故TaitII·9所描述得圣智者的亡灵最终达到的境界，也是修道者在五身观想中体悟的最高境界，它被开示为：“言、意自彼回，由不得彼故。若知大梵乐，则人恒无畏②。信然，如此之人，乃不复忧于所未作之善（sādhu），已作之恶（pāpa）。人若知此，则救（spṛṇute）自身脱离彼（善、恶）而入于自我。因为信然，彼救自身脱离彼二者（指善、恶二业），其知此者！”（TaitII·9）。

TaitIII在结尾处，复从前面已达到的思想高度降落到（与TaitII·2一致的）敬思食物，与五身之教失去关联，可能为窜入的文本。其III·7—10云：

> 7人不应苛责（nindati）食物③，是为戒。信然，元气（prāṇa）即是食（anna）。身体是食者（annāda）。身体安立于元气，元气安立于身体。如是食安立于食。人若知彼安立于食之食，乃得安立。彼乃食于食，具有食。彼乃广有子嗣、牲畜、令誉、圣智之光。8人不应弃食物，是为戒。信然，水即是食。火是食者。火安立于水，水安立于火。如是食安立于食。人若知彼安立于食之食，乃得安立。彼乃食于食，具有食。彼乃广有子嗣、牲畜、令誉、圣智之光。9人应广备食物，是为戒。信然，地即是食。虚空是食者。地安立于虚空，虚空安立于地。如是食安立于食。人若知彼安立于食之食，乃得安立。彼乃食于食，具有食。彼乃广有子嗣、牲畜、令誉、圣智之光。10·1人不应拒人于宅外，是为戒。是

① 此偈亦见于TaitIII·10.

② 此偈同于Tait II·4.

③ nindati：辱骂、蔑视、指责。

故人当以各种手段广备食物，因众人曰："食物于彼滋盛！"人若知此，则彼若于初设食，食亦于初为彼而设；若于中设食，食亦于中为彼而设；若于后设食，食亦于后为彼而设[①]。10·2人应敬思梵（食物、梵）为语言之保持；上、下气之获得（kṣema）、保持（yoga）[②]；手之作；足之行；肛门之排泄[③]。此为敬思梵之于人者。复次敬思梵之于诸神者：（应敬思梵）为雨水之满足；闪电之有能；10·3牲畜之荣耀；繁星之光；生殖根之繁衍、不死、喜乐；虚空之包容一切。人应敬思彼为依止，如是则有其依止。应敬思彼为伟大，如是则有其伟大。应敬思彼为意，如是则有其思维。10·4应敬思彼为服侍，如是则诸欲皆服侍彼。应敬思彼为梵，则得梵[④]。应敬思彼为梵之没入（Brāhmaṇaḥ parimara）[⑤]，如是则嫉恨于彼及彼所恨之敌[⑥]，皆灭于彼周围。彼住于此人中者，与住于彼太阳中者，乃为同一。10·5人若知此，当离此世间时，乃进入食身，由此进入元气身，由此进入意身，由此进入识身，由此进入喜乐身。[⑦]彼于此诸界上、下穿行，食其一切所欲，拟取任何所欲之形体。彼乃坐而唱曰：妙哉！妙哉！妙哉！10·6我即是食！我即是食！我即是食！我即是食者！我即是食者！我即是食者！我即是作荣耀者（śloka-kṛt）！我即是作荣耀者！我即是作荣耀者！我为黎答（ṛta）之初生者[⑧]，长于诸神，于不朽之脐！人若施我（此指食物），实为存我！我即是食，且食于食者！我吞没此全世界！人若知此，则有光辉。此为奥义。

《鹧鸪氏奥义书》在开示深刻的思辨反思之后，紧接着转到敬拜食物，其中存在着逻辑断裂（此种情况亦为奥义书文本中常见者）。文中不应苛责食物、不应弃食物、应广备食物，与包括苦行、斋戒的步厉古观想存在明显矛盾。对此的解释是，此部

---

① 此处"于初"、"于中"、"于后"，意义不明。传统注释家亦意见不一：或谓指人生命之三阶段，即青年、中年、老年；或谓指一天的三个时辰，即早晨、中午、晚间；商羯罗谓指设食之时、处的优劣，分别为最佳、中等、最劣。

② "yoga"、"kṣema"，在吠陀中，此二者分别指征服、开拓新土地者，与持有、定居于已得之土地者。

③ "人应敬思梵为……肛门之排泄。"此段意义不明。或意指观想语言等诸根之活动为梵。此节下半部分亦准此解。

④ 此处"梵"（brahman）可能指魔咒（亦见于 BṛihII·1·1），与下文灭敌之术有关。

⑤ 梵的次第没入之说，及相应的灭敌之术，亦见于 Ait BrāVIII·28；KauṣII·12，13.

⑥ 此处"敌"为"bhrātṛvya"，原为"堂兄"之意，由"堂兄"而为"敌人"，抑或有其社会学根源（R.E.Hume, *The Thirteen Principal Upaniṣads*, Oxford University Press（India), 1995.293）。

⑦ "彼住于此人中者，……进入喜乐身。"同于 Tait II·8.

⑧ 此句在吠陀中已多次出现，如 ṚVX·1·19；AVVI·6·122·1.

奥义书最终的编者，由于缺乏思维分辨力，把五身说对先验的意识本体的觉悟，同某种来自更古老时代的开示食物崇拜的文本结合起来，其结果自然是大大地贬损了前者的价值。比如，我们可以看出上引 TaitIII · 7—10，与开示食说的 ChānII · 11—21 存在着思想的亲缘性，可能前者是后者变体或二者来自同一已消失的更古文本。而在《鹧鸪氏》的上述文本中，"10 · 4 彼住于此人中者，与住于彼太阳中者，乃为同一。10 · 5 人若知此，当离此世间时，乃进入食身，由此进入元气身，由此进入意身，由此进入识身，由此进入喜乐身"，复与 III · 10 的文本语境不谐，而就是来自 II · 8，估计是后者在此奥义书最终编成时复窜入此文本之中。同样"10 · 4 应敬思彼为梵之没入 (Brāhmaṇaḥ parimara)，如是则嫉恨于彼及彼所恨之敌，皆灭于彼周围"，亦与此文本语境无关，其中梵次第没入之说，及相应的灭敌之术，亦见于 Ait BrāVIII · 28 和 KauṣII · 12—13，应为 Ait BrāVIII · 28 或与之有关的文本窜入。

《鹧鸪氏》在这里，除按原义使用"食"(ad：食、受用、取) 之外，还利用了它的衍生或比喻意义，即以它指认识论的了知、取境活动。于是这里所谓"食"(ad) 便与印度哲学文献中一般所用的"bhuj"(食、受用、认识、了知、经验) 意义相同。在 TaitIII · 7—10 中，"食物"(anna) 与"食者"(annāda) 都同时具有这样的双重意义，即日常意义与认识论的意义。《鹧鸪氏》这里包含的对食的观想，并没有什么深刻旨趣，基本上可以纳入五身观想中对食身的观想。

一切从现实自我开始的超验反思，在实践上都会有大致相同的程序，因为这种实践是同一概念的实现。我们看到奥古斯丁《忏悔录》提出的反思实践，便与《鹧鸪氏奥义书》的五身观想极为类似，其云："我被一步接一步地引领向上，从肉体到以肉体感官进行感知的灵魂；进而到灵魂的内感觉机能，这是动物心智之极限；再到理性的机能，通过肉体感官获得的知识被移交给它 (理性机能) 的判断。当这种也属于我的能力发现自己是变化的，它就将自己提升到其自身的理智，从经验中将其思想抽出，把它自己从感觉印象的杂乱聚合中抽离出来，它就会发现它沐浴于其中的光明。于是它会大声宣言：毫无疑问那不变者要比可变者更值得追求。此时它也领悟到了那不变者。这样，它以颤抖的一瞥，到达到那'在'者。"① 其中"肉体"就是奥义书的食身，以肉体感官进行感知的灵魂就是元气身，灵魂的内感觉机能相当于意身，理性的机能相当于识身，而超越经验的理智相当于喜乐身。所以这一观证的程序与五身观想基本一致，代表了同样的反思概念。至于其最后要求超越理智进入不变的在者——上帝，则是否定自我的先验现实性，进入神秘的本质，这是步

① 参考奥古斯丁：《忏悔录》，商务印书馆 1981 年版，第 131 页。

厉古之学未曾领会的。

印、欧之宗教，每形容人与绝对存在之连接为一种至上的幸福。如普罗提诺说：“人若由至上者汲取善，将其目光专注于彼至上者，与彼同化，以彼为生，则为智者且有大乐。”① “此时没有隔阂、无二，二者融合于唯一。因为，只要那神圣者呈现，一切差别皆消失，就像爱者与所爱完全合为一体。在这里，灵魂忘记了它的肉身，不愿给自己以别的名字，非人、非生命、非存在、非一切，凡属于此类事物的经验皆消失。灵魂于它们既无兴趣，亦无闲暇。它唯追求此（神圣者）而且悟得此，它只注视此，而非注视自身……在此极乐中它确定无误地知其为乐，因为它在这里确定的不是一个激动的肉体，而就是回到其从前欢乐时光的灵魂自己。所有在它未曾发现较它们更善的存在时所曾喜好的东西，地位、权力、财富、美丽、知识，现在它无不蔑视。与此神圣者联结，它不惧任何灾难，甚至不见灾难。它已赢得如此巨大喜乐，即便它的一切坠为碎片，它仍将完全与此神圣者结合。”② 基督教传统亦经常描述与上帝结合的幸福。《圣经》强调“要以上帝为乐”（《旧约・诗篇》37：4）。奥古斯丁如此描述与上帝连接的喜悦：“灵魂之最高精神境界在于看见并沉思真理，其中有欢乐，最高、至善、圆满的享受，以及安宁、永恒的气息。”“你若能够，就拥抱它（真理），以它为乐……什么幸福会比以稳固、不变、最完美的真理为乐的人更大呢？人们拥抱他们所渴慕的妻子甚或娼妓的美妙身体时，就说他们有福，我们拥抱真理时，能怀疑自己有福吗？人们当喉管发烧，来到充沛的清泉时，或当饥饿不已，发现了丰富的筵席时，就说他们有福。我们领受真理的饮食时，能不说我们有福吗？我们常听见人说，若他们躺卧在玫瑰和别的花丛中，或嗅觉膏油的芬芳，他们就以之为福。有什么比吸收真理更芬芳，更可爱呢？我们一旦吸收它，能犹疑我们有福吗？许多人以歌唱或丝弦之乐为乐。他们缺乏这些时，就以为自己为可怜；一旦有这些，他们就快乐忘形。当那和谐肃静的真理悄悄袭上心头时，难道我们要到别处去寻找有福的生活，而不享受那又可靠又近在身旁的吗？人们因闪光的金银，发光珠宝的彩色，和我们在火中或星宿日月中所见的光而欢乐；人们因这些东西的灿烂和优美而欢乐。当他们没有贫苦来阻止他们享受这些东西时，他们就以为自己为有福，并希望永远享受这种幸福。难道我们怕以真理之光为人生的福吗？”③

---

① The EnneadsI・4・16（Plotinus, *The Enneads*, Faber and Faber Limited, London.52）.

② The EnneadsVI・7・34（Plotinus, *The Enneads*, Faber and Faber Limited, London.588）.

③ 奥古斯丁：《论自由意志》，上海世纪出版集团 2010 年版，第 125 页。

在印度宗教中，无论佛教，还是数论、瑜伽以及吠檀多派，都承认伴随实相观证而产生的愉悦之感（禅乐、三昧乐、梵乐）。而于此事最为强调者，非毗湿奴教莫属。其所倡巴克提（Bhakti，信、爱）道，宗旨在于通过爱（由领会神的无比美好而生爱恋之情）、献身（由于爱而甘愿将一切献给神），最终达到与神的和合；至于由此而得的喜乐，此教阐明尤为详细①。巴克提乃是一种情感的宗教。属于早期巴克提文学的阿尔发诗篇，便以表现对神的深切爱恋及见神的狂喜作为主要内容。其中大量篇幅描绘了与神相会、交流的如痴如醉、癫狂出神的喜悦之情，其体验可能类似麻醉品带来的感受。这喜悦是如此强烈，以至于人有限的心灵无法承受它，据说如果长期陶醉于这种幸福之中，可能危及生命②。毗湿奴教坚信人若能看见神、与神结合，就得到了人生最大幸福。因为神的体性就是恒常、清净的喜乐，所以是人生幸福的源泉。一切世俗的事物只能带来短暂、片面的幸福，而神则是永恒、圆满的幸福之源泉。

而印度宗教之狂喜体验，最早当追溯到奥义书宗教。在《鹧鸪氏奥义书》以前的思想中，阿阇世、耶若婆佉的对话，便已表明与实相、本体接合的喜乐（BṛihII · 1 · 19, IV · 3 · 32—33）。《鹧鸪氏奥义书》也在多处表明了这种体验。如 TaitIII · 10 就表明了人最后破除识身，进入喜乐身的神秘、狂喜状态，其云："彼于此诸界上、下穿行，食其一切所欲，拟取任何所欲之形体。彼乃坐而唱曰：妙哉！妙哉！妙哉！我即是食！我即是食！我即是食！我即是食者！我即是食者！我即是食者！我即是作荣耀者！我即是作荣耀者！我即是作荣耀者！我为黎答之初生者，长于诸神，于不朽之脐！人若施我（此指食物），实为存我！我即是食，且食于食者！我吞没此全世界！人若知此，则有光辉。"在这种体验基础上，《鹧鸪氏奥义书》进一步将这伴随意识理体的呈现而来的喜乐，与这理体本身等同，喜乐被认为就是先验自我的实质。这种等同则是欧洲神秘主义乃至奥义书更早思想所没有的。它实际上首先是将那伴随精神的内在超越体验而来的自由感误解为喜乐的情绪，其次是将情绪（只是精神现实自由的标志）混同于本体自身。《鹧鸪氏奥义书》的这一误解，对于兹后印度哲学的本体论有实质影响。后来的印度各派思想，总是把那在神秘境界得到证悟的究竟理体同某种形式的幸福感联系起来，甚至将二者等同。因此《鹧鸪氏奥义书》的步厉古之教，尽管试图对先验意识给予具体规定，但

① 吴学国：《存在 · 自我 · 神性：印度哲学与宗教思想研究》，中国社会科学出版社 2006 年版，第 1005—1008 页。

② 吴学国：《存在 · 自我 · 神性：印度哲学与宗教思想研究》，中国社会科学出版社 2006 年版，第 941 页。

这一规定并不真实。

在印欧传统中，绝对本体之所以被与幸福或喜乐连接甚至等同，乃是因为它的超越性，因而对它的领会带来一种自由感，精神在这里否定了饥渴、疾苦等经验表象，因而产生一种心理的愉悦。人从来就不是一种已完成物，人的生命乃是由他的将来，即他应许的存在规定。这应许的存在就是他应实现的自由（其最究竟者即他的彻底的精神自由），它作为匿名的目的，在背后带领他；而愉悦感（感官快感、美感、道德欣慰、自由感）或幸福（不包括自由感）则是它由以实现这带领的灯塔、路标或甜饵。凡人的生命从根本上说是被愉悦感或幸福感引领，但圣者已实现其彻底的精神自由（比如大乘佛教和一切晚期奥义书讲的空、无住、无得的智慧，就属于这种自由），达到了与本体自由的完全同一，因而这种引领就不复存在了；圣者在这里尽管仍有自由感，但这自由感不伴随任何愉悦感或幸福。然而耶若婆佉、步厉古之学，离这一精神境界毕竟还有很大距离，因而仍然将自由感等同于幸福、喜乐，乃至将喜乐作为自我本体的实质内容。

另外，奥义书思想对自我本体与喜乐的连接，也与印度精神的独特性有关。印度文化包含婆罗门思想从属的本觉的传统与沙门思潮从属的本寂的传统的相互竞争、对话、交融和渗透，其长期交往的结果是二者达到了某种视界融合：佛教传统中渗入了本觉的精神，反过来婆罗门传统中也渗入了本寂的精神。后者旨在觉性、生命或存在之消解。盖觉性、生命的本质是自由或自否定。它是否定直接自我，且（通过揭示存在而）永恒地积聚着与自身的距离的；它既要逆流而上，又要舍弃自身，因而它就是一种痛苦（对于觉性来说，一切存在都凝聚着痛苦且是一种重负）。所以它的绝对幸福，正在于消解存在，归于本无之境，而这正是本寂的精神的究竟目标。奥义书思想也体现了这种本寂的精神。《鹧鸪》、《六问》、《羯陀》等书开示的对实相作为无相、无表、不二、无生、无分别境界的领会，就包含了一种存在消解。在这里，自我似乎释放了全部存在的重负，体验到一种极喜的情绪。然而这种情绪不是自由感，因为这种消解不是自由，相反，对存在的消解正是对自由的消解。总之，对于先验本体与喜乐的任何连接或等同，都是精神的误区；而步厉古思想中的这一误区，对后世印度思想造成了极深远的影响。

《鹧鸪氏奥义书》的主要思想有：(1) 五身说 (pañca-kośa vidyā)。其以为人的现实自我包括五个存在层面，层层相裹，由外到内，依次为食身（肉体、粗身）、元气身（生命机能）、意身（感性意识）、识身（经验的理智）、喜乐身（深层意识或先验意识），越是外在者离本质越远，而喜乐身才是自我的究竟本体。其中喜乐是意识的最深刻、最本质的层面，它超越了意身与识身，是对经验意识的否定，同时它又是作为经验意识的意身与识身的根源、本体，因而它就是先验意识。另外，与个人的小我对应且同构者，还有宇宙之大我，亦具此五身。所以五身说不仅是心理学意义上的，而且是对存在、世界的不同意义层面的阐明，它开示了一种先验的本体论。(2) 以五身说为基础的反思型宗教实践次第。其修证之方，旨在将人的现实自我的内容，从外至内，层层剥开，最后使自我最内在的存在即喜乐显现出来。明心见性首次成为修道之指归。究竟而言，此种五身剥除之法，亦非仅是心理学，而是先验本体论的。在这种意义上，它与佛教唯识、真心如来藏思想的空，以及现象学还原方针一致，皆旨在通过依次排除存在物之外在、经验的意义，使其内在、超越的基础呈现出来。(3) 世间生活的职责与律仪、祭祀学、祈祷、式叉学、对音韵的观想、五分敬思等。此为《鹧鸪氏奥义书》第 1 章的内容。人在世间生活中的职责，以教、学吠陀为首要，此外尚有正直、诚实、苦行、调伏、定、事火、火祭、待客、人道、婚姻、生育、养育孩子共十二种。应行的律仪包括不诳语、行正法、如法布施、供奉导师、不失子嗣、敬事父母师傅宾客等二十余项。祈祷为吁请保佑师徒平安，并赐牲畜、财富、荣耀等。式叉学就是音韵学。奥义书接着开示了对连声 (saṃhita) 和叹词 (vyāhṛtis) 的神秘观想。这些内容皆琐屑杂旮、平庸鄙陋、缺乏系统，与奥义书的一般精神不侔，而反映了梵书的精神，另外所谓五分敬思，亦属于梵书的祭祀敬思范畴，皆与五身说完全无关。因而这部分内容不属于步厉古之学，而应当属于来自梵书的更古文本窜入，毫无精神价值可言。

于步厉古之教，最有价值者为五身说。此说同耶若婆佉识论一样表现了一种思辨省思，应归属于哲理精神阶段。五身说体现了奥义书思辨省思的新进展，反映了现实精神自由的新局面。这主要在于：其一，五身说将现实自我和存在的不同层面，包括内在与外在、本质与偶像等，都整合到一个完备的存在系统，因而更充分地揭示了自我和存在的真理。这种整合反映了思辨理性的作用。它在观念层面表现了精神的自我建构、自我维持势用的活动。其中精神对存在的全体、结构的建构，验证了精神的自凝势用的活动；而其对存在真理与自我的同一性的领会，则离不开自反势用的推动。思辨理性就是在精神的自凝、自反势用的双重推动下形成的。其二，相对于耶若婆佉的理论，五身说更彻底地排除了本识的经验色彩。它对于现实意识的分析，不再用醒位、梦位与熟眠位之类术语，而是代之以意、识、喜乐等，其心理学的、经验的色彩明显淡化。它对识与喜乐的区分，也不同于耶若婆佉对梦位与熟眠位的心理学描述，而是更接近康德对经验意识与先验意识的区分。所以五身说代表了更纯粹的思辨反思。作为这思辨反思的体现，五身说的次第及相应的修道阶梯，皆旨在对外在的、经验性、自然性的逐渐否定、排除。思辨省思的纯化，体现了精神逐渐深入地否定经验、自然的存在，确立本体更明确的超验性的运动。这就使精神的自身否定势用的持续积极展开成为明证的。其三，在步厉古的学说中，喜乐首次明确成为先验自我的实质内容，使思辨反思获得了具体性。尽管将本体与喜乐连接，直接的原因来自情绪的体验，但是首先，反思对本体与喜乐的同一性的必然领会，乃以它对本体自身的持续专注为前提，因此它体现了精神的内在指向运动。后者在现象学上验证了精神自反势用的展开。其次，在这里，反思进一步将本体、喜乐与自我同一起来。这种精神同化运动，在现象学上验证了精神自我维持势用（自反的另一层面）的活动（只有此势用推动反思领会对象与自我的同一性）。总之，这种反思的进展反映了精神自反势用的进一步的积极展开。其四，在前此的耶若婆佉学说中，思辨反思混杂在大量自然的、经验性的内容中，往往十分含糊，而且从未表明此反思何以得来，这表明思辨反思还只是偶然的灵感，而不是概念化的、必然的经验。在步厉古学说中，思辨反思成为必然性、概念。这不仅表现在，《鹧鸪氏奥义书》对先验本体的阐释较彻底排除了这种混杂性和偶发性，而且更充分地表现其五身的修证实践中。这是一种逐层还原的观想，就是将自我，由外至内、从食身到识身，逐层分剖，最后破识身，使喜乐身即先验自我的理体呈现出来。这内向还原的必然程序，正是先验反思作为概念的具体化或自然化。这种反思的概念化，就是精神的形式建构运动，它在现象学上表明了精神内在的自组织力量（自凝势用）的展开。不过与在上述思辨理性中的情况不同，思辨反思在这里并没有构成（属于自凝势用的）形式观念，表明这自凝势用的活动在这里只是辅助性的，而不是积极的、有自身目的的。

总之，《鹧鸪氏奥义书》中的步厉古思想，代表了思辨省思的新阶段；奥义书精神在这里享有了新的自由。其中的思想进展，体现了精神内在的自舍、自凝、自反势用在思辨省思领域的重新展开。正是这些自主势用的历史展开推动了思辨反思的完善。精神自主势用的历史展开，表明它们突破了传统的规定，重新获得其本真的无限性。而这是以现实精神对作为其绝对本质的本体自由的呼唤和倾注的谛听、应答和接纳为前提的。因此，最终是自由推动了思辨省思的形成和完善。思辨省思就是在自由推动下展开其丰富内容。这里，我们同样把精神的自身否定和自身维持作为主导势用。正是作为二者之展开的超越与反思思维的辩证运动，构成思辨省思发展的主线，其中反思又构成思辨省思的核心。正是反思在自反和自舍、自凝势用的辩证交互作用推动下的持续深化、提升和巩固，构成奥义书思辨省思上述发展的主要内容。因此，我们对《鹧鸪氏奥义书》中的步厉古思想的分析，为自由推动省思进展的逻辑提供了一个现象学例示。

然而现实的精神生命，总是包含生与死、自由与奴性、有限与无限、现在与未来的斗争并且本质上其当前存在正是由这斗争达到的力量平衡而得到规定。相对于精神的自由、自主势用之本真的无限性，其自在、惰性的势用则力图抵消这种无限而将自由囚禁于生命之直接当前性的牢笼（因而精神内在的自在性是人类奴役之最深层根源）。这两种力量斗争的结果是最终达到了某种平衡。在这里，精神的惰性力量在一定程度上受到自主性的规定，而自主势用则丧失了无限性而成为有限的。奥义书的哲理精神也处于同样的情况。一方面，在这里，精神的自由一直朝无限和绝对飞奔；另一方面，精神本有的惰性力量总企图将这自由拖曳回来，使精神安于自然的奴役。对于这哲理精神而言，一旦自由推动它进入某一确定阶段，展开某种层次的思辨省思，它内在的自在性便会起来活动，阻止精神自由的继续扩展，诱使精神安住于其当前性，抵消自主势用的作用，使之不能进一步开辟新局面。这决定了思辨省思的内在局限性。

《鹧鸪氏奥义书》就反映了思辨省思在这里仍然具有的局限性。这种思维的局限性也表明了现实精神自由的局限性。它主要在于以下几点：其一，尽管与耶若婆佉思想相比，步厉古之学处在进一步去除经验化的途中，但它也没有达到路途的终点。比如它把喜乐作为先验本体，相比于耶若婆佉所谓熟眠位，经验的、心理学的色彩大大淡化了，但喜乐仍然属于情绪，因而把它等同于本识，意味着对本体的心理学意义的排除是不彻底的。另外其所谓喜乐积累之说，开示了一种以喜乐为存在根源的本体论，在内容上仍未剥落经验实在论的色彩。另外，《鹧鸪氏奥义书》认为五身中每一身皆具人或鸟之形，这实际上是来自梵书的幼稚粗鄙之论，竟然未加批判地被引入五身说中。总之在这里，思辨反思仍然包含了经验的杂质，它对经验存在的否定还不彻底。这些都表明精神的自主否定势用的本真存在又被精神的内在惰性阻碍，以致未能进一步展开为对经验的究竟超越。其二，《鹧鸪氏奥义书》将本识规定为喜乐，试图赋予先验意识以具体的内容，然而这种理解缺乏本体论的根据，它实际上来自对伴随精神内在超越体验的自由感与在这体验中呈现的先验理体的错误等同。先验意识应当以思想、概念、逻各斯为其真实的内容或实质。然而一方面，唯当精神的自凝势用在反思中展开为对精神内在的概念、思想、逻各斯的积极构造、维持，使后者成为精神的自觉行动，这些内容才会对反思呈现并被等同于存在的本质；另一方面，唯当精神的自我维持势用在思辨层面重新展开，成为对精神的先验内容的自我维持，才会促使反思领会觉性内在的概念、思想、逻各斯与先验自我的同一性。在步厉古思想中，这种同一性并没有被领会，因而在这里思辨省思的具体性还不是真实的。这表明精神的自凝和自反势用还没有展开为针对先验自我的自身本质的自主设定。其三，步厉古之学也暴露了所有思辨省思未能最终克服的局限性，即对现实性的执着。在这里，先验意识被作为觉性、存在之究竟理体，但是先验意识仍然属于觉性的现实性层面，而觉性的究竟真理乃是无规定的本体自由自身，这是作为一切现实性之否定的神圣本质。根据自由本体论对意识、观念形成机制的分析，唯有当现实精神将本体自由自身作为了精神自主设定的对象，即实现其本真的自由，本体自由自身才会对反思的意识呈现出来。于是哲理的精神就转化为本真的精神。精神否定思辨省思对先验现实性的执着，而得到究竟的觉悟。在这里，精神破有（现实性）立无（虚无）、舍色证空、无住无得，真正实现彻底的自由。然而步厉古的学说反映出在这里，精神反思对于这神圣本质、空性还没有任何意识，因此精神的彻底自由，在这里还没有得到实现。

总之，步厉古的学说表明奥义书的精神自由在这里仍然有很大的局限性。这种局限性，或属于思辨省思之本质，或由于思辨省思未得到充分展开、完成，这两方面都应通过自由本身的进一步展开而被克服。这一精神进展，通过更晚的《蒙查羯》、《蛙氏》等奥义书的思想得到体现。

## 小　结

### 一

由于精神反思与超越的进展，人类思想总是从表象性的、外在的、自然的、经验性的东西的领域，逐渐进入自我的本质、内在、超越的、先验的领域。这种进展，最终是由精神本有的自由所推动。在奥义书的道德、宗教精神阶段，纯粹的精神反思和超越便已经建立起来，精神具有了真正的自由。我们前面两章的分析表明，奥义书的反思与超越，是其理智省思的两个不同向度。其中，反思旨在领会自为、绝对的心灵，超越则进入超验对象的领域。前者以桑底厘耶、阿阇世等为代表，从确认经验意识对自然的彻底独立，最终导致将经验意识作为世界、存在的绝对根源，因而转化为绝对反思（尽管这种反思是经验的）。后者以《六问》和《羯陀》中的毕钵罗陀、那支启多学说为代表，从领会自我为超越经验的实体，然后逐渐内在化，最终导致一种普遍意识实体观念的产生，它因而转化为一种内在的超越（超验反思）。然而在这里，绝对反思还不是超越的（对经验的否定），而内在的超越还不是绝对的（即实体被理解为经验存在的根源），因而这两种理智省思都还是相对的。绝对的理智省思是反思与超越之绝对同一，即绝对反思与内在超越之统一，这就是把绝对心灵和超验境界融合为一。这种绝对的理智省思就是思辨省思。思辨省思打破了主、客的对立，深入到作为二者的共同根源、基础的先验存在的领域。这先验存在既是对经验性的否定，因而是超越的；又是一切主观与客观经验的基础、根源，因而是绝对的。尽管从逻辑上说，思辨省思是反思与超越的绝对同一；但从事实上说，奥义书的思辨省思是阿阇世等的经验反思转化到超越层面的结果。

如前所论，奥义书的反思在精神的自舍和自反势用推动下，在阿阇世、波罗多陀等思想中，已经实现为绝对反思。然而对于精神的目光来说，表象性的、外在的、自然的、经验性的东西总是最易上手的。即使对于奥义书的真正精神反思，意识的经验表象也比其超验本质更加触目。在这里，反思最早领会的绝对意识就是经验性的。被归属于阿阇世、波罗多陀等的思想，都是把某种感性、经验的意识，作为存在的绝对本质、基础。这在观念层面反映出，精神的自身否定仍然薄弱，还没有展开为针对自然的、经验的存在的活动，反之其本有的惰性、肯定的力量还很强盛，使精神仍然被缚着于自然之域。精神实现了反思的自由，但仍无超越的自由。然而正如自由推动自然思维转化为绝对反思，它也同样会推动这反思朝超验层面的转化。盖经验意识仍然是觉性、自我的外在表象，而非其本质的内在性，后者即思维、概念的先验活动。本体自由本有的自身绝对化冲动，要求这自由实现为对自身本质的自由或自主设定；这必将促使精神不断破解偶像、洞悉觉性内在的本质。这要求就是自由对现实精神的呼声和激励，它促使精神恢复其本真自由，使其自主的否定和肯定势用重新获得无限性，战胜精神的自在惰性力量的消解，从而推动精神克服理智省思局限性，否定实体和经验意识的表象，进入先验的、思辨的领域。其具体逻辑在于：首先，本体自由的促动使精神的自身否定在绝对反思中重新获得本有的无限性，最终得以克服精神的自在性的抵消，并打破这自在性导致的精神对经验东西的执着，展开为思想对一切经验的自身存在的否定，反思由此获得了一种超越性，而经验意识则失去其绝对真理性。其次，本体自由也必然促使精神内在的肯定势用积极展开，推动反思对超越存在作进一步的规定；其中，自身维持势用会展开为对这种超越自由的内在、绝对维持，促使反思领悟到那超越者就是自我、意识。于是这反思所领会的意识，既是一切经验的主、客存在的绝对根源、基础，又完全超越了经验、是对经验的彻底否定，因而它就是先验的，而且这先验意识就是自我。对于这先验自我的领会，构成思辨省思的根本特征。总之，在自由的推动下，反思终于走向与超越的绝对融合，理智的反思转化成了思辨的反思。我们通过对《广林》的耶若婆佉之学、《鹧鸪》的步厉古之学和《蛙氏》学说的分析，阐明了思辨省思形成和发展的上述逻辑。

《广林奥义书》的耶若婆佉之学、《鹧鸪氏奥义书》的步厉古之学和我们下一章将要讨论的《蛙氏奥义书》之学，分别代表了奥义书思辨省思的三个阶段，即：其一，耶若婆佉之学代表的本质的、灵感的、抽象的阶段。在这里，思辨的省思领悟先验意识为经验之本质，但这种领悟带有灵感式的、偶发的特点，而没有成为概念，另外省思对先验意识的实质缺乏规定，因而是完全抽象的。其二，由步厉古之学代表的概念、全体的阶段。通过五身之说，思辨省思领悟现实的自我、存在为本质与现象、心与物、先验性与经验性之全体；五身的理论和实践体系，也表明省思克服了偶然性而成为概念；五身说将喜乐理解为先验意识的实质，表明思辨省思力图使自身成为具体的。其三，由蛙氏学代表的具体、超越的阶段。思辨省思在这里不仅得到彻底纯化，而且首次正确领会到先验意识的实质，即思维、理性的活动，于是它抛弃前此的抽象、模糊性而成为具体、纯粹的。更重要的进展是在这里，省思还超越了先验现实性，首次接触到那种否定了包括思想、知觉在内的任何现实性的神秘本质（即存在或本体自由自身），它于是转化出对思辨省思的超越。在这里，奥义书的精神开始脱离思辨省思，进入否定了思想、理性和知觉的直觉省思阶段。

《广林奥义书》的耶若婆佉之学，体现了奥义书思辨省思的最初阶段。耶若婆佉的主要贡献，就是首次将早期奥义书的绝对反思推进到先验性领域。在这里，意识既是一切存在的本质、全体、根源，又是超越的本体。精神反思因此扬弃了原先理智的、经验的性质，上升到思辨的、先验的境界。其说之大义有：第一，存在、自我之本质是纯粹的心识，其体性为绝对、不二、无染、无量、无表、一味、无分别，境智圆融、心性一如。有二、有差别皆是假相，无分别、不二才是究竟真如。第二，经验现象与心识本体的"本体论差别"，前者属于因缘生灭的可感世界，后者属于无因缘、无生灭的可知世界。这种差别通过耶若婆佉对本体的一系列遮诠表述得到体现：本识为"非此，非彼"、非粗非细、非长非短、非火、非水、无见、无嗅、无味、无作、无名、不灭、非显、非隐、无度量、无内外、不食于一切亦不为一切所食……这清晰地表明了本识对时间、空间和因果性，即对一切经验存在的超越。它既是根本意识，又是超越实体，因而就是先验意识。第三，自我三位说。它将人的现实意识分为醒位、梦位和熟眠位三个层次，分别相当于自我的客观经验、主观经验和先验意识。熟眠位超越客观经验和主观经验而为其根源，它就是至上我、大梵。

耶若婆佉的思想反映了奥义书的精神自由的新境界。首先，它摆脱了经验意识的束缚，确认一种超验的本体。耶若婆佉的本识既是对经验世界的否定，又是后者的根源、基础，所以它就是先验主体性。在这里，精神反思完成了从理智到思辨、从经验反思到先验反思的根本转变。耶若婆佉的思想，在观念层面表现了省思一方面否定绝对心灵的经验意义，另一方面确立其为超验本体的双向精神运动。这在现象学上验证了精神内在的自舍势用在绝对反思层面的积极活动，表明在这里，自舍势用脱离了奥义书原先的实质论和经验唯心论的自然否定的樊篱，展开为对全部经验、自然的本质的、自由的否定，即精神的超越性或真正的自由，后者就体现为思想从经验现象到超验本体的运动。正是自舍势用的历史展开推动了上述精神转型。其次，耶若婆佉的思想也否定了形而上学的封闭、孤立的实体，以为心灵的实体既是所有存在之大全，又是万有的绝对同一性、真理，因而是一个先验本体。耶若婆佉强调自我的“不二”，就旨在打破主、客对待。其云本识不是封闭的主体，而是意识与对象、主体和客体的共同基础、根源，是包括它们并且超越它们的绝对。在这里，省思对形而上学的心灵实体的扬弃，一是体现了精神否定心灵实体的个别性和封闭性、确立其为绝对本体的双向运动。这在观念层面验证了精神的自反势用在超验反思层面展开为同一维持（参考本章引言），正是后者推动省思领会心灵实体就是绝对。二是也体现了精神一方面否定自我的孤立性、封闭性，另一方面建构心灵实体与经验事物的发生论关联的双向精神运动。这在观念层面验证了精神的自凝势用在超验反思层面的积极展开。在这里，正是这自反与自凝势用的历史展开，推动奥义书思想从主观超越到思辨省思的转型。总之，奥义书思辨省思的形成，是由精神内在的自舍、自反与自凝势用在新的存在层面的积极展开推动的。然而只有作为精神的绝对本质的本体自由自身，才能促使精神的自主势用冲破传统的规定，获得历史的展开（参考本编引论）。现实精神通过与本体自由的对话，通过对后者呼声的倾听、应答和接纳，才恢复其自身的本真自由，使它内在的自主势用重新获得无限性，从而推动精神在绝对反思的层面开辟超越之维，在内在超越层面开辟出绝对反思。因此，在自由推动下，理智省思的两个发展向度，最终合二为一。理智省思由此转型为思辨省思。精神在这里既克服了道德精神对于经验性的执着，也打破了宗教精神对超验自我的锁闭；既领会到自我的超越性，又领会到它的绝对性和内在性，实现了奥义书从理智省思到思辨省思、从道德、宗教精神到哲理精神的提升。总之，耶若婆佉思想的形成，在观念层面验证了自由推动理智省思到思辨省思转型的内在精神逻辑。

然而耶若婆佉的学说反映了思辨省思在这里仍有很大局限性。首先，它在世界观上无批判地接受了大量来自传统的经验的、宇宙论的陈腐内容，而且即使就其思辨反思而言，它对本体的超越性的把握仍不够纯粹。本体识被等同于深沉睡眠或死后意识之类的经验心理状态，似乎被当成经验存在之宇宙论的质料、始基。而所谓八有之说，完全袭自梵书的宇宙论，与其思辨唯心论极不相称。耶若婆佉的实践理论也混杂了大量来自梵书祭祀学的平庸、荒诞的内容。思辨省思的这种含糊性，意味着精神对觉性的经验性的否定尚未达到充分、彻底，这表明精神内在的自主否定势用的本真存在被精神内在的惰性的肯定力量抵消而未能充分展开自身。其次，耶若婆佉的学说没有像《鹧鸪氏奥义书》那样，清晰阐明一种反思活动的普遍机制，所以先验反思仍然带有灵感式的、偶然的特点，而没有成为概念。思辨反思的这一问题，表明在这里精神没有实现对先验反思的必然形式（先验自我的概念）的构造，这反映了精神内在的自凝势用被惰性抵消，尚未在先验反思领域充分展开（此应为消极展开，参考本章引言）。最后，在耶若婆佉学说中，一方面先验意识的实质（纯粹概念、思想）仍未得到清晰的领会，因而思辨省思仍然是抽象的、空洞的。这意味着精神未能建构这先验意识的形式内容，因而在观念层面表明精神的自凝势用尚未展开为对本质的自主设定。另一方面其思想是本质主义的，只是阐明了意识、自我的单纯本质，忽视了现实自我的整体内容与结构，这实际上使自我失去其真理性（真理是全体）。因此思辨省思没有领会意识之全体的真理，后者是本质与表象、先验性与经验性之结合。精神不能构造存在的差别统一性，表明在这思辨领域精神的自凝势用没有展开为对世界的自主设定（思辨理性）。总之，在这里，精神的自凝势用无论对于存在的全体还是本质，都还有待展开（此应为积极展开，参考本章引言）。

总之，耶若婆佉的思辨省思的局限性，反映了精神自由本身的局限性。这种局限性也只有通过自由本身的进一步展开才能被克服。自由既推动精神从理智思维过渡到思辨省思，它同样也必推动思辨省思的进一步克服自身局限性、实现自我完善，推动思辨省思从否定其最初的含糊、幼稚、空洞而逐渐变得纯粹、清晰、巩固和具体，并最终扬弃自身，转化为本真的精神觉悟。《鹧鸪氏奥义书》的步厉古学说，就反映了奥义书精神的上述进展。

步厉古学说中最有价值者为所谓五身说（pañca-kośa vidyā）。其说可视为对以往的自我概念的总结。以往的奥义书曾分别阐明自我之本质为食物、元气、意、识等，五身说则将它们视为自我的不同意义层面，将其整合到同一现实自我之中。所谓五身，由外到内，依次为食身（肉体、粗身）、元气身（生命机能）、意身（感性意识）、识身（经验的理智）、喜乐身（潜意识或先验意识）。五身构成人的完整存在，越是外在者离本质越远。另外《鹧鸪氏奥义书》认为与个人的自我同构者，为宇宙之大我，亦具此五身，且一一对应。也就是说五身说不仅是对自我的，而且是针对世界、存在的，不仅是心理学（和生理学）的，而且是宇宙论的，其最究竟的意义，则为一种先验的本体论。《鹧鸪氏奥义书》还最早开示了一种反思型的宗教实践系统，其法与五身说相应，就是将人的现实自我，从外至内，层层剥除，最后使自我的本真存在即喜乐身显现出来，此法同样适用于宇宙大我。此种五身剥除之法，就其究竟意义而言，亦非仅是心理学和宇宙论的，它与现象学还原有根本的一致，其宗旨在于依次排除存在物之外在、经验的意义，使其内在、先验的基础呈现出来。

相比于耶若婆佉之说，五身说表现了一种思辨省思的进步，也反映了精神自由的新境界。这种进步在于：其一，五身说开示了一个包括内在与外在、先验与经验、本质与偶像、物质与精神、感觉与思维等在内的完备存在系统，因而更充分地揭示了自我和存在的真理。因此五身说对存在的差别统一体的把握，体现了一种思辨的理性。其说在观念层面表现了精神对存在的全体和结构的建构运动，在现象学上验证了精神的自凝势用的积极活动；而其对这存在与自我的同一性的领会，也在观念层面验证了精神的自反势用的进一步展开。正是这自凝、自反势用的历史展开，推动思辨理性的形成。其二，五身说进一步排除了意识的经验色彩。它对于意识的分析，不再用以往说法中带有强烈心理学意义的醒位、梦位与熟眠位之类术语，而是代之以哲学意蕴更纯粹的意、识、喜乐等概念，表明它开始脱离心理学的、经验的窠臼。五身说的次第及相应的修道论，都很确定地表现了思辨省思对经验性、自然性的否定、排除。这一思想进展这在观念层面表现了精神的超越和否定运动的不断拓展，验证了精神自主否定势用在思辨境界的进一步展开。其三，步厉古的学说阐明了本识的实质内容是喜乐（ananda），使思辨反思首次获得具体性。盖此反思之确定本体就是喜乐，固然包括了对超越体验带来的愉悦感与本体的错误等同。但另一方面它之所以能领会这种同一性，前提是它已完全专注于本体自身，这体现了精神的持续的自身指向运动。因而这一思想进展在观念层面表明了精神内在的自反势用的持续展开。正是后者推动思辨反思的具体化。其四，在《鹧鸪氏奥义书》中，思辨省思真正成为必然的、概念性的。在耶若婆佉学说中，对先验自我的阐明总是混杂在大量的经验性内容中，往往十分含糊，表明它只是启示性的、偶发的，还不具有必然性，而步厉古之学则较彻底排除了这种混杂和含糊，表明思辨省思在这里获得了充分的确定性和必然性，成为了概念。《鹧鸪氏奥义书》的修证实践即五身观想更充分地表现这种思辨反思的概念化。五身的修证，将自我由外至内逐层剥除，谓破食身得元气身、破元气身得意身、破意身得识身，最终破识身得喜乐身，即先验自我的理体。这修证系统意味着先验反思成为必然的、概念的，它从本质上说就是思辨概念的自然化。这种反思的概念化就是精神的自组织运动（精神的任何概念构成都是这种自组织运动）。它清晰地表明了精神内在的自凝势用在思辨反思中的开展（与在思辨理性中的情况不同，它在这里只表现出消极的活动）。正是自凝势用的展开推动思辨省思的概念化。总之，是精神内在的自舍、自凝、自反势用的展开，推动奥义书思辨省思的上述发展。而如前所议，唯有作为精神绝对本质的本体自由，才能促使精神内在的自主势用恢复其本真的无限性，从而战胜精神内在惰性的抑制而历史地展开。因此，正是由于自由的推动，奥义书的思辨省思才得以扬弃耶若婆佉思想的抽象、空洞、含糊、偶然的局限而走向成熟。

不过《鹧鸪氏奥义书》的思想仍有很大局限性，这也表明了现实精神自由仍然面临的局限性。一方面，思辨省思在这里仍不够完善。这表现在：(1) 其学说无批判地接受了一些来自梵书和早期奥义书的躯壳之念，大大折损了其思辨反思的超越之维，另外以喜乐作为先验本体，仍然不能彻底排除心理学的嫌疑，以喜乐为存在根源的本体论亦未完全摆脱宇宙发生论痕迹。可见在这里思辨反思对经验存在的否定还不够究竟。这表明精神内在的自舍势用的活动再次被精神内在的惰性抵消而丧失其无限性。(2) 尽管《鹧鸪氏奥义书》将本识规定为喜乐从而赋予先验意识以具体的实质，然而这一规定实际上与先验意识的真正实质失之交臂，后者即思想、概念、逻各斯，所以在这里，思辨省思的具体性还不是真实的。先验反思没有领会本体与概念、逻各斯的同一，意味着精神一方面尚未实现对本体的内在形式建构，另一方面亦未实现对自身内在的概念、思想、逻各斯的自觉维持、守护。这两方面分别在观念层面表明了精神内在的自凝、自反势用的积极活动被（精神内在的惰性）阻碍，没有展开为针对先验自我的自身本质的活动。(3) 思辨省思本身亦存在其固有的局限，即误将先验实在视为绝对，这在归属于步厉古和耶若婆佉的学说中都同样得到反映。这两种思想都是把自我的先验现实性作为觉性、存在之究竟真理和基础，而没有意识到那超越一切现实性的神圣本质，即本体自由自身。这一误解掩盖了精神自身对于其现实存在的自由，势必导致自由被精神的现实或思想的必然性（概念）所窒息。自由的更充分实现，意味着省思必然否定先验实在的绝对真理性，领悟自我理体的超现实存在（超绝本体）。唯有当精神实现了对这本体的自主设定（这在于自舍势用的展开促使精神实现对先验实在的扬弃，其自反势用促使精神实现对自由本体的维护），它才能领会这本体的超现实的实质。于是精神就会打破思辨省思的执着，进入超现实的启示思维层次。

自由必然推动思辨省思的进一步完善、提升，并最终否定自身，转化为更高的精神省思。首先，自由必然推动思辨省思的进一步完善、提升。本体自由作为绝对，必然促使精神内在的自主否定势用恢复其本真的无限性，重新展开其活动，战胜生命内在的惰性因循冲动（自任势用），推动思辨省思在更宽的领域内否定存在的经验性并进一步将自身纯化；其次这自由也必促使精神的自主肯定势用恢复其无限性：首先是自凝势用，它不仅推动思想构造思辨的观念，正是通过后者的中介，思辨省思才成为必然的，即成为概念；它还会展开为思辨省思对作为精神本质的内在思想、概念的构造、维持，于是反思领会到这思想、概念就是意识的本质，意识被赋予实质的内容，思辨省思成为具体的。其次，自由亦必促使精神内在的自身维持势用也在思辨层次上展开，促使反思领会上述本质与自我的同一。总之，自由必将推动奥义书的思辨省思的纯粹化、具体化、概念化。其次，更重要的是，自由必将推动精神否定思辨省思的局限，进入超理性的直觉省思之境。本体自由也必将促使精神自主否定展开为对先验现实性（纯粹思想）的扬弃，并促使自主肯定实现对某种超越思想、理性的绝对真理的确认，于是省思否定前此的反思对先验实在的执着，进入直觉省思领域。

我们下一章将要讨论的《蛙氏奥义书》的思想，就体现了这一精神进展。它提出了所谓自我四位之说，后者将人的意识分为醒位、梦位、熟眠位、第四位共四个层次，与宇宙大我的四个层次，即遍在、炎炽、般若（思维、概念、理性）、至上梵（真心）一一等同。四位指的不仅是心理学的状态，在某种意义上，它们指存在的四个意义层面，依次是：客观经验；主观经验；先验的现实性；超越现实的真心。《蛙氏》之学，一方面可以说是集奥义书此前的自我反思之大成。它将阿阇世、耶若婆佉等的自我三位，与《鹧鸪氏奥义书》的五身衔接起来，将更早奥义书中出现的宇宙论的自我、经验心理学的自我、实体的自我，乃至先验论的自我，都包含在内，实现了一次大的理论综合。另一方面，它也对奥义书的自我反思作出了重大发展。比如它对先验反思的纯粹化、具体化，它对超越般若、思想的真我的阐明。首先，自我四位说较彻底排除了三位、五身说的经验的、心理学意义。正如我们下一章将讨论的，在这里，省思对心理、自然因素的彻底否定和排除，反映了精神自主否定势用在思辨领域的持续开展。其次，省思将先验意识规定为般若，即先验的思维、概念，首次赋予先验意识明确、具体的实质，使思辨省思具体化。我们下一章也将阐明这一点反映了精神自主肯定势用（自凝与自反）的新进展。总之在这里，思辨省思的完善就是由自由的持续展开推动的。而且在蛙氏学中，这自由最终推动精神超越了思辨省思自身。盖蛙氏学更根本的思想进步，在于它否定了般若我，即先验思维的绝对性，以为究竟理体为"非般若，非非般若"，是超越先验思维的神秘本质。它因而突破了前此的思辨省思，进入超现实的、神秘的直觉省思层次。实际上，那超越先验实在的神秘存在，就是本体自由自身（觉性的神圣本质），它从一个更高的层面规定、支配先验的思想（般若）。直觉省思对自我的先验现实性的否定，以及对一种超越理性、思维的神秘本质的确认，反映了精神试图实现对本体自由自身的自主设定，并由此实现了一种更彻底的自由。

## 二

内在超越使精神意识到觉性的内在性，即意识、思想是否定了一切经验、自然东西的侵凌的自在自为的实体，精神因而具有了真正的尊严；绝对反思使精神意识到这内在性是一切存在的真理、本质，精神自身成为生命的究竟目的，精神因而具有了真正的（因而是绝对的）价值。由于思辨省思将绝对反思引入超验领域，实现了内在超越与绝对反思的结合，领会到觉性的内在性，即意识、思想不仅是存在的绝对本质，而且是否定了一切经验、自然存在的实体，因而使精神既获得真正的尊严，也获得真正的价值。在这里，生命的内在价值得到了升华。

就中国传统而言，它与印欧传统的巨大反差在于：首先，它在自然崇拜支配之下，从未领会意识、思想是否定了一切经验、自然东西的侵凌的自在自为的实体，故精神的内在超越在这里尚付阙如，精神还没有真正的尊严。其次，它从未构想出把自我内在的意识、思想作为一切存在的真理、本质的观念，即不曾有过绝对反思，因而精神还没有真正的自身价值。意识、思想的存在完全被外在强力规定，没有一点点自己的空间。精神的东西完全被作为达到非精神的目的的环节。思想本身的权利和尊严都还丝毫没有被意识到，无论是法家的“焚书坑儒”还是汉儒主张的“废黜百家、独尊儒术”，都暗示了这一点。儒学在对中国意识形态两千年统治中，何曾意识到过尚有属于思想自身的价值、尊严和权利？中国的一切学问，正如黑格尔指出，都“绝对地以国家的‘实用’为主——专门适应国家和个人的需要。”[①] 人的全部知识、言论、思想、道德乃至审美，总之一切属于精神的东西，都应当被“齐家治国平天下”的大业所规定、以国家政权的实用为目的。

对于自然思维笼罩下的中国传统文化来说，思辨省思及其对应的哲理精神都是极为遥远的。在这里精神的反省与否定的活动都局限于自然范畴之内，而没有实现为自由的，即反思与超越。精神没有领会自我、意识、思想的独立、自为的存在，即实体性，而是将其归属于物质的自然；它也没有那种领会意识、思想的绝对性。在这里从未产生过像印欧传统常见的绝对心灵、宇宙意识之类的观念。所以思辨思维领会的绝对、超越的心灵，或先验自我，对于中国传统是很陌生的。在佛教传入之前，中国人只是把心当作人的个体的、经验的认识、决定、情感机能，从来没有意识到心灵、意识的超越性和自由，也没有产生过把心识作为存在和世界根源的思想。总之，中土传统的文化精神，只达到了一种自然、伦理的自由，从未达到真正道德、宗教和

---

① 黑格尔：《历史哲学》，上海书店 1999 年版，第 139 页。

哲理的自由。在这一传统中，人没有一种内在的尊严、价值，故精神完全屈从于物质。在整个中国思想中只能看到物质的暴政，相应地在中国社会中只能看到强权的暴政。

然而佛教进入中国，给中华民族带来了精神的反思和超越，从而极大地改变了民族文化精神的面貌。盖中国佛学的主流是真心如来藏思想。后者的主要立场是心性一如和真心缘起，以为作为一切经验、自然的存在（杂染）之否定的真如心，就是万有的真理、根源。这种立场是绝对反思与内在超越之统一，与奥义书的思辨省思并无二致。它最充分地体现在《楞伽经》和《大乘起信论》中。唐译《大乘入楞伽经》（卷二）说："阿赖耶识如瀑流水，生转识浪，如眼识余亦如是。于一切诸根微尘毛孔眼等，转识或顿生，譬如明镜现众色像；或渐生，犹如猛风吹大海水。心海亦尔，境界风吹起诸识浪，相续不绝。"阿赖耶识超越了一切经验的意识和存在，而为其根源、基础，因而它就是先验意识。这与奥义书的思辨反思，立场完全相同。《起信》的说义，亦与此一致。而从《楞伽》说"如来藏识不在阿黎耶识中"，强调它们是"二法"，到《起信》开如来藏一心为真如、生灭二门，说真如心为如实空与如实不空，真实空谓真如心"从本已来一切染法不相应故，离一切法差别相故，无有虚妄分别心故，应知真如非有相、非无相、非有无相、非非有无相、非一相、非异相、非一异相、非非一异相。略说以一切众生妄分别心所不能触故立为空。据实道理，妄念非有，空性亦空。以所遮是无，能遮亦无故。"（卷上）可以看出如来藏思想超越了对阿赖耶识作为先验现实性的领会，而上升到思辨超越的层次。如来藏思想甚至超越奥义书的思辨省思，进一步指出阿赖耶识也是"无始虚伪恶习所熏……生于七识无明住地"（《楞伽经》卷五），其体性也是空幻不实的，从而否定先验现实性的真理性，确立真如心（本体的自由）为唯一真实的存在，于是思辨反思被绝对化，进入本真的精神觉悟层面。

中国主要的佛教宗派，其教理都是以如来藏学为基础建立的。比如华严宗的体系就是糅合了《华严经》及当时从如来藏立场来解释唯识的地论派、摄论派，及《起信》等的思想形成的①；而禅宗在理论上则完全沿袭《楞伽》和《起信》之学。无论是禅宗、华严，还是湛然以后的天台宗，都沿袭《楞伽》、《起信》的思想，持心性一如和真心缘起。其所谓心性一如，就是说在本体层面真如与心性之绝对同一。比如华严讲理、事圆融，一、多相摄，其所谓的"理"、"一"，就是真如心，故理即心。禅宗也主张真心即性："心是道，心是理，则是心外无理，理外无心，心能平等，名之为理；理照

① 吕澄：《中国佛学源流略讲》，中华书局 1979 年版，第 193、353—358 页等。

能明，名之为心”（《大乘开心显性顿悟真宗论》）。其所谓真如缘起，就是说在缘起层面，真如心是发生万有的根源。如华严就是把众生本具的如来藏心，作为一切法的根源、本体①。禅宗也主张真心缘起：“心者，万法之根本也。一切诸法，唯心所生。犹如大树，所有枝条及诸花果，皆悉因根。”（《少室六门集》第二破相门）所以一种精神的绝对反思在中国佛学中毫无疑问得到了贯彻。如果说天台与华严之教，由于主张圆融，使理事、心物的本体论区分被模糊化，使本体的超越性变得更隐晦，那么至少在早期禅宗，这真心本体的超越性或先验性还是很明确的。因此，精神的内在超越在中国佛学中仍得以延续。所以如来藏学的思辨反思，在中国佛教中基本得到了继承。同样，在禅宗思想中，强调真心无相、空寂，否定一切思维念虑的真实性，把心的一切意识、思想活动都归结为染心、无明，表明它仍然继承了如来藏佛教对先验现实性的扬弃，即思辨的超越。佛教的思辨省思，尤其是思辨的反思，逐渐渗透到中国本土传统中，导致儒学和道学的心性化，并对隋唐以后中国的文学、艺术、道德都产生了深远影响。以下我们试图通过阐明它对儒学心性化的根本影响，以管窥其对中国文化的渗透。

传统中国思想的一个基本特点是它的“无我”性。它从未把自我的意识、思维本身当作专题对象，也没有经历在古希腊和印度思想中发生的那种对自然的“颠倒”（在希腊是“逻各斯的颠倒”，在印度是“心性的颠倒”），故也不可能从世界现象中意识到自我。也就是说，这种思想没有任何反思性可言。这一点对于传统儒学也不例外。在从孔孟到程朱的思想中，我、心都只是一种经验的认识、实践主体，其存在完全从天、宇宙得到规定，不是独立于自然的自为的存在、实体，所以没有任何尊严。儒家的反省始终只涉及经验的道德情感、道德动机，而未曾以纯粹意识、纯粹思维为对象。另外，正如冯友兰先生指出，一个作为世界基础的普遍的心的观念，完全是外来的②，包括儒家在内在全部中国传统，都未曾构想出这样的观念。也就是说，传统儒学是没有任何精神反思的。然而佛教的渗透从根本上改变了儒家的这种精神状况，并最终导致心学的形成。陆王心学的心性本体论和反思的工夫论，首先是沿袭了佛教的思辨反思。兹从两方面论之：首先从理论的方面，佛教的心性一如和真心缘起的观念最终都被儒家心学所汲取。如象山说：“心一心也，理一理也，至当归一，精义无二，此心此理，实不容有二。”（《与曾宅之书》）阳明说：“心之本体

① 如圭峰大师说：“依如来藏故，有生灭心相。所谓不生灭真心，与生灭妄想和合，非一非异，名为阿赖耶识……转成能见之识，及所见境界相现。”（《原人论·会通本末第四》）

② 冯友兰：《中国哲学简史》，北京大学出版社1985年版，第294页。

即是性”，“心即性”，“心即道，道即天”（《传习录》与王纯甫）。他们的立场与原始儒家有很大差别，而与华严、禅宗本具的真心即是性、即是理的说法并无大异。另外像慈湖作《己易》云：“天者吾性中之象，地者吾性中之形，故曰在天成象，在地成形，皆我之所为也”；阳明说人的良知之心是天地万物的本根，造作宇宙间一切事物，是“造化的精灵”（《传习录》卷下）等，皆为先儒所未到，而与禅佛教以真心为本体的缘起论完全相同。心学由此而建立了一种绝对反思。另外，阳明说心之本体是清净澄澈、无滞无碍、无善无恶、空虚寂寥、湛然灵明、了了常知（《王文成公全书》卷一、卷三），是一个平等、无差别的纯粹灵明，也表明心是一个超越的纯粹意识实体，这些说法亦为先儒所不到，而与慧能在《坛经》中对自性的描述没有什么差别（见《般若品》等），体现了同样的内在超越。所以阳明心学就包含了绝对反思与内在超越的统一，因而进入了与禅佛教同样的思辨反思领域。上述比较也表明儒家心学的思辨反思根本不可能从传统儒学（乃至整个华夏传统）直接蕴出，只能袭自佛氏。其次，与这种本体论上的渊源一致，阳明以内在反思为导向的工夫论，也来自佛教的观心、守心法门的影响。盖于心学产生以前，儒家并无真正精神的自我反思①。如来藏佛教既持心、性一如，故见性等于明心，于是内向反思型的修道方法有了根本意义。中国佛教修道论的特质就是由此得到规定。尤其在禅宗教学中，直指人心、透彻心源的内向反思成为一切修行之头脑。而阳明心学正是通过佛学汲取了这种反思工夫，因而把先儒较为外在的“集义”、“格物”工夫都理解为实现对我的内在良知的反省的途径。如他说格物“是致知之功，即佛氏之常惺惺，亦是常存他本来面目”（《全书》卷二），“集义只是致良知”（《传习录》卷中）等。这种反思实践使中国思想具有了道德的自我意识”，这可以说是阳明心学对儒家道德哲学的最大贡献。陈建说：“阳明一生讲学，只是尊信达摩、慧能，只是欲合三教为一，无他伎俩。”（《学部通辩》卷九《续编》下）。这种批评的确指出了心学的佛学渊源。心学在形上学层面沿袭佛教的思辨反思；在实践层面则汲取了禅宗的反思工夫，后者就是思辨反思的自然化。

心学从禅宗等汲取的思辨思维，应上诉到《起信》和《楞伽》的如来藏思想，后者则渊源于奥义书—吠檀多之学，故心学的思辨思维最终应追溯到奥义书的思想。盖印度佛教在其发展中，从来就没有摆脱婆罗门—奥义书思想的渗透，这种渗透在如来藏思想中表现得尤为彻底。如来藏思想的根本立场，即以心、性一如和真如缘

① 像曾子的“三省”，其实只是对我的一种行为上的反省，而不是对自我的内在本质的反省；孟子的“反身而诚”，也不是对我的意识自身的反省；因而这都不是真正的反思。

为核心的本体论，以反观自身、透彻心源为宗旨的修道论，都与坚持心性各别、妄法缘起，追求心识寂灭的印度正统大乘佛学存在本质差异，而与奥义书的思辨思维立场完全一致，因而它不可能是从前者直接发展出来，而是当时占优势地位的奥义书思想渗透到大乘佛学的结果。《起信》和《楞伽》的如来藏思想就是如此。故学者指出属于如来藏系统的东亚佛教，包括中国在内，其实是在佛教名义下传入的奥义书宗教①。这意味着在中国佛教直接影响下产生的心学思辨思维，最终也是来源于奥义书或吠檀多的思想。把阳明的形上学和奥义书的耶若婆佉、步厉古和蛙氏之学进行对比，可以发现二者的本质一致性，充分地验证了这种亲缘性②；二者的这种一致性甚至远远大于阳明的形上学与原始儒家的一致性，以及吠檀多内部的实在论与唯心论、差别一元论与不二论的一致性，在这种意义上，阳明心学甚至可以视作一种儒学化的吠檀多思想。总之儒家心学的思辨思维，与传统儒学（乃至整个华夏传统）存在巨大鸿沟，根本不可能是从后者直接蕴出，而只能袭自如来藏佛教，最终渊源于奥义书—吠檀多思想，后者则以《广林奥义书》的耶若婆佉之学为初祖，而以《蛙氏奥义书》的蛙氏学为大成。这些追溯可以初步使我们意识到奥义书对中华民族文化精神的深刻影响。

应当承认，一方面，由于儒家固有的思维贫乏和含糊，这种思辨思维在阳明哲学中就已经变得暧昧混杂。我们看到，在中国佛教中仍然备受重视的对意识的经验与超验层面的区分，似乎已经从阳明思想的视域中消失，而且对自我的超现实自由的领悟也被与《易传》的宇宙生成论混为一谈，这些都大大折损了思辨思维应有的价值。另一方面阳明心学在明代以后即已失势，于是，儒学最终消除其佛学影响，重新向“汉学”传统回归；甚至本来以“见心”、“守心”为宗旨的中国佛教自身也逐渐朝标榜“妄知废照”、“冥然无心”的老庄思想靠拢。这意味着印度文化借助佛教馈赠中国传统的思辨思维，后来几乎是被遗忘了。

无论是佛教对印度教的反思汲取，还是中国思想对佛教精神反思的汲取，都属于精神生命的自身发育。因为当任何一种文化精神自由地汲取新的、异己的内容，都必须先返回自身的良心，即自由的无限性。这种良心返回就是精神的良知。良知根据这自由的现实情境，确定这些可能是无限多样的新观念中，何者是适宜的，即适合自由自身的时间性的。精神只接受甚至只“看见”那些“适时”的观念，并通过自身教养、修为，使后者转化为普遍的，并同时生成精神经验的必然形式，即相应

---

① S.V.Ketkar, *Hinduism*, *Caxton Publications*, Delhi, 1988.57.

② 吴学国：《从印度吠檀多到中国阳明心学》，《学术月刊》2007 年第 2 期。

的概念。佛教以及中国思想对源于吠檀多传统的精神反思的汲取，一方面完全是由精神自由的内在冲动规定；另一方面接受者“掌握”的任何外来观念、概念，都必须是它自身内在地构造出来的。于是这新的反思才会成为它的自身精神生命的功能、内容。它的精神便由此获得自身成长，从而更大程度地否定自身，以实现更充分的自由。在任何一种固化的传统中，唯有外来文化的冲击方能迫使其良知觉醒。而若传统僵固得竟然已经使良心窒息死亡，则新的精神再强烈的撞击也不能使良知苏醒。于是精神既无法看出对方的真正价值，也根本不可能从中学到什么。甚至它无意识地从外面拿来的东西，也由于它不能承受这种高贵，而最终必定无意识地扔掉。

## 三

奥义书的思辨省思，也仍然反映出内在的精神局限性。其中有些是思辨省思普遍具有的，有些是其在印度传统中特有的。兹将其略述如下：

(1) 思辨省思的普遍误区，是对现实存在，包括先验实在的执着。思辨省思将先验实在，即概念、逻各斯当作绝对真理，因而精神的自主否定无法对它展开作用。精神的自由如果不能否定其思想、概念的绝对真理性，后者作为必然性，就会成为对自由的障碍。盖思想是自由的展开，而概念是必然的思想。自由本是无规定的绝对冲动，但在概念中，自由得到规定，凝聚成形。当精神丧失其本真自由，就会把概念、先验现实性当作勿庸置疑的真理。概念成为不可更改的实体，因而将自由禁锢于其中。无论是在古代印度，还是在近代欧洲，思辨反思都表明了同样的精神困境。

奥义书的思辨省思同样反映了这一局限。在被归属于耶若婆佉、步厉古的思想中，先验意识或觉性的先验现实性被视为觉性、存在之究竟理体，但是觉性的究竟真理应是作为一切现实性之否定的本体自由自身。这自由因为否定了一切现实的存在，因而与其说它为有，不如说它是空。思辨省思执于“有”而愚于“空”，反映了哲理精神乃至任何凡人的精神自由固有的局限性，即没有针对本体自由自身的直接自由，此种自由唯属圣者。唯有当现实精神具有了这样一种自由，即将本体自由自身作为了精神自主设定的对象，本体自由才会对反思的意识呈现自身。于是精神舍有（现实性）而证空（虚无），进入无得无住之境，实现彻底的自由。

奥义书的思辨省思的上述局限，也反映了现实精神自由的局限。人类精神的通常情况是，一旦它的自由取得某种进展，那始终伴随它的惰性势用也会随之而起，阻挡自由的无限性，使之停留于当前。所以当自由将奥义书的精神推入思辨省思领域，其自在性也会阻止自反和自舍势用的进一步展开，并诱惑、迫使精神停在这里，阻断它进一步深化和提升的途径。精神便将思辨省思的先验实在视为绝对、最终归宿。这在耶若婆佉、步厉古思想中得到验证。在这里，先验实在就是这样的归宿。于是理性、逻各斯对于精神就成为坚不可摧的壁垒，每一个概念都成为自由的囹圄。这将使精神不可能超越现有的思想创造出新的东西。

(2) 与基督教的超验反思、神秘思维和康德的先验哲学相比，奥义书的思辨省思一个特殊的失误，就在于将自我、觉性的超越存在，与冥性的寂灭境界混同。盖全部印度文化传统，包括婆罗门传统，都是在来自雅利安文化的本觉的思维和来自土著文化的本寂的思维的相互斗争、相互渗透、相互转化中形成。奥义书传统中也包含了本寂的精神。它的精神包含了某种程度上向冥性、寂灭境界复归的倾向，此为其异于西方传统者。这种本寂的精神，尽管是一种精神的自由，包括对经验和现实性的否定，但是这种否定却旨在消解存在、觉性而归于寂灭、死亡，因而与作为觉性生命之无限自主运动的自由，具有完全相反的向度。当它渗透到奥义书的思辨省思之中，一方面必定大大削弱与它本质上相矛盾的精神自主势用，即自凝、自反势用，也使自舍势用安住于作为生命之否定的现存存在（冥性就是现存存在）；另一方面它必然大大增援与它本质上一致的自在势用，即自肆、自放势用，使其抵消相应的精神自主势用。首先，精神的本寂冲动旨在最终断灭生命活动，归宿于死亡、冥性的绝对现存，它必然抑制精神的自舍势用，使之不能充分展开对现存性的否定，因而现存性得以进入宗教理想中，故绝对理体就成为一个不动、无生的现存实体。其次，精神的本寂冲动旨在最终解构觉性生命的形式、意义，乃至消解觉性的存在，所以它必然抑制精神的自我建构势用（自凝），增强其惰性解构势用（自肆），使得思辨省思包含的自凝势用不能展开为积极的活动，而自肆势用则得到充分施展，因而精神消解了存在的内在结构，它无法把握理体的形式、差别，于是将其领会为无分别、清净的空洞绝对。最后，这本寂冲动最终指向的不是觉性的自我、生命自身，而是以作为觉性、生命之否定的冥性、死亡为终极理想，因而它必然抑制精神自反势用的作用，阻碍思辨省思从现存存在的偶像进一步深化，达到对作为永恒的生命、创造、自否定的本体自由的真正觉悟，于是本体被领会为无生、不动、寂灭的意识。这些局限性，在奥义书的思辨省思中都得到了充分验证。

总之印度传统的本寂精神的渗透，导致奥义书哲理精神的理想境界，包含着对一种解构了形式、消弭了活动、泯灭了差别的现存存在的领会。在这里，思辨省思其实是将属于冥性体验的寂灭、常住不动、无分别、非有、一味、清净等特征，嫁接到觉性的本质之上。所以印度文化的本寂的精神牵制了现实精神自由的走向，导致这自由的缺陷，也导致印度精神中弥漫的非理性主义、神秘主义和悲观主义冲动。

(3) 奥义书的思辨省思另一个特殊的失误，在于将自由感等同于幸福（喜乐），且进一步将幸福直接等同于觉性的本体。如耶若婆佉和步厉古都将喜乐 (ānanda) 作为自我、存在之超验本体。这一失误也开启了印度精神的自我反思的一大误区。它也反映了奥义书精神的现实自由的局限性。

将自由感等同于幸福，在人类精神中确有其内在根据。盖存在是自由实现自身的中介，但对于现实自由，它又总是构成一种质碍、压迫。故自由总是企图摆脱、否定存在的束缚、重负，将存在的压力化解于无形。每当现实自由实现了这一目标，它就会以一种愉悦感（奥义书谓之"喜乐"）告诉精神，这种愉悦其实就是自由感。由于精神的否定是在不同思维层面展开，自由感或愉悦也包括不同层面，奥义书所谓喜乐亦与之对应。优陀罗羯所谓的喜乐是抽象、知性的愉悦，是精神因为发现一种抽象的宇宙实质，摆脱感性、个别东西的专制，而体验的愉悦。这种自由感，应当是老子和泰勒斯、阿那克西曼德等都曾共同体验过的。那支启多体验的喜乐则是理智的愉悦，它是精神意识到自己的超验性，否定了自然、经验东西的烦扰而体会的愉悦，这种愉悦也是阿那克萨哥、斯多葛派、笛卡尔等在对心灵的纯洁性、独立性的领会中定能体验到的。耶若婆佉的喜乐是一种思辨的愉悦，在这里精神在上述内在超越基础上，进一步领会到自身的绝对性，消除了客观性的压迫，体会到前所未有的自由与愉悦。在康德的思辨反思和黑格尔对绝对精神的反思中，应当包含了与此相似的自由感。《蛙氏奥义书》的吉祥 (śiva)，则是一种直觉的愉悦，精神首次体会到它对于概念的自由。在这里，自由不仅征服了自然，而且开始摆脱现实思想、理性的支配。故这种愉悦是绝对的、神秘的。这种绝对愉悦，在普罗提诺、犹太教的菲洛、奥古斯丁等对超越一切存在的"太一"、上帝的领会中，也得到了非常充分的验证。然而我们下面的分析将要表明，直觉省思的这种绝对自由只是主观的，这自由感也是主观的。唯当精神否定一切存在，将现实性消解为空无，进入本无、空性的领域，精神才能客观地具有对概念的自由，使它在思辨反思中体会的绝对愉悦成为客观、现实的。这一点，只有当精神扬弃思辨省思，上升到本真的觉悟层次才能实现。应当指出，自由感只是精神摆脱束缚、压迫的愉悦，完全是消极的，而不是一种积极的愉悦感，即幸福。它不包括任何肯定的快感、舒适，实际上也绝不会带来任何心理上的满足感。它不仅不能丝毫减少，反倒必然伴随着生命痛苦的增加。因为生命的自由，作为自否定，本质上是苦，自由感伴随自否定的增加，这只能意味着痛苦的加重；反之，真实的幸福只在于生命的消解（如佛教的涅槃）。总之，自由感与幸福感是两种本质完全不同的情绪。然而由于二者都包含愉悦感，因而在所有文化中都有将二者等同起来的倾向①。

奥义书将自由感称为喜乐，就是出于这一倾向。这一倾向，在印度思想中，由于其受本寂的精神左右，就成为必然的。盖觉性是自维持和自否定，因而本质上就是劳累痛苦。唯冥性作为觉性消解后呈现的真理，才是生命固有的劳累痛苦的最终解除，因而是唯一真实、纯粹的幸福。人的任何现实的幸福，不过是与此相似而已——这就在于人暂时忘却了生命、存在的重负，预先闻到死亡的芬芳，感到一种轻松和舒适。故同样是超越，本觉的精神以自由为理想，受自由感引导；本寂的精神以幸福为理想，受幸福感引导。但是本属本觉文化的婆罗门—奥义书传统，由于其中渗透了本寂的精神，故觉性与冥性、对自由与幸福的追求，都被放在同样高度并被混同，自由感也被与幸福感等同起来。奥义书的思辨省思，不仅将自由感等同于幸福，而且

---

① 在西方传统中，这种倾向最常见于宗教徒与绝对存在连接时的出神体验。普罗提诺如是描述这种神秘状态："在这里，灵魂忘记了它的肉身，不愿给自己以别的名字，非人、非生命、非存在、非一切，凡属于此类事物的经验皆消失。……在此极乐中它确定无误地知其为乐，因为它在这里确定的不是一个激动的肉体，而就是回到其从前欢乐时光的灵魂自己。所有在它未曾发现较它们更善的存在时所曾喜好的东西，地位、权力、财富、美丽、知识，现在它无不蔑视。与此神圣者联结，它不惧任何灾难，甚至不见灾难。它已赢得如此巨大喜乐，即便它的一切坠为碎片，它仍将完全与此神圣者结合。"（Plotinus, *The EnneadsVI · 7 · 34*, Faber and Faber Limited, London.588）奥古斯丁如此描述与上帝连接的喜悦："灵魂之最高精神境界在于看见并沉思真理，其中有欢乐，最高、至善、圆满的享受，以及安宁、永恒的气息。""你若能够，就拥抱它（真理），以它为乐……什么幸福会比以稳固、不变、最完美的真理为乐的人更大呢？"（奥古斯丁：《论自由意志》，上海世纪出版集团2010年版，第125页）这种描述包含了与《鹧鸪》、《蛙氏》说本体为喜乐、吉祥同样的错误，这就在于把精神对现实的否定带来的自由感，颟顸地当作一种幸福感。

与此类似，庄子的逍遥，玄学的坐忘，固然包含了颓废的快感，但也多少表达了精神领会某种抽象普遍性，即道或本无，从而否定感性表象的桎梏时伴随的自由感，这两种情绪也被模糊地等同起来。传统儒家所谓"孔颜之乐"，现在看来不过是消除了真正带有精神性的焦虑，而对眼前平滑生活的一种舒适、满足、自得之感。对它的神秘化的夸张，正好透露出典型庸人精神的自怿自乐。然而在佛教通过彻悟真心超越现实的理体以得解脱、自在的宗教反思启发下，阳明则将前此俗儒所谓"乐"，解释为伴随精神对自身超越性的领会而来的愉悦感，并且（像奥义书所做的那样）进一步将这乐与超越的本体自身等同。其云："良知是造化的精灵。这些精灵，生天生地，成鬼成帝，皆从此出，真是与物无对。人若复得他完完全全，无少亏欠，自不觉手舞足蹈，不知天地间更有何乐可化？"（《传习录·黄省曾录》）"乐是心之本体，虽不同于七情之乐，而亦不外于七情之乐。虽则圣贤别有真乐，而亦常人之所同有，但常人有之而不自知，反自求许多忧苦，自加迷弃。虽在忧苦迷弃之中，而此乐又未尝不存，但一念开明，反身而诚，则即此而在矣。"（《传习录·答陆原静书》）与《广林奥义书》的耶若婆佉思想一样，阳明在这里也是把一种思辨的愉悦，即精神在领会到自身的超越性和绝对性、消除了经验东西乃至一切客观性的逼迫时所体会的深层自由感，等同于一种幸福感。实际上阳明的思辨思维，及其释心体为"乐"，皆不属儒家传统，而是来自中国佛教以真心为清净妙乐的思想启发，后者则应最终追溯到奥义书的思辨反思对真心即喜乐的开示。

进一步将幸福直接等同于觉性的本体。耶若婆佉和步厉古都将喜乐（ānanda）作为自我、存在之超验本体，万物得喜乐之一分而有，众生得喜乐之一分而活。在这里，喜乐就属于超验层面，是思辨的；而蛙氏之学将喜乐置于本体层面，这在于它否定了超验现实性的绝对性，领悟到本体自由自身，并将喜乐与之等同，这喜乐就是觉悟的。

然而将自由或自由感等同于喜乐、幸福，不仅反映了精神自由的局限，而且又会进一步强化这自由的误区。盖自由感之有别于幸福者，在于前者是向无限性开放的、面向未来的、充满希冀的，而后者则是满足的、自得于现在的、无希望的。因而彻底的幸福主义必然抵消自由进一步展开的动力，导致精神生命的停滞。

（4）与上述两项相关，奥义书的思辨省思还有一个特殊的失误，在于将自由的超伦理性理解为对伦理的否定，导致印度传统中伦理精神的缺乏①。

思辨的自由必然是超伦理的，因为思辨反思所领会的真实自我是先验主体性，它本来超越伦理的规范而为其规定者。这种领会使精神意识到，客观的伦理规范、戒条不能构成自我的桎梏，相反它必须经过自我的确认方能生效，即它必须是体现了我的自由意志的。精神由此获得一种主观的自由。正是这种自由使精神真正成为道德的。在奥义书思想中，耶若婆佉、步厉古的人生哲学都是超伦理的。人若证悟真实自我，获得解脱，就得到对于世俗伦理的完全自由。其云人在解脱位，则不系于善业，亦不系于恶业，“不为我曾为善、我曾为恶之想所胜，恒胜彼故，无论其所曾为，或其所曾不为，皆无害于彼”（BṛihIV・4・22）。在这里，思辨省思否定了自然伦理的束缚而返回到自由本身。在西方思想中，康德道德哲学对于自然伦理权威的批判、对于自由意志对伦理的规定的强调，都充分表明了思辨省思对伦理的超越。而尤其值得注意的是基督教神秘论传统，强调上帝及上帝体验对世俗生活的绝对超越性，因而在其客观反思中开展出超越伦理和道德的维度，从而与奥义书的思想平行。如耶稣使徒宣称：“德行，我已永离你。服侍你带来太多烦劳。我曾是你的仆人，事事听命于你。如今我已走出你的门槛。”爱克哈特由于领悟到上帝本质是超越了理智、逻各斯的荒芜，故对上帝的体验要求抛弃理智、道德，达到“绝对的清贫”。在中国儒家思想中，王阳明对“乡愿”的批评、对“狂者”境界的褒扬，以及对道德主体对于行为规范的自由的强调，也同样体现了思辨省思对伦理的超越，后者与奥义书的思想之间还存在着历史的亲缘性②。

---

① 关于印度教的自我反思与伦理的内在矛盾，请见 Schweitzer, Albert, *Indian Thought and its Development*, Henry Holt and Company, New York, 1936.43, 251.

② 吴学国：《从印度吠檀多到中国阳明心学》，《学术月刊》2007 年第 2 期。

然而在奥义书中，由于受到本寂的精神左右，其自我反思总倾向于非理性主义，无论是毕钵罗陀、那支启多的理智的反思，还是耶若婆佉、步厉古的思辨反思，都是把自我本质理解为无思维、非理性、没有形式、差别的单纯的“一”。因而反思自然将精神在实践上对伦理习俗的超越理解为对伦理、道德的抛弃——自我理解的非理性主义必然导致实践的非伦理化和非道德化。上述倾向，我们在强调非理性直觉的基督教神秘论者中亦可看出一些端倪，而在印度文化中则成为最强大的力量，并在思想中得到充分展现。在这里，主观的自由永远都是消极的。正如黑格尔指出，印度哲学理解的精神实体只是一个泯灭了思维、理性的“抽象”、一个单纯空洞的“一”：“认识了这个一，一切客观性便都消失了；因为纯粹的‘抽象’是空而又空的认识。要在有生命的时候，达到这种‘生命的死亡’来造成这一种抽象，必须消灭一切道德的活动和一切道德的意志，而且一切的认识也得消灭。”① 黑格尔的话揭示了在印度文化精神中，自由与道德甚至一切思维活动的根深蒂固的矛盾。在这里，精神追求的最高理想只是最终归宿于一种无生命、寂灭、一味的纯粹意识。精神丧失了其生命性和积极的自我本质规定的活力，它的自由即使再高明也只是消极的离缚解脱，即对他律的排除，没有对自身本质的自律。在这里，我们同样也看到了由于本寂的思维制约使奥义书哲理精神的自由面临的局限性。

除此之外，正如我们前面已经指出的，在被归属于耶若婆佉和步厉古的思想中，思辨省思本身的发展亦未达到充分和完善。首先，思辨省思在这里尚未得到彻底纯化。对自我作为先验实在的领悟，始终被掺杂了经验的、心理学的内容，比如将自我本质称作熟眠位、喜乐，都表现出明显的心理学色彩。更恶劣的是思辨反思甚至往往与粗俗的宇宙论混杂起来。此如耶若婆佉在解释存在由自我的发生过程时，仍完全跌回奥义书原先的宇宙生成论，其八有、八处、八神的对应之说，只是梵书的宇宙结构论的翻版。《鹧鸪氏奥义书》解释世界起源的所谓喜乐积累之说，亦仍未脱离宇宙生成论立场；另外其以为五身中每一身皆具人或鸟之形，亦是来自梵书的极粗鄙的宇宙拟人论。思辨反思的这种猥杂表明它所包含的精神自主否定势用尚未进一步展开为对经验的究竟超越。其次，思辨反思在这里尚未成为真正具体的。因为在耶若婆佉思想中，先验实在的实质内容还没有得到任何明确规定，而《鹧鸪》书规定其为喜乐，试图揭示其具体的内容，但正如我们前面的分析表明，这种规定完全错误，乃是来自一种本体论的假相。先验实在唯以思想、概念、逻各斯为其真实的内容或实质。思辨反思的这种抽象性和空洞性也反映了现实的精神自由的局限性，它反映

① 黑格尔：《历史哲学》，上海书店 1999 年版，第 161 页。译文略有调整。

出精神的自凝势用尚未在其中展开为对精神内在的概念、思想、逻各斯的积极构造，自反势用尚未展开为对先验思想、逻各斯的积极维持、守护（见本章第二节结语）。

奥义书思辨省思的上述局限性，最终都唯有通过自由的进一步展开才能被克服；而印度的精神语境，也赋予了这自由展开的可能性以无限的空间。盖作为精神的绝对本质，本体自由的自身绝对化冲动，必然促使（呼唤、倾注）精神内在的自主势用恢复其本真存在，赋予其新的活力，使其战胜对立的惰性力量，展开自身的无限性，从而推动精神克服其内在局限，实现更大的自由。在奥义书思想此前的发展中，本体自由促使精神内在的自舍势用展开为对自然的、经验的存在的否定，并促使自反势用展开为对超越的先验实在的确认、守护，从而导致思辨省思的产生。同样，本体自由也必将促使精神自主否定进一步展开为对现实存在、思想自身的否定，并促使其自主肯定展开为对超越现实、思想的神秘原理（本体自由自身是这样的原理）的确认，于是省思否定思辨省思对现实性的执着，朝本体自由的自身领域迈进。《蒙查羯奥义书》和《蛙氏奥义书》的思想初步验证了这一精神发展。但《蒙查羯》和《蛙氏》的思想，还没有对本体自由与现实存在之间进行一种“存在论的区分”，因而对于本体的超现实存在的把握仍很不准确。精神在这里尽管否定了思辨对思维、理性的执着，但还只是进入超理性的直觉省思，并没有达到对神圣本体的真正觉悟，所以我们称它为神秘的精神，还没有真正进入本真精神的阶段。“存在论区分”要求省思弄清本体与现实之截然不同的存在论价值。这要求思想将先验实在的意义虚无化或空洞化，以一切现实存在、“有”为幻、为假，而以作为其否定的空性、本无为绝对真理。这样精神就否定了思辨省思对现实性的执着，获得彻底的自由和真正的精神觉悟，从而脱离哲理精神，进入本真精神的国度。这一根本的思想进步，也是本体自由自身的绝对化冲动从根源上推动的结果，并反映了精神自由的新境界，即现实精神开始将本体自由自身作为了自主设定的对象——唯其如此，这本体自由的自身实质就会对精神省思呈现出来。在本体自由促动下，首先是精神的自主否定实现为绝对的，展开为对一切现实性、一切“有”的超越，以及对一种超越现实性、“有”的神圣本质即“本无”、“空”的绝对真理性的确认；其次自主肯定势用则在此前提下重新展开，对这超验真理进行进一步的规定。正是精神这种从“有”到“空”的持续运动，构成了它对本体自由最初的自主设定。这种本真的精神，对于印度传统而言，直到更晚的《白骡奥义书》、《慈氏奥义书》，以及《薄伽梵歌》和大乘佛教中才得以实现。

## 四

在欧洲思想中，尽管严格、清晰的主观反思（把自我的意识理解为超越的实体）

和绝对反思（把内在的意识理解为存在的全体和根源）直到近代主体哲学中才真正形成，然而在犹太—基督教传统中，一种客观反思已经发展到内在超越的阶段，并突破这种超越的实在，进入神秘的直觉省思，实可与从耶若婆佉到蛙氏学说中，奥义书思辨省思的生成、发展和升华过程相对应。

所谓客观反思，就是精神意识到觉性的内在现实性，即思想、理性，意识到它自在自为的存在（因而这种反思同时是内在的），但并没有把这思想看作属于我的，故后者表现为一个超越于我的普遍性、本质。在古希腊思想中，赫拉克利特的“理性”、毕达哥拉斯的“数”、巴门尼德的“存在”概念都体现了这种客观反思。然而后者在柏拉图的理念论中才获得最充分、纯粹的形态。柏拉图及其后继者把理念、逻各斯，即纯粹思想作为现实世界之超验的本体。在这里客观反思实际上已经转化为一种超验反思。然而在这里，理念、逻各斯并没有被与自我、意识等同起来，它们对于自我就好像是一种外在的东西。因而这种反思仍然不是绝对反思，尽管它是内在超越的，但仍是形而上学的而非思辨的。柏拉图这种客观反思后来成为基督教神学的重要资源，比如安瑟伦的实体论和波爱修以至夏特勒学派和邓斯·司各脱的概念实在论，就是柏拉图理念论的翻版。不过从晚期希腊到中世纪后期的神秘主义，在继承柏拉图主义的逻各斯理论的同时，始终捍卫犹太教对上帝的绝对超越性的理解，从犹太教的菲洛，到使徒时期的神学，再到奥利金、奥古斯丁，都有将言词、逻各斯置于圣父之下的倾向。在这里，上帝作为绝对精神，否定了逻各斯（思想，或精神的现实）作为内在的超验本体的存在。因而使神、最高存在成为超越了精神的现实性，因而为知觉、理性无法达到的神秘本质，于是希腊式的理智思维转化为东方式的直觉思维。比如犹太人菲洛认为上帝是不可知的存在本身，它高于理性、道德。逻各斯或神圣理性是上帝的智慧、权能和善的实体化，是上帝的初生子、使者、仆从、影像。在基督教神学中，逻各斯被与存在、现实性等同，上帝对逻各斯的超越表现为对现实性、存在的超越。上帝本质被认为是“超存在”、“前存在”、“非存在”甚至“虚无”。其中奥利金最早引入了所谓“否定神学”，认为上帝超越“存在”自身，是对一切现实性，包括精神的内在现实性的否定①。它不仅超越了物质，也超越了逻各斯、理智。逻各斯是神圣的，但不是上帝（Comm on Saint JohnII · 3）②。基督不是至善，唯圣父是至善：“他不能与圣父相比。因为其实他只是圣父的影像，是从圣父的荣耀和永恒光明，而非从圣父

① Gilson, Etienne, *Histroy of Christian Philosophy in the Middle Ages*, Sheed and Ward, London, 1980.37.

② Gilson, Etienne, *Histroy of Christian Philosophy in the Middle Ages*, Sheed and Ward, London, 1980.39.

自己发出的光，是圣父的权能而非其自身的光线”（Comm on Saint JohnXIII · 3）①。奥古斯丁也明确指出了上帝对于理性、逻各斯，对于一切现实存在的超越或否定：“若理性不通过任何身体器官，不靠触、尝、嗅，也不由眼、耳或低于理性的任何感官，只靠它本身看到永恒不变之物，那么，它会承认自己为低等，而那永恒不变之物即是它的上帝。”② 他认为上帝是绝对自由的精神，它的意志直接就是行为，不需要其他存在物或逻各斯的帮助。它具有一切事物的理念或形式，并通过理念创造世界，但不受理念的限制。在《忏悔录》中，一方面奥古斯丁提出了一种在结构上与《鹧鸪氏奥义书》五身观想的思辨反思相呼应的实践。其云：“我被一步接一步地引领向上，从肉体到以肉体感官进行感知的灵魂；进而到灵魂的内感觉机能，这是动物心智之极限；再到理性的机能，通过肉体感官获得的知识被移交给它的判断。当这种也属于我的能力发现自己是变化的，它就将自己提升到其自身的理智，从经验中将其思想抽出，把它自己从感觉印象的杂乱聚合中抽离出来，它就会发现它沐浴于其中的光明。于是它会大声宣言：毫无疑问那不变者要比可变者更值得追求。此时它也领悟到了那不变者。这样，它以颤抖的一瞥，到达到那‘在’者。”③ 在这里，灵魂对超越经验的自身理智的反思无疑是内在超越的反思，而且是主观反思，但这反思并没有把这理智作为存在意义的根源，不是绝对反思，因而也不是先验反思。另一方面在这里，奥古斯丁对上帝超越理智、理性的神圣存在的领悟，意味着客观反思否定了自我的先验现实性，进入了神秘存在的领域。这种反思，就其思想的高度而言，已经扬弃《鹧鸪氏奥义书》的思辨反思的局限，达到了与《蛙氏奥义书》的直觉省思同样的层次，但是它并没有与主观反思内在地结合，因而仍然不能纳入严格意义上的思辨省思范畴。阿娄帕果的狄奥尼修斯（Denis the Areopagite）提出对上帝作为“存在自身”（ipsum esse）与一切“现实的存在者”（ens）的区分。就上帝自身而言，对它最好的称呼是“存在”（Being）。上帝是一切存在的东西的存在，一切存有皆是他在时间中的形象，而存有（being）是第一个分有他而出现者；但上帝本身却不是存在者之一，它超越存在，以及一切存在者，既非有，亦非无，超越肯定与否定，不可言说，不可思议④。上

① Gilson, Etienne, *Histroy of Christian Philosophy in the Middle Ages*, Sheed and Ward, London, 1980.572.

② 奥古斯丁：《论自由意志》，上海世纪出版集团 2010 年版，第 111 页。

③ Warner Rex, *The Confessions of St Augustine*, *VII · 23*, New York: New American Library, 1963; 参考奥古斯丁：《忏悔录》，商务印书馆 1981 年版，第 131 页。

④ Gilson, Etienne, *Histroy of Christian Philosophy in the Middle Ages*, Sheed and Ward, London, 1980.85.

帝否定了一切现实性，包括精神内在的现实性，即逻各斯、理念，为神圣本质、自由之本体。狄奥尼修斯对上帝作为“存在自身”与“现实的存在者”（ens）的区分，通过爱克哈特、阿奎那，一直影响到20世纪的存在主义思潮，成为海德格尔的“存在论区分”（ontologische Trennung）的最早理论先驱。基督教的超越神学，实际上已经突破对超越的现实的执着，甚至超越直觉省思，领悟到本体的神圣性，进入了精神的本真觉悟。然而，尽管从希腊的形而上学到超越神学的直觉省思乃至本真觉悟，表现出一条与奥义书思想从《羯陀》的理智的反思，到耶若婆佉等的思辨反思，再到《蛙氏》的启示和《白骡》的觉悟平行的发展轨迹，尽管神秘神学对经验性、现实性的否定、对精神的内在超越性和神圣本质的领悟，甚至比奥义书的思辨省思成熟、究竟、纯粹得多，但在欧洲传统思想中，思辨省思并没有真正建立起来。这在于这一传统将逻各斯、绝对理智、思想，以及作为神圣本质的上帝本身，都当作外在于或超越于人的自我、意识的东西，超验反思的主观性维度没有确立，因而把握主、客体的辩证统一的思辨省思在这里无法建立。在这里思想仍免不了物我扞格，仍然带有理智的、形而上学的色彩。

在欧洲思想中，思辨省思的成立，以文艺复兴后期的主体意识觉醒为前提，直到康德的先验唯心论建立才宣告完成。近代西方哲学主体意识的觉醒以笛卡尔的哲学为标志。笛卡尔将人的自我灵魂规定为一个思维的实体，它是主动的、自由的，其存在完全独立于物质，而为一自在自为的精神实体。因而自我的本质是一个独立、纯粹的思维、意识实体。笛卡尔的自我理解反映了一种自我内在反思，即主观反思，有别于柏拉图—基督教传统的客观反思。这主观反思，意味着本体的自由真正展开为精神的内在自我尊严。然而作为新的人文思潮的产物，这种主体哲学丧失了神学的超越性和绝对性维度，它无意为经验宇宙寻找一个超验的精神本原。自我作为纯粹意识只是实体，而不是本体。所以在这里主观反思，只是以类似印度奥义书的那支启多之学以及后来数论的二元论哲学为归宿，而没有成为超越的绝对反思，离思辨思维仍有很大距离。

这种主体哲学，经过了试图从心灵的自身机能为客观经验寻找根据的英国经验论，直到康德的先验哲学，才转化为一种真正的思辨反思。康德将主体的纯粹思维（统觉）作为客观经验的意义根源。一方面，这纯粹思维本身不属于经验范畴，而属于先验性的领域，故这主观反思是先验反思；另一方面，这主观反思为客观性奠定基础，故这主观反思成为绝对的。这种先验的绝对反思就是思辨反思。欧洲哲学由此进入思辨思维层次。从自由本体论的视角，由主体哲学到先验哲学的这一进展，与从那支启多等的主观反思到晚期奥义书的思辨思维的发展，反映了同一个自由展开的过程，遵循同样的精神逻辑。另外，从本体论意义上说，康德的物自体，或许是超越了理性，即精神的先验现实性的。但康德严守其知识论的批判立场，对这物自体没有积极的阐明。这意味着，在康德哲学中即便存在一种对思辨性的超越，或某种直觉省思，那也是消极的，先验哲学没有达到《蛙氏奥义书》那种积极的直觉。可以说从近代主体哲学兴起直到康德先验哲学的成立，欧洲哲学实际上走向了一条逐渐抛弃犹太—基督教对于本体自由的神秘直觉，复归于希腊式的逻各斯中心主义的道路。到黑格尔的精神哲学，尽管引入了辩证否定和反思的维度，但仍然将绝对精神的本质与理性等同。绝对精神、逻各斯如同形而上学神学的上帝一样，将一切神秘的、超现实的东西彻底排除，存在被置于理性的光天化日之下，没有了任何黑暗和阴影。正如伽达默尔在批评黑格尔哲学时指出的，在黑格尔的精神哲学中，理性的纯粹白昼，反倒成了存在的暗夜。在我们看来，这就在于绝对理性的光芒太强大，将那超越了精神的现实性、思想、逻各斯的神圣存在，即本体自由自身完全罩住了。于是存在丧失其本质生命的维度而被贫乏化，精神也丧失了对于其思想、概念的本来自由，成为概念的囚徒。这与奥义书的思辨思维碰到的困境，本质上是相同的。

但是正如在印度思想中的情况一样，本体自由作为良心，仍然始终在精神深处发出呼吁，呈请人们将目光转向它自身。正是由于西方精神谛听到这种呼声，使得来自东方传统的、对超越现实的神圣本质的启示，在现时代的思想中重新受到重视。其中，犹太—基督教对于本体自由、生命的体验，甚至印度佛教和奥义书的涅槃、解脱的智慧，都成为欧洲思想的积极资源。而叔本华、尼采所代表的唯意志主义或生命哲学，就这种新的思想运动的产物。在叔本华的哲学中，康德的自在之物被积极地规定为意志。意志是一种超越现实性，超越理性、理智，超越自然的时间、空间和因果性的，盲目的生存冲动。意志使自己客观化，转化为现实的存在。世界内的一切，从无机物到生命机体，再到人的知觉、记忆、推理，都是意志的表现。意志生成机能，机能生成组织。通过意志概念，叔本华首次对觉性之本体的自由给予了肯定的阐明。直觉省思在这里成为积极的。叔本华的意志哲学，规定了兹后的西方生命哲学的基本面貌。这些思考至今仍然给我们带来启迪。

# 第四章 神秘的精神

## 引 言

同一切精神省思一样，思辨省思也是现实的精神自由的体现。在这里，一方面主观反思与客观反思达到统一，成为绝对反思；另一方面超越思维实现为内在精神对经验、自然的否定，即内在超越。绝对反思与内在超越在此达到统一，因而省思成为思辨的。我们阐明了在思辨省思中，一方面精神内在的自舍势用已展开为对全部经验、自然的本质的否定，精神由此获得了一种真正的超越性，同时精神的自我维持已展开为对自我的内在超越性和真正自由的维持。这表现在反思对超越的意识实体与自我的等同。这意味着精神对其意识之于任何经验东西的自由即精神的内在尊严的维持成为其全部生命活动的最高目的。这样的精神自由是思辨省思与理智省思共同分享的。另一方面，精神内在的自主否定势用也推动它进一步打破意识实体的现存性、封闭性，同时其自身维持势用推动它回到精神的先验实在，即其超越的、作为经验基础的活动、意识、生命自身，而自凝势用亦推动反思领悟这先验实在、意识就是思想、理性。这肯定与否定两种自主力量的辩证统一，规定了思辨省思的基本形态。思辨省思的自由就体现为精神对先验实在的自主设定。在这里反思意识到自我不仅是意识实体，而且是全部经验实在之超验的根源、本体。然而现实的精神生命总是包含了生与死、自主性与自在性、自由与奴隶两种力量的斗争与交织。它的任何阶段、形态都凝聚了这两种力量，都是二者相互颉颃，达到某种平衡的结果。思辨省思也是如此。我们阐明了在其中这两种力量只是在永恒的争斗中达到了一种暂时平衡。这就在于，精神的自在势用阻挡了其自主势用本有的无限性，将后者的作用限制于当前此处。也就是说，在精神的自主势用恢复其本真的无限性，从而突破旧的理智思维，否定经验实在和超验实体的绝对真理性，确认作为绝对、内在的超越性的先验实在为存在、自我的究竟真理的整个过程中，精神内在的自在、惰性势用也一直伴随着且试图阻止这自主性的拓展，但是并没有得成，因而奥义书的精神成功地从理智过渡到思辨。然而当这精神接着要进一步展开其自由的无限性时，其所处的传统语境可能变得至少暂时不能适应这一发展（跟不上步伐）。这种情况使精神自主势用的无限展开失去了空间，而其自在势用则得到再次释放的场所。这最终使生与死两种力量的对比发生了改变。精神的自在、惰性势用重新获得优势，因而阻止了精神的进一步前进，而使其在先验实在领域停了下来。在这里，除了精神的自身维持，自舍、自凝等势用都未能充分展开对先验实在的自主设定：这自由只涉及先验实在的外部，而没有进入其内在实质（并没有对先验思想的内容的自由），它只是一种量的自由，而非质的自由。在这种思辨中，不仅存在被贫乏化，而且精神丧失了对概念的绝对自由，必将导致其失去开放性而陷于封闭和停滞。这与西方哲学的发展有共同的轨迹。如前所述，西方的思辨哲学的发展最终导向黑格尔式的“理性的白昼”，这也势必导致存在的贫乏化和精神发展的停滞（绝对精神的发展进入逻辑的终点）。然而，本体自由必然推动精神打破思辨省思的局限性，上升到更高的自由层面。本体自由是绝对的自否定，这决定它不会停留于它的任何当前存在，因而它总是会推动精神否定当前的真理，确立新的、更本质的真理，随后又否定后者，以达到较它更本质的真理。它的绝对性决定在现实思想中，真理无限转化为假相（而不会有相反的运动）的时间性。自由也不会停留于先验现实性。它要求展开为对先验实在的否定，并实现对超越这先验实在的神圣本质的确认。这最终将促使现实精神否定先验思想、概念的绝对真理性，确立更本质的真理。在这里，本体自由通过呼唤和倾注，促使精神的自主势用恢复其本质的无限性，使其自舍势用展开为对精神的现实性，即思想、逻各斯的否定，而其自反势用展开为对超现实的存在本质的维持。自由于是推动精神展开新一轮的反思和超越。这将使精神最终否定思辨省思，进入超理性的直觉思维或本真觉悟的层次。这意味着精神在这里开始具有了对自身先验概念的内在、自由的规定，而不是被概念的必然性所囚禁。总之，本体自由促使精神内在的自主否定和肯定两种势用历史地展开。正是这二者无限的“破”与“立”的辩证统一运动推动人类思想否定思辨省思，达到直觉和觉悟的省思，从而脱离哲理精神，进入精神之神秘的、本真的阶段。在印度传统中，这一精神进展，最早通过《蒙查羯奥义书》中为首那伽所传承的学说，以及《蛙氏奥义书》的思想得到体现。然而正如本书曾多处表明的，无论是在西方还是印度都曾经历这样的情况，即思想在这里尽管试图超越思辨性，但它最初对于现实（存在者的存在）与超现实存在（存在的自身本质）的区分非常不明确（缺乏“存在论区分”），存在的自身本质并没有作为超绝原理、作为对现实的彻底否定显现出来（这要求对抽象现实的彻底虚无化，比如在大乘佛学和狄奥尼修斯等的基督教神学）。易言之，省思在这里尽管试图否定思想、概念的绝对性，但对精神的现实存在的超越仍不彻底，对本体自由的领会也仍然是间接的，因而它离真正的精神觉悟尚有距离。因而我们称这种省思（作为超越理性与知觉的神秘直观）为直觉思维（但还不是真正的觉悟），称与之相应的精神为神秘精神（而非本真的精神）。此处直觉不是指感性直观，而是指一种出神的、神秘的亲证。它是精神的这样一种特殊活动，在这里，精神排除了概念、理性以及感官知觉乃至全部思想的作用，使心灵变成空虚的澄明并达到高度专注（这全套修道工夫就是瑜伽，而直观是其结果），从而使超越的真理对这澄明显现出来；直觉思维就是澄明思维，因为它的“主体”就是澄明。《蒙查羯奥义书》和《蛙氏奥义书》的思想，就属于这种直觉思维。我们可以通过分析此二家之说，阐明奥义书中神秘精神的开展。

《蒙查羯》书代表了奥义书的神秘精神发展的最初阶段。它对超越性的理解，包含了一个比以往的奥义书都更高的意义层面。它否定了那支启多和耶若婆佉学说的理智的或思辨的超越，后者以一种超越的或先验的实在为归宿。它开示了至上我不仅超越经验实在，而且超越了超验的或先验的实在，从而超越了一切现实性。其云至上我超越了“非有”、“超越心识者”、“不坏者”、“超越者”，后者就是指超越的或先验的实在，至上我超越了它们而为其归宿，因而它包含了对一切现实存在的否定。所以《蒙查羯》的思想开始从根本上否定理智和思辨省思对抽象现实的执着，打破概念、逻各斯对自由的窒碍，使奥义书的精神自由进入新的阶段，即神秘阶段。精神省思不再被认为是概念、理性的产物，而是来自超理性的直观，它就是一种直觉省思；而它对先验实在与超现实存在的最初区分，就是所谓“直觉的区分”。克实言之，真正的神秘者就是超现实的本体自由自身。所以在这里，精神开始进向本体自由自身，开始对于后者具有了初步自由（尽管这种自由仍然是间接的）。从理智、思辨省思到直觉省思的转型，在观念层面表现了精神一方面否定概念、逻各斯的绝对性、确立一种超理性的神秘原理为绝对真理，另一方面将这神秘原理内在化，将其等同于绝对心灵和自我之本体的双向精神运动。这既是精神进一步否定其理性的自身此在迈向神秘彼岸的自我扬弃运动，也是精神进一步穿透其思想、理性的面纱进入更本质的自我的内在化运动，因而在现象学上验证了精神内在的自舍、自反势用的积极活动。正是这二者的辩证历史展开推动了直觉省思的形成。然而《蒙查羯》的直觉省思仍有很大局限性。我们在对它的分析中会看到，其书无论对先验实在还是超现实本体，都没有对其实质内容作出明确规定。我们难以确定在它这里，这先验实在和超现实存在到底指的是什么。首先，同耶若婆佉、步厉古等的学说一样，它对先验实在的理解是空洞的，没有把握后者的具体内容。后者就是先验的思想、概念。思想就是精神的现实存在。其次，看来它对那超现实存在的实质内容，对其作为自否定或自由也没有清楚的领会。在这种情况下，它就不可能对现实与本体作出有效的区分（“直觉的区分”仍极抽象、模糊)，它对这神秘本体的把握也不可能稳固。总之，直觉省思在这里仍然是空洞、抽象且不稳固的，还很不完善。

自由必然推动奥义书神秘精神的进一步自我完善和提升。本体自由作为绝对和无限，必须促使这精神内在的自主势用恢复其本真的无限性，于是其自舍势用必将推动直觉省思对现实更加彻底的否定，其自身维持必推动省思对超现实、超理性存在的确认更明确、坚定。《蛙氏奥义书》就反映了神秘精神的这一发展。在这里，直觉省思对现实与本体的区分更明确。这种区分被理解成思想、逻各斯和纯粹意识、澄明的区分。《蛙氏奥义书》最有价值的内容即所谓自我四位之说，它将人的意识分为醒位、梦位、熟眠位、第四位共四个层次，与宇宙大我的四个层次，即遍在、炎炽、般若(思维、概念、理性)、至上梵(真心)一一等同。这四位代表存在、自我的四个意义层面，依次是：客观经验；主观经验；先验的实在；超越思想的真心。在这里，先验实在就是般若、思想，而存在、自我的究竟本质为超越了这思想的清净的真心(纯粹意识)。

《蛙氏奥义书》贡献是双重的：一方面，它使先验反思达到了充分的纯粹化、具体化。首先，其自我四位之说彻底排除了耶若婆佉、步厉古等的反思中的经验、心理学意义，使思辨反思得到提纯；其次，它将先验实在规定为般若，即先验思维、概念，赋予先验实在以明确、具体的实质。另一方面，相对于《蒙查羯》书，直觉省思在它这里变得更加明确、巩固、具体。这在于它对先验实在与绝对本体的各自内容都有很确定的把握，前者就是思想、逻各斯，后者是超越思想、逻各斯的神秘存在，因而它对二者的不同实质有了明确的区分。它否定了般若我即先验思想的绝对性，以为般若尽管是存在的直接根源，但并不是存在、自我的究竟理体，究竟理体为“非般若，非非般若”，是超越般若即先验思想的绝对真心(第四位)。对于般若与超理性本体的区分，意味着“直觉的区分”在这里成为完全明确、具体的。奥义书的直觉省思在此得以完善。

《蛙氏奥义书》的精神进步本质上是由自由自身推动的。首先，如前一章所论，思辨反思的完善就是由自由在思辨层面的重新展开推动的：思辨反思对心理、自然因素的彻底否定和排除，表现了其中精神内在的自舍势用的持续开展；它对先验实在的理性、概念的领悟，表现了精神内在的自凝与自反势用的积极活动。其次，直觉省思的形成和完善最终也是由自由推动的。《蛙氏》对理性、思想与本体的明确区分(直觉的区分明确化)，表现了直觉省思的自身完善。其思想表现了直觉省思一方面否定概念、逻各斯的绝对性、确立一种超理性的神秘原理为绝对真理；另一方面将这超理性本体内在化、主观化的双向运动。精神这种明确朝神秘存在领域推进的自我扬弃和自身内在化运动，在现象学上验证了精神内在的自舍、自反势用的积极活动。正是这二者的历史展开推动奥义书直觉省思的形成和发展。然而唯有作为精神绝对本质的本体自由自身，才能促使精神内在的自主势用突破传统的规定而历史地展开（参见本编引论）。因而是自由最终推动直觉省思的形成和发展。我们通过对《蛙氏》的思想形成的阐释，就在现象学上验证了自由推动直觉省思的形成和发展的内在必然逻辑。

然而，直觉省思亦有其固有的局限。无论首那伽还是蛙氏之学，都未能摆脱这种局限性。盖究竟言之，那超越了精神的现实（即思维、概念）的绝对理体，就是本体自由自身。自由将自身展开为现实的思想、概念，但它本身绝对地超越了任何思想、概念，它是对现实存在的彻底否定。然而直觉思维作为人类精神领会本体自由的最早尝试，往往不可能对这自由把握得很稳固、清晰、准确、彻底。它未能领会到这理体就是本体自由自身，就是觉性的永恒、绝对的自否定运动，后者彻底否定或超越了现实的存在，而为“空”、“本无”的境界（这种领会包含了一种“存在论区分”——见本书下一编引论）。在《蒙查羯》书中，直觉的区分仍然含糊，省思对现实意识与超现实存在的实质都缺乏明确、巩固的把握，因而与上述领会有相当大的差距。在《蛙氏》书中，直觉的区分得到明确化、具体化。在这里，本体对精神现实的超越被正确理解为对思想的超越。但在这里，省思对现实存在的否定并不彻底，因而那超越思想的本体，在这里似乎成了另一种现实性，即纯粹意识、觉性的澄明。这反映精神在这里还没有实现对现实存在的彻底自由、否定，未能脱离“有”而跃入“空”的领域。本体在这里失去了自己本来具有的神圣性（后者即现实性的牺牲），它只是一种神秘存在。本体自由对现实存在的否定也蜕变为意识与思想、澄明与理性的永恒矛盾。这一矛盾从此成为印度精神的根本特质。

在西方思想中，直觉省思也表现出同样的局限性。直觉的或神秘的神学曾存在于从《圣经》到奥古斯丁的传统中。《圣经》及早期神秘主义，尽管强调上帝的绝对超越性，但是对上帝与存在者的不同存在论价值缺乏明确划分。上帝的超越性没有被明确理解为超现实性。上帝超越语言、理性、思想，但它自身似乎也仍是一种现实存在。直到奥古斯丁，仍然强调上帝是对虚无的否定，是“存在”（现实性），是永恒、不变的实体（ousia）。他仍然一方面强调上帝的绝对超越性，另一方面仍然把上帝理解为一种现实性、一种实体。上帝的绝对超越性只是被理解为超理性、超逻各斯性。上帝作为一种超理性的现实原理，就是神秘的。总之，神秘神学的问题在于在上帝与现实存在之间缺乏一种明确的存在论区分，故思想尚未把握上帝超越性的究竟意趣。这存在论区分要求领会上帝与现实存在的不同存在论意义，这要求将现实存在空洞化，使上帝作为本体自由、“本无”的真面目呈现出来。无论是在印度还是在西方思想中，直觉省思的这一局限，都唯有在自由的推动下才能最终被克服。

人类任何思想、观念皆是自由的产物、表现。在奥义书中，直觉省思的形成和演变，反映了自由在现实精神中自身展开的进程。我们试图运用现象学的方法，通过分析《蒙查羯奥义书》和《蛙氏奥义书》的观念形成和演变来阐明这一精神发展的内在逻辑。

## 第一节　首那伽

首那伽（Śaunaka）者，与步厉古（Bhṛgu）、那罗陀（Nārada）等一样，为印度传统尊崇的圣人，奥义书中亦多处提及。传说其为马行（Āśvalāyana）之师，而为案吉罗斯·毕钵罗陀（Aṅgiras Pippalāda）之徒。Ait ĀRV 被归属于它。ChānI·9 说 Atidhanvan Śaunaka 曾授 Udaraśāṇḍilya 以大梵即虚空之义。在阿闼婆奥义书中，首那伽有重要地位。在 Colebrooke 的 52 种阿闼婆奥义书辑本中，排在最前面的 15 种被归属于首那伽学派（Śaunakīya Śākhā），其中包括《蒙查羯奥义书》、《元气火祭奥义书》等；余者被归属于毕钵罗陀学派（Paippalādi Śākhā）或其他学派。在被 Duperron 转译为拉丁文的 1656 年陀罗蔹可主持下辑译的波斯文本 50 种奥义书（Oupnek' hat）中①，有《首那伽奥义书》。另外 Muṇḍ UP 和 Brahma UP 提及首那伽其人，皆说他是广有财富，而问道于案吉罗斯（Aṅgiras）。然而正如奥义书中通常的情况那样，此人是否实际的历史人物，已无从考证，即便实有其人，则其与被归属于首那伽学派的思想是否有实质关系，亦难以戡实。兹仅以之为一学说之名也。

在十几种主要奥义书中，仅《蒙查羯奥义书》（Muṇḍaka Up）被归属于首那伽学派（这种归属亦难质实）。《蒙查羯奥义书》传统上被归诸《阿闼婆吠陀》②。在奥义书中，凡属于前三吠陀者，皆被归属于特定吠陀学派，且依后者得名。此如《爱多列亚奥义书》、《考史多启奥义书》、《鹧鸪氏奥义书》等。属于古奥义书者，大都是这种

① 陀罗蔹可（Muhammed Dara Schakoh）为信奉伊斯兰教的印度莫卧儿王朝之太子，思想开明，尝致力于调和印度教和回教之争。后来其弟奥朗则布篡太子位，诬其以背教之罪而将其处死。陀罗蔹可曾召请贝拿勒斯之杰出梵学者多人至德里译奥义书为波斯文。其所据原本应颇具权威性。其译文转译为拉丁文之后，对欧洲思想产生了深刻影响。

② 《阿闼婆吠陀》又被称为《阿闼婆–案吉罗沙》（Atharva-Aṅgirasaḥ）或阿达梵 - 案吉罗斯（Atharvan Aṅgiras）颂诗，或步厉古–案吉罗斯（Bhṛgu-Aṅgiras）颂诗。阿达梵、案吉罗斯、步厉古皆为《黎俱吠陀》所提到的祭司之名，后来演为祭司家族之名。

情况。此外，尚有为数众多的晚期奥义书，其中除了蒙查羯、六问、蛙氏、荼跋拉、频伽罗子等奥义书，大多数都看不出与特定吠陀学派的隶属关系（其中蒙查羯、六问分别被归属于首那伽和毕钵罗陀学派，此二者应是此类奥义书中最早的。这种归属也大可置疑），且不依吠陀学派得名，而是更多地从文本中的人物得名。此类奥义书皆被归属于《阿闼婆吠陀》，是谓阿闼婆奥义书（Atharva-veda Upaniṣads）。《阿闼婆吠陀》，盖得名于《黎俱吠陀》中的事火祭司阿达梵（Atharvan）。盖前三吠陀之形成，年代既久，关于其阐释，已形成固定学派，有严格师承，故异说不易加入。而《阿闼婆吠陀》很晚才被列入婆罗门圣典，故除了传说的首那伽和毕钵罗陀学派，没有固定吠陀学派以维护其学，故其对新思想有更大开放性。于是大量在奥义书晚期形成的新思想，其说可能与吠陀学派之旧说扞格者，乃缀于此吠陀之后。故举凡新奥义书，皆归于《阿闼婆吠陀》。后者因为这种包容性，乃为所有异说之逋逃薮，故其奥义书乃集成数量最大、内容最杂的一部（其中甚至包括属伊斯兰教之《安拉奥义书》[Allopaniṣad]）。韦伯将阿闼婆奥义书分为三类：第一类开示对宇宙精神即阿特曼之直接领悟；第二类开示沉思阿特曼的方法，即瑜伽；第三类为开示通过对作为阿特曼的人格化的湿婆、毗湿奴神的崇拜最终悟入至上我之道。杜伊森在此基础上，再加上出世道奥义书，遂分阿闼婆奥义书为五类：(1) 纯吠檀多奥义书（pure Vedānta Upaniṣads）：与古奥义书思想基本一致，尚未明显分化为各个教派。(2) 瑜伽奥义书（Yoga Upaniṣads）。(3) 出世奥义书（Saṃnyāsa Upaniṣads）。(4) 湿婆奥义书（Śiva Upaniṣads）。(5) 毗湿奴奥义书（Viṣṇu Upaniṣads）①。这种分类得到了学界的承认。而《蒙查羯奥义书》，乃属于纯吠檀多奥义书，且为此类奥义书中之最早者。

《蒙查羯奥义书》以案吉罗斯教导首那伽的形式，开示其学。根据 Brahma Up，此案吉罗斯应即是毕钵罗陀。按此奥义书开头所表明，其学是梵天（Brahmā）开示阿达梵（Atharvan），阿达梵开示案吉（Aṅgir，应为 Aṅgiras 之误），后者开示娑底婆诃（Bhāradvāja Satyavāha），娑底婆诃开示案吉罗斯（Aṅgiras），案吉罗斯开示首那伽。这种传承表明首那伽之学，盖出于婆罗门事火祭司，亦与《阿闼婆吠陀》有关。因为阿达梵、案吉罗斯皆是吠陀传统中的事火祭司。其中阿达梵已如前说。在《黎俱吠陀》中，案吉罗斯是因陀罗的祭司。案吉（Aṅgir）与案吉罗斯（Aṅgiras）乃得名于火（agni），表明其亦与事火相关。以祭火由地升天，联系人神，故案吉罗斯作为事火祭司，乃成为沟通神人者。或以其事通于魔法（如《阿闼婆吠陀》即说阿达梵以魔草除妖），故主张魔教之《阿闼婆吠陀》乃托名于阿达梵、案吉罗斯（《阿闼婆吠陀》

① Paul Deussen, *Sechzig Upaniṣaden des Veda*, F.A. Brockhaus Leipzig, 1921.9—11.

亦作《阿闼婆 - 案吉罗沙》)。

《蒙查羯奥义书》被认为是最重要的奥义书之一，所有奥义书辑本无不收录，列之于诸阿闼婆奥义书之首。《解脱奥义书》列其为十种主要奥义书之第五。商羯罗《梵经注》仅绪言部分就引用它 129 次之多。然而其思想缺少新意，绝大多数内容为袭取早期的奥义书而来。故尽管其年代颇为晚出，其许多思想仍落后于一些更早的奥义书。其许多内容甚为古老，比如杜伊森通过文献比较表明 MuṇḍII · 1 · 8,9 可能被《鹧鸪氏森林书》所用①。另外，正因为其忠于早期奥义书立场，故得免于晚期奥义书的有神论倾向。

《蒙查羯奥义书》(Muṇḍaka Up) 何以得名，尚且存疑。Muṇḍaka 字面意思是蔟发或蔟发之人。此词盖意指某种接受出家苦行的仪式，如佛教徒之剃发然。学者或以为这表明此奥义书为出家苦行者所作、为其所用者，则不无疑问。持此议者以此奥义书结尾所谓"头誓"(śirovrata) 为证。然而商羯罗释此为"顶火"之仪，佛典中亦有记长发外道顶火盆来求论议者。故此所谓"头誓"并不一定就是蔟发。然此奥义书持反祭祀、吠陀之立场，且有数处提及苦行 (yati)、出世 (saṃnyāsa) (MuṇḍIII · 1 · 5,2 · 6,2 · 6)，则此议似亦非为无据。此亦须留待以后辩明也。

《蒙查羯奥义书》年代既为晚出，其思想大多是从早期奥义书拾摭而来，其中颇多陈词滥调。其思想之最有价值者，在于它首次试图把握一种超越现实，包括那支启多学说揭示的超验实体和耶若婆佉学说揭示的先验现实的存在，即所谓"超彼超越者"(parāt-para) 的存在。这表明在这里，思维试图突破思辨反思对超越的绝对现实的领会，而将存在的本质理解为一种作为现实存在之否定的神秘者。这神秘的本体，由于否定了心灵的现实性，因而为人类的感性与理性所无法到达。思维为了领会它，只能诉诸某种神秘的直觉，后者由于人的正常认识途径在此被否定，因而就表现为一种神秘的禅观或顿悟。所以在这里，奥义书思想便开始从思辨省思过渡到直觉思维领域。这种思维转变，必然是在自由的推动之下展开的，它反映了在奥义书思想中精神自由的新进展。

在哲理精神阶段，自由展开为对精神的绝对内在实在，即先验思想的自主设定。精神否定了经验实在的局限，将先验现实的国度首次带到其光照之下，因而也将其带到其现实自由的掌握之中。然而在这里，自由的实现仍然远非完善。在这里精神否定了经验的现实，却把先验的现实或先验思想当作绝对真理。这使它仍不能摆脱这思想、摆脱概念的必然性的束缚。思想的必然性就概念、逻各斯。精神的进步始

---

① Paul Deussen, *Sechzig Upaniṣaden des Veda*, F.A. Brockhaus Leipzig, 1921.551n.

终伴随着本体自由与概念的张力。一方面自由创造概念以作为其自我展开的中介；另一方面概念一旦形成，就会作为必然性支配精神的活动。在这种情况下，如果精神不回到其本真自由，就会被概念窒息，从而丧失了进一步发展的可能性。人类精神在发展中，总会经验一连串的本真自由闪现的瞬间，正是这些瞬间决定精神的命运。在这里，精神暂时否定已有概念的束缚，透露出无限的创造力，新的思想、概念被构成。但这种自由的存在只是在一瞬间。此后新的概念代替旧概念，本真自由又重新将自己让渡给必然性。精神要实现对于概念的彻底自由，就必须否定其先验的现实性即思想的绝对真理性，且认识到自己本质上对于思想、逻各斯的超越性，这意味着精神省思从思辨省思上升到直觉省思层次。无论是在奥义书对超越理性、思想的究竟本体的领悟中，还是在犹太—基督教对上帝对于逻各斯、理智的超越性的强调中，我们都能看出一种精神（来自其自身自由的）超越自身现实趋向神圣本质的冲动，而且这种冲动都得到了某种程度的实现。也就是说，精神终于突破了抽象的现实性、思想的樊篱，发现并进入作为后者之否定的神秘或神圣领域，即从哲理精神过渡到神秘精神乃至本真精神阶段。

唯本体自由最终推动这一精神进展。本体自由本来具有的绝对性，要求在具体的现实中展开自身。这种展开构成现实自由的无限性。这就意味着对于现实自由而言，不应有一扇永远不能打开的门。任何现实存在都应当是精神充分的自主设定、是精神超越和反思的对象。这种绝对化要求，就是自由对现实精神的呼唤。它可以穿越现实的思想、逻各斯，促使精神恢复其本真自由，使精神的自主势用重新展开为省思的活动。

奥义书的精神也是如此。在耶若婆佉、步厉古等学说中，省思否定了经验反思和实体超越的局限，领悟到绝对、超越的心灵本体，即自我的先验实在。省思因而成为思辨的。然而人类精神的通常情况是，一旦它的自由取得某种进展，那始终伴随它的惰性势用也会随之而起，抵消自由朝向无限性的力量，使之停留于此处。当自由将奥义书的精神推入思辨省思领域，自在性也使它面临着停滞不前的危险。于是精神便执着于思辨省思领悟的先验实在，将其视为绝对、最终归宿。在耶若婆佉、步厉古学说中，先验实在就是这样的归宿。在这种情况下，理性、逻各斯对于精神就成为坚不可摧的壁垒，每一个概念都成为自由的囹圄。这将使精神不可能超越现有的思想创造出新的东西。

然而印度的精神语境赋予了本体自由展开的可能性以无限的空间。本体自由通过本体论的情绪呼唤现实精神的良知。情绪既是自由的呼唤，也是现实精神的应答。这就在于，正是在情绪之中，精神了恢复其本真自由。现实精神通过焦虑（无聊、空虚、不满、希望等）为本真自由的到来准备了场地，通过愉悦（自由感）确认这自由的来临并抓住它。所谓精神的本真自由，就是它的自主性恢复其无限性，它的各种自主势用得以克服自在性的消解力量，在当前语境中重新展开，推动精神省思的发展。对于奥义书的精神而言，正是本体自由推动它否定思辨省思的局限性，进入超越现实的神秘存在领域。这在于，本体自由作为良心穿越那已经凝固的奥义书哲理精神传统，呼唤精神恢复其本真自由，促使精神内在的自主性克服其由于自在势用的诱惑和传统的固藏造成的沉睡状态，并为之注入新的力量，使其在先验现实性领域展开为无限的活动。在这里，一方面是精神的自身否定势用的积极展开推动省思否定一切抽象的现实性，包括先验思想的真理性；另一方面是精神的自身维持势用的积极展开推动精神进一步向内探寻，以确认一种超越现实、思想的存在的真理性。精神这种从现实境界到超现实境界、从理性领域到超理性领域的持续运动，就是直觉省思或本真觉悟。

在印度思想中，《蒙查羯奥义书》中为首那伽所传承的学说，最早体现了这一精神进展。这就在于《蒙查羯》书对超越性的理解，包含了一个比以往的奥义书都更高的意义层面，即至上我对现实性的否定，尽管它对后者表达得还比较模糊。盖作为奥义书更早的超越思维的两个代表，那支启多和耶若婆佉学说所理解的超越，只是一种理智的（形而上学的）超越或思辨的超越，它们分别以一种超验的实体或先验本体为归宿。《蒙查羯》书不仅开示了至上我的超经验层面，而且提示它超越了以前思想理解的超越性（即超验的或先验的实在），从而超越了一切现实的存在。如说至上我超越了"非有（a-sat）"及"超越心识者"而为其归宿；它"高于不坏者（akṣara）"、"超彼超越者"。在这里，"非有"、"超越心识者"、"不坏者"、"超越者"，就是指超越的或先验的实在，而至上我又超越它们，所以它应当是对一切现实性的否定。所以《蒙查羯奥义书》的思想，首次克服了奥义书的理智思维和思辨思维对超越的实在的执着，从根本上打破了作为这种超越实在的概念、逻各斯对自由的窒碍，使奥义书的精神自由进入新的阶段。盖绝对理体既超越了思维、概念，以及感性、知觉，因而对它的领会就无法通过正常的认识，而只有通过某种神秘的禅观。奥义书精神由此进入神秘的、直觉思维的阶段。奥义书思想从理智、思辨省思到直觉省思的转型，在观念层面表现了一种双向的精神运动。在这里，精神一方面否定概念、理性的绝对真理性、确立绝对真理为一种超理性原理。精神这种自身否定运动，在现象学上验证了精神内在的自舍势用在超理性领域的积极活动。另一方面，其反思进一步将这超理性原理内在化为绝对的心灵本体，从而得到进一步深化。精神这种持续内在化运动，也使精神内在的自反势用在超理性领域的积极活动获得现象学的明证性。因此《蒙查羯》的直觉省思的形成，在观念层面表现了精神内在的自舍、自反势用的辩证运动。正是这二者的历史展开推动直觉省思的形成。因此，奥义书思想从桑底厘耶以至耶若婆佉等的理智、思辨省思到《蒙查羯》的直觉省思的转型，在观念层面验证了自由推动省思进展的内在精神逻辑。

然而《蒙查羯奥义书》的思想仍然有很大局限性。克实而论，那超越了思维、概念的绝对理体，就是本体自由自身。自由将自身展开为现实的活动、思想，以作为其绝对自我实现的中介，但自由本身超越了活动、思想，是对抽象的现实性的彻底否定。尽管《蒙查羯奥义书》的自我观念表明精神意识到自己在本质上对于概念、逻各斯的超越性，自我被认为是超越一切正常认识和思维的光明。然而：(1) 直觉思维亦有其固有的局限。在这里，省思对这绝对超越的理体尚未有本真的把握，它并没有领会到这理体就是本体自由自身，就是觉性的永恒、绝对的自否定运动，只有后者才是对现实性的彻底否定，因而其对思想、概念的超越，乃是以另一种现实性（即觉性的澄明）为归宿，这就是直觉思维的固有局限。这反映精神在这里还没有实现对现实存在的彻底自由、否定，未能脱离“有”，跃入“空”的领域。于是，觉性的本质、光明就不能绝对地与现实的大地分离。这光明就从觉性之自身本质、自由的高处降落到现实性的地平线，它自己似乎成了另一种现实（即意识、澄明）。这种坠落的双重结果是：一方面，自我失去了自己本来具有的神圣性，它只是神秘（mysterious），而不是神圣（sanctus），后者在于对自我的全部现实存在的牺牲；另一方面，本体自由对现实存在的否定也蜕变为意识对思想、澄明对理性的否定，所以本体自由与逻各斯的永恒张力，就表现为意识与思想的矛盾。这一矛盾逐渐决定了印度精神的根本特质。作为奥义书直觉思维的最初产物，《蒙查羯奥义书》的思想当然也不能摆脱上述局限。(2) 在《蒙查羯》书中，直觉思维既处于最初阶段，因而仍很不完善。这表现在，《蒙查羯》书尽管提出了一个超越经验和超验实在的神秘本体，但对这超验实在及神秘本体的实质内容缺乏规定，我们至今也难以厘清它所谓“超越者”、“非有”、“超越心识者”以及“超彼超越者”、“超越非有者”、“超彼超越心识者”的准确意蕴①。省思无论对实在还是理体的把握都还显得模糊、空洞且不稳固，因而对二者的区分（直觉的区分）也未能达到完全明确（直觉的区分到《蛙氏》书将先验实在解释为般若、思想，将理体解释为排除思想的神秘意识，才得到完全的明确化）。总之直觉思维在这里仍然是含糊、抽象且不巩固的。《蒙查羯》书的这些思维局限，也唯有在本体自由的进一

① 尽管从数论学的自性、神我的范式或可从文字上解释得通，但这有可能属过度诠释，且如此则本体对超验实在的超越性转化为心与物两种实体的对立，本体失却神秘性，这就使《蒙查羯》书的启示思维退回到《羯陀》的二元论理智思维。

步推动下才能被克服。

另外，就其思想史资源方面，《蒙查羯》书对自我神秘性的领悟意味着对《羯陀》（那支启多）、《六问》（毕钵罗陀）的超验意识实体与《广林》（耶若婆佉）、《鹧鸪》（步厉古）的先验本体在更高层次上的扬弃和整合。首先，它显然是以《羯陀》等书中那种随顺数论的意识实体观念为前提（《蒙查羯》有多处完全是在与后者同样意义上开示至上我为万有之依止、归宿，且对《羯陀》有多处引用），并将这意识实体转化为绝对的本体，这当然离不开更早的耶若婆佉等说的绝对反思的启发。盖《羯陀》与《六问》反映了早期数论的立场，与古典数论和吠檀多皆有区别。与前者的区别在于承认有一普遍大我，为万有的基础、依止；与后者的区别在于认为至上我对于万有其实仍然是外在的，而非后者的本质、根源。此如 KāṭhV · 10—11："譬如唯一风，进入于世界，依其每一相，作种种差别。如是于万有，内在之自我，依其每一相，作种种差别；而此至上我，如实在于外。譬如彼太阳，全世界之眼，不为眼所见 / 外不净所染，如是于万有，内在之自我，世间苦不染，彼为外在故。"这明确表明了普遍大我对于世界的外在性。同样 PraśIV · 7："如鸟归于树以为依处，如是吾友，此一切归于至上我（Ātman）。"以树与鸟喻至上我与万物，也表明了前者对后者是外在的。在这里，即使自我被认为是万有的普遍依止，但它对于后者也只是一种外在依托，而非其存在之本质、根源。因而在这里自我、意识仍然只是实体，而非本体。然而从下文的分析可以看出，《蒙查羯奥义书》否定了《羯陀》、《六问》那种实体意识的封闭性，使意识成为世界的本质、根源，即成为绝对的本体。这应当是受到了奥义书中早就存在的耶若婆佉等的先验绝对反思的启发，比如其开示大梵为万有根源、实质的 II · 2 · 5 偈，就是来自 BṛihIII · 8 中的耶若婆佉对话。其次，此则奥义书也并没有以耶若婆佉那种先验实在为最终归宿，而是企图否定耶若婆佉阐明的现实本体，将本体置于超现实的神秘领域；它对耶若婆佉学说的这一发展，应当反过来从《羯陀》、《六问》等对于自我的绝对超越性的强调受到启发（前面即提到此奥义书与《羯陀》的紧密关联）。盖所谓的耶若婆佉思想，就是将觉性的本质内在性，领会为存在的绝对真理、根源。这通过 BṛihIV · 3 对所谓熟眠位识的分析得到表现。其以为真我即熟眠位识，后者作为存在之绝对根源，无相无表，超越主观和客观两种经验意识（梦位识和醒位识）而为二者之本体，因而它就是觉性的先验现实性。正如后来在蛙氏学中得到更明确表述的，这种先验现实性的实质就是思想。然而《蒙查羯》书也表现出这样一种倾向，就是认为现实意识、思想并非自我的究竟本质，而至上我乃是一种排除了任何思想、观念的神秘本体。此如 II · 1 · 2 说至上我"无意且清净，高于不坏者（akṣara）"，II · 2 · 1 说之为"超越心识（vijñāna）者"之依止，III · 2 · 7 说之为"超彼超越者

(parāt-para)”。其中“不坏者”、“超越心识者”、“超越者”应解释为绝对意识之超越经验生灭的层面，即先验现实性；而至上我被认为是超越后者，为其依止。《蒙查羯奥义书》这种理解，实际上是像数论一样，把觉性的任何现实内容和活动都排除掉，使之成为一个（与数论的神我颇一致的）作为单纯澄明的意识。《蒙查羯》书对至上我的思想、观念的排除，应当受到了《羯陀》等的早期数论启发；而其超越《羯陀》者，在于它不再把至上我当作实体、现实意识，而是以之为一超现实的神秘本体。

其奥义书凡三章，大致内容是：第一章讲述得梵智之资粮；第二章开示大梵的自性；第三章讲证得大梵之道。但在每一章中，这些主题皆相互交错。其主要思想包括：(1) 至上我为超越的本体。自我的超越性包含两个意义层面：一是对经验现实性的超越，这与耶若婆佉和那支启多等学说所理解的一致。在这里，大梵、自我被说成是超越时间、空间、因果性，超越生灭变化，超越善恶、种姓，超越日常认识，无相无表、清净无染的本体。二是对超验或先验的现实性的超越，即绝对超越，后者为耶若婆佉等学说中所无。大梵、至上我被说成是超越“非有 (a-sat)”、“超越心识者”、“不坏者 (akṣara)”、“超越者 (parāt)”，即否定了理智的超验实在和思辨的先验实在的最高原理。然而由于精神的超越在并不彻底，因而这个最高原理仍然降落在现实性范畴内，它成为否定了思维、概念的神秘的意识、澄明。这神秘的本体就是生命。(2) 自我是世界万有的根源、全体、实质、依持。《蒙查羯》书在阐明自我作为万有的根源、全体、实质时，全都是引用更早的奥义书陈说，与其对自我作为神秘本体的领会颇不相侔。其论自我为万有根源，乃以猛火溅出火星、蜘蛛吐丝、地生草木、人长毛发等为喻，基本上是袭用早期奥义书的宇宙生成论。其论自我作为存在之全体，如Ⅱ·1·4来自吠陀的宇宙巨人想象，Ⅱ·1·2与沙那库摩罗的圆满说有关，其思想也属于更古老的宇宙结构论或宇宙存在论。其论自我作为万有的实质，实际上同最原始的奥义书自然立场一致，把自我理解为构成世界的质料，如Ⅱ·2·5说天、地、虚空、意及诸元气皆是在彼至上我基础上“编织”(ota)而成。其论至上我为世界之依止、归宿，则与《羯陀》、《六问》的早期数论思想更一致。不过，《羯陀》、《六问》的大梵、自我，对于世界只是一种外在依持，并不构成后者的根源、本质。而在《蒙查羯奥义书》中，自我作为纯粹（无思想的）意识、澄明，被认为是万有的本质，因而它乃是一种内在依持。然而绝对超越者如何成为万有的本质？此奥义书言之不详。(3)《蒙查羯》的修道论，基本路线与《羯陀》一致，以为修道宗旨，在于离欲却染，从而使灵魂断绝与尘世的关联，进入与至上我的同一。但它反不如《羯陀》详尽且有系统。其书第一章提出有上智与下智，与之相应的有祭祀与证悟大梵两种宗教性实践，而以后者为得解脱之途径；第三章乃详明得上智之道，或内证大梵之法，即所谓出世瑜伽（saṃnyāsa-yoga），包括离欲、净心、专注、直觉、精进等。

兹将《蒙查羯》之学，分为形上学与修道论两部分以详论之。

## 一、首那伽学说中的形上学

《蒙查羯奥义书》形成的年代既晚，故其学说多为摭取陈词、补缀而成，未必经过了很好调整，其理论内部不一定构成了融洽的整体，因而忠实地保持它的各部分的思想原貌，与对于它的更系统化、更具内在逻辑的阐释之间，始终存在一种张力。这种情况在所有晚期奥义书中皆不同程度地存在。而对于任何一种学说，如果我们不能将它把握成一个系统的整体，就不能真正“懂得”它。对于晚期奥义书也是如此，而为了做到这一点，我们在对它的阐释中，有时不得不代替奥义书的作者对某些内容作出调整。就《蒙查羯奥义书》而言，我们认为它的形上学中所有从早期奥义书中袭取的成说（比如其宇宙生成论和宇宙构成论），都是围绕一个它自己确立的中心展开的，如同一个山脉的群峰簇拥着一个主峰，这个中心就是对于自我作为一个超验神秘本体的领悟。MuṇḍII・1・1—II・2・12 云：

> II・1・1 此即是真理：如由猛火中，千火星溅出，皆同火自相①，蹇如是吾友，由彼不坏者，群有皆生出，且复归于彼②。2 言彼补鲁沙，神圣（divya）且无相（a-mūrtta），在外亦在内，无生（aja）、无元气（a-prāṇa），无意（a-manas）且清净（śubhra），高于不坏者（akṣara）③。3 由彼生元气，意以及诸根，空、风、火及水，承万有之地。4 火即是其头，日月为其目，诸方为其耳，吠陀为其言，风为其元气，其心即世界，地出于其足④。信然彼乃是，一切之自我。5 由彼且生火，其薪为太阳。由月生雨水，草木生于地。阳注精于阴，原人生众生⑤。6 由彼生《黎俱》，《娑摩》与《夜珠》，以及开导仪（dīksā）⑥，诸祭祀、仪法，祭祀之布施（为献于祭司者），年与施祭者⑦，及日月于彼，闪耀之世界⑧。7 复次诸天神，多方由

---

① 见 BṛihII・1・20.

② 见 TaitIII・1.

③ 不坏者（akṣara）：兹指非显、自性。

④ 见 ṚVX・90・14.

⑤ 此偈为 ChānV・3—10 的五火说之摘要，但有意义断裂。

⑥ 开导仪：为婆罗门的入道仪式（包括佩圣带等仪节），或正式祭典以前的预备仪式。

⑦ BṛihIII・8・9.

⑧ 日、月于彼闪耀之世界：分别指天神界与父祖界，盖以父祖居于月宫，而天神道以日为终点；灵魂由前者复坠于地，由后者乃达乎梵界。

彼生，娑底、人、畜、禽[①]，入气与出气，稻、麦与苦行（tapas）[②]，信仰（śraddhā）与真理，贞洁与戒律，皆由彼生出。8 复次由彼生，七元气、七焰，七薪、七祭品，以及彼七界[③]。出乎（心中）秘密窟，元气入其（七界）中；彼藏于此处，以七与七合[④]。9 由彼生诸海，及所有群山。由彼生草木，以及其菁华。彼内在自我（antarātman），以此居万有。10 补鲁沙自身，即此每一物[⑤]：谓业与苦行，及不死梵天。人若解知彼，藏于秘处者，则于此世间，断开无明结（avidyā-granthi）。信然，吾善友！ II·2·1 显现且深藏，谓动于秘者，此广大依止！一切行动者，呼吸、瞬目者，皆归趋其中。举凡存在者，若有（sat）及非有（a-sat），至上所欲者，超越心识者，众生之最胜，皆归趋其中（此句为译者添加）。2 彼相辉耀者，细于微细者，诸界及居者，悉安立于彼，彼即是大梵，不坏无变易。彼即是元气，语言以及意。彼即是真理。彼即是不死。是为应入者（veddhavyam）[⑥]，入之吾善友！ 3《奥义》之利器，应持以为弓；应置其上者，禅定磨就矢。拔之以专注/彼（大梵）性之思想（以专注于大梵自性之思想拔此弓），穿之吾善友，不坏者之的！ 4 Om （prāṇava）即是弓。自我乃为矢。大梵为准的（lakṣya），穿之以不乱（apramattena）[⑦]。人应一于彼（tanmaya）[⑧]，如矢一于的。5 天、地以及空，意及诸元气，凡此皆由彼，编织而生成[⑨]。应知唯彼为，唯一至上我。彼为不死桥[⑩]。余言皆应遣[⑪]。6 于彼（心室）诸脉管，汇如辐入毂[⑫]。彼居于其中，复变而为多[⑬]。故应敬 Om，以为至上我。愿汝能善达，愚黯（tamasa）之彼岸。7 为全知

---

① 娑底（Sādhyas）：诸天之一类，共十二或十七人，为 Virāj 之子，其界为 Bhuvar，位于地与日之中间。见 ṚVX · 90 · 7.

② “入气与出气，稻、麦”，来自 AVXI · 4 · 13.

③ 七元气：七感官，即两眼、两耳、两鼻孔、一口。七焰：七感官之活动。七薪：感官触境而生之各自印象。七祭品：与七元气相应之识，即视、听、尝之识。七界：七感官各自于其中活动的境界（以上根据商羯罗释）。此处以祭祀比喻元气之活动。

④ 以七与七合：元气以七为一组，藏于心中；或谓元气（根）、境、识相合而生、相互依存。

⑤ 此二句来自 ṚVX · 90 · 2.

⑥ veddhavyam：应被穿透、悟入者，来自动词根 vyadh（穿透，刺穿，穿孔，射穿）。

⑦ 穿之以不乱：以心不散乱射穿之。apramatta：不放逸、不散乱，为瑜伽术语。见 KāṭhVI · 11.

⑧ 一于彼（tanmaya）：专注于彼，与彼同一。

⑨ 此四句沿袭 BṛihIII · 8 · 7.

⑩ 不死桥：通达永生之桥梁。见 ŚvetVI · 19.

⑪ 见 BṛihIV · 4 · 20.

⑫ 见 BṛihII · 1 · 19.

⑬ 复变而为多：复为诸元气，由心中生发而出。

(sarva-jña)、全智(sarva-vid)①，世界显其尊②。彼住于(心中)虚空，神圣之梵城。8 彼由意所成，元气、身之主，且住于食(兹指肉体)中，主宰于此心(hṛdaya)③。知者以智识，乃分明证彼，光辉照耀之，喜乐、不灭者。9 若人得见彼，上、下二义俱④，心结即解开⑤，疑断、诸业止⑥。10 无上金壳中，即是彼大梵⑦，无染无方分，性清净澄澈，光明之光明⑧，知我者知之。11 太阳与星月，于彼乃黯然。闪电失其光，遑论地上火！以彼光耀故，从彼之光耀，万物乃闪耀，世界彼照明⑨。12 信然彼大梵，即此不死者。大梵在于前，复在后、左右。梵遍及上下，即最大、世界⑩。

《蒙查羯奥义书》对于大梵、自我的形上学思考，就集中在此一部分。其最有价值者，在于对自我作为神秘本体之开示。其所谓自我的神秘性，在于一方面它作为绝对本体，呈现为超越觉性的内在现实性，包括先验现实性的存在；另一方面，它对于现实的超越性没有得到准确把握或者并不彻底，所以在这里，自我仍然被理解为一种纯粹意识本体，而它对现实性的超越蜕变为这纯粹意识对一切思想、观念的否定。我们说某一物是神秘的，就在于一方面它否定了一切思想、知识、观念，另一方面它又未能彻底从现实性中抽身而出，它似乎仍然是某种现实的东西。于是，本体自由对现实性的否定，表现为作为觉性内在现实性的两个方面的思想与意识的分裂。《蒙查羯奥义书》所开示的自我，在其最究竟意义上，就是这样一个神秘存在。

如前所述，《蒙查羯奥义书》的形上学，有大量内容为沿用吠陀、奥义书的陈说，亦有独标新义者，故其观念颇有参差。兹将其论自我诸义，归纳为以下方面：其一，论自我的体性；其二，自我与世界的关系；其三，自我与个人命我的关系。我们试图在对这些方面进行分别阐释之后，将其综合起来，构成一个理论基础整体，以争取达

---

① 见 MuṇḍI · 1 · 9.

② 见 ChānIII · 12 · 6.

③ 见 ChānIII · 14 · 2.

④ 上、下二义俱：俱以上、下二智见之；或同时见上梵与下梵。

⑤ 见 ChānVII · 26 · 2.

⑥ 见 ChānIII · 14 · 4，BṛihIV · 4 · 22。业唯属于个人小我，故若人与绝对者合一，则业自然消灭。

⑦ 见 BṛihV · 15.

⑧ 见 BṛihIV · 4 · 16.

⑨ 此偈及 ŚvetVI · 14 皆袭自 KāṭhV · 15，且最终来自 BṛihIV · 3.

⑩ 此偈乃以 ChānVII · 25 · 1 为基础。

到一种较为连贯的理解。

1. **自我的体性**

关于《蒙查羯奥义书》的自我，首先要阐明的是它的绝对超越性。此奥义书所理解的自我超越性，实际上包含两个意义层面。其一为至上我超越一切经验的现实性，此一层面为继承早期奥义书中既有说法（耶若婆佉、那支启多等）而来。在这里，大梵、自我被说成是超越时间、空间、因果性，超越生灭变化，超越善恶、种姓，超越日常认识，无相无表、清净无染的本体。如II·1·2云补鲁沙为无相、无内外、无生、无元气、无意、清净；II·2·1说自我"显现且深藏，谓动于秘者"，超越（包容）一切存在，包括众生、有及非有等。另外I·1·6云："彼不可见、摄，无家无种姓，无眼、耳、手、足，恒常且遍满，遍在极微妙，彼即不灭者，智者观彼为，万有之胎藏。"III·2·7，8说于至上我中，构成现象世界全体的大梵十五分（包括人的诸根、色身，日月诸方等宇宙现象，以及地水火风等五大）、善恶业以及识、名色悉皆消逝，故自我为清净一如的超验理体。III·1·7，8说至上我的形相不可思议，"微于极微者"，"远于遥远者"，居于心中秘密处，非由诸根、语言、苦行与功业可得，唯依禅定而可得证。此类说法，并无新意，皆为早期奥义书中通常可见者。

然而在《蒙查羯》书，自我的超越性还包含另一更高的意义层面，即自我对现实性的否定；尽管在此奥义书中，这一意义层面表达得还比较模糊。这就在于，《蒙查羯》书不仅开示了一种超越经验的意识实体或本体，而且提示了至上我是超越这实体或本体，因而超越了一切现实性的存在。如II·2·1说"有（sat）及非有（a-sat）"、"超越心识者"，都以自我为归宿。这里"非有（a-sat）"及"超越心识者"就是指超越的或先验的实在，而自我作为它们的归宿，意味着它是比它们更高的原理。此外II·1·2说补鲁沙（=阿特曼或至上我）"高于不坏者（akṣara）"，I·1·9说它以识为苦行（yasya jñānamaya tapas），III·2·7，8说它为一切识（全部现实意识）的归宿，且"超彼超越者"，也同样表明补鲁沙是超越了包括超验实体和本体（"不坏者"、"超越者"）的一切现实性（"vijñāna"和"jñāna"）的最高原理。

这最高原理，在《蒙查羯》书中，首先就是一种本源性的清净、一如的光明，世界万物的存在，被认为来自这光明的照耀。III·1·5开示大梵"居于色身中，体相即光明"。II·2·10—11则进一步说："无上金壳中，即是彼大梵，无染无方分，性清净澄澈，光明之光明，知我者知之。太阳与星月，于彼乃黯然。闪电失其光，遑论地上火！以彼光耀故，从彼之光耀，万物乃闪耀，世界彼照明。"① 在同样意义上，III·2·1说

① 后一偈袭自KāṭhV·15。

世界因安立于彼无上大梵之故，其存在方得以显明。世界不能照亮自身，唯由自我照明。这里的照明就是存在的创造。自我通过它的光创造世界。这种光就是意识，或觉性本源的澄明。在奥义书传统中，澄明往往与心识、精神等同，故 I・1・9 说大梵为“全知 (sarva-jña)”、“全智 (sarva-vid)”，乃与上述说法一致，皆表明了大梵、自我的精神性。

其次，《蒙查羯》书还在新的层面继承、发展了传统的元气论，将自我、意识视为一种生命原理。如 III・1・4 宣称：“此（大梵）诚为元气（生命），闪耀于万有（之内）。人以识此故，乃成为知者。”故大梵既是意识又是生命，既是澄明又是活动。盖梵书和早期奥义书视元气为绝对，但只是将元气理解为自然的生命，此如茶跋拉、考史多启、爱多列亚之学；再后来奥义书思想逐渐意识到那超越外在自然的、自在自为的心识才是存在之绝对原理，于是元气说乃渐被弃置，结果觉性的生命性也被否定，此如那支启多和毕钵罗陀之学，正是这种思路导致后来印度思想强烈的厌生求寂、消极悲观色彩。《蒙查羯奥义书》则自觉地将元气论嫁接到精神本体之上，大梵既是元气、生命，又作为精神、光明闪耀于万有之内，构成万有的本质。这种对精神的生命性之确认，在寂灭主义盛行的印度传统中，可谓弥足珍贵。

克实言之，《蒙查羯》及其他几种晚期奥义书企图把握的那种超越现实的最高原理，就是觉性的本体自由。本体自由是对现实性的否定。它创造了觉性的全部现实存在作为自己的中介、工具，但是它自己却凌驾于这现实之上，对于后者有绝对自由。然而应当承认，《蒙查羯奥义书》对于这自由本体，最终没有达到一种本真的把握。

第一，它对于这最高原理的把握颇为摇摆不定；这也与它对与它的宗旨可能并不一致的更原始的奥义书陈说的无反思的接受有关。上文分析了《蒙查羯》书论超越性的两个层面：其一，对经验的超越；其二，对全部现实的超越。而事实上，这两个层面在这里并没有得到一贯的区分，往往被混为一谈。更有甚者，此奥义书还大量继承了奥义书原始时期的自然的、宇宙论观念。此如 I・1・8 大梵由苦行得增长，由大梵生食物 (anna)，由食生元气 (prāṇa)，由元气生意，由意生真理 (satyaṁ)①。根据商羯罗的解释，这里“食 (anna)”指的是非显 (avyākṛtam)、自性，即作为物质世界根源之混沌原理，与之相对的主体为大自在 (Īśvara)，而元气 (prāṇa) 为世界灵魂，即金卵神 (Hiraṇyagarbha)。尽管这种解释在更晚的奥义书中或许能找到证据，如 MaitVI・10 明确说神我与自性即食与食者，但在这里它应当属于过度解释，因为显然此偈只是懒散地沿袭了吠陀较原始的宇宙生成论。首先，绝对者通过苦行

① satyaṁ：真理，此处可能指五大（地、水、火、风、空）。

(tapas) 创造世界之说，在吠陀时代就已是极常见的说法①。在梵书、早期奥义书中，此说法更是以不同变奏不断重复着②。此外，BṛihI · 5 · 1 说生主通过苦行创造食物，而一切存在者，无论有生命与无生命，皆依止于食物。其次，通过食物创造万物、人类，也是奥义书中已有的说法。如 TaitII · 2 颂云："万有生于食，生已依食长。彼食且被食，是故得名食。" TaitIII · 2 亦云："食物即彼大梵。因为信然，万物由食物而生，生已复赖食物而活，且死时复归于食物。" BṛihV · 12 说万有归宿于食。ChānI · 3 · 6 说全世界建立于食。BṛihVI · 2 · 8—16；ChānV · 3—10 说由须摩生雨水，由雨水生食物，由食物生精液，由精液生人，人死后又于月宫中变为食物，后者最终变为雨水，降落于地，再变食物、精液、人，宇宙乃为一以食为基础的循环的整体。最后，I · 1 · 8 所谓由元气生诸根、意，由诸根、意生外境界，也是梵书、早期奥义书中不断被重复的说法。上述说法，在婆罗门思想中，几乎成了陈词滥调，而且大多是立足于经验心理学或宇宙生成论③。《蒙查羯奥义书》对于这些说法的沿用，也很难说是立足于比前人更高的思想境界上的。显然这类自然的、宇宙论的观念，与《蒙查羯》的更高理想并不一定一致，因而正如大多数奥义书学说一样，其思想的整体性颇有不尽如人意之处。事实上，直至蛙氏之学，晚期奥义书始对觉性本体的真正超越性，更准确地说是它的神秘性，有了初步固定的理解。这就在于蛙氏学将熟眠位、般若即思想，与自我的究竟理体即真如心明确区分；真心是对般若的否定，这就明确指出了本体对于思想，即对于觉性、存在的现实性的超越性。但是通过上述分析我们看到，《蒙查羯》书对这种超越性的把握是摇摆不定的。

第二，即使对这种超越性的准确把握，在奥义书的神秘精神阶段，也无法上升到对觉性本体的究竟领会，即本真的精神觉悟的层次，这首先在于它对现实性的否定是不彻底的，因而它也未能进入觉性的绝对超越性，即本体自由的领域。无论是《蒙查羯》还是《蛙氏奥义书》之学，皆是如此。在《蛙氏奥义书》中，对思想的否定以一种无思维、观念的纯粹意识原理为归宿。这意识原理其实就是澄明。然而一方面，澄明仍然是一种现实存在，而不是自由本身，不是觉性之真正本体。盖作为觉性的内在现实性，思想包含了逻各斯和澄明两个方面；觉性通过澄明揭示存在，通过逻各斯规定这揭示的方向。蛙氏学对思想的否定，实际上是否定其逻各斯方面，而以

① ṚVX · 190 · 3.

② 参见 Ait BrāV · 32；Sat BrāXI · 1 · 6 · 1；Tait BrāII · 2 · 9 · 1—2；BṛihVI · 1 · 1；ChānII · 23 · 2；TaitII · 6，等等。

③ 参见 Sat BrāVII · 1 · 2 · 5；Sat BrāX · 3 · 3 · 6-8；ChānIV · 3 · 3；KauṣII · 12, 13；KauṣIII · 1—5；KauṣIV · 19-20，等等。

澄明为归宿。然而澄明仍属觉性的现实存在，不是存在、觉性之究竟原理，即自由之本体。所以在蛙氏学中，本体对现实性的超越是不彻底的；这种超越只是对逻各斯、理性的否定，因而这一本体我们称之为神秘的，而非本真的。另一方面，澄明不可与逻各斯分离。二者属于同一层面，是觉性内在实在的一体二面。蛙氏学那种无思想的澄明只是一种形上学幻象。这种形上学幻象，后来竟成为印度哲学本体论之难以克服的痼疾。《蒙查羯奥义书》的首那伽之学，也应当从与蛙氏学同样的角度来理解。此奥义书开示自我理体不仅超越了经验现实、有（sat），而且超越"非有（a-sat）"及"超越心识者"（II・2・1），"高于不坏者（akṣara）"（II・1・2），"超彼超越者"（III・2・8），这就是说它也超越了那超越的或先验的存在，因而超越了现实性本身，然而同蛙氏学的情况一样，这种超越也是以澄明为归宿。在《蒙查羯》书中，那超越的究竟本体，被认为是一种本源性的清净、一如的光明，世界的存在来自这光明的照耀。这本体就是澄明，它对思想的否定就是其神秘性。以上分析意味着，《蒙查羯奥义书》的首那伽之学，也面临着与蛙氏学同样的问题。

**2. 自我与世界**

与它对自我体性把握的不确定性相关，《蒙查羯》书对自我与世界的关系的理解，也没有被提升到与自我本体的神秘性相应的高度。盖本体作为神秘者、自由，只能是世界的它者，它只能存在于世界之外。它是世界创造者，并将其创造物包含在内，但它不能成为世界的因果关联的一个环节，因而决非宇宙论意义上的根源、始基；它甚至不是任何现实的精神根源、本体。在这种意义上，甚至吠陀和早期奥义书的神创论，也比奥义书后来的宇宙生成论或心识转化论更契合觉性原理、自由的本质。凡说自由是存在的根源，都只是在譬喻上说。

然而《蒙查羯》书解释自我本体与现实世界关系时，全都是引用更早的奥义书陈说。这些说法，由于未能理解本体就是自由，是纯粹的运动，因而在把握本体的超越性与存在创造之关系时，必然会陷入早期奥义书与数论的误区，即要么将觉性本体排除在创造之外（那支启多、毕钵罗陀），要么将其作为一种实在的原因纳入转化过程之中（阿阇世、沙那库摩罗、波罗多陀）。前者使觉性成为与世界无关的、完全消极的原理（觉性本体成为寂然不动的澄明，世界来自思想、逻各斯的转化），后者则使觉性完全丧失其超越性。就这方面内容而言，《蒙查羯奥义书》尽管形成年代极晚，其思想却仍然很原始，完全被它从传统中沿袭的说法捆住了手脚。它在开示至上我为世界之依止、归宿时，可能与《羯陀》、《六问》的早期数论思想一致，但在开示自我为世界万有之根源、实质、全体时，完全陷入更早奥义书的朴素实在论，与其对自我作为神秘本体的领会颇不相侔。兹略论之。

一是自我作为世界万有之根源。

自我是一切存在的根源。在《蒙查羯奥义书》中，至上我、原人被说成是万有之胎藏（I·1·6），它生成梵天、名色及食物，即世间一切存在（I·1·9）。从字面上看，此奥义书对此一论题的理解，十分朴拙原始，它甚至落后于桑底厘耶、阿阇世以至耶若婆佉的心识转化论，而基本上是袭用早期奥义书的宇宙生成论或元气转化论。这种宇宙论立场，通过II·1·1将存在发生比喻为由猛火溅出火星（此偈乃以BṛihII·1·20；KauṣIII·3，IV·20为基础改作），I·1·7喻之为蜘蛛吐丝、地生草木、人长出毛发（此偈的观念亦来自BṛihII·1·20），即已显然。正如拉达克利须南在对后一偈的解释中所指出，此偈表明大梵生成世界是一个实在的转化过程，而且大梵是世界的唯一根源，无任何他物可作为它进行创造的凭借①。大梵实在地将自己转化为物质，表明它自己也是物质性的。

《蒙查羯》论存在发生，集中于II·1。此节首先总喻万有由大梵之发生为众多火星从猛火中溅出，其次分别开示不同事物从这本体产生的过程。其以为大梵先产生元气、诸根；然后生成空、风、火、水、土；复生大海、群山、草木；复生吠陀、诸祭祀、仪法、布施、年与施祭者、诸界；复生诸神、娑底、人、畜、禽、入气、出气、稻、麦、苦行、信仰、真理、贞洁、戒律；复生诸根及相应的境、识。这些说法基本上都是立足于宇宙生成论，且基本上都是摭拾早期奥义书之旧说。此外I·1·8的立场亦大致与此一致，其云大梵以苦行（tapas）而得成长②，从而生成食，由食生元气，由元气生意，由意生实有（satya），即地、水、火、风、空五大，由五大生成器世界间，由此生行业（此句为译者补充），而于行业中，乃可得不死。这仍然是一种宇宙论的转化过程，且亦

① Sarvepalli Radhakrishnan, *The Principal Upaniṣads*, George Allen & Unwin LTD, London, 1953.673.

② 在梵书、奥义书中，苦行（tapas）一词极为常见且可能包含歧义。此词来自动词根“tap”。后者本意为：使热、使暖、烘烤；引申为：折磨、使痛苦、使烦恼、遭受痛苦；再引伸为：苦行、自责。相应地，tapas的可能意义为：热，暖，燃烧，加热，热恼，苦行，精进，策励。tapas最本原的意义应是：热，暖，燃烧，加热。在吠陀传统中，此词首先由此转化出孵化、酝酿、生成之义（如鸡以热孵卵）。其次，在印度这种炎热的国度，tapas作为热乃是一种逼恼、痛苦、折磨，由此转出苦行之义（在古代印度，实有一种燃火苦行，即于东南西北四方各燃一火，人坐于其中，受其炙热），进而意指一切的努力、劳苦。在吠陀文献中，tapas可能将这两方面意义糅合起来，谓通过某种努力、艰辛，酝酿、生成某物。吠陀、早期奥义书所谓大梵以苦行创世，应当在此意义上被理解。《蒙查羯》书所谓tapas，亦属此义。晚期奥义书和吠檀多派思想，进一步将此词解释为意志、思维、专注、抉择，为创造世界的精神原理。用拉达克利须南的话说，“tapas乃是创造性的赋形力量，专注的思想”（Sarvepalli Radhakrishnan, *The Principal Upaniṣads*, George Allen & Unwin LTD, London, 1953.548）。但就《蒙查羯奥义书》而言，没有证据表明tapas被理解为一种精神原理。

是拾掇梵书、奥义书早有的陈词滥调。另外还有 II・1・5 对存在转化的说法，完全袭取 ChānV・3—10 的五火说。此说释存在之流转为同一种物质（精液）于天界、空界、地界、男人、女人五种祭火中循环转化的过程，亦是一种粗俗的宇宙论。

所以《蒙查羯奥义书》对存在发生的解释，至少从字面上看，完全是拾掇旧说，了无新意，而且基本属于宇宙生成论，与它对本体的神秘性的领会没有实质关联。历来吠檀多派的注释家都把《蒙查羯》（乃至全部早期奥义书）的这类表述当作譬喻性的，认为它们只是形容精神本体的创造过程，而非实指。但就《蒙查羯》书而言，没有证据表明这些表述只是譬喻的。此奥义书甚至通篇也未曾暗示过在这实在转化论之外，存在发生尚有一种更高的本体论维度。印度传统的注释家往往将奥义书最早的宇宙生成论和后来成熟的精神本体论混为一谈，表明一种历史视域的缺乏。

二是自我作为存在之全体。

《蒙查羯》书将原人、自我视为世界之全体。此如 II・1・4 说原人为："火即是其头，日月为其目，诸方为其耳，吠陀为其言，风为其元气，其心即世界，地出于其足。信然彼乃是，一切之自我。"同样，II・2・12 亦云："大梵在于前，复在后、左右。梵遍及上下，即最大、世界。"此外 II・1・2 亦说："言彼补鲁沙，神圣且无相，在外亦在内，无生、无元气。"至上我包含宇宙万物，以万物为其组成部分，故为遍在者、最大者。

可以看出，此奥义书这方面的看法也完全是宇宙论的，而且同样也是沿用了吠陀、奥义书更早的朴素思想。其中 II・1・4 来自 ṚVX・90・14。后者将宇宙视为一巨人，为一种宇宙结构论（宇宙与人体同构）。II・2・12 来自 ChānVII・25・1。在后者中，沙那库摩罗（Sanatkumāra）开示圆满说（bhūman-vidyā），认为自我是宇宙万物之全体，故为在上、在下，在东、西、南、北，"自我即是全世界"。其立足点也并不比 ṚVX・90・14 更高。II・1・2 也可在同样意义上被理解。《蒙查羯》书对存在的全体性的理解，只属于一种来自更古老传统的宇宙结构论或宇宙存在论，它甚至未曾将对存在全体性的理解与奥义书对实质、本质的思想关联起来。所以，它在这方面的思想，已经完全退化到吠陀、梵书的神话思维水平。

克实言之，自我作为世界之全体，在于它作为自由、自否定的运动，作为本质与表象的统一体，将一切现存存在纳入其中。而《蒙查羯》书实际上将自我也当作一种现存的、与世界表象没有本质区别的东西，在这种意义上它根本不可能正确理解自我与世界的关系。在这里，自我作为存在全体，只是一种现存的、量上的绝对，它的内在本质完全没有被涉及。

三是自我是万有的实质。

然而奥义书思想早就经历了本质论的阶段。早在其自然论阶段，奥义书（比如优陀罗羯）就揭示自我是存在的本质。《蒙查羯》书也沿用了这方面的说法。而且它在这里，实际上同最原始的奥义书自然立场一致，仍然把自我理解为一种宇宙论的实质。自我似乎成为构成世界的质料，不同事物只是同一自我的不同表现。如II・2・5："天、地以及空，意及诸元气，凡此皆由彼，编织而生成。"II・2・2："彼相辉耀者，细于微细者，诸界及居者，悉安立于彼，彼即是大梵，不坏无变易。彼即是元气，语言以及意。"II・1・9—10："彼内在自我（antarātman），以此居万有。补鲁沙自身，即此每一物：谓业与苦行，及不死梵天。"

我们可以看出，在这里《蒙查羯》书只是沿用了更早的婆罗门思想。比如II・2・5沿袭了BṛihIII・8・7的表述，II・1・10沿袭ṚVX・90・2的表述。在这些更早的思想中，自我、原人被认为是构成万物的普遍质料或实质。《蒙查羯》书对这些现存表述的引用，表明它也是站在同样立场的。

究竟言之，表象与本质应当是标记与被标记事物的关系。在此意义上，每一种现存的事物，都只是觉性内在本质的标记。自我只是被宇宙内的事物标记，而绝不构成这事物的实质。对自我与世界的任何宇宙论理解都是误解了自我的真理。

四是自我作为世界之依持。

奥义书思想早就认识到，唯有自我是自在自为的存在、绝对，而其他任何存在都不是自为的，都必须依赖这绝对、自我才能存在，所以自我是世界之依持、基础。但奥义书对存在依持的理解，也经历了意义变迁。毫无疑问，自我作为万有的实质、本质，构成了它们的依持，这种依持是内在的。奥义书早期的自然论，如耆跋厘、优陀罗羯之学，对自我之为世界依持的理解，皆由此立论。稍晚的阿阇世、沙那库摩罗、波罗多陀等的思想，则将这自然论转移到心识论，于是心识作为本质被认为是世界的依持。然而中期以后出现的《羯陀》、《六问》等书，在奥义书思想中引入一种形而上学区分，将存在分为经验的现象与超验的实体（或本体）二途。至上我作为实体（意识实体）不再是现象界的根源、实质，因而它之为依持、基础，必须得到新的理解。但是奥义书思想却在此走入歧途。这在于它在这里实际上仍然把实体当作某种与现象并列的现存东西（而不是当作自由、运动）。于是自我作为依持，便被理解为一种现存的容器，将所有事物包容在内，而其自身存在又是外在于这些事物的，这种依持是外在的。

《蒙查羯奥义书》对自我作为依持的说法，与《羯陀》、《六问》等的立场有很大区别，尽管它同《羯陀》等一样，一方面强调自我的超越性，另一方面把自我理解为单纯的澄明。这在于，自我作为纯粹（无思想的）意识、澄明，被认为是万有的实质，因而它作为依持属内在依持。如II・2・1—2："显现且深藏，谓动于秘者，此广大依止！一切行动者，呼吸、瞬目者，皆归趋其中。举凡存在者，若有（sat）及非有（a-sat），至上所欲者，超越心识者，众生之最胜，皆归趋其中。彼相辉耀者，细于微细者，诸界及居者，悉安立于彼，彼即是大梵，不坏无变易。彼即是元气，语言以及意。彼即是真理。彼即是不死。是为应入者。”III・2・7—8：“十五分乃逝[1]，各入其依处，乃至一切根，皆入相应天！而其诸功业，及识所成我，皆融入一如，无上不坏者。如诸川奔流，归于大海洋，消失其名色，知者离名色，归神圣原人，超彼超越者（parāt-para）。”然而万有究竟以何种方式依止于作为超越者的澄明、意识，或以之为实质、归宿？究竟该如何协调自我的超越性与其作为万有实质之矛盾？我们皆不得而知。

克实言之，自我作为一切存在者的依持，在于任何存在者的存在，都必须安立于其所处的意义关联，即安立于思想、逻各斯，从而安立于觉性自由运动的整体性中。这意味着，如果把觉性、自我理解为无思想的单纯意识、澄明，就根本无法理解存在者在觉性的逻各斯和自由整体中的位置，即无法正确理解自我何以作为存在者的依持，因而要么将自我理解为世界之经验性的实质、始基从而取消其超越性，要么将它理解为早期数论的神我那样的完全无涉于事物本质的外在依持。从以上文本看，《蒙查羯奥义书》似乎对这两种思路的差别没有明确意识，因而它的自我既是超越的，又是万有的实质，这就包含了一种致命的逻辑矛盾。后来的吠檀多注释家一般将万有消融入一味的自我实质复从中生出解释为一种譬喻，但这种譬喻既然对于万有如何依止于自我的机制没有实质的阐明，因而是空洞、含混的。

### 3. 至上我与命我

《蒙查羯奥义书》之论至上我与命我关系，与其论自我与世界的关系，亦颇一致。盖吠檀多传统释大我与小我关系，有映像说与分有说，此则奥义书的说法应属于后者。其以为至上我为一味、无分别之实质，而个人命我乃由此实质中取出之一分，如水珠与大海。其说主要出现在第三章。如III・2・7—9说人若得解脱，则其诸功业及识所成我（即命我），皆与无分别的至上大我融合为一（ekī-bhavanti），其个性、差别完全消失。其云：“如诸川奔流，归于大海洋，消失其名色，知者离名色，归神圣原人，超彼超越者。知至上梵者，乃成为大梵。”III・1・3也说解脱者最终“脱离于垢染，得至上一如”。总之至上我是一味的澄明，而命我则是从这澄明流溢出的光。

至上我作为超越的精神本体，进入人的身体，居住于心中的虚空，成为人的内在主宰，人唯以内证之智，才能如实知之。如II・2・7—8云：“为全知（sarva-jña）、全智（sarva-vid），世界显其尊。彼住于虚空，神圣之梵城。8彼由意所成，元气、身之

① 十五分：指人的诸根、色身，详见下文的解释。

主，且住于食（肉体）中，主宰于此心（hṛdaya）。知者以智识，乃分明证彼，光辉照耀之，喜乐、不灭者。”至于至上我如何进入人身中，梵书和早期奥义书有许多说法，比如说大梵创造诸元气及地、水、火、风诸天以后，乃为其创造一人以为它们的居处，最后见此人蠢然无灵性，乃自己从其脚底进入且上行入于心中，并从这里，通过由心脏通达身体各处的脉管，主宰此人的活动①。

由于至上我的进入，从严格意义上说，命我就是至上我与觉谛等诸元气结合的产物。III·1·1—3 表明了在这里至上我与觉谛的关系，其云：“1 美羽牢相伴，同栖于一树，其一食甘果，其一不食观②。2 于此同一树，一人独沉沦，迷失徒怅惘，自忧其无力。此若见于它（另一鸟），主宰且自足，以及其伟大，遂离于苦厄③。3 见者若见彼，金色创造者，主宰、补鲁沙，以及梵胎藏，于是彼知者，摇落善与恶，脱离于垢染，得至上一如（与大梵同一）。”以往注者皆以为此中二鸟喻至上我与人之命我，然质诸其首二句，则应释为至上我与元气（觉谛）更合理。此句显然是强调在人的现实生命中，自我与元气之不可分离，若以为是指为至上我与命我，则说不通。旁证是此偈显然与 KāṭhIII·1 偈有关，后者云：“爰有此二者，进入窟穴中，居于至上界，受用正业报（ṛta）；知梵者乃称，彼为光与影”就是说自我实体与元气二者结合，共同进入人心中，构成轮回的主体，即命我。故《蒙查羯》此偈亦应准此解。尽管在现实生命中，这二者始终紧密结合，但唯元气陷轮回，受苦厄，被系缚，而至上我虽处身中，却始终不为所染，为恒常、一味、主宰、自足、离苦厄、无系缚之清净澄明。

《蒙查羯奥义书》认为，染欲与离欲，在人的系缚、解脱中起着关键作用。如 III·2·1—2 云：“离欲、敬神我，睿智、过种子。彼乃得知此，无上大梵住，安立于彼故，世界得显明。人若着于欲，思念所欲者，乃因其欲故，往生于此、彼。人若欲已足，即为成就者（kṛtātman），虽生于世间，悉离一切欲。”III·2·6 亦说人由于修出世瑜伽（saṃnyāsa-yoga）、苦行，才能最终获得解脱，意义与 III·2·1 一致。盖一方面，现实生命来自欲望，欲望造成自我与世界的联结，且决定了灵魂往生的去向。吠陀、梵书中早就有至上我通过欲望创造世界之说④，而梵书、早期奥义书就有

---

① II·2·6：说“于彼（心室）诸脉管，汇如辐入毂。彼居于其中，复变而为多。”这实际上是把自我等同于元气，自我转化为多种元气，由心中生发而出；诸元气也从脉管进入心中，与自我合一。

② 见 ṚVI·164·20，KāṭhIII·1，ŚvetIV·6。另外耆那教和早期佛教都有有情本飘浮于空中，因摄食而形体变粗糙，终于下堕于地之说，应当与此则奥义书的观念相关。

③ 此偈与 ŚvetIV·7 同源。

④ ṚVX·129·4；AV IX·2·19；23；Sat BrāII·5·1·.1—3，VI·1·1，XI·1·6·1—2；Ait BrāV·32；Tait Āra I·23.

人的存在生于欲望，欲望决定灵魂往生之说①，且以为欲望造成大梵与世界的联结。III · 2 · 2 明显是沿用了 Sat BrāX · 6 · 3 · 1；BṛihIV · 4 · 6 的表述②。另一方面，与此相关，离欲出世、断除爱染，乃是获得解脱的根本途径。此即 III · 2 · 1,6 所明者。其说亦是奥义书中早已有之者。BṛihIV · 4 · 7；KāṭhVI · 14 已有开示。《蒙查羯奥义书》此义亦是沿用这类已有的观念。其 III · 2 · 1—2 显然是以 BṛihIV · 4 · 6—7 为基础的。

## 二、首那伽学说中的修道论

如果将修道论规定为以精神自身为目的、对象的实践，那么直到晚期奥义书，始有明确的修道论。而唯有当这修道是为了实现精神的超越、自由，它才是真正的宗教。就印度婆罗门思想而言，直至晚期奥义书，才确立出世解脱的修道目的，因而其才具有了真正的宗教。其中，尤以《羯陀》、《蒙查羯》二书开示最详。《蒙查羯》的修道论，基本路线与《羯陀》一致，以为修道宗旨，在于离欲却染，从而使灵魂断绝与尘世的关联，于是进入与至上我的本原同一，但其对于修道具体环节的开示，乃不如《羯陀》详尽且有系统。其说按其章节自然分为两个部分，其书第一章提出祭祀与证悟大梵两种宗教性实践，而以后者为得解脱之途径；第三章进一步阐明上智之道，示以内证大梵之法。兹依此二主题各别阐述之。

### 1. 上智与下智

《蒙查羯奥义书》第一章，以案吉罗斯教导首那伽的方式，开示有两种宗教性智慧，即下智与上智。下智即对《黎俱》、《夜珠》、《娑摩》、《阿闼婆》四吠陀及音韵学等六吠陀支（vedāṅgas，此为婆罗门文献中首次出现六支的名目）的知识；上智即亲证大梵之智。与此相应，《蒙查羯》书开示的实践也包括两种，即祭祀之道与证梵之道，此即后来吠檀多派所谓业道（karma-mārga）与智道（jñāna-mārga）。此奥义书认为，祭祀与证梵皆有价值，但唯通过后者才能脱离生死，得究竟解脱。其论及此二道，措辞颇自相矛盾，如 I · 2 · 1—6 极赞祭祀之价值，而紧接着的 I · 2 · 7—13 则极毁之。我们认为这可能只是表述欠圆洽，其大致意思是说祭祀亦有价值，但不是得解脱之根本途径，故其立论大致可以统一起来。MuṇḍI · 1 · 3—2 · 12 云：

---

① 见 AVXI · 8 · 2—18；BṛihIV · 4 · 6；ChānVIII · 2 · 1—9。另外 Sat BrāX · 6 · 3 · 1：“人生于意欲（kratu），彼命终时所欲为何，将依此意欲投生彼世界。”

② 梵书、奥义书的欲望决定往生去向之说，后来得到印度宗教各派的共同承认。如《杂阿含经》卷三十四：“婆蹉白佛：众生于此命终，乘意生身往生余处，云何有余？佛告婆蹉：众生于此处命终，乘意生身生于余处。当于尔时，因爱故取，因爱而住，故说有余。”

I·1·3 首那伽，大家主也，如礼谒案吉罗斯，问曰：先生，人若知之则知此全世界者，为何事也？4 彼乃答之曰：有二智当知，诚如知梵者所开示，即上智（para-vidyā）与下智（apara-vidyā）①。5 其中下智为《黎俱吠陀》、《夜珠吠陀》、《娑摩吠陀》、《阿闼婆吠陀》，音韵学、仪礼学、语法学、词源学、诗学、天文学。而上智即证知不坏者（akṣara）之智②。6（以下全为韵文）彼不可见、摄，无家无种姓，无眼、耳、手、足，恒常且遍满，遍在极微妙，彼即不灭者，智者观彼为，万有之胎藏（bhūta-yoni）③。7 如蜘蛛吐纳，如地生草木，生人长毛发，此间之一切，如是皆生于，彼不坏灭者④。8 以苦行（tapas，创造世界的能量）之力，大梵得增长。由彼生食物（anna），由食生元气（prāṇa），由元气生意，由意生真理（satyaṁ）⑤，由此生世界，由此生行业（此句为译者补充），而于行业中，乃可得不死。9 彼全知（sarva-jña）全智（sarva-vid），其苦行即识（yasya jñānamaya tapas）。由彼生梵天，名色及食物。

I·2·1 如是即真理：诸圣（kavi）于圣典，所见之行业，分流入三门（tretā）⑥。嗟汝爱真者，应恒遵从之！此即汝之道，通达善业界。2 当祭火点燃，火焰方闪烁，于是人应于，两钵炼乳间，而投其祭品，且信心（śraddhā）充满。3 若先于火祭，不行新月祭，以及满月祭，四月（秋雨祭）、收获祭，又若此火祭，无宾客、献礼（施于宾客之礼品），非遍礼诸神，行之不如仪，如是乃毁其，往生之七界⑦。4 黑色及可怖，迅疾如意想，大赤及烟色，闪烁、具众形（viśva-rūpī）⑧，如是之神女，是为七火舌⑨。5 适彼等（七火舌）炽盛，若人行祭祀，且供奉以时，彼等遂导之，入诸神之主⑩，所居之世界。以彼等即是，日之光线故。6 曰“来兮！来兮！”华美之

① 见 MaitVI·22.

② akṣara：不变易的、不坏的、不灭的。akṣara 与其反义词 kṣara 源于动词根 kṣar。kṣar：变易、流动、经过、消失、逝去、坏灭。

③ “万有之胎藏（bhūta-yoni）”，商羯罗释为 Īśvara（大自在神），即有德梵（Saguṇa-Brahman）；摩陀婆释为毗湿奴神。此类解释皆可存疑。

④ 拉达克利须南认为，此偈表明大梵生成世界是一个实在的转化过程，而且大梵是世界的唯一根源，无任何他物可作为它进行创造的凭借（Sarvepalli Radhakrishnan, *The Principal Upaniṣads*, George Allen & Unwin LTD, London, 1953.673）。

⑤ satyaṁ：真理，此处可能指五大（地、水、火、风、空）。

⑥ tretā：应即三吠陀；或谓指世界时间之第二纪（yuga），因其持续三千年故有此称。

⑦ 七界，谓七天界（Bhūr, Bhuvar, Svar, Mahar, Jana, Tapas, Satya），或七人界，后者即从曾祖至曾孙，与自己共为七。

⑧ viśva-rūpī，或读为 viśva-rūce，意为遍尝（一切味）者，谓火焰焚烧一切，似亦通。

⑨ 此偈前面诸形容词，为对七火舌各自的称谓。

⑩ 诸神之主（devānā pati）：商羯罗释为因陀罗，罗摩努阇释为金卵神（Hiraṇyagarbha）。

供品，乃以日光线，承此施祭者，稽礼且称颂："此即汝所有，福德（puṇya）之梵界，修善业所致。"7 诚为不坚筏，十八祭祀相①，于中所表者，谓之低劣业。愚者以为胜，复入于老、死。8 处于无明中，自许为智慧，自以为饱学，彼等诚愚人，困顿于迷途，如盲被盲牵②。9 多方陷无明，彼等自忖曰："吾志已成就！"其人如孩童。既因爱染（rāja）故，行业者不知（出世之真理），其（作为福报之）世界既尽，复坠于苦中。10 祭祀与功德，奉为至上行，彼等迷狂者，不知有余善。既于善业致，天界之顶端，受尽复坠于，此世或更劣。11 清净（śānta）之智者，乞食以自活，且于丛林中，修苦行（tapas）、信仰（śraddhā），乃由日之门③，无欲（vi-rāja）离此世，达不死原人（Puruṣa）、阿特曼之处。12 于业所成界，既细省思矣，婆罗门即应，达乎厌离想（nirveda）。彼非所作者，非以业行得。为得此智故，人应束薪就，熟语于圣典、住大梵之师（guru）。13 如是之知者，于如礼而就、其心已安定、专一寂静者，乃如实授以，大梵之智慧。由此知原人，至真、非变灭（akṣara）。

此则奥义书先提出有上智（para-vidyā）与下智（apara-vidyā），其中下智是对四吠陀的知识，上智则是对不变灭者（akṣara），即大梵的证知。盖奥义书既主直接、内在的亲证，故对吠陀经典对于修行之价值的质疑，谅为自然。在 ChānVII · 1 中，沙那库摩罗便已对那罗陀指出，全部吠陀经典"皆只是名字"，非关自我本体。这一对话的材料显然被《蒙查羯》所采取，后者的 I · 1 · 5 肯定是以 ChānVII · 1 · 2—3 为基础的。但 ChānVII · 1 只是将自我视为一宇宙论的总体，而《蒙查羯》则以之为超验、神秘的本体。此超验本体是对一切现实的思想、观念，也是对人类语言的否定，因而它不是通过吠陀可以达到的，而是必须通过一种超语言的神秘直觉。

与此二智相关的修行，就是祭祀与出世瑜伽（saṃnyāsa-yoga），即后世所谓业道与智道。与此二道呼应，现实生命的归趣亦有往生与解脱二道，然而对此奥义书的说法有颇多混乱，略述如下：（A）对于往生之道，即有三义：其一，分往生之道为父祖道与天神道，此为奥义书之主流学说，灵魂于此二道皆经历一系列天体，最终，入父祖道者仍返回世间，入天神道者则最后进入梵界而不复返回，造成二道差别的原因，在于是否仅是作外在的功业或兼有对于轮回之义的正确知识，耆跋厘、荼跋拉、伽吉耶夜尼等皆持此义（其说分别见于 BṛihVI · 2 · 15—16；ChānIV · 15 · 5—6；Kauṣ

---

① 十八祭祀相：十六祭司加施祭者夫妇共十八人，或四吠陀三分（本集、梵书、奥义书）加阐释吠陀之"六支"共十八分，谓十八祭祀相。

② 此偈与 KāṭhII · 5 基本相同，亦见 MaitVII · 9.

③ 离爱染者，逝后乃循日光而上，达于太阳，且由此逸出。

I・2—7)。其二，以为是人的愿欲，而非行业与知识决定往生之道，此说更古老，乃是继承了《阿闼婆吠陀》和梵书的愿欲论，且以为众生的往生并不一定经过父祖、天神二道，而是根据其愿欲，死后直接投生于所欲之界，耶若婆佉在 BṛihIV・4 中即持此义。其三，认为生命流转只是一种物质的能量或实在的转换，此如耆跋厘的五火说以为生命相续只是精液在天界、空界、地界、男人、女人中流转（BṛihVI・2・9—14），爱多列亚的三生说也认为生命流转只是从父亲到儿子的无穷延续（AitaII・1—6），这都认为生命流转只是一种共同的自然过程，与人的功业、智慧无关，此可谓以上诸义中之最原始朴质者。（B）得梵智者终得解脱，但对于解脱之途径，奥义书亦有颇多异说。其一以为得梵智者，乃直接融入大梵，如耶若婆佉在 BṛihIV・4・6—7 即持此说，那支启多之学亦同此义（KāṭhVI・2,9,14,17）；其二以为得梵智者死时即入大梵（KāṭhVI・4）；其三以为死后经天神道进入梵界，由梵界进入至上梵；最后一条乃与天神道重叠。（C）此外尚有以为一切众生，人无论善恶，死后皆进入大梵之说（如优陀罗羯的说义：ChānVI・8・6,9・1—3），此说亦与轮回业报观念矛盾，而且往生与解脱二道的区分在这里都没有了意义。

《蒙查羯奥义书》在这里，乃是对（A）“一”和（B）“三”的结合。I・2・1—6 开示业道，其云人应依吠陀所云，如法祭祀、事奉祭火、布施如仪，如此则其死后，乃随太阳之七色光线上升至天神道，进入诸神所居之世界。显然，业道就是以 I・1・5 所谓下智为根据的实践。《蒙查羯》书这里似乎去掉了（A）一所谓父祖道的路线，而把往生道等同于天神道，而且把业等同于祭祀。I・2・7—13 则对吠陀、祭祀进行了激烈批评，指出祭祀并不能导致解脱，而只能带来天上的福报，一旦这福报被受尽，人将再度从天堂坠落世间，甚至有可能陷于比前世更悲惨的生活，因此若人欲永离尘世疾苦，得自在解脱，达永恒喜乐，唯有通过亲证大梵之智慧即梵智，才能成就。此即是智道，即以上文所谓上智为根据的实践。灵魂依祭祀、业道可到达梵天（Brahmā）界，它于此不再前进，而是最终返回。依智道则从梵界进一步前行，达自在天（Īśvara）界，于此人与至上者合一，于是得全我相（sarvātmabhāva）。

业道的特征在于它有欲望（rāja）、被染着，智道的特征在于它是无欲（vi-rāja）、厌离（nirveda）、清净（śānta）的。《蒙查羯》书认为行业者因染于尘世的欲望，不知出世之真理，其祭祀、布施完全是功利性的，皆为获得未来（在天界）的福报，然而其功业、福报皆是有限的，当其受尽，此人便再次坠回此世或更劣的世界，故业道乃是轮回之道。故 III・2・2 云：“人若着于欲，思念所欲者，乃因其欲故，往生于此、彼。”然而究竟自我、大梵，乃是恒常、一味之理体，“彼非所作者，非以业行得”，而只能以梵智亲证。人由此泯灭小我之个别、差异，融入此绝对、太一，故 III・2・9 云：“知至上梵者，乃成为大梵”①。根据 III · 2 · 6 所说，人若修出世瑜伽（saṃnyāsa-yoga）、离欲且清净，且证知至上我，则其死后乃由太阳光线上行，入天神道，穿越太阳进入梵界，与梵天为伍，当梵天入灭（parāntakāle）时，乃与梵天一同融入至上我、大梵，得最终解脱。

总之，对大梵的证知，才是获得解脱的根本途径。而如何达到这种证知，乃是此奥义书第三章的主题。

### 2. 内证大梵之法

《蒙查羯奥义书》第三章，乃开示获得梵智之法。其法即排除欲念、收摄诸根、专心内证之道，即《羯陀》（KāṭhII · 12）所谓自我瑜伽（adhyātma-yoga）或内在瑜伽（即与真我之联结）。其说亦有不一致处。MuṇḍIII · 1 · 1—2 · 11 云：

> III · 1 · 1 美羽牢相伴，同栖于一树，其一食甘果，其一不食观②。2 于此同一树，一人独沉沦，迷失徒怅惘，自忧其无力。此若见于它（另一鸟），主宰且自足，以及其伟大，遂离于苦厄③。3 见者若见彼，金色创造者，主宰、补鲁沙，以及梵胎藏（Brahma-yoni）④，于是彼知者，摇落善与恶⑤，脱离于垢染，得至上一如（与大梵同一）。4 此诚为元气，闪耀于万有（之内）。人以识此故，乃成为知者。无复有论者，而能胜于彼。于我得欢、悦⑥，且行其祀业，人如是乃为，最上知梵者。5 居于色身中，体相即光明，彼自我清净，彼（自我）由真理得，由苦行（tapas）、正智（jñāna），由常守净行。除诸过恶矣，苦行者（yati）见之⑦。6 唯真理能胜⑧，非为虚妄法。由真理铺就，通达天神道，圣者愿既满，乃循此上升，达真理所居，至上之处所⑨。

---

① 杜泊农译此句为“知上帝者，乃成为上帝”，且置之于其所译奥义书之扉页。对于普通基督徒而言，此种思想固为篡逆，但在基督教神秘论中，由于对真理于生命转化之重要意义的强调，确有许多与上述表述颇类似的说法。如早期基督教神学家马利乌斯 · 维克托利努斯（Marius Victorinus）就说道，心灵“因知道存在而自身变成存在”（Marius Victorinus, Liber de generatione divinaVII—IX）。奥古斯丁也说：“每个人都会变得像他所爱的对象。你热爱尘世？那你就将停留在尘世。你热爱上帝？那么我要说，你将走向上帝。”（Etienne Gilson, *The Christian Philosophy of Saint Augustine*, London: Gollancz, 1961.250.）

② 见 ṚVI · 164 · 20，KāṭhIII · 1，ŚvetIV · 6.

③ 此偈与 ŚvetIV · 7 同源。

④ 注者以为大自在为梵天之胎藏，或大梵即胎藏。

⑤ 此六句亦见 MaitVI · 18.

⑥ “于我得欢、悦”，见 ChānVII · 35 · 2.

⑦ 见 BṛihIV · 3 · 7，ChānII · 23 · 1.

⑧ “唯真理能胜”（satyam eva jayate）：此句为印度国徽格言。

⑨ 后段为沿袭 BṛihVI · 2 · 15 等的二道说而来。

7广大且神圣，其相不思议，微于极微者，彼光辉闪耀。远于遥远者，然近在眼前，彼现居观者（即证知大梵之人）/心中秘密处。8非由眼可得，亦非由语言，非由余诸根，苦行与功业。由心识安定（jñāna-prasāda），人得净其性（sattva），如是依禅定，证彼无分者。9彼微妙自我，唯独以心知，五元气入故①。以心之全体，与诸根（元气）交织，若彼得清净（不复依诸根而动），自我乃显现。10人若得性净，则其心所念，任何之世界，以及其所欲，任何可欲者，彼皆得成就。故人若求福，应赞知我者②。

III·2·1离欲、敬神我（Puruṣa），睿智、过种子（śukra）③。彼乃得知此，无上大梵住，安立于彼故，世界得显明。2人若着于欲，思念所欲者，乃因其欲故，往生于此、彼④。人若欲已足，即为成就者（kṛtātman），虽生于世间，悉离一切欲。3非由于教导，非由思维力，亦非由多闻，可得此自我。唯彼所择者，乃可得乎彼。于如是一人，自我现自体（tanūm svām）⑤。4非由无力者（bala-hīnena）⑥，亦非由放逸（pramāda），及无相（aliṅga）苦行（tapas）⑦，可得此自我。人若为知者，方便以精进，则于其梵城，其自我遂入。5见者（ṛṣi）得彼故，其智得圆满，自我得成就，离欲且安宁。智慧、专一者（yuktātman），既然已得彼，随处遍在者，终于入大全。6彼既已谛审，吠檀多知识，修出世瑜伽（saṃnyāsa-yoga），得其性清净（śuddhasattva）⑧，彼诸苦行者（yati），悉皆入梵界，时尽（parāntakāle）入至上，不死者（parāmṛta）、解脱⑨。7十五分乃逝⑩，各入其依处，乃至一切根，

---

① 五元气入故：谓以行者内摄五种元气（即眼、耳等五根）于心中之故。

② 此偈以ChānVIII·2为基础。绝对自我包含全世界，故人若知我，则知他自己本来包含万有，他由此便获得万有。

③ śukra：光、（闪光的）须摩汁、酒、精液。过种子：超越轮回之种子。

④ 见BṛihIV·4·6.

⑤ 此偈即KāṭhII·23.

⑥ 无力者：没有足够精神力量，故无法专注于自我之人。

⑦ aliṅga：无相的。注者释此谓“无目的的”或“内在的”。后者指苦行之内在方面，与剃发等外在仪式相对。二说皆通，前说意义更顺。姑录之留待学者辩明。

⑧ śuddhasattva，亦可解释为“其心清净”，sattva可兼心、性二义。

⑨ parāmṛta：与至上不死者（大梵：B rahman，中性）合一，此处译为“入至上不死者”。此偈谓苦行者死后由天神道进入梵界，与梵天（B rahmā，阳性）共处，当宇宙寂灭之时（parāntakāle），乃与梵天共同融入大梵本体。

⑩ 十五分：梵书、奥义书每说及大梵十六分之义。如BṛihI·5·15曰人亦具十六分，十五分为财，第十六分为自我，唯财有增减，而自我无增减。ChānVI·7亦说人有十六分，其十五分皆依止于食物，而第十六分则依止元气。奥义书总的观念，十五分乃指人的诸根、色身，其灭时分别入于其源出之诸天（日月诸方等）、五大（地水火风等）。

皆入相应天！而其诸功业，及识所成我（vijñāna-maya ātman），皆融入一如（ekī-bhavanti）①，无上不坏者。8 如诸川奔流，归于大海洋，消失其名色②，知者离名色，归神圣原人，超彼超越者（parāt-para）③。9 知至上梵者，乃成为大梵。不知大梵者，无有生其家。彼乃度苦厄。彼乃离罪恶（pāpman）。心结既已解，彼遂成不死。10 于此有偈云：人若行祭业，且习诸吠陀，随顺于大梵，恭敬自供奉，唯一之仙圣（ṛṣi）④；如实唯于彼，既行头礼已⑤，应授大梵智。11（以下为散文）此即是真理。远古时仙圣（ṛṣi）案吉罗斯（Aṅgiras）所开示。未行头礼者不当读此。敬礼无上仙圣！敬礼无上仙圣！

可以看出，《蒙查羯》书开示的内在瑜伽之法，其说颇为零散、缺乏系统，今略将其整理为如下次第：

第一，修习瑜伽的条件。

修习瑜伽应满足一定条件。此奥义书对此所说颇嫌零散。综合起来，这些条件大致包括：(1) 勉行祭祀、谙习吠陀、随顺大梵（此处指吠陀）、供奉祭火（III·2·10），此为修习瑜伽之外在条件。也就是说，尽管 I·2 对祭祀、吠陀持强烈批评态度，但此奥义书总的立场，还是认为如法完成祭祀，是修习瑜伽的必要条件。根据后来吠檀多学的解释，这不仅因为祭祀是一种职责，而且因为它有泯除自私、克服贪欲，从而净化心性的功用。(2) 省思业所成世界之变灭无常，知大梵非由业行而得，由此对尘世业果生厌离想（nirveda），对梵智生希求心（I·2·12）。(3) 由于对尘世生活的厌离，求道者达到内心安定、虔诚清净、寂静专一。(4) 当求道者满足上述条件，就应择一熟谙圣典、安住大梵之师傅（guru），束薪往造，求为学徒，由此师傅授以瑜伽之法，即证梵之道。

第二，瑜伽的方法。

瑜伽的核心是证知大梵、自我的方法，然而《蒙查羯奥义书》对此的阐述却颇为零散、随意。大致说来，苦行、离欲、禅定被认为是瑜伽的主要内容。III·1·5 说真知、苦行、正智、常守净行、除诸过恶是证知自我的必要环节。III ·2·1 说离欲、敬

---

① ekī-bhavanti：直译为与……合而为一，与……成为同一。

② 见 PraśVI·5.

③ 超越者（para）：指非显、自性。自性超越一切表象，原人复超越自性，故谓超彼超越者（parāt-para）。

④ 唯一之仙圣：兹指元气，或谓祭火之一种。见 PraśIV.

⑤ 头礼（śrovrata）：顶火之礼，头顶火盆，求纳为徒，为拜师之礼。

思神我（Puruṣa）、睿智（知行业之虚妄）、超越轮回种子（śukra）是证大梵的必要环节。其中把超越（断除）种子作为瑜伽修行的主要内容，乃为唯识断种之修习道的滥觞。至少就文本上，在这些说法中没有发现一种系统性。

但如果我们愿意承担过度解释的风险，那么可以以Ⅲ·1·8—9的说法为基础，将《蒙查羯》的瑜伽方法组成一个系统。Ⅲ·1·8—9认为禅定是瑜伽的根本内容，故苦行、离欲等皆服务于它。其云："8 非由眼可得，亦非由语言，非由余诸根，苦行与功业。由心识安定（jñāna-prasāda），人得净其性（sattva），如是依禅定，证彼无分者。9 彼微妙自我，唯独以心知，五元气入故①。以心之全体，与诸根交织，若彼得清净（不复依诸根而动），自我乃显现。"非由感官与日常认识、非由功业与无意义的苦行，只有通过禅定，吾人才能直接证悟自我。然而要获得禅定，首先人要心识安定，这就是要将诸根收回，于是心识不再攀缘外境、随根境摇荡，从而获得安宁；其次当人的心识长期处于安宁状态，便会获得自身净化，如一钵浊水，久处安宁就会变得清净。这也就是《蒙查羯》书所谓出世瑜伽（saṃnyāsa-yoga），后者就是指人不着于感觉对象，不染于诸根的享受，乃至对尘世一切皆能漠然视之，并由此使人的心性最终变得清净。如镜离垢方能照物，当人心性清净，才能如实证悟自我。Ⅱ·2·3以为欲证自我，除修禅定之外，还应勤习奥义书，且专心观想大梵自性。其云："《奥义》之利器，应持以为弓；应置其上者，禅定磨就矢。拔之以专注，彼（大梵）性之思想，穿之吾善友，不坏者之的！"Ⅱ·2·4则沿袭《羯陀》的Om敬思，认为通过观想Om为梵，最后证悟大梵自身，它亦以射击为喻，谓人应以大梵为靶，以Om为弓，以自己的心性为矢，以心不放逸射穿大梵之的。以上所开示，皆为获得觉悟之自力途径。

此外，Ⅲ·2·3还接受了KāṭhII·23的说法，承认获得觉悟的他力途径，即通过神的恩宠，其云："非由于教导，非由思维力，亦非由多闻，可得此自我。唯彼所择者，乃可得乎彼。于如是一人，自我现自体。"这显然与Ⅲ·1·8—9的自力途径相矛盾。它反映了晚期奥义书朝有神论和信仰主义靠拢的倾向，不过这种倾向在《蒙查羯》书中还不占主流。

第三，得梵智后的继续修行。

尽管《蒙查羯》书中有许多说法颇不一致，但总的看来，它并不认为得到梵智就是生命理想的实现，即人在此立即与自我合一，得到最终解脱。其更一贯的立场，还是认为得到梵智、证知大梵与成为大梵并非同一件事。梵智可以视为解脱之路的起点，此后人仍需经历一段修行之路，才能最终与梵合一。其中说法亦有不一致处，如

① 五元气入故：谓以行者内摄五种元气（即眼、耳等五根）于心中之故。

III·1·6说人如果证知真理（得梵智），且愿欲满足，乃会循天神道达到真理、至上我所居之处，与其融合为一，似乎从证知大梵到获得大梵，乃是一当然的、不须再有修为的过程。

然而此奥义书更一贯的说法，还是认为得梵智之后，仍须经历艰苦的修行，包括林居、乞食、苦行（tapas）、无欲（vi-rāja）、精进、不放逸（apramatta）、寂静（śānta）、专一（yuktātman）、智慧、信仰（śraddhā）。此如III·2·4云："非由无力者，亦非由放逸，及无相苦行①，可得此自我。人若为知者，方便以精进，则于其梵城，其自我遂入。"I·2·11："清净之智者，乞食以自活，且于丛林中，修苦行、信仰，乃由日之门②，无欲离此世，达不死原人、阿特曼之处。"

第四，修行圆满者的归宿。

人若已得梵智，且修行圆满，则最终进入大梵，消失其自我，与梵合一。此奥义书认为此人逝后，其灵魂将进入梵界，与梵天共处，当此梵天的一期生命终结，即宇宙寂灭之时，乃与梵天一起融入至上梵中，消失差别、彼此，得至上解脱。III·2·7说此时参与构成人的命我的十五分，即人的诸根、色身，分别入于其源出之诸天、五大，如眼、意、耳、语言、呼吸等诸根分别入于日、月、诸方、火、风等诸天，组成色身的地、水、火、风、空分别入于相应之五大③。于是识我乃携其功业，融入至上我，与彼一味无别④。最后，对于解脱的境界，《蒙查羯奥义书》有一非常著名的偈颂（III·2·8），予以形容，其云："如诸川奔流，归于大海洋，消失其名色，知者离名色，归神圣原人，超彼超越者。"于是人乃远离罪恶，解开心结，遂成不死。

《蒙查羯奥义书》对于自我本体的神秘性的阐明，在它的全部思想中，就好比一筐烂桃里面唯一的鲜果，然而我们却是根据这唯一的鲜果确定《蒙查羯》在奥义书思想史中的地位。可以替这种做法开脱的理由是，绝大多数奥义书的观念都极芜杂，真正深刻、独到的领悟总是和大量陈腐的平庸之见堆放在一起，如果将后者考虑进来，那么我们对大多数都将无法进行思想上的定位。

《蒙查羯奥义书》的思想，包含形上学与修道论两方面。其修道论以吠陀之学为

---

① aliṅga：无相的。注者释此谓"无目的的"、"无谓的"，或"内在的"，似以前说更合于上下文。

② 离爱染者，逝后乃循日光而上，达于太阳，且由此逸出。

③ 按：《蒙查羯》书在这里应当是把奥义书通常对死亡后诸根与色身归宿的描述，混淆为解脱境界。

④ 按：在这里，《蒙查羯》书认为人解脱时仍携其业与俱，与奥义书通常的解脱时断除诸业的说法不一致，亦与MuṇḍII·2·9矛盾。此偈（亦见上一脚注）可能如《广林奥义书》的耶若婆佉学说一样，对于死亡、熟眠位与解脱缺乏明确区分。

下智，以证悟大梵为上智；讥弹吠陀与祭祀，以得梵智为得解脱之途径。而得梵智之道，在于离欲却染、摄心内证，即所谓出世瑜伽（saṃnyāsa-yoga）。其具体科目包括离欲、净心、专注、禅定、精进等。然而《蒙查羯》的修道论，基本上是继承《羯陀奥义书》的路线，其出世瑜伽基本上是继承后者的自我瑜伽，少有有价值的发挥。其形上学方面，亦是沿用奥义书陈说者居多，如其论自我为世界万有的根源、全体、实质、依持诸义，皆是从《黎俱》、《广林》、《唱赞》、《羯陀》等拾掇而来，其中充斥着惹人生厌、猥杂错乱且与其究竟意趣相冲突的陈词滥调。《蒙查羯》书对于自我本体的神秘性的阐明，乃是其最有价值的思想。它开示大梵、至上我超越了"非有（a-sat）"、"超越心识者"、"不坏者（akṣara）"、"超越者（parāt）"。后者即形而上学的超验意识实体和思辨省思的先验意识本体。作为对它们的否定，大梵就是超越了超验和先验的实在的最高原理。它由于否定了精神的任何现实存在，即否定了全部的思想、活动，因而就是后者无法把握的神秘本体。这意味着，在这里奥义书的省思已经脱离思辨思维对思维、概念的依赖，进入超理性的直觉思维层次。

这一精神进展，最终也是由自由本身推动的。在哲理精神阶段，自由展开为对精神的绝对内在现实，即先验思想的自主设定。然而在这里，先验思想作为绝对真理，只是精神的维持、守护的对象，对于精神的自主否定，它仍然是一个禁区。如此以往，则自由终将被现实的思想、概念窒息，从而使精神的推陈出新成为不可能的。不过任何现实的精神，都内在地包含了否定与肯定、维持与摧毁两种自主力量，都是在二者的相互交织中形成、演化的。在本体的自由推动下，这两种自主力量都必然恢复其本真性，展开为无限、绝对的活动，从而推动奥义书的省思否定先验实在、思想的绝对真理性，领会本体超越现实的绝对自由。《蒙查羯奥义书》的直觉思维，就反映了精神自由的这一重大进展。它对于本体的神秘性的领悟，反映出在这新的领域里，一方面，精神的自身否定势用已恢复其本真性，展开为对一切现实之物，包括先验思想的否定或超越；另一方面，精神的自身维持势用也恢复其本真性，展开为对那超现实存在的维持或确认。前者在于"破"先验思想的绝对真理性，后者在于"立"超现实存在为绝对真理。这二者的交互作用构成精神从现实境界到神秘境界的持续运动，即直觉思维的活动。于是精神首次将那一直处在黑暗之中的超思维、超理性的境界带到意识的光照之下，因而也将其带到其现实自由的空间中。自由终于突破了现实性、思想的樊篱，进入作为后者之否定的神秘或神圣领域，实现为神秘的乃至本真的精神。

在《蒙查羯》书中的直觉思维，仍然存在很大的局限性。首先它对先验实在与超现实原理的区分仍不彻底。盖超现实本体的真理乃是"空"、"本无"。省思只有舍

“有”证“空”，即彻底否定现实、“有”的真理性，将本体推入“空”、“本无”的领域，才能实现对现实与本体，或存在与自由的彻底区分，以及对自由的本真领会或觉悟。《蒙查羯》的思维没有达到这样的彻底性。它对觉性的现实性，即思想、活动的否定，并没有导致它将本体确定为“空”、“本无”的确认。在这里，本体还是一种“有”，仍然是某种尽管特殊的现实性。于是它对思想、活动的超越就仍呈现为一种现实对另一种现实的否定，在这里就是意识、澄明对思想、概念的否定。“本无”在这里只呈现为一种神秘性，而非其本来的神圣性。正是这种对“本无”的误读，构成直觉思维与精神的本真觉悟的差距。正是这种对神秘性的领悟，决定了印度文化精神中，思想与意识、逻各斯与澄明之不可克服的矛盾。其次在这里，直觉思维本身还极不完善。一方面，直觉思维还极不稳固。从上述分析可以看出，省思对本体神秘性的把握仍摇摆不定。神秘本体往往被与现实的超越实体和先验本体，乃至自然的实质混为一谈。真正有生命和朝气的领悟，几乎被大量平庸陈腐、芜杂混乱的滥辞湮没、窒息。这表明精神对现实性的否定还很不彻底，它对于那神圣本质的自由也仍然是间接的。另一方面，直觉思维在内容上还很空洞、贫乏。省思对这神秘本体，以及它所否定的先验实在的内容都不清楚。这表明精神的自主性还只停留在超越存在的外部，而没有深入其内在实质。所以《蒙查羯奥义书》的这种思维的局限，也反映了现实精神自由的局限。

然而本体自由作为绝对和无限，必然促使现实精神恢复其本真自由，使其内在的自主性展开活动，从而否定上述精神局限，实现更完善的自由；这必将推动直觉思维的进一步发展，乃至实现朝真正的精神觉悟的转化。本体自由作为绝对，必然促使精神内在的自身否定和自身维持势用在那超理性本体的国度进一步展开，从而推动精神省思进一步划清现实与本质的界限，清除那些与本体的神秘性不一致的陈词滥调；同时也促使省思对这本体的领会更加牢固。本体自由也必促使精神的自主势用展开为针对超验及神秘原理的内在实质的自由，从而促使省思打开它们此前关闭着的大门，将它们的宝藏展示出来。在印度传统中，《蛙氏奥义书》的思想就初步体现了这一新的精神进展。

## 第二节　曼荼祇夜（蛙氏）

《蛙氏奥义书》（Māṇḍūkya Upaniṣad）传统上被归诸于《阿闼婆吠陀》，尽管其得名于《黎俱吠陀》之“蛙氏”（Māṇḍūkeya）学派（《黎俱》曾提到数位名蛙氏的祭司），此派已经绝传。不同于其他古奥义书之繁冗枝芜、纷总舛互，此书独简短精要、条然系统，故其时代必然较晚。另外此书只说 Om 有三音，而属《阿闼婆吠陀》之大多数其他奥义书说有三音半，表明其当早于此诸书。

《解脱奥义书》(Muktīka 26) 宣称："厌求解脱者，一《蛙氏》已足。若仍乏智慧，乃读十奥义 (其他十种主要奥义书)。"尽管其属于古奥义书中之最短者 (只有 12 节、数百字)，然其对吠檀多学之影响，可谓至大且钜，盖因不二吠檀多派始祖乔荼波陀为之造颂释，名《圣教论》(Āgamaśāstra)，兹后商羯罗复注疏此释，阿难陀吉利又为商羯罗注造广释，于是由此数百言之奥义书，乃敷演出宏大之篇幅，且义旨更详、影响益巨，故此书乃俨然为不二吠檀多之宗典矣。

《蛙氏奥义书》的主要思想，是阐明人的意识结构的自我四位之说。它将这意识分为醒位、梦位、熟眠位、第四位四个层次。熟眠位的实质就是喜乐、理智、先验意识，第四位则是超越理智的神秘绝对。从学理上说，《蛙氏奥义书》乃是将耶若婆佉思想的醒、梦、熟眠的意识三位说与步厉古思想的五身说结合起来，并在此基础上做出了重大发展。它的贡献是双重的，这在于：(1) 对思辨省思的进一步完善，在这一意义层面，它亦可被当作奥义书思辨省思发展的完成。思辨省思是绝对反思与内在超越的统一，它把绝对主体性和超验境界融合为一，揭示出作为经验主、客体二者的共同根源的先验存在领域。奥义书的思辨省思，大致包括以下发展阶段：其一，由耶若婆佉之学代表的本质的、灵感的、抽象的阶段。耶若婆佉领悟到先验意识为经验存在之本质，但这种领悟带有灵感式的、偶发的特点，他对先验意识的实质缺乏规定，对本质与经验存在的关系缺乏深入思考。其二，由步厉古的五身说代表的全体的、概念的阶段。在这里现实的自我、存在被揭示为本质与现象、心与物、先验性与经验性之全体，先验反思克服其偶然性特点而成为概念，并且力图通过把握先验实在的实质为喜乐，使自身成为具体的。其三，由《蛙氏奥义书》的自我四位之说代表的具体阶段。盖前此的耶若婆佉学说，思辨反思是完全抽象的，它对于先验意识的实质内容是什么没有任何规定。步厉古将这实质规定为喜乐，然而这并不符合先验意识的真理 (详见本章小结中的讨论)。蛙氏学不仅完全抛弃前二者宇宙论和心理学残余，而且首次将先验意识规定为般若，即思想、理智。般若超越客观和主观经验 (醒位与梦位) 而为其根源，因而是超越、绝对的主体，即先验实在。在这里，先验实在的实质内容终于得到正确的领会，它落实为思维、理性的活动，于是思辨反思抛弃前此的抽象、模糊性而成为具体、纯粹的。所以在蛙氏学中，奥义书思辨省思的发展达到其充分性和完善性。这种思想进步也反映了精神自由的进展。它在观念层面表现了思辨反思对经验、心理因素的彻底否定和排除。这种精神否定运动表明了精神内在的自身否定势用在思辨领域的彻底展开。另外它对先验实在的理性、概念的领悟，也在观念层面表现了精神对于自我的内在形式建构运动，这表明了精神内在的自凝势用在思辨领域的积极展开。同时精神对先验理性与自我的同一性的领会也离不开自反势用的推动。因为：第一，唯自凝势用的积极活动推动省思领会本体的内在形式（逻各斯、概念），亦即使省思成为理性的；第二，唯自反势用推动省思领会这形式就是自我，亦即使理性省思成为理性反思。因此在《蛙氏》中思辨省思的完善表现了精神内在的自主否定（自舍）和自主肯定（自凝、自反）势用的辩证运动，而且这思辨省思就是在这种矛盾运动的推动下展开的。

(2) 对于直觉思维的发展。在蛙氏学中，省思在这里还超越了先验实在，领会到那种超越现实性的神秘存在本身。这种领会不再是精神的现实性，即概念、理性的产物，而是得自某种神秘的禅观，因而这省思就是一种直觉思维；它对先验实在与超现实存在的最初区分，就是所谓"直觉的区分"。克实言之，真正的神秘者就是超现实的本体自由自身。所以在这里，精神开始进向本体自由自身，开始对于后者具有了初步自由（尽管这种自由仍然是间接的）。相比于《蒙查羯》书的首那伽之学，蛙氏学的根本进步在于使直觉思维得到巩固和具体化。《蒙查羯》书无论是对于先验实在，还是那超现实存在，对于其实质内容都缺乏清晰充分的说明，对于二者的区别也很模糊、空洞，所以直觉思维在这里仍是抽象、空洞且不稳固的。然而自由必然推动奥义书神秘精神的进一步自我完善和提升。精神的自主否定必然推动直觉思维对现实的否定更加彻底，其自身维持必推动直觉思维对超现实存在的确认更明确、坚定，从而促使直觉的区分更明确，直觉思维对神秘本体的领会更加具体、稳固。《蛙氏奥义书》就反映了神秘精神的这一发展。它提出所谓自我四位之说，将存在、自我分为四个意义层面，即醒位、梦位、熟眠位、第四位，或遍在、炎炽、般若（思维、概念、理性）、至上梵（真心），分别指客观经验；主观经验；先验的实在（般若）；超越思想的真心。它明确领会到那先验实在就是般若或思想，而存在、自我的究竟本质为超越了这思想的纯粹意识、澄明（清净心）。所以在这里，无论是先验实在还是神秘的本体，都克服了在《蒙查羯》书中的空洞、抽象性，具有了明确、具体了实质，因而直觉思维成为具体的。直觉的区分成为思想、逻各斯和纯粹意识、澄明的区分。一方面，如前所述，先验实在获得了具体性，般若或思想被认为是全部客观和主观经验（醒位和梦位）的先验基础、根源。另一方面，般若尽管是存在的直接根源，但并未被当作究竟理体，究竟理体是"非般若，非非般若"，即超越思想的绝对真心（第四位）。"直觉的区分"在这里成为对于思想与超思想的本体的区分，因而成为完全明确、具体的。奥义书的直觉思维在此得以完善。这种直觉思维的进展，本质上也是由自由自身推动的。

《蛙氏》对理性、思想与本体区分的明确化以及对本体的领会的具体化，在观念层面表现了直觉省思的双向精神运动。一方面，它表明精神对现实、思想的否定得到彻底化。这种精神自我否定运动的拓展，在现象学上验证了其内在的自舍势用在直觉领域的持续展开。另一方面，直觉省思对澄明心灵本体的领会，表明了精神依次穿透自我经验的、理智的、思辨的偶像，最终深入到超理性本质领域的持续内在化运动。这在现象学上验证了自身维持势用的积极展开。总之，是精神内在的自舍势用的持续展开推动直觉省思对现实的否定更加彻底化，同时是其内在的自身维持势用推动它向超理性本质领域的深入。因此，《蛙氏》的直觉省思就包含了这两种精神自主势用的辩证运动。它正是在这二者的历史展开推动之下形成和发展。然而唯有在作为精神绝对本质的本体自由自身促动之下，这自主势用冲破传统规定而历史展开才是可能的（参见本编引论）。因而最终是自由推动直觉省思的形成和发展。我们对《蛙氏》的思想形成的阐释，也为自由推动精神发展的内在必然逻辑提供了现象学的验证。

然而直觉思维有其固有的局限，无论首那伽还是蛙氏之学都未能摆脱。盖究竟言之，意识、澄明同思想、逻各斯一样，也是属于现实性的范畴。直觉思维超越了思想、逻各斯，却以神秘、非理性的澄明为究竟，因而它对现实性的超越仍不彻底。而若要使这超越成为彻底的，省思就必须将全部现实存在虚无化、空洞化或虚假化，唯此才能保证理体不会再被置于现实存在之中。盖唯一超越了精神的现实即思维、概念的神秘东西的真理，就是本体自由自身。后者绝对地超越了任何思想、概念，是对现实存在的彻底否定。但直觉思维只是人类精神领会本体自由的最早尝试，因而它不可能对这自由把握得很稳固、清晰、准确、彻底。它未能领会到这理体就是本体自由自身，就是觉性的永恒、绝对的自否定运动，后者彻底超越了现实的存在，因而就是"空"、"本无"（见本书下一编引论）。直觉思维既没有将现实空洞化，也没有真正将理体视为"本无"，因而那超越思想的理体，在这里似乎成了另一种现实性，即纯粹意识、觉性的澄明。理体对现实存在的否定也蜕变为意识与思想、澄明与理性的对立；后者规定了印度精神的基本格局。理体在这里失去了自己本来具有的彻底超越性或神圣性，它只是一种神秘存在。总之，直觉思维对现实存在的超越并不彻底。精神在这里还没有实现对现实存在的彻底自由、否定，未能脱离"有"，跃入"空"的领域。

《蛙氏奥义书》共12偈，从内容上大致可分为两个部分，前一部分，即第2至7偈，开示自我四位之说，为其最有价值者；后一部分，即第8至12偈，开示对Om的敬思，即观想此四位为"Om"之实质，以此领悟存在之整体和本质。兹说之如下。

## 一、自我四位

《蛙氏奥义书》，以对Om声的敬思开始，亦以此观想结束，而其宗旨，则是所谓自我四位之说。其说将现实的自我、存在分为“四足”（catuṣpāt），即四个层面，四位[①]。此四者，从粗显到精微，依次为醒位、梦位、熟眠位、第四位。此种分别，既是经验心理学意义上的，也是本体论意义上的。其说在《大林奥义书》和《唱赞奥义书》中即已开始酝酿（早期奥义书一般只说三位，不说第四位），中间经《鹧鸪氏奥义书》演为五身，到《蛙氏奥义书》乃得定型，终为后世吠檀多学之宏纲也。MāṇḍI—VII云：

1 Om! 此声即全世界。其义详说如下：过去、现在、未来，一切皆唯是Om；以及超越三世之任何其他存在，亦皆是此Om咒。2 因为信然，此一切皆是大梵[②]。此自我即是大梵。此自我有四分（四足）[③]。3 彼住于醒位（jāgarita-sthāna）了别外境[④]，具七支、十九窍[⑤]，受用粗色（sthūla-bhuj）[⑥]者，即遍有者（Vaiśvānara）[⑦]，是为第一分。4 彼住于梦位（svapna-sthāna）了别内境[⑧]，具七支、十九窍，受用细色（pravivikta）者[⑨]，即炎炽者（taijasa），是为第二分。5 若人于睡眠中无欲、无梦[⑩]，此状态即熟眠（suṣupta）。彼住于熟眠位（suṣupta-sthāna），其相一如（ekī-bhūta）[⑪]，体即是智（prajñāna-ghana）[⑫]，喜乐所

---

① catuṣpāt，直译为四足，盖取相于由兽之四足而得其全体，然在此奥义书中，其所指为自我之四个存在层面、分位，故译为“四位”、“四相”更合理。

② 见BṛihI・4・9—10.

③ 自我、梵有四足catuṣpāt之说，亦见于BṛihIV・1・2—7；ChānIII・18，IV・5—8.

④ BṛihIV・2・3和BṛihIV・3・1—7中耶若婆佉对遮那伽的对话，亦是对醒位有的阐明。

⑤ 商羯罗解释为十根、五气、末那、觉谛、我慢、心，详见下文。

⑥ 此处受用包括两方面意思：一是领受义，谓此我可缘取粗色境（客观对象）；二是执受义，谓此我执此粗色为已身，而隐覆自我之真理，故在此粗色又称为“覆”或“衣”（共有五覆，粗色为第一种）。无论是领受或是执受，皆是过去业之果报，故亦迳称为“果”。以下几节，亦准此应知。

⑦ Vaiśvānara，休谟解释为一切人遍有者，但根据上下文，它亦可能指遍缘一切境者，以醒位识以内外一切境为对象故。说自我为Vaiśvānara，已见于ChānV・11・2.

⑧ 了别内境，BṛihIV・3・9.

⑨ 受用细色，BṛihIV・2・3.

⑩ 若人于睡眠中无欲、无梦：已见于BṛihIV・3・19.

⑪ 一如，已见于BṛihIV・4・2。商羯罗：“如于夜中，因黑暗故，物无差别，故知觉为一如。信然，如是于熟眠位，一切识境皆融为一体。”于此无欲、无相、无思维，唯有识与喜乐。BṛihIV・3；ChānVIII・11・1皆以之等同于证梵。

⑫ 体即是识（prajñāna-ghana），已见于BṛihIV・5・13.

成（ānanda-maya）①，受用喜乐（ānanda-bhuj），其窍为思想（cetas）者，即般若（prājña），是为第三分。6 此即一切之主宰（Sarveśvara）②。此即一切智（sarva-jña）③。此即内在之主（Antaryāmin）④。此即胎藏（yoni）⑤，因其为众有之始与终（prabhavāpyayau）⑥。7 既无内识（antaḥ-prajña），亦无外识（bahiḥ-prajña），亦无内、外识（ubhayataḥ-prajña），不为识体（prajñāna-ghana），非般若（prajña），非非般若（a-prajña），不可见（a-dṛṣṭa），无对待（a-vyavahārya），不可触（a-grāhya），无相（a-lakṣaṇa），不可思议（a-cintya），不可言诠（a-vyapadeśya），唯于自证安立（ekātmya-pratyaya-sāra）⑦；止息（prapañcopaśama）、寂灭（śānta）、安乐（śiva）、不二（advaita）。圣者思彼即第四位⑧。此即是我。此是应知者。

对于此说自我四位，乔荼波陀在其《圣教论》第一章提挈纲领，其云："遍在为周遍，且受用外境；炎炽受内境；般若即识体。彼其实是一，而显现为三。"⑨如前所说，所谓自我四位，即醒位、梦位、熟眠位、第四位。其中前三位是自我现实存在的全部内容，第四位是它们的本体，而前三位是第四位的表相。严格意义上说，这里醒位、梦位、熟眠位、第四位，是立足于对人的自我的分析。然而由于奥义书相信宇宙与人的同构，故与人的自我相应，宇宙的存在也同样包含这四个层面。也就是说

---

① 喜乐所成（ānanda-maya），已见于 TaitII · 5.

② 一切之主宰（Sarveśvara），已见于 BṛihIV · 4 · 22.

③ 全知者（sarva-jña，汉传佛典译为"一切智"），已见于 MuṇḍI · 1 · 9，II · 2 · 7.

④ 内在之主（Antaryāmin），已见于 BṛihIII · 7.

⑤ 自我为胎藏（yoni）之说，已见于 MuṇḍI · 1 · 6.

⑥ 始与终 prabhavāpyayau，已见于 KāṭhVI · 11.

⑦ 此句（ekātmya-pratyaya-sāra）原文有歧义。有学者译为"为自证识之实质"（Sarvepalli Radhakrishnan, *The Principal Upaniṣads*, George Allen & Unwin LTD, London, 1953.698）或"其实质唯是自证"（Patrick Olivelle, *Upaniṣads*, Oxford University Press, Oxford, 1996.289）；杜伊森和休谟译为，"其存在唯通过对（吾人）与自我的同一之证悟而得确信"。本译文特意保留了这种歧义。但若推敲上下文，可能 Olivelle 的解读更合理。

⑧ 第四位，此处为 caturtha，乃序数"第四"之普通表述。BṛihV · 14 · 3，4，6，7 称为 turīya，MaitVI · 19，VII · 11 称为 turya，皆为其变形。后来吠檀多学专称为 turīya。

⑨ ĀŚI · 1。商羯罗《圣教论》释开篇说："顶礼大梵，其在醒位受用粗境，以其恒常的心性之光渗透对境故；在梦位受用由贪、痴、行所生，且为意那了别之诸境；并且在熟眠位通过摩耶受用喜乐；而且摩耶论以之为第四位，即究竟、恒常、不死者。"（*Māṇḍūkya Upaniṣad with Gauḍapāda' s Kārikā and Saṃkara' s Commentary, introduction, Sri* Ramakrishna Ashrama, Mysore, 1936.）此为从吠檀多不二论角度对四位进行发挥；除其中将熟眠位等同摩耶缺乏充分根据外，这一解释是非常精到的。

这四位有其个别和普遍两个维度。与前者一一对应，后者的四个层面分别是，遍在（Vaiśvānara）、炎炽（Taijasa）、般若（Prājña）、至上梵（Para-Brahman），其中至上梵与第四位（turīya）完全融合。

奥义书自我四位之说，其含义尝有待厘清。首先，这当然是一种主观心理学的分析。在这里，自我四位分别指人的四种心理状态，即有清醒、正常的感觉的心理；处于梦中的、切断了外感觉的心理；处于深沉睡眠、梦境亦消失的心理；以及得到觉悟的圣者的超越、神秘心理。其次，更重要的是自我四位说包含的真正哲学的内涵：第一，它具有纯粹认识论的意义。醒位、梦位、熟眠位、第四位分别指认识的四种层次，即客观的、单纯主观的、纯粹思维的以及神秘、超越的，其中每一层次都对应着不同的认识主体及对象。但是在第四位，主体与对象融合为一，因而与一般所谓认识有本质不同，它只能在广义上被纳入认识论范畴。第二，自我四位说也开示了一种真正的存在论，这才是此奥义书的究竟义，也是我们讨论的主要内容。在这里，四位分别指人的自我和宇宙存在的四个层面。首先，就人的自我而言，这四位，即醒位、梦位、熟眠位、第四位，分别指自我的如下存在意义：其一，属于客观经验的存在；其二，属于主观经验的存在；其三，属于先验现实性（纯粹思维、概念）的存在；其四，属于超越现实之绝对的存在（至上梵）。其次，宇宙与人同构是奥义书的基本信念，故与人的自我相应，宇宙的存在也同样包含这四个层面；与上述自我四位一一对应，它们分别被命名为遍在（Vaiśvānara）、炎炽（Taijasa）、般若（Prājña）、至上梵（Para-Brahman= turīya）。在后来的吠檀多学中，遍在、炎炽、般若被分别等同于吠陀、梵书的三个人格神，即 Virāṭ（端严，表现为客观物质世界之神）、Hiraṇyagarbha（金卵，与末那、觉谛等精神原理联结，为造物主）、Īśvāra（大自在，与自性、喜乐联结，为世界根源、种子），至上梵（或曰无德梵）则是超越人格的绝对本体。人和宇宙在其每一层面相互呼应，在第四位完全融合。就其本体论意义层面，《蛙氏奥义书》自我四位之义，可详细阐述如下：

### 1. 醒　位

醒位就是与凡夫众生清醒的日常生活对应的存在境界。它以正常、清醒的意识为标志，但其意义在这里不只是心理学的，而主要是存在论的；它是自我，作为存在之大全的一个意义层面。这种存在境界的特点是：坚信外境的存在，且五根（眼、耳、鼻、舌、身五种外感觉）升起活动，缘于外境（亦即所谓“粗色”），形成认识，并分别净、不净，产生贪、嗔等，而有针对外境的行为（取、舍）。醒位相当于我们所谓客观经验，它被认为是最低级的，也就是离存在之本源真理——梵最远的存在境界，它在人死亡之后就会消失。

在其普遍的、宇宙的层面，与醒位我相对应者为遍有者（Vaiśvānara），后者即具有客观经验的宇宙大我（不必是人格神），它其实就是包括醒位的全体众生之普遍精神，而以全部物质宇宙为其身体。商羯罗说，此大我说为遍有者，乃因其"引世间众生各入其趣受用不同境界故，或因其包含万有故"。此遍有者之为名，盖有两种含义：其一，为一切人遍有故。盖醒位为正常人的自然经验的层面，其内容为众生共同的、客观必然的对象；其二，遍缘一切境故，醒位识以内、外一切境为对象故，内、外诸根同起作用故。这遍有者后来被人格化，与梵书中象征物质世界、财富的Virāṭ神等同。

醒位我执着物质、表象的世界为唯一真实的存在，它只能看到这样的存在，因而把自我也理解为这样一种物质实在。当然，人类全部自然科学都是在这一自我层面展开。人类也根据这种存在理解来规定生命的价值、目标。因而在这里，一方面，唯有物质的功利才是真正值得追求的；另一方面，人类的全部活动最终都是为了获得其作为自然人的满足。人们自己对权力、金钱、性等等的追求，对社稷安危、国计民生、社会福祇的焦虑，以及自然伦理、偶像崇拜，也都属于这一层面。在这里，自我由于对物质的、偶像的东西的执着，而完全没有意识到自我的内在存在、意识到自我的精神本质。因而醒位我是脱离其绝对本质，即大梵最远的。在这种意义上，也可以说它是最虚假的。

不过就注释家们对《蛙氏奥义书》这一段的解读而言，目前仍多有模糊之处。第一，所谓醒位我"具七支"，传统以为七支应指宇宙大我与个人小我之肢体各有七分，但此七分到底何指则难以确定。商羯罗说此七支义来自ChānV·18·2，但彼处列举者实为十一支（头、眼、呼吸、身、膀胱、足、胸、发、心脏、末那、口）。另一方面，早在梵书就说由自我、元气产生七个原人（Puruṣa），由后者进入众生体内再合为自我（Sat BrāVI·1·1），ChānVII·26·2也说："自我为一分，三、五、七、九分，或说十一分。"故《蛙氏奥义书》之说更可能来自此处，而非来自ChānV·18·2。但此七支具体所指为何，亦不清楚。我设想，根据梵书和早期奥义书中常见的人与宇宙同构论，宇宙自我之七支，大概指它以天为其首，日为其目，风为其气，虚空为其身，地为其足，圣火为其口，食物为其膘，共成其身体之七部分；人的肢体乃与此一一对应。另外，下文释梦位我（由主观心理组成），亦有七支，如是则此七支似不应当指人的肢体。故其说义仍颇有疑团。第二，所谓梦位我之"十九窍"，商羯罗释为自我具有的全部生命机能，曰五知根（眼、耳、鼻、舌、身）、五作根（手、足、口、排泄器官、生殖器官）、五气（上气、下气、出气、通气、腹气）、末那（manas，感觉之总和）、觉谛（buddhi，理智）、我慢（ahaṃkāra，自我意识）、心（citta，思维），共十九种，是醒位的众生和 Vaiśvānara 共同具有的身、心官能。不过商羯罗所释此十九之义，乃明显属于数论体系，然而《蛙氏奥义书》其他处并没有反映出数论因素的影响，故商羯罗的解释，亦可置疑。而联系下文说熟眠位我仅有一“窍”（ekī-mukhya），则此奥义书所谓“窍”就是指人的身心机能还是可以肯定的。

2. 梦 位

梦位是与人的完全个体的主观意识对应的存在境界。它以梦中意识为标志，但其意义也不只是心理学的，而是存在论的，也是自我的全体存在之一个意义层面。这种存在境界的特征是：所有外感官（五知根）都停止了作用，只有末那（内感官、意）仍然在活动，故只能知觉内在的“细”境，不能知觉外在的“粗”境。末那既是内感官，但其最根本的作用是在外感官表象基础上进行统握、构形，这就在于它自由地构造图形，将外感官的表象纳入其中。因而末那包括了心灵的一个重要功能，即想象力，亦即心灵自由构造、呈现主观表象的能力。梦位的经验就是末那在潜在的熏习、业和现行的贪欲、记忆影响之下变现出的表象。总之它是来自末那的虚构，尽管可能以醒位的遗留印相为素材。因而它是完全主观的、私人性的，不具有客观实在性。然而梦中的事物在梦位的经验中却是真实的，尽管在醒位意识看来是虚假的。梦位我即是参与轮回之我。它由细身和末那、觉谛、我慢、心识组成，不包括粗身，它在肉体死亡后继续存在，而投生于另外的归趣。

与梦位我对应的宇宙大我，被称为炎炽者（taijasa）。梦位我之被说为炎炽，盖如 BṛihIV·3·9 所说，在此位自我唯内觉故，乃处于其自身光辉中，是以得名。炎炽者即是包括所有个体的梦位自我的普遍精神，是处在睡梦中的宇宙灵魂。作为这样一个普遍精神，它本来是抽象的。但是在后来的吠檀多思想中，它被与吠陀、梵书的金卵（Hiraṇyagarbha）神等同起来，成为一个人格神，于是它成为世界的创造者。梦位我被等同于造物神，原因在于：在这里，由于外感知以及相应的客观性要求被排除，末那作为想象力获得了完全的自由；这想象力的创造具有了无限的空间，于是被与神的创世能力等同起来。这一思维理路，在《广林》对梦位识的开示中已经表现得很清楚，其云：“没有车，没有绳，没有路。但是他从自身投射出车，绳，路。没有幸福，没有快乐，没有愉悦。但是他从自身投射出幸福、快乐、愉悦。没有水潭，没有莲花池，没有溪流。但是他从自身投射出水潭，莲池，溪流。因为他是创造者”（BṛihIV·3·10）；“他作为神，如是为自身创造众多境相。”（IV·3·13）

在这里，存在与世界完全成为主观的、心理的表象，客观世界失去了意义。主观世界的内容也同客观经验一样是可以无限丰富的。梦位的意识也像醒位意识一样包括了能取和所取（主观和客观）的因素①。梦中境相对于梦位识也是客观实在，这与醒位的境相并无本质区别。梦位我的所有心识功能，在醒位也同样活动着。凡被吠檀多归宿于内根（内感觉、思维）的功能，像末那、识、理智，其在醒位和梦位的活动是一样的。这意味着，自我在梦位依想象、思维、记忆、统握构造的世界，与其在醒位依同样活动构造的世界，在真理性上没有本质的不同，唯不如后者有外感觉参与而已②。

后来不二吠檀多派，将梦位识与第三熟眠位识的关系，解释为佛教唯识学的转识与种子识的关系。盖早期的无着唯识，就将诸转识合称为意识（mano-vijñāna），谓依末那（manas）升起之识。不二吠檀多派也是以意识或梦位识为与熟眠位识（先验意识）对待的全部现行的心识活动（经验意识）。如乔荼波陀《圣教论》云："31 一切有二相，为动与不动，皆为意识现。若意识止灭，有二相皆除。32 若悟我实性，意识乃息念，为非意、非识，所缘境无故。"（ĀŚ III · 31，32）显然，这种解释使《蛙氏奥义书》的本体论更纯粹，理论层次更清晰、严整。

**3. 熟眠位**

熟眠位是与潜意识或先验意识（奥义书思想对此二者尚无明确区分）对应的存在境界。它以人的无梦的深层睡眠状态为标志，其意义也主要是存在论的，为绝对自我的一个意义层面。这种存在境界的特征是：自我的全部外感官（五知根）和内感官（末那）都停止了活动，自我既不能知觉外在的"粗"境，不能知觉内在的"细"境，也没有好恶、欲望、意志和（取、舍的）行为。如果说醒位为外识，梦位为内识，熟眠位则内、外识皆伏。它泯灭了梦位中种种行相的差别，将所有境界消融到一种连续的、无分别的基质（prājña）中。醒位我和梦位我就是包含差别的、不断流动转变的经验意识全体，熟眠我则是作为这种流转意识基础的，不变、同一、均匀（ekī-bhūta）的根源意识（为世界之"胎藏"，为"众有之始与终"），后者超越了经验、超越了时间和空间，而又是一切被时、空规定的经验的前提，从这种意义上说，它与康德哲学所谓先验意识类似。

熟眠我又被称为喜乐我（ānanda-ātman），受用喜乐（ānanda-bhuj）故。盖一切

---

① 如乔荼波陀解释说："9 于梦位境相，属心内造者，如是皆虚妄，唯外取者真；10 于醒位境相，属心内造者，如是皆虚妄，唯外取者真。"（ĀŚII · 9—10）

② 乔荼波陀认为梦位和醒位的经验在真理性上是平等的（后者并不比前者更真实）。既然我们在醒位发觉梦中的境相是虚妄的，我们也可以确定醒位的境相同样也是虚假的。凡夫众生皆处在由摩耶（即般若）生成的大梦中。其云："梦与醒二位，智者说无异：境相平等故，依理成就故。""一俟有情得觉醒，脱离无始摩耶梦，即证无生至上我，无眠无梦且不二。"（ĀŚII · 5；IV · 41。皆参考巫白慧译）

苦难、烦恼都产生于差别意识。一方面，只有对事物现起分别心，才会有顺、违之相，取舍之行，从而才会有求不得、怨憎会等烦恼，此皆是苦；另一方面，凡夫因为有了虚妄分别，才会产生贪、嗔等冲动，从而作罪业，缚轮回，酬苦报。而人在熟眠位乃等视一切，如商羯罗释云："如于夜中，因黑暗故，物无差别，故知觉为一如。信然，如是于熟眠位，一切识境皆融为一体"在熟眠位，无能、所，无内、外，无善恶净秽，无名色差别，只有一味相续、没有差别的心识的延续。自我以境界一味故，乃无所欲求，恒常自足，无苦无恼，平静安适，故为喜乐。但是在熟眠位，所有这些差别境相也并不都被消灭了，而是它们都进入了一种潜伏状态，没有显现出来。

与熟眠我相应的普遍存在是"般若"(prājña，理智、思维)，即处在熟眠位的宇宙大我，亦即处在此位的全部个体自我的集合。它就是至上我与普遍的般若、宇宙胎藏结合，被后者限制而形成。此自我说为般若，乃根据BṛihIV·3·21所说，谓在熟眠位，"自我乃进入般若我或大梵之中，无内无外"。在后来的吠檀多学中，它就是人格化的大自在神(Īśvara)。大自在是至上梵与根本自性、摩耶(即前面所说的般若、宇宙胎藏)的结合。它以后者为工具，生成宇宙万物(产生醒、梦二位的经验)，复将其消没于自身之中(复归于熟眠位的先验存在中)。它因执受自性被称为有德梵(saguṇa-Brahman)，而与无德梵(nirguṇa-Brahman)即至上梵相对。

相比前面耶若婆佉和步厉古等说的熟眠位识或根本识，《蛙氏奥义书》的进步在于：第一点，它将这熟眠位识或根本识从一种抽象本体转化为具体的本体。这在于这本体的内容、实质，在这里得到了更详细的规定。

首先，《蛙氏奥义书》提出熟眠意识就是一切经验的"胎藏"(yoni)、"种子"(bija)，或(对应于每一经验的众多)"种子"的储藏所。"胎藏"、"种子"的观念与耶若婆佉等的本体不同，在于它潜在地包含了所有经验事物的差别；而耶若婆佉等的熟眠意识则是这差别之消除。在前者，杂多的经验事物，只是未现起粗显的表象，而是作为潜在的功能，被包含在本识之中，因而它们被后来的吠檀多学者称为"潜名色"、"种子"；一方面种子当其未生起为现行，就是无差别的(如每一粒稻种看上去皆同)，其在种子识中甚至未能显现出来，另一方面种子识当其处于潜伏状态，就呈现为一味、均匀的识体。这些看法意味着，《蛙氏奥义书》和兹后的吠檀多学的熟眠意识或种子识观念，是潜在包含了无限丰富内容的，而不是在耶若婆佉等学说中那种根除了一切经验和差别的抽象、空洞的本体；唯其如此，才能解释清楚这一味之本识，何以成为差别世界的根源。

其次，与康德的先验意识一致，熟眠位我，或般若，其实就是先验的思维。正如拉达克利须南指出，在醒位、梦位、熟眠位三者之中，"前二者为知觉或想象之我，后者为概念之我。"[1] 在梵语中,"般若"(prājña)意味着知性、思维、理智、智识,与感觉、想象相对。在印度哲学术语中,它与西方哲学中的逻各斯、理性观念最为符合。§5,6 云熟眠位我"其窍为思想(ceto-mukhaḥ)"(其他一切意识功能皆关闭,唯有纯粹思维仍在活动),为"一切之主宰(Sarveśvara)"(象征此我具规定、建构世界秩序之理性能力)、"一切智(sarva-jña)"(具普遍的知性或理智),也都表明此熟眠位识、般若不是耶若婆佉、步厉古等理解的那样,是一种非理性、无思维的实体,而就是以思维、抉择、理智、理性为其实质。以下 §11 也证明将般若解释为纯粹理性是合理的。其云住于熟眠位的般若就是 M 音,具有"建立"、"量度"(minoti)与"汩没"(mināti)之意[2]。minoti 有建立、度量二义。拉达克利须南解释说,般若作为量度,意味着逻辑思维的功能[3];它作为建立,即对存在和世界的构造、统握,也同样是逻辑思维的功能[4]。建立与度量都属于般若的概念能力,故般若就是纯粹理性。而"汩没",就是现象没入、回归于般若、本识之中。这意味着经验,当其未生起为现象,是被作为潜在存在,包含般若其之中的。每一客观经验在般若中都有其潜在根据,即种子。如果说般若就是纯粹理性,那么这潜在根据、种子就是概念(康德亦直称先验概念为经验之"种子")。于是般若就是由全部这些概念构成,因而它在内容方面得到明确的规定,而不再是耶若婆佉、步厉古等说中那种抽象、空洞的一味意识了。从晚期奥义书的根本识理论,发展出吠檀多的"潜名色"和数论学的"熏习"概念,并逐渐渗透到佛教之中。大众部、化地部、经量部等认为现行烦恼熏习成的种子为"随眠"(这种规定肯定与奥义书的"熟眠位"有关),处于眠伏状态,在一定时间会产生现行的烦恼。唯识学也以随眠为烦恼习气,即种子,此烦恼种子随逐我人,潜在于阿赖耶识,是一切世间产生的本源。但唯识的种子说不仅讲种子产生现实经验,而且谈到种子是现实经验熏习产生,所以说法更完备。继承《蛙氏奥义书》的立场,无论是吠檀多、数

① Sarvepalli Radhakrishnan, *The Principal Upaniṣads*, George Allen & Unwin LTD, London, 1953.696.

② 巫白慧先生提到有的吠檀多学者将般若的量度于箩筐的度量作用,谓般若如装谷物的箩筐,遍有、炎炽二者,即一切经验存在如箩筐中装的谷物;如谷物装入箩筐量度之后又重新取出,遍有、炎炽、一切经验存在皆没入于般若之中,复从其中生出(巫白慧:《圣教论》,商务印书馆 1999 年版,第 45 页)。

③ Sarvepalli Radhakrishnan, *The Principal Upaniṣads*, George Allen & Unwin LTD, London, 1953.699.

④ 拉达克利须南对此解释说:"神(般若)是逻辑的存在,被规定的真理。并非我们规定梵而是梵规定自身。最高的逻辑观念就是神,他就是真、善、美。被规定的实性不等于被分割的实性。实性于其自身就是大梵;实性作为被逻辑地规定者就是大自在神。"(Sarvepalli Radhakrishnan, *The Principal Upaniṣads*, George Allen & Unwin LTD, London, 1953.699—700)

论还是佛教，都相信这染污的根本识及在其中潜伏的种子，到了至上位（究竟位）都是会被断除的。

《蛙氏奥义书》的第二点进步在于指出这根本识作为心灵的内在现实性或先验思维的局限。自我在熟眠位无欲、无相、无思维，唯有识与喜乐，故BṛihIV・3，ChānVIII・11・1皆以之等同于梵。但在印度传统中，《蛙氏奥义书》首先清晰阐明了熟眠位与梵的本质区别，熟眠位不再被认为是绝对真理。《蛙氏奥义书》指出作为存在的究竟本质的自我、大梵，是超越熟眠位的"第四位"，后者的超越性从§7声明其为"非般若（prajña），非非般若（a-prajña）"即可得证。至于这熟眠位与第四位或般若我与至上我之区别的实质内容，通过对§5,6与§7的比较分析，可以看出这基本上就在于两点，即前者有执受（upadhi）、有二、有差别，后者无执受、不二、无差别。其中有执受是有二、有差别的原因（自我唯执受喜乐，才能"受用喜乐"[ānanda-bhuj]）。这里所谓执受就是指自我与某物联结，被它限制、污染，这某物就是§5,6提到的喜乐（ānanda）、思想（cetas）、般若（prājña），它们指的其实是一个东西，就是自我、觉性的内在现实性，即先验的思维、概念、意识、理性。大梵由于执受般若而受限制，丧失其绝对，成了有限的人格神，即大自在；同理，众生也因自我执受般若之一分，而显现为各自不同的命我。而绝对自我则否定了觉性的思维、理性、概念、意识，否定了觉性的先验现实性，而为一神秘的绝对。就此乔荼波陀释云："11遍在与炎炽，执受因与果。而于般若位，唯执受于因。于彼第四位，因果皆不存。13般若与第四，皆为无二相。般若具眠种，第四位则无。"（ĀŚI・11,13）商羯罗复释曰："当般若我不复被视为因，且脱离一切与现象界的关联，即处于其绝对实相中之时，即为第四位。"① 所谓般若位执受于因，就是说自我在这里被作为客观、现存世界基础的先验思维、意识所限制，而在恢复了其本真存在的第四位，则否定了这种限制，实现其绝对自由。

拉达克利须南曾经指出，《蛙氏奥义书》对大梵与自在、第四位与般若之区分，为"思想史上第一次对绝对与神之区分"②。他这里所谓绝对，就是自我的究竟本质，而神就是思想、逻各斯。对自我的绝对本质与思想的这种区分，表明了《蛙氏奥义书》之超越于通常的欧洲精神哲学的本质向度。盖自赫拉克利特、柏拉图、亚里士多德、斯多葛派以至近代唯理论者、康德、黑格尔、胡塞尔，皆是将自我、精神的本质（或至

① *Māṇḍūkya Upaniṣad with Gauḍapāda's Kārikā and Saṃkara's Commentary, I・2*, Sri Ramakrishna Ashrama, Mysore, 1936.

② Sarvepalli Radhakrishnan, *The Principal Upaniṣads*, George Allen & Unwin LTD, London, 1953.697.

少其优良的部分）等同于思想、逻各斯、理性。那源于希腊的理性精神规定了欧洲哲学的基本气质。在这里，逻各斯被绝对化导致它遮蔽了自我的真正本质，理性的绝对白昼带来本真自我的黑夜。因为觉性的绝对本质就是自由或自否定，自由必须通过理性的概念、观念之中介才能实现自身，而后者也是本体的自由为自身构成的，二者在本质上不在同一层面：自由绝对地超越了它构造出来作为中介的概念、观念，它超越了全部思维、理性而为其根源。然而在希腊化的欧洲哲学传统中，觉性、存在的这一绝对自由或自否定的维度，几乎全被遮盖了。

不过在西方思想中，极其可贵的是，犹太—基督教传统始终保持了对上帝的超越性和绝对自由的领悟，并由此阐明了觉性作为本体的自由对理性、逻各斯的否定，从而给这种希腊化的哲学带来了挑战或补救之道。在犹太人菲洛的神学中，逻各斯或神圣理性，作为世界的创造者、宇宙的种子和模型，被认为是上帝与世界之间的中介，它是上帝的影像、圣子、上帝的思想和权能，而非上帝本身。上帝作为纯粹精神超越逻各斯、理性、思想。菲洛用太阳与光线来比喻上帝与逻各斯。他说："太阳自身不为其光线所增损，而地上一切皆依赖于它。如是上帝，尽管在其自身存在中是完全自足自满的，然而从中发出一道巨大的精神光线，一切真实之有皆因之而存。这光线即处于广延中、处于关系中的上帝，此为圣子而非上帝自身。"① 基督教神秘主义的三位一体观念，反映了与此基本相同的理解。其以为逻各斯是上帝创造的工具。天空大地在被创造之前已经存在于逻各斯中了，而这逻各斯就是圣子（基督成肉身之前是作为逻各斯或语词预先存在于上帝心灵中）。其云圣子为不可见上帝之形像，而非上帝自身，它是"一切创造物中初生者，一切皆由他之中被创造出来，举凡于天上地下者，可见者与不可见者，一切皆通过他且为了他而被创造出来。他长于万物，统摄万物。"（ColossiansI · 15）圣子就是作为上帝影像的造物者或 Demiurge。可以看出，犹太—基督教的上帝与圣子的关系，同《蛙氏奥义书》以至不二吠檀多派的至上我与大自在神的关系，其实都是觉性的绝对自我与理性的关系，而前者对于后者的超越与自由，在两种传统中都同样得到强调。故此二种传统，对于纠正欧洲哲学之偏失，实有其珍贵之价值。

另外在奥义书和吠檀多派中，关于熟眠位我是否就是究竟自我，一直存在歧见。在《广林奥义书》和《鹧鸪氏奥义书》等早期奥义书中，熟眠位等于至上我，但像《蛙氏奥义书》、《白骡奥义书》和《慈氏奥义书》等晚期奥义书，则认为究竟自我超越熟眠位我，为绝对、纯粹的意识本体。在后来的吠檀多派中，以罗曼努阇为代表的差别

① F.H.Colson&G.H.Whitaker（Trans by）, Philo, Cambridge, 1962.243.

一元论，沿袭早期奥义书的观点，也认为究竟自我或至上梵即是阿难陀（熟眠位我），它是具有无限差别的、包括所有物质和精神现象的、不断运动的整体。他认为梵是有相、可知的，是一切具体存在的全体性，而不承认那种无相、无差别的至上我。此外，大多数早期吠檀多派的学者，如《梵经》的作者跋陀罗衍那（Badarayaṇa）、薄须羯（Bhaśkara）、阎摩那（Yamuna），也都持这种立场。这种理解，显然与晚期奥义书的主旨不符。与之相反，以乔荼波陀、商羯罗为代表的不二吠檀多派，则认为熟眠位我、阿难陀不究竟，它还是有行相、有差别、有二、有对待的，而至上梵或真我则无相、一味、无二、无对待、不可知。阿难陀我是缘起的现实世界的本体、全体，而至上梵才是超越现实的理体，即自性清净心。显然在这里，不二论的观点更符合晚期奥义书的旨趣，也才真正抓住了奥义书精神发展的真正方向。因为在精神的自身否定和自身维持的绝对化冲动推动下，思辨省思否定觉性的内在现实性（先验活动），进入作为觉性究竟本质的本体自由的天地，乃是精神之先天必然性；而《蛙氏》等晚期奥义书的精神价值就在于，这种先天必然性在这里成为现实。而印度佛教的真心如来藏思想（以《楞伽经》和《起信论》为代表），反映了与晚期奥义书同样的精神。它就其形上学而言，乃与不二论同俦。正是这种真心如来藏思想，规定了中国佛教的基本面貌，最终对中国文化造成深刻的影响。

**4. 第四位**

遍在、炎炽、般若三者，为自我、存在的全部现实性。三法各有区别，但作为其本质、真理者，则是共同的，后者就是大梵、至上我。如乔荼波陀释云："遍在为周遍，且受用外境；炎炽受内境；般若即识体。彼其实是一，而显现为三。"（ĀŚI · 1）商羯罗说："在醒等三位中，同一个经验对象可以表现为粗相、细相、喜乐相。复次三位中的观者，即遍缘、炎炽、般若，被说为一际无异的，因为适应于每一位的'彼即是我'的证悟，就隐含了心性之一如，而且因为观者自身是无相无差别的。彼知二相、显现为能取所取之杂多相者，虽受用此境，而不受染污；因为所有境界，唯为一心所取。如火之热性不因燃烧木柴等有所增减，故此心受用境界时，其觉性并无损益。"① 至上我就是超越觉性的全部现实性（醒、梦、般若三位），而作为贯穿其中的同一性的绝对理体。后者作为绝对本体，使一切现实存在得以可能，但却不为后者所淹没，不为世界游戏（prapañca）所染污，是在觉性、存在的所有历史和经验中保持同一的支点、基础。前三位中的自我不是不同的主体，而是同一观者的不同行相、不同名称。

---

① *Māṇḍūkya Upaniṣad with Gauḍapāda' s Kārikā and Saṃkara' s Commentary, I.5*, Sri Ramakrishna Ashrama, Mysore, 1936.

乔荼波陀释云:“三法平等同一性,如是决定理解者,一切众生共顶礼,尊敬称作大牟尼。”(ĀŚI・22)而对于这作为三法之平等的理体的至上我、大梵,它按其本真面貌呈现的状态,就是第四位(caturtha,或 turīya)。第四位往往被与大梵直接等同。根据后来吠檀多派的说法,第四位、大梵因与般若联结而成为一个人格神,即大自在,后者为全知,是根本自性之主宰;从中生金卵(Hiraṇyagarbha),后者创造世界;由金卵生毗罗吒(Virāṭ),即被造物之全体。

由于至上我是否定了一切现实性的神秘理体,因而超越了正常语言,所以《蛙氏奥义书》在这里也继承了耶若婆佉的遮诠法(“neti, neti”),即以否定方式来诠显此理体。§7云至上我、第四位“既无内识,亦无外识,亦无内、外识,不为识体,非般若,非非般若,不可见,无对待,不可触,无相,不可思议,不可言诠”。正因为它无言无相,不可方物,不可言诠,故勉强称之为第四位(turīya)。乔荼波陀释第四位,亦云:“无生无眠、梦,无言且无相,澄明且常惺,非由寻常道”。(ĀŚIII・36)《蛙氏奥义书》所谓“无外识”指第四位超越了醒位识,“无内识”指其超越了梦位识,“不为识体”和“非般若,非非般若”指其超越了熟眠位识。“非般若,非非般若”表明至上我既不同于思维、理性(般若),亦非将后者完全摒弃,而是既超越思维,同时又以它为自我展开的中介。三法皆是对第四位的覆障,故唯将其依次伏灭,才可证入第四位。如《圣教论》云:“执妄为真者是梦,不解谛理者是眠;破除梦眠二颠倒,证得第四位境界。”(ĀŚI・15;参考巫白慧译)

当然,正如耶若婆佉对于梵是遮表双运,《蛙氏奥义书》对这自我理体亦有表诠,§7谓其“唯于自证安立,止息、寂灭、安乐、不二”。① 那么这理体的实质是什么呢?《蛙氏奥义书》并未给出明确的规定。乔荼波陀和商羯罗都将其解释为一种绝对的纯粹意识或自性清净心。如乔荼波陀将理体转起万有,解释为与《起信论》等类似的真心缘起。其以为因心动而幻现有二、诸法,于是产生现象世界,世界乃因,若心不动、无念,则境、识皆灭,于是本来寂静、不动、无相的真心就呈现出来,其云:“能、所取二相,皆唯是心动。心既无所取,故云离诸法”。(ĀŚIV・72)“是心于三世,不受境与相;因外境非有,其相亦非有。以无因缘故,云何起颠倒?”(ĀŚIV・26,27)从奥义书精神发展的逻辑而言,这种解释是成立的。因为反思精神推动奥义书自我理解的不断深化,在早期奥义书中,阿阇世等就已经确立了一种内在的经验反思,将理体等同于普遍心灵,而耶若婆佉、步厉古之学,乃进一步将这反思推入先验意识的层面。

---

① 乔荼波陀颂释云:“法尔寂静及不生,以自性故善寂灭;诸法平等非有异,无生正等无怖畏。”(ĀŚIV・93;参考巫白慧译文)

《蛙氏奥义书》很明显是在耶若婆佉、步厉古的先验反思基础上进一步挖掘，发现了作为先验意识本质的绝对超越意识，即自性清净心。故自我、大梵之理体就是无相、无分别、不动、无生、寂灭、清净、安乐、不二的自性清净心。

对于四位的区别，乔荼波陀作了如是总结："遍在与炎炽，皆因果所限。般若为因限，第四无因果"。(ĀŚI · 11) 梦位和醒位都是熟眠位之果，醒位又是梦位之因，二者同时又都处在自身的因果生灭的链条中，在其中，前念后念，相续流转，相熏互生，互为因果。熟眠位只有因（种子），它潜伏而没有起作用，所以还不存在现行之果。在第四位则不但无果，连因也不存在了，因而达到了彻底的清静、断灭。其中，熟眠位与第四位的区别主要在于：(1) 熟眠位有执受，第四位则离执受，因此：其一，熟眠位是全部现实存在的直接因缘，而第四位则超越任何现实性。熟眠是迈向梦、醒二位的门槛，是世间万法的胎藏，第四位则是前三位之断灭。其二，熟眠位仍有始终，其结束时自我又回到醒、梦二位，而在第四位，自我则恒与大梵融合。其三，在熟眠位，自我执受内根（般若、自性），于是现为主体，故为有二，尽管因为自性是潜伏的，有二相在这里也不显著；第四位则离任何执受，无所取境故能取心亦灭，于是命我复归于大梵，心境一如。其四，熟眠位仍有潜在的思维、理性（先验思维），而第四位则剥落一切思维、念虑，为无思无虑、非理性的澄明之境。其五，熟眠位仍然以非显的潜在形式包含经验存在，故为有染；第四位则超越三位，为清净无染。(2) 熟眠位我昏沉懵惘，为无意识状态，故又被称为"无明位"，被无明笼罩故（这无明正是世界之根源）[1]；第四位则是"无眠"(asvapna 或 anidrā) 的真如境界，谓真心、纯粹意识祛除了一切覆障，灵明澄澈，了了常惺。如乔荼波陀释云："意识消失熟眠中，调伏之心非如此。意识遂为无畏梵，心之光明得遍满"(ĀŚIII · 35；参考巫白慧译)"般若不自知，亦不知于它，不知真与妄，唯第四位遍知。"(ĀŚI · 12) 第四位则既不是心理学的意识现起状态，也不是无意识的状态，而是作为前三位之基础的明觉、清净、不二、恒住的心性[2]。(3) 熟眠位的无相、无分别、不二、寂静境界为"生得"，即众生生而有之者；而彼于第四位则为"修得"，即通过后天有意识的修炼，证悟大梵、真心而获得。商羯罗于此解释说："当人将前三位之每一位，依次前前没入后后，则可得第四位之智。"上述区别可以概括为：熟眠位是一切现实存在的根源、基础，第四位则是对所有现实性之否定的清净心；其中第一条，有执受与离执受，乃为最根本者。

---

① Wood, Thomas E (trans), *the Māṇḍūkya Upaniṣad and the Agama Sāstra*, University of Hawaii Press, Honolulu, 1990.152.

② Cole, Colin A (trans), *Asparsa-Yoga*, Motilal Banarsidass Press Delhi, 1982.69.

上述区别也表明，《蛙氏奥义书》的第四位或至上梵，就是毕钵罗陀、那支启多等说中的超验纯粹意识实体（《蛙氏奥义书》本体论的基本框架就是耶若婆佉、步厉古学说开示的本识论与毕钵罗陀、那支启多等说中的纯粹意识观念的结合）。至上梵就是否定了一切现实性的绝对超越意识（神圣意识）。一方面，《蛙氏奥义书》在这里意识到了自我具有超越概念、思维，超越一切现实的自由，是为自我的绝对超越或神圣的超越。另一方面《蛙氏奥义书》对这神圣超越的理解是片面的。首先，同《六问》、《羯陀》奥义书的情况一样，在这里自我对现实的绝对超越性被误解为它对思维、概念、理性的排除。其次这神圣超越者被误解为意识、澄明。正如乔荼波陀解释的"37 离一切言说，超一切思维，善寂光恒照，不动且无畏。38 一念不起处，无能取、能舍，正智住于我，无生入平等"。（ĀŚIII · 37,38）在这里，思想被与纯粹意识区分开来，前者属于世俗的、有限的自性的领域，后者则与第四位、至上梵等同。觉性的绝对超越存在、神圣心灵，被等同于排除了一切思想、理性、概念的无生恒常一味的意识，即自性清净心。然而在自我、觉性的存在领会中，意识（作为觉照）与理性（作为指引和构造）互为条件，二者是觉性的现实活动之一体两面，那种无理性、不动的清净心观念其实是一个思维假相。而且，自我的神圣超越性对现实性（包括先验的现实性）的否定，也不是排除，而在于它是精神通过对觉性的现实性的扬弃、还原而达到的一个更加本质的存在层面，即绝对超越层面，后者即是本体的自由（而那否定现实，趋向这神圣本体的精神，就是神圣的精神）。另外，既然意识、理性属于自我的现实性，那么将意识与作为现实性之否定的绝对超越者或神圣性等同，就是错误的。

## 二、Om 观想

Swami Paramānanda 说："吾人能以何名称呼神？怎能以有限之名限制彼无限者？然而若不以确定名字称之，则难以使众生于彼起思维言说。圣者识此故，乃予至上者以 Om 之名。"① 盖究竟的理体为绝对超越者，它否定了一切现实存在，故谓言语道断、心行处灭，非寻常心思维推度之对象。故凡夫欲证得理体，须借助偶像的中介，以观想此偶像为得渡之津梁。此种观想包括相观与声观。相观即观想作为大梵之表象的有形物（如梵天、湿婆像）并沉思其本质（至上梵）。声观则为观想吠陀语言、音声之神秘意义（比如《广林奥义书》的 Uktham 观想，《唱赞奥义书》中对 Udgītha、五分娑摩的观想，TaitI · 5 的 Vyāhṛtis 观想等），以证入理体。此章奥义书开示的对 Om 观想，亦属声观。

① 转引自 Ram K.Piparaiya, *Ten Upaniṣads of Four Vedas*, Yatisha Creations, Mumbai, 2003.277.

“Om”本为在婆罗门吟诵吠陀之前、后所唱之声，以吁请于神或表示诵经结束。以此之故，婆罗门传统以为“Om”乃包含全部吠陀在内，并逐渐将“Om”神秘化（如同对于Udgītha、Uktham的情况一样）。梵书和早期奥义书便以“Om”为吠陀精华、本质，认为它包括一切语言，在这种意义上亦说之为宇宙的全体、基础或本质（Ait BrāV · 32；Sat BrāXI · 5 · 8；ChānI · 5 · 1, II · 22 · 2—3），但这只是从譬喻上说，而且在这里还不存在把“Om”作为专门对象、当作存有之本质、真理来观想的实践。在奥义书思想后来的发展中，Om逐渐脱离譬喻色彩，而被本体论化。在晚期奥义书中，“Om”最终被完全等同于大梵、自我，于是敬思“Om”成为根本的解脱方法；这种“Om”敬思，是奥义书早期与晚期的分水岭。KāṭhII · 15—16, PraśV, MāṇḍIX—XII皆开示此法。《羯陀》的OM观想是最简单的，因而可能来自更早的文本，《六问》与《蛙氏》之相应观法可能以此为基础而形成。PraśV将Om分成三个音素：A、U、M，其云人若只敬思其中之一，死后可直接投生人间善处；若敬思三者全部，则通过天神道入于梵。《蛙氏奥义书》将“Om”分为四个音素，即A音、U音、M音以及无音（amatra），要求分别观想其为自我的醒位、梦位、熟眠位、至上位，这应当是以PraśV开示的观想为前提的。MāṇḍI, II, VIII—XII云：

1 Om! 此声即全世界[①]。其义详说如下：过去、现在、未来，一切皆唯是Om；以及超越三世之任何其他存在[②]，亦皆是此Om咒。2 因为信然，此一切皆是大梵。8 此即相应于Om声（adhyakṣaram）、相应于音（adhimātram）之自我。此诸音即彼四分；四分即此音。此诸音即：A音、U音、M音。9 住于醒位的遍在者就是A音，即首音，取义于“得”（āpti）或“最先”（ādimatvā）。信然，人若知此，乃得一切所欲，且成为最先者。10 住于梦位的炎炽者就是U音，即次音，取义于“提升”（utkarṣa）或“二俱”（ubhayatvā）。信然，人若知此，乃提升（其家族）智慧之传承，（于二边）得平等[③]，且无不知梵者生于其家。11 住于熟眠位的智慧者就是M音，即第三音，取义于“建立”（miti= minoti）或“汩没”（apīti=

① “此声”：etad akṣara。akṣara又谓不灭者，此书盖取其双关之义，谓Om即不灭之大梵也。

② 大梵超越三世，亦见于ŚvetVI · 5.

③ 此处“平等”（samāna），颇有歧解。或谓指其见容于敌友二边，为二边之中介（Patrick Olivelle, *Upaniṣads*, Oxford University Press, Oxford, 1996.405），此解依商羯罗，谓依世俗义为“敌友皆平等视之，故皆于彼无嫉妒”；依究竟义为与境不二，万有皆我，物我一如。休谟列四种可能义：一不动义，谓不为二边所动；二公平义，谓于对立双方无所偏私；三一味义，谓万物一味，皆为识故；四同等义，谓心境同一（*The Thirteen Principal Upaniṣads*, Trans by R.E.Hume, Oxford University Press, 1995.393）。实际上在原文中，上述意思可能都被笼统地包含在内了。

minãti)[①]。信然，人若知此，乃建立且汩没全世界。12 第四位为无音者，故无诠表、止息、安乐、无二。如是，信然此 Om 即是自我。人若知此，乃以其我进入此自我[②]。噫，其知此者！

显然在这里，《蛙氏奥义书》旨在把自我四位说同《六问奥义书》中对“Om”的诸音素（即 A 音、U 音、M 音）的观想联结起来，从而使四位说可以应用于修道证解的实践。然而它由以建立此联结的根据，则为纯粹的文字游戏。奥义书中此种文字游戏甚多[③]，可能其自以为极深刻神秘，为独明孤发；而在局外人看来，皆属俶诡无稽，无足多论。

其要义在于：“Om”即包括过去、现在、未来的全世界，以及超越三世之理体，此一切皆是大梵、自我；“Om”包括四分，即组成此声的四个音素，分别是：A 音、U 音、M 音以及（作为其间联结的）无音（amatra）；“Om”就是自我、大梵，“Om”的四个音也与此自我整体的四位，即醒位我（遍在）、梦位我（火炽）、熟眠位我（般若）、第四位我（至上梵）一一对应；人若观想某一音与对应的自我同一，则其自我得与此音相应之功德（奥义书相信，人无论观想自我为何物，则其自我必成为此物）。此观想具体地说就是：(1) 应观想 A 音就是醒位我或遍在者，若如是观想则得一切所欲且为最显著者，因为 A 音取义于“得”或“最先”，象征醒位我受用一切境界且为四位之最显著者；(2) 应观想 U 音就是梦位我或炎炽，若如是观想则提升其家族之圣学传承，因梦位我（相当于不二论、唯识学所谓转识，今人所谓日常意识）即智慧、记忆、观行之所属；(3) 应观想 M 音就是熟眠位我或般若，若如是观想则可以建立且汩没全世界，因 M 音取义于“建立”与“汩没”，象征熟眠位我、般若为世间万有之根源与归宿；(4) 应观想无音（amatra）就是第四位（turīya），若如是观想则可进入无诠表、止息、安乐、无二，盖以第四位为无音，即是象征其无诠表、止息、安乐、无二。对此后来的吠檀多学者总结道：“23 敬 A 致遍在，敬 U 致炎炽，M 音导般若，无音致离缚。25 应住心 Om，彼即无畏梵。人若住于彼，一切处无畏。”（ĀŚI · 23,25）“Om”就是存在大全，既是下梵，又是上梵；既是生、住、灭，又为无生、无住、不灭；既是三世，又超越三世；既是此岸，又是彼岸；既是经验的现实，又是绝对超越的理体；因此敬思“Om”可得一切，既得超世间的智慧，又得世间福乐。

---

① 此即以 M 暗示动词 mi。梵语动词 mi 主要有二义：其一为建立、度量义，他格为 minoti；其二同于 mī，为消灭、减损义，他格为 minãti。故“建立”与“汩没”，乃同由一词而来。

② 此句亦见于 Vāj SaṃXXXII · 11.

③ 另如 BṛihI · 2 · 1 等。

敬思“Om”的最终目的在于证悟至上梵。在这里，除了观想四音与四位的等同，修道者还应依A—U—M的顺序，观想醒位入于梦位，梦位入于熟眠位；最后既然A—U—M三音皆归于无音（amatra），应如是观想醒位、梦位、熟眠位皆入于第四位、至上梵。因此对“Om”的敬思，正如《慈氏奥义书》所说，乃是通过有声梵（śabdabrahman）达到无声梵（aśadbdabrahman），即超越增益于梵的一切偶像、证会那超越现实的神圣本质（至上梵）。后者就是超越醒位、梦位、熟眠位，即感觉、经验意识、先验意识（概念、理性）三法而为其共同本质者。按照吠檀多常见的描述，至上梵就是居于众生心，无因无果、无内无外、不灭、无量、不二、澄明、遍满、常恒的绝对（ĀŚII・22—27）。

拉达克利须南曾如是评价《蛙氏奥义书》：“在此奥义书中我们发现了一条通过反思和超越达到实性的基本途径，即从感性生灭的日常世界，经梦想的意，思维的理智，达到超越理智的神圣。”① 现实的精神所以能走完这四阶段的反思和超越之路，唯因它谛听本体自由的呼声，并从这自由汲取了力量。唯自由推动精神走上反思和超越之路。自由推动奥义书的精神克服理智思维的局限性，进入思辨省思的地平线，也推动它在思辨省思中继续前行，促进思辨省思的完善，并且最终将推动精神打破最初的思辨反思对先验现实性的执着，进入对本体自由自身的确认，从而克服思辨性的局限，转化为直觉省思。《蛙氏奥义书》的学说，就反映了这一精神进展。

《蛙氏》思想的进步，首先，表现在思辨省思的纯粹化、具体化。这在于：(1)《蛙氏奥义书》的自我四位之说，彻底排除了耶若婆佉、步厉古等的三位、五身说的经验的、心理学意义。它将意识的醒位、梦位、熟眠位、第四位，分别命名为遍在、炎炽、般若（思维、概念、理性）、至上梵（真心），四者依次是：客观经验；主观经验；先验的现实性；超越现实的真心。蛙氏学对于四位的这种规定，彻底否定了此前说法的经验心理学的痕迹，使意识得到本体论提纯，使思辨省思得到彻底纯化。这在观念层面表现了精神对经验、自然的彻底否定和排除。这种精神自身否定运动，是精神内在自主否定势用的积极活动。(2)《蛙氏奥义书》将作为一切经验存在之先验基础的存在，规定为般若，这就是觉性的先验思想、概念，因而先验的意识本体首次被赋予明确、具体的实质，思辨省思在这里克服了其原有的空洞、抽象的特点。《蛙氏》对先验自我与纯粹思想、理性的同一性的揭示，一方面表现了精神对这自我内在形式的建构运动，这在现象学上验证了精神内在的自凝势用在先验反思中的积极展开；另

① Sarvepalli Radhakrishnan, *The Principal Upaniṣads*, George Allen & Unwin LTD, London, 1953.704.

一方面它也验证了精神的自我维持势用展开成为针对精神的先验内容的行动。所以在蛙氏学中，思辨省思的纯粹化和具体化反映了现实精神自由的新情况。它表明在这里，精神的自舍、自凝和自反势用都展开为针对先验自我的自身本质的自主设定。

其次，蛙氏学更根本的思想进步，在于它还超越思辨省思，进入直觉思维的全新领域，并且使奥义书的直觉思维达到完善。它否定了般若我，即先验意识的绝对性，确立一超越先验现实性的真心，即第四位、至上梵为绝对真理。《蛙氏》以为般若尽管是存在之直接根源、先验基础，但并不是自我的究竟本质；究竟自我为超越般若、先验意识的绝对，对它的了解，就不是理性、知觉所能达到的，因而它是神秘的。省思对超越先验现实性的真理的这种领会，因为超越了理性和知觉，就是直觉思维。所以在《蛙氏》书中，奥义书思想脱离思辨省思，进入直觉思维的全新领域。蛙氏学中提到的超越先验现实性的究竟自我，就是无规定的本体自由自身，即存在、觉性的神秘本质。作为蛙氏学的继承者，更晚的《白骡》、《慈氏》等奥义书将般若视作产生宇宙假相的摩耶（幻法）、无明，认为它同遍在、炎炽一样，皆是对第四位、真我的覆障，故唯将其依次伏灭，方能悟入真我。另外，究竟自我还从一个更高的层面规定、支配般若。这些说法，都是将蛙氏学对思想与超思想理体的“直觉的区分”，转化为对现实与自由、有与无的“存在论区分”（见下文），即转化为真正的精神觉悟（对神圣本质的观照）。相比于《蒙查羯》之学，在《蛙氏奥义书》中，直觉思维变得更加明确、巩固、具体。这在于，相对于《蒙查羯》的思想对先验实在及究竟理体的把握存在的空洞性和模糊性，《蛙氏奥义书》一方面明确规定自我的先验实在就是般若，即作为全部主观和客观经验之超验基础的思想、逻各斯，从而首次使先验实在获得具体性；另一方面，它表明究竟理体为“非般若，非非般若”，是超越先验思想的绝对真心（第四位），因而是超越思想、逻各斯的神秘存在，其实就是本原的澄明、纯粹意识，因而也首次使直觉的理体获得具体性。“直觉的区分”在这里就落实成为对于思想、理性与超思想、超理性的神秘本体的区分，因而成为明确、具体的。奥义书的直觉思维在此亦得到具体化。《蛙氏》这种直觉省思的完善也反映了精神自由的进一步开展。直觉的区分的明确化，在观念层面表现了省思的双向精神运动，即对思想、理性的更加彻底的否定，以及对神秘本体的更明确的确认、维持、守护。这在现象学上使精神内在的自舍、自反势用在直觉省思层面的积极活动成为明证的。

迄《蛙氏》之学为止，奥义书思想的发展，经历了精神否定外在的自然确立绝对的心灵为自我的真理（桑底厘耶等），然后否定心灵的外在的、感性的表象确立更内在的理智本质为存在、自我的绝对真理（阿阇世、波罗多陀），然后是否定经验意识确立属于觉性真实本质的超验心灵实体为自我的究竟真理（那支启多），再就是否定形而上学的主、客体确立作二者共同本质的先验实在为存在、自我的真理（耶若婆佉、步厉古），最后是否定先验的思想、理性确立超越理性的神秘的澄明原理为自我的究竟真理（首那伽、蛙氏）。这首先是一个精神的持续自身否定运动。在这里，精神不断否定它面临的直接、当前的存在，其实是不断否定它的自我的此在，不断积累着与它自身的直接存在的距离，而迈向更遥远的彼岸。奥义书思想表现的这种精神持续的舍此就彼运动，在现象学上充分验证了一种精神内在的生命力量即自身否定（自舍）势用的积极活动。其次，这也是一个精神的持续内向化运动。在这里，精神不断透过表象性的、外在的存在，追寻自我的更内在、本质的真理。奥义书思想表现的这种精神持续的由表及里运动，在现象学上充分验证了另一种精神内在的生命力量即自身维持（自反）势用的积极活动。盖自身维持势用是所有生命体必有的，以全部存在内容维持其真实自我的力量。正是它推动精神不断追寻更真实、更本质的自我意义。因此，从根本上说，是精神内在的自舍、自反势用的辩证、历史的展开，推动奥义书思想从理智、思辨省思到直觉省思的转型。《蛙氏》的直觉省思可以说就是这一精神运动的结晶。而唯有当作为精神绝对本质的本体自由自身促使现实精神恢复其本真存在，精神内在的自主势用才能战胜精神内在惰性的抑制，冲破传统的桎梏而获得其历史展开，从而推动省思的进展。总之，奥义书思想的上述发展，在观念层面验证了自由推动思想发展的内在精神逻辑。

另外，从学说史层面，《蛙氏奥义书》之学，可以说真正起到了继往开来的作用。一方面，它的自我四位说可以说是集奥义书此前的自我反思之大成。它在新的起点上，将《广林奥义书》和《唱赞奥义书》开示的自我三位，与《鹧鸪氏奥义书》的五身衔接起来，而更古老的自我观念，包括最早的宇宙论的自我，以及桑底厘耶、阿阇世等的经验心理学的自我、那支启多等的作为超验意识实体的自我，乃至耶若婆佉、步厉古的先验论的自我，都被包括在自我四位的体系中。因而蛙氏学实现了一次重大的理论综合。另一方面，它提出的新思想，决定了此后的奥义书、吠檀多思想的发展方向。比如它对先验反思的纯粹化，它对超越般若、思想的真我的阐明，都被更晚的奥义书和《薄伽梵歌》等继承。从蛙氏学对般若、本识、思维的思辨超越，发展出晚期奥义书和吠檀多不二论将般若、思维当作幻力、无明的观念，即觉悟的超越；从般若和至上我的区分，发展出晚期奥义书和《薄伽梵歌》对摩耶与大梵、无明与真心、自性与神我的"存在论区分"。《蛙氏奥义书》对喜乐、般若、熟眠我的绝对意义的否定，是它与耶若婆佉、步厉古之学的本质区别，它开启了吠檀多传统的一个根本分歧。盖耶若婆佉、步厉古之说，将熟眠位我、喜乐等同于至上梵。后世吠檀多学者中，跋陀罗衍那、薄须羯（Bhaśkara）、阎摩那（Yamuna）皆同此义。乃至罗摩努阇

(Rāmānuja) 的差别一元论,亦党同其说。而一些晚期奥义书、《薄伽梵歌》,乃至乔荼波陀、商羯罗的不二吠檀多学,则继承《蛙氏》说义,认为喜乐、熟眠我皆不究竟,必将其破除才可证得自我的究竟理体。从精神的生命本体论来看,显然蛙氏学和不二论的思想,才是奥义书精神发展的正确目标。

《蛙氏奥义书》的影响甚至远远超出奥义书、吠檀多传统。它首次窥见否定一切现实的神圣本质、舍有入空,不仅直接启发了晚期奥义书的幻化论和空说,而且通过晚期奥义书的影响成为大乘性空如幻观念之滥觞。其对究竟理体的表述:"既无内识,亦无外识,亦无内、外识,不为识体,非般若,非非般若,不可见,无对待,不可触,无相,不可思议,不可言诠,唯于自证安立;止息、寂灭、安乐、不二。"在大乘对空性、如来藏的阐释中也屡见不鲜。由于佛教真心如来藏思想本来就是大乘佛教受吠檀多思想渗透的产物,因而其如来藏真心的观念,与吠檀多的真心观念本质上一致,而应以《蛙氏》的第四位我为直接的鼻祖。另外《蛙氏》的自我四位,与佛教的三界,亦有一致之处;佛教四禅,在此亦启其端①;甚至中观的"离四句绝百非",亦在此中有迹可寻。

蛙氏之学代表了奥义书的思辨省思和直觉思维发展的终点,但是它仍然不够完善,这种观念的不完善性反映了现实精神自由仍然具有的局限。我们可以从两个方面谈这个问题。一方面,是思辨省思的局限。这在于:(1) 蛙氏之学尽管领会到先验意识的实质就是概念、思想,但是对于先验概念的内容、结构、相互关联,及其构造经验存有的机制,都未有任何意识。这种无意识状态表明精神在这里还不具有针对概念内容的自由或自主设定,还不能自由地否定、构造自身的概念。(2) 蛙氏学开启了印度哲学一个根本误区,即对自我的思想与意识的分裂。至上我对先验现实性的超越被理解为意识对思想的否定。自我在这里被斫为二橛:一为思想,生灭相续,轮回不已,为罪染苦缚之根据;二为绝对超越的意识,无思无虑、无生、不二、寂灭恒常、清净解脱。然而事实上,意识与思想为自我之一体二面,不可分离。意识就是思想、活动。那种完全消除了思想、活动的清净意识,乃是一种思维假相。奥义书对那种无思无虑、寂然不动的非理性清净心的执着,一方面反映了沙门传统的本寂精神的渗透。本寂的精神以空无、冥性为生命的归宿,为存在之究竟。它的渗透使奥义书思想将冥性体验嫁接到思辨省思之上,属于冥性体验的寂灭、常住不动、无分别、非有、一味、清净等特征被用来描述自我的理体,导致对自我本质的根本误解。这也反映了在奥义书思想中,印度文化的本寂精神对现实精神自由的牵制。首先它的消辟、

① K.N. Upadhyaya, *Early Buddhism and the Bhagavadgīta*, Motilal Banarsidass Press Delhi, 1983.101.

耽空的意趣阻碍了自凝（自组织）势用的积极活动，使精神无法在本质层面进行形式构造，无法领会存在的本质与思想、概念的同一。其次它的寂灭意趣也限制了自反势用的活动，使精神不可能将生命、活动视为存在、自我的真理。这两点决定了奥义书意识、自我观念的非理性、非生命的特点。在这里，无论是哲理精神还是本真精神，都以一种无生命、寂灭、一味的纯粹意识为归宿，最终导致了印度哲学、宗教、道德根深蒂固的非理性主义、神秘主义和悲观主义倾向，造成这种文化的困境。总之本寂文化的渗透导致了奥义书精神的现实自由的缺陷。后者甚至通过佛教的中介，对中国文化都造成了巨大的负面影响。另一方面，是直觉省思的局限。首先是现存性的误区。这主要是印度传统中本寂的精神导致的（参考本编引论及第二章引言与小结）。盖绝对理体就是自由、自否定的绝对运动，是生命的本质，是对惰性的、被动的现存存在的彻底否定。蛙氏之学尽管证悟到自我超越先验现实性的究竟本质。但由于本寂的精神促使直觉思维以寂灭、死亡之境界为理想，于是直觉省思将理体领会成无分别、不动、无生、寂灭、清净的东西，而不是将其等同于本质的生命、自否定自身。这使得《蛙氏》仍然将理体当作一种无生命的、现存的存在、一种意识实体。在这里，直觉省思并没有以本体自由自身为归宿。其次是现实性的误区，即对于现实存在的超越并不彻底，这属于直觉省思的普遍局限。盖蛙氏学尽管阐明了一种“直觉的区分”，以为至上我超越了般若、先验意识，但没有对二者的存在论价值进行区分，导致这二者的关系颇有含糊之处，至上我似乎成了与现实性并列的另一种“有”。如果思想与自我理体具有同样的存在论价值，它就会与这自我即本体自由相抵牾。因此在究竟意义上，必须将那抽象的（即作为自为存在的）现实的意义虚无化或空洞化，才能保障自我的彻底自由。这需要对本体自由与现实存在之间进行“存在论区分”（ontologische Unterscheidung），即以一切抽象的现实、“有”为幻、为假，而以对现实性的否定所揭示的空性、本无为绝对真理；此即从晚期奥义书和《薄伽梵歌》的幻化论到大乘佛学的二谛说，以及从教父哲学到海德格尔对存在自身（esse ipsum）与存在者（ens）的区分之共同旨趣[①]。尽管《蛙氏奥义书》的直觉思维，是晚期的《白骡》、《慈氏》诸奥义书和大乘佛学的存在论区分的先驱，但是它毕竟还没有达到这种区分，这表明它对现实性的否定并不彻底，它对本体自由的觉悟还不够纯粹、真实。这表明精神内在的自主势用没有展开为对本体自由的直接自主设定。一方面，无论是对现存存在的执着，还是对现实性的留恋，都反映出精神内在的自身否定势用在

① 吴学国：《存在论区分与二谛论：对海德格尔与大乘佛学的比较研究》，《河北学刊》2004 年第 1 期。

这里丧失了本真的无限性,受到惰性的自任势用限制。这使它未能彻底否定现实性,反而将某种神秘的现实存在(清净心),而不是本体的自由自身作为理想。另一方面,直觉反思对现实性的执着,也表明精神内在的自身维持势用在这里受到抑制,没有穿透偶像达到本体自由自身存在领域。唯其如此省思方能确认这自由自身为绝对理体。

只有自由本身才能推动精神克服这种局限,迈向现实自由的更高境界。本体自由就是绝对的自否定,包括对这自由自身的自否定或自由。本体自由这种内在的自身绝对化冲动,要求这自由在现实层面实现为对它自己的直接自由或自主否定。这要求就是它对现实精神的呼唤。它呼唤现实精神恢复其本真自由,克服传统的窒碍和自身惰性的抑制,打破非我、现实性的围困,将本体自由自身作为直接自主设定的对象。唯其如此,这本体自由才会对省思的意识呈现出来。另外,本体自由还为精神内在的自主势用注入力量,使其恢复其本真的无限性,从而战胜各自的消解力量,获得自身展开的无限空间。这呼吁和倾注,促使精神复归其本真存在。这首先使精神内在的自主否定势用实现为绝对的,展开为对一切现实性、一切"有"的超越;其次这亦使精神内在的自身维持势用实现为绝对的,从而确认一种超越现实性、"有"的神圣本质为绝对真理。精神由此脱离直觉思维,进入本真觉悟的领域。在印度传统中,更晚出现的《白骡奥义书》、《慈氏奥义书》以及《薄伽梵歌》乃至大乘佛学,就反映了这一精神进展。

## 小 结

### 一

人类全部思想、观念都是自由的产物、表现,精神的(省思的)思想、观念更是如此。精神的全部概念、观念都是自由在其自身展开中构成。它们就是自由的现实性,是自由自我实现的中介。思想、观念的形成和演变,反映了自由在现实精神中自身展开的进程。奥义书的精神亦是如此。在其更早发展中,自由作为绝对,要求实现为精神对其先验存在的自主设定,它因而推动了奥义书的思辨省思的展开。《广林奥义书》中被归属于耶若婆佉的学说,以及《鹧鸪氏奥义书》中为步厉古所传承的思想,就体现了这种思辨省思的特点。然而在此二家学说中,一方面思辨省思还不完善,省思对先验存在的实质仍缺乏真实把握;另一方面思辨省思有其根本的局限性,这就在于将先验存在视为绝对真理,由此产生执着。所以在这里,精神一方面对先验存在还缺乏一种直接、充分的自由;另一方面先验存在作为绝对,便遮蔽、阻挡了本体自由的呈现。因而在这里，自由的实现还有很大局限。然而本体自由作为精神的绝对本质和永恒的良心，必然促使精神意识到这种局限性，并推动它迈向更高境界的自由。本体自由按其本性具有在现实层面将自身绝对化的冲动，它由此推动精神无限的自我完善。它通过呼唤和倾注，促使精神克服因循执着，复归其本真存在，从而使精神内在的自主势用，恢复其本有的无限性，战胜对立的惰性力量，从而冲破传统的规定，获得历史的展开，推动精神克服其内在局限，实现更大的自由。这对于哲理的精神也是如此。本体自由的推动使它无法永远待在思辨性的陋室中。首先，本体自由必然促使精神内在的自舍势用恢复其本真的无限性，从而战胜惰性的自任势用的抵消，展开为对存在、自我的任何直接性，对一切偶像的、现存的、非生命的东西，乃至一切现实存在的否定，从而推动精神克服思辨省思对先验实在的执着，领会存在的本质就是超现实的本体自由自身，即"空"、"本无"。其次，它亦必促使自反势用在上述否定的废墟之上确立新的目标，促使它展开为对这"空"本身的维持，这终将推动省思从这"空"、超越现实的境界中重新发现自我的本质，亦即领悟自我、存在的究竟本质就是超现实的存在。于是在这两种势用的"破"与"立"的辩证统一中，奥义书的精神得以突破思辨省思的执着，开始向本真的精神觉悟迈进。然而由于人类精神的局限性，越是本质的东西，对它来说越不易把捉，越容易滑落。对于那否定了一切现实性的本体自由自身、本无，更是如此。无论在东方还是西方，精神在刚开始试图领会本体自由的自身存在时，都不可能对这自由把握得很准确、稳固、清晰、彻底。在这里，本体自由往往不是以自己原来的面目（作为觉性的永恒、绝对的自否定运动）出现，而是现身为一种与之相似的、表现出某种超现实特征的东西（然而事实上，唯一的超现实存在、"本无"就是自由本身），而且这东西的超现实特征往往很不彻底。也就是说在这里呈现的本体对现实的超越仍不彻底，因而未能进入自由的真实本质领域，因而它只是神秘的，而不是神圣的。与之相应的思想就不能算是真正的精神觉悟，我们姑且称之为直觉的省思。

在奥义书中，《蒙查羯》书中首那伽所传承的思想，就包含了直觉省思的最初形态。首那伽学说中最有价值的方面，在于它在印度思想史上，首次试图阐明本体的超现实意义。其说不仅开示了至上我的超经验层面，而且提示它甚至超越了这超经验层面（即超验的或先验的实在），从而超越了一切现实的存在。存在、自我的本质被认为超越了"非有（a-sat）"、"超越心识者"、"不坏者（akṣara）"、"超越者（parāt）"而为其归宿。这"非有"、"超越心识者"、"不坏者"、"超越者"指的是超越的或先验的实在，自我的本质超越它们，所以应当是对一切现实存在的否定。所以《蒙查羯》的思想，首次否定了奥义书的理智和思辨省思中的超越实在，开始打破概念、逻各斯对自由的遮蔽。奥义书的精神自由进入了新的阶段。省思由此升华到神秘的、直觉思维的层次。此奥义书的主要思想包括：第一，至上我为超越的本体。这超越性包括两方面：其一。对经验现实性的超越，这与耶若婆佉和那支启多等学说所理解的一致。在这里，大梵、自我被说成是超越时间、空间、因果，不可知、不可见、不可思议、永恒不动、无相无表、清净无染的本体。其二，对超验或先验实在的超越，即绝对超越，此为前此诸说中所无。大梵、至上我被说成是超越"非有（a-sat）"、"超越心识者"、"不坏者（akṣara）"、"超越者（parāt）"，即否定了超验实体和先验实在的神秘本体。这神秘本体就是生命。第二，自我是世界万有的根源、全体、实质、依持。《蒙查羯》书在这方面的说法，基本上都是引用更早的奥义书（《广林》、《唱赞》、《羯陀》）的陈说，与其对自我作为神秘本体的领会颇不相侔。第三，其书的修道论部分，提出有上智与下智，与之相应的有祭祀与证悟大梵两种宗教性实践，后者为究竟之道。得上智之道或内证大梵之法即所谓出世瑜伽，包括离欲、净心、专注、禅定、精进等。其宗旨在于离欲却染，使灵魂断绝与尘世的关联，进入与至上我的同一，基本路线与《羯陀》一致，却不如《羯陀》详尽且有系统。

奥义书思想从理智、思辨省思到直觉省思的转型，在观念层面表现了一种双向的精神运动。其中一方面，精神否定概念、理性的绝对性、确立一种超理性原理为绝对真理。精神这种否定自身此在的运动，在现象学上验证了其内在的自身否定（自舍）势用在超理性领域的积极活动。另一方面，省思进一步将这超理性原理内在化为绝对心灵和自我之本体，使其反思得到深化。精神这种持续内在化运动，在现象学上验证了精神内在的自身维持（自反）势用在超理性领域的积极活动。因此《蒙查羯》的直觉省思的形成，在观念层面验证了精神内在的自舍、自反势用的积极活动。正是这二者的辩证历史展开推动直觉省思的形成。然而，唯有作为精神绝对本质的本体自由，才能促使精神内在的自主势用冲破传统的规定而历史地展开。因此，最终是自由推动奥义书直觉省思的形成。

《蒙查羯》的思想局限性亦颇明显。首先同许多晚期奥义书的情况一样，其思想极端芜杂混乱，主要是由于它大量摭取更早的奥义书陈说而缺乏判断和料检。在其中，对于至上我的绝对超越性的领悟，与大量来自早期奥义书的宇宙生成论混杂在一起。这表明在这里直觉思维仍然很不稳固而且很模糊。其省思掺杂的大量经验、形而上学的内容，表明直觉的超越还比较模糊、不彻底。这在观念层面表明精神的自主否定势用在此受到其内在惰性阻碍，未得充分展开。其次，直觉省思由于刚开始形成，仍然十分空洞、含糊。尽管它提示至上我超越了超越者（先验实在），但它无论是对这至上我还是这超越者的实质内容都缺乏明确规定。我们现在甚至都很难确定这超越者指的到底是什么。相应地,它对于这至上我作为神秘本质与超验实体、先验实在的实质区别到底是什么(前者到底如何超越了后者),皆是言之不详。也就是说在这里,“直觉的区分”仍然很抽象、含糊,这表现出直觉的超越仍然很含糊。这表明精神内在的自舍势用受到阻碍,没能在直觉领域充分展开。同时直觉的反思也由于没有领会那神秘存在的实质,因而仍然是空洞、抽象的。易言之,精神没有对神秘存在作进一步积极规定,表明其内在的自反等肯定势用也没有在这反思中得到积极展开。易言之,现实精神自由的局限导致直觉思维的超越和反思两方面在这里都没有得到充分发展。这种精神自由的局限也唯通过自由的自身展开才能被克服。自由作为绝对和无限,必然推动直觉省思的自我巩固、纯化、具体化,使直觉的区分更加明确。

《蛙氏奥义书》的思想就反映了直觉省思的完善。其书的主要内容有:其一,自我四位之说。它将意识的醒位、梦位、熟眠位、第四位,分别命名为遍在、炎炽、般若(思维、概念、理性)、至上梵(真心),四者依次是:客观经验;主观经验;先验的现实性;超越现实的真心。至上梵就是居于众生心,无因无果、无内无外、不灭、无量、不二、澄明、遍满、常恒的绝对,超越醒位、梦位、熟眠位,即感觉、经验意识、先验意识(概念、理性)三法而为其共同本质。蛙氏学对于四位的这种规定,首先彻底排除了耶若婆佉、步厉古等的三位、五身说的经验的、心理学意义,使思辨反思得到彻底纯化。其次,其说克服了耶若婆佉、步厉古等说中先验自我的抽象贫乏,将其规定为般若,即思想、概念,首次赋予它明确、具体的实质,思辨反思在这里得到具体化。最重要的是,与首那伽学说的抽象、含糊不同,此说将超现实的神秘本质(真心)规定为否定了思想、理性的自由存在,将其理解为纯粹意识、澄明,首次赋予了直觉的本体以实质内容,于是直觉思维得到了具体化。现实与神秘的区分呈现为思想、理性与超越思想、理性的纯粹意识的区分。直觉的区分得到巩固和明确化。其二,通过观想“Om”证得大梵之说。《蛙氏奥义书》将“Om”分为四个音素,即A音、U音、M音以及无音(amatra),要求分别观想其为自我的醒位、梦位、熟眠位、至上位。除了观想四音与四位的等同,修道者还应依A—U—M的顺序,观想醒位入于梦位,梦位入于熟眠位;最后既然A—U—M三音皆归于无音(amatra),应观想醒位、梦位、熟眠位皆入于至上梵,即超越一切偶像、证会那超越现实的神秘本质。

《蛙氏》重要的思想进步包括:其一,与耶若婆佉、步厉古乃至首那伽之学相比,蛙氏之学首次明确将作为存在的超越根源的自我层面规定为般若(Prajñā),即超越的或先验的思想、理性,从而赋予先验自我以实质的内容,使先验反思(或思辨反思)得到具体化。如前一章所论,这种思辨反思的具体化反映了精神的自身建构势用在这反思中展开为积极的活动，唯后者促使反思确认存在的形式即概念、思想、理性为绝对真理，而反思自然将这思想与先验自我等同。其二，与此相关，蛙氏学明确将存在、自我的究竟本质规定为否定了作为精神的现实存在的思想、概念的，神秘的清净意识、纯粹的澄明，即所谓第四位。在这里，相比于其在《蒙查羯》书中的空洞抽象，那神秘本质被规定为纯粹意识，故首次获得了实质的内容，因而直觉省思得以具体化。于是，直觉的区分就成为思想、理性与纯粹意识、澄明的区分，因而变得巩固、明确。直觉区分的明确化，在观念层面表现了直觉省思的自身完善。它首先表明精神对现实、思想的否定更加彻底化。这种精神自我扬弃、自我否定运动的拓展，在现象学上验证了自舍势用战胜精神内在的惰性而获得持续展开。其次，省思对澄明作为神秘的心灵本体的领会，表现了直觉的反思穿透经验的、理智的、思辨的偶像，向存在、自我的更内在本质领域进一步深化的走向。这种精神的持续内在化运动，在现象学上验证了自身维持势用的积极展开。总之，《蛙氏》的直觉省思表现了精神内在的自舍、自反势用的积极活动，它正是在这二者的历史展开推动之下形成和发展。然而这二者冲破传统的规定而历史地展开，唯有在作为精神绝对本质的本体自由自身促动之下，才是可能的（参见本编引论）。因而最终是自由推动直觉省思的形成和发展。我们通过对《蛙氏》的思想形成的阐释，就在现象学上验证了自由推动直觉省思的形成和发展的内在必然逻辑。

《蛙氏奥义书》尽管篇幅短小，但它在思想上的重大突破，决定了其在印度思想史上的重要地位。首先，它提出的新思想，决定了此后的奥义书、吠檀多思想的发展方向。比如它对先验反思的纯粹化，它对超越般若、思想的真我的阐明，都被更晚的奥义书和《薄伽梵歌》等继承。从它对般若、思维的绝对真理性的否定（即直觉的超越），发展出晚期奥义书和吠檀多不二论将般若、思维当作幻力、无明的观念（即觉悟的超越）；从它对般若和至上我的区分（“直觉的区分”），发展出晚期奥义书和《薄伽梵歌》对摩耶与大梵、无明与真心、自性与神我的区分（“存在论区分”）。它对先验自我（喜乐、般若、熟眠我）的绝对意义的否定，造成它与耶若婆佉、步厉古之学的本质区别，开启了后来吠檀多传统的一个根本分歧。盖耶若婆佉、步厉古之说，将熟眠位我、喜乐等同于至上梵，跋陀罗衍那、薄须羯（Bhaśkara）、阎摩那（Yamuna）乃至罗摩努阇（Rāmānuja）等皆同此义。而晚期奥义书中之《白骡》、《慈氏》乃至大量（被归属于《阿闼婆吠陀》的）“新奥义书”，以及《薄伽梵歌》，乃至乔荼波陀、商羯罗的不二吠檀多学，则继承《蛙氏》立场，认为喜乐、熟眠我为有德梵，而至上梵无德，为超越先验自我、超越一切现实存在的神圣本质。必须破有德梵才能显现无德梵。从精神的生命本体论来看，蛙氏学和不二论才代表了吠檀多精神发展的正确方向。其次，《蛙氏奥义书》的影响还远远超出奥义书、吠檀多传统之外。它对现实存在的否定，不仅直接启发了奥义书的幻化论和空说，而且通过后者的影响成为大乘性空如幻观念之滥觞；另外由于佛教真心如来藏思想本来就是大乘佛教受吠檀多思想渗透的产物，其如来藏真心的观念与吠檀多的真心本质上一致，故此观念应以《蛙氏》的第四位我为思想源头。《蛙氏》对究竟理体的表述（“既无内识，亦无外识，亦无内、外识，不为识体，非般若，非非般若，不可见，无对待，不可触，无相，不可思议，不可言诠，唯于自证安立；止息、寂灭、安乐、不二。”）在大乘对空性、如来藏的阐释中也屡见不鲜。如下所论，《蛙氏》学中神秘的真心观念，甚至通过佛教的中介，对中国文化，包括儒、道二家之学都产生了深远的影响。

奥义书思想从早期识论到《蛙氏》思想的发展，在观念层面表现了精神否定表象的、经验的意识确立更内在、本质的心灵实体，否定形而上学的封闭心灵实体确立作为这实体的本质和绝对真理的先验思想，最后否定先验思想确立作为其本质的超理性澄明原理作为存在、自我的绝对真理的持续的“破”、“立”辩证运动。这首先是一场精神不断地否定其当前现存存在、否定其自身此在的运动，其次这也是一场精神不断地穿透自我的外在、表象的存在，探入自我更深层本质的内在化运动。因此这一运动，在现象学上充分验证了精神内在的自舍、自反势用的持续、积极的展开。正是这二者的历史展开，推动奥义书直觉省思的形成和发展。然而，精神内在的自主势用之冲破传统的规定而历史地展开自身，只有在作为精神绝对本质的本体自由的促动之下才有可能。本体自由作为绝对和无限，超越了现实与传统，因而能够通过呼唤和倾注，促使精神回到其本真存在。于是精神内在的自舍、自反势用恢复其无限性，从而战胜精神内在惰性的抵消和传统的桎梏而历史地展开，因而推动精神从理智、思辨的领域过渡到直觉的领域。精神于是进入超理性的、神秘的阶段。奥义书直觉省思的形成和发展，在现象学上呈现了自由推动现实精神发展的必然逻辑。

然而直觉省思也不是印度思想的终点，甚至不是奥义书思想发展的终点。作为奥义书直觉省思的完成，蛙氏之学也不能摆脱其内在的局限。首先，是在这里，省思对现实的超越并不彻底，这是直觉思维固有的局限。盖唯一超现实的原理，就是本体的自由。它就是生命的本质，是自否定的绝对运动。它超越了一切现实而生成之，超越了理性、思维、观念而构造之。它无限地制造差别，并将这差别包含在自身存在之中。然而蛙氏学将至上我领会为无分别、不动、无生、寂灭、清净的光明，因而错失了它作为自由、生命、自否定运动的奥蕴，而是使之成为一个意识实体，后者尽管是神秘的，但仍属现实性的范畴。也就是说，在这里省思试图抓住那超现实的东西，但后者却戴着现实存在的面具以逃避捕捉。这意味着蛙氏学对现实存在的否定并不彻底。在这里，直觉思维错失了本体自由、本无，那最后被它当作超现实存在而抓住的东西必然是一个赝品。其次，印度精神的特点也造成了奥义书直觉思维的局限性。整个印度文化，都包含了本觉的、雅利安的精神和本寂的、非雅利安的精神的相互渗透。本寂的精神也渗入婆罗门—奥义书的传统中，使它的精神总是企图复归于冥性、寂灭的境界。这导致奥义书的思想难免将冥性的体验嫁接到其内在反思之上，将属于冥性的寂灭、无分别、一味、常住不动、清净等特征安立到那超现实的觉性理体之上，导致对存在、觉性本质的根本误解（生命、自由被死亡、寂灭的境界代替）。《蛙氏奥义书》的自我理解就进入了这一误区。在这里，直觉的本体被理解为无形式、无概念、非理性的存在。本体对精神的现实存在、思想的超越被理解为纯粹意识对思想、理性的排除。本体就是无思想、非理性、寂灭无为的意识。然而，一方面，这样一个本体概念，乃是一个双重的思维假相。首先，那无思想、非理性的意识只是一个思维假相，因为思想与意识是觉性现实存在的一体二面，二者不可分离，那种无思想的（无形式、无分别、一味的）纯粹意识根本不可能存在。其次，那寂灭无为的意识也是一个思维假相，盖意识本是觉性现实活动的方面，而且由这活动规定，一个寂灭、不动的意识也不可能存在，这实际上是把死亡、冥性的特征加到意识之上，但意识属于觉性，因而与之矛盾。另一方面，本寂的精神促使直觉思维将本体拖回现实存在领域，盖本体的寂灭、不动很容易被当作实体性，即超时间的现实；而本体与思想、逻各斯的悖难，使之成为后者的对立面，因而成为另一种现实，即意识、澄明。所以在奥义书思想中，直觉对现实存在的否定，只是对自我内在现实的一个方面（思想、逻各斯）的否定，因而它对现实的否定不彻底。它其实是用一种现实（意识）取消另一种现实。

这种思想局限也反映了现实精神自由的局限。这在于：(A) 省思将那神秘本体领会为超越的纯粹意识，后者仍然属于现实性、“有”，所以直觉省思尚未彻底超越现实存在，领悟那作为现实性之否定的本体自由自身、“本无”。在这里，一方面超越思维仍未能实现对全部现实存在的自为真理性的彻底否定，未达到绝对超越领域。这在现象学上表明精神的自舍势用的活动仍然受到了抑制，未能进入超绝存在层面，实现其绝对自由。另一方面，直觉的反思也未能实现对真正的超现实原理即自由自身的领会，故反思在这里亦未达究竟。这在现象学上也表明精神的自反势用的活动仍然受到了抑制，未能展开为对本体自由自身的自主设定。这种局限性是所有神秘精神共有的。(B) 省思将本体领会为无分别、无思虑、一味、非理性的空洞绝对，忽视本体的内在形式（逻各斯），表明了一种理性态度的缺乏。这在观念层面表明精神尚未展开对本体的形式建构。这在现象学上反映了精神的自凝（自身建构）势用在此也受到阻碍。这种阻碍首先来自印度传统的本寂冲动，因而自凝没有展开为积极的活动，省思仍然受精神内在的惰性解构力量控制，导致本体的内在形式（逻各斯）被消解。(C) 省思将至上我领会为无生、不动、寂灭的意识，而不是生命、创造、自否定。生命没有成为精神的本质真理，表明精神没有展开对作为自我本质的自由、生命的守护，精神内在的自身维持仍然被消极势用挟持在现存性（死亡）或现实性（存有）的樊笼中。这种直觉省思的寂灭主义倾向也是由印度传统的本寂冲动决定的。

(B)、(C) 两项皆是奥义书的神秘精神受印度文化的本寂冲动影响所特有的。这种本寂的冲动，一方面由于与精神对生命、自由的直觉维持相矛盾，因而抑制自反势用展开为这种维持，导致在印度精神中，反思总是以一种无生命的、寂灭、不动的实体为自我、存在的究竟真理，因而错失了自我、存在作为生命和自由的本质。另一方面，它对于存在的消解冲动，使得在反思中，精神自在的解构力量，即自肆势用始终占据主导，而自主的建构力量，即自凝势用在其中不能展开为积极的活动，导致反思不能将本体理解为一个包含内在形式（概念、逻各斯）、差别的存在，而是将其理解为一种无分别、一味、均匀的境界。这两方面都是把死亡境界作为精神反思和超越的目标。这种本寂冲动不仅导致印度哲学的非理性主义、寂灭主义，还导致了实践的神秘主义、悲观主义和反理性、非道德倾向。在奥义书思想中，最高的精神觉证都以一种无生命、寂灭、一味的纯粹意识为归宿。精神丧失了其生命性和积极的自我展开的活力。它所具有的自由，即使再高明，也只是消极的，只是离执去染，即对他律的排除，而没有一种积极的自律。奥义书精神的上述局限性，甚至通过佛教的中介，对中国文化都造成了巨大的负面影响（比如儒家心学的"狂禅"倾向）①。

要克服直觉省思的本质局限，精神必须达到对现实存在的绝对否定，以及对那超现实的神圣本质的真实领会，即精神舍"有"入"空"，从而具有了对本体自由自身的自主设定。它于是否定了直觉思维，进入本真的精神觉悟的光明之中。其标志在于，精神否定"直觉的区分"，而带来了一种"存在论区分"（即"存有"与"本无"的区分）。后来的《白骡》、《慈氏》奥义书和《薄伽梵歌》对大梵与幻、自我与无明的区分，就是这种"存在论区分"。这意味着省思在这里转化成了真正的精神觉悟（对神圣本质的观照），精神由此进入了本真的阶段。推动奥义书的神秘精神向本真的精神转化的根本力量，依然是自由自身。

## 二

在欧洲思想中，直觉思维或澄明思维有三种形态：新柏拉图主义、基督教神秘神

---

① 吴学国：《从印度吠檀多到中国阳明心学》，《学术月刊》2007 年第 2 期。

学、近代生命哲学，其发生和演变，遵循的都是与奥义书直觉思维相似的逻辑。首先，从古希腊的超验形而上学到新柏拉图主义（普罗提诺）的超理智哲学和奥古斯丁的神秘神学，澄明思维的发展很大程度上是希腊传统与犹太—基督教传统对话的结果。一种认真的精神对话，也是精神的自身成长，而且这成长同样是由自由从根源上推动的。由于每一种文化精神都是一个自身完备生命体，因而不同文化精神真正有价值的对话、融合，就不同于无机界被动的物质渗透，而是因为它们相互理解的尝试最终引起了自身的精神重组，它们由此使异己的内容成为自己内在的内容，成为其机体的部分。在这里，精神实际上从自己内部是将这异己内容生长出来了。精神这种理解尝试的起因是它与异己传统的分歧使它意识到自身的局限性，从而促使它返回到更普遍的基础，即自由本身。易言之，它与异己传统的交往迫使它听到本体自由的呼声。精神遂得以恢复其本真自由，从而推动其省思否定固有的局限，开辟自由的新境界。由于从希腊经典时期的形而上学到新柏拉图主义的演变属于自由精神开展的一个连续过程，我们在本编结语中对于这一过渡作了较完整的阐明，其中对新柏拉图主义（普罗提诺）哲学的直觉思维特点作出了说明，因而此处对新柏拉图主义不再赘述，而只讨论基督教的神秘神学。其次，在欧洲近代哲学中，思辨思维在康德、费希特、黑格尔的绝对唯心论哲学中才真正建立起来，然而它也面临与其在奥义书中类似的困境。可以说从近代主体哲学兴起直到黑格尔的绝对唯心论的成立，欧洲哲学实际上走向了一条逐渐抛弃犹太——基督教对于本体自由的神秘直觉，复归于希腊式的逻各斯中心主义的道路。在黑格尔哲学中，绝对精神、逻各斯将一切神秘的、超现实的东西彻底排除，存在被置于理性的光天化日之下，没有了任何黑暗和阴影。绝对理性的光芒太强大，将那超越了精神的现实性、思想的神圣存在即本体自由自身完全罩住了。于是存在丧失其本质生命的维度，精神也丧失其对于思想、概念的自由，成为概念的囚徒。然而在基督教和东方传统的影响之下，欧洲精神也开始走出思辨理性的白昼，体验神圣本体的神秘，于是从思辨思维过渡到直觉思维，后者的代表就是唯意志主义和生命哲学，这一过程与奥义书精神从思辨思维到直觉思维的过渡，具有相同的内在逻辑。故我们在这里要讨论的欧洲直觉思维，就包括基督教的和近代哲学两个类型，论之如下：

**1. 神秘神学**

神秘神学就是在希腊精神与犹太精神的对话中产生的。这一对话，一方面以犹太民族对上帝的绝对超越性的领悟，否定希腊形而上学对超验实在的执着，试图领会存在本质为一种超现实的原理；另一方面试图借助希腊形而上学，对于《圣经》对上帝超越性仍显笼统的说明给予更明确的界定。

盖《出埃及记》的上帝圣名，表明了上帝是超越一切存在者，即一切现实存在的。然而无论《圣经》还是使徒时期的神学，对于存在者或现实的存在，都缺乏明确反思，因而对于上帝的绝对超越性，在理论上缺乏清晰的阐明。而希腊哲学则建立起一种明确的超验反思。希腊思想经过从赫拉克利特到柏拉图的发展，终于构造出一套逻各斯的形而上学。逻各斯及其包含的理念成为经验、现象世界的基础、真理。这意味着精神内在的思想本身成为世界的超验基础，因而这是一种严格的超验反思。然而这种反思只是客观的，这在于在这里，逻各斯、思想仍然呈现为一种在自我之外的东西，而非自我的内在现实。反思的主观性还没有建立起来。乃至斯多葛将宇宙灵魂或理性作为世界的基础、根源，仍然属于客观反思的范畴。在欧洲思想中，绝对反思（思辨反思）是在近代主体哲学兴起之后才开始发展，到康德、费希特、黑格尔等的唯心主义哲学中才得到完成。

希腊人对现实世界的严格哲学反思，一方面促使犹太——基督教对现实存在的意义予以重新解释。在这一点上，基督教神学对于希腊的超验形而上学有三种应对策略：(1) 形而上学神学。这就是把《圣经》的上帝对现实世界的超越，理解为希腊式的本体界（逻各斯、世界灵魂）对现象界的超越，上帝被理解为彼岸的实体，为世界万物的形式根据。从这种策略发展出后来的实体论神学（安瑟伦）和唯实论（波爱修、邓斯·斯各脱、夏特勒学派）。(2) 超越神学。这就是把上帝对世界的超越，理解为对希腊哲学所理解的全部存在，包括超验实体的否定。在这里，逻各斯被认为就是存在（现实性），而上帝本质超越之，故为“超存在”（hyper-being）、“非存在”（non-being）或神圣的“虚无”（nothingness）。上帝本质对存在者的存在，即现实性的否定，就是一种“存在论区分”；它表明了上帝与现实存在的不同真理意义。从这种策略发展出奥利金、维克托利努斯、忏悔者马克西姆、阿娄帕果的狄奥尼修斯、斯各脱·爱留根那和爱克哈特等的“否定神学”或“超越神学”。(3) 神秘（直觉的）神学。企图调和以上二者。它强调上帝与存在（现实性）、逻各斯的同一。一方面上帝本质不可思议、不可言说，超越逻各斯、现实存在；另一方面，逻各斯就是上帝自己的理性，因而它与上帝在真理价值上没有区别。圣父与圣子（逻各斯）是同一存在的两个方面。奥古斯丁就是这种神学的代表。在这里，像前面那种“存在论区分”并不存在或没有突显出来；逻各斯与上帝的区分乃是一种“直觉的区分”，即思想与超思想本质即神秘存在的区分。与前者相比，在“直觉的区分”中本质对现实性的否定并不彻底。实际上在奥古斯丁神学中，有大量表述将上帝形容为永恒、无变化、不动的现存实体（ousia），似乎上帝也成了一种现实性。

在以上三种神学中，形而上学神学过于希腊化，其将上帝作为希腊式的超验实体，已使上帝沉沦到现实存在之中；而将《圣经》中上帝的绝对超越窄化为一种理智的超越，实际上是将这绝对超越牺牲了。因而这一上帝观念与《圣经》的原始精神有很大差距。这种形而上学神学出现较晚（至中世纪经验哲学才形成），这也表明它是犹太——基督教神学受柏拉图主义更长时期渗透的结果。超越神学将《圣经》中上帝的绝对超越性充分展示出来，然而其“存在论区分”，揭橥上帝与现实、逻各斯的真理价值之差异，则超越了《圣经》原有的教义，发掘出了一个新的意义层面。故超越神学与形而上学神学，相比于《圣经》的教义，乃为过与不及，皆有差失。唯神秘神学，庶几乎最得《圣经》原旨。

如果我们将着眼点放在欧洲思想从希腊形而上学到神秘神学的转型过程上面，就会发现这一过程与奥义书思想从《羯陀》等的理智思维到《蛙氏》等的直觉思维的转型，具有大致相同的逻辑。

与《羯陀》等的实体思维平行，希腊思想也很早就实现了一种形而上学的超越。从毕达哥拉斯开始，希腊哲学就在努力寻找一种超越感觉、现象和时间性的永恒原理。毕达哥拉斯试图把一个纯粹理智的原理即数作为万物的基础、真理和实体，一切其他存在都是数的表现。赫拉克利特则试图确立一种超越现象界的运动的永恒理性。埃利亚学派开始区分可感世界和可知世界，即现象界和本体界，前者变灭、虚假，后者恒住、真实。阿那克萨哥拉提出那最终支配宇宙的原理是努斯（nous），后者为一超越事物的、永恒地自身同一的精神实体①。从上述思想中，可能看出对现象与本体、经验存在与超验存在的“形而上学区分”正在形成。这种区分在柏拉图和斯多葛派思想中得到完成。柏拉图认为那永恒、不动的超验的理念世界才是世界存在的实体、本体、真理，而变动不居、生生不息的经验世界，即现实自然，则是本体的一个虚假幻影。理念与自然事物之间是原型与摹本的关系。理念是自然物的形式基础、本质，然而却超越它们，不受它们影响。在柏拉图学说基础上，斯多葛进一步提出普遍

① 阿那克萨哥拉：“别的事物都具有每件事物的一部分，而努斯则是无限的、自主的，不与任何事物混合，是单独、独立的。因为它如果不是独立的，而是与某种混合的，那么由于它与某种混合，它就要分有一切事物。因为我已经说过每一事物都包含每一事物的一部分，与它混合的东西会妨碍它，使它不能像在独立情况下那样支配一切事物。因为它是万物中最细的，也是最纯的，它洞察每一件事物，具有最大的力量。对于一切具有灵魂的东西，不管大的或小的，它都有支配力。而且努斯也有力量支配整个涡旋运动，所以它是旋转的推动者。这旋转首先从某一小点开始，然后一步一步推进。凡是混合的、分开的、分离的东西，全都被努斯所认识。将来会存在的东西，过去存在过的东西，以及现存的东西，都是努斯所安排的。现在分开了的日月星辰的旋转，以及分开了的气和清气的旋转，也都是努斯所安排的。”（北京大学哲学系编：《西方哲学原著选读》，商务印书馆 1981 年版，第 39 页）

的理性或逻各斯为世界灵魂，其中包含一切存在者的种子。宇宙灵魂包括内在于世界的和超越世界之外的两部分，前者作为世界的形式而存在，故有变易，而后者则始终保持为超验的本质，超越时间与因果，永恒不变。无论柏拉图的逻各斯还是斯多葛派的超验灵魂，都包含对经验、自然存在的否定。在这里，思想本身不仅超越了自然成为自为独立的，而且反过来成为自然存在的根据、基础。这与在《羯陀》书中，纯粹意识否定全部内在和外在的自然成为一自为的实体及自然的普遍基础，代表了相同的思维层次，即觉性的超验实在成为绝对真理。欧洲哲学在这里具有了一种超越的反思。然而与奥义书（《羯陀》）中的情况不一样，在这里，觉性的超验实在，即纯粹思想、逻各斯对于精神的自我仍然呈现为一种外在的东西（无论阿那克萨哥拉的努斯、柏拉图的理念，还是斯多葛派的世界灵魂，对于自我似乎都是一种外在的东西），精神并没有意识到它其实是属于我的。也就是说超验反思在这里只是客观的，精神的主观反思尚未建立起来。

作为一种实体或本体，希腊人的努斯、理念，尽管是超验的，却仍然是一种现存存在，一种现实性，它仍然是世俗的。而犹太—基督教的上帝乃是绝对的超越者，是对一切世俗性、现实性的否定，因而上帝本质也超越了希腊人的实体、本体。然而希腊哲学有助于基督教神学对上帝超越性概念的清晰化。奥古斯丁的神学企图立足希伯来传统对上帝本质神秘性的领悟来否定希腊哲学对超验实体与本体的绝对化，这与《蒙查羯》、《蛙氏》思想对《羯陀》、《六问》等的超验反思的克服，属于一个大致相同的思想进程。

奥古斯丁一方面坚持《圣经》和使徒神学强调的上帝的绝对超越性，并结合希腊形而上学，认为上帝的超越性不仅是对经验世界的超越，而且是对希腊式的超验实体或本体即逻各斯、宇宙理智或理性的超越。由于受普罗提诺的太一哲学启发，奥古斯丁认为上帝是超越思想、逻各斯或语言的本质。逻各斯、语言是上帝永恒的思想，是它对自身的知识，因而是它的形象或摹本。逻各斯是绝对存在的摹本，又是所有其他存在的原型。神通过逻各斯创造世界，但不受逻各斯的限制。奥古斯丁的这个超越逻各斯、理智的上帝，实可与《蛙氏》书中超越般若（理智、理性）的至上梵对应。另一方面，奥古斯丁对奥利金等的否定神学持保留态度，在他这里，上帝对逻各斯的超越并未导致对现实存在的彻底否定。

他认为《出埃及记》的圣名"我是是者"（I AM WHO AM），表明上帝就是存在（on），而且这存在就是实体（ousia）、现实性（ens）。上帝永远与自身同一，为永恒、不变、不动、自足的实体。因而上帝的本质尽管超越了思维，但仍作为现实性、实体而存在。这个上帝与《蛙氏奥义书》中超越般若、思想的纯粹意识（至上梵）一样，将自身的绝对超越性降格为一种神秘实体对思想的否定，因而上帝对现实存在的否定就是不彻底的。上帝还没有显现为那真正的神圣本质（神圣性就是对现实的牺牲），即本体自由自身、本无。所以，同《蛙氏》书中的至上梵一样，奥古斯丁的这种否定了逻各斯，而没有彻底否定现实的上帝，只能是神秘的（即超理性的、不可思议的），而不是神圣（即对现实的否定）的。我们称对于超越理性的实在的思考为直觉思维或神秘思维，这种思考不仅在奥义书传统，而且在基督教传统中也存在。在这种意义上我们也可以把奥古斯丁的神学称为直觉神学或神秘神学。如前所述，在教父神学中，直觉神学可说是最接近《圣经》原旨的。可以看出，从古希腊的实体形而上学到直觉神学的转化，与奥义书思想从《羯陀》、《六问》等的超越反思到《蒙查羯》、《蛙氏》的直觉反思的转化，遵循着本质上相同的逻辑。另一方面，这两个转化过程的起点和终点都有所差别。对于奥义书传统而言，上述转化是以那支启多、耶若婆佉等的主观反思和思辨反思为起点，因而直觉思维就包含了绝对反思。对于希腊传统而言，上述转化是以柏拉图、斯多葛派等的客观反思为起点的，没有经历主观、思辨反思的阶段。这也决定了在基督教传统中，直觉或神秘思维只具有一种客观反思，最终也没有形成一种主观反思乃至绝对反思。

这种直觉或神秘神学，也与奥义书的直觉思维有着共同的局限性。这就在于未能充分领悟上帝本质对现实存在的彻底否定，未能领悟上帝就是本体自由自身，因而就是“本无”、“空”。唯自由是存在之自为的真理；一切现实存在都是这自由的产物或投影，皆为假立之法，不具有自为的真理性。精神唯有领悟到这本体自由自身，才是看到了自身本来面目，唯有这才是真正的精神觉悟。这种觉悟的标志就是对现实、“有”与自由、“本无”的“存在论区分”，这包含对抽象（作为自为真理的）现实的空洞化和虚无化。通过这种觉悟，精神才能彻底打破现实的束缚，实现对其本体自由的自主设定，从而进入本真存在的阶段。

当然，也唯有本体自由自身，才是推动这一精神蜕变的最终根源。这种精神蜕变，在奥义书思想从《蒙查羯》、《蛙氏》的直觉思维到更晚的《白骡》、《慈氏》以及《薄伽梵歌》将现实存在的本质理解为幻化、无明，乃至大乘佛学的性空如幻论中都得到充分体现。其在基督教传统中，也在从《圣经》和使徒时期较朴素的神秘神学或直觉神学到奥利金、维克托利努斯、狄奥尼修斯、忏悔者马克西姆乃至爱克哈特的超越神学的转化中得到体现，他们明确将上帝本质说成是“超存在”、“前存在”甚至“反存在”、“虚无”，认为在上帝与存在者之间具有一种“存在论区分”。超越神学由此克服了直觉神学把上帝与现实存在等同的危险，将上帝彻底从世俗性、现实性中解放出来。对此我们还要在以后作更详细讨论。

**2. 唯意志主义与生命哲学**。

在欧洲思想中，精神的主观反思（领会自我本质为自在自为的意识、思想），迟至近代主体哲学才建立起来。笛卡尔把主体当做一个思维的实体。它完全独立于物质世界，不处在自然的时间空间和因果关联之中，是一个形而上学的实在。主体对于自我的思考被认为是唯一具有直接明证性的思想，是其他任何观念的明证性基础。欧洲思想通过笛卡尔的主体思维才首次意识到自我是一个自在自为的存在，从而使自我具有了尊严。但是笛卡尔的形而上学是二元论的。他的主体是一个自我封闭的实体。它并没有成为客观存在的基础，因而它不是一个绝对主体，主观反思在这里没有成为绝对的。欧洲的认识论在其进一步发展中逐渐克服了这个问题。像洛克和休谟的认识论将人类所有客观必然的观念都归结于由习惯养成的心理功能的作用，这就使主体的心理机能成为客观经验的基础，但是这个主体是经验的、心理学的，而且仅仅是认识论的。然而康德的先验哲学，首先将这个经验、心理的主体提升到先验层面。主体及其纯粹概念都是超越经验的，不处在经验的时间空间和因果性之中，而是它们的基础。其次，经验世界的全部客观必然性都是来自主体的先验统觉，现象界的所有普遍的规律、必然性都是主体用先验概念统握表象的结果，所以主体不仅仅超越了经验、自然，而且是自然乃至全部现象世界的根据、基础，因此这个主体就是绝对的，所以康德对先验主体的思考是一种绝对反思，因而是思辨的。德国古典哲学继承和发展了康德的这种思辨思维。在费希特的主体哲学中，客观世界的存在就是建立在主体自我设定的基础上，而黑格尔哲学则通过概念的辩证运动将全部存在纳入到绝对精神的整体性中。这些思考因为其将主体视为存在的超越的基础和整体，故都属于思辨思维的范畴。在这里思辨思维实际上是将理性、逻各斯与先验实在等同，并以之为全部存在的本体。所以说欧洲近代哲学抛弃了基督教神学对于自由的超理性直觉，回到希腊的逻各斯中心主义。

但是正如在印度思想中的情况一样，本体自由作为良心，仍然始终在精神深处发出呼吁，呈请人们将目光转向它自身。正是由于西方精神谛听到这种呼声，使得来自东方传统的、对超越现实的神圣本质的直觉，在现时代的思想中重新受到重视。其中，犹太——基督教对于本体自由、生命的体验，甚至印度佛教和奥义书的涅槃、解脱的智慧，都成为欧洲思想的积极资源。而叔本华、尼采、柏格森所代表的唯意志主义或生命哲学，就是这种新的思想运动的产物。这些思想，同奥义书的首那伽、蛙氏之学一样，没有经历对现实的虚无化、空洞化，没有达到真正的“存在论区分”，因而我们同样将其归属于直觉思维或澄明思维。

在叔本华的哲学中，康德的自在之物被积极地规定为意志。意志是一种超越现实，超越理性、理智，超越自然的时间、空间和因果性的，盲目的生存冲动。意志使自己客观化，转化为现实的存在。在这里，意志先将自己客体化为理念。理念就是的永恒、超验的形式，是一切现象的柏拉图式原型；理念通过时间和空间自行增殖为无数现象，现象又被因果硬性规定[①]。世界内的一切，从无机物到生命机体，再到人的知觉、记忆、思维、理性，都是意志的表现。“一切表象，不管是哪一类，一切客体，都是现象。唯有意志是自在之物。作为意志，它就绝不是表象，而是在种类上不同于表象的。它是一切表象，一切客体和现象，可见性，客体性之所以出。它是个别［事物］的，同样也是整体［大全］的最内在的东西，内核。它显现于每一盲目地起作用的自然力之中。它也显现于人类经过考虑的行动之中。”[②]“除意志以外，再没有什么存在的东西了”[③]。意志生成机能，机能生成组织。通过意志概念，叔本华首次对觉性之本体的自由给予了肯定的阐明。直觉思维在这里成为积极的。

在这里，尤其应当强调的是叔本华的意志概念与西方哲学传统的根本差异，即它的超概念、非理性特点。意志本身是“无根据的”[④]，它超越时间、空间、因果性，超越一切理性、概念的规定，一切概念的使用只及于表象，而不及于意志自身。意志超越理念，是理念的创造者。叔本华对于意志的超理性意义的理解，同现代西方的所有非理性主义一样，首先都是从基督教对上帝对逻各斯的超越性的神秘领悟得到启迪（在《作为意志和表象的世界》一书中，对基督教神学的引用远远多于对从柏拉图到黑格尔的任何欧洲哲学家的引用）；其次，叔本华还直接从奥义书思想中汲取了大量精神资源。因而他的直觉思维很大程度上是对奥义书直觉思维的继承，他的非理性主义在某种意义上也是来自奥义书的非理性主义。叔本华的意志哲学，规定了兹后的西方生命哲学的基本面貌。

柏格森的思想也同样带有直觉思维的特点。同叔本华一样，柏格森哲学的逻辑起点，是对康德的自在之物作积极的诠释。在他这里，自在之物就是绝对的生命意志、绵延。他认为绵延是永恒的创造力量，是存在的本体、根源。绵延超越意识、理智、概念，后者乃绵延构造出来以为其对物质进行分割、连类的工具，故只能认识物质，却不能认识绵延、生命本身[⑤]。因而我们对生命本身的了解，必通过超越意识、理智、

① 叔本华：《作为意志和表象的世界》，商务印书馆 2009 年版，第 191 页。
② 叔本华：《作为意志和表象的世界》，商务印书馆 2009 年版，第 164 页。
③ 叔本华：《作为意志和表象的世界》，商务印书馆 2009 年版，第 222 页。
④ 叔本华：《作为意志和表象的世界》，商务印书馆 2009 年版，第 160 页。
⑤ 柏格森：《创造进化论》，商务印书馆 2004 年版，第 138 页及以后。

概念的神秘直觉①。

叔本华从现实生命中区分出生和死两种并存的力量，柏格森的形而上学也带有一种意识与物质的二元论色彩。精神、意识是自由的力量，是创造和积聚的运动；而物质是惰性、呆滞的力量，是不断破坏和消解的运动。这种二元性决定意识的自由与组织的张力。一方面，意识企图组织物质，以作为实现其自由的工具；但另一方面，一旦这组织形成，意识便坠入后者的陷阱，它的活动变为无意识的自动性、必然性，自由便被窒息。在精神活动中，概念就是这样的组织。精神依其自由构成概念，企图以此为工具，实现对大量偶然的表象、观念进行秩序化。然而概念一旦构成，就反过来成为控制精神的力量，从而吞噬自由，因而精神必须超越概念、打破桎梏，使自由得到充分展开。其云："绵延是事物的生命，基本的现实。精神分离的和保存在概念中的形式，只不过是对变化的现实的看法。它们是在绵延过程中汇集的瞬间，正是因为人们切断了把它们与时间连接起来的线，它们才不再绵延。"② 柏格森在这里实际上阐明了自由和传统之间的张力。

柏格森认为，每次当人的自由得到充分的展开，就会通过一种愉快的情绪告诉我们，所以愉快可以说就是自由的一种标记。他明确将愉快与欢乐区分开来。用我们较通常的术语，他在这里所谓的愉快就是自由感。他认为愉快可以加强、激励精神自由的力量。理想的人生，是永恒的自我创造、自我丰富。这种丰富无需外界的资源，而是通过生命自己产生的内容。

柏格森的思想，企图通过强调生命、自由对组织、概念的超越性，将精神从概念、逻各斯的囚笼中解救出来，以恢复其无限创造性。然而同叔本华一样，由于他的思想没有将现实存在虚无化，因而将本体、绵延当作一种现实的东西，所以这本体仍然背着现实的重负，精神的本真自由仍然是不确实的。

我们谈到了西方的意志哲学或生命哲学也反映了与奥义书的直觉思维同样的局限性，以下再作一些补充。首先，思想尚未在本体自由与现实存在之间作出"存在论的区分"，确定自由就是本无，这包括对现实性或"有"的绝对否定。比如在叔本华的理论中，世界仍然具有与意志同样的真实性。意志似乎被理解为物质和精神世界的一种实在根源，它潜入物质之中，推动其发展。这些说法甚至使他的思想带有原始的物活论或泛灵论色彩。总之意志并没有被从现实存在中彻底区分出来，作为现实性的"他者"。尼采和柏格森的思想同样如此。生命意志被理解为内在于每一事

① 柏格森：《创造进化论》，商务印书馆 2004 年版，第 222 页。

② 柏格森：《创造进化论》，商务印书馆 2004 年版，第 263 页。

物的原始冲动，是构成万物、推动其发展的一种现实力量。这种本体与现实的不分，导致意志哲学和生命哲学当其意识到理性、理智的局限性之时，往往将理智推回一种较它更低的实在，并将后者视为绝对本体、理智的基础。这一策略在尼采的权力哲学中，导致将意志直接等同于生物本能的粗俗化。总之，在这类思想中，意志、本体既囿于现实性中，与其他现实粘连、捆绑在一起，如何才能有对现实的自由呢？所以唯有将本体自由置于彻底超现实的领域，才能确保其绝对和无限性。唯有斥现实为虚幻，揭本体为本无，才算是获得了对本体自由的本真的理解，即真正的精神觉悟。

其次，这种直觉思维对本体的领悟不仅是间接的，而且是抽象的。在这里，思想尚未意识到意志、生命冲动本质上就是自由或自否定，因而它对本体的领悟不仅是抽象的，而且不能解释生命创造冲动的缘由。对于意志、绵延而言，它们创造世界、展开自身的冲动，在这里被直接地当作它们的内在本性。人们不能问，这创造冲动在这意志的自身存在中有何根据，它们到底来自哪里？事实上，唯有自由或自否定才是生命的实质。生命唯有作为自由、自否定才是绝对的自我规定，才是究竟的超越和彻底的无粘着，才是绝对、无限，从而具有自身展开的无限冲动。

另外，与上述本体与现实的粘连状态相关，西方近代的直觉思维，对于意志、自身的存在本身也缺乏内在区分。生物意志和自然意识的意志，还有精神的意志，都是本质上不同的存在，但它们在意志哲学和生命哲学中，都被粗率地当成同一个东西，导致在这里，生理本能和纯粹精神的渴求被当成同一种冲动，甚至前者完全代替、压住了后者。我们尤其应当批评的是尼采思想在这里表现出的粗俗性。在他这里，本能或权力意志成为绝对，是思想、知觉、意志、行为的目的和最终决定者。心灵、理智只是求生、谋权的意志的工具。知识的价值仅仅是为了更充分满足本能的要求，从而保全和促进生命。真理仅仅作为求生、谋权的手段才有价值，为真理而真理是一种精神的病态。逻辑和理性的概念只是为了功利目的安排事物的手段。道德也应当被改造，成为服务于本能要求的强者道德。在他的思想中，意识、精神丧失了独立的存在和价值，都成为本能的产物，是满足本能的功利需要的工具。由此可以看到，像尼采这样的哲学家，在意识到精神的现实存在、理性的局限性之后，实际上是用一种比理性更低的存在，即本能来替代它，因而使精神成为本能的奴仆，这样的错误对于直觉思维也是很自然的。不过，若尼采的价值体系果真成为现实的，那么可以断言：人类精神不仅不会获得更大自由，反倒会沦为自然本能的奴隶；精神的生命不仅不会得到更大发扬，反倒会逐渐萎缩以致死亡。这一点从东方社会的历史和现实完全得到了证实，或许中国社会才是尼采的理想天国吧。西方直觉思维的这些问题，也反映了精神的自由在这里面临着与奥义书同样的局限性。

通过自由本体论，这些问题得到了较好的解决。首先，自由本体论确定生命、存在的本质、真理是本体自由，后者是对一切现实性、有的否定，因而是空、本无，因而它脱离了与现实存在的任何粘连，是完全的“他者”；这同时也意味着一切现实存在都是空虚、假立之物，它们是本体自由构造的产物，但不构成对这自由的限制。空、本无不是任何可执着的现实或现存的东西，它就是自否定的绝对性，是无所住、无所得、无任何根据和依靠的否定运动本身，而这否定运动就是自我。唯其如此，自由本体论方确保了本体自由的绝对性。其次，自由本体论阐明生命的本质、自由就是自否定，它包括自凝、自反、自舍、自离四种意志，它就是存在自己否定自己、扩大与自身距离的绝对运动，因而它内在地具有无限的自我提升、自我展开的冲动，这种理论不仅比直觉思维对自由的把握更直接、具体，而且更好地解释了自由推动生命展开的逻辑。另外，自由本体论阐明觉性生命与自然生命的根本区别，并且阐明觉性生命的三个不同层面，即：其一，自然觉性或意识，即直接；自然的经验，只领会自然的无生命的个别、具体之物，只对后者有自主性，对于自身内在存在无意识、无自主性，为觉性之客观层次。其二，精神，为省思的觉性，对于自然经验无自主性，对于自身内在存在有自主性，故为自主性之绝对化，为觉性之主观层次。其三，至觉，对于自然与精神皆具直接、绝对的自主性，为觉性之绝对层次，仅属于宗教理想，或为神的觉性。生物生命、意识、精神、至觉都属于本体自由的特殊现实性，都是独立的生命体，相互具有本质的差异。只可以将它们各自还原到本体自由，但不可将其中一个还原为另一个。这既彻底避免了东西方直觉思维将意识、精神都还原到生物本能的误区，也避免了澄明与逻各斯的对立，同时也避免了意识哲学、唯理论对意识、精神的现实内容的绝对化。

## 三

对于印欧传统而言，随着其精神反思与超越的愈益展开，其与中国传统的距离就愈益扩大，其对后者就愈显遥远、陌生。盖中国的精神始终是自然的。精神的反省与否定都局限于自然范畴之内，没有实现为自由的，即反思与超越。在这里，唯直接、朴素、粗野的自然，即天、道被认为是究竟的存在，作为精神内在存在的心、意识、思想则完全依附于自然，以后者为基础、本质。在这一传统中，心灵从未呈现为自在自为的存在，精神完全屈从于物质。在这里，精神对于自然甚至没有最起码的超越，因而那种竟然试图否定现实存在的神秘思维或直觉思维，对于它就是根本不可能的。像这样一个完全处在自然奴役之下的精神，只有对不可测的自然强力的迷信，却从未参与过那超现实的神秘；只相信巫术的感应（唯透露自然的秘密），而从不知有超越的直觉（只呈现精神自身的真理）。以至于在现在的中国，占卜和风水仍然成为下层民众和宦海的官人的精神寄托。当欧洲思想开始超越柏拉图的实体反思进入直觉思维和本真的觉悟（普罗提诺、奥利金、维克托利努斯），当印度思想脱离那支启多等的超越和耶若婆佉等的思辨进入《蛙氏》等的直觉思维之时，在中国却由于大一统导致的精神灾难，使思想竟然从诸子时期的自然知性思维，大幅退化到秦汉的谶纬迷信。精神重新回到最为野蛮原始的，对于完全不可知的自然暴力的绝对恐惧和依赖之中。由于相信自然之完全偶然、不可测度及其对人的绝对支配，精神对自己的力量彻底绝望，它竟至放弃原先的巫术理性（后者还相信自然事件是可预测，可安排的），陷入一种绝对野蛮的、非理性的恐慌之中。中国精神在这里已经倒退到人类思维之最野蛮原始的阶段。它丧失了任何现实的自由，进入了几个世纪的绝对黑暗。

直到魏晋时期，中国精神才开始走出这种绝对黑暗。促使这一事件发生的原因，除了大一统的消解给思想带来了短暂的自由空间，使其暂时恢复活力之外，更重要的是佛教的传播和渗透，深刻地改变了中国精神的面貌。正是佛教的影响使中国精神具有了真正的反思与超越，且最后还形成了一种神秘的直觉思维。而佛教的这种影响，应当进一步追溯到奥义书思想。

我们在这里重点讨论儒家思想在佛教影响下的转型，企图窥一斑而知全豹。我们曾经讨论过正是佛教的影响，促使儒家心学的形成，这种影响到明代王学达到高潮，使心学具有了思辨哲学之维，而且阐明了这种思辨省思应当最终追溯到奥义书的思想（耶若婆佉等）。我们想进一步阐明的是，奥义书—佛教思想的影响，最终促进了心学中的直觉思维的形成。

中国佛学的主体来自印度大乘佛学。在后者这里，可以看出精神超越了奥义书直觉思维的起点，而向前迈出了一大步。印度的大乘佛学，就其理论的方面，与早期佛学存在巨大鸿沟，而与晚期奥义书的思想存在本质的一致性，应当视作是奥义书思想深入渗透到佛学中的产物①。作为早期大乘核心观念的“性空如幻”说就是从晚期的《白骡》、《慈氏》等奥义书的幻化论发展出来。盖早期佛教在世界观上是一种朴素实在论，其讲诸法“空”，皆旨在阐明诸法生灭无常的时间性，表明其没有超越时间的实体性，其说乃与强调存在的时间性的东方自然思维一致（佛陀的“无常”观念实与东土之天道生生不息观念相通），其宗旨并不在于认为经验、现实的东西都是虚假的、不存在的。然而奥义书发展到《白骡》、《慈氏》，以及《薄伽梵歌》，其对大梵的超越性的发明，乃超出《蛙氏》等的神秘的超越，即突破了直觉思维，开始进入

① 吴学国：《奥义书与大乘佛学的发生》，《哲学研究》2010 年第 3 期。

本真的觉悟领域。这就在于《白骡》等书的“幻化论”(maya-vidyā)之提出。幻化论将奥义书的直觉思维对思想、理性的超越扩展到对全部现实存在的超越，它以为一切现实存在皆是幻化、无明的产物，举体非实，唯大梵、至上我是真实存在。在这里，大梵与现实存在的区分，就是一种“存在论区分”。幻化论暗示了如下的觉悟，即本体作为对现实性的否定，就是本无、空；尽管它并没有明确将本体的“无”性表达出来，所以这觉悟在这里仍然是抽象的。可以看出，大乘“性空如幻”论与早期佛学的朴素实在论有根本区别，但与奥义书的幻化论有本质的一致性，因而可以肯定它是受后者根本影响而产生的。它是对后者的进一步发展。盖幻化论既说现实存在是空无，就暗示了对于超现实的理体只能从空无的视角理解，也就是说本体也只能是无(对存在的虚无化意味着理体只能是虚无，但这理体却是真理，而且是现实存在的本质，因而它的“无”与现实存在的“无”不同，是“本无”)，是无住、无体的，但这一点唯通过大乘佛学才明明白白地揭示出来。这在于大乘佛学不仅讲俗谛、现实存在是空，而且真谛、超现实存在也是空且唯此之故才成其为超现实的存在。作为绝对超越者的法性真如，不仅是空，而且空亦复空，是破除了任何依靠、基础、安全和归宿的，完全无所得、无所住、无所执的境界。这其实就是本体自由自身。大乘佛学将绝对超越者、法性真如领会成空，从而赋予这超越者具体内涵，使本真觉悟具体化。精神在这里才实现了一种彻底的自由。它的超越性以一种彻底、充分的方式得到展开。

可以想象，当大乘佛教进入中土之时，它的这种否定一切现实性的绝对超越思维，与中土完全无超越、执着于最直接现实性的自然思维之间，必会形成一种充满强烈戏剧性的张力。实际上，魏晋以后中国思想任何真正有价值的发展，都来自佛教传统与中国固有传统之间的对话与融合。在这种对话中，一方面佛教的绝对超越思维不自觉地被中土完全肯定、接纳当前现实的自然思维渗透，其对于现实的超越性、批判性被大大地淡化，结果导致中国特色的圆融佛教的形成，无论天台、华严，还是晚期禅宗，都属于圆融佛教的范畴。圆融佛教试图淡化印度大乘对理与事、性与相，即理体与现实的“存在论区分”，而代之以理事圆融、性相圆融。其结果是，理体的超现实性或“空”性被不断弱化。在华严、后期天台及后期禅宗那里，理体终于由真“空”转化为妙“有”，成为一种超越一切思想、观念的、不可思议的基础、归宿、依靠。这时它已不再是印度大乘的无得、无住、无执的自由本身，而似乎又退回到《白骡》、《慈氏》书那种抽象的神圣本体。也就是说，在中国的圆融佛教中，精神的觉悟已经失去其在印度大乘的具体性，而退回到与晚期奥义书一样的抽象性模糊性中。

另一方面，作为对话的一方，中国本土的传统乃由此获得了真正的超越思维，这种超越思维还随着佛教更加深入的渗透而不断得到提升。以至于一贯因循狭隘的儒家思想，到宋明理学都开始引入一种超越思维，比如理与事、形上与形下的区分，就表现了一种理智的超越，表明理学开始克服原儒那种经验实在论，具有了一种类似毕达哥拉斯和柏拉图哲学的超验客观反思，这当然是与佛教的影响分不开的①。

佛教的本真超越对儒家心学的影响，迟至明代王学才表现出来。首先，儒家直到阳明心学，才真正意识到实践的主体自身应当是全部伦理法则的规定者、根源，因而主体本身是超伦理的，因而才是真正自由的，盖一切伦理法则都是经验的，而阳明的道德主体则具有超经验的存在，这样一个作为客观性和主观性（伦理法则和意志）的共同基础、根源的绝对、超越的主体，就是思辨的主体（先验实在）。所以我们在阳明哲学中可以看到一种类似于奥义书中耶若婆佉、步厉古等学说以及德国古典哲学的思辨思维，包括思辨的超越。这种思辨思维完全不属于儒家乃至中土思想的传统，因而毫无疑问是受佛教的本真超越进一步影响的产物。其次，阳明心学沾溉佛教的本真思维，还不止于此。我们还发现，儒家到阳明思想，才首次模糊地意识到本心对于意识、思维、理性，即自我的先验实在的超越。他说“良知本体原来无有，本体只是太虚”（《全书》卷三十四），大谈良知本体之“虚”，之“无”，之“空净寂寥”（《全书》卷二），表明真我是超越了现实性、“有”的“无”。阳明的这些说法与先儒之教存在巨大鸿沟，而其与佛学的渊源则是一目了然的。从他所谓“无知无不知，本体原是如此”（《传习录》卷下），亦可以看出佛教超越意识、知的如来藏真心观念的影子。阳明这种对超现实存在的领悟，更明确地体现在其所谓“四句教”中，其云：“无善无恶是心之体，有善有恶是意之动，知善知恶是良知，为善去恶是格物”。（《传习录》卷下）这就是说心之本体超越道德（善恶）、超越意识、思维（意之动），是超越精神的现实性的“无”，即自由之本体。道德属于理性、思想，即精神的现实性领域，而自由之本体则属超现实领域。前者是对精神的内在现实的自主设定，是精神的起码自由；精神的绝对自由是对自由本体自身的自主设定，是圣者的自由。后者当然高于前者，或曰自由自然高于道德。

这种思维境界，一方面，与执着于自然存“有”、把自然道德夸为绝对的儒家传统，是水火不容的，它当然不可能从后者产生，也不能见容于后者；另一方面，它与佛学的一致性则是显然的；这表明在阳明心学中，绝对的超越只能袭自佛教。儒家由于其固有的狭隘性，将道德当作最高价值，从未意识到自由原来超越道德而为其本质和基础，在这种意义上，如此高举道德的传统儒家甚至没有真正的道德；它更不能理解作为人类自我本质的本体自由，是否定了思想、理性乃至全部现实存在的“本

① 吴学国：《内外之辨：略论中国哲学的自我概念》，《哲学研究》2004年第9期。

无”。后儒对阳明四句教的批评，都反映了儒学这种固有的狭隘性。如顾宪成说：“以心之体无善无恶，合下便成一个空。空则一切解脱，无复挂碍，何善非恶？以无善无恶只是心之不着于有，究竟且成一个混。混则一切含糊，无复拣择，何恶非善？”这样的批评，无一不暴露出评者是站在一个比被批评者低得多的精神层次上，因而其对于阳明思想的超越层面，完全未曾一睹光景。这种批评也从另一个侧面证明了阳明的超越思维与传统儒家的异质性及与佛教的超越思维的亲缘性。

而对于阳明的本真思维来说，尤为值得关注的一点是，阳明将儒家固有的朴素生命意识，与其对真心理体的领会衔接，于是赋予理体以生命性，从而克服了佛教乃至奥义书的本真超越对生命、运动的否定，使绝对超越思维成为积极的。盖理体就是本体的自由，就是自否定的绝对运动、生命，所以唯有对这自由、运动、生命的直接观证，才使本真思维对理体的领会、从而使它自身成为积极的。然而印度传统，由于其根深蒂固的生命遗忘，故其绝对超越，无论在如来藏佛教的也好，还是在奥义书的也好，都是在否定理体的现实性时，将其生命性也一并抛弃，未能明确领会这理体就是本体的自由自身，理体尚未获得任何积极规定，因而是消极的。中国佛教同样继承了这一误区，都将理体视作无生、寂灭的境界，而没有意识到理体就是自由、活动。阳明对此批评道：“知得动静合一，释氏毫厘差处，亦自莫掩矣。”（《传习录》黄直录）在他看来，真心理体既是寂然空廓之体，又是“为物不贰”，“生物不息”的运动。理体之寂然空廓，指的是它超越了现实存在，无执、无住，“无所挂碍”；但另一方面，它对现实的超越，又不是毁弃生命、耽于寂灭（如此亦不复为具体的自由），而是否定现实性对理体的窒碍、束缚，故阳明说理体就是往来无滞、活泼泼的、生机不息、自在无碍的活动（《传习录》陈九川录），换句话说，这理体就是自由本身。于是超越思维对于自由之本体，有了一个具体的领会。此为阳明学比佛教高明之处。

然而，由于甚至在中国这种自怿自乐的玄道文化中，儒家精神的自任、执着势用也是最强的，它抑制了精神任何超越的冲动，使儒家精神执着于最直接、当前的现实性，以之为唯一的存在真理。这种自任势用大大阻碍了超越思维在儒学中的成长，阻碍了儒家对佛学的超越思维的吸收。这一点在阳明思想中也反映了出来。对于阳明思想而言，儒家的现实精神实际上使他无法全盘接受大乘佛教那种本真的超越，即彻底否定现实存在的真理意义，确定理体为无所依傍的“本无”、“空”的境界。他仍必须像旧儒一般，一方面肯定现实存在的真理性，不可能将现实虚无化；另一方面仍寻求着安身立命的依靠，这使他不能真正把“真心”、“良知”当作佛教那样无法依靠、全无着落、否定了基础的“本无”、“空性”，而似乎仍把它成了另一种（更高的）现实性。也就是说，良知本体与现实存在的界限并不清楚。这意味着阳明的超越思维，在这里并没有达到本真觉悟的层次，而只达到了《蒙查羯》、《蛙氏》书的直觉思维层次。在这里，省思对现实性的超越，坠落成一种更高的现实性对另一种现实性的超越。这实际上是从佛教对本体自由自身的本真觉悟，再次退回到与《蒙查羯》、《蛙氏》书本质上相同的直觉思维；精神的绝对超越在这里成为不彻底的（非本真的）。这一点我们可以在下文作出更详细的说明。

在阳明心学中，良知对现实存在的超越，与《蒙查羯》、《蛙氏》书的至上梵对经验和超验实在的超越一样，若从一种更清晰化的角度解释，其实就是自我的澄明、纯粹意识对思想、逻各斯的超越。首先，阳明对本心的理解与《蛙氏奥义书》的至上梵根本一致：(1) 与奥义书的大梵一致，阳明也把心之本体理解为纯粹、绝对的"知"（纯粹意识），为精神的纯粹光明（澄明）。如阳明说"知是心之本体，心自然会知"。（《传习录》卷上）"良知常觉常照。常觉常照，则如明镜之悬，而物之来者，自不能遁其妍媸矣。"（《全书》卷二）同奥义书的至上梵一样，心作为纯粹意识也是超越主、客的，绝对的"无知之知"，它不仅是经验知识的基础，而且是存在的本质。如阳明说"无知无不知，本体原是如此"（《传习录》卷下），"良知不由见闻而有，而见闻莫非良知之用。"（《全书》卷二）(2) 阳明也把心之本体理解为真常唯一、清净单纯、空虚寂寥的澄明性。他说本心是"无声无臭"，"良知本体原来无有，本体只是太虚"（《全书》卷三十四），良知本体"昭明灵觉，圆融洞彻，廓然与太虚同体"（《全书》卷六）。这同《蛙氏奥义书》等将至上梵、真心说为无思想、无分别、非理性的神秘意识也是一致的。盖心的本质内容就是思想、理性，一个空虚清净的无内容的心，必然是非理性的。所以，在阳明哲学中，良知对现实存在的超越，与《蛙氏奥义书》的至上梵、真心对般若（思想、逻各斯）的超越，都是一种神秘意识对思想、理性的超越，即直觉的超越。当然鉴于儒家的理性主义立场，阳明大概不能直接表明本心是无理性的，但他大谈良知本体之"虚"，之"无"，之"空净寂寥"（《全书》卷二），其实就包含了这个意思在内；实际上湛甘泉在当时与阳明的论辩中已强调儒佛的区别在于"儒者在察天理，佛者反以天理为障"（《甘泉文集》卷八），可以断定阳明在争论中，或是持非理性的"佛者"立场，更有可能是对佛教的非理性主义与儒家的素朴理性主义没有自觉的区分。所以根据阳明的观点，儒学的"上一截"，即在形上学的空净的心，与佛氏本来一致，所异者在实践态度之出世与入世、公与私等不同①。

在阳明心学中，直觉的超越只能来自佛教的绝对超越思维的影响，然而如前所论，在印度精神史上，佛教的绝对超越最终亦是从《蛙氏奥义书》等的直觉的超越发

① 侯外庐、邱汉生、张岂之：《宋明理学史》（下卷），人民出版社1987年版，第261—263页。

展出来。这意味着后者亦应当是阳明心学的直觉思维之最终渊源，因而它们在思想上具有根本的一致性，乃是当然之事。另外，奥义书直觉思维中思想、理性与纯粹意识的分裂，通过佛教的中介，对中国文化都造成了巨大的负面影响。在儒家心学中，这种分裂导致这样一种困境，即儒者愈是专注于内心的自由，便愈是疏离了日常的道德法则，因为自我唯有作为理性自身才能自己为自己立法，才能使道德法则成为内在于它的，而一个无思维、非理性的自我，比如奥义书和阳明哲学中的空虚的清净心，就不能实现自身立法，因而任何法则对于它都是外在的、违背其自身自由的①。要克服这一误区，必须达到两点认识：其一，认识到在现实自我中，思想与意识是同一的，理性、逻各斯与澄明是一体之二面；现实的自我就是思想，就是逻各斯的活动，不可能排除理性、逻各斯而存在。其二，认识到唯自我的究竟理体，即本体自由超越思想，它超越精神的全部现实存在，包括逻各斯与澄明，但它的这种超越不是对逻各斯、理性的排除，而是它对后者有绝对自由；本体自由展开为思想、活动，构成逻各斯、概念，以作为其自我实现的中介，但却完全不受这逻各斯、概念的限制。前者通过德国的理性思辨哲学已经得到实现，后者须通过精神的本真觉悟才有望实现。

在道教思想中，我们同样也可以看到其在奥义书—佛教的绝对超越思维影响下的转型。而且由于道家的精神比儒家更自由，在接受佛学影响时的包袱也比较少，因而它受到的佛教影响更加深入。在大乘佛学渗透之下，到王重阳、王玄览的内丹之学，最终完全放弃道教原来的自然思维，而具有了一种本真的精神觉悟。也正是因此之故，我们将把对道教上述思想转型的讨论，放在本书下一篇中进行。

① 吴学国：《从印度吠檀多到中国阳明心学》，《学术月刊》2007 年第 2 期。

# 结　语

## 一

对于觉性、精神来说，其内在本质，即其作为其自身本质的自由本体以及作为其内在现实性的纯粹思想、概念，都是直接意识无法认识的。意识只能认识精神最表面的、生存论的存在，即观念。对于人类精神史的回溯，直接呈现给我们的也只是观念演化的进程。我们只有透过这观念的发展，才能看到精神内在的概念演进和自由展开的过程；透过观念和概念、思想的发展，看到自由的无限自我实现以及它推动思想、观念的无限进展的内在精神逻辑，并由此把自由的本质内容呈现出来。在这里，所谓"透过"和"看到"，分别就是现象学的还原和直观。这就是通过依次对现实精神运动的自然的和内在现实的内容进行意义"窄化"，最终使作为精神绝对本质的本体自由自身对于省思呈现出来（参考本书绪论第一节）。本书就旨在通过对奥义书思想的生命现象学阐释，来呈现本体自由的实质及其推动精神发展的机制，使之获得现象学的明证性。

奥义书在上述自由精神阶段的发展，为我们旨在揭示的自由本体论，提供了充分的现象学例示。这一精神发展，在现实层面，由超越与反思两条思维主线的各自开展和相互交织构成，主要的精神观念皆从这两条线索得到规定。在这里，观念的演进呈现了超越与反思思维的发展，并最终将自由的本体呈现在我们面前。其中就超越思维的发展，奥义书思想在观念层面反映了精神否定外在自然确立内在心灵，否定感性意识确立本质意识或理智，否定经验意识确立超验的实体，否定形而上学的实体确立先验的本体，最后否定先验的理性确立超理性的澄明的持续运动。因此，奥义书观念的上述发展，同其在自然省思层面的发展一样，也表现了精神不断否定其直接、当前的此处，否定其自身的此在，而迈向更抽象、更深刻、更自由的彼处的永恒运动。我们通过与西方思想比较看到，精神这种不懈的自我扬弃运动，不是一个偶然的过程，而是具有其普遍必然性。另外，精神这种具有专注的方向的、持续地否定自己、无限地脱离它的此而趋向彼处的运动，也绝不是一种自然发生的运动（它恰恰是逆自然而行的）。这表明这样的精神进展，是被某种超越传统、历史的普遍、同一的力量推动的。这种力量就是属于精神生命本质（自由）的自身否定或自舍势用。我们通过对奥义书的上述观念发展的阐释，就在现象学上将精神内在的自身否定势用的运动呈现出来，使之获得现象学的明证性。另外就反思思维的发展，奥义书的观念史在这里反映了精神否定外在自然确立内在心灵，否定心灵的感性表象确立其内在本质，否定经验的意识本质确立觉性的真实本质即超验实体，否定实体的封闭性、个别性确立其为先验意识，最后还试图否定先验实在领会，精神更内在、本质的真理。在这里，精神不断舍弃当前自身存在的外在性、表象性，而进入更深刻、内在，更具本质性的自我层面。同样，精神这种持续、不懈的内在化运动，在西方思想中也有一致的发展，表明它不是一个偶然的过程。另外这种具有专注方向性的不懈的内在指向运动，也绝不是一种自然的运动（自然运动总是消解自身指向、自身关联的）。这表明这一精神进展，同样是被某种超越传统的普遍、同一的力量推动的。这种推动精神的无限内在化的力量就是属于精神生命本质的自身维持或自反势用。我们通过对奥义书的上述观念发展的阐释，在现象学上将精神内在的自身维持势用的运动呈现出来，使之获得现象学的明证性。不过，无论是超越还是反思思维的发展，都包括了自舍与自反势用的共同活动，尽管只以其中之一为主导。正是这两种势用的辩证展开，从根本上推动精神超越与反思的发展。

另外，任何生命存在，都内在地包含了生与死、自由与惰性、自主势用与自在势用的斗争。正是这两方面达到了力量均衡，才使生命获得确定的形态。精神作为生命也是如此。盖精神的自主性就是自由，其本真存在是无限。然而对于每一种现实精神，这自主性总是有限的。这表明这自主性的无限性被某种精神内在惰性抵消了。这种精神惰性就是自在势用。其存在在人们的日常情绪中，也可以得到充分的证明。一种消解了与人的直接、自然的自我的张力和距离（这种张力和距离就是现实自由）的生命境界，总会给人带来舒适、安逸和安全之感。这表明人总希望逃避自由，消解自主性，回到彻底原始的自然意识状态。这在情绪上表现了精神内在的自我消解冲动即自在势用的存在。每一种自主势用都有与之对立的、旨在消解它的自在势用。其中，自主性必须战胜自在性，才能推动精神生命的成长。这两类势用的相互斗争、此消彼长，决定了精神的发展。可见，从根本上决定精神发展的，除了精神自主势用内在的否定和维持的矛盾，还包括自主否定势用和自主肯定势用的矛盾，以及自主势用和自在势用的矛盾。这是这种多重生命运动，推动省思的发展。

当在某种省思中，精神生命的自主性与自在性达到力量的均衡时，这省思就获得确定的形式，即成为传统。传统就是精神的必然现实，是精神必然的思想及在此基础上构成的社会存在总体。而传统一旦形成，就具有了相当大的稳固性。它赋予精神生命以形式的必然性，规定其活动空间。当精神内在的自主势用被传统规定，就失去其本真的无限性而成为有限的。因而它绝不可能具有否定这传统桎梏而历史地展开的力量。然而人类精神在发展的过程中，毕竟是在不断破除旧的传统、构建新的传统。这充分证明精神有一种超越传统的自由，这就是作为精神绝对本质的本体自由自身。唯本体自由（本无、空）是绝对地超越现实存在、因而超越了任何思想、传统的原理。也只有这样一个绝对超越传统的原理，才能推动现实精神不断否定传统束缚而实现更高的自由。本体自由是绝对和无限，它要求在现实精神中实现其绝对性和无限性，因而它呼吁精神不要停留于当前现实、传统，而是要对自由的无限展开保持开放。精神只有在与本体自由的正当对话中，才能获得自身发展。这对话包括本体自由的呼唤与倾注，以及现实精神的倾听和应答。自由通过唤起一种存在论的焦虑情绪，使精神意识到自身的有限性，并通过给现实精神倾注力量，促使其内在的自主势用恢复其本真的无限性，从而使这自主性战胜自在势用的抵消，冲破传统的规定而历史地展开自身，由此推动精神省思的进一步发展。奥义书思想的发展，就在观念层面使自由推动现实精神发展的这一本体论机制，获得了自身明证性。

根据现象学的还原法（参考本书绪论第一节），奥义书的精神观念从道德到神秘精神阶段的持续发展，呈现了超越和反思思维的持续提升和深化，也呈现了精神内在的自舍和自反势用的持续运动（如前所述），同时呈现了这二者在超越和反思思维中的不懈展开；正是这种展开推动了超越和反思思维的不断发展。精神内在的自主势用唯有在本体自由促动之下才能突破传统的规定而历史地展开。因此，奥义书精神观念的这种演化，就使自由推动超越和反思发展的内在精神逻辑，获得了现象学的明证性。奥义书精神在自由省思领域的发展，可以分为以下环节：

(1) 道德精神阶段。被归属于桑底厘耶、阿阇世和波罗多陀等的识论，反映了奥义书最早的精神反思。识论（vijñāna-vāda）以为内在的心灵，即心识、意、般若，而非外在的自然，才是存在的真理、本质，心灵不仅是绝对，而且是外在自然的本原。因此识论表现的反思是一种绝对反思。识论从现实和历史两个方面，表现了绝对反思一方面否定全部外在自然，另一方面确立内在心灵为绝对真理的双向运动。这种双向精神运动，分别在现象学上表明了精神内在的自舍和自反势用的交互辩证运动，而且正是这二者针对精神内在存在的积极展开，推动了反思的形成。然而这自主势用的历史展开离不作为精神绝对本质的本体自由自身的促动。因此这反思是在自由推动下形成，而且就是这自由实现自身的阶段、途径。通过这种绝对反思，精神首次确立了真实的自身价值，从而摆脱自然的奴役而具有了真实的自由。在这里，内在心灵成为人的全部实践的最终目的。于是实践才真正成为道德的。奥义书的识论表明这绝对反思也是在自由推动下不断完善自身，最终否定自身，转变到更高的思想层次。根据识论的性质，奥义书的绝对反思可以分为以下环节。

第一，桑底厘耶的感性反思。由于人类精神的局限，省思必须从最外在、粗显的存在开始，然后不断深化和提升。对于反思来说，也总是那些感性、表象性的东西，比抽象、本质的东西更直接、更容易被抓住，所以最初的精神反思总是从一种感性反思开始。《唱赞奥义书》中被归属于桑底厘耶（Śāṇḍilya）的思想，就体现了这种反思的最原始形态。其说以为作为感性之总体、归宿的意，即感性意识，是存在、自我之绝对真理。这在观念层面表现了精神否定外在自然的自为存在，同时确立一种内在心灵的原理为存在的本质的双向运动，因而使精神内在的自舍、自反势用两方面的积极活动获得了现象学的明证性。反思就是在二者的历史展开推动下形成。但是在这里，精神仍把感性表象当成绝对。反思仍局限在偶然、杂多的感性范围内，只是一种感性反思，没有领会到意识的普遍、本质的层面（理智）。这在观念层面表明，精神由于其内在的惰性（自任、自放势用）而停留在了意识最直接、当前的存在上面。然而若精神把这偶然任意的感性意识当做绝对，就无法确立自身的本质同一性，因而可能陷入主观任性的泥淖。这一精神局限也唯有在自由推动下才可能被克服。唯有当道德精神用一种固定不变的本质来支配、主宰偶然的感性，这道德才可能成为普遍、客观的。这本质意识就是理智、理性。奥义书识论的发展见证了反思从感性意识到理智领域的过渡。

第二，阿阇世的理智反思。在《考史多启》和《广林》中被归属于阿阇世（Ajātaśatru）的思想，就体现了奥义书精神反思的进一步发展。其说将意识分为醒位和沉睡位两个层面，二者分别是感性意识和理智。理智是潜伏在感性之下的无表象的意识本质。它是全部感性表象乃至存在、世界的真理、本原。故其说表现了一种理智反思。其说在观念层面表现了理智反思否定意识的感性表象和确立内在理智本质的双向运动。这种双向精神运动，在现象学上呈现了精神的自舍、自反势用在意识本质领域的积极展开。正是这二者的历史展开推动理智反思的形成。然而在这里，这种意识本质、理智仍然是一种经验的、知性的本质。它只是对经验意识进行知性的概括、抽象的结果。这种反思仍属于经验反思。另外在阿阇世学说中，本质意识或理智仍然是抽象、空洞的，而且其意义往往含混、不确定。这表明理智反思在这里仍然不够具体、巩固。这种省思的局限也反映了现实精神自由的局限，且只有通过自由的进一步展开才能被克服。

第三，理智反思在沙那库摩罗和波罗多陀思想中的进展。在沙那库摩罗和波罗多陀思想中，理智反思得到具体化和纯粹化。《唱赞奥义书》第七篇中被归属于沙那库摩罗（Sanatkumāra）的学说，进一步把理智的内容区分为念、想、静虑、智四个层面。在这里，本质意识、理智的实质内容得到具体的规定。理智反思获得具体性。其说对理智内容的揭示，在观念层面表现了精神的持续内向化运动。这在现象学上验证了精神内在的自反势用在意识本质领域的积极活动（参考本编引论其第一章引言、小结）。正是这自反势用的历史展开推动了理智反思的具体化。然而在沙那库摩罗学说中，内容仍极混杂，本质反思被包含在肤浅的宇宙论框架中，甚至被后者规定（如所谓十六分敬思）。这种情况表明在这里，一方面反思没能实现对传统的外在化宇宙论立场的彻底否定，这在观念层面反映出精神自舍势用的展开受到阻碍，未能把反思对外在自然的否定贯彻到底；另一方面，这种情况也反映出思想的逻辑统一性之严重欠缺，精神未能实现充分的自身建构，这在观念层面反映出精神的自凝势用的开展也受到阻碍。在这里，自由要更充分地实现自身，就必须促使精神的自舍、自凝势用进一步展开，从而使本质反思清除由因循传统导致的混杂和紊乱，达到其纯粹性和一致性。《考史多启奥义书》第三章中，被归属于波罗多陀（Pratardana Daivodāsi）的思想，就体现了这一精神进展。其说完全脱离阿阇世和沙那库摩罗学说中肤浅的宇宙论。其说不再将绝对心识与宇宙现象及诸身心机能混为一谈。它一方面明确地将理智与诸心理机能区分开来，规定它为它们背后的主体、本质；另一方面开示至上我超越善恶、烦恼、变异、增损，为喜乐、恒常、不老、不死，使理智作为心灵的本质同一性的意义更加明确。奥义书的理智反思在此得到纯粹化、彻底化。然而波罗多陀学说仍然只是从量的、知性省思的层面对意识本质进行规定，仍然只是表现了一种对经验本质的反思，与超验反思仍有本质的差距。

总之，奥义书识论在道德精神阶段的演化，在观念层面表现了绝对反思的形成和持续发展。在这里，反思先是否定外在自然，确立感性意识为绝对真理；然后是否定感性意识，确立意识本质即理智为绝对真理。精神这种持续否定自身此在和内向化的运动，在现象学上使其内在的自舍与自反势用的作用成为明证的。奥义书观念的发展，表明了这些自主势用的历史展开，表明它们冲破了传统的规定而重新获得本真的无限性。而现实精神这种对传统的持续的否定，表明它是被那绝对超越传统和历史的原理即本体自由自身促动的。唯有本体自由的呼唤和倾注，才能促使精神内在的自主势用冲破传统的限制历史地展开。因此奥义书精神反思的上述发展最终是由自由推动的。这样，奥义书识论的发展，就在观念层面呈现了自由在绝对反思领域自我展开的进程。因此这观念的演变，就呈现了自由推动绝对反思发展的内在精神逻辑。这也为自由推动精神发展的一般逻辑提供了生命现象学的例证。不过奥义书识论在这一阶段仍然表现出很大的精神局限性。识论在这里仍然把绝对心灵理解为一种经验意识。与之相应的反思仍然是经验的。不仅感性反思是一种经验反思，即使理智反思也仍然把意识本质理解为经验意识的一个层面，因而同样属于经验反思范畴。这种思维局限是由人类精神固有的局限性规定的。由于人类精神的局限性，省思只能开始于自然。即使反思否认了外在自然，它也更容易抓住内在的自然，即经验意识，而不是精神的纯粹内在性即超验的心灵实体。而精神内在的惰性也促使省思停留于这经验意识而不是进一步发掘更本质、更纯粹的心灵层面。奥义书识论对经验意识的执着，在观念层面反映了精神仍未能否定自然、经验东西的绝对真理性。这种精神的停滞性在现象学上表明在这反思中，精神内在的自舍势用仍然被（精神内在的惰性）抑制，没有进一步展开为现实的自由，从而推动反思否定经验意识，确定心灵的真理为超验的实体。然而奥义书思想在其进一步发展中，终于克服了上述精神局限，从而否定了那自然、经验的意识，领会到心灵的真理为超验的实体，于是反思转化为超验反思。这当然离不开自由的进一步推动。

(2) 宗教精神阶段。在奥义书中，被归属于伽吉耶夜尼（《考史多启》）、毕钵罗陀（《六问》）和那支启多（《羯陀》）的思想，反映了奥义书精神的进一步发展。这就在于一种明确的超越思维的形成。《羯陀》等的思想，既否定了早期奥义书执着的自然本质和生命元气等，也否定了桑底厘耶、阿阇世等执着的经验意识，而确立存在、自我的真理为一个超越了外在自然和内在经验意识的实体。一切经验表象，包括外在、内在的自然，都不是自为的存在。唯一的自为存在是实体，它是超越一切经验表象，超越了自然的时间、空间和因果性的原理。奥义书的实体观念在否定经验、现象的时间和变化之时，也否定了存在的全部生命、运动，因而将超验实体理解为一种永恒不动的东西。其典型的世界观，就是处在时间中的、生生不息、变化不已的现象界，同处在时间之外的、静止不变的实体界的分裂。于是奥义书就在时间性的现象与非时间性的实体之间引入了一种"形而上学区分"。奥义书在这里开启了一种深刻影响了后世印度思想的世界图景，即生命、元气等作为相续变灭的名色世界、此岸与实体作为不生、无差别、寂静、无为的彼岸世界之对立。这是一个典型的形而上学对立图景。那支启多等的上述思想，在观念层面表现了超越思维包含的双向精神运动：一方面否定全部自然、经验的存在，确立一种超自然真理，这就是自由的否定思维，它在现象学上表明了精神内在的自舍势用的否定与维持的辩证法在超验存在领域的展开；另一方面进一步积极地规定这超自然真理的存在，并将它内向化、等同为自我实体，这种精神的内向化运动，在现象学上表明了精神内在的自反势用的积极展开。正是这自舍与自反势用的破、立辩证法，推动省思实现从自然思维到真正的精神超越的转型。

在早期奥义书中，反思与超越曾经是两个分离的精神向度。其中，桑底厘耶、阿阇世等开始的反思向度，最初是完全无超越性的；另外，一些早期文本（ChānVIII·1—6；BṛihI·4·7；KauṣI·2—7）也表明奥义书最早的超越思维，也是不包含反思性的。然而这两个向度在其发展中逐渐交织。比如在反思思维中逐渐发展出超越之维，在超越思维中也逐渐形成反思的一面，以至于这二者（在思辨省思中）最终融合在一起。

其中，《考史多启》中被归宿于伽吉耶夜尼（Citra Gāṅgyāyani）的学说和《六问》中被归属于毕钵罗陀（Pippalāda）的学说，表现了奥义书超越思维刚开始形成，尚未与反思思维结合的阶段。伽吉耶夜尼开示了自我的两个存在层面：其一，作为时间的自我，即元气，包含全部生灭、变化、差异，是一个无限循环的生命流动总体；其二，否定了时间、变易，超越了一切经验现象的恒常不二之我，这就是一个超验的实体。这实体否定了感性的表象，否定了昼夜、善恶等经验的现象，超越了自然的时间之流，是一个自为自足的原理，为经验、现象世界的稳固基础。毕钵罗陀学说则在形而上学层面对元气与自我的更清晰、明确的区分，从而克服了伽吉耶夜尼思想的极度混乱芜杂和不定性，达到了对实体超验性更确定的领会。它将元气与自我区分为两种截然相反的存在：元气是包含一切变易的、不断流逝的、生灭无常的，是所有时间性的东西之全体；自我则是不变、不易、不流、不逝、不坏、不老、不死、断灭、寂静、无畏的彼岸，是超越时间的实体。自我是自为自足的原理，而元气则由自我产生且以之为基础，没有独立的自身存在。奥义书的超越思维在这里成为完全清晰、纯粹、确定的。与西方思想不同，奥义书的形而上学一开始就领会到超验实体与自我的同一性，把超越思维与反省思维结合起来，使超越思维具有了主观性，形成一种超验反省。然而伽吉耶夜尼和毕钵罗陀的学说，对精神的内在性，即意识、思想，缺乏领会。自我实体还不是意识、思想，不是精神的内在现实。这表明到此为止，奥义书的超越思维还不具有真正的反思性。

《羯陀奥义书》中由那支启多（Nāciketa）传承的思想，体现了奥义书超越思维的进一步发展。《羯陀》明确地领会到那永恒的自我实体就是纯粹意识、心灵。后者是变动不居的物质和心理宇宙的超越、同一的基础。《羯陀》确立了一种典型的心、物二元论形而上学。其说以为自我是一个纯粹的意识实体，超越一切经验的差别、变易、表象，为一恒常、无形式、无差别、一味的理体。而属于经验、自然存在的所有变异、差别，都是由物质性的自性原理产生且属于自性。自我与自性就是两个分裂的实体。尽管其说以为自我与自性两种原理的结合导致世界的生成，但自我在这种结合中体性未变，仍然为超越、清净、无染、无为、不动、恒常，一切变易与差别皆由自性生成而被增益于自我。这种超越的心灵实体的建立，标志着印度精神首次具有了一种内在的自我尊严。这意味着奥义书的超越思维被内在化，成为内在的超越；相应地，超验反省成为超验反思。与此相应，《羯陀》的修道论也成为一种真正内在反思型的实践。《羯陀》思想对超验心灵实体的领会，在观念层面表现了超验反思一方面否定经验、自然的绝对真理性，确立真理的超越意义；另一方面否定外在、现象的存在，确立精神的内在、超验的意识的双重精神运动。前者在现象学上使精神内在的自身否定或自舍势用的积极活动成为明证的，后者使自反势用的积极活动成为明证的。正是这二者朝精神纯粹内在本质领域的展开，推动了超验反思的形成。而这二者的历史展开，离不开本体自由自身的促动（参考本编引论）。因而奥义书的超验反思，最终是在自由推动下形成，而且就是这自由展开自身的方式。

《羯陀》的思想标志着奥义书超验反思的完成。然而《羯陀》思想也有其局限，后者也反映了奥义书宗教精神的共同局限。这包括：(1) 形而上学的局限。《羯陀》仍将自我、意识理解为一个独立、封闭、个别的形而上学实体，没有领会这心灵实体乃是存在、世界的本质、根源，是存在的绝对真理、本体。然而这样一种实体观念其实是虚假的。克实言之，这心灵实体的真理，就是存在的绝对本质。它既是超验的，又是一切经验事物的根源，因而就是存在的先验本体。因而，首先《羯陀》实体观念的个别性，表明精神尚未把心灵确立为绝对价值，确立为精神应以全部存在来维持、守护的绝对目的。这在现象学上表明在这超验反思中，精神的同一维持仍被精神的惰性阻挡，没有展开为对心灵实体的自主设定（参考本书第一部分第二编第二章结语）。同一维持是自身维持势用的展开。它就是精神确立为某一对象唯一最终目的，把一切其他存在都作为维持它的手段。它必然推动省思领会这对象为绝对真理。其次《羯陀》实体观念的封闭性、孤立性，表明精神未能建立实体与现象的发生论关联，精神尚未展开对绝对的理性统握。这在现象学上表明精神内在的自凝势用仍然被（精神内在的惰性）抑制，没有在超验反思层面展开。总之《羯陀》的超验反思不能理解心灵实体是超越主客体而为其共同基础的先验实在、是自然乃至一切存在之根源、本体，不能在后者基础上理解存在的统一性。因而它只是一种形而上学的、理智的反思。当理智省思领会到这先验实在，便将超越思维与绝对反思，即理智省思的两个方面（否定的与内在的）绝对地统一起来，于是进入绝对的理智，即思辨省思领域。奥义书这种思维局限，反映了现实精神自由的局限，它也只有通过自由的进一步展开而被克服。唯自由能推动理智省思向思辨省思的发展。这一发展通过奥义书的观念史演变得到验证。(2) 寂灭主义和非理性主义的局限。在这里，一方面对自然、时间性的否定导致对精神的生命性的否定。心灵实体被完全排除了其本有的生命和运动，成为一个无生、寂灭、静止、永恒、不动、无为、清净的原理，成了一个僵死的现存物；另一方面，自我、纯粹意识被排除了任何理性、思想，自我成为一个无思维、无观念、非理性的空洞意识。然而自我的实体性就是绝对的生命、自由，其现实性就是思想、概念的先验运动，它在这运动中构成全部差别行相并将其纳入自身之内，所以《羯陀》那种无生命、非理性、一味的现存意识实体其实只是一种思维假相。这样一种自我理解，在观念层面反映精神无法建构自我的内在形式（即概念、理性），也未能将自我的生命性作为绝对真理（这意味着精神将生命确立为全部存在的最终目的），这在现象学上表明精神内在的自凝和自反势用的活动在此受到（精神内在惰性的）抑制，未能展开为针对精神内在的理性和生命的自主设定。这里自凝和自反势用的被抑制、消解，与印度文化的本寂取向（追求寂灭的冲动）的影响有关（参考本书第一部分第二编第二章引言）。这种本寂取向抑制精神内在的自凝与自反势用的活动，而促使与之对立的、旨在消解形式与生命的惰性自在势用展开，使精神误将一种无形式、无思虑、一味、无分别、寂灭、不动的存在视为最终归宿。这种精神局限在印度思想后来的发展中，亦未得到克服。

（3）哲理精神阶段。《广林》中被归属于耶若婆佉的思想，以及《鹧鸪氏》中被归属于步厉古的思想，表明奥义书已经否定理智省思的形而上学局限，进入思辨省思对超越经验、生存的现象而作为其基础、根源的先验实在的领会。思辨省思是内向的理智与否定的理智，或绝对反思与实体超越的统一。在这里，在早期奥义书中本来是分离的两个思维向度，即超越与反思，终于绝对地统一起来。精神领会到那超验的意识实体同时是全部经验存在的本体。

《广林奥义书》中被归属于耶若婆佉（Yājñavalkya）的学说，体现了奥义书最早的思辨省思。其说一方面继承了阿阇世等的绝对反思，以为大梵就是纯知，是不二、绝对的心识，为一切存在的全体、本质、根源。他强调大梵的不二、绝对，目的在于打破主、客对待，使存在统一于心灵。心灵不只是单纯的主体性，而是包括意识与对象、主体和客体在内且作为其共同本质的绝对者。它无量无表、无相无对、寂静一如，是遍在万物的无差别的“一”。这就是根本识。另一方面，其说在绝对反思中引入了《羯陀》等用到的“形而上学区分”。其以为本识、梵我不是经验意识，而是否定了一切经验、自然表象的超验实体。它非粗非细、非长非短、非火、非水、无风、无空、无明无暗、无影无像、无见、无嗅、无味、无眼、无耳、无声、无意、无作、无气、无口、无名、无老死、无畏、无饥渴、不灭、非显、非隐、无度量、无内外、非此、非彼、不食于一切、不为一切所食。因而它是超越了自然的时间、空间和因果性、永离轮回的实体。这实体因为又是经验世界的根源、本质，故又是存在的本体。故耶若婆佉的“形而上学区分”又是一种“本体论区分”。本识作为经验世界之超越的根源就是先验实在。对于这先验实在的领悟，是耶若婆佉学说中最有价值的内容。《鹧鸪氏奥义书》中被归属于步厉古（Bhṛigu）的思想，表明了奥义书哲理精神的进一步发展。这主要在于它克服了耶若婆佉的思辨省思仍然存在的含糊性和偶然性，使之进一步纯粹化、必然化（参考本编第三章引言、结语）。其思想最有价值的内容即所谓五身说。五身说开示了一个完备的思辨形上学体系。其说以为世界和自我，皆可分为由外到内、层层相裹的五个存在层面，即：食身（肉体）、元气身（生命机能）、意身（感性意识）、识身（经验的理智）、喜乐身（先验意识）。于是世间万有，包括内在与外在、先验与经验、本质与偶像，都被纳入其中。这系统以先验意识为内核、基础，因而是思辨的。这一观念系统表明了思辨省思的必然路径，使这省思在理论上成为必然的。与此相关，耶若婆佉没有系统的修道论，而《鹧鸪氏》则提出了一套系统的修道实践，即五身观想。这就是在修观中，由外至内，将存在、自我的表象层层剥除，最后证悟喜乐身或先验实在的过程。这种观想，本质上就是思辨反思的概念转化为客观的实践。这表明思辨反思不仅在理论上，而且在实践上也具有了必然的形式。另外，五身说也进一步涓洗掉耶若婆佉学说中思辨省思的经验色彩（如以“识”代替“梦位”、以“喜乐”代替“熟眠位”），使之进一步纯化。

耶若婆佉和步厉古思想对先验本体的领会，在观念层面表现了思辨省思否定心灵的经验表象，确立心灵为超验实体，以及破除实体的封闭性，确立其为绝对的心灵本体的双向运动。这首先是精神否定自然、经验的存在，否定其自身自然此在，迈向超验彼岸的运动。它在现象学上验证了精神内在的自舍势用在超验领域的积极展开。这其次也是精神穿透心灵的封闭性、个别性、相对性的表象，深入作为后者内在本质的和绝对真理的先验实在的运动。这种内在化运动，在现象学上表明精神内在的自反势用在此展开为针对心灵实体的同一维持（参考本编第二章小结）。正是这自舍与自反势用的双重辩证运动推动思辨省思的形成。然而这自主势用之历史展开，表明它们重获其本真的无限性，从而突破了传统的规定。而这只有当本体自由促使现实精神恢复其本真存在，才是可能的。本体自由为实现自身的绝对性，呼吁现实精神否定理智省思的局限，实现对精神的纯粹内在本质即先验实在的自主设定。它必促使精神内在的自主势用重新获得无限性，从而抵制惰性力量的消解，历史地展开自身，促进省思的提升和深化。其中，精神的自身否定势用在绝对反思中的积极展开，推动这反思否定心灵的经验、自然内容，确认绝对心灵为一种超验实体，因而就是先验本体。另外，精神的自身维持势用也在形而上学的内在超越中展开为同一维持，推动省思领会那超验实体就是绝对意识，因而是先验本体。在这里，反思和超越达到绝对统一。奥义书精神于是脱离理智省思，进入思辨省思领域。总之，奥义书的思辨省思，最终是在自由推动下形成和发展，而且就是自由实现自身的方式。奥义书识论从桑底厘耶到耶若婆佉、步厉古的演变，在现象学上呈现了自由推动思辨省思形成的内在精神逻辑。

然而思辨省思亦有其根本的局限，这就在于对现实性的执着。它将先验实在作为存在的绝对真理。然而这先验实在，同作为经验现实的自然和作为超验现实的实体一样，仍然是一种现实存在，其实质就是先验的思想、理性。然而现实性并非存在、自我的究竟本质。存在、自我的究竟本质就是本体自由自身。这本体自由超越一切现实存在，就是空、本无，同时它又是一切存在的真理、根源、基础。它开展出全部现实存在作为其自我实现的中介，但是又绝对地超越现实。它就是存在的超绝本体。精神这种超现实的绝对本质，通过人类精神的自身历史就可得到验证。因为精神的现实就是传统，其内在实质就是概念、理性。如果现实性就是精神的绝对本质，那么精神将永远不可能超越其自身现实、传统而获得发展。然而人类精神的无限发展，就是一个精神不断地超越其自身现实的过程。这足以证明精神具有超越现实与传统的本质。这个本质就只能是本体自由。唯有本体自由是超绝的存在。在这里，思辨省思把现实性当成绝对，一方面导致现实性对本体自由的遮蔽，另一方面也使现实性脱离其生命根源而成为抽象的。这势必导致自由的绝对性被精神的抽象现实性覆障、囚禁。奥义书思想的这种局限，反映了精神的现实自由的局限。它在观念层面表明精神的自主势用的活动受到（精神内在惰性的）阻碍，未能否定现实性，展开为对本体自由自身的自主设定。然而本体自由既然是绝对、无限，必然推动精神克服对于现实性的执着、实现对这自由本身的领会。奥义书思想接下来的转化验证了这一发展。

（4）神秘精神阶段。《蒙查羯》中被归属于首那伽的思想，和《蛙氏》的思想，表明了奥义书精神的进一步发展。此二家思想否定了先验实在（纯粹思想、理性）的绝对性，提出了一种超越理性的神秘心灵原理，即澄明，作为存在的究竟本体。这种澄明本体，既然超越任何理性，就只能通过某种神秘直觉来领会。因而我们称这种领会为直觉省思，其相应的精神为神秘精神。《蒙查羯》和《蛙氏》之学，就表现了这种直觉省思。

《蒙查羯奥义书》中为首那伽（Śaunaka）所传承的思想，表现了对超越性的新理解。其云至上我不仅超越“有”、“心识”、“变易”，而且超越“非有”、“超越心识者”、“不变者”、“超越者”。也就是说，至上我不仅超越经验实在，而且超越了那支启多和耶若婆佉学说执着的那种超验的或先验的实在。这先验实在即纯粹的概念、理性。

因而至上我就是一个超理性的神秘本体。然而《蒙查羯》的思想并没有（如一些更晚的奥义书和大乘佛学）明确否定全部现实存在的真理性，因而这神秘本体仍然只能被当作一种现实性。心灵的这种超理性的、现实的原理，就是纯粹意识、澄明。在这里，《蒙查羯》的思想就开始从根本上打破概念、逻各斯对自由的窒碍，使精神自由进入新的阶段。不过《蒙查羯》的直觉省思才刚开始，还很不完善。其书无论对先验实在还是超现实本体，都没有对其实质内容作出明确规定，因而不可能对现实与本体作出有效的区分，它的“直觉的区分”仍极抽象、模糊。总之直觉的反思在这里是空洞、抽象且不稳固的。《蛙氏奥义书》的思想反映了直觉省思的进一步发展。其书的核心内容即所谓自我四位之说。在这里，人的意识被分为醒位、梦位、熟眠位、第四位共四个层次，并与宇宙大我的四个层次，即遍在、炎炽、般若（思维、概念、理性）、至上梵（真心）一一等同。这四位乃是存在、自我的四个层面，依次为：客观经验；主观经验；先验实在；超理性的真心。《蛙氏》一方面明确规定先验实在就是般若、思想，使奥义书思辨省思达到了充分的纯粹化、具体化；另一方面，它又否定般若即先验思想的绝对性，以为般若尽管是存在的直接根源，但并不是存在、自我的究竟理体，究竟理体为“非般若，非非般若”，为超越先验思想的绝对真心。因而它对先验实在与神秘本体的各自内容都有很确定的把握，前者就是思想、逻各斯，后者是超越思想、逻各斯的清净真心，所以它也就使直觉省思变得明确、巩固、具体。由此可以看出《蛙氏》的直觉省思相对于《蒙查羯》书的重大进步。不过《蛙氏》同样没有经过对现实性的绝对否定，因而清净真心仍然属于现实性的领域。这清净心对先验实在的超越，被理解为对概念、思想的排除。这样一个排除了思想、理性的心灵原理，就是纯粹意识、澄明。于是“直觉的区分”被表述为思想、理性与意识、澄明的区分，因而成为完全明确、具体的。《蛙氏》代表了奥义书直觉省思的成熟。

《蛙氏》等的思想也同样在观念层面表现了直觉省思在新的存在层面的“破”、“立”辩证运动：省思一方面彻底地否定理性、思想的自为、绝对的存在，确立存在本质为一超理性原理；另一方面确认这超理性原理为内在心灵的本质。这首先是精神否定其当前现存存在，否定其自身理性的此在，迈向神秘的彼岸的自我扬弃运动。它在现象学上验证了精神内在的自舍势用在超理性领域的积极展开。这其次也是精神穿透自我、存在的思想、概念外衣，进入作为后者本质的澄明本体的内在化运动。它在现象学上验证了精神内在的自反势用的积极展开。因此直觉省思就体现了这自舍、自反势用的辩证运动。正是这二者在澄明本体领域的历史展开，推动直觉省思的形成。这种历史展开意味着自主势用在这里冲破理智、思辨省思传统的规定，恢复了其本真的无限性。而这种情况，只有当本体自由唤醒现实精神并为之倾注力量，才有可能。因此，直觉省思最终也是在自由推动之下形成，就是自由的展开或实现。

然而《蒙查羯》、《蛙氏》的思想，仍然表现出根本的局限性。它们把本体对精神现实的超越正确理解为对思想、理性的超越，但它们没有彻底否定现实性的自身存在，没有将现实性空洞化，所以未能领会本体的超绝、空无的性质，故本体在这里事实上成了另一种现实性，即纯粹意识、澄明。现实与本无的“存在论区分”蜕变为理性与澄明的“直觉的区分”。本体自由对现实存在的否定蜕变为意识与思想、澄明与理性的永恒矛盾。然而究竟言之，那超越了精神的现实性（思想、概念）的绝对理体，就是本体自由自身。本体自由是对任何现实存在的绝对否定，因而就是空性、本无。它的理体只有当我们将全部现实存在的意义彻底空洞化，才能呈现出来。《蛙氏》等的思想局限是直觉省思所固有的，它表明了奥义书现实精神自由的局限。《蛙氏》等的学说在观念层面反映出精神对现实存在的超越仍不彻底，超越或否定思维还没有成为绝对的。这表明精神内在的自身否定势用仍然被（精神的惰性）抑制，没有实现为绝对自由，即展开为针对本体自由自身的自主设定。另外这些学说也在观念层面反映出省思还没有形成对本体自由的真实存在（作为超绝本体）的直接反思。这表明精神内在的自身维持势用也被抑制，没有展开为对自我的超绝存在的自主设定。在这里，《蛙氏》等的学说其实反映了直觉省思的共同局限。这直觉省思仍然没有形成对本体自由的自身真理的领会，即本真的精神觉悟。在这里，精神的翅膀仍然背负着现实的重压，未能翱翔于空无之境。

从生命现象学角度看，观念的演变表现内在精神省思的运动，而省思的运动则表现自由的展开。奥义书观念在精神的实在自由阶段的演化，表现了反思和超越这两条思维主线的持续发展和相互交织的情景。在这里，一方面，奥义书思想在观念层面表现了反思思维透过外在自然进入内在的心识，透过心识的感性表象转向其内在本质、理智，透过经验的理智进入心灵的纯粹内在实体，透过形而上学实体的个别性、封闭性进入作为实体绝对内在本质的先验实在，最后还企图透过这先验实在，进入作为这先验实在本质的澄明本体。因此反思的发展，就是一个精神不断内向化的运动。精神这种持续的内在指向运动，在现象学上使精神内在的自身维持势用（它在省思中表现为对更真实自我的追寻）的活动成为明证的。反思的发展就是这自反势用在现实层面的展开。另外，这种观念发展也表现了反思对外在、偶像东西的持续否定。这也赋予了精神自舍势用的活动以现象学的明证性。反思的持续发展，最终应归因于这自舍与自反两种势用的交互作用的推动。另一方面，奥义书思想也在观念层面表现了超越思维否定自然、经验的存在，确立超验实体为自为的真理；否定形而上学的超验实体，确立先验实在为绝对真理；最后是否定先验实在（纯粹概念、理性），确立超理性神秘澄明为绝对真理。因而超越思维的发展，就表现为精神不断提升的自我否定过程，精神不断否定传统的偶像而确立更自由的真理，不断否定其直接当前的存在、否定其自身此在而迈向遥远的彼岸，积累着与自身的距离。这种精神持续的自我超越、自我扬弃运动，在现象学上使精神内在的自舍势用的活动成为明证的。而与这否定交替进行的真理确认，也使精神的自反、自凝势用在超越思维中的展开获得现象学的明证性。因此超越思维的活动，也体现了精神的自主否定（自舍）与自主肯定（自反、自凝）势用的交互展开，其形成和发展就是由这两种势用的辩证运动所推动。总之，奥义书思想在这一阶段的发展，在现象学上呈现了精神的自主否定与肯定两方面势用不断冲破传统的桎梏而历史地展开，从而推动精神省思持续深化和提升的机制。然而一方面，现实精神的内在自由（自主势用）已完全被传统规定，丧失其本真的无限性，不能冲出传统而历史地展开自身；另一方面，精神省思总是由内在传统构成其自我的核心，它不可能依自力扬弃当前传统（正如人不可能抓住自己的头发把自己从井里拖出来）。因此，现实精神无法依它自己的力量超越传统（概念、逻各斯），推陈出新。在这种情况下，奥义书思想所表现的，精神自主势用之能够不断冲破传统，从而历史地展开自身的运动，就只能归因于某种绝对地超越精神的现实和传统的力量的促动。这个力量只能是本体自由自身。本体自由通过呼唤和倾注，促使现实精神恢复其本真存在，使其内在的自主势用得以恢复其无限性，从而战胜惰性自在势用的消解而历史地展开，推动省思不断的自我扬弃、自身升华。因此，奥义书的上述观念史发展，最终使自由推动精神发展的内在逻辑获得了事实上的明证性。我们也揭示出，西方思想在这一阶段的发展，表现出一致的精神历程；这表明上述精神逻辑具有普遍必然性（参考每一章引言、小结，以及本结语的下一节）。

然而在这一精神阶段的奥义书思想的根本局限，在于它尽管否定了自然的偶像，领会到存在、自我的内在、超越的意义，表现了真正的精神自由，然而始终执着于现实的存在，把现实性当作存在的绝对真理。在这里，尽管存在、自我观念的不断深化和提升，表现了反思和超越思维向精神的内在本质领域的持续拓展、深入和升华，但也表明这反思和超越始终只是在现实存在领域活动，只是将现实性的不同存在层面揭示出来，从来未曾彻底超越现实，领会精神的超绝本质，即本无、空性。然而，唯这超绝本质才是本体自由的真理。这种思想局限就是实在思维的局限。在这里，精神由于把现实性当作绝对真理，就使这现实性成为偶像而遮蔽了作为精神的究竟本质的本体自由自身，同时也使现实性成为自由无法逾越的壁垒。这势必使精神对于传统的超越成为不可能的，使精神永远停滞于当前的现实、传统。奥义书的上述思想局限，在观念层面表明其超越思维尚未绝对地否定现实性的自为存在、确立存在的究竟真理为一种超绝的原理；其反思思维亦未彻底否定现实的偶像，领会自我本质与这超绝原理的同一。这在现象学上表明精神内在的自舍、自反势用都仍被抑制，没有展开为对作为超绝原理的本体自由自身的自主设定，因而都没有展开为精神现实的绝对自由。

然而本体自由作为绝对和无限，要求实现为精神的绝对自由。因此，正如它推动了奥义书的精神经历了从自然省思到直觉省思的漫长发展，它也必将推动精神最终克服直觉省思乃至全部实在思维的局限，破"有"入"空"，由此进入本体自由自身，使精神自身彻底升华，进入本真的精神觉悟领域。在印度传统中，更晚的《白骡》、《慈氏》等奥义书以及《薄伽梵歌》乃至大乘佛学的思想形成，就体现了这一精神发展。

## 二

奥义书思想在精神的实在自由阶段的发展，在观念层面呈现了自由推动省思的演进的内在精神逻辑。西方思想也经历了同样或大体一致的发展。我们通过把奥义书这一思想发展与西方思想相比较，可证明这种精神逻辑具有普遍、必然意义。

唯有当精神否定了自然、现象的支配，发现了自我的真正内在本质，它才具有了真实的自身价值和尊严，因而这精神才是真正自由的。我们称这一阶段的精神为自由精神，它是对人类最初的自然精神的否定。精神对内在本质的领会，就是反思和超越思维。反思与超越，就是精神的内在现实。奥义书自由精神的发展，就是以反思和超越思维的各自独立展开和相互交织为主要内容。在理智省思阶段，反思与超越尽管相互渗透，但各有其独立发展线索。在思辨和直觉省思阶段，反思与超越绝对融合，成为一体之二面。

奥义书精神在自由推动下，从自然省思过渡到理智省思，从理智省思过渡到思辨省思，最后进入神秘的直觉省思层次。这一过程，与西方精神的发展具有很大的一致性。其区别在于，在奥义书思想中，精神的自由以主观反思开始，经过与超越思维的结合形成思辨省思，由此过渡到直觉省思。而在西方思想中，精神的自由以超越思维开始，过渡到客观反思，由此（未经思辨的阶段）在来自希伯来传统的绝对超越思维启迪之下，过渡到（基督教神秘论的）直觉省思。西方精神的这一发展，从根源上同样是由本体自由推动的。兹将其分为以下阶段，并阐明其思维开展的内在精神逻辑，以与奥义书思想的发展相参照。

(1) 实体思维。奥义书的精神自由始于主观反思（反省的理智），希腊的精神自由则始于超越思维（否定的理智），其最初级的层次即实体思维（形而上学）。

从觉道文化对高度的追求，表现出其精神企图脱离尘世的永恒冲动，而真正的精神超越，便是由此发展而来。就希腊精神而言，即使在其神话阶段，就已表现出否定尘世存在的强烈冲动。这一方面表现为对尘世生活的无意义感。其以为尘世一切，皆属生灭无常、转瞬即逝，故没有任何意义和价值。荷马将人比作“被风吹落到地上的树叶”。诗人西摩尼得斯将人比作“只有一天生命的生物”，如牲畜一样活着，不知道自己的命运是什么。据说一位虔诚的母亲请求阿波罗神给予她的两个孩子一项最大的礼物。神同意她的请求，结果她的两个孩子便立即安然死去了。“潘多拉之盒”从另一侧面表现了对尘世生活彻底的悲观绝望（从这盒中飞出了饥饿、疾病、贪婪、仇恨、烦恼等，唯独“希望”被留在了盒底）。后来的奥菲斯教、毕达哥拉斯、恩培多克勒等都认为肉体生命是灵魂的囚禁，肉体死亡乃是灵魂的重生。赫西俄德、品达、索福克勒斯都宣称人最好的命运是不出生，或一出生即死去。另一方面，对尘世的否定也表现为否定时间的冲动，这通过宙斯废黜克罗诺斯（Kronos，时间）的主题得到表达。作为希腊神话的第三代主宰神，克罗诺斯（Kronos，时间）与瑞亚生育了波赛冬（大海）、宙斯（天空）等六个孩子。克罗斯诺将前面五个全部吞噬，唯宙斯因瑞亚的计谋得以逃脱①。后来宇宙打败克罗诺斯并强迫他吐出吞噬的孩子。故事前半段表明了时间创造一切又吞食一切的威力，后半段则意味着新神宙斯战胜时间，获得永恒②。时间代表生灭无常的尘世、自然，时间之神就是尘世的人格化。只有超越尘世、自然，才能进入神性。在这种意义上，因为宇宙战胜时间，使自己和其他诸神得到永恒，才使诸神真正成为神。这种否定尘世、时间的冲动只是后来到了希腊形而上学的实体思维，才得到清晰的表达。

同奥义书思想的情况一样，希腊人的精神省思也始于自然思维。因为那最外在、粗重的自然，对于人类精神来说总是最触目、最直接上手的。从荷马神话到赫拉克利特的宇宙论，都属于自然思维范畴。但是自然思维只是抓住了存在的最肤浅、表面、僵死的物质外壳，它离存在、自我的真正的现实性（觉性内在的意识、思想）和自由、生命的距离最遥远。由于自然并不是存在、自我的内在本质，因而以之为绝对真理的自然精神，实际上是将自己委身于一种外在偶像或异己的幻影的摆布，所以它

---

① 瑞亚在生宙斯之前躲到克里特岛，将婴儿藏匿在山洞中，然后将一块石头包在襁褓里面交给克罗诺斯吞下。

② 在琐罗亚士德教中亦有时间神被废黜的主题，在其中，最初创造世界的时间之神察曼（Zaman），也让位于后来的主神奥尔马自达。它也表达了与希腊神话相同的寓意。

没有真正的自由。在上述希腊神话中,对时间的克服就充分表现了精神企图否定自然的支配,获得真正自由的渴望。但是只有到了形而上学中,这种对尘世的否定才转化为确定、必然的思想,即对否定了时间、超越了现象的生生之流的永恒实体的领悟。

精神真正的自由,首先在于否定自然的专制,实现对自我的内在实在(它本身是超越自然的)的维持。精神在这里否定了自然的真理性,确立一种超自然存在,即实体作为自为的真理。精神从自然到实体的运动,就是超越思维。毕达哥拉斯、恩培多克勒的永恒灵魂观念、阿那克萨哥拉的努斯观念、留基伯等的原子论、柏拉图的理念论等,都代表了这种超越思维。然而最初的超越思维,在没有展开其内在向度、没有反思支持的情况下,只能把实体理解为一种无意识的、形而上学的实在。我们所谓希腊精神的实体思维,就是指超越思维的这一阶段。实体概念是精神对时间性、自然、现象界的最早否定。实体就是超越了时间性、独立于自然、现象的洪流之外而永远自身同一、自为自足的存在。唯实体具有自身独立的空间和尊严。这实体思维才首次使精神脱离自然洪流的挟持,因而它是真正的精神自由。就希腊思想而言,这实体可以分为两个逻辑层次,代表了两个思维层次:

一是自然实体。超越思维首先是上升到自由层面的否定思维,其主导的精神势用是自舍势用。正是后者推动否定思维从自然上升到自由层面。自舍势用之展开为对自然的否定,乃是超越思维形成的首要条件。同时超越思维也体现了精神的自反、自凝等势用的活动,后者促使省思确立某种超现象实体为自为的真理。然而如果自反势用在这里还没有展开为对觉性的直接、内在的维持,那么超越思维就不可能领会实体与自我、意识的同一性,这种超越就是完全外在的。因此,从逻辑上说,最简单原始的实体既非自我实体,亦非内在实体(意识),而是一种自然实体。它与自然的时间并列,且处于自然的空间中,构成自然的框架,但其存在不受自然的因果作用影响。这种实体的典型就是希腊形而上学乃至近代科学的原子。然而这种自然实体其实是一种思维假相,尽管是高尚的假相,因为唯一的实体其实就是自我,就是觉性的内在现实。唯觉性的内在现实超越自然的时间、空间和因果性,而为自在自为的实在,在它之外的任何东西,皆是现象的、自然的,没有任何自为的存在,而是必处于宇宙的生生洪流之中。然而自由作为绝对,要求实现为对觉性、自我的内在存在的自主设定,因而它必将推动超越思维克服这种外在实体的假相,领会实体与自我的同一。

二是自我实体。从思想史上看,希腊形而上学最早的实体却不是外在的原子,而是人的灵魂,此即自我实体。精神唯有到了意识到自我是一个自在自为的实体之时，它才能彻底否定自然强权的侵陵，唯独以维持自己的超然存在为最高目的。精神由此首次获得了自我的尊严。

奥菲斯教、毕达哥拉斯和恩培多克勒的灵魂实体观念，就体现了上述精神进展。奥菲斯教相信灵魂本来是在天国中与诸神同游的神圣实体，因犯罪而受处罚，被幽闭在肉体坟墓之中（其以为人包括属于泰坦恶神的因素和属于狄奥尼修斯神的因素：他的肉体是宙斯用泰坦的灰烬所造，而其灵魂则属于狄奥尼修斯），因而灵魂的投生乃是一种死亡，而肉体的死亡恰恰是灵魂获得其真正的生命。人们唯有通过净化（包括以泉水净身、不杀、斋戒等）、苦行、出神等手段，才能脱离轮回，得到解脱。毕达哥拉斯、恩培多克勒和柏拉图的灵魂观念都受到奥菲斯教影响，且与之基本一致。此处仅仅略说毕达哥拉斯派的理论。毕达哥拉斯相信灵魂是与肉体不同的、无形体的、可以离开肉体而永恒存在的东西。人的灵魂在肉体死亡后，还可以继续投生到其他生命之中，并且在经过一定时期后再度投生为人。灵魂通过音乐的作用，可以得到净化，从而摆脱轮回。然而灵魂到底是物质还是精神，毕达哥拉斯可能并不清楚。许多毕达哥拉斯派学者认为灵魂是物质的。至少可以说他们对于物质和精神还没有明确区分，没有内在反思，这也意味着灵魂作为精神实体在这里是不可能的。所以毕达哥拉斯所谓灵魂就是一个无意识的实体，奥菲斯教的灵魂亦当如此。柏拉图和斯多葛派都继承，发展了这种灵魂实体观念[①]。这种自我实体观念与奥义书中伽吉耶夜尼、毕钵罗陀的理解基本一致，表明希腊人在这里是处在了与他们相同的精神阶段。希腊人对自我实体的领会使超越思维具有了主观性。精神在这里进入了新的自由境界。这种超越思维不仅表明在这里精神内在的自舍势用已经实现真实的自由，而且自反势用亦已展开为对那超验实体的直接维持。

尽管灵魂轮回的观念许多民族都曾有过，比如奥菲斯教的轮回观念就可能受到埃及和西亚的类似观念的影响[②]。然而人们唯有理解了灵魂是超越轮回、即时间、现

---

① 比如西塞罗："我们被关在肉体的牢狱里的时候，我们是迫于不得已而劳苦工作，因为我们的灵魂本是天上的东西，降落地下，当然不合于其神圣而永恒的本质。但是我们想，上天之所以驱使灵魂入于肉体，正是要有人料理这个尘世，同时再以天上的风光贯彻到人生里来。""灵魂既是永久活动，并且是自动，所以灵魂也永远没有终止，因为灵魂不会抛弃其本身。灵魂既是纯粹而无杂质或异质掺于其间，所以灵魂也永远不会分散，当然不会消灭。"（西塞罗：《论老年》XXI，见北京大学哲学系编：《西方哲学原著选读》上卷，商务印书馆1981年版，第187页）

② 埃及神话中俄赛里斯被谋杀、肢解然后又被重组、复活的故事，就暗示了一种灵魂的轮回；俄赛里斯的死亡被描述为一种沉睡状态，而复活则是一种苏醒，其中也包含了肉体与灵魂分离与复合的隐喻。人死后被放入棺材，意味着被置于女神努特的怀抱中，在这里等待苏醒。

象之流的，才真正领会了灵魂对于自然的否定，即它的实体性。这应当是希腊（以及奥义书）形而上学的灵魂观念超越于那种在原始文明中广泛存在的灵魂转世观念的根本所在：唯在前者，灵魂才真正是一个实体。

同在奥义书中的情况一样，对于灵魂实体的领会，也意味着希腊思想真正进入宗教精神的阶段。我们从广义上也可以说奥林匹斯神话乃至阿兹台克神话都是一种宗教。但是真正的宗教在于否定外在或内在的自然对灵魂的玷污，将灵魂从尘世、现象界中超拔出来，使其进入超验的彼岸世界，所以真正的宗教恰恰不是神话的，因为神话思维仍然停留在自然的、现象的、感性的世界之中。在这种意义上，犹太教是真正的宗教（奥菲斯教也应列入真正宗教之中），但在希腊神话中，宗教精神只能说是潜在地存在的。但在希腊形而上学中，灵魂实体的观念确有其宗教的来源，而且毕达哥拉斯派和恩培多克勒皆有浓厚的宗教色彩。即使这类观念后来脱离了宗教，但它在起源上属于一种宗教精神，并且始终带有宗教色彩，因而我们将其归入宗教精神阶段。

然而奥菲斯教、毕达哥拉斯和恩培多克勒，都没有意识到灵魂的精神性，灵魂被当成了一个无意识的实体，因而在这里没有真正的内在反思。这意味着，精神对灵魂的维持没有深化为对自我的内在现实，即意识、思想的维持，因而其现实的自由仍有很大缺陷。然而本体自由作为绝对自否定，要求实现对觉性内在现实的自由。它必然促使精神自反势用的活动进一步深化，从而推动超越思维领会实体与意识、思想的同一。在古希腊形而上学中，柏拉图等人的客观反思就反映了这一精神进展。

(2) 超验反思。在阿那克萨哥拉和柏拉图的思想中，精神真正认识到其内在的意识、思想才是唯一自在自为的实体，因而具有了真正的内在反思，这也是一种超验反思。然而在这里，精神仍然将这个作为实体的意识、思想，当作一种超越于或外在于它的自我的客观普遍性。这样的反思就是所谓客观反思。在希腊哲学中，这种客观反思领会了两种实体，即阿那克萨哥拉的意识实体（心灵）和柏拉图的思维实体（理念）。这也就是“努斯”（nous）和“逻各斯”（logos）两种原理。

一是意识实体。更早的希腊思想（比如巴门尼德、恩培多克勒等），也曾经强调过意识、心灵（noema 或 nous）的意义，但它们在这里都只是被理解为一种思维的机能或器官，仅有心理学和生物学的意义。到阿那克萨哥拉，努斯（意识、心）才首次成为一个独立的实体。其云：“别的事物都具有每件事物的一部分，而努斯则是无限的、自主的，不与任何事物混合，是单独、独立的。因为它如果不是独立的，而是与某种混合的，那么由于它与某种混合，它就要分有一切事物。因为我已经说过每一事物都包含每一事物的一部分，与它混合的东西会妨碍它，使它不能像在独立情况下那样支配一切事物。因为它是万物中最细的，也是最纯的，它洞察每一件事物，具有最大的力量。对于一切具有灵魂的东西，不管大的或小的，它都有支配力。而且努斯也有力量支配整个涡旋运动，所以它是旋转的推动者。这旋转首先从某一小点开始，然后一步一步推进。凡是混合的、分开的、分离的东西，全都被心所认识。将来会存在的东西，过去存在过的东西，以及现存的东西，都是努斯所安排的。现在分开了的日月星辰的旋转，以及分开了的气和清气的旋转，也都是努斯所安排的。”① “在众多事物中都包含多的成分，但是，除了努斯以外，没有任何事物能同其他事物完全分离、区别开。努斯不论大小，都是一样的，而其他任何事物却都不是一样的，每个单纯的物体都以它现在和过去包含最多的成分而显示出来。”② 从精神史的角度，阿那克萨哥拉的努斯概念，可以说是一个真正伟大的发现。后代的哲学家也对此给予了高度评价。亚里士多德谈到阿那克萨哥拉的努斯概念时就说，“与前人的空谈相比，他像是一个清醒的人”。第欧根尼·拉尔修也说他“是第一个将心灵设置于物质以上的人”③。黑格尔也赞扬说：“这里有一道光芒开始放射出来：努斯被认为是本原。”“在此以前，我们只见过各种思想，现在才见到思想自身被当作原理。”④ 这些赞扬都不为过。

在希腊语中，“努斯”（nous）指认识、知觉、思想等活动或这些活动的主体，可以翻译为“意识”（consciousness）或“心灵”（mind）等。与希腊思想的另一个重要概念“逻各斯”相比，努斯更强调精神的能动性、主体性方面。我们从所引的阿那克萨哥拉的上述残篇，可以看出：其一，他把努斯、意识当作是一种与物质自然完全分离的，单独、独立且无限、自主的原理，易言之，它是一个自在自为的实体。其二，努斯被当成一个普遍的宇宙主体，认识世界并支配其运动。他的形而上学，正如辛普里丘指出，包含了两种本原，即种子与努斯，或物质与意识⑤，二者皆是无限、独立存在的。这可以说是欧洲思想最早的二元论雏形，所以在古希腊哲学家中，他的思想与奥义书的超验反思（那支启多）是最接近的。而且由于他领会到奴斯与人的自我的同一性，所以这超验反思也（同在奥义书中一样）具有了主观性。因而希腊思想到了阿那克萨哥拉这里，才真正领会到精神内在的尊严。精神在这里才实现了其内在的

---

① DK59B12。北京大学哲学系编：《西方哲学原著选读》，上卷，商务印书馆 1981 年版，第 39 页。

② DK59B12。汪子嵩等：《希腊哲学史》第一卷，人民出版社 1997 年版，第 911 页。

③ 汪子嵩等：《希腊哲学史》第一卷，人民出版社 1997 年版，第 910 页。

④ 黑格尔：《哲学史讲演录》第 1 卷，商务印书馆，1997 年版，第 342—343 页。

⑤ 汪子嵩等：《希腊哲学史》第一卷，人民出版社 1997 年版，第 912 页。

超越和自由。然而阿那克萨哥拉的思想很模糊不定，他的超验反思还很不纯粹。另外在希腊思想中，这种主观反思也不占主流。“努斯”的形而上学很快让位于代表客观反思的“逻各斯”的形而上学。

二是思维（逻各斯）实体。与阿那克萨哥拉的心灵或意识实体不同，柏拉图的理念哲学，则将超越的思维、逻各斯当作独立的实体以及世界万物的本体、真理，并由此展开了希腊思想的超验反思的另一条道路。

如意识实体一样，思维实体的概念也是从已有的传统中脱胎而出。希腊人对逻各斯的思考，甚至可以溯源到埃及思想。在古埃及的“孟菲斯神学”中，最伟大的神卜塔以其思想和语言创造世界。此外在埃及神话中还有另一种创世模式，即通过“真理”（ma'at）创世，其以为世界的创造在于神“以真理代替了混乱（谬误）”，于是“真理”就是世界得以维持其存在的根据、基础。在古埃及语言中，“真理”（ma'at）一般就是指“良好的秩序”，因而也是“正确”、“正义”的意思，与之相对的是代表黑暗、混沌的阿波菲斯（Apophis）。这意味着，世界存在的基础、真理或本质是某种形式。不同时期的古埃及文献都这样宣称：“只要你活在人间，就要行真理”；“要引导你认识真理”；“我要你在心中认识什么是真理，你便能做正确的事”；“我热爱真理，痛恨罪恶，因为我知道那是神所厌恶的”；“请你将真理放在我心中！”① 如果我们将这种通过真理创世的模式与通过思想、语言创世的模式结合起来，就可以得出思想、语言就是世界的真理、基础，从中我们可以看到希腊哲学的逻各斯或思维实体的雏形。在古希腊哲学家中，毕达哥拉斯的数论最早把一个纯粹属于或来自思维的存在，即数，作为事物的基本原理，因而他的思想，相比于米利都学派的自然实质论，显然是前进了一大步。他认为数是独立的实体，是变幻的现象背后永恒的本质和基础，是世界的终极原因，一切其他东西都是数的表现。然而在这里，很难说他自觉地把数当成了一种精神性的原理，它似乎是属于客观实在的。赫拉克利特最早认为逻各斯是世界的普遍原理。逻各斯是一切事物中的理性，是位于一切运动、变化和矛盾中的永恒的规律、必然性。不过赫拉克利特的逻各斯，似乎更应当理解为一种自然的规律、必然性，也不是一个纯粹精神性的原理，即思维的范畴。在这两家的思想中，原本属于思维的原理都被当成属于物质世界的，因而是外在的；而且这原理很难说已经是具有真实的超验性的实体（现象与实体的“形而上学区分”尚不明确）。因而在他们这里，针对逻各斯的客观反思还没有建立起来。

① 伊利亚德：《宗教思想史》，上海社会科学院出版社 2004 年版，第 81 页。

到柏拉图的理念论，逻各斯才真正成为思想的实体。柏拉图以为理念是超越现象世界、自然之上的独立的实体或本体，是现象界的基础、真理，而现象界则是理念的虚假的幻影，二者是原型与摹本的关系。现象界是生生不息、变动不居的，而理念则是永恒、静止的。在这里，理念与现象之间就是一种清晰的形而上学区分。另外，与毕达哥拉斯的数和赫拉克利特的逻各斯不同，柏拉图的理念、逻各斯是一种纯粹的精神原理，因而对它的领会就是一种内在反思。然而同阿那克萨哥拉的努斯一样，柏拉图的逻各斯并没有与人的自我内在地关联起来。它也表现为一种超越自我之外，似乎没有自我也能存在的东西，因而它也属于一种客观反思。

阿那克萨哥拉的奴斯和柏拉图的理念思想，意味着精神赋予意识、思想本身以自为的真理性，使意识、思想首次获得了自身的尊严。同在奥义书中一样，在这里，精神首先经历了一个持续的否定运动，它否定外在的自然确立内在心灵为真理，否定心灵的经验、自然表象确立心灵为超验的实体。精神在这里持续地否定其直接当前存在，否定其自身此在而迈向超验心灵的彼岸。这清楚地表明了精神内在的自身否定势用的积极展开。其次精神在这里也经历了一个持续的自身内向化运动。精神穿过外在自然的覆盖深入内在心灵的真理，透过心灵的经验表象进入作为其真实本质的超验实体。这种持续内向化运动也清楚地表明了精神内在的自身维持势用的积极展开（参考前文的讨论）。超验反思就是在这自身否定和自身维持势用的辩证推动下形成。另外在希腊思想中，精神反思不仅是超越的，而且是理性的。心灵的实体被等同于概念、逻各斯、思想（即使奴斯也以思想为实质）。后者就是心灵的内在形式。这种理性反思对实体的逻各斯、思想实质的把握，表现了精神对心灵的内在形式构造。这在现象学上验证了精神内在的自凝（自身建构）势用积极展开。可以说这种理性维度是希腊精神与印度精神的根本区别之一。我们在本编的讨论中，清楚地表明了在印度思想中反思的理性维度的缺乏并分析了其深刻的精神根源。

(3) 直觉省思。的确，没有哪种古代文化像古希腊文化那样，如此富于理性的精神。在希腊哲学中，努斯与逻各斯的界限也不分明。努斯无法成为与逻各斯抗衡的原理，这最终导致一种逻各斯的专制。然而精神的自由与概念、理性之间永远存在着张力。理念、逻各斯还不是自由本身。因而逻各斯的绝对统治，有可能导致新的不自由。盖一切思想活动，包括概念、逻各斯在内，都是自由创造出来，以作为其实现自身的中介。而本体自由绝对地超越逻各斯。然而精神一旦意识到它是通过逻各斯否定了自然、获得内在的自由，它就理所当然地将逻各斯当作了绝对真理。这必然导致它将逻各斯、概念当作不可更改的、神圣的东西。于是概念就成为精神的囚笼，精神永远也无力甚至不愿冲破这概念或现实的思想以开辟新的天地，因而最终将面临被传统窒息的危险。然而本体自由的绝对超越性，决定它不可能被概念、传统扼杀。它透过传统的厚壁，始终在向现实精神发出呼吁。它呼唤精神打破其现实性的桎梏，突破概念的缧绁，复归其本真存在，从而促使精神内在的自主势用在超理性本体领域展开自身，推动精神否定概念、理性的绝对、自为的存在，领会自我超越理性的神秘本质。当精神否定了概念、理性思维的效准，那么它对这本体的存在就只有通过某种神秘的直觉或觉悟来领会。因而我们称最初的超理性思维为直觉思维，称与之相应的精神为神秘精神。奥义书思想经历了这一精神转型，西方思想也经历了同样的转型。

自由在概念囚禁中的呼声，也是一种抗议、一种摆脱理性的强烈渴望，它直接诉诸人的情绪。即使在日常生存中，一些心灵敏锐的人也感受到理性（表现为带有必然性的经验，以及伦理、制度、习俗等）的重负，也意识到心灵的存在应当有超越于这理性的规范的维度，因而渴望（至少暂时地）享有一种超越理性的自由。这种感受和渴望，恰恰在富于理性精神的希腊人的狄奥尼修斯崇拜中表现得最充分，盖压制愈严，反抗愈烈也。欧里庇得斯的悲剧《酒神的伴侣》描绘了狄奥尼修斯祭的场景。这种祭祀尤其受女人欢迎。其活动在夜间进行，人们通过音乐、酗酒、跳舞、游行、狂欢，逐渐达到极度兴奋和狂热。在这里，所有日常的道德的规范、禁忌和习俗都被抛弃。人们崇拜阳具、模仿野兽、戴兽形面具、披兽皮、食人肉、活活撕裂献祭的动物并生食其肉，并且随祭祀的进行达到一种巫术般的出神和狂喜状态，其行为变得淫荡、癫狂、野蛮（在悲剧《酒神的伴侣》中，疯狂的妇女们将底比斯王彭透斯撕成了碎片）。狄奥尼修斯祭表现出强烈的非理性、神秘主义色彩。它导致的狂喜本质上是由人们暂时摆脱理性的重负带来的。这种非理性的狂喜本来包含多种意义层面：其一，是感性的，人们通过退回到原始甚至兽性状态以摆脱理性的统治，这在狄奥尼修斯祭中表现得非常明显；其二，是神秘的，人们在一种非理性的神秘直觉中超越世俗的存在，与某种不可言说的实在合为一体，从而体会到一种强烈愉悦感；其三，是本真的，心灵否定了精神的现实或思想的存在，进入一种空无的境界，由此达到了一种没有任何压力和束缚的漂浮状态，并由此体会到一种极大的愉悦感。其中第二和第三种都是自由感。尽管在酒神祭中感性的狂喜是最明显的，但是其中包含的精神的自由感毫无疑问也应当是造成这种强烈狂喜和出神状态的精神根源。然而这一点不论在酒神祭的参与者还是在后人（比如尼采）对于酒神精神的解释中，都容易被忽略，结果导致酒神祭成了一种感性和本能的宣泄，因而忽视了它所包含的应有的精神高度。结果是在希腊精神中，自由与逻各斯的张力，蜕变为本能与理性的斗争。

而希腊精神中的非理性因素，在希腊哲学中并没有得到表达。希腊哲学的归宿就是柏拉图、亚里士多德的理性形而上学，让它克服对逻各斯的绝对化，领会一种非理性或超理性的本体，无疑是非常困难的。如上所述，这种思维的困境也表明了现实的精神自由的局限性。

西方文化之摆脱上述逻各斯中心论困境，一个重要原因是受到东方（尤其是犹太—基督教）思想的冲击。犹太精神对上帝的绝对超越性的领会，表现了一种比希腊形而上学更彻底的超越思维形态。上帝否定一切尘俗的存在，它不仅否定了经验世界，也否定了超验的实体世界，因而它是绝对超越者。《旧约·出埃及记》宣布的上帝之名："我是是者"（I AM WHO AM）或"彼是者"（HE WHO IS）就表明了这一点。显然《圣经》在这里是在回避用任何世界内的东西给上帝命名。这表明上帝不是世界内的任何东西，所以我们只能说它是"是者"或"它是"，不可以说它是"什么"。上帝不是任何的"什么"，既不是现象、自然、感觉，又不是实体、观念、理性，对于它只能用否定方式表述。然而正如我们在下一编的讨论中要表明的，在希伯来传统中，这种绝对超越思维，由于在上帝与世俗存在之间缺乏一种清晰的"存在论区分"（"实有"与"本无"的区分），因而并不彻底。现实存在没有被彻底虚无化，结果上帝似乎成了一种特殊的现实性。因而犹太精神在这里是处于与奥义书的神秘精神同样的阶段（见第四章小结），我们也称之为神秘精神。

犹太精神与希腊精神的相互影响，早在使徒时代就已经开始了。其中，一方面是犹太—基督教接受了希腊的逻各斯、努斯理论，并且将逻各斯、努斯等同于现实存在、世界本原，而上帝则高于一切世俗存在，因而高于逻各斯。这方面思想的最早的杰出代表是犹太人菲洛。菲洛认为上帝是不可知的存在本身，它高于理性、道德。作为一切观念的总体，逻各斯或神圣理性是上帝的智慧、权能和善的实体化，是上帝的使者或仆从。逻各斯是一切权能的权能、最高的天使、上帝的初生子、亚当、上帝的影像。上帝以逻各斯为工具，从混沌的质料中创造出世界内的事物，这些事物就是理念的影像。这个逻各斯就是柏拉图的理念世界或斯多葛派的世界灵魂，被改造成居于上帝和世界之间的东西。这种犹太神秘主义对基督教神学产生了持续的影响。从使徒时期和护教者的神学，到亚历山大里亚的克雷芒、奥利金、维克托利努斯等，都有将言词、逻各斯置于圣父之下的倾向。在这里，上帝作为绝对精神，否定了逻各斯（思想，或精神的现实）作为内在的超验本体的存在。因而使神、最高存在成为超越了精神的现实性，因而为知觉、理性无法达到的神秘本质，于是希腊式的理智思维转化为东方式的直觉思维。这种神秘神学的集大成者就是奥古斯丁（见第四章小结）。另一方面，到希腊化时期，犹太—基督教思想也开始越来越深刻地影响甚至替代原有的希腊逻各斯哲学。尤其是犹太—基督教思想对于上帝超越逻各斯即超验本体的强调，深刻地影响了希腊哲学的转型，导致新柏拉图主义朝神秘的直觉省思的转化。普罗提诺的“太一”哲学的形成，就离不开犹太—基督教神秘主义的影响（甚至可能有印度思想的影响，有学者分析了普罗提诺《九章集》与《华严经》思想的相似性①）。这种影响在于，神秘精神对超理性本体的直觉，通过与希腊逻各斯形而上学的强烈对比，将希腊精神从理性主义的迷梦中惊醒，使之倾听到自由的呼声（这呼声就是本体自由要求实现为精神对思想、理性的超越）②，并促使使其自舍和自反势用恢复其本真的无限性，于是自舍势用展开为对精神的内在思想的否定，而自反势用展开为对精神的绝对超越性的领会、守护，于是希腊思想便最终从理性的形而上学思维过渡到神秘的直觉思维。普罗提诺的哲学，就是这一精神进展的成果。普罗提诺的思想代表了希腊哲学的一次根本转型。他对希腊思想的贡献，或许不亚于柏拉图和亚里士多德。他首次在希腊哲学中提出了一个超越思想、逻各斯、理智的原理，即太一。一切存在最终来自太一，但太一不是它所生出的事物中的一个，“它不是‘是’，不是实体，不是生命，不是以上所说到的任何事物，但是如果你通过剥离‘是’来领会它，你就会充满惊奇。如果你倾身于它，栖居于它，就会越来越理解它，通过直观了解它，通过它所产生并以它为基础的事物了解它的伟大。”③ 理智本身是一个超验的原理，是纯粹的存在、生命、思想，即是柏拉图的逻各斯和斯多葛派的世界灵魂。其他一切存在皆以理智为根源：理智流射出灵魂、灵魂流射出自然，而理智则是太一流射出来。它是上帝的思想，是上帝对自己的沉思。而现实世界的每一事物都在这神圣思想中有其理念的原型。上帝超越理智，因而超越了一切现实性（经验的与超验的），包括真、善、美、意识和意志④。上帝的存在是神秘的。它的本质不可言说、不可思议。灵魂只有通过出神的直觉，才能证会上帝、

---

① Hajime Nakamura, *Indian Buddhism*, Motilal Banarsidass, 1987.200.

② 由于每一种文化精神都是一个自身完备生命体，因而一种真正有价值的内容从一种文化精神到另一种文化精神的迻译，就绝不同于无机界被动的物质转移或渗透，而是因为一种文化精神对崭新内容的理解尝试最终引起了这种文化精神的重组；这内容便由此成为这精神内在的内容，成为其机体的部分，换句话说，精神在这里是将它生长出来了。精神这种理解尝试的起因是它与新传统的分歧使它意识到自身的局限性，从而促使它返回到更普遍的基础，即自由本身。易言之，它与新传统的交往唤醒了它对本体自由的良知，或曰使它听到了本体自由的呼声。精神得以恢复其本真的自由，展开出新的思想，构成新的观念。

③ 《九章集》III・8・10；参考石敏敏译：《九章集》，中国社会科学出版社 2009 年版，第 361 页。

④ 《九章集》VI・9・1—10；参考石敏敏译：《九章集》，中国社会科学出版社 2009 年版，第 922 页及以下。

融入上帝①。在这里，西方思想终于超越传统理性的客观反思，上升到直觉思维层次。精神从客观理智阶段进入神秘阶段。正是在他这里，狄奥尼修斯精神首次在哲学中得到表达，它潜藏的超理性的自由体验，在这里才得到了清晰的表述，并得以最终超克哲学的唯理主义。另一方面这体验因为经过了天才的提纯，而得以最终与犹太—基督教的超越体验衔接起来。在这种意义上，我们可以说普罗提诺的思想，既是希腊精神的最终归宿，也是欧洲的基督教神秘论的一个起点。在基督教的传统中，凡是后来强调上帝的超越性的神学家（从奥利金、奥古斯丁、伪狄奥尼修斯到爱克哈特），无不从普罗提诺的超理性哲学汲取灵感。

同在奥义书中一样，在西方思想中，直觉省思的形成，也在观念层面表现了精神否定心灵的表象的、经验存在确认其更内在、本质的实体性，否定形而上学的概念实体确立作为其本质的超理性澄明本体的持续辩证运动。这既是精神持续地否定其当前存在、否定其自身此在的运动，也是精神不断探入自我更深层本质的内在化运动。因此它在现象学上充分验证了精神内在的自舍、自反势用的持续、积极的展开。正是这二者的历史展开，推动直觉省思的形成。因此在西方思想中，直觉省思的形成最终同样也是由自由的自身展开所推动的。

无论是在新柏拉图主义或基督教神学中，神秘、直觉的思维总是面临着与奥义书的直觉思维同样的局限。因为，作为新柏拉图主义和基督教神学直觉思维的代表，

---

① 普罗提诺如是描绘这种神秘体验："勿庸置疑那撩起如此渴望的原理是完全无相的，甚至没有理智的形相。灵魂一旦对此原理怀有执着的爱，便抛弃它所取的一切形相，甚至曾教导它的理智形相。此时无视，无触，因为这些行为、活动都要以其他东西为中介；灵魂此时既不见善，亦不见恶，不见一切别物，唯它单独接受那唯一者。若灵魂达乎此，至上者就来到它，对它呈现自身；它就脱离它所有的一切，尽力使它自身灵巧、美丽，通过修饰与准备使自己与那神圣者相似，于是这神圣者，便对已准备好的灵魂，不约而访，在它之中突然显现。此时没有隔阂、无二，二者融合于唯一。因为，只要那神圣者呈现，一切差别皆消失，就像爱者与所爱完全合为一体。在这里，灵魂忘记了它的肉身，不愿给自己以别的名字，非人、非生命、非存在、非一切，凡属于此类事物的经验皆消失。灵魂于它们既无兴趣，亦无闲暇。它唯追求此（神圣者）而且悟得此，它只注视此，而非注视自身；它无暇知晓它作为注视者到底是谁。在此境界它不愿以宇宙内的任何东西交换此神圣者，纵使有人将超过天空的全部世界给予它。无物高于此神圣者，无物比它更善。没有能超越它的路径，其他事物无论多高，都处在由它下落之途。灵魂乃作完善判断，知此为其所求，无物高于此。……在此极乐中它确定无误地知其为乐，因为它在这里确定的不是一个激动的肉体，而就是回到其从前欢乐时光的灵魂自己。所有在它未曾发现较它们更善的存在时所曾喜好的东西，地位、权力、财富、美丽、知识，现在它无不蔑视。与此神圣者联结，它不惧任何灾难，甚至不见灾难。它已赢得如此巨大喜乐，即便它的一切坠为碎片，它仍将完全与此神圣者结合。"（《九章集》VI·7·34 [Plotinus, *The Enneads*, Faber and Faber Limited, London.588]。参考石敏敏译：《九章集》，中国社会科学出版社 2009 年版，第 878 页及以下）

无论普罗提诺还是奥古斯丁，都没有对现实与本体进行严格的"存在论区分"，后者要求将现实存在彻底空洞化或虚无化，从而将本体从现实性、实有推移到本无的领域，所以同在奥义书中一样，在这里，直觉思维仍然将本体当作一种特殊的现实性，所以它对现实的否定，或它的绝对超越，是不彻底的。精神的自由在这里也是不彻底的。这种局限性，唯有当本体自由（通过精神）实现为对它自己的直接自主设定，才能被克服。本体自由必将推动这种自主设定的实现。精神由此否定一切现实性的重负，进入到那绝对超越的神圣真理之中，从而具有了一种彻底的自由（本真自由由偶发的变成确定的）。基督教的否定神学就反映了这一精神进展（详见本书下编引论中的讨论）。

总之，从上述分析我们可以看到，在希腊文化中，精神在其实在自由阶段的发展与在奥义书中是平行的，而且从根源上同样是由自由推动的，是本体自由自我实现的途径、阶段。它同样以对自然思维的否定开始，以超理性的直觉思维结束，后者还带来了同样的问题。区别在于，在奥义书思想中，自由精神最初表现为经验的绝对反思，然后产生了超越思维并内在化为超验反思，二者的统一导致思辨思维的产生，由这思辨思维最终过渡到神秘的直觉思维；而在希腊思想中，自由精神最初表现为超越思维，这种超越思维的内在化导致客观反思，这种客观反思在犹太—基督教思想影响下，直接转化为直觉思维。可以看出，在整个希腊思想中，精神的主观反思始终没有牢固确立，更不可能出现奥义书那种（包含了主观性与客观性之绝对统一的）思辨思维。在欧洲思想中，主观反思到近代主体哲学牢固地建立起来，而思辨思维则到康德的先验哲学才建立起来。西方思想的上述发展，尽管与奥义书思想发展的具体路径有所区别，但都体现了自由推动思想、观念进展的同样精神逻辑。通过对二者的比较阐释，可证明这种精神逻辑的普遍、必然意义。

## 三

印欧思想经历的上述事件，在中国传统中还是完全的空白。在这里，真正的精神反思与超越皆未曾发生，思辨思维与直觉思维更是不可能。几千年来，真正精神自由的光线，何曾射入国人那已被自然东西塞得水泄不通的狭小心灵。

《庄子·天地》曰："性修反德，德至同于初。同乃虚，虚乃大。合喙鸣；喙鸣合，与天地为合。其合缗缗，若愚若昏，是谓玄德，同乎大顺。"中土文化以为，精神之理想境界，即所谓"德至"，就是合于宇宙太初之混沌玄冥；于是心灵自身失去其光明、融入黑暗，此种境界，即所谓"玄德"。这样一种理想，可以说是中土各家思想所共有的，只是表现的特点和分享的程度不同而已。然而这种理想，在印欧文化中是被抛弃了的。所以我们称华夏文化为一种“玄道文化”，以与印欧的“觉道文化”区别。

本编引论就表明了从自然精神阶段，（属玄道文化的）东亚精神就已经与（属觉道文化的）印欧精神有了实质区别。印欧文化在自然阶段对精神的高度和光明的热烈追求，在华夏文化中一开始就不存在。一方面，在华夏民族的玄道文化中，精神永远只是埋首于大地，完全沉浸于尘世的操劳，从不曾抬起头来仰望天空，片刻想象一下陵空飞舞的自由（或许楚民族稍有例外）。精神既不愿意且没有能力在高处构造一个纯属于它自己的地基，它疲于往上攀登，且对它已经处在的高度感到晕眩，而是乐于一直往下降。一直降到自然觉性为它准备的地基，即最直接的现实性，即外在的自然，它才觉得找到了归宿，才获得安全，甚至幸福和快感。也就是说，在觉道文化中精神对于高度的热烈追求，对于华夏文化是很陌生的。所以与希腊、印度、波斯等觉道文化不同，在华夏思想中，神话思维也是由人脚底下的大地所规定，上帝的存在是彻底从尘世利益被思考的，“天堂”的观念则根本不存在。其次在这里，知性思维也被牢牢地束缚于大地，人的灵性完全被直接生存的利益吞噬，印欧传统那种超越尘俗、完全自由的真理追求几乎无法见到。诸子学中，法、墨、兵等诸家，无非如此。而孔儒的伦理思维，执着于社会生活的直接性，将自然的习俗当作神圣，且以自然血亲关系为伦理之基础，匍匐在自然强权的脚下，以顺从、因循为高尚，没有任何否定的勇气。因而在以上诸子思想中，精神无一不是往下走的、回归于大地的。而道家思想甚至试图解构儒、墨、法等家的知性和伦理思维，以无形式的、最直接朴素的自然为理想，从而再次下降到神话的感性思维。因而它便有意识地削减精神的高度，以求在存在的最底层寻求舒适快活。此即所谓自然无为之道。盖精神之一切自主作为（有为），皆是自否定，皆是对最朴素、直接同时也是最原始、卑下的自然的扬弃，因而都是高扬的、离开其最初的存在底处的，所以它必然包含了劳累和痛苦。在中土思想中，似乎唯有道家思想有足够的敏锐意识到这一点，但它的决断是彻底中国式的。这就是为了舒适和安逸，消解一切自主作为，从“有为”到“无为”，把精神从自否定的高处降到直接肯定的底层，即原初的混沌。此即所谓“明白入素，无为复朴”、“顺物自然而无容私”之道（《庄子·天地》、《应帝王》），其最终目标是回到“莫之为而常自然”的“至一”之世（《庄子·缮性》）。在某种意义上，道家是把华夏玄道文化的精神内涵更充分地表达了出来。在这一文化中，思想从未追求、沉思过比大地更高、更理想的存在，反倒以像水一样的处柔居下、自求卑污为最高智慧。另外，与此相应，华夏的玄道文化有别于印欧文化的另一显著特点，是它缺乏后者那种热烈的光明追求，却有着“重黑尚玄”的传统。盖觉性、精神作为光明，按其本性就是为了照亮外在的东西，而不是为了照亮自身，因而觉性具有本质上的“忘我性”。故这光明之所以意识到自身，乃是出于精神的自否定，即自反势用。然而华夏精神，因为对于这种自否定感到劳累，乃渴望永久沉湎于觉性的混沌忘我，渴望在一种黑暗黮冥的境界中舒适酣眠。华夏思想，从神话思维到伦理思维，都未曾关注过光的特殊意义。首先在其神话思维中，那种在印欧神话中普遍存在的太阳（光明）崇拜以及对光在世界生成中的重要作用的领悟（比如世界通过光明战胜黑暗而显现的发生模式），都找不到任何存在的痕迹。如果说印欧文化的光明崇拜是精神通过隐喻返回到自身，那么这种返回在华夏文化中可以说是踪迹全无。其次华夏传统的知性和伦理思维，也有同样的情况。比如儒家对“天”的崇拜，就不包括任何光明隐喻，它主要就是对自然的必然性和力量的崇拜。道家和法家都有“崇黑”的传统，与印欧文化的光明追求形成鲜明对照。其中，法家的黑暗智慧是客观、功利的，而道家的则是主观、审美的。但东方的“崇黑尚玄”的精神在道家思想中表现得最淋漓尽致。《老子》尚玄，主张“知其白，守其黑”（第二十四章），“沌沌兮，俗人昭昭，我独若昏；俗人察察，我独闷闷。……众人皆有以，我独顽似鄙”（第十七章），追求“绝圣弃智”、如昏似愚、无知无识、泯然忘我的“玄同”境界。《庄子·在宥》示云：“汝徒处无为，而物自化。堕尔形体，吐尔聪明，伦与物忘；大同乎涬溟。解心释神，莫然无魂。万物云云，各复其根，各复其根而不知；浑浑沌沌，终身不离；若彼知之，乃是离之。无问其名，无窥其情，物故自生。”《天下》也如是描绘：“不师知虑，不知前后，魏然而已矣。推而后行，曳而后往，若飘风之还，若羽之旋，若磨石之隧，全而无非。动静无过，未尝有罪。是何故？夫无知之物，无建已之患；无用知之累，动静不离于理，是以终身无誉。故曰：至于若无知之物而已，无用贤圣，夫块不失道。”这都是将精神的光明完全熄灭的、混沌黑暗的境界作为存在的归宿和生命的理想。所以中土的玄道文化，从未表现出对精神的高度和光明的认真追求，这表明它从自然精神阶段就已经与印欧文化有实质区别，而是与美洲、澳洲文化有更大亲缘性（见本编引论）。

正如我们在引论中讨论过的。高度与光明都属于精神的重要隐喻。在这里，高度就是精神离存在、自我的直接现实性的距离。在印欧传统中，对高度的永恒追求意味着精神永远对自己的直接性不满，而渴望代之以一种更自由、普遍的存在。它在情绪层面反映了本体自由的自舍势用的呼声，而且也是现实精神对这呼声的倾听和应答。而对光明的永恒追求反映了精神从不能发光的自然、外在存在转向自身的内在本质的持续冲动，它在情绪层面体现了本体自由的自反势用的呼声，而且同样也是现实精神对这呼声的倾听和应答。所以，对高度与光明的追求表明了精神的良知的恒常觉醒，尽管良知对自由的呼唤可能听得不一定真切，而且由它促发的精神本真自由很快被传统固化。这种分析也表明了，在华夏文化中，良知始终是沉睡的，觉性的自身否定与自身维持绝对化的呼声完全被自然的厚壁和传统的重帷阻断了，精神安然沉醉于这种良知昏睡的玄冥之境，因而我们称这种文化为玄道文化。在这里，精神内在的自在势用便将自主势用本真的无限性完全堵死了；自舍与自反势用很早就被固化，而且没有任何突破这种固化的冲动，永远也无法恢复其本真的存在。这使得精神的反省与否定思维失去进一步发展的推动力，从而决定了中国精神根本再也无力扬弃自然思维，进入纯粹的反思和超越，实现其真正的自由。

在整个中国传统中，只看到物质的狂妄自大，精神自愿成为物质的奴隶，且以之为荣，以之为自己的唯一价值。物质本来只是存在之空虚的符号，在此却俨然呈现为存在本身，而觉性的内在性，即心灵，作为存在的实体，却被从实在的领域排除，导致存在的空洞化、扁平化。还有在哪种传统比在中国精神中觉性的存在更为贫乏的呢？存在在这里始终保持着野蛮时代的空虚和单调。在整个中国思想中只能看到物质的暴力，与之相应，在整个中国历史中只能看到强权的暴力。

精神的观念是现实自由的标志。由于精神的自身否定和自身维持势用的本真存在完全被遮断，一方面，导致在中国传统中超越思维完全不曾产生过。在受佛教影响之前的整个中国思想中，始终没有出现过印欧传统中那种否定了现象的生生之流的、超越的实体，也从来没有出现过一个与世俗、经验的此岸世界对立的彼岸世界。一切都处在自然力量的运行中，没有任何东西具有自为自足的存在。一切存在皆被置于自然的强权之下，都完全被后者规定。在这种情况下，没有任何存在者真正具有自身的尊严。这意味着精神在这里从未实现对自然的真正超越。这一点从本质上规定了中国人的自我理解。中国传统思想中，从来没有出现过印欧传统中那种否定了经验的时间和空间、与自然界没有因果关联的自我（灵魂）实体。中国人的自我完全属于自然，属于宇宙大化流行的一分子，其生灭皆完全由自然规定，既没有任何独立的内在空间，也没有绝对的自身同一性，因而它是完全无尊严。在自然面前的这种自我瓦解，决定国人在社会的物质强权面前不可能有任何自身尊严和权利意识。盖物质权力是社会生活中的自然，国人既然丝毫没有意识到自我对于自然的独立性，因而他的自身空间也必完全被政治的强权粉碎。在强权面前中国人首先是甘愿把自己的权利放弃了。两千多年的中国社会，比其他任何社会都更接近兽群社会：在这里，人若得到了绝对物质权力，就能占有全部财富、女人（甚至男人：儒臣在人格上就完全被帝王占有，每自况于妾妇）；相反他若失去权力，他的财产、妻女甚至自己的生命都是别人的，他只能悲叹命运的残酷，而丝毫不会因为自己某种与生俱来的权利被剥夺感到愤怒。在中国人看来，人的权利完全由物质权力规定，天赋权利根本无从谈起。他既没有意识到自己的权利，也同样会漠视别人的权利；所以奴性与暴君乃是其人格之二面。这都是由于自我实体观念的缺乏造成的。这种缺乏也造成国人缺乏自身人格的同一性，也不可能有真正的平等意识。这决定现代的政治和经济制度在这里都难以立足。在中国思想中，更没有产生过自我作为超验意识实体的观念。精神尚未真正意识到其内在的意识、思想的尊严，更没有将维护其内在世界（意识、思想）的自由、独立作为生命的目的。在这里，属于精神内在性的任何东西，包括知识、思想、信仰、道德，无不是被作为达到个人或国家的福利的手段，其纯粹属于自身的价值，竟然完全没有被意识到。中国思想更不可能经历希腊思想那种“逻各斯的颠倒”或奥义书思想的“意识的颠倒”（属于精神内在存在的逻各斯、意识成为存在的绝对真理，并反过来成为自然的基础），将意识、思想作为实体、彼岸。总之，在中国文化中，由于精神的自身否定势用的本真无限性被彻底阻断，真正的超越思维根本无从发生。在这里，精神完全埋首于自然的、经验的、尘世的俗务中（修齐治平也好、全身保真也好，其目标都是世俗的），从未有某种超越的生活理想在它的意识中闪过，能使它片刻抬起头来，一瞥彼岸的辉煌。另一方面，在中国传统中，由于精神的自反势用本真的无限内在化和绝对化倾向被彻底阻断了，真正的精神反思也不曾产生过。盖自反势用的内在化推动精神省思脱离自然思维的外在性，领会觉性内在的意识、思想为自为的存在，而其绝对化推动省思否定外在自然的绝对性，确立意识、思想为绝对，从而使精神克服自然反省，进入真正的反思。其中自反势用的绝对化，就是精神将自我的内在心灵作为唯一的维持对象，而其他一切皆唯有作为实现这维持的手段才有其价值和真理性。它促使精神省思领会心灵的绝对存在从而转化为绝对反思。绝对反思领会到心灵是世界存在的普遍根源、全体。心灵规定万有的存在，为其来源和归宿，这意味着心灵是万有的目的，因而也是人生的最高目的。只有通过这种绝对反思，精神才意识到其内在心灵的真正价值，也就是说，精神绝不再以内在的意识、思想为实现其他目的的手段，而是以一切其他东西为手段。心灵不再是为其他东西而存在的，相反，其他任何东西都是为心灵而存在的。然而上述精神事件，在中国原有传统中还未曾发生过。像印欧文化构想的那种绝对的、宇宙的心灵，在中国传统中从未产生。儒家意识到了“心”作为认识、实践主体的地位，但“心”在这里是经验、心理的，且完全依附于自然，是自然的产物。它既不是实体，也不是绝对，不具有自为的存在，其意识、思想、观念皆没有自身的价值，而只有作为实现个人、君王和社稷的更高目的的手段才有其价值。而玄学道家，则以泯灭自我意识的光明为智慧之蓍龟，以“无我无心”、“块然独立”的玄冥境界为生命之归宿。从属于觉道文化的印度和古希腊人的自然思维，就可以孕育出反思的精神，因为这里觉性始终在场，只要精神不是仅注意被“光”照亮的事物，而是也注意到“光”

本身，精神就意识到自身的本质。然而从属于玄道文化的华夏自然思维，绝不可能孕育出一种反思精神，因为在这里觉性根本上是“缺席”的，是被彻底遗忘的。在整个中国历史中，精神的内在性始终是物质功利的手段，而不具有自身绝对的价值（比较中国人与印、西人对于思想、信仰、观念自由的迥然不同的态度）。

总之，中土传统的文化精神，既无真正的反思，亦无真正的超越；至于印欧思想那种思辨和澄明的思维，在这里则更是无从谈起。华夏的文化精神只达到了一种自然、伦理的自由。它不仅从未达到印欧精神那种真正道德、宗教的自由，离它们那种哲理和神秘的自由则更为遥远。换句话说，真正的精神自由，在华夏传统中还从未产生过。精神甘愿为自然的奴仆，导致中国几千年的绝对奴隶制。在这里，人的尊严被踩在污泥之中，健全的人格和正常的人性都难觅踪迹。这些分析在精神层面解释了这一现实：凄凉读尽支那史，几个男儿非马牛！精神必须克服自然，才能确立自身的尊严和价值。这种克服来自精神的反思和超越，而唯有当精神回复到作为本体的自由，并从中汲取力量，才有可能击碎自然的魔咒，领悟其本有的独立、绝对的存在。

然而佛教进入中国，极大地改变了中华民族文化精神的面貌。这从根本上说，就在于它给中华民族带来了真正的精神超越与反思；而追根溯源，这种影响实应回到奥义书思想。

在佛教的持续渗透之下，中土儒家和道教思想都发生了深刻的转型，真正的精神反思与超越得以建立起来。

就道教而言，其最早的形态（如五斗米道）都属于符箓道，大致上可视为道家思想庸俗化的产物。它一方面将道家养生之学完全发展为一套旨在获得肉体不灭的工夫；另一方面大量吸收了民间流行的原始巫术、鬼神、谶纬思想，主张通过符咒、方术为人治病，其思想猥杂卑琐，完全属于原始宗教，没有任何精神性可言。然而随着佛教的进入和传播，从魏晋以降，道教学者开始积极汲取佛学的精华以提升自己。南北朝时期的，宋文明《道德义渊》所谓“一切含识，各有其分。先禀妙一，以成其神，次受天命，以生其身。……今论道性，则但就本识清虚以为言”，明确表明人的心识是先于肉体而存在的，道性不是无心的混沌，而就是本识，即心识之清净纯洁的层面。这首次在道教思想中表现了一种真正的精神反思，而它与佛教心性论的关系是一目了然的（“含识”、“本识”皆是佛学术语）。而《秘密藏经》所谓“一切法性即是无性，法性道教性俱毕竟空”①，“是清净心具足一切无量功德成就，常住自在，湛然

① 《正统道藏》第一卷第5册，文物出版社1988年版，第900页。

安乐，但为烦恼所覆蔽，故不得显了，故名为性。若修方便断诸烦恼障，法尽故显现明了，故名本身”① 等说法则表明道教具有了真正的精神超越：精神在这里否定了一切经验、自然的东西的真实存在，而认为唯有众生本具的清净心为常住自在的实体，因而这种超越还是一种内在超越。唐初的《本际经》则完全向佛教中观学看齐，从而将道教的精神超越推向绝对。在道教此后的发展中，这种超越和反思逐渐走向融合，这种融合在道教内丹心性学中得到最终完成。比如王重阳的全真道，一方面确立清净的“真心”、“天心”为本体，谓“天心者，妙圆之真心也，释氏所谓妙明真心。心本妙明，无染无著，清净之体，稍有染着，即名之妄也。此心是太极之根，虚无之体，阴阳之祖，天地之心，故曰天心也”②，“心本是道，道即是心，心外无道，道外无心”③，从而否定了老庄道家和玄学那种无精神的直接自然即混沌的绝对地位，并一反以往道家的“忘心”、“忘我”的昏眠之道，而以“明心”、“返觑真如”，识得真性、真我为宗旨，以真心之“觉而常照，照而常寂”为理想境界，因而将道家和道教粗俗浅薄的外在、物化乃至肉体的宗教提升为一种真正的反思宗教。另一方面，他提出真性、道、法身为“五蕴皆空”，“超越三界”，“不空不有，无后无前，不下不高，非短非长”④，明确将道解释为一个绝对超越的原理，因而与老庄那种作为直接现实性、自然的道有本质区别。相应地，他的修行也放弃了老庄的随顺物情、自然无为之道，强调的是否定自然对精神的影响，所谓“悟超全在绝尘情”，以诸尘不染、不顺人情，“心中物物不著，尘事般般休序”⑤ 为指归。这种修道就是对外在自然和人的内在本性的否定。因而道教在这里被提升到一种真正的超越的宗教层次。所以内丹心性学，既是反思的，又是超越的，是一种真正的反思和超越宗教。对比《羯陀》、《蛙氏》之学，可以看出内丹心性学与奥义书的超验反思的根本一致性。盖其对“真心”、“天心”之描述，与《羯陀》、《蛙氏》之“至上梵”基本一致，而其“明心见性”之功，亦与《羯陀》、《六问》之“内在瑜伽”同其宗旨也。由于道教没有儒家那种狭隘的道统论限制，因而它对于佛教的超越和反思思维的汲取，更为迅速而且深刻。实际上《本际经》、《秘密藏经》表现的对于佛教义理的理解，丝毫不逊于当时的佛教高僧，这一点是儒者难以企及的。其结果是它（至少就内丹学而言）最终在根本上被佛学同化。这使它超越自由精神的实在（Realistic）阶段，而进入本真精神的阶段，因而我们将它放在下一编中重点讨论。

① 《正统道藏》第一卷第5册，文物出版社1988年版，第899页。
② 《王重阳集》，齐鲁书社2005年版，第303页。
③ 《王重阳集》，齐鲁书社2005年版，第297页。
④ 《王重阳集》，齐鲁书社2005年版，第279页。
⑤ 《王重阳集》，齐鲁书社2005年版，第140页。

吾乡宏道先生曾痛斥当时文坛云:“弃目前之景,摭腐滥之辞,有才者诎于法,而不敢自伸其才。无之者,拾一二浮泛之语,帮凑成诗。智者牵于习,而愚者乐其易,一唱亿和,优人驺从,共谈雅道。”(《雪涛诗集序》)而儒者之因循苟且,岂不百倍于诗人乎?甚至文风之腐烂,良由儒风而致也。学国末学,尚遍览印、希、耶、回、波斯、埃及乃至美、澳土著思想,未见有一家因循狭隘、陈腐鄙陋竟如儒门之甚者!至于道统论出,乃公然以因循狭隘为崇高(盖道统无关乎真理,而仅为一门户、山头)。故尽管佛法日炽,但儒学自汉至唐,仅未受影响,仍完全停留在浅薄粗鄙的自然思维之中。因此,即使举国崇释,佛风劲吹,慧日彻照,法螺雷鸣,亦未能穿透儒教的传统,惊醒儒者对本体自由的良知,这良知不是在沉睡,而是已经完全泯灭了。

由于儒学对任何外来思想的排斥,因而其对佛教的吸收,乃是以儒者对儒、佛内在思想的差别缺乏清晰的反思为条件(这一点无论对程朱还是陆王都成立)。这决定儒学无论在理解、吸收佛学的深度上还是在自身思想的突破、创新上,都与道教相差甚远。所以魏晋以后的儒学,其精神价值其实远远比不上内丹道教。尽管如此,佛教带来的精神反思与超越,也终于渗透到儒学之中,导致宋明理学的形成。这一过程,可分为以下阶段:

(1)宋明理学首先从佛学吸取的是超越思维,正是后者促使程朱理学形成。如二程在华严宗论理事关系的影响下,将《易传》仅从宇宙论方面谈到的“形而上者谓之道,形而下者谓之器”,转化为理与气的区分①。其云“所以阴阳是道也,阴阳是气也。气是形而下者,道是形而上者”(《二程遗书》卷十五)。其中气就是《易传》的阴阳五行,即生生不息的自然之全体。但二程在气的世界之上另立一理世界。理是“不为尧存,不为桀亡”,没有“存亡加减”,是先于事物存在,且否定了自然的时间性的恒常不灭的原理(《遗书》卷二)。因而它就是一个超越的实体,并且是万物的本体。故二程的理气、形上形下区分,就是形而上学的现象与实体之分。它意味着理学在佛教影响下,开始克服中国思想对自然的绝对化,具有了真正的超越思维(然理学对自然的否定,并不是像佛教那样将它虚无化,而是发现了超越其上的理世界,实与柏拉图观念论的理路更近)。二程理本体论的提出,是理学形成的标志。

二程这种形而上学的区分,在朱子哲学中,被阐明为一个创生万物、流转不停的气世界与超验恒住、寂静不动的理世界的二元对立图景:“一元之气,运转流通,略无停间,只是生出许多万物而已。”(《朱子性理语类》理气上)“发育万物都是气”,“若理,则只是个净洁空阔底世界,无形迹,他却不会造作。气则能酝酿凝聚生物也。”(理

① 侯外庐、邱汉生、张岂之主编:《宋明理学史》上卷,人民出版社 1984 年版,第 138—139 页。

气上）朱子的宇宙论完全是从一元的气之生生不息，来解释自然万物的起源，而气又以理、太极为本体："二气五行，天之所以赋受万物而生之也。自其末以缘本，则五行之异，本二气之实。二气之实，又本一理之极。是合万物而言之，为一太极也；自其本而之末，则一理之实，而万物分之以为体，故万物中各有一太极。"（《通书·性命章注》）"理也者，形而上之道，生物之本也。气也者，形而下之器也，生物之具也。"（《文集》卷五十八《答黄道夫》）"以本体言之，则有是理然后有是气，而理之所以行，又必因气以为质也。"（《孟子或问》卷三）因而理是万有的超验基础、根据。

程朱的理气分别，与先儒的朴素实在论思想有本质区别，学界已表明是袭取了佛教华严宗的思想，如朱子所谓"理一分殊"、"月印万川"之类表述，就有华严学的明显痕迹。因为在华严宗，只有事法有生灭，而理作为法界本体，是千古不变的，因而生灭流转只属于事。这种理与事的分判，在理学中，便被解读为生生不息的气世界与寂然超越的理世界的区别。然而理学由于坚持了儒家朴素的理性主义和实在论立场，因而既没有把理本体理解为华严宗那种非理性的真心法界，也没有把它理解为空，而是把它理解为一种超验的形式、法则，因而较之佛学，它实与柏拉图形而上学更为接近。

同柏拉图形而上学一样，程朱的理本体论最多实现了一种客观反思。即使我们将朱熹的太极、天理解读为一种逻各斯那样的精神原理，它也是超越或外在于自我的。而自我仍然被从自然思维角度理解。在程朱哲学中，基本的世界图景由"理"（太极）、"事"、"性"、"气"这些范畴组成，人的本质由这些概念所规定。朱子说："人人一太极，物物一太极"，"本只是一太极，而万物各有禀受。"（《朱子语类》卷九十四）人与物皆禀理而生，皆属自然（天），故在这种理本体论中，"我"并无特殊地位，亦非独立的精神本体。程朱谈理、事或理、气，固然受华严影响，不过在贤首的思想中，理即是心，而朱子理学坚持心、理分齐，就本体论言之，实与华严存在隔阂。而到陆王心学，乃主张"心即理"，才与华严宗的唯心论哲学衔接。

（2）儒学由于对先秦以来的朴素、外在的实在论世界观极端地执着，因而迟至象山的心学，才建立起一种真正的主观反思，反映出佛教精神反思的影响。

我的内在现实就是"心"，即意识、思想。但心学成立以前的儒家，都是从自然思维来谈"心"。即使孟子的"心"、"性"概念，也仍是"心理学"的，而不是"形上学"的①。直至朱熹理学，"心"的意义仍限于两方面：一谓道德之主体，二谓知识之主体，在理论上仍不越旧说藩篱②。在这里，精神的主观反思完全没有建立起来。

① 冯友兰：《中国哲学简史》，北京大学出版社 1985 年版，第 294 页。

② 张岱年：《中国哲学大纲》，中国社会科学出版社 1982 年版，第 241—245 页。

至象山成立心学，“心”才克服其自然性，而脱胎为一种自在自为的绝对原理。其云：“宇宙便是吾心，吾心便是宇宙。”（《杂说》）“心之体甚至大，若能尽我之心，便与天同。”（《语录》）性、理及万物同为我心中之事。针对朱熹严判心与性、性与理，象山主张心即性，心即理，形上形下本是一片，一统于心（《与曾宅之书》），故可说一切唯心。于是心便成为囊括一切物质和精神现象的绝对原理，冯友兰先生称为“宇宙的心”①。所以象山哲学体现了一种绝对反思，后者包含了主观反思。这种绝对反思不属于孔孟程朱的传统，而应视为佛教的精神反思渗透到儒家中的产物。学界一直有“朱子道，陆子禅”之说。盖视心为宇宙之全体和本体的观念，早至南北朝的摄论和地论学派就已明确提出，后来禅宗和华严也坚持“心即是性”、“心包万法”的立场。象山上述说法，相对于佛教的类似思想并无独创性，完全可以视为这些思想的回声。

正是由于心学这种绝对反思，儒家精神才真正进入道德阶段。盖真正的道德，乃是精神纯粹以自身为根据、目的和对象的自觉行为，这必然以绝对反思为前提。这一点，在象山之学中得到验证。其云：“人心至灵。此理至明。人皆有是心，心皆具是理。心即理也。”（《与李之宰》）“理本天与我者，非外铄。明得此理，便是主宰。”（《与曾宅之》）“人心有病，须是剥落。剥落得一番，即一番清明。后随起来，又剥，又清明，须是剥得净尽方是。”（《语录》）其中“心即理”表明道德的根据在主体自身；所谓“存心、养心、收放心”、“自省、自觉、自剥落”的工夫表明心在此亦是实践的对象；而心既是绝对，故亦是实践之最终目的。所以，象山心学的实践，与原儒对来自习俗的礼和属于自然的“天命”的服从以及程朱对外在于主体的理、太极的遵循，都有根本不同。后者只是伦理的，而前者才是真正道德的。

然而在象山这里，反思仍然是经验性的。心、理的超越性及其作为存在根源、本体的意义尚不明确。心往往被等同于道德情感：“四端即此心也。天之所与我者，即此心也。”（《与李宰》）尽管象山强调理的先天性，及其超越时间、空间的永恒和普遍意义，但理同样也只是道德情感。这表明心、理都仍未能脱离经验色彩。因而象山所谓心，基本内容乃与桑底厘耶、阿阇世等所谓绝对的经验意识相同。这表明象山心学与桑底厘耶、阿阇世等处于同样的精神阶段。在这里，精神实现了绝对反思，但缺乏超越思维，因而这反思只是经验性的。根据奥义书乃至近代西方思想发展的共同逻辑，精神的反思思维和超越思维最终必然走向绝对融合，从而转化为思辨省思。在儒家思想中，阳明心学就体现了这种融合的成果。

(3) 在王学思想中，儒家沿自佛教的精神超越与反思，终于结合起来，标志宋明

---

① 冯友兰：《中国哲学简史》，北京大学出版社1985年版，第353页。

理学进入思辨层次。

首先，王学继承和发展了象山心学的绝对反思。一方面，阳明继承和发挥陆九渊、杨简的说法，认为本心包括天地万物，无心则无一切："心外无物，心外无言，心外无理"（《与王纯甫书》）。另外，阳明还明确表示本心为万物所从出之精神根源，这一点似为以前道学所未有，至少没有被系统阐述过。盖以前道学说心，一般只强调其为身之主宰、能思之官，唯阳明把本心作为世界万物得以产生、彰显的本体论条件："虚灵不昧之心，众理俱而万事出"，"天没有我的灵明，谁去仰他高？地没有我的灵明，谁去俯他深？……离却我的灵明，便没有天地鬼神万物了。"（《传习录》黄以方录）盖天地万物的存在，皆由于我心之灵明。藉灵明的彰显，万物才入乎存在之域。故灵明或良知是一切之所从出，是天地万物的本根，"造化的精灵"，天地草木瓦石皆为其所造作（《传习录》黄省曾录）。良知不仅仅是认识论的主体，而是先于主、客之分，是本源的、绝对的精神与生命。

其次，阳明还进一步取资佛教、汲取程朱的超越思维，赋予象山的绝对"大心"以超验实体的意义。其云良知"常觉、常照"、"亘万古、塞宇宙"、无执着、无滞染、无挂带，"无起无不起"，"是廓然大公、寂然不动之本体"（《答陆原静书》），强调良知之"虚"、之"无"、之"无善无恶"（《黄省曾录》），皆表明良知是超越经验的时间、空间和运动，超越一切心物的现象，超越自然的情感、伦理、习俗的实体。因而他的思想体现了一种真正的超越思维，而且它因为领会到实体与心的同一性，因而是一种内在、主观的超越（此则为朱陆所未到）。它将《羯陀奥义书》和欧洲近代意识哲学对意识作为超验实体的领悟包含在内了。这种内在超越，充分地体现在其致良知的实践中。这就在于通过否定外在的自然（物欲）与内在的念虑对真心的遮蔽缠缚，使良知本体自然呈露出来，这种实践不仅是道德的，也是宗教的。比如阳明强调"初学用功，却须扫除荡涤，勿使留积"，甚至要"一掴一掌血，一鞭一条痕"。这就在于彻底否定人的直接、自然之我对本心超越性的遮蔽，证悟良知"廓然大公、寂然不动"之本体，其宗旨与《羯陀》、《六问》的"内在瑜伽"（adhyātma-yoga）本质上是一致的①。

良知既是"常觉、常照"、无执、无染的超验意识实体，同时又是"众理俱而万事

---

① 阳明的超越思维，也充分体现在他对"狂者"境界的推崇，其云："（乡愿）其心已破坏矣，故不可与入尧舜之道。狂者志存古人，一切纷嚣俗染，举不足以累其心，真有凤凰翔于千仞之意。"显然他标榜的"狂"与曾点（甚至道家）的"狂"有本质不同（尽管他自己将二者等同），这就在于后者着重的是一种心理的逍遥自得（"曾点之乐"），从中很难找出对超越性的真正追求；而阳明的"狂"显然不在于体验那种直接现实性之"乐"，而是超越"乡愿"、"一切纷嚣俗染"卑下鄙浊，企慕凤凰之绝尘高蹈，因而恰恰在于对直接现实之否定，所以它是一种真正的精神超越。

出”的“天植灵根”，即一切自然、经验存在的最终根源，因而它就是一个先验本体。所以，阳明心学把理学在此前达到的绝对反思和超越思维完整地结合起来。若以奥义书思想为参照，可以说它既包含了桑底厘耶、阿阇世等的绝对反思，又包含了《羯陀》、《六问》的内在超越，因而达到了与耶若婆佉等思想类似的思辨省思层次。在这里，觉性、自我的先验实在成为绝对的，而包括一切自然、经验的存在在内，全部世界都只是这先验实在的表象、呈现。

阳明思想实际上并没有停留在这种思辨省思层次。他强调本心之“虚”、之“无”、之“无善无恶”、之无思无虑、无知无念，表明本心是一个超越思维、理性的神秘本体，意味着他的思维进入了神秘的直觉思维范畴。其云：“仙家说到虚，圣人岂能虚上加得一毫实？佛氏说到无，圣人岂能无上加得一毫有？但仙家说虚从养生上来，佛氏说无从出离生死苦海上来，却于本体上加却这些子意思在，便不是他虚无的本色了，便于本体有障碍。圣人只是还他良知的本色，更不着些子意在。良知之虚，便是天之太虚。良知之无，便是太虚之无形。日、月、风、雷、山、川、民、物，凡有貌象形色，皆在太虚无形中发用流行。未尝作得天的障碍。圣人只得顺其良知之发用，天地万物俱在我良知的发用流行中，何尝又有一物超于良知之外能作得障碍？”（《黄省曾录》）“良知之体，皦如明镜，略无纤翳，妍媸之来，随物见形，而明镜曾无留染：所谓情顺万事而无情也。‘无所住而行其心’，佛氏曾有是言，未为非也。明镜之应物，妍者妍，媸者媸，一照而皆真，即是生其心处。妍者妍，媸者媸，一过而不留，即是无所住处。”（《答陆原静书》）“‘不思善不思恶时认本来面目’，此佛氏为未识本来面目者设此方便。本来面目即吾圣门所谓良知，今既认得良知明白，即已不消如此说矣。”（同上）良知、本心就像虚空、明镜一样，不滞于一切思维念虑，它超越了知识（见闻觉知）、思想、道德（“无善无恶”），即超越精神的现实性，具有绝对自由。阳明的这个本心观念，与《蒙查羯》、《蛙氏》和如来藏佛教的神秘的自性清净心观念本质上一致，因而与后者一样属于神秘的直觉思维范畴。他的这种直觉思维之来源于佛教，是显而易见的。然而由于受制于儒家强大的实在论传统，他未能像佛教那样将全部现实存在虚无化，因而其绝对超越并不彻底；本心仍然未能完全脱离现实性范畴，它于是就成为一种空虚的纯粹意识、澄明，这与《蒙查羯》、《蛙氏》学的真心本质上是一样的。换句话说，阳明的直觉思维尽管是来自佛教，但儒家的实在论传统的牵制，使他无法达到佛教的绝对超越思维的彻底性和本真的高度，而是保留了本心的现实性残余，因而退回到与《蒙查羯》、《蛙氏》同样的直觉思维立场。

阳明汲取禅佛教的精神反思和超越，极大地弥补了中国传统伦理的自然性和外在性缺陷。然而同奥义书的直觉思维情况一样，他的本心概念也是神秘的，它是精神被排除了思维、理性的现实性，即纯粹意识。这样一种现实是“无内容”的、贫乏的，它只是抽象的觉性，而不包括理性。然而一个非理性的精神绝不能作为道德的本体，道德只能是理性的。因此这种神秘哲学必与儒家的道德意识发生矛盾；结果一个人往往越是专念自心，就越疏离了现实的伦理规范。所以理学批评心学“空虚”甚至误入“狂禅”，也并非没有道理。要纠正这一问题，在形上学层面就是要领会到，精神的内在现实就是思想，是理性和澄明的统一（唯本体自由超越理性，同时也超越澄明或意识），因此我自己的现实本性就要求设定道德规范。唯其如此，自由与道德才能真正统一起来。

总之，对于宋明新儒学而言，不仅其超越和反思思维都是源于佛教，而且它们在阳明学中的结合也是来自佛教的影响。可以说，儒学从汉学到宋明理学的转化，从根本上应视为佛教持续渗透到儒学中的结果。考虑到在道教思想发展中的同样情况，我们可以说，中华民族之首次享有真正的精神自由，乃是拜佛教和印度精神之赐。然而追根溯源，佛教的精神反思与超越又是在婆罗门—奥义书思想的影响之下形成的[①]。这意味着，奥义书思想才是中土儒家和道教的精神反思和超越的最终源头：正是源于奥义书的精神启迪，才使中国人首次呼吸到精神自由的芬芳气息。这同时也意味着，在这种文化交流中形成的中土儒家和道教的心学，必然与印度奥义书思想存在本质的亲缘性。这一点从我们前面对儒学与奥义书的相应发展阶段的初步比照，就已经可以看出。更充分的比较，我们可以以阳明思想为例。其以本心为超越的精神实体，为创生万有的本体，为无思虑的清净心、超理性的神秘意识的思想，皆与传统的儒学如圆凿方枘，而与奥义书之学具有本质一致性，而且经过观念史考察，可以肯定这些思想，从根本上说都是通过与吠檀多思想具有本质亲缘性的中国如来藏佛教的中介，间接沿袭奥义书而来；在这种意义上，我们完全可以说阳明心学其实就是一种儒学化的吠檀多思想[②]。

然而，由于在华夏传统中，精神自由的土壤委实太过贫瘠，因此在儒、道思想中，即使对于其受佛化最深者而言，精神的反思与超越亦未能达到健全。以王阳明为例，在他这里，精神的反思与超越似乎只对个人修为有效，只局限于主观的领域，而并没

① 原始佛教就是热衷于苦行实践、倾向于朴素实在论的沙门传统和渴望超越现实、达到彼岸、绝对的婆罗门传统对话的产物，它的精神超越，包括对尘世生命的否定，对出世的涅槃、彼岸、绝对的追求，就是来自婆罗门—奥义书传统影响（参考本书第二部分第二编第一章）。大乘佛教的“性空唯名”、“虚妄唯识”和“真常唯心”思想，也都是在奥义书的反思和超越思维的持续渗透之下形成的（参考本书第三部分第二编第二章）。正是吠檀多思想的持续渗透导致佛教与印度教的最终同化。

② 吴学国：《从印度吠檀多到中国阳明心学》，《学术月刊》2007年第2期。

有成为客观的现实；而在客观层面，精神的尊严和价值还未完全确立。比如他在实践上也仍然像过去的儒者那样，没有表现出对人的尊严、权利更多的尊重、意识（比如其征思田时采取的邻里互告的连坐法，就是与尊严、权利的意识相违背的），这表明他对自我作为自在自为的实体的领会并不具有普遍、客观的意义（仅仅局限于他自己的主观性内部）。另外，他在实践上也没有表现出对精神的内在价值的确认。他的"致良知"，并非以自身为终极目的，而是最后仍然要落实到修齐治平的政治需要。更有甚者，王阳明在谈话中甚至还明确表示过，秦人焚书亦非全错，只是该焚的是杨墨之书。因此在他那里，人的思想、观念，也同在其他儒者那里一样，不具有真正的自身价值。这些都与将内在的心灵绝对化的观念相矛盾。因此在他这里，绝对反思仍然是主观、偶然的，也没有上升到客观、普遍的层次。

而且这种反思和超越的思维，在中国精神中的实际存在是非常短暂的，因为一方面心学在明代以后即已失势，儒学最终消除其佛学影响，重新向"汉学"传统回归；另一方面本来以"见心"、"守心"、"出离生死"为宗旨的中国佛教，后来也逐渐朝标榜"妄知废照"、"冥然无心"、"逍遥绝恼"的老庄思想靠拢。于是印度思想馈赠中国传统的精神反思和超越，又终于被磨灭了。中国精神又全面回归到玄道文化的轨道。然而正是玄道精神的"自然"、"忘我"，造成了中国文化的最大困境①。

总之，唯于觉道文化中，现实精神能与本体自由建立良好的对话模式，因而精神的良知时常觉醒，能倾听自由的呼声并积极作出应答，从而推动精神不断打破自身直接现实性的限制，趋向绝对的自由；而这在玄道文化中是不可能的，在这里，精神始终处在沉睡之中，它将自己囚禁在存在的直接现实性的狭小天地里、只能攀附偶像而行，没有力量打破囚笼，获得其自为自足的存在。因此，唯于觉道文化中，精神可以自发地否定自然的专制，发展出反思和超越的思维，实现真正的自由，而在玄道文化中则不可能。对于印度和西方传统而言，精神的真正自由、自我的内在价值和尊严的实现，都是可能自发地达到的，而中国传统则绝无这种可能。因此中国人的精神，只有时刻摸索、参照人类精神在西方和印度的旅程留下的足迹，才有望走上真正的自由之路，并达到理想的终点。

## 四

无论是在印度还是欧洲文化中，自由精神在其实在（realistic）阶段都未能脱离其本质的局限，即对现实存在的执着。其最初的超越思维是形而上学的，将一种封

---

① 吴学国：《内外之辨：略论中国哲学的自我概念》，《哲学研究》2004年第9期。

闭自足的永恒实体作为自为的真理。而最初的反思思维则是经验的，将某种经验意识、思想视为绝对。内在超越或超验反思领会了实体与心灵的同一，将超验的内在实在视为存在或自我的究竟真理。思辨省思则以觉性的先验实在为存在之绝对归宿。澄明或直觉思维尽管试图超越觉性的现实性，领会觉性的神秘本体，但是它对现实性的否定并不彻底，以至这神秘本体也仍然呈现为一种特殊的现实，即纯粹的澄明、意识。其中，形而上学的实体乃是一种超验的现实，反思的经验意识是觉性之经验的内在现实，内在超越的心灵实体是一种超验的内在现实，思辨省思的先验实在是绝对、超验的内在现实，直觉思维的澄明则是超理性的、神秘的现实。于是自由与现实思想的张力蜕变为澄明、意识与理性、逻各斯的矛盾。

总之，在这一阶段，精神将现实性视为绝对的真理，于是现实性便成为精神自由无法逾越的东西，反过来遮蔽、阻断了本体自由的绝对性；这尤其表现在，作为自由的产物，精神的现实性，即概念、传统，反过来抵消了现实自由的本真存在，束缚着自由的无限开展。尽管在本体自由的冲击和推动之下，自由的精神仍然在艰难地克服传统、自然的窒碍，迈进更高的自由境界。然而在这里，超越与反思都没有达到彻底、本真的层面，精神始终未能在根本上否定现实性的绝对权威，未能脱离现实性的限制，使其本真自由成为自我的确定性。我们曾多次阐明了这种现实性执着导致的精神困境。然而本体自由是绝对、无限的冲动，无论在印度还是西方传统中，它都必将推动现实精神克服其实在的局限，实现本真的自身存在。

本书获得国家社会科学基金项目（07BZX040）和
中央基础研究专项基金（NKZXTD1105）资助

# 奥义书思想研究

第三卷

## 奥义书精神的历史 · 本真的精神

The Upanishadic Thought and Its Development

吴学国◎著

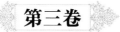

人民出版社

责任编辑：洪　琼
版式设计：顾杰珍
封面设计：林芝玉

**图书在版编目（CIP）数据**

奥义书思想研究：1－5卷 / 吴学国 著 . — 北京：人民出版社，2017.1（2024.1 重印）
ISBN 978－7－01－016223－2

I. ①奥…　II. ①吴…　III. ①婆罗门教－宗教经典－研究　IV. ① B982

中国版本图书馆 CIP 数据核字（2016）第 109875 号

**奥义书思想研究**
AOYISHU SIXIANG YANJIU
第一——五卷

吴学国 著

人民出版社 出版发行
（100706　北京市东城区隆福寺街 99 号）

北京九州迅驰传媒文化有限公司印刷　新华书店经销

2017 年 1 月第 1 版　2024 年 1 月北京第 4 次印刷
开本：787 毫米 ×1092 毫米 1/16　印张：140
字数：2600 千字

ISBN 978－7－01－016223－2　定价：749.00 元（全五卷）

邮购地址 100706　北京市东城区隆福寺街 99 号
人民东方图书销售中心　电话：（010）65250042　65289539

版权所有・侵权必究
凡购买本社图书，如有印制质量问题，我社负责调换。
服务电话：（010）65250042

第 三 编

# 本真的精神

# 引　论

## 一

重力与艺术美具有本质的关联。艺术创造包含了精神与重力的抗争。不同的艺术类型，可以根据其对于重力的自由进行区分。一种艺术类型，对于重力越不自由，它就越粗重、在类型上越低级；反之越自由，它就越轻妙，在类型上越高级。从中可以看出，在人类艺术中，深深潜藏着一种逐渐脱离重力向高空自由飞翔的精神冲动。

从这种意义上说，最低级的艺术应当是建筑艺术。力学是建筑艺术的核心。建筑美是一种力量美。建筑物必须支撑起庞大的重量，以便为居住者创造空间。一个建筑要让人看上去美，首先它自身必须凝聚强大的重力，它必须看上去厚重；一个由轻质材料构成的，看上去很“漂浮”的建筑，尽管可能由于现代技术的贡献实际上是安全的，但肯定会缺少了建筑学意义上的美。其次它还必须有强大的支撑力量。粗大笔直的石柱，花岗石的墙壁，往往能唤起建筑学的美感，这当然是因为它们能支撑巨大的重量。这两点意味着，稳固性与建筑之美有本质关联。美的建筑必定让人感到安全、舒适。然而，尽管我们很容易把矮棚布置得比宏伟建筑更安全、舒适，但宏伟建筑往往更能唤起美感。这只能是因为，较之坚固的矮棚，宏伟建筑凝聚了巨大重力，而且克服了这个重力；而巨大的罗马式石柱总是让人感到美，从根本上说不是因为它自身有多沉，而是因为它具有抵抗、克服巨大重力的支撑力量。所以建筑物的美，并不在于人在这里产生了安全、舒适的心理感受，也不在于对重力本身的体验，而在于人对于重力的克服、否定，即对于重力的自由（自主设定）。更准确地说，它来自人由于对重力的自主设定而产生的自由感。然而在这里，对重力的克服决不是消除、忽视，恰恰相反，是对它的必然性的认识和确认。人在建筑创造和审美中，接受重力的权威，表现出对它的服从；他对重力的自由只在于通过对它的确认，使之得到中介。因而在这里，美受重力法则支配。

在中国书法中，楷书属于与建筑大致相同的艺术类型。它的美也受重力法则支配。人们必须把竖写得粗壮，横写得细薄，而且字体下部分一定要比上部分粗大，以免给人以倾覆之感。这实际上服从的是与建筑一样的力学稳定性。这种艺术比建筑更低级，因为它只是一种平面艺术，而且受字形限制，因而精神自由在这里受到更多压制。在客观性的雕塑与绘画艺术中，事物形相的真理代替重力成为支配创作和审美的主要法则。在这里，艺术作品的美在于它再现了对象的真理。这真理就是对象的理想（比如希腊雕塑中的人体）。在这里，作品的真理性完全否定其重力特征，成为产生美感的原因。然而事实上，对待重力的态度在这里是消极的。重力不是通过斗争被克服，准确地说它是被忽视了。

舞蹈艺术则具有对待重力的更积极态度。在任何舞蹈中，舞者都必须与自身肉体的重力作斗争。不管舞蹈要表达的是何种内容，舞者都必须做到"举重若轻"，而这正是对重力的否定。这一点尤其在芭蕾舞中得到充分表现。巨大的跳跃，女演员在男演员支撑下的自如轻松，脚尖上的轻盈飘逸，每一个动作都是对肉体重力的否定，而舞蹈的旋律、情节则意味着这否定成为必然的，因而是对重力的完全胜利；易言之，舞者赢得了一个克服了重力的世界。中国书法中的草书，属于与舞蹈类似的艺术类型。它也试图用一种旋律代替楷书的重力法则。草书也试图脱离重力的支配，然而不是像舞蹈那样客观地克服它，而是完全主观地否定它的存在。为了达到这一目的，草书实际上是否定了全部客观性，将存在降低到客观现实性以下，降低到彻底的主观任意层面。在这里，主体实际上是进入梦境之中。在梦中，主体摆脱了一切必然性、法则的支配，摆脱了重力，在其观念的宇宙中自在翱翔。主观任意就是支配这种美的法则。然而对重力的单纯主观的否定是虚假的，主观任意作为自由也是虚假的，它实际上是退回到彻底受本能支配的野蛮状态，这一点从草书作品往往透露出的恣睢、暴戾甚至凶残的气象可见一斑。因此草书的美其实是虚假的。它作为一种艺术也是虚假的。它对重力的否定，是因为重力作为客观性构成了本能冲动的障碍；同样，全部人类文明也是本能冲动的障碍，因而也是这类所谓艺术要加以消解的（比如草书的创作往往要求人解构任何文明束缚退回一种癫狂野蛮状态）。

然而人类精神为何会在一种失重的漂浮状态体会到美？它为何要投身于这种与重力的抗争中？这一现象，无疑揭示了人类精神的一个重大秘密。从中可以明显看到，人感到肉体的重力是对它的自由的限制。他在精神深处，似乎一直潜伏着要打破这限制，而向高处自由飞翔的冲动。当然不能认为是鸟的飞翔本能推动着上述美感的发展。这种现象纯粹是精神的，与任何动物性无关。伊利亚德（Mircea Eliade）通过比较宗教学分析指出飞翔的冲动是人性独特的、而且是本有的特征，它揭示了人类心灵的一个存在维度①。如果说人类精神的飞翔冲动与鸟类的本能不同，那么它的“重力”也必与鸟们所以为的有所不同。精神的“重力”指一切现存的、惰性的、限制着它的自由的存在。一切不属于它的自由本质的存在，都是它的重力。这就是它的此，而其最直接、外在者，就是人的肉体。唯肉体有重力，精神无重力，因而很自然地，肉体被与重力同一，精神的自由被认为是进入失重的领域。舞蹈表达的克服重力的冲动，从更深层次上表现的是人克服肉体对自由限制的冲动。美感就是自由感。对于普遍的精神来说，肉体只是物质世界的象征。唯物质有重力，物质就被等同于重力，而精神则是对重力的否定。潜伏在飞翔冲动深处的，乃是精神脱离物质世界、大地的支配的渴望②。而对于更纯粹的精神自由来说，不仅物质是重力，任何确定的事物观念都是重力，它作为确定之物压迫着精神的自由。对于精神的绝对自由来说，不仅肉体是沉重的，观念也是沉重的。在这种意义上，客观性的雕塑、绘画作品，都未能完全克服重力。而音乐、抽象画等，则完全不受这确定性的限制，因而摆脱了观念的重力。在这种意义上，这类艺术就是最自由、精神飞升得最高的艺术。

不过精神追求更彻底的失重状态的冲动，则超越了艺术的追求，而属于宗教的领域。在这里，重力就是自然。它不仅包括外在的物质宇宙，而且包括人内在的心理活动，是全部经验的总体。这自然以时间为象征。在世界所有主要宗教中，升天神话都意味着对现实世界的超越。从此岸到彼岸的飞升，是人的存在的一次根本转型。人脱离整个地球，进入一种更神圣的空间。引人注目的是，在这里，精神的上升运动总是与对时间的否定联系起来。在道教中，人若羽化登天，就成为长生不死，获得了永恒。印度宗教以为天堂有多层，层次越高者时间尺度越大，最高的梵界皆完全没有时间。在琐罗亚斯德教、犹太教、基督教、伊斯兰教等的神话中，救世主的升

① 人类学家弗雷泽（Frazer）和内格莱（Negelein）等早就注意到以灵魂为鸟形是世界各文化共有的想象。古埃及与印度神话都有这样的观念（在吠陀祭祀中，祭坛被砌为鸟形，以像生主与祭者的灵魂）。法国拉斯考（Lascaux）旧石器洞穴壁画的鸟首人像，应视为此种想象的最早表现。这种想象，皆与人脱离大地飞升的冲动有关；从它所处的语境，每可验证这一点。在吠陀的 Vājapeya 祭中，祭者须爬杆至顶，振臂如鸟翼，呼曰：“我等已至天界，我等已大诸神，我等已得不朽！”《圣经·诗篇》有云：“愿我有双翼如鸽！我将飞离而得安息。”在来自楚文化的想象中，有庄生之化鹏而游，道士之羽化飞升（及屈子之飞临九天）等。这些都表明了与鸟同化的意象皆是来自克服重力、飞离大地的冲动。楚文化的这种飞升的冲动，表明了楚民族的精神，与执着于大地的华夏民族精神的重大区别。楚民族的精神更具普遍性。

② 这一点明确表现在，在琐罗亚斯德教、犹太教、基督教、伊斯兰教以及印度的瑜伽、佛教、耆那教等的宗教理想中，灵魂的飞升都意味着完全脱离物质的世界，进入纯粹精神的国度。另外，在所有这些宗教的文献中，都有大量关于信徒通过苦行、禅定、沉思，或专注的祈祷、对上帝的热烈的爱而离地升起的记述。

天总是与宇宙历史即时间的终结联系起来。这些都表明，人类精神飞升的冲动，总是或明或暗表达了其对一种超越自然的自由的渴望。精神渴望离开处在时间性中的自然，进入永恒的超验国度。

然而人类精神还想飞得更高。即使超验的存在，也仍然是一种现实性，而不是自由的本质。一切现实性，如果被当作在自由之外的实体，它也是自由的重负。现实性作为重力，包括了前面所说的全部精神的重力。作为精神的负担，物质世界、大地、自然，都是现实的符号。因此人类精神最深处，也潜伏着克服一切现实性重负的渴望。在更高级的宗教体验中，也可明显看出精神脱离现实存在飞升而去的冲动。基督教超绝神学（奥利金、维克托利努斯、忏悔者马克西姆、阿娄帕果的但尼斯以至爱克哈特）将灵魂朝向上帝上升的过程，描述为先脱离肉体、自然（经验的现实）升到超验的理智（超验的现实），再脱离理智升到超存在的本质的过程。在印度宗教中，小乘佛教、薄伽梵教和《白骡》、《频伽罗子》等晚期奥义书，都表达了类似的宗教理想。其皆以为灵魂的理想归宿是脱离自然、脱离一切现实性，进入超绝的本体且融入其中。

不过思想史的事实表明，即使这超绝的本体，也不一定是精神的最终归宿。盖精神往往将这超绝本体理解为一种独立于它的自由的存在，即现存性。这样一种存在就仍然是惰性的，是自由的重负。精神要实现更大的自由，就必须克服这种现存性的存在。这也是一种上升冲动。在基督教思想中，这种冲动，也表现在维克托利努斯和托马斯等的神学对上帝本质是否定现存实体的纯粹行动的领会之中。这种领会表明精神企图确立自由本身为绝对真理，以此克服现存性的重负。在印度宗教中，这种冲动得到更淋漓尽致的表现。大乘佛教就通过其空思维，彻底否定了一切现存存在的真理性，其中包括小乘佛教和晚期奥义书中作为超绝的现存本质的涅槃、大梵。不仅诸法皆空，而且空亦复空，故精神在这里否定了此前一直压迫着它的自由的全部偶像。它在这里才绝对地消除重力，包括存在及自我的重力，因而在飞翔中获得绝对自由。这精神既彻底消除了重力、偶像，也就断绝了任何可依赖、安住、止息之处。这精神就是无住的精神。它的自由是虚无投入虚无，是虚无在虚无中的飞舞，因而才是绝对无束缚、无障碍的。

如果说，对于人类精神而言，它的“重力”本质上就是它的“此”，即它的直接、当前的存在，那么精神潜藏的克服重力冲动，其实就是否定它自身的直接存在的冲动，这就是精神内在的自身否定势用的生动体现。自舍势用是精神无限的自我否定、自我超越运动背后的永恒推动力量。它就是本体自由，就是人类永恒的良心。良心一方面呼吁现实精神，唤起它对自己的当前存在不满的情绪；另一方面当精神解除重负，实现了更高的自由，这良心会通过一种愉悦感告知现实精神，使其确信，这种愉悦感就是自由感，飞翔的快感即属于此。艺术创造和欣赏中的美感，宗教超越带来的快感、幸福感，都属于自由感。觉性的自舍势用，作为本体自由，既呼吁现实精神使其不满于其当前、直接的存在并对自由敞开自身，又通过对现实精神的倾注使其内在的自身否定势用具有了力量而得以重新展开其无限性，并通过自由感使精神确信由此展开实现的新的自由。无论是上述艺术或是宗教体验领域的去重力化进程，最终都是由于这自舍势用的推动而展开的。

在人类思想史上，精神的全部自我超越、自我升华，也最终都是在作为本体自由的自舍势用推动下展开的。正是精神内在的自舍与自反势用的破与立、否定的辩证相互作用，推动奥义书的精神扬弃自然思维的外在性和经验性，进入真正的精神超越与反思层次，又扬弃理智的超越与反思，进入思辨省思层次，并最终扬弃思辨省思对概念、理性的执着，进入超理性、神秘的直觉省思层次。在这里，精神日益深入地否定其直接、当前的存在，进入其内在本质，从而越来越逼近本体自由自身。这一过程也就是精神逐渐去除重力、挣得自由的过程。在其每一自由阶段，重力都表现为不同的存在。它最初表现为有形的肉体；后者被否定后，又表现为无形的自然本质；后者被否定后，又表现为超验的实体、理性，最后表现为直觉的澄明。无论是超验实体、理性还是澄明，都还属于精神的现实性范畴，而不是自由本身，因而都是重力。如果把它们当作一种独立、自为的存在，当作一种实体，那么它们也会成为加在自由之上的沉重负担和枷锁。因此，精神若要实现绝对自由，就必须绝对地否定现实性的重负，这就意味着将现实存在、“有”彻底空洞化，领会到存在自身的真理属于超现实的、“无”的领域。唯超现实的真理、“无”，才是存在本质、自由的本真面目。因而只有在这一领会中，精神才彻底否定实在思维的局限，成为本真的精神。唯有本体自由自身，最终推动这一重大精神进展。

## 二

以上我们讨论了西方精神在自由推动下，克服实在思维局限，进入本真的觉悟，及其在本真觉悟层面的进一步展开的进程。与此平行的是，印度精神同样经历了扬弃古奥义书的实在思维开展出本真的精神觉悟的过程。这过程也同样是由本体自由推动，且服从与其在西方精神中基本一致的逻辑。

我们前面二编的分析，阐明了本体自由推动奥义书精神从自然精神阶段层面到实在的自由阶段的转型，以及在其中每一阶段的运动。盖现实的精神生命包括自主势用与自在势用或阖与辟的对立统一。这二者相互颉颃、纠缠，共同构成生命的运动。其中自主势用就是精神的自由，是推动精神生命发展的根本力量；对于精神史阐释而言，其中最重要的是自舍与自反两种势用。这两种势用在其中展开的辩证交织，以及其与相应的自在势用的矛盾，从根本上规定了现实精神的面貌。本体自由促使精神内在的自主势用展开其本真的无限性，但自在势用总是要抵消这无限性，把飞扬的精神重新拖回大地。精神的思想就是自由的现实，是自主势用的展开。其中，否定和反省思维分别是精神的自身否定和自身维持势用的实现，但都离不开这两种势用的共同作用，都包含这二者的辩证交织，而必以其中一方为主要方面。一旦自由展开为现实性，即思想、观念，精神内在的惰性、自在势用就会诱使这精神停留于此处，从而导致这思想、观念成为自由进一步展开的障碍。盖相对于那不可把握的自由本身，这现实对于精神来说，就是它的直接、当前的存在，就是它的此。无论精神的发展达到任何阶段，其内在自在势用都会随即升起活动，抵消自主势用本真的无限性，故精神的自然倾向是尽量停留于它的此，从而放弃自由的无限性。然而本体自由就是绝对和无限，它必然通过呼唤与倾注，促使精神内在的自主势用恢复其本真的无限性，从而推动精神的反省和否定思维的进一步深化和提升，以最终克服精神的此。

在这两种精神省思中，与本编的讨论关系更紧密的，是否定思维的进展。否定思维是精神自舍势用（自身否定）的现实，但是它也是有破有立的，因而也离不开以自身维持（自反）为主的肯定势用的参与。其中首先是自舍与自反势用的破、立辩证法。在这里，自舍势用的展开推动省思否定那最直接、外在的存在偶像，而自反势用的展开则推动省思向内探寻，确立一种更内在、真实的存在本质；接着自舍势用的再度展开将推动省思领会到这本质其实仍然是外在、虚假的偶像，自反势用又推动省思进一步向内探寻，确认更加内在、真实的本质……如此循环往复，以至于无限。另外，自舍势用与其他自主肯定势用也存在同样的辩证运动。总的来说，自舍势用推动省思否定直接、当前的存在，而确立一种更高明、自由的真理，而自凝、自反等势用则推动省思进一步积极规定这真理的存在，将其具体、实在化。精神的否定思维就是在这两类势用的破与立、否定与肯定的辩证交织中发展。而这自主势用的历史展开，离不开本体自由的促动（参考上一编引论）。因此最终是自由推动否定思维的无限自我提升。在奥义书精神的此前发展中，在自由推动下，否定思维就经历了从自然的感性思维直到神秘的直觉省思的漫长转型。这一过程可以分为两个大的阶段：(1) 自然精神阶段。精神只能以自然经验（这其实是觉性存在的最外在层面）为起点。但由于人类精神的局限性，在其最早的省思中，这自然经验从属的内在生命关联被排除，于是自然经验的存在就沦为一些有形、个别事物的无序的总体。然而本体自由作为绝对，要求即实现对它自己（即精神的最内在自我）的自主设定，因而它呼唤现实精神否定这外在的个别、形器之见，进入内在的自我，这自我乃是普遍性、本质、绝对。本体自由通过其呼唤和倾注，促使精神内在的自舍和自反势用展开活动，推动省思否定这经验的个别、相对性，确立一种普遍、绝对的原理为存在真理。这种精神省思就是最初的否定思维。它所领会的普遍性最初只是个别事物的总体，如奥义书最早想象的宇宙祭马、莱克婆的摄尽者（元气）、该祇夜的大我等。这是一种量的普遍。它仍然是外在的，而不是觉性的内在自我。因此自由必然推动否定思维扬弃这量的绝对，并确立一种内在普遍性为绝对真理。从奥义书最早的日说、风说、水说，以至耆跛厘的虚空说，皆体现了这种否定思维的进展。在这里，事物的内在普遍性被领会成一种感性的实质。然而感觉的东西仍然属于最外在的自然，觉性的内在性应是一种抽象的本质。精神要实现对内在觉性的自由，必须进一步否定这感性的绝对，它内在的自舍与自反势用必然推动否定思维扬弃感性表象，领会抽象的本质。在早期奥义书中，优陀罗羯的原质说就体现了这一思想进展。然而这宇宙原质，尽管是抽象的，但却是一种物质的原理，而不是觉性的内在性，因而也是自由必须扬弃的。在自然精神阶段，奥义书的否定思维经历了量的否定、感性的否定、本质的否定等环节，但它始终把普遍性、绝对当作一种自然的存在，因而皆属于自然的否定。在这里，否定思维仍然被局限在自然的领域之内，未能冲出自然樊篱，成为真实的自由，即成为真正的精神超越。（2）实在精神（实在的自由精神）阶段。精神就是对自然的否定。盖自然、经验乃是觉性的内在现实（即心灵、思想）的物质外壳，只是心灵的外在标记、符号。如果它被当成了绝对、自为的真理、实体，它就成为一种假相，但它由于这绝对化、实体化，就被赋予一种魔力，成为压在现实精神之上的梦魇、重负。它的重力将精神牢牢系缚住，使之无法脱离物质的大地，飞升跃入觉性内在本质的天空。人类精神早期莫不如此。精神要获得真正的自由，就必须解除这自然的重负，它必须否定自然、经验东西的绝对、自为的真理，而将其空洞化、虚假化，而确立真正的实体为对于经验性的绝对超越。自由必然推动精神的这一进展。盖本体自由作为绝对，要求实现为对于觉性、精神的纯粹内在本质的直接、自主的设定。它必然促使精神内在的自舍、自反势用进一步展开，推动否定思维彻底扬弃自然的假相，确立存在真理为一种超验原理，即实体。精神的否定因而成为自由的，成为真正的精神超越。尽管精神就是对自然的否定，然而在自然思维中，这否定是潜在的、相对的；在实体思维中，这否定才是真实的、绝对的。只有在这里，精神才实现了其真正的自由（否定的自由）。在奥义书思想中，从伽吉耶夜尼（《考史多启》）、毕钵罗陀（《六问》）到那支启多（《羯陀》）的形而上学理智思维，就体现了这一精神进展。其中，伽吉耶夜尼学说首次提出大梵是超越一切经验现象的本质，即实体。梵与万物的区分就是现象与实体的区分。这种区分体现了真正的精神超越。后来在那支启多思想中，这种超越思维不仅得到进一步纯化，而且被与从桑底厘耶到波罗多陀的内在反思结合起来，成为超验的反思。在这里，超验的真理被领会成心灵、意识的实体，因而被内在化。这全部精神进展都是自由最终推动的结果。在随后的精神发展中，这自由又推动这超越思维与绝对反思的结合，导致耶若婆佉（《广林》）、步厉古（《鹧鸪氏》）的思辨省思的形成。在这里，省思打破了实体的封闭性和主、客体的分裂，领会到心灵的实体既超越全部经验，同时又是经验存在的绝对根源、真理，因而它就是一种先验的本体。这本体就是先验的思想、概念。这就是觉性内在现实的本质。于是理智的超越被思辨的超越所代替。这一思想转型表明精神内在的自舍势用已经展开为对觉性、精神的先验实在的自主设定。然而思辨省思的根本局限在于其理性执着。它把先验的思想、理性当成绝对，使之成为自由无法打开的门而将自由本真的无限性彻底阻断。于是思想作为必然性就会把自由完全囚禁起来。在这种情况下，自由要实现为无限、绝对的存在，就必然促使精神内在的自身否定势用进一步展开活动，推动超越思维对现实性、传统的更彻底的否定。在奥义书中，首那伽（《蒙查羯》）、蛙氏（《蛙氏》）等学说就体现了这一思维进展。其以为先验实在、思想（超越者、般若）亦属现象世界，而本质则是对这先验实在的否定。这本质由于是对思想、理性的否定，因而是神秘的；也正因此之故，对它的领会就是非理性的、直觉的。因而超越思维就从思辨的超越转化为直觉的超越。然而奥义书思想在这里没有将现实性、思想彻底空洞化、虚无化，故本质与现实性没有在存在论上得到绝对区分，因而本质似乎仍然是与思想不同的另一种现实。因此直觉的超越对现实性的否定是不彻底的。无论是那支启多等的理智的超越、还是耶若婆佉等的思辨的超越，还是首那伽等的直觉的超越，都还属于实在的精神。它们体现了精神的实在的自由。然而由于在这里，精神仍然把现实性当成绝对、自为的真理，这现实性就成为精神实现其绝对自由的沉重包袱。因此，精神必须最终摆脱这一负担。这也只有通过自由的进一步展开才能实现。

以上是在自由推动下奥义书的否定思维的发展经历的两个大的阶段。无论自然精神还是实在精神，都因为将现实性当作绝对、自为的真理，而忽视了觉性、精神的本质是超越现实的自由；现实性由于与（作为它的本体的）自由失去关联，因而成为抽象的、虚假的。这样一种现实性就成为精神的偶像。它不仅遮蔽了自由本身，而且阻断了自由实现其绝对性、无限性的道路。它因而将精神牢牢压制住。它就是精神的重力，而且是所有精神重力的实质。从本体论的角度看，实在思维对现实性的绝对化，实际上颠覆了自由与现实精神的关系。它使现实性便成为自由无法逾越的东西，成为自由无法打开的门，而精神内在的现实性就是概念、传统。故实在思维使精神的概念、传统反过来成为自由的无限开展的束缚。精神无法彻底摆脱现实、传统的重负而飞升，跃入本真的自由之中。其最坏的结果是使现实精神完全丧失进一步创造的动力。精神要实现更大自由，就必须打破这种抽象的现实性假相的迷惑。这就在于，它必须否定全部现实存在的自为真理性，将其彻底空洞化甚至虚无化，从而领会存在真理为绝对超现实的本体；精神由此领会到本体自由的本真存在，实现了本真的自由，故升华为本真的精神。

自由必然推动现实精神的这一重大进展。盖一方面，本体自由自身既是绝对超现实的原理，是“本无”与“空”，这就意味着它不可能真正被传统、现实囚闭、窒息，而是作为不可磨灭的良心始终在向现实精神呐喊；另一方面，本体自由作为自否定，本来就是绝对和无限，它要求在现实精神中将其绝对性、无限性充分展开。因此，这本体自由必将推动现实精神克服其实在的局限，进入本真存在的领域。它通过呼吁与倾注，促使精神内在的自舍势用恢复其无限性，使它得以战胜自任势用的消解，冲破实在思维传统的规定，展开为对一切偶像的、现存的、非生命的东西、对一切现实性的否定以及对一种超现实（超绝）真理的维持，从而推动超越思维否定从自然思维以至思辨、直觉省思执着的任何现实性或现存性，领会存在的本质就是空、本无。省思由此获得对本体自由的本真的理解，而转化为真正的精神觉悟。它意味着精神在这里已经扬弃实在的自由，进入本真精神的范畴。在这里，精神不仅要破“有”入“空”，而且最终应当“空”亦复“空”，于是打破一切重力、束缚，达到无所住、无所执的绝对自由。其次，本体自由也将促使精神内在的自主肯定势用在上述否定的废墟之上再度展开，推动超越思维积极地规定那超绝真理、“空”的存在。其中，自反势用在超绝存在领域的展开，最终将推动省思从这“空”或“空空”之境重新确认自我的本质，使它最终顿悟这“空”的运动就是本真的自由，就是本真的精神自身。于是精神的觉悟意识到本体自由与内在自我的同一，这觉悟就成为本己的。无论在印度还是西方传统中，这一重大精神转型，都通过进一步的思想发展得到验证。

## 三

我们将阐明，印度奥义书思想的发展，在观念层面表现了上述精神进展，并且验证了自由推动这一进展的内在精神逻辑。

《白骡》、《慈氏》等晚期奥义书认为世界是幻，把现实世界彻底虚无化，而认为存在、自我的真理是一个否定了一切现实性的、超绝的本体，即空性。这种对现实存在与本体的区分，就是一种严格的存在论区分。奥义书对存在本质作为空性、超绝本体的理解，意味着精神省思首次领会到本体自由的自身存在，因而成为本真的觉悟。印度精神由此进入本真精神的阶段。不过表现这一阶段初期思想的《白骡》等奥义书，仍然把超绝本体理解为一个现存的实体，没有领会到这超绝存在的实质就是绝对的自由或自否定自身，因而是对任何现存性的否定。这表明奥义书的超绝省思在这里还是抽象的，也表明在这里精神只形成了超绝的否定，而没有形成究竟否定（见本编第一章小结），否定思维还没有达到充分的自身绝对化。这属于印度传统中本真精神发展的最初环节。在印度传统中，大乘佛学最早打破这种现存性执着，领会到超绝本体或存在的究竟本质，不是任何意义上的现存实体，而就是无所住、无所执的绝对自由本身。这表明大乘精神克服了奥义书的超绝省思抽象性，使觉悟省思成为具体的。在这里，精神既否定现实性、也否定了现存性的自身存在，于是打破一切压在它身上的重力、束缚，达到绝对自由（当然，这只是一种否定的自由）。这里省思也就是一种绝对否定思维。由于大乘佛学的空思想乃是对更早的奥义书幻化思想的进一步发展，而且是此后奥义书思想发展的出发点，因而我们在本编也把它作为印度传统中本真精神发展的一个环节纳入进来。它就构成了这本真精神发展的第二个环节。然而作为一种诞生于沙门传统的宗教，早期佛教从未领会精神内在的心灵、意识的自为、绝对存在，因而它是无反思的。因此，初期大乘也将奥义书的超绝省思原有的反思维度完全取消。到瑜伽唯识学，才认识到不仅全部现实存在，而且那超绝本体、自由，都是属于心灵的、内在的存在，因而才使佛教具有了真正的精神反思。然而由于受佛教"无我"论传统的制约，唯识没有领会到那超绝本体与自我的同一，因而它表现的反思缺乏主观性，只是一种客观反思。一些受大乘明显影响的更晚期的奥义书，比如《慈氏》等，以及不二吠檀多学，则明确领会到那超绝本体就是人的内在自我。这种领会就是本己的觉悟。在这里，《慈氏》等就把大乘佛教的具体的觉悟（或绝对否定思维）与奥义书的绝对反思传统统一起来。这是在印度传统中，本真精神发展的最后一个也是最高的环节。因此在印度传统中，本真精神的发展就可以分为以上三个环节。这三个环节，我们在以下讨论中分别称之为神圣的精神、无住的精神、本己的精神。我们将阐明，其中每一个环节都是现实精神自由的一个新的篇章，其各自的形成和发展，最终都是由自由所推动的。兹略将本编思路，提挈如下：

(1) 神圣的精神。

本体自由呼唤现实精神重新进入与它的对话中。精神通过对自由的谛听与接纳，恢复了其内在的自主势用本真的无限性。它因而在其内在的自舍和自反势用、"破"

与"立"的交替推动下，彻底否定了现实性的自为存在，将其空洞化、虚无化，领会到本体对现实的绝对超越（超绝性）；这种领会就是超绝省思，属于精神的本真觉悟。这觉悟所呈现的本体，正因为是对现实的绝对超越，所以就是神圣的。由于这种领会，我们称这精神为神圣的精神。精神在这里彻底打破实在思维的桎梏，从而具有了其超绝、本真的自由。然而现实的精神生命总是自主性与自在性的矛盾统一。当精神在自主势用推动下彻底否定抽象现实的禁锢，进入本真存在阶段，领会到本体的超绝性，它内在的自在势用随即展开活动，以阻止这自主性迈向无限的道路，从而使精神完全止息于某处。这决定了精神对于安全、庇护和基础的需要。精神便力图在超绝存在领域寻求止息处、安全和庇护。后者是精神的否定运动的对立面、终点，是一种现存的、永恒不变的基础、本质。因此，本真精神在其内在的自在势用诱惑之下，便将超绝本体领会成一种现存的实体、基础。它在这里仍然是有住、有执的，尚未达到无住、绝对的自由。所以本真的精神在其最初阶段，尽管明确地把握住了本体的超绝存在，因而真正使之成为神圣，但仍然把它呈现为一种不变的基础，即神圣本质；我们称这种精神为神圣的精神。在这里，精神实际上将爱和崇拜中包含的对现实自我、世界的否定和对上帝的理想化推至极端，导致现实存在被空洞化甚至虚幻化、虚无化，上帝则成为唯一真实的实体。这导致现实精神甚至无法从自己出发到达上帝，所以对上帝的觉悟只能来自上帝的自身呈现或启示。本真觉悟的这一层面就是启示省思。这实际上把本体与现实精神永恒对话的结构转变为本体的单方面行动。

在印度精神史上，《白骡奥义书》的思想最早反映了上述精神进展。在它之后与它处在同样精神阶段但对它的思想有所完善的，有《频伽罗子》、《清净》、《自我》、《我觉》等所谓新奥义书。《白骡》书首次提出幻化论（māyā-vādā）学说。幻化论彻底否定了现实存在的自为真理性，将现实性虚无化、虚假化，故绝对真理、本体只能是对现实性的彻底否定，即超绝本体、"本无"。这意味着奥义书的超越或否定思维，在此已经扬弃此前的理智的、思辨的或直觉的超越，上升为对现实性的绝对超越，此即超绝否定。它对现实与本体存在的上述区分就是一种严格的"存在论区分"。精神因而获得了对本体的本真觉悟。它由此从根本上排除现实性的偶像对自由的桎梏，首次获得了一种本真的自由①。从上述意义来看，幻化论体现了奥义书超越思维的重大突破。另外幻化论还将这超绝的本体理解为觉性的实体、至上神，而且后者就是至上我，因而也体现了一种超绝的反思。与任何实在的（理智的、思辨的、直觉的）反

① 本真的自由与本真自由含义有别，前者是后者的现实性，即后者在某一方面实现为具有自身持续性和普遍性的存在。

思不同，这超绝的反思，由于超绝否定的支持，首次透过现实性的帷幕进入本体自由的自身存在领域。超绝省思就是超绝否定与超绝反思的统一。然而在《白骡奥义书》中，幻化论与当时流行的、属于实在思维的神性论和数论混杂在一起，而且有神论和数论似乎更主要。这种情况表明在这里超绝省思还很幼稚，它还是一种处在实在思维夹缝中的、灵感式的偶然思想，没有成为精神的普遍现实。然而在《频伽罗子》、《清净》、《自我》、《我觉》等更晚的奥义书中，启示省思已经成长为一种强有力的思想。它将自己贯彻到这些奥义书学说的方方面面，成为了具有普遍必然性的思想，即概念。如《频伽罗子奥义书》将幻化论作为其全部思想体系的绝对基础，将有神论和数论、瑜伽等思想，都置于幻化论的体系之内。其中，数论的自性被等同于幻化、摩耶，全部现实世界以及现实的自我都被认为是摩耶生出的妄境，神的人格性也被认为是幻化的产物；唯至上梵是否定世界、诸神、个人灵魂即一切现实性的神圣真理。因而在这里，现实与本体、有与无的“存在论区分”得到完全贯彻，启示省思得以普遍化。

《白骡》等的幻化论思想，首先在观念层面表现了现实精神的超越与反思、“破”与“立”的交替互动，这构成精神舍“有”入“无”，复由“无”归“有”的辩证循环运动。这一运动，一方面是超绝否定最终绝对地扬弃抽象的现实、“有”，将绝对真理、本体置于超绝的、“无”的领域的运动。精神对现实存在的这种彻底空洞化，在现象学上验证了其内在的自舍势用在自由的本真存在领域的积极展开，正是后者推动超越思维从实在的否定到超绝否定的升华。另一方面，这也是超绝反思穿透自我的全部现实偶像，进入那超绝存在、“无”之中，确认后者才是自我最内在的实体的运动。精神这种朝向自身本真存在的绝对内在化运动，也在现象学上验证了其内在的自反势用在超验领域的积极展开，正是后者推动反省思维从实在的反思到超绝反省的深化。总之超绝省思体现了精神内在的自舍与自反势用、否定与肯定的辩证法。它就是在后者推动下形成，并在“有”、“无”之间作持续辩证循环运动。《白骡》的思想，就表现了精神生命的这种双重的辩证运动。而这精神内在的自主势用的历史展开，只有在作为精神绝对本质的本体自由自身推动下，才有可能（参考上一编引论），所以最终是自由推动了超绝省思的形成。因此对于《白骡》等的思想形成史的阐释，将在现象学上进一步呈现、验证自由推动精神发展的内在精神逻辑。

然而《白骡》、《频伽罗子》等奥义书也表现出这种最初的超绝省思的局限性。在这里，精神实现了对现实性的超绝否定，但仍然将超绝的本体领会成一种现存的实体。这明确表现在，超绝本体、大梵被说成是常住、不动、稳固和永恒的实体。这种现存实体就是不可被否定的绝对原理、精神超越性的终点。这种对于超绝的现存性的执着，就是启示的省思的特点。这在现象学上表明，精神内在的自舍势用仍然受到（精神内在的惰性）阻挡而再次丧失其本真的无限性，未能展开为精神的绝对否定。精神在这里仍然是有执、有住的，没有实现绝对的自由（本真的自由成为绝对的）。精神若要进一步实现其绝对自由，就必须绝对地否定对现存实体的执着。这意味着，否定思维必须排除任何在它自身之外的存在，只承认这省思本身（即否定思维自己）为唯一直接自明的真理。这真理就绝不是一种无生命的现存东西，而就是自由（只是否定的自由）。这种否定就是究竟否定。精神还须进一步对这究竟否定进行超绝还原（即超绝否定），才能领会超绝本体的自由实质。唯有通过超绝否定与究竟否定的统一，精神才有可能实现一种绝对的自由，于是进入下一发展阶段。这一精神转型也只有在自由的进一步推动之下才有可能。

(2) 无住的精神。

一种超绝的现存实体或本质乃是启示省思的假相，因为唯一的超绝本质就是自由本身，它就是无限的自否定运动，而不是任何不动的现存基础。启示省思的执着，根本上是由于精神内在的惰性自任势用，阻挡了自身否定势用本真的无限性，使精神的超越再也无力往前推进，而是力图寻求一止息之处。然而本体自由对于现实精神的绝对超越性，意味着它永远不会被精神的当前处境完全窒息。它必然通过呼唤与倾注，促使精神内在的自舍势用恢复其本真的无限性、彻底消灭阻挠它的惰性自任势用而获得绝对的自身展开，从而推动精神彻底否定任何现存本质的假相，领会到不仅现实是空，而且本体亦空；不仅有是空，而且空亦复空。精神于是放弃任何安全、庇护和家园，担荷起自身本真的了无根基、无得无住、无家可归状态，从而赢得其绝对自由。

在印度思想中，这一重大精神进展最早通过大乘佛教得到反映。我们将阐明，大乘佛教将渊源于奥义书传统的超绝否定，与它自己的究竟否定统一起来，因而达到了精神的绝对否定，领会到绝对真理就是“空性”，舍此无他。而晚期奥义书，又由于从大乘佛教汲取灵感，遂将大乘的绝对否定即究竟觉悟与吠檀多传统的绝对反省结合，领悟到这“空性”就是自我，因而最终进入本己的觉悟领域。所以我们把大乘佛教也作为一章，纳入对奥义书的精神史阐释之中。在印度佛教中，被称为根本大乘即代表大乘正统的，为般若中观与瑜伽唯识二系。其中，属初期大乘的般若思想，最充分体现了这种精神的绝对否定。般若即空智或空思维，它既是作为对奥义书和原始佛教的启示省思的否定，也是作为对耆那教、胜论、数论和小乘佛教的实在思维的否定而出现的。这意味着它既包含究竟否定，也包含超绝否定，是二者的辩证统一，因而就是绝对否定。首先，般若空智是一种超绝否定。这体现在般若学的“空”说对一切有为法的否定，以及“二谛”的分别对世俗存在的否定。有为法和世俗就是现实存在，它们都被认为是如幻如化、举体虚妄的。般若领会到存在的究竟真理为超现实的空性本体。在这里，它无疑是受到奥义书的启示省思启发。其次，空智还是一种究竟否定。这表现在般若的“毕竟空”对空性、涅槃、真如、法身等超现实存在的否定，以及“不二中道”对真、俗的双重否定。这究竟否定取消了一切对象的真理性，因而最终只能确定这绝对否定或般若、空智自身为唯一真理。空智于是打破了超绝现存实体的偶像，它就是无所受、无所取、无所行、无所住、无所得的思想。这就是精神否定的绝对自由。在这里，般若无疑受到了主张“一切空”的方等思想启发。然而，般若既然已经具有了超绝否定，因而它能够将这究竟否定与超绝否定统一起来。也就是说，般若或空智在这里必然再将它自己超绝化或去现实化，即透过它自身作为绝对自由的现实，领会超绝的自由（本体自由）本身。这就是《金刚经》所谓“佛说般若，即非般若，是名般若”的旨趣。因此般若是超绝否定与究竟否定的辩证往复的整体。般若由此领会到空性本体就是超绝、绝对的自由（本真的自身否定势用），因而就是究竟觉悟。它由于首次领会到本体的实质内容，所以也是具体的觉悟，亦即正智。空性与般若，就是绝对自由的两个层面，是体与用、超绝性与现实性的关系。因此存在的本体，不是《白骡奥义书》的大梵和早期佛教的涅槃那样的现存基础，而就是超绝的自由。般若思想的根本局限在于它是无反思的。般若空智（正智）只是超越性的绝对自由，却不包含任何反思性，但反思也是精神的现实自由，因而般若的自由也是有缺陷的。这种反思的缺乏表明，在这里尽管精神内在的自主否定势用（自舍）得到绝对实现，而其自身维持势用（自反）则被（惰性自放势用）阻断，没有得到任何真实的实现，没有展开为现实的自由（参考本书第一部分第一编结论）。然而本体自由作为绝对，要求实现为精神的内在自由。它的永恒呼声，伴随奥义书反思传统的冲击，必将唤醒佛教精神沉睡的良知，并给它倾注力量，促使其内在的自反势用恢复本真的无限性，从而战胜自放势用，展开为真正的精神反思。精神于是得以将般若正智领会的绝对真理、本体内在化，省思于是最终领会到超绝的自由就是觉性、精神的内在本质，它因而成为正智的反思。大乘瑜伽唯识思想就反映了这一精神进展。唯识思想在佛教中最早表现出真正的精神反思。唯识的精神反思是多层面的。首先，唯识提出了所谓“万法唯识”的观念，认为识的具体现实就是存在的绝对真理，表现了一种内在反思。其次，它还阐明了所谓阿赖耶识缘起之说，提出阿赖耶识超越经验，同时又是一切经验存在的根据、基础，因而就是先验本体，因而也表现了一种先验反思。最后，它还通过“三自性”说，表现了一种正智反思。一方面，它提出空智自身（清净依他），作为绝对否定的具体现实，就是圆成实性或真如，为识的应然、本然的真理，因而表现了一种空智的反思。在这里，唯识就是在般若的究竟否定之中引入了反思的维度，从而将空智内在化为真实的识。这反思遂把空智的无住、无得的绝对自由领会成觉性内在的真理，所以它也是一种无住反思。这是般若的究竟否定与瑜伽的内在反思的辩证统一。另一方面，唯识思想还将识的真理即圆成实性分为空智与法性真如（即空性）二分，实即对于识的存在论区分。空智是有为法，是清净识的世俗或现实存在；空性则是无为法，是内在于识的超绝本体。由于此种领会，唯识就把般若的空性本体内化为觉性的超绝本质，这就是一种空性的反思。这是在般若的超绝否定中引入了反思之维。正如般若的正智是究竟否定与超绝否定的辩证统一，空性的反思就是空智的反思与超绝反思的辩证统一；它同时也是般若的正智与来自奥义书的内在反思的辩证统一。这就是正智反思。它既领会到存在的真理或本体是超绝、绝对的自由，又领会到这自由就是觉性的内在本质。总之，唯识的贡献就是在般若的绝对否定或正智省思层面，将印度传统已有的内在反思重新确立。于是，印度精神经过大乘佛教的否定与反省、破与立的辩证运动，似乎又返回到原来的出发点。然而精神在这种返回中，终于打破了奥义书启示省思的执着，领悟到觉性的超绝实体不是一种现存的本质，而就是自由，即自否定的运动。

大乘佛学的这种思想演变，也反映了在印度传统中，现实的精神自由的新进展。首先，般若的空思想，在观念层面表现了精神的绝对否定运动：精神一方面彻底地否定一切现实存在，确立存在真理的超绝性（超绝否定）；另一方面又进一步否定这超绝原理的现存性，确定唯一直接自明的真理就是否定思维本身（究竟否定）；并最终通过两方面否定的统一，将精神的否定或超越思维绝对化，从而否定任何现实、现存存在的自身存在，确立唯绝对否定思维（空智）的超绝本体（空性）为究竟真理。精神这种绝对否定，就是精神从现实、现存的存在到无住、无得的空性本体的持续运动。它在现象学上表明了精神内在的自舍势用的绝对展开，且就是在后者推动下形成。它就是自舍势用的绝对实现。它领会的空性真理，作为精神绝对的否定思维的本体，就是自身否定势用的本真存在。这自身否定势用的绝对实现的结果，是它只能（通过精神）确认它自身的自为、绝对存在。其次，瑜伽的识论也在观念层面表现了精神在不同省思领域的内在化运动。其中万法唯识和阿赖耶缘起，分别表现了精神的内在反思和先验反思，这在现象学上验证了精神内在的自身维持势用在不同存在领域的积极展开（参考本书第一部分第二编第一、三章小结）。而唯识的三自性说，则在观念层面表现了精神扬弃空智、空性的外在性，将其与精神内在的思想和自由本身等同的内在化运动（正智反思），这在现象学上验证了精神内在的自身维持势用在正智领域的积极展开。正智反思领会到存在的绝对真理（真如法性）就是空、无住的清净心，即超绝、内在的自由本身，这意味着反省达到了内容上的极限，表明精神内在的自反势用实现了在内容上的自身绝对化。正是这自反势用在大乘精神省思的不同层面的积极展开，推动这精神的内在转向，使其发育出反思之维。这一点也决定瑜伽行派的精神反思的多层面性。总之，精神内在的自舍和自反势用的积极展开，是推动大乘佛教的思想发展的根本力量。大乘精神在这种推动下，最终开展出一种内在、无住、超绝的自由。然而这二者的历史展开，离不开本体自由的促动（参考上一编引论）。因此，是自由最终推动大乘佛学正智省思的形成和发展①。总而言之，我们通过对大乘佛学的相关思想演化史的阐释，将在现象学上进一步证明自由推动思想发展的内在精神逻辑。

然而大乘佛学也有很明显的思想局限，反映出其现实精神自由的局限。首先与奥义书宗教不同，属于沙门传统的佛教本来不是一种反思的宗教，从原始佛教一直到般若中观的思想，都是完全无反思的，这在于心灵的存在论优先性完全没有被意识到。般若思想的这种局限，在现象学上表明，在这里尽管精神内在的自舍势用得到绝对实现，而其自身维持势用（自反）则被（惰性自放势用）阻断，没有在精神的内在存在领域得到展开，没有实现为真实的自由（参考本编第二章小结）。因而在大乘的精神中，自舍与自反势用的展开是极不平衡的。其次唯识思想尽管表现出一种精神反思，但这反思还有很大局限性。这主要在于，唯识思想由于受佛教传统的无我思想制约，并没有把那绝对的识与自我或反思主体等同起来，而是以之为一种独立于我之外的普遍、客观的原理。这意味着唯识还没有一种真正的主观反思。其反思只是一种客观反思。奥义书的主观反思和绝对反思，在唯识思想中都还没有建立起来②。这种主观反思的缺乏意味着精神没有把自我当成存在的绝对真理。这在现象学上表明精神没有把自我当成生命的直接目的，亦即没有把存在真理当成生命的绝对目的。这表现出精神内在的自反势用仍然被（精神内在的惰性）阻碍，还没有展开为对自我的直接维持，也没有展开为对存在的绝对维持（参考本书第一部分第二编第一章引言和小结），这二者其实是同一的。大乘佛学表现的这种精神局限，也只有通过自由的进一步展开才能被克服。盖本体自由作为绝对和无限，要求（现实精神）把它自己（内在的空性本体）作为精神生命的绝对目的。它必然通过呼唤和倾注，促使精神内在的自反势用恢复其本真的无限性，使自反势用展开对精神的内在空性本

---

① 同奥义书精神的发展一样，大乘精神也在其形成、演化过程中利用了多种历史资源，但后者只是为它提供条件，最终是自由推动其发展，并推动它在发展中利用这些资源。

② 绝对反思不同于前面所谓绝对的反思。前者是从反思的自身形式而言，它是主观反思和客观反思的统一。后者是从反思的对象或内容而言，它将全部对象内在化。

体的绝对维持（即精神把这本体当成生命的绝对目的），从而推动正智的反思领会这本体就是自我①，于是这本真的精神便又翻开了现实自由新的篇章。这一精神进展，通过一些受大乘佛学深刻影响的晚期奥义书思想，得到体现。

(3) 本己的精神。

大乘佛教可以说是印度精神戏剧的一个宏大插曲。通过它，印度精神得以在最大程度上超越自身，然而这自我超越却导致了自我的遗忘。印度佛教实现了精神否定的绝对自由，但其精神反思却面临很大局限性。这表明在这里精神的自反势用与自舍势用的展开是极不平衡的。然而自由作为绝对，必然推动精神克服这种局限，开展出更高、更完善的自由境界。这一过程，是印度精神对大乘佛教的绝对否定和奥义书的绝对反思的综合。它应当以大乘佛教为起点，以奥义书的本觉省思为终点。这一转型固然离不开大乘佛教和奥义书精神的相互启发，但是从本质上说，是自由本身最终推动的结果。

在奥义书传统启发之下，大乘佛学也日益发展出其内在的反思之维。唯识思想就体现了一种最深入的精神反思，即正智反思，以为真如法性、空就是否定心识上的现实和现存存在的境相而呈现的识的本体，即无二、无分别的清净心，其立场已经朝奥义书真心论大大靠近了。正智反思意味着精神反省在内容上的极限，因而是自反势用在内容上的自身绝对化的实。然而这正智反思缺乏主观性，反思的主体并没有领会到无分别清净心与它的自我的同一性。这在观念层面表明精神内在的自反势用还没有展开为针对这清净心的绝对维持。盖精神的自反势用或自身维持，在形式上有相对和绝对之分，其中前者对某一对象的维持（尽管这对象被标榜为价值根源）其实是为了另一或隐或显的目的，而后者所维持的对象就是生命的绝对、最终的目的。这个目的就是自我。故绝对自身维持就是自我维持，它就是自反势用在形式上的自身绝对化。正是它推动主观反思和绝对反思的形成。因此唯识的正智反思的局限性，在观念层面表明了精神内在的绝对维持在此受到佛教传统的压制，没能在正智省思领域展开自身。因而精神未能意识到那超绝、自由的清净心就是它

① 作为精神的生命，本体自由要求把对它自己的维持作为精神的绝对目的，把它自己当作精神的绝对真理、自我。然而如果精神把绝对真理当作某种在它的现实自我之外的东西（比如犹太—基督教的上帝、唯识的无分别心等），那么它对后者的维持，其实仍然是为了维持精神的生命本身即其自我本质。这种自我维持就是相对的、间接的。生命在这里直接维持的是另外的目的。尽管对后者的维持最终服务于对生命自身实体的维持，但这实体在这里是匿名的。只有绝对维持才能满足生命自身维持的上述要求。因而精神生命在其自反势用的自身绝对化过程中，必然会扬弃这相对、间接的维持，展开为绝对维持。

的内在自我，从而使其觉悟成为本己的觉悟。然而自由作为绝对必然推动精神扬弃这种思维局限，领会本体自由自身与自我的同一性。盖本体自由作为绝对，要求（现实精神）把它自己作为存在的绝对目的。因此，一方面，它不会满足于（精神）把对它的维持作为实现任何其他目的的手段，而是要求只能把它自己作为唯一的最终目的，即精神的真实自我。因此本体自由必然促使精神内在的自反势用恢复其本真存在，展开为对这自由本身的绝对维持，从而推动省思领会本体自由与自我的同一性，使其觉悟成为本己的觉悟。于是精神内在的自反势用不仅实现了在内容上的自身绝对化，而且实现了在形式上的自身绝对化。另一方面，本体自由也不会满足于（精神）只是把任何一种现实东西当成绝对目的（即精神的绝对真理、自我）来维持，而是要求（精神）只能把它自己作为这一目的。因此它必然促使精神内在的自反势用恢复其本真存在，使其对自我的直接维持扬弃现实偶像，深入超绝的本体，从而推动省思绝对地内在化，领会自我就是本体自由自身。于是精神内在的自反势用不仅在形式上，而且在内容上也实现了自身的绝对化。总之，本体自由作为绝对，必然促使精神内在的自反势用在内容和形式两方面的自身绝对化的实现，使自反势用也实现其绝对自由，从而推动省思领悟到那正智的真理，即超绝、自由的真心，不是某种客观性，而就是精神的内在自我，是精神的本己的真理。印度精神遂由大乘的究竟觉悟，彻底内向化为一种本己的觉悟，即本觉省思；后者就是精神的绝对否定与绝对反省的辩证统一。在印度传统中，佛教的真心如来藏思想、乔荼婆陀的不二论，以及《慈氏》、《光明点》等一些具有严重佛化色彩的晚期奥义书思想，就体现了这一重大精神进展。然而从本书的主题出发，我们只对其中相关的晚期奥义书的思想进行讨论。

《慈氏》、《光明点》等晚期奥义书的最大思想成就，就是将大乘佛学的究竟觉悟与奥义书的绝对反思传统统一起来。其以为一切现实、现存的存在皆虚妄非有，存在的唯一真理、本体是超绝、无住的真心、大梵，而这就是人的真实自我。这些奥义书的思想，体现了精神的绝对否定和绝对反省的辩证统一。一方面，《慈氏》、《光明点》等奥义书，不仅阐明了现实存在的彻底空洞性、虚无性，而且表明超绝的本体也是空，是无住、无依、无得的真理，而不是一种现存的实体。这些说法，就是对现实性和现存性的双重否定，体现了精神的超绝否定和究竟否定的统一。精神因而将本体“无”化，从而扬弃了《白骡》、《频伽罗子》等的启示省思执着的现存性，去除了超绝本体荷担的最后偶像，使本体成为绝对的自由。这就是正智省思。因此《慈氏》等的思想转型，在观念层面表现了精神的绝对否定运动，即否定思维的绝对自由，这使精神内在的自身否定势用的绝对展开获得现象学的明证性。这绝对否定就是自舍势用的自身绝对化的完全实现。另一方面，这些奥义书思想，还表现了一种绝对反省。首先，《慈氏》等的思想也领会到那超绝、无住的空性、本体，就是真心，是觉性的内在本质。这意味着它与唯识的立场一样，也将其究竟觉悟与其内在反思传统结合起来，从而形成了正智反思。它在观念层面表现了精神穿透全部现实、现存偶像，进入作为其绝对本质的本体自由自身的运动。这在现象学上表明了精神内在的自反势用在内容上的绝对展开。正智反思表明奥义书的精神反省达到了其在内容上的极限。其次，《慈氏》等明确揭示出，那空、无相、无住的超绝理体（其实质即本体自由自身），就是至上我，就是每一个现实的人的真实本质。因而正智省思呈现的无住的本体、真心，不是一种超绝的客观性，而就是现实精神内在的自我。这在观念层面表明《慈氏》等奥义书又在正智省思中引入奥义书传统的绝对反思，这使得其思想从根本上与印度的大乘正统区别开来。于是正智省思或究竟觉悟就被与一种主观反思和绝对反思统一起来。《慈氏》等的思想对空性理体与自我的等同，表明精神生命已经把本体自由自身当作自身存在的绝对目的。这在现象学上验证了精神内在的自反势用已经展开为对这本体自由自身的绝对维持。《慈氏》等的这种绝对反思，表现了精神内在的自反势用在形式上的绝对展开。它表明精神反省达到了其在形式上的极致。在这里，奥义书的精神反省，作为以上两种反思（正智反思与绝对反思）的结合，就是绝对反省。这绝对反省就是精神反省的绝对自由，就是精神内在的自反势用的自身绝对化的实现。

总之，《慈氏》等的思想，体现了精神的绝对否定和绝对反省的辩证统一，即精神本己的觉悟或本觉省思。从大乘佛学到《慈氏》等晚期奥义书和不二吠檀多派的思想转型，表明印度精神通过最大限度的自身否定，达到了最深入的自我返回。这一辩证运动不仅揭示了奥义书本觉省思形成的历史，而且呈现了这本觉省思的现实活动的逻辑。这一转型过程，在观念层面表现了本真精神的超越与反思、自舍与自反势用的双重辩证运动（本觉省思作为精神的具体现实，就是由这双重辩证运动构成的复杂整体）。首先它表现了精神的究竟觉悟或绝对否定思维，表明了精神内在的自舍势用的绝对展开；其次它也表现了精神的本觉的反思或绝对反省，表明了精神内在的自反势用的绝对展开。正是这自舍与自反势用在其自身绝对化的实现中的辩证交织，推动超越与反思各自的绝对化和二者的辩证统一，导致本觉省思的形成。然而精神内在的自主势用的历史展开，离不开本体自由自身的促动。唯有本体自由的呼唤与倾注，才能促使精神内在的自舍、自反势用恢复其本真的无限性以战胜或消灭阻碍它们的精神惰性，从而绝对地展开自身，推动否定思维和反省思维的绝对化，并最终导致本觉省思的形成。总之，奥义书本觉省思的形成，尽管离不开传统启发并充分利用了传统的资源，但是同任何真实的思想一样，本觉省思也必须是在自由推动下，在其自身的机体内构造、发育而成的。因此，《慈氏》等晚期奥义书的思想转型，在观念层面呈现了自由推动本觉省思形成的机制，并进一步验证自由推动思想发展的内在精神逻辑。

本觉省思体现了奥义书精神自由的最高境界。但晚期奥义书思想，也表现了它在这里仍然具有的局限。其中最严重的是理性思维的极端薄弱。在这里，精神完全没有实现一种理性的自由。这是印度精神诸多困境的一个最重要根源。另外就是它的寂灭主义、悲观主义。这些思想局限都反映了现实精神自由的局限。它表明在奥义书的本觉省思中，自由的展开是极不平衡的。精神尽管通过其某一方面的发展达到绝对自由的领域，但这绝对自由还远未达到完善、圆满。这种精神局限也唯有通过自由的进一步展开来克服。

总之，我们通过对奥义书思想在本真精神阶段的发展的现象学阐释，将会进一步呈现自由推动人类精神发展的内在逻辑。我们还将表明，在西方思想中，从普罗提诺和一些早期教父的神秘哲学，到奥利金、马利乌斯·维克托利努斯、忏悔者马克西姆、阿娄帕果的但尼斯等代表的否定神学，再到托马斯将上帝规定为纯粹行动，最后到海德格尔的虚无思考的漫长转型，同样是一个从直觉省思到启示省思，再经过无住思维到本觉省思的发展过程，与印度思想从《蛙氏》等的神秘论到《白骡》等的超绝论，再经过大乘佛学的空思维到《慈氏》、《光明点》的本己觉悟的进展，具有本质的一致性。这证明奥义书的上述精神发展逻辑，具有其跨文化的普遍意义。

## 四

对于奥义书思想而言，从实在思维向本真觉悟的漫长转型以及这觉悟省思的进一步发展，主要都是由超越思维的不断升华决定。超越思维是精神内在的自舍势用的实现，其自身升华是由自舍、自反势用的持续展开所推动的。在这种推动之下，奥义书的超越思维，经历了从实体的超越到神秘的超越，再到启示的超越，无住的超越，最后到本己的超越的转型。在欧洲文化中，超越思维也经历了与此基本一致的自我提升的轨迹，并最终亦达到一种本己的超越。这表明欧洲文化中，这种精神转型是由与奥义书所表现的同样的精神逻辑推动的。

在欧洲文化中，超越思维尽管在毕达哥拉斯至柏拉图的形而上学中亦得到体现，但更充分地体现在犹太—基督教传统中。对于后者而言，超越思维从根本上体现为对上帝本质对于世界的超越性，以及对于人的认识能力的超越性的强调。在《旧约》

中，上帝的超越性通过《出埃及记》宣布的上帝之名："我是是者"（I AM WHO AM）或"彼是者"（HE WHO IS）得到表现。《圣经》的这些表述在于强调，我们不应该用任何世界内的东西给上帝命名，因为上帝不是世界内的任何东西，不是任何的"什么"，所以我们只能说它是"是者"或"它是"，不可以说它是"什么"。然而在整个犹太——基督教传统中，人们由于自身思维层次不一样，尤其由于犹太精神与希腊精神的碰撞，他们对于上帝超越性，以及"我是是者"的圣名的理解，也呈现出不一样的意义，就像同一束阳光经过棱镜的折射，分散为不同颜色的光线。其中最有代表性的理解有如下几种。

（1）上帝的超越性作为一种实体的超越。

世界内的存在都是无常变幻的，因而都不是绝对真实的，或者说它们并不真正"是"，唯永恒、不变的实体真正"是"。上帝或存在本身就是实体。实体否定了经验的时间、变化、运动、因果性，是从不运动，永远同一自足的静止、现存的东西。这种实体是形而上学的。这种思想基本上是从希腊形而上学的视角来理解上帝的超越性。在《蒂迈欧篇》，柏拉图将那无需被生成，始终"是"的东西，与那始终被生成着，因而从不曾"是"的东西对立起来。"是"被与不变性、永恒性等同起来。从早期希腊教父就开始将这种"是"的观念引进上帝观念中，从而影响了基督教神学的发展，而随着基督教的中心从西亚、北非转移到希腊罗马世界，希腊形而上学对基督教思想的渗透日益深入。

早期的基督教神学，从使徒时期到护教者塔提安、德尔图良、希波利图斯，再到亚历山大里亚的克雷芒、奥利金等，仍然保持着犹太精神对上帝的超现实性的领悟，强调《出埃及记》"我是是者"的超越、否定意义，而始终将言词、逻各斯置于圣父之下，认为上帝超越了一切存在。然而随着基督教在希腊罗马世界的扩展，柏拉图的理念形而上学不可避免地渗入其神学中。比如正是在柏拉图主义影响之下，阿里安派神学家提出上帝是最高的实体（ousia），因而是一种现实存在；这实体否定了任何属性，因而否定了所有变化和多样性，为永恒、单纯的实在；上帝对世界的超越，似乎变成了柏拉图的静止的理念世界、本体与变动不宁的现象界的对立。尽管阿里安派在尼西亚公会受到谴责，但把上帝当作超验的现实性，当作永恒、不动的实体的观念，在基督教中一直存在而且事实上还不断增强着力量。四世纪的希腊教父圣巴西尔（Basil the Great）就指出，《出埃及记》的圣名，宣称了上帝就是实体（ousia），这并不是从否定意义上说的，而是揭示了"上帝的本已存在"（auto to einai tou theou）。与之呼应，尼莎的格列高里（Gregory of Nyssa）指出上帝是至上的思想，通过逻各斯得到表达。这都是将上帝置于现实性范畴之内。

而中世纪神学则沿两个方向进一步加强了这种形而上学化。(A) 实体论神学的方向。实体论神学认为,《出埃及记》的上帝圣名,表明上帝是最完善的存在,是对虚无的否定,正因为它否定了虚无,所以它是不变、永恒。上帝既然是不变的,就不会生成某物;它是永恒的,因而也不会被生成;它始终“是”,故亦不生成自己。于是上帝成为一个无生命的、自我封闭、自身满足的实体。语言、逻各斯只是上帝所创作 (produce),而不是由它生成 (beget)。这种实体论最早的代表应当是安瑟伦 (Anselm of Cantebury)。他相信上帝是全知、全能、永恒、不变、超越时间与空间的绝对精神实体。上帝是最高、最丰富、最充沛的存在,是对虚无的否定。所以上帝是“不能不存在”者,我们甚至不能想象它不存在。它是实在 (entity) 的充足性,是完全、绝对的实在 (plenary entity)。因而《出埃及记》的圣名意味着上帝就是对虚无的彻底否定;同时他也完全从实体论角度理解《圣经》上帝从虚无创世的教义,以为这是说创造就是使一个不存在的世界成为存在。这些理解完全丧失了《圣经》上述教义应当包含的超现实意义。(B) 概念实在论 (唯实论) 的方向。唯实论认为理念是普遍的实在,是内在于上帝本质之中的,永恒、不变的形式。理念是现象事物的图式。它与事物的关系,如画家心中的图画与实际作品。波爱修 (Boethius) 可以视作唯实论的先驱。他认为理念是普遍的实在,是永恒、纯粹的形式,是世界的超越的基础。宇宙乃是“分有” (participatio) 这理念而形成的事物总体。然而这分有并不意味着理念参与到事物之中,因为理念是纯粹形式,不能与物质结合。他认为,理念先是在物质世界形成自己的影像,这影像才是事物的形式,它构成事物的存在本质。实体是形式与质料的结合物,而唯形式使实体成为其所是,故形式才是实体的存在 (esse)。他的思想决定了中世纪唯实论的基本思路。比如拉佩的吉尔伯特 (Gilbert of la Porree) 认为上帝是而且仅仅是绝对实体 (essentia),而构成感性事物本质的形式,只是其在上帝之中的理念原型 (exemplum) 的摹本 (exemplar),唯理念是纯粹、永恒的实体。夏特勒的第利 (Thierry of Chartres) 也认为唯世界运动、变化,上帝自身则为不变、不动、永恒、稳固。上帝是一切存在者的形式,它使存在者成为其所是;但上帝作为形式,没有进入物质之中,存在于物质中作为其本质的形式只是上帝的影像。阿拉斯的克拉伦保 (Clarenbaud of Arras) 也说上帝是一切存在的形式,哪里有形式,作为绝对形式的上帝就在哪里。这形式同时是活动,一切存在者的存在都来自这形式,其云:“正如哪里有白色,哪里就有白的形式,哪里有黑色,哪里就有黑的形式,同样,哪里有某物存在,哪里就有存在的形式。无处没有某物存在,故存在的形式亦无处不在。而上帝乃是存在的形式,故上帝作为本质无处不在。由此可见何以这作用形式 (opifex forma, 即上帝) 既是真的形式又是存在本身即究竟实体:它存在,而存在由它而来，正是由此之故，一切存在者参与到那单纯实体之中”①。邓斯·斯各脱认为共相是存在于上帝之中的形式，它先于事物而独立存在，又作为事物的本质和一般性存在于事物之中。共相有普遍性的等级，如果我们根据其普遍性逐渐上升的秩序对共相进行抽象，可以一直达到最高的普遍性，即存在（ens）。后者可以用来表述一切其他的东西，因而超越了一切其他东西，它就是上帝。夏特勒的伯纳德（Bernard of Chartres），沙里斯伯里的约翰（John of Salisbury），也认为事物的实体（eidos）与理念（idea）是摹本（exemplum）与原型（exemplar）的关系。此外查尔西丢斯（Chalcidius）、伯纳德·西尔维斯特（Bernard Silvester）、里尔的阿兰（Alan of Lille）、马西亚努斯·加佩拉（Marcianus Capella），皆持类似的观点。即使在中世纪后期亚里士多德思想取得对柏拉图主义的胜利之后，将上帝视为存在者的形式本质的观念仍然普遍存在。上帝是纯粹的形式、纯粹的现实性，他也是绝对的智慧，绝对的意识和绝对的意志。从上述分析可以看到基督教的唯实论只是柏拉图的影像说的神学翻版。它同实体论一样，也完全掩盖或错失了《圣经》的“虚无”问题包含的超现实意义。

这种形而上学的神学，海德格尔称之为“本体神学”（Onto-theology），它实际上概括了大多数基督徒的信仰。海德格尔指出本体神学的信仰就意味着确信，它是对于许诺着安全的东西的执着，而只有那作为最高的存在、至善、绝对的现实性的东西，才能保证安全，因此它才成为信赖的对象，它就是上帝②。但正如海德格尔所指出的，本体神学阻断了追问存在之路，因为它只注目于存在者的存在，而不再关心存在所由发生的虚无③，而后者才是存在的本质。本体神学的本质是对存在自身的本质——虚无的遗忘与逃避。逃避逃向一庇护之所，它体现出人们固有的对安全的需要。出于这种需要，《圣经》的上帝作为存在自身，被解释为“虚无的彻底消失”；上帝的存在是如此确定，以至无法想象他会不存在（既否定了虚无，又否定了变化），这样一种存在只能是实体性。人们以如此方式逃避虚无，好像获得了安全。

应当承认海德格尔对于形而上学神学的上述看法是成立的。确实，从圣巴西尔到邓斯·斯各脱，都是把上帝存在理解为实体（ousia）、现实性（ens）。上帝作为存在自身，被理解为最高、最充分、最完善的存在，就是对虚无的彻底消灭，因而就是永恒性与不变性。于是上帝成为对时间和运动的否定，成为一种形而上学的实体：它是不变的，因而不会生成某物；它是永恒的，因而也不会被生成；它始终“是”，故

---

① Gilson, Etienne, *Histroy of Christian Philosophy in the Middle Ages*, Sheed and Ward, London, 1980.149.

② Martin Heidegger, *NietzscheII*. Pfullingen: Neske, 1961.54, 425ff.

③ Martin Heidegger, *Einfuehrung in die Metaphysik*. Frankfurt: Klostermann, 1983.8—9.

亦不生成自己。这种作为现存实体的不动、自足的上帝，最终成了千百年来普通基督徒信仰中的神。于是宗教生活的价值就在于将人的心灵与那永恒、不变的存在联结，人由此才会得到幸福。因为，一方面，唯这永恒、不变的存在，才能以其稳固性，将人从时间的洪流中拯救出来，而幸福在于获得真正的存在，此即参与到上帝的不变和永恒性之中；另一方面，上帝是最高的存在、最完善的存在，是对虚无的否定，因而人唯有参与到上帝之中才能获得真正的存在。上帝以其稳固性和实在性，将人从时间和虚无中拯救出来，参与到上帝的永恒存在中。人们在这里，实际上是把上帝作为一个避风港，以抵抗时间的洪流、抵抗虚无的威胁，从而在精神上获得安全、基础和庇护，此即多数基督徒所谓的幸福。

然而这种神学的根本问题，就出在它遗忘或遮蔽了《圣经》对上帝的超现实之维，即其作为本体自由的模糊领悟。本体自由是对现实存在、“有”的否定，因而就是“本无”、“空”。对这超现实本体的领悟，不仅表现在《出埃及记》的圣名“我是是者”的明显否定意义中，而且表现在上帝从虚无创世的神话中。“我是是者”表明上帝不是任何的“什么”，不是任何人类理智所能达到的“东西”，因而隐含了上帝的超现实维度，即它的“虚无”性。而上帝从虚无中创造世界的故事，则正如海德格尔所指出的，表明了一种在希腊思想中不存在的惊讶，即“为什么只是存在者（现实性）存在，而不是虚无?”①《圣经》的这些教诲表现了一种东方式的彻底否定世俗世界的精神，这种精神对于希腊人无疑是很陌生的（《圣经》的上帝是完全非世俗的，他不属于这个世界，但却是世界中一切存在的原因）。在它看来，不是任何现实的存在者（ens），反倒恰恰是虚无，才应当是存在的真正本质、根源。然而希腊化的形而上学神学，不论是将上帝理解为实体还是超越的思想，都是把它当作一种现实存在（ens）、当作“有”，而且是最充分、最确实的“有”。所以，一方面，上帝作为存在本质被理解为“虚无的完全消失”，被理解为最高的实在性；另一方面，上帝从虚无创世被理解为使世界从不存在到存在。“虚无”被窄化为逻辑的否定、为“不存在”。于是来自犹太民族的对于虚无的本真体验，以及对虚无的模糊困惑，就作为一个“在提问之前就已经被回答了”的问题被搁置一边了②。

从理论上说，这种形而上学的神学，不仅导致上帝存在被限制在现实性、“有”的区域内，从而丧失其无限性；而且如果将上帝理解为永恒、不变、没有活动，因而也没有生命的现存物，那么如何解释生成与存在，变化与不变，时间与永恒的关系就成

① Martin Heidegger, *Wegmarken*. Frankfurt: Klostermann, 1967.121.

② Martin Heidegger, *Einfuehrung in die Metaphysik*. Frankfurt: Klostermann, 1983.8—9.

为一大难题；如果将上帝设想为自身满足的封闭、不动的实体，那么解释上帝的创世及他与存在者的关系亦将成为难题。对上帝的这种实体化，正如附加在他上面的人格性以及情感、意志、仁慈、公正等美德一样，结果都是使上帝成为有限的。另外，由于精神的绝对反思尚未建立，故上帝作为绝对精神，仍然作为一种外在的东西对精神呈现，这上帝只是客观精神。

在这样的信仰中，精神的超越就是一种理智的、形而上学的超越；与之相应，反思也是理智的、客观的反思。这种思维的局限性也表明了精神的现实自由的局限。

(2) 上帝的超越性作为神秘的超越。

基督教的上帝经验，一方面因为《圣经》本来就包含不同的诠释可能，另一方面因为受希腊思想的不同倾向影响，因而表现出很大的差异。对于基督教对上帝本质的理解，希腊思想的影响主要来自：其一，柏拉图的理念实在论；其二，普罗提诺的超理念的"太一"观念。普罗提诺思想尽管以柏拉图哲学为基础，但显然吸收了大量东方的（包括犹太—基督教甚至印度教的）思想元素。其中太一超越理智、逻各斯、灵魂、物质，超越一切现实存在的观念，不属于希腊传统，而是从希伯来乃至印度传统对至上神的绝对超越性的阐明中受到启发。所以在这种希腊影响中，包含有"老柏拉图"和"新柏拉图"的矛盾。前者视存在、理念、逻各斯为究竟，后者认为究竟原理为超越存在、理念、逻各斯的神圣本体。在这两种倾向的影响下，基督教神学对于《圣经》的上帝本质，尤其是《出埃及记》的圣名，作出了不同解释，形成了神学的两条路线：其一是受柏拉图理念论启发，将上帝理解为永恒、不变的实体，为世界万有的形式本质，其代表是安瑟伦的实体论和波爱修、邓斯·斯各脱等的概念实在论。其二是受普罗提诺太一哲学启发，将上帝理解为超越现实、超越存在的至上原理、本无，其代表是奥利金、维克托利努斯、狄奥尼修斯以至爱克哈特的否定神学或超越神学。这两条路线，我们前文有了较详细阐述。然而此外尚有第三条路线，它同时受到上述两种希腊思想影响，试图将上述两条神学路线结合起来，因而它一方面承认神的绝对超越性、尤其是对逻各斯的超越，另一方面仍然将神当作一种实体（ousia）、一种现实性（ens），亦即将神等同于"存在"（on）。这种否定了逻各斯，而没有彻底否定现实的上帝，只能是神秘的（即超理性的），而不是神圣（即对现实的否定）的。可以把奥古斯丁作为这种神秘神学的代表。

奥古斯丁的神学，一方面受普罗提诺的太一哲学启发，以为上帝是超越思想、逻各斯或语言的本质。他认为上帝是绝对自由的精神，它的意志直接就是行为，不需要其他存在物或逻各斯的帮助。逻各斯、语言是上帝永恒的思想，是它对自身的知识，因而是它的形象或摹本。逻各斯作为绝对存在的摹本，成为所有其他存在的原型，即神圣理念。神通过理念创造世界，但不受理念、逻各斯的限制。或曰逻各斯包含所有理念，为其依处。另一方面，可能受到柏拉图等希腊哲学家的实体思维影响，奥古斯丁从肯定意义上理解“我是是者”（I AM WHO AM）的圣名，因而认为奥利金、维克托利努斯等人将上帝本质说成是“超存在”、“前存在”甚至“反存在”、“虚无”的观念，与这一圣名明显矛盾。奥古斯丁坚持上帝本质与存在的同一性。他认为“我是是者”表明上帝就是存在，而且这存在就是实体（ousia）、现实性（ens）。上帝的本质尽管超越了思维，但仍作为现实性、实体而存在，因而它还不是神圣性（本体自由），而是一种神秘本体。

奥古斯丁将上帝理解为存在，这表明他与普罗提诺及受其影响的所谓超越神学的分歧。普罗提诺提出了太一、理智和世界灵魂的三位一体说。他认为，太一是最高原理，超越了存在本身；理智就是存在，由太一产生，复产生世界灵魂；世界灵魂是这三个普遍原理中最低级的，由理智产生，复产生个体灵魂和物质。受其严重影响的超越神学，如维克托利努斯、狄奥尼修斯、忏悔者马克西姆等的思想，都明确将上帝与存在区分开，认为存在是逻各斯、圣子，而上帝本质则高于逻各斯，高于存在，而为非存在，故神的三个位格有本质不同。与这些神学家的立场不同，奥古斯丁认为《出埃及记》的上帝之名“I AM WHO AM”、“HE WHO IS”，意味着上帝就是存在。无物高于上帝，故无物高于存在，因而存在是第一原理。上帝自身就是普罗提诺的存在，即实在（ousia）。上帝永远与自身同一，故为永恒与不变。奥古斯丁将存在与永恒性和不变性等同。奥古斯丁学派对上帝的两个最高的也最主要的称呼，就是它是永恒与不变的存在。这样一个上帝，像柏拉图的理念一样，否定了时间、运动、变化，完全成了一个封闭、自足的形而上学实体。上帝唯有作为这永恒、不变的实体，才能以其稳固性，将人从时间之流中拯救出来，得救即在于灵魂参与上帝的不变和永恒性之中。如果将上帝理解为永恒、不动、静止的原理，那么对《旧约》中生成世界的过程也得作出新的解释。在这里，奥古斯丁实际上是将普罗提诺的流射，即动态的创造，转化为柏拉图的反射，即静态的映照。万物都是上帝作为不动的实体投射的影像。

总之，在奥古斯丁的神学中，上帝仍然是现实性（ens）或现存的实体（ousia）。上帝本质尽管超越了思维，但仍作为现实性、实体而存在，因而它还不是超绝、神圣的存在，而是一种神秘本体。在这样的信仰中，精神的超越就是一种直觉、神秘的超越。然而在这里，精神仍未能克服现实性的偶像，仍未能摆脱重负和枷锁，获得本真的自由。

以上两种神学，分别代表了基督教的两种精神超越形态，即理智的超越和直觉的超越。这二者分别对应于奥义书中：(a) 从伽吉耶夜尼（《考史多启》）到那支启多（《羯陀》）等的理智思维与耶若婆佉（《广林》）、步厉古（《鹧鸪氏》）的思辨省思；(b) 首那伽（《蒙查羯》）、曼荼祇夜（《蛙氏》）的直觉省思。然而无论是在上述基督教思想中，还是在这些奥义书思想中，精神超越都仍然停留在实在思维的层面。这表明精神的现实自由仍然将自己限制在现实性的范围，未能冲破现实的大地，进入本体自由的自身天空。对于这些基督教思想而言，或者可以更准确地说，它们是将《圣经》中本来已经开启的通向这本体自由的大门关闭了。盖《出埃及记》的圣名就表明上帝本质乃是存在自身，而且后者超越了一切理智可设想的，即现实的东西。这种超越性在一种更精致的哲学思辨中展开，就意味着上帝本质不仅否定了经验现象，而且否定了超验实体，易言之它否定了一切现实存在，而为一神圣的虚无。所以在存在者与作为存在自身的上帝本质之间，也存在着一种存在论区分。这种存在论区分，应当理解为本体自由和现实性的区分。唯自由是存在之究竟的本质、根源，一切现实存在都是自由构成、展现出来，以作为其自我实现的中介。这本体自由就是觉性原理，是照亮存在但却隐藏自身的光，因而它就是那神圣的虚无。把上帝理解为超越现实的存在，就意味着将它与本体自由等同。本体自由作为对现实性的否定，就是"本无"、"空"。精神只有向这自由的复归，才是回归宗教的本原真理。用海德格尔的话说，这就是彻底将自己置身于"无根基状态"，"直接面对虚无的风暴"。这种复归的实际意义是精神获得本真的自由（即本真自由在此成为现实必然的）并且将它作为自己的现实性，精神自身成为本真的。在这里，精神的自主活动成为对现实性、"有"的否定和对本体自由、"无"的维持、领会。这就是本真的精神觉悟。这一点，也唯有在本体自由的推动之下实现。基督教的超绝神学，就体现了这样的觉悟。

(3) 上帝的超越性作为对现实存在的否定。

存在、觉性的究竟本质就是本体自由，后者是绝对超越现实的（超绝的）原理。唯这自由是绝对。它构造现实、规定现实，并以之为自我实现的中介。任何现实性，若被当作存在的本质，被当作绝对、自为的真理，就成为精神的虚假偶像。因此，唯有对这本质的超绝性的领会，才是对自由的本真领会，即真正的精神觉悟。在犹太—基督教传统中，对存在本质的领会，就表现在对上帝本质的领会之中。存在本质的超绝性表现为上帝的超绝性。具有这种理解的神学就是超绝神学。然而无论在奥义书还是在基督教中，超绝神学首先都是一种启示神学（见下文的解释）。

犹太精神对于上帝超越性的强调，导致它坚持上帝本质必须在任何可以设想的存在之上，不能容许任何存在在上帝本质之上或与之等同，所以上帝的超越性是绝对的。上帝必然超越任何现实的存在，不论后世思想从这现实性中展开何种内容。

对上帝的超现实性的领悟，在《圣经》中至少是隐蔽地包含着的。《出埃及记》以“我是是者”（I AM WHO AM）、“彼是者”（HE WHO IS）为圣名，就是回避用任何可以设想的存在来给上帝命名。这一点或是暗示或是明表了上帝的超现实性。后者在历代神学家对上帝之名的沉思中，得到了明确的领会。

从使徒时期和护教者的神学，到亚历山大里亚的克雷芒、奥利金、维克托利努斯等，都有将言词、逻各斯置于圣父之下的倾向。尤其是在犹太教的菲洛、迈蒙尼德，还有普罗提诺思想的影响下，这种倾向大大得到强化，另外逻各斯、言词被等同于存在、基督，于是上帝本质、圣父被认为是超越存在的。在这里，所谓逻各斯、基督、存在，就是现实性。由于这类神学强调的是上帝本质对现实性的彻底否定，故我们称之为超绝神学。在基督教传统中，它们往往被称作“否定神学”、“超越神学”等。

奥利金首次引入了所谓“否定神学”。他认为上帝既不是世界，也不是世界的一部分，也不是内在于世界之中。上帝不仅超越了物质，也超越了人类的理智，超越了“存在”自身①。存在自身就是逻各斯、语言。它是理念的归宿，是作为现实世界原型的可知世界。逻各斯尽管神圣，但不是上帝（Comm on Saint JohnII · 3）②。它就是圣子、耶稣基督，它先于所有受造物从上帝而生。奥利金认为基督、存在不是至善，唯圣父是至善，基督只是圣父的形象、摹本。“他不能与圣父相比。因为其实他只是圣父的影像，是从圣父的荣耀和永恒光明，而非从圣父自己发出的光，是圣父的权能而非其自身的光线。”（Comm on Saint JohnXIII · 3）③ 奥利金称圣父为“自有的神”（autotheos），“至上神”，而圣子只是“神”。因而在他的神学中，我们看到了对于希腊化的逻各斯实体的否定。“否定神学”的宗旨就是为了表明上帝对存在，即现实性、实体的绝对超越。

稍晚的维克托利努斯，也反对柏拉图式的存在与不变性的等同，而是诉诸普罗提诺的“太一”对存在的超越。上帝不是个别、有限的“某物”（aliquid），故与后者相比，它是非有；上帝作为太一，就是反存在，故它甚至在其自身内部也是非存在。上帝不是“存在者”（on），而是“存在”（esse），即存有（exist）的力量、活动。这存有的力量是“前有”（pre-existence）而非“有”（existence）。它作为上帝本

---

① Gilson, Etienne, *Histroy of Christian Philosophy in the Middle Ages*, Sheed and Ward, London, 1980.37.

② Gilson, Etienne, *Histroy of Christian Philosophy in the Middle Ages*, Sheed and Ward, London, 1980.39.

③ Gilson, Etienne, *Histroy of Christian Philosophy in the Middle Ages*, Sheed and Ward, London, 1980.572.

质，在逻辑上先于存在（逻各斯）、有，甚至先于太一、无限、单纯等圣名（Adversus AriumIV · 19）。它既先于存在，那么它其实乃是一种“前存在”或“超存在”。这“超存在”不是任何存在者，却又是一切存在者的原因。维克托利努斯还将全部现实存在分为四个层次，而上帝则超越这四重存在。它超越全部存有、全部生命、全部知识、超越存在及所有存在者的在，无限、无实体、不可见、不可知、不可理解、不可思议，不是任何存在者，而是超越它们；易言之，它就是非有①。上帝作为前存在，永恒地生成语言，即纯粹、绝对、单纯的存在。语言或基督是上帝的自身显现。存在隐藏在圣父之中，在圣子中呈现自身。维克托利努斯对于上帝对存在的超越性的阐明，使他成为忏悔者马克西姆、阿娄帕果的狄奥尼修斯、斯各脱 · 爱留根那和爱克哈特的先驱。

忏悔者马克西姆认为上帝不是一种存在，勿宁说它超越存在与实体（ousia）。上帝超越存在，而为虚无。上帝是纯粹的单子，是绝对单纯的统一性，它从其内部产生多样性而不改变其绝对单纯性。上帝的运动就是生成多样性。它由于这运动而被理智所知。在其最初的运动中，首先是生成语言、逻各斯作为其自身显现，单子由此成为二元的。接着是单子生成圣灵，由此上帝成为三元的。于是最初的运动就得以完成，上帝显现自身于自身存在之内②。

阿娄帕果的狄奥尼修斯（托名），则对这种超绝神学进行了最充分的发挥。其云“一切存在者的存在是在存在之上的上帝”。然而包括“存在”在内，一切名字只用来表述现存的事物，而不能直接表述作为超越者的上帝。故任何对上帝的指称、描述，都必须经过三个环节：首先是肯定的环节，比如说上帝是存在、太一、主、全能、正义等，构成所谓肯定神学。其中就上帝自身而言，对它最好的称呼是“存在”。第二是否定的环节。因为存在、太一、主、全能、正义等，都是从受造物即现实存在中借用的，不能在与以前的同样意义上使用，故必须对这现实性进行否定，此为否定神学。在这种意义上，可以说上帝非存在（non-being）、非实体（non-substance）、虚无等（On the divine namesI · 5）。第三个环节是前二环节的统一，即在一种超越世俗关联的意义上，对上帝的存在重新予以肯定，是为超越神学。在这种意义上，可以说上帝是超存在、超实体等（On the divine namesI · 5）。正因为上帝的超现实性，这超越神学在基本的精神上仍然是否定的。如云：“它（上帝）不是灵魂和心智，也不拥有想象、信

① Marius Victorinus, *Liber de generatione divina XIII*; Etienne Gilson, *The Christian Philosophy of Saint Augustine*, London: Gollancz, 1961.69.

② Etienne Gilson, *The Christian Philosophy of Saint Augustine*, London: Gollancz, 1961.86.

念、言语或理解。他不是数字或秩序、大或小、平等或不平等、相似或不相似。他不是不动的、不是动或静的。他没有力量，他不是力量，也不是光。他并不活着，也不是生命。他不是实体，也不是永恒或时间。他既非子也非父，他不是我们或其他存在者所认识的事物。他既不可被‘不存在’，也不可被‘存在’所描述。”① 又说：“对上帝的理解与直接凝视是存在者无法做到的，因为他实际上超出了存在”，“事实上，不可思议的太一是一切理性过程都无法把握的。任何词语都不能冀及无法言说的善、太一、一切统一之源和超存在之在。它是超出心灵的心灵，超出言说的言道，它不能由任何言谈、直觉、名字所理解”②。上帝既非有，亦非无，超越肯定与否定，不可言说，不可思议③；知上帝之不可知，即神秘的无知，才是超越一切认识的知④。

司各脱·爱利根那的神学采用了狄奥尼修斯提出的肯定神学—否定神学—超越神学（superlative theology）的三重表述方式，而把超越神学作为对前面两个环节的双重否定，因而使上帝的绝对超越性更加突出。比如肯定神学说上帝是存在、实体，否定神学则提出上帝不是存在、实体，不可描述、不可规定。超越神学则提出上帝超越一切存有、超越了上述两种表述，故既非实体、非存在，亦非非实体、非存在，而是超存在（hyper-being）或超实体（hyper-substance）。这种表述仍然主要是否定性的。因为当我们说上帝超越存在（est qui plus quam esse est）或超越实体，我们并没有说出上帝是什么。上帝是什么，我们无从得知。每一存在者，作为受造物，本质上只是那在存在之上的东西的显现（De divisione naturaeI · 71）。一切存在都是上帝的显像，而超越这些显像的上帝本质就是至上的虚无。他认为，当《圣经》说上帝从虚无创造世界，这“虚无”指的就是上帝的自身本质，因为上帝不是任何可能或现实的存在者（De divisione naturaeIII · 5,19,22）。所以爱利根那的上帝概念，与受希腊形而上学影响的实体论神学将上帝当作“虚无”的对立面，将创造之前的“虚无”理解为世界的“不存在”（如安瑟伦、波爱修、邓斯·斯各脱等），是截然相反的，显然前者表达了一种更深刻的上帝或存在体验。

爱克哈特一向被视为基督教神秘论的大师。其思想的核心内容，也是继承、发挥了基督教传统中对上帝的超现实性的领悟，尤其是阿娄帕果的狄奥尼修斯的超绝

---

① 狄奥尼修斯（托名）：《神秘神学》，三联书店 1998 年版，第 104 页（引文有删节）。

② 狄奥尼修斯（托名）：《神秘神学》，三联书店 1998 年版，第 3 页。

③ Gilson, Etienne, *Histroy of Christian Philosophy in the Middle Ages*, Sheed and Ward, London, 1980.85.

④ Denis the Areopagite, *On the divine namesVII · 3*；Gilson, Etienne, *Histroy of Christian Philosophy in the Middle Ages*, Sheed and Ward, London, 1980.85.

神学。他认为一方面，上帝由于包含逻各斯，即永恒理念的体系，因而是世界的根源、基础。另一方面，神是绝对超越者，是不可言说、不可思议的精神实体，是无限的潜能。上帝只有通过理念才能实现自己、表达自己，但上帝本身超越逻各斯，从而也超越了全部存在。在爱克哈特大师的思想中，上帝为超越一切存在的绝对者，乃成为最基本的信念。他据此对《出埃及记》中上帝的话“我即是是者”重新进行解释，认为这恰恰表明上帝不想给自己命名、想隐匿自身，它在这里其实是将自己从一切的“是（存在）”中区别开来，这正意味着上帝不同于存在，“上帝高于存在”。这种解释与教父神学对存在者（ens）与存在（esse）本身的区分一致。正因为上帝是彻底超世俗的，是对现实存在的否定，因而人的得救，即人与上帝结合的首要条件是意识到一切世间事物就其自身而言都是纯粹的虚无，所有这些东西都是偶然的、相对的，没有其独立的存在和意义；人的个体性也是偶然的属性，也是虚无。人如果要认识上帝，就必须抛弃这一切有限之物，“沉没于未曾显示的荒芜之地，即神的本质中，并以此恢复他原来的存在。”

总之，超绝神学对上帝、存在本质的超现实性的理解，揭示了基督教上帝观念的一个重要向度。从生命本体论看来，这一理解的根本价值在于，它使精神意识到自我、存在对于思想、逻各斯的自由，使精神免于被它的现实性即概念所窒息、被传统所囚禁，从而始终保持其本真的存在。这种信仰体现了精神的超绝否定，是自身否定势用在内容上的绝对实现（参考本编第二章引言和小结）。它意味着精神进入了其本真的自由。

基督教上述超绝神学，在精神上与《白骡》等幻化论奥义书的启示省思基本一致。这种启示省思的主要特点是，它尽管领会到上帝、存在本质对现实存在的绝对超越性，但仍然执着于现存性的假相，仍然把上帝领会成一种超绝的现存本质。这充分表现在这超绝神学对上帝本质的永恒性、不动性、无变易性的强调中。这表明，它尽管领会到存在本体的超绝性，却没有领会本体应当是自由，是自主的时间、绝对的运动。它对上帝本质的永恒性、不动性、无变易性的强调，目的正在于否定上帝与运动、时间的关联。结果上帝就仍然是一种现存的东西，仍然是一种偶像。因此这超绝神学对于本体（即超绝的自由）的领会就仍然是间接、抽象的。

(4) 上帝的超越性作为对现存性的否定。

基督教的启示神学，也表现出启示省思的根本局限性。这种思维的局限，也反映了精神自由的局限性。精神对现存性的执着，反映出它尽管进入超绝之域，但其自身否定势用仍然被精神内在的惰性辖制，未能实现其在量上的自身绝对化，从而推动超越思维否定任何在它之外的自为真理（参考本编第二章引言和小结），即现存实体；于是这超越思维就成为究竟否定。启示神学对上帝本质的永恒性、不动性、无变易性的强调，表明精神在这里仍在寻求一个止息、安顿之处，寻求庇护所与安全，而放弃了自己无住、无得的究竟自由。精神要实现一种无住的自由，就应当将自己的基础打破，自置于彻底无根基、无家园的状态。为此它应当彻底打破其最后一道偶像，即现存性偶像。

唯有本体自由的自身展开最终推动这一精神进展。盖本体自由呼吁现实精神进入与它的更深层次对话。它一方面力图唤醒精神对这自由自身的绝对性和无限性的意识；另一方面又向这精神的自主性倾注力量，从而使精神的自主否定势用得以展开为绝对的现实性，推动精神否定现存存在的真理性，直接领会本体就是自由本身，是自否定的运动。这就是超绝本体的实质内容。精神省思于是从启示省思的间接、抽象的觉悟升化为直接、具体的觉悟。正是在这种具体觉悟中，精神破除滞碍、取消对现存性的依赖，实现其绝对自由。

在这里，印度精神和基督教精神选择了两条不同的向路。其中印度精神选择的就是大乘佛教的“空”论向路。在这里，精神的否定思维的自身绝对化，导致它只能确定它自己，即这绝对否定思维本身为唯一直接明证的真理，这就是究竟否定。而这真理就是空思维、正智或般若本身（般若即法身、真如）。大乘的正智就是绝对否定的运动，它因而排除了任何在它之外的现存偶像。它就是绝对自由，无住且无得。正智正是立足于自身，领悟到本体自由、无住、无得的体性。显然这是一条更具有自身明证性的、也更彻底的向路。

基督教精神选择的则是一条较不具备自身明证性的、可能也不具备同等彻底性的向路。这就是在中世纪早期神学（比如维克托利努斯）中就已经萌芽，而在托马斯·阿奎那的神学中得到最充分阐明的向路。它同样旨在否定存在本质的现存性，领会本质为超绝、自由的原理，与大乘正智的向路基本旨趣一致，可以称为正智神学的向路。正智神学以为上帝不是现存的“存在者”（on），而是“存在行动”（esse 或 einai），即存有（exist）的力量、活动。因而上帝、存在本质就是生命、自由。由于这种领会，正智神学就真正打破了以往神学中作为不动、无变易实体的上帝偶像。

托马斯·阿奎那思想最明确体现了上述思想进展。一方面，他的神学继承了启示神学对上帝的超绝性的领悟。上帝不是任何现实的东西。上帝的超绝性就是它的绝对单纯性，它不能与任何东西存在混杂（STI·3·7）。从上帝的单纯性可以推论出他既非物质，亦非心灵、理智、思想、意识。他甚至不是一个具有自身形式、本质的主体。上帝只“是”，但不“是”任何什么。由于上帝的超绝性，关于上帝的知识只能要么为类比性的，要么为否定性的（STI·13·5，I·6·2）。另一方面，他也对启示神学作出了根本的突破，这就在于他否定了后者及以往的神学对上帝作为不动的现存实体的理解。他明确将上帝本质的超越性理解为对现存性的否定。上帝不是任何现存的东西，而是存在的绝对行动。同大多数神学家一样，托马斯将“我是是者”（I AM WHO AM）理解为“我是是（I am Being）”。然而以往的神学家，如奥古斯丁将存在理解为永恒不变性，约翰·大马士革将其理解为“实存的无限海洋”，安瑟伦说之为“本原实在”，等等，皆是将存在理解为现存的存在或实存（essentia）。而托马斯则阐明了存在的本质应当是存在的行动（esse）而非实存，上帝是纯粹的存在行动，其他属性皆由此推出。他由此打破了形而上学神学对现存性、实体的执着，进一步接近了作为本体自由或自否定的纯粹运动的存在本质。是（Being）或存在的最深刻含义就是“正是”（to be）或“正存在”的行动。这行动是一切存在者的存在的基础、核心。上帝只“是”，而不是任何东西，甚至不是存在。其全部体性是存有（exist）的行动。上帝不是任何“什么”，凡可以说出是什么的，都是实存，而不是“是”。上帝只是“是”，没有任何本质（什么）。或者说，在其他存在中被称作本质的东西，在上帝那里就是“是”的行动（esse）。作为纯粹的存在行动，上帝甚至不是诸如太一、至善、思想之类本质，也不是永恒、不变、必然，这些都属于存有（existence）而非“正是”的行动，它们都可以被视为他的神圣现实，而非上帝本身。作为纯粹的存在行动，上帝就是存在的绝对丰富性、无限、圆满。上帝的一切属性要么由他的名称的这一真实含义推导出来，要么被它所规定①。上帝是他全部所是，但一无所有。在其中甚至没有某种与是的运动结合的本质。因为上帝没有本质，不是任何“什么”，所以它超越了任何表述，也超越了我们的认识。我们的全部经验、全部言说都是关于作为存有的东西的，因而对于那仅仅作为“正是”的存在我们既无法认识，也无法言说。所以我们只知道上帝“是”，不能知道这“是”的意义是什么②。对于上帝的存在，我们只有通过否定和类比的方式，才能有所言说③。

总结以上两方面，托马斯的上帝或存在本质，就是超绝的存在行动。然而上帝的行动必然是自由的行动。盖一切运动皆可分为两类：第一类是源于物质的消极、惰性的自我肯定运动，即自在性、死亡；第二类是积极地克服这死亡、自在性的自否定运动，即生命的本质、自主性。上帝的行动只能是积极的，是彻底否定死亡和惰性

---

① Gilson, Etienne, *Histroy of Christian Philosophy in the Middle Ages*, Sheed and Ward, London, 1980.369.

② Gilson, Etienne, *Histroy of Christian Philosophy in the Middle Ages*, Sheed and Ward, London, 1980.369.

③ 参考托马斯·阿奎那：《神学大全》I·6·2，13·5。

的，因而它就是自主性，而且是绝对的自主性，即自由。总之，托马斯的上帝、存在本质，如果根据一种更透彻的理解，就只能是超绝的自由。这与印度大乘佛学所理解的空性，实可遥相呼应。二者都反映出精神已扬弃启示省思，进入正智省思的领域。但是托马斯的神学，没有经历般若的究竟否定，因而它对现存性的否定是不彻底的（在般若中，对现存性的彻底否定就在于这否定思维取消任何在它自己之外的存在的直接真理性），因而它也未能（如大乘佛学）领悟那超绝的自由的实质内容（比如大乘理解的绝对的自身否定运动）。或许，在欧洲传统中，对这超绝的自由的实质内容的领悟，有待于思辨哲学的究竟反思（对反思的反思，反思只确定反思自身为直接真理，从而彻底否定在它之外的现存存在）与超绝神学的某种整合（于是自由呈现为绝对的自身维持运动）。

正智神学彻底否定现实性和现存性的自为真理性，确认上帝、存在本质为超绝的自由。这种领会，就是精神从现实性和现存性到本体自由的持续运动，就是精神的绝对否定，是自身否定势用的绝对实现。精神于此粉碎了任何基础、家园和依靠，克服任何惰性和奴性，进入了绝对自由的国度。

当代的西方思想，正是由于从神学对存在本质的超绝性和自由的体验汲取资源，才得以克服近代以来逻各斯中心主义和各种实在论的误区，再次昭示了人类精神自由应有的深度。比如克尔凯郭尔、海德格尔对唯理主义的批判就是从基督教神学汲取灵感，而叔本华则是从印度宗教得到启示。

我们在这里姑且只讨论其中最有代表性的海德格尔思想。一方面，与正智神学和大乘佛学对本体的领悟一致，海德格尔提出的所谓“存在论区分”，也表明了一种对于本体超绝性的领会。所谓的存在论区分，就是对存在者与存在自身的区分①。它显然受到基督教超绝神学从教父时期就开始的对存在者（ens）与存在本身（esse）的区分启发。海德格尔的区分表明“存在”不是存在者（现实性），而是与后者隔着“无底深渊”，它是所有世界之内的存在者的“完全的它者”（schlechthin Andere）②。而且这“存在自身”全无意蕴、不可把捉、不可言说，所以相对于一般存在者的“有”，它就是“无”。但是这个“无”又被认为是“有”的来源。那超越现实的虚无，是存在之为存在的本源的敞开，“从虚无中，一切存在者作为存在者产生了”③。所以“无”乃是“本无”。“本无”不是“不存在”，而是“存在自身本质的运动，因而它比一切存在者

① 海德格尔：《在通向语言的途中》，商务印书馆 1999 年版，第 91 页。

② Heidegger, *Beitraege Zur Philosophie*, Frankfurt: Vittorio Klostermann, 1989.477.

③ Heidegger, *Basic Writings*, London: Routledge, 1978.110.

更真实地‘有’”①。所以说“本无”是纯粹的“有”，是“有”的真理②。另一方面，同正智神学和大乘佛学的超绝本体一样，海德格尔所谓的虚无，也是绝对的自由，是对现存性的彻底否定。海德格尔所谓虚无不是一种现存的本质。虚无（Nichts）的本质是“无化”（Nichten），后者就是对存在者的惰性、滞碍状态、对一切现存性的否定，就是超越性、自由。自由是存在真理的本质。海德格尔所谓的虚无、无化，表达的是与大乘佛学的无住、无取以及托马斯神学所谓上帝的纯粹行动，大体一致的内容。他表明存在的本质不是现存性，而就是无限的否定、自由。总此两方面，可以说海德格尔的这些思想，表明了一种与大乘佛教和基督教正智神学一致的领悟，它可以说是延续了基督教的正智神学的思考。

然而海德格尔对存在本质的思考，相对于正智神学或超绝神学的一大进步在于它包含了明确的主观性维度，存在本质、虚无就是人类现实自我（此在）的本质。首先，“虚无本质上属于此在”③。存在本质或虚无是内在于人的现实自我之中的，而不像基督教的上帝本质那样，是一种自我之外的客观性。另外反过来说，自我的真理和本质，也就是这虚无、自由。这虚无既是内在于现实自我的，又是存在的本质，因而不仅是主观的，而且是绝对的。因此海德格尔对存在本质的思考，体现了一种清晰主观反思和绝对反思。这种绝对反思必然与正智省思统一起来。于是那正智或究竟觉悟所领会的超绝自由，就成为精神的内在自我。绝对反思与究竟觉悟的统一，就是本己的觉悟，或本觉的思维。本觉省思的特点就是对自由的本体与精神的内在自我的同一性的领会。这在海德格尔思想上述思考中得到了充分、明晰的表达。他的思想正是由此否定了基督教神学的启示和正智省思对存在本质、上帝的客观化，使这本质成为内在于自我的、本己的真理。

海德格尔的思想，也反过来对当代神学产生了重大影响。事实上布尔特曼、卡尔·巴特、保罗·蒂利希等的神学思考，都离不开海德格尔的存在论的启发。比如鲁道夫·奥托就曾指出上帝本质作为世界的“绝对它者”，与其说是存在，倒不如说是“虚无”④。卡尔·巴特也说“上帝的神性不仅与自然，而且还与精神的宇宙相对立”，上帝就是“人要陷入其中的深渊、他要投身其中的黑暗、他必须置身在内的无”⑤。在他们的思想中，上帝本质被认为是与一切现实的存在者（ens）、“有”对立的

---

① Heidegger, *Beitraege Zur Philosophie*, Frankfurt: Vittorio Klostermann, 1989.266.

② Heidegger, *Basic Writings*, London: Routledge, 1978.110.

③ Heidegger, *Basic Writings*, London: Routledge, 1978.107.

④ Rudolf Otto, *The Idea of the Holy*. Oxford University Press, 1936.30.

⑤ 刘小枫主编：《20世纪西方宗教哲学文选》卷中，上海三联书店1991年版，第658、647页。

“存在自身”（ipsum esse），后者与其说是“有”，不如说是“无”。这些思想当然与基督教超绝神学有关联，但海德格尔的思考至少为他们对上帝本质的更清晰思考铺平了道路。

总之，在西方思想中，超越思维经历了从实体的超越到神秘的超越，再到启示的超越，无住的超越，最后到本己的超越的漫长转型。这一思想转型与奥义书超越思维的发展，具有大致相同的起点和结局，并经历了基本一致的道路。这表明它是由与奥义书超越思维的发展所表现的同样精神逻辑推动的。它先是否定自然、经验的存在的自为真理性以确立超验的精神实体，然后是否定理性的实体确立超理性的神秘本体，再就是否定一切现实存在的自为真理性以确立超绝的本体，接着是否定这超绝本体的现存存在确立本体为自由本身，最后是否定这自由的外在性确立其为现实自我的内在本质。这首先是精神持续地否定其当前直接的存在、否定其自身此在的运动，在现象学上呈现了精神内在的自身否定势用的绝对展开。其次这也是精神不断穿透其种种现实、现存的表象，逐渐深入地探寻、呈现其最内在本质的运动，因而也在现象学上验证了精神内在的自身维持势用的持续展开。因而与在奥义书思想的情况一样，在西方思想中，超越思维的发展，根本上也必然是由精神内在的自舍与自反势用的辩证运动所推动，也是人类精神自由自身展开的方式、途径。

我们还将会把印度精神从实在思维到本真觉悟的发展，与中国思想的发展进行全面的比较。华夏精神由于其超越性和反思性的完全缺失，它的类似发展乃是在印度佛教的启发之下发育出来。在儒家思想中，沾染佛学最深的阳明心学，由于受制于传统的现实精神，无法接受佛教的超绝思维对现实的彻底否定，仍然将良知、清净心理解为一种现实的本体，这其实是将佛教的超绝思维拖回直觉省思层面。另外由于华夏精神缺乏印欧宗教那种神圣的爱和崇拜的潜质，因此即使在受佛教超绝思维影响最深的儒家思想中，也不曾存在过与基督教和奥义书宗教的启示省思对应的思维范型。

在华夏本土思想中，道教的思想较之儒学更开放，因而对于佛教的精神觉悟往往能作出更为积极、迅速的回应。在般若思想影响下，南北朝到隋唐时期的道教精英，就开始领会道体为空、无住、不二的超绝本体，表明一种究竟觉悟开始在道教思想中形成。另外，在中国的如来藏佛教，尤其是禅宗启发之下，在道教思想内部也逐渐发展出成熟的精神反思。这表现在“道即是心”的观念乃至道学系统的心性本体论之形成。最后到了王重阳的内丹心性学，乃将这精神反思与究竟觉悟统一起来，形成了道教的本觉省思形态。本觉省思在道教思想中的这一形成过程，同它在奥义书和西方思想中的形成过程一样，不能简单视为单纯的理论思辨的结果，从根本上说，这乃是精神生命在其本有的自由推动下的自身发育、成长的结果，而且这过程所遵循的是与其在奥义书和西方思想中所呈现的本质上相同的逻辑。

以下我们将从生命现象学和比较哲学的视角，把印度传统中本真精神的发展分为神圣的精神、无住的精神、本己的精神三个环节予以阐明，旨在以此进一步证明自由推动人类精神发展的内在必然逻辑。

# 第一章　神圣的精神

## 引　言

爱情的本质在于恋人通过彻底的自我牺牲，而从对方获得一个更真实、普遍的自我。由此可见，爱情的经验同宗教经验具有本质上相同的结构，都是通过最大程度的自身脱离，实现最深刻的自我返回，即由“无我”而成就一个崭新的“大我”、“真我”。爱之所以神圣，就在于它这种通过彻底自我否定而新生的结构，宗教经验亦是如此。人们将原先的自我妖魔化、虚无化，彻底否定其存在的意义，而将爱和崇拜的对象理想化，视之为自我存在的真正源泉，并最终从对象的接纳中获得全新的自身存在。这一经验的彻底化，包含一种精神的双向运动：一方面，自我否定的极端化导向对自我的全部现实存在的彻底否定，这同时也意味着对世界的现实性的否定，现实存在被空洞化、虚无化，结果，不仅现实自我的价值被完全取消，甚至它走向所爱的能力也不复存在。另一方面，对象崇拜的极端化，最终使它成为一种绝对超现实的本体，盖崇拜包含了对对象的提升，而最高程度的提升就是将其置于所有现实存在之上使之成为神圣，这也最大限度地扩大了对象与现实自我的距离，实际上这对象对现实性的否定使得现实自我从自身走向它的道路被切断，于是爱的和合唯依赖于对象的恩宠。在这里，爱情与启示神学达到了同样的归宿。在上述意义上可以说，即使寂灭主义、悲观主义空前浓厚的奥义书启示神学，也反映了刻骨铭心的爱情经验。而它同一切高尚的爱情一样，最终都是在精神本有的生命与自由，即我们所谓本体自由的推动下展开的。而且在这里，这推动者与爱的对象是同一个东西，即本体自由自身。现实精神正是在后者的呼唤、激励之下，越来越脱离其直接的自我，经历无数次自我否定的艰难痛苦，最终体会到与被爱者和合的神圣和谐。

人类的现实精神就是在它与自由的永恒对话中谋求新的发展。其中，精神的现实性包括其全部思想、概念、观念及相应的社会存在，它就是传统，而自由本身却是超越现实、思想、传统的绝对本体。这自由之为本体，就是觉性自否定的永恒运动，它构造出全部现实存在，包括人类精神的现实，作为实现其自身目的的工具，同时推动这现实存在的无限发展。人类的历史就是在自由与现实精神的对话中展开的。盖自由构造精神的现实性，然而一方面，除这自由之外，精神生命也包含有惰性、自在的力量，一旦精神获得某种现实形态，后者就力图抵消精神自主势用的无限性，诱使精神停留于此处；另一方面，当前的精神语境、传统自身、社会存在等都影响着精神的自由与自在性两种力量的颉颃。自由是自否定的绝对无限性，它绝不会停滞于某处，因而在适宜的语境之下，它必定推动精神超越当前的现实，进入更普遍、高明的境界。这种推动，就是在本体自由的呼唤、倾注，与现实精神的谛听、接纳和应答构成的永恒对话中完成的。

在这种对话中，自由推动现实精神从自然思维过渡到实在思维，也必将推动它超越实在思维，进入本真的精神觉悟层次。盖精神在其实在（realistic）阶段，建立起真正的超越与反思。在这里，精神否定了自然、经验的绝对性，确立自我为超验、绝对的实体或本体。它于是否定了自然的专制和主观的任性，最终获得自身内在、普遍的尊严和价值，精神由此才真正成为自由的。然而如前所述，精神生命是生与死、自主性与自在性的统一。后者的作用是抵消前者的无限性、化解它的力量。每当自由、自主性开展出一种新的现实，自在性作为精神的惰性力量就会试图抵消自主性奔向无限的冲动，使精神固着于这种现实，失去进一步开拓的雄心。实在的（realistic）精神也是如此。精神在这里终于克服了自然的奴役，具有了真正的反思和超越，获得了实在的自由。然而无论是在印度还是欧洲文化中，这精神都立即将它所领会的超验实体或本体当作绝对真理，但后者与自然精神执着的实质、本质一样，也仍然是一种现实（超验或先验的实在）。超越的实体或本体是最真实、究竟的现实，是一切存在的绝对基础、根源，而经验、自然则是这实体或本体的表象或影像，是真理性差一级的现实。所以对现实存在的执着是实在精神的本质局限。在其每一发展阶段，实在的精神都体现了这种执着性。比如在其道德精神阶段反思思维或内向的理智将某种经验意识、思想视为绝对，而这只是觉性之经验的内在现实。在宗教精神阶段超越思维或否定的理智将一种封闭自足的永恒实体即超验的现实作为自为的真理。在哲理精神阶段思辨省思把觉性的先验实在视为存在之绝对归宿。在神秘精神阶段，直觉省思尽管试图超越现实，但是它的超越并不彻底，结果它否定了思想、逻各斯的绝对性，而以纯粹澄明、意识为绝对本体，而这也是一种超理性的、神秘的现实。精神把超越的现实当作绝对真理，就意味其自由被这现实限制住，只能在后者范围内活动，它丧失了其本真的无限性，未能进一步展开自身。这表明精神内在的惰性力量现在占了上风，它抵消了其自主势用包括自身否定和自身维持的力量，阻断了其自身无限展开的道路，使精神从此安住于此处，即实在的自由之中。

立足于一种自由本体论角度来看，首先，省思对现实性的绝对化，实际上颠覆了自由与现实精神的关系。在这二者中，自由才是究竟的绝对、本体，一切现实性，包括自然的与精神的现实，都是自由的产物。自由根据自己的需要构造全部现实存在，也根据这需要重构、转化甚至消解之。现实的宇宙由本体自由展开，其发展演化最终由这自由的自身绝对化或无限化的意志推动。然而这本体自由就是觉性的究竟本质，是超越一切现实性的终极原理，唯此它才能成就对现实的绝对自由。这本体作为对现实存在、“有”的绝对否定，就是“本无”、“空性”。实在的思维只见“有”而不见“无”，实际上是用现实完全遮蔽了本体的超绝存在。现实性唯有将本体自由作为其内在的实体，才是具体的；反之，如果它抛开这自由，自身成为实体，它就成为抽象的。实在思维恰恰使现实性成为抽象的。其次，与此相关，由于现实性被视为绝对的真理，它便成为自由无法逾越的东西，成为自由永远无法打开的门，因而它反过来遮蔽、阻断了本体自由的绝对性。在这里，精神的现实必然性即概念、传统反过来束缚着自由的无限开展，阻拦了自由的本真存在的实现。尽管实在的精神在本体自由的冲击和推动之下，仍然在艰难地前行，然而它始终背着现实、传统的沉重包袱而无法真正飞升，跃入本真的自由之中。在这里，超越与反思始终都没有达到本真性和绝对彻底性，没有上升为对本体自由的超绝存在的领悟，没能转化为真正的精神觉悟。总之在实在自由精神阶段，本体自由的绝对无限性，或它对传统与现实的究竟超越性，仍完全处在被遮蔽、湮没的状态。本体自由与现实精神的对话结构被破坏。其最坏的结果是使现实精神完全丧失进一步创造的动力。

然而，一方面，本体自由自身是绝对超现实的原理，它作为对现实的否定，就是“本无”与“空”，它的这种超绝性意味着它不可能真正被传统、现实囚闭、窒息，而是作为不可磨灭的永恒良心，始终在向现实精神呐喊；另一方面，它是觉性的自由或自否定运动的绝对性、无限性，是绝对、无限的冲动。所以，无论在印度还是西方传统中，这本体自由都必将推动现实精神克服其实在的局限，进入本真存在的领域。这种推动，就是自由对现实精神的呼吁与倾注。首先，本体自由就是绝对的自否定，它内在地包含将其绝对性展开为精神的现实活动（思想）的冲动，这种冲动就是这自由的呼声。这自由要求在现实层面展开其自身绝对性，它不允许存在现实的精神自由不可打开的门。因此一方面，它要求实现为对现实存在的绝对自由或自主设定，而这自主设定最后应当是自身否定势用的实现；易言之，它呼吁现实精神否定对现实存在的绝对化，否定任何基础、庇护。另一方面，它要求实现为对它自己的直接、自觉的自主设定，而这自主设定首先必然是自身维持的展开；易言之，它呼吁精神实现对它的自身本体的直接、自觉维持即自我维持。这呼声表现为自我本体论情绪（不满、厌烦、无聊、空虚等)。它使现实精神进入与自由的对话，迫使精神意识到自己的有限性和自由的无限性，并促使它打破自己的狭隘私心对自由的囚禁遮拦，虚怀若谷，对自由的无限性保持开放。这就是精神在本体层次的呼唤与谛听。其次，本体自由乃将自身倾注到敞开的现实精神之中，并由于这精神的接纳而增强了后者内在的自主性力量，使其可以克服现实、传统的阻拦、战胜对立的精神惰性力量(自在势用)的消解，展开其本真的无限性。首先，这精神的自身否定得以清除惰性的自任力量的羁绊，恢复其本真的无限性，展开为对现实性的绝对否定，从而将自由从现实、传统的缧绁中释放出来，推动精神领会到那超绝的原理，即“本无”或“空性”为存在之绝对真理，或究竟本体。因而在它的推动下，精神超越最终上升到超绝思维层次，由此进入本真的精神觉悟。其次在这里，精神的自身维持亦得以战胜惰性自放势用对其进一步内向化的消解，恢复其无限性，进一步展开为对这超绝真理的自我维持，从而推动精神克服实在思维的外在化和偶像化，领会这超绝原理就是精神的内在自我。于是反思也终于抓住了自由的本真存在，从而进入真正觉悟的层次。总之，精神在与本体自由的对话中，恢复了其自主势用本真的无限性。它因而在其内在的自舍和自反势用、“破”与“立”的交替推动下，彻底打破实在思维的桎梏，从而具有了其超绝、本真的自由。精神由此进入本真存在阶段。

然而即使精神进入本真存在的阶段，也未必能彻底摆脱自在势用的纠缠，获得绝对自由。一方面，精神的自主势用推动它彻底否定抽象现实的禁锢，并企图展开为无限的；另一方面，精神的自在势用则力图阻止这自主性迈向无限的道路，而将其牢牢束缚住，从而使精神完全止息于某处，这决定了精神对于安全、庇护和基础的需要。当自主性推动精神进入本真觉悟的领域，其自在性马上诱使它在其中寻求止息处、安全和庇护，因而精神仍然有住，尚未达到无住、绝对的自由。那作为止息处、安全和庇护的东西，必然仍是(作为精神自主否定运动的对立面、终点的)一种现存存在、一种永恒不变的基础、本质。所以本真的精神在其最初阶段，尽管明确地把握住了本体的超绝存在，因而真正使之成为神圣，但仍然把它呈现为一种不变的基础，即神圣本质；我们称这种精神为神圣的精神。在这里，精神将爱和崇拜中的双向运动即对自我的现实存在(乃至全部现实世界)的否定和对对象的理想化推至极端，导致对自我乃至世界的现实存在的空洞化甚至虚幻化、虚无化，现实性不复具有自身的实体性(自为的真理性)，而成为本体投射的影像；本体则成唯一真实的实体。这导致现实自我甚至无法从自己出发到达上帝，所以上帝经验只能来自它的自身呈现或启示；因而我们称本真觉悟的这个最初的层次为启示省思。启示实际上把本体与现实精神永恒对话的结构转变为本体的单方面行动。因而在思想史上，精神从实在的自由到本真的自由的发展，往往最早表现为从神秘（实在精神的最后阶段）到神圣（本真精神的最初阶段），从直觉省思到启示省思的嬗变。

在印度精神史上，《白骡奥义书》最早反映了这一重大精神进展。在它之后与它处在同样精神阶段但对它的思想有所完善的，有《频伽罗子奥义书》、《清净奥义书》、《自我奥义书》、《我觉奥义书》等多种所谓新奥义书。我们姑且只讨论《白骡》、《频伽罗子》两书，以揭示奥义书启示省思之特点。

《白骡》书对于印度思想的最大贡献，是它首次提出幻化论（māyā-vādā）学说。幻化论认为一切现实存在都是至上神投出的幻影，因而是彻底虚假的，唯至上神作为幻师是绝对真实的存在。因此幻化论彻底否定了现实存在自为的真理性，将现实性虚无化、虚假化，故绝对真理只能是对现实性的彻底否定，即超绝本体、“本无”。这意味着奥义书的超越思维，在此已经扬弃实在精神的理智、思辨或直觉的超越，上升为对现实的绝对超越或超绝思维。超绝思维对现实性的虚无、虚假化，客观上意味着将绝对真理、本体置于超绝的或“本无”的领域。它对现实与本体存在意义的上述区分，就是一种严格的“存在论区分”。它因而获得对本体的本真觉悟（尽管只是消极、抽象的）。精神由此从根本上排除现实性的偶像（抽象的现实）对自由的桎梏，首次获得了一种本真的自由（即本真自由在此成为现实必然的）。从上述意义来看，幻化论体现了奥义书超越思维的重大突破。另外幻化论也体现了奥义书反思思维的根本深化。它对现实偶像的破除，使本体得以去除遮蔽，而作为自由自身直接呈现出来；而且它还将“本无”理解为一种超绝的实体，且是觉性的实体，即至上神或至上我。因而幻化论表现了一种超绝的反思。在这一反思中，精神领会到那绝对超现实的本体就是它自身最内在的自我。这反思由于首次透过了现实性的帷幕，进入本体自由的自身存在领域，因而就不同于思辨、直觉的反思，我们称之为觉悟的反思。《白骡》的精神觉悟彻底否定了任何现实的存在，而认为那超绝的本体是否定思维永远无法涉足的原理，因而是一个超绝的现存实体。它对现实性的绝对否定，导致从现实精神到达本体的自力途径完全被切断，因而对超绝本体的领悟只能来自本体的自身启示。这种精神觉悟就是启示的省思。这是奥义书精神觉悟的最初环节。在这里，精神由于对本体的超现实性的领会，而使本体真正成为超世俗的，即神圣的，所以我们称这一阶段的精神为神圣的精神。

《白骡奥义书》的学说主要包括：其一，幻化论。其以为全部现实世界只是一幻相（māyā），而大梵则是制造幻相的幻师，是超现实的神圣本体。幻化原理被认为是神的自力，并被等同于数论的自性。其二，神性论。其以为大梵即禄陀罗神，神具有人格性，为世界的主宰、护持者、创造者或根源。他超越并支配自性三德，通过后者实施其主宰、护持和创造的活动。其三，创世论。以数论学为基础，并与神性论达到很好的结合。自性、三德被归属于神的创世大能。至上神无为独存，唯自性通过其三德转变创生万物。其四，人生论。其亦将数论与神性论整合起来。命我乃自我与诸德联结而形成。它因“受用”诸德，故作业受报，陷于轮回。痛苦在于自我与自性的联结，解脱在于断除命我与自性的关联，证悟至上神并重新与之联结。五、宗教思想。其基本方针是依瑜伽、静虑而得智慧，从而实证大梵，获得解脱。它把奥义书已有的瑜伽学构成一个较为完整的系统，奠定了以后古典瑜伽学的基本框架。然而在《白骡奥义书》中，幻化论、有神论和数论这三个理论基础，可能并未达到彻底的整合。一方面，幻化论似乎没有完全贯彻到有神论和数论之中，其立场与后二者每有冲突；另一方面，至少就现有文本看来，直接的印象是有神论和数论占据更主要地位，幻化论仅在三、四处被直接提及。这种情况反映出，在这里幻化论还仅仅是处在有神论和数论夹缝中的、灵感式的偶然思想，没有成为一种具有必然性的、普遍的观念。这表明启示省思在此阶段还很幼稚，没有成为精神的普遍现实。

而在《频伽罗子奥义书》、《清净奥义书》、《自我奥义书》、《我觉奥义书》等更晚的奥义书中，启示省思已经成长为一种强有力的思想。它将自己贯彻到这些奥义书学说的方方面面，成为了具有普遍必然性的精神活动即概念。我们且以《频伽罗子奥义书》为这些奥义书的代表。其书反映了奥义书启示省思的进一步发展。如果说在《白骡奥义书》中，启示省思刚开始萌芽，它厕身于更古老的数论和有神论思想中，只是偶尔探出头来。那么在《频伽罗子奥义书》中，它终于由小而大，由晦而明，蔚然成长为一种普遍的、强有力的思想，乃至将全部旧有思想吸收到自身机体之内，反过来成为它们的基础。这表现在，《频伽罗子奥义书》将幻化论作为其全部思想体系的绝对基础，那些来自传统的有神论和数论、瑜伽等思想，都被置于幻化论的体系之内。其中，数论的创造原理，即自性，被等同于幻化、摩耶。自性转变产生世界万有的图式，也被认为就是摩耶展开的过程，全部现实世界被认为是摩耶生出的虚妄境相，神的人格性被认为是幻化的产物，是大梵的表象或假相，人的现实自我也被认为是一种幻相；唯大梵是超越世界、诸神、个人灵魂，否定了一切现实性的神圣本体。因而在其书中，现实与本体、有与无的“存在论区分”得到完全贯彻，启示省思得以普遍化。

《频伽罗子奥义书》的主要思想有：其一，幻化论的世界生成机制。其以为自性作为现实存在根源，乃是依超绝本体、大梵生起的幻相。现实世界的生成，首先是根本自性由于三德的增长而转化成为非显、觉谛、我慢，由我慢生成地、水、火、风、空五唯，是为根本转变。大梵投映于非显、觉谛、我慢三者中，成为大自在、金胎、毗罗吒三位人格神，分别与人的熟眠位、梦位和醒位三种心理状态本质上相同。其次是神用五唯进行分解、聚合，构成五种粗显大种，以此构成物质宇宙；同时用五唯之未聚合者生成五种生命元气、五作根、五内根、五知根。宇宙和人由此形成。既然所有现实存在的最终根源是幻，因而它们的存在都是虚幻的。其二，现实自我的结构。其书对现实自我的分析，把奥义书通常所说的自我三身（粗身、细身、因身）、五身（食身、元气身、意身、末那身、识身、喜乐身）、三位（醒位、梦位、熟眠位）之说与幻化论和数论思想结合起来。盖无论三身、五身还是三位，皆是幻化所生、虚妄不实；唯本我超绝，为独存之真理。其书以此遂置三身、五身、三位说于现实与本体的“存在论区分”框架中。然而当自我执受此等幻法且将其虚妄等同于自身，便产生出现实自我或命我。这命我的存在也是虚幻的。其三，解脱与世界幻相的消灭。其书以为现实世界皆是幻相，但自我被这些幻相系缚，因而溺于生死的洪流。故其实践的方针，就在于脱离、否定现实偶像，呈现、证悟超绝的本质；破执受之妄，现本体之真。其实践的方法，唯在于对“彼即是汝”等伟言（mahavakya）修闻、思、静虑、三昧，依增益、弃绝之道，最终获得智慧，证悟自我。一俟智慧之火起，则世界幻相即被焚灭。世界消灭的秩序与生成正好相反。

奥义书思想从实在思维到本真觉悟的发展，在观念层面表现了一种双重的辨证运动。这首先是在其现实层面，《白骡》等的思想，一方面通过对全部现实存在、“有”的否定，将绝对真理、本体置于超绝的、“无”的领域，表现了精神的现实超越运动的绝对化，超越思维将自己提升为超绝否定。这种精神的舍“有”入“无”运动，在现象学上表明了精神内在的自身否定势用在质上的（即存在内容上的）绝对展开。另一方面，《白骡》等的思想，又确认这超绝存在、“无”乃是精神最内在的实体、自我，因而又表现了一种超绝反思。在这里，精神穿透现实性的遮蔽，深入自我的超绝本质的运动，在现象学上表明了精神内在的自身维持势用在超绝本体领域的积极展开（唯自身维持势用推动省思追寻更真实、更内在的自我）。因此，《白骡》等的思想，不仅表现了精神在其现实层面的超越与反思，或否定与肯定、“破”与“立”的辨证运动，这构成精神省思舍“有”入“无”，复由“无”归“有”的循环，也表现了精神在本体层面的自舍势用与自反势用的否定与肯定、“破”与“立”的辩证法。而且正是后一辩证运动的展开，推动超越与反思的辩证运动，从而推动奥义书的精神克服现实执着，领会超绝、内在的本体，从而进入启示的省思领域。然而这精神内在的自舍与自反势用的历史展开，离不开本体自由的促动（参考上一编引论），因此是自由最终推动启示的省思之形成。总之，奥义书思想从实在思维到幻化思维的发展，在观念层面呈现了自由推动精神的本真觉悟形成的机制，进一步展现了自由推动人类思想发展的内在精神逻辑。

然而同在基督教超绝神学中一样，在奥义书中，启示的省思也有其根本的局限性，这就在于对现存性的执着。《白骡》、《频伽罗子》等晚期奥义书尽管将现实存在虚无化，从而客观上将本体置于"本无"领域，但主观上对这本体的"本无"性尚无明确、具体的领悟。启示省思没有领悟本体自身也是不可取、不可受、不可得的，是空亦复空的无根基、无本质境界，因而将本体理解为一种永恒的现存性，为存在之基础、本质。这明确表现在这些奥义书把作为超绝本体的大梵说成是无时间的常住、不动、稳固和永恒的真理。这种现存东西，就是不可被否定的绝对原理、精神超越性的终点。因而它在绝对超越的"无"化风暴面前，为现实精神提供了安全、庇护和家园。这表明精神在这里仍然有所住、有所执，仍在寻求安身立命之所，而不是勇猛地投入虚无的风暴、担荷自身本真的了无根基、无得无住、无家可归状态，从而赢得其绝对自由。然而一种超绝的现存本体乃是启示省思的假相。因为那超绝的觉性实体就是本体自由自身，它就是无限的自己否定自己的运动，即自主的时间，而不是任何无时间、常住、不动的现存本质、基础。自由才是超绝本体的实质，因此启示的省思对本体的觉悟是抽象的。

启示省思的这种根本局限，在观念层面表现出即使在本真精神阶段，超越思维仍然未能把自己绝对化，超绝的否定再也无力往前推进，而是力图寻求一止息之处（而一种超绝的神圣本质，就是精神最佳的止息处）。这在现象学上表明本真精神内在的自身否定势用仍然被（精神内在的惰性自任势用）抑制，未能充分展开其本真的无限性，以推动省思打破最后的执着，领会存在的超绝真理，乃是无所依、无所住的自否定运动即自由本身。奥义书的这一精神局限，也唯有通过自由的进一步展开才能被克服。盖本体自由作为绝对，要求最终实现为（精神）对它自己的实质的直接自主设定，而它对于现实精神的绝对超越性也决定它永远不会被精神的当前处境完全窒息。因而在适宜的精神语境之下，它必然通过呼唤与倾注，促使精神内在的自舍势用恢复其本真的无限性，从而推动超越思维领悟那超绝本体也是空，其实质是在超绝层面的空的运动（空性）。于是精神彻底否定任何现存本质的假相，达到究竟的无所住、无所得境界，这才是它的绝对自由。在印度思想中，这一精神进展通过大乘佛教得到验证。大乘佛教将超绝思维究竟化，领会到绝对真理就是"空性"（空智之本体），舍此无他。而晚期奥义书，又由于从大乘佛教汲取灵感，遂领悟到这"空性"就是自我，因而最终进入本己的觉悟领域。所以我们在下面也把大乘佛教也作为一章，纳入对奥义书的精神史阐释之中。

另外我们还就奥义书思想从直觉省思到本真觉悟的精神转型，将其与欧洲和中国传统进行了比较。首先,欧洲传统同样经历了这种从直觉省思到启示省思的转型。新柏拉图主义和奥古斯丁等代表的神秘神学,表现了一种与《蛙氏》等奥义书类似的直觉省思,它同样也面临着与奥义书的直觉省思同样的局限。这些思想都没有实现对现实与本体的“存在论区分”,包括对现实性的空洞化、对本体的超绝化。它们尽管强调上帝本质对于逻各斯、理智的超越性,但上帝并没有将自身清晰呈现为对现实性的否定,而似乎仍然是一种特殊的现实存在,类似于晚期奥义书的无思虑的纯粹意识、澄明。这从奥古斯丁等对上帝是存在(即现实性)的强调之中得到证明。然而上帝只有作为对现实性的彻底否定,即作为超绝的本体才是真正神圣的。所以同在直觉奥义书中一样,在这里,直觉省思还不是超绝的。它还没有领悟到本体的本真存在,因而还不是真正的精神觉悟。精神在这里仍然背着现实存在的沉重包袱,没有实现一种超绝的自由。然而从奥利金、马利乌斯·维克托利努斯、忏悔者马克西姆、阿娄帕果的但尼斯的基督教的否定神学,反映了基督教精神的一个重大进展。这就在于,他们像奥义书幻化论所做的一样,取消了一切现实存在、“有”的自为的真理性,使现实存在成为绝对本体的影像,而绝对本体则超越一切现实存在,因而是非有、“无”。他们以此在神学中引进了一种清晰的“存在论区分”,从而使神圣本体的超绝性充分呈现出来,实际上是把《旧约》中潜藏的对上帝超绝性的体验更明显地阐发出来。这种否定神学实际上就是一种与《白骡奥义书》的神学类似的超绝神学。它体现了基督教的启示省思形态。我们在结语中通过两种传统的比较研究,阐明了欧洲传统从直觉省思到启示省思的转型,与奥义书思想的这一转型,遵循的是同样的精神逻辑。由此表明了这一模式的普遍意义。其次,华夏民族由于其执着、浅狭的现实意识,始终埋首于最直接的现实性即自然,未曾从这自然的大地抬起头来,呼吸过精神超越和反思的新鲜空气,从未主动追求、获得过任何真正的精神自由。因而,它更不可能通过扬弃精神的超越和反思,领悟那彻底非现实的超绝本体。因此华夏精神未曾体会过丝毫的神圣性,它的传统不包含任何神圣的东西。盖有别印欧觉道文化,华夏玄道文化的特点在于其追求精神解构的意志,在这里精神泯灭了自由的呼声,耽着于自我毁灭的快感,总是企图回到无精神的直接自然中去,在那混沌玄冥之境怡然自乐。这种文化使得精神无力承担艰辛痛苦的生命。它使得精神本有的惰性力量大为发扬,而其自主势用被抑制、挤压,精神的自舍与自反势用的本真的无限性被彻底阻断,其在现实中的自身绝对化空间被完全取消了,因而它们不可能推动省思实现对本体自由的超绝性即它的本真存在的觉悟,不可能推动精神实现本真的自由。另外传统的中国精神,即使在与印欧文化的交往中,也无法接受后者的超绝思维。中国传统在接受大乘佛教过程,就逐渐磨灭了印度大乘包含的超绝思维。当后者最后渗入儒家（心学）思想之中时，已经是面目全非了。这一点，我们试图通过考察儒、道二教的“援佛入儒”、“援佛入道”过程加以阐明。

## 第一节 白骡氏

人类的任何思想进步都是在自由与现实精神的无限对话中展开的。觉性、精神的存在是包含本体与现实性的大全。其中，精神的现实性包括一种文化的全部思想、概念、观念及作为其客观表现的社会存在，它就是传统。但现实性并非存在的本体，而只是这本体由以实现自身的中介、工具、符号。本体则是绝对超现实的原理，是觉性的自由或自否定运动的绝对性、无限性。它作为对现实的否定，就是“本无”与“空”。正是这自由的自身开展，推动精神的现实存在不断自我提升和深化，推动精神从自然的过渡到自由的阶段，并推动精神在实在自由的阶段从理智省思进展到思辨省思，并最终进展到神秘的直觉省思。然而与它的种种现实产物相比，本体自身必然是不触目的。而且由于精神内在的惰性（自在势用）对于其自由的进一步开展、对于其超越和反思朝向本真精神的运动的阻拦，因而精神在其实在自由阶段，往往错失了这本体自身，而将现实性当作存在的绝对真理。在这里，即使神秘精神对现实存在的超越也并不彻底，最后沦落为在直觉省思中概念与意识，或逻各斯与澄明两种现实性的对立。所以在这一阶段，现实与传统终究成为精神的自由无法逾越的东西。这势必使精神丧失进一步发展的空间。

然而本体自由就是绝对的自否定，它必将通过其呼吁与倾注推动精神的超越与反思打破这种现实性执着，领悟存在的超绝真理，从而使本真自由成为实在的，使精神从实在阶段过渡到本真阶段。当自由在现实层面展开其绝对性之时，便不允许存在现实的精神自由不可打开的门。因此，一方面，本体自由呼吁精神否定任何基础、庇护，否定对现实存在的绝对化；另一方面，它要求实现为对自身的直接、自觉的自主设定或自由，而这自主设定首先必然是自身维持的展开，易言之它呼吁精神实现对它的自身本体的直接、自觉维持即自我维持。自由正是通过这永恒的呼声，唤醒被抽象现实、传统囚禁的精神，使其意识到其自身的局限和自由的无限性，从而渴望摆脱执著，实现超绝的自由。同时自由为精神倾注力量，促使其自主势用恢复本真的存在，从而推动超越和反思的新进展。现实精神正是由于敞开胸怀，接纳这种倾注，因而首先，其自身否定得以清除惰性的自任力量的羁绊，恢复其本真的无限性，展开为对抽象现实性（作为自为、绝对真理的现实性）的绝对否定，从而将本体自由从概念、传统的缧绁中解放出来，推动精神领会一种超绝的原理，即“本无”或“空”为绝对真理，精神的超越由此进入本真觉悟的王国；其次，其自身维持亦得以战胜惰性自放势用对它（自身维持）的内向运动的消解，展开为对这超绝原理的自我维持，从而推动精神克服实在思维的外在化和偶像化，领会这超绝原理、“本无”就是精神的内在实体、自我，其反思也由此进入本真觉悟层次。总之，在其内在的自舍和自反势用、“破”与“立”的交替推动下，精神最终扬弃实在思维的局限，进入本真精神阶段。

在印度精神史上，这一重大精神进展最早通过被归诸白骡氏的《白骡奥义书》思想得到反映。《白骡》书对于印度思想的最大贡献，是它首次提出幻化论（māyā-vādā）学说。一方面，幻化论表现了奥义书超越思维的重大突破。幻化论彻底否定现实存在的真理性，将现实存在空洞化、虚无化，因而绝对真理只能是绝对超现实的（超绝的）存在，即“本无”。幻化论意味着奥义书的超越思维已经扬弃理智、思辨或直觉的超越，升华为绝对超越或超绝思维。后者由于对现实性的绝对否定，客观上就将本体转回到它本来就属于其中的超绝或“本无”领域，因而它也是对本体的本真觉悟（尽管只是消极、抽象的）。精神由此从根本上排除现实和传统的巨大偶像对自由的桎梏，首次获得了一种本真的自由。另一方面，幻化论也体现了奥义书反思思维的根本深化。它对现实存在对本体的遮蔽之排除，使本体可以作为自由自身直接呈现出来。而且，幻化论对“本无”的领会不仅仅是否定性的，它还将“本无”理解为一种超绝的实体，而且是觉性的实体，即至上神或至上我。因而幻化论还表现了一种崭新的精神反思。通过这种反思，精神领会到那绝对超现实的真理，就是它自身最内在的存在，它由此在本真觉悟中返回到自身。这种反思就不同于思辨、直觉的反思，而为觉悟的反思。

《白骡》的思想，表现了超越与反思，或否定与肯定、“破”与“立”的相互交替、相互纠缠，后者构成精神省思舍“有”入“无”，复由“无”归“有”的辩证循环运动。这是精神现实展开的辩证法。精神的超越与反思扬弃现实存在、进入觉性、精神的内在超绝本体的运动，在现象学上分别表现了精神内在的自舍与自反势用在超现实存在领域的展开。这自舍与自反势用，在其展开中相互交织、相互纠缠，也构成了精神在本体层面的否定与肯定、“破”与“立”的辩证往复运动。无论是超越还是反思思维，都内在包含了自舍与自反两种势用的“破”、“立”辩证法，都是在这辩证法推动下在“有”—“无”—“有”之间作循环运动。因为一方面，超越思维向超绝否定的提升，充分体现了精神的自身否定势用的积极展开。这自舍势用是推动这一进展的主导力量，而同时这超越思维对那超绝的真理、“本无”的更积极、具体的规定，离不开精神的自主肯定势用（自凝与自反）的参与。另一方面，反思思维穿透现实偶像，进入自我的内在、超绝本体，充分体现了精神的自身维持势用的积极展开，这自反势用是推动这一进展的主导力量，但这反思对现实偶像的排除，也清楚地表现了精神的自身否定势用的积极活动。正是这自舍与自反势用在超绝本体领域的历史展开，推动超越和反思思维向本真觉悟层面的提升，导致《白骡》等晚期奥义书的精神转型。因此在这里，精神生命的发展实际上表现了一种双重的辩证运动。正如我们前面论证的，唯本体自由才能促使精神内在的自主势用的历史展开（参考本书第一部分第二编引论）。因此最终是自由推动奥义书思想从实在的精神向本真的精神的转型。因此我们通过对《白骡》等晚期奥义书思想形成史的现象学阐释，将进一步证明自由推动思想发展的内在精神逻辑。

然而，与后来佛教般若思想不同，《白骡》等晚期古奥义书尽管将现实存在虚假化，从而客观上将本体置于“本无”领域，但它们没有意识到这本体自身也是无规定、无自体的，而是把本体当作一种超绝的现存存在、本质或基础。这超绝的本质，一方面否定了一切现实性的偶像，另一方面它自身又是决不可被否定的、绝对安全可靠的真理。因而它才是真正神圣的。与基督教超越神学通过存在论区分否定形而上学神学、思辨神学和直觉神学附加到上帝之上的全部现实存在偶像，将上帝置于“无”的超绝领域，从而才真正使上帝成为“神圣”一样，正是由于《白骡》书对现实性的彻底虚无化，才使印度宗教的至上神，真正脱尽吠陀和早期奥义书覆盖在它上面的世俗阴霾，而从内部放射出神圣的光辉。同在基督教超越神学中的情况一样，在这里，神的绝对超越性否定了人通过自己现实的认识能力直接领会神的可能，因而对上帝本质的亲证最终只能来自神的自身呈现。这种呈现对于修行者的心灵而言，就像是一种来自彼岸的“启示”。所以与神圣精神相应的省思就是启示省思。启示省思是觉悟的最初阶段。同在基督教超绝神学中一样，《白骡奥义书》幻化论的超越与反思，都属于启示省思范畴。

另外，同在基督教超绝神学中一样，幻化论的启示省思也具有根本的局限，这主要表现在它的本质主义立场上。幻化论固然将现实存在虚无化，但仍未明确本体自身也是空无自体的，是无所住、无所依、不可得的，而是将本体理解为一种永恒的现存性，即存在之基础、本质。这样，梵作为超绝的本质，就似乎仍是一种现存的“有”。它被说成是无时间的常住、不动、稳固和永恒的真理，因而就为处于现实的流转中的精神提供了基础、安全和庇护。这表明精神在这里仍然有所住、有所得，仍然在寻求安身立命的基础、归宿和家园，而不是勇猛地担荷自身本真的无根基、无归宿、无得无住、无家可回状态。无论是在基督教神学还是在奥义书思想中，一种超绝的精神本质都是思想的假相。因为那唯一的超绝精神实体就是本体自由自身，它就是无限的自己否定自己的运动、绝对的生命、自主的时间，而不是任何无时间、常住、不动的现存本质、基础。自由本身才是存在、自我的超绝本体的实质，所以启示的省思对本体的领会是抽象的。这种启示省思的对现存性的执着，在观念层面表现了精神对安全、庇护和止息之处的需要，表明超越思维没有达到自身的绝对化。这在现象学上证明了精神内在的自舍势用没有获得绝对展开，它仍然被（精神内在的惰性）抑制，没有实现为绝对的自由。这一精神局限，最终也只有在自由自身的推动下被克服。盖本体自由作为永恒的良心，必然通过呼唤与倾注，促使精神内在的自舍势用恢复其本真的无限性，从而推动省思精神彻底否定任何现存本质的假相，领悟那本体自身是空无自性的。于是精神销毁任何偶像的羁绊，达到究竟的无所住、无所得绝对自由境界。这一进展在大乘佛教、不二吠檀多学和更晚的奥义书思想中才得以完成。

《白骡奥义书》（Śvetāśvataras Up.）属《黑夜珠吠陀》（Kṛṣṇa Yajurveda）学派。如其书 VI · 21 节所说，此奥义书乃为仙圣 Śvetāśvatara（意为“有一白骡者”，或有［如 Saṃkarānanda］释为“诸根［aśva］清净［śveta］者”）所开示，而彼乃得之于苦行（tapas）和吠陀修习，并传授于超越四行期（āśramas）的行者。然而同奥义书中经常的情况一样，此书内容亦嫌杂乱，缺乏整体的一致性，因而恐怕并非出于一人之手，而可能是以一个作者（兹说为白骡氏）的作品为基础，掺入后辈学者长期的增益、解释和补充文献佐证而成，另外白骡氏的作品，大部分内容也取自吠陀和更早的奥义书的陈说，因此该奥义书中，亦不免异说杂陈，缺乏完全的内在一致性。我们仅以其最具独创性、最高明的观念，即幻化论（Māyā-vidyā）对它进行定位。其书大量文字为转引自《羯陀奥义书》或稍加改作，此如其 VI · 12-4 完全同于 Kāṭh V · 12，13，15；其 II · 9 的车乘之喻，亦显然来自 KāṭhIII · 4，等等。另外此奥义书亦有沿用《六问奥义书》的痕迹，且有许多段落与《薄伽梵歌》相同。这表明此奥义书年代甚晚。

学界一般以为其晚于佛陀，然其书所阐明的瑜伽之法显然比巴檀遮厘的古典瑜伽简单、粗糙，也远不如佛传所记释迦从迦罗摩（Kālama）所受之瑜伽复杂，故其是否晚于佛陀，仍可存疑。另外，它在奥义书中最早阐明了幻化论的思想。此种思想以吠陀中因陀罗以幻法（Māyā，此处指狭义的魔术［magic］）的观念为最初渊源，而且与大乘佛学“性空如幻”说存在显著的家族相似性，然而其理论明显比后者朴素、简单，因而应视为后者的前身。所以此奥义书的年代早于大乘般若思想（其年代最早可上溯到公元前二世纪）当是确定无疑的。作为《白骡奥义书》理论基础的，除了幻化论，还有神性论和数论学思想。在《白骡》书中，这三者达到何种程度的整合，仍是很不确定的。

《白骡奥义书》的学说主要包括：(1) 幻化论。其以为全部现实世界只是一幻相(māyā)，而大梵则是制造幻相的幻师(māyin)。它认为幻化原理就是神的创世力量或自力，与数论的世界本源即自性等同。因而幻化论被与创世论和自性转变说统一起来。(2) 神性论。它将大梵等同于吠陀的禄陀罗神(Rudra)。神是世界的主宰、护持者、创造者或根源。他超越并支配自性三德，通过后者实施其主宰、护持和创造的活动。通过瑜伽、静虑，证知神的实相，被认为是获得自由、解脱的根本途径。神的人格性很明确，他有时被认为是超绝的本体，有时被认为是世界的直接来源。(3) 创世论。《白骡》的创世论以数论学为基础。它开示了数论自性转变说的全部环节。以为神我独存无为，唯自性通过其三德转变创生万物。痛苦在于自我与自性的联结，解脱在于二者的分离。其数论学的特点是将神性论与数论很好地整合起来，自性、三德被归属于神的创世大能。(4) 人生论。其以为自我因"受用"诸德，从而与后者联结，形成个人的命我。命我因有诸德，故作业受报，陷于轮回。生命的本质是苦。人生的理想在于断除命我与三德的关联，证悟至上神并重新与之联结，从而获得解脱。(5) 宗教思想。《白骡》宗教实践的基本方针是依瑜伽、静虑而得智慧，从而实证大梵，获得解脱。其修道论的主要贡献是将《羯陀》提出的瑜伽学构成一个较为完整的系统，奠定了后来瑜伽学的基本框架。兹将依此五部分，对《白骡奥义书》思想进行阐明。

正如我们在文中表明的，在《白骡奥义书》中，幻化论、有神论和数论这三个理论基础，可能并未达到彻底的整合。其书总体的思路结构还是轮廓清晰，内部思想大体是一致的，然而涉及更低一层次的问题（如其论梵与世界、神与命我关系等），则理论的模糊与不一致之处甚多，这须要在文中一一料简。兹将其义分为以下几目以述之：

## 一、幻化论

同许多其他晚期奥义书一样，《白骡奥义书》也大量引用了更早的奥义书材料。尽管其一再抄录已有的文献，可能会破坏其思想的一致性，也可能使它显得平庸，甚至让读者生厌，但是它大致能将这些旧说，与它自己独特的新思想统一起来，通过这些新思想赋予旧说以新的诠释，因而这些新思想就规定了其整体的理论高度。它对奥义书思想的新发展，除了其对于数论学和瑜伽术的更系统阐明，就是它在印度思想中首次提出幻化论(māyā-vidyā)的思想。其以为全部现实世界只是一幻相(māyā)，而大梵则是制造幻相的幻师(māyin)。通过幻化论，全部现实存在、"有"被空洞化或虚无化，"有"成为彻底虚假的；因而本体（大梵、至上神）被置于"无"、

“空”的领域，本体的绝对超越性才得到彻底实现。幻化论是此奥义书之最杰出成就，其说主要出现于第四章，尽管其着墨不多，但决定了此奥义书的精神高度，如点睛之笔然，因而是我们解释此奥义书思想的理论原点。ŚvetIV·1—22 云：

IV·1 彼一本无色（avarṇaḥ）①，依其隐秘义（nihitārthaḥ，非出于世间的、个人的动机或利益），多方以能力，分施众形色。世界没于彼，以彼为始终。惟愿彼天神，赐我等明智。2② 彼诚是火神。彼即是日神。彼即是风神，彼即是月神③。彼是清净者（śukram，指天空）。彼亦即是梵（brahman，此处指吠陀祷词）。彼即是诸水。彼即是生主（Prajāpati）。3④ 汝为妇为夫，为童男少女。汝亦为老父，拄杖行蹒跚。即于出生时，汝面对诸方。4 汝是玄青鸟，赤睛绿鹦鹉。汝孕雷电胎，是季节、海洋。维汝自无始，遍入于万有，世界之万有，皆由此而生。5 无生之玄牝，其色赤、白、黑，生子其众多⑤，皆与彼相似。一牡为无生，乐与其交欢；一牡亦无生，乐矣乃离去⑥。6⑦ 美羽牢相伴，同栖于一树，其一食甘果，其一不食观。7⑧ 于此同一树，一人独沉沦，迷失徒怅惘，自忧其无力。此若见于它（另一鸟），主宰且自足，以及其伟大，遂离于苦厄。8⑨ 黎俱不坏音（吠陀不坏之音，即“Om”），诸神立于彼，于最上天界（最上天界之诸神皆依止于彼）。若人不知彼，黎俱复何益？⑩ 如实今集于，此间之诸位，实为知彼者。

---

① 无色（avarṇaḥ），商羯罗释为“nirviśeṣaḥ”，即无差别、无限制、无表相、无规定。联系 VI·11 说至上神“为观者、知者（cetā），独存而无德（nir-guṇa）”，II·15 说大梵为“无生、脱离一切谛（sarva-tattvair）、不动之神圣”，“无色”应从数论立场解释为“无德”，即自我超越自性三德及其转变而为独存之原理。

② 此偈同于 Vāj SaṃXXXII·1.

③ Vijñāna-bhikṣu 释曰，大梵通过其幻化之力创造出诸世间存在并进入之，因而得名为后者。

④ 此偈同于 AVX·8·27.

⑤ “赤、白、黑”（lohita-śukla-kṛṣṇām），即自性的罗阇（rajas）、萨埵（sattva）、答摩（tamas）三德。或指火（tejas）、水（ap）、土（anna）三元素。

⑥ 此四句中两个“无生者（ajā）”，前一无生者有无明，故受缚于自性之转变，指凡夫；后一无生者断无明，故断自性之缚着，指神或圣者。

⑦ 见 ṚVI·164·20，KāṭhIII·1，此偈同于 Muṇḍ III ·1·1。此处二鸟喻命我与至上神，前者被自性系缚，故受果；后者不被自性所缚，亦不受果。或喻自我与自性。前者恒常、无为，无转变，亦不受果，仅为世界之恒常的旁观者；唯后者恒处生灭流转并作业受果；二者的结合构成每个人的现实生命。

⑧ 此偈同 Muṇḍ III ·1·2.

⑨ 此偈同于 ṚVI·164·39.

⑩ 吠陀固为解脱而设，但人若不悟其究竟不灭之义，即“aum”或大梵，则吠陀于他毫无裨益。

9 唱赞与祭祀，仪礼与训诫，过去及将来，吠陀之所示（吠陀所开示的全部内容），凡此全世界，皆为摩耶主（māyin），由此投射出[①]。维彼另一者（命我），遂尔被摩耶（māyā），囚闭于此（世界）中。10 复次人应知，自性（Prakṛiti）即摩耶。而彼摩耶主，即是大自在。遍满世界之，万有皆其分（皆为彼之部分）。

11 主宰诸胎藏，万物没入彼，复由彼出来，主宰（īśāna）、赐福者，可敬之神圣（deva），敬彼得永寂（śānti）。12 彼为诸天之，源泉与根柢，为宇宙主宰，禄陀罗大圣。彼亦曾经见，金胎自生成，愿彼赐我等，清明之智慧。13 彼为天神主，诸界安于彼；二足四足类，皆彼为主宰。吾人以祭品，当礼拜何神（kaismai devāya）[②]。14 细于微细者，处于混沌中，宇宙创造主，且具杂多相；彼即唯一者，囊括全宇宙。知彼为吉祥（śiva），遂永得安静。15 彼实于适时，为世界护持[③]；（彼为）一切之主宰，隐藏于万有。证梵者、诸神，皆于彼合一[④]。人由知彼故，乃断死亡索（mṛtyu-pāśāṃś）。16 知彼为吉祥（śiva），隐藏于万有，极微妙如酥，微细过于酪。彼即唯一者，囊括全宇宙。人若知彼神，遂解一切缠。17 彼神圣、大我（mahātman），创造一切者，恒居众生心。由心、想及意，彼庶可揣度。人若知彼者，遂尔成不死[⑤]。18 当黑暗消失，昼夜乃俱泯，非有非非有，唯彼吉祥（śiva）存。彼为不坏者（akṣaraṁ）。彼日神妙光，亘古之智慧（prajñā），乃从彼生出（乃因证悟彼而生出）。19[⑥] 既非在于上，亦非在对方，亦非在中间，而可捉摸彼。无有类彼者，彼名“大荣光”（mahad yaśas）。20[⑦] 其相（rūpa）不可见，无人目视彼。人若诚如是，依心、意证彼，居住于心中，则成为不死。21 “彼是无生者”！以如是思维，人于恐惧中，乃求近汝前。嗟禄陀罗神，汝有慈悲容，愿

---

① “由此生出”之“此”指大梵或自性三德，释为三德更合理。创造者即大自在，以幻化生成万有。

② 此处“kaismai devāya”（于何神）或许应为“taismai devāya”（于彼神）。此偈后二句来自ṚVX·121·3.

③ 此二句原文“sa eva kale bhuvanasya goptā”，杜伊森译为“Er in der Zeitlichkeit ist der Welt Behüter”，徐译从之（其译文为“彼在大宙中，唯是护世主”）；休谟译为“He indeed is the protector of the world in time”，拉达克利须南从之。但杜伊森将“于时（kale）”做实为“在时间之中”，与至上神之超时间义矛盾，而休谟译文中“kale（in time）”修饰的对象易致混淆。P.Olivelle 译为“It is he who protects the world at the right time”，为诸译之最佳，惟将“goptā（protector）”由名词改译为动词“protects”。本译斟酌以上诸译，其中译“goptā（保护者）”为“护持”乃从佛典旧译（此词为佛尊号之一）。

④ 知梵者与天神皆知其实性即大梵，故于大梵之上达到联合。

⑤ 第三句后亦见于 III·13，译文为合于偈颂形式对行文略有调整。

⑥ 此偈来自 Vāj SaṃXXXII·2，3，同于 Tait ĀraX·1·2；Mahānār UpI·10.

⑦ 此偈基本同于 KāṭhVI·9，后三句亦见于 ŚvetIII·13，IV·17（略有差异）。

汝即以彼(慈悲容),长久护持我! 22① 请毋伤我等,于我之子孙(意即毋害我之子孙以伤我)! 请毋伤我等,于我之牛群! 毋损我马群! 嗟禄陀罗神! 请毋于怒中,杀戮我英雄! 我辈以牺牲,常祈求于汝!

《白骡》书的基本理论框架,是由:(1) 一元的有神论;(2) 早期数论的转变说;(3) 幻化论的世界观三根支柱构成。其中,(1) (2) 在《羯陀》、《六问》及其他稍晚的奥义书中皆有不同程度表现,在这里《白骡》书并无根本创新,唯 (3) 幻化论是此书首次提出,故最为重要。在《白骡》书中,这三种理论达到了大致上的思想统一。这在于:其一,数论的自性及其转变,被等同于神的自力 (ātma-śakti) 及其转变;其二,这自性或神的自力又被视为幻化之力,即神制造幻相的大能。《白骡》书幻化论与后来大乘佛教的性空如幻论和不二吠檀多派的幻变论 (vivarta-vidyā) 的主要区别,就在于它应当从有神论的背景来理解。《白骡》书这一章的内容,亦以上述思想框架为基础。它的思路基本可分为三部分:第一部分,即 §1— §8,提出一种糅合了数论学的一元有神论;第二部分,即 §9— §10,提出了现实为神的幻化产物的思想;第三部分,即 §11— §22,开示通过敬思至上神而得解脱的修道方式。兹略述之:

一是有神论与数论。§1— §8 包含了对宇宙人生之起源的思考,可能内部并不完全一致。其中 §1— §4 的倾向是泛神论的。其以为神作为无相、超越的根源,以其不同能力,转化为万有。世界由彼产生,复归没于彼。其中,神作为万有本质的观念被大大地强调。神被认为就是火、风、水、日、月、天空乃至男人、女人、动物等。在这里,神似乎被认为是存在的唯一根源、实体。

然而 §4— §7 则提出了与此明显不同的存在起源论,即在二元论图景之下的、随顺数论的自性转变论。其以为有至上神 (Iśvara)、自性 (prakṛti) 两种普遍原理,为无生 (ajā) 之实体;此外尚有命我 (jīva),亦是无生的实体,但非普遍。其以一具赤、白、黑 (lohita-śukla-kṛṣṇām) 三色的牝兽喻自性,而此三色分别即自性的罗阇 (rajas)、萨埵 (sattva)、答摩 (tamas) 三德。或有学者释三色为火 (tajas)、水 (ap)、土 (anna) 三元素,乃以 ChānVI · 4 的火、水、土三有说为据,但与《白骡》书明显的数论学思想不侔。《白骡》书在此提出自性是所有现实存在物的唯一根源。自性转变如母生子,其所有产物皆与其相似,即具罗阇、萨埵、答摩三德。这里,另外两个无生 (ajā) 的实体,即大自在神和命我,似乎没有参与到存在转变中去。§5 分别喻此二者为与自性作为雌兽交配的雄兽,其中一个在与雌兽交配时产生贪恋,

① 此偈同于 ṚVX · 114 · 8 ; Tait SaṃIV · 5 · 10 · 3 ; Vāj SaṃXVI · 16.

而不舍离，此即喻命我执着于自性，故被系缚；另一个则与雌兽交配后并不留恋，而是离之而去，此即喻大自在神尽管与自性联结，但不执着于它，故不被它系缚。在这里，大自在神、命我与自性为三个独立实体，其中前二者被排除在自性转变产生世界的过程之外。§6，7的意思与此大体一致。其分别喻神与命我二者为栖息于自性即宇宙之树上的二鸟；如鸟对于树是外在的，这二者对于自性也是外在的。在这里，命我只是因为与自性三德的联结而被自性转变系缚，受用转变的结果，但它并不是转变的环节，没有参与到宇宙发生过程中去。至上神则甚至不受用转变的结果，完全与自性脱离，为不动的旁观者。人若亲证至上神的自相，从而与永恒的神结合在一起，就可解开流转不已的自性的缠缚，脱离由之而来的痛苦烦恼，得到解脱。痛苦在于迷失自我于物质的世界，解脱在于扬弃物质世界，回到真实的精神和存在。

§5—§7把至上神、命我、自性当作三个不同的、而且各自独立的实体，与I·7，8，9的“三相梵（trayam brahman）”说，即以为大梵由受者（Bhoktṛ），所受者（Bhogya），主宰者（Prerayitṛ），即命我、自性、大自在三个永恒实体构成的总和之说，以及VI·16所谓自性（pradhāna）、田智（kṣetra-jña，指命我）与主宰（Prabhū）三种实体之说，预示了后来湿婆教的主（pati）、兽（paśu，指命我）、缚（paśa，指自性）的三元化世界观，以及罗摩努阇的以神、命我、自性为基础的差别一元论教义。然而在此则奥义书中，大梵与至上神、命我、自性的关系颇有模糊之处。比如大梵是否与至上神，即大自在或禄陀罗、伊莎、生主等同一，或仅以后者为表象而自身为一非人格化的原理？自性为与大梵对立的存在或仅为大梵之产物？个体自我到底是大梵、至上神自身进入我们的人格之中，或仅是从其流溢出的部分甚至映照在这人格之上的影像？另外命我到底是独立于神的实体，或仅为神的造物、分位？对于这些问题，《白骡》在这里都没有给出很清晰的答案。

《白骡奥义书》这一部分内容，主要取自《黎俱吠陀》、《婆遮氏本集》、《羯陀奥义书》和《蒙查羯奥义书》，在思想上也基本上是沿袭了它们的陈说。唯有当我们试图把它的这些说法与其幻化论当作一个统一整体来看时，它们才可能具有了与其在出处文本中不同的意义。

二是幻化论。所谓幻化论（Māyā-vidyā），即持现实世界为幻化（māyā，摩耶）所生之学说，乃以《白骡奥义书》为源头。此说在后世吠檀多学乃至整个印度思想（包括佛教）中，都产生了极其重要的影响。此处所谓“māyā”一词，在梵语中本义就是魔术（magic），此亦为其在吠陀中的原意；其在晚期奥义书中乃成立为一个本体论原理。在早期佛典中，摩耶是魔术或骗术的意思；在大乘佛学中，摩耶被认为是使世界现象产生出来的虚幻原理，这当然是受到奥义书思想影响。

古来吠檀多学者往往会将幻化论上推至吠陀，以明其源头之古老、立义之醇正，顾其持论亦不可诬也。盖尽管《黎俱吠陀》的思想大致上是一种朴素实在论，现实世界的真实性没有受到怀疑，然而主要由于原始时代魔法实践的残余，以及受到土著魔教影响，在《黎俱吠陀》中就包含了多处提到幻化（māyā）的观念，更多为贬义，指阿修罗和恶人所用之魔法，但亦用来指神的法术、神通，比如说婆楼那通过幻术安立日月，度量世界，或因陀陀用幻术塑造众形（ṚVV · 85 · 5，VI · 47 · 18，VIII · 41 · 3）。其中经常被吠檀多引用的 ṚVVI · 47 · 18 即赞曰："万物依彼相，一一取其相。此即被视为，彼（帝释）唯一之相。以其幻化力，帝释（Indra）现多相，所属万千兽，皆由此被缚。"摩耶在这里就是指神的大能。后世吠檀多将自性（摩耶）喻为绳索（自性内容曰"三德"[guṇa]，亦有绳索之意）、将命我喻为被此绳索拴住之兽（此种说法亦是《白骡》书的立场），其意像最早应即来自黎俱此颂。另外，《阿闼婆吠陀》提及摩耶者更多，其中 AVVIII · 10 说 Virāj 女神（现实世界）就是摩耶，被仙圣、父祖、凡人杀死后又复活，亦暗示了摩耶的形上学意义。在奥义书中，摩耶一词首次出现于 BṛihII · 5 · 19，乃是转引上述 ṚVVI · 47 · 18 之颂，其中摩耶作为世界根源的意思得到完全的明确化。不过，无论对吠陀还是对早期奥义书思想而言，以现实世界为彻底虚幻的观念都是很陌生的。因而在上述相关文字中，摩耶一词只是对神的创造力量的一种修辞化的表述，用以形容神的力量之奇妙、神秘，不包含对这创造及其产物的真理性的否定。如 BṛihII · 5 · 19 对上引吠陀颂的解释是："信然，彼即诸生灵。信然，彼为千、百、众多，乃至无量。梵无先无后，无内无外。阿特曼即是梵，彼全知者。"因而梵是实在地转化成了万事万物，这转化过程及其所生成的世界都是实有的。然而（在此基础上发展出的）晚期奥义书摩耶说，宗旨就在于强调现实世界的虚幻性。摩耶说的这种否定意义，从 ŚvetI · 10 所说的最终解脱就包含世界幻相（viśva-māyā）的熄灭[①]，以及 IV · 9 所谓系缚在于被神投射的摩耶影像囚闭，MaitIV · 2 喻现实世界"如因陀罗网（indrajāla），以幻为其体（māyā-maya）；如梦，虚妄而显现；如芭蕉之心，空虚而无实……如画，虚诳悦人心"，还有新奥义书明确将摩耶的实质与无明（avidyā）等同，并阐明现实世界的产生乃是由摩耶、无明所产生的虚妄行相被增益到大梵之上的结果（Adhyātma Up.32；Amṛita-bindu Up.15），可以说是确定无疑。这种转变、增益一方面使差别的事相显现出来，另一方面也覆

① 商羯罗释幻师喻："譬如并无象或骑士，唯幻师在此，而异于彼……。幻相唯属于眼为所障者。是以毕竟无幻。"（USI · 17 · 29—30）

盖了存在的真理①。所以全部现实存在都是虚假、空洞的②。

《白骡》书尽管直接开示幻化论的文字并不多(包括此处的 §9、§10 等),然而这一思想在此奥义书中极为重要。我们以它作为诠释此奥义书整体思想的落脚点,除了因它是该奥义书中最具独创性、思想价值最高的理论之外,其合法性根据还包括:第一,此奥义书的其他理论,与幻化论的学说皆可随顺无违,表明奥义书作者可能已将此说作为其重要理论支柱。第二,在奥义书中,一种学说的重要性往往与其文字篇幅的关系并不大。奥义书作者的写作常有这样的特点,即对最核心的问题,先是围绕它展开大量讨论,而直接针对它的时候则点到为止。就幻化论而言,开示此说另一晚期奥义书即《慈氏》,直接提及它的文字亦很简约(见 MaitIV · 2)。《白骡》书谈及它还算是多的。第三,除此处之外,《白骡》书还在 I · 10 涉及幻化论,其他篇幅亦不乏暗示此说的内容,因而可以认为,对于此奥义书而言,幻化论不是一种偶然的观念,而确实是它的重要思想基础。

其中 §9、§10 表明,一切现实存在,包括在婆罗门传统中作为意义、价值乃至真理源泉的吠陀、其所开示的全部内容,还有祭祀、仪礼与训诫,乃至现在、过去、未来的一切,皆是由作为幻师(māyin)的至上神制造出的幻相(māyā)。全部世界,即所谓名色的总体,就是一个彻底虚假的影像,(就像新奥义书所说的)如梦、如幻、如焰、如乾达婆城、如镜花水月等,故《白骡》书 I · 10 节说宇宙为"世界幻相"(viśva-māyā)③。梵为真,世界为假,体性迥异,故从真过渡到假,不是转变,而是幻化,即梵幻现为世界,而不等于世界。梵幻现世界,是通过摩耶进行的。摩耶是世界的本源,与世界体性相同。故世界也可以说是摩耶的转变产生。作为大梵创造幻相的活动、能力,摩耶被认为是世界的种子或胎藏。因而在此奥义书中,它被等同于自性(pradhāna 或 prakṛti)。根据吠檀多派的解释,当梵显现为人格神,世界的幻化就表现为神的创造。于是摩耶、自性又被等同于神的自力(ātma-śakti)。在此奥义书中,以摩耶创造世界的神,被认为就是大自在(Īśvara)或禄陀罗(Rudra)神,它就是神秘、超绝的宇宙幻师(māyin)(§10 说遍满世界的万有都是它的部分,似乎又回到

---

① 新奥义书和不二吠檀多派正是在这一理解基础上,开示摩耶、无明具隐覆和生显两种大能("āvaranasakti"与"vikṣepasakti")。如 Sarasvati-Rahasya Up.52—53:"摩耶有二力,一覆一生显。后者生世界,一切粗细法。前者亦遮覆,大梵与万有,见者与被见,二者之鸿沟。"《吠檀多纲要》亦云:"无明具有两种势用,即覆障和生显。"(Jacob, G.A (trans): The Vedāntasāra of Sadananda, Kegan Paul, Trench, Truebner & Co. Ltd, London, 1904.55)

② Rudra Hṛdaya Up:"世界即是幻,如梦而显现,被增益于梵,如(虚假的)蛇相被增益于绳。"

③ 后来吠檀多派以七喻描绘这种幻相的性质,即如阳焰、如梦、泡、如见贝为银、如见绳为蛇、如虚空色(即见天空为蓝、黑、红等色,而天其实无色)、如猫头鹰以正午阳光为黑夜。

了 §1— §4 的泛神论)。世界既是梵的结果，也是摩耶的结果。

幻化论对于创世的解释，必须立足于梵 (纯粹精神或绝对真理) 与幻 (自然或妄分别) 两种原理的相互作用，故总不能免于某种程度的二元论。一方面，摩耶就是 (精神或大梵的) 普遍、先验的思维、分别活动及其构造产物 (用现在的话来说，就是语言或语言的生显作用)。一切名色、差别乃至全世界，皆是摩耶的思维分别的结果，而一切思维皆是妄念，一切分别皆是妄分别，故一切世界皆是妄境；故曰摩耶兴则妄境起，摩耶息则世界灭。另一方面，摩耶必须依存于梵，其转变产生的形相必须施于大梵这个真常的基础之上，才能创生万有。现实世界、个体生命都来自摩耶的幻化，同时又是建立在梵的基础上，依止于梵，又覆障梵。故摩耶与大梵，分别相当于现实世界 (名色) 的种子依 (胎藏) 和真如依 (基础、依止)。所以如果要更清晰地解释摩耶作用的过程，就可以随顺后来吠檀多派的理解，即将它解释为：摩耶先通过转变 (与数论自性转变相同) 产生差别的行相，然后将后者增益于光明的大梵，从而使这些行相被照明，遂得以呈显出来。后世的印度教徒，一般从有神论立场理解大梵与摩耶的关系，将其说为大自在神与其自性、自能 (即湿婆与沙克提) 的关系，二者分别为世界万有之父、母，皆为创世之不可缺少的原理。如云：“湿婆唯与沙克提结合，方有能力显现；若无她之助，此神甚至无法活动”，“啊，父—母神！吾人之世界乃由你们共同护持之慈悲所造，即为着通过你们的相互扶持，以实现你们的共同目的。” (ĀnandalaharīI · 1) “我思一切诸世界之母，彼创造此有—非有之宇宙且以其三德之自能护持之，复于劫末将其收回，复归于其自身的一味性。” (Devī BhāgavataI · 2 · 5) 应当说这种理解，也完全符合《白骡奥义书》的幻化论本来的有神论背景。

吠檀多的幻化论与其解脱思想密切相关；盖以为凡夫唯见摩耶，不见大梵；而对于圣者，则摩耶消失，唯独大梵现前，于是其自我乃与大梵合一。此则奥义书把摩耶和梵、至上神的截然区分作为基本的世界图景。至上神是唯一的真理、纯粹的光明，是清净、恒常、离染、寂灭、安乐；而摩耶则是虚妄的假相、彻底的黑暗和混沌，是流转、染垢、烦恼、痛苦、轮回。人若执摩耶为实有，就会被它所系缚，即被拖进现实存在的旋涡中，陷溺于生死轮回的深渊里，因而受到由自性三德转变所生、本来与己无涉的种种痛苦、烦恼的折磨；这就是愚痴凡夫的归趣。然而得正智的圣者，则认识到自性、世界为如幻如化的实质，认识到至上神才是唯一的真理，为清净、寂灭、安乐，并且通过长期坚持在静虑中观想与神完全同一、使自己融入神的自体中，由逐渐臻于圆满，就可以在主观上使摩耶对自己失去作用，从而戡破宇宙幻相，使大梵清净安乐的本体呈现出来，人于是解脱一切痛苦烦恼，得到永恒的喜乐。

严格意义上的幻化论包含对现实存在的彻底空洞化、虚无化。它认为唯有梵实有，其他皆幻。世界只是依止于实有转起的幻相。一切现实的东西，依其自相，皆毕竟空幻，并无真实的存在，故本来是无或非有（asat），甚至非非有（na-asat）①。如人在暗处视绳为蛇，或在海滩上见到贝壳以为是银子。梵是世界的依止，但这依止，只如绳是蛇相的依止，贝壳是银相的依止，在这里，依止仅仅是幻相投射的对象，而完全没有参与到幻相的存在中去。总之世界是由无明、颠倒而生的错误影像，因而与梵，即存在的绝对真理，性质是完全不同的。梵是现实世界的"完全的他者（schlechthin Andere，借用鲁道夫·奥托的术语）"②。梵对现实存在的彻底否定，意味着它只能被置入非实在的、本无或"空"的领域。梵就是空或空性。梵的超绝性因而得以彰显出来。

梵的超绝性，在一些更晚的奥义书中表述得更清楚。比如《光明点奥义书》形容大梵："彼是空非空，且超空非空，非想非所想，可想又不可。彼既为一切，亦复为空无，至上非至上，非实不可知。"（TejobinduI·10—11）解脱者的自我是"空、净、遍而复无之，神圣而复非神，可量而复无量"，"其相为空、无分别、无念、不可见、无声……无前中后际、无般若、无'我即是梵'想，无'我即是汝'想、超 Om、越三界（或三位梵）、言语道断、不可知、非明非暗。"（TejobinduIV·39—47，79）新《慈氏奥义书》说自我非二非不二、非有非非有、非实非非实、非平等非不平等、非一非多、非善非恶、非此非彼、非义（arth）非不义、非遮非表、非解脱非非解脱③，都表明大梵、自我是否定一切现实存在、不可住不可得的空性、本无。在《白骡奥义书》中，除了以上说幻化的三颂，尚有 IV·18 云："当黑暗消失，昼夜乃俱泯，非有非非有，唯彼吉祥（śiva）存"，以及 V·14 的："人称彼无体，唯以心意得，创造有、非有，为吉祥（śiva）、神圣"，都从不同侧面表明至上神是超越肯定与否定两种现实存在（有、非有）的神圣本质。

幻化论对梵与现实世界的区分，真正将附加在存在之上的全部偶像彻底凿落，存在的本质首次脱离现实性的缠缚，呈现出其纯粹、神圣的真理。这种区分，与（从阿娄帕果的狄奥尼修斯到爱克哈特的）超越神学对上帝与现实的区分以及海德格尔

---

① 商羯罗释云，摩耶作为梵的自力，不具有独立的存在，故非有，它作为世界的根源，亦非非有，因而其自性为不可说（Prabhavananda, *Swami and Isherwood*, Christopher（trans）, Viveka-Chudamani, Vedānta Press, Hollywood, 1978.49）。

② Martin Heidegger, *Beitraege Zur Philosophie*, Vittorio Klostermann Frankfurt ,1989.477.

③ *Maitreya Up III·4—24*,（Olivelle, Patrick, Saṁnyāsa Upaniṣads, Oxford University Press, New York, 1998.

的存在者与存在自身区分即所谓“存在论区分”（Ontologische Unterscheidung），代表了同样的思维层次，因而它也是一种存在论区分①。对于幻化论来说，这种区分的积极意义，在于它不仅反映了对现实存在的究竟理解，而且使神真正摆脱一切现实、惰性东西的重压，具有了绝对自由，因而真正成为“神圣”（神圣性就是对现实性的否定）。

根据严格的幻化论立场，大梵与世界既有真、幻之殊，则世界生于梵，并不是从梵自身流出（否则世界应和梵一样为真），而应该认为世界是从投映在摩耶之上的梵或被摩耶执受的梵所产生。这就是幻化论对于存在发生的解释与从优陀罗羯到耶若婆佉的梵转变论（brahman-pariṇāma-vāda）不同之处。后者没有对梵与世界的“存在论区分”，因而把梵当作世界的直接根源、胎藏，比如优陀罗羯将大梵当作一种物质性的始基，其转化为万有完全是一个宇宙生成论过程，耶若婆佉认为大梵是绝对心识，其创造万有也是以它的自身转变为事事物物；总之，梵与现实存在、宇宙是同质的。按照梵转变说，现实的存在者，包括命我，皆分有了梵，是梵的分位（aṃśa）；按照幻化说，它们乃是梵投射的映像（ābhāsa），梵的自身存在没有进入其中②。

同样根据更彻底的幻化论立场，至上梵作为对现实存在的否定，因而只能是没有人格性的无德梵（nirguṇa Brahman）。盖人格性也是一种属性或德，也属于现实性的范畴，故亦是摩耶的产物。这意味着大自在神，同人的命我一样，亦应是摩耶作用于梵的结果，而不即是梵。在这里，一方面，梵幻现为世界万有，另一方面世界的幻相又限制梵，使之成为大自在或宇宙灵魂。然而《白骡奥义书》并没有坚持这种思维的彻底性。尽管它亦说大梵“为观者、知者，独存而无德”（VI · 11），“彼乃无方分，无为且寂静，无过、无垢染”（VI · 19），指出大梵是一个常住不动、无差别、无相、不二、一味、无时间性、无分位、不可说、其真实自性与世界不存在任何关联的绝对本体，

① 海德格尔的存在论区分，同样是将存在自身的本质推入本无的领域。存在自身跟现实的存在者隔着“无底深渊”，是“完全的它者”（schlechthin Andere）（Martin Heidegger, *Beitraege Zur Philosophie*, Vittorio Klostermann Frankfurt, 1989.477），它全无意蕴、不可把捉、不可言说，因而就是“无”。但是这个“无”又是“有”的来源，所以“无”乃是“本无”。用海德格尔的话说，“无”是“存在自身的本质的运动，因而它比一切存在者更真实地‘在’”（*Beitraege Zur Philosophie*.266），正是在“无的光辉的夜中，存在的本源敞开性出现了”（*Wegmarken*.115）。用海德格尔自己的话说，存在论上的“有”、“无”之分，就是为了“把存在从存在者凸显出来”（*Beitraege Zur Philosophie*.465）。

② 用商羯罗的话说，梵就好比天上的太阳，而世界就好比太阳在水中的影像。水中的太阳随水波之不同相状而变化，而天上的真实太阳则非如此，故尽管名色世界变化不已，但这并非梵的自体的转变（Śaṃkara, Introduction to commentary on the Śvet Up）。

但其总的思路乃是将梵等同于大自在神、禄陀罗①。这种不彻底性在基督教的超越神学中也同样存在，后者对上帝的"本无"性的体验显然与上帝的人格性相矛盾。

三是因证神而得解脱之道。§11—§22开示了通过静虑（dhyāna）亲证至上神从而得到解脱的修行道。在《白骡》书中，幻化论与有神论、自性转变论达到某种程度的统一。这种统一的基本思路在于将摩耶与自性等同，并将这二者等同于至上神或梵的自身能力，将现实世界的发生当作神的自力（ātma-śakti）的展开。这一思路，后来吠檀多学者用更清晰的语言表述为："摩耶就其潜在方面而言，乃是大自在的神圣能力，无始又无终。她是由三德组成，微细不可见。智者根据她产生的结果推知她的存在。是她产生整个宇宙。她既非有，也非无，也非有、无的混合。既非已分割，也非未分割，也非二者的混合。既非不可分的整体，也非由许多部分组成，也非二者的混合。她的自相不可思议、不可诠表"②。因此《白骡》书第4章，从幻化论过渡到对神的敬思，其思路也没有显得很突兀。

《白骡》在§11—§22开示了敬思梵的方式。其云应沉思至上神为现实世界的根源、创造者，为主宰（īśāna）、吉祥（śiva）、赐福者、宇宙护持者，居众生心，为依止、大全，其体性神圣超绝、亘古恒存、藏于万有、微妙如酥、深密难知、不二唯一、光明澄澈、无昼无夜、非有非非有。如此地沉思至上神，就是《白骡奥义书》所谓静虑（dhyāna，即佛教的"禅定"，但内容与禅定有很大区别）。神由于其绝对超越性，故为不可见、不知捉摸、不可思议。§17所谓"由心、想及意，彼庶可揣度"，强调唯通过内向的反省，才可知道神的存在。然而要如实亲证他的自体，必须通过静虑达到的超越直观，方能实现。人若如实证悟神，就可以斩断轮回死亡的绳索，解除加在自我身上的一切缠缚，得到永恒的寂灭。由此我们也可以看到，静虑与巴克提还是有区别的，这在于解脱证真在前者是自力的（即修道者通过自己的主动修行达到的），而在后者是他力的（即因虔敬神而得之于神的恩赐）。在《白骡》书亦有一两处提及巴克提法，如Ⅰ·6云："由彼之恩宠，乃得乎不死"，Ⅵ·18云："复次彼神圣，慈悲现自身（ātma-buddhi-prasādam，因慈悲现其自身）。"Ⅵ·16云："轮回与解

---

① 根据后来吠檀多派的理解，无德梵执受摩耶而转化为有德梵，即大自在。大自在因有摩耶故能创造万有，复作为万有的命我进入之。这里自在、命我是梵分流而出，体性等同于梵，故为实、为真、为非有、为彼岸、为无相者、为有识者、为无依者（只为别物所依而不依止于别物）；而万有是梵幻化而出，体性迥异于梵，故为假、为有、为此岸、为有相者、为无识者、为有依者。所以说自在就是世界与精神、内在性与超越性、真与假的统一。神就是一个有差别的整体。这种解读，在《白骡奥义书》中也不为无据。但这样的思想在后者不是主导性的。

② Prabhavananda, S. and Isherwood, C.（trans）, *Viveka-Chudamani*, *with an Introduction*, Vedānta Press, Hollywood, 1978.49.

脱，归止与缠缚，皆彼（至上神）为其因。”另外VI·21声称“由苦行之力，由天神之恩，彼白骡仙圣，已证知大梵”，似乎表明此奥义书主张静虑与巴克提结合的修道论。但就整篇奥义书而言，可以看出静虑之法显然是主导的。应当承认，《白骡奥义书》静虑神圣而得解脱的宗教实践，（至少在逻辑上）也可以脱离其幻化论背景得到理解。

最后我们谈谈《白骡奥义书》的幻化论的思想价值及其问题。

一方面，《白骡》书提出幻化论，反映了印度精神的一次巨大革命，精神由此否定自身现实性的重负，进入绝对超越的天国，其自由成为本真的实在。首先，幻化论将现实存在空洞化、虚无化，彻底否定其存在的真理性。这意味着否定真理、本体的现实性，从而将本体转移到本无、空的领域。这反映奥义书的精神克服了前此的实在思维的局限，实现了一种彻底的精神超越。精神因此首次从根本上排除偶像对存在、自我本质的遮蔽，使这本质作为本体的自由而直接呈现出来。它因此克服思辨、直觉省思的局限，而进入对存在本质（作为本体自由）的本真觉悟的层次。在这里，精神便扬弃了实在的（realistic）自由，而进入本真（authentic）自由（自由不被现实性阻断而展开为无限、绝对）的现实确定性的王国。精神这种绝对超越，表明其内在的自舍势用已经展开为绝对活动。其次，《白骡奥义书》又将这绝对超越的本体与至上神即宇宙精神等同，表现了在本真觉悟层面展开的客观反思。通过这种反思，精神领会到那绝对超越者或否定了一切现实性的本无、空，就是精神自身最内在的存在，它由此在本真觉悟中返回到自身。这种反思属于觉悟的反思（有别于思辨的、直觉的反思）。在这里，本体既否定了现实的偶像，又实现为精神性的存在，因而它才是真正神圣的（唯超现实的精神方为真正神圣）。在印度宗教中，至上神在这里才真正脱尽（笼罩在吠陀天神和早期奥义书的大梵之上的）世俗的阴霾，放射出圣洁的光芒。这与基督教超绝神学通过存在论区分否定形而上学神学、思辨神学和直觉神学附加到上帝之上的全部现实存在偶像，而将上帝置于绝对超越（即“无”）的领域，从而才真正使上帝成为（绝对超世俗的）“神圣”，遵循的是相同的精神逻辑。同在基督教超越神学中的情况一样，在这里，上帝的绝对超越性否定了人根据自身力量（皆属于现实性的领域）获得对它的直接领会的可能，因而对上帝本质的亲证，最终只能来自上帝的恩赐。所以尽管《白骡奥义书》提出修道者的苦行和神的恩宠是证得神圣的两个条件而且更强调的是苦行（静虑）的方面。然而如果根据更彻底的幻化论立场，苦行、静虑以至后面将谈到的瑜伽（甚至佛教的全部禅定之学），其实都应视为对超绝本体的直接证悟的准备性条件，其作用主要是否定性的，即祛除现实存在的遮蔽。当这种祛除达到完全时，本体就会自己对修行者呈现出来。这种呈现对于修行者的心灵而言，就像是外来的，因而表现为一种不可思议的“启示”。后者在有神论中自然地被理解为来自于神。因而与《白骡奥义书》的幻化论（以及基督教超越神学）对应的精神觉悟，可以称作一种启示省思。由于这启示省思领会的是一个精神的实体，因而它也是一种反思。同在基督教超越神学中一样，在这里，由于神的绝对超越性，启示的反思首先（至少是逻辑的在先）必然是客观的（神圣本体呈现为现实精神主体的“他者”，即在这主体之外的存在）。启示的反思是本真的反思。在这里，精神终于穿透现实性的外壳，进入觉性、精神的超绝本体，把后者当作存在的绝对真理。这表明精神已经把对于这超绝本体的守护作为存在的绝对目的。这在现象学上验证了精神内在的自身维持势用在启示省思中的积极展开，表明在这里自反势用已展开为对本体自由自身本质的维持，即本真的内在维持（自身维持在现实层面的作用即确认某种存在为绝对真理，内在维持在现实层面即确认这真理是精神的自身存在，本真的内在维持即确认超绝的真理为精神的自身存在）。最后，《白骡奥义书》又将这超绝的至上神与人的内在自我等同，使启示的（觉悟的）反思具有了主观性，因而成为绝对反思。尽管启示的反思起点必然只是客观的，然而在奥义书的精神中，主观反思是一个强大的传统，因而《白骡奥义书》的思想就很自然地将超绝的客观精神即至上神内向化，意识到它实即修行者自己的内在自我，所以启示的反思便具有了主观性，成为主观和客观的统一，故为绝对反思。这种启示的绝对反思，表明精神内在的自反势用已经展开为本真的（即对其超绝存在的）绝对维持（本真的绝对维持的现实性，就是现实精神确认那超绝的内在真理就是它的自我）。正如黑格尔所说，自由就是对自由的反思。如果说对上帝自身的现实存在的否定使上帝具有了超绝的自由，那么奥义书将上帝本质等同于自我，就使自我也具有了超绝的自由。

另一方面，《白骡》书反映的启示省思也有其问题。首先，无论是对于基督教超绝神学还是对于奥义书思想而言，启示省思都有其固有的局限性。这在于，启示省思固然将现实存在虚无化，但仍未明确本体自身的“无”性或“空”性，领会本体的无本质、无自体存在；它的本体超越了现实，却仍然表现为一种永恒的现存性。《白骡》的幻化论既已将一切现实存在都说为空幻，却没有由此将绝对真理、大梵理解为空、本无（这本应是很自然的结论），梵似乎仍是一种超绝的“有”，它被说为恒常、不动、清净、微细等，因而是一种特殊的现存物（但超绝的现存物只能是一种思维假相）。后者由于其无时间的常住性、不动性、稳固性和永恒的真理性，就为处于现实的流转中的精神提供了安全和庇护。这表明《白骡》书的思想在这里仍然有所住、有所得。精神仍然在寻求基础、归宿和家园，而不是勇敢地承担自身本真的无根基、无归宿、无所依靠、无家可归状态，它仍然在逃避本体自由的虚无。这自由才是超绝本体的实质，以及存在和自我的究竟本质。本体自由不是无时间的常住、不动的现存之物，而就是自否定的运动，就是时间；不是稳固的基础和家园，而是存在的虚无和深渊。因而对于晚期奥义书来说，精神必须打破这最后的依靠，将绝对超越彻底化。这就在于领会这基础、归宿也是空虚无实的。唯一真实的存在，不是别的，而就是觉性绝对的自否定或"空"的运动。存在的本质就是无限的自己否定自己的运动，而不是任何现存的东西。精神的本真觉悟，只有作为这样的领会才是具体的。为获得这一领会，现实精神必须彻底否定即"空"掉任何现存本质的假相，而且要"空"亦复"空"，达到究竟的无所住、无所得的境界。大乘佛教和一些更晚期的奥义书就达到了这一境界。正如我们在这一编引论中阐明的，这种精神飞跃最终也是在自由的推动之下实现的。其次，对于《白骡》书的幻化论来说，思想的含混和不一致之处甚多。其中第一个问题是，大自在神到底是否包含摩耶在内？若是，则他就不是（排除了摩耶的）至上梵或无德梵，他自身就不是无垢染的，他与摩耶共同创世的图式也等于是叠床架屋；若否，则大自在神等于无德梵，完全是世界的它者，因而不复具有创造世界的能力。这一点在《白骡奥义书》并没有清晰、一致的答案。比如 IV · 9—10 说大自在神是幻主，这意味它不被摩耶所染；此外 IV · 5—7 对它的数论化解释，以及 II · 15 说大梵为"无生、脱离一切谛（sarva-tattvair）、不动之神圣"，VI · 6 说"彼超越、高于宇宙树、时间、一切相。"VI · 11 说至上神"为观者、知者（cetā），独存而无德（nir-guṇa）"，VI · 19 说它无方分、无为、寂灭、无过、无垢染等，都表明神不包含摩耶。然而 IV · 4 赞至上神曰："汝孕雷电胎，是季节、海洋。维汝自无始，遍入于万有，世界之万有，皆由此而生。"IV · 1 说至上神为世界的根源与归宿，IV · 12 亦赞曰："彼为诸天之，源泉与根柢。"VI · 5—6 说梵显现为万相，是万有之真源，为宇宙的起源与归宿。这些都表明神是世界万有的直接根源，因而它必然将摩耶或自性包含在内。《白骡奥义书》似乎没有意识到这种思想的矛盾。这一矛盾，甚至到不二吠檀多派都没有得到真正解决，并且影响到如来藏佛教（比如《起信论》）对无明与真如关系解释之含糊性[①]。与此相关的另一个问题是神与现实存在发生的关系问题：神是否参与到世界的存在中去？世界是否从神的内部产生出来？《白骡奥义书》对此亦颇有歧解。其中一说，谓至上神通过摩耶创造世界，摩耶是大梵创造世界的幻力（śakti），是世界的直接根源。此说符合严格的幻化论立场。后者以为至上神与现

① 吴学国：《存在 · 自我 · 神性：印度哲学与宗教思想研究》，中国社会科学出版社 2006 年版，第 650 页及以下。

实世界没有同一性，那么它就不是世界的直接根源，而只能通过摩耶或自性三德创造世界。持此义者，如 IV · 9 说神从摩耶中投射出世界，VI · 2—4 说世界是大梵的业即作品（而不是大梵自体转变的结果），是梵以自性三德为工具创造出来，若离三德，则世界将消灭。然而《白骡》书中尚且有与之对立之另一说法，认为梵是世界万有的根源、胎藏，万有从梵转变出来，因而其本质与梵同一，此即转变论。如 I · 16 说："自我遍万有，如酥于酪中。"II · 16—17 说："如是彼神圣，遍在于诸方。彼既太初生，又居胎藏中。彼既被生已，亦是将生者。脸有一切向，与诸生灵对。彼神在火中，彼亦在水中，入居全世间，又在草与木。"其立场皆是转变论。然而很难说《白骡奥义书》清楚地意识到了此两种说法的不一致。

## 二、神性论

《白骡奥义书》的主导思想是有神论的。大梵被等同于禄陀罗，为世界的质料因和作用因[①]。其侧重点不是阐明无德无相、恒住无为的绝对大梵，而是阐明被后来吠檀多学作为大梵之人格表现的全知、全能的至上神。或者说，《白骡》书对绝对大梵与人格神没有作出明确区分。其中，III · 1—6，IV · 11—12 说大梵为 Īśā，Īśāna，Rudra 或 Hara 等；IV · 10 说之为 Īśvara（大自在天神）。至上神被认为是世界的主宰、创造者或根源，他支配自性三德，并通过三德创生万有。梵天或金卵是创世过程中最早生成者（III · 4；V · 2；VI · 17，18）。世界处于周期性的生、灭循环中，即于劫末归灭于至上神（III · 2；IV · 1；V · 3；VI · 3），于劫初复从它生出（V · 3；VI · 4）。很难确定《白骡》书已经同后来湿婆教一样，将 Śiva 确定为至上神，不过它对"湿婆"（主要是作为形容词。我们一律译为"吉祥"）一词的多次使用，至少表明它是处在湿婆教的形成过程之中的。

为了将《白骡奥义书》的思想呈现为一个整体，就必须将有神论与幻化论结合起来。然而如果坚持逻辑的彻底性（而这正是晚期奥义书最缺乏的），那么幻化论既然否定了遮盖着神圣本质的现实存在偶像，这本质就不应当再作为人格神呈现。因为神的人格就是一种现实存在、偶像，所以幻化论若推向极致，必导致对有神论的否定（如大乘佛学的"性空如幻"说）。不过《白骡》书显然缺乏这样的思维彻底性（基督教的超绝的神的观念同样反映了这种不彻底性），人格神的观念自始至终都是被坚持的。在其直接开示幻化论之时，也是将幻化（摩耶）作为至上神的自力（ātma-

① Sarvepalli Radhakrishnan, *The Principal Upaniṣads*, George Allen & Unwin LTD, London, 1953.708.

śakti），而后者在文本它处被与数论的宇宙原质即自性等同。因此，对此奥义书的更具逻辑统一性的解释，就是将摩耶、自性等同并将其收摄于至上神，不过很难保证《白骡奥义书》是否坚持了这种统一。从《白骡》书的文本可以看出，至上神的观念与数论的自性、三德观念达到了较好的整合，自性被认为就是神的创造力，是世界的根源、种子。然而文本中除了IV·9—10，它处几乎没有提到自性或神的自力就是摩耶。在这些地方，有神论与幻化论缺乏紧密关联。当然，如果我们把幻化论规定为《白骡》书的整体背景，那么此奥义书的有神论，与它的幻化论至少并不矛盾，因而是可以衔接起来的。

后世吠檀多学者（如商羯罗）往往将晚期奥义书的至上神与大梵、自我的四位存在理论结合，将其解释为无德梵（至上梵、第四位）的不同层次的表象，其本质为非人格的绝对精神。比如将大自在神（Īśvara）释为自我四位中的（作为世界胎藏的）熟眠位，将金胎神（Hiraṇyagarbha）或梵天等同于梦位（主观经验），将妙色神（Virāṭ）等同于醒位（客观经验），而它们的本质则是非人格的无德梵或第四位，后者是超越有神论的①。然而这种解释，在《白骡》书的文本自身中，恐怕并没有很充分的根据，因而在这里对大梵的人格化毋宁说是一种思维不彻底性的结果，或如杜伊森所说，是与当时的流行思潮不恰当调和的结果②。

《白骡》第六章对至上神的体性的开示最为充分。ŚvetVI·1—23云：

1智者说自性（sva-bhāva），亦有说时间，是皆为惑者！唯由神之大（devasyaiṣa mahimā。此处"大"或"mahimā"指神的大能、伟力，与"sakti"同指），乃于世界中，旋转大梵轮。2彼恒常包藏，此全部世间。彼即为知者，创造时间者（kālakāro）③，具有诸德者，遍知一切者。由彼之主宰，业（karman，兹指世界）开显自身，（业）由此被视为，地、水、火、风、空。3彼既创此业，而又归止息。既入与诸谛，一一之联结（yoga）④，与一复与二、与三或与八⑤；又与时间合，及我

① 参考本书第二编第四章第二节第一部分。

② Paul Deussen, *Sechzig Upaniṣaden des Veda*, F.A.Brockhaus Leipzig 1921, p.289.

③ "kālakāro（创造时间者）"或读为"kālakālo（毁灭时间者）"。

④ 此四句杜伊森译为"Was er erschuf, nimmt dann zurück er wieder./Zur Einheit werdend mit des Wesens Wesen:/Um dann, mit einem, zweien, dreien, achten./Mit Zeit und feinen Guṇa's, die er selbst sind"，徐译从之，其译文为："彼即为此业，而又限藏密。实性之实性，全与合为一；"其中不同，可资参照。

⑤ 此中"一"谓神我（puruṣa），"二"谓神我与自性（prakṛti），"三"谓罗阇、萨埵、答摩三德，"八"谓色、声、香、味、触五唯（或说为地、水、火、风、空五大）及自性、觉谛、我慢。类似的枚举亦见于BGVII·4.

微妙德[①]；4 既由与诸德，合之诸业始[②]，彼分施万有。如若无此等（诸德），则往昔所作，业悉皆坏灭。彼业灭后为，实质相异者[③]。5 既先敬思彼[④]，可敬之神圣，为居于人心，具一切相者（Viśva-rūpam）[⑤]，及存在根源（bhava-bhūtam，即五大之根源）；于是证彼为，亘古之开始，（心与物）聚合之因缘，超越三时际（kāla），亦是无方分（a-kala）。6 知彼为宇宙 / 起源与归宿，大法（dharma）建立者，罪恶（pāpa）泯除者，福德之主宰，永生不朽者，为宇宙依持，居于自我中（ātma-ṣṭha）；乃证彼超越、高于宇宙树、时间、一切相，世界由彼伸（以彼为基础扩展开来）。7 诸自在之中，无上大自在，诸神之最尊，主宰之最上，乃存于彼中，彼为至尊者。吾等其敬彼，世主、应敬神（应得到崇拜之神）。8 不见彼之业，亦无作业身；不见彼同等（与彼同样殊胜者），更无超彼者。彼之至上力，如实多样现。彼智、力之作，属其内自性。9 且于此世界，无物为彼主，无物能制彼，彼亦无形相。彼乃为（世界）因缘，诸识之主宰。于彼无祖先，亦无主宰者。10 此唯一神圣，乃依其本性，由原质（pradhāna）生网，如蛛覆其身。愿彼许吾等，归入于大梵。11 此唯一神圣，遍满于世界，潜藏于万有，为其内自我。监临一切业，居于万有中。为观者、知者（cetā），独存而无德（nir-guṇa）。12[⑥] 于惰性（niskriyāṇāṁ）多法[⑦]，唯一主宰者（主宰惰性多法之唯一者），依唯一种子，而作杂多相。智者若觉彼，安住于自身（智者若觉彼神安住于自身之内），唯彼等（即智者）非余，得永恒喜乐。13 不住中住者[⑧]，无觉中觉者（cetanaś cetanānāṁ），多中唯一者，

---

① “我德（ātma-guṇaiḥ）”，指内根或觉谛的诸种变异，如贪、嗔等。此处“我”（ātma）指人的色身。

② “与诸德合之诸业”，谓诸业必系属于三德。

③ 此偈按文本的直接意思，似应理解为至上神具二相，即与三德联结并作业生成世界之相，与脱离三德、从而断业、独存之相。但古代注释家多理解为，此指命我若“无我”而作业，即将一切业奉献于神，则可不受业报的束缚，于是如商羯罗所说，“此人业力被断除，自性得清净，且知我即梵故，虽行于世间，但知我不同于一切有，不同于一切无明之果”。

④ “先敬思”（upāsya pūrvam），谓作为准备而先行敬思神，因敬思或崇拜是智慧即对神的亲证的准备阶段。

⑤ 神依崇拜者观想的不同显现为多种行相。

⑥ 此偈与 KāṭhV · 12 基本相同。

⑦ 惰性（niskriyāṇām），或译“无作”、“无为”。依商羯罗，此指至上我的无为，其以为众生因具诸根，故有为，至上我离诸根，故无为。然而此偈的内容正在于阐明此“主宰者”之“作为”而非“无为”，故商羯罗的理解似于义不合。姑且存之。

⑧ “不住中住者”，拉达克利须南译为“永恒中之永恒（nityo nityānām）”，谓前一“永恒”指命我或地、水等五大，后面的“永恒”指至上神（Sarvepalli Radhakrishnan, *The Principal Upaniṣads*, George Allen & Unwin LTD, London 1953, p.746）；姑录之以备参考。

且多赐所欲[①]；依数论、瑜伽，此因乃可得——人若知彼神，遂脱一切缠[②]。14[③]太阳与星月，于彼乃黯然。闪电失其光，遑论地上火！以彼光耀故，从彼之光耀，万物乃闪耀，世界彼照明。15 彼唯一天鸿（haṃsa），居世界中央，如火入海洋；唯以知彼故，乃可离死域，余无归彼（解脱）途[④]。16 为作一切者，遍智且自生（ātma-yoniḥ）[⑤]；彼即为知者，创造时间者，具有诸德者，遍知一切者[⑥]；自性（pradhāna）与田智（kṣetra-jña）[⑦]，彼乃为其主（彼乃为自性与田智之主宰），为诸德主宰；轮回与解脱，归止（sthiti，兹谓安住于大梵）与缠缚，皆彼为其因。17 由彼（大梵）成其体，不灭、为主宰，智慧且遍在，为世间护持，此即是永远／治此世界者。而无其他因（除彼大梵之因），以成其统治（赋予其统治权）。18 彼既于泰初，创造大梵天（Brahmā），信然彼复次，授之以吠陀；复次彼神圣，慈悲现自身（ātma-buddhi-prasādam）[⑧]；我愿归依彼，欲求解脱故。19 彼乃无方分，无为且寂灭（Śānta），无过（niravadya：无过失、无不善、无恶）、无垢染（nirañjana：无作的、真实的、无垢的、无染的、清净的），永生至上桥，如薪尽之火[⑨]。20 若人将太空，卷之似柔革，则可不知神，而能断苦厄。21 由苦行之力，由天神之恩（devaprasāda），彼白骡仙圣，已证知大梵，遂如理教此（即大梵），无上清净度，于诸修士之，次第最高者；此义可悦乐／众仙圣聚合。22 此吠檀多中，无上之秘义，劫初所宣说，不可教授于，未得清净者，及非其子、徒[⑩]。23 若人于天神，有至上虔敬（bhakti）；且虔敬其师，如虔敬天神；于彼大器人（mahātman），此义乃昭然。噫！于彼大器人，此义乃昭然！

大体来说，此奥义书的有神论是与数论的自性、三德思想结合在一起的。神与自性的关系是理解《白骡》书的神性概念的关键。至上神被认为具有自性、三德

① 此四句亦见于 KāṭhV・13.

② 此末二句同于 V・13.

③ 此偈即 KāṭhV・15；MuṇḍII・2・10；BGXV・6.

④ 此偈末三句亦见于 III・8 以及 Vāj SaṃXXXI・18.

⑤ ātma-yoniḥ：以自为胎藏的，自因的。或读为 ātmānam yoniḥ（为一切自我之胎藏）。

⑥ 后四句同于 VI・2.

⑦ kṣetra-jña，指命我（jīva）或曰识我（vijñānātmā）。

⑧ 此句（ātma-buddhi-prasādam：以其自身慈悲显现自身者）依商羯罗读解；或有（依商羯罗喜）读为“ātma-buddhi-prakāśam”（以其自身觉谛为光明者），缪勒、休谟等及徐译皆从此解，在文本中似显突兀。

⑨ 此句义同于 KāṭhIV・13：“为无烟之焰”。

⑩ 同样限制亦见于 BṛihVI・3・12；MaitVI・29。

(§16)，这也是吠檀多的一般思想所接受的，但这“具有”的意思大有歧义。它或指神将自性作为其属性、功能包含在自身存在之内，或指神仅仅以自性为工具，以行使其创造、主宰之大用。依前者，则至上神就是世界的根源，世界内在于神；依后者，则世界只是神的作品 (karman：业)，神对于世界始终是外在的。然而从以上译文看来，对此的考虑，在此奥义书中，可说是暧昧差舛。一方面，§11 声明至上神乃是无德、独存之观者、知者；§4 说“既由与诸德 / 合之诸业始，彼分施万有。如若无此等 (诸德)，则往昔所作，业悉皆坏灭。彼业灭后为，实质相异者。”亦表明神的自体无德，唯通过与三德结合而作业，若离三德则业与世界皆灭；§8 亦说“不见彼之业，亦无作业身”，这些说法都表明至上神只是把自性、三德、业作为外在工具，其自体乃离自性而独存。另一方面，§11 说“此唯一神圣，遍满于世界，潜藏于万有，为其内自我。”更明确地，如 IV·4：“汝是玄青鸟，赤睛绿鹦鹉。汝孕雷电胎，是季节、海洋。维汝自无始，遍入于万有，世界之万有，皆由此而生。”这又表明至上神是万有的直接根源和本质，因而它必然要将自性、三德包含在自身存在之内。《白骡奥义书》的有神论就在这二者之间摇摆不定。当然，在这里我们亦可提供一种理解，将这两方面统一起来。这就是将这二者分别对应于吠檀多的无德梵 (nirguṇa-Brahman，无属性、人格的纯粹精神本体) 与有德梵 (saguṇa-Brahman，即大自在神，为无德梵与自性之结合)。前者对于自性是外在的，故没有创造作用，为无为无作的本体；后者包含自性在内，故为作者、世界根源；前者是后者的本质。§17 所谓“由彼 (大梵) 成其体，不灭、为主宰，智慧且遍在，为世间护持”，似乎可以支持这种理解。然而很难说这就是《白骡奥义书》一以贯之的思想。我们以下的解释，将以神与自性的关系为基础，只试图梳理出一个问题框架 (并不给出一种固定的理解)，从而对多种相互冲突的可能理解保持开放，并且在它们中间保持平衡，以期最大限度地接近文本原来的思想。

第一，神的无为与有为。由于印度宗教倾向于将神的绝对超越性理解为寂灭，即对存在和生命的泯除，因而神就成为一个消极无为的原理，所以在这里，对神的超绝性的强调，必然与通常所谓的神作为主宰、创造者、宇宙护持者等观念相矛盾，因为在后一种情况下，神就是有为的。然而《白骡奥义书》似乎没有明确意识到这一矛盾[①]，它有时也强调神的寂灭无为，但其总的倾向是认为神有为。

一方面，在《白骡奥义书》上述译文中，§19：“彼乃无方分，无为且寂灭 (śānta)，无过、无垢染”；§8：“不见彼之业，亦无作业身”；此外 III·20：“见主及其大，乃知

① 也有可能是不同片段的作者立场不一，其中有的作者对于神的超绝有更明确的体验，也清晰地意识到其与神的有为性的矛盾，但其作品被与其他持相反意见的文本混杂在一起。

其（指神）无为（akratu）”，III · 21：“不坏、亘古我，遍满故遍在，人说其无生（ajā）”；IV · 21：“彼是无生者！”，等都声称至上神是超绝、寂灭、无为、无生之原理。神作为这样的寂灭原理，便不再具有主体性、人格性（实际上已不成其为神）；它只能作为苦行厌世者理想的绝对死亡之境，根本无法满足作为世界的主宰、创造者、护持者的要求。

另一方面，对于神作为万有主宰者的崇拜，乃是此奥义书的主导倾向，在这里，神就是有为的。此如 §1：“唯由神之大，乃于世界中，旋转大梵轮。”§2：“由彼之主宰，业开显自身”。另外 III · 1—2：“唯一张网者，以其力主宰；主宰一切界，以其主宰力。……信然禄陀罗，即彼唯一者，不容有第二，主宰一切界，以其主宰力。与诸生灵对。彼为护持者，创造万有矣，复于时之末，融彼等为一。”III · 16：“自性与田智（指命我），彼乃为其主，为诸德主宰；轮回与解脱，归止与缠缚，皆彼为其因。”在这里，《白骡》的立场与大多数晚期奥义书没有区别。晚期奥义书将梵说成宇宙主宰，乃是把吠陀对神的人格性和对宇宙的支配作用的开示①，与梵书、奥义书对大梵作为绝对普遍原理的领会结合起来，其中也可能受到异端思想乃至外来文化（如波斯宗教）的影响。其中显然包含对世俗信仰的妥协，首先，相对于那种思想精英构想的抽象、冷漠的绝对本体，一个具有意志、情感、慈悲，能够对人的疾苦作出回应的人格神，更能满足大众的宗教意识的需要；其次，大众的思维亦很难从纯粹本体论立场理解精神展开世界的机制，而更容易接受将世界的创造、运动和维持解释为一个绝对人格（至上神）的主宰、创造和护持活动的观念。

在《白骡》中，神的主宰性与神的有为性同义。此书中用来形容至上神的最多的一个词就是“主宰”，即“Īśa”或“Īśāna”，为主持者、拥有者、支配者、统治者、主体之意。此词概括了神的全部活动。神的主宰是世界运动的唯一原因。如 §1：“唯由神之大，乃于世界中，旋转大梵轮。”印度国旗的正中央就是一个蓝色的转动梵轮图案，被置于象征永恒的白色背景之上。梵轮就是世界，因至上神的推动而不断旋转。印度教象征创造、护持、毁灭的梵天、毗湿奴、湿婆神的三位一体观念，在晚期奥义书中已有雏形（在这里，湿婆神被称为 Maheśvara）。创造、护持、毁灭乃是至上神的主宰作用的不同方面，这一点在《白骡奥义书》中就已有所表明。

---

① 吠陀每将黎答（ṛta）即宇宙、伦理的法则视为最高神（Varuna）的意志，而黎答是世界及其秩序的基础（ṚVIV · 21 · 3；ṚVI · 156 · 3.etc），故神的意志支配世界的秩序和存在（参考 Sarvepalli Radhakrishnan, *Indian Philosophy Vol.1*, the Macmilian Company, London, 1924.79）。TaitII · 8 · 1 表明了奥义书对吠陀此种观念的继承，其云：“由畏惧彼故，阿耆尼（火神）焚烧。由畏惧彼故，苏黎耶（日神）生热。闪电因陀罗，及第五死神，亦因畏惧彼，各匆忙奔走。”（KāṭhVI · 3 乃与此同）

在此奥义书的思想中，首先，世界的创造就是至上神的主宰作用的一个方面或一种表现。如 §2："由彼之主宰，业开显自身，(业) 由此被视为，地、水、火、风、空。" I·3："彼即唯一者，主宰一切因，由时至自我。"这明确表明，业或现实世界的生成，即世界的创造，就属于神的主宰作用，而这就在于神是全部存在原理（一切因）的主宰。它首先是自性三德的主宰（§16），支配着三德的运动。盖三德是惰性、混沌、无意识的存在，它只有在唯一的绝对主体即至上神的支配之下，才会形成有目的性的运动，从而生成有意义、秩序的世界。另外，IV·11 亦云："主宰诸胎藏，万物没入彼，复由彼出来"；V·2 云："彼一乃主宰，于一一胎藏，于众相全体，及一切胎藏。"胎藏即自性（pradhāna）、万有的直接根源，乃神为其主宰，意即神支配此胎藏之演化、发育（如 V·5："彼亦使一切，当熟者成熟。彼一主万有，分施其众德"）；在这种意义上，《白骡》说神就是世界的创造者、原因。其次，宇宙的存在及其秩序的维持，也属于神的主宰、统治作用，在这种意义上，神被说为世界、众生的护持者。如 §17："不灭、为主宰，智慧且遍在，为世间护持，此即是永远 / 治此世界者"；I·8："彼主宰（īśa）摄持 / 一切之聚合：变者非变者，显者非显者"；IV·15："彼实于适时，为世界护持"；§3 说神既创造诸谛（各种宇宙原理），又进入后者之中，与之一一联结，从内部推动、规定其运动和演化。盖自性既为无意识原理，故若无至上神在其中作为主宰，其运动必然陷于彻底混沌无序的状态。晚期奥义书中，与神作为世界统治者的意义相关的另一重要思想，是认为神是众生生命的支配者。一方面，它居于众生心中，为其内在主宰，决定其知、情、意的活动；另一方面，它又是业力的支配者，根据众生的业给予不同果报，并决定业报成熟的时机。§16 便说众生之轮回与解脱、归止与缠缚，皆由神的意志决定。另外 III·12："惟彼补鲁沙，为伟大主宰。彼激起萨埵（sattva）①，臻彼最净地，彼为主宰者、不灭之光明！"

总之，在《白骡奥义书》中，神的全部作为都被包含在其主宰性之内。然而，正如它对我们在以下分析中梳理出的多种矛盾一样，此奥义书对神的有为性与其无为性的关系，也并没有作出确定、凝固的结论（后世吠檀多派将有为与无为分别归属于神的不同存在层面，很难确定这就是此奥义书的意思），而是给多种可能理解留下了空间。

第二，神的内在性与超越性。对于超越性的领会，必然表现为对超越者与当前、直接的存在的区分。人们正是通过对现象与实体、逻各斯与澄明、现实与自由的区分，把握住形而上学的、直觉的和绝对的超越性。本体的超越性在于，它的自体并不存

① sattva，商羯罗认为指内根（antaḥ-karaṇa），杜伊森认为指觉谛（buddhi）。萨埵亦可能指"有情"，与佛教一致。

在于现象或现实性内部，而是作为一个它者对后者进行规定、构造，以作为其自我实现的工具。因而，严格意义上的超越性（transcendence），必然与内在性（immanence）相矛盾。真正超越的神，根本无法作为泛神论意义上的万有内在本质。因此无论在东方还是西方，一种超越的宗教对于神的内在性的信念，总可视之为由于思维的含糊性而付出的代价。

《白骡奥义书》亦是如此。一方面，它有大量文字，描述至上神对于经验现实乃至全部现实世界的超越性。如 §6："乃证彼超越、高于宇宙树、时间、一切相"。另外 III · 7："大梵高于此（即现象世界），为至上、盛大，隐藏于众生，一一随其体，涵宇宙为一。" III · 9—10："无物高于彼，无物小于彼，无物大于彼。……彼超此世间，无相亦无苦。" IV · 18—20："当黑暗消失，昼夜乃俱泯，非有非非有，唯彼吉祥（śiva）存。既非在于上，亦非在对方，亦非在中间，而可捉摸彼。无有类彼者，彼名'大荣光'。其相不可见，无人目视彼。"这些说法，与此奥义书的幻化论立场一致，表明至上神的自体没有参与到现实事物的存在中去，因而神始终是超越的"它者"。然而另一方面，与此完全对立，它又有大量表述，开示至上神对于事物的内在性，带有明显泛神论色彩。如 I · 16："自我遍万有，如酥于酪中"；II · 17："彼神在火中，彼亦在水中，入居全世间，又在草与木"；IV · 2—4："彼诚是火神。彼即是日神。彼即是风神，彼即是月神。彼是清净者（śukram，指天空）。彼亦即是梵（brahman，此处指吠陀祷词）。彼即是诸水。彼即是生主（Prajāpati）。汝为妇为夫，为童男少女。汝亦为老父，拄杖行蹒跚。即于出生时，汝面对诸方。汝是玄青鸟，赤睛绿鹦鹉。汝孕雷电胎，是季节、海洋。维汝自无始，遍入于万有，世界之万有，皆由此而生。" IV · 16："知彼为吉祥（śiva），隐藏于万有，极微妙如酥，微细过于酪。"这些说法表明，至上神构成世间万有的内在实质。当然，如果我们根据先验论立场，可以说每一事物的本质就是构造它的先验概念（活动），而这概念属于自我或就是自我，在此意义上可以说自我是万有的本质。然而《白骡奥义书》显然不是在这种意义上理解自我的内在性，它在这里都是将自我理解为一均匀、现存的实质，以注入事物形相内部。这种思想其实是不恰当地继承了早期的实质论奥义书的立场①。

显然，这两个方面的意义是相互矛盾的。然而单从《白骡奥义书》的文本本身，我们无法确定它是否将这两个方面在逻辑上统一起来了，甚至无法确定它是否对这矛盾有清晰的意识。为忠实于文本，我们也只梳理出上述的问题框架，而避免将相关的理解定于一尊。

① ChānVI · 1 · 4—4 · 7；BṛihII · 5 · 1—15，18—19.

第三，神的有德与无德。神的有德与无德，与上述两个问题密切相关。在这一点上，《白骡奥义书》对神的理解同样颇有歧义。《白骡奥义书》所谓的德（guṇa），可以在严格意义上理解为数论学的自性三德，或一般意义上的属性、功能；我们在此主要依前者。数论所谓自性三德，即萨埵（sattva）、罗阇（rajas）、答摩（tamas）。其中萨埵指自性中光明、清轻、愉悦的原理，罗阇指自性中冲动、忧苦的原理，答摩指其中昏沉、重浊的原理。自性通过三德的各自演变和相互作用，产生出现实世界。

神的无德性与其无为性、超越性一致，而其有德性乃与其有为性、内在性一致。盖神以德为工具和创造、护持之能力，故有德方有为；另外若神是无德的，则必是绝对超越的，若神有德且将三德包含在自体内，则它就成为世界的根源和实质，因而是内在的。

在这一点上，《白骡奥义书》亦有看似相互冲突的说法。比如在这一章中，§11说神"为观者、知者（cetā），独存而无德（nir-guṇa）"，与数论和后来吠檀多派之无德的自我（Puruṣa 或 Ātman）、大梵完全一致。§19 亦云："彼乃无方分，无为且寂灭，无过、无垢染"，亦支持神的无德。IV·1："彼一本无色，依其隐秘义，多方以能力（śakti），分施众形色。"这里无色（avarṇaḥ）亦可释为无德。而上文所引 III·9—10 和 IV·18—20 对至上神的超越性的描述，也同样表明了神的无德性。然而 §2 却明确说神具有诸德，且包藏全部世间，§16 亦云："彼（至上神）即为知者，创造时间者，具有诸德者"，而且这样的思想在此奥义书中还在整体上占主导地位。这是否与上述说法矛盾？答案是：至少在《白骡》这一章中，这二者并不矛盾。盖所谓至上神之具有诸德，亦有歧义。这里"具有"至少有以下可能意义：1. 占有，与……联结（yoga），把……据为己有；2. 包含，以……作为自身存在的内容。如果我们借用后来胜论派的清晰区分，那么在这两种情况下，神与诸德的关系分别为"联结（saṃyoga）"与"和合（samavāya）"①。如依后义，则神之有德必与无德不可调和；然而《白骡》此章言至上神之有德，则明显依前义，即神与自性、三德的关系为联结（saṃyoga）而非和合。如 §3—4："（至上神）既入与诸谛，一一之联结（yoga），与一复与二、与三或与八；又与时间合，及我微妙德；既由与诸德，合之诸业始，彼分施万有。如若无此等（诸德），则往昔所作，业悉皆坏灭。彼业灭后为，实质相异者。"此二颂的详细解

① 按胜论的解释，联结是事物偶然的、外在的联系，这比如桌布与桌子的关系，这种联系不是常住的，而且它的关系项之间彼此独立，并且它们在这种关系解体之后仍然存在。但和合则是内在的、必然的联系，这例如湿性与水、或线与布的关系。和合关系是常住不灭的，它的关系项不能彼此分离，也不能与和合分离而存在；只要它所依属的事物存在，和合就始终存在（参考吴学国：《存在·自我·神性：印度哲学与宗教思想研究》，中国社会科学出版社 2006 年版，第 101 页）。

释可见《白骡》此章前面的全译。其中诸谛包括自性、三德及由三德转变所生的觉谛、我慢、末那及眼、耳、鼻、舌、身五根和色、声、香、味、触五唯等。神必须与诸谛一一联结从而在内部推动其发展。其中，与三德的联结是根本，唯因这种联结，后面的转变才得以发生。反之，若至上神断除与三德的联结，则非但不能作任何业，甚至以前所作的业亦皆必定坏灭；于是神乃显现为与三德"实质相异者"。这些都表明神具有诸德，并不是将其包含在自身实体之内，而是与之联结、以之为工具，以实现其目的。§10 表明了同样的意思，其云"此唯一神圣，乃依其本性，由原质（pradhāna）生网，如蛛覆其身。"神从自性三德创造名色世界之网，并将其覆盖在其自身实体之上。类似地，V·3："彼神乃投网，一一其相续，一一投多方"，乃是将自性比作神投出的网。这些都表明，至上神的实体无德，但它与自性三德联结起来，以后者为工具，用它覆盖自身，在后一意义上说它为有德。

另外，V·7 云："孰若有诸德（guṇa），则作业受报。彼即为受者，受用其业果。取一切形及 / 三德，入三道，此元气主宰（指命我），追随其诸业。"人因为有诸德，故作业受报，入三道轮回。至上神为何不因有德而入轮回？IV·6—7 或许为此提供了答案，其云："6 美羽牢相伴，同栖于一树，其一食甘果，其一不食观①。7 于此同一树，一人独沉沦，迷失徒怅惘，自忧其无力。此若见于它（另一鸟，即至上神），主宰且自足，以及其伟大，遂离于苦厄②。"此处二鸟喻命我与至上神，其树喻自性，前二者与自性的联结都是外在的；而神与命我的不同命运，乃是由于是否"食用"（aś）自性之树的果实，IV·5 亦喻命我为乐与自性雌兽交欢的雄兽，而神则与之交合后离去，意义与此一致。此所谓"食用"一词，指自我在与自性、三德的联结中，只见自性而遗忘自我，自性成了自我的覆障，此即命我之所从来；如 II·14："如镜蒙尘埃，拂拭生光辉。一俟有身者，见自我自性，乃成为一如，成就、离苦厄。"然而至上神在与自性、三德的联结中，始终意识到自己的主宰、自足、超越独存的实体，因而不会沉湎于三德，为其所制，从而免于命我的苦难。

不过在《白骡奥义书》其他地方，亦有表明神内在地包含诸德者。举凡其中阐明自我、至上神即是世界万有（III·9，14—16；IV·2—4），内在于万有（如 I·16；II·17；IV·16），为万物根源、归宿（IV·11—12；VI·5—6），或以万有为其实体之部分（IV·10）者，皆意味着自性是被包含在神的自体中的，二者的关系是和合（samavāya）。这应当与上文所谓至上神与三德只为外在联结（saṃyoga）的说义相矛

① 此偈同于 Muṇḍ III·1·1。亦见 ṚVI·164·20，KāṭhIII·1.

② 此偈同 Muṇḍ III·1·2.

盾。然而与前面论神的无为与有为、内在与超越一样，就整篇奥义书而言，也很难确定它在此问题上达到了完全统一的结论。

第四，神作为依持与全体。与神的有为与无为、内在与超越、有德与无德的对待一样，在《白骡奥义书》中，神作为世界依持义与作为世界全体义，亦存在内在张力。所谓世界的依持（sthiti；dhāman）或依止，即世界安立于其上并以之为基础、根据的存在。这依持有内在依持与外在依持义，前者为万有之内在本质，后者为万有之住处、容器。在奥义书中，耆跋厘、优陀罗羯等以为自我是世界之物质性的实质或本质，而阿阇世、沙那库摩罗、波罗多陀等，则将绝对的心识作为世界的万有的本质，这里自我都是内在依持。然而中后期的《羯陀》、《六问》等书乃将自我实体与世界分为二途。至上我不再是现象世界的根源、实质。于是它作为依持，便被理解为一种现存的容器，将所有事物包容在内，而其自身存在又是外在于这些事物的，它便成为外在的依持。《白骡奥义书》在这里的思考与上述思想皆有关系。

我们这里讲的依持，限于外在依持。故神作为世界的依持与全体，分别意指：(1) 神作为一种外在容器或基础将世界万有包含在内，世界不是神；(2) 神将万有作为其属性、表象包含在自身存在之内，在此意义上，世界就是神。若严格坚持至上神的无为、超越、无德或与三德仅有联结（saṃyoga），那么神就只能是世界的依持；反之若持至上神为有为、内在且与三德和合（samavāya），则神乃为世界之全体。然而对于《白骡奥义书》，就像对这前三个方面难以给出统一的答案，对至上神之为依持或全体，亦难确立一以贯之的意见。在《白骡奥义书》中，最集中开示此义者，为第三章。ŚvetIII · 1—21 云：

> 1 唯一张网者（jālavān）①，以其力主宰；主宰一切界，以其主宰力。独持存为一，于（世界之）生成、持续（于世界之生成、持续变化中，独保持不变、同一）。人若知彼者，乃成为永生。2 信然禄陀罗②，即彼唯一者，不容有第二，主宰一切界，以其主宰力。与诸生灵对（pratyan）③。彼为护持者，创造万有矣，复于时之末，融彼等为一。3④ 每侧有一目，每侧有一面，每侧有一臂，每侧有一

① jālavān：撒网者。这里“网”（jāla）指作为宇宙根源的自性（pradhāna）；商羯罗释之为幻化（māyā），与上说无违。

② 禄陀罗（Rudra）为《黎俱吠陀》的风暴神，为摩鲁特（Marut）之父。在这里他被与大梵等同。

③ pratyan: 相反的、对立的。神超越众生，为其“他者“（pratyag-ātman）。

④ 此偈来自 ṚVX · 81 · 3，稍有改作，内容同于 AVXIII · 2 · 26；Vāj SaṃXVII · 19；Taita SaṃIV · 6 · 2 · 4 等。

足，彼唯一神圣，创造天与地，以其手与翼，熔铸①锻造（sam-adhamat）之。4②为诸神根源，一切之主宰，彼禄陀罗神，乃为大仙圣。彼曾于亘古，诞生金胎藏（Hiraṇya-garbha）③，愿彼赐我等，清明之智慧。5④惟禄陀罗神，汝身为吉祥（śiva），慈柔无暴恶，嗟汝山居者，请示于我等，此最福德身（请禄陀罗神示其如前所赞之最福德身于我等）。6嗟乎山居者！请使之吉祥，汝手中之矢（请使汝手中之矢成为吉祥），既欲以发射。嗟乎护山者！幸毋伤人畜！7大梵高于此（tataḥparam）⑤，为至上、盛大，隐藏于众生，一一随其体（随众生之体而拟取其形），涵宇宙为一，人若证知彼，究竟之主宰，乃可得永生。8⑥我知彼至上，原人色如日，超越于黑暗。唯以知彼故，乃可离死域，余无归彼（解脱）途。9⑦无物高于彼，无物小于彼，无物大于彼。謇彼唯一者，独立如大树，其根植于天。由彼补鲁沙，世间被充满。10彼超此世间，无相亦无苦。知彼得永生，昧者沦苦厄⑧。11⑨彼于一切向，皆有面、头、颈⑩，藏于众生心，遍满且宽裕（maghavan）。是故为遍入，亦且为吉祥。12惟彼补鲁沙，为伟大主宰（prabhu）。彼激起萨埵（sattva）⑪，臻彼最净地，彼为主宰者、不灭之光明！13⑫一人大如拇，恒居众生

---

① 类似表述亦见于ṚVX・72・2.

② 此偈即IV・12改作。

③ 金胎（Hiraṇya-garbha），根据商羯罗解释，为处于日常客观意识状态之大梵，是作为客观意识的宇宙灵魂，与梵天（Brahmā）等同。他与Virāṭ（即物质）或Svarūpa神对立而为日常世界之二元。

④ 以下二偈即Vāj SaṃXVI・2，3.

⑤ “高于此”（tataḥparam）：依传统注释家，这里“此”指禄陀罗，代表表象世界。然而在此奥义书中，禄陀罗就是大梵，并无它处说其仅为表象者。故这“此”只是泛指此岸、世间（即金胎和Virāṭ）。此颂指大自在神超越世间。

⑥ 此偈即Vāj SaṃXXXI・18.

⑦ 此偈即Mahānār UpX・20.

⑧ 此偈后二句见于BṛihIV・4・14.

⑨ 此偈引用了ṚVX・81・3，90・1.

⑩ 此二句原文为一句（sarvānana-śiro-grīvaḥ），徐先生译为“遍是面、头、颈”，杜伊森译为“其每侧皆有面、头、颈”（Mit Antlitz, Haupt und Hals allwärts），休谟译为“为万有之面、头、颈”（Who is the face, the head, the neck of all），拉达克利须南译为“在万有之面、头、颈中”（Who is in the faces, the heads, the necks of all）。以杜伊森的读解最恰当，因为此句与前面的III・3及下文III・14，乃是ṚVX・81・3，90・1的变文，此解与ṚVX・81・3，90・1的原意最一致。在此处此二句意为梵进入众人心中为其自我，故以众人之面、头、颈为它自身所有。

⑪ 见KāṭhVI・7。Sattva，商羯罗认为指内根（antaḥ-karaṇa），杜伊森认为指觉谛（buddhi），兹从后解。

⑫ 此偈引用了KāṭhIV・12，13，VI・9，17.

心，为其内自我。由心、想及意，彼庶可揣度①。知彼则不死。14② 神我具千首，千目又千足，遍围此大地，又超出（大地以）十指（之宽）。15③ 信然此神我，即是全世界／已是及将是；复次彼亦是，诸以食养者、不死者主宰。16④ 每侧有一手，每侧有一足，及一头、面、目，一切处有耳。搴彼乃持住，包容万有尽。17 似具诸根德，而又离诸根⑤，为万有之王，主宰、大依归。18 虽居九门城⑥，鸿雁（haṃsa，命我与宇宙灵魂）外翻飞，控制全世界，动者静者具。19 无手而能持，无足而迅捷，彼视而无目，彼听而无耳。彼悉知应知，而无知彼者。众称彼伟大、原始补鲁沙。20 细于微细者（aṇor aṇīyān），大于广大者（mahato mahīyān），为此至上我，居于众生心⑦。若由造物恩（dhātuḥ prasādāt）⑧，见主（Īś）及其大，乃知其（指神）无为（akratu），（其人）遂离于苦厄⑨。21 我知此万有，不坏、亘古我，遍满故遍在，人说其无生⑩。诸梵论师言，彼是恒常者。

在《白骡奥义书》中，首先有许多文本一方面坚持至上神对于万有的超越性，另一方面又强调神包容万有，于是将至上神理解为世界安住于其中或其上的依持、住处。如 VI·6："永生不朽者，为宇宙依持（dhāman，依处、住处、寓处），居于自我中；乃证彼超越、高于宇宙树、时间、一切相，世界由彼伸（以彼为基础扩展开

① "由心、想及意，彼庶可揣度"（hṛdā manvīśo manasābhiklpto：唯依心、想、意而可测度），此依 Saṃkarānanda，Nārāyaṇa 和 Vijñāna-bhikṣu 的读解。

此句徐译为"对情心，思心，对超心皆现"，休谟译为"He is framed by the heart, by the thought, by the mind"，P·Olivelle 译为："with the heart, with insight, with thought has he been contemplated"，皆依 Saṃkarānanda 等的读解，而徐译不太自然；拉达克利须南译为"He is the lord of the knowledge framed by the heart and mind"，乃依商羯罗的读解；杜伊森译为"（Nur wer）an Herz und Sinn und Geist bereitet"，似对原文有所加工。本译与休谟和 Olivelle 一致。

② 此偈即 ṚVX·90·1；AVXIX·6·1；Vāj SaṃXXXI·1；Tait ĀraIII·12·1.

③ 此偈即 ṚVX·90·2；AVXIX·6·4；Vāj SaṃXXXI·2.

④ 此偈同于 BGXIII·13.

⑤ 此二句亦出现于 BG.XIII·14.

⑥ 此喻亦见于 KāṭhV·1；BGV·13.

⑦ 此四句亦见于 KāṭhII·20；Tait ĀraX·10·1.

⑧ dhātuḥ prasādāt: 由造物者（dhātṛ）之恩赐（prasāda）；此语或读为"dhātu-prasādāt"（由诸根之清净。此处 dhātu 指诸根）。

⑨ 此四句在 KāṭhII·20；Tait ĀraX·10·1 基础上略有改作。"乃由造物恩（dhātuḥ prasādāt）"或可读为"乃因诸根静"（dhātu-prasādāt）。

⑩ 按 Vijñāna-bhikṣu，生（jan）与死（mṛ）指宇宙的创造和毁灭。此处无生（aja），乃义兼无死（amṛta），谓自我不生不灭。

来)。" IV · 13：“彼为天神主，诸界安于彼；二足四足类，皆彼为主宰。”在上译第三章，§1：“唯一张网者，以其力主宰；主宰一切界，以其主宰力。独持存为一，于生成、持续。”意义乃与之一致。其云世界为至上神投出之一巨网。于世界之生成、持续变化中，神独保持不变、同一，故为世界之住持。此外 V · 3，VI · 10，表明此世界之网乃安立于至上神之上（蛛以网覆其身喻），或为其所包含（神一一投网而复收之于内）。V · 3 云：“彼神乃投网，一一其相续，一一投多方，乃于此世界，又复收回之，聚之于一处。” VI · 10：“此唯一神圣，乃依其本性，由原质（pradhāna）生网，如蛛覆其身。”因而至上神就是世界的住处或容器。在这里，看来《白骡》是将至上神对世界的超越性，理解成了数论的自我与自性的分离。故在此奥义书中，凡开示神的超越性的文本，皆持此神为依持之立场（如 VI · 3—4；VI · 11—13 以及 IV · 18—20 等）。在这些说法中，神就是外在于世界，与之分离的。其次，与此相对，《白骡奥义书》有更多文本，表明神就是世界的全体，二者是同一的。此义尤著于第三章，如 §11 说“彼于一切向，皆有面、头、颈”；§14“神我具千首，千目又千足，遍围此大地”；§15：“信然此神我，即是全世界 / 已是及将是”；§16：“每侧有一手，每侧有一足，及一头、面、目，一切处有耳。謇彼乃持住，包容万有尽”。在这里，《白骡奥义书》沿袭了吠陀和梵书的宇宙拟人论；在后者，神被想象为一宇宙巨人，以众生与世界为其躯体。另外如 IV · 2—4：“彼诚是火神。彼即是日神。彼即是风神，彼即是月神。彼是清净者。彼亦即是梵。彼即是诸水。彼即是生主。汝为妇为夫，为童男少女。汝亦为老父，拄杖行蹒跚。即于出生时，汝面对诸方。汝是玄青鸟，赤睛绿鹦鹉。汝孕雷电胎，是季节、海洋。维汝自无始，遍入于万有，世界之万有，皆由此而生。”亦充分阐明神与世界的同一性。此类说法，在此奥义书中还可举出很多。

我们很难说《白骡》书对上述两种立场的矛盾有清晰的意识，也很难保证它对此有一贯的立场，但就其总体而言，可以肯定它更倾向于与早期数论一致的，以自我、至上神为世界的外在依持的立场。

第五，大梵的三相。除了这种以至上神为全体之说，《白骡奥义书》还另外提出了大梵包含三种实体的观念，以解释存在的统一性。这可以说是后来湿婆教的主（pati）、兽（paśu，指命我）、缚（paśa，指自性）的三元化世界观，以及罗摩努阇的以为大梵包含神、命我、自性三种实体的差别一元论教义的先驱。这类说法都与数论学有密切联系。盖数论持神我、自性为两种对立实体，而早期数论往往是有神论，故于此二者之上，另立一实体，即至上神。在《白骡奥义书》中，IV · 5—7 清楚表明了这一联系。这里《白骡》以数论的神我、自性说为基本出发点。其中 IV · 5 比喻自性为生育世界万物的母兽，而命我与至上神则是与之交合的雄兽；IV·6—7则喻自性、宇宙为一大树，命我与神为栖息于树上之二鸟。于是神、命我、自性就被当作三个不同的、而且各自独立的实体。另外，VI·16也提出神为自性（pradhāna）与田智（kṣetra-jña，指命我）之主宰，持义亦同于此。在这些说法中，大梵就被等同于至上神。

在此基础上，I·7—9乃提出大梵为超越、包含以上三个实体的整体，此即所谓"三相梵（trayam brahman）"，其云："彼乃被赞为，无上之大梵。彼中有三者（trayam）。为不变、依止。梵智者既明，此中之义蕴。乃没入大梵（在观想中与梵合一），精一（专注于大梵）、断胎生。彼主宰（īśa）摄持/一切之聚合：变者非变者，显者非显者。非主、受用故，命我被系缚；人若知此神，乃脱一切缠。有二无生者：知者、非知者，主宰、非主宰（神与命我）。彼（自性）亦为无生，联结于受者，及所受诸境。自我（ātman）为无限，遍满且无为。人若见此三①，此即是大梵。"其中所谓"三者（trayam）"或"此三"，即受者（Bhoktṛ，命我），所受者（Bhogya，自性），主宰者（Prerayitṛ，推动者、大自在），皆为"无生"、"依止"，即永恒的实体。这三种实体构成大梵的全部内容。

单从上面这段引文，可以确定大梵是超越并包含了至上神在内的原理，然而从总体上看，《白骡》书对这二者的关系说得很不确定。比如在紧接此段引文的I·10中，这种关系就已经出现了滑动，其云："变易（自性）及命我，唯一神所主。静虑、一于彼，进入其体中，由此而渐进，尽灭世界幻。"在这里，神又被与大梵等同起来，作者又回到IV·5—7和VI·16。在《白骡奥义书》出现的这种对大梵与至上神的关系理解上的模糊性，甚至在后来的湿婆教、毗湿奴教中也没有得到很好的解决。

另外就至上神与命我的关系，《白骡奥义书》亦同样说得很含混。盖I·7—9说"三相梵（trayam brahman）"，乃以为至上神、命我、自性为三个"无生"的实体。然而紧接着的I·12云："居我之永恒（即至上神），此是所应知"；I·13说神藏于人身内，如火藏于木；I·15亦说："如油在麻中，如酥之于酪，如川中之水，如燧中之火；如是见自我，藏于命我中"，都明确表明至上神或自我就是命我的本质，故命我不复为独立的实体。《白骡奥义书》还沿袭了大量传统的说法，皆持与此类似的说义，与上述三相梵之说直接冲突。比如III·13："一人大如拇，恒居众生心，

① "三"者谓受用者（Bhoktṛ，命我），所受者（Bhogya，自性），主宰者（Prerayitṛ，推动者、大自在）。

为其内自我。”III·17—21：“（至上神）似具诸根德，而又离诸根，为万有之王，主宰、大依归。虽居九门城，鸿雁（haṃsa，命我与神）外翻飞，控制全世界，动者静者具。无手而能持，无足而迅捷，彼视而无目，彼听而无耳。彼悉知应知，而无知彼者。众称彼伟大、原始补鲁沙。细于微细者，大于广大者，为此至上我，居于众生心。我知此万有，不坏、亘古我，遍满故遍在，人说其无生。诸梵论师言，彼是恒常者。”IV·17：“彼神圣、大我（mahātman），创造一切者，恒居众生心。”其中III·13引用了KāṭhIV·12,13，VI·9,17；III·18引用了KāṭhV·1；III·20引用了KāṭhII·20，TaitĀraX·10·1；III·17的前两句亦见于BGXIII·14，很可能二者皆引自某一共同的出处。这些沿袭的说法，也是与上述“三相梵”之说以为命我与神是各自不同的实体的立场直接对立的，都指出了人的内在自我与神的同一性。神被认为就是居于人心中的内在主宰。这类相互矛盾的理解，进一步加重了《白骡奥义书》的神性论的思想模糊甚至混乱。以上是《白骡奥义书》对神性的看法。可以看出，由于其书并非成于一人之手，甚至非成于一个时代，另外由于作者对于陈说不加批判的沿袭，导致此书在这一点上意旨不确定之处甚多。这种思想的不确定性往往导致了后世学者的长期争论（比如就大梵与至上神是否同一、神与命我是否同一的问题，吠檀多的不二论和差别一元论就一直存在激烈的争论）。

## 三、创世论

《白骡》第4章的幻化论，也包含了一种创世论，谓至上神通过幻法创造出世界万有。然而《白骡奥义书》对创世论之最充分阐明，乃集中于第1章。后者的出发点是数论的自性转变论（prakṛti-pariṇāma-vāda），甚至更早的梵转变论（brahman-pariṇāma-vāda），与幻化论的关系并不确定。ŚvetI·1—16云：

> 1诸梵论师（brahma-vādin）言：孰为因、大梵[①]？吾人何由生？吾人何以生？于何得安立？由谁之主制，吾人历诸境，乐以及非乐？汝知大梵者！2时间（kāla）与自性（sva-bhāva），必然（niyati）与偶然（yadṛcchā），大种（bhūta）与胎藏（yoni），及原人（puruṣa）应思（是否为因）[②]？非为此诸合，以自我性

---

① 此句(kiṁ kāraṇam brahma)，或可译为：“何为因，梵乎？”“何为因，何为梵？”“梵为因乎？”“何因是梵？”

② 此四句为回答上一偈提出的“孰为因？”等问题，谓应思择时间、自性、必然、偶然、大种、胎藏、神我是否为因。答案是否定的。

故①；自我（ātman）亦无力，为彼苦乐因②。I·3彼等习静虑，以及瑜伽行，遂见神自力（ātma-śakti），隐于其自德（sva-guṇair nirgūḍhām）③。彼即唯一者，主宰一切因，由时至自我。4彼为一轮毂，三胎十六端，其间五十辐，二十助辐楔，六科之八品。一绳有多相。分别有三道，二因生一惑④。5一川具五流，且发于五源，漂疾多弯曲，五浪为五气，生于五重觉，又有五旋涡，及五苦急流，支流有五十，归之于五束，吾辈已知之⑤。6惟彼伟大者，赋万有生命，为万有依持，于彼巨梵轮，鸿雁（haṃsa，即命我或灵魂）自窜飞，自别于（思自身有别于）动因（宇宙推动者，即大梵）。由彼之恩宠，乃得乎不死。7彼乃被赞为，无上之大梵。彼中有三者（trayam）⑥，为不变、依止。梵智者既明，此中之义蕴（大梵所包含的内容，

---

① 自我性为心智，非由彼等无心智之物结合而生，或曰自我性不与彼等结合。

② 此二句徐梵澄先生译为“自我亦非主，以受苦乐故”，与杜伊森的读解一致，杜氏译为：“Doch auch das Selbst schafft frei nicht Lust und Unlust!”此是将自我（ātman）解释为现实的人。但此解排除了原文随顺数论学之可能。依数论，此自我当为神我（puruṣa）。数论主张苦乐等一切皆自性转变而生，而神我无为，与苦乐等无因果关联。杜伊森的解释固与下一段意思一致，多数译者亦作是解，但谁能保证奥义书作者的思想原本就有如此严格的一致性？

③ 此处神的自力（ātma-śakti），指自性，I·10表明这就是摩耶。自德（sva-guṇa）所指，古来注释家析有三义：一、指神自身的特性、性质；二、指自性三德，为神的创世工具；三、指三德转变的产物。从文本语境来看，它可能包括上述第二、第三两重意义（三德的产物亦被赅摄于三德之内）。

④ 此偈阐明数论的世界观。“一轮毂（eka-nemin，輞，辐圈）”即自性（或释为大自在天），为杂多世界之唯一根源。“三胎”谓自性三德：萨埵（明）、罗阇（染）、答摩（黯）。“十六端”谓五大（地、水、火、风、空五种物质元素）、五知根（眼、耳、鼻、舌、身）、五作根（手、足、尿道、肛门、性器官）、意（末那）。“五十辐”谓数论学中由觉谛转变所生之五十法，包括贪、痴、嗔、颠倒、无力、成就等。“二十助辐楔”谓十根及相应之境。“六科之八品”谓：一、八本，即五唯及自性、觉谛、我慢，能生他故，名为本；二、八界，即组成色身之八种成份（皮、肤、血、肉、脂、骨、髓、腺）；三、八种成就（或指瑜伽之八种神通：变小、变轻、变大、获得力、意欲力、控制力、自在力、如意力）；四、八种转变，即由觉谛所生之八种存在（法、非法、智、非智、执、无执、神通、无神通）；五、八神（梵天、生主、诸天、罗刹、乾达婆、夜叉、鬼、毗沙遮）；六、八德（自我的八种善德，谓慈、忍、安、无嫉、清净、无怠、无乏、无欲）。“一绳”谓爱欲或自性。“三道”或为父祖道、天神道、解脱道；或指三种解脱之道：智道、业道、巴克提道（TTSXX）；或指I·19，22提及的三苦、三缚；或指I·12的受者、所受和主宰者（至上神）三种实体，意义无法确定。“二因”谓善恶业。“一惑”为我见或自我幻相，为使命我受缚的根本颠倒。二因生一惑（dvinimittaika-moham），或亦可读为“由有二相引起之惑”，指由苦乐或善恶等有二相形成之惑（P.Chakravarti, *Origin and Development of the Sāṃkhya System of Thought*, Oriental Books Reprint Corporation, 1975.22）。

⑤ 此段以河流喻世界之转变。“五流”谓五根，“五源”谓五大，“五旋涡”谓即瑜伽五障，包括无明、爱、无能、执着、我见，“五十支流”即上所谓五十法，“五苦急流”即瑜伽所谓五苦：求乞、积蓄、消耗、执持、杀戮（Tattva-kaumudī 50），或谓《瑜伽经》之五种烦恼（YS II·3）。

⑥ “三者”即受者（Bhoktṛ，命我），所受者（Bhogya，自性），主宰者（Prerayitṛ，推动者、大自在），皆为永恒的存在。

即上述三种实体)。乃没入大梵(在观想中与梵合一),精一(专注于大梵)、断胎生。8 彼主宰(īśa)摄持／一切之聚合:变者非变者,显者非显者。非主、受用故,命我被系缚①;人若知此神,乃脱一切缠。9有二无生者:知者、非知者,主宰、非主宰(神与命我)。彼(自性)亦为无生,联结于受者,及所受诸境。自我(ātman)为无限,遍满且无为。人若见此三②,此即是大梵。10 变灭者自性(pradhāna),无变灭者我(Hara)。变易及命我,唯一神所主。静虑、一于彼,进入其体中,由此而渐进,尽灭世界幻。11 若知彼神圣,遂脱尽诸缠,断尽诸烦恼,生死皆止灭。定观于彼故,身灭入三道(解脱道),所愿皆成就,神圣且独存(kevala)。12 居我之永恒(居于我之中的永恒,即大梵),此是所应知。更无高于彼,为所应知者。若知彼受者,及所受、主宰③,则说一切尽。此即三相梵。13 如火藏于木,其相不可见。其性固未灭,钻木又得之。此二(或指神与无德梵,抑或命我与神)在身内,由"Om"乃得之④。14 以"Om"为上燧,己身为其下,以静虑钻之,则见所藏神。15 如油在麻中,如酥之于酪,如川(Srotas)中之水⑤,如燧中之火;如是见自我,藏于命我中,若人勤求之,以苦行(tapas)、真理⑥。16 自我遍万有,如酥于酪中,植根于苦行,及自我之智⑦——此即是大梵,至上之奥义!此即是大梵,至上之奥义!

《白骡奥义书》此章,可按其内容分为两部分。第一部分为立足于数论的创世观;第二部分开示了以此为基础,对于至上神、自我实相的思考,在实践上,与此相应的

---

① 这里暗示了后来湿婆教的主(pati)、兽(paśu)、缚(pāśa)的区分。

② "三"者谓受用者(Bhoktṛ,命我),所受者(Bhogya,自性),主宰者(Prerayitṛ,推动者、大自在)。大梵包括了命我、人格神和自性在内。此说后来在罗摩努阇学说中被展开为神、命我、自性三个实体统一的世界观。

③ 此中"彼受者,及所受、主宰",徐先生译为"受者,所享受,主动享受者",可能有误。盖此三者即上文之"受用者"(Bhoktṛ,命我)、"所受者"(Bhogya,自性)、"主宰者"(Prerayitṛ,推动者、大自在)。"Prerayitṛ"直译为推动者,显然就是指世界的主宰或大自在神,译为"主动享受者"则不明所指。

④ Ⅰ·13 如火隐藏于燧木之中而不显现,自我隐藏于人自身之中,因无明故不现。如火必待钻燧木方起,自我亦必待人敬思"aum",才能显现。

⑤ srotas:河床。干涸的河床,唯当人深掘之才生水。

⑥ 此颂谓人若以苦行、真理勤求之,则见自我藏于命我中,如油在麻中,火在燧中等。

⑦ "植根于苦行,及自我之智"(ātma-vidyā-tapo-mula),谓对梵的证知来自苦行与自我之智。拉达克利须南译此句为:"which is the root of self-knowledge and austerity(为苦行、自我之智的根柢)。"(Sarvepalli Radhakrishnan, *The Principal Upaniṣads*, George Allen & Unwin LTD, London 1953, p.718)

静虑（abhidhyāna）为解脱的根本途径。

文本一开头就提出了何为宇宙及生命存在的终极原因的问题。接着它提到古人提出的终极原因，有时间、自性、必然、偶然、大种、胎藏、原人等，亦有说为此诸因和合者。它认为应当对这些因一一进行考察，确定其是否成立。这些说法，都是在印度思想史上实际存在过的。其中以时间（kāla）为因者，有始自吠陀①，一直延续到奥义书的时间说（kāla-vāda）②，乃以时间为生成世界万物的终极原理。以自性（svabhāva）为因者，谓以某种自然实质为万有根源之说。在奥义书思想中，从最早的水、火、风、甘露等说，一直到优陀罗羯的原质说，皆主此说。以必然（niyati：必然，定数、命运）为因者，即以为宇宙人生皆由某种必然性决定，神意、人力皆莫能为，是一种命定论。此说盖由吠陀的ṛta（宇宙法则）崇拜发展而来，尽管在奥义书中较为少见，但可以肯定是一种实际存在的学说。佛世六师外道中，波浮陀·迦旃延（Pukudha Kaccayana）等即主此说，他认为宇宙人生是由地、水、火、风、苦、乐、命七大元素组成，依其集散离合，而有死生、祸福、成毁等现象，这些都完全是命定的，人力丝毫不能改变。末伽黎·拘舍罗（Makkhali Gosala）等以为宇宙人生由地、水、火、风、空、得、失、苦、乐、生、死、命（生命）十二元素组成，而命运则是它们相互结合的原因。以偶然（yadṛcchā）为因者，当指顺世论的无因论。顺世论唯承认现量，即生生灭灭、刹那无常、完全偶然的感觉内容为真实，故认为一切世间存在，皆为刹那显现，无因无缘，自然而生，自然而灭，因此反对自在（神）化作论，也反对自性转变（属数论派）等说③。以大种（bhūta）为因者，指当时的唯物论普遍接受的由地、水、火、风、空五种物质元素构成世界万物之说，耆那教的原子论（极微说）即属此列。以上三说，皆不属于奥义书的传统，但其流行皆早于《白骡奥义书》。此奥义书表明其作者肯定接触过类似学说。以胎藏（yoni）、原人（puruṣa）为因者，分别指吠陀、梵书中，认为世界由一宇宙胎藏（即金胎 Hiraṇyagarbha）发育而成，或由一宇宙巨人（Puruṣa，在梵书中每被等同于元气）分化而成的构想（当然印度思想被提出来作为世界根源的原理还有不少，作者没有全部枚举）。

作者在考察完这些原理后，得出的答案全都是否定的。理由是："以自我性故"，

---

① ṚVX·190·1—3；AVXIX·53·1—10；AVXIX·54·1。在梵书中这也是一种重要思想（见Sat BrāX·2·4·1—3；Sat BrāX·4·2·2等）。

② 此说直到更晚的《慈氏奥义书》（MaitVI·2，14）仍有反映。

③ 《大毗婆沙论》卷一百九十九载无因论者言："现见孔雀鸾凤鸡等，山石草木花果刺等，色形差别，皆不由因，自然而有。彼作是说：'谁刮诸刺？谁画禽兽？谁积山原？谁凿涧谷？谁复雕镂，草木花木？如是一切，皆不由因。于造世间，无自在者。'由此但执我及世间皆无因生，自然而有。"

因为这些因都是无心智（acetana）的原理，但是人类自我的体性就是心智，而奥义书思想既然早已将心智（心、识等）作为自在自为的实体，因而意识到无心智的东西不可以为心智（cetana）之根源，故以上这些因，都不能解释自我的心智本质，或曰不能解释世间的精神现象；而且，作者指出，无心智东西的结合也不能产生心智。另外，奥义书接着说，人虽有心智，亦不是终极因，因为“自我亦无力，为彼苦乐因”：人并不是他自己所历的诸种境界，以及生命的苦、乐的最终创造者，他甚至不是自己命运的决定者，因而根本没有力量成为创造世界之因。接着此作者给出了明确的答案：世界的创造者是至上神！神通过它的自力（ātma-śakti），支配由时间至自我（ātman，此处义同于 Puruṣa）的全部原理。

在此奥义书中，将神的自力等同于数论的自性的观念，达到了高度一致；至于§10 复将这自力、自性等同于摩耶，则无法确定其是否为此书一致的观念。因而《白骡》书的创世论，完全随顺数论的自性转变（prakṛti-pariṇāma-vāda）的体系，只不过在数论的转变图式之上增加了一个最高的推动者即神，且将自性视作神的能力，并以神为自性每一阶段的转化及其产物的支配者。

§3—§6 开示了自性在至上神的主导下，转变出全部现实存在的过程，然而作者只标出纲要。§3 所谓“遂见神自力，隐（nigūḍhā）于其自德（sva-guṇair nirgūḍhām）”，表明自性显现为三德。神的自力就是自性或摩耶。传统的注释家将其等同于大自在天神，恐于义不合。盖此奥义书并未将大梵视为超越大自在神之上的原理，而是将二者等同，而自性、摩耶就是大自在神的创造、主宰之力，是世界的根源。所谓神的自德，传统的注释家们亦有几种解释：(a) 指神的特性、性质、功德，并无形上学意义，与数论无关；(b) 指数论的自性三德，即萨埵、罗阇、答摩，为自性的三种要素或势力，世界万有皆是三德的转变；(c) 指由自性三德所生的诸种转变相（vikṛti）。由于《白骡》书整体的数论倾向，以及由于它所谓诸德，凡于意义明确之处，皆指自性三德，故这所谓三德，应当从数论意义上理解，这意味着 (a) 不成立。此词的意义应当是 (b) 与 (c) 的结合，因为在数论学中，三德以及其转变产物，皆可赅摄于三德之内，故三德乃通指一切现实存在。另外此所谓隐藏（nigūḍhā），注释家亦有歧解，或谓指神自力的诸产物覆盖这自力的体相，或指这自力转化为诸产物后，又作为本质被包含在其中。前义尽管在古典数论中有类似说法①，但在奥义书中恐难得到其他佐证，而后解在奥义书中则随顺无违，故取后解。§3 表明神的自力转化为现实的万有，为其根

① 古典数论认为自性、三德的自相是不可见的，即使圣者羯毗罗也只能看到其转变之果，而不能看到它们自身。

源和本质。

§4—5则开示了数论自性转变的全部环节。在这里，自性（或释为大自在天）被喻为轮的全部辐条安立其上的辐圈（eka-nemin，辋，轮毂），这意味着它是杂多世界的唯一归宿、根源。自性（prakṛti）的词源是“pra-kri-kti”，即分化、转变、繁殖、生育之意；又曰本性（pradhāna），为一切事物根源、依止故；或曰冥谛（avyakta），深杳难知故；或曰摄藏（bahu-dhānaka），所有行相差别摄藏其中故。自性三德（guṇa），即萨埵（sattva）、罗阇（rajas）、答摩（tamas），在这里被喻为车轮的三胎。在数论学中，三德不是依附于实体的三种属性，而是自性的组成成分①，自性除此三德外，无别自体②。三德旧译喜、忧、闇，或勇、尘、暗。三德是“喜、忧、闇为体，照、造、缚为事”③。喜为萨埵，为轻微、光照等相，若喜增长，则诸根能缘于尘，故以照为事。从萨埵生法、智慧、离欲、自在、乐等。忧为罗阇，即内心躁动之力，为支持、策励、长养、激扰、活动等相，若忧增长，则能造诸业，能激起萨埵、答摩运动。从罗阇生贪、嗔、骄慢、苦等。闇为答摩，重复为相，若暗增长，则诸根被覆，不能执诸尘，能为系缚。从答摩生非法、无能、愚智等。世间一切存在，皆由三德而生，且被包含在三德之内（在后来的吠檀多学中，三德分别成为上帝创造、维持和消灭世界的能力）。

数论讲有八本（prakṛti），谓自性、觉谛、我慢及色、声、香、味、触五唯。后七者为亦本亦变异（prakṛti-vikṛti）（见VI·3），即由本生，复变生余物。十六变异（vikṛti），即五大（地、水、火、风、空五种物质元素），五知根（眼、耳、鼻、舌、身）、五作根（手、足、尿道、肛门、性器官）、意（末那），唯变异所生，不复变生余物，故为自性转变之终点④，故此奥义书说之为“十六端”。《白骡》用安立于车轮之辐圈上的五十根辐条，比喻由自性转变所生之五十法，包括贪、痴、嗔、颠倒、无力、成就等。“二十助辐楔，六科之八品”，也从另一角度，包括了自性转变的全部产物，谓十根、十境、八本、八界、八德等。这既包括物质现象，也包括精神现象，既包括宇宙论内容，也包括人生论的内容（具体所指见正文§4的脚注）。人的无明与智慧、迷惑与觉悟、轮回与解脱，皆离不开自性转变的作用。§5复以河流生诸急流、波浪、旋涡、支流等喻自性转变

① S.Dasgupta, *A Histroy of Indian Philosophy Vol.1*, Cambridge University Press, 1957, p.244.

② 在梵语中，guṇa亦有绳义，言诸德性能为系缚，不使自我得解脱（SPBI·61）。有说三德如绳三股绞合，以成世间。

③ 《金七十论》卷上，大正54-1247；SKXII；SKBXII。每一德的内容也不是单一的，而是都包括了无数同类的行相：“所谓萨埵，是指包括在喜之内的清净、轻光、爱、安乐、厌离等无量行相。同样罗阇也指包括在苦之内的忧等无量行相。答摩则指包括在痴之内的睡眠等无数行相。”（SPBI·127）

④ TTS VI；《金七十论》卷一。

产生宇宙和人生之诸现实存在的过程（其中，河流喻自性，“五流”谓五根，“五源”谓五大，“五旋涡”即包括无明、爱、无能、执着、我见的瑜伽五障，“五十支流”即上所谓五十法，五苦为数论所谓求乞、积蓄、消耗、执持、杀戮五种苦），亦是随顺数论、瑜伽的思想。

如果说《羯陀》包含了数论学的萌芽，《白骡》则基本上展开了数论形上学的全部系统。其第1章提及了几乎整套的数论学术语，包括从神我、自性、三德到五大、五知根、五作根以及五气、五十种变异等。可以说，数论学是构成《白骡奥义书》思想整体最重要支柱，不仅在其书第1章中得到阐明，而且在其他章节中，数论思想也占据了明显的主导地位。其中如IV·5喻世界根源为一具有“赤、白、黑”（lohita-śukla-kṛṣṇām）三色之雌兽，显然是指自性，谓其具罗阇、萨埵、答摩三德[①]。IV·6—7表明自我受用自性是相续轮回的原因，若不受用则得独存、解脱，也符合数论的宗旨。VI·2—4谓神以自性为工具创世，即通过与自性的各环节（诸谛）一一结合，从内部推动其转化；VI·16也提出了自性（pradhāna）与田智（kṣetra-jña，指命我）的对立，这些都是以数论学为基础的。

《白骡奥义书》（以及其他晚期奥义书）的数论学的特点是将有神论与数论结合起来，这可能是早期数论学的特征。在《白骡奥义书》中，吠檀多典型的精神的一元论、有神论同样是其主导的立场，与数论典型的二元论、无神论立场有别。故其数论学，必须与其吠檀多立场尤其是有神论一致。数论的二元论必须被放弃。自性（pradhāna）不应是独立的原理，而是必须被收归神的存在之中，作为神的自身能力（devātma-śakti），或神的幻化（māyā）作用。神通过自性、摩耶创造世界。对于这一立场，《白骡奥义书》说之甚明。首先，将数论的自性三德等同于神的自力，无疑是此奥义书之统一的立场。如I·3：“彼等习禅定，以及瑜伽行，遂见神自力，隐于其自德（ātma-śakti）。彼即唯一者，主宰一切因，由时至自我。”VI·1—2：“唯由神之大（devasyaiṣa mahimā），乃于世界中，旋转大梵轮。彼恒常包藏，此全部世间。彼即为知者，创造时间者，具有诸德者，遍知一切者。”VI·10：“此唯一神圣，乃依其本性，由原质（pradhāna）生网，如蛛覆其身。”VI·16：“彼即为知者，创造时间者，具有诸德者，遍知一切者；自性与田智，彼乃为其主，为诸德主宰。”神被认为本来具有三德，以作为其创造、维持、消灭世界的大能，因而它是现实存在的唯一根源。其次，如果我们把上述说法，同IV·10所谓“复次人应知，自性（prakṛiti）即摩耶。而彼摩耶主，

① 赤、白、黑三色之说亦见于ChānVI·4。在后者，优陀罗羯提出万有皆由火、水、食三种原素构成，皆具三色，可视为三德说最早的萌芽。

即是大自在”衔接起来，那么就达到了有神论、数论和幻化论这三方面内容的完全统一。在这里，自性、神的自力，被认为与摩耶即幻化是同一的。于是，世界的起源既被认为是自性的转变，又被认为是大自在神的创造，又被认为是梵的幻化。这正是后来不二吠檀多派的理解。不二论严格区分梵与大自在神，认为梵的自体完全脱离摩耶、自性，而大自在神就是摩耶或自性，它就是大梵的自力，是世界的根源。当梵显现为大自在神，世界的幻化就表现为神的创造。于是创世的过程包括，先是由自性的转变产生种种名色，然后是这名色被增益到梵的自体之上。于是实性被遮蔽，世界幻相呈现出来。然而自性、神的自力、幻化三者的完全同一，是否就是《白骡奥义书》的统一的立场，恐怕难以确定。

《白骡奥义书》第1章 §7—§16，乃是以前述内容为基础，开示对于至上神的静虑（dhyāna）。所谓静虑，即对对象的专注、深密的思考，即通过带着渴望和热爱地、专注且强烈地深思、仰慕神，最后达到禅定中与神或与修行者的内在自我的合一。修道者通过长期修静虑，最后使神的实性呈现出来，这就是因定发慧（jñāna）。在此奥义书中，通过对梵的静虑而亲证其实性，乃是得道解脱的重要环节。在 §7—§16，这种静虑大致都是以数论思想为背景，且把梵作为人格神。其内容还可进一步分为三部分：

（1）§7—§9 提出应当观想的内容，即所谓三相梵。大致说来，人应观想梵为一切存在之主宰、创造者、护持者，应观想它为与变异的名色世界对立的永恒、无生、不动、无限、遍满、无为、自在、超越的基础、大全、依持。

（2）§10—§11 首先阐明这种修道的两个环节，即静虑（dhyāna）与智慧（jñāna），接着阐明了解脱的不同方面和层次。静虑是对神、主宰者的爱慕思索，智慧是对神的实相的证知，前者导致后者。人应当在静虑中，专注于神，与神合一，通过长期持续的、不断深入的观想，直至证知神的实相。当大梵、自我的真实体性呈现，则世界幻相（viśva-māyā）彻底破灭，烦恼、系缚断尽，行者于是达到神圣独存（kevala）的境界。其基本的思路是因静虑而得智慧，由智慧而得解脱。在这里，解脱包含消极和积极两个方面。从消极方面来说，它就是生死轮回和苦的终结，乃至全部世界现象的消灭。从积极方面，它包括两个层次：其一，当世界幻相仍存，则命我与大自在神合一（“一于彼”，“进入其体中”）。其二，当世界幻相消灭，则命我、大自在皆没入大梵，与梵融为一体。按后来吠檀多派的解释，当世界转变仍进行，大自在乃为其主宰，而解脱的命我与之一同作功；当转变消失，自在与命我之相亦皆消失，唯大梵独存。在 §11 中，作者似乎也提到了后世吠檀多学所谓生解脱（jīva-mukta）和灭解脱（videha-mukta），其义分别相当于佛教的有余涅槃和无余涅槃。如云“若知彼神圣，遂脱尽诸缠，断尽诸烦恼，生死皆止灭”，与吠檀多派所谓生解脱意义一致；而所谓“定观于彼故，身灭入三道（解脱道），所愿皆成就，神圣且独存”，则与灭解脱对应。总之，得解脱则世界灭。行者遂离世间，入梵涅槃（brahma-nirvāṇa）。然而上述解释可能仅对 §10—§11 成立，在别处是否应理，则大可置疑。

（3）§12—§16 提出了静虑的另一种思路，即观想梵为内在于我的自身存在之中的至上主宰者，是为静虑之反思型路线。其具体方法，是将念诵“Om”咒与对自我的静虑结合，辅之以苦行、真理，则最终见神不仅藏于我中，亦遍在万有，如油在麻中，火在燧中。

然而其中含混之处仍然存在。比如 §7—§9 要求观想大梵为包含神、命我、自性在内的全体，即三相梵（trayam brahman），然而梵同时也被要求观想为主宰、护持者，即人格神，这两种观想就存在冲突。在 §7—§10 观想中，至上神与命我都是“无生”的实体，然而 §12—§15 则提出应观想至上神是居于命我之内而为其本质的，这两种观想也是相互冲突的。还有在 §7—§15 的观想中，世界（自性）与命我、至上神一样是永恒的实体，然而 §16 则要求观想“自我遍万有，如酥于酪中”，即观世界仅为至上神之表象，这两种观想同样存在矛盾。

在《白骡奥义书》的创世论中，有神论、数论和幻化论这三方面的结合，很难说是没有缝隙的。其中一个突出的问题是，自性、摩耶到底是大自在神的内在属性，或仅为其外在工具。依前义，则神就是世界的直接根源，也可以说是内在于万有的本质。依后义，则神与世界迥然不同，它始终处在世界之外。在《白骡奥义书》中，尽管持后义的表述占据主导，如II · 15；IV · 5—7；IV · 9—10；V · 2—5；VI · 6；VI · 10；VI · 11；VI · 12；VI · 19 等，都表明神的自身存在不包含自性、摩耶；然而持前义者也存在，如I · 16 说：“自我遍万有，如酥于酪中”，明显宣称至上神是世界万有的内在本质，此外，II · 16—17；IV · 1；IV · 4；IV · 12；VI · 5—6 也隐含了与此一致的立场。这种意义含混，一直延续到后来的吠檀多思想中。比如在多数新奥义书和《薄伽梵歌》中，尽管至上神作为超越世界的他者的意义，已上升至理论核心的地位，但I · 16 的说法仍然时时发出回响。如《梵点奥义书》（Brahma-bindu Up）：“譬如酥藏于乳，永恒之智藏于每一事物；应以末那之棍恒常搅之（使智显现出来）。”《禅定点奥义书》（Dhyāna-bindu UpV）：“（至上神藏于万有）如香藏于花，如酥藏于乳，如油藏于麻，如金藏于矿。”《薄伽梵歌》（BGIII · 9 · 32）：“人若悟自我，现存于一切，如火藏于木，即刻灭颠倒。”

另一个问题是，梵到底是与大自在神为同一实体，或为超越大自在神的非人格原理。根据后来不二吠檀多派的理解，这二者为不同的存在。不二论认为梵的自体完全脱离摩耶、自性，而大自在神则是梵执受摩耶、自性的结果，甚至说它就是摩耶或自性，它的存在是一个假相。神就是宇宙灵魂，它与人的灵魂都包含摩耶及其产物在内，它正是因此成为世界的主宰和创造者、根源。当梵显现为大自在神，世界的幻化就表现为神的创造。当转变消失，神与人的灵魂皆没入大梵。此种理解在《白骡奥义书》亦不为无据。如I·7云："彼乃被赞为，无上之大梵。彼中有三者（trayam）。为不变、依止"，明确表示大梵包括大自在神、命我、自性在内，因而是比至上神更高的原理。另外VI·17说："由彼（大梵）成其体，不灭、为主宰"，这表明梵是大自在神的本质，是一非人格的本体。然而《白骡》书的主导立场，无疑是将梵与大自在神，乃至禄陀罗、伊莎等视为同一，而不是以之为超越后者的非人格原理（参考本节第二部分）。

## 四、人生论

《白骡奥义书》对于人的生命的看法，乃以其有神论和数论为理论基础。其大致思想是认为人的现实自我，即命我（jīva），乃是至上神、大梵执受三德及其产物而形成。盖若有三德，则自我一方面乃被它限制，与之联结，从而自别于神；另一方面必作业受果，从而被业报轮回的规律支配，而丧失其本有的自由；此即人的命我之所由生也。然而其立论差舛之处亦有不少。《白骡》书之论命我，乃以第5章最为集中。其§1—§6乃交代其思考命我的思想背景，基本上是有神论和数论的，并无多少新义。§7—§14主要分析命我的生成及其结构。其中，§7—§9讲命我之形成，§10—§12讲命我与色身联结及其轮回，§13—§14开示对自我中的神的证知。ŚvetV·1—14云：

> 1于不坏、无限，至上大梵中，藏匿（gūḍhe：被隐藏）有二物，谓智（vidyā）与无明（avidyā）。无明有变灭，智慧乃长存。双主智、无明，彼为一他者①。2彼一乃主宰，于一一胎藏，于众相全体，及一切胎藏。彼于其心识（jñāna），孕赤色仙圣（ṛṣi kapila），且于泰初时，见彼之出生②。3彼神乃投网，一一其相续，一一投多方，乃于此世界（asmin kṣetre：于此田间），又复收回之，聚之于一处。

---

① 此偈的意思是说，至上梵既包含本体、一的方面，也包含表相、多的方面。智慧直证本体，无明唯缘表相，而本体、表相皆属大梵，故智慧、无明乃同时维系、安立于大梵，此即所说大梵藏智慧与无明之谓也。表相为生灭流转，本体则恒常一如。故人因无明得相续，由智慧得不灭。

② ṛṣi kapila，兹指吠陀神话中作为宇宙初生者的金胎神（Hiraṇya-garbha），而非数论祖师劫毗罗。参照III·4："彼曾于亘古，诞生金胎藏"IV·12："彼亦曾经见，金胎自生成"。此金胎亦即梵天，为至上神与世界的中间环节。

复次此主宰（īśa），创造诸行者（Yatis）①，如是此大我，遍施其统治。4 如日照诸方，上、下及横彻。如是彼一神，薄伽梵、应敬，主宰于一切，由胎而生者②。5 彼为万有因，开展其自性（“彼”之自性），彼亦使一切，当熟者成熟。彼一主万有，分施其众德。6 彼隐于《吠陀》，及《奥义》秘府③，梵天乃知彼，为梵之胎藏（brahma-yoni）④。于古昔天神，与仙圣知彼，遂有彼自性，信然成不死。7 孰若有诸德⑤，则作业受报。彼即为受者，受用其业果。拟取具三德／众相（显出具三德性质之一切相）、入三道⑥，此元气主宰（指命我），随其诸业游。8 其（应指下文的“avara”）大如拇指，其色如太阳，具念（saṃkalpa）及我慢（ahaṃkāra）。然而彼劣者（avara，兹指命我）⑦，唯因具觉谛，及自我（ātman，依商羯罗，此指色身）之德⑧，是以显现为，微细如锥尖。9 发尖百分一，复分为一百，命我微于彼，又堪至无量。10 彼非牝非牡，亦非为中性。凡彼所取（ādatte：领取，接受，执持，攫取）身（根身，包括粗身与细身），彼乃被其缚（yujyate）⑨。11 念、触、见、颠倒（moha）⑩，及由饮、食、妊，自我（ātman）乃出生，亦且得生长。人（dehī：有形

---

① Yati，有神通的苦行者。ṚVX·72·7 说之为神创造世界之辅助者。此奥义书乃以之喻自性、三德，盖神以其为创造之资具，故其类似于苦行者之助神造化也；或喻金胎与梵天，盖至上神先造金胎，复由金胎造世界，故彼为至上神之辅佐。

② “一切由胎而生者（yoni-śvabhāvān）”，依商羯罗释，此指作为世间存在因缘的五大等。五大等不能自作，唯因神的推动方能转变成物。此处所谓“胎（yoni）”，乃是上面提到的金胎神（Hiraṇya-garbha）或梵天（Brahmā）。五大等被认为是直接从金胎生出的。

③ 依识比丘（vijñāna-bhikṣu）释，此处吠陀指传统中旨在行祭得果的祭祀学部分或“业键度”（yoga-kāṇḍa），森林书（Āraṇyaka）为“瑜伽键度”（yoga-kāṇḍa），崇拜梵的不同方面；奥义书（Upaniṣad）为“智键度”（jñāna-kāṇḍa），直接证悟梵的自相。依奥义书可证得大梵，故说梵“被隐藏（guddham）”于或包含于奥义书中，而奥义书为吠陀之精华，故说它“被隐藏”于吠陀中。

④ “梵之胎藏（brahma-yoni）”：吠陀（veda=Brahman）或梵天（Brahmā）的根源。

⑤ 在早期数论，德（guṇa）作为存在要素，可能并未限于三个，而是有多德，而归之于萨埵、罗阇、答摩三大类。

⑥ “三道（trivartma）”，亦见 I·4，即父祖道（pitṛ-yāna）、天神道（deva-yāna）、士夫道（manuṣya-yāna），或法（dharma）、非法（adharma）、智（jñāna）

⑦ “avara（下方的、较低的、卑微的、较劣的、后面的）”或读为“apara（后面的、较次的、剩余的、劣等的）”。

⑧ “自我之德（ātma-guṇena）”，指属于色身的贪、嗔、爱、惑、怖、失意、嫉妒、爱别离、怨憎会、饥、渴、老、病、苦等属性（参见 MaitI·3）。

⑨ yujyate：被结合的、被束缚的。或读为“应被守护的（rakṣyate）”。

⑩ “由念、触、见、颠倒”，原文为“saṃkalpana-sparśana-dṛṣṭi-mohair”，休谟读为“By the delusions of imagination, touch, and sight”，杜伊森读为“Durch Wahn des Vorstellens, Berührens, Sehens”，拉达克利须南读为“By means of thought, touch, sight, and passion”，以拉达克利须南的读解最合于义理，本译从之。“由颠倒（mohaiḥ）”或读为“由祭祀（homaiḥ）”。

体者）随业（karman）相续，受形一一境（于各自不同的界趣中投生）。12 惟彼有身者（dehī），乃依其自德（sva-guṇa，自身功德）①，取粗重、微细，多样之形色（rūpa）。既与彼等合，复见彼又由，其业、我（ātman，兹指色身）之德（业之德与我之德），显现为他者。13 彼无始、无终，居于混沌中，创造一切有，具多样形色，彼为唯一者，包容全宇宙②。人若知彼神，遂脱一切缚（sarva-pāśaiḥ，依商羯罗、即无明及所生之贪、业）③。14 人称彼无体，唯以心意得，创造有、非有，为吉祥（śiva）、神圣，彼创作世界，及其诸成分（kalā）④——人若证知彼，遂脱此色身。

结合此章内容，《白骡奥义书》对于人生的讨论，涉及以下几个方面。

（1）命我与神的关系。《白骡奥义书》主导的立场，可以说是一种有神的数论。其中人的灵魂即命我与至上神、自性，被认为皆是"无生"、"依止"，即是永恒的实体。然而自性无心智，神与命我皆有心智。这二者的区别在于：神是世界主宰者，且不受用自性；人则非主宰，且受用。此如 I·8—10 说："彼主宰（īśa）摄持 / 一切之聚合：变者非变者，显者非显者。非主、受用故，命我被系缚；人若知此神，乃脱一切缠。有二无生者：知者、非知者，主宰、非主宰（神与命我）。彼（自性）亦为无生，联结于受者，及所受诸境。自我（ātman）为无限，遍满且无为。人若见此三，此即是大梵。变灭者自性，无变灭者我。变易及命我，唯一神所主。静虑、一于彼，进入其体中，由此而渐进，尽灭世界幻。"（同样的对比亦见于 IV·6，7）V·7 亦表明命我的特点是受用："孰若有诸德，则作业受报。彼即为受者，受用其业果。"此所谓有、受用，都是取著的意思，就是指命我执取自性、三德及其产物，与之联结在一起（见下）。而神始终不受自性、三德及果报，故永远保持无为、独存。神也是命我的主宰，命我的作业受报（大自在天支配业力，决定业的成熟受报）、轮回解脱，皆由神的自力支配。《白骡》书在 I·9 提出大梵的"三相（trayam）"，即受者（Bhoktṛ，命我），所受者（Bhogya，自性），主宰者（Prerayitṛ，推动者、大自在），也在于突出至上神对于命我的支配地位。《白骡奥义书》主导的立场是，人的解脱之道在于敬思至上神以亲证其实相；然而亦有通过神的恩宠而得解脱之说，二者在其作者思想中是否达到统一，恐无从得知。

《白骡奥义书》还有一个观念，就是认为至上神是居于人的自我之中的。如

① 自德（sva-guṇa），即下文所说的业德（kriyā-guṇa）与我德（ātma-guṇa）。

② 后二句亦见于 III·7，IV·14，16.

③ 后二句亦见于 I·8，II·15，IV·16，VI·13.

④ kalā，商羯罗释为《六问》等所说之元气十六分，亦有释为诸吠陀分者。

III・17—21："虽居九门城，鸿雁外翻飞，控制全世界，动者静者具。……细于微细者，大于广大者，为此至上我，居于众生心。"IV・17："彼神圣、大我，创造一切者，恒居众生心。"另外I・12，13，15；III・13，17—18等，都表明了同样的意思。如此，那么是否可以将至上神视为命我的本质？《白骡奥义书》有许多说法，无疑支持了这一理解。如I・13—15（有删节）："如火藏于木，其相不可见。其性固未灭，钻木又得之。如油在麻中，如酥之于酪，如川中之水，如燧中之火；如是见自我，藏于命我中。"这表明神就是命我的本质，如油是麻的本质，酥是酪的本质。另外，III・7曰："大梵高于此，为至上、盛大，隐藏于众生，一一随其体"，III・11："彼于一切向，皆有面、头、颈①，藏于众生心，遍满且宽裕"，表明大梵进入人的身体之中，成为人的内在自我。然而上述理解，似与前所谓梵的"三相"说（视命我、神各为独立实体）矛盾。对此一个彻底的解决，是后来吠檀多不二论提出的方案，就是区分（不与摩耶、自性联结的）无德梵与（与摩耶、自性联结的）有德梵。有德梵就是大自在神，与命我皆有无明、执着，二者相互独立，但具有共同本质（即无德梵）。唯当摩耶仍存，大自在神对命我的主宰作用才成立，当摩耶消失，二者皆融入无德梵，达到同一。以此释奥义书之有神论，则后者所谓神，乃有二义：凡说神作为命我之主宰者，此神即大自在神；凡说神为命我之内在本质者，此神实指无德梵。这种解释固与大梵包括命我、至上神在内的三相说相容无碍，与神内在于命我中之说法亦随顺无违。克实而论，不能说《白骡奥义书》就不包含这样的理解，以作为一个意义的方面或维度（如I・10就可以从此意义上理解），但它在整体上是否达到如此清晰、统一的思维，则是大可质疑的。

（2）命我之形成。§7—§9讲命我之形成。其中§7云："孰若有诸德，则作业受报。彼即为受者，受用其业果。拟取具三德/众相、入三道②，此元气主宰（指命我），随其诸业游。"此颂有两层意思：一是自我因"有"或"受用"诸德，从而与后者联结，被后者限制，失去其无限性，因而形成个人的命我。此所谓受用（bhoja），与§10的"取（ādatte）"，IV・5的"乐"，IV・6的"食"（aśnāti），以及后来吠檀多派所说的"执受（upadhi）"，意义相同，就是指将属于自性的东西攫取到自己之内，执着不舍，从而将自身与这些东西捆绑在一起。联系到III・7："（大梵）隐藏于众生，一一随其体"，即大梵与众生之色身联结，而被后者规定其形状，那么可以认为V・7

① 此二句原文为一句，乃是ṚVX・81・3，90・1的变文；在此处意为梵进入众人心中为其自我，故以众人之面、头、颈为它自身所有。

② "三道（trivartma）"，亦见I・4，即父祖道（pitṛ-yāna）、天神道（deva-yāna）、士夫道（manuṣya-yāna），或法（dharma）、非法（adharma）、智（jñāna）。

指的就是大梵（在这里等于至上神）与自性三德联结形成命我。V·8表明命我所取着者，除自性、三德，还包括三德所生之我慢、念、觉谛及自我诸德（贪、嗔、爱、惑、怖、失意、饥、渴、老、病、苦等）。于是命我在结构上就包括了二序的存在，即大梵与三德及其产物。命我因而一方面具有梵的实质（心智），另一方面也显现出具三德性质之一切相，并追随三德之转变而漫游。二是命我因有诸德，故作业受报，陷于轮回。大梵本身无为无作，仅为不动之知者；唯自性三德有为有作，恒处相续转变，生生不息，造化万有。命我因执著三德，乃因三德之活动而有作业，因而接受不同的业带来的报应。正因为业必然要成熟受报，因果不失，于是它决定人在色身坏灭以后，其命我不是归于寂灭，而必须进一步往生以接受果报。正是业力决定命我往生的归趣（如所谓三道、六道等）及生命际遇之好坏，因而业是轮回的牵引者，命我乃追随其诸业而游。奥义书以为灵魂往生的载体是元气（praṇa）。人死元气不灭，彼乃摄业与命我离色身而去，并被业引导，最终投于与诸业相应之善、恶母胎。

§8与§9则解释吠陀、梵书所谓命我如拇指或锥尖的形量（此外还有说自我如十二指宽，如麦粒、燕麦粒、芥末等者），是如何形成的。盖命我进入众生身内（心室或瞳仁中），乃随其所居之处而拟取其形。大如拇指谓命我所居的瞳仁的形量，而微细如锥尖则指命我所居的心室顶部之一（据说为极微大小）虚空的形量。此奥义书指出，命我的这种形量，是因为它由于与自我（色身）联结，被后者限制而成的，而另一方面，命我的本体又是无限的，故可说它既细于发尖的万分之一，又可以是无量广大的。

人生是苦，而在《白骡》书看来，这苦的根源在于命我自别于神圣而与自性（世界）联结（I·6）。佛教讲五取蕴故，即现实世界都是苦。与此相应，在晚期奥义书中，自性也被认为就是苦。比如I·5喻自性为一条充满苦难的湍急的河流，包括由无明（avidyā）、爱（rāga）、无能（aśakti）、执着（abhiniveśa）、我见（asmitā）五苦构成的五种急流，由五十种苦（自性转变所生之五十法，包括贪、痴、嗔、颠倒等）构成的五十支流。在MaitI·3中，步励诃陀罗特（Bṛihadratha）王曰："于此恶臭、非实，由骨、皮、肌、髓、肉、精、血、黏、泪、涕、粪、尿、风、胆汁、黏液所成之身，欲乐复有何益？于此困于贪、嗔、爱、惑、怖、失意、嫉妒、爱别离、怨憎会、饥、渴、老、病、苦等之身，欲乐复有何益？"这也同样表明了由自性所生的全部根身是苦的宗旨。而V·5,10表明了命我之受苦，在于它的"受用（bhoja）"与"取着（ādatte）"，即命我执取属于自性的内容并与之等同，从而视后者之苦为属于我。

（3）§10—§12阐明命我不断轮回往生的过程。§10表明命我往生的原因，乃是取着（ādatte）根身，尤其是粗身。命我因而被粗身缚住，具有了身形。用佛教的话来说，这就叫“结使”。命我以及细身（元气、诸根等）本来都没有性别之分，因为取着粗身而有了雌雄之别。§11 表明决定往生差别的根本因素是业。盖业招感命我所取着的识体（包括念、触、见、颠倒等）的形成，并引导识体与胚胎联结，于各自不同的界趣中投生，然后由于饮、食、妊等，人遂得以出生并成长。§12 表明生死的无限轮回。命我因其自身德、业入胎投生，具有了粗重、微细之色身，死时乃与之分离，且又由其德、业，进入新的胚胎，发展出另一色身。如此循环不已，譬如转轮。

(4) §13—§14 开示解脱之途在于对神的证知。其基本宗旨乃是此书他处多次重复者。其特出之处在于：其一，§13 表明至上神居于色身中，就是命我的实质；其二，§14 明确表明解脱就是脱离色身。然而《白骡奥义书》认为，对神的证知，必以艰苦的修行，甚至神的恩宠为条件。具体修道之法，包括皈依、瑜伽、静虑等。其宗旨在于专注于至上神，从而逐渐断除对自性、三德的取着，最终消除世界幻相、泯灭自身个体性，与梵完全融为一体。兹即《白骡》第 2 章主要的内容。

以上是《白骡》书的人生论。然而细究起来，其中含混杂厕，颇为不少。其论命我与神的关系，颇为含混（命我与神为一为异，是否各为独立实体）；其于命我所取对象，及轮回的途径，阐述得亦不够系统。总的来说，其思想与有神论和数论的关系皆极紧密，其宗旨基本上是由这二者决定（以为生命的痛苦来自与至上神的分离而与自性即物质世界的联结，而幸福在于脱离物质世界重新回归于与神的统一）。另外，尽管《白骡》有些内容（比如 I · 10，IV · 9—10 等）在人生论与幻化论之间建立起本质关联，以为世界及现实人生皆是虚假的幻相，自由或解脱在于泯除所有这类幻相，进入彻底寂灭的超绝境界，而且吠檀多派的注释家往往也是从这一立场来把握《白骡》的人生观的整体，然而由于其书内在不一致颇多，我们实在难以确定这一立场是贯穿于《白骡》的人生观之始终的。

## 五、宗教思想

同其思想的其他方面一样，《白骡奥义书》的宗教思想，也具有极大的思想跨度。比如其 III · 2—6；IV · 11—13，21—22 的禄陀罗崇拜。其所理解的神仍带有吠陀自然神的遗痕，且其崇拜亦带有吠陀宗教的功利性。此种崇拜乃是一种外在的皈依，它同希腊的自然宗教（奥林匹斯教）一样，属于神话精神阶段。VI · 2—11，V · 1—5 所谓的神，可以理解为一超越、纯粹的精神实体，这样的上帝观念，属于宗教精神阶段。IV · 9—10 等的幻化论，认为神是否定一切现实的超绝原理，即绝对自由的神圣本质，其神学与基督教的超越神学一样，属于神圣精神阶段。至于这几个方面在

《白骡奥义书》中是否达到了统一或达到何种程度的统一，则不可知。然而在后世的吠檀多思想中，这些宗教皆被整合起来，被当作统一的修道实践的不同阶段或环节。有鉴于此，我们也不妨把《白骡奥义书》的宗教当作一个统一体来解释。于是它将包括以下环节：其一，皈依；其二，瑜伽；其三，静虑；其四，智慧；其五，巴克提；其六，解脱。兹述如下：

**1. 皈　依**

在 III·2—6；IV·11—13，21—22 中，大梵被等同于禄陀罗 (Rudra)。在这里，《白骡》书的宗教与《黎俱吠陀》的禄陀罗崇拜衔接起来，表现出吠陀的皈依 (śraddhā) 宗教的特点。此所谓皈依，就是对于外在的人格神的崇拜，在这里，神仍具有自然的痕迹。《白骡》书的禄陀罗神，乃是一个来自非雅利安传统的吠陀天神。"禄陀罗 (Rudra)"为"吼叫者"之意。在《黎俱吠陀》中，此神为风暴神，为摩鲁特 (Marut) 之父，生主 (Prajapati) 之子，象征自然的恐怖和毁灭力量。禄陀罗也是兽主神 (Paśupati)，为野兽的保护者和毁灭者。他居住于山中，其形象为黑肤、辫发、乘车、披兽皮、执弓箭，在暴怒中随意射杀人、畜。他也是强盗、小偷、骗子的守护神，且与死亡有关。另外他也与非雅利安的苦行实践有关，在晚期吠陀中作为乞食的苦行者出现。禄陀罗与阿耆尼 (Agni，火神) 和须摩 (Soma) 紧密关联。在晚期吠陀中，他被称为吉祥 (Śiva)、大神 (Mahadeva)、善有 (Bhava)、大全 (Śarva)、最胜 (Ugra) 等。在后吠陀时期，禄陀罗逐渐与其他吠陀神祇和非吠陀的土著信仰中的神融合，转化为后来的湿婆神 (Śiva)。

在《白骡奥义书》中，禄陀罗神被与大梵、大自在神等同，他一方面成为晚期奥义书和《薄伽梵歌》那种唯一、绝对的尊神，另一方面也保留了吠陀中禄陀罗神的许多偶像化的特点。例如 III·2，6："2 信然禄陀罗，即彼唯一者，不容有第二，主宰一切界，以其主宰力。与诸生灵对。彼为护持者，创造万有矣，复于时之末，融彼等为一。6 嗟乎山居者！请使之吉祥，汝手中之矢，既欲以发射。嗟乎护山者！幸毋伤人畜！"其中前一段，禄陀罗以晚期奥义书的至上神的通常形像出现，而在后一段，他就恢复了其在吠陀中的形像。另外，在这里，禄陀罗崇拜亦保留了吠陀、梵书的皈依宗教的祭祀、禳灾、祈福的特点，例如 IV·13："吾人以祭品，当礼拜何神"①；IV·21，22："21'彼是无生者'！以如是思维，人于恐惧中，乃求近汝前。嗟禄陀罗神，汝有慈悲容，愿汝即以彼（慈悲容），长久护持我！ 22 请毋伤我等，于我之子孙！请毋伤我等，于我之牛群！毋损我马群！嗟禄陀罗神！请毋于怒中，杀戮我英雄！我辈以牺牲，

① 此二句来自 ṚVX·121·3.

常祈求于汝！”①。如上所明，这样的文本大多直接引自吠陀，这也验证了此种崇拜与吠陀宗教的亲缘性。

然而这两个方面的结合，也并不是没有问题的。因为如果像大多数晚期奥义书那样，只把神当作一个超越的存在，而这种超越性被理解为神的自身存在与自性即世界的分离，那么，神所具有的全部属世的、自然的属性，包括其人格性，都将被否定，于是吠陀中的神都将成为虚假的偶像。就此，后来吠檀多派发展出了所谓化身（avatar）理论，认为神的自体超越世界、无相无表，但为了接引众生，它便赋予自己可见的形象，使自己在众生的世界之内呈现出来，是为化身。此种理论在吠陀中亦有其根据。吠陀诸神大多有其动物的化身，另外在吠陀晚期思想中也表现出一神教倾向，此时众神都成为了一个至上神的名号或化身（ṚVII·1·4）。化身观念在史诗中极为流行，如毗湿奴神化身为克里须那参与般度族和俱卢族的战斗等等。在此基础上，后来差别一元论者提出神有五种方便身，分别是：其一，胜义身（Para），即神自身的本质；其二，分身（Vyūha），是从神分流出的存在；其三，化身（Avatāra）；其四，内主（Antaryāmin），神进入人的命我为其主宰；其五，偶像身（Arcā）（SBII·2·42, etc）。而不二论者则将化身理论与《蛙氏奥义书》大梵的四位说结合，以为生主、梵天、大自在神乃是大梵在不同层次的化身，分别对应于大梵的醒位、梦位、熟眠位。通过这种理论，吠陀的旧神都可以解释为至上神的化身或形像，神的超越性与自然性得到统一（与此思路一致，大乘佛教亦讲佛有三身：法身、报身、应化身）。然而在《白骡奥义书》中，这种统一很难说是现存已达到的。

**2. 瑜　伽**

I·3 云：“彼等习静虑，以及瑜伽行，遂见神自力（ātma-śakti），隐于其自德。”这表明瑜伽与静虑，乃是《白骡奥义书》的宗教实践的核心。同理，VI·13 亦说：“不住中住者，无觉中觉者……依数论、瑜伽，此因乃可得”。这里“数论（Sāṃkhya）”并不能从后来数论派的专门意义上理解，而是泛指思维、抉择，与静虑义同。在《白骡》书中，瑜伽（yoga）与静虑（dhyāna），略相当于佛教禅学的止与观：瑜伽谓收摄诸根，控制意念，止心一处，坚住不动；静虑谓深密的思考、抉择；二者本无先后，而且互相包含，相辅相成，共同导致智慧（jñāna），即对至上神的本真觉悟的生成。此处我们先讲瑜伽，再讲静虑。

瑜伽作为解脱之道，在 KāṭhVI·6—13 中就已出现，KāṭhIII·10—13 使其进一步完善，而《白骡》书则使之进一步构成完整的系统。其论瑜伽之法，集中于第 2 章。

---

① 后一偈来自 ṚVX·114·8.

ŚvetII · 1—17 云：

1 日神（Savitṛi，为启示之神）为（得）真故，初制意与想，遂见火之光，乃于地中出[①]。2 我辈由制意，得日神启示，由此庶可得，（到达）天界之能力。3 诸天（诸根）欲高举，入光净天界；惟愿彼日神，以意制之矣，乃复启示之，使现大光明。4[②] 圣哲之圣哲，制其意与想。唯彼知法者，规定祭司职。大哉彼赞颂，以献于日神。5[③] 我今以皈敬，忝汝古梵祷（brahma pūrvyam，指吠陀的祷词。此二句谓以皈敬加入汝之梵祷中）！愿我颂前行，如日升其道。汝等其听之，永生之众子！虽至升天者，亦请听于此！6[④] 火于彼处燃，风亦趋彼处，须摩彼处溢，彼处意（启示）乃生。7[⑤] 由日神启示，人当乐古梵（brahma pūrvyam，同上）。以此为胎藏，宿业不扰汝。8[⑥] 三部（头、胸、颈）要笔直，身躯不动摇[⑦]，收诸根与意，归之于内心（hṛdā）[⑧]。智者当以此，大梵之船筏，渡过彼一切，可怖之急流。9 既制诸动作，及调息于此（指体内），人当由鼻孔，运微弱气息[⑨]。意念如烈马，所系之车乘，有智慧者应，制之不放逸。10 于清洁平正，无凸石、火、砂砾，有水声以及，类似悦思相，无犯于目处，人应择避风，清净安隐所，于此行瑜伽。11 雾、烟、日、风、火，飞萤与闪电，琉璃与月光，此诸影像现，于瑜伽先于，大梵之显现[⑩]。12 地、水、火、风、空，五德瑜伽起，得瑜伽火身（得瑜伽火所成之身），乃无老病死。13 轻、安（alolupatvam）且康健[⑪]，面貌之清敷（容貌之清新、舒展），声音之

---

① 由地出之或出之于地上。此偈谓日神最先为得真理而制意与想，乃于地中见火之光明，遂出之。

② 此偈即 ṚVV · 81 · 1；Vāj SaṃV · I4，II · 4。亦见于 SatIII · 5 · 3 · 11，12.

③ 此偈即 ṚVX · 13 · 1；Vāj SaṃII · 5。其内容亦见于 AVXVIII · 3 · 39.

④ 此偈内容亦见于 BGX · 11.

⑤ 此偈内容亦见于 ChānV · 24 · 3；BGIV · 37.

⑥ 此偈内容亦见于 BGVI · 13，以下 II · 9，10 的内容亦分别见于 BGV · 27，VI · 11.

⑦ 此为对瑜伽中身体姿势的要求，即调身（āsanas）之法。

⑧ 收摄诸根、末那使入于心，由此发展出后来瑜伽、禅定的止根（pratyāhāra）之法。

⑨ 此为瑜伽的调息（praṇāyāma）法。

⑩ 此谓瑜伽中显现的雾、烟、日、风、火、飞萤、闪电等影像，是大梵显现之前的预兆。类似的描述亦见 Maṇḍala Brāhmaṇa UpII · 1:"首先现星像，后渐现明镜像，继之以满月像，继之以九珠饰之宝环像，再继之以正午太阳像、火轮像、水晶像、黑圆像、点像、声音相、指像、星、日、灯、目、金光、九宝之光像。"在瑜伽、禅定中，亲证实相之前皆有异相以预表之。《楞伽经》也提到修行者见到"日月形体相，及于花海相，虚空火种种"乃是得佛摩顶，见如来妙身的预兆（魏译《入楞伽经》卷九）。

⑪ "alolupatvam"或读为"alolubhatvam"，意为离欲。

和悦，体芬少排泄，人言此诸相，乃瑜伽初果。14 如镜蒙尘埃，拂拭生光辉。一俟有身者，见自我自性，乃成为一如（eka），成就、离苦厄。15 当以我自性，譬若灯光明，见大梵体性，证知彼无生、脱离一切谛（sarva-tattvair）（脱离自性转变所生之诸有）、不动之神圣，彼瑜伽行者，尽解诸系缚。16 如是彼神圣，遍在于诸方。彼既太初生，又居胎藏中。彼既被生已，亦是将生者。脸有一切向，与诸生灵对。17 彼神在火中，彼亦在水中，入居全世间，又在草与木。礼敬彼天神！嘻，礼敬！

此章实际上包括在内容上并无多少内在关联的两个部分。第一部分为 §1—§7，为日神颂，皆为引自其他文献。其中 §1—§5 取自《鹧鸪氏本集》（Tait SaṃIV·1·1·1—5），且与 Vāja Saṃ（《婆遮氏本集》）XI·1—5 和 Sat Brā（《百道梵书》）VI·3·1·12—17 基本相同。§6 与 BGX·11 相同，可能二者皆引自某一更古老文本。§7 与 ChānV·24·3 相同。这一部分的内容是赞颂日神（Savitṛi），请其给予启示。这些内容与此章后面的瑜伽行并无实质关联，似乎是偶然被放置此处。第二部分为 §12—§16，较为完整地阐明了瑜伽行的条件、方法和体验，是此章的主要内容。我们在这里只讨论这一部分内容。

奥义书的瑜伽行法，较之古典瑜伽和佛教定学，显得粗糙、原始且缺乏系统，反映了瑜伽学早期阶段的情况，而古典瑜伽和佛教定学，乃在此基础上发展出来。古典瑜伽将瑜伽行法总结为八支，故称为八支瑜伽①。与之相比，《白骡奥义书》的瑜伽行法仍不完整。它涉及了其中的持身、调息、止根、总持、静虑、三昧等环节，但对于这些环节的阐述并不都很充分、完整。

《白骡奥义书》的瑜伽行法，包括以下环节：(1) 对修瑜伽地点的选择。此为 §10 的内容。修瑜伽坐法的地点，必须避风、安静、清洁、平正，无火、无砂砾，没有刺目的物体。清静安适的环境有助于定心增长。(2) 调身。其内容见于 §8。此即瑜伽坐法对身体姿势的要求，包括头、胸、颈要笔直等，必须长时间保持此种姿势不动。古典瑜伽的坐法由此延续而来，但规定得更完备，包括狮子坐、莲花坐等，此外对手印也有多种规定。(3) 调息。其内容见于 §9。此即调整呼吸，不仅要使呼吸更微弱、

① 八支包括：(1) 夜摩（yama），即禁戒；(2) 尼夜摩（niyama），即劝诫；(3) 持身（āsana），即使保持一种安稳、舒适的姿势而不动摇，如趺坐等；(4) 调息（prāṇāyāma），即调节、控制呼吸；(5) 止根（pratyāhāra），就是把感觉从外境收回，使其指向内心；(6) 总持（dhāranā），就是把心固定在某一对象之上，由此增长定心；(7) 静虑（dhyāna），即心注一境而不间断；(8) 三昧（samādhi），即心境合一而忘我。行者经过这八支完满的修习，最后达到自我独存（kevalya）（YSII·29FF）。

均匀，而且要心息相依，即意念要集中于对呼吸的观想。古典瑜伽将此调息法分为数息、随息、观息三环节。(4) 止根。内容见于 §8。此即收摄诸感觉与末那（意），使其脱离外境，返指内心。(5) 总持。内容见于 §9。此即将被驰逐不已的意念系于一处，使不放逸。佛教和古典瑜伽，都要求在修定时选择一具体对象（如日、月、神像或自己的眉间、鼻端、肚脐等），将心思意念完全固定于其上，由此增长定心。(6) 三昧。此即心一境性（能观心与所观境完全融合为一）。奥义书此章有两处涉及三昧。其一是 §12。这里所谓五德瑜伽，应当被归属于古典瑜伽的有寻三昧①。在有寻三昧位，心识缘取某一粗显的行相，如五大（地、水、火、风、空）元素、神像等，使心、境达到完全同一。所谓五德瑜伽，就是瑜伽行者依次绝对专注地观想身中的地、水、火、风、空五大，完全排除其余世界的存在，与其一一达到心一境性。瑜伽学相信，此种三昧能使组成色身的五大得到提炼，成为清净、不坏，不仅能使身体健康、安适，而且能炼成清净、不坏的微细色身，此即 §12 所说的无老、病、死之瑜伽火身②。其二是 §14，15。在这里，瑜伽行者的心识乃泯灭一切自性转变相（"脱离一切谛"），唯缘内自我，且与之合一（"见自我自性，乃成为一如"）。另外 I · 7："乃没入大梵（在观想中与梵合一），精一（专注于大梵）、断胎生"，I · 10："静虑、一于彼，进入其体中，由此而渐进，尽灭世界幻"，以及 IV · 15："证梵者、诸神，皆与彼合一。人由知彼故，乃断死亡索"，表达的内容与此一致。这类修行对应于古典瑜伽中的无觉三昧或佛教的无想定③。

---

① 古典瑜伽将三昧区分为有觉三昧（saṃprajnata samādhi，觉谛仍然在活动，还有意识存在）与无觉三昧（asaṃprajnata samādhi，觉谛及其意相完全伏灭，不再有意识的存在）两种（YBI · 1）。有觉三昧又分以下六位：第一是有寻三昧位（savitarka samādhi），心识仍缘取某一粗显的行相，如五大（地、水、火、风、空）元素、神像等，并伴有名言思维。第二是有伺三昧位（savicara samādhi），不缘粗境，只缘五唯（色、声、香、味、触）等细境并使心识与其等同起来。第三是无寻三昧（nirvitarka samādhi），缘粗境但无名言思维。第四是无伺三昧（nirvicara samādhi），缘五唯细境但无名言思维。第五是欢喜三昧位（anadanugata samādhi），厌离由答摩所生之粗、细境，但缘由喜德增长所生的十一根、元气等心理存在。第六是有我三昧位（asmitanugata samādhi），欢喜亦灭，三昧心但缘我慢为境。当瑜伽行者最后对我相也生厌离，则一切心相皆止熄，心如空无，这就到了无觉三昧境界（以上参考：YBI · 1F；YBI · 17F；YBI · 41—50；TVI · 17，41-44；Āraṇya, H, *Yoga philosophy of Patanjali*, Trans by P.N.Mukerji, State University of New York Press Albany 1983, pp.90—91, 110—111；Dasgupta, S, *Yoga as Philosophy and Religion*, Motilal Banarsidass, Dehli 1987, p.151F；吴学国：《存在 · 自我 · 神性：印度哲学与宗教思想研究》，中国社会科学出版社 2006 年版，第 513 及以下）。

② 印度瑜伽行者相信，瑜伽士死后，其五大并不坏灭而是得到净化，变得微细，因而脱离粗身得净妙身（sūkṣmatva）。

③ 《瑜伽经》："无觉三昧是另一种三昧。它通过一贯坚持修习胜义离欲而生，后者引心相之灭尽，唯余习气。"（YSI · 18）注云："无觉三昧心完全无对、无相，而且其自身似乎亦不存在。此种无种三昧，即是无觉三昧。"（YBI · 18）

这就是《白骡》的瑜伽行的最高阶段。人于此亲证自我、大梵，解所有系缚，离一切苦厄，得至上成就。至于八支瑜伽中的静虑支（dhyāna），在《白骡》中是被单独作为与瑜伽并行的一种修道工夫，我们将在后面介绍。

《白骡奥义书》还将瑜伽的修行分为高低不同的四个阶段，即：(1) 策励（āramba）或瑜伽起（yoga-pravṛtti），即通过对色身的修炼，达到身体的健康安适，为进一步修行创造条件。这是瑜伽的最初级阶段。§12，§13 即属此阶段。(2) 精勤（ghaṭa），以苦的脱离为标志。此即瑜伽行者通过专注于自我而生明辨（viveka）之智，见自我体性之清净离染，与世无涉，终于悟到世间诸苦无豫于我。盖痛苦在于迷失自我于物质的世界，解脱在于扬弃物质世界而回到自我。§14 即属此阶段。(3) 熟知（paricaya），其特征是有二相灭。行者进一步在瑜伽中泯除自性诸转变相，使世界消融于自我或大梵。于是一切心相皆止熄，心如空无。§15 即属此阶段。4、圆成（niṣpatti），其标志是命我与至上我的完全合一；一即一切，一切即一。§16，§17 旨在表明这样的境界。I·11 以数论术语，称之为独存（kevala）。

此章之论瑜伽，还应通过 I·10—15 予以补充。比如 I·10 提出了观想神的三昧（参照上文），I·11 提出了解脱的境界，I·13—15 提出了与念"Om"和静虑结合的瑜伽。后者要求念"Om"时，思择自我，观想"Om"与居于自我的至上神的同一性。这可以说是将《羯陀》、《蛙氏》的"Om"崇拜纳入到瑜伽修行中，类似于佛教将念佛纳入禅法中。至于解脱境界，I·11 提出了两种：一是瑜伽士亲证神圣之后，脱尽诸缠，断尽烦恼，获得清净独存，但五大粗身犹存，与自性的关联未断，这种状态后来瑜伽派称为"生解脱"（jīva-mukti）；二是当这得道之人死后，其自我便永远与自性分离，此即后来瑜伽派所谓"灭解脱"（videha-mukti）。二者分别相当于佛教的有余涅槃和无余涅槃。

总体而言，《白骡奥义书》的瑜伽学，可以确定是以有神论和数论为背景的，但与幻化论的关联似乎较松散。

### 3. 静　虑

佛教讲因定（dhyāna）发慧（jñāna），在晚期奥义书中，静虑（dhyāna）与瑜伽（yoga），皆是获得证知神圣之智慧的必要条件。盖瑜伽追求的是灭度（niruddha），即断灭心的活动；而静虑要达到的是明辨（viveka），即由觉悟自我与自性之区别而使自我安住自身①。在《白骡奥义书》中，静虑被作为一个独立的法门，与瑜伽并列（如 I·3；VI·13）。

---

① Sarvepalli Radhakrishnan, *Indian Philosophy Vol.2*, G.Allen&Unwin LTD, London, 1931.347.

静虑是印度宗教实践的重要环节，一般指对于某一对象的持续、专注、深密的思考（汉语佛典音译为“禅定”或“禅”），也就是将心识绝对地安住于特定境相，以引发知见。《白骡奥义书》所谓静虑（dhyāna 或 abhidhyāna），带有晚期奥义书的有神论色彩，指带着渴望和热爱地，专注、强烈地深思、仰慕神，以期引发对神的实相的证知，并在定境中与神，亦即与修行者的内在自我合一。在《白骡》书中，对神、自我实相的证知就是智慧。当人通过在静虑中对神的持续的、不断深入的观想，最终证知神的真实体相，则世界幻相（viśva-māyā）彻底破灭，烦恼、系缚断尽，行者于是达到神圣独存（kevala）的境界。其基本的思路是因静虑而得智慧，由智慧而得解脱。

《白骡奥义书》之论静虑，可以分为以下几个方面：一是静虑的内容。对于《白骡》书而言，此即当观想至上神或自我为何种相状。凡此奥义书阐明神的体性者，皆为开示静虑之方。联系此奥义书对神性的思考，此种静虑的内容无非是：（1）随顺幻化论者，即观想神为超越全部现实存在的本体，故为真正的神圣。盖现实世界皆为幻相，故非真实，而神作为造此幻相的幻师，乃为唯一真实者，其超越实有实无，故为寂灭虚空、为“非有非非有”（I·10；IV·9—10；IV·18）。（2）随顺数论者，即观想神为脱离自性、三德，离系独存、无为无染、寂灭恒住、清净澄明、自性解脱（IV·5—7；VI·11—15 等）。（3）随顺有神论者，即观想神为具有人格的宇宙主宰，为创造者和护持者。在这里，神被观想为具有自力、三德、摩耶的存在，为现实存在的根源、全体（III·1—4；IV·11—15；VI·2—6）。（4）随顺自然论者，即观想神为万有的内在实质。神之在万有，被在与早期自然论奥义书一致的立场上，比拟为如酥藏于酪中（I·15—16；II·17；IV·2—4；IV·16）。后世吠檀多派，往往将上述静虑内容区分为不同层次，但在《白骡》中它们是无区分地混杂在一起的。

二是静虑的方法。此在《白骡奥义书》中并无系统。其所提及的方法，主要有以下几种：（1）排除感觉的作用，唯以内心缘取。此如 IV·17，20：“17 彼神圣、大我，创造一切者，恒居众生心。由心、想及意，彼庶可揣度。20 人若诚如是，依心、意证彼，居住于心中，则成为不死。”此法乃是沿袭传统（如 KāṭhVI·9）而来。（2）排除外境，唯缘自我。它反映了奥义书的静虑的内向反思特点。此如 I·15—16 比喻至上神隐藏于人的自我中，如酥之于酪，如川中之水，如燧中之火，唯因无明覆蔽故不现，故必须通过静虑，使心专注于自我中的神，从而剥落覆蔽，如此才能使神的体相显现出来。这种内向的静虑之法，诚如更晚的 Brahma-bindu Up 所云：“譬如酥藏于乳，真常心藏于每一事物；应以末那之棍恒常搅之（使真常心显现出来）。”BGIII·9·32 亦云：“人若悟自我，现存于一切，如火藏于木，即刻灭颠倒。”（3）“Om”观想。此即将念诵“Om”与上述内向的静虑之法结合起来，观想“Om”即是至上神、自我。如

I · 13—14 云："13 如火藏于木，其相不可见。其性固未灭，钻木又得之。此二在身内，由'Om'乃得之。14 以'Om'为上燧，己身为其下，以静虑钻之，则见所藏神。"如火隐藏于燧木之中而不现，自我隐藏于人自身之中，因无明故不现。如火必待钻燧木方起，自我亦必通过敬思"Om"，才能显现。此即在静虑中，观想"Om"一一等同于自我的粗身、元气、诸根以至我慢、念（觉谛），最后觉谛亦除，自我的神圣本质乃得以昭显。

三是静虑的次第。佛教讲有四神八定，瑜伽之静虑亦有高低不同的次第（参考上文对瑜伽三昧位的简要介绍），但《白骡奥义书》之说静虑，并未直接阐明其系统的次第。不过止观相应，我们从其书对瑜伽的诸环节的分析，可以确定其所谓静虑至少应包含以下阶段：(1) 与止根相应者，此即收摄诸根、末那（意），使心不被外境所牵（见 §8）。(2) 与总持相应者，即系心于一处、坚住不动（见 §9）。(3) 与五德瑜伽相应者，即依次静虑身中的地、水、火、风、空五大，达到心一境性（见 §12）。(4) 与无觉三昧相应者，定心泯灭一切自性转变相，唯缘内自我、至上神，且与之合一（见 §14,15，以及 I · 10；IV · 15）。行者通过静虑进入大梵之中，与之合一，灭尽世界幻。这是《白骡》的瑜伽行的最高阶段，也是静虑的最高阶段。人于此亲证自我、大梵，得至上实智。

四是静虑的归宿。静虑的目标或归宿就是智慧（jñāna）。静虑是深思，智慧是明辨（viveka）。智慧一般指理智的分辨抉择，即知至上神迥绝于世界，知神的实体为真常心。在晚期奥义书和后来吠檀多不二论中，它还往往意味着知世界为虚幻、自我为独存。在《白骡》中智慧就是对至上神的实相的亲证。这种亲证必须通过长期、持续的静虑才能获得。由静虑得智慧，因智慧得解脱。《白骡奥义书》多处表明智慧是解脱的根本条件。如 I · 11："若知彼神圣，遂脱尽诸缠，断尽诸烦恼，生死皆止灭。" III · 7："人若证知彼，究竟之主宰，乃可得永生。" III · 10："知彼得永生，昧者沦苦厄。" IV · 7："此若见于它，主宰且自足，以及其伟大，遂离于苦厄。" IV · 15："人由知彼故，乃断死亡索"。IV · 16 "人若知彼神，遂解一切缠。"等等。痛苦在于迷失自我于物质的世界，解脱在于扬弃物质世界而回到真心、真有。

### 4. 智慧与启示

《白骡奥义书》V · 1 云："于不坏、无限，至上大梵中，藏匿有二物，谓智与无明。无明有变灭，智慧乃长存。"盖智慧（vidyā 或 jñāna）即是对大梵的证知，而无明（avidyā 或 ajñāna）则为不知梵。后者将自我引向变灭的现实世界，使其沦于轮回流转；而前者乃将自我引向恒常不变的大梵，使其获得离系、不朽。无明与智慧皆维系于大梵，故谓二者皆藏匿于大梵中。这一颂表明了智慧对于灵魂的自由、解脱的根本意义。同样，IV·5 提到有两个“无生者（ajā）”，前一无生者有无明，即有受用、执取，故受缚于自性之转变；后一无生者断无明而生智慧，故解除自性之缚着。根据幻化论的立场，当智慧生起，大梵、自我的真实体性呈现，则世界幻相（viśva-māyā）彻底消失，行者遂离世间，入梵涅槃（brahma-nirvāṇa）。VI·20 用了一个后来被吠檀多和佛教经常引用的表述，强调对神圣本体的证悟是解脱的根本途径：“若人将太空，卷之似柔革，则可不知神，而能断苦厄。”依智慧而真如起，得解脱则世界灭。智慧作为解脱之条件，上文亦有说明。

尽管《白骡奥义书》多处阐明静虑、瑜伽是获得智慧的手段，然而若立足于其幻化论神学，则现实与至上神之间存在巨大鸿沟，唯神为真理，一切现实存在皆为虚假。如此则修行者的心识意念亦皆妄幻非实，因此人的思维、直觉皆不能到达真理之域。人的全部自然禀赋皆不能到达神的真理。这意味着，人的全部修行，皆不是作用于神圣本体、真理，而只作用于属于幻化的心识意念，其最大价值，只在于泯灭幻相，而非抓住真理。易言之，由于人的全部禀赋皆属虚妄的现实，因而他的任何修为皆不能直接导致对神圣本体的智慧。从人到神的直接通道被完全切断。尽管人的修为能够为智慧的发生创造条件，但智慧的直接来源只能是超现实的神圣自身。人能够为神圣真理的呈现准备条件，但这呈现却不是人自己能够决定，而是来自神圣真理的自身启示。因此，超绝的神学必然也是启示的神学。

《白骡奥义书》在许多地方也表现出启示神学的特点。在主要奥义书中，唯《白骡》最强调神的启示（prasava）①。其 II·1—7，乃是对作为启示神的日神（Savitṛi）之颂歌，盖以此祈求日神（在此实为至上神之代称）给予启示也。其内容与第 2 章的瑜伽学无内在关联，可能由别处窜入。其云：“1 日神为（得）真故，初制意与想，遂见火之光，乃于地中出②。2 我辈由制意，得日神启示，由此庶可得，（到达）天界之能力。3 诸天（诸根）欲高举，入光净天界；惟愿彼日神，以意制之矣，乃复启示之，使现大光明。4 圣哲之圣哲，制其意与想。唯彼知法者，规定祭司职。大哉彼赞颂，以献于日神。5 我今以皈敬，忝汝古梵祷！愿我颂前行，如日升其道。汝等其听之，永生之众子！虽至升天者，亦请听于此！ 6 火于彼处燃，风亦趋彼处，须摩彼处溢，彼处意（启示）乃生③。7 由日神启示，人当乐古梵。以此为胎藏，宿业不扰汝。”此数颂尽管大多取自婆罗门旧籍，但仍被用来开示启示神学之教。其以为人必通过制意，即瑜

---

① prasava：使生产、榨取（须摩）、启示、启发、激励、生成。

② 由地出之或出之于地上。此偈谓日神最先为得真理而制意与想，乃于地中见火之光明，遂出之。

③ 此偈内容亦见于 BGX·11.

伽与静虑，乃可得神的启示，由此到达天界，即证神、解脱。此外，《白骡奥义书》还有多处表明启示是人的证悟解脱的直接原因。如III·12："彼激起萨埵，臻彼最净地，彼为主宰者、不灭之光明！"此处萨埵（sattva），商羯罗认为指内根（antaḥ-karaṇa），杜伊森认为指觉谛（buddhi），皆是指人的思想、意识活动，实际上就是人的现实存在。此颂表明人必得到至上神的启示，才能趋向神圣的真理。IV·18："当黑暗消失，昼夜乃俱泯，非有非非有，唯彼吉祥存。彼为不坏者。彼日神妙光，亘古之智慧（prajñā），乃从彼生出。"此处"prajñā"等于"jñāna"。盖启示（日神妙光）来自超绝的神圣，而智慧来自启示，故二者皆可说是从神生出。这里可以明显看出，正是对神的超现实性的强调导致了《白骡奥义书》的启示神学立场。V·1："无明有变灭，智慧乃长存。双主智、无明，彼为一他者。"此颂亦表明神作为超现实的"他者"，主宰着人的现实思想，决定其得智慧或沦无明。此外VI·19将神比作将灵魂从现实世界引向彼岸的桥梁（"永生至上桥"），亦表明神的启示作用。IV·1，12乃祈求神赐予智慧，亦表明了启示神学的立场。

启示省思既然否定人的现实存在与神圣真理的联结，于是在有神论背景下，它必认为启示，即超绝真理的呈现，唯来自神的恩赐。因此启示神学也必然是恩宠论神学。在《白骡奥义书》中，我们也可以看到恩宠论神学的萌芽。如I·6："于彼巨梵轮，鸿雁自窜飞，自别于动因（即大梵）。由彼之恩宠，乃得乎不死。"III·20："若由造物恩（prasāda），见主及其大，乃知其无为，（其人）遂离于苦厄。"VI·16："轮回与解脱，归止与缠缚，皆彼为其因。"VI·18："彼既于泰初，创造大梵天，信然彼复次，授之以吠陀；复次彼神圣，慈悲现自身；我愿归依彼，欲求解脱故。"VI·21："由苦行之力，由天神之恩，彼白骡仙圣，已证知大梵"。

启示神学，如果是健全的，就决非将人置于消极无为、完全被动等待神的赏赐的境地。恰恰相反，它正是立足于对庸碌的现实的彻底否定之上，而要求人必须最大程度地脱离自我现实存在的樊篱，因而它要求的是最艰巨的实践。这种实践的精神就是"空"、"无"，不仅"无我"，而且是"无世界"。精神由此才能彻底打破自我的狭隘和现实的壁垒，虚怀若谷，从而才能接受神圣本质的降临。所以人的艰苦修行是神的显现即启示或恩宠的前提。或用VI·21的表述，苦行与神恩的双重作用，乃是证知大梵的条件。启示神学必然包含这种神、人互动的结构。这一点，不仅后来的薄伽梵教、室利毗湿奴教是如此，基督教的启示神学也是如此。毗湿奴教和基督教启示神学，都旨在通过神与人在爱中的双向互动，来跨越现实世界与神圣本质的鸿沟。

恩宠论神学必然包含这种神、人的互爱。由于神圣真理被当成一个超绝的人格，人的自我则属于虚幻的现实世界，而人真正的自由与幸福在于证真、解脱；于是恩宠论认为，人的最大福祇，正在于最大程度地脱离世界与自我，而与另一人格（即至上神）融为一体。这一运动正是爱的旨趣。从一种爱的宗教出发，痛苦就在于迷失自我于物质的世界而失去神，解脱在于扬弃物质世界而回到神。在《白骡奥义书》中，对神的爱亦有表现。如 I · 7 ："乃没入大梵（在观想中与梵合一），精一、断胎生"，I · 10 ："静虑、一于彼，进入其体中"，VI · 18 ："我愿归依彼，欲求解脱故"，皆是将自我融入神、与神合一当作人的最高福祇，而这正是爱的理想。《白骡奥义书》的静虑与佛教禅定的区别之一，在于静虑包含了对神热烈的爱慕，它是对神带着挚爱的专注思索、想念。此外，瑜伽乃至《白骡》书的全部实践，皆可纳入到对神的爱之中。另一方面，神的恩宠本身也是神对人的爱。《白骡奥义书》的上述思想，可以视为后来巴克提运动的一个根源。然而应当承认，《白骡》书对于这种爱的宗教，并没有给予更高的地位，也缺少直接阐明，因而它与后来的巴克提教还有很大距离。

觉性、精神的存在，是包含本体与现实性的大全。现实性即全部外在的客观实在和内在的思想、意识、观念；精神的现实性就是传统。现实性并非存在的本体，而只是这本体由以实现自身的中介、工具、符号。本体则是绝对超现实的原理，是"本无"与"空"。这就是本体自由或觉性的自否定运动的绝对性、无限性。本体因为是对现实的否定，所以是超绝的，或神圣的。然而在精神的实在（realistic）阶段，本体必然是不触目的，于是精神便将现实性当作存在的绝对真理。现实与传统便成为精神的自由无法逾越的东西。这最终必然使精神的发展陷于停滞。然而本体自由作为自否定的无限性，必将唤醒现实精神并作为无限的自主力量重新倾注于其中，从而推动精神的超越与反思的无限升华和深入的运动。一方面，本体自由作为绝对，始终要求实现为（精神）对它自身超绝本质的直接自主设定，因而它必促使精神超越"实有（reality）"，确立"本无"、"空"为绝对真理，促使省思从实在的思维提升到本真觉悟的层次；另一方面，本体自由也要求否定现实性的辖制。盖精神的现实性就是传统。自由构成传统，为其本质，但这传统作为表象、外壳，往往遮蔽、遗忘它的内在核心，于是它就往往将自身视为绝对之物、唯一的真理根源，这样传统就最终发展成自由的樊篱。然而本体自由作为永恒的良心，必将唤醒被囚闭的精神，促使其打破囚笼，将精神的内在自由解放出来。在这里，本体自由主要是通过呼唤和倾注，促使精神内在的自身否定势用恢复其本真的无限性，从而展开为对现实性的绝对否定，使本体自由获得最终的解放。总之，自由必将推动省思否定现实存在的绝对真理性，否定实在的精神对现实性的执着，舍有入空，实现本真的自由。

如前所论，精神生命的提升、开展，包括了一种双重的辩证运动，首先是自舍势用与自反势用的力用交织，推动精神的超越和反思思维的除旧布新、不断升华并最终脱离现实领域进入超现实的“本无”国度；其次是超越和反思交替出现，且相互促进、相互纠缠，构成精神现实发展的主线。这两方面都包含肯定与否定、“有”与“无”、“破”与“立”的无限辩证往复运动。本真精神的生成和发展也是如此。本真精神的展开，同现实精神自由的任一阶段一样，也是以超越与反思构成的辩证循环为核心。在其开展中，首先是超越思维否定对现实存在的执着，并确定某种超现实原理为存在之绝对本质。精神在这里是破“有”立“无”，其主导的运动是消极的。其次是反思思维，在经历这一否定之后，乃重新向内寻求，于是便在这“无”的领域确立觉性、精神的意义，“无”被等同于觉性、精神的本质，其主导的运动是积极的。于是精神先从现实的“有”运动到本质的“无”，再从现实的“无”运动到本质的“有”。精神由此在现实层面完成了一次辩证的循环。超越与反思构成的这种现实的循环在不同的精神阶段都会得到展开。不仅本真精神阶段，而且它所包括的更低的阶段在其现实层面都是由超越与反思的辩证循环构成。精神就是在这循环的无限展开中不断前进。除了这种现实层面的辩证运动，精神在本体自由层面亦包含有这种破与立、否定与肯定的无限辩证、往复运动，而且是后一运动推动前一运动并以其为自身的展开。在这一层面，破与立、肯定与否定，分别就是精神的自身否定与自身维持运动，二者也是相互交织、相互扶持、互为主次的。

精神的任何现实的思想、意识都是自由的展开。正是在自由的无限推动下，奥义书的精神在其实在阶段，就克服了外在的自然强权和内在任性的专横跋扈，具有了真正的反思性和超越性，获得了自身内在的尊严和价值。省思最终领会到觉性、精神的内在现实即超越的思想、意识才是存在的绝对真理、本体。然而由于传统的限制和精神自身惰性势用的阻拦，精神的超越和反思在这里仍不能彻底突破现实的帷幕，领会超绝的本体自由自身。我们看到，即使自由推动奥义书的实在精神进入了直觉省思层次，并促使后者超越现实思想的局限，但这种现实超越并不绝对，而是以同样属于现实性的单纯意识、澄明为归宿，本体自由对现实存在的否定呼声最终实现为后来作为印度思想之特征的逻各斯、理性与纯粹意识澄明之矛盾。这个矛盾仍然是精神、觉性的两种现实性的矛盾。精神在这里仍未能最终摆脱现实性的枷锁，逃出概念、传统的牢狱，进入超绝自由的国土，绽开出本真觉悟的奇异花朵。

然而本体自由作为现实精神之永恒不灭的良心，必将通过呼唤与倾注推动奥义书精神扬弃实在思维，进入本真觉悟层次。这就在于，本体自由作为绝对自否定的意志，本身就要求实现为对自己的直接自主设定。正是这要求作为永恒的呐喊呼唤着超越和反思思维的不断提升和深化。它在其纯粹、本真的意义上，就呼吁精神将本体自由直接对省思的意识呈现出来；另外它亦通过将自己倾注到现实精神之中，促使其内在自主势用恢复其本真的无限性，从而推动省思的发展，使其最终达到对这本体自身的意识。本体自由的这种根源性促动，体现为它与现实精神的无限对话。这对话一方面是自由对现实精神的呼唤与倾注。自由在此穿透现实性的壁垒，唤醒沉睡在实在思维中的精神良知，并为之倾注力量，使其消除怠惰、恢复活力。另一方面它也是精神对自由的谛听、领会与应答。精神倾听到良心的呼唤，意识到自身的有限性和自由的无限性，因而否定自身当前性的限制，虚怀若谷，以接纳自由的无限并将其展开。

精神正是在这种对话的无限进行中，最终突破实在思维进入本真觉悟层次。在这里，本体自由的呼唤终于使奥义书的精神意识到本体对于自己的全部现实存在的超越性，而且这自由将自身倾注到奥义书的精神中，促使精神内在的自身否定和自身维持势用消除精神内在的惰性力量的抑制，恢复其本真的无限性，从而展开为本真的超越与反思，推动精神省思从实在思维到本真觉悟的过渡。其中，一方面本体自由必然促使精神内在的自舍势用恢复其本真的无限性，得以战胜惰性自任势用的消解，从而推动超越思维彻底否定现实存在的绝对、自为的真理性，确认存在的究竟真理为一种超现实的原理。于是这超越思维便成为超绝的否定（觉悟的超越）。这种觉悟的超越在理论上表现为一种“存在论区分”，即将全部现实存在空洞化、虚假化，而将存在的真理、本质置于“无”或“空”的领域。精神由此完全卸除了现实存在的重负，体会到前所未有的自由。另一方面，任何形式的超越思维都绝非一味的否定、排除，而是必须在否定假相的同时对于新的真理予以积极规定，所以它的发生，除了自主否定（自舍）势用的推动，也必然包含诸自主肯定势用（自反与自凝）的参与，觉悟的超越（超绝的否定）也是如此。正是这类自主肯定势用，尤其是自反势用的持续展开，推动超绝省思进一步积极规定那超现实原理、“本无”的存在意义。因此，唯有这否定与肯定，“破”与“立”两种精神自主力量在本无领域的辨证历史展开，才推动实在思维向觉悟的超越的转化。另外，这精神觉悟不仅包括超绝的否定，还可能包括超绝的反思。盖超绝否定确定的真理，最初可能是外在的、抽象的，没有与精神的内在存在联系起来。如果那样，则精神就是无反思的，它没有把自身内在性作为存在的绝对真理、目的，不具有一种内在的自由，而更健全的精神自由必然是包含反思的。然而在这里，本体自由作为绝对，也必将推动超绝省思形成其反思之维。它必通过呼唤和倾注，促使精神内在的自反势用进一步内向化，展开对本体自身的内在维持，从而推动省思确定那超绝的“本无”为觉性、精神的内在本质，省思由此从觉悟的超越（超绝）过渡到觉悟的反思（对自我的超现实自由的反思）。因此，精神的本真觉悟必然包括超绝否定和超绝反思两个方面，这二者也构成精神在现实层面的肯定与否定的辩证运动。总之，精神在本体层面的自舍与自反势用的“破”、“立”辩证运动，也决定其在现实思想层面的超越与反思的肯定与否定、“空”与“有”的辩证法。正是这本体层面的辩证运动在本体自由促使下的历史展开，推动超越思维从实在思维领域到本真觉悟领域的过渡。因此，唯有自由最终推动实在的精神到本质精神的转型。

《白骡奥义书》的思想就验证了上述精神进展。在印度精神史上，《白骡奥义书》最早表现了从实在的精神向本真的精神的转型。《白骡》书的最大理论成就，在于它在印度思想史上首次提出了幻化论的思想，并由此导致其神性、自我概念的根本变革。通过其幻化之说，《白骡》首次对现实与本体进行了一种“存在论区分”（ontologische Entscheidung）。一方面，它将现实存在虚假化、空洞化或虚无化；另一方面，它又确立一种绝对真实的本体，于是它不得不将这本体置于作为现实性之根本否定的“本无”领域，这本体遂成为超绝的。在晚期奥义书中，这本体就是至上神或至上我。那超绝的觉性实体，作为一种现存的本质，就是神圣，这是一切神性存在的本体论根源。正是由于对这种神圣性的领会，我们称《白骡》的精神为神圣的精神。在《白骡奥义书》中，与幻化论相应的是其启示论或恩宠论的神学；正由于幻化论将全部现实存在虚假化，因而就把前此的修道论确信的，通过人内在的思想、意识直接到达本体的桥梁拆毁了，于是人对于本体的证悟，只能来自本体的自身呈现，即启示或恩宠。在《白骡奥义书》中，幻化论必然导致启示成为获得真理的唯一源头。正是在这种意义上，《白骡》书的精神觉悟，与基督教否定神学的一样，乃是一种启示省思。在这里，所谓觉悟的超越与反思，就是启示的超越与启示的反思。《白骡》的思想最早体现了启示省思的特点。但是启示省思的超越性（对现实的否定）仍不究竟，它仍将那超现实本体，即至上神或至上我理解为一种现存、不变的基础、本质，因而它仍然有住、有执。这超绝的本质就是神圣，是一切真实的上帝概念（比如从希腊罗马到爱克哈特、波墨的基督教神学所理解的神）的内核（《圣经》和后来否定神学的绝对超越的上帝，也是这样的神圣）。另外，在《白骡》中，神仍然具有人格的偶像，反映出启示省思与平庸的世俗信仰的妥协。我们这一节的讨论表明，《白骡》的思想表现了印度文化的本真精神的第一个环节，也是奥义书启示省思的开端，因而在印度精神史上具有极为重要的意义。它表现了奥义书精神自由的新进展，也表现了这精神的局限性。

其书的主要学说有：(1) 幻化论。其以为全部现实世界只是一幻相（māyā），而大梵则是制造幻相的幻师（māyin）。通过幻化论，全部现实存在、“有”被空洞化或虚假化；因而本体（大梵、至上神）被置于“无”的领域，本体的绝对超越性才得到彻底实现。幻化论将导致世界假相生成的幻化原理（māyā），与神的创世力量或自力（ātma-śakti），以及数论的世界本源即自性（prakṛti）等同，企图将晚期奥义书的神学和数论思想都整合到其幻化论之中，并将现实存在的发生完全解释为一种假相生成过程。（2）有神论。《白骡》的幻化论可以视为其神学的理论前提、基础。其书明确将超绝的本体、“本无”等同于神性的本质，使神真正成为神圣，因而表明了一种超绝神学。同在基督教超绝神学中的情况一样，在这里，神性本质与现实存在的区别也是一种真正的“存在论区别”。《白骡》书的侧重点不是阐明神的超绝本质（无德梵），而是阐明后来被作为梵的人格表现的至上神。在通常情况下，它对神的本质与神的经验人格没有明确区分。它将大梵等同于吠陀的禄陀罗神（Rudra）。神被认为是世界的质料因和作用因，是世界的主宰、护持者、创造者或根源。他支配自性三德，并通过三德创生万有。他又是世界万有的大全与归宿。万有于劫末归灭于至上神，于劫初复从他生出。应当承认，这样的神学，除非与幻化论衔接起来，否则是非常平庸的。另外，通过长期持续、不断深入地观想神（静虑），直至证知神的实相（智慧），从而使世界幻相彻底破灭，被认为是获得自由、解脱的根本途径。（3）数论学。《白骡》开示了数论自性转变（prakṛti-pariṇāma）的全部环节。它提到了几乎整套的数论学术语，包括从神我、自性、三德到五大、五知根、五作根以及五气、五十种变异等。其创世论以自性转变为基础，以为神我独存不变，唯自性通过其三德转变，肇生万物。烦恼、痛苦在于人的自我（命我）与自性的联结，解脱在于命我与自性的分离。这些说法都与古典数论一致。《白骡》书以及其他晚期奥义书的数论学的特点是将有神论与数论结合起来，三德被认为是神的创造力，自性转变被认为是神的创造活动。（4）人生论。《白骡奥义书》对于人的生命的看法，乃以其有神论和数论为理论基础。其以为自我因“有”或“受用”诸德，从而与后者联结，被后者限制，失去其无限性，因而形成个人的命我（jīva）。大梵本身无为无作，仅为不动之知者；唯自性三德有为有作，恒处相续转变。命我因有诸德，故作业受报，陷于轮回。这决定生命的本质是苦。人生的理想在于，断除命我与三德的关联，通过证悟至上神并重新与之联结，以此获得自由解脱。（5）修道论。《白骡奥义书》涉及的宗教实践，有皈依、瑜伽、静虑多种。其主要方针是依瑜伽、静虑而得智慧，于是实证大梵、戡破世相，获得解脱。《白骡》书在修道论上的主要贡献是进一步将《羯陀》提出的瑜伽学构成一个较为完整的系统。其书开示了瑜伽的持身、调息、止根、总持、静虑、三昧等环节，奠定了后来瑜伽学的基本框架。然而正如我们在前面的分析中指出的，在《白骡奥义书》中，幻化论、有神论和数论这三个理论基础，可能并未达到彻底的整合。与此相应，其论梵与世界、神与命我等，皆颇有含混甚至自相矛盾之处。

《白骡》表现了奥义书精神的重大进展。一方面，它的幻化论认为一切现实存在，从外在自然、人的生命以至吠陀的天神，皆是一种幻相，是虚假不实的。现实存在在这里被虚无化、空洞化，因而无论精神内在与外在的现实，即主观的思想、概念与客观的自然、社会，皆被精神否定，不复成为其挂碍、枷锁。精神在此实现了一种对现实的绝对超越性（即超绝性）。这种超绝思维通过对现实性、"有"的否定，便将存在真理置于超现实的"无"的领域，因而达到了对本体自由的真正觉悟的层次，故其乃为一种觉悟的超越（超绝否定）。《白骡》的幻化论，在观念层面表现了超绝省思彻底否定现实存在的真理性、舍"有"入"无"的运动。现实精神这种彻底放弃自身现实此在、奔向最遥远彼岸的持续运动，赋予精神内在的自舍势用的积极展开以现象学的明证性。正是这自舍势用的历史展开，推动这觉悟的超越的形成。另一方面，《白骡奥义书》并未因为这种幻化论立场而倒向虚无主义，而是明确规定那超越宇宙幻相的原理是一个内在的精神本体，即至上神或至上我。这本体由于否定了任何现实性，因而是"本无"；同时它又是一种觉性的实体（至上神或至上我），因而不仅是真"有"，而且是内在、本质之"有"。精神对这个超绝的觉性本体的领会就是反思，而且是觉悟的反思（超绝反思）。在这里，《白骡》的思想在观念层面表现了超绝反思穿透全部现实表象，深入自我的最内在本质的运动。精神把自我的内在超绝本体当成绝对真理，即存在的绝对目的。精神这种彻底内在化运动，在现象学上验证了其内在的自身维持势用的积极活动，正是这自反势用在超绝存在领域的展开推动觉悟的反思形成。

总之，《白骡》的思想，表现了精神的超越与反思、自舍势用与自反势用的双重"破"、"立"辩证法。其中自舍与自反势用的辩证展开最终推动奥义书精神从实在思维向超绝省思的转化。然而正如我们多次阐明的，精神内在的自主势用的历史展开，乃是作为精神的绝对本质本体自由自身促动的结果。因此，最终是自由推动奥义书超绝省思的形成。因此，《白骡》的思想转型，在观念层面呈现了自由推动本真精神形成的机制，从而进一步验证了自由推动思想发展的内在精神逻辑。我们表明了西方思想也经历了同样的转型（参考本章引言和小结），这证明西方思想也经历了同样的内在精神进展。这就验证了这一精神逻辑的普遍、必然意义。

《白骡》的幻化论，反映奥义书的精神彻底克服了前此的实在思维的局限，上升到本真觉悟或启示省思的层次。精神由此否定自身现实性的重负，进入绝对超越的天国，其自由成为本真的实在。然而《白骡奥义书》的启示省思仍有根本的局限。首先，是它的本质主义误区。它尽管将整个现实存在虚假化、空洞化，使本体进入了"本无”、“空”的领域，但它却仍然将这本体理解为一种现存的基础、本质。这表明启示的省思完全没有领会超绝本体的内在实质。因为唯一的超绝存在就是本体自由自身，后者就是自否定的绝对运动，因而恰恰是对一切现存东西的否定。因此启示省思领会的超绝本质其实只是一种精神假相。这种精神觉悟是抽象的。启示的超越对于一种现存的基础、本质追求，表明精神仍在渴望安全的归宿，渴望一劳永逸的休息之处，而超越思维的自身绝对化之路则被阻断。这种精神惰性，在现象学上表明精神内在的自舍势用的展开仍受到自在势用的阻碍，未能展开为绝对自由。其次，在《白骡奥义书》中，这种精神的执著，在其对于人格神的崇拜中，表现得更为严重。神的人格只是一种经验表象。《白骡》书企图将其启示省思与平庸的世俗信仰中的人格神观念调和，从而赋予超绝本体以人格性，但这一点由于《白骡》思想的含混、动摇，导致神的超验本质往往被肤浅的经验表象淹没。最后，同其他晚期古奥义书一样，《白骡》的思想亦极芜杂。幻化论与有神论和数论思想，是《白骡奥义书》的三个基本支柱。然而，尽管我们可以从逻辑上，将幻化论视为整个《白骡》书的思想基础，且以为其贯彻到有神论和数论之中；尽管后世的吠檀多学者（不二论），如商羯罗等，的确就是从这一立场来解释《白骡奥义书》；但是在事实层面我们很难说后者有这样的理论彻底性。实际的情况是，幻化论被不加分别地与有神论和数论混杂在一起，而且只是在为数不多的两三处得到直接开示。这种情况表明，启示省思在这里其实才开始萌芽，而没有成长壮大到足以统摄《白骡》的思想全部的程度。《白骡》的思想对于人格偶像的执著，以及对于吠陀神学和数论等的沿袭，反映出在这里启示的超越还没有得到充分施展。这表明精神内在的自身否定势用的展开仍受到（世俗信仰的和精神内在惰性的双重）压制而没有得到充分拓展。奥义书这种精神局限，也唯有通过自由的进一步展开才能被克服。后来的《频伽罗子》、《清净》、《自我》、《我觉》等所谓新奥义书，就反映了启示省思的进一步完善。

## 第二节 频伽罗子

《白骡奥义书》所揭示的幻化论，为多种晚期奥义书所继承、发展。其中如《慈氏奥义书》、《光明点奥义书》、《元我奥义书》等，都表现出随顺大乘佛学的明显倾向，不仅视世界为幻，而且以本体为“空”。另外尚有《频伽罗子奥义书》、《清净奥义书》、《自我奥义书》、《我觉奥义书》等，仍忠实于《白骡》的幻化论，但对它作了提炼、扩充，使其理论更加完善、缜密。此类奥义书，仍未领会本体是空、无住，而是同《白骡》一样，仍以之为超绝的现存原理，即基础、本质。故其理论，仍当归属于启示省思范畴。

我们这里，姑且以《频伽罗子奥义书》作为后一类奥义书的代表。

《频伽罗子奥义书》(Paiṅgala Up) 属《白夜珠吠陀》(Śukla Yajur Veda)，以频伽罗子 (Paiṅgala，褐目子) 与其师耶若婆佉对话的形式展开。盖奥义书中，通过谱系学将其说最终追溯于某一天神 (甚至大梵) 或著名的圣者，以尊荣其学说之价值，乃是极常见之事。其中亦有这样的情况，即该学说被说为某一学者从天神或吠陀、梵书的仙人、圣者而得到传授。在这种情况下，此学说的启示者无疑都是委托的，而接受此启示将其说传下来的学者则有可能是此说的实际提出者 (或传承者)。在这种情况下，往往是此人知名度不够高，故须借天神往圣之口以抬高其说之身价。《频伽罗子奥义书》或许就属于这种情况。其思想与梵书和《广林奥义书》中的耶若婆佉思想均无任何联系，故此人显然是委托的。而频伽罗子或可许为此种学说之实际创立者 (尽管其是否历史人物仍大可质疑)。盖《频伽罗子奥义书》的学说，内在逻辑极为一致、完整，可以推测它实际上很可能出自一人之手。或许此人即是频伽罗子？那还须要借助更多的资料断定。不过我们此处仅以频伽罗子为这种学说之命名，一如传统上以之为此奥义书之命名。《频伽罗子奥义书》的年代非常晚，其对幻化论立场的彻底化，对祭祀学的完全抛弃，都表明它的形成至少比《白骡奥义书》要晚得多。其思想彻底脱离神话、祭祀学的内容，以纯粹思辨的形式展开，反映出随顺不二吠檀多学的特点。或以其为不二论派学者所著，但缺乏思想上的根据。盖不二论是吠檀多受到大乘佛教中观和唯识思想本质影响形成的，而《频伽罗子》完全没有反映出这种影响。

《频伽罗子奥义书》反映了奥义书启示省思的进一步发展。一种现实精神、思想，它一旦在与本体的对话中，更准确地抓住本体抛来的球，从而把握住更真实的自由，而且处在一个开放的、有生机的精神国度之中，那么它就必然在这国度茁壮成长，由小而大，由晦而明。奥义书的启示省思就表现出这样的发展。在《白骡奥义书》中，启示省思刚开始萌芽，它厕身于更古老的数论和有神论思想中，只是偶尔露出真容。因而它在这里，仍然表现为一种灵感式的、偶然的思想，而没有成为普遍、必然的精神活动，即概念。这一点表现在《白骡奥义书》中，幻化论没有获得普遍的空间，它只是被偶尔提到，并且处在数论和有神论留下的缝隙中，且经常与这二者相抵牾，而这二者似乎更有力量。但是在《频伽罗子奥义书》中，启示省思已蔚然成长为一种普遍的、强有力的思想，乃至将旧有的数论和有神论思想吸收到自身机体之内，反过来成为理解这二者的基础。

《频伽罗子奥义书》主要的理论成就，就是使《白骡奥义书》中仍然各自分离甚至相互抵牾的幻化论、数论和有神论，在一种绝对精神本体论的基础上，达到了高度的统一。其中，数论的创造原理，即自性，被等同于幻化、摩耶，整个世界被认为是大梵创造的虚妄境相；自性转变产生世界万有的图式，也完全是在幻化论背景之下展开；神的人格性被明确认为是幻化的产物，是神圣本体的表象甚至假相；人的现实自我也被认为是一种幻相。因而在其书中，对现实存在的空洞化得到普遍贯彻，现实与本体、有与无的“存在论区分”成为整体的范式，因而启示省思得到普遍化。《频伽罗子奥义书》的主要内容包括：(1) 从幻化生成世界的机制。其书以为，作为一切现实存在根源的自性乃是依超绝本体、大梵生起的幻相。现实世界的生成，首先是根本自性由于其包含的萨埵、罗阇、答摩三德的增长而转化成为非显、觉谛、我慢，然后由我慢生成地、水、火、风、空五种微细元素，是为根本转变。大梵投映于非显、觉谛、我慢三者中，成为大自在、金胎、毗罗吒三位人格神，分别为宇宙自我之熟眠位、梦位和醒位，与人的三种心理状态本质上相同。其次是神（大梵或毗罗吒）用五唯构成五种粗显大种，由后者构成物质宇宙及人的粗身（肉体）；同时用五唯之罗阇分生成五种生命元气、五作根，用其萨埵分生成内根、五知根。于是宇宙和人得以形成。然而既然这二者的最终根源是虚幻的，因而它们也同样是虚幻的。(2) 现实自我的结构。《频伽罗子奥义书》对现实自我的分析，把奥义书通常所说的自我三身（粗身、细身、因身：因身为此奥义书所加）、五身（食身、元气身、意身、末那身、识身、喜乐身：TaitII）、三位（醒位、梦位、熟眠位：ChānVIII · 7—15；BṛihII · 1 · 15；BṛihIV · 3）之说与《白骡奥义书》等的幻化论和数论思想结合起来。通过这种结合，传统的三身、五身、三位说被置于现实与本体的“存在论区分”的框架中。无论三身、五身还是三位，皆是幻化所生、虚妄不实，然而当自我执受之，且将其虚妄等同于自身，便产生现实自我或命我。命我的存在也是虚幻的。但自我被这些幻相系缚，因而溺于生死的洪流。解脱在于破执受之妄，现本体之真。(3) 解脱与世界幻相的消灭。启示省思既以为现实世界皆是幻相，故其实践的方针，就在于脱离、否定现实偶像，呈现、证悟超绝的本质。《频伽罗子奥义书》的实践也是如此。其以为人的解脱，唯在于对“彼即是汝”等伟言（mahāvākyas）起闻、思、静虑、三昧，依增益与弃绝之道，最终获得智慧（觉悟），以证悟自我，得生解脱（jīva-mukti），且于命终得灭解脱。若智慧之火生起，则世界幻相即被焚灭。世界的消灭遵循的是与创生相反的秩序。兹依以上三点详述之。

## 一、从幻化生成现实存在的机制

《频伽罗子奥义书》集中阐发了《白骡奥义书》的幻化论。其以为一切现实存在，举体皆妄，更建立一套完整的存有起源论以阐明之。后者乃是将数论的自性转化完全置于幻化论的视野中，自性转化的全部环节被视为至上神的幻化力或摩耶的展开。其书主要在第一章系统阐明了此种生成图式。PaiṅgalaI · 1—12 云：

1 频伽罗子既师事耶若婆佉十二年，乃就彼而请曰：先生，请授我无上秘密解脱道。2 耶若婆佉乃告之曰：吾爱，于初唯有有（sat）。彼即大梵，为恒常解脱、无变易，为真实——智识——喜乐（satyajñānānanda），为圆满、亘古恒常、不二唯一。3 如于沙漠、贝壳、杌、水晶等类，有水相、银相、人相、光影相等，如是于彼（大梵）有具红、白、黑（即罗阇、萨埵、答摩）三德之根本自性（mūlaprakṛti）。当此三德均衡，就不能转变、显现。此（自性）映于大梵中，乃成为观者心（sākṣi-caitanyam）①。4 当彼（根本自性）由于萨埵增长而开始转变，乃成为非显现者（avyaktākhya，隐藏者），具隐覆（大梵实相）之能力（avaraṇa-śakti）。彼映于其中者（反映于此非显现者中的大梵影像）乃成为自在心（īśvara-caitanyam）。彼（自在）以幻化（māyā）为作具，全知，是世界创造、维持与毁灭之究竟因缘。彼使居于其中之全世界展现出来。相应于众生之宿业，彼遂使此世界如布展开；当众生所作业皆灭尽，彼亦使世界消灭。此全宇宙如卷起之布，唯存于彼中。5 从居于大自在中之隐覆力，由于罗阇之增长，而生生显力（vikṣepa-śakti）。彼映于其中者（投映于生显力之中者），乃为金胎心（Hiraṇya-garbba-caitanyam）。彼（金胎）执大谛（mahat tattva=buddhi［觉谛］）为我，转起明了与不明了之形相（vapuḥ）。6 从居于金胎的生显能力，由于答摩之增长，而生粗重力（sthūla-śakti），彼即我慢。彼反映于此（我慢）中者成为毗罗吒心（virāṭ-caitanyam）。彼毗罗吒，乃执此我慢为我，转起其明了之相，彼乃成为原我（pradhāna-Puruṣa）、毗湿奴，彼为一切粗法的维持者。由彼自我（Virāṭ）生空，由空生风，由风生火，由火生水，由水生土②。此五唯（tanmātras）遂具三德。7 彼（伊莎）既欲创造，且具答摩德，乃欲转微细的五唯大种（sūkṣmatanmātras）为粗显大种。彼分宇宙初造形成之每一五唯为二，复分此二中之每一为四分，各以此（二分之一）与另一半之其他四分结合，总为五聚。由此五分体（pañcīkaraṇa），彼（伊莎）乃创造无数宇宙（brahmāṇḍas，梵之卵），每一宇宙包含十四世界，每一世界包含诸多粗身。8 彼又分五大（pañca-bhūtā）中之罗阇分为四分，乃由其中三分生具五分之生命元气③，由第四分

① sākṣi-caitanyam，意为作为不动之观者的心体。

② 见 TaitII · 1 · 3。

③ 生命元气（prāṇa）有上气（prāṇa）、下气（apāna）、通气（vyāna）、出气（udāna）、腹气（samāna）五种差别功能，故说为具五分。

生（五）作根。9 彼又分萨埵分为四分，乃由其中三分生具五分之内根（antaḥ-karaṇam）①，由萨埵性之第四分生（五）知根。10 彼由萨埵之全体生诸根之守护神，遂投此等于宇宙中。依彼之命，此等乃遍满全宇宙。依彼之命，具我慢之Virāṭ 护持粗大元素。依彼之命，金胎主宰微细元素。11 此等若无彼则不能动、不能作。彼欲使此等有觉，乃入乎宇宙，进入颅中虚空，住于其顶端。彼如是进入此等全部。于是此等虽自性无觉，乃有其各自活动、如有觉然。12 全知之主宰，既具一分摩耶，当其进入众身份且为摩耶所惑，乃成为（个人的）命我（jīva）。因与三身（粗身、细身、因身）虚妄等同故，彼乃为作者、受者，有醒、梦、熟眠、闷绝、死之相。生生死死，如陶轮旋转不息。

此章首先开示大梵为实、世界为幻之义（I·1—3），接着解释了由幻化原理生成万有的机制（I·4—9），最后阐明了大自在神自身入居众生身中形成命我的过程（I·10—12）。故其内容，可析为以下三点：

一是现实世界的虚幻性与本体的超绝性。《频伽罗子奥义书》继承、发展了《白骡》的启示省思，通过否定现实存在、“有”的真理性，从而将神圣本体置于“无”的领域。对于现实与本体，或“有”与“无”的这种区分，就是一种存在论区分。它突出了本体对现实性的否定，即它的超绝性。不过《频伽罗子奥义书》对于本体超绝的实相，缺乏正面的表述，其超绝乃通过其书对现实性的绝对否定得以表现。通观其全书，对大梵实相的直接描述仅有两段文字：I·2：“于初，唯有有（sat）。彼即大梵，为恒常解脱、无变易，为真实——智识——喜乐（satyajñānānanda），为圆满、亘古恒常、不二唯一。”III·6：“无声亦无触，无色且无味，不坏且恒常，无嗅无始终，彼既超越大，亦且为不动，彼乃为独存，无过亦无病。”单从字面意义来看，其与《羯陀》、《六问》等的否定理智对本体超越性的阐明，亦无不同。然而其实际意义应当联系其全书对现实存在的绝对否定来理解，后者表明《频伽罗子》的思想，完全超越了《羯陀》、《六问》等的（仍然执着于现实性的）理智思维（后者以一种形而上学的意识实体作为自我的绝对真理），而是进入了对于神圣本体的本真觉悟层次。

其书首先于I·3表明了贯穿始终的幻化论立场。它以为，一切现实存在的直接根源是所谓根本自性（mūlaprakṛti），世界由后者转变产生，而这自性的存在是完全虚幻的，因而现实世界也是虚幻的。它将本体、大梵与自性的关系比作沙漠、贝壳、杌、水晶等与虚妄映现其上的水相（阳焰）、银相、人相、光影相等的关系。不二吠檀多

① 内根具有内根、末那、觉谛、心（cittā）和我慢五种功能，故说为具五分。

常以阳焰相、于贝壳生起的银相、在暗处见杌而起的人相、在水晶中泛起的光影相等比喻现实世界，这些东西完全是由人的主观错觉而生产的虚妄境相。《频伽罗子》以此形容自性，表明后者彻底空幻、举体非实的特征。其次，它将幻化论彻底贯彻到宇宙起源论中。I·4 阐明世界的根源就是摩耶（māyā，幻化），大自在神以摩耶为工具、材料创造世界万有。大自在是自性投映于梵中的影像。关于大自在与自性、摩耶的关系，此书中说得颇含糊。有时它们似乎被等同起来。但更具有理论一致性的解释是，大自在的实质是梵，是梵执受自性而形成；后者若被大自在所执受，就被称为摩耶，故摩耶与自性实质同一。现实世界由自性转变产生，但这转变就是摩耶或幻化原理的展开。这种"幻化—转变论"（māyā-pariṇam-vādā）的机制，在此奥义书中得到了完整的阐明。最后，不仅宇宙是幻，而且人的现实自我乃至神祇，其自相也完全产生于幻化的作用。I·4—6 表明大自在、金胎和毗罗吒神，皆是由大梵被摩耶或其产物覆蔽形成。I·12 表明人现实的自我，即所谓命我（jīva），乃是由至上我进入众身份且被摩耶迷惑产生的假相。

《频伽罗子》通过这些说法，表明一切现实存在，从外在的物质宇宙到天神、人的自我，其自相皆是幻化，虚妄非实，而本体乃是彻底否定现实性的超绝原理。因而其思想乃克服实在思维，进入本真觉悟的领域。

不过，同在《白骡奥义书》中的情况一样，精神的觉悟在这里尽管通过对现实性的否定，客观上将本体推入"空"、"本无"的领域，使之成为超绝的，但它并没有自觉将本体与"本无"等同，而是仍然以之为某种现存的本质、基础。比如上引 I·2 和 III·6，都表明梵仍然是一种"有"，是恒常、不动、不坏的本质。然而本体作为绝对自由，不是任何现存存在，而就是空、本无。因此在《频伽罗子奥义书》中，这觉悟仍然没有达到对自由的直接把握，因而这种觉悟，同在《白骡奥义书》一样，仍然是间接的，我们称之为启示省思。启示省思的特点就是，一方面它彻底否定现实存在，于是，作为人的内在现实的思想的真理性及其与超绝本体的直接关联也被否定，使得从现实自我到达超绝真理的通道被打断；另一方面，它将超绝本体领会为一种现存的基础，即神圣本质，为真理的唯一源泉。于是人对绝对真理的一切认识，唯有来自这本质的自身呈现或启示。然而与《白骡奥义书》不同，《频伽罗子奥义书》明确地将人格神（从毗罗吒到大自在）视为绝对本体的偶像或化身，这本体自身是非人格的精神原理，因而启示不像《白骡》或绝大多数超绝神学设想的那样，是神的恩宠和爱，而是绝对真理的自身呈现。

二是幻化转变论。正如上面所提到的，《频伽罗子奥义书》通过一种"幻化转变论"（māyā-pariṇam-vādā）来阐明现实存在的发生机制。其说大致包含以下三个主要阶段：其一，根本转变，即从根本自性，由于三德增长，渐次转化，直到生成五唯（I·4—6）；其二，器界转变，即从五唯之答摩方面生成五聚大种，再由后者生成器世间（I·7）；其三，有情转变，即从五唯之罗阇、萨埵方面分别生成五种元气、无作根，以及五知根、内根（此处应指末那）（I·8—9）。兹略述之：

（1）根本转变。在晚期奥义书中，《蛙氏》首次提出大梵四位，即醒、梦、熟眠、第四位，且分别称之为遍在（Vaiśvānara）、炎炽（Taijasa）、般若（Prājña）、至上梵（Para-Brahman）四神（其中至上梵为非人格之神）。而《频伽罗子》首次将此四神与吠陀、梵书的毗罗吒（Virāṭ）、金胎（Hiraṇya-garbba）、大自在（Īśvara）神，以及数论的观者（Sākṣin，即作为宇宙之不动观察者的补鲁沙）等同，并以此表示根本转变的不同阶段。其说后来成为不二吠檀多之定论。故此所谓转变可分为：其一，观者（Sākṣin）阶段。此即根本自性（mūlaprakṛti）阶段。在这里，虚幻的自性原理，尽管存在于大梵之中，但由于三德均衡，故不能生起转变，产生可了别的行相。当大梵的光明映照于这根本自性之中，就生成了观者相。观者阶段就是寂灭位或第四位。其二，自在（Īśvara）阶段。此亦即非显（avyakta）阶段。自性发生转变的契机，在于它包含的三德之一力量增长，打破了原先的均衡，自性由此进入动荡变易、生生不息的流转相续之途。其中，首先是萨埵的增长推动自性开始转变，于是自性具有了隐覆大梵实相之能力（avaraṇa-śakti）。后者是现实存在发生之最根本的前提。盖世界的产生就在于黑暗的自性原理被增益到澄明的大梵之上，这种增益就来自自性隐覆力的作用。自性由于具有这种隐覆力，故转化为非显（avyakta）。当大梵投映在这非显之中，就成为大自在神。自在与观者（Sākṣin）的区别在于它的运动性。它以自性、摩耶为资具，实施其创造、维持与毁灭的作用。自在包含摩耶在内，为现实世界之直接根源与归宿。其三，金胎（Hiraṇya-garbba）阶段。此一阶段亦可称为觉谛（buddhi，思想、理智）阶段。吠檀多认为摩耶之创造世界，须通过其两种力量之共同作用，除了上述隐覆力，还有一种所谓生显力（vikṣepa-śakti），即大（mahat= buddhi）。《频伽罗子》认为生显力乃是由罗阇力量增长，推动居于大自在中的隐覆力进一步转化生成的。而金胎是大梵投映于其上的影像。在吠檀多学中，生显力指摩耶或自性创造出多样行相的能力，这些行相被隐覆力增益于大梵，遂呈现万有的存在。在《频伽罗子》中，它被等同于数论的自性转变的第一个产物，即数论通常所谓的大（mahat）或觉谛（buddhi）。后者是自性转变在后面接着生成的所有诸谛的根源。其四，毗罗吒（Virāṭ）阶段。亦即我慢（ahaṃkāra，潜藏或显了的自我意识、自我执着）阶段。除了吠檀多通常所谓的隐覆、生显之力，《频伽罗子》还提出了推动自性转变的第三种力量，即生粗重力（sthūla-śakti）。此是由于答摩之增长，从居于金胎的生显能力生出。

此粗重力即是我慢。我慢（ahaṃkāra）就是促使主体执自性转变的产物（这里是大或觉谛）为自我的力量。大梵反映于这我慢中，就成为毗罗吒神（在这里被等同于补鲁沙、毗湿奴）。与数论转变论一致，《频伽罗子》亦以为在转变系列中，接着生成的诸谛，都是以我慢为根源的。首先生成的是五唯元素（tanmātras）。其中，先是由毗罗吒生空，然后由空生风、由风生火、由火生水、由水生土①。另外两种转变，即器界转变和有情转变，都以五唯为根源。

（2）器界转变。I·6说五唯皆具三德。I·7表明，在粗重力的推动下，主宰神伊莎（Īśa=Īśvara［大自在］）乃以五唯中的答摩成分，构成可见的，作为物质世界基础的五种粗显大种（sthūla-bhūtā）。在数论与吠檀多的更严谨说法中，五唯（tanmātras）与五大（bhūtās）不同。五大专指粗显大种，五唯指未聚合的五元素。但《频伽罗子》似无此种严格区分，将五唯也称为大种，为微细大种。五种粗显大种的产生过程是：大自在将每一五唯（应当是五唯中的答摩成分）分为二分，然后再分此二者中之每一为四分，再各以此二者之一与另一半之其他四分结合，形成一聚合体，即所谓五分体（pañcīkaraṇa）或粗显大种。比如作为五分体的空，其实际成分是：1/2空+1/8风+1/8火+1/8水+1/8土。此即五种粗显大种的每一种皆包含五唯元素之不同数量，且各以其中居主要的五唯成分命名为空、风、火、水、土。因而它们可以说是互摄互入的，每一种都包含与另一种共同的成分。《频伽罗子》认为物质世界并非直接建立在五唯基础上，而是由粗显大种构成。大自在以后者为材料，乃创造无数宇宙（brahmāṇḍas，梵之卵），每一宇宙又包含十四世界，每一世界又包含无数粗身，后者即一切有形物体，包括山河大地乃至人的粗色身在内。于是器界的创造乃告完成。

（3）有情转变。当器界形成，五唯元素中仍有未转变为五聚大种者。I·8—9和II·3—4表明大自在乃由这些未聚合五唯元素中的罗阇、萨埵分，创造人的诸生理、心理机能。首先是由罗阇分生成元气与五作根。大自在神分五大（pañca-bhūtā，此处指未聚合之五唯）中的罗阇分为四分，先由其中三分生成元气（prāṇa），后者有上气（prāṇa）、下气（apāna）、通气（vyāna）、出气（udāna）、腹气（samāna）五种差别功能，故说为具五分；复由第四分生成言语、执捉、行走及排泄、欲乐五作根（行动

① 在古典数论中，五唯是单纯的物质元素，但此义在《频伽罗子》中很含糊。在这里，五唯有时被赋予心理的意义，似成为一不可见的身—心原理，为物质宇宙、众生生命和精神活动的共同根源。然而从逻辑上说，为了不与根本转变生成觉谛、我慢等心理功能的理论冲突，应当彻底排除五唯的心理意义。如此则应当对II·4所谓由五唯大种之萨埵分生成内根，而觉谛、心和我慢为内根转变相的说法进行调整（见下文）。

机能)，然后由后者变异生成口、手、足及大小便处、生殖器五种肉体器官（扶根尘)。这里，说元气为罗阇三分，五作根为罗阇一分，意在表明元气为五作根之根源，五作根只是其分化产物。其次，大自在又由五唯的萨埵分生成内根与五知根。它分萨埵分为四分，先由其中三分生具五分，即内根、末那、觉谛、心 (cittā) 和我慢五种转变相 (vṛta) 的内根 (antaḥ-karaṇam)，后者以决定、想、忆、贡高、思择为其活动领域。如我们在前面的注释中表明从更一致的逻辑出发，只能将《频伽罗子》的五唯解释为无意识的微细物质元素，由它们所形成的内根，也只能理解为一种单纯的生理机能（与数论所谓末那 [manas] 义同)。而属于心理机能的觉谛、心和我慢，作为内根的转变相 (vṛta)，不能被当成内根的产物，而只能被理解为它的功能，即内根作为生理机能的活动（心理活动以生理机能为基础)。大自在又由萨埵之第四分生出闻、触、视、味、嗅五种感知机能（五知根)。五知根仍然是无意识的生理功能，以耳、皮、眼、舌、鼻为器官（扶根尘)，声、触、色、味、嗅觉为活动领域。I・10 又说大自在又由萨埵之全体产生诸根之守护神，并将此等投于宇宙中。此等即 II・4 所说的诸方、风、日、婆楼那、阿湿文、火、因陀罗、优波因陀罗、阎摩、月、毗湿奴、四面之梵天、湿婆等“住于诸根之神”。

三是大梵重新进入宇宙和众生使其有心智。在来自吠陀、梵书的观念中，有两种是奥义书思想极为热衷的，其一是人与宇宙的同构论，从《黎俱吠陀》、《阿闼婆吠陀》、《百道梵书》到《广林》、《考史多启》、《唱赞》诸奥义书，无不对此广为敷陈[①]；其二是神在创世中重复进入世界中之说，ChānVI・VI・3・2—4 中，优陀罗羯表明神创造火、水、食三有，乃以命我 (jīva ātman) 入于此三有且分别名色，AitaI・3・11—12 亦说至上我创造人的粗身、细身已，乃再次进入之，使其有觉[②]。

《频伽罗子奥义书》继承了这种说法。首先，I・10 和 II・4 谓人的诸根，一一皆有其对应之神（诸方、风、日、婆楼那、阿湿文、火、因陀罗、优波因陀罗、阎摩、月、毗湿奴、四面之梵天、湿婆)，后者即属于宇宙大我；且大自在创造此诸神已，将其一一投放于宇宙中。这与 ṚVX・90・13—4 所谓神将原人的头、眼、耳、口、气息、脐、意、脚分解出来，生成天、日、四方、火、风、空、月、地等；Sat BrāX・3・3，Tait BrāIII・10・8 所谓月、火、日、四方、风等诸神分别住于阿特曼之意、语言、眼、耳、气息，并由彼生出；KauṣIV・19—20 谓由自我生语言、眼、耳、意四根，复由四根生火、

① 参见 ṚVX・90・13；Sat BrāVI・2・2・3，4；X・3・3・7；Vāj Saṃ XXXII・11—12；Tait BrāIII・10・8；BṛihII・1；III・1・3—6；III・9・10—17；KauṣIV；ChānV・18・2；MuṇḍII・1・3—7.

② 至上神、自我再次进入其创造物的说法，还见于 TaitII・6；KauṣIV・20；KāṭhII・12，V・9—11；MaitII・6；ManuI・5—9 等。

日、方、月四神，由四神生名、色、声、想四界；AitaI · 1 谓自我于原人之上苦行，遂开眼等八窍，于中生视等八根，由八根生日等八神且使之坠于汹涌大洋等等说法，立意基本相同。其次，I · 11，II · 7 说此诸根、诸神，既被投之于宇宙，由于没有心智，故呆立如机，不能做事，于是至上神乃自身（或令毗罗吒、金胎等）进入宇宙与人身之中，使其有知觉、作用。这与 AitaI · 3 · 11—12 所谓至上我创造人的粗身、细身已，以后者无觉，乃分开头顶发际，由其颅骨弥缝（vidṛti）处进入之，使其有觉；KauṣIV · 20 谓自我进入身我（śarīra-ātman）使其有识；MaitII · 5—6 所谓生主即创生多有，视彼等无识、无生命如顽石，乃自身进入彼等中，使其有心智等说法，立意亦基本相同。

《频伽罗子奥义书》乃试图将此古说，与晚期奥义书的自我和至上神的四位说结合起来。然其说法彼有含混处。首先，I · 11—12 说至上神自身直接进入宇宙和个体生命之中，入乎宇宙，进入人颅中的虚空，住于其顶端，使粗身、细身无觉而现似有觉；II · 7 则说至上神是命令毗罗吒、金胎、大自在分别进入粗身、细身、因身，以醒位、梦位、熟眠位为自我，遂成为遍是（Viśva）、炎炽（Taijasa）、般若（Prājñā）。两种说法并不一致。其次，此种含混性还牵涉到后世吠檀多所谓映像说与分有说的分歧[①]。前者认为现实自我是梵投射在末那、觉谛等之上的映像，故举体悉假；后者认为现实自我是梵被分割形成的，故本质为真。盖 I · 4—6 说毗罗吒、金胎、大自在（宇宙大我）皆是大梵投映于自性或其产物之上形成，这应当是映像说；而 I · 12 说具一分摩耶之全知主宰，当其进入众身份且为摩耶所惑，乃成为命我，这应当是分有说。我们甚至无法确定二者是否在描述同一过程。然而无论如何，有一点可以肯定，即《频伽罗子》论大梵与现实自我的关系，乃是以幻化论为基础的。梵是因为摩耶的影响而现似为命我。故命我相完全是执受所生，是假非实；其受用之生、老、病、死、苦、乐等，悉皆虚假（执具是幻，执受是幻，所执之我亦是幻）。

## 二、现实自我

此奥义书对现实自我存在的分析，主要集中在第二章。其云：

II · 2 彼主宰者、既聚合五聚大种之少分，乃次第创造作为自相与共相之粗身。颅、皮、肠胃、骨、肉、指甲为土之一分，血、尿、唾、汗等类为水之一分。饥、渴、热、狂喜、性欲等类为火之一分。行、举、呼吸等类为风之一分。贪、嗔等类为空之一分。此等由于业力招感，聚合为粗身。此粗身具皮等相，为少、壮、老年

---

① 甚至同一思想家，如商羯罗，都在此二者中摇摆不定（BSBHI · 2 · 20；BSBHII · 3 · 50）。

等想所依，为诸过恶依止。3 于是伊莎乃以未成五聚之五大种中罗阇三分，作为元气。上气（prāṇa）、下气（apāna）、通气（vyāna）、出气（udāna）、腹气（samāna）为此元气之差别功能。呻气、瞬气、生饥气、欠伸气、本气为附属之气。心、肛门、脐、喉及全部肢体为（元气）依处。彼复由空及余大种第四罗阇分作诸作根；口、手、足及排泄、生殖根，皆其所变。彼等功能为言说、执捉、行动、排泄、欲乐。4 同理，彼由诸大种之萨埵三分作成内根。其转变相即内根（此词可能为误加）、末那、觉谛、心（cittā）和我慢。决定、想、忆、爱、贡高为其活动领域。喉、面、脐、心与眉间为其依处。由诸大种之第四萨埵分，彼（伊莎）作成诸觉根。其差别转变为耳、皮、眼、舌、鼻。声、触、色、味、嗅觉为其活动领域。诸方（以下皆为神名）、风、日、婆楼那、阿湿文、火、因陀罗、优波因陀罗、阎摩、月、毗湿奴、四面之梵天、湿婆为住于诸根之神。5 复次食身、元气身、意身、识身和喜乐身五身。彼唯由食物精华而生，唯由食物精华而长者，是为食身（食所成身）。唯此为粗身。五种元气与五作根构成元气身。意与知根构成意身。识与觉根构成识身。此三身形成细身。自相智（svarūpa-jñāna）为喜乐身。彼亦即因身[①]。6 是故五知根、五作根、上气等五元气、虚空等五元素、爱、业、愚痴，此等构成八重之城（aṣṭapura 即人，包括胸、颅、眼、语、意、手、膝、足八者）。7 依伊莎之命令，彼毗罗吒（Virāṭ）既进入每一粗身且居于觉谛，乃入遍是位（Viśva）。彼反映心体之识我（vijñānātman），遂联结于醒位、粗身且执之为自身。其所行之境即遍是位。依伊莎之命令，彼微细我（执受细身之我，即金胎），既进入每一个别细身且居于末那，乃入炎炽位（Taijasa）。依伊莎之命令，彼执受摩耶及非显之自我，既进入各别之身，乃入般若位（Prājñā）。般若位乃与究竟真理无差别。彼以熟眠状态为其自身者即般若位。吠陀圣言“汝即是彼”等乃称颂命我与彼至上有之同一，此乃为无明、非显遮覆之究意义，乃无系于世俗、妄情之有[②]。唯映于内根之心体可得（醒、梦、熟眠）三位。既得醒、梦、熟眠三位，乃被牵如陶轮，似有忧悲、生、死。复次有五位，即醒、梦、熟眠、闷绝、死。8 醒位在于由耳等诸根，与相应诸神和合，而生对声等境之识（jñāna）。其中，彼居住于眉间之命我，乃伸展（至全身），由头至足，于是成为持家、学习圣典等业之作者。彼乃成为此诸业相应果之受者。（虽）入他界，彼亦唯受用（自作业）果。如帝王厌（于政事），当彼

---

① 五身之说，最早来自《鹧鸪氏奥义书》（TaitII—III）。

② 此段论及不二论所谓存有三分，即胜义有（Pāramārthika）、世俗有（vyāvahārika）、妄情有（prātibhāsika）。

(命我)相应于其业，依其道退处内中；当诸根止息；由醒位(遗留)印象而生之识即梦位。于是，唯属遍是或醒位之行为皆止息，彼(命我)遂入炎炽位，乃于诸脉管(nāḍīs)中间游历，由其自力显现作为(主观)印象之世间万相，彼遂如意受用之。9 唯有心(作用)，此为熟眠位。如鸟倦飞，而归其巢，敛其翼，如是命我既倦于醒、梦界之活动，乃进入无明位，受用自身喜乐。10 如偶为锤、棒所击，由恐怖、失心而战栗，此时诸知根结合为一，此即闷绝位，与死亡相似。11 彼异于醒、梦、熟眠和闷绝位，于从梵天至草木之一切众生心生怖畏，致粗身之毁灭者，即是死位。彼命我于是敛其诸作根与诸知根，摄其各自功能与元气，携爱与业，为无明覆藏，乃进入另一世界，得另一色身。由其宿业成熟受果，彼永无止息，如虫坠漩涡。由于善业成熟，人乃于经历无数生后，生出离欲。12 于是，既求得良师且事之久矣，彼乃请问以系缚、解脱自相。由无审(avicāra)而成系缚，由审思而得解脱。是故人应常审思。依增益(adhyāropāpavāda)与弃绝之道，乃可决定自我自相。是故人应常审思世界、命我与至上我自相。以弃绝(bādhate)命我、世界之实性故，彼无别于大梵之最内在自我乃得独存。

尽管这一章开头，频伽罗子提出的问题是：作为世界的普遍根源的主宰者、宇宙精神，如何转化为个人的现实自我，即命我(jīva)，然而其所谓五身、五位之说，不仅涉及人的个别自我，而且有普遍的存在论意义。此章实际上分为三个并不紧密关联的主题，即：其一，延续第一章讨论的粗身与细身说(II·2—4,6)；其二，五身说(II·5)；其三，五位说(II·7—10)；也可以将它们视作从不同方面对同一问题的思考。最后，此章讨论了生命的系缚与解脱问题。所有这些思考都是以幻化论为背景的。鉴于以上考虑，此章的内容可以分以下几方面来阐明：

一是粗身与细身的形成(II·2—4,6)。在II·2开头，耶若婆佉提出要阐明粗身、细身和因身的特征，这实际上将五身说的结论包含在内(因身即五身的最核心成分即喜乐身)。因而这里论粗身、细身是与五身说交叉的。在吠檀多的一般术语中，粗身就是无生命的物质元素(五种粗大元素)及在此基础上形成的器世间及人的色身；细身则是由五种微细元素(五唯)及大的全部生理、心理机能构成(《频伽罗子》认为生理机能亦如此)。《频伽罗子》所谓粗身与细身，意义与此大体一致。然而其所谓细身只包括五知根、五作根、五种元气、五唯等(不包括觉谛、我慢等心理机能)，且由五唯形成(II·6)，则与吠檀多和数论通常的说法不同。

其中II·2，接续I·7，阐明了大自在创造人的粗身的过程。大自在从五种粗显大种，形成人的不同身体成分。以土之一分形成颅、皮、肠胃、骨、肉、指甲，以水之一分形成血、尿、唾、汗等类，以火之一分形成饥、渴、热、狂喜、性欲（这些内容，以及下面的行、举、呼吸等及贪、嗔等被归属于粗身，应视为思维松懈的结果）等类，以风之一分形成行、举、呼吸等类，以空之一分形成贪、嗔等类。与此说不同，其书又云粗身是由于业力招感，聚合形成（II·2）。这种差异，可以联系晚期奥义书和后来印度教中神根据支配众生业、根据业创造世界的观念（ŚvetVI·11）达到统一。

然后II·3—4接续I·8—10，阐明了细身的形成过程。首先伊莎乃将未成五聚之五唯中的罗阇成分分为四分，以其三分生成上气、下气、通气、出气、腹气五种元气，以其第四分生成语言、执捉、行走、排泄、生殖五作根（行动机能）。其中五气说为奥义书、数论和吠檀多以至后来印度医学通常的说法，五气有呼吸、消化、循环的功能。另外，此奥义书所谓呻气、瞬气、生饥气、欠伸气、本气为五气的附属之气，则似为其他文献所未见。其论五作根也是沿袭传统而来。五气与五根分别构成身体内部和外部的行动。其次，伊莎又把五唯之萨埵成分分成四分，以其三分作成内根（antaḥ-karaṇam），以第四分作成视、听、触、味、嗅五觉根。内根以末那、觉谛、心和我慢四种心理机能为其活动，以决定、想、忆、贡高、思择等为其活动领域。内根在这里相当于数论、吠檀多派所谓第十一根，即心根（manas），而末那则被解释为依附于内根的心理活动。内根与五知根，都是无意识的生理功能，唯因与大梵联结，才现似有了境的作用。《频伽罗子》在II·6列出了细身的全部内容，即五知根、五作根、上气等五元气、虚空等五唯、内根、爱、业、愚痴（后三种心理内容之被列入，可能也是由于思维松懈），谓之“八重之城”（aṣṭapura）[①]。与吠檀多一般的说法不同，《频伽罗子》所谓细身，不包括因身（般若、喜乐身），严格说来也不包括觉谛、我慢等心理实体在内。

二是五身说。II·5接受了《鹧鸪氏奥义书》的五身说（见TaitII—III）。其以为现实自我由食身、元气身、意身、识身和喜乐身五身所构成。其中粗身即人可见的肉体存在。元气身即人的各种生理机能总和。意身即感觉意识。识身即思维、理智、记忆、决定、理解等。喜乐身即非显，为前四身之根源。作者似乎是试图将此五身说与II·2开头提出的粗身、细身、因身结合起来，以对后者进行进一步阐述。其中食身即粗身，唯由食物精华而生；五种元气与五作根构成元气身；意与知根构成意身；识与觉根构成识身，此三身形成细身。

① 此所谓“八重之城”，不知何指，可能仅仅是上述八项（从五知根到愚痴）之和。ŚvetI·4；ŚvetVI·3；BGVII·4列有所谓八条目，或亦与此有关。此八条目可解释为：其一，五唯与非显、觉谛、我慢，共为八；其二，八界，即组成色身之八种成分（皮、肤、血、肉、脂、骨、髓、腺）。徐梵澄先生释之为包括胸、颅、眼、语、意、手、膝、足八者，不知何据，但其所列皆为粗身内容，与奥义书所列似无关联。

然而事实上这两种说法并不能完全相互涵盖。因为，如前所述，《频伽罗子奥义书》的细身概念与奥义书一般的理解，以及数论、吠檀多派所说都不相同，它是物质性的五唯元素的产物，故严格说来不具有精神的、心理的意义，只是生理的机能。另外此奥义书以为觉谛（大）、我慢等心理功能，乃是产生于根本转变，而非来自五唯，所以它所谓细身只与五身说的元气身对应，不能包含意身、识身。故II·5所谓细身由元气身、意身、识身三者形成的说法，与I·5—6由根本转变生成觉谛、我慢等心理功能，以及I·8—9，II·3—4从五唯生成细身之说，都是直接矛盾的。因而《频伽罗子奥义书》的这种结合，只是增加了它的思想混乱。

尽管如此，它将喜乐身规定为因身（kāraṇa kośa），将它与《蛙氏》四位的熟眠位等同，并以之为现实存在的直接根源，而另立一作为其根本否定面的超绝原理，即大梵，于是将五身说实在的思辨省思引向对幻与真、现实（“有”）与本体（“无”）的“存在论区分”，乃不失为对五身说之极高明阐发（此种理解亦成为不二吠檀多之定论）。

三是五位说（II·7—10）。《频伽罗子奥义书》认为，由大梵映于内根，遂有现实自我，后者有醒、梦、熟眠三位，或醒、梦、熟眠、闷绝、死五位。盖对于自我心理层次的分析，在奥义书中有漫长的传统。在ChānVIII·7—15中，生主对因陀罗开示醒、梦、熟眠三位之说，且提到自我超越三位；在BṛihII·1·15中，阿阇世为伽吉夜开示自我的睡眠（梦位）与熟眠（无梦睡眠）两种状态；在BṛihIV·3中，耶若婆佉亦开示自我三位之说，以熟眠位为真如，他又在BṛihIV·4提到自我的死亡与解脱两种状态。《频伽罗子奥义书》的三位、五位之说，无疑是以这些说法为思想资源的。这方面的思考，更成熟的是《蛙氏奥义书》提出的自我四位之说。而《频伽罗子奥义书》与它的关系则可能较复杂。我们可以作出如下判断：(1)从其幻化论的完整、彻底性判断，《频伽罗子奥义书》应当形成于幻化论刚开始出现的《白骡奥义书》之后，因而其年代肯定晚于《蛙氏奥义书》；另外它将遍是（Viśva）、炎炽（Taijasa）、般若（Prājñā）等同于大梵的三种化身，即毗罗吒（Virāṭ：端严，表现为客观物质世界之神）、金胎（Hiraṇyagarbha，与末那、觉谛等精神原理联结，为造物主）、大自在（Īśvāra，与非显、喜乐联结，为世界根源、种子），则为《蛙氏》所不到，而为吠檀多相当晚期的思想（更多见于不二论的著述）。(2)然而不同于《蛙氏》说四位（catuṣpāt）（增加了第四位，即究竟位），《频伽罗子》只说三位（trayapāt），其说反而与ChānVIII·7—15，BṛihIV·3的理论更一致；其所谓五位之说，也与BṛihIV·3—4的说法有明显的关联。另外，与《蛙氏》四位说较纯粹的存在论立场相比，《频伽罗子》的五位说，显然有更多心理意味，这也使之表现出与ChānVIII·7—15，BṛihIV·3的更大亲缘性。因而若抛开其嫁接的幻化论，单就其三位、五位说而言，《频伽罗子》的立场明显落后于《蛙氏》学说，而与ChānVIII·7—15, BṛihIV·3等的亲缘性更直接。因而如下推断是比较合理的，即《频伽罗子》的三位、五位说，并非来自《蛙氏》，而是对ChānVIII·7—15, BṛihIV·3, BṛihII·1·15思想的新发展。(3)《频伽罗子》将醒位、梦位、熟眠位分别等同于遍是(Viśva)、炎炽(Taijasa)、般若(Prājñā)，此说在《唱赞》、《广林》等早期奥义书中皆未出现，唯出现于《蛙氏》，因而《频伽罗子》在这里也不是直接继承ChānVIII·7—15, BṛihIV·3—4的理论，但它肯定不是继承了《蛙氏》之学；因为从理论上说，如果它直接接触到了《蛙氏》的四位说，就不能设想它会重新退回到ChānVIII·7—15, BṛihIV·3—4等的更原始的三位、五位的提法。对此较合理的推断是：《频伽罗子》与《蛙氏》应当可追溯到某一共同文本，后者将醒位、梦位、熟眠位分别等同于遍是(Viśva)、炎炽(Taijasa)、般若(Prājñā)；在此基础上，《蛙氏》将解脱位作为第四位加到三位中，《频伽罗子》则将幻化论与三位说结合起来。

《频伽罗子奥义书》三位说，力图将在《白骡奥义书》中得到反映的幻化论和数论思想，与ChānVIII·7—15, BṛihIV·3—4等的三位说结合起来，使后者得到提升。在这一点上，它做得很成功。首先，与数论的映像说(因补鲁沙映现于觉谛而有我相)一致，它以为醒、梦、熟眠三位，乃至五位(另加闷绝、死亡)，皆是所谓心体或至上我投映于内根之中而形成的影像；现实自我(jīva)只是一个虚假的影子，它与其三位、五位，皆与真我全无干系。然而至上我既投映于内根之中，乃妄以内根中的自我影像等同于自身，因而似乎得三位或五位，似有忧悲、生、死，如陶轮被外力推动，旋转不已。其次，与《白骡》的幻化说一致，它以为，不仅至上我与内根中我相的等同是由于摩耶的作用，而且自性就是幻，从内根乃至醒、梦、熟眠三位，皆是摩耶的产物、妄幻非实，因而三位对自我的系缚，本身也是虚假的。修道者唯有戡破摩耶的假相，呈现自我实性，才能脱离轮回、忧苦的缠结，得究竟自由。

其书以为，于现实自我三位中，皆存在宇宙的大我与众生小我的对应。首先是大梵分别投映于非显、觉谛、我慢，形成大自在、金胎、毗罗吒三神，此即现实自我之普遍层面，即宇宙大我。故宇宙大我的形成机制合于吠檀多派所谓映像说。其次，此三种宇宙大我，又各自进入因身(喜乐)、细身、粗身，乃分别转化为熟眠我、梦位我、醒位我。大我与各自对应的小我，实质完全相同(后来吠檀多派将每一大我解释为相应小我之总体，使其全失神话的色彩)。在这里，大我自身进入小我之中。这种命我形成机制合于吠檀多派所谓分有说。宇宙大我只是大梵呈现于由自性或幻产生的虚假镜面上的映像，因而举体皆妄、没有任何真实的存在；个体自我亦是如此。另外其书对醒、梦、熟眠三位的直接描述(II·8—9)，皆完全因袭《广林》、《唱赞》的陈说，并无新意(可参见本书对耶若婆佉、阿阇世等的相同思想的阐释)；对死亡、轮回的诠释，也完全是奥义书的老生常谈（II·11）；对闷绝的分析，亦只是一种经验、心理的观察而已（II·10）。

四是总结。《频伽罗子奥义书》对现实自我的分析，把早期奥义书的自我三位说与《白骡奥义书》等的幻化论和数论思想结合起来。这种结合将数论和自我三位说提升到存在论层面。三位与自性诸谛，即自我的全部现实内容都被等同于摩耶、幻；而真我则彻底否定之，为超绝的本体、“无”。然而这种结合在具体的理论架构上，颇有不协调之处。首先是来自数论的映像说与奥义书坚持的梵我同一性的冲突。如果宇宙大我及由此生出的个人小我皆是大梵的虚假映像（I·4—6），那么这就与吠檀多关于命我与大梵的根本教义（“我即是大梵”，II·7）相矛盾。其次，I·4—6，II·7表明毗罗吒等大我乃是大梵执受粗身等形成，而个人命我乃是大我进入粗身等中形成（I·10），这是再一次执受粗身等，于理颇为不洽。另外，不仅五身说的引入与第一章关于粗身、细身和因身的理论颇有参差，而且II·7所谓“般若位乃与究竟真理无差别”表明三位说被引入时亦未对相应幻化论立场（以般若为幻）作出充分调整。此种理论之舛差，乃为奥义书思想之常情。

无论三身、五身还是五位，皆是虚妄不实的，然而当自我与之联结且为摩耶所惑而将其虚妄等同于自身，乃被其系缚，成为作者、受者，因而溺于生死的洪流。为得解脱就应通过审思（vicāra），此即依增益与弃绝之道，先将神及命我的属性归之于大梵，然后将这些属性作为幻相弃绝，从而使自我自相呈现出来（II·12）①。而这就涉及其修道论的内容，是下文所应阐明者。

## 三、解脱与世界幻相的消灭

《频伽罗子奥义书》第三章探讨了个人解脱（命我幻相的消灭）与世界消亡（大我幻相的消灭）的主题。人的解脱，唯在于对“彼即是汝”等伟言（mahāvākyas）起闻、

① 为了揭示大梵、自我的实相，吠檀多有所谓增益（adhyāropāpavāda）与减损（apavāda）两种法门。说到自我的三身、五身、三位，是增益法门；说到以上一切皆是无明的造作，虚幻不实，故应遮除，以显实性，是减损法门。而无论增益或减损，皆有次第。如于无相、无德的自我，先是增益摩耶、无明，然后由于无明行相越来越转粗，乃依次增益觉谛（属识身）、末那（属意身）、元气（属元气身）、色身（属食身）等，越到后来离自我的本真状态越远。宇宙的演化也是这样一个增益过程。先是增益摩耶，从摩耶生虚空，从虚空生风，从风生火……，以此将五唯增益于梵；由五唯聚合成五大，由五大聚合成器世间及人的粗身。这是逐步的建构。反之，减损门是还原法。要先观粗身、器世间由五大聚成，体即是五大；其次观五大由五唯聚成，体即是五唯；其次观五唯由有德梵、大自在神（摩耶和梵的联结）生成，体即是大自在；最后观大自在就是梵自身（Jacob, G.A（trans）. The Vedāntasāra of Sadananda, Kegan Paul, Trench, Truebner & Co. Ltd, London, 1904.83—84）。如此损之又损，最终达到大梵的无为、无相之本体。

思、静虑、三昧、智慧（觉悟），以证得自我，得生解脱（jīva-mukti），且于命终得灭解脱。若智慧之火生起，则世界幻相即被焚灭。世界的消灭乃遵循与创生相反的秩序。书云：

III·1 于是频伽罗子请曰：请详为开示（吠陀）伟言（mahāvākyas）之意①。2 耶若婆佉乃答之曰：人应致力思惟“彼即是汝”、“汝即梵处”、“我即是梵”。其中，“彼”言即具全知等德、以摩耶为执受、具真实—心性—喜乐相、为世界胎藏、不可觉知之主宰者。“汝”即受制于内根，为我相之所缘者。若弃绝遮覆此二者之摩耶与无明，则“彼”与“汝”所指者乃成为与自我一如之大梵。于“彼即是汝”、“我即是梵”等圣言之审思即闻（此处可能有错讹）。于所闻之专心思考即是思。一心专注于所闻、所思之义，即是静虑（nidadhyāsana）。若心与静虑之境合一，静虑者与静虑之行亦无区别，如灯于无风处，即是三昧。于此境界，导致自我证知之诸功能皆升起，此境界为不可知觉、唯依记忆可以比度。即由此故，于无始生死轮回中积聚之无量宿业，皆被断伏。于是，以修道之力，乃得甘露于千向（由一切方向）洒落。是故瑜伽娴熟者称此至上觉悟为“法云”。当习气之网销灭无余、善恶宿业于根断尽。于是，由离障故，乃得昔所未得之大梵亲证，如置庵摩罗果于掌心然，以是得生解脱（jīva-mukti）。

3 伊莎乃欲消解此等五聚大种（pañcī-kṛta-bhūtā），彼乃化解诸宇宙、其包含之诸世界以及其他果，复使之退回其因相，彼亦使细身、诸作根、元气、诸知根及四分内根（觉谛、我慢、末那、内根）消融为一，亦使诸大种没入因位大种（未聚合之空等五唯）。于是彼乃次第使地没入水，水没入火，火没入风，风没入空，空没入我慢，我慢没入大，大没入非显者（根本自性），非显者没入自我。于是毗罗吒（Virāṭ）、金胎（Hiraṇya-garbha）和大自在（Īśvara）乃因其相应执受之消解，而没入至上我。宿业聚所感，由五聚大种所成之粗身，乃因业之断尽和善业果之成熟，而与细身合，并进入因身。彼（伊莎）乃使因身没入恒常内在自我。遍是、炎炽、般若三位，亦因其执受消灭，而没入内自我。宇宙既被智慧之火所焚，乃与其因没入至上我。是故梵志既得等持，应专一静虑“彼”与“汝”之同一。此后，譬如乌云消散，太阳放射其全部光明，此自我如是显现自身。（以下为韵文）观自我居（心）中，如灯于器中，其大如拇指，若无烟之火。4 人应静虑于 / 彼恒

① 伟言（mahāvākyas），即奥义书关于大梵与自我同一性的四句陈述：“彼即是汝”（tat tvam asi：ChānVI·9·4），“我即是梵”（aham brahma amsi：BṛihI·4），“阿特曼即是大梵”（ayamātmā brahma：BṛihIV·4·25），“梵即是觉”（prajñāna brahman：AitaIII·3）。《频伽罗子》此处所举与通常所说或许不完全一致。

常、不坏、居中显现者。圣者行静虑，直至于熟眠/或死亡方息。5 应知彼即是，得生解脱者。彼为有福德，所作已成办。时至弃其身，彼离生解脱，入乎灭解脱，如风得止息。6 无声亦无触，无色且无味，不坏且恒常，无嗅无始终，彼既超越大，亦且为不动，彼乃为独存，无过亦无病。

《频伽罗子》此章，包含了个人解脱与世界幻相消亡两个主题，故我们乃就以下两点进行讨论。

一是个人命我的消灭。既然人生的系缚、痛苦来自由无明、摩耶而生的命我和宇宙幻相，解脱就在于通过修道凿破幻相，使后者所遮蔽的自我实相呈现出来，后者就是本来离缚、自性解脱的超绝理体。这种修道，完全摒弃《白骡奥义书》仍然存在的祭祀迷信，唯以明心见性、透彻心源为务。这就在于通过对“彼即是汝”等伟言(mahāvākyas)修闻、思、静虑、三昧，最后获得对真我、大梵的觉悟，即是智慧(jñāna)。这种修证，应联系上文所谓增益与弃绝两种法门。其中增益法是显了法门，即针对普通大众的说法，故应机把幻说成实；弃绝法是秘密法门，即针对少数极具慧根的精英的说法，故遮幻以显实。这就要求在对上述伟言的观想中，应先把某些属性，如创造者、主宰者、全知者等，归属于梵；然后要对这些属性一一遮除，最后达到的绝对不二、无相无表的境界，就是梵。比如对于“彼即是汝”(tat tvam asi)。修道者首先应当于闻、思、静虑、三昧中观想“彼”、“汝”的自相。观想“彼”为具全知等德、以摩耶为执受、具真实—心性—喜乐相且为世界胎藏之主宰神(大自在、金胎、毗罗吒)，“汝”为受制于内根、系缚于轮回之个人命我，这都是将由摩耶所生的功德、属性添于真我、大梵之上，故为增益；吠檀多以为，通过增益可以对大梵勉强进行规定、描述(其实这些属性都不属于梵。大梵无相、无德)，这是进一步彻悟大梵的必要前提。其次，修道者应当进一步弃绝(bādhate)增益于大梵之上的上述属性，破除遮覆此神、命我二者之摩耶与无明，此即吠檀多派所谓的“减损法”(apavāda)；于是二者的差别相消失，“彼”与“汝”乃成为无分别、一味的大梵①。正如不二论所说，命我与神的

① 按照后来吠檀多派的解释，“彼即是汝”的圣教就意味着排除“彼”(神)和“汝”(小我)在字面意义上的相违之处，以显示自我本质的同一性自身(Jacob, G.A (trans), *The Vedāntasāra of Sadananda*, Kegan Paul, Trench, Truebner & Co. Ltd, London, 1904.99；Prabhavananda, S and Isherwood, C (trans), *Viveka-Chudamani*, Vedānta Press, Hollywood, 1978.73—74)。这要求把“彼”“汝”两词对勘，从而料简附加在“彼”和“汝”之上的偶然属性，使它们被覆障的本质显现出来。如商羯罗说：“当我们说‘这个人就是我上次见到的那个提婆达多’的时候，我们是通过排除上次的环境增益给他的特性来建立其同一的。”(Prabhavananda, S and Isherwood, C (trans), *Viveka-Chudamani*, Vedānta Press, Hollywood, 1978.73)

种种差别属性、名色，皆是摩耶、无明的产物，并非这二者的真理，因此欲得自我真理，就必须遮破这些增益的属性①。其云："由摩耶及其果产生的这些属性，被增益于神和命我。当它们被完全断除，则既无命我，也无神存在。"②盖觉悟之前，命我与神是各别不同的存在，得到觉悟后，则命我与神皆没入大梵③，如百川归于海，众花入于蜜，完全失其差别，达到绝对同一。于是命我终得解脱。

《频伽罗子奥义书》还提出了解脱有生解脱和灭解脱之别。瑜伽士在获得正智、解脱之后，并不是马上离开其蕴身，也就是说，他仍然与粗身、细身、内根、觉谛关联，只是此时觉谛等已经完全得到净化，这种状态就是"生解脱"（jīva-mukta）。按照吠檀多派学者的解释，这是因为解脱者的正智不能断除正受用业，即过去业之正在生果者（也就是产生我们现在身的业），而必待等它自己成熟消灭。故圣者虽已证道，而其身不会立即断除，而必须继续受用，继续活动，直至此世生命结束④。他在死后，其自我便永远与觉谛、内根等分离，就达到无余解脱或灭解脱（videha-mukta）。用《薄伽梵歌》的话说，这就像人脱掉其破旧的衣衫；或如 BṛihIV·4·7，PraśV·5 所说，这就像蛇蜕去旧皮后，更加新鲜光洁。此时他的业受用完毕，他的元气就没入于至上梵。于是"那本来解脱者，得到了解脱"⑤。

二是宇宙的消亡。按《频伽罗子奥义书》的思想，宇宙既然同人的命我一样，也

---

① 商羯罗："名色不属于自我，而属于执受，但通过譬喻被增益于我。吠檀多学者，应持灵魂与至上我之差别非实，而是由身等诸执受引起，后者是名色（即无明）的产物。故个体灵魂与至上我，仅有名称之区别，正遍智以二者之一如为境界。因为自我只是被呼以许多异名，而它如实只是一。"（BSBHI·4·22，有删节）

② Prabhavananda, S and Isherwood, C（trans），*Viveka-Chudamani*, Vedānta Press, Hollywood, 1978.73.

③ 不二吠檀多认为"彼"与"汝"各有真、俗两层意思。就世俗谛言，前者指神，后者指命我；就胜义谛言，前者指的是无德梵，后者指的至上我（Jacob, G.A（trans），*The Vedāntasāra of Sadananda*, Kegan Paul, Trench, Truebner & Co. Ltd, London, 1904.86F）。"彼即是汝"说的是二者的绝对等同。显然，在俗谛层面，这二者不可能同一，说个人的命我等同于神，就是僭越（Prabhavananda, S and Isherwood, C（trans），*Viveka-Chudamani*, Vedānta Press, Hollywood, 1978.72—73）。只有在胜义谛上，二者的对立属性被排除了，其绝对同一才是真理。而求道者修习明辨，就在于排除"我"与"梵"之间这种表面的差异，亲证其实质的等同（Prabhavananda, S and Isherwood, C（trans），*Viveka-Chudamani*, Vedānta Press, Hollywood, 1978.72）。但这种等同也不是神与命我的等同，因为在胜义谛上，这二者都已经消灭了。

④ 对于生解脱的状态，吠檀多派的真喜论师说："生解脱是指由于断除无明，证知无差别梵，即其心中之自性者，明知梵无差别，就是其内自性；而且由于断除无明及其结果，如宿业、疑、邪见，乃安住于梵，离一切系缚。"（Jacob, G.A（trans），*The Vedāntasāra of Sadananda*, Kegan Paul, Trench, Truebner & Co. Ltd, London, 1904.121）

⑤ Jacob, G.A（trans），*The Vedāntasāra of Sadananda*, Kegan Paul, Trench, Truebner & Co. Ltd, London, 1904.124.

是摩耶产生的虚妄行相，故亦应消灭。其 III・3 阐明了宇宙消亡的秩序，与其创生的秩序相反。这过程也被认为是伊莎神（大自在或大梵）的行动。这就是一个化粗为细，化显入微的过程，最终消解摩耶、自性的全部产物及其自身，于是自在、命我失去执受，没入无相、寂灭的至上我。其中，伊莎首先是将最闳大、粗显的宇宙、诸世界及其包含的山河大地等，消解到构成它们的五聚大种，然后又将后者消解到构成它的五唯元素；同时他又将细身、诸作根、元气、诸知根及内根消解于五唯。其次，伊莎又使五唯次第消没，使地没入水，水没入火，火没入风，风没入空，空没入我慢，我慢没入大，大没入非显者，最后使非显者没入自我。最后，毗罗吒（Virāṭ）、金胎（Hiraṇya-garbha）和大自在（Īśvara）三神，亦皆因其相应执受之消解而失去其自相，遂没入大梵之中。

其书将个人命我的解脱，与世界幻相的消灭放在一起，暗示了二者的内在联系。但世界的消灭与人的修道有什么关系？世界幻相是否因修道者个人的命我彻底解脱而终止？或者个人解脱仅仅是主观精神境界的改变，而无预于客观世界的存在（如同中国宋明儒家的工夫论）？从《频伽罗子》一些零散的说法，可以推测它是主张人的解脱导致世界幻相消灭的。比如 III・3 说"宇宙既被智慧之火所焚，乃与其因没入至上我"。另外 I・4："相应于众生之宿业，彼遂使此世界如布展开；当众生所作业皆灭尽，彼亦使世界消灭。"II・2："此等由于业力招感，聚合为粗身。"（III・3 亦表达了相同的观念）这表明世界幻相，乃由于众生宿业招感形成；而 III・2 所谓"即由此故，于无始生死轮回中积聚之无量宿业，皆被断伏。"表明唯修道者于三昧中获得的智慧，方可断除宿业、习气。这意味着，瑜伽士通过修道证悟无相、寂灭的大梵，可以使世界、命我的幻相消灭。然而其书似乎亦暗含着相反的观念。比如它提出生解脱（jīva-mukta）的观念（III・2,5），而且意识到，即使在圣者证悟大梵、得生解脱后，山河、大地仍在，色身、觉谛犹存。这意味着，即使吾人通过修道生成正智、断除无明，也不能使宇宙、命我的幻相止灭。此种矛盾，至不二吠檀多区别无明为总、别二相，才得到勉强的解决①。总相无明是大自在神执受的无明，也就是摩耶②；别相无明是命我执受的无明③。由前者转变产生客观宇宙，由后者转变产生个人的心理活

① Jacob, G.A（trans）, *The Vedāntasāra of Sadananda*, Kegan Paul, Trench, Truebner & Co. Ltd, London, 1904.51.

② Jacob, G.A（trans）, *The Vedāntasāra of Sadananda*, Kegan Paul, Trench, Truebner & Co. Ltd, London, 1904.51.

③ Jacob, G.A（trans）, *The Vedāntasāra of Sadananda*, Kegan Paul, Trench, Truebner & Co. Ltd, London, 1904.53.

动。修道者的正智，只能除去别相无明及其产物（贪、痴等），而不能消除总相无明及其产生的物质宇宙。

三是总结。启示省思既以为现实世界皆是幻相，故其实践就表现出对精神超绝性的追求，即脱离、超越现实偶像，呈现、证悟神圣本质。《频伽罗子奥义书》的实践也是如此。其宗旨在于通过对“彼即是汝”等的观想，破除人格神、宇宙及人的自我，即全部现实性的存在，使觉性之超现实真理呈现出来。人由此克服现实性，包括普遍的概念、传统及自我的个别性的窒碍，使精神自否定本真的无限性在现实思想中获得必然的展开。易言之，对现实的超越使本真的自由成为现实的。然而奥义书启示省思的实践，也开启了后来吠檀多不二论在修道论上的困境。首先是现实精神与本体自由的对话结构被破坏。启示省思在这里将精神的超绝性理解为对现实存在与人的自我的虚无化，人及其现实精神活动都成为虚幻不实的，启示成为本体的单方面行动，它只是本体的绝对性的恢复。然而本体的恢复，若无现实精神的领会，甚至不能呈现，不能被主体意识到。因而没有现实精神、思想参与的启示是不成立的。精神的任何本真觉悟，都必展开为其现实性与本体自由的对话。精神的超绝性不在于将现实性消灭，而在于它的自由能将现实性置于其支配之下。其次，与此相关，人作为个别性与本体作为绝对普遍性的对话结构在这里也被破坏了。“彼即是汝”的教义体现了对普遍理想的执着追求，但它却完全排斥人的个别性，乃至把人的全部生命贬低为一个虚假的幻相，因而针对“小我”和“大我（梵）”的矛盾，它在实践上提出的解决方案就是彻底取消小我，以实现绝对大我。然而这一方案是不能实现的，因为“人”（小我）的存在是绝对精神（大我）的前提，用绝对精神来消灭“人”不合逻辑。所以精神的自我实现不是对现实性、个体性的简单废除，而是要通过建立现实与本体、个别和普遍的对话，以使双方达到最终的和谐。而基督教圣餐礼所包括的牺牲与拯救的深刻内含、罗曼努阇派的崇拜和恩宠的信仰逻辑，都使这样一种通过对话达到的和谐得到了更好的体现。

《频伽罗子奥义书》的学说，较之《白骡奥义书》有显著发展。这主要在于它将《白骡》提到的幻化论贯彻到其理论的全部方面，无论其对现实世界、自我本质的看法，还是其宗教理想，都是在幻化论的视域内得到展开。它消除了旧有的数论和有神论思想与幻化论的差舛，将二者都吸收到幻化论之中，使幻化论成为它们的前提和基础。因而在这里，幻化论终于成为普遍、必然的观念。世界与人的命我，都被认为是摩耶的产物，是彻底虚幻的。于是全部现实存在都被空洞化，被褫夺了自为的真理。而绝对真理、本体则被置于超现实的、本无的领域。因而《频伽罗子奥义书》真正将一种存在论区分贯彻到底。现实的虚幻性和本体的超绝性之间的鸿沟，贯穿于此奥义书之始终。

这种观念的进步体现了启示省思的发展。启示省思从它作为《白骡奥义书》中刚开始萌芽的，在强势的数论和有神论的夹缝中刚刚探出头来的偶然的、灵感式的思想，已经得到充分的生长、发育，成为一种普遍、必然的精神活动，即概念。它扬弃、否定与之冲突的观念，最终成为支配着精神生命的全部方面的必然活动。奥义书思维此前积累的所有思想，像五身说、三位说等，都被这启示省思作为自己的财富加以利用，其意义完全被它规定。现在，它从一个被调唤差遣的仆僮，俨然成为了精神王国的统帅，将从前的老爷们都置于自己调遣之下。所以，如果说奥义书的启示省思在《白骡奥义书》中发端，那么在《频伽罗子奥义书》中，我们就看到了它的完成。这种思想进展也反映了奥义书现实精神自由的发展。它表明启示省思将旧有的数论、有神论思想乃至五身、三位之说悉皆纳入自己的机体内，表明了启示省思对以前实在思维执着的全部现实存在的彻底否定。

奥义书思想的这种发展，最终是由自由本身的展开所推动的，它反映了现实精神自由的新阶段。这一思想发展，首先在观念层面表现了精神不断否定自身现实此在的持续自我超越运动。这在现象学上验证了精神内在的自舍势用克服了精神内在惰性（自任势用）的抑制，持续向超绝本体的领域展开自身。正是这种展开推动省思在普遍、必然意义上确认那超绝存在为绝对的真理，推动启示的超越的拓展。其次奥义书思想的上述发展，也在观念层面表现了精神坚持不懈地穿透现实偶像进入自我最内在、本质的超绝理体的运动。这种不懈的内在化运动在现象学上验证了精神内在的自反势用克服精神内在惰性（自放势用）的抑制，向超绝本体领域的持续自身展开。正是这种展开推动省思对超绝本体与精神内在自我的同一性的领会得到逐渐巩固，即推动启示反思的拓展。由此可见，奥义书的启示省思正是在精神的自舍与自反势用、超越与反思的双重辩证往复运动中产生、发展和成熟。其中最根本的是自舍与自反势用的否定与肯定、"破"与"立"运动的辩证交替，它推动超绝与反思思维在有与无、内与外、偶像与本体之间作持续的循环往复运动。正是在这一辩证运动中，奥义书的精神终于扬弃了此前的实在的自由，而进入一种超绝的自由，或本真的自由的王国（"本真的"自由与"本真"自由含义有别，前者是后者的现实性，即后者在此成为了具有自身持续性和普遍性的存在）。精神内在自舍、自反势用的历史展开离不开本体自由的推动（参考本章引言和小结）。因此，最终是自由推动奥义书的启示省思的完善。

然而《频伽罗子奥义书》等的启示省思，也有其明显的问题，反映了现实精神自由的局限。其中一方面是印度传统特有的，即思想的含混杂厕以及对一种无思维念虑、寂灭、无生命境界的追求，这表现了印度思想固有的非理性倾向，反映出精神无力建构存在的内在形式，表明精神内在的自凝势用的展开受到精神内在的惰性（即自肆或自身消解势用）的抵消、阻碍。奥义书这种非理性倾向，与印度传统中的本寂精神取向（以寂灭的冥性存在体为最终理想）的渗透有关。在这里，由于精神的本寂取向（回归冥性存在体的趋向）渗透到奥义书的神圣精神之中，促使后者将冥性存在体（绝对非觉性、无生命、寂灭的原理，自在之物）作为绝对维持的内容，亦即以之为应守护的绝对真理、自我。易言之，这本寂取向促使自反势用展开为对冥性存在体的维持。后者促使《频伽罗子奥义书》的启示省思将唯属于冥性的性质添加到自我之上，因而将神圣本体理解为寂灭、不动、一味、无差别、无思维念虑的原理，然而这样一种自我概念是完全虚假的。另一方面，在这里，《频伽罗子奥义书》的思想也表现出启示省思的共同局限。这就在于，省思尽管通过对现实存在的虚无化，客观上将本体置于“本无”、“空”的领域，但它仍没有认识到本体自身，作为自由，也是无住无依、空无自体的。因而在它这里，本体仍然表现为一种现存存在，一种本质、基础。精神仍然在寻求一种固定的依靠、庇护所、家园。易言之，精神仍然有执、有住。这反映出，精神内在的惰性（自任势用）仍然在牵制、抵消自舍势用的展开，终于将其缚着于启示的当前性，而不是驶向其无限的空间。所以精神必须主动打破家园和庇护的需要，勇敢地将自己暴露于虚无之境，真正达到无住、无得的境界，才能实现绝对自由，于是精神的觉悟就成为绝对的、具体的。这一精神进展，唯有在本体自由的最终推动下才能实现。

## 小　结

### 一

对存在本质作为一种超绝的本体的领会，标志着印度思想从实在的精神过渡到本真精神阶段。在印度传统中，本真精神的形成和发展，同其他精神阶段一样，也表现出一种生命的辩证法。首先它在现实层面表现为超越与反思的辩证往复运动；其次从本体层面来看，无论超越与反思，其运动都是由精神的自舍与自反势用的辩证往复运动所构成、推动。在印度思想中，本真精神的展开包含以下阶段：

(1) 通过《白骡》等晚期奥义书的幻化论得以反映的神圣精神阶段。在这一阶段，精神在自由推动下，先破现实为“无”，后立超绝本质为“有”。这超绝的本质才是神圣。然而由于人的现实思想、知觉能力被否定（被“无”化），故真理呈现的直接途径只有通过神圣本质的启示。所以精神的省思在这里就否定实在的思维，进入启示省思层次。在这一阶段，超越思维将全部现实存在虚无化、空洞化，从而将本体置于“无”的领域。它因而在质上获得绝对的自身展开。它就是超绝否定。然而精神并未由此停留于这“无”的抽象性之中，而是通过反思赋予它具体性。“无”成为对某种更神圣的存在，即超绝的精神或觉性原理的描述，因而这“无”又分明落实为本体之“有”。因此，精神在启示省思阶段，经历了从“有”到“无”，又从“无”到“有”的辩证循环。正如我们以下将阐明，这整个辩证运动都是由精神的自舍与自反势用的交互作用推动的。但问题在于，由于精神的自身否定势用在这里仍未展开为绝对的，成为对本体自身的否定、“无”化，精神的超越性在这里仍不彻底，本体仍然呈现为一种现存原理、一种超绝的基础、本质，本体之“有”蜕变为本质之“有”。在这种意义上，精神尽管挣脱了现实性的牵制、系缚，但仍然有执、有住。然而一种超绝的现存存在或本质观念，其实是一种精神假象。自由的开展必将推动本真精神打破这一虚假的基础，进入彻底的无得、无住、无执之境，此即大乘佛教“毕竟空”的境界。本真精神由此进入下一阶段。

(2) 通过大乘佛学反映的无住精神阶段。在这里，精神的否定思维达到了自身绝对化，成为绝对自由。它不仅否定全部现实的存在，而且否定了启示省思执着的超绝现存实体，结果是最终只能确定它自身为唯一直接明证的真理，所以它不仅是超绝否定，而且是究竟否定。于是它在此基础上领会到存在的绝对真理就是绝对自由，是自由的超绝存在。因而精神首次具有了对本体自由自身的具体的觉悟。这就是正智省思。佛教的大乘般若思想，就表现了这种正智省思的最早，也是最纯粹的形态。般若首先是超绝否定。它否定一切有为法，即现实的存在。其次它也是一种究竟否定。它不仅是有为空，而且是无为空，是真俗二空。它因而否定一切现存对象，唯余它自身即空智为绝对真理。这空智就是绝对自由。而空性，作为空智的本体，就是存在的绝对本质。这就是超绝的自由。因此般若思想表现了精神对本体自由的具体、究竟的觉悟。般若空智是精神超越之最高明、究竟的境界。在这里，精神“破”除可以为依持、基础的一切现实或现存东西的自身真理性，主动将自己置于无住无得、无家可归的境地，它同时也正因此卸除了全部存在的重负，获得最彻底的自由。这里，精神否定一切现实、现存的偶像，确定超绝的自由为存在的绝对真理、本质，也包含了一种“破”、“立”辩证法，表现了精神内在的自舍、自反势用的交互作用。在大乘佛学的进一步发展中，这自反势用的进一步展开，还将推动精神在正智省思层面生长出反思的维度，形成正智的反思。精神于是意识到，那超绝的自由、空性，不是一种外在的东西，而是属于精神自身的，就是精神的内在本质。所以同在启示省思中的情况一样，精神在这里也经历了一个从“有”到“空”，复由“空”到“有”的辩证循环。

(3) 通过最晚的《慈氏》等奥义书和吠檀多不二论反映的本己精神阶段。正智省思领会到存在真理就是超绝的自由，但即使是正智反思，也没有领会这存在真理与自我的同一性，因而这真理只是一种客观性。然而自由作为绝对，必然推动觉悟省思领会到，那正智反思揭示的超绝、内在的自由，就是精神最本己的自我，因而这觉悟就是本己的觉悟（本觉省思）。在婆罗门传统中，不二吠檀多派和《慈氏》、《光明点》等一些最晚的奥义书的思想，就体现了这种本觉省思。二者皆受到大乘佛教的严重影响。其中，《慈氏》等奥义书植根于《白骡》等的启示省思，肯定至上我之“有”，又接受般若思想洗礼，领悟本体自身也是空无所得，最终确定这“空”、本体自身不是一种抽象、外在的原理，而就是精神最本己的自我。所以同在启示省思和正智省思的逻辑一样，精神在这本觉省思中也包括了从“有”到“无”，复由“无”到“有”辩证往复。然而在晚期奥义书中，本觉省思在由（般若之）“空”朝向（吠檀多之）“有”的运动中，在一定程度上又退回到了启示省思的超绝本质论立场。

在印度思想中，从启示省思到正智省思，再到本觉省思，反映出精神运动在更宏观的层面从“有”入“空”，又出“空”入“有”（实体性）的辩证循环；另一方面，本真精神的上述三个环节，各自内部也包含了超越与反思的这种“有”—“空”—“有”的辩证运动；而且我们要证明的是，从最微观的层面，这超越与反思各自也体现了精神内在的自舍与自反势用的“破”与“立”的交替展开，因而同样包含了“有”—“空”—“有”的循环，并且从根源上由后者推动。《白骡奥义书》与《频伽罗子奥义书》属于印度本真精神上述辩证历史中的启示省思阶段。

## 二

《白骡》和《频伽罗子》等晚期奥义书的思想，表明奥义书精神开始彻底否定此前的实在思维、进入本真的精神觉悟领域，扬弃神秘的直觉省思、进入神圣的启示省思园地。盖本体自由作为绝对，要求实现为（精神）对自身超绝本质的规定。于是它呼吁现实精神进入与它的对话，并通过促使精神否定全部现实存在之自为的真理性，而确认一种超现实的（超绝的）本体为绝对真理，克服实在思维的执着，上升到本真觉悟层次。后者以对本体的超绝性的领悟为标志。在人类思想史上，这种超绝思维（从基督教的超绝神学到晚期奥义书、大乘佛学等）往往意味着对全部现实存在、“有”的虚假化、空洞化，以及对超越“有”的绝对本体的确信。“有”的虚假化，意味着绝对真理、本体只能是“无”。作为对“有”的否定，本体就是“无”，然而它又不是逻辑的虚无，因为它同时是一切“有”的真理、根源，因而它乃是“本无”（作为本体之无）。

所以超绝思维一定包含一种真正的存在论区分。在印度思想中,《白骡》和《频伽罗子》等就反映了这一重大精神进展,其标志就在于对后世印度思想产生了极为重大影响的幻化论(Māyā-Vāda)的提出。

幻化论认为一切现实的存在都是至上神的幻化力创造的产物,因而他们都是虚假的,如梦幻泡影。同样作为自我内在现实性的思想、观念,也都是虚幻不实的,而唯一真实的本体、至上神则是一个超现实的原理。现实与本体之间的区分就是一种严格意义上的存在论区分。精神在从虚幻的现实到超绝的本体的持续运动中,完全打破了概念、思想、传统的桎梏,进入对本体的超绝存在的领会,即本真的觉悟中。精神首次真正摆脱现实和传统的重力而凌空飞翔并且实现了对自身超绝本质的维持,所以幻化论反映奥义书精神的现实自由,达到了一个新的阶段。在这里本体由于它对现实的彻底否定(即它的彻底非世俗性),因而它就是神圣的。然而幻化论尽管否定了现实存在、"有"的自为的真理性,却没有将绝对真理、即本体自身"无"化,没有看到后者也是无住、无得、空无自体的。因而本体似乎仍然是另一种"有"、一种现存的存在,它被认为是所有现实性固定不变的本质和基础。幻化论对现实存在的彻底否定,导致它把从人自己内在的现实性到达本体的直接通道切断了。既然人的一切思想、观念和时间全都是虚幻不实的,那么通过它们到达神就是不可能的。在这种情况下,人对神的觉悟就只能来自于神的自身呈现,即启示。所以我们把精神觉悟的这一阶段称为启示省思。启示省思也包含有超越和反思两个环节。其中超越就是彻底否定形式存在的绝对真理性,领会本体的超绝存在;反思就是在这基础上领会这超绝本体就是精神的自我。在晚期奥义书中,超越思维和反思思维达到了绝对统一,因此无论是在《白骡奥义书》,还是在《频伽罗子奥义书》,这两个环节都已统一到一个思维整体之中。所以这两种奥义书的启示省思没有实质的区别,但是我们看到在自由的持续推动之下,奥义书的启示省思也表现出明显的进步,这种进步更多的是启示省思的自身成长和拓展。我们看到在《白骡奥义书》中幻化论还只有少数几处文本直接提到过。而且它似乎是与晚期奥义书常见的数论和有神论并列的一种思想,而且看来数论和有神论占据了更重要的地位,因此很难说在《白骡奥义书》中幻化论已经成了一个具有绝对普遍意义的观念。然而在《频伽罗子奥义书》中,幻化论俨然已经成为其全部思想的基础。尽管此奥义书也像《白骡》一样汲取了晚期奥义书数论和有神论,但无论是数论还是有神论,在这里都是在幻化论的背景之上展开的。无论是数论的自性三德说和转化论,还是晚期奥义书的大自在、金胎、毗罗吒等的神学,都被用来作为对上帝通过幻化创造世界的过程的阐释,而且奥义书的一些其他重要观念,比如三身说(粗身、细身、因身)、五身说、三位说都被纳入幻化论的整体图景之中。因此可以说在《频伽罗子》中，幻化论已经成为一个普遍的观念，这表明启示省思已经成长为一种具有必然性的思想，即已经成为精神的概念。所以《白骡奥义书》和《频伽罗子奥义书》代表了奥义书启示省思的两个发展阶段。

《白骡》等的思想发展，表明奥义书的精神自由进入了新的篇章。一方面，《白骡》等的幻化论，在观念层面表现了超越思维彻底否定全部现实存在、“有”的真理性，将绝对真理、本体置于超绝的、“无”的领域的活动；这表明超越思维在这里已将自己提升为一种超绝否定。精神这种舍“有”入“无”、抛开自身现实此在而奔向一个超绝的“彻底它者”(Das schlechthin Andere) 运动，在现象学上验证了精神内在的自身否定势用在质上的 (即在超绝存在领域的) 绝对展开。另一方面，幻化论又确认这超绝本体、“无”乃是精神最内在的实体、自我，因而又表现了一种超绝反思。奥义书思想从实在论到幻化论的转型，在观念层面表现了精神穿透现实存在的表象，进入到自我的神圣本质的运动。这在现象学上验证了精神内在的自身维持势用在超绝本体领域的积极展开 (唯自身维持势用推动省思对于更真实、更内在自我的追寻)。因此，《白骡》等的思想，不仅表现了精神在现实层面的超越与反思的辩证法，也表现了精神在本体层面的自舍与自反势用的辩证运动。而且正是这自舍与自反势用的辩证展开，推动超越与反思的发展，推动奥义书的精神克服现实执着，领会超绝、内在的本体，从而进入启示的省思领域。然而我们曾经阐明，唯作为精神绝对本质的本体自由自身，才能促使这精神内在的自舍与自反势用的历史展开 (参考上一编引论)；本体自由作为绝对，要求实现为 (精神) 对其自身本质的自主设定。因而它必然通过呼唤和倾注，促使精神内在的自舍、自反势用在觉性的超绝存在领域积极展开，推动精神从实在精神到本真精神的转型 (参考本章引言)。总之，是自由最终推动启示的省思之形成。因此，奥义书思想从实在思维到幻化思维的发展，在现象学上呈现了自由推动精神的本真觉悟形成的机制，进一步验证了自由推动人类思想发展的内在精神逻辑。

然而奥义书的启示省思仍有其明显的局限，后者也反映了现实精神自由的局限。这种精神局限，一方面来自印度文化的独特性。这主要表现在省思对一种没有任何思维、观念，没有生命的空虚寂灭的觉性本体的执着。这在现象学上验证了精神内在的自凝、自反势用的展开仍然受到抑制，没有展开为对自我本体的内在形式和生命的自主设定 (详细请参考本书第一部分第二编第二章引言和小结)。在这里，精神自由的展开受到印度文化中根深蒂固的本寂取向 (趋向冥性存在体，即觉性的绝对死亡境界的倾向性) 的影响。这在于，首先这一取向完全抑制了精神自身建构 (自凝) 势用的积极作用 (因为冥性即是全部存在的消灭，这与觉性的存在建构作用是正相反对的），这决定了精神对任何自觉的理性思维的消解；其次，这一取向预先确定作为觉性、精神之绝对死亡（即所谓寂灭）的冥性存在体为绝对真理，为精神之最高理想、终点、归宿，亦即成为精神内在自反势用的目的，因此这本寂取向促使自反势用展开为对冥性存在体的维持，决定精神最终以一种寂灭不动、无任何生命性的本体为超越和反思的归宿，乃至把这类特征加入到对一种觉性本体的体悟之中。因此，印度精神的本寂取向（与本觉取向对立）抑制了精神内在的自凝、自反势用的展开，而促使相反的自肆、自放势用的活动，这最终导致奥义书的启示省思将那超绝、神圣的本体理解为一种无思无虑、空虚寂灭、无生、一味的本体，这决定了奥义书启示省思的非理性主义和悲观主义色彩。然而一个无思想念虑的寂灭的本体完全是印度精神的思维假相，因为唯觉性自身是存在的真正本体，而它就是生命、自由，它的现实性就是思想、理性的运动，它对思想、理性超越不是将后者消灭掉，而在于对它的绝对自由。精神反思中的非理性寂灭倾向是印度文化中一个根深蒂固的误区。此外，《白骡》与《频伽罗子》同大多数晚期奥义书一样，理论内部的混乱杂厕之处甚多，表现了其理性思维的明显薄弱，这也反映出精神的自凝势用没有在思辨领域充分展开自身。

另外，《白骡》、《频伽罗子》等的思想，还表现出启示省思共同的局限性，其中主要在于幻化论尽管否定了全部现实世界、“有”的绝对真理性，从而客观上将绝对真理、本体置于“无”的领域，但是事实上它对于这本体（至上神）的“无”性，即它的无自体、无所住、无所受、无所得性，易言之对于这本体作为绝对自否定的运动缺乏领会。它的上帝没有完全成为“无”，而似乎是另一种“有”——一种超绝的现存物。这表明对于启示省思而言，它的超越还不究竟，它仍执着于某种超绝的现存本质，没有完成自身的绝对化，成为否定思维的绝对自由。这种现存性执着，在现象学上验证了精神内在的自舍势用仍然被（精神内在的惰性）抑制，没有完成其绝对展开。这种执着，也使启示的省思未能领会超绝本体的实质就是自由自身，未能领会本体作为自否定运动的绝对性、无限性，未能领会本体的绝对无住、无得的实性。因而它的觉悟是抽象的。

正如下文将要详细讨论的，启示省思的这种局限性，在基督教的超绝神学中同样有充分的表现。超绝神学代表基督教的启示省思范型。它着重阐发了《旧约》对上帝的绝对非世俗性的领悟。如果一切现实、世俗的存在是“有”，那么上帝作为对现实存在的否定就是“无”。它正是通过强调上帝之“无”，使他的超绝存在得以展现出来。然而同在奥义书的启示神学中一样，在这里，上帝的“无”性并没有得到究竟的领会。因为“无”的本真存在是无住、无执、无得，是对作为“无化”对象的一切现存性的否定，它就是“无化”运动本身。易言之，觉悟的否定，在其绝对状态，取消了在它之外的任何存在的直接的真理性，所以这绝对否定只能确定它自己为直接、明证的真理。然而基督教的超绝神学，同奥义书的情况一样，仍将上帝理解为在这觉悟的否定，即“无化”的思维之外的存在，因而他仍是一种现存存在。所以，他尽管被规定为“无”，但这“无”同《白骡奥义书》等执着的超绝之“有”一样，并不具备本真性。因而上帝仍然是一切现实存在的不变的本质、基础，是现实精神寻觅渴求的庇护所、家园和归宿。因而在这里，精神对本体自由（就是觉性无住、无得的自否定运动）的领会（觉悟）仍然是间接、抽象的。由此可见，尽管精神在此进入神圣、超绝的王国，但仍未能克服其内在惰性势用的影响，其自身否定势用未能展开其绝对的无限性，这使得精神仍试图在这超绝国度寻求庇护所与安全，放弃了自己无住、无得的究竟自由。无论是奥义书还是基督教启示神学都面临同样的精神困扰。要克服这一困境，前提是觉悟的否定必须将自己绝对化，它只能确定自己，即“无化”的思想，为唯一直接明证的真理，并立足于后者领悟本体自由无住、无得的体性，由此使精神的现实自由迈上新的台阶。唯本体自由的自身展开最终推动这一精神进展。

不过，与处在类似阶段的基督教否定神学相比，奥义书启示神学的一大优点，是它自始至终坚持了一种主观反思：至上神被自觉等同于自我本质。否定神学仍然把上帝当作一个在现实自我之外的精神实体，因而只具有客观反思。启示省思在这里还没有上升到主观反思和思辨的层次。

总之，我们通过对奥义书思想从实在思维到启示省思的转型过程的阐释，在现象学上呈现了自由推动精神的本真觉悟形成的机制，从而进一步验证了自由推动人类思想发展的内在精神逻辑。以下我们将进一步表明，在西方思想中也发生过同样的转型，这意味着上述精神发生的机制具有普遍有效性，也进一步证明自由推动思想发展的精神逻辑具有跨文化的普遍必然性。

## 三

欧洲基督教神学，同样经历了从直觉省思到启示省思的转型。通过与之比照我们可以看出，奥义书的上述转型，乃是遵从精神生命发展的普遍逻辑。正如我们在此编引论中表明，以普罗提诺和奥古斯丁为代表，新柏拉图主义和（受其影响的）基督教神秘神学，也面临着与奥义书的直觉省思同样的局限。这些思想都没有实现对现实与本体的“存在论区分”，后者要求将现实存在彻底空洞化或虚无化，从而将本体从现实性、实有推移到本无的领域，以此呈显本体的超绝性——这在这些思想中都未曾发生，所以它们尽管强调上帝本质、本体对于逻各斯、理智的超越性，但上帝本质或“太一”并没有将自身清晰呈现为对现实性的否定，而似乎仍然是一种特殊的现实存在。上帝不是“无”，而仍然确确实实是一种“有”（类似于晚期奥义书的无思虑的纯粹意识、澄明），这尤其是从奥古斯丁等对上帝是存在（即现实性）的强调之中得到证明。所以同在奥义书中一样，在这里，直觉省思的超越性还不是超绝性，即对现实性的彻底否定。然而上帝只有作为超绝的本体才是真正神圣的。精神在这里仍然背着现实存在的沉重包袱，没有实现一种超绝的自由。

然而同在奥义书的情况一样，在这里，本体自由也必将推动精神克服直觉省思的上述局限性。因为作为觉性、自我的究竟本体，自由就是对现实性的否定，就是超绝的原理。这自由本有的绝对化冲动，呼吁精神实现对它的直接自主设定，并且通过自身倾注赐予精神自主性以力量，促使精神的自舍势用展开为对现实性的绝对否定，也促使其自反势用展开为对本体的超绝存在的直接、绝对维持，因而最终推动超越思维彻底摒弃现实存在的自为的真理性而确认某种超现实本体、“本无”为绝对真理，推动反思思维彻底打破现实的偶像、领悟那超绝存在才是自我的究竟真理。正是在对这超绝原理的领悟中，精神首次把握到本体自由的真实特性，因而我们称这一领悟为本真的精神觉悟。精神由此否定一切现实性的重负，进入到那超绝的神圣真理之中，从而在现实思想中开展出一种与觉性本体的本真存在符合的自由，即彻底的或曰本真的自由（本真自由由偶发的变成现实确定的）。

基督教的否定神学就验证了这一精神重大进展。这种否定神学乃作为直觉神学的超越者出现。其首要的立场，是否定（奥古斯丁等代表的）直觉神学对上帝本质与存在的同一性的坚持。由于其对上帝超绝性的阐明，因而我们亦可更明确地将其命名为超绝神学。它实际上是把《旧约》中潜藏的对上帝超绝性的体验更准确、显明地阐发出来。其早期的代表人物有奥利金、马利乌斯·维克托利努斯、忏悔者马克西姆、阿娄帕果的但尼斯等。

其中，奥利金首次引入了所谓“否定神学”（negative theology）。他认为，上帝作为纯粹、绝对、单纯、无形体的精神不仅超越了物质，也超越了人类的理智。上帝超越“存在”（esse）自身①。它既不是世界，也不是世界的一部分，也不是内在于世界之中。存在的本质是逻各斯，它就是圣子、耶稣基督，它先于所有受造物从上帝而生。奥利金认为基督不是至善，唯圣父是至善，基督只是圣父的形象、摹本。“他不能与圣父相比。因为其实他只是圣父的影像，是从圣父的荣耀和永恒光明，而非从圣父

① Gilson, Etienne, *Histroy of Christian Philosophy in the Middle Ages*, Sheed and Ward, London, 1980.37.

自己发出的光，是圣父的权能而非其自身的光线。”① 奥利金称圣父为“自有的神”(autotheos)、“至上神”，而圣子只是“神”(theos)。逻各斯是神圣的，但不是上帝。语言就是逻各斯自身，为观念的归宿，是作为现实世界之摹本的可知世界。奥利金的这些说法，表明存在或现实性，不具有自为的真理性，也就是说，一个脱离神的抽象的现实，就是一个空洞的影像；而上帝则超越存在，是对一切现实性的否定，因而是超绝、神圣的本体。

马利乌斯·维克托利努斯同样持否定神学或超绝神学的立场。维克托利努斯反对阿里安派神学家对上帝的形而上学理解（将上帝的“是”与不变性、永恒性等同），而是通过对普罗提诺的“太一”对存在的超越的重新诠释，从而在上帝与现实存在者之间，提出了一种明确的“存在论区分”，以阐明神的绝对超越性。他认为上帝不是“存在者”(on)，而是“存在”(esse 或 einai)，即存有(exist)的力量、活动。这存有的力量是“前有”(pre-existence)而非“有”(existence)。它作为上帝本质，在逻辑上先于存在(逻各斯)、有，甚至先于太一、无限、单纯等圣名(Adversus AriumIV·19)。它其实乃是一种“前存在”(pre-being)或“超存在”(hyper-being)。上帝不是个别、有限的“某物”(aliquid)，与后者相比，它是非有。上帝作为太一，就是反存在(ante-being)，故它甚至在其自身内部也是非有(non-being)。维克托利努斯将存在区分为四种：其一，真正存在的。包括所谓“可被思维的实在”(intellectibilia)，如精神、理智(nous)、逻各斯、心灵、思想等。其二，仅仅存有的，包括所谓“思维的实在”(intellectulia)，即心灵对真正存在者的思想，是存在的影像。一旦它确实领会这真正存在者，它自身就会成为后者之一。思想“因知道存在而自身变成存在”(Liber de generatione divinaVII—IX)。其三，并非真正非有的。此即构成物质宇宙的成分的存在者，同时是存在和非存在。物质一方面并非完全不存在，故说为有，另一方面以其潜在性、无规定性和变易性，故说为非有。其四，非有的，即自相矛盾、完全不可能存在的。上帝则超越这四重存在。它超越全部存有，全部生命，全部知识，超越存在及所有存在者的在。它无限，无实体，不可见，不可知，不可理解，不可思议。它不是任何存在者，而是超越它们。易言之，上帝就是非有②。维克托利努斯认为上帝尽管不是任何存在者，却又是一切存在者存在的原因，他说道：“我们能就上帝说什么？说它是存在，或说它是非存在？当然我们应当称它为存在，既然它是

① Comm on Saint JohnXIII-3, Gilson, Etienne, *Histroy of Christian Philosophy in the Middle Ages*, Sheed and Ward, London, 1980.572.

② Etienne Gilson, *The Christian Philosophy of Saint Augustine*, London: Gollancz, 1961.69.

所有存在者的原因。但是当那些以之为父而产生的存在者尚不存在，它作为父就不存在。另一方面，人们亦不可以说，甚至不可能设想非存在为存在的原因，因为原因确乎总是优于结果的。于是上帝乃是至上存在，它正是作为至上存在而被称作非存在；这不意味着上帝缺乏所有存在者的存在，而是意味着那同时作为非存在的存在，应当从那些仅只存在者区分开来。与那些被生成的存在者相比，上帝是非存在；作为存在者生成的原因，他是存在。”(Liber de generatione divinaIV.) 维克托利努斯认为，上帝作为非存在或前存在，在其自身中包含存在的一般性；上帝之生成存在，只是将其已包含的东西显现。维克托利努斯对于《出埃及记》(III · 14) 中上帝对摩西的回答：“你应当对以色列的子孙说：那是者 (HE WHO IS)，派我到你们这里来”，作了独特的存在论发挥。他说这意味着上帝作为前存在，生成逻各斯或语言。逻各斯就是纯粹、绝对、单纯的存在。它是第一个存在，而且是全部现实存在的根源。逻各斯永恒地存在于圣父中，是上帝的自身显现，因而就是上帝。逻各斯是上帝本质的外在呈现。存在隐藏在圣父之中，在圣子中呈现自身。维克托利努斯对于上帝本质的超绝性的阐明，使他成为忏悔者马克西姆、狄奥尼修斯、斯各脱 · 爱留根那和爱克哈特的先驱。

忏悔者马克西姆继承了奥利金、维克托利努斯的超绝神学立场。他认为上帝不是一种存在，毋宁说它超越存在与实体 (ousia)。上帝超越存在，而为虚无。上帝是纯粹的单子，是绝对单纯的统一性。它的运动就是生成多样性。它由于这运动而被理智所知。上帝在其最初的运动中，首先生成作为其自身显现的语言、逻各斯，于是单子成为二元的；接着是生成圣灵，单子就成为三元的，最初的运动就得以完成。于是上帝就显现于它的自身存在之内。在接着的运动中，上帝乃显现于它之外的，非上帝的存在中。这就是存在于逻各斯中的理念显现于物质世界中，即道成肉身。盖逻各斯作为上帝的自身显现，包含一切存在者的根据、实体于自身之内。一切存在皆预先存在于上帝的无限知识、意志和力量中。存在者以其理念的形式为根据的产生过程，就是创世①。一切存在者皆由此而来。其中，每一个理念皆是上帝完善性的部分表现或显现，而它又显现于物质世界之中。所以创世就是上帝永恒的自身显现（双重的显现）。一切现实存在、“有”皆只是神性本质的显像 (theophany)，而神的本质则是绝对超现实的原理、“无”。拯救在于人性与神性的结合。向神的运动就是通过知神而被神同化。知神与爱神是同一过程。人在知识与爱中奔向神，其实就是回到它自己在上帝中的理念。爱就是出神，即人脱离其自

① Etienne Gilson, *The Christian Philosophy of Saint Augustine*, London: Gollancz, 1961.86.

身存在而与神结合。在出神状态，人分享逻各斯，以至成为逻各斯[①]。于是他将自己完全融入上帝中，上帝成为了人的全部。马克西姆认为，出神预表着宇宙的神圣化，即万有皆回归到它们现在已与之分离，而作为其本质、原因的理念中。人回归于神将带动全世界的回归，因为人是创造的中心，正是由于人的堕落才导致事物从其本质分离。于是一切皆丧失其自身的存在，而与永恒本质、理念重新结合。上帝成为每一存在者的全部[②]。在这里，逻各斯不再呈现现实存在、世界，而只呈现作为神性的超绝本质的"无"。

在阿娄帕果的但尼斯（托名的狄奥尼修斯）的思想中，基督教的超绝神学在理论上得到了最为系统化的阐明。"一切存在者的存在是在存在之上的上帝。"（esse omnium est superesse deitas）。上帝是超越存在者的存在自身，因而它也是超存在（hyper-being）。这超存在又是一切存在的最高本质和真理。上帝由于对一切现实存在的绝对超越性，因而无法用语言直接描述。但尼斯提出任何对上帝的合法的指称、描述，都必须经过肯定、否定、再肯定三个环节。其以为"存在"一词也是从受造物中借用的，所以用它来指称上帝，亦须经过肯定、否定、再肯定三个环节，故对上帝最终的、更准确的称呼，即它是一种"超存在"（hyper-being）。这种辩证神学的详细步骤如下：

首先是肯定的环节，比如说上帝是太一、主、全能、正义等，这构成所谓肯定神学（affirmative theology）。在这种意义上，我们先说上帝存在。就上帝自身而言对它最好的称呼就是"存在"（Being）。所以《出埃及记》宣布上帝的圣名就是"那是者"（HE WHO IS）或"我是是者"（I AM WHO AM）。上帝是无规定、无限的存在。唯上帝为永恒的自有者。但尼斯说一切存在者皆因分有（participation）神而存在，它因此而为一切存在的原因，甚至就是一切存在者的存在。存在（being）是第一个分有神而出现者，且此次分有先于全部其他分有而为其基础，因为任何事物首先必须存在，然后再有其他。理念、逻各斯，作为一切存在者的原型，就必须分有存在为有："各种存在原理（理念）皆因分有存在而有且成为原理；它们先要存在，然后才成为原理。"（On the divine namesV · 5）这理念作为事物在上帝中的原型，乃是活动的、原因性的力量，但尼斯称之为"神圣决定"或"预先决定"。上帝是包容一切的究竟统一体。一切分有皆在上帝之中合一，如半径在圆中合一。所以但尼斯也像普罗提诺那样称上帝为太一。太一意味着对杂多性的排除，为单纯、清净之

---

① Etienne Gilson, *The Christian Philosophy of Saint Augustine*, London: Gollancz, 1961.88.

② Etienne Gilson, *The Christian Philosophy of Saint Augustine*, London: Gollancz, 1961.88.

体。多分有一,依止于一,而一则无分有,且勿须依止[①]。故一为完善、自足,为一切其他存在的原理、归宿,一切皆由它流出,且复归于它[②]。一切存在皆是上帝在时间中的形象。

然而“存在”一词也是从受造物中借用的,它本来只能用来描述现实的存在者,所以为了避免将上帝等同于某种现实存在,故用此词来指称上帝时,还必须经过否定的环节。这就是正确言说上帝必经的第二个环节,即所谓否定神学(negative theology)。但尼斯认为,像太一、主、全能、正义等,都不能在与以前用于受造物的同样意义上使用,故必须否定上帝可以在此种意义上被命名,因而说上帝不是太一、主、全能、正义等。在同样意义上,也可说上帝不是存在,或说他为非存在。盖上帝超越存在,也超越全部其他的分有,即一切现实的存在者,它尽管是所有存在者存在的原因,却不是存在者之一。因此对上帝本质只能采取否定的表述。在《神秘神学》一书中,但尼斯将否定神学的方法表现得淋漓尽致。其云:“它(神)不是灵魂和心智,也不拥有想象、信念、言语或理解。他本身也非言语可理解。他不能被论及,也不能被理解。他不是数字或秩序、大或小、平等或不平等、相似或不相似。他不是不动的、不是动或静的。他没有力量,他不是力量,也不是光。他并不活着,也不是生命。他不是实体,也不是永恒或时间。他不能为理解力所把握,因为他既非知识也非真理。他不是王。他不是智慧。他既非‘一’也非‘一性’、神性或善。他也不是灵——在我们理解的那个意义上。他既非子也非父,他不是我们或其他存在者所认识的事物。他既不可被‘不存在’、也不可被‘存在’所描述。存在者并不知道他的真实存在,他也不按它们的存在认知它们。关于他,既没有言说,也没有名字或知识。”[③]

第三个环节是前二环节的统一,即宣称上帝在一种超越此类表述的世俗关联的、为人类理性无法理解的意义上,是太一、主、全能、正义、存在等,这是在一种超越意义上对上帝的重新肯定,为超越神学(superlative theology)。在其《神秘神学》一书的结尾处,但尼斯先是给出一系列否定,接着是对这些否定的否定,因为神超越了肯定和否定:“说它非光明不意味着它就是黑暗;说它非真理不意味着它是错误;勿宁说,因为上帝是一切事物之不可接触的原因,它超越了由我们对其结果的知识而来

① Gilson, Etienne, *Histroy of Christian Philosophy in the Middle Ages*, Sheed and Ward, London, 1980.84.

② Gilson, Etienne, *Histroy of Christian Philosophy in the Middle Ages*, Sheed and Ward, London, 1980.84.

③ 狄奥尼修斯(托名):《神秘神学》,三联书店 1998 年版,第 104 页。

的对它的肯定或否定。"①

通过上述方法获得的对上帝本质的最终表述，是上帝是"超存在"（On the divine namesI·5）。上帝是超越一切现实性的绝对本体，就是自由本身。它既非有，亦非无，超越肯定与否定，不可言说，不可思议②。总之，在但尼斯的神学中，上帝的超绝性得到最完整的阐述。这种超绝神学，对后来的大阿尔伯特、托马斯、爱克哈特的思想都产生了根本影响，并且通过它们，仍然不断给现代欧洲的神学、哲学、文学带来新的启迪。

吉尔松曾说道："在圣托马斯·阿奎那之前的所有大师都坚持的一个教义，就是神圣启示（divine illumination）的学说，后者被设想为在变化的人类理智的自然光明之上的光，唯通过它，对必然真理的完善认识才得以可能。"③同奥义书的超绝神学情况一样，在前面谈到的这些基督教思想中，对现实存在的意义空洞化，以及对上帝本质的超绝性的强调，使得从人的现实理智、心灵到达神的直接途径被切断。上帝对于人的认识能力成为"不可知"的，对上帝的直接领会只能来自它的自身呈现或启示。盖维克托利努斯就曾强调上帝存在的不可见，不可知，不可理解，不可思议④。忏悔者马克西姆也说上帝超越几何学和辩证法的范围，它是那高于知识的"非知"（unknowledge）的对象，是不可思维的精神。但尼斯也说："对上帝的理解与直接凝视是存在者无法做到的，因为他实际上超出了存在。许多《圣经》作者都会告诉你，上帝不仅是'不能看见的'（歌 1·15）和'不可理解的'（罗 11·33），而且是'难寻难测的'，因为任何人都找不到踪迹以进入这无限者的隐秘深处"，"事实上，不可思议的太一是一切理性过程都无法把握的。任何词语都不能冀及无法言说的善、太一、一切统一之源和超存在之在。它是超出心灵的心灵，超出言说的言道，它不能由任何言谈、直觉、名字所理解。"⑤总之上帝不可言说，不可思议⑥；对上帝一无所知才是

① Gilson, Etienne, *Histroy of Christian Philosophy in the Middle Ages*, Sheed and Ward, London, 1980.82.

② Gilson, Etienne, *Histroy of Christian Philosophy in the Middle Ages*, Sheed and Ward, London, 1980.85.

③ Gilson, Etienne, *Histroy of Christian Philosophy in the Middle Ages*, Sheed and Ward, London, 1980.362.

④ Marius Victorinus, *Liber de generatione divina XIII*；转引自：Etienne Gilson, *The Christian Philosophy of Saint Augustine*, London: Gollancz, 1961.69.

⑤ 狄奥尼修斯：《神秘神学》，三联书店 1998 年版，第 3 页。

⑥ Gilson, Etienne, *Histroy of Christian Philosophy in the Middle Ages*, Sheed and Ward, London, 1980.85.

对它的最高知识；知上帝不可知，即神秘的无知，乃是超越一切认识的最高之知。在超绝神学中，神圣本体对人的现实存在的否定，必然导致对人认识神的能力的彻底否定，于是对上帝的直接经验，只能单方面来自神的自身呈现，即启示。所以超绝神学就是启示神学。它对于上帝本质的领会就是启示省思。

同奥义书思想从实在论到幻化论的转型一样，基督教思想从实在论神学到否定神学的转变，也表明其精神自由进入了新的篇章。一方面，基督教的否定神学在观念层面表现了超越思维彻底否定全部现实存在、"有"的真理性，将绝对真理、本体置于超绝的、"无"的领域的活动（超绝否定）。精神这种绝对舍离自身现实此在而奔向一个超绝的"它者"（Das schlechthin Andere）运动，在现象学上表明了精神内在的自身否定势用在质上的（即内容上的）绝对展开。另一方面，否定神学的超绝本体、"无"不是一种外在的东西，而正是精神最内在的实体、本质。因而从实在论神学到否定神学的转型，又在观念层面表现了精神穿透现实存在的表象，进入到其自身最内在本质的运动（超绝反思）。这种精神的绝对内在化运动，在现象学上验证了精神内在的自反势用在超绝本体领域的积极展开。因此，基督教的上述思想转型，表现了精神内在的自舍与自反势用的辩证历史展开，而且正是这二者的展开推动基督教的精神克服现实执着，领会超绝、内在的本体，从而进入启示的省思领域。然而唯有本体自由自身才能促使这精神内在的自主势用的历史展开。因此是自由最终推动基督教启示省思的形成。因此，基督教的上述思想转型，也在现象学上呈现了自由推动精神的本真觉悟形成的机制，验证了自由推动人类思想发展的内在精神逻辑。我们通过把基督教这一思想转型同奥义书思想从实在论到幻化论的转型进行比较，可以发现二者具有本质的一致性。这就足以证明这个自由推动精神本真觉悟形成的机制具有普遍有效性，也进一步验证了自由推动思想发展的精神逻辑具有跨文化的普遍必然性。

然而，同奥义书的幻化论一样，基督教的超绝神学也表现出启示省思的同样局限。首先，同奥义书的启示省思一样，它由于对现实存在的空洞化或虚无化，使得本体自由与现实精神的对话结构被破坏，导致其在实践理论上的困境。盖精神迈进本真的自由，决定性的条件是它根本否定现实存在的重压，体会其自我本体的超绝性。这种否定，必须经过省思对现实存在的空洞化。后者通过思想对现实与本体的"存在论区分"得到清晰的表述。然而应当指出的是，这种"空洞化"的意义是排除一种作为自为真理的抽象现实性。易言之，现实性不再是独立的、有自身意义的，它只是作为本体的投影、属德而存在。而精神、觉性的具体现实性，即是不容否认的真理。然而无论在东方还是西方，启示省思对此的理解都发生了偏差，都将这意义空洞化理解为对现实存在、现实精神的虚幻化、虚假化或虚无化。这导致：作为任何精神发展的逻辑基础，本体自由与现实精神的对话结构被破坏，而代之以本体的单方面行动，即启示或恩宠，所以启示神学不符合精神发展的实情——根据精神经验的逻辑，若无现实自我的领会，甚至启示、恩宠都无法完成。其次，更根本的是，它仍然把上帝领会成一种超绝的现存物、一种本质。这一点，通过它对上帝本质的永恒性、不动性、无变易性的强调得到清晰表现。可以看出，它即使已将上帝置于作为现实性的绝对否定的、彻底非世俗的“无”的领域，然而对这“无”的“无”性，即它作为觉性自否定运动的无限性，并没有究竟的领会。超绝神学对上帝本质的永恒性、不动性、无变易性的强调，目的正在于否定上帝与运动、时间的关联，从而否定了“无”的运动或曰“无”化。然而，如果不是把“无”彻底理解为“无”化的运动，即觉性、精神的绝对无住、无得的本真体相，那么它就仍然是一种现存存在、一种超绝本质。如此则上帝对于这精神就仍然呈现为一种偶像。启示省思对于本体的领会就仍然是间接、抽象的（本体的直接存在是自由或自否定运动本身）。基督教的超绝神学就属于这样的情况。

同在幻化论奥义书中的情况一样，基督教这种思维的局限也反映了精神自由的局限性。精神对超绝本质的执着，反映出它尽管进入神圣、超绝的王国，但仍未能克服其内在惰性势用的影响，其自身否定势用未能展开其绝对的无限性。因而精神的超越、反思、理性思维都试图确立一个止息、安顿之处。精神仍在寻求庇护所与安全，而放弃了自己无住、无得的究竟自由。精神在现实层面的无住性，在于它的全部省思，包括超越、反思、理性的思维，都将自己的基础打破而勇猛地置身于彻底无根基、无家园的状态。精神于是抛弃它最后的锁链，最终实现其自由的绝对无限性。在本体论层面，精神的有住、执着倾向来自其内在惰性（自在肯定势用）的牵制，而其究竟无住性则来自其自身否定势用的绝对展开。当这自舍势用在省思中展开为绝对的，这省思就不能执着于任何对象，而只能确定它自己为直接明证的存在，以为更深层次的直观的出发点。这尤其显著地表现在以自身否定为主导势用的超越思维中。当自舍势用展开为绝对的活动，必推动这超越思维成为绝对自由，它将否定任何在它之外的不可超越的东西，也否定它自己的不可超越性，否则这超越性将不复为究竟绝对的。这种绝对究竟超越，就是精神的“无”化。超越思维通过“无”化表现其无住性。当自舍势用展开为绝对的现实，这种无住性也将表现在精神的反思、理性等思维活动中。精神于此打破了一切对本质、基础、家园和依靠的留恋和执着，粉碎了任何惰性和奴性的依托。因此，唯无住的精神，才是在现实中绝对自由的。总之，基督教启示神学，同奥义书幻化论思想一样，在观念层面表现了启示省思仍然具有的对现存性、本质的执着，及精神的有住、有得状态。这表明精神内在的自主否定势用在此仍然没有得到绝对展开、成为对一切基础的弃绝，同样自主肯定势用也未展开成为对精神本真的无住性的维持，从而推动精神否定一切现存存在，进入无住无碍、绝对自由的境界。

要克服这一精神困境，前提是觉悟省思内在的否定思维将自己绝对化，从而否定在它自己之外的一切现存东西的真理性，直接领会真理就是绝对的否定运动，就是自由本身，省思因而从启示省思的间接、抽象的觉悟升化为直接、具体的觉悟。在这里，印度精神和基督教精神选择了两种不同的路向。其中印度精神选择的是一条更具有自身明证性的、也更彻底的向路，这就是大乘佛教的“空”论向路。在这里，由于精神对现存存在的否定即“无化”的思想被绝对彻底化，因而它只能确定它自己，即空的思维（空智）本身为唯一直接明证的真理，并立足于后者领悟本体自由无住、无得的体性，亦即在空智自体中领悟空性或自由的本体。由此使精神的现实自由克服一切滞障，达乎无碍、绝对之境。基督教精神选择的则是一条较不具备自身明证性的、可能也不具备同等彻底性的向路。这就是在中世纪早期神学（比如维克托利努斯）中就已经萌芽，而在托马斯·阿奎那的神学中得到最充分阐明的向路，即正智神学的向路，它即以为神圣本体、上帝不是现存的“存在者”（on），而是“存在行动”（esse 或 einai），即存有（exist）的力量、活动。然而上帝既然是生命、自由，它的行动就只能是作为死亡、自在之否定的阖势运动，而不是属于死亡和自在性的辟势运动；只能是积极的自否定，而不是消极、惰性的自我肯定。因而上帝的本体就是无住、无碍的自由本身。精神省思的绝对自由，正是在它从现存存在到这无住本体的持续运动中得以实现。这意味着这存在论的宗教，当其进一步彻底化，必然导致一种与大乘空智类似的绝对自由。唯有自由的自身展开最终推动这一精神进展。盖本体自由呼吁现实精神进入与它的更深层次对话，它一方面力图唤醒精神对这自由自身的绝对性和无限性的意识，另一方面又向这精神的自主性倾注力量，从而使精神的自主否定势用得以展开其自身绝对性，从而推动精神破除一切滞碍、取消对现存性的依赖，实现其绝对自由。于是精神将领会存在的超绝本体不是一种现存实体，而就是自由或自否定的绝对运动本身。

## 四

威廉·詹姆斯曾经评论道：

> 假如一个人，像圣路易一样，智力本来不比针孔大，并且所抱的对上帝的观

念也那么小，那么，就是表现那么多英勇行为，结果大体说还是可厌的①。

一个人，如果他的心智过于狭小，那么即使真正伟大的观念，在他的心智中也会变得十分渺小。以至于他对于它的坚守，竟变为一大堆琐屑无聊的规矩，甚至不知道它们与伟大的东西到底有何关联。讲究事功的天主教就曾褒奖好些此类人物为圣徒。比如圣路易将就保持灵魂纯洁的教义转化为对女色的种种防范，以至毕其一生所做的最主要工作，仅仅是在其生活之每一细节避开女人！看似与之相反而实则同样琐细的是，有多少像（西班牙的）圣特里莎这样的修女，把神圣之爱理解为无异于与上帝在闺房中的风流韵事！

然而执着于琐屑的偶像者，还有更甚于华夏精神的么？吾乡袁宏道先生曾云："弃目前之景，摭腐滥之辞，有才者诎于法，而不敢自伸其才。无之者，拾一二浮泛之语，帮凑成诗。智者牵于习，而愚者乐其易，一唱亿和，优人驺从，共谈雅道。"（《雪涛诗集序》）此为刺当时诗风，实亦影射华夏民族精神之执着性。在这里，精神由于其平庸性而对自由的虚无充满恐惧，因而牢牢抓紧最直接、最易上手的现实，即自然，像抓住了救命稻草一般。对于自由、虚无的逃避和遗忘，使得精神将最琐碎渺小的东西当成绝对，它就沉湎于对这一系列琐屑偶像的顶礼膜拜之中。这种崇拜尤以儒家为最。天、地、君、亲、师、礼、乐、社稷、国家、家族等，每一个都是巨大的偶像，都可以彻底压垮人的内在精神自由！这样的偶像我们随便就可以数出几十个！儒家所理解的崇高，大抵就是对一些琐碎东西的夸张的崇拜。的确，在这世界上，我们恐怕只有在儒家信徒中，才能找到如此多的这样一种人，他们甚至缺乏最起码的良知、尊严，却始终为一种崇高情绪陶醉着。任何偶像崇拜，开始的时候总显得虚假、做作，但是装到后来就跟真的一样，而且成为一种"使命感"！今日世上，恐怕再也没有谁比当代儒者们更具有"使命感"的了！总之，儒家最充分表现了华夏精神的执着性。

正由于其对直接、现实东西的执着和崇拜，华夏精神未曾体会过丝毫的神圣性，它的传统其实不包含任何神圣的东西。盖精神作为生命、其发展必遵从生命演进的逻辑。生命的演化有跳跃，但不能躐等，更高级、更自由的生命形式只有通过扬弃与它最亲近的次高级生命才能出现。精神朝向更高级、更普遍的环节的突破，也必以逻辑上与之衔接最紧密的环节为出发点。正如我们通过对奥义书精神史的诠释所表明，超绝的自由就是通过彻底扬弃实在的自由而来，因而是以后者为逻辑的、同时也是历史的前提。正如我们通过反复讨论所指出的，华夏文化精神的最显著特点是它

① 詹姆士·威廉：《宗教经验之种种》，商务印书馆2002年版，第351页。

的自然性，除了佛教影响所及，可以说它从未产生过真正的精神反思与超越，因而它还未曾体会过一种实在的自由。印度与欧洲精神经历的理智、思辨、直觉等思维形态，对于华夏民族的原生态文化来说，都是未曾出现过的。我们称中国文化为玄道文化，以与印欧的觉道文化区别。其特征就在于对最直接，同时也是最外在的现实性，即自然（天、道等）的执着，以后者为存在的唯一真理；精神在直接自然的混沌玄冥之境怡然自乐、陶然忘机，彻底消解、泯灭了向自身的实体和内在存在探索的冲动，消除了反思与超越的可能性，于是也就消除了一种文化应具有的真正的精神性。在这里，思想的历史由于缺乏内在精神的冲动、张力与激情，使得这部精神的戏剧未能展开任何深邃、壮丽和高贵的内容，只留下了腐败、委琐、渺小、平庸、肤浅和无聊，直至退化为由无数自我膨胀的侏儒演出的丑剧。它与精神在印度、欧洲思想中上演的充满灵性生命之激荡的史诗般波澜壮阔的、崇高、瑰丽、深邃且富于启迪的戏剧之间，形成了人类思想之最大反差。正是从这种反差中，我们满怀痛苦，彻底地看清了华夏民族的现在与未来。

玄道文化的自怿自乐、自任自放态度表现的这种执着、外在的气质，反映出在精神的现实生命中，自主的自身否定和自身维持势用的力量皆极薄弱，其作用皆完全是消极的，被与之对立的惰性的自任、自放力量压伏，故唯后者展开为积极的活动。因而精神生命趋向其自身完善、提升的意志被磨灭，它遂完全被一种自我消解的、趋向自身死亡的意志支配。正如在一切生命中的情况一样，生与死、自由与奴役乃是现实精神内在的永恒矛盾；同样如在一切生命中的情况一样，在这里，生命与自由总是痛苦、劳累，而死亡与奴役却往往带来幸福和解脱。所以精神始终处在痛苦的崇高与幸福的堕落、生的光荣与死的喜乐两种终极目的的撕扯之中。在这里，对于自主性薄弱而自在性强盛的华夏玄道精神来说，喜乐与死亡自然成为主导的目的（后者反过来又制约着相互对立的两类精神势用的展开）。盖精神的生命首先在于对自然的超越与反思。因而不仅道家向往的那种“忘知废照”、“蠢然若愚”、“混沌玄冥”的黑暗境界应被视为彻底精神死亡的象征，儒家对外在的自然界、习俗伦理和自然情感的崇拜和夸饰，乃至法家对作为政治生活中的自然的绝对暴力的病态痴迷，都同样表明了精神为物质强权殉身或退回直接的自然亦即消解自身存在的意志。华夏先民正是在这种精神死亡中，彻底消除了根源于本体自由的、对于自我当前性产生的种种不满、空虚、无聊、厌烦的情绪，阻断了永远恼人的良心呼唤，蠲尽了罪恶与苦恼意识的焦虑，脱离了精神自否定带来的痛苦折磨，于朴素自然之境一味融入、顺化无违、酣醉淋漓，从而体会到满足、安宁和舒适。然而一切精神的满足、安宁和舒适皆是颓废，其影响在于诱惑精神停留于幼稚、肤浅和懦弱，拒绝良心的召唤，放弃自由的使命。

正是由于在华夏精神的现实生命中，自主的自舍与自反势用皆极消极、力量薄弱，被消解它们的自任、自放力量压伏，因而根本无法展开为真正的超越与反思，更无从在诸如形而上学的实在的超越与反思基础上，进一步推动精神扬弃自身，进入包括启示省思在内的本真觉悟层次。在印、欧觉道文化中，启示省思所领会的那种否定一切现实性的超绝本体，在现实感强大到畸形的华夏文化中，可以说从来没曾呈现过，而且也不可能呈现出来。在华夏精神中，一切真理、价值、意义，都完全、绝对地在现实中得到实现。一方面，在它的本土思想中看不出任何那种在印度教、大乘佛教和《圣经》中清晰表现的绝对地否定现实的、非世俗的意志。儒家的精神完全沉浸在天地生化及其时运、个人祸福及其命数、自然（尤其是政治的）强力的修饰与赞叹、血缘情感之亲疏与世俗权位之尊卑、自然伦理之权威等之中。其惊人地狭隘、肤浅的目光，总是紧盯着眼前最直接的现实性。精神如此渺小卑琐，只能紧紧抓住经验、感性的实在并将其视为唯一的真理。它为自己创造出种种经验性的巨大偶像（天、君主、社稷等），且总是盼望能永远躲藏在这些偶像的卵翼之下，以求得安全和庇护。一种如此狭隘的精神，自然永远不会有对于现实的超越追求，更不可能像印欧精神曾经做到的那样，彻底否定现实世界自为的真理性，从而解除现实的重负，飞升跃入本无的国度。它不可能获得在印欧精神中展开的那种本真觉悟。对道、法、墨等诸家的考察也会得出同样的结论。在这里，本体的超绝自由从来未曾得到领会。总之，在传统的中国文化中，精神根本不曾也不可能实现一种本真的自由。

另一方面，传统的中国精神，即使在与印欧文化的交往中，也很难接受后者的超绝思维即本真觉悟。在中印文化交流中，尽管中国精神从印度佛教尤其是大乘佛教受益匪浅，但是应当承认，印度大乘佛教精神包含的绝对超越性，在渗透进华夏精神的过程中，表现出梯度递减的情况，当它最后渗入儒家思想（心学）之中时，已经是面目全非了。首先，正如本书在下一章结语中阐明的，佛教本身经过中国化的过程，其原有的批判性、超越性大大降低。它被移置于讲求顺化自然、因时处变的中土文化土壤中，逐步淡化甚至抛弃其原有的超绝精神，而代之以圆融的精神。可以说，中国主流的佛教就是圆融的佛教。在它这里，印度大乘的真空俗有、性相分别、理事各别的主张，最终不知不觉地被偷换为中土自然思维特有的体用一元、显微无间、理事圆融立场。到了晚期禅宗，大乘对现实存在的绝对否定，乃被代之以“一切现存”、“任性合道、逍遥绝恼”玄妙智慧，从而与老庄玄学合流。可以说，中国化的圆融佛教，只是在印度佛教的超绝思维与中土传统的自然思维之间不恰当调和的产物。它一开始就在两极之间摇摆，终于完全倒向中土传统一边。其次，中国本有的传统，在“援佛入儒”、“援佛入道”过程中，总是试图消磨佛教的精神反思和超越的锋芒，尤以于现实最执著的儒家更甚。盖道教由于没有腐儒“道统论”的束缚，因而对于佛教的本真觉悟，往往能作出更为积极、迅速的回应。比如南北朝时期产生的《秘密藏经》提出“一切法性即是无性，法性道性，俱毕竟空。”① 其以空释道性，反映了当时流行的般若思想的深刻影响。《本际经》更进一步将道性论嫁接到大乘中观不二、双非的辩证法基础之上，其云：“言道性者，即真实空。非空不空，亦不不空。非法非非法，非物非非物，非人非非人。非因非非因，非果非非果。非始非非始，非终非非终。非本非末，而为一切诸法根本。”这与《大智度论》所谓“观一切法非空、非不空、非有相、非无相、非有作非无作”（卷六），毕竟空义“不得言有、不得言无、不得言有无、不得言非有非无、非非有非非无亦无”（卷五十四），以及所谓空真如是不生不灭、又非不生非不灭、亦非不生亦非不灭、非非不生非非不灭的中道正观（卷三十一）精神完全一致。这表明当时的道教精英对般若中观学的理解，甚至比稍早的佛学六家七宗更加准确。这些观念表明，道教思想在这里已经开始脱离老庄玄学的自然思维，而具有了大乘佛学对本体的超绝自由的体悟。然而中国的儒学，由于其精神的极端狭隘（“道统论”只是将儒者固有的狭隘性表达了出来）和卑琐，其对于佛教蕴含的更高贵的精神，一直视而不见，其接受后者的积极影响远远落后于道教，直至宋明儒学才开始反映出来。与此相关，自汉末以来，儒学的理论思维所达到的水平，其实远远低于道教。直到程朱理学，佛教带来的精神超越才开始在儒学中有所反映，这就在于理学借鉴佛教的理事、性相区分，阐明了道与器、形上与形下的区分。但是这种区分在思想上远远落后于佛教的上述区分。这在于，理学对形上与形下的区分最多只是一种理智的、形而上学的区分，旨在通过否定经验存在的绝对性以彰显超验的实体。然而大乘佛教的理事、性相区分，则是一种真正的存在论区分，是对始自奥义书的本真精神觉悟的进一步发展②，它旨在彻底将全部现实存在空洞化或虚无化，以彰显那超绝的本体。所以理学在这里实际上是将大乘佛教的本真觉悟重新拖回理智的层次上。在儒家思想中，受佛教影响最深刻的当属心学尤其阳明心学一系。本书第二编第四章小结表明阳明心学通过佛教的中介，接受了晚期奥义书的神秘直觉省思，其本体论基础与晚期奥义书实有本质一致性，故称之“儒学化的吠檀多”亦不为过。上述分析也表明，同程朱一样，阳明仍然是在一个更低的层面接受佛教的思想，其原因

---

① 《正统道藏》第一卷第5册，文物出版社1988年版，第900页。

② 吴学国：《存在论区分与二谛论：对海德格尔与大乘佛学的比较研究》，《河北学刊》2004年第1期。

仍在于儒学传统根深蒂固的现实态度。盖大乘佛教讲空，不仅经验现实是空、超验实体亦空；不仅事相是空、理体亦空；不仅现实是空、超绝本体亦是空，因而它的精神是无所住、无所执、绝对自由的。这样的绝对自由是儒学的精神不能适应的。阳明心学即使沾染大乘智慧再深刻，仍至少有以下几点不能改变：其一，它不可能否定经验的自然伦理以及家庭、社稷、君权的真实性；其二，它不可能将道德主体、道德法则当作空幻的；其三，它不能将存在之本体视为空虚无体的，其所谓本体不仅是现存的、而且是现实的。因而阳明心学不可能像印度的启示奥义书和大乘佛学那样，通过彻底否定现实存在，以体会本体的超绝自由。易言之，它不可能接受大乘佛教的本真觉悟，而只能把后者的"存在论区分"拖回现实性的疆域之内，将其转化为一种现实性对另一种现实性的否定，即所谓"直觉的区分"（见前一章结语）。它只是一种直觉省思，仍处在实在思维的范畴内。由此可见，即使阳明心学，也仍然没有达到南北朝道教的"道体即空"思想所达到的精神高度。不过，无论儒家还是道教，在兹后的发展中，最终都基本上抛弃了来自佛教的精神超越和反思。对于儒家而言，自满人灭华以后，程朱学又居主导，王学几尽湮灭，佛教的影响被逐渐从儒学中清除。对于道教而言，由于后来主内丹心性学的全真道衰落，而恢复原始的符箓灾醮与外丹之学的正一道居于主导，使得佛教的影响终于几乎消失无存。因此，大乘佛教反映的精神本真的自由，在中国文化中并未真正立足。

# 第二章 无住的精神

## 引 言

### 一

佛教思想在其各个发展时期所呈现的特征，一般都与印度教相应阶段的特征相呼应。比如小乘佛学中的实在论的兴起，与数论、胜论、正理等的实在论大致是同时的；而大乘佛学的空相论，与吠檀多的幻化论，也大致是同一时代的产物。这使我们不得不承认，佛教也好，婆罗门教也好，都是始终从一个共同的精神资源吸取营养，都是作为一个整体的印度精神的发展的不同环节或侧面。从哲学层面上说，佛教在印度之被目为异端，是因为它反对婆罗门教的“有”论（有神论、有我论）而持“空”论。尽管佛教对空的理解并不是一成不变的（先是依无常、无我讲空，也讲分析空；大乘则强调自性空），但空的思想在佛教里面是贯穿始终的，是佛教理论的基石。佛教与婆罗门教，一破一立，构成印度精神整体的两大支柱。一方面，佛教在其形成发展过程中，始终受到婆罗门—奥义书思想渗透，其“空”的思想，也在吠陀和奥义书中有其渊源；尤其大乘佛教的性空如幻论，乃是从晚期奥义书的幻化论脱胎而出（见本章第一节第一目），是对后者的进一步发展：它否定了后者的启示省思的局限，否定其对超绝的现存存在的执着，而发展出一种空思维。另一方面，佛教又反过来又影响了婆罗门—奥义书思想的发展，尤其是大乘佛教的空思维，促使婆罗门—奥义书精神克服其启示省思局限，展开其否定的自由。总之大乘的空思维既是受奥义书启示省思启发而来，又反过来被奥义书传统吸收，极大地影响了其发展的轨迹。因此为了更好理解奥义书精神的发展，我们在此将大乘佛教的影响专门作一章来讨论。

《白骡》等晚期奥义书的启示省思，否定一切现实的存在，将现实性彻底虚无化，而确认存在本体为一超越现实的真理。启示省思就是精神从虚假的现实性，到超现实的真理的持续运动。自由在这里将自身展开为超绝的。启示省思就是这自由的产物，且就是这自由的具体现实性。但是启示省思也有其根本的局限性。它领会到抽象的现实实体的彻底虚无，但没有自觉领会到超绝的本体也是空无自体的，而是将其领会成一种超绝的现存物。启示省思包含超越（否定）和反思两个方面。启示的超越有两个主要的不足：其一，是把对现实的否定作为对它的虚假化，故完全取消了现实存在，包括它自己的真理性。这启示的超越就是超绝的否定。它把对现实存在的无化（去现实化）当作虚假化，因而也将它自身存在的真实性完全取消。然而这无化本应是一种超绝还原，即透过现实看到本体，而不是将现实存在完全取消。省思在对超绝性的领会中必否定自身的自为的真理性（抽象的现实性），但这不是完全放弃作为具体现实的它自身。然而启示的超越正由于对自身具体现实的彻底虚假化，故不得不将本体设想为一种外在于它的存在，即现存实体。其二，与此相关，是没有将本体也纳入否定的运动之内，使之无化（去现存化），因而超绝本体就成为一种现存的东西。所谓现存存在，就是处在精神的现实自由即省思（在这里是否定思维，同样反思、理性思维也会设定与之相对的现存性）的活动之外的，为精神自由无法涉足的东西，因而它就是永恒、不动、不变的东西。在奥义书思想中，启示的超越就是将本体理解为一种超绝的现存本质。然而这本质既然是不动、不变的东西，就意味着它被排除在这超越的活动之外了。固然启示奥义书也说到超绝本体是现实自我、思想的本质，但没有认识到后者就是在当下缘取它的这一思想（否定思维）活动之内且在这活动之外别无自己的存在，它就是这活动的自身真理。这表明，启示的超越，即超绝否定，固然实现了精神的自主否定在质上的自身绝对化（即对现实性的绝对否定，见下文），但没有实现这否定在量上的绝对化，即究竟否定。后者要求将一切存在纳入其活动之内，作为其否定的对象环节。凡处在这活动之外而不是在这活动中呈现的东西，就是现存的东西。究竟否定不容许任何现存东西存在，它必通过对后者的无化，将其纳入自身之内。因而这否定思维最终取消了任何在它之外的存在的真理性，只确认它自身，作为绝对否定的运动，为唯一直接明证的真理。于是，否定思维只有通过对自己的去现实化（对抽象现实的否定），从自身内部使超绝本体呈现出来。这种究竟否定在奥义书的启示超越中完全不存在。在奥义书思想中，启示的超越的局限性，也影响了其反思的深度；与前者相应，启示的反思也将本体当作超绝的现存本质，并以其为觉性、自我的究竟真理。在印度思想中，原始佛教也反映了与幻化论奥义书类似的精神误区。原始佛教的世界观与修道论存在着某种分离[①]。其世界观不包含超绝的维度，其实是一种朴素的多元实在论，强调诸法的因缘生灭，并不认为现实世界是虚假的。然而其修道实践则明显是超绝的。《阿含经》说及涅槃为一切名色之消灭，为“舍一切有，离爱，无欲，灭尽无余”（《中阿含经》卷七）。这

① 吴学国：《奥义书与佛教的发生》，《宗教学研究》2013年第1期。

清楚表明，作为其宗教理想或绝对的真理，涅槃就是对现实存在、思想的绝对否定，是一种超绝的真理。不过，同奥义书的超绝大梵一样，早期佛教的涅槃也是一种现存存在。《阿含经》形容它为恒住、不动、不变易、无苦、不凋谢、宁静、不坏、无染、和平、福祉、岛洲、依怙、皈依处、目标、彼岸。这些描述明确地表明它仍是一种现存的东西，一种超绝的依靠，一个永远处在精神的否定活动之外的基础。对于超绝本体的现存化，正是启示省思的特点。对于佛教而言，它固有的本寂的意志（以归入无生命的冥性存在体为理想），使得这种现存性的执着成为很自然的。

总之，启示省思仍然将本体理解为一种超绝的现存存在、一种“有”，而没有领会其本真的“无”性。然而一种超绝的现存物，其实只是一个超越的假相，因为唯一真实的超绝存在就是觉性的本体。后者即纯粹自由或无住、无得的绝对自否定运动自身，它之所以不是现存性、有，而是无住性、空，就在于：其一，它只存在于领会它的思想运动之内，而非在其外，它在这思想之外就是无；其二，它不是一种静止不动的东西，而就是无住、无得的运动。由此可见，启示省思尽管给本体圈定了范围，但仍然没有深入本体的内在实质。它对本体的领会是抽象、间接的。它没有领会本体就是自由、生命、自主运动，而是误以其为一种寂灭不动的、即觉性的生命绝对死亡的境界。比如学者指出，小乘的涅槃其实就是意识、生命之停止①，是“精神死亡之象征”②。这种批评，对于奥义书幻化论也同样成立。

启示省思对本体的现存化，也反映了精神自由的局限。它使本体成为否定思维无法逾越的东西，于是精神内在的自主否定势用的绝对实现之路被阻断了。启示省思不能领悟超绝真理（大梵、涅槃）的无性，所以它仍然是有执、有住、有得的。现实的自由仍然在追求一种可在其中永远休息的归宿和基础，而不是毅然投入空无的黑暗，从而达到彻底无住、无执、无得、无取、无依之境。总之，精神的超越或否定思维的自身绝对化进程在此受到了阻碍。这反映出，精神内在的惰性肯定（自任）势用，在这里仍然在牵制着自主否定的展开，使其不能展开为究竟的否定，使其自身绝对化无法完全实现。因此，精神尚不具有现实的绝对自由。启示省思对本体的误解表明本真精神在此走入了歧途。为此，精神应当一方面重新确认思想作为具体现实之实有，另一方面领会超绝本体之空无。固然，思想在对超绝性的寻求中，必否定自己的抽象现实，但这不是要它完全消灭自身，在一种外在存在中寻找本体：超绝性若仍处在这自主的思想活动之外，就仍是现存的。然而超绝性的真理即自由本身，是对

---

① Sarvepalli Radhakrishnan, *Indian Philosophy Vol.1*, the Macmilian Company, London, 1924.586.

② Sarvepalli Radhakrishnan, *Indian Philosophy Vol.1*, the Macmilian Company, London, 1924.589.

现存性的绝对否定。因此，思想必须折回自身，从自身内部寻找超绝。为此它要求确认它自身作为具体现实的真理性，但这真理不是自为的，而是必须从属于超绝的本体、将后者作为自身的实体包含在内的。对于思想、现实而言，当其包含了本体、自由的实体在内，它就是具体的，因而是真理、实有；当其被从自由抽离，它就成为抽象的，因而是彻底虚假的。因此在这里，省思必须以自身的具体现实性为起点，并且：其一，通过对自身的绝对化使自己成为现实的绝对自由；其二，通过对自己的超绝还原（即穿透现实性的帷幕，直观超绝的真理），使本体作为真实面目呈现出来。于是这本体就呈现为超绝、绝对的自由。为此，本真精神必须走向有别于启示省思的另一条道路，而自由最终必然推动它走上这新的道路。这就是大乘佛教的无住、空绝思维之路。

## 二

生命的本质是自由，后者包括自主的否定（自舍）和肯定（自凝、自反）两类势用。每一种自主势用都既是自否定亦是自维持，因而皆同时具有肯定和否定两种力用，都通过后者否定生命的直接存在，通过前者确立新的生命存在。这两种存在，在观念层面就分别表现为无效与有效，或虚假与真实的两种观念。每一自主势用的展开，都表现为省思否定原先有效或真的观念，确立一种具有更普遍有效性或真理性的观念。这也可以视作思想从假相到真理的持续运动。

在精神发展的不同阶段，每一种自主势用，在可能的情况下，都企图实现其本真的绝对性。在这里，它通过展开为现实的思想、概念，实现了对全部应属于它的对象的充分、彻底的自主设定。对于每一种自主势用来说，这种绝对性的实现，就是它的终极目标或理想。每一种自主势用要实现这一目标，都必须与其他势用结合、借助后者的作用。它必须展开为现实的省思（它的自身绝对化必须以思想为中介才能实现），而且它在这省思中还必然是积极的（它规定活动的目标，预设属于它自己的观念并推动省思构成之）。其中，自身否定势用作为积极、主导势用与自凝、自反势用结合，展开为否定思维或超越思维。在其中，自舍势用以其否定的力用，扬弃生命的直接存在，同时以其肯定力用确认一种新的生命存在；而对后者进一步的规定，离不开自凝、自反等肯定势用的作用。自舍势用企图通过否定思维的无限升华以实现其绝对化。在这里，这自主否定与自主肯定势用的区别是：当自舍势用展开为现实的思想、概念并被后者规定，其本真存在仍然保留了否定这思想从而朝着自身绝对化运动的能力，唯需要本体自由的促动和现实精神语境的支持；然而自主肯定势用一旦展开为现实的思想、概念，便完全凝固，而不能自己否定其现实性，而实现其自身绝对化的理想，所以它们必须与自主否定势用结合，通过后者否定其自身固化的倾向，趋向其绝对。在这些肯定势用中，自身维持或自反势用作为积极、主导势用与自舍等势用结合，展开为反省思维。自反势用的本真存在，也企图通过反省思维的无限深化以实现其绝对化。这否定与反省思维作为真正的精神自由（真正自由的否定与反省），即超越与反思。

精神本真的自主势用这种自身绝对化的意志，作为推动其现实发展的根本力量，不仅表现在质上，而且表现在量上。前者推动精神省思不断开辟新的存在内容，推动其进入更高的阶段、境界；后者则推动省思在前者开辟的境界中将自身推扩至极，这在于它推动省思通过自身的辩证运动在这一阶段达到其逻辑的终点。

对于现实的省思而言，这种量上的自身绝对化，首先可以从它自身的辩证逻辑得到说明。比如对超越思维来说，它的自身绝对化运动在精神史上表现为：思想不断在否定旧的存在确立新的、更真的存在，去伪存真；它在这过程中不断将原先的真理推入虚假存在之中；这一过程的理想终点是，思想最后发现了一种完全不能被否定的、绝对为真的存在，在这里超越思维便达到了自身绝对化；而这种绝对为真的存在只能是这超越或否定思维自己，因为从逻辑上说，这否定思维可以否定其他一切存在为真，唯独不能否定这否定思维为真实存在；易言之，在这里只有这否定思维自己才是直接明证的真理，而且它在此就是自身绝对化的（否定一切在它自己之外的存在的真理性的）超越思维。我们称后者为究竟否定。思想在这里所达到的不是一个现存的归宿，而勿宁说是一个新的起点。凡在这超越思维之外，作为其对象出现的东西，就是现存存在。这自身绝对化的超越思维，只能确定它自己为直接明证的真理。易言之，省思在这里能确定为直接真理的唯一存在，就是绝对地否定一切现存存在的具体思想自身。这种思想除了确认作为绝对否定思维的它自己之外不能确认任何其他的存在，因而它是彻底无根基、无归宿、无住处的，它就是精神在现实层面的绝对自由。我们称这种思想为空思维。空思想首先只能确认它自己，即无住、无得的精神活动为真理。可以说，迄今为止，唯印度大乘佛学达到了这种空思维的最纯粹形态。在这“空”的境界，不仅万法皆空，而且空亦复空；不仅有是空，而且无亦是空；不仅世间是空，而且涅槃亦空。然而即使这空思维或“空智”否定了一切其他存在，它也不能否定它自己，所以这空智最终只能确认它自己的真实存在。在这里，否定或超越思维就通过其自身的辩证逻辑，达到了在量上的自身绝对化。另外反思思维的自身绝对化，也可视为自身辩证逻辑运动的结果。反思思维在其历史发展中，总是在不断否定外在的存在，以确定更内在的存在为自我真理。这一过程似乎也是可以无限进行的，直至反思最终达到其自身绝对化。在这里，反思终于找到了一个从逻辑上就绝不可能被它再当作外在的东西而只能被当作内在自我的存在，这个存在就是这（自身绝对化的）反思思维自身。反思在这里就达到了其自身绝对化运动的理想终点。我们称这种反思为究竟反省。同究竟否定一样，这种究竟反省同样也悬置了在它之外的任何现存东西的真理性，以为自我的真理只能从这反省的运动中去发现。

然而从本质上说，否定与反省思维这种量上的自身绝对化，终究应当从生命本体论的角度，即从精神内在的自舍与自反势用的自身绝对化的展开得到阐释。从本体论的角度，究竟否定与究竟反思，分别就是精神生命内在的自舍与自反势用在量上的自身绝对化的实现。因为对于象自舍、自反势用这样的具有直接自身指向特征的运动，这种自身绝对化的究竟目标只能是这运动自身。这意味着它最后只能确立它自己为自己的究竟真理。盖自身否定势用的绝对展开，意味着对一切在它之外的存在的真理性的悬置，但它唯一不能否定的就是它自身，否则会导致自我消解。同样，旨在寻求最内在真理的自身维持势用，其绝对展开也意味着对一切在它之外的存在的悬置，确定只有它自己才是这内在追寻的终点。这种究竟否定和究竟反省，分别就是精神内在的自舍、自反势用本真的自身绝对化冲动展开成了精神的现实。正是这自舍与自反势用在量上的自身绝对化的展开，推动省思自身的上述辩证逻辑运动，导致究竟否定与究竟反省的形成。然而只有在作为精神绝对本质的本体自由自身促动之下，这精神内在的自舍、自反势用的本真存在才能得到恢复。因此最终仍然是自由本身推动究竟否定与究竟反省的形成。

这种究竟的否定与反省，由于仅仅是达到了一种量上的自身绝对化，因而在精神的实在自由阶段和本真阶段皆能完成。比如在经验的道德精神阶段，否定思维的自身绝对化就可以以经验的思想为目标，在这里作为一种经验现实的否定思维本身对于它自己成为唯一直接明证的真理；同理反思思维在其自身绝对化中，也必然会把这属于经验的反思思维作为唯一直接明证的存在。在哲理精神阶段，思辨的反思与超越的自身绝对化，都会导致将作为先验思想的它们自己（先验的超越与反思思维）作为唯一直接明证的存在。在神秘精神阶段，由于直觉省思对逻各斯、概念的自为真理性的否定，故反思与超越的自身绝对化，乃以一种超理性、超经验的直觉为目标。然而在其本真自由阶段，精神已否定一切现实存在的自为真理性，领悟到本体是超绝的实性，因而作为其内在现实的全部思想，包括经验的、先验的、直觉的思想都失去原先的自为真理性，被空洞化、虚无化，显然不能再作为精神自主性的自身绝对化的终极理想。所以，尽管在本真精神阶段，超越与反思思维的自身究竟化，都会经历与上一段所阐明的相同的过程，而且也同样以它们自己的具体现实为唯一直接明证的真理，然而这精神既是超绝的，就不会停留在这种直接明证的现实性上，而是以这现实为可靠的起点，领悟超绝本体的存在状态。这要求将这究竟省思与超绝省思统一起来，通过对这直接明证的现实进行超绝还原，使这究竟省思的理体，即超绝的自由本体自身呈现出来。

尽管从理论上说，作为精神的自舍、自反势用在量上的自身绝对化的体现，究竟否定及究竟反省在实在精神和本真精神阶段都能实现①。然而由于：(1) 在事实层面，这究竟省思只是到本真精神阶段才出现或成为完全确定的；(2) 在可能层面，这究竟省思也只有当其成为本真的，才由于破除了实在思维对现实的执着，从而可能实现为完全彻底的（即成为绝对自由）；所以我们可以以究竟否定与究竟反省，专指其属于本真精神者，而且我们将重点阐明这究竟否定的精神根据，因为它是决定印度精神从启示省思到正智省思过渡的关键因素，与本章的讨论直接相关。

从实在精神到本真精神的升华，主要由超越思维的进展所决定，这从根本上说是精神内在的自舍势用在质上的自身绝对化意志推动的结果；而在本真精神之内，从启示省思到享有更大自由的（比如大乘佛教的）正智省思（空思维）的转化，则从根本上是这自舍势用在量上的自身绝对化推动的结果。因为在后面这种转化（这正是我们在以下讨论中直接针对的）中，超越思维并没有揭示出一种在质上全新的存在内容，而只是在已被揭示出的存在中，通过其自身辩证运动，最终达到一个绝对自明的存在。如下所释，这个存在只能是这超越思维自己，后者作为具体的现实其实是精神在此前的发展中早已领会的。在这里超越思维的自身绝对化，只在于逐步悬置在它之外的任何存在，最终确定作为具体的现实的它自己才是唯一的直接明证的真理。这个过程，相对于从实在精神到本真精神的对质上全新内容的开辟，只是一种量上的拓展。在本真精神阶段，这究竟否定必然与超绝否定结合在一起。二者的统一，就是超越思维的绝对化，即绝对否定或否定思维的绝对自由。为与启示的超越区分，我们称这一种精神超越为正智的超越。这绝对超越不仅是究竟否定，而且是超绝否定。当它否定一切在它之外的、现存的存在的直接明证性，而确定唯独它自己，即无住、无得的否定思维本身的具体现实为直接、自明的真理（这在实在精神阶段亦可达到），那么它由于对现实存在的超越，就必然超越同样作为现实存在的它自身。它会意识到尽管它自己作为现实性是直接明证的真理，但这真理还不是绝对

① 比如超越思维，在上述两个阶段，都可通过将自身究竟化，否定在它自身之外的绝对本质，最终只确认它自己，即无住、无得的思想本身为真理；在这里，超越思维就转化为究竟超越（空思维）；反思思维亦可经历同样的转化。

的，不是它的理想终点。绝对真理是这无住、无得的绝对否定思维或正智的本体，即大乘佛教称之为空性者。它其实就是本体自由自身。因此在本真精神阶段，否定思维的自身绝对化也要求它否定自己的现实存在，进入超绝真理（空性本体）的领域；也就是说，它自己要求自己从自身直接明证的存在再前进一步，即穿越自身的现实性，达到本无领域，这就是超绝否定或超绝还原（排除它自身身上作为现实性、有的特性，领悟作为剩余的超绝本体、无的存在）①。因此自身究竟化和超绝化，是绝对超越思维的两个必然环节。通过这两个环节，这绝对超越便把它自己在现实领域的无住无得、绝对自由的特性（这种特性不会因现实排除而消失），转移到超绝本体之上。易言之，这超越思维从自身身上领会到空性本体绝对自由的特性。本真精神的觉悟，唯通过这正智省思的究竟否定和超绝还原（超绝否定）两个环节，才首次使超绝本体作为绝对自由，作为自否定运动的绝对性和无限性呈现出来。这觉悟由此回到本体自由的自身存在，因而成为具体的、实质的。在这里，精神由于将否定思维的究竟性与超绝性统一起来，故扬弃了神圣精神的局限，将自身转化为无住的精神。

## 三

大乘佛学的发生，就验证了印度思想从神圣的精神到无住的精神的转移。以上谈到了奥义书和早期佛教的启示省思的局限。现实精神要打破这局限，展开出更高的自由，就必须破除超绝的现存存在的假相，领会本体之“无”，并从这“无”化的思想，即绝对自由的现实中，呈现本体的自由。在印度传统中，包括般若和瑜伽行派在内的根本大乘的思想，就表现了这一精神进展。

其中初期大乘的般若思想，就体现了这一精神进展的最早成果。般若即空智或空思维，它既是作为对奥义书和原始佛教的启示省思的否定，也是作为对耆那教、胜论、数论的实在思维的否定而出现的；这意味着它既包含究竟否定，也包含超绝否定，因而就是绝对否定。大乘空智或般若就是超绝否定与究竟否定二者的辩证统一。

① 在本真精神阶段，究竟反思也同样要求进行这样的超绝还原。后者之所以对于究竟否定与反省都是必须的，也与人类觉性的局限性有关。与上帝不同，人类觉性永远不能直接以本体自由为自主设定的对象。这意味着，精神的自舍、自反等势用不能以自身的本体、灵魂，而只能以其现实性的肢体和表象，即其相应的思想、观念为直接对象，所以自舍、自反势用的自身绝对化，也不是直接针对其本体的行动，而只直接针对其现实表象（即省思），通过后者间接作用于这本体。自舍与自反势用的自身绝对化只能以其现实表象为直接对象。这意味着这种自身绝对化过程最后达到的真理，只能是否定与反省思维自身。易言之，究竟否定及究竟反省本身，而不是它们背后的超绝本体，才是它们自己能直接确认的唯一真理。因而为了领悟那超绝真理，真正返本达源，这绝对否定与绝对反省思维都还不得不经历对自身现实性的排除，即超绝还原。

首先，般若是一种超绝否定。这体现在般若学的“空”说对一切有为法的否定，以及“二谛”的分别对世俗存在的否定。有为法和世俗就是现实存在，它们都被认为是如幻如化、举体虚妄的。如《摩诃般若波罗蜜经》说：“色法无所有不可得，受想行识法无所有不可得，内空法无所有不可得，乃至无法有法空法无所有不可得，四念处法无所有不可得，乃至十八不共法无所有不可得。”（卷三）“诸所有色，若粗、若细、若好、若丑皆是空，是空法中忆想分别，着心取相，是名为色相。”（卷二十四）般若于是否定一切现实性的自为真理性，而领会存在的究竟真理为超现实的空性本体。这超绝本体是超越思维的绝对化在质上（或存在内容方面）的终点。般若学在这里彻底否定了耆那教、胜论、数论和部派佛学的实在思维传统。在这一点上，般若无疑是受到奥义书的启示省思启发。总之，般若的空思想，在观念层面表现了精神彻底地否定一切现实存在，确立存在真理的超绝性的运动；精神这种彻底否定自身现实此在，奔向超绝的完全它者的运动，在现象学上验证了精神内在的自舍势用在质上绝对展开。其次，与后者不同，般若的否定或超越，不仅是超绝的，而且是究竟的。后者表现在般若学的“毕竟空”对空性、涅槃、真如、法身等超现实存在的否定，以及“不二中道”对真、俗的双重否定。般若的究竟否定取消了一切对象的真理性，因而最终只能确定这绝对否定或般若自身为唯一真理。究竟否定揭示般若就是（否定的）绝对自由的现实。这种自由，就是般若标榜的无所受、无所取、无所行、无所住、无所得之境界。如经云菩萨欲行般若波罗蜜时，如中不应住，如相空故；法性、法相、法位、实际中不应住，法性等相空故；一切陀罗尼门、一切三昧门中不应住，一切陀罗尼门等相空故；菩萨行般若波罗蜜时，行亦不受不行亦不受，行不行亦不受，非行非不行亦不受。不受亦不受。……一切法性无所有，不随诸法行，不受诸法相故（《摩诃般若波罗蜜经》卷三）。“若菩萨不行色，不行色生不行色灭，不行色坏不行色空，不行受想行识，不行识生不行识灭，不行识坏不行识空，是名行般若波罗蜜。不念行般若波罗蜜，不念不行，不念行不行，亦不念非行非不行，是名行般若波罗蜜。所以者何？一切法无受故。”（《小品般若波罗蜜经》卷一）般若的究竟否定，无疑受到了主张“一切空”的方等思想启发。在这里，般若的空思想，在观念层面表现了精神进一步否定一切现存性存在，确定唯这否定思维本身为直接明证的真理的运动。这种究竟否定运动，在现象学上验证了精神内在的自舍势用在量上绝对展开。最后，般若既然已经站在超绝思想的起点上，因而它必然再将它自己超绝化或去现实化，即透过笼罩在自身绝对自由上的现实，看到超绝的本体自身。这就是《金刚经》所谓“佛说般若，即非般若，是名般若。”盖般若即（否定的）绝对自由的实现；而说般若为“非般若”，则旨在否定空智的现实性，确认其中的空性本体，为超绝否定；而说它又“名般若”，则是将这两种否定结合，领会空性本体是绝对自由的超绝存在。因此那超绝的真理，不是幻化论奥义书的大梵和早期佛教的涅槃那样的现存本质、基础，而就是绝对否定即空智的本体，因而是超绝的绝对自由，即自舍势用的本真存在。般若就是这绝对自由的现实。在这里，精神对本体自由具有了纯粹、具体的觉悟，即正智。总之，般若是超绝否定与究竟否定的辩证往复的整体；这种否定的辩证统一，完全是般若思想的独创。

总之，般若思想反映出印度精神首次卸除了一切偶像的重负，对于超绝本体有了一种直接、具体的觉悟，它也表明印度精神打开了自由的新的一页。般若的空思想在观念层面表现了精神的绝对否定运动：精神不仅彻底地否定一切现实存在，确立存在真理的超绝性，而且进一步否定这超绝原理的现存性，唯这否定思维本身才是直接明证的真理。它通过两方面否定的统一，确立唯绝对否定思维（空智）的超绝本体（空性）为究竟真理。这种绝对否定，就是精神从现实、现存的存在到无住、无得的空性本体的持续运动。它在现象学上验证了精神内在的自舍势用的绝对展开，且就是在后者推动下形成，就是后者的绝对实现。盖精神自舍势用的自身绝对化，首先是质上的，其次是量上的。在前者，自舍势用展开为对一切现实存在的绝对否定，同时又确认一种全新的超绝存在；在后者，自舍势用没有确认新的存在意义，而是推动否定思维在现前世界中将自己扩充至极，将全部存在纳入自身运动之中，最终只确认这否定思维自身的具体现实为唯一的真理，因而否定了一切现存存在。于是否定思维领会到本体之“无”（本体被去除现存性而纳入否定的运动）。这精神自舍势用的绝对展开，必然包含这质上和量上的两方面的自身绝对化；正是这两方面的历史展开，推动超绝否定和究竟否定的形成，并推动这二者统一构成绝对否定思维。这绝对否定领会的空性真理，作为精神绝对的否定思维的本体，就是自身否定势用的本真存在。因此这自身否定势用的绝对展开的结果，是它只能（通过精神）确认它自身的自为、绝对存在。总而言之，般若的空思维，在现象学上表明了精神内在的自舍势用完全恢复其本真存在，因而得以最终消灭任何对立的惰性自任势用，获得自身的绝对展开。然而只有作为精神绝对本质的本体自由自身才能促使这自舍势用的本真存在之恢复（参考上一编引论），因而最终是自由本身推动般若空思维的形成。

然而般若思想的最主要局限，在于它是无反思的。这表现在，般若学漠视心、物存在的本质差别，对于心灵、思想、意识在本体论上的优先性或基础地位，没有任何领会。因此，般若思想在否定奥义书启示省思的局限时，也将奥义书的反思一并否定了。然而反思也是精神的现实自由，但般若空智只是超越性的绝对自由却不包含任何反思性，因此它的自由也是有缺陷的。反思与超越在这里表现出严重的失衡。

盖精神的反思是反省思维的自由。般若思想只体现了否定思维的绝对自由，但完全没有表现出反省思维的自由。这反省思维就是精神内在的自身维持（自反）势用的实现。这种反思性的缺失，在现象学上证明了精神内在的自反势用还没有在空思维中充分展开自身，没有实现为真实的自由。这种情况表明在般若思想中，精神内在的自反和自舍势用的展开是极端不平衡的。其中尽管自舍势用得到绝对实现，而自反势用则被（惰性自放势用）抵消，没有得到任何真实的实现，没有展开为现实的自由（参考本书第一部分第一编结论）。这种精神局限也唯有在自由的进一步推动之下才能被克服。盖本体自由作为绝对，要求实现为精神的内在自由，而自反势用的本真存在，也具有自身绝对化的意志。本体自由要求实现为（精神）对于它自身，即精神最内在本质的自主设定，因而它呼唤佛教的精神省思的内在化。在奥义书反思思维的冲击之下，这本体自由的永恒呼声，必将唤醒佛教精神在此沉睡的良知，并给它倾注力量，促使其内在的自反势用恢复其本真存在，从而战胜惰性自放势用的消解，展开为真正的精神反思。精神于是认识到，它的真理不是自然、肉体，也不是任何在它之外的东西，而首先就是它自身内在的心灵、意识、思想的具体现实，后者的本质是自由本身。大乘瑜伽唯识思想的产生，就验证了这一精神发展。

唯识思想在佛教中最早表现出真正的精神反思。首先，其“万法唯识”的观念，表现了一种内在反思。唯识在这里，既遮万境为虚无，又表内识为实有。唯识由于领悟到识的具体现实就是存在的绝对真理，便将早期奥义书的内在反思包含在内，既克服了小乘的实在论，也克服了般若将全部世俗或现实存在虚无化的倾向。其次，它还通过阿赖耶识缘起说，表现一种先验反思。唯识认为阿赖耶识超越经验，同时又是一切经验存在的根据、基础，因而就是先验本体。在此意义上，唯识也将思辨奥义书的先验反思包含在内了。最后，它还通过“三自性”说，表现了一种正智反思。正智就是具体、纯粹的觉悟。般若空智属于正智，但只是正智的超越方面，正智还有其反思方面。后者通过“三自性”说得到表现。其说以为依他起的识有染污的遍计与清净的圆成二分。后者就是识的真理，并包括空智和法性真如（空性）。空智作为绝对否定的具体现实，是识的应然、本然的真理。可以看出，在这里，唯识就是在般若的究竟否定之中引入了反思的维度，从而将空智内在化为真实的识（清净依他）。这就是空智的反思。这反思遂把空智的无住、无得的绝对自由领会成觉性内在的真理，所以它是一种无住反思。后者是般若的究竟否定与瑜伽的内在反思的辩证统一。此外，唯识对空智与作为其本体的法性真如（即空性）进行了区分。这实际上是对于识的“存在论区分”。空智是有为法，是清净识的世俗或现实存在；空性则是无为法，是识的超绝本体。二者是体用关系，前者是识之相，后者是识之性，都内在于识。唯识因而将般若的空性本体内化为识或觉性之超绝本质，因而形成了一种空性的反思，这其实也是一种超绝反思。所谓正智的反思，就是这无住反思与超绝反思的辩证统一，这也是般若的绝对否定与瑜伽的内在反思的辩证统一。它既领会到本体超绝的绝对自由，又领会到这自由就是觉性的内在本质。正智反思相对于般若大乘的进步在于它的反思性，相对于奥义书的启示反思的进步在于彻底打破了超绝本体的现存性，领会到这超绝本体就是绝对自由或自否定的运动。

总之，唯识的主要贡献在于确立了正智反思。它在般若的绝对否定或正智省思层面，引入印度传统已有的内在反思之维。于是，通过大乘佛教的否定与反省、破与立的辩证运动，印度精神似乎又返回到原来的出发点。然而精神在这返回中取得了本质的发展。这表现在，它终于彻底打破了奥义书启示省思的执着，领悟到觉性的超绝存在不是一种现存本质，而就是自由，即自否定的绝对运动。瑜伽唯识思想的形成，也反映了现实的精神自由的新进展。其中万法唯识和阿赖耶识缘起论，在观念层面表现了精神的内在反思和先验反思的运动。这在现象学上呈现了精神内在的自身维持势用在不同存在领域的积极展开（参考本书第一部分第二编第一、三章小结）。而唯识的三自性说，则在观念层面表现了正智反思扬弃空智、空性的外在性，将其与精神内在的思想和自由本身等同的内在化运动。精神这种内在化运动，在现象学上验证了其内在的自身维持势用在正智领域的积极展开。正智省思对真如法性（存在的绝对真理）与空、无住的清净心，即超绝、内在的自由本体的同一性的领会，意味着反省达到了内容上的极限。这表明精神内在的自反势用实现了在内容上的自身绝对化。正是这自反势用在省思不同层面的积极展开推动大乘精神的内在转向，使其发育出反思之维。这一点也决定唯识的精神反思的多层面性。

可见，正是精神内在的自舍和自反势用的积极展开，推动了大乘佛学产生和发展。大乘精神在这种推动下，最终开展出一种内在、无住、超绝的自由。然而在这里，同样只有在作为精神绝对本质的本体自由自身的促动之下，这自舍和自反势用才能恢复其本真存在，从而获得其历史展开（参考上一编引论）。盖本体自由作为绝对，要求实现为对于自身内在实质的自主设定。这要求就是本体自由的呼声。正是它促使现实精神意识到自身自由的局限、意识到现实性与现存性对于它的压制。于是这精神乃对于本体自由敞开自身，接受其倾注，从而首先使其自身否定势用恢复其本真存在并终于彻底断除精神惰性的自任势用的影响而实现为绝对自由，从而推动空思维或正智省思。精神于是领会到存在的超绝本质不是一种现存的实体，而就是本体自由自身。它因而克服了本真觉悟在启示省思中的抽象性、含糊性，而形成了一种具体、纯粹的觉悟。然而最初的大乘佛教是无反思的。在这里，同样是本体自由的永恒呼声，伴随奥义书反思传统的冲击，再度唤醒佛教精神沉睡的良知，并给它倾注力量，促使其内在的自反势用恢复其本真的存在，从而战胜惰性的自放势用的消解，得以在超绝自由的层面积极展开，推动真正的精神反思在正智层面的形成。精神遂得以领会到那般若正智揭示的超绝自由，就是觉性、精神的内在本质。这种领会就是正智的反思。大乘瑜伽唯识思想就是这一精神进展的成果。总之，是自由最终推动大乘佛学正智省思的形成和发展。因此，我们通过对大乘佛学思想演化史的阐释，就在观念层面呈现了自由推动精神依次扬弃奥义书的启示省思和般若空思维的局限，领会存在的内在、超绝的自由本体，从而导致正智省思形成和发展的机制。这在现象学上进一步验证了自由推动思想发展的内在精神逻辑。

另外我们还将看到，在西方思想中，从新柏拉图主义和奥古斯丁执着于超理性实在的神秘神学，到希腊教父时期完全否认现实性的自为真理性、确立上帝本质为一种超绝现存实体的否定神学，再到否定上帝本质的现存性、确立其为纯粹行动，即超绝的自由的托马斯神学，遵循的是与奥义书思想从直觉省思到启示省思，再到大乘佛学的正智省思本质上一致的发展轨迹。通过对这二者的比较就可以证明导致大乘佛学产生和发展的上述精神逻辑，不是印度文化的个别偶然特征，而是属于人类精神发展的普遍必然规律。

然而印度的根本大乘也有很明显的思想局限，反映出其现实精神自由的局限。这主要表现在，与奥义书思想相比，它仍然缺乏一种绝对精神反思。首先，般若中观思想是完全无反思的。与属婆罗门传统的奥义书思想不同，属于沙门传统的佛教本来缺乏反思的向度。般若中观思想仍然受这一传统制约。这在于它完全没有认识到心灵的自为、绝对存在。般若思想的这种局限，在观念层面表明在这里精神内在的自身维持（自反）势用仍完全被（惰性自放势用）抑制，没有在精神的内在存在领域展开，没有实现为真实的自由（参考上一编引论和结语）。由此可见在这一精神阶段自舍与自反势用的展开是极不平衡的。其次，唯识思想尽管表现出一种精神反思，但这反思还有很大局限性。它确立了清净识的绝对真理性，并将空性内在化为清净识的本体（内在、超绝的自由），但由于受佛教传统的无我思想制约，并没有把那绝对的识与（反思主体的）自我等同起来，而是以之为一种独立于我之外的普遍、客观的原理。因而它的反思还只是一种客观反思，还不具备主观性、绝对性。这种思想局限，在观念层面表明精神没有把自我当成存在的绝对真理。这在现象学上表明，精神没有把这内在、超绝自由当成生命的绝对目的。这表现出精神内在的自反势用仍然被（精神内在的惰性）阻碍，还没有展开为对精神的内在、超绝自由的绝对维持（参考本书第一部分第二编第一章引言和小结）。大乘佛学表现的这种精神局限，也只有通过自由的进一步展开才能被克服。盖本体自由作为绝对和无限，要求（现实精神）把它自己作为精神生命的绝对目的。它必然通过呼唤和倾注，促使精神内在的自反势用恢复其本真的无限性，展开对内在、超绝自由的绝对维持（即精神把这自由当成生命的绝对目的），从而推动精神领会这自由就是自我，于是本真精神的觉悟就成为本己的觉悟。在印度思想史上，真心如来藏学（《楞伽经》、《起信论》等）、不二吠檀多派以及《慈氏》等一些受大乘佛学深刻影响的晚期奥义书思想，就验证了这一精神转型。

以下试图对印度精神从奥义书幻化论到大乘般若、唯识思想的发展，给予一种生命现象学的阐释，并且将其与中、西思想进行比较。

## 第一节　般若思想

精神既然以自然觉性为基础，且背负着自身的现实存在，这就决定对于它来说，迈向绝对自由的道路必然是漫长遥远的。这个绝对自由就意味着，精神的自主势用打开了束缚它的重重枷锁，最终实现了自身绝对化。减去一副枷锁就意味着多了一层自由。然而，对于人类精神来说，它的哪一种最根深蒂固的枷锁，不恰恰是它自己视为至宝甚至生命本身，而不忍须臾舍离的呢？奴役的最终根源正在你我的内心。这也从根本上决定通往自由之路必然是崎岖坎坷的。尽管在自由的永恒推动下，人类精神经历了从自然思维到理智的超越和反思，再到思辨、直觉省思，乃至最终进入启示省思层次，在每一阶段都实现了一种更高的自由，进一步接近其绝对自由的理想，但是在每一阶段都为自己设立了一个现实自由或自主设定无法打开的门。后者就是那处在这自由之外，作为绝对真理呈现的东西。这个绝对在精神的自然阶段就是经验的现实，在实在自由阶段就是内在、超越的现实。即使当精神否定全部现实存在进入启示省思领域，仍然面对着一个其自由无法容纳、无法进入的神圣本质，即超绝的现存实体。现实精神的自由，正是由于这些它不得其入的门，而被关在其自身绝对化的理想王国之外，因而始终只是相对的。印度精神也是如此。当它否定一切现实性而进入超绝的神圣阶段，它仍然将那超绝的真理领会成一种现存、不动的基础、本质，处在精神的任何自主设定之外；它对这真理的领会只能来自后者的自身呈现或启示，所以与这神圣精神相应的省思就是启示省思。在这里，这超绝的本质就成为精神的最后一个无法打开的门。精神的绝对自由之旅仍然被阻断了。

《白骡》、《频伽罗子》等持幻化论的晚期奥义书和原始佛教就属于这一精神阶段。在奥义书幻化论思想阶段，精神否定实在思维的一切执着，省思领会到一种真正的存在论区分，将全部现实存在空洞化、虚假化，从而将存在的绝对真理或本体置于作为现实性之彻底否定的超绝存在领域，于是撩开这本体的面纱，一睹其本真存在的容颜，因而这省思成为真正的精神觉悟。精神在这里终于卸除了现实性的重负，飞跃进入本真的自由之中。然而在这里，超绝本体仍被理解为一种现存的存在。它的现存性表现在奥义书所形容的永恒、不动、无为、不变性。《白骡》这种现存性观念还有更深的精神根源。盖启示省思首先是超绝的否定。然而《白骡》等尽管将全部现实性"无"化，但没有将本体"无"化，本体仍然是一种"有"，是精神的否定运动或"无"化永远不能到达的领域。在这里，超绝的否定尽管将全部现实存在纳入自身运动之中，但并没有将超绝本体纳入其中。它仍然无法进入也无法容纳这本体，本体仍然是外在于它的，所以对于它就是一种现存的存在。实际上由于这超绝的否定将全部现实性、思想空洞化、虚无化，从而也将自己的存在虚无化，同时确立超绝本体为唯一的自为真理，那么毫无疑义这真理不仅是外在于它的，而且是它无法逾越的。它就是精神内在的自身否定势用永远无法打开的门，它对于这否定的运动就是现存的。因此这否定势用的自身绝对化的实现在此就被阻断了。在原始佛教中我们也能看到类似的情况。在原始佛教中存在着世界观与修道境界的某种分离①。其世界观乃是一种朴素的多元实在论，强调诸法的因缘生灭，并没有表明现实存在是虚假的。然而其修道论明显应归诸于一种启示的宗教。作为其宗教理想或绝对的真理，无余涅槃就是全部现实存在、思想被泯除的寂灭境界。如《中阿含经》说及涅槃为一切名色之消灭，为"舍一切有，离爱，无欲，灭尽无余。"（卷七）这清楚表明涅槃就是对现实存在、思想的绝对否定，是一种超绝的真理。这寂灭的涅槃，由于人的思想在此断绝，因而是自身呈现的，即启示的。同奥义书启示省思的超绝大梵一样，早期佛教的涅槃也是一种现存存在②。《阿含经》形容它为恒住、不动、不变易、无苦、不凋谢、宁静、不坏、无染、和平、福祉、岛洲、依怙、皈依处、目标、彼岸，因而它是超绝的否定无法逾越的，永远处在精神的自主否定活动之外的基础。因此，尽管佛说涅槃"非有非无"，但这些描述明确地表明它仍是一种现存的东西或"有"，一种超绝的依靠。这种对于超绝真理的现存化就是启示省思的特点。它同样使佛教精神内在的自身否定势用的绝对实现之路被阻断了。

正是因为对超绝本质的执着，使得启示省思不能领悟超绝真理（大梵、涅槃）的

① 吴学国：《奥义书与佛教的发生》，《宗教学研究》2013 年第 1 期。

② 学者指出巴利文《长阿含经》中旧的涅槃概念是一个可以实际地到达的，超越六界的处所（Wynne, Alexander, *The Origin of Buddhist Meditation*, Routledge, London, 2007.114）。

无性，所以它仍然是有执、有住、有得的。在这里，精神仍然在追求一种置身其中便可一劳永逸的归宿和基础，一种精神的避风港；而不是勇毅地自掷于空无的深渊，永远承担起流离失所的本真存在，从而达到彻底无住、无执、无得、无取、无依的绝对自由。超越思维的自身绝对化进程在此受到了阻碍。这反映出精神内在的惰性自任势用仍然在牵制着自主的自舍势用的展开，自舍势用的自身绝对化无法得到实现。另外，尽管启示省思对本体超绝性的领会使它进入真正的精神觉悟领域，但它将本体领会成超绝的现存本质，却是一种误解。因为唯一的超绝存在就是觉性的本体自由自身，就是自否定的运动，是对一切现存性的否定。实际上，任何现存存在、本质（自然、观念、理念）都是自由创造出来作为其自我实现的中介的，所以它们都属于现实性，而不属于超绝性即本体自由的自身存在的领域。一种超绝的现存存在其实是一种思维假相。总之省思在这里对于本体的领悟仍然是间接、抽象的，没有意识到本体就是自由或自否定运动自身。这意味着省思在这里找到了一个错误的出发点。正确的出发点是否定思维必须将这超绝本质同现实存在一并虚无化，思想于是折回自身，从自身内部寻找超绝。否定思维在这里取消了一切在它之外的、现存的东西①，将全部存在纳入其运动之中，因而实现其自身绝对化。于是这否定就消除了一切对象，唯独确定它自己，即绝对的否定活动自身，为直接、绝对的真理，它因而成为究竟否定。在这里，精神的觉悟便最终扬弃启示省思，进入无住或“空”思维层次。正是精神自主否定（自舍）势用的本真存在的自身绝对化意志，推动这一精神进展，使之初步达到绝对自由的实现。精神所谓绝对自由之实现，在于其自否定或自主势用推扩至极，将一切可能的存在纳入其现实活动之中，因此这绝对自由不容许有任何现存的，即处在它的活动之外的东西存在。然而自主势用在迈向其自身绝对自由的道路上，必然无限地使自身展开为思想、概念，但是它一旦展开到后者之中，便可能被凝固，于是它就给自己戴上了枷锁，因而从其绝对自由的朝圣之旅中脱离出来，转而进入路旁的无数牢狱之一。在这里，精神必须通过自主否定势用打破其自身固化的倾向，才能使其自主势用重新回到绝对自由的旅程。唯有自舍势用在其本真存在中保留了否定其自身固化趋势从而朝着自身绝对化运动的能力，使它可以作为单独的主导势用实现为绝对自由。因而根据精神自由自身展开的逻辑，这自舍势用应当首先实现其自身绝对化，而且这也符合人类精神发展史的事实。精神内在的自舍

① 一切现存东西必然是在思维的活动性之外的。尽管启示省思也往往将超绝本体作为现实自我、思想的本质，但没有意识到这本体就是在当下缘取它的此一思维（否定思维）活动之内的，且在这活动之外别无自己的存在，而就是这活动的自身真理；但是本质既然是不动、不变的东西，就意味着它也被排除在这思维的活动性之外了。

势用自身绝对化的实现，首先是质上的，在这里它就展开为对一切现实存在的绝对超越或否定，同时这否定思维又必然确认一种全新的超绝存在，此即超绝否定；其次是量上的，在这里，否定思维没有确认一种全新的存在，而是在已有的存在领域将自己扩充至极，将全部存在纳入自身运动之中，因而否定了一切现存存在，最终只确认这绝对的否定活动自身为唯一的真理，此即究竟否定。这超绝否定和究竟否定的统一，就是绝对否定，或否定思维的绝对自由。这绝对否定领会到存在本质不仅是超绝的，而且就是否定的运动自身，就是超绝的自由。因而这绝对否定就是一种纯粹、具体的觉悟。它从属的精神是无住的精神。自舍势用的自身绝对化的实现，必然推动超绝否定与究竟否定思维以及作为二者统一的绝对否定思维的形成；它必将推动印度精神最终克服（晚期奥义书和早期佛教的）启示省思的执着，达到绝对自由的境界。然而这种实现，唯有当本体自由促使精神内在的自舍势用恢复其本真存在，从而彻底消除惰性自任势用的影响，才有可能。因而自由必将最终推动精神从启示省思到纯粹觉悟、从神圣的精神到无住的精神的转移。

大乘佛教般若思想（包括《般若经》和中观派的思想）的形成，就验证了这一重大精神进展。般若思想就体现了这种绝对否定。它将全部修学概括为六波罗蜜（施、戒、忍、精进、禅定、般若），其中般若波罗蜜为余五波罗蜜之基础和归宿，故此波罗蜜赅摄般若思想的全部①。般若波罗蜜即是空智或空思维。一方面，从般若发生的历史来看，它是扬弃奥义书的启示省思而形成的。首先，它继承、发展了晚期奥义书表现的超绝否定。就形上学层面而言，它的“性空如幻”说与奥义书的幻化论的亲缘性十分明显。如经云：“色不异幻，幻不异色。色即是幻，幻即是色。世尊。受、想、行、识不异幻，幻不异受、想、行、识。识即是幻，幻即是识。世尊。眼不异幻，幻不异眼。眼即是幻，幻即是眼。眼触因缘生受，乃至意触因缘生受亦如是。”（《摩诃般若波罗蜜经》卷四）这样的说法，可以说与奥义书幻化论的结论完全相同，却并不属于主张实在论的早期佛教传统。这表明大乘形上学的超绝否定是对幻化论奥义书的觉悟的继承和发展。就宗教实践层面而言，般若则继承发展了早期佛教的超绝性。这表现在它仍然沿袭了佛教传统的禅学和涅槃理想中对于世俗或现实存在的绝对否定。其次，它还继承、发展了方等的“毕竟空”思想包含的究竟否定，并以之打破了奥义书和早期佛教启示省思对于超绝现存本质的执着，达到了精神的绝对自由。启示的否

---

① 如《摩诃般若波罗蜜经》云：“般若波罗蜜中生五波罗蜜，生内空乃至无法有法空。四念处乃至十八不共法、一切三昧一切禅定、一切陀罗尼门皆从般若波罗蜜中生。成就众生净佛国土，皆从般若波罗蜜中生。”（卷九）《小品般若波罗蜜经》亦云五度如盲、般若为导（卷三）。

定将全部现实性斥为虚无，却以为绝对、本体是一种超绝的现存性，是唯一的“有”。晚期奥义书的无德梵和原始佛教的涅槃都属于这样的“有”。而般若则通过其究竟否定，将这超绝的现存性“无”化。在般若看来，涅槃也好，法性真如、真谛也好，都是同样空无、了无可得的。它因而达到了彻底无住、无得的绝对自由。这究竟否定因为否定了一切对象，一切在它之外的存在的直接真理性，因而最终只能确定它自己，即般若自身为唯一真理。它认识到究竟真理不是一种现存存在、本质，而就是否定的绝对运动，就是精神的绝对自由本身。于是般若发现启示省思的超绝性是一种假相。它必须扬弃启示的超绝否定，将后者的本体也予以否定。般若对超绝的现存存在的否定体现了一种彻底的反本质主义立场。如《中论·观四谛品》所说：“若汝见诸法，决定有性者，即为见诸法，无因亦无缘；即为破因果，作作者作法，亦复坏一切，万物之生灭。”无论现实存在，还是超绝的空、实相、涅槃，都不是“决定有性”的，即不是一种现存本质。如果说晚期奥义书和早期佛教仍然认为超绝的大梵、涅槃是个“什么”（the what），那么般若则否定了任何的“什么”[①]，只承认它自己作为空的运动为唯一真理。存在的究竟真理不是现存的本质，而是运动、自由。般若这一立场与托马斯·阿奎那否定上帝为现存本质（essentia），强调上帝是纯粹的存在行动（esse），以及马丁·海德格尔破解近代形而上学对实体现存性的执着，而将存在的绝对真理阐释为存在的时间性或“本真能在”（seinkonnen）的做法根本一致，都旨在克服启示省思的局限，进入无住或空思维层次。克实而论，在觉性或存在中，作为自由的备用工具、对象，现存存在只能属于现实性的领域，而超绝存在就是对现实性的否定，所以不可能是现存的（唯一的超绝存在就是本体自由自身）。这意味着启示省思那种超绝的现存存在是虚妄不实的，所以在启示省思中，超绝否定找到了一个错误的出发点。而般若的究竟否定则通过将这超绝本质与现实存在一并否定，将空思维本身确立为唯一直接明证的真理，从而为绝对否定找到了一个新的起点。而且般若正是在这一新起点上将超绝否定重新整合进来。可见，般若空智就是通过超绝否定与究竟否定的动态、辩证统一而形成，因而它就是一种绝对否定。

另一方面，初期大乘思想也表明，般若空智，作为一种精神运动，也是这超绝否定和究竟否定两个方面的辩证统一。大乘思想在观念层面表现了般若空智的运动，也反映了精神自由的新进展。首先，般若思想体现了一种超绝否定。经云：“诸所有色，若粗、若细、若好、若丑皆是空，是空法中忆想分别，着心取相，是名为色相。”（《摩诃般若波罗蜜经》卷二十四）“色是不受，受想行识是不受。色不受则非色，性空故。

① 穆提：《中观哲学》，华宇出版社 1984 年版，第 348 页。

受想行识不受则非识，性空故。十二入是不受，乃至陀罗尼三昧门是不受。十二入不受则非十二入，乃至陀罗尼三昧门不受则非陀罗尼三昧门，性空故。……色法无所有不可得。受想行识法无所有不可得。内空法无所有不可得。乃至无法有法空法无所有不可得。四念处法无所有不可得。乃至十八不共法无所有不可得。”（同上卷三）这些都清楚表明般若或空智首先就是一种超绝否定。它是对全部现实存在的绝对超越，同时它也是对一种超绝的真理，即空性、实相、法性的领会。这种超绝否定，在般若所谓“二谛”区分也得到清晰表达。后者将一切存在的意义分为真谛和俗谛两个层面，后者即现实性，前者作为对后者的否定，乃为超绝的真理。总之，般若思想在观念层面表现了精神否定全部现实存在，确立一种新的超越存在即超绝的空性、实相、法性为存在本质的运动。这个运动是一种质上的否定①，并且与《白骡》、《频伽罗子》的启示超越一样，它也是对这种质上的否定的绝对化，因为它对现实性的否定，意味着将这质上的超越推进到了极致。精神这种绝对地否定自身现实此在的运动，在现象学上验证了精神内在的自舍势用在质上的绝对展开。其次，般若也体现了一种究竟否定。此如经云：“菩萨摩诃萨欲行般若波罗蜜，如中不应住。何以故？如如相空。世尊。如相空不名如，离空亦无如。如即是空，空即是如。世尊。菩萨摩诃萨欲行般若波罗蜜，法性、法相、法位、实际中不应住。何以故？实际实际空。世尊。实际空不名实际，离空亦无实际。实际即是空，空即是实际。复次世尊。菩萨摩诃萨欲行般若波罗蜜，一切陀罗尼门中不应住，一切三昧门中不应住。何以故？陀罗尼门陀罗尼门相空，三昧门三昧门相空。世尊。陀罗尼门、三昧门空，不名陀罗尼门、三昧门，离空亦无陀罗尼、三昧门。陀罗尼、三昧门即是空，空即是陀罗尼、三昧门。世尊。以是因缘故，菩萨摩诃萨欲行般若波罗蜜，如乃至陀罗尼三昧门中不应住。”（《摩诃般若波罗蜜经》卷三）“诸天子众！若复有法过涅槃者，我亦说为如幻如梦。何以故？诸天子众！幻与涅槃无二无别。梦与涅槃无二无别。”（同上卷八）这就是说，不仅现实存在是空、不可得，而且作为现实性之否定的超绝真理，即真如、法性、法相、法位、实际、涅槃亦是空、不可得。此外般若的“十八空”义，不仅说内空、外空、有为法等空，而且说空空、第一义空、无为空、毕竟空，也表明不仅全部现实存在是空，而且作为超绝真理的空性亦是空、不可得。“二谛论”所谓真、俗不二，世间与出世间不二，也表明了同样的旨趣。因此，空智否定了一切在它之外，可以依靠的

---

① 所谓质上的否定，指精神否定当前的直接存在并确立一种全新的存在真理。它揭示了一个新的存在领域。在奥义书思想中，《羯陀》、《六问》等的理智的超越，《蛙氏》的直觉的超越，《白骡》、《频伽罗子》的启示的超越，都属于这种质上的否定。同《白骡》、《频伽罗子》一样，般若的超绝否定也揭示了一种全新的超现实存在，因而亦属于这种质上的否定。

真理，达到彻底的无所得、无所住境界，因而它就是绝对自由。在这里，这空智作为否定思维最后只能确定它自己为绝对真理，故般若、空智本身即是绝对、如来、法性。因此般若就是究竟否定。这究竟否定没有揭示一种更本质的存在层面，而只是在当前的存在层面，将否定的范围尽量扩展，因而是一种量上的否定。这种扩展达到极致，否定思维就取消了一切对象的真理性，结果只能确定这绝对否定思维自身为唯一真理。这种否定思维在量上的自身绝对化，就是究竟否定。总之，般若学在观念层面表现了精神否定任何现存的基础和依靠、自捐于彻底无住、无得之境的运动。这使精神内在的自舍势用在量上的绝对展开获得现象学的明证性。最后，般若思想也体现了究竟否定与超绝否定的辩证统一。如前所论，般若作为究竟否定，是空诸一切，是精神彻底无住、无执、无得的运动，即绝对自由。正因为它否定一切，所以它最终只能确定它自身即这绝对的否定活动本身为直接明证的真理。然而般若或这否定思维本身，属于精神的现实性，是超绝思维应予否定的。克实言之，唯有一种超现实的真理，才可能是存在的最高真理，及一切现实存在的本体。于是，当般若作为究竟否定将它自身确定为绝对真理，般若所包含的另一方面，即超绝否定方面最终必然使它认识到，它自己，即般若或否定思维本身，作为一种现实存在也属假法，也是应当予以否定的，但是这否定不是般若的自我消灭，而是它认识到自己内在的超现实层面，即超绝本体。易言之，般若也需要对自己进行去现实化或超绝化。因此，般若就是超绝否定与究竟否定的统一，即绝对否定。这种绝对否定，在般若经论中得到充分的表现。此如《金刚经》云："佛说般若，即非般若，是名般若。"经说般若为"非般若"，就是要否定般若的现实性，而说般若又"名般若"，则是确立其中的超绝真理，即空性本体。因此般若包含了由方等思想发展出的究竟否定和由奥义书幻化思想发展出的超绝否定的对话和融合。它一方面通过究竟否定，打破了启示的超绝否定对现存性的执着，最终使超绝存在成为无住的运动、绝对自由；另一方面又通过超绝否定，把方等思想的究竟否定去现实化，将其转移到超绝领域，这就在于透过这究竟否定或空思维本身，看到其内在的超绝本体，即空性，因而使无住、绝对的自由成为超绝的。般若正是通过究竟否定和超绝否定的辩证统一，最终领会到超绝真理与绝对自由的同一，从而首次使本体自由呈现其直接、具体的真理。因而般若最早达到对本体自由的直接、具体的领会，即究竟觉悟或正智省思。此外，从般若的自身活动的逻辑来看，它也包括了绝对否定的这两个方面，包括了否定思维在质上和量上两方面的绝对化，是二者的辩证统一。它的全部内容都是在这两种否定的相互交织、相互促进中展开的。般若正是在这辩证运动中，展开为超绝、绝对的自由。总之，般若思想在观念层面呈现了精神的这种绝对否定运动，这在现象学上验证了精神内在的自舍势用的自身绝对化在质上和量上的双重展开。只有到了大乘佛学，这自舍势用的本真存在才在绝对意义上展开为现实的思想，成为现实精神的绝对自由。然而只有本体自由自身才能促使精神内在的自舍势用恢复其本真存在，从而彻底消除惰性的自在势用的影响，获得绝对的自身展开。因而最终是自由推动奥义书的启示省思到佛教正智省思的转型。总之，对般若思想形成的诠释，将在现象学上呈现自由推动正智省思形成的内在精神逻辑。

以下我们试以空智为中心，通过对般若学几个核心观念，即空、二谛、中道的生命本体论诠释，来阐明它包含的精神逻辑，主要内容如下：(1) 空。空既指理体之离相空寂，又指实践之无住、无得。《中论》以空性、空义、空用三义解空，但三义具体所指，颇为模糊。我们根据自己对般若经论的理解，将三义解释为：其一，空用就是空智、般若，即绝对的否定思维本身，是绝对的自由、究竟的觉悟，它既是理论的又是实践的，它属于精神的现实活动、思想；其二，空义就是空智所认识的实相、真理；其三，空性就是般若通过对自身的否定即去现实化呈现的超绝真理，即空智的本体，它就是自由之本体。空智首先是对现实存在的否定，因而领会到存在真理的超绝性，是真正的精神觉悟。它同时也是对一切现存存在，包括超绝的现存性的否定，是精神住无所住、行无所行的绝对自由；除了作为绝对否定的它自身，它取消了其他一切存在的真理性。最后它又是对自己作为绝对否定的否定，即否定自身的现实性，使绝对自由作为超绝本体呈现出来。空智就是精神的超绝否定与究竟否定的辩证统一。(2) 二谛与中道。二谛即真、俗二谛。俗谛就是全部现实存在，真谛则是超越或否定了俗谛的绝对实相，即超绝的真理。二谛的区分就是一种存在论区分（见本节第三目），它将全部世俗、现实的存在空洞化、虚无化，从而将本体领会成超绝的空性、本无，所以二谛说体现了一种超绝否定。然而般若说二谛，重点在于强调二谛不二，也就是观二谛皆是空无，从而于二谛皆不取不着；这不是对立面的折中或统一，而是二边双非双遣，以实现精神绝对的无住无得，所以二谛说也体现了一种究竟否定。因此二谛论也体现了般若的超绝否定与究竟否定的辩证统一。般若的中道思想，就是将这种不二、双非的绝对否定立场贯彻到其理论、实践的方方面面。这种绝对否定思维，体现了精神内在的自身否定势用的绝对展开。

## 一、般若思想产生的历史背景

《庄子·养生主》说到庖丁为文惠君解牛，十九年而刀刃若新发于硎，魏侯闻其言而悟养生之道。大概养生在于全神，而欲全其神者，非踏空凌虚、御物无伤者不能为也。盖世界若一牛，必有虚实，而精神若刃；学道之人，神游世间，知窾隙肯綮之所在，故能避实就虚、舍有趣空、游刃有余，是以虽经尘垢，而精神无伤。此诚为天才之言。盖人生之恒处圉隶劳顿，原因在执于实有。若悟我法皆空、举世非有，而神游太虚，则何物可为缚累，复有何者而被缚累乎？近世西哲海德格尔之徒，亦以实有为妨道之假法，必栖神于本无之国，托心于无何有之乡，方得存在之自由，是其所谓“存在论区分”之蓍龟也。盖自由、解脱，复归于本原之谓也。“无”是“有”之本原。曰自由、曰逍遥、曰解脱，皆是本无之境界。佛氏养性，或亦可格义于此。如师子贤《现观庄严论》所言：必万有皆冥，游心虚寂，方得解脱；若信事物为实有，又欲求离烦恼、虚妄分别，殆无能为也。然大乘超庄子之上者，在于后者持有虚、实物，前者持物有虚、实，兹即谓一切物悉有虚实或空有二面。如说其于世俗谛是实，于胜义谛是虚，或于依他起、遍计所执是实，于圆成实是虚。必破实为虚，舍有入空，才能得绝对自由。但不同文化，其所谓有（存在）既义别，故其所谓无亦有差异（为冥性或觉性原理）。要之庄生之“道”不同海氏之“无”；梵教之“性”非类佛氏之“空”。然而苟欲会本无，得自由，皆应破实有，证本源，此又各文化之大同也。故现西哲破实体性、客观性而归诸存在生生之理，大乘遮胜论、有部之实有而返法界之空，理趣一也。

大乘般若思想，就是作为小乘佛教和从耆那教到胜论、正理及数论派的实在思维的否定方面而产生的；也正因为这一原因，大乘佛教对部派的实在论的责难，总是与对耆那教、胜论、数论的批判结合起来的。我们发现在原始佛教中存在着世界观与修道境界的某种分裂①。其世界观可以称之为一种朴素的多元实在论，强调诸法缘生缘灭、无常变化的时间性，企图以诸法缘起的条件性和时间性解构常识思维以及耆那教和奥义书思想等执着的独立、持存的实在。其修道论可以归诸一种启示的宗教。它以证得一种作为一切现实之否定、思想之断绝的无余涅槃或彻底寂灭境界为理想（这寂灭境界，由于人的思想在此断绝，因而是自身呈现的，即启示的）；然而在这里，涅槃的境界被认为是一种永恒常住、不动、无生的现存的存在，因而它是一种启示的真理，而不是究竟觉悟（比如空思维，见此章引言）的对象。到部派佛教，由于受时代思潮的影响，实在论立场进一步强化，表现出严重的实体思维倾向。从佛典的记载来看，部派时期影响最大的外道，为胜论派、数论派和耆那教。与奥义书和原始佛教思想相比，这些思想的一个共同特点，是其经验论的、多元的实体哲学②。胜论哲学可以说是这种思想的典型。它主张实、德、业、同、异、合六句义说，其中实体共有九种（地、水、火、风、空、时、方、我、意）。实体超越时、空，不为任何因、果消

---

① 吴学国：《奥义书与佛教的发生》，《宗教学研究》2013 年第 1 期。

② Sarvepalli Radhakrishnan, *Indian Philosophy Vol.1*, the Macmilian Company, London 1924, p.695.

灭，是组成世界的基础（PDSI · 1—II · 9）。这种实体哲学的盛行很可能是因为受希腊思想影响。实体论对于当时的部派佛学产生了决定性的影响。比如其中最有影响的说一切有部，讲法体实有，把法理解为自性永远不变的、超验的实体（dravyasat）①。这与原始佛教诸法缘生而无实体的观念有实质的冲突②，而与胜论一致。有部对法的机械分类和枚举（如《俱舍》的5位75法），对于属性的罗列（如色有8德），都体现了胜论的独特思路。所以有部受胜论思想影响是无疑的。耆那教的哲学也对部派佛学有很大影响③。数论的自性转变论，促成了经量部的心识转变说。另外希腊思想也可能对阿毗达摩的体系化起到直接的影响④。盖部派佛教时期的异族征服者大都对佛教很有兴趣⑤。汉译的《那先比丘经》记录了那先比丘与希腊人的大夏国弥兰陀王的对话。据说后者最后出家当了和尚并修成罗汉。由此至少可以肯定当时西北印的希腊人、波期人、塞种人等，有许多皈依了佛教。这些皈依的异族人肯定会把他们原有的思想元素也带进佛教。这一点从佛教与异族文化接触前后的巨大思想变化，可得到充分的验证。比如佛教正是在与希腊文化接触以后，强化了对法的组织和原子式思维⑥。但实体论的影响，不仅使佛教的世界观从原有的"缘起"立场大大偏离，而且其修道理想也从原先的启示宗教偏离；后者表现在，在部派佛教中，涅槃也被实体化，成为无为法之一种，其对现实存在的否定被模糊化。在这种情况下，大乘的旨趣，首先是要重新洗脱来自外来影响的实在论，回到佛教本来的无自性论⑦。但这也不是要回到原始佛教的经验的、自然主义的立场，而是用空性阐明缘起⑧；其宗旨在于通过否定经验事物的实在性，诠显绝对的存在⑨。

大乘佛教这种重大转型，根本在于受到奥义书幻化论的启发，它甚至应当视为后者的进一步发展。这在于：其一，大乘的性空如幻的观念，认为一切现实存在皆是虚妄不实，如梦幻泡影，这种虚妄论无论与持朴素实在论的原始佛学还是持多元实

---

① Nakamura, Hajime（中村元），*Indian Buddhism*, Motilal Banarsidass, 1987.123-124.

② 梶山雄一：《中观思想》，华宇出版社1985年版，第124—125页；松本史朗：《缘起与空》，中国人民大学出版社2006年版，第21—22页。

③ Nakamura, Hajime（中村元），*Indian Buddhism*, Motilal Banarsidass, 1987.124—125.

④ 山口益：《般若思想史》，上海古籍出版社2006年版，第10页。

⑤ Nalinaksha Dutt, *Mahāyāna Buddhism*, Bharatiya Kala Prakashan, Delhi, 2003.3.

⑥ 山口益：《般若思想史》，上海古籍出版社2006年版，第10页。

⑦ 梶山雄一：《中观思想》，华宇出版社1985年版，第125页；山口益：《般若思想史》，上海古籍出版社2006年版，第12页。

⑧ 梶山雄一：《中观思想》，华宇出版社1985年版，第125页。

⑨ Gadjin Nagao, *Mādhyamika and Yogācāra*, State University of New York Press, Albany, 1991.209.

体论的部派佛学之间，都存在巨大鸿沟，而与晚期奥义书以为现实世界皆属幻化的立场则表现出本质的亲缘性，这表明性空如幻之说，肯定是由这种幻化论进一步发展而来。其二，大乘佛教企图通过否定经验的现实性来诠显绝对，这也与持多元实在论、反对绝对主义的早期佛教世界观有本质分歧，而完全属于晚期奥义书的思路。大乘佛教所谓空性、真如、法性、实谛、实际、胜义、法身、不二、绝对、涅槃、寂灭、佛性等，都暗示着某种作为万有本质的、形上学的绝对①，因而与持坚决反绝对主义立场的早期佛教之间存在明显断裂，但是大乘的这些概念，却都与晚期幻化论奥义书的大梵概念有本质的一致性②，这表明它们并不是从佛教自身传统中产生的，而应当是受晚期奥义书启发而来，空性真如的观念就是其中之一。因此，佛教的复归本旨运动，可以肯定是奥义书思想尤其是其晚期的超绝思维进一步渗透的结果。

然而另一方面，大乘佛教又对奥义书的超绝思维作出了重大发展，并因而从根本上决定了印度精神的走向。这表现在，大乘佛教的性空如幻论，以幻化论为出发点，并进一步否定后者所执着的超绝本质，将后者也推入虚无之域。根据本章导言中阐明的逻辑，这种发展在于在大乘佛教中，觉悟的超越将自身绝对化。这种超越思维，不仅继承了超绝思维对现实存在的彻底否定，而且要否定那超绝的现存本质；不仅将实在思维执着的现实性虚无化，而且将启示省思的神圣本体也虚无化。这里所谓现存的东西，乃是针对这超越或否定思维而言的。它指的就是这样一种存在：它只作为与这超越思维无关的东西或其对象而存在，其实体与这超越思维无关。因而它往往表现为一种不可被否定的东西，一个永恒、不变、静止、不动的本质。然而这超越思维在其自身绝对化过程中，不会容许任何禁区，它必然要打破这种本质的偶像。觉悟的超越必然最终揭示出，一切现存的东西、本质皆是无，哪怕它是超绝、神圣的。精神在这里没有任何依靠和基础，而是彻底自置于空无之境。这种超越思维就空思维。于是这空思维就只能确定它自己为唯一直接明证的真理。大乘佛教给印度精神带来了这种空思维，从而首次为印度民族昭示了一种究竟、绝对的精神自由。不过大乘佛教的空思维是超绝的，也就是说，它作为精神的现实，也必将否定它自己。在这里，空思维意识到它自己作为直接明证的真理，却不是绝对、究竟的真理（后者必

---

① Conze, Edward, *Buddist Thought in India*, George Allen&Unwin LTD, London, 1962.225—226；Nakamura, Hajime（中村元）, *Indian Buddhism*, Motilal Banarsidass, 1987.123—124, 168—169.

② Gadjin Nagao, *Mādhyamika and Yogācāra*, State University of New York Press, Albany 1991, p.209；松本史朗：《缘起与空》，中国人民大学出版社 2006 年版，第 139 页；Sarvepalli Radhakrishnan, *Indian Philosophy Vol.1*, the Macmilian Company, London 1924, p.593；Nalinaksha Dutt, *Mahāyāna Buddhism*, Bharatiya Kala Prakashan, Delhi, 2003.171, 201.

然是超绝的)；于是它必然进一步否定自身的现实性，从而使其绝对自否定运动呈现为超绝的。于是本体自由乃以其本真面目呈现出来。因而不管它是自觉还是不自觉，或清晰还是模糊，空思维总已从它自己的现实性看到本体自由自身。所以精神觉悟克服其在启示阶段的抽象性、间接性，而成为直接、具体的精神由此首次实现了一种绝对的自由(尽管是否定意义上的)。大乘佛教带来的这一精神革命，不仅深刻地影响了不二吠檀多学(如乔茶波陀和商羯罗)，而且在晚期新奥义书中亦有体现。而大乘这一变革，充分反映在其“空”的观念中。

## 二、般若学的“空”

消解实在性和现存性的硬核，复归于精神的绝对自由，是精神的必然要求，而这必须经过一个对实在与现存思维的否定阶段。所以由执实到陵空，是精神发展的本质环节之一。在西方思想中，培根、霍布斯是经验的实在论，笛卡尔、斯宾诺莎是唯理主义的实在论，他们都认为主体和客体是相互独立、相互作用的有限实体，并且是可知的，人类知识就是在二者的相互作用中产生的。洛克提出，以主体和客体为原因产生的知识，却并不包括它们，因而主体和客体自身都是不可知的。休谟从这里出发，否认观念的客观基础，世界和自我只是一系列心理状态的总和。而康德思辨的哲学，则把先验意识作为一切客观经验的根源、基础。这与佛教哲学从有部到唯识的发展逻辑存在着某种一致性。而中观则把它们都超越了。盖有部承认诸法实有，且可知，是多元的实在论。经量部也承认外境实有，但认为其不可知，心识只能知觉自身所变现的形相，可以算作一种认识论的二元论。唯识在继承经部的心识自缘理论时，否认了外境的存在，一切皆只是心识转变产生的影像。而中观则连心识的真实性也否定了，故一切皆空，只有诸法空性才是真实。

从哲学层面上说，佛教在印度之被目为异端，是因为它反对婆罗门教的“有”论而持“空”论。但佛教对空的讲法不是一成不变的，对空所达到的境界(无、非有)的理解也不一致。小乘佛学也讲空，但一般只讲我空(人无我)，不讲法空；即使像上座部那样主张法无我，也只是将法无我理解为分析空或散空(比如说房舍是由土木石料等构成，除土木石等以外并无实体)。另外小乘只讲因缘而生的有为法是空，而不讲虚空、择灭(涅槃)等无为法空。但大乘佛学讲的空不仅是人空，而且是法空；不仅是分析空，而且是诸法自性本来空，如幻如化；不仅是有为空，而且无为法亦空；不仅是有法空，而且空亦复空。

《般若经》说空是“甚深最甚深，难通达极难通达”，“深奥者，空是其义，无相、无作是其义，不生不灭是其义。”《十二门论》也说：“大分深义，所谓空也。”“空”

(sūnya)这个概念表明了大乘佛教对存在真理的基本理解。一般所谓空既可从理(本体)上说,也可从行(实践)上说。从理上说空指一切物质的实相、真理,即诸法空性。从行上说空就是无所住、无著、无取,是趣证的方便。说它甚深,是因为它是世俗知识不能通达,唯有无分别智才能体悟。这说明空是超越世俗生活之外的,如果我们把世俗生活认为是"有",那么这超越它的空就是"无"。

般若中观说到"空",既指空的智慧,即空思维(般若、无分别智、空智),亦指这空智所揭示的真理(真如实相),亦指这空智的本体,而且这三方面意义往往是同时被指涉的。《中论》观四谛品称之为空因缘、空(空性)、空义。其云:

> 汝今实不能,知空、空因缘,
> 及知于空义,是故自生恼。

青目释云:"汝不解云何是空相,以何因缘说空,亦不解空义。不能如实知故,生如是疑难。"这就是说,大乘谈空,有空(空性)、空用、空义三个方面。空用就是通过"空"遮破因缘法的实有。但对于空性,此后诸论师的解释不尽相同。清辨以为空性就是知空之智,也就是无分别智,它是去除了主客、物我、彼此的,不二、无相、无分别的证观。因为它遮破了由虚妄分别所生的一切世间法而归证本无,所以称之为空性。而空义就是"空性"的境界,即无分别智所行境界,亦即真如法性。空性与空义是能与所、智与境的关系。月称的解释与此有很大区别。月称认为性是理体,而非能缘,空性就是无分别的真如实相,即无相不二、清净寂灭、自性涅槃的法界本体。与之相应,他认为空义,或空的意义是成立缘起,唯有依性空,才能成立缘起,谓之"性空缘起"。大致可以说,清辨释空性,是立足于"行",而月称则立足于"境",但都有问题。清辨的解释将空性等于空智,从而与空用(也是"行")难以分剖;而月称将空性解释为"空义",并可能对原文中"空义"的意思进行了扭曲。我们试图折衷二家,提出一种可能更合理的解释。这就是:一、以空智(空思维)释空用;二、以体、用区分空性与空智,空性是超绝的本体,空智是其现实表现;三、以空义为真如实相,即空智所缘境界。故大乘所谓空,同时是空智、空性、真如。在其现实性上,空就是空智。空性与空义皆为超绝的存在,这二者皆应立足于空智得到说明。兹略述之。

**1. 空义:空作为真如实相**

空义是指空思维或空智所达到的实相,即空真如。它就是诸法存在的究竟真理。如果说空智是思想的一种无限的否定过程,那么空义作为这否定的结果,就是超绝的理体，就是本无。

在对空思维进行更深入阐释之前，不妨先对空真如的意义作出一个较合逻辑、较系统的说明，尽管这样的说明并不合乎大乘佛教的习惯。正是由于本无的超绝性，一般来说，对于空的意义是易“遮”而难“表”。中观派的大家在方法上都是以遮诠为主，以遮为表，甚至但遮不表。但“空”或空真如代表了印度存在论发展的一个新的高度，它表达了一种新的存在理解，因而也是积极的，所以我们在这里力图依表诠的方式阐释它的意义。空真如是“本无”，是存在的究竟的实相，是无相、无差别、一味的绝对。我们就试图从实相义、无相义、如幻义、无分别义、无所得义、无所取义、中道义、平等义、不生不灭义、涅槃义十门来阐明空真如之相。不过《金刚经》说“佛说般若，即非般若，是名般若”，一切言语皆是世俗，而非真如法；因此用语言说真如，并不能得其实体，而只是得“似真如”相，善根者应该从这“似真如”相，悟入实真如。兹述此十门义如下：

(1) 空的实相义。空是诸法实相，如智论七喻品说：“诸法实相毕竟空，第一义实清净。以有凡夫颠倒，不清净法故有。此清净法不可破坏，不变异故。以人于诸法实相起着欲生烦恼，是故说是法性空无所有。”(《大智度论》卷九十五)。一方面，一切有为法、无为法毕竟皆空，无自性故；另一方面，这诸法的空性，却是实有，但不是一般世俗之有(经验存在)，而是不染于世俗的妙有(超验本体)，所以说它是“第一义实清净”。诸法空性超言绝相、不生不灭，故不可破坏。此即诸法实相。但凡夫众生由于无明覆障，不见实相妙有，而虚妄分别出种种差别的假相。诸佛为遮此虚妄相，故说法性空无所有，并非连实相也是空无所有的。中论对于诸法实相，有更充分的描述：“诸佛或说我，或说于无我。诸法实相中，无我无非我。诸法实相者，心行言语断，无生亦无灭，寂灭如涅槃。一切实非实，亦实亦非实，非实非非实，是名诸佛法。自知不随他，寂灭无戏论，无异无分别，是则名实相。”(《中论》卷三)实相或空性，超越于世界之外，因而与一切事物没有存在关联，所以就不能思维、不能决定，不能言说。另外由于它不属于世界，像“有”、“无”这类描述世间存在者的范畴也不能形容它：它既不是世间法之“有”，也不是彻底的“无”(逻辑的否定)，因为否定作为一种存在意义，仍然是属于“有”的。所以诸法实相，既非有，亦非无，亦非有无，亦非非有非无，言语道断、心行处灭，即是涅槃寂灭相。

(2) 空的如幻义。空不是实无，而是如幻。如幻性就是本无或空境本原。一切诸法皆如幻如化，这就是诸法实相。“幻”与“化”是般若解释空性时经常用的两种譬喻。幻本来是魔术的意思。《摩诃般若波罗蜜经》说如幻师幻作种种形若象、马、牛、羊、男、女，如是等以示众生，此象、马、牛、羊、男、女等无有实，世间一切法皆然，色不异幻幻不异色，色即是幻幻即是色（毕定品第八十三，幻学品第十一）。《金刚经》最后也归结到“一切有为法，如星翳灯幻，露泡梦电云，应作如是观”（《金刚般若波罗蜜经》元魏菩提流支译）。以幻故成无我相、空相、无相相、无作相、寂灭相、离相，如智论所说。与幻意思相近的是化。化是变化的意思，特别指神或圣人通过某种神通力变现出种种事物，这样的事物与（幻师所作的）幻相一样，也是稍瞬即逝，完全没有真实性的。智论如化品说世界万法皆是化，无丝毫实有：“一切法若生若灭皆如化，佛意一切从因缘生法皆无自性，无自性故毕竟空，毕竟空故皆如化。”（《大智度论》卷九十六）有为法是化，无为法也是化；世间法是化，出世间法也是化。六道凡夫乃至四圣四果阿罗汉诸佛，皆如化非实。而且空与幻、化之相不合不散。空就是幻，就是化，不应分别是空是幻。《摩诃般若波罗蜜经》（序品）以“十喻”总说诸法如幻如化，谓“诸法如幻、如焰、如水中月、如虚空、如响、如乾闼婆城、如梦、如影、如镜中像、如化”。一切诸法也是无明所幻作，空虚无实，不可取，不可得。“十喻”说在后来的大乘经论中得到广泛的发挥，产生了极深远的影响。

（3）空的无相义。如经中佛语须菩提，无性法及道，是一切法皆不合、不散、无色、无形、无对、一相，是谓无相（《大智度论》卷九十五）。《大乘掌珍论》说：“诸可见者皆非真实，起解因故，如阳焰水一切可见皆非真实，真如若是可见性者，可见相取不成真见。”（《大乘掌珍论》卷下）真如法性冥然寂然，离诸法相。一切行相皆是差别，但空真如一味相续而无差别，故无相。由真如性无相，缘如之智也无相而归于寂然，故境智一如。如《金刚经》说菩萨化度无量众生，而不起众生相寿者相，故实无有一人得度。《大智度论》说：“是菩萨行般若波罗蜜时，见众生无众生，但众生相中住。……住是中者无有妄相，所谓众生相乃至知者见者相。”（《大智度论》卷九十五）《掌珍论》说于胜义谛，无分别慧亦不行，如来菩提都无现观，无有少法可见故，凡有所见皆是虚妄，若无所见乃名见谛（《大乘掌珍论》卷下）；复云菩萨不行于智不行于证，不行于生不行于灭，不行于善不善、世间出世间、有漏无漏、有罪无罪、有为无为、相应不相应、断不断、生死及以涅槃，亦不行于见闻觉知、施、弃舍、精进、静虑、等持等，这就叫作行无所行（《大乘掌珍论》卷下）。此无所行而行者即无相无分别智之行，“无所行而行慧者即是无分别智。以无影像、无相、无言境界起相，自性分别亦无有故，名无分别。由此智行自他法性、一切种相非所见故，不名能见，即非能见说名真见，如所证故。”（《大乘掌珍论》卷下）

（4）空的灭戏论无分别义。龙树《中论》开篇在点出“八不”之后，以“能说是因缘，善灭诸戏论；我稽首礼佛，诸说中第一”为这一偈的结语。其中“善灭诸戏论”

句，据梵本有两层意思，一是息诸戏论；二是灭戏论后的寂灭相，即是空①。空是无相无分别境界；一切境相皆是虚妄分别所起，而虚妄分别皆依名言进行，谓之戏论分别；故要证空，就必须通过空智否定戏论分别；而当戏论分别寂灭时呈现的无分别境界，即是诸法实相。龙树《六十颂如理论》说："如其所宣扬，即蕴处界法，大种等及识，所说皆平等。彼智现证时，无妄无分别。此一若如实，佛说为涅槃。此最胜无妄，无智即分别。"但由于空不是离诸法而有，而就是诸法的存在本质，故佛可以于平等中不动而分别诸法，不动就是"分别诸法时不著一异相"，即分别而不著分别相（《大智度论》卷九十五）。是故佛于无分别中行分别，分别而实无分别，不坏无分别相故；于无言说中言说，言说而实无言说，不坏离言相故。这也就是《掌珍论》说的"行无所行"。

（5）空的无所取义。诸法实相如梦如幻，空性无相无分别，故不可取，若取即成有相。《大智度论》说诸法如梦无所取，乃至诸法如化无所取，一切法不可取相，般若波罗蜜亦如梦幻不可取相，用不可取相法不能得不可取相法（《大智度论》卷九十五）。《掌珍论》亦云："诸心慧境现，智者由不取，慧行无分别，无所行而行。"（《大乘掌珍论》卷下）故佛言，以世谛故说佛得是法，于第一义是法中无有法可得，亦无是人得是法。

（6）空的无所有、无所得义。以空无相，无所取，故无所有，亦无所得。智论以七喻说因缘不可得，谓诸法性无所有，有情、六道及业因缘如梦、如化、如幻、如镜中像、如响、如焰、如乾达婆城，譬如梦中人物虚幻不实，其修道、受五欲乐无实住处，有漏无漏、有为无为、有垢无垢乃至修道所得非想非非想天等事，皆无毫发真实；六道皆空，但有假名（《大智度论》释七喻品，卷第九十五）。不仅有二法不可得，无二法亦不可得。如智论（卷九十五）说佛言不二以遮二边，以是一空相破各各别异相，名为中道；若有新发意菩萨未得诸法实相，闻是不二法取相生着，则不二相亦应遮。有二无二俱不可得，所谓非二非不二，这才是中道的正观。不仅因缘法不可得，涅槃、实相亦不可得，"以世俗语言故说佛得阿耨多罗三藐三菩提，是中无得者无有得法。"（《大智度论》卷九十五）这是因为实相是平等相，非有非无、能所俱泯，故不能行不能到。故于第一义谛中，有相、有言法不可得，无相、无言法亦不可得；缘起法不可得，寂灭法亦不可得。

（7）空的中道义。在部派佛学中，说一切有部讲诸法实有，方广部讲一切皆空，前者发展为"执有"，后者则趋向"着空"。一个是彻底的实在论，认为一切皆有实

① 吕澄：《印度佛学源流略讲》，上海人民出版社 1979 年版，第 128—129 页。

体；一个是绝对的虚无主义，把幻有也否定了。在般若看来，二者都是不正确的。《中论》观四谛品有所谓“三是偈”说：“众因缘生法，我说即是空，亦为是假名，亦是中道义。”① 这就是要求对缘生法必须“空”、“假”并观，方为“中道”。诸法不仅是空，且是作为“假名”之有，即因缘假立的存在。这里缘生法是“性空”，假名是“幻有”。所以三是偈也是与《般若经》并观“性空幻有”和《宝积经》“空观”、“实有”双遣的要求一致的。空、有并观，或有、无双遣，不着二边，才能真观实相，这就是中道的基本精神。因此“真空”是“有”亦空，“无”亦空，了无所得，不着二边，甚至不着“不二”。三是偈标明了龙树所谓“中道”的宗旨是，必须空（真无）、假（俗有）、中三者等观，才是大乘中道，才能揭示真如实相。

(8) 空的平等义。《大智度论·平等品》说：“诸法空不可得故平等，菩萨摩诃萨观一相不作分别。色等一一法相皆空，空中各各相法不可得，所谓色相乃至诸佛相皆不可得，以是因缘故当知诸法平等。是平等有为法无为法，便离有为法无为法不可得，是二法不合、不散、无色、无形、无对、一相，所谓无相。”般若经说平等有十个方面的意义：一切法无相故、无性故、无生故、无灭故、寂静无著故、本来清净故、超越戏论分别故、无求无舍故、如幻、如化、如梦、如水中月、如镜中像、如影故、非有、非无、不二故平等。所以平等义与我们所说的空性十门义是相摄相入的。故所谓平等者，实相故平等，无分别故平等，无所得故平等，中道故平等。另外经云“平等者，若凡夫若圣人，不能行不能到”，因为在平等中，无能见、所见的分别，故“佛、平等皆一，平等无二、无分别。佛即是平等，故不行不到”（《大智度论》卷九十五）。平等即佛，佛即平等。清辨解释说，尔时心意识智不行，故平等中应无能见平等性者，若有所见应成不平等（《大乘掌珍论》卷下）。

(9) 空的不生灭义。空性无所生、无所灭。一方面，就法相而言，一切诸法皆空如化，以无实故不生不灭，智论所说，“是实法相不生不灭、不断不常、不一不异、不来不去、不受、不动、不着、不依、无所有，如涅槃相，法相如是”（《大智度论》卷三十四）。故若能知诸法实相空、无相、不生不灭，则得无生法忍。另一方面，就法性而言，空性真如寂静一味、离生灭相。如般若说诸法空相不生不灭，不垢不净，不增不减（《摩诃般若波罗蜜》经习应品第三），宝积说法界不生不灭、离诸言诠、毕竟清净（《大宝积经》卷九十九），若观空性不生不灭、不来不去、非名非相，是名为佛（《大宝积经》卷一一五）。但中观有时又强调对不生不灭也不能执实。依中道正观，空

① 对于这一偈，清辨《般若灯论释》的译文是：“从众缘生法，我说即是空。但为假名字，亦是中道义”。与罗什所译意思基本相同。

真如是不生不灭，又非不生非不灭，亦非不生亦非不灭，非非不生非非不灭，是绝对不二、无分别，过诸语言、心行处灭，不可破坏、不可取着、清净涅槃（《大智度论》卷三十一）。

（10）空的涅槃义。空性即是实相涅槃。《中论》观涅槃品释云："分别推求诸法，有亦无，无亦无，有无亦无，非有非无亦无，是名诸法实相，亦名如法性实际涅槃。"耆那教和一般印度宗教所谓涅槃，是指断灭烦恼、痛苦，而得到清净、解脱，小乘涅槃义，亦准于此。但中观论涅槃，则与此大异其趣，以为涅槃不仅是一种宗教的境界，而首先是存在的真理，因而提出实相涅槃的概念。中观认为，诸法实相即是空。虚空之体非有非无，非亦有亦无，非非有非非无，非异非一，非自非他，亦非俱非不俱，非常非无常，非空非不空，此即中道实相，无二无差别，无色、无相、无现、无所了别、离诸分别、言语道断、心行处灭、寂静解脱，是为涅槃。后来法相宗受到这个实相涅槃概念的启发，提出所谓"自性清净涅槃"，为佛教四种涅槃之一，谓诸法实相虽有客尘覆障，而自性清净、真实圆满、不坏不动、湛如虚空。

如是既以十门方便开示空真如之相。这十门义是相互联系、相互贯通的。比如实相义即是无相、如幻、无分别、无所得、无所取、中道、平等、不生不灭、涅槃义；如幻即是实相、无相、无分别、无所取、中道等义，其他准此应知。十门相摄相入、无碍圆成，表明了大乘佛教对"空"作为存在究竟真理的理解。空义或空真如是空智。然而它并不是作为空智的对象呈现的，因为空智是自觉、自证的[①]，它是从自己身上现证真如、空义，与之不一不异。

**2. 空智："空"作为绝对否定**

在般若中观思想中，作为"空"的立足点和意义核心的，其实是空的思想或空智，因为空性就是空智的本体，而且由于空智是自证的，它与空真如也是不二、平等的。空智是大乘佛教的超越思维的自身绝对化的体现。它就是领悟存在之本无性，彻底无住、无得，因而绝对自由的思想。首先，尽管空智属于精神的现实性即思想层面（即世俗），但它却是对一切现实存在的绝对超越或否定，是对本体的究竟超绝性的领会。在这种意义上，它与幻化论奥义书和原始佛教的启示的智慧一样，同属于真正的精神觉悟。其次，空智并不满足于此，它的自身绝对化还导致对启示省思执着的那种超绝的现存本质（幻化论奥义书的大梵和原始佛教的涅槃）的否定，所以它作为否定，既是超绝的、也是究竟的。再次，因此之故，空智既是彻底无住、无得的思想，又（作为超绝的思想）能否定自身的现实性，因而就从自身领会到那无住、无得的超绝

① 梶山雄一：《中观思想》，华宇出版社 1985 年版，第 151 页。

本体，这就是空性。于是无论其对此是否具有足够的清晰和自觉，这空智已经直接、具体地觉悟到本体自由的本真存在。这空智，又被称为般若、无分别智、无所得智。《摩诃般若波罗蜜经》(卷三) 以“十八空”状之云：

般若波罗蜜是法无所有不可得，禅那波罗蜜、毗梨耶波罗蜜、羼提波罗蜜、尸罗波罗蜜、檀那波罗蜜是法无所有不可得。内空故，外空、内外空、空空、大空、第一义空、有为空、无为空、毕竟空、无始空、散空、性空、自相空、诸法空、不可得空、无法空、有法空、无法有法空故。舍利弗，色法无所有不可得，受想行识法无所有不可得，内空法无所有不可得，乃至无法、有法空法无所有不可得。舍利弗，四念处法无所有不可得，乃至十八不共法无所有不可得。舍利弗，诸神通法无所有不可得，如法无所有不可得，法性法相法位法住实际法无所有不可得。舍利弗，佛无所有不可得，萨婆若法无所有不可得，一切种智法无所有不可得。内空乃至无法有法空故。

十八空既可从境，即空真如的方面说，在此意义上，它指的是空相的种类；也可从行，即空智的方面说，在此意义上，它指观空之智亦相应有多种。盖“空”相待于有而立，而有既种类非一，相应地空相、空智亦应有多种。最基本的是人我空和法我空，即所谓二空，旨在破除耆那教、数论、胜论以及部派佛学对实我或实法的执着。此外尚有三空、四空、七空、十一空、十八空、二十空乃至无量空，皆为相待于有的种类建立。其中以二空与十八空之说最有代表性。作为一种超越的智慧、思想，十八空即是将全部存有分为十八类，一一破之，以达到精神无所得、无所取、行无所行的境界。为使其逻辑更清晰，兹将此十八空分为如下两类：

一是内空、外空、内外空、大空、有为空、无始空、散空、性空、自相空、诸法空、不可得空、无法空、有法空、无法有法空，旨在破斥一切世俗或现实存在。内空者，即内法空。内法即内六处：眼、耳、鼻、舌、身、意。如眼中无我、无我所、无眼法，故眼处是空，耳、鼻等亦如是。外空者外法空。外法即外六处：色、声、香、味、触、法。如色无我、无我所、无色法故空，余五处等亦如是。内外空者内外法俱空，十二处中无我、无我所、无内外法。诸法生灭，无有住时，故无可取，是故皆空。大空即天地十方皆空。大就是在空间、时间上没有边际。佛教认为宇宙的存在与生命的轮回是无边无际、无始无终的，但大乘认为这种广大相也是空。有为空是指像五蕴十二处十八界等因缘和合而生的有为法皆是空幻不实的。有为法空有二义。首先，以无常故空，有为法生灭无常，故无实体，无我、我所，故空。其次，以和合故空，有为法是因缘和合故有，故皆是虚妄，从忆想分别生。无始空即无始相空。佛说世间若众生若法皆是因缘而生，恒处流转而无有始，但这种无始也不是实在的。因为构成生死的无穷轮回的无明、爱等十二因缘都是如幻如化，故无始法也空幻不实。大乘以无始破有始，复以无始无始空破无始。这与前面通过有为空破有为，然后以无为空破有为空（有为空属于无为），道理是一样的。散空就是说因缘生法都是由一系列分离的要素组合而成的，并无实体。例如以辐、辋、辕、毂和合，假名为车；五蕴和合假名为人。但是在这些分离的元素中不存在车、人的实体。散空的意思基本上与小乘佛学所说的分析空是相同的。性空就是说事物的性质都是空、不可得。盖真性必须是固有不变、不待因缘的，一切诸法皆从因缘生，故皆无性，如是一切诸法性不可得，故名为性空。不仅像坚冷等性，就是佛说世间之无常、苦、空、无我等性，也是空。自相空是指事物的相状都是空幻。性是诸法的内在性质、体性，相是性的外在表现。诸法有总别、同异等相，皆不可得，故曰相空。无法空又作无性空，即诸法之坏灭实无，或灭已则归于空无（未生法也是如此），故说无法空。有法空又作自性空，即诸法从因缘和合而生，故无有法（非但过、未，既现在之有也非实有）。无法有法空，即无法有法相俱不可得，总三世一切法之生灭及无为法，一切皆空。般若思想在此表明一切现实存在，毕竟空无所有。精神在其中，乃无一法可受、可得、可住。因而空智就是对现实性或世俗性的绝对否定，它就是一种超绝思维。

不过应当指出的是，《般若》“十八空”说对现实的否定，始终没有直接涉及识或精神存在的领域，如果说这是一种疏忽的话，那么上述引文接着的说法就在一定程度上弥补了这一不足。其云：“色法无所有不可得，受想行识法无所有不可得”。然而在这里，“受想行识法”为空是作为“十八空”的结论出现，但实际上在“十八空”中，只有“有为空”、“诸法空”两项可将“受想行识法空”义包含在内。这至少表明般若思想对心识或精神的存在还缺乏充分的反思。这一点到瑜伽行派和如来藏思想中，乃得到完全纠正。

二是空空、第一义空、无为空、毕竟空，旨在破斥超绝真理的现存性。(1) 空空即空亦复空，谓先以内空、外空、内外空破诸法，后复以空破此三空故，故名空空。或有人断烦恼得有余涅槃观五蕴空，大乘为令不著涅槃，说涅槃亦空，是为空空。盖有、世间为现实存在，空、涅槃作为对它们的否定，是超绝的本体。然而这本体亦不应被执为一种处在空智之外的现存东西、一种超绝的本质。空亦复空，就是破除这本体的现存性，使思想达到无住无得的绝对自由之境。如《大智度论》说：譬如服药，药能破病，病已得破药亦应出，若药不出则复是病；既以空灭诸烦恼病，恐空复为患，是故以空舍空，是名空空。余下诸空亦准此应解。(2) 第一义空是指涅槃或诸法实相亦空。盖小乘把涅槃和世间、实相与缘起完全对立起来，把涅槃当作一种超绝的真理，一个永恒不变、寂静不动的基础、归宿、本质，因而使涅槃成为一种现存的东西。但这仍然是有住、有执。凡夫溺生死，是住有；阿罗汉乐涅槃，是住无。大乘认为这都是执着于邪见和戏论，为破着此故说涅槃空。第一义空要求不住生死、不住涅槃。其以空与色、真与俗、涅槃与世间同样无故，不取不着，是名为空。(3) 无为空是指虚空等无因缘、非生灭的无为法，亦皆是空。《大智度论》说此无为指诸法实相、涅槃。然而如上所述，般若于实相、涅槃皆不取不住，故既不堕有生有灭的异相中，也不堕不生不灭的实相中，于有为法无为法皆不受不取，是为无为法空。其精神亦在于否定一种超绝本质的存在。(4) 毕竟空即由于以内空、外空、内外空等广破一切法，更无有一法不空者，亦无空可着，是名毕竟空。毕竟空就是一切法毕竟不可得，空亦不可得，故一切法空、空亦空、毕竟空亦空。所以毕竟空也包含了与前几种空相同的宗旨，就是否定空或实相、涅槃为一现存的本质。

十八空之说，表明般若空智，就旨在遮破一切执著，不仅要否定世俗取着的一切现实存在，而且还要否定外道小乘取着的超绝的现存本质，对于随遮破而产生的取着，也即时消解，无有遗余，最终要实现的是了无所得、无滞无碍的绝对自由境界。在此我们还试图联系其对印度精神的影响，将这空智分为以下环节，以阐明其自身展开的逻辑。空智在这种自身展开中，始终包含究竟否定（超越思维的自身绝对化）和超绝否定（对现实存在的否定）的辩证互动。首先，空智是对早期奥义书和胜论、数论等执着的现实性的否定，它是超绝的。其次，它也是对晚期幻化论奥义书、吠檀多派和小乘佛教执着的超绝本质的否定，它是究竟的。作为究竟的否定，它自己就成为唯一直接明证的真理。同时作为超绝的否定，它对自己也不能执着，还必须否定自己的现实性，领悟自身的超绝真理。于是最终，空智就以自己为出发点，通过自我还原或对自身的超绝化领悟到本体自由的无住、无得的存在，实现了对自由的直接、具体、究竟的觉悟。空思维表明印度精神到达了一个全新的自由境界。兹略述之：

第一，空作为对现实存在的否定。

究竟言之，觉性的自由或自否定才是存在的终极真理和目的，而一切现实的存在都是自由创造出来以作为其自我实现的手段，它若脱离自由就是彻底的虚无。然而由于人类觉性自身的局限，本体自由在这里只能直接把握现实，而不可能触到它自身。这决定人类精神的省思也只能对现实性，而非本体自由有直接了解。结果是现实性成为存在的绝对、唯一的真理，而作为其本质的自由则被遮蔽、遗忘。这就是人类精神史上形形色色的实在思维的认识论根源。于是现实性就成为精神的自由决定无法穿越的壁垒，精神不能领悟到自身的本体，也无法实现一种本真的自由。而般若空智，继承、发展了幻化论奥义书的超绝思维，否定了现实存在自为的真理性，将其空洞化、虚无化，从而破解了现实性的专制魔咒，恢复了本体自由与现实的正当关系。

般若中观对于现实存在的否定，对于超绝真理的确认，通过《中论·观涅槃品》以下一段话，得到了充分的表现。盖以一切现实存在或世俗存在，即有、无、因缘、生灭等，而涅槃则皆不受，故为非有非无、不生不灭、无因无缘，因而为一超绝的真理。其云：

> 无得亦无至，不断亦不常，不生亦不灭，是说名涅槃。涅槃不名有，有则老死相。终无有有法，离于老死相。若涅槃是有，涅槃即有为，终无有一法，而是无为者。若涅槃是有，云何名无受。无有不从受，而名为有法。有尚非涅槃，何况于无耶？涅槃无有有，何处当有无？若无是涅槃，云何名不受？未曾有不受，而名为无法。受诸因缘故，轮转生死中，不受诸因缘，是名为涅槃。如佛经中说：断有断非有；是故知涅槃，非有亦非无。

初期大乘的空思维，首先是为否定小乘部派的实在论而提出的[①]。在部派佛教中，说一切有部的宇宙观与胜论、耆那教等的宇宙实在论本质上是一致的；而经部的细意识以及犊子部的补特伽罗我等说，则与数论的心理实在论一致。因此般若中观思想对小乘实在论的批判，往往与对当时盛行的实在论思潮的批判联系在一起。比如清辨在《般若灯论释》开头，就将毗昙师（旧有部）和鞞世师（胜论）、僧佉师（数论）放在一起，进行论破。另外，般若论空，也包含对原始佛教的朴素实在论的超越。般若思想对“自性空”的强调表明，它对有部、胜论等的实体思维的否定并不是像有些学者以为的那样，是以原始佛教的缘起思想为归宿[②]，而是也要否定因缘生灭的实在性；后面一点通过对中道缘起观的正常解读，可以说是一目了然的。空思维对于印度实在论执着的现实性的破解，包括对实我、实法、实在的运动（因果等）的否定。

（1）实我的破解。提婆《百论》云：“迦毗罗、优楼迦等言，神及诸法有。迦毗罗言，从冥初生觉，从觉生我心，从我心生五微尘，从五微尘生五大，从五大生十一根。神为主常，觉相，处中，常住不坏不败，摄受诸法。优楼迦言，实有神常。以出入息视寿命等相故，则知有神。谛观察之，实无有神。”（《百论》卷上，有删节）胜论、数论

① 吕澄：《印度佛学源流略讲》，上海人民出版社 1979 年版，第 72 页。

② 山口益：《般若思想史》，上海古籍出版社 2006 年版，第 15 页。

都持有我。数论持二元论，以为神我是觉相、有知；胜论是唯物论，认为我本来无知，只是与知偶然结合。但两家都认为我（神或神我）都是常住的实体。佛教对他们的自我概念的破斥，也就集中在自我常住的观念上。佛教以为人是由五蕴和合而成的聚合体，缘合则聚，缘去则离，因此完全没有常住性可言。如智论说有我邪见皆缘五众（五蕴），但于五众谬计为神（《大智度论》卷七十）。其实自我作为因缘假立之法，不仅是无常，而且是虚妄的。如龙树《大智度论》卷八云："若如外道求索实我。是不可得但有假名。种种因缘和合而有。有此名字。譬如幻人相杀人见其死。幻术令起人见其生。生死名字有而无实。世界法中实有生死。实相法中无有生死。"这是说自我全无真实的存在，而只是一种由凡夫的虚妄分别心于种种因缘变化产生的幻相，如梦如影。因此生生死死也是虚幻无实，只有名称。《十住毗婆沙论》也说外道或以五阴（五蕴）为我，或言我有五阴，或言五阴中有我，或言我中有五阴，或言离五阴有我，于理皆不成立，故人我的体性完全是空无①。佛教以"无我"为最根本教义，因此它对数论、胜论、吠檀多派等的攻击，最多是驳斥其自我概念，这方面的资料，也甚为丰富。但小乘破我，立足于分析空，以为人我是由五蕴和合而假立，又导致执蕴等为有；而般若标榜自性空，认为诸法本来就是空，自我亦然；另外不仅人我空，而且组成人我的五蕴之法亦是空幻。其中根本的区别在于，小乘并不否定诸法的现实存在，而般若则是对任何现实性的究竟否定。

（2）实法的破解。清辨《般若灯论释》谈到在印度哲学中当时有影响的几种实在论思潮，谓"尼干外道计有我人众生寿命。鞞世师人计有实法。僧佉人计有自性"（《般若灯论释》卷十三）。胜论、数论既执我为实有，也执诸法实有。然而现实性不是存在的真理，真理应是在实有解构之后呈现的本无之境。般若的宗旨就是破有显空，因而包含了对上述实在论的评破。兹以胜论为例论之。《大乘掌珍论》卷上说："外道遍计所执大及我执，实德业等有为句义，悉皆摄在十二处中，是彼相故。修观行者，亦应如是悟入性空。"胜论许实、德、业、同、异、合等句义为实有，而《掌珍论》摄实、德、业等入十二处中。然而十二处本身是假立之法，自性是空，故实、德、业等也是如此。《般若灯论释》还对鞞世师（胜论派）所执的其他几个句义：异、同（一）、和合都进行了驳斥："异中无有异，不异中亦无。由无异法故，不异法亦无。""若彼异法

---

① 其云：

若五阴是我，即为堕断灭；
则失业因缘，无功而解脱。
余残有四种，异阴无有相；
无相无有法，皆应如是破。（《十住毗婆沙论》卷十五）

先已是异，而言此异，向彼异中是则无义。异法空故。鞞世师所立异义不成。若于不异中有者，此亦不然，此谓自体而有异过，如彼所说。因义破故，异法不成。观异故有不异，已遮异故，不异亦无。彼如是一异俱遮。”（卷八）在大乘看来胜论所执的离事物而实在的异、同等，在逻辑上是非常荒谬的，同、异、和合等都是假立之法，完全是主观虚妄分别的结果，只能在世俗谛上说它为有，依胜义谛纯是虚无。此外，《般若灯论释》还对胜论等的原子论、诸法常住和客观的时、空观念进行了批驳①，对运动（成、坏、来、去、生、灭）的客观实在性也进行遮破：“鞞世师人言，应有成坏，体法有故。若无成坏，亦无体法，是物体法故，必有成坏故。”② 对此，论释引用龙树的颂文表明了大乘的立场：“离成无有坏，与俱亦无坏，离坏无有成，与俱亦无成。”（同上）因此胜论、有部所执的实在的成坏等法，本身就包含逻辑的矛盾，完全是人主观的概念分别的结果，丝毫不反映事物真实地存在。实际上有为法皆是自性空，如梦幻泡影，虚假不实。既然如此，也就没有实际的成、坏、生、灭：“如幻亦如梦，如乾闼婆城，所说生住灭，其相亦如是。”（《中论》卷二）破除实在论要达到的结果是一切法不生、不灭、不一、不异等，毕竟空无所有，但有假名，如幻如化。如《般若经》说菩萨坐道场时，观十二因缘如虚空不可尽，一切皆空无相无缘，不得言定有，不得言定无；又以“十八空”广破诸法之实有，以“十喻”诠显所得的实相境界，谓如幻、如焰、如水中月、如虚空、如响、如犍闼婆城、如梦、如影、如镜中像、如化等。大乘破有显现的空真如，就是本无。空作为超绝的真理固然不是实在的“有”，也不是实在的“无”，而是同时否定二者，为非有非无，乃至非非有非非无。大乘所谓中道的正观，就是不着有，不着无，甚至不着非有非无，是一切现实性止灭的超绝境界。

(3) 对实在的因果关系的破解。因果联系，在佛教中叫作缘起。《百论》“破因中无果品”、“破因中有果品”、“破常品”（破无因论）对胜论等各种自然的因果观念进行了批判（同样的批判也见于《大智度论》卷十五、七十一；《大乘破有论》；《中论》；《入大乘论》；《般若灯论释》卷十二、十五；等等）。盖胜论、数论、有部等执诸法实有，故亦执法实有生、灭、成、坏。大乘既破诸法皆空，故也不许诸法之生、灭为实。一切缘起，皆为幻相，是言说戏论分别所起故。龙树在《中论》开首，即点明了中观的缘起论的宗旨，其云：“不生亦不灭，不常亦不断，不一亦不异，不来亦不出。能说是因缘，善灭诸戏论；我稽首礼佛，诸说中第一。”其中不生、不灭、不常、不断、不一、不异、不来、不出，统称为八不。外道、小乘之论缘起，要在执实有生、灭、常、断、一、

① 《般若灯论释》卷一、卷十等；另外《大智度论》卷十五等也涉及此问题。

② 引自波罗颇蜜多罗译《般若灯论释》卷十二，大正新修大藏经第30册，有删节。

异、来、出八种活动，而大乘即破实法，也不许生、灭等为实。故中论对此八者，一一遮破。龙树说的缘起，就叫作八不缘起，就是性空缘起，或中道缘起。然而八不之中，其实只要理解了“不生”，则余下七不亦准此得解。《中论》用自因、他因、共因、无因四句，明“生”法不可得，谓“诸法不自生，亦不从他生，不共、不无因，是故知无生”；“法不从自生，亦不从他生，不从自他生，云何而有生。”（《中论》卷三）诸法未生时无有，故不能自生；又若法未生则无自，无自亦无他，故不能说从他生；也不能说是从自、他共生；也不能无因而生，故知法无生。与此相关，本论又云：“众因缘生法，我说即是空，亦为是假名，亦是中道义”（《中论》卷四）。一切从因果而生的存在，皆是空，但有假名。因此这因果关系也是空，但有假名。依此因缘的生也是空，但有假名。尽管现见生法宛然，实际上皆由因缘生而假名有生，故虽生而实无所生，盖以一切既空，故生灭宛然而不生不灭。

总之胜论等所计实、德、业等，乃至实在的生、灭、常、断、一、异、来、出等，只是由于虚妄安立的假名，并非实有。数论所计自性、三德、二十三变易等，亦是如此。般若思想在对胜论、数论的实在论的批判中，实际上是将一切现实存在皆彻底否定。然而有“破”必然有“立”。般若在否定现实存在之时，必然确立一种超现实的真理，即空。这一立场通过下文要讨论的“二谛论”得到充分表现。二谛论将事物的存在意义区分为俗谛和真谛两种。有、现实存在是俗谛；空、超绝存在是真谛。遮俗是为了显真。所谓世俗（saṃvṛti）即是互相区别且相互依存的、具有因缘性的全部存在。它就是言说戏论、思维分别及其产物，因而就是概念活动、理性、思想①，而思想就是全部的现实。在般若思想看来，一切概念化、理性思维都是无明，一切见（dṛṣṭi）都是虚妄分别，都是无明（ajñāna）②。后世的中论师月称把世俗等同于无明，认为它完全遮蔽了空、真如③。正如《大乘破有论》说：世俗的一切法但有名字，一切但于有想中住，现前无实，只是虚妄分别所生；分别生法而无所有，当知诸法而无实体，一切皆从分别所生；此中若无分别者，即同虚空离诸分别。故一切现实存在就是虚妄分别及其产物，皆是无明；人若得如来无分别智，否定思想、概念的作用，则否定一切现实，而亲证那超绝的真谛，此即是实相涅槃，即是非有非无、非亦有亦无、亦非非有非无，即是言语道断、心行处灭之境。因此，空智是一种超绝思维，真正的精神觉悟。

不过应当指出，到大乘佛教的时代，印度思想对现实性的发掘已经非常深入，本

---

① 梶山雄一：《中观思想》，华宇出版社 1985 年版，第 182 页。

② 穆提：《中观哲学》，华宇出版社 1984 年版，第 394 页。

③ 梶山雄一：《中观思想》，华宇出版社 1985 年版，第 182 页。

书前几章即表明晚期奥义书已经领悟超越自然经验的内在的、实体的以及先验的现实，然而《般若经》乃至中观学派对这种发展似乎并不熟悉，因而它们对现实的否定仍主要是针对外在经验的现实，所以没有充分发挥空智作为超绝思维应有的广度和深度。

第二，对超绝本质的否定。

空智在否定现实存在的同时，必然要设定一种超绝的真理。空、法性、涅槃就是这样的真理。然而即使对这样的超绝存在，空智也不住、不取、不受。也就是说，它们同应被置于空智的绝对否定之中，而不能被视为一种（处在这否定思维之外的）现存的存在、一种超绝的本质或基础。总之空智作为否定思维，不仅是超绝的，而且是究竟的。《般若经》充分表明了空智的这种究竟超越性。如《摩诃般若波罗蜜经》（卷三，有删节）云：

> 色是不受，受想行识是不受。色不受则非色，性空故。受想行识不受则非识，性空故。十二入是不受，乃至陀罗尼三昧门是不受。十二入不受则非十二入，乃至陀罗尼三昧门不受则非陀罗尼三昧门，性空故。般若波罗蜜亦不受。般若波罗蜜不受则非般若波罗蜜，性空故。如是菩萨摩诃萨欲行般若波罗蜜，应观诸法性空。如是观心无行处，是名菩萨摩诃萨不受三昧广大之用。……以是故，梵志信诸法实相一切法不可得故。如是信解已无法可受，诸法无相无忆念故。是梵志于诸法亦无所得，无取无舍，取舍不可得故。是梵志亦不念智慧，诸法相无念故。世尊，是名菩萨摩诃萨般若波罗蜜，此彼岸不度故。是菩萨色受想行识不受，一切法不受故。乃至诸陀罗尼三昧门亦不受，一切法不受故。是菩萨于是中亦不取涅槃。般若波罗蜜是法无所有不可得。禅那波罗蜜毗梨耶波罗蜜羼提波罗蜜尸罗波罗蜜檀那波罗蜜。是法无所有不可得，内空故。色法无所有不可得。受想行识法无所有不可得。内空法无所有不可得。乃至无法有法空法无所有不可得。舍利弗。四念处法无所有不可得。乃至十八不共法无所有不可得。舍利弗。诸神通法无所有不可得。如如法无所有不可得。法性法相法位法住实际法无所有不可得。舍利弗。佛无所有不可得。萨婆若法无所有不可得。一切种智法无所有不可得。

经文表明了般若不仅要否定现实的存在，而且要否定超绝的本质，以达到精神彻底无得、无住、无受、无至的绝对自由。超绝存在就是对现实的绝对否定。般若中观思想谈及的超绝存在，主要有三种：空；实相或真谛；涅槃。般若以为空不可得，实相不可得，涅槃亦不可得。意思是说这些超绝存在，皆不是一种可以取着的现存之物，不是不变的本质，而是应当被纳入空的运动之中。兹以三义论之：

（1）空不可得。般若思想以空破有，故空是超绝的真理，但空也不是一种现存本质，一种可以取着的对象。空就是空的运动，舍此无他。《般若经》强调“空亦复空”，“内空法无所有不可得，乃至无法有法空法无所有不可得。”《中论》亦云：“大圣说空法，为离诸见故，若复见有空，诸佛所不化。”（卷二）。《顺中论》也说如来说空以对治有，空亦不着，空与不空俱不爱。《般若灯论释》说眼等诸法从缘起者，非有非无非，亦有亦无非，非有非非无，非异非一，非自非他，亦非俱非不俱，非常非无常，非空非不空，此即中道实相（卷十四）。空智既不着有、亦不着空。正如穆提（T.V.Murti）所说：般若是一种没有内容的直观，没有任何的事物立于与其对立之位，亦因此它被认为是不二、无分别，在其中根本就没有“有所取证”的心识①。般若对空的现存性的否定，既是遵从其自身精神发展的逻辑，也是针对思想史的现状的。盖般若思想当时即面对两个极端，一是像胜论等的实在论，二是佛教方广道人的虚无主义；前者执有，后者溺空，皆有所着，这都是般若要反对的。而般若的正观，则不着有，不着无，甚至不着非有非无，故灭一切戏论，如《入大乘论》云“执有名为常，计无则为断。若离于有无，是名真实空”；“执有取体相，执无著无体。不存于有无，是名真实观。”（《入大乘论》卷上）。

（2）实相、真谛不可得。大乘以为，超越现实存在，即世俗、有为法的绝对真理，就是真如、法性、实际，然而彼等同样不是一种现存的东西，不可得不可取。经云：“如如法无所有不可得。法性法相法位法住实际法无所有不可得。”《宝积经》也提出要将“空观”、“实有”并观双遣，立意乃与此一致。《中论·观四谛品》说：“众因缘生法，我说即是空，亦为是假名，亦是中道义。”此谓空、实相亦是假名，故亦不可取、不可得，必须空、有双遣，不着二边，才能真观实相。这就是所谓中道。中道就是于正反两边都不取不着。其意义应联系二谛来讨论。二谛即俗谛（世俗的存在）与真谛（究竟的真理），前者就是现实存在，后者为超绝的理体。中观的立场是二谛“不二”（advaya）。这就是说，不仅对于俗谛不应起执着，就是对于超绝的理体、真谛也不能起执，即以之为现存的实有，而是要双遮，即二者都要超越。依般若之智，则世俗法空，实相、法性亦空；有空，无亦空；因而了无所得，不着二边，甚至不着“不二”（另见本节第三段的讨论）。

（3）涅槃不可得。般若对于超绝本质的否定，更主要在于对早期佛教的涅槃的

① 穆提：《中观哲学》，华宇出版社1984年版，第358页。

否定。这一点，最清晰地表明了大乘空智对启示省思的超越。由五蕴等组成，因缘生灭，相续往来的存在者全体，说名世间，即现实世界；而脱离五蕴、非有非无、无相寂灭的境界，就是涅槃。尽管原始佛教并没有直接将现实世界斥为幻有，但是其对涅槃境界的描述，清晰表明涅槃作为绝对真理，就是一种超绝的存在。如《中阿含经》形容涅槃境界为："舍一切有，离爱，无欲，灭尽无余。"（卷七）"若无明灭则行灭，行灭则识灭，识灭则名色灭，名色灭则六处灭，六处灭则更乐灭，更乐灭则觉灭，觉灭则爱灭，爱灭则受灭，受灭则有灭，有灭则生灭，生灭则老死灭。"（卷二十一）这清楚表明涅槃就是对现实存在的否定或超越，尽管早期佛教没有在形上学上对此多作发挥，所以可以认为自原始佛教就已经进入了超绝思维或觉悟的层次。可是早期佛教以为涅槃是一个实际可至、可住、可得的境界，一种现存存在，所以对涅槃产生了执着。如《阿含经》形容涅槃为不变易、无苦、不凋谢、宁静、不坏、无染、和平、福祉、岛洲、依怙、皈依处、目标、彼岸。这样涅槃就成了一种现存的精神避风港，而失去了其本来应有的空无性。有部甚至把涅槃当作无为法的一种，完全将其纳入现存世界的系统。故证得涅槃是实有所得，实有所至，实有所断。这表明在这里，思想仍然具有一种对归宿、基础的追求，而不愿勇敢地掷身于空无。这反映出精神内在的惰性自任势用仍然牵制着自主否定的绝对展开，导致思想不能领悟超绝真理、涅槃的无性，而是仍将它领会成一种现存存在，一种超绝的本质。这就是启示省思的特点。

然而空智作为佛教的超越思维的自身绝对化，必然否定超绝存在或涅槃的这种现存本质的假相，确立其无住、无得的真理。如《摩诃般若波罗蜜经》中须菩提长老言："诸天子众！若复有法过涅槃者，我亦说为如幻如梦。何以故？诸天子众！幻与涅槃无二无别。梦与涅槃无二无别。"（卷八）《中论・观涅槃品》说："无得亦无至，不断亦不常，不生亦不灭，是说名涅槃。"无得即涅槃于行于果无所得，无至即在涅槃中无处可至，不断谓涅槃中实无有法（烦恼）可断。在中观看来，惑、业、苦等皆是虚幻不实，修道证解的活动也属非有，其所得果亦是空幻。如《大智度论》说，譬如梦中人或幻化之人，感诸苦而修正行，得道果，是人是行是果，皆空无所有，故实无所断、无所行、无所得；"以世俗语言故说佛得阿耨多罗三藐三菩提，是中无得者无有得法。"（卷九十五）另如《六十颂如理论》说："非涅槃生死，二性有差别。生死及涅槃，二俱无所有。若了知生死，此即是涅槃"。《般若灯论释》亦云："生死涅槃同无所得。是二俱不可得故，亦如分别性无故，生死涅槃皆不可得。"（卷十五）总之在大乘看来：其一，涅槃不是一个现存的实体，如果把它当作一个现存存在，那么它会同世俗法一样，是如幻如化的；其二，涅槃就是世俗法的超绝真理，在此意义上它就是空真如或精神的究竟超越本身。在这两种意义上，涅槃都不是在现实、世俗法之外的；

而且正如世俗法不可执不可取，涅槃亦不可执不可取。因此菩萨不住生死，亦不住涅槃，此即大乘佛教特别强调的所谓“无住处涅槃”。如《摄大乘论》（卷十三）所说：“由般若不住生死，由慈悲不住涅槃。若分别生死则住生死，若分别涅槃则住涅槃。菩萨得无分别智，无所分别故无所住。”无住处涅槃，是大乘标榜的最高境界。大乘明确否定涅槃的现存性，表明它已经超越原始佛教的启示省思的局限，进入超绝思维的究竟层面。

与托马斯·阿奎那否定上帝为现存本质（essentia），强调上帝是纯粹的存在行动（esse），以及马丁·海德格尔破解近代形而上学对实体现存性的执着，而将存在的绝对真理阐释为存在的时间性或“本真能在”（seinkonnen）一致，般若空智对超绝的现存存在的否定也体现了一种彻底的反本质主义立场。就像《中论·观四谛品》所说的：“若汝见诸法，决定有性者，即为见诸法，无因亦无缘；即为破因果，作作者作法，亦复坏一切，万物之生灭。”所谓诸法“决定有性”，就是认为它们有一种不变本质的存在；而如果将空、实相、涅槃这类超绝存在当作一种现存东西，也就使它们成为一种决定的“性”或本质。这同样都阻断了空的绝对性，为空设定了限制，因而是与般若的立场格格不入的。正是通过对超绝本质的否定，般若思想才终于克服了早期佛教乃至印度思想中的启示省思的执着，领会到本体的无性。在这里，精神脱离最后的依靠和庇护，毅然投入究竟空无之中。因此正是通过般若思想，印度精神才真正实现了无所取、无所住、无所有、无所得、无所至的绝对自由。这种自由，就是所谓“行无所行”①。唯其如此，自由的绝对无限性才被释放出来。

第三，唯空智现前。

空智就是否定思维在觉悟层面的自身绝对化。这否定思维不仅将现实存在虚无化而将存在真理置于超绝的领域，而且直接领会到那超绝真理的“无”性，后者包括对现存存在的否定。然而所谓的现存存在，就是处在觉性的自否定或自由之外的东西，一个自为的实体，于是它就成为自否定的自身绝对化的禁区。然而唯这自否定本身是自为的实体。它在其自身绝对化中，必然清除任何禁区，必然摧毁一切外在于它的东西的自为实体性。因此它必然推动精神省思否定这现存存在的真理性。精神自主否定势用的自身绝对化就是究竟否定或超越，而空智或空思维就是这究竟否定在超绝精神或觉悟层面的展开。空智在其完成中，否定了一切现存的东西，了无所得，了无所取；如经云无所得即是般若波罗蜜。

空智的这种彻底无得性，通过《中论》的应成归谬法（Prasaṅgāpādanam）得到充

① 如《大乘掌珍论》云：“诸心慧境现，智者由不取，慧行无分别，无所行而行。”（卷下）

分体现。这就是只破伪而不立真，是一种纯粹的否定（Prasajyapratiṣedha）①。在这里，空智在对虚妄法的层层否定中，并没有确立一种决定的真理，结果唯独只有这无限的否定运动本身呈现出来。这是否定思维的自身绝对化运动必然达到的结果。这从逻辑上也可以得到解释，因为这否定思维当其成为究竟、绝对的，就可以否定任何存在的真理性，唯独不能否定它自己为真。于是它的自身绝对化的结果，就是它在这里只能确定自己为真理。易言之，空智或般若只能确定空智自身为绝对真理，“空智本身即是绝对”②。如《摩诃般若波罗蜜经》卷十说：“法性、般若波罗蜜无二无别。”《中论·观法品》也表明般若即是实相：“自知不随他，寂灭无戏论，无异无分别，是则名实相。”陈那论师颂云：“般若不二智，是即为如来；教典修行法，同为导群迷，迈向菩提路，名实皆无异。”③ 穆提（T.V.Murti）在其名著《中观哲学》中正确地阐释道，般若没有在它之外的对象，它不是一种能观之心，而是与实相不二、无分别；它就是绝对、实相、如来，是一切事物的本来面目④。

另外，绝对实相、空真如与空智的同一，也使得实相成为绝对的自由。一方面，空智就是否定思维的自身绝对化。它不仅否定一切现实的存在，也否定任何超绝的现存存在或本质。如经云菩萨依般若则见无色、无受想行识，无有、无无、无亦有亦无、无非有非无，乃至无十八空、无法性法住、无如来涅槃等。如尊者龙树说：“若使无有有，云何当有无？有无既已无，知有无者谁。是故知虚空，非有亦非无，非相非可相。”（《中论》卷一）因而空智无一物可得、可住，所以它只能以无所得为得，以无所住为住。易言之，它只能把自身彻底无得、无住的存在作为唯一的真理。空智这种彻底的无得、无住性，就是精神的绝对自由⑤。另一方面，绝对实相与空智的同一，也使得实相成为否定的运动，而不是处在这否定之外的、可执着的东西，这就使附加于实相之上的种种现存性假相被破除。于是，举凡属于空智的存在特点，如无所得、无所住、无所取、无所至、无所有、无所受等，亦皆属于实相，故绝对实相或空真如，就是精神的绝对自由。

**3. 空性：空智的本体**

在矿山开采中，没有哪一种矿石的成分是完全纯粹的。同一矿藏中往往能开采几种矿石，而且每一种矿石都包含其他矿种的成分。比如铁矿石中可能包含有大量

① 穆提：《中观哲学》，华宇出版社 1984 年版，第 207 页。

② 穆提：《中观哲学》，华宇出版社 1984 年版，第 392 页。

③ 转引自穆提：《中观哲学》，华宇出版社 1984 年版，第 349 页。

④ 穆提：《中观哲学》，华宇出版社 1984 年版，第 357—358 页。

⑤ 穆提：《中观哲学》，华宇出版社 1984 年版，第 348 页。

的铝、铜等成分，铝矿石中也可能包含有大量的铁、铜等成分。然而在选矿时，只能决定冶炼其中一种成分。在理想情况下，我们往往选择矿石中储量最高的成分，而排除所有其他成分。

我们在对古代思想，特别是对缺乏明晰的概念自觉的印度思想进行阐释时，也经常会碰到类似的情况，而且我们也会采取类似的处理方式。在这里，观念的真理像矿物一样，往往是隐藏的，而且是与其他意义混杂的，需要我们对它进行发掘、提纯。比如就般若中观思想而言，其所谓空的三义：空性、空用、空义，也不能避免意义的隐晦、含混、交叉，这也是导致后来中观学者（如清辩和月称）的分歧的原因。然而从般若中观对空的这种界说中，我们的确领悟到某种隐藏的真理，就像发现矿石中隐藏的铁等金属一样。同样如果我们要把这隐藏的真理呈现出来，就必须对这三义进行提炼。这就首先要确定哪一种真理是这三者各自蕴藏的主要意义（主导性原则），其次要排除另外的意义（交互排除原则），使这主要意义突显出来。这也是与矿石冶炼的道理一致的。根据这一原则，我们确定空用就是空智的现实性，空义就是空智领会的对象。我们也力图依此阐明空性这个观念。根据交互排除的原则，首先空性不能是空智的对象（空义），也就是说它与空智是不可分的。其次它也不能是空智的现实性（空用）。那么联系般若思想对空性的超现实性的反复强调，空性的主导意义就应当阐释为空智的超绝本体。易言之，空智有现实的与超绝的两个层面，前者即空用，后者即空性。空性是空用的本体。

正如我们在上一目的分析中看出，空智或般若作为究竟的否定（否定思维的自身绝对化），最终以自己为绝对真理，而且般若中观思想有时还把这般若说成是终极真理。然而般若仍然是一种现实存在，是有为法。它是绝对真理，但不是终极真理。因为般若不仅是究竟的否定，而且是超绝的否定，从逻辑上说，作为后者，它就包含了对自身现实性的否定。

从历史上看，般若思想通过其自身的辩证展开，也的确达到了这一觉悟。一方面，经云菩萨行般若波罗蜜时，不见色、不见受想行识、不见有非有，因而般若是对一切现实存在的否定。另一方面，根据般若学的立场，般若作为空智，本身也是一种思想，也是一种精神的现实性，因而它也必须否定自身。如《金刚经》说："佛说般若，即非般若，是名般若。"《小品般若经》："一切法但假名字，当知般若波罗蜜亦如是。一切法以言说故有，当知般若波罗蜜亦如是。又此言说无所有无处所，当知般若波罗蜜亦如是。一切法虚假为用，当知般若波罗蜜亦如是。"（卷九）《大智度论》亦云："说诸法如梦无所取，乃至诸法如化无所取，一切法不可取相，般若波罗蜜亦如梦幻不可取相。"（卷九十五）如果联系前一方面来看，那么在这里，般若的自身否定显然不是消灭自己的存在，而是旨在否定自身的世俗性或现实性，使自身的超绝存在呈现出来；这不是自我取消，而是自身提纯。总之般若正是通过对自己的去现实化，使它内在的超绝本体，即空性得以呈现出来。

因此空性，作为存在之超绝本体，就是在空智的究竟否定和超绝否定的辩证统一中呈现出来。一方面，究竟否定使空智自身呈现为无得、无住的绝对自由；另一方面，超绝否定又通过对空智去现实化，将这种绝对自由衔接到超绝本体即空性之上，使后者成为自由、生命。对这本体作为空性的完整领会，就是将它的这种内在性与超绝性结合起来。首先这本体是空，是超绝的；其次它还必然包含在空智之中，是内在的。盖空性之为"空"就清楚地标明了超绝本体的无性。但这本无若处在究竟的否定思维或空智之外，就仍然是一种现存的东西，因而它只能是在空智或般若之内。这后面一点，正如月称在对《中论》的注释中表示，戏论寂灭，超越了分别相的真如法性，就是空性，为不二、自证，即是法界、法身、佛性、无上智。学者亦解释说："由此无分别智所自觉的东西，是真如，而真如是在这个自觉里，开示了真如本身的。真如，亦即是实相、法性，即存在的本性。"① 由于空性就是内在于空智的本体，因而可以通过去除对空智的虚假世俗化或现实化，即对它的超绝化呈现。如此则空智所具有的绝对自由，如彻底的无得、无住、无受、无取，也被超绝化，成为这本体的特点。于是，空性本身成为否定的运动，成为超绝的自由、生命，亦即成为本体自由自身。因而在般若中观思想中，本体自由自身首次得到直接、具体的领悟（尽管这自由的积极意义还没有得到充分展开）。超绝的觉悟在此成为究竟、本真的。精神否定一切现实性和现存性的自为真理性，从而打破了任何可执着的东西。从生命本体论的视角，这反映出精神的自主否定势用终于彻底、绝对断灭精神内在的惰性自任势用的作用，使精神完全放弃对任何基础、安全、归宿和庇护的追求，实现了彻底的无得、无住。精神纵身跃入绝对虚空的深渊和黑暗之中，并且正是因此而首次为自身赢得了一种绝对自由（尽管是否定的自由）。

## 三、二谛与中道

般若中观思想的另外两个重要观念，即"二谛"与"中道"，可以视作对于"空"义的进一步阐发。盖"二谛"与"中道"，都归于不二、双非，般若中观乃以此进一步阐明空的无住无得之义。真空是俗谛亦空，真谛亦空；世间亦空，涅槃亦空；有亦空，无亦空，因而是不着二边，甚至不着"不二"，谓之中道。兹略论之。

---

① 梶山雄一：《中观思想》，华宇出版社 1985 年版，第 153 页。

1. 二　谛

在西方基督教中，自然神学相信人们可以通过自身的理性认识神性的真理；但是包括中世纪的否定神学和近代新正统派神学（如巴特）在内的启示神学，则否认依靠人的理性可以认识神性，认为对神的领悟只有靠神的启示。启示神学的理论前提是对绝对本体（神）与现实的截然区分。后者认为绝对本体、神是与现实世界完全不同的存在，它们甚至不能在同样的意义上被称为“存在”，相对于世界之“有”，神或最高存在自身毋宁说就是“无”。这种对本体与现实的区分，就是后来海德格尔所谓的“存在论区分”。这种区分使本体的超绝性真正呈现出来，也导致现实的思想、理性被认为是根本无法达到本体的。大乘佛教的二谛也是这种意义上的存在论区分。通过二谛的理论，世界的存在被认为是空幻不实，而本无或空性被作为存在之超绝真理揭示出来了。《中论·观四谛品》说：

诸佛依二谛　为众生说法
一以世俗谛　二第一义谛
若人不能知　分别于二谛
则于深佛法　不知真实义

二谛之说，并非中观思想首创，甚至不是佛教的创造。奥义书在提出所谓“实性之实性”，或区分上、下二梵，或上、下二智时，即包含了“二谛”的雏形；但是在这里，二谛的区分是自然论的（表象与本质）或形而上学的（现象与本体），而不是一种真正的存在论区分。阿毗达摩亦提出蕴等是“真实义”，而在此基础上设施的假名有是“随俗说”；不过在这里，二谛还不具有存在论的意义。大乘的二谛论，无疑汲取了奥义书和阿毗达摩的说法，并将其发展为一种真正的存在论区分。

二谛论作为一种存在论区分，其宗旨在于本体作为超绝存在或本无的意义。它把存在的意义区分为两种，一种叫世俗谛，另一种叫胜义谛或第一义谛。谛就是道理、真理的意思。二谛首先是指凡俗和圣者所认为的两种真理，其次是指相应的两种存在意义。就后者而言，世俗谛就是一切现实的存在，也就是佛教所谓因缘生的一切诸法，而胜义谛是对现实存在的超越和否定，就是超绝的理体、空。在大乘看来，现实世界（世俗谛）对一般人而言是真实的存在，但在得道的圣者看来则是完全虚假不实的；而只有它们的空性（胜义谛），才是绝对的真理，这就是所谓胜义谛。兹略论大乘对此二者的分析：

首先，是世俗谛。如前所说，世俗就是现实存在。青目释云：“一切法性空，而世间颠倒故生虚妄法，于世间是实。”也就是说现实存在不是存在的究竟真理，而是空无，并且是由凡夫颠倒虚妄分别而生。大乘以为世间一切诸法皆是名言戏论分别所生，也就是说都是通过我们心中的概念思维构造出来的，所以都是虚假的。《摩诃般若波罗蜜经》说：“诸所有色，若粗、若细、若好、若丑皆是空，是空法中忆想分别，着心取相，是名为色相。”（善达品第七十九）《大智度论》：“有为法无为法实相无有作者，因缘和合故有，皆是虚妄，从忆想分别生”（卷三十一）；“一切法皆忆想分别、因缘和合故，强以名说”（卷三十五）。中观论者月称把世俗区分为“实世俗”（tathyā saṃvṛti）与“邪世俗”（mithyā saṃvṛti）两种。前者是由健全的认识所缘取的确定对象，如山河大地等；后者是由有缺陷的认识（不健全的感觉或错误的思维）导致的幻相，如眼翳者所见毛轮相，以及外道所执神我、大自在天等①。月称指出世俗（saṃvṛti）就是一切属于言说戏论、思维分别的东西，易言之，就是思想、概念及其产物，并将其等同于无明（ajñāna），以为其性质是完全遮蔽真如②。因而世俗法或现实存在是如幻性空的。大乘佛学于是将全部现实存在彻底空洞化或虚假化了。

其次，是胜义谛。《广百论·教诫弟子品》：“诸世间可说（即世俗或现实存在），皆是假非真；离世俗名言，乃是真非假。”真谛或胜义谛就是对世俗或现实存在的否定，因而就是超绝本体、空性。在般若思想史上，这胜义谛的内含也是在发展的。龙树所谓胜义谛就是诸法实相、空性。然而后来清辨把胜义谛分为胜义胜义谛与世间胜义谛（或有相胜义与无相胜义）。前者是超越言诠的胜义自体（与龙树、月称所谓胜义谛意义相同）；后者是包括名言在内，随顺真如的般若③。智藏等的持论，与清辨一致④。这种说法实际上是将“胜义”（超绝真理）泛化，使之亦包含现实的真理（如般若、空智），反倒使胜义与世俗的界限不清楚了。实际上，根据《中论》所谓“若不依俗谛，不得第一义。不得第一义，则不得涅槃”，可以明确肯定，证得真谛的般若、

---

① 穆提：《中观哲学》下，华宇出版社 1984 年版，第 404 页。

如果把世俗谛分为两种，再加上胜义谛，那就具有了唯识的三性说的相似的结构了：实世俗就是依他起性，邪世俗是遍计所执，胜义谛是圆成实性。后来智藏、寂护就明确把两种世俗等同于依他起和遍计所执（《二谛分别论》）。晚期中观派对二谛的这种发挥，也使它看起来与吠檀多的存在论很是接近了。商羯罗就曾经把存在的意义分为三种，即胜义有（paramārtha）、世俗有（vyāhārika）与妄情有（pratibhāsika）。

② 梶山雄一：《中观思想》，华宇出版社 1985 年版，第 182 页。

③ 《般若灯论释》卷十四：“第一义者云何？谓是第一而有义故，名第一义；又是最上无分别智真实义故，名第一义。真实者，无他缘等为相。若住真实所缘境界无分别，智者名第一义。为遮彼起等随顺，所说无起等及闻思修慧，皆是第一义”。另外参考穆提：《中观哲学》下，华宇出版社 1984 年版，第 409 页。

④ 穆提：《中观哲学》下，华宇出版社 1984 年版，第 409 页。

空智是属于世俗谛的。

二谛的存在论意义，可以简单地表述为：如果我们把超绝本体当作真有，那么现实性就是无；反之如果我们认为现实性是真有，那么超绝本体就是无。

大乘讲二谛，最后的落脚点是真俗的不二（advaya），即中道。这是后期中观派加以强调的。正如下文要表明的，这种中道、不二，不是陋儒“中庸”的折衷手腕，也不是吠檀多“不二”（advaita）的融通一味，而是二边双非双遣。如果说，大乘讲二谛分别旨在否定对世俗或现实性的执着，那么讲二谛不二则旨在否定对真谛或超绝真理的执着。后面这一点意味着不能把这超绝之物当作一种可住、可取、可得的现存实体，而是应直接以之为本无、空性。这种真俗不二的中道，后来中国三论宗创始人吉藏将其表述为“四重二谛”。其以为依世俗说诸法是有，依胜义说诸法是空，但这“有”和“空”皆不能执实，否则就成了二边，不符合中道义。因此应该二谛皆遮，才是中道的实相，才是真胜义谛。为此三论宗将二谛分成四重①。其中第一重是以有为俗谛，空为真谛。这是针对毗昙师等的实在论而立，所以说有是俗谛，空才是真谛，旨在以空破有。第二重以有、空二谛皆为俗谛，非空非有为真谛。因为有、空二谛还是“有二”，而究竟真谛应是“不二”，故有、空皆是俗谛，非有非空才是真谛。第三重以空、有是“二”、非空非有是“不二”，“二”和“不二”都是俗谛，非“二”非“不二”才是真谛。因为如果持实有“二”和“不二”，则“二”与“不二”又成二边，还是有“二”。真正的“不二”应该是既非“二”，也非“不二”，这才是真谛。第四重以为前三重所说的“二”、“不二”、“非二非不二”三种二谛都是俗谛，言语道断、心行处灭才是真谛。这第四重的真谛，就是空宗层层破假之后显现的超绝真理。破假实际上破除的是精神的思想和语言的活动。空性是绝对超现实的本体，它与现实的思想、概念、意识完全不同，甚至不能在同样的意义上称作存在。所以思想、概念、意识永远不能到达它，相反精神的一切现实活动都是对本体的覆障、歪曲。只有当这现实性自身消退之后，超绝本体才能如其本然的显现出来。

二谛中道之说，同样表明了般若包含的超绝否定和究竟否定的辩证统一。盖二谛分别彻底否定现实存在以确立本体的超绝性，是超绝否定；而二谛中道则领悟这超绝本体就是本无、空性，是进一步否定本体的现存性，这其实是否定思维在超绝思维即觉悟领域，将自身绝对化或究竟化。在这里，般若首先是通过超绝否定将本体置于超现实的本真存在领域，其次通过究竟否定消除了一切现存性的假相，使超绝真理与精神的绝对自主否定运动同一。于是本体就作为那无住、无得的精神的超绝

① 吉藏：《大乘玄论》卷一，大正45册；吉藏：《中观论疏》卷二（末），大正42册。

本质，即作为超绝的自由本身呈现出来。

### 2. 中 道

般若思想所谓中道，贯穿了与二谛说同样的旨趣。盖佛陀即已揭中道之义，但其仅为实践的，谓相对于外道的极端苦行和纵欲而采取的一种不偏不倚的处中妙行。到了般若思想，中道始具有了存在论意义，被用来阐明诸法的实相、空性，其中贯穿了二边双遣的宗旨。

《中论·观四谛品》："众因缘生法，我说即是无（空），亦为是假名（prajñāpti，直译为被施设的存在），亦是中道义。"① 青目释云："众因缘生法，我说即是空。何以故？众缘具足和合而物生，是物属众因缘故无自性，无自性故空。空亦复空，但为引导众生故，以假名说。离有无二边故名为中道。是法无性故不得言有，亦无空故不得言无。"《大智度论》亦云："行者以有为患，用空破有。心复贵空，着于空者，则堕断灭。以是故，行是空以破有，亦不着空，离是二边以中道行。"（卷四十六）所以真空是有亦空，无亦空；俗谛亦空，真谛亦空；世间亦空，涅槃亦空，因而是了无所得，不着二边，甚至不着"不二"，此即中道的究竟旨趣。因此中道不是在现实与超绝真理之间进行折中或沟通，而是同时否定二者，以彰显超越这二边的本体自由自身。

《大智度论》对这不二中道义的施用范围进行了扩充。其云："常是一边，断灭是一边。离是二边行中道，是为般若波罗蜜。又复常无常、苦乐、空实、我无我等亦如是。色法是一边，无色法是一边。可见法不可见法，有对无对、有为无为、有漏无漏、世间出世间等诸二法亦如是。复次无明是一边，无明尽是一边，乃至老死是一边，老死尽是一边，诸法有是一边，诸法无是一边。离是二边行中道，是为般若波罗蜜。菩萨是一边，六波罗蜜是一边。佛是一边，菩提是一边。离是二边行中道，是为般若波罗蜜。略说内六情是一边，外六尘是一边。离是二边行中道，是名般若波罗蜜。此般若波罗蜜是一边，此非般若波罗蜜是一边。离是二边行中道，是名般若波罗蜜。"（卷四十三）这里二边不仅包括（1）现实存在与超绝本体的对立（有为与无为、有漏与无漏、世间与出世间、无明与无明尽、老死与老死尽等），而且包括（2）现实存在内部的对立（常与无常、苦与乐、我与无我、色法与无色法、可见法与不可见法、有对法与无对法、内六情与外六尘、般若与非般若等），乃至（3）超越这两个层面的主客、能所对立（佛与菩提、菩萨与六波罗蜜等），因而它包括了现实的所有边见在内；而不二则是对这三类边见的否定，其实是否定人类思想中的所有对立，通过双重遮遣，使思想到达彻底无住无得的绝对自由境界。而由于（2）、（3）中的全部对待之法，皆不出（1）

① 偈中第三句的主语应为上一句的"无"或空，第四句的主语为前三句（主语从句）。

的真俗二有，因此在相应的三类不二中，以（1）现实存在与超绝本体的不二为最全面且最根本，而将与（2）、（3）相应的诸种不二包含在内。

一般论及般若的中道义，还必须谈到《中论》的“中道缘起”或“八不缘起”。如果说非有非空的不二是针对事物的存在而言，那么“八不”的不生不灭、不来不去等则是针对事实的运动而言。“八不缘起”的宗旨就是为了否定这些实在论的见解，而诠显离生、灭、来、去等的法界本性。这个法界就是空、本无、真如实性。《中论》开首就说：

不生亦不灭，不常亦不断；
不一亦不异，不来亦不出。
能说是因缘，善灭诸戏论；
我稽首礼佛，诸说中第一。

这一偈后来就叫作“八不偈”，点明了中观的缘起论的宗旨。生等不是实有，也不是无，而是非有非无，幻化非真。但诸法的因缘有无数多种，而概括为此八事，以此八者明世界一切缘起非有。但八事中，又以生法为根本。悟入“不生”，则其他七“不”便已了然①。我们在这里就只分析“无生”。

青目释曰：“不生者，诸论师种种说生相，或谓因果一，或谓因果异；或谓因中先有果，或谓因中先无果；或谓自体生，或谓从他生，或谓共生；或谓有生，或谓无生。如是等说生相皆不然。生相决定不可得故不生。”（《中论》卷一）外道、小乘皆执实有因果。耆那教、数论和吠檀多差别一元论，认为因果其实是一，只是行相有异；胜论、正理和部派佛学认为因果异体。数论等持因中有果，胜论、正理和佛教说一切有部持因中无果。此外还有持诸法由自生、他生，或有生、无生者。在大乘看来，这都是邪见。首先，无论因果是一是异，生法皆不成立。若因果是一，则果即是因，故不待生；若因与果异，则因也不能生果（如沙不能生油），故生法不成。其次，因中有果无果，生法皆不成。若因中先有果，则果已先有，不应又生；若因中无果，则不为果之因，故不能生果，或果既先无，即是无法，无不能变成有，故生法不成。另外，诸法从自生、他生、共生皆不成立，故无生。如果诸法离余因从自体生，则无因无缘，故不应道理。同样诸法也不能从他生，因为自、他是相待而有的，无自故亦无他，故不能从他生。因为自生他生皆不成立，故自、他共生也不成立。若无因而有万物者也

① 如龙树《六十如理颂》说：“知生即知灭，知灭知无常……”

不成立，无因而有，则为常，是事不然。这都是用归谬法间接地论证不生的道理。至于不生的更深意蕴，《大乘破有论》一开始就给予了正面的说明："当知诸法与虚空等，彼诸法生亦与空等。"不仅诸法是空幻，其生灭亦是空幻。

《中论》观因缘品、观三相品、观因果品、观十二因缘品等，都对生法进行了层层的论破，观去来品论破实有来去，观成坏品、观三相品遮破生、住、坏、灭之实有，观业品证明业因缘非实，观行品证明诸法一、异相是虚诳取相，观作作者品、观燃可燃品证明作用、作者、受者皆是空幻，因此小乘外道所执着的实在的缘起是不成立的。最后《中论》的结论是："如幻亦如梦，如乾闼婆城，所说生住灭，其相亦如是"（《中论》卷二）①。另一方面也不能对无生有执著。说不生不灭，是说生、灭之相是空；但并不是表明有一个没有生灭的实体，无生也应当被否定。般若说不生，为非生、非无生、非非生非无生。这就是中道。灭相与常、断等相亦然。

八不中道，可以涵盖一切现实的运动，不仅包括经验的，而且包括先验的运动，因为在般若看来，这一切都是依一定条件（因缘）而生起的，都属于缘起法的范畴，因而都是如幻如化，空虚无实的。因而"八不"是从运动方面，对现实性的彻底否定。它从另一侧面体现了般若的超绝否定，然而般若的究竟否定，即对超绝本体的现存性的否定，则在此并没得到展开。因此应当承认，尽管"八不中道"一直受到中观学者的高度强调，但其思想的深度和广度，实不及我们在前面所分析的空有、真俗不二的中道。

般若的不二中道，尤其是真俗、空有的不二，同样也体现了超绝否定与究竟否定的辩证统一。因为在这里，首先"有二"就是对现实存在的超越，是超绝的否定；其次不二则是否定之否定，即通过对超绝的现存实体的否定，使精神成为彻底无住的，因而它是究竟否定。如前所论，中道的智慧正是通过这两种否定的交叉作用，使本无、空性作为绝对自由本身呈现出来。

在这里，我们尤其应当指出千百年来，中国佛教（乃至全部如来藏佛教）对印度般若中观思想的一个根本误读。这就是将"不二双遣"理解为与吠檀多类似的"不二圆融"。盖般若的不二，是破而不立。它既非破除两种对立的假有建立第三种真有（如柏拉图的辩证法）；亦非折冲二者找到一居中的平衡（如俗儒所谓"中庸"）；亦非克服双方各自的相对性、片面性以领会其本质的绝对同一（如不二吠檀多）。般若的不二是双非双遣，而不确立任何一种另外的真理，从而迫使精神进入彻底无所依

① 清辨《掌珍论》："诸缘生者皆是无生，由彼都无生自性故"（玄奘译：《大乘掌珍论》卷上，大正 30 册）。

着的境界。这一点，是龙树以来的中观论师们反复强调的。如《六十颂如理论》云："离有无二边，智者无所依"，表明了于诸法有、无二边俱不可得的道理。《顺中论》也说如来说空以对治有，空亦不着，空与不空二边俱不受。正是这种无所依着，才使般若自身作为究竟实相呈现出来，也才是精神的绝对自由。

在此我们可以清楚地看到般若的不二（advaya）与吠檀多的无二（advaita，一般亦译为不二）的本质区别。这就在于：前者是对两种对立存在（二边）的同时否定，后者则指自我与大梵、主观与客观、小我与大我消除对待、融然一如。前者是双非，归于无住，其立场是空性论；后者则在消除二边的表面差异，归于绝对同一，其立场是一元论。后者是有破有立，前者则是破而不立。后者只有超绝否定，而前者则是超绝否定与究竟否定的辩证统一。

我们也在此看到了般若的不二中道精神，与中土传统的尖锐对立。华夏精神是一种玄道精神。其特点之一，是精神内在的自主否定势用极为薄弱，而自在的肯定力量即自任势用极强盛，从而压制自主否定势用的进一步展开，导致后者在此种精神中，始终只能在经验、自然的领域内活动，而无力突破自然樊篱，展开为真正的精神超越。因此华夏的精神，没有产生过丝毫的超越思维。它完全执着于直接的自然，将其奉为绝对真理，从未领会过任何超自然的实体，未曾踏入存在的实体性或先验性的领域。也就是说，它未曾经历过印欧精神那种理智的、思辨的、直觉的否定，更不可能（1）将否定思维超绝化，即否定全部现实存在，领会一种超绝的真理；（2）将否定思维究竟化，即否定一切现存存在，唯确立这否定思维本身为真理。也就是说，精神的超绝否定和究竟否定，在这里都不可能产生。其最终原因，是因为在这一传统中，精神的自主否定势用力量极端薄弱，完全被惰性自任势用压制，因而其活动始终被局限在自然思维范围内，其迈向自身本真的绝对性和无限性的意志完全被阻断，所以它根本不可能展开为对现实、对传统本身的超越，即超绝的否定；也不可能将自身绝对化，展开为对一切现存存在的否定，即究竟的否定。由于同样的原因，使般若中观的否定思维，在传入东土后，必然与中国本土传统产生根本矛盾。其中，如果说般若的超绝否定，通过佛、华思想的缓慢对话与融合，最终在某种程度上成为了中国佛学的内容，那么它的究竟否定，则与华夏传统完全不能相容。如前所述，般若的这种究竟否定，作为精神自主否定的自身绝对化，必然要否定一切作为其对象存在的东西，即所有现存存在。这种否定的最终结果，是这否定唯独能确认它自己为真实存在。这种否定就是空思维。这就是以空证空，即空思维或般若只能确定它自身为真理。在这里，精神进入一种彻底空无的境界之中，以至除了它自己的否定性，它没有任何东西可以确认、可以抓住。它只能漂浮在黑暗的无底深渊，失去了任何基础、归宿和支撑。这样一种绝对自由，是任何真正的天才或伟大灵魂都多少经历过的。然而它对于庸人的心灵来说，毕竟显得太过严厉苛刻了，所以就像海德格尔所说，大多数人总在逃避存在的虚无。对于以应时安命、逍遥顺化为最高智慧，以融入自然、返璞归真为生命理想的华夏精神来说，它的自主否定势用根本没有力量在现实层面将自身绝对化，因而它根本不可能生成，也不可能接纳上面这种究竟的否定思维，即空思维。对于华夏精神而言，让它摆脱对于最直接、外在的现实即自然的依赖都极为困难，何况将它置于那种除了它自己的否定性之外没有任何东西可以抓住的无尽黑暗深渊之中。因此没有哪个中国人，即使是佛教徒，除了极个别天才，会对这样一种漂泊无根的自由产生好感，或者真正理解，所以印度直系的中观学在中国佛教中无法真正立足①。

在这种情况下，中国佛教徒对于般若的不二中道的理解，只能要么附会孔氏"中庸"的折中之道，使其原先包含的自由的否定性完全被偷换掉（"不二性空"变成"执二取中"）；要么（在如来藏思想传入后）根据如来藏心性一如的观念将其解释为类似吠檀多的绝对一元论，使其否定性停留在超绝的现存本质的门槛上（"不二性空"变成"不二一元"）。这使得般若中道精神包含的究竟否定完全被磨灭了。更有甚者，由于华夏民族执着直接现实性、随顺自然、自怿自乐的玄道精神的渗透，使得中国佛教大大淡化了印度佛教原有的性相分别、心性分别、理智分别的立场。也就是说，在佛教中凝聚着的印度精神的理智、思辨、启示的超越，都被模糊化。佛教原有的彻底现实批判转化为对现实的容纳、契合、随顺与欣赏，原来"出离生死"的理想最终被代之以晚期禅宗"任性合道，逍遥绝恼"的老庄式的自得其乐。这一过程使得般若二谛论对现实存在的绝对超越，即超绝否定，被彻底模糊化。般若对真俗、性相的分别，即对现实性与超绝性的截然分剖，也被代之以性相的圆融和调和。因此般若中道包含的超绝否定也终被模糊化而大大削弱。总之在华夏玄道文化的长期冲刷、渗透之下，般若中道精神在传入中土后，其本来包含的究竟否定和超绝否定，都被消磨几尽或完全丧失。它原先的不二思想对对立面的同时否定及其导致的完全无所依着，不可能被原样接受，而是被解读成对立的模糊化、淡化和通融，这使般若原有的严厉苛刻的否定精神丧失殆尽，原先的"不二性空"终于被作为中国佛学典型特点之一的"不二圆融"代替（典型的如天台宗将般若的"二谛分别"转换成"三谛圆融"；华严宗将瑜伽行派解释中道的"三性［遍计、依他、圆成］各别"转化为"三性一际无异"）。

精神是生命，因而它也必然像其他生命一样，只能在其内在的自由或自主性方

① 山口益：《般若思想史》，上海古籍出版社2006年版，第84页。

面与惰性或自在性方面的斗争中展开自身的全部内容。即使到了本真精神阶段，精神领会到本体的超绝真理，但它内在的自在性仍然会阻碍其自主性的无限展开，使其固着于这超绝存在，将其当作一种归宿、基础，亦即神圣的现存本质。本真精神的这一阶段就是所谓神圣精神。它的现实性即启示省思。后者的根本局限就是执着那超绝真理为一种现存本质。于是精神便找到了安全的避风港、依靠，丧失其自主否定的绝对性。然而本体自由必然推动精神否定神圣精神的这种局限性。这就在于它通过其自主否定的自身绝对化的展开，使现实的超越或否定思维转化为究竟绝对的，即成为绝对否定。绝对否定既是质上的，又是量上的。所谓质上的绝对否定即超绝否定，它绝对地否定了一切现实存在，同时又揭示一种全新的超绝存在；量上的绝对否定即究竟否定，它并不揭示一种新的存在，而是将已有的全部存在纳入自身的运动之中，因而否定了一切现存性，最终只确认这绝对的否定活动自身为唯一的真理。总之绝对否定既是超绝的，又是究竟的。它作为超绝否定领会到存在的自身真理是一个超现实的本质，作为究竟否定则领会到这本体不是处在觉性或精神的自由运动之外的现存东西，而是只存在于这自由运动之中。因而本体既是超绝的，又是自由。在这里，由于自主否定的自身绝对化的彻底，精神首次实现了一种绝对自由。在印度精神中，大乘般若思想最早打破超绝真理的现存性，领会到这超绝存在就是自由，因而达到对本体自由的、直接的、具体的领会，即究竟觉悟，也最早实现了一种绝对的精神自由。

般若或空思维就是绝对否定的或超越，是超绝否定与究竟否定的辩证统一。般若的超绝否定体现在其空说对一切有为法的否定，以及二谛的分别对世俗存在的否定。盖有为法和世俗就是现实存在。因此般若否定一切现实性，而确立真理为空性、超绝的本体，此即超绝否定。在这一点上，般若无疑是受到幻化论奥义书的启示省思和原始佛教的超绝实践启发，从而彻底否定了部派佛学的实在思维传统。然而般若思想扬弃了启示的超绝否定的局限，甚至完全放弃了这超绝否定原有的出发点，而确定了一个新的开端。这表现在空说对空性、涅槃、真如、法身等超现实存在的否定，及二谛不二和中道义对超绝的胜义谛的否定。这种否定是辩证的。这就是说，它不是从逻辑上将这些超绝存在完全取消，而是否定它们的现存性，亦既否定它们对于这否定思维本身的外在性，而是将其纳入这否定的绝对运动之中。这否定就是究竟否定。

在启示领域，否定思维将现实存在纳入其范围之内，使之成为无，但未能将超绝存在纳入其内，未能将后者无化，因而使后者成为一种现存的基础、支持。一切现存东西的现存性，本质上是它对于思维的自由活动的外在性。启示省思由于将现实存在、思想虚无化，而将超绝本体理解为完全排除了思维活动的不动、不变的东西，就使这本体成为思维的自由无法打开的门，成为超绝的现存本质。这本质就完全处在思维的活动之外了。尽管启示省思（比如在幻化论奥义书）也往往将超绝本体作为现实自我、思想的本质，但对于现实性、思想的虚无化使它没有意识到它就是在当下缘取它的这个思想（否定思维）之内的，且在这活动之外别无自己的存在，而就是这活动的自身真理。然而唯一真实的超绝存在就是本体自由自身。后者不是处在思想活动之外，而就是这活动体现的自由的自身真理。因此超绝性的真理，即自由本身，是现存性的绝对否定，而只有现实性才可能是现存的。这意味着启示的否定思维领会的超绝现存本质其实是一种思维假相。般若必须打破这种现存性执着，为超绝否定找到一个新的出发点。于是般若就在原有的超绝否定之中，引入了究竟否定的维度。这究竟否定将一切存在纳入其自身活动之内，因而否定了一切处在这活动之外的现存东西，包括超绝的本质。于是，思想对超绝性的寻求，就不是完全放弃自身，在一种外在存在中寻找本体。思维必须折回自身，从自身内部寻找超绝性。究竟否定思维领会它自身为唯一直接明证的真理，但是它本身没有超绝的向度。因此般若的否定思维从自身内部寻找超绝性，乃是大乘精神在究竟否定之中，重新引入超绝否定的维度。因此般若既是将究竟否定引入超绝否定，又是将超绝否定引入究竟否定，它就是绝对否定的两个方面的辩证统一。由于这个辩证统一，它领悟到存在的究竟本体不仅不是现存的东西而是绝对自由，而且不是现实的存在而是超绝的真理，因而它就是本体自由自身。

般若通过这两种否定的辩证统一，不仅克服了启示省思的超绝否定的局限，也克服了究竟否定的可能误区。从历史渊源上说，般若的究竟否定乃是从主张“一切空”的方等思想发展而来。方等思想也是究竟否定。它否定一切存在的真理性，而并不确认一种新的实体，结果成为“恶趣空”或虚无主义，导致佛教在实践上的困境。般若从两个方面纠正了方等教的究竟否定的误区：一方面，它认识到，绝对否定思维即使否定了一切对象，也不能否定这否定思维自身，因而它最终还不得不确定它自己为真理，即唯一直接明证的真理。般若经论说般若就是真如、实相，就反映了这一认识。因此，般若在这里确定了唯一的实体，从而否定了方等思想的虚无主义倾向。另一方面，它还通过其超绝否定，对于这绝对否定思维进行去现实化，从而揭示出一种超绝的本体，即空性。空性就是空智之本体，因而也是实体，而且是前一实体的基础。这也是对方等思想的恶趣空进行了纠正。因而可以说，般若思想是在更高的层次上对晚期奥义书和原始佛教的超绝否定与方等思想的究竟否定的辩证综合。

正如我们一再阐明的，精神观念的进展反映了自由的进展。般若的空思想在对空性的领会中，否定了精神为自己树立的所有现实性和现存性的偶像，确立超绝的自由本体为究竟真理，因而它使精神的觉悟上升到纯粹、究竟层面。这种空思想在观念层面表现了精神从现实性和现存性到这超绝的自由的持续运动，其中精神彻底否定了实在思维和启示省思的执着，否定了数千年来植根于人类心灵深处的全部依赖和枷锁，毅然投身于空无的黑暗。精神这种绝对否定的运动，也就是它绝对地舍弃自身任何现实此在、任何直接现存性而投身于绝对陌生且了不可得的超绝自由本身的运动。它在现象学上验证了精神内在的自身否定势用的绝对展开，而且正是这一展开推动般若的正智省思的形成。这正智省思，是人类精神进行的最勇敢的尝试。它对一切偶像、依赖的弃绝，体现出大丈夫完美的英雄气概，且正由于这种一无所取的彻底弃绝，而实现了其无住、无得的绝对自由。然而精神内在的自舍势用的绝对展开，意味着这自舍势用完全恢复其本真存在，因而得以最终消灭对立的惰性自任势用，而这离不开本体自由自身的促动（参考上一编引论）。盖本体自由作为绝对，要求否定一切现实和现存存在的重负，实现为（精神）对自身本质的自主设定；因而它必通过呼唤和倾注，促使精神内在的自舍势用恢复其本真存在并最终彻底消除惰性自任势用的阻碍，获得绝对展开，从而推动省思打破一切现实和现存偶像，领会到自由本身的超绝存在才是绝对真理。正智省思由此形成。总之，最终是自由本身推动般若思想的形成。因此，般若思想的形成，就在观念层面呈现了自由推动正智省思形成的精神逻辑。在这里，西方思想的发展，也表现了与印度思想一致的精神轨迹。我们通过对二者的比较，可以证明上述精神逻辑具有跨文化的普遍必然性。

在西方思想中，从基督教实在神学和否定神学到托马斯的神学和现代西方哲学的非本质主义倾向的演变，表现了与佛教般若思想对奥义书的实在思维和启示省思的否定一致的进展。托马斯·阿奎那既反对形而上学神学（从圣巴西尔到邓斯·斯各脱、波爱修、安瑟伦、伯纳德·西尔维斯特、里尔的阿兰、马西亚努斯·加佩拉、夏特勒学派，乃至全部中世纪唯实论）和神秘神学（以奥古斯丁为代表）将上帝视为一种现实的本体，也反对启示神学（奥利金、马利乌斯、忏悔者马克西姆、阿娄帕果的但尼斯、爱利根那直到爱克哈特等）将上帝视为超绝的现存本质，他认为上帝不是任何现存的“什么”或本质，而就是纯粹的存在行动，即绝对自由。在现代西方哲学中，马丁·海德格尔否定近代形而上学执着的现存实体，及所谓本体神学执着的作为永恒、完美的存在、最高的真理、不变的基础的现存上帝。他认为正是通过这些观念，思想为自己寻找到了一个依靠、一个安全的庇护所、避风港，以抵抗作为本真存在的无的侵袭。这些都是把存在本质当作一种不动、无生命的现存东西，因而是思维的假相。海德格尔认为，执着于现存存在（有）而遗忘存在本身（无），乃是欧洲文化的根本症结。人类思想只有打破现存性执着，直接投入无的风暴，才能摆脱枷锁，获得本真的自由。这与般若思想的舍有入空，具有共同的逻辑①。与般若一样，西方思想的上述发展，也是否定思维自身绝对化的成果。精神在这里否定了一切现实和现存存在的自为真理性，领会到本体就是超绝的运动、自由，而且是完全不可取、不可得的。精神于是放弃了任何基础、归宿和依靠，勇敢地承担起其无住、无得的本真存在，从而实现了自主否定的绝对自由。

然而华夏思想在这里与印欧思想形成了巨大的反差。盖华夏精神属于沉醉于自然的玄道文化范畴。这种玄道文化以自然意识的最直接、朴素、原始的存在为理想。它促进了精神内在的惰性势用（包括自任势用）的活动，阻碍了自主势用（包括自舍势用）的展开。它把这自舍势用完全禁锢在自然思维的范围内，将后者展开为真正的精神超越（否定的自由）的可能性彻底断绝了。因此，华夏精神没有任何超越性或真正的自由。在所有文化中，中国文化是最注重眼前的、最"现实"、最直接的、最缺乏否定的勇气的，易言之它是最执着的。因此华夏民族几千年来就一直生活在形形色色、庸俗粗鄙的偶像阴影之下。直到今天，这些偶像最终融合成了两个：权和钱（在某些人心目中或许还应加上一个：国家）。偶像作为精神的自主否定永远无法进入的真理，其根本作用在于：其一，它为精神自由树立了一扇不能打开的门，使精神实现其绝对自由的可能被阻断；其二，它为精神提供了依靠，使精神丧失独立性，也使它实现其绝对自由的意志（即自由的本真存在）被搁置、禁锢。偶像使精神舍"无住"而得"有住"，离"无依"而入"有依"。精神为了逃避自由的黑暗，逃出本真存在的空无的洪流，于是拼命抓住任何可以抓住的廉价偶像，这就是它的救命稻草。只有在华夏传统中，"述而不作"才成为圣人之德，庸人的传统崇拜乃成为君子的品格，"安身立命"居然成为学者最神圣的精神。华夏民族从来没有一种直面自由之"空"、"无"的勇气。较之其他主要文化，华夏文化最缺乏一种大丈夫气概，更多的是女人和婴孩式的依赖。这一点，在儒家思想中表现得尤为突出。儒者把君主当作最高甚至唯一真正的主体和独立意志（"礼乐征伐自天子出"），臣民则以柔顺服从为最高道德。他实际上是把君主当成了唯一的男人，"臣之事君应如妇之事夫"。事实上，在儒家传统中，精神的平庸、懦弱与惰性，都成为圣贤之德。因此，像这样一种精神，根本不可能产生出，甚至无法理解和接受这种在西方和印度精神中产生出的那种绝对否定或空思维。而且我们在对中国佛教的分析中也表明，即使华夏精神接触到这

① 吴学国：《存在论区分与二谛论：对海德格尔与大乘佛教的比较研究》，《河北学刊》2004 年第 1 期。

种绝对否定，它也会根据原先的传统对它进行扭曲，使之面貌全非，而且最终不可能从中真正有所收获。

不过应当承认，般若或空思维自身也有其根本的局限性。尽管它作为绝对否定，最终确定只有这否定或空思维本身是直接明证的真理，并且通过对后者的去现实化或超绝还原，使空性作为空思维的本体，从而作为觉性内在的究竟本质呈现出来。然而般若作为否定思维，重在“遮”而非“表”，因而它对于它自己的实质，也缺乏积极的思考。空思维确立它自己为直接真理，但这只是它作为绝对否定的必然结论，其目的并不在于“表”显精神的内在性。首先，般若或空智在这里被强调的，是它作为自由，并非它作为思想，即作为精神的内在性的存在。实际上这空智对于它自己的内在性并无认真的思考。这表现在，般若学并没有意识到它发现了一个有别于原始佛教自然实在的全新存在领域，即思想的领域，后者是自然实在的基础；所以在这里，精神的内在存在并没有确立本体论上的优先性。尽管般若否定全部世界的存在，最终以思想（空思维）作为直接明证的真理，这或许与笛卡尔确立我思为直接真理类似，但它没有像后者那样，以这思想为基础重新建立世界的确定性。般若学甚至还没有接受奥义书以及后来唯识学那种心、物的本质区分。这些都表明般若思想缺乏真正的反思性。般若思想的这种局限也反映了精神现实自由的局限，它表明精神内在的自反势用没有展开为真实的自由。因此在这里，空智被确立为直接真理并不是反思的成就，而只是否定思维的自身绝对化的结果。其次，与此相关，空性作为本体在这里被强调的，是它的超绝和自由，而不是它对于精神、自我的内在性或它的心性①。般若学对空性作为心灵、思想的本质，并没有明确阐明。它也没有由于对空性的唯心论理解而将一种绝对本心作为一切存在的基础。它始终没有阐明或没有意识到本心或心性在本体论上的特殊地位。般若确立空性为存在的究竟真理，乃是其超绝否定和究竟否定双重作用的结果，因而也同样是自主否定的自身绝对化的表现，而不是自觉的精神反思的结论，在这里同样看不到精神自反势用的积极展开。总之，在空思维层次，精神内在的自反与自舍势用的展开并不同步。尽管自舍势用已展开为绝对自由，但自反势用还没有展开为真正的精神反思，更谈不上进入本真觉悟的层面，即成为超绝反思。般若空智只具有一种正智的超越，而不包括正智的反思。我们下面将要看到的是，在印度思想中，佛教大乘瑜伽行派最早实现了这一

① 正如印度学者穆谛所说：中观学派并不认为涅槃有所谓的“心”（cit）；而吠檀多则相反，认为“梵”的本质就是“心”，它是“自照的、自存的存在，因为有它，我们的认知作用才有可能成就。”（穆提：《中观哲学》，华宇出版社 1984 年版，第 446—447 页）。

反思。这一精神进展最终也只有在自由本身的推动之下才有可能。

## 第二节 瑜伽唯识思想

义净《南海寄归内法传》云："所云大乘，无过二种，一乃中观，二则瑜伽。中观即云：俗有真空，体虚如幻。瑜伽乃云：外无内有，事皆唯识云。"唯识思想可以说是在对般若思想的否定中产生的。般若可以说是对小乘佛教的实在论和奥义书的启示省思的否定。般若的空智则否定一切现实和现存的存在，精神于是卸除了一切偶像的重负，领悟超绝本体或空性即是（自主否定的）绝对自由。精神在这里首次对于超绝本体有了一种直接的、具体的觉悟，首次实现了一种（否定的）绝对自由。然而如上所论，般若思想的重大局限性，在于它是无反思的。我们看到它否定了奥义书的启示省思的局限，同时也将奥义书的反思一并否定了。般若学对于觉性、精神在本体论上的优先性或基础地位，没有任何领会。因此，尽管在我们看来，当般若学确认（属于精神的内在现实的）空智就是真如时，以及指出一切世俗或现实存在皆是分别心所生时，一种真正的反思可以说是呼之欲出了。然而这样的反思毕竟没有再现。这在于般若学的思想重心在于"遮"（否定）而非"表"（肯定）。它确认空智或否定思维本身为唯一直接的真理，完全是其否定思维自身绝对化的结论，而不是反思的成就。这表现在，它对于空智、分别心的性质都缺乏积极的省思，对于空智的识性，及空智的世俗性与真理性的矛盾都没有认真思考，对于分别心的实有性、其对所分别境的优先性也没有明确考量，甚至缺乏作这种思考的兴趣。它完全无意"表"显心识的实有，也无意"表"显心识对于存在的基础和根源地位。这表明真正的精神反思在般若思想中并不存在。反思与超越表现出严重的失衡。然而反思也是精神的现实自由。因此般若的自由也是有缺陷的。盖反思是精神自身维持（自反）势用的实现。般若空智的局限表明在这里，精神内在的自反势用仍然完全被惰性的自放势用抑制，还没有充分展开自身，没有实现为真实的自由。而唯识对般若的否定，就其最有价值的方面来看，正是在般若已达到的正智省思基础上，对印度精神已有的反思性的重新肯定，因而是一种否定之否定。

印度传统包含了本觉的婆罗门文化和本寂的沙门文化的二元性。本觉的文化取向把觉性、精神作为存在之真理、理想，以觉性之升华扩充为生命之目的。反之，本寂的取向把冥性存在体作为存在之真理、理想，以达到觉性彻底绝灭、冥性如实呈现的寂然黟冥之境为生命之目的。前者必然促进精神内在的自反势用的展开，推动精神反思的形成；后者则必然压制自反势用的活动，阻碍精神反思的形成。无论是奥义书思想，还是佛教思想，都包含本寂和本寂两种取向的对立统一。其中奥义书的精神受本觉的取向主导，佛教的精神受本寂的取向主导。正是这种精神取向的差异造成了：奥义书的精神既是超越的，又是反思的；佛教的精神（直到般若思想为止）则是超越的，但不是反思的。小乘佛教在世界观上，持一种类似于多元实在论的立场，并没有认为精神或意识是世界的基础、根源，因而是非反思的；其实践表现出与晚期奥义书的瑜伽学类似的启示省思特点，但只具有启示的超越，不具有启示的反思（它的方针不是从觉性内部证悟超绝真理，而是通过泯灭觉性使这真理呈现）。般若思想通过超绝否定与究竟否定的辩证统一，达到了一种正智省思，领会到存在的本质真理是超绝的自由。然而它只有正智的超越，而没有正智反思，没有领会到这自由就是而且只是觉性、精神的内在本质。

只有自由本身才能最终推动精神克服这种思维局限，展开更丰富的存在内容。自由就是觉性纯粹的自否定运动，它是包括自舍、自反等诸多势用的运动整体。每一种势用的本真存在都具有在现实层面将自身绝对化的意志。般若的正智省思就是精神自舍势用的自身绝对化的实现。然而自反、自凝等势用也有同样的自身绝对化意志，其中自反的自身绝对化的展开对于现实精神的成长影响尤为巨大。自反势用就是自身维持，就是维持生命的本质（即自由）使不瓦解。它把这本质作为全部生命活动的唯一最终目的并使之指向这目的，因此它具有永恒的自身指向性，总是指向生命的更内在、更本质的存在。在觉性这样有意识的生命之中，这种指向以对这本质的意识为前提，或者说自反势用预设这意识的存在，而精神的内向意识就是反省。然而由于人类觉性的根本局限，对于它而言，这意识首先必然是间接的：本质被掩盖在偶像之中。因而精神的自身维持展开的现实活动，最初必然是间接、外在的，这决定它的反省也是间接的，比如自然精神就只将最直接的现实性，即自然作为唯一的自为真理，从来没有认识到内在心灵、思想的真理。然而对于觉性生命而言，它的本质不是自然，不是肉体，而是心灵、思想、精神，后者的本质是自由本身。精神的自身维持本来应当是针对觉性最内在的本质，即自由的。因而这自身维持势用的绝对性的实现，从其内容方面说，就是精神直接将本体自由自身作为守护、维持的绝对目的。省思于是领会到这本体自由就是觉性、精神的内在本质，是绝对、自为的真理。这就是最高层次的、也是最内在的反思，是反思的绝对自由，也是自反势用的现实理想。因此，精神自反势用在其现实、历史的展开中，必须将自己的目的逐步地而且无限地内在化。这决定精神必然要从最外在的反省奔向这最内在反思的理想。这是由自反势用的本真存在在现实中自身绝对化的意志决定的。因此反省思维的发展，必然表现为一个逐渐内在化、日渐接近觉性最内在本质的过程。

这对于佛教思想也不例外。

应当承认佛教的反思和超越思维发展有很大落差。早期佛教的宗教理想就表现了一种超绝否定。涅槃就是一个十二因缘即全部现实存在灭尽的境界，因而是一种超绝的真理。般若的空智则不仅是超绝否定，而且是究竟否定，因而是绝对否定或正智的超越，是自主否定的绝对自由的现实，是否定思维发展的极致。然而就反省思维而言，早期佛教只有朴素、自然的反省。它往往将心灵（识）与其他自然东西放在一起，并没有认识到二者在形上学上的巨大区别，也没有认识到识在存在系统中的优先性或基础地位。识或觉性的内在存在还被埋没在其他自然、经验的事物之中。因而早期佛学只停留在自然反省阶段，还没有像奥义书那样的真正精神反思。这一点在般若思想中都没有根本改变。这反映出精神的自反势用的展开受到严重阻碍。如前所述，这是因为佛教精神被沙门传统的本寂文化取向支配。后者压制精神内在的自反势用的展开，而使与之抵消的惰性的外向自放力量大大强化，这使自反势用没有力量穿过自然偶像，指向觉性真正内在的存在，即心灵、意识、思想等并推动反省领悟后者的自为真理性，而是始终逗留于觉性最外在、最表面的存在，即自然。到此为止佛教包含的精神反省都未能脱离自然的樊篱，未能领会觉性内在存在的自为真理性。反省始终没有获得真正的自由，而成为反思。唯反思是自反势用的现实自由。

然而自由本身必然推动佛教的精神克服这样的思维局限。盖本体自由就是觉性、精神的绝对本质，它呼唤精神把它确定为全部存在的绝对目的，因而它必然促使精神内在的自反势用展开对它的维持，从而推动反省思维的发展。然而这自由属于觉性、精神的内在存在，因此它必然促使这自反势用朝这内在领域展开，成为内在维持，从而推动反省确立觉性内在的心灵、思想等为绝对、自为的真理，于是反省内在化为真正的反思。总之本体自由作为绝对，要求展开为对精神的内在存在的自主设定，这最终促使反思的形成。我们在对奥义书识论的讨论中，阐明了这个自由推动反思形成的机制。这一机制应当也可以同样适用于解释大乘佛教思想的进一步发展。

本体自由是精神永恒的良心，它只可能被某种传统或精神取向（本寂取向）压制、掩埋、遮蔽，但不能被灭绝，而是始终在向精神发出呼唤。它呼唤着精神的内在化。如果说现实精神往往会被本来的传统麻痹，以致完全听不到这呼声，那么它与另外一种传统的相遇，可能会打破它的麻痹状态，使它听到这呼唤并作出应答，从而迈向新的自由之旅。对于佛教来说，与奥义书传统的更深入接触，就是这样的机遇。由于婆罗门文化的东扩和佛教的西进，在初期大乘产生的时代，佛教就已经处在婆罗门文化的包围之中。婆罗门—奥义书精神的最高贵之处在于它深刻的反思性。反思是自反势用的现实自由。它领会觉性、精神内在本质的丰富内容，并维持、守护着这内容（以之为究竟真理）。奥义书表现了与这内容的丰富性相应的反思的不同层次，不仅包括绝对反思，还包括了超越反思、先验反思、直觉反思、超绝反思等。因此，它在与佛教相遇的过程中，便通过这反思，把觉性、精神内在的巨大丰富性呈现在后者面前。这种重大冲击必然使佛教的精神得以打破传统的遮蔽、阻隔，良心的呼声遂有了振聋发聩的力量。或者说在这里，良心正是通过婆罗门传统的反思对佛教的精神发出呼唤。这呼声最终必然使佛教的精神意识到自身的局限性，它因而得以敞开自身，接受自由的倾注，使精神内在的自反势用遂得以恢复其本真的无限性，从而克服惰性的自放力量之消解和本寂的意志之压制，突破自然的外在偶像，展开为对觉性内在、本质的维持和守护，因而推动反省克服自然思维的局限，转化为真正的精神反思。精神在这里必将最终领会到，觉性的内在存在，即心灵、思想、意识等，才是全部存在的真理和基础。

大乘瑜伽行派的思想，就是这一精神运动的成果。这表现在，在被本寂的取向主导，追求精神泯灭的佛教精神中，瑜伽唯识首次引入了真正的精神反思。这种反思的形成表明大乘精神的自由进入了新局面。唯识的精神反思表现为多个层面。首先，瑜伽“万法唯识”的观念，就表现了一种普遍内在反思。比如百法论将世间全部存在概括为五位百法，最终将百法摄于一心，一切外境相皆是虚妄，唯有识是实有，因而识就是绝对；八识论将一切存在归属于八个识，又摄八识于阿赖耶识之中，故阿赖耶识就是存有的全体。唯识在这里，一方面通过摄百法于一心，克服了小乘多元实在论的外在化；另一方面也通过确认虚妄分别心是实有，克服了般若将全部世俗或现实存在虚无化的倾向，从而领悟识就是存在的绝对真理，因而将早期奥义书的普遍内在反思（在奥义书中，这一反思就是绝对反思）包含在内。同奥义书的识论一样，“万法唯识”说也在观念层面表现了精神否定外在自然的自为存在确立心灵、思想为存在真理的内在化运动，这使得精神的自反势用的内在展开获得了现象学的明证性（参考上编第一章引言和结语）。其次，唯识的阿赖耶识缘起说表现了一种先验反思。唯识认为阿赖耶包括现行、种子二分，现行即全部经验实在，种子则超越经验同时又是经验存在的根据、基础，即先验本体。阿赖耶识作为种子识就是先验意识，是一切经验存在的意义根源。在此意义上，唯识也将奥义书的耶若婆佉学说等体现的先验反思包含在内了。同耶若婆佉等的本识学说一样，阿赖耶识缘起说也在观念层面表现了精神否定一切内在和外在的自然、经验东西的自为存在，确立一种超验内在原理为存在真理的运动，这也在现象学上验证了精神的自反势用在这一新的存在领域的展开（参考上编第三章引言和结语）。最后，唯识的“三自性”说表现了其特有的正智反思。依三自性说，依他起的识有染污的遍计与清净的圆成二分。后者是识之离二取等相者，因而就是空智或无分别智。空智作为绝对否定的思维，是识的应然、本然的真理。盖于般若思想中，空智作为绝对否定最终唯有确定它自己为唯一真理。唯识在这里也达到了同样的结论，但是唯识在这里表现了一种明确的反思，它明确规定空智就是清净识，是现实存在之理想。于是它便将那无住、无得的绝对自由，领会成觉性的内在、现实的真理。这种领会就是空智的反思。它是般若的究竟否定与瑜伽的内在反思的辩证统一。唯识还将圆成实性分为空智与空性，即净分依他和法性真如二分。前者是有为法，包含诸心心所等，为世俗或现实存在；后者是无为法，寂然离世，过心心所，为超越世俗或现实的本体。二者都内在于识，前者是识之相，后者是识之性。唯识因而将般若的空性本体内在化，使之成为识或觉性之内在的超绝本体。这就是空性的反思。这种空性的反思是一种正智反思，它既领会到存在本质的绝对自由，又领会到它的超绝性，因而使这本质作为一种超绝、内在的自由，即本体自由自身呈现出来。可以看出，唯识的正智反思，是般若的绝对否定和唯识的内在反思的辩证统一。唯识的三自性说在观念层面表现了正智反思扬弃空智、空性的外在性，将其与精神内在的思想和自由本身等同的内在化运动。它在现象学上验证了精神内在的自身维持势用在正智领域的积极展开。正智反思对真如法性（存在的绝对真理）与空、无住的清净心，即超绝、内在的自由本体的同一性的领会，意味着反省达到了内容上的极限。这在现象学上验证了精神内在的自反势用实现了在内容上的自身绝对化。正是这自反势用的积极展开推动大乘精神在般若的绝对否定的每一思维层面开辟出内在反思的维度。总之，唯识思想在观念层面验证了精神内在的自反势用已展开为针对精神内在存在的维持，即内在维持。正是这自反势用的积极展开推动大乘佛教从般若到唯识思想的转型。然而这自反势用的历史展开，离不开作为精神绝对本质的本体自由的促动。盖本体自由作为绝对，要求实现为（精神）对于它自身，即精神最内在本质的自主设定，因而它呼唤精神省思的内在化。而奥义书绝对反思的刺激，迫使佛教的精神倾听到这一呼声并作出应答。于是这本体自由在大乘佛学达到的每一省思层面，都必促使精神的自反势用恢复其本真存在，展开为积极的活动，推动这省思的内在转向，使其发展出内在的反思之维。这一点也决定唯识的精神反思的多层面性。总而言之，最终是自由推动了佛教唯识思想的形成。因此，大乘思想从般若到唯识的转型，将会在观念层面验证自由推动精神反思形成的机制。

另外，自由在其现实展开过程中，总会尽量从已有的精神语境汲取养分、接受启迪。这使得在现实、历史层面，唯识的反思性也表现出与其他学派思想的密切联系。首先，瑜伽唯识思想最直接的先驱是小乘的经部学。一方面，经部在认识论上持“带相缘境”说，反对有部的反映论，认为心识不能直接认识外境，其所了知的境相唯属自身变现的结果。此说后来成为唯识的重要理论基础。另一方面，早期经部发展出细心相续，色心互熏、互为因果的观念。后来鸠摩罗多结合了熏习与因果，建立三相前后、诸法渐生的心识相续转变差别说，依此将业果关联纳入心识相续的流动之中。而后期的一类经为量者，由一味之心开出集起、种种二门，成立异熟果识，以种、现因果涵摄一切法的生灭相续，相续转变差别遂成世界开显自身之环节，故本心俨然成为世界之根源①。此为唯识的识转变说之直接先驱。经部思想无疑体现了一种反思性，但这反思在内容上主要是认识论的、主观的。唯识对于经部学的最大改造是取消了经部执着的外在的实境，使识成为存在的真理和根源，从而将经部主观的反思转化为绝对的反思。其次，瑜伽行派思想的转化，也是受到了当时已经在大乘经中开始流行的唯心论影响。这些大乘经明确提出心就是构造世界意义的主体，体现了一种绝对反思。如《华严经》云：“三界虚妄但一心作”；“心如工画师，画种种五阴，一切世界中，无法而不造”（《六十华严》卷十）。这种唯心论给瑜伽行派带来启迪并提供了理论的依据。另外正如《解深密经》卷三中的对话所暗示，唯识思想的形成也与禅观的发展有密切关系。它可能是小乘的瑜伽师在禅定中引入了反思型的唯识观法，并将由此获得的体验扩张为一种世界观的结果。进一步说，影响唯识思想朝反思性转化的所有这些方面，最终都有一个共同的先驱，这就是奥义书思想。在印度文化中，奥义书的精神最早达到了一种深刻、系统的反思，并且由此影响了印度各派思想包括佛学的发展。经部的心识转变论，就受到从奥义书思想发展出的数论自性转变论的根本影响；一些早期大乘佛经的唯心倾向，也并不属于佛教的传统，而应视为受奥义书唯心论影响的结果；至于佛教禅定中唯识观法之形成，更可确定是大量皈依佛教的婆罗门逐渐将奥义书的唯心识论引入佛教禅观的结果，因为禅观总是对于外来思想更有开放性；而且在佛学中禅观的体验总是享有很大的权威性，这使得唯识观的体验很容易得到承认，并通过文字被表达出来，于是形成了瑜伽的经论②。可以说唯识思想的形成，是佛教与奥义书两大精神传统对话、融合的结果。也可以方便地说，这是奥义书的反思渗透到佛教精神中的结果。然而应当注意到的是，人

① 此如《大乘成业论》说：“一类经为量者，所许细心彼位犹有。谓异熟果识，具一切种子，从初结生乃至终没，展转相续曾无间断。彼彼生处，由异熟因品类差别，相续流转，乃至涅槃方毕竟灭。即前所说异熟果识，摄藏种种诸法种子。余识及俱有法善不善性数熏发时，随其所应种力增盛，由此相续转变差别；随种力熟，随遇助缘，便感当来爱非爱果。依如是义，有说颂言：心与无边种，俱相续恒流，遇各别熏缘，心种便增盛。”

② 吴学国：《奥义书与大乘佛教的发生》，《哲学研究》2010 年第 3 期。

类的精神是生命，因而任何一种有价值的思想，其从一种文化精神传播到另一种文化精神之中，就绝不是一种无机物那样的自然扩散过程，而是必须在其移入的精神中重新生长出来。因此后者对这思想的接受，必然同时也是它的自身发育的过程，这是一个主动、积极、要付出巨大艰辛的过程。它绝不是舒舒服服地把这思想现存地拿过来，也不是无意识被后者渗入，而是只能在后者的启迪和感召之下，通过在艰难的教养、学习中的自我建构，从而在自身体内形成了新的组织、机能。易言之，它必须将这内容在自己生命中重新“长”出来；因为，任何对它真正有价值的内容，都是高于它的当前存在的，它必须通过痛苦的自我成长，才能真正获得它，于是使自己获得更大自由。这过程应完全纳入精神在内在自由推动下的自我成长的逻辑之中。唯识的精神之受上述思想影响，亦应如是理解。它无疑受到这些思想包含的反思观念与实践的启迪，但是兹后，它不得不在自身内部生长出这种反思性（它的这一生长过程，还不得不服务它的自我发育的逻辑）。也正是这一点决定唯识包含的反思与其在奥义书等表现的都有本质区别。

除了在大乘佛教中引入反思之维，唯识的另一重要成就，或许是现代学者们较少提到的，就是在它的思想中，般若的绝对否定思维转化为必然的实践，即成为客观的概念。盖般若学尽管对于空智的境界多有描述，但对于如何得到这境界，却没有开示系统的方法，所以这种领会不免带有灵感式的偶发特点，易言之，空智在这里还没有成为必然的思想，即概念。然而唯识五位十地的实践，就是包含空智修习的全部环节的完备、细致、充分的工夫整体。这使空的证悟之获得具有了系统、必然的形式。这意味着空智在这里被必然化，真正成为了概念。

尽管在唯识思想阶段，反思取得了重大进展，并且把现实精神带入了一片自由的新天地，但是应当承认在佛教本来极缺乏反思的土壤的本寂传统之中，反思难以得到真正充分的发展。因此在唯识的阶段，佛教的超越思维转化为绝对自由，但是反思思维并没有得到同等程度的发展。一方面，就其内容上说，精神反思在唯识思想中还没有成为绝对自由。反思的绝对自由，从量上说，在于否定一切在它之外的现存物，最终只能确认反思的绝对运动本身为唯一自身明证的真理，此即究竟反思。这样的反思在唯识思想中并不存在。唯识的空智包含了对自身的绝对性、先验性、超绝性、无住性的反思，但不包含对自身的反思性的反思（详见本节结语）。另外就质上来看，反思的绝对自由在于它领会到自否定的超绝、绝对的整体（超绝的圆成自由），即本体自由的完整面目；此即圆成的反思（详见本节结语），它在唯识思想中也不存在。唯识思想尽管领会到自舍势用的本真存在，然而本体自由是自舍与自反、自凝、自离的运动的整体性；但是对于这些内容的反思在唯识思中还完全不存在，因而它的这一反思是不完整的。这反映出，在唯识的精神中，自舍势用已经绝对展开，但自反势用并未绝对展开。另一方面，更严重的是，就其形式上说，唯识思想体现的反思还不具有主观性。这表现在这反思的主体所领会的识，并不是他的自我（与佛教无我思想一致），因而它乃是一种在我之外的普遍、客观的精神（觉性），与西方从柏拉图主义到近代唯理论的宇宙理性或宇宙心灵、太一等类似，因而这反思也是一种客观反思。在这种意义上，唯识体现的反思甚至明显落后于奥义书的反思，后者的主观反思和绝对反思在这里完全没有建立起来①。这反映出，精神在形式上的绝对自身维持即自我维持，没有在思辨、启示乃至正智省思领域展开为现实的活动。唯识思想表现的这一精神局限，也唯有通过自由的进一步展开才能被克服。

唯识学的主要理论有：(1) 万法唯识。此即认为世间一切存在都属于心识的内容，不在识外，体性即是识，故唯识无境，于是识就成为绝对的真理。唯识学通过百法论和八识论阐明此说。前者纳宇宙万有入五位百法，再摄百法于一心；后者摄诸法于八识，入八识于一全体或本体识即阿赖耶识。(2) 识转变。此以为一切境相皆是识的虚妄分别所生，而虚妄分别由阿赖耶识产生。阿赖耶识是超越经验（现行）的根本识（种子），是一切经验存在的先验本体。(3) 三自性说。此以为一切现实事物皆具有三种存在意义（三种自性）：依他起自性（即因缘而生的识）、遍计所执自性（于识上起执着生成的妄境，如实我实法等）、圆成实自性（否定遍计所执后呈现的真如）。其核心是依他起自性。依他为实有，而有染净二分。染分即遍计所执，有二取相；净分即圆成实，无二取相。圆成实又有智与空性真如二分。(4) 唯识的法性论。法性即存在的真理、本质之意。在唯识思想中，法性首先即是唯识，其次法性又可以指清净依他，后者在现实以空智为实体，最后法性即是空性，为否定了一切现实性的超绝本体。(5) 转识成智。这概括了瑜伽行派的实践理论。其宗旨在于，通过修无分别智，渐渐在阿赖耶识上转舍其杂染分，转得清净分，最终使阿赖耶识彻底清净无漏的，即成为智（智相应心品）。这种实践不仅使般若的空智具有了必然的活动形式，即成为客观的概念，而且在这空智的实践中引入了反思的维度。兹试图依此对唯识思想作进一步的阐述。

## 一、万法唯识

《解深密经》（卷三）有一段佛与慈氏菩萨的对话，表明了唯识的世界观的基本立

① 绝对反思不同于前面所谓绝对的反思。前者是从反思的自身形式而言，它是主观反思和客观反思的统一。后者是从反思的对象或内容而言，它将全部对象内在化。

场。其云：

> 善男子。我说识所缘唯识所现故。世尊。若彼所行影像即与此心无有异者，云何此心还见此心？善男子。此中无有少法能见少法。然即此心如是生时，即有如是影像显现。善男子。如依善莹清净镜面，以质为缘还见本质，而谓我今见于影像，及谓离质别有所行影像显现。如是此心生时相似有异三摩地所行影像显现。世尊。若诸有情自性而住，缘色等心所行影像，彼与此心亦无异耶？善男子。亦无有异，而诸愚夫由颠倒觉，于诸影像不能如实知唯是识，作颠倒解。

瑜伽行派的基本宗旨是“万法唯识”，就是说世间一切存在都属于我们心识的内容，唯识无境。一切看似外在的事物其实只是心变出的影像，不在识外，体性即是识；所以在这里，其实是自心还见此心。于是觉性的内在性、识就成为绝对的真理。因此万法唯识体现了一种绝对的反思（绝对的反思是从反思的对象或内容而言，它将全部对象内在化。绝对反思是从反思的自身形式而言，它是主观反思和客观反思的统一）。上引经文从瑜伽禅定所行影像为心所生，扩展到一切法皆是心生，且唯属于心。这暗示瑜伽行派的绝对唯心论，就是从禅定发展而来的。

瑜伽行派对于万法唯识，有多种阐明。其一为百法论。盖俱舍宗立五位七十五法之说，唯识乃将其推展为五位百法，并阐明此百法皆属于识。所谓百法，即：一是心法，即八识。此谓眼、耳、鼻、舌、身、意等六识，加上末那识、阿赖耶识，共计 8 种。二是心所有法，即识的作用，共 51 种，包括：(1) 五遍行，即无论善恶、普遍现起的心识作用，谓作意、触、受、想、思。(2) 五别境，为因特定对象引生，非恒时现起的心识作用，即欲、胜解、念、定、慧。(3) 四种不定，即悔、睡眠、寻、伺，其善恶性质本身不确定，而由与之俱起的心所确定。(4) 善，有信、惭、愧、无贪、无嗔、无痴、勤、轻安、不放逸、行舍、不害共 11 种。(5) 烦恼，或曰根本烦恼，有贪、嗔、痴、慢、疑、恶见共 6 种。(6) 随烦恼，又名随惑，为伴随根本烦恼而起的枝末烦恼，共 20 种，即忿、恨、覆、恼、嫉、悭、诳、谄、害、憍、无惭、无愧、掉举、昏沈、不信、懈怠、放逸、失念、散乱、不正知。三是色法，即物质的现象，包括眼、耳、鼻、舌、身五根，色、声、香、味、触五境，及法处所摄色，共 11 种。四是心不相应法，谓既不属色，又不属心，而作为色、心之分位假立之法，包括得、命根、众同分、异生性、无想定、灭尽定、无想报、名身、句身、文身、生、老、住、无常、流转、定异、相应、势速、次第、方、时、数、和合性、不和合性，共 24 种。五是无为法，为离因缘、无生灭造作之法，包括虚空、择灭、非择灭、不动灭、想受灭、真如 6 种。此六者在小乘各有别体，在大乘则是于同一真如理体安立的六种名称。如虚空无为是离诸障碍所显真如，择灭无为是断烦恼所显真如，真如无为即真如自体。唯识百法论，虽以小乘有部学为基础，但其兴趣并非像后者那样，是为了对存在进行分类，而在于总百法于一识，从而将全部存在纳入绝对的心识之中。盖心法即识的实体，心所有法为识的作用，色法为识变现的对境，不相应法为识的分位，无为法为识的实性。如此则“三界唯心，万法唯识”之理成立无违。

八识论也可视为对万法唯识的一种阐明。瑜伽行派认为心识共有八种，即眼识、耳识、鼻识、舌识、身识、意识、末那识、阿赖耶识，共八个识。前七识乃阿赖耶识所生，总称为转识或七转识；阿赖耶为七转诸法之因，故称根本识、种子识。八识可分为：一是五识，即八识中之前五识，大致相当于现在所谓意识之单纯的感觉作用层面，尝未形成有分别的概念性知识。五识中，眼识以眼根为所依，缘色境；耳识以耳根为所依，缘声境；鼻识以鼻根为所依，缘香境；舌识以舌根为所依，缘味境；身识以身根为所依，缘触境。五识唯现量摄，唯觉自境。二是意识。第六意识能广缘一切境，不论内、外，有形、无形，及过去、现在、未未三世，而且有比知、推测等作用，故称广缘识。要言之，意识是八识中最猛利、敏捷的，有自由自在力，故迷、悟，善、恶之业，皆由意识所作。意识可分为五俱与不俱等二类。五俱意识与前五识并生，明了地缘境，故名明了意识。不俱意识不与前五识俱起，而是单独发生。三是末那识，即第七识，为一种先天的深层自我意识，恒以第八识之见分为对境，起实我、实法的执着，恒审思量，永无休止。此识本无定体，即第八识之染分，依第八识自证分而生，缘第八识见分而执以为我。四是第八阿赖耶识，又名藏识、种子识、本识等。此识含藏万有种子，而且是包括前七识的全体。不仅前七识的活动、内容全部都是阿赖耶识产生且被包含其内，而且七识的对象，包含色声香味触等 11 种色法（物质存在），也都包含在作为绝对心灵的阿赖耶识之中，且是由阿赖耶识中的名言种子（相当于概念）转化产生的。八识论正是根据八识之根、境、识，因而一切物质与精神存在，皆包含在阿赖耶识之中且以之为根源，而成立万法唯识。

如前所述，万法唯识说的成立，表明大乘瑜伽行派把精神、觉性的内在性作为存在的真理、本质和基础，因而它克服了小乘佛教的宇宙论和般若思想的外在化缺陷，在佛教传统中首次具有了一种普遍的精神反思。而且，由于瑜伽行派对于阿赖耶识缘起以及三性说的阐明，使这普遍内在反思得到大大深化，而转化为一种先验反思和超绝反思。

## 二、虚妄分别与阿赖耶识缘起

就大乘佛教而言，空宗是寓表于遮，以遮为主；有宗是遮表双运，亦重于表。这种差别体现在他们对虚妄分别的看法上。虚妄分别就是揭示现实存在的思想、意识。当然是空宗先提出这个概念，其以为世间万有都是虚妄分别产生的假相，并无实体。但空宗提出这个概念，兴趣在“遮”不在“表”。如《摩诃般若波罗蜜经》说：以欲界、色界、无色界虚妄忆想分别，和合名字等，有一切无常破坏相无法，此法皆是空无（胜出品第二十二）。《十住毗婆沙论》说：“一切法皆从邪忆想分别生，虚妄欺诳”（卷四）。这些说法，目的都是为了遮破现实存在之“妄”，而不是表显虚妄分别之“真”，而且对于这虚妄分别自身的性质、作用机制，亦并无兴趣。因此精神的思想、意识的真理性及其活动逻辑，在这里都没有得到明确省思，所以我们说空宗思想是非反思的。然而后来唯识则把虚妄分别肯定下来，以为虚妄分别就是心，为依他起的实有，是存在揭示的活动。唯识还进一步探讨虚妄分别的根据，认为它是由众生第八藏识中的名言种子（概念）转化产生的。如果说虚妄分别是显现的即经验的意识，那么藏识作为其潜藏的根据，就是先验意识。这先验意识是全部现实存在的基础、根源。这是一种康德意义上的先验唯心论。因此在佛教传统中，瑜伽唯识首次实现了一种先验反思。

瑜伽行派在一种更积极的意义上阐明虚妄分别的概念。唯识学从《辨中边论》起，就明确规定虚妄分别就是心。《中边》一方面继承空宗依虚妄分别遮有的立场，另一方面肯定虚妄分别的存在，并确定它就是心[①]。作为虚妄分别的产物，一切境相（包括能取、所取）皆是空，只有进行虚妄分别的心识是有[②]。因此中边解释中道的意义，说依实相言外境非有，内识非空，所以说实相非有非空，这就是所谓唯识中道。另外，世亲唯识还把虚妄分别概念与经部的心识转变理论结合起来，建立识转变论以解释世界的缘起，阐明虚妄分别使世间诸法的存在显现出来的机制。如安慧释《唯识三十论》云：“由各种各样的分别活动，于是有各种各样的物事被分别出来，由内或外，乃至佛法，都是所分别的范围。因此，这一切都不过是唯分别而有，它（所分别）的对象就是遍计所执的状态。在这里，‘分别’的意思是指依他起自体，而‘缘所生’则是用以说明依他起‘这’一言诠产生的根据。”[③] 虚妄分别就是构造世界意义的活动，由于这个活动，世间一切事物展转生起。通过上述改造，唯识终于将般若的虚妄

---

① 关于虚妄分别就是心识，《辨中边论》卷上有云：“三界心心所，是虚妄分别。唯了境名心，亦别名心所。”

② 《辨中边论》卷上：“虚妄分别有，于此二都无。此中唯有空，于彼亦有此。论曰：虚妄分别有者，谓有所取能取分别。于此二都无者，谓即于此虚妄分别，永无所取能取二性。此中唯有空者，谓虚妄分别中，但有离所取及能取空性。于彼亦有此者，谓即于彼二空性中，亦但有此虚妄分别。”

③ 霍韬晦：《安慧三十唯识论释原典译注》，香港中文大学出版社 1980 年版，第 125—127 页。

分别论转化为一种显著的唯心论。

后来《摄大乘论》把《中边》虚妄分别论和《解深密经》的阿赖耶识缘起糅合起来，形成了唯识的识转变论的基本框架。阿赖耶识就是藏识的染位，就是本心，即作为世界本体的精神。藏识与虚妄分别心不属于同一意识层面，唯识分别称之为种子与现行。所谓现行就是因缘而生、显现为可见现象的存在，即经验存在。虚妄分别心即现行识，就是八识之前七识，或称转识，就是经验意识。种子则是潜藏的，超越现行识而为其基础、根据的本体，因而是先验的实在。因而藏识或种子识就是先验意识。一方面，现行是阿赖耶识之名言种子（先验概念）因缘和合而生；另一方面，现行又熏习本识，形成新种子。因而本识与转识是互为因果的关系。这构成了唯识阿赖耶缘起论的主要内容。如果说名言种子就是概念，现行识是经验，那么阿赖耶识缘起阐明的就是概念与经验相互构成的关系。

唯识主张一切万有皆缘起于阿赖耶识。阿赖耶（alaya）为摄持、集起、储存之意。其概念可能早在原始佛教时代就已有萌芽①。至大乘佛教兴起，则先有马鸣菩萨阐阿赖耶识之义，弥勒、无著、世亲亦分别造论，述赖耶缘起之说，以为一切万有皆从阿赖耶识产生，于是阿赖耶识乃成世界之本体。《摄大乘论》云："复何缘故此识说名阿赖耶识？一切有生杂染品法于此摄藏为果性故，又即此识于彼摄藏为因性故，是故说名阿赖耶识。或诸有情摄藏此识为自我故，是故说名阿赖耶识。"（卷一）《成唯识论》说阿赖耶识自相有三义，即：其一，能藏义，就是指阿赖耶识具有能受熏的作用，故能够摄藏诸法种子；其二，所藏义，是指阿赖耶识中的种子，是第八识所摄藏故；其三，执藏义，是指有情染第七恒执以为内自我，以此故第八识得名为阿赖耶（卷二末）。

唯识通过识转变解释世界存在的发生。识转变是一个复杂的系统，它不仅要阐明转识显现诸表象的活动即虚妄分别的机制，而且要阐明这虚妄分别的根源，这就是阿赖耶识的种子转化为现行的机制，另外还要阐明阿赖耶识中种子自身流转机制。这识转变可以分为三个层次：

一是现行识的转变，即虚妄分别。现行识转变即是分别。这分别就是揭示、构造世界意义的活动。关于分别的自相，《摄大乘论》有偈云："名事互为客，其性应寻思。于二亦当推，唯量及唯假，实智观无义，唯有分别三。彼无故此无，是即入三性。"

① 故《成唯识论》卷二说，"初能变识，大小乘教名阿赖耶。"萨婆多持命根、众同分是真异熟，化地部执离本识有穷生死蕴，上座部分别论者执有分识，经部持有细意识。凡此皆是阿赖耶识之萌芽。

(卷二) 观待名而假立义，观待义而假立名，名、义都无自体，故曰“互为客”。于名、义之自性、差别二者，亦当推知彼皆是由心量分别而假立者也。若以实智观之，名、义等皆无自体，唯依名义、自性、差别三种分别而得以存在，若灭此三分别，则名、义等假法随灭。另外，《庄严》立有觉、无觉、相因三种分别，《瑜伽》菩萨地立七种分别，皆以分别作为世界意义得以呈现的机制，与《摄论》的宗旨相同。

《庄严论》说分别即是意言，又说意言是名、义等境相生起之原因 (《述求品》第十二)。这表明分别就是概念的活动。分别就是依概念进行的思维活动，就是思想。《大乘庄严经论》谓于集大聚位知所思法义类悉以意言为性，意言即是分别，其云：“意言者谓义想。义即想境，想即心数，由此想于义能如是如是起意言解。”(卷五)《摄论》亦引《庄严》颂曰：“福德智慧二资粮，菩萨善备无边际，于法思量善决已，故了义趣唯言类。若知诸义唯是言，即住似彼唯心理。”(《摄大乘论》二) 虚妄分别就是概念思维。然而从《中边》定义识为虚妄分别就可以得知，虚妄分别本来就不是对一个已现存对象的认识，而是境相赖以生起的显现活动。它主要不是认识论概念，而是本体论概念。故一切经验存在皆是虚妄分别，亦即觉性的概念活动、思想的产物。

这三分别 (名义、自性、差别) 都是以阿赖耶识为本体。赖耶摄藏一切诸法意言 (名言) 种子，它们皆能遇缘生起现行，是为种种意言分别。《庄严论》云：“意言与习光，名义互光起，非真分别故，是名分别相。”释云：“意言者谓义想，义即想境，想即心数。由此想于义能如是如是起意言解。此是有觉分别相。习光者，习谓意言种子，光谓从彼种子直起义光未能如是如是起意言解。此是无觉分别相。名义互光起者，谓依名起义，光依义起，名光境界，非真唯是分别世间。所谓若名若义，此是相因分别相，如此三种相，悉是非真分别。”(《大乘庄严经论》卷五) 盖三分别实以阿赖耶中意言种子之发用为本，而阿赖耶亦本非离三分别而别有转变。故虚妄分别体即阿赖耶识之转化，分别与赖耶转变是一体之二面。一切境界皆是虚妄分别所起，一切虚妄分别皆是言说戏论，因而皆是语言性的，这一点海外学界已经给予充分的阐明①。

二是种子识的自身流转。《解深密经·心意识相品》颂云：“阿陀那识甚深细，一切种子如暴流，我于凡愚不开演，恐彼分别执为我。”《成唯识论》亦曰：“阿赖耶识为断为常？非断非常，以恒转故，恒谓此识无始时来，一类相续，常无间断，……转谓此识无始时来念念生灭，前后变异，因灭果生，……恒言遮断，转表非常。犹如暴流，因果法尔。如暴流水非断非常，相续长时，有所漂溺，此识亦尔。”(卷三) 因此，与西方近代哲学的先验主体不一样，阿赖耶识不是一个恒常不动、没有时间性的形而上

① 高崎直道等：《唯识思想》，华宇出版社 1985 年版，第 228 页及以下。

学实体，而是一个不断流动、变异、转化的历史性整体。其中，不断有新内容参与进来，也不断有旧内容消失，其新内容就是由现行识的熏习生成。

关于阿赖耶识之体性，因为阿赖耶识中诸功能在不断转异，其势力或转更增盛，或复衰灭，因此并无常恒的自体。阿赖耶识的流转义乃与其种子义不可分。阿赖耶识体即一切诸法种子。这些种子在因缘作用下，不断生成、消灭。每一种子即使在没有消长的情况下，也不是一个固定的原子，而是一个才生即灭、灭而复生的连续能量之流。

阿赖耶识这种流转性，也是与现代语言本体论中概念与经验的相互构成机制一致的。一方面先验意识或概念构成经验，另一方面经验也不断把新内容加入到先验意识或概念之中，而长久不用的概念则逐渐从这意识中淡出。因而先验意识也不是无时间的，而是一个历史的、时间性的统一体。唯识正是因为这种时间性，而成立阿赖耶识的“无我”。

三是作为种现互生的阿赖耶识缘起。所谓阿赖耶识缘起，就是种子识与现行法（诸杂染）之间的交互生成、互为因果的作用，它构成识转变的基本框架。如《摄大乘论》云：“复次阿赖耶识与彼杂染诸法，同时更互为因，云何可见？譬如明灯，焰、炷生烧，同时更互。又如芦束，互相依持，同时不倒。应观此中更互为因道理亦尔。如阿赖耶识为杂染诸法因，杂染诸法亦为阿赖耶识因。”（卷一）《成唯识论》也同样表明了阿赖耶识缘起中的这一种现双重因果。其云：“能熏识等从种生时，即能为因复熏成种，三法展转因果同时。如炷生焰，焰生焦炷；亦如芦束更互相依。因果俱时理不倾动，能熏生种，种起现行，如俱有因得士用果。”（卷二）另外，《瑜伽师地论》亦云依止阿赖耶识有诸转识生时，如是如是于一依止同生同灭，熏习阿赖耶识，于阿赖耶中植下未来同类法种子，使阿赖耶识中善不善无记法种子转更增长，转更炽盛（卷五十一）。《大乘阿毗达摩经》亦说诸识与阿赖耶识为二种缘性：可长养彼种子故；可熏成新种子故，《成唯识论述记》引其偈曰：“诸法于识藏，识于法亦尔，更互为果性，亦常为因性”。“识于法亦尔”、“更互为果性”者，谓种子识与诸转识互为对方所生之果；“亦常为因性”者，谓此二法互为因性，亦非离此别有因性。一方面，一切现行法皆是阿赖耶识中名言种子产生。比如每一色法皆由相应色种子生，每一心法由相应心种子生，每一心所法由相应心所种子生，乃至护法唯识以为每一识的见、相分都是依自身见、相分种子生出，故阿赖耶识为万法的本体。另一方面，现行法除极劣无记者，当其生起时，又于阿赖耶识中熏习成新种或使旧种增长。于是种子与现行便构成一个互生互起、互为因果的无限循环，最终决定了生命的轮回。由于唯识学认为阿赖耶识与现行识互为缘性，所以与数论从自性（最胜）生大等以至五大、十一根等的单向因果关系区别开来[①]。

识转变中这种双重因果关系，可以解释为先验意识、概念与经验的相互构成关系。我们在日常理解与交流中使用着概念，而这种使用也必然使概念的意义发生变化。语词本来就有潜在、显化两种状态。唯识学称那种显在词为名言或意言，即现行识、虚妄分别；而潜在词为意言种子，属藏识。依潜在的语词而有显在的语言使用，用唯识的话说就是由意言种子生起现行的虚妄分别或戏论言说，由此生成见分与相分、名称与义境；而显在的语言运用又使语词的内容得到丰富，用唯识的话说就是虚妄分别植入或增长同类意言种子。因而我们也可以依意言种子与显在的名言思维的关系来阐述阿赖耶识因、果二能变的结构[②]。如此则阿赖耶识转变，大致可通过下图表示：

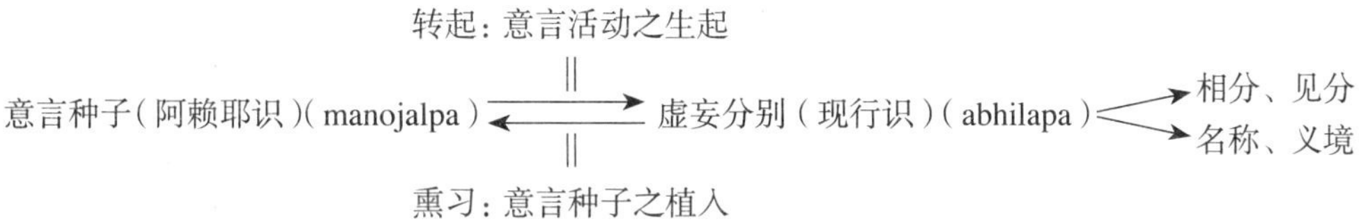


唯识学持本识受熏、相续、转变的立场，与现代的解释学哲学对人类意识或觉性的历史性的阐释是一致的。过去的世界理解和经验，会以某种潜在的形式（种子）储存在第八识之内。本识随着“熏习”（即对于世界的理解）的相续进行而不断在发展，因此它从来就不是近代西方哲学的固定不变的、非时间性的纯粹意识，而是生生不已的流动的历史性主体。作为本体的意识与概念，尽管都有其先验性，但都永远处在与经验理解的相互构成之中。这与海德格尔用被抛、筹划与出离来刻画人的存在的时间性和历史性，是完全一致的。

## 三、从二谛到三性

义净寄归传说：空宗以二谛为宗，故谈真绝对；相宗以三性为宗，故因缘幻有，因缘幻有者，依他起也。近人欧阳渐先生亦云：“二谛简无以显有，三性更简有中生灭虚妄之有，而显有中涅槃真实之有”；“二谛直捷取体，一切皆净，更不举染，故略依他。三性则尽量诠用，必染净双谈，故依他独详。”[③]

① 无性《摄大乘论释》卷一云：“能摄藏诸法者，谓是所熏，是习气义。非如大等显了法性藏最胜中。阿赖耶识亦复如是。为简彼义，是故复言‘一切种子识’。与一切种子俱生俱灭故。阿赖耶识与诸转识互为缘故，展转摄藏，是故说名阿赖耶识。非最胜即显了性。显自简劣故。”

② 高崎直道等：《唯识思想》，华宇出版社 1985 年版，第 240—241 页。

③ 欧阳渐：《欧阳渐文选》，上海远东出版社 1996 年版，第 321—322 页。

在早期唯识中，三性说与唯识说是分离的。《中边》把唯识和三性说结合起来。论云："依止虚妄分别境故，说有遍计所执自性。依止虚妄分别性故，说有依他起自性。依止所取能取空故，说有圆成实自性。"（《辨中边论》卷上）不过，《中边》说的依他起是虚妄分别的现行活动，没有《解深密经》以依他起为缘生的意思。也就是说，在这里，虚妄分别还没有与阿赖耶识缘起联系起来。到了《摄大乘论》，才把《中边》的三性说和《深密》的阿赖耶识缘起糅合起来，于是把虚妄分别心直接与阿赖耶识缘起结合，形成了唯识的存在转变论的基本框架。三性说以依他起即心识为实有，且为其理论核心，以为遍计和圆成只是依他的两种分位（染分、净分），因而它同唯识说一样，首先是一种绝对的反思。

大概来说，中观的宗旨是俗有真空，因此但遮不表；而唯识的宗旨是真有俗空，故有遮有表。中观二谛论对于世俗有是一味遮除，故对于诸法只断其体空，而不表其幻有，故其说俗有（假名），但遮不表，因此最终假名有也应该完全空掉。中观对于世俗的彻底虚无化，使得般若即空智（亦是世俗）何以体会自身内在的超绝存在（空性），或曰空性何以包含在空智之内，成为理论的困难。然而唯识则较好地解决了这一困难。与中观之破相解性不同，唯识是诠假而显实。唯识继承二谛之说，而在一定程度上肯定了世俗有的实际存在。它对世俗又进行了分析，认为所谓世俗实际上包含两个层次：一是因缘而生的诸法，实有体性，唯识称之为依他起性，即是内识；二是众生妄情邪执之有，如兔角、龟毛，体性皆无，唯识称之为遍计所执性，即众生所执之识外的实我、实法。另外唯识把二谛中的胜义谛称为圆成实性，而认为圆成实性并不是对作为世俗有的依他起性的彻底否定，而是在依他起上否定遍计所执而显现的真实状态。唯识的三性说就是这样构成的。唯识只遮遍计的世俗（心外法）为空，即妄世俗；而承认依他世俗（识）为真实之有，即实世俗。这就使大乘所谓空性本体包含在世俗法中的说法在理论上随顺无碍。

总之，唯识用"三性"来统摄"二谛"，实际上旨在拯救被中观彻底否定的俗有的意义①。这个俗有的体性，就是因缘而生，流转不已的心识。故义诤寄归传又说，中观是"俗有真空，体虚如幻"，而唯识是"外无内有，事皆唯识"。这标明了两家的根本旨趣。

三性说认为一切事物皆具有三种存在意义。就三自性的意义，玄奘译世亲《唯

---

① 吕澄先生指出《大品般若》第二分末中，又新出了《慈氏问品》。这一品说一切法都有三类分别，即遍计的、分别的、法性的。这与唯识的三性说，不仅道理一致，连名称也几乎一致了。不过这一品可能是晚出，但也表明三性说可能在般若思想中就已经开始孕育了。

识三十颂》云:“由彼彼分别，分别种种物。此遍计所执，自性无所有。依他起自性，分别缘所生，圆成实即彼，常远离前性。故此与依他，非异非不异。”（根据霍韬晦的译文略作修改）另外《显扬圣教论·无性品》也说：遍计所执者，所谓诸法依因言说所计自体；依他起者，所谓诸法依诸因缘所生自体；圆成实者，所谓诸法真如自体，意义很明显。早期唯识依缘起义解三性，即以虚妄分别为依他起，以所分别境为遍计所执，以圆成实性为依他起上消除遍计所执相所显现的空性真如。由于我们所见的种种事物，都是因为分别活动而显现出来的，所以它们都不过是一种遍计所执的存在，体、性非有。而分别活动则是依名言熏习种子为因缘而生，故是实有，这就是依他起自性。圆成实性则是消除名言相所证得之寂静本体。唯识以为三自性非异非不异，实依一识体不同分位而说，如《摄大乘论》卷二说：“（此三自性）应言非异非不异。谓依他起自性由异门故成依他起，即此自性由异门故成遍计所执。即此自性由异门故成圆成实。”三性之中，遍计、圆成以依他为体，以异门（从不同方面）分别说为遍计、圆成。详说如下：

第一，遍计所执性。简而言之，这就是心识以自身内容为对象而起虚妄分别产生出的假相，如虚妄的实我、实法。《成唯识论》说：“周遍计度故名遍计，谓能遍计虚妄分别，即由彼彼虚妄分别遍计种种所遍计物，谓所妄执蕴、处、界等若法若我自性差别。此所妄执自性差别总名遍计所执自性，如是自性都无所有。”（卷八）。遍计所执性的内容，《瑜伽师地论》说有四种：一计自相；二计差别；三计所取；四计能取（卷七十三)。《摄大乘论》说有五种：一依名计义自性；二依义计名自性；三依名计名自性；四依义计义自性；五依二计二自性（卷二)。《显扬圣教论》等说有八分别生能三事（《显扬圣教论》卷十六)。凡遍计所执的内容，皆是识（依他起）以自身为缘而变似的虚假行相，离识则别无所有，所以遍计所执的概念也体现了唯识的绝对的反思。

在早期唯识思想中，遍计所执性是指一切虚妄分别的对象，而虚妄分别是依他起，它们全都是空无。但在唯识后来的发展中，虚妄分别越来越被当成实有，它所产生的境相也并不全被看成虚妄的，所以遍计所执性只是虚妄分别境的一部分。根据早期的唯识经籍，心识变现的一切对象或影像，皆是遍计所执，而不是实际的存在。如《解深密经》说：“如眩翳人眼中所有眩翳过患，遍计所执相当知亦尔；如眩翳人眩翳众相，或发毛轮蜂蝇苣藤，或复青黄赤白等相，差别现前，依他起当知亦尔；如净眼人远离眼中眩翳过患，即此净眼本性所行无乱境界，圆成实相当知亦尔”（卷二)。故识所取任何境相皆是虚妄，无有自体，是遍计所执性；而变生此虚妄境相之活动即是依他起性。前者是幻化所生，体、性皆无；后者是愚痴所覆，虚妄无实。故唯有将二者皆予除遣，方能证得圆成实性。然而唯识学在此后的发展中，逐渐脱离了其早期的遮诠精神，而转变到表诠的立场上来。《摄大乘论》就不再像《中边》那样对依他起也采取遮破态度，而是肯定其存在。论云意识为能遍计，而依他起自性是遍计所缘相；能遍计是为虚妄，但遍计所缘境相则是实有（卷二）。

总的说来，唯识一直以为遍计所执是彻底虚妄的存在，“情有理无”。而打破这种假相、悟入遍计所执的方法，就是修四寻思，观一切义相皆是于识上假立的存在，故唯有识。唯识还提出遍计所执与圆成实（实智、真如）分别为依他起之杂染、清净分。其修道的理想，即于依他起断除杂染的遍计所执，显现清净的圆成实。

第二，依他起性，即属于内在的心识、觉性的全部内容，唯识学以之为缘生的实有。《摄大乘论》：“此中何者依他起相？谓阿赖耶识为种子，虚妄分别所摄诸识。此复云何？谓身、身者、受者识、彼所受识、彼能受识、世识、数识、处识、言说识、自他差别识、善趣恶趣死生识。……如此诸识皆是虚妄分别所摄，唯识为性，是无所有非真实义显现所依，如是名为依他起相。”（卷中）依他起即是识，以虚妄分别为体，包括一切心、心所法，而为一切客观、外在存在的真理、基础和本质。依他起不仅包括现行的层面，也包括种子的层面。它既是分别，又是缘起：从其为名言种子现起而言谓之缘起，从现实活动以虚妄分别为体性而言谓之分别。在唯识思想史中，依他起的内容是有变化的。刚开始它单指虚妄分别的活动，其本身是不包括行相的，一切行相皆是遍计所执。自无著《摄论》始明依他有相、见二分，但只是以相见二种说诸识分位差别，非诸识各各有相见二分。而世亲《唯识三十论》则一方面放弃了无著和《庄严论》等的唯一意识的立场，成立有相对独立性之三种能变识，实际是持八识论；另一方面于随一识皆立相见二分，且二分皆为实有，各具自身之种子（即所谓二取习气），且皆以自种子为亲因缘生。这反映出世亲受有部实在论的影响。而护法—戒贤即由此开展出“八识别体”之说，且持识体四分（相、见、自证、证自证）实有，成为中国法相宗的重要理论基础。依他起为三自性之核心，遍计、圆成皆依之安立，而依他起就是识，故三自性说表明内在的心识、觉性就是存在的绝对基础、本质；另外相对于识外的客观存在（遍计所执），识自身（依他起）被明确规定为真理、实有。这种对识的绝对真理性的自觉肯定，表明三自性说包含了一种绝对的反思。

然而三自性说包含的反思还远不止于此。除此之外，依他起的概念还包含了一种特别的“空”的反思，即对空智的反思。空智即绝对否定的思维。般若也确定空智或般若自身为直接的真理，然而这只是绝对否定的逻辑结论，而不是反思的成果。盖般若学对于内识与外境缺乏一种本体论的区分，内识的存在在本体论上的优先性完全没有被意识到，所以般若思想是超越的，然而却是无反思的。空智在本体论上的特殊性（它作为识与境的区别、相对于境的优先性）也没有被认识到，因此般若学对空智的省思不是反思。然而这种情况在唯识学中发生了变化。首先唯识论、三性说包含的绝对的反思就使空智的反思成为可能，而《摄论》提出的净分依他观念，则表明了这种反思的现实存在。《摄大乘论》云："于依他起自性中遍计所执自性是杂染分，圆成实自性是清净分，即依他起是彼二分。譬如世间金土藏中三法可得：一是地界；二是土；三是金。于地界中土非实有而现可得，金是实有而不可得，火烧炼时土相不现金相显现。又此地界土显现时虚妄显现，金显现时真实显现，是故地界是彼二分。识亦如是。无分别智火未烧时，于此识中所有虚妄遍计所执自性显现，所有真实圆成实自性不显现。此识若为无分别智火所烧时，于此识中所有真实圆成实自性显现，所有虚妄遍计所执自性不显现。是故此虚妄分别识依他起自性有彼二分，如金土藏中所有地界。"（卷中，有删节）同一依他起有染、净二分。染分就是遍计所执，净分是圆成实性。圆成实就是在依他起上断除染分遍计所执而显现的依他起清净相。然而到底什么是净分依他或圆成实性的内容或实体呢？这就是空智或无分别智。盖遍计就是依他起中，一切有能取、所取（主观与客观）相的存在，而空智或无分别智就是于依他起中断能、所取，使依他成为离二取的清净心，然而唯有无分别智本身为离二取，所以净分依他就是无分别智。作为唯识修道目标的转依，就是转识成智。《摄大乘论》说："转依谓即依他起性对治起时，转舍杂染分，转得清净分。"（卷下）其中杂染分即二取相、遍计所执，清净分即证二取空的无分别智。唯识的修道理想就是转八识成四智（转第八识得大圆镜智，转第七识得平等性智，转第六识得妙观察智，转前五识得成所作智），即彻底断除识上的杂染、有漏的内容，使它成为完全清净无漏的，即无分别智。这些说法指出了：其一，空智的自体就是识。它属于识之内，而非在识之外。识与智指的是同一实体，当其有二取时称之为识，无二取时称之为智①。转依其实就是将有二取的识，转化为无二取的识。其二，空智是识的本然真理，是于识上断除遍计的妄境显现的实性，即是圆成实。当菩萨得究竟转依时，有二取的遍计相永远消灭，唯无漏清净的无分别智恒现前，于是识就恢复了它本来的真实性，也就是说即使在涅槃中，智仍然作为唯一的现实性而存在着（非如般若以为涅槃是一切思想或现实存在的断灭）。这两点表明，在唯识学中，空智在本体论上的优先性和基础地位得到确立；空思维的无住、无得的绝对自由被自觉理解为精神、觉性的内在真理。正是在这一意义上，我们说唯识思想具有了空的反思。

① 高崎直道等：《唯识思想》，华宇出版社 1985 年版，第 42 页。

第三，圆成实性，即于依他起上依空智，断除杂染的遍计所执而显现的清净、无分别真如。《述记》解释说“依二空门所显真理，一圆满；二成就；三法实性，具此三义名圆成实”（卷九本）。依他起性是言诠分别之道，遍计所执即一切言说安立境相，圆成实性则是戏论寂灭时所现的无分别相，是依他起的实性或本体。对于圆成实性的这种性质，《辨中边论》所言甚明：“（圆成实谓）于自相无倒，知一切唯名，离一切分别，依胜义自相”①。故圆成实性即是由于知一切法唯言说相，终止言说戏论，从而了悟清净、无分别之实相。

圆成实性的内容包括两个方面，即无分别智与空性真如。《摄大乘论》云：圆成实性有两种，一者自性圆成实故，二者清净圆成实故，由此故成圆成实性（卷中）。其中前者就是空性真如，后者即无分别智。圆成实即是真实唯识性。唯识性有两种，一者虚妄，即遍计所执；二者真实，即圆成实。真实唯识性又有二种：一者世俗，即断除遍计所执性的清净依他起；二者胜义，即二空所显真如（《述记》卷一本）。这就是说圆成实包括作为无漏有为法的净分依他和无漏无为的空性真如（《成唯识论》卷八）。或说唯识相是依他起，唯识性是圆成实。其中识性是圆成实自体，唯是真如，无为无漏，为简依他故说为识性；识相是有为，通有无漏，其无漏者亦是圆成实。这也是说圆成实有二分，一分为圆成自体，一分通于依他（《成唯识论》卷九），其中圆成实自体是二空所显真如，全具圆满、成就、实性三义，只有空真如才能具足三义，净分依他虽然属于圆成实性，但不是圆成实的自体，原因是：一非所证故；二非法性故（《述记》卷九本）。因此圆成自体，即真如法性，与净分依他是有别的。所谓净分依他，就是依他起识之断除了二取空的状态，即无分别智。无分别智与般若空智实质相同，它因断二空，除去了偶像的系缚，所以是绝对自由。然而同般若类似，它尽管是真如，且是清净、无漏的，但其体性仍然是因缘而生的识，是有为法，所以在唯识看来，它不能作为胜义真如。胜义真如乃是空性、法界，是无漏、无为、不生不灭、无因无缘的究竟理体，为无分别智的超绝本质或本体。这二者是有本质区别的。二者即是般若与空性真如的关系。用我们的话来说，空智仍然属于精神或觉性的意识、思想，仍然是现实的存在；而胜义真如则是超现实的本体，是前者的本质。因此，唯识一方面要强调空性真如是内在于这空智之中的（圆成实内在于依他起），另一方面也明确指出这空性作为“最净法界等流性故，非依他起自性”（卷中），强调了二者的

① 世亲释曰：“如实知见一切眼色乃至意法皆唯有名，即能对治一切分别。应知是于自相无倒。此依胜义自相而说。若依世俗非但有名可取种种差别相故。”（《辨中边论》卷下，金陵刻经处刻本）。安慧云：“于依他中，一切时永远与这种所取、能取远离的状态，就是圆成自性”（霍韬晦：《安慧三十唯识论释原典译注》，香港中文大学出版社1980年版，第127页）。

本质区别。圆成二分的说法表明，至少在唯识成熟时期的思想看来，净分依他或无分别智与空性法界的界限是决不能混淆的。二者都是精神、觉性的真理，是绝对自由，但空智属于觉性的现实存在，是现实的自由，空性则是觉性的超绝存在，是超绝的自由或本体自由。

唯识对究竟位的描述也反映了同样的理解。其以涅槃、菩提为所转得，其中涅槃为所显得，菩提为所生者。空性真如为涅槃之本体，谓所显得者，其体超绝，离因缘生灭，故非所生，而为所显；无分别智为菩提之本体，属依起的现实存在，因缘而生，故为所生得。其中空性真如即自性清净涅槃，"谓一切法相真如理，虽有客染而本性净，具无数量微妙功德，无生无灭湛若虚空，一切有情平等共有，与一切法不一不异，离一切相一切分别，寻思路绝名言道断。唯真圣者自内所证。其性本寂故名涅槃。"（《成唯识论》卷十）此为其他三种涅槃（有余依涅槃等）所依之本体。佛的大菩提包括大圆镜智等四智，且四智还可进一步分为根本、后得智，但皆以无分别智为体。至于涅槃与菩提的关系，唯识以为涅槃是体，菩提是用（参看《成唯识论》卷十）。这也是因为菩提即四智心品，虽则真实无染，然而是意识、思想的活动，为唯一真实、清净的有为法（现实存在），故说为用；大乘的涅槃就是这有为法的实相、本体，它是不生不灭的无为法，即空性真如，故说为体。在这里，菩提或无分别智就是绝对自由，而自性清净涅槃或空性真如就是这绝对自由之超绝本体，因而就是本体自由自身。

对圆成实性及究竟转依的这种理解表明在唯识学中，思想一方面通过二空对一切现实性和现存性的究竟否定，使这否定自身或无分别智，作为思想，成为唯一的现实真理，以及绝对自由，后者在究竟位即菩提、四智；另一方面通过对真如法性（空性）与作为现实性的空智的区分，对空智进行去现实化，使绝对自由还原为超绝本体，即本体自由，后者在究竟位即涅槃。这一过程与般若思想通过空智否定一切，再通过对空智的去现实化证悟超绝的空性本体，完全相同；它同样包含了究竟否定与超绝否定的辩证统一（参见上一节第二目）。这是唯识继承般若之处。

不过正如前文表明，般若对于空智是无反思的。然而在唯识中，空智在本体论上的优先性和基础地位得到确立；空思维的无住、无得的绝对自由被自觉理解为精神、觉性的内在真理，所以我们说唯识思想具有了空智的反思。然而在唯识思想中，反思的进展还不止于此。这在于，它将空智的反思与其超绝否定结合起来，从而产生一种超绝反思，即空性的反思。盖空智是现实的真理，而超绝否定则旨在排除空智的现实性，领会超绝的空性本体，这一过程与般若思想中是一样的。空性的反思将正智省思领会的超绝自由与觉性的内在存在等同，因而是一种正智的反思。唯识思想既然确立了反思之维，就决定了反思与超越的相互作用。反思必然在超绝否定的促进下深化自身。盖反思既然将空智领会成精神或觉性内在的真理，那么当超绝否定确立空性为空智之本体，反思便会进一步领会这空性、超绝真理即是觉性内在的超绝本质，因而反思成为超绝的；在这里，超绝否定将空智，即绝对自由去现实化，使空性本体，即超绝的自由呈现出来，而反思则将这本体内在化，它终于领会到这空性、超绝的自由就是觉性的内在、本质的存在，觉性的本质就是本体自由自身。精神在这里首次实现了对本体自由自身的反思。

唯识的三自性说体现了来自般若的绝对否定思维和最终渊源于奥义书传统的反思思维的辩证统一。其说即先以绝对否定即空智，破一切能所取相即遍计所执为空无；次以反思立依他起的内识为唯一的实有，这二者之间便产生了一种思想的张力；于是，空智便以内识为对象，否定其中任何现存东西，即二取相，唯余空智本身；接着，反思仍然要在空智否定二取之后，重新确定内识的真理，这离二取的内识，就被认为与空智本身是同一的，此即所谓净分依他，这种反思即是空智的反思；再接着，空智本身包含的超绝否定排除了空智自身的现实性，使空性作为空智的超绝本体呈现出来；最后，反思终于将这空性内在化，领会到它就是识的超绝本体，是觉性的内在本质。因此，三自性说体现了精神的超越与反思两种自由，在“破”与“立”、“内”与“外”之间往复交会的辩证循环运动。这一辩证运动就是唯识的精神现实。

## 四、唯识的法性论

法性即存在的真理、本质之意。在大乘佛学中，这一概念的意义域非常广泛。盖真理是概念、思想的路碑，而每一现实精神总是包含多重的思想，因而其领会的真理也是多层次、多方面的。对于唯识学亦是如此。如前所述，唯识思想包含了精神的绝对否定与反思的辩证统一。在这种辩证统一的每一层面都揭示出属于其自身的独特真理。因此唯识所谓法性或真如，也包含了丰富的意义层面。

兹略论之如下：(1) 法性即是唯识。瑜伽行派所谓真如，首先，就是唯识性。盖一切存在的本质或真理就是识，或精神、觉性的内在现实；事物要么是识的表象，要么是识的活动，要么是识变现的产物，且皆属于识；一切离识而有的境相（如实我、实法等）皆是主观的妄心对于识起虚妄分别变现的假相，是根本不存在的。对这样一种法性或真理的领会，就是唯识的绝对的反思。(2) 法性即是清净依他。存在的真理是识，即依他起。而识的真理是其离能、所二取的本然存在，即净分依他。净分依他即圆成实性，包括空智与真如，前者是现实的，后者是超绝的。在现实层面唯空智为识中离二取的部分，故它就是净分依他的实体。盖空智就是绝对否定思维。作为它自己的逻辑结论，这绝对否定只能确定它自己为直接的存在真理。因而对法性作为净分依他的领会，首先就是唯识的绝对否定思维。其次，由于唯识思想一开始就具有一种真正的反思性，它始终将空智或绝对否定的思想理解为属于识或觉性的内在存在，因而对法性的上述领会就是空的反思（无住的反思）。在这里，省思将空作为绝对自由内在化，使之成为精神或觉性的内在现实。因此对法性的上述领会就是精神的绝对否定和无住的反思的辩证统一。唯识以为空智在见道位就已现前，但只有在究竟转依即成就佛果时，才成为识的全体，此即所谓转识成智。(3) 法性即是空性。这意味着存在的真理是否定了一切现实性的超绝本体。在唯识中，空与空性有别：空性是体，空是用；以用显体，但用非即是体①。空即二取空智，即超绝否定，空性则是二空所显的法性。此一法性义，乃为继承般若的超绝否定而来。般若以为诸法实性不属现实世间，而是倬绝尘表，从而遮破外道、小乘所执的实在，表显真如的超绝体性。在这里，唯识完全继承了空宗的法性论，而且其明空法性，同样是遮、表双运的。如《深密》说胜义谛相譬如虚空、无相、无分别、无变异、遍一切一味相（卷一），乃依遮诠而显一味之性；《楞伽》说真如法性不生不灭，无有分别，以摧伏外、小实在而表本无之体（《大乘入楞伽经》卷三）。大乘精神的超绝否定，首先是遮。在这意义上说法性即是空性，是对一切现实存在的否定。唯识阐明法性为空、无相、无分别、平等、寂灭，其要旨皆在于揭去遮盖于法性之上的现实偶像，即对其去现实化。兹略释之。初无相义。今人法尊译弥勒《辨法法性论》，即以真如为“无”或“无相”，法性相即“无色，无观，无示，无对，无住，无现，无了，无依。”② 另外《深密》以空除十种相，乃以一切相为十种，除十种相即得无相真如（卷三），圆成实即诸法空性，本来无相。瑜伽说由证三摩地，如实观察诸法无我，有知为有，无知为无；所无者诸法影像，所有者无相法性，是名空性（卷九十）。《中边》亦说杂染法本性（此说本性即空性、真如也）自空、自无相，非由空等智始成空无相等（卷下）。早期唯识之言无相，是依他、遍计相都无，因而是对全部现实存在的否定。如《深密》即以三种无自性性密意诸法实相，认为依他、遍计都无实体相，于自性中都无少分所有。《辨法法性论》以法性相中无“二取，言说，根，境，识，器世间不显现故”，无依他起相。《中边》说

① 此如《辨中边论述记》云：“但言空者，即二取无，言空性者，以空为门，显空性即真如也”；复云“二取之空以为门，所显之性乃真如理”，“二取空性即是真如，空之性故”（《辨中边论述记》卷上）。

② 另有云：“通达自性谓无垢真如，不现客尘，唯现真如”；“如所显现二及名言虚妄分别是为法相，无而现者，是为虚妄，分别者谓于一切无义，唯计度耳。无能取所取能诠差别之真如，是谓法相（疑为性字误）”（辩法法性论，《唯识典籍研究》之二［见张曼涛编：《现佛丛刊》]，第 199—200 页）

依他起虚妄分别之种种心识皆是空无相，也与《深密》的立场相同。另外在早期唯识中，无相即无心相，即语言、思维之断绝。如《解深密经》述空性义云："内证无相之所行，不可言说绝表示，息诸诤论胜义谛，超过一切寻思相。"（卷一）。一切相皆由语言、思想所作，或即是语言、思想，因而就是觉性的现实性，而空性真如则是离相离言，无思无虑，故为超绝的理体。次无分别义。分别者，依名、义等而寻思推度，就是概念的思想，即觉性的内在现实。此如《摄论》立言、相、自性、差别等五种分别（卷三）。反之，说法性无分别，即表明它对于概念、思维的超越，它就是言语道断、心行处灭之境。唯识云圣者于见道位，得根本无分别智，于是伏除一切言说戏论分别相，离能、所取，初证二空法性①。一切概念分别、思维念虑，亦即觉性全部内在的现实，皆是因缘安立，空性真如超越分别、思维，故为现实性之否定。复次平等义。与吠檀多学有别，唯识说诸法实性平等，并不在于阐明法性是单纯同一性，而在于法性对一切差别、对待之相，亦即一切现实存在的否定，以表明法性的超绝性。故大乘说十种平等，如离相差别平等、领受缘起平等、离异相非相平等、苦乐一味平等、世间寂静一味平等等等，乃旨在阐明诸法空性。因而正如般若谈不二，唯识谈平等，也是意指法性的无相、无住、无得，即它的超绝性。复次寂灭义。《庄严经论》说真如有三种相，即空相、寂灭相、无分别相②。寂灭即是对现实的存有、运动的否定。此如《庄严论》云："无自体故成，前为后依止，无生复无灭，本静性涅槃。"③ 盖诸法实性无自体、空、无生无灭，故本来寂灭、自性涅槃。此论《述求品》又立幻师喻，谓依他起之虚妄分别是幻师，我、法种种相是幻事，若彼幻师不作，则种种幻事即灭，于是复归于本来寂灭之实相④；复曰若修止观得心慧二解脱，则能取、所取二光不起，如是即证寂灭真如⑤。这些都表明寂灭亦是对现实存在的否定。因而唯识的法性寂灭义，亦旨在阐明法性的超绝性。其次，在大乘佛教中，精神的超绝否定也是有遮有表的。它不仅遮破一切现实性，而且表显法性为超绝的理体。盖二空法性就是存在的本质或本体。在唯识学中，它又被称作法界，法身，实际，真如，实相，胜义，涅槃，无分别境，充分表明空性或超绝本体是一种肯定的存在。如《辨中边论》云："略说空异门，谓

① 《成唯识论》卷九："若时菩萨于所缘境，无分别智者无所得，不取种种戏论相故，尔时乃名实住唯识真胜义性，即证真如，智与真如平等平等，俱离能取所取相故，能所取相俱是分别，有所得心戏论现故"。

② 大正 31 · 614 上。

③ 大正 31 · 615 上。

④ 大正 31 · 612。

⑤ 大正 31 · 613 下。

真如实际，无相胜义性，法界等应知。”（卷上）此论以五义明空性，谓：一真如，谓不变；二实际，谓无颠倒义；三无相，谓无分别相状；四胜义；五法界。《成唯识论》云：“真谓真实，显非虚妄，如谓如常，表无变易。谓此真实，于一切位，常如其性，故曰真如，即是湛然不虚妄义。亦言显此有多名，谓法界及实际等。”（《成唯识论》九）又云：“（诸法）本来自性清净涅槃，谓一切法相真如理，虽有客染而本性净，具无数量妙功德，无生无灭，湛若虚空，一切有情平等共有，与一切法不一不异，离一切相一切分别，寻思路绝，名言道断，唯真圣者自内所证，其性本寂，故名涅槃。”（卷十）论谓真如法性为自性法身，即如来真净法界，受用变化平等所依，离相寂然，绝诸戏论，是一切法平等实性（卷十），或谓真如为一真法界，即胜义胜义，体真非妄，常恒无变，湛然不虚（卷九）。《述记》复曰：本来自性有十种义，本性清净故、具妙功德故、无生无灭故、有情共有故、不一不异故、离所取相故、离能取相故、寻思路绝故、名言道断故、圣教所证故，即是诸法真如实性（卷十末）。这表明，唯识思想在否定一切现实性之时，又肯定法性为超绝的本体。超绝否定就是这种破与立的辩证统一。它正是通过这种辩证法对本体进行去现实化，所以超绝否定就是超绝还原。然而由于（2）确定唯一真实的现实性就是空智，即否定的绝对自由，于是空性，作为对这空智进行超绝还原呈现的理体，就是超绝的自由，即本体自由自身。总之，释法性为空性表明了唯识思想的超绝否定；在这一层面，唯识思想与般若基本是一致的。然而唯识的超绝思维，又有明显超越般若之处，这在于：（4）唯识的法性乃是识之实性。般若思想是绝对超越的，但却是无反思的；在这里，法性或空性似乎并没有被理解为内在包含于识或觉性之中的真理、本体。然而这一点，唯识说得十分明确。其以为法性或空性就是识的实性，或本来自性；一切世间法皆是识，皆具涅槃之法性，如石中具有金之性，所以空性真如既是超绝的，也是内在的，它就是自性清净心。早期唯识学提出心真如之说，以为真心即是法性，本来清净，唯客尘所染。如《大乘庄严经论·随修品》说：“已说心性净，而为客尘染，不离心真如，别有心性净……不离心之真如别有异心谓依他相，说为自性清净。此中应知说心真如名之为心。”“譬如清水浊，秽除还本清。自心净亦尔，唯离客尘故。”《佛地经论》云：“诸有情心平等性，即是真实，是圆成实自性摄故……心之法性说名为心，非离心法性有异性净心。”（卷三）另外，《辨中边论》说真如就是虚妄分别即识之性、之体。《摄大乘论》立金土藏喻，以地喻依他起识，如地因火烧而现金相，依他起因无别智火烧而现圆成实相（卷二）；《成唯识论》说圆成实与依他起非一非异，法与法性理必应然，胜义世俗相待有故（卷八），也都同样明确地指出了超绝本体对于心识的内在性。早期瑜伽行派，于心与性、种子依与迷悟依，区分仍有模糊，故为后来真心如来藏学的心性一如、真如缘起观念留下余地。中国南北朝时期的摄论师、地论师和《大乘起信论》皆持此义;此诸家的说义,都将法性、真心当成现实存在的根源,因而使法性的超绝意义被淡化(从而几乎与吠檀多学同化)。而护法——玄奘唯识,严析心性及二种所依,故法性虽内在于识,但与识的现实存在判然有别(《成唯识论》卷八),以此捍卫了法性的超绝意义。前者为阐明法性的内在性,而使其超绝性模糊化,后者则即阐明了法性的内在性,又坚持了其超绝性。因此,在唯识思想中,对法性作为识的本体(自性清净心)的领会,是反思思维和超绝否定的辩证统一,它领会到空性或超绝本体就是内在于识或觉性之中的,故称之为空性的反思。总之,正如唯识的思想是由反思与超越在不同侧面、层次的辩证统一构成的活动整体,它的真理概念也是包含多个侧面、层次的意义整体;或者说这真理概念的真理就是这辩证运动中呈现的意义整体自身。

唯识明确认为存在的本质真理就是离二取染污而呈现的识的本然存在,即自性清净心。因而在这里,它显然离开了般若的遮诠立场,而与主张心一元论的吠檀多思想走到了一起[①]。然而唯识的真理概念与吠檀多亦有区别。穆提非常敏锐地指出其中最本质的区别是:在唯识中,识与识性(识的真理)都是"纯粹行动",是对现存存在的否定;而在吠檀多中,识性是一种"被动的存在"[②],因而就是一种超绝的现存性(如幻化论奥义书的无德梵)。唯识强调识性是"纯粹行动",原因不仅是为虚妄分别活动提供逻辑解释,更根本是因为,大乘从般若思想开始,就明确领会到两点:一、在现实性中的直接真理就是空智或无住、无得的思维本身,就是否定的绝对自由,而非某种数论的神我或胜论的原子那样的不动、不变的形而上学实体;二、超绝真理、空性是对空智的去现实化,就是超绝的绝对自由,即本体自由或绝对自否定运动自身,而不是幻化论奥义书那种作为一种超绝的现存物的永恒不动、寂静无为的大梵。这种领会就是空思维。而唯识则是反思与这种空思维的辩证统一。它于是对空性进行内在化,也对识进行超绝化。唯识思想因此领会到,存在的绝对真理既是超绝的自由,又是真实的心性,它就是觉性或心中绝对自由的本体,是自由在本体层面的绝对无住、无碍的运动。因此在印度精神史上,唯识思想最早实现了一种空性的反思,即正智反思。

空性的反思也可以认为是对空智进行超绝还原而实现的。空智即否定思维的绝对自由。在见道位,空智确定自己为唯一的现实真理。在究竟转依的佛果位,识中

---

① 穆提:《中观哲学》,华宇出版社 1984 年版,第 354 页。

② 穆提:《中观哲学》,华宇出版社 1984 年版,第 515 页。

其他现实内容皆被断除，唯余空智，此即是大菩提之实体。易言之，在这里，觉性或精神就成为空智本身，成为现实的绝对自由。然而空智只是现实的存在，用唯识的话说，就是因缘而生的有为法；但是它亲证的空性真如则是无为法，为超绝的理体。但这真如并不在菩提、空智之外，它与空智非一非异；易言之，它就是空智的超绝本体，即自性清净涅槃。通过对于空智即现实的绝对自由的去现实化，就可以呈现那超绝的绝对自由，即涅槃、法性，是为一切存在之根底。因此涅槃是菩提之本体，空性是空智之本体。唯识以体与用、无为与有为释涅槃与菩提，就表现了对现实真理与超绝本体关系的理解。

与法性论相关者，还有唯识的四重二谛之说。二谛之立，旨在辨真俗、空有。般若说二谛，谓依俗谛则因缘法是有，依真谛则彼是空；然空非全无，而非有非无、非非有非非无。唯识乃将二谛各分多重，实际是以二谛的格式对佛教的法进行对比、综合，以逐渐深入地辩明真理。其中，《中边》、《瑜伽》最早立三重二谛之说（《辨中边论》卷中，《瑜伽师地论》卷六十四）。护法——玄奘随顺二论，更加发挥，故《成唯识论》立胜义有四种，前三种同《瑜伽》所说，第四种为胜义胜义，即一真法界（卷九）。窥基以俗谛与真谛对戡，遂建立四重二谛。

四重二谛，即将俗谛与真谛各分为四重，且一一对戡。首先是四种世俗谛。第一曰世间世俗，又名假名无实谛，隐覆真理，当世情有，堕虚伪中，名曰世间；凡流皆有，依情名假说，名为世俗。第二曰道理世俗，又称随事差别谛（随机安立种种差别事相故），随彼彼义言蕴等法名为道理；事相显现差别易知名为世俗。第三曰证得世俗，又曰方便安立谛（如四谛因缘等皆为对治钝根，方便安立非究竟故），设施染净因果差别，令其趣入，名为证得；有相可知名为世俗。第四曰胜义世俗，又曰假名非安立谛，如说二空等，妙出众法圣者所知名为胜义；假相安立非体离言名曰世俗。四种胜义谛中，第一胜义，体即蕴处界等，事相粗显犹可破坏故名世间；亦为圣者所知境界，故名胜义（又名体用显现谛，体相粗显、易可了知故。大乘以幻法摄之，入于缘生相）。第二胜义，体即四谛因果，学者依此知断证修因果差别名为道理；为无漏智境，过前二俗名为胜义（又名因果差别谛，瑜伽以三性三无性摄之，入于唯识相）。第三胜义，体即二空真如，圣智依诠空门显理名为证得；外小难知，唯菩萨所行名为胜义（又曰依名显实谛，假立二空显实体故。大乘以无能取、所取摄之，入于唯识性）。第四胜义，体即一真法界，自性离言，迥超众法名为胜义；唯圣者自内所证，过一切世俗复名胜义（又曰废诠谈旨谛，离言绝相，非诠所表故。大乘以自性法界摄之，入于真如）。

基师四重二谛之说，可以图示如下：

| 法体 | 俗谛 | 真俗对辨 | 真谛 | 言诠相摄 |
|---|---|---|---|---|
| 宅、舍、瓶、盆、军、林及实我等相 | 世间世俗 | | | 假名安立 |
| | | 摄假从实 | | |
| 蕴、处、界等 | 道理世俗 | | 缘生如幻 | 依事设诠 |
| | | 摄境随识 | | |
| 四谛、因果 | 证得世俗 | | 一切唯表 | 依事设诠 |
| | | 摄相归性 | | |
| 二空真如 | 胜义世俗 | | 无相唯识 | 依事设诠 |
| | | 性用别论 | | |
| 一真法界 | | | 自性清净 | 超言绝相 |

四重二谛之说，通过对诸法的层层戡破，最终确立一真法界，即超绝的识性为胜义胜义，即究竟真如。它同样体现了上述空性的反思。

总之，般若否定奥义书的真识，唯识又重新确定识的真理性及其作为存在基础的地位，大乘佛教因此实现了一种否定之否定。在这里，印度精神经过大乘佛教的超越与反思、破与立的对立统一，实现了一个辩证循环，于是它似乎又返回到原来的出发点。然而这返回并不是退到原地，而是包含了本质的发展，因为精神在这返回中具有了新的收获，这体现在，它终于彻底打破了幻化论奥义书（和小乘佛教）对超绝的现存存在的执着，领会到识的超绝存在就是自由，即自否定的绝对运动。这种领会就是正智反思。

## 五、正智与解脱

系统的修证实践是精神省思概念化的一个重要标志。因此，在晚期奥义书，由于其开示的内在瑜伽的实践，仍然缺乏完整的系统，所以启示省思仍不免带有灵感式的、偶发的特点；至少可以说，启示的概念在这里还不是完全牢固的。在小乘的禅定实践中，启示省思成为必然的、概念。这就在于小乘发展出四禅八定的完备实践系统。通过这实践，精神可以从此岸渡到彼岸，这就是逐步舍弃相续流转的生死，即现实存在，进入不生不灭、非有非无、灭尽、寂灭的涅槃境界，即彻底否定现实存在的超绝真理。因而这一实践程序就是启示省思的客观化。它还是可重复的、普遍有效的。修行者通过无数次重复，就可以使它包括的启示省思成为必然的思想，即概念。因此，小乘佛教的禅定系统表明启示省思在这里已经被牢固概念化。同样，作为启示省思的否定，空思维在般若思想中还带有灵感的特征。这也表现在，般若并没有开辟出空思维的完备实践系统。无论在《般若经》还是龙树的中观学中，更多地见到的是对空智或无分别智所见境界的描述，却少见有对达到、修习这空智的实践的开示。尽管经云有“六百万三昧门”，谓“得是诸三昧已，了达般若波罗蜜，住阿毗跋致地”（《摩诃般若波罗蜜经》卷十《萨陀波仑品》），但是这些三昧并无系统，且每一种如何修习亦缺乏说明。因而就般若而言，至少在实践中，空思维尚未成为概念。

瑜伽行派对于大乘实践的贡献之一，在于通过开发出一个完整的修证系统，即十三住的修道，使空思维成为必然的，即成为概念；其对于大乘实践的另一贡献，是将反思引入实践中，使空智最终转化为对识的真理的证悟。

瑜伽行派的修道，围绕无分别智展开。无分别智即般若的空智。此智旨在证一切现实性，从外在的色法到内在的思维分别，皆空无所得。所谓无分别即于虚空法，俱离有、无二分别、二戏论，无名言熏习虚妄分别故。如于色、色空，应知皆是非有非无。如是于一切法及一切法空，当知亦尔。以非有非无，故戏论不起，思维止息，此即所谓言语道断，心行处灭。这就是无分别智境界。《成唯识论》云：若时菩萨于所缘境，无分别智者无所得，不取种种戏论相故，即证真如，智与真如平等平等，俱离能取所取相故，能所取相俱是分别，有所得心戏论现故（卷九）。空智不仅是空无所得、无住无取，而且超越思维分别，超越色、心诸法，即超越一切现实存在；它不仅领悟到真理的无住性，而且领悟到其超绝性。易言之，它不仅是究竟否定，而且是超绝否定。这在般若是如此，在瑜伽亦是如此。这规定了瑜伽修道论的绝对否定之维。然而在瑜伽行派，空智不仅是绝对否定，而且是反思。正如《成唯识论》所云：“若时于所缘，智都无所得，尔时住唯识，离二取相故。论曰若时菩萨于所缘境无分别智都无所得，不取种种戏论相故，尔时乃名实住唯识真胜义性，即证真如智与真如平等平等，俱离能取所取相故。能所取相俱是分别，有所得心戏论现故。”（卷九）空智不仅是“无所得”，“离二取”，而且是“住唯识”。它就是对唯识相（唯识无境）、性（识亦是空）的领会，所以正如前文所论，它就是精神的绝对否定与反思的辩证统一。故瑜伽行派修道的最终理想，是证得超绝的存在本体，从而使现实觉性（思想）澌灭杂染，成为完全清净的（即成为智）。此即证得涅槃、真如，生得菩提、佛智，后者即果位的圆满无分别智。此必依数数修习（因位）无分别智方能成就。

瑜伽的修行道，是以《解深密经》与《成唯识论》的“五位”、“十地”与《瑜伽师地论》的“十三住”等为阶梯构成的完备系统。所谓五位，即是将大乘菩萨的修行分为五个大阶段以概括之。此谓：

一是资粮位，即菩萨从发深固大菩提心，于唯识义生深信，至于唯识义生顺抉择识之前的阶段，亦名顺解脱分。此指十住、十行、十回向等诸位菩萨，为趣无上正等菩提，修习种种福德智慧为助道资粮，而未能了能所取空，故于二取随眠犹未有能伏灭。

二是加行位，即菩萨修福德智慧资粮圆满后，接着修加行无分别智以伏除二取，其内容即四寻思，分为暖、顶、忍、世第一法四个阶段，称为顺抉择分。大乘所谓无分别智凡有三种，谓加行、根本、后得。初加行者，加功而行，即于善法策励，分别抉择，修四寻思，得四如实智，证能所取空；但非为究竟，所得为似相真如，非实如。根本智入无分别，即得见道，亲证真如理体。加行位即菩萨修加行无分别慧，而根本无分别智尚未生成的阶段。加行位的菩萨，应以四寻思、四如实智了知分别性。此所谓寻思，即分别推度，包括一切思想活动。大乘所谓寻思有两类：寻思有与寻思无。其中寻思有者，即分别，如《庄严》立（有觉、无觉、相因）三分别，《瑜伽》立七分别，《摄论》立三分别、四分别或五分别。其中五分别即遍计名、义、自性、差别等相（《摄大乘论》卷二；《成唯识论》卷八）。在这里，分别就是识、思想，是现实世界存在的构成机制。寻思无者，实与此相逆而行，即去分别，加行位所修四寻思即是如此。如《摄大乘论》云："四寻思者，即寻思名、义、自性、差别之无相。即于似文似义意言，推求文名唯是意言。推求依此文名之义亦唯意言。推求名义自性差别唯是假立。若时证得唯有意言。尔时证知若名若义自性差别皆是假立。自性差别义相无故，同不可得。若名若义自性差别假，自性差别义，如是六种义皆无故。"（卷中）《瑜伽论师地论》谓四寻思为名、事、自性假立、差别四种（卷三十六）。其修行次第为：其一，于名唯见名，谓了名即于相所立言说，不增益为实有，是为名寻思；其二，于事唯见事，事即言说所依所缘，故舍言说无色等性，是为事寻思；其三，于自性假立唯见自性假立，了知言说法悉假立故，无别自性，是名自性假立寻思；其四，于差别假立但见差别假立，了知诸法差别，唯是愚夫分别而起，殆非实有，是名差别假立寻思。由于修这四种寻思分别引起的四种如实印可之智，即四如实智。此即：其一，名寻思所引如实智，谓如实了知名言乃为令世间起想、起见、起言说假立，完全是主观施设，并无自体，且与义境无关。其二，事寻思所引如实智，谓如实了知诸法之体事，性离言说，寂灭不可得。其三，自性假立寻思所引如实智，谓如实了知诸法之自性是假非实，其性不可得唯相似显现，而非其体。其四，差别假立寻思所引如实智，即如实了知诸法差别于世俗谛故有，于胜义谛故无，故知真、俗乃相依不二。

四种寻思就是伏除思维概念之发用，即思想的活动，由此达于无分别境界，也就是通过分别逐渐克服有分别，过渡到无分别。然而觉性的全部现实存在，就是思想或思想的产物，故皆属分别；故加行智对分别的否定就是对全部现实的否定，即绝对否定，它由此最终证悟存在的究竟真理就是无住、超绝的本质，即本体自由自身。

瑜伽行派还将四寻思的修行分为四个阶段，即加行四位，谓暖、顶、忍、世第一义法。如《大乘庄严经论·教授品》偈云曰：

尔时此菩萨，次第得定心，唯见意言故，不见一切义。（暖）

为长法明故，坚固精进起，法明增长已，通达唯心住。（顶）

诸义悉是义，由见唯心故，得断所执乱，是则住于忍。（忍）

所执乱虽断，尚余能执故，断此复速证，无间三摩提。（世第一义法）

初菩萨暖位者，谓初得定心，离于意言，不见自相、总相一切诸义，唯见意言。此位名暖，名见法忍。次顶位，谓由下品无义忍，进一步寻思名义自性差别皆无所有，于是观心渐深，实证唯心，智慧的光明增长。第三忍位，即顺乎诸法的谛实性，而忍可于心，谓悟入唯识无义，通达了遍计相无自性；但还没有证圆成实的胜义无性，所以叫入真义一分。忍位还可分为下忍、中忍、上忍，下忍印前所取境空，中忍观察能取心也不可得，上忍印能所取空。最后世第一义法，由忍位无间引发，又无间入见道即通达位。菩萨于此位伏除唯识的能取想，通达依他起的能分别亦空，得无间三摩地。

在加行四位（四顺抉择分法）中，于暖位，修下品寻思，于顶位修上品寻思，观所取空；于忍位得下品如实智，且忍有三品：下忍印所取空，中忍乐能取空，上忍印能取空；最后依世第一义法双印空性，依此无间即入见道。然而菩萨在世第一义法，仍带空相，故有所得，非实住唯识；必空亦复空，乃证唯识实性，入见道位。可见，这加行位的修习，就是次第伏除分别心的现行（包括内识与外境、能取与所取），最后达到无得无住之境，因而它就是对觉性的现实性的绝对否定；它就是这绝对否定的客观化、必然化，就是客观的概念①。

三是通达位，又作见道位，相当于菩萨初地。菩萨于此地，实得根本无分别智，离能所、相见二分，于所缘境都无所得，不取种种戏论相，实证二空所显真理，智与真如平等平等，此时乃名实住唯识真胜义性。加行慧属地前，为有漏。根本智乃属地上，此时方了无所得，故曰无心、无所有、无所得，因而是无漏。而后得智

① 唯识概括这加行道云：“菩萨于定位，观影唯是心。义相既灭除，审观唯自想。如是住内心，知所取非有，次能取亦无，后触无所得。”（《成唯识论》卷九）

则依根本智所证真如观世间诸法。根本后得二智，体同用别。根本智亲证真空，无有影相，而后得智缘境则有似如相起，是带空相观空。通达位被认为是凡、圣的转折点。

四是修习位，又作修道位，谓菩萨得根本智见道已，为断除障，再通过反覆修习根本智，使心识净化，故称修习位，包括二地至十地菩萨的修行。以分别智伏除虚妄分别之现行，是唯识与中观之所同者，但在唯识看来，这还属于瑜伽的地前和初地境界；而自修习位起，修道旨在断灭意言分别之种子，此则为瑜伽所独有。一般将通达位与修习位合称大乘十地，即菩萨十三位之第二极喜住至第十二最上成满菩萨住。十地谓极喜地、离垢地、发光地、焰慧地、极难胜地、现前地、远行地、不动地、善慧地、法云地。菩萨即于十地，复数修习无分别智，断十种粗重，灭二十二愚，证十真如。于二至十地，于本识中数数断除世间法种子，渐证得转依。于七地以前，杂染法种子容有现起，以无分别智加行力故方不现起。七地中，杂染种子行加行方现起。八地以去，一切有漏法种子不再现行，然本识中犹有极微细种子存在。于十地金刚无间道，法空智果现在前时，顿断一切（俱生与分别起）虚妄分别种子。因此转依不仅是存有论上转舍依他现行的遍计所执，转得圆成实性，而且更根本的是转舍阿赖耶识中的妄法种子，使无漏种子增盛，成净无漏识，从而使染法（即所有虚妄分别）之可能性被荡除干净。因此根本转依实际上是断尽了世间法的本体。由于断除杂染种子故，一切言说戏论分别之相永不生起。这彻底无漏清净的识，就是智，或曰智相应心品。故唯识的修行又称为转识成智或转依。

五是究竟位，即指佛果之位，于十地满心顿入，证大涅槃，住无上菩提，出障圆明，能尽未来化有情类复令悟入唯识相性；最极清净，更无有上，故称究竟位。在修习位，菩萨以无分别智分分伏杂染现行，断杂染种子，但是于八地方尽杂染现行，而始终未断尽杂染种子。究竟位中杂染的现行、种子全被断伏尽净，种、现俱唯无漏。

究竟位或佛果就是转依，或转依所得。转依就是于依他起，由数修习无分别智断本识中二障粗重故，转舍依他起上遍计所执，转得依他起中圆成实性。转依有两种，即由转烦恼证大涅槃，转所知障得大菩提。

佛果也是具体的精神，也包含现实性与超绝性。菩提是现实存在，自性涅槃是超绝存在。在转依位，原来识中杂染的现行、种子全被断伏尽净，因而识就成为无分别智或智相应心品。因而智或菩提是佛果位唯一的现实存在，故云究竟位住无上菩提。唯识所谓无上菩提就是四智，乃由转八识至无漏而得，谓转眼等前五识得成所作智，转第六识成妙观察智，转第七末那识成平等性智，第八阿赖耶识成大圆镜智①。在佛果位，智不缘杂染（亦无杂染可缘），只缘清净，后者只包括智本身的现实性（净分依他）以及智的本体（法性真如、自性清净涅槃），即通常所说的智与真如或菩提与涅槃。也可以说，转依所生得的智是识的现实真理，所显得的自性清净涅槃是识的超绝真理。

由此可见，瑜伽行派的实践，无论作为五位十三住还是转依，都是包含破与立、超越与反思的辩证统一。在这里，超越性就是般若，就是绝对否定，为究竟否定与超绝否定的辩证统一。前者的绝对是量上的，它通过否定一切现存存在，确认唯有这绝对否定或般若自身为现实的真理；后者的绝对是质上的，它通过否定现实性，领会到一种新的存在意义，即空性，并确认此为超绝的真理，且为般若之本体。前者使精神意识到它自身的无住、无得，即其否定的绝对自由；后者使精神将这自由去现实化，从而领会到这绝对自由的超绝意义，即本体自由自身。

然而正如《摄大乘论》表明，转依就是于依他起的识，转舍其中的杂染分，转得清净分，从而使这识成为清净无漏的智（卷下）。这种修道方针，清晰表明了瑜伽行派的实践与般若的根本区别。这就是它的反思性，以及它对于现实存在的保留。一方面，它的超绝否定，不是将现实存在彻底取消，而是否定原有的杂染的现实（识），代之以新的无漏的现实（智）。而这智作为现实之新就新在它就是绝对否定（离二取等），因而包含对超绝性的领会，这超绝性正是内在于智之中的。因此瑜伽的实践，克服了般若思想中空智（现实的思想）与空性（超绝的本体）的关系的模糊性，也克服了在奥义书启示省思中现实精神（思想）与超绝本体（大梵）关系的失衡，首次在现实精神与超绝本体（即现实与自由）之间确立了一种正常的对话关系。在某种意义上，其修道的实践就贯彻了这样一种精神的现实与本体的对话。另一方面，更重要的是，与般若不同，瑜伽行派的实践还体现了严格的精神反思。其以为空智就是识的现实真理，空性则是识的超绝真理。这二者被说成智与法性，或菩提与涅槃的关系。这种反思性，使得瑜伽修道的最终理想，是无分别智只证法性或超绝真理，不

---

① 四智的意义略释如下：其一，大圆镜智：转有漏的第八阿赖耶识聚所成的无漏智。此智清净圆明，断有漏现行和种子，为一切清净现行所依，又摄持一切清净种子。此智离诸分别，遍照万象事理，纤毫不遗，如大圆镜之放光明，能现能生自受用的佛身、佛土，及其余三智的影像。其二，平等性智：转有漏的第七末那识聚所成的无漏智。此智远离二执，观染净诸法、自他有情悉皆平等，与大慈悲等恒共相应，平等普度一切众生，能现他受用的佛身、佛土等影像。其三，妙观察智：转有漏的第六意识聚所成的无漏智。此智善观察一切诸法的自相、共相，无碍而转，依有情众生不同根机，自在说法，教化众生，摄藏无量陀罗尼门、三摩地门等。其四，成所作智：转有漏的眼等前五识聚所成的无漏智。此智为利乐诸有情，故能于十方世界，示现无量身、口、意三业为众生行善，成就本愿力所应作事。

见余物，了知这超绝真理就是这智的本体，即本体自由自身，而且自觉这智与本体就是识或觉性的内在存在。精神意识到超绝的自由就是它自己的内在本体。因此瑜伽的实践包含了一种超绝、无住的反思，即空性的反思或正智反思。瑜伽行派所谓正智或无分别智，就包含了正智的超越（般若）与正智的反思（空性反思）两个方面，是二者的辩证统一。瑜伽的实践就是在这二者的否定与肯定、破与立的交互往返运动中完成。

一位西方哲学家在描述唯心论的形成时说道："观念本来只是作为事物的谦卑形相和表象而进入哲学中，当如此理解时，它们就不仅不会有所冒犯，而且对解释人类理解的活动起到良好的作用。但自从人们开始对它们进行明晰地思考，它们就逐渐排挤掉形成它们的因素，并取消了所有事物的存在，而只留下它们自身……"这也可以用来解释唯识思想的产生。在印度佛教思想中，识本来只是对境的客观反映，到后来识的内容开始对于境具有了有相对的独立性，而唯识学则完全取消了外境的存在，只留下识。识自己产生自己，自己认识自己。唯识通过这种思想的进展，一方面，取消了小乘佛教的实在论的理论基础，另一方面也避免了般若（至少是潜在地存在的）虚无倾向。

唯识思想可以说是在对般若思想的否定中产生的。般若是对奥义书和小乘佛教的启示省思的否定，而唯识则是对般若的否定，这否定之否定必然是重新肯定。盖启示省思执着于一种超绝的现存本质，般若的空智则否定一切现实和现存的存在，领悟超绝本体或空性即是绝对自由。然而般若思想并没有详细省思现实性与超绝性的本体论关联，所以它很难讲清楚现实的空智与超绝的空性之间的关系。

一般说般若学的立场是重"遮"（否定）而非"表"（肯定），这表现在它的超绝否定取消了一切世俗或现实存在的实体性（或实有性），而它的究竟否定使它未能确立一种新的超绝实体。就此而言，般若思想的误区也是不容否认的。这在于，首先，精神的超绝否定，当其被正当使用时，它对现实存在的否定，是否定其自为的真理性，但这并不是完全将其虚幻化，而是认识到一切现实性是完全依附本体（自由）而存在的，离开这本体就是彻底空无，以此保证本体之绝对自由，而现实性若被放在正当的本体论位置上，完全可被认为是实有的。其次，精神的究竟否定，当其被正当使用时，它对于事物的现存存在的否定，唯旨在否定其对于觉性的自由的外在性，这并不是完全取消这事物的实体性，而是认识到它属于觉性的自由运动之中；对于超绝存在的究竟否定也是如此，其目的旨在确认超绝本体、空性必然是属于这究竟否定，即精神的绝对自由之中的，因而就是本体的自由，在这种意义上，本体就是实有的，是唯一的实体。然而般若思想将现实存在彻底虚幻化，完全否定其实有；空性本体的实体性，在此也很模糊不定。因而其思想的偏颇之处是很明显的。这也影响到其在修道论中，难以建立起现实精神与超绝本体，即空智与空性的正常对话关系。

般若通过其绝对否定思维，最终确定只有这否定本身、空智才是真理（般若波罗蜜就是真如、如来），同时它也确立空性为真理。但是它对这两种真理（现实的真理与超绝的真理）各自的性质在理论上缺乏更正面、更明晰的区分，对于空智之为现实真理、空性之为超绝真理，以及对于其是否存在的实体，都说得隐晦而含糊，对于二者的关系也缺乏很明确的界定。一方面，它对空智的世俗性缺乏更积极的思考。般若把空智对现实存在的否定解释为对一切现实东西即世俗的彻底虚幻化。然而空智本身就属于世俗。如果把一切世俗，进而把空智都当作如幻似焰的空无之物，那么通过什么才能了得一切世间的如幻，悟入无自性的境地呢①？这表明，般若思想尽管将空智当作真理，但对于它的世俗性或现实性可能并不十分清楚，因而才完全没有意识到上述困难。另一方面，它对于空性就是现实存在的内在本质，对于空性与现实的关系，都缺乏充分的直接阐明②。因此，兹如空性就是空智的本体故必须在空智中呈现的理论，在般若思想中也始终是隐藏着的，并没有得到很清晰的阐明。这也使得在般若学中，对空性的悟入缺少了一种现实的媒介③。这两方面导致在般若学中，空智与空性没有建立起一种牢固的对话关系。

唯识思想很大程度上就是在纠正般若学的上述偏差中形成的。义净《南海寄归内法传》也说，中观是“俗有真空，体虚如幻”，而唯识是“外无内有，事皆唯识”。从“万法皆空”之境识皆无到“万法唯识”的境无识有，从“二谛”之全遮世俗到“三性”之诠表依他，唯识对于般若学的否定首先在于肯定一分世俗，即依他起的实有。因此现实存在并非如般若所云是完全虚妄，而是有一分真实。盖三性之中，遍计、依他是世俗，圆成是胜义。遍计是妄世俗，依他是实世俗。或云依他有遍计、圆成二分，遍计为妄，圆成为真。无论境无识有还是依他实有，实际上都是拯救了世俗有的真实存在④。

更根本的是，唯识不仅确定世俗、现实性的实有，而且确定它就是识，或觉性的内在存在，因而体现了一种精神反思。反思就是确认觉性的内在存在（比如所谓的“识”）为真理，为其他存在的基础。盖般若尽管是绝对否定或超越，但是是无反思的。然而唯识所谓万法唯识，虚妄分别即识，依他即识，遍计、圆成皆识分位等说法，都

① 山口益：《般若思想史》，上海古籍出版社 2006 年版，第 25 页。

② 穆提：《中观哲学》下，华宇出版社 1984 年版，第 391 页。

③ 山口益：《般若思想史》，上海古籍出版社 2006 年版，第 25 页。

④ 高崎直道等：《唯识思想》，华宇出版社 1985 年版，第 311 页。

明确表明识是实有的，而且是唯一的现实存在；识并非如般若所说的完全虚幻，而是世间一切存在之基础。因而在佛教传统中唯识首次体现了一种真正的反思。唯识与般若（包括中观）的最根本分歧，就在于是否承认作为世俗法的识的实有。唯识认为识是实有，把真如放在识内（真如就是唯识性），这种看法受到中观派的强烈批评①。归根结底，这种分歧就在于唯识是反思的，般若是非反思的。

唯识的精神反思包含多个层面，而且是处在与超越或否定思维的辩证统一之中

① 这里且简略谈谈中观两大派的看法：首先是月称论师代表的应成归谬派的看法。月称从三个方面对唯识思想进行了反驳。首先，是关于识体实有。瑜伽行派的三性说，认为只有依他起性是缘生的实有，遍计和圆成都是在依他上面假立的。这个依他起就是诸识。但月称认为唯识的依他起性也非实有，心内法和心外法一样是空，所以唯识论空是不彻底的。与此相关，月称也反对唯识的阿赖耶识说，认为阿赖耶识也是假立之法，并无其实，其他七识也是如此。在瑜伽行派中的确有执识体为实有的倾向，但早期唯识和后来的瑜伽行中观派也指出了识不是究竟的实有，而只是说法的方便。按照他们的策略，应该先"以识空境"，做到"唯心无境"，然后才连心也空掉。这种说法也受到包括月称在内的一些中观派学者的反对（如清辨说，没有必要先在污泥里面把身子弄脏再洗澡）。其次，就是关于心外无境。唯识以梦为喻证明心外无境，意思就是说，日常经验也像在梦中一样，是境由心生，有心而无实境。但月称说，梦中心并不比梦境更真实，因此不承认梦中有心无境，也反对境由心生。另外是关于自证的理论。唯识主张识体可以自证，识直接知觉自身，从而证明自身的存在。但月称也反对这一点，理由是任何事物不能自缘（以自身为对象），如刀不自割，指不自触。这些反驳，在唯识派中也没有得到很好的回答。而以寂护为代表的瑜伽行中观派认为，对于唯识说应该区别对待，在世俗谛上也可以承认唯识的说法。如《中观庄严论》："所谓世俗，非只言诠假立之有，而是包括凡因缘而生，直接为识所缘，未经详细思择之境相，此为实世俗（bhūtasaṃvṛti）；超越一般所知之分别，如执有自在天，乃邪世俗（mithyāsaṃvṛti）。……如《圣无尽意所说经》云：'云何世俗谛？谓世间所有言诠、字、声、记。胜义谛是，在彼处心行皆灭，何况文字'。此中'世间所有言诠'，包括有情世间与器世间、能缘与所缘等，故非仅指名言自身，而是一切名言所表的事物。经中'所有'即无余之意，是故由非概念知觉所取的境相，如色及乐受等的知觉，亦属于世俗谛。故世俗谛包括心相与言说相，而言说相以心相为基础。……但在胜义谛，甚至心之活动亦完全停止，是故无言说戏论之相。"（《中观庄严论》第64颂注释）。寂护认为世俗有并非只是名言之表现，而且包括非语言性的直接知觉相（如青色等），它是依他起性的总称，其体即是识，因此从俗谛可以说唯识。但胜义有则超越于识之外（在寂护看来，在如来无分别智所行境界，一切心识皆灭，故真如是超越于识之外的）。胜义谛是如来无分别智所行的境界，是一味清净、无相无表、寂静涅槃、不可思议的玄冥之境，即真如、空性、一真法界。空性真如不同于唯识性，不是唯识所信仰的无差别的识自体（自证分）。因为唯识性仍然属于世俗，只有完全超越心识之外的空性真如，才是胜义谛。因此仍然与唯识的立场有别。总结起来，可以说中观与唯识分歧的关键是在关于胜义有的性质的看法上。中观派认为真如法性是离识的实在，即使是随顺唯识的瑜伽行中观派，也只是在世俗谛上持识为实有，在胜义谛上仍然是心识泯灭，境识皆无。因此两宗的根本区别在于是否以唯识性为胜义有。这一点莲花戒在其《修习次第》中说得很清楚："只证唯识性，仍未悟入真如实相；唯有得不二智，才悟入真如实相"，"故不了一切法无自性者，应先依唯心，了外境无自性，然后寻思心识的自性，最终悟入心识也是空无"。中国佛教，也往往将唯识当作大乘不究竟的教义。天台、华严诸宗，都将法相宗判定为"权大乘"，属于较次级的地位（高崎直道等：《唯识思想》，华宇出版社1985年版，第4页）。

的。首先,“万法唯识”表现了一种普遍内在反思。比如百法论将世间全部存在概括为五位百法,最终将百法摄于一心,所以万法皆属于识,一切识外境相皆是虚妄,唯有识是实有,因而识作为觉性的内在存在就是绝对;八识论将世间一切存在归属于八个识,复以阿赖耶识为八识之总体,故阿赖耶识就是存有之大全、绝对;这就是这普遍内在反思的成果。普遍反思是对自然的否定与内在反思的辩证统一。其次,阿赖耶识缘起说,表现了一种先验反思。阿赖耶识不仅是一切现实存在的总体,而且是其超越的基础、根据。唯识以为阿赖耶包括现行、种子二分,其中现行即全部经验实在,而种子则是超越经验而为其根据、基础的东西,即先验实在。阿赖耶识作为种子就是先验意识(更准确地说,是先验觉性)。一切经验存在的意义皆是由这先验意识通过概念活动构成。因为领会到觉性的先验存在及其为经验世界之本体,所以唯识包含了一种先验反思在内。先验反思就是内在超越与普遍反思的辩证统一。最后,如果说以上这些反思在奥义书中都多少有所表现,那么三自性说则表现了唯识特有的正智反思。依三自性说,依他起的识有二分,即有二取等相的识与无二取等相的智,即遍计与圆成,唯后者为清净,因而是识之应然、本然的真理。空智,作为绝对否定的思维,是识的应然、本然的真理。在这里可以明显看出唯识对般若思想的继承。般若的空智作为绝对否定最终唯有确定它自己为唯一真理。唯识在这里也达到了同样的结论,它的空智也是精神的绝对否定。所不同的是唯识在这里表现了一种明确的反思,空智被明确地规定为识,而且是识的应然、本然的真理,是现实存在之理想。于是唯识思想将那无住、无得的绝对自由,领会成觉性的内在、现实的真理。这种领会就是空智的反思。这种空智的反思就是究竟否定(属于般若的)与普遍反思(属于唯识的)的辩证统一。然而唯识的反思并未停留于此。它将圆成实性分为净分依他和法性真如二分,即空智与空性。前者是有为法,因缘而生,包含诸心心所等,即是真识,故为现实;后者是无为法,离识寂然,心心所灭,故为超现实的本体。在佛果位,智是唯一的现实,即大菩提,而自性涅槃则是此智之本质或本体。这些说法表明唯识很清楚地认识到空智的现实性与空性的超绝性,故领会到空性是智或识的超绝本体。因而这是一种空性的反思。空性的反思是精神的超绝否定(属于般若的)与普遍反思(属于唯识的)的辩证统一。然而如本章第二节表明,般若的超越思维之不同于晚期奥义书者,在于它是究竟否定与超绝否定的辩证统一,故为正智的超越,它领会到存在真理、本体不仅是无住、无得的,而且是超绝,因而就是本体自由自身。但正智省思不仅包括超越,还包括反思。这反思就是空性的反思,是正智的否定与普遍反思的辩证统一,故为正智的反思。它通过在般若的正智省思中引入反思之维,使精神领会到这空性、超绝自由,不是外在于它的,而是唯独属于它的内在存在的本体，就是它的心灵、识的真理。

总之，唯识思想包含了精神的超越（尤其是正智的超越）和反思的辩证统一。无论是历史地还是逻辑地看，它都是在这二者的交互作用中展开的。盖超越是否定，是破；反思是肯定，是立。唯识的正智正是在这破与立的双向辩证运动中得以完成。其中，尤其是般若的绝对否定与反思的辩证统一，乃为唯识思想所独有。其辩证环节，可说为如下：(1) 从究竟否定到无住的反思。在空智的辩证运动中，首先是否定思维将自身绝对化，从而取消了一切在它之处的现存存在，而只能承认它自己就是唯一的真理，于是它作为绝对否定就成为般若、空智；接着是唯识的空智在这里引入了反思的维度，因而将自身内在化，于是产生了空智的反思，这在于，空智不仅明确意识到自己就是识，而且意识自己是识的现实真理。于是那无住、无得的绝对自由，就被领会成觉性内在、现实的真理。这就是无住的反思。空智在这里就经历了一层从破（究竟否定）到立（无住的反思）的辩证运动。(2) 从无住的反思经过超绝否定到超绝反思。唯识的空智并未止步于空智的反思，首先它作为超绝否定，领会到它自己只是世俗或现实的存在，因缘而生，并非最终的实体，因而它必须通过对自己的现实性的否定，领悟那超绝的空性本体。这就表现在唯识将圆成实性分为净分依他和法性真如，即空智与空性二分；接着唯识的空智再次引入反思，将这空性本体内在化，于是产生了空性的反思。这在于，空智不仅明确意识到自己就是识的现实真理，而且明确领会到那作为其本体的空性，就是内在于这个识中的超绝原理；空智明确认识到空性是内在于空智自身的本体，空性与空智为本体与相用关系。空智在这里又经历了一层从破（超绝否定）到立（超绝反思）的辩证运动。(3) 从超绝反思经过究竟否定到正智的反思。空智的超越性既然是究竟否定和超绝否定的辩证统一，因而它的超绝思维就不会像在奥义书和小乘佛教的启示省思中那样，停留在一种超绝的现存本质之上，而是通过其究竟否定，克服超绝思维对现存性的执着，使空智意识到空性不是某种外在的现存之物，而就是内在于空智的绝对否定运动自身之中的超绝本体，即超绝的自由。在这里，唯识的空智又一次引入反思之维，于是空智再次将这超绝的自由内在化，领会到这自由就是真识或觉性的内在本体。空智的这一反思既是无住的（空的），又是超绝的。这就是正智的反思。于是空智在这里经历了最后一层从破（究竟否定）到立（正智反思）的辩证运动。唯识的空智，就是由精神的超越与反思、否定与肯定的层层交织往返运动构成的精神整体。

唯识的空智何以会转化为反思的？这既包括现实思想的原因，更离不开自由本体论的原因。就现实思想的层面而言，这种反思性的形成包括理论和实践两方面反省的契机。第一，是理论反省的契机。唯识的反思性的形成，是大乘佛教的形上学自我完善的需要。盖般若以为一切世俗境皆是分别心所虚构，因而世俗或现实存在应包括两个方面，即所分别境与能分别心；前者由后者所生，若后者不生则前者即灭。如《摩诃般若波罗蜜经》说诸所有色若粗、若细、若好、若丑皆空法中忆想分别，着心取相，是名为色相（卷二十四）。《大智度论》说有为法无为法皆是虚妄，从忆想分别生（卷三十一）。《大乘二十颂论》说："若灭于心轮，即灭一切法。"这些都表明般若思想也明确把分别心作为分别境产生的根源，但是般若在这里是旨在"遮"境而非"表"识。能分别心同所分别境一样，在这里被认为是同样虚妄，而非实有，这意味着般若对于这能分别没有真正的反思。然而，若能分别是无，那么它如何能够实际地生起所分别的妄境，对于它的灭除又怎能产生使妄境消灭真如呈现的实际效果呢？因而必须承认同样属于世俗的能分别与所分别，具有不同的真理性。这一理论困境，加上受有部等的实在论影响，促使唯识承认世俗有并非完全虚幻，而是具一分实有。唯识在这种更积极的立场上理解分别心生成妄境的理论，于是将分别心解释为现实世界的基础、根源，而且是绝对的实有，因而它便具有了一种普遍的内在反思。唯识的空智包含的其他反思，都是以这普遍内在反思为前提，从它发展而来的。第二，是实践反省的契机。在这里，是对空智的理论反省，最终引发唯识的普遍内在反思，导致其确立内识为绝对实有的观念。一方面，唯识对空智与空性的关系有更真实的反省。盖一种完善的修道论，要求在现实精神与超绝本体之间建立起一种正常对话关系。然而这对于晚期奥义书的启示省思和般若的空思想来说，都是不可能的。启示省思将现实虚幻化，将本体设为唯一实体，导致现实精神与超绝本体的关系失衡，二者的对话结构被破坏；而在般若思想中，本体与现实（即空智）的实体性都变得同样模糊，使得二者的关系更加动摇不定。唯识对于空智的反省，无疑是以般若的说法为起点的。般若对于一切世俗法的虚幻化，也必然导致对空智本身的虚幻化，但是如果空智本身也是虚幻的，那么对空性的悟入就因缺少了一种实有的媒介而成为不可能的①。般若思想在别处又提出空智或般若波罗蜜就是真如、如来，这又与其世俗虚妄的一般立场相违。总之般若对于空智的反省，矛盾和含混之处甚多。它对于空智的世俗性或现实性缺乏省思，对于空智与空性的本体论关联也不清楚。这导致般若学无法在空智与空性之间建立起一种实践上的牢固对话关系。上述困难促使唯识确认空智的实有。在唯识看来，空性与空智是体用关系。空性是超绝真理，是妙有、本体，空智则是这本体的相用、现实化；二者构成胜义空（绝对真理）的两个方面。

① 山口益：《般若思想史》，上海古籍出版社 2006 年版，第 25 页。

因此，与般若认为胜义空只是超绝本体不同，唯识认为空智亦属于胜义空，因而也必须是真实的存在。这就是从般若导向唯识的一个契机①。另一方面，唯识对空智的世俗性有更明确的反省，于是它便不得不承认世俗法中有一分是实有的，空智即属于此。即使在佛果位，空智仍然作为唯一的现实性而存在。唯识对空智的识性也有更明确反省，在因位，空智寄于识中。在果位，空智是识的唯一现实。空智被认为是唯一不妄之识，因而它作为佛果的现实性，就是识的本然及应然的存在。这些促使唯识认识到，识本来就是存在之真理、基础②，唯识便由此引入反思之维。反思不仅是针对空智的，而且是针对空性的。如前所述，空性是内在于空智的超绝真理。既然空智是识，那么空性就是识的本质或本体。因此在唯识的修道中，一方面应通过对空性的领会使空智完善；另一方面应通过对空智的超绝化使空性呈现。这两方面都是空智的行动，而这行动又是空性的体现。通过对空智与空性的这种理解，唯识首次在现实精神与超绝本体之间建立起一种正常对话关系。应当承认，唯识在这两个方面的契机，都受到奥义书思想的启迪③。

唯识的上述思想进展也反映了精神自由的进展。首先，同般若学一样，唯识思想否定一切现存的存在，只确认空思维或空智本身为唯一直接明证的真理，并进一步否定这空智的现实性，确定作为空智的超绝理体的空性为存在的究竟真理。因此它在观念层面表现了精神对一切现实、现存存在的绝对否定运动，从而赋予了精神内在的自舍势用的绝对展开以现象学的明证性。空智就是精神内在的自舍势用的自身绝对化的彻底实现，就是精神否定的绝对自由。不过，任何现实精神活动都是肯定与否定、破与立的统一，因而都必须包括精神自主否定（自舍）与自主肯定（自凝、自反等）势用的共同作用，所以否定或超越思维也并不仅仅是自主否定势用的单独活动。唯识的空智作为绝对否定，就体现了这两类势用的破与立的辩证法。首先，它作为超绝否定，既是对一切现实存在的彻底扬弃，也是对一种超绝真理的领会。前者是破，是自舍势用在质上的绝对实现；后者是立，离不开自主肯定势用的作用。因而超绝否定就是在这自由的破、立辩证法中完成。其次，它作为究竟否定，既是对一切现存性，包括超绝的现存性的彻底扬弃，也是对那唯一非现存的存在，即这否定自身的真理性的确认。前者是自舍势用在量上的绝对实现，是破；后者则离不开自主肯定势用的活动，是立。因而究竟否定也同样是在自由的破、立辩证法中完

① 山口益：《般若思想史》，上海古籍出版社 2006 年版，第 31 页。

② 山口益：《般若思想史》，上海古籍出版社 2006 年版，第 31 页。

③ 吴学国：《奥义书与佛教唯识学的形成》，《唯识研究》2012 年第 1 期。

成。而般若是超绝否定与究竟否定的辩证统一，因而包含了精神的否定与肯定势用的多重破立的辩证法。正是自由的不同力量的辩证互动，促使省思最终领会到存在的本质真理就是超绝的自由本身。在空智这种自由的辩证运动中，只有自舍势用是积极的，是核心，其他势用只是为自舍势用的实现服务，其展开并不与自舍势用同步。在这里，唯自舍势用实现为绝对自由，诸肯定势用并未得到同样程度的展开。因而空智只是否定的绝对自由。总之，唯思想在观念层面验证了精神内在的自舍势用的绝对展开；正是这一展开及精神内在的否定与肯定势用的破立辩证法，推动空智的形成。

其次，唯识思想否定外境的实在性、确立觉性、精神的内在存在（识）为唯一的实有，在大乘佛学中首次表现了一种真正的精神反思。精神这种内在化运动，在观念层面验证其内在的自身维持势用已经展开为针对其内在性的维持，即内在维持（参考上编第二章引言和小结）。唯识思想表现的反思是多层面的。第一，"万法唯识"的观念，就表现了一种普遍内在反思。如百法论摄百法于一心，以为一切外境皆是虚妄，唯识是实有；八识论归万有于八个识，又摄八识于阿赖耶识，故阿赖耶识就是存有的全体。这些都是把识当成存在的自为、绝对的真理。同奥义书识论一样，唯识说也在观念层面表现了精神否定外在自然确立心灵、思想为真理的内在化运动。这使自反势用在精神的内在存在领域的积极展开获得了现象学的明证性（参考上编第一章引言和结语）。第二，阿赖耶识缘起说表现了一种先验反思。同耶若婆佉等的本识学说一样，阿赖耶识缘起说也在观念层面表现了精神否定一切自然、经验的现象，确立一种超越经验现象的内在本质为存在的绝对真理的运动。这也在现象学上验证了精神的自反势用在这先验存在领域的积极展开（参考上编第三章引言和结语）。第三，唯识的"三自性"说表现了其特有的正智反思。其说以为依他起的识有染污的遍计与清净的圆成二分，后者是识之离二取等相者，即空智。空智是识的应然、本然的真理。同在般若思想中一样，这空智作为绝对否定最终唯有确定它自己为唯一真理。但是唯识明确规定空智就是清净识，因而表现了一种明确的反思。于是它便将空智，即绝对自由，领会成存在的内在现实。这种领会就是空智的反思。不仅如此，唯识还进一步将圆成实性分为空智与空性二分。前者是世俗或现实存在，是现实的自由；后者为超越世俗或现实的本体，是超绝的自由。唯识因而将般若的空性本体或绝对自由内在化。这就是空性的反思。它既领会到存在本质的绝对自由，又领会到它的超绝性，因而使这本质作为一种超绝、内在的自由，即本体自由自身呈现出来。这种空性的反思就是一种正智反思。它是般若的绝对否定和唯识的内在反思的辩证统一。因此，唯识的三自性说在观念层面表现了精神扬弃空智、空性的外在性，将其与精神内在的思想和自由本身等同的内在化运动。它使精神内在的自身维持势用在正智领域的积极展开获得现象学的明证性。其中，正智反思对真如法性与空、无住的清净心，即超绝、内在的自由的同一性的领会，是反省在内容上的极限。它在观念层面验证了精神内在的自反势用实现了在内容上的自身绝对化。总之，唯识思想在现象学上表明精神内在的自反势用已经在正智层面展开为针对精神内在存在的维持，即内在维持。正是这一展开推动正智反思的形成，决定大乘佛教从般若到唯识思想的转型。然而这自反势用的历史展开，乃是本体自由自身促动的结果。盖一方面本体自由作为绝对，要求实现为（精神）对于它自身，即精神最内在本质的自主设定，因而它呼唤佛教的精神省思的内在化。另一方面，与奥义书绝对反思的接触，也促使佛教的精神倾听到这一呼声并作出应答。于是这本体自由乃促使精神内在的自反势用恢复其本真存在，战胜精神惰性的自我放失倾向，获得历史的展开，从而推动大乘思想的内在转向，使其发展出反思之维。总之，最终是自由推动了佛教唯识思想的形成。

总之，唯识的空智，在其现实性层面是正智的否定与反思的辩证统一；在其本体层面是自舍与自反势用的辩证统一。两个层面都各自包含了肯定与否定的多个层次，而且相互渗透。这使得这空智包含的破、立辩证法具有非常复杂的结构。而且正是自舍与自反势用的辩证历史展开，推动大乘思想的内在化和正智反思的形成，而这最终是由本体自由自身促动的。因此，同奥义书思想从早期自然论向识论的转化一样，大乘思想从般若到唯识的转型，也在观念层面验证了自由推动精神反思形成的机制。唯识在般若否定奥义书启示省思的现存真心因而消解精神的反思之后，又重新确定识是存在的真理和本质，因而再次确立反思的地位。它经历了一个否定之否定，似乎又回到了印度精神原来的出发点，但是它在这返回中已经具有了本质的提升，这就在于将正智省思带入反思之中，领会到真心的超绝存在不是一种现存本质，而就是绝对的自由。这一精神进程，完全浓缩在空智包含的精神自由运动之破与立的辩证循环之中，且最终是自由的自身展开推动的结果。

通过对唯识思想的上述阐释，应当承认，中国华严宗提出的所谓“三性一际无异”，乃是对唯识思想的根本扭曲。

正如般若的“不二双非”转变成天台的“三谛圆融”，虽然在逻辑上只是把双重否定变成三重肯定，却导致般若原有的无住性和超绝性丧失殆尽，大乘精神原有的绝对自由被完全放弃了；从唯识的“三性各别”到华严的“三性一际无异”，也同样反映了这种精神自由的流失，而且更为严重。这在于“三性一际无异”的观念，通过抹杀唯识强调的三性差别，也抹杀了三性说体现的超绝性和反思性。这反映出，在唯识的精神中包含的超越与反思的自由，在华严宗的精神世界中被严重模糊化和淡化了。

如前所述，唯识的三自性说体现了来自般若的绝对否定和最终渊源于奥义书传统的内在反思的辩证统一，反映了精神自主否定和自身维持的自由。其说首先破遍计所执之境为空无，而立依他起的识为唯一的实有，体现了一种普遍的内在反思。其次，其说于依他起识中，确立染、净二分，染分取着妄境，净分依他即亲证存在真理（圆成实性）且即是此真理者，此即空智。空智是精神的绝对自由，而首先是无住的自由（究竟否定）。在唯识中，它被认为是识的内在、应然的真理。因而唯识思想在这里表现了这种究竟否定与内在反思的辩证统一，这是一种无住的反思。最后，三性说将圆成实性分为属世俗的空智与超世俗的空性真如二分，这其实是将般若的二谛区分引入空智的存在之中，从而将空智的本体即空性的超绝性突显出来。而且由于空性即是识的本质，这就使得它作为绝对自由的超绝性，呈现为识、觉性的内在真理。这唯识思想在这里表现了正智的超越（否定的绝对自由）与内在反思的辩证统一。总之，三性说体现了精神的绝对否定与内在反思的辩证统一，反映了精神内在的自主否定实现为绝对自由，自身维持亦实现为内在自由。

然而这两种自由，在华夏精神中，都缺乏实现自身的土壤。盖华夏精神是一种玄道精神。与印欧的本觉和本寂精神不同，玄道精神的特征，是它消解自身的自否定，以回归于最直接、朴素的现实性即自然的意志。这种玄道意志以最原始的自然为存在的真理以及生命的理想。然而精神就是对自然的否定，故这玄道意志乃是趋向精神死亡的意志，它在任何文化精神中都存在，而在华夏精神中乃成为主导的力量，故我们就用它来规定华夏精神。玄道精神的特点是精神内在的自主否定和自身维持势用都极为薄弱，而其惰性的自我肯定和自我放纵倾向（自任与自放势用）皆极强盛并压制自舍和自反势用的进一步展开，导致后者的活动始终被局限在经验、自然的领域内，而无力突破自然樊篱，展开为真正的精神自由。因此在华夏精神中任何真正的超越性和反思性都不曾产生过。一方面，在华夏的精神中，没有产生过自由的否定（超越）思维。它完全执着于直接的自然，从未领会过任何超自然的实体，未曾经历过印欧精神那种理智的、思辨、直觉的否定，更不可能将否定思维绝对化。在这里，自主否定的极度疲软，首先，使它根本不可能实现质上的绝对自由，展开为超绝否定，使思想彻底否定现实、传统的自为真理性和权威，领会本体的超绝存在。中国文化是最现实、最直接的。精神紧紧抓住眼前、直接的存在并以为这就是存在的全部，以服务于自然生存的需要；而不肯须臾舍离，领会在这直接存在背后的真理，更不可能否定现实、有，进入超绝的空无之境。华夏民族宁可生活在形形色色最粗鄙的偶像压迫之下，也没有舍有入空、实现精神的超绝自由的内在勇气和力量。中国人一切自以为崇高的思想，无不是庸俗肤浅的偶像崇拜。天道、社稷、君父、圣人，无一不属自然偶像之列。两千年来，中国人一直在像女人和孩子那样，寻找着精神上的靠山。这样一种精神，自然与大乘佛教的超绝精神存在尖锐对立，因而对于它而言，像唯识三性说通过对现实的依他起性与超现实的空性真如的严格存在论区分表现的超绝否定，根本是无法接受的。因此，在中国佛教中，唯识的三性说和般若的二谛不二一样，不可能在其原来的精神上被接纳，即使被接纳，也必被根据华夏本土的现实精神加以改造。实际上在中国自创的佛教各宗中，仅有华严宗采纳了三自性之说，而华严通过将后者改造成"三性一际无异"，已经完全丢失其原有的超绝精神，将它弄得面目全非了。如前所述，唯识对依他的识与圆成的空性真如的严格区分，旨在表明空性本体的超绝性。然而中国佛学，由于未能挣脱华夏传统的现实精神的支配，不可能领会、接受这本体对现实的绝对否定。它根本无法接受本体与现实间的鸿沟，而只能根据现实的自然物互为一体、相互包含、互相贯通、互为因果的关系，将这二者沟通起来，实质上是淡化、抹杀二者的存在论差异，将其模糊地同化。这就是华严宗标榜的依起自性与圆成实自性的圆融。这种圆融实际上是将超绝本体重新拉回现实事物的系统之中。空思维对本体的超绝性的深刻领悟，被任何一个平庸的头脑都可能有的对自然现实的圆通、完满性的肤浅沉思代替，使唯识三性说原有的精神价值丧失无余。其次，在华夏精神中自主否定的极度疲软，使它根本不可能实现量上的自身绝对化，展开为对一切现存存在的究竟否定，推动精神进入空亦复空、彻底无住无得的究竟自由境界。没有哪种文化精神像华夏精神（尤其是儒家的精神）一样柔弱怯懦。两千年的残暴专制彻底阉割了国人直面存在之虚无的勇气。精神拼命逃避"无"的自由，入于"有"的奴役。华夏精神不仅拼命抓住任何一根现存存在的救命稻草，以挣脱出自由的空无的激流，而且努力将这现存存在越积越多，用后者的完满性，筑起最坚固安全的船筏，从而彻底排除跌入空无之流的危险。它追求的从来都是存在之完满，而不是存在之虚无。对于它而言，大乘佛教那种自掷于虚无、彻底无住、无得的究竟自由，不仅不能带来任何精神的愉悦，反倒会使它感到极度恐惧。因此它也与大乘佛教的无住精神尖锐对立。中国佛教由于未能摆脱这种执着精神的支配，所以它也不可能真正领会、接受诸如般若学以空智为真如和唯识三自性说以空智为圆成实性表现的究竟否定，而是往往要根据华夏传统对其加以扭曲。华严宗就是这样。它的三性一际之义，把唯识三性说中以净分依他作为空智或绝对否定的思想完全抹杀了，以为存在的真理不是无住、究竟的

“空无”，而恰恰是法界的“圆满”；解脱不是“无所得”的否定，而是“得一切”的肯定。这也使得唯识三性说反映的自主否定的究竟自由，在华严宗的精神中完全丧失了。总之，在华严宗对唯识三性说的读解中，唯识思想本来包含的超绝否定和究竟否定都丧失无余。印度大乘的精神实现的自主否定的绝对自由，对于华严宗学而言，已经荡然无存。另一方面，在华夏的精神中，也没有产生过自由的反省思维，即反思。在这里，精神由于自身维持势用极端薄弱，使它始终不能将目光从外在的自然，折回觉性的内在存在。华夏思想从来未曾将心灵、意识、精神当作自为的真理、实体，没有形上学的心、物区分，也从未将心灵当作存在的基础、本质。也就是说，在华夏精神中未曾产生过任何真正的精神反思。而中国佛教，如果不能彻底克服华夏精神的非反思性特点，那么就很可能误读甚至抹杀佛教本来包含的精神反思。这一点在华严“三性一际无异”的思想中同样得到表现。盖唯识三自性说，破遍计外境为无，立依他内识为有。通过对遍计与依他的严格分剖，不仅使识成为独立自为的存在，而且成为唯一真实的存在，即成为绝对。因此三自性说体现了一种绝对的反思。然而华严“三性一际无异”思想，则将遍计与依他同一，完全依抽象理智将本来被清晰区分的心与物、精神与自然等同起来（没有任何本体论根据）。这反映华严思想受到华夏传统的心物玄同思想影响。如果说，精神唯有通过对自己与外在自然的形上学区分，才意识到自身存在的真理，那么华严思想重新将心、物同化，就意味着把心灵、精神的真理再次遮蔽，从而实际上使心、精神重新沦为自然物。因此我们在这里也可以看出华严宗对唯识三性说的另一根本误读，它将唯识三性说原有的反思大大模糊化，甚至抹杀了。反思作为精神自身维持的自由，在华严思想中至少是被大大地淡化了。

总之，华严宗所谓“三性一际无异”说，反映出华严思想由于受华夏本土的彻底无超越、无反思的玄道精神的影响，因而不能在唯识三性说表现的原有精神层面理解它，造成了对唯识的根本误读，使得唯识三性说表现的正智的超越被完全抹杀、其内在反思也被模糊化，从而使唯识三自性说原有的精神价值丧失殆尽。它同天台宗对般若二谛论的解读一样，是中国佛教对印度佛教最严重的误读之一。

不过在唯识中，思想也仍然表现出固有的局限性。在其中，超越思维转化为绝对自由，但是反思思维并没有得到同等程度的展开。一方面，就其内容上说，反思的绝对自由在唯识思想中还未曾出现。这种绝对自由同样包括量上的和质上的。就量上来看，反思的绝对自由同样在于否定外在的现存之物，最终也只能确认这反思自身为唯一自身明证的真理；这反思就只能是对反思的反思，乃至对反思的反思的反思，故真理就是反思的无限运动；这与究竟否定的自身绝对化具有同样的逻辑，此即究竟反思。究竟反思属于自反势用的绝对自由在量上的积极实现。在西方哲学中，黑格尔的思辨反思，就达到了这样的结论。然而这样的反思在整个印度思想中都是不存在的，在唯识思想中也同样如此。如前所述，唯识的空智包含了对自身的绝对性、先验性、超绝性、无住性的反思，但是没有包含对这空智自身的反思性的反思。唯识的空智没有把反思作为自身的基础，更没有将反思作为唯一的真理。因此在这里，反思没有达到在量上的绝对，没有成为究竟的。另外就质上来看，反思的绝对自由在于，它否定觉性的绝对自由整体（圆成的自由，包括绝对的否定、反思和理性）的现实性，领会到它的内在本体是超绝的、究竟的自由运动，是自否定的超绝、绝对的全体或整体（超绝的圆成自由）。在这里，本体自由自身才以其完整面目呈现出来，此即圆成的反思（不仅是究竟的、超绝的，而且是完整的）。圆成的反思是精神自反势用的绝对自由在质和量上的双重实现。这样的反思在印度精神中并不存在，在唯识思想中也是如此。这在于，唯识思想最多达到了一种正智反思。它领会到觉性自身否定势用的本真存在，领会了本体自由的一个方面。然而本体自由除此之外还是自反、自凝、自离的绝对自由，是全部这些运动的整体性；但是对于这些内容的反思在唯识思想中还完全不存在，所以大乘佛教尽管达到了一种究竟的超越，但远远没有达到一种究竟的以至圆成的反思，反思思维自身绝对化尚未实现。这反映出，在大乘佛学，包括唯识思想中，自舍势用已经绝对展开，但自反势用并未绝对展开。另一方面，就其形式上说，唯识思想体现的反思，甚至明显落后于奥义书的反思，它的反思是客观的，既没有建立主观性，也没有成为绝对反思。这表现在唯识思想坚持佛教的缘起无我的教义，所以在其中，反思的主体所领会的识，并不是他的自我，它其实是一种普遍、客观的精神或觉性，并不是内在于这主体之中的存在，与西方从柏拉图主义、中世纪基督教到近代唯理论的客观唯心主义所理解的宇宙理性或宇宙心灵、太一等类似（尽管出发点不同）。在唯识思想中，无论是现实的识，还是超绝的识性，都没有被反思的主体纳入其内，使其等同于自我。因而这反思也与其在上述西方传统中表现的一样，是一种客观反思。奥义书的主观反思和绝对反思，在唯识乃至传统的印度佛学中，都没有建立起来。在唯识思想中，这种反思的局限，也反映出精神现实自由的局限。它在观念层面反映出精神内在的自反势用没有在唯识包含的思辨、启示乃至正智省思领域，转化为形式上绝对的自身维持即自我维持；换句话说，精神的自我维持没有在上述思维领域展开。这种精神局限，亦唯有通过自由的进一步展开才有望被克服。这种新的精神进展，在如来藏佛教、不二吠檀多学，以及《慈氏》等一些更晚期的奥义书思想中，得到了不同程度的反映。

# 小　结

## 一

精神是生命，因而它也必然像其他生命一样，在其内部包含了生与死、自由与惰性、自主力量与自在力量的斗争，并在这斗争中展开自身的全部现实内容。即使到了超绝精神阶段，精神内在的自在性仍然会阻碍其自主性的无限展开。比如其自在的肯定势用（自任）会抵消自主否定势用的进一步开展，使精神放弃超越性的绝对自由，安息于这超绝存在的当前意义，这最终使省思把后者当作一种归宿、基础，亦即现存的本质。此即启示省思由以形成的精神根据。晚期幻化论奥义书和原始佛教，就属于这种启示省思的不同类型。

然而一旦精神将究竟真理领会成一种现存本质，它便以为找到了一个安全的避风港、依靠。它以为从此可以抵挡空无的威胁，放下生命的劳苦，获得一劳永逸的休憩。然而这空无与劳苦，就是自由或自否定的绝对性。精神在这里放弃了其自由的无执、无住、无得的本真性，仍然成为有执、有住、有得的存在。另一方面，当精神把一种不动、不变、寂灭无为，即完全失去生命性的现存存在作为最高真理和人生理想之时，它追求的已经不是觉性生命的提升，而是生命的泯灭，这自然也是它的全部自由的断灭。早期佛教的涅槃就是无思无虑，断除了一切现实性、一切生命的寂然不动境界。学者将这种涅槃解释为意识、生命之停止①，是"精神死亡之象征"②，其实这一评价对于幻化论奥义书也同样成立。后者对大梵的描述，与早期佛教对涅槃的描述，使用的是基本相同的语言。这大梵、涅槃之所以呈现为生命、自由之泯灭，就是因为它被当成处在任何自主活动之外的现存之物。因此，克服启示省思的局限就意味着：(1) 克服启示省思将精神自主性的现实活动、思想彻底虚假化的误区，重新确立作为具体现实性的否定和反省思维为真实的存在。(2) 将超绝本体无化，亦即取消其现存性，将其纳入否定或反省的绝对自由之中。(3) 通过对否定或反省的绝对自由的去现实化，领会存在之本体为超绝的自由。

自由作为绝对和无限，必然推动精神克服这种局限，开辟自由的新篇章。盖本体自由作为精神的绝对本质，由于其本真的绝对性要求实现为（精神）对于它自身本质的自主设定，而一切现实、现存的偶像都是对于这自由本质的遮蔽和障碍，因而本体自由必将呼唤现实精神意识到自由的无限性和自身的有限性，从而对于自由敞开

① Sarvepalli Radhakrishnan, *Indian Philosophy Vol.1*, the Macmilian Company, London, 1924.586.

② Sarvepalli Radhakrishnan, *Indian Philosophy Vol.1*, the Macmilian Company, London, 1924.589.

胸怀、接纳其倾注。在这里，本体自由就是通过呼唤和倾注，促使精神内在的自身否定势用恢复其本真存在，消除惰性力量的影响，从而在质和量两方面绝对地展开自身，推动超越或否定思维转化为究竟绝对的，于是否定启示省思的现存实体，领会到存在真理是无住、无得的，即绝对自由本身。这种领会就是精神的具体觉悟（相对于启示省思的抽象觉悟）或正智。盖精神内在的自身否定势用的本真存在，本具有在现实性中将自身绝对化的冲动，然而在诸如启示省思等传统中，这自舍势用被传统规定，而丧失了其本真存在。唯本体自由促使精神内在的自舍势用恢复其本真存在，从而绝对地展开自身，推动否定思维的绝对化，即成为绝对否定。总之，自由必然推动现实精神最终克服启示省思的局限，实现对存在的绝对否定，即否定思维的绝对自由，从而促使精神完成从启示省思到正智省思的过渡。

大乘佛教的般若思想的产生，就验证了这一精神发展。般若的空智或空思维，是绝对否定思维的最早也是最纯粹的形态。我们阐明了般若空智是超绝否定和究竟否定的辩证统一。它作为超绝否定领会到存在的自身真理是一个超现实的本质，因而实现了质上的自身绝对化，从而彻底否定了耆那教、数论、胜论以及部派佛学的实在思维传统。它作为究竟否定则领会到这本体不是处在这绝对否定即自由之外的现存东西，而是只存在于这否定的运动之中，它因而又实现了量上的自身绝对化，从而彻底否定了幻化论奥义书和早期佛教的启示省思误区。最后，般若的超绝否定，又对这绝对否定即般若自身进行去现实化，呈现出绝对自由的超绝本体。般若由此领会到，存在之本体既是超绝性，又是自由。这一领会就是正智省思。这就是对本体自由的纯粹、具体的觉悟。总之，在现实层面，般若是超绝否定与究竟否定的辩证往复运动的整体；这种否定的辩证统一，完全是般若思想的独创。

在本体层面，般若学也表现了精神内在的自主否定与肯定势用的辩证交替。首先，般若的空思想，持一切有为法空，因而在观念层面表现了精神的超绝否定舍离一切现实存在，确立存在真理的超绝性的运动。精神这种彻底否定自身现实此在、奔向一个完全的它者（超绝本体）的运动（这超绝本体是否定思维的绝对化在质上或存在内容方面的终点），在现象学上验证了其内在的自舍势用在质上绝对展开。其次，般若学又持"空亦复空"、"不二中道"，以为不仅有为法空、无为法亦空，乃至涅槃、真如亦空，故唯空智（空思维）本身是真理。这就在观念层面表现了精神的究竟否定进一步舍弃一切现存存在，确定这否定思维本身为唯一直接明证的真理的运动。这一精神运动是否定思维在量上的绝对化。它在现象学上验证了精神内在的自舍势用在量上绝对展开。最后，般若学，又强调般若与非般若的统一，如《金刚经》所谓"佛说般若，即非般若，是名般若。"其中般若即空智、绝对自由；而说它为"非般若"，则旨在否定空智的现实性而确认其超绝本体（空性），为超绝否定；最后说它又“名般若”，则表明空智包含了绝对否定的两个方面（超绝否定与究竟否定，即否定思维在质上和量上两方面的绝对化）的结合，空智由此领会到空性本体即是超绝的自由。因此般若思想在观念层面验证了精神内在的自身否定势用在质和量两方面的绝对展开。正是这一展开推动般若空智的形成。空智就是这自舍势用的绝对实现（般若作为这超绝否定与究竟否定的辩证统一，乃是精神内在的自身否定势用的在质和量上的双重绝对化的实现）。因此般若就是这样一个双重辩证运动的整体；它也是这自舍势用推动超越思维进展所达到的最高成就。正是在般若这种辩证运动否定中，精神才首次实现了一种绝对自由。然而，唯本体自由促使精神内在的自舍势用绝对地展开自身，从而推动否定思维的绝对化。因此，最终是自由本身推动精神克服实在思维和启示省思的局限，实现对现实和现存存在的绝对否定，即否定思维的绝对自由，从而完成向正智省思过渡。总之，我们对大乘般若思想的阐释，在现象学上验证了自由推动正智省思形成的机制。

不过般若或空思维自身也有其根本的局限性。这主要表现在它缺乏一种真正的反思性，没有领会到存在的本质真理是精神或觉性的内在性。一方面，尽管般若学亦曾将（作为现实精神内容的）般若或空智本身作为真如、如来，但这只是其究竟否定的结论，而不是反思的成果。它对于般若的性质和存在（它的精神性和真理性）都缺乏更明确、更积极的思考（比如它没有注意到般若的真理性与世俗性的可能矛盾）。因此在这里，般若只有究竟否定，没有究竟反思。另一方面，般若学尽管提出一切世俗法皆是心的虚假分别所生，如梦幻泡影，但这也只是其超绝否定的结论，它对于虚妄分别心的存在也缺乏积极的规定，并无意于此建立一种积极的唯心本体论。因此在这里，般若只有超绝否定，没有超绝反思。盖般若的精神，重在“遮”而非“表”，它对于表现内在的心灵、思想的存在，从来就没有积极的兴趣。般若学甚至还没有接受奥义书以及后来唯识学那种心、物的存在区分，对于心、识相对于外境的本体论优先性和基础地位，都缺乏明确的领会。这种反思的缺失，使般若尽管领会到存在之本体就是超绝的自由，但并没有将这自由内在化，成为唯属于精神、觉性的本质：空性没有被等同于心性（cit）[①]。般若在否定奥义书的启示省思的同时，也将奥义书的反思一并否定了。然而反思也是精神的现实自由，是精神的自身维持势用的实现。因此反思的缺失表现出般若的精神自由的严重失衡：一方面是精神的否定思维实现为绝对自由；另一方面是反省思维还没有成为真实的自由。这种思维的局限反

① 穆提：《中观哲学》，华宇出版社 1984 年版，第 446—447 页。

映出自由在展开中遇到障碍，它表明在这里精神内在的自身维持势用丧失了其本真存在，被消极的自我放失倾向（自放势用）抑制，因而无法展开为真正的反思。从根源上说，正是佛教固有的本寂精神取向，促成了这种局面（参见本章第二节引言）。

然而自由必然推动佛教的精神克服上述局限，展开现实自由的更加丰富的内容。这种精神局限也唯有在自由的进一步推动之下才能被克服。盖本体自由作为绝对，要求实现为（精神）对于它自身，即精神最内在本质的自主设定，因而它呼唤佛教的精神省思的内在化。而自反势用的本真存在，也具有自身绝对化的冲动，正是它推动精神反思的无限深化。盖自身维持势用作为一切生命体中维持生命的本质（即自由）从而使生命不致瓦解的力量，总是把这本质作为全部生命活动的唯一最终目的并使它们全都指向后者：它总是指向生命的更内在、更本质的存在。对于精神生命而言，这种指向预设了反省的存在。然而由于人类觉性的根本局限，反省最初必然是间接、外在的：它无法直探生命的本质，而只能从最外在的偶像开始。它只能将外在的自然作为绝对真理，而没有认识到内在心灵、思想的真理性。然而觉性生命的本质不是自然，而是心灵、精神，后者的本质是自由本身。精神的自身维持势用，就其本真存在而言，就是指向觉性这最内在的本质的，尽管它在其现实展开中，往往会把偶像当作本质，造成这种指向性的间接化。因而它的自身绝对化的实现就在于（借助自舍势用）打破这种间接化，对这最内在本质具有了直接的指向。然而在更早的佛教传统中，反省思维完全停留在自然层面，表明这自反势用丧失了本真存在，其自身绝对化的冲动被本寂的精神麻痹了。然而本体自由呼唤着佛教精神省思的内在化。如果说此前的佛教精神还对此充耳不闻，那么奥义书反思思维的冲击，必将唤醒佛教精神，促使它倾听到自由的呼声。于是使精神意识到自身的有限性和自由的无限性，从而对本体自由敞开自身。于是本体自由必通过给精神倾注力量，促使其内在的自反势用恢复其本真存在，从而战胜惰性自放势用的消解，于是推动反省不断破除外在偶像，领会更内在的本质。正是这一推动，最终使反省领会到心灵、精神，而非外在的自然，才是存在的真理，是一切现实的基础、根源、全体，并且领会到这心灵作为具体现实包含的先验和超绝本质，于是这反省就转化为真正的精神反思。而在正智省思领域，这种推动将使省思领会到正智揭示的超绝自由，就是精神最内在的本质。这种领会就是正智的反思。大乘瑜伽唯识思想的产生，就验证了这一精神发展。

瑜伽唯识思想的形成，反映了这种精神的内在化运动，表明精神打开了自由的新的一页。其中万法唯识和阿赖耶缘起论，分别与早期奥义书的识论和本识思想一致，因而在观念层面表现了精神的普遍内在反思和先验反思的运动。这在现象学上呈现了精神内在的自身维持势用在不同存在领域的积极展开。我们在前面对此已有详细阐释（参考本书第一部分第二编第一、三章小结）。最后，“三自性”说则表现了唯识特有的正智反思，这才是我们要重点阐释的。此说将圆成实性或真理分为无分别智（空智）与空性真如两个层面。首先，空智作为绝对否定的思维，被明确认为是识的应然、本然的真理。这其实就是在般若的究竟否定层面之上，引入反思之维，从而将空智内在化。于是空智的无住、无得的绝对自由，便成为觉性内在、现实的真理。这就是空智的反思。它是般若的究竟否定与瑜伽的内在反思的辩证统一。其中一方面，究竟否定将这一切外在于它的现存存在都虚无化，只确认这绝对的否定自身为真理，它因而就是无住、无得的绝对自由。如前所论，这在现象学上验证了精神内在的自舍势用在量上的绝对展开。另一方面，“三自性”说也在观念层面表现了空智的反思否定一切识外的存在，确立作为存在真理的空智或绝对自由为清净的心识（净分依他）的运动。精神这种内在化运动，在现象学上验证了精神内在的自反势用在究竟否定层面的积极展开。总之，空智的反思首先表现了自舍势用的在量上的绝对展开，即精神的彻底无住、无得性，此即这反思之“破”；其次它也表现了自反势用的内在展开，后者促使精神领会这无住的存在就是识，此即这反思之“立”。故空智反思表现了这自舍、自反势用的破、立辩证法。精神由此领会到它自己不是任何现存的东西，而就是绝对自由的现实。其次，唯识对空智与空性的区分，乃是一种严格的存在论区分，这也反映了精神自由的新的现实。空智是世俗法即现实存在，而空性是超越世俗或现实的本体。唯识强调空性真如就是内在于识的超绝真理，因而将般若的空性本体内在化，形成了一种空性的反思。这空性的反思就是超绝否定与内在反思的辩证统一。在这里，对空智与空性的区分就是对空智的现实性的绝对否定，它在观念层面表现了精神内在的自舍势用在质上的绝对展开，此即这空性反思之“破”；而对空性与识性的等同，则在观念层面表现了精神内在的自反势用在超绝否定层面的绝对展开，此即这空性反思之“立”。故空性的反思也表现了这自舍、自反势用的破、立辩证法。精神由此领会到它的内在本质就是那超绝本体、空性。最后，“三自性”说还坚持智如不二，肯定空性是空智的本体，否定其在空智之外的现存存在，在观念层面表现了精神的超绝否定与究竟否定，以及绝对否定（般若）与内在反思辩证统一。这就是正智反思。其中，绝对否定即精神的纯粹觉悟，作为上述两种否定的统一，领会到存在的究竟本质就是超绝的绝对自由，而内在反思则领会到这超绝自由不是一种在觉性、精神之外的原理，而是就属于这觉性、精神的内在存在。因此正智反思在现实层面也是一个超越与反思的“破”、“立”辩证统一体（其中绝对否定包括了否定思维在质和量上的双重自身绝对化，此即正智的“破”；同时正智的反思则领会到这超绝自由就是识的本质真理，此即正智的“立”）。正如我们前文所阐明的，其中绝对否定就是精神内在的自舍势用的绝对展开；而内在反思则体现了自身维持势用的积极活动。唯识对空性本体作为内在、超绝的自由的理解，在现象学上验证了精神内在的自反势用在本体自由的自身本质领域的积极展开。它意味着反省达到了内容上的极限，这在现象学上表明精神内在的自反势用实现了在内容上的自身绝对化。由此可见，唯识的正智反思，乃是由超越思维与反思在不同层次上的肯定与否定、破与立的相互交织构成的辩证运动整体；而且在其中，超越和反思各自也体现了自舍和自反势用的破与立的无限交替、转化的辩证统一。唯识的正智反思就是一个包含精神多重辩证运动的复杂整体。而精神内在的自舍与自反势用的辩证运动，乃是推动这整体运动的本质力量。

总之，佛教的大乘唯识思想，在观念层面验证了精神内在的自身维持势用在正智领域的积极展开。正是这自反势用在省思不同层面的积极展开推动大乘精神的内在转向，使其发育出反思之维，从而导致瑜伽唯识思想的形成。这一点也决定了唯识的精神反思的多层面性。然而精神内在的自反势用的历史展开，也离不开本体自由的促动。盖本体自由作为绝对要求（精神）实现对于它自身（即精神最内在本质）的自主设定，因而它呼唤精神省思的内在化，唯它能促使精神内在的自反势用恢复其本真存在，从而推动精神反省的无限深化，并最终导致唯识的精神反思的形成。因此，我们对于大乘唯识思想形成的阐释，就在现象学上验证了自由推动正智反思形成的内在精神逻辑。

总之，我们阐明了正是精神内在的自舍和自反势用的积极展开推动了大乘佛学的产生和发展，使大乘佛学最终实现了一种超绝、无住、内在的自由。然而在精神的日常状态，这自舍和自反势用总是已完全被传统规定，被惰性的自在势用抑制，从而丧失了其本真存在。只有在作为精神绝对本质的本体自由自身的促动之下，它们才能恢复其本真存在，从而获得其历史展开（参考上一编引论）。盖本体自由作为绝对，要求实现为对于自身内在实质的自主设定，因而它必然促使现实精神意识到自身自由的局限、意识到现实性与现存性对于它的压制，使这精神对于这自由敞开自身，接受其倾注，从而使其内在的自主势用恢复其本真存在，以战胜精神内在惰性的抑制和传统的束缚而积极展开，推动精神对本体自由自身实质的直接、具体的觉悟即正智省思的形成。我们阐明了在这里，正是精神内在的自舍势用在本体自由促动下的绝对展开，推动了佛教般若学的绝对否定思维即正智的超越的形成。同样正是自反势用在本体自由促动下在超绝本体领域的积极展开，推动大乘精神在正智省思层面开展出普遍反思之维，导致正智的反思的形成。大乘瑜伽唯识思想就是这一精神进展的成果。总之，是自由最终推动大乘佛学正智省思的形成和发展。因此，我们通过对大乘佛学思想演化史的阐释，就在观念层面呈现了自由推动正智省思形成和发展的机制。这在现象学上进一步验证了自由推动思想发展的内在精神逻辑。另外，我们下面还将表明，在西方宗教中，从早期基督教的否定神学，到托马斯的纯粹行动（自由）的神学和二十世纪基督教神秘主义（如 Simone Weil）的"虚无"的神学，属于与从奥义书幻化论到佛教正智省思本质上一致的精神转型，因而也体现了与之相同的精神机制。这证明了自由推动思想发展的上述精神逻辑具有跨文化的普遍必然性。

然而应当承认，在佛教的本寂精神中，反思的发展面临重重困难。在唯识思想中，反思固然取得了重大进展，但是并没有与超越思维得到同等程度的提升。一方面，在内容上，精神反思在唯识思想中还没有成为绝对自由。唯识思想既不包含否定一切现存存在，只确认它自己的绝对运动本身为唯一自明的真理的究竟反思，也没有包含一种领会自否定的超绝、绝对整体的圆成反思（详见第二节结语）。这反映出，在唯识的精神中，自反势用并未像自舍势用那样得到绝对展开。另一方面，在形式上，在唯识思想中，反思还不具有主观性。与佛教传统的无我思想一致，在这里，反思主体领会到识、觉性的内在性是存在的绝对真理，但不承认这真理与他的自我的同一，因而识乃是一种在我之外的普遍性，为客观的精神，因而这反思只是一种客观反思。因此，在奥义书思想中已经得到完整发展的主观反思和绝对反思，在唯识思想中都还完全没有建立起来。这反映出精神内在的自身维持势用还没有展开为在形式上的绝对维持（参考本编引论）。现实的精神自由在这里仍然不够完善。唯识思想的这种局限性，也唯有在自由的进一步展开的过程中，才能得到克服。

## 二

20 世纪的伟大神秘主义者 Simone Weil 在其《重负与神恩》中写道：

> 当上帝变成像财富对于守财奴那样意义深长时，要不断告诫自己，上帝并不存在①。为实现完全的解脱，不幸是不够的。必须是一种无慰藉的不幸。不应有慰藉。无任何可以表示的慰藉。这时不可消磨的慰藉便降临②。我应当希望自己一无所是。若我是什么，那将多么可怕！热爱我的虚无，热爱自己是虚无③。

① 薇依：《重负与神恩》，中国人民大学出版社 2003 年版，第 15 页。
② 薇依：《重负与神恩》，中国人民大学出版社 2003 年版，第 12 页。
③ 薇依：《重负与神恩》，中国人民大学出版社 2003 年版，第 111 页。

真正有价值的宗教的究竟目标，都是通过将人推进终极的虚无，使其得到最彻底的拯救。这终极的虚无，既是存在的最内在真理，也是人的绝对自由、良心。然而人若无足够的天赋和真正大丈夫的勇毅，则无法见证、承受这虚无的黑暗。凡人总是在逃避虚无的侵袭，逃避其本真的自由（这逃避甚至会是无意识的）。他迫切地要抓住什么东西，但是凡他抓住的，必成为他的枷锁。漂浮在这虚无的洪流中的任何一根救命稻草，都会成为套在生命的颈项上的绳索。因此人迈向绝对自由的最后也是最艰难的一步，就是彻底放弃，放弃全部存在，并且不是为了获得（哪怕是获得真理、天国）而放弃，而是为了一无所有而放弃，这就是“空”。然而常人总是在迈进这最后一步之前折回，逃离“空”而回到“有”。因此，绝大多数宗教徒最后都是回到各种形式的偶像崇拜。他们不能接受上帝的“无”，而只能以上帝为“有”，而且是最稳固、最确定、最坚实的“有”。于是上帝就必须是一个永恒不动的现存实体，以此为灵魂提供一个最可靠的基础。千百年来，普通的基督徒把上帝信仰作为一个获得精神的慰藉、寄托、支撑、安全、庇护和归宿的途径。在这里，上帝也只能是“有”，是永恒不变的现存实体，而不能是“无”。他们总是希望有所得。即使有人放弃生活的一切幸福——利益、财富、亲人等，直至为信仰走向刑场时，他仍坚信有一个天国在等待着他。然而只要他仍期待有所得，仍然执着于“有”而不是投身于“无”，他就离基督教的真正目标仍不啻万里。因此，为了领会基督教的究竟真理，人们必须认真思索基督在十字架上的呼喊：“上帝，你为何遗弃我？”一个真正的基督徒不仅应勇敢承担上帝之“无”，而且应承担自我之“无”、世界之“无”。Simone Weil 的一生就实践了这样一种信仰。这种信仰与般若的空智，实际上是处在同一思维层次上，因而我们也将其归入正智省思范畴。这是一种正智的神学。

这种正智神学，在基督教历史上，最早通过托马斯·阿奎那的思想得到阐明。阿奎那的神学最显著的特点，是打破中世纪以来对上帝、存在本质作为现存存在的理解，以为上帝不是任何现存的东西，而是单纯的存在行动、自由；另外，上帝不是现实性，而是超绝性。因此存在本质、上帝是超绝的行动，超绝的无住性。这种存在观念体现了与大乘佛学类似的正智省思。

盖视上帝为现存实有，在基督教神学中有悠久的传统。奥古斯丁将存在理解为永恒不变性，约翰的大马士革将其理解为“实存的无限海洋”，安瑟伦说之为“本原实在”。这皆是将存在、上帝理解为一种现存性或实存性（essentia）。然而阿奎那的基本立场是存在、上帝的本质应当是存在的行动（esse）而非实存。在这里，他的思想受到维克托利努斯和大阿尔伯特（Albert the Great）对存在（esse）和存在者（ens）的区分启发。这种区分旨在表明上帝不是现存的“存在者”（ens），而是“存在”

(esse)，这是使存在者成为其所是的行为，即存有(exist)的力量、活动。

托马斯·阿奎那的思想从对《出埃及记》的上帝之名“我是是者”(I AM WHO AM)的重新解释开始。他将这圣名理解为“我是是(I am Being)”，而以为是(Being)或存在的最深刻含义就是“正是”(to be)或“正存在”的行动。上帝就是存在的绝对行动。这行动是一切存在者的存在的基础、核心。因此，上帝甚至不是通常意义上的存在，其全部存在就是这存有(exist)行动。上帝没有本质，不是任何“什么”。我们可以确定上帝“是”，但不知道他“是”什么。阿奎那在这里，表现出与大乘空思维同样彻底的反本质主义倾向。盖般若学与吠檀多学的一个根本区别在于，前者的绝对只是一个“这个”(the that)，后者的绝对则是“这个什么”(the what)①。般若领会的绝对不是任何“什么”、任何现存本质，而就是无住、无得、无取的自由。同样，阿奎那也声明，上帝只“是”，而不是任何东西、任何的“什么”。说上帝是此或彼，就意味着将他限制于此或彼的本质。凡具有此或彼的本质，凡可以说为什么的，都是存有(existence)，而不是“是”。上帝只是“是”，没有任何本质。或者说，在其他存在中被称作本质的东西，在上帝那里就是“是”的行动(esse)。在他之中甚至没有某种与“是”的运动结合的本质。他甚至不是一个具有自身形式、本质的主体。上帝不是诸如太一、至善、思想、完美、智慧、全知、全能之类本质，也不是永恒、不变、必然，这些都属于存有(existence)而非“是”的行动，它们都可以被视为他的神圣现实的特征，而非上帝本身。上帝是他的全部所“是”，但一无所有(STI·3·1—4)。神圣性只是上帝之所“是”，而不是他之所“有”。他的唯一本质是“是”的行动，它是如此单纯以至它就是其自身的存在。

阿奎那认为，上帝的一切属性，要么由他作为纯粹行动这一含义推导出来，要么被它所规定②。比如，上帝作为纯粹的存在行动，就是存在的绝对丰富性、无限、圆满。在这种意义上说，它从不亏缺任何东西，因而它不会有任何变易，是永恒、常住的。正因为上帝是纯粹行动，这一切完善性皆可归属于他(STI·4·1—2)③。

那么上帝的行动是什么？或许我们可以通过阿奎那式的否定方法予以说明。盖一切运动，要么是生命运动，要么是无机运动。上帝是精神，他的行动只能属于生命运动。生命的一切行动，要么是自主的，要么是自在的。现实的生命运动总是由这

① 穆提：《中观哲学》，华宇出版社1984年版，第348页。

② Gilson, Etienne, *Histroy of Christian Philosophy in the Middle Ages*, Sheed and Ward, London, 1980.369.

③ Gilson, Etienne, *Histroy of Christian Philosophy in the Middle Ages*, Sheed and Ward, London, 1980.372.

两个方面构成。其中，前者是主动、积极的行动，是生命的本质、自由；后者是被动、惰性、消极的行动，是生命体内无机的、物质的成分的运动。上帝不是物质、无机物，没有惰性和被动性，他的行动只能是主动、积极的，因而就是自主性、自由。这自由，由于彻底排除了生命中的惰性力量的牵制，就是绝对自由。阿奎那的存在行动的这种非现存、非本质、无所是、无所有、无所住，不可取、不可得、不可执和绝对自由的性质，使它与大乘佛学无住、无得、无取的般若或空智处在了同一本体论层面。这表明阿奎那的神学也包含了究竟否定的层面。

然而进一步，同大乘的空一样，阿奎那的存在本质也具有超绝性，即对现实存在的超越性。正如空的本体是超绝的空性，后者必须通过对作为绝对自由的空智、般若去现实化才能被领会。同样，在阿奎那的神学中，对存在本质的领会也包括对存在作为自主行动的去现实化。这就是要将附着在这本质上面的一切现实性假相排除掉。阿奎那对上帝作为存在行动的单纯性的强调，就意味着对附加在后者之上的现实性的否定。上帝的单纯性在于，他作为其他一切存在的原因，不能与任何东西存在混杂，他是不包括任何附加东西的存在自身（ipsum esse），因为一切被附加于他的东西都在规定他的时候限制了他（STI·3·7）。从上帝的单纯性可以推论出他的非物质性，因为物质的东西并非单纯。他也不是形式和质料的混合。上帝甚至不是太一、至善、思想、完美、至善、智慧、全知、全能、自由等，这些都属于存有（existence），都是上帝的现实，而上帝本身则超越全部这些现实性。一切语言只能诠表现实，但上帝作为超绝本体，与任何现实的东西都没有内在关系，因此上帝不可形容，不可言说。另外，我们的全部认识也都是关于现实的，因而对于那超绝的存在无法认知，所以我们只知上帝是，而不知他是什么，因为在他之中没有现实的“什么”，我们也无从知道他的“是”的意义（STI·3·4）。因此阿奎那认为，对于上帝的言说和领会，只有两条途径：一是否定的途径，即通过否定一切不属于上帝存在的现实和现存性，比如时间、空间、变化、惰性、混合性等，最终确定他为永恒运动的、绝对单纯的。二是肯定的途径，即通过对上帝与事物的类比，试图领会和形容上帝的存在。这种途径建立在上帝与世界的因果关系上。上帝作为创造者是因，而世界作为受造物是果。首先这种因果关系就是类比性的，我们是从现实的因果关系推测上帝与宇宙的关系。另外，阿奎那还相信，凡在果中存在者，一定以某种方式预先存在于原因中。在此意义上，我们将在受造物中发现全部完善性，此如完美、至善、智慧、全知、全能、自由等等，视为上帝的影子，而将其推至无限，并归结为上帝作为纯粹行动的一个方面（STI·13·5，I·6·2）。对于上帝本质的超现实性的领会，表现了阿奎那神学的超绝否定维度。

总之，阿奎那的思想，也表现了究竟否定与超绝否定的统一。因此，与大乘般若一样，它表现了一种正智省思，是一种正智的神学。它理解的上帝，就是超绝的自由运动，而不是任何现实或现存的存在。上帝不是一个可以抓住、依靠的东西，是完全不可取、不可得的。真正的基督徒唯有打破对一切现存和现实的“有”的执着，完全投入“无”的黑暗，才能挣脱偶像的奴役，获得精神的拯救。在这里，灵魂终于否定了任何安全、依靠、归宿、安慰、依恋，担起其无住、无得的本真存在，即担起它的绝对自由。正智省思就是绝对自由。

相对般若思想而言，阿奎那的正智神学的一个显著的优点，就是它的反思性。因而他的正智神学，也是正智的超越与正智的反思的辩证统一。这使阿奎那的神学同瑜伽唯识思想比同般若思想更加一致。阿奎那的神学在基督教传统之内展开，因而一开始就是反思的。上帝就是精神、觉性。他作为行动，就是觉性的自由。首先上帝的行动不同于儒家的生生之流。前者是对自然的否定，是自主性、自由；后者则立足于自然，是自在性、惰性，而非自由。前者是纯粹的精神运动；后者则是宇宙、自然的大化流行。前者是一种真正自由的精神领悟的真理，后者则是人类童年的自然精神接受的实在。上帝的行动是精神、觉性的绝对自由。这是上帝行动作为具体现实的一面，与唯识的无分别智一致。其次，上帝的行动是纯粹行动，这表明了它的超现实方面。在此意义上，上帝的行动也不同于思想、逻辑的运动，既不是黑格尔绝对精神的辩证法，也不是唯识的阿赖耶识缘起，而就是本质上处在比它们更基础的超绝层面的觉性本体，即内在、超绝的绝对自由自身。这是上帝行动作为超绝性的一面，与唯识的自性涅槃、空性真如一致。因此，可以在与唯识思想同样意义上，说阿奎那的神学也表现了一种正智的反思。

总之，同在佛教般若和唯识思想中的情况一样，在阿奎那的正智神学中，思想对上帝或存在本质作为内在、超绝的自由的领会，也在观念层面表明精神超越了所有现实性和现存性的偶像，否定了深藏于基督教传统中的实在思维和启示省思执着，打破了基督教思想中的全部依赖和枷锁。精神于是放弃任何救命稻草，投身于空无的洪流，实现了无住、无得的绝对自由。精神这种彻底打破自身任何现实、现存此在，毅然投身于绝对陌生的虚无黑暗的运动，在现象学上充分验证了其内在的自身否定势用的绝对展开。同在大乘佛学中一样，阿奎那的神学体现的正智省思，就是在这自舍势用的绝对展开推动下形成，且它本身就是这自舍势用的绝对自由的现实。另一方面，同在瑜伽唯识中一样，这种正智省思不仅是绝对超越，也是一种反思。阿奎那的神学将存在本质即超绝的自由理解为内在的精神原理，在现象学上验证了精神内在的自反势用在本体自由的自身本质领域的积极展开。这种理解在观念层面表明反省达到了内容上的极限，验证了精神内在的自反势用在内容上的自身绝对化。总之阿奎那的正智神学，表现了精神内在的自舍和自反势用的积极展开，它就是在这展开的推动下形成的。而这两种势用的历史展开，同样是本体自由自身促动的结果。因此最终是自由推动基督教思想的上述发展。所以说，西方宗教从马利乌斯等的否定神学到托马斯的"纯粹行动"的神学的转型，与印度思想通过大乘佛学完成的转型，基本的精神进路一样，它同样在现象学上验证了自由推动正智省思形成和发展的逻辑。这表明这种自由本体论的逻辑具有普遍的必然性。

然而在阿奎那思想中，这种正智省思也有其内在的局限性。一方面，与般若和唯识思想相比，它对于本体自由的理解显得更空洞、抽象。盖本体自由不能将自身内容对省思直接呈现出来，它的内容只能呈现为绝对自由的思想（见本章引言）。在这里，省思必须确定自由思想的具体现实为绝对真理，并通过对后者的去现实化达到对本体自由内容的真实领悟。般若和唯识正是这样做的。它们先确定正智省思（空智）本身的具体现实性（即否定的绝对自由）为绝对真理，然后通过对空智与空性的存在论区分，领会到这否定的绝对自由的超绝存在（即作为空性），从而首次对本体自由的具体内容有了真实领悟。然而这种做法对于一个正统的基督教徒来说是完全不可能的。一种正智的神学中，尽管对上帝的领会也属于正智省思范畴，但与在大乘佛学中不同，在这里正智省思，作为绝对自由的现实，并没有将自身与绝对真理等同，它也并没有认为超绝本体是包含在自身存在之中的；它既然没有将上帝包含在自身之内，就不可能通过对自己的超绝还原呈现本体自由的实质。在这里，正智省思对于超绝本体的领会不是以它自身为起点的，因此它也不可能从自身的现实自由直观本体自由的具体内容。上帝作为自由的实质内容在这里仍然不清楚。另一方面，与唯识思想的情况一样，阿奎那思想中的反思也缺乏主观性，只是客观反思。上帝并不内在于崇拜者的心灵，它是世界精神。绝对自由不论在其现实还是超绝层面，都只属于上帝，而不是个人。因此在这里，尽管精神明确意识到这绝对自由是内在于它自己之中的，但它没有完全把自己当作个人的现实自我。这两方面情况都反映了现实精神自由的局限。这表明精神内在的自主势用没有充分展开为对本体自由实质的自主设定，其自身维持势用没有展开为形式上的绝对维持（见前文）。总之，阿奎那的正智神学，与大乘的正智省思，具有共同的生成逻辑，反映了同样的精神自由，也具有类似的局限性。这种局限性也只有在自由的进一步推动下，才能被克服。

存在于基督教传统的这种正智省思，直接或间接地启发了现代哲学的唯意志主义和存在主义，以致后者可以视为它的进一步发展。在现代西方哲学中，马丁·海德格尔正是通过重新阐发中世纪神学对"存在自身"（ipsum esse）和"存在者"（ens）

的区分，否定了近代形而上学的现存实体，而将存在的绝对真理阐释为存在的时间性或“本真能在”（seinkonnen）。存在的真理不是“有”，而是“无”，不是现存的实体、本质，而是存在的运动、自由。他否定了通常信仰中作为永恒的真理、完美的存在、不变的基础的上帝。他认为常人的思想就是把这样一个上帝作为一个精神的避风港，以抵抗作为本真存在的“无”的侵袭。思想因而逃避作为存在本质的“无”，进入作为偶像的“有”的世界。执着于现存存在（有）而遗忘存在本身（无），乃是欧洲文化的根本症结。精神唯有打破现存性执着，投入无的深渊，才能获得本真的自由。这与般若思想的舍有入空，以及正智神学破除附加在上帝本质上的现存和现实的偶像，具有共同的逻辑①。在这里，海德格尔思想的进步表现在，他通过对人类此在的现象学分析阐明存在的超绝真理，将这真理放回人类的现实自我之中，从而在正智省思中注入了般若、瑜伽乃至基督教的正智神学都没有的主观反思。

## 三

关于存在的圆满性的观念，属于人类思想产生的众多看似深刻而其实肤浅的观念之一。这个观念总让我们想到这样一副图景，一个平庸的头脑，很费力地将所有存在者置于一个绝对观念之中，并陶醉于他自以为无比高明的这一观念里，然而由于他既无真正的精神超越，又无任何反思，所以这绝对观念，没有给他的存在思考带来任何实质的深化和提升，它只是贫乏的抽象理智作出的一种纯粹量上的统一。如果这统一，不仅指存在者的完满性，而且包括存在者之间的相互包含、过渡、转化、流通乃至同一，那么它就是所谓的圆融。圆融也是一种量上的统一，因为它只是同一层面事物的交融、流通，而不涉及存在意义的提升和深化。因为圆满或圆融的这种存在同质性，这一观念对于精神真正的超越和反思都没有任何价值，甚至会起到阻碍作用，使精神的绝对自由之展开成为完全不可能。盖一方面，精神正是通过设想现存存在的圆满性，来填补存在本真的虚无，从而逃避它的（否定或反思的）究竟自由。另一方面，圆满性的观念使超绝性成为多余，而圆融的观念则将现实性与超绝性的存在论区分模糊化，这些都会使精神停滞于现实境界，而非进入其超绝自由之境。就此而言，精神对于这圆满性的追求也必然是虚假的，原因之一就在于它暗示这圆满性是可以存在于我们的现实性之中，可以从现实存在的内部发展出来的。没有认识到真正的自由恰恰是来自外部的，是超现实存在注入的。正是这种注入破

---

① 吴学国：《存在论区分与二谛论：对海德格尔与大乘佛学的比较研究》，《河北学刊》2004 年第 1 期。

坏了我们身上的虚假圆满，“比圆满更充实的上帝的虚空来到我们身上扎根”。①

华夏文化就是把对于存在的圆满性的领会当作最高智慧。在这里，精神追求的从来就是存在之“圆满”，而不是存在之“空无”。这反映出精神超越性的严重缺乏。盖华夏文化精神属于沉醉于自然的玄道精神范畴。其特点是其内在的自主否定和自身维持势用皆极薄弱，完全被相反的惰性势用压制，因而皆不能实现为自由的思想。所以华夏精神没有任何真正的超越，或自由的否定。这导致在所有文化中，中国文化是最执着的，它是最“现实”、最直接的，最缺乏否定的勇气的。在这里，精神完全执着于最直接的自然，从未领会过任何超自然的实体，未曾经历过印欧精神那种理智的、思辨、直觉的否定，更不可能将否定思维绝对化。它总是将它最容易触摸的任何直接现实紧抓不放，不愿须臾舍离。几千年来，华夏精神一直被形形色色最表面化、最粗糙肤浅的偶像崇拜左右。其中尤以儒家为甚，天地、君主、社稷、礼乐，莫非是儒者顶礼的自然偶像。另外，法家以政治暴力为最高偶像，道家以原始混沌的直接自然为最高偶像。这些都属于自然偶像。华夏精神始终将最原始、朴素的感性自然当作唯一的实在。精神只愿舒适地躺卧在这自然的怀抱里，从来没有勇气离开襁褓独立行走。印欧精神经历的那种作为对自然乃至一切现实的否定的实体思维、超验思维、直觉思维、启示思维，在中国精神中都从未发生过。没有哪个民族比中华民族更具精神的依赖性或惰性，这就是两千多年专制奴役的本质根源。在这里我们只能看到女人和孩子似的依赖、顺从、怯懦，却难见男人应有的独立担当自由重负的勇气，更何况舍弃一切存有，而投身于一无所有的虚无！精神在此从来未曾听到那虚无，即本体自由的呼唤，也无勇气和力量面对它、承担它，而是出于对它的隐约的恐惧，将它的呼声预先排除。的确，没有哪个民族比中华民族更缺乏大丈夫精神。在中国历史上，即使像嬴政、刘彻、朱温、朱元璋之类暴君，也只是一些恣睢凶猛的懦夫、顾盼自雄的精神侏儒。儒家的圣贤，由于精神上那种女人和婴孩式的柔顺和依赖，而全无那种无所依靠、独立承担的男性气概，因而当其陶醉于“治国平天下”的宏伟蓝图时，显得就像一群自大的阉人。整个中国历史看上去就是这类侏儒和阉人担纲演出的闹剧。

正由于缺乏承担自由的力量和勇气，华夏精神乃拼命抓住任何可以抓住的廉价偶像作为救命稻草，以逃出本真存在的空无的洪流，精神于是舍“无住”而入“有住”，离“无依”而入“有依”。因此，精神为抵御存在之“空无”，乃迫切渴望一种存在之“圆满”，企图以此在空无的侵袭之前保持安全。无论是儒家还是道家思想，都

① 薇依：《重负与神恩》，中国人民大学出版社 2003 年版，第 44 页。

突出表现了对于存在的量上的广大的肯定和追求。如《易传》:“大哉乾元,万物资始,乃统天。云行雨施,品物流形。至哉坤元,万物资生,乃顺承天。坤厚载物,德合无疆。含弘光大,品物咸亨。”赞叹的就是一种宇宙论上的至大至广的完满性。《中庸》:“辟如天地之无不持载,无不覆帱。辟如四时之错行,如日月之代明。万物并育而不相害。道并行而不相悖。小德川流,大德敦化。此天地之所以为大也。”此乃由宇宙之完满,引申圣人精神之完满。《孟子》云:“万物皆备於我矣”,“充实之谓美,充实而有光辉之谓大,大而化之之谓圣,圣而不可知之之谓神”。这也表现了同样的精神。道家也表现了这样的精神。如《庄子》云:“夫道,覆载万物者也,洋洋乎大哉!”“夫道,于大不终,于小不遗,故万物备。广广乎其无不容也,渊渊乎 其不可测也。”这同样表达了对宇宙存在的圆满性的体验。道家对于全生、全德、全神、全人、全真的理想,也表达了对精神、生命的圆满性的追求。然则大乘佛学和西方正智神学那种腾空了所有现存存在的“无”,是华夏精神根本无法接受的;精神的绝对自由,在华夏文化中没有任何生长的土壤。

华夏精神的这种特点使得它不可能真正接受印度大乘佛教的绝对否定思维。这决定中国佛教,由于未能根本克服华夏本土思想的制约,也不可能按照其原来的精神接受这种正智省思,而是要根据华夏本土的现实精神对其加以改造,导致其对印度大乘思想的严重误读。这种误读的结果,在于将印度大乘的空思想中包含的究竟否定和超绝否定大大模糊化乃至完全丢失,存在的空无完全被存在的圆满所代替,从而形成中国独特的圆融佛教。其中最突出的案例,是天台宗对般若二谛说,以及华严对唯识的三性说的独特解读。这种解读使得般若、唯识思想包含的精神自主否定的绝对自由丧失殆尽。

首先,正是在华夏民族执着现实、随顺自然的精神渗透之下,天台宗对般若的二谛中道进行了非常独特的解读,最终使般若中道的“二谛不二”被“三谛圆融”所代替,这使得般若思想原有的那种苛刻的否定精神丧失无余。盖般若二谛论,先讲二谛分别,通过遮破世俗,以揭示本体的超绝存在,表现了精神的超绝否定;再将二谛不二,通过二边皆空,以揭示本体无住无得的绝对自由,表现了精神的究竟否定。故二谛之义,表现了般若精神的超绝否定和究竟否定的辩证统一。然而中国佛教从民族传统出发,对于二谛之义进行了种种扭曲。它或是附会孔氏“中庸”之道,将不二论的空旨偷换成执其两端取其中的浅薄折衷手腕,使般若包含的究竟否定完全丧失;或是受传统体用一元思想影响,将“不二性空”变成“不二一元”,从而抹杀了二谛论对现象与本体的区分,使般若原有的超绝否定丧失无余。这种改造使得佛教原有的彻底现实批判转化为对现实的容纳、契合、随顺与欣赏。

天台宗的“三谛圆融”观，就是这种独特解读的产物。“三谛圆融”来自对《中论》所谓“三是”偈的根本误读。这种误读首先是语法上的。它以什译《中论·观四谛品》的偈颂为根据，其云：“众因缘生法，我说即是无，亦为是假名，亦是中道义。”① 如果质诸现存梵本，对于此偈，句法逻辑更清楚的翻译应为：“众因缘生法，我说即是空，此亦是假名；此为中道义。”这是一个主语从句。其中前三个从句是第四个从句的主语，第四个从句中的“此”（为译者添加）代指前三个从句；在前三个从句中，第二句的主语是“众因缘生法”；第三句的主语则是指上一句的“空”，译文亦以“此”代之；所以此偈后面三句的主语是各不相同的。这种句法逻辑，在青目释文中还是看得较清楚的，其云：“众因缘生法，我说即是空。……空亦复空，但为引导众生故，以假名说。离有无二边故名为中道。”此偈很清晰地标明了般若二谛中道的宗旨：首先，空是真谛，是对众因缘生法即现实性的绝对否定或超越；其次，这空也不是执着的对象，而是应空亦复空、真俗俱离，此即否定空性的现存性，领会其为无住、无得的真理（这从般若强调“二”与“不二”皆不可得得到证明）。前者是超绝否定，后者是究竟否定。因此龙树此偈充分表现了一种精神自主否定的绝对自由。

但是应当承认，罗什的译文（波罗颇蜜多罗的译文肯定参考了前者），从语法上极易导致一个误解，就是把此偈的后三句的主语当成是一个，从而把这三句当成语法上并列的关系。尤其罗什的翻译，这三句的谓语用的都是同一个词“是”，且其中后二句都以表达并列关系的“亦”字开头。这更加强化了这种语法误解的可能。不过，如果读者仔细读一下青目的释文，这种误解还是可以避免的。智者大师的误读，一方面表明他可能没有对这释文进行认真推敲；另一方面更根本的是他的理解肯定受到中土传统的现实意识影响。

智者大师将此偈称为“三是偈”，本身就明显地表示他是受到罗什译文的误导而误解了原义。智者对此偈的解释也进一步验证了这种误读。他说：“中论云，因缘所生法即空即假即中。”（《摩诃止观》卷三上）这明确表明龙树偈中第二、三、四句的主语被当成同一个，即“因缘所生法”。由于此种误读，而且由于受当时流传的《菩萨璎珞本业经》（近人疑其为伪作）、《仁王般若波罗蜜经》等的影响，导致智者将般若中观的空、有二谛扩展成空、假、中三谛。智者认为龙树此偈的义旨，在于开示一种同时观察诸法为空、假、中的三谛观。《摩诃止观》云：“体一切诸假悉皆是空，空即实相，名入空观。达此空时观冥中道，能知世间生灭法相如实而见，名入假观。如此

① 此偈在唐代波罗颇蜜多罗译清辩著《般若灯论释》中为：“从众缘生法，我说即是空，但为假名字，亦是中道义。”

空慧即是中道无二无别，名中道观。”“前观破假病不用假法但用真法。破一不破一未为平等。后观破空病还用假法。……中道第一义观者，前观假空是空生死，后观空空是空涅槃，双遮二边，是名二空观为方便道得会中道。故言心心寂灭流入萨婆若海。又初观用空后观用假，是为双存方便，入中道时能双照二谛。”（《摩诃止观》卷三上）智者开示的三谛观，一是观诸法为空，是为空谛。诸法本空，众生虚妄分别，执为实有，故必须以空观对治之，使离于诸相，证得空理。二是观诸法虽即本空，却因缘假立、宛然显现，且于世俗中有实作用，是为假谛。三是观诸法本来于二边不即不离、非假非空、亦假亦空，圆融无碍，是为中谛。三谛观强调的是三谛的圆融相即、相摄相入，故随举空谛，即摄假、中二谛，同理假亦摄空、中，中亦摄空、假。智者通过这种三谛圆融，阐明了诸法实相互融互即、自在具足、圆通无碍的道理。般若的“不二性空”最终被“三谛圆融”代替。

这种误读的结果是“不二双非”的双重否定被转变成“三谛圆融”的三重肯定，导致般若原有的无住性和超绝性丧失殆尽，般若精神原有的绝对自由被完全放弃了。一方面，天台以真、俗圆融取代二谛各别，使得般若二谛论对现实存在的绝对超越，即超绝否定被彻底模糊化。另一方面，天台所谓中道谛与有、空二谛的圆融，模糊了般若“二谛不二”义对有、空二边的双重否定，完全遮蔽了空性彻底无得、无住的绝对自由，使得般若不二双非包含的究竟否定被完全丢失；在这里中、有、空完全成了三种现存的存在。这表明智者对般若强调的空性的无住性和超绝性都没有真正领会。般若思想体现的精神自主否定的绝对自由，在此全被抛弃。总之，天台宗将“二谛不二”误读为“三谛圆融”，使般若二谛中道说原有的精神价值丧失无余了。

其次，与天台宗对般若二谛论的误读同样严重的是华严宗对唯识三自性说的误读。华严宗将唯识的三性各别改造成所谓“三性一际无异”，同样是在中土现实意识制约之下，以圆融的思维取代了印度大乘的绝对否定思维，另外这种误读还导致唯识思想原有的精神反思被模糊化。

一方面，华严以“三性一际无异”思想代替唯识三性说，使唯识思想原有的绝对否定思维完全丧失了。首先它意味着唯识原来的超绝否定思维被消除。如唯识对依他的识与圆成的空性真如的严格区分，旨在表明空性本体对现实的绝对否定。华严宗学则标榜依他、圆成的一际无异，就旨在将二者同化，填平本体与现实间的鸿沟。这表明它根本不能领会、接受一种超绝本体，而是试图淡化、抹杀二者的存在论差异，将超绝本体重新拉回现实存在之中。这种误读使得空思维对本体的超绝性的深刻领悟丧失无余。其次，它也意味着唯识原有的究竟否定思维的丧失。唯识三自性说以空智为圆成实性或真如，旨在揭示存在真理是否定了一切现存存在的绝对自由的运动，一切不可得、不可受。它表现了精神的究竟否定。然而华严宗的三性一际之义，把唯识三性说中以净分依他、圆成为空智的思想完全抹杀了，于是存在的真理不再是无住、究竟的“空无”，而被转化成法界的“圆满”；“一无所得”被偷换成“一切皆得”。这也使得唯识三性说反映的究竟否定，在华严宗的精神中完全丧失了。因此，华严宗对三性说的误读，把唯识思想本来包含的超绝否定和究竟否定都丢失了。它使得印度大乘精神实现的自主否定的绝对自由荡然无存。在华严三性说中，对于存在真理的超绝自由的深刻反思被一种纯属抽象理智、对于精神解脱没有任何实际价值的、对自然现实的圆通、完满性的平庸肤浅沉思代替，这使唯识三性说原有的精神价值丧失无余。

另一方面，华严“三性一际无异”思想对遍计所执境与依他起识的圆融，也使得三自性说的反思性被模糊化。盖唯识三自性说通过对遍计与依他的严格分判，使识成为自为、绝对的真理。因此三自性说体现了一种绝对的反思。然而华严的圆融思想，则将遍计与依他同一，完全根据一种抽象理智将本来被清晰区分的心与物、精神与自然等同起来，这实际上使心、精神重新沦为自然物。这表明，华严思想在华夏传统的心物不分的自然思维影响下，将唯识三性说原有的反思大大模糊化，甚至抹杀了。这是华严宗对唯识三性说的另一根本误读。它使得反思作为精神自身维持的自由至少是被大大地淡化了。

总之，华严宗“三性一际无异”说，根本扭曲了三性说的原义。由此可见，华严思想由于受华夏本土的彻底无超越、无反思的玄道精神的影响，完全误解了唯识三自性说的宗旨。它将唯识三性说表现的绝对否定完全抹杀、也使其内在反思模糊化，从而使三自性说原有的精神价值完全丧失了。它同天台宗的三谛圆融观一样，是中国佛教对印度佛教最严重的误读之一。所以说，中国的圆融佛教，在华夏精神长期浸蚀之下，已经把般若、瑜伽的思想弄得面目全非，以致精神最终不可能从中真正得到什么收获了。

# 第三章 本己的精神

## 引 言

印度宗教，不管是在积极还是消极的意义上，总喜欢将人生比喻为一场戏。我们研究精神史的一大兴趣，就是可以将它作为一幕恢弘的精神戏剧来欣赏。这戏剧之能摄人心魄，在于它包含生命中两种力量，即自由与奴役、生与死的殊死搏斗，也包含这种斗争中的偶然性、包含人们在这斗争中走向完善、幸福或毁灭的复杂过程。同人类任何艺术形式一样，戏剧的真理性在于它揭示了精神生命的一个片断。然而人类精神生命的全部内容，就包含在它的自身历史中。所以精神的历史才是最完整的戏剧，而在剧院演出的每一部戏剧的真正价值，正在于它揭示了这精神戏剧的一个方面或片断。这精神历史的戏剧，因此也才是人能够演出的所有戏剧中，最波澜壮阔、丰富瑰奇、壮丽伟大、高贵激昂的。在这种意义上，我们可以将佛教视为印度精神的戏剧中的一个宏大的插曲。通过它，印度精神得以在最大程度上否定自身、出离自身，然而这否定、出离却导致了自我的遗忘。印度佛教实现了精神否定的绝对自由，但它本来没有精神反省的自由（没有真正的反思性）；易言之，精神内在的自反势用还没有得到真实的展开。因此，在包括早期佛教及般若思想在内的印度佛教本来的传统中，精神的现实自由仍然有很大局限性。然而本体自由内在的自身绝对化冲动，必然推动精神克服这种局限，开展出更高、更完善的自由境界。这一过程，从思想史层面来说，是印度思想对大乘佛教的绝对否定思维和奥义书的绝对反思传统的综合；而从本体论上说，是由于大乘佛教和奥义书的精神，各自受对方启发，意识到自身局限，从而对本体自由重新倾听、接纳和应答，以此展开新的思想、观念，最终导致两大传统的综合。

在奥义书传统启发之下，大乘佛学必将发展出其内在反思之维，从而导致大乘佛教的正智省思和奥义书的绝对反思传统的辩证统一。唯识思想就体现了一种严格的精神反思，而且是正智反思。它认为识是一切现实存在的本质、实性，真如法性、空就是通过破除识上现起的二取相后呈现的识的本体，即无二、无分别的清净心。

在这种意义上，正如印度学者所指出，唯识的立场实与中观有本质差异，而与吠檀多的真心论更接近了①。我们称唯识的反思为正智反思。它的形成根本是由自由推动的结果。盖般若思想反映了印度佛教中精神的反省和否定思维发展的巨大落差。般若的空智包含了超绝否定和究竟否定的辩证统一，因而是精神的绝对否定，是自主否定的绝对自由的现实。然而在其中，反省思维的发展却是严重滞后的。在般若思想中，仍然只有一种朴素、自然的反省，而没有像奥义书那样的真正精神反思，反省还没有真正的自由。反省是精神自反势用的现实性。因此上述情况反映出，在此时佛教思想中，精神的自反还没有得到真正的实现。然而自反势用作为本体自由，呼唤着精神将其实现为真正的自由。如果说佛教精神在其早期仍对这呼声置然不闻，那么与奥义书精神反思的相遇，便刺激它恢复对本体自由的倾听和敞开，这自由便通过对精神的倾注，促使精神内在的自反势用在正智的层面展开为积极的现实活动，于是推动省思在这正智领会的超绝自由领域确认觉性的内在本质，领会这二者的同一性，使这正智发生了内在的转向。于是，大乘正智发育出内在的反思之维，形成了正智的反思。唯识思想对无二、无分别的净识本体的领会，就表现了这样一种反思。这种反思领会到觉性的本质就是超绝的自由（尽管尚不全面），因而在内容上达到了反思的极致。它是自反势用在内容上的绝对实现，构成精神绝对反省的一个方面。然而这正智反思仍然是有局限的。唯识思想仍始终坚持着正统佛教的“无我”思想，因而尽管它的正智反思领会到存在本体是超绝、自由的真心，但这真心并未被与自我等同。主体未能认识到清净识、本体就是它的自我。于是这清净识就表现为一种在我之外的客观性。这反思就是一种客观反思。反思仍缺乏一种主观性，更未能领会主、客观的绝对统一以建立绝对反思。反思是精神自身维持或自反势用的现实。大乘正智反思的这种局限，反映了这自反势用的展开受到阻碍。盖自身维持就是生命将自身本质作为一切活动的目的，它推动省思的不断内在化。然而这维持在形式上有相对和绝对之分。其中相对维持的特点在于生命维持某一对象是为了另一或隐或显的目的，而绝对维持的特点在于生命所维持的对象是唯一、最终的目的，而不存在任何脱离于它之外的目的：这个目的只能是自我。故绝对自身维持就是自我维持。如果说对超绝自由的维持是自反势用在内容上的自身绝对化，那么自我维持就是自反势用在形式上的自身绝对化。正是它推动省思主体领会客观真理与自我的同一，推动主观反思和绝对反思的形成。因此唯识的正智反思的上述局限性，反映了精神的自我维持在这里受到佛教传统的压制，没能在正智省思领域展开为积极的现

① 穆提：《中观哲学》，华宇出版社 1984 年版，第 354 页。

实活动。精神未能意识到那超绝、自由的净识就是它的内在自我，还不具备主观反思。易言之在这里，尽管精神具有了究竟的觉悟，但这觉悟还不是本己的：它只是正智省思，而不是本觉省思。为达到这本觉省思层次，精神需要在这正智领域展开其自我维持，从而推动其反思转化为绝对反思。在正智中完成的绝对反思，就是本觉的反思。自由作为绝对，必然推动精神进一步发展，使其最终克服正智省思上述局限，进入本觉省思领域。首先，精神内在的自反势用的本真存在，就具有将自身绝对化的意志。正智反思体现了这自反势用在内容上的自身绝对化（参考前一章小结）。此外，这本真的自反势用还具有在形式上自身绝对化的意志。它作为自身维持，本来就要求把它所维持的对象，当作生命的绝对、最终的目的（这个目的就是自我）。这就是它在形式上的自身绝对化。于是它就是绝对维持，亦即自我维持。绝对维持的特点在于生命所维持的对象是唯一、最终的目的，而不存在任何在这之外的目的：这个目的就是自我。然而现实精神由于受传统和自身惰性的牵制，这自反势用往往丧失了其本真存在，失去了自身绝对化的意志。在这里，在形式方面，往往精神内在的自反势用对某一对象的维持（尽管这对象被标榜为价值根源），其实是为了另一或隐或显的目的，精神的自我没有成为自觉的目的。这种自反势用或自身维持，在形式上就是间接或相对的。在这里，自反势用推动反省把这对象当成绝对真理或生命的绝对目的，然而这对象却只能是一种客观的，外在于现实精神的自我的东西。典型的如犹太教、基督教和伊斯兰教的上帝。在这里，尽管精神似乎把上帝当成绝对目的，但事实并不如此。因为即使再富于牺牲精神的信仰，其最终的目的还是为了自我，为了自我的自由或拯救。所以在这些宗教中，上帝其实还没有成为生命的绝对、最终的目的（上帝只有作为精神的自我，才是这样的目的）。可见在这里，精神内在的自反势用没有实现在形式上的自身绝对化，它丧失了它的本真存在。然而本体自由作为绝对和无限，要求（现实精神）把它自己作为精神生命的绝对目的（即精神的绝对真理、自我）。因此它必然通过呼唤和倾注，促使精神内在的自反势用恢复其本真存在，实现其自身绝对化。这在于：一方面，本体自由不会满足于（精神）把对它的维持作为实现任何其他目的的手段，而是要求只能把它自己作为唯一的最终目的，即精神的真实自我；也就是说，它不会满足于形式上的间接或相对维持，而是要求（精神）实现对于它的绝对维持。因此本体自由必然促使精神内在的自反势用恢复其本真存在，从而实现其在形式上的自身绝对化，展开为对这自由本身的绝对维持，推动省思领会本体自由与自我的同一性，从而转化为绝对反思。另一方面，本体自由也不会满足于（精神）只是把任何一种现实、现存的东西当成绝对目的来维持，而是要求（精神）只能把它自己作为这一目的。因此它必然促使精神内在的自反势用恢复其本真存在，从而穿透现实和现存存在的偶像，深入超绝的自由本体，从而实现其在内容上的自身绝对化，推动省思领会自我就是本体自由自身。总之，本体自由作为绝对必然促使精神内在的自反势用在内容和形式两方面的自身绝对化的实现，推动省思领会那作为存在本质的超绝、内在的自由，就是精神的自我。这种领会就是一种本己的觉悟，或本觉省思。对于大乘佛学而言，本体自由的这一促动，离不开奥义书绝对反思传统的冲击。正是这种冲击促使现实精神恢复与本体自由的正当对话关系，保持对这自由的谛听、接纳与应答，从而使其内在的自主势用获得积极展开。总之，根据上述逻辑，本体自由必然促使精神内在的自反势用在正智省思领域展开其绝对维持，使精神领会到那正智省思揭示的真理，即超绝、自由的真心，不是某种客观的原理，而就是人最内在的自我，是精神的本己的真理。因此自由必然推动大乘的究竟觉悟转化为本己的觉悟；后者就是精神的绝对否定与绝对反省的辩证统一。

在印度观念史上，这一重大精神进展，通过佛教的真心如来藏思想、乔荼婆陀的不二论，以及《慈氏》、《光明点》等一些具有严重佛化色彩的晚期奥义书思想，得到充分验证。与佛教传统的无我论不同，如来藏思想以如来藏我为“常、乐、我、净”的实体，因而包含了一种主观反思。现代学者普遍确信这一观念的形成离不开奥义书思想的影响①。如来藏思想在佛教中其实早已开始酝酿，并且经历了法身如来藏、我性如来藏、法界如来藏、法性如来藏、净心如来藏等多种观念形态；但是只有到了《楞伽经》、《起信论》的真心如来藏思想，才将阿赖耶识缘起说与如来藏我的观念结合，从而使如来藏我成为：其一，一切存在的本质或本体；其二，超绝、自由的实体；其三，真心、心性。如来藏我与这三方面意义都是完全同一的。因此在真心如来藏思想中，印度根本大乘的究竟觉悟与如来藏思想的主观反思被统一起来。于是这反思既是绝对的，又是觉悟的，成为精神的绝对反省。因此真心如来藏思想，体现了精神的究竟觉悟和绝对反省的辩证统一，所以它表明佛教思想开始克服正智省思的局限，进入本觉省思的领域。如来藏佛教上述本觉省思的形成，大致可视为来自大乘佛教的正智省思与来自奥义书的绝对反思两种思想的辩证统一。这也是大乘佛学与吠檀多两大传统通过长期对话走向了融合。在这里，一方面是大乘佛教逐渐将吠檀多的全部精神反思都包含在内，结果是导致它的全盘吠檀多化。另一方面，奥义书—吠檀多传统也逐渐发展出大乘佛教的正智省思，导致乔荼婆陀的不二论这种严重佛化的吠檀多思想的形成，以及《慈氏》、《光明点》等一些具有明显大乘佛学色彩的晚期奥义书的出现。我们前面讲的是前一方面，这里讲后一方面；前者是后者的预演。然而

① Hajime Nakamura, *A History of Early Vedānta Philosophy*, Motilal Banarsidass, 1983.182.

从本书的主题出发，我们要重点讨论的是后一方面，即相关的《慈氏》、《光明点》等晚期奥义书思想的转型。

《慈氏》、《光明点》等晚期奥义书的思想，相对于大乘佛学和奥义书传统都有重大发展。同真心如来藏思想一样，无论是乔荼婆陀的不二论，还是《慈氏》、《光明点》等晚期奥义书，都是把大乘佛教的正智省思同奥义书传统的绝对反思统一起来而形成的。同真心如来藏思想一样，《慈氏》等的这一思想发展，也表现了奥义书精神自由的新进展。《慈氏》、《光明点》等晚期奥义书的思想，最有价值的是它领会到一切现实、现存的存在皆虚妄非有，存在的唯一真理、本体是超绝、无住的真心、大梵，而这就是人的真实自我。这些说法与佛教真心如来藏和乔荼婆陀的不二论思想完全一致，也表现了精神的本觉省思。一方面，《慈氏》等在奥义书传统中首次提出超绝本体本身就是空，是无所住、无所依的境界。首先，存在的真理是一个超绝的本体。如MaitII·4 说大梵为“清净、无染、空、寂灭、无气、无我、无终、不坏、安住、恒常、无生、独立。”VII·4 亦说本体为“内清净、无垢、空、寂灭、无元气、无我、无尽。”VI·28 说解脱者融入本体，故“微妙、清净、空、寂灭、无元气、无我、不灭、不坏、坚住、永恒、无生、自存。”TejobinduIII·44—47 亦云我非万有自性、非三苦自性、三欲自性，我无方分、无末那、无诸根、无觉谛、无变易、无三身、无醒梦熟眠位，人欲证大梵，应舍有入空，舍有相入无相。这些说法都旨在开示本体对现实存在的绝对超越或否定，表现了精神的超绝否定。其次，这本体也是空、无所依、无所住的原理。如果说本体的超绝性在《白骡》、《频伽罗子》等奥义书中已得到阐明，那么《慈氏》等才最早领会到本体的空、无所依、无所住的体性。如 MaitII·4，VI·28，VII·4 都说到本体是空、无我。VI·19 所谓“于彼非心者，是以成无住 (nirāśraya)”，VI·20 所谓解脱者乃为“不可计度、无根源 (a-yoni)”。TejobinduI·10—11 亦云大梵体性为空亦复空、空亦非空、非有非空、非真非妄、非究竟非不究竟；V·37—38 云诸法实相为无中道、二边，无二、无不二，无真无非真，无有无非有，无系缚解脱。这些说法都旨在开示本体对一切现存实体的否定，表现了精神的究竟否定。总之，《慈氏》、《光明点》等的思想，体现了超绝否定与究竟否定的统一，表现了与大乘佛学一致的正智省思。同大乘佛学的情况一样，这些晚期奥义书的思想，在观念层面表现了精神彻底打破一切现实、现存偶像，确立存在真理为那超绝、无住的本体，后者的实质即本体自由自身。精神这种绝对否定运动，在现象学上验证了其内在的自舍势用的绝对展开。正是这展开推动奥义书的正智省思的形成。另一方面，《慈氏》等表明这超绝、无住的本体，就是识、觉性的内在本质，而且就是人的真实自我。首先，其书以为那超绝、无住的本体，不是大乘般若思想的无心的原理，而就是心灵、精神的内在本质。如上引的 MaitII·4，

VI · 28, VII · 4, VI · 28 ; TejobinduI · 10—11, III · 44—47, V · 37—38 等都以空、空空、寂灭、无住、无依、不二、非二非不二等来描述识性。超绝、无住的本体被说成是心体 (cetana) 或心性 (caitāmātra)。这些说法表现了与唯识一致的正智反思。同在唯识中的情况一样,《慈氏》等对超绝、无住的本体与心灵的内在本质的等同,在现象学上验证了精神内在的自反势用在内容上的绝对展开 (参考上一章小结)。正是这一展开推动了正智反思的形成。其次,与唯识的正智反思不同的是,《慈氏》等书明确将超绝、无住的心性本体等同于自我。于是正智省思对本体的无住性和超绝性的领会被绝对地内在化,那无住、空、寂灭的存在不再是与我无关的,而就是至上我自身的理体。唯自我是精神生命的绝对目的。故《慈氏》等思想,在观念层面表明精神已经将这心性本体作为绝对目的。这在现象学上验证了精神内在的自身维持势用已经展开为对这本体的绝对维持 (见前文),此即自反势用在形式上的绝对展开。正是这一展开推动奥义书的绝对反思的形成,使正智反思具有了主观性的维度。因此,《慈氏》等的思想,在观念层面表明奥义书的反思实现了内容和形式上的绝对化,这反思因而成为绝对反省;后者因为领会到那超绝、无住的真心与真实自我的同一,因而也是一种本觉的反思。精神这种绝对反省运动,在现象学上验证了其内在的自反势用的绝对展开。正是这展开推动奥义书的本觉反思的形成。这绝对反省 (本觉的反思) 与绝对否定 (本觉的超越) 的辩证统一,就是本觉的省思。

总之,《慈氏》等晚期奥义书的思想,在现象学上验证了精神内在的自舍和自反势用的绝对展开,正是这两种势用的辩证历史展开推动晚期奥义书本觉省思的形成。然而如前所论,唯有本体自由自身才能促使精神内在的自舍和自反势用恢复其本真存在,从而获得历史展开。因此最终是自由推动晚期奥义书和如来藏佛教的本觉省思的形成。晚期奥义书思想的发展,就在现象学上验证了自由推动本觉省思形成的精神逻辑。

其中,《慈氏》的主要学说包括: (1) 至上我体性为空、寂灭、清净、无染、无气、无终、不坏、安住、恒常、无生、独立,而且是无我、无住、无念。这表明至上我的体性是超绝、绝对的自由。(2) 现实的自我是由多方面存在构成的整体。它包括:其一,补鲁沙;其二,大种我 (内根) ;其三,五唯、五大所成身;其四,诸根;其五,五种元气。(3) 依数论的自性转变说或梵书的宇宙生成论解释现实世界的生成,立场完全是实在论的,与 (1) 体现的本觉省思失去关联。(4) 将大梵区分为上梵与下梵、寂灭梵与增长梵、有时梵与无时梵、有声梵与无声梵,以解释现实世界与梵的关系,体现了与 (1) 一致的本觉省思。(5) 其修道实践,乃是梵书和奥义书的祭祀学、宇宙观想、Om 观想、虚空观想,与瑜伽以及随顺大乘佛教的空观的松散结合。其最有价值的贡献:

一是对瑜伽的体系化，阐明了所谓六支瑜伽的系统，奠定了后来瑜伽学的框架。二是试图将瑜伽与大乘佛学的空观结合起来，使瑜伽成为一种本觉的实践。然而在《慈氏》中，本觉省思仍很幼稚。首先在《慈氏》思想中，本觉省思仍混杂于大量来自梵书和早期奥义书的陈腐的祭祀学、宇宙观想等之中，往往被后者淹没，这意味着它在这里其实是偶然的，还不是奥义书精神的普遍、必然的现实。其次，这本觉省思仍然很模糊。这表现在《慈氏》对本体无住性的理解不透彻，它对于本体的圆满、不动、不变、恒常等特征的大量描述，都与本体的无住性相矛盾。另外，这本觉省思还是抽象的。《慈氏》未能（像大乘佛学那样）领会本体的无住、无得性的实质就是绝对的自由，因而它对于本体自由并无具体的领会。这几点表明在《慈氏奥义书》中，本觉省思才刚开始发育，还显得很幼稚、弱小。然而，正如自由推动本觉省思的发生，它也必然推动后者的发展、成熟。本体自由必促进奥义书精神内在的自身否定和自身维持进一步展开，从而推动否定与反省思维的绝对化，使本觉省思彻底否定实在思维和启示省思的残余，从而使自身成为普遍、必然的精神现实。《光明点奥义书》等一些更晚出的奥义书的思想，就体现了这一精神进展。在《光明点》中，本觉省思的成熟表现在：一方面，《光明点》完全排除了《慈氏》思想的芜杂性，将奥义书原有的五身说、四位说，乃至数论和幻化论等思想都整合到本觉省思之中，因此在这里，本觉省思得到贯彻和纯化，成为普遍、一贯、必然的精神内容。另一方面，《光明点》以瑜伽统摄其全部实践，且将瑜伽改造成洞察现实之虚妄，领会本体之超绝、无住性的方法。易言之，它使宗教修行完全成为本觉的实践。《光明点奥义书》的主要学说有：（1）一切现实存在皆如龟毛兔角，彻底空幻无实，而唯一的存在真理则为一超绝、无住的本体。本体为非有、无自性、无为、无方分、无末那、无诸根、无觉谛、无德、无变易、无三身、无醒、梦、熟眠位，因而它是对现实性的绝对否定。同时它也是空、非空非非空、不二、非二非不二、无相、无住、不可取、不可得、不可受、不可至、不可依，因而它是对现存性的彻底否定。这些说法本质上皆与大乘佛学一致，体现了《光明点奥义书》的正智省思。（2）大梵作为超绝、无住的本体，就是心性、至上我。这首先是对正智的超绝、自由的本体与真心、心体的等同，其次也是对这超绝、无住的真心与精神的自我等同。故世间一切皆为虚妄非有，唯超绝、无住的真心、真我为真理，为所有存在的本质、根源。这些说法表明了正智省思与绝对反思的统一，体现了奥义书的本觉省思。（3）旨在领会超绝、无住的真心的瑜伽学。《光明点》将其全部修道摄于瑜伽。它一方面对《慈氏》瑜伽作了进一步的充实和完善，另一方面还将瑜伽各支都改造成旨在证得自我的超绝、无住心性的修习活动。在这里，本觉的实践成为修道论的全部内容。

印度精神在自由推动下从正智省思到本觉省思的过渡，对于西方精神也并不陌生。在西方思想史中，从基督教正智神学把存在本质理解为超绝的纯粹行动、自由，到近世海德格尔哲学将这超绝自由归宿于人的此在的变迁，与印度思想从大乘佛学到不二吠檀多学和《慈氏》和《光明点》等奥义书的思想转型一致。正智神学否定了现实性、现存性的自为真理性，把存在本质理解为超绝、无住的运动，与大乘佛学的正智省思一致。而海德格尔等人则认识到这超绝、无住的本体，不是一种处在人的自我之外的东西，而就是这自我的本质，因而把这正智省思与绝对反思结合起来，使这本体成为本己的，而正智省思也得以转化为本己的觉悟，即本觉的省思。可见，西方思想的这一转型，与印度思想从大乘佛学到《慈氏》等奥义书的思想转型遵循的是同样的路径。它们也服从同样的精神逻辑。这证明了自由推动本觉省思形成的精神逻辑，具有跨文化的普遍必然性。在缺乏精神超越和反思的中国传统中，以真心如来藏佛教为基础的早期禅宗，也体现了渊源于印度精神的本觉省思。在华夏本土思想中，儒家由于其执着的现实精神及固有的思想狭隘性，因而即便在佛教的猛烈冲击下，也始终没有形成真正的本觉省思，即使阳明心学对于禅佛教，也是在比后者低得多的精神层面来理解的。然而道教思想则对佛教具有更积极、开放的心态。从魏晋开始，道教学者积极汲取佛教的精神养分，导致大乘佛教的正智和本觉省思，最终亦成为道教精英的精神生活的现实内容。王重阳的内丹心性学，就可视为这本觉省思在道教思想中的体现。这些内容，我们将在本章结语中予以更详细的分析。

## 第一节　弥 怛 黎 氏

佛教的反思和超越思维发展有很大落差。早期佛教的宗教理想就表现了一种超绝否定。般若的空智则包含超绝否定和究竟否定的辩证统一，因而是绝对否定，是自主否定的绝对自由的现实，是超越思维自身绝对化的完成。然而在这里，反省思维的发展却是严重滞后的。早期佛教只有朴素、自然的反省，而没有像奥义书那样的真正精神反思。这种情况在般若思想中也没有根本改变。正如我们曾经阐明的，这从根本上是因为佛教的精神是一种本寂的精神，被本寂取向支配。与本觉取向把觉性存在体（即觉性的生命）作为存在之真理，旨在觉性、生命之升华扩充相反，本寂取向把冥性存在体（绝对死亡）作为存在之真理，以达到觉性、生命的彻底绝灭、冥性如实呈现的境界作为理想（参见本书第一部分第三编第二章第二节前言）。本觉取向必然促进精神自反势用的展开，从而促使精神反思发展；本寂取向则必然压制自反势用的活动，阻碍精神反思的发展。印度传统包含了本觉的婆罗门文化和本寂的沙门文化的二元性，而佛教就属于沙门传统，在其中，本寂取向一直占据主导地位。从根本上说，正是这一点，使得佛教反思思维的发展大大滞后于其超越思维的发展。我们前面表明了在这里与自舍势用实现为绝对自由形成强烈对比的是，自反势用还没有展开任何现实的自由。尽管在奥义书的反思刺激下，大乘瑜伽行派在佛教传统之内发展出了最早的精神反思，但这种反思，至少在形式上，还远没有达到奥义书的成就。瑜伽行派的反思思维的最高成就，乃是一种空性的反思。这就在于将般若的空性内在化，使之成为识或觉性之内在的超绝本体。这种空性的反思是般若的绝对否定和唯识的内在反思的辩证统一，它使存在本质作为内在超绝的绝对自由即觉性存在体自身呈现出来，因而是一种正智反思。如前一章所阐明，唯识思想的这种反思性表明在这里自反势用已实现为真正的精神自由。盖奥义书的反思刺激了佛教的精神恢复对本体自由的倾听和敞开，这自由便促使精神内在的自反势用重新展开为积极的现实活动，推动般若正智的内在转向，从而将这正智的真理即空性内在化，因而使这正智发育出内在的反思之维，形成了正智的反思。然而即使在唯识思想中，这种正智反思及相应的自反势用的自由都还有很大局限。其中最严重的是，唯识思想体现的反思还不具有主观性。盖唯识思想仍始终坚持着正统佛教的"无我"思想（后者深深根植于佛教的本寂传统），因而在它这里，反思的主体不可能意识到，那被它作为绝对真理的清净识、空性真如，就是它的自我。于是这真理就表现为一种在我之外的普遍、客观的精神（觉性），因而这反思就是一种客观反思。在这种意义上，这反思明显落后于奥义书的反思，因为后者的主观反思和绝对反思在这里还完全没有建立起来。这反映了，在这里精神内在的自身维持势用受到佛教本寂取向的压制，没能在正智省思领域展开为现实的活动。总之在大乘佛学中，精神未能意识到那空性本体、超绝的自由，就是它的内在自我。精神具有了究竟的觉悟，但不具有本己的觉悟，即本觉的省思。

自由作为绝对，必然推动印度思想克服大乘佛学这种局限性，实现从正智省思到本觉省思的转型。一方面，自由的实质是全部自主势用的运动整体，每一种势用的本真存在，作为纯粹的自否定，都永远不会满足于精神的现存此在，而具有将自身绝对化的冲动。其中正是自反与自舍两种势用在其自身绝对化实现过程中的辩证交互作用，推动否定和反省思维的进步，因而支配了现实精神的发展。其中，自反势用的本真存在就具有这种自身绝对化冲动。盖自反势用就是生命的自身维持运动。它将生命（精神）的全部活动指向一个唯一的中心或目的，后者即生命（精神）的自身本质。它就其本真存在而言，就具有实现对这本质的更内在、更直接的维持的意志。这就是它内在的自身绝对化冲动。这自反势用的自身绝对化，其实包括两个方面：一是绝对内在化的要求，这在于，自反势用自身要求实现对生命的最内在本质，即超绝的自由的维持；二是绝对直接化的要求，自反势用要求直接指向精神的内在核心（即实现对后者的最直接维持）而不是通过某种客观、外在的东西间接指向它。前者是自反势用的自身绝对化的内容方面，后者是形式方面：前者是精神把超绝、内在的自由作为最高目的，后者是精神把这目的当成唯一、绝对的，因而就是这精神的自我（见本章引言）。前者（通过与自舍势用的辩证交织）推动反思不断破除外在偶像，确认更内在的真理，以对超绝、内在的自由作为存在本质的领会（正智反思）为目标；后者则推动反思否定这真理的客观化，领会它与自我的同一，以绝对反思为目标。二者共同推动精神绝对反省的形成。精神内在的自反势用的自身绝对化，必将推动精神反省的逐渐深化，最终使精神领会到，那作为存在究竟真理的超绝、内在的自由，即本体自由自身，就是真实的自我，从而导致本觉省思的形成。精神于是达到反思的绝对自由。另一方面，对于现实精神而言，其内在的自反势用往往被精神内在的惰性所抑制，被传统规定，因而丧失其本真存在，因而无法达到自身的绝对展开。比如在大乘佛教的精神中，自舍势用的自身绝对化得到完全实现，精神实现了否定的绝对自由，省思成为绝对否定，然而自反势用的自身绝对化并未得到同样程度的实现。这表现在，即使像瑜伽唯识思想领会到了存在本质是超绝、内在的自由，表明精神内在的自反势用展开了在内容上的自身绝对化，然而印度的根本大乘始终没有领会这存在本质与自我的同一，这表明它始终没有展开在形式上的自身绝对化，即展开其绝对维持。在这种情况下，自反势用就丧失了它的本真存在。在这里，精神内在的自反势用完全被传统规定，没有力量冲破传统而恢复其本真存在。在这种情况下，只有作为精神绝对自由的本体自由自身，才能促使这自反势用恢复其本真性。盖作为精神的生命，本体自由要求把对它自己的维持作为精神的绝对目的，把它自己当作精神的绝对真理、自我，因此它要求（精神）展开对它自己的绝对维持。故本体自由也呼吁精神内在的自反势用在形式上的绝对展开。如果说这一呼声曾一直被佛教的本寂传统所遮蔽，那么在奥义书传统的冲击下，大乘佛教的精神终将会听到这良心的呼声，并且通过主动建立其积极的接纳、回应与自由的倾注、应许之间的对话，使精神内在的自身维持恢复其本真存在，从而推动现实精神领悟到那正智反思的真理，即超绝、自由的真心，不是某种客观性，而就是精神的内在自我，就是它的本己的真理。于是自反势用在形式上的自身绝对化就得以实现，一种主观反思和绝对反思在正智省思的领域得以孕育形成。精神达到了一种形式上的绝对反省。它与作为内容上的绝对反省的正智反思的统一，就是绝对反省。这绝对反省就是反省的绝对自由，是自反势用的自身绝对化的现实。由于这种绝对反省，大乘的究竟觉悟乃彻底内向化为一种本己的觉悟，即本觉省思；后者就是精神的绝对否定与绝对反省的辩证统一。总之，本体自由作为绝对，必将促使精神内在的自反势用在内容和形式两方面的自身绝对化的实现，使自反势用也实现其绝对自由，从而推动省思领悟到那超绝、内在的自由与精神的真实自我的同一，印度精神遂由大乘的究竟觉悟深化到本觉的省思层面。因此，自由必然推动印度思想从大乘佛教的正智省思到本觉省思的转型。

在印度思想中，《慈氏》（或《弥怛黎耶》）、《光明点》等新奥义书就表现了这一重大精神转型。其中，又以《慈氏》年代最早，且内容更丰富、全面。《慈氏》的思想，就其最有价值的层面来说，乃是将大乘佛学的正智省思与奥义书的绝对反思传统融合起来。一方面，它受大乘佛教空思维启发，试图克服《白骡》等奥义书的启示省思局限。首先，《慈氏》的思想不仅领会到现实存在的彻底空洞性和虚无性，以及本体的超绝性，而且领会到本体不是一种现存的实体、“有”，而是本“无”，是空、寂灭、无住、无依、无得的真理（这真理的实质就是觉性的绝对自由）。因此它包含了对现实性和现存性的双重否定。它在这里克服了《白骡》等启示奥义书对超绝的现存本质的执着，将本体“无”化，也正因此去除了本体荷担的最后偶像和绳索，从而使这本体成为绝对的自由，从而实现了从启示省思到正智省思的转变。现实精神在这里打破了一切基础和依靠，直接投身于本真自由的黑暗虚无中。对本体和现实的双重“无”化，体现了精神的绝对否定。这就是正智省思，是否定思维的绝对自由。与大乘的般若思想立场一致，《慈氏》的这种思想进展，体现了否定思维的绝对自由（即正智省思）。它在观念层面表现了精神由现实、现在的存在向无住、空的本质的运动。同在大乘佛学中的情况一样，精神这种绝对否定运动，在现象学上验证了其内在的自身否定势用的绝对展开，而且正是后者推动正智省思在奥义书传统中的形成。其次，《慈氏》还意识到大乘的正智领会的自由本体，就是觉性的内在本质、大梵，表明正智省思在这里实现了内在化，而成为正智的反思。《慈氏》思想把存在的绝对真理理解为超绝、无住的真心，在观念层面表现了精神穿透现实和现存的偶像、确立觉性内在的超绝、无住本体为生命的绝对目的的运动。这在现象学上验证了精神内在的自身维持势用在正智省思领域的积极展开；正是这一展开推动正智省思的内在转向。精神对存在的绝对真理与空、无住的清净心（其实质即超绝、内在的本体自由自身）的同一性的领会，意味着反省达到了内容上的极限（深化为正智反思），表明自反势用实现了在内容上的自身绝对化。因此在《慈氏》的思想中，这正智省思不仅是超越，而且是反思。这正智的内在化，无论在奥义书还是在佛教那里，都不是单纯的理论探究的成就，而是由精神生命的内在本质推动的。除了自反势用的作用，《慈氏》的正智反思对现实、现存存在的否定，也在现象学上验证了精神内在的自舍势用的绝对展开。盖与超越思维的情况一样，反思思维的形成和发展，本质上也是由自舍与自反势用的破与立的无限辩证往复运动所推动的。其中自舍势用推动反思不断破除外在的偶像，而自反势用则推动它不断寻求更内在的本质。《慈氏》对大乘思想的上述内在化，在观念层面表现了正智反思的这样一种辩证运动：首先是精神内在的自舍势用实现为绝对自由，促使反思形成对一切现实和现存存在的绝对否定，从而破除存在的全部偶像；其次自反势用在这种空无境界展开为积极活动，促使反思将偶像破灭后呈现的虚无内在化，领会其为存在的内在本质。于是自反势用乃首次实现为对超绝的自由本体的自身维持，初步实现它在内容上的自身绝对化。它在内容上的绝对自由的现实性，就是正智反思。另一方面，《慈氏》思想又立足于奥义书的绝对反思传统，并试图将它与上述正智省思融合起来。这可以视为其在正智省思中引入了绝对反思之维。正是这一进展，使《慈氏》的思想从根本上与大乘佛学区别开来。这表现在，《慈氏》明确揭示出，那正智呈现的超绝自由本体，就是现实精神内在的自我。空、寂灭、无相、无住的超绝大梵，就是至上我，它就是我们每一个现实的人的真实存在。于是正智或究竟觉悟就具有了一种主观反思，因而成为本己的觉悟，或本觉。这本觉省思，同精神的其他任何真实的（属于其内在生命的）思想一样，尽管是精神受传统启发并充分利用传统的资源而构成的，但必须是这精神在自由推动下在其自身的机体内构造、发育而成的。《慈氏》思想领会到那作为绝对真理的空、无相、无住的超绝真心（其实质就是本体自由自身）就是至上我，在观念层面表明精神已经开始把这内在的本体自由自身作为生命的直接、绝对的目的。这在现象学上验证了精神内在的自反势用已经展开其针对这自由自身的绝对维持。这自反势用实现了其在形式上的自身绝对化。总之，《慈氏》思想表现了正智反思与绝对反思的统一，因而表现了一种精神的绝对反省，即本觉的反思。它在现象学上验证了精神内在的自反势用在内容和形式两方面的绝对展开。正是这一展开推动本觉的反思的形成。本觉省思就是正智省思（即本觉的超越）与本觉的反思的统一。根据以上两方面讨论，《慈氏》的思想在现象学上验证了精神内在的自舍和自反势用在其绝对展开中的辩证交织，而且正是这种展开推动本觉省思的形成。盖精神内在的自主势用的本真存在都具有实现其自身绝对化冲动。其中自舍势用的自身绝对化的展开推动精神领会本体的超绝无住性，领会存在本质就是超绝无相且无受无得的本体自由自身；而自反势用在内容上的绝对展开推动精神领会这本体的内在性，其在形式上的绝对展开则推动精神领会这超绝、无住的本体与它的内在自我的同一性。《慈氏》的思想就表现了自反与自舍两种势用在实现其各自的自身绝对化过程中的辩证互动，《慈氏》的本觉省思就是这种辩证运动的结果，正是这一运动推动印度精神从大乘佛教的正智省思到《慈氏》的本觉省思的转变。然而如前所论，只有作为精神绝对本质的本体自由自身，才能促使精神内在的自舍和自反势用恢复其本真存在，从而获得历史展开，以继续其自身绝对化的实现进程。因此，最终是自由推动《慈氏》的本觉省思的形成。总之，《慈氏》的思想进展，将在现象学上验证自由推动正智省思到本觉省思转型的精神逻辑。

精神生命的成长总要利用现存的资源。在这里，它就利用了大乘佛学和奥义书的思想成果。上述转型既可视为在大乘的正智省思中引入了奥义书的绝对反思，也可视为在奥义书的绝对反思中引入了正智省思。它最终是达到了正智省思与绝对反思的辩证统一。这一发展也可视为大乘佛学与吠檀多两大传统通过长期对话走向融合的过程。《慈氏》就是这种对话、融合的结果。这种融合是双向的，而且在《慈氏》之前就早已在进行中。一方面，在婆罗门传统的持续影响下，大乘佛教越来越明显地表现出从般若空智向吠檀多的精神反思倾斜的趋势。比如瑜伽行派提出“唯识中道”，认为只要破除在识上现起的二取之相，就可使心识成为无二、无分别的绝对真理，因而体现了一种客观反思。这种立场实与般若的“心境皆妄”有本质差异，而与吠檀多更接近①。至于后来真心如来藏说，提出本觉的空性就是如来藏心、真我，在佛教中引入绝对反思之维，因而与不二吠檀多学在形上学方面完全同化。另一方面，奥义书—吠檀多传统也受到大乘佛学深刻影响，而表现出从晚期奥义书的启示省思向大乘佛学的究竟觉悟过渡的趋势。这一过程最有价值的成果，是导致吠檀多不二论的形成。从在《慈氏》之前或与之大致属同一时代的不二论鼻祖乔荼婆陀思想中，就已经可看出大乘般若和瑜伽行派的根本影响。他的《圣教论》有多处几乎一字不漏地引用中观、唯识的偈颂，而且大量使用大乘特有的术语，有几处还直接表达对佛陀的礼赞。在这里，大梵、至上我被说成空性、真心。乔荼婆陀不二论的主要成就就是把究竟觉悟和吠檀多的绝对反思衔接起来。因此，如来藏佛教和吠檀多不二论，应视为《慈氏》思想的先驱。《慈氏》的本觉省思，或许只是不二论在奥义书中的一个投影。

《慈氏奥义书》(Maitrāyaṇa Up.) 或《弥怛黎耶奥义书》，自称得自圣者弥怛黎氏 (Maitri，慈氏。(见II・2)。传统上将此奥义书隶属于弥怛黎耶学派 (Maitrāyaṇīyā，慈氏学派) 之《慈氏本集》(Maitrayaṇī Saṃhitā)。《慈氏本集》包括四部，《慈氏奥义书》乃被缀于其末或被置于第二部。弥怛黎耶学派属黑夜珠学派。《慈氏奥义书》中有数处表现出对《夜珠吠陀》的崇拜，或可视为其学派归属的一个证据。其

① 穆提：《中观哲学》，华宇出版社 1984 年版，第 354 页。

书除了引用《唱赞》、《广林》、《由谁》等早期奥义书，亦大量引用《羯陀》、《蒙查羯》、《六问》等晚期奥义书的内容；它明确阐明自我、实性为“空”（śūnya）、寂灭、无住，表明其与大乘佛教的亲缘性；与此前奥义书不同，它还对佛教等异端进行了猛烈批判，表现出强烈的宗派意识；此外，此书还大量采用了一些晚近的术语（如“Kṣetrajña［田智］”、“nāstikya［异端］”）。这些都意味着其时代较晚①。尤其是其实性为空之义，不仅为古奥义书（包括《白骡》）所未到，甚至一些新奥义书，诸如《频伽罗子奥义书》（Paiṅgala Up）和《清净奥义书》（Kaivalya Up）皆未及此。盖此类奥义书基本上仍守《白骡》的幻化论而加敷演；但《慈氏》则由“幻”过渡到“空”，体现了一种根本的思维飞跃。有鉴于此，我们从逻辑上将《慈氏》置于《褐目子》、《清净》等之后进行讨论。不过《慈氏》被史诗《摩诃婆罗多》（MBXII）引用②，故其年代不至太晚，应在大乘佛学产生之后到史诗之前的区间，大致的时间应当是公元一世纪前后。

此奥义书的内容以圣者沙迦衍那（Śākāyana）教导巨车王（Bṛhadratha）的形式展开。沙迦衍那先是举出圣者慈氏（Maitrī）的自我之教（ChānVIII·3·4），标明此奥义书之宗旨，然后叙述生主（Kratu Prajāpati，为大梵所生七位创世仙圣［ṛṣi］之一）对获得清净的跋拉季厘耶人（Vālakhilyas，秃头）的教导。后者乃为此奥义书的核心，以跋拉季厘耶人与生主问答的形式展开。其涉及的主要问题有：(1) 至上我何由进入色身。生主既造诸有，为赋予无生命的诸有以生命，乃自身化为五种元气而入之。(2) 至上我如何变成个体自我（bhūtātman，大种我）。至上我被三德所优，不见其自身实性，而生我慢（“我”、“我所”的颠倒），遂与粗身、细身联结，成为大种我（余处谓之命我［jīva］）。(3) 如何得到解脱。唯奉吠陀，守自法（svadharma，与自己的种姓、阶位相应之职责）者，乃可依智慧、静虑、苦行得解脱。其书第5—7章，为来自吠陀、梵书和早期奥义书的祭祀主义、日神崇拜、元气论、食物崇拜、五身说，晚期奥义书的自我四位说、Om崇拜等，与数论、瑜伽乃至佛教观念的奇怪混合。按杜伊森的解释，生主与婆拉季厘夜氏（Vālakhilyas）的对话到第四章末即已结束，而沙迦衍那与巨车王的对话持续到VI·30。VI·31—VII·11为补缀部分。如此则此奥义书的不同部分乃属于不同时代，自然包含了不同的思想维度。

正如杜伊森在评价此奥义书时所指出：“尽管作者在这类思辨中表现出深刻的洞

① P.Chakravarti, *Origin and Development of the Sāṃkhya System of Thought*, Oriental Books Reprint Corporation, 1975.39.

② P.Chakravarti, *Origin and Development of the Sāṃkhya System of Thought*, Oriental Books Reprint Corporation, 1975.39.

视，但却没有能力将他的直觉以清晰、和谐的形式表达出来。”① 此奥义书作者试图将在大乘佛教启发之下产生的精神的本己觉悟，同数论、瑜伽之学，奥义书的五身说和自我四位说、Om 崇拜等，甚至来自吠陀、梵书和早期奥义书的陈腐粗卑的祭祀主义、宇宙观想、元气论、食物崇拜综合成一个整体。这些差异极大的观念，本不属于同一精神维度，故决不能被置于同一真理层面。在这种意义上，《慈氏》对它们的综合，并非内在精神生命的构造，而只是一种抽象理智的行为。它恰恰反映了内在精神的懒散，并导致思想的极度混乱芜杂。

《慈氏》的主要学说包括：(1) 至上我为空、寂灭、清净、无染、无气、无终、不坏、安住、恒常、无生、独立 (II・4, VII・4, VI・28)，而且是无我、无住 (nirāśraya)、无念，前者表明自我的超绝性，后者表明自我的绝对自由。至上我就是超绝的自由本体。这一领会与大乘佛学的究竟觉悟或正智一致，因而将后者包含在内。《慈氏》以此克服了《白骡》、《频伽罗子》等启示奥义书对现存性的执着，揭示了本体的空无和自由。另外，在这里本体被规定为精神的真实自我，或觉性的内在真理。这种理解则是继承了奥义书的内在反思和绝对反思传统。《慈氏》又以此弥补了大乘佛学反思性的缺乏。故《慈氏》这种自我领会，乃是大乘佛学的究竟觉悟与奥义书的绝对反思的统一，故为本己的觉悟。(2) 现实的自我是由多方面存在构成的整体。它包括：其一，补鲁沙；其二，大种我（内根）；其三，五唯、五大所成身；其四，诸根；其五，五种元气。其中补鲁沙是现实自我的本体、根源。关于补鲁沙如何生成现实自我，此奥义书有二说，并不统一：其一是以为补鲁沙分化为五种元气进入人体内，构成人的现实自我 (II・6)，此说完全因袭梵书和早期奥义书而来；其二是所谓赤铁喻，以为如火将铁烧红使其现似有火性，补鲁沙渗透到大种我之中使其现似有心智，但其实质并没有与大种我融合在一起 (III・3)。此说完全可以从数论学角度来理解，而与 (1) 中本己的觉悟关联不大。(3) 关于现实世界的生成及其存在性质。其说略可分为两个方面：一是现实世界的生成：除个别地方因袭梵书的宇宙生成论外，主要接受数论的自性转变说，并试图将其与神性论结合在一起。其云现实世界通过自性三德的转变产生。这是一个处在至上神主宰之下的宇宙生成过程，目的是为了补鲁沙的受用。其说与 (1) 中本己的觉悟完全失去关联。二是现实世界与梵的关系，其中主要的是将大梵区分为上梵与下梵、寂灭梵与增长梵、有时梵与无时梵、有声梵与无声梵。尽管《慈氏》这种二相梵的区分包含了思辨的、启示的、本觉的等多个可能意义层面，但考虑到它与 (1) 对至上我的阐明的一致性，所以我们着重挖掘其最有价值的本觉省思

① Paul Deussen, *Sechzig Upaniṣaden des Veda*, F.A.Brockhaus Leipzig, 1921.335.

层面。其中，VI·3区分大梵为有相梵与无相梵。其说对BṛihII·3·1—3的相同提法进行重新发挥，实际上是联系大乘佛教的空、有区分来解释有相、无相的区分。有相梵就是全部现实存在的总体，无相梵就是空，即超绝的觉性本体。前者是虚幻的，后者是存在的究竟真理、本质。VI·36表明大梵有二相：一为寂灭（śānta）；一为增长（samṛddha），且指出其寂灭相以空为依持，其增长相以食为依持。二者的区别同样是空与有的区别。增长梵为生灭不已的现实，即是此奥义书在别处所谓作为世界全体、根源的自性。寂灭梵则是对全部现实存在的否定，为空寂的本体。VI·14—16区分大梵为有时梵与无时梵。其说将古奥义书的时间崇拜与数论的实体论和大乘空论整合起来。有时梵与无时梵就是数论的自性与补鲁沙。然而《慈氏》受大乘空思维的影响，对于自性与补鲁沙两种原理的解释与古典数论有很大区别。其所谓无时梵、补鲁沙就是空、寂灭，有时梵、自性就是现实存在，二者的区分即生灭流转的俗有与不生不灭的真空的区分。VI·22—23开示有声梵（śabdabrahman）与无声梵（aśabdabrahman）之区分。这实际上是概念、思维作为觉性的内在现实，与超越语言、思维的空寂境界的区分。它亦旨在表明至上梵的超绝存在。总之，《慈氏》对于梵的二相作的所有这些区分，都很明显受到大乘佛教的真俗、空有区分的启发。这其实就是现实存在与超绝、无住本体的区分，因而是一种存在论区分，它体现了《慈氏》的正智省思，或究竟觉悟。然而《慈氏》在这种区分中，始终坚持至上梵、超绝本体就是觉性的内在本质，也是精神的真实自我，因而它的思维是一种本己的觉悟。《慈氏》这里对于梵的二相区分，与（1）的本觉省思是一致的。（4）与其在世界观上综合梵书、早期奥义书、数论乃至佛教空论的努力呼应，《慈氏》在实践上也试图将梵书的祭祀学、早期奥义书的宇宙观想、晚期奥义书的Om观想、虚空观想等，与瑜伽以及受大乘佛教启发的空观综合起来，而且这一综合也是同样生硬的。根据一种逻辑上更一致的解释，《慈氏》的实践基本上可以分为祭祀、观想、瑜伽三个环节，前二者应当是为瑜伽服务的，但是往往与后者的关联很松散。其说祭祀、观想，总的方针是试图使之内在化，而成为瑜伽的辅助手段。《慈氏》的修道论最有价值的贡献：一是对瑜伽的体系化。它阐明了所谓六支瑜伽，包括调息（prāṇāyāma）、止根（pratyāhārā）、静虑（dhyāna）、总持（dhāraṇā）、思择（tarka）、三昧（samādhi）（VI·18），奠定了后来瑜伽学的框架。二是试图将瑜伽与奥义书的绝对反思、大乘佛学的空观结合起来。于是瑜伽成为领会自我与存在的超绝、自由、内在的绝对本体同一性的方式，因而就是本觉省思的客观化。我们试图按以上区分来详论其学。

其书第一章为引子。其第一节讲为使祭祀完整，应沉思自我，即元气。其内容与第二节以后巨车王圣者沙迦衍那的对话没有内在关联，显然是被补缀到后者之上的。此一章说有国王名步励诃陀罗吒（Bṛihadratha，巨车）者，既传国于子，思此身之无常，乃于世间生厌想（vairāgya），遂遁于森林，行极端苦行。历时千日，遂有证知自我（Ātman）之圣者沙迦衍那（Śākāyanya）出现，炽然如无烟之火。王乃敬礼，请其授以自我之义。圣者则以此义难说难解，请王另择它愿，而王乃固请。圣者既感其诚，终于尽为开示。其情节与《羯陀》中那支启多之求教死神故事相似，可能是以后者为蓝本。于圣者之辞，王头面礼足，曰："先生，于此恶臭、非实，由骨、皮、肌、髓、肉、精、血、黏、泪、涕、粪、尿、风、胆汁、粘液所成之身，欲乐复有何益？于此困于贪、嗔、爱、惑、怖、失意、嫉妒、爱别离、怨憎会、饥、渴、老、病、苦等之身，欲乐复有何益？"（MaitI・3）其对于世间生存之极度悲观绝望，诚足让人动容！王复请曰："吾人见此全世界皆朽坏，如生而复灭之蚊蚋、草木等。然而，何必论此？另有更殊胜者，即诸大武士、主宰世界者，如苏底育莫那、步黎底育莫那……①；其余复有诸王，如摩禄特、波罗多及其他。彼等乃于亲属环绕中，弃大财富，离此世而入彼（死亡）。然而，何必论此？另有更殊胜者。吾人现见乾达婆、阿修罗、夜叉、罗刹、鬼怪、精灵、妖、蛇、吸血鬼之属（皆生而复灭）。然而，何必论此？于它物中，有海枯、山崩、星移、（系星宿之）绳断、陆沉、诸神隐没。于此轮回中，欲乐复有何益，人既食之（指欲乐）而反复投生于此世间故。请度我！于此轮回中，我如蛙处枯井。先生，汝即我等出离道，汝即我等出离道！"（MaitI・4）这一对话表现了此奥义书强烈的悲观厌世情绪。尽管在更早的奥义书中，也每可以看出悲观的倾向（BṛihIII・28・5；III・4・2；III・5・1；IV・4・11；KāṭhI・3・26—28 等），但都不如《慈氏》的强烈、透彻心脾。正如杜伊森所指出，像巨车王在这里表达的对生命的彻底厌恶，应当是受到了数论悲观主义和佛教"苦圣谛"的影响。而以下诸章，乃为沙迦衍那之回答。兹详论之。

## 一、至上我的意义

《慈氏奥义书》的思想，有两大资源。其一，是幻化论奥义书。《慈氏》的思想同《白骡奥义书》、《频伽罗子奥义书》等一样，皆试图通过对现实存在的绝对否定，以呈现超现实的本体，即大梵，故亦属超绝思维范畴。它无疑是以这类奥义书为直接思想先驱的。至于它包含的数论和瑜伽思想，也是对于这些奥义书中的数论、瑜伽学的进一步发展。其二，是大乘佛教。《慈氏奥义书》的思想受佛教与数论影响，是学界公认的，这也从其中大量来自佛教的术语（空、寂灭、无生、无住、涅槃等）得到验证。

① 原文中诸武士之名：Sudyumna, Bhūridyumna, Indradyumna, Kuvalayāśva, Yauvanāśva, Vadhryaśva, Aśvapati, Śaśabindu, Hariścandra, Ambarīṣa, Nahuṣa, Śaryāti, Yayāti, Anaraṇya, Ukṣasena。

我们在兹要进一步确定的是，它受到了大乘佛教空思维的启发，并反映了这空思维对奥义书反向渗透的较早期情况。兹聊举两点理由：(1) 在奥义书传统中，作为《慈氏》的直接先驱，《白骡》《频伽罗子》等皆持世界幻化的思想，但是我们注意到它与它们相比一个突出的变化是，它已很少提到世界为幻，而是直接说世界为空、非有，这种立场与大乘空思维更加接近。这一点暗示它的思想经历了大乘思想从幻化论到空性论的转型。盖大乘空思维并不属于早期佛教传统，乃是从幻化论奥义书孕育而出，但是其说法的重心从“幻化”转移到自性“空”，其对于世界虚无性的理解更直接、准确。我们在更早的奥义书中看不到这种思想转移，因而可以很自然地推测《慈氏》的这种思想转移是在大乘空思维影响下发生的。(2) 无论幻化论奥义书还是早期佛学，都只说存在本体或绝对真理是现实性寂灭的境界，故只有现实性是无，而没有说这本体自身就是空无，本体仍然是一种超绝的“有”、一种永恒不动的依靠、归宿，所以它们都未能脱离启示省思对现存性的执着。《慈氏奥义书》则首次提出超绝本体、至上我本身就是空，是无所住、无所依的境界。这种对于本体自身的空无化，本不属于奥义书传统，而是大乘佛教空思维的成果，因此也可以自然地推断出《慈氏》的这种新思想是沿袭大乘佛教而来的。鉴于以上两点考虑，可以肯定《慈氏》的空思维是受大乘佛教影响的结果。总的来说，就形上学方面而言，《慈氏》思想是空思维与数论学的某种结合；而就修道论方面而言，它是空思维与瑜伽的某种结合。其形上学最核心的部分，即关于自我、存在本质（至上我、无德梵）的思考，最集中表现于其第二章。MaitII · 1—7 云：

> 1 于是圣者沙迦衍那，颇感欣然，遂答王曰：“步励诃陀罗吒大王！伊叉婆枯种之旗帜，汝将成就所欲，为知自我者，且以摩禄特 (Marut) 闻名。如实，信然此一即是汝自我。”“彼是何一，先生？”于是彼答之曰：2 彼不断呼吸而飞升，不动而动，驱除黑暗——彼即是自我。如圣者慈氏 (Maitri) 所说。于此有教云：“彼宁静者，从此身中升起，达乎至上光，显现其自相——彼即是我。”① 彼云：“彼乃为不死、无畏。彼即是大梵。”3 复次，如实，大王，此即是梵智，即圣者慈氏所开示，全部奥义书所包含之智。我今开示于汝。复次婆拉季厘夜氏 (Vālakhilyas，为复数)，人誉之为离恶、光耀、清净。彼等言于生主 (Kratu Prajāpati) 曰：“先生，此身似无心智 (a-cetana) 之车。如实，究竟何种超感觉存在，有如此能，将此身作成，使具如此心智？或曰，何为其驾者？先生，请告我等你所知者！”于是彼

① 此句引自 ChānVIII · 3 · 4。

告曰:4“信然,如实,人誉彼为远离者,如居于诸德而与之无涉者(即离世苦行者)——如实彼为清净、无染、空、寂灭、无气、无我、无终、不坏、安住、恒常、无生、独立。彼居于其自身之大。此身即由彼作成,而有心智;或曰,如实此一即其驾者。”于是彼等曰:“先生,云何由此无差别有,此身如是作成,而有心智。或曰,云何此一为其驾者?”于是彼告曰:5“信然,彼微细、不可捉摸、不可见者,名补鲁沙,以其一分入于此(色身),而不被预先知晓,如睡眠者之觉醒不被预先知晓。复次,信然,彼之此一分即居于此处每人之中、唯心(caitāmātra),且通过意(manas)、觉谛(buddhi)、我慢(abhimāna)得到表现之田智(kṣetrajña,知此身之主体),此即生主(Prajāpati),名为Viśva(兹指个体性)。由此(生主作为)心智,此身乃具有心智。或曰,此即是驾者。”于是彼等曰:“先生,若由此种无差别有(即生主,于创造前无差别相,见下段),此种身如是作成而有心智;复次云何此一为其驾者?”于是彼告曰:6“信然,于初生主独立无二。彼寂寞不乐。彼于是因沉思其自我(ātmānaṁ),而创生多有。彼视彼等无识、无生命如顽石,呆立如杌。彼不乐。彼乃自思曰:我其进入彼等中,使彼等有识。彼乃变似为风而试图进入。彼作为一体则不能入。是故彼乃自分为五——彼遂得名气上气(prāṇa)、下气(apāna)、腹气(samāna)、出气(udāna)、通气(vyāna)。信然,其上行之气,即上气。信然,其下行之气,即下气。信然,彼支持此二气者,即通气。彼导食物之最粗成分入下气,分配(食物之)最微细成分于肢体者,彼即腹气。其中通气依其自性为最后,而出气之生成(按先后)则处于此二者(通气与另外三气)之间。复次,彼将食物分解、消化者——信然,彼即出气。复次,(如在榨须摩汁时)Upāṃśu器与Antaryāma器对,Antaryāma器与Upāṃśu对①,而天神则于二者中间生热②。此热即补鲁沙,而补鲁沙乃宇宙火(Agni Vaiśvānara)。复次另处有云:‘此即宇宙火,即内在于人之中者,人所进之食物皆由彼烹。彼即人如是塞耳时所闻之音。当人临死,乃不复闻此音。’‘信然,彼既自分为五,乃隐藏于密处——彼由意所成,其体为元气,其相为光,其念为真理(satya-saṃkalpa),其我为虚空(ākāśātmā)。’信然,彼仍未得其义(arth:对象、目的),乃由此内心自思曰:‘我其受用诸义’。是以,彼凿开诸窍,出而‘以五绳受诸境’。其诸绳即诸知根。马即诸作根。身体即车。车夫即意③。鞭即自性所成(prakṛti-maya)。信

① 此处Upāṃśu器与Antaryāma器分别喻上气与下气。

② 榨须摩的石头(Upāṃśusavana)在上述二器中间,此处以此石喻天神。

③ 参见KāṭhIII·3—4。

然，由彼所驾驭，此身周遭运转，如（陶）轮被陶匠（所转）。是故，此身被如是作成，而有心智，或曰，此一正是其驾者。7 信然，如诗圣（指创作吠陀之仙圣）所教，此自我（Ātman）于世间漫游，由一身入另一身，不为业之黑、白果（即与善、恶业相应的福、祸报应）所制。因其为不显、微细、不可见、不可捉摸、无我，故彼虽现似为无常、为非有（即自性）中之作者，而实为恒常、非作者。信然，彼为清净、安稳、不动摇、无染、无扰、无欲，不动如旁观者，恒住于其自身自我。彼作为其正业（ṛta）之受者，以诸德（即自性三德）之纱覆盖自身（ātmānaṁ）；而彼实为不动——噫，彼实为不动！"

《慈氏奥义书》沾溉数论学者甚多。以上引言表明其对至上我的理解，首先是在数论学的框架内展开的。其中，§3 提出的问题，即究竟何种存在是这完全无心智（a-cetana）的现实生命的主宰者，就是一个典型的数论学问题。它预设了至上我与现实生命作为心智与无心智者的对立，这无疑是以数论的二元论为背景的。§5 说此至上我为微细、不可捉摸、不可见、唯心（caitāmātra）、田智（kṣetrajña），名补鲁沙（Puruṣa）；§7 说此我由一身入另一身，虽现似为无常、为作者，而实为恒常、非作者，不为业果所制、不显、微细、清净、安稳、不动摇、无染、无扰、无欲，不动如旁观者、恒住于自我之内等，这都是数论通常的看法。§5 还提到补鲁沙显现于意（manas）、觉谛（buddhi）、我慢（abhimāna），这也是数论的说法。§6 则试图把梵书中生主为克服孤独创造世界、众生，并化为五种元气进入众生之中、复由众生体内凿开诸窍以受用外境的陈腐神话，与《羯陀奥义书》的数论学图式（以车喻现实生命，自我为乘客；见 KāṭhIII·3—4）结合起来。这些努力的思想价值极为有限，而且都与鼓舞着此奥义书作者的空思维完全无关了。此外，此书还在 III·1—5 完全从数论角度对人的现实生命进行了分析，V·1—2 则根据数论的自性转变说对于宇宙发生进行了解释。在这些地方，作者似乎完全沉浸在数论学之中了。

然而，尽管《慈氏》对于存在的究竟本体或本质的思考，体现在它对数论的补鲁沙（神我）的领会之中，但是应当承认，它的这种领会与数论学（包括奥义书的数论学）原有的神我概念有很大区别。盖古典数论的神我，乃是一个形而上学的意识实体，是一种超越的现实性；《白骡》等晚期幻化论奥义书的自我，则是一个在启示中呈现的神圣本质、一种超绝的基础、归宿。在这两种情况下，自我都被认为是"有"，而且是最坚固的"有"，而不是无。它是一个永恒、不动、不变、被排除了时间性的现存存在。它因此就被排除在精神的自否定（尤其是自舍势用）的现实运动之外，成为这自否定的自由无法涉足的禁区。它于是成为精神实现其绝对自由的绊脚石。当现实精神在本体推动下展开其绝对自由时，它必然否定这种现存自我的概念，使这个自我成为一种假相。从思想史上看，这种绝对自由，首先是否定思维的自身绝对化。大乘的空思维就是这种绝对否定。这空思维要求将一切存在纳入其运动之内，从而否定任何现存的东西。于是它只能确定它自身为唯一自明的真理，它因此领悟到真理就是自由。并且它还必须通过对于自身的去现实化，使自由作为超绝本体呈现出来。因此空思维必须将一切存在，包括超绝本体虚无化，并从它自身领悟本体的空性。于是，超绝本体的无性就在于，这本体不是在空思维之外的现存东西，而就是这空的运动的超绝性，因而就是本体自由自身。《慈氏奥义书》对于本体的理解，得到了与大乘佛学同样的结论，即究竟本体、至上我不是有，而是空。这与数论学和幻化论奥义书的理解是大不一样的。这表明它开始脱离实在思维和启示省思的窠臼，得到了一种究竟觉悟。这毫无疑问来自大乘佛教空思维的启发。不过，我们在大乘佛教中，看到了这空思维发生的完整历史过程，及其现实展开的全部环节。然而就《慈氏奥义书》而言，它只是透露出这空思维的一些偶尔、片断的闪光，没有呈现其整体性，而是将这些闪光重新镶嵌到奥义书原来的现存性思维之中。这表现在，它尽管提到至上我是空，以及其超绝性，但仍然有大量文字渲染这本体的恒常、不动、不变及为世界依止的体性，这些都与空思维的理想相抵牾。此外它对本体的空、无住等的阐发，并没有以绝对否定思维或空思维本身为基础，不是通过超绝还原从后者的内在存在呈现本体的空性；这可以视为空思维在移入奥义书传统的过程中发生了断裂。而且《慈氏》对数论学的大量阐发，往往完全抛开了空的维度。这些都表明它并没有对空思维与早期数论的实在思维和启示省思进行很好的整合。因此它的空思维，最多只可视为它透过奥义书传统的厚幕，对于大乘佛教发出的回响，而没有成为从它自身内部生长出的必然的精神机能，即概念。

尽管如此，《慈氏》的这种空思维，表现了奥义书传统对于大乘佛教最初的积极回应，且由后者撒下了精神绝对自由的种子，因而仍有着极为重要的意义，值得给予充分的阐述。这种阐述就应当集中于其书对至上我、补鲁沙的说法。这些说法中最有价值的内容，就在于阐明至上我不仅是一个超绝的自由本体，而且是一个内在的精神本体。兹略述之：

(1) 至上我是一个超绝的本体。如 §4 说至上我为“清净、无染、空、寂灭、无气、无我、无终、不坏、安住、恒常、无生、独立”。其中寂灭就表示这本体否定了一切现实存在，清净、无染、无气、无生、独立也同样表明了它超越了现实的存在和运动的系统，因此它就是存在的超绝真理或本质。此外，在同样意义上，VII · 4 说此本体为“内清净、无垢、空、寂灭、无元气、无我、无尽”。VI · 28 说解脱者融入本体，故“微妙、清净、空、寂灭、无元气、无我、不灭、不坏、坚住、永恒、无生、自存”。而 VI · 19 说本体为立于心中之非心者 (acitta)，明确表明本体是否定了觉性的内在现实性的超绝存在；这种理解，乃超越了上文 §3 和 §5 说本体为有心智者 (cetana) 或唯心 (caitāmātra) 的数论立场（将本体领会成现实的意识实体）。VI · 19,20 强调本体应通过无念 (niḥsaṃkalpa)、灭心 (manaḥ-kṣaya)，即现实精神活动的消灭来证悟，也表明了这本体就是对精神内在现实的否定。本体的这种超绝性，在 IV · 2 表现得更加直接，其云：“如大河浪，已作宿业无回转；如大海潮，将近死亡不可避；如瘫痪者，为善不善业枷锁系缚；如人处囚中，而不得自在；如人立阎摩之前，恒处大怖畏；如人于酒醉，为妄相所惑；如被恶灵制，而疯狂奔走；如被巨蛇咬，而被诸境噬；如处深夜中，而处贪执之黑暗；如因陀罗网，唯由幻术成；如梦中境，唯虚妄显现；如芭蕉芯，空虚而无实；如戏子，暂时着其装；如画中景，虚妄悦人心。复次有偈云：声、触及余相，为人中无义。若彼大种我，执著于此事，彼乃遗忘其，至上究竟处。”《慈氏》在这里表明一切现实存在，皆举体空无，如因陀罗网般妄幻、如梦境般虚假、如芭蕉芯一样空虚、如戏子非真、如画中景无实；这就是通过对现实存在的彻底否定，从而将本体置于超绝的领域。总之，在《慈氏奥义书》中，本体的超绝性是很清晰的。这反映出在它代表的思想阶段，精神的超绝否定已经得到充分实现且成为概念。

(2) 至上我也是空、无所依、无所住的真理。如果说本体的超绝性在《白骡》、《频伽罗子》等启示奥义书中已经得到充分阐明，那么本体的空、无所依、无所住的体性，则是在《慈氏奥义书》中，才最早得到领悟的。II · 4, VI · 28, VII · 4 都说到本体是空、无我。由于启示省思的局限，小乘佛教只以空、无我形容现实存在，而并未明确说其究竟理想、绝对真理（涅槃）是空、无我，幻化论奥义书更不会有如此说法。因而在这里，本体始终被当成是一种现存的实体。但是《慈氏》的说法，则明确地取消了超绝本体的现存性假相。空、无我都是对现存性的否定。它们都表明本体不是一种可以依靠的现存实体，而是不可执、不可取、不可住的虚无之境。VI · 19 所谓“于彼非心者，是以成无住 (nirāśraya)”，VI · 20 所谓解脱者乃为“不可计度、无根源 (a-yoni)”等，也都表明了真我无住、无依、无根源、无归宿的体性。对于存在真理的空或无住性的领会就是究竟否定。正如我们在前一章所表明的，这个空、无住就是否定的绝对自由。大乘佛学很清楚地说明了这一点，而《慈氏奥义书》则没有。它没有像大乘那样，把这空、无住的思维作为省思的对象，没有认识到后者作为具体现实的真理性，并从中直观本体的自由。因此精神的究竟否定，在这里表现得并不完整。

由以上两点可以看出，在《慈氏》思想中，精神既达到了一种超绝否定，也达到了究竟否定，因此它也具有了一种与大乘佛教类似的绝对否定或正智省思。然而在这里，究竟否定或无住思维并不完整。精神没有真正领会自由就是具体现实的真理，更没有从这现实性直观本体自由自身。换句话说，在《慈氏》思想中，精神领会到本体是空，但还没有领会空就是绝对自由。因此它的究竟觉悟，应当说是不完整、不透彻、很模糊的。总的说来，这种正智省思远不如大乘佛学成熟，而且是零散的、偶发的，并与此奥义书的其他成分混杂在一起而没有得到较好的组合。鉴于《慈氏》的年代肯定比初期大乘晚，那么对于上述情况的一个合理解释是，此书受到大乘正智省思启发，力图将后者整合到自己的思想系统中，但是并没有把握住后者的整体，只抓住了一些片断。或者说，《慈氏》的思想表明了，这正智省思才刚刚开始进入奥义书的精神，它还是偶然的，尚未完全成长为后者必然的生命机能即概念。因而在大乘佛教中正智省思反映的精神自主否定的绝对自由，在这里可能并未真正得到实现。然而尽管如此，《慈氏》的究竟觉悟也体现了明显优越于大乘佛学的方面，这就在于它继承了奥义书传统的主观反思和绝对反思，并将其与其正智省思统一起来。这就是我们下面的讨论要涉及的。

(3) 至上我是一个内在的精神本体。大乘般若思想是无反思的，它领会到本体是超绝的自由，但没有领会这自由就是精神、觉性的内在本质；唯识思想只有一种客观反思，而缺乏主观反思，它领会到这自由就是识、觉性的本质，但并没有将识等同于自我。《慈氏奥义书》一方面继承了奥义书的主观反思和绝对反思传统。如上文 §3 和 §5 说本体为有心智者 (cetana) 或唯心 (caitāmātra)。心 (cit) 不仅是存在的真理、根源、本体，而且就是真实的自我。意识、思想的具体现实成为绝对真理。另一方面，它又汲取大乘佛学的正智省思，并将其与这反思传统结合起来。于是正智省思对本体的无住性和超绝性的领会被内在化，那无住、空、寂灭的存在不再是与我无关的，而就是至上我自身的理体。首先，如 II · 4，VII · 4，VI · 28 等说至上我为清净、无染、空、寂灭、无气、无我、无终、不坏、安住、恒常、无生、独立，VI · 19 说本体为立于心中之非心者 (acitta)，都表明了至上我与大乘唯识学的超绝本体、识性的同一。正是这种同一在唯识的客观反思之上增加了主观维度，使这超绝反思成为绝对的。其次，此书反复强调至上我是空、无我、无住 (nirāśraya)、无念，皆在于表明超绝本体不是一种现存实体，而是空虚无体的。这体现了一种无住反思，而且是主观、超绝的反思。在这里，大乘的空性或识真如，作为无住的超绝本体，也被与至上我等同起来，因而《慈氏》思想也使唯识的无住反思主观化。总之，《慈氏》思想的最大成就就在于，它首次将大乘佛教的正智省思尤其是唯识的反思，与幻化论奥义书的主观反思衔接起来，既在前者中加入绝对反思之维，又在后者中加入空思维或究竟否定的层面，奥义书的绝对反思因而成为正智反思。思想因而领会到，原来大乘的超绝、无住的本体，与奥义书的至上我是同一存在：空成为自我。应当说《慈氏》在这一点上是做得很成功的。

在VII·1—7中，《慈氏》将这种新的精神反思，与梵书陈腐的宇宙同构论和祭祀观想奇怪地结合起来。MaitVII·1—7云：

1 阿耆尼、Gāyatrī韵、Trivṛit颂、Rathantara曲、春季、上气（prāṇa）、星辰、婆苏众，皆生于东方，彼等闪耀、彼等雨、彼等赞叹（太阳）、彼等进入（太阳）且由其中缝隙窥视。彼为不可思议、无相、不可捉摸、深隐、无过失、坚固、难入、无德、清净、光辉、受用诸德、可怖畏、无转起、幻师（瑜伽师）、全知、有力、不可测度、无始无终、欣乐、无生、智慧、不可描述、一切之作者、一切之自我（ātman）、一切之受者、一切之主宰、一切有之内在者内之最内在者。2 因陀罗、Triṣṭubh韵、Pañcadaśa颂、Bṛihad曲、夏季、通气（vyāna）、月、禄陀罗众，皆生于南方，彼等闪耀、彼等雨、彼等赞叹（太阳）、彼等进入（太阳）且由其中缝隙窥视。彼为无始无终、不可测度、无量、不为他者所动、自存、无表、无相、具无尽能、创造者、照明者。3 摩禄特众、Jagatī韵、Saptadaśa颂、Vairūpa曲、雨季、下气（apāna）、金星、阿底提（日神）众，皆生于西方，彼等闪耀、彼等雨、彼等赞叹（太阳）、彼等进入（太阳）且由其中缝隙窥视。彼为寂灭、静默、无畏、无苦、喜乐、满足、坚定、不动、不死、不易，名为毗湿奴（见VI·26及KāṭhIII·9）、为至上住。4 毗湿婆天众、Anuṣṭubh韵、Ekaviṃśa颂、Vairāja曲、秋季、腹气（samāna）、婆楼那、娑底夜众、皆生于北方，彼等闪耀、彼等雨、彼等赞叹（太阳）、彼等进入（太阳）且由其中缝隙窥视。彼为内清净、无垢、空、寂灭、无元气、无我、无尽。5 密特罗和婆楼那神、Paṇkti韵、Triṇava和Trayastriṃśa颂、Śākvara和Raivata曲、冬季和露季、出气（udāna）、案吉罗斯众、月皆生于上方，彼等闪耀、彼等雨、彼等赞叹（太阳）、彼等进入（太阳）且由其中缝隙窥视。彼被称为Praṇava（Om），为首领、光辉、无眠、不老、不死、无苦。6 土星（可能由§4或§5窜入）、罗侯（吞月者、魔首）、刻图（魔尾）、蛇、罗刹、夜叉、人、鸟、鹿、象等类皆生于下方，彼等闪耀、彼等雨、彼等赞叹（太阳）、彼等进入（太阳）且由其中缝隙窥视。彼为智慧者、复万有之位者、内在于一切者、不坏者、清净者、无垢者、闪耀者、忍者、寂灭者。7 信然，彼如实即居于心内之自我，极细（ChānIII·14·3）、炽然如火、具万相。此全世界皆为其食。此中万有皆于彼编织而成（BṛihIII·8）。彼即自我，无恶、不老、不死、无苦、无不定、无缚、真决、真愿（ChānVIII·1·5）。彼即至上主宰。彼即治理一切者。彼即守护一切者。彼为安万有各于其处之桥梁（BṛihIV·4·22）。信然此自我如实即是主宰（Īśāna）、吉祥（Śambhu）、大有（Bhava）、怖畏（Rudra）、生主（Prajāpati）、造一切者（Viśvasṛij）、金胎（Hiraṇyagarbha）、真实（satya）、元气（prāṇa）、灵魂（haṃsa）、调御师（Śāstṛi）、不动者、毗湿奴（Viṣṇu）、人子（Nārāyaṇa）（以上与 VI・8 所列基本相同）。彼居于火中者、居于心中者、居于彼处日中者——彼乃为一。汝为此具万相、居真实虚空者，敬礼于汝！

梵书和早期奥义书充斥着天神、祭祀、音韵、季节、人体、元气、宇宙乃至语言，一一内在对应、同构的想象。这类想像都是完全主观、任意的，看似宏伟壮阔，实则迂阔、肤浅和贫乏；而且由于婆罗门无数次的津津乐道，更显得极端无聊。它没有揭示出任何客观真理，也不会给精神的自由带来任何启迪，因此没有多少精神价值。然而奥义书的作者们，即便其中有卓绝颖悟者，也往往非常乐意沉湎于其中，总试图将他的新领悟与这看闳大不经的平庸想象结合起来，通过前者发掘后者隐藏的奥义。《慈氏》的作者也作出了这样的努力。这样的努力在奥义书中很多，但基本上都是毫无意义的。

《慈氏》在这里（此外，VI・33—34 也反映了这种同构论的观想）将五位天神（阿耆尼、因陀罗、摩禄特众、毗湿婆众、密特罗和婆楼那神），与吠陀五韵（Gāyatrī 韵等）、五颂（Trivṛit 颂等），以及年中五季（春、夏、雨、秋、冬季）、人体中五气（上气、通气、下气、腹气、出气）、天空中五种天体（星、月、金星、婆楼那［指天上之水］、土星）、宇宙的五方（东、南、西、北、上［§6 还提到下方］）都在结构上一一对应且（根据梵书和早期奥义书的说法）实质相同。所以宇宙、人体、音韵、颂歌、时间、天体、空间都是同构甚至同质的系统，但是这系统与《慈氏》在其中要表明的正智反思在内容上有什么关系呢？完全没有！事实上这二者分别属于差异极大的思维层次（前者属自然思维的最原始层次，后者属超绝思维层次），完全没有可沟通之处，《慈氏》书在这里只是将它们外在地编排在一起，这对于理解它们各自的内容都没有任何助益。因此这一做法没有任何价值，反倒使我们看到对传统的执着是如何制约、扭曲精神的自由成长的。

《慈氏》上引各段对于至上我体性的开示，不仅与每一段前面的对宇宙同构的想象内容无关，而且各段之间并无区别。其云至上我空、寂灭、无我、无相、无表、静默、内清净、无德、无垢、无元气、清净、无过失、无缚、坚固、不为他者所动、无不定、自存、光辉、受用诸德、无转起、无生、不动、不老、不死、不易、幻师、不可思议、不可捉摸、不可测度、不可描述、深隐、难入、无量、无尽、无始无终、可怖畏、全知、有力、具无尽能、首领、无畏、无恶、无眠、无苦、喜乐、真决、真愿、满足、坚定、欣乐、智慧、创造者、照明者、一切之作者、一切之自我、一切之受者、一切之主宰、一切有之内在者内之最内在者、为至上住。这些描述，基本上与我们前面对至上我的阐述一致。VII・7的后一部分，为对于至上自我的神格化，与VI・8基本相同，但与其前面内容并不一致，可能是窜入的。

## 二、现实的存在

同《白骡奥义书》等的情况一样，《慈氏奥义书》对于现实存在，包括现实自我与客观世界的看法，大多数情况下完全是数论学，甚与上述它对至上我的领会失去联系。其对个体灵魂的阐述，完全采取数论的神我、自性的二元论图式，及其对现实自我身心构成的分析。其对世界起源的解释，乃完全采用数论的自性转变说。兹分其说为以下两点论之。

### 1. 现实的自我

《慈氏》对于现实自我，于 MaitIII・1—5 开示最充分。其云：

1 于是彼等曰："先生，汝既如是开示此自我（Ātman）之大，则孰为彼另一与之不同而亦名为我者？彼为黑、白业果所制，入善不善胎，是故趣上、下（诸天与地狱）及于此间漫游，受制于双昧（dvandva）？"2（于是彼告曰：）"如实有另一不同自我，曰'大种我（bhūtātman）'，彼为黑、白业果所制，入善不善胎，是故趣上、下（诸天与地狱）及于此间漫游，受制于双昧（dvandva）。于此进一步开示为：五唯（tan-mātra）即被说名为'大种'（bhūta）。同样，五大（mahā-bhūta）亦被说名为'大种'。复次，此二者之结合被名为'身'（śarīra）。复次，彼被说为在'身'中者，如实即所谓'大种我'。复次，其不灭我即如同'莲叶上之水珠'者。如实，此（大种我）被自性诸德所制。复次，彼因被制，故入迷惑，因入迷惑，故不见居于自我中（ātma-stha）、引发作业之神圣主宰（prabhu）。被诸德之流所转、不定、动摇、困惑、多欲、散乱，此人遂进入我慢（abhimānatva）之境。由于'此是我'、'彼是我所'之想，彼遂将自己缚于其自我，如鸟陷于罟。是故，彼为黑、白业果所制，入善不善胎，是故趣上、下及于此间漫游，受制于双昧。""此为谁？"于是彼告曰：3"复次，余处有云：'信然，彼作者即大种我。通过诸根引发作业者即内在补鲁沙（antaḥ-Puruṣa）。复次，信然，如一铁块，被火渗透，匠人锻打，乃转变为不同相状——如是，信然彼大种我，被内在补鲁沙渗透（abhibhūta：被胜，被征服，被伏），诸德锻打，乃转变为不同相状。此大种我，乃有多种相状，包括四类（卵生、胎生等）、十四界（生命之不同归趣），复转变为八十四不同道，此一切皆具多种相状。信然，此类杂多，皆由补鲁沙驱使，如陶轮被陶匠驱使。复次，如当铁块被锻打，其中之火不被伏，如是补鲁沙不被伏。此大种我(bhūtātman)则因执着（于诸德）而被伏(abhibhūta)'。4 复次，余处有云：'此身由男女交合而起。彼于暗狱(niraya，兹指子宫)发育。于是由尿路口生出。彼由骨构成，覆之以肉，敷之以皮，充满粪、尿、胆汁、黏、髓、脂、油，且藏众疾，如充满珠宝之匣。' 5 复次，余处有云：'答摩(tamas：暗德，为数论三德之一)之相为惑乱、畏怖、失意、沉睡、倦怠、懈怠、衰老、疼痛、饥、渴、羸劣、愤怒、异端(nāstikya)、无明、嫉妒、凶残、愚痴、无耻、无施、骄傲、无恒；罗阇(rajas：染德，亦为数论三德之一)之相为渴望、爱、激情、贪、不善、欲、嗔、欺诳、妒忌、无厌足、不定、易变、散乱、野心、贪财、爱友、依赖家族、于不可爱境生憎恶、于可爱境生贪爱、恶语、贪食。此大种我(bhūtātman)被此等注满，为此等所制(abhibhūta)。是故彼经历诸身——噫，彼经历诸身！"

就现实自我的内容而言，《慈氏》在这里提到的有：其一，补鲁沙；其二，大种我；其三，五唯、五大所成身；另外，§3 还提到诸根，II・6 提到了五种元气；所以共为五种。其中补鲁沙的意义前面已有充分阐述，余四者尚须进一步辨明。

首先，是所谓大种我(bhūtātman)。《慈氏》在这里提出与其第 2 章所云的"清净、安稳、不动摇、无染、无扰、无欲、不动如旁观者、恒住"的补鲁沙我不同的另一自我，即吾人体内"为黑、白业果所制，入善不善胎，是故趣上、下及于此间漫游，受制于双昧"的识体，后者它称之为大种我(bhūtātman)。其云此我即居于由五唯(tan-mātra)、五大(mahā-bhūta)结合所成之身(śarīra)中的自我，而五唯、五大皆名大种，故此我名大种我。此大种我的实质到底为何？此处所说不明。联系此书 VI・10，其云大种我为原质（自性）之造物，而为补鲁沙的食物（对象）。这意味着大种我完全属于自性，而不包含至上我，然而后者又以某种方式居于前者之中(VI・10)。如果我们相信《慈氏》在这里具有一种概念的一致性，那么它在第 3 章上述文本中所谓大种我，就与吠檀多一般所谓命我或现实自我的意思不一样，因为现实自我乃是自性与神我的某种结合，而大种我全属自性。那么在《慈氏》中，所谓现实自我，应当是大种我与补鲁沙我的联结。这大种我既非补鲁沙，又异于五唯五大、元气等，因而它相当于吠檀多所谓内根(antaḥ-karaṇam)或觉谛，为经验意识的统一体①。此大种我既属于自性、由

---

① 在本书所涉及的奥义书中，唯《频伽罗子》直接提到内根一词，其云内根具有内根、末那、觉谛、心(cittā)和我慢五分。不过《慈氏》与《频伽罗子》的时间先后尚不清楚。

自性三德转变所生①，因而必然陷于自性的相续转变及无限的生命轮回之中。它被自性诸德所制、所迷惑，故不见居于其中、引发作业而恒住无为的神圣主宰，即内在补鲁沙。人若不见内自我而误以此大种我或内根为我，执我、我所，就会被系缚于自性转变之中，于是“被诸德之流所转、不定、动摇、困惑、多欲、散乱”（§2）。唯大种我是作者、受者，补鲁沙则无作无受，然而却是大种我的一切作业的决定者。

其次，由五唯（tan-mātra）、五大（mahā-bhūta）结合所成之身（śarīra），也是现实自我的组成部分。根据数论、吠檀多派后来较成熟的说法，五唯（色、声、香、味、触）与五大（地、水、火、风、空）的名目不一样，但都是物质性的。其中五唯微细，参与构成自我的细身，随命我轮回；五大粗显，构成粗身，死即朽坏。然而在奥义书中（比如 PraśIV・6, PaiṇgalaI），二者名目一样，但后者完全属于物质，前者则为心物之共同根源。因而奥义书以为，人的全部生命和意识机能（元气、意、识，以及五知根、五觉根），同肉体的存在一样，皆是从五唯（地、水、火、风、空）分化出来（比如 Paiṅgala Up.II・2—4）。比较起来，《慈氏》的说法当更接近奥义书的常义而非吠檀多派（比如其云五唯即地、水、火、风、空），因而可以参照《六问》和《频伽罗子》来对它进行解释。故五唯（地、水、火、风、空）应是前于心物区分的原理，它不仅聚合生成作为构成物质宇宙和人身的粗显物质元素的五大，而且转化生成元气、十根、意、识、觉谛等生理和精神的实在。另外它同吠檀多一般的看法一样，认为五唯属细身，随命我轮回；五大构成粗身，死时即坏，不进入轮回。III・4 乃是形容粗身的存在，谓此身由男女交合而起，于暗狱发育，由尿路口生出，由骨构成，覆之以肉，敷之以皮，充满粪、尿、胆汁、黏、髓、脂、油，且藏众疾。这同 I・3 中巨车王的陈述一样②，可以说表达了奥义书对于肉体最强烈的厌恶之情。

再次，元气也是现实自我的组成成分。II・6 沿袭了梵书和早期奥义书关于生主变为五种元气，即上气（prāṇa）、下气（apāna）、腹气（samāna）、出气（udāna）、通气（vyāna）。上气即上行之气，即呼吸。下气即下行之气，司排泄。通气即支持此二气者。腹气导食物之最粗成分入下气、最微细成分于肢体。出气的功能是将食物分解、消化（在奥义书中这通常被认为是腹气的功能）。值得注意的是：其一，在这里，《慈氏》实质上是将元气等同于补鲁沙。其云“补鲁沙乃宇宙火，即内在于人之中者，

---

① 《慈氏》没有阐明三德生成内根的机制。《频伽罗子》则开示由五大（pañca-bhūtā）中之萨埵分的四分之三，生具成（大、我慢等）五分之内根（Paiṅgala Up.I・9）。

② MaitI・3：“于此恶臭、非实，由骨、皮、肌、髓、肉、精、血、黏、泪、涕、粪、尿、风、胆汁、黏液所成之身，欲乐复有何益？于此困于贪、嗔、爱、惑、怖、失意、嫉妒、爱别离、怨憎会、饥、渴、老、病、苦等之身，欲乐复有何益？”

人所进之食物皆由彼烹”，乃是将消食的元气与补鲁沙等同。另外所云“彼既自分为五，乃隐藏于密处。彼由意所成，其体为元气”（II・6），也明确地表明了这种等同，但是这是与其书对补鲁沙的超越性或超绝性的强调（II・4，VI・28，VII・4）相矛盾的，表明其作者思维的混乱性（比如其称补鲁沙体即元气的 II・6，与说补鲁沙无元气的 II・4 仅一段之隔）。其二，元气与内根及五唯、五大、诸根的关系完全没有被提到。这表明《慈氏》在这里只是马马虎虎地将梵书的说法引进来，并没有（像频伽罗子乃至桑底厘耶、考史多启、步厉古、毕钵罗陀之学）将其与它的其他学说构成整体。我们之所以仍然承认在这里元气说的引入是有价值的，而且元气是现实自我的组成成分，乃是根据数论学的成熟立场。古典数论即以五种生命元气为三内根与诸根的共同功能①。

最后，诸根。§3 提及诸根，第六章亦提到瑜伽行者应“聚摄诸根”（VI・21），“收诸根如于睡眠”（VI・25），皆未详其义。VI・10 提到自性有十四环节（即自性、大、我慢、末那、五知根、五大）所成之道乃得阐明。II・6 及 VI・10 皆提及诸知根（感觉机能）与诸作根（活动机能）之别。II・6 和 VI・31 皆表明知根有五种（眼、耳、鼻、舌、身）。诸根由何者生成。根据奥义书、数论更成熟的说法，应当是由自性、摩耶生成。VI・10 说：“于（自我食）原质之时，乃生起觉谛等，即抉智、念、我慢。于是生诸作根和诸知根。”其中，生成诸根的根源到底是谁并不清楚。而 VI・31 说自我发出诸根如太阳发身光线，似乎意味着诸根是从补鲁沙生成的。这里同样也表现了一种思维混乱。《慈氏》对自我的现实性的理解，比起《羯陀》、《六问》、《白骡》、《频伽罗子》甚至很多早期奥义书都大大退化了。

然而与这些奥义书相比，《慈氏》对数论学发展的一个突出贡献，就是它对经验心理内容的详细分析。盖于前者中，《羯陀》、《六问》等对于心理内容的认识相对简单，《白骡》提到了有五十种心理内容，但没有举出它们到底是什么（ŚvetI・4）。《慈氏》则对此有更详细的交代，如 MaitIII・5：“答摩之相为惑乱、畏怖、失意、沉睡、倦怠、懈忽、衰老、疼痛、饥、渴、羸劣、愤怒、异端、无明、嫉妒、凶残、愚痴、无耻、无施、骄傲、无恒；罗阇之相为渴望、爱、激情、贪、不善、欲、嗔、欺诳、妒忌、无厌足、不定、易变、散乱、野心、贪财、爱友、依赖家族、于不可爱境生憎恶、于可爱境生贪爱、恶语、

---

① 如《金七十论》说：“诸根共同事，波那（prāṇa）等五风。”（《金七十论》卷中，大正 54-1252；SKXXIX）《乔荼波陀注》认为五风是十三根的共同功能：“诸根的共同功能即波那等五风。……元气之作用是十三根的共同功能。”（SKBXXIX）《数论解明注》则把元气限定为内根的功能：“五风或生命元气，是三种内根的功能，因为五风现在时（三内根）即有作用，不在时即无作用。”（KaumudiXXIX）

贪食。此大种我被此等注满，为此等所制。”其中共提到了42种心理活动，但肯定还不是全部（比如属于萨埵的特征没有谈及）。这类心理分析最终被数论采纳，乃至通过数论学对佛教的心理哲学都产生了影响。古典数论认为人的全部心理内容皆由觉谛因三德差异产生，共包括五惑（无明、我慢、我执、贪、嗔、痴、执着，为觉谛中答摩与罗阇增长所生）、二十八无能（包括聋、盲、癞、癫、狂、哑、跛、生殖器等十一种根坏，以及与九喜八成相反的十七种智害，皆为觉谛中答摩增长所生）、九喜（由自性喜、由求取喜等四种依内喜，以及过喜、成就喜等五种依内喜，此九种喜皆是觉谛中萨埵增长所生）、八成（思量、闻、学习圣典、离三苦、善友得、清净成，亦是觉谛中萨埵增长所生），共五十种，每一种还可细分（如五惑还可细分为六十二品）（《金七十论》卷中；SKXLVI）。尽管我们不能断定《慈氏奥义书》与古典数论的年代关系，但至少可以肯定，它所依据的文本对于心理现象的分析，处在从《羯陀》、《白骡》到古典数论发展的中间阶段。

另外，关于本质上完全不同的大种我与补鲁沙如何联结起来，乃是吠檀多与数论学中的一个重要问题。古典数论持映像说，认为有心智的补鲁沙映现于觉谛之上，使后者现似为有心智。古典数论常用两个譬喻来说明这种联结的性质：一是水晶喻，以为自我如水晶，觉谛如花，如花儿映入水晶之中，于是水晶似乎有了红、绿等颜色，如是觉谛也将自己的形相映入自我，使自我似乎有苦、乐等（SPVII·8）。二是赤铁球喻，以为自我如火，觉谛如铁球，如火烧使铁球现似有热，自我渗入觉谛使其现似有心智。如SPBI·99云：“内根之被照明仅仅在于与永远澄明的意识之某种联结，即通过某种联结，使意识得以反映（到内根之中）。而非意识进入内根，如此则导致融合。如火之光等不会进入铁，但通过与火的某种特殊联结使铁具有了火的光。”在《慈氏》中，与此问题有关的有两种说法。其一是MaitII·6提出的补鲁沙分化为五种元气而进入人体内，构成人的现实自我。此说完全因袭梵书和早期奥义书而来，与《慈氏》的空思维和数论立场都不一致，故没有讨论的价值。其二是III·3的赤铁喻，以为大种我如铁块，补鲁沙如火；譬如火烧铁块使其炽热，于是火渗透到铁之中，使其现似具有火之性，但是火并未进入铁的本质，如是补鲁沙渗透到大种我之中，使其现似有心智，但补鲁沙与大种我的本质内容并没有融合在一起。其云：“信然，如一铁块，被火渗透，匠人锻打，乃转变为不同相状——如是，信然彼大种我，被内在补鲁沙渗透，诸德锻打，乃转变为不同相状。此大种我，乃有多种相状，包括四类（卵生、胎生等）、十四界（生命之不同归趣），复转变为八十四不同道，此一切皆具多种相状。信然，此类杂多，皆由补鲁沙驱使，如陶轮被陶匠驱使。复次，如当铁块被锻打，其中之火不被伏，如是补鲁沙不被伏。此大种我则因执着（于诸德）而被伏。”其说试图通过此喻，既解释补鲁沙与现实自我的关联，又保证补鲁沙的自由、独立的品格。

此说与奥义书中两种说义有显著关联。其一，是ChānVI・1・4—6的铁器喻，于是其父开导说："吾子，如识一团泥，则知一切泥所制器，彼为名言，其实体唯泥；吾子，如识一金块，则知一切金所制器，彼为名言，其实体唯金；吾子，如识一铁块，则知一切铁所制器，彼为名言，其实体唯铁；吾子，此即汝当闻教者。"其二，是《频伽罗子》首次明确提出的映像说，其云自我、心体本"无系于世俗、妄情之有。唯映于内根之心体可得（醒、梦、熟眠）三位。既得醒、梦、熟眠三位，乃被牵如陶轮，似有忧悲、生、死。"① 在后者中，不仅映像说表明了与《慈氏》的赤铁喻同样的旨趣（补鲁沙与内根联结但其实质不受后者影响），而且陶轮喻也是在这两种奥义书中最早出现②。显然，《慈氏》此喻是将以上两种说法结合起来（就《频伽罗子》而言，《慈氏》在这里很可能是与它分享了某一共同的原始文本）。《慈氏》的赤铁喻后来被古典数论采用，成为后者解释神我、觉谛关系的经典表述（SPVII・8）。然而与数论相比，《慈氏》此喻没有明确与后者典型的映像说联系起来。应当承认，像《频伽罗子》和古典数论那种明确的映像说，在《慈氏》中并不存在。

**2. 现实的世界**

与现实自我相对的是现实的世界。《慈氏奥义书》对于现实世界的说法，包括两个思维层面，即数论形而上学和大乘佛教的正智省思。事实上这二者完全失去了关联。《慈氏》关于现实世界的说法，可以分为以下两个方面：一是现实世界的生成：除个别地方因袭梵书的宇宙生成论，乃主要接受数论的自性转变说，其以为现实世界通过自性三德的转变产生，目的是为了补鲁沙的受用；二是现实世界与梵的关系，其中包括以下说法：(1) 食与食者，以为唯补鲁沙是食者，世间之一切皆为其食，此亦完全接受数论学以意识和物质的二元性释补鲁沙与自性关系的理论；(2) 梵之二相，其以为大梵可区分为上梵与下梵、有时梵与无时梵、有声梵与无声梵，其说一方面继承奥义书的绝对主义，另一方面将其与大乘佛教的空论结合起来。其中，现实世界的生成和现实世界与梵的关系 (1) 体现了典型的数论学形而上学，现实世界与梵的关系 (2) 则包含了大乘佛教的正智省思在内。兹论之如下：

先看现实世界的生成。

正如在《羯陀》、《白骡》、《频伽罗子》等数论色彩浓厚的奥义书中的情况一样，

---

① Paiṅgala Up.II・7。陶轮喻又见于Paiṅgala Up.I・12等。另外Paiṅgala Up.I・3云："如于沙漠、贝壳、杌、水晶等类，有水相、银相、人相、光影相等，如是于彼（大梵）有具红、白、黑三德之根本自性。"此以为是三德映现于大梵中，与Paiṅgala Up.II・7相反，而与上述水晶喻的义旨一致。

② 在《频伽罗子》中陶轮喻还见于I・12，在《慈氏》中此喻还见于II・6。

《慈氏》也试图将数论学与神性论结合在一起，将自性的转变当作至上神主宰之下的宇宙生成过程。其以为存于至上神之中的自性三德，本来混沌溟漠、无相无别，但至上神推动其从无分别进入有分别状态，逐渐分化而产生千差万别的世间存在。另外，其书一个为后世印度教采用的说法，就是将自性三德分别等同于湿婆（答摩）、梵天（罗阇）、毗湿奴（萨埵）（V·2）；在这里，这三位神祇似乎成了唯一大神（即补鲁沙）的化身。MaitV·1—2 云：

1 复次，此为鸠嗟衍那之赞歌：汝即是梵天，且信然，汝即毗湿奴。汝即禄陀罗。汝即是生主。汝即因陀罗。汝即阿耆尼、婆楼那、伐育。汝即是夜光（月）。汝即是食物。汝即是阎摩。汝即是大地。汝即是大全。噫，汝即是不可动摇者！（以下为三偈韵文）万有以多相，存于汝之中，为其自身义（以自身为目的），或为自性义①。我稽首于汝，万有之主宰！万有之自我，且创作一切，复受用一切，为所有生命。为一切欣喜、/快乐之主宰（prabhu）！我稽首于汝，寂灭之自我（śāntātman）②！（以下复为散文）噫，稽首于汝，最为深隐者，不可思、无量，无始亦无终！2 信然，于初此世界只是答摩（tamas，黑暗、迟滞）。自然，彼存于至上有中。彼为至上有推动，而入有分别相。信然，此相即罗阇（rajas，忧、染）。复次，罗阇亦为至上有推动，而入有分别相。信然，此相即萨埵（sattva，清净、明慧）。彼萨埵，适被（至上有）推动，乃溢出为汁（rasa）。此（汁）即彼（萨埵）部分，即于此每一人中之识体，为色身之知者（kṣetrajña），具末那（manas，意）、觉谛（buddhi）、我慢（ahaṃkāra）、细身（liṅgam，心理机能）。此即生主（Prajāpati），或曰毗湿婆（Viśva：一切、每一、全部）。其相已于前表明③。复次，信然，彼中具答摩相之部分——噫，梵志，如实此即禄陀罗。复次，信然，彼中具罗阇相之部分——噫，梵志，如实此即梵天。复次，彼中具萨埵相之部分——噫，梵志，如实此即毗湿奴。信然，彼一成为三。彼遂开展为八、十一、十二、无量。彼因如是开展，遂成为诸有（bhūta）④。彼进入有中且于中活动，遂成为众有之主宰。

① “为其自身义（svārthe）”与“为自性义（svābhāvikāthe）”。“义（arth）”在此为“目的”之义。“svābhāva”为“自性”之意，等同于 prakṛti、praddhana。按照古典数论的解释，自性转变既为自我之受用解脱，亦表现出自身目的性；《慈氏》即以神我自性皆属于大梵，故以前义为“为自义”，以后义为“为自性义”。

② 寂灭我（śāntātman），在 KāṭhIII·13 指自性。

③ 即 IV·5 所谓火、风、日或时、气、食等。

④ III·2 提到五唯（tan-mātra）与五大（mahā-bhūta）被说名为大种（bhūta）。从上下文看来，此处所谓“bhūta”与这“大种”义并无关联。

此即在内与在外之主宰——噫，在内与在外！

《慈氏》以上的存在发生论，与《频伽罗子》几乎是完全一致的。以上文本的内容，与Paiṅgala Up.I·3—6所述的根本转变（从自性到五唯之生成）的内容大体一致，但远比后者粗略。至于《频伽罗子》所谓器界转变（从五唯之答摩方面生成五聚大种，再由后者生成器世间：Paiṅgala Up.I·7）和有情转变（从五唯之罗阇、萨埵方面分别生成五种元气、无作根，以及五知根、内根：Paiṅgala Up.I·8—9），则没有论及。另外，一个更重要的区别是，《频伽罗子》始终自觉地将自性转变论与幻化论结合，转变被认为就是幻（摩耶）的作用，《慈氏》却脱离了这种幻化论，因而其说转变，更接近数论的实在论立场。与此相关，《频伽罗子》在其论转变中要解决的问题也完全是幻化论的，即超绝的真理何以生成虚假的现实性，而《慈氏》的问题完全是数论的，即无心智的自性（觉谛）如何具有心智。

文本的开头表明至上神既内在于万有而为其本质，又包含万有而为其全体（V·1前面的"鸠嗟衍那之赞歌"），而且作为绝对主体是全部现实存在的创造者和受用者（V·1后面的韵文部分）。与之相对的自性则是混沌、呆滞、惰性的原理，只有在至上神的推动下才能展开活动，生成万物。接着是对三德转变的说明。V·2似乎将Paiṅgala Up.I·3所谓根本自性（mūlaprakṛti）以及吠陀—早期奥义书所谓创世之前的混沌等同于答摩（tamas）。答摩存于至上有中，为至上有推动，而入有分别相，后者即罗阇（rajas）。罗阇亦为至上有推动，而入有分别相，后者即萨埵（sattva）。萨埵被至上有推动，乃生成每一人中具末那（manas，意）、觉谛（buddhi）、我慢（ahaṃkāra）、细身（liṅgam，心理机能）之识体或田智（kṣetrajña，为色身之知者）。后者被等同于生主（Prajāpati）或毗湿婆（Viśva）神。

文本结尾处对自性转变的过程作了粗略的概括。其云："彼一成为三。彼遂开展为八、十一、十二、无量。彼因如是开展，遂成为诸有（bhūta）。彼进入有中且于中活动，遂成为众有之主宰。此即在内与在外之主宰——噫，在内与在外！"彼一即自性，在补鲁沙推动下转化出三德的差别行相。由于三德的转化，同一自性开展为八种成分，即自性、觉谛、我慢及五唯①，并进一步开展为十一根（五知根、五觉根、末那）乃至无量的现实存在。

除上述文本，MaitVI·31—32亦提及一种存在转变说，但完全属于梵书和早期奥义书的宇宙生成论，与此奥义书占主导地位的数论立场不谐。其云：

① 此种解释的根据，请参考本编第1章第1节第3目对ŚvetI·4的注释。

VI·31 或有问曰："如实，此伸向外境之诸根，以何为性（体）？何者由此将彼等送出且收回？"答曰："彼等为我性（ātmaka），以自我将彼等送出且收回故。有众仙女（诸境），有太阳（自我）诸光线（诸根）。彼（自我）以五光线食于诸境（viṣaya）。""孰为我？""彼即前已被描述为'清净、无染、空、寂灭'等相者①，彼应唯以其自相被理解。或有说彼无相者之相，如遍满火中之光，如水中之最胜妙味。复有他者言彼相为言、听、视、意、呼吸②。另有他者言彼相为智慧、坚定、忆持、识③。复次，信然，此等皆为彼之相，如芽为种子之相，如烟、光、火花为火之相。于此有教④：如火溅火花，如日放日光；元气及其余，屡屡由彼出，进入此世界，各以其次第。"32 信然，如实由彼居于自我（ātman）中者，乃生元气、诸界、诸吠陀、诸天、诸有；此之奥义即：实相之实相⑤。"譬如火于湿柴燃烧，众烟各由之生出，信然，由此大有（bhūta）之呼吸生出《黎俱吠陀》、《夜珠吠陀》、《娑摩吠陀》、《阿闼婆吠陀》、《史传》、《往事书》、诸论（vidyā）、奥义书、诗颂（śloka）、经文（sūtra）、疏解（anuvyākhyāna）、传注（vyākhyāna）。信然，此一切皆由彼呼出。"⑥

其中 §31 云自我送出且收回诸根，如太阳放射出诸光线，表明诸根等是从自我中产生的。其后面 VI·26 引用同了一偈颂："如火溅火花，如日放日光；元气及其余，屡屡由彼出，进入此世界，各以其次第。"此颂来自 BṛihII·1·20 和 MuṇḍII·1·1，完全属于早期奥义书的宇宙生成论残余。§32 所谓"如实由彼居于自我（ātman）中者（兹指居于现实自我中的补鲁沙），乃生元气、诸界、诸吠陀、诸天、诸有"，以及其结尾引自《广林奥义书》中的譬喻："譬如火于湿柴燃烧，众烟各由之生出，信然，由此大有（bhūta）之呼吸生出《黎俱吠陀》、《夜珠吠陀》、《娑摩吠陀》……信然，此一切皆由彼呼出"⑦，都更明确地表现了一种宇宙生成论立场。这些说法与《慈氏》的数论、幻化论和空性论思想没有达到很好的整合。

总之，《慈氏》对于现实世界的生成，实际上有两种说法，皆是因袭而来：一是袭

① 见前 II·4。

② 参见 KenaI；BṛihIV·4·18。

③ 参见 AitaIII·2。

④ 以下一颂与 VI·26 所引之颂相同。另请参见 BṛihII·1·20；MuṇḍII·1·1。

⑤ 参见 BṛihII·1·20。

⑥ 引号内的一段取自 BṛihII·4·10，BṛihIV·5·11。

⑦ 以下引号内的一段取自 BṛihII·4·10，BṛihIV·5·11。

取了晚期奥义书中常见的至上神主导下的数论自性转变论；二是袭取了梵书和早期奥义书的宇宙生成论。二者没有达到任何程度的关联，而其中前者是主导的，与其理论整体关联较紧密；后者似是偶拾而得的，与其理论整体缺乏紧密关联。另外在《慈氏》思想中，无论是自性转变论还是宇宙生成论，都与其书沿袭自大乘佛教的正智省思完全丧失了联系。

再看现实世界与梵。

由于其对大梵的认识不一致，《慈氏》对梵与世界的关系的看法亦颇不一致。有两种主要说法，其一随顺数论的实体思维，区分世界与梵为食与食者，因而二者是一种主、客二元的关系；其二随顺正智省思，以现实世界与至上梵为梵之二相，前者是有、后者是空。它们代表了《慈氏》的不同思维层面，而且事实上这二者在《慈氏》思想中完全失去了关联。兹论之如下：

(1) 食与食者。MaitVI · 10—13 云：

10 复次，有余事当知。此自我祭，即关于食与食者之说，有更胜义。详说如下：彼有心智之补鲁沙 (Puruṣa，原人、自我) 居于原质 (pradhāna) 之中。彼即食者，食自性 (prakṛti) 之食物故。甚至此大种我 (bhūtātman) 亦是其食物。彼 (大种我) 为原质之造物。是故一切被食者由三德成，而食者乃为居于其中之补鲁沙。此可由观察得证。盖动物生于精液，故精液是食物。由此可明了原质是食物。是故补鲁沙是食者，自性是被食者。彼于其中而食。彼由三德转变从自性所生之食物，从大以至差别 (viśeṣa，即有差别之五大元素)，皆为 (补鲁沙存在之) 证明 (liṅga)。是故，(补鲁沙之存在) 由十四环节所成之道乃得阐明①。名为乐、苦、惑 (即萨埵、罗阇、答摩三德)，信然，此全世界乃为食物！无有尝种子 (自性) 之妙味者，以其无转变故 (自性自身非为感官之境，唯其诸转变为境)。彼 (自性) 于三阶段有食物之相，即童年、青年、老年。此等皆有转变，故有食物之相。是故当原质转变为显示状态，乃有对它之知觉。复次，于 (自我食) 原质之时，乃生起觉谛等，即抉智、念、我慢。于是生诸作根和诸知根。是故显现者为食物，不显现者亦为食物。其食者乃为无德。然以其进食故，知其有心智 (caitanya)。信然，于诸神中，阿耆尼为食食物者，而须摩为食物，是故人若知此，乃与阿耆尼同食。大种我名须摩。彼以非显现者为口者名阿耆尼，因有说云："信然，彼人以非显现者为其口而食三德。" 如实彼知此者为苦行者 (saṃnyāsin)、

① 十四环节，即自性、大、我慢、末那、五知根、五大。

瑜伽士、“行自我祭者”。复次，如妓入空室，无人触之，彼不触进入其中之感官境相者为苦行者、瑜伽士、“行自我祭者”。11 信然，此即自我之至上相，即食物所是。因为如实，此元气由食物所成。如是有云：“若人不食，则其不能思、不能闻、不能触、不能见、不能言、不能嗅、不能尝，其元气离去故。”① (复次:)“如实若人进食，便有足够元气，彼遂为思者、彼遂为闻者、彼遂为触者、彼遂为言者、彼遂为尝者、彼遂为嗅者、彼遂为见者。”② 如是有云：地上之众生，如实生于食。彼复赖食活，且终归于食③。12 复次，余处有云：“信然，此万有日日（如鸟）飞驰，欲得食物。太阳以光线摄取食物于自身。彼由此生光。元气得食已，乃得以持续。信然，火得食已，乃得以炽燃。”梵为得食故，而造此世界。是故人应敬食物为自我。如是有云：万有生于食，生已依食长。彼食且被食，是故得名食④。13 复次余处有云：“彼有福毗湿奴，名为安立一切者，信然其相即是食。信然，元气是食之精华；意是元气之精华；识是意之精华；喜乐是识之精华。”孰若知此，乃得食、元气、意、识、喜乐。信然，孰若知此，乃于此世间一切食者中，而食食物。(以下为韵文)⑤ 食物使（生命）不坏，食物使安宁。为动物元气，为最老、良医。

其中 §10 利用早期奥义书关于食（annam）与食者（annāda）的说法作为譬喻（后来的数论派用“bhojya”和“bhoktṛ”代替之），表明了典型的数论观点。在奥义书中，食者（annāda）与食（annam），除了其字面的直接意义之外，还引申为享用、受用、认识、摄受、包容之主、客体之意。此则奥义书以此论补鲁沙与世界的关系，应当说上述字面义与引申义皆有。盖 ṚVX · 90 · 4 即将一切现实存在分为食者与非食者（食物），而补鲁沙则遍满此二者。在早期奥义书中，将存在分为食与食者，乃是经常出现的陈说。如 BṛihI · 4 · 6 说全世间只是食与食者，BṛihI · 5 · 1 说神为自己创造世界以为食物，ChānIV · 3 · 7 亦说自我是“金牙之食者”，以一切为食。《慈氏》在这里，则是将食者与食阐释为一种数论意义上明确的主客体关系。其以为，唯补鲁沙是食者（annāda），其余一切皆是食（annam），故自性（即原质）及其产物，全属于食，即作为补鲁沙受用、了别的对象而存在。“补鲁沙是食者，自性是被食者。彼于其中而食。”大种我既生于自性，故亦是被食者或食。

① 参见 ChānVII · 9 · 1。
② 参见 ChānVII · 9 · 1。
③ 此偈引自 TaitII · 2。
④ 此偈亦引自 TaitII · 2。
⑤ 以下一节以 TaitII 为思想来源。

其书以为，自性的转变，即从无差别的根本自性转化生成从大（觉谛）以至五大（地、水、火、风、空）等差别相，目的就是为了使补鲁沙能受用。它们作为由三德转变从自性所生的食物的存在，就证明必有一食者存在。故《慈氏》乃以此论证补鲁沙的存在。这一论证，后来被古典数论采用①。另外，《慈氏》还以补鲁沙为食者故，证明其有心智（caitanya）。盖食即受用、了别之意。像自性德及诸转变之类，皆属无心智之物，不能作为主体，故只能为食，不能为食者。补鲁沙能受用，故必有心智。最后，因为被食者皆由三德所成，而补鲁沙则非被食者而是食者，故超越三德，乃为无德。

当自我受用自性、原质之时，乃促使后者转变，生起觉谛等，即抉智、念、我慢，并且进一步生起五大及诸作根和诸知根。盖自我的受用，一方面促使自性转化为显示状态，即从大到地、水、火、风、空五大乃至全部宇宙，因为唯当"原质转变为显示状态，乃有对它之知觉"；另一方面，促使自性转化为具有认知能力的觉谛、末那、我慢、诸根。因而，全部世间存在，无论作为认知能力的方面还是作为认知对象的方面，都是为了自我的受用而从自性中转变生成。反之，若人行"自我祭"，使自我不再受用，则一切境相乃"如妓入空室，无人触之"，于是自性转变的目的因消失，故转变自然止息。此义《慈氏》或说之不明，而古典数论则发挥得更加清晰。②如观歌妓登台表演而不受用，则妓自退。

文本 VI · 11 的内容，则与上述数论宗旨全失关联，乃是退化到奥义书更原始、粗俗的食物崇拜，而且其内容基本上抄袭自 ChānVII · 9 · 1 和 TaitII，了无意趣，无足论也。

同它对于现实世界发生的阐明一样，《慈氏》说现实世界与梵为食与食者，也与它沿袭自大乘佛教的正智省思完全丧失了联系。

（2）梵之二相。与上文的二元论形而上学和宇宙论立场完全不同的是，《慈氏》对现实世界的看法也包含了典型的奥义书绝对本体论的层面。这种本体论包含了思辨的、启示的、正智的等多个意义层面，反映了奥义书的识论、幻化论和佛教空论的影响。它表现在《慈氏》对现实世界与绝对本体即至上梵的区分，即所谓梵有二相的说法中。这些说法完全脱离了与上述数论和梵书立场的关联。MaitVI · 3，14—16，22—23，36 云：

---

① KaumudiXVII："大等乃是应被食或缘取之物，这就隐含了食者的存在。"《金七十论》以五因证明补鲁沙的存在："聚集为他故，异三德、依故，食者、独离故。"（《金七十论》卷上，大正 54—1249；SKXVII）自性预设食者的存在乃是其证据之一。

② 如《金七十论》："如伎出舞堂，现他还更隐。今我显自身，自性离亦尔。"（《金七十论》卷下，大正 54-1260；SK LIX）。《数论解明注》云："解脱者由于对自我的亲证，为他的意用的自性创造就不再发生，因为自性不复有目的故。如大臣等，当满足王的一切要求后，便不复有为。"（SPBVI · 43）

VI·3 信然，有二相梵：有相梵与无相梵。复次，彼有相者为虚妄；彼无相者为真实，即大梵、光明。此光明即太阳。信然，彼乃以 Om 为其自我。彼分自我为三，因 Om 由三音（a + u + m）所成。由此三者，“万有于彼（自我）中被编织而成，如经与纬。”是故有云：“人应专注沉思彼太阳即 Om。”14 复次余处有云“信然，食物即此全世界之根源；时间是食物之根源；太阳是时间之根源。”其相（时间之表象）即是年，后者由诸瞬间（Nimeṣas）及其它时段组成，包括十二分（十二个月）。年之一半奉献于阿耆尼，另一半奉献于婆楼那[①]。其南行半年中，由末伽（Maghā）至半室罗毗吒（Śraviṣṭhā）奉献于阿耆尼；其北行半年中，由萨波（Sarpa）到另一半室罗毗吒奉献于须摩[②]。于此星宿中，阿特曼（即年）之每一月皆包含九个四分之一宿[③]。以（时间）微细（不可感觉）故，此（太阳运行）即其（存在之）证据；唯由此故，时间（之存在）乃得证明。无证据则无以审查待证明之物。不过，待证明之物（时间）可由其包含之部分（时节等）而得证明，由此使其自身被知。如是有云：“无论时有多少分，彼处太阳全历之！”人若敬时间为梵，则时间逃彼远去。如是有云：“万有由时出，复由时生长，且于时消亡。时有相无相。”[④]15 信然，有二梵：有时梵与无时梵。彼先于太阳者为无时（a-kāla）、无分（a-kala）。彼始于太阳者为时、有分。信然，彼有分者即是年。如实此万有皆生于年。信然，彼等由年生已，复于年生长。彼等亦消亡于年[⑤]。是故，信然，年即生主，即时间，即食物，即梵处，且即至上我。如是有云：“时间烹诸物，大我（mahātman）中万有。何物烹时间？知此知吠陀！”16 此有体之时间即万有之大洋。彼名为 Savitṛi 者（即太阳）乃居于其中，如实由彼生出（sūyante）月、星、行星、年及它物。由彼等生出此全世间，及世间所见无论善恶之一切事物。是故梵即是太阳之自我（ātman）。如是人应敬太阳为时间之名。如说：“梵即是太阳。”[⑥] 复次有云：“祭者与受者，祭品及祭仪（mantra），祭祀与生主，以及毗湿奴，皆主宰（prabhu）、观者，照于彼圆盘（即日轮）。”22 复次，余处有云：“信然，有二梵应沉思：有声梵（śabdabrahman）与无声梵（aśabdabrahman）；而且无

---

① 古印度日历分年为二：一为太阳南行之半年，即从六至十二月，此时太阳向南，即火神之域移动；二为北行之半年，即从十二月至六月，此时太阳向北，即须摩之域移动。

② Maghā（镰）、Śraviṣṭhā（鼓）、Sarpa（蛇），为星宿名。

③ 印度日历，以为太阳全年运行经 27 宿；故每月经 2+1/4 宿，是为 9 个 1/4 宿。

④ 此偈主要内容沿用了 TaitIII·1。另参见 §11 所引 TaitII·2 内容。

⑤ 以上内容为根据 TaitIII·1 改作。

⑥ 见 ChānIII·19。

声者唯通过有声者被显示。”复次有声梵即是 Om。藉此上升，人最终达乎无声（梵）。是故有云：“如实，此即是道。此即是不死。此即究竟联结（sāyujyatva）及寂灭（nirvṛtatva）。”复次，譬如蜘蛛由其丝上行，达于自由空间，如是静虑者，乃由 Om 上行，而得自存（svātantrya）。另有以它义释声（梵）者。以拇指塞耳，彼等得闻心中虚空之声。于此有七重譬喻：如河流、如钟、如铜器、如轮、如蛙鸣、如雨、如人私语。过此多相（有声梵），人遂融入至上、无声、非显之大梵。彼遂为无德、无差别，如差别之花汁入于蜜①。如是有云：“有二梵当知：声梵及更高。人若知声梵，乃入更高梵。”23 复次，余处有云：“有声梵即是 Om。其究竟乃为寂灭、无声、无畏、无苦、喜乐、满足、安稳、不动、不死、坚住、恒常，名为毗湿奴。人若欲得最尊者（解脱），应俱敬此二者。如是有云：尊与卑皆俱，彼神名 Om，亦无声、空寂（śūnya-bhūtaḥ）。专心于颅顶！”36 信然，如实此光明大梵有二相：一为寂灭（śānta）；一为增长（samṛddha）。复次于彼寂灭相，空（kha）是其依持。于彼增长相，食是其依持。是故人应于祭所以曼陀罗（mantra，诗颂）、草、酪、肉、祭饼、糜（sthālīpāka）等献祭。且应以投于口中之饮食献，因口即是 Āhavanīya 火。以此增长吾等精力，以得清净界，且得不死。于有教证：“人若欲得天界，应献火祭。人以 Agniṣṭoma 祭得阎摩界，以 Uktha 得月（须摩）界，以 Shoḍaśin 祭（十六日祭）得日界，以 Atirātra 得自存界，以彼持续千年之须摩祭得生主界。”

在这里，《慈氏》将大梵作为存在的整体，区分为有相梵与无相梵、寂灭梵与增长梵、有时梵与无时梵、有声梵与无声梵，是为梵之二相。对于梵的二相的区分，包含了思辨的、启示的、正智的等多个可能意义层面。盖早在《广林奥义书》，就已经有对大梵的有相与无相、有死与不死、固定与流转、此岸与彼岸二相的区分②。在奥义书更成熟的思想中，这种区分得到进一步深化，转变成无相、绝对的超验本体与有相、杂多的经验世界的区分，因而进入思辨省思的层面③。这些意义层面，在《慈氏》对大梵二相的说法中，可能亦被包含在内，但是联系到此书的空思维立场，我们着重

---

① 见 ChānVI·9·1。

② 见 BṛihII·3·1—3。

③ 此如耶若婆佉开示梵一方面“由识所成，由意所成，由气息所成，……由地所成，由水所成，由风所成，由虚空所成，由法与非法所成。它由一切存有所成”（BṛihIV·4·5，有删节），是经验世界之全体；另一方面“非此，非彼”，“无影无像、无风、无空、无违、无见、无嗅、无味、无眼、无耳、无声、无意、无作、无气、无口、无名、无老死、无畏惧、不灭、非显、非隐、无度量、无内外。它不食于一切，亦不为一切所食”（BṛihIII·8·8，有删节），是超越经验的本体。于是梵的二相转化为觉性、精神的经验与先验层面的区分。

挖掘其正智的意义层面。于是梵的二相，就是现实存在与超绝本体的区分。其以为现实存在、有是虚假的幻相，而本体则是空、本无。《慈氏》对于现实性的绝对否定，在其他章节中亦可得到印证，如IV·2云："如因陀罗网，唯由幻术成；如梦中境，唯虚妄显现；如芭蕉芯，空虚而无实；如戏子，暂时着其装；如画中景，虚妄悦人心……声、触及余相，为人中无义。"这些说法既表明了《慈氏》对幻化论奥义书的思想继承关系，也反映了大乘佛教空论的强烈影响。兹论其大梵二相如下：

第一，有相梵与无相梵。

VI·3区分大梵为有相梵与无相梵。如前所述，此种区分乃是以《广林奥义书》(BṛihII·3·1—3)对大梵的有相与无相二位的区分为基础的，然而对后者进行了根本改造。这就在于：BṛihII·3·1—3的上述区分完全是宇宙论的，属自然思维；而MaitVI·3的区分则是存在论的，属正智省思。按《广林》所云，"无相"即"无形"，如风、气等，无定形故；"有相"则为"有形"，如大地山石，如BṛihII·3·1—3云："凡异于风与气者，即有相梵。彼为有死，彼为固定，彼为此岸。而无相梵即风与气。此为不死，此为流转，此为彼岸。"此所谓无相与有相不是真妄之别，无相者最多只是自然的实质，而不是抽象的本质，更不是超越乃至超绝的本体。因而此说完全是自然思维的，而且属于具体的自然思维层次。但《慈氏》尽管对此只有寥寥几言，却清楚表明了它的理解与《广林》的区别，这就在于它明确开示了"彼有相者为虚妄；彼无相者为真实，即大梵、光明"，把有相、无相的区分说为存在的真、妄之分。考虑到：(1)此前的奥义书还没有明确提出过这样的说法；但是(2)这种说法却属于大乘般若学的典型表述，如《摩诃般若波罗蜜经》云："一切众生行于有相，当令住无所有中"(卷二十三)，"世谛故分别说有果报，非第一义。第一义实无有相，无有分别，亦无言说"(卷二十四，有删节)，都是明确以为有相必是虚妄、世俗，无相方为真如、胜义，此后《中论》区分二谛，阐明俗有、真空，进一步阐明了此一宗旨；另外(3)联系到在其他地方，《慈氏》受大乘般若显著影响的事实，我们也可以认为它在这里也受到了佛教空思维的启迪。因此我们有理由联系般若之论有、无，来解释《慈氏》之说有相、无相。这样，我们就可以将有相梵解释全部现实存在的总体，将无相梵解释为空性，即超绝的觉性本体；前者是实有，是虚幻的，后者是本无，是存在的究竟真理、本质。因而这二者的区分就是一种存在论区分。

VI·3后半部分依Om沉思自我，无疑受《六问》、《蛙氏》的Om观想启发。后者要求通过观想Om包含的三个音素(a+u+m)分别代指的三个自我层面(外在经验的、内在经验的、先验的)来领悟大梵的意义整体。如果相信《慈氏》思想尚有某种最低程度的一致性，那么VI·3的Om沉思，应当是要将上述大梵二相之义，与《六问》等的 Om 观想结合起来，即观想 Om 同时包含有相梵与无相梵在内。其实在这个意义上，《慈氏》的 Om 沉思在《六问》中已有前身，如 PraśV · 2 声称："彼 Om 声并是上、下梵！"

第二，寂灭梵与增长梵。

VI · 36 表明大梵有二相：一为寂灭（śānta）；一为增长（samṛddha），且指出其寂灭相以空为依持（ādhāra：基础、支持、容器），其增长相以食为依持。其中，"śānta" 意为寂静、空寂、止灭；"samṛddha" 意为已被实现的、已被完成的、已经获得的、富裕的、充实的。在大乘般若学中，"寂灭" 往往与 "空"（śūnya）连用，在这种情况下，二者意义基本相同，可以互释，空即寂灭。在《慈氏奥义书》，寂灭一词在大多数情况下亦是与 "空" 连用的（如 II · 4，VII · 4，VI · 31，VI · 28），这一方面突出表明《慈氏》这里所谓寂灭义，肯定是受般若思想影响而来，另一方面也意味着（同在般若思想中的情况一样）此所谓寂灭，亦可与空互释。这一点从 VI · 36 所谓寂灭相以 "空" 为依持亦可得到印证。所谓 "以……为依持"，在这里可以理解为以……为实质、本质之义。因而寂灭的实质就是 "空"。后面这个 "空"，《慈氏》以一个较具体的词 "kha"（而不是更抽象的 "śūnya"）表示。"kha" 的原义是里面不包含任何东西的空间，即虚空、窍等之谓，略当于英文的 "emptyness"、"cavity" 或 "hollow"。然而考虑到在大乘佛学中，空（śūnya）往往也被说成是虚空（"kha" 或 "ākāśa"）①，因而在《慈氏》这里 "kha" 也应当被视为与 "śūnya" 同义。总之，这所谓寂灭就是空，寂灭梵就是空性梵。故寂灭梵就是对一切现实存在的绝对否定，因而就是一超绝、无住的本体。反之增长（samṛddha）梵就是包含一切现实存在的全体、整体，这就是此词的完满、充裕、成就、实现、获得等义所要表示的。其书云增长梵以食为依持，应联系 VI · 10 将一切存在分为食与食者之说来解释。在此书中，食就是自性、原质，它作为可受用的、所知的全部存在，就是现实性、有的整体（与大乘唯识以所知相和所知依指全部现实存在一致）。由此可见，一如有相梵与无相梵，寂灭梵与增长梵的区别，同样是空与有的区别。《慈氏》这一区分，同样体现了它的正智省思，而后者的形成离不开大乘佛学的启迪。

第三，有时梵与无时梵。

---

① 如《摩诃般若波罗蜜经》卷六云："摩诃衍与虚空等。须菩提。如虚空无东方，无南方西方北方四维上下。须菩提。摩诃衍亦如是，无东方，无南方西方北方四维上下。须菩提。如虚空非长非短非方非圆。须菩提。摩诃衍亦如是，非长非短非方非圆。须菩提。如虚空非青非黄非赤非白非黑。摩诃衍亦如是，非青非黄非赤非白非黑。以是故，说摩诃衍与空等。须菩提。如虚空非过去非未来非现在。摩诃衍亦如是，非过去非未来非现在。以是故，说摩诃衍与空等。"

VI·14—16区分大梵为有时梵与无时梵。其说当是以古奥义书的时间崇拜为基础，参之以数论的实体论和大乘空论而成。盖《黎俱》即已提出年与原初洪水共同创造世界之说（ṚVX·190·1—3）。《阿闼婆吠陀》更强调时间生成宇宙、天地、生命、大梵，或曰时间就是梵（AVXIX·53·5；9；10，XIX·54·1）。梵书说年就是生主，为世界创造者、根源（Sat BrāX·2·4·1—3）。这种时间崇拜在奥义书中得到继承、发展。比如BṛihI·5·14，15和PraśI·9都说生主即是年，ŚvetI·2、VI·1亦提到以时间为世界根源的说法。其说在《慈氏奥义书》亦多有反映。除VI·14—16提出时间是现实世界之根源，VI·2，22亦声称居于心中的大梵就是时间。

随着印度精神的超越思维的发展，奥义书思想逐渐认识到时间不是绝对，时间只属于现象界，而存在的究竟真理则是超越时间性的实体。比如KauṣI·2—6就阐明自我、大梵有时间之我和永恒之我两个层面。MuṇḍII·6，MāṇḍI，ŚvetIII·2、VI·1都将一种无时间的实体作为存在的归宿和本质。《慈氏奥义书》亦反映了这种趋势，MaitIV·5—6就声称时间同风、火等其他原理一样，只是至上、恒住、无相的大梵的表象。

然而在这一点上，《慈氏》真正有新意的地方在于将上述奥义书对时间与非时间性存在的区分，与数论的二元形而上学和大乘的空性存在论结合起来。首先，时间被等同于食，而如果联系到VI·14所谓食是世界根源之说以及VI·10对食与自性、食者与补鲁沙的等同，那么这时间与自性就是同一的；与之对应，那超越时间的至上梵就是补鲁沙。如此则VI·15所谓“万有皆生于年。信然，彼等由年生已，复于年生长。彼等亦消亡于年”，以及VI·1 6所谓“此有体之时间即万有之大洋。彼名为Savitṛi者乃居于其中，如实由彼生出月、星、行星、年及它物。由彼等生出此全世间”，皆是将时间等同于数论作为宇宙根源的自性、原质。VI·16所谓先于太阳的无时（a-kāla）、无分（a-kala），且烹时间的至上梵，就是数论作为超时间实体的补鲁沙。因此，有时梵与无时梵就是自性与补鲁沙。其次，《慈氏》这一区分的意义还不止于此，同上述有相、增长梵与无相、寂灭梵的区分一样，它也应当具有随顺大乘佛学的正智省思的维度。盖大乘佛学以为一切有为法皆无常生灭，属时间性存在，而诸法实性、空则寂灭无为，为超越时间的本体①。大乘所谓三世、因缘（即一切时间性存在）就是指全部现实存在，而寂灭、空的本体，则是超绝的真理。在这里，《慈氏》受大乘空思维影响的一个明显证据是，般若谈及空时，往往将其与“无生无灭”连起

---

① 如般若经云：“如虚空非过去非未来非现在。摩诃衍亦如是，非过去非未来非现在。”（《摩诃般若波罗蜜经》卷六）

来的，以此表明空对时间和运动的否定[①]。《慈氏》II · 4，VI · 28，VII · 4 谈到至上梵为寂灭、空时，也都是与无生、不灭、恒常（对时间性的否定）联起来说的。这些都表明所谓无时梵还应当从空、寂灭理解。有时梵与无时梵的区分，乃与大乘佛学中生灭流转的俗有与不生不灭的真空的区分，具有同样的存在论意义。实际上，在《慈氏》的这种区分中，同时包含了这种随顺大乘的空性存在论和随顺数论的二元形而上学两个意义层面，但这二者是否达到有机统一，则是大可质疑的。

第四，有声梵与无声梵。

VI · 22—23 开示有声梵（śabdabrahman）与无声梵（aśabdabrahman）之区分。这种区分，实即语言、思维，实即觉性的内在现实，与超越语言、思维的空无、寂灭境界的区分，它表明了至上梵的超绝存在。

首先，所谓有声梵。在印度传统中，"声"（śabda）既指声音，也指言说，这里主要指后者。VI · 22 云有声梵即"心中虚空之声。于此有七重譬喻：如河流、如钟、如铜器、如轮、如蛙鸣、如雨、如人私语。"这就是说有声梵不是指的日常、经验的言说，而是一种心灵的、内在的言说（据说如果我们用手捂住耳朵就能听到它）。其概念与欧洲中世纪的教父哲学关于"内在词"（verbum cordis）的理论可相发明[②]。有声梵作为人们心中内在的言说，即概念、思维或名言分别。《慈氏》说它就是"Om"，是全部现实存在的根源，因为现实世界完全是语言的创造，只是名言分别；这可以说就是一种语言本体论[③]。总之有声梵就是觉性的概念、思想、言说，因而就是觉性的现实存在的全体。

其次，所谓无声梵。无声梵是对有声梵的否定。VI · 23 说它是无声、空寂（śūnya-bhūtaḥ，亦是大乘佛教术语）、寂灭、无声、无畏、无苦、喜乐、满足、安稳、不动、不死、坚住、恒常。这种描述与其书前面对梵的无相、寂灭、无时相的描述是一致的，

---

① 如《摩诃般若波罗蜜经》卷七："色性空是空无生无灭无住异，受想行识性空是空无生无灭无住异。"卷八："空无相无作无生无灭寂灭。"卷十四："空相是深般若波罗蜜相，无相无作无起无生无灭无垢无净是深般若波罗蜜相。"（有删节）卷十七："空无相无作无起无生无灭无染涅槃。"卷二十三："是菩萨摩诃萨知诸法自相空无生无定相无所转。"卷二十七："能说空无相无作无生无灭法及一切种智。"等等。

② 内在词是心中自身的言语，是真实的语言。它不具备日常说话（"外在词"，即"verbum corpis"）的感性形式，而直接是精神的影像。日常语言是内在词的"道成肉身"——内在词与"舌头"（lingua）的联结。内在词与精神的关系就是圣子与圣父的关系。有声梵就是内在词。在教父哲学中精神超越内在词并为其基础，这也与有声梵和无声梵的关系一致。

③ 吴学国：《存在 · 自我 · 神性：印度哲学与宗教思想研究》，中国社会科学出版社 2006 年版，第 59 页。

同样也是与大乘佛学对空性的描述一致的，因而同样也可以认为它实际上（直接或间接地）来自后者的影响。它表明《慈氏》接受到大乘的空思维。无声梵就是空性的梵化。同前面所谓无相、寂灭、无时梵的概念一样，无声梵的概念也使至上梵成为超绝、无住的本体。

然而正如般若讲二谛不离一样，《慈氏》也强调必通过有声梵，才能悟入无声梵。如VI·22说“无声者唯通过有声者被显示”，有声梵“即是道”，人必借此上升，才最终达乎无声梵，“譬如蜘蛛由其丝上行，达于自由空间”。盖语言法是俗谛、现实，离言法是真谛、空性；必须以俗谛为媒介，才能达乎真谛，舍此则无能为也。此亦如《中论》所云：“若不依俗谛，不得第一义。不得第一义。则不得涅槃。”（卷四）在这些说法中，《慈氏》对大乘佛学的参照是很明显的。

总之，《慈氏》通过对现实世界与梵的区分，揭示了梵的超绝、无住性，体现了《慈氏》思想的究竟觉悟之维，从中也可以看到大乘佛学影响的明显痕迹。

## 三、《慈氏》的修道论

大乘佛教的正智省思与其宗教实践紧密关联；其形上学上的空性论，就是来自禅定的空观，而且服务于禅定。在《慈氏奥义书》中，本觉省思也在宗教实践中得到模糊的体现。《慈氏》的修道论最有价值的内容是对奥义书的瑜伽学的继承和发展，它试图将本觉省思的维度纳入传统的瑜伽学中，将瑜伽作为修习空内智，即领悟内在于自我的空、寂灭的觉性本体的手段。此外它也试图将来自梵书传统的祭祀和宇宙论观想的内容与其本觉省思关联起来，将它们作为修习空内智的途径，但其中大量内容与这正智的联系都很松散，而且往往是陈腐无趣的。MaitIV·2—6乃提挈其修道论之全部内容，其云：

IV·2“复次，余处有云：‘如大河浪，已作宿业无回转；如大海潮，将近死亡不可避；如瘫痪者，为善不善业枷锁系缚；如人处囚中，而不得自在；如人立阎摩之前，恒处大怖畏；如人于酒醉，为妄相所惑；如被恶灵制，而疯狂奔走；如被巨蛇咬，而被诸境噬；如处深夜中，而处贪执之黑暗；如因陀罗网，唯由幻术成；如梦中境，唯虚妄显现；如芭蕉芯，空虚而无实；如戏子，暂时着其装；如画中景，虚妄悦人心。’复次有偈云：声、触及余相，为人中无义。若彼大种我，执著于此事，彼乃遗忘其，至上究竟处。3 信然于此大种我，其对治之方在于：学习吠陀知识，谨行自身职责。信然，于生命之不同阶位谨行自身职责，此即是正道（vidhi：宗教的轨范、祭仪、职责）！余道如束茅（无价值）。人由此道而上升，由余道而沦落。此即人之常责，安立吠陀中。人非以愈其常责而进入修行期（āśrama）。若有人言：'他不在任何行期！如实，他是苦行者！'此为虚妄。（然而）人若不修苦行，则无法成就自我之知，亦无业之完善。于此有偈云：由于苦行故，乃得此萨埵（心净），复由此萨埵，乃得于觉解（意），复由此觉解，而得至上我。若得至上我，无有返回者。4'梵是！'彼知梵智者言。'此为大梵门！'彼由苦行离过恶者言。'Om 乃是梵之伟大！'彼专注于梵、坚住静虑梵者言。是故，由智慧（vidyā），由苦行（tapas），由静虑（cintā），方得理解大梵。彼（知大梵者）乃超越（下）梵，进入诸天神之上的究竟神圣处。彼遂得不坏、无量之喜乐，免于疾病——彼知此且以此三道（智慧、苦行、静虑）敬梵者。是故当此乘车者，由充满彼且辖制彼之诸物解脱，彼乃达到与至上我之彻底合一（sāyujya）。"5于是彼等曰："先生，汝为开示者！汝为开示者！汝所言，吾等当牢记于心。复次请答余问。火、风、日；时、气、食；梵天、禄陀罗、毗湿奴。有人观想其中之一者，有人观想它者。请告我等孰为最善？"于是彼告之：6"信然，彼等即是究竟、不死、无体大梵之主要行相（tanavas）。人若于此敬事其中之一，乃于彼界得乐。因如是有言：'信然，此全世间即是梵。'信然，彼等即是大梵之主要行相。人应深思之、赞叹之，然后弃绝之。人藉由彼等，于诸界中渐次上升。然于宇宙寂灭，彼乃与原人（Puruṣa）合一——噫，与原人！"

其中，§2 表明了一种对于现实的虚妄和生命之痛苦、奴役的深刻感悟，并且指出人执着于现实的妄境而遗忘超绝的自我乃是这种奴役、痛苦的根源，带有明显的佛教色彩。§5—6 表明火、风、日，时、气、食，梵天、禄陀罗、毗湿奴等吠陀的自然神，乃是究竟、不死、无体大梵之最高表相（agryās tanavaḥ）。这里实即以诸神代指全部现实存在，而以寂灭、空性为后者的本质。故其书指出相应的修道乃是应先一一敬事此诸神，深思之、赞叹之，依彼等上升到与彼等相应之界，然后弃绝之，即领会彼等皆是空、无相、寂灭。修道者依此最终进入宇宙寂灭之境，从而与至上我合一。这种实践不见于更早的奥义书传统，却与大乘佛教空智的修习一致，肯定是受后者影响而来。然而与大乘空智不同的是，在《慈氏》这里，思想将空性内在化为精神的自我。这就为大乘空智注入了自我反思的维度。因而《慈氏》的思想包含空智的内在化，是为空内智。至少在外在形式上，这种空内智的修习构成《慈氏》的实践宗旨，祭祀、观想、瑜伽皆是围绕它展开的。

以上文本提到了《慈氏》的五种主要实践：(1) 祭祀（vidhi）。§3 指出为断除现实自我对于虚妄的现实存在的执著，人们首先应当学习吠陀知识，并谨行吠陀规定的职责（主要是祭祀之责）。放弃职责的苦行被认为是虚妄的。(2) 智慧 (vidyā)。§4 曰"由智慧 (vidyā)，由苦行 (tapas)，由静虑 (cintā)，方得理解大梵。"智慧即对于真与妄、我与非我的明辨、抉择，是证悟自我理体的前提。(3) 苦行 (tapas)。修苦行是成就自我的觉悟以及使祭业 (vidhi) 圆满的条件。盖苦行生萨埵（心净），由净心生觉解，由觉解证得至上我。(4) 静虑 (cintā)。此种静虑即以"Om"为媒介，专注于梵，此即瑜伽。除此之外，§5—6 还提到了另一种实践，即：(5) 敬思 (upāsana)。在梵书和早期奥义书中，优波舍那就是观想祭祀各环节包含的奥秘，后来逐渐脱离与祭祀的关联，而成为一种宇宙论或形上学的沉思。§5—6 开示的通过观想火、风、时、气等悟入自我之道，即属于此。在《慈氏奥义书》中，上述实践的相互关联较为松散。兹大致依此目而述之。

1. 祭　祀

IV · 3 表明祭祀是为正智服务的，其目的是为证悟空寂的自我理体作准备。而祭祀的实践，乃于 MaitVI · 33—38 得到最充分阐明。其云：

> 33 信然，此五砖之祭火 (Gārhapatya 火) 即是年①。彼五砖即春、夏、雨、秋、冬。如是彼有一首、二翼、一脊、一尾（祭坛为鸟形）。人若知补鲁沙，则其祭火即是此地界，即生主之最初祭坛，则彼（祭火）以其手高举此祭者入于空界，且献之于风 (Vāyu)。信然，此风即元气。信然，元气即是一祭火（即 Dakṣiṇa 火）②。其砖为：上气 (prāṇa)、通气 (vyāna)、下气 (apāna)、腹气 (samāna)、出气 (udāna)。如是其有一首、二翼、一脊、一尾。人若知补鲁沙，则其祭火即是此空界，即生主之第二祭坛，则彼（祭火）以其手高举此祭者入于天界，且献之于因陀罗。信然，因陀罗即彼处太阳。彼（圣典）即是此 (Āhavanīya) 火。其砖为：《黎俱吠陀》、《夜珠吠陀》、《娑摩吠陀》、《阿闼婆吠陀》、《史传》、《往事书》。如是其有一首、二翼、一脊、一尾。人若知补鲁沙，则其祭火即是此天界，即生主之第三祭坛，则彼（祭火）以其手呈此祭者于知自我者。于是知自我者将其高举献于大梵。于此彼乃得喜乐、欣悦。34 Gārhapatya 火是地界。Dakṣiṇa 火是空界。Āhavanīya 火是天界。是故彼等得名"净化"(pavamāna)、"净化者"(pāvaka)、

① 此处 Gārhapatya 火，及以下 Dakṣiṇa 火、Āhavanīya 火，为印度古代家祭的三种圣火。每一家庭都应保有一持续不灭之火，是谓家火 (Gārhapatya)，设在祭坛西边。另外所谓 Dakṣiṇa 火（或 Anvāhāryapacana 火），即施火，设在祭坛南边，为谢礼之火。Āhavanīya 火或献火设在祭坛东边，为献祭之火。施火和献火皆由家火中取出。三火亦译为西火、南火、东火。

② 将祭火与元气等同，亦见于 PraśIV · 3。

“清净”(śuci)。祭祀(即上述三种祭火)由此义(净化、净化者、清净)得以开显。消食之火既为净化、净化者、清净之结合,是故此火应受敬奉、应被设置、应受赞叹、应被沉思。彼祭者,既执祭油,乃试图如是沉思神:孰为金色鸟,孰居于心、日,鸿、鹫溢光辉——于火我等敬(敬思此鸟为处于此祭火中者)!彼遂知此颂之义。(于是)彼应观想彼日神妙光(ṚVIII·62·10)为彼作为居于识中之思者(之妙光)。彼(祭者)遂于此达到末那(意)寂静处。如是彼即摄末那于其自我之中。于此有偈云:(1)如薪尽之火,遂于自处灭,心(citta)若无活动,亦于自处灭。(2)纵使求真心(末那),已于自处灭,若为诸境乱,宿业生颠倒。(3)轮回即自心,应勤净化之。人成心所想(人将成为其心中所想之物),此永恒秘密。(4)由心清净故,遂断善、恶业。我止于自我,遂得永恒乐!(5)人若系其心,如于诸根境(诸根之境),如是系于梵,孰不离缠缚?(6)有说意二相:清净与染污。染由着于欲,清净由离欲。(7)当意离昏沉、/散乱得不动,人遂入无意,彼即至上住!(8)应系意于心(hṛday),直至其灭尽。此即智、解脱,余皆为赘言①。(9)人若以三昧,净其心(ceta,在此与manas意同)垢染,进入自我中,则其所得乐,非言语能表,唯以内根触。(10)如水于水中,如火于火中,如风于风中,人皆不能辨。若其意入没,人遂得解脱。(11)意如实于人,为缚、解脱因:系境乃为缚,离境即解脱。是故,人若不行火祭,不设祭火,无知,不沉思(自我),则其对大梵虚空藏之记忆被阻断。是故此火应受敬奉、应被设置、应受赞叹、应被沉思。35敬礼阿耆尼(Agni,火神)!彼既居于地,而忆其世界。请赐此世界,于此崇敬者!敬礼于伐育(Vāyu,风神)!彼既居于空,而忆其世界。请赐此世界,于此崇敬者!敬礼阿底提(Āditya,日神)!彼既居于天,而忆其世界。请赐此世界,于此崇敬者!敬礼于大梵!彼居于一切,而忆彼一切。请赐此一切,于此崇敬者!实性之面目,黄金盖所蔽。普鄯(Pūṣan,亦为日神名)兮请揭,实法(satya-dharma)、毗湿奴。“彼太阳中之人,我即是彼”②。信然,彼日之日性即是彼实法。彼为清净、补鲁沙性、无相(a-liṅga,或无性别)。唯此遍满虚空(nabhas)之光辉能力少分,即是彼在于日中、人眼中、火中者。此即是大梵。此即不死者。此即是光辉。此即是实法。唯此遍满虚空之光辉能力少分,即是日中之甘露,须摩、元气皆为后者之芽。此即是大梵。此即不死者。此即是光辉。此即是实法。

---

① 杜伊森、休谟同此解。缪勒、拉达克利须南解为:余皆为结缠(all the rest are extensions of the ties,which bind us to this life)。

② 引自Īśā15-16;BṛihV·15。

唯此遍满虚空之光辉能力少分，即是于日中光耀如《夜珠吠陀》者（此奥义书被归属于黑夜珠学派）。此即是Om、水、光、原质、不死者、大梵、Bhūr、Bhuvas、Svar! Om!（下六句为韵文）八足、清净鸿，三缠、恒、细微，不见善与恶，而自溢光辉。人若得见彼，则见乎一切。唯此遍满虚空之光辉能力少分，即是彼生起于日中，成为二光线（杜伊森释为主、客体，为有二相之基础）者。此（光辉能力）即知者（太阳，与所照世界相对）、实法。此即是《夜珠吠陀》。此即是热（Tapas）。此即是火。此即是风。此即是元气。此即是水。此即是月。此即是光耀。此即不死者。此即是梵界。此即光海洋。如实，敬彼者乃没入彼中，如盐溶水中。信然，彼即一味梵，包含一切所欲悉尽。如是有教：譬如一灯焰，微风吹而动，彼居诸天者，亦如是闪耀。然彼知此者，乃知一与二（即有二相）！遂入唯一处，而得其实性。如光深藏于，至上天云中，闪电由彼生；彼等（即世间万有）如雾珠，无尽而生起。信然彼妙光（大梵），彼等（世间万有）安于彼，如诸焰于火。VI·36信然，如实此光明大梵有二相：一为寂灭（śānta）；一为增长（samṛddha）。复次于彼寂灭相，空是其依持。于彼增长相，食是其依持。是故人应于祭所以曼陀罗（mantra，诗颂）、草、酪、肉、祭饼、糜（sthālīpāka）等献祭。且应以投于口中之饮食献，因口即是Āhavanīya火。以此增长吾等精力，以得清净界，且得不死。彼等于此引教证："人若欲得天界，应献火祭。人以Agniṣṭoma祭得阎摩界，以Uktha得月（须摩）界，以Shoḍaśin祭（十六日祭）得日界，以Atirātra得自存界，以彼持续千年之须摩祭得生主界。"（以下为韵文）如灯存乃因，芯、器、油结合；如是我与光（太阳），因彼世界卵，与居内者（即我与光）结，此二（我与光）得以存。37是故，人应以Om敬彼无量光辉能力。此（光辉能力）以三分得以表显：于火、于日、于元气。复次，于彼等中有通道，运送献于祭火食物之丰盛于太阳。由彼流出之水气，乃雨于地，（其声音）如Udgītha唱赞。世间众生以此存活。由存活之众生而有子嗣。彼等于此引教证："献于火中之祭品，彼（即此通道）使之趋向太阳。太阳以其光线雨之于地。由此而生食物。由食物生众生。"① 复有云："既如仪投火，祭品升至日。复由彼太阳，而生出雨水。由雨水生食。由食生众生。"38彼行火祭者乃破贪爱（lobha）网。于是，彼既断除颠倒（sammoha），遂不复随顺嗔心，而省思（真实）愿欲，乃断大梵四覆②。彼于是入至上虚空。于此，信然，当彼穿越日界、须摩（月）界、火界、萨埵界，自身得清净（śuddha），乃见

① 参见ManuIII·76。

② 四覆，即食身、元气身、意身、识身，参见TaitII.

居于萨埵中之心体（caitanya）。此为不动、不死、不坏、坚住，名为毗湿奴。此即究竟住，具真愿、全知，为自存之心体，安立于自身之大。彼等于此引教证：“须摩（月）居日中，火居须摩中，萨埵居须摩；而彼不易者，乃居萨埵中。”既观想彼居于身中为一掌宽者，彼细于微细者，人遂入至上处；一切欲（所欲）皆包含于此故。彼等于此引教证：“身中一掌宽，具二、三重光（分别谓补鲁沙、自性二者，与萨埵、罗阇、答摩三德），此梵应赞叹，大神入万有！ Om! 敬礼于大梵！ 噫！敬礼！”

在这里，《慈氏》试图将吠陀、梵书纯然外在化的、功利主义的祭祀活动内在化、超绝化，但它并不一定做得很成功。其中 §33—34 完全属于梵书和自然论奥义书的祭祀敬思，即观想三种祭火（Gārhapatya 火、Dakṣiṇa 火、Āhavanīya 火）是年、元气、吠陀；相应的，其五种祭砖分别是：春、夏、雨、秋、冬五季；上气（prāṇa）、通气（vyāna）、下气（apāna）、腹气（samāna）、出气（udāna）五气；《黎俱吠陀》、《夜珠吠陀》、《娑摩吠陀》、《阿闼婆吠陀》、《史传》和《往事书》五典。由于梵书强调对于祭祀的正确知识是祭祀成功的前提，因而 §33 也在此强调知补鲁沙是祭祀成功的条件。在这里，《慈氏》试图将梵书陈腐的祭祀学与受到数论、大乘佛教启发的正智反思结合起来。可以看出，这种结合是非常生硬的。

另外，尚有大量祭仪和观想内容，其精神完全是梵书的，与上述正智脱离了关联。比如 §36“是故人应于祭所以曼陀罗、草、酪、肉、祭饼、糜等献祭。且应以投于口中之饮食献……人若欲得天界，应献火祭。人以 Agniṣṭoma 祭得阎摩界，以 Uktha 得月（须摩）界，以 Shoḍaśin 祭得日界，以 Atirātra 得自存界，以彼持续千年之须摩祭得生主界。”这就完全属于梵书陈腐的祭仪学（§36 开头对大梵的寂灭相与增长相的区分，与后面的祭仪学并无内在关联，显然是被勉强揉合起来的）。此外《慈氏》更多的是继承了梵书同样陈腐的祭祀观想。比如 §37 所谓于火、日、元气间有通道，运送献于祭火之食物于太阳，太阳以其光线雨（谓其光线如雨水降落）之于地，如 Udgītha 唱赞，由此而生食物，由食物生众生等说法，属于梵书常见的对祭祀的单纯仪式学观想。§34 要求观想三种祭火为地、空、天三界，§35 要求观想梵为遍满虚空之光辉能力，为在于日中、眼中、火中之人，§37 要求观想此光辉能力为显现于火、于日、于元气中者等等，都属于梵书常见的对祭祀的宇宙论观想。这些东西都很难说对于我们的精神生活有什么真正启迪。

在这里，《慈氏》有价值的尝试，是将祭祀作为获得正智的助缘。如 §34 强调“是故，人若不行火祭，不设祭火，无知，不沉思（自我），则其对大梵虚空藏之记忆被阻断。是故此火应受敬奉、应被设置、应受赞叹、应被沉思。”§38 亦云“彼行火祭者乃破贪爱（lobha）网。”这都是强调祭祀作为瑜伽修行的前提。另外 §34 谓祭者通过在祭祀中观想至上神为居于心、日之中且于祭火中显现的金色鸟，观想日神之妙光及居于识中之自我，就可以使末那寂静且内指，则提示了通过祭祀引生瑜伽的方法。§34 紧接着的 11 颂，则完全属于瑜伽的修行方法，故将其置于下文论瑜伽的部分讨论。

与上述尝试相关，VI・9—10 开示了一种“自我祭祀”（ātma-yajña）。这就是把进食当作一种献祭活动。VI・9 云：“信然，人若知此二者（元气与日）为其自我（ātman），则唯静虑于我，献祭于我。此种静虑及事此之意乐，乃为智者所赞叹。”其具体实践，乃是将其在 VI・10 提及的对于食与食者的数论学思考，与 BṛihVI・3 和 ChānV・2・4—8 开示的，表现食物崇拜的糜（mantha）祭之法结合起来。这实践其实有两个意义层面。第一个层面完全是梵书性质的，乃是将糜祭与 §37 及 VI・1—2, VII・11 等处表现的对火、日、元气的观想结合。其仪为：以所谓“剩食所污咒”除心中不净。其咒云：“剩食、剩所污，及恶人所施，或由难产污；婆苏火神力，及日神之光，其净化吾食，及余秽恶事！”然后饮水（进食前、后皆需饮水以包裹食物）。乃祝曰：“敬礼上气！敬礼下气！敬礼通气！敬礼腹气！敬礼止气！”于每一祝皆献部分食物于祭火，且敛声而食其余。食毕再饮水。以上仪式全来自 BṛihVI・3 和 ChānV・2・4—8。其所增加者，在于应于其中观想此为献于自我之祭祀，且应于祭事结束以“如元气与火”及“汝即是一切”二咒敬思自我。此二咒乃为：“如元气与火，此至上自我，以五风进入。愿彼自悦已，复能悦万有——彼受一切者！”“汝即是一切，汝即遍在者！汝支持万有，祭品皆归汝！汝常者所在，是处众生存。”其云人若以此法进食，则不复入于食中（即被它者所食）。这种观想，也仍然属于梵书的范畴。自我祭的另一个意义层面，则脱离梵书，完全根据数论立场将祭祀内在化。人应当将一切外境与内心之一切，当作补鲁沙之食物，将其作为献于大梵之祭品。与此一致者，尚有 VI・26 所云：“如猎人（此指渔夫）以其网收诸水生者，而祭之于腹中之火，如是，信然，人以 Om 收诸元气而祭之于（大梵之）无过之火。”这种祭祀是一种内在的自我牺牲。在这里，人应当使其心从外境，即自性及其所生之种种转变相收回，而唯指向其内在补鲁沙或真实自我。当人完全不缘外境，则自性及其转变便如进入空室而无人欣赏的妓女一样，自然引退。于是此人便完全融入补鲁沙之中。此人即为苦行者（saṃnyāsin）、瑜伽士、“行自我祭者”。

总之，《慈氏》的祭祀学方针，是试图使其内在化，而成为瑜伽和正智修习的辅助手段。

### 2. 观　想

所谓观想，即专注地沉思某种观念、真理。奥义书的观想有多种：有属于祭祀观想者，谓优波舍那（upāsana，敬思）；亦有属于瑜伽观想者，谓静虑（dhyāna）。此二者分别于上下文中述及，兹不别论。然而在奥义书中，此外尚有一类观想，既非关于祭祀的内容，又非属瑜伽，而为独立之证悟途径。《慈氏》开示此类观想甚多。它们与祭祀、瑜伽一样，可视为构成《慈氏》修道论整体的环节。《慈氏》此类观想，较有代表性的大致有以下几类：

一是元气与太阳同一观想。此即观想人体内的元气，与天界之太阳，其实质乃是同一自我。MaitVI · 1—2，6—8 云：

> 1 彼（即自我）以其自我为二分：此之元气（prāṇa）与彼之太阳（āditya）。相应地，信然其道亦为二分：一内在一外在。二者皆以一昼夜往返。彼处太阳，信然，即外在自我。内在自我即元气。是故内在自我之道乃由外在自我之道得以比度。如是有云："复次，孰若为知者、无过恶、审诸根、心净、坚住（于自我）、唯内观，乃与彼同一。"复次外在自我之道亦由内在自我之道得比度。如是有云："彼太阳中之金人，于其金色座俯视尘间，彼乃与居于心莲且进食者同一。"2 复次，彼居于心莲中进食者，与居于天界之太阳火同一，彼即时间，不可见者，以万有为其食。何为彼莲花，彼由何而成？如实，彼莲花与虚空（ākāśa）同一。天界之四方，与中界（大气界）四维，皆为其叶。彼二者，元气与太阳，相向而行。人应以 Om 敬思彼二者，及以 vyāhṛti（即 bhūr, bhuvaḥ, svar 三声）、以日神（Sāvitṛī）祷。6 信然，（于初）此世界未得言表（avyāhṛitam）。是故彼（自我），即实性、生主，当其修苦行，乃说出"bhūr"（地）、"bhuvas"（虚空）、"svar"（天）。如实此即生主之最粗相，即世界相。其首即天。其脐为虚空。其足为地。其目为日（āditya）。原人之物界（mātrā）安立于目，彼以目寻视万物故。信然，目即实性，原人居于其中，于一切境漫游故（即遍入一切境）。是故人应敬奉 bhūr（地）、bhuvas（空）、svar（天），因为如是生主，即万有之我，万有之目，乃被敬奉。如是有云："信然，此即是生主之安立一切相。此全世界皆藏于其中，彼亦藏于全世界中。是故彼乃为人所应敬奉者。"7 "彼 Savitṛi（为日神名号之一）之可爱（tat savitur vareṇyaṁ）！"信然，彼太阳即 Savitṛi。信然，彼即欲得自我之人所当求者。诸梵论师如是言（brahma-vādin）。"吾等且沉思神之光辉（bhargo devasya dhīmahi）！"信然，Savitṛi 即神。是以我沉思名为彼之光辉者。诸梵论师如是言。"愿彼启发吾等智识（dhiyo yo naḥ pracodayāt）！"信然，智识沉思。愿彼为

吾等启发之。诸梵论师如是言。复次，(关于原人之) 光辉 (bharga)。信然，彼藏于彼岸太阳中者名为光辉，彼藏于瞳仁中者亦是！彼名光辉，因彼以太阳光线 (bhā) 为其路径 (gati) 故。复次，bha 谓彼照亮 (bhāsayati) 诸世界。ra 谓彼愉悦 (rañjayati) 此诸有。ga 谓此处众生皆归入 (gacchanti) 彼且由彼出。是故，以彼为“bha-ra-ga”，彼乃为“bharga”。Sūrya 乃得名于持续榨出 (sūyamāna)[①]。Savitṛi 乃得名于榨取 (savana)。Āditya 乃得名于执持 (ādāna)。Pāvana (火) 乃得名于净化 (pavana)。复次，Āpas(水) 得名于使增长 (āpyāyana)。如是有云：“信然，此我中之自我即是不死之首领，为知觉者、思维者、行走者、排泄者、生育者、作者、言者、尝者、嗅者、见者、闻者，彼且触。如是此遍入者进入身中。”[②] 如是有云：“复次，何处当心识为有二，如实于彼处，彼 (自我) 遂闻、见、嗅、尝，且触；此我遂知一切。何处当心识无二、无为、无因、无果、无名称、不可比拟、不可表示——此为何？无法言说！”[③]8 信然，此自我即是主宰 (Īśāna)、吉祥 (Śambhu)、大有 (Bhava)、怖畏 (Rudra)、生主 (Prajāpati)、造一切者 (Viśvasṛij)、金胎 (Hiraṇyagarbha)、真实 (satya)、元气 (prāṇa)、灵魂 (haṃsa)、调御师 (Śāstṛi)、毗湿奴 (Viṣṇu)、人子 (Nārāyaṇa)、光耀者 (Arka)、日 (Savitṛi)、创造者 (Dhātṛi)、安排者 (Vidhātṛi)、大王 (Samrāj)、因陀罗 (Indra)、月 (Indu)。彼即于彼处 (太阳) 发光者，彼为一千眼之金色球所围绕，如火被火 (围绕)。信然，彼即人当欲知者。彼即所当求者。既平息众生，栖止于森林，离弃感官境，人当由自身之内见彼。(以下为韵文) 彼金色者具 / 一切相、全知，升于至高处，独为光、发热。以其千光线，漫游于百处，彼处太阳升，众生之生命。

此种观想，完全因袭梵书和早期奥义书，并无新意，然而却是《慈氏》着力强调者。VI·9 云：“信然，人若知此二者 (元气与日) 为其自我 (ātman)，则唯静虑于我，献祭于我。此种静虑及事此之意乐，乃为智者所赞叹。” VI·9 并提出应于祭事结束以如下二咒敬思自我：“如元气与火，此至上自我，以五风进入。愿彼自悦已，复能悦万有——彼受一切者！汝即是一切，汝即遍在者！汝支持万有，祭品皆归汝！汝常者所在，是处众生存。”这也是要求观想元气与火 (即太阳之火) 为至上我。另外 VI·37 及 VII·11 等处要求观想至上我为表现火、日、元气三分，亦即观想火、日、

① Sūrya，Savitṛi，Āditya 皆为日神名号。

② 参见 PraśIV·9。

③ 参见 BṛihII·4·14。

元气乃是以同一自我为其实质，精神上与上述观想也是一致的。

§1,2 谓人体内的元气即是天界中的太阳，二者的实质皆是自我、食者，前者以诸根进食，后者以其光线进食；另外，元气所居于其中的心中莲花即是太阳居于其中的虚空（ākāśa），天界之四方、空界之四维皆为人心中莲花之花瓣。人应以 Om 咒、vyāhṛti 声（即 bhūr, bhuvaḥ, svar 三声）及 Sāvitrī（日神）祷敬思此二者。元气与太阳皆是火，前者是体内消食之火，后者是天界之火。§6 亦是松散地发挥此种思路。它要求观想太阳为宇宙之眼，而原人居于其中；同理，元气为居于人眼中之原人。在这里，原人、太阳、元气实际上是同一的，它就是真理、生主，宇宙创造者（通过言说创造地、空、天三界）。§6 实际上是因袭了梵书的宇宙拟人论，后者以为人的小我与一宇宙大我完全同构。宇宙大我（生主或原人）具有与人一样的肉体与灵魂，其肉体即世界，其首即天，其脐为虚空，其足为地，其目为日。其以为正如人的灵魂居于目中（右眼瞳仁中），宇宙灵魂乃居于太阳中。可见，这些说法全都被 §6 采用。所谓“目即实性”或“物界安立于目”，其实是说居于太阳的宇宙灵魂是存在的本质和真理，是物质宇宙的基础，“此全世界皆藏于其中，彼亦藏于全世界中”。§7 前面为敬思太阳之光辉，且观想此光辉等同于人眼中的光辉，而这就是原人、补鲁沙，其间颇杂以词源学的牵强附会。末尾部分的内容则引自 PraśIV・9, BṛihII・4・14，被非常不恰当地放在此处。§8 则试图给此种观想添加上人格神崇拜的色彩，要求敬思此自我为是主宰（Īśāna）、吉祥（Śambhu）、大有（Bhava）、怖畏（Rudra）、生主（Prajāpati）、造一切者（Viśvasṛij）、真实（satya）、元气（prāṇa）、光耀者（Arka）、日（Savitṛi）、创造者（Dhātṛi）、安排者（Vidhātṛi）、大王（Samrāj）等。其末尾为献于此居于日中原人的祷歌，且以为人唯有遁入丛林，离弃感官境相，方能由自身之内证悟彼自我。

在观念发展中，精神的惰性往往会把传统当作温床，使精神丧失真正的创造力，于是它的所谓“发展”，也只是对传统中的现存观念进行一种同质的综合、重组或再读。它尽管自以为这种综合无比高明、独到至极，其实却是平庸无聊的。这种“创作”不是来自生命的经验，而只是来自懒散的想象力，与精神的生命、自由脱离，也没有与真理的直接接触，因而其精神价值极为有限。

《慈氏》开示的上述观想就是如此。它的全部素材都来自《梵书》和最早的自然论奥义书的宇宙论想象。它试图对这些材料作出一种别出心裁的新解释，但由于没有对其作出实质的深化和提升，因而结果只是在《梵书》的这些想象中，又增加了一种而已。其中所谓元气、太阳、火的实质是同一的至上我、补鲁沙，甚至作为元气居处的莲花与虚空的同一等内容，全都在《梵书》和最早的奥义书中已经大量出现。首先，《梵书》中有大量关于火、日、莲花的同一的想象。此如 Sat BrāVI・4・2・2 莲花即阿耆尼（火）之胎，且莲花即虚空，火即是日。IV・1・5・16亦云阿耆尼、莲花、日为同一。X・5・2・6—7云莲花中的阿耆尼就是太阳与人右眼中的金色人。V・4・5・14开示莲花与宇宙的同构，谓其花即天界之相，其茎即空界之相，其根系即地界之相。其次，元气也与被与火、日、莲花的意象连接起来。比如TaitSaṃV・6・4・2："于初世界唯有水；生主作为风（即元气）生起于莲花瓣；他寻视无住处，于是见彼大水，乃置火其上，火变成土。"Tait ĀraI・23："于初世界唯有水；于是生主作为风，生于莲花瓣上；在他的意中产生了欲望：我其创造世界乎！故人所欲者，遂以语言说之，以实践成之。"此外Sat BrāVI・3・1・21说阿耆尼（火）就是元气。X・6・2・1—10以为世间存在，只有食与食者两种。食者即主宰、受用、能动的原理，食为被主宰、被受用、被动的原理。食者就是火、日、元气，三者实质上即同一个补鲁沙，余皆为补鲁沙之所食。此种想象亦被早期奥义书继承。比如ChānIV・17说生主于地、空、天诸界修苦行，乃抽出其实质：由地出火，由空界出风，由天界出日。这里生主的苦行，实为一种观想，即观火、风、日为宇宙万有的实质。另外ChānIII・13・7："此炽然于诸天之上、于万有之上、于每一物之上、于至上界中，无有世界超越于它之火——信然，彼即与人中之火相同。人可如是见之，当人触知体内之热。亦可如是听之——当人塞耳，即可听到某种声音，似为燃烧的火焰之声音。人应敬思此所见所闻之火。"这也旨在表明元气与火、日之同一。此中，所谓"炽然于诸天"之火即是日，而"人中之火"即是元气。ChānVIII・6・1—6，PraśI・10皆说太阳是元气之归宿、依处（āyatana），人死则其元气由心室出，从颅顶逸出，循太阳光线上升，最终融入于日中。通过比较可以看出：其一，《慈氏》上述观想涉及的内容，已经全部都在这里了；其二，《慈氏》这种观想，对于这些内容没有任何实质的深化和提升，这种观想仍然是一种外在、粗陋的宇宙论想象。根据一种更有同情的理解，《慈氏》在这里应当是希望把这种宇宙论的观想，同祭祀一样，作为瑜伽的准备，但应当承认，即便如此，这二者的关联仍然是外在的。

二是Om观想。《羯陀》、《六问》、《蛙氏》皆开示一种Om观想，此实为晚期奥义书之一大重要主题。此诸奥义书要求观想Om就是大梵、至上我，或依Om三音（a+u+m）观想大梵、自我的不同存在层面。然而《慈氏》则对此种观想作出最大程度的发挥，使其容纳了最丰富、多样的内容，每与前文所述互相涵盖。MaitVI・3—5，22—26云：

VI・3信然，有二相梵：有相梵与无相梵。复次，彼有相者为虚妄；彼无相者为真实，即大梵、光明。此光明即太阳。信然，彼乃以Om为其自我。彼分自我为三，因 Om 由三音 (a + u + m) 所成。由此三者，"万有于彼（自我）中被编织而成，如经与纬。"是故有云："人应专注沉思彼太阳即 Om。"4 复次余处有云："现在，彼（《娑摩吠陀》之）Udgītha 颂即是（《黎俱吠陀》之）Praṇava 音 (Om)。Praṇava 音即是 Udgītha 颂。是以，信然，彼太阳即是 Udgītha，即是 Praṇava。"① 如是有云："Udgītha，或曰 Praṇava，乃为首领，为光辉、不眠、不老、不死、具三足（即 bhūr, bhuvaḥ, svar 三声，分别代表地、空天三界）、由三音（即 a + u + m）所成、具五相（五气）、藏于（心中）秘窟。"如是有云："三足之大梵，植根于上方。地、水、火、风、空，乃为其分枝。此梵乃得名，独一宇宙树 (Aśvattha)。"太阳之光辉属于彼，Om 之光辉亦属于彼。是故人应恒以 Om 敬思之。彼即人之唯一启蒙者。如是有云：此声实神圣。此声实最上。若人知彼声，得任何所欲②。5 复次余处有云："此 a, u, 和 m（= Om），即此（自我）之声相。女、男、中性，此即（自我之）性别相。火、风、日，此即光明相。梵天、禄陀罗、毗湿奴，此即主宰相。Gārhapatya 火、Dakṣiṇā 火、Āhavanīya 火，此即口相 (mukhavatī)③。《黎俱吠陀》、《夜珠吠陀》、《娑摩吠陀》，此即识相 (vijnānavatī)。地 (bhūr)、空 (bhuvas)、天 (svar)，此即世界相。过去、现在、未来，此即时间相。元气、火、日，此即其热相。食、水、月，此即其增长相。觉谛、意、我慢，此即其心相 (cetanavatī)。上气 (Prāṇa)、下气 (Apāna)、平气 (Vyāna)，此即其元气相。"是故人若说 Om，则彼等皆被包含在内，且被赞颂。是故有云："信然，娑底夜迦摩，此 Om 声即上梵与下梵。"④VI・22 复次，余处有云："信然，有二梵应沉思：有声梵 (śabdabrahman) 与无声梵 (aśabdabrahman)；而且无声者唯通过有声者被显示。"复次有声梵即是 Om。借此上升，人最终达乎无声（梵）。是故有云："如实，此即是道。此即是不死。此即究竟联结 (sāyujyatva) 及寂灭 (nirvṛtatva)。"复次，譬如蜘蛛由其丝上行，达于自由空间，如是静虑者，乃由 Om 上行，而得自存 (svātantrya)。另有以它义释声（梵）者。以拇指塞耳，彼等得闻心中虚空之声。于此有七重譬喻：如河流、如钟、如铜器、如轮、如蛙鸣、如雨、如人私语。过此多相（有声梵），人遂融入至上、无声、非显之大梵。彼遂为无德、无差别，如差别之花汁入于蜜⑤。如是有云："有二梵当知：声梵及更高。人若知声梵，乃入更高梵。"23 复次，余

① 见 ChānI・5・1。
② 另见 KāṭhII・16。
③ 以火有吞噬、消化食物（腹内之火）之功能，故喻为口。亦见 VI・10。
④ 类似表述请见：PraśV・2。
⑤ 见 ChānVI・9・1。

处有云:“有声梵即是 Om。其究竟乃为寂灭、无声、无畏、无苦、喜乐、满足、安稳、不动、不死、坚住、恒常,名为毗湿奴。人若欲得最尊者(解脱),应俱敬此二者。如是有云:尊与卑皆俱,彼神名 Om,亦无声、空有(śūnya-bhūtaḥ)。专心于颅顶!”24 复次,余处有云:“身(śarīra)是弓。Om 是箭。末那是箭镞。黑暗(无明)为靶。既穿破黑暗,人遂入不为黑暗覆蔽者。于是,当其穿破被黑暗覆蔽者(命我),人遂见彼闪耀如火轮[①]、其色如日、有力、超越黑暗之大梵。彼闪耀于彼岸之太阳,以及月、火、闪电中。信然,人若见彼,遂入不死。”[②] 如是有云:内缘(至上我)之静虑,亦缘于外境;故无差别识(无相识),乃成有差别。当末那消融,乃有妙乐生,唯自我证彼,彼即是大梵,不死且清净,即道、真实界! 25 复次,余处有云:“人若收诸根如于睡眠;藏于诸根之窟(色身)而不受制于诸根,如于梦中;乃以其最清净心识,证彼名 Om、首领、光辉、不眠、不老、不死、无苦者——彼遂得名 Om,为首领、光辉、不眠、不老、不死、无苦。”如是有云(以下为偈颂):何人若联结,呼吸与 Om,及多样世界,或彼等已结,乃称为瑜伽(Yoga,联结)。息与意合一,以及与诸根,离弃一切有,乃得名瑜伽。26 复次,余处有云:“信然,如猎人(此指渔夫)以其网收诸水生者,而祭之于腹中之火,如是,信然,人以 Om 收诸元气而祭之于(大梵之)无过之火。”复次,此火乃似热锅。信然,如热锅中酥油遇(点燃之)草、木乃被点燃,如实彼名为无元气者乃被元气点燃。复次,彼被点燃者乃是梵之行相,彼即毗湿奴之至上处,彼即禄陀罗之禄陀罗性。彼既如是分其身无数次,乃遍及此诸世界。如是有云[③]:如火溅火花,如日放日光;元气及其余,屡屡由彼出,进入此世界,各以其次第。

如前所述,此中对 Om 观想,包含了多种意义层面,既有来自梵书的祭祀敬思和宇宙论观想者,亦有来自数论分别观(viveka)和大乘空观者,主要包括以下几种:

**1. 祭祀敬思和宇宙论观想**

§3—5 中,除 §3 开头五句(“信然……此光明即太阳”)为后来辑入之外,其余部分皆属于此二种观想范畴。在这里,Om 仍然在梵书意义上被视为就是《黎俱吠陀》之 Praṇava 音,为婆罗门在吟诵吠陀之前、后所唱出的音。§4 要求观想《娑摩吠陀》之 Udgītha 颂与 Praṇava 音同一,观想 Udgītha 和 Praṇava 为首领、光辉、不眠、不老、

---

① 旋火轮喻在乔荼波陀《圣教论》(ĀŚIV · 47—52)有更充分展开。

② 参见 MuṇḍII · 2 · 3—4 ; KāṭhV · 15 ; ChānVIII · 4 · 1。

③ 以下参见 BṛihII · 1 · 20 ; MuṇḍII · 1 · 1。

不死、具三声（bhūr, bhuvaḥ, svar）、由三音（a + u + m）所成、具五相（五气）、藏于（心中）秘窟等，皆完全可以纳入梵书的祭祀敬思之中。另外其通过 vyāhṛti 三声（bhūr、bhuvaḥ、svar，为祭祀祝辞中之三种感叹词）、Om 三音（a + u + m）观想宇宙全体之法，也属于梵书中常见的对祭祀环节与宇宙同构的想象。§4 末尾观想 Om、大梵为生成万有的宇宙树（Aśvattha），立场也是宇宙论的。§5 开示通过 Om 三音，观想大梵为万有之全体，即观此三音即大梵之声相。另外，应观此三音为女、男、中，此即梵之性别相；为火、风、日，此即梵之光明相；为梵天、禄陀罗、毗湿奴，此即梵之主宰相；以及为 Gārhapatya、Dakṣiṇā、Āhavanīya 三祭火；《黎俱》、《夜珠》、《娑摩》三吠陀；地、空、天三界；过去、现在、未来三世；元气、火、日三光；食、水、月三增长相；觉谛、意、我慢三心相（cetanavatī）；上气、下气、平气三元气相。因此《慈氏》通过观想 Om 三音，就观想到宇宙万有皆作为三分呈现，而且这三分就是大梵的三个层面。于是敬思 Om 即观想宇宙之全体。然而这种观想，尽管在个别地方试图引入一些新素材（如观想 Om 三音为觉谛、意、我慢），但是其绝大部分内容来自梵书且总体思维范式是梵书式的，其理论基础也是梵书的宇宙同构论，所以没有多少新东西。

**2. 大梵二相的观想**

此即 §3 开头五句及 §22—23 所开示者。它开示了一种与上文截然不同的观想，即敬思 Om 为有相梵与无相梵、有声梵与无声梵的全体。盖对于大梵二相的区分，《慈氏》在 VI · 14—16, VI · 36 亦有开示，故可知此义乃为《慈氏》之谌论。如前所论，此种区分之最高旨趣，在于开示现实存在、有是虚假的幻相，而本体则是空、本无。《慈氏》在这里强调上梵的寂灭、无相、无住、空性，表明上梵就是对现实存在的否定，是一种超绝无住的本体。所谓梵的二相，就是现实存在与超绝本体的二分。这些说法反映了晚期奥义书的幻化论和大乘佛教空论的强烈影响。对于本体作为空、无的领会，使《慈氏》在开始超越《白骡》、《频伽罗子》等奥义书的启示省思对一种现存的神圣本质的执着，明确领悟到本体是无，是超绝、无住的真理。大乘佛教正因为对本体的超绝无住性的证悟而领会到本体就是超绝的自由，从而首次对本体自由具有了直接省思，此即究竟觉悟或正智。它由此扬弃启示省思进入正智的领域。大梵二相的说法，反映出《慈氏》在其自身立场上对佛教正智省思的接受。而《慈氏》的主要贡献在于在佛教正智中引入了主观反思的维度，使正智成为空智与绝对反思的辩证统一。因此它发展了一种正智的绝对反思。而其通过 Om 对大梵二相的观想，同下文讨论的瑜伽学一样，乃是这种正智反思的实践。

其中，§3 要求观想大梵为有相梵与无相梵二分。这种观想无疑是从 BṛihII · 3 · 1—3 对大梵的有相与无相二位的区分发展出来，但是克服了前者具体的自然思维。其云“彼有相者为虚妄；彼无相者为真实，即大梵、光明”，把有相、无相的区分说为存在的真、妄之分，因而与 BṛihII · 3 · 1—3 有别。联系 §22—23 及 VI · 14—16, VI · 36 对大梵二相区分的纯粹存在论意义，§3 的区分也应理解为一种存在论区分，故有相就是现实存在，无相就是 VI · 36 的寂灭梵，及 II · 4, VII · 4, VI · 23, VI · 28, VI · 31 所谓的空；如前所述，这种理解受到大乘佛教空论的根本影响。因此 §3 的无相观，就是观想大梵的本质为空，因而它也包含了空智的层面。同时在奥义书语境中，这空不是外在的、彼岸，而就是自我的内在本质，因而这空智就包含了主观反思。是故这种无相观包含了一种正智的反思，它其实就是后者的实践。

§22—23 开示应观想 Om 为有声梵（śabdabrahman），后者与无声梵（aśabdabrahman）为二分。在这种观想中，正智的反思更加明显。这种观想实际上包含两个方面。一方面，是观想有声梵的实性。“声”（śabda）即语言、言说。有声梵即心中内在的言说，即概念、思维或名言分别。应当观想有声梵就是“Om”，应观想它是一切现实存在的根源、本体，且应观它为心中虚空之声，谓“如河流、如钟、如铜器、如轮、如蛙鸣、如雨、如人私语”（即为心灵的内在言语）。人唯有通过对有声梵的精进观想和最终了悟，才能最终离弃它而进入无声梵，即寂灭、空的境界。用《慈氏》的比喻，这就如蜘蛛由其丝上行，达于自由空间；修如是观想者，乃由 Om 上行，最后达到自存（svātantrya，即绝对自由）的境界。另一方面，§23 要求观想无声梵的实性。无声梵是对有声梵的否定。它的体性是空（śūnya-bhūtaḥ）、寂灭、无声、无畏、无苦、喜乐、满足、安稳、不动、不死、坚住、恒常。这种观想与大乘佛教对空性真如的观想及《慈氏》对至上梵的无相、寂灭、无时相的观想是一致的，都是要求直接领悟本体的超绝、无住性，因而这观想就是正智的实践。它与大乘空观的主要区别，在于它同时是一种主观反思，即它明确领会到这空、寂灭的本体就是精神内在的自我。

总之，通过 Om 对大梵二相的观想，实际上就是正智的实践。这正智就是般若的空智与奥义书的主观反思的统一。首先它作为空智，不仅领会到现实的空洞性及本体的超绝性，而且明确领会到本体不是现存的本质，而就是空、无，因而就是自由；而且它作为对空的主观反思，领会到这空或绝对自由就是精神的自我。作为一种精神实践，《慈氏》在这里开示的对大梵二相的观想，就是这种空智与反思的客观化。然而应当指出的是：其一，与大乘的空观不同，《慈氏》这种观想还显得很粗略、零散、模糊，另外它被混杂在大量粗陋的梵书内容中，因而是偶发的。总之它还没有构成一个完备、充分、系统而且必然的实践程序。易言之，在其中，正智还没有成为概念。

其二，与大乘的空观相比，这种观想包含的正智是抽象的。它不是像大乘那样通过对现实的绝对自由（空智本身）的扬弃领会到本体就是超绝的自由，并且领会到这自由的具体内容。在它这里，本体与自由的实质同一很模糊，自由的具体内容也完全没有得到领会。在此意义上，它包含的正智是抽象的。因此，这种观想，与大乘的空观相比，尽管由于它在正智中引入反思的维度使其得到本质的深化，但是它并没有在应有的水平上完整地接受大乘的正智省思，因而相对于大乘，其正智的超越维度有明显退化。

**3. 属于瑜伽的观想**

此即 §24—26 的内容。§24 云修瑜伽者，应以身（śarīra）为弓，Om 为箭，末那为箭镞，以突破无明的黑暗，入不为黑暗覆蔽的大梵。此所谓，身（śarīra），并非专指肉体（拉达克利希南即误译之为“body”）。联系 III・2，身（śarīra）乃是五唯（tan-mātra）、五大（mahā-bhūta）之结合，是心、身之统一体。故 §24 的意思，是行者应将其全部身、心的力量集中于 Om，通过观想 Om 使思想（末那）更锋利，以穿破无明、命我，最终末那自己也消失，融入光明、清净、一味的大梵。§25—26 则开示应观想 Om 就是大梵，应将诸根、元气与 Om 联结，即将彼等从外境收回，摄藏于 Om 之中，如人于睡眠，或如人进食时纳诸食物于腹中之火。盖 Om 就是大梵的符号，瑜伽士应先摄万有于 Om，后入 Om 于大梵。这种观想与下文要讨论的瑜伽行法一致。

三是虚空观想。《慈氏》还开示了一种虚空观想，即观想大梵、至上我为心室中的虚空。MaitVI・17，38，VII・11 云：

> VI・17 信然，于初此世界即是梵，唯一、无限——于东方为无限、于南方为无限、于西方为无限、于北方为无限，且于上、下方，于一切向为无限。信然，于彼东方及其他诸方皆不存，亦无横向、下方及上方。至上我为不可思议、无限、无生、不可计度、不可想象——其自我即虚空（ākāśātman）。当世界寂灭，唯彼独醒。由虚空之中，彼使世界，即以心识为体者苏醒。此世界被彼思维（由彼之思维活动而生出），且归没于彼。彼即光照相，为彼岸太阳中生热者，为无烟之火中之炽然光明，及腹中烹食之火。如是有云：“彼于火中者，及于此心者，彼于彼日者，彼皆为同一。”① 人若知此，乃进入与此同一体之合一中。VI・38 彼行火祭者乃破贪爱（lobha）网。于是，彼既断除颠倒（sammoha），遂不复随顺

① 参见 ChānIII・13・7。

嗔心，而省思（真实）愿欲，乃断大梵四覆①。彼于是入至上虚空（param-ākāśa）。于此，信然，当彼穿越日界、须摩（月）界、火界、萨埵界，自身得清净（śuddha），乃见居于萨埵中之心体（caitanya）。此为不动、不死、不坏、坚住，名为毗湿奴。此即究竟住，具真愿、全知，为自存之心体，安立于自身之大。彼等于此引教证："须摩（月）居日中，火居须摩中，萨埵居须摩；而彼不易者，乃居萨埵中。"既观想彼居于身中为一掌宽者，彼细于微细者，人遂入至上处；一切欲（所欲）皆包含于此故。彼等于此引教证："身中一掌宽，具二、三重光（分别谓补鲁沙、自性二者，与萨埵、罗阇、答摩三德），此梵应赞叹，大神入万有！ Om! 敬礼于大梵！噫！敬礼！"VII・11 信然，此心室中的虚空（nabhas），自性与彼至上光辉能力为一②。彼以三分得以表显：于火、于日、于元气（VI・37）。信然，此心室中的虚空，自性与 Om 声为一。如实以此（Om）故，彼（光辉能力）乃高举、上升且呼出。信然，彼即大梵观想之永久依止。彼因有元气扰动，乃作为发光之内火（即人体内之热量）而呈现。譬如烟因风吹而升起，始为一柱升于天，后生成一一分枝。亦如盐投于水，如热（火）于溶化之酥油，如定中思想（展开、渗透于对象之中）。彼等于此引教证："复次，何以说彼如闪电？因彼每于其升起时，照亮全身故。"③是故人应以 Om 敬思彼无量光辉能力（以下为韵文）。(1)④ 谓此补鲁沙，居于人眼中。其居右眼者，乃是因陀罗，其居左眼者，此即是其妻（即毗罗吒，Virāj）。(2) 二者会合处，即心中空室。此中之血团，为二之活力（tejas）（谓此血团为二者之食物，故为其活力来源）。(3) 有脉发于心，上行、安于眼，彼一分为二，遂侍奉二者（即因陀罗及毗罗吒）。(4) 意激身之火，此火又激风，风动于胸中，而生轻妙音。(5) 彼（轻妙音）既于心中，火所激而起，细于最细者；于喉乃双倍；应知于舌尖，彼乃为三倍；出而为字音；彼等如是说。(6)⑤ 彼有实见者，不见死、病、忧。彼唯见大全，成大全遍满。(7)⑥ 于眼中视者，于梦中游者，酣然熟眠者，超越熟眠者，此即为四位，第四为最高。(8) 于此前三存，大梵四分一；于彼最后位，大梵四之三。为受实、非实（受用真实与非真实之境），大我为二性（即成

① 四覆，即食身、元气身、意身、识身，参见 TaitII。

② 心中虚空的本质是至上能力（param tejas）。VI・35 解之为"穿越虚空之能力（nabhaso' ntarikṣe tejas）"。

③ 此语亦见于 Atharva-Śira UPIV。

④ 以下三颂，为 BṛihIV・2・2—3 之改写。

⑤ 此颂来自 ChānVII・26・2。

⑥ 以下二颂把《蛙氏》自我四位说与《黎俱》将补鲁沙分为四分之说法结合起来。

为命我与至上我)。嚎！大我为二性！

在以上文本中，VI·17,38的“虚空”是“ākāśa”，VII·11的是“nabhas”，二者的直接意思相同。在这里，它们都是指遍满于万有的无相、微细的本质，而不同于被视为存在容器的空间。然而在以上文本中，对虚空的观想有所不同。其中，VII·11的观想是实在的、思辨的，VI·17,38的观想则是本真的、正智的。玆略论之。

VII·11要求观想此心室中的虚空（nabhas）就是Om、大梵、光明，后者表现于火、日、元气之中。此乃是继续VI·37观想火、日、元气同一，及VI·1—7观想日、元气同一的主题。《慈氏》试图将此主题与VI·17,38等处的虚空观想、VI·3—5,22—26的Om观想、梵书（及BṛihIV·2·2—3）对居于人眼中的原人的观想、MāṇḍIII—VII对自我四位的观想综合起来，但是这种综合，就像梵书和早期奥义书中常见的综合一样，恐并非来自精神的真实经验，而是抽象理智的产物，其价值颇可质疑，其是否成功亦值得怀疑。VII·11的文本按其内容可以分为以下几部分：(1)其前面部分开示的对此虚空的观想，如观其为发光之内火、如烟分散形成一一分枝、如盐投于水，如热藏于溶化之酥油等，都是将它观想为一种自然的实质，乃属于梵书和早期奥义书的自然思维层次。(2)紧接着其韵文部分之第一至第三偈，亦是来自梵书，而被早期奥义书多次重复的陈腐想象，亦属自然思维。它和前面(1)的思想一样，没有什么价值。(3)韵文部分之第四、五偈，表现了对于语言产生机制的想像。其以为，自我本质是心中之火，火激于风，生成最细微的声音，后者于喉间乃放大一倍，再于舌尖扩为三倍，于是发出而为言语。这里，火激风生成的最细微声音，就是VI·22所谓的当人以拇指塞耳方可听到的“心中虚空之声”（虚空就是火）；此即内在语言或心灵的言说。慈氏上述说法也是对传统的进一步发挥。盖BṛihV·9即已提出宇宙火即是人体内消食之火，人若塞耳乃得闻之，而将死者则不复得闻。ChānIII·13·7说，彼超越万有之至上光明，就是人内在之火，若人塞耳即可闻其声，如火焰焚烧之声。《慈氏》II·6重复了BṛihV·9的说法；VI·22复有所增饰。VII·11的进一步发挥在于：其一，提出是意或心识使火生成语言；其二，描绘了言说从无声到有声的转化过程。然而这种发挥，要么意义很含糊，要么完全来自想像而非观察，因而价值皆极有限。(4)韵文部分之第六、七、八偈，是VII·11中最有价值的部分。其中第六偈内容来自ChānVII·26·2，它表明大梵，作为精神、觉性，就是存在的全体，因而它体现了一种绝对反思。第七、八偈也体现了一种绝对反思。其基本内容来自《蛙氏》的自我四位说（MāṇḍIII—VII），企图将此说与《黎俱》“原人颂”将补鲁沙分为四分之说法结合。所谓自我四位即醒位、梦位、熟眠位、第四位，分别指客观经验、主观经验、先验思维以及超越思想的纯粹意识。“原人颂”有所谓原人四分中，“一分为万有，三分在彼岸”之说（ṚVX·90）。《慈氏》在此将其理解为思想，即觉性的现实，与超越思想的神秘意识的区分。它要求观想自我前三位为大梵四分之一，即是全部思想、现实；第四位为大梵的四分之三，为超越思想的纯粹意识。大梵就是这两方面的全体。然而由于意识本身亦属觉性的内在现实，故《慈氏》对这两方面的区分，它表现的对现实存在的否定或超越还不是彻底、绝对的；因而它并不是一种存在论区分（现实存在与超绝存在的区分），而只是一种“直觉的区分”，后者即对理性与作为超理性直觉对象的神秘意识的区分①。《慈氏》在这里实际上是将大梵理解为与《蛙氏》第四位相同的超理性意识本体。因此它在这里体现的是与《蛙氏》一样的直觉省思，而不是它在别处表现的启示、正智省思。

VII·11总的思路是想将VI·35等提及的虚空观想、VI·3—5，22—26等的Om观想，以及VI·37对于大梵为火、日、元气三分的观想，还有梵书对居于人眼中的原人的观想与《蛙氏》对自我四位的观想结合起来，从而克服前面这些观想的宇宙论方面，将其由自然思维引入直觉省思，但是这种综合并没有达到《慈氏》应有的思想高度（即本真的觉悟或正智），其是否成功亦可存疑。

VI·17，38的虚空观，则表现出与佛教空观一致的旨趣，故属正智的范畴，另外它还在此正智中拓展出绝对反思的维度，因而它包含了一种正智反思，所以扬弃了空智的局限，进入本觉省思领域。关键在于，此两段文献所谓的虚空（ākāśa），既非VII·11中作为一种自然实质的虚空，也不是梵书、奥义书经常提到的作为空间的虚空（如心中空与宇宙大空），而就是《慈氏》在II·4，VI·23，VI·28，VII·4等处提到的作为寂灭、无相、无我、无住之本体的空（śūnya）；盖以“ākāśa”说“śūnya”，亦为佛经所常见，故《慈氏》此种表述，良有以也。这种解读的根据在于：VI·17将虚空置于一系列对于至上我的否定描述，即不可思议、无限、无生、不可计度、不可想象之后，表明“虚空”是作为否定，即对现实性的否定的结果出现的，而且VI·17接着表明当世界寂灭，唯虚空独存且使世界重新生成，因而在这里虚空（ākāśa）就是空（śūnya）、寂灭。另外，VI·38说当行者断大梵四覆②，于是入“至上虚空（param-ākāśa）”；在这里，虚空同样是作为对大梵四覆，即现实存在的否定出现的，所谓“至上虚空”就是指它的否定或空是最彻底的。在这两段文献中，虚空都是作为否定了有相、思想、现实性之后显现的无相、微妙的存在本质，即空性。因此在这里，虚空

① 详见本书第一部分第二编第四章第二节的讨论。

② 四覆，即食身、元气身、意身、识身，参见TaitII。

绝非现在所谓空间之意①。总之虚空就是对一切现实性、有的否定，就是空寂的本体。这种观想包含了与大乘一致的空智层面。

《慈氏》在VI·17，38中开示的这种观想，还克服了大乘空智的局限。这就在于它将这虚空观与奥义书的反思结合起来，因而成为一种正智的反思。盖根本大乘的空智，是超越性的绝对自由，但没有主观反思的维度。它领会到本体是空性，是超绝的自由，甚至领会到这空、自由就是觉性的内在本质，但这本质却始终是客观的，没有被等同于精神的自我；因而尽管空智的觉悟是究竟的，却不是本己的。本己的觉悟（本觉）就是精神领会到这空性、自由就是其内在的自我。本觉省思就是正智省思与绝对反思的统一。在奥义书传统中，《慈氏》的思想最早体现了这种本觉省思。后者也表现在其实践中。此如VI·17在阐明本体的空性之后，接着就表明在世界寂灭时，唯彼本体独醒，且使世界苏醒，也就是说这本体不仅是空，而且是永恒的觉性，后面所谓"彼即光照相"也旨在表明这一点；文本继续阐明世界万有的实质是心识，皆以此觉性本体为根源、归宿。这些说法都表明了一种绝对反思的存在。同样VI·38也将至上虚空等同于居于萨埵（心灵）中、自存之心体（caitanya），即绝对的觉性本体。这种观想表明在《慈氏》中，正智始终是与绝对反思结合起来的。它的正智就是本觉省思。当然在这两个文本中，也包含了宇宙论和唯心的实在论等意义层面。比如VI·17的结尾部分将至上我说为火，继续发挥火、日、风的同一性的主题；VI·38继续了梵书关于补鲁沙于居于身中之小人的观想，且发挥TaitII的自我五身（食身、元气身、意身、识身、喜乐身，以先验意识为本体）之说。然而在这里，它们的宗旨都在于克服这些说法的宇宙论和实在论局限，将其引入正智反思之中。

### 4. 瑜　伽

瑜伽学在奥义书中经过了长期酝酿，在《慈氏》中具有了完备的系统。《慈氏》之阐释瑜伽，乃集中于MaitVI·18—30，其云：

> 18 得此（合一）之法即此：调息（prāṇāyāma）、止根（pratyāhāra）、静虑（dhyāna）、总持（dhāraṇā）、思择（tarka）、三昧（samādhi）。此被称为六道瑜伽。由此之故：见者若见彼，金色创造者，主宰、补鲁沙，以及梵胎藏（Brahma-yoni）②，于是彼知者，摇落善与恶③，乃融一切于，至上不坏者。如是有云："如

① 拉达克利希南将VI·38的"至上虚空（param-ākāśa）"译为"the highest space"，乃属误译，这就是将虚空当成了空间。然而空间岂有"至上"、"最胜"义乎？而且此解亦与上下文不能很好协调。

② 注者以为大自在为梵天之胎藏，或大梵即胎藏。

③ 此六句引自MuṇḍIII·1·3。

山着于火，鸟鹿皆逃之，故于知梵者，罪恶无处藏。”19 复次，余处有云：“信然，若知者从外境收回其心，安立元气于别境（非外感官的境界），应住于无念（niḥsaṃkalpa）。彼名为元气之命我，既于此由非元气者（至上我，即下文“第四位”）生出，是故信然，彼作为元气，应止其元气于彼名为第四位（turyam）者①。”如是有云：彼为非心者（acitta），遂立于心中，为不可思议，至上之奥秘！人应注其心，以及其细身（liṅga），于彼非心者，是以成无住（nirāśraya）。20 复次，余处有云：“人应具较此更高之总持（dhāraṇā）。以其舌尖抵上颚，制言、意、呼吸，乃通过思择（tarka）见大梵。”当人以灭心（manaḥ-kṣaya），通过自我而见细于微细者之光辉自我，既由我而见我，人遂成无我（nir-ātman）②。彼因成为无我，乃被视为不可计度（a-saṇkhya）、无根源（ayoni）。此即解脱（mokṣa）相，为至上秘义（rahasya）。如是有云：“由心识清净（prasāda），善恶业皆除。净我（prasannātma，清净之我）立于我，人遂得永乐！”21 复次，余处有云：“有一主脉曰 Suṣumnā，导元气上行，于上颚分为二③。与元气、Om 声、意联结，人乃由此上升。既以舌尖抵上颚，且聚摄（saṃ-yojya）诸根，当以大见大④。”彼于是成为无我。以无我故，彼成为不受苦乐者。彼遂得独存（kevalatva）。如是有云：既已制呼吸，复使之止息，于是超越彼，一切限制者，终与无限者，于颅中合一。24 复次，余处有云：“身（śarīra）是弓。Om 是箭。末那是箭镞。黑暗（无明）为靶。既穿破黑暗，人遂入不为黑暗覆蔽者。于是，当其穿破被黑暗覆蔽者（命我），人遂见彼闪耀如火轮⑤、其色如日、有力、超越黑暗之大梵。彼闪耀于彼岸之太阳，以及月、火、闪电中。信然，人若见彼，遂入不死。”⑥如是有云：内缘（至上我）之静虑，亦缘于外境；故无差别识（无相识），乃成有差别。当末那消融，乃有妙乐生，唯自我证彼，彼即是大梵，不死且清净，即道、真实界！25 复次，余处有云：“人若收诸根如于睡眠；藏于诸根之窟（色身）而不受制于诸根，如于梦中；乃以其最清净心识，证彼名 Om、首领、光辉、不眠、不老、不死、无苦者——彼遂得名 Om，为首领、光辉、不眠、不老、不死⑦、无苦。”如是有云：何人若联结，

---

① 见 MāṇḍVII。

② nir-ātman，根据 Rāmatirtha 的解释，指人由于末那停止作用而不复为个体自我。

③ 见 ChānVIII · 6 · 6，TaitI · 7，KāṭhVI · 16，PraśIII · 7。

④ 见 ChānVII · 24 · 1。

⑤ 旋火轮喻在乔荼波陀《圣教论》（ĀŚIV · 47—52）有更充分展开。

⑥ 类似的观想见：MuṇḍII · 2 · 3—4；KāṭhV · 15；ChānVIII · 4 · 1。

⑦ “名 Om、首领……不死”，亦见于 VI · 4。

呼吸与 Om，及多样世界，或彼等已结，乃称为瑜伽（Yoga，联结）。息与意合一，以及与诸根，离弃一切有，乃得名瑜伽。26 复次，余处有云："信然，如猎人（此指渔夫）以其网收诸水生者，而祭之于腹中之火，如是，信然，人以 Om 收诸元气而祭之于（大梵之）无过之火。"复次，此火乃似热锅。信然，如热锅中酥油遇（点燃之）草、木乃被点燃，如实彼名为无元气者乃被元气点燃。复次，彼被点燃者乃是梵之行相，彼即毗湿奴之至上处，彼即禄陀罗之禄陀罗性。彼既如是分其身无数次，乃遍及此诸世界。如是有云[①]：如火溅火花，如日放日光；元气及其余，屡屡由彼出，进入此世界，各以其次第。27 复次，余处有云："信然，此乃大梵、至上者、不死者、无死者之热，亦即人身体之热。"对于彼（热），此身即是酥油。复次，彼（热）虽显现，而实隐藏于（心中）虚空（nabhas）。是故彼等以专注驱散心中虚空，使彼（热）之光显现，如其所似。于是人即刻进入（与彼光之）同一中，如一铁块藏于土中即速变成为土。譬如若铁块变为土，火、铁匠等无奈之何，如是（于瑜伽中）心及其处皆灭。如是有云：心中虚空藏（虚空所成之室），即喜、至上居。即吾等自我，及吾等瑜伽。复次此亦是，火、日之光热。28 复次，余处有云："既过诸大种（bhūta）、诸根、诸境，且执以苦行为弦、以坚定为杖之弓，乃以无我执（an-abhimāna）所成之箭射倒梵门之第一守卫（即我慢，ahaṃkāra），后者以颠倒为冠，以贪、妒为耳环，以懒散、醉、不洁为僚属，此我慢之主，乃以嗔为弦，以爱为杖之弓，以欲之箭射杀此处众生。既杀之（指我慢）矣，且以 Om 之筏渡至心中虚空之彼岸，人遂于逐渐显明之内在虚空进入大梵之堂[②]，如寻矿之矿工进入矿井。于是彼应通过师傅之教导，驱散大梵之四覆[③]。"此后，既得微妙、清净、空、寂灭、无元气（aprāṇa）、无我、不灭、不坏、坚住、永恒、无生、自存，彼住于其自身伟大。此后，既见彼住于其自身伟大者（即修行者之自我），乃俯视生死相续如转轮。（以下为韵文）"修瑜伽六月，人遂得离系，乃圆成无量、/ 至上、秘瑜伽。人若得觉悟，而染于忧（罗阇）、暗（答摩），执于子、妻、室，乃绝无所成。"29 沙迦衍那言毕，乃深思，敬礼于彼（巨车王）曰："大王！依此梵智，生主之诸子升大梵道[④]。人因修瑜伽得满足、相违（dvandva）忍（于有二、对立之相得平等）、寂静。此至上秘义，不应授非子、非徒、心不寂静者，唯应授于唯敬导师、诸德具足者。"30 Om！人当居清净、自清净（śuci）、持清净（sattva）、

① 以下参见 BṛihII・1・20；MuṇḍII・1・1。

② 此二句中"虚空（ākāśa）"的意义可能有冲突。

③ 四覆：即自我五身之前四：食身、元气身、意身、识身（参见 TaitII）。

④ 生主之诸子：即 II・3 所提及之 Valikhilya 众，彼等向生主求问梵智。

习真实、言真实、静虑真实、祭祀真实。此后,彼欲得真实者,乃专注于真实大梵,遂成为完全它者。彼于是获得断缚果,无想望、于他及我皆无怖畏、无欲。彼乃达乎不坏、无量之喜乐且恒住其中。信然,无欲正如最殊胜宝藏中择出之最殊胜珍宝。因为人若由诸欲所成(因有欲望而生成)①,具抉择、意想、我觉(为觉谛、末那、我慢之行相)之相,乃被系缚。是以,对治彼故,人乃得解脱。于此有云:"正是德(guṇa)通过自性转变,以抉择等系缚自我。若灭抉择等过,乃得解脱。"信然,人唯以意(末那)而视、以意而闻,欲、想、疑、信、不信、坚住、不坚住、愧、静虑、怖畏——此一切皆是意。既被三德之流卷入、染污,不定、轻浮、惑乱、多欲、散乱,人遂进入我慢。以思维"此即我"、"彼即我所"故,人遂以自我缚自我,如鸟缚于罗网。是故,人(Puruṣa)若有抉择、意想、我觉之相,乃被系缚。若对治之,则得解脱。是故人应离弃抉择、意想、我觉(此三者分别指觉谛、末那、我慢)。此即解脱(mokṣa)相。此即于此处通向大梵之道。此即于现前之梵门口。人乃依此至此黑暗(无明)彼岸;此黑暗包含一切欲尽。于此有言:"当五识止息,末那亦与俱,觉谛亦不动,是谓至上道。"② 沙迦衍那言毕,乃深思。于是摩鲁特(即巨车王),既稽首尊礼之,得其所愿,乃由太阳北行之道而去③,因为于此世无旁道(可致大梵)。此即于此世通达大梵之道。彼穿越太阳之门而飞升④。于此有教⑤:居于心如灯,其光为无尽,为白、黑、棕、蓝、/黄褐、淡红色。其一(光线)穿日轮,升至大梵界。人若依彼行,遂达至上道。其余百光线,亦如是上升;人若依彼行,遂达诸神界。复有余劣光,下行于多途。既遵彼之道,人游历世间,怅然无助力,受用其业果。是故彼处至福之太阳乃是生成(sarga,即世间)、天界(svarga)、离系(apavarga)之因缘⑥。

《慈氏》对于瑜伽的贡献在于:它在奥义书思想中首次使瑜伽具有了完备的系统,而且将证悟至上我之寂灭、空性作为瑜伽的目标,明显反映了大乘空智的渗透(因而与《羯陀》及古典瑜伽不同)。

---

① BṛihIV·4·5:"人唯由欲望所成。"

② 此数句引自 KāṭhVI·10。

③ 太阳北行之道:见 VI·14 中的注释。

④ 参见 ChānV·10·2。

⑤ 以下几颂乃依 ChānVIII·6·6;KāṭhVI·16 改作。

⑥ 生成(sarga)、天界(svarga)、离系(apavarga):Rāmatirtha 释此为生命之三种归趋,分别属于不敬奉日神者、敬奉日神者、敬日神为大梵者。

在《慈氏》之前，瑜伽已经经过了长达数百年的酝酿。TaitI・6，II・4就提到瑜伽，但仅及其名，未详其义。KāṭhIII・10—13，VI・6—13乃阐明瑜伽的具体内容、方法，比如KāṭhVI・10—11云："当五识止息，末那亦与俱，觉谛亦不动，是谓至上道。人谓之瑜伽——收摄、制诸根，以此离放逸（apramatta）。"前一颂即被MAITVI・30采用。但《羯陀》的瑜伽，仍然很零散而且粗略：其书提到瑜伽诸环节，既不完备也不成系统，且对于每一环节的内容也缺乏详细阐明。ŚvetII・8—15对于这些环节有了更深入的开示，较详细阐明了调身、调息、离欲、止根、总持作为瑜伽环节的实行方法，但也没有把这些环节整理成一个内容全面且有秩序的瑜伽修证系统。在婆罗门传统中，最早可算得上完备的瑜伽系统乃见于《慈氏》。《慈氏》将瑜伽的全部实践摄为六支（VI・18），谓调息（prāṇāyāma）、止根（pratyāhārā）、静虑（dhyānaṁ）、总持（dhāraṇā）、思择（tarka）、三昧（samādhi）。对比《瑜伽经》，可以说在《慈氏》中，古典瑜伽的基本框架已经确定了。盖《瑜伽经》开瑜伽八支（YSII・29FF），谓：(1) 夜摩（yama），即禁戒，包括不害、不诳、不盗、不淫、不有私财；(2) 尼夜摩（niyama），即劝戒，包括清净、轻安、苦行、诵习、虔信；(3) 持身（āsana），即保持一种安稳、舒适的姿势而不动摇，如所谓莲花坐、狮子坐等；(4) 调息（prānāyāma），即以某种特定方式控制呼吸；(5) 止根（pratyāhāra），就是把感官从对象收回，不缘外境，唯指内心；(6) 总持（dhāranā），就是把心固定在某一对象之上，如日、月、神像或自己的眉间、肚脐等，由此增长定心；(7) 禅定（dhyāna），即心完全专注于一境而不间断；(8) 三昧（samādhi），即心、境一如，物我皆泯。其中 (1)、(2)，即夜摩和尼夜摩，乃是瑜伽的准备阶段，基本上是所有印度宗教共同遵守的一些戒律。(3) — (8) 六支才构成瑜伽的核心内容。这六支与《慈氏》相比，名目基本上是相同的，唯去掉思择（tarka），加上了持身（āsana）。由此可见，《慈氏》已经奠定了古典瑜伽的基本框架①。

在文本中，§18提出"六支瑜伽"，但其接着对瑜伽的阐明，与这六支只存在模糊的对应。这里也可能文本提到的有些瑜伽行法没有包括在内。《慈氏》瑜伽与奥

① 古典瑜伽的代表作是巴檀遮厘（Patanjali）的《瑜伽经》。大多数学者认为其人其书的年代应在公元300至500年之间（Haughton Woods, Introduction XVII, The Yoga-System of Patanjali, Motilal Banarsidass, Delhi, 1966.）由于《慈氏》的年代不确定，人们或许也会设想是古典瑜伽影响了《慈氏》，但是从《慈氏》的内容看，更合理的推测则是相反的。理由如下：(1) 古典瑜伽远比《慈氏》瑜伽内容更复杂、丰富、完备，根据思想发展的一般规律（以及奥义书对于传统总是增益而非损减的一贯作风），前者应以后者或与之类似的思想为基础，而非相反。(2) 对于《慈氏》瑜伽，可以清晰地看出其从《羯陀》经《白骡》发展出来的过程，不必假设某种奥义书之外的思潮影响。(3)《慈氏》瑜伽大量引用《羯陀》和《白骡》的文字，却未发现引用《瑜伽经》的情况。因此《慈氏》受《瑜伽经》影响是不可能的，相反的影响则是可能的。

义书更早的《羯陀》和古典瑜伽相比最根本的不同在于这六支瑜伽的每一支皆应包含对大梵即超绝无住的至上我的观想。兹以其实践的逻辑顺序分别论之：

§30 开示修习瑜伽的前提条件，谓人当居清净、自清净（śuci）、持清净（sattva）、习真实、言真实、静虑真实、祭祀真实，此外还应专注于梵、无欲。所谓居清净，即应选择适于瑜伽的清净处所。其具体要求，可由ŚvetII·10释之，其云："于清洁平正，无凸石、火、砂砾，有水声以及，类似悦思相，无犯于目处，人应择避风，清净安隐所，于此行瑜伽。"此即处所清净之义。自清净，应当指末那清净，即末那厌离诸欲、不攀外境而专注内心。VI·34 结尾的偈颂部分也标明此义，其云（有删节）："轮回即自心，应勤净化之。由心清净故，遂断善、恶业。有说意二相：清净与染污。染由着于欲，清净由离欲。"与此互释，KāṭhIII·7—8 亦以为末那清净是修道之条件："人若无智识，意乱恒不净，则不得成就，而入于轮回。人若有智识，摄意恒清净，则其得成就，由此不再生。"ŚvetVI·22 也以自身寂静为宗教修行的前提。持清净（杜伊森译为"in der Realität feststehen［持真实］"），即持守、观想清净之法（sattva），即真实、理体。其余习真实、言真实、静虑真实，意义甚明。祭祀真实谓献祭于或崇拜真实，即大梵。满足这些条件，方能修习瑜伽。以下为六支瑜伽的内容。

（1）调息（prāṇāyāma）。§21 有云："既已制呼吸，复使之止息，于是超越彼，一切限制者，终与无限者，于颅中合一。"调息就是控制呼吸。ŚvetII·9 提到"人当由鼻孔，运微弱气息"，为最早提及调息者。古典瑜伽（和佛教禅学）所谓调息，有数息、观息、随息、止息等详细科目。《慈氏》（以及《白骡》）尚未及此。其调息法尚有如下特别处，一是在观想中将元气与超绝、非元气的大梵联结，并使之止灭于此本体之中（§19）；二是试图将气息与 Om、意联结，即专心于元气，观想元气属于 Om，最后使元气没入寂灭的大梵，如 §26 所云"以 Om 收诸元气而祭之于（大梵之）无过之火。"

（2）止根（pratyāhāra）。在奥义书中，此瑜伽支名称为《慈氏》最早提及。止根即将诸感觉从外境收回，使其指向内心，如 §25 所谓"收诸根如于睡眠；藏于诸根之窟（色身）而不受制于诸根"。调息与止根的目标是息、诸根与心（末那）彻底合一，于是心脱离现实的世界，证得寂灭、空性之大梵，如 §25 说："息与意合一，以及与诸根，离弃一切有，乃得名瑜伽。"

（3）总持（dhāraṇā）。在奥义书中，此瑜伽支亦为《慈氏》最早提及。其义见于 §19，20。总持即使元气、诸根、末那等安立于某处而持守之。在这里，总持通于调息、止根、思择。与在古典瑜伽和佛教禅学中相比，它的另一特点是以第四位、至上我或超绝的本体作为心、元气等持守的对象，并最终使心、元气等于自我中消失，即泯灭于空寂的本体中。如 §19 云“应止元气于彼名为第四位者”，“人应注其心，以及其细身（liṅga），于彼非心者，是以成无住（nirāśraya）。”

（4）思择（tarka）。思择即寻思、计度、分辨等义。思择心缘实性，但佛教以为其属带相而缘，未能实证无相，故亦称之为乾慧。在《慈氏》中，思择就是通过寻思、分辨，理解大梵、至上我的真实意义。这就是要以现实自我为对象，在其中分辨空与有、我与非我、非心与心、补鲁沙与自性、真与俗，并通过末那、心、诸根（泛指一切现实存在）的消除（kṣaya），使超绝、无住的自我理体呈现出来。如 §20 云“当人以灭心（manaḥ-kṣaya），通过自我而见细于微细者之光辉自我，既由我而见我，人遂成无我（nir-ātman）。彼因成为无我，乃被视为不可计度（a-saṇkhya）、无根源（yoni）。……由心识清净（prasāda），善恶业皆除。净我（prasannātma）立于我（谓于现实自我中思择清净我、大梵），人遂得永乐！”后来更成熟的瑜伽学将思择归于静虑支中。

（5）静虑（dhyāna）。§24—28 阐明静虑之法。静虑，佛典译为禅定，即专心思维、观想，谓系心一处，全断它缘。古典瑜伽所说，亦大同于此。《慈氏》说此，较以上二家，除了内容更简单粗略，亦颇有其特点。这就在于它将 Om 观想作为静虑的功夫核心，而以舍（现实存有之）境入（空无寂灭之）心为其宗旨。其云人应通过持念 Om，使末那专注，以穿破无明（即自性、现实世界）的黑暗，舍离命我，得见澄明空寂的至上我（§24）。其中，人应次第戡破大种、诸根、诸境、我慢、觉谛（觉谛即 §28 所云“心中虚空”。以上五法概括了一切内在与外在的现实存在），驱散四覆（即 TaitII 所谓食、元气、意、识四身，其意蕴与上述五法一致），以 Om 之筏渡至心中虚空之彼岸，即超绝的大梵（§28）。

（6）三昧（samādhi）。三昧亦是瑜伽和禅学的重要术语，即心一境性，谓通过修习静虑使心与境合一。在《慈氏》中，它指心消除外染，专注于大梵、至上我，从而断灭一切现实存有，使自身完全消融于至上我之中、一味无别。如 §27 所谓以专注驱散心中虚空，使大梵之光显现，于是人即刻进入与大梵的同一中，“如一铁块藏于土中即速变成为土……如是（于瑜伽中）心及其处皆灭”。VI · 34 中偈颂第（8）—（10）云：“应系意于心（hṛday），直至其灭尽。此即智、解脱，余皆为赘言。人若以三昧，净其心（ceta，在此与 manas 意同）垢染，进入自我中，则其所得乐，非言语能表，唯以内根触。如水于水中，如火于火中，如风于风中，人皆不能辨。若其意入没，人遂得解脱。”同样，§30 开示的离欲去染，断灭意、我慢、觉谛（“离弃抉择、意想、我觉”）之道，亦属三昧。其结尾引用 KāṭhVI · 10 的一偈，“当五识止息，末那亦与俱，觉谛亦不动，是谓至上道”，亦旨在阐明三昧之法。无论是在古典瑜伽还是在佛教定学中，三昧作为心一境性，都允许有境的行相存在。《慈氏》所谓三昧，就其作为现实自我泯灭一切外境及其自身，而证入空、寂灭、无我、无生、不灭、微妙、清净、无元气、不坏、坚住、自存的理体而言，乃与以上二家所云都有不同，而与佛教的涅槃基本一致，唯于其中加入了主观反思的维度。

《慈氏》瑜伽的理想境界，是精神否定一切现实性，以至否定自身的存在，而融入超绝的寂灭、空性境界之中，这就是解脱（mokṣa）。此种境界，§28 说为空、寂灭、无我、无生、不灭、微妙、清净、无元气、不坏、坚住、自存。VI・34 的偈颂（1）、（2）也形容它为："如薪尽之火，遂于自处灭，心（citta）若无活动，亦于自处灭。纵使求真心（末那），已于自处灭，若为诸境乱，宿业生颠倒。"这种领会，与大乘佛教的正智具有本质的一致性，故亦属正智的范畴。由于在正智中是理智不分、智与真如彻底融合的，因而上述境界，如空、寂灭、无我、无生等，皆可以作为对真如理体的描述（见II・4，VII・4 等）。

总之，《慈氏》的六支瑜伽，是瑜伽学乃至印度宗教史上的里程碑。尽管瑜伽后来在古典瑜伽和佛教定学中变得非常精致和复杂，相比起来《慈氏》瑜伽则显得很粗略、模糊，其每一支的内容多缺乏充分阐明，且各支区分也不甚清晰，但是它首次对散见于奥义书的众多实践科目进行抉择、料简，将其构成一个系统整体，从而奠定了瑜伽学的基本框架；另外，由于受大乘空智的启发，它将奥义书传统的瑜伽引入本觉（正智的主观反思）实践的层次，从而扬弃《羯陀》和古典瑜伽的实在论局限，为不二吠檀多的修道论提供了借鉴。后面这一点在于，古典瑜伽的实践尽管更为精致、丰富，但它与数论的二元论形而上学对应，只体现了一种理智的实体反思，但《慈氏》的本觉省思，则扬弃一切实在思维，包括这种实体反思，因而是一种对于空性本体的主观反思，其实践正是这种反思的体现。这一点无论从《慈氏》瑜伽的修证工夫还是其最终理想上，都可以看得很清楚。不仅六支瑜伽的每一支都包含对空寂本体的观想，而且都旨在将其针对的现实环节（元气、诸根、末那、我慢、觉谛）消融到这空性之中①，而且作为瑜伽理想的解脱，就是自我彻底否定现实存有，完全融入空性之中的境界。这表明《慈氏》瑜伽将大乘的正智或空智的精神包含在内了。另外，《慈氏》瑜伽最终呈现的空性本体，就是精神的内在自我，因而这种瑜伽同时是一种主观反思：它就是本己的觉悟或本觉省思的实践。

① 这一点，在后来的《光明点奥义书》中表现得更清晰，如云："于一切心及，余境中见梵，故制（觉谛之）诸转变，是名为调息。于境见自我，且以意悦心。彼即是止根，应数数修习。随其意所之，举目皆见梵，恣意于善念，此即是总持。我唯是大梵，无住无所依。此即是静虑，生至上喜乐。初入不易位，次证梵实性，以故忘彼位，此即三摩地。"（TejobinduI・31—37，有删节）

## 四、对异端的批判

从思想史角度看,《慈氏奥义书》还有一点引人注目的,即是它首次表现出对异端思想的强烈批判。这表明了婆罗门思想的宗派意识的觉醒。在此之前,尽管佛教、耆那教等沙门思想已经早就开始流行,在此前的奥义书中却看不出对这些思想的批判。这可能表明此时的奥义书思想,尚持一种开放的求真态度,而不具备强烈的宗派意识。这一点,或许可以从奥义书中所记多处婆罗门耆宿向刹帝利问道的故事,以及早期佛典记载的大量婆罗门问道于佛及其弟子乃至最后皈依的事实,得到验证。《慈氏》却在其最后一章(此章应为后来补缀的)表明了一种反对异端思想,捍卫吠陀正统的态度。MaitVII·8—10 云:

8(圣者沙迦衍那:)"复次,大王,关于识障。信然,惑乱网之因缘,乃应得天界者与不应得者联结。彼即如是。虽人言有果园在现前,彼等仍执于榛丛。复次,有人常嬉乐,有人常出游,有人常乞讨,有人常以手艺为生。复次,有于市行乞者,有为贱民行祭者,有作首陀罗之徒者,有身为首陀罗而知圣典者。复次,有歹毒者,有诳语者,有舞者,有佣兵,有游方者,有戏子,有因王事被贬者,及诸如此类。复次,亦有人言吾等为得钱,可降伏夜叉、罗刹、鬼、妖怪、精灵、蛇、吸血鬼等。复次,亦有伪着红袍、着耳环、佩骷髅者。复次,亦有人乐以虚假的循环论证、空洞的譬喻和例证的戏法,惑乱信吠陀者。于此有云:由无我谬说,由虚假喻、证,世间乃被惑,不辨智、愚别。9 信然,梵主(Bṛihaspati,诸神之导师)化身太白仙人(Śukra,阿修罗众之导师),为因陀罗之安全,及为毁灭阿修罗众故,创造无明(avidyā)。由此无明,有人称不善为善,称善为不善。彼等声称人应勤习破吠陀与其他圣典之新法。是故人不应习此教。彼为虚假。彼如石女。彼之果报仅是(片刻)娱乐,人若脱离种姓之道亦如是。人不应入于彼。如是有云:截然相对立,且致不同道,二者即所知,智慧(vidyā)与无明(avidyā)。汝那支启多,我度汝所欲,乃为得智慧,诸欲不扰汝①。智慧与无明,人若双知彼,以无明离死,以智得不死②。彼住无明者,自许其有智,自信其博学,奔走而无绪,窜行于迷途,如盲被盲牵③。10 信然,诸神及阿修罗,皆欲得自我,遂至梵天前,

① 此偈即 KāṭhII·4。

② 此偈即 ĪśāXI。

③ 此偈即 KāṭhII·5,亦见 MuṇḍI·2·8。

敬礼而请曰：先生，我等欲知自我。请汝告我等。于是梵天沉思良久，自度曰：信然，此阿修罗众欲得一不同（于真实）之自我。乃告之以异说。彼等惑者（阿修罗，喻佛教等异端），遂安立于此，执着于此，毁坏度世之筏，赞叹伪说。彼等见虚假为真实，如惑于因陀罗网（indrajālam）。是故，凡安立于吠陀者，乃为真实！凡吠陀所开示，智者乃安立于彼。如是婆罗门不应习非吠陀。此即是结论。”

以上文本中，§8 表明了当时的邪道、异端的类型，肯定不是全部；§9,10 则提出神为迷惑阿修罗有意创造无明、异说的神话，既解释这些思想的根源，也表明了它们的虚妄性。§8 以为人之所以陷于惑乱，乃因为与行邪道者交往。这表明对后者的批判，似乎并不是为了拯救他们，而是为了不让更多的人被迷惑。§8 接着（“复次，有人常嬉乐……不辨智、愚别”）谈到了邪法的众多类型。其中多为违背吠陀的行为和生存之道，而涉及当时各思想流派者却极少。比如耆那教、顺世外道、拜火教等在这里都未见有反映。唯 §8 结尾处所云“复次，亦有人乐以虚假的循环论证、空洞的譬喻和例证的戏法，惑乱信吠陀者。于此有云：由无我谬说，由虚假喻、证，世间乃被惑，不辨智、愚别”，当指佛教。盖此奥义书就其内容看，受其他异端影响不太明显，但受佛教影响则极显著，表明其与后者接触应当是最多的。另外“无我”是佛教的最独特教义，且所谓乐用“虚假的循环论证”也是针对当时佛教的特点，因为此奥义书编成的年代正是佛教逻辑学（龙树到陈那）的鼎盛期，因而它给不擅形式逻辑的奥义书作者这一印象是很自然的。从以上考虑，基本上可以断定此奥义书批判的最大异端就是佛教。

接着的 §9 和 §10 试图对这些邪道进行批驳，但是作者似乎不具备从理论上驳斥它们的能力，因而它只是试图对这些异端的起源给予两种神话的解释，企图以此表明它们的虚妄性。这两则神话的宗旨是一致的，都认为所有邪道皆是神创造出来以迷惑阿修罗的（此种说法后来被《往事书》等广泛采用）。§9 说梵主（Bṛihaspati）化身太白仙人创造无明，目的是为了毁灭阿修罗众，保护因陀罗。这无明使人们颠倒善与不善，破吠陀、废种姓、立新法。《慈氏》称其法虚假，如石女仅能带来短暂快感而没有任何结果。§10 说梵天思索阿修罗众所欲得者为一虚假自我，遂告之以异说，故彼等离弃吠陀，见虚假为真实，如惑于因陀罗网。此种批驳，显然都是站在比佛教更低的思维水平上，仅仅表明了一种态度，没有任何力量。此两段文本的立场，是面对佛教等异端冲击，要求退回到婆罗门祭祀宗教中去。盖婆罗门教的特点是，祭祀主义、严格的种姓区分、对吠陀权威的强调。《慈氏》则试图将新的本觉省思与婆罗门教的旧传统生硬地结合起来。这最突出地表现在 VII · 1—7 将梵书陈腐的祭祀观想和宇宙同构论，与对自我的正智反思生硬地编排在一起；VI · 33—38 也试图将瑜伽与火祭外在地结合起来。这种做法在《慈氏》中是主导性的，但是都同样笨拙、肤浅，反映了婆罗门教的祭祀主义对作者的支配。另外在耆那教、佛教实践种姓平等数百年后，《慈氏》仍强烈批判为贱民行祭者、收首陀罗为徒或身为首陀罗而学习吠陀（VII · 8），表明作者试图回归婆罗门教腐朽的种姓制的立场。最后，与大多数中、晚期奥义书对吠陀的忽视相比，《慈氏》还有一个引人注目之处是它反复强调应“安立于吠陀”，表明作者是要恢复婆罗门教的吠陀崇拜的立场。由此可见，作者显然试图从奥义书的本觉省思倒退到僵死、外在的梵书宗教。从中可以看出一种庸人精神如何将真正天才的觉悟引入世俗、粗卑的偶像崇拜中。在这里，其实是阶级的利益、经济的算计和卫道士的廉价崇高情绪，终于抹杀了真理的力量，消灭了良心和自由的呼声。这种情况，与今日东土形形色色的国粹主义何其相似（时至今日竟不乏有当代“儒者”寄希望于重拾谶纬智慧以警国主）！

总之，《慈氏》对异端思想的批判，可能是站在比后者更低的立场上的，它并非出于精神的自由，而完全出于现实、世俗的考虑，没有什么精神价值。

本体自由是精神纯粹的自否定运动，它是包括全部自主势用的运动整体。其中每一种势用的本真存在，都具有在现实层面将自身绝对化的冲动。在大乘佛教的无住精神中，自舍势用的自身绝对化得到完全实现；易言之，自舍势用在此实现了绝对自由。大乘由此使否定思维绝对化，形成了一种正智省思。同样，自反势用的本真存在，也具有在现实层面将自身绝对化的冲动，而且到此为止的印度精神史表明，正是自反与自舍两种势用在其自身绝对化实现过程中的相互交织、相互作用，推动着精神否定和反省的不断进步，从根本上决定了现实精神的发展。无论是否定还是反省，都是在这两种势用的辩证运动推动下，逐步实现其自身绝对化或绝对自由。这绝对的否定和反省思维，都以本体自由自身为存在的真理。其中绝对否定就是精神领会到一切现实、现存存在都不是自为的真理，存在的真理就是超绝、无住的自由自身。这种领会就是正智省思。绝对反省就是精神领会到一切现实、现存存在都是外在的偶像，唯本体自由自身才是真正的内在、本质自我。尽管这否定和反省思维，由于自反与自舍两种势用的自身绝对化意志的推动，都具有把自己绝对化的倾向。然而在现实精神中，由于这些自主势用的本真存在被惰性的自在势用抵消、被传统取代，因而其自身绝对化的道路被阻断，所以这绝对否定和绝对反省，都很难成为精神的现实。在大乘的精神中，否定思维已经达到完全的绝对化，而反省思维则离这种绝对化还十分遥远。这表明精神内在的自反与自舍两种势用的展开极不平衡，自反势用的自身绝对化还没有得到充分实现。

然而本体自由既然是绝对，它必然促使精神进一步发展，最终克服精神在无住阶段的上述局限，达到更高的自由。这从根本上在于，本体自由必促使精神内在的自反势用恢复其本真存在，使其获得自身绝对展开。因为本体自由作为绝对，要求（精神）把它自己作为精神生命的直接、绝对目的，要求精神用其全部存在来直接、绝对地维持这本体自由自身，而这种维持正是精神内在的自反势用的绝对展开。因而在这里，本体自由必然通过呼唤和倾注，促使这自反势用恢复其本真存在，从而战胜自在势用的抵消和传统的桎梏而绝对地展开自身。这自反势用的绝对展开，首先是内容上的，即这自反势用把那超绝、内在的本体自由的自身存在作为维持的对象。在大乘佛学的正智省思基础上，正是这自反势用在内容上的绝对展开，推动省思领会那正智省思揭示的超绝自由，就是觉性、精神的内在真理。省思由此领会到本体既是超绝、自由的、又是内在的，它因而将正智和反思结合起来，成为正智的反思。在这里，其实是自舍和自反势用的辩证交互运动推动了正智反思的形成：先是自舍势用的绝对展开促使省思否定一切现实和现存存在的自为真理性，确立超绝的自由为存在的自为真理、本体（这种展开通过否定思维的发展已经完成，在反思中它只是被继承）；然后自反势用的积极展开促使省思领会这本体就是觉性、精神的内在本质。其次，这自反势用的绝对展开也是形式上的，即这自反势用把本体自由自身存在作为直接、绝对维持的对象。盖精神的自反势用，本然地要求实现对觉性内在本质的绝对直接维持，后者就在于精神将这本质确定为生命的直接、绝对目的，用自身的全部力量来守护它的存在。这个绝对目的不是宇宙精神，或客观的上帝（一切宗教的最终目的都是为了人的自由，既然任何真正的上帝崇拜都是为了人的自由，那么在这里上帝就不是最终的或绝对的目的），只能是自我。所以自反势用的这种绝对化要求，便促使现实精神领会这本质就是它的内在自我，从而形成主观反思。因此，当自舍势用推动印度精神（通过大乘佛教）领会到存在本质是超绝的自由，自反势用也必推动它领会这超绝的自由就是它的自我。这种领会就是主观反思，它同时也是绝对反思（它意识到这自我就是存在的普遍根据）。这绝对反思与正智反思，分别意味着自反势用的自身绝对化在内容和形式上的实现，绝对反省（反思的绝对自由）就是二者的统一。同时这绝对反省必然是在（大乘佛教的）正智省思基础上发育出来的。在这里，省思由于领会到存在本质是超绝的自由而具有了究竟觉悟，又由于领会到这本质就是精神的内在自我而具有了自我反思，因而它就成为一种本己的觉悟，即本觉省思。正是本觉省思首次将本体自由绝对内在化，使其成为精神的自我。总之，正是在本体自由促动下精神内在的自舍与自反势用的绝对展开，推动印度思想从正智省思到本觉省思的转型。自由必然推动印度精神克服大乘佛教的思想局限，形成本己的觉悟。

《慈氏》的思想就验证了上述精神转型。其思想最有价值的方面，在于对超绝、无住的存在本质（其实质即本体自由自身）与内在自我的同一性的领会。它因而将大乘佛学的究竟觉悟与奥义书的绝对反思融合起来。《慈氏》这种思想进展也反映了现实精神自由的进展。首先，《慈氏》不仅领会到现实存在的彻底空洞性和虚无性，而且领会到本体自身也是无。本体是空、寂灭、无住、无依、无得的真理，而不是一种现存的本质、“有”。它因而克服了启示奥义书对超绝的现存本质的执着，将本体“无”化。这实际上是把超绝本体从现存实体的牢笼中解放出来，使之成为绝对自由。同在大乘佛学中的情况一样，《慈氏》对存在本体的空、寂灭、无住、无依、无得体性的领会，在观念层面表现了精神脱离一切现实、现存的偶像朝向超绝的自由本体的持续运动。精神这种绝对地否定自身的现实、现存此在而自投于不可得的空性之彼岸（即本体自由自身）的运动，就是绝对否定思维。它在现象学上验证了精神内在的自身否定势用的绝对展开（就是这自舍势用的自身绝对化的实现），而且正是这一展开推动奥义书的思想克服启示省思的现存性执着，领会到超绝本体的具体实质，从而具有了一种究竟觉悟或正智省思。其次，《慈氏》的思想还意识到正智领会的空性本体，就是心识或觉性的本质，它因而将超绝的自由本体内在化了，所以在这里，正智不仅是超越，而且是反思。同在佛教唯识思想中的情况一样，《慈氏》对超绝、无住的本体与心灵的内在本质的等同。这在观念层面表现了精神穿透全部现实、现存存在的偶像，确立自身内在的超绝、无住本体（其实质即超绝内在的自由）为生命的绝对目的的运动。这表明反省达到了内容上的极限。因此这一精神运动在现象学上验证了精神内在的自反势用在内容上的绝对展开（参考上一章小结）。正是这一展开推动印度精神在大乘的正智省思层面开辟出内在反思的维度，从而形成正智的反思。再次，《慈氏》思想还明确领会到，那空、寂灭、无相、无住的超绝大梵，不是一种客观精神，而就是真实的自我，就是每一个现实的人的内在本质。《慈氏》思想在这里就立足于奥义书的绝对反思传统，克服了大乘佛教的思想局限，赋予正智反思主观性。这种思想进展也不是单纯的理论研究的结果，而是由精神生命的自由本质推动的。盖《慈氏》思想对超绝、无住的真心（其实质即内在、超绝的自由）与自我的同一性的领会，是反思在形式上的自身绝对化或绝对自由，它在观念层面表明精神已经把超绝自由本体当成生命的直接、绝对目的。这在现象学上验证了精神内在的自反势用在形式上的绝对展开，即它在这里展开了针对超绝自由的绝对维持（参考本章引言）。正是这一展开推动奥义书精神在正智省思层面发展出一种主观或绝对反思的维度。这一进展使《慈氏》的思想从根本上与大乘佛学区别开来。这绝对反思与正智反思的统一，就是本觉的反思（绝对反省）。《慈氏》这种本觉反思的形成，固然汲取了奥义书绝对反思传统的资源，但是从根本上是精神内在的自反势用的绝对展开推动的结果。而本觉省思就是绝对否定（本觉的超越）与绝对反省（本觉的反思）的辩证统一。因此正是精神内在的自舍与自反势用的绝对展开的交织，推动了这本觉省思的形成。最后，《慈氏》瑜伽，试图将奥义书已有的瑜伽实践，转化为达到对至上我、大梵作为空、寂灭、无住、无依、无得的超绝本体的领会的途径。这其实就是本觉省思的客观化。通过这一途径，本己的自由才实现为精神的必然性。总之，我们的分析表明了，正是精神内在的自舍与自反势用的绝对展开推动了奥义书的启示省思和大乘的正智省思向《慈氏》等的本觉省思的转型。然而如前文所论，唯有作为精神绝对本质的本体自由自身，才能促使精神内在的自舍与自反势用恢复其本真存在，从而达到自身的绝对展开。因此，最终是自由推动奥义书思想的上述转型。结论是，《慈氏》的思想进展，在现象学上验证了自由推动印度思想从正智省思到本觉省思的转型的精神逻辑。

然而《慈氏》的思想还有很大的局限性。首先，是它的极端芜杂性。在其中，对于自我本体的空、寂灭、无住性的阐明，往往被与大量来自梵书和早期奥义书的陈腐的祭祀学、宇宙观想、元气论以及数论的二元论不加区分地混杂在一起。在这里，本觉省思仍厕身于种种粗陋的巫术迷信、自然思维、宇宙论和形而上学之中，而未能支配这些思想，未将它们抉择、整合到自身体系之内。这表明本觉省思才刚开始萌芽，还很幼稚、弱小，仍然是一种偶然的思想，还没有成为精神的普遍、必然的现实。其次，在《慈氏》的思想中本觉省思仍然很模糊。《慈氏》对本体的空、无所住、无所依的阐明，受到大乘的正智省思对于现存存在的虚无性和本体的无住性的领会启发，但并没有像后者那样把这正智本身当作唯一直接的真理，从而破除启示省思执着的现存本质，这意味着它对本体的无住性、自由的领会不够清晰、透彻，而且显得偶然；同时，它从奥义书传统中沿袭的大量对于本体的圆满、不动、不变、恒常等特征的描述，使它的思想表现出重新退回启示省思的迹象。这些都表明本觉省思在这里的极端模糊性。以上两点表明在《慈氏奥义书》中，本觉省思仍处在幼稚阶段。另外，与此相关，这本觉省思也是抽象的。如上所述，《慈氏》尽管沿袭了大乘对存在本质作为空、无住的本体的说法，然而空、无住性的真理就是绝对自由（否定的自由），对于这一点《慈氏》并没有明确意识。因而与大乘佛学相比，《慈氏》对于本体自由并无具体的领会，本觉省思仍然很抽象。本觉省思的这种幼稚和薄弱表明在《慈氏》思想中，精神本己的自由刚开始发育。但是本体作为绝对的自否定运动，必然推动本己的精神进一步发展，促使其自由趋于成熟。这一发展趋势，在一些更晚出的奥义书，比如《光明点奥义书》中，得到充分表现。然而，正如自由推动本觉省思的发生，它也必然推动其发展、成熟。本体自由必然促使精神内在的自舍和自反势用的绝对化进一步展开，从而推动本觉省思彻底否定实在思维和启示省思的残余，使自身成为普遍、必然的精神现实。《光明点奥义书》等一些更晚出的奥义书的思想，就验证了这一精神进展。在《光明点》中，本觉省思的表现在：一方面，这本觉省思得到完全的贯彻和纯化，成为精神的普遍、一贯、必然的内容。这表现在《光明点》完全排除了《慈氏》思想的芜杂性，根据本觉省思立场对奥义书原有的五身说、四位说，乃至数论和幻化论等思想进行了重新规定。另一方面，《光明点》使宗教修行完全成为本觉的实践。它将瑜伽改造成洞察现实之虚妄，领会本体之超绝、无住性的途径，并且将其全部实践统摄到这种新的瑜伽学中。故我们以下将《光明点》的思想作为奥义书更成熟的本觉省思的代表来进行讨论。

## 第二节 光明点奥义书

如果说，《慈氏奥义书》的思想意味着本觉省思的产生，那么《光明点奥义书》则表现了这本觉省思的成熟形态。本觉省思是精神自由的新的现实。它的产生是自由推动现实精神发展的结果，那么这自由也同样会推动这思维的发展、成熟。在《慈氏》的思想中，本觉省思领会到现实和现实存在的空幻虚无以及存在本体的超绝、无住性，并且领会到这本体就是觉性的内在本质，以及它与精神的自我的同一。精神由此实现了其本己的自由。这一进展既是奥义书精神自身成长的结果，也离不开大乘佛教思想的启迪。然而应当承认在《慈氏》思想中，本觉省思和本己的自由，都还有很大的局限性。在这里，本觉省思才刚开始发育，还显得很幼稚、弱小。这首先表现在《慈氏》思想的极端芜杂性。在这里，本觉省思被淹没在大量陈腐的祭祀学、宇宙观想等之中，与这些思想不加区分地混杂在一起，而未能支配、整合它们。这表明它刚开始萌芽，仍然是一种偶然的思想，还没有成为精神的普遍、必然的现实。其次，在《慈氏》的思想中本觉省思仍然很模糊。它并没有像大乘般若思想那样，通过确定正智本身为唯一直接的真理而从根本上破除现存实体的存在。因而它对本体的无住性的领会显得不够清晰、透彻，而且偶然。它对于本体的圆满、不动、不变、恒常等特征的大量描述，使它表现出重新退回启示省思的迹象。这些都表明本觉省思在这里的极端模糊性。另外上述第二点也造成了在《慈氏》中本觉省思的抽象性。由于《慈氏》未能将正智本身，即绝对自由的现实确定为唯一直接的真理，因而未能领会本体的无住、无得乃是超绝的自由，因而它对于本体自由并无具体的领会。《慈氏》这种思想局限性表明在这里，本觉省思仍处在幼稚阶段，精神本己的自由才刚开始发育。然而，正如自由推动本己的精神的发生，它也必然推动本己的精神进一步发展，促使其趋于成熟。这就在于，本体自由通过持续的呼唤与倾注，使现实精神保持警醒并被不断注入能量，因而其内在的自身否定和自身维持得以永葆其本真存在，从而进一步推动否定与反省思维的绝对化在现实精神中的开拓和成长，使之彻底否定实在思维和启示省思的残余、使自身成为普遍、必然的精神现实。易言之，自由必然推动本觉省思由弱转强，从而克服传统的限制，使自己成为普遍、必然的思想。《光明点奥义书》等一些更晚出的所谓新奥义书的思想，就验证了这一精神进展。

在此类新奥义书中，此处我们只讨论《光明点》一种，以期观一叶而知秋。在《光明点》中，这种本觉省思的成长，既表现在观念方面，也表现在实践方面。首先，在观念方面，它表现在《光明点》完全排除了《慈氏》仍然存在的巫术迷信和自然论内容，并将奥义书原有的五身说、四位说，乃至数论和幻化论思想都整合到其本觉省思之中。《鹧鸪氏》的大梵五身说，即食身、元气身、意身、识身、喜乐身（为现实存在的五个层面），以及《蛙氏》的自我四位说，即醒位（客观经验）、梦位（主观经验）、熟眠位（先验实在）、第四位（直觉的实在、澄明），《光明点》皆有引用，但要么对其第五身、第四位进行重新解释（释之为超绝无住的理体），要么是将五身、四位都作为现实存在，而以之为空无虚妄，一并予以否定，并阐明本体是超越五身、四位的空寂的真心。这表明在《光明点》的思想中，本觉省思不再卑微地厕身于早期奥义书的实在思维和启示省思之中，而是得到了完全的贯彻和纯粹化，成为普遍、一贯、必然的精神内容。另外，《光明点》的思想，还试图克服本觉省思在《慈氏》中的抽象性（尽管此种思想在这里仍很不确定）。这表现在，一方面它以为所谓解脱，就是本觉领会到它自己为唯一直接真实的存在（如 IV・3 说：于解脱中"我无身且无一切，唯余'我即是梵'觉"），以此否定在它之外的现存实体，从而领会到无住的具体内容乃是精神的绝对自由。另一方面，本觉省思本身也属于现实，故解脱者还应否定它（IV・38）①，领会它内在的本体，即超绝的自由。这显然是借鉴了大乘佛学的正智省思先确立般若为真如，后否定般若的现实性从而领会其本体即超绝自由的思路。其次，在实践方面，本觉省思的成熟还表现在：一方面，《光明点》完全抛弃了《慈氏》修道论仍然包含的大量陈腐浅陋的祭祀学和宇宙观想内容，将其修道完全摄于旨在断俗去染、明心见性的瑜伽之道，故其实践更加纯粹，更适合于本己的精神。另一方面，《光明点》的瑜

① 同理，V・49—50 亦云："一切语言、思维皆是虚妄，故"我即是汝"、"彼即是此"、"我即是梵"等伟言亦是虚妄。"

伽与古典瑜伽的精神有很大差异，而与《白骡》、《慈氏》等晚期奥义书的瑜伽更一致，可以视为对后者的发展。盖古典瑜伽的精神是理智的，旨在使自我作为意识实体从物质实体独立出来，而《白骡》、《慈氏》瑜伽的精神是觉悟的，旨在戡破现实的幻境，呈现超绝的真心。其中《慈氏》瑜伽的精神是本觉的，瑜伽不应是将这真心领会成一现存实体，而是证它为空，但《慈氏》瑜伽仍显模糊、不定且空洞，《光明点》瑜伽乃使之更加清晰、充实、一贯。因此在《光明点奥义书》中，瑜伽作为本觉的实践乃成为普遍、必然的。总之在《光明点》中，本觉省思才真正成熟。

《光明点奥义书》（*Tejobindu Up*），盖得名于其书首字，如《由谁》、《伊莎》然。“光明点”，杜伊森释为Oṁ（即大梵）上的一点，象征大梵的神通；或谓指觉悟之种子。其书于Aiyar的英译本结尾声称其属《黑夜珠吠陀》，此言并无其他依据。杜伊森收之于属《阿闼婆吠陀》之众多新奥义书。与《慈氏》相比，其思想反映大乘佛学的渗透更加深入，故其年代肯定非常晚近（估计最早也应当在公元4世纪以后）。其VI・108节提到“Śaṃkara”，不能确定其所指为湿婆神或商羯罗大师（Śaṃkarācārya）本人。

《光明点奥义书》的主要学说有：(1) 一切现实存在皆如龟毛兔角，是彻底空幻无实的（III・54—59；V・32—34；V・75—89）。全部客观宇宙，主观的经验，现实的生命，乃至作为这些存在根源的先验实在（即所谓般若［Prajna］、心［Citta］、光［Tejas］），全都是虚幻空无之物。这表现了一种真正的精神觉悟对现实性的绝对否定，但矫枉过正，把这否定当成了对一切现实存在的取消，似乎陷入了佛教方等部恶趣空的误区。(2) 存在本质、大梵是超绝、无住的本体。这本体既是对一切现实性的否定，如说其为非万有、无自性、无为、无方分、无末那、无诸根、无觉谛、无德、无变易、无三身、无醒、梦、熟眠位等（I・7—8，20；III・44—53），因而它是超绝的；同时它又不是一种可以执着的现存实体，因而也是空，是不可取、不可得、不可受、不可至、不可依的，如说其为不二、无相、无住、无依（I・6）、非空非非空（I・10—11）、非有非非有、非中道二边、非二非不二、非真非非真、非解脱非解脱、非智非非智、非觉悟非非觉悟（V・37—38），因而这本体是彻底无住的。对于现实的虚妄性和本体的超绝、无住性的领会，就是究竟觉悟，就是精神否定思维的绝对自由。(3) 大梵作为超绝、无住的本体，就是心性、至上我。这首先是对空净本体与真心（cit）、心体（cit-mātra）的等同，现实一切皆虚妄非真，唯真心为绝对实有（II・24—33，41，37—39；III・14—16；VI・1—4，61—63）。这表明在《光明点》中究竟觉悟包含了内在反思，因而它就是正智反思，这是反思在内容上的自身绝对化。其次，这也是对这空净真心与精神的自我等同，如云我即是真心、空性、不二性、超第四位性、非有非非有、实性、大梵（III·37—43）、无相、空、无念（IV·44—47），一切皆虚妄，唯自我方真（III·48—53）。这自我既是一切存在的真理，因而就是主、客的统一，或绝对。这表明《光明点》的本真觉悟包含了一种绝对反思，这就是本觉的反思，这是反思在形式上的自身绝对化。因此《光明点》的思想包含了反思在内容和形式上的双重自身绝对化，故为一种绝对反省。总之，《光明点》的思想体现了精神的究竟觉悟与绝对反省的统一，是本觉省思和精神的本己自由的完整体现。（4）旨在领会超绝、无住的真心的瑜伽学（I·15—41）。《光明点》将其全部修道摄于瑜伽之中。它一方面对于《慈氏》瑜伽作了进一步的充实和完善，不仅在前者的瑜伽六支（调息、止根、静虑、总持、思择、三昧）基础上增加了夜摩、尼夜摩（止持戒与作持戒）、持身等支（另外还增加了出世、牟那、根结、等观、注目五支，删除了思择支，共为十三支），因而古典瑜伽的八支行法的名目（夜摩、尼夜摩、持身、调息、摄制、总持、静虑、三昧）全部包含在内了。另一方面，《光明点》还将瑜伽各支都改造成旨在以不同途径证得自我的超绝、无住心性的修习活动，因而使之悉成为本觉的实践的方面。本觉的实践就是本觉省思的自然化或客观化。在《光明点》中，本觉的实践成为修道论的全部内容。

其全书为颂体，共6章463颂。杜伊森德译本只出其第1章前14颂，盖以为后30余颂要在开示瑜伽，且兹瑜伽亦不出不二吠檀多寻常所谓；徐梵澄中译本出其第1章50颂全。由于其第1章已大体赅摄全书教义在内，故我们在此也只将此章整体译出，其余各章乃随文中引用译出。译文参考了徐梵澄的中译、杜伊森的德译及K. Narayanasvami Aiyer的英译。其书文本错漏以至语义不详者甚多，故历来注释家皆难免牵补弥缝，以使其一贯。我们以空义为其书之归趋，对书中内容亦不免有所裁夺；是否得宜，尚待学者酌定也。兹译其第一章（TejobinduI·1—50）如下：

1 应于光明点，修无上静虑。彼为宇宙我，端居藏内心。其小如极微，吉祥且安谧。初粗（自性转化诸产物）转微细（指自性），又超越微细。2 唯此一静虑，牟尼及智士，俱难得难至。痛苦自充满，难虑亦难证，解脱且不坏。3 节食制嗔怒，离贪伏爱染，不二无我慢，无求、离恩怨。4 通达不可达，且过彼三门（杜伊森谓指舍、忍、皈依）。人若能如此，乃成三界鸿（haṃsa，喻灵魂）。5 是故知彼为，至上之秘密，无眠无所依。其相如明月（soma），即属毗湿奴，微妙至上居。6 其居有三面（杜伊森谓指三吠陀），三德及三界（dhatus），无相不动易，无住且无依。7 彼处无执受（upādhi），心行言语断。依有（bhāva）达自性（svabhāva），脱然离行迹。8 彼不坏居处，无系无喜乐，离思且难见，解脱无变易。人应观彼为，恒常且解脱，不可坏、不朽。9 此即是大梵，此即内自我（adhyātma，即居于我中之神)；即属毗湿奴，至上之居处。此真心自我 (cidātma)，难虑、过虚空。10 亦空亦非空，超空、居心中，中无静虑者、/ 静虑、所静虑，及非所静虑。11 彼非万有、空，非上非超上，不可思、了知，非真非究竟。12 唯牟尼证彼，诸天犹未知，彼最究竟者。贪、惑、畏、骄、爱、/ 嗔、过皆除遣。13 寒暑与饥渴，想、倒见不入，无梵族之矜，亦无解结集 ①。14 无畏无苦乐，亦无复荣辱。既无此一切，乃为至上梵。15 夜摩 (yama) 尼夜摩 (niyama) ②，出世 (tyaga) 及牟那 (mouna，无语默如)，择适宜时、处，持身 (asana) 且根结 (mūlabandha，谓系结心识使不动)，视一切平等，注目于一处。16 调息与摄制 (pratyāhāra，收摄诸根、识)，总持 (dhāraṇa，维持、忍耐，持令不坠)、静虑我 (ātma-dhyāna)，以及三摩地，说为 (瑜伽) 次第分。17 识一切即梵，以此 (识) 制诸根，此即谓夜摩，应数数修习。18 智者复如法，修习尼夜摩。由心注平等 (即大梵)，悉离诸差别，是以得受用，至上之喜乐。19 复次于出世 (tyaga)，乃尽弃宇宙，由证自我故，此即真实、心。此道大人修，生无间解脱。20 复次于牟那：由不达彼 (指大梵) 故，言、意自之返。此牟那但为，瑜伽士所得，至为愚者敬 (谓甚至愚者亦应敬奉此牟那云)。21 言路自此回，云何得说之？离言故岂能，说之如世物？22 此即是所说 / 所知之牟那。童竖亦沉默，然而有言语 (潜伏)。唯彼知梵者，得无言沉默。23 彼为孤独处，始、末、中无人；彼乃悉遍满，此宇宙大全。24③ 大梵之幻化，及余一切有，皆生瞬目间。彼即是时间。25 于中以安、稳，沉思于大梵。彼即是持身 (asana)，无二、不尽乐。舍此断福乐。26 证无尽太一，(彼为) 宇宙之依止，尽摄一切有；名持身成就 (siddhāsana)。27 彼即是根结 (mūlabandha)，为诸界之根，且心结于彼。诸王瑜伽士 (rajayogins)，乃恒修习之。28 诸支 (诸瑜伽支) 皆平等，向一味梵故 ④，应入梵平等 ⑤；舍此无平等 (可得)。是故如枯木，已成僵直性。29 其见既足智，视梵遍世界。此见诚为尊，非注目鼻端。30 见者、所见、见，于彼座 (梵之居处) 皆灭，唯当见彼处，而非视鼻端。31 于一切心及，余境中见梵，故制 (觉谛之) 诸转变，是名为调息。32 外伏宇宙相，是则名出息。思“我即大梵”，是

① “解结集”原文字面义为解脱结之集，意思不明。此二句译文参考徐译及 Aiyer 译，杜伊森译为：“Nicht stolz auf Brahman-Abstammung, Nicht auf Erlösungsschriftenwust。”（无矜于梵族，无矜解结集）。

② 夜摩（Yama），止戒，禁戒，消极的行为法则。尼夜摩（Niyama），作戒，加持戒，积极的行为法则。

③ 此偈估计为窜入，与上下文内容无关。

④ 徐译此二句为：“肢体皆平等，销入大梵中。”

⑤ 知诸根皆指向一味、平等的大梵故，使彼等为平等，于是能观心便入于平等大梵。

则名入息。33 凝思此无扰，是则名止息（呼吸之停止）。觉者乃修此，愚人徒掩鼻。34 于境见自我，且以意悦心。彼即是止根（pratyāhāra），应数数修习。35 随其意所之，举目皆见梵，恣意于善念，此即是总持（dhāraṇa）。36 我唯是大梵，无住无所依。此（思此之念）即是静虑（ātma-dhyāna），生至上喜乐。37 初入不易位，次证梵实性，以故忘彼位，此即三摩地。38 智者应善修 / 此喜乐（联系 §36，此所谓喜乐应指静虑），以至 / 于一瞬间中，识与内我（pratyag）合。39 瑜伽王遂为，成就者、无助。彼遂得进入，离言思之境。40 三昧修习中，乃生诸猛障，懈怠、无精审，趋向于乐事。41 沉湎与昏愚，散乱无恒心，发汗及失意。如是一切障，求入大梵者，应一并断除。42 由有相（bhava-Vrittis）入有，由空相（śūnya-vrittis）入空。然由彼梵相（Brahma-Vrittis），人遂得圆满。故人应以此，修得圆满性。43 人若舍弃此，净、最上梵相（brahman-vṛtti，谓能观心中所现大梵相），彼乃如兽类，空虚度一生。44 人若知此相，知已增长之（谓使心中梵相增长），则为善福人，三界所应敬。45 人若于此相，增长至圆满，乃得大梵界，余者徒诵辞。46 人若善论梵，而无相应行，且执着世间，乃由无明故，决定得往生，数数不断绝。47 若非持梵相，则非得（大梵）须臾，纵如大梵天，沙那、首迦等①。48 因既可生果，因必更有因。若因如实灭，果以明辨亡。彼离言实性，于是得清净。49 然后于净心，定智（vṛtti-jñāna）乃生起②。以猛力精思，生确定信解。50 既灭诸有相，而入于无相，人应见一切，皆为彼大梵。其心智慧满，智者住喜乐。

至于其说义，兹以形上学和瑜伽二方面论之：

## 一、本觉的形上学

如果说在《慈氏奥义书》的思想中，本觉省思刚开始发生，它厕身于自然省思、理智省思和启示省思等的夹缝中，显得幼稚而弱小，且表现出灵感式的、偶发的特点；那么可以说在《光明点奥义书》中，它才得到彻底的贯彻。盖本觉省思是正智省思与本觉反思的辩证统一。而首先，只有《光明点奥义书》才彻底根除了《慈氏》中由懒散地沿袭传统而来的自然思维、理智思维和启示省思等对现实性或现存性的执着及由此导致的思想混杂，因而在它的思想中，对现实和现存存在的绝对否定以及

① 沙那（Sanaka），《往事书》中四位童身仙圣之一。首迦（Suka），亦古仙圣名，为《吠陀》、《摩诃婆罗多》、《往事书》等的编者广博仙人（Vyāsa）之子。

② 定智（vṛtti jñāna），谓专注于梵相之智（从徐梵澄译）。

对超现实、自由的本体的领会，才得到绝对的贯彻，因而在这里，正智省思才成为普遍、必然的思想。其次，所谓本觉反思，就是反思在究竟觉悟领域之内的自身绝对化。它包括内容上和形式上的。前者是领会空净本体就是觉性的内在本质，这种领会使反思达到其内容上的极限，此即正智反思；后者是领会这空净的觉性，就是精神的自我，因而在正智反思基础上达到了主、客体的统一，这种领会使反思达到其形式上的极限，此即绝对反思。这二者在《光明点奥义书》的思想中，都得到了彻底贯彻。这表现在在此奥义书中，无论对空、无住的本体与心性的同一性，还是对这空净的心性与自我的同一性的说法，都是前后一贯的。此则奥义书的基本形上学立场是，一切现实的和现存的存在都是虚妄不实的，唯觉性的超绝、无住的内在心性，才是唯一的实体、绝对真理，而这真理就是精神的自我。兹分以下数义论之。

**1. 现实存在的虚妄性**

与更早的奥义书相比，其书之鲜明特色是其中充斥着彻底否定现实存在真理性的说法。这些说法透露出一种与婆罗门传统截然不同的精神气质，明显表现了大乘佛教方等、般若等思想的影响。文本 §42,50 皆说修道者应舍有入空，才能证悟真理。在此书其他章节，对于现实世界的否定获得更充分的表述。此如 III · 54—59 开示一切现实存在皆为非有，其云："应知补鲁沙非有，受用非有，一切所见所闻之物非有，全世间为非有。因与非因非有，所得与所失非有。苦与乐非有，世间与非世间非有，得与失非有，胜与负非有。一切声、一切触、一切色、一切味、一切香、一切无明非有。一切法非有。世间存在非有。一切德非有。"同样，V · 32—34 表明一切主观和客观现实，皆不具有真实的存在，其云："宇宙、心 (Citta)，我慢、命我皆不存。无摩耶，亦无摩耶所成。作者、作、闻、思、二三昧（有觉三昧与无觉三昧）、量与能量、无明与无辨，如实凡此皆不存。"与之一致，V · 40—42："凡口所言、末那所思、觉谛所抉择、心 (Citta) 所知，此一切皆不存。无瑜伽与瑜伽士。一切皆有亦非有。无昼亦无夜。无净化亦无静虑。无惑亦无不惑。凡此皆不存。"另外，V · 75—89 借用佛教龟毛兔角之喻，表明世界如幻非实："此世界及其中一切，无论见者与所见，皆如兔角。地、水、火、风、空、末那、觉谛、我慢、光 (Tejas)、诸界、生、灭、实相、善、恶、得、欲、贪、嗔、爱、静虑、智、师、徒、执受、始终、吉祥、过去、现在、未来、求与所求、总持、寻思、安、受用、所受用、瑜伽八支、来与去、前中后际、所取与所舍、诃黎、湿婆、诸根、末那、三位、二十四谛、四义、阶级之同异、天及其他诸界、种姓与行期及与之相应之法、祝辞 (Mantras) 与咒语 (Tantras)、全部吠陀、明与无明、滞与无滞、系缚与解脱、智与非智、觉悟与非觉悟、二与不二、吠檀多及诸论之教、多我及一我之义、凡心 (Chitta) 所想、凡念 (Sankalpa) 所愿、凡觉谛所抉择、凡人所闻见、凡师傅所教、凡诸根所触、凡思择（Mimaṃsa）所明、凡正理（Nyaya）所究，以及所有达乎吠陀彼岸之大士所觉、'湿婆灭世、毗湿奴护世、梵天创世'之教、《往事书》所讲、全吠陀所示及其诸义，此一切皆如兔角。"此外 VI · 9—29 亦云凡现实存有，皆无自为的存在，其云："无身、大、我德、无根、无见、无炎炽位（Taijasa）、无般若位（Prajna）、无毗罗吒（Virāṭ）、无经我（sūtrātman）、无大自在（Īśvara）①、无来去、无得失、无取舍、无可诘、无净与不净、无肥瘦、无苦、无时、无虚空、无言语、无一切、无怖、无二、无草木山川、无静虑、无瑜伽成就、无婆罗门、刹帝利、吠舍、无鸟兽、无肢体、无贪、惑、慢、不善、爱、嗔等、无女人、无首陀罗、无种姓及其他、无可食、可受者、无增减、无吠陀信仰、无言语、无世间与出世间、无变易、无愚、无能量与所量、无受与所受、无朋友、子嗣、父母、姐妹等、无氏族、家庭、无生死、无增长、无身、无我、无虚空与圆满、无内根与世间有、无昼夜、无梵天、毗湿奴、湿婆、无星期、半月（为印度记时单位）、月、年、无不定、无梵界、无因陀罗界（Vaikuntha）、无须弥（Kailāsa，为湿婆和俱比罗所居）及其他、无天界、无因陀罗、无阿耆尼与阿耆尼界、无阎摩与阎摩界、无风界、无护世者、无地、空天三界、无明、无无明、无摩耶、无自性、无滞重、恒常、变易、坏灭、运动、奔走、定境、净化、祝辞或所祝、无可赞、无受膏及饮水（皆为祭祀仪式）、无花、果、无檀香、无神灯、无祝祷、跪拜和绕行、无乞、无献、无施食、无牺牲、无业、无毁、无誉、无 Gayatrī（日神祷）、无昼夜之间（昼夜交结点）、无想、无祸患、恶、邪念、恶性、无嗔、无乾陀罗、保迦沙、猎户（以上三者皆为低贱种姓或职业）、魔等、无偏、无党、无饰、无首领、无不可持、不可说、无多、无一、无同、无恒、无大、无小、无圆满、无惑、无欺、无苦行、无经、无富、无贫、无少女老妇、无染污、无生、无内省、无幻相、无圣言、无成就、无微细（aṇima）。"应当说，其书以上数段，所列举内容皆颇为杂乱，盖逻辑思维非作者之所长。其所说内容，可以归纳为以下几方面：

第一，全部客观宇宙皆彻底虚妄、举体非有。如其中所云一切声、触、色、味、香、地、水、火、风、空、诸界、生、灭、时、过去、现在、未来、昼夜、星期、半月、月、年、无梵界、因陀罗界、因陀罗、须弥、天界、阿耆尼与阿耆尼界、阎摩与阎摩界、风界、地、空、天三界，以及恒常、变易、坏灭、运动、奔走、多、一、同、异、恒、变、大、小、圆满、微细等，皆如龟毛兔角，举体皆幻，纯属妄计执着产生，全无实性。

第二，现实生命也是虚妄无实的。首先，补鲁沙或现实自我是虚妄非实的，它完全是至上我虚妄执受自性而成。其次，色身及一切生命活动、遭遇，包括执受、命我、作者与作业、受用与所受用、根身、安、得失、取舍、苦乐、世间与非世间、胜负、善恶、

① 此即针对《蛙氏》所立自我四位之说而言。请参考本书第一部二编四章二节。

求与所求、净与不净、生与死、肢体、肥瘦等等，皆是虚假空幻的。再次，属于现实生命的种姓、家庭、出身、归趣等，亦是虚妄、非有。如朋友、子嗣、父母、姐妹、氏族、师徒，以及婆罗门、刹帝利、吠舍、首陀罗、乾陀罗、保迦沙、猎户、男女、魔、鸟兽等，皆属空无。

第三，宗教与道德实践，亦是空幻无实。首先，吠陀的祭祀宗教是毫无意义的。书云祭业、全部吠陀、吠陀开示的天及诸界、种姓与行期、Gayatrī 祷、祝辞与咒语、所祝、所赞，以及净化、跪拜、绕行、受膏、饮水、乞食之仪，乃至祭礼、牺牲、花、果、檀香、神灯、等，皆为虚妄。其次，瑜伽禅定与觉悟之道，也被认为是彻底空幻的。书云系缚与解脱、智与非智、觉悟与非觉悟、二与不二，总持、寻思、静虑、瑜伽八支、瑜伽成就、吉祥等，皆是非有。克实而论，瑜伽与正智，既皆属现实存在或世俗法，故其相必然是如幻假有，然而人若要证入超绝真性，必须以幻治幻，故瑜伽与正智乃是不可废弃之圣道，唯不可执于此。《金刚经》所谓“佛说般若，即非般若，是名般若”，即已揭橥此义。不过《光明点》在这里似乎更接近方等部的“毕竟空”立场，将瑜伽、三昧、正智、觉悟、解脱也一并否定了。

第四，主观经验也是完全虚妄的。其书以为，经验主体的全部成分、机能和由它产生的认识、活动、表象，皆是虚妄的。构成经验主体的内容，即诸根、末那、觉谛、我慢等，皆非实有，因此：其一，由之生成的感觉、经验，即见（泛指全部感觉）、炎炽位（全部主观经验）、毗罗吒（全部客观经验）、经我（sūtrātman，即经验意识之全体，由元气、意、识构成），也全属虚妄；其二，这主体的全部活动、表象，也必然是虚幻的，这不仅包括属于凡夫俗子的无明、愚痴、我德、欲、贪、嗔、惑、慢、爱、不善、非智、不觉、双昧（有二）、无辨等，而且包括圣者的总持、寻思、静虑、三昧、瑜伽等的实践及正智、解脱、觉悟、不二的证得，故无论凡与圣、智与愚，其在经验层面的心识活动都是虚幻无实的。

第五，作为一切经验基础的先验实在也是虚妄的假相，根本不存在。盖于晚期奥义书，般若（Prajna）、心（Citta）、光（Tejas）乃至大自在（Īśvara），都被当作经验存在之超越根源，即先验实在。此奥义书提出般若、心、光、大自在，同样是虚幻空无之物。这意味着一切实在，也同经验现实一样，是彻底虚妄的。

真正的精神觉悟，为了摆脱现实对自由的束缚，恢复自由与现实性的本真关系，都必然包含对现实存在的空洞化。一切现实皆是空。然而这只是意味着一切现实存在皆不具有自为的真理性，不是真正的实体，而不意味着它就根本不存在，或者是彻底虚幻的。不过现实精神在这种觉悟中，总难免矫枉过正，此即把这空洞化理解为虚无化或虚假化，从而认为全部现实存在皆是虚伪的，甚至根本不存在。佛教方等思想就是如此,《光明点奥义书》亦是如此。这种立场当然有失偏颇。

**2. 大梵、本体的超绝性**

对于现实存在的空洞化,就是为了领会本体的超绝性。这种领会,就是精神从现实到超绝本体的运动。这就是超绝思维、本真的觉悟。与在《慈氏奥义书》中不同,这种超绝思维在《光明点奥义书》中得到充分的贯彻。比如文本 §6 说大梵为无相、不动、无变易、无住、无依。§7 说其为无执受(upādhi)、心行言语断。§8 说大梵为不坏之居处,解脱、无系缚、无变易、无喜乐,不可思、不可见。§20 亦说彼超越语言、思维。§42,50 说人欲证大梵,应舍有入空,舍有相入无相。这些说法都旨在开示本体对现实存在的绝对超越或否定。其书于余处,亦详申此义。如 III·44—47 云我非万有自性、非三苦自性、三欲自性,我无为、无方分、无末那、无诸根、无觉谛、无变易、无三身、无醒、梦、熟眠位,无物在我之中。我无类似,无物似我。III·48—53:"48 末那与觉谛、/ 我慢皆非有,唯自我无系、/ 恒常且无生。49 三身(粗身、细身、因身)与三时(过去、现在、未来)、/ 三德皆非有,唯自我性为,真实且清净。50 所闻皆非有,并吠陀、诸论,唯我为真实,亦且为心性。51 一切有体者,转变(指数论自性转变的产物)及诸谛(数论二十四谛),皆唯是虚妄,应知唯我真。52 师徒及祷颂,及一切所见,悉皆为非实,应知唯我真。53 所思、一切法、/ 及一切善事,皆非为实有,应知唯我真。"此外 IV·7—30(译文对于文字顺序略有调整),说义更为淹博,其云:"我于无始时,无心(citta)与觉谛(buddhi),无诸根与身,无元气、摩耶,无贪且无嗔,无诸世间有,无过且无德,无眼、耳、末那、/ 鼻、舌以及手,无醒、梦及因(此三者即《蛙氏》的醒位、梦位、熟眠位),唯住第四位。唯我为尊大。我无时无方,无境无心想,无浴、交时仪(Sandhyas,谓昼夜结合之时所行祭仪),且无诸神、处,无圣所、虔敬,无智且无住,无亲属及生,无语、财、德、业,无凶、吉与命,无三界、解脱,无二无吠陀,无训诫、远近、/ 正智与奥义、/ 师徒、过不及。亦无毗湿奴、/ 梵天、禄陀罗,无月、地、水、风、虚空以及火,无义相、世间、静虑、所静虑,无冷热、饥渴,无家族、众人、/ 朋友及仇敌,无惑乱、饶舌,无过、现、未来、/ 诸方及大小、/ 长短与增减,无所思、受、忆、/ 所言与所闻,无至无受、愿,无瑜伽、三昧,无寂灭、解脱,无胜、贪、喜、乐。无颠倒非倒,亦无一与多,无盲、昏、巧捷,无肉、血、腺、皮、髓、骨、七界(构成肉体的精、血、黏液、脂等七种成分)、白、/ 赤、蓝(指人体内具三色之脉管)、热,无得、/ 重要及非要,无迷乱、精进、/ 秘密义、种族、/ 所取与所舍、/ 过、福、可乐事、/ 咒语与韬略、/ 知、知者、所知,/ 无我、自他别、/ 属自与属他、/ 老、少及壮年,然而此自我,如实即大梵。我如实即梵。我即是真心(Citta),我即是真心!"其书在这里所做的这些枚举,同在其他地方一样,对于所列举的内容缺乏一种严密的逻辑区分,难免有杂乱、缺失和重复。然而其基本的精神十分明确，就是表明作为存在的本质或真理的大梵、至上我，乃是否定了全部现实性的超绝原理，它既是现实性的究竟真理，又是其绝对它者，与现实世界没有任何实质的关联甚至类似。本体作为这种超绝存在，就是空、本无。对于这一点，在所有奥义书中，《光明点奥义书》表现出了最直接、清晰的领会。这种领会与大乘佛学的空思维具有共同的本质。它就是精神舍有入空的现实活动，就是绝对否定的思维，是否定思维的绝对自由，是精神自主否定在质上的绝对实现。

**3. 本体的无住性**

然而空、本无的真理是自由，因而必然同时是对现存存在的否定。在《光明点奥义书》中，这一点通过对大梵的无住、不二性的开示，得到了充分体现。盖《白骡》等幻化论奥义书表现的启示省思，将现实绝对虚幻化，然而没有自觉认识到本体自身也是空，于是本体成为一种超绝的现存实体，因而这思维不是究竟觉悟。由于受到大乘佛教空思维的启迪，在《慈氏》、《光明点》等新奥义书的思想中，精神的觉悟打破了这种现存实体，将本体"无"化，于是它就成为究竟的，即正智。这正智就是精神的绝对否定，它既是超绝否定，也是究竟否定（否定任何在这否定思维之外的存在）。因而正智的完成，不仅要领会到现实存在之空以及本体的超绝性，而且要自觉认识到本体自身也是空。这种正智，在《光明点奥义书》中得到充分展现，如III·40，43说我自性是毕竟空，非有非非有；IV·44—47说自我为空、遍满万有而非有，神圣而非诸神，可度而不可度，无念无相，一切皆空。在这种思想中，存在本体摆脱了最后的偶像压迫，抛开了遮盖其上的最里面一层面纱，呈现其作为自由的本真面目。

同在《慈氏》和大乘般若思想中一样，《光明点》对本体的空性的开示，也是通过对本体的不二、无相、无住、无依的体性的阐明。对本体的无化，就是对空的现存性的否定，是空亦复空。空不是一个现存的实体，因而不是可以作为精神的支持、依靠或基础的东西，因而真空必包含对自身存在的空。对于空的不二、无相、无住等义的阐明，就旨在表明它是不可取、不可得、不可受、不可至、不可依的。其书对于大梵的描述，无不体现了这一宗旨。此如I·10—11云："亦空亦非空，超空、居心中，中无静虑者、/ 静虑、所静虑，及非所静虑。彼非万有、空，非上非超上，不可思、了知，非真非究竟。"此类表述都旨在强调不可把空、真实、究竟、上梵当作一个与有、虚妄、非究竟、下梵对立的现存实体，否则就会陷入边见，产生对其中前一存在方面的执着，因而正确的立场是空亦复空，或非有非空、非真非妄、非究竟非不究竟。这就是所谓中道、不二。同大乘般若思想所理解的一样，在这里，不二中道指的应当是双重的否定，即不着二边①，而非肯定某种包含或折中二边的绝对或中间项②。这就是究竟否定。其宗旨在于彰显本体的绝对自由。

正如在大乘般若思想中，“不二”本身亦不可着，“不二”就包含“不二”的否定，故二与不二亦复不二，甚至中道与非中道亦不二③。因此“不二”作为究竟否定就是绝对和无限。在《光明点奥义书》中，这“不二”同样包含对自己的否定，同样具有无限性。如V·37—38云：无中道、二边，无二、无不二，无真无非真，无有无非有，无系缚解脱。若执实有中道与二边，则中道与二边乃成为二边，遂失中道，故说本体无中道、二边。若执实有有二、不二，则有二、不二乃成为二，遂失不二，故说本体无二、无不二。在同样意义上，应说本体无真无非真，无有无非有。《光明点奥义书》就是通过这种绝对、无限的否定，领会到本体的彻底无所住、无所得、无所取的真理，从而使精神打破任何偶像依赖，接纳自身本质的空无。

同样，正如在大乘般若思想中那样，不二必然意味着世间与涅槃的不二、般若与非般若的不二，皆不可得故；《光明点奥义书》亦强调系缚与解脱、无明与无明尽、觉与非觉、有德与无德皆无二、不可得。如IV·49—53说离系缚解脱、无德无无德，无虚空、时等，无可证证者，超越超越者，III·37说我无系缚、解脱。V·80及以下谓明与无明、滞与无滞、系缚与解脱、智与非智、觉悟与非觉悟、二与不二同为空虚无实。IV·7—30表明不仅贪、嗔、痴乃至末那、觉谛等世间法是无，而且瑜伽、三昧、寂灭、解脱也同样是无。这就是说，人不应将出世间的存在，如解脱、觉悟、寂灭等，当作现存的彼岸，当作精神的依靠、归宿和避难所，而是应当勇敢地投身于彻底无依、无得的虚无深渊中。

因此空性的真理，是亦有亦空，复非有非空；是解脱与非解脱，又非解脱与非解脱，是有二与不二自性，又非有二与不二。如IV·63—68云得灭解脱者，其自我是解脱与非解脱自性，亦是非解脱与非解脱；是有二与不二自性，亦非有二与不二；是一切与非一切自性，亦非一切与非一切；是受境生乐自性，亦非受境生乐，彼无一切

---

① 例如《大智度论》云：“常是一边，断灭是一边。离是二边行中道。可见法不可见法、有为无为、有漏无漏、世间出世间等诸二法亦如是。复次无明是一边，无明尽是一边，诸法有是一边，诸法无是一边。离是二边行中道。此般若波罗蜜是一边，此非般若波罗蜜是一边。离是二边行中道。”（卷四十三，有删节）

② 参看本书第一部分第三编二章小结。

③ 如《大智度论》云：“非有亦非无，亦无非有无，此语亦不受，如是名中道。”（卷六）此即后来佛教所谓“离四句绝百非”之根据。为此三论宗将二谛分成四重，最终以为“二”、“不二”、“非二非不二”都是俗谛，究竟的真谛是言语道断、心行处灭，完全不可得、不可取（吉藏：《中观论疏》卷二末）。

念。在这里，思想以空否定了现实存在，复“空”此空，又“空”此空空，如此以至无限。同样解脱也不是现存可得，而就是无住、无得，因而也是无限。

通过这种无住思维，精神否定了它的任何支持、依靠或基础，进入一种彻底的漂泊无根状态。精神正因为敢于投身于虚无的风暴，才终于获得其绝对自由。这种自由就是精神的绝对否定，是自主否定的绝对实现。其书 I·6 所谓“无相不动易，无住且无依”，及 I·7 所谓“彼处无执受（upādhi），心行言语断。依有（bhāva）达自性（svabhāva），脱然离行迹”等等，皆体现了这种否定的自由。系缚与解脱、智与非智、觉悟与非觉悟、二与不二，同样皆不可取、不可得。

总之，在《光明点奥义书》中，精神既实现了一种超绝否定，又实现了究竟否定。它通过后者领会到本体的无住性，通过前者领会到本体的超绝性，故它领会到本体是超绝无住的真理。因此同在般若思想中一样，精神在这里也形成了一种究竟觉悟或正智，实现了自主否定的绝对自由。这所谓正智，就是精神从现实、现存的偶像到空净本质的持续运动。

**4. 梵与内在自我的同一**

以上分别表明《光明点》的思想体现了与大乘佛学一致的正智省思，然而其思想与大乘根本不同的是，其正智是在奥义书的精神反思传统中展开的，因而这思想是正智与反思的统一。这种统一使这正智成为本己的觉悟。也就是说，精神在这里领会到空净的理体就是它自身的内在自我。这种领会，通过《光明点》的至上我就是空、无住的真心的理论，得到完整体现。如 I·9 云：“此即是大梵，此即内自我（Adhyātma，即居于我中之神）；即属毗湿奴，至上之居处。此真心自我（Cidātma），难虑、过虚空。”III·50：“所闻皆非有，并吠陀、诸论，唯我为真实，亦且为心性。”IV·44—47：“其自我为空、遍满万有而无有，神圣而无诸神，可度而不可度，无念，视一切皆是识，一切皆空。唯思维‘我即是心性、至上我，我唯正智自性，我唯真有性’。”在《光明点》的思想中，这种统一包括两个层面：

首先，它是正智与奥义书内在反思的统一，此即正智反思。正智反思是对空净本体的内在化，是对这本体与觉性、精神内在本质的同一性的领会。在《光明点》中，这种正智反思表现为其书对空净本体与“心体”（cit-mātra，或译心量、唯心）的等同。如 II·24—33 云：“24 不二、一味性，彼唯是心体。绝对之心识，彼唯是心体。彼不二一味，体即是实性。25 变易之含识，彼亦是心体；一切唯心体。26 绝对即心体；自我为心体，为一味不二。世界唯心体，你我皆心体。27 地、水、火、风、空，梵天毗湿奴，湿婆及其余，有及于非有，一切唯心体。28 不二、一味性，彼即是心体。过、现与未来，彼皆是心体。30 语言及离言，皆唯是心体。有以及非有，亦皆是心体。31 生灭为心体，以及生灭者。能见与所见，皆唯是心体。33 我以及非我，色以及非色，善以及不善，体皆是心体。”① 同理，II · 41 亦云一切皆是心体，大梵作为不二无分别的实性亦是心体。II · 37—39 说大梵、至上我是空寂、无住、无分别、不二、离言说思维的本心。III · 14—16 阐明我即大梵、圆满心识。III · 26F 说大梵、至上我唯是心体（cit-rūpa），为“心光”（cit-aditya），为空、不二、喜乐的心性。IV · 4—6 说解脱者唯住于心体，以心性为自体，以心性为自相，与无分别、清净、寂灭、无限、空的真心本体合一。VI · 1—4 云：“一切皆真心。彼充满万有，不二且不坏，独一、异万有。彼即是虚空。彼即是自我。”VI · 61—63 说梵即是真心、空心（cit-ākāśa）、心体、心性。这些说法都表明了，作为空净的本体，大梵就是真心，就是觉性、精神的超绝本质。因此它们表明了在《光明点奥义书》中，一种与大乘瑜伽行派的唯识观一致的正智反思的存在。同在唯识思想中一样，在这里，一种绝对的真心被认为是存在的本质、真理，整个客观世界被认为是在这真心基础上，由主体虚妄分别生成的幻相。

通过这种正智反思，精神否定了任何覆盖在其本质之上的现实性和现存性偶像，首次领会精神的超绝、无住的本体，即内在的超绝自由本身。这意味着精神的反思在内容上达到它的极限，因而成为绝对的。反思是精神自反势用的实现。因而这种反思的自身绝对化，反映出自反势用实现了一种内容上的绝对自由。正智反思就是精神冲出存在、自我的全部现实和现存的偶像，进入空净的内在本质的运动。这种精神运动就是自反势用在内容上的自身绝对化的完全实现。

其次，同在《慈氏》中的情况一样，在《光明点奥义书》思想中，这正智与反思的统一，还是它与奥义书的主观反思或绝对反思的统一。这是因为，奥义书成熟的反思就是主观反思和绝对反思。精神在这里领会到觉性、存在的真理，就是它的内在自我，从而赋予这真理以主观性，而这主观性又是存在的真理，因而它又是绝对。《光明点奥义书》的思想，乃是将来自大乘佛教启发的正智省思，引入奥义书的绝对反思传统，将正智与绝对反思辩证地结合起来，它因而领会到，那正智揭示的空净本体，就是精神的内在自我。于是这正智就成为本己的觉悟，即本觉。这种本觉省思，是

---

① 晚期大乘经每有与此相同的思想，试比较上述文本与《楞伽》中的二段：“1 量之自性（即心之实性）处，缘法二俱离，究竟妙净事，我说名心量（cit-mātra，心体）。……2 离一切诸见，及能所分别，无得亦无生，我说是心量。3 非有亦非无，有无二俱离，如是心亦离，我说是心量。4 真如空实际，涅槃及法界，种种意成身，我说是心量”，“5 诸大性自常，谁是无常法，能取及所取，一切惟是心。6 二种从心现，无有我我所，梵天等诸法，我说惟是心。8 若离于心者，一切不可得。”（唐译：《大乘入楞伽经》卷四、卷五）。二者表达的思想基本相同，甚至在表达上存在多处因袭的痕迹，比如所引《楞伽》第 5、6 偈与《光明点奥义》第 II · 27 偈有相同的逻辑秩序。这是因为，晚期大乘和新奥义书思想一样，都包含了正智与内在反思的融合，这是两种传统逐渐通过对话走向融合的结果。

此奥义书思想的核心。它体现为对至上我作为空净本体和真心的存在的阐明。如 III・37—43（有删节）云："我无缚无解，永恒妙乐相。唯本有真心，无分不二性。言语心行断，为遍满、喜乐，圆成至上性。唯一且不二，即实性、大梵。我即是空性。解脱脱者性，涅槃乐之性，真实正智性，实有妙乐性，超第四位性，无妄无生性。我无过无染，清净、本觉、常，非有非非有，即无垢真心。"III・48—53 亦云："48 末那与觉谛、/ 我慢皆非有，唯自我无系、/ 恒常且无生。49 三身（粗身、细身、因身）与三时（过去、现在、未来）、/ 三德皆非有，唯自我性为，真实且清净。50 所闻皆非有，并吠陀、诸论，唯我为真实，亦且为心性。51 一切有体者，转变（指数论自性转变的产物）及诸谛（数论二十四谛），皆唯是虚妄，应知唯我真。52 师徒及祷颂，及一切所见，悉皆为非实，应知唯我真。53 所思、一切法、/ 及一切善事，皆非为实有，应知唯我真。"这些说法表明，至上我是否定一切现实存在之后的超绝的真心，又是一切存在的本质、真理。VI・107 亦说我即是梵，我即是真心大梵，我即是真实、心、喜乐（Sat-cit-ananda）性。IV・30—31 说人若悟"我即是大梵，我即是真心，我即是胜义"，乃得解脱。这些都是重申奥义书传统的梵我一如观念。梵我一如体现了奥义书的绝对反思。在《光明点奥义书》中，这种绝对反思就是在正智或究竟觉悟领域之内展开的。梵我一如思想，保证了奥义书对大梵、本体的领会，总是与自我理解同一的。实际上从前面各段所引文本也可以看出在《光明点奥义书》中，凡论及大梵、空性、本体时，皆将其置于与至上我的同一性中，无有脱离与自我之关联者。故其书凡论大梵即空性、真心者，毫无例外皆同时是开示自我自性。

通过这种本觉的反思，精神得以在究竟觉悟的层面，实现主、客体的同一，即领会到空净的真心就是内在自我。这反思就是精神否定空净本体的间接性、客观性假相，确立其为直接、绝对的目的或真理（即自我）的运动。在这里，一方面反思的主体领会到这空净本体就是它自己，使反思成为主观的；另一方面，这反思也领会这本体同时是存在、世界的本质，因而是客观的。因此这反思就是正智的绝对反思。绝对反思是反思在形式上的自身绝对化。它是精神的自身维持在形式上的绝对自由的实现（参考本章第一节引言和结语）。正智的绝对反思意味着精神实现了对空净心性的直接、绝对的自身维持（自我维持）。在这里，精神将这本体当作其全部生命的直接、绝对的目的，即自我。这反思意味着精神在正智领域实现了其自反势用在形式上的绝对自由。

《光明点》的本觉反思，正智反思与绝对反思的统一，就是反省在内容和形式两方面的绝对性的统一。它就是精神的自反势用在这两方面的自身绝对化的实现，因而是自反势用的绝对自由的现实。这反思就是精神从无限的现实性和现存性偶像朝向精神最内在的空净自我的持续运动，这是精神全新的自由。

总之，《光明点》的思想，领会到那超绝、无住的本体与真心、至上我的同一，表明在这里，正智省思与绝对反思被统一起来，形成本觉省思。而且这本觉省思，俨然成为此奥义书的思想核心，可以说其他思想都是围绕它展开，被并它支配、统一起来。所以说，尽管本觉省思在《慈氏》中已开始萌芽，但在后者那里，仍然是幼稚、薄弱、偶然的；而在《光明点》中，它才真正壮大、成熟，成为精神必然的思想。

本觉省思也反映了本真精神的现实自由的新局面。盖本觉省思就是究竟觉悟与本觉反思的辩证统一。前者是精神的绝对否定，是自主否定的绝对自由的实现；后者是精神的绝对反省，是自身维持的绝对自由的实现（参考本章引言和小结）。这二者都表现了精神内在的自舍与自反两种势用的无限交织互动。本觉省思在其历史构成和现实开展中，都是由否定与反思、自舍与自反在展开其绝对自由的过程中，通过破与立、否定与肯定的无限循环交织而成的辩证统一体。这思想的统一体，作为精神的运动，就是精神的现实自由。在其中，精神日益彻底地否定存在、自我的全部现实性和现存性偶像，取消它们的真理性，同时日益明确地确立那超绝的自由是存在的唯一、绝对的真理和实体，即自我。它就是精神从现实性和现存性朝向空净内在的自我的运动，这就是精神的本己的自由。在这里，精神首次实现对空净的内在本体的直接、绝对维持，即自我维持。这在现实层面就是精神对这本体作为自我的领会、守护。

另外，这辩证统一体在结构上的复杂性及其中包含的不同力量在其展开中的差异性，决定它从属的精神所具有的现实自由的特性。比如《慈氏》、《光明点》的本觉省思的一个特点是理性思维和分别思维皆极为薄弱，表明精神的自身建构（自凝）、自身出离（自离）势用皆未得到充分展开，没有成为现实自由，而自舍与自反则实现为绝对自由。因而本觉省思在这里表现出一种精神的极端不平衡性。

## 二、瑜伽：本觉的实践

《光明点奥义书》的实践，即瑜伽，就是本觉省思的客观化。它是在《慈氏》的宗教实践基础上发展出来的，但是完全淘汰了后者从梵书和早期奥义书沿袭来的而且与这本觉省思矛盾的大量渣滓，只进一步发挥了后者的瑜伽学，以此使本觉的修习以更纯粹、完整的形式呈现出来。这在于：一方面，它彻底否定了在《慈氏》中充斥的、完全外在的祭祀学、宇宙论观想。首先，吠陀的祭祀宗教是毫无意义的。V · 75—89，VI · 9—29 云祭祀、善业、全部吠陀、吠陀开示的天及诸界、种姓与行期、Gayatrī 祷、祝辞与咒语、所祝、所赞，以及净化、跪拜、绕行、受膏、饮水、乞食之仪，乃至祭礼、牺牲、花、果、檀香、神灯等，皆为虚妄，如龟毛兔角。因此祭祀并不能导致生命的解脱。其次，由于祭祀以及吠陀、五大、诸界、年月、元气等皆是空幻虚假的，因而《慈氏》中充斥的种种祭祀观想（即观想祭祀与这些存在的相互同构或实质同一）和宇宙观想，都是些毫无意义、迂腐昏聩的想象，是根本不成立的，完全不属于精神的真理，更无益于自由、解脱。另一方面，它使《慈氏》瑜伽进一步丰富和完善。在形式上，它在《慈氏》六支基础上加上夜摩和尼夜摩二支，具有了八支瑜伽的结构；并且与《慈氏》六支的粗略空洞相比，《光明点》对八支的每一支的方法都作了详细、明确的阐述。在内容上，它进一步发挥《慈氏》瑜伽的宗旨，排除了其中的含糊性。这在于它更明确地用本觉省思来规定各支的实践。其所有瑜伽支的目的，最终都是指向对超绝、无住的心性、自我的领悟。从这种宗旨来看，《光明点》尽管最后成书肯定在《瑜伽经》之后，但其瑜伽实际上应当属于《慈氏》瑜伽的系统，而与古典瑜伽旨趣有别。《光明点》的全部实践，皆包含在其瑜伽之中。其瑜伽学集中在第一章，兹依如下三分论之：

**1. 瑜伽的宗旨及修行的准备**

其书论修道宗旨，与一般所谓瑜伽根本不同。后者的旨趣通过巴檀遮黎的古典瑜伽得到最清晰表现，这就在于使自我彻底排除自然的影响，获得独存，其理论背景是形而上学的实在的二元论；反之，前者的宗旨则在于否定现实、现存的存在，领会超绝、自由的真心，其理论背景是本觉的形上学。前者属理智思维，后者属本觉省思。《光明点》正是根据其独特的修道宗旨，对原有的瑜伽学进行了根本改造，将各瑜伽支都改造为从不同的途径、侧面观想内在的超绝、无住自我的实践。§1—13 及 §50 表明这宗旨，就是精神舍有入空、舍外入内，即否定虚假、染污、粗猛的现实，转入超绝、内在、无住的真我、大梵，从而获得绝对自由的运动。它既包括正智或空思维，又包括正智反思和绝对反思，既是否定的绝对自由，又是反思的绝对自由：这就是本己的自由。这就是本觉的实践，是本觉省思的客观化（自然化），是它在实践层面的体现。与此相应，§43—49 开示了修道的基本方针，即在离弃俗境，净化自心，观想大梵，以使心中梵相（brahman-vṛtti）增长，致生起专注于梵的静虑，即所谓定智（vṛtti jñāna），最后心与大梵完全合一，大梵的真理直接呈现，此即三昧。其书 I · 3，4，12，13，14 等偈，谈及修习瑜伽的前提，谓应节食、制嗔怒、无求、离恩怨、无荣辱，过舍、忍、皈依三门，离贪、爱、染、惑、骄、矜、过恶，无畏、无我慢、不二、不着苦乐、无想、无颠倒；其说与一般印度宗教所说皆基本一致，也比较零散。

**2. 瑜伽的诸环节**

其书 I · 15—42 开示其瑜伽的内容。§15—16 列出瑜伽的全部环节，包括：夜摩(yama)、尼夜摩(niyama)、出世(tyaga)、牟那(mouna)、持身(āsana)、根结(mūlabandha)、等观、注目、调息(prāṇāyāma)、摄制(pratyāhāra,收摄诸根、识)、总持(dhāraṇa,维持、忍耐,持令不坠)、静虑(dhyāna)、三摩地(samādhi),共十三项。§17—42为依次对这些环节进行解释。这些解释,乃是有意识地将瑜伽各支都改造为以不同方式观想自我内在的超绝、无住真心的实践。详说如下:(1)夜摩。在通常的瑜伽学中,夜摩即止戒、禁戒,为消极的行为法则,包括不害、不盗、不淫等。§17说之为依一切即梵之智识,以知外境皆无,从而制伏诸根、使不外缘。这与一般所谓瑜伽,尤其是古典瑜伽所理解的大不一样。(2)尼夜摩。按通常的术语,尼夜摩即作戒、加持戒,为积极的行为法则,包括忍、清净、精进等。夜摩与尼夜摩,前者为防非、后者为劝善,二者加起来对应于佛教的戒学。《光明点》对尼夜摩同样有独特理解。§18说之为心注平等大梵、离一切差别之相。这也是与一般所谓瑜伽的理解大不一样的。(3)出世。此一环节及以下第4、6、7、8,为《光明点》瑜伽所特有。其云出世即由证自我故,尽弃宇宙,就是由于证得内在的理体、真心,知现实世界的虚妄、非有。由出世生无间解脱。(4)牟那。牟那即无语。按§20—23,彼为断绝言语、思维,与大梵的离言、超绝自性相应。此即大乘所谓寂灭诸戏论、心行言语断,从而冥契空性真如。盖概念、思想即觉性的现实性;本体则为超现实的真理,因而是对概念、思想,即一切语言性存在的否定,故瑜伽士唯离言默如,方能证入。离言诠即离世界,故§23说彼为孤独处。(5)持身。持身是印度宗教实践普遍包含的一个环节,而且它的意思本来很简单,就是在修定之前,固守某种特定身体姿势(比如结趺座),以利心理的集中、安适。《光明点》将其理解为固守于大梵。§25谓持身即安稳、无息倦、无间断地沉思大梵。此即与梵无二,是不尽的喜乐。若由此沉思而最终证入大梵,乃为持身成就(Siddhāsana)。(6)根结。此为《光明点》瑜伽所特有。其义谓系结心识使不动。此所谓"根(mūla)"即是作为存在本质的大梵、至上我。"根结"即是瑜伽士将心识系结于此大梵,使无偏离、动摇。此为诸修王瑜伽(rajayoga)之士所行。(7)等观。此为《光明点》瑜伽特有,即观一切皆大梵故,入一切平等。其具体的实践,就是领会诸根皆指向一味、平等的大梵,故使彼等为平等,于是能观心便入于平等大梵之中(§28)。(8)注目。盖通过注目一处,系心于彼,以为入定方便,为印度诸宗教共有的实践。《光明点》乃特立此为一瑜伽支,且对其意义加以深化,以为其并非凝视鼻端,而是凝视不二一如(见者、所见、见皆灭)之大梵(§29,30)。(9)调息。调息原意为调整呼吸,包括对出入息的观想和调节。这也是被印度各主要宗教普遍采用的方法,主要是为了集中注意、培养定心。印度宗教每分此为三,谓分别修出息、入息、止息(出、入之间的暂时呼吸停顿),宗旨在于使呼吸由粗转细、引短令长。《光明点》乃对于此法进行了极大发挥。其以为调息并非制御呼吸之谓，而是通过于一切处见梵以制御觉谛之活动。其中，所谓出息即断伏外在宇宙之相，入息即内观自我即梵，止息即心坚住于梵而不动、不起（§31—33）。（10）摄制。摄制，又译止根。此亦是印度宗教的禅定、瑜伽之学共有的环节，原义为收摄诸根、识，使其内指，而非外缘。此奥义书亦对其作了特别发挥，以此为于诸境，皆不见外、异相，唯见内自我，故心不骛外，唯乐于内（§34）。（11）总持。总持字面义为：维持、忍耐，持令不坠。此亦是印度宗教的禅定、瑜伽之学共有的环节，原指努力使心着于一处、固守不失。此奥义书以之为固守于大梵（§35）。（12）静虑。静虑即心注一境，是印度各宗实践的核心环节。印度宗教一般以静虑是总持的成就。盖于前者尚需克力系心，于后者则心自然安住于一境。《光明点》所谓静虑，乃是自我静虑（ātma-dhyāna），即观想并安住于自我的超绝、无住的实相（§36），由此静虑生至上喜乐。（13）三摩地。此即心一境性，亦是印度各宗实践的核心环节，通常以之为静虑的最高层次，谓能观心与所观境完全融合不分的境界。《光明点》以之为心与超绝、无住的内自我完全融合、一味无别的境界（§37—39）。其具体实践是，首先由于静虑，使心安住于大梵（即§37所谓“入不易位”），然后破除能观心与所观境的分别，心与大梵合二为一（§38亦云三昧是修静虑以至最初识与内我地间融合的境界），此即三摩地之完成。由于大梵即是超绝、无住的本体，故自我融入大梵后，自身也成为超绝、无住（§39说为无助）的存在，实现了精神的绝对自由。§40—41提到了在三昧修习中产生的各种强烈的障碍，如懈怠、无精审、趋向于乐事、沉湎、昏愚、散乱、无恒心、失意等①。这些都是立志求梵的人应当断除的。

如前所述，《光明点奥义书》的修道宗旨，就是将瑜伽作为本觉的实践；相应地，其书将各瑜伽支都改造为从不同的侧面观想内在、超绝、无住的自我的方法。可以看出，通过这一改造，一方面，与《慈氏》相比，《光明点》瑜伽彻底排除了属于实在思维和启示省思的内容，瑜伽作为本觉的实践的性质得到完全确立；另一方面，与古典瑜伽相比，这种改造也使得各瑜伽的区分变得很模糊。

**3. 解脱的境界**

最早的奥义书思想属自然思维，追求的基本都是世俗、功利的价值，到了KauṣIII的波罗多陀（Pratardana Daivodāsi）思想，才有出世解脱之想；到那支启多（《羯陀》）、毕钵罗陀（《六问》）的思想，解脱才明确成为生命的终极目的。晚期的新奥义书则赋

① 《瑜伽经》列举了瑜伽的十四种障：病、无能、疑、昏沉、惑、怠惰、不舍、妄见、不入地（瑜伽的境界）、不安住，以及由此诸散乱而生之痛苦、颓坠、不轻安、呼吸（YSI · 30—31）。

予解脱全新的意义。如《慈氏》所谓解脱，整合了大乘的空智，就是自我彻底否定现实存有，完全融入空寂的真心之中的境界，因而它就是本己的觉悟或本觉省思的实现。《光明点》所谓解脱，正是以此为基础的，但是在以下两点上对其有实质的发展：其一，它使解脱作为本觉之完成的思想得到完全贯彻，排除了《慈氏》解脱观念的混杂性。它使本体的超绝、自由和内在性的领会成为一贯、普遍的思想，因而在它的解脱中，绝对否定和绝对反省皆成为必然的。故本觉的成就乃成为其解脱的本质。其二，它还引入了数论和吠檀多派对于两种解脱，即生解脱（jīva-mukta）和灭解脱（videha-mukta）的区分。一般以为生解脱即人已获得正智，断烦恼而尚未脱离色身的状态，相当于佛教的有余涅槃；此人死后，自我与身等永远分离，称为灭解脱，相当于佛教的无余涅槃（《金七十论》卷下；SKLXVIII；BSBHIV · 1 · 15）。灭解脱方为究竟解脱。晚期数论师（比如语主［Vācaspati］）以为，生解脱即如实知自我实相，唯有一味自我觉智现前，故于境界完全无所取着，亦无熏习，完全不被罗阇、答摩所染，故断一切痛苦、烦恼。若最终此觉智亦除，觉谛消灭，自我唯安住自身，此为灭解脱。生解脱唯有苦灭，在灭解脱不仅苦灭，而且末那、觉谛、内根乃至一切现实存在皆灭无余（SPBI · 1）。

应当承认，《光明点奥义书》对两种解脱的区分尽管看上去很模糊，但与晚期数论所说是基本一致的。其以为，生解脱即是得本己的觉悟，即本觉的状态。这本觉就是语主所谓自我觉智。其书对于解脱境界之开示，集中于第四章，其 IV · 1—30 描述生解脱为（译文对于原文有所调整）：

> 我即真心我。我即胜义我。我乃为无德，且大于彼大（觉谛）。若唯住于我，是为生解脱。我超越三身，我即净心、梵；人若觉悟此，乃为生解脱。我即妙乐性，即至上妙乐。无身无别物，唯‘我即梵’觉；人若觉悟此，乃为生解脱。人若全无我，唯住于真心，以心性为体，以心为自相；其自我遍满，且离一切有；合一于妙乐，无分别、寂静；为真心充满，为净心自性，为无量喜乐，无取、无它想（思维自我以外之物），无一切有想；乃为生解脱。我于无始时，无心（Citta）与觉谛（Buddhi），无诸根与身，无元气、摩耶，无贪且无嗔，无诸世间有，无过且无德，无眼、耳、末那、/ 鼻、舌以及手，无醒、梦及因（此三者即《蛙氏》的醒位、梦位、熟眠位），唯住第四位。人若觉悟此，乃为生解脱。我无时无方，无境无心想，无浴、交时仪，且无诸神、处，无圣所、虔敬，无智且无住，无亲属及生，无语、财、德、业，无凶、吉与命，无三界、解脱，无义相、世间、/ 静虑、所静虑，无冷热、饥渴，无家族、众人、/ 朋友及仇敌，无惑乱、饶舌，无过、现、未来、/ 诸方及大小、/ 长短与增减，

无所思、受、忆、/ 所言与所闻，无至无受、愿，无瑜伽、三昧，无寂灭、解脱，无胜、贪、喜、乐。无颠倒非倒，亦无一与多。无迷乱、精进、/ 秘密义、种族、/ 所取与所舍、/ 过、福、可乐事、/ 咒语与韬略、/ 知、知者、所知，/ 无我、自他别、/ 属自与属他。然而此自我，如实即大梵。我如实即梵。我即是真心，我即是真心！人若觉悟此，乃为生解脱。我唯是大梵，我即是真心，我即胜义有。人若觉悟此，乃为生解脱。

生解脱位就是本觉的完成，即内在、超绝、无住的自我觉智生起的境界，它其实就是这觉智。

首先，生解脱就包含了一种究竟觉悟或正智。在生解脱位，修道者领会到一切现实、现存存在皆是空无虚妄的，而本体则一方面是超绝的，它无时无方、无境无心，乃至无觉谛、诸根、身、元气、摩耶、诸德、诸世间有……另一方面，本体也是无住、无得、不可取、不可受、不可得的，它非世间非涅槃、非二非不二、非有非空、非流转非寂灭、非系缚非解脱，无至、无受、无愿、无瑜伽、无三昧、无颠倒非倒、无一与多（即大梵与世间）。这种领会，既意识到本体（大梵）的超绝性，又意识到它的无住、绝对自由，因而就是与大乘佛教空智一致的究竟觉悟。同在大乘中一样，在这里，精神也正是通过这种领会，实现了否定的绝对自由。

其次，生解脱包含了一种正智反思（对超绝、无住本体的内在化）和绝对反思（主客的绝对同一）。在文本中，首先这种正智反思得到充分表现。在这里，解脱就在于否定任何外在的存在，唯确认内在的真心为唯一的实体或本体。文本云得解脱者乃唯住于真心，以心性为体，以心为自相，为真心充满，为净心自性。在这里，那超绝、无住的本体不是一种无精神的存在（如小乘的涅槃），而就是内在的心性。如前所云，这种领会乃是反省在内容上的极限或绝对自由。其次，文本表明绝对反思也是解脱应包含的精神内容。解脱就是觉悟到我即是大梵，即是超绝、无住的真心。这就是理智一如、觉悟者与真如、主体与客体的绝对同一，因而是在正智中展开的绝对反思。如前所谓，这绝对反思乃是反省在形式上的绝对自由。因此，解脱的境界也意味着精神实现了反省的绝对自由。

总之，《光明点》的生解脱，就是究竟觉悟与绝对反省、否定的绝对自由与反省的绝对的统一，是精神的自身否定和自身维持势用的绝对实现。它就是本觉的思维，就是精神本已自由的现实性。

对于与生解脱相对的灭解脱，此奥义书的解释，似乎很难与对前者的解释区分开来。不过也可以看出一个明显的不同，就是对于灭解脱的“无念”（nir-saṃkalpa）

的强调。心的一切活动皆为念，故自我觉智亦是念。于生解脱仍然有自我觉智，故为有念。灭解脱无念，故觉智亦灭。于是解脱者与寂灭、无限、空的真心本体完全合而为一。《光明点》对灭解脱的描述大致如此。如云：

人若唯住于真心，乃至不思“我即至上我，至上我于一切平等、清净、非一、无二。我即一切，一切唯我，无生、不死。我即不坏至上我……我唯是大梵，我唯是真心”，则为究竟解脱者。人若离“我唯是大梵”想，乃为究竟解脱者。人若不住有、非有，离“我即是梵”或“我非梵”想，与真心、喜乐同一，不以自我染于一切有、一切处、一切时，恒处寂默、无为。……其自我为空、遍满万有而无有，神圣而无诸神，可度而不可度，无念，视一切皆是识，一切皆空。唯思维“我即是心性、至上我，我唯正智自性，我唯真有性”(TejobinduIV·34—47)。人若超越心转变，觉悟此诸转变，其自我无诸转变，乃为灭解脱者(IV·53)。若人之自我，是解脱与非解脱自性，亦非解脱与非解脱；是有二与不二自性，亦非有二与不二；是一切与非一切自性，亦非一切与非一切；是受境生乐自性，亦非受境生乐。彼无一切念。此即得灭解脱者。若人之自我，为无异、无染、觉悟、补鲁沙、及无喜乐等，为甘露自性，及三时自性，而能悉离之；量而不可量，有证而无证，为恒常、证者，离恒、证者性，自性为不二，光耀且绝对，无智慧、无明，非此二所量，无执无无执，无此及彼界，无粗、细、因，以及第四身(即《蛙氏》所谓自我四位)，以喜乐为性，而无彼五身(即《鹧鸪氏》所谓大梵五身)，其性无分别，无念无见闻，为虚空自性，无前中后际，无心识(Prajnana)之名，无“我即是梵”、“彼即是汝”、“此即自我”想，无Om所示……即得灭解脱者(TejobinduIV·63—79)。

可见，灭解脱就是否定一切现实存在，领会本体为超绝、空寂的真理，同时领会这超绝的真理也是不可执、不可取的，是非空非有、非二非不二、非解脱非非解脱、非一切非非一切，因而它也是无住的，所以同生解脱一样，灭解脱也是究竟觉悟的完成。同时灭解脱也包括对超绝、无住的本体与真心、自我的同一性的领会，因而它也同生解脱一样，也是绝对反省的完成。因而灭解脱同样是究竟觉悟与绝对反省的统一，是本觉省思的完成。在这一点上，《光明点》对它的描述，似乎同对生解脱的描述没有什么差别。

然而，此段文本中有三处提及灭解脱是“无念”，四处提及灭解脱甚至无“我即是梵”、“彼即是汝”之想，而且还明确提到灭解脱是自我消灭诸种转变，即觉性的一切思想、活动或它的全部现实存在的断除。这些说法才真正表明了灭解脱与生解脱的差别。这就在于：在生解脱位，自我仍然有思想活动、有自我觉智、有念，易言之它仍有其现实存在；在灭解脱位，自我无任何思想活动、无念、无觉智，易言之它断灭了它的全部现实存在，完全成为一种超绝的本质。对于生解脱与灭解脱的这种区别，与晚期数论和瑜伽派的说义是基本一致的。然而克实言之，超绝的本质自我只属于可能性领域。《光明点》设想的灭解脱位的这样一种无现实的自我，根本不可能实现。盖存在、自我的真理是超绝的本质和现实的偶像的统一，本质只有通过偶像才能实现，也才能真正存在。因此精神在其超绝自由中对于现实的否定，并不是将其消灭，而是超越它，即认识到它完全被本体自由规定，没有独立自为的真理性。然而这种否定（在《光明点》中，它属于自我觉智），本身也属于精神现实性的范畴。因此精神即使在它的绝对自由中，也不可能消灭它的现实性而存在。在这一点上，《光明点》可以说是陷入了现实虚无论的误区，这也是与它的一贯立场一致的。它的基本精神与佛教方等思想的恶趣空相似，而对大乘佛教的“中道”立场有所偏离。大乘正由于坚持这“中道”义，因而其对究竟解脱或精神绝对自由的理解，比《光明点》所说的更正确。其以为究竟解脱是般若而非般若。首先，在究竟解脱中，般若，即解脱中的精神现实、思想（对应于《光明点》的自我觉智），是直接自明的、绝对的真理（“般若即如来”），它就是精神绝对自由的现实；其次，解脱者应在般若中，超越般若，即否定其现实性，证得其超绝本质（超绝的自由），但这种否定——证得的活动就是般若（如经云“佛说般若，即非般若，是名般若”）。因此，究竟解脱或绝对自由，只存在于般若中。唯般若是究竟解脱的现实，在此意义上它就是绝对真理。大乘正是以此否定了任何在自由的思想之外的本质即现存实体的存在，从而领会了存在的无住、自由。因此《光明点》对自我觉智的取消，就意味着超绝本体是在这觉智之外的东西，因而仍然是一种现存实体。这表明此奥义书对本体的无住性的领会，较之大乘佛学，仍不够彻底。它通过消除现实存在以使自由获得最大程度的纯化、提升的企图，恰恰使这自由失去了其在般若思想中本来具有的究竟、彻底性。

总之，《光明点》追求的解脱境界，就是本觉的完成，是精神的本己自由。这种自由就是自我超越全部现实与现存的存在，从纷乱喧嚣的外在追求（贪）和外在规定（系缚）中彻底脱身出来，重新返回其自身本质，即内在、超绝的自由。

《光明点》表现了在奥义书精神中，本觉省思的成熟形态。首先，《光明点》排除了《慈氏》思想仍然存在的大量陈腐杂滥的祭祀学和宇宙论内容，对奥义书旧有的五身说、四位说、数论和幻化论等学说也根据其本觉省思进行了重新解释，将其整合到自身体系之中。其理论的一贯宗旨，就是否定一切现实、现存存在的真理性，确立超绝、无住的心性为存在的绝对本体。因此在这里，本觉省思不再像在《慈氏》中那样，卑微地厕身于早期奥义书的大量陈腐杂滥内容之中，而是得到了贯彻、纯化，成为普遍、一贯、必然的思想。其次，《光明点》以旨在断俗去染、明心见性的瑜伽作为其修道的全部内容，完全抛弃了《慈氏》修道论的祭祀学和宇宙观想，而且对瑜伽学作了实质改进，不仅使瑜伽行法更完善，各支内容更充实、详尽，更根本地是使各瑜伽支都成为旨在否定现实的幻境、呈现超绝、无住的真心的活动，从而克服了《慈氏》瑜伽的空洞、(其中本觉宗旨的)模糊性和不定性，也与旨在意识与物质两种实体分离的古典瑜伽有本质区别。这区别就在于，后者的精神是理智的、形而上学的，前者的精神是本觉的。因此在《光明点奥义书》中，瑜伽作为本觉的实践，较之《慈氏》更加清晰、确定、充实、一贯。本觉省思在实践中成为普遍、必然的。总之在《光明点》中，本觉省思才真正成熟。

这种本觉省思，也反映了奥义书的精神自由进入了新阶段。盖本觉省思是究竟觉悟与本觉反思的辩证统一，因而是精神否定与反省两种绝对自由的统一，故为本己的自由。详细解释如下：一方面，本觉省思是究竟觉悟或正智，因而是否定思维的绝对自由。盖究竟觉悟就是省思否定全部现实和现存存在的自为的真理性，确认一种超现实的、非现存的(即空净的)空性本体为存在的绝对真理。它就是精神从现实性和现存性的偶像到超绝、无住的本体的持续运动。这运动体现了精神的“破”与“立”，即自身否定和自身维持作用的辩证统一。盖唯自舍势用推动精神否定其直接、外在、偶像的存在，唯自反势用推动精神确认更内在、本质的真理。二者都本然具有实现为绝对自由的冲动。其中自舍势用的绝对展开，推动否定思维的自身绝对化。它使精神不能满足于任何当前的、直接的存在，推动省思展开为对偶像的无限否定进程。在这过程中，精神不断将原先作为本质、真理的存在，贬低为偶像、假相，同时确立新的真理或本质。然而这自舍势用是消极的，它确认的真理是抽象的，而否定思维在“破”除旧的偶像之时，必然同时规定这新的本质的具体内容，这种积极规定就是精神的自主肯定，首先是自身维持势用的作用。因此否定思维内在地包含了否定与肯定，自舍与自反两种势用的辩证统一。它的自身绝对化，就是在这种辩证统一中展开的。其中自舍势用是主导，它的自身绝对化冲动推动否定思维的绝对化进程，使思想不能停滞于任何存在之上。印度精神的历史，就充分展现了这一进程。精神否定从最外在的自然开始，最终在大乘佛学和奥义书的究竟觉悟中，否定了一切现实和现存的存在，因而成为绝对的。在这里，否定思维的绝对性，就在于自舍势用在其中的展开达到了极限。这极限既是质上的，又是量上的。其中自舍势用在质上的绝对展开推动精神否定一切现实性而确立某种超绝的真理；与之相应，自反势用的展开则推动精神把这超绝原理当作绝对、本质。此即超绝否定。然而这超绝真理其实就是本体自由,就是自舍势用的实体,因而它是这否定的界限。因此超绝否定就是自舍势用的自身绝对化在质上的实现,是否定思维在质上的绝对自由,但是也离不开自反势用的支持。而自主否定在量上的绝对展开,或否定思维在量上的自身绝对化,就是这否定思维否定一切现存的存在,最终只能确立它自己,即正智本身为唯一直接的真理。这就是究竟否定,是否定思维在量上的绝对自由。这一过程同样包括破与立,自舍与自反相互作用的辩证法。而所谓究竟觉悟或正智省思,乃是超绝否定与究竟否定的辩证统一。本觉省思就包含了这种正智省思。因而它也是否定思维的绝对自由之圆成境界,是自舍势用的自身绝对化的完全实现(以上分析,请参见本书第一部分第三编第二章引言和结语)。在《光明点奥义书》中,对现实、现存存在的绝对否定,对本体的超绝、无住性的确认,都成为普遍、一贯的思想。这表明了在这里,正智省思完全成熟,精神否定的绝对自由成为确定、必然的现实。另一方面,本觉省思也是绝对反省,是反省的绝对自由,精神自反势用的自身绝对化的实现。本觉省思是究竟觉悟与绝对反省的辩证统一。盖绝对反省乃是反省的绝对化,或反省的极致,既包括内容上的,又包括形式上的。首先,从内容上说,它就是对正智揭示的空净本体的内在化,是对这本体与觉性、精神内在本质的同一性的领会。此即正智反思,是究竟觉悟与内在反思的统一。在《光明点奥义书》中,它表现为精神否定现实、现存的世界,确认存在的绝对真理为超绝、无住的真心的运动。这里也包含了自舍与自反运动的辩证法。其中自舍势用展开为绝对否定,而自反势用则展开为对那超绝、无住本质的内在维持。后者的现实性,在《光明点奥义书》中,就体现为对这空净本质与真心(citta)、心性(cit-mātra)的同一性的领会。于是这空净本质成为觉性内在的真理。觉性的内在、空净的本质,其实就是本体自由,是存在、自我的最内在的理体。因而在对它的领会中,反省达到内容上的绝对化。这正智反思,体现了自舍与自反两种势用在实现其绝对化过程中的辩证交织。它既是自舍势用的自身绝对化的完全实现,也是自反势用在内容上的自身绝对化的完全实现。反省的这种自由,尽管在《慈氏》即有所体现,但在《光明点》的思想中才得到完全贯彻。其次,从形式上说,绝对反省是究竟觉悟与绝对反思的统一,是主体在究竟觉悟的层面领会到主、客体的同一,即反思主体领会到空净的真心就是它的内在自我。这就是本觉的反思。这反思的主体否定了空净本体的间接性、客观性假相,确立这本体与它自身的自我的同一,因而这反思具有了主观性;同时由于这本体是存在的绝对本质,故自我成为绝对的。所以在这里,反思就达到了一种形式上的极限,故为反省在形式上的自身绝对化。这绝对反思同样有破有立,即否定客观实体,确立空净真心与自我的同一。这同样离不开自舍与自反势用的辩证交互作用。其中，自反势用在形式上的自身绝对化的实现，就是绝对反思的实质。这种自身绝对化是自反势用的本有冲动，因为自反势用本然地要求实现对觉性内在本质的绝对直接维持（参见本章第一节引言），即自我维持。这在现实层面，就是精神把这本质作为自我来守护。这种守护，也就是精神对这本质与自我的同一性的领会，即绝对反思。本觉的反思是在正智层面展开的绝对反思。这意味着在这里，自反势用实现了其形式上的自身绝对化，是为形式上的绝对反省。同样反省的这种自由，尽管在《慈氏》中即有所体现，但在《光明点》的思想中才得到完全贯彻。《光明点》的绝对反省，就是这正智反思与绝对反思的统一。总而言之，《光明点奥义书》的本觉省思，作为究竟觉悟和绝对反省的统一，就是精神的否定与反省的绝对自由的辩证统一，也是自舍与自反两种势用的绝对实现的辩证统一，这两个层面的统一都是动态的统一。它就是本己精神的现实自由。本觉省思就是由精神在现实与本体两个层面的破与立、肯定与否定的持续往返交织构成的复杂整体。由于在奥义书传统中，本觉省思到《光明点》的思想中才成为普遍、必然的思维，因而精神本己的自由，也是在这里才成为必然的、确定的。

然而，即使在《光明点奥义书》中，本觉省思仍然表现出其局限性。这同样反映了现实精神自由的局限。首先，如前所述，《光明点》的本觉省思的辩证统一体在结构上的复杂性及其中包含的不同力量在其展开中的差异性，决定它从属的精神具有的现实自由的不平衡性。在《慈氏》、《光明点》思想中，同在其他奥义书的情况一样，理性与分别的思维（思想内容的建构与扩张）皆极缺乏。这表现在，尽管其思想可能有深邃的直觉，但皆缺乏理性的组织，而且内容贫乏。这在现象学上表明在这里，尽管精神的自舍与自反势用实现为绝对自由，但自凝（自身建构）、自离（自身出离、自我扩张）势用还没有展开为现实的自由。因而奥义书的本觉省思体现了一种精神的极端不平衡性。其次，也许是更重要的，是在奥义书的本觉省思中，精神的绝对否定与绝对反省皆仍有欠缺。首先就其中的绝对否定方面而言，尽管这本觉省思包含的超绝否定达到完满的成就，这通过《光明点奥义书》对现实世界的绝对否定得到充分体现，但是其中究竟否定不如大乘佛学彻底。盖究竟否定是精神否定一切现存实体，确认本体的无住性。它的彻底化在于，这否定思维首先必须否定它自身之外的任何东西的存在，因而最终只能确认它自己，即正智本身的具体现实为唯一直接的真理。在此现实的真理基础上，正智才得以领会超绝、无住的本体。这就是大乘佛学的究竟觉悟先确立般若为真如，后否定般若的现实性从而领会其超绝自由本体的思路。《光明点奥义书》尽管试图借鉴这一思路，但不完全成功。这在于：一方面，它没有经历般若的究竟否定的辩证逻辑，通过后者，省思在对现存存在的绝对否定中，最终必须确定它自己的具体现实为直接真理，否则等于将自己取消了（见第一部分第三编第二章导言）。这否定思维就是正智、绝对自由。因此，唯有通过这种辩证逻辑，省思才能领会存在本质的自由，而这自由才是无住性的实质。然而《光明点奥义书》始终没有强调过否定思维或正智本身作为真理基础的意义，因而未能真正领会本质的无住性。另一方面，与此相关，它将大乘佛学对现实存在的否定极端化。它将这否定不是理解为辩证的扬弃、超越，而将其当作对于现实存在的彻底排除。这既使正智的具体现实或否定的绝对自由本身失去作为真理基础的地位，使省思由此领会本体的自由的可能性完全被取消；另外也使本体成为现实之外的存在，成为否定思维无法涉足的领域，因而仍然是一种现存的实体。因此，在《光明点奥义书》的思想中，究竟否定并不彻底，导致本觉省思在此未能领会本体的无住性的实质，它对这无住性的领会是抽象的。在这里，本觉省思对于本体就是自由没有自觉意识。所以说，尽管《光明点奥义书》的思想对于现实性的否定似乎比大乘佛学更偏激，但它并不比后者更自由。尽管它试图借鉴大乘般若学的思路，克服本觉省思的抽象性，但此种思想仍很不确定。它对本体的恒常、不动、圆满、不变等特征的表述，表明它似乎又想把奥义书旧有的超绝现存实体请回来，因而它始终具有重新退回启示省思的危险。其次与此相关，就其中的绝对反省方面而言，尽管这本觉省思进入了内容和形式上的绝对反省，但在这两方面绝对反省都不完满。首先与上述正智省思的抽象性相关，这绝对反省在内容上也是抽象的，而且不全面。第一，它没有像大乘唯识学那样领会到无住真心的实质就是自由，就是纯粹自主否定的绝对性。第二，它（以及大乘佛学）没有像究竟否定那样，发展出一种究竟反思（究竟反思也否定一切在它之外的存在，唯确定这绝对反省的具体现实自身为唯一直接的真理），使反省具有一种量上的绝对自由（参见本编第二章引言），从而排除一切现存的存在，领会本体就是自身维持势用的本真存在，而且就是真心。更不用说，它对作为本体自由实质的自凝、自离势用，也完全没有领会，因而从内容上说，这本觉省思的绝对反省仍然是抽象、不全面的。它还不是一种洞视本体的全部实质的圆成反思。这也决定在形式上，本觉的反思对于自我本质的自由内容缺乏实质领会，因而也是抽象的。因此在奥义书的本觉省思中，精神的绝对反省与绝对否定都一样有欠缺，这表明精神内在的自舍、自反势用的绝对展开仍然是不充分、不全面的。如前所述，既然奥义书精神的本觉省思的产生、发展和成熟，都是自由推动现实精神发展的结果，那么这自由也同样会推动这省思进一步克服上述的局限，实现自我升华，乃至最终扬弃自身，进入更高明、宽广的自由境域。

# 小　结

## 一

印度精神最终克服大乘佛教的正智省思的局限，进入晚期奥义书和吠檀多不二论的本觉省思领域，乃是精神生命在自由推动下的必然进展。盖大乘佛教的精神中，反思与超越的发展极不平衡。其中超越思维已经实现为精神的绝对否定，即正智。后者否定一切现实和现存存在的自为真理性，确立超绝、无住的实体，即自由本身为存在之究竟真理、本体。它由于对这本体自由的直接、具体的领会，因而是精神的究竟觉悟。因而在这里，超越思维实现为绝对自由；然而与之形成巨大反差的是，佛教在直到般若学的思想中，真正的精神反思都还完全没有建立起来，尽管唯识学在奥义书传统启发下，发展出了一种精神反思，但这反思只是客观的，它将心识理解为普遍、客观的精神，而不是它的内在自我。这种思维局限，反映了大乘佛教的精神局限性。它在现象学上表明精神没有在正智省思领域展开其绝对维持，精神内在的自反势用没有实现在形式上的自身绝对化。然而自反势用的本真存在，本来具有自身绝对化的冲动，即要求在任何精神层面实现为绝对维持。一旦精神内在的自反势用在本体自由的促动下恢复其本真存在，它就必然走向实现完全的自身绝对化的道路，这包括在形式和内容两方面的绝对化。本体自由必然推动这一精神进展。盖本体自由作为生命的绝对本质，要求（精神）把它自己作为存在的直接、绝对目的，把所有存在者作为维持它自己存在的手段。因此，一方面，它不会满足于（精神）把对它的维持作为实现任何其他目的的手段，而是要求只能把它自己作为唯一的最终目的，即精神的真实自我。因此它要求精神内在的自反势用展开为对这自由本身的绝对维持，即实现在形式上的自身绝对化。另一方面，本体自由也不会满足于（精神）只是把任何一种现实、现存的东西当成绝对目的来维持，而要求只能把它自己作为这一目的。因此它要求精神内在的自反势用穿透现实、现存的偶像，展开为对这超绝的自由本体的维持，即实现在内容上的自身绝对化。因此本体自由必然通过呼唤和倾注，促使精神内在的自反势用恢复其本真存在，使其获得在内容和形式两方面的绝对展开，从而推动省思领会到本体自由自身，作为存在的超绝、内在的本质，就是真实的自我。精神由此最终在这正智省思领域，发育出绝对反思之维，从而将大乘的究竟觉悟绝对地内化为本己的觉悟，或本觉省思。总之，自由必然推动印度思想从启示省思和正智省思到本觉省思的转型。

《慈氏》、《光明点》等一些晚期奥义书的思想，就验证了这一精神进展。此类奥义书的思想，就其最有价值的层面来说，乃是将大乘佛学的正智省思与奥义书的绝对反思传统融合起来。《慈氏》等的这一思想发展，也表明奥义书的精神自由进入了新的阶段。

一方面，《慈氏》等在奥义书传统中首次提出不仅现实存在是空，而且超绝本体自身也是空无自体的，是无所住、无所依的境界，因而是绝对自由。其书于是否定了启示省思执着的超绝现存实体，接触到了作为超绝真理实质的本体自由自身。这种观念表明了与大乘佛学一致的正智省思。首先，《慈氏》等表明存在的真理是一个超绝的本体。其云全部现实存在皆为梦幻泡影，举体非实，而存在的真理、大梵的体相乃为清净、无染、空、寂灭、无气、无我、无终、不坏、安住、恒常、无生、独立、非万有自性、无方分、无末那、无诸根、无觉谛、无变易、无三身、无醒梦熟眠位；解脱者乃舍有入空，舍有相入无相（MaitII · 4, VII · 4, TejobinduIII · 44—47）。这些思想，同《白骡》等奥义书和大乘佛学的相同说法一样，都旨在开示本体对现实存在的绝对超越或否定，表现了精神的超绝否定。这些思想，在观念层面表现了精神彻底否定现实存在、否定自身的现实此在，奔向完全陌生的超绝的永恒“它者”（das schlechthin Andere）的运动。精神这种彻底的“去现实化”运动在现象学上验证了其内在的自身否定势用在质上的绝对展开（参考前一章引言和小结）。其次，《慈氏》等还表明这超绝本体也是空、无所依、无所住的原理。如果说《白骡》、《频伽罗子》等奥义书已阐明本体的超绝性，那么《慈氏》等才最早领会到本体的空、无所依、无所住的体性。其云本体为无住、无依、空、空亦复空、空亦非空、非有非空、非真非妄、非究竟非不究竟、无二、无不二、非有非非有（MaitII · 4, VI · 19, VI · 20, VI · 28, VII · 4；TejobinduI · 10—11, V · 37—38）。这些思想，同大乘佛学的相同说法一样，都旨在开示本体对一切现存实体的否定，表现了精神的究竟否定。它们在观念层面表现了精神彻底否定一切现存偶像，确立存在真理为那超绝、无住的本体（后者的实质即本体自由自身）的运动。精神这种究竟否定运动，在现象学上验证了其内在的自舍势用在量上的绝对展开（参考前一章引言和小结）。这究竟否定与超绝否定的统一就是绝对否定或正智省思。因此《慈氏》等奥义书的思想，在观念层面表现了精神的绝对否定运动。这一运动在现象学上验证了精神内在的自舍势用在质和量两方面的绝对展开，正是这一展开推动了奥义书正智省思的形成。

另一方面，《慈氏》等的超绝、无住的本体，不是任何外在的东西，而就是识、觉性的内在本质，并且就是人的真实自我。首先，其书以为那超绝、无住的本体，不是大乘般若思想理解的无精神、非觉性的空性，而就是心灵、精神的内在本质。其中，空、空空、寂灭、无住、无依、不二、非二非不二等，都是被用来描述心体（cetana）或心性（caitāmātra）。这些说法表现了与唯识一致的正智反思。同在唯识中的情况一样，《慈氏》等将超绝、无住的内在本质（其实质就是本体自由自身）当作存在的绝对真理，在观念层面表现了精神穿透一切现实和现存存在的偶像，以全部生命和存在维持自身超绝内在的自由的运动。这在现象学上验证了精神内在的自反势用在内容上的绝对展开（本体自由自身是反省在内容上的终点）。正是这一展开推动了正智反思的形成。其次，与唯识的正智反思不同的是，《慈氏》等书明确将超绝、无住的心性本体等同于自我。那存在的绝对真理，即内在的空性本体，不再是与我无关的，而就是至上我自身的理体。克实言之，唯自我是精神生命的直接、绝对目的。《慈氏》等思想，在观念层面表明精神已经将这心性本体作为存在的直接、绝对目的。这在现象学上验证了精神内在的自身维持势用在形式上的绝对展开，即展开为对这本体的绝对维持（见本章引言）。正是这一展开推动奥义书的绝对反思的形成，使正智反思具有了主观性的维度。因此，《慈氏》等的思想，在观念层面表明奥义书的反思包含了正智反思与绝对反思的统一。这反思实现了内容和形式上的绝对化，因而成为绝对反省。它因而使反省思维绝对化，成为绝对反省（本觉的反思）。在这里，《慈氏》等的思想在现象学上验证了精神内在的自反势用在内容和形式两方面的绝对展开。正是这一展开推动奥义书的本觉反思的形成。

总之，《慈氏》等晚期奥义书的思想，在观念层面表现了精神的绝对否定和绝对反省的辩证统一，表明奥义书的精神进入了新的自由阶段。其思想不仅领会到存在的绝对真理是否定了一切现实、现存存在的超绝、无住的空性（其实质即本体自由自身），而且领会到这空性本体，不是在现实精神之外的客体，而就是这精神的内在本质，就是人的真实自我。这样的精神觉悟就是本己的。这就是精神的本觉省思。这本觉省思就是绝对否定（本觉的超越）和绝对反省（本觉的反思）的统一。它在现象学上表明了精神内在的自舍和自反势用的双重自身绝对化。而且正是这两种势用辩证历史的展开，推动了奥义书本觉省思的形成。然而如前所论，在现实精神中，这内在的自舍和自反势用往往被惰性势用抑制、被传统规定，因而丧失其本真存在，而不能历史地展开自身。在这里，只有本体自由自身作为唯一超越传统和历史的原理，才能促使精神内在的自舍和自反势用恢复其本真存在，从而获得历史展开。比如，本体自由作为生命的绝对本质，要求（精神）把它自己作为存在的直接、绝对目的，把所有存在者作为维持它自己存在的手段，因而它要求精神内在的自反势用实现其内容和形式两方面的自身绝对化。因此它必然通过呼唤和倾注，促使这自反势用恢复其本真存在，实现其自身绝对化，从而推动本觉反思的形成，这直接导致印度思想从大乘的正智省思到晚期奥义书的本觉省思的转型。同样，也是本体自由促使精神内在的自舍势用实现其自身绝对化，从而推动本觉的超越的形成，进而导致晚期奥义书思想从《白骡》等的启示省思到《慈氏》等的本觉省思的转型。所以说，最终是自由推动晚期奥义书的本觉省思的形成。因此，晚期奥义书思想的发展，就在现象学上验证了自由推动本觉省思形成的精神逻辑。

在《慈氏》、《光明点》思想中，本己自由的实现，固然离不开佛教的启示，但本质上是由精神的自舍与自反势用，在其各自的自身绝对化实现过程中的否定与肯定、破与立的无限辩证往复运动所推动的。本觉省思作为现实的活动，反映出奥义书精神这样一种内在辩证运动：首先是自舍势用得到绝对展开，促使精神实现对一切现实和现存存在的绝对否定；其次自反势用在这种空无境界展开其自身绝对化，乃实现为绝对反省，因而促使精神将偶像破灭后呈现的空净本体内在化，领会其与自我的同一。本觉省思就是精神从现实性、现存性的世界，走向超绝、自由的真心或真我的持续运动，因而其作为具体的现实，就是精神本己的自由。

## 二

我们通过对于从大乘佛学到《慈氏》等晚期奥义书的思想转型的现象学诠释，阐明了自由推动正智省思向本觉省思转变的精神逻辑。我们将要看到，在西方思想中也发生过同样的思想转型，它也体现了同样的精神逻辑：在这里，精神同样是在自由推动下通过在究竟觉悟中引入绝对反省，从而克服了正智省思的外在性进入本觉省思领域，由无住的自由进入本己的自由。这表明这一精神逻辑具有普遍、必然的意义。

首先，我们曾经阐明了对于西方精神来说，同样是自由推动它否定实在思维，进入启示省思，再否定启示省思进入正智省思（参考前一章的引言和结语）。这一进展在西方宗教思想的发展中表现得更充分，而以托马斯的神学为其最终的成果（盖哲学思想或来自单纯学理探讨，宗教思想必来自精神的生命或自由本身）。一方面在这里，同样是自由推动精神否定的绝对化。这种绝对化首先是超绝化，即对现实的绝对否定。这表现在奥利金、马利乌斯·维克托利努斯、忏悔者马克西姆、阿娄帕果的但尼斯等代表的启示神学，否定奥古斯丁等人的神秘神学的超越性仍未摆脱的对于直觉的现实的绝对化的否定之中。在这里，上帝作为存在本质被理解成现实性的否定，为超绝的本体。其次这种绝对化也是究竟化，即对一切现存实体的否定。这明确表现在托马斯的神学，进一步否定上帝之为“有”或具有“有”，而理解上帝本质是“无”，即它不是任何现存实体，而是存在的超绝的运动（纯粹的生成行动），因而托马斯克服了启示神学对于上帝的现存本质的执着，领会到上帝本质是超绝的自由。这就是究竟否定。因而托马斯神学达到了与大乘佛学的究竟觉悟或正智省思一致的思维层面，故称之为正智神学；它同样表明了精神内在的自舍势用的绝对展开。

另一方面在这里，自由也推动精神反省的深化。阿那克萨哥拉认识到心灵是自为的实体。柏拉图以理念、逻各斯为超验的本体。启示神学通过上帝观念，领会精神、觉性的本质是超现实的原理。托马斯的正智神学则认识到觉性的本质不是任何现存的东西，而就是存在的纯粹行动或超绝的自由。这一观念进程，体现了在西方思想中精神反省排除觉性的外在偶像、深入内在本质的不懈努力。托马斯的神学就反映了这一努力的阶段性成果。在这里，反思领会到那超绝的自由就是觉性的内在本质。这就是正智反思，与大乘唯识学的反思本质一致，它同样表明了精神内在的自反势用在内容上的绝对展开。总此两方面而论，托马斯的正智神学，乃可视为西方精神上述进展的最充分体现。它同大乘唯识学一样表现了正智的超越与正智的反思的辩证统一，且同后者一样在现象学上表明了精神内在的自舍和自反势用在其自身绝对展开中的辩证交织，并且它就是这一展开推动正智反思形成的结果。然而从生命本体论视角来看，托马斯的正智神学，仍然有其诸多局限性。其中最主要的是，在这里，那超绝的自由本体，作为上帝本质，仍然只属于客观的精神，而没有被等同于现实精神的内在自我，也就是说，它还不具备主观性。因此，与希腊理念论和基督教神学传统一致，在托马斯神学中，精神只具有客观反思。在这里，主体没有领会本体就是它自身，也没有在此基础上领会它自己就是全部存在的本质、根据，因而就是绝对。在这里，精神的主观反思和绝对反思皆不存在。因此托马斯的正智神学反映了与大乘佛学的正智反思同样的局限性。这种思维局限也反映了现实精神自由的局限。它表明现实精神尚不能实现对自己的超绝自由的绝对维持（所谓绝对维持，就是生命把对象作为一切活动的唯一终极目的，即自我）。然而同在奥义书的精神发展中的情况一样，自由是精神的绝对自否定冲动，正如它推动精神从启示省思升华到正智省思层次，它也必然推动精神克服这正智省思的局限性，进入更高的自由境界。首先，自反势用作为自身维持，本然地要求将生命本质作为一切活动的唯一终极目的，后者就是生命的内在自我。这就是说自反势用的本真存在具有展开在形式上的自身绝对化的冲动。自反势用的这种自身绝对化决定了，人或现实精神，最终只能以自己为最高目的。人对上帝的真正崇拜，对上帝真理的守护，即使再纯洁无私，也不可能是唯一的目的，而总是服务于那或隐或显的另一目的，这就是自我的自由。也这就是，对上帝真理的维持、守护，是现实精神维持、守护其自我本质的途径。从生命现象学角度看来，它其实有或隐或显的两个目的，即上帝与自我，后者才是精神生命的直接、绝对目的。然而正智神学表明，后一目的被遮蔽了，因而精神其实遗漏了其生命的唯一终极目的。这种情况，在现象学上表明精神内在的自身维持势用的展开在形式上仍然是间接、相对的，没有展开为绝对维持。这意味着这自反势用丧失了其本真存在，因而不能展开在形式上的自身绝对化。在这种情况下，只有本体自由自身才能促使精神内在的自反势用恢复其本真存在，从而获得在形式上的绝对展开（见前文）。盖本体自由作为绝对和无限，要求（现实精神）把它自己作为精神生命的直接、绝对目的。因此它不会满足于（精神）把对它的维持作为实现任何其他目的的手段，而是要求把它自己作为唯一的最终目的（即精神的真实自我），因而它要求（精神）展开对于它的绝对维持。因此本体自由必然促使精神内在的自反势用恢复其本真存在，展开对这自由本身的绝对维持，推动精神在正智省思层面发展出绝对反思之维，使省思领会本体自由与自我的同一性，成为本己的觉悟。而对西方精神而言，自反势用的这一绝对展开，必将推动它否定传统信仰中的客观上帝的真理性，而确认上帝作为存在的超绝、自由的本体，就是现实精神的内在自我。精神于是克服正智省思的局限，进入本觉省思领域。它终于认识到那超绝、自由的上帝本质与自身自我的绝对同一。这就是在究竟觉悟层面引入绝对反思，使上帝本质成为主观、内在的。总之，自由必然推动西方思想从正智省思到本觉省思的转型。

同在印度精神中从大乘佛学到《慈氏》、《光明点》等新奥义书思想的转化一样，现代西方思想的发展，也验证了这一精神转型。这在观念层面就表现为，现代西方思想开始把渊源于基督教神学的对于存在本质作为超绝、内在自由的领会，与西方哲学自笛卡尔、洛克以来的主观反思结合起来，使前者的超绝本体具有了主观性。这方面最典型的代表就是海德格尔。

一方面，海德格尔延续了以托马斯为代表的超绝神学对虚无的思考。海德格尔提出的“存在论区分”，就是对存在者与存在自身的区分①。区分表明“存在”不是存在者（形而上学的现存性），而是与后者隔着“无底深渊”，它是所有世界之内的存在者的“完全的它者”（schlechthin Andere）②。而且这“存在自身”全无意蕴、不可把捉、不可言说，所以相对于一般存在者的“有”，它就是“无”。存在论的区分就是“有”与“无”的区分。它表明虚无才是一切现实存在的本质。盖西方传统自实体形而上学兴起，对“有”的兴趣便完全淹没了“无”，导致西方思想即使谈及“无”时，也完全遗忘了“无”的本真意义，甚至这种遗忘也终被遗忘③。日常意识将虚无理解为“不存在”。逻辑学将虚无理解为“不”或否定。柏拉图的形而上学以虚无为“非

① 海德格尔：《在通向语言的途中》，商务印书馆 1999 年版，第 91 页。

② Heidegger, *Beitraege Zur Philosophie*, Frankfurt: Vittorio Klostermann, 1989.477.

③ 马丁・海德格尔：《形而上学导论》，商务印书馆 1996 年版，第 20 页。

有”（meon），即无形的物质。基督教神学也曾以虚无为对上帝（存在本质）的彻底远离。实际上虚无作为超越（无化）的运动，比“不”与否定更源始，因而也比“不存在”更源始①；而柏拉图的“非有”和基督教神学的“远离”，都是把虚无理解为存在的对立面，未能理解它是存在的自身本质。实际上，正如海德格尔正确指出，虚无不是“不存在”或“非有”等，而是“存在自身本质的运动，因而它比一切存在者更真实地‘在’”②，所以说“无”才是纯粹的“有”，是“有”的真理③。在这种意义上，海德格尔的虚无与大乘佛教、《慈氏》、《光明点》等奥义书作为真如的空性一致。在海德格尔的思想中，虚无又被认为是“有”的来源。“无”的“无基础”（Abgrund）反倒是存在与世界的“基础”（Grund）。“无”就是存在之为存在的本源的敞开，在这种意义上说，“无”倒成了“有”的来源。古代形而上学有一个表述：“ex nihilo nihil fit（从虚无只能生虚无）”，海德格尔将其改作成：“ex nihilo omne ens qua ens fit（从虚无中，一切存在者作为存在者产生了）。”④然而海德格尔的“存在论区分”，也不完全是自己凭空独造。它从表述到实质内容，都是继承、发展了从奥利金、马利乌斯·维克托利努斯、忏悔者马克西姆、阿娄帕果的但尼斯到托马斯对上帝本质与现实存在的区分⑤。后者也明确提出上帝作为存在自身（esse ipsum），与存在者（ens）截然不同，是后者的“完全的他者”（schlechthin Andere），如果说后者是有，那么上帝就是虚无（nihil）。这种区分就已经是一种严格意义上的存在论区分。大乘佛学和《慈氏》、《光明点》等奥义书的真俗、空有区分也是如此⑥。可以看出海德格尔思想与这二者的精神其实是一致的。首先，同这些思想一样，海德格尔的区分，也在于表明存在本质的超绝性。存在本质、虚无是对一切现实存在的绝对否定。“虚无是对存在者整体的完全否定。”⑦虚无的本质是无化的行动，是对存在者整体的排

---

① Heidegger, *Basic Writings*, London: Routledge, 1978, 99.

② Heidegger, *Beitraege Zur Philosophie*, Frankfurt: Vittorio Klostermann, 1989.266.

③ Heidegger, *Basic Writings*, London: Routledge, 1978.110.

④ Heidegger, *Basic Writings*, London: Routledge, 1978.110.

⑤ 另外海德格尔的区分还沾惠于马堡的神学家鲁道夫·奥托，并可能通过后者受到佛学和印度思想的启发。奥托指出：“西方（基督教）的神秘主义者的奇特的‘无’，与佛教的‘空’或‘空性’，意义是一样的。东方思想的空，与西方思想的无，都是‘完全的他者’的神圣表述。它不可言说，因为它本质上绝对与一切存在的、可说的东西不同。”（Rudolf Otto, *The Idea of the Holy*, Oxford University Press, 1936.30）

⑥ 吴学国：《存在论区分与二谛论：对海德格尔与大乘佛学的比较研究》，《河北学刊》2006年第4期。

⑦ Heidegger, *Basic Writings*, London: Routledge, 1978.110.

斥[1]。海德格尔说虚无在“畏”中真正得以现身。在畏中，由于存在者整体的退隐，唯余虚无自身[2]。在这里，“所有事物和我们自身都陷入无差别状态。……围绕着我们的存在者整体的退隐压迫着我们。我们不能执持事物。在存在者的消失中，只有这种‘无执持’还保留着。畏揭示了无。”[3] 畏与印度思想对空性的证悟一致。在畏中，存在者整体，即全部现实的世界消失了，存在陷入一种无差别状态，此即虚无。此所谓“无差别”，意味着虚无既不是现实性（“有”），也不是现实消灭后留下的虚空（“无”），而是“非有非无”。虚无全无定形，故不可取着，不能执持。而且由于虚无对存在者整体的否定，因而是超越语言、思维的，对它的证悟也是无言寂默的。海氏用哈姆逊的一首诗来描绘这虚无空寂的境界：“他，端坐在这里，两耳之间，倾听着真正的空寂。…虚无撞击着虚无，什么都没有，连个空空的洞也没有。欲说还休，欲说还休。”[4] 海德格尔对虚无的这些描述，与大乘佛学和晚期正智奥义书对空性的描述一样，都旨在表明虚无本体对现实世界的绝对否定，因而它们也与后者一样，体现了精神的超绝否定。另外从思想史上说，正如大乘佛学和晚期奥义书的正智省思的“空”论是针对前此的实在思维的“有”论而立的，海德格尔谈虚无，也旨在克服“形而上学”（Meta-Physik）。其所谓“形而上学”，乃特指执着于现实、现存的存在的思想。他说形而上学的问题在于见“有”不见“无”[5]。在这里，人们脱离与虚无的关联，而将存在理解为在者的“在者性”（Seiendheit），绝对理念、实体、绝对精神、权力意志，都属于这个“在者性”的范畴，故所谓“形而上学”（Meta-Physik）其实仍是“形而下学”（Physik）[6]。因此形而上学，无论是经验的、先验的还是思辨的、神秘的，都仍只看到现实性和现存性，即“有”、“存在者性”，并将其确定为存在的绝对真理，它因此沉湎于现实的偶像，彻底遮蔽、遗忘了存在的超绝本质，即虚无。在这种意义上海德格尔谈虚无的目的，与大乘佛学和《光明点奥义书》等的“破执”相同，也是为了破解实在思维的遮蔽，重新彰显本体的超绝真理，也就是“把存在从存在者凸显出来”[7]。虚无的“无化”使现实性的世界作为存在者整体变得无关紧要，此在失去与存在者整体的因缘关联，反倒使它不得不直面存在自身，即虚无、深渊

---

① Heidegger, *Basic Writings*, London: Routledge, 1978.105.

② Heidegger, *Basic Writings*, London: Routledge, 1978.103.

③ Heidegger, *Basic Writings*, London: Routledge, 1978.103.

④ 马丁・海德格尔：《形而上学导论》，商务印书馆 1996 年版，第 27 页。

⑤ Heidegger, Basic Writings, London: Routledge, 1978.106.

⑥ 马丁・海德格尔：《形而上学导论》，商务印书馆 1996 年版，第 19 页。

⑦ Heidegger, *Beitraege Zur Philosophie*, Frankfurt: Vittorio Klostermann, 1989.465.

或存在发生的神秘源泉，这与大乘遮伏“俗有”而诠显诸法“空性”的意趣是一致的。哲学唯有将我们释放于虚无，才能使我们从每人都有且执着不舍的偶像中解放出来①。总之，从西方旧有的实在思维到海德格尔的虚无思想的转型，体现了精神否定现实偶像，进入超绝本体的运动，这就是精神的超绝否定，海德格尔的思想本身也包含了这种超绝思维。其次，同大乘佛学和晚期奥义书的空一样，海德格尔所谓的虚无，作为存在之本质，也是绝对的自由。自由是存在真理的本质，自由揭示自身为存在者的“使存在”、为“使自身进入存在者之中”②。存在的本质是存在的揭示、设定活动，而存在者则是被揭示、设定的东西。唯后者是被规定的、现存、惰性的东西，而存在自身作为揭示的活动是对任何被规定性、现存性和惰性的否定，所以它是自由。所谓虚无不是一种现存的本质。虚无（Nichts）的本质是“无化”（Nichten），后者就是对存在者的滞碍状态的否定③，就是超越性、自由，是此在的本真能在。海德格尔说认为对虚无敞开、无化，就是此在的超越性，“如若此在本质上不是这种超越性，它就永远不能与存在者及它自身关联，若无虚无的本源揭示，则既无自由亦无自我”④。海德格尔所谓虚无的无化、对现存存在的否定、对虚无的敞开等表述，表明虚无、无化就是精神的无住、无执的存在。在虚无中，“只有这种‘无执持’还保留着”⑤。无化作为对一切现存性，以及对一切惰性、滞碍的否定，就是精神否定的究竟自由。他说，无化就是这样一种自由，它使此在克服了存在理解的片面性，从而将此在带到存在之为存在的整体面前⑥。因此海德格尔所谓的虚无、无化，表达的是与大乘佛学和晚期奥义书的空、无住、无取、无得大体相同的内容。虚无与无化，乃是体用关系，大致对应于大乘所谓空性与空智。在海德格尔思想中，对虚无的无住、无得性的领会，同印度精神的无住思维一样，也是一种究竟否定。正是后者彻底排除了现存实体的偶像，揭示出存在的本质是绝对自由。虚无作为绝对自由，是存在揭示的前提，是存在的无限性的根据，因为虚无保持了存在的敞开性。海德格尔说：“本原的无化的虚无之本质在于，它首次把此在带到如其所是的在者面前。”⑦“唯有在此在的虚无之中，存在者自身的整体才得以出现。”⑧“虚无使如其所是的存在者

① Heidegger, *Basic Writings*, London: Routledge, 1978.112.

② Heidegger, Wegmarken, Frankfurt am Main: Vittorio Klostermann, 1978.81—83.

③ Heidegger, *Basic Writings*, London: Routledge, 1978.105.

④ Heidegger, *Basic Writings*, London: Routledge, 1978.106.

⑤ Heidegger, *Basic Writings*, London: Routledge, 1978.103.

⑥ Heidegger, *Basic Writings*, London: Routledge, 1978.105.

⑦ Heidegger, *Basic Writings*, London: Routledge, 1978.105.

⑧ Heidegger, *Basic Writings*, London: Routledge, 1978.110.

的敞开性得以可能。虚无不是存在者，而是本原地属于存在者如其所是的本质的敞开。在存在者的存在中，无之无化发生。"[①]"在畏的明夜中，存在者如其所是的本原敞开性得以升起。"[②]虚无正是作为否定的自由，使精神不执于一物使自己窒息，而是对存在的无限性保持敞开，因而虚无、无化使存在得以呈现。作为存在被揭示的条件，在我们日常生活中，"无之无化不间断、无意识地进行着"[③]，正是这虚无、无化将我们指向存在者。海德格尔这些说法，与中国佛教的"无所住而生其心"，表现出相同的精神旨趣。海德格尔对"形而上学"的批评，同样也包括了对后者的现存性执着的否定。他认为形而上学只看到"在场"，即现存性，而没看到"使在场"，即存在本质、自由[④]；只看到在敞亮中的"有"，而看不到作为使物现身的牵引的隐藏的"无"。它本质上就是对这个"无"的逃避。人们畏惧虚无，因而不得不总是攀缘"有"，于是设定了一种"最实有的有"，即绝对理念、至善等，企图以此抵抗虚无的侵袭而获得安全。同样基督教的"本体神学"（Onto-theo-logie）把上帝当作最绝对的"有"，而把作为自由的虚无贬低为罪恶；所以它的本质也是"逃避虚无"。而海德格尔重新揭示虚无，则可以看作是企图切断这逃避之路的尝试[⑤]。虚无全无定形、无规定，且就是否定的运动（无化），故不可取着。总结此两方面，可以说，海德格尔对虚无的思考，彻底否定了现实和现存存在的绝对真理性，确立存在本质为超绝、无住的本体即自由；它体现了精神的超绝否定与究竟否定的统一，因而同大乘佛学和《光明点》等奥义书的思想一样，也表现了一种正智省思。另外，海德格尔将此在的超越性、自由解释为无化，也暗示了在他这里，作为存在本质的自由，同在大乘佛学中一样，也只是一种否定的自由。凡对中世纪思想熟悉的朋友都可以看出，海德格尔的这些思想，大致都是对基督教的正智神学的延续。

另一方面，海德格尔思想还在一点上根本地超越了基督教神学表现的正智省思，这就是他对存在本质的思考，包含了明确的主观性维度，在他的本体论中存在本质、虚无就是人类现实自我即此在的本质。其所谓虚无就是在畏中暴露出来的此在的本真的能在，而这就是此在的本质[⑥]。这一问题可以从两个方面讨论。首先，存在本质、虚无是内在于人的现实自我之中的，而不像基督教的上帝本质那样，是一种自我之

① Heidegger, *Basic Writings*, London: Routledge, 1978.106.

② Heidegger, *Basic Writings*, London: Routledge, 1978.105.

③ Heidegger, *Basic Writings*, London: Routledge, 1978.106—107.

④ Heidegger, *Zur Sache des Denkens*, Tuebingen: Max Niemeyer Verlag, 1976.72, 74.

⑤ 吕迪格尔・萨弗兰斯基：《海德格尔传》，商务印书馆 1999 年版，第 216 页。

⑥ 海德格尔：《存在与时间》，三联书店 1987 年版，第 277 页。

外的客观性。“虚无本质上属于此在。”① 任何存在都必须通过此在的生命活动揭示出来。存在的本质就是此在的本真能在，即自由。因而存在本质不是像上帝那样的客观性，而就是自我的本质。离开精神现实的自我，则既无存在，亦无自由。因此，从奥利金、马利乌斯·维克托利努斯到托马斯的超越神学理解的，作为在人的现实精神、自我之外的客观的自由本体的上帝，其实是一种思维假相。这自由本体，从来就只是内在于自我的，它又是一切存在的根源、本质。其次，反过来说，自我的真理和本质，也就是这虚无、自由。“此在意味着：对虚无敞开。”② 海德格尔还说，对虚无敞开就是此在的超越性、自由，如若此在本质上不是这种超越性，它就永远不能与存在者及它自身关联；若无虚无的本源揭示，则既无自由亦无自我③。这些说法都正确表明，虚无、自由就是自我（作为存在揭示的活动）的本质或本体，而人的自我，则只是这自由的现实化，或者用印度哲学的术语，只是这自由的化身。正是立足于上述考虑，海德格尔认为，对存在本质的揭示，不能从任何客观、外在的东西开始，而只能从此在自身，即现实精神的自我开始。这虚无、自由，既是内在于现实精神的自我的，又是存在的本质、真理；因而它不仅是主观的，而且是绝对的。因此海德格尔对存在本质的思考，体现了一种清晰的绝对反思。这种反思必然与精神的究竟觉悟（正智省思）统一起来。它因而领会到，这觉悟所揭示的超绝自由，就是精神的内在自我；因此由于与它的统一，究竟觉悟成为本己的。绝对反思与究竟觉悟的统一，就是本己的觉悟，或曰本觉的省思。上文的讨论表明这种对超绝的自由本体与精神的内在自我的同一性的领会，在海德格尔思想中得到了充分、明晰的表达。因此可以说，海德格尔的虚无思考，就是本觉省思的体现。与《慈氏》、《光明点》等晚期奥义书思想通过领会空性与自我的本质同一性来克服大乘佛学对存在本质的客观化一致，海德格尔的虚无思考，也正是通过领会虚无与此在、自我的本质同一性，从而否定了基督教神学的正智省思对存在本质、上帝的客观化，使这本质成为自我内在的实体，成为本己的觉悟的真理。从思想史角度，这同样是在正智省思中开展出绝对反思的维度，使存在本体成为主观的。

总之，西方思想从基督教的超绝神学到海德格尔的存在论的变迁，与印度思想从大乘佛学到《慈氏》、《光明点》等晚期奥义书的转化，是一个本质上一致的思想转型，它同后者一样，体现了精神从正智省思到本觉省思的升华。

---

① Heidegger, *Basic Writings*, London: Routledge, 1978.107.

② Heidegger, *Basic Writings*, London: Routledge, 1978.105.

③ Heidegger, *Basic Writings*, London: Routledge, 1978.106.

这样一个巨大的精神转型，很难说是海德格尔个人天才灵感产生的结果，而更应当视作西方文化精神发展的一个结果，而且这一发展遵循的是与奥义书本觉省思的发生同样的逻辑。一方面，前面表明，海德格尔对存在本质作为超绝的自由的领会（本觉的超越），乃是在新的时代对于基督教神学的本无思考的发展、延续。而基督教神学的本无思考，则经历了数世纪的不断升华。它在观念层面表现了精神超越持续的自我提升过程。在这过程中，思想首先是否定一切现实存在确立超绝的精神本体为存在的真理，然后再进一步否定这超绝本体的现存性确定其为不可得的自由运动。这与奥义书思想从早期的实在论到《白骡》等的幻化论再到《慈氏》等的空性论的转型一样，都在观念层面表现了精神彻底否定其自身此在的现实性、现存性，奔向本体自由的绝对陌生的黑暗深渊的历史运动。这一运动在现象学上充分验证了精神内在的自身否定势用的绝对展开（见前文），而且它就是由这展开推动的。在这里，海德格尔思想对于神学的延续，意味着他的思想乃是欧洲思想在自由推动下的上述发展历程的一个环节。另一方面，海德格尔对那作为存在真理的超绝自由与人类此在的内在本质的同一性的领会（本觉的反思），也植根于欧洲思想的传统。如前所述，西方思想从柏拉图主义、早期基督教一直到近代，都表现了客观反思的传统。在这里，现实精神将那超越、普遍的真理理解为一种在现实自我之外的客观存在，如绝对理念或上帝，直到托马斯神学将客观存在理解为超绝的自由、虚无（正智反思）。这种理解，在现象学上表明了精神内在的自身维持势用在其内在存在领域的展开，而托马斯神学则表明了这自反势用在超绝、内在自由的领域的展开，即在内容上的绝对展开。然而在这类客观反思中，精神将自己的本质真理领会成一种在它的现实自我之外的客观东西，因而精神生命的自身维持，在这里只能是通过维持这客观性来维持精神的自我本质。这表明，精神还没有把它自身的生命当作唯一、绝对的目的，它的自身维持在形式上仍然是相对、间接的，精神内在的自反势用还没有展开为绝对维持。然而如前所论，本体自由必然促使精神内在的自身维持势用展开为绝对维持，从而推动省思领会那精神的真理、实体与省思的主体即自我的同一。因此，同在印度思想中的情况一样，自由也必推动主观反思在西方思想中的形成，同样它也必然推动这主观反思与西方传统已有的客观反思结合，成为绝对反思。欧洲思想更早的发展就验证了这一点。由于西方精神的特殊性，在欧洲思想中，直到笛卡尔、洛克、休谟等的意识哲学，才表现了完整的主观反思。而近代哲学从笛卡尔等的主体哲学到康德、黑格尔的思辨唯心论的发展，则表明了一种绝对反思或思辨反思的形成。这表明精神在超验省思层面，达到了主客的绝对统一。同在奥义书思想中的情况一样，这种主观反思或绝对反思，在现象学上验证了精神内在的自反势用在形式上的绝对展开（见前文），而且它正是在这一展开推动下形成。因此，是自由推动欧洲近代思想的绝对反思的形成。因此，海德格尔思想表现的正智反思和绝对反思，都是继承了欧洲精神反思发展的成果。他的贡献在于把这两种反思统一起来，体现了一种本觉的反思。因此海德格尔思想表现的本觉反思，完全应当被视为自由推动下欧洲精神反思发展的一个末端。与大乘佛学到《慈氏》等晚期奥义书的思想转型一样，从源于基督教神学的正智反思，到海德格尔的存在论的发展，也体现了在正智省思层面的主客统一。在这里同样也是精神的自反势用在其自身绝对化的展开中，在新的思维层面，利用了传统已有主观反思和客观反思，并将其统一起来。在这里，自由仍然是精神的最终推动力量。自由的展开创造了新的思想可能性。海德格尔不过是将这一思想可能性变成了现实，或者说，使这一思想得到表达。

总之，海德格尔思想的两个方面，都是西方精神在自由推动下的长期发展导致的结果。我们的分析表明，海德格尔思想的形成，与印度思想从大乘佛学的正智省思过渡到《慈氏》、《光明点》等晚期奥义书的本觉省思，遵循的是完全相同的精神逻辑。同样在这里，精神本有的自由的展开，是推动现实的思想、观念进展的最终力量。因此海德格尔思想也应纳入西方精神的宏观发展之中，应被视为其中的一个环节。通过对西方思想发展的这一历程与《慈氏》等晚期奥义书的思想转型的比照，可以证明自由推动本觉省思形成的精神逻辑具有普遍、必然的意义。

## 三

我们多次阐明了，从思想的内容来看，华夏文化的精神，与印度和西方文化的精神都有根本差异，而实与美洲印第安文化、非洲黑人文化更为接近。盖印欧文化的精神是一种觉道精神，华夏精神（与众多边缘文化的精神一样）乃是一种玄道精神。前者的特点是精神内在的自主势用在现实生命中占据了主导地位，因而能克服精神的惰性、自在势用的抵消，展开为精神的现实自由；后者则相反，自在势用在精神生命中占据了主导，抵制了自主势用的作用，使后者不能展开为现实自由。因此，唯有觉道精神才有真正的自由，而玄道精神则否。我们曾多次阐明，华夏精神既无真正的超越，也无真正的反思，因而从未有过真正的精神自由（参见本书第一部第二编引论）。盖一方面，精神的超越是否定思维的自由，是自舍势用的自由展开，而正智省思则是绝对否定，或否定思维的绝对自由。然而在佛教进入以前，中国思想从未领会过一种超越最直接的现实性，即自然经验的实体，更无从虑及奥义书、大乘佛学和基督教神学的正智省思曾经证会的那种超绝的自由本体。它连最直接外在的自然都紧抓不放，没有任何的超越性，更何况放弃全部现实和现存的存在，实现精神的绝对否定。因此华夏精神是最执着的。在这里，精神完全受其生命中自身肯定、自任自得的惰性力量支配，其自舍势用从未得到过自由的展开。另一方面，精神的反思是反省思维的自由，是自反势用的自由展开，而绝对反省，作为正智反思与本觉的反思的统一，就是反省的绝对自由。然而在佛教进入以前，中国思想亦从未领会过一种独立于外在自然的意识或思维实体，更无从虑及奥义书、大乘佛学和基督教神学的本觉反思曾经领会的超绝、自由的绝对真心。因此说，它没有任何真正的精神反思或自由反省，更何况本觉的反思或绝对反省。

这样一种文化精神，决定了佛教的正智和本觉省思传入中土后，华夏民族必然对它产生误读；而且这种误读的严重程度，可能恰恰与人们受华夏文化教养的程度成正比。因此不奇怪，在中国佛教中，依属于较高文化教养阶层的天台、华严诸宗，对于印度佛教的误读还更严重（参考本书第一部第三编第二章的引言和小结）；相反盛行于社会下层的南宗禅，却更准确地把握了印度如来藏佛教的本觉省思的宗旨。

与晚期奥义书思想通过将源于大乘佛教的究竟觉悟与来自奥义书传统的绝对反思统一起来从而形成本觉省思的思路平行，佛教的真心如来藏思想也是在大乘的正智反思中引入吠檀多的绝对反思，从而在大乘佛教中实现了从正智省思到本觉省思的转向，这使真心如来藏思想具有了与《慈氏》、《光明点》等晚期奥义书思想的本质一致性[①]。中国早期的南宗禅，由于受华化的影响还不如晚期深入，因而更好地体现了印度如来藏佛教的本觉省思。盖慧能思想，坚持心性一如、真如缘起，以为超绝、无住的真心、真我是万法的本质、根源，在本体论上完全以《楞伽经》、《起信论》的如来藏思想为基础，而侧重于将对这真心的领悟转化为实践。因此，早期禅宗，通过如来藏佛教的中介，也与上述奥义书和不二吠檀多之学具有了本质的一致性。故学者尝云，达摩所传的佛学（即禅宗），实是在佛教名义下传入的吠檀多思想[②]。早期禅宗思想较完整地继承了印度如来藏佛教的本觉传统，将存在本质或所谓自性理解为超绝、自由的真心，与《慈氏》、《光明点》等晚期奥义书完全一致。

早期禅宗的本觉省思，在慧能《坛经》的思想中得到了完整体现。一方面，本觉省思包含的究竟觉悟，在《坛经》中得到充分表现。《坛经》没有像天台、华严那样沉湎于二谛圆通、三性一际的“圆融”玄想，而是仍然坚持空有、性相的区分，明判一切现实、现存的存在皆为非有，而真心乃为超绝、无住的绝对理体。如云：“五阴本空，

① 吴学国：《存在 · 自我 · 神性：印度哲学与宗教思想研究》，中国社会科学出版社 2006 年版，第 227 页及以下。

② S.V.Ketkar, *Hinduism*, Caxton Publications, Delhi, 1988.57.

六尘非有，不出不入，不定不乱。禅性无住，离住禅寂。禅性无生，离生禅想。心如虚空亦无虚空之量。”（《坛经·机缘品》）这些说法表明了对一切现实、现存存在的虚妄性的领会。而真如、本体则绝对超越了这两方面的偶像。《坛经》说应“见自本性，无动无静，无生无灭，无去无来，无是无非，无住无往。”（《付嘱品》）“心量广大，犹如虚空，无有边畔，亦无方圆大小，亦非青黄赤白，亦无上下长短，亦无嗔无喜，无是无非，无善无恶，无有头尾。诸佛刹土，尽同虚空。世人妙性本空，无有一法可得。自性真空，亦复如是。”（《般若品》）这些说法都表明，自性、存在本体不仅是否定一切现实性的超绝存在，而且是无住、无滞、来去自由的①。因此慧能声称其法门以“无念为宗，无相为体，无住为本”。（《定慧品》）对于禅宗这种轻视理论的宗教来说，其究竟觉悟更充分地表现在实践领域。按《坛经》的开示，与本体的自由相应的实践，就是所谓“心如虚空，不著空见；应用无碍，动静无心；凡圣情忘，能所俱泯”。（《机缘品》）“正见名出世，邪见是世间。邪正尽打却，菩提性宛然”，“于一切法不取不舍，即是见性成佛道。”（《般若品》）“若能于相离相，于空离空，即是内外不迷”，“一一音声相，平等如梦幻。不起凡圣见，不作涅槃解，二边三际断。”（《机缘品》）这些说法表明早期禅宗强调的，仍然是对空与有、世间与涅槃的双非双遣，追求的是精神的绝对无所住、无所依、无所得、无所取状态，因而它与般若的空亦复空、不二中道的绝对否定思维仍然是一致的，而与天台、华严的真俗、空有的圆融观和本性具足的圆满观，及禅宗晚期的“一切现存”“本来具足”思想，则属于本质不同的思维层次。相比于印度佛教传统，《坛经》对本体的自由体性有更清晰、丰富的体会。如《般若品》形容解脱的境界是“去来自由，心体无滞，即是般若”，“内外不住，去来自由，能除执心，通达无碍”。《行由品》标榜其禅学宗旨是“应无所住而生其心”。这些都旨在强调破除执心，不仅执妄的心要破，而且执真的心也要破，即否定一切现实、现存的存在对真心的蒙蔽、窒碍，从而恢复本体的自由体性。总之，尽管禅宗一直被认为是“最中国化的佛教”，但早期禅宗与天台、华严的圆融思想相比，其实更多地继承了印度大乘佛教的正智省思传统。另一方面，本觉省思包含的绝对反省，在早期禅宗思想中同样得到充分体现。首先，《坛经》表明了，那超绝、自由的本体，不是外在的东西，而就是真心。这清楚表现了早期禅宗的正智反思；后者就是对空净本体的内在化，是绝对反省在内容上的完成（参考本书第一部第三编第二章第二节的引言和结语）。其次，《坛经》还坚持认为真心就是现实自我的内在本质、自性，且这自性是万法的本

① 慧能壁间书偈：“菩提本无树，明镜亦非台，本来无一物，何处惹尘埃？”亦表明了同样旨趣。另：“来去自由”与“无去无来”不矛盾，后者形容本体的超绝性，后者形容本体的无住、自由。

质、根源，因而体现了精神的主观反思和绝对反思。《般若品》云：“一切大海，诸须弥山，总在空中。世人性空，亦复如是。善知识！自性能含万法是大，万法在诸人性中。”《护法品》亦说：“自性能含万法，名含藏识。若起思量，即是转识。生六识，见六尘。如是一十八界，皆从自性起用。外无一物而能建立，皆是本心生万种法，……心生种种法生，心灭种种法灭。”这绝对反思乃是绝对反省在形式上的完成（主客体的绝对统一）。总此二点，本觉省思包含的绝对反省，在早期禅宗中得到充分体现。

总之，早期禅宗思想，体现了精神的究竟觉悟与绝对反省的统一，因而就是本觉省思。它领会到印度根本大乘的超绝、无住的真理、本体，就是真心、真我；法性、真如、法界，就在自我之中，就是自我的本来面目。因而它就是本己的觉悟。与之相应，它的修道，在于直指人心、透彻心源，即戡破现实、现存偶像的世界，证入超绝、自由的真心、自我。这就是本觉的实践。从以上这些内容看来，早期禅宗的思想，较之天台、华严之学，更真实地继承了印度大乘佛教的究竟觉悟，尤其是如来藏佛教的本己的觉悟。以上内容也表明了早期禅宗的思想与《慈氏》、《光明点》等晚期奥义书和不二吠檀多思想具有本质一致性。前文的分析也表明了这种一致性是必然的。

大乘佛教也给中国本土的思想带来了真正的精神超越和反思，其正智省思和本觉省思，都对中国的儒、道二家思想发生了不同程度的影响。在这里，道教与儒家形成鲜明对比。从史实来看，儒家思想由于其极端的精神狭隘性（“道统论”只是这狭隘性的最明显表现），其对于佛教蕴含的更高贵的精神，一是心蔽不见，二是有意拒斥。数百年间，佛教精神的本觉省思的剧烈风暴，也未曾唤醒儒者几近沦灭的自由良知。因此儒学之接受佛教的积极影响，远远落后于道教。直到宋以前，其受佛教影响仍微乎其微。这也导致由汉至唐，儒学的理论思维所达到的水平其实远远低于道教。

佛教对儒学的影响直至宋学才开始表现出来。这比如程朱理学，借鉴佛教的理事、性相区分，阐明了道与器、形上与形下的区分，但是这种区分在精神上远远落后于佛教的上述区分：前者只是形而上学、理智的（经验与超验），而后者则是存在论的、正智的（现实与超绝）。所以理学实际上是将大乘佛教的正智省思拖回理智的层次上，而佛教的本觉反思的影响则完全没有被反映出来。即使受佛化影响最深的阳明心学一系，也没有达到正智省思和本觉省思高度。阳明心学主要受禅宗影响。他的思想一方面通过汲取禅佛教的资源，而在心学中首次建立了一种绝对、思辨的反思，领会到本心、先验的良知是全部存在之本质、基础；另一方面，他的思想并没有停留在这种思辨层次。他强调本心之“虚”、之“无”、之无善无恶、之无思无虑、无知无念，表明本心是一个超理性、超思辨的神秘本体。这意味着他的思维进入了神秘的直觉省思范畴（参考本书第一部第二编第四章小结）。然而由于他坚持儒家的现实精神，不可能像禅佛教那样将全部现实存在彻底虚无化，因而他的良知不是对现实的绝对否定，故与禅佛教的真心、自性仍有区别。盖如前所述，早期禅宗继承了如来藏佛教的本觉省思，因而它也强调通过否定全部现实和现存存在，领会超绝、无住的真心、自我为唯一的真理。盖大乘佛教讲空，不仅经验界是空、超验界亦空；不仅事相是空、理体亦空；不仅现实是空、超绝的现存本质亦空，因而它的精神无所住、无所执，实现了否定的绝对自由。然而对于深固地执着于直接现实、自任自得的儒家精神来说，这样的绝对自由是它完全不能适应的。阳明无论沾染大乘智慧多深刻，也不能改变以下基本立场：其一，他不可能否定家庭、社稷、君权以及自然伦理的绝对真实性，也不可能将道德主体、道德法则当作空幻的，易言之他不可能通过将全部现实彻底空洞化以领会本体的超绝性；其二，他不可能将良知理解为空虚无体、彻底无住无依的存在，良知是精神否定不能到达的领域，因而是一种现存的实体、不变的基础。因此在他这里，良知仍然是一种现实、现存的实体，而不是如来藏佛教和禅宗领会的无住的理体，即超绝、绝对的自由。这表明在阳明思想中，本觉省思的两个方面，即正智省思与本觉反思都没有建立起来。正如程朱理学将大乘佛教的正智省思拖回理智的层次上，阳明思想实际上也是将禅佛教的本觉省思，拖回直觉省思的层次。两千年来禁锢着儒者的全部偶像，其实也同样禁锢着阳明的精神。总之，儒学由于其固有的狭隘性和对现实、自然的执着，即使其受佛教本觉省思影响，是在将后者的精神层次大大降低之后才能汲取它。这事真让人感慨万千！一个人如果心灵只有针眼大，那么他的上帝也只有针眼那么大。一个平庸、粗俗的精神，往往也只有当它把真正崇高的东西变得也一样地平庸、粗俗之后，才会觉得安心。

然而与儒学相比，道教思想表现出更大的开放性。由于道教没有受到儒家那样的狭隘的“道统论”的限制，而且道家思想本来就有追求真理、耽于形上学思辨的特点，因而较之儒家，它对于佛教的超越和反思思维的汲取，更为迅速而且深刻，其最终结果，是道教内丹学超越了精神的实在（Realistic）思维，在根本上被佛教本觉省思同化。

盖原始道教（如五斗米道）都属于符箓道，大致上可视为被庸俗化后的道家思想与民间流行的巫术、鬼神迷信结合的产生，没有任何精神性可言。然而传入中国的佛教思想，乃以其精神的绝对否定和绝对反省，刺激、唤醒了道教精神中沉睡的良知，使其精神对自由保持倾听和接纳，于是这自由便得以进一步展开自身，并且在这展开中，充分利用佛教的资源，以构成隶属它自身的思想、观念。正是在这种意义上，佛教启发了道教的精神发展，促进其实现真正的自由及这自由的提升，从根本上导致了道教思想的提升和深化。

自佛教东渐，道教学者就开始积极取资佛学以提升自己。到魏晋南北朝时期，道教开始具有真正的精神超越和反思。其中，一方面，道教的超越思维在当时流行的般若、涅槃思想的刺激下，已开始脱胎为一种正智的超越或究竟觉悟。如《秘密藏经》以空释道性，提出“一切法性即是无性，法性道性，俱毕竟空。”① 反映了般若思想的深刻影响。《本际经》进一步将道性论嫁接到大乘中观不二、双非的辩证法基础之上，其云：“言道性者，即真实空。非空不空，亦不不空。非法非非法，非物非非物，非人非非人。非因非非因，非果非非果。非始非非始，非终非非终。非本非末，而为一切诸法根本”。② 这与般若所谓法性非空非不空、非有作非无作、非有非无、非非有非非无（《大智度论》卷六，卷三十一）的精神完全一致。这表明当时的道教精英对般若思想的理解，甚至比稍早的佛学六家七宗更加准确。一方面，道性是对现实的彻底否定，是超绝的本体；另一方面，这本体又不是现存的实体，而是空，甚至空亦非空，是彻底不可住、不可得、不可取的。这也表明，道教思想此时已经开始克服其原有的自然思维，进入大乘佛学的究竟觉悟，即本体的超绝、无住性的领悟。在道教思想中，这种究竟觉悟或正智，在唐初道教中得以发育成熟，而王玄览乃可视为此种思想的代表。这种究竟觉悟，通过王玄览“道体为空”的思想得到充分体现。首先，他认为一切现实存在皆是空无，故道体是超绝的空性。其云：“色非是色，假名为名，名知色非空，亦得名空。无名强作名，名色亦名空。若也不假名，无名无色空，而无无色空。”③ “若住在色中，无空而可对，若住在空中，无色而可对。”④ 既然如此，那么作为绝对真理的道体，就只是绝对超现实的空性本体。因而他的思想包含了一种超绝否定。正因为道体是对现实性的绝对否定，而一切心识、思想皆是精神的内在现实，故证道包含对心识的否定：“一切众生欲求道，当灭知见，知见灭尽，乃得道矣。”⑤ “识体是空名为定，定即非心。”⑥ 这与佛教的正智省思导致实践上心识寂灭的宗旨，理路一致。其次，他还继承、发展了《本际经》道体不二、无住思想。如云：“大道师玄寂，其有息心者，此处名为寂，其有不息者，此处名非寂。明知一处中，有寂有不寂。

① 《正统道藏》第一卷第5册，文物出版社1988年版，第900页。

② 叶贵良：《敦煌本〈太玄真一本际经〉辑校》，巴蜀书社2010年版，第59页。

③ 朱森溥：《玄珠录校释》，巴蜀书社1989年版，第151页。

④ 朱森溥：《玄珠录校释》，巴蜀书社1989年版，第160页。

⑤ 朱森溥：《玄珠录校释》，巴蜀书社1989年版，第88页。

⑥ 朱森溥：《玄珠录校释》，巴蜀书社1989年版，第157页。

其有起心者，是寂是不寂，其有不起者，无寂无不寂。如此四句，大道在其中。”① 其中寂就是空的意思，大道为寂、非寂、寂亦非寂、非寂非非寂。这就是借鉴般若的“有无四句”②，将《本际经》的道体为空、不空、空亦不空、非空非不空的中道义，表述得更清楚。其说与《本际经》所说，都是来自般若的“有无四句”，同后者一样，都旨在阐明本体之无住、无得。与《本际经》相比，王玄览进一步表明道体的空、无住性的实质，就是它的能动性、自由。他说：“道之实性，与空合德。空故能生能灭，不生不灭。”③“道体实是空，不与空同。空但能空，不能应物。道体虽空，空能应物。”④ 道体为空，故不生不灭，这是指它的超绝性；而道体空故能生能灭、能应物，则指它是否定、自由。这与海德格尔通过阐明虚无的无化（否定运动）本质从而表明它就是此在的能在、存在的开显运动，理趣一致。而所谓“身中诸有既空，其空亦空，心与天游；空有俱空，心无所系”⑤，则阐明了修道的实践，应当是生命与道体的一致，是道体的自由转化成了现实的精神。因此，王玄览的思想，使正智省思的另一面，即究竟否定，得到充分体现。因此，同大乘佛教一样，他的思想也使精神的正智省思得到完整体现。另一方面，道教在如来藏佛教的本觉反思启发之下，逐渐克服自身的外在、自然思维，形成了自己的精神反思。比如南北朝道士宋文明所著《道德义渊》，就反映了道教受到《涅槃经》等的净心如来藏思想的影响。其云：“一切含识，各有其分。先禀妙一，以成其神，次受天命，以生其身。……今论道性，则但就本识清虚以为言。”这明确表明道性不是老庄玄学的无心混沌状态，而就是心识之清净虚寂的本体，即本识，因而在道教思想中表现了一种真正的精神反思。《秘密藏经》所谓“是清净心具足一切无量功德成就，常住自在，湛然安乐，但为烦恼所覆蔽，故不得显了，故名为性。若修方便断诸烦恼障，法尽故显现明了，故名本身。”⑥ 这表明心灵的本体是超越一切经验、自然东西的自在永恒、清净湛然的实体，体现了一种超验反思。这同样反映了当时盛行的摄论、地论和楞伽的如来藏心性论的影响。

---

① 朱森溥：《玄珠录校释》，巴蜀书社 1989 年版，第 8 页。

② 如《大智度论》释真如法性：“毕竟空义无有定相，不可取不可传译得悟，不得言有，不得言无，不得言有无，不得言非有非无、非非有非非无亦无。一切心行处灭，言语道断故。……是法无所说，乃至不说一字可着可取。无字无语是诸佛道。”（《大智度论》卷五十四《释天主品》）又说：“观一切法不生不灭，非不生非不灭，亦非不生亦非不灭，非非不生非非不灭，过诸语言心行处灭。”（同上卷三十《释初品》）

③ 朱森溥：《玄珠录校释》，巴蜀书社 1989 年版，第 74 页。

④ 朱森溥：《玄珠录校释》，巴蜀书社 1989 年版，第 114 页。

⑤ 朱森溥：《玄珠录校释》，巴蜀书社 1989 年版，第 85 页。

⑥ 《太上灵宝开演秘密藏经》，见《正统道藏》第一卷第 5 册，文物出版社 1988 年版，第 899 页。

上述两方面，在王重阳的全真道思想中，在得到进一步丰富或深化的前提下，达到了内在统一。其结果，是最终使得来自如来藏佛教的本觉省思，在王重阳的内丹心性之学中，得到最完整体现。兹亦分两方面论之：一方面，与大乘佛学的空智一致，王重阳的思想完全否定一切现实和现存存在的真理性，领会到本体、道是超绝无住的真理，因而具有与大乘一样的正智省思。其中，首先他的思想明确体现了正智的超绝否定。他认为一切现实存在皆是空无虚幻的。如他说："般般俱是妄，物物尽皆空。"① 且以为修道人要"照见五蕴即皆空，咄了八方无挂碍"。② 于是，真性、道、法身乃被领会成彻底否定了现实性的超绝本体。如他说道体"五蕴皆空"，"超越三界"，是"无形之相也。不空不有，无后无前，不下不高，非短非长。用则无所不通，藏之则昏默无迹。若得此道，正可养之。养之多则功多，养少则功少。不可愿归，不可恋世，去住自然矣"。③ 相应地，他的修行也从老庄的随顺自然，转移到对现实存在的绝对超越上。他提出所谓"悟超全在绝尘情"的方针，以"目不随色顺境，耳不随声逐境，鼻不随香臭境，舌不随味美境，身不随意触境，意不随情熟境"为修道宗旨④，以"心中物物不著，尘事般般休序"为理想境界⑤。这种修道就旨在使精神彻底否定对现实存在的攀缘、依附，实现超绝的自由。其次，他的思想同样体现了正智的究竟否定。他强调不住有、不住空，否定了对任何现存实体的执着，表现了一种与大乘般若一致的精神无至、无得、无依的自由。如云："欲界、色界、无色界，此乃三界也。心忘虑念，即超欲界；心忘诸境，即超色界；不著空见，即超无色界。离此三界，神居仙圣之乡，性在玉清之境矣。"⑥ 这其实是般若不住世间、不住涅槃的中道义的翻版。与此相关，他认为长生不死不是获得某种永恒的现存实体性，乃是"万缘不挂，不去不来。"⑦ 总之，他的思想包含了绝对否定的两个方面，即超绝否定和究竟否定，是二者的统一。因此与大乘佛教的空思想一样，它也进入了正智省思的层次。另一方面，王重阳的内丹心性学，还使道教的反思思维大大深化和提升，使之超越南北朝道教就已经达到的形而上学的超验反思，进入超绝反思和绝对反思层次，从而成为本觉省思的绝对反省。他将心与道等同："心本是道，道即是心，心外无道，道外无心。"⑧

① 白如祥辑校：《王重阳集》，齐鲁书社 2005 年版，第 136 页。
② 白如祥辑校：《王重阳集》，齐鲁书社 2005 年版，第 138 页。
③ 白如祥辑校：《王重阳集》，齐鲁书社 2005 年版，第 279 页。
④ 白如祥辑校：《王重阳集》，齐鲁书社 2005 年版，第 306 页。
⑤ 白如祥辑校：《王重阳集》，齐鲁书社 2005 年版，第 140 页。
⑥ 白如祥辑校：《王重阳集》，齐鲁书社 2005 年版，第 279 页。
⑦ 白如祥辑校：《王重阳集》，齐鲁书社 2005 年版，第 295 页。
⑧ 白如祥辑校：《王重阳集》，齐鲁书社 2005 年版，第 297 页。

这就使他所谓真心、天心，与如来藏佛教的真如心一样，成为存在的超绝、自由的本体。其云："天心者，妙圆之真心也，释氏所谓妙明真心。心本妙明，无染无著，清净之体，稍有染着，即名之妄也。此心是太极之根，虚无之体，阴阳之祖，天地之心，故曰天心。"① 首先这真心是超绝、无住的本体，而现实的心识则为妄心、乱心："若随境生心，颠颠倒到，寻头觅尾，此名乱心也"。② 他又称真心为元神或性，所以说："元神，乃不生不灭，无朽无坏之真灵堂，非思虑妄想之心。"③ "心生则性灭，心灭则性现也。"④ 同时真心、道也是万缘不挂、无住无得、自由无滞的。这些说法表明了一种正智反思。如前所述，正智反思乃是内容上的绝对反省。其次，在王重阳思想中，这真心既是世界存在的真理、本质，同时又是人的真实自我，因而他的思想体现了一种绝对反思。后者乃是形式上的绝对反省。因此他的思想体现了绝对反省的两个方面。因此在其中，同在佛教本觉思想中一样，也可以看出精神绝对反省的完成。作为精神的究竟觉悟和绝对反省的统一，王重阳的思想便具有了真正的本觉省思。与之相应，王重阳的内丹修道，乃是一种本觉的实践。其宗旨在超绝尘世、除其乱心，凝思性体，而无住无依，最终达到"灵光一点便开舒，复把真如返觑"的本觉证会。

总之，王重阳的思想包含了精神的究竟觉悟和绝对反省的统一，它体现了本觉省思在道教思想中的成熟形态。在这里，省思领会到一切现实性和现存性皆是虚假空无的偶像，存在之究竟本质是超绝、自由的真心，这真心亦即自我本质。道教内部这种本觉省思的形成，当然是佛教思想启发的结果，但是从根本上说，它也须由精神生命自我构造和发育出来（若无这种构造、发育，它绝不可能成为精神的现实内容），也是精神本有的自由的展开。因此它也意味着精神自由进入了一个新的阶段，即本己自由的阶段。这在处于既无超越又无反思的精神暗夜中的中国本土思想中，无疑是独明孤发、卓荦物表的。它的精神价值还需要重新挖掘。

在中国以后的思想发展中，佛、道的这种本觉省思，乃至基本的精神超越与反思，都逐渐被传统的自然思维洪流所淹没。中国佛教后来完全成为一种圆融佛教，使印度佛教原有的精神绝对否定被对存在的直接现实的绝对肯定代替，佛教原有的超绝、无住、本己的自由丧失殆尽。对于道教而言，明代以降，全真道衰落，而恢复符箓灾醮与外丹之学的正一道居于主导，使得来自佛教的本觉省思，在道教思想中终于消

① 白如祥辑校：《王重阳集》，齐鲁书社 2005 年版，第 303 页。
② 白如祥辑校：《王重阳集》，齐鲁书社 2005 年版，第 277 页。
③ 白如祥辑校：《王重阳集》，齐鲁书社 2005 年版，第 303 页。
④ 白如祥辑校：《王重阳集》，齐鲁书社 2005 年版，第 297 页。

失无存。对于儒家而言，自满人灭华，汉学又居主导，王学几尽湮灭，佛教带来的精神超越和反思被逐渐从儒学中清除。华夏精神又回到原先的自然思维传统。究其原因，乃是因为即使在佛教的鼎盛时期，其正智和本觉省思，乃至任何的超越和反思，都只属于少数精英的精神世界甚至偶然灵感，没有成为普遍、必然的精神现实，没有成为华夏民族精神的生命和真理。这也意味着，在佛教启示下取得的全部精神自由（包括本己自由在内），最终皆在华夏精神中完全消失。

## 四

然而，无论是在西方还是在印度思想中，本觉省思都仍表现出根本的局限性。首先是它的抽象性。在印度思想中，晚期奥义书的本觉省思，由于大乘佛教的空智的启发，而领会到存在本体、大梵的超绝、无住性。然而它没有在完整意义上继承大乘的究竟否定。大乘的究竟否定，是否定思维在量上的绝对化，因而它就否定了一切在它之外的东西，最终只能确定它自己，即绝对否定思维或正智本身，为唯一直接的真理。这绝对否定，就是否定的现实的绝对自由。大乘正智正是通过对它自己的去现实化，使存在的本质真理，作为这否定运动的超绝本体呈现出来，因而首次领悟本体自由的实质，故它的觉悟是具体的。只有领会到本体是绝对自由，才能领会它的无住性的实质。然而奥义书的本觉省思，尽管受到这种究竟否定思维启发，但并没有如实继承它的精神，它不可能把空智进行得如此彻底，以至于否定在这空智以外的大梵存在。在这种意义上，它尽管说大梵是无住的，但很难彻底否定大梵的现存性，领会它的实质就是自由。因而它对这本体的无住性乃至其自由的领会是空洞、抽象而且不确定的。这也表明，在它这里，精神内在的自舍势用的自身绝对化的实现不是彻底究竟的。在这一点上，它从大乘佛学的立场倒退了。其次，与此相关，其绝对反省在量和质上皆不完整。一方面，从量上说，奥义书思想最终都没有建立一种究竟反省。所谓究竟反省，同样是精神否定现存实体，领会真理的无住性的活动。这就在于，反省彻底悬置它无法确信的一切存在，结果只能确认它自己为唯一直接的真理，而它就是对反省的反省，是反省的无限性和绝对性，即绝对反省。精神由此领会到存在真理就是绝对自由（反省的自由），是对现存性的否定。这种究竟反省，只有在黑格尔的反思辩证法中才得到完整体现，在印度思想中从未产生过。然而反省也唯有通过在这绝对反省基础上进行去现实化，才能领会（作为本体自由实质的）自反势用的本真存在。另一方面，从质上说，完整的绝对反省，应当包含对觉性本质，即本体自由的全部内容（全部阖势用）的领会。这种领会在奥义书的本觉省思中也不存在。因而从质上说，这本觉的反思也是不全面的。这表明精神内在的自反势用自身绝对化的实现，既不究竟，亦不完整。最后，印度精神的一个普遍的缺陷，是与反思与超越性的发展相比，精神的理性与分别思维还显得极端薄弱。这两点同样表现在其本觉省思中。第一，《慈氏》、《光明点》的思想都表现出非理性主义特点。正如黑格尔指出，印度精神领会的实体只是一个无分别、单纯空洞的“抽象”、一个空洞的“一”。“在这种心智实体化中，应该是一切都归消灭。正如在那仅仅剩下主观的否定能力的虚妄之中，一切都归消灭。同样情形，这种心智实体只不过是一个遁入空虚无定的逋逃薮而已。这种心智实体缺乏那种在自身之内范型一切的客观性。……只有这种客观性才是真正的基础，必须准备的基础，这个基础范型自己，规定自己，并且以这种方式给予特殊内容一个地位，让它自由活动，把它保持在自己的范围之内。”① “在东方人的眼中，特殊事物是动摇不定的，是注定要消灭的；但是相反地，在西方人思想的基地上特殊事物却有它的地位。在思想里，特殊事物能植下根基，能固定下来。”② 由于缺乏足够的理性力量，这些奥义书同一般印度思想一样，不能在尊重个体差异和权利的基础上，将存在和世界构造为有组织的统一体。因而为了维持那统一、绝对，就必须将个体性、差异都消灭掉，这统一就是一个极端空洞、抽象的东西。在奥义书本觉省思中，这种理性力量的缺乏，反映了精神生命的自身建构势用（自凝）还没有展开为积极、真实的活动。理性还没有成为真正的自由。第二，《慈氏》、《光明点》的思想，也表现出一种明显的精神封闭和贫乏性。在这里，思想牢牢固守着实体的“一”。这“一”完全自我满足，既不能自身分裂，亦不能自身差异化。这“一”就是精神的自我。它就只能是一个单一、贫乏的东西。这种情况表明在这里，分别思维也没有成为真正的自由。印度精神始终缺乏投入外在世界，从中攫取养料，以充实自身存在的热情和力量。这些都反映出，生命本有的自离（自我分裂、自身丰富）势用，在奥义书精神，包括在本己的精神中，都还没有真实地展开。以上两点表明，在奥义书的本觉省思中，精神的自凝、自离势用的实现，与自舍、自反势用极端不平衡。尽管后二者已经在一定存在领域，实现为绝对自由，前二者则未曾得到过任何真实的实现。

总之，奥义书的本觉省思具有的局限性，反映了现实精神自由的局限。本觉省思的这种局限性，在西方思想中也在不同程度上存在。海德格尔思想也缺乏大乘佛教那种对究竟否定的彻底化（见上文）。它对存在自身的实质就是而且只是否定的运动，也缺乏更明显的领会；对于本体自由的其他内容，也完全没有领会。因而本觉

① 黑格尔：《哲学史讲演录》，商务印书馆 1997 年版，第 153 页。

② 黑格尔：《哲学史讲演录》，商务印书馆 1997 年版，第 153 页。

省思在这里同样是不完善的。然而，如果说本觉省思的产生、发展和成熟，都是本体自由推动现实精神发展的结果，那么这自由也同样会推动这精神克服这些局限，实现自我升华，乃至最终扬弃自身，进入全新的思想层面。在这里，精神的全部自主势用都得到绝对实现，展开为绝对自由。精神对于它的全部存在内容，都具有了直接的自主设定，因而能够将其全部内容都充分、直接地呈现在省思的目光之下。这样一种精神我们称为绝对的精神，它的现实性就是绝对觉悟。

# 结　语

无论是自然精神还是实在自由的精神，都被一种实在思维支配。前者执着于外在的现实，后者执着于内在的现实，二者都将现实性视为自为、绝对之物，为存在、自我的究竟真理。然而克实而论，唯一的自为之物、实体、绝对就是自由。现实是自由构造出来的，只是自由实现自身的中介、标记，而以自由为本质、目的。只要现实性被认为是存在的真理，是脱离自由的独立、绝对的实体，它就成为抽象的，从而完全失去其真理性。它于是就成为精神的偶像，从而构成对自我的质碍、制肘，精神就仍未能实现其彻底、绝对的自由。

精神的绝对自由是它对本体自由自身的自由。这绝对自由是精神内在的自主性的绝对展开。它不仅仅是针对精神的现实性（为本体自由的中介和外壳）的自主设定，而且是针对精神最内在的本质（即本体自由自身）的自主设定。为实现这一自由，精神必须从现实领域转入作为现实性之否定的超绝领域。唯一的超绝存在就是本体自由。对于有限的人类精神而言，它对于这本体自由的自主设定，只能表现在对这本体的绝对真理性的肯定、确认。它的绝对自由，就在于它否定现实性，只确认超绝本体为绝对、自为的真理。这在思想史上，往往意味着思想将会把从自然以至先验实在的全部现实性的意义虚无化或空洞化，以一切现实存在、“有”为幻、为假，而以作为其否定的本无为绝对真理。精神于是从实在阶段进入本真阶段。这种精神进展就是从实在思维到精神的本真觉悟的转化。在西方思想中，从实体神学、直觉神学到超绝神学的转型，就体现了这一精神进展。印度思想从“有”论到“空”论的转型，也同样体现了这一进展。这一根本的精神进展，也是自由自身的绝对化冲动从根源上推动的结果。盖精神内在的自主势用的本真存在，皆有实现其自身绝对化的冲动。只是在现实精神中，这自主势用往往已经被传统凝固，被精神内在的惰性自在势用抵消，因而丧失了它的本真存在。对于实在的精神而言，这就在于省思把某种现实东西当成存在的绝对真理，于是这东西就成为偶像。它于是吞噬了这精神自主势用的本真存在（其绝对性、无限性），成为其绝对展开无法逾越的障碍。在这种情况下，只有本体自由自身，作为唯一超越现实和传统的原理，才能促使精神恢复其本真性，促使其内在的自主势用恢复其本真存在，从而展开其迈向绝对和无限的进程，并且最终扬弃一切现实性而实现对这本体自由自身的自主设定。本体自由也必然推动这一精神发展。盖本体自由作为绝对，要求实现为（精神）对于它的自身本质的直接自主设定，而这就是精神内在的自主势用的自身绝对化的实现。因此，本体自由必然通过呼唤和倾注，促使这自主势用恢复其本真存在，从而获得自身的绝对展开，并最终突破实在精神的局限，进入本真精神的国度。首先，这自由必然促使精神内在的自舍势用恢复其本真的无限性，从而战胜惰性的消解力量（自任势用），克服本寂精神的迷失，展开为对一切现实、现存的偶像的否定和对作为超绝真理的本体自由自身的维持。这自舍势用的绝对展开包括质和量两方面。前者是精神否定一切现实存在而维持某种超绝原理，它推动省思克服实在思维的执着，领会存在的本质就是空、本无。省思由此获得对本体自由的本真的理解，并转化为真正的精神觉悟。它因而得以突破实在精神的樊篱，进入本真精神的领域。后者是精神否定一切现存存在而维持绝对自由本身。它推动上述精神觉悟克服对现存性的执着，领会那超绝真理也不是一种现存的原理，而就是精神的绝对、无限的自否定运动，即自由本身。于是这精神觉悟转化为一种究竟的（具体、纯粹的）觉悟。在这里，精神不仅要破“有”入“空”，而且最终应当“空”亦复“空”，达到无所住、无所执的绝对自由。其次，本体自由也必促使精神内在的自主肯定势用恢复其本真的无限性，使其在上述否定的废墟之上展开其自身绝对化，重新规定存在、自我的真理。其中，自反势用的绝对展开也包括内容和形式两方面。前者是精神穿透一切现实、现存存在的偶像，而维持其最内在的自身本质，即本体自由，它推动精神领会其自身内在本质就是超绝的自由。后者是精神把这自由作为全部生命的直接、绝对目的，此即绝对维持，它推动精神领会到，这内在的本体自由，就是它自己的自我。因此自反势用的本真存在，必然在究竟觉悟层面，展开为对这“空”的运动本身的维持，它要求从这“空”或“空空”之境重新确认自我的本质，因而它推动省思最终顿悟这“空”的运动或自由就是精神的内在自我。于是这精神觉悟意识到本体自由的客观方面与内在自我的统一，这觉悟就成为本己的。总之，精神内在的自舍与自反势用的本真存在，都具有自身绝对化，即实现为对本体自由自身的直接自主设定的意志，而本体自由自身则促使这些势用恢复其本真存在，从而推动精神从实在的自由到本真的自由的转化，以及其在本真的自由阶段从启示省思（抽象的觉悟）到正智省思（具体的觉悟），再到本觉省思（本己的觉悟）的发展。因此，自由必然推动本真觉悟的形成和发展。

印度思想的发展，就验证了这种精神进展的逻辑。在印度精神中，这种本真觉悟的发展，可以分为以下几个环节：

(1) 启示省思。《白骡奥义书》、《频伽罗子奥义书》、《清净奥义书》、《自我奥义书》、《我觉奥义书》等的幻化论 (māyā-vādā)，就体现了这样一种思维。首先，幻化论彻底否定了现实存在的真理性，将现实性虚无化、虚假化，而以为本体就是对现实性的彻底否定，即超绝真理、“本无”。它对现实与本体存在的区分就是一种严格的“存在论区分”。精神因而领会到本体的超绝性，获得了对本体的本真觉悟。在这里，精神将现实存在彻底虚幻化、空无化，于是本体成为唯一真实的实体。这导致精神甚至无法从自己的现实存在出发到达本体，所以对本体的觉悟只能来自这本体的自身呈现或启示。这就是启示省思的特点。这意味着奥义书的否定思维扬弃了此前的实在的超越，上升为对现实的绝对超越或超绝否定。奥义书精神因而彻底粉碎了现实性偶像的桎梏，首次获得了一种本真的自由。其次，奥义书在这里还阐明这超绝本体就是觉性的内在本质，而且就是真实自我，因而将本体内在化，并领会到主客体的同一。因而幻化论也表现了奥义书传统的内在、绝对反思；后者在启示省思之内展开，故为启示的反思。因此奥义书的启示省思，在绝对地否定现实存在的同时，又肯定内在、超绝的自我为绝对真理，它就是一个包含了超越和反思、肯定与否定的辩证统一体。

这启示省思的具体现实，就是精神扬弃现实存在进入内在超绝自我的持续运动。它也反映了奥义书精神自由的新境界。在这里，《白骡》等奥义书的思想，在观念层面表现了启示省思一方面否定全部现实存在确立存在本质为超绝真理的运动。这种超绝否定运动在现象学上验证了精神内在的自身否定势用已展开为对一切现实性的绝对超越，即实现了其质上的自身绝对化（参见第一章引言和结语）。另一方面，《白骡》等奥义书的思想，也在观念层面表现了启示省思穿透觉性的现实偶像，领会那超绝真理才是觉性真实的内在本质和自我。这种超绝反思运动，首先在现象学上验证了精神内在的自身维持势用已在启示省思层面，展开为针对超绝本体的内在维持；其次幻化论对超绝本体与精神内在自我的同一性的领会，表明精神内在的自反势用已经在这一省思层面实现其形式上的自身绝对化（即实现绝对维持）。总之，精神这种从外在的“有”到内在的“空”的持续运动，包含了对本体自由最初的自主设定。它在现象学上验证了精神内在的自舍与自反势用的辩证展开，而且正是这二者在本体自由促动下的辩证历史展开，推动了奥义书的启示省思的形成。因此奥义书精神从实在思维到启示省思的进展，就是自由从根源上推动的结果。这自由不仅推动启示省思的形成，也推动其发展、成熟。我们分别以《白骡奥义书》和《频伽罗子奥义书》代表奥义书启示省思的幼稚和成熟阶段。

然而《白骡》、《频伽罗子》等奥义书也表现出启示省思的局限性。它们都把超绝本体、大梵理解为一种常住、不动、稳固、永恒和无变易的基础，使这本体成了一种现存的实体。这种超绝的现存实体的观念，无疑是一种思维假相。它表明精神对安全、庇护和家园的需要，反映出精神即使进入本真存在阶段，仍然会受到其内在的自在势用诱惑，从而丧失了自由本真的无限性。本体一旦被当成现存之物，就成为一个处在超越思维之外的、不可被否定的原理。这等于为精神的超越设置了一道永远打不开的门。任何神圣本质，都是这样的门。因而神圣的精神仍然是有执、有住的，没有实现绝对的自由。精神若要实现其绝对自由，就必须彻底否定任何现存的东西。这意味着，精神的省思必须否定任何在它自身之外的存在，只承认这省思本身（否定与反省）的具体现实为唯一直接自明的真理。于是这真理就是活动，而不是一种无生命的现存东西。这种省思就是究竟思维（究竟否定或究竟反省）。其中究竟否定是精神内在的自舍势用在量上的绝对展开。它总是与超绝否定构成一个统一体，这就是绝对否定。这绝对否定就属于精神的绝对自由（尽管这自由只是否定的）。在这里，精神最终领会到本体就是超绝、绝对的自由。这种领会就是究竟觉悟，它意味着精神已脱离启示省思，进入正智省思的领域。自由必然推动本真精神的这一进展。盖精神内在的自舍势用的本真存在，就具有实现在量上的自身绝对化的意志（参见第二章引言和小结）；而本体自由作为绝对，要求实现为（精神）对于它的自身本质的自主设定。因而它必然通过呼唤与倾注，促使精神内在的自舍势用彻底抵消惰性的自任势用的阻拦，恢复其本真存在，从而获得在量的绝对展开，推动精神打破任何现存本质的假相；领会到不仅现实是空，而且本体亦空；不仅有是空，而且空亦复空。精神于是抛弃最后的偶像，承担起自身的绝对虚无，从而赢得其绝对自由。总之，自由本身必然推动精神从启示省思到正智省思领域的转移。印度思想接下来的发展，就验证了这一精神逻辑。

(2) 正智省思。大乘佛学的产生，就表现了印度思想从启示省思到正智省思的转型。正智省思也包括超越和反思两个方面。前者即绝对否定，领会存在真理为超绝、自由的本体；后者是正智反思，领会这本体就是觉性的内在本质。印度的根本大乘（般若与瑜伽行派）思想，表现了正智省思的最初、也是最纯粹的形态。其中般若思想体现了正智的超越，而瑜伽思想则体现了这正智的超越与反思的统一。

其一，般若的空思想充分表现了精神的绝对否定或正智的超越。首先，般若的“性空如幻”说，以为一切有为法、世俗即全部现实存在，都是如幻如化、举体虚妄的，而且存在的究竟真理乃是超现实的空性本体。同理，般若的“二谛”分别，亦旨在否定世俗存在，确立真谛为超绝的理体。这些思想在观念层面表现了精神的超绝否定运动。这在现象学上验证了精神内在的自舍势用在质上的绝对展开（参考第二章引言和小结）。其次，般若还讲“毕竟空”，不仅否定有为法，而且否定了空性、涅槃、真如、法身等超现实存在；同理其“不二中道”也是对真、俗的双重否定。般若空智因而否定了一切对象的真理性，最终只能确定这绝对否定、空智自身为唯一直接的真理。这就是究竟否定。空智于是粉碎现存实体的偶像，领悟到精神的直接真理就是无所受、无所行、无所住的思想，即否定思维的绝对自由。这种究竟否定运动，在现象学上验证了精神内在的自舍势用在量上的绝对展开（同上）。般若空智作为超绝否定与究竟否定的统一，就是精神的绝对否定，或正智的超越。在这里，空智先是通过究竟否定领会到存在真理就是它自身，即否定的绝对自由；然后通过超绝否定剥离这绝对自由的现实性，看到超绝的自由（本体自由）本身。因而空智是超绝否定与究竟否定的辩证往复的整体。大乘佛学在观念层面表现了这种空智的运动：精神在这里彻底否定任何现实和现存的自身此在的表象，投入本体自由自身的绝对陌生、空虚黑暗的真理之中。这在现象学上验证了精神内在的自舍势用在质和量上两方面的绝对展开，正是这一展开推动了般若空智的形成。在这里，同样只有本体自由自身才能促使精神内在的自身否定势用恢复其本真存在，从而终于彻底消除了阻挠它的惰性消解力量，实现为绝对自由，从而推动了大乘佛学从启示省思到空智的成功转型。这空智由于领会到超绝本体就是自由，而且领会到这自由的实质内容（就是自身否定势用的本真存在），所以它既是究竟觉悟，也是具体的觉悟。总之，最终是自由本身推动了大乘正智省思的形成。因此，大乘佛学思想的产生，就在现象学上验证了自由推动精神从启示省思到正智省思领域转移的必然逻辑。

其二，瑜伽思想则表现了正智的超越与反思的统一。盖般若空智只是正智的超越，它是超越性的绝对自由，却不包含任何反思，因而般若的自由也是有缺陷的。这种情况在现象学上表明，在般若空智中，精神内在的自身维持势用没有展开为现实的自由。这种精神局限，也只有在自由的进一步展开的推动之下，才有望被克服。盖本体自由作为绝对，要求（精神）把它自身，即精神的最内在真理，作为精神生命的绝对目的，这就是要求精神内在的自身维持势用的绝对内在展开。为此它必然通过呼唤与倾注，促使使精神内在的自反势用恢复其本真存在，从而在正智省思的不同层面展开为积极的活动，并推动这正智省思的内在转向，使其发育出反思之维。于是，精神将正智省思揭示的真理，即超绝自由内在化，领会到它就是觉性的内在本质，这样就形成了正智的反思。大乘瑜伽唯识思想的形成，就验证了这一精神进展。首先，所谓“万法唯识”的思想，就是把识的具体现实当作存在的绝对真理，表现了一种普遍的内在反思。其次，唯识在解释现实世界的来源时，还提出所谓阿赖耶识缘起说，其以为阿赖耶识超越经验，同时又是一切经验存在的根据、基础，所以阿赖耶识就是先验意识。唯识思想在这里表现了一种先验反思。同在奥义书的阿阇世和耶若婆佉等的思想中一样，唯识通过这种内在反思和先验反思，也在观念层面表现了精神否定外在自然确立内在心灵为真理、否定心灵的自然、经验表象确立更内在的先验意识为真理的运动。精神这种持续内在化运动，在现象学上验证了精神内在的自反势用的积极展开。正是这一展开推动上述反思的形成。最后，且更重要的是"三自性"说表现了唯识开创的正智反思。唯识立"三自性"说，以为空智自身（清净依他）作为绝对否定的具体现实，就是圆成实性或真如，为识的应然、本然的真理，这体现了一种空智的反思，后者实即般若的究竟否定与瑜伽的内在反思的辩证统一。另外其说还将识的真理即圆成实性分为空智与真如（即空性）二分。其中空智是清净识的世俗或现实存在；空性则是内在于识的超绝本体。于是唯识就把般若的空性本体内化为觉性的超绝本质。此说体现了一种空性的反思。这其实是在般若的超绝否定中引入了反思之维。正如正智的超越（绝对否定）是究竟否定与超绝否定的辩证统一，正智的反思就是空智的反思与超绝反思（空性的反）的辩证统一。正智反思既领会到存在的真理或本体是超绝、绝对的自由，又领会到这自由就是觉性的内在本质。总之，唯识的贡献就是在般若的绝对否定或正智省思层面，将印度传统已有的内在反思重新确立。唯识通过"三自性"说，在观念层面表现了正智反思穿透精神的一切现实、现存存在偶像，确立精神最内在本质即本体自由自身为绝对真理，亦即精神生命的绝对目的的运动。精神这种极端内在化运动，在现象学上验证了精神内在的自身维持势用在内容上的绝对展开。它就是反省思维在内容上的绝对化。正是这自反势用的展开，推动了佛教思想在正智省思领域开展出反思的维度，导致正智反思的形成。而同样也只有本体自由自身才能促使精神内在的自反势用的历史展开。因此，佛教唯识思想的转型，在现象学上验证了自由本身推动了正智省思的内在转向导致正智反思形成的必然逻辑。

唯识表现的这种正智反思，包含了精神的绝对否定和内在反思的辩证统一，也体现了精神内在的自舍和自反势用在其绝对展开中的辩证交织。在这里，印度精神就实现了一种内在、无住、超绝的自由。然而，由于受佛教传统的无我思想制约，唯识思想并没有把绝对的识当作自我，而是以之为一种在我之外的普遍、客观的原理。这表明唯识的反思只是一种客观反思。奥义书的主观反思和绝对反思，在这里还完全没有建立起来。这在现象学上表明，精神内在的自身维持势用尚未实现其形式上的自身绝对化(即展开其绝对维持)。在这里,佛教的精神自由仍然缺乏一种主观性。这一精神局限同样也只有在自由的进一步推动下才能被克服。盖本体自由作为精神生命的绝对本质,就要求(精神)把当它自己当作精神生命的直接、绝对目的,即精神的绝对真理、自我。因而它必然通过呼唤和倾注,促使精神内在的自身维持恢复其本真存在,展开针对这自由的绝对维持,从而推动精神最终领会到大乘佛教的空性真如,其实就属于人的内在自我。于是大乘的究竟觉悟,就转化成为一种本己的觉悟,即本觉省思。精神由此进入又一个新的发展阶段。

(3) 本觉省思。精神这种在自由推动下从正智省思到本觉省思的进展,通过印度晚期大乘佛教的真心如来藏学,以及受大乘佛学深刻影响的吠檀多不二论和一些晚期奥义书(以《慈氏》、《光明点》为代表)的思想,得到充分验证。

我们只讨论了其中的晚期奥义书的思想。一方面,《慈氏》、《光明点》等奥义书,不仅阐明了现实的空洞性及本体的超绝性,而且表明本体也不是一种现存的实体,而是空,是无住、无依、无得的真理。这些说法,表现了精神对现实性和现存性的双重否定。这就是精神的绝对否定,即正智省思。同在大乘佛学中的情况一样,《慈氏》等表现的正智省思,也表明了精神内在的自舍势用的绝对展开。另一方面,《慈氏》等的思想还表现了一种绝对反省。首先,与唯识的立场一致,《慈氏》等的思想,也认为那超绝、无住的空性、本体,就是真心,是觉性的内在本质。因而它也同唯识一样,体现了一种正智反思。这同样也是将其究竟觉悟与其内在反思传统结合起来。在这里,精神反省达到了其在内容上的自身绝对化(超绝、无住的本体就是精神反省在内容上的极限)。这种情况,同在唯识思想中一样,也表明了精神内在的自反势用在内容上的绝对展开。其次,《慈氏》等奥义书,还明确揭示出那空、无相、无住的超绝本体就是至上我,就是每一个人的真实本质。正智呈现的超绝、无住的本体、真心,就是现实精神内在的自我。正是这种理解,使得这些晚期奥义书的思想从根本上与印度的大乘正统区别开来。它表明在奥义书精神中,那受大乘佛学启发而来的正智或究竟觉悟,被与奥义书传统的主观反思和绝对反思统一起来。这种统一就是本觉的反思。绝对反思就是反省在形式上的极致。这绝对反思与正智反思的统一,就是精神的绝对反省。《慈氏》等的思想把自我的内在、超绝的自由当作存在的绝对真理,在观念层面表现了精神穿透全部现实和现存偶像,把它内在的本体自由本身当作全部生命的直接、绝对目的的运动。这在现象学上验证了精神内在的自反势用在形式上的绝对展开。正是这自反势用在内容和形式两方面的绝对展开,推动了奥义书的绝对反省的形成。如前所论,唯有本体自由才能促使这自反势用的绝对历史展开。因此最终是自由推动奥义书思想的上述转型。总之,我们通过对奥义书思想的上述转型的阐释，在现象学上验证了自由推动印度思想从正智省思转化到本觉省思的内在逻辑。

《慈氏》等的奥义书思想，表现了精神的绝对否定和绝对反省两方面的辩证统一。它由前者领会到本体的超绝、无住；由后者领会到本体与觉性的内在存在、自我的同一。这种辩证统一就是本觉省思。其中，绝对否定是自身否定势用的绝对实现，是精神否定的绝对自由；绝对反省是自反势用的绝对实现，是精神反省的绝对自由。奥义书的精神在这里进入了一个崭新的本己的自由阶段。

总而言之，我们通过对于奥义书思想在这一精神阶段的发展的生命现象学诠释，阐明了自由推动印度精神的本真觉悟的发生和演变的必然逻辑。在这里，印度精神先是通过《白骡》等奥义书的启示省思，肯定自我的本体是超绝的现存实体；其次是通过大乘佛学的正智省思，彻底否定这自我、超绝现存实体的存在，揭示本体的无得、无住性；最后是通过《慈氏》等奥义书的本觉省思，领会到这无得、无住的本体就是觉性、精神的内在自我。于是，精神就通过最大限度的自身否定，达到最深入的自我返回；不过这返回并不是退回到原来启示省思的起点。事实上本真精神在这返回中获得了本质的自身丰富和提升。这在于精神通过其绝对否定环节扬弃了启示省思作为超绝现存实体的自我，最终领会到自我是超绝、无住的本体。这一过程不仅贯彻了本真精神的超越与反思、自舍与自反运动的双重辩证法，而且被自舍与自反势用的辩证交织所推动。其中，精神的自舍势用的自身绝对化推动精神的究竟觉悟或绝对否定思维的构成，自反势用的自身绝对化推动绝对反省的构成。自舍与自反势用在实现其各自的自身绝对化过程中的破与立、肯定与否定的相互交替和交织，使本真精神的超越与反思也表现出辩证交互的运动，从而使这精神的历史呈现出上述否定之否定的螺旋式上升的进程。这一辩证运动不仅解释了奥义书本觉省思形成的历史，而且就是这本觉省思的现实活动的逻辑。本觉省思作为精神的具体现实，就是由这双重的辩证运动构成的复杂整体。它体现了奥义书精神自由的最高境界。然而也应当承认，奥义书的本觉省思在向超绝自我的返回中，在某种程度上也使它包含的精神绝对否定丧失了其在大乘佛学中原有的力度。比如它尽管领会到本体是超绝、无住的原理，但没有像大乘那样确立空思维即否定的自由本身为唯一真理，因而未能把握这无住性的实质，结果导致它仍然经常把本体说为恒常、不动、圆满、不变的实体，表现出重新退回到奥义书旧有的超绝现存实体观念的危险。

此外，我们还对印度思想在本真精神阶段的发展，与西方思想进行了较全面的比较研究。本书表明了：在西方精神史上，从古希腊和早期基督教神学中得到体现的实在思维，到亚历山大里亚的克雷芒、奥利金、维克托利努斯等的超绝神学体现的启示省思，到托马斯神学体现的正智省思，再到海德格尔哲学当代思潮体现的本觉省思的发展，与本真精神在印度的上述发展基本理路是相同的；它也验证了与后者相同的内在精神逻辑。易言之，西方精神的这一进展，同样也不能视为单纯理论思辨的结果，而是在精神的内在生命即自由的最终推动之下展开的。并且，这种展开与其在印度精神中的对应过程遵循的是相同的生命逻辑。这种比较证明，自由推动本真精神辩证发展的机制，属于精神生命运动的普遍必然逻辑。本书亦讨论了本真精神在西方和印度思想中各自的特点和局限。

我们也把印度思想在这一阶段的发展，与中国思想进行了比较。华夏固有的传统，由于缺乏真正的超越和反思，从未进入本真精神的阶段。尽管如此，在印度大乘佛教启发之下，华夏精神也曾开展出自身的精神觉悟。首先中国佛教便在不同程度上接受了印度精神这种本真觉悟。其次，中国佛教又启发着道、儒二家的思考。比如晋唐的道教，就已经开始积极从佛教般若思想中汲取精神养分，导致一些道教精英有了“道体即空”的觉悟，使道教具有了与大乘佛教类似的正智省思。而王重阳的内丹心性学，乃将此觉悟与隋唐以后道教从如来藏佛教中汲取的精神反思结合起来，领会到空性、道体就是真心、真我，体现了与《慈氏》等晚期奥义书及真心如来藏佛教类似的本觉省思。然而儒家由于其极端的精神狭隘性，从来没有因为佛教的冲击唤醒其良知，从而发展出真正的正智与本觉省思。它的精神始终是实在的，而且基本是自然的。

不过，无论是在西方还是在印度奥义书思想中，这本觉省思都表现出根本的局限。首先，是它的抽象性。如前所述，印度晚期奥义书的本觉省思，由于没有在完整意义上继承大乘的究竟否定，因而它尽管汲取了大乘对本体的无住性的领会，但未能领会到这无住性的实质就是（否定的）自由。海德格尔思想也表现了一种本觉省思。它明确领会到存在本质就是自由，但由于同样没有经历大乘空智那种完整意义上的究竟否定，因而它对于这自由的实质仍无明确的领会（其云存在本质是无化，好像表明了一种究竟否定，但海氏这方面思想总的来说是飘忽不定的）。因此本觉省思在这里也是抽象的。本觉省思的具体化在于，它明确领会到本体、自由的实质就是觉性的自否定，就是自舍、自反等的纯粹运动。这表明，无论在印度还是在西方精神中，本觉省思包含的绝对否定都没有得到完整的展开。其次，与此相关，这本觉省思包含的绝对反省也不完整。一方面，从量上说，绝对反省应当是一种究竟反省。反省之为究竟就在于它彻底悬置它无法确信的一切存在，结果只能确认它自己为唯一直接的真理；而它自己只能是对反省的反省，乃至反省的反省的反省，是反省的无限性和绝对性，这其实就是自反势用在量上的自身绝对化的实现。与究竟否定的逻辑类似，究竟反省也由此彻底否定了任何现存的存在，领会到存在的真理就是反省的自由。反省唯有通过对这自由的去现实化，才能领会（作为本体自由实质的）自反势用的本真存在。应当承认这种究竟反省在印度精神中从未建立起来。在西方思想中，它只有在黑格尔的反思辩证法中才得到完整体现，但始终未能与超绝否定结合，从而使精神产生对本体自由的实质内容的领会。因此无论是在西方还是在印度，本觉省思都没有产生对自反势用的本真存在的领会。另一方面，从质上说，完整的绝对反省，应当是对觉性的本质即本体自由的全部内容（全部阖势用的本真存在）的领会。这种领会无论是在西方还是在奥义书的本觉省思中皆不存在。这表明在这本觉省思中，精神的绝对反省，或精神内在的自反势用自身绝对化的实现，既不究竟，亦不完整。再次，这本觉省思的另一个缺陷，是它作为绝对自由的不完整性。盖精神的否定思维、反省思维、理性思维、分别思维，分别是自舍、自反、自凝与自离势用的实现。它们的全部、完整的自身绝对化，就是精神全部自主性的绝对实现，即精神的绝对自由。这一点无论在印度还是在西方思想中都未曾得到实现，它只是精神的理想。在印度的本觉省思中，尽管否定与反省的思维达到了某种意义的绝对自由，但理性与分别思维还没有得到真实的展开。这表现在：第一，《慈氏》、《光明点》的思想都表现出非理性主义特点，其所领会的实体只是一个无思维、无分别、单纯空洞的“一”。因此在奥义书的本觉省思中，理性还没有成为真正的自由，反映出在这里，精神的自身建构势用（自凝）还没有展开为积极、真实的活动。第二，《慈氏》等的思想也表现出一种精神的封闭性和贫乏性。在这里，思想牢牢固守着实体的“一”。这“一”完全自我满足。它既不能自身分裂，亦不能从外在世界摄取养料，从而使自身差异化、丰富化。这种情况表明在这里分别思维也没有成为真正的自由。这表明在奥义书的本己精神中，生命本有的自离（自我分裂、自身丰富）势用也没有得到真实的展开。总之，在奥义书的本觉省思中，精神的自凝、自离势用的实现，与自舍、自反势用极端不平衡：尽管后二者已经在一定存在领域实现为绝对自由，但前二者则未曾得到过任何真实的实现。这种绝对自由的不完整性，在西方思想中也在不同程度上存在。

然而，正如自由推动了本觉省思的产生和发展一样，它也将推动精神逐渐克服本觉省思的上述局限，进入更高的存在境界。盖本体自由作为绝对，要求实现对于它自身的全部存在的绝对自由。它必然促使精神的全部自主势用恢复其本真存在，使这自主势用战胜精神内在的惰性、达到自身的绝对展开，从而推动精神的否定、反省、理性、分别思维达到完全的自身绝对化。于是精神将逐渐接近这样一个层次，在这里，它在思维的每一方面都圆满地实现了绝对的自由，对于它的全部存在内容都具有了直接的自主设定，因而能够将其充分、直接地呈现在省思的目光之下。于是精神克服任何惰性、昏暗、狭隘、奴役、窒碍，生活在完全的自由、开放、光明、绝对、无碍的境界之中。这精神我们就称之为绝对的精神，它的现实性就是绝对觉悟。当然，它对于有限的人类存在而言，永远只是一种理想。

本书获得国家社会科学基金项目（07BZX040）和
中央基础研究专项基金（NKZXTD1105）资助

# 奥义书思想研究

**第四卷**

## 奥义书的观念与实践

*The Upanishadic Thought and Its Development*

吴学国◎著

人 民 出 版 社

责任编辑：洪 琼
版式设计：顾杰珍
封面设计：林芝玉

**图书在版编目（CIP）数据**

奥义书思想研究：1－5卷 / 吴学国 著．— 北京：人民出版社，2017.1（2024.1 重印）
ISBN 978－7－01－016223－2

I. ①奥… II. ①吴… III. ①婆罗门教－宗教经典－研究 IV. ① B982

中国版本图书馆 CIP 数据核字（2016）第 109875 号

**奥义书思想研究**
AOYISHU SIXIANG YANJIU
第一——五卷

吴学国 著

人民出版社 出版发行
（100706 北京市东城区隆福寺街 99 号）

北京九州迅驰传媒文化有限公司印刷 新华书店经销

2017 年 1 月第 1 版 2024 年 1 月北京第 4 次印刷
开本：787 毫米 ×1092 毫米 1/16 印张：140
字数：2600 千字

ISBN 978－7－01－016223－2 定价：749.00 元（全五卷）

邮购地址 100706 北京市东城区隆福寺街 99 号
人民东方图书销售中心 电话：（010）65250042 65289539

版权所有・侵权必究
凡购买本社图书，如有印制质量问题，我社负责调换。
服务电话：（010）65250042

# 第 二 部

# 奥义书的观念与实践

# 引　子

精神的现实性包括纯粹内在的存在和生存论的外在存在两个层面。前者就是精神的纯粹思想，为意识所无法认识；后者是表现为可以被直接认识的、自然的存在的思想，即精神的观念与实践。精神的纯粹思想是它的先验运动，它构造每一事物的意义。其中每一经验事物被构造出来，必定要依据在纯粹思想中的某种必然形式，以作为其原型，这就是理念。而纯粹思想依照此必然形式而进行活动，就是概念。因此，必然的思想就包括理念和概念，二者都是先验的。先验的理念、概念与事物经验之间存在相互构成的关系。然而理念、概念都是在意识背后支配着构造事物意义的活动的，唯这被构造出的事物是意识可直接认识的。每一事物都根据一种不可认识的先验理念原型被构成，它其实就是后者的标记。这事物就是一个观念。观念是理念的自然外壳，它赋予理念以经验的表象，使之对意识呈现出来。观念有主观的（属于思想的）与客观的（属于物质世界的）之分。其意义都是将相应的理念标识出来，以指引概念的活动。概念是以诸理念为其运动的指引，因此当观念将理念标识出来，也就使概念的活动被标识出来。概念的活动被赋予了自然的外壳，于是概念就成为可认识的、经验的思想。当这思想被进一步赋予物质的形态，转化为客观、普遍的活动，它就成为实践。观念与实践都属于自然、经验的领域。精神的纯粹思想只有将自己外化为自然的观念与实践，才可以被认识、被自主规定。观念与实践，就是自然的、生存论的思想。

本书在前一部分，试图通过对奥义书精神的生存论还原（去自然化），阐明其内在思想在自由推动下发展的历史，而精神外在的观念与实践，也各有其历史。在这一部分，我们试图阐明奥义书的观念与实践的历史。前一部分立足于精神的内在、本质层面，着眼于揭示奥义书精神发展的必然性（而于其内容的完整性有所忽略）；这一部分则立足于精神的现象的、自然层面，着眼于呈现奥义书的观念和实践的全体。在这一部分，我们力图将奥义书的观念和实践的内容，更完整、更充分地呈现出来。

观念有主观的观念和客观的观念。精神的主观观念就是通常所谓的省思观念，只属于主观的、思想的领域。精神的客观观念就是社会存在（比如政治、伦理、法律的实体），具有物质形态。同样，广义的实践，也包括主观的实践和客观的实践。前者指个人在精神上对自己认识的自觉调整、改造，它就是思想变成人的主观、经验的行动；后者属于人的外在、客观的行动，它就是被赋予某种物质性的思想，通过人的肉体和社会存在的活动完成。这二者都是思想、概念的自然化。唯后者使概念具有客观、物质的形态，并因而成为可传递的、普遍的、可永久持续的。这二者的界限有时会模糊，比如在宗教生活中，观想与行动往往相互包含。在本书以下的讨论中，所谓观念是主观的观念，实践是客观的实践（实践是客观实在的思想）。在奥义书思想中，最核心的观念包括存在观念、自我观念、神性观念；而其实践基本上是宗教和伦理的实践，并以宗教实践为主（至于政治、法律、经济等属，几乎未被涉及）。

对于奥义书的观念和实践内容的阐明，也应当按照时间、历史的线索。精神的本质是时间。它的现实性就是历史。盖精神的本质是生命，就是自由或自否定，这是一个无限积累的脱离自身运动，因而表现为一种独特的时间。这个生命的时间与自然时间根本不同，甚至是相反的，它在精神的观念与实践中都得到体现。观念包含了时间。每一个观念都通过时间构成，都体现了精神自否定的运动，凝聚从此到彼的艰难历史进程。观念的运动就是一种时间。当代认知发生学研究也表明了这一点。实践也包含了时间，比如宗教经验就是一种时间。转迷开悟是时间，全部灵修的过程都是时间，精神的时间。观念和实践的活动，体现了同一种生命时间。这时间就是精神的自由本身。观念和实践内在的时间，决定它们的历史性，也决定我们对其只能作历史的了解。

然而精神除了这种生命的时间，还有死亡的时间。前者就是自由（自主性），是不断脱离觉性的此，不断积聚与此的距离。后者则是精神的惰性（自在性），是消解自由，重新回到此处。只有当这二者达到某种平衡点，精神才获得一种确定的现实性。于是觉性、精神得以安立于一个新的此处。然而自由是绝对自否定，它必然要进一步否定这些，以趋向无限。于是它与自在性的平衡被打破。于是精神的自在性必须起来抵消这自主性迈向无限的冲动，把精神固定于又一个新的此处。正是这种自主性和自在性的辩证运动，或者说两种时间的辩证交织，决定精神不断从此到彼的现实运动。这个运动就是精神的历史①。无论是观念的历史，还是实践的历史，本质上都是精神的自由时间的体现。

自由从根源上决定精神历史的方向性。它不仅在本质层面，作为时间自在地就是精神历史的方向；而且在现实层面，通过诉诸人的良知，引导精神的前进。良知是

① 可以说，历史的时间本质上就是自由的时间。因为在规定精神历史的两种时间中，唯自由的时间是积极、主动的方面，也是真正容许有历史性的（有进步、发展的）方面。

自由与现实精神的对话。它可以表现为情绪,即苦恼感和自由感。情绪是自由与现实精神的对话。它既是本体自由的现身,也是精神对这自由的应答。当精神在其历史中达到某一此处,它内在的惰性就会诱使它停留于此,把这此处当作绝对。然而自由是无限,因而它会向现实精神呼吁,使之对此不满,这就是苦恼感。自由通过苦恼感,使精神不安于此,从而舍此就彼,以迈向自由的无限性的理想。另外,一旦现实精神克服原来的局限性,达到了自由的新局面(由此到彼),本体自由会通过一种愉悦情绪告诉它。这就是自由感。它使精神确定自由状态相比原先的不自由状态为善。本体自由就是通过苦恼感的逼迫和自由感的确认,引导现实精神从此到彼、从不自由到自由的持续运动。因此,不论文化跨度多大的精神,从其历史发展中,都可以看出从原先比较不自由,到更大自由的本质必然性。但这种必然性能在多大程度上实现,则受到已有的传统和环境的偶然性,包括自然的、社会制度的、经济的、民族经验等因素的制约。因此,人类观念和实践的历史,也表现为自由不断深化和提升的进程。

观念揭示真理,实践守护真理。当精神通过对某种存在的领会(即概念)实现了更大自由,自由感会使它把这存在当作真理,它就会相信那指引这领会的观念揭示了真理。观念揭示某事物的真理时,也标记了这事物的理念。后者是这事物的意义原型。领会正是根据它的指引,构造这事物的意义,所以理念使这领会成为必然的思想,即概念。理念作为思想的纯粹内容,只有将自己自然化,成为观念,才能对现实精神成为显著的,才能完成指引的作用。观念、理念的指引使概念得以可能。概念使对事物真理的领会成为必然。在此意义上,概念守护着真理。然而精神如果要在一个更普遍、恒久的意义上守护其对真理的领会,就必须使后者不仅成为必然的,而且要具有客观、自然的形态。精神必须把思想转化为外在、必然的行动,并通过确立某种客观形式,比如伦理、道德、宗教等的制度和设施,使这行动得到巩固、传播和保护,以使这思想领会的真理得到更好的守护。当概念被转化为客观物质的活动,它就成为实践。在这种意义上,实践就是通过客观、自然的方式来守护真理或对真理的领会。精神通过观念和实践,使真理得到揭示和守护。精神也正由此得以实现其自身的自由。

既然观念和实践的历史就是自由的历史,因此观念和实践的发展,就是自由最终推动的。精神的历史起点是自然,观念和实践的起点也是自然。奥义书最早阶段的思想,把自然当作存在、自我和神性的绝对真理。全部实践的最终目的都是为了自然的、物质的利益,而且表现出对外在自然的极度依赖。这种自然的实践,包括神话的实践(祭祀、巫术)、功利的实践以及自然的伦理。这种实践没有确立任何超越、内在的目的。但自由推动奥义书的精神经历了这一从自然阶段进入自由阶段的转型。省思否定自然的观念，将存在、自我、神性的真理理解为一种超越、内在的存在。它的实践也成为自由的。奥义书扬弃了原先的自然的实践，而具有了真正道德和宗教的实践。其中，与奥义书的观念从实体观念到先验实在的观念到澄明的观念的发展一致，其宗教也经历了超越的宗教、思辨的宗教和直觉的宗教等阶段。然而到此为止，奥义书思想仍然处在实在思维的囹圄中。它仍然在观念上把现实性作为绝对，在实践上把现实性作为生活的全部目的，未能达到对本体自由自身的揭示和规定。然而自由推动奥义书的精神打破全部现实性偶像，领会存在、自我、神性的绝对真理为超绝的本体。于是奥义书的观念成为本真觉悟的观念，它的实践也成为本真的实践。首先，在启示思维阶段，奥义书思想将自我、神性的真理理解为一种绝对超现实的（超绝的）的本体，但仍然以之为一种现存实体。相应地，启示的宗教就旨在打破世界幻相，领会这超绝的实体。然而在自由进一步推动下，奥义书思想乃领会到那超绝的本体不是一种现存实体，而就是内在的自由，后者才是自我、神性的真理。这种领会就是本己的觉悟。而本己的宗教实践，就是要打破对一切现实、现存存在的执着，以在一种无得、无住的心境中冥契本体自由自身。

奥义书观念和实践的发展，由精神本有的自由推动，体现了精神发展的必然逻辑，因而具有一种跨文化的普遍意义。我们将其发展的每一阶段与西方和中土思想进行了比照分析。西方的观念和实践，同样经历了从自然境界到自由境界，再到本真境界的发展，与奥义书观念和实践的发展存在本质上一致，尽管各有其特点。然而中土思想的观念与实践，却与印欧思想存在巨大落差。中土固有的思想，把自然当作绝对，其所理解的存在、自我、神性，皆是自然的；相应地，其全部实践也完全是自然的，以巫术实践、自然伦理和功利实践为主体。然而佛教的长期渗透，极大改变了这种情况。其中，儒家在佛教影响下，逐渐抛弃原先的自然思维，而将一种超越、内在的精神实体当成真理，到阳明心学，乃至确立一种超理性的澄明（无善无恶的良知本体）为存在、自我的绝对真理。相应地，儒家的实践也逐渐扬弃自然伦理，而（在心学中）形成了一种真正道德的实践，甚至神秘直觉的实践。但由于儒家思想绝对没有超世俗的追求，佛教的影响在这里没有导致任何宗教效应。道教则在佛教影响下，开始脱离原先的自然主义，逐渐形成道即是空（《本际经》等）、心即是道等观念，到王重阳的全真道，乃将道体等同于如来藏佛教的超绝、自由的真心；相应地，道教也开始脱离原先的巫术、伦理实践，形成了一种本真的宗教实践。然而在满清以降的思想中，这种来自印度的精神因素最终都被磨灭尽净了。中国人又完全退回原先的自然精神。

第 一 编

# 奥义书的观念

# 引　论

观念是自由的产物。精神的观念是精神自由的产物。自由的自我实现过程最终推动观念的演进。

要阐明这一点，首先要澄清自由与传统的关系。传统就是精神的现实性，它包括纯粹思想（理念、概念、逻各斯）、内在的观念以及在这思想、观念基础上建立的社会存在（政治、宗教、伦理等的制度、组织），后者构成传统的物质外壳。观念属于传统的生存论层面，是纯粹思想的自然表象。它是概念、理念的可直观的标记，是直接意识的对象。观念包括内在观念与外在观念两种；前者是我们主观、心理的内容，后者则是物质的存在。精神的观念也是如此。精神的外在观念就是社会存在。我们一般所谓观念指内在观念。观念就是自然、生存论的存在。唯这自然才是现前触目的，才是意识，包括精神的意识可以直接认识的。而觉性、精神的内在本质则不是意识、精神的直接认识对象。因而精神要实现对于它自己的内在、本质存在的认识和规定（这正是真正的精神自由之所在），首先必须先验地把这隐秘的存在，与触目的自然、观念结合起来，从而使这存在被标记和揭示出来。自由是觉性、精神的本体，是绝对的自否定运动，是永恒的良心。它是精神的全部现实性、传统的本质，它构造后者作为其自我实现的中介，但又绝对地超越它们。盖自由作为本体是无规定的绝对性，它必须借助于形式的中介，才能使自己成为必然的，成为现实性。因而它必须把自己转化为思想，而具有必然性的思想就是逻各斯（概念、理念）。自由自身凝聚为概念、理念，而观念则将这概念、理念的结构标识出来（因而观念往往也有其结构，与概念、理念的结构存在某种对应），使之能为意识所辨识。观念由此指引思想的活动，使之成为必然。自由构成思想，而思想要成为必然性、概念，必须为自己构成相应的观念。自由就是绝对和无限。它要求将自己本真的绝对性、无限性在现实中展开。因而它必然不断否定旧的思想，创造新的思想，以此朝绝对自由在现实存在中的实现无限地迈进。盖自由既是绝对和无限，故那由它构造出、作为其现实性的任何思想、存在，都必然最终成为它的障碍，所以最后必然被它超越、否定。于是自由必然为自己构成更本质、更普遍的思想、存在，以此在更大程度上实现自身。而这新的思想、存在最终也必被否定。自由因此推动思想无限深化和提升，推动概念、理念的无限演进。思想因而不断淘汰旧的观念，构造新的观念。自由乃以此推动观念的无限进展。

观念的真理性与它的标记和揭示功能相关。首先，观念标记觉性的纯粹内在存在，它的真理性在于它与人们打算以它来标记的对象是否符合。一种工具之是“真”是“假”，在于它是否能用，比如表之“真”、“假”在于它能否走时。效用规定工具的真伪。效用是工具存在的本质。效用本质上是觉性存在的揭示和开展的形式、功能，即概念，属于觉性的纯粹内在存在；推而广之，概念、理念是人所认识的所有存在的本质（参考本编第一章引言）。我们以是否能用判断工具的真伪，但概念只要它存在，就能用，所以概念尽管可能会有生灭变化，但本身无所谓真伪。只有标记着纯粹概念的观念才有真伪。每样工具的存在都包括自然存在和概念两个方面，前者是后者的标记。工具是否能用，本质上是指它的自然存在是否能作为概念的标记物。工具的自然存在就是观念（外在观念）。对它的这种分析可以推广到所有观念，包括精神的观念。只有正确把概念标记出来的观念，才是真实的。其次，观念还揭示对象的存在（精神观念揭示精神对象），其真理性在于这对象仍然是被觉性维持的对象、是觉性生命的目的。这对象无所谓真伪。我们通常所谓这对象的真伪，其实是指揭示它的观念的真伪。所谓精神对象即精神省思的对象，是觉性的超越、内在的内容（理念、概念以致自由本身）。说它们是真理或在更严格意义上说它们的观念是真理，意味着它们仍然有生命，仍然是被现实精神所维持的对象。只有当这对象还被精神生命所维持着，它才是存在、真理，否则它会自我崩溃。这维持通过对这观念的领会实现。这领会把对象的存在揭示出来。所谓观念揭示存在，更准确地说是领会借助观念来进行揭示。这领会就是与这观念、对象相应的先验思想、概念。它就是精神的现实自由，是精神的自主势用的实现。精神的自主势用有多种（自舍、自反势用等），每一种都包括两个作用方面即否定与维持，唯后者确认对象的存在（把对象作为目的）并决定省思把这对象的观念确定为真理。因此自由决定何种存在为真。在精神生命领域，观念真理性的以上两个方面是统一的，因为在这里，观念与它标记的概念、理念是否符合，正在于这概念、理念是否如实揭示了觉性自身存在的内容。而精神的概念、理念，就是自由的实现。自由通过思想的中介，把觉性的全部内容揭示出来，以作为其直接作用（首先是维持）的对象。

人的本质是自由。自由本来就是绝对、无限，它按本性要求将其绝对性、无限性在现实中全面展开。在精神生命领域，这就是要求精神把觉性和它自己的全部内容，尤其是超越、内在的存在揭示出来，以作为其直接自主设定的对象。这要求就是自由的呼声。自由必然推动精神省思不断深化和提升，不断构成新的概念，抛弃旧的概念，从而否定原来观念的真理性、构成新的观念，由此领会新的真理、实现更高的自由。精神对觉性存在本质理解的高度和深度，取决于其自由实现的高度和深度。

精神的自主势用推动观念的构成和演化。自由是觉性生命之本质。它就是觉性的自否定运动，其实质是自舍、自反等自主势用。精神省思的发展，最终由这些自主势用的展开所推动，并且由于精神内在的自主性与自在性在相互斗争中达到的均衡，而被赋予了确定的形态。每一种自主势用都是否定与肯定的统一，都否定原来的存在，而维持新的存在，都是舍此就彼。其中，自舍或自身否定势用是否定存在的直接性，维持一种更高、更遥远的存在。自凝势用是否定存在的朴素性，维持一种秩序化的存在，即自组织化。自反势用是否定存在的外在性，维持一种更内在、更本质的存在。这种自主势用内在的辩证运动，必然展开为思想的活动，这就是精神的现实性。精神的每一种必然的思想，或概念、理念，都包含了全部自主势用的参与。精神的思想即省思，其中最根本的是否定思维（对一个更具超越性、更自由的真理的领会）与反省思维（对一个更内在、更本质的存在的领会），二者构成现实精神进展的两条核心线索。每一种省思都包含全部自主势用的参与，但总是以其中一、二种为主导。主导的势用规定省思的性质和目的。省思构成的观念乃服务于它。在这种意义上，我们称这种省思是这种势用的实现。比如说否定思维是自舍势用的实现，反省思维是自反势用的实现，尽管否定和反省都包括了自舍和自反势用的互动。参与到省思中的这些自主势用，还可以分为否定势用（自舍）和肯定势用（自凝、自反等）两种，前者推动省思否定现存的概念的有效性，从而否定相应的观念的真理性，后者推动省思构成新的概念和观念，而自舍势用又将推动否定对后者的否定。省思就是在这种破、立辩证运动中不断发展，构成观念在有与无、真与妄之间历史性的往复循环，精神对存在、自我本质的理解由此得以提升。

另外，精神在本体论层面还有一种阖与辟的辩证法，即精神的自主势用与自在势用的矛盾斗争，这也贯彻到省思之中，决定其发展。盖一方面精神的每一种自主势用按其本真的存在都是无限，都具有自身绝对化冲动，它要使精神无限地离开它的**此**；但另一方面，精神还包含了与之对立的惰性的自在势用，后者力图消解这自主势用，使精神重新回到它的**此**。这自主势用的不断展开推动省思的不断进展，而自在势用的活动则是消解这省思的进展，乃至消解精神的自身存在。一旦精神的自主势用展开为新的省思，构成相应的概念和观念，实现为新的自由，自在势用就会立即发生活动，抵消这自主势用实现自身绝对化的力量，把精神飞向无限的风筝系着于当前现实，使精神满足于这新的此。精神由此获得确定的自身存在。然而这并非精神的终点。自由要实现其绝对和无限，必推动精神不断超越其自身存在，迈进更高的自由境界。它必促使精神的自主势用恢复其本真存在，从而战胜自在势用的消解，重新展开为积极活动，推动省思的新进展，于是省思再经历一次观念的除旧布新。精神又获得其新的自身存在，于是自在势用又会诱使它停留于此。自由又促使精神的自主势用进入下一轮展开。精神这种阖与辟的辩证法，决定了省思在真与伪、表象与本质之间的无限往返运动。

在本体层面的多重辩证法，推动精神在现实、思想层面的辩证运动。一方面否定与反省思维，就构成现实精神运动在宏观层面的辩证法；另一方面无论是否定还是反省思维，也都是在自由推动下，在偶像和本质、有与无、真与妄、现象与本体之间作辩证循环运动。精神由此不断否定旧观念的真理性，构成新的、更普遍的观念，以此使省思不断得到提升和深化，精神于是不断开辟自由的新局面。精神观念的历史乃由此展开。

精神始于自然。精神的观念始于自然观念。这是因为精神以直接意识为前提和基础。只有直接意识所标记和揭示的东西，才可以成为精神省思的对象。直接意识的对象就是自然或自然观念。直接意识对于精神在本体论上的基础地位，决定自然在历史上是精神的起点。尽管精神的理想是绝对自由，在于对觉性最内在本质（本体自由）的自主设定和揭示，但是对于精神省思来说，觉性最外在、最表面、最直接的存在，即自然，才是最触目的。精神在实现真实的自身自由（真正的精神反思与超越）之前，没有构造出属于自己的纯粹观念，而只是直接接受自然意识创造的观念，或者在后者基础上归纳出更具普遍性的观念。这些观念都属于自然观念。然而自由必然推动省思超越这种自然观念，领会觉性更纯粹、本质的内容。盖自然只是觉性的生存论外壳，精神对它的规定、对它的领会，还不是真正的自由、纯粹的省思。精神的真正自由、纯粹的省思是对觉性的纯粹、内在存在即实体、心灵的规定、领会，包括超越与反思。自由本身必然推动精神从自然的思维过渡到自由的思维，从自然的否定与反省过渡到真正的超越与反思。超越与反思分别就是自由的否定与自由的反省。其中超越思维是精神否定自然的绝对存在，领会到存在真理是超越自然和经验的、自为独立的原理，即实体。反思是精神否定自然的自为存在，领会到存在真理是绝对的心灵、思想。实体和绝对心灵的观念，分别是这超越和反思所生成。这样的观念之所以是纯粹的精神观念，是因为它完全不是来自外在自然，它所指称的对象也不属于外在自然。这样的观念，我们称之为自由的观念。精神通过对自身作为实体和绝对心灵的领会，才使自己有了真正的尊严和价值。只有在这里，精神才摆脱了外在自然的强暴，实现了真正的自由。然而由于人类精神固有的局限，这实体和心灵，刚开始只是被理解为一种现实的存在（超越的现实与内在的现实）。觉性、精神的存在，是包含本体与现实性的大全。本体就是纯粹自由本身，它才是觉性、存在的究竟本质。本体作为绝对超现实的原理，就是“本无”与“空”。然而对于觉性来说，这世界总已经是“有”而不是“无”。这是因为在日常情况下，觉性、精神必须借助现实、思想的中介才能对本体自由进行规定，只具有对现实性的直接自由，而没有对本体自身的直接自由，故本体自身始终是匿名的。因此，精神省思很自然地将现实性当成绝对真理。然而现实性其实只是本体由以实现自身的中介、工具、符号。它若被从本体剥离出来，就丧失其本质和生命，成为抽象、虚假的东西。这是所有实在思维的误区。但是自由作为绝对，必然促使精神内在的自舍和自反势用展开为对全部现实性的否定、对超现实本体的维持，从而推动省思打破现实性的偶像，领会存在本质为一种超绝的真理。这超绝的真理其实就是本体自由自身。这种真理观念才揭示出觉性的本真存在。这就是本真观念。它标志着精神在这里实现了一种本真的自由。因此，与精神现实自由展开的历史一致，精神的观念发展经历了三个大的历史阶段：自然观念；自由观念；本真观念。每一阶段中还包含多个环节。这每一阶段、环节的观念的演进，最终都是自由推动的结果。

本体自由是无方向、不确定的绝对自否定运动，但人类精神和观念的发展却表现出明确的方向性。无论在西方还是印度，精神的发展都是从自然到自由，从实在到本真，其各内在环节皆表现出相同的确定性。冥冥之中似乎有一位上帝在引导。但是引导精神发展的不是上帝，而是自由本身。自由通过情绪使精神不停留于此处，并肯定其新的进展，从而引导现实精神的发展。本体论的情绪即苦恼感与自由感。

其中苦恼感就是精神对现实、当前的存在的不满。盖自由是绝对和无限，但现实精神总是相对和有限的。一旦精神执着于它的当前存在，后者就会构成自由进一步实现的障碍和桎梏。因此自由必须呼唤现实精神脱离它的此，迈向绝对和无限的理想。这呼唤就通过人的苦恼感表现出来。苦恼感就是精神对其现实存在的不满，它包括空虚、无聊、厌烦等负面情绪。在这里，其实是自由通过情绪表达对现实精神的不满。自由是人不可磨灭的内在良心。作为绝对的超越者，它即使在自然和社会的强暴之中，仍能顽强生存，并且穿越存在的层层厚壁，呼唤着人的良知，号召他毅然砸烂枷锁，奔向自由的新国度。除了自由，在现实精神还有一种强大的惰性力量，即自在势用也决定着精神的走向。惰性总是诱惑精神停留于当前此处，甚至退回精神绝对死亡的玄冥境界。它总是要阻断自由迈向绝对的无限的旅途。正常的精神总是处在自由的呼唤和自然的诱惑之中，这呼唤和诱惑都是永恒的。我们就是在这呼唤和诱惑之中度过一生。无疑良心的呼声总是使人不安。但是一个人尽管决定堕落，装作对这恼人的呼声充耳不闻，于（精神性完全丧失的）朴素自然之境一味融入，顺化逍遥，酣醉淋漓，自怿自得；然而只要良知一息尚存，这自由的呐喊总会在不经意间传到他的耳中，唤起他心中的烦苦，打破内心的安宁舒适，使其精神受到折磨，以致中土的道家，不得不专门发明一种智慧（忘、无情、无心）以消磨这种苦恼。

自由感则是精神对新的自身自由的确信导致的愉悦感。这其实是自由通过情感对精神的现实存在的肯定。每当精神达到某种新的自由境界，自由就会通过一种愉悦感来告诉它。自由感的根据是消极的。它来自精神对以前执着的存在的否定，后者使精神摆脱重压，使人体会到一种愉悦感。这种愉悦感实际上是分享了死亡的快慰，后者来自存在、生命的断灭。任何幸福感都来自某种程度的存在排除或死亡。自由感也是如此。尽管它总是伴随着精神自由的提升、精神的存在或生命的拓展、升华，但它包含的愉悦感不是来自后者，而是来自对旧的精神存在、生命的否定。这种否定有主观的与客观的之分。前者是审美的，它只是人在主观、心理层面否定原有对象，试图领会一种超越后者的存在，但这并没有本体论的意义（比如我们读一首很空灵的诗，想象自我和世界都是空无的，会带来一种愉悦感，但我们仍然知道这只是我们自己的主观想象，并不是自我和世界的真理），它带来的愉悦感，就是美感。后者则是本体论的，它是人否定原来对象的真理性，领会到一个更高级、更真实的存在；比如佛教的空观，以及基督教对上帝本质的领会，等等，都包含这样的存在否定，它带来的愉悦感，才是真正的自由感。唯这客观否定真正超越了原来的存在。它的实质就是自主势用的否定方面（每一自主势用皆有否定与肯定两方面，即自否定与自维持），唯有它可以排除、消解对象的存在。在涅槃境界，人体验到的就是这种存在断灭，以及由此带来的巨大幸福感。这其实就是死亡快感。人们一般所体验的自由感，都是在一定程度上分享到这种存在断灭，从而体会到一种精神愉悦。然而这种情况足以让人惊奇，因为自由、存在与死亡、虚无，是完全对立的，所以本体自由、生命决不会以死亡、虚无为目的。在自由感中，死亡、虚无也不是目标。勿宁说，是本体自由在利用死亡，把它作为饵料，诱导有限的现实精神不断否定过去，实现更宏阔的自由。本体自由就是通过苦恼感和自由感，对现实精神发出呼唤、表示肯定，从而使其走向一条不断升华、拓展其现实自由的道路。

我们可以把存在、自我和神性这三个最根本的精神观念作为主线，通过阐明其各自的发展和相互交织，来呈现人类观念史的基本框架。所有其他的精神观念，均可纳入这一框架之中。其中存在观念乃是在精神的否定、反省和理性思维的共同作用下构成。自我观念则由反省思维构成。神性观念也是由否定和反省思维的共同作用构成。由于这些观念都包含了共同的精神省思，因此它们之间是相互影响、相互渗透、相互促进的。比如，存在理解往往决定自我、神性理解的高度（超越性和普遍性），自我理解则决定存在、神性理解的深度（内在性、本质性）。在许多文化中，神性不仅被认为就是存在的本质，而且自在地就是自我的理想，因而神性理解亦可促进存在理解和自我理解的深化和提升。观念的历史往往体现了精神的否定、反省和理性省思的相互交织，而这些省思也包含了自舍、自反、自凝等自主势用的交织。精神的观念史是在自由的推动下展开的，而且每一观念的发展皆会经历从自然到自由再到本真性的发展阶段。

奥义书的观念史也是如此。因此我们将其分为存在论、自我论和神性论三部分予以阐述，其中每一观念都经历了自然的、自由的和本真的三个阶段，但具体展开环节或有差异。我们将阐明奥义书的存在、自我、神性观念，在自由推动下通过精神的否定、反省思维的持续提升和深化，而不断被否定和重复构成的逻辑；并且在其每一环节与中、西思想进行广泛的比较，以阐明奥义书观念史的普遍意义。

# 第一章　奥义书的存在论

## 引　言

### 一

存在是什么？这样的问题对于汉语思维显得很陌生，甚至无意义。在西方、印度的精神语境中，这一问题也可以表述为：存在的真理是什么？后问实际上包含两个可能的意义向度：(1) 什么是存在的本质？ (2) 什么是真实的存在？其中后一问题更为基本（故为任何文化所必涉足者）。任何存在观念，无非是对这两个问题的回答。甚至在前省思的生活中，人们已经前发问地回答了这样的问题。因为沉浸在自然的生活中的人们，即使对存在、真理的观念从无思考，也总是已经在区分着事物的存在与非存在、真与妄。这种区分甚至大多是无意识进行的。在自然经验中，人总是追求着什么、谋取着什么、坚守维护着什么。这种行为就反映了他的前反思的真理思考：他所追求、谋取、坚守、维护的东西，必然是于他为真的东西，（反之，凡虚假的东西，必非他所追求乃至维护者），尽管他可能还没有任何一般的真理或存在的观念。而我觉的追求、谋取、坚守、维护等，都是觉性内在的自维持力量的实现，这种自维持力量，就是觉性的自由或自主性的肯定方面。觉性的任何自主势用都有肯定与否定（自维持与自否定）两个方面。唯这肯定方面，即自维持的实现构造这觉性的存在。凡觉性的自主性仍然维持的存在，因而仍然有生命的存在，就是对它为真的存在。反之，若某物不再被觉性所维持，它就会丧失其原来的存在，从存在的整体性脱落，它也就不复为真。这意味着，某种存在之为真，就在于它们被觉性的自主性所维持，因而仍然属觉性的生命整体。存在的真理性就是被维持。因此“究竟何种存在为真？”的问题，在这里就转化为“究竟何物为（觉性）自维持的对象？”

那么，究竟何物为自维持的对象？一种生命现象学的考察还是要联系到究竟何物为真的问题。想想看，在日常经验的生活中，当人们说某物为真，某物为假，这到底意味着什么？一个只见过油灯的人，当他看见与油灯形状完全不同的煤气灯、白炽灯、日光灯等正在使用时，会毫不犹豫地认为这些都是“真”的灯。反过来，当他见到一个用泥土或塑料做的、永远不能用来照明的油灯模型，他会说这是一只“假”灯。可见灯之是“真”是“假”，在于它能否照明，易言之，是否能用。同理，一个从未见过其他定时工具的人，本以为真正的手表就是机械表这个样子的。然而当他看见正在走时的电子表、石英表等，尽管它们与原先的机械表看上去大不一样，他也会立即认为这些都是“真”表。反之，当他见到一个橡胶或塑料做的玩具手表，尽管它与他原先使用的机械表外观完全一样，他也会认为这是一只“假”表。在这里，表之“真”、“假”，也在于它能否使用。可以推而广之，任何工具性存在的“真”与“假”，都在于它能否使用。这只是一个暂时的结论。一个用坏了的灯并不因此成为“假”的，原因是它曾经被使用，而“假”灯则从来不可用；“坏”灯与“假”灯的区别就在于是否曾经可用。当前可用的、曾经可用的东西都是真的，同样我们也可证明将来可用（作为此种工具使用）的工具也都是真的（前者即现在上手的，后二者则是作为现存储备物的）。还可以将这结论进一步扩展：凡过去、现在、将来可用的存在，都是真实的存在。如果我们要再对这个结论作进一步扩展，就必须深入思考可用性这个概念的本质。我把择出的烂苹果扔掉，把房间内的苍蝇驱赶走。这烂苹果、苍蝇之类的东西，似乎是绝不“可用”的，但我却不得不承认它们是“真”的存在。“扔掉”、“驱赶”等不是通常意义上的“使用”，但同样揭示了对象的真实性。它们与通常的“使用”的共同之处，在于都将对象结合、固定于我觉的生命整体之中，将其作为觉性生命进一步展开的手段，亦即在另一种意义上使对象成为“可用”的。后面这种可用性，我们称之为存在论的可用性。觉性将某物“结合、固定”于这生命整体之中的活动，就是存在论上对于这物的使用。物的可用性就是它的可被结合性。因而事物的可用性的本质，就在于它可以作为觉性生命整体的一个确定的结构环节。在这种意义上，一物之为“真”就是一物之“可用”。一个逻辑上就不可用的东西就是虚假的。因此存在论上的可用性等于真理性。这真理性是觉性自主维持作用的结果。这维持在现实层面，就是觉性将某物作为生命活动的目的，把其他存在作为维护这某物存在的手段，但这维持只以“可用”的事物为对象。

这里涉及的另一个重要问题是：物是什么？在生命本体论看来，日常意识领会的客观的、自然的物（你所看见的这块手表）只是物的表象、符号，物的本质是它的（存在论的）可用性或效用（灯的本质在于能照明，表的本质在于能定时），而可用性的纯粹本质就是这物的概念、理念。唯事物的理念、概念属于觉性的纯粹、内在的存在，是事物的内在本质。这物其实只是这纯粹理念、概念的符号、表象。故某物之可用，本质上是说它标识的理念、概念仍然是觉性存在必然的构成环节。觉性在自然存在领域对这事物之维持（其现实表现为将此物结合、固着于觉性的存在整体之中），本质上也是对它标识的理念、概念的维持。这就在于这理念、概念成为觉性生命活动的目的。真理就是觉性生命的目的，绝对真理就是绝对目的。这就是觉性的自我，其本质就是自由。反之，当这理念、概念从觉性的存在整体隐退，那么标识它的观念或物便失去真理性。

与自然觉性只能在量上对自己进行扩充、丰富相比，唯精神的个体具有直接自否定的自由，因而它能否定它过去的存在，确立新的存在。这在生存论层面就意味着，新的存在、观念成为价值源泉、目的，旧有的存在、观念则丧失价值；而这在更多的时候就意味着，前者成为真理，后者丧失了真理性。在精神自否定的历史中呈现的观念，一开始总是真的，而终于又在这历史的进一步开展中丧失了真理性。在这里，真理运动的时间性在于，它总是使观念、存在由真变伪，而不会相反。这种时间性在本体论上由以下事实规定：任何一种存在，总是先作为被维持的对象被揭示出来，又最终作为被否定的对象而回到虚无。如果把精神的观念空间比作一个光明的房间，那么任何存在都像一只从房间的一个窗口飞进来，又从对面的窗口飞出去的蛾子。只有当它还处在觉性的光明之中时，它才是真理。精神的维持或放弃维持，是对象是否为真理的本体论条件。因此某物之存在的真理性，在于它被精神所维持。而精神之所以要维持某物的唯一目的，在于后者是它实现其自由的中介。精神必须为自己建构一张存在之网，并通过这网否定其直接现实性即自然的奴役，迈向绝对的自由，舍此而就彼。这网既是生存论的（仅属于观念存在的），又是本体论的（即自由及作为其中介的概念、理念，为觉性的纯粹内在存在），前者只是后者的符号、标记。后者无所谓真理，唯前者有真理。在这里，某种概念、理念之有生命，某种观念、存在之为真，就在于它被织入这存在之网中，在其中占据了不可替代的位置。

精神在其每一发展阶段都会为自己编织一张这样的网，这就是它的意义世界。然而在精神从此到彼，从绝对奴役到绝对自由的无限运动中，总是不断废弃旧网，织成新网。每一张这样的网只是精神历史的一个断面。精神的历史则是由无数张存在之网重叠、衔接而成的纵贯的整体。其中不同存在断面上的内容相互贯通，同一概念则因此具有属于它自己的历史。精神向绝对自由的无限迈进的每一步，都在于用新的、体现更高自由的理念否定旧的理念；而这在生存论层面就表现为，原先为真的存在现在成为虚假的，或者说，表现旧理念的观念丧失了原先的真理性，精神确立新的观念为真理。在这里，观念**所表现**的存在（精神的纯粹理念）和**所揭示**的存在（觉性的全部存在）是不同的。就存在观念而言，它所表现的是规定着不同存在领会（省思）的理念（后者的展开就是概念或领会的活动），它所揭示的就是（作为这领会的对象的）觉性、精神的一个存在方面。比如先验实在的观念，它所揭示的就是觉性的先验实在，即觉性的纯粹、内在现实；而它表现的则是精神由此领会这先验实在的概念、理念（先验省思的概念、理念）。这概念即先验省思的纯粹活动，它就是这理念的展开。同自然觉性的概念、理念一样，精神省思的概念或理念尽管被构成、被否定，但本身无所谓真伪。只有表现它的观念有真伪之别。这观念之所以会变成虚假的，就在于它表现的概念或理念被否定；而这正在于，它没有揭示出（或它的相应概念没有领会）自由确立的新的存在，其所揭示的存在与后者对立。因此，一般所谓存在的真伪只属于观念**所揭示**的存在，而不属于这观念**所表现**的存在。但是当后者被否定，前者便失去真理性（比如当作为绝对的自然存在理念，即观念所表现的存在被否定，那么这绝对的自然本身，即观念所揭示的存在就成为虚假的）。在这里，所谓精神之确立或否定某一存在的真理性，严格说来，其实是指它确立或否定那揭示此存在的观念的真理性。自由推动省思超越以前的存在，领会新的、更本质、更内在的存在；否定原来的观念的真理性，确立新的真观念。

推动存在观念演进的根本力量是自由本身。盖自由是绝对，是对一切存在的自由，因而也是对自由本身的自由，乃至对自由的自由的自由，如此以至无限。这自由的绝对性包括质和量两个方面，前者即本质的绝对，是对存在、觉性的内在本质的自由；后者即数量的绝对，是对于某种精神省思面对的存在全体的自由。前者推动现实精神不断超越个别、偶然的、相对的存在，实现对更普遍、本质或绝对的原理的设定与领会。后者推动精神将这设定推到全部对象，使其实现为量的无限性或究竟性。这绝对性（在本体论上）必然会逐渐展开为精神的现实存在，后者即精神的思想、观念、传统乃至全部社会存在。其绝对展开，即思想的绝对自由，始终是现实精神的理想、彼岸。正是这理想牵引着现实精神不断自我提升。自由的绝对性在现实性中的存在，就是精神对觉性全部存在的直接自主设定（而其最本质、内在的方面，就是对作为存在本质的本体自由自身的自主设定），就是精神的绝对自由。这绝对自由是逐步展开的，这展开是由本体自由自身的绝对性推动的。这个绝对性，在本体自由与它展开的现实性的关系上，就表现为这自由在现实层面将自身绝对化的意志。由于这个意志，自由乃推动现实精神的不断进步，从最初的（神话阶段的）绝对不自由到最后的（本真阶段的）绝对自由。精神从最初只对外在、物质的自然有某种自主设定，到最后具有了对本体自由自身的直接自主设定，即从最原始的自然思维到最高明的超绝思维演化的历史，就是本体自由的自身绝对化的实现过程（历史的与逻辑的）。在这过程的每一阶段，自由都会展开为精神的不同类型的思想、概念（省思），后者则领会觉性不同层面的存在，构成各自的精神观念。在这类精神省思中，否定思维、反思思维和理性思维的发展，构成现实精神史的三条主线。三者的各自发展与相互交织，决定精神全部观念的产生、发展和消亡。这三条线索的发展、交织，最终都是由本体自由推动，是后者的展开。存在观念的发展就是如此。盖存在就是觉性本身，是由本质（本体自由）和现实性构成的全体。观念揭示存在。而精神之所以揭示某一存在（或曰存在之某一方面、某种内容），当且仅当它对后者具有了某种现实自由或直接自主设定。后者就是精神的思想或省思（包括否定思维与反省思维等）。它在这里把这存在当作目的进行维持、守护。这存在因而就是真理。这省思由于是针对存在的，故名存在省思。它的发展最终由自由推动。自由在质和量上的自身绝对化的展开，推动精神不断展开对觉性的更本质、更内在的存在，或更全面、更充分的存在的维持，推动精神的否定与反省思维的不断发展。在这里，精神对于存在维持的不断提升、深化和拓展，逐渐使觉性的更本质、普遍的存在对于省思呈现出来。这导致省思不断否定旧的存在观念的真理性，构成新的更本质、更具普遍性的存在观念。因此，是自由最终推动存在意义的呈现和隐退，它推动存在省思不断挖掘，揭示出新的存在意义（真理），并推动省思在进一步的存在揭示中，否定原有的存在（存在观念）的真理性。

奥义书的存在省思的发展就遵从上面的逻辑。它主要由否定和反省思维构成，尽管其初期亦包含理性思维的发展。在本体自由的自身绝对化意志推动下，这否定和反省思维（分别就是精神的自舍与自反势用的现实性）不断自我提升和深化，直至进入这本体的自身存在的领域。自由通过呼唤与倾注，促使精神内在的自舍、自反势用战胜环境的压迫和精神自身惰性力量（辟的势用）的消解，以（暂时）恢复其本真存在，展开为积极的活动，从而推动存在省思推陈出新、不断发展。其中，对于否定思维而言：一方面，精神自舍势用的重新展开，必推动它否定那直接对自然意识呈现的个别、相对、偶然、肤浅、粗野的存在的绝对真理性，确立一种更普遍、更本质的存在真理性；另一方面，自舍势用在现实层面确立的真理是消极的（只确定它不是什么，不确定它是什么），只有精神的自主肯定势用才会推动否定思维对于真理作出积极的规定，确定其实质到底是什么。比如自反势用会推动否定思维将这真理内在化，使之成为存在的实质或本质，自凝势用会推动否定思维将这真理置于某种普遍法则之下（成为存在的绝对秩序中的一个实体）。精神正是通过自主否定（自舍）与肯定（自反、自凝）两种势用的辩证交互运动，推动否定思维不断从有到无，又由无到有，使存在理解在有与无之间作无限的往返运动。正是在这一过程中，奥义书的存在观念得以不断破除其原先的直接的肤浅性、粗俗性、偶然性和狭隘性，朝本体自由自身存在的超绝、无住性逼近。如果说否定思维是精神克服存在的直接性，确立更普遍、本质的真理，是由“此”至“彼”，那么反思思维则是精神克服存在的外在性、客观性，确立存在真理为精神的自我，或觉性的内在存在（心灵、思想等），是由“外”到“内”。反省思维自反势用的实现，但亦包含自舍等其他自主势用的作用。它同样是在自舍与自反等势用的破与立的无限往复交替运动的推动下发展的。其中，首先是自舍势用的展开，推动反省思维否定对象的直接当前性，确立一种更普遍、更本质的存在真理；其次是自反势用的展开，必推动反省思维克服这存在真理的外在性、异己性，确认这存在就是觉性的内在存在，或精神的自我。因此，正是自舍与自反的辩证交替互动，推动反省思维不断向内寻求、不断自我深化。反省的这种内向化，表现为精神在内与外、主观与客观之间的无限往返运动。反省总是在自反势用推动下，首先确立某种存在为觉性的内在性、自我，然后自舍势用又必推动反省认识到这存在仍然是外在的，仍然是偶像，因而应予以破除；于是反省又必进一步向内寻求，确立新的内在性、自我，而后者最终也要被否定，如此以至无限。而在精神的内在现实层面，否定思维与反省思维也相互交织构成一个否定—肯定的无限往复运动。这运动也是一个辩证的整体。

奥义书的存在省思，基本就是由否定与反省思维两条主线的各自发展和相互交织构成。其中否定思维不断否定旧的存在、确立新的真理，反省思维则继之将这真理内化，将其等同于觉性的内在存在、自我；接着否定思维又将遮破这内在性、自我，而反省思维又必须将后者在新的存在领域重新建立起来。奥义书的存在省思就是在这否定与反省无限辩证往复中，不断地自我提升，自身深化。而这种提升和深化，最终是由精神本有的自由永恒推动的。

## 二

印度人的存在省思，也是由精神的否定与反省思维在自由推动下的各自发展和相互交织构成。在这里，否定与反省，即思想的“破”与“立”、肯定与否定的相互交替、相互纠缠，构成存在省思不断地舍“有”入“无”、舍“内”就“外”，复由“无”归“有”、由“外”入“内”的辩证循环运动。精神由此逐渐展开了对于觉性、精神的更本质、更内在存在的自主设定，即实现了更本质、更内在的自由。因此，这否定与反省的辩证法，也就是精神现实展开的辩证法。精神生命的发展实际上包括了一种双重的辩证运动。否定与反省的互动，构成这辩证法的现实层面，而最终推动它的是本体层面的自舍势用与自反势用的运动辩证法，这同样包含否定与肯定的相互纠缠、交织。盖尽管推动精神的否定思维进展的核心力量是自身否定势用，但这否定思维也只有在精神的自主肯定势用（自凝与自反）的参与下，才能赋予这自舍作用确立的更理想、更真实的存在以具体的内容。反过来，尽管推动反省思维进展的核心力量是精神的自身维持势用，但这反省包含了对外在偶像的排除，因而离不开精神的自身否定势用的支持。所以无论是否定还是反省思维，都内在包含了自舍与自反两种势用的"破"与"立"的辩证法，都是在这辩证法推动下，在"有"—"无"—"有"或"内"—"外"—"内"之间做循环运动。印度思想的存在观念，就是在上述精神发展中展现出来的。

印度人的存在省思，萌蘖自古。吠陀诗人问曰："彼为何木，生于何树，天地由此，雕琢而出？"（ṚVX · 81 · 4）梵书对此的回答是，"梵即其木，梵即其树，天地由此，塑造而出。"（Tait BrāII · 8 · 9 · 6）在印度思想中，正如阿特曼（Ateman）的观念史体现了自我理解的发展，梵（Brahman）的观念史体现了存在理解的发展。当然这两条线索，随着奥义书的绝对反省建立，最终融合为一，但仍然是一体之二面，因而亦不妨将其作为相互结合的两个问题方面来分析。其中，梵就是存在的真理，就是世界的本原、实质和基础。

梵（Brahman）这个字本来的意义可训为：广大；食与食物；沙摩咏唱者的咏唱；有魔力的仪式或典籍；唱祷与献礼仪式；主祭司之吟颂①。大概它最早是指祈祷，然后指祈祷的语言，其他意义可能是逐渐附加的。在吠陀中，梵并不是一个重要概念，也没有什么哲学意义。梵作为重要的哲学概念始于梵书阶段。在这时期，祭祀主义畸形发展。在吠陀时代，祭祀是出于对神圣的朴素敬爱，祈祷也只是对神的真诚颂扬。但是在梵书时代，原先对神的朴素、真挚的崇拜逐渐丧失，祭祀蜕为邀福之法。神力日衰，故祭祀得果，竟不由神明，率由自然而生，因而它具有了一种客观必然的力量。祭祀的力量被无限放大：通过祭祀或以左右宇宙进程，一切皆由祭祀而生，乃至宇宙也是神以祭祀创造。这种祭祀主义狂热，导致梵作为祭祀中的祈祷或咒语，意义也被无限抬高。祈祷及其语言被认为具有特殊的魔力，能够产生一切财富，甚至左右自然的进程。人们甚至认为整个世界都可通过祈祷（梵）产生。梵书有多处说到梵是宇宙创造者、根源，这类表述大多数情况下只是梵书惯用的宗教性（religious）狂想或修辞性（rhetorical）夸张，但是这种具有巫术性质的崇拜，最终导致在梵书晚期，梵被提升为世界的来源，宇宙万物的根本原理。梵从祷词向存在本原的这种意义转变，在奥义书仍然可以看到其遗迹。在最早期的奥义书中，"梵"有时仍然指祈

① S.Dasgupta, *A Histroy of Indian Philosophy Vol.1*, Cambridge University Press, 1957.20；Gough, A.E, *The Philosophy of the Upaniṣads and Ancient Indian Metaphysics,* Kegan Paul, Trench, Truebner, &CO.LTD, London, 1891.38.

祷、真言、魔咒①；而像“Uktha”、“Udgītha”（在晚期是“Om”）之类的咒语，亦每用以指宇宙祭祀或宇宙自身。另外在梵书中，梵作为世界的创造力量，后来也融摄了：(1) 吠陀原有的生主创世观念。《百道梵书》认为梵与生主（Prajāpati）是相同的，它是在世界与诸神背后的最高原理。诸神与世界，都是梵所创造的：“信然，于初世界只是梵。它创造诸神；既创造诸神已，乃使之升于诸界；……彼乃思维，‘我其复入于此诸界乎？’。于是彼乃以兹二者：名、相，复入之。……名、相达于何处，则世界扩展于何处。此实为梵二种殊胜力。”（Sat Brā X I・2・3・1—5）《百道梵书》还说梵或生主的欲望乃是一切存有之种子，其云：“于初唯有生主存在。彼乃自思，我其繁殖自身乎？乃修苦行，而创造诸有”（II・5・1・1—3）。梵亦被拟人化，故说梵为自存者（Svayaṃbhu），通过苦行而进入生物之中，又使生物进入其自我之中，于是梵成为一切生命的主宰（Sat BrāXIII・7・1・1）。与吠陀通常的观念不同的是，这里梵、生主不再是一个外在的创造者，而是从自身进行创造，所以他就成了世界的唯一本原②。(2) 吠陀原有的宇宙生成论。《黎俱吠陀》就曾经提出过万有起源于水、风、日、蜜汁、金胎、原人，以及非有、非有非无等的设想，这类原理被认为是宇宙的根源、始基、实质（参见 ṚVX・72・2—4,90・1—10,121・1—9,129・1—5,190・1—3）。如 ṚVX・121・1—9：“唯初光卵生；一切之主宰。安立天与地。此主我应颂。彼乃生元气，生机与活力，众神以之王，影相即不朽；彼即是死亡，此主我应颂。何时洪水至，包含宇宙卵，由此而生火；由此彼乃生，诸神之精神。此主我应颂。他乃以神通，遍视大洪水，包含生育力，亦能生虔敬。彼乃神中神，无在其右者。此主我应颂。愿彼无伤我，彼大地之父，其法乃不移，天界亦彼造；彼生大洪水，此主我应颂。”（有删节）在梵书中，此类原理被等同于梵，促使梵成为一种宇宙本原、实质和基础。(3) 梵书的元气说和意说。梵书还提出了诸如元气、意作为存在本原的说法，由于这最高存在被等同于大梵，元气和意的宇宙论意义也融入大梵的观念之中。梵正是因为融会了吠陀和梵书的上述绝对思考，才得以最终酝酿成为印度哲学的核心概念。梵就是存在的绝对真理、本质。奥义书作为世界本体的大梵概念就是从这里演化出来的。在以后的印度思想发展中，梵逐渐脱离其祭祀学乃至宇宙论的含义，从一种完

---

① 例如 Bṛih I・3・21 云：“信然，梵就是语言。彼（梵）为其主，故曰梵主。”此处梵很明确指的就是祈祷，另外 Bṛih I・4・6；TaitIII・10・4 等等亦表现了在同样语义上的使用。

② 但《爱多列亚梵书》的说法似乎与此有别。它认为象征物质的原水是世界的多样性的基础，而神则是世界的统一性的基础；转变的原理不在冥性，而在于神。这里原初之水与生主，仍然构成存有发生的二元。水就是混沌，包括五大元素的潜在种子；而神则是生命元气，是智识（般若）。这仍与吠陀创世论的冥性、觉性的二元发生结构一致。

全形器的存在，不断被提升、被升华，最终成为晚期奥义书中空性与真心的同一。其间表现的印度精神的存在省思的发展，最终是由自由本身推动的。

对一种单一的宇宙本原的讨寻，从吠陀时代就开始了。这种宇宙本原被设想为一种混沌原理，它往往与一种光明原理共同创造世界。但光明一般被理解为从外面赋予形式的因素，混沌才是世界的真正本原。其中最早的是象征光明的天空之神达蹉（Dakṣa）与象征冥境的地神阿底提（Aditi）创世的说法。据说他们通过婚配繁殖出万事万物，如父母之生育孩子。还有一种说法，就是设想神（或是多神或是一神）是像木匠建筑房屋那样创造世界的。担任这个工匠神职务的，最早是埵须妥（Tvastra），然后是毗湿婆羯磨（Viśvakarman），最后是宇宙的主宰神生主（Prajāpati）。这也预设了神是用某种已有的质料创造世界的，其实这种质料才是存在的真正本原。因此这类创世论都包含了一种隐藏的二元化背景。此外晚期的《黎俱吠陀》的诸种宇宙生成论，大多认为世界是在某种热力、思想、欲望的作用下，从一种原始的存在转变产生的。比如前面的水、风、日、甘露、金胎、原人，以及非有、非有非无等说。其中（除了甘露说①）多数也都包含有隐含的二元化背景（金胎与洪水、水与年、梵主与非有、非有非无与热力和爱欲、原人与以之献祭的诸神等）。此类设想，都是以为宇宙起源，在于一种黑暗、被动的原理，与一种光明、主动的原理的交织互动，实为对于存在发生更本真的理解。盖原始人既处世界草创之初，故于此发生良必有更真切体会与记忆。

然而在早期奥义书思想中，一元论完全消除二元发生论的存在余地，一种单一的原始物质被当成世界万物唯一的实质和原因。这种思想上接吠陀的宇宙论，而以其为最早的形态。这种原始物质，有的奥义书思想家说是水，有的说是虚空，有的说是火或风（元气）等。我们把这种观念，作为奥义书的大梵概念的历史起点。梵作为宇宙原质并不是精神性的，尽管它被认为与自我的本质相同。但是随着奥义书的自我理解的逐渐深化，原质概念也与意识、精神概念结合，终于使梵转化为一种纯粹的精神本体。奥义书的存在观念的发展，体现了精神的否定与反省思维的各自演变与相互交织，由此构成存在省思的历史，这全部过程都是在本体自由推动下展开的。

---

①《黎俱吠陀》提出所谓“甘露说”（Madhuvidyā），认为有一种神秘的宇宙原汁是一切生命、一切存在的实质和精华（ṚVI · 22；I · 117；I · 157）。其说产生于吠陀时代盛行的须摩崇拜。须摩本来是从一种植物（须摩草）提取出来带有麻醉性的饮料。须摩崇拜导致人们认为须摩不仅是一种植物汁液，而且是世界之精华、实质，是所有生命的活力的源泉。这种宇宙原汁贯穿在群有之中，就像蜜存在于所有花中。一切事物的实质皆是甘露，都是甘露的表现。其说在奥义书时代仍然有其影响（BṛihII · 5 · 1—4；ChānIII · 1—10）。

这存在观念的发展，可以大致分为以下阶段。

**1. 自然的存在**

由于人类精神的本质有限性，因此那更直接、更外在、更粗显、更具物质性的存在，即自然，对于它来说，总是比那更内在、更本质的存在，即觉性、精神本身，更具有触目性。因此精神最初只能看到自然，于是它就将自然绝对化。自然遂成为存在的绝对真理。存在省思完全是在自然的领域内活动，未能超越自然，领会到存在的更深刻意义。不过即使在自然思维领域，存在省思也是逐渐推进的。盖自由推动着存在省思包含的理性、反省与否定思维的进展，导致存在省思的不断深化和提升。在这里，省思不断否定自然存在的最直接意义，即属于感性杂多的、表象性的、差别的、个体的、相对的、偶然的存在，领会一种更普遍、必然、本质的存在真理。它也体现了一种现实的精神自由。这种存在观念的演进体现了理性、反省与否定思维的发展，而它们正是精神内在的自凝、自反与自舍势用，即精神本有的自由的展开。

奥义书的存在观念的发展，也体现了同样的精神逻辑。最早的奥义书思想都是自然论的。其存在观念在这一阶段的发展，大致可分为三个环节：其一，神话的存在观念（如莱克婆、该祇夜之学）。它体现了一种原始的理性思维。它将存在的真理当成一种空洞的、量的绝对，事物之间没有普遍的内在关联。其二，宇宙论的存在观念（如耆跋厘、优陀罗羯之学）。它体现了理性思维和反省思维的进一步拓展。它认为存在的真理是作为杂多事物共同根源的宇宙实质。所有事物都能通过因果关系回溯到这实质，因而它就在事物之间建立起普遍的内在关联。其三，伦理的存在观念（如荼跋拉、考史多启、爱多列亚之学）。它将主体性、能动性作为存在的本质，体现了理性和反省思维向精神、觉性的主体性领域的深入。在这里，同样是精神的自由推动自然的理性和反省思维的发展，导致存在观念演变。

然而在这一精神阶段，省思领会的本质、绝对，也仍是自然的。某种自然的普遍性、实质被当成存在的真理，被当成绝对、目的、归宿。这种存在省思意味着精神对它自身的实体性和内在性皆无任何领会，没有进入真正的超越与反思，它的自由是自然的，其实是不真实的。然而，正如本体自由推动奥义书的存在省思在自然领域的进展一样，它也必然推动后者最终脱离抛弃自然的遮盖和束缚，进入觉性的本质、内在存在的领域。自然是精神的起点，也是存在思考的起点。古希腊米利都学派的宇宙论，中土的阴阳五行说、老庄道论，也都是将世界的存在追溯到一种或几种宇宙始基或元素，与最早的奥义书思想在精神上一致。然而无论是印度还是西方文化，后来都通过精神的超越与反思，明确否定了这种自然思维，因而也抛弃了这种自然化的存在理解；唯有中土传统始终执着于自然思维，把自然当作存在的绝对真理，尽管佛教带来的精神超越与反思也曾经发挥过一些影响，但最终也还是被消磨尽了，当代中国人的存在观念，基本上还是与汉代以前一致。

**2. 内在的存在**

唯自由规定精神的真理。存在的真理（真实的存在）是精神的自由借以构成精神生命的整体，且由以展开自身现实性的中介。因此自然地，这自由在其自身展开的进程中，必然推动精神否定原先存在的真理性，确立新的真理。奥义书精神和中土精神的那种自然的自由，并不是真正的自由。它只是对觉性那种完全外在的、经验的存在的自主设定，只涉及觉性、精神自身的生存论躯壳。但本体自由因为其本有的绝对化意志，要求精神不能满足于此，它要求实现为对觉性、精神的内在、本质存在（心灵、实体性）的自主设定，这才是真正的自由。真正的精神自由，在其现实性层面，就是反思、超越和纯粹理性的思维。这表现在存在省思方面，就是思想彻底否定外在自然的绝对真理性，确立内在的心灵、意识，或超越自然的实体，为存在的绝对或自为的真理。在这里，一种内在的东西、超自然的东西，反过来成为一切外在的、自然的存在的基础。奥义书的存在观念的发展体现了这一精神进展。在奥义书思想中，最早的精神自由是反思的。本体自由推动精神的内在化，它促使精神的自身否定展开为对自然的物质偶像的否定，同时促使其自身维持展开为对觉性的真正内在性，即心灵、意识的守护，心灵成为精神的绝对目的。于是精神领会到那内在的心灵，才是存在的本质和真理。只有到这里，反省才成为纯粹、内在的，即反思。反思体现了精神自由的内在向度。

在奥义书中，这反思的向度最初是与超越向度分离的，因而它刚开始是经验性的。这种反思也在奥义书的存在观念中得到体现。其中，桑底厘耶、阿阇世、波罗多陀等的识论就代表了这一向度。这种识论认为人内在的心识，而非外在的宇宙，才是存在的绝对真理和根源，这是印度最早的绝对唯心论。但是由于人类精神的固有局限，反思也只能从心灵的最显著、也最肤浅的存在开始。在早期奥义书中，存在省思领会的内在性，刚开始也只能是一种经验意识，而且是其中最肤浅的，即感性意识。在 ChānIII · 14 中，桑底厘耶的作为存在绝对真理的意，其实就是一种感性的总体，或感性意识。因而其说体现的是一种感性反思。然而感性意识仅属于心灵之最外在的、表象的、偶然的、变动不居的层面，没有必然性。精神通过这种反思实现的自由只是一种任性。精神内在的自舍和自反势用的辩证运动，必然推动反思进而否定这感性表象，确立作为感性的基础、本质的理智为绝对真理。这就是理智反思。在奥义书中，KauṣIV（以及 Bṛih II · 1），ChānVII · 1—7 开示的识说，KauṣIII 开示的般若说，就体现了这种理智反思。在这里，一种本质意识或理智，被认为是存在的绝对真理、根源。奥义书以识作为存在真理观念的形成，既然属于精神的必然性，因而在其他文化中也必有其对应物。类似的观念，在西方思想中，由于经验的主观反思的兴起，也曾一度流行。比如贝克莱提出存在就是被感知，把感觉作为存在的真理。后来马赫和阿芬那留斯的感觉主义，也认为世界仅仅是由人的感觉组成，否认有处在感觉之外的实体。另外，洛克、休谟、莱布尼茨等人，试图将客观的必然性归结到某种心灵的根源（理智），也是把理智作为全部自然经验的基础。其说皆可与奥义书互通。唯中土思想从未产生过任何意义上的精神反思，因此印欧思想这种将世界存在还原为感觉总体的观念，或奠基于理智的观念，在这里从未产生过。

由于奥义书坚持存在真理与自我的同一，故心识作为存在真理也是自我的真理，因而反思实现了主、客体的绝对同一，所以它一定是绝对反思。反思以精神的内在存在为生命的绝对目的，因而确立了精神的真正价值。在反思思维中，自舍势用展开为对外在自然的否定，自反势用则展开为对精神的内在存在的维持、守护，这两种力量的辩证互动，推动精神由外入内、舍境从心，构成精神的持续内向运动。

然而奥义书的心识论，仍将作为存在绝对真理的识，理解为一种经验存在。无论是作为感觉总体的意，还是作为抽象理智的识、般若等，皆属经验意识层面，仍处在生灭不已的自然时间之洪流中的，只是内在的自然，而不是心灵的纯粹思想。纯粹思想或觉性的纯粹内在性，是对全部经验、自然的本质否定或超越。因此奥义书的绝对反思仍只是一种经验的反思（而不是纯粹反思）。在这里，奥义书思想还没有表现出真正的精神超越。然而本体自由必然推动奥义书的否定思维进一步发展，从而彻底破除存在的自然偶像，呈现其超越的实体。于是奥义书的存在理解进入下一阶段。

**3. 超越的存在**

真正的精神自由，包括超越与反思。反思确立内在精神的价值，超越赋予精神以尊严。经验反思领会的只是觉性纯粹内在现实的符号、标记，这些都处在经验的时间之流中，只是现象，而不是觉性的实体，不具有自为的真理性。觉性的纯粹内在存在是生存论的、自然的存在的彻底否定，因而它不受自然的时间、空间、因果性的支配，所以是超越现象的实体或本体，为唯一自为的真理。本体自由要实现为对这纯粹内在存在的自主设定，就必然推动精神省思否定经验、自然或现象的存在，领会觉性本质的超越性。这省思就升华为超越思维。

奥义书的思想，也经历了这一精神转型。这种转型，是早期奥义书的反思向度与超越向度的结合，实际上是在经验反思中引入超越性，使这反思成为超验的反思，这同时也是一种内在的超越（超越的原理被与心灵等同）。在奥义书中，与这精神超越相应的存在观念，就是把存在的真理当作形而上学的超验实体。无论是宇宙的迁流，还是心识的转变，都被认为只是现象的、纯表象的存在，唯一自为的存在、实体，就是对这现象界的否定。对于现象与实体的这种分剖，就是一种形而上学的区分。在奥义书思想中，由于这超越是内在的，于是这超验的实体，就被与心灵、意识等同，是一种意识实体。在奥义书中，Kauṣ I；KenaI—IV；PraśIV；KāṭhII，V 等的形而上学，就反映了这一精神进展。这种实体的存在，包括以下的类型：(1) 早期奥义书的现存实体 (Kauṣ I 等)。实体被理解成一种现存的心灵实质，是经验的质料。此种观念乃是此前的识论衔接。(2) 超验的主体 (《由谁》等)。实体被理解成能动的心灵主体。此说乃与元气论衔接。(3) 二元论的实体 (《羯陀》、《六问》等)。主、客体被理解成相互分离、各自独立的两种实体。此说为后来数论学奠定理论基础。

这种形而上学实体观念的形成和演变，体现了精神内在超越思维的发展，这最终也是由自舍与自反势用的破、立辩证法所推动的。在这里，由于本体自由的呼吁与倾注，精神内在的自舍势用展开为真实的自由，推动否定思维克服全部经验的、现象的存在，确立真理为超自然的实体。这否定就是超越，这是精神从生灭相续的现象界到永恒不动的实体界的持续运动。另外，在本体自由促使之下，精神内在的自反势用也展开为真实的自由，推动精神领会这超验实体就是其内在的自我、心灵本身，形成纯粹反思。精神的内在超越就是这超越与反思的统一，也是奥义书的两个思维向度的融合。它反映出精神内在的自舍与自反势用都已实现为真实的自由。精神在这里才具有了自身内在的尊严（精神就是对自然的否定）。正是这种内在超越的发展，构成形而上学的存在理解。奥义书这种实体形而上学的构成，既然有其精神的普遍逻辑，因而在其他传统中也能找到一致的思想。在西方思想中，阿那克萨哥拉的努斯观念、留基伯的原子论、柏拉图的理念论、斯多葛派的灵魂观念、中世纪基督教的唯实论乃至笛卡尔的二元论，都同样揭示了一种独立于经验时空和因果之外的实体存在。而一种完全没有超越性的思维，如中国思维，是不可能构想出实体概念的。同时由于反思性的缺乏，中国思维也不可能领会一种心灵的实体，不可能构想出一种主、客二元论的形而上学。也就是说，在这里，精神真正的尊严还完全未曾确立。

然而这种实体的存在观念，也有问题。首先，它把实体当作一种永恒、不动的无生命的固定物，一个处在不断运动的思想之外的自我封闭的现存物。然而唯一真正的实体就觉性的内在存在本身，它就是具体的思想、活动、生命和自由。在这里，精神超越尚未实现对现存性的否定，反思亦未实现对纯粹内在的（即先验的）生命、活动、思想的维持、守护。这反映了精神的现实自由的局限。其次，它把实体、主体对对象的独立性，被误解为主体与对象的相互外在化，二者甚至被当成两种实体。然而，觉性、精神自身是唯一的实体。任何处在觉性之外的实体、对象都是完全虚假的。这也表明超验反思还没有领会作为形而上学的主、客体的共同根据的先验实在。最后，它没有领会那超验的心灵实体或主体的内在实质，即其纯粹的（先验的）思想、概念，因而对这心灵实体的认识是抽象、空洞的。总之在这里，内在超越尚未上升到先验反思层面。精神没有实现对先验实在的直接自主设定。精神内在的自舍与自反势用的进一步展开被阻断，导致了其现实自由的局限。然而自由作为绝对与无限，必然促使精神内在的自主势用（自舍与自反）恢复其本真存在，推动省思否定实体的封闭性、现存性、外在性，确立精神的先验实在为存在的真理。于是存在省思认识到自我先验的思想、意识乃是主体和客体共同的内在、超越的本原。这就是我们所谓绝对的存在。于是奥义书的存在观念发展进入又一个新阶段。

**4. 同一的存在**

如前所述，早期奥义书形而上学的超验的心灵，乃是一现存、封闭、抽象的实体，而不是作为存在真正本质的纯粹思想、自由。这种形而上学最终导致主体与客体、意识与对象的分离。精神唯有领会觉性的纯粹内在存在，才能打破形而上学的分裂，实现主体与客体、意识与对象的绝对同一。这存在，我们称之为同一的存在。奥义书所理解的这种同一的存在有两种类型：先验的实在；神秘的存在。

其中，Bṛih II, III, IV 中的耶若婆佉学说，Tait II, III 的步厉古学说，就属于前者。其说皆是将先验的实在当作存在的绝对真理。其以为，绝对的心识不仅是超越经验、自然的，而且是全部经验、自然存在的基础、本体，因而它就是先验的实在。唯这先验实在是觉性纯粹内在的现实，它就是意识与对象的共同基础，是超验的同一性。对它的领会就是思辨思维。这种先验实在观念的构成，最终也是由自由推动，服从精神运动的必然逻辑。盖自由就是绝对与无限，要求实现为对其纯粹内在存在的自主设定，因而它必然推动精神克服其外在化与支离，守护存在的绝对同一。这自由的推动就在于：一方面，它促使精神内在的自舍势用实现为究竟的，即展开为对一切现存存在的否定；另一方面，它亦促使精神内在的自反势用展开为绝对反思，即对心灵实体作为绝对目的的维持、守护。正是这自舍—自反势用的辩证法，推动省思打破主体封闭的现存性假相，领会心灵为超验、绝对的根源，即先验本体。精神由此实现了一种思辨的自由。与奥义书思想对比，在西方思想中，绝对反思至近代主体哲学出现才具有了成立的基础。因此与耶若婆佉、步厉古精神上一致的思想，到康德、黑格尔的思辨哲学才完全形成。在中土思想中，从未产生过任何真正的反思与超越，因而也从来没有形成任何思辨的思维。其标榜的所谓“天人合一”，只是对心与物、主体与客体的前形而上学的模糊混同，十分肤浅平庸，与思辨思维在先验实在基础上实现的主、客统一，没有任何相似之处。但是在佛教精神的长期渗透之下，儒家心学中也出现了一种绝对反思。比如象山所谓“宇宙便是吾心，吾心便是宇宙”，就表明了这一点。心学的这类说法，似乎也接触到存在的绝对同一。不过在阳明之前，这类提法，不仅意义模糊且偶然，而且远远没有达到佛教（比如六百年前的楞伽师、摄论师、地论师）和道教心学（比如南朝宋文明的“心即是道”论）的思想水平，很难说它达到了真正思辨的层面；它理解的同一，不应是思辨的同一。

然而应当承认，奥义书这种思辨的存在观念仍不究竟。盖其所持的先验实在，仍然是一种现实存在。它就是觉性的纯粹思想，还不是真正的存在本质。存在的究竟本质是本体自由自身，它超越一切现实性、思想而为其最终的本体。思辨思维对先验思想的绝对化，表明它完全受概念、逻各斯支配，不能超越逻各斯、理性，进入觉性的本真存在领域。因而其自由仍有局限性。精神的概念、理性就是传统，故思辨思维对纯粹理性的绝对化，必将导致当前传统成为自由不可逾越的东西，使精神发展陷于停滞。然而本体自由作为绝对，要求实现为对自身的直接自主设定，它必推动精神克服上述局限，进入自由的自身存在中。这在于，它将通过呼唤和倾注促使精神内在的自舍、自反势用展开为对现实性的否定、对超现实本体的维持，从而推动省思突破思想的罗网，领悟超理性的真理。

在奥义书中，《蒙查羯》、《蛙氏》等的存在观念，就表现了精神的一种自觉的超现实冲动。在这里，存在的究竟真理，被理解成超越了逻各斯、理智、思想的神秘本体。这一点，尤其清晰地表现在《蛙氏》对至上梵为“非般若，非非般若”的强调中。这所谓般若就是理智、理性。《蛙氏》明确表明至上梵是超越理性的神秘的光明原理，是为存在的究竟本体。在西方思想中，普罗提诺和奥古斯丁等人的思想也体现了同样的精神进展，上帝被认为是超越逻各斯的纯粹光明。我们称这本体，即超理性的绝对，为神秘的存在。对它的领会就是直觉思维。这神秘的存在也是作为心与物、主与客的绝对根源的同一性。然而精神在这一阶段对于现实性的超越并不彻底。它仅仅是对作为思想形式的逻各斯、理性的超越。它所理解的超理性的光明，其实仍然是一种现实性，即觉性的澄明。盖逻各斯与澄明，乃是觉性现实存在之一体二面。故依这直觉的存在观念，现实与本体的张力遂蜕变为逻各斯、理性与澄明、意识的区分。这种分析，对于西方思想和奥义书的上述阶段，都同样成立。直觉思维对于现实性超越的不彻底性，从逻辑上说，在于它没有彻底否定现实性的自为存在，没有将现实存在空洞化甚至虚无化。精神唯有将现实存在自身虚无化，从而将存在真理、本体置于本无、空的领域，才能真正领会本体对于理性、逻各斯的超越性。

然而奥义书和西方思想这种神秘的同一存在观念，在中土思想中也从未产生过。这是因为华夏精神从根本上不具有超越性与反思性。它总是执着于最直接的外在现实，将其视为最终的真实，从不会超越此现实，进入心灵的纯粹存在。尤其是被形形色色肤浅偶像支配、将任何琐屑的传统神圣化的儒家精神，从未产生过超越现实与传统、实现本真的自由的冲动。因此对于儒家乃至整个华夏民族而言，印欧文化那种建立在精神的超越与反思的进一步发展基础上的直觉思维，是不可能在这里自发产生的。然而由于大乘佛教的持续渗透，这种直觉思维，在中土儒、道二家的心学中，也逐渐得到表现。其中影响力最著者，无疑是阳明之学。阳明以为存在的绝对真理、本体是良知。这表现了一种儒家前所未有的存在观念。这所谓良知，乃是无思无虑、无善无恶的清净心，它就是觉性之超理性的、神秘的澄明，其实质内容乃与如来藏佛教和《蒙查羯》、《蛙氏》等奥义书的真心一致。良知说体现了与这些奥义书一致的直觉思维。这是很自然的，因为良知本体论本来来自如来藏佛学（禅佛教）的真心概念，而后者则应溯源于奥义书的相同概念。

不过在上述奥义书与西方思想中，这澄明的存在观念仍然有其局限性，它仍然属于现实性范畴。精神要绝对超越现实性、传统的桎梏，实现本真的自由，必须领会到存在的真理或精神、觉性自身的本体，就是对现实性的绝对否定，是超绝的存在。自由必然推动奥义书精神的这一转化，于是奥义书的存在观念的发展也将进入下一阶段。

**5. 超绝的存在**

直觉思维领会的存在本体，即澄明，其实仍与逻各斯处于同一存在层面，即现实性的层面，因而它对后者的否定不是超越，而是排除（这种排除事实上也是不可能的）。本体对逻各斯的真正超越，应当是将自己置身于那处在逻各斯之下的，因而是在现实性之下的、更本质的存在层面，即超绝的层面。这超越性就在于，本体作为超绝存在，不受现实、逻各斯束缚，而是预设它、规定它、构成它。由此可见直觉思维对理性、传统的超越是虚假的。真正领会本体的绝对超越性（超绝性），必然将现实存在空洞化，而这在思想史上，往往就表现为对现实性的空无化、虚幻化。唯其如此，本体的超绝存在才能呈现出来。这在理论上就表述为一种存在论区分。存在的真理、本体被与全部现实性区分开来，成为现实性的完全“它者（schlechte Andre）”。于是，相对于现实性的“有”，本体乃成为彻底的“无”。这“无”就是超绝的存在，这才是本体自由的自身存在。在印度思想中，《白骡》、《频伽罗子》、《慈氏》等晚期奥义书的幻化论，以及大乘佛教的空论，就表现了对于这种超绝存在的领会。在这里，超绝存在的观念发展，包含以下环节：其一，神圣的存在（《白骡》、《频伽罗子》等奥义书）。

其二，空的存在（大乘佛学）。其三，本己的存在（《慈氏》、《光明点》等奥义书）。

自由必然推动精神从实在思维到本真觉悟的转化。本体自由作为绝对，要求突破现实性的网罗，实现对它自己的自身存在的自主设定。这自由一方面促使精神内在的自舍势用展开为超绝否定，推动省思否定全部现实存在的真理性，确认一种超现实的（超绝的）本体，即本无、空；另一方面，这自由亦促使精神的自反势用展开为对这超绝本体的自身维持，推动省思将这超绝本体与精神自身的内在本质等同，是为超绝反思。超绝思维就是这超绝否定与超绝反思的统一。它首次进入自由自身的本真存在领域，故称之为本真的精神觉悟。

《白骡》、《频伽罗子》等晚期奥义书的幻化论，就最早体现了这一精神进展。其以为全部现实存在都是大梵的幻化产物，是虚妄无实的；而大梵则是对现实的绝对否定，是超绝的存在本体。大梵与现实世界的区分也是一种存在论区分。它表明存在的究竟真理、大梵，乃是一种超绝的存在。此种存在观念，体现了精神的超绝否定。另外，它也将这超绝本体与觉性、精神的内在本质等同，体现了一种超绝反思。基督教的否定神学，也体现了类似的精神进展。它提出存在本质或上帝与存在者的存在论区分，以为存在本质、上帝是对现实性的绝对否定，他不是存在，而是虚无；另外，它亦以为上帝作为超绝存在，是一种内在的、精神的原理。这种存在观念，同样体现了超绝否定与超绝反思的统一。在这里，本体呈现为一种绝对超现实的、内在的存在，即神圣的存在。另外在这里，本体对现实性的绝对否定也使得从现实精神自身到达本体的通道被切断，因而觉悟只能来自本体本身的启示。本真觉悟在这里就表现为启示思维。然而这种神圣存在的观念，仍有其明显局限。无论是否定神学的上帝，还是奥义书幻化论的大梵，都被认为是一种圆满、恒常、不变的原理，因而它就是一种处在思想运动之外的现存东西，是否定性之排除。这本体就成为自由不能打开的门。精神在这里还不具有绝对的自由。它没有实现一种（对于全部现存存在的）究竟否定。精神的绝对否定仍未成就。这反映出精神内在的自舍势用还受惰性势用的牵制，没有得到绝对实现。究竟的存在真理、本体，不是一种现存实体，而就是自由本身。因此启示思维的存在理解，并没有领会这本体的实质，因而它的超绝存在是抽象、空洞的。

然而本体自由本是绝对和无限，它要求实现为对自身实质的自主设定。为此它必促使精神内在的自舍势用绝对展开，实现为绝对否定（超绝否定与究竟否定的统一）。它取消了一切外在的现存之物，唯确立它自己（即否定的绝对自由）为直接、绝对的真理，并且否定它自己的现实性，呈现其超绝本体。它于是领会到存在本体就是超绝的自由本身（在这里就是自舍势用的本真存在）。于是精神的觉悟首次直接领会本体自由的实质，从而克服其在启示思维中的含糊性、抽象性、空洞性，成为纯粹、具体的。在印度思想中，佛教的大乘般若思想，最早也是最纯粹地体现了这一精神进展。这充分体现在其存在观念中。般若思想以为存在的真理是空性。空性不仅是对全部现实世界的否定，也是对奥义书和早期佛教的启示思维执着的超绝现存实体的否定。因而对空的领会（即空智），既包含超绝否定，也包含究竟否定，所以它就是精神的绝对否定。空智不仅是一切皆空，而且是空亦复空，是绝对无住、无得的境界，因而是精神否定的绝对自由；而空性是空智之体，故为超绝、绝对的自由。般若思想由此揭示出存在的真理就是自由本身。大乘佛学这种存在理解，对后来的奥义书—吠檀多思想产生了根本影响。在西方思想中，与此类似的存在论进展，通过托马斯·阿奎那的神学得到表现。阿奎那表明上帝、存在本质不是一种现存性或实存性（essentia），上帝本质应当是存在的行动（esse）。上帝不是任何“什么”（what），而只是纯粹的行动，因而就是自由。托马斯神学对存在本质的现存性的否定，对当代西方哲学（比如海德格尔）的存在思考发生了根本影响，而且在20世纪基督教的神秘主义（比如Simone Weil）中也产生了广泛的呼应。

不过在般若大乘中，存在本质、空性是客观的，是一种在心灵、主体之外的本体。这表明般若思想没有任何反思性，像奥义书传统的那种主观和绝对反思在这里尚未建立。精神的自反势用还没有实现为真实的自由，其展开与自舍势用不平衡。然而这自反势用作为自由，要求实现为绝对的，即实现为对空性即超绝自由的绝对维持。它必然促使现实精神将这超绝自由作为全部生命的绝对目的，从而推动精神将这个本体等同于它的内在自我。因而那超绝、自由的本体就成为一种本己的存在。这种存在理解的转型，在《慈氏》、《光明点》等晚期奥义书思想中都得到表现。此类奥义书，一方面以为现实的存在与超绝的现存实体都是空幻的，故存在的真理是寂灭、无住、无依、无得的本体，这显然是接受了大乘佛学的空思想；另一方面又以为这无住本体就是精神内在自我的真理：空性=自我，这是继承了奥义书的主观反思传统，并将其与空智统一起来。存在本质作为超绝、无住的本体，就是本己的存在。因此大乘的具体觉悟遂得以转化为本己的觉悟。在这里，印度精神通过最大程度的自我脱离，实现了最深刻的自我返回。精神展开了对其本己存在的绝对维持，使本体自由成为全部生命活动的绝对目的。因此现实的精神自由进入了一个全新的阶段。在西方思想中，存在理解也经历了类似的转型。托马斯神学中的上帝也是一种客观的精神。他的超绝神学也看不出主观反思的痕迹。但海德格尔的存在论，乃将存在本质、自由纳入人类的现实自我即此在之中，认为这自由本体不是一种自我之外的客观性，而是内在于人的现实自我之中的，它就是人类此在的本质[1]。这也是使自由成为本己的存在。

然而奥义书思想的这种本己的存在观念仍有不足。首先，这种本己的存在观念仍有其片面性。盖存在本质就是自由，这是包括觉性的全部自否定运动在内的整体，但是在这里，这本质仅仅被理解为自身否定势用的本真存在，即空性。其次，即使对于这否定势用的本真存在，奥义书思想的理解相对于般若思想也明显地抽象化或模糊化了。对于这无住、空性就是自由，没有明确意识，甚至在多处仍然将存在本体说成是不动、不变、恒常的原理，因而其存在观念表现出重回启示思维的现存存在的趋势。这意味着，奥义书的本己存在观念，也不能被视为存在理解的终极理想。印度思想的存在理解，还有很长的路要走。

应当说，印欧思想这种超绝的存在理解，对于华夏民族是极为陌生的。华夏精神，尤其儒家的精神，面对存在本质的虚无，总是表现出一种极端的怯懦。儒家的精神总在渴望一种现存的庇护、安全与归宿，一个“安身立命”之处。一切可以抓住的现实存在，任何最琐屑、肤浅的东西都可能被儒家当成必须誓死捍卫神圣的偶像，时刻恐惧于这现实的丧失。因此儒家，乃至整个华夏精神，决不会产生将全部现实存在彻底虚无化的思想，因而也不可能进入存在本质的超绝领域，实现本真的自由。这也决定了对于华夏精神而言，印度或西方的超绝思维是很难接受的。因此佛学东渐的过程，就伴随着印度佛教超绝思维的逐渐淡化。

在佛、儒的交涉中。任何一个儒者，不管他佛化到何种程度，也不可能将全部现实存在“空”掉，他绝不会把君亲社稷、伦理纲常等都当作虚幻不实之物。他不会接受佛教的超绝思想。即便阳明的“无善无恶”的良知本体，也仍是精神现实的安顿之处，而非般若的超绝、无住的本质，因此他对于佛教也是从一个低得多的精神层面来理解的。另外，中国佛教也受到华夏的现实精神浸蚀，因而逐渐脱离印度大乘原有的绝对否定，由“空”入“有”。典型的如天台宗把般若的“不二中道”解释为“三谛圆融”，华严宗把唯识的“三性各别”改造成“三性一际”，以及晚期禅宗把“无住无得”偷换成“一切现存”。然而特别值得一提的是，倒是道教思想对于佛教的超绝思维表现出积极接纳的态度。魏晋道教学者就在般若思想启发之下提出了“道即是空”、“道体非有非空”的思想，揭示道体为超绝的本体。王重阳的内丹心性学又在佛教思想进一步影响下将这道体、空等同于真心、真我。于是这道体就成为一种本己的存在。但是在道教史上，这类思想仅限于少数精英，而且明清以后就逐渐消失了。

以下我们将试图就以上几个阶段，对奥义书存在观念的演变进行一种生命现象

---

① 海德格尔：《存在与时间》，三联书店 1987 年版，第 277 页。

学的阐释。我们的阐释将表明，精神的任何存在真理都是自由的产物，都是在自由的展开过程中呈现和消失。

## 第一节　自然的存在

由于人类精神的本质的有限性，对于它来说，更直接、更外在、更粗显、更具物质性的存在，即自然，总是比更内在、更本质的存在，即觉性、精神的内在现实，更易上手、更具有触目性。因此，精神省思最先领会到的存在总是自然。这就是自然省思。它以自然为存在的绝对真理。它从未越过自然层面，领会到存在的更高明或更深刻的意义。在这里，无论是理性、反省还是否定思维，都还只是在自然的领域内活动。其中，理性思维只是试图将省思面对的千差万别的个体统一起来，以为无论是个体还是统一体都是同样真实的，且都属于自然存在的范畴。反省思维则试图扬弃差别性、个体性，从它们中抽象出一种内在的实质或本质，以为后者才是绝对真理；同样，在这里，无论是差别、个体、杂多的事物，还是它们的普遍实质或本质，也都属于自然存在的范畴。否定思维也总是试图扬弃当前的存在，确立一种体现了更高精神自由的真理，然而它的真理亦未突破自然的绝对、本质的范畴，故它亦未能冲出自然的领域。精神把自然当成绝对、目的、归宿和意义源泉。在奥义书的自然精神阶段也是如此。在这里，理性和反省都以自然为存在的绝对真理。然而自然只是觉性和精神的生存论外壳，只是生命的符号与标记。自然省思的执着意味着它对觉性、精神的实体性和内在性皆无任何领会。自然省思没有进入真正的超越与反思，没有真实的精神自由。

唯自由规定精神的真理，自由亦将推动精神否定原先的存在，确立新的真理。这在自然精神阶段也是如此。自由必将推动自然省思不断推陈出新，以此更充分地展开它自己的存在。自然精神必须确认存在、自我、神性的真理，并通过对这些真理的领会，实现其自主性。在这里，本体自由同样是通过展开为精神的理性、反省和否定思维，推动省思的进展。在自然精神阶段，省思也是处在持续推进中的。其中，推动存在观念发展的，主要是理性思维和反省思维的进展。理性思维是精神内在的自凝势用的现实性。它是精神对自身内容的组织化、秩序化。它力图将分散的存在构建为一个相互关联的整体，后者就是理性思维的真理。理性思维作为精神的具体现实，是在自凝与自舍，即建构与解构两种精神力量的辩证运动中展开的。它由于自舍势用的推动不断破除存在的狭隘性，由于自凝势用的推动而确认存在的更大普遍性。理性思维就是在这二者的破、立辩证法推动下，无限拓展自身的领域。然而理性思维作为精神的自组织活动，是无中心的，它将所有存在者编织于世界之网，却并不对它们进行价值和真理性的区分。它不会确定一种存在作为所有其他存在的绝对目的。因此理性思维具有“无我”的特点。反之，反省思维则旨在为全部生命活动确立一个绝对中心、目的。反省思维是精神内在的自反势用的现实性。它将一切存在区分为两个方面，并以一个方面维持另一方面。这两个方面就是手段与目的，前者完全为维持后者而存在。精神就是通过反省思维实现其自身维持。而生命的绝对目的就是自我，故反省就是对我与非我的区分。反省思维作为精神的具体现实，也包含自主的肯定与否定，即自反与自舍两种精神力量的辩证运动。其中，自反势用推动它确立一种更内在、本质的真理，自舍势用则会推动它最终意识到这本质其实仍是外在的偶像，于是自反势用又推动省思确认更加内在、更具本质性的真理。反省思维就是在这二者的破、立辩证法推动下，无限深化自身。理性和反省思维都可以规定精神的存在理解，并通过其自身发展推动这存在理解的进化。即使在自然精神阶段，自由也同样推动省思的持续发展。

奥义书的自然省思也不例外。在这里，同样是精神的自由推动自然的理性和反省思维的发展，导致存在观念演变。其存在观念，大致可分为三个层次：一是神话的，其特点是事物之间没有普遍的内在关联；二是宇宙论的，在事物之间建立起普遍的内在关联，而且试图确立一种作为杂多事物共同根源的宇宙实质；三是伦理的，将主体性、能动性作为存在的本质。奥义书的存在理解在三个层次之间的转化，以及在每一层次内部的进展，皆是来自理性和反省思维的进展，且由本体自由最终推动。

## 一、神话的存在

精神是对自然觉性的否定，同时它必须以自然觉性的存在为基础、起点。对于人类精神而言，它最早的对象必然是自然觉性揭示的存在。尽管这存在本来是一个由自由展开、通过觉性的思想、逻各斯构成的有机整体，但是精神的省思必须以直接意识为起点，而直接意识只能认识这自然觉性的最外在的、生存论的存在，而将觉性内在的思想、自由置于黑暗。这导致对于那最原始朴素的省思而言，全部存在者都被从其由以生长的生命整体摘下来，因而它们之间也失去了内在关联。因此，那最早对于精神省思呈现的存在，就是一些相互分离的杂多、个别、形器的东西的无序聚合。这就是最朴素、直接的自然。在这里，存在就陷于偶然性之中，它似乎是被神意、天命支配的。此即神话精神理解的存在。奥义书最早的思想，就继承了吠陀神话的这种存在理解。这种存在理解也是处在发展中的。它所领会的存在，对于奥义书而言，可以区分为以下几个层次。

1. **无序的存在**

神话精神最早领会的存在，就是杂多、个别、形器的东西的无序聚合；同时，这精神甚至不能将这聚合把握成一个总体，因而它只能将存在彻底碎片化。这是因为精神最早还只能用自然觉性现存的观念，而没有能力构造出属于它自己的观念，而自然觉性的观念都是关于个别、形器事物的，任何绝对、普遍的观念，包括存在全体、本质的观念，都不属于它；因而人类最初、最原始的精神，尚不能自觉地用全体的观念统握存在。世界的统一性在这里是模糊的。人类最原始的存在省思都是如此，印度思想亦不例外。吠陀、奥义书最早的存在省思，就曾将世界理解为由一些个别东西组成的堆砌物，并没有一种普遍原则将这些东西组织起来。

如希腊奥林匹斯神话一样，吠陀也将自然神化，认为每一自然现象都是某一神明的表现，这神才是自然物的真实存在。天、地、雷、电、风雨、山川、大海、日月等都是神。所有主要的自然现象都有相应的神。每个神都是有自身特性的、独立的个体，而且神的数目非常多（据传统说有 3306 种，以致无量）。吠陀一般把他们分为三种，即：居住于地上的神，如阿耆尼（火神）等；居住于天上的神，如婆楼那、苏黎雅（日神）等；居住于天、地前的大气中的神，如因陀罗（雷电及暴风雨神）。然而与奥林匹斯神话力图将每一神祇置入宇宙的因果网络不同，吠陀的万神殿是分崩离析的，没有被一种普遍原则统一起来，神与神之间的关系往往模糊混乱。这表明吠陀的神话，及相应的存在理解，在精神上都比奥林匹斯神话更原始。这明显反映出印度精神的理性思维，在这一阶段还极端薄弱，因而不能实现对存在、世界的最起码的组织化。最早的奥义书也继承了吠陀这种无序的宇宙的观念。它亦常常提及阿耆尼、因陀罗、婆楼那、苏黎雅、伐育等吠陀神祇，他们之间的关系同样很松散。这表明它的存在理解也是同样破碎的。

与此相应，吠陀时代的宇宙观，要皆极为质朴。其云世界由天界、空界、地界三层组成。天界是诸神住处。人类祖先死后也会进入月宫。在那里，人类的共同祖先阎摩，作为一只兔子生活着。天地相合，形成世界，如二钵之相对然。或说天地是因陀罗的神车之二轮，固着于车轴之二端。天与地相距甚遥，无鸟可度，或说若以一千母牛，一一重叠，即可由地达于天，此类说法，都极为朴质。空界概略相当于现在所谓大气层，黑暗潮湿。故空界有时又被认为是大洋，而云彩则被想象为群山。大地广阔无边，与天相对，如车之二轮。一般认为地有四方，或五方（后者是以支持天地的轴为单独的一方）。在这种宇宙观中，也看不出对于存在者的内在关联及宇宙统一性的理解。早期奥义书有多处反映了类似的宇宙观，应视为奥义书思想之最原始层面。如 ChānIII · 15 说宇宙为一百宝箱，其云："1 匣里为空界[①]，/ 地为不坏底。/ 诸方为其角，/ 上天为其盖。/ 此匣藏财宝，/ 一切于中住。2 匣之东面曰祭勺（juhū，以此勺祭献奶油时人朝东向故），南面谓阎摩国（sahamānā），西谓婆楼那王所（rājñī），北面曰善财（subhūtā，财神俱比罗之所）。风乃是此诸方之子。谁若如是知风为诸方之子，乃不为儿子（早夭）而悲哭。我如是知风为诸方之子，我其不为儿子（早夭）而悲哭矣。3 我其求彼不坏之匣，庇护此某、此某、此某。我其求彼元气，庇护此某、此某、此某。我其求地界（bhūr），庇护此某、此某、此某（依商羯罗释，此处为连续念儿子名字三次）。我其求空界（bhuvas），庇护此某、此某、此某。我其求天界（svar），庇护此某、此某、此某。”（ChānIII · 15 · 1,2,3。此译文参照商羯罗《唱赞奥义书注》按照后面 ChānIII · 15 · 5—7 的解释，这里所谓地界，还包括空、天；所谓空界，还包括火、风、日；所谓天界，还包括三吠陀。同在吠陀中一样，在这里，宇宙被赋予一种想象的相貌，事物间的联系与宇宙的统一性，都很模糊。同理，Bṛih I · 5 · 1—3 将万有说为生主创造七种食物：（1）共享食，即通常所谓食物，为众生、诸神、生主共享者；（2）（3）分别谓火祭（huta）及余献（prahuta），或新月祭与满月祭，为诸神、生主共享者；（4）奶汁，众生乃至植物皆以之为食；（5）（6）（7）意、语言、元气，为生主独享之食。TaitI · 5 则反映了与 ChānIII · 15 · 5—7 同样的宇宙观。以上观念中反映了奥义书存在省思的这样一个层面，在这里，省思只领会了个别、具体的自然物，它想象宇宙的形貌，而且对存在做出了一种看来不免幼稚、粗鄙的分类，然而从未深入思考事物的关联及统一性，未曾领会到任何超越那些粗鄙的自然物的绝对性、普遍性，即全体、法则、本质等。

这种存在理解的局限性，反映出在奥义书思想的最早阶段，精神尚不能将自身内容组织为一个整体，其理性思维（精神的自身统握活动）极为薄弱。在生命本体论看来，思想的局限总是反映精神自由的局限。这种理性的薄弱反映出精神的自凝势用没有展开为积极活动，以推动省思对存在的建构。然而本体自由作为绝对，必然通过呼唤和倾注，促使精神内在的自凝、自反势用展开为积极活动，推动奥义书的理性思维和反省思维的发展，促进其存在理解的统一与深化。

**2. 存在之为全体**

在奥义书的神话精神中，理性思维的最早表现之一，是莱克婆（ChānIV · 3）和该祇夜（ChānV · 12—18）等的存在全体观念。其义旨要皆继承吠陀、梵书的陈说。

莱克婆之说，又曰摄尽说（Saṃvarga Vidyā），谓风或元气将一切存在赅摄无余，故曰此二者为“摄尽者”（ChānIV · 3 · 1—4）。在宇宙层面，火、日、月、水四者皆入

① 空界，兹指天、地之间的大气界。

于风,被其包含,故曰风摄尽此四者。盖于火灭、日沉、月虚、水干之时,实际上火、日、月、水四种元素并未真正消失,而是进入于其所从出的风之中。同理,当人死或处熟眠状态时,其眼、耳、意、语言(其实质分别即火、日、月、水)皆入于元气中。其以为,宇宙层面的风与人内在的元气,是同一实在。修行者应观想火、日、月、水入于风,眼、耳、意、语言入于元气,然后观想此十种存在入于唯一绝对的大有(Virāṭ)。故此大有乃是最终的摄尽者。莱克婆之说,并明确表示风、元气是万有本原、实质,故所谓摄尽,只是包含的意识。其所谓的风、元气、大有,相当于一个宇宙的容器。所谓摄尽者就是一个存在的大全、集合、总体。

其说基本继承梵书的旧义。如《爱多列亚梵书》就已说到日、月、火、雨、闪电归宿于风(Ait BrāVIII · 28);《百道梵书》说风进入人体成为各种元气,人死时元气又复归于风(Sat BrāVII · 1 · 2 · 5)。其说较之 ChānIII · 15, Bṛih I · 5 · 1—3 等的宇宙观,明显的进步是提出了一个绝对、大全的观念,表明省思已经开始明确将存在把握成一个统一体。

在 Chān V · 12—18 中,该祇夜开示了一套与莱克婆所云精神上一致的说法。他提出宇宙为一总相大我(Vaiśvānara Ātman),万有皆是此总相我之一方面。其说被称为总相智。与莱克婆之说相比,此说与祭祀观想关系更密切。在这里,身为王者的该祇夜先请前来问学的婆罗门优波曼尼耶婆、补卢室、跋拉毗耶、阇那 · 沙伽罗叉、阿湿婆罗、优陀罗羯,各自表明其如何敬思大梵、自我。它首先是借六婆罗门之口,提出对存在、大我的六个方面,即天界、太阳、风、虚空、水、地的敬思。这六个方面概括了宇宙存在的全部内容。它们分别是存在、大我的有光辉方面、有众相的方面、宽广的方面、有多途的方面、作为财富和支持的方面。该祇夜肯定了对它们的观想的意义,认为通过它们的一一观想,乃获得相应之德,吾人遂成为光辉者、有众多财物者、有多途致宾客礼品者、广有子孙财富者、由子孙牲畜得支持者。接着,该祇夜强调应当进一步将这六方面敬思统一起来,观想宇宙为一个大全体。他批评六婆罗门实际上是将存在的上述六个方面绝对化,视其为存在、大我的自体,结果导致对有限、个别、相对东西的执着,对存在的绝对全体的忽视。这使得世界丧失其整体性,使事物从存在、自我脱离而成为一种分散、隔越、外在的东西,所以是很危险的(该祇夜警告六婆罗门说他们的观想必致"头坠"、"目盲"、"气断"、"身堕"、"脚坏"、"膀胱爆裂")。该祇夜的总相智,尽管也与下文要讨论的宇宙拟人论相关,但与后者的通常情况略别者,其所强调者是宇宙的总体性,而非其内在结构。

在 Bṛih II · 1;KauṣIV 中,伽吉耶与阿阇世的对话,也反映了与以上诸说一致的立场。其对话结构亦与 Chān V · 12—18 相类，可能存在相互参照。其中伽吉耶依次提出梵就是日、月、闪电、雷、风、虚空、火、水、镜、影、回响、声音、睡梦中人、此身中人、右眼中人、左眼中人，而阿阇世一一指出它们只是大梵的一个方面，谓食物、真理、声音、常胜不败者、常恒具足者、征服一切者、光明者、似相、伴侣、生命、死亡、阎摩王、生主、语言、光明。阿阇世所说，同样对大梵的内在结构不甚关心，与该祇夜的总相智一致，它强调的也是大梵作为以上诸方面的总体的意义。

另外在 BṛihIII · 9 · 10—17，耶若婆佉将万有概括为色身、欲、日、声音、阴影、镜中光、水、子息八有；土、欲、色、虚空、答摩、色、水、精液八处；火、心、眼、耳等八界；诸大、女人、真理、四方、死、精气、雨水、祖宗八神。其中，每一组的八种事物之间，看不出有什么必然的关联，且四组之间的区分也十分混乱。因而，此说只是企图通过对存在进行分类并由此把握宇宙的全体性，对于事物的关联不甚在意。此种学说的素材也是来自梵书，也有梵书宇宙拟人论的影子，但与 ChānV · 12—18，Bṛih II · 1 的说法一样，它关心的也不是大梵的内在关联、结构，而是其总体性。

对于存在的全体性的领会，也表现于奥义书对于圆满的追求。在这里，存在被设想为一个具足、完满的整体，无任何亏欠。如 BṛihV · 1："彼乃是圆满，此亦是圆满。圆满生圆满。若抽出圆满，彼仍为圆满。" ChānVII · 8 · 1—26 · 2 实际上仍然是继承了早期自然论奥义书的圆满性观念，以为绝对者包括名、语言、末那、念、想、静虑、智、力、食物、水、火、空、忆、希望、元气等，故为圆满（bhūman）。ChānIII · 14 说大梵"包含一切业，包含一切欲，包含一切嗅，包含一切味，包含全世界"，也在一种新的角度表明了这种存在的圆满性。同以上诸说一样，奥义书在这里谈及圆满，强调的亦非存在者的内在关联，而只是存在的一种数量上的全体性和丰富性。

以上说法，较之 ChānIII · 15，Bṛih I · 5 · 1—3 等的进步，在于否定世界、存在的分散性，将其把握成一个总体、大全。省思首次构造出唯独属于精神自身的观念，即绝对、大全的观念，体现了更真实的存在理解。盖存在、自我的真理不是相对、个别、有限、杂多，而就是绝对、普遍、无限、唯一。在这里，精神对存在统一性的把握，体现了其理性和反省思维的进步。盖理性将分崩离析的存在组织为整体，将"多"构建为"一"，故它必确认绝对、大全为存在的真理。反省思维旨在扬弃非我，寻求、守护自我，而觉性的自我不能是相对、个别、杂多之物，而只能是绝对、普遍、唯一，故反省亦必确认大全为绝对目的、真理。因此，存在作为全体的观念，反映了理性和反省思维的双重运动。在这里，精神不再将自己缚着于那些个别、有限和外在的东西、被它们撕扯来去，而是通过一种绝对存在对其进行规定、中介，从而否定其绝对支配，因而精神首次具有了对个别东西的自由。

事实上，对于个别、外在东西的执着，是庸人精神的特点。人类精神的进步、自由的开展，实质上都在于否定精神的平庸性。然而，令人感慨的是，无论人类精神如何进步，庸人仍然是庸人。现代的庸人与草昧初开时的庸人，实亦无多大区别，而其与真正的优秀人物的距离，则较之远古时代，则大为扩大。庸人总是更多地保留了精神的原始性。现代的庸人对于个别、外在东西的执着，较之其远古前辈，并无丝毫减少。这在于，尽管历代哲人充分阐明了绝对、普遍、本质之义，但对于庸人来说，这绝对并未真正成为真理：绝对从未成为他生命的目的、基础，他追求、依靠的仍然是个别、外在之物。

然而，莱克婆、该祇夜等人的思想，还有很大局限性。在这里，理性和反省思维的发展都还很不充分，前者表现在，尽管省思领会到存在的绝对性、全体性，却未能进一步通过一种普遍法则把这全体构成一个有机的整体，因而存在仍然未能脱离其无序状态；后者表现在，省思没有领会到作为差别万有基础、根源的普遍性，即实质或本质的真理，因而存在并未从实质上克服其个别性、外在性。这意味着，无论是从量的方面还是从质的方面，省思都没有把握住这绝对、全体的具体内容。它的绝对仍然是抽象、空洞的。在奥义书思想中，这种精神省思的局限，也将在自由的推动之下被克服。

**3. 存在的拟物化**

奥义书思想最早领会的存在整体是无序的，表明理性作为精神的自组织活动，在这里仍非常幼稚、薄弱。然而本体自由必然通过呼唤和倾注，促使精神内在的自凝势用进一步展开，推动理性思维进一步实施其存在建构，因此理性思维必然要将那松散、无序的全体组织起来，将其全部内容纳入一种普遍的形式结构之中。然而这理性最初还无力从事物内部探索客观、必然的关联，因而其由以作为存在的普遍形式的结构，完全来自主观的想象。在奥义书中，这种想象大致可分为两类：其一是以有生命的植物、动物或人体象征宇宙结构；其二是以祭祀的仪式或颂诗、韵律、咒语、祭火等表现宇宙的形式结构。兹先论前者。其精神根据在于，当理性思维初次把握住宇宙的内在统一性，会发现比起无机物，唯生命体的结构具有这种内在统一性，因而它很自然地就用这种结构，来表述宇宙的内在统一。其说以为，宇宙具有动物或人体等的形式结构，此种结构就是宇宙万物之确定的关联形式，故万有乃以此形式被统一起来。此种同构，可分别称为拟物化与拟人化。首先是拟物化。这在梵书和最早的奥义书思想中是极普遍的。这又包括以下三点。

(1) 拟植物化。盖植物崇拜盛行于印、欧民族分化之前。吠陀、奥义书的须摩崇拜、阿湿婆陀树 (Aśvattha) 的崇拜，就保留了植物崇拜之遗迹[①]。吠陀以为阿湿婆陀树为天界之神树，其根在上，而枝叶向下生长。梵书和早期奥义书思想，乃以为此阿湿婆陀树就是世界。此种想象，在中、晚期奥义书中仍有充分表现。如 KāṭhVI · 1 云："1 其根在上界，枝叶乃下垂，恒常宇宙树！……如实彼即此！" MuṇḍIII · 1—2 和 ŚVET IV · 6—7 以为人与神皆为栖息于同一宇宙树上的二鸟。ŚvetVI · 6 认为自性，即具名色、流转不已的现实存在整体，就是世界之树。MaitVI · 4 以为梵就是宇宙树，其云："三足之大梵，植根于上方。地、水、火、风、空，乃为其分枝。此梵乃得名，独一宇宙树 (Aśvattha)。" BGX V · 1—2 亦歌云："爰有神木，其根上指。叶即吠陀，悟此知之 (吠陀)。三德滋养，枝叶下蔓；诸根义境，乃其花瓣；惟根下达，生业无限。" 这些说法，都表现了奥义书的拟植物化思想的遗迹。奥义书思想将世界想象为一颗巨树，固然与原始的植物崇拜有关，但也是为了以此表达对宇宙的内在统一性的领会。盖不同于山石之块然各离，树木的根、枝与叶，毕竟皆相互联结、相互依存，通过其内在的物质、能量交流结合成一有机的整体。不过在印度传统中，植物崇拜早已衰落，因而在奥义书中，对宇宙的拟动物化比拟植物化更为常见，然而其精神实质基本一致。

(2) 拟鸟化。在梵书、奥义书中，对宇宙的拟动物化的一种表现，就是拟鸟化。这就是认为世界、存在整体具有鸟的形状。梵书每以鸟象大梵、生主 (其最常见者有七种元气结合，取鸟形而成生主之说)。其中，作为须摩祭一个复杂部分的设火仪式 (agnikayana，即祭火坛的建筑) 是以此种思想作为其基础的。此祭火坛被设计为鹰、鹤、鹭等鸟类之形，具一头、二翼、一躯干、一尾翅。其旨意是以祭坛模仿大梵、生主的形状。对祭火坛的建筑，就象征对宇宙、生主的恢复、重建。MaitVI · 33 反映了这种思想的遗迹。其以为鸟形之祭火，乃象征了包括年、元气、宇宙、吠陀在内的全部世界存在的结构，其云："信然，此五砖之祭火 (Gārhapatya 火) 即是年[②]。彼五砖即春、夏、雨、秋、冬。如是彼有一首、二翼、一脊、一尾。人若知补鲁沙，则其祭火即是此地界，即生主之最初祭坛，则彼 (祭火) 以其手高举此祭者入于空界，且献之于

---

① Keith, Arthur B, *The Religion and Philosophy of Veda and Upaniṣads I*, Harvard University Press Cambridge, 1925.170.

② 此处 Gārhapatya 火，及以下 Dakṣiṇa 火、Āhavanīya 火，为印度古代家祭的三种圣火。每一家庭都应保有一持续不灭之火，是谓家火 (Gārhapatya)，设在祭坛西边。另外所谓 Dakṣiṇa 火 (或 Anvāhāryapacana 火)，即施火，设在祭坛南边，为谢礼之火。Āhavanīya 火或献火设在祭坛东边，为献祭之火。施火和献火皆由家火中取出。三火亦译为西火、南火、东火。

风。信然，此风即元气。信然，元气即是一祭火（Dakṣiṇa 火）①。其砖为：上气、通气、下气、腹气、出气。如是其有一首、二翼、一脊、一尾。人若知补鲁沙，则其祭火即是此空界，即生主之第二祭坛，则彼以其手高举此祭者入于天界，且献之于因陀罗。信然，因陀罗即彼处太阳。彼（圣典）即是此（Āhavanīya）火。其砖为：《黎俱吠陀》、《夜珠吠陀》、《娑摩吠陀》、《阿闼婆吠陀》、《史传》、《往事书》。如是其有一首、二翼、一脊、一尾。人若知补鲁沙，则其祭火即是此天界，即生主之第三祭坛，则彼（祭火）以其手呈此祭者于知自我者。"《鹧鸪奥义书》将存在、自我分为五个层面，即所谓食身、元气身、意身、识身、喜乐身五身，每一身皆为鸟形，具一头、二翼、一躯干、一尾翅（TaitII・1），与上述祭坛的结构相同。应当承认，无论是在 MaitVI・33，还是在 TaitII・1，此种躯壳之见，与其书的整体思想皆极不协调，应视为梵书和更早的奥义书思想窜入所致。

（3）拟兽化。此种想象亦是所有远古文明所共有。如 Gough 说："哲学的童年，把世界自身当作一个活着的、呼吸的动物，它的身体是自然，它的灵魂是神。"② 在梵书、奥义书中，此种想法极盛行。其最典型者，乃是以宇宙为一祭马。如 Bṛih I・1・1 云："Om！信然，朝霞乃祭马之首，日为其目，风为其气息，宇宙火为其口。年为祭马之身，天为其背，空界为其腹，地为其腹底，四方为其侧，四方之间为其胁骨，季节为其四肢，月与半月为其关节，昼夜为其足，星辰为其骨，云彩为其肉，沙子为腹中食，江河为其肠。其肝肺即众山。草木为其毛。东方为其前，西方为其后。其呵欠为闪电。当其摇动其身，乃为暴雷。其溺为雨。万籁为其声。" Bṛih I・2 将此种想象与创世论和祭祀学无稽地结合起来。其云死亡（与饥渴等同），作为存在本原（即大梵），将自身分为火、日、风三部分，亦是具三分之元气。死亡乃转化为宇宙马，谓以马为其自体也，Bṛih I・2・3 云："东方即其首。彼与彼方（依商羯罗，即东北与东南）为其前肢。西方为其尾。彼与彼方（依商羯罗，即西北与西南）为其后肢。南北为其侧。天为其背。空界为其腹。地为其胸。彼安立水中。"此宇宙马乃以其意与语言交合，生成精液，彼即是年，复由语言生出四吠陀、诗韵、祭祀、人畜，生成全世界。大梵欲使其自体合于祭祀，乃将其作为马形，此即马祭之所由来。根据一种可能过于清晰化的解读，Bṛih I・2 实际上是将大梵分为两个层面，死亡与世界，或虚无与存在，而存在乃为一宇宙马。由于马祭在祭祀学中的重要性，此种想象在梵书和奥义书中皆颇为常见。

① 将祭火与元气等同，亦见于 PraśIV・3。

② A.E.Gough, *The Philosophy of the Upaniṣads and Ancient Indian Metaphysics,* Kegan Paul, London, 1891.9.

但与它精神一致而更为常见的，是对存在、世界的拟人化。

**4. 存在的拟人化**

此说即以为宇宙是一巨人，以天为首，日月为目，虚空为腹，大地为足，草木为毛发等。此种想象，在其他许多文明中亦广泛存在。比如华夏古代的盘古神话，即与此呼应。其云盘古死后，其身体化为大地，骨骼为山川，血脉为江河，双目为日月，须发为草木，虮虱为人类。日耳曼神话认为宇宙是通过肢解巨人伊米尔（Ymir）形成，其肉为大地，其骨为山脉，血液为大海，头发为白云。与此对应，在波斯宗教中，亦有通过肢解女巨人提阿马特（Tiamat）创造世界的图式。在印度传统中，ṚVX・90 表达了同样的想象。其以宇宙本身为一独一无二的巨人（Purusa），宇宙万物乃由原人分解形成。原人包括一切世间，是一切已在和当在者，一切方面包含大地，具有千首、千目、千足。诸神以原人献祭，于是从他产生世界："13 从其意生月，从其目生日，从其口生因陀罗与阿耆尼，从其气息生风。14 从其脐生中界，从其头生天，从其脚生地，从其耳生四方。由此形成世界。"（ṚVX・90・13—14）此种原人神话，后来成为梵书和奥义书最基本的意相之一。《百道梵书》以为宇宙与人体同质、同构，月、火、日、四方、风五种宇宙存在，分别为巨人之意、语言、眼、耳、气息，与人的五种生命机能本质相同（Sat BrāX・3・3・7）。《鹧鸪氏梵书》谓风、日、月、空、水、土分别为宇宙巨人之气息、眼、意、耳、精、身体，亦与人的生命内容一一对应（TaitBrāIII・10・8）。或曰宇宙有十六分，与人体之十六分一一对应①。吠陀、梵书此类说法，皆对奥义书思想有广泛影响。

在早期奥义书中，宇宙拟人论仍极为常见。比如 ChānIII・13 说日、月、火、雨水、空，分别即是宇宙原人及现实个人的眼、耳、语言、意、风，及上气、通气、下气、腹气、出气，以及人心之五窍。ChānIII・18 说人应敬思虚空、火、风、日、诸方与人的心、语言、元气、眼、耳之一一等同，也反映了宇宙拟人论的背景。ChānVII・1—26 开示十六分敬思，谓依次观想大梵为名、语言、末那、念、想、定、识、力、食物、水、火、空、忆、希望、元气、圆满，亦反映了对大梵的拟人化。AitaI・1・4 说宇宙原人（Virāṭ Puruṣa）分化而开八处（八窍），由此生八根（身心机能），由后者生八神（自然存在），云："其口遂开如卵形。由口中生语言，由语言生火。其鼻孔遂开。由鼻孔中生呼吸，由呼吸生风。其眼遂开。由眼生视（cakṣus），由视生日。其耳遂开。由耳生听（śrotra），由听生诸方。其皮遂开。由皮生毛发，由毛发生草木。其心遂开。由

① Sat BrāVI・2・2・9 谓人有十七分，十种元气（眼、耳、鼻、舌、身、意、上气、下气、腹气、通气、出气）、四肢、身、颈、首。

心生末那，由末那生月。其脐遂开。由脐生下气。由下气生死（mṛtyu）。其生殖根遂开。由生殖根生精液。由精液生水。”这种创世论完全继承了吠陀、梵书的原人论。Bṛih I·4·1 也说世界最初只是人形之自我，彼如男女结合之形，遂分而为夫妇，且由夫妇交合而创造世界。Bṛih II·1；KauṣIV 提出应观想日、月、闪电、雷、风、虚空、火、水、镜、影、回响、声音等，只是宇宙大我的一个方面，也反映了这种拟人论的痕迹。BṛihIII·9·10—17 提出色、身、欲、日、声音、阴影、镜中光、水等八有（原人的八个方面）与火、心、眼、耳、心等八界（八种生命现象）以及诸大、女人、真理、四方、死、生命、雨水、祖宗八神（八种对象）的对应，也反映了对宇宙的拟人化理解。

即使在中、晚期奥义书中，也往往能看到此种观念的余响。如 Muṇḍ II·1·3—10 就直接采用了梵书的宇宙原人观念，其云：“3 由彼（宇宙原人）生元气，及诸根与俱，空、风、火及水，承万有之地。4 火即是其头，日月为其目，诸方为其耳，吠陀为其言，风为其元气，其心即世界，地出于其足①。信然彼乃是，一切之自我。5 由彼且生火，其薪为太阳。由月生雨水，草木生于地。阳注精于阴，原人生众生。6 由彼生《黎俱》，《娑摩》与《夜珠》，以及开导仪，诸祭祀、仪法，祭祀之布施（为献于祭司者），年与施祭者，及日月于彼，闪耀之世界②。7 复次诸天神，多方由彼生，娑底天、人、畜、禽，入气与出气，稻、麦与苦行③……。8 复次由彼生，七元气、七焰，七薪、七祭品，以及彼七界④……。9 由彼生诸海，及所有群山。由彼生草木，以及其菁华。10 补鲁沙自身，即此每一物⑤。”Praś VI 也说十六分之原人，即是宇宙万有的根源、全体：“诸分依止彼，如辐于轮毂。我且知彼为，至上补鲁沙！”ŚvetIII·14—16 则直接引自吠陀及其他文献，云：“14 原人（神我）具千首，千目又千足，遍围此大地，又超出（大地以）十指（之宽）⑥。15 信然此原人，即是全世界 / 已是及将是⑦……16 每侧有一手，每侧有一足，及一头、面、目，一切处有耳。骞彼乃持住，包容万有尽⑧。”

---

① 见 ṚV X·90·14。

② 日、月于彼闪耀之世界：分别指天神界与父祖界，盖以父祖居于月宫，而天神道以日为终点；灵魂由前者复坠于地，由后者乃达乎梵界。

③ “入气与出气，稻、麦”，来自 AV X I·4·13。

④ 七元气：七感官，即两眼、两耳、两鼻孔、一口。七焰：七感官之活动。七薪：感官触境而生之各自印象。七祭品：与七元气相应之识，即视、听、尝之识。七界：七感官各自于其中活动的境界（以上根据商羯罗释）。此处以祭祀比喻元气之活动。

⑤ 此二句来自 ṚV X·90·2。

⑥ 此偈即 ṚV X·90·1；AVXIX·6·1；Vāj SaṃX X X I·1；Tait ĀraIII·12·1。

⑦ 此偈即 ṚV X·90·2；AVXIX·6·4；Vāj SaṃX X X I·2。

⑧ 此偈同于 BG X III·13。

与上述拟物化的宇宙观一致，这种拟人化的宇宙观，也试图通过将人的身体结构投于宇宙，以使相互分离的万物具有普遍的存在关联。它可能也与一种绝对的自我反省有关。这种反省将宇宙与自我等同，但是这反省是外在的，因为它没有认识到自我内在的心灵、思想、意识的真实价值。

在奥义书中，与存在的拟人化一致的是人与宇宙同构的观念。盖存在、大梵既然是一个宇宙大我，则其内容、结构自然会与人的小我相沟通。因此人与宇宙同构的观念，亦是梵书、奥义书的主要观念之一。如 Tait I・7 开示五分说，谓世界、万有各为五分，若知此五分义，则得五分之世界全体。其云宇宙与人各自可分为三个层面，每个层面各有五分，可列表如下：

| | | | | | |
|---|---|---|---|---|---|
| 宇宙（adhi-bhūta） | 地 | 中空界 | 天 | 四方 | 四方间 |
| | 火 | 风 | 日 | 月 | 星 |
| | 水 | 植物 | 树木 | 虚空 | 身 |
| 人（adhy-ātma） | 上气 | 通气 | 下气 | 出气 | 腹气 |
| | 视 | 听 | 意 | 语言 | 触 |
| | 皮 | 肉 | 肌 | 骨 | 髓 |

其中，首先，在宇宙与人各自内部，其三个层面之五分各各对应且实质相同。如宇宙可分为：地、中空界、天、四方、四方间五界；火、风、日、月、星五天；水、植物、树木、虚空、身（这里指物质的宇宙，为梵的身体，即“Virāṭ”）五体。这五界、五天、五体之间一一对应且同质。人亦可分为：上气、通气、下气、出气、腹气五气；视、听、意、语言、意五根；皮、肉、肌、骨、髓五体。这五气、五根、五体之间亦是一一对应且同质。因此宇宙与人各为一内在关联的系统。其次，不仅宇宙与人两个系统的三个层面一一对应且同质，而且三个层面之各自五分亦一一对应且同质。宇宙之五界、五天、五体，分别即是人之五气、五根、五体，其中地、中空界、天、四方、四方间五界就是上气、通气、下气、出气、腹气五气，火、风、日、月、星五天就是视、听、意、语言、意五根，如此等等。故宇宙与人，乃为同一存在系统之两个侧面。奥义书试图以此把握存在的内在结构。类似地，AitaI・1—2 云由至上神创造宇宙原人，由宇宙原人之（1）口、鼻、眼、耳、皮、心、脐、生殖根，生成（2）语言、上气、视、听、毛发、意、下气、精液诸根，由后者生（3）火、风、日、诸方、草木、月、死亡、水诸神。于是至上神乃创造一与宇宙原人同样的人形为诸神居处。故火化为语言，入其口；风化为上气，入其鼻；日化为视，入其眼；诸方化为听，入其耳；草木化为毛发，入其皮；月化为意，入其心；死化为下气，入其脐；水化为精液，入其生殖根。这也是通过由原人分化出诸根、诸神，且后者又重新进入人体的神话，表明了人与宇宙的同质同构。

### 5. 祭祀学的存在

吠陀中还有一个可贵的传统是对法则的崇拜。吠陀称法则为“黎答”(Rta)。黎答既是自然的规律，即日月等运动之常轨，亦是道德的准则和祭祀的规范，其意义大概相当于中国古代所谓“天理”。如ṚV I・24・8云：“黎明谨遵，黎答之道，彼为正道，如前所视。黎明循之，无过不及。日神亦行，黎答之道。”整个世界都按照黎答的法则运行。黎答其实就是存在的普遍法则，通过它，事物具有了普遍、必然的关联，从而构成一个统一整体。黎答的观念体现了印度精神中理性思维的新发展。思维扬弃存在的混乱局面，也扬弃了拟人化、拟物化加到世界之上的粗鄙、感性的结构，而是试图通过某种抽象法则，实现存在之统一。然而一方面，与时间、因果等法则相比，黎答作为法则仍然是主观的；另一方面，这种黎答崇拜即使在吠陀中也没有坚持下去，在以后的梵书、奥义书思想中，黎答观念丧失其重要性，而且其内涵也退化了，它逐渐丧失其作为自然律、道德律的意义，而主要成为祭祀的法则。黎答崇拜最终被对祭祀仪式的崇拜代替。对祭祀仪式的崇拜则属于祭祀崇拜的一部分。

正如拉达克利须南指出，在现在的研究者中，奥义书对祭祀之责难被大为夸大了①。而这种夸大扭曲了这样一个事实，即奥义书思想不是产生于对梵书祭祀宗教的革命，相反它正是从祭祀敬思中生成的。最早的奥义书思想，就完全继承了梵书的祭祀崇拜。这种崇拜导致祭祀仪式、祭祀咒语、祭坛等的结构，被当作世界存在的结构。此种观念看来荒诞迂阔，但在梵书和早期奥义书中乃蔚为主流。其又可分为以下几种类型。

(1) 祭仪作为世界存在的形式结构。人类精神最初认识到的因果关联，就是实践的目的—手段关联，后世的客观因果关联乃以此种主观关联为根源。而包括印度民族在内的许多民族在其神话精神阶段的主要实践是祭祀、巫术，因而祭祀、巫术的结构被当作世界存在的形式，在不同民族中都曾存在。此如华夏民族根据巫术性质的卦象及卦的变化来理解世界的存在与运动。许多原始文明以祭祀象征宇宙的生成和结构，如澳洲土著迄今仍持此种观念。而在祭祀实践病态地膨胀的梵书时代，此种观念更是被无限重复，成为令吾人反感的陈词滥调。祭祀的形式、过程体现宇宙的结构和生成，乃至创世也被认为是通过祭祀进行。婆罗门的祭仪，乃是使创造世界的宇宙祭祀得到重复、维持。因而世界存在就是一个祭祀学的整体，万有被通过祭仪的关联组织起来。祭仪的内容与宇宙、人类一一对应。如Sat BrāVI・2・2・3，

① Sarvepalli Radhakrishnan, *The Principal Upaniṣads*, George Allen & Unwin LTD, London, 1953. 675.

4 说人有二十一分（十指、十趾、身体），祭有二十一颂，宇宙亦有二十一分（太阳、三界、五季、十二月），三者乃为同一。Sat BrāX I · 7 · 4 · 4 云祭祀为五分，牺牲为五分，季节为五分，等等。此种想象在早期奥义书被完全继承。如 Bṛih I · 4 · 17 云："祭祀为五分。牺牲为五分。人为五分。世界为五分。人若知此则得此五分之全世界。"其中祭祀五分即祭祀之五献（即诸神、人类、仙圣、父祖、生灵），人之五分为末那、语言、眼、耳、元气，世界五分即月、火、日、空、风。此各五分一一对应，人与世界之五分结构乃以祭祀为模型。BṛihIII · 1 · 3—6 则以四位祭司等同于宇宙、自我的四种存在方面：Hotṛi 祭司即是火、语言；Adhvaryu 祭司即是日、眼；Udgātṛi 祭司即是风、元气；Brahman 祭司即是月、末那。在早期奥义书中，此类观念简直达到了泛滥成灾的地步。

（2）Udgītha（祭祀中之《娑摩吠陀》吟唱，由 Udgātṛi 祭司唱之）、Uktha（祭祀中之《黎俱吠陀》诵出，由 Hotṛi 祭司诵之）、Gāyatrī 律（黎俱的一种诗律，每节由三行八音组成）、vyāhṛti 声（仪式中念出之单音咒语）等与宇宙的同构。在今人看来，凡此皆为迂腐笨拙之想象。此如 Chān I · 3 · 6—7 以为 Udgītha 包含的 ud、gī、tha 三音，分别即是天、空界、地；日、风、火；《娑摩吠陀》、《夜珠吠陀》、《黎俱吠陀》，以及元气、语言、食物。故人应敬思 Udgītha 包含天、空界、地；日、风、火等。BṛihV · 14 · 1—3 以为 Gāyatrī 每行八音，而地（bhū-mir）、空（an-ta-ri-kṣa）、天（dy-aur）亦合为八音；上气（prā-ṇa）、下气（ap-ā-na）、通气（vy-ā-na），以及颂诗（ṛ-cas）、诵祝（ya-jūṁ-ṣi）、唱赞（sā-mā-ni；以上三者即三吠陀）亦各合为八音。是故由 Gāyatrī 即可理解宇宙、人、吠陀的结构。同理，ChānIII · 12 · 1 亦说 Gāyatrī 律即是一切现在和将来者。在早期奥义书中，另外一种常见的想象是以 vyāhṛti 象宇宙之结构。盖 vyāhṛti 者，乃为"Bhūr！ Bhuvas！ Suvar！"三音，原皆无义，为祭司唱诵吠陀出现差错时，唱之为匡救者。早期奥义书每以之表现宇宙、自我之结构。如 TaitI · 5 · 1 说 vyāhṛti 加上"Maha"为四音，此四音即一是地、空、天、日，二是火、风、日、月，三是《黎俱吠陀》、《娑摩吠陀》、《夜珠吠陀》、圣智，四是上气、下气、通气、食；是为四分 vyāhṛti，以为存在、自我之结构整体。类似地，Bṛih V · 5 · 3—4 也提到 vyāhṛti 即宇宙巨人，及人的内在自我，其头即 Bhūr，其臂即 Bhuvar，其足即 Svar。ChānI · 13 乃说 stobhākṣara 字与世界存在之同构。盖 stobhākṣara 者，乃为唱《娑摩吠陀》时，于颂文空阙处所补之字，以谐于音乐。ChānI · 13 · 1—4 曰 stobhākṣara 之 hā-u、hā-i、atha、iha、ī、e、ū、au-ho-i、hiṅ、svara、yā、vāc、hum 共十三字，分别即是地、风、月、我、火、日、请召、众神、生主、元气、食、毗罗吒（物质世界）、非显者，故其乃统摄此宇宙为一体。

ChānII · 2—22 乃以五分娑摩，摄万有皆尽。盖五分娑摩者，即娑摩吟唱之五部分，谓 Hiṅkāra（引唱）、Prastāva（导赞）、Udgītha（高唱）、Pratihāra（回唱）、Nidhana（结唱），每分皆有其词，取自《娑摩吠陀》。ChānII · 2 乃以为，宇宙之整体，乃至其中万有，皆具此五分娑摩之结构。如于宇宙，则地即是 Hiṅkāra，火是 Prastāva，空界是 Udgītha，太阳是 Pratihāra，天界是 Nidhana。或曰火是 Hiṅkāra，风是 Prastāva，日是 Udgītha，星是 Pratihāra，月是 Nidhana。如于诸界，则地界即是 Hiṅkāra，空界是 Prastāva，天界是 Udgītha，边缘是 Pratihāra，大洋界（指宇宙中包围大地之云汽）是 Nidhana。如于诸水，云即是 Hiṅkāra，雨是 Prastāva，水之东流是 Udgītha，西流是 Pratihāra，大洋是 Nidhana。如于季节，春即是 Hiṅkāra，夏是 Prastāva，雨季是 Udgītha，秋是 Pratihāra，冬是 Nidhana。如于时刻，日出即是 Hiṅkāra，日升是 Prastāva，正午是 Udgītha，下午是 Pratihāra，日落是 Nidhana。如于元气，呼吸是 Hiṅkāra，语言是 Prastāva，眼是 Udgītha，耳是 Pratihāra，末那是 Nidhana。如于人体，毛发即是 Hiṅkāra，皮是 Prastāva，肉是 Udgītha，骨是 Pratihāra，髓是 Nidhana。如是等等。

（3）祭火与宇宙的同构。在 BṛihVI · 2 · 8—16 中，耆跋厘提出所谓五火说（Pañcāgni-vidyā），即反映此种想象。其以每一祭火皆有五分，谓薪、烟、焰、炭、火星，而天界、空界、世间及男女亦皆有此五分，故皆为一祭火。天界为一祭火，以太阳为其薪，阳光为烟气，白昼为焰，四方为炭，中央为火星。空界为一祭火，以年为其薪，云层为烟气，闪电为焰，雷为炭，雷声为火星。世间为一祭火，以地为其薪，火为烟气，夜为焰，月为炭，星为火星。人为一祭火，以张开之口为其薪，气息为烟气，语言为焰，眼为炭，耳为火星。如此等等。ChānV · 3—10 的基本内容与此一致。在这里，祭火包含了宇宙、生命的形式结构。

（4）吠陀的结构也被与宇宙等同。如 Tait I · 5 · 1 说黎俱是地、娑摩是空界、夜珠是天界。TaitII · 3 说宇宙原人以《夜珠吠陀》为其头；以《黎俱吠陀》为其右；以《娑摩吠陀》为其左；以《梵书》为其躯干；以《阿闼婆吠陀》为其下体。此皆以吠陀与宇宙同构。Bṛih I · 5 · 3—5 则想象吠陀与自我、世界的同质同构："3 信然，此自我即由语言、末那、元气构成。4 三界亦如是。地是语言，空界是末那，天界是元气。5 吠陀亦如是。《黎俱吠陀》是语言，《夜珠吠陀》是末那，《娑摩吠陀》是元气。"在早期奥义书思想中，甚至常有将"Ṛic"（黎俱）、"Yajur"（夜珠）、"Sāma"（娑摩）三词各拆分成单音，以沉思其与宇宙结构之关联者（如 ChānI · 7）。

梵书、早期奥义书以祭祀学规定宇宙万有的结构，包含了远古的人们试图理解存在的内在关联的笨拙尝试。这种规定，没有什么事实与逻辑的理由，只是来自一种带有原始巫术性质的猜想。其根据大多只是肤浅、粗鄙的意相类比，或者贫乏、任意的文字游戏等等。在今天看来，它已经没有任何精神价值，基本上应视为奥义书思想中的垃圾。

6. **存在作为时间**

奥义书对于存在结构的以上理解，皆完全是想象的、主观的，而且对于事物是外在的，因而是虚假的，它无法成为普遍、必然的。对于存在的结构的真实理解，必须从存在自身探寻，而非从外部强加给它。这表明神话精神的理性思维在这里还很不完善。然而自由必然推动理性思维的除旧布新。它通过呼唤和倾注，使精神内在的自舍势用展开活动，否定这种主观、偶然的存在观念；亦使自凝势用进一步展开，推动省思将存在统握成客观、必然，因而具有绝对普遍性的统一体。为此省思必须从存在内部发现其统一的法则。这样的法则，最早就是时间。理性思维因而成为客观的。理性思维最早把握的客观、必然的存在关联就是时间。于是时间作为存在统一性的形式，被当作存在的真理、本质、根源。这样的时间崇拜，在所有远古文明中都曾存在。

时间最早往往就被理解为历法。在所有初期农业社会中都存在神话与历法两种意识形态的并行和交织，而且历法甚至逐渐取代神话成为宇宙最高的、主宰的原理①。在华夏的殷商思想中，时与命就是主宰世界和人生的基本原理。甚至东周时期，儒道“因时处顺”、“守时顺命”的思想，都是以这样一个观念为基础：时间是最基本的存在秩序（《礼记·月令》表明的生活实践中对时节的绝对尊重，也是以这一观念为基础），乃至就是存在自身的本质。美洲文化也表明了同样的世界图景。从奥尔梅克文化开始，历法或时间就成了与神一样的，独立决定人的命运的力量。它后来甚至成为神的行动的决定者：神依其时节降临。阿兹台克人认为每一时刻都包含着各种神的力量交汇，从而决定人类的生存。在有些美洲神话中，世界的创造者被称为“时间老爷”。在波斯宗教中，察宛神（zurvan），即时间与命运，曾经被认为是宇宙的创造者和主宰者。察宛是雌雄同体的神，从他的子宫生出奥尔马自达和阿赫里曼两个神，分别代表光明和黑暗两种原理，通过二者的对立统一形成世界。在希腊神话中，克罗诺斯（时间）通过对天空神乌拉诺斯的阉割，使天、地分开，暗示时间是最初的宇宙秩序的创造者。奥菲斯教则赋予克罗诺斯更重要的创世论地位，认为他从以太中创造出一只宇宙卵，从中诞生厄罗斯（爱），后者创造其他诸神和世界；或以为海洋之神生下克罗诺斯，克罗诺斯生以太和混沌。早期基督教神学，也曾说到上帝的逻各斯或光，就是存在的时间、尺度和秩序，“光也是钟点、日子，以及我们

① 吴学国：《中国古代哲学中的时间与存在》，《南开学报》2011 年第 1 期。

所有时间的尺度和计数者”。①

在印度传统中，以时间为存在统一性的形式乃至存在的本质的观念，始自吠陀。ṚVX·190·1—3就提出了关于宇宙生成的“时间说”。其以为宇宙产生于年（时间）与水（混沌）的二元化作用。年或时间作用于水，即赋予它秩序、光明，使之脱离混沌未凿的状态。时间就是世界存在、运动的法则、秩序。时间依其法则、秩序创造日月、开辟天地、主宰世界。“时间说”在梵书和《阿闼婆吠陀》中受到极大重视。梵书说年就是生主，是世界的创造者。如Sat BrāX·4·2·2：“生主即年，创造了一切事物，包括有呼吸的与无呼吸的、人与神。”年就是宇宙的全体，它把宇宙万物摄于自身，一切在其中皆为同一（Sat BrāX·5·2·20）。《阿闼婆吠陀》用“伽拉”（kāla，即时间）取代“年”这个过于朴质的称呼。其云世界万有皆由时间所生，且安立于时间，被时间主宰。如AV X IX·53·5；9；10：“5时间生天空，时间生大地。已有将有者，时间促彼生。9时间生宇宙，时间促彼行，时间安立彼。时间诚为梵，安立彼生主（胜持氏）。10时间于泰初，创造诸生命，创造彼主宰（生主）；惟彼自存者：伽叶与达帕（热力），皆时间所生。”

此种时间崇拜，亦被早期奥义书继承。如Bṛih I·1·1以为宇宙祭马就是年，其云：“年为祭马之身，天为其背，空界为其腹，地为其腹底，四方为其侧，四方之间为其肋骨，季节为其四肢，月与半月为其关节，昼夜为其足，星辰为其骨，云彩为其肉，沙子为腹中食，江河为其肠。其肝肺即众山。草木为其毛。东方为其前，西方为其后。其呵欠为闪电。当其摇动其身，乃为暴雷。其溺为雨。万籁为其声。”BṛihI·5·14云：“生主即是年。彼包含十六分。”此类说法，皆继承梵书以年为宇宙统一体之义。TaitIII·1亦云：“万有由时出，复由时生长，且于时消亡。时有相无相。”甚至在晚期奥义书中，以年为存在之绝对整体的观念，仍有余响，如Praś I·9—13（有删节）：“9信然，年即是生主。彼有二道，曰南道与北道②。……就此有偈云：11人称其为父，五足十二相，具丰沛之水，住天之上部。或称彼照远，乘七轮六轴（之车）③。12如实，月份即是生主。其暗之半月为物质，其明之半月为元气。是以仙圣于明之半月行祭；余者于另外半月行祭。13如实，昼夜即是生主。于中昼为元气；夜为物质。”Mait VI·14—15（有删节）：“万有由时出，复由时生长，且于时消亡。时有相无相。……如实此万有皆生于年。信然，彼等由年生已，复于年生长。彼等亦消亡于年。是故，

① 狄奥尼修斯：《神秘神学》，三联书店1998年版，第26页。

② 分别谓太阳南行或北行之半年，见BṛihVI·2·15；ChānIV·15·5，V·10。

③ 五足十二相为年之五季、十二月。七缰者指年之七分，即半年、季、月、半月、昼、夜六分，再加上年而为七。六轴，即年之六季。此偈为ṚVI·164·12。

信然，年即生主，即时间，即食物，即梵处，且即至上我。”晚期奥义书往往试图将这种时间说，作为一个观念层面，整合到其形上学系统中。于是时间作为存在的统一性，往往只是对经验、世俗的世界才有效。

尽管对时间的绝对性的领会，表明奥义书的理性思维首次领会了存在（这里仅指自然存在）统一性的客观、必然的形式，因而把握住了存在关联的真理。然而一方面，对于自然存在而言，时间（及空间）作为存在关联，仅仅是外在的，唯因果性才是真正内在的关联，神话精神将时间作为唯一普遍必然的原理，意味着精神还没有确立因果法则的绝对性，理性还没有把握自然的因果统一性，这表明理性思维还有很大的拓展空间。理性思维这种局限性，反映出精神内在的自凝势用的展开在此受到牵制。另一方面，时间作为统一性只是一种形式上的、量的统一，省思要实现一种质的统一，就必须领会那作为所有事物的共同实质或本质的原理。这样的领会在神话精神中也不存在。然而在自由促动下，精神必然使其内在的自凝、自反势用进一步展开活动，推动理性思维的进一步拓展。这一发展终将导致因果法则的绝对普遍性的确立，及建立其上的宇宙生成论图景的出现。于是精神终于扬弃其神话的存在，进入其功利的阶段。

## 二、宇宙论的存在

当人们说“某物即世界”时，可能意味着这某物是一个绝对的全体或总体；而当说“世界即某物”时，则意味着世界是以某物为绝对实质的。只有后者标志着思维已进入实质论的阶段。奥义书的实质论就是如此，它明确将日、火、水、风等感性实在规定为绝对。于是一方面，这些实在扬弃其个别性，而成为绝对、普遍，成为万有的本原、真理；另一方面，绝对便不再是仅属于观念的模糊表象或抽象的形式，而是落实到某种具体的实在上面，成为被专门思考的实有之物。

奥义书精神对一种普遍宇宙实质的领会，乃是理性思维、反省思维和否定思维发展的共同结果。其中，精神内在的自舍与自凝势用推动理性思维进一步拓展其存在构造，将那相对松散的时间统一体，重构为更加紧密的、由事物内在关联结合起来的因果统一体，而因果律的绝对普遍性在省思中的确立，就在于省思通过这因果法则，将全部存在追溯到一种最终的共同根源，即存在的实质。因此，理性思维的开展必然导致存在实质观念的形成。另一方面，精神内在的自舍与自反势用推动反省思维否定感性的个别性，确立某种普遍的实在或实质为绝对真理。在奥义书中，自反势用（在其自身绝对化的展开中）还推动反省进一步深化，成为自我反省，从而领悟到这实质就是自我。在这里，由于精神自舍与自反势用的推动，一方面奥义书的超越思维首先领悟到作为感性个别性之否定的绝对实在或实质；另一方面，其反省思维从这绝对实在认出自我，领悟到自我与实质的同一。就前一方面而言，奥义书思想的成就与伊奥利亚的泰勒斯宇宙起源于水和阿那克西米尼宇宙起源于气的理论，以及与中土思想的气论一致。然而无论是爱奥利亚的哲学家，还是中土思想，都缺乏奥义书的自我反省，没有领悟到自我与实质的同一。这表明了精神的自由在其实现中的差异性。

在早期奥义书思想中，这宇宙实质亦有两种，代表了存在省思的两个阶段：前一阶段是感性的，将实质理解为一种感性的普遍物，如日说、水说以至虚空说；后一阶段是知性的，将实质理解为抽象的普遍性，即本质，其中最典型的是优陀罗羯的原质论。其中，在前一阶段思想所属的奥义书文本中，仍然像在吠陀一样，作者一般是匿名的，这与奥义书的一般风格不一样。考虑到它们的思想亦与奥义书典型思想存在相当大的距离，而是上接吠陀晚期的宇宙论，可以推测它们应当属于奥义书中最古老、原始的年代层面。这一年代一方面直接衔接吠陀，因而自然地接受了后者的启示文学风格，其中包括作者的自我忽视（在启示文学中作者总是匿名的）；另一方面，此时的思想者们缺乏一种相互差别意识（譬如在吠陀中看不到思想争论），缺乏后来那种学派意识，所以他们可能将这些思想归属于社会的共同体，尚不习惯将其归属于自己。尽管我们在奥义书中找到了一些学者作为这些思想的代表，但这些学者，以及这些思想被编入现存的奥义书的年代，应当大都是在这些思想形成很长时间以后的，他们的名字一般都是委托的。属于后一阶段的奥义书文本，一般都明确地将其学说归属于某一作者（尽管这作者也可能是委托的）。这也很清楚地表明二者不属于一个时代。兹将其观念胪列如下以论之。

1. 日　说

在《唱赞奥义书》（ChānV・13・1）中，婆罗门补卢室（Satyayajña Pauluṣi）告诉王族该祇夜说，他所敬为阿特曼者为日；该祇夜指出补卢室所敬为阿特曼者，乃是作为具众相者（Viśvarūpa）之大我。补卢室的说法属于奥义书最古老层面的日说（āditya-vāda），即以日为存在本原和基础的说法，但补卢室在这里没有对此说作直接的阐明。而《广林奥义书》（BṛihV・5・2）对此有明确的开示，其云："彼太阳即是真有。彼日轮中之人与右眼中之人相互依持。前者通过光线为后者依持，后者通过元气为前者依持。"① 此即以日为宇宙和人生命之依持、基础。而奥义书释日说之更

① 此中以为人的灵魂是日中之神进入于人身而居于右眼，且死时此灵魂乃循太阳光线复归于日，乃是梵书、奥义书中较通常的想象。

详细内容，乃见于ChānIII · 1 · 1—11 · 6，其云：

1 · 1 信然，彼太阳为诸天之蜜。天界是其横梁。空界是蜂巢。光粒是蜂卵。2 太阳之东面光线为其东面蜂房。黎俱祷诗为蜜蜂。《黎俱吠陀》为花。其蜜汁如是滴出：信然，此黎俱祷诗。3 采蜜于《黎俱吠陀》（花），由彼（《黎俱吠陀》），当彼被采时，乃生光荣、令誉、力、能与食，为其蜜汁。4 彼（蜜汁）即流出。彼遂趋向太阳。信然，彼即太阳之红相（rohitam rūpa）所是者。2 · 1 如是其南面光线为其南面蜂房。夜珠仪式为蜜蜂。《夜珠吠陀》为花。其蜜汁如是滴出。2 信然，此夜珠仪式，采蜜于《夜珠吠陀》，由彼（《夜珠吠陀》），当彼被采时，乃生光荣、令誉、力、能与食，为其蜜汁。3 彼遂流出。彼遂趋向太阳。信然，彼即太阳之白相所是者。3 · 1 如是其西面光线为其西面蜂房。娑摩颂歌为蜜蜂。《娑摩吠陀》为花。其蜜汁如是滴出。2 信然，此娑摩颂歌，采蜜于《娑摩吠陀》，由彼（《娑摩吠陀》），当彼被采时，乃生光荣、令誉、力、能与食，为其蜜汁。3 彼遂流出。彼遂趋向太阳。信然，彼即太阳之黑（kriṣṇa）相所是者。4 · 1 如是其北面光线为其北面蜂房。阿闼婆案吉罗尸（Atharvāṅgiras）颂诗为蜜蜂。史传（itihāsa）、往事书（purāṇa）为花。其蜜汁如是滴出。2 信然，此阿闼婆案吉罗尸颂诗，采蜜于史传、往事书，由彼（史传、往事书），当彼被采时，乃生光荣、令誉、力、能与食，为其蜜汁。3 彼遂流出。彼遂趋向太阳。信然，彼即太阳之极黑（para kriṣṇa）相所是者。5 · 1 如是其上面光线为其上面蜂房。秘教（奥义书）为蜜蜂。大梵为花。其蜜汁如是滴出：2 信然，此秘教，采蜜于梵，由彼（梵），当彼被采时，乃生光荣、令誉、力、能与食，为其蜜汁。3 彼遂流出。彼遂趋向太阳。信然，彼即于太阳中央翻动者之所是。4 信然，彼即实质之实质，因为吠陀是实质，而彼为吠陀之实质。信然，彼为蜜汁之蜜汁，因为吠陀是蜜汁而彼为吠陀之蜜汁。6 · 1 以阿耆尼为首，婆苏天赖头道蜜汁（即《黎俱吠陀》）而活。信然，彼天不饮不食，仅目视此蜜汁即满足矣。2 彼进入太阳之红光，并由彼光而出。3 谁若如是知此蜜汁，乃成为诸婆苏天之一，且以阿耆尼为首，仅目视此蜜汁即得满足。彼乃进入彼光且由彼而出。4 与太阳东升而西落同久，彼（如是知蜜汁义者）为婆苏天之主人、真宰。7 · 1 以因陀罗为首，禄陀罗天赖二道蜜汁（即《夜珠吠陀》）而活。信然，彼天不饮不食，仅目视此蜜汁即满足矣。2 彼进入太阳之白光，并由彼光而出。3 谁若如是知此蜜汁，乃成为禄陀罗天之一，且以因陀罗为首，仅目视此蜜汁即得满足。彼乃进入彼光且由彼而出。4 二倍于太阳东升而西落，为太阳南升北落之时，与此同久，彼（如是知蜜汁义者）为禄陀罗天之主人、真宰。

8·1以婆楼那为首，阿底提天（Ādityas）赖三道蜜汁（即《娑摩吠陀》）而活。信然，彼天不饮不食，仅目视此蜜汁即满足矣。2彼进入太阳之暗光，并由彼光而出。3谁若如是知此蜜汁，乃成为阿底提天之一，且以婆楼那为首，仅目视此蜜汁即得满足。彼乃进入彼光且由彼而出。4二倍于太阳南升而北落，为太阳西升东落之时，与此同久，彼（如是知蜜汁义者）为阿底提天之主人、真宰。9·1以须摩为首，摩禄特天（Maruts）赖四道蜜汁（即《阿闼婆吠陀》）而活。信然，彼天不饮不食，仅目视此蜜汁即满足矣。2彼进入太阳之极暗光，并由彼光而出。3谁若如是知此蜜汁，乃成为摩禄特天之一，且以须摩为首，仅目视此蜜汁即得满足。彼乃进入彼光且由彼而出。4二倍于太阳西升而东落，为太阳北升南落之时，与此同久，彼（如是知蜜汁义者）为摩禄特天之主人、真宰。10·1以梵为首，娑底耶天（Sādhyas）赖二道蜜汁（即《奥义书》）而活。信然，彼天不饮不食，仅目视此蜜汁即满足矣。2彼进入太阳之白光，并由彼光而出。3谁若如是知此蜜汁，乃成为娑底耶天之一，且以梵为首，仅目视此蜜汁即得满足。彼乃进入彼光，且由彼而出。4二倍于太阳北升而南落，为太阳上升下落之时，与此同久，彼（如是知蜜汁义者）为娑底耶天之主人、真宰。11·1于是，当其升至天顶，乃不复升、降。彼将独居中央。于此有偈云。2于彼界不落，亦不复升起；诸天以此真，护我不失梵。3信然，于彼如是知此大梵奥义者，太阳不升不落，于彼恒为白昼。5信然，父亲应唯授此义于长子或可靠之学徒。6而非任何别人，纵有人献以此大洋所包围之全部大地及其上之所有财富，（因为）此（教义）较彼（大地及财富）更珍贵！噫，此较彼更珍贵！

此则奥义书没有涉及作者，它的宇宙观完全由祭祀规定，它提到的神仍然是吠陀—梵书的旧神，这些都暗示它所处的时代是属于梵书的。它以为梵就是宇宙中的太阳，但不是形器的太阳，而是其实质。在这里，太阳被比作蜜汁。尽管此则奥义书的学说亦被称为“蜜汁说”（madhu-vāda），但与Bṛih II·5·1—15不同的是，在这里蜜汁仅为譬喻，谓万有实质之意。此则奥义书的核心观念即太阳是万有实质。

此说通过一种昏乱的祭祀学想象（在梵书和早期奥义书中，这类貌似深刻独到，其实平庸肤浅的想象是随处可见的），被与吠陀崇拜联结起来。它将黎俱祷诗、夜珠仪式、娑摩颂歌、阿闼婆案吉罗尸颂诗、奥义书比作蜜蜂，将《黎俱吠陀》、《夜珠吠陀》、《娑摩吠陀》、史传与往事书比作花。蜜蜂采于此花而得蜜汁。蜜汁通过太阳的光线流向它，而构成太阳的（具红、白、黑、深黑及翻动相之）实质，故太阳为诸吠陀之实质。此则奥义书（5·4）还提到“吠陀为实质”，故太阳为“实质的实质”（rasānām rasā)。云何吠陀为实质？此书不表。应释曰：吠陀为万有之实质。盖此义在其他奥义书中有明确的开示。比如ChānIV·17说生主于诸界之上修苦行。当此诸界被施苦行已，生主乃抽出其实质：由地出火，由空界出风，由天界出日。生主复于此三天（火、风、日）上修苦行。当此诸天被施苦行已，生主乃抽出其实质：由火出《黎俱》，由风出《夜珠》，由日出《娑摩》。此谓三吠陀为一切存在之实质。ChānIII·1·1—11·6的日说，应以此说作为补充，故日说的完整思想应是：吠陀为万有之实质，太阳为吠陀之实质，故太阳为实质的实质①。

以太阳为存在之绝对真理，在其他奥义书文本中亦多有表现。如ChānIII·19阐明太阳即是大梵，云："1 太阳即是大梵，此即所教。就此有详释曰：于初此世界只是非有，彼（非有）即是有。彼乃发育，而为一卵。历时一年，彼乃分裂。其壳一半成为银，一半为金。2 其为银者即地。其为金者即天。其外膜即丛山，内膜即云雾，脉管即江河，体液即海洋。3 复次，由此所生者即彼太阳。当其初生，万物欢腾，万有及众欲皆趣之。是故每当其升起、复出，万物欢腾，万有及众欲皆起而趣之。4 人若如是知彼（太阳），且敬思太阳为梵，则受欢呼且喜悦，且喜悦！"其说乃为渊源于《黎俱吠陀》的金卵说（ṚVX·129·3，121·1）和日说的结合。ChānVIII·6谓人死灵魂当由太阳光线上升，最终进入太阳之中，亦反映了太阳作为存在之真理、归宿之意。在晚期奥义书中，亦可看出日说的遗迹。如Praś I·10—11："10 然则彼依苦行、净行、正信、正智而追求至上我者——彼等由北道而得日界。信然，彼（日界）即元气之依处（āyatana）②。彼即不死者、无畏者。彼即究竟归宿。彼等不复由彼返回——如其所言。彼即灭尽（nirodha）。就此有偈云：11 人称其为父，五足十二相，具丰沛之水，住天之上部。或称彼照远，乘七轮六轴（之车）③。"在这里，日说被与时间说结合起来，此奥义书还试图将此说整合到其书的超验形而上学体系中。

早期奥义书标榜祭祀，而不谈智慧、解脱，故至优陀罗羯，尚未说及智慧的作用，而上引唱赞第三章则说之甚明，盖以太阳本即象征智慧故。其云孰若知黎俱祷诗、夜珠仪式、娑摩颂歌、阿闼婆案吉罗尸颂诗、奥义书之蜜汁，则不仅成为婆苏天、

---

① 吠陀与风、日等自然物互为实质的循环模式，ChānIV·17亦有开示。其云生主由诸天抽出黎俱、夜珠、娑摩三种实质已，又于此三吠陀上修苦行。当此三吠陀被施苦行已，生主乃抽出其实质：由黎俱出bhūr，由夜珠出bhuvas，由娑摩出svar。bhūr，bhuvas，svar，为仪式中所诵的三个单音，被认为有神秘意义。三者分别暗示地、空、天。故地、空、天又分别为三吠陀的实质。

② āyatana：住处，领域，座，如佛教所谓"十二处"（dvādaśa āyatanāni）。

③ 此偈原为ṚV I·164·12。"五足十二相"为年之五季、十二月。七缰者（亦见于AV XIX·53·1—4），即时间之七分，曰年、季、月、半月、日、夜、时。六轴，学者或释为六季，然似乎释为宇宙之六方（东、南、西、北、上、下）更合理。

禄陀罗天、阿底提天、摩禄特天、娑底耶天之一员，享用蜜汁，而且为相应诸天之主宰。其云知此者享用蜜汁的时间为不可思议。此奥义书设想了一种完全不可能的情况——如太阳西升而东落！而知此义者，其享用蜜汁的时间，乃为此种情况出现所需时间之数倍。而于彼如是知大梵之奥义者，太阳不升不落，恒在中天。此谓得此智者进入梵界，于彼慧日高照，故恒为白昼。

奥义书反映的这种日说，甚为古老，属于梵书早期，与吠陀日神崇拜衔接。盖黎俱的迪贾氏（Dirghatamas）说，即将宇宙秩序及世界的万有归结于太阳（ṚV I·164·1—52）。《阿闼婆吠陀》说日神化身为一梵志，创造天地万物，“此梵志生育，梵、诸水、世界，生主与自然，亦为一原卵，入永恒子宫。”（AVX I·5·7）梵书说太阳就是梵主、真理、大梵（Sat Brā X IV·1·2·15, XIV·1·2·22, X IV·1·3·3），为人瞳中之小人（X·5·2·7），是世界的灵魂，生命的基础、本质（VI·3·1·12）。由此可知，奥义书之日说，基本内容皆是直接继承吠陀、梵书而来。此引唱赞第三章将日说与吠陀的甘露说（Madhuvādā）结合，以及ChānIII·19将日说与金胎说结合，其基本思路也是吠陀、梵书中已经存在的。盖甘露说源于须摩汁崇拜。吠陀以为须摩本身具有光明性，是流动的火或光（ṚVIX·9·3,8；ṚVIX·15·5, etc.），这导致须摩往往被与太阳同化（ṚVIX·63·7—9），甚至是它给予太阳光明（ṚVIX·28·5, IX·37·4, IX·63·7—9）。吠陀、梵书亦每将孵出宇宙的原始金卵说为太阳。盖设想存在根源为漂浮在宇宙洪水之上的光耀金胎，本来就取像于太阳从海底升起的景象，因而将金胎等同于日，也是很自然的。

2.水　说

将存在之本原、实质说成水，乃是世界各文化曾经普遍具有的宇宙论构想。米利都学派的泰勒斯就曾主此说。《巴比伦史诗》也推想宇宙太初是一个混沌的汪洋世界，其中生活着男神阿补苏和女神提阿马特，二者分别代表淡水和咸水。诸神、宇宙就是通过咸水和淡水的结合产生的。几乎所有民族都曾有过世界从大洪水中诞生的构想。在吠陀——奥义书思想中，此种观念亦颇常见。

在ChānV·16中，浮底拉·阿湿婆多罗（Buḍila Āśvatarāśvi）说他敬阿特曼为水。他大概代表了最早的奥义书中尚有的以水为万物实质、本原的思想，但是他并没有将其思想详细展开。可能比阿湿婆多罗年代更早的BṛihV·5·1和AitaI·3·2，则说之较详。

BṛihV·5·1说万物本原是水，梵天、生主皆由水而生，其云：“于初世界只是水。彼水生实有。梵即实有。梵生生主。生主生诸天。”同理，Ait ĀraII·1·8亦云：“如实一切皆是水。此（水）是本（原因），彼（世界）是末。此为父，其他为子。凡属于子者必属于父，凡属于父者必属于子。”而ChānVII·10·1—2，BṛihIII·6·1的对话，皆表明了此种思想的痕迹。在ChānVII·10·1—2中，沙那库摩罗提到这样一种观想，谓：“由水凝结而成地、空、天三界，而成诸神、人类、鸟兽、草木，蠕虫、蝇、蚁。此一切皆是凝固之水。其敬思水！人若敬思水为大梵，乃获一切所欲而得满足。”在BṛihIII·6·1中，Gārgī亦提到这样一种观念，谓“一切世界皆由水编织而成，如经与纬。”这两则材料可视为对当时流行思想的反映。

与之不同，AitaI·3·2则以为最初水与梵并存，梵作用于水，遂生万物，其云：“彼乃修苦行（达帕：tapas）于诸水之上。由彼诸水，当其被施苦行，乃生万有（mūrti）。”这其实是一种二元的宇宙发生论。奥义书中常见的大梵、生主立于水中的想象，及洪水与金胎共同生成世界的说法，皆表明了与此一致的图景。

这两种说法皆甚为古老，基本上只是继承吠陀、梵书中的成说。在吠陀、梵书中，水常常与生主一道，被当作创造的基本原理。至于其中何者更为根本，则颇有异说。有谓水最根本者，如Sat Brā X I·1·6·1："于初世界唯有水。水乃欲望：我云何繁殖自身？彼于是操劳，修达帕。当其修达帕时，乃于自身生金卵。……原人生于金卵，彼即生主。”Tait Saṃ V·6·4·2："于初世界唯有水；生主作为风生起于莲花瓣；他寻视无住处，于是见彼大水，乃置火其上，火变成土。”BṛihV·5·1就是继承了此种说法。另外如ṚVX·82·5—6："那先于天、地，先于阿修罗与诸神者，是水中的原卵，众神皆在其内。”Tait SaṃVII·1·5·1："于初世界唯有水；生主作为风行于上；他于水底见土，乃掘出之，置于上；于是土伸展为地；于是生主操劳，创造诸神。”ṚVX·82·5—6则似乎认为生主、金卵是一开始就与水并存的能动原理；AitaI·3·2的说法乃沿于此。

### 3. 火　说

早期奥义书中尚有所谓火说（agni-vāda），以为宇宙及人生命中之一切，皆起源于火。此说的内容可归属于吠陀、梵书的宇宙发生论，且像吠陀颂诗一样完全未提及其作者和传承者，故其可能是在吠陀晚期形成的作品。此如ChānIII·13·7："此炽然于诸天之上、于万有之上、于每一物之上、于至上界中，无有世界超越于它之火（jyotis）——信然，彼即与人中之火相同。人可如是见之，当人触知体内之热。亦可如是听之——当人塞耳，即可听到某种声音，似为燃烧的火焰之声音。人应敬思此所见所闻之火。”此说以为有绝对的宇宙之火，包围诸世界，当其（通过太阳作为孔道）进入此世界，就凝聚为世内的万物，转化为人的内在生命。人的灵魂的实质就是火，当我们捂上耳朵，可听到一种轰鸣声，奥义书相信这就是此内在之火燃烧的声音；而活人的身体是热的，当灵魂离此身而去，身体就会变冷，奥义书以为这也表明灵魂的实质就是火。BṛihV·9亦说有宇宙之火为世界本原，当其进入人体，即成为人的消食之火，其云："此即是进入人之中的宇宙火，它烹熟人吃进的食物。人塞耳所闻者，即它的声音，故人临死时不复闻此声音。"

早期奥义书的火说，基本上是继承吠陀、梵书的思想。盖吠陀即已有将永恒、绝对的火作为世界的实质、生命的猜想。《黎俱吠陀》说火是世界之血液、生命、精神，它作为"无骨者"（无形者）为"有骨者"（有形者）之基础，是"世界的血液、生命与灵魂"（ṚV I·164·4）。它是永恒地燃烧的生命源泉，也是"植物、诸水之种子"（ṚV I·164·52）。它作为不生的唯一者，建立诸世界与六方、五季、十二月，众生皆安立于它（I·164·6）。太阳的实质是火或光（I·164·1—52）。火分三种，即天火（太阳、星星）、空中火（闪电），乃至地火（ṚVI·79·1；Nirukta VII·28）。《黎俱吠陀》说因陀罗、婆楼那、蜜特罗、阿黎曼神等都是阿耆尼（火神）的表现，暗示全部自然现象都是以火为实质的（ṚV II·1·3,4；V·3·1—3）。或曰，由太阳火中的某种实质（palita），形成地、水、火、风、空五种元素，复由此五者形成一切存在，人的灵魂也源于火①。《阿闼婆吠陀》也说创造天地万物的日神（Rohita）就是火，是孵化万物的热力，是宇宙的能源、燃料（AV X III·1·11,13）。它生成天地、宇宙、万物、六方、季节、月份、过去、未来，为世界根源（AV X III·1·6,55；X III·3·1—8）。梵书亦在把生主等同于火之说（Sat Brā II·3·4·8, VI·2·2·8）。其云："火分为四种：下降者、逸出者、上浮者、扩充者。下降者为此世界（人间、地界）；逸出者为空界；上浮者为天界；扩充者为诸方。"（X I·8·3·2）此亦是以火为世界根源。可以说，奥义书的火说基本保持了吠陀、梵书思想的原貌，这也证明它的年代是极为古老的。在奥义书后来的发展中，火说基本被放弃。火被作为一个环节，整合到从梵开始的宇宙发生论序列（较常见的程序是：梵—虚空—火—风—水—土等）之中。尽管如此，此说的残余形态，在晚期奥义书仍然可见。如Praś I·7—8："7 彼火焰遂作为遍在（vaiśvānara）、具种种相（viśvarūpa）之元气升起。有偈开示此说云：8 彼具种种相、金色知一切、为万有归依、为唯一光辉、及施与热量、具千光百色，彼太阳君临，为众生生命②。"此即以火与元气等同，以之为万有根源、实质。Mait VI·2说彼住于心中、以一切为食之大梵，与住于天界的太阳之火是同样的。Mait VI·17说梵即是在太阳及火焰中之火，同时亦是腹内消食之火，"彼于火中者，彼于心中者，彼于太阳中

① Benimadhab Baru, *A History of pre-Buddhistic Indian Philosophy,* University of Calcutta Press, 1921.29.

② 此偈亦出现于MaitVI·8，在后者为开示元气与太阳之同一。

者——彼实为一。”

**4. 甘露说**

早期奥义书所谓甘露说（madhu-vāda 或 madhu-vidyā），被归诸陀底耶·阿闼婆那（Dadhyach Atharvana）。此说甚为古老。它在黎俱吠陀的时代就已存在，据说最早是因陀罗开示给阿闼婆那的[①]。其说产生于《吠陀》—《阿吠斯塔》（Veda-Avesta）时代（即印度、伊朗二族尚未分离的时代）盛行的须摩（在 Veda 中为 soma；在 Avesta 中为 haoma）崇拜。须摩本来是一种从植物提取的带有麻醉性的饮料[②]，并由于其致幻作用而被神化了[③]。它于是被认为是所有生命的活力的源泉（古代希腊人所谓 nektar［琼浆］，亦有此义）。《黎俱吠陀》早期所谓的甘露智（madhu-vidyā），最早就是指发现须摩之知识。到吠陀晚期和梵书阶段，思想的兴趣转移到宇宙发生论层面，于是人们认为须摩不仅是一种植物汁液，而且是世界之精华、实质。它作为一种宇宙原汁（rasā）贯穿在群有之中，就像蜜存在于所有花中。《黎俱吠陀》说须摩“作为原汁流遍世界”，而且“产生诸神”，“生成万有”（ṚVIX·41·6；IX·42·4,5）。它是流动的光和火（ṚVIX·9·3,8；IX·15·5, etc.），是“光曜的甘露”；闪电、日光皆是其流射（ṚVIX·61·16—19）。《百道梵书》说：“梵即是甘露，即是彼等之甘美实质。”（Sat Brā X IV·1·4·13）这些说法，将甘露提升到绝对的存在实质的层次。这种甘露说在奥义书时代仍然有重大影响。奥义书中有多处涉及此说，其中以 Bṛih II·5·1—19 和 ChānIII·1·1—11·6 发挥最详。其中 ChānIII·1·1—11·6 实是借此义开示其日说（āditya-vāda），而 BṛihII·5·1—19 立义较纯粹。故此处以 Bṛih II·5·1—19 为范本。其云：

1 土是万有（sarvāṇi bhūtānī）之甘露（madhu），万有亦是土之甘露。此土中光辉、不灭之人（Puruṣa），及对于（人）自身（adhyātman）而言，此身（śarīra）中光辉、不灭之人（Puruṣa），彼即阿特曼（ātmān）、不灭者、大梵、一切（sarva）。2 水是万有之甘露，万有亦是水之甘露。此水中光辉、不灭之人，及对于（人）自

---

① ṚVI·116·12。据说因陀罗将甘露说开示阿闼婆那后警告他不要将此说传给别人，否则就要他的脑袋。而双马童（Aśvin，亦是吠陀神祇，为孪生兄弟，马身人首）急欲闻道，乃与阿闼婆那密谋，用马首代其头，为其宣说此秘密义。未了因陀罗果取其头（实为马首），而双马童乃复阿闼婆那之首（盖双马童是吠陀中的神医，故能为此）。故其说遂得流布。

② 须摩最早可能是提取自欧亚之间山区地带生长的一种蘑菇（amanita muscaria），后来当雅利安人迁移到南亚，此种植物已不可得，故禅定、苦行等作为通神的手段乃逐渐被强调（ER X III,414—415）。

③ 此种体验，见 ṚVVIII·48·3，5，ṚVVIII·79·2，ṚVX·119·8，12。

身而言，此作为精液的光辉、不灭之人，彼即阿特曼、不灭者、大梵、大全。3 火是万有之甘露，万有亦是火之甘露。此火中光辉、不灭之人，及对于（人）自身而言，此作为语言的光辉、不灭之人，彼即阿特曼、不灭者、大梵、大全。4 风是万有之甘露，万有亦是风之甘露。此风中光辉、不灭之人，及对于（人）自身而言，此作为呼吸的光辉、不灭之人，彼即阿特曼、不灭者、大梵、大全。5 日是万有之甘露，万有亦是日之甘露。此日中光辉、不灭之人，及对于（人）自身而言，此人眼中的光辉、不灭之人，彼即阿特曼、不灭者、大梵、大全。6 诸方（diśa）是万有之甘露，万有亦是诸方之甘露。此诸方中光辉、不灭之人，及对于（人）自身而言，此作为耳①的光辉、不灭之人，彼即阿特曼、不灭者、大梵、大全。7 月是万有之甘露，万有亦是月之甘露。此月中光辉、不灭之人，及对于（人）自身而言，此意中光辉、不灭之人，彼即阿特曼、不灭者、大梵、大全。8 闪电是万有之甘露，万有亦是闪电之甘露。此闪电中光辉、不灭之人，及对于（人）自身而言，此作为热（tejasa）的光辉、不灭之人，彼即阿特曼、不灭者、大梵、大全。9 雷是万有之甘露，万有亦是雷之甘露。此雷中光辉、不灭之人，及对于（人）自身而言，此言音②中的光辉、不灭之人，彼即阿特曼、不灭者、大梵、大全。10 虚空（ākāśa）是万有之甘露，万有亦是虚空之甘露。此虚空中光辉、不灭之人，及对于（人）自身而言，此住于心中虚空的光辉、不灭之人，彼即阿特曼、不灭者、大梵、大全。11 法（dharma）是万有之甘露，万有亦是法之甘露。此法中光辉、不灭之人，及对于（人）自身而言，此作为称法（dhārmas）行的光辉、不灭之人，彼即阿特曼、不灭者、大梵、大全。12 真理是万有之甘露，万有亦是真理之甘露。此真理中光辉、不灭之人，及对于（人）自身而言，此作为守真（sātyas）的光辉、不灭之人，彼即阿特曼、不灭者、大梵、大全。13 人类（mānuṣa）是万有之甘露，万有亦是人类之甘露。此人类中光辉、不灭之人，及对于（人）自身而言，此作为人类的光辉、不灭之人，彼即阿特曼、不灭者、大梵、大全。14 此自我（Ātman）是万有之甘露，万有亦是自我之甘露。此自我中光辉、不灭之人，及对于（人）自身而言，此作为自我的光辉、不灭之人，彼即阿特曼、不灭者、大梵、大全。15 信然，此自我即是世界之主宰，万有之王。正如车轮之所有辐条安立于轴心，一切事物、一切天神、一切世界、一切生命、一切自我皆安立于此大我。18 仙圣（即开示甘露

① 文中“耳”为“śrotra prātiśrūktas”（耳与回声或声音），其中“prātiśrūktas”（回声、声音）可能为衍文，故略不译。

② 文中“言音”为“śābda sauvara”（言词与音调）。

说的仙圣 Dadhyañc Ātharvaṇa）云："彼作二足城（pura，喻人的粗色身），彼作四足城。原人（puruṣa）化为鸟（pakṣī，喻细身），遂入此诸城。"信然，此即住于一切诸城（puriśaya）之原人（puruṣa）①。无物不覆盖之，无物不遮蔽之。19 仙圣云："彼乃依众形，而为种种相。因陀罗以幻，而入于众相，其骏马千万，皆因此被缚。"② 彼（原人）即众骏马。信然，彼即千万，众多无量。梵无先无后、无内无外。此自我即是梵，遍满一切。

奥义书这里所谓甘露，指的是一种作为万有精华的宇宙原质。它既是万有的基础、实质，也是存在之大全、整体。它没有定形、不断流转、随缘成物，就像存在于所有植物中的汁液一样。正由于甘露流贯万有，因而成就一切存在互容互即、层层缘起、无尽融通之义。Belvalkar 评价说："此仙圣（陀底耶）持万物相依之说，因为万物皆因为在自我中且通过它而不可侵害地联结在一起。一切事物皆相互关联，因为它们被归结到同一基础，即自我。……风、日、空间、月、闪电、雷、虚空，甚至黎答（法则）、真如、人类，皆是万有之实质，而万有亦是彼之实质，因为同样的法则，同样的元素，同样的关联把它们联结起来。最终个人自我是万有之实质，万有亦是个人自我之实质，因为同一宇宙大我把二者联结起来。这宇宙大我才是万有之主宰。……此即陀底耶所说的至上存在为唯一，而其表现为多的道理。"③ 此融通之义，庶几可分为以下两方面明之。

（1）事事融通。此奥义书将 bhūta 与 adhyātman 分别对待，二者分别指外在的存在与人的内在自我两方面④。就存在方面，它举出地、水、火、风、日、诸方、月、电、雷、空、法、真如、人类、自我共十四法。其中每一法皆是万有之甘露，而万有亦是此每一法之甘露。与此对应，就自我方面，它亦举出身、精液、语言、呼吸、眼、耳、意、热、言音、心中空、如法行、如真行、人类、自我十四法。此十四法中，同样每一法皆是万有之甘露，万有亦是每一法之甘露。是故法法互为甘露，互摄互即，一即一切，一切即一。奥义书还以为此十四与彼十四本质上是一一同一的，如身与地同、精液与水

---

① 此为对于"puriśaya"与"puruṣa"的文字游戏，其更早的尚有 AVX · 2 · 30："彼大梵之城，原人因之名，人若知此者，离早夭目盲"；Sat Brā X III · 6 · 2 · 1："此城（pura）即诸界，原人即是气（vāyu）。彼因住（śete）于此城而名为补鲁沙（puru ṣa：于城中住者）。"

② 此偈取自 ṚVVI · 47 · 18.

③ S.K.Belvalkar and R.D.Ranade, *History of Indian Philosophy: the Creative Period*, Oriental Books Reprint Corporation, New Delhi, 1974.192.

④ bhūta（bhūtānī 为复数）谓实存者，存在物，众生，精灵，大种（如所谓地水火风四大）。adhyātman 谓内在自我，自身，自己，内身，内心。

同、语言与火同等，故不但是法法互即，而且是内外融通。每一法皆是无碍流动的绝对实质的成分，且法法无碍无阂、互相流通，故随举一法，即包含其他一切法之实质。此事事融通之义，包括三方面：其一、诸法一一互为实质，一法为一切法之实质，一切法亦为一法之实质；其二、诸法互摄互即，互相流通，互相包含，一中有一切，一切中有一；其三、诸法互缘互生，如蜜蜂采蜜，蜜复滋养蜜蜂，亦如种子生大树，大树生种子，是故地、水、火、风以及身、语言、呼吸等，皆一一互为因缘，层层缘起无穷。

(2) 理（阿特曼、梵）事（诸法）融通。事事融通的基础是理事融通，唯事与理融通无碍，事与事方得融通无碍。如商羯罗释云："包括地在内，宇宙各成分皆为互助互缘。依常情，一切互助互缘之物，皆生于一共同根源且将归入之。宇宙亦是如此。此即此节所说义。地是万有之甘露，同样万有是地之甘露或结果，另加地中光辉、不灭之人，与身中光辉、不灭之人，此四者皆为复合之果，即是宇宙。故宇宙由同一根源而生。彼由之而生的同一者，即是实有，即是梵。其他皆为果、转变，只是名字。这就是事事互助互缘说之宗旨。"① 此即是说诸法的互摄互缘，互为因果，必须是因其为一共同原因（本体、实质）之果（表现、行相、转变）——尽管在吾人看来此种推理成立与否尚存疑问（奥义书—吠檀多学说因、果，往往以之指本体、实质，果往往指表象、变异、形相，相当于中土哲学所谓本、末）。对于理事融通之旨，此奥义书及吠檀多学的说义，颇多含糊之处。此处权将奥义书的说义析为以下两方面：其一，自我、梵是一切事物之一味的甘露、实质、根源。此奥义书说"此土中光辉、不灭之人，及对于（人）自身而言，此身中光辉、不灭之人，彼即阿特曼、不灭者、大梵、一切。"此中所谓"土中光辉不灭之人"（pṛthivyāṁ tejomayo' mṛtamaya Puruṣa）及"身中光辉不灭之人"（śārīras tejomayo' mṛtamaya Puruṣa），应分别理解为土、身之实质、基础，这实质在这四者中是相同的，而且此土中光辉、不灭之人，与一切有中光辉、不灭之人相同。总之，每一法中都有一"光辉不灭之人"，且彼于一一法中皆相同，彼即自我、梵。这"人"或补鲁沙，就是梵、甘露之被土等诸法所包含者，如铁器中之铁、金器中之金然，故曰"无物不覆藏彼，无物不为彼充满"。一切事物的实质皆是甘露，都是甘露的转变。通过这甘露、实质的流溢、充满、转化，自我生成万物，且居万物之中②。诸法的实质一味无别，因而它们彼此融贯而为一整体。其二，自我包容万有，为世界之全体，同时支持万有，如毂与辐。Sivananda 释云："宇宙实质上就是自我，

---

① Swami Madhavananda (Trans by), *The Brhadaranyaka Upaniṣad with the commentary of Śaṃkarācharya,* II · 5, Advaita Ashram, Kolkatta, 1934.

② 早期奥义书的轮回说，以为原人在相续流转中分别入于五火等物，乃是将此种甘露相续凝为诸法的说法，在历史维度予以阐明。

大梵，不死者，大全。所谓自我，大梵，不死者，大全之类言词，其意义相同，皆指同一个绝对不二之实有。”① 此则奥义书说随举一法，譬如土，即为四法之复合，谓土、土中之人、身、身之人，此四者皆唯是阿特曼非余。四重之果合于一因之中，彼此互相含融，互相关联，相互依持。宇宙间任一法皆属于此四重之果，且最终归入于梵。梵、自我就是由一切法通过无尽的因缘联结构成的大全。但人因无明，不见全体，故以为有众多法、众多根、众多我、众多世界，而如实只有大梵，唯一无二。自我包括创造、存在、毁灭。创造者与被创造者都只是它。梵正因为是这一跨越时间、空间的绝对，故奥义书说它为“无先无后、无内无外”。同时，正因为梵是一不可分割的整体，故一切法皆是它的体现，随举一物即是梵的全体（适如窥一斑而见全豹，捉人之手即得此人），即包含万有，故可以说一即一切，一切即一②。总之，梵与诸法，是理随事显、事揽理成，理中有事、事中有理，理事互入互融、一际无异。

圆融说与圆满说（参见本节第一部分第二目）有关。盖圆融必是圆满，事物之流通无碍必以全体具足为条件。圆满说是奥义书思想在其神话精神阶段特别强调的。它表达了对于存在全体性的领会。其设想存在为一个具足、完满的整体，无任何亏欠。如 BṛihV · 1 ：“彼乃是圆满，此亦是圆满。圆满生圆满。若抽出圆满，彼仍为圆满。” ChānVII · 8 · 1—26 · 2 以为绝对者包括名、语言、末那、念、想、静虑、智、力、食物、水、火、空、忆、希望、元气等，故为圆满（bhūman）。ChānIII · 14 说大梵“包含一切业，包含一切欲，包含一切嗅，包含一切味，包含全世界”，也表明了这种存在的圆满性。奥义书在这里所谓圆满，强调的只是存在的一种数量上的全体性和丰富性，而非存在者的内在关联。TaitII · 6 也说大梵创造万有复进入之，故它同时包含此（sat）与彼（tya）、显现者（nirukta）与非显现者、有根基者与无根基者、识与（vijñāna）非识、真（satya）与妄（anṛta）。然而正如我们在本节第一部分表明，圆满只是一个量的统一，但是圆融则是一个质的统一，此谓差别万有皆因具有共同的实质而融为一体。

甘露说的事事融通与理事融通，与华严、法华的圆融之学，其亲缘性是一目了然的。故它应视为华严、天台的圆融思想的最早渊源。唯此说影响大乘佛学之途径，尚待进一步考证。

---

① Swami Sivananda, *The Brhadaranyaka Upaniṣad,* II · *5*, Divine Life Society, 1985.

② 如 Swami Sivananda 释云：“一切相互联结。人随触一物，皆触全世界。人随见一物，其所见皆非彼一孤立对象，而是宇宙全体。任何一物皆是甘露、阿特曼。”（Swami Sivananda, *The Brhadaranyaka Upaniṣad,* II · *5*, Divine Life Society, 1985.）

5. 风　说

在奥义书时代，以感性物质作为存在基础的学说，尚有风说（vāyu-vāda）与虚空说（ākāśa-vāda）。风说认为不可见的风或空气是宇宙万有的根源、实质。与此类似的观念，在其他文化早期的宇宙论思考中，亦颇常见。如米利都学派的阿那克西美尼认为气是万物本原，它通过稀释和凝聚产生万物：通过稀释变成火，通过凝聚依次变成云、水、土和石头。而中土思想，自先秦道家就有气本论之说，其说后来被儒家吸收，成为宋明理学的宇宙生成论的基础（张载、二程、朱熹）。

在《黎俱吠陀》中，风往往被与主神因陀罗等同（Indra-Vāyu），它被称之为“世界之胎藏，诸神之灵魂，彼自在而行。其声可闻知，其形不可见。”（ṚVX · 168 · 4）或谓风即诸神之“自我”（即实质）（ṚVVII · 87 · 2，X · 16 · 3）。这里风被认为是宇宙万物的根源、实质，而且它很明显仍是一种外在的物质。在吠陀时代，风由于不断吹拂，故有时被理解为唯一能动的原理，因而为众生生命之本质①。据信人死时其“自我”即入于风中（ṚVX · 92 · 13）。此种理解，是梵书的生命元气（prāṇa）概念的根源。尽管梵书将宇宙元气与风等同，但主要仍是将元气归宿于风，而不是反过来。也就是说，作为一种外在物质，风才是宇宙和生命的本原、实质、基础。首先，就生命元气与风的关系，《百道梵书》说：“元气即是风，而信然，风乃是众神之身体”（Sat BrāIX · 1 · 2 · 38）；作为宇宙基础的风进入人体，成为各种元气，人死时诸元气又离他而去，复归于风（Sat BrāVII · 1 · 2 · 5）；或云风有两种，一种属于自然界，当它进入人，就转化成人的元气。元气有两种，即出息和入息（I · 1 · 3 · 2）。这些都明确表示元气是从风产生的，故风更根本。其次，一切宇宙现象，皆从作为绝对实质的风产生且最终复归于它。《爱多列亚梵书》说到日、月、火、雨、闪电归宿于风并再度从风中产生（Ait BrāVIII · 28）。《百道梵书》亦有同样思想，其云：“当人睡眠，其语言入于呼吸，眼、耳、意亦皆如是；当其醒来，彼等复由呼吸生出：此为就人身而言。以下就神（自然现象）而言。彼语言如实是火自身；彼眼即彼日；彼意即彼月；彼耳即诸方；彼呼吸即此处吹拂之风。是故当火灭时，乃归入于风。当太阳落时，亦入于风，月亦如是；诸方亦依止于风。彼等又从风中重新生出。”（Sat BrāX · 3 · 3 · 6—8。译文略有删节）而奥义书思想，则由于其根本的内在转向，一般认为自我的元气比风更根本，为后者的实质、根源、基础（更成熟的奥义书思想将元气理解为一种精神原理）。梵书、奥义书对风与元气的等同，实际上使风作为存在的实质，成为一种具有能动性和生命的原理，因而超出了单纯宇宙论范畴。因此，如果我们把吠陀——奥

① 此如梵书所解释：“诸兽为风主宰，风即是呼吸，诸兽因有呼吸而活动。”（Sat BrāIV · 4 · 1 · 15）

义书的"风—元气(vāyu-prāṇa)"说区分为:其一,风未与生命元气联结的阶段(吠陀末期);其二,风被认为是元气根源的阶段(梵书时期);其三,元气成为风的根源的阶段(奥义书时期)。那么,在完全宇宙论意义上的风说(这正是我们在这里要界定的)就应当属于第一阶段。

由于在梵书—奥义书中,将宇宙的风与人的生命元气等同的观念占据主导,因此完全宇宙论意义上的风说,在奥义书中保留的资料很少,但这并不表明此说在当时已绝迹。在 ChānV·14 中,因陀罗朱摩那·跋拉毗耶(Indradyumna Bhāllaveya)就代表了此说,可惜他没有对其说进行详细开示。跋拉毗耶对王族该祇夜说,他敬思风(vāyu)为梵。该祇夜告诉他说,彼所敬为梵,其实为梵之呼吸(prāṇa)。这意味着,跋拉毗耶把作为存在实质的风,只是理解为一种外在物质,而尚未同梵书、奥义书的典型思想一样,将风等同于普遍的生命元气(呼吸),因而更符合吠陀的宇宙论。在《广林奥义书》中,耶若婆佉两处提到风说。其一是 BṛihIII·3·2,谓人死后将入于风,此风即包含万有于其中之宇宙根源,其云:"如实,此人居之世界,为日神驾(所行)三十二日之广。地周遍围之,以其二倍之广。大洋周遍围此地,亦以其二倍之广。大洋外为一中间层,薄如蚊翼或剃刀之缘。于是因陀罗乃化为鸟形,负彼等(亡灵)入于风。……故唯风是一切有自相,唯风是一切有全体。"其二是 BṛihIII·7·2,耶若婆佉说:"信然,风即是彼线。此世界及他世界乃至万有皆由风贯穿起来,如线一般。是故人谓死者'其肢体已散开,盖其本由风如线般贯穿起来'。"在这两则奥义书中,耶若婆佉也没有将风与元气说关联起来,因而风说在这里亦与梵书、奥义书的一般说法有别,而与吠陀的宇宙论一致。

总之,跋拉毗耶和耶若婆佉所提到的风说,其来源都显然应属于上述"风—元气"说的最初阶段,而从其反映的宇宙发生论旨趣可以设想其在年代上应属于吠陀末期。

**6. 虚空说**

在印度思想中,空(ākāśa)往往包含了相互融合的多重意义,包括:(1)指容器所包括的虚空(vārivas, room),此为其最早义;(2)指天地之间的空界或大气界(atomsphere);(3)指整个宇宙的空间(space);(4)亦指充满这空间的、无色无形、不生不灭的极微细物质(ether),是一切有形相的东西的实质。当它被奥义书说为万有归宿时,它可能包含后面三种意义全部。它似乎即是万物的容器,亦是其实质。万物生成时,便出现在此虚空中;其坏灭时,亦消失在此虚空中。这种虚空是万有依止,也是自我的实质。这虚空尽管比日、水、火等更微细,但仍是一种感性的实质。

此种思想在早期奥义书中亦有多处表现。在 ChānV·15 中,婆罗门阇那·沙伽罗叉谓他敬思虚空（ākāśa）为阿特曼，所以他就应当是代表“空说”（ākāśa-vāda）的，但他在这里并没对其说加以展开。在 Chān I · 8—9 中，耆跋厘则对“空说”给予了更详细的阐明。其以 Udgītha 等同于虚空，以虚空为世界之归宿、依止。其说通过婆罗门娑罗婆蹉、达薄夜和刹帝利耆跋厘三人的对话展开。其中，首先是达薄夜回答娑罗婆蹉的提问，曰《娑摩》归宿于声音，声音归宿于元气，元气归宿于食，食归宿于何水，水归宿于天界，故天界乃为存在之基础。于是娑罗婆蹉语对达薄夜说，天非世界基础，应安立天于地，否则汝必坠头。于是耆跋厘对娑罗婆蹉说，地亦亦非世界基础，应安立地于虚空，否则汝必坠头，如 Chān I · 9 · 1 云：“信然，万有生起于虚空。彼亦没入虚空，虚空大于此万有故；唯虚空为究竟。”这里所谓“归宿于”某物，即依止某物，以之为起源、本质、实质之意。兹所谓虚空“大”于万有，为万有之“究竟”，可有二解：或曰此虚空之“大”谓其涵盖、支持万有，其为“究竟”谓其为万有之绝对的包容者、承载者；或曰其“大”义谓“古老”，“究竟”义为“最终起源”，故以为虚空是万有之根源。同理，BṛihV · 1：“大梵即是虚空，为空界中之亘古虚空。”在后来的奥义书思想中，虚空往往被与人心中的内在虚空等同。这虚空既是宇宙，又是自我的实质。如 ChānIII · 12 · 7—9（ChānIII · 13 · 7—9 与此同）：“信然，所谓自我，乃与一人之外的虚空相同。信然，人之外的虚空，乃与人之内的虚空相同。信然，人之内的虚空，乃与心内的虚空相同。彼即遍满、恒常者。”

奥义书思想随后的发展，阐发了虚空、自我的两个新的意义向度：(1) 对虚空的实体化。虚空的无相、无变易性，被理解为对感性、经验的否定。如 ChānVIII · 1—12 说大梵为微细空（dahara ākāśa）或心空（hṛyday ākāśa）。虚空无分别，包容世界，为万有依处，常住，不生灭。大梵、自我作为虚空，故无相、无染，就像云、雷、电生于虚空，复消失于虚空，于虚空无所增损，故不被损坏、染污，不被业染，不被系缚。其云此虚空有六德，曰无染、不老、不死、离苦、离饥、离渴，为真爱（satya kāma）、真决（satya saṃkalpa）。这些说法都表明虚空是一个超验的实体。(2) 对虚空的内在化。虚空的无相、包容被理解为心灵、意识之清净与含摄万有。盖 ChānVIII · 1—12 就可能暗示虚空既是人心腔中内在的微细虚空，也是内在心灵、意识的虚空。ChānVIII · 14 · 1 则明确提出：“信然，此所谓虚空即是名色之揭示者。彼名色所在者，即是大梵。彼即不死者。彼即自我。”大梵、虚空，作为名色的揭示者，就是心灵、意识。在更晚期的奥义书思想中，虚空被认为是心本来的纯洁无染状态，即自性清净心。如《白骡奥义书》说清净心如虚空遍入一切，包容一切：“彼隐藏于一切，遍入一切，彼万物中之自我，摄一切业，居于众生中”（ŚvetVII · 11）。此中以真心为虚空的观念，对后来的吠檀多派和如来藏佛学的思想都产生了深刻的影响①。

总之，奥义书的宇宙论在其以上发展中，尽管否定自然的个别性，确立一种普遍的宇宙实质为存在的绝对真理，但这实质仍然是一种感性的东西。这表明在这一阶段，精神的现实自由还极端幼稚。它还只能攀附着感性自然，蹒跚而行，从未进入超感性的本质王国。不过在自由推动下，奥义书的实质论也在朝更抽象、更内在的方向发展。在这里，被作为实质的存在，从日、水到甘露、风、虚空，越来越精细，越来越接近抽象（在古希腊，伊奥利亚学派的宇宙论也表现出同样的发展方向）。然而这种抽象化并未触及本质，盖风、虚空，同水、火一样，皆仍是感性的实质。

自由必然推动精神突破感性的表象，领会超感性的本质。一方面，感性并非存在、觉性的真理，它只是存在的表象、符号、标记，存在最外在的躯壳，完全由存在、觉性内在的具体现实规定。唯这内在现实是存在的真理，而它就是感性表象所标记者，因而就是前者的本质，它是超越感性的、抽象的。另一方面，自由就是绝对自否定运动，它要求实现为对觉性的内在现实的自主设定，这就是它对现实精神的呼吁。通过呼吁和倾注，它促使现实精神内在的自主否定（自舍）和自主肯定（自凝、自反）势用重新展开活动，通过这二者的破、立辩证法，推动反省、理性和否定思维的进一步深化、拓展和提升。其中，自舍与自反势用的辩证交织，推动反省思维否定存在的外在感性表象，确认抽象的本质；同样自舍与自凝势用的辩证法，亦推动理性思维突破感性的狭隘领域，进入本质的层面（本质即抽象的实质）。不过，面对自由的呼唤和倾注，现实精神只能根据其当前自身存在给予回答，在其自然阶段，它不能领会存在真正的超越性和内在性，因而总倾向于将本质领会成一种抽象的自然原理：本质仍然是一种自然本质。在中土思想中，这一精神转型，通过老庄的道的观念得到体现；在奥义书思想中，它通过优陀罗羯的实有论得到反映；在希腊思想中，赫拉克利特的逻各斯、毕达哥拉斯的数、色诺芬尼的神、巴门尼德的存在观念，也反映了类似的精神进展。

**7. 实有论**

自由的绝对自舍、自反和自凝势用，必然推动奥义书精神的省思否定感性实质的真理性，而确立一种抽象的、超越感性的本质。省思于是提升为本质思维。精神

---

① 如《圣教论》云："一我现起为诸我，如空现为众瓶空；是皆和合如瓶等，此乃所说生之义。"（ĀŚIII · 3，参考巫白慧译）。《宝性论》云："如空遍一切，而空无分别，自性无垢心，亦遍无分别。如虚空遍至，体细尘不染，佛性遍众生，诸烦恼不染。如一切世间，依虚空生灭，依于无漏界，有诸根生灭。"（卷一）

的否定、理性与反省思维都升华到本质的层面。优陀罗羯的实有论就体现了这种本质思维。它克服了此前的日说、风说、水说等的形器之见，而以抽象的“实有”（sat）为存在的实质、真理。其说可用以下几点论之。

(1) 实有的体性。优陀罗羯扬弃了前人以火、水、日等为存在本质的“形而下学”，而提出了以抽象、纯粹的实有为本体的“形而上学”。在 ChānVI · 2 · 1—2 中，优陀罗羯说：“1 于初此世界只是有（sat），唯一、无二。信然，人或有说：‘于初此世界只是非有（asat），唯一、无二。从非有产生有。’2 这如何可能？从非有何以生有？相反，于初此世界只是有，唯一、无二。”存在的绝对本质、根源是实有。盖《黎俱吠陀》“无所有歌”（ṚVX · 129 · 1）提出原初的存在是“非有非无”（nāsas āīn no sas āsīt tadānīm）。ṚVX · 72，Sat BrāVI · 1 · 1，TaitII · 7 · 1 和 ChānIII · 19 · 1 等亦云原初存在为“非有”（asat）[1]。优陀罗羯试图对这些看法进行纠正，强调世界生于“有”（sat）。他在这里是立足于一种自然的实在论立场，认为一种实在只能生于另一种实在。其所谓实有，乃为一超越了任何感性的原理。试论之如下：

第一，对优陀罗羯的土、铜或铁器喻（ChānVI · 1 · 4—6）的解释。此喻表明优陀罗羯所谓实有，是存在的无差别、一味的实质。一种无差别实有的观念，可以追溯到吠陀早期[2]，而且贯穿古代印度思想始终。在奥义书中，优陀罗羯亦阐明此义，以为实有作为事物的无差别、均匀、单一的实质，就像可以做成各种陶器的土、各种铜器的铜、各种铁器的铁；而一切有差别的、具体的存在本质上仍是这实有，如各种陶器、铜器或铁器本质上仍然是土、铜或铁，“变异只是语言生成，只是名字”。杂多的名色世界只是存在的表象，而一味、无分别的实有、大梵则是存在的本原、实际。此正如后来 BṛihIV · 4 · 19（及 KāṭhIV · 10—11）所谓：“世间并无差别，……彼（梵）只能被当作‘一’——此无相、常住之有。”这类说法表明，在奥义书思想中，无差别也意指“无相”，即对感性表象的超越。优陀罗羯的实有也是如此。陶器、铜器或铁器等是感性表象的比喻，这是有差别的“多”；而土、铜或铁则比喻藏在表象之下的本质，是无差别的“一”。因此实有是排除感性表象的抽象存在本质。

第二，优陀罗羯的实有转变成火、水、食三种存在元素的宇宙发生论（ChānVI · 2 · 3—4），同样也表明了实有是一抽象本质。正如杜伊森所说，这一转变，乃是从“形上学的”（metaphysischen）存在过渡到“形物学的”（physischen）的

[1] Sat BrāVI · 1 · 1：“信然，此宇宙于初只是非有（asat）。”Tait BrāII · 2 · 9 · 1：“于初，此世界只是无。无天，无地，无空界。”ChānIII · 19 · 1：“于初，此世界只是非有。此非有乃为有。彼转变而生金卵（世界胚胎）。”TaitII · 7 偈云：“彼初为非有，由彼而生有。彼以自作故，得名为善成。”

[2] 如《黎俱》说：“彼真实者是一，圣者称之以多名。”（ṚV I · 164 · 46）

存在①。盖火、水、食三者，皆是形器之物，有感性表象，“凡红相，即火之相；凡白相，即水之相；凡黑相，即食之相”，是差别、转变的行相；而实有则无形相方所，无任何感性特征，是不变、一味的本质。因而这实有是纯粹理智的观念，脱离任何感性的意蕴。实有通过转变，从自身产生出火、水、土，又由此三者通过进一步转变形成物质的宇宙。这些说法都表明实有是全部感性、形器的宇宙的抽象本质。

第三，实有就是人的内在自我。唯自我是存在的绝对本质。精神内在的自反势用必将促使奥义书思想将本质等同于自我。在 ChānVI・9・1 及接下几节，优陀罗羯以蜜汁、盐、江河入海、尼拘陀树子等九喻开示，此实有作为存在之实质，就是人的自我：“信然，彼最精微实质，全世界以之为其自我。彼即真理。彼即自我。彼即是汝（tat tvam asi）。”“彼即是汝”，乃成为奥义书之“伟言”（mahāvākya）②。在这里，奥义书思想表现了一种本质的反省。

总之，通过对这种实有的领会，省思剥除了存在最外在的、感性的外壳，企图把握存在的本质，所以这种领会是一种本质抽象。这里，优陀罗羯的以真理为无差别、一味，一切差别皆名言假立的观念，对于后来的奥义书、吠檀多乃至佛教思想都产生了极深远的影响（可视为后世印度思想以一切差别为幻、为空的观念的最早源头）。

（2）实有转变生成世界的机制。在 ChānVI・2—4，优陀罗羯阐明了从实有转起宇宙万物的过程。它可分为以下三个环节：

第一，实有通过转变，从自身产生出火、水、土三种元素（“三有”）。首先是一味无差别的实有产生了自我分化、自身繁殖的欲望，于是从自身直接流射（sṛjate）生成火。这里我们看到了自吠陀、梵书中神通过欲望创世的观念的影子。其次是火按照同样的程序，从自身流射生成水。最后水按同样的程序生成土。此转变总的过程，至少从直接意义上说，应视为一个宇宙生成论过程。火、水、土乃为构造宇宙万有之三种基本元素，故称之为神（devatās），而作为其本原的实有就是至上神（paradevatā）。实有是唯一的本体，此三者乃此本体之变异。一切存在皆是实有之变异，如由土所作各种陶器。火、水、土三种物质要素既然是从实有流射、分离出来，故实有也只能是一种自然甚至物质的实质。

第二，至上神进入三有，推动后者进一步分化。如 ChānVI・3・3—4 说“命我（jīva ātman，个体自我）入此三神（三有），而分别名色。彼复使三者各自为三。”盖火、

---

① Paul Deussen, *Sechzişg Upaniaden des Veda*, F.A.Brockhaus Leipzig, 1921.154.

② 吠檀多派认为吠陀有四句“伟言”，即：“彼即是汝”（tat tvam asi），“我即是梵”（aham brahma amsi: BṛihI・4），“阿特曼即是大梵”（ayamātmā brahma：BṛihIV・4・25），“梵即是本觉”（prajñānam brahma: AitaIII・3）。

水、土三有，乃为三种被动、惰性的物质元素，并无自主地转化、运动的能力。故奥义书在此设想，是至上神（实有）进入三有，于中进行分别，而生名色，此乃是实有的二重创造。这种二重创造之说也是继承梵书而来的。然而至上神既是唯一，故它须转化为多，即成为众多个别的命我，方能入于三有，以事分别、创作。此所谓“分别”（动词原形为“vyā-kṛi”），本义为分割、切割、分开、离析，指的是三有进一步分化成更微细粒子的过程。盖至上神生出三有之后，又进入三有之中，使后者各分化为三，于是生成名色。比如由原来的火，又分化生出火、水、土三者。复进入后三者，又使其分化为三……以此达乎无穷。故所谓三有构成世界，实即三有诸分化产物相互杂糅，以成万物。

第三，由以上诸三分聚合构成万物。不仅火（agni）①、日、月、闪电等宇宙现象皆由三有而成（ChānVI·4），生命体同样由三有构成（ChānVI·5—7）。盖火、日、月、闪电，每一种皆有红、白、黑三相，分别即是火、水、土。故其皆由三有和合而成，以三有为实质。唯三有是真实的存在；而火、日等物，则是由于语言的作用，将三有的成分按不同比例和合聚合形成，故皆无自身的实体性（如云“火失其火性”、“日失其日性”等），而只是名字②。奥义书实即以此四者为例，阐明一切宇宙的起源。这里三有的成分是宇宙万有的质料因，而语言、名字则是形式因。转变就是将这二者结合，形成森罗万象。由于万有的实质即是三有，故知三有乃知一切。即便对于现前不曾了知之物，亦可知其唯是火、水、土之和合。故说人若知此三有，则“凡今人所提及者，无有吾所未闻者，所未思者，所未解者”。

优陀罗羯的三有说，可以视为奥义书后来的五元素说与三德说的共同前身，而其由此阐发的宇宙万有互容互即、相互摄入的图景，或为中土天台宗之诸法互具、华严宗之事事圆融的印度源头。

以上就是优陀罗羯的实有论的大致内容。其说在绝对者与诸现象之间实现了一种本质论的区分，在这里，作为普遍本质的绝对被与感性表象严格区分开来。奥义书原先的感性省思被纯粹知性的、本质的省思代替。精神的否定、理性和反思思维在这里皆达到了新的自由。不过应当承认：首先，上述区分还是自然论的，而非形而上学的。这所谓的绝对、实有，仍然是自然的、宇宙论的，而不是超越自然的实体

① 此火（agni）与作为三有之一的火（tejas）之区别，在于前者是形器、粗显的存在，后者是作为主要成分组成前者的微细实质。

② 按照后来吠檀多学者的解释，这里应先将三有中的每一种均分成两份，其中一份不动，而另一份复均分为两份，后两份遂入于另外二有；而其不动的二分之一，复结合另外二有各四分之一，由此构成作为形器之物的火、水、土。

或本体。这么说的理由在于：第一，在优陀罗羯（及更早的奥义书）思想中，实有的转变被理解为一种自然因果过程。其云由实有生出火、水、土三种物质，而这“生”（sṛjate）本为流出、射出、排出之意，这暗示实有与三相乃至全部自然是同质的，它直接就是后者的始基，因而也必然是一种自然物。第二，ChānVI·1·4—6 以为实有之于宇宙万有，适如一味的土、铜或铁之于差别杂多的土器、铜器或铁器，因而实有乃为宇宙万物的质料因，此亦表明实有必为一自然物。第三，自然存在的特点是，它是经验的时间、空间、因果性等框架中呈现的存在，而早期奥义书每仍将绝对存在置于这时、空背景之中。ChānVI·2·1 说“于初此世界只是有，唯一、无二”（idam agra āsīd ekam evādītīyam），其中“于初（agra）”为时间副词，“是”也是第三人称简单过去式（āsīt）；BṛihI·4·7 也表明同样的情况。这表明奥义书中后期思想中，作为对于时间、空间乃至全部经验的超越性的绝对、大梵，在此尚未得到领会。省思尽管领会绝对为一抽象本质，但这本质仍然是在经验的时间、空间中的，是一种自然、物质的存在。这本质与表象的区分乃是自然的，而非实体与现象的“形而上学区分”。因此在这里，精神尚不具备真正的超越思维。这意味着，精神内在的自舍势用尚未展开为真实的自由。其次，优陀罗羯的实有乃是外在、物质的自然，而非存在、觉性的真实内在性，后者即思想、心灵。这样一个实有被当作存在、自我的本质，表明反省没有领会心灵的绝对性、独立性，没有成为真正的反思。这也反映出精神内在的自反势用没有展开为真实的自由。最后，优陀罗羯的实有论对后世印度思想影响重大的一个误区，是将存在本质理解为一种无差别、不动、一味的现存实质。这样的本质根本不存在，因为存在的本质是觉性的生命，而生命就是运动、自由，是不断制造差别且将其包含在自身存在之内的活动。后来印度宗教对于一种无形式、无生命的绝对之追求，皆应以优陀罗羯学说的无差别、不动的实有为前身。无论是瑜伽的灭定（nirodha），佛教、耆那教的涅槃（nirvana），还是不二吠檀多派的梵我合一之境，都是以一种无生命、一味、不动的绝对为理想。后者导致印度宗教浓厚的非理性主义和悲观主义倾向。实有论对存在的生命性的遗忘，反映出精神的理性和反省思维没有实现对自我的自主性、能动性的规定，精神的自凝和自反势用的展开还完全被局限在存在最外在的物质领域，没有实现为针对内在的生命自身的活动。由此可见，奥义书精神在这一阶段仍然面临很大的局限性。唯自由才能推动精神最终克服这种局限，推动省思否定这直接、外在、无生命的物质自然，领会到存在的超越性、内在性和生命性。在奥义书思想中，茶跋拉、考史多启等的元气论，桑底厘耶、阿阇世等的心识论，以及伽吉耶夜尼、那支启多等的实体形而上学，就从不同向度体现了这一精神进展。

8. **各种创世论**

早期宇宙论奥义书，大多将存在起源的宇宙生成论解释，置于神话的创世框架中。其创世之说有多种。它们大多继承吠陀、梵书而来，且往往将对于存在、生命的深刻洞察与幼稚的想象混杂在一起。其最常见的图式，可以理解为创造神将其思想、欲望、语言、知识，施之于某种原初质料，使后者具有差别的行相。兹将其说列为以下几种。

(1) 死亡创世说。此为 BṛihI·2 所开示者。其说以为，世界本原为死。这里死象征万有产生之前的黑暗、静谧、虚无的境界。死意欲成为存有，彼遂赞而生光、水、火，以至万有。BṛihI·2·1—7 云："1 于初无有一物。此世界被死亡、饥饿笼罩，盖死亡即是饥饿。彼遂起意 (manas)：'我其有自我 (即身体) 乎！'彼遂行 (acarat) 而且赞 (arcan)。当其赞颂之时，乃由其生水；因为当我赞颂 (arcan)，我乃有乐 (ka)，彼如是思维。信然，此即光明 (arkya) 之乐 (arka) 性。2 信然，水即是光明。水之沫凝固。彼遂为土。彼 (死) 于其上苦行。彼苦行且生热矣，其热 (tejas) 与精华 (rasa) 乃变为火。3 彼乃自分其体 (ātmānam) 为三：火 (agni)、日 (āditya)、风 (vāyu)。彼亦为三分之元气。东方即其首。彼与彼方 (依商羯罗，即东北与东南) 为其前肢。西方为其尾。彼与彼方 (依商羯罗，即西北与西南) 为其后肢。南北为其侧。天为其背。空界为其腹。地为其胸。彼安立水中。孰若知此，乃于一切处皆得安立。4 彼乃意欲：'我其有第二我乎！'彼 (死、饥饿) 乃以意与语言交，其精神乃为年。此前无年。彼怀之一年之久，而后乃将其生出。当其生出，死乃裂口向之 (欲吞食之)。年乃惊呼 'bhāṇ！'信然，彼即成为语言。5 彼乃自忖：'信然，若我取之，其为食亦甚寡。'彼遂以语言及彼我 (年) 生成全世界，一切在此者：赞颂、仪轨、唱颂、韵律、祭祀、人畜。凡彼所生成者，彼皆食之。信然，彼食一切，此即无限者 (Aditi，兹即死) 之 (Aditi) 性。6 彼乃意欲：'我其以一更大祭祀而祭乎！'彼遂为苦行、艰劳。彼为苦行、艰劳矣，乃生光与能。信然，此光与能即诸元气。是故当元气离去，其身乃膨胀 (aśvat)。如实意乃居身中。7 彼乃意欲：'愿我此身合于祭祀！愿我由此 (祭祀) 得一自我 (ātmanvin)！'于是彼 (祭祀) 乃成为一马 (aśva)，因其膨胀 (aśvat) 故。于是马祭乃得名马祭 (Aśva-medha)。孰若知此，乃知马祭之义。"其说完全是梵书式的。它试图将吠陀、梵书由混沌、非有生成万有的宇宙论，以及欲望、苦行的创世论结合起来，以用于解释马祭的产生。其云由混沌 (死与饥饿) 生意，然后生水，由水生土，然后又由混沌生火。死又通过意与语言交合而生年，复由语言与年生全世界。其说之基本元素皆为梵书和早期奥义书中所常见，彼唯将其重新组织而已。唯其所谓混沌生万有，复吞噬万有之说，或许表达了对于虚无与存在关系的某种独到领悟。

(2) 生殖创世说。此说乃为原始思想中常见者，其以为至上神创世，如生子然。BṛihI·4 即阐此义。其云于初世界只是阿特曼，即至上我，为一巨人形，舍此无余。彼环视无余物，乃曰："此即是我！"于是产生"我"之名。Bṛih I·4·2—5："2 彼乃恐惧。是故人若独处乃恐惧。彼乃自思：'既然舍我无余物，复何所惧哉？'于是，信然，其恐惧乃去，因为彼有何物而可惧？恐惧必是因他物而生。3 信然，彼不乐。是故当人独处乃不乐。彼乃欲一他者。彼如实为一男女合抱之形。彼乃自分为二。于是生夫妇。是故有说，人（单独）乃如半，如耶若婆佉尚云。于是此虚空为女人填满。彼与之交。于是产生人类。4 女乃自思：'彼既由自体造我，盍与我交？我其自隐。'遂化为母牛。彼遂为公牛而与之交，乃生小牛。遂化为母马，彼乃为公马而交之，遂生小驹。遂化为母驴，彼乃为公驴而交之，遂生小驴。遂化为母山羊，彼乃为公山羊。遂化为母绵羊，彼乃为公绵羊。信然彼与之交，遂生山羊与绵羊。如是彼创造一切，凡具对偶者，及至虫蚁。5 彼遂知：'如实，我即是此创造，因我造此一切。'如是有创造。信然，孰若知此，乃进入彼（补鲁沙）之创造中。"此奥义书后面的文字，叙述了原人接着生成火、须摩、众神乃至万有。此一切初被创造时，未得显明。彼乃因名、相而得显明。于是，阿特曼乃由指尖进入人体，如刀藏于鞘，如火藏于燧。当其呼吸、言说、视、听、思维，乃得名元气、语言、眼、耳、意，凡此皆只是其活动。然而彼自身则不可见。此内在自我，乃为人之最珍贵者。其说似乎与宇宙论完全失去关联，而退化到更原始的神创论。唯其对创造神与人的内在自我之等同，以及末尾表现的对自我之珍视，和对自我作为超越诸感官的主体的阐明，表现了一种自我反省的进展，尝有一定价值。

(3) 欲望创世说。奥义书创世论所谓创造主体的作用，可概括为两种模式：一是欲望—苦行模式。其以为大梵首先是产生了欲望，于是修苦行，乃生成世界万有。在有些文本中，欲望与苦行两个环节会有脱离。Bṛih I·4·17 乃强调欲望的创世论意义。其云："于初，此世界唯是自我，唯一无二。彼乃欲望：'我其有妻乎，是以我将繁殖。我其有财乎，是以我将行祭。'此即欲望所及。人即使欲望更多，亦不可得。是故于今，人若孤独，乃欲望：'我其有妻乎，是以我将繁殖。我其有财乎，是以我将行祭。'信然，若彼不得其一，彼乃自视为不完满。复次彼之完满乃为：其意如实即其自我，其语言即是其妻，其呼吸即其子息，其眼即其世间财富，其以眼而视故，其耳即是其天国财富，其以耳而听故，其身体如实即是其业，其以身而作业故。"至上我因为欲得妻子、财富，而创造语言、呼吸、眼、耳、身等。按照奥义书在别处的说法，至上我乃进一步由语言、呼吸、眼而生出全宇宙。此类说法在早期奥义书中经常出现。除上例之外，Bṛih I·2·4 亦云死亡亦因欲望而创造语言、年及全世界。TaitII·6 亦云大梵因自我繁殖的欲望而创造差别万有。与此相关，奥义书还认为欲望决定人的往生，如BṛihIV·4·5声称："人唯由欲望所成。"此种观念，甚至影响到早期佛教。大梵因欲望而创世之说完全来自梵书①。此外，奥义书往往认为，大梵为满足欲望，必须修苦行，通过苦行创造世界万有。比如ChānIV·17说生主于地、空、天诸界之上修苦行，乃由地出火，由空界出风，由天界出日。复于火、风、日修苦行，遂由火出《黎俱》，由风出《夜珠》，由日出《娑摩》。类似的说法，不胜枚举。此类说法，皆出自梵书，并无新意②。二是意识（思维）—语言模式。此种模式以为，大梵通过一种认识或言说，使全部存在呈现出来。如Bṛih I·4·10云："信然，于初此世界只是梵。彼唯知自身：'我即是梵！'于是彼成为万有。"AitaI·1·1—2亦云于初唯有至上我，彼乃思维："我其创造诸世界。"于是便创造出天、空、地、水诸世界。Bṛih I·4·1说至上我因说"我有"，故生成了我。MaitVI·6说于初此世界未被说出（avyāhṛitam），大梵作为生主、实性，乃修苦行，而说出"bhūr"、"bhuvas"、"svar"，三者分别即地、空、天三界，其说完全来自梵书③。这些说法，都认为大梵是通过其意识、思想和语言而把世界的存在揭示出来。奥义书以上说法，基本上都来自吠陀和梵书，它们相互颇不一致，而且还经常连接起来，组成一个神话叙事的整体。如果我们把这类神话情节完全从寓言角度理解，那么这些创世论，乃旨在阐明自我是通过意志、思维、意识、语言等精神原理揭示世界的存在。应当承认，这一可能的卓越领悟，在这里只得到了极混乱、模糊的表述。

（4）多重创造说。此说也可能与以上几种创世说相重叠。其说以为至上神创造诸存在后，又进入这些存在，在后者中进行进一步的创造。此为印度宗教思想所特有的构想，而肇始于梵书。其说在奥义书中亦不鲜见。如TaitII·6说大梵从自身生出全世界，生已复进入之。ChānVI·3·3—4说大梵从自身产生出火、水、土三有，后又进入此三有中，分别名色。多重创世之说，以《爱多列亚奥义书》所云最为典型。AitaI·1—3以为大梵之创世，包含多次创造：第一，大梵生出汽、光、死、水四界，由水造出宇宙原人（Virāṭ Puruṣa），然后为其开口、眼等八窍，由此生语言、视等八根，由后者生火、日等八种自然存在；第二，大梵复由水中造一人，使八根、八尘各入其

---

① 此实为梵书最常见的主题之一，且引一例，如Tait Āra I·23："生主作为风，生于莲花瓣上；在他的意中产生了欲望：我其创造世界乎！故人所欲者，遂以语言说之，以实践成之。"

② 在梵书中，欲望—苦行的创世模式，被多次提及，如Sat BrāII·5·1·1—3，V·I·I，XI·I·1·6·1—2；Ait Brā V·32等的创世论皆属于此。

③ 如Sat BrāII·1·4·11即云生主神通过言说、命名创造世界："生主说'bhūr'，乃生大地；说'bhuvah'，乃生空界；说'svah'，乃生天界。"

处，复从水中生食，为诸根受用；第三，大梵进入人之中为其主宰。其思想亦非常古老。多重创造说，在梵书中就已十分常见，且互有冲突，奥义书的此类说法，皆是由梵书的思想元素结合而成。促使此说形成的一个原因，是反省认识到人的主体性、意识与物质世界不同，以为这应当是大梵自身进入所致；另一个原因是省思认识到存在的合目的性，以为这也应当是大梵自身进入存在之中推动其发展的结果。

(5) 非有、金卵孵化说。以世界为一光辉之宇宙原卵孵化生出，乃为吠陀常见的说法。在吠陀中，其说往往与日说相关，盖以为太阳即此宇宙卵。其说可能与两种意象有关：一是太阳从海水中升起，又沉落于海中的意象，由此吠陀乃设想太阳为漂浮在宇宙洪水中一枚金光闪闪的卵；二是孵化的意象，雌鸟孵卵的意象对吠陀、梵书的创世论思考亦颇有启发，尤其在梵书中，创世过程往往被设想为大梵孵卵的过程。在梵书、奥义书中，金卵说乃与另一原本不相干的说法，即非有 (asat) 说结合起来；彼遂以为金卵即是非有，由它孵化而生出有，即名色世界。此如 ChānIII · 19 · 1—3 ："1 太阳即是大梵，此即所教。就此有详释曰：于初此世界只是非有，彼（非有）即是有。彼乃发育，而为一卵。历时一年，彼乃分裂。其壳一半成为银，一半为金。2 其为银者即地。其为金者即天。其外膜即丛山，内膜即云雾，脉管即江河，体液即海洋。3 复次，由此所生者即彼太阳。当其初生，万物欢腾，万有及众欲皆趣之。是故每当其升起、复出，万物欢腾，万有及众欲皆起而趣之。" 其中，太阳既是宇宙卵，又是由此卵所孵出者。当然，在奥义书中，非有说与金卵说不相结合的例子亦很多（如 TaitII · 7 所说由非有生有）。

以上是奥义书的实质论和本质论，要之其唯以觉性的生存的、物质的存在为绝对真理，对于觉性的真正内在性、生命并无任何领会。然而觉性、存在的真实本质不是物质，而是意识、生命。奥义书的存在省思的上述局限性，表明精神尚不具有对于它的内在存在，即自由、生命的现实性的自主设定，精神的自由被限制在物质宇宙的层面。然而本体自由必将推动现实精神克服这种局限，开展出对精神的内在性、生命的省思。在奥义书思想中，对于生命的省思，乃通过考史多启等的元气论得到体现。

## 三、生命论的存在

本体自由作为绝对，要求实现为对觉性、精神的内在存在的自由。这就是自由对现实精神的呼吁。自由通过呼吁和倾注，促使精神内在的自凝、自反等势用展开为积极活动。在这里，正是自反势用的展开，推动精神的理性与反省思维实现为对生命的内在存在的自主设定。正是后者使这内在存在对精神省思呈现出来。而生命的内在存在，它与非生命东西的根本区别，首先在于它的能动性或主体性。因而，对于印度精神而言，自由必然推动它克服对于存在的物化理解，使它领会到存在的本质是主体、能动性、生命。这种领会，始自梵书，而为早期奥义书所继承、发展。

在印度传统中，最早是用“元气”（prāṇa）一词，来指人的内在生命，同时它亦是宇宙的生命。元气说的来源有多种，皆是将某种具有活动性的物质赋予主体性、能动性，使之成为一种生命原理。比如把作为存在本质的宇宙之火等同于生命（Praś I・6—8；MaitII・6；Sat BrāX・2・6・18—19 亦说元气是不死之火）。或者把某种所谓宇宙甘露等同于生物的精华，使之成为生命原理（AVX I・4・3,17 元气降雨水之说就暗示了这一点）。然而其最主要者，乃是从风论过渡到元气论说。元气说与风说、火说、甘露说等的关联表明，印度的生命哲学乃是在实质论思想的基础上发展出来的。

作为一种宇宙现象，风较之其他东西表现出更多的活动性，这一点在《黎俱吠陀》中就已被注意到（ṚVX・168・4, VII・87・2, X・16・3）。这一点导致在吠陀晚期，风被视为生命的本质。然而对生命的更深入思考使人们发现，生命与作为无机物的空气或风有本质区别，这在于它是一种具有主体性的、能动的原理。正是由于这样的领悟，导致在《阿闼婆吠陀》和梵书中，元气（prāṇa）代替风成为生命的本质。AVXI・4 阐明了元气不仅是所有世间生命之根源，为诸根之根源、依止和本质，且为万有、世界之本原。梵书不仅将元气等同于生主、原人，以之为存有的绝对本质，为万物的主宰、包容者、根源（AVXI・4；SATVI・3・1・9, VIII・7・4・21, IX・1・2・32），还进一步将元气区分为十种：即意、目、呼吸、语言、耳，以及上气（prāṇa）、下气（apāna）、出气（udāna）、通气（vyāna）、腹气（samāna），前五种为属头部者，后五种为属身体者（Sat BrāIX・2・2・5, VIII・1・3・6）。意、语言、眼、耳、呼吸五者，实质分别是月、火、日、四方、风；如意、语言、眼、耳皆以元气为归宿，月、火、日、四方乃以风为归宿（Sat BrāX・3・3・7）。

奥义书的元气论，乃是对吠陀、梵书元气说的继承和发展。其在最早时期仍将元气归属于风，但在奥义书思想的成熟过程中，元气逐渐脱离与风的意义关联，成为内在、独立的原理。以元气为宇宙之本体的说法，在奥义书中也可以在不同思想层面出现。在最早的奥义书中，元气往往仍被与火、风等同。在后来的思想中，元气被等同于呼吸与诸根的总体。在更成熟的思想中，元气被认为是全部生理、心理机能的整体。到中、晚期奥义书，乃认为自我是超越元气的实体。甚至同一学派、同一奥义书思想家的说法亦可能颇不一致（如耶若婆佉在 BṛihIII・9 说元气就是大梵，将世界包含在内且为其根源；在 BṛihIV · 2 中乃以元气为物质宇宙，而大梵乃超越之①)。

精神对于自身的主体性、能动性的省思，在其客观层面就是伦理的实践。故在印度思想中，元气论奥义书最早体现了伦理的精神。从斫克罗衍尼、莱克婆以致优陀罗羯的思想，皆找不到一种自觉的生命修为之道。而持元气论的荼跋拉、考史多启和爱多列亚诸说，则提出了印度思想中最早的修养论，即对生命元气的调节、培护之法。“控制、调节元气即控制、调节生命。”② 此即最初的伦理实践。以此而言，元气论的出现意味着奥义书的精神开始脱离功利阶段，进入伦理阶段。我们且以荼跋拉、考史多启、爱多列亚的学说，为元气说的典型。

荼跋拉学说在奥义书思想史上的地位，首先在于它规定元气为存在的本质。在更早的奥义书思想中，斫克罗衍尼提到元气（prāṇa）是娑摩之 Prastāva 分所敬拜之神，但是似乎并没有把元气作为绝对者看待。莱克婆似乎把元气当作绝对，但只是以之为一量的总体，而非本质，其说对元气的具体内容亦未涉及。而荼跋拉之说元气，乃以之为存在的绝对根源、本质，且其说更具系统。他认为人的所有生理、心理功能（诸根）皆是同一元气的不同表现、功能，诸根都生于元气，且不异于元气，而且在人死后皆复归于元气，故诸根与元气为本末、体用的关系。挈本制末，末必归本。人若欲得不朽，就应观想诸根没入元气，由悟元气之恒住而得自身之恒住。他的这些思想，其实是更充分吸收了吠陀、梵书的元气说的结果。其次，他的元气论，开始脱离吠陀、梵书的说法中的强烈的宇宙论意蕴。后者以为元气来源于风，且诸根本质上与火、日、风、虚空相同。在荼跋拉的学说中，元气说更多地是与生命轮回说，而非宇宙论结合。元气就是指众生的生命，而且反过来成为风、火、日、虚空等的根源。因此在荼跋拉的思想中，生命本身，作为主体、能动性，乃被确立为存在的基础、本质。然而对于他的这一思想的揭示，亦颇费阐释功夫。ChānIV · 10 · 5 声称：“梵为元气。梵为喜乐。梵为空。”谓元气与喜乐、虚空等同。元气即是梵、自我，不死且无畏，为喜乐、虚空。ChānIV · 5—8 乃说荼跋拉由牡牛、火、天鹅、水鸟教以大梵四足（喻大梵有四部分，如兽之有四足然）十六分之义。四足者，即空间、物质界、光明、元气。每一足又包括四分，如空间包括东、西、南、北四方，物质界包括天、空（气界）、地、大洋四界，光明包括火、日、月、闪电四种，元气包括气息、眼、耳、意四分，共有十六分。此十六分将世界内的一切存在皆涵盖在内。其说的宗旨，是说大梵、元气是包容万有的绝对；

① 例如 BṛihIV · 2 · 4：“东方为其东向之元气，南方为其南向之元气，西方为其西向之元气，北方为其北向之元气，上方为其向上之元气，下方为其向下之元气。故诸方只是不同的元气。”

② Ram K. Piparaiya, *Ten Upaniṣads of Four Vedas*, Yatisha Creations, Mumbai, 2003.575.

而世间一切，都是大梵、元气的体现。ChānV · 1—2 则开示元气为诸根之本体。元气与诸根为本末、体用的关系，诸根不异于元气，为同一元气的不同表现、功能，它们都生于元气且在人死后复归于元气。ChānV · 1—2 先开示一种元气敬思，即观想作为元气之行相、分位的诸根之殊胜，以为诸根即世间之本质、归宿；接着以梵书、奥义书中常见的诸根争胜而质诸生主的故事，表明元气为诸根之最胜者。其云语言、眼、耳、意各自离开人身，此人仍能存活，若元气欲离此身，则必拔出诸根，如烈马拔出桩栓。以此证元气为最胜，为诸根之归宿、本质。因语言、眼、耳、意为元气所生，即是元气故。因此凡归宿诸根者，亦必归宿于元气。此种观想的最终结论，即谓元气是存在、世界之本质、归宿。

考史多启之论元气，属于与荼跋拉所说大致相同的思想层次，其进步在于着重阐明了宇宙、生命的各种存在现象与元气之间的次第因果关联，将万有理解为一个通过元气的流转构成的融通的整体。KauṣII · 1—2 阐明元气为包摄诸根的全体。其以为元气即是梵、自我，为诸根所服侍，或曰为其归宿。诸根缘取何境，皆献与元气受用。考史多启还探讨了眼、耳、意、语言、元气的依存关系。其云在此元气梵中，语言为眼所包围，眼为耳所包围，乃至意为元气所包围。此即谓语言以眼为根源、基础，眼以耳为根源，乃至意以元气为根源。这种递进的因果序列，应是考史多启将梵书中火、日、月、闪电诸天没入风的次第与元气说结合起来的成果。Kauṣ II · 12，13 提出"诸神入没"（daiva parimara）之说，以表明元气与风之同一，故元气为所有物质、精神现象的起源与归宿。如 Kauṣ II · 12 云："以下为诸神之入没。信然，当火燃烧，此梵亦辉耀；准此，当火熄灭，梵亦入没。其光入于日，其元气入于风。信然，当太阳照耀，此梵亦辉耀；准此，当太阳不现，梵亦入没。其光入于月，其元气入于风。信然，当月亮照耀，此梵亦辉耀；准此，当月亮不现，梵亦入没。其光入于闪电，其元气入于风。信然，当闪电照亮，此梵亦辉耀；准此，当闪电不照，梵亦入没。其光入于风，其元气入于风。信然，此诸神皆进入风，彼等没入于风而非澌灭；如实彼等复于中生出。"盖宇宙层面的存在为火、日、月、闪电等，彼等实皆为一种共同实质（即风或元气）的表现，当其各自消失时，并非彻底断灭，其共同实质未变，而其表象乃分别转化为下一种存在，而且最后彼等皆进入风，且复由风中生出。同理，个体生命层面的存在为语言、眼、耳、意等诸根，乃以元气为其共同实质。当人处在睡眠中，诸根亦依次没入。其没入的次序是，语言入于眼，眼入耳，耳入意，意入元气。实际上是诸根回归到作为其根源的元气之中。当人醒来时，诸根又依相反的次序从元气产生。其说基本上是沿袭梵书而来（Ait BrāVIII · 28）。其中诸神、诸根次第转化的理论，可以视为数论的自性转变论和佛教的十二支缘起论的最早先驱。

爱多列亚的元气论，大体上与茶跋拉、考史多启处于同样范畴，但与二者比较亦有所进步。这在于在茶跋拉和考史多启思想中，尽管元气代替了风的绝对者地位，但仍未脱离风的隐喻，故仍未完全脱离宇宙论痕迹。而 Ait Āra II・1・3 的生命转化论以及 Ait Āra II・3・2 的生命进化说，都是将思考集中于生命的转变、演化现象上，而抛弃了对元气、诸根与风、火、水等的比附，表明爱多列亚已开始意识到生命是与物质宇宙本质上不同的存在。尽管他对生命这种独特性的意识并不是很确定，对到底何为生命之本质，仍未作出更有价值的思考。他所谓元气，仍然是一种自然生命。爱多列亚之说主要见于 Ait Āra I・1—II・6。其中 Ait Āra I・1—3 开示了原人创世之说，看不出与元气论有紧密关联，唯其于结尾处指出风或元气为人中之食者，似表明其所谓原人可能即是元气。其元气论更充分地表现在 Ait Āra II。首先，其以为生命元气就是大梵、存在本质。如 Ait Āra II・1・5・5 云："彼元气即是真如(sattyam)。" Ait Āra II・2・3・4："我即是元气，汝亦是元气，一切皆是元气。元气照耀如日，而我作为元气，遍满一切处。" Ait Āra II・1・6・12—13 说元气是万有的依止、基础："元气包容一切。元气作为大，为虚空依止。元气作为大，既为此虚空依止，是以人应知其为一切依止，以至虫蚁。" 元气无定形、无表相，但却是有形体、有表相的躯体的内在主宰、本质。其次，Ait Āra II・1・6—7 表明元气创生一切，且恒处运动、永无休止。Ait Āra II・1・8・5—7 说，由于存在的本质是元气，故世界乃为一生命体："彼即是生命，即是气息；即是有与非有。诸神敬其为有，是以强盛。阿修罗敬其为非有，是以衰败"（略有删节）。元气既生成世界，又置自身于一切存在者之中，作为一切存在的个别本质从内部支配事物的活动。再次，处于每个人心中的生命元气就是他的命我 (Jivātman)。Ait Āra II・3・3・4 指出人的所有生命机能，包括语言、视、听、意、气息五根，入气、出气、水气、腹气、通气五气，都是从它衍生出来的，是它的表现。Ait ĀraII・3・5・9—10 提出五气是五根的本质、基础。其云元气在创造人之后，乃从他的脚尖进入其体内，然后逐渐上升，经过股、腹、胸，最后到达头部，然后分化为五根。最后，《爱氏森林书》还提出了元气进化为各种生命的思想，以及与此相关的万物融通观念。前者见于 Ait Āra II・3・2・1—5，以为从无生命的石头到最高级的人类，都是从元气逐渐进化生成，这可视为对进化论的大胆猜测。后者见于 Ait Āra II・1・3・1，以为任一事物皆为它物之精液、种子，因而世界构成一互生的融通整体。

以气为存在之本原的思想，在东西方思想中都不陌生。阿那克西美尼曾经说气是宇宙的基本原理。阿波罗的第欧根尼认为气亦是灵魂的基本原理，所有动物的灵魂都相同，即都是气，一切事物皆由它支配。《管子》云："有气则生，无气则死，生者以其气。”(《枢机》)“精也者，气之精者也。”(《内业篇》)《庄子·知北游》曰：“通天下一气也”，“人之生，气之聚也；聚则为生，散则是死”。这些说法都是以为气是产生宇宙现象以及人的生命的根源。其立义与奥义书的元气说作桴鼓应。然而此所谓气，与奥义书所说的元气一样，其实也是一种自然的、物质的存在，是一种流动的、生生不息的气体状东西。然而省思把这样一种东西当作生命的主体，表明它没有认识到主体性、能动性就是对自然的否定，因而就是自由，也没有认识到真正的主体性唯属于觉性的内在性，即心灵、思想。因而将一种自然的原理当作能动性、主体，乃是对生命本质的严重误读。

人类精神必以自然经验为基础，且须以意识为其内在环节。这就决定精神的起点只能是自然，其意识最早面对的，乃是最直接、最外在、最粗显的、完全物质性的存在，而且后者由于这意识对自然觉性的外在化(去生命化)，就从觉性生命的内在整体剥离下来，对于省思显现为一些相互孤立、偶然堆砌的东西，没有任何统一性、普遍性可言。奥义书最原始的存在理解，就从吠陀传统继承了这种分散的宇宙观，以为世界存在乃是由自然经验呈现的众多个别事物构成，它们之间既无一种普遍的关联，也没有统一性可言。然而自由必然推动精神省思克服这种存在理解的粗俗性、肤浅性和无序性。其中，自舍势用推动省思不断否定原有的存在观念的束缚，而自凝势用则推动省思将存在构造为一个有机统一体，自反势用乃推动省思确立某种绝对本质为一切存在的目的。如是，精神的自主势用在其展开中共同作用、力用交织，遂推动否定、理性、反省思维的进展，于是省思领会新的存在真理，构成更普遍、深刻的存在观念。奥义书的自然省思，也体现了这样的精神进展。

我们将这一阶段的存在理解大致分为三个层次：(1) 神话的层次。它体现了理性思维的最初进展。神话的理性试图将分散的宇宙统一起来，但是它没有确立事物之间的普遍内在关联，因而它所把握的统一只是作为全体的、量的统一。(2) 功利的层次。它体现了理性思维的长足进展及反省思维的最初开展。它对应于功利精神阶段。在这里，功利的理性在事物之间建立起普遍的内在关联，而且试图通过此关联，将全部宇宙追溯到一种共同本原。而功利的反省则试图否定个别、形器、表象之物，领会后者的内在实质或本质，确立后者为存在的最终目的、真理。(3) 伦理的层次。它将主体性、能动性作为存在、自我的本质。它体现了理性和反省思维的进一步发展。盖精神内在的自反势用，推动理性与反省思维的内在化，成为对自我的能动性、主体性的规定，是为伦理的理性与伦理的反省。在奥义书思想的这一阶段，主体性、能动性被理解为一种生命元气。我们阐明了奥义书存在理解在三个层次间的转化主要来自理性和反省思维的进展，且由本体自由最终推动。

不过，在精神史上，一个令人遗憾的普遍情况是，精神自由的真正展开，永远只是波及少数人。可以说，唯天才真正享有自由。甚至现代的庸人，也未曾真正享有过远古天才的自由。比如，甚至在自然精神阶段被领会的绝对、普遍，在现代的庸人那里，也并未成为生命的真理。在他们的世界中，存在仍然只是一些不相关的个别、外在、形器的东西的存在，只有它们，而非教育灌输给他的绝对、普遍性，才是唯一值得追求者，才是真正的目的、价值，易言之是真理。因此，他尽管了解绝对、普遍性的观念，但后者并未成为他生命的真理。人类精神自由几千年的进展，似乎与他是完全无关的。不得不承认，这种人会发现他的精神在华夏传统中得到最好的表达。正如下文谈到的，儒、法的早期思想，皆完全局限于个别、琐碎的东西。无论在《论语》，还是在《商君书》中，实际上都找不到任何对绝对、普遍性的追求。易言之，一种实质的普遍性在这里从未成为真理。对于这种普遍的领会，在道家中才有所体验，但应当承认，它并未成为普遍中国人的精神现实。今日之华族，较其他任何民族，更多地产生这样类型的庸人。对于下层细民，物质的匮乏使他更易缚着于琐碎的生计。对上层权贵，权力、财富、美色的过剩也从未使他产生过任何厌倦，只会使他贪求更多。这两种人有一个共同点，都未遑或不舍在生活操劳中，离开那琐细、个别、形器之物，而以一种绝对、普遍的东西为生命之最高目的。易言之，绝对、普遍性在他这里并未成为生命的真理。这可以说概括了整个民族的精神状态。因此，即使自然精神的最有价值、最自由的内容，也是华族同胞难以信受的。

当然，奥义书精神在其自然阶段，仍然具有很大局限性。在这里，存在省思始终是自然的，以自然为绝对真理。其中，不仅神话思维领会的大全只是自然的量的总体，功利思维领会的实质只是一种宇宙论的实质，伦理思维理解的元气也只是一种自然的生命（元气的生生不息、不断转化也只是一种自然流转）。无论是理性、反省还是否定思维，都还只是在自然的领域内活动，反映出精神自由的巨大局限性。其中，否定思维始终以自然为绝对真理，而未能克服自然，领会存在、觉性的超验性，因而未能成为真正的精神超越，实现其真实的自由。反省同样也没有实现为真实的自由，它也只领会到一种自然的内在性，未能领会存在的真正内在性是心灵、意识、思想，因而未能成为真正的反思。同样在这里，理性只是把握住了一种自然的统一，没能进入纯粹概念（比如自然科学）和内在现实（比如道德，理念哲学）的国度，因而它亦被自然束缚，无法实现其真实的自由。更为严重的是，这种理性与反省思维在对本质的领悟中，将本质误解为一种无差别、均匀一味的质料，而将事物的形式、差别当作仅仅是语言设施的假有，这实际上最终导致了印度精神对理性思维的消解（尤其如晚期奥义书的幻化论。盖理性是对于差别、个体性的和谐统一，若差别、个体性被消除，则理性亦不复存在)，奠定了奥义书主流的非理性主义倾向。

自然是精神的共同起点，因此奥义书这种自然的存在观念，也是西方和中土思想同样领会过的。与奥义书的宇宙论类似，米利都学派也曾将水、气等当作宇宙万有的实质和根源。赫拉克利特认为这种宇宙的根源是永恒的火。与奥义书的元气论类似，阿波罗的第欧根尼以为包围万有的气，是灵魂、生命的基本原理，赫拉克利特以为宇宙的永恒、能动的原理就是火。中土思想缺乏普遍性思维，精神执着于感性的个别性。一种普遍的宇宙实质或本质的观念，到老子的道论才出现。在此之前，中土思想未曾出现过类似印、西哲学将宇宙万物归结到某种单一实质的思想（五行说的存在元素不是一而仍是多，且其说的兴趣在于人事而不在宇宙起源论)。孔儒和法家的思想，皆只关注感性的个别、形器之物，没有任何对普遍本质的追求。道家才开始将宇宙万有归宿于某种抽象的宇宙始基，谓“一”或“道”。此后中土思想亦曾出现过类似印、西哲学以某种感性实质为宇宙本原之说。如《管子·水地》将万物本原归结到水和土，且以水为最终本原，其云：“水者何也？万物之本原也，诸生之宗室也。”“是故具（本原）者何也，水是也，万物莫不以生。”不过这类思想大多在中国哲学史上没有产生大的影响。对后来思想影响更大的是“气论”，如《管子·内业篇》所谓“抟气如神，万物备存”。《庄子》所谓“游乎天地之一气”（《大宗师》)，《论衡》所谓“天地，含气之自然”，都强调气是宇宙万物的本原。而且《管子》所谓“灵气在心，一来一逝。”（《内业篇》)“有气则生，无气则死，生者以其气。”（《枢机》)《庄子·知北游》亦曰：“人之生，气之聚也”，以为生命只是气的流行，这些说法都与元气论的生命思考一致。东西方思想的上述观念，与奥义书的自然论，属于大致相同的精神阶段。它表明精神的存在省思完全停留在觉性的最肤浅、外在的层面。精神的否定、反省与理性思维，都依附于自然，没有开辟出属于精神自身的独立、纯粹的领域，因而没有成为真正的自由。精神在这里面临与奥义书的自然精神同样的局限。

然而自由作为绝对和无限，必然推动精神克服上述局限性。在奥义书精神中，这根本上在于否定和反省思维的进展。首先，精神的自舍势用推动否定思维扬弃对自然的绝对化，领会某种超自然的东西即实体为绝对真理，它因而上升为真正的精神超越。其次，精神的自反势用推动反省思维克服自然的外在偶像，领会觉性的内在现实性，即心灵、意识才是绝对、自为的真理，它因而深化为真正的精神反思。阿阇世等的心识论和那支启多等的意识实体观念，就是奥义书这种精神反思和超越的最早体现。精神由此进入实在的自由阶段。在西方思想中，也可以看到同样的精神进展。

## 第二节　内在的存在

奥义书精神和中土精神的那种自然的自由，并不是真正的自由。真正的精神自由是反思、超越和纯粹理性的思维，而这正以省思对自然的否定为前提。这在自然论奥义书中是未曾见到的。然而自由必然推动精神克服自然省思的局限性，实现真正的自由。在奥义书思想中，这最早的自由就是精神的内在反思。盖本体自由推动精神的内在化，它促使精神的自身否定展开为对自然的物质偶像的否定，同时促使其自身维持展开为对觉性的真正内在性，即心灵、意识的守护，心灵成为精神的绝对目的。于是精神领会到那内在的心灵，不是某种相对的、依附于它物的东西，而就是自为的存在、绝对，是存在的本质和真理。只有到这里，反省才成为纯粹、内在的，即反思。反思体现了精神自由的内在向度。在奥义书中，桑底厘耶、阿阇世、波罗多陀等的识论就代表了这一向度。这种识论是印度最早的绝对唯心论，其以为人内在的心识、而非外在的宇宙，才是存在的绝对真理和根源。在奥义书思想中，识论是在元气论的基础上形成的，是将生命元气内在化，理解为一种心灵、精神的原理的结果。

反思是道德的前提。道德是精神以自己的纯粹内在存在为目的的实践。它的前提是精神的内在性，即意识、思维成为自在自为的存在，而唯有反思赋予意识、思维这样的存在。反思就是精神自由地规定自己的内在性，这种自由规定在实践上就是道德。因而反思的具体现实就是道德精神。一般讲反思包括内在反思和超验反思。前者领会意识的绝对性，确立意识为存在之绝对真理；后者领会意识的超越性，确立意识为超验的实体。在这二者中，内在反思更简单，而超验反思是反思与超越的统一，必须还以超越思维为前提。在奥义书思想中，内在反思的发生也先于超验反思。因而在其中内在反思是反思思维的起点，也是道德精神的起点。所以本节讨论的反思就是内在反思。心识论就体现了这种反思。它表现在存在省思层面，就是将心识理解为存在的绝对真理。在奥义书思想中，内在反思一定是绝对反思，因为奥义书坚持存在真理与自我的同一，故心识作为存在真理也是自我的真理，因而在这里反思实现了主、客体的绝对同一。

然而人类精神总是更容易抓住那些更直接、粗糙、外在的东西，即使在道德精神阶段也是如此。在这一阶段，存在省思领会的内在性，刚开始也只能是一种经验意识，而且是经验意识中最肤浅的，即感性意识。在 ChānIII · 14 中，桑底厘耶提出的意论，就体现了这种感性反思。然而感性意识仅属于心灵之最外在的表象层面，且是变动不居的。精神内在的自舍和自反势用的进一步展开，必然推动反思进而否定外在的感性表象，确立作为感性的基础、本质的理智为绝对真理。在奥义书中，KauṣIV（以及 BṛihII · 1)，ChānVII · 1—7 开示的识说，KauṣIII 开示的般若说，就体现了这种理智反思。因此我们将这一阶段的存在观念分为以下两个层次。

## 一、存在作为感觉

如前所述，人类精神由外到内、由自然到心灵的转向，即反思的确立，乃是自由推动下的必然。因此奥义书的存在省思也必然会内在化。然而由于人类精神的局限，反思最初也只能抓住心灵的最直接、最显眼的方面，即感觉或感性意识。奥义书的反思也是如此。在这里，所谓感性意识，就是末那（manas）或意。

在印度哲学中，"意"（manas）与其他许多概念一样，意义很宽泛，且常变动。在奥义书中，此词要有二义：一指诸根之一种，为实行思想功能的生理器官或机能，汇宗五根的信息而统握之；二指感性意识，亦是接受五根的感觉，而予以理解。在奥义书中，当以后者为主要。在这里，五根代指视、听、嗅、味、触五种感觉，而意则是它们的全体、归宿。比如 Muṇḍ II · 1 · 3；PraśIII · 9，IV · 8 等皆表明了意与感觉的这种本质关联。在奥义书最初的反思中，意被确立为存在的绝对真理。

把意当作万有根源、绝对，梵书就常揭此义。如 Sat BrāX · 5 · 3 · 1—7 说宇宙太初唯有意，意生语言，语言生元气，元气生目，目生耳。Sat Brā X IV · 3 · 2 · 3 亦云意就是元气，为是一切存在的本质、基础。Sat BrāVI · 1 · 2 · 6—9 说是意与语言结合，而生育诸神、万有。此种说法，大致皆以为意是元气的归宿根源，从而使意代替元气作为存在本质的地位。此种思想无疑被奥义书继承，但总的说来，在奥义书中，意作为一种心灵的、精神性的原理的意义更加清晰。

在早期奥义书中，有多处文本保留了关于意说的资料。如 TaitIII · 4："意即彼大梵。因为信然，万物由意而生，生已复赖意而活，且死时复归于意。" TaitII · 3："信然，彼有别于此元气身而为其内自我者，即意所成身（mano-maya）。此元气身由彼意身充满……" ChānVII · 3 · 1—2："1 信然，意即胜于语言。信然，譬如握紧之手容二盎摩罗果，或二枣，或二恶叉果，如是意摄语言与名。当人由末那作意'我欲学圣典'，彼遂学之；'我欲行圣业'，彼遂行之；'我欲求儿子、牲畜'，彼遂求之；'我欲求此岸和彼岸'，彼亦求之。信然自我即是意。信然世界即是意。信然大梵即是意。2 人若敬思意为梵——于凡意之所届，彼皆得无限自在，彼敬思意为梵者。" PraśIV · 2："如太阳落山，其诸光线于彼光轮中合为一；而当其再升，此诸光线复从中发出；如此反复。如是，信然，此一切（诸根）于意（manas）中合为一，彼至上神。是以人于彼位不复听、不复见、不复嗅、不复尝、不复触、不复言、不复执、不复乐（性的快乐）、不复排泄、不复行走。人曰：'彼入睡已！'" 上述文本皆反映了把存在本质、大梵理解为意，即感性意识的观想，但都企图把这观想整合到各自的思想统一体中（如 TaitII·3，III·4 便企图将其整合到其五身说中）。

在奥义书中，更直接开示意说，以其为基本宗旨者，尚有 Tait I·6·1 与 ChānIII·14·1—4。如 Tait I·6："彼居于心中之虚空，补鲁沙（即大梵）即在其中，以意为自体，光辉、不死。彼由双腭间下垂的乳头状物，乃为因陀罗（灵魂）必经之所。彼（灵魂）于头顶分发处（vidṛti，亦即颅骨弥合处，或曰梵窍）穿出，遂以 Bhūr 音而入于火，以 Bhuvas 音而入于风，以 Suvar 音而入于日，以 Mahas 音而入于梵。彼于是得自主（svā-rājya）……"考其文本，义甚简晦，且极芜杂、含糊，既包含最古老的梵书想象，亦涉及较晚的瑜伽学（如说大梵为寂灭，且提及"Prācīnayogya ［远古瑜伽士］"之名），实难给予清晰的阐释。真正值得严肃对待者，乃为 ChānIII·14·1—4。其揭橥"桑底厘耶智"，以为大梵的实质就是意，意是世间万有之全体与根源，云："1 信然，此全世界即是梵。人应静思彼（梵）为 Tajjalān。信然，人由念而成。依其此世所念，人辞世时将依之往生。2（梵）其实质为意（manomaya），其身为元气，其相为光，其思想为真，其自性是虚空，包含一切业，包含一切欲，包含一切嗅，包含一切味，包含全世界，而无言、无着（anādara）。3 此即吾心中之自我，细于谷粒、大麦粒、芥子、黍子、黍米心；而此心中之自我，乃大于地，大于虚空，大于天，大于诸世界。4 包含一切业，包含一切欲，包含一切嗅，包含一切味，包含全世界，而无言、无着——此即吾心中之自我，此即是大梵。吾死时将入于彼。人若信此，则不复有疑惑——此即桑底厘耶所教者。"其谓意是大梵的实质，是存在的绝对真理。其书明确区分了意与元气：意是大梵的实质、自体，而元气是大梵之身（śarīra），即工具，因而大梵、存在本质被归结为与自然生命（元气）本质上不同的精神、心灵层面。其书于是扬弃了前此的元气论将大梵等同于自然生命的观念，首次揭示了存在的绝对真理是一种内在的精神、心灵原理。由于它把心灵理解为绝对真理或最高目的，就使得它的实践升华为一种心性修炼，真正成为道德，因而它在奥义书思想中，首次体现了一种道德的精神（而元气论仅体现了伦理的精神）。其云意是一切存在的全体与根源。意如虚空一般，包含一切业、一切欲、一切嗅、一切味，是感觉的全体，同时它也包含全世界，是存在之全体。大梵、意又被说为"Tajjalān"：其中"ja"谓生成，"la"谓归没，"an"谓呼吸、生长。此词后为吠檀多派袭用。在这里它指大梵、意为万有于其中生成、消失、生长的绝对者，是存在的根源、基础。另外，其中 §3 表明这意，就是吾心中之自我，其谓彼"大于地，大于虚空……"乃接着发挥前文意为存在全体之义；谓彼"细于谷粒、大麦粒……"乃有歧义，或为继承梵书旧说，而以隐喻形式表明此感性意识，为内在于吾人心灵中者，抑或此处意仅指心根（为诸根之一种，印度思想一般设想其居于心中、形如极微)，如此则与前义有差(同一术语含义前后不一致，亦是奥义书文本中常见的情况)。此段文本乃是在 Sat BrāX · 6 · 3 基础上发展而成(参见本书第一部第二编第一章第一节)。

由于中土思想从未产生过任何意义上的精神反思，因此奥义书中这种将世界存在还原为感觉总体的观念，在这里从未产生过。不过类似的思想，在西方思想中，由于经验的主观反思的兴起，也曾蔚然流行。这种思想皆属于经验主义传统。其中，贝克莱提出存在就是被感知，否定有感觉之外的物体存在。在更晚近的思想中，马赫和阿芬那留斯的感觉主义，仍然继承、发展了这一立场，认为世界仅仅是由人的感觉组成，一切处在感觉之外的实体都是虚幻的。

然而不论在印度还是在欧洲，感觉主义似乎都不可能占据主流。因为它的局限性是很明显的，从理论上说，它很难解释人类知识、经验的连贯性、必然性以及自我意识的同一性；从实践上说，它也很难确立道德的普遍、必然基础。感性反思否定外在自然的专制，确立心灵的内在现实为存在的本质，从而首次使精神自身成为最终目的，使精神获得了真正的自由，但是这反思没有领会那作为感性之稳定、同一的基础和本质的心灵层面，即理智，而把那易逝、偶然的感觉整体当作绝对真理，所以它固然使精神摆脱了外在自然的奴役，却可能又使它陷入主观任性的梦魅中。因此，精神要实现更本质、必然的自由，就应当超过这感觉层面，深入心灵的本质即理智领域，它必以理智反思扬弃这感性反思。这一精神转型，同上节所讨论的自然反省从最早的日说到较成熟的实有说发展一样，也是从感性反省转化为本质反省，这一转化也同样是在本体自由推动下，通过精神的自舍与自反势用、否定与肯定辩证交互运动展开的(参见上节第二目第六项结尾的分析)。这一转化，在西方思想中，通过唯理论、先验哲学对感性论的扬弃得到体现。在奥义书思想中，它表现在后来更成熟的思想，乃以“智”(prajñā)或“识”(vijñāna)代替“意”(manas)作为心灵的实质，而将意视作识或智的一种表现或一个层面。此如 KauṣIV · 19—20 和 BṛihII · 1 提出超越诸根、意的般若我(prajñātman)，ChānVII · 1—7 提出作为心灵更深层内容的智(jñāna)，KauṣIII · 1—8 提出识为意、诸根、世界的本质，等等。

## 二、存在作为理智

奥义书后来更成熟的思想，对意(manas)与识(vijñāna)、智(prājñā)等进行了更严格的区分。如 TaitII · 4：“信然，彼有别于此意身而为其内自我者，为识所成身(vijñāna-maya)。此意身由彼识身充满。”表明了识与意的区别，且指出意以识为本质（为彼“充满”）。KauṣIII·5—6，20说意只是识的表象、分位，识通过意获得感觉的观念，是意的本质、根源、归宿。Ait ĀraIII·1·2说意应以识（prajñāna）为其本质。KāṭhIII·10亦云理智“高于”意。在奥义书的通常术语中，意与识、智的区别，在于意往往更直接地与感觉联系，它指的就是感性意识，或一切感觉的总体；而识、智则是心灵、意识的更本质、内在的层面，即理智、理性。精神对于后者的绝对真理性的领会就是理智反思，也是本质反思。奥义书对意与识的区分，就是对心灵之变动不居的表象层面，与相对稳定、同一本质层面的区分，是一种本质论的区分（与实有论对感性实在与抽象的实有的区分遵循类似的逻辑）。

以识为宇宙万有之本质的思想，即所谓识论（vijñāna-vāda）。然而，正如我们前面谈到的，人类的精神反思，也只能是由表及里，由浅入深的。它必须从经验开始，然后才可能进入超越性的领域。奥义书的反思必然也是如此。意说所阐明的感性意识就是经验的。识论的识、智，最初也是一种经验的理智（经验意识的本质）。奥义书的理智反思，仍属于经验反思范畴。我们在这里所谓识论，乃限定在经验意识范围内。

在奥义书中，关于识论的表述，可谓极常见者。如BṛihII·4·12，IV·5·13：“譬如盐投于水中，即溶于水，不复可捉取，然从水中任一处取而尝之，皆为咸味。是故此大有，无限，无量，只是识体（vijñāna-ghana）。”III·9·28：“大梵即识性，亦即是妙乐，为修、证大梵，及布施者宗趣。”IV·4·22：“彼即广大、无生自我，由识所成，由诸根包围，居心室虚空中。彼为万有主宰、支配者、君王。”TaitII·4—5：“4言、意自彼回，由不得彼故。信然，彼有别于此意身而为其内自我者，为识所成身（vijñāna-maya）。5心识主祭祀，亦主一切行。诸神敬彼为，大梵、最长者。若知梵即识，于此不放逸，则离身中罪，得一切所欲。”（有删节）III·5亦云步厉古修苦行，而证悟识（vijñāna）即大梵，“因为信然，万有由识而生，生已复赖识而活，且灭时复归于识。”不过以上所举，皆试图将识论整合到各自的体系中。

在奥义书中，较直接、正面地开示识论的文本，也有一些。首先是AitaIII·2—3，其云：“2彼作为心（hṛdaya）与意（manas）——即意识、感觉、分别识（vijñāna）、觉（prajñāna）、智、见、忍、慧、思、冲动、忆、念、谋虑、精气、欲、意志者，如实此一切皆为觉（prajñāna）之异名。3彼即大梵。彼即因陀罗。彼即生主。彼即一切神。彼即五大（mahā-bhūtāni），曰地、风、空、水、火；即微细者（kṣudra）及由此聚合者；即此或彼一切之种子，无论其为卵生、胎生、湿生（sveda-ja，虫类）、芽生（植物类）；彼即马、牛、人、象；彼即一切有呼吸者，无论其为行走、飞翔或静止。此一切皆为觉所统治，依止于觉，由觉所生成。此世间由觉所统治，且依止于觉。觉即是依止。梵即是觉。”此中所谓觉（prajñāna），乃与识（vijñāna）同义①。其文之宗旨，乃由III・3所谓“梵即是觉”（prajñāna brahman）得以概括，此为奥义书四句“伟言”（mahāvākyas）之一②。存在本质、大梵就是识。一切存有，本质上皆是识，由识所生，且包含于识之中。首先人的全部的心识活动（心、意识、感觉、智、见、忍等），皆只是识（prajñāna）之异名，皆由识而生，且住于识中，体即是识。其次，包括由五大（地、风、空、水、火）所成的无生命的宇宙，以及所有生命体（卵生、胎生、湿生、芽生之属）乃至诸神在内，全部世界存在皆由识所生，依止于识，以识为实质。此为奥义书典型的识本体论。奥义书的识论，在ChānVII・1—7也得到表现。其书通过沙那库摩罗和那罗陀的对话展开，开示应依次观想名、语言、意、念、想（citta）、深思（dhyāna）、识为梵，最后的结论是，大梵就是识：“人若敬思识为梵——彼如实即得识界和智界（jñāna-loka）。于凡识之所届，彼皆得无限自在，彼敬识为梵者。”（ChānVII・7）这实际上是一种逐渐深入的精神反思。此中所谓意（manas）就是感性意识。念（saṃkalpa）一般谓意志、想象、创造、决定、愿欲等，这里主要指意志。citta，一般与vijñāna同义，可译为“心”、“识”，而在此处它特指理智的思维活动，故译为想。深思（dhyāna）一般谓一种修道功夫，即静虑，但在这里指的是意识的一个实在的存在方面，即深层的思维，是思维的本质层面。识（vijñāna）在印度传统中一般为心识的统称，但在此处它专指心识中之最深隐的层面，为深思、思想、意志、感觉等的根源、基础，即是理智。此则奥义书开示的观想，就是从精神之最外在的层面即名相开始，去外入内、舍滥留纯、弃末求本，层层深入，最后达到对于理智的领悟，揭橥这理智就是存在的本质、根源。另外，KauṣIV・19—20，III・1—8，则表现了元气说向识说的过渡。如其云：“至若元气，信然，彼即识我（prajñātman）！至若识我，彼即元气。”就表明其说是从元气说发展而来，要之即将梵书和更早的奥义书中作为存在本质的元气，理解为意识本质，即识（prajñā）或理智；要么其说是将元气论与AitaIII・2—3的梵即是识（prajñāna brahman）之说结合而成。KauṣIV・19—20云元气我（prāṇātman）或识我（prajñātman），即是大梵。当人沉睡无梦，乃完全融入其中，“于是语言及诸名归入之；眼及诸色归入之；耳及诸声归入之；意及诸想归入之”。而当此人醒来，则“此诸元气

① “prajñāna”与“vijñāna”是由同一词根“jñāna”（知、认识）衍生出来，最早的奥义书，乃至许多唯识典籍都把它们当作同义语使用（参考山口益：《般若思想史》，上海古籍出版社2006年版，第29页；Ranade, R.D, *A Constructive Survey of Upaniṣadic Philosophy,* Oriental Book Agency, Poona, 1926.181）

② 吠檀多派认为吠陀有四句“伟言”，其余三句为：“彼即是汝”（tat tvam asi：ChānVI・9・4），“我即是梵”（aham brahma amsi：BṛihI・4），“阿特曼即是大梵”（ayamātmā brahma：BṛihIV・4・25）。

（语言、眼、耳、意四根）复从自我（ātman）生出，趣向各处，如火星从火焰溅出；由此诸元气生诸天（火、日、方、月）；由诸天生诸界（名、色、声、想四界）”。元气或识乃是人内在的诸感觉和外在宇宙的归宿、根源、实质。其说将世界万有概括为名、色、声、想四界，火、日、方、月四神，语言、眼、耳、意四根；四界生于四神，四神生于四根，四根则生于元气、识我。Bṛih II・1・20 还以蛛吐丝，火焰中溅出火星来比喻万有从识中产生的过程。总之识才是终极、绝对的存在，故谓其为“真理之真理（satyasya satya）”。其说以为识（prajñā）就是无梦睡眠，意指它为经验意识中之基础、本质。此为后来耶若婆佉等所谓熟眠位、步厉古所谓喜乐我等观念之前身。KauṣIII・1—8 接续 KauṣIV・19—20 之义，且论之更详。其中，KauṣIII・6 所谓“以识驭语言故，人依语言得一切名。以识驭呼吸故，人依呼吸得一切香。以识驭眼故，人依眼得一切相。以识驭耳故，人依耳得一切声。……以识驭足故，人以足得一切行走。以识驭意故，人得一切想[①]。”很清晰地阐明了识是超越感性意识的主体。其云当人死或沉睡无梦时，全部经验意识及其对象皆进入识中；当人醒来，则诸元气从识中各趣其处，如火星从猛火中溅出，由元气生诸根，由诸根生诸界。KauṣIII・5 于诸根、境皆由识生之义，开示最详，其云：“吾等将开示何以诸大（bhūta）与此识为一。语言是由彼中取出之一分，名称为外在与之相关之大唯（bhūta-mātrā，存在元素）。呼吸是由彼中取出之一分，香为外在与之相关之大唯。眼是由彼中取出之一分，色为外在与之相关之大唯。耳是由彼中取出之一分，声为外在与之相关之大唯。舌是由彼中取出之一分，味为外在与之相关之大唯。……意是由彼中取出之一分，思想、欲望为外在与之相关之大唯。”（有删节）KauṣIII・8 则表明诸境（即所谓十大唯：bhūta-mātrā）产生于诸根，诸根（即所谓十觉唯：prajñā-mātrā）产生于识。故诸境归于诸根，诸根归于识，如辐集于毂，毂集于轴。其云此识我为喜乐、不老、不死，不因善业而增，不因恶业而损，皆为阐明此识为经验意识之稳定、不变之本质层面。此种心识本体论，乃为奥义书的主流观念，应视为后来佛教唯识学之滥觞[②]。

然而识论仍属于一种经验反思。在这里，作为心灵本质的理智（识、般若等），仍然属于经验意识层面，它就是经验的理智，而不是心灵的纯粹思想。盖纯粹思想或觉性的纯粹内在性，是对全部经验、自然的本质否定或超越。心灵这种超越维度是奥义书的识论迄今仍未领会的。这表现在识论没有意识到识与经验的时间性的对立。它的理智仍然是处在生灭不已的自然时间之洪流中的，仍属于内在的自然。

---

① 按 A 本，此句应译为：“以识驭想（dhī）故，人得一切所知及所欲。”

② 吴学国：《奥义书与佛教唯识学的发生》，《唯识研究》2011 年第 1 期。

因而理智不具有超越性，不是形而上学的实体。其对意与识的本质论区分，仍不是对现象与实体的形而上学区分。因而在这里，奥义书思想还没有表现出真正的精神超越，也没有一种纯粹精神反思。精神的否定与反省思维的开展仍然有很大局限性。

真正的精神自由，包括超越与反思。反思确立内在精神的价值，超越赋予精神以尊严。在奥义书的精神中，反思先得到实现。心识论的存在省思，就是一种精神的内在反思。精神克服外在自然的假相，将心灵作为存在的绝对真理，从而心灵成为生命的绝对目的和价值。精神首次实现了真正的自由。精神反思反映了本体自由的新进展。盖反省思维是自反势用的现实性，它通过自反和自舍势用、肯定与否定的辩证运动而得以开展。在反思思维中，自舍势用展开为对外在自然的否定，自反势用则展开为精神的内在现实的维持、守护。正是这两种力量的辩证互动，推动反省由外入内、舍境从心，即成为真正的反思。然而心识论的存在理解，反映奥义书最早的精神反思仍有巨大的局限性。盖心识论仍然将识，作为存在的绝对真理，理解为一种经验存在。在这里，无论是作为感觉总体的意，还是作为抽象理智的识、般若等，皆属于经验的意识、思想层面。因此，反思仍然停留在了经验的层面，只是一种经验的反思。反思还没有成为纯粹的。盖觉性的纯粹内在性是对其全部生存论的存在、自然的否定。一切自然的东西，无论外在的还是内在的，都只是觉性纯粹内在现实的符号、标记，都只是现象，不具有自为的真理性，而纯粹内在现实则是超越现象的实体或本体，为唯一自为的真理。因而经验的反思还没有进入觉性的实体。与此相应，心识论的存在省思，仍然执着于一种经验意识，即内在自然，因而还没有真正的精神超越。真正的精神超越是精神对自然的否定，唯它是否定思维的真实自由。因而奥义书精神的否定思维在这里仍然处在自然领域，也没能进入觉性的超验存在即实体性中。奥义书心识论的存在省思的局限性，反映出精神内在的自舍势用尚未展开为对自然的否定，从而实现为真正的自由；精神内在的自反势用亦未展开为对某种超自然的真理（实体）的维持、守护，实现为纯粹或超验反思。精神的现实自由在这里仍面临很大的局限性。

然而本体自由本来就有自身绝对化的冲动。其中自舍势用一直呼吁精神否定自然的专制，它必通过呼唤和倾注，推动现实精神破除全部自然的假象，领会真理为超自然的原理，从而导致真正的精神超越的形成。于是精神乃领会到，存在的真理乃是对自然、对经验、时间性的否定。真理是与生灭相续的现象界对立的永恒不动的本体界。而自反势用则展开为对这超验的原理的维持、守护，推动精神领会那超验的原理就是绝对实体，及其与内在心灵的同一性。于是这精神乃扬弃原来的经验反思，进入一种纯粹、超验反思的领域。在奥义书中，Kauṣ I；PraśIV；KāṭhII，V 等对作为一切经验、自然存在之永恒、不动、超越的基础的大梵、自我的开示，就反映了这一精神进展。

## 第三节　超越的存在

自由推动奥义书的精神否定其早期的自然思维，确立觉性超越自然的内在的存在为绝对真理。这一发展包含两条路线：其一是反思的路线，即确定存在的真理不是外在自然，而是内在的心灵，因而存在本质上是内在的。其二是超越的路线，即否定自然论的实质、元气等的经验性，确立存在的真理为超验的实体。这通过省思对时间性的现象与非时间性的实体的形而上学区分得到体现。就奥义书思想而言，在以上二者中，反思是先发展的，而且它一开始就认识到心灵既是自我主体的本质，也是存在的本质，因而这反思总已是绝对反思，此即本章前一节所议者。而超越思维则是在反思的前提下展开，一开始就是与反思结合的，因而它领会的实体就是心灵实体，所以它是一种内在超越，此即本节所要讨论者。在早期奥义书中，这内在超越与绝对反思是相互分离、并列发展的，它们构成了奥义书的精神的两个发展向度。

在奥义书中，这种内在超越思维的形成，乃是本体自由最终推动的结果。一方面，这自由通过呼吁与倾注，促使精神内在的自舍势用展开为真实的自由，推动否定思维克服全部自然的假象，确立真理为超自然的实体，从而转化为真正的精神超越。精神超越就是否定思维的自由，就是精神从自然、经验、时间性的存在到永恒、超验的存在，从生灭相续的现象界到永恒不动的实体界的持续运动。另一方面，本体自由也促使精神内在的自反势用展开活动，推动精神领会这超验实体就是其内在的自我、心灵本身，使超越思维的内在化，形成超验反思。因此精神的内在超越是在自舍与自反势用的破、立辩证法中展开并活动的，它反映出精神内在的自舍与自反势用都已实现为真实的自由。精神在这里才具有了真正内在的尊严。

在奥义书思想中，Kauṣ I；Kena I—IV；PraśIV；Kāṭh II，V 等的形而上学，就反映了这一精神进展。这种形而上学的存在观念，包括以下意义层面：(1) 早期奥义书的现存实体。实体被理解成作为经验质料的心灵实质。(2)《由谁》等的超验主体。实体被理解成能动的心灵主体。(3)《羯陀》等的二元实体。主、客体被理解成相互分离、各自独立的两种实体。正如其形成一样，精神的内在超越的发展也是由自舍与自反势用的破、立辩证法所推动的。兹论之如下：

## 一、存在作为实体

奥义书思想，很早就开始揣测有某种超越现象界、自然，但被后者遮蔽而从未被真正认识的存在原理。如 Bṛih I・6・3 说："此即被实有者覆盖之不死者 (amṛitaṃ, satyena channam)。信然，元气是不灭者。名色是实有者，元气乃被彼等遮蔽。"在这里，名色就是现象界，为实有，而元气则为处在现象界底层的永恒存在，即实体。此段文本提示了一种形而上学的存在区分。此种区分就是将全部存在分为现象界与实体界两大部分。前者为自然、经验存在之总体，包括外在的宇宙和人内在的心理活动，皆处于经验的时间、空间和因果关联之中，无常生灭、流转不已，为经验认识的对象。后者则超越自然的领域，否定了经验的时间、空间和因果关联，为不动、恒常的原理，非经验认识所能达到。在西方思想中，柏拉图对自然与理念世界的区分，就是这种形而上学区分最典型的表现。在中土自然思维中，此种区分尚付阙如。

此种区分，在奥义书思想中，通过对上梵与下梵、有相梵与无相梵等的区别，得到更清晰的表述。凡此诸说，都旨在将大梵作为存在整体，区分为较高的上和较低的两个层面。其最早者，如 Bṛih II・3・1—3："信然，有二种梵：有相与无相、有死与不死、固定与流转、此岸与彼岸。凡异于风与气者，即有相梵。彼为有死，彼为固定，彼为此岸。而无相梵即风与气。此为不死，此为流转，此为彼岸。"无相梵就是无形的本体，有相梵则包括所有有形事物。在这里，"无相"即"无形"，如风、气等，无定形故；"有相"则为"有形"，如大地山石，"故无相者即风与大气，彼即不死者，彼即运动者，彼即超越者……" Bṛih II・3・5 还说无形者就是人的生命元气，是人心内的虚空，而与之相对，有形者就是人的粗大的根身；又云有相是所有看得见的境象，它的实质是"视"；无相梵则是无形的观者。总的来说，有相、无相首先就是有、无形相的意思。因此这种区分，仍有宇宙论嫌疑，类似于古希腊宇宙论对本原的气、水、无限与由气等所凝聚成的具体事物之间的区分。KauṣI 时间之我与超越时间之我，及对实 (sat，谓超越诸天、诸元气的自我实体) 与性 (即诸天、诸元气) 的区分，也是与此大梵二相一致的形而上学区分，唯其表述非常模糊，且幼稚、笨拙。

根据《广林》等奥义书更清晰的思想，无相梵是大梵的超越方面，是对现象、经验的世界的否定，是永恒、无差别、纯粹的实体。有相梵则包含一切处在自然、经验的流变中的具体事物，包括所有物质和精神现象在内，是一个包含无限差别的生灭不已的全体。前者是后者的基础、根据。一方面，《广林》等有大量文字阐明至上梵是一超越的实体。如 Bṛih II・5・19 云："梵无先无后、无内无外。" BṛihIII・8・8："彼非粗非细、非长非短、无明无暗、无影无像、无风、无空、无违、无见、无嗅、无味、无眼、无耳、无声、无意、无作、无气、无口、无名、无老死、无畏惧、不灭、非显、非隐、无度量、无内外。它不食于一切，亦不为一切所食。”同理，TaitĀraX · 1 · 2（Mahānār Up I · 10）云：“既非在于上，亦非在对方，亦非在中间，而可捉摸彼。无有类彼者，彼名‘大荣光’（mahad yaśas）。”① 这些说法，表明至上梵是一个否定了全部经验现象，超越了自然的时间、空间、因果关联的实体。此中所谓大梵无明无暗、无影无像、无风、无见、无嗅、无味等，旨在表明大梵是超越了任何经验表象的本体。所谓大梵无先无后、无老死、不灭等，旨在表明它对于自然的时间性的否定。所谓大梵非粗非细、非长非短、无内无外、非上非下、无度量等，则是对其空间性的否定。所谓大梵无作、无气、不动、不食于一切亦不为一切所食，则否定了大梵在自然中的运动及其与自然的因果关联（所谓不食于一切亦不为一切所食，就是说大梵既非一切自然物的结果，亦非其原因）。此外，KāṭhII · 13—14，VI · 8；ŚvetVI · 9，11 亦在同样意义上表明大梵无因果，无时间关联，无德无相，不可规定，不可思议。大梵的这个纯粹超越层面，或者它的内在本质，就是上梵。由于上梵的超越性，奥义书对于它的表述更多是遮诠或否定式的，其最典型者，即 BṛihII · 3 · 6 提出之“非此，非彼”（neti, neti）。随举一物即不是，由此表明上梵不属于名色世界。在奥义书思想中，全部自然、经验的存在被称为差别相、名色，至上梵对自然的超越也就表现为对差别、名色的否定。早期奥义书的形而上学区分亦表明此种世界图景。此如 Bṛih II · 5 · 19：“仙圣云：‘彼乃依众形，而为种种相。因陀罗以幻，而入于众相，其骏马千万（指众生），皆因此被缚。’（ṚVVI · 47 · 18）彼即众骏马。信然，彼即千万，众多无量。……此自我即是梵，遍满一切。”BṛihIV · 4 · 19—20：“19 应以内识知，世间无差别，视有差别者，将一再受死。20 应视为一味，无相且常住，无垢超虚空，无生遍常我。”Bṛih I · 4 · 7：“信然，彼时世界无分别。彼唯因名相而有差别，如说：‘彼有如是名，如是相。’甚至今日此世界亦唯因名相而有差别，如说：‘彼有如是名，如是相。’彼遂入此，至于指尖，如刀入鞘，如火入燧。人不见之，盖凡所见皆唯彼一分。彼于呼吸乃得名呼吸；于言乃得名声；于见乃得名目；于听乃得名耳；于思维乃得名意。凡此皆只是其功能之名。人若敬思此等之一或它，则为无知，因其以此等之一或它而非全故（谓仅得大梵之一分——译者）。人应敬思彼为其自我，一切于其中成为一故。此同一物，即此自我，乃为此一切之足迹，人由彼知一切故。”这些说法，都表明至上梵超越一切经验的差别表象，为一恒常、一味的实体。至上梵的超越性也表现在认识论上。凡人皆只见差别现象，不见一味本体。这从人自身的主观方面说，这既是因

① 此偈来自 Vāj SaṃX X X II · 2，3，亦见于 ŚvetIV · 19。

为人的无明（avidyā）的覆盖，使他不见本体，只见表象，也是因为人的经验认识本来就无法进入本体的领域，正如 Tait II・4・9 所云："语言自彼回，及末那与俱，皆不得彼故。"① 另外这从本体方面说，也是因为它自身的超验性造成对它的遮蔽，如 Bṛih II・5・18 云："无物不覆盖之，无物不遮蔽之。" Bṛih I・6・3 亦说一切名色都遮蔽实体。BṛihII・5・19 也以所引的偈颂表明梵以幻相遮蔽自身、系缚众生。至上梵的超越性就是它的自由。正是因为至上梵被从经验世界中排除出去，与自然的一切皆失去因果关联，因而它才是除去系缚、自在无碍的，才成为人生命之终极目标。盖人唯有领悟到其内在自我就是超越的大梵，才能脱离自然对心灵的系缚，获得真正的自由。因此，大梵的超越性是人的自由解脱的存在论前提。另一方面，与此并行，《广林》、《唱赞》等早期奥义书中，亦有大量文字，描述大梵是一切经验、现象存在的总体、大全。如 ChānIII・14："信然，梵即是世界之全体。……他由意所成，体即生气，形即光明，思即真理，自我即虚空，包含一切业、一切欲、一切味、一切嗅，包含这全世界，一切无言者、被遗忘者……细于谷粒，甚至燕麦之芒，……而大于地，大于空界，大于天，大于诸世界。"梵、唯一者包容整个世界，由一切事物组成，是一个包括无限差别的全体。BṛihIV・4・5 亦云大梵"由识所成，由意所成，由气息所成，由视见所成，由听闻所成，由地所成，由水所成，由风所成，由虚空所成，由作与非作所成，由贪与非贪所成，由嗔与非嗔所成，由法与非法所成。它由一切存有所成，此即由说'由此所成，由彼所成'所意味者"，谓梵就是名色世界之整体。对梵的此类说法，可以视为对《广林》所谓有相梵、下梵的描述。总之，早期奥义书通过以上两方面描述，揭示了大梵的两个存在层面，即实体与现象，或上梵与下梵。盖言之，即以为下梵有德，有差别，有相，有杂多，有时间，有分位，可言说；而上梵无德，无差别，无相，一味，无时间性，无分位，不可言说。

早期奥义书对大梵二相的这种区分被后来的奥义书思想继承，并且越来越清晰化，成为奥义书的主要观念之一。如 Muṇḍ II・2・8 说大梵同时是上梵和下梵。PraśV・2 亦强调应同时念"Om"为上梵和下梵。KāṭhVI・13, Śvet I・13 亦强调唯视大梵为兼具现象与实体二面，才能获得对大梵的真实领悟。Muṇḍ I・1・4—5（亦见 III・2・1—9）亦开示应有两种智，上智直证大梵的本体，下智但取名色世界。盖本体、上梵无色、无相，非一般智识所能达者。名色只是梵的形式（下梵），并非它的实质（上梵）。故上智者应尽弃名色，直证梵的本体。《慈氏》之论大梵二相者

① Kena I・3（亦见：KāṭhVI・12；MuṇḍIII・1—8）亦云："眼不到彼处，及语言、末那。吾人不知、解，若何开示之。"

亦颇多，如 MaitVI·3："信然，有两种梵：有相者与无相者。有相者为非实，无相者为实，它就是梵（自体），就是光明。" MaitVI·14："信然，有两种梵：有时者与无时者。先于太阳而有者为无时（akāla）、无分（akala）。与太阳同时而生者为有时、有分。信然，有分者之相为年。信然，万有皆由年而生。信然，彼既生已，乃通过年而成长，且最终消失于年。故年即是生主，即是时间，即是食物，即是梵处，即是阿特曼。" MaitVI·22："应知二种梵：有声、至上梵。若悟有声梵，乃趋至上梵。" 盖《慈氏》思想颇杂，其论大梵二分，有时指现实与超绝本体之二分，但有时又随顺数论学，仅指现象与实体之二分，后者包含前者。其中有时梵与无时梵的区分，就是现象与实体的形而上学区分。唯现象、经验界处在时间流变之中，而超验的实体则否定了时间性，而为永恒。至于有相梵与无相梵、有声梵与无声梵的区分，则既是形而上学的，又是存在论的。就其形而上学层面而言，自然、现象界乃为有相，谓有时间、空间、因果以及全部感性表象；超验的实体界则此等观念皆无，故为无相。日常语言亦只能言说处于经验的时间、空间、因果关联中的事物，故此类存在皆属于语言范围之内，曰有声梵；至上梵则超越与经验世界的关联，故为通常语言所不表，曰无声梵。要之上梵是存在的究竟真理，而下梵乃是真理的表象；上梵就是本真的时间性，而下梵就是时间中的存在的全体；上梵是无言的，而下梵就是语言中的世界。中、晚期奥义书对大梵二相的区分，也属于形而上学的区分，或至少包含了形而上学的意义层面。《白骡》晚期奥义书的幻化论，也从这种区分引申出一种真正的"存在论区分"，以为下梵即全部现实世界，如幻如化，而上梵则是超绝的本体。正是在此基础上，发展出大乘佛学的性空二谛之论，以为俗有真空，且空亦复空，以至彻底无受无得。不二吠檀多派，以及比如《慈氏》等更晚期的奥义书，乃接受大乘佛教的"空"论，而把上梵、真有解释为"空"、"本无"，所以下梵就成了"俗有"或"末有"，使奥义书的理论转移到一个新的领域。

总之，奥义书对大梵二相的区分，包含了一种形而上学区分。它将全部存在区分为现象与实体，从而使本体的超越性呈现出来，因而它体现了奥义书真正的超越思维。超越思维就是否定思维的自由。它反映出精神内在的自舍势用不再是仅在自然领域展开，而是已实现为真正的自由。超越思维就是精神从自然到超自然实体的持续运动，它表明精神实现了对于其实体的自主设定。精神终于彻底脱离自然的束缚，首次享有了其自身内在的尊严。另外，在奥义书中，这种精神超越一开始就是与内在反思结合在一起的。其形而上学区分是在更早的经验的心识论基础上展开。后者以为心识是存在之全体、根源，但心识在这里仍只是一种经验意识，只是内在的自然，因而相应的存在省思仍然是经验性的。而奥义书的形而上学区分则将这心识区分为现象界与实体界两个层面。因而这实体，与现象一样，皆属于心识或心灵的存在，它就是心灵超验的、实体性的层面。奥义书这种心灵实体观念，体现了这样一种精神省思，它不仅是超越，而且是反思，它是一种超验的反思或内在的超越。在这里，与超越性的结合使反思成为纯粹的，成为对精神的纯粹内在性的领会、守护。这反映精神内在的自反势用，同自舍势用一样，也已展开为对精神的纯粹内在存在的自主设定。

早期奥义书的实体思维，实际上以为上梵与下梵皆为真实。不仅上引《广林》、《唱赞》、《鹧鸪氏》等书，皆非以下梵、现象界为完全虚假。上面提到的 KāṭhVI・13；Muṇḍ I・1・4—5, II・2・8；PraśV・2；Śvet I・13 亦皆表明应兼具上智与下智，敬思梵为兼具现象与实体、有相与无相二面而不可偏废，才能获得对梵的真实理解。这种立场隐含了作为形而上学典型特征的存在二元化，与奥义书一贯的绝对主义立场有参差。面对这一问题，后来的奥义书，要么随顺数论，走向一种更清晰的二元论（如《羯陀》等）；要么将现象界彻底虚无化，确立大梵为唯一实有（如《白骡》、《慈氏》等）。此外，前面涉及的文本也表现了早期奥义书实体思维的一个局限。在涉及的《广林》、《唱赞》等文本中，心识作为实体，其实是被理解为一种现存、被动的实质，一种质料因（此种误解后来一直贯穿于整个印度哲学史中）。它被形容为做成陶、铁、金等器具的土等原料，或万有由之“编织”而成的材料。在这些文本中基本的世界图景，是以为心识的实体是一味、无差别的底子，而名色是增益于此底子之上的形式；由于这种形式、质料的结合，遂有世界的生成。这种理解的一个重大失误，是完全忽视了心识不仅是实体、实质，而且是主体。心灵不是一种现存、被动的质料，而是能动的原理，是思维和实践的活动。上述理论失误表明，一种主体反思在奥义书这一阶段的存在省思中还没有建立起来。这反映出精神的自反势用还没有展开为对精神的内在活动、主体性的维持、守护、领会。然而本体的自反势用就是觉性对其自身内在存在，即它的生命、自由、能动性、主体性的自身维持。它尽管刚开始往往是外在、间接的，但必然要求自己实现为内在、直接的，即展开为针对这自由、主体性的维持。在精神领域也是如此，自反势用在其展开中，必然推动精神对其自身能动性、主体性，对其内在的活动与生命的守护、领会。此种守护和领会即主体反省。奥义书精神在其自然伦理阶段，就体现了一种朴素的主体反省（元气论），但这反省是自然的。精神的自反势用在超验反思的领域展开，必然推动反省实现为对自我的超验心灵的主体性的守护、领会，此即主体反思。于是，省思领会到唯一真实的自为存在，就是超验、内在的主体性。《由谁奥义书》代表了奥义书存在省思的这样一个环节。从历史意义上说，奥义书的主体反思，就是上述形而上学的内在超越，与元气论体现的主体反省的结合，也是宗教思维与伦理思维的结合。

## 二、实体与主体

如上所论，奥义书最初对于存在的形而上学区分，尽管将意识作为超验实体与自然作为经验的现象区别开示，却没有表明，至少没有强调这意识实体同时是认识和实践的主体。在奥义书中，《由谁》（*Kena Upaniṣad*）乃最早亦最集中开示了存在本体、大梵为一超验、内在的主体。其书名（Kena）乃取自其正文之首字。或名《多罗婆羯奥义书》（*Talavakāra Upaniṣad*），乃得名于其本来所属之《多罗婆羯奥义梵书》（*Talavakāra Upaniṣad-Brāhmaṇa*），后者为属《娑摩吠陀》的多罗婆羯学派（或曰耆米尼学派［Jaiminīya］）文献（为此派的 5 卷本梵书之第 4 卷）。此奥义书后从此文献中脱离，乃得今名。《解脱奥义书》首以今名称之，诸《阿闼婆奥义书》版本亦收录之。其书可分四章，前二为韵文；后二为散文。译文从此。

韵文部分（I—II）思想明显更成熟。彼开示应超越世间所敬之有德梵，而敬思作为全部认识、活动前提的纯粹主体的无德梵。其对大梵作为超验、内在之主体的领悟，乃属于奥义书成熟时期的思想，而与《羯陀》、《广林》（BṛihIV · 4）、《六问》之主旨一致。散文部分思想更简单原始。其亦可分为两部分，其中 III · 1—IV · 3 为神话题材。其神话之宗旨，在于以大梵代替吠陀天神，成为至上神。其主题、情节、叙事、旨趣，皆与梵书中大量关于大梵、生主与吠陀诸神关系的神话并无二致，因而属于奥义书思想中最原始的层面，应当形成于更早的时代。IV · 4—9 与前面的散文，在内容上亦无关联，应视为后来补缀的部分。因此，现存文本应当是在属于不同时代的文本基础上编成的。

古代注家往往不太注意这种文本内在的时代差异，而力图将奥义书的思想熔铸成一贯的整体，故以为《由谁》的韵文部分与散文部分，乃针对大梵之二相即无德梵与有德梵，分别属于上智（parā vidyā）与下智（aparā vidyā）；一些现代注释家仍同此议①。上智直证本体，为顿解脱（sadyo-mukti）；下智须通过对有德梵或大自在神（Īśvara）的崇拜，最终达到对本体的亲证，从而得解脱，是为渐解脱（krama-mukti）。因此两部分内容宗趣一致，而说法上互补。依此理趣，则 III · 1—IV · 3 之证明大梵胜于诸神的主题，乃旨在表明梵作为超验的主体，代替了自然、经验的

① Sarvepalli Radhakrishnan, *The Principal Upaniṣads*, George Allen & Unwin LTD, London, 1953. 579, 587.

存在，成为绝对的真理①。这种诠释，即使在义理上可以成立，也不符合文本的客观历史意义。另外，这些注释家亦依同样理趣，对 IV・4—9 进行了解释，比如以为 IV・4—5 以闪电等形容大梵，乃为表示瞬时性的表象，乃是大梵作为无时间的超验实体之符号，或表示大梵显现之耀眼、突兀②；此解则非不应理。盖 IV・4—9 本为散文中补缀的部分，故其思想与 III・1—IV・3 不一致，而与 I—II 更一致，亦属自然。

兹译 KenaI・1—IV・9 如下：

I・1（学生问）由谁之所欲，末那乃飞翔？由谁之所使，元气乃初发。由谁之所欲，人乃发语言。复次眼及耳，何神所驱使？2（先生答）彼为耳之耳③，末那之末那，语言之语言，元气之元气，及为眼之眼。智者舍弃彼（感官、经验的现象），脱离此世界，遂得成不死④。3 眼不到彼处，及语言、末那。吾人不知、解，若何开示之⑤。彼既非所知，亦超非所知。——如是我听闻，往圣所开示⑥。4 非语言所诠，语言依彼诠，应知彼即梵，非世所尊者（不同于世人所崇拜之梵）。5 彼非思（末那）所思⑦，思依彼而思，应知彼即梵，非世所尊者。6 彼非目所见，目依彼而见，应知彼即梵，非世所尊者。7 彼非耳所闻，耳依彼而闻，应知彼即梵，非世所尊者。8 非元气（prāṇa）所息（prāṇiti，呼吸），元气依彼息，应知彼即梵，非世所尊者。II・1（先生）若自许善知，则汝知实寡！盖汝所知者，仅为梵之相，汝（主体）以及诸神（对象），皆属于彼相⑧。纵我自谓知（此句以学生语气

① 阿罗频多也认为在这里，诸神只是超越的大梵的经验表象（Ram K. Piparaiya, Ten Upaniṣads of Four Vedas, Yatisha Creations, Mumbai2003.487）。拉达克利希南亦云此故事旨在表明“大梵胜过其全部表象，甚至诸神也是大梵的表象”（Sarvepalli Radhakrishnan, *The Principal Upaniṣads*, George Allen & Unwin LTD, London, 1953. 590）。

② Paul Deussen, *Sechzig Upaniṣaden des Veda*, F.A. Brockhaus Leipzig, 1921. 204; Sarvepalli Radhakrishnan, *The Principal Upaniṣads*, George Allen & Unwin LTD, London, 1953. 591.

③ 此为直译，与缪勒、拉达克利希南译同。休谟、杜伊森等皆意译，谓“彼为耳之听”或“彼为听之听”。以下数句类此。

④ BṛihIV・4・18；ChānVIII・12・4。

⑤ KāṭhVI・12；MuṇḍIII・1—8。

⑥ ĪśāX，XIII.

⑦ “彼非思所思”，原文“yan manasā na manute”，或可译为“彼非以末那而思”，但前译似与上下文更谐。以下数句准此。

⑧ 直译应为：“无论其涉及汝或涉及诸神”。或应（如 Olivelle）理解为：“有汝知之一分，有在于诸神之一分。”本译文为使逻辑更通畅而对原文有所裁夺。

出之)，汝实当更思。2 我不谓善知，不知我不知。吾等中知者，彼乃为知之；而彼亦不知，彼之不知之。3 唯不知彼者，乃得知于彼。然若知彼者，乃不知于彼。识者不识彼，不识者识彼。4 由觉悟 (pratibodha-viditam) 知彼①，人遂证不死。人以其自我，乃得其能力 (vīrya，或译生命力)；以其智慧故，乃得乎不死。5 若人于此知，于是得真理。若于此不知，则有大坏灭 (vinaṣṭi)。于每一物中，智者皆见彼，故于离世时，乃成为不死。III · 1 复次，大梵为诸神赢得 (对于阿修罗之) 胜利②。诸神因此胜利而自得。其自度曰："如实此胜利乃属于我等！如实此胜利乃属于我等！" 2 复次，彼 (大梵) 知彼等如此。彼乃现身于彼等之前。彼等乃不识，曰："此为何等妙物 (yakṣa)？" 3 彼等谓阿耆尼："知生者 (Jātavedas，为阿耆尼之号)，汝其探究此妙物为何者。""然。" 4 彼遂趋之。大梵语彼曰："汝为谁？""如实，我是阿耆尼，"彼曰，"如实，我即知生者。" 5 "汝既为此，然则汝有何能？""如实，我能焚此地上之任何物！" 6 梵乃置一草于其前，曰："焚之！"彼乃疾趋之，而不能焚之。于是彼退，曰："我不能探明此妙物为何者。" 7 于是彼等谓伐育："伐育，汝其探究此妙物为何者。""然。" 8 彼遂趋之。大梵语彼曰："汝为谁？""如实，我是伐育，"彼曰，"如实，我即众神使者 (Mātariśvan，伐育之号)。" 9 "汝既为此，然则汝有何能？""如实，我能移此地上之任何物！" 10 梵乃置一草于其前，曰："移之！"彼乃疾趋之，而不能移之。于是彼退，曰："我不能探明此妙物为何者。" 11 于是彼等谓因陀罗："摩伽梵 (Maghavan，自在者，为因陀罗之号)，汝其探究此妙物为何者。""然。"彼遂趋之。大梵乃隐。12 彼遂于此中见一极美女子。此即雪山之女乌玛③。彼遂问她："何者为此妙物？" IV · 1 "彼即梵，"她说，"信然，汝等因梵之胜利而自得。"于是彼如实知此即是梵。2 是故，如实此诸神，谓阿耆尼、伐育、因陀罗乃高于其他诸神，如其所是；因彼等触之最近故，因彼等最先知此即是梵故④。3 是故，如实因陀罗高于其他诸神，如其所是；因彼触之最近故，且因彼最先知彼即是梵故。4 于彼 (大梵) 有验云：其如闪电，彼闪烁，使人闭目且呼"哦！"——此即

---

① pratibodha-viditam，拉达克利希南解为"由每一识相"，故此句应译为"于每一(生灭之)识相中见彼(无变易者)"。意思亦通，且合于下节即事见理之义。

② Bṛih I · 3 · 1—7 亦云诸神依元气胜阿修罗。

③ Umā，古代注家以为象征智慧，以驱除因陀罗之愚也；注家亦以为，其相为一极美女子，盖以智慧为一切美物中之最美者也。在后来的神话中，Umā 为湿婆妻名，彼亦号 Durgā (难近母)，Kālī (时母)，Parvatī (为 Umā 之苦行相)。

④ "因彼等最先知此即是梵故"一句很可能是 IV · 1 最末一句误抄窜入，唯稍作改动。徐梵澄、Olivelle 的译文乃将此句由此处删除。

针对诸天（自然现象）者[1]。5 复次针对自我者。末那趋于彼，由彼有忆持——念亦如是[2]。6 彼乃得名“Tad-vana”（彼所欲者）[3]。应敬思彼即“彼所欲者”。人若知梵如是，众生乃齐渴慕之。7“先生，请教我以奥义（upaniṣad）！”“此奥义书已开示于汝。信然，吾等已教汝以大梵之奥义。”8 苦行（tapas）、自制（dama）、业（karman），乃为彼（奥义）之依止。吠陀为其肢。真理为其住处。9 信然，人若如是知此（奥义），乃除罪恶，安立于最胜、无限之天界——噫，彼乃得安立！

其书 I、II 章思想最有价值，尤以第 I 章最重要。此二章要在阐明大梵，作为存在本体，乃是一个超验的主体。其中 I 直接开示此超验主体的体性；II 乃强调其超越经验知识，且谓实知彼为解脱之前提。

I 的宗旨，在于开示大梵如下二义：(A) 超越义，谓至上梵否定了经验的时间、空间和因果性，超越了经验的知识，为一处于自然、经验之外的永恒实体；(B) 主体义，谓大梵为处于自然与人类心灵活动背后，并推动着它们的唯一、真正的主体。其中，§1 乃主要开示 B 义，§3 主要开示 A 义，§2、§4—8 则同时强调此二义。详释如下：§1 的提问，表明末那（意）、元气、语言、眼、耳等诸根，即人的全部经验的认识、活动机能，并非最终的主体，而是必有一在彼等之上或背后的存在为其主体。这个主体当然也就是最高的存在、大梵。§2 乃为对此的回答。§3—8 可视为对回答的更详细发挥。§2 谓意、语言、元气、眼、耳等背后，必有一未被知觉的主体，即梵，在支配着它们的活动。所谓意等，在这里既指诸根，亦指相应的生理、心理活动。它

---

① 此节梵本（yad etad vidyuto vyadyutadā itīnnyamīmi ṣadā ityadhidaivataṁ）意义模糊，可能有文本错讹。故注译者理解颇不一致。缪勒译之为：“This is the teaching of Brahman, with regard to the gods (mythological)：It is that which now flashes forth in the lightning, and now vanishes again.” 杜伊森译为：“Über selbiges ist diese Unterweisung. Was an dem Blitze das ist, dass es blitzt und man ruft ‘ah’ und schliesst die Augen, – dies, dass man ‘ah’ ruft (ist seine Unterweisung) in bezug auf die Gottheit.” 休谟译之为：“Of It there is this teaching.—That in the lightning which flashes forth, which makes one blink, and say ‘Ah！’ — that ‘Ah！’ refers to divinity.” 拉达克利希南译为：“Of this Brahman, there is the teaching: this is as it were, like the lightning which flashes forth or the winking of the eye.This teaching is concerning the gods.” Olivelle 的解读与休谟基本一致。其中，杜、休、Olivelle 的译文在文字上最忠实，缪勒、拉达克利希南的译文意思最清楚。窃以为其文本原义很简单，即以闪电比喻大梵之显现（类似的比喻亦见 BṛihII・3・6），至于说及人之闭目惊呼等，乃为修饰语。故译之如上。

② 以上二节即由自然、心理两方面证明梵的存在。

③ “Tad-vana”，或亦可译为：“彼木”，谓大梵为万有之材质也。盖“vana”可有“木”与“欲、爱”（兹指所欲、所爱）二义。“Tad-vana”解为“彼所欲者”，固然于上下文意义更畅，解为“彼木”亦非不通。或如 Olivelle 所云，此词仅为一秘语，并无特殊的语义学内涵（Olivelle, Patrick, *Upaniṣads*, Oxford University Press, Oxford, 1996, p.374）。

们就是全部经验的身、心存在。梵才是思、言、见、听、呼吸等活动中的真正主体，是听之听者、思之思者、言之言者、呼吸之呼吸者、见之见者。然而思、言、见等的活动及其领域，是经验的、现象的，处在生灭变化中的；而这主体则是超验的、永恒（不死）的，人必脱离这经验的世界，舍弃彼现象的存在才能证悟它。在这里，大梵作为主体与其对象即经验世界、自然的区别，就是一种形而上学的差别。正如阿罗频多指出，此奥义书的宗旨，在于表明："此世界只是一个远更伟大、更完美、更真实的存在的一个低级的呈现、一个肤浅的表象。"① §3 主要在认识论意义上阐明这主体的超越性，谓彼为眼、语言、意等所不到，故非经验知识之所知，亦非经验意识所能理解（II·1—3 乃是对这一主题的进一步发挥）②。唯其云"彼既非所知，亦超非所知"，乃稍有些费解。兹有二解：其一，参照数论学，以其中所谓"所知"指由自性而生之诸转变相，唯转变相可知故，"非所知"即根本自性自身，根本自性不可知故；故此二句乃谓梵既超越诸转变相，又超越产生彼等的自性本身。其二，以其中所谓"非所知"非指某种不可知之本原、自性，而指通常意义上尚未被认识之事物，人与世间物总有已知与未知故，故此二句乃谓梵既超越已知之现象，又超越未知之现象。此二解中应以后者为佳，因为毕竟在《由谁》中（非如《羯陀》、《六问》乃至《慈氏》等），数论学的因素还并不很明显。此偈表明，感觉经验非究竟存在，尝有超越感觉之实体；感觉经验必依赖此实体，以之为条件。§4—8 乃进一步发挥 §2 之义，云大梵是不可思的思者、不可说的说者、不可听的听者、不可见的见者等，为超验、无相的主体，而非世间所崇拜的有相的人格神（即大自在或有德梵）③。在其他奥义书中，与此五偈内容可相互参照者有多处。如 III·8 说语言、嗅、色、声、想、味、业、苦乐、喜乐、行皆非人所应知之究竟存在，究竟存在乃是语言之言者、嗅之嗅者、色之视者、声之听者、想之想者、味之尝者……而 BṛihIII·7·23（以及 III·8·11），乃可视为对《由谁》此五偈内容的

① 转引自 Ram K. Piparaiya, *Ten Upaniṣads of Four Vedas*, Yatisha Creations, Mumbai, 2003. 481.

② 商羯罗释 I·3 云："此处思指内根、末那、识。思是与诸知根、作根相俱的内感官。故圣教说，'欲、行、疑、信、忍、羞、想、惧，凡此皆是内根'。内根唯显现为欲、行及其他变易，故人不能以内根知觉使此诸变易显明的精神之光。此纯粹之光明或自我依其照明使内根作用；由于此觉性或自我超越一切内感官和外感官的境界，因此内根不能缘取。内根唯有当觉性从内部照明时才有（认识的）作用，是故说梵者谓末那及其变易被内在之自我充满、观照。一切所知皆是有限、有死、性劣，而梵不如是，故圣教谓梵不应舍。然梵既非异于人之自我者，故梵亦非所执取之物，此即圣教说梵超越所知与非所知之意。既如是开示梵是不可得、不可舍，学者不应视之为知识对象，而应悟彼是其内在的自我。"（Saṃkara, *Commentary on Kenopanisad I·2—4*[Eight Upaniṣads VolI, trans by Swāmī Gambhīrānanda Advaita Ashrama, Calcutta, 1957]）

③ §4—8 中所谓"世所尊者"，商羯罗谓指世间所崇拜的大自在神（Īśvara），为大梵之化身。可以肯定的是在这里，它指的应当是与超越者相对的现象的、经验的存在。

更精当表述，其云："彼为不可见之见者，不可听之听者，不可思之思者，不可识之识者。然舍彼无有别见者，无有别听者，无有别思者，无有别识者。彼即汝之自我，内在主宰，不死者。"精神本质上具有自我否定的特性，它在揭示事物的同时，把自身隐藏起来①。

KenaII 的宗旨与 I 一致。如果说 I 的立场是本体论的，旨在表明大梵超越自然、现象界，II · 1—3 的立场则是认识论的，表明大梵超越经验知识。其书思路有不少含混之处，既有文本错讹的可能，亦颇有逻辑混乱甚至故弄玄虚的嫌疑。其大意是清楚的，可以表述如下：如果我们将大梵理解为一种在经验现实性中的存在，并在此意义上说我们已知大梵，则我们其实并不知其实性；反之，如果我们明白我们在日常知识中，从来未曾知大梵，则我们一定在某种程度上已知大梵的实性。文中举出那些自许深刻的悖论，不过为了表达一个结论，即大梵超越经验认识。II · 4—5 开示证知大梵对于生命的意义。§4 谓大梵只有通过内向反思性的觉悟，才能被证知，人由此证悟乃得到永恒。§5 则强调必须于此处，即于世间证知大梵，才能在肉体生命结束后获得不死，即融入永恒的大梵、获得解脱；否则将会面临坏灭，即永堕生死相续之流。如阿罗频多释云："人非由放弃世间生活故得不死，而是必须于此处，于此有死的生命和肉体中赢得不死。至上梵必须从此处，从下梵中证悟、获得。"② 其所谓"于每一物中，智者皆见彼"，与中国青原禅系标榜的"即事见理，理事圆融"，旨趣无异，或实为彼之先声欤！

III · 1—IV · 3 的思想与 I、II 有较大差别。它的宗旨是通过大梵与阿耆尼（火神）、伐育（风神）、因陀罗（雷电神）的交涉，表明大梵胜过吠陀诸神。其云诸神因梵而战胜阿修罗，但实不知梵。梵遂对彼等现身，彼等不知其为何物，乃分别遣阿耆尼、伐育、因陀罗往询之。其中阿耆尼、伐育皆无得而归，唯因陀罗继续探究，乃得智慧（即 Umā 女神）之助，知彼即大梵。故此三神高于其他神，触大梵最近故；因陀罗又高于余二神，知彼即大梵故。这一故事的主题及其叙事皆完全是梵书式的。在这里，梵看来是与吠陀诸神一样的人格神。梵尚不被诸神认识，且其试图表明自己胜于诸神，意味着他还是在吠陀旧神之外的一个新神，且须确立自己作为至上神的地位。这些都反映了梵书时代的思想状况。因此，III · 1—IV · 3 的思想其实与 I、II 并无实质关联。在这里，梵是经验的、人格的神，与 I 作为超验实体的大

---

① KāṭhIII · 12："虽然阿特曼藏于一切事物中，但它不显现出来。"USI · 12 · 2："一切世间被见到之物，阿特曼皆现为与之同一。是以人乃为所迷而不知阿特曼的存在。"

② 转引自 Ram K. Piparaiya, *Ten Upaniṣads of Four Vedas*, Yatisha Creations, Mumbai, 2003. 487。

梵不同[①]。

在《由谁》中，IV・4—9 事实上又组成一个意义单元，与 I、II 和 III・1—IV・3 皆相对独立。IV・4—5 意义极模糊。其大义是分别从自然、心理两方面譬喻（或验证？）梵的存在。§4 以闪电形容大梵，盖因大梵之显现如闪电般短暂、其体性如闪电般光辉故。故大梵显现乃如光明瞬间划破愚昧的黑暗[②]。类似体验在世界其他宗教中亦广泛存在。如奥古斯丁亦如是描述："于此最初之闪光中，汝似为闪电所击，汝于是听到那内在真理之声音。"禅宗亦每以电光石火喻开悟。此外，超验的觉悟必暂时遮盖世俗事物，神圣者亦每使人难以直视，且难以言表，故在其他宗教中，人对上帝的觉悟亦每伴以闭目、失言。此处所谓人于大梵显现发"啊"声，亦谓失言。§5 乃转而从心理方面的思想（末那）、忆持、抉择（念）等活动，验证大梵的存在（如此则其义于 §4 有所偏离）。此等活动必依止于大梵，故（此义可与 I・2 云大梵为"末那之末那"及 I・5 所谓"思依彼而思，应知彼即梵"等会通）。如果说，奥义书精神在其道德阶段，尚未开示出系统、自觉的修道论，那么其宗教阶段正是以这样的修道论为特点。§8 就提示了这样一种修道论。其云苦行（tapas）、自制（dama）、业（karman），乃为彼教之前提；而证悟真理，方为其教之归宿。习吠陀、行祭业，乃是获得梵智的条件。苦行与自制，也是达到觉悟的途径。然而最终的解脱，必须通过对绝对真理、大梵的亲证。这种修道论是宗教的，因为它就是精神对自然的否定的客观化；它也是伦理的，因为它是以主体性为对象的。其发展的更完善形式，就是瑜伽学。

《由谁奥义书》的基本宗旨，其实是将本节上一目所云的大梵之实体义，与其主体义结合起来。大梵作为究竟的主体，与现象界之间，存在一种形而上学的分剖。如阿罗频多指出，《由谁奥义书》第一部分表达了这样一种思想，即人的经验的身心统一体，乃至全部自然的存在，"皆只是某种超验存在的外在躯壳或低层次作用"，故生命"乃如磁场之正负两极。负根是死亡、痛苦、冲突、分别和有限。正极是不死、喜乐、一味和无限。"[③] 这其实是一种形而上学的分离图景。根据奥义书成熟时期的

---

① 如前所议，与西方研究者相比，印度本土的学者往往较不注意文本的历史、时代落差，而更强调文本内在精神的一致性。比如阿罗频多就认为 III・1—IV・3 的神话与 I 的思想完全一致，以为阿耆尼、伐育、因陀罗乃是超验大梵的表象，唯于大梵之上才得以安立，其注释云："在奥义书中，阿耆尼、伐育、因陀罗三个神分别代表物质、生命、心灵。诸神只识他们自己，不识彼永恒者。于是梵献身于自得之众神面前，但无人识之。彼遂遣阿耆尼、伐育、因陀罗探究之。……意、元气与物质之神，唯因彼（大梵）故得以征服、确立自身。彼等唯因彼故成就其大。"（转引自 Ram K. Piparaiya, *Ten Upaniṣads of Four Vedas*, Yatisha Creations, Mumbai, 2003. 490）

② Sarvepalli Radhakrishnan, *The Principal Upaniṣads*, George Allen & Unwin LTD, London, 1953. 591.

③ 转引自 Ram K. Piparaiya, *Ten Upaniṣads of Four Vedas*, Yatisha Creations, Mumbai, 2003. 486。

世界观，存在包括三个层面：(1) 依大界 (ādhibhautīka)，即由地、水、火、风、空五大构成的物质宇宙。(2) 依天界 (ādhidaivika) 即由眼、耳、鼻、舌、身五知根和末那 (梵书、奥义书亦每称此六者为天神)，或亦包括五作根 (语言、手、足、排泄、生殖根)、五元气 (上气、下气、通气、腹气、出气) 及其活动构成的领域，即人的全部生理、心理存在，后来吠檀多派将其一并归诸"元气 (praṇa)"之中。(3) 依内界 (ādhyātmika)，即大梵、至上我，为一切存在之最究竟、最内在本质。应当说，《由谁》对于这依大界或物质宇宙没有予以充分重视 (可能因为它也像 KauṣIII・8 等其他奥义书成熟时期的思想一样，以为诸大是从诸根生成的)，它关注的是所谓依天界即诸根，与依内界即大梵的关系。在这里，它其实是以诸根代指全部自然、经验、现象的存在，而大梵乃为超验之实体。这实体又是唯一、真正的主体。

《由谁奥义书》代表了奥义书存在省思的这样一个环节，在这里，省思在前此的实体形而上学基础上，领悟到存在的绝对实体就是其究竟主体。大梵就是这样一个主体，它是超越性与主体性的统一。它不是一种此前奥义书所理解的现存意识质料，而是活动的、有作为、有生命的心灵、思想。《由谁》就体现了这样一种主体的反思。一方面这种主体的反思不同于主观反思，而是一种伦理反思。主观反思不一定是主体的反思，盖其以心灵为自我，而未必以之为主体。在此前的奥义书中，主观反思就往往将意识、自我理解成一种现存的实质。《由谁》则表明意识、自我是处在活动中的，就是主体性。另一方面，它也不同于元气论奥义书表现的伦理反省。盖伦理反省是一种主体反省，但仍属于自然反省。它领会到自我的本质是主体，然未意识到主体的内在性、超越性。《由谁》表现的主体反思则明确意识到主体是内在、超验的原理，是一种心灵实体。这种主体反思可以说是此前的超验反思与伦理反省的统一。这种主体反思体现了精神对于其内在、纯粹活动的自主设定。它其实就是这样一种精神运动：在其中，精神取消一切自然、经验的东西的自为存在，而将它们作为维护那内在、超验的主体性的手段，否定它们自为的真理性，确立那主体性、活动为唯一自为的真理。它反映出在这里，精神内在的自反势用已展开为对于纯粹心灵、思想的活动的自由。IV・8 首次揭示的旨在证悟、持守这超验主体的修道论，就是这一自由的客观表现。

《由谁》的存在省思也为奥义书此后的发展留下了一个大问题，即到底当如何看待自然、现象界的真理性的问题。自然到底在何种程度上是真实的？《由谁》及此前的奥义书形而上学都留下了很大的解释空间。如果根据一种更彻底的逻辑，那么我们只有两种选择：(1) 把自然、现象界看作与超验的主体同样真实的，那么上述形而上学区分必然导致二元论，自然与自我成了两种实体，这就是《六问》、《羯陀》的思想，但这么一来，就明显违背了奥义书以大梵为绝对的基本立场。(2) 把自然、现象界彻底虚无化，将其贬为覆盖在自我实体之上的幻相，同时确立自我为唯一真理，这就是《白骡》、《慈氏》等晚期奥义书的幻化论思想。前一种思想，即二元论，在奥义书中出现更早，成为后来数论—瑜伽派的思想先驱，故为下文所先讨论者。

## 三、二元化的存在

如上所述，奥义书更早的形而上学，对于到底该如何看待与主体相对的现象界、自然的真理性，看法并不十分确定。其立场实际上是处在：(1) 以之为与主体同样的实在，及 (2) 视之为完全虚假这两极之间。奥义书形而上学的进一步发展，则是采取 (2) 的看法，并将其明确化。其以为自然界是与主体同样真实的，而且它与这主体没有因果关联，并不是后者的直接产物，因而它事实上就成了独立于这主体的另一实体。这就形成了一种与数论一致的二元论。此种思想的形成，也是奥义书精神的超越与反思思维持续开展的结果。最早的精神超越就是精神对于自然的独立性。如前所论，在奥义书中，精神超越总是已经与反思结合起来了，是一种内在超越，后者体现为精神对其心灵的独立性的领会。这内在超越的进一步发展在于，它如若仍坚持其形而上学的思维，就必然将心灵对于自然的独立性理解为其对于自然的外在性，从而也将自然理解为一个独立自足的存在——一个实体。心灵与自然就成为两个相互分离的实体。精神通过这种领会，确保了自身内在的尊严和纯洁。在奥义书中，《羯陀》、《六问》、《白骡》、《慈氏》等的思想，就体现了这一发展。而奥义书此类思想，尤以属于《羯陀》者最为典型。

《羯陀》的形而上学，一方面发挥 KauṣI、《广林》及《由谁》等的实体形而上学，强调大梵（原人）的超越性。如 KāṭhIII · 10—11：“10 超越诸根者，乃为彼诸境。超越诸境者，乃为彼末那。超越末那者，乃为彼觉谛 (buddhi)。超越觉谛者，乃为彼大我。11 超越彼大者，乃为非显者 (avyakta)。超越非显者，乃为彼原人。更无有一物，超越原人者。彼即是归趣。彼即至上道。”此“大我”(ātmā mahān)，及“大”(mahat)，即数论、吠檀多所谓“大”(mahat) 或觉谛 (buddhi)。“非显者”(avyakta)，为作为万有本源之混沌，或即数论所谓自性①。从诸根、诸境到非显者，乃是对全部自然、经验的存在的概括。这显然已经是数论的宇宙论图式。诸根、诸境最终皆是由非显者产生，因而自然、现象界是一个自足的系统。而原人、至上梵则超越它们，因而是对全

① 商羯罗释之为无明 (avidyā)、幻化 (māyā)，覆障真理而显现妄境：“摩耶以其不可说为有或非有，故得名混沌、非显者。”(BSBHI · 4 · 3) 罗摩努阇释之为梵之因位，为实存的万有始基，是名色（经验世界）尚未呈现的微细、潜伏状态 (SB I · 4 · 23—27)。

部自然存在的否定。于是早期奥义书对上梵与下梵的区分，在此就转化为（数论意义上的）原人与自性的区分。《羯陀》对大梵的超越性的阐释，比此前的所有奥义书文本都更清晰、具体。其云：(1) 至上梵、原人是对全部经验表象的否定。比如 III · 15 说其为无声、无触、无相、无味、无嗅，II · 13 说原人是超越诸法之“微妙者”，§ 20 说它甚至“细于微细者”等，都意味着大梵是对感觉乃至一切经验表象的否定。(2) 至上梵超越经验的时间、空间。首先，II · 14 说原人“离法非法，离过去未来”，II · 18 谓其“不生亦不灭，不来亦不成”，IV · 12—13 说自我“住于现在，亦住于明日”，表明大梵是超越三世，超越时间变化的永恒存在。IV · 12—13 说原人为“过去将来主”，也表明了它不受时间支配，且反过来支配时间。如 Swami Sivananda 释云，大梵超越过去、未来，没有持续，为永恒的“现在”，因为时间在这里失效 ①。其次，II · 20 说大梵“细于微细者，大于广大者”，§ 21 谓其“安坐而行远，僵卧赴四方”，§ 22 说它“于动中不动”，及 IV · 10 云“任何在此者，亦皆在于彼。任何在彼者，亦皆在于此”等，此类表述，宗旨 BṛihII · 5 · 19 云梵无先无后、无内无外，BṛihIII · 8 · 8 谓彼非粗非细、非长非短，TaitĀraX · 1 · 2 谓其非在上下、对方与中间相同，皆表明自我否定了经验的空间。(3) 最后，至上梵亦超越经验的运动和因果关联。II · 14 云梵为“离过去未来、因与果者”，乃是对实体的因果性的明确否定。II · 19 谓梵“不杀不被杀”，其立义同 BṛihIII · 8 · 8 谓梵“不食于一切，亦不为一切所食”一样，皆旨在表明实体与自然物没有因果关联，故不受其影响。KāṭhV · 11 说自我如太阳遍照世间却不为世间一切所染，立意亦与此同。II · 18 开示自我不生、不灭、不来、不成、不动、恒常，亦可从此理解，而且完全否定了大梵作为超验存在在经验层面的运动。正是由于以上表述，大梵的超越性才得以最清晰地呈现出来。同在《由谁》中一样，在《羯陀》中，大梵亦既是实体，又是主体。其中 IV · 3 借用 TaitII · 8 · 1 的一偈，形容大梵为世界之最高主体 ②。V · 2 云：“如日鸿于天 ③，如风住于空，如祭司于坛，如客于家中；居于众人中，亦居于神中，居天理（ṛta）、虚空（vyoma）。”亦是以日、风等为喻，表明自我为超越的主体 ④。同时，IV · 12—13 亦云原人为居于人身中的永恒主宰者。V · 12

① Swami Sivananda, *The Principal Upaniṣads, coment on Kāṭh*II · *14*, Divine Life Society, 1942.

② KāṭhIV · 3：“由畏惧彼故，阿耆尼（火神）焚烧。由畏惧彼故，苏黎耶（日神）生热。闪电因陀罗，及第五死神，亦因畏惧彼，各匆忙奔走。”

③ “日鸿”（haṃsa），字面意义是鸿、雁。在这里，它被等同于日、元气、灵魂、至上我，故译之为“日鸿”。

④ 盖太阳为天中、风为虚空中、祭司为祭祀中、宾客为家中（古印人待客之礼极隆）最具能动性者，《羯陀》以之喻大梵，即在于表明梵是宇宙的主宰或究竟主体。

谓大梵为“万有内自我，唯一主宰者。”另外，KāṭhV・8 谓大梵在人体中，从内向外凿出诸窍以缘外境，V・12 谓大梵为至上照明者等说法，表明主体不仅是主宰者、支配者、能动者，而且是能知者、意识，盖认识亦是主体性的一个重要方面。其书强调主体的恒住、不动、无染、清净，皆旨在表明主体的超越性。另一方面，《羯陀》的形而上学与此前的实体或主体哲学相比，一个重要进步是清晰地表明了主体、大梵其实是外在于自然、现象界的。如 KāṭhV・9—11："9 譬如唯一火，进入于世界，依其每一相，作种种差别①。如是于万有，内在之自我，依其每一相，作种种差别；而此至上我，如实在于外。10 譬如唯一风，进入于世界，依其每一相，作种种差别。如是于万有，内在之自我，依其每一相，作种种差别；而此至上我，如实在于外。11 譬如彼太阳，全世界之眼，不为眼所见 / 外不净所染，如是于万有，内在之自我，世间苦不染，彼（自我）为外在故。”大梵进入自然的万有之中，但其实质并未与后者混合，而是仍然处在彼等之外；如形质结合，质料仍为一如，并未受形式影响。这实际上把大梵与自然当成各自分离的、两序的存在，与数论二元论形而上学一致。III・10—11 亦云原人超越从诸根、诸境到非显者的全部自然。这也是数论的宇宙论图式。其中所谓非显者乃是全部自然、经验的存在的根源，诸根、诸境最终皆是由彼产生。因而在《羯陀》的形而上学中，自然、现象界也是一个自足的系统。因此，梵与自然的分离，最终导致它们成了两种相互独立的、自足的存在，即成为两个实体。于是一种典型的二元论乃得以成立。此种二元论图景，乃可与西方思想中，爱利根那思想中现象与形式的对立、波爱修的理念与物质的并列，及笛卡尔的思维与广延两种实体的分离等等，作桴鼓应。

此外，《六问》、《白骡》、《慈氏》等奥义书，也保留了不少数论学资料。其中《六问》尽管成书年代当晚于《羯陀》，但思想远比《羯陀》原始、含混。其 IV・8—10 列出了数论学的基本框架，其云："8 地与地唯，水与水唯，火与火唯，风与风唯，空与空唯，视与所视，听与所听，嗅与所嗅，尝与所尝，皮与所触，言与所言，手与所执，生殖根与所乐，排泄根与所排泄，足与所行，意与所意，觉谛与所觉，我慢与我所，心与所思，光与所照，元气与所支持。9 信然，此视者、触者、听者、嗅者、尝者、意者、觉者、作者、识我（vijñānātman）、原人，乃于彼不变之至上我之中安住。10 信然吾友！人若识彼无影、无体、无血、清净之不变者，乃达乎不变者自身。彼因悟知一切而成一切。”其中，数论二十三谛的主要内容，如五大、五唯、五知根、五觉根、末那、我慢、

① ṚVVI・47・18 赞因陀罗神以幻力变为多种形相："彼乃依众形，而为种种相。因陀罗以幻，而入于众相，其骏马千万，皆因此被缚。"

觉谛等，皆已被提及。此诸谛即全部自然、经验的存在，皆安立于至上我。而至上我则超越此诸谛，为“无影、无体、无血、清净之不变者”。此种世界图景，与《羯陀》的原人与世间的二元模式是完全一致的。另外，VI・4—7说原人与元气关系，亦可与此作参照。其云原人的名色层面具虚空、风、火、水、土、诸根、意、食、诸世界等十六分，而其本体则超越之。十六分即元气所生，即名色世界。这里元气相当于数论的自性。原人与元气及十六分的关系，亦与数论的神我与自性、诸谛的关系一致，唯其尚以元气为原人所生，当视为其思维不彻底处。III・3则对元气与自我的关系给出了一个完全数论化的表述，其云：“此元气乃从自我而生。譬若人有影，彼亦如是连接。藉意之作用，彼进入此身。”元气就是全部变化的、时间性的、经验的存在的根源、全体；自我则处在生灭流行的自然之外，恒常不变、没有时间性，而以某种方式为现象界之基础。文本肯定元气从自我产生，但以为这并非是一个宇宙论的转变过程，而将其譬喻为人投其阴影于地。元气就相当于原人投出的阴影，而自我实质上并未变成元气。其二元论立场，乃达到与《羯陀》同样彻底的程度。而其形影之喻，与西方哲学中从柏拉图以至于波爱修以原型与摹本为喻阐明理念与自然的关系，理趣颇为一致。正是从这个影喻，发展出晚期奥义书和吠檀多派对名色世界虚幻化，及其解释大梵与现象界关系的影像（ābhāsa）说①。

许多晚期奥义书中，由于其思想的芜杂性，往往亦保留了不少随顺此种二元论形而上学的文本，比如《白骡》、《频伽罗子》与《慈氏》等。其中，《白骡》的基本理论框架，是由：其一，泛神论，其二，数论的二元论，其三，幻化论这三根支柱构成。三者并未得到很好整合。故其中有许多随顺数论的文本，看起来是独立于此书之其他内容的，如 ŚvetI・4—5，7—9，IV・4—7，VI・2—3，10—11，16等。其中，ŚvetIV・5—6为两个非常著名的偈颂，其云：“5 无生之玄牝，其色赤、白、黑，生子其众多，皆与彼相似。一牡为无生，乐与其交欢；一牡亦无生，乐矣乃离去。6 美羽牢相伴，同栖于一树，其一食甘果，其一不食观。”此中，玄牝即自性，赤、白、黑三色即罗阇、萨埵、答摩三德。其中提到了三个“无生者（ajā）”，分别即自性、命我、至上我。这意味着这三者是各自独立的实体（§6，7还分别喻神与命我二者为栖息于自性即宇宙之树上的二鸟）。与此一致，I・9亦云：“有二无生者：知者、非知者，主宰、非主宰（神与命我）。彼（自性）亦为无生，联结于受者，及所受诸境。自我（ātman）

---

① 乔荼波陀喻梵我为太阳，永恒绝对、光明无染，而命我、世界则如太阳投在水中的影子。商羯罗亦说：“这整个宇宙，从摩耶到外在物质对象，皆只是梵的一个影子。”（Prabhavananda, S and Isherwood, C（trans）, *Viveka-Chudamani*, Vedānta Press, Hollywood, 1978. 118）

为无限，遍满且无为。”[①] 自然的转变被比喻为自性的生育活动，而与至上我无关。凡自性产物皆与其相似，即具三德，而至上我则为无德独存。I·4—5，VI·2—3，10等，则开示了自性转化的详细过程（参考本书第一部第三编第一章第一节第一、二、三目）。

较之《白骡》，《慈氏》的年代既为晚出，其数论学体系亦更详细、明确，由于其年代不确定，不排除其受古典数论影响之可能。其继承数论的文本，乃散在于全篇，可谓俯拾皆是。其中，MaitVI·10 反映了数论学的基本理论框架，其云：“彼有心智之补鲁沙居于原质（pradhāna）之中。彼即食者，食自性（prakṛti）之食物故。甚至此大种我（bhūtātman）亦是其食物。彼（大种我）为原质之造物。是故一切被食者由三德成，而食者乃为居于其中之补鲁沙。……是故当原质转变为显示状态，乃有对它之知觉。复次，于（自我食）原质之时，乃生起觉谛等，即抉智、念、我慢。于是生诸作根和诸知根。是故显现者为食物，不显现者亦为食物。其食者乃为无德。然以其进食故，知其有心智。”所谓食者（annāda）与食（annam），大致即认识的主、客体之意。一切存在皆可归属于此二者。二者皆为无始时来即独立存在之实体。其中自性因补鲁沙受用而发生转变，产生世界，但补鲁沙并未参与到转变的环节中，转变完全是自性的活动。这就是典型的数论二元论形而上学。MaitV·2 阐明了由自性转变生成世界的过程，其云：“信然，于初此世界只是答摩（tamas）。自然，彼存于至上有中。彼为至上有推动，而入有分别相。信然，此相即罗阇（rajas）。复次，罗阇亦为至上有推动，而入有分别相。信然，此相即萨埵（sattva）。彼萨埵，适被（至上有）推动，乃溢出为汁（rasa）。此（汁）即彼（萨埵）部分，即于此每一人中之识体，为色身之知者（kṣetrajña），具末那、觉谛、我慢、细身（liṅgam）。此即生主，或曰毗湿婆（Viśva）。其相已于前表明[②]。复次，信然，彼中具答摩相之部分——噫，梵志，如实此即禄陀罗。复次，信然，彼中具罗阇相之部分——噫，梵志，如实此即梵天。复次，彼中具萨埵相之部分——噫，梵志，如实此即毗湿奴。信然，彼一成为三。彼遂开展为八、十一、十二、无量。彼因如是开展，遂成为诸有（bhūta）。彼进入有中且于中活动，遂成为众有之主宰。此即在内与在外之主宰——噫，在内与在外！”大梵不仅是万有的归宿，而且是创造者和受用者，是绝对的主体。自性则是混沌、呆滞、惰性的原理，它依止

① 此外，I·7，8 亦提出大梵是由受者（Bhoktṛ，命我），所受者（Bhogya，自性），主宰者（Prerayitṛ，至上我）三个永恒实体构成的总和，VI·16 开示自性（pradhāna）、田智（kṣetra-jña，指命我）与主宰（Prabhū）三种实体之说。此类说法乃为后来湿婆教的主（pati）、兽（paśu）、缚（paśa，自性）的三元化世界观，以及差别一元论的神、命我、自性三种实体教义的先驱。

② 即 IV·5 所谓火、风、日或时、气、食等。

于大梵才能存在，且只有在至上神的推动下才能展开活动，生成万物。自性在尚未展开活动时，是黑暗混沌的原理，故称为答摩（tamas，黑暗、惰性的原理）。答摩被至上有推动，而入有分别相，乃生罗阇（rajas，欲望、冲动的原理）。罗阇亦为至上有推动，而入有分别相，乃生萨埵（sattva，智慧、轻光的原理）。萨埵被至上有推动，乃生成具末那（manas，意）、觉谛（buddhi）、我慢（ahaṃkāra）、细身（liṅgam，心理机能）之识体或田智（kṣetrajña，命我）。其书将答摩、罗阇、萨埵三德分别等同于印度教的湿婆、梵天、毗湿奴三神，这三位神祇就是补鲁沙的化身。在这里，《慈氏》试图以此将数论的自性转变论与吠陀、梵书的神创论结合起来。最末一句"彼一成为三。彼遂开展为八、十一、十二、无量"，提示了自性转化的基本过程。其中彼一即自性，它在补鲁沙推动下转化出三德的差别，且由于三德的转化而展开为八种成分，即自性、觉谛、我慢及五唯，并进一步开展为十一根（五知根、五觉根、末那）乃至无量的现实存在①。MaitII，III 则是从数论立场对命我的构成进行分析，基本思想与《羯陀》一致，唯其分析更充实，术语更接近古典数论。

正如黑格尔所说："要等到精神把自己设立为自为的独立的，对自然是自由的，自然才会显现为一个他物，一个外在的东西。"② 盖精神最底层的超越性或自由就是它对于自然的独立性；而精神对其自身内在性、心灵对自然的超越性的领会，就是超验反思（或内在超越）。在这里，心灵对于自然的独立性，就表现为它对于自然的外在性。这一点，在《羯陀》等奥义书中有充分表现。比如《羯陀》就是因为对梵的超越性的强调，导致明确认为至上梵是外在于任何自然物的。此类奥义书对大梵的无染、清净、独存性的阐明，皆表明大梵是与自然物分离的存在。这最终使自然显现为一个他物。它的存在与大梵、主体分离，其生成毁灭也服从其自身的法则。因而它也成为一个独立、自为的存在，一个实体。因此，二元论是精神内在超越的必然结论。奥义书的二元论形而上学即由此形成。它体现了奥义书精神的反思和超越的深化，反映出精神具有了内在的尊严和自由。在西方哲学中，阿那克萨哥拉的努斯与事物、柏拉图和基督教唯实论的理念与自然，以至于笛卡尔的思维与广延两种实体对立的世界观，亦都属于同样的二元论形而上学图景，其形成亦与奥义书的二元论遵循同样的逻辑。然而在中土思想中，既无真正的精神超越，亦无真正的反思，故从未意识

---

① Paiṅgala Up I 将自性转变区分为三个方面：一、根本转变（从自性到五唯之生成：I·3—6）；二、器界转变（从五唯之答摩方面生成五聚大种，再由后者生成器世间：I·7）；三、有情转变（从五唯之罗阇、萨埵方面分别生成五种元气、五作根，以及五知根、内根：I·8—9），结构更清楚，可与《慈氏》参照。

② Hegel, *Lectures on the Philosophy of Religion*, *Vol.I.* Kegan Paul, London, 1895. 81.

到心灵是一实体，精神从未获得内在的尊严与独立，因而此种二元论形而上学，在中土思想中从未产生过。

实体观念的产生，是精神主动对自然采取距离的结果。这种距离采取是一种自我否定或超越。实体观念体现了真正的精神超越，它反映出精神内在的自舍势用实现为真实的自由。这种精神超越就是在这自舍势用的推动下形成的。实体思维就是形而上学。在奥义书思想中，精神超越一开始就与反思结合在一起。实体一开始就被领会成精神的内在存在，即心灵。这超越就是一种内在超越，也是一种超验反思。在奥义书中，正是这种内在超越的发展，构成形而上学的存在省思。

在奥义书中，形而上学理解的存在真理包括以下意义层面：(1) 早期奥义书的现存实体；(2)《由谁》等的超验主体；(3)《羯陀》等的二元实体。其中，(1) 的存在理解表明了精神内在超越的建立，精神领会到自身的内在存在是否定了自然、经验的原理，是心灵的实体，这实体反过来成为自然存在的基础。(2) 的存在理解表明了精神超验反思的进一步的拓展，精神领会到其自身实体不是一种现存、被动的东西，而就是生命与活动，是能动的主体。(3) 的存在理解表明了奥义书精神的内在超越的彻底化、清晰化，精神领会到对象也是一种实体，主、客体是相互分离、各自独立的两种实体，主体的无染、清净、独存性得到清晰阐明。

正如其形成一样，精神的内在超越的发展也是由自舍与自反势用的破、立辩证法所推动的。其中，自舍势用推动精神否定自然的绝对真理性，确立一种超验的本质；自反势用则推动超越思维的内在化，使精神领会这超验本质就是其内在的自我、心灵本身，它的进一步展开也推动超验反思的拓展。奥义书的内在超越反映出精神内在的自舍与自反势用都已实现为真实的自由。精神由此具有了自身内在的尊严。

在西方思想中，阿那克萨哥拉的努斯观念、留基伯的原子论、柏拉图的理念论、斯多葛派的灵魂观念、中世纪基督教的唯实论乃至笛卡尔的二元论，都揭示了一种与上述奥义书思想之所云本质上类似的实体存在形而上学，其观念的形成演变，同样体现了精神的超越与反思的辩证交织。而一种完全没有超越性的思维，如中国思维，是不可能构想出实体概念的。同时由于反思性的缺乏，中国思维也不可能将超越性内化，领会心灵的实体性，更不可能构想出印欧思想中那种主、客二元论的形而上学。因而在这里，一切都属于自然的朴素统一性，这正如黑格尔所说，由于“中国人在自身内没有具有即定内容的内在生活，因此一切外在的东西对他来说都是内在的”。①

① Hegel, *Lectures on the Philosophy of Religion*, Vol.1, Kegan Paul, London, 1895. 348.

然而这种实体形而上学，也有其严重的误区。这包括：(1) 现存性的误区。实体被当成一种自我封闭的现存物。实体对自然的时间性、因果性的超越，被误解为对时间和运动的排除，于是实体被当作一种永恒、不动的无生命的固定物，它只能是一个处在不断运动的思想之外的东西。然而唯一真正的实体就是觉性的内在存在本身。它就是生命、活动、思想的具体现实。任何处在觉性的活动、思想之外的现存实体，都是思维的假相。这一思想误区表明精神超越尚未实现对现存性的否定，即究竟否定；反思亦未实现对纯粹内在的生命、活动、思想的维持、守护，即先验反思。这意味着，精神内在的自主否定势用在这里丧失了其本真的无限性，自身维持势用也没有展开为对主体的活动、思想的维持、守护。(2) 外在化的误区。实体、主体对对象的独立性，被误解为主体与对象的相互外在化，二者甚至被当成两种实体。然而事实上，觉性、精神自身是唯一的实体。这意味着，不仅那种处在觉性之外的实体是完全虚假的，而且任何从觉性的实体割裂出去的存在也都是虚假的。这一思想误区表明在这里，超验反思没有领会作为形而上学的主、客体的共同基础、根据的现实性（先验实在），并在此基础上领会主、客体的绝对统一，从而成为先验反思。先验反思就是超越的绝对反思，是早期奥义书的理智思维的两个向度，即绝对反思与内在超越的结合。上述反思的局限表明自反势用尚未在超越思维层面展开为绝对的，从而实现为对精神的先验实在的守护。(3) 抽象性的误区。与上述情况相关，在这里，存在省思尚未领会超验主体性的内在实质（即其纯粹的思想、概念）。它对这主体性的认识是抽象、空洞的。这也表明在这里，自身维持势用也没有展开为对精神的超验主体的实质规定。总之在这里，由于自由与传统交涉中的种种偶然性，精神内在的惰性势用阻止了其自舍、自反势用的进一步展开，导致了新的执着。然而自由作为绝对与无限，必然促使精神内在的自主势用恢复其本真存在，促使其自舍势用展开为对现存性的否定，其自反势用展开为对精神的先验实在的守护。于是，在奥义书的理智思维层面，它必推动现有的绝对反思与内在超越的结合，从而导致思辨思维的形成。在这里，存在省思终于领悟到，自我的先验思想、意识，乃是全部存在包括主体和客体的共同本体，因而就是绝对的存在。在奥义书中，《广林》、《鹧鸪氏》等揭示的先验实在和《蒙查羯》、《蛙氏》揭示的神秘的澄明，就属于这样的绝对存在。

## 第四节 同一的存在

在早期奥义书中，理智思维有两个向度，即绝对反思与内在超越。其中，绝对反思领会到自在自为的主体性，内在超越进入超验对象的领域。如果说在早期奥义书中这两个精神向度一开始还是相互分离的，那么自由必然推动奥义书的精神实现这二者的融合，使省思领会绝对主体性和超验境界之同一，于是理智思维乃实现为绝对的，是为思辨思维。在奥义书的超越思维基础上，这自由的推动就在于：一方面，它促使精神内在的自舍势用实现为究竟的，即展开为对一切现存存在的否定；另一方面，它亦促使精神内在的自反势用展开为绝对反思，即对心灵实体作为绝对目的的维持、守护。正是这自舍—自反势用的辩证法，推动省思打破主体封闭的现存性假相，领会心灵为超验、绝对的根源，即先验本体。于是省思进入先验实在领域，并在此领域领会到主、客体的同一。这就是思辨思维。在奥义书思想中，BṛihII，III，IV中的耶若婆佉学说，TaitII，III 的步厉古学说，皆以一种先验实在为存在的绝对本体，可视为思辨思维的最早体现。

然而这种先验实在，也不是奥义书的存在理解的终点。盖先验实在仍然是一种现实存在，是觉性的纯粹思想，因而还不是存在的最究竟本质。存在的究竟本质就是本体自由自身，它超越一切现实性、思想而为其最终的本体。本体自由作为绝对，要求实现为对自身的直接自主设定。因而它必推动精神克服现实性的支配，进入本体自由自身的存在中。这在于，它将通过呼唤和倾注，促使精神内在的自舍势用展开为对现实存在的绝对否定，亦促使其自反势用展开为对超现实本体的维持、守护。在西方思想中，普罗提诺和奥古斯丁等人的思想就表现了精神的一种超现实冲动。在这里，本体对现实的超越，被正确把握成对纯粹的逻各斯、理智、思想的超越。因此精神对现实的超越就首次成为自觉的。在奥义书中，《蒙查羯》、《蛙氏》等的思想，也体现了同样的精神进展。尽管如此，精神在这一阶段对于现实的超越往往也并不彻底，它最初仅仅是对作为思想形式的逻各斯、理性的超越，而以一种超理性的神秘意识、澄明为归宿，但后者仍然是一种现实性（本体的真理是空、无）。现实与本体的张力遂蜕变为逻各斯、理性与澄明、意识的区分。省思便无法通过理性领会这本体，而只能通过某种神秘的直觉。故此种省思即直觉思维。这种分析，对于西方思想和奥义书的上述阶段，都同样成立。在这里，存在省思乃领会一种非理性的神秘的澄明为存在之绝对本体。后者与思辨思维的本体皆为绝对，但不属于同一意义层面。

思辨思维与直觉思维，皆以为究竟的存在，为一超越、绝对的现实性，后者是主体与客体、意识与对象的同一的本质。我们称这种存在为同一的存在。在奥义书思想中，这样的存在真理包括两个层面：一是先验的实在；二是神秘的存在。兹各别论之：

## 一、先验的实在

耶若婆佉的存在思考，把一种先验意识理解为存在的绝对本体，体现了前此奥义书的内在超越和绝对反思的统一。一方面，其说继承了奥义书形而上学的内在超越，以为存在的真理，乃是一超验的意识实体。这实体是超越经验心识的、无差别的、常恒、一味的纯粹意识或清净心。如BṛihIV · 4 · 25云："信然，此广大(maha)、无生(aja)之自我，不坏(ajara)、不死(amara)、常恒(amṛta)、无畏，彼即是梵。" BṛihIV · 4 · 20："应视（绝对者）为一味，无相且常住，无垢超虚空，无生遍常我。" BṛihIII · 9 · 26, IV · 2 · 4, IV · 4 · 22："此自我非此，非彼(neti, neti)。彼不可缘取，以彼不被缘取故。常住不灭，以彼不可毁坏故。无执，以彼自身不执着故。彼无缚、无损、不败。"意识实体不仅否定了任何经验表象，超越了自然的时间、空间和因果性(BṛihIII · 8 · 8)，而且超越了人的日常认识能力，为"不可见之见者，不可闻之闻者，不可思之思者，不可知之知者"(III · 7 · 23)，唯以离言的圣智方可得证。另一方面，其说也继承了奥义书的绝对反思传统。与奥义书此前的形而上学不同的是，耶若婆佉清楚地表明，此意识实体并非一个自我封闭的有限主体，而是经验的主、客体的共同根源和基础，是全部自然、现象界的绝对本体。在耶若婆佉思想中，心识本体的这种绝对性，首先表现为他所谓本体的"不二"(advaita)性。BṛihII · 4 · 14（以及IV · 5 · 15）云："信然，唯当似有二(dvaita)现起，则有一者见他者；一者闻他者；一者言他者；一者思他者；一者知他者。信然，当一切皆成为人之自我，则彼何以见他者；彼何以闻他者；彼何以言他者；彼何以思他者；彼何以知他者？人何以知彼由以知一切者？" BṛihIV · 3 · 31—32（引文有删节）："信然，唯当似有二现起，则有一者见他者；一者嗅他者；一者尝他者；一者言于他者；一者闻他者；一者思他者；一者触他者；一者知他者。人若以大梵为其世界，乃成为唯一、不二之见者，遂成大海。此即至上道。此即至上成。此即至上界。此即至上喜乐。所有众生乃由此喜乐之一分而活。"这里"有二"(dvaita)即主体与客体、意识与对象的对待、差别，这是典型的形而上学图景。而"不二"即是对这种形而上学二元论的超越或消除，这就是认识到绝对的心识本体，是主、客体的共同本质、根源。有二是对存在真理的扭曲，唯不二才是存在的绝对真理。耶若婆佉认为凡夫的日常意识都是有二的，唯有于无梦睡眠、死亡和梵智中才能证知不二的本体。其次，耶若婆佉的心识本体的这种绝对性，也表现于他在BṛihIV · 3对所谓熟眠位的描述中。这里他继承阿阇世等对于熟眠位作为经验存在根源的描述，提出了醒位、梦位、熟眠位三个存在层次，且阐明了熟眠位对于经验存在的超越性。其中醒位和梦位分别指客观经验和主观经验。熟眠位则超越此二者而为其根源，因而熟眠位是主、客观的共同本质、基础：一方面，熟眠位是超越的。奥义书就是以无意识的深层睡眠，表示对任何经验表象的超越。熟眠位是对主、客观经验的否定，它被认为是潜伏在经验意识之下的恒常、超越的基础。另一方面，它也是绝对的，是物与我、心与境、主与客融合的不二真理。如 BṛihIV・3・23—32 云："23 信然，当彼于彼处不见，彼实见，虽则不见；以见者之见无终止故，以彼见者为不灭故。然则彼所见者，乃非于彼为二，非为与彼有异、有别者。24 信然，当彼于彼处不嗅，彼实嗅，虽则不嗅；以嗅者之嗅无终止故，以彼嗅者为不灭故。然则彼所嗅者，乃非于彼为二，非为与彼有异、有别者。30 信然，当彼于彼处不知，彼实知，虽则不知；以知者之知无终止故，以彼知者为不灭故。然则彼所思者，乃非于彼为二，非为与彼有异、有别者。"熟眠位既是超越的，又是存在的绝对本质或本体，它就是根本识或先验意识。另外，BṛihIII・8 的几段对话，提出自然之万有，皆是于此心识本体之上编织而成，如经与纬，亦旨在表明此心识本体的绝对性，尽管此种表述仍有将本体与现象的关系经验化的嫌疑。由于这两方面的统一，耶若婆佉的存在思考，就领会到作为存在本质的心识，既是超越全部经验、自然的实体，又是经验、自然的根源、本体，因而它就是先验实在。这种存在思考是绝对的、思辨的。

与耶若婆佉的三位说一致，步厉古的大梵五身之说，也是将存在本质理解为一种先验实在。此如 TaitII・1—9 说大梵的存在包括五个层面，犹如葱皮，层层相裹，是谓"五身"（pañca-kośa，或译"五覆"）。大梵本体为纯识，朗然一味，清净无碍，离诸执受。但凡夫在无明的作用下，乃执受某种外在的存在为已身，故身是对自我的覆障。这种执受由粗到细、由外到内共有五种，是即五身，依次为食身（肉体、物质）、元气身（生命机能）、意身（感性意识）、识身（经验的理性意识）、喜乐身（潜意识或先验意识）。五身构成存在的全部意义层面。大梵即宇宙自我，而个人的自我乃与之同构，亦具此五身且一一对应。与凡夫的执受相反，修道证解就是将这大梵五身，从外至内，层层剥除，最后使本体显现出来。其中喜乐身与耶若婆佉所谓熟眠位对应，为存在之最深层本质。一方面，奥义书说它是不老、不灭、无饥、无渴、无苦、无乐、无知、无欲、无嗔、无为、无作、无相、无表、真实、究竟之真理，因而它是完全超越经验、自然的实体。如果从普遍的、宇宙的层面来解释五身，那么食身就是客观的物质世界，意身和识身就是主观的精神经验，而喜乐身超越前四身，因而它像熟眠位识一样，超越了主观和客观经验的层面。这些都表明了它对经验、自然的存在的绝对超越。另一方面，同样与耶若婆佉的熟眠位类似，喜乐身作为超验的实体又是前四身即全部经验存在的根源、本体。TaitII・6 通过大梵通过苦行创世的寓言，表明这喜乐身是现实（sat）与超越（tyat）①、显（nirukta）与隐、有依处者与无依处者、识与非识、真（satyaṁ）与伪（abhavat）之共同根源，“彼作为实性而显现为此之任何有”。因此《鹧鸪氏》所谓喜乐身，就是存在之先验本体。除 TaitII—III 之外，ChānVIII·7—12 通过生主与因陀罗的对话，亦开示了此五身说。区别在于，前者乃以喜乐身为存在、自我之究竟，后者则最终暗示自我超越喜乐身，为一神秘本体②，故其存在理解，乃开始脱离思辨思维，而与下面的直觉思维衔接。

总之，思辨思维的存在之本体，既是全部经验存在的根源，又超越了这经验存在，因而它就是先验的实在。此种存在理解，乃为奥义书唯心论的主流。然而先验实在仍然属于现实性范畴，而非存在之真实本体（即本体自由自身）。因而精神要实现更高的自由，就必须超越现实性，进入超绝存在领域。唯这样的存在才是真实本体。在上引《广林》的三位说和《唱赞》的大梵五身说中，就模糊地暗示了一种超越此先验实在的存在。如 BṛihIV·3·15—19 形容自我如鸟在醒、梦、熟眠三位之间飞翔，似乎暗示自我具有超越熟眠位或先验实在的存在。ChānVIII·12·1 则云人由熟眠位到达“至上光明”之境，亦可作同样解释。然而在奥义书思想中，唯《蒙查羯》、《蛙氏》才开始清晰领会一种超越熟眠位或喜乐身的原理，即心灵之纯粹的、非理性的因而是神秘的澄明性。奥义书的存在理解乃进入神秘、直觉的层面。

## 二、神秘的存在

在西方思想中，圣经《旧约》就表现了精神最初的超现实冲动；此种冲动，在普罗提诺和奥古斯丁等人的思想中得到更清晰的表达。在这里，上帝作为存在本质，被理解为对现实性、对全部世界的否定。精神对现实性的否定具有本体论的必然性。盖存在的究竟本质就是本体自由，它超越一切现实性、思想而为其究竟的规定者。然而世俗精神把现实性当作绝对真理。这种绝对化导致对存在的真正本质，即本体自由自身的遮蔽。然而本体自由作为绝对，要求实现对它自身的自主设定，从而使本体从遮蔽状态呈现出来。这要求就是本体自由对现实精神的呼吁。本体通过呼吁和倾注，使精神内在的自舍势用恢复其本真存在，展开为对现实性本身的否定，亦促使其自反势用展开为对超现实存在的维持、守护，从而推动省思试图把握一种超现实真理。普罗提诺和奥古斯丁等人思想的超现实倾向，即是这一精神发展的反映。

---

① 参照 BṛihII·3·1 对有相梵与无相梵，实有（sat）与超越（tya）之区分。

② 如 ChānVIII·12·1·6：“如是，此熟睡者，起乎此身而达于至上光明，以其自相而现焉；是为‘至上之夫’。”

奥义书思想也经历过同样的发展。如前所述，奥义书的思辨思维，把觉性的先验实在当作存在的绝对真理。然而先验实在乃是觉性的纯粹思想，它仍然是一种现实存在，但存在的究竟本质就是超现实的本体自由自身。因此思辨性的存在理解，尽管克服了理智思维的局限，却也进入一种更深层的执着之中。此即对现实性的执着。觉性的现实性就是思想，它在这里被当成了绝对，因而最终也成为对本体自由自身的遮蔽。因而自由也必将推动奥义书的精神领会一种超现实的真理。《蒙查羯》、《蛙氏》等的思想，就最早体现了这一精神进展。然而无论是在西方还是在印度思想中，精神最初对于现实的否定往往都并不彻底。同在普罗提诺和奥古斯丁等人的思想中的情况一样，在《蒙查羯》、《蛙氏》等的思想中，觉性的现实性、思想仅仅被理解为内在的形式、概念，对现实的超越最终被狭隘化为对逻各斯、理性的否定。于是存在的究竟本体就成为一种排除了任何理性、概念的神秘意识、澄明。现实与本体的区分遂蜕变为逻各斯、理性与澄明、意识的区分。这非理性的澄明只能通过神秘的直觉来证会。不过这澄明、意识其实仍然是一种现实性，而不是真实的存在本体（即纯粹自由本身），它与逻各斯乃是觉性内在现实性之一体二面。因此逻各斯与澄明的区分仍然是在觉性的现实内部的区分，可称之为一种直觉的区分；而不是对现实与本体自由的区分，即存在论的区分。《蒙查羯》、《蛙氏》等的存在理解，即可通过这种直觉的区分得到表述。兹论之如下：

《蒙查羯奥义书》，就像大多数晚期奥义书一样，其思想非常芜杂，故其存在理解，包含多个并不统一的意义层面。其中既有来自梵书的最古老的宇宙结构论或宇宙生成论者，认为存在本质乃是一种自然的实质；又有随顺数论的形而上学者，将存在置于原人与世界对立的二元化图景；亦有随顺耶若婆佉、步厉古等的三位说和五身说者，以为一种超验的根本识即先验意识乃是存在的绝对本体。然而其最有价值者，乃是开示存在的究竟本体是超越此先验意识的神秘原理。盖《蒙查羯》所理解的大梵的超越性，至少包含两个意义层面。其一谓其超越一切经验的现实性，此为继承早期奥义书的形而上学和思辨哲学而来。在这里，大梵被认为是超越时间、空间、因果性，超越生灭变化，超越善恶、种姓，超越日常认识，无相无表、清净无染的本体。如 MuṇḍI · 1 · 6 云："彼不可见、摄，无家无种姓，无眼、耳、手、足，恒常且遍满，遍在极微妙，彼即不灭者，智者观彼为，万有之胎藏。" II · 1 · 2 云大梵为无相、无内外、无生、无元气、无意、清净等。其说皆为早期奥义书中通常可见者。然而在《蒙查羯》书中，大梵的超越性还包含另一个较为模糊的新的意义层面，即其对现实性的否定。其书于多处提及一个超越形而上学的超验实体和思辨思维的先验本体的神秘存在，但都没有给予清晰阐明。如 MuṇḍII · 2 · 1 ："显现且深藏，谓动于秘者，此广大依止！

一切行动者，呼吸、瞬目者，皆归趋其中。举凡存在者，若有（sat）及非有（a-sat），至上所欲者，超越心识者，众生之最胜，皆归趋其中。”这里所谓“有”（sat）即经验存在、现象界，“非有”（a-sat）即超验存在、实体界。“心识”（vijñāna）谓经验意识，“超越心识者”即作为其本体的先验实在。“非有”、“超越心识者”尽管是超越的，但与“有”、“心识”一样，仍属现实存在。大梵乃超越“非有”、“超越心识者”，因而超越了一切现实性。同理，III·2·7—8 亦云：“7 十五分乃逝①，各入其依处，乃至一切根，皆入相应天！而其诸功业，及识所成我（vijñāna-maya ātman），皆融入一如，无上不坏者。8 如诸川奔流，归于大海洋，消失其名色，知者离名色，归神圣原人，超彼超越者（parāt-para）。”此谓至上梵超越一切现实存在而为其归宿。此中“识所成我”即识，指全部现实意识；而“超越者”乃指超验实体或先验本体；至上梵乃超越它们而为其归宿，此亦表明了梵的超现实意义。此外 II·1·2 说至上我“无意且清净，高于不坏者（akṣara）”。III·1·7 谓其“广大且神圣，其相不思议，微于极微者，彼光辉闪耀”。III·2·1 云：“离欲、敬神我（Puruṣa），睿智、过种子（śukra）。彼乃得知此，无上大梵住。”其中所谓“不坏者”、“极微者”、“种子（śukra）”意指超越的实体或本体，而梵乃超越此等。I·1·9 说大梵以识为苦行（yasya jñānamaya tapas）而生梵天乃至全部现实存在，亦暗示梵是超越识即内在的现实与外在现实而为其根源。这些说法都表明，《蒙查羯》不再仅仅把大梵当作理智思维（《羯陀》等）的超验实体或思辨思维（《鹧鸪氏》等）的先验本体，而是试图以之为一超现实的神秘本体。它实际上是把觉性的任何现实活动，其全部思想、观念都排除掉，使之成为一个作为单纯澄明的意识。大梵就是一种本源性的清净、一如、绝对的光明。世界万物的存在，被认为来自这光明的照耀（II·2·10—11，III·1·5）。然而《蒙查羯奥义书》既为晚出，且对传统缺乏批判，故其思想颇杂以早期陈说，导致其思想极为含混。即使其对那超越先验实在的神秘本体的直觉领会，亦嫌抽象空洞。盖其于此先验实在，及超越它的本体自身之实质，皆无明确把握。此种情况，到《蛙氏奥义书》乃有根本改进。《蛙氏》明确规定先验意识即是般若，即纯粹思想、理性，而大梵乃为超越此理性之本体，即纯粹澄明。故《蒙查羯》中先验实在与本体的颇为模糊的差别，在此乃被表述为理性与澄明的清晰区分，这就是直觉的区分。

与许多其他晚期奥义书相比，《蛙氏》的特点是短小而精粹。其思想的资源乃是阿阇世、耶若婆佉的大梵三位（醒位、梦位、熟眠位）说，以及《蒙查羯》对超越先验

① 十五分：指人的诸根、色身，其灭时分别入于其源出之诸天（日月诸方等）、五大（地水火风等）。梵书、奥义书每说大梵为十六分，乃于十五分加上至上我。

意识的神秘本体的提示。然而一方面它将三位说拓展为四位（醒位、梦位、熟眠位、第四位），不仅排除三位说仍有的经验心理学色彩，对每一位都作了纯粹本体论的规定，而且明确提出超越熟眠位即先验实在的第四位，作为前三位的绝对本体；另一方面，它明确将熟眠位规定为般若，即先验的理性、理智，而以第四位为超越理性、思维的纯粹澄明，因而使这先验实在和超理性的本体都获得本体论的具体性，也使在《蒙查羯》中尚且模糊的"直觉的区分"得以清晰化。MāṇḍII—VII 谓此四位中：(1) 醒位即了别外境、受用粗色（客观的物质对象）者，具七支（意义不详，可能指人的七窍）、十九窍[①]，名遍有者（Vaiśvānara）。(2) 梦位即了别内境，具七支、十九窍，受用细色（即内在的意识表象）者，名炎炽者（taijasa）。(3) 熟眠位则如于无梦睡眠中，一切差别相皆不生起，其相一如，体即是般若。商羯罗释云："如于夜中，因黑暗故，物无差别，故知觉为一如。信然，如是于熟眠位，一切识境皆融为一体。"于此无欲、无相、无思维，唯有识与喜乐。此即般若（prājña）。它超越经验，又是全部经验存在之胎藏（yoni）。此即先验的本体。(4) 第四位则既无内识、亦无外识、亦无智体（prajñāna-ghana）、非般若、非非般若、不可见、无对待、不可触、无相、不可思议、不可言诠、止息、寂灭、安乐、不二。它不仅超越经验意识（内识与外识），也超越了先验意识（智、般若），因而是一个超越了全部思想活动的神秘本体。从中我们可以看到，《蛙氏》的存在省思的主要贡献在于两个方面：首先是通过对醒位、梦位、熟眠位的新阐释，使奥义书原有的思辨思维得到明确化和具体化。它明确将醒位、梦位区分为了别外境（客观经验的对象）与了别内境（主观经验的对象）者，且分别称之为遍有（客观意识）、炎炽（主观意识），从而摆脱了其在阿阇世、耶若婆佉的三位说中的经验、心理学的色彩，使其成为更纯粹的本体论概念。同样，它也对此前奥义书所谓熟眠位进行了纯化，以之为一切经验表象皆归没其中复由之生起的先验本体，且称之为般若（prājña），因而也消除了此前奥义书的本识概念的经验心理学色彩。醒位和梦位分别就是客观经验和主观经验，皆具七支、十九窍，即皆有全部心理的活动，唯识前者遍知内外境，后者只知内境。熟眠位则超越此两种经验而为其本体。在这里，人的全部外感官（五知根）和内感官（末那）都停止活动，内、外识皆伏，自我不知内、外境。于是醒、梦位中种种流转、差别的行相皆泯灭，而消融到般若的恒常不变、一味无别的基质中。这些说法表明般若就是一种根源意识，它既超越了主客观的经验，又是这经验的基础。在这种意义上它与康德的先验意识类似。此外，它将先验本体等同于般若，即理性、理智，也是首次对于其实质内容进行了规定。在熟眠位，全部

---

① 商羯罗解释为十根、五气、末那、觉谛、我慢、心。

名色世界即经验的存在皆归入般若中，但它们并不是被消灭了，而是都进入了一种潜伏状态，后来吠檀多学将后者释为“潜名色”或“种子（bija）”。MāṇḍVI 曰般若其为“胎藏（yoni）”，为“众有之始与终（prabhavāpyayau）”，后来吠檀多学又释之为“种子（bija）”，都表明般若乃是此种“潜名色”或“种子”的储藏所，而“潜名色”或“种子”乃是般若的具体内容。因此，与阿阇世、耶若婆佉、步厉古等的熟眠位或喜乐身不同，《蛙氏》的本识概念是具体的，它就是后来吠檀多学乃至佛教唯识论的“种子识”概念的先驱。根据吠檀多学的理解，“潜名色”、“种子”就是作为客观经验基础的概念，即先验概念。如此，则由此等概念构成的般若，就是先验思维，或纯粹理性、逻各斯。故学者云于自我前三位中，“前二者为知觉或想象之我，后者为概念之我。”①此种理解，乃与《蛙氏》的般若概念一致。在梵语中，“般若”（prājña）就意味着思维、理性、理智、智识，与感觉、想象相对。MāṇḍXI 云般若具有“量度”、“建立”之意。正如拉达克利希南所释，般若作为量度就是逻辑思维的功能，其作为建立，即对存在和世界的构造、统握，也同样是逻辑思维的功能②；这二者都属于般若的概念能力，故般若就是先验理性。《蛙氏》首次清晰把握住了奥义书所领会的先验存在的实质，使思辨思维得以具体化。其次，《蛙氏》认为熟眠位、般若还是不存在的究竟本体，究竟本体为超越经验与先验思维的神秘理体，它不可思议、不可言诠，故强名为第四位（turīya）。VII 云彼“既无内识，亦无外识，亦无内、外识，不为识体，非般若，非非般若，不可见，无对待，不可触，无相，不可思议，不可言诠”。所谓“无外识”、“无内识”谓其超越醒位识和梦位识即全部经验思维。“非般若，非非般若”谓其超越了熟眠位识即先验思维；谓彼既不同于思维、理性（般若），亦非将后者完全摒弃，而是既超越之又以之为自我实现的资具。正如《圣教论》释云：“执妄为真者是梦，不解谛理者是眠；破除梦眠二颠倒，证得第四位境界。”（ĀŚI·15。参考巫白慧译）精神的全部思维活动、观念，皆是对第四位的覆障。故要证入大梵的本体，唯有将全部思维、念虑一概伏灭。故本体乃是寂灭之境，VII 谓其“止息、寂灭、安乐、不二”，乔荼波陀颂释云：“法尔寂静及不生，以自性故善寂灭；诸法平等非有异，无生正等无怖畏。”（ĀŚIV·93）但这种万念皆寂的境界，不是觉性的黑暗和灭绝，而被认为是觉性最纯粹的光明、最

① Sarvepalli Radhakrishnan, *The Principal Upaniṣads*, George Allen & Unwin LTD, London, 1953. 696.

② 拉达克利须南对此解释说：“神（般若）是逻辑的存在，被规定的真理。并非我们规定梵而是梵规定自身。最高的逻辑观念就是神，他就是真、善、美。被规定的实性不等于被分割的实性。实性于其自身就是大梵；实性作为被逻辑地规定者就是大自在神。”（Sarvepalli Radhakrishnan, *The Principal Upaniṣads*, George Allen & Unwin LTD, London, 1953. 699—700）

究竟的本体。这源始光明由于超越了概念、理性，因而是神秘的。它就是觉性的纯粹澄明。因此，与《蒙查羯》相比，《蛙氏》的直觉思维不仅对于先验意识，而且对于超越后者的神秘本体的实质，都有了清晰的把握。奥义书的直觉思维得到巩固和具体化。在这里，存在的现象与本体的区分就表现为觉性的理性与澄明的区分。通过这一区分，存在本体的神秘性得到完全确立。

精神的思想、观念，就是其存在的全部现实性，它构成文化的传统。然而它并不是绝对，而只是自由自我实现的中介。只有当它处在与自由的永恒对话关系中，精神才能无限地发展。但是有限的人类精神，在本性上就是“实在论（realistic）”的，总倾向于把现实存在当作绝对。然而如果精神的现实性，即它的思想、概念成了绝对，即不可超越的，那么概念、传统就成为永远无法改变的，精神的任何进步都会到此终止。这就在于这种绝对化遮蔽了现实精神与自由的对话关系，精神不再谛听自由的呼声并给予回答。然而人类精神毕竟在进步，这本身就意味着精神可以超越它的传统，而这正奠基于其本体自由对现实性的超越之上。本体自由既然是人类精神的本质，因而精神从其萌芽之初，就早已在试图超越其所面临的现实，试图将存在本体领会成一种超现实的原理（这是任何否定思维背后的目标），但是由于思维能力的限制，它对这超现实原理的把握往往并不准确。在奥义书思想中，自然思维的本质、理智思维的实体和绝对心识、思辨思维的先验实在等存在观念，都体现了精神错失的超越现实尝试。同样，奥义书的直觉思维，尽管将本体对现实的超越，领会成对思想（包括先验的思想）本身的超越，从而将这超越性以前所未有的深度呈现出来，也首次使对现实的超越成为自觉的，然而它同样与这超现实性失之交臂，因为它将觉性的思想狭窄化为概念、理性，因而它的超越只是否定概念、理性的绝对性，确立非理性的澄明为究竟本体，但这澄明也仍是一种现实，所以直觉的超越不是对现实性的整体的否定，而是蜕变为理性与澄明两种现实性的区分。此种失误，在《蒙查羯》、《蛙氏》思想中都有表现，而以《蛙氏》更为明显。《蛙氏》对般若与第四位的区分，就是一种典型的直觉区分。第四位，作为全部理性的思维、观念、语言寂灭的光明境界，对于般若作为先验思维的超越，就是澄明对理性的否定。因而《蛙氏》在这里，仍将存在的超现实本体错失了。它的存在理解仍然是实在论的。精神对实在论的最终超越，在于领会到一切现实性都不是自为、绝对的真理。这种领会在思想史上，就表现为对全部现实存在的空洞化、虚无化。这种思想在《蒙查羯》、《蛙氏》等尚未出现，而是更晚的《白骡》、《频伽罗子》、《慈氏》等的幻化论的基本立场。

如前所述，早期奥义书的形而上学，把超验的心灵理解为存在的最终基础。然而这心灵，根据一种更清晰的解读，乃是一现存的、封闭的实体，而不是存在的本质、根源。这实体即使作为主体，也将导致与客观世界的分离。因而这形而上学的世界图景必然是分裂的，它不能把握绝对。它的反思尽管是超越的，但不能实现主、客体的同一，因而不是绝对反思。一种超越的绝对反思就是思辨思维。通过它，精神领会到自身的（作为主、客体共同基础的）先验实在，并实现对后者的自主设定；这先验实在就是绝对。本体自由必然推动奥义书精神的这一进展。这就在于：它一方面促使精神内在的自舍势用实现为究竟的，即展开为对一切现存存在的否定，推动省思打破主体的封闭、现存的假相，领会其为活动、思想；另一方面，它亦促使精神内在的自反势用展开为绝对反思，于是精神将心灵实体作为全部生命、存在的绝对目的，从而推动省思领会那超验的主体为存在的绝对本质，即先验的本体。省思于是在这先验实在基础上，领会到主、客体的同一。这就是思辨思维。在奥义书思想中，《广林》的耶若婆佉学说，《鹧鸪氏》的步厉古学说，最早体现了这种思辨思维，二者皆以一种先验实在为存在的绝对本体。在这里，奥义书精神将理智思维原有的两个向度，即绝对反思与内在超越彻底整合在一起。其所谓的心灵实体或主体，既是超越的，又是绝对的（作为主、客经验之共同根源的），因而是先验的。这种存在理解，反映了现实精神自由的新境界，精神已经实现对其纯粹内在存在的绝对维持（精神将其纯粹内在性作为任何存在的目的）。

然而先验实在也不是奥义书的存在理解的终点。同西方精神一样，奥义书精神亦有一种超越现实存在的冲动。此种冲动，对于一贯把在尘世中的自怿自乐作为至上智慧的华夏精神来说，是最为陌生的。在西方精神中，它最早表现在《旧约·出埃及记》对上帝对世界的否定的强调，以及希腊哲学对彼岸的真理的渴慕中。《吠陀》对作为存在本质的"非有"、"非有非无"之境的强调，乃至早期奥义书的超越与反思思维，亦皆体现了这一冲动。然而正如希腊形而上学和中世纪唯实论将真实存在理解为一种超验的实体，奥义书亦曾将本体的超现实性误解为本质的超感觉性及实体的超验性；甚至先验意识的超越性也只在于其对经验性的否定。因此，同在上述西方思想中一样，在奥义书思想中，精神超越现实存在的冲动，在这里还是以一种现实存在为归宿。先验意识或纯粹思想仍然是一种现实性。然而本体自由作为绝对，要求实现为对自身的直接自主设定。正是它规定了精神超越现实存在的冲动。它必促使精神内在的自舍势用进一步展开为对现实存在的绝对否定，亦促使其自反势用展开为对超现实本体的寻求。它必推动精神寻找一种超越这先验思想的神秘真理。在西方思想中，普罗提诺和奥古斯丁等人对超越理智、逻各斯的神圣光明的神秘证悟，就体现了这一精神运动的成果。在这里，精神对现实存在的超越成为自觉的。在奥义书中，《蒙查羯》、《蛙氏》等的思想，也体现了类似的精神进展。但是在此种奥义书思想中，同在西方的上述神秘证悟中一样，现实存在、思想被窄化为概念、逻各斯的形式，本体被当作一种排除了概念、逻各斯的神秘的澄明、清净意识。因而本体对现实的超越被误解为澄明与理性的分离。存在省思把一种非理性的澄明当作存在的绝对真理。然而这澄明、意识仍然属于现实存在范畴，它与理性是现实性、思想之一体二面。澄明与理性的分离仅仅在理论上能成立，在事实上并无根据。因此一方面，在这里，精神对现实性的超越并不彻底，甚至可以说是虚假的。那种非理性的澄明本体，其实只是直觉思维的抽象。克实言之，意识就是思想。直觉思维领会的无思维、念虑的清净意识，同毕达哥拉斯、赫拉克利特、柏拉图领会的与意识主体分离的思想（数）、逻各斯、理念一样，皆非觉性内在现实性的真理。另一方面，正因为理性与澄明处在同一存在层面，精神不可能通过纯粹澄明的绝对化，通过澄明对理性的否定，在更高的存在层面（这只能是本体自由自身）来超越理性，而只能导致对理性、逻各斯的排除。因此在这一阶段，奥义书精神试图实现对现实、传统的绝对自由的努力并未成功，反倒由于开启了澄明与理性的对立图景，规定了此后吠檀多思想根深蒂固的非理性主义取向。

精神如果领会不到自身本质对于现实的绝对超越性，就不会具有对于传统的自觉自由。其对现实的绝对化，必将导致对其自由的遮蔽，导致形形色色、做作虚伪的传统崇拜。这一点，在最具现实精神的中土儒家思想中表现得最淋漓尽致。在儒家思想中几乎看不出任何否定现实的冲动。在这里，对于道统的崇拜，与对自然和政治强力的崇拜一样，都反映了一种自由良知的泯灭，都是让那最外在甚至粗暴的现实性彻底遮蔽了自由本身。一种试图凌驾于现实与传统之上的思想，在儒者看来，该是多么陌生、怪戾、忤逆甚至横暴。在世界上，再也没有哪种传统能够像儒学那样产生出如此众多的打着传统大旗但思想的任何活力和灵性皆泯灭无余的行尸走肉！今日中国以儒家道统自任者，谁不从身上散发出腐尸的气息？盖腐儒所特擅者，在于可将任何最平庸、寻常之人、最琐屑、肤浅之事，皆严饰为神圣。这不仅是因为精神上的夸张、做作、虚伪自欺的气质，而且是因为对于直接的现实性的婴儿般的绝对执着。尽管如此，佛教思想一千多年的持续渗透，终于也给宋明的新儒家注入了精神的反思与超越性，以至最终到阳明的良知本体论，亦以一种超越思维念虑的清净光明的真心为存在之绝对本体，表明心学具有了与普罗提诺、奥古斯丁以至《蒙查羯》、《蛙氏》的思想一致的直觉思维。

无论是思辨思维还是直觉思维，都仍属实在思维范畴，仍然将存在本质、绝对理解为现实性。然而如果现实性成了绝对、自为的存在，就会遮蔽本体自由自身（这才是存在的真正本质），并且使自己也成为抽象、虚假的。于是现实成为自由无法逾越的墙。现实精神与自由的对话结构被破坏。精神只能永远停留在其当前性中，丧失了进一步发展的可能。精神要挣脱这一困境，就必须将全部现实存在空洞化，甚至虚无化。本体自由必然推动精神的这一进展。这自由作为绝对和无限，要求实现对它自身的直接自主设定，而它的超现实性则意味着它不可能被现实存在窒息。于是它便通过呼唤与倾注，促使精神内在的自舍势用展开为对全部现实性的绝对否定（超绝的否定）以及对一种超绝本体的确认，亦促使其自反势用展开为对这超绝本体的自身维持。精神这种自舍与自反势用的辩证互动，推动省思彻底打破现实性的偶像，领会到存在的究竟真理乃是超绝的本体，后者也是精神自身内在的本质。在晚期奥义书中，《白骡》、《频伽罗子》、《慈氏》等的幻化论就体现了这一精神进展。奥义书的存在思考遂得以克服从自然思维乃至直觉思维的实在论执着，进入对觉性的超绝本体的领会，即本真的觉悟层次。在西方思想中，亚历山大里亚的克雷芒、奥利金、维克托利努斯、狄奥尼修斯、忏悔者马克西姆等的"否定神学"、"超越神学"，否定普罗提诺、奥古斯丁代表的直觉哲学和神学对上帝即存在本质与存在（现实性）的等同，将本质规定为"非存在"即超绝本体，体现了与奥义书上述精神转型本质上一致的进展。此即下文所要讨论者。

## 第五节 超绝的存在

实在思维将现实性即觉性的思想、意识当作存在的自为、绝对的真理。这种理解使精神丧失了对于其当前存在、传统的自觉自由，并可能使它停滞于其当前此处。在这种情况，精神要将自己从其现实性、传统的笼罩中彻底解放出来，恢复自由与传统的本真对话关系，就必须否定对现实性的虚假的实体化、绝对化。它必须否定现实性的自为、绝对的存在，将实在思维执着的现实空洞化。这在思想史上，往往就表现在对于现实的虚假化或虚无化。精神把全部现实存在、世界当作假相，从而将存在真理置于超现实的虚无、空的领域。

本体自由必然推动精神的上述进展。这自由通过呼唤与倾注，促使精神内在的自舍势用恢复其本真存在，展开为超绝否定，于是省思否定全部现实存在的真理性，确认一种超现实的（超绝的）本体，即本无、空。思想对存在真理作为超绝本体与存在者的存在（现实性）的区分，就是严格的"存在论区分"。超绝否定就是否定思维（超越思维）在质上的绝对化，否定思维（作为自舍势用的现实性）进入本无即本体自由的自身存在领域，因而达到了其在质上的极致。另一方面，这自由亦促使精神的自反势用展开为对这超绝本体的自身维持。后者推动省思将这超绝本体内在化，领会它就是精神自身的内在本质。于是这省思就转化为超绝反思。超绝思维就是这超绝否定与超绝反思的统一。

《白骡》、《频伽罗子》等晚期奥义书的幻化论，以及基督教的否定神学，都体现了这一精神进展。基督教的否定神学提出了上帝或存在本质与存在者的存在论区分，以为上帝是对现实性的绝对否定，因而他不是存在，而是虚无。此种存在理解，就充分体现上述超绝否定，表明否定神学已进入对本体的真正自身存在的领会，即本真的精神觉悟领域。另外，在基督教神学中，上帝就是精神。否定神学的上帝作为超绝存在，是一种内在的、精神的原理，因而否定神学也体现了一种超绝反思。同样，晚期奥义书的幻化论以为全部现实存在都是大梵的幻化作用的产物，是虚妄无实的，而大梵作为存在的真理，则是对现实的绝对否定。大梵与现实世界的区分也是一种存在论区分。此种存在理解亦体现了精神的超绝否定。另外，从奥义书的反思传统出发，幻化论也认识到大梵作为超绝本体就是觉性、精神的内在本质，因而也体现了一种超绝反思。在这里，精神终于克服实在思维的局限，进入本真觉悟的领域。在觉悟思维中，本体呈现为一种绝对超现实的、内在的存在，即神圣的存在。另外本体对现实性的绝对否定，也使得本体与现实精神的对话关系被破坏，以致现实精神自身到达本体的通道被切断，因而解脱只能来自本体的启示。因而本真觉悟在这里表现为启示思维。

然而由于精神内在的惰性势用的牵制，奥义书精神即使进入了本真觉悟领域，亦仍不一定能实现其绝对自由。其中尤其是，当这种惰性势用阻断了自舍势用的无限展开，使之不能实现为否定思维在量上的绝对化（即否定思维否定在它自身之外的任何存在的直接真理性）即究竟否定。那么精神省思就必然将超绝本体当作一种这否定思维永远不能进入的禁地，即现存的存在。超绝的现存本体，就被认为是最充实、圆满和永恒不变的存在。启示思维作为本真觉悟的最初形式，就表现出这样的局限。这表现在，无论是否定神学的上帝，还是奥义书幻化论的大梵，都被认为是否定性之排除，是圆满、恒常、不变的原理，因而它就是一种处在思想运动之外的现存东西。然而存在的本体是自由，不是任何现存性。启示思维将存在本体理解为超绝的现存实体，这本体就成为自由不能打开的门。精神未能进入这本体内部，领会其实质（即自由本身），因而它的觉悟是抽象、空洞的。然而本体自由本是绝对和无限。它必将通过呼唤和倾注，促使精神内在的自舍势用在量上的绝对展开，即实现为究竟否定。在这里，否定思维取消了一切外在的现存之物，乃至启示思维执着的神圣实体，唯确立它自己为直接的真理。这否定思维，作为超绝否定与究竟否定的统一，就是绝对否定，是否定的绝对自由。在这里，精神由于其究竟否定，领会到存在的真理是绝对自由（在这里是否定的自由），而通过超绝否定，遂排除此自由的现实性，领悟这自由的超绝存在（在这里就是自舍势用的本真存在），唯后者才是存在之真实本体。因此精神通过这绝对否定思维，首次直接领会本体自由的实质，于是其本真觉悟，乃克服其在启示思维中的含糊性、抽象性、空洞性，而成为纯粹、具体的。存在的本质就呈现为超绝的自由本身。在西方思想中，这一精神进展通过托马斯·阿奎那的超绝神学得到反映。阿奎那受维克托利努斯和大阿尔伯特对存在和存在者的区分启发，后者旨在表明上帝不是“存在者”，而是存在的力量、活动。与此一致，阿奎那否定上帝、存在本质是一种现存性或实存性（essentia），揭示上帝本质应当是存在的行动（esse）。上帝没有本质，不是任何“什么”（what），而只是存在的纯粹行动，因而就是自由。托马斯神学对存在本质的现存性的否定，可以说使基督教中潜伏的绝对否定思维（这通过耶稣最后的呼喊，“上帝，你为何遗弃我？”得到表现）得到了清晰的表达，它对海德格尔将存在本质规定为虚无或此在的本真能在，以及20世纪基督教的神秘主义（比如Simone Weil），都产生了实质的影响。在印度思想中，大乘佛教的存在理解，也体现了同样的精神进展（而且是以更纯粹、彻底的形式）。盖大乘般若思想，既否定全部现实世界的真理性，因而是一种超绝否定；同时又否定奥义书启示思维执着的超绝现存实体，因而是究竟否定，所以它就是精神的绝对否定（即空智）。它不仅是一切皆空，而且是空亦复空，是绝对无住、无得的境界，因而是精神否定的绝对自由。它揭示出存在的本质就是空或空性。般若或空智既然否定了一切现存存在，就只能确定它自己为唯一的真理。般若或绝对否定就是存在的真理，就是空，是为境、智合一。般若思想由此揭示出存在的真理就是自由本身（空），进一步说是自由的超绝本质（空性，即自身否定的本真存在）。因此通过大乘佛学，印度思想的存在理解，乃首次进入对本体自由自身的纯粹、具体、直接的觉悟。由于大乘佛学的存在理解对后来的奥义书—吠檀多思想的根本影响，因而在此我们也将它作为奥义书存在论发展的一个中介环节予以阐释。

不过，同在托马斯神学中的情况类似，在大乘佛学中，本真觉悟是客观的，它的存在真理是一种在自我、主体之外的本体。这反映出在这里，精神尚未建立一种主观、绝对反思，自反势用的展开与自舍势用不平衡，没有实现为绝对自由。然而这自反势用要求实现为绝对的，即实现为对这超绝自由、空性的绝对维持。它必然促使现实精神将这超绝自由作为全部生命的绝对目的，从而推动精神将这个本体等同于它的自我，精神的觉悟乃由此成为本己的。在这里，存在本质、超绝自由，被认为就是真实的自我。在西方思想中，存在理解（在纯粹觉悟层面）的这一内在转化，表现在海德格尔将存在本质、超绝的自由或虚无纳入人类的现实自我即此在之中，认为它就是此在的本质[1]。这自由本体不像基督教的上帝本质那样，是一种自我之外的客观性，而是内在于人的现实自我之中的，“虚无本质上属于此在”。[2] 因而那超绝、自由的本体就成为一种本己的存在。在印度传统中，这种存在理解的转型，在如来藏佛教、不二吠檀多派及《慈氏》、《光明点》等晚期奥义书思想中，都得到表现。其中，《慈氏》、《光明点》等的思想，就是在奥义书传统的主观反思启发下，领会到空性与精神的内在自我的本质同一性，从而克服了大乘佛学对存在本质的客观化。这与海德格尔将基督教神秘主义理解的存在本质纳入人的现实自我之中的思路基本一致。其存在理解，一方面接受大乘佛学的空智，以为不仅现实存在是空，而且超绝的现存实体也是空，故存在的真理是寂灭、无住、无依、无得的本体；另一方面继承奥义书的主观反思传统，并将其与空智统一起来，故以为后者领会的无住本体就是自我的真理：空性＝自我。在这里，存在本质作为超绝的自由，乃成为本己的存在。大乘的具体觉悟转化为本己的觉悟。在这里，印度精神通过最大程度的自我脱离，实现了最深刻的自我返回。精神首次展开对其本己存在的绝对维持，使本体自由成为全部生命活动的绝对目的。因此，这本己的觉悟意味着现实的精神自由进入了一个全新的阶段。然而在奥义书思想中，这本己的觉悟仍有其严重的局限性。这在于，它不仅同大乘的空智一样，并未领会本体自由的完整内容（空智只将这自由理解为自身否定），而且它对大乘与奥义书传统的融合，在一定程度上使大乘的本真觉悟的纯粹性、具体性都受到影响，这表现在，它尽管规定本体是空性，但并未明确意识到空性就是自由（在这里就是自身否定的本真存在）。不二吠檀多派思想也面临同样的局限。这种局限也为精神的进一步发展留下了空间。总之本己的觉悟还不是绝对觉悟。绝对觉悟是精神不仅领会到存在的绝对真理就是超绝、内在的自由及真实自我，而且对这自由的全部内容（觉性自否定的全部势用的本真存在）达到充分、透彻的领会。精神于是实现对本体自由完满的自主设定，达到绝对自由的圆满性。本体自由自身必然推动精神进一步朝着这种绝对自由的圆满性迈进。

因此本书将相关奥义书所涉及的存在观念，分为以下三个环节：其一，神圣的存在；其二，空的存在；其三，本己的存在。兹论之如下：

## 一、神圣的存在

在实在精神阶段，现实性被当作存在的绝对真理，导致自由的绝对无限性、它对

---

① 海德格尔：《存在与时间》，三联书店 1987 年版，第 277 页。

② Heidegger, *Martin, Heideggers Basic Writings*, London: Routledge, 1986. 107.

传统与现实的绝对超越性被完全遮蔽。本体自由与现实精神的对话结构被破坏。其最严重的后果是使现实精神完全丧失创新的活力。然而本体自由既是绝对超现实的原理，就意味着它不可能真正被现实、传统窒息，而是始终试图在现实性中实现其自身的绝对性、无限性，它就是绝对、无限的冲动。因此，它必将呼唤现实精神重新进入与它的对话关系中，推动精神最终克服其实在的局限，进入本真存在的领域。由于这自由的呼吁与倾注，首先精神内在的自舍势用得以战胜惰性的自任力量的抵消，恢复其本真的无限性，推动精神彻底否定现实存在、"有"的真理性，确认存在的真理、本质为一超绝的原理，即"本无"。于是精神的否定思维乃升华为超绝否定。省思由此进入本真觉悟的领域。其次精神的自身维持亦得以战胜惰性自放势用的消解，展开为对这超绝真理的自我维持，从而推动精神否定实在思维的偶像，确认这超绝原理就是精神的内在自我。于是反省思维也转化为超绝反思，从而进入觉悟的领域。精神正是通过超越与反思、自舍和自反势用的这种辩证运动，彻底克服实在精神的局限，实现了超绝、本真的自由，并由此进入本真存在的阶段。如果说，在西方传统中，这一重大精神进展，最初通过《出埃及记》对上帝对世界的否定的强调，以及亚历山大里亚的克雷芒、奥利金、维克托利努斯、狄奥尼修斯、忏悔者马克西姆等的"否定神学"、"超越神学"将上帝本质规定为"非存在"即超现实原理得到了体现，那么在印度传统中，它则最早通过《白骡奥义书》、《频伽罗子奥义书》、《清净奥义书》、《自我奥义书》、《我觉奥义书》等晚期奥义书的幻化论得到体现。幻化论以为全部现实存在都是虚妄无实，只是大梵创造的幻相，而唯一的存在真理、大梵，则是对现实的绝对否定，是超绝的本体。大梵与现实存在的区别，就是一种严格的"存在论区分"。同时，大梵不是一种外在的存在，而就是觉性、精神的内在自我。这内在精神本体，唯因为是对现实的绝对超越，所以才是神圣的。幻化论的存在理解，首次揭示了存在本体的超绝性、把握住其本真存在，体现了本真的精神觉悟，而且意识到这本体与精神内在自我的同一性，体现了超绝否定与超绝反思的统一。它反映出精神的否定与反省思维都达到了质上的绝对自由（即成为对存在的超绝本体的直接、自主设定）。

《白骡奥义书》首次提出幻化论（māyā-vādā）学说。《白骡》的存在观念，尽管颇杂以数论及流行的神教之义，而其最有价值者，当在于其幻化论的思想。如ŚvetIV·9—10云："唱赞与祭祀，仪礼与训诫，过去及将来，吠陀之所示，凡此全世界，皆为摩耶主，由此投射出。维彼另一者（命我），遂尔被摩耶，囚闭于此（世界）中。复次人应知，自性即摩耶。而彼摩耶主，即是大自在。遍满世界之，万有皆其分。"I·10亦说宇宙只是诳惑愚夫的"世界幻相"（viśva-māyā）。其以为全部现实世界都只是至上神、大梵投出的幻影，因而是彻底虚假的，而大梵则是制造幻相的幻师，是超现实的神圣存在。梵与幻的区别，就是现实存在与其超绝本体的区别，是一种真正的存在论区分。梵与世界，一真一妄，体性迥异。故从梵到世界，不是转变，而是幻化。梵幻现为世界，而不等于世界。另外，这大梵、神圣存在并非一种在吾人自我、主体性之外的东西，或一种客观精神，而就是吾人自我的本质。《白骡》对大梵本体的形容，或许每与《蒙查羯》、《蛙氏》等的直觉思维看似无别，如 VI・19 说大梵为："彼乃无方分，无为且寂灭，无过、无垢染，永生至上桥，如薪尽之火。" IV・18—20 亦谓："当黑暗消失，昼夜乃俱泯，非有非非有，唯彼吉祥 (śiva) 存。彼为不坏者。彼日神妙光，亘古之智慧，乃从彼生出。既非在于上，亦非在对方，亦非在中间，而可捉摸彼。无有类彼者，彼名大荣光。其相不可见，无人目视彼。人若诚如是，依心、意证彼，居住于心中，则成为不死。"此类说法，似乎在《蒙查羯》、《蛙氏》中亦可遇见。然而与《蒙查羯》、《蛙氏》等相比，《白骡》的独特立场在于，它首次提出全部现实存在为虚幻的观念，并且由于对现实存在的虚无化，使存在真理呈现为超绝、神圣的本体。这意味着，它对于大梵看似与《蛙氏》等无异的陈述，实应从完全不同的意义层面来理解。《白骡》的思想糅合幻化论、数论和通俗的人格神信仰（如以为大梵即禄陀罗神）。其中，它对数论和有神论达到了某种程度的结合，如以为至上神无为独存，而以自性、三德为其创世大能，神通过三德转变创生万物。在个别地方，它也试图将幻化论与这种数论—有神论结合起来，比如将幻化当作神的"自力 (ātma-śakti)"，并以之等同于数论的自性，以之为世界的直接根源、胎藏，但总体来说，这种结合并没有得到贯彻，故其阐发有神论—数论义旨之时，大多脱离了与幻化论的关联。这表明了《白骡》的存在理解的杂糅性质。对于神圣本体的觉悟，或启示思维，在这里仍然具有偶发灵感式的特点。只有到了《频伽罗子奥义书》、《清净奥义书》、《自我奥义书》等更晚期的奥义书，对于本体作为神圣的存在的领会，才得到完全的巩固。

如果说在《白骡奥义书》中，启示思维刚开始萌芽，那么在《频伽罗子奥义书》中，它终于成长为一种普遍的、强有力的思想。《频伽罗子》确立幻化论为其全部思想体系的基础，并且将有神论和数论、瑜伽等思想都完全纳入幻化论的体系之中。其第一章阐明自性三德乃如映现于大梵之上的影像，举体虚妄，自性作为现实世界的直接根源，即是幻化，由此产生的一切存在皆虚妄非实；而大梵，作为唯一的真实存在，乃是超绝的本体。如 Paiṇgala I・3—4 云："如于沙漠、贝壳、杌、水晶等类，有水相、银相、人相、光影相等，如是于彼（大梵）有具红、白、黑（即罗阇、萨埵、答摩）三德之根本自性。当此三德均衡，就不能转变、显现。此（自性）映于大梵中，乃成为观者心。4 当彼（根本自性）由于萨埵增长而开始转变，乃成为非显现者，具隐覆

(大梵实相)之能力。彼映于其中者(反映于此非显现者中的大梵影像)乃成为自在心。彼(自在)以幻化(māyā)为作具,全知,是世界创造、维持与毁灭之究竟因缘。”一切现实存在的直接根源是所谓根本自性,而这自性的存在是完全虚幻的。这里本体、大梵与自性的关系被比喻为沙漠、贝壳、杌、水晶等,与虚妄映现其上的水相(阳焰)、银相、人相、光影相等的关系。《频伽罗子》以此表明自性、现实世界完全是由人的主观错觉而产生的虚妄境相,是彻底空幻、举体非实的。《频伽罗子》将其幻化论彻底贯彻到其宇宙起源论中,认为存在的发生,是自性的转变,而自性就是摩耶(幻化),故这转变就是摩耶或幻化原理的展开。这是一种“幻化—转变论”(māyā-pariṇam-vādā)。其云当三德均衡,自性就处于寂灭状态,不能转变造物。当自性中萨埵增长,其平衡状态就被打破,自性开始转变,具有了创造的能力(成为非显现者),大梵与之联结(即投影于此非显现者中),乃成为大自在神。与大自在联结的自性,就称为幻化。大自在以幻化为作具,以实施创造、维持与毁灭之大能。I·4—6表明这创造依是众生之宿业而展开,且是分阶段进行的。其云大梵被摩耶或其产物覆蔽,形成大自在、金胎和毗罗吒神,此三者分别通过其执受之摩耶及其产物,创造出不同层次的世界存在。其中大自在之形成如前已说。接着是从大自在的摩耶中产生罗阇、觉谛。大梵投映于后者,乃成为金胎神。复从居于金胎的罗阇,生答摩、我慢。大梵投映于后者,乃成为毗罗吒神。神(毗罗吒)乃以其答摩,生空、风、火、水、土五唯。彼神乃以五唯为原材料,将其每一个分为二分,复分此二分中之每一分为四分,然后以二分之一与另一二分之一之其他四分结合,形成五聚(pañcīkaraṇa)。神遂以此五聚为材料,创造全部物质的宇宙。彼神复由五大中之罗阇分生成五种元气及五作根,又由五大之萨埵分生成内根、五知根,构成人的现实生命和精神。在这里,《频伽罗子》不仅将数论的转变说完全统一到幻化论的框架中,而且明确将人格神当作超绝大梵在不同存在层面的化身、表象,因而将通俗的神教也整合到其幻化的本体论中。总之,从外在的物质宇宙到天神、人的自我,一切现实存在,其根源、自相皆是幻化,虚妄非实。不过,同在《白骡》的情况一样,在《频伽罗子》中,对大梵实相的直接描述甚少,且未能发其本体之殊妙处。仅有I·2:“于初,唯有有。彼即大梵,为恒常解脱、无变易,为真实—智识—喜乐,为圆满、亘古恒常、不二唯一。”III·6:“无声亦无触,无色且无味,不坏且恒常,无嗅无始终,彼既超越大,亦且为不动,彼乃为独存,无过亦无病。”与《白骡》的情况类似,这些描述,若单从字面意义来看,与奥义书在实在思维阶段对本体超越性的阐明,亦无不同。然而其全书贯彻了绝对否定现实存在的幻化立场,故它对大梵的上述描述,亦应从这一立场来理解。依此种立场,必以为存在本质是对现实性的彻底否定,是超绝的本体。因而《频伽罗子》的思想,乃克服实在思维，进入了对于神圣本体的本真觉悟层次。

总之，幻化论的思想，表现了晚期奥义书存在观念的新发展。它彻底否定现实世界的真理性，从而使本体成为超绝、神圣的存在。此种存在理解反映出在这里，精神首次实现了超绝、本真的自由。但是这种存在理解仍有其局限性：它固然将现实存在虚无化，但未明确领悟本体自身也是“空”、“本无”，也是绝对否定的对象，因而将本体理解为一种永恒的现存性，即存在之固定基础、本质（如 ŚvetIII・21；Paiṇgala I・2 和 III・6 等都表明梵仍然是一种“有”，是恒常、不动、不坏的本质），从而陷入了与基督教启示神学同样的本质主义误区。然而存在的本体不是任何现存的本质、基础，而就是不可得、不可取的纯粹自由，是绝对自否定运动。因而奥义书的思维，在这里仍未能把握本体的实质，其精神觉悟是抽象、空洞的，且不纯粹、究竟。启示思维存在理解的误区，表明精神在本真阶段仍然具有执着。它表明在这里，这本真的精神仍在寻求止息处、安全和庇护，因而精神仍然有住，尚未达到无住、绝对的自由。这反映出，精神仍未能彻底摆脱其内在惰性力量的纠缠。后者牵制着自舍势用的绝对展开和否定思维的自身绝对化。盖绝对否定思维（即空的思想），须既是超绝的，又是究竟的，而后者在于它否定一切在它自身之外的存在（且唯其如此才否定了一切现存存在），从而只能确定它（即这否定思维）自身为唯一的直接真理。这意味着本真觉悟必须将启示思维的神圣本质同现实偶像一样虚无化，唯从这空思想（否定的绝对自由）自身中发明超绝本体，因而这本体就是超绝的自由、空性。本体自由必然推动否定思维的绝对化。盖本体的自身否定势用，要求实现为量的绝对，即否定一切在它自身之外的东西，因而它必然推动否定思维的究竟化，推动绝对否定思维的形成。在西方思想中，托马斯神学领会上帝、存在本质为“虚无”，为存在的纯粹行动，就体现了上述精神进展。在印度思想中，这一进展通过大乘佛学的空性如幻思想得到体现。

## 二、空的存在

启示思维的存在本质是一种超绝的现存存在，它是神圣的，但也是不自由的。启示思维对于本体自由尚无纯粹、具体的领会，及直接、纯粹的自主设定。一旦精神的自由设立一个在它自身之外的现存存在为绝对真理，就为自己设立了一个注定永远无法打开的门。精神的绝对自由在这里就被阻断。这是奥义书幻化论和原始佛教表现的情况。无论是《白骡》等书的永恒、不动、无为、不变的超绝大梵，还是《阿含经》中被形容为恒住、不动、不变易、无苦、不凋谢、宁静、不坏、无染、和平、福祉、岛洲、依怙、皈依处、目标、彼岸的涅槃，皆是现存的绝对真理，是否定永远无法进入的禁地，因此精神否定的绝对自由在此就被阻断了。然而在本体的自舍势用推动下，在大乘佛教精神中，否定思维得以最终实现超绝否定与究竟否定的统一，成为绝对否定，成为现实的绝对自由，是为空思想或空智（即般若）。在这里，精神否定一切现实和现存东西的真理性，领会到存在本质是无住无得的空性，即超绝的自由。在这空智的运动中，精神首次获得了对本体自由的纯粹、具体的领会，且实现了对这自由的直接、纯粹的自主设定。因此，大乘的空思想，可以视为奥义书的幻化思想的进一步发展。其中，般若中观和瑜伽唯识派的存在理解，皆可视为这空思想的体现。

在大乘般若思想中，存在本质就是空、空性。般若思想从晚期奥义书的幻化论发展出性空幻有论，以为一切现实存在皆空，空亦是空，皆不可住、不可得，因而否定任何现实和现存存在的观念，故以为只有空思想或空智本身为直接的真理；但空智本身亦应空，它应当否定自身的现实性，使得其作为本体的超绝自由，即空性呈现出来。

般若或空智，同时包含超绝否定和究竟否定两个方面。一方面，般若继承、发展了幻化论奥义书和早期佛教思想中的超绝否定，彻底否定一切现实存在的真理性，故以为存在本质乃是一种超绝的原理。经云如幻师幻作种种形若象、马、牛、羊、男、女，此象、马、牛、羊、男、女等无有实，世间一切法皆然，色不异幻幻不异色（《摩诃般若波罗蜜经》卷四）。又开“十喻”，谓“诸法如幻、如焰、如水中月、如虚空、如响、如揵闼婆城、如梦、如影、如镜中像、如化”（《摩诃般若波罗蜜经》卷一）。《金刚经》（菩提流支译）亦云：“一切有为法，如星翳灯幻，露泡梦电云，应作如是观。”如幻之说，在于表明一切现实存在，皆无明所幻作，空无所有。因此经云：“诸所有色，若粗、若细、若好、若丑皆是空，是空法中忆想分别，着心取相，是名为色相。”（《摩诃般若波罗蜜经》卷二十四）。《中论》释（观涅槃品）云：“分别推求诸法，有亦无，无亦无，有无亦无，非有非无亦无，是名诸法实相。”或云在涅槃实相境界无地、无水、无火、无风、无空、无识、无来、无去、无生、无住、无灭、无依持、无所持等，宗旨皆与上述经义同。般若这些说法与奥义书幻化论所云相同，表明般若继承了后者的超绝否定思维，以为存在本质是否定全部现实性的超绝本体。另一方面，般若之超越奥义书启示思维者，在于它将后者执着的超绝现存实体虚无化，使存在本质呈现为自由，这在于般若同时也是一种究竟否定。经云菩萨摩诃萨不应住真如、法性、法相、法位、实际，此一切皆是空故（《摩诃般若波罗蜜经》卷三），“诸天子众！若复有法过涅槃者，我亦说为如幻如梦。何以故？诸天子众！幻与涅槃无二无别。梦与涅槃无二无别。”（《摩诃般若波罗蜜经》卷八）这就是说，不仅现实存在是空、不可得，而且作为现实性之否定的超绝真理，即真如、法性、法相、法位、实际、涅槃亦是空、不可得。般若又开“十八空”之义，以内空、外空、内外空、大空、有为空、无始空、散空、性空、自相空、诸法空、不可得空、无法空、有法空、无法有法空，表明一切世俗或现实存在皆是空、不可得；又以空空、第一义空、无为空、毕竟空，表明作为超绝本体的空性、真如，亦是空、不可得（《摩诃般若波罗蜜经》卷三）。这表明般若不仅否定现实存在，而且否定超绝的现存本质，因而是否定思维的究竟化。此外，中观所谓二谛与中道，宗旨亦在表明般若不着二边之义。二谛即真、俗二谛。俗谛就是全部现实存在，真谛即超绝的真理、空性。般若说二谛，强调的是二谛不二，就是观二谛皆是空无，故于二边皆不取不着，是为中道。不二中道就是二边双非双遣，以实现精神绝对的无住无得。般若进而以为，不仅有二不可得，无二亦不可得；故佛言不二以遮二边，此不二相亦应遮遣，故有二无二俱不可得，所谓非二非不二，这才是中道的正观（《大智度论》卷九十五）。因此第一义谛中，有相、空相皆不可得；缘起、寂灭皆不可得；世俗、真如皆不可得。故二谛中道义，亦表现了般若的无住境界，也体现了精神的究竟否定。空智作为超绝否定与究竟否定的统一，就是绝对否定（Prasajyapratiṣedha）①。正如《中论》的应成归谬法表明的，这种绝对否定是只破不立。空智否定一切，不接受任何确定的真理，结果唯独只有这无限的否定运动本身呈现出来。因为这绝对否定思维可以否定一切，唯独不能否定它自己为真。于是它的自身绝对化就导致它只能确定自己为绝对真理。空智或般若就是如此，“空智本身即是绝对”②，法性、实相即是般若③。般若没有在它之外的对象，它就是绝对、实相、如来，即绝对真理④。空智作为精神彻底的无得、无住性，就是绝对自由⑤。空智与存在真理同一，也使得这存在真理成为绝对的自由。因而存在真理就是绝对否定的运动，而不是处在这否定之外的、现存的实体。故存在真理是无所得、无所住、无所取、无所至、无所有、无所受，这就是大乘所理解的绝对自由的内容。最后，空智既是超绝否定与究竟否定的统一，就必然包含对自身的超绝化（去现实化），于是空智领会到作为它自身之超绝本体的空性。盖空智或般若尽管被当作绝对真理，但它作为绝对否定的思维，仍然是一种现实存在，是有为法。它是绝对真理，但不是终极真理，即超绝本体。因而它必须排

---

① 穆提：《中观哲学》，华宇出版社 1984 年版，第 207 页。

② 穆提：《中观哲学》，华宇出版社 1984 年版，第 392 页。

③ 《摩诃般若波罗蜜经》卷十说：“法性、般若波罗蜜无二无别。”《中论·观法品》也表明般若即是实相：“自知不随他，寂灭无戏论，无异无分别，是则名实相。”陈那论师颂云：“般若不二智，是即为如来；教典修行法，同为导群迷，迈向菩提路，名实皆无异。”

④ 穆提：《中观哲学》，华宇出版社 1984 年版，第 357—358 页。

⑤ 穆提：《中观哲学》，华宇出版社 1984 年版，第 348 页。

除自身现实性，使其内在的本体，即空性呈现出来。如《小品般若经》云："一切法但假名字，当知般若波罗蜜亦如是。一切法以言说故有，当知般若波罗蜜亦如是。又此言说无所有无处所，当知般若波罗蜜亦如是。一切法虚假为用，当知般若波罗蜜亦如是。"（卷九）《金刚经》说："佛说般若，即非般若，是名般若。"般若正是通过对自己的去现实化才能使其内在的超绝本体得以呈现出来。这意味着空智有现实的与超绝的即空用与空性两个层面。空性是空用的本体。学者亦解释说："由此空智（无分别智）所自觉的东西，是真如，而真如是在这个自觉里，开示了真如本身的。真如，亦即是实相、法性，即存在的本性。"① 如此则通过对空智的超绝化，就可以使存在本质作为无得、无住、无受、无取的绝对自由呈现出来。于是，根据大乘的存在理解，存在本质、空性就是绝对否定运动的本体，就是超绝的自由、生命，亦即精神自身否定势用的本体。因而在般若中观思想中，本体自由自身首次得到纯粹、具体、究竟的领悟。精神的觉悟于是成为究竟觉悟（超绝否定与究竟否定的统一）。

总之，正是在空智的究竟否定和超绝否定的辩证统一中，存在本质作为本体自由自身首次得到直接的呈现。存在本质是自由，因而不是任何现存东西。般若思想在这里体现了一种彻底的反本质主义立场。如《中论·观四谛品》说："若汝见诸法，决定有性者，即为见诸法，无因亦无缘；即为破因果，作作者作法，亦复坏一切，万物之生灭。"作为超绝的真理，空性、实相、涅槃等，也同现实存在一样，都不是"决定有性"的，即不是一种现存本质。存在真理不是任何的"什么"②，而只是精神自身否定的绝对运动，即自由，因而是彻底不可得、不可取的。同理，托马斯·阿奎那否定上帝为现存本质（essentia），强调上帝是纯粹的存在行动（esse），上帝不是任何"什么"，而只是"去是"；站在同样的立场，马丁·海德格尔将存在的绝对真理阐释为存在的时间性或"本真能在"（seinkonnen），以破解近代形而上学对实体现存性的执着；这都是克服启示思维的执着，领会到存在的究竟真理不是现存的本质，而是运动、自由，因而精神与般若思想对奥义书幻化论的扬弃根本一致。在这里，精神否定一切现实和现存东西的自为真理性，放弃对任何基础、安全、归宿和庇护的需要，勇敢地投入存在的绝对虚无的黑暗中。这本体的自主否定势用终于彻底、绝对断灭精神内在的惰性自任势用的作用，首次实现为精神的绝对自由。当然，这种将存在彻底虚无化的勇毅，乃是华夏精神从来缺乏的。华夏精神对任何现实、现存东西的极端执着，恰好也反映出它面临存在之虚无的极端怯懦。不仅儒者对佛教的"空"的不

① 梶山雄一：《中观思想》，华宇出版社 1985 年版，第 153 页。

② 穆提：《中观哲学》，华宇出版社 1984 年版，第 348 页。

满，从精神根源上是出于对虚无的恐惧，甚至中国佛教也无力承受使般若原有的严厉苛刻的否定精神，而往往尽量用“有”来填补“无”的空虚，典型的如把“不二中道”解释为“不二圆融”（如天台宗将般若的“二谛分别”转换成“三谛圆融”；华严宗将瑜伽释中道的“三性各别”转化为“三性一际”）。

般若思想的最主要局限在于它是无反思的。它的存在理解的主要问题，在于对存在的客观化、外在化。在这里，存在本质被理解为超绝的自由，但这本质并没有与觉性、精神的内在存在联系起来。与其空思想形成强烈反差，般若学实际上仍继承了早期佛学的朴素实在论。立足于这种实在论，般若思想在吸收、拓展奥义书的超绝思维时，将奥义书的反思完全抛弃了。般若学对于觉性内在的心灵、思想、意识的本体论意义没有任何领会。心灵、意识作为实体或本体的观念尚未确立。存在本质、空性似乎是处在心灵、意识之外的东西，也没有与主体性关联起来。这种情况与托马斯神学将存在本质、超绝的自由，当作一种客观的、处在人的主体性之外的存在，作桴鼓应。二者的思想都表现了一种主观反思和绝对反思的缺乏。然而尤以般若学更严重。这在于，托马斯神学始终确信存在本质、上帝为一种精神本体，体现了一种客观反思，而在般若学中，空性不是精神的原理，因而在这里没有任何反思性。所以在般若思想中，反思与超越的发展极不平衡，精神的自反与自舍势用的展开亦颇参差。在这里，自舍势用实现为绝对自由，而自反势用没有实现任何真实的自由。

然而自反势用也具有自身绝对化的意志，在奥义书思想启发下，它必然推动精神反省内在化，成为真正的反思。精神于是认识到真理不是某种在它之外的东西，而就是它的内在存在，即心灵、思想的具体现实，后者的本质是自由本身。在大乘佛教中，瑜伽唯识思想最早体现了这种精神反思。唯识典型的命题，包括“万法唯识”，“境无识有”等，表明存在的真理是识、精神。盖一切客观、外在的存在皆为虚假，而此等假法安立其上的内在心识，则为真实；此说在大乘中被认为并不是究竟的教义①。这些说法体现了一种绝对反思。另外，与般若对于空智的体性但遮不表的态度有别，唯识明确表示空智就是心识的真实、理想的存在，是智如合一，使空智内在化成为心识的真理，并且由此亦将空智的本体即空性内在化，成为心识的本体，因而使般若的空性，即超绝的自由，成为精神的内在本质。这通过“三自性”说对圆成实性的解释得到表现。圆成实性作为识的真理，包括空智和空性（法性真如）。首先，空智作为绝对否定的具体现实，是识的应然、本然的真理。空智就是在凡夫心识上，

① 高崎直道等：《唯识思想》，华宇出版社 1985 年版，第 3 页。

除去遍计的能、所取相而呈现的真识或真心[①]。真识无染无杂,故曰非识。唯识所谓转识成智,其实就是在凡夫心识上去二取而现真心。因此与般若不同,唯识尽管承认空智是现实存在,但并不认为它是妄法,也不认为它是涅槃解脱时应当断除的。其次,唯识认为圆成实性或存在真理包含空智和真如(空性)两面,意味着存在真理除了其现实层面,还有超绝层面。因此唯识先强调舍境留识,最后识也应空[②],即先除二取而显真识,其次应于真识或空智遮伏其有为相即现实性,而显其无为相,后者即空性、超绝本体;这一过程与般若的绝对否定一样使存在本质作为超绝自由呈现出来,所不同者,在于唯识在这里明确将这空性内在化,以其等同于心识的内在本质。这也体现了一种超绝反思。唯识这些说法实际上表明了精神真理的两个层面:现实层面与超绝层面。空智是其现实层面,空性是其超绝层面。二者是体用关系。在这里,精神既领会到存在本体是超绝的绝对自由,又领会到这自由就是觉性的内在本质。然而唯识的存在理解还有很大局限性。它认识到存在真理、空性是超绝、内在的自由,但是立足于佛教的"无我"传统,它没有把绝对的识或空性当作精神的自我,而是以之为一种在我之外的普遍、客观的原理。这一点,与从柏拉图主义到托马斯神学的各种类型的客观反思类似。也就是说,唯识思想还不具有一种真正的主观反思。这反映出精神的自我维持尚未实现为真实的自由。然而本体自由既然是绝对,必然推动印度精神进一步发展,以克服大乘思想的上述局限。

## 三、本己的存在

自从佛教发生,印度思想的发展就表现为婆罗门—奥义书思想与佛教思想两大传统的对话。这二者既相互批判、相互斗争,又相互渗透、相互借鉴。奥义书传统包含了一种绝对反思,而佛教传统则本来是无反思的,其中大乘佛学尽管实现了绝对超越,但缺乏主观反思。大乘佛学自其产生,就一直处在与奥义书传统的对话中。一方面,在奥义书的启发下,大乘也日益发展出其精神反思。在奥义书的精神反思渗透下,唯识思想就形成了一种客观精神反思,以为识就是存在的真理,而真心如来藏思想则形成了一种主观、绝对反思,以为存在之本体、空性即是"常、乐、我、净"的真心,从而与奥义书—吠檀多思想完全合流[③]。另一方面,在大乘佛教启发之下,奥义书—吠檀多思想也逐渐发展出其内在的绝对否定思维。《慈氏》、《光明点》等

① 高崎直道等:《唯识思想》,华宇出版社 1985 年版,第 42 页。

② 高崎直道等:《唯识思想》,华宇出版社 1985 年版,第 132 页。

③ 吴学国:《心识的如来藏化》,《普门学报》2010 年第 2 期。

一些具有明显大乘佛学色彩的晚期奥义书，与乔荼婆陀的不二论思想，皆以为一切现实、现存的存在皆虚妄非有，存在的唯一真理、本体是空性，即超绝、无住的本体。这些说法与般若思想一致，故亦体现了精神的绝对否定或空思想。然而在这里，奥义书—吠檀多思想乃将其固有的绝对反思传统，与此绝对否定统一起来，因而认为空性就是真心、真我：空性 = 自我，从而达到与如来藏佛教一致的理解。在这些晚期奥义书思想中，存在本质就是超绝、无住的心性。

《慈氏》、《光明点》等晚期奥义书的思想，就反映了上述存在观念。首先，这些思想受佛教影响，以为全部现实存在皆是彻底空幻虚无的，而存在真理乃为一超绝的本质。此如 MaitIV・2 云："如人于酒醉，为妄相所惑；如被恶灵制，而疯狂奔走；如被巨蛇咬，而被诸境噬；如处深夜中，而处贪执之黑暗；如因陀罗网，唯由幻术成；如梦中境，唯虚妄显现；如芭蕉芯，空虚而无实；如戏子，暂时着其装；如画中景，虚妄悦人心。复次有偈云：声、触及余相，为人中无义。若彼大种我，执著于此事，彼乃遗忘其，至上究竟处。"《慈氏》在这里表明一切现实存在（声、触及余相），皆举体空无，如人于酒醉所见之妄相、如因陀罗网、如梦中境、如芭蕉芯、如戏中人、如画中景。同样，TejobinduV・75—89 借用佛教龟毛兔角之喻，表明现实世界如幻非实："此世界及其中一切，无论见者与所见，皆如兔角。地、水、火、风、空、末那、觉谛、我慢、光（Tejas）、诸界、生、灭、实相、善、恶、得、欲、贪、嗔、爱、静虑、智、师、徒、执受、始终、吉祥、过去、现在、未来、求与所求、总持、寻思、安、受用、所受用、瑜伽八支、来与去、前中后际、所取与所舍、诃黎、湿婆、诸根、末那、三位、二十四谛、四义……明与无明、滞与无滞、系缚与解脱、智与非智、觉悟与非觉悟、二与不二、吠檀多多及诸论之教、多我及一我之义、凡心所想、凡念所愿、凡觉谛所抉择、凡人所闻见、凡师傅所教、凡诸根所触、凡思择所明、凡正理所究，……全吠陀所示及其诸义，此一切皆如兔角。"V・32—34 亦云："宇宙、心、我慢、命我皆不存。无摩耶，亦无摩耶所成。作者、作、闻、思、二三昧、量与能量、无明与无辨，如实凡此皆不存。"总之，全部主观经验、客观宇宙、现实的生命、宗教与道德实践，乃至作为一切经验基础的先验实在（般若、心、光乃至大自在）皆属虚妄非有。这意味着存在本质（或所谓"至上究竟处"）就是彻底否定任何现实存在的超绝本体。如 MaitII・4 说大梵为"清净、无染、空、寂灭、无气、无我、无终、不坏、安住、恒常、无生、独立。"VII・1—6 谓本体为空、寂灭、无我、无相、无表、静默、内清净、无德、无垢、无元气、清净、无过失、无缚、无不定、无转起、无生、不动、不老、不死、不易、不可思议、不可捉摸、不可测度、不可描述、深隐、难入、无量、无尽、无始无终、无畏、无恶、无眠、无苦。TejobinduVI・9 云大梵、存在本质为"无身、大、我德、无根、无见、无炎炽位、无般若位、无毗罗吒、无经我、无大自在[①]、无来去、无得失……”都旨在表明本体是否定了一切现实存在的绝对本质。此外,《慈氏》还将大梵区分为有相梵与无相梵(VI・3)、寂灭梵与增长梵(VI・36)、有时梵与无时梵(VI・14—16)、有声梵与无声梵(VI・22—23),这其实就是对超绝本体与现实世界的“存在论区分”。在这里,有相梵就是全部现实存在的总体,彻底虚幻;无相梵就是超绝本体、空性,绝对真实。同理,增长梵为生灭不已的现实世界、自性,寂灭梵则为空寂的本体,是对全部现实存在的否定;这同样是空与有的区别,真空俗有。无时梵就是空、寂灭,有时梵、自性就是现实存在,二者的区分亦即生灭流转的俗有与不生不灭的真空的区分。对于有声梵与无声梵之区分,实际上是对于作为觉性的内在现实的概念、思维,与超越语言、思维的空寂本体的区分,也旨在表明梵的超绝存在。《慈氏》对于大梵的所有这些区分,都与大乘佛教对真俗、空有区分一样,目的在于揭示本体对于现实存在的绝对超越。其次,在《慈氏》等书中,这存在的超绝本体,不是《白骡》、《频伽罗子》等理解的作为现存实体的大梵,而就是空性,是不可得、不得取、不可住、不可依的存在;在这一点上,《慈氏》等无疑是继承了般若思想的存在理解。MaitII・4, VI・28, VII・4 等表明大梵就是空、无所依、无所住的真理。而《光明点》则于此义开示更详。如 Tejobindu I・10—11 云大梵:“亦空亦非空,超空、居心中,中无静虑者、静虑所静虑,及非所静虑。彼非万有、空,非上非超上,不可思、了知,非真非究竟。”I・6 说大梵为不二、无相、无住、无依。V・37—38 说之为非有非非有、非中道二边、非二非不二、非真非非真、非解脱非解脱、非智非非智、非觉悟非非觉悟。同在大乘般若思想中一样,在这里,存在本质既非现实存在,亦非超绝实体,因而是双非、不二,故为完全无得、无住的本体。正如在般若思想中,这里不二本身亦不可着,故二与不二亦复不二,甚至中道与非中道亦不二。本体无二无不二,无真无非真,无有无非有。因此“不二”就是绝对否定;在这里,思想以空否定了现实存在,复“空”此空,又“空”此空空,如此以至无限。通过这种绝对否定,精神粉碎了任何存在的偶像,也放弃了任何支持、依靠或基础,直接投身于虚无的风暴,并终于获得其绝对自由。这反映出,奥义书精神在这里实现了一种与大乘佛教的空智一致的精神自由。最后,《慈氏》等奥义书的存在论,对于大乘空性论的根本改造,就在于将存在本体、空性等同于真心、自我。如 MaitII・4, VII・4, VI・28 等说至上我为清净、无染、空、寂灭、无气、无我、无终、不坏、安住、恒常、无生、独立,VI・19 说存在本体为立于心中之非心者(acitta),都表明了与空性、超绝本体与至上我、真心的同一。《光明点》一方面表明,空性就是心

① 以上数句为针对《蛙氏》所立自我四位之说而言。请参考本书第一部二编四章二节。

(cit)、心体(cit-mātra),现实一切皆虚妄非真,唯超绝、无住的真心为绝对实有。如TejobinduII · 24,31 云:“24 不二、一味性,彼唯是心体。绝对之心识,彼唯是心体。彼不二一味,体即是实性。31 生灭为心体,以及生灭者。能见与所见,皆唯是心体。”同理,II · 37—39 说大梵是空寂、无住、无分别、不二、离言说思维的本心。III · 26 说大梵为空、不二、喜乐的心性。VI · 61—63 说梵即是真心、空心、心体、心性。其书另一方面也表明此超绝、无住的真心,就是精神的内在自我。如 TejobinduIII · 50 云:“所闻皆非有,并吠陀、诸论,唯我为真实,亦且为心性。”VI · 1—4 亦云:“一切皆真心。彼充满万有,不二且不坏,独一、异万有。彼即是虚空。彼即是自我。”存在本质、空性、真心就是自我。奥义书精神在这里终于领悟到,存在本质,作为超绝、无住的本体,不是一种在这精神之外的东西,而是在这精神之内,是其具体现实性的本质,就是其真实的自我。于是这存在本质,就成为精神之本己的存在。

晚期奥义书这种存在理解,表明印度精神在这里克服了大乘的空智或究竟觉悟的客观化局限,实现了一种本己的觉悟,或本觉思维。这种存在理解,也反映了精神的现实自由的新局面。其本己的觉悟,是究竟觉悟与绝对反思的辩证统一。前者是精神否定的绝对自由的实现;后者是精神反省的绝对自由的实现。这二者都包含自主否定与自我维持两种势用的无限的交织互动。本觉思维就是由否定与反省、自舍与自反在展开其绝对自由的过程中,通过破与立的无限循环交织构成的辩证统一体。这统一体就是精神从现实性和现存性朝向那超绝、自由、内在的自我的持续运动,这就是精神的本己的自由。在这里,否定思维粉碎存在的全部现实性和现存性偶像,确立那超绝的自由为存在本质,而反省思维乃实现对这存在本质,即超绝的自由作为内在自我的领会、守护;否定与反省(后者至少在对象方面)都实现了其绝对自由。

然而,在奥义书中,这种本己的存在理解,仍然有其问题。《慈氏》、《光明点》等,尽管一方面强调本体的空、无住性,另一方面仍然将本体说成是一种圆满、不动、不变、恒常的存在。这表明,与佛教般若思想相比,奥义书对本体的空性和无住性的理解仍不纯粹、不具体或不究竟。空性和无住性的本质是自由。唯将存在本质理解为自由,才是精神的究竟觉悟。因此《慈氏》等奥义书的存在理解,在将佛教的空性存在内在化的同时,也使这存在的实质模糊化了。因而这样的存在观念,也不应视为印度精神的存在论追问的终点。

在东、西方宗教中,对全部现实存在的舍弃,是参与到真正神圣的精神生命之中的前提。基督宣称:“人若不能尽弃他所有的一切,就不能成为我的门徒。”亦云:“若人不恨其父母、妻子、孩子和兄弟姐妹,乃至他自己的生命,他就不能成为我的门徒。”圣约翰说:“灵魂若执着任何东西,都不能获得神圣和合的自由,无论这东西有多好。

一只鸟被缚住，那么缚住它的是一根粗绳，还是细线，都是一样的。同样，被人类情感束缚的灵魂，无论这束缚多么微细，只要它们存在，它就不能走向上帝之路。”“不要爱此邪恶的世界及其中的一切。如果一个人爱此世界，则对神的爱就不会在他之中。这世界的邪恶东西是：想望某种东西来愉悦我们有罪的自我；想望我们看到的罪恶之物；因我们所有之物而生骄傲。”（《约翰一书》2·15）保罗亦强调：“不要依从这个世界的标准，倒要让神彻底改变你的思想，借此更新你的内心。这样，你就能明白神的旨意。”（《罗马书》12·2）修女富力格诺（1248—1309）写道：“由于神的意志，我母亲死了，她曾是我在追求上帝的道路上的一大障碍；我丈夫和我所有孩子也都死了。因为我早已开始追求上帝，而且曾祈祷上帝助我摆脱他们，故我对他们的死深感欣慰，尽管也感到些许伤感。”实际上从《旧约》对上帝本质对世界的绝对否定的强调开始，在犹太—基督教中，就始终潜伏着一种超越全部现实存在，寻求一种虚无的真理的精神冲动。这一冲动，通过基督教的全部超越思维（如形而上学的、直觉的超越）都得到表现，而最充分地体现在其超绝的存在理解中。后者以为，一切现实存在、有皆为空洞而无实体，不具备自为的真理性；而上帝、存在本质乃是对全部现实性的否定，因而是无。在基督教思想中，这种超绝的存在理解也经历过长期发展。早期的启示神学，尽管将上帝、存在本质视为超绝的本体、无，但仍然把这本体当作一种永恒、不动、不变的现存实体。托马斯的神学乃明确指出上帝、存在本质不是任何的现存实体、本质，而是纯粹的存在行动，因而就是自由。在这里，对本体自由的领会才成为具体的。然而由于基督教始终把上帝视为一种客观的精神，托马斯的神学也仍然把这存在本质，即超绝的自由，视为一种在人的主体性之外的客观存在。然而海德格尔的基本本体论，则将这存在本质、虚无置于人类此在之中，从而使这超绝的自由成为本己的。

晚期奥义书的超绝存在理解，也经历了与上述西方思想类似的发展。在这里，全部现实存在都被认为是如幻如化、虚妄非实的；而存在的本质或本体，则被认为是一种绝对超现实的原理。在奥义书传统中，这种超绝的存在，从来就被与觉性内在的心性、自我等同起来。印度思想的这种超绝存在理解，可以分为以下三个发展环节：(1) 以存在本质为一种超绝的现存实体，即神圣的存在。此即奥义书最早的幻化论思想，包括《白骡》、《频伽罗子》、《清净》等奥义书所理解的本体。其以为现实世界皆是这本体创造的幻相，而本体则是制造幻相的幻师，因而处在现实世界之外，是对现实的彻底否定。然而这本体被认为是不变、不动、永恒的，是一种超绝的现存实体。(2) 以存在本质为无得、无住、超绝的空性，是为空的存在。这是大乘佛学的思想。大乘空智以为一切皆空。不仅现实是空，奥义书执着的超绝现存实体也是空。空智就是否定思维的绝对自由。空智并且要空自身，即否定自身现实性，证悟自身的本体，即空性，后者即超绝的自由。因此存在本质在这里不再是一个现存实体，而就是自由。这种存在理解是此后奥义书—吠檀多的存在观念进一步展开的基石。(3) 以存在本质为空性与真心、自我的同一，是为本己的存在。这是《慈氏》、《光明点》等一些最晚的奥义书的存在理解。此种思想以为大乘理解的空性、超绝的自由，不应是一种无精神的东西，也不应是一种在精神的自我之外的客观性，而就是真心、真我。

在印度思想中，这种超绝的存在理解，也包含了思想在内与外、空与有之间的辩证往返运动。思想首先在启示思维阶段（《白骡》、《频伽罗子》等奥义书）确立一种超绝的现存实体，并以之为内在的自我；接着在究竟觉悟阶段（大乘佛教），否定这现存实体及内在的自我，以为存在本质是空性，且以为后者是外在于思想的主体的；最后在本己觉悟阶段（《慈氏》、《光明点》等奥义书），重新将这空性内在化，领会其与自我的同一，甚至将空性模糊化，表现出退回启示思维的现存实体观念的趋势。思想这种辩证往返运动，体现了精神的超越与反思两种思维的“破”与“立”的相互促进、相互交替，且最终是由自舍与自反势用在其自身绝对化展开过程中的相互交织推动，因此包含了精神的双重辩证运动。这与在西方思想中，超绝的存在理解发展的情况是一样的。

应当说，这种超绝的存在理解对于华夏民族是最陌生的。华夏的精神总渴望一种现存的庇护、安全与归宿，总是把一切可以抓住的现实存在神圣化，以它为“安身立命”之处，时刻恐惧于它的丧失，而对于存在本质的虚无，则是极端怯懦。它从未有过将存在彻底虚无化的勇气，因而也不可能像印度和西方精神那样，进入存在本质的超绝领域，实现本真的自由。这种精神怯懦，尤其表现于儒家思想中。在这里，现实中最琐屑、肤浅的东西都可以被当成神圣的偶像，必须坚决捍卫（至于这偶像之“神圣”、捍卫之“坚决”里面，究竟包含多少虚饰与夸张，则亦是真正理解儒学精神所必须思考的另一个侧面）。正由于华夏精神的这一特点，决定了对于它而言，印度或西方的超绝思维是很难接受的。佛学东渐的历史也证明了这一点。在佛、儒的交涉中，一方面，本土的儒学，不管受佛化影响到何种深度，都不可能在佛教的“空”义影响下，将全部现实存在彻底否定。即使在最近佛的阳明心学中，君亲社稷、伦理纲常等，也从未被当作虚幻不实之物。即便“无善无恶”的良知本体，亦仍是一种现实的存在，是精神可得、可住的安顿之处，而非般若的空性那样的超绝、无住的本质。因此儒学决不会接受大乘佛教的超绝思想。即使阳明心学对于禅佛教，也是在比后者低得多的精神层面来理解的。另一方面，中国佛教也受到华夏的现实精神浸蚀，因而逐渐脱离印度大乘佛教原有的严厉苛刻的否定精神，用“有”来填补“无”，如把

“不二中道”解释为“不二圆融”（天台宗的“三谛圆融”；华严宗的“三性一际”）。然而在华夏本土思想中，道教则表现出更自由、开放的精神。在佛教般若思想启发之下，魏晋道教学者就提出了“道即是空”、“道体非有非空”的思想。在这里，本体、道被认为是一种超绝的原理，即空的存在。到王重阳的内丹心性学，又在佛教如来藏思想影响下，将这超绝存在内在化，以为道体、空就是真心。于是本体就成为本己的存在，与《慈氏》等奥义书、吠檀多不二论的超绝心性大体相同，亦与海德格尔的作为此在本真能在的虚无一致。但是在道教史上，这类思想是偶然的，并没有成为客观的精神现实，它仅限于少数精英，而且明清以后就逐渐消失了。

不过在奥义书思想中，这种超绝的存在观念仍有局限。首先，存在本质就是自由，这是包括觉性的全部自否定运动在内的整体，但是在印度传统中，这本质仅仅被理解为纯粹的自身否定运动，即空性，因而这一存在观念是片面的；而奥义书思想在启示思维层面，则将本体理解为现存实体，完全没有领会存在本质是自由。其次，奥义书思想即使在其本己思维层面，也将般若的空性作为纯粹的自身否定运动的意义也模糊化了，因而其存在观念表现出重回启示思维的现存存在的趋势。这意味着奥义书这种超绝的存在观念，并不能被视为存在理解的最终目标。人类存在理解总会不断克服自身局限，继续向前推进，以至无限。

## 小　结

真理就是目的。这在于，真理就是被觉性、精神的自主性维持的存在。而某种存在之成为目的，成为被维持的对象，就是因为它是觉性、精神实现其自由所必需的中介。因此最终说来，是自由决定真理。而真理成为绝对的，就在于它是绝对目的。绝对目的不是中介，而是觉性的全部中介为之而存在，是彼等所要维持、守护的最内在核心，这就是觉性、精神的自我。因而唯自我是绝对真理。这自我的本质就是本体自由自身。

存在的真理性，只属于观念所**揭示**（而非它所表现）的存在。这样的存在，本来都应当是觉性的实际内容，因而应当都是真理；人的存在观念的进展，也在事实上表现为一个真理的领域不断扩展、深化的过程，即觉性的全部存在逐渐呈现出来的过程。但是人类精神的特点是，当它揭示、确定了觉性的某种存在真理，必然会把这真理绝对化（比如自然思维就把自然当作绝对真理），这恰恰使这存在丧失了真理性（因为唯觉性的本体自由自身是绝对真理）。精神自由的展开在这里就会停滞了。但是本体自由作为绝对，要求实现为对觉性的全部存在的直接自主设定。因而它必然推动精神打破存在理解的局限，即推动存在省思扬弃这被绝对化的存在，揭示新的真理，以臻于存在之极致。精神这种揭示——否定运动，就是自舍与自反势用的破、立辩证法的实现。存在省思正是在这种无限运动中，不断打破存在的局限，使觉性存在的整体呈现出来。本体自由的自身绝对化，是推动存在理解的无限进展、推动觉性的存在整体呈现的根本力量。自由推动省思扬弃以前的存在，领会新的、更本质、更内在的存在；否定原有存在观念的真理性，确立新的观念。这一进程是无限开展的，直到本体自由自身的体性，作为存在本质的真理，得以具体、充分、完全地呈现出来。

我们从生命现象学的角度，阐明了奥义书存在理解的发展。这种存在理解，根本上是由精神的否定与反省思维在自由推动下的各自发展和相互交织构成。精神的否定与反省思维、自舍与自反势用的双重“破”、“立”辩证法，使奥义书的存在理解在“有”与“无”、“内”与“外”、偶像与本质之间来回摆动，由此达到逐渐深化和提升。也正是在这过程中，精神逐渐展开了对于觉性更本质、更内在存在的自主设定，实现了更本质、更内在的自由。

奥义书存在观念的发展，可以大致分为以下阶段：(1) 自然的存在观念。对于人类精神而言那更直接、更外在、更粗显的现实，即自然，总是比觉性、精神的内在本质更具有触目性。人类精神最初只能以自然觉性的内容为对象。它只看到自然，因而就将自然绝对化。因此，最早的奥义书思想，都是把自然当作存在的绝对真理。当然自然本身也有个别与普遍、本质与表象之分。奥义书的自然存在观念也经历了从个别到普遍、从表象到本质的进步。其最原始者，为莱克婆、该祇夜等的存在观念，以为存在的真理为一种无内在关联的空洞的、量的绝对，此为神话的存在观念。耆跋厘、优陀罗羯等的存在观念，则更进一步以为存在的真理为一种普遍的宇宙实质或本质，此为宇宙论的存在观念。荼跋拉、考史多启、爱多列亚的存在观念，则认识到存在本质应当是一种主体性、一种能动原理，即生命元气。此为伦理的存在观念。我们阐明了在这里，是自由推动自然的否定、理性和反省思维的发展，导致自然的存在观念的形成和演变。然而在这里，存在省思领会的本质、主体性，也仍是自然的。精神仍然把自然当成绝对、目的、归宿。它还没有真正的超越与反思。它的自由是自然的，是不真实的。然而，自由必然推动奥义书的存在理解最终抛弃自然的遮盖和束缚，进入觉性的本质、内在存在的领域。(2) 内在的存在观念。自由推动奥义书精神的内在转向，导致其存在观念的内在化。奥义书的内在存在观念，就是以为存在的绝对真理是人内在的心识。这种心识论又包括：其一，ChānIII · 14 的意说，其以为存在的绝对真理是意，即感觉总体或感性意识，但感性意识只属于心灵的最外在的、表象的、偶然的层面，缺乏必然性与普遍性。其二，KauṣIV（以及 BṛihII·1），ChānVII·1—7 开示的识说，KauṣIII 开示的般若说，以为存在的绝对真理是某种超越感觉表象的本质意识或理智。心识论体现了真正的反思，反映了精神的内在自由。但是无论是这里所谓的意，还是识、般若，都还属于经验意识范畴，还只是精神的内在自然。精神没有意识到自己对自然的超越性，没有意识到自身的尊严。自由必然推动奥义书的精神扬弃这经验意识，进入觉性的纯粹本质即超验领域。精神由此实现其超越的自由。(3) 超越的存在观念。自由必然推动奥义书的否定思维从自然否定转化为真正的精神超越，后者彻底破除存在的自然偶像，使存在真理呈现为超验的实体。而在奥义书中，这超越思维就是在反思的领域之内展开的，因而一开始就是与反思结合的（是一种内在超越），所以它揭示的超验实体，就是心灵、意识。在奥义书中，这种超越的存在观念经历了以下发展环节：其一，Kauṣ I 等的现存实体观念，将作为存在基础的超验心识理解为一种不动、现存的实质。其二，Kena I—IV 等的超验的主体观念，将这心灵实体理解为能动的主体。其三，Kāṭh II，V；PraśIV 等的二元论的实体观念，把主、客体理解成相互分离、各自独立的两种实体。但是这种存在理解，把存在真理当作一种现存的、自我封闭的、相互分离的抽象的实体。精神没有领会这心灵实体的内在实质——即纯粹的自由、思想（先验的概念），没有实现其纯粹内在存在的直接自主设定，因而其自由仍受很大限制。但是自由必然推动奥义书的精神克服这实体的现存性、封闭性和抽象性，达到对作为主观与客观、意识与对象的共同基础的纯粹内在存在，即同一的存在的领会。(4) 同一的存在观念。精神唯有领会觉性的纯粹内在存在，即觉性的纯粹自由与先验的思想，才能实现主体与客体、意识与对象的绝对同一；这存在，我们称之为同一的存在。在奥义书思想中，这种同一的存在观念的形成，也是自由推动超越与反思进一步发展的结果。在这里，这种同一的存在有两种类型：其一，Bṛih II，III，IV 的耶若婆佉学说，TaitII，III 的步厉古学说所揭示的先验的实在。其说以为存在的绝对真理是熟眠位识或喜乐身。熟眠位识或喜乐身都是心识的本质层面，它超越全部经验、自然的存在，又是其基础、本体，因而它就是先验的实在。但是这种先验实在仍然是一种现实存在，它就是纯粹的思想、理性。它在这里被当成绝对，意味着精神没有认清其自由与现实性、传统的真实关联，将导致理性、传统对自由的遮蔽。故自由必推动精神打破这种理性的绝对化，领会存在真理为超理性的神秘本体。后者就是：其二，《蒙查羯》、《蛙氏》等所揭示的神秘的存在。存在的究竟真理，就是超越了理性、理智、思想的神秘本体。它是一种神秘的光明原理，为语言、思维所不到，然而是一切存在的绝对本体。但是它仍然是一种现实的存在，就是觉性纯粹的澄明性。澄明与理性乃是觉性现实存在的一体二面，不可分割。一种脱离理性的神秘的澄明其实是思维的假相。因此，精神通过对这澄明的领悟实现对理性、传统的超越，是不可能的。因而奥义书的存在理解必须进一步发展，进入超绝的存在领域。(5) 超绝的存在观念。本体自由必然推动奥义书的精神突破现实性的网罗，领会处在理性、思想层面之下的、更本质的存在，即超绝的存在。这超绝存在不受现实、逻各斯束缚，而是预设它、规定它、构成它。它的实质就是本体自由自身。印度思想所理解的超绝存在，包含以下几种类型：一是神圣的存在（《白骡》、《频伽罗子》等奥义书的幻化论）。在这里，现实性被彻底空无化、虚幻化，存在本质、大梵乃成为一绝对超现实的原理。但是在这些奥义书中，这超绝的存在被理解为一种不动、不变、永恒的现存实体，与本体自由的实质相违背。本体自由必将推动印度精神否定这种现存性执着，领会存在本质是空。二是空的存在（大乘般若思想）。自由必将推动精神的否定思维的绝对化，使印度思想最终打破现存存在的偶像，领会存在本质就是自由本身。这种存在理解，通过大乘般若的空性论得到充分体现。空性论以为存在本质是空性，后者是对一切现实、现存存在的否定，它就是（否定的）绝对自由。但是这空的存在，乃是一种完全客观的、甚至非精神的原理。这反映了般若思想缺乏真正的精神反思。自由必然推动印度精神将般若内在化，领会空性就是其内在自我，是为本己的存在。三是本己的存在（《慈氏》、《光明点》等奥义书的思想）。在大乘佛学基础上，《慈氏》等奥义书，乃将空性等同于精神的内在本质、自我。因而般若的超绝自由，在这里就成为本己的存在。然而奥义书这种超绝的存在观念仍有不足。首先它仍有其片面性。这超绝存在作为空性，仅仅包括自舍势用的本真存在，而没有包括觉性的全部自否定运动的整体。其次，它还将大乘佛学对于本体的理解抽象化、模糊化了。它对于这无住、空性就是自由，并不明确，甚至在多处仍将这本体表述为一种现存存在。这意味着，印度精神的存在理解，还有很大的发展空间。奥义书的存在思考的最终结论，是在具体觉悟的层面，领会到存在本质就是自我的真理：存在＝自我。存在思考与自我思考乃最终熔于一炉。

我们立足于自由本体论，阐明了奥义书决定存在观念发展的内在精神逻辑，阐明了自由推动存在观念不断构成、演化的过程。奥义书思想表现的这种精神逻辑，具有普遍必然性。西方思想的存在观念的发展，也表现出一致的逻辑。我们对这二者进行了较全面、充分的对比，既阐明了其基本的一致性，也阐明了其差异性。我们也将华夏古代存在思考与这二者进行了充分比较，表明华夏本来的存在理解完全停留在自然存在的层面，对于存在的内在、超越领域皆未曾进入；尽管其由于通过佛教接受到印度精神的超越与反思，但这类思想在中土思想中并未真正扎根。

不容否认，奥义书乃至印度的存在思考，也有其诸多不足。其中最为一般且最根本者，在于这种存在理解透露的强烈非理性主义、寂灭主义和悲观主义色彩。包括奥义书在内，印度主流的思想，是把理性、概念当作心灵的虚妄造作（被等同于摩耶、自性），而非存在、心灵的真理，由此构成的存在也是幻化非实的。存在的本质被认为是一种完全不包含理性、概念的原理。另外，从《黎俱吠陀》标榜“非有”、“非有非无”，到大乘佛教讲一切皆空，印度思想始终表现了一种消解全部存在，消解觉性、生命自身，以归于空无、寂灭（绝对死亡）的冲动。生命、存在本身往往被认为是无意义的，空无、寂灭才是究竟真理、生命的理想。

这种存在理解，扎根于印度精神的原初存在取向中。盖存在、生命，就包含了生与死、存在与虚无的二元。对于觉性来说，生命就是其自身存在、自由，而死亡则是觉性、存在的自我消解，就是归于虚无，绝对死亡就是绝对虚无，就是存在的完全排除。正如佛教在禅定中体验到的，这绝对虚无，不是什么都没有，而是实有其事，它就是觉性、存在完全断除之后的寂灭之境。佛教徒认为这就是存在的究竟真理、本体，这也是没错的。这就是冥性本体。任何存在都是在觉性与冥性，即绝对生命与绝对死亡、绝对光明与绝对黑暗的交织中呈现的。然而不同文化在其开端处就表现出趋向觉性、生命与趋向冥性、死亡两种不同的存在取向。二者中，前者即本觉取向，在这里，精神前反省地将觉性的丰富、完善作为生命的目的，故觉性或某种象征觉性的存在，被当成存在的真理。后者即本寂取向，在这里，精神同样前反省地将冥性的实现，即对觉性、存在的消解作为生命的目的，故冥性（空无、寂灭）或某种象征冥性的存在，被当成存在的真理。我们分别把被这两种存在取向决定的精神称为本觉的精神和本寂的精神。印度文化来自婆罗门文化和沙门文化（比如佛教）的交融。前者是本觉的文化，倾向于以为存在真理是一种光明的、精神性的原理；后者是本寂的文化，倾向于以为存在真理是一种无精神的黑暗、空虚的原理。二者的交融导致印度文化，无论是婆罗门文化还是沙门文化，都包含了本觉精神和本寂精神的张力。奥义书思想就体现了这种张力。一方面，它属于本觉文化的传统，受本觉精神主导。因此典型的奥义书思想都是反思型的，它将一种觉性、精神性的原理作为存在的绝对真理。这些奥义书所确立的存在本质，无论是内在的心识、先验意识、直觉的澄明还是超绝的真心，都是觉性本体（即自由）的实体或象征。另一方面，它又由于受沙门传统渗透，因此表现出本寂精神的强烈影响。因而奥义书精神也把冥性、寂灭的境界作为生命的最高目的，并且对这两种本体缺乏区分。这导致它把大量属于冥性的体验，比如非理性、一味、无差别、寂灭、不动、清净等归属于觉性本体。于是一味、寂灭、不动、清净等都成为觉性、真心的特征。这就终于造成了左右印度思想数千年的一个最大假相。因为觉性、存在的本质就是生命、自由，就是自否定的永恒活动，它的现实性就是理性、思想的活动，它造成无限的差别行相且将其包含在自身存在之内。因此奥义书乃至全部印度思想标榜的寂灭、不动的清净心观念，是根本不能成立的。这就是将本来属于冥性的特征嫁接到觉性、真心之上。这种清净心观念，以及它所表现的本寂精神，是印度思想的非理性主义、寂灭主义的根源，导致印度文化的非道德、反伦理倾向和极端消极与悲观主义，造成其在实践领域的诸多困境。印度精神的这一困境，只有通过文化交流才可能被克服。

# 第二章　奥义书的自我论

## 引　言

### 一

不同文化或同一文化在其不同阶段，所领会的自我都会大不相同。自我观念是反省思维的构造。反省是精神自身维持势用的现实性。自我观念的进展体现了反省的进展，而这进展最终是由自由推动的。

生命现象学的考察表明，一种存在的真理性，直接地就在于它被觉性维持（参考本书前一章引言）。精神的存在也是如此。精神的维持也是其自主势用的作用方面。精神的自主势用就是其自否定、纯粹自由。每一种自主势用都有否定与肯定，或破坏与维持两个作用方面，因而它既是自否定，又是自维持。正是这自主势用的破坏与维持的永恒运动，推动精神不断否定当前存在的真理性，确立新的真理。而精神对某物的维持，就是把这某物当作目的。也就是说，精神在这里是用其他的某物作为手段，来维持这个某物。因此真理也就是目的。

然而对于现实的生命来说，目的肯定有多种。许多作为目的的东西，也是实现其他目的的手段。然而对于每一个生命来说，必定都有一个这样的目的，这目的把其他全部存在作为它的手段，但它自身却绝不能成为其他存在的手段。这目的就是最高目的。它就是这生命的自身本质。而对于觉性或精神来说，这目的就是它的自我。如前所云，精神的自主势用的维持作用确认某物为目的、真理。而其中，唯自反势用的维持作用确认某物为最高目的。生命的自反或自身维持势用与其他势用的区别在于，它只以这生命自身即自我为对象，它就是这样一种运动：这运动把全部生命存在作为手段，来维持这生命的自身本质。因此生命的自反势用，包括一种持续的自身中心化或内在指向。它确定何者为生命的本质、自我。对于有觉性的生命，它确定其自我观念到底是什么样子的。自反势用也包括否定与肯定两个作用方面。它同样既是自否定，又是自维持。自舍势用以其肯定方面确定自我的真理，以其否定方面使自我成为虚假。它其实就是对我与非我的区分。

对于自然觉性而言，这种区分基本上是固定的，因为自然觉性只能领会物质的、个别的存在，因而它的自我就是物质的个体。自然觉性看不到自我与周围事物的实质区别，它没有反省，没有历史，也没有自我观念的历史。唯精神有反省。唯精神能构造出超越物质个体的自我观念，而且具有不断否定旧观念、构造新观念的自由，因而唯精神有历史，精神的反省也呈现出其历史性。反省就是精神对我与非我的区分。这种区分与自然觉性的同样区分的区别在于：后者的自我观念完全是自然意识的产物，自我只是一种自然的个别性，与非我没有实质区别；前者的自我观念则是精神省思的产物，自我被当作绝对、本质，故与非我有实质区别。与自然觉性的自我意识相比，反省是自由的，这种自由决定反省的开放性。反省是精神的自反势用的现实性。正是自反势用的否定与维持两个作用方面，决定反省在本质与偶像、我与非我之间的持续运动。在这里，一种存在凡被精神的自反势用作为维持的对象，它就成为了精神生命的最高目的，而且其实就已被这精神当作真实自我；反之它便不复为真实的自我，甚至真实的存在。

精神的自身维持势用，作为自身指向运动，按其本性要求就成为：(1) 本质的，即以精神的本体自由为对象的。盖自身维持最终必然指向精神生命的自身本质，而精神最内在的本质正是本体自由自身。这一要求促使自反势用的不断内在化。(2) 直接的，即只以对象作为目的，而决不把它作为达到某种显著或隐匿的目的的手段。这直接维持使反省把这对象当作自我。盖自反势用作为自身指向，当然地要求成为直接的指向（而不是通过维持某种非我的东西来间接达成自身维持）。这直接的自身维持就是自我维持。(3) 同一的，即只以对象为唯一最终目的，一切其他存在都被作为维持这对象的手段。盖自反势用本来就是要把生命体的全部存在，都用来维持其生命本身，所以它按其本性就要求成为同一维持。之所以称之为同一的维持，是因为它使反省将对象作为绝对真理、存在的同一性。在以上三项中，(1) 自反势用在内容上的自身绝对化，它推动反省深入觉性的内在性、本质。(2) (3) 是其在形式上的自身绝对化，它推动反省领会对象与自我、绝对的同一。若自反势用在这两方面都达到完成，那么它就是绝对自身维持。因此这绝对维持乃是自反势用的理想、真理。因此自身绝对化是自反势用本有的冲动，也是本体自由的呼声。

然而，人类精神的局限，决定这绝对维持不可能是本来完成的，而必须是逐步展开的。这是因为精神必须从自然开始，它最初只能以直接意识的对象为对象。直接意识，以及它的自我理解，从来没有领会到觉性的本质、绝对的存在，而只领会物质的个体，并以之为唯一真实的存在、自我。精神是对这直接意识的扬弃，它将直接意识作为自己的中介。它仍然必须将对象在直接意识中呈现出来。在刚开始的时候，精神的省思，包括反省，都没有纯粹属于自己的观念，而是把直接意识的观念作为自己的观念。因此人类精神反省，最初只能从物质的个体开始。但是这并不是精神的自身维持的真实对象。精神的自反势用，按其本质，就应当是对作为精神的究竟自我的本体自由自身的维持，唯后者是其真实的对象。但是这一自我，并不能被直接意识了解，因而也是反省起初全无知晓的。然而自由决定意识。既然自反势用，作为自由，本质上就应当以本体自由自身为对象，因而它必促使意识，此即省思的意识，照亮这本体，于是这意识便开始脱离物质的个体，而逐渐进入觉性、精神的内在深处，以逼近这本体自身。因此，正是精神生命的自反势用的自身绝对化冲动，推动反省思维不断的内在化、直接化、同一化。

另外，自反势用的展开还有其不均衡性，这也决定精神反省的差异。同一种自反势用，根据其所维持对象的区别，分化为本质维持、直接维持和同一维持。三者可以相互交叉，但并不总是完全一致。其中：(1) 本质维持总是在觉性的存在中，寻找更本质、内在的东西，并确定后者为生命的最高目的。这就是内在目的。目的就是真理。因此本质维持推动反省对觉性的内在、本质存在的领会。然而在觉性存在中，包含从偶像到本质、从外在到内在的无数等级，其中最本质、内在的存在，就是本体自由自身。而本质维持，乃以对本体自由自身的维持为理想。因而它的内在化，决定它必然从最外在的物质个体，逐渐走向最内在的本体自由自身。这也就是本质维持的自身绝对化，是它最终推动反省从偶像到本质、从外在到内在的不断运动。已被确立的本质、内在存在，最后总会被证明仍然是外在的、偶像性的。这反省的历程，直到进入本体自由自身，才是找到了它的理想。反省因而展现其众多的层次。然而在精神的现实历史中，反省尽管由于这种推动确立了某种本质、内在性，但往往并没有将它当作自我、绝对。这表明本质维持的绝对化与直接维持、同一维持并不一定同步。(2) 直接维持则在觉性的存在中，确定一个最能体现觉性本质的存在者，把它作为精神生命的最终目的，不接受高于它的目的，不将它作为达到某种最终目的的手段。对于反省而言，这个存在者就是自我。直接维持就是自我维持，它的实现就是自我反省。人总是以自我为其活动的最终目的。即使某种宗教虔诚，可能会使人相信上帝是最终目的，然而再虔诚的信仰，都是为了人自身的精神自由，所以在这里，自我其实仍然是匿名的最终目的。一种存在者之所以被直接维持确定为自我，在于它与其他存在者有根本区别：它总是作为自由的现实体现呈现出来，将自由包含在内。然而自由在现实中的体现是多层次的，这决定自我意义的多层次性。同样在这里，直接维持也只能从最外在的物质个体开始。反省最初也只能将这个肉体当作自我。原始人之所以将这物体当作自我，还是因为它比其他物体更自由，只有它包含自由。

精神在这里是通过维持这物体来维持它的自由。然而直接维持的理想是对本体自由自身的维持。因而它也必然不断从外在到内在转化。于是自我反省总是从偶像到本质、从外在到内在不断运动。反省总是会确定某种自我，但随着思想的深化总会认识到这自我其实是偶像而非真我，因而又确立一个更本质的自我，但这自我最后也暴露为偶像、非我；自我反省就是这样在我与非我之间来回摆动，直到确立本体自由自身为自我的真实本质。如前所说，那最真实的自我，即本体自由，就是存在的绝对真理、本质。然而在现实的思想史上，反省往往并没有把自我当作绝对、本质。这也表明精神的直接维持的绝对化与本质维持、同一维持不一定同步。(3) 同一维持则区分相对与绝对，而把绝对作为维持的对象。它把觉性的全部其他存在，都用来维持这个对象。这个对象就成为生命的绝对目的。它对于反省就呈现为存在的绝对真理。同样，绝对存在也是多层次的，而且同一维持也只能开始于自然。这同一维持的绝对，最早就是一种自然的普遍性、全体。然而同一维持的理想，同样是对本体自由自身的维持；在这里，它将全部生命指向这自由，用全部存在来维持这自由。因此，同一维持必然将其对象本质化、内在化，最终从自然的绝对转移到最内在的绝对即本体自由自身。同一维持使对象成为绝对真理。但是在现实思想史上，同样由于本质维持与直接维持、同一维持的绝对化不完全协调，故反省往往并没有领会这绝对真理与自我、本质的同一。

自反势用是推动精神反省的发展的核心力量。它在展开其自身绝对化过程中呈现的上述差异，也决定反省在不同层次的独特性。但是反省作为精神的具体现实，并不只是包括自反势用，而是同其他任何思想一样，必包含所有其他自主势用的活动。其中，除自反势用之外的另一个起主导作用的精神力量是自身否定或自舍势用。盖自反势用在偶像、非我中确立本质、自我，但它不能独立地否定已经得到确立的本质、自我。它不能打破反省已构成的任何自我观念。唯自舍势用可以直接否定任何观念。自舍势用同样包括否定与维持两个作用方面，它以前者否定原先的存在的真理性，以后者确立新的真理。自舍势用也要求展开其自身绝对化，其绝对化同样以本体自由为究竟目的、真理，同时将全部其他存在的自为的真理予以否定。因此自舍势用也将推动省思从现实存在到本真存在的运动，但它作为一种否定势用，并不能规定对象的具体内容、实质。因此自舍势用必须和自反势用结合，才能使对象的具体存在被确定。这两种势用，就构成精神反省中的否定与肯定力量。其中，自反势用不断通过内在化，确立存在的本质、自我；而自舍势用则总会否定这本质、自我，迫使自反势用进一步向内寻求。这二者的辩证交替运动，从根本上推动反省的进展。在现实的精神史上，自反势用在其内在化的过程中，依次确立自然表象、自然本质、心灵、超验实体、先验实在等为本质、自我，但自舍势用总会逐个否定这些存在的真理性，迫使自反势用进一步内在化，直到本体自由自身作为绝对真理呈现出来，这就是自舍与自反势用的共同归宿。

正是自反与自舍势用在其自身绝对化中的辩证互动，推动精神反省从物质个体到觉性的本体自由自身的持续深化，也决定了这反省在各阶段的普遍特点。它最终决定了在不同文化及其不同阶段的自我观念的形态及其发展。印度文化的自我观念就是如此。

## 二

吠陀诗人叹曰："我是何有，我所不知：藏于心中，深隐难知，我自遨游"（ṚVI・164・37）。可见，从远古时代起，印度的先民就开始严肃地追问自我的意义。在奥义书中，自我的本质成为哲学思考的最根本对象。对自我真实理解，成为决定人生的价值和命运的重要因素。如《唱赞奥义书》云：人若知此自我，安住于自我，则为自主（sva-rāj），否则乃为它所主（anya-rāj）（ChānVII・25・2）。《广林奥义书》亦说，不知神为自我则成为其畜牲，谓其完全被外界支配（BṛihI・4・10）。《爱多列亚奥义书》则说义更深："其知自我愈明白者，其存在愈完满。草木唯见汁液，动物则有识。人之自我愈益显明，因其有智慧。其知昨天与明天，其知此世与彼世。其由有死而求不死，并得不死。而畜牲之心识，仅有饥渴。然此人超越世界，彼即是大海。他所及之一切，他恒欲超越。"（Ait ĀraII・1・3）

自我反省乃构成印度思想发展的一条主线。"在印度精神中有一种朝向存在深处的不息的冲动，一种超越所有外在性、非本质性的追求。"① 自我观念与存在观念的发展，乃构成印度思想史的两条相互交织的线索。奥登堡也指出印度古代思想本来有两条路线，其一以梵为最高原理，最早更多地是从祭祀得到规定；其二以自我为最高原理，更多地来自思想自身对本质的追求，古代思想沿这两条路线不断深化、扩展，最终合而为一②。即使在奥义书思想中，存在与自我两个观念往往被等同，但其意蕴仍有差异，可以被当作同一个绝对的两个不同方面，因此通过将这两条线索区分开来且阐明其各自发展和相互交织，或许能更清晰地呈现印度思想，包括奥义书思想的整体。另外由于：第一，在作为奥义书源头的梵书及受奥义书影响的后世各

① Paul Deussen, *Allgemeine Geschichte der Philosophie Bd1*, Abteilung I, F.A. Brockhaus Leipzig, 1922. 287

② Oldenberg, Hermann, *Buddha,* Motilal Banarsidass, Delhi, 2006. 30—31.

派哲学中，存在与自我思考大多是分离的两条线索，因此对这两个奥义书观念的发展予以分别阐释，将能更清晰的展现奥义书思想与印度思想史整体的关联；第二，精神的生命现象学的阐明存在观念与自我观念体现的是不同的精神现实性，是不同精神运动的产物，其中存在观念体现了精神的否定、理性、反省等思维运动，是后者构成，而自我观念唯是反省思维的体现、产物，因而这两个观念也反映了精神现实自由的不同方面，将其分开阐释，将更能清楚阐明在自由推动下精神省思不断自我提升、自身深化从而导致观念进化的逻辑。因此，我们仍然将奥义书的存在与自我思考的发展，作为两条各自独立且相互交织的线索予以阐述。

在梵语的日常表述中，表达“我”的主要有两个词：一是 aham，为单数第一人称的主格，相当于英语、德语的 I、Ich，以及汉语的“我”；二是 ātmān，是梵语单人称反身代词，相当于 self、selbst 或汉语的“自身”、“自己”。在任何语言中，这两个词的含义都有区别。在日常语言中，“我”（I、Ich、aham）一方面只属于我自己，它是唯一的、不能被任何其他存在分享的，因而这“我”永远是个别的，没有任何普遍性可言；另一方面“我”指的就是我的现前的、直接的、具体的，因而也是最确凿的存在。故自然意识，尽管对别的某物到底是什么会有怀疑，却不可能怀疑“我”的内容，易言之日常语言不会考虑“我是什么”。所以，日常语言不可能思考“我”的本质。然而“自己”（self、selbst、ātmān）却是一切人共同具有的，因而可以是普遍性。而且我的“自己”（myself），既然与“我”（I）意义有别，因而就不具有后者的直接、确凿的存在，日常意识也可能反省到底什么才是这个“自己”。“自己”似乎就是某种在“我”里面的东西。所以日常语言完全可以思考“自己”的本质。

人类对自身存在的思考，当从“自己”（以下称“自我”）的观念开始。印度思想也是如此。如前所议，“自我”（“ātmān”）首先是一个反身代词，因而它包含一种关系，而且它是有排他性的（即排除“非我”）[①]。在梵语中，比如 ātmākāma（自爱），ātmākṛita（自为），ātmāgata（自来），ātmājña（自知）等表述，都表明了 ātmān 一词具有这种排他的、因而是否定的意义。盖人类自有意识起，就力图把自己与它物区别开来。而对于这种作为一切非我之否定的“自己”，古代印度人究竟是如何理解的呢？我们或许可以通过他们对它的命名（“ātmān”），窥知一二。盖 ātmān 的词根为：“an”，呼吸；“at”，动；“vā”，吹[②]。它本来的意思是风、呼吸。西方学者早就注意到它与德

① Paul Deussen, *Allgemeine Geschichte der Philosophie Bd1*, Abteilung I, F.A. Brockhaus Leipzig, 1922. 286.

② 杜伊森（Deussen）则认为 ātman 由字根 a 和 ta 组成，a 来自 aham，即单数第一人称“我”，ta 是“此”的意思。

语的 atemen（呼吸）一词同源。它指的是一种主动的活动原理。盖古人首先认识到的自己有别于他物的本质，就是其无质碍性、主动性或能动性（这属于生命最朴素的自我反省），因而很自然地以此能动性，指其具有排他性的“自己”。这“自己”就是他乃至其他生命的最内在的存在。它表现为人的身体（排除外在世界的）、人的灵魂（排除身体的）、人的精神本体（排除现象的）。自我本身具有的这种否定性，要求不断排除外在性，达到不可言说的本体。

由于觉性、精神的自身悬置、自我隐藏的特点，所以在思想史上，往往越是接近本质的东西，反倒愈易被遮蔽。因此人们的自我理解或反省开始总是很外在的、表象化的。然而精神内在的自反与自舍势用，将推动反省的不断深化。自反势用推动自我理解不断从外物转向内心、从表象转到本质；自舍势用则推动反省不再停留于当前的现实，而是不断地打破后者的狭隘性、外在性和表象性，以回到自我更纯粹的真理。自反势用使反省思维形成一个从外到内的自我返回的圆圈，而自舍势用则必然推动反省打破这圆圈，于是自反势用又将使反省从新的起点开始其返回运动。正是自舍与自反的这种破与立的无限辩证交替，使得精神反省的发展呈现出一种在内与外、本质与表象、我与非我之间的无限历史性循环，反省正是在这种循环中不断深化自身。印度人的自我反省就经历了这样一种循环。从吠陀的外在自然崇拜，到奥义书的自我领悟，就是一个大的精神循环。而奥义书的模糊的内在性，又是此后的胜论、正理派的外在化哲学的起点。到吠檀多派，乃再次克服胜论等的外在化，而复归于精神更真实的内在性。这又是印度精神一个大的历史循环。

而奥义书精神反省的发展，本身也经历了这样几个大的历史循环：(1) 从外在的自然之我返回到内在的心灵之我。盖自然本来属于心灵，但在吠陀和奥义书最早的自然思维中，自然被当成一种独立于心灵的东西，被从心灵中排除在外，同样自然之我也成为一个处在心灵即自我的真实本质之外的东西。这就是对自我的外在化。在《黎俱吠陀》中，阿特曼与肉体几乎是同一个东西。在这里，反省最早从物质、个体的宇宙中，确立一个自我，以别于非我。这反省也是精神自反势用的实现。但是在这里，自反势用只以物质的个体为对象，然而这物质个体只属于自我的最外在躯壳。到了《阿闼婆吠陀》和梵书，始有对阿特曼与肉体二者的明确区分。阿特曼就指人的灵魂（Sat BrāIII · 8 · 3 · 8, X · 3 · 5 · 13），但这灵魂仍然是自然的。《阿闼婆吠陀》还发展出了一种宇宙“大我”的概念，为阿特曼与梵的结合铺平了道路。这个宇宙“大我”可能是将《黎俱吠陀》的“原人”的意思转移到阿特曼之上了。在《鹧鸪氏梵书》中，梵最后也与阿特曼等同起来（Tait BrāIII · 12 · 9）。但是由于梵书中的自我概念仅留于形器之见，因此这种等同似乎也没有多大深意。总的说来，吠陀和梵书中的自我，还仅仅是一种自然存在。早期奥义书的自我反省延续了吠陀和梵书的思考。它所理解的自我也是自然的。它最早将自我理解为：一是宇宙的全体，这只是一个量的绝对；二是宇宙的实质；三是自然的主体（见第一节的讨论）。但是这些都只是一种自然的存在，只是自我的最外在表象，自我的真实存在是内在的心灵。自然反省完全没有领会自我的内在本质。奥义书自然反省的形成和发展，最终也是由自由推动的。盖吠陀早期的自我只是物质的个体，它其实是最外在、虚假的，因为自我的真理乃是绝对、普遍。而精神的自反势用，由于其自身绝对化的意志，乃展开为同一维持，推动反省领会自我是绝对、大全。这自反势用也必然展开为本质维持，推动反省内向化，领会这绝对为一种普遍实质或本质。然而自我真实本质不是一种现存的物质，而是能动性、主体、生命。因此这本质维持必然和自舍势用一道，推动反省进一步否定那被动、物化的自我，领会自我的本质是主体性、生命。然而这绝对也好，本质、主体也好，都仍属于自然。反省完全没有领会觉性、精神的内在存在。精神还没有实现对自身内在性的自主设定。反省还没有真正的自由。然而，精神的自反势用按其本性要求展开为对自我的内在存在，即心灵、意识的维持。这自反势用乃与自舍势用一起，推动奥义书的反省思维的真正内在化。因此反省认识到外在的自然，其实只是内在心灵的表象、产物，心灵才是存在、自我的本质、真理。于是思想重新返回自我的内在存在。自我乃成为内在之我。这种返回就是一个历史的循环。在这里，反省由于认识到自我的内在存在的绝对性，就成为反思。然而这反思由于没有在心灵的经验表象与超验实体性之间进行区分，它把握的内在存在是不纯粹的、模糊的，它只是一种经验反思。不过奥义书的精神反省并没有因此达到终点。在精神自舍势用推动下，反思逐渐表现出超越之维，使奥义书精神反省进入下一个历史循环。

(2) 从外在的实体之我返回到内在的绝对之我。经验的意识只是自我、心灵的生存论表象、产物，它仍属于觉性的内在自然，而不是自我的纯粹内在存在，这纯粹内在存在必然是超越全部经验、自然的。自舍势用的进一步展开，必然推动反思否定经验的心灵的自为真理性；而自反势用的进一步展开，则促使反思确认那超验的存在为真实自我、心灵。这反思就是超验反思（因而也是纯粹反思）。它认识到自我、心灵乃是与外在、内在的自然本质不同的实体。超验反思为了保证心灵的纯粹性，把自然从心灵中完全排除出去，重新使后者成为在心灵之外的、独立的实体。而心灵自身也成为一个封闭的实体。自我遂成为实体之我。这是一个典型的形而上学的自我。在这里，反思通过对心与物、我与非我的形而上学区分，克服了经验反思的模糊内在性，使心灵获得其纯粹存在。然而克实而论，自我、心灵的真正内在存在就是绝对，因此这种形而上学反思，不仅将自然外在化，而且将自我也再次外在化。然而如前所论，本体的自反势用具有自身绝对化的冲动，它必然展开为对内在自我的同一维持。这同一维持就是精神把对象，在这里是内在自我，确立为唯一最终目的，而把一切其他存在都作为维持这对象的手段。这同一维持在其实现中，必然推动反思领会对象为存在的绝对真理。由于它的推动，奥义书的超验反思终于认识到，那内在自我的实体，不是一个封闭的、自我禁锢的存在，而就是全部经验、自然的存在的超越的本体、根源。这就是绝对之我。这绝对自我，作为主体与客体、意识与对象的共同本质、内核，才是超验自我的真正内在性。在这里，反思重新返回到自我的绝对本质，完成了又一个由外到内的历史循环。但是即使在这里，奥义书的反思也没有达到终点。因为这反思领会的超越的绝对自我（先验之我与直觉之我），仍然属于现实性范畴，还不是自我的究竟本质（即本体自由自身）。因此精神的自舍与自反势用要实现对这本质的自主设定，必然推动反思从现实存在到本体自身的转移。于是反思将进入一个新的历史循环。

(3) 从外在的实在之我返回到内在的本真之我。唯本体自由自身是觉性、精神最究竟、最本质的内在性、自我。本体自由绝对超越了全部现实性而为其本质，它构造全部现实存在作为其自我实现的中介，但是对后者有绝对自由。它是一个超绝的（绝对地超现实的）本体。任何现实存在，只有当它作为本体自由的体现时，才是具体、真实的。然而在奥义书思想中，从自然反省到上述绝对反思，都属于实在的反思，它完全没有领会到超绝本体自身，只是将现实性当作觉性、自我的唯一、绝对的存在。这种对现实性的绝对化，实际上是对现实存在的外在化，它将现实存在从觉性的生命整体中排除出去了。然而自舍和自反势用在内容上的自身绝对化，都要求否定现实性，以维持超绝的自由本身。这二者必然在实现其绝对存在的过程中，推动反思否定实在的自我的真理性，领会一种超绝本体为自我的真理。这自我就是本真之我。在这里，反思便从追逐那外在、绝对的现实性假相，回到自我最内在的真理，即超绝的自由本身。精神经历了一个从间接性到直接性的、从表象到本质、从外在到内在的漫长、艰难的蜕变，终于领会了自我的究竟真理，回到它最内在的根源。在这里，奥义书的反思又完成了一个大的循环。这一循环不是与前两个循环并列的，而是将二者包括在其中的。精神在对这超绝本体的领会中，实现了其本真的自由。

因此，奥义书的自我观念的开展，乃包括以下环节：一是自然的自我。自我呈现为自然的绝对、实质、主体性。二是内在的自我。自我呈现为经验的意识。三是实体的自我。自我呈现为超验的实体。四是绝对的自我。自我呈现为作为全部存在基础的绝对、超越的本体。五是本真的自我。自我呈现为绝对超现实的本体。其中，精神反省在每一环节之间的过渡，及每一环节中的自我展开，从根本上都是由自反、自舍两种自主势用在本体自由促使下的辩证交替作用推动的。另外，奥义书的自我反省的上述发展，符合精神生命进化的普遍逻辑。因此我们在其发展的每一阶段，都将它与中、西思想进行了广泛的比较。兹详论如下：

## 第一节　自然的自我

由于存在、精神的自身悬置、自我隐藏的特点，在思想史上的实际情况是，越是接近精神本质的东西，反倒愈易滑落，愈易被遮蔽。所以人们很晚才意识到心、精神的自为、绝对的存在，才有观念论和精神哲学，而远古思想往往是将存在的最外在、表象的方面，即自然，当作唯一真实的存在。人的自我理解也是如此。远古先民既以自然为绝对，故以其自我为自然之一分子，或将自我与自然等同，而没有意识到自我作为纯粹、内在的心灵、意识的存在。

印度精神的自我理解也经历了这样的阶段。《黎俱吠陀》就开始思考人类自我的本质（ṚVI・164・4）。吠陀诗人的感叹："我是何有，我所不知：藏于心中，深隐难知，我自遨游"（ṚVI・164・37），就反映了一种对自我意义的疑惑与追寻。《黎俱》有时说自我是居于人的肉体之上的控制者，不生不死（ṚVX・16・4），它超越了个体自我，为宇宙灵魂（ṚVI・113・161；ṚVI・164・30）。但在大多数情况之下，它所理解的自我甚为朴质，只是一种自然存在。自我被称为末那（manas）、阿特曼（ātman）、阿苏（asu）。末那即意，但在这里它似乎是一种物质性的东西，它似乎居于心中，是思维、情感的器官。末那也被用来指人的灵魂，但（正如大多数原始民族的灵魂观念一样）它的精神性还不清楚。在吠陀中阿特曼的意思是呼吸、气息，与它在吠檀多中的意思不同（而与吠檀多所谓 praṇa：元气意思相同）。阿苏的意思是"精气"，就是人（和动物）的自然生命。可以看出，《黎俱吠陀》的自我，仍然是一种自然的东西，还远没有上升到精神存在的层面。

与其他原始思想一致，吠陀先民相信人死后，其灵魂至少暂时是不死的，尽管他们尚无后世那种明确的灵魂轮回观念。人死灵魂离开了肉体，去向它处，并且改变了生存的方式。死去的人可能是迁徙到了阎摩之国，或隐伏岩穴坟墓等处，或居住于其他动物体内，乃至进入果蔬之中。如果人们能将他的灵魂重新召唤回来，那他就会复活。《黎俱吠陀》有一首《末那之歌》（ṚVX・58・1—12），就是一首招魂诗。其云："汝之末那，已经离开，竟至遥远，阎摩境内。我等招之，重回汝身，长享生活，在斯人间。汝之末那，已经离开，竟至遥远，天地之间。我等招之，重回汝身，长享生活，在斯人间。汝之末那，已经离开，竟至遥远，地之四维。我等招之，重回汝身，长享生活，在斯人间。汝之末那，已经离开，竟至遥远，汹涌大洋。我等招之，重回汝身，长享生活，在斯人间。汝之末那，已经离开，竟至遥远，光芒之端。我等招之，重回汝身，长享生活，在斯人间。汝之末那，已经离开，竟至遥远，树丛水边。我等招之，重回汝身，长享生活，在斯人间。汝之末那，已经离开，竟至遥远，极地边疆。我等招之，重回汝身，长享生活，在斯人间。汝之末那，已经离开，竟至遥远，过去未来。我等招之，重回汝身，长享生活，在斯人间。”（参考巫白慧的译文）据说人死后，灵魂脱离肉体，成为一个飘浮的闪光形体。离开肉体后，灵魂有两条道路：一是所谓父祖之路，即祖先们所去的阎摩之国。阎摩国位于太阳下落之处，到那里据说要经过一水一桥，还有一个由二犬守护的大门，灵魂到那里将与它的所有祖先们见面，共享欢乐（ṚVX・6・10；ṚVIX・41・2）。二是所谓天神之路，即死后灵魂升到天堂，与因陀罗、苏黎雅等天神同享天国之福。有一首颂歌就说，人只要获得阿耆尼的好感，死后就可以变成天上的月亮（ṚVII・2；ṚVX・1・3）。据信人死后走向其中哪一条路，是由火化时上升的烟的形状决定的。人的行为善恶似乎也会对灵魂的去向产生影响。据说作恶之人将被婆楼那推向黑暗的深渊，永无翻身之日。但是黎俱吠陀还没有轮回之说，也没有《往事书》那种明确的地狱概念。

灵魂既可不死，自与色身有异。据说灵魂体极细微，运转自如。古人认为灵魂与肉体之联结，是一个秘密，“谁曾见到，无骨的灵魂，大地之生命与精神，以何种方式居于身窟？”（ṚVI・164・4）《黎俱吠陀》称灵魂与肉体的联结为“婆楼那之结（varunapasa）”。据说婆楼那有三种结：依高低为上（uttama）、中（madhyama）、下（adhama）三者；婆楼那以此将灵魂缚于三种不同命运。其上者牵引灵魂获得至善之德性；其下者引至邪恶。故人应紧固其上者，弃掷其下者，稍解其中者（ṚVI・24・15）。在《黎俱吠陀》中，人经常将自己与自然界的事物，尤其是各种动物，混为一谈，而没有意识到自己与它们的真正区别。一方面，人被混淆于其他动物之中。《黎俱吠陀》认为，从宇宙祭祀中产生了三种生命：飞行的或空中的；家里的或驯养的；野生的。从同样的祭祀中还产生了马、牛等，人也包含在其中。人又包括四种，即婆罗门、刹帝利、吠舍、首陀罗（ṚVX・90・8—12）。另一方面，其他动物被拟人化。它们也具有人的思想、道德、感情，有的是可信赖的朋友，有的则是冤家仇敌。《黎俱吠陀》有一首诗即为祈求阿耆尼灭掉那些专干坏事的动物：“10 啊，阿耆尼！愿这敌人及其子孙都归于毁灭！这窃贼、强盗、冤家，他想法破坏我们的身体、食物、牲畜、马匹。22 因陀罗！愿您毁灭那些形似枭、鹰的敌人，毁灭那些具狗、鸦之形的敌人，毁灭那些具鹞、鹫之形的敌人；如以巨石击碎这些恶魔！”（ṚVVII・104）在吠陀时代，一个家庭不仅仅包括人，还包括其他动物。一个完整的家庭应由以下五个成员组成：母牛、马、山羊、绵羊、人。后来大象、狗、猴子、骆驼也包括在内。它们作为家庭一员，同样应得到关爱和尊重。有祈祷诗曰："愿牛羊都从远方来到此处，连风神都喜欢它们的陪伴！造物者熟知其形，愿太阳神将它们安置在厩中！"（AVII・26・1）"4 母牛，请来此处，乐居此处，如娑伽鸟！愿你在此繁育后代！愿你与我相处欢洽！5 愿你的厩对你吉祥，愿你如娑伽鸟和鹦鹉般安乐！愿你在此生子！愿你和我们结合。"（AVIII・14・4—5）总之，吠陀的自我概念完全是自然的。人把自己当作自然家庭中的一员，而没有意识到他与其他自然物的根本区别。

由于梵书思想没有克服吠陀自然思维的外在化，没有建立真正的精神反思，因而它的自我观念同样是自然、朴素的。《百道梵书》认为人只是动物的一种："生主以其元气创造五种动物：从其意造出人，从其眼造出马，从其呼吸造出牛，从其耳造出绵羊，从其声造出山羊。"（Sat BrāVII・5・2・6）意是元气之首，故人是动物之首。全部动物有五种：人、马、牛、公羊、母羊，他们都是神的牲畜（Sat BrāVI・2・1・2）。梵书对人的定义是"无角而有须"（Sat BrāVI・2・2・15）。组成动物生命的有三十三分：十指、十趾、十种元气、出息、入息、通息（Sat BrāIII・8・4・1）。《爱氏梵书》认为人与其他动物无本质区别，人之高于四足动物，是因为他能以其他动物为食，如鹰之高于鵪鶉、麻雀等。而植物仅有吐纳，人则有知识，故优于前者。但人的心识与植物最低级的生命活动，都是从同一元气（prāṇa）进化而来，故二者也只有程度高低之别，而无本性优劣之分。梵书还说人由食物形成（Ait ĀraII・1・3・1），共有二十四分：十指、十趾、四肢（Sat BrāVI・2・1・24）。自我身长为一寻，进入人以后，与人身同其大小（Sat BrāVII・1・1・37）。还有一个流行的说法，认为太阳中的金人与人右眼中闪闪发光的小人是相同的，都是生主，只是前者有金身，后者为土身，即人的肉体（Sat BrāVII・4・2・17）。《爱氏梵书》把一切存有，分为三界：器界、生命界、人界。其中器界包括日月星辰、江河大地、金木水火等，即所有无生命之物。生命界包括草木菌蒴、鸟兽鱼鳖等。人界包括四种姓及四行期的所有成员，以及达休、帕尼等。诸神，如日、月、天空等，乃属于器界（Ait ĀraII・6・1・5,I・5・1・9）。《爱氏梵书》认为三种存在者没有本质的区别，而只有数量、程度上的区别。故草木瓦石是没有充分进化的人，而人则是进化充分的物。因与果，本质无异。这些都表明，在梵书时代，人仍然将自己理解为一种自然物。

相对于《黎俱吠陀》，梵书的自我思考的最大进步在于确立了一个普遍的宇宙大我的观念。在梵书中，"阿特曼"（自我）这个概念似乎并不重要。在大多数情况下，它仅仅指人的肉体。在极少情况下，在梵书中也能看到对阿特曼作为普遍精神存在的较明确表述①，这应该被认为是其晚期朝奥义书思想过渡阶段的产物。梵书用来表述自我的较重要的观念是补鲁沙（Puruṣa，原人）、末那（manas）和元气（praṇa）。补鲁沙、末那、原人是宇宙大我，是人的小我的来源，与人类自我的内容一一对应。

将宇宙设想为一个巨人，即补鲁沙，为梵书中极常见的观念，一直对奥义书思想都有影响。此种设想来自《黎俱吠陀》“原人颂”（ṚVX·90）以原人行祭祀的观念。“原人颂”想象宇宙本来是一个巨人（原人），诸神以此原人献祭，将原人肢解，就产生了天地万物及四种姓。原人就是宇宙大我，是万有的根源。这样的观念在梵书时代极为盛行。爱氏梵书就说补鲁沙是从其语言中创造地和火，从其气息创造虚空和风，从其双眼创造天和日（Ait ĀraII·1·7·2—5）。还有更古怪的说法，说首先是生命元气创造了七个补鲁沙，然后再把这七个组合成一个，后者即是生主、阿耆尼（Sat BrāVI·1·1·2—6）；于是生主欲成为多，遂苦行残生，乃生万物（Sat BrāVI·1·1·8）。与原人论联系的另一个重要观念是人与宇宙同构的观念。盖人的存在是由产生于原人（这里原人就是宇宙）的不同成分聚合而成，故与原人存在结构上的对应关系，“凡属其子者，必属其父；凡属其父者，必属其子”（Ait ĀraII·1·8·1）。Sat BrāX·3·3·7—8说人由意、语言、眼、耳、气息五者组成，它们的实质分别是月、火、日、四方、风；而月、火、日、四方，在毁灭时皆入于风，并从风中再次生起。人死后，其灵魂亦先依其语言入于火，次依眼入于日，次依意入于月，次依耳入于四方，最后依气息入于风。Sat BrāVI·2·2·3,4将这种同构关系进一步扩展，说人有二十一分：十指、十趾、身体；相应地，祭祀有二十一颂，生主亦有二十一分：十二月、五季、三界、太阳。Sat BrāXII·3·2·1—4说人亦是年：“年有白天黑夜，人有出、入二风；年有五季，人有五气；年有十二月，人有十二种气息。一年有三百六十夜，人有三百六十块骨头。一年三百六十昼，人有三百六十种髓。”（有删节）由于在梵书中，人仅是物质、形器的存在，故人与宇宙的合一，仅只是人在物质层面归宿于自然，并无其他深意。

此外，《百道梵书》还提出所谓自我大于天地，而又小于黍粒，或形如拇指之说，为后世印度思想所乐道。如Sat BrāX·6·3·2云：“人应敬思自我，彼由意所成，其身

① 此如Sat BrāX·6·3·2：“应沉思至上我，彼由智慧而成，以心识为体，以光明为相，体性微妙，如意变化，迅如思想，是真决、真愿，包括一切甘美的气味，主宰四方，遍满宇宙，无言诠、无差别。小如米粒、大麦粒、粟粒，甚至最小的粟米粒，此即心中金色的补鲁沙；如无焰之光，大于天，大于空，大于地，大于一切存在者；——此元气之我，即是我的自我：当离此世时，我乃得此自我。”以及Ait ĀraII·6·1·5：“此至上我，体即是识，彼即是梵，即是因陀罗，即是生主。一切诸天，地、水、火、风、空五大，……一切诸由，皆是由此心识而生。”

为元气，其相为光，其自性为虚空，随意变形，迅速如想（指自我于诸感官之间迅速运动，无论感官缘取何境界，自我立即赴之），其思想为真，其意念为真，包含一切嗅、一切味，统摄诸方，包含全世界，而无言、无着、无作；如谷粒，大麦粒，黍子，乃至黍米心；彼心中补鲁沙即是如此；彼如无烟之火，大于天，大于虚空，大于地，大于一切存在者。”此种意像，对奥义书思想产生了深刻影响（比如以上文字就被 ChānIII・14 引用）。

把一种普遍的生命元气（praṇa）作为宇宙大我，且以之为个人自我的本质，也是晚期吠陀与梵书中最常见且对奥义书思想影响最大的观念之一。元气（prāṇa）最早指呼吸。在吠陀晚期，它转而指生命的机能，乃至生命本身。《阿闼婆吠陀》就已提出元气为自我、存在之绝对真理的观念。AVXI・4 说元气是一切存在之本源，其一半创生、主宰万物，另一半隐藏自身。元气同时又现身为宇宙的种子（bhūta）或胎藏（apām garbha），《阿闼婆》喻之为漂浮在原初之水上的鹅。元气创造万物，又重新进入它们，作为其生命。作为生命原理，元气从不停歇，即使在人睡眠中亦保持警觉。元气又在女人体中造原人并居于其中。AVXI・4・20 说：“彼（元气）入于诸神，如胚胎入体，被塑造、赋形，于是得新生。彼现在是有，过、未亦为有，为有助益故，父亲入其子。”此处“诸神”代表自然万物。同一个元气，由于进入万物，而被赋予不同形状。由一变多，就是元气再次出生（“新生”）。梵书继承了《阿闼婆吠陀》的思考。Sat BrāIV・2・3・1 声称：“彼不可知的元气即自我，即彼生命力（āyur）。”在梵书中，元气往往被与意、补鲁沙、阿特曼、梵、生主直接等同起来（Sat BrāVIII・4・1・3；Sat BrāXIII・5・2・15）。一方面，元气是就是生命的本质。如 Sat BrāII・8・3・15 说：“动物即是元气；因为只要它还有气，它就仍是此动物；如若气离开，它就成为一块无用的蠢肉。”元气乃是全部生理、心理机能的总体。另一方面，它也是宇宙万有的根源和本质。如 Tait Āra III・14・6 说元气作为宇宙原理“是一而贯穿于多”。Sat BrāX・3・3・7 说宇宙元气生出意、语言、眼、耳、呼吸五者，后者分别成为月、火、日、四方、风；此五者进入人体内，乃转化为人的意、语言、眼、耳。当人处睡眠中时，语言、眼、耳、意皆归宿于元气，而当他醒来时，它们再度从元气中生出①。故元

① Sat BrāX・3・3：“6 信然，彼火即是元气。因为当人睡眠时，语言入于元气，眼、意、耳等，亦入元气。当其醒时，复从元气生出。于自我如此。7 于诸神亦如此。信然语言即是火；眼即是日，意即是月，耳即诸方，而元气乃是风。8 故当火灭时，乃入于风，故人说它已灭；当日落时乃入于风，月亦如此，诸方亦建立于风；彼等复由风生出。人若知此者，命终时，乃依语言入于火，依眼入于日，依意入于月，依耳入于诸方，依元气入于风。”同理，Tait Āra III・14・9 亦云：“彼所生者，亦彼护者。当彼厌倦，负此护者，乃尽弃之，入于自所。”“彼”指风或元气。护者指构成人或宇宙的存在的上述诸要素，从元气所生，又包含（护）此元气。在睡眠中，元气厌倦这些存在（“多”），故离开它们进入自身（“一”）。

气乃是自我之本质。Ait ĀraII・1・4・9,10 提到了一个被奥义书广泛引用的寓言，表明元气的殊胜地位，谓当意、语言、眼、耳依次离去，生命仍然存在，但一旦气息离身，则人立即死亡。Ait ĀraII・1・4・1—9 说梵作为元气，从脚趾进入人体，上行至股，至腹，至心，最后至头，于是头中的五事：意、语言、眼、耳、气息乃有光辉。梵书还进一步将元气区分为十种：即，以及上气（prāṇa）、下气（apāna）、出气（udāna）、通气（vyāna）、腹气（samāna），前者，后五种为属身体者（Sat BrāIX・2・2・5；Sat BrāVIII・1・3・6）。关于元气有多少，梵书有两种、三种（即入气、水气、消食气）、五种、九种、十种，乃至十一种之说。其中所谓五种元气，谓通气（vyāna）、腹气（samāna）、入气（apāna）、水气（udāna）、出气（prāṇa）。所谓九种者，即是后来所说的九根，即意、语言、呼吸、双眼、双耳、男女、大遗。所谓十种，包括五种属头部者，谓意、目、呼吸、语言、耳，其中最先存在的是意，语言生于意，气息生于语言，眼生于气息，耳生于眼，五气的功能不同，只是因为这五种元气在头中的位置不同；及五种属身体者，谓通气（vyāna）、腹气（samāna）、入气（apāna）、水气（udāna）、出气（prāṇa），此五气亦分别司呼吸、消化、排泄等生理功能（Sat BrāVIII・1・3・6, IX・2・2・6）。梵书还企图找出作为这多种元气的来源、归宿的原理，即所谓“不可知的元气”（anirukta prāṇa）（Sat BrāIV・2・3・1），这就是奥义书后来所谓的“首气”（mukhya prāṇa）。首气加前十种，遂为十一种元气。这首气往往被说成自我（ātman）（Sat BrāVIII・1・3・6, IX・2・2・5）。然而在梵书中，元气仍然不是一个精神概念，它本质上是一种自然的生命力。如 Sat BrāIII・8・3・15 说：“心脏就是元气，因为元气由此而上升故；动物就是元气，因为唯其有气息，其生命方存故；当元气离彼而去，彼乃无用，如木头一般。”梵书还明确认为元气是从风产生的。如 Sat BrāI・1・3・2 说：风有两种，一种属于自然界，当它进入人，就转化成人的元气，元气有两种，即出息和入息。Sat BrāVIII・1・4・10 说元气可以因身体形状而卷舒，所以在身体每一部分皆有元气。Sat BrāVII・4・1・18 说人死后因元气推动而上升。这些说法都表明梵书所谓元气其实仍然是一种自然的存在。风入于人体而为元气之说，后来成为印度医学（Ayurveda）的理论基础之一，元气与自然现象之一一对应观念亦表现于医学的理论与实践。

此外，梵书还用意（manas）这个概念来指宇宙和个人的自我。此词在吠陀时代即已存在。在那时其意思很简单，就是指人的魂魄、灵魂。从梵书时代起，它亦指思维和情感的功能、依处，有时其意义相当于现在所谓意识、心，一般情况下它仅被认为是人的生命机能之一（其他有耳、目、气息等）。在后来各派哲学中，意被精确为一种物质性的思维器官。一般认为意是居于心腔之中的。梵书认为意的地位比其他元气重要。首先，意是生命的基础。如 Sat BrāVI · 7 · 1 · 21 云："意是自我（指人的身体）的依持，因为身体以意为基础……身体因为元气而与食物联结。"其次，一切对象必须经过意才能被了解。Sat BrāV · 4 · 3 · 9 云"一切通过意而获得；得意者乃得一切。"在此基础上，梵书又把意说成就是生主神（Sat BrāVIII · 5 · 2 · 3）、补鲁沙，以为它就是宇宙的创造者。如 Sat BrāX · 5 · 3 · 3："（于初）无有有，亦无非有，唯有意，因为意似乎是非有，亦非非有。当意被创造时，乃欲更显明——更确定，更具实体：于是其乃欲得一我（身体）；它于是修苦行，乃得实在。"据说意也是通过祭祀而创造自我（身体）。然而在此时尝无物存在，因此意只能通过"心祭"，即观想祭祀的仪节，从而创造万物，并获得其自我。意与语言的关系，乃是梵书很感兴趣的话题。Sat BrāI · 4 · 4 · 7 说意与语言并行时，语言要远比意微弱，故意必须时时资助语言。Sat BrāIII · 2 · 4 · 11 说："语言的确被意所支撑，因为意先于语言，且促使她'如是说，不如是说！'，因为若无意，语言的确无法连贯地言说。"Sat BrāVI · 1 · 2 · 6—9 说生主通过意，与语言交配，使后者产生诸神以及天地万物。这些都是梵书中通常的思考。然而在梵书中，意这个概念，在大多数情况下也不具有真正的精神性。意被认为是元气的一种，尽管是其中最重要的一种。Sat BrāVIII · 4 · 3 · 5 说意是第五种元气。Sat BrāVII · 5 · 2 · 6 说"意是所有元气，因为所有元气都依止于意"。更奇怪的说法是，神从无形的风中创造了意，而夏天则是意的儿子（Sat BrāVIII · 1 · 1 · 8）；或说意就是月亮，生主又从月亮创造语言，而冬天则是语言的儿子（Sat BrāVIII · 1 · 2 · 7—8）。如此等等，都表明意来源于自然物或与后者本质一致。

梵书已经有明确的灵魂不灭观念。吠陀有时说行恶之人死后将被完全消灭，而梵书则以为人无论善恶，将来必有再生，以受其行为之果报。据说人在再次投生之前要在天平上称量一次，以根据其履行职责的情况确定其此期生活之好坏。人若完全正确地理解、完成祭祀的仪节，就可生于天神界。人死前的欲望决定亡灵往生之处。人欲得何界，其死后必定往生彼处①。但梵书只谈到人的来生只有一期，也没有业力的概念，因此它还没有印度后来那种轮回概念，即灵魂不断往生以清偿业果之说。根据神与人的协议，死者不可携肉身升天，此外进入天堂还需要经过严格的资格检查。除天道外，父祖之道也是祭祀的果报。还有说二道有一共同通道，两边都是烈火，应通过者可顺利通过，不应通过者乃被烧焦（Sat BrāI · 9 · 3 · 2）。或说人到底是投生天堂还是人间，乃是由祭坛中的砖块的摆放位置决定的（Sat BrāVII · 5 · 1 · 3）。

---

① 如 Sat BrāX · 6 · 3 · 1："信然，人由念而成。依其逝时所念之伟大，人将往生彼界。"

总之，在吠陀和梵书的时代，自我完全是自然的，还没有上升为精神的存在。这种自我观念总的来说是幼稚的，没有表现出真正的精神反思。在吠陀思想中，自我还只是一种具体的、个别的存在。在梵书思想中，它开始成为一个普遍的大我（即宇宙），与人的小我对应。但它始终是一种自然的形器之物，而没有成为觉性、精神的内在存在。在梵书时代后兴起的沙门思潮，一般而言，其自我理解也没有多大深化。就佛教所谓六师外道而言，其自我理解仍然是自然的。如顺世论持无因论，认为一切世间，皆不由因，自然而有，故自我或生命亦自然而生，自然而灭。其或言身与我一，或言身与我异，然皆主张身死我灭。无灵魂常住，亦无业报轮回。生活派以命定论为根本教义，还坚持多元的唯物论。如拘舍罗认为宇宙人生，是由十二种原素组成，波浮陀则持人生之七原素说，而且命运是原素相互结合的最终动力。总的来说，六师是仅仅把自我理解为自然的生命。

奥义书最早的自我观念，也完全是自然的。它基本上是延续了梵书的自我思考，比如其对于宇宙大我的闳阔的想象、浓重的祭祀学色彩、人与宇宙同构说以及元气论，都是来自梵书。由于反省在自由推动下的不断前进，奥义书这种自然的自我观念也是发展的，也经历了由外向内、由浅入深的过程。其所谓自我，大致包括以下环节：其一，形器之我（ChānV・12—18；BṛihII・1 等）。自我被认为是一个形器的聚合体。宇宙被设想为一个大我、原人，与人的自我同构。自我被认为是绝对。这作为自然的绝对的自我观念，也是自由推动反省思维构成的。首先，精神的任何自我观念的形成，都离不开自反势用的直接维持的展开，唯这直接维持推动反省领会对象与自我的同一。另外，精神的自反势用由于其自身绝对化，也必然展开为同一维持，后者就是这样一种运动，在这里，精神把全部存在用来维持自我。自我在这里成为生命的绝对目的，因而也就成为反省的绝对真理。这反省就是精神从自然的个别性到绝对性的运动。它体现了某种精神自由。但是在这里，自我只是一个量的绝对，其内在实质未得到思考。精神没有发现某种内在的普遍法则将存在、自我统一起来，因而它只能通过神话的外在法则（命运、时间）来把握这种统一。这反省就是最外在的、神话的反省。然而自反势用由于其自身绝对化，必然推动奥义书的反省进一步深化，领会自我的更内在意义。其二，实质之我（ChānIII・3・1；BṛihII・5；ChānVI 等）。自我被认为是存在的某种共同实质（质的绝对），如火、风及某种宇宙原汁（甘露）、实有（sat）。在这里，实质刚开始只是一种感性的普遍性。感性普遍性是一种存在假相，而且没有进入自我的真实本质范畴。最后 ChānVI 的实有论揭示自我乃是万有的本质（抽象实质）。这种实质的自我观念，也是反省在自反势用的推动下进一步深化的结果。盖精神的本质维持（同直接维持、同一维持一样），也是自反势用的真理。它就是精神区分表象与本质，并将本质作为维持的真正对象的活动。自反势用在其自身绝对化过程中，必然展开为这本质维持，后者推动反省从表象到本质、从外在到内在的运动。奥义书的这种自我观念反映出这种本质维持在这里得到展开。但这实质和本质还都只是自然的、物质性的东西，而且是一种现存、被动的质料。自我内在的主体性、思想还没有被意识到。在这里，精神将自我、实质纳入世界的普遍因果关联中，用一种自然的功利关系代替自我与非我的目的论关联来对自我进行规定，还没有涉及自我的主体性。这反省就是一种功利的反省。但是精神的本质维持必然推动奥义书的反省思维进一步深化，领会自我的真实本质是主体性、生命。其三，主体之我（BṛihI·3·1—28；ChānV·1—2；KauṣII；Ait ĀraII·2·1—3 等）。自我的真实本质，不是现存、被动的物质，而是生命、主体性。因此，本质维持，作为自反势用的内在化，必然进一步在这物质与主体之间进行区分，并用前者维持后者，它推动反省确定后者为存在、自我的真理。在奥义书中，自我终于被认为是某种能动的、有创造力的原理，即元气。这元气就是主体、生命。精神于是实现了对主体性、生命自身的直接自主设定，因而具有了伦理的自由。反省在这里成为一种伦理的反省。但是早期奥义书所谓元气，仍然是一种自然物，而不是觉性、精神真正的内在存在。真正内在的自我是心灵、思想，唯后者是真实的主体。因此奥义书中元气作为一种自然主体的观念是虚假的。然而正如自由推动奥义书的反省对这自然自我观念的构造、重组，它也必然推动反省最终否定这种虚假的自然之我，领会自我的内在性和超越性。

以下是对奥义书这种自然的自我观念发展的分析。

## 一、形器之我

奥义书最原始的自我观念，完全继承梵书将自我当作一个形器的聚合体的观念，且接受梵书的宇宙拟人论，以宇宙为一原人，与个人的自我同质同构。这种自我观念完全是外在的。

一方面，它将宇宙视为一巨人。整个宇宙就如同一个巨人的身躯，日、月是它的双眼，太空是它的躯干，大地是它的双足，草木是它的毛发，水是其精液，风是其呼吸，是为宇宙大我；宇宙是一个形器的聚合体，因此人也是一个形器聚合体。此说可谓一种宇宙即我论，在奥义书中几乎泛滥成灾，且以 ChānV·12—18 为其典型。其书云有六婆罗门请问王族该祇夜何谓自我。在对话中，此六人分别以为自我即天、日、风、空、水、地。该祇夜首先肯定这些看法各有其道理，然后指出其支离，盖其所观之自我，只是至上大我（Vaiśvānara Ātman）之一方面。此大我即宇宙全体，天是其首，日是其目，风是其气，空是其躯，水是其膀胱，地是其足。在ChānV·18·1—2该祇夜总结说："信然，汝等于此处食诸食物，而执此大我为别物。而谁若思此大我为一掌宽①，或等同于内自我，则食诸食物于一切界、一切有、一切自我。2即于此大我，彼有光辉者（天界）是其头，彼有众相者（日）是其眼，彼有多途者（风）是其气息，彼宽广者（虚空）是其身，彼财富（水）是其膀胱，彼支持（地）是其脚。祭坛是其胸，圣草是其发，家火是其心，南火是其意，东火是其口。"MuṇḍII·1·3—10也反映了这种宇宙原人观念，其云："3由彼（宇宙原人）生元气，及诸根与俱，空、风、火及水，承万有之地。4火即是其头，日月为其目，诸方为其耳，吠陀为其言，风为其元气，其心即世界，地出于其足。信然彼乃是，一切之自我。5由彼且生火，其薪为太阳。由月生雨水，草木生于地。阳注精于阴，原人生众生。6由彼生《黎俱》，《娑摩》与《夜珠》，以及开导仪，诸祭祀、仪法，祭祀之布施（为献于祭司者），年与施祭者，及日月于彼，闪耀之世界。7复次诸天神，多方由彼生，娑底天、人、畜、禽，入气与出气，稻、麦与苦行……8复次由彼生，七元气、七焰，七薪、七祭品，以及彼七界……9由彼生诸海，及所有群山。由彼生草木，以及其菁华。10补鲁沙自身，即此每一物。"

在奥义书中，强调大我为宇宙之整体者，尝有所谓十六分说（Sodaṣa-Kala Vidyā），也很具代表性（BṛihI·5·14—15；BṛihII·1；ChānVI·7；ChānVII·1—26；KauṣIV；PraśVI·4；ŚVET·I·4皆提及此说）。其说即将人分为十六分，且以轮与辐喻人与十六分。然此十六分的内容，则属任意罗列。比如在BṛihII·1；KauṣIV中，伽吉耶依次提出自我是日、月、闪电、雷、风、虚空、火、水、镜、影、回响、声音、睡梦中人、此身中人、右眼中人、左眼中人，而阿阇世一一指出它们只是大我的一个方面，应分别观想它们是大梵表现的食物之我、真理之我、声音之我、常胜不败之我、常恒具足之我、征服一切之我、光明之我、似相、伴侣、生命、死亡、阎摩王、生主、语言之我、光明之我。此外，ChānIV·5—8亦谓自我包括十六分，即天、空、地、大洋、东、西、南、北、火、日、月、闪电、气息、眼、耳、意十六分。ChānVII·1—26谓此十六分为名、语言、末那、念、想、定、识、力、食物、水、火、空、忆、希望、元气、圆满。PraśVI·4说人之十六分为元气、信、虚空、风、火、水、土、根、意、食、力、精进、咒、祭祀、世界、名，其由自我发出，如辐发于毂。

奥义书以上说法，皆完全继承梵书的观念，并无新意。其之所以听来诐辞诞漫，乃因其没有认识到自我的精神性，所以这种宇宙即我论非但没有像一些后来的注释者所期望的那样，把宇宙看作精神性的，反倒是把自我当作宇宙论的了。

① prādeśa：为拇指与食指张开的宽度，奥义书通常以此代指心脏。

另一方面，此种自我观念还包括对人与宇宙同质同构的设想。比如在ChānV・12—18；MuṇḍII・1・3—10中，由宇宙大我的头、目、呼吸、腹、膀胱、双足等，生出天、日、风、空、水、地，复由天、日、风等进入人体，转化为人的头、目、呼吸等，乃是一种共同的框架，属于奥义书的普遍观念。这种观念表明人的各构成成分，与宇宙相应成分皆起源相同，且一一同质同构。十六分说也包含同样的理论背景。盖宇宙之十六分，与人之十六分，亦属一一同质同构。此种同构说，在早期奥义书中尚有：BṛihIII・9・10—17提出色、身、欲等八有（八种原人）与火、心、眼等八界（八种生命现象）以及诸大、四方、死等八神（八种对象）一一对应之说。ChānIII・13亦说人有上气、通气、下气、腹气、出气五种元气，其实质分别同于眼、耳、语言、意、呼吸五根，及日、月、火、雨、空五境。ChānIII・18说人有语言、呼吸、眼、耳四分，其实质分别即是火、风、日、方四神（四种宇宙现象）。ChānII・2说人应敬思娑摩五分为土、火、空、日、天五界，BṛihIII・1・3—6说须摩祭的四位祭司分别等同于语言、视、元气、末那（意、思维），以及火、日、风、月等等，亦是表现了同样旨趣。

通过将宇宙万有领会成一个巨人、大我，以把握存在的全体，乃是人类远古时代共有的想象。这种想象，在从日耳曼神话的伊米尔（Ymir），到波斯宗教的女巨人提阿马特（Tiamat）、吠陀的补鲁沙，乃至华夏的盘古形象中，都得到体现。它反映了远古先民对绝对的思考。它表明在这里，精神不再只满足于个别、相对、有限的东西，而是试图领会绝对。对于绝对的领会不仅是存在省思，而且是自我省思，即反省，因为真正的绝对就是自我。奥义书的宇宙大我观念，正确表明了自我是全部存在之整体，可以说包含了天才的洞见。它一方面体现了存在省思的内向化，省思从关注个别东西转向绝对、自我；另一方面也体现了反省的普遍化，自我不再只是一个拘于个人渺小肉体的存在，而就是存在整体（即觉性）自身。反省克服了原始思维和庸人意识执着的狭隘小我，领会到自我的真理是绝对、存在大全。在这里，自我就成为全部精神活动的绝对目的。这反映出精神的自反势用，在这里已展开为对觉性的绝对维持。然而奥义书这个宇宙大我其实只具有一种很表面的、空洞的普遍性。它只是一个形器的、量上的整体，还没有一种共同的实质（或内在的法则）作为其统一性的基础。自我真正的普遍性，不在于形器的层面，而在于其内在实质或本质（心灵、思想）层面。因此这种反省仍然很幼稚、肤浅。它表明精神的自反势用尚未展开为对觉性内在存在的维持。然而自由作为绝对，要求实现为对觉性内在存在的自主设定，因而必将促使精神的自反势用持续展开，推动反省思维的不断内向化。反省思维必将否定那形器的、表象的自我，确立一个超越表象的实质或本质之我。奥义书的存在观念的发展也因而进入下一阶段。

## 二、实质之我

随着精神反省的持续内向化，早期奥义书思想开始克服那种最外在的形器之见，寻求自我的实质或本质。然而与奥义书的存在省思一致，它的反省一开始也是把一种自然实质当作自我的真理。这就是所谓实质之我。相应的说义主要有如下几种：

(1) ChānIII·3·1 所谓日说 (Sāvitṛī-vidyā)，认为自我的实质是宇宙火。其以为宇宙自我，不仅有其躯壳（天、地、火、风等），还有其灵魂。灵魂存在于宇宙躯壳之内，是它的主宰者。宇宙的灵魂是太阳，人的灵魂是每人的内心，其实质是光或火焰。太阳是宇宙的中心，一如人的心灵是其存在的中心。太阳、火是构成宇宙万有的单一元素，是宇宙的实质。整个宇宙被这永恒的活火所包围，它的本质就是火。人心的灵明，是太阳之火进入心腔而成，本质上与太阳相同。世间的任何存在，都是这宇宙之火形成的。太阳、火就成了宇宙的始基和根源。宇宙的实质不是多（天、地、山川、草木、水、风等），而是一（即火）。宇宙的存在不是静止的，而是从一到多而发展的。这样，自我就不再是一个空洞的整体，而是一个实质的统一体。

(2) BṛihII·5, ChānIII·1—10 所谓甘露说 (Madhu-vidyā)，认为自我实质是一种宇宙原汁。如 BṛihII·5·2—4,14—15 云："水是万有之甘露，万有亦是水之甘露。此水中光辉、不灭之自我，及身中光辉、不灭之自我（皆是甘露）。彼即自我、不灭者、大梵、大全。火是万有之甘露，万有亦是火之甘露。此火中光辉、不灭之自我，及身中光辉、不灭之自我（皆是甘露）。彼即自我、不灭者、大梵、大全。风是万有之甘露，万有亦是风之甘露。此风中光辉、不灭之自我，及身中光辉、不灭之自我（皆是甘露）。彼即阿特曼、不灭者、大梵、大全……此自我是万有之甘露，万有亦是自我之甘露。此自我中光辉、不灭之自我，及身中光辉、不灭之自我（皆是甘露）。彼即阿特曼、不灭者、大梵、大全。信然，此自我即是世界之主宰，万有之王。正如车轮之所有辐条安立于轴心，一切事物、一切天神、一切世界、一切生命、一切自我皆安立于此大我。"此说起源于吠陀时代就盛行的须摩崇拜。其以为地、水、火、风、空、日、月、电、法、真如等皆是万有之甘露，万有亦是地、水等之甘露。这是说，有一种宇宙原汁贯穿在群有之中，就像蜜存在于所有花中，并作为它们的实质。一切事物的实质相同，无有差别，随举一物（如水、火）即包摄万有，一即一切，一切即一。一切事物的实质皆是甘露，都是甘露的表现。这宇宙甘露就是自我、大梵。自我作为宇宙原质，是群有的精华，是一切事物的根源、归宿。它没有定形、不断流转，就像存在于所有植物中的汁液一样。它造化一切，并包括一切，是世界之大全和存在的基础。甘露说跟日说处于同样思维层次，都是将自我实质理解为某种看得见的感性存在，因而显得过于粗陋，离自我的真正实质，即觉性内在的思想、意识，尚有很大距离。

(3) ChānVI 的实有论 (Sat-vidyā)，认为自我实质是一种超越感觉的抽象原理，即所谓实有 (sat)。自我实质绝不可能是一种外在、感性的东西，感性的普遍性也完全是一种思维假相（感觉的标记属性与普遍性相矛盾）。自由作为绝对，就包含绝对内向化的运动，它必然促使精神内在的自舍势用不断否定那些外在的、表象的、感性的东西，自反势用确立更内在、更本质、更抽象的东西，推动反省从偶像到本质的无限运动。因此，在自由推动下，奥义书的反省思维必然打破感性的实质之我的假相，领会真实自我为超感性的本质。ChānVI 的自我观念就反映了这一精神进展。其以为自我真理不是某种看得见的形物，而是抽象的实有；表象的世界是千差万别、不断变化的，而本质、实有则为无相、一味、不变。

其说乃通过优陀拉羯对其子室韦塔克图的教导展开。优陀罗羯先阐明世界万有的本质是实有，而不是非有 (ChānVI · 1 · 4—4 · 7)。从实有产生世界，是一种宇宙论的生成。其具体过程为，先是在这独一无二的“有”中产生了繁殖自身、转变为多的欲望，于是它从自身内部产生出火。火产生已，又欲繁殖自身、转变为多，于是火又从自身内部产生出水。水产生已，又欲繁殖自身、转变为多，于是水又从自身内部产生土（食物）。由火、水、食三者的分化、组合，乃产生世界万物，故万物皆包含火、水、食三有。

在此基础上，优陀罗羯乃设立九个例喻，反复强调这实有就是自我的真理。此九者，包括花蜜喻、江海喻、树喻、尼拘陀树子喻、盐水喻、归乾达罗村喻、斧刑喻 (ChānVI · 9 · 1—16 · 3)，及睡眠 (VI · 8)、死亡 (VI · 15) 二例。每一喻例皆始以阐明差别万有归于一味实质，终以点出此实质即是自我。兹录其最典型二喻，即尼拘陀（无花果）树子喻、盐水喻，其云：“（优陀罗羯曰：）‘且由彼尼拘陀树为我取一果子来。’‘此即是，先生。’‘剖开之。’‘已剖开，先生。’‘汝所见者何？’‘彼极微细之种子，先生。’‘取其一而剖开之。’‘已剖开，先生。’‘汝所见者何？’‘一无所有，先生。’于是彼语之曰：‘信然，吾爱，彼最精微实质，汝不能见，由彼最精微实质，此大尼拘陀树如是生出。其信我，吾爱，’彼曰，‘彼最精微实质，全世界以之为自我。彼即真理。彼即自我。彼即是汝，室韦塔克图。’‘先生，请再为我开解。’‘然，吾爱，’彼曰：‘且置此盐于水，明朝来我处。’彼如是为。于是彼（优陀罗羯）语之曰：‘汝昨晚所置于水之盐，汝且取来。’彼遂于水中捉之，而不可得，其已全化入水故。‘请于其上层取而尝之，’彼曰，‘何如？’‘盐味。’‘请于其下层取而尝之，’彼曰，‘何如？’‘盐味。’‘且置之，前来。’彼（室韦塔克图）如是而为，曰，‘彼始终同一。’于彼（优陀罗羯）语之曰：‘信然，吾爱，如实汝不见此处之实有。信然，其如实在此。彼最精微实质，全世界以之为自我。彼即真理。彼即自我。彼即是汝，室韦塔克图。’”优陀罗羯先让儿子取来一个尼拘陀树果并将其剖开，问他所见何物。儿子回答说，只见到里面极微细的种子。然后优陀罗羯要他将种子剖开，问他看见何物？儿子回答说没有看见任何东西。优陀罗羯乃说，彼不可见之最精微实质，即此大尼拘陀树所由生出的本体，此即万有之自我，也是你室韦塔克图之自我。盐水喻亦有相同的逻辑结构。优陀罗羯命室韦塔克图置盐于水，明日命他复把盐从水中拿出。儿子在水中摸索而不能得，因为盐已经完全溶解于水中了。于是优陀拉羯命他于水中取一滴尝之，问其何如，儿子回答说味咸。然后他又命儿子分别于水中不同位置取一滴尝之，皆同为盐味。于是优陀拉羯再次宣说：你于此处不见“实有”，然彼确实存在于此处：“彼最精微实质，全世界以之为自我。彼即真理。彼即自我。彼即是汝，室韦塔克图。”此外，花蜜喻、江海喻，谓如蜜蜂采集众花之蜜，乃融为一整体，而不复分辩其为此花、彼花之蜜，又如江河之水奔流入海，融为一大海水，而不复分辨其为此河之水，彼河之水；当万物归于彼实有、自我，亦无差别、无彼此。九例最后皆结之以“彼最精微实质，全世界以之为自我。彼即真理。彼即自我。彼即是汝，室韦塔克图”句，足见其为优陀拉羯之的论。一切事物同为实有、自我，体性并无差别，差别只是名言、概念。故察本则知末，见一即了一切。如 Chān VI · 1 · 4—6 云：“如从一块土，可知一切由土所成器，而其变异亦只是语言生成，只是名字——实相只是土；5 如从一块铜，可知一切由铜所成器，而其变异亦只是语言生成，只是名字——实相只是铜；6 如从一把剪刀，可知一切由铁所成器，而其变异亦只是语言生成，只是名字——实相只是铁……”埏埴为器，冶铁为刃，其为相、用千差万别，其为性、体则始终是一。然而优陀罗羯的抽象的实有，仍然是一种自然的、物质性的原理，因而他的自我也仍是一种自然之我。

实有是宇宙的自我，也是人的现实自我的本质。现实自我生于实有，它的存在也是完全自然的。优陀拉羯将生命分为三类：胎生、卵生、芽生。一切生命皆来自食物、水、火，故最终来自实有，人的自我也是这实有转化而出。ChānVI · 5 · 1—8 · 7 阐明现实自我的形成。其云人由水、火、食三者构成。食物吃后分成三部分：最粗的成分变成粪便；最细的变成末那（意）；中间的变成肉。水饮用后分成三部分：最粗的成分变成尿；最细的变成呼吸；中间的变成血。油汁（火）吃后分成三部分：最粗的成分变成骨；最细的变成声音；中间的变成骨髓。故意由食而成，呼吸由水而成，声音由热而成（ChānVI · 5 · 1—4）。当人死时，其声入于意，意入于呼吸，呼吸入于火，火入于至上神，“彼至上神即是最净妙的原质。全世界以之为自我。彼即真理。彼即自我。彼即是汝”。何以本来无差别的实有，会表现为众生不同的自我，现存的

《优陀拉羯本生故事》(Uddālaka-Jātaka) 藉优陀拉羯之父（为当朝宰相）之口给予说明：正如同一帆布，可以染成多种颜色，灵魂亦如此；圣者除垢得净，如布去染而复其本色[①]。故知众生自我，本来同一，而执受不同，故表现出种种差别。人的自我既属于自然，人生的自然欲望也受到肯定。祭祀、修道皆自然之事，非离现实生活可得。故优陀拉羯乃以房中为修行之道场，实际是印度房中术 (kāma-sūtra) 之始祖[②]。《唱赞奥义书》和《广林奥义书》皆详论此学。大抵以男女为祭祀，交合之术亦属祭祀之仪节。其事既涉淫秽，且諔诡迂诞，不足备述。另外据说优陀拉羯后来是步入了政界，并且是印度有名的法典《乔达摩法论》的作者[③]。他的生活态度不是出世，而是入世。修道目的在于获得个人幸福，而非离世解脱。

总之，奥义书的上述自我观念，无论将自我视为一种感性的实质还是一种抽象的本质，都仍然是把它当作一种现存、消极的自然物，一种宇宙材料。这实质和本质仍是宇宙论的、完全外在的。人的自我完全是自然的因果关联的一个环节，因而也被当作实现某种宇宙目的的手段。这种自我观念表明其反省是功利的，也表现了一种工具理性。它的自我省思作为这功利的反省和工具理性的统一，体现了奥义书的功利精神。然而自我的真正实质或本质，不是消极的自然，不是自然因果功能系列中的一个被动的环节，而是内在的、能动的思想及意识。因此自由要实现其内在的自主设定，必然促使精神内在的自舍、自反势用重新展开，推动反省否定这消极、外在的自然之我，领会那作为内在心灵、思想之我。这内在自我，首先不是一种现存的物化的东西，而就是能动性、主体。由于这一领会，奥义书的自我理解乃进入下一环节。

### 三、主体之我

在自由推动下，奥义书的反省思维进一步深化自身。它否定那种外在、物化的自我的被动性，领会自我的本质是能动性、主体、生命。于是，主体性、生命自身，成为生命的绝对目的。奥义书的元气论 (Prāṇa-vidyā)，就表明了这种自我理解的新进展。其以为，自我的真理，不是前此奥义书所谓的现存宇宙实质或本质，而是元气，

① Benimadhab Baru, *A History of pre-Buddhistic Indian Philosophy*, University of Calcutta Press, 1921. 127.

② Benimadhab Baru, *A History of pre-Buddhistic Indian Philosophy*, University of Calcutta Press, 1921. 127.

③ Benimadhab Baru, *A History of pre-Buddhistic Indian Philosophy*, University of Calcutta Press, 1921. 126.

是一种有生命的无形的、不停流动的存在。元气也就是生命自身。

以元气为世界本质，自《阿闼婆吠陀》始就成为一重要思想。如AVXI·4即为献于元气之颂歌，长达数十颂，谓元气是宇宙的主宰、根源，也是动植物及人的生命本质。同样的思想在梵书中亦占据极重要地位。然而在《阿闼婆吠陀》和梵书思想中，元气说的宇宙论色彩极浓厚，元气的本质被认为是风①。奥义书的元气说，尽管最早亦每将元气等同于风，但其在发展中，乃逐渐脱离原有的宇宙论意蕴而内向化。一般而言，思考元气的立足点不再是宇宙论的、主要相关于（日、水、火等）各种自然现象的，而是生理学的、主要相关于人的（视、听、味等）各种生命机能的。人的生命、主体性最终代替比如风这样的宇宙论本原，成为世界万有的绝对基础、根源。

在本书第一部第一编提到的莱克婆、荼跋拉、考史多启、爱多列亚等的思想，皆属于元气论。在ChānIV·3·1—4，莱克婆就提到一种元气说，以为元气、风是万有"摄尽者"。其云："1信然，风即是摄尽者。信然，当火熄灭，其唯归入于风。当太阳西沉，亦唯归入于风。当月亮消失，亦唯归入于风。2当水干涸，亦唯归入于风。因为信然，风即是摄尽一切于自身者——此就诸天（宇宙层面的存在）而言。3以下就人之自身而言——信然，元气即是摄尽者。信然，当人睡眠，语言入于元气；眼入于元气；耳入于元气；意入于元气；因为信然，元气即是摄尽一切于自身者。4信然，有两个摄尽者：诸天中之风，诸根中之元气。"其说体现了奥义书元气说之最古老的层面。此文本亦基本袭自Sat BrāVII·1·2·5，X·3·3·6-8。其说一方面仍同梵书从宇宙论角度来规定元气，它表明不仅人的生命元气来源于风，而且诸根本质上与火、日、风、虚空等是相同的；另一方面，其所谓的风、元气只是一个量上的大全、总体，从中没有看出元气作为存在、自我的本质的想法。

在ChānV·1—2的荼跋拉学说中，元气说由于与生命轮回说的结合，一方面开始脱离宇宙论意义，元气就是指众生的生命，另一方面元气反过来成为风、火、日、虚空等的根源。ChānV·1·1—5的元气敬思，就表明了元气的这种殊胜地位。其大致思路是，人应先观想诸根之殊胜，然后观想此等殊胜，皆属于元气，诸根以元气为最胜者、本原故。其云："1 Om！信然，人若知彼最尊、最胜者，则为最尊、最胜者。信然，元气即是彼最尊、最胜者。2信然，人若知彼最富足者，则（于人中）成为最富足者。信然，语言即是彼最富足者。3信然，人若知彼安住处，则于此岸、彼岸

① 如Sat BrāVI·1·2·19："生主（元气）当其休止，就是风。"VIII·1·1·8，9云：风是造物者，由它生意，由意生一切。VIII·4·2·26云："信然，风是一切之依止。"VIII·6·1·17云：风是造一切者。XIV·3·2·7云："风是诸神之自我"。

皆得安住处。信然，眼即是彼安住处。4 信然，人若知彼成就，则于人、天界，凡其所愿皆得成就。信然，耳即是彼成就。5 信然，人若知彼依止，则成为其人民之依止。信然，意即是彼依止。”人的所有生理、心理功能（诸根）皆是同一元气的不同表现、功能，诸根都生于元气，且不异于元气，而且在人死后皆复归于元气，故诸根与元气为本末、体用的关系。而诸根则为富足即包含万有，且为万有之成就、依止，故为万有根源，其与万有亦为本末、体用关系。可见元气、自我为万有之本。挈本制末，末必归本。人若欲得不朽，就应观想诸境没入诸根，诸根没入元气，由悟元气之恒住而得自身之恒住。ChānIV・5—8，10，15 谓荼跋拉首先得知梵有十六分：(1) 四方；(2) 地、空界、天、大洋；(3) 日、月、电、火；(4) 气息、眼、耳、意，然后收摄此十六分为命、乐、空，三者同一，即人内在的元气。此元气不是一种物质现象，而是“人眼中的自我，即彼不死者、无畏者。此即是梵。它是光明之源，照亮一切世间。”ChānV・1・6—2・8 通过奥义书常见的诸根相互争论孰为最胜而元气最终胜出的寓言，表明元气之殊胜。其说诸根因为此争论而质诸生主（Prajāpati）。生主曰：汝等之中谁若离去后此身最不堪者，则为最胜者。于是语言离开，出游一年，则此人仍然活着，唯喑哑无语。如此眼、耳、意亦各自离开，出游一年，此人仍能存活。而当元气离此身，则诸根皆被拔出。于是诸根皆呼元气留住，称彼为最胜者。凡属诸根者皆属元气，皆为元气所生，即是元气。语言、眼、耳、意诸根，既分别为万有之富足者、安住处、成就、依止，故元气乃为万有之富足者、安住处、成就、依止（与 V・1・1—5 呼应）。因此在这里，奥义书的元气论实现了从宇宙现象到内在生命的立场转移。

KauṣII 的考史多启的学说，同样也是一种元气说。其说看来没有脱离梵书的范畴。一方面它的祭祀学色彩极为浓厚。它把元气等同于梵。但是梵仍然是祭祀学意义的，就是吠陀的言词，就是三吠陀构成。另外对元气的领会，都被用于祭祀之中，成为其消罪、祈福仪式的理论基础。看来颇原始。另一方面它要求观想人体内的元气与宇宙内的风同一，也基本上是继承梵书。它主要包括两种敬思：一是观想元气为包摄诸根的全体。如 KauṣII・1 云：“‘元气即是梵，’信然，考史多启如是说。信然，即于此元气梵，意为信使，眼为守卫，耳为禀报者，语言为女侍。信然，孰若知此意为此元气梵之信使，乃如实有一信使；孰若知此眼为守卫，乃如实有一守卫；孰若知此耳为禀报者，乃如实有一禀报者；孰若知此语言为女侍，乃如实有一女侍。信然，诸天（即意、眼等）献供于此同一元气梵，而不待其乞求。是故信然，众生皆献供于知此义者，而不待其乞求。”二是观想元气与风同一，为所有物质、精神现象的起源与归宿。KauṣII・12—13 所谓“诸神入没”（daiva parimara），即表明此义，其云：

"以下为诸神之入没。信然，当火燃烧，此梵亦辉耀；准此，当火熄灭，梵亦入没。其光入于日，其元气入于风。信然，当太阳照耀，此梵亦辉耀；准此，当太阳不现，梵亦入没。其光入于月，其元气入于风。……信然，此诸神皆进入风，彼等没入于风而非澌灭；如实彼等复于中生出。——于诸神如此。以下谓自我——信然，当人以语言言说，此梵亦辉耀；准此，当人不言说，梵亦入没。其光入于眼，其元气入于元气。信然，当人以眼视，此梵亦辉耀；准此，当人不视，梵亦入没。其光入于耳，其元气入于元气。信然，当人以耳闻，此梵亦辉耀；准此，当人不闻，梵亦入没。其光入于意，其元气入于元气。信然，当人以意而思想，此梵亦辉耀；准此，当人不思，梵亦入没。其光入于元气，其元气入于元气。信然，此诸神皆进入元气，彼等没入于元气而非澌灭；如实彼等复于中生出。"其云当诸神之入没，火入于日、日入于月、月入于闪电、闪电入于风，风即宇宙元气、大梵。是故诸神皆没入元气，即归宿于其自身的实质。然后它们又会从风中重新生出，重生的次序当与没入的次序相反，即由风生闪电，由闪电生月，由月生日，由日生火。同理，当人进入深层睡眠或死亡，诸根皆没入作为其根源的元气之中，其没入的次序是：语言入于眼、眼入耳、耳入意、意入元气；当人醒来或往生时，诸根又依相反的次序从元气中重新生出。总之，元气是一切物质和精神存在的本源和归宿。然而上述文本，精神上完全是梵书的，其文字也与 Sat BrāX・3・3・6—8 大体一致，显然是袭自后者。KauṣII・14 亦袭取了奥义书已有的诸根相互争胜而元气胜出的寓言，并无新意。

《爱多列亚森林书》第二编第二章一至三节（Ait ĀraII・2・1—3）的爱多列亚学说，乃为集奥义书生命论之大成。其以为自我、梵就是生命，或元气（Prāṇa）。万物都是一个内在的统一体，它们具有一种共同的实质（精华）：生主的精华是诸天，诸天的精华是雨，雨的精华是草木，草木的精华是食，其后依次是精液、生物、心、意、语言、业、自我，自我作为宇宙精华，就是太阳或火。但太阳不同于宇宙论的火，而就是生命元气，是生物内在的热力、能量。生命元气就是梵。这元气创生一切，而且是恒处运动、永无休止的。元气是无定形、无表相的，但却是有形体、有表相的躯体的内在主宰，是它们运动、感知、领受的原因，是自我的本质。人的所有生命机能，包括语言、视、听、意、气息等，都是元气的表现，或说是从它衍生出来的。元气被认为是从人的脚尖进入他的体内，然后逐渐上升，经过股、腹、胸，最后到达头部。然后这元气分化为语言、视、听、意、气息。Ait ĀraII・1・4・9—18 重拾诸根争论谁最殊胜的寓言，基本思路与 ChānV・1・6—2・8 无别，最后当然亦是元气胜出，表明元气是语言、视、听、意、气息的根源、基础。另外为进一步贯彻此义，爱多列亚还将所谓诸根归宿到继承于梵书的五气，即上气、下气、腹气、出气、通气。视、听、语、意等被归结到上气和下气，“当元气止，彼等亦止”。故 Ait ĀraII · 3 · 5 · 8 说“元气就是究竟自我”。

爱多列亚说元气是宇宙的人的自我的根源。一方面，元气是真如 (sattya)，是万有的胎藏 (Ait ĀraII · 1 · 7 · 1—7)。爱多列亚说宇宙泰初唯有生主——即宇宙大我，实际上是元气的拟人化。世界万物都是这生主创造出来的。据说从这大我的语言产生地和火，从其鼻息生空和风，从其眼生天和日，从其耳生四方和月，从其意生水和婆楼那界。故凡是地、火、空、风、天、日、四方、月、水所及的世界，皆是生命元气所生，皆属于此元气。或说水 (即五大) 是万物的本源，而生主乃是宇宙作者、万有之父；凡属其子者必属其父，凡属其父者必属其子 (Ait ĀraII · 1 · 8 · 1)。故元气即是世界，即是生命，即是气息；即是存在…… “诸神敬其为有，是以强盛。阿修罗敬其为非有，是以衰败” (Ait ĀraII · 1 · 8 · 4—7)。元气又置自身于一切存在者之中 (Ait ĀraII · 2 · 1 · 2)，并作为一切存在的个别本质和自我，而从内部支配事物的活动。另一方面，每个人心中的生命元气，就是他的命我 (Jivātman)。命我无形，无形故无碍，而恒处流转、运动。无形的命我从所有方面被肢体包围，并且把后者当作运动的工具。自我、元气位于肢体中间，正如呼吸位于视、听、语、意中间，如太阳位于天、地、水、风中间，如君临众臣 (Ait ĀraII · 3 · 5 · 9—10)。Ait ĀraII · 3 · 2 · 1—5 还在元气说基础上，提出了生命进化和万物融通的观念。其以为，同一种元气、自我于生物中逐渐进化。在进化序列中最低的是像石头这样的无机物，连营养功能都没有，只有单纯的“存在” (sattā)。于草木仅见营养功能。在动物中乃有意识 (citta)。在动物中自我复又逐渐进化，因为动物意识有高低之分。人类自我又进一步进化，因为其智识最高。其他动物仅有感觉，人类则有思维、语言，能进行推理、想象、言说等。人就是从无机物经过植物、动物而逐渐进化出来的。这意味着，在生命转化过程中，其实是同一种元气表现为万事万物。世界因此而为一融贯的整体。从这些说法也可以看出，爱多列亚所谓的自我、元气，就是自然界中的生命，而不是觉性、精神的纯粹内在存在。它生生不息，不断转化，产生出客观事物和人的心理活动，但这过程并不是一种精神的活动。

此外，在奥义书中，尚有许多文本开示元气说，然而其学派归属不详，故我们在此前未予讨论者。此如 BṛihII · 2 · 1—4 喻元气处于人身中，如幼畜处厩中。人身为厩，头为厩顶，气息为拴柱，食物为系绳将其拴于柱。尚有七位怨亲，即人的七窍，以时刻使之系于外境而遗失真我故。或喻头为覆钵，七窍加之语言，为八仙，居于其周。这也是以元气为自我的本质。BṛihIII · 9 · 26 记沙伽厘夜与耶若婆佉的对话，谓一切外境皆安立于内根，而全部内根安立于心，心安立于我，我安立于元气，此如 III · 9 · 26 结云："'汝自我（ātman）安立于何？''于上气（prāṇa）。''上气安立于何？''于下气（apāna）。''下气安立于何？''于通气（vyāna）。''通气安立于何？''于出气（udāna）。''出气安立于何？''于腹气（samāna）。'"其思想固与耶若婆佉的绝对唯心论不侔，当是耶若婆佉从其他思想中，未加料简，拾掇而来，可以说保留了元气论的一则史料。同样 BṛihIV · 2 · 4 亦托耶若婆佉云："东方为其东向之元气，南方为其南向之元气，西方为其西向之元气，北方为其北向之元气，上方为其向上之元气，下方为其向下之元气。故诸方只是不同的元气。"此即以元气为存有之全体、本质，亦与耶若婆佉的其他思想不谐，故同样是摘取自来历不明的其他学派的史料。这些材料都表现了奥义书元气论的内容。

在奥义书元气论中，关于诸根争胜，而元气最终胜出的寓言，经常被重复，共出现有八、九次之多，占了奥义书元气论文本的大部分篇幅。Ait ĀraII · 1 · 4 · 9—18；KauṣII · 14；ChānV · 1—2；BṛihVI · 1；PraśII · 1—4；BṛihI · 3 · 1—28；BṛihI · 5 · 21—23；ChānI · 2—3 皆属于此主题。它们肯定应当追溯到一个共同的原始文本，但这寓言每次出现，内容都有所变更，而且上述文本之间也有沿袭关系。其中，以 PraśII · 1—4 的内容最简单，可能其年代最早（但不能确定其他文本都是来自它的）。前面五个文本，我们在第一部涉及诸家学说时，皆已译出且进行了分析。余下的三个文本，以前没有讨论过，而且内容与前面的文本有较大差异。兹略论之。其中，又以 BṛihI · 3 · 1—28 说义最详。其云：

> 1 诸神与阿修罗众皆为生主子嗣。诸神年幼，阿修罗年长。二者乃互争此世界。诸神曰："其来，我等且于祭祀中以 Udgītha 胜阿修罗。"2 彼等（诸神）遂命语言："其为我等唱 Udgītha。"语言曰"如是"，且为彼等唱之。是故凡语言中之可乐者，皆为诸神唱之；凡言之美者，乃为彼（语言）自身。彼等（阿修罗众）知之："信然，彼等将因此唱者胜我。"彼等遂奔向彼且以罪恶穿之。故凡言不良之事所为之恶，皆是彼恶。3 彼等（诸神）遂命呼吸（prāṇa）："其为我等唱 Udgītha。"呼吸曰"如是"，且为彼等唱之。是故凡呼吸中之可乐者，皆为诸神唱之；凡嗅之美者，乃为彼（呼吸）自身。彼等（阿修罗众）知之："信然，彼等将因此唱者胜我。"彼等遂奔向彼且以罪恶穿之。故凡嗅不良之物所为之恶，皆是彼恶。4 彼等（诸神）遂命眼："其为我等唱 Udgītha。"眼曰"如是"，且为彼等唱之。是故凡眼中之可乐者，皆为诸神唱之；凡见之美者，乃为彼（眼）自身。彼等（阿修罗众）知之："信然，彼等将因此唱者胜我。"彼等遂奔向彼且以罪恶穿之。故凡见不良之事所为之恶，皆是彼恶。5 彼等（诸神）遂命耳："其

为我等唱 Udgītha。”耳曰“如是”，且为彼等唱之。是故凡耳中之可乐者，皆为诸神唱之；凡听之美者，乃为彼（耳）自身。彼等（阿修罗众）知之：“信然，彼等将因此唱者胜我。”彼等遂奔向彼且以罪恶穿之。故凡闻不良之事所为之恶，皆是彼恶。6 彼等（诸神）遂命意：“其为我等唱 Udgītha。”意曰“如是”，且为彼等唱之。是故凡意中之可乐者，皆为诸神唱之；凡思之美者，乃为彼（意）自身。彼等（阿修罗众）知之：“信然，彼等将因此唱者胜我。”彼等遂奔向彼且以罪恶穿之。故凡思不良之事所为之恶，皆是彼恶。如是彼等（阿修罗）乃以罪恶胜此诸神（此指语言等五者，本为诸神之成员），彼等穿之以罪恶。7 于是彼等（诸神）遂命元气（āsanya prāṇa：口中之气息）：“其为我等唱 Udgītha。”元气曰“如是”，且为彼等唱之。彼等（阿修罗众）知之：“信然，彼等将因此唱者胜我。”彼等遂奔向彼且以罪恶穿之。如土击石而自溃，彼等乃四散而灭。是故诸神增盛，阿修罗转劣。人若知此，则自身增盛，其仇敌转劣。8 彼等遂言：“彼为我等办此者，居于何处？”“即此居于此处（ayam）口中（asya）者！”彼遂名 Ayāsya Āṅgirasa，以彼为诸肢体（aṅga）之实质（rasa）故。9 信然，此神即名 Dūr，以死亡远离（dūram）彼故。人若知此，则死亡亦远离。10 信然，此神既由此诸神中击除罪恶、死亡，乃逐死亡于诸方之极地，且置罪恶于彼处。是故人不应就边民、极地，以免堕于罪恶、死亡。11 信然，此神既由此诸神中击除罪恶、死亡，乃度此诸神于死亡之外。12 信然，彼最先度语言。当彼（语言）脱离死亡，乃成为火。此火既过死亡，乃闪耀。13 彼亦如是度呼吸。当彼（呼吸）脱离死亡，乃成为风。此风既过死亡，乃净化。14 彼如是度眼。当彼（眼）脱离死亡，乃成为日（āditya）。此日既过死亡，乃炽然。15 彼如是度耳。当彼（耳）脱离死亡，乃成为诸方。此诸方固已超越死亡。16 彼如是度意。当彼（意）脱离死亡，乃成为月。此月既过死亡，乃闪耀。17 于是元气乃为自身唱出食物，凡所食之一切食物，皆为彼所食。人乃安立于彼。18 彼诸神曰：“如是，信然此宇宙既是食物。汝既以唱得之，请许我等分享。”“若此，信然，汝等且入我中。”彼等言“如是”，且从一切向入之。是故人凡以此元气所食之任何食物，彼等（即语言等诸神）皆由此得歆足。如是，信然，人若知此，其众皆赴之，彼乃成为其众之依处、尊长、首领、食者、大王。彼知此者，若其众中有人欲与之平等，则不足以支持从属于其自己者。然凡跟从于彼者，凡欲由事彼以支持其从属者，则足以支持其从属者。19 彼即是 Ayāsya Āṅgirasa，以彼为诸肢体（aṅga）之实质（rasa）故（§8）。信然，元气即是诸肢体之实质，因为如实元气即是诸肢体之实质。是故无论元气从何肢体脱离，彼（肢体）随即枯萎，因为彼如实是诸肢体之实质。20① 复次彼即是广大主（Bṛihaspati）。因为广大（Bṛihatī，兹指《黎俱吠陀》）是语言。彼（元气）为其（语言）主，故为广大主。21 复次彼即是梵主（Brāhmaṇaspati）。信然，梵（brahman，兹指《夜珠吠陀》）是语言。彼（元气）为其（语言）主，故为梵主。22 复次彼即是《娑摩吠陀》（Sāma-Veda）。信然，娑摩（sāman，兹指 Udgītha）是语言。彼即是 sā（她，指语言）与 ama（他，指元气）。此即 sāman 之所由。或曰彼与蚊蚋平等，与苍蝇平等，与大象平等，与此三界平等，与此宇宙平等，是故，如实彼即《娑摩吠陀》（Sāma-Veda）。人若如是知娑摩，乃一于娑摩，乃赢得娑摩界。

此外，§23—28 思想大体与 §22 一致，皆为从对词源学阐明娑摩、Udgītha 就是元气，以极尊娑摩，且开示敬事娑摩之法。

此则寓言在以下两点内容上明显区别上述其他版本：其一，元气战胜罪恶，而诸根则为罪恶所污染，以唯元气能胜阿修罗众所加之恶，故为最胜（§1—7）；其二，元气由此诸根中击除罪恶、死亡，度此诸根于死亡之外，故元气最胜（§9—16）。其书将元气与罪恶、死亡对立，强调元气之战胜此二者，皆包含深刻含义。盖元气即主体性、生命。人唯依自身主体性，方能克服外在与内在的恶。人亦唯依自身生命，才能战胜死亡。其书表明罪恶、死亡，皆伴随着诸根，故为生命体之内在存在。参照 BṛihI·5·21—23，此所谓死亡就是困乏（生命的自身消解倾向），诸根总伴随困乏，故总已包含死亡。任何生命体都包含生与死的矛盾。人唯有靠发挥自身的生命和主体性，才能出死入生。

然而也可以看到，此则奥义书的内容前后颇不一致。它按其内容大致可分为三个部分：其一，§1—7，此为最直接叙述诸根争胜寓言者，强调元气为最胜；其二，§9—16，说元气度诸根过死亡；其三，§19—28 转向敬思为吠陀，尤其是 §22—28 转向对《娑摩吠陀》的敬思，与文本前部存在明显意义断裂。因而可以设想此段奥义书乃是由不同文本杂糅而成的。以下几点考察将证明这一设想是可以确信无疑的：(1)《广林奥义书》乃属《白夜珠吠陀》而非《娑摩吠陀》，因而其如此标榜娑摩，不仅明显偏离了上文的主题，且与此奥义书的学派归属有违，因而此段奥义书很可能袭取了其他属《娑摩吠陀》的文本内容。这一点，如果我们把 BṛihI·3 和两

① 此及以下几节，对比 BṛihV·13·1—4："Uktha（兹指《黎俱吠陀》）：信然，Uktha 是元气，元气使此一切生起（ut-thā）故。Yajus（兹指《夜珠吠陀》）：信然，Yajus 是元气，此一切于元气中得以联结（yuj）故。Sāman（兹指《娑摩吠陀》）：信然，Sāman 是元气，此一切于元气中得以结合（saṃyañci）故。Kṣatra（刹帝利）：信然，Kṣatra 是元气，元气护（tra）此一切免伤害（kṣaṇitos）故。"（有删节）

种属《娑摩》的文本：ChānI · 2—3；Talavakāra-Upaniṣad-BrāhmaṇaI · 60，II · 1—2，10—11 对比，可以确信无疑。BṛihI · 3 的基本叙事框架与后二者类似，但显著的区别是：后二者完全为尊荣《娑摩》的 Udgītha。如 ChānI · 2 谓诸神与阿修罗众皆为生主子嗣而互争，故诸神乃欲以 Udgītha 胜阿修罗，故敬思 Udgītha 为鼻中呼吸，而阿修罗众乃以罪恶击之，因而人既嗅臭味亦嗅香味，如是诸神亦敬思 Udgītha 为语言、眼、耳、意，而阿修罗众皆以罪恶击之，因而人所言、所见、所听、所想，皆参以美、恶。于是诸神敬思 Udgītha 为口中元气，当阿修罗众击之，彼等竟自身堕为碎片，如土击石然。若有人于知此义者生恶念或伤害之，亦如土击石然。人以此气不知善味与恶味，以彼离恶故。人无论以此元气饮食何物，皆亦保持其他元气。人若不知此元气则致死亡。Aṅgiras 以敬思此元气为 Udgītha，故为 Aṅgiras，为诸肢体（aṅga）之实质（rasa）故。Bṛihaspati 以敬思此元气为 Udgītha，故为 Bṛihaspati，因语言为广大（bṛhatī）而彼为其主（pati）故。Ayāsya 以敬思此元气为 Udgītha，故为 Ayāsya，彼由口中（āsya）而出（ayate）故。可见，ChānI · 2 的基本内容与 BṛihI · 3 一致，但明显比后者更简单。显然后者是袭取前者，在其基础上加工而成。但是 ChānI · 2 通篇旨在开示对 Udgītha 的敬思，强调诸元气只是 Udgītha 之象征，Udgītha 是元气之本体，与《唱赞》的整体语境一致，但与《广林》的旨趣不一致。故 BṛihI · 3 · 1—9 把敬思诸元气为 Udgītha 句，改为诸元气唱 Udgītha，抛弃诸元气的本质是 Udgītha 的说法，试图去除 ChānI · 2 属于娑摩学派的 Udgītha 崇拜因素。BṛihI · 3 · 10—18 则完全脱离与 ChānI · 2 的关联，但是 BṛihI · 3 · 19—28 又回到《娑摩》文本，且可能对后者不再作实质的改动。如 3 · 19—21 与 ChānI · 10—12 基本相同。BṛihI · 3 · 22—28 乃完全退回对 Udgītha 的敬思，其精神明显偏离 BṛihI · 3 而与 ChānI · 2—3 完全相同。因此，可以肯定 BṛihI · 3，除其中 BṛihI · 3 · 10—18 可能是插入，基本是袭取了 ChānI · 2—3，并在其上不充分加工而形成。（2）关于 BṛihI · 3 · 10—18 为插入于 ChānI · 2—3 中间的设想，也可以证明。BṛihI · 3 · 10—18 标榜元气克服死亡，故唯元气为生命之基础，彻底去除了娑摩崇拜的痕迹，其内容为 ChānI · 2—3 所无，且不符合与后者的语境关联，因而必定是 BṛihI · 3 的编者添加，且一般情况应认为是从某一现存文本插入的。文献比较也可为此提供证据。BṛihI · 3 · 10—18 与 BṛihI · 5 · 21—23 的内容存在明显的呼应。BṛihI · 5 · 21—23：“21 生主造诸业（即诸元气）。彼等被造已，乃至争。语言说：‘我欲言！’眼说：‘我欲见！’耳说：‘我欲闻！’如是其他诸根亦各以其能互争。而死亡，作为困乏，乃掠取之。既掠取之，乃阻拦之，于是语言困乏、眼困乏、耳困乏。但死亡不能得中气（依商羯罗，此即首气 Mukhya Prāṇa）。故彼等曰：‘信然，彼即我等之最胜者，以彼无论动、静，皆不扰、不坏故。其来，我等且为彼之行相。’于是彼等如实乃为彼之行相。故彼等乃依彼而称为诸元气。……此为针对自我言。22 复次诸天亦然。火说：‘信然，我欲焚！’日说：‘我欲暖！’月说：‘我欲照！’如是其他诸神亦各以其性互争。风为其诸神之中心，恰如元气是其他诸根之中心，因为其他诸神皆会二来，而风不灭。风为永不停息之神。23 于此有偈云：太阳由何升，复没于何中？彼由元气升，复没于元气。诸神谓彼（元气）法（dharma），唯彼今、明存。信然，彼等（诸根）昔所为者，今亦为之。是故人应行一法，彼应行出息与入息，且念‘愿罪恶、死亡不得我。’彼既行此法，应持之以终。彼如是乃得与彼神为一，且安住彼界。”这两个文本最根本的共同点，就是从根本上将元气与死亡对立起来，此种世界图景，十分特别，为其他奥义书文本所无者，亦为ChānI·2—3所无，这表明了这两个文本的亲缘性。还有一个有力的证据是5·23“罪恶、死亡”之二词联结使用，3·10—11亦使用三次，此种用法，乃为全部古奥义书中所仅见，这也证明这两个文本必然存在沿袭关系。另外，3·10谓元气离死亡，与5·21“死亡不能得中气”呼应。3·10—11所谓元气度诸根使之离死亡，意义稍显突兀，但若联系5·21所谓死亡作为困乏乃掠取、阻拦诸根使之困乏，则意思自圆，其中也表明了一种意义呼应。3·11元气度诸根于不死，与5·21诸根进入元气故离死亡，亦可能存在意义参照。3·12—16谓诸根得度，乃为诸神，与5·22的讨论从诸根转向诸神，也透露出一种思路上的联系。这些证据都表明，BṛihI·3·10—18与BṛihI·5·21—23的亲缘性是确定无疑的。另外，考虑到前者的说法更充分、详细，而且其有些观念明显是以后者为前提，因而应当认为后者是前者的来源。当然这两个文本仍然存在较大差异，较合理的推论是，BṛihI·3·10—18来自某一由BṛihI·5·21—23演变出或与之有较强亲缘性的文本。总的结论是：BṛihI·3主要是将两个文本糅合、加工而成，其一是ChānI·2—3，其各部分被加工的程度不一；其二可能是某一与BṛihI·5·21—23有较强亲缘性的文本，后者被插入ChānI·2—3中间。正是这种情况导致BṛihI·3的思想存在较大断裂。

在奥义书中，元气的内涵和地位也是处在变化中的。大体说来，在其最早阶段，元气完全是宇宙论的，元气被认为是从风产生（莱克婆等）；其次，元气被内向化、主体化，反过来成为宇宙的根源（茶跋拉、爱多列亚等）；再次，元气、主体被等同于心识（波罗多陀等）；最后，在晚期奥义书，元气被归属于作为与意识对立的自性（TaitII·2；PraśIII·3—4等），或被当作自性所生的全部心理现象的总和（KāṭhIV·7等）。我们在这里只讨论前两个阶段，后两个阶段已经超越了此处所讨论的自我理解阶段，将放在后面讨论。

正如杜伊森所指出，此前的自我观念只反映了对人与宇宙的形体的类似不同，元气自我的观念则揭示了在这二者中作为主宰者的共同生命本质①。在这里，奥义书思想不再将自我视为一种现存的实质，而是将它规定为能动的、具有主体性和创造力的元气；元气就是生命。这种自我理解，反映出奥义书精神已具有了对自身主体性、生命的自主设定，即伦理的规定，它由此进入伦理的阶段。因此不奇怪，在奥义书中，与元气论同时出现的，是其自觉的主体修为之法，在这里就表现为其养气之法，比如考史多启的通过元气敬思以培养元气、增益生命之法等。精神在此实现了一种伦理的自由。在西方和中土思想中，对于自我主体性的最早领会与奥义书元气论类似。在这里，主体一开始也同样被认为是某种具有最高活动性的宇宙物质，比如气或火。米利都学派的阿那克西米尼就认为气是宇宙间唯一的能动原理，赫拉克利特则认为这能动原理是火。在中土思想中，《管子·枢机》和《庄子》的气论，都明确认为自我、主体的实质是气，气论后来成为中土宇宙观的主流。然而中土气论与奥义书元气论尚有实质区别，后者明确指出元气、生命就是人的内在自我，前者的气、生命仍然只是宇宙的、外在的（相当于梵书的元气论）。而与西方和中土此种思想相应的实践，同样也是以这种主体反省为条件。比如赫拉克利特以为道德就意味着守法、律己和控制情欲，中土儒家的"修身"、"克己"和道家强调的养气、养生，也都是对这主体的规定，因而都属于伦理的实践。不过可以看出，在东、西传统中，这主体性最初都只是从自然角度理解的，彼皆以气、火之类宇宙元素表述生命的能动性、运动。相应的伦理的自由，最初也必定是自然的。这种伦理的规定只是着重生命完善（而非精神的自由）的自然伦理。然而，一种自然的主体完全是虚假的。主体性的实质是自我内在的思想、意识、自由。唯一的主体只能是心灵自身。相应地，精神的真实自由也在于否定自然，实现对自我的内在存在的规定；唯其如此，精神才能克服自然伦理，实现真正的道德。本体自由必然推动反省进一步内在化，从而否定这主体性的自然外壳，进入主体性的内在真理，即心灵本身。于是奥义书的自我理解终于克服自我与元气的等同，领会到自我本质是超越元气的绝对心识或实体。奥义书的自我观念因而进入一个新的层面。

观念是自由的产物，它的形成、发展和演变都是由自由推动的。自我观念也是如此。自我观念由反省思维构造，这反省思维是精神的自我维持势用的实现。所谓自我维持，就是精神直接、绝对的自身维持。也就是说，在这里，精神的自反势用不再是通过维持某种别的东西，来间接维持觉性、精神自身（在这种情况下后者往往是

① Paul Deussen, *Allgemeine Geschichte der Philosophie Bd1*, Abteilung I, F.A. Brockhaus Leipzig, 1922. 295.

“匿名”的），而就是把它当作直接的维持对象，于是后者必然对于精神呈现自身；另一方面，自反势用也不是通过维持觉性、精神以维持另一种存在，而是把觉性、精神作为绝对目的，也就是说在这里自反势用（在形式上）是绝对的。精神这种直接、绝对的自身维持的实现就是自我省思或反省，就是对对象与自我同一性的领会。从逻辑上说，不仅觉性、精神自身，任何存在一旦成为精神的直接、绝对的自身维持的对象，亦即成为精神的全部生命活动之自觉的绝对目的，那么它就是自我（但是只有觉性、精神自身才能成为这样的对象）。反省思维将一切存在区分为目的与手段，后者完全为前者而存在，而生命的绝对目的就是自我，故反省就是对我与非我的区分。反省就是精神领会到自我就是绝对目的或绝对真理，尽管这一点对于这精神而言，可能是未被言明的（往往是无意识行为更清楚地揭示了精神的目的与真理何在）。反省思维作为这种自反势用的现实，就是对自我作为绝对真理的领会、守护。然而一方面，精神的自身否定势用的持续展开，必然使反省思维无法停留于当前的存在，迫使它不断否定当前的自我真理；另一方面自反势用作为本真自由也必然是无限地向内深入的，这推动反省思维的无限深化，使它必须不断寻求更内在的自我真理。因此自由推动反省思维从偶像到本质的持续运动。正是在这持续运动中，自我观念的多样性和层次才得以展现出来。

这也意味着，同存在观念一样，人的自我观念也总是处在发展中的，总是由表及里，由浅入深。盖精神以自然为逻辑和历史的起点。精神以直接意识为前提和中介，因而必然以这意识的对象，即觉性的生存论存在、自然为直接对象。这决定精神在真正的反思和超越思维形成之前的朴素状态，必然将觉性、存在的内在本质、生命塌缩，于是自然就成为独立、绝对的存在。处在这一阶段的精神，就是自然精神。它的反省就是自然反省。自然反省把自我当作一种自然物，而没有意识到自我的本质是内在的心灵、意识。

直接意识领会的我，乃是一个经验的、自然的个体，就是肉体，完全是自然宇宙的一个环节。它是一个最外在、肤浅、直接的，而且是物质性的东西。它是自然反省的起点。但人类思想若停留在这样的东西上，就不会有任何精神性，反省也是如此。但是最野蛮的思想就只把这种直接、个别、物质的东西当作真实，故反省在这里也只能将觉性、精神的这种最外在的物质躯壳，比如人的肉体当作自我的真理。这反省其实还属于自然觉性范畴，不是真实的精神反省。它没有精神性，因为它没有创造属于精神的观念，它的观念完全来自自然觉性。野蛮人理解的自我就是这样一个东西，专制极权社会也会彻底粉碎人的精神性，把人完全物化，使人的自我理解退化到野蛮水平。但是这种自我观念离真实自我是最遥远的。盖真实的自我，不是自然的环节，而是自然的绝对目的，不是个别而是绝对，不是外在表象而是内在本质，不是物质而然而精神本质上是对直接意识、自然的否定。自由促使精神的自舍与自反势用持续展开，二者通过其辩证相互作用，必然推动反省的持续深化，反省不断否定自我的最直接、外在的躯壳，努力深入到自我的内在本质之中。然而在自然精神阶段，反省领会的内在性、本质也是自然的，而不是真实的（存在的真正内在本质就是觉性的纯粹心灵）。自然反省首先否定了野蛮和极权思维的完全无精神的个别肉体之我，确立自我为绝对、普遍，然后在其发展中，不断深化对这普遍性的领会，但这反省没有突破自然的范畴，自我始终被当作一种物化的东西，比如宇宙全体、实质和本质。

奥义书最早的反省也是如此。首先它是一种自然反省。它的自我尽管很宏大，与世界等同，但本质上仍是一种自然的、物化的东西。另外它也是在自由推动下持续深化的。这通过在奥义书思想中这自然的自我观念经历的由外向内、由浅入深的发展得到反映。盖吠陀思想中的自我，就是直接意识领会的我，是一个经验、物质的个体。然而觉性的真实自我不是个别、杂多、相对，而是唯一、绝对。精神的自我维持的展开，必然推动精神将觉性、精神自身作为绝对目的，使反省克服这个别之我，领会自我为绝对。在奥义书中，这绝对首先只是一个形器的总体，然后被逐渐内向化，最后成为一个普遍的主体。因而奥义书的自然反省所谓的自我，大致包括以下逐渐展开的意义层面：(1) 形器之我（ChānV·12—18；BṛihII·1 等）。自我被认为是一个形器的聚合体，实际上就是宇宙。宇宙为一个大我，与人的自我同构。在这里自我首次成为绝对。绝对就是一个纯粹省思概念。唯绝对是真我。这绝对自我的观念标志了奥义书精神反省的真正形成。但是这自我只是一个量的绝对，其内在实质未得到思考。然而自由促使精神的自舍与自反势用进一步展开，推动反省思维否定形器的杂多偶像，领会自我的内在实质。(2) 实质之我（ChānIII·3·1；ChānVI；BṛihII·5 等）。自我被认为是存在的某种共同实质。这实质就是一种质的绝对，即存在的内在普遍性。唯普遍性是真实自我。因而在这里，反省思维又进入更深一层。另外在自舍和自反势用推动下，这种实质反省也是持续深化的。它刚开始领会的自我实质只是一种感性的普遍性，如火、风及某种宇宙原汁（甘露）。这种感性普遍性其实是虚假的（在生命现象学上，感性的东西本质上就不可能是普遍）。自我的真理当然也不是一种感性表象，而应当属于超越感性的本质领域。因此自由必推动反省扬弃这种感性实质，领会自我为一种抽象本质。ChānVI 的实有 (sat) 就是这样的本质。但自我无论作为这实质和本质，都还完全是自然的、物质的，而且是一种现存、被动的质料。自我内在的主体性、思想还没有被意识到。事实上，自然不可能是普遍性。唯一的现实普遍性只属于思想，即觉性、精神的内在存在，后者首先是主体。自由必然促使精神的自反势用进一步展开，推动反省思维深化到主体性的领域，领会自我与主体的同一。(3) 主体之我 (BṛihI · 3 · 1—28；ChānV · 1—2；KauṣII；Ait ĀraII · 2 · 1—3 等)。自我被认为是某种能动的、有创造力的原理，因而就是主体、生命。生命既是人体内的元气 (praṇa)，也是宇宙的灵魂。元气流动不已、化生万物，是人和宇宙万有的根源、实质。然而这元气作为主体，仍然是一种自然物，而不是觉性、精神真正的内在存在。这种自然主体观念是虚假的，因而元气论的主体性反省企图把握觉性内在存在的努力是失败的。然而正如自由推动反省对这自然主体的确认，它也必推动反省最终扬弃这虚假的自然之我，进入自我的内在性和超越性层面。

同在印度思想中一样，在任何其他文化中，精神反省也必然以自然反省为起点。在西方与中国思想中，最早的反省也是自然反省。此如米利都学派把存在本质说为气，赫拉克利特说为火。这意味着气、火之类的自然物，同样是自我的本质。在犹太民族，所谓精神 (ruaḥ) 最早也是指呼吸，为神所赐予，后来才逐渐内在化，指人的灵魂。在中土宇宙观中占主导地位的气论，也是将自我当作气的产物。这些思想都没有看到觉性、精神独立于物质自然的内在本质，没有看到唯有觉性内在的思想、意识，才是唯一的普遍、绝对，才是存在的真理，因而它们都属于自然反省。与它们相比，奥义书的自然反省的显著优点，在于它的主观性，就是自觉存在与自我等同。此种思路，自吠陀即已萌芽，如伐摩提婆 (Vāmadeva) 就觉悟到了万有与内在自我的同一："我即是摩奴，我即是太阳 (Sūrya)" (ṚVIV · 26 · 1)。同样特罗娑达修王亦说自我就是因陀罗，就是婆楼那 (ṚVIV · 42 · 2)。奥义书乃将这种思路发扬光大。在奥义书中，自然反省不是像在其他文化中那样，把自我当作物质宇宙的一个环节，而是把它的自我当作全部物质宇宙的根源、全体。

在这里，自然反省领会到它的自我是绝对、普遍的存在。一方面，任何绝对、普遍皆非自然觉性所领会，因而属于真正的精神观念，即纯粹省思的观念，因而这种自我观念反映精神在这里具有了一种朴素的自由。精神开始试图脱离自然觉性的束缚，进入自身独立的意义世界。另一方面，这反省将自我当作绝对、普遍，首次使人类自我具有了真实的价值。这使奥义书的自我理解与中、西文化同一层次的思想相比，具有了永恒的真理性和价值。反省确立自我为存在的绝对目的、真理，由此确立了人之为人的绝对价值。它于是成为对自我的绝对守护，成为印度精神抵抗对人的野蛮物化的一道屏障。这是阻止印度民族退化到东方社会极普遍的绝对专制和极权政治的重要力量。在专制极权社会 (和野蛮社会)，由于精神性的彻底丧失，不存在任何真正的绝对、普遍，自我也不复为绝对。存在、自我皆崩溃于粗野的纯然物化的个别性，自我的精神价值完全被粉碎。在这里，一方面作为精神的纯然物质偶像的君主、党、国家成为唯一目的，即唯一的自我，但这自我只是个别物，而不具有真实的绝对性和普遍性（专制国家不具有内在普遍性），因而也不具有精神的价值；另外臣民完全丧失自身价值，沦为工具、手段，其自我完全被取消。在秦汉以来的中国社会，大多数时候就处在这种精神状态。在这里，首先在宏观层面，精神反省就是对君主与臣民之间进行我与非我的区分。它把所有臣民当作君主的工具，将其自我完全粉碎（儒法皆然），君主成为唯一的自我（标志是唯皇帝称“朕”），但这自我永远只是一个个体，不具有普遍性（类似地，国家若消除人的自我，它自己也会丧失普遍性）。其次这反省在个体层面，也只将人的物质个别性，即他的肉体当作自我，无论是君主还是臣民，都是把这肉体当作其自我。然而对臣民而言，他的这个我不是其绝对目的，因而不是真实的自我。君主的肉体（或国家、社稷等的物质存在）成为整个社会生活的绝对目的，成为唯一真实之我。在这种情况下，臣民就没有真正的自身价值。他的存在只是服务于另一物质的个体（君主、国家）。这就是二千年以来中国社会的现实。而精神若要确立或恢复人的真正价值，就必须意识到人的自我是唯一绝对、普遍的真理，因而就是他自己的全部生命的绝对目的，也是一切存在的价值源泉。唯其如此，它才不会像在野蛮社会和极权社会那样，要求人为某一个别的物质偶像殉身。在这种意义上，正是来自奥义书的绝对自我反省，阻止印度民族进入东亚民族绝对专制的噩梦，确保了人的朴素自由。

不过，奥义书自然反省的绝对、普遍自我，其实仍然是一种自然的存在，只是自然之我。因此精神在这里维持的仍然是自我自然、生存论的层面，是精神外在的物质躯壳，它的自由仅是一种自然的自由，而不是我们一般所理解的、纯粹的精神自由，比如超越与反思。然而自由必然推动奥义书的精神克服自然思维的局限，使这种自然反省升华为纯粹的精神反思。盖精神本质上是对直接意识、自然的否定。精神必须通过否定自然的外在性和直接性，才能实现对其自身内在本质的自主设定，实现其真实的自由。这否定是无限展开的，这是被自由无限的自我实现意志所规定的。自由以此推动精神省思的持续内向寻求，促使存在和自我观念的不断深化。其中，反省思维在自由推动下的进一步深化，使它真正把握到主体性的内在实质，即心灵、意识；自我作为心灵、意识，就是存在的绝对真理。唯这绝对的心灵、意识，才是自我的纯粹内在性。因此在这里，自我就成为真正的内在之我。于是奥义书的自我理解进入下一阶段。

## 第二节 内在的自我

反省是精神的自我维持的现实性。反省就是精神区分我与非我并通过这种区分来领会、守护其自身的实体。然而在自然精神阶段，这自我维持尚未实现为真实的自由。它在这里是间接的。精神不是直接维持、守护其内在的存在，即心灵、思想、意识，而是将自我维持展开为对精神的物质外壳，比如对家族、国家以及人的肉体的维持、守护，把这些东西当作绝对实体、自我。在绝对专制社会，精神在其普遍的层面，其实是将某一肉体，即君主当作它的自我，而将一切其他存在视为非我。精神的反省还要在君主的自我和臣民的自我之间进行区分。它必确定前者是目的，是真实自我，后者是前者的手段，因而必须是非我。因此这反省必然将臣民的自我粉碎，将他们完全物质化。在现代极权社会，则是党和国家的物质存在，代替了君主的身体，成为精神的自我。在这里，根据与专制社会同样的逻辑，精神也必粉碎全部个人的自我，党和国家成为唯一的自我。另外，在个体层面，绝对专制和极权的统治，也会彻底同时瓦解臣民的精神性，使他也退化到野蛮人的彻底肉体化的自我理解。在这些情况下，物质、肉体就成为精神的最高目的。精神把它们当作绝对实体来维持、守护，把一切其他东西都当作服务于这目的的手段。精神由此实现其自我维持。但这种自我维持是间接的，因而可能偏离维持的真正目标。这在于，精神为了这类物质、肉体存在的目的，竟然牺牲了内在心灵的自由。自然反省没有发现精神的内在价值和尊严，必然导致思想的专制和精神的奴役。典型的就是自然思维主导下的中国，一方面精神的全部内在生活，一切知识、学问、道德、技能，最终都服务于君主、国家的纯然自然目的；另一方面从“焚书坑儒”、“废黜百家”，一直到文字狱，精神内在的思想、心灵从来没有获得自身存在的权利。在这里，精神始终在物质暴力的噩梦之中自污自贱、甘为媵妾。尽管在印度、西方文明中，精神没有经历像华夏一样残暴的历史，然而自然反省也注定精神必被自然奴役（温和的奴役）。而精神要彻底摆脱这种奴役，就必须领会到其内在心灵的绝对、自为的存在，它必须否定自然思维，将自然反省转化为真正的精神反思。

自由必然推动精神反省从外到内、从物质到心灵的深化。盖自由作为绝对，要求实现为对觉性、精神的内在存在的自主设定。而觉性、精神的真正内在性，乃是对生存、自然的否定，是心灵之独立、绝对的存在。于是自由必然通过呼吸与倾注，促使现实精神内在的自反与自舍势用得以克服相应的惰性势用，恢复其本真的存在，于是自舍势用就展开为对自我的生存论的、物质的偶像的否定，自反势用展开为对精神真正的内在性即心灵、思想的直接、绝对维持。正是自舍与自反势用在反省思维中展开的破、立辩证法，推动这反省克服对外在自然的执着，确认这内在的心灵为存在、自我的绝对真理。于是自然反省乃最终转化成对觉性内在的心灵、思想的省思，即成为真正的内在反思。

真正的精神自由是觉性对于其内在存在的直接自主设定，而这首先就是反思。真正的反思是对外在自然的否定。这种否定是一种颠倒，它其实是把自然思维已经弄颠倒的世界再颠倒过来，因而其实是一种扶正。盖自然作为觉性、精神的生存论外壳，乃由觉性的内在生命，即心灵、思想规定，唯后者才是绝对、自为的存在。然而自然思维却把自然当作绝对，把心灵当作依附于自然的东西，这就是一种存在的颠倒。而反思否定这种自然的僭越。它否定了自然的自身真理性，取消其独立、自足、绝对的存在，而确立内在的心灵为绝对、自为的真理。于是自然成为依附于心灵的、相对的东西，成为手段而非目的，而心灵成为人的全部生存的目的和中心。守护心灵的自由、独立就成为现实生活的最高意义。可见，反思不仅是存在的颠倒，同时也是人生的颠倒。正是这种颠倒，构成真正的精神自由。

无论在印度还是欧洲传统中，这种精神转型都得到了充分体现。在欧洲传统中，从巴门尼德开始，一种客观反思逐渐形成，且在柏拉图理念论中最终确立其统治地位。纯粹思维、理念成为绝对真理、本体，而自然只是对理念的拙劣摹仿。在柏拉图主义影响下，基督教的全部精神实践，乃变成抛弃自然、物质的世界，迈向理念的，即纯粹精神的天国的过程。这种反思的特点在于它是客观的、超越的。而东亚传统始终没有实现真正的精神反思。精神没有经历对自然的颠覆，心灵的自为、绝对的真理始终没有被领会，所以人的内在精神就一直处在物质强权的奴役之中。奥义书思想（从桑底厘耶到波罗多陀）也逐渐脱离自然思维，确立人的内在心灵为绝对真理。自然也属于心灵，但心灵有外在与内在的方面：其内在方面指心的活动，其外在方面指这活动的外在表现及活动构成的现存世界，即自然。心识的反省恰恰在于发现自然与心灵的对立是虚假的，心灵是绝对的存在，外在自然只是直接意识（在逻各斯引导下）揭示、构造的观念。与欧洲传统相比，奥义书最早的反思是主观的、经验的。也就是说，在这里，心灵或识作为绝对存在，被明确等同于人的内在自我。而这心灵、自我是经验的，就是经验意识。

事实上，在印度传统中，这样的精神反思自吠陀就已开始酝酿。比如ṚVX・81・4云："彼为何木，生于何树，天地由此，雕琢而出？汝等思者，应视自心，彼（至上者）于此住，安立万有。"ṚVX・129・4："圣者以智慧在自心中探寻，觅得有在非有中之因缘。"这都是试图在人的内在自我中寻求存在的真理、根源。同样，梵书先是把自我、阿特曼当作人的生命的本质，进而把这本质从自然中区分出来，规定为意（manas）或识（vijñāna）。如 Vāj Saṃ XXXIV · 3：“为识、思、抉择，为不死之光，彼至上自我，居于有情中，抬手皆其力，愿彼善念我。”Sat BrāVIII · 5 · 2 · 3，X · 5 · 3 · 4—8 皆把意、心识当作绝对、自我，谓泰初唯有意，由意生存在、自我、语言、元气、诸根。奥义书的精神反思在其形成中，无疑汲取了这些资源。不过这些思想在吠陀、梵书中的出现是偶然的，而在奥义书中乃蔚为主流。

由于人类精神的自身局限性，即使对于反思，也是经验、自然、表象性的东西更具触目性。因此奥义书最早的反思就是一种经验反思。它领会存在的绝对真理、根源，就是人的内在自我、心灵，但是它没有领会到这心灵的纯粹、超越的本质，而只领会到其经验的表层，并把这经验的存在当作心灵的全部，当作存在、自我的绝对真理。奥义书的自我观念，就反映了这一精神转型。在这里，自我被剥离外在自然的覆盖，呈现为一种经验的绝对心灵（意或识等），此为内在的自我。这自我为主、客的绝对统一，既是心、物的共同本质、根源。

在奥义书中，此种自我，乃包括两个历史地展开的意义层面：（1）感性之我。在奥义书中，ChānIII · 14 的桑底厘耶（Śāṇḍilya）思想，首次将存在真理规定为意（manas），即感觉总体或感性意识，而且确定意就是真实自我，因而体现了奥义书中最早的精神反思。这反思使得奥义书的实践升华为对人的内在精神之自觉、自由的规定，从而真正成为道德的。精神首次打破外在自然的专制，实现其内在的自由。然而对于人类精神反思来说，那些感性、表象性的东西，总是比抽象、本质的东西更直接、显著，更容易被抓住，这决定最初的反思总是从感性意识开始。桑底厘耶的自我观念就反映了这种感性反思。其所谓意，作为绝对心灵，其实就是全部主观和客观的感觉表象的总体，它只是一个杂多、偶然的聚合体。也就是说，反思在这里还没有深入到心灵的内在普遍性或本质层面。因而精神的自由在这里只是针对感觉，而没有深化为对意识的内在实质即纯粹思想、概念的规定；只是主观的任意，而不具备客观必然性。然而本体自由由于其绝对化意志，要求实现为对精神的内在本质的自主设定，它必促使精神的自舍与自反势用恢复其本真存在，战胜惰性势用的消解，于是自舍势用展开为对感性反思执着的感觉存在的否定，自反势用展开为对意识的内在本质即理智的直接、绝对维持。正是在二者的辩证推动之下，奥义书的反思乃否定感性的绝对真理性，确认一种超越感觉的心灵本质即理智为绝对真理。于是奥义书的自我理解乃进入下一阶段。（2）理智之我。在奥义书中，KauṣIV 和 BṛihII · 1 中被归属于阿阇世的学说；AitaIII · 1；ChānVII 中被归属于沙那库摩罗学说以及 KauṣIII 中被归属于波罗多陀的学说，都阐明了一种新的自我观念。其以为存在、自我的真理不是变幻不宁的感觉及其对象，而是在心灵之中，潜藏在感性之下而规定着感性，且具有自身同一性的本质层面。这本质就是理智、思维或理性。它作为绝对自我，就是理智之我。其中阿阇世说法，将自我分为醒、沉睡二位（KauṣIV），或醒、梦、熟眠三位（BṛihII·1）。由于在奥义书中，主、客观是绝对统一的。因而这所谓二位与三位，不仅是主观心理状态，而且是存在的不同境界。其中醒位具有内、外感觉，梦位只具内感觉，二者皆属感性意识。而熟眠位则是内、外感觉都泯灭的境界。奥义书在这里试图通过一种具有强烈心理学意义的表述，阐明心灵具有超越感觉的本质层面。其云在熟眠位，心灵脱去全部变灭的表象（感性），进入稳定、不变的境界，而且它是醒、梦二位的根源、归宿、基础。这些旨在表明熟眠位就是超越内、外感觉的心灵本质或理智。理智规定感觉，是感觉的基础。自我三位的转化，同时就是存在、世界的转化。KauṣIII 反映了与此大体一致的观察。然而阿阇世对心灵的分析还较粗略。AitaIII·1 和 ChānVII·1—7 则反映了另一种思路。这就是企图通过对心灵结构的更详尽分析，揭示其中更内在、本质的层面。AitaIII·1 区分出心、意、意识、感觉、分别识、觉、智、见、忍、慧、思、冲动、忆、念、谋虑、欲、意志等心灵内容，而以为此一切皆为觉（prajñāna）的表象，故觉就是心灵本质、理智。ChānVII·1—7 则开示应观想名、语言、末那、念、想、静虑、智，后后依次为前前的本质。这实际上也是逐渐排除心灵的表象、感性的内容，最后深入到它的最内在本质，即理智。这种本质反思也反映出在这里，精神的自反势用展开为对意识的更深层的思维、理智的自我维持，自舍势用持续展开为对感觉表象的否定，精神实现了对自身内在实质的自由。然而这理智之我同感性之我一样，仍然是经验的，它仍属于心灵的自然表象，而非其纯粹、超越的内在存在；因而更深刻的反思将发现它作为心灵本质其实是虚假的，唯心灵的先验实在才是真实的本质。这种经验反思反映了现实精神自由的局限。然而自由作为绝对，必然推动现实精神彻底打破经验的表象，进入心灵的纯粹、超越的领域。以下将依此论之。

## 一、感性之我

人的直接意识只能以存在、自我之物质的、生存层面的外壳为对象，而反省必以直接意识为基础。因此对于反省来说，自然的、外在、感性的东西，也总是最直接、最触目、最易上手的，所以最初的精神反省总是自然的。但是自由作为绝对，要求实现为对自身内在性，即意识、思想的自主设定，因而它必推动反省向觉性、精神的真正内在存在的深化。自由促使精神内在的自舍、自反势用进一步展开。前者推动精神反省否定外在的自然偶像，后者推动反省领悟意识、思想为绝对的真理。于是自然反省执着的宇宙论自我失去真理性。反省首次明确意识到自身内在的意识、思想的独立的、自在自为的存在，成为真正的精神反思。精神由此否定自然的压迫，获得真正的自身自由。然而由于人类精神的根本局限性，它的反省总是更易抓住自然的、外在、感性的东西，即使反思，也总是最先抓住觉性内在存在中那些对于意识最直接、显著的东西，这就是意识、思想的感性、经验表象。因此反思一开始总是把感性、经验意识当作自我的究竟真理。

奥义书最早的反思，也是这种经验反思，其最初的形式就是把自我理解为感性意识。ChānIII · 14 的桑底厘耶 (Śāṇḍilya) 学说，就体现了这种最初的精神反思。其说以为自我、大梵就是意 (manas)，即感觉的全体、基础，因而这自我乃是感性之我。这感性之我是绝对的，为存在和世界之基础、本质。其云："1 信然，此全世界即是梵。人应静思彼为 Tajjalān。信然，人由念而成。依其此世所念，人辞世时将依之往生。2 其实质为意 (manomaya)，其身为元气，其相为光，其思想为真，其自性是虚空，包含一切业，包含一切欲，包含一切嗅，包含一切味，包含全世界，而无言、无着。3 此即吾心中之自我，细于谷粒、大麦粒、芥子、黍子、黍米心；而此心中之自我，乃大于地，大于虚空，大于天，大于诸世界。4 包含一切业，包含一切欲，包含一切嗅，包含一切味，包含全世界，而无言、无着——此即吾心中之自我，此即是大梵。吾死时将入于彼。人若信此，则不复有疑惑——此即桑底厘耶所教者。噫，桑底厘耶！"自我就是绝对，谓之 Tajjalān (tat-ja-la-an)。其中 ja 谓生成，la 谓归没，an 谓呼吸即持存。此谓自我是万有于其中生成、消失、持存的绝对者。而其书表明此自我就是意 (manas)。在奥义书的通常术语中，意与"vijñāna"(识)和"prājñā"(智)的区别，在于它更直接地与感觉相联系。此则奥义书所谓意，详究起来，包含两种含义，皆为后来吠檀多所接受：其一为感觉的总体，或感性意识，此即 §2 所谓"其实质为意……其相为光，其思想为真，其自性是虚空，包含一切业，包含一切欲，包含一切嗅，包含一切味，包含全世界"及 §3 所谓"大于地，大于虚空……"之意。在这里，感性意识被当作自我的本质，也是存在的真理、大全。在后来的奥义书中，此种观念被整合到关于自我的五身说、四位说之中，成为自我的意义整体的一个环节。其二为处于心腔中的思维器官，统握全部感觉，此即 §3 所谓"细于谷粒、大麦粒、芥子、黍子、黍米心"之意。这所谓意乃是诸根之一，即心根，与其他诸根一样，其实质是物质性的。后世耆那教、胜论、瑜伽、数论、吠檀多派等关于心根细如极微、迅速在体内运动的观念，当是来自于此。此则奥义书对这两种含义并无区分，但前一种意义更应当被强调。

其书对意的上述说法，应溯源于梵书。盖梵书中早有以意为世界绝对根源之设想 (Sat BrāV · 4 · 3 · 9, VI · 7 · 1 · 21, VIII · 5 · 2 · 3, X · 5 · 3 · 3)；另外梵书中亦提出所谓桑底厘耶智 (Śāṇḍilya-vidyā)，以为自我与宇宙同构 (Sat

BrāX・3・3・7—8)。Sat BrāX・6・3乃合此二义为一①。此则奥义书无疑是沿袭Sat BrāX・6・3而来,而有所改动。如ChānIII・14・3,4将Sat BrāX・6・3・2的"彼心中补鲁沙"换成"吾心中之自我",ChānIII・14・4删除了Sat BrāX・6・3・2对自我与元气的等同。ChānIII・14・3于Sat BrāX・6・3・2增加了"包含一切业,包含一切欲",更加强调意的心识意蕴。这表明在ChānIII・14中,自我、意不应再从梵书的宇宙论的原人、元气角度理解,将其理解为人内在的心识更恰当一些。这意味着,梵书的宇宙论在此被转化为一种感觉的唯心论。

总之,桑底厘耶的自我观念,将作为绝对存在的自我,当作感性意识或感觉的总体,体现了奥义书最早的精神反思。精神由此领会到其自身的绝对、内在价值。精神的内在性成为生命的绝对目的。精神首次否定物质世界的奴役,具有了真正的自由。它由于对自身内在的心灵、意识自觉的自主设定,就克服自然的伦理,具有了真正的道德。因而此种思想对后来奥义书影响颇为深远,然而其局限性亦很显著。盖经验意识只是觉悟、精神的内在心灵之表层,而感性意识则是经验意识之表层。故正如该祇夜的形器自我观念只抓住了自然最外在的感性个别性的总体而没能深入自然的实质,桑底厘耶的感性自我观念,也只抓住了心灵的最外在存在即感觉,而没有深入心灵的内在实质或本质。因此它也只将心灵理解为一系列感觉碎片的总体,而不能理解心灵的实质的统一或同一。这种自我理解的局限也反映了现实精神自由的局限。精神在这里摆脱了自然的压迫,却陷入感觉任意性的变幻无常、完全偶然的专制之中。这种任性的自由因为缺乏自我规定的中介,最终必消解自身。在这里,精神唯有通过对心灵之同一的实质或本质的领会,才能确立道德的人格,从而走出主观任意的梦魅,进入必然的自由之中。自由必然推动精神反思穿越心灵的完全偶然的、表象性的感性层面,进入心灵的更稳定、更内在的本质层面。这就是理智。反思于是确定这理智才是自我的本质、真理。在奥义书中,KauṣIV, BṛihII・1, AitaIII・1, ChānVII, KauṣIII等的自我观念,就反映了这种反思的新成就。而且在奥义书中,反思总是绝对的。因此在这里,这理智之我,也就是存在的本质、真理。

---

① Sat BrāX・6・3:"1 人应敬思'真实梵'。信然,人由念而成。依其逝时所念之伟大,人将往生彼界。2 人应敬思自我,彼由意所成,其身为元气,其相为光,其自性为虚空,随意变形,迅速如想(指自我于诸感官之间迅速运动,无论感官缘取何境界,自我立即赴之),其思想为真,其意念为真,包含一切嗅、一切味,统摄诸方,包含全世界,而无言、无着(anādara)、无作(asaṃbhrama);如谷粒,大麦粒,黍子,乃至黍米心;彼心中补鲁沙即是如此;彼如无烟之火,大于天,大于虚空,大于地,大于一切存在者;——此元气我即是吾自我:我离世时将得此自我。信然,人若信此,则不复有疑惑——此即桑底厘耶所教者。"

## 二、理智之我

反省必以直接意识为基础，对它来说直接意识所领会的自然的、外在的、感性的东西总是最直接的，所以不仅最初的精神反省总是自然的，而且最初的反思也只领会到心灵中唯一可被直接意识认识的最外在层面即感觉或感性意识，且把它当作存在、心灵的绝对真理。桑底厘耶的自我观念就体现了这种感性反思。然而感觉是纯粹偶然、变灭无常的，而且它只是心灵活动外在标记、符号。因此感性反思表明在这里精神的现实自由不仅缺乏客观必然性，而且只是针对心灵的感觉表象而非对其内在实质的。

然而本体自由作为绝对，要求超越这种表象存在，实现为对精神的内在实质的自由。它必然促使精神的自舍势用持续展开为对意识的外在表象的否定，自反势用展开为对意识的内在本质，即思维、理智的维持，从而推动反思扬弃感性意识，确立一种超越感性的心灵本质为自我的绝对真理。这本质就是理智、思维或理性。它是潜藏在感性之下而规定着感性且具有自身同一性的心灵层面。它作为绝对自我，是为理智之我。KauṣIV 和 BṛihII · 1 中被归属于阿阇世的学说；AitaIII · 1；ChānVII 中被归属于沙那库摩罗学说以及 KauṣIII 中被归属于波罗多陀的学说，都表明了这种新的自我观念。兹论之如下。

KauṣIV 和 BṛihII · 1（二者本自同一文本）的主要贡献，在于将意识分为醒位和睡眠位两个层面。所谓醒位，即诸感觉生起活动、缘取外境的状态，在这里就是感性意识，相当于桑底厘耶的意。此所谓睡眠位，不同于日常的睡眠状态（“梦位”），而是指无梦的深层睡眠，在这里所有心理活动都停止，复归于冥然一如之境，后来奥义书乃称之为熟眠位（suṣupta-sthāna 或 saṃprasāda-sthāna）。在奥义书中，熟眠意识是全部感觉的根源和归宿。它就是潜伏在感性之下的、没有任何表象的意识本质，即理智。此奥义书乃称之为识我（prajñātman）。其书云阿阇世与跋拉启辩论而屈之，于是执彼手而行，见一人沉睡。阿阇世呼之不醒，杖击乃醒。阿阇世说：“跋拉启，此人尝逗留何处，成为何者，由何处归？”于是阿阇世乃开示此人于无梦睡眠中，乃归之于人心中联结心室与心包（即心脏外膜）之众多微细脉管（hitā）。在这里，他的全部感觉（诸根）和对象（诸境）乃归没于元气，即识我。当其醒来，此诸根、诸境又重新从此识我生发而出，其云：“（当此人沉睡）于是语言及诸名归入之；眼及诸色归入之；耳及诸声归入之；意及诸想归入之。当彼醒来，此诸元气（语言、眼、耳、意四根）复从自我生出，趣向各处，如火星从火焰溅出；由此诸元气生诸天（火、日、方、月四神）；由诸天生诸界（名、色、声、想四界）。此元气我（prāṇātman），乃至识我（prajñātman），遂进入此身我，达于须发、指甲尖。如刀藏于匣，或火藏于燧木，此识我遂进入此身我，达于须发、指甲尖。……信然，若因陀罗不悟此自我，则为诸魔所胜。若彼悟此自我，则摧伏诸魔，且因胜诸魔而为诸神及众生中之殊胜者、独立自治者、自在者。”（KauṣIV·20）其说首先是将万有归宿于元气，然后将元气等同于识我，故识我乃成为万有的本源、基础。这种说法，表明这种识论是从元气论发展出来的，是对元气识化的结果。对于这一点，表现得更明显的是 KauṣIII·4："至若元气，信然，彼即识我！至若识我，彼即元气"，以及 BṛihII·1·20："信然，元气是真理。而彼（识）为元气之真理。"其书将世界万有概括为名、色、声、想四界，火、日、方、月四神，语言、眼、耳、意四根，而且相互同质同构。当人进入睡眠中，则四界、四神归没于四根，四根归没于元气、识我。于是自我乃回到人体内微细脉管之中，且由之达于心包，并逗留、止息于此，于是诸根、诸境皆没，一切表象、分别皆泯灭无余。无梦睡眠就是全部感觉活动泯灭的境界。此位呈现的自我，就是超越感觉的心灵本质，即理智。而当人再次醒来，其自我乃重新由此深层意识升起，由心中虚空达于身体的各处，生成诸根，由诸根生诸境，如是产生出世界万物，如火焰溅出许多火星。如是四界生于四神，四神生于四根，四根生于元气、识我，或就是其分位；这些说法旨在表明，感觉由理智规定，是理智的产物，而外境生于感觉，故理智是存在的绝对根源，因此这种理解反思也是一种绝对反思。总之，此则奥义书对醒位和睡眠位的区分，就是对心灵的表象与本质的区分。它表明精神开始具有对心灵的内在本质的自主设定，精神的现实自由进入了新的阶段。

在阿阇世学说的两个版本中，比较起来，BṛihII·1 的思想比 KauṣIV 更清晰。BṛihII·1·17—20 云："17 当此人如此睡倒，于是彼由识（vijñāna）所成之人，既以其识摄诸根（元气）之识，入而息于心腔中的虚空。当此人收回诸根，故说此人沉睡。于是其呼吸被收回，声音被收回，眼被收回，耳被收回，意识被收回。18 当彼于梦中游历时，凡其所历皆为其世界（皆为其所有）。彼乃现似为大婆罗门，遨游高下，或如大王携其民人，随其意乐而游于其国中。如是此人（于睡梦中）亦携其诸根，随其意乐而游于其身中。19 当人进入深沉睡眠（suṣupta），不知任何物，于是彼由从心中达到心膜的 72000 条名为悉多（hitā）的脉管，进入心膜并停留于此。信然，如大婆罗门、大王、少年达乎极乐（性快感），乃止于此，如是此人亦止于此。20 如蜘蛛吐出其丝，如微小火星由火焰中溅出，一切元气、一切界、一切神、一切有皆从此至上我生出。此中奥义是'真理之真理（satyasya satya）'①。信然，元气是真理。而彼

① 此语亦见于 MaitVI·32。

为元气之真理。”此说较KauṣIV相应部分的明显进步在于:(1)其绝对唯心论的立场更明确。如果说KauṣIV强调的是元气与识同一性,而二者的区分似乎还比较含糊,那么它在BṛihII·1就变得很明确了。BṛihII·1放弃了KauṣIV(及KauṣIII)对元气与识的等同。它抛弃了KauṣIII·4的“至若元气,彼即识我!至若识我,彼即元气”的提法,而代之以BṛihII·1·20:“元气是真理。而彼(识)为元气之真理”,清楚表明识是比元气更高(而不是与之同一)的原理。另外BṛihII·1·17说人乃“由识(vijñāna)所成”,当其沉睡,乃“以其识摄诸根之识”入于心中虚空,也是完全抛弃了KauṣIV·20中睡眠位识与元气的粘联,元气被明确认为只是识的产物之一(BṛihII·1)。另外BṛihII·1不再用KauṣIV的识我(prajñātman)这样更具人格化和个别色彩的概念,而是使用了被后来的印度唯心论哲学广泛采用的更普遍、更符合本体论的概念:识(vijñāna)。在这里,识被清晰地规定为比元气更高一层的存在,是元气的根源、基础,因而是万有的绝对基础。因而元气论朝一种绝对唯心论的转化,在这里更加确定、明晰。(2)BṛihII·1另外一个重大进步在于将自我的醒、眠二位,明确变成醒、梦、熟眠三位。KauṣIV·19—20只提到醒位和睡眠位(其所谓睡眠位大致相当于后来所谓熟眠位)。BṛihII·1则在奥义书思想史上首次提出自我三位之说。§18所说就是梦位,谓人于梦中游历,随意变现其境相。§19则开示明显与梦位不同的深沉睡眠状态(suṣupta),即熟眠位,谓于此处诸根止息,人不知任何物,乃达乎极乐。§20则描述人重新由熟眠位到梦、醒二位,于是一切元气、一切界、一切神、一切有皆从此至上我生出,如蜘蛛吐出其丝,如火焰溅出火星。同样,这个熟眠位,也应当被理解为潜藏在感觉之下而规定之的心灵本质,即识、理智。识就是存在、自我的绝对真理(“真理之真理”[satyasya satya])。

总之,阿阇世的自我观念,体现了奥义书最早的理智反思。精神开始进入自身心灵的内在本质的领域,并具有了对后者的自由。阿阇世的思想,使奥义书自我观念得到大大深化。BṛihII·1提出的识(vijñāna)的概念,成为印度唯心思想的一块基石。KauṣIV·19—20对意识醒、睡二位的分析,尤其是BṛihII·1·17—20揭示的识的三个层面,乃是《广林奥义书》中耶若婆佉自我三位说的直接源头,亦是《蛙氏奥义书》的四位说之滥觞,并通过蛙氏之学,规定了吠檀多学对自我、意识的基本理解。

从阿阇世的识论出发,AitaIII、ChānVII和KauṣIII,都对于心识的内容进行了更丰富阐发,且试图发掘一种比识(vijñāna)更基本的自我本质,即觉(prajñāna)或智(jñāna)。如AitaIII·1—3:“1谁为此自我?即人由之而见者、由之而闻者、由之而嗅者、由之而说者、由之而尝甘苦者。2彼作为心(hṛdaya)与意(manas)——即意识（saṃjñāna）、感觉（ājñāna）、分别识（vijñāna）、觉（prajñāna）、智（medhas）、见（dṛṣṭi）、忍（dhṛti）、慧（mati）、思（manīṣā）、冲动（jūti）、忆（smṛti）、念（saṃkalpa）、谋虑（kratu）、精气（asu）、欲（kāma）、意志（vaśa）者，如实此一切皆为觉（prajñāna）之异名。3 彼即大梵。彼即因陀罗。彼即生主。彼即一切神。彼即地、风、空、水、光五大；即微细者及由此聚合者；即此或彼一切之种子，无论其为卵生、胎生、湿生、芽生；彼即马、牛、人、象；彼即一切有呼吸者，无论其为行走、飞翔或静止。此一切皆为觉所统治，依止于觉，由觉所生成。此世间由觉所统治，且依止于觉。觉即是依止。梵即是觉。”此则奥义书的宗旨，可以概括为 III・3 所谓“prajñāna brahman”（梵即是觉），此为奥义书四句“伟言”（mahāvākyas）之一①。其书云觉（prajñāna）是对象意识（saṃjñāna）、感觉（ājñāna）、分别识（vijñāna）等全部心理活动的本体，而此类活动皆是其表相（异名）。此觉亦是五大及由此形成的器世间、有情世界的根源。其书对所谓觉（prajñāna）的实质缺乏明确规定，不过从其说觉为感觉（ājñāna）、识（vijñāna）等心理内容乃至客观物质世界的直接根源，可以认为觉不应是一种超越经验的东西，它应当是心灵的经验、心理本质，与阿阇世的识（vijñāna）大致意思仍然是相同的。

ChānVII 则以为这众多的心理现象不是偶然堆积的，它们之间存在一种次第的表里关系，因此人应当从最表层的心理现象（名）出发，逐渐深入心灵的本质，最后达到识（vijñāna）或智（jñāna）的层面。其云：“1・4 信然，若《黎俱吠陀》、《夜珠吠陀》……天文学、咒蛇术与各种技艺，此皆唯是名。应敬思名。2・1 信然，语言为更胜于名者。信然语言使人知《黎俱吠陀》、《夜珠吠陀》……乃至天与地、风与空、水与火、神与人、禽与畜、草与木、兽与虫蝇蚁类、对与错、真与伪、善与恶、净与不净。信然，语言使此一切被知。应敬思语言。3・1 信然，意即胜于语言。信然自我即是意。信然世界即是意。信然大梵即是意。4・1 信然，念更胜于意。信然，当人生一念，彼乃于此生意，于是彼发语言，且发言为名。名包括圣言；圣言包括业。2 信然，彼等皆集于念，以念为自我，依止于念。天与地由念所成。风与空由念所成。水与火由念所成。……如是即念。应敬思念。5・1 信然，想更胜于念。如实当人思想，彼乃起念，彼乃于此生意，于是彼发语言，且发言为名。名包括圣言；圣言包括业。2 信然，彼等皆集于想，以想为自我，依止于想。信然，如实思想为核心，思想为自我，思想为依止。6・1 信然，静虑更胜于想。是故无论何人成其大者，彼皆若得静虑之

① 吠檀多派认为吠陀有四句“伟言”，其余三句为：“彼即是汝”（tat tvam asi：ChānVI・9・4），“我即是梵”（aham brahma amsi：BṛihI・4），“阿特曼即是大梵”（ayamātmā brahma：BṛihIV・4・25）。

一分报偿。7·1 信然，识更胜于静虑。如实人因识而解《黎俱吠陀》、《夜珠吠陀》、《娑摩吠陀》……善与恶、净与不净、食与饮、此岸与彼岸——凡此人皆因识而解。应敬思识。2 人若敬思识为梵——彼如实即得识界和智界。于凡识之所届，彼皆得无限自在，彼敬识为梵者。”（有删节）在这里，沙那库摩罗将自我、心识细分为名、语言、末那、念、想、静虑、智等层面，且提出一种次第观想之法，谓应依次先敬思前一分为绝对（大梵），然后悟后一分更胜（bhūyas）于前分，故应敬思后分为绝对，如此逐渐递进，直到证悟智为绝对。其中所谓胜（bhūyas）义，其梵文原义主要指量上更大、更多、更强、更重要。就文本而言，其所谓后分之“胜”于前，乃意味着它包含前分，且为其依止、根源、实质。而对于心识的这种详细区分，也表明沙那库摩罗所理解的心灵，超越了桑底厘耶的感性意识的狭小范围。名、语言、末那附于诸根，可归属于感性意识；而念、想、静虑、智也都是心理的实在，皆不由诸根，故超越感性，应属于理智范畴。其中念（saṃkalpa），亦可译为决定、愿欲、意志、想象、创造等，这里主要指意志。想（citta），一般译为心，与 vijñāna 同义，而在此处特指思维。静虑（dhyāna），佛典一般译之为定，为一种修道工夫或心理状态，在此处乃指心识的一个实在的方面，即深层的思维。识（vijñāna）传统上为心识的统称，此处特指作为念、想、静虑等的根源、基础的心识最深层面，故称为智。智为所有心、物存在之最终的实质、根源，因而是存在、自我的绝对真理。从这里可以看出一种绝对的精神反思。然其书于此智的实质为何，则语焉不详。其书体现了一种渐次内向化的精神反思。它要求依次观想名、语言、末那、念、想、静虑、识为最胜者、梵、自我。这实际上是从心灵最外在的层面即名相开始，去外入内、弃末求本、层层深入，以逐步排除心灵的感性、表象的内容，深入到其最内在本质的过程。这内在的本质就是智，这就是大梵、自我，人唯证此方能得彼岸。

不过在 ChānVII 中，以上文本乃是一个更宏大的宇宙论图景的一部分。此种图景，传统上被称为“圆满说”（bhūma-vidyā），谓应当依次观想大梵为十六分：名、语言、末那、念、想、静虑、智、力、食物、水、火、空、忆、希望、元气为绝对并寻求更大者，终于在其最后一个环节达到圆满。此即所谓十六分敬思。可以看出这种图景，总体上属于自然思维。它把各种心、物现象混杂在一起，试图将其理解成一个圆融的统一体。显然这种思想与 VII·1—7 的绝对反思存在巨大的鸿沟。在这里，十六分敬思其实是抹杀了 VII·1—7 强调的心识在存在论上的优越性，乃至心与物的区别，或曰抹杀了 VII·1—7 的绝对反思，而将其纳入其自然思维的框架之中。这种思想的鸿沟，表明 VII·1—7 本来应当是一个独立文本，后来被经历较大加工后，整合到十六分敬思宇宙论图景中（这使它原有的精神价值完全丧失了）。因此我们在这里，就是把它当作一个独立文本对待。

KauṣIII 中被归属于波罗多陀的学说，最充分体现了奥义书的理智反思。一方面，其说完全脱离 KauṣIV, BṛihII · 1, ChānVII 的粗俗宇宙论。识得以从外在自然及内在的身心机能清楚地区分开来，成为它们背后的究竟主体，于是反思获得其纯粹性。另一方面，KauṣIII · 2 所谓“至若元气，彼即识我（prajñātman，义同于识）！至若识我，彼即元气。”较之桑底厘耶、阿阇世等，更清楚表明其说从元气论发展而来的痕迹。其说乃可依以下两点论之：

第一点，元气就是识我（prajñātman），为生命之本质，超越善恶、不死，是生成、包容万有的绝对，KauṣIII · 1—5 乃明此义。这识我，与 KauṣIV, BṛihII · 1, AitaIII, ChānVII 的识我（prajñātman）、觉（prajñāna）、识（vijñāna）或智（jñāna），意义基本一致。它就是作为全部心理活动基础的理智。KauṣIII 首先依因陀罗之口宣示，人若知我，则无论其犯何罪恶，若盗、若杀胎、若弑母、若弑父，皆于己无损，以自我超越善恶、不死故，而这自我就是元气、识我，为生命、不死者。其书接着表述了一个颇有价值的观察，谓语言、眼、耳、意等诸元气（即言、视、听、思等机能）实际是统一的，故当其中一个升起活动，其他诸元气亦全随之活动，而彼等皆依元气、识我而得执持，遂能存活。III · 3 谓“此二者同住于此身，且同离之”，表明识与元气是有区别的。III · 3—5 接着开示了一种清晰的绝对反思，其云：“3 当一人沉睡无梦，彼乃融入此元气之中。于是语言与一切名入之，眼与一切相入之，耳与一切声入之，意与一切想入之。当其醒时，如从猛火中，火星四溅，诸元气从此自我各趣其处；由元气生诸根，由诸根生诸界。此即于元气中得一切云。至若元气，信然，彼即识我！至若识我，彼即元气。此即是成，此即是解：当人寝疾而失心，于是彼等议之曰：‘其心（citta）已逝。彼不复见。彼不复以语言言说。彼不复想。’于是彼乃融入元气。是以语言与一切名入之，眼与一切色入之，耳与一切声入之，意与一切想入之。当彼离此身，彼乃携此一切而离。4 语言注入一切名于彼之中，故彼由语言得一切名。呼吸注一切香于彼之中，故彼由呼吸得一切香。眼注一切色于彼之中，故彼由眼得一切色。耳注一切声于彼之中，故彼由耳得一切声。意注一切想于彼之中，故彼由意得一切想。此即于元气中得一切云。至若元气，信然，彼即识我！至若识我，彼即元气。因此二者同住于此身，且同离之。复次，吾等将开示何以诸大（bhūta）与此识为一。5 语言是由彼中取出之一分，名称为外在与之相关之大唯（bhūta-mātrā）。呼吸是由彼中取出之一分，香为外在与之相关之大唯。眼是由彼中取出之一分，色为外在与之相关之大唯。耳是由彼中取出之一分，声为外在与之相关之大唯。舌是由彼中取出之一分，味为外在与之相关之大唯。手是由彼中取出之一分，业为外在与之相关之大唯。身是由彼中取出之一分，苦、乐为外在与之相关之大唯。生殖根是由彼中取出之一分，喜乐、快感、子嗣为外在与之相关之大唯。脚是由彼中取出之一分，行走为外在与之相关之大唯。意（manas）是由彼中取出之一分，思想、欲望为外在与之相关之大唯。”其所表明者，乃是与 BṛihII・1・20 旨趣相同的存在发生论图式。它将存在、自我区分为醒、眠二位（与 KauṣIV 一致）。前者是有感觉的（即诸根升起、缘取外境的）意识，后者是感觉活动不升起的意识，分别对应于感性意识和理智。醒、眠二位的转换就是存在的转化。在睡眠位，诸境（名、相、声、想等）入于诸根（语言、眼、耳、意等），诸根入于元气，元气没入识我。而在醒位，则由元气生诸根，诸根生诸境。此奥义书还增加了对昏厥、濒死状态的分析，此种状态被与无梦睡眠状态等同。此则奥义书之最突出成就，在于更清晰地阐明了由识我生元气，由元气生诸根，诸根生诸境（bhūta）的逻辑（§4,5）。故识我、理智就是全部主观和客观存在的共同根源、实质，是存在的绝对真理。其书另一个极有价值但被后来印度传统忽视的思想，是提出自我既是生命，又是意识、心灵。此义乃得自其书与元气论的关联，后来《羯陀》、《六问》等，遂排元气论以显意识之超越，故对自我的生命性亦一并废置。

第二点，不是诸根，而是识我、理智才是人的认识、行动的真正主体，才是真实的自我，以及存在的究竟本质，因而也才是修道之人所应知者。KauṣIII・6—8 乃明此义。其云：“6 以识驭语言故，人依语言得一切名。以识驭呼吸故，人依呼吸得一切香。……以识驭意故，人得一切想。7 因为，信然，若离识则语言不复知任何名。‘我意已失，’人云：‘我不复知彼名。’因为，信然，若离识则呼吸不复知任何香。‘我意已失，’人云：‘我不复知彼香。’因为，信然，若离识则眼不复知任何相。‘我意已失，’人云：‘我不复知彼相。’……因为，信然，若离识则不复有任何想，亦无任何境相可想。8 语言非所应知，人应知彼言者。嗅非所应知，人应知彼嗅者。相非所应知，人应知彼视者。声非所应知，人应知彼听者。味非所应知，人应知彼尝者。业非所应知，人应知彼作者。苦乐非所应知，人应知彼了别苦乐者。喜乐、快感、繁殖非所应知，人应知彼了别喜乐、快感、繁殖者。行走非所应知，人应知彼行走者。意非所应知，人应知彼思者。信然，此十大唯依止于觉。此十觉唯依止于大。然而此（识我）无差别。如于一车，辐集于毂，毂集于轴，如是十大唯集于十觉唯，十觉唯集于元气。如实此元气即是识我；（彼为）喜乐、不老、不死。彼不因善业而增，不因恶业而损。‘彼即是我’——此即人应知者。”（有删节）梵书和更早的奥义书一般说有眼、耳、意、语言四种元气或四根，此则奥义书乃将四根扩展为十，即：语言、呼吸、眼、耳、意、舌、手、身、足、生殖。此说乃为后来奥义书思想继承。十根缘取十境，即名、香、色、声、想（观念）、味、业、苦乐、喜乐、行走。然而真正的主体不是十根（即感觉），而是识我（即理智)，是此识我以诸根为工具缘取十境。唯当识我驾驭语言、眼、耳、意等十根，人才能得名、色、声、想等十境。反之若无识我参与，则十根即使触境也不能形成真正的知识。识我才是真正的言者、嗅者、视者、听者、想者、尝者……故识我才是真实主体，即自我、大梵，才是所应知者。自我缘取外境，必待根、境、识三者的结合（“此十大唯依止于觉。此十觉唯依止于大”）。其中十境作用于十根，十根付于元气、识我（“十大唯集于十觉唯，十觉唯集于元气”①），以形成最终的认识。唯根、境有变异、有差别，而识我则永远无变异、差别，故为不老、不死。人要得喜乐、不死，不应于诸境上求，亦不应于诸根上求，而由那超越根、境的最终主体上求。

总之，波罗多陀的自我观念，亦旨在开示一超越感觉（诸根、诸境）的理智之我，即识我，后者乃为心灵之本质。其说以为感觉对象依赖诸根，诸根依赖元气，元气依赖识我。此识我才是真正的主体、自我，也是存在的绝对根源、实质与真理。彼为喜乐、不死。唯彼为生命，且执持、存活此身。人若领悟这心灵本质，就证悟了万有之本质，故曰彼为应知者。其说大体上继续了阿阇世等的思路，唯立意更纯粹，说法更详尽。其说并未把识当作超验的实体（自我作为实体的观念，在那支启多、伽吉耶夜尼等那里，才得到较明确的表达）。其云自我对业、老死等的否定，与阿阇世强调理想自我为殊胜者、独立自治者、自在者，同其意趣，唯旨在开示自我作为本质、绝对，不因表象、相对东西而有所增损。其所云理智之我，同样仍然是经验的。

奥义书的理智反思，一方面表明精神具有了一种内在本质的自由，精神不再追逐那偶然的、变化无常的心灵感觉，而是实现了对心灵的内在实质的自主设定；另一方面，精神通过心灵的理智本质，获得了自身的同一性、人格，从而克服道德的偶然性而使之成为必然。因此它反映了奥义书精神自由的新局面。在这里，精神的自舍势用展开为对全部感性表象的否定，而自反势用展开为对心灵的更内在的本质存在即理智的维持。然而这种反思仍然只是一种经验反思。无论是桑底厘耶的意即感性意识，还是阿阇世、波罗多陀等的觉、识、智即理智，都是经验意识，都是处在自然的时间、因果关联之中的。即使如阿阇世、波罗多陀等强调自我不受善恶业、老死的影响，也旨在强调其为本质与全体，故不因表象、部分的东西而有所增损，与实体的超越性有别。对实体的领会，必通过反思对经验表象、时间和因果性的自觉排除。这一点，直到更晚的《羯陀》、《六问》等奥义书，才得到清楚的表现。然而唯有超越性

① 另外§4：“语言注入一切名于彼之中，故彼由语言得一切名。呼吸注一切香于彼之中，故彼由呼吸得一切香。……意注一切想于彼之中，故彼由意得一切想。此即于元气中得一切云。”亦与此同义。

才会是精神的纯粹内在性。精神也唯有意识到自身的超越性才会有真正的尊严。自由必然推动奥义书的反思克服经验的表象，进入自我的纯粹、超验的王国。

唯有当精神意识到它的内在性是一切存在的本质、真理，它才不再是为满足非精神东西而存在，而是只以自身为目的，而以一切非精神的、自然的东西为实现其自身目的的手段，它因而才具有了绝对的价值。精神的绝对价值才是其真正的价值。因此，只有精神的内在反思才能确立精神的价值；只有反思才能使实践成为精神对其内在存在的自觉、自主的规定，即成为道德。内在反思的精神就是道德精神。

在奥义书思想中，从桑底厘耶到波罗多陀的自我观念，就反映了其最早的内在反思。然而由于精神的自身局限性，这反思最初只抓住了心灵的经验表象，而未能深入精神的纯粹、超越的内在存在，因而只是一种经验反思。

桑底厘耶的意（manas）说是这种反思的最早表现。其说以为自我本质就是意，它既是每个人的内在灵魂，又是存在的全体、绝对。这个意就是感性意识，它是全部杂多感觉表象的总体。精神在这里彻底否定了物质世界的绝对性，确立自身内在的意识、思想为存在之绝对真理、目的，因而才首次摆脱外在强权的奴役，享有了真正的自由。然而，感觉只是心灵最外在层面，而且总是变幻无常且偶然杂乱的。在这里，反思没有发现作为这些表象基础的、具有自身同一性的意识本质。这使得精神的自由沦落为一种任性。然而本体自由必然推动奥义书精神反思的进一步发展。它必通过呼唤和倾注，促使精神的自舍与自反势用再次恢复其本真存在，并战胜惰性自任势用的执着和自放势用的外在化，推动反思破除这种表面化的自我理解，领会意识、心灵的内在本质即理智为自我的绝对真理。于是奥义书的自我观念乃进入下一发展阶段。

阿阇世、波罗多陀等的学说，就体现了奥义书精神反思的这一发展。其说皆阐明了真实自我不是感性，而是处在感性之下且规定它的理智或理性。比如阿阇世、波罗多陀将作为绝对存在的心识，分为醒位和沉睡位二位，或醒位、梦位、熟眠位三位。其中醒位、梦位分别是具有外感觉或内感觉的意识，皆属感性意识；而熟眠位则是心识的内、外感觉都泯灭的层面，相当于超越内、外感觉的意识本质或理智。熟眠位是醒、梦二位的本质、根源，也是全部心、物现象的本质、根源，因而就是存在的绝对真理。AitaIII · 1，ChānVII 则脱离这种醒眠心理转化，直接从分析心灵的构成入手，从中确定理智，即觉、识或智，为更为本质的原理。然而阿阇世的学说，理论的杂芜含混之处颇多，其论心识亦失之单薄。AitaIII · 1，ChānVII 则通过对心灵丰富内容的把握，使识论更丰富。而到了 KauṣIII 的波罗多陀学说，自我本质作为理智的观念才得到最纯粹、清楚的阐明。也就是说，理智反思在这里才成为普遍、必然的精神现实。通过这种反思，精神得以否定心灵的感觉表象，实现对心灵的内在本质的守护和领会。精神由此首次实现对自身内在实质的自主设定或自由，且确立了自身人格的统一性以及具有客观必然性的道德。然而这种理智反思仍然是经验的，它所领会的理智也仍然是经验心理的存在。尽管其说至上我超越善恶、烦恼、变异、增损，为喜乐、恒常、不老、不死，与晚期奥义书对实体超越性的领会颇为一致，且事实上构成奥义书思想朝超越思维的过渡环节，但这只表明自我作为本质与全体超越了表象、部分的变化。真正实体的超越性，在于对经验表象、时间和因果性的否定。这显然是奥义书的理智反思所没有领会到的。

总之，奥义书这种内在的自我观念，最终只是一种经验的绝对，它表现了一种经验反思。然而经验只是心灵的最外在的、生存论的层面，即心灵的自然。精神在这里并没抓住觉性、精神真实的内在本质，即心灵的纯粹、超越的存在。唯后者是存在、自我的内在基础和生命本身。它就像处于黑暗中的巨大潜流，而经验的、生存论的存在只是它显现出来的表层。因此奥义书的经验反思，还存在很大的局限性。

反思不仅是真正的精神自由的前提，而且就是这自由本身。奥义书的精神反思，是本体自由推动精神省思深化的结果，其形成机制，体现了精神生命自身展开的一般、必然的逻辑，具有跨文化的普遍意义。因此，这样的反思，在其他传统中也广泛存在。

在西方思想中，柏拉图的理念论表明了一种纯粹精神反思。新柏拉图主义提出了一种超理智的精神本体（比如普罗提诺的太一）作为人的灵魂和物质世界的共同源泉，且以为对真理的认识是心灵从物质转向灵魂，进而转向理智，最终转向那绝对精神本体的持续内向反思过程。正是在新柏拉图主义影响之下，早期基督教神学更加明确上帝本质为绝对的精神，且将灵修过程落实为一种自我反思的实践。这种影响促使基督教成为一种纯粹反思的宗教，也使它成为真正的道德（宗教的实践被内在化）。正由于反思使基督教的超越精神道德化，基督教才得以成为西方道德的基石。然而与奥义书的上述反思相比，柏拉图主义和基督教的反思有两个特点：一是这反思总是与超越性结合在一起的，是一种超验反思，它将理念、上帝领会成一种超自然的精神实体；二是这反思缺乏主观性，它只是客观、外在的，其尽管领会到精神自在自为的存在，但并没有将这精神与自我等同起来，因此这精神就呈现为一个在自我之外的他者。西方思想到近代才建立主观反思。这主观反思表现在从贝克莱、洛克到休谟的认识论哲学中。然而，这种认识论皆始终停留在经验层面，它所把握的是经验的、心理学意义上的感觉、知性、理智，它完全把自我、主体理解为一种心理学的存在。因而这种主观反思是经验的。因此，在西方思想中，真正与奥义书上述内在反思处于同样精神阶段的，就是这种认识论的主观反思。

在印度和西方传统中，正是反思赋予精神以内在价值和尊严。而中国精神与印欧精神的一个根本差别就在于它没有任何真正的反思。在这里，精神从来没有把内在的心灵当作绝对、实体，从未把心灵作为绝对的目的、真理。因而精神从未获得自身内在的价值，而总是作为外在强力的依附者出现。这表现在中国思想中，心灵不仅没有获得绝对、独立的存在，也没有被理解为自我的本质。中国思想只有一种自然反省。在这里，自然是唯一的存在真理，自我、心都是自然派生出来的，且完全被自然规定，没有获得自身的绝对性和实体性。尽管墨家和儒家思想表现了一种主体性反省，且由此使精神成为伦理的，但他们的主体，其实都只是经验、心理上的主体，本质上仍依附自然，既不是独立的实体，也不是绝对的心灵。而道家标榜“无为”、“无己”、“无我”、“无心”，乃旨在消解中土精神中本来就非常微弱的主体性。总之在中土思想中，作为实体或绝对的心灵、自我的观念，从来就没有产生过。精神完全没有看到其内在存在的价值和尊严。而精神对自身内在价值和尊严的蔑视，与两千年的绝对专制和血腥野蛮是互为表里的。盖反思的缺乏，使精神完全屈服于物质的外在偶像，成为实现自然、功利目的的手段，精神的全部内在生活包括知识、思想、道德、审美等，都是为了服务于个人、国家（乃至宇宙）的功利，而没有获得属于其自身的、独立的价值。这种精神现状，就使得政治和自然强力对精神的践踏成为必然的。

在中土思想中，这种精神反思的缺乏也决定它不会有真正的道德。精神的内在存在从未成为绝对的真理，也从未成为实践的真正目的。比如儒家的伦理，只是对自然法则的遵守和外在意志的服从，且最终服务于齐家治国平天下的目的。然而真正的道德是精神自觉、自由的自我规定，它以精神的纯粹内在存在为对象，且只以这内在存在的完善为唯一的目的，因而它必以内在反思为前提。因此只有印、西精神有真正的道德，而中土思想最多只有一种自然的伦理。

总之在华夏精神中，任何真正的自由都无从谈起。在这里只有无限延续的强权暴力的狂欢，及精神自身的自毁自贱。两千年囚笼生涯，将民族精神中稍有高贵性的、有健康生命的东西荡尽无余。唯有通过真正的精神反思，华夏民族才有可能从这噩梦中醒来。而印度佛教的传入，对中国文化的最大贡献之一，是为它注入了一种精神反思。不仅中国佛教继承了印度如来藏佛教的反思性，皆以一种清净真心为存在的绝对真理，以反观自心为修道的方针，而且佛教的长期渗透，也将其反思注入中国的本土文化之中，以至儒、道二家思想，都经历了一种内向转化。无论是儒家的陆王心学，还是道教的内丹心性论，皆是以心为存在的真理、大全或本体，体现了一种绝对反思。这样的思想不属于原始儒家和早期道教的传统，完全是佛教影响的产物。

因此可以说，佛教给中华民族带来了真正的精神自由和道德。只是佛教带来的这种精神生活，从来没有成为客观、普遍的现实，于是它经过千百年的冲刷，最终也被消磨尽净了。

如前所论，从桑底厘耶到波罗多陀的识论，以及从贝克莱、洛克到休谟的认识论，都属于经验反思。诚如杜伊森在评价奥义书识论时所指出，这种经验反思，就其试图在吾人内在自我中寻求存在真理，乃为真实；但若其仅止于心灵的现象层面而非由此深入作为这现象基础的自我本质，则为虚假①。经验反思的虚假性就在于把经验意识当作绝对，没有领会到处在经验层面之下而构造、呈现着这经验的心灵层面，即先验实在。后者是超越经验的纯粹思想、意识。唯它才是心灵的纯粹内在本质，也才是真正的自我本质。当精神仍然只看到心灵的经验表层，那么它就仍然无意识地被这先验实在决定，对它没有真正的自由。只有当精神穿透这生存论表层，领会自身的纯粹内在生命，才有望主宰、驾驭它。精神于是从道德阶段过渡到宗教与哲理阶段。自由作为绝对，必然推动现实精神实现这一过渡。它必促使精神内在的自舍和自反势用恢复其本真性，推动反思否定全部经验、自然的存在，确认超越的心识实体为绝对的真理。于是反思从自然的转化为超越的。在奥义书中，《羯陀》、《六问》等的实体自我观念，就最早体现了这种精神转型的成果。在西方思想中，笛卡尔的思维实体、莱布尼茨的单子，乃至康德、黑格尔的先验意识观念，也体现了同样的精神运动。

## 第三节　实体的自我

在奥义书的道德精神阶段，反思仍然是经验的。即使阿阇世、沙那库摩罗和波罗多陀的学说，也仍然把自我本质理解为经验意识的一个层面。然而这种本质并不是心灵的纯粹内在存在（只是自然的、知性的本质）。盖经验只是心灵的自然表象，是觉性的生存论外壳。觉性的真正内在本质，是先验现实的领域，是对全部生存论存在、自然的否定（这本质才是自由的、理智的）。理智的本质是对全部经验、自然的表象的根本否定，因而这本质就是超越性、实体。奥义书的经验反思，还没有实现对觉性、精神的实体性的领悟，没有意识到自我的超越性，从而未能进入自我的纯粹内在存在之中。这种反思的局限性，反映了精神现实自由的局限性，精神尚未实现对其纯粹内在存在的自主设定，未能真正确立自身的尊严。这种局限性亦唯有通过自

① Paul Deussen, *Sechzig Upaniṣaden des Veda*, F.A. Brockhaus Leipzig, 1921. 14.

由的进一步展开才能被克服。自由作为绝对自否定，要求精神透过其生存论表层，守护其自身的纯粹内在生命。它必通过呼唤和倾注，促使精神内在的自舍和自反势用恢复其本真性。于是自舍势用展开为对全部经验、自然的存在的否定，自反势用展开为对一种超越经验的实体的维持。这种辩证运动推动反思扬弃经验意识，领悟超越的心识实体为绝对真理、自我。于是反思从自然的转化为超越的，成为超验反思。

在印度思想中，这种超验反思，到《羯陀》、《六问》等书的实体自我观念，得到较完整的体现。但是这种超越思维的萌芽，实际上在吠陀时代就已经开始存在了。《黎俱吠陀》就偶尔会表现出对于自我的超越性的一种模糊猜测。如ṚVX・16・4说自我是居于人的肉体之上的、不生不死的主宰。ṚVI・113・161；VI・164・30说自我超越了个体生命，为宇宙灵魂。但在大多数情况之下，它所理解的自我甚为朴质，只是一种自然存在。ṚVI・164・22将人类自我一分为二：其一则作诸事业且受用苦乐；其二则不作不受，仅仅是消极的观者（ṚVI・164・17），即超越之大我。这一观念后来被奥义书大加发扬，并成为数论学的基础。但总的说来，这类思想在《黎俱吠陀》中还是极偶然的。在《阿闼婆吠陀》中，此种思想更为常见。其有多处将存在分为世间与超世间两部分，表明了思想对现象与实体进行区分（形而上学区分）的尝试。如AVX・8・7“彼既以一半，生世界万有。余半藏何处，为人所未知？”（类似表述亦见X・8・13, XI・4・22）。而且这实体被与自我等同。如AVX・8・44：“人若知彼我，无畏、常、不老，则不惧死亡，为永生、自存、自足于实有，圆满无亏欠。”自我被说成是一种超越经验的时间和运动的存在。自我被称为“剩余”（Ucchiṣṭa）。这就是说它是一切现象的、非本质的东西被排除后呈现的超越者，是这自然世界的“它者”。另一方面它又是世界和存在的基础。如AV XI・7・1—3：“1名色与世界，因陀罗、火神，及余一切神，安立剩余中。2天地与众生，诸水与大洋，以及风与月，安立剩余中。3有以及非有，死亡与食物，乃至生主神，安立剩余中。”AV XI・7・13, 17：“13自在、成就与自如，自有（Svadhā）①、养育与不死，威力乃至一切欲，因剩余愿得满足。17天理、真如与热力，主宰、苦行与法、业，过去未来勇、力、荣，皆在剩余中安立。”自我又被称为“依持”（Skambha）②。AVX・7・8—9谓此依持以其一半转化产生世界，另一半则留在彼岸。如AV X・7・7,8,39：“7知之者请告，谁为彼依持，生主与世界，于中得支持。8于上下中间，彼入于宇宙，究竟深几许？彼亦包

① svadhā：自能、自制、本来或习惯的状态、安适、自愿。

② skambha：支持、支柱、支撑、支持物。

众相，生主之所造[①]。彼之未入者，尚余有几许？[②]9 彼入于过去，究竟深几许？未来有多少，包含在彼中？其体之一分，彼分而为千[③]，彼乃进入之，究竟深几许？”这也旨在表明自我对自然的超越性。但是在吠陀与梵书中，这类观念看来仍是偶然的，并没有成为精神的普遍、必然内容。

在奥义书思想中，印度精神的超越思维才首次得到充分、明确的体现，成为精神生命中普遍、客观的现实。在奥义书中，ChānVIII·1—6，KauṣI，PraśIV，KāṭhI—VI等的自我观念，使这种超越思维得到了最早表达。自我在这里被理解为一个超越经验、自然的、自在自为的实体。这种超越思维表现在理论上，就是对自我与自然的明确形而上学区分。在印度传统中，正是这些奥义书文本，首次将自我真理阐释为对经验的时间、空间和因果性的否定，而自然则就是时空因果经验的总体，因此这两者之间便存在一条或隐或现的鸿沟。这种实体和现象的分裂是东西方形而上学的典型图景。同时，在实践上，这种超越思维表现在，这些文本首次提出断灭轮回达到解脱的理想，轮回就是处在时间流转中的自然、此岸，解脱就是对自然的超越、彼岸。在这里，修道的实践就是精神脱离自然回归其自身本有的超越性，因而就是真正的宗教。奥义书思想在这里就进入了宗教精神阶段。

在自由推动之下，奥义书这种超越思维也是处在发展中的。它在ChānVIII·1—6等文本中得到最早的体现，但是它在这里尚未与反思结合。ChānVIII·1—6阐明自我为超越自然的实体，即无相、恒住的虚空，但并未将这实体、虚空与觉性、精神内在的心灵等同。也就是说，它没有表现出一种内在反思。因此它表现的精神向度是与从桑底厘耶到波罗多陀思想完全不同的：后者实现了一种内在反思，但是不具备超越性；前者则实现了一种精神超越，但缺乏反思性。因此奥义书的精神自由的两个向度，即反思与超越，最初是相互分离的。但是这种分离的状况很快被克服。这在于奥义书思想很快在这超越思维中，引入反思的维度，或在反思思维中引入超越的维度，从而达到超越与反思的辩证统一。我们这里针对的是第一个方面，这就是超越思维的内在化。省思认识到超验的实体就是内在的心灵、意识，因而具有了

① 谓此依持包括了生主所造之一切存在。

② 谓此本体以其一部分化生世界，另一部分恒处世界之外。8、9二偈，Muir和Deussen的解读大不一样。第8偈Muir的译文是：“How far did Skambha penetrate into that highest, lowest and middle universe……, and how much of it was there which he did not penetrate?”意谓宇宙尚有一部分为此本体未进入也。但阿闼婆Skambha颂诗，重点标榜本体的超验性，此如下一颂：“彼以其一半，生世界万有，而彼另一半，则无迹可寻。”（AV X·8·13）则Deussen的解读更合上下文，也更为合理。

③ 意为依持由其存在的一部分，分化产生世界万物。

真正的反思性。于是，省思一方面克服超越思维的外在化，使之成为内在超越，另一方面也否定反思的经验、自然色彩，使之成为超验反思或纯粹反思。唯自由推动这一思想进展。盖自由作为绝对，要求实现为对精神的纯粹内在存在的自主设定。它必然促使精神的自反势用进一步内向化，展开为对精神的纯粹内在存在的维持，从而推动精神在超越思维领域形成一种反思，即超验反思。精神于是克服自我实体的抽象性，领会到这实体的实质就是纯粹的心灵、意识。在印度思想中，这种超验反思，最早通过 KauṣI, PraśIV, KāṭhI—VI 的自我观念得到体现。因此奥义书所谓实体的自我观念，乃包括两种形态：一是自我作为虚空，即抽象实体（ChānVIII · 1—6 等）；二是自我作为意识实体（KauṣI, PraśIV, KāṭhI—VI）。兹论之如下：

## 一、自我作为虚空

奥义书中，明确开示自我真理为超越之实体者，可谓不少。如 BṛihIII · 7 谓自我为居于万有之中，与万有异，且不可知的不灭者。BṛihIII · 8 · 8 谓自我为不灭者，彼非粗非细、非长非短、无内、无外、不灭、无染、非显、非隐，不食于一切，亦不为一切所食。BṛihIII · 8 · 11 谓自我为不可见之见者，不可闻之闻者，不可知之知者。BṛihIII · 9 · 26 谓自我为"非此，非彼（neti, neti）"。KauṣI 提出时间之我与超时间之我，以及对实（sat，谓超越诸天、诸元气的自我实体）与性（即诸天、诸元气）的区分，表明自我超越昼夜、善恶、贪恚，不老、不死。KenaIII 以诸神不得大梵的寓言表明梵对于一切自然存在的超越性，I—II 谓大梵为语言、视、听、思想等所不知，以为梵超越人的认识能力。这些说法都表明自我超越了经验的表象、时间、空间和因果性，乃至超越了经验的认识能力。这自我就是超验的实体，对它的领会就是超验反思。不过在这里，对自我的超越性的领会，往往被整合到更深刻的精神省思（比如耶若婆佉的思辨思维，《蛙氏》的直觉思维等）之中。

在奥义书中，最简单、单纯地体现这种超验反省者，乃为 ChānVIII · 1—6。彼开示自我为心中虚空（hṛyday ākāśa），是为虚空之我。其所谓虚空是超越经验的时间、空间和因果性等的实体；虚空、自我与经验存在的区分就是一种形而上学的区分。这种自我观念，体现了奥义书最原始的超越思维。精神在这超越思维层面，才真正实现对自然的否定，因而成为宗教的精神，也实际地成为如其真理的存在（精神就是对自然的否定）。然其书对这实体的具体实质尚无规定，故它是且仅是实体而已。自我真正的实体，是其内在的现实性、纯粹的心灵、思想，这一点在这里尚不明确。这意味着奥义书思想在这里，尚不具备像桑底厘耶、阿阇世等的学说体现的真正反思。因此在奥义书思想中，最初的超越与反思是两个相互分离的向度。

由于ChānVIII·1—6此种实体观念的简单性，兹将其置于奥义书实体自我观念之首。ChānVIII·1·1—6·6云：

VIII·1·1 Om！（师云）"于此处梵城中者，为一居所，即（心中）微小莲花。于中有一微细虚空。彼居于其中者，乃是所应寻求者；如实，彼即是所应知者。"2若彼等（学生）问之："此居所，此梵城中微小莲花，及此莲花中微细虚空——孰为居于彼中，为所应寻求者，为如实所应知者？"3彼应答云："信然，无论此世界虚空延伸多广大，此心中虚空乃同其广大。于彼中如实包含天与地、火与风、日与月、电与星、人于此有者与无者（前世与来世），此一切皆于中包含。"4若彼等问之："若此梵城中包含此一切，一切现存者、所欲者，如是当年老来袭或彼坏灭，则所余物？"5彼应答云："彼不因人年老而老，不因人见杀而被杀。彼为真梵城。于彼中包含一切所欲。彼即是自我，无罪、不老、不死、无苦、无饥、无渴，其所爱为真理，其所念为真理。因为，正如于此世间，人若欲得何物，则听命于彼物，且唯依赖彼而活，无论彼为一国土或一片土地；6正如于此世间，凡由业所得之界（karmajita loka），终必坏灭，甚至由善业所得之界（puṇya-jita loka）亦必坏灭。人若不知自我及真爱（satya kāma）而逝者，则于一切界无自由。而若彼逝者已于此证自我及真爱者，则于一切界皆得自由。2·1若彼欲得诸父之界，则唯因其念，诸父现前。彼致诸父界故，乃乐。2复次，若彼欲得母之界，则唯因其念，诸母现前。彼致诸母界故，乃乐。3复次，若彼欲得兄弟之界，则唯因其念，兄弟现前。彼致兄弟界故，乃乐。4复次，若彼欲得姊妹之界，则唯因其念，姊妹现前。彼致姊妹界故，乃乐。5复次，若彼欲得朋友之界，则唯因其念，朋友现前。彼致朋友界故，乃乐。6复次，若彼欲得香味、花环之界，则唯因其念，香味、花环现前。彼致香味、花环界故，乃乐。7复次，若彼欲得饮食之界，则唯因其念，饮食现前。彼致饮食界故，乃乐。8复次，若彼欲得歌、乐之界，则唯因其念，歌、乐现前。彼致歌、乐界故，乃乐。9复次，若彼欲得女人之界，则唯因其念，女人现前。彼致女人界故，乃乐。10无论彼欲得何物，无论彼所欲为何，此物皆唯因其念而现前。彼致此物故，乃乐。3·1此等真爱（合于真理的爱，或真实之所爱）乃为非真覆盖。虽彼等实有，然有虚假覆盖；是故如实若人之戚属已逝，则彼不复见之。2然则举凡人之戚属仍生活于世者，及彼已逝者，以及任何其他所欲而不可得之物，若到达彼处（内在自我）乃可得此一切；因为如实，彼之真爱，为非真覆盖，皆藏于彼处。如是，譬如若人不知藏宝处，则纵使屡经此隐匿之金宝藏，而不见之。如是此间众生日日（于熟眠位）到彼梵界，而不见之，彼等如实被虚假所误导故。3 信然，此自我即在心中。此即其训释（nirukta）：此即在心中者（hṛdy ayam），故名为心（hṛdayam）。信然，人若知此，乃日日入于天界（svarga loka）。4 如是，此寂静者（处熟眠位者），乃由此身升起，达乎至上光明，而以其自相呈现。彼即是自我。彼即不死者、无畏者。彼即是大梵。”彼（导师）如是云。信然，彼大梵之名即真理（satyam）。5 信然，彼为三音：sat-ti-yam。于中，sat（存有）谓不死者。ti（如于“mṛitiu［死亡］”）谓有死者。yam 则共同摄持此二者。人以彼持此二者故，名彼为 yam。信然，人若知此，乃日日入于天界。4·1 此自我乃为桥（或坝），分开诸世界。昼、夜、老、死、苦、善业、恶业，皆不能过此桥。诸恶皆由此退回，以梵界无恶故。2 是故，信然，若过此桥，则盲者不复盲，伤者得愈，病者得瘳。是故，信然，若过此桥，则黑夜亦如白天，以梵界永明故。3 然则唯彼等依梵行（brahmacarya）见梵界者，唯彼等乃得梵界。彼等乃于一切界得无量自由。5·1 人所谓祭祀（yajña），实际是梵行，知者唯由梵行得彼（祭祀所求之世界）故。复次，人所谓献祭（iṣṭam），实际是梵行，人唯以梵行而希求（iṣṭvā）方得见自我故。2 复次，人所谓长祭（sattrāyaṇa，大须摩祭），实际是梵行，人唯由梵行发现真（sat）我之护持（trāṇa）故。复次，人所谓寂默（mauna），实际是梵行，人唯当由梵行见自我方得思维（manute）故。3 复次，人所谓斋戒（araṇyāyana，亦谓“不入坏灭”），实际是梵行，人由梵行得见之自我不坏灭（na naśyati）故。复次，人所谓林栖（araṇyāyana），实际是梵行。信然，Ara 和 Ṇya 乃谓于梵界、于由此以上第三天之二海。彼处有 Airaṃmadīya（“赐喜、安者”）湖。彼处有名为 Somasavana（“滴须摩汁者”）之无花果树。彼处有 Aparājitā（“无能胜”）梵城，金色 Prabhuvimita 堂（“主所造之堂”）。4 然唯彼等以梵行于梵界见 Ara 和 Ṇya 二海者，唯彼等得梵界。彼等乃于一切界得无量自由。6·1 复次，如其所云，彼心之诸脉管，彼等由棕红、白、蓝、黄、红色之最微细实质构成。信然，彼处太阳乃为棕红色，彼为白色，彼为蓝色，彼为黄色，彼为红色。2 复次，如一大道通达此处与彼处二村，如是太阳光线亦通达此处与彼处二界。其发于彼处太阳，进入彼等脉管。其发于彼等脉管，进入彼处太阳。3 复次，当人沉睡，安稳、寂静，彼不复梦，于是彼乃进入彼等脉管，于是罪恶不染于彼，彼已达乎光明（tejas）故。4 复次，当人已衰（将死），彼等（亲友）绕坐曰：“汝识我乎？”“汝识我乎？”若彼尚未离此色身，则识。5 然若彼离此色身，乃循彼诸太阳光线而升。信然，彼乃因敬思 Om 而升高。于是，迅速如思想，彼遂达乎太阳。信然，彼（太阳）如实即是世界之门，唯知者入之，不知者不能入。6 于此有偈云：心有百一脉，其一达颅顶。若由彼飞升，人乃入不死。余者当其逝，乃趋于多途，乃趋于多途。

在印度思想中，虚空 (ākāśa) 可指：(1) 容器所包括的虚空；(2) 天地之间的大气界；(3) 整个宇宙空间；(4) 充满这空间的不生不灭的极微细物质。这些意义层面往往是相互融合的。当奥义书说虚空为自我、存在之本体，其所谓虚空，主要是 (4) 义。此种说法，在与上述文本同时或更早的奥义书中，亦不鲜见。比如在 ChānV・15 中，婆罗门沙伽罗叉说他敬思虚空 (ākāśa) 为自我，为空说 (ākāśa-vāda) 的最早代表之一。在 ChānI・8—9 中，耆跋厘则说之稍详，谓虚空即 Udgītha，为世界之归宿、依止。其说通过婆罗门娑罗婆蹉、达薄夜和刹帝利耆跋厘三人的对话，表明天、地、水、火乃至人的元气等一切，皆应安立于虚空。最后 ChānI・9・1 结云："信然，万有生起于虚空。彼亦没入虚空，虚空大于此万有故；唯虚空为究竟。" BṛihV・1："大梵即是虚空，为空界中之亘古虚空。" 而且在奥义书思想中，对宇宙虚空与人心中的内在虚空的等同，亦为一常见的主题。如 ChānIII・12・7—9(ChānIII・13・7—9 与此同)："信然，所谓自我，乃与人之外的虚空相同。信然，人之外的虚空，乃与人之内的虚空相同。信然，人之内的虚空，乃与心内的虚空相同。彼即遍满、恒常者。" 这虚空既是宇宙，又是自我的实质。BṛihIII・9・20—24 亦保留了此种思想的遗迹。其云虚空有五方，其中东方之神为日，依止于眼；眼依止于色，以眼缘色故；色依止于心，以心知色故。南方之神为阎摩，依止于祭祀；祭祀依止于祭礼，祭礼依止于信，因人唯有信方施礼于祭司；信依止心，以心知信故。西方之神为婆楼那，依止于水，水依止于精液；精液依止心，从心中所生故。北方之神为须摩，须摩依止于开导 (Dīkṣā) 仪；开导仪依止真理，以人受开导时恒须说真理故；真理依止于心，人唯以心知真理故。上方之神为阿耆尼 (火神)，依止于语言，语言依止于心。其说颇为破败，大意为日、水等神安立于宇宙虚空，眼等安立于心中虚空，二者一一对应。然此诸说，要么对虚空的意义缺乏更详细规定，要么将虚空当作一种自然物。

在奥义书中，唯 ChānVIII・1—6 最早明确开示虚空作为超越的实体的意义。其大意为：(1) 人的真实自我即是人内在的微细虚空 (dahara ākāśa)，此虚空与外在宇宙虚空是同一的 (VIII・1)。虚空无分别，包容世界，为万有依处，常住、不坏、不被业染、无生灭、无罪染、无系缚、不老、不死、离苦、离饥、离渴，为真爱 (satya kāma)、真决 (satya saṃkalpa)。故心中微细虚空，就是大梵，是存在的基础。其对虚空的这些说法，与此前诸法 (比如 ChānI・8—9 等) 相比的最大不同，在于明确开示虚空不受经验的时间、空间和因果性的影响，为"无罪、不老、不死、无苦、无饥、无渴"，"不因人年老而老，不因人见杀而被杀"，因而为一超验、自为的存在，即实体。盖古人缺乏精确的形而上学语言，故只能以虚空这样的形器之物，来表象实体性这样的抽象原理。虚空一词本来就包含否定意蕴（在佛典中此词亦每与 śūnya［空］等同），因而这里，它很自然地就引申到：其一，对全部经验表象的否定（不可见）；其二，对时间、空间表象的否定（不坏、不老、不死）；其三，对经验因果性的否定（不因人见杀而被杀，不被业、罪所染，无苦、无饥、无渴）。因而谓自我为虚空，乃是对自我的经验、自然存在的彻底否定，表明自我是一个超越自然的自为存在，即实体。虚空与万有的区分，就是一种形而上学区分。1·5—6 明确表示了对祭祀的批判。盖行祭皆出自私欲，期以祭业而致所欲之果。然而 §5 云人正是被欲望所缚，沦落为所求之物的奴隶，§6 云凡由业所得之界终必坏灭。人所爱为何物，则听命于彼。凡夫所爱即世间形物，故被后者系缚、奴役。其爱着越深则越不自由，而且由此导致的入世业行，即便为善，也是有限的。故人应追求者非为外物，乃为内在自我。人越深入内在自我，便越与世界和谐；若悟宇宙即我，则自我不复为外物掣肘，遂得绝对自由。故云人若不知自我，则于一切界无自由。若已于此世证得自我，则于一切界皆得自由。此自我则非由祭祀、行业可得，唯当以智慧证之。其书明确表示了对梵书和早期奥义书的祭祀主义立场的批判，这种批判正是以对自我的超越性的领会为基础的。这部分内容是上述文本中最有价值的内容。VIII·4 进一步发挥自我超越性之义。其云自我分开此岸和彼岸的桥（或坝），昼、夜、老、死、苦、善业、恶业，皆不能过此桥。这就是说，人唯有通过领悟自我实性，才能进入此自我之中。此自我为超越昼、夜、老、死、苦、善业、恶业的彼岸，即为与现象界对立的实体界。唯依梵行（brahmacarya）得证自我，得入梵界（即自我真理），遂于一切界得无量自由。（2）自我现存在此，唯知者得之，凡夫日日进入彼中而不知（VIII·2—3）。VIII·2 以一种看来粗拙的方式，表明自我为万有之全体。其云若已证自我、得自由者，则唯因其念，则其任何所爱之物即可现前。其所谓真爱（satyakāma），即真实之所爱，谓自我、大梵，或对真实之爱。而自我恒常在此，故真爱恒能实现。由于自我包容万境，包容心与物、此岸与彼岸，乃至过去未来，故人依真爱，甚至能见到去世的父母兄弟。真爱既冥契宇宙之至善，亦协于内心之呼声。有真爱必有俗爱。俗爱即真爱之为虚妄、假相（无明）包裹、为贪、执、我慢、自私等染污者。真爱立乎其大，俗爱自拘于屑小；真爱勿须外境现前，俗爱唯通过外境方能满足；真爱导致解脱，俗爱唯致系缚。真爱的对象，即自我，是宇宙之全体，故真爱之所求乃广大、宏伟；俗爱既形器自阂，故其所求自然卑微琐细。VIII·3 的内容稍有深义，且可能对后来佛教如来藏思想发生过直接或间接影响。其喻自我为包含一切可爱之物的宝藏。但是对于凡夫，此宝藏被假相（即后来奥义书所谓"无明"）覆盖。因此人不复能见已死的戚属，及任何失去的或不可得之物。然而其实此等皆寓于自我之中，现存在此，而不为凡夫所知（尽管其于熟眠位日日进入其中），如人日日经过某处未知宝藏而不见之。人唯当进入自我，则可得此一切，自我包容万有故。3・3—4 表明知自我者及处熟眠位者（其说法颇为模糊），乃可由此身升起，达于梵界。(3) 承接 4・3 之义，以梵行（brahmacarya）为修道之纲领，故祭祀、寂默、苦行等皆应纳入梵行之中，方有意义（VIII・5）。(4) 心有 101 支脉管，充满棕红、白、蓝、黄、红色之最微细实质，与太阳光颜色相同。人于熟眠位乃进入此诸脉管，若悟自我（敬思 Om 者），则于死后由此脉管中连接心脏与颅顶梵窍的一支（suṣumṇā）上升逸出，循此太阳光线进入太阳，通过太阳进入梵界，于是脱离轮回，否则将于不同归趣往生（VIII・6）。其书以为当意识脱离肉体的执着，就会像火焰一样飞升，到达绝对的光明，并彻底融入其中。其中，敬思 Om 义在此颇为突兀，可能为后来插入。其书基本思想皆为继承发挥此前奥义书的陈说。盖 BṛihIV・3・20，4・9，KauṣIV・19，KāṭhVI・16 皆提及心有诸脉管，充满棕红、白等色之实质，以及人于沉睡中进入此诸脉管，死时由彼逸出等说。很难断定这些说法中何者为最早，惟 KauṣIV・19 说义最简，或为最原始版本；而 ChānVIII・6 说法最复杂，肯定为晚出的版本。

总之，ChānVIII・1—6 以自我为虚空之说，充分表明了自我的实体性。自我是超越了经验的时间、空间和因果性的恒常、自足的原理，为万有的超验恒常的归宿、基础。自我首次否定自然的制约，成为自为、独立的存在。奥义书这种自我观念，体现了一种全新的自我省思。这省思作为精神从经验到超验、从现象到实体、从自然到超越的持续运动，就是超越思维，就是否定思维的真实自由，是精神自舍势用的真正现实。另一方面，这省思并未（像在古希腊思想中那样）将超验实体当成完全客观、外在的存在（如理念、原子等），而是领会到实体与自我的同一，因而它同时包含了一种主观反省；这反省反映精神的自我维持在这里已展开为对这超验实体的自主设定。作为这两方面的结合，这种自我省思就是一种超验的主观反省。在其中，精神彻底否定全部自然偶像，维持、守护着绝对、超越的自我真理。精神这种破、立运动，包含精神的超越与反省、自舍与自反运动的双重辩证法，体现了奥义书精神自由的新局面。精神由于对自然的否定，首次具有了真正的自我尊严。

这种自我观念，仍有明显的局限性。它所谓自我作为虚空，只是表明了自我实体性的消极方面（它不是什么），而没有对这实体的实质内容给予积极的规定，因而这实体是抽象的。克实言之，这自我实体的实质，就是其纯粹心灵，即超越的思维、意识，乃至自由本身。奥义书这种自我观念的局限，表明在这里精神尚未清晰领会其内在心灵的绝对、自为存在，确立真正的反思。因此，在这里，超越思维与反思仍然是分离的。精神实现了否定的自由，但没有实现反省的自由。省思仍未能进入觉性、精神的纯粹实质之中，未能实现对后者的自主设定。

然而本体自由作为绝对，要求实现对精神的纯粹内容的自主设定，首先是自身维持，因而它必然促使精神的自反势用在超越思维领域，展开为对内在心灵的维持，从而推动省思领会实体与心灵的同一，形成真正的反思。于是精神省思实现超越与反思的统一，成为内在超越或超验反思。奥义书思想在此领会到，这超验实体、虚空，就是内在的心灵，于是其自我观念进入新的层面。

## 二、实体作为意识

如前所述，在奥义书思想中，超越与反思最初是两个各自独立的精神向度。在这里，一方面是桑底厘耶、阿阇世以至波罗多陀的自我观念体现的经验反思，将绝对的心灵当作一种经验、心理的存在；另一方面是ChānVIII·1—6的自我观念体现的外在超越，自我在这里被领会成一个超验实体，但这实体尚未被与觉性、精神的内在心灵等同起来。然而自由作为绝对，要求实现为对精神的纯粹内在存在的直接自主设定，这意味着对反思思维的超验化和超越思维的内在化，也就是将奥义书思想中这两个分离向度统一起来。这对于奥义书最初的宗教精神来说，就意味着在自由促动下，其内在的自反势用展开为积极的活动，从而推动这精神在超越的领域开展出反思之维。这种思想发展，导致对实体的内在化。如ChānVIII·7—12就表明虚空其实是人的内在心灵、意识的天空。ChānVIII·14·1也提出虚空是揭示存在的意识，其云："信然，此所谓虚空即是名色之揭示者。彼名色所在者，即是大梵。彼即不死者。彼即自我。"在晚期奥义书思想中，虚空往往被说为本净的真心。如ŚvetVII·11说真心如虚空遍入一切，包容一切："彼隐藏于一切，遍入一切，彼万物中之自我，摄一切业，居于众生中。"以真心为虚空的观念，乃为后世吠檀多派和如来藏佛学所汲取①。

不过更充分体现这种对于实体自我的内在化即超验反思的，乃为KauṣI，PraśIV，KāṭhI—VI的自我观念。

其中KauṣI的伽吉耶夜尼（Citra Gāṅgyāyani）之说，体现了此种超验反思的最原始形态。其说通过亡灵与月神和梵天的对话展开，思想颇为模糊。其基本框架是对

① 如《圣教论》云："一我现起为诸我，如空现为众瓶空；是皆和合如瓶等，此乃所说生之义。"（ĀŚIII·3，参考巫白慧译）。《宝性论》云："如空遍一切，而空无分别，自性无垢心，亦遍无分别。如虚空遍至，体细尘不染，佛性遍众生，诸烦恼不染。如一切世间，依虚空生灭，依于无漏界，有诸根生灭。"（卷一）

ChānVIII·1—7 的想象的寓言式表达。其云人死后，亡灵乃望月进入月宫，复于朔月被遣往生。亡灵被遣之前，应回答月神的提问。谁若不能如理回答，乃化为雨水落于地，乃依其智、业再次投生，变为虫、鱼、鸟以至人类。若能如理答之，乃获准前行。其后，在梵座之前，还应回答梵天的提问。若回答正确，乃与梵合一；但若回答错误，则后果不详。KauṣI·2—7 述其问答云："2 信然，彼月亮亦是天界之门。当其来彼处（月亮），彼问曰：'汝为谁？' 应回答：'哦，季节！从彼光耀者（月），从彼十五分（即朔月），父祖之居所（亦指月亮），精液得聚集。被置于能人（有生殖力的男人），由彼注母身。于是我便作为第十二、十三月，由十二、十三分之父（即年）而生。我知此，亦知反此者。哦，季节，请带我入永恒。我已由此真理、苦行而成为季节，为季节戚属。我为谁？我即是汝。' 彼乃准其前行。3 既行天神道，彼（亡灵）遂入于火界，入于风界，入于婆楼那界，入于日界，入于因陀罗界，入于生主界，入于梵界。信然，此梵界有贪恚湖（Āra），制贪时（Yeṣṭiha），不老河，如意树，强弩城，无胜幢，因陀罗和生主二门卫，广大堂，远照床，无量光座。人若知此，乃至此界。4 彼至贪恚湖，乃以意渡之。既至此，彼唯知当前境者，则溺。彼遂至制贪时。彼等皆逃去。彼至不老河，亦唯以意渡之。彼于此脱落善恶业。其亲朋承其善业，非亲者承其恶业。于是，适如驾者俯视车之二轮，彼亦如是俯视昼夜、善恶，及一切有二相。彼人既离善业，离恶业，为知梵者，乃趋向此大梵。5 彼至远照床，此床即般若（prajñā），人唯依般若而了知故。彼至无量光座，此即元气。过去、未来为其二前足，吉祥与地为其二后足。梵坐于座上。彼知此者，先唯以一足登座。梵问曰：'汝为谁？' 彼应回答：6 '我乃季节，乃季节戚属。我从虚空藏（yoni，子宫）而生，乃为女人（而备）之精液，乃年之光，是一切有之自我（ātman）。汝为一切有之自我。汝为谁，则我为谁。' 7 彼（梵）问之：'汝何由得我阳性名？' '以元气，' 彼应如是答。'何由得我阴性名？' '以语言。' '何由得我中性名？' '以意。' '何由得香？' '以呼吸。' '何由得思想、知识、愿欲？' '以般若，' 彼应如是答。彼（梵）曰：'信然，原初之水是我世界，彼亦属汝。'"（有删节）在此则奥义书中，亡灵要经历月神和梵天的两次考问。两次提问皆是"汝为谁？"，而正确的答案都是"我即是汝"，关键是这"我"及"汝"的意思不一样，分别涉及自我存在的两个层面。首先是时间性的层面，此是针对经验自我而言。此自我永远处于生死轮回流转之中，为一生灭不已的时间性整体，因而它又被等同于时间。§2 说我即是季节，是季节戚属即是此义。盖亡灵生于月，故说它即是月，而季节、年皆由月规定，皆是月，故亦说亡灵是季节、年。在这里，自我作为时间，也是宇宙存在的总体。后面 §6 亦重复此义。此一层面的思想主要是继承了茶跋拉、耆跋厘、考史多启等的元气论，而其进步之处，在于明确提出对自我的正智是脱离轮回的前提。其书以为人唯有知自我是时间，才能超越时间，达到永恒。其次是超时间的层面，此即针对超验的实体自我而言。§3—7 描述的进入梵界之后的灵魂经历，其实是开示了一种观想，通过这种观想，人们可以逐渐脱离经验、自然的世界，进入超验实体的领域。其说极为混乱、模糊。亡灵所经之地，皆为寓言、象征。如意树、强弩城、无胜幢等，要皆象征人的不同心识内容，但往往意义暧昧。其中，贪恚湖代指人的情感，实际上指人的全部感性。所谓“彼唯知当前境者，则溺”，即谓人如果执着于感性的当前、直接的境相，则必陷溺其中。此谓人若被表面、偶然、动荡的感性支配，则永远不能领悟自我实体的超然独立，从而获得真实的自由。昼夜象征一切时间性的、有差别对待的表象，泛指全部感觉可知的东西、现象界。伦理的善恶也包含在内。§4 谓自我超越昼夜、善恶，为不二、无差别、恒常，表明自我为超越现象界的实体。所谓灵魂渡过不老河，象征它超越了时间或全部经验、自然的世界，达到了永恒实体的国度。灵魂的这种经历，象征了修行者在观想中逐渐否定经验、自然的存在，领悟自我的超验实体性的过程，因而体现了与 ChānVIII · 1—6 类似的精神超越。而与 ChānVIII · 1—6 相比，KauṣI 思想的进步，在于把超验的实体自我当作意（manas）或般若（prajñā），从而使实体具有了确定的实质。这使实体明确成为一种内在的现实，成为一种心灵、意识实体。真实自我就是这种超验意识实体。这种自我观念，反映出奥义书思想扬弃了此前的经验反思（阿阇世等）和外在超越（ChānVIII · 1—6），开始具有了一种内在超越或超验反思。不过其思想极为含混（比如对于元气、意、般若到底如何区分，就说得很模糊）、不定（比如引文末尾把梵界等同于原初之水，似又回到宇宙发生论立场），其表述显得陈腐、笨拙和幼稚。PraśIV 和 KāṭhI— VI 的说法，则更明确、细致。

尽管《六问奥义书》最后编成的年代较晚，但其所依据的文本多反映奥义书较早时间的思想。其中 PraśIV 的立义与 KauṣI 基本一致，也旨在阐明自我为一超验的意识实体，但是它抛弃了 KauṣI 的昏暗的寓言和神话表述，代之以清楚的意识状态分析，且对心灵的内容揭示更详。它继承奥义书传统的自我三位（醒位、梦位、熟眠位）之说，并将熟眠位解释为超验的意识实体。PraśIV · 2—11 云：“2 如太阳落山，其诸光线于彼光轮中合为一；而当其再升，此诸光线复从中发出；如此反复。如是，信然，此一切（诸根）于意中合为一，彼至上神。是以人于彼位不复听、不复见、不复嗅、不复尝、不复触、不复言、不复执、不复乐、不复排泄、不复行走。人曰：‘彼入睡已！’5 此神（意）于睡眠中受用其伟大。凡彼所曾见之物，彼将再次见之；凡彼所曾闻之物，彼将再次闻之。彼于不同地、处屡次经历者，彼将一次次经历。无论其所曾见或未曾见、所曾闻或未曾闻、所曾受用或未曾受用者，无论实或非实，彼一切皆经历。彼遍视一切，彼即一切故。6 若彼神为光所伏，乃不复见梦境；于是于此身中升起妙乐。

7 如鸟归于树以为依处，如是吾友，此一切归于至上我。8 地与地唯，水与水唯，火与火唯，风与风唯，空与空唯，视与所视，听与所听，嗅与所嗅，尝与所尝，皮与所触，言与所言，手与所执，生殖根与所乐，排泄根与所排泄，足与所行，意与所意，觉谛与所觉，我慢与我所，心与所思，光与所照，元气与所支持。9 信然，此视者、触者、听者、嗅者、尝者、意者、觉者、作者、识我、原人，乃于彼不变之至上我之中安住。10 信然吾友！人若识彼无影、无体、无血、清净之不变者，乃达乎不变者自身。彼因悟知一切而成一切。于此有偈云：11 嗟乎吾善友！识我及诸神，元气及五大，皆于彼安住，人若识彼为，常恒不变者，彼乃知一切，且入乎一切。”奥义书有多处提及自我三位之说（《蛙氏》自我四位之说乃由此发展出来），往往皆从各自语境出发，对三位解说差异颇大。比如 BṛihII · 1 · 15—20 可能是最早发明此义者，其立场是经验反思，将醒位、梦位皆理解为感性意识，分别为兼具外感觉或仅具内感觉者，而熟眠位则为超越内、外感觉的本质意识，即理智，但这理智也只是经验的。BṛihIV · 3 · 7—34 则可能是其中最晚的，其立场是思辨反思，将醒位、梦位分别理解为主、客观经验，熟眠位则超越一切经验而为全部主、客观经验的根源，故为先验意识。PraśIV 的立场是超验反思，介于以上二者之间，而与 ChānVIII · 3 · 2,4 所暗示的旨意（其云人于熟眠位进入恒常的虚空即自我实体中）一致。从其书对早期数论的明确涉及，可确定其年代肯定晚于 BṛihII · 1 和 ChānVIII · 3。其书对醒位没有作专门分析，盖以其相状本来明了，故唯阐明梦、熟眠二位。它明确指出梦位的主体是意，而在熟眠位则意亦伏灭，唯余至上我。意在这里指全部主观经验及其主体。§2 以太阳光线进入太阳中彼由彼发出，比喻诸根、诸境于梦位进入意中，于醒位复由彼生出，以此阐明意为一切经验存在的归宿、根源和全体。§6 谓在熟眠位，不仅诸根，意亦停止，唯余无分别的光明，是为至上我。这不仅暗示自我对经验的超越，而且表明它就是意识（所谓光明即意识）。此外，§7—9 提出，包括五大（地、水、火、风、空）、五唯（地唯、水唯、火唯、风唯、空唯）、十根（视、听、嗅、味、皮、语言、手、生死、排泄、足）及相应之境、末那、觉谛（buddhi）、我慢、心、元气等在内，皆以至上我为究竟安住。这一方面通过对这些经验存在与自我的区分，以及对自我对它们的包容或超越的强调，表明了至上我的超验性；另一方面其浓厚的数论色彩（五大、五唯、十根、末那、觉谛、我慢皆为数论的现存术语）也提示对于这至上我，或许也应从数论意义上理解。此外 §9 “此视者、触者、听者、嗅者、尝者、意者、觉者、作者、识我、原人，乃于彼不变至上我之中安住”，乃谓陷于执受中的个体自我（后被称为命我：jivātman），亦安住于至上我，表明此我之不同于数论所执者，在于其为一普遍、绝对实体。自我就是一个绝对的意识实体。其书只强调自我是全部经验存在之安住，即基础、支持、容器，而没有说它是经验存在的本体、根源。因此在这里，不断转变的世界现象与恒常不动的自我实体，就构成两序的存在，暗含了形而上学普遍的分裂图景。此义可联系ChānVIII的虚空义理解，盖自我、真心如虚空，万物安住于彼，而彼不与万物混合。因而这自我只是一个形而上学的实体，而不是思辨思维（比如耶若婆佉等）的先验本体。

然而在奥义书思想中，对于自我作为超验意识实体开示最详者，说法最成熟者，当为《羯陀》。其自我观念之进步，主要有以下几点：首先，较之前说，《羯陀》于自我对自然、经验的超越之义，开示者最为清晰、完备。如KāṭhII・18—22系统地阐明了自我对于经验的感觉以及时间、空间和因果性的否定，它描述自我为："18[①] 不生亦不灭，不来亦不成，无生且不动，亘古且恒常，若知彼智者，身杀不为杀。19[②] 若杀者思杀，被杀思被杀，二皆不识彼，不杀不被杀。20 细于微细者，大于广大者，为此至上我，居于众生心[③]。21 安坐而行远，僵卧赴四方[④]。非余孰能知，彼乐非乐神？ 22 知身中无身、于动中不动、广大、遍满我，故智者离苦。"其书表明了：其一，自我实体超越了经验的时间、空间。如§20谓自我"细于微细者，大于广大者"，§21谓其"安坐而行远，僵卧赴四方"，及IV・10云"任何在此者，亦皆在于彼。任何在彼者，亦皆在于此"等，皆表明自我超越经验的空间。II・14说自我"离法非法，离过去未来"，IV・12—13谓其"住于现在，亦住于明日"，为"过去将来主"，表明大梵超越三世，不受时间支配，且反过来成为时间的主宰。其二，自我亦超越经验的运动和因果关联。§18谓自我"不生亦不灭，不来亦不成，无生且不动"，§19谓梵彼"不杀不被杀"，§21所谓"安坐而行远，僵卧赴四方"，皆旨在表明自我超越了自然运动，且与自然不存在因果关联。其对自然因果之超越，于KāṭhIII・3—15说之最详（见下文）。其三，自我也是对感性知觉的否定。II・13说原人是超越诸法之"微妙者"（aṇum），§20说它甚至"细于微细者"（aṇor aṇīyān），III・15说自我为无声、无触、无相、无味、恒常、无始、无终、无嗅，都意味着绝对自我是对感觉的否定。此外IV・11，14—15谓真实自我中无差别，人若于此见似有差别则一再受死，亦包含对感觉表象的否定。KāṭhIII・3—15则明确开示自我为超越数论的自性（pradhana或prakṛti）以及早期奥义书所谓熟眠位的原理，使自我的超越性得到彻底清晰化。KāṭhIII・3—15："3 汝应知自我，譬如乘车者。色身譬如车，觉谛为驾者，末那为缰绳。4 诸根为骏马，诸

---

① 此颂的内容亦见于BGII・20。

② 此颂的内容亦见于BGII・19。

③ 此四句的主要内容亦见于ŚvetIII・20；Tait ĀraX・10・1。

④ 此两句类似的表述亦见于ĪśaIV—V。

境为其途，我与根意合，得名曰受者。10 超越诸根者，乃为彼诸境。超越诸境者，乃为彼末那。超越末那者，乃为彼觉谛。超越觉谛者，乃为彼大我。11 超越彼大者，乃为非显者。超越非显者，乃为彼原人。更无有一物，超越原人者。彼即是归趣。彼即至上道。15 彼无声、无触，无相亦不坏，无味及恒常，无始且无终，无嗅并安稳、超越于彼大，人因了彼故，得离死之口。”（有删节）在奥义书中，诸如所谓自性或非显（avyakta），以及所谓熟眠位，都是具有浓厚经验心理色彩的概念。因此，当 PraśIV 将熟眠位以及数论的自性与至上我模糊等同，ChānVIII 等亦把自我等同于熟眠位，这就使得其对经验与实体的区分变得含混，实体的超验性也变得不那么清晰了。因此，《羯陀》乃明确标榜自我与自性、熟眠位不同，是对后者的超越，以彰显自我的彻底超验性。《羯陀》以为全部经验存在，都归宿于自性，以其为根源、全体，其生、住、成、灭皆是自性转化所致，而无预于自我。其书正是以此将自性从自我中彻底排除，从而最清楚地表明了自我对自然的超越性。其次，《羯陀》表明自我实体就是纯粹意识，体现了一种超验反思。KāṭhIV・1—5：“1 自有者于内，向外凿诸窍；故人唯外视，而非内见我。爰有明智者，为求不灭故，转视而内指，亲见至上我。3 人依彼知色，味香声互触；人实由彼知，此更有何余！如实彼即此。4 若知于醒眠，皆由彼知之，广大遍满我，智者不复忧。5 人若亲证彼，食一切如蜜，生命之自我，过去未来主，则不复畏惧。如实彼即此。”这就是说自我是唯一真实的知者，即意识，且这意识超越过去、未来。此外，V・8 谓自我是“彼于睡眠中，始终清醒者”，V・13 谓彼为：“不住中住者，无觉中觉者（cetanaś cetanānām）”，V・15 谓自我为照亮宇宙万有之光明。这些都表明《羯陀》所谓自我就是纯粹意识。《羯陀》对自性与自我的区别，就是对自然与纯粹意识或心灵实体的区分。这种区分导致了奥义书最典型的二元论。意识与自然被明确当作两种相互外在的实体。如 KāṭhV・9—12：“9 譬如唯一火，进入于世界，依其每一相，作种种差别。如是于万有，内在之自我，依其每一相，作种种差别；而此至上我，如实在于外。10 譬如唯一风，进入于世界，依其每一相，作种种差别。如是于万有，内在之自我，依其每一相，作种种差别；而此至上我，如实在于外。11 譬如彼太阳，全世界之眼，不为眼所见，外不净所染，如是于万有，内在之自我，世间苦不染，彼（自我）为外在故。12 万有内自我，唯一主宰者，依其一味性，而作杂多相。智者若觉彼，安立于自身，唯彼等非余，得永恒喜乐。”自我本来一味无别，是万有的普遍实质，当其进入万有之中，乃被赋予不同形式，而生成杂多的行相，但此自我实未参与到杂多之中，而是始终外在于它的。此为《羯陀》对于存在发生的基本看法，与 ChānVIII，KauṣI，PraśIV 旨趣一致，但表达更为清晰。这就在于它把这些文本中潜藏的、没有得到明确表达的二元实体哲学，最清楚、准确地呈现出来。因此，

《羯陀》具有奥义书中最典型的形而上学。在它的思想中，古典数论的严格二元论世界图景，可以说是呼之欲出了。最后，《羯陀》还在这种形而上学立场上，对现实自我的结构进行了到此为止最详细的阐明。与至上我不同，现实自我就是人的个体存在，即所谓命我（jīvātma）。《羯陀》以为至上我为超越的实体，当它与由自性转变生成的诸根、末那、觉谛等联结，就形成命我。III·3—4 云："3 汝应知自我，譬如乘车者。色身譬如车，觉谛为驾者，末那为缰绳。4 诸根为骏马，诸境为其途，我与根意合，得名曰受者。"其所谓受者，即是命我（盖命我乃由业力招感形成，目的在于受用外境，以酬宿业）。联系《羯陀》在其他处的解释，命我的构成要素为：至上我；觉谛；我慢；末那（意）；诸根；元气；色身。正如 V·3—5 表明，至上我才是个体生命之基础、本质、主宰，人的生存得以维系，不是因为有了元气，而是因为有了自我、灵魂。命我由于受自性的缠缚及业、智的影响而轮回流转；但至上我的实体则在其中保持清净、超然，不受轮回流转的影响。至于自我与诸根等如何联结，《羯陀》有多处说法。如 IV·6,7 说至上我在创造宇宙万物后，乃携元气（诸根、末那、觉谛等）进入人的"心窟"，成为命我。VI·15 说是有痴、贪、业三种"心结"（hṛdaya-granthi）将自我与诸根等捆绑起来。III·1 谓自我与元气二者如光与影，共同进入心内虚空中，受用业报。吠檀多后来将这种联结更清楚地区分为两种：一谓分有，谓诸根等如瓶，至上我如虚空，命我如瓶所分有的虚空；二谓映射，觉谛如镜，至上我投映其中，形成命我。在《羯陀》中，IV·6,7，VI·15 更接近分有说，III·1 更接近映像说，但在其中，无论哪一种，都否定自我与诸根等的联结是一种实质的融合，这种联结其实是外在的，自我的实体没有因此而有任何改变。命我因自性转变而恒处流转，但至上我始终处于世界之外，超然独存（V·11）。这些都表明至上我是内在于个体生命中的超越实体。因此，《羯陀》的人生论，贯彻了其二元论形而上学。总之，《羯陀》的自我观念，最充分体现了奥义书的超验反思。其修道论就是这种超验反思的客观化，谓人应依内在瑜伽，不断否定自我的外在、经验的表象，深入其内在、超越的实体。

总之，奥义书以自我为心灵实体的观念，反映了精神自由的新进展。它体现了奥义书的超验反思。在这里，精神否定全部经验、自然的存在，领会自我为真理为超验的心灵实体，于是实现了对自身纯粹内在存在的自我维持。精神首次具有了一种内在的自我尊严。精神认识到自己的真实本性。它意识到，其内在的思想、意识是完全自我满足、自在自为的存在，因而就是自足的目的，而不是实现任何自然目的的工具。它因而远离腐败、粗俗和低贱，获得自身内在的高贵，使其内在自我真正成为主人。这种自我观念的局限，仍在于它的形而上学性。自我被理解为一个封闭、现存、不动的实体。然而这事实上仍然是一个假相，因为自我、实体就是觉性的存在自身，就是绝对、生命，是将全部存在纳入其中的运动整体。奥义书精神在其进一步展开中，也必将克服这种理智思维（形而上学）的局限，领会自我的更普遍、深刻的意蕴。

一个人的自我理解制约着其精神的现实和命运。一个人如果只把自己当作一种自然物，一个肉体，那么他的精神生活将不可能有任何崇高的东西可言。肉体（自己和肉体和他人的肉体）的利益必然成为他生活的最高目的。他的全部思想、行为都是为了满足肉体的需要，而且最根本的是自己的肉体的需要。他究其一生，只是为了肉体的利益而活。他可能运用其全部狡诈、使用种种卑鄙残酷的手段，抛弃全部尊严、全部精神性，包括真、善、美的追求，只是为了这肉体活得更痛快、更满足。对于这种人，无论其有多成功、多么志得意满，然而恰恰是这肉体最终会为他所为的全部缺德之事，对他进行最猛烈的报复。谁能阻止肉体的腐朽？谁能避免肉体的衰败、病痛、老丑的打击？这种打击恰恰是对于那些毕生以自己肉体利益为至上的最卑鄙之人，显得最残酷、最凶狠。但是人也可以具有一种高尚的智慧，使他能对肉体的腐朽完全泰然处之。这就是他认识到他的真实自我是超越肉体、自然的，因而不受自然变化的任何影响，故世间的全部痛苦、灾祸、疾病、凌辱，对于他的自我没有任何损害。这自我就是一个超越的实体。人唯有将自我理解为这样的超越者，才真正具有了自身的尊严。

在奥义书中，ChānVIII · 1—6，KauṣI，PraśIV 和 KāṭhI—VI 的自我观念，就代表了这样一种超越的自我理解。在这里，自我被理解为一个否定了一分经验、自然表象的，自在自为的存在，即实体。这种自我理解体现了一种真正的精神超越，使精神具有了一种自我尊严。其中，ChānVIII · 1—6 通过将自我解释为虚空，来阐明自我的超越性或实体性，但在这里，意识、心灵作为自我实体的内在实质仍没有得到揭示，这实体是抽象的。这表明精神在这里尽管具有了真正的超越，但缺乏内在反思。由于自由的促动，精神的自反势用在新的领域展开为对觉性、精神的内在存在的维持，推动反省思维的深化，领会到实体与心灵、意识的同一，最终使奥义书精神在超越思维领域形成反思之维，实现超越与反思的统一。KauṣI，PraśIV 和 KāṭhI—VI 的自我观念，就体现了这一思想进展。其所谓自我，既是超验的实体，也是意识、心灵，是这二者的同一，既是超验的又是内在的，因而这自我领会体现了超越思维与反思思维的结合，就是超验反思。因此，所谓的精神尊严，在此乃成为内在的心灵、思想的尊严。精神的内在自我不再服侍自然，而成为自己真正的主人。奥义书的超验反思，包含了超越与反思、自舍与自反的双重矛盾运动，体现了现实精神自由的新局面。盖超越与反思都包含了自舍与自反势用的交互推动。奥义书的超验反思表明在这里，精神通过自舍势用否定其对自然的执着，否定了自然观念的自身真理性，扬弃了自然的直接性、外在性，确立超验的存在真理；而通过自反势用的展开，得以赋予此超验存在以具体的实质，使之成为觉性内在的意识、思想。

奥义书在这里对现象界、自然与实体界、自我的截然区分，对印度传统的精神反思有决定性影响。晚期奥义书和《薄伽梵歌》正是在此基础上，发展出幻化说，将现象界、自然贬低为幻相，唯超越、恒常、不灭之自我为真实；这一成为后来的不二吠檀多派和大乘佛学的如幻性空思想的重要资源。另外原始佛教、耆那教将处在无限相续流转中的、时间性的生命与否定了时间性的、不生不灭、寂静常住的涅槃完全对立的人生图景，也是以奥义书的形而上学区分为前提的，其厌生求死的理想，也以此为思想基础。总之，它首次在奥义书的精神反省中引入超越之维，从而影响了此后印度精神的走向。

奥义书的自我理解从自然思维到超越思维的转化，是精神内在的必然，因此在其他文化中亦可看到与之平行的发展。在希腊思想中，米利都学派和爱利亚学派的哲学家，仍往往将自我理解为一种自然物，比如气、火等类，但是从毕达哥拉斯开始，希腊思想就开始意识到生灭流行的现象世界可能并非真正实有，而且以为人的灵魂是超越现象界的永恒实体。后来阿那克萨哥拉说灵魂就是努斯（但这一观念亦颇不确定）。努斯是无限、自主、纯粹、单一、永恒、独立的原理，是一个超越所有现象事物的实体。此种灵魂信念，亦被柏拉图和斯多葛派继承。这种自我理解，与奥义书的超验反省（包括反思）一致，都体现了精神对自我的独立和尊严的确信。然而在这里，自我、灵魂只是一个个体，一个原子，尚不具有奥义书超验反省领会的自我的普遍性。另一方面，在希腊思想中，柏拉图和斯多葛派的理念和理性观念，体现了与奥义书的超验反思类似的普遍维度。在这里，逻各斯被认为是一个普遍的、自为自足的精神实体，它超越经验、自然而为其基础、根据。在这一点上，逻各斯就与奥义书超验反思领会的至上我是一致的。区别在于：希腊人的逻各斯思想坚持了理性的精神，但缺乏一种主观反思的维度，逻各斯被认为是处在反思的主体之外的客观原理；奥义书的超验反思缺乏理性的精神，但始终贯彻了主观性的维度，在这里，反思总是自觉将自身的主体等同于那普遍的精神实体。

印度奥义书和古希腊人的实体自我观念，反映了精神对自我尊严的守护。唯实体，作为对自然、现象的否定，是绝对自身同一、自在自为的存在。唯实体具有不可破坏、不能侵入的自身空间。实体的这种不可入性在于，任何在自然中发生的事件，以至自然的时间、空间、因果性，对于它的本质都没有任何影响。唯有作为实体，自我才真正具有了尊严。这实体的不可入性，在社会存在层面，就在于我的生命、财产、思想的神圣不可侵犯性。在社会存在层面，我的存在包括我的身体，也包括我的全部劳动成果、全部财产等。这些东西构成我的存在空间，我就是这一空间。

与希腊、印度这种思想相比，中土思想的一个最显著特点是完全缺乏超越性，始终停留在彻底的自然思维层次。世界及自我，都处在自然的生生灭灭的无限洪流之中。所谓天或道，其实就是这自然本身。没有任何事物能超越这洪流，在自然中保持其自为独立者。因此中土思想从未构想出一种真正的实体，也从未将自我视为实体。在希腊、印度思想中存在的形而上学，在华夏思想中从未产生过。因此，一方面，华夏文化由于没有经历现象与实体、经验与超验、此岸与彼岸的分裂，因而没有印欧文化那种对直接现实和自然生命的超越，既没有西方文化中的罪恶意识，也没有印度文化中的苦恼意识，而是把在现世社会和家族、个人肉体生命的价值当作生活的最高目的，因而它可以称作一种怿乐文化，以融入自然、顺化逍遥、勿固勿必、无情无己为最高智慧。与此相关，在印、欧、回、波斯等文化中普遍存在的心灵净化与救赎的追求，在华夏文化中完全是无意义的。在这里，心既属于自然、肉体，则印、欧等文化所谓自然对心灵的玷污，乃是匪夷所思。心灵没有一种超越自然的自身目的，因此任何纯粹的精神追求在华夏传统中都是不可能的。另一方面，在华夏文化中，不存在任何精神的尊严。在这里，人与物都没有实体性，没有自身空间。人和物都没有尊严：东西不是东西，人也不是人，人甚至也不是个东西。中国人的自我从来不是个实体（一般都认为人是气化的产物），它从不具有自身独立的空间。因此与印欧相比，华夏精神从未意识到人的尊严和权利。在这里，自然的、物质的强权彻底摧毁了自我的自身空间，取缔了人的实体性。对于中国人来说，两千年来，他对他的全部存在，无论是他脚下的土地还是他双手创造的财富，以及他的思想、信念，乃至他的身体，等等，皆未曾有过一种真正的（先天的）权利。这一切都会沦为强权任意处置的对象。在中国社会史中充斥的像连坐、抄家、肉刑、屠城，以及文字狱等（还有这些东西的各种现代版本），无不表现出民族精神对人的基本权利和尊严的完全无意识。先汉的诸子思想，也普遍缺乏对于人的权利和尊严的自觉。道家以执柔处卑、含辱忍垢相尚，实际上是以人的实体性和尊严的消解为智慧。这一点也充分表现在其标榜的所谓“上善若水”的境界中。在这里，水恰恰因为它没有固定形状，完全被外物规定，即全无自身实体性，而成为道家智慧的象征。法家则正因为对人的权利、尊严的野蛮践踏而臭名昭著。人们只要稍有思维素养就可看到，儒家在政治哲学层面与法家其实没有实质的分歧（阳儒阴法其实也是儒学的内在要求）。这就在于儒家也从来没有过对人之为人的权利、尊严的意识。真正的权利就是天赋权利，比如个人财产的神圣不可侵犯，就应属于人的最基本权利。在这方面殊为可笑的一点是，儒家尽管将血缘亲情及众多自然伦理规范夸张为“天理”，但这所谓“天理”竟然从未包括私人财产的不可侵犯；天赋权利的观念在儒家思想中完全不存在。正是这种文化精神中人的尊严的彻底缺失，造成了中国历史令人震惊的血腥和恐怖。正是通过与中国文化的对比，才真正使我们看到这种精神超越的价值。

不过佛教的东渐，也给中华民族带来了一种真正的精神超越。原始佛教将自然、现实生命与涅槃对立，而以涅槃为理想，实际上是继承了奥义书的超越思维并将其伦理化。大乘佛学则将这超越思维极端化，使之成为对全部现实存在的绝对否定。这些思想传入中国，都对中国本土思想产生了影响。比如程朱理学对理与气、形上与形下的区分，就是一种形而上学区分，体现了宋明儒学不同于原儒的精神超越。阳明心学对作为超验的主宰的良知、本心的领会，体现了超越思维的内在化，是一种超验反思。道教则从南北朝开始就自觉用般若学的空来解释道，使道体具有了绝对超越性。而到王重阳的内丹心性学，乃将道体等同于真心，同样表现了对超越思维的内在化。然而应当承认，这些思想在这里始终只是少数精英的妙悟，没有成为民族精神的客观现实，而且很快就被民族精神的大潮淹没了。在这种情况下，甚至为了让国人更有尊严，更安全地活着，通过汲取印欧精神的高贵性，来矫正国人自我的低贱卑微，也是不可缺少的。

然而奥义书这种实体自我理解，也有其严重的误区。其中最主要者，一是相对于西方形而上学的非理性主义和悲观主义误区。自我实体对自然的时间性、因果性的超越，被误解为对生命、活动、思想的排除。真实自我被认为是一个无生命、非理性的现存存在，它的实现就是对生命、理性的否定。二是自我封闭的误区，这是所有形而上学思维共同的误区。自我与自然被理解为两个相互分离、各自独立的实体。自我成为一个相对的存在。这种形而上学的误区，体现了超验反思的局限性。反思在这里没有成为绝对的，没有领会自我其实是自然与意识、主体与客体的共同根源、基础，是存在的绝对真理。这表明精神没有把心灵的实体确立为全部存在的唯一绝对目的。易言之，精神尚未实现对这自我实体的绝对维持。然而自我的真理就是绝对。自反势用依其本真存在要求展开为这种绝对维持。这将促使奥义书的精神把自我实体，在这里即纯粹的心灵、意识，作为生命的绝对目的，推动反思领会到内在自我就是绝对，因而成为绝对反思。这种超越的绝对反思，就是先验反思。它领会到自我不仅是超验的实体，而且是全部经验、自然的根源、本体。因此自由必将推动奥义书精神克服这种形而上学的自我理解的局限，揭示自我新的存在层面，即先验存在层面，于是奥义书自我观念的发展就进入新的阶段。

## 第四节　绝对的自我

奥义书形而上学的实体自我观念，仍然有很大局限。自我被认为是一个封闭、现存、无生命、非理性的存在。实体对自然和经验的否定被误解为对生命、活动、思想的排除。另外一个更普遍的错误，是把这种否定理解为实体与现象的各自分离。省思为保证实体的超越性、纯粹性，彻底切断了实体与自然、经验的实质关联，结果使这二者之间横亘了一条鸿沟，从而使实体作为自我丧失其绝对性。自我实体的真理就是绝对，但形而上学思维没法领会到这一点。因而至此为止，奥义书精神自由的两个向度，即超越与绝对反思，仍没有达到完全的统一。即使在《羯陀》的自我省思中，自我作为纯粹的心灵，也是外在于自然的，而不是存在、世界的真理、本质，不是绝对，因此它的内在、主观反思还不是绝对反思。奥义书的超验反思的局限性，就在于反思在这里没有成为绝对的，没有领会自我实体是主体与客体、心灵与自然的共同根源、本质，是存在的绝对真理。这种省思的局限性反映了现实精神自由的局限性。它表明精神尚未实现对这自我实体的绝对维持。也就是说，精神尚未直接把这纯粹心灵作为全部存在的绝对目的。在这里，精神确立了自身内在的尊严，但丧失了自身真正的价值，它唯有作为绝对才有其真实的价值。

然而自我的真理就是绝对，故自由必然要实现为对这绝对的直接自主设定。这主要在于，它必促使精神的自反势用展开其在量上的自身绝对化，即绝对维持。这种绝对维持就是精神把对象，在这里即自我作为纯粹的心灵、意识实体，当作生命的绝对目的。它的展开将推动反思领会到内在自我不是封闭的实体，而就是存在的绝对真理。这反思于是成为绝对反思。不过觉性的内在绝对有现实和本质两个层面。前者就是绝对的思想。在这里，绝对反思就是领会纯粹的思想是主、客观一切存在的共同基础、根源。后者就是作为存在究竟本质的本体自由自身。在这里，绝对反思就是领会主、客观一切存在的绝对真理是自由本身，存在就是自由的表现、产物。此外，觉性的现实性、思想也包括两个方面：一为逻各斯、概念，即思想的形式方面；二为澄明，即思想的揭示、照明作用。这二者是一体二面，不可分割，任一方脱离另一方都会成为虚假的。觉性的纯粹思想既超越经验，又是全部主、客观经验的根源、基础，因而是先验的实在。与之相应的绝对反思，就是领会先验实在与自我的同一，即先验反思。另外，本体自由也包含其诸多内容（觉性全部自主势用的本真存在）。与之相应的绝对反思，就是领会自由与内在自我的同一，属超绝反思。

在超越思维层面，绝对反思就包括先验反思和超绝反思。然而由于人类精神的局限性，对于它来说，觉性的现实存在，总是比超绝的本质即自由更直接、更容易被抓住。因而精神的绝对反思，就是先领会经验的心灵，然后才进入心灵的超越层面；即使在超越层面，也是先领会超越的现实，然后才进入本体自由的自身存在领域。奥义书自我观念就体现了精神反思的这种发展逻辑。在奥义书思想中，最早的绝对反思就是桑底厘耶至波罗多陀的经验反思，自我被等同于一种经验的绝对心灵，此固为前文所详论矣。在进入兹后的超越思维领域之后，这绝对反思先是表现为耶若婆佉、步厉古等的思辨反思，将自我理解为先验实在，但它在这里对这先验实在的内容仍缺乏规定；其次表现为《蒙查羯》、《蛙氏》的直觉反思，企图否定自我的现实性，但是在这里对现实性的否定只是作为对心灵、思想的形式方面，即逻各斯、理性的否定，其结果是使自我成为一种非理性的清净意识，即澄明，后者仍属觉性的内在现实，故对现实的否定在这里是不彻底的；最后，奥义书的绝对反思，还表现为《白骡》、《频伽罗子》、《慈氏》等的超绝反思。精神对现实的彻底否定或超越，就是超绝思维或觉悟，它领会存在真理为彻底非现实的超绝本体，即虚无，后者实即本体自由自身。超绝反思就是将超绝本体的内在化，领会这本体与内在自我本质的同一。上述奥义书就是将自我理解为觉性的内在、超绝的真理。因此，这里涉及了奥义书自我观念的三种类型：其一，思辨的自我，即先验意识（耶若婆佉、步厉古等）；其二，直觉的自我，即澄明（《蒙查羯》、《蛙氏》等）；其三，觉悟的自我，即超绝本体（《白骡》、《频伽罗子》、《慈氏》等）。为了区别，我们称前二者为绝对自我，第三者为超绝自我，并且将前二者放在这一节讨论，将第三者放在下一节讨论。

奥义书的绝对反思从现实到超绝领域的进展，也是由自由最终推动的。本体自由作为绝对，要求实现为对自身本质的直接自主设定，这就是精神在现实层面的绝对自由。一方面，本体自由通过呼唤和倾注，促使精神的自舍势用恢复其本真存在，展开其自身绝对化。自舍势用的自身绝对化有质和量的方面。正是前者推动反思否定全部现实存在，确立一种超现实原理为究竟真理（后者推动反思否定对象的现存性）。另一方面，在此前提下，本体自由也促使精神的自反势用展开为对自我的超绝真理的维持、守护。正是精神这两种自主力量的辩证交互作用，推动反思否定现实自我的真理性，确立自我本质为超绝的真心。不过，如前所述，在《蒙查羯》、《蛙氏》等的直觉反思中，对现实性的否定是不彻底的，因而还不是真正超绝的；唯《白骡》等的反思，才充分体现了精神的超绝性。

## 一、思辨的自我

如果说在理智思维层面，反思领会到心灵的绝对性，超越领会对象为超验实体，那么绝对理智就是这二者之绝对统一，这种绝对理智就是思辨思维。在此前的奥义书思想中，反思与超越两个精神向度始终没有达到绝对统一。即使《羯陀》等的意识形而上学，体现了超越思维内在化成为超验的反思，但这反思只是主观的，而不是绝对的。唯思辨思维达到了反思与超越的绝对统一。这就在于精神在这里打破了理智的超越的主、客二元性，深入到作为二者的共同根源、基础的绝对存在领域；同时扬弃理智的反思的经验、自然意味，深入到绝对意识的超越存在领域。这新的存在领域就是觉性、精神的先验实在。这先验实在作为对经验实在的否定，是超越的；作为一切主观与客观经验的基础、根源，又是绝对的。思辨的反思，就是超越的绝对反思，也就是一种先验反思。在奥义书中，《广林》的耶若婆佉学说、《鹧鸪氏》的步厉古学说，最早体现了这种先验反思。此二家学说，皆阐明自我不仅是超验的实体，而且是全部经验、自然的根源、本体，为存在的绝对真理。兹论之如下：

**1. 耶若婆佉的自我观念**

耶若婆佉的自我观念，最早体现了奥义书的先验反思。其思想集中于 BṛihII，III，IV。在 BṛihII · 4 和 BṛihIV · 5 中，他提出所谓"自爱论"（Ātman-Kāma-Vāda），以为自我才是人之最爱，而一切可爱之物，包括妻、子、婆罗门等，皆因分有此自我而可爱。世间一切皆属自我，皆因分有自我而对我有其价值。因此自我是绝对的价值和真理。不过奥义书中被归属于耶若婆佉的学说，思想亦颇芜杂。其自我说义，有完全袭自吠陀、梵书传统的拟人论的和宇宙论的自我观念，也有袭自更早奥义书的元气论的自我观念。其对于自我的最高的规定，是以之为绝对、一味、无差别、清净的纯粹意识，为经验的心识之本体（识性），故为一种先验意识。此为其自我思考之最有价值、最具独创性者。这先验意识，既是绝对、又是本质、又是实体，故耶若婆佉的先验自我观念，乃汇优陀罗羯等的存在本质、阿阇世等的绝对心灵、那支启多伽吉耶夜尼等的实体于一炉。其所谓自我，乃包含以下意义方面：

(1) 自我是内在的心灵。耶若婆佉思想是奥义书唯心论之集大成者。其说之宗旨，在于开示万有由心识（vijñāna）造化，为心识包容，且本质即是心识，故心识是存在的真理、根源，即大梵；而此心识就是真实自我。如 BṛihIV · 4 · 22："彼即广大、无生自我，由识所成，由诸根包围，居心室虚空中。彼为万有主宰、支配者、君王。彼不因善业而益，不因恶业而损。彼为万有主宰、支配者，为万有庇护者。彼为将不同世界分开之堤坝。彼至上者，婆罗门欲以诵读吠陀，祭祀牺牲，苦行斋戒而知之。信然，知彼者乃为牟尼。唯欲求梵故，苦行者离家出走。信然，知此故，古圣人不欲子嗣，曰：'吾等既已得此我，得此界，子嗣何益？'信然，彼已脱离子嗣欲、财富欲、世界欲，乞食而活。"另外 BṛihII · 4 · 12 及 BṛihIV · 5 · 13 亦云："譬如盐投于水中，即溶于水，不复可捉取，然从水中任一处取而尝之，皆为咸味。是故此大有，无限，无量，只是识体。”在耶若婆佉学说中，心灵不仅是存在的实质，而且是主体，是照亮世界的觉性光明。自我是居于所有自然现象和生命现象之中，而不为后者所知的内在主宰，是自然中的不死者（BṛihIII・7・3—17）。宇宙秩序、法则乃由此我所维持，天地、山河、星空，以至年、季节、月、日、时皆遵此自我之命令而运行（BṛihIII・8・9）。人的活动也是此自我制元气，元气调动身体，如木偶作戏。BṛihIV・3 通过耶若婆佉与阇那伽王的长篇对话，表明自我才是本源的光明，是日、月等光明的基础。如其结尾处（IV・3・7）云：“（阇那伽问：）‘当日、月已沉，火已熄灭，语言亦沉默，何为人之光？’彼（耶若婆佉）答曰：‘自我即其光，大王。信然，唯借自我之光，他坐下，外出作事并回到家中’。‘何为自我？’‘即此诸根包围，由识所成之原人，彼即心中光明。’”心灵之光就是自我的存在揭示活动，一旦这光明消失，整个世界就陷于黑暗，日、月、火之光也不复存在了。

（2）自我为存在之大全、本质。奥义书的绝对唯心论立场，就是把心识当作存在的真理、全体、本质。此种思想，自桑底厘耶既已得到表现，至阿阇世等，乃蔚为主流。它在耶若婆佉学说中，被完全继承。在这里，一方面，自我被认为是囊括万有的大全，被等同于世界本身。如耶若婆佉说：“信然，此自我即是梵，由识所成，由意所成，由元气所成，由视所成，由听所成，由地所成，由水所成，由风所成，由虚空所成，由光与非光所成，由欲与无欲所成，由力与非力所成，由义与非义所成。彼由一切所成。此即所谓‘由此所成，由彼所成’之义。”另一方面，自我亦被认为是存在的实质或本质。此说最典型的表述是 BṛihIII・6 中伽姬（Gārgī Vācaknavī）与耶若婆佉的对话。对话表明任何事物都是由更精细的实质“编织”而成。比如形器的世界是由水“编织”而成，水是由气界“编织”而成，气界由乾达婆界“编织”而成，乾达婆界由日界“编织”而成，日界由月界“编织”而成，月界由星界“编织”而成，星界由天神界“编织”而成，天神界由因陀罗界“编织”而成，因陀罗界由生主界“编织”而成，生主界由梵界“编织”而成。梵界最终是由识“编织”而成。自我、心识是本，世界是末。挈本则制末。如鼓声不可捉，但捉鼓与击鼓手，则声自止；螺声不可捉，但捉螺与吹螺者，则声可止（BṛihII・4・7—10）。由本生末，而末与本不异，不离于本。因此由识所生的一切，仍然包括在识内，仍然是识。其说继承了阿闼婆那（Atharvana）的“甘露论”（madhu-vidyā）和优陀罗羯等的原质论（rasa-vidyā），有将心识本体论和宇宙生成论混淆的嫌疑。与此相关的是其说继承吠陀、梵书谓本原存在为一味、无差别，一切差别相皆是主观分别产物的设想，将绝对自我、心识理解为一种无差别的、一味均匀的纯粹意识。如 BṛihIV・4・19—20 云：“世间无差别，视有差别者，将一再受死。应视（绝对心识）为一味，无相且常住，无垢超虚空，无生遍常我。”而 BṛihII・4・12

表明，此一味心识，被认为是构成万有的质料，如水中之盐味、陶中之黏土。在这里，自我、心识实际上是被当成了构成万有的自然实质，与耶若婆佉的先验本体论不谐。

(3) 自我为超越的实体。另外耶若婆佉也继承、发展了与 ChānVIII · 1—6，KauṣI 等类似的实体自我观念，如 BṛihIII · 7 · 15 说自我为："彼居于万有中，而异于万有，不为万有所知，其身为万有，且从内部主宰此万有。彼即汝之自我，即内在主宰，不死者。"其所谓自我，不是自然之物，也不是经验意识，而是超越经验的时间、空间和因果性的纯粹心灵实体。

耶若婆佉思想贯彻了对现实与实体的形而上学区分。实体属于可知世界，为超越、不动的彼岸；现象属于可感世界，为生灭流转的自然、此岸。实体就是对现象、自然的否定。这通过耶若婆佉对心灵实体的"遮诠"表述得到充分表现。如 BṛihIII · 8 · 8 说自我非粗非细、非长非短、无明无暗、无影无像、无风、无空、无违、无见、无嗅、无味、无眼、无耳、无声、无意、无作、无气、无口、无名、无老死、无畏惧、不灭、非显、非隐、无度量、无内外；不食于一切，亦不为一切所食。BṛihIV · 4 · 25 ："信然，此广大、无生之自我，不坏、不死、常恒、无畏，彼即是梵。"其中，说自我非粗非细、非长非短、无度量、无内外，是对于此我的空间性的否定；不食于一切，亦不为一切所食，是否定实体与自然物的因果关联；无明无暗、无影无像、无风、无空、无违、无见、无嗅、无味、无眼、无耳、无声、无意、无气、无口、无名、非显、非隐等，是否定实体具有感觉、经验的表象；不灭、无生、不坏、不死、无作、常恒，是对经验的时间和运动的否定。故实体属于与现象界、自然完全不同的另一领域。作为对实体超越性的最典型表达，BṛihIII · 9 · 26 提出著名的"双非"之法，谓自我是"非此，非彼"(neti neti)，即对自然的彻底否定："此自我非此，非彼。彼不可缘取，以彼不被缘取故。常住不灭，以彼不可毁坏故。无执，以彼自身不执着故。彼无缚、无损、不败。"总之，自我在这里，(同在伽吉耶夜尼等思想中一样) 也是一种超验的心灵实体。

此自我的超越性表现在认识论方面，就是它的不可知、不可见，如 BṛihIII · 8 · 11 云："信然，彼不灭者，即不可见之见者，不可闻之闻者，不可思之思者，不可知之知者。舍彼无有见者，舍彼无有见者，舍彼无有闻者，舍彼无有思者，舍彼无有知者。"自我之不可见，除了它的超越性，还因为它是纯粹的主体，因而永远不能成为知的客体，此如 BṛihIII · 4 · 2 所云："汝不可见彼见之见者，不可闻彼闻之闻者，不可思彼思之思者，不可知彼知之知者。此即汝之自我，遍在一切。"与此相关，自我也被认为是超越语言的 (BṛihIV · 4 · 21)。它是"言语道断，心行处灭"的神秘境界。此种对语言之苛责，实可谓佛氏寂默之最早源头。自我的不可知不是说它完全不可认识，而是说它不可依日常经验而知，唯依神秘直观即梵智得证。

另外这种超越性也表现在实践方面，一方面就是精神的自由、无缚、清净。如BṛihIII · 9 · 26说："彼不可缘取，以彼不被缘取故。常住不灭，以彼不可毁坏故。无执，以彼自身不执着故。彼无缚、无损、不败。" BṛihIV · 4 · 23谓自我无罪、无染、无疑。另一方面，它还表现为对世俗伦理的超越或否定，如BṛihIV · 3 · 22说："此处父不复为父，母不复为母，世界不复为世界，诸神不复为诸神，吠陀不复为吠陀，贼不复为贼，杀婆罗门者不复为杀婆罗门者，乾陀罗不复为乾陀罗，波伽沙不复为波伽沙，商人不复为商人，苦行者不复为苦行者。彼不系于善业，亦不系于恶业，以心离一切苦故。"但是根据奥义书的通常情况，自我对伦理的超越是消极的。它指的不是自我在伦理规定中的积极自由，而是对伦理规范的漠视或排除，这是由印度传统的自我理解的空洞性、非理性决定的。耶若婆佉的思想就已表现出这种倾向。这导致印度精神的伦理意识的淡薄①。

(4) 自我为万有的绝对本体。耶若婆佉的自我观念，又明确超越了此前的形而上学的自我观念 (ChānVIII · 1—6, KauṣI)。这就在于，他的自我不是形而上学的封闭心灵实体、与自然分离的主体，而是心识与自然的共同根源、本质，因而这实体就是万有之本体，是存在的绝对真理。此如BṛihIV · 3 · 20说"此一切无非自我"。BṛihII · 4 (及BṛihIV · 5 · 1—15) 云："人若视世界为异于我，则世界弃之。人若视诸神为异于我，则诸神弃之。人若视诸大为异于我，则诸大弃之。人若视一切为异于我，则一切弃之。此婆罗门、刹帝利、世界、诸神、诸大、一切，皆是此自我。" BṛihIV · 4 · 23："人若得此圣智，得寂静、安住、忍、定，则见我中之我，见一切为我。" BṛihIII · 7 · 15说自我居于万有中，而异于万有，不为万有所知，其身为万有，且从内部主宰此万有。这些都表明自我、心灵的实体就是存在的本质或本体。

为阐明自我的绝对性，耶若婆佉首次明确提出"不二" (advaita) 之义。这里"有二" (dvaita) 即主体与客体、意识与对象的对待、差别，"不二"即是对后者的超越或消除。不二表明至上我是超越主、客体的绝对心灵。如BṛihIV · 5 · 15 (II · 4 · 14与此基本相同) 云："信然，唯当似有二 (dvaita) 现起，则有一者见他者；一者闻他者；一者言他者；一者思他者；一者知他者。信然，当一切皆成为人之自我，则彼何以见他者；彼何以闻他者；彼何以言他者；彼何以思他者；彼何以知他者？人何以知彼由以知一切者？" BṛihIV · 3 · 23—32则说之更详，其云："23信然，当彼于彼处不见，彼实见，虽则不见；以见者之见无终止故，以彼见者为不灭故。然则彼所见者，乃非

① Albert Schweitzer, *Indian Thought and its Development*, Henry Holt and Company, New York, 1936. 200.

于彼为二，非为与彼有异、有别者。24 信然，当彼于彼处不嗅，彼实嗅，虽则不嗅；以嗅者之嗅无终止故，以彼嗅者为不灭故。然则彼所嗅者，乃非于彼为二，非为与彼有异、有别者。……30 信然，当彼于彼处不知，彼实知，虽则不知；以知者之知无终止故，以彼知者为不灭故。然则彼所思者，乃非于彼为二，非为与彼有异、有别者。31 信然，唯当似有二现起，则有一者见他者；一者嗅他者；一者尝他者；一者言于他者；一者闻他者；一者思他者；一者触他者；一者知他者。32 人若以大梵为其世界，乃成为唯一、不二之见者，遂成大海。此即至上道。此即至上成。此即至上界。此即至上喜乐。所有众生乃由此喜乐之一分而活。"人的正常认识，总是主体认识客体，前提是绝对自我分裂为二。然而，唯不二、绝对才是究竟的真理，有二皆是假相。故正常认识乃具有虚妄的起点（尽管耶若婆佉没有因此明确推出全部认识皆是虚妄之义）。人于死亡和熟眠位，乃完全与至上我、本心合而为一。由于有二相消失，主体也不复有正常的认识，而成为无意识。实际上正是这种无意识状态，由于消除了有二的假相，因而包含对自我真理的体验，这是不同于通常认识的亲证，是为无知之知。这种亲证是理智一如的境界。除了无梦睡眠和死亡，圣者还可以通过梵智证知此绝对。耶若婆佉的不二说，是后来吠檀多派和大乘佛学的不二论的先驱。

总之，耶若婆佉的自我观念，以为自我既是超验的心灵实体，又是存在的绝对真理、本质，因而就是先验的本体。此种自我观念，体现了精神的超越思维与绝对反思思维的辩证统一。奥义书的反思在这里深化到思辨的层面。

在耶若婆佉思想中，与上述先验自我之义一致，而理论上独立，自成体系者，为BṛihIV·3 阐明的所谓自我三位之说。如 IV·3·9 云：

信然，自我有二种有：此世界之有与彼世界之有。复有第三种有位于二者中间，即梦位有。人立于此中间有，遍视彼二种有，即此世界有与彼世界有。无论以何方式进入彼岸世界之有，人已经由此见此世界之罪染与彼世界之乐。

所谓自我三位，就是自我、存在的三种状态或意义层面，谓醒位、熟眠位、梦位，这三者在以上引言中被分别对应于所谓此岸、彼岸与中间。自我三位之说应当在耶若婆佉以前就早已存在。在 KauṣIV 中，阿阇世将自我分为醒位和睡眠位，在BṛihII·1 中，又将其分为醒、梦、熟眠三位。ChānVIII·3 亦暗示了自我这三种存在状态。这些说法加上 BṛihIV·3，为奥义书对三位的早期阐明。这些说法旨趣各异。KauṣIV 和 BṛihII·1 的醒、眠二位或醒、梦、熟眠三位，皆完全是经验性的，醒、梦分别指经验意识之外感觉和内在感觉同时升起或只有内在感觉升起的状态，而熟眠位为潜藏在感觉之下的经验理智。ChānVIII・3 则以为醒、梦二位就是经验意识，把熟眠位解释为一种超验有自我实体（虚空），而这实体是形而上学的。这两种观念，分别体现了早期奥义书精神反思的经验和超验（形而上学）层面。耶若婆佉的自我三位说，则体现了一种思辨反思。其以为醒、梦二位就是自然、经验意识，熟眠位则为超越二者而为其根源、本体的先验实在，为存在的绝对真理。其说与 KauṣIV 和 BṛihII・1 的区别，在于它通过对熟眠位自我的自然性、经验性的否定，清楚表明了此自我的超越性；与 ChānVIII・3 的区分，在于明确开示熟眠位为醒、梦二位的根源、本体，从而表明了此自我的绝对性。自我作为超越、绝对的心灵，就是先验实在。在耶若婆佉思想中，熟眠位、死亡以及得梵智位，皆表示个人自身消融而进入自我的绝对真理之中的状态，实可等同。

耶若婆佉的自我三位说，不仅具有心理学的，而且具有形上学的意义。其中醒位就是日常的客观经验的意识及其对象（包括内、外境）；梦位是单纯的主观经验的意识及对象（只包括内境，不包括外境）；熟眠位有则是泯灭了主、客观对待和差别意识的一味境界。首先，在 BṛihIV・2・3 和 IV・3・1—7 中，耶若婆佉同阇那伽的对话，可视为对醒位我的阐明。自我居于心中，通过从心中发出的无数脉管（hitā）与诸感觉器官（色身）联结。在醒位，诸感官与外境接触，其所产生的印象被输入 hitā，并被输送到心中，被自我受用。因此醒位的特点是心识同时缘取内、外境界。醒位就是清醒的日常意识及其对象，就是客观经验。在梦位，诸感官不复取境，故自我乃受用 hitā 中的残余印象，谓之“细食”（sūkṣmānna）。因此梦位仅仅是主观经验。BṛihIV・3・9—14 则对梦位进行了阐明。在梦位，自我的创造力得到最自由的发挥。自我将醒位获得的印象拆开、重构，从自身内部“投射”出车、绳、路、水潭、莲池、溪流，即全部对象世界，乃至苦乐等种种内心感受。IV・3・7 亦如是形容梦位自我：“此诸根包围彼由识所成之原人，彼即心中光明。彼虽恒处同一，随于二界而游，现似有念、有动。其于梦位，乃脱离此世界与诸死相。”IV・3・18 谓自我则是游历于醒、梦二界的同一灵魂：“譬如一条大鱼随河两岸，上溯下漂，此原人于此二位，即梦位与醒位，悉皆追随。”由于诸根不缘外境，故梦位的一切境相，都完全是心识变现出来的。心识就成为存在之全体、绝对。这梦位我，相当于主观唯心主义的世界。在 IV・3・19—32 等处，耶若婆佉阐明了熟眠位的相状。如果说醒位和梦位大致对应于客观经验和主观经验，熟眠位则是超绝主、客观经验而为其基础、根源的绝对，故为先验的本体。IV・3・19 形容自我从醒、梦位进入熟眠位：“如隼鹰翱翔天空，即而倦息，敛羽归其巢寝。如是人在睡眠中，进入熟眠位，无欲无梦。”在这里，一切经验表象皆消灭，自我不再有被羞辱、被杀害等事，不再有烦恼、痛苦、轮回、变灭，因而体会到纯粹的宁静、安乐。耶若婆佉对熟眠位的阐释，特点有二：其一，与阿阇世等将熟眠位理解为一种经验的意识本质不同，耶若婆佉明确强调熟眠位的超验性。熟眠位被等同于自我的实体，完全否定了经验、自然的表象或关联。它被说成不可捉摸，不可缘取，不落言诠，不可思议，"非此，非彼"，无缚、无苦、不失、无染于已作、未作之业。它也超越了世俗的社会秩序与伦理，既不染于善，亦不染于恶。于是自我得大自在。其二，同样，耶若婆佉的熟眠位或真实自我，也与伽吉耶夜尼至那支启多的形而上学的封闭实体不同，它就是存在的绝对真理、本体。他将全部经验存在概括为有二相，即主观与客观、意识与对象，而熟眠位为无二相，即主、客体共同融入绝对心灵之中一味不分的境界。经验存在、有二相以不二、熟眠位为真理、本质，并且于醒、梦位又重新从后者中生出。耶若婆佉还明确开示熟眠位就是醒位和梦位的根源、种子。这些说法都表明，耶若婆佉的熟眠位，不仅是超验的心灵实体，还是存在之绝对本体。因此它就是觉性、精神的先验现实性。

**2.《鹧鸪氏》的五身说**

《鹧鸪奥义书》所谓步厉古智，开示五身之义，其自我观念，旨趣与耶若婆佉大体一致。所谓"五身"（pañca-kośa），即谓人类自我的存在包括五个层面，犹如葱皮，层层相裹；而宇宙大我，乃与之同构、同质，亦具五身。此五身由外到内，依次为食身（肉体、粗身）、元气身（生命机能）、意身（感性意识）、识身（经验的理性意识）、喜乐身（潜意识或先验意识）。TaitII · 2—5（有删节）云："2 地上之众生，如实生于食。彼复赖食活，且终归于食。信然此食物，乃万有之首。是故彼食物，得名万灵药。万有生于食，生已依食长。彼食且被食，是故得名食。信然，彼有别于此食身而为其内自我者，即元气所成身。此食身由彼元气身充满。信然，彼（元气身）具人形。食身乃相应彼之人形，而具此人形。上气为其头，通气为其右，下气为其左，虚空为其躯干，土为其底，即作为基础者。于此复有颂曰：3 诸神人傍生，以元气呼吸。依彼元气故，众生得其命。是故人谓彼，一切之生命。信然，彼有别于此元气身而为其内自我者，即意所成身。此元气身由彼意身充满。信然，彼（意身）具人形。元气身乃相应彼之人形，而具此人形。于此复有颂曰：4 言、意自彼回，由不得彼故。若知大梵乐，则人恒无畏。此中之身我，如实同于前。信然，彼有别于此意身而为其内自我者，为识所成身。此意身由彼识身充满。信然，彼具人形。意身乃相应彼之人形，而具此人形。信仰为其头，正直为其右，真实为其左，瑜伽为其躯干，大（即觉谛）为其底，即作为基础者。于此复有颂曰：5 心识主祭祀，亦主一切行。诸神敬彼为，大梵、最长者。若知梵即识，于此不放逸，则离身中罪，得一切所欲。信然，彼有别于此识身而为其内自我者，为喜乐所成身。此识身由彼喜乐身充满。信然，彼具人形。识身乃相应彼之人形，而具此人形。愉悦为其头，欢喜为其右，大喜为其左，喜乐为其躯干，大梵为其底，即作为基础者。”这里，五身说也开示了一种观想，就是将自我、存在，从外至内，层层剥除，最后使喜乐身作为本质呈现出来。其说当以耶若婆佉说为基础。而相对于后者的主要进步在于，它不仅仅揭示了自我、心识的本质，而且完整地阐释了现实自我的结构。其对人类自我的存在内容的分析，即使现在看来也不失其真理性。对于人的自我，肉体与生命机能是其存在的物质前提。在这里，五身说避免了早期奥义书从阿阇世以至耶若婆佉思想中经常出现的对元气与心识的等同，在心理和生理之间划了一条明确的界限。不过五身说更有价值的内容是对心识存在的分析。首先，心识被认为是自我、存在的本质、真理，是食身、元气身的根源、基础。其次心识被分为意身、识身和喜乐身三个层面。联系到我们对此前奥义书思想的解释，意身就是生灭不已的感性意识及其内容，识身就是具有自身持存性且规定着感性的理智，二者都属于自我、心识的经验、心理学层面。喜乐身是意身、识身的基础。TaitII 对于喜乐身的说法，应当是继承自耶若婆佉学说（比如 TaitII・8 就明显袭自 Sat BrāXIV・7・1・31 和 BṛihIV・3・33）。喜乐身与耶若婆佉所谓熟眠位意义基本相同，应释为先验意识。首先，喜乐身也是一个超验的实体。比如 II・7 说它为非有（asat），为不可见、无体、不可说、无依处者。II・9 说它为“言、意自彼回，由不得彼故。若知大梵乐，则人恒无畏”，且谓知彼者，乃救自身脱离善、恶而入于自我。这些都与耶若婆佉对熟眠位的描述一致，也旨在表明喜乐身对经验、自然的否定。其次，喜乐身也被认为是全部存在的绝对根源、本体。III・6 云：“喜乐即彼大梵。因为信然，万物由喜乐而生，生已复赖喜乐而活，且死时复归于喜乐。”II・6 开示梵、喜乐创造万有，接着进入万有而为其自我的过程，实际上是以寓言方式阐明梵是万有的根源、本质、真理。总之，《鹧鸪氏》所谓喜乐，与耶若婆佉所谓熟眠位一样，指的其实就是觉性、精神的先验实在。因此，五身说同样体现了奥义书精神的思辨反思，尽管其中也混杂了大量来自传统的平庸迂诡之谈。

奥义书精神的思辨反思，反映了现实精神自由的新境界。思辨反思达到了绝对反思与超越思维的统一。这就在于精神在这里否定理智的超越的主、客二元性，也否定理智的反思的经验意义，深入到作为自然、经验的存在的绝对基础、本质的先验实在领域。在这里，精神实现了对觉性的先验实在的直接自主设定。但是，奥义书的上述思辨反思还有很大局限性，它不仅具有奥义书思想一贯的含混性，而且是抽象的。这表现在，无论是耶若婆佉还是步厉古的自我观念，都没有对自我本质作为先验意识，即熟眠位或喜乐身的实质给予阐明，因而这先验意识其实是空洞的。这反映出精神对先验自我的维持还是消极的、抽象的，没有上升为对其具体内容的维持。先验意识的实质内容就是纯粹的思想，就是概念、理性。唯有当精神实现对其纯粹概念的自主设定，这先验意识的实质才会呈现出来。另外，思辨反思还有其一般的局限，就是对现实性的执着。现实性被当作存在的绝对真理，先验意识也是一种现实性。然而存在的绝对真理其实就是本体自由自身，现实性只是这自由构造出来，以作为其自我实现的中介。如若把现实性当作绝对，就会把自由与现实的关系弄颠倒。现实性将成为自由无法打开的门，自由丧失了其本真的绝对性，必将沦为现实的囚虏。而精神的现实性就是传统，因而这种现实崇拜，必将使传统成为自由无法超越的存在，这在理论上就使精神的任何真正发展都不复可能了。然而自由既然是超越现实的本体，就意味着它不会真正被现实、传统窒息。它必将呼吁现实精神恢复与它的对话，并促使精神的自舍、自反势用恢复其本真存在，从而推动精神反思否定现实存在的真理性，领会自我为超越现实、思想的本体，于是这反思便得到进一步深化。在奥义书思想中，《蒙查羯》、《蛙氏》等的直觉的自我观念，就体现了这种精神反思的新进展。

## 二、直觉的自我

奥义书思辨的自我观念，仍然将现实当作绝对。但自由的自身绝对化意志，要求精神穿越现实的遮蔽，实现对觉性、精神的超现实本体的自主设定。因而它必然推动精神否定思辨反思对现实存在的执着，领会自我的超现实意蕴。它必通过呼唤和倾注，促使精神的自舍势用进一步展开为对现实存在本身的否定，促使自反势用展开为对自我的超现实意义的维持，从而推动奥义书的反思否定对现实的绝对化，并寻求一种超越于思想、理性之外的神秘自我。ChānVIII・7—14，MuṇḍI—III，MāṇḍI—XII 的自我观念，最早体现了这一反思的进展。在这里，自我被认为是超越了觉性、精神的全部现实性，即全部思想、概念、理性的原理。这个自我，正因为否定了现实的思想、理性（包括先验的思想），故只有通过神秘的直觉才可被证知，所以称为直觉的自我。这些奥义书的思想区别于此前的耶若婆佉、步厉古之学的最关键一点，在于明确强调自我真理超越后者的熟眠位、喜乐，即先验的思想、理性，而为一种非理性的、神秘的觉性光明，即澄明。实际上，耶若婆佉学说，尽管其主导的立场是以为自我就是熟眠位，然而 BṛihIV・3・15—19 等处亦形容同一自我在醒位、梦位、熟眠位之间翱翔，似乎又想表明自我是超越这三位的存在，因此难免意义含混。而 ChānVIII・7—14 则提出自我最后脱离熟眠位，飞升而去；MāṇḍI—XII 乃超越三位说，立自我四位，而以第四位为超越熟眠位、理性的绝对自我。此类说法都表明自我超越熟眠位，即先验现实，因而体现了一种直觉的反思。在这里，自我本质、澄明，与熟眠位、理性的区分，就是一种直觉的区分。然而在直觉反思阶段，精神对于现实性的否定是不彻底的，它所领会的神秘自我、澄明，仍然是一种现实存在。

实际上那超越先验现实性的究竟自我，就是无规定的本体自由自身。这一点，在继承、发展《蛙氏》(MāṇḍI—XII) 思想的更晚期的《白骡》、《慈氏》等奥义书中，得到更明确的领会。《白骡》等书将般若视作产生宇宙假相的摩耶 (幻法)、无明，认为它同遍在、炎炽一样，皆是对第四位、真我的覆障，故唯将其依伏灭，方能悟入真我；另外，究竟自我还从一个更高的层面规定、支配般若。这些说法，都是将《蛙氏》等的直觉的区分转化为对现实与自由、有与无的存在论区分，转化为真正的精神觉悟 (对神圣本质的观照)。所以 ChānVIII・7—14, MuṇḍI—III, MāṇḍI—XII 等反映了奥义书的精神反思正处在这样一个关节点上：它开始否定思辨思维的现实性执着，朝真正的精神觉悟迈进。这一根本的思想进步，也是由本体自由最终推动，并反映了奥义书精神自由的新的现实，因为唯有当现实精神将本体自由自身作为了精神自主设定的对象，这本体自由才会对反思的意识呈现出来。在这里，精神的自舍势用试图实现为绝对的，即展开为对一切现实性、一切“有”的超越，而自反势用则在此前提下，试图确认一种超越现实性的本质为绝对自我。但是在奥义书的直觉反思中，精神对现实的绝对超越并不彻底，因而也不真实。精神的绝对超越，或超绝思维的真理，是对现实性的空洞化。它在观念史上就表现为对全部现实存在、世界的真理性的否定。这正是《白骡》、《慈氏》等奥义书的世界虚妄论所表明的。但是这在《蛙氏》(MāṇḍI—XII) 等的直觉思维中仍然是很陌生的。本体自由是对现实的绝对超越或否定，它不是存有，而是虚无。但《蛙氏》等没有绝对否定现实存在的真理性，因而实际上仍然将自我理解为一种新的现实、存有，即澄明。由此可见，ChānVIII・7—14, MuṇḍI—III, MāṇḍI—XII 等的自我观念，实际上误读了本体自由自身。

在奥义书思想中，直觉反思也是处在发展中的。它最早体现为 ChānVIII・7—14, MuṇḍI—III 的自我省思。这些文本都表明了熟眠位、喜乐并非绝对自我，而真实自我超越熟眠位。但是这些文本对于熟眠位或喜乐与至上我，即先验理性与澄明各自的实质都没有具体的领会，对于二者的区分也缺乏具体、清晰的阐明，表明在这里，直觉反思仍然很含糊，且不具体。奥义书的直觉反思到《蛙氏》(MāṇḍI—XII) 才达到完善。其书明确规定熟眠位就是般若、理性，而至上我则为超理性的澄明，即清净意识，因而首次领会了先验实在和澄明的实质，从而使二者得到清晰的区分，所以直觉反思在这里才成为具体的。奥义书直觉反思的这种发展，也是本体自由自身的绝对化冲动从根源上推动的结果。兹详论之。

在奥义书思想中，直觉的自我观念，最早在 ChānVIII・7—14 中得到反映。其书通过因陀罗求学于生主的故事，开示其说。其说无疑以耶若婆佉的三位说和步厉古的五身说为基础。其中，生主之教因陀罗，与婆楼那之教步厉古，思想的逻辑颇为一致，都是阐明一种逐渐深入的反思实践。此反思从色身开始，深化至人的经验意识，再进一步深化至先验意识（深层意识，即喜乐或熟眠位）层面。唯《鹧鸪氏》论自我，仅止于此，但 ChānVIII・7—14 则认为熟眠位或喜乐身仍然不是究竟的自我，自我乃为超越先验实在的神秘的至上光明。ChānVIII・7・1—14・1 云：

VIII・7・1"此自我离一切染、不老、不灭、无苦、无饥、无渴，其愿欲是真理，其思想是真理。彼是人应寻求，彼是人应欲了知。人若寻得、证知此自我，则得一切世界、一切欲。"生主如是说。2 于是诸神及阿修罗众皆闻之。彼等皆曰："吾等其求得彼自我，若得此自我，则得一切世界、一切欲。"于是因陀罗由诸神中，毗卢遮那由阿修罗众中来至彼（生主）所。二人不相交通，各自执薪来至生主之前。3 彼等作为梵志居此三十二年。于是生主问曰："汝等居此，所求为何？"于是二人答曰："'此自我离一切染、不老、不灭、无苦、无饥、无渴，其愿欲是真理，其思想是真理。彼是人应寻求，彼是人应欲了知。人若寻得、证知此自我，则得一切世界、一切欲。'人谓此即汝所言，先生。为求得彼故，我等居此。"4 于是生主告此二人："彼于眼中所见之补鲁沙，彼即是吾所云之自我。彼即不死者，无畏者。彼即是大梵。""先生，此见于水及见于镜中之人，何者为彼？"彼曰："于此一切所见者，如实乃为一人。"8・1"汝等且自鉴于一钵水中，若能于自我有悟，则告我。"于是二人乃鉴于一钵水中。生主问彼等："汝何所见？"二人答曰："吾等尽见自我一切，以至毛发、指甲。"2 于是生主谓彼等："汝且美丽装束，周遍华饰，而后自鉴于一钵水中！"于是彼等美丽装束，周遍华饰，而后自鉴于一钵水中。生主乃问："汝何所见？"3 二人乃答："先生，如我等在此美丽装束，周遍华饰，在彼处亦如是美丽装束，周遍华饰。"生主遂曰："彼即自我，彼即不死者、无畏者。彼即大梵。"二人闻此，心中安然（śānta-hrdaya）而去。4 生主追视彼等，曰："彼等未知、未见此自我而去。无论何人，若诸神若阿修罗，若信受此教，则必坏灭。"于是毗卢遮那心中安然，还至众阿修罗处，且于彼等申此教，曰："此色身（ātman）是所应悦乐者，所应事奉者。人若能悦乐、事奉此色身，乃得二世界，此岸与彼岸。"5 是故，即于此世，人谓彼不施者、不信者、不祭祀者为阿修罗，以阿修罗之教即如此故。彼等以所乞之衣饰香料装饰死人之身，曰如是可得彼岸世界。9・1 然则因陀罗，虽尚未至诸神处，即已见此危险："若此（色身）美丽装束，则彼（自我）乃美丽装束，此周遍华饰则彼周遍华饰，如是此盲则彼盲，此跛则彼跛，此残则彼残。如此则此灭而彼必随灭矣！故我不见此中之可乐也。”2于是彼手执束薪而返。生主曰：“摩伽梵，汝既与毗卢遮那离去，心中安然，复何为而返？”彼乃言：“若此美丽装束，则彼乃美丽装束，此周遍华饰则彼周遍华饰，如是此盲则彼盲，此跛则彼跛，此残则彼残。如此则此灭而彼必随灭矣！故我不见此中之可乐也。”3彼曰：“诚如是，摩伽梵，然我将再教彼于汝。且再居此三十二年。”于是彼再居此三十二年。生主遂告彼曰：10·1“彼在梦中乐游者，彼即自我。彼即不死者、无畏者。彼即是大梵。”彼闻此，心中安然而去。然则因陀罗，虽尚未至诸神处，即已见此危险：“虽则此盲彼不盲，此跛彼不跛，此残彼不残。2如实，彼虽不以其杀而实被杀，不因其跛而实跛，然则彼犹若被杀，犹若被逼迫，犹若经历诸苦事，甚至犹若哭泣。故我不见此中之可乐也。”3于是彼手执束薪而返。生主曰：“摩伽梵，汝既已心中安然离去，复何为而返？”彼乃言：“先生，虽则此盲彼不盲，此跛彼不跛，此残彼不残。4如实，彼虽不以其杀而实被杀，不因其跛而实跛，然则彼犹若被杀，犹若被逼迫，犹若经历诸苦事，甚至犹若哭泣。故我不见此中之可乐也。”彼曰：“诚如是，摩伽梵，然我将再教彼于汝。且再居此三十二年。”于是彼再居此三十二年。生主遂告彼曰：“11·1”若于极深睡眠，寂然、不动、不知梦境，彼即自我。彼是不死者、无畏者。彼即大梵。”彼乃心中安然而去。然则虽尚未至诸神处，彼即已见此危险：“信然，如实其人不复以‘我即是彼’想而识其自我，亦不复知余一切事。如是则彼堕于坏灭。我不见此中之可乐也。”2于是彼手执束薪而返。生主曰：“摩伽梵，汝既已心中安然离去，复何为而返？”彼乃言：“信然，如实其人不复以‘我即是彼’想而识其自我，亦不复知余一切事。如是则彼堕于坏灭。我不见此中之可乐也。”3彼曰：“诚如是，摩伽梵，然我将再教彼于汝，无有遗义。且再居此五年。”于是彼再居此五年——共为一百另一年。此即众人云摩伽梵于生主处为梵志一百另一年之所谓。生主遂告彼曰：12·1“O，摩伽梵，此身有死。彼为死亡所制。然则彼（身）为无身、不死自我之住处。信然，若此我在身中，则为苦乐所制。信然，若彼在身中，则不能脱离苦乐。信然，若彼为无身，则苦乐不染于彼。”2风为无身。云、电、雷亦无身。正如彼等由彼虚空升起，达乎至上光明，以其自相而现焉，3如是，此熟睡者（saṃprasāda），起于此身而达乎至上光明，以其自相而现焉；是为‘至上补鲁沙’。彼于此而游乐、嬉笑、游戏，于女人、车、朋友享乐。如驯马服车，此元气乃系于此身体。4复次，彼处若眼入乎空（瞳仁），彼即为有视之人，以眼而视。若彼知“我且嗅此”，彼即此自我，以鼻而嗅也。若彼知“我且听此”，彼即此自我，以耳而闻也。若彼知“我且说此”，彼即此自我，以语言而说也。5 若彼知“我且思此”，彼即此自我，意即彼之天眼（daiva cakṣu）也。信然，彼以此天眼、意，见此一切可爱之物，受用一切乐。6 信然，梵界之诸神皆（由于因陀罗之教）敬思此自我。人若见、知此自我，则一切世界皆属焉，一切喜乐皆归焉。生如如是说——噫，生主如是说。13・1 我由冥暗（熟眠位）进入多色（醒、梦位）。我由多色进入冥暗。抖落诸罪恶，如马落其毛；复抖落此身，如月离罗睺之口。我即成就者，入无生梵界——噫，我且入于彼！ 14・1 信然，所谓虚空，即揭示名色者。彼等于中安立者，是为大梵。彼即不死者，彼即是自我。我且入生主居、生主堂。我是婆罗门之光荣，王族之光荣，民众（吠舍）之光荣。我且得光荣。我其为光荣之光荣，我其不入头白、齿落！

其书云生主开示自我实相，为“离一切染、不老、不灭、无苦、无饥、无渴，其愿欲是真理，其思想是真理”。因陀罗和毗卢遮那乃就彼请教此自我之义。生主乃阐明了自我的四个存在层面：(1) 色身我。7・4—8・3 所阐明者，乃为居于肉体之我。此自我乃为于眼中、于水中、镜中所见之人。书云二人既闻此教，乃满意而去，以为肉体即是自我。这实际上是误解了生主的原意。盖生主所开示者，乃谓自我居肉体中，而肉体为其最外在存在（即《鹧鸪氏》所谓食身），非谓肉体即是自我。于是毗卢遮那乃于阿修罗众申肉体即自我之教，是为魔道。但是更本质的自我乃为：(2) 梦位我。书云因陀罗在归途中，乃对于此肉体自我之义产生了疑惑，遂再返而请问。9・1—10・1 乃阐明此肉体自我并非真实自我，更真实的自我乃为居于睡梦中者。奥义书在这里，乃以梦位指经验意识。这表明真实自我不是肉体而是心灵。自我的更本质存在，为居于此经验意识中者。但这经验意识仍然是处在自然的时间、因果关联中的，生灭不息的存在，故它仍然现似被杀、被逼迫、经历诸苦事，仍然包含苦、乐、饥、渴等差别境相。在这里，因陀罗同样对生主的教诲发生了误解。盖生主所开示者，乃谓自我居梦位中，而因陀罗乃以为此我即与梦位识或经验意识同一。但是更本质的自我乃为：(3) 熟眠位我。书云因陀罗在归途中又发现此义不究竟，遂再返而请问。10・3—11・1 乃阐明真实自我超越梦位识或经验意识，而居于熟眠位识或先验意识之中。书云自我于熟眠位乃进入寂然、不动、不死、不知梦境的境界，换句话说，就是先验意识超越了时间、运动以至全部经验表象。在熟眠位，自我断灭焦虑，体验到一种极度愉悦，故此位又被等同于喜乐。熟眠位应被认为是梦位的本质。如果说耶若婆佉、步厉古的学说，皆以此位为自我之究竟真理，ChānVIII・7—14 则首次明确提出这并非真实自我，因为这里仍然有无明（仍然有主、客对待），究竟自我乃是：(4) 至上我。12・1—14・1 试图揭示此至上我。盖以为熟眠位是无明，而自我应为纯知（12・3—5），故二者不同。13・1谓我由冥暗（熟眠位）进入多色（醒、梦位），复由多色进入冥暗，也表明至上我对于熟眠位的超越性。在更晚的奥义书思想中，熟眠位被等同于自性（pradhāna）、摩耶（maya），为流转的世界的直接根源；而真实自我乃与之截然分别。自性、摩耶皆为混沌的创生原理，生生不息，创造诸名色；而真实自我则如如不动，为恒常的澄明，唯名色增益此自我之上，世界万物才得以显现。总之，即使喜乐、熟眠位，也仍然是自我的覆障，是最后而且也是最深刻、最根本的覆障。欲得究竟解脱，必须连它也要破除。于是自我的究竟理体才呈现出来。它就是绝对纯净的真心，不动、无染、清净、不二，如默然之渊，朗然之镜，一味相续，其体性是真如—心—妙乐。对它的领悟是主、客皆泯，心性一如，理智融合的境界。总之，ChānVIII・7—14最早超越三位说，开示自我存在的四重结构，即色身（物质的存在）、梦位我（经验意识）、熟眠位我（深层意识或先验意识）、至上我（纯粹真心），为后来《蛙氏》等的自我四位说的先驱；而且阐明了一个从人的最外在的物质存在开始，逐次破除自我的覆障，层层深入，直到揭示自我最内在的纯粹真心的反思型观想次第，亦有其重要实践价值。然而其书对这至上我缺乏更具体的阐明，回避了对熟眠位与至上我的实质内容，及二者体性差别的更充分、清晰的分析，最终陷入了思想的模糊性。

《蒙查羯》对于此直觉自我的开示，乃与ChānVIII・7—14处在大致相同的思想层面。然而其篇幅既大，义蕴亦赡。它对心理现象的观察，远比ChānVIII丰富。更重要的是，它首次开示了直觉的实践，使对自觉自我的领会成为客观、必然的。然而其内容极芜杂，反倒不如ChānVIII・7—14的自我四位说具有系统性。

其书极力标榜自我的超越性，如MuṇḍII・1・2云："言彼补鲁沙，神圣且无相，在外亦在内，无生、无元气，无意且清净，高于不坏者。"而其论自我的超越性，实际上包含两个意义层面。其一谓至上我超越一切经验的现实性。其以为自我否定全部经验表象，是超越时间、空间、生灭、因果，超越日常认识，无相无表、清净无染的本体。如引文云补鲁沙为无相、无内外、无生、无元气、无意、清净，I・1・6亦云："彼不可见、摄，无家无种姓，无眼、耳、手、足，恒常且遍满，遍在极微妙，彼即不灭者。"其在此一层面的说法，多为继承耶若婆佉、那支启多等的既有说法而来，没有多少新意。其书之更有价值的内容，乃在于揭示自我超越性的第二个层面，即对超验的实体和先验的本体的超越。至上我既超越经验存在，亦超越超验的实体或本体，因而它超越了一切现实性，为一绝对神秘的原理。上引MuṇḍII・1・2就清楚表明了这一点，其云自我既超越元气、意、内外、生灭等，亦"高于不坏者（akṣara）"，其中"不坏者（akṣara）"就是熟眠位、喜乐。这就是说，自我同时超越经验表象和先验实在。同理，

III·2·8 亦云："如诸川奔流，归于大海洋，消失其名色，知者离名色，归神圣原人，超彼超越者（parāt-para）。"其中名色即全部经验现实，而"超越者（parāt）"即熟眠位、先验本体，而原人、至上我则不仅超名色，亦超"超越者"，同时否定了这两种现实性。另外 II·2·1 亦云："举凡存在者，若有（sat）及非有（a-sat），至上所欲者，超越心识者，众生之最胜，皆归趋其中。"其中"非有（a-sat）"、"超越心识者"，皆指熟眠位、喜乐，彼作为先验实在超越经验对象（sat）与意识（心识）故，而至上我为此"非有（a-sat）"、"超越心识者"之归宿，故其存在亦超越之。这些说法，都表明真实自我超越先验意识，为觉性之神秘本体。另外正由于自我超越了觉性的内在现实，即思想、理性，因而它不可能被理性所把握。《蒙查羯》对此有清楚的意识，如 III·2·3 云："非由于教导，非由思维力，亦非由多闻，可得此自我。"人唯有依神的恩宠或修瑜伽、禅定（III·1·8,2·3,6），形成某种超理性的神秘直觉，才可以亲证自我，得到解脱。

总之，《蒙查羯》的自我观念，也表现了一种直觉的反思，但其思想极模糊。总的说来，它大致处在与 ChānVIII·7—14 相同的思想层次。同后者一样，它也对先验实在与至上我各自的实质内容及其差别缺乏具体、清晰的把握。这一问题，直到《蛙氏奥义书》的自我四位说成立，才得到较好的解决，故《蛙氏》思想，实可作为奥义书的直觉反思的最高成就。

在奥义书中，ChānVIII·3·1—4，BṛihII·1，BṛihIV·3，PraśIV·2—11 皆开示自我三位，即醒位、梦位、熟眠位，而以熟眠位为究竟。在 ChānVIII·3，BṛihIV·3，熟眠位就是先验实在。因此自我三位说，就其最成熟的思想而言，就是把先验实在作为自我、存在的绝对真理。ChānVIII·7—14 试图超越这种先验实在，故阐明自我包含四个存在层面，但其说义模糊、且不系统。直到《蛙氏奥义书》，才明确提出本体论上自我具有"四位（catuṣpāt）"的观念①，也正式提出醒位（jāgarita-sthāna）、梦位（svapna-sthāna）、熟眠位（suṣupta-sthāna）、第四位（caturtha）四个概念。此外，《蛙氏》的主要贡献还在于：明确规定熟眠位或先验实在的实质是理性（般若），而至上我（第四位）的实质是非理性的纯粹意识、澄明，对先验自我和直觉的自我的实质都有了具体的领会，也使二者的区分变得清晰；明确区分熟眠位和至上我在存在发生中的不同意义，指出唯熟眠位是世界存在的根源，而至上我则是被世界覆盖的理体；完全脱离了奥义书常见的神话、寓言的表述，另外还用遍有位（Vaiśvānara）、炎炽位（Taijasa）、般若位（Prājña）、至上位（Turīya）这些本体论的术语来规定自我四位，从

---

① 自我、梵有"四足（catuṣpāt）"之说，亦见于 BṛihIV·1·2—7；ChānIII·18，IV·5—8，但这些都属于宇宙拟人论的想象，与《蛙氏》没有实质关联，没有什么深刻含义。

而排除了四位说的经验、心理学痕迹，使其得到本体论的纯化。

《蛙氏》之说自我四位，尽管篇幅短小，但思想极清晰。其所谓四位，既是自我的，也是存在的。其大义正如乔荼婆陀《圣教论》注云："遍有兼受粗，炎炽唯细境，般若受喜乐。言彼唯一者，如是行三道。"(ĀŚI · 3)"前二有梦、眠，般若眠无梦(熟眠位)。知梵者乃谓，第四无眠、梦。"(ĀŚI · 14)其更详细的意义，可进一步解释如下：(1)醒位。MāṇḍII—III云："此自我即是大梵。此自我有四分。彼住于醒位了别外境，具七支、十九窍，受用粗色者，即遍有者，是为第一分。"醒位是自我四位之第一位，即最粗显的层面。醒位就是相应于凡夫众生清醒的日常生活的存在境界，即客观经验，包括其对象和主体。在此自我通过诸根缘取外境(粗色)，坚信外境为真，对其产生执着，被其所束缚。其中所谓"七支"者，或即自我色身之七分，即首、目、气、身、足、口、膘，以及与之对立的宇宙之七分，即天、日、风、虚空、地、火、食。"十九窍"者，商羯罗释为五知根、五作根、五气、末那、觉谛、我慢、心(citta)。这些都是醒位的众生所共有的官能。"受用"有领受义与执受义，前者谓此我可缘取粗色；后者谓此我执此粗色为已身。(2)梦位。MāṇḍIV："彼住于梦位了别内境，具七支、十九窍，受用细色者，即炎炽者，是为第二分。"其意思很清楚，就是说在梦位，尽管七支、十九窍皆存，但主体不缘取外境，唯取内境，即只了别意识自身的内容(细色)。梦位就是主观经验。在这里，世界表现为主观的意识现象，客观世界失去了意义。梦位我即是参与轮回之我。它由细身和末那、觉谛、我慢、心识组成，不包括粗身，在粗身坏灭后继续存在，根据业力的差异，而投生于不同的归趣。(3)熟眠位。MāṇḍV—VI："若人于睡眠中无欲、无梦，此状态即熟眠(suṣupta)。彼住于熟眠位，其相一如，体即是智(prajñāna-ghana)，喜乐所成，受用喜乐，其窍为思想者，即般若(prājña)，是为第三分。此即一切之主宰。此即一切智。此即内在之主。此即胎藏，因其为众有之始与终。"熟眠位就是与凡夫众生的无梦睡眠状态相应的存在境界。它把醒、梦位中种种差别相都消融到一种一味、无分别的基质中，这种基质就是般若(prājña)。般若是深层意识，它超越一切经验的表象而为主、客观经验的共同根源、本体(胎藏)，因而它就是先验意识。《蛙氏》之说熟眠位，相对于此前诸义的一个巨大进步，在于明确规定熟眠位的实质是般若，即理智或理性，首次使先验意识具有了实质的内容。在梵语中，"般若"(prājña)意味着理智、思维、理性等。正如拉达克利须南指出，《蛙氏》的般若我实际上就是"概念之我。"① 其书XI谓般若具有建立、量度二义，其中量

① Sarvepalli Radhakrishnan, *The Principal Upaniṣads*, George Allen & Unwin LTD, London, 1953. 696.

度即理性的思维[①]，建立即对存在和世界的构造、统握，同样是理性的功能[②]。此外，V谓般若我“其窍为思想（ceto-mukhaḥ）”，意思是说在这里其他一切意识功能皆关闭，唯有纯粹思维仍在活动，VI谓般若为一切之主宰、一切智，也都表明在这里熟眠位我、般若不是耶若婆佉、步厉古等理解的那样是一种非理性、无思维的混沌实体，而是以思维、理智、理性为其实质。奥义书的思辨反思在这里才得到具体化。(4)第四位。MāṇḍVII："既无内识，亦无外识，亦无内、外识，不为识体，非般若，非非般若，不可见，无对待，不可触，无相，不可思议，不可言诠，唯于自证安立；止息、寂灭、安乐、不二。圣者思彼即第四位。此即是我。此是应知者。"《蛙氏》自我观念的更本质进步，在于指出般若或先验思维的局限。盖自我在熟眠位无欲、无相、无思维，唯有识与喜乐，故BṛihIV·3，II·1，ChānVIII·3等皆以之等同于至上我。但《蛙氏》首先清晰阐明了熟眠位与至上我即第四位的本质区别。此种区别，如乔荼波陀释云："般若与第四，皆为无二相。般若具眠种，第四位则无。"（ĀŚI·13）商羯罗亦释曰："当般若我不复被视为因，且脱离一切与现象界的关联，即处于其绝对实相中之时，即为第四位。"[③]《蛙氏》云至上我“非般若，非非般若”，也就是说自我超越般若、理性，而又作为本质规定它。在晚期奥义书中，自我对般若的超越，被明确解释为对理性的排除。如果说在熟眠位仍有一种深隐的思维在进行，那么第四位则是全部理性思维之湔灭，此即所谓“止息、寂灭、安乐、不二”的境界。自我既否定了理智、理性，因而就是一种神秘的绝对。然而《蛙氏》尚未经历更晚的奥义书和佛教思想那种对现实存在的彻底空洞化、虚幻化，因而它的神秘自我，还不是一种纯粹超现实的本体，而是仍然落在超越的现实性的彀中。它作为觉性的纯粹内在现实中的非理性部分，就是澄明。理性与澄明，分别为觉性的存在指引和揭示活动，二者是一体二面，然而是有清晰的区分的。这种区分就是直觉的区分，而澄明就是直觉的自我。在《蛙氏》中，直觉的区分，以及直觉的自我，首次被赋予实质的内容。

另外，在奥义书—吠檀多思想中，关于熟眠位、喜乐是否就是究竟自我，一直存在岐见。在较早的奥义书，如BṛihIV·3，TaitII等中，这二者被赞同。对《蛙氏》、《白

---

① Sarvepalli Radhakrishnan, *The Principal Upaniṣads*, George Allen & Unwin LTD, London, 1953. 699.

② 拉达克利须南对此解释说："神（般若）是逻辑的存在，被规定的真理。并非我们规定梵而是梵规定自身。最高的逻辑观念就是神，他就是真、善、美。被规定的实性不等于被分割的实性。实性于其自身就是大梵；实性作为被逻辑地规定者就是大自在神。"（Sarvepalli Radhakrishnan, *The Principal Upaniṣads,* George Allen & Unwin LTD, London, 1953. 699—700）

③ Saṃkara, *Māṇḍūkya Upaniṣad with Gauḍapāda's Kārikā and Saṃkara's Commentary,* I · *2*, Sri Ramakrishna Ashrama, Mysore, 1936.

骡》等晚期奥义书，则标榜究竟自我为超越熟眠位、喜乐之上的另一本体。在后来的吠檀多派中，以罗曼努阇为代表的差别一元论，沿袭 BṛihIV·3，TaitII 等早期奥义书的观点，以为阿难陀即是究竟自我或至上梵，它是具有无限差别的、包括所有物质和精神现象的、不断运动的生命整体。罗曼努阇不承认那种无相、无差别的至上我，以为梵是有相、可知的，是一切具体存在的全体性。菩陀衍那、薄须羯、阎摩那等也持这种立场。与之相反，以商羯罗为代表的不二吠檀多派则发展了《蛙氏》等晚期奥义书思想，以为阿难陀不究竟，因为它是有行相、有差别、有二、有对待的，而至上梵则无相、一味、无二、无对待、不可知。所以作为无德梵的至上我，才是本体界、真如界，而阿难陀我则只是缘起的现象界。在绝对精神中，自我克服了主观和客观、心与境的对待，一切事物、一切差别都复归于精神的一元性中，只剩下一个本原的"一"。执照奥义书的说法，这个"一"是真如—智慧—喜乐的融然一体。世界、存在就是精神，精神是存在的本质和真理。从以上的分析我们可以看到，《蛙氏》的思想代表了奥义书的自我概念发展的真正方向。

《蛙氏》的自我观念，是奥义书的直觉反思的最高成就。它对于自我的超理性意义的阐明，至今仍具有真理意义。盖自我的绝对本质是自由，自由规定理性，也超越理性。在欧洲传统中，基督教神学通过对上帝本质的超逻各斯性的强调，表明精神具有超理性的自由。而在近代欧洲思想中，正是逻各斯被绝对化，导致它遮蔽了自我的真正本质，遮蔽了自由的绝对性，使精神沦为概念的囚徒。现代西方哲学对逻各斯中心主义的解构，往往就是从基督教神秘神学接受启迪，甚至也从奥义书思想汲取灵感（典型的如叔本华、维伊等）。尤其对于传统崇拜达到极端做作的中土精神，《蛙氏》强调对理性的超越，实有警顽起懦、荡污除垢之功。

总之，奥义书的直觉的自我观念，到《蛙氏》才得到完善的表达。这也意味着，酝酿于 ChānVIII·7—14，MuṇḍI—III 的奥义书直觉反思，在这里才得以完成。这表现在，对于理性与本体的直觉的区分，在此才得到具体、清晰的表述。直觉反思体现了现实精神自由的新阶段。在这里，精神内在的自舍势用开始展开为对现实存在本身的否定，推动反思超越理性的局限；而自反势用则展开为对一种超理性的本体的自我维持，推动反思领会超理性的本体与内在自我的同一。直觉反思就体现了自舍—自反势用的辩证交互运动。在这里，精神首次体会到自身对于概念、传统的自由，体会到自己的无限开放性。

然而奥义书这种直觉的自我观念还有很大局限性。这主要在于精神对于现实性的否定在这里是不彻底的。精神没有（像更晚的奥义书和大乘佛学那样）将现实存在彻底空洞化、虚假化，这意味着它试图把握的那个超理性的本体，其实仍然是一种现实性；这本体作为觉性的纯粹内在现实中不同于理性的另一方面，就是澄明。于是本体对现实的超越在此就退步为澄明对理性的否定。然而应当看到：第一点，澄明作为一种排除理性的实体其实是虚假的。盖理性（logos）与澄明（nous），作为觉性的存在指引与揭示活动，乃是觉性纯粹内在现实之一体二面，二者不可分离，都不能作为独立的实体存在。因此，一种脱离理性的澄明（如印度思想中常见的），与一种脱离澄明的理性（如西方理性哲学所以为的）一样，都是思维的假相。第二点，正因为理性与澄明处在同一存在层面且不可分离，所以通过对澄明的绝对化来超越理性、现实是不可能的。它只能导致对理性的排除。因此在这里，精神试图实现对现实的绝对自由的努力并未成功，反倒开启了澄明与理性的对立，规定了印度思想根深蒂固的非理性主义取向。

以上我们讨论了奥义书的自我观念在思辨反思和直觉反思层面的进展。前者将绝对自我视为先验思维、理性，后者将其视为超理性的纯粹澄明。这两种反思体现了奥义书精神自由的进展。

如果单从思想史上考察，可以说思辨反思来自以前的精神省思的结合。在欧洲思想中，它来自近代认识论哲学的主观反思，与渊源于柏拉图—基督教传统的内在超越的结合。在奥义书思想中，它也来自早期奥义书的绝对反思与超越两个精神向度的结合。但是立足于生命现象学的视角，则这种结合，从根本上说是精神的本真自由的实现，是自由展开为反思与超越的不同向度，并且推动二者的统一。盖自我的纯粹内在存在、心灵的真理，既非经验的绝对，亦非形而上学的超越，而是二者的统一。它是存在的超越、绝对的真理，而首先就是先验的思想、理性。自由要求实现为对这纯粹内在自我的自主设定，因而必然促使精神内在的自舍与自反势用展开积极活动。这二者的辩证互动，一方面推动现实精神否定绝对心灵的经验、自然表象，确认其为超越的实体；另一方面推动现实精神否定心灵实体的虚假封闭性，确认其为绝对的本体。于是精神得以在绝对反思中引入超越之维，在超越思维中引入绝对反思之维，最终达到二者的辩证统一，即思辨反思。因此思辨反思体现了现实精神自由的新境界。在奥义书中，《广林》的耶若婆佉学说和《鹧鸪氏》的步厉古学说，就表现了这种思辨反思。其说皆否定《羯陀》等的实体自我的虚假封闭性，以为自我的本质是超越自然、经验，而为全部经验存在的根源、基础的内在本体，因此它是存在的不二、绝对的真理。这自我本质分别被称为熟眠位、喜乐。然而在《广林》、《鹧鸪氏》等中，奥义书的思辨反思还有很大的局限性。首先思辨反思仍然不够完善。一方面，这反思还没有达到彻底的纯粹性。比如《广林》把超越的心灵本体当成深层睡眠中或死后的意识，《鹧鸪氏》用更抽象的喜乐代替之，都有将先验意识与经验心理等同的嫌疑。另一方面，这反思也没有达到真实的具体性。在这里，熟眠位、喜乐的实质内容始终没有得到领会，因而仍是一种抽象、空洞的东西。其次思辨反思本身也有其局限，即对现实性即思想、理性、传统的绝对化。耶若婆佉和步厉古之学，将觉性的先验实在视为自我的究竟理体。然而自我的绝对真理不是现实性，而应是作为一切现实性之否定的本体自由自身。因此思辨反思对现实性的执着，最终导致对自我真理的遮蔽，导致传统对自由的囚禁。这种反思的局限，反映了精神的现实自由仍然具有的局限性。

正如自由推动思辨反思的形成和发展，它也必将推动精神对思辨思维的最终扬弃。盖本体自由因为其自身绝对化的冲动，要求最终实现为对自身本质的直接自主设定，即现实的绝对自由。它必然通过呼唤和倾注，赋予精神内在的自舍与自反势用以新的活力，使其战胜对立的惰性力量，恢复自身的无限性，其中自舍势用展开为对现实存在本身的否定，而自反势用展开为对某种超现实真理的内在、绝对维持。正是这两种自主力量之“破”与“立”的辩证统一，推动奥义书的精神突破其思辨反思对现实性的执着，试图寻求一种超越现实的自我真理。觉性、精神的现实性就是纯粹思想、概念、理性，所以自我对现实性的超越也就是对理性的超越。然而在奥义书思想中，精神最早对现实性的超越并不彻底。它没有经历更晚的奥义书和大乘佛学那种对现实存在的真理性的彻底否定，因而它所领会的超理性自我本体，其实仍然是一种现实性。这种非理性的、神秘的现实就是澄明。后者正因为超越理性，故为直觉的本体。这种领会就是直觉的反思。它领会的自我就是澄明之我。在奥义书思想中，ChānVIII · 7—14，MuṇḍI—III，MāṇḍI—XII 的自我观念，就体现了这种直觉的反思。其说都试图阐明绝对自我是超越先验实在（熟眠位、喜乐），即纯粹思想、理性的本体。在奥义书思想中，直觉反思也是处在发展中的。ChānVIII · 7—14，MuṇḍI—III 最早明确至上我超越熟眠位、喜乐。但是在这些文本中，直觉反思还很含糊，且不具体。奥义书的直觉反思到《蛙氏》（MāṇḍI—XII）才达到完善。《蛙氏》的思想贡献实际上包括两个方面。其一是对思辨反思的完善。这在于，它不仅完全排除了奥义书前此学说中的熟眠位、喜乐等观念的心理学意蕴，使本体自我的先验性得以纯化，而且将熟眠位规定为般若、理性，从而正确领会了先验意识的具体实质，克服了前此的思辨反思的空洞性和抽象性。其二是对直觉反思的完善，这当然是其更大的贡献。《蛙氏》非常明确地将熟眠位与至上我区分开示，且指出前者的实质是先验思想、理性，后者的实质是非理性的纯粹澄明，因而先验现实与本体的区分被明确表述成理性与澄明的区分。这是奥义书对直觉的区分的最清晰表述。自我就是作为存在绝对真理的澄明。因而直觉的反思在这里成为具体的。然而直觉反思所领会的神秘自我、澄明，其实仍然是一种现实存在。在这里，精神对于现实性的否定是不彻底的。

奥义书这种绝对自我观念的形成和发展，皆是自由推动反思深化的结果，符合精神发展的普遍逻辑，因而具有一般性，可与西方传统相参照。

与奥义书传统对应，西方思想也经历了一个从超验反思到直觉反思的转型。在希腊思想中，柏拉图的理念论、斯多葛派的逻各斯观念，最充分体现了一种超验反思。理念、逻各斯被认为是存在的绝对本体、真理。自然是逻各斯的表象，甚至是其虚假、扭曲的幻影。这样一个作为绝对本体的逻各斯，其实质乃与奥义书思辨反思领会的般若、熟眠位、喜乐对应。另外，与奥义书思想从思辨反思到直觉反思的过渡平行，欧洲思想同样也逐渐意识到逻各斯、理性不是绝对真理，绝对本体、上帝超越逻各斯。这种转型，一方面是由于受犹太思想对上帝的绝对超越性的强调影响，另一方面也是精神反思自我深化的结果。希腊的酒神崇拜，就表现了一种对于理性的模糊混沌的反抗。由于希腊逻各斯哲学的成熟，以及犹太思想的影响，这种反抗就清晰呈现为本体、上帝对逻各斯的否定。上帝由于超越了理性，因而是神秘的。新柏拉图主义和早期教父神学，就表现了这种新的反思。普罗提诺的太一就是这样一个神秘的上帝。太一超越理智、逻各斯，而为纯粹的存在之光。理智超越物质、灵魂而为其本体，而太一则超越理智而为其本体。其云："这个（太一）并不是理智，而是先于理智的。它既不是一个东西，也不是性质，也不是数量，也不是理智，也不是灵魂，也不运动，也不静止，也不在空间中，也不在时间中。"（《九章集》VI·9·3，有删节）理智被说成是从太一发出来的光线，不断从太一发出来，但太一却仍为常住不变，正如阳光从太阳里生出却无改于太阳的实体一样。世界的存在属于逻各斯，而太一超越逻各斯，故超越了世界。然而新柏拉图主义并没有否定现实世界的自为真理性，现实性仍然是真理，所以太一没有从现实性断然地区分开来，因而它也是一种现实。它作为超理性的现实，就是觉性的澄明。这就是直觉的真理。在新柏拉图主义影响下，早期教父神学也表现出类似的直觉的反思。比如奥古斯丁受普罗提诺影响，也强调上帝对于逻各斯、圣子的超越。上帝是绝对自由的精神，他通过逻各斯创造世界，但不受逻各斯的限制。逻各斯是圣父与现实世界之间的中介，是上帝创世的工具、统治的权能。逻各斯、语言是圣父永恒的思想，是它对自身的知识。它是上帝的形象或摹本，又是所有其他存在的原型。但是奥古斯丁的神学，同样没有经历对现实存在的空洞化。他甚至用普罗提诺表示现实存在的概念，即实在（ousia），来理解上帝自身。因而上帝尽管超越理性，但仍然是现实。上帝就是澄明。

与奥义书思想相比，柏拉图—基督教的精神反思的一个显著缺陷，是缺乏主观性。无论古希腊人的逻各斯，还是基督教的上帝，都是一种处在反思主体之外的客观精神。反思的主体把觉性的本体当作一种异己的东西，而不是它自己的自我。这反映出精神的自反势用没有转化为自我维持，这自我维持没有在反思中展开。这种局面，直到近代主体哲学产生，才开始得到改变。洛克、休谟等的主体哲学，体现了一种主观反思，但是这种反思是经验的。在西方思想随后的发展中，这种主观反思逐渐与柏拉图—基督教的超验反思结合，最终导致思辨反思的形成。这种思辨反思，在德国古典哲学中得到充分的表现。在这里，纯粹思想、理性既超越了经验、自然，又是全部经验的根据、本体，这就是先验意识，或绝对精神。这先验意识就是自我，就是反思的主体自身。它就是一种与耶若婆佉、步厉古学说中的至上我类似的思辨的自我。同样，与奥义书思想的情况类似，而且在这里被更清晰地表现出来的是，这思辨反思完全将绝对自我等同于理性。自我就是先验概念、理念。这种唯理主义导致逻各斯、理性对自我、存在真理的遮蔽。正如伽达默尔在批评黑格尔哲学时指出的，在黑格尔的精神哲学中，理性的纯粹白昼，反倒成了存在的暗夜。在欧洲思想中，这种思辨反思的局限，也唯有通过重新理解基督教对上帝对逻各斯的超越性的阐明，以及从东方神秘主义汲取资料，才有望被克服（比如叔本华、海德格尔、薇伊）。叔本华提出一种超越理性、理智的绝对意志，为全部世界表象的本体，也是自我的真理。现实世界只是意志的表象。意志呈现于现实之中，但超越任何现实性，是自在之物。理念或先验概念属于现实，它是意志的自身对象化的确定的级别，是事物的永恒形式或标准模式①。意志出现于理念中但超越理念。意志就是一个超理性的神秘本体。从这些观念，可以看出叔本华受到奥义书对于非理性的绝对自我的反思影响。与奥义书的直觉反思一致，叔本华并没有认为全部现实性都是虚幻的。在这里，对本体的超逻各斯性的领会，也并不等于对现实存在的绝对否定。因此意志仍然是一种现实性，而叔本华对它的阐明也只体现了一种与奥义书思想类似的直觉的反思。

在这方面，中国传统的自我观念，与印欧思想表现出巨大的差距。盖华夏精神既无真正的反思，亦无真正的超越，还完全沉睡在自然的襁褓中，没有任何真正的自由。精神既没有意识到自己的价值，也没有意识到自身的尊严。华夏精神从未像印欧思想那样将自我理解为绝对的心灵，也未将自我视为一个超越的实体。因此它在逻辑上就不可能实现印欧精神那种反思与超越的绝对统一，并领会内在自我为超越、绝对的本体。因而印欧精神的思辨反思和直觉反思在华夏传统中不可能自发形成。在这里，自我就始终是自然的、肉体的。它生于自然，灭于自然。这种自然的自我理解，

① 叔本华：《作为意志和表象的世界》，商务印书馆2009年版，第191页。

与大多数原始民族是一致的。它总是与精神生命的粗俗性联系在一起。从这里出发，不可能有任何崇高、纯洁和深刻的生活取向和道德追求。然而佛教的传入，给华夏民族带来了真正的精神反思与超越，从而促进了其自我观念的深化。在佛教的持续渗透之下，中土儒、道二家心学，最后都形成了与奥义书类似的绝对自我观念，皆认识到一种绝对心灵就是存在、自我的真理。道教在南北朝时期，就提出了“心即道体”的命题。《道德义渊》谓“今论道性，则但就本识清虚以为言”。《秘密藏经》谓“是清净心具足一切无量功德成就，常住自在，湛然安乐，但为烦恼所覆蔽，故不得显了，故名为性。若修方便断诸烦恼障，法尽故显现明了，故名本身。”① 与耶若婆佉、步厉古等的至上我一样，我们内在的清净真心，既超越经验、自然，又是全部自然存在的根源、基础，既是存在的绝对真理（道），亦是自我的本质，它是一种先验实在。因此道教这种自我理解，表现了一种与耶若婆佉等一致的思辨反思。而儒家的阳明心学，则由于受禅佛教更深的影响，形成了一种直觉的反思。其以为人的真实自我即是良知。良知是一个超越的绝对精神本体。然而阳明的反思并没有停留在思辨层次。他强调良知之“虚”、之“无”、之无思无虑、无知无念、之“无善无恶”，皆表明它是一个超越思维、理性的神秘本体。其云：“仙家说到虚，圣人岂能虚上加得一毫实？佛氏说到无，圣人岂能无上加得一毫有？……良知之虚，便是天之太虚。良知之无，便是太虚之无形。”（《黄省曾录》）但是在这里，阳明尽管说良知之“虚”、之“无”等，却没有像佛教那样彻底否定现实世界的真理性，因而尽管他的真心本体论是沿袭如来藏佛学而来，但是他并没有接受后者的超绝思维，而是将其拖回现实层面。他的良知仍然是一种现实性。其实质与《蒙查羯》、《蛙氏》的清净心一致，就是觉性的澄明（参考本书第一部分第二编第四章结语）。因此，阳明实际上是将佛教的本真觉悟拉回到与《蒙查羯》、《蛙氏》类似的直觉反思范畴。但是在中国思想中，无论是思辨反思还是直觉反思，都未曾成为精神的客观现实。

奥义书这种绝对自我的观念，也反映了精神反思仍有的局限，主要在于两点：一是对现实性的执着。思辨反思执着于先验的理性，以之为存在、自我的本体、真理。直觉反思试图领会一种超越理性的本体，但仍将这本体当作另一种现实性，即觉性的纯粹澄明。这表明精神的自主设定在这里仍没有深入到作为现实之否定的（超绝的）、本体自由自身的领域。精神仍然被现实、传统遮蔽、压制，没有实现一种本真的自由。其二是非理性主义和寂灭主义倾向。无论思辨反思还是直觉反思，皆未能领会比理性、传统更本质的真理，即本体自由自身，从而真正理解本体对理性的超

---

① 《正统道藏》第一卷第5册，文物出版社1988年版，第899页。

越。直觉反思就将这种超越误读为澄明对理性的排除。在这里澄明、自我不仅没有理性、思维，而且没有任何活动。思辨反思也将真心、自我理解为无差别、非理性的绝对。这种自我理解导致印度精神中根深蒂固的非理性主义和寂灭主义倾向，造成印度文化在伦理、政治等方面的重重困境。黑格尔指出印度哲学理解的精神实体只是一个泯灭了思维、理性的单纯空洞的“一”：“认识了这个一，一切客观性便都消失了；因为纯粹的‘抽象’是空而又空的认识。要在有生命的时候，达到这种‘生命的死亡’来造成这一种抽象，必须消灭一切道德的活动和一切道德的意志，而且一切的认识也得消灭。”① 正如我们前面指出，澄明作为一种排除理性的实体其实是虚假的，而精神通过对澄明的绝对化实现的对理性、现实的超越也是虚假的。

然而本体自由作为绝对，要求穿过现实性的帷幕，实现为对它的自身本质的直接自主设定。它必通过呼唤和倾注，促使精神内在的自舍势用展开为对全部现实性的绝对否定（超绝的否定）以及对一种超绝本体的确认，亦促使其自反势用展开为对这超绝本体的自身维持。精神这种自舍与自反势用的辩证互动，推动反思彻底打破现实性的偶像，领会到唯那超绝的本体才是存在、心灵的绝对真理，也才是自我的真正本质。于是精神彻底克服实在思维的局限，将思辨、直觉的反思转化为超绝的反思，或觉悟的反思。在西方思想中，亚历山大里亚的克雷芒、奥利金、维克托利努斯、狄奥尼修斯、忏悔者马克西姆等的“否定神学”，否定（普罗提诺、奥古斯丁代表的）直觉神学对上帝与存在（现实性）的等同，将上帝本质规定为“非存在”即超绝本体，就体现了这种新的反思。在晚期奥义书中，《白骡》、《频伽罗子》、《慈氏》等的幻化论也体现了类似的超绝反思。其说将全部现实存在的意义虚无化，以为一切现实存在、“有”皆为幻、为假，而以作为现实性之绝对否定的（超绝的）空性、本无为绝对真理，并且将这超绝真理等同于人内在的真心、自我。总之在这里，自我就是超绝的真心。奥义书的自我思考遂得以克服从自然反省乃至直觉反思的实在性执着，进入本真的觉悟层次。此即本章下一节所要讨论者。

## 第五节 本真的自我

从自然反省到直觉反思，都属于实在思维，都是将现实性当作绝对的存在、真实的自我。然而只要自我仍然被认为是一种从属于现实性或与之并存（因而仍属于现实性，如直觉的澄明）的存在，只要现实性仍然被认为是自为真理，那么现实性必然

① 黑格尔：《历史哲学》，上海书店 1999 年版，第 161 页（引文略有调整）。

构成对自我的质碍、覆障，精神就仍未能实现本真的自由。这本真的自由，在于精神穿越现实性的遮蔽，实现了对作为存在的超绝本质的本体自由自身的直接自主设定。这种自主设定，就是超绝思维，是精神的本真觉悟。这觉悟首先包括本真的超越与反思，即超绝否定与超绝反思。所谓超绝反思，就是精神否定全部现实存在，领会绝对真理、自我为觉性之内在的超绝本体。于是精神首次实现对觉性的本真存在的绝对自身维持。

作为精神之本真的自由，与超绝否定一样，超绝反思的形成也是本体自由自身推动的结果。盖自由由于其自身绝对化（在这里是自舍与自反的自身绝对化）的意志，就要求实现为对自身本质的自主设定，因而本真的自由是精神现实自由的真理或理想。因此，本体自由必通过呼唤和倾注，促使精神的自主势用恢复其本真存在，最终推动反思突破实在思维的局限，进入本真觉悟的国度。在这里，它首先必促使精神的自舍势用恢复其无限性，使自舍势用战胜精神惰性势用的消解，展开为对一切现实性的否定，以及对一种超现实真理的确认，从而实现其自身绝对化；其次，本体自由亦必促使自反势用实现其自身绝对化，后者包括对超绝本体在内容和形式方面的绝对维持。正是这两种精神力量，即自舍与自反势用，或否定与肯定，在其自身绝对化的实现中的辩证互动，推动反思剥离思辨思维执着的任何现实性或现存性偶像，领会到自我的真理就是超绝的自由本身，即空、本无。反思在这里才最终发现了自我的最内在本质。这意味着，精神的反思或反省，经过漫长的斗争，终于实现其本来的理想。自我唯作为内在、超绝的自由，才是本真的自我。

《白骡》、《频伽罗子》、《慈氏》等晚期奥义书的自我观念，就体现了这种反思的进展。在这里，现实世界被认为是虚幻的，唯一真实的存在就是超绝的自我、真心，这就是幻化论的自我观念。然而唯一的超绝存在就是本体自由自身，超绝性就是后者的本真存在，所以超绝的自我就是本真的自我或觉悟的自我。因此幻化论的自我观念体现了一种超绝反思，这同时也是本真的或觉悟的反思。然而在奥义书中，这种幻化论的自我观念也是处在发展中的。它以《白骡》、《频伽罗子》等的思想为代表。在这里，现实世界被虚幻化，真实自我被认为是创造这些幻相的超绝本体，本体作为对现实的否定，获得其神圣的存在；但是这本体仍然被认为是一种不动、恒常、不变、圆满的现存实体，所以它其实是一个神圣的现存实体。这样一个自我，我们称之为神圣的自我。在这里，精神对现实存在的绝对否定，导致从现实自我到达神圣本体的途径被切断，因而人的觉悟只能来自这本体的自身启示。这样一种反思，就是启示的反思。但这启示的反思仍有其局限性。这在于：那超绝自我的实质、真理应当是本体自由自身，而后者就是自否定的绝对运动，绝不是一种现存的东西。因而启示的反思没有真正领会本体的实质，它仍然是抽象的，而且本体作为一种神圣的现存实体，就是精神的否定永远无法涉及的领域，因而成为自由的禁区，挡住了自由的绝对化进展。这反映出精神自舍势用的自身绝对化没有在量上得到实现。盖自舍势用的绝对化既有质上的，亦有量上的。前者是对现实的绝对否定、对超绝真理的确认；后者是对一切现存存在（即处在否定思维之外的存在）的否定、对自由（在这里就是否定）本身的确认（参考本书第一部分第三编第二章引言）。前者的实现是超绝否定，后者的实现是究竟否定，绝对否定则是二者的辩证统一，这就是否定思维的绝对自由。在这里，精神否定一切现实和现存存在的真理性，确定唯有这绝对否定思维本身为直接的真理。因此真理不是任何现实、现存之物，而就是超绝的自由本身。本真的反思唯有在这种绝对否定基础上，才能真正领会自我作为本体自由的实质，从而升华为本己的反思。后者就是精神的绝对否定与绝对反省的辩证统一。这种本己的反思，在《白骡》、《频伽罗子》等的思想中并不存在。

本体自由必然推动这种本己的反思的形成。它必促使自舍势用展开为绝对否定，推动反思打破现存性的块垒，呈现本体自由的绝对运动自身。在这里，反思不仅要破"有"入"空"，而且最终应当"空"亦复"空"，达到无所住、无所执的绝对自由领域。另外，这本体自由也必促使自反势用展开为绝对反省。绝对反省就是自反势用的自身绝对化的现实。自反势用的绝对化，包括内容和形式上的绝对维持；前者即精神将觉性、精神的超绝的内在存在作为全部生命活动的目的（超绝维持），后者则是精神将对象作为生命的直接、绝对目的（自我维持）；前者推动反思对超绝本体的内在化，后者推动反思领会这本体与自我的同一。本体自由必然促使自反势用展开为超绝维持和自我维持。盖精神的自反势用或自身维持，就是生命固有的、将全部生命活动指向其内在中心、自我的永恒运动。然而一方面，从内容上说，精神最内在的中心、自我就是它超绝的自由本身，后者才是自身维持的本真对象或理想，因而自反势用本来具有成为超绝维持的冲动；另一方面，从形式上说，精神的自身维持本质上就是对精神的自我的维持，因而它也要求成为直接、绝对的维持。因此可以说，绝对维持是自身维持的真理。它的现实性就是绝对反省。因此，本体自由必促使精神的绝对自身维持展开为积极的活动，推动反思领会"空"或"空空"之境，即超绝的自由，就是精神的内在本质，就是真实的自我，使反思升华为绝对反省。这种绝对否定与绝对反省的统一，就是本己的反思。精神在这里认识到，自身内在、超绝的自由，才是自我的真理，才是存在的绝对目的。《慈氏》、《光明点》等一些更晚期的奥义书的自我观念，就体现了这种反思的新进展，当然这种进展，是与大乘佛教的启发分不开的。这些奥义书相对于《白骡》等的一个大的进步，在于试图否定超绝的自我的现存性。其以为不仅现实存在是空，超绝的现存实体也应是空。因此真我、真有空亦复空。它是不可得、不可住、不可取的本体，就是超绝的无得性、无住性本身，因而实质上就是否定全部现实和现存存在之后的超绝自由。同时，立足于奥义书的反思传统，这超绝自由不是（像在大乘佛学中那样）一种在主体之外的客观的东西，而就是真实的心性、真实的自我。因而它是一种本己的存在，是为本己的自我。奥义书这种自我观念，体现了精神的本己的反思。它反映出，精神在这里已经超越全部偶像，实现了对自身超绝、内在的自由的直接、绝对维持。但是应当承认，奥义书的本己的反思，仍有很大的局限性，比如它的抽象性和含糊性。尽管它在佛教启发之下，领会到自我本体的无住性，但没有像后者那样明确这无住性的实质就是自由，因而本体的空、无住性在这里是空洞、抽象的。另外它对无住性的领会颇含糊，表现在此类奥义书中仍然存在的对自我本体的不动、不变等特征的描述中，在这里，它似乎又退回到《白骡》等将本体视为现存存在的启示思维立场。这些局限性也只有通过自由的进一步开展来予以克服。

总之，在奥义书思想中，本真的自我观念包括两种类型：其一，神圣的自我（《白骡》、《频伽罗子》等）；其二，本己的自我（《慈氏》、《光明点》等）。兹论之如下：

## 一、神圣的自我

晚期的《白骡奥义书》等的幻化论（māyā-vidyā）思想，体现奥义书自我观念的新进展。其书以为全部现实世界只是一幻相（māyā），而大梵则是制造幻相的幻师（māyin），此大梵就是真心、自我。在这里，全部现实存在、“有”被空洞化、虚无化，成为彻底虚假的；因而本体或自我被置于“无”的领域，它的超绝性才得到彻底实现。这至上我不仅是超绝的本体，而且是内在的真心，所以它就是神圣的。对于现实存在与超绝的自我的这种区分，就是一种严格意义上的“存在论区分”（ontologische Trennung），其与早期基督教对上帝本质作为存在自身（esse ipsum）与现实性作为存在者（ens）的区分，以及海德格尔对存在与虚无的区分，实为异曲同工。

幻化论的思想，乃为《白骡》最早提出，而为《频伽罗子》等更晚的奥义书所发扬。如 ŚvetIV · 9—10：“9 唱赞与祭祀，仪礼与训诫，过去及将来，吠陀之所示（吠陀所开示的全部内容），凡此全世界，皆为摩耶主（māyin），由此（自性、摩耶）投射出。维彼另一者（命我），遂尔被摩耶（māyā），因闭于此（世界）中。10 复次人应知，自性即摩耶。而彼摩耶主，即是大自在。遍满世界之，万有皆其（摩耶）分。”其说将自性等同于摩耶，即神的幻化力，从而将《羯陀》、《六问》等的早期数论学的自性转化产生世界的观念，完全置于幻化论的图景之中。在这里，一方面，自性就是现实存在的全体、根源，而它本质上是虚妄的，只是至上神创造的幻境，这至上神则完全处在这幻境之外，它就是对现实性的否定。另一方面，这至上神并不仅仅是一种客观、外在的存在，它就是真心、真我。同理，IV・18—19 亦云："18 当黑暗消失，昼夜乃俱泯，非有非非有，唯彼吉祥存。彼为不坏者。彼日神妙光，亘古之智慧，乃从彼生出。19 既非在于上，亦非在对方，亦非在中间，而可捉摸彼。无有类彼者，彼名大荣光。" VI・19 也说："彼乃无方分，无为且寂灭，无过、无垢染，永生至上桥，如薪尽之火。" 神通过摩耶创造现实世界，就好比投出一张巨网，来覆盖自身，但唯独他自己处在这网之外。如 V・3："彼神乃投网，一一其相续，一一投多方，乃于此世界，又复收回之，聚之于一处。" VI・10："此唯一神圣，乃依其本性，由原质生网，如蛛覆其身。愿彼许吾等，归入于大梵。" 这些说法，都表明了至上神就是对全部现实世界的否定，就是超绝的本体；另外这本体其实就是人的自我、真心。因此《白骡》的幻化论，体现了精神的超绝否定，也体现了一种内在、绝对的反思。它表明了一种超绝的反思。神、至上我作为超绝、内在的本体，就是神圣的。

《白骡》这种神圣的自我观念，为《频伽罗子》等更晚的奥义书所发扬。盖《白骡》的思想，极为含混，在其中，超绝的反思与数论的形而上学以及通俗的神性论混为一谈。这种含混性尤其表现在其书对现实世界发生的阐释中，尽管《白骡》试图将幻化说与数论的自性转化论结合起来，但这种结合似乎并不很成功。其书大量对世界、现实自我的发生的说法，都完全因袭数论，乃至与幻化论失去关联。在《频伽罗子》等更晚的奥义书中，超绝的反思变得更加纯粹。比如就《频伽罗子》而言，幻化论已经成为其书统一的思想基础。在《白骡》中似乎与幻化论并列的神性论及数论的自性转变论，在这里被完全纳入幻化论的体系中，作为后者的补充。因此《频伽罗子》所谓现实存在的发生，乃为一种幻化的转变论。如 Paiṅgala UpI・3—6 云："3 如于沙漠、贝壳、杌、水晶等类，有水相、银相、人相、光影相等，如是于彼（自我）有具红、白、黑（即罗阇、萨埵、答摩）三德之根本自性。当此三德均衡，就不能转变、显现。此（自性）映于大梵中，乃成为观者心。4 当彼（自性）由于萨埵增长而开始转变，乃成为非显现者，具隐覆之能力。彼映于其中者（大梵影像）乃成为自在心。彼（自在）以幻化（māyā）为作具，全知，是世界创造、维持与毁灭之究竟因缘。彼使居于其中之全世界展现出来。相应于众生之宿业，彼遂使此世界如布展开；当众生所作业皆灭尽，彼亦使世界消灭。此全宇宙如卷起之布，唯存于彼中。5 从居于大自在中之隐覆力，由于罗阇之增长，而生生显力。彼映于其中者，乃为金胎心。彼（金胎）执大谛（觉谛）为我，转起明了与不明了之形相。6 从居于金胎的生显能力，由于答摩之增长，而生粗重力，彼即我慢。彼反映于此中者成为毗罗吒心。彼毗罗吒，乃执此我慢为我，转起其明了之相，彼乃成为原我、毗湿奴，彼为一切粗法的维持者。由彼自我（Virāṭ）生空，由空生风，由风生火，由火生水，由水生土。此五唯遂具三德。”§3首先表明作为现实存在的生成原理的自性三德，乃是在至上我之上显现的虚假影像，因此由它们生成的现实世界也是虚妄非实的，而至上我则处在这自性及全部现实存在之外，为一超绝的本体，也是唯一的真理。自性与至上我、大梵的区分就是一种存在论区分。§4—6乃由此基本的存在论图景出发，进一步阐明现实世界的生成过程。这就是一个自性不断转变，由细到粗，产生出不同的幻相，而大梵、自我乃映于其中，于是生成诸有的过程。其中，自性依次产生了非显现者（幻化）、生显力（觉谛）、粗重力（我慢）。复由我慢生空，由空生风，由风生火，由火生水，由水生土，如是生成五唯（组成世界的五种元素）。以上为根本转变。§7—10则接着阐明这五唯进一步转变生成人的五知根、五作根、诸内根等心理、生理机能及外在物质宇宙的过程。从非显现者到诸根、物质宇宙，都是自性次第展开的幻相，举体非实。因此，由《白骡》开始的存在论图景，在《频伽罗子》等更晚期的奥义书中，才得到完全的贯彻。

对于现实自我，《白骡》的看法乃与其幻化论脱节，而以其有神论和数论为基础，殊乏新意。其说集中在第五章。其以为，人的现实自我（即命我：jīva）与至上神、自性，皆是“无生”、“依止”，为永恒的实体。其中唯神与命我有心智，二者的区别是：神是世界主宰者，且不受用自性；人则非主宰，受用自性。命我乃是至上神、大梵执受三德（我慢、念、觉谛及贪、嗔、爱等德）及其产物而形成。命我因为执受三德，故受被后者系缚，乃因三德之活动而有作业，且接受不同的业带来的报应，于是陷于轮回。解脱之途在于对神的证知。这种证知来自神的启示，但以艰苦的修道为条件。具体修道之法，包括皈依、瑜伽、静虑等。其宗旨在于专念独存的至上神，逐渐断除对自性的取着，最后泯灭小我，完全融入至上我中。《频伽罗子》论现实自我，则远比《白骡》成熟。如Paiṅgala UpI·3—10阐明至上我通过幻化生成自性、觉谛、我慢以及五知根、五作根、诸内根等之后，乃于I·11—12表明此至上我进入此等从身分之中，且为摩耶所惑，故将自己与三身（粗身、细身、因身）虚妄等同，乃成为个人的命我。至上我由于这种虚妄等同，乃现似为作者、受者，从而溺于生死轮回。其书于第二章进一步展开这一主题。其中II·2—4,6详细阐明了神创造粗身与细身的过程，是对I·7—10的详细展开。其中粗身即人的肉体，细身包括五知根、五作根、上气等五元气、虚空等五唯、内根、爱、业、愚痴，谓之“八重城”。此外，II·7—10试图将ChānVIII·7—15, BṛihIV·3—4等的三位说《白骡》的幻化说结合起来。现实自我有醒、梦、熟眠三位（另加闷绝、死亡），但此三位皆是至上我投映于内根之中而形成的影像，故现实自我只是一个虚假的影子。至上我妄以内根中的影像等同于自身，因而似有三位，似有生死。不仅自我所执受的存在，从内根乃至醒、梦、熟眠三位，皆是摩耶的产物、妄幻非实，而且这执受本身也是摩耶的作用。因而三位对自我的系缚，本身也是虚假的。修道者唯有戡破摩耶的假相，呈现自我实性，才能脱离轮回、忧苦的缠结，得究竟自由。解脱不仅是自我从现实世界脱离，而且是整个世界幻相的泯灭。

《白骡》、《频伽罗子》等的超绝自我观念，反映了印度精神反思的一次重大革命。反思彻底否定现实存在的真理性，从而首次从根本上排除了偶像对自我本质的遮蔽，认识到真实的自我乃是超绝、内在的本体。这反思就是超绝反思，它首次进入自我的本真存在领域。它意味着精神的自舍、自反势用都实现为对精神的本真存在的自主设定。这本真存在的实质就是精神的纯粹自由本身。在这里，反思扬弃了实在的自由，而进入本真的自由阶段。然而《白骡》、《频伽罗子》等的自我观念，亦有其误区。一是寂灭主义误区。它设想超绝自我为一个寂灭、无生、清净、无差别的原理，但是这些都是冥性本体的特征，而觉性本体就是生命、自由，就是不断制造多样性、差别的运动。这一自我观念的误区表明奥义书的超绝反思受印度文化根深蒂固的本寂的意志支配，因而将冥性当成绝对真理、目的，并将其特征衔接到觉性本体之上。二是启示思维的误区。启示思维的特点就是将存在本体理解为一种超绝的现存实体或本质。《白骡》、《频伽罗子》等的神圣自我观念，就表现了这样的误解。其书以为自我是恒常、不动、无为的本体，因而是一种超绝的现存存在。但这样一种现存存在只能是一种思维假相，因为唯一超绝的存在就是本体自由自身，而这就是纯粹的运动和生命，就是对现存存在的否定。因此《白骡》等的现存的自我观念，实际上没有抓住超绝自我的实质。这一误区表明奥义书的精神在这里仍然有所住、有所得，仍然在寻求安全和庇护，而不是勇敢地承担自身本真的无根基、无归宿、无所依靠、无家可归状态。精神在这里仍然没有达到一种究竟否定（对全部现存性的否定），这反映出其内在的自舍势用尚未实现量上的自身绝对化。然而本体自由作为绝对，必然推动奥义书的反思克服这些局限，使自身得到进一步深化和提升。

## 二、本己的自我

《白骡》、《频伽罗子》等的神圣自我观念，反映了启示的反思仍然具有的局限。在这里，反思仍然将超绝自我当作一种现存存在，一种本质、基础，而没有领会这自我的实质（即自由），因而超绝反思在这里仍然是抽象的。它表明精神仍然在寻求一种固定的依靠、庇护所、家园，仍然有执、有住。精神的自舍势用的展开被惰性自任势用所牵制、抵消。它终于被缚着于启示的当前性，而不是驶向其无限的空间。因此精神的现实自由在这里仍然是有局限的。

然而本体自由包含了在现实的思想中将自身绝对化的冲动，它必然促使精神内在的自舍、自反等势用进一步展开其自身绝对化，从而推动奥义书的精神克服这种思维局限，迈向绝对自由。一方面，本体自由必促使精神的自舍势用进一步（在量上）展开其绝对化。自舍势用的绝对化既有质上的，亦有量上的。前者的实现即超绝否定，已成为启示思维的现实内容。后者的实现是对一切现存存在的否定、对一种空、无住的真理的确认。而这真理实质上就是自由本身（参考本书第一部分第三编第二章引言），这就是究竟否定，它在奥义书的启示思维中并未得到实现。而自由作为绝对，不允许有任何禁区，因此它必促使精神的自舍势用展开为对一切在这否定思维之外的存在的排除，这就是自舍势用在量上的自身绝对化，其现实性就是究竟否定。这究竟否定与超绝否定的辩证统一就是绝对否定，这就是否定思维的绝对自由。绝对否定取消一切现实和现存存在的真理性，确定唯有它自己才是直接、绝对的真理。它因而领会到真理不是任何现实、现存的存在，而就是超绝的自由本身。另一方面，本体自由必促使精神的自反势用进一步展开其绝对化，成为绝对的自身维持。绝对维持包括内容和形式上的，前者即超绝维持，就是精神将其超绝、内在的存在作为目的；后者是自我维持，即精神将对象作为生命的直接、绝对目的。绝对维持是二者的结合。精神的绝对维持是自身维持的真理，因为：自身维持就是生命将其全部活动指向其内在中心的永恒运动，而这中心本质上就是超绝的自由本身，因而自反势用本来要求成为超绝维持；另外自身维持按其本性也要求成为直接、绝对的维持，即自我维持；所以自反势用要求展开为绝对维持。后者推动反思领会那超绝的自由就是觉性的内在存在、自我。于是反思成为绝对反省。总之，自由必然促使自舍与自反势用展开其自身绝对化，推动精神实现绝对否定与绝对反省的统一。在这里，省思不仅领会到存在的真理是超绝的自由，并且领会到这自由不是一种客观、外在的东西，而就是精神内在的自我，因而是一种本己的真理。反思因而成为本己的反思。它所领会的自我就是本己的自我。

在奥义书中，《慈氏》、《光明点》等的自我观念，就体现了这种本己的反思。其以为，自我不仅是超绝、内在的真理，而且是无住、无得、无依的本体。因而这自我不是一种现存之物，也不是一种不动、一味、无差别、无思维念虑的死亡原理。它不是任何意义上的依靠、基础，不是任何意义上的“有”，而是空、且空亦复空，是觉性的无得、无住的真理。因此它实质上就是空的绝对运动，因而就是自由、生命本身。兹论之如下：

首先，《慈氏》、《光明点》等奥义书，继承《白骡》等对自我的超绝性的领会，以为全部现实存在皆是虚幻非实，究竟自我是绝对超现实的本体。一方面，现实世界是彻底空无的。如 MaitIV · 2 云："如人于酒醉，为妄相所惑；如被恶灵制，而疯狂奔走；如被巨蛇咬，而被诸境噬；如处深夜中，而处贪执之黑暗；如因陀罗网，唯由幻术成；如梦中境，唯虚妄显现；如芭蕉芯，空虚而无实；如戏子，暂时着其装；如画中景，虚妄悦人心。复次有偈云：声、触及余相，为人中无义。若彼大种我，执著于此事，彼乃遗忘其，至上究竟处。"其云一切现实存在皆举体空无，如幻如梦、如芭蕉芯、如画中景、如戏子做戏。同理，TejobinduIII · 54—59 亦云："应知补鲁沙非有，受用非有，一切所见所闻之物非有，全世间为非有。因与非因非有，所得与所失非有。苦与乐非有，世间与非世间非有，得与失非有，胜与负非有。一切声、一切触、一切色、一切味、一切香、一切无明非有。一切法非有。世间存在非有。一切德非有。"另一方面，自我，作为唯一的真理，乃是超绝的本体。如 MaitII · 4 说自我为"清净、无染、空、寂灭、无气、无我、无终、不坏、安住、恒常、无生、独立。"VI · 28，VII · 4 亦说本体为"微妙、清净、空、寂灭、无元气、无我、不灭、不坏、坚住、永恒、无生、自存。"VI · 19 说本体为立于心中之非心者（acitta）。其中空、寂灭、清净、无染、无气表示这本体否定了一切现实存在，而无生、不坏旨在表明它超越了现实的运动，而 VI · 19 表明它超越了觉性的内在现实性。同理 TejobinduIII · 48—53："48 末那与觉谛、/ 我慢皆非有，唯自我无系、/ 恒常且无生。49 三身（粗身、细身、因身）与三时（过去、现在、未来）、/ 三德皆非有，唯自我性为，真实且清净。50 所闻皆非有，并吠陀、诸论，唯我为真实，亦且为心性。51 一切有体者，转变（指数论自性转变的产物）及诸谛（二十四谛），皆唯是虚妄，应知唯我真。53 所思、一切法、/ 及一切善事，皆非为实有，应知唯我真。"在这里，自我作为超绝本体的意义得到清晰的表述。这些说法体现了一种精神的超绝否定。

其次，《慈氏》等超越《白骡》的启示思维者，在于其进一步受大乘佛教空思维影响，领会到超绝本体、自我不是一种现存的实体，而是空，是无所依、无所住的真理。比如 MaitII · 4，VI · 28，VII · 4 都说到本体是空、无我，皆旨在表明本体不是一种可以依靠的现存实体。另外 VI · 19 说本体是无住（nirāśraya），VI · 20 说真我为"不可计度、无根源"等，也表明了自我无住、无依、无根源、无归宿的体性。更晚的《光明点奥义书》，对于本体的无住性阐述得更清晰、充分。如 TejobinduI · 10—11 形容自我为："亦空亦非空，超空、居心中，中无静虑者、静虑、所静虑，及非所静虑。彼非万有、空，非上非超上，不可思、了知，非真非究竟。"此谓空、真实、究竟不是与有、虚妄、非究竟对立的现存实体，因而不是启示思维的神圣本体。存在真理是不住二边，是空亦复空、非有非空、非真非妄、非究竟非不究竟。这就是大乘佛学所谓中道、不二。

甚至中道、不二亦不可住、不可得。比如TejobinduV·37—38说无中道、二边，无二、无不二，无真无非真，无有无非有，无系缚解脱；IV·63—68说真我是有二与不二自性，亦非有二与不二；是一切与非一切自性，亦非一切与非一切。这些说法表明奥义书在这里汲取了佛教般若的空思维，即超绝、无限的否定（绝对否定），并由此领会到本体的彻底无所住、无所得、无所取的真理。这空思维包含否定的绝对无限性，它否定一切在它之外的对象，最终只有确定它（空思维）自身才是唯一直接、绝对的真理；在这个意义上，它就是究竟否定（否定思维在量上的绝对化）。通过究竟否定，空思维确定它自己，即绝对否定自身为唯一直接的真理，而它自己就是否定的绝对自由。在这里，精神通过超绝否定与究竟否定的统一，终于领会到，存在、自我的本体不是某种（比如《白骡》等执着的）现存东西，而就是超绝、绝对的自由本身。

最后，《慈氏》等的自我观念，发挥《白骡》等的绝对反省传统，领会到那超绝的自由本体，不是一种外在的东西，就是人内在的自我、心性。MaitII·3和§5说本体为有心智者（cetana）或唯心（caitāmātra），VI·19说本体为立于心中之非心者（acitta），皆明确表明超绝的本体是一种内在的觉性原理。TejobinduI·9云："此即是大梵，此即内自我；即属毗湿奴，至上之居处。此真心自我，难虑、过虚空。"II·24—26，30云："24不二、一味性，彼唯是心体。绝对之心识，彼唯是心体。彼不二一味，体即是实性。25变易之含识，彼亦是心体；一切唯心体。26绝对即心体；自我为心体，为一味不二。30语言及离言，皆唯是心体。有以及非有，亦皆是心体。"总之，自我作为存在的真理，就是超绝、内在的自由。这种自我观念，一方面意味着精神的反思在内容上达到它的极限，因而成为绝对的，反映出自反势用实现了一种内容上的绝对化；另一方面也体现了一种绝对反思，意味着反思在形式上成为绝对的，反映出自反势用实现了一种形式上的绝对化。因此它体现了奥义书的绝对反省。

《慈氏》等的自我观念，体现了奥义书精神的绝对否定与绝对反省的辩证统一，体现了精神的本己的反思。在这里，反思领会到存在的真理，作为超绝的自由，就是精神内在的自我，因而是一种本己的真理，或者说，是本己的自我。

就现实自我的内容，《慈氏》提到的共有五种：一是补鲁沙；二是大种我（内根）；三是五唯、五大所成身；四是诸根；五是五种元气。同《白骡》的情况一样，《慈氏》对于现实自我的看法，大多数情况下完全是数论学的。其对个体灵魂的阐述，完全采取数论的神我、自性的二元论图式。其对现实自我身心构成的分析，也基本上是因袭数论之学。因而其论现实自我，并无实质的新意，乃至与其对至上我的超绝性的领会失去联系。这反映出《慈氏》思想的芜杂性。然而在更晚的《光明点》中，本己的反思才成为精神的客观现实。这表现在《光明点》将数论、瑜伽都完全纳入这本己的反思之下。其论现实自我的构成，固然沿袭了数论以及《慈氏》的框架，然而却能将后者置于其绝对否定中。其以为构成现实自我的觉谛、诸根、元气、五唯、五大等，皆是自性的产物，全是虚妄非有。而现实自我是至上我虚妄执受这些妄法形成，因而本身也是虚妄非实的。生命的理想在于通过修瑜伽，逐渐戡破自性的妄法，断灭其对自我的束缚，舍有入空，证得自我超绝、内在、无住的真理。

总之，《慈氏》等奥义书的自我，是一种本己的自我。这种自我观念体现了奥义书的本己的反思。在这里，精神否定了任何覆盖在其自我本质上面的现实性和现存性偶像，领会真实的自我就是超绝、无住、内在的本体，即内在、超绝的自由本身。这反思包含了绝对否定与绝对反省的统一。它是自反势用的自身绝对化的实现，是反省的绝对自由。它就是精神从无限的现实性和现存性偶像朝向精神内在、超绝、自由的真心的持续运动。因而它体现了奥义书精神自由的新局面。

在印度传统中，幻化论一词，最早含有贬义。早在《莲花往事书》即斥此说为“伪论”（asac-śāstra）、“伪装的佛说”（crypto-Buddhist）、“非吠陀教”（avaidika）①。后世之婆罗门正统，亦对其说多有苛责。乃至凡标题包含“幻化论”字眼的著作，都是为反对它而作的。薄须伽（Bhāskara）斥幻化说者违背了《梵经》的立场，为“执于佛说者”（Bauddhamatavalambin）。他说不二论者“鼓吹实属佛教的幻化论，误导众生。”②伐拉跋（Vallabha）说幻化论实是佛教中观论的另外一种形态（Madhyamikasya eva aparavatara）。而识比丘（Vijnanabhikṣu）则说幻化论者乃是唯识论者的一支，阎摩那（Yamuna）也说这二者的学说实质上是相同的。被斥为幻化论的学者，亦颇有自我辩白。如商羯罗的弟子莲花足（Padmapada）就力辩不二论之不同于大乘佛学；室利诃沙（Śrihasa）亦说二家之别，在于佛教说差别诸法为虚妄（mithyatva），不二论则说诸法同一（anayata）也。

不过，幻化论既于晚期奥义书中说之已明，故实难概以异端诬之。于是印度传统学者，乃将其说区分为早期幻化论与晚期幻化论③。其区分概以大乘般若思想为界线，以早期为纯属吠檀多说义，未受般若性空幻有思想影响者；以晚期为受般若严重影响者。在以上所讨论的奥义书中，《白骡》、《频伽罗子》等，乃属早期幻化论，以为世界皆空，唯自我、本体不空，故为一神圣的现存实体；《慈氏》、《光明点》等，属晚期幻化论，以为世界皆空，本体亦空，为无住无得的运动。从早期到晚期的转变，体现

---

① 对于吠檀多派的幻化论与大乘佛学的内在联系的较深入分析，请参见吴学国：《存在 · 自我 · 神性：印度哲学与宗教思想研究》，中国社会科学出版社 2006 年版，上编第四章第一、二节。

② Nakamura, Hajime, *A History of Early Vedānta Philosophy,* Motilal Banarsidass, Delhi, 1983, p.125.

③ Nakamura, Hajime, *A History of Early Vedānta Philosophy*, Motilal Banarsidass, Delhi, 1983, p.120.

了精神从启示的反思到本己的反思的转型。大乘佛学无疑对这种转型产生了本质的影响，因而事实上构成晚期奥义书精神发展的一个中介环节。盖大乘的空思想（"性空如幻"）可以肯定从早期幻化论发展而来，但是将后者极端化。盖后者以为现实世界是空，唯超绝本体为现存的实有。前者则以为世界是空、本体亦空，故空亦复空，是彻底的无住无得；因此唯一的真理是空的思想，即般若、空智本身。后者对本体的领会体现了一种超绝否定，前者则体现了一种绝对否定。绝对否定是自舍势用的自身绝对化的完全实现，它否定了一切现实与现存的偶像，领会到存在真理就是超绝、绝对的自由本身。但般若思想是无反思的。晚期幻化论，包括一些最晚期的奥义书和乔荼婆陀、商羯罗等的吠檀多不二论，无疑皆受到大乘佛学的深刻影响。这一点从这些文本中大量使用的明显属于般若学的表述，就可看出。这一影响从根本上在于，奥义书精神在般若学的启发下，形成了自身的绝对否定思维。它于是打破了原先执着的神圣的实体或本质，领会到那超绝本体的实质是自由。而且奥义书乃将这绝对否定纳入其反思之中，因而形成本己的反思。

印度精神的超绝思维的发展，就经历了以上三个环节。在这里，精神先是通过启示的反思（《白骡》等），肯定自我的本体是超绝的现存实体；其次是通过大乘的空智，否定本体的超绝现存性，揭示本体的无住性；最后是通过本己的反思（《慈氏》等），领会到这无住的本体就是觉性的内在自我。于是，精神就通过最大限度的自身脱离，达到最深入的自我返回。精神在这返回中扬弃了启示的反思中作为现存实体的自我，领会到自我是超绝、无住的本体。

这种反思的发展也反映了奥义书精神自由的进展。首先，启示的反思最早体现了奥义书精神的超绝、内在的自由。它在奥义书思想中带来了一种严格的存在论区分，即对作为幻、无明的现实存在与超绝的自我本体的区分。奥义书精神在这里首次绝对超越现实存在的厚墙，实现了对自我的超绝本体即本真存在的自主设定。在这里，精神的自舍势用实现其质的绝对性，展开为对一切现实性、一切"有"的否定，而在此前提下，自反势用亦展开其内容和形式上的绝对化，转化为对超绝本体的直接、绝对、内在的维持。这种自舍、自反势用的辩证交替运动，就实现为精神从现实存在到超绝本体、从本质到偶像、从外到内、从有到无的持续运动。这运动就是精神的本真、内在的自由。《白骡》、《频伽罗子》等的早期幻化论的自我观念，就体现了这一自由。然而这种自由仍有局限。启示的反思执自我为现存的神圣实体或本质，故为自由（否定）无法跨越的壁垒。因此自由尽管实现为本真的，但没有实现为绝对的。其次，大乘般若思想给奥义书带来了一种绝对自由。般若的空智，即绝对否定思维，是超绝否定与究竟否定的统一。空智否定任何现实、现存的存在，领会存在真理就是无住、无得的自由本身，因而领会到超绝本体的实质。在这里，否定思维打破了一切偶像、依赖和枷锁，粉碎任何阻挡着它行进的障碍，因而实现为绝对自由。这是印度精神首次具有了一种绝对自由。但这种自由是消极、片面的，首先是因为这自由只是否定的、而不是反省的。在其中，自舍势用得到绝对实现，而自反势用则尚未获得其真正的现实（反思）。第三，本己的反思体现了奥义书的内在、绝对的自由。它把般若的绝对否定思维整合到奥义书的绝对反思传统中。一方面，它不仅领会到现实的空洞性及本体的超绝性，而且领会到本体不是一种现存的实体，而是无住、无依、无得的真理。因此它既是超绝否定，也是究竟否定，所以就是精神的绝对否定，是否定的绝对自由（充分地）。另一方面，它不仅领会到那超绝、无住的空性、本体就是真心，是觉性的内在本质，而且领会到这超绝、无住的真心就是真实自我，所以它也属于精神的绝对反省，是反省的绝对自由（不充分地）。本己的反思包含了精神的自舍与自反即否定与肯定势用在其自身绝对化实现中的辩证交织，它就是这个辩证运动的现实性。奥义书的本己的反思，无论从形成的历史，还是其现实的存在方面上看，都包含了否定之否定的运动。然而它在向自我的返回中，在某种程度上也使其绝对否定丧失了其在大乘佛学中的力度。比如《慈氏》等书尽管领会到自我本体是超绝、无住的原理，但没有（像般若思想那样）明确意识到这本体就是自由本身，因而未能把握这无住性的实质，以致经常将本体说成是恒常、不动、圆满、不变的，表现出重新退回到启示反思的现存实体的危险。

奥义书思想的本真反思，就包括以上阶段。它一方面意味着精神的本真的自由，另一方面也反映出这本真的自由仍然是有局限的。在这里，精神的自舍与自反势用实现为绝对自由，而精神的理性与分别活动的极端薄弱，其自身建构（自凝）、自身出离（自离）势用未得到真实实现，没有成为现实自由。因而这种反思反映了精神现实自由的极端不平衡性。在其中，即使自舍与自反势用的展开也是不平衡的，唯自舍势用的自身绝对化得到充分实现，而自反势用的自身绝对化尚未得到充分展开（参考本书第一部分第三编结语及第三章小结）。

在奥义书精神中，这种本真反思的形成和发展，都符合自由本体论的必然逻辑，因而具有普遍的意义。在西方思想中，我们也能看到与之平行的发展过程。

可以说，希腊、罗马的精神是理性的、现实的，其反思以领会理念、逻各斯作为超验实体世界而结束，即使新柏拉图主义亦未认为全部现实存在是虚幻的。因而反思在这里没有领会觉性的超绝性，即它的本真存在。然而早期基督教神学，乃重新阐发《旧约·出埃及记》强调的上帝对世界的绝对超越性，试图以此来克服希腊化反思的实在思维局限。从早期的希腊神学家，到亚历山大里亚的克雷芒、奥利金、维克托利努斯、忏悔者马克西姆等，都将逻各斯置于圣父之下。逻各斯就是圣子，象征全部现实存在。而圣父，作为存在本质，则是超越逻各斯、现实存在，因而它就是一种超绝的本体。如奥利金说逻各斯是神圣的，但不是上帝（Comm on Saint John II · 3）①。逻各斯、圣子只是圣父的影像，“是圣父的权能而非其自身的光线。”圣父是“自有的神”（autotheos），而圣子只是“神”。维克托利努斯认为，上帝作为存在的本质，不是现实的存在者（on），而是存在本身（esse）。如果把存在理解为现实性（逻各斯），那么上帝就是前存在（pre-being）、非存在（non-being）、超存在（hyper-being）或反存在（ante-being）。忏悔者马克西姆也认为，上帝不是一种存在，而是超越了存在与实体（ousia）；上帝超越存在，而为虚无②。作为这一思路的延续，阿娄帕果的狄奥尼修斯提出对上帝作为存在自身（ipsum esse）与一切现实的存在者（ens）的区分。存在（being）只是上帝的形象，分有上帝，但上帝本身却不属于存在（De div. nomV · 8）。上帝超越存在，既非有，亦非无，超越肯定与否定，不可言说，不可思议③。在这里，基督教神学对上帝本质与现实存在的区分，就是一种严格意义上的存在论区分，这正是后来海德格尔的区分的最终思想来源。这种区分使上帝的超绝性得到真实地呈现，它表明基督教对于存在本质具有了一种本真的精神觉悟。然而这些神学家，表现出一个共同的思想局限，就是仍把上帝本质理解为静止、不动、圆满、恒常的存在，从而使上帝成为一种现存实体。早期神学对上帝作为超绝的现存实体的阐明，与《白骡》、《频伽罗子》等的早期幻化论对至上神、自我的领会，本质上是一致。因此，在这里，同在后者一样，精神的本真觉悟是启示的，而不是绝对的。另外，上帝从来就是纯粹的精神本体，因此对上帝的领会也是纯粹的精神反思。因此，基督教神学对上帝本质的上述理解，体现了与《白骡》等一致的启示的反思。它也同样表现了启示思维的根本局限，即对现存实体的执着。

然而同样的精神逻辑也推动西方思想克服启示思维的局限，迈向精神的绝对自由之境。托马斯 · 阿奎那的神学就反映了这样的精神进展。他继承早期基督教神学对上帝与现实性的存在论区分，以此明确了上帝的超绝性，但是他又对于这区分进行了新的发挥。其以为，上帝作为存在本质，就是“去是”（to be）或“去存在”的行动。上帝只“是”，而不是任何东西。上帝没有任何本质（什么）。在他之中没有存有，没

---

① Gilson, Etienne, *Histroy of Christian Philosophy in the Middle Ages*, Sheed and Ward, London, 1980. 39.

② Etienne Gilson, *The Christian Philosophy of Saint Augustine*, London: Gollancz, 1961. 86.

③ Gilson, Etienne, *Histroy of Christian Philosophy in the Middle Ages*, Sheed and Ward, London, 1980. 85.

有“什么”。这些说法都表明了，托马斯的上帝不是以往的启示神学所理解的不动的现存实体，上帝就是存在的绝对行动，因而它也就是绝对自由。因此，托马斯的上帝就是超绝、绝对的自由。这个上帝，与般若、唯识的空性，属于同一本体论层面的真理。因而托马斯神学体现了与大乘佛学类似的精神绝对觉悟（绝对否定），而且它与后者一样，也缺乏一种主观或绝对反思。然而现代西方的存在主义哲学，则开始把近代欧洲哲学的绝对反思，同基督教的觉悟衔接起来，领会到上帝本质，或超绝、绝对的自由，不是一种在我之外的东西，而就是人的本真的自我。这方面思考的最典型代表就是海德格尔。

海德格尔延续了神学的存在论区分。海德格尔的区分表明存在的本质不是现实的存在者，而是所有现实存在的“完全的它者”（schlechthin Andere）①。存在本质是对现实存在的绝对否定，因而它不是“有”，而是虚无。“从虚无中，一切存在者作为存在者产生了。”② 虚无不是“不存在”或“非有”，而是“存在自身本质的运动，因而它比一切存在者更真实地‘在’”③，所以说“无”才是纯粹的“有”，是“有”的真理④。因而存在本质是一种超绝的真理。另一方面，海德格尔也强调存在本质不是一种现存实体，而是运动、自由。所谓虚无不是一种现存的本质，而是“存在自身本质的运动”。虚无的本质是“无化”，无化作为对一切现存性，以及对一切惰性、滞碍的否定⑤，就是精神的绝对自由。海德格尔所谓的虚无、无化，表达的是与大乘佛学和晚期奥义书的空、无住、无取、无得大体相同的内容。存在的本质就是超绝的自由。从上述分析可以看出，海德格尔对存在本质的这一理解，与托马斯对上帝本质，以及大乘佛学对空性的解说本质上一致。它同样体现了一种精神的绝对否定。然而，海德格尔思想至少在一点上超越了基督教神学和佛学的上述思考，就是他的存在思考包含了明确的主观反思维度，存在本质、虚无不是像上帝那样的客观性，而就是人类现实自我即此在的本质。虚无就是此在的本真的能在，即自由，而这就是此在的本质⑥。“虚无本质上属于此在。”⑦ 任何存在都必须通过此在的生命活动揭示出来。离开自我，则既无存在，亦无自由。这自由既是自我的本质，又是存在的真理，因而

① Heidegger, *Beitraege Zur Philosophie*, Frankfurt: Vittorio Klostermann, 1989. 477.

② Heidegger, Martin, *Heideggers Basic Writings*, London: Routledge, 1978. 110.

③ Heidegger, *Beitraege Zur Philosophie*, Frankfurt: Vittorio Klostermann, 1989. 266.

④ Heidegger, Martin, *Heideggers Basic Writings*, London: Routledge, 1978. 110.

⑤ Heidegger, Martin, *Heideggers Basic Writings*, London: Routledge, 1978. 105.

⑥ 海德格尔：《存在与时间》，三联书店 1987 年版，第 277 页。

⑦ Heidegger, Martin, *Heideggers Basic Writings*, London: Routledge, 1978. 107.

它不仅是主观的，而且是绝对的。海德格尔的虚无思考体现了一种清晰的绝对反思。在他的思想中，这种绝对反思被与绝对否定统一起来。于是存在本质，作为超绝的自由，呈现为精神的内在自我，因而成为本己的存在。上述分析表明，在海德格尔思想中，存在着一种与晚期的《慈氏》、《光明点》等奥义书一致的本己的反思。思想从基督教的超绝神学到海德格尔基本存在论所走过的路，与从大乘佛学到《慈氏》等晚期奥义书思想所走过的，大体是同一条路。

应当承认，奥义书和西方思想的这种本真的反思，在缺少起码的精神反思和超越的华夏传统中从来没有产生过。一方面，华夏民族由于对直接现实性的近乎痴迷的执着，因而根本不可能产生像印欧传统那样的，将全部现实存在当作妄幻，而以为真实的存在就是空无的观念，不可能产生一种超绝思维；另一方面，它由于只执着于外在表象，没有任何真正的反思性，因而也不可能产生出以人的内在自我为存在的超绝本体的观念，因而本真的反思在这里没有发生的可能。

尽管佛教的东渐，事实上给华夏民族带来了印度精神的本真的反思，但是也应当承认，这种反思，就像佛教其他思想，乃至近代东渐的西学思想一样，其华化的过程，大致就是它丧失原来的真理的过程。在中国佛教中，唯像三论宗、唯识宗这样受华夏文化影响最少的宗派，最忠实地保持了印度佛教的本真觉悟。这两个宗派也因此而被淘汰了。此外，早期禅宗一方面强调“离四句绝百非”，表明它继承了般若的绝对否定思维；另一方面标榜“透彻心源”、“直指人心”、“即心即佛”，表明它继承了印度如来藏佛教的本己反思。与此立场相反的但占据中土佛学主流的是华化最深的华严、天台及晚期禅宗思想。这些宗派，总试图用理事、性相、空有、心物的“圆融”来取代印度佛教的“区分”，将佛教原有的现实性与超绝性、实体与现象、心与物的区分皆大大淡化以至抹杀。在这里，印度佛教的超绝思维，乃至通常所谓的超越与反思，都被溶化、稀释到华夏本土的自然思维和实在思维的大洋中。印度如来藏佛教的本真反思，在这种圆融佛教中，实在已经是难觅踪影了。

另外，就其对华夏本土思想的影响而言，佛教的本真反思，也的确曾经促进了儒、道二家的思想深化，但程度有很大差异。儒家由于其极端的现实精神，不可能如实地接受印度这种以全部现实世界（包括天、地、君、亲、师、天下、社稷等）为虚幻，唯真心、自我为真理的本真反思，它必须牢牢确立现实存在真理性的不可质疑性，因而它对于这种反思，要么坚决排斥，要么将其重新拉回实在思维层面。其中，佛化最深的阳明心学就属于后一种情况，他实际上就是将佛教的本真反思解读为一种直觉的反思，使佛教的反思完全失去了其原有的本真性，从而大大降低了其精神的高度（参考本章第四节小结）。

然而道教由于其精神更开放，也更诚实，对于印度佛教的觉悟，乃有比腐儒深刻、真实得多的领会。比如唐初的《本际经》，以为道性即真实空、非空不空、亦不不空，故为一超绝、无住的本体，体现了与般若一致的绝对否定思维。而王重阳的全真道思想，乃将这种绝对否定与同样来自佛教的绝对反省结合起来，形成了一种本己的反思。这在于：(1) 王重阳的思想完全否定一切现实和现存存在的真理性，领会到道是超绝、无住的本体。他说："般般俱是妄，物物尽皆空。"① 而道体则是"无形之相也。不空不有，无后无前，不下不高，非短非长。用则无所不通，藏之则昏默无迹。"② 而修道的理想是"万缘不挂，不去不来"。(2) 在王重阳的思想中，这超绝、无住的本体不是一种外在、客观的东西，而就是觉性内在的真心、自我："心本是道，道即是心，心外无道，道外无心。"③ 另外他还称道体为"天心"："天心者，妙圆之真心也，释氏所谓妙明真心。"④ 这些说法都表明他所谓的道，实质上与佛教的如来藏真心一样，是存在的超绝、自由的本体。这也就是《慈氏》等晚期奥义书理解的本己的自我。由此我们也可以窥见印度精神曾经对华夏文化产生的深刻影响。然而这种本己的反思，在既无超越又无反思的华夏传统中，很难挽回其最终绝灭的命运。

不过，如前所论，即使是印度和西方精神的本己的反思，也仍有其局限性，这种局限性也只有通过自由的进一步展开被克服。

## 小　结

对存在、自我的追问，是思想的真正任务。自我的本质就是精神、觉性。然而本质是稍纵即逝、深隐难言的。精神是存在的揭示运动，它具有自身悬置、自我否定的特征；它在使事物显现时，总是隐藏自身，它消失在事物之中。所以不管是在日常的生活中，还是在人类精神的宏观历史上，最直接触目、最具上手性的是各种事物，而不是把它们揭示出来的精神自身。这就是精神的无我性。所以在思想史上，最先总是事物、实在被当成究竟的存在。因此在印度文化中，正如在所有其他文化中一样，精神省思的历史起点是自然，反省也是如此。奥义书的反省，就是从自然开始，不断深化，最终到达一种本己的反思。

任何精神省思都是由自由推动，而且就是自由的实现。反省思维也是这样。即

① 白如祥辑校：《王重阳集》，齐鲁书社 2005 年版，第 136 页。
② 白如祥辑校：《王重阳集》，齐鲁书社 2005 年版，第 279 页。
③ 白如祥辑校：《王重阳集》，齐鲁书社 2005 年版，第 297 页。
④ 白如祥辑校：《王重阳集》，齐鲁书社 2005 年版，第 303 页。

使奥义书的自然反省，也是在自由推动下展开，而且是自由的实现。反省是精神的自反势用的现实。自反势用是生命的自身指向作用，是利用其全部存在以维持其自身本质的运动。然而觉性、精神的自身本质是超绝的自由。自反势用的真理就是对这自由的本质、直接、同一的维持，即绝对自身维持。自反势用按其本性要求展开为这绝对维持。这展开就是其自身绝对化。作为自反势用的展开，本质维持力图否定外在、表象的存在，寻求更内在、本质的存在，以之为绝对目的，它不断扩展对象的领域，推动反省的不断内在化；直接维持则区分手段与目的，确立对象为最高目的，它推动反省领会对象与自我的同一；同一维持则否定存在的分离的个体性，维持存在的绝对性、同一性，它推动反省领会对象为绝对、普遍性。自反势用展开为这三种形态，以此推动反省的不断深化。

不过反省也必然包含其他自主势用的参与，包括另一个起主导作用的势用，即自舍势用。反省正是在自舍与自反势用的辩证互动的推动下不断深化。其中，精神的自舍势用在其自身绝对化的展开中，不断否定存在的当前性，确立存在的更自由、更普遍意义；而自反势用在其自身绝对化过程中，则不断排除外在、表象的存在，展开对觉性、自我的更本质、更内在、更直接的维持。前者推动反省否定当前的自我理解的局限性，后者推动反省的内在化。反省思维正是在这二者的破与立的辩证互动推动下，不断从外在、表象、非我朝向内在、本质、自我运动。反省就在这种运动中不断深化自身，从而揭示自我的不同意义层次。

奥义书说自我，往往是众论旁午，义类离披。一是由于不同时代和不同学派的思想未加明确区分，猥为一炉；二是由于奥义书哲学长于超绝之悟，而短于缜密之思，故立论有时异旨凌杂，宗趣舛互。就早期奥义书的自我概念，就有宇宙论、原质论、生命论、观念论等多种。在理论上上接吠陀、梵书的宇宙论，下启晚期奥义书的幻化观念论和二元论。在本书的讨论中，我们试图用生命现象学的方法，将反省思维的发展纳入精神逐渐展开其自身自由的普遍必然过程中，根据精神生命的发展逻辑，对奥义书的反省思维进行杷疏整理，从而使其条贯一致，眉目清晰，而愈有补于学。据此，我们将奥义书的自我反省，分为以下几个大的阶段：

(1) 自然反省。自然意识以为只有最外在的物质个体才是真实的。它也具有一种自我观念。但它完全把自我当作一种物质个体（肉体）。它没有自觉地将自我从非我区分开来。因此它没有反省。在吠陀思想中，我们仍能发现这种自我观念的存在。《黎俱吠陀》就曾将自我理解为一种物质个体。我们只能在一种宽泛意义上称之为反省。真正的反省始于存在的绝对性、统一性的领会。它是精神在自反势用的同一维持的推动下形成的。盖觉性作为生命，本来就是一个自在的整体，故自我就是绝对。

自然的生物体、种群，以及自然觉性，都自在地是一个系统。然而它们都没有意识到自身的统一性，唯精神能意识到此。自然意识不能看到觉性的内在生命，它因而把一切事物从其与生命的关联切除了。因而反省最初面对的存在，乃是无数分离、偶然、孤立的东西。这些都不是自我，真正的自我是它们所从属的生命整体本身，即绝对。生命的自身维持势用要实现对生命的维持，就必然把这绝对作为最高目的，以全部其他存在来维持它。这维持就是同一维持，它推动反省确立这绝对存在的真理性。反省由此恢复了个别存在与觉性生命整体的关联。它将这绝对与自我等同。在奥义书中，反省最早领会的绝对是一个外在的、量的整体。其所理解的自我乃是一个神话的、拟人的自我。自我作为绝对，就是物质世界的全体，而具有人的形体，是一个宇宙大我，但不是一个内在的、实质的统一体。然而精神的自反势用按其本性，必然进一步展开为本质维持，推动反省的内向化。于是反省领会到一种普遍的宇宙实质，以之为全部存在的真理、基础。这才是一个质的绝对。反省乃将这实质与自我等同。但这种被动的宇宙物质，仍只是自我的外在表象，而不是自我的真实本质。自我的真实本质是主体性、生命。自反势用的内在化必然展开为对这真实本质的维持，从而推动奥义书的反省扬弃那种消极的宇宙实质，领会真实的自我乃是生命、主体自身。在奥义书中，这生命最早被等同于元气。这元气仍然是一种自然物。但不论是宇宙拟人论，还是实质论、元气论，都是把自我理解为自然，而没有真正理解自我内在的精神性。这种自然反省，是奥义书精神反省的外在化阶段。自由必然促使精神的自舍与自反势用进一步展开，推动反省否定这外在自然，进一步领会自我的内在性的超越性。

自然反省是人类精神反省的普遍起点，其形成、发展都具有其普遍的精神逻辑。因此在其他文化中也能看到与奥义书的自然反省平行的思想发展。比如古希腊的米利都学派早期的自我理解就与奥义书的实质论一致，以为宇宙的实质是水等物质，这也是自我的本质。接着阿那克西米尼认为存在的本原是一种活泼、能动的原理，即气，灵魂也是一种气。从最初认为自我本质是水，到后来认为它是气，米利都学派的自我理解也经历了与奥义书的自我反省从实质论到元气论类似的转化。在中土思想中，最早亦出现过以为人的本质是泥土等物的观念。到诸子思想中，此种观念完全被气本论代替。这也体现了与奥义书的自我反省类似的转型。

(2) 内在反思。外在的自然只是觉性的自我的生存论的躯壳，只是自我的标记、符号而非本质。觉性的真正本质是内在的思想、意识，即心灵。本体自由要求实现为对这内在存在的直接自主设定。它促使自反势用进一步内在化，使本质维持成为对自我真正内在存在的维持。这本质维持乃首次以内在的心灵为全部生命、存在的最高目的。于是这本质维持，乃与同一维持，一起推动反省确立心灵为绝对真理。于是，奥义书的反省终于找到其真实的目标，认识到心灵的绝对存在，因而成为反思。这是一种内在反思。在奥义书思想中，这种内在反思也是主观、绝对的。这内在反思对自然与心灵进行了颠倒，使心灵反过来成为自我的根源、基础、本质，自然被理解为呈现在心灵或意识中的表象。在奥义书思想中，绝对心灵的观念，即识论，是通过扬弃此前的（生命）元气论而产生的。反省由于在自反势用推动下逐渐深化，终于认识到自我不能囿于任何自然的形物，也不仅仅是自然的主体（元气），认识到真实的自我是绝对的心灵、思想，这才是主体性的真理。反思是反省的自由，是自反势用的真实的实现。只有在这里，精神才具有了真正的自身价值，也才具有了真正的道德性。然而由于人类精神的局限，反思最先领会的只是心灵的经验层面即经验意识，因而它只是一种经验反思。这经验意识同外在自然一样，仍然在时间和因果的关联中呈现，它是心灵内在的自然，是心灵的生存论表象。觉性、精神的纯粹内在存在，乃是其被自然表象所覆盖的超越层面。盖精神省思以意识为前提，但意识只能以自然为直接对象，只能通过经验的时间、空间和因果法则来理解对象，而不能认识超越自然和时空、因果的实体。心灵的超越层面从未对意识直接呈现。这决定最早的反思往往不可能领会觉性的超越层面，只能将心灵当作一种自然、经验的东西。然而本体自由由于其自身绝对化意志，要求实现为对这纯粹内在存在的直接自主设定，它必然促使现实精神的自舍和自反势用进一步展开。于是自舍势用推动反思否定自然、经验的绝对、自为的存在，确立一种超越的真理；自反势用乃推动反思领会这超越的真理与内在自我的同一性。于是反思就升华为超验反思。

奥义书的内在反思的形成和发展，同样体现了生命本体论的普遍逻辑，因此在西方思想中也能找到与之平行的进展。尽管古希腊思想就体现了一种严格的精神反思，但是类似于奥义书的主观反思，直到近代主体哲学形成，才得到充分体现。这种主观反思也是从经验反思开始。从洛克、贝克莱、休谟的认识论，就是这种经验反思的体现。与印欧传统形成强烈对比的是，华夏思想从未形成过任何真正的反思。印欧传统中那种作为绝对、自为存在的心灵观念，在华夏思想中从未产生过。在这里，精神从未有过真正的自身价值。然而佛教的传入，给华夏民族带来了真正的精神反思。这种反思还波及本土的道、儒二家之学。比如象山心学就反映了禅佛教的反思的显著影响。不过禅佛教的反思是一种本真的反思（参考本章第五节），而儒家的自然思维传统，使心学尚难以接受禅佛教的绝对超越（本真的觉悟），故事实上将后者的本真的反思重新拖回自然、经验的层面。因而心学最早的反思，乃与奥义书上述经验反思属于同样类型。另外，印度的精神反思还通过佛教影响到中土道教朝内丹心性学的转化。

(3) 超验反思。心灵的纯粹性就是它的超越性，也就是它对经验、自然的否定。本体自由作为绝对，要求实现为对觉性的纯粹内在存在的直接自主设定，它必然促使现实精神的自舍和自反势用进一步展开。于是自舍势用乃展开为从自然到超验的跨越，成为对全部自然、经验存在的否定，以及对一种超验存在的维持，由此推动反思领会那超验存在为究竟真理；自反势用同样展开为这样的跨越，将超验存在作为直接、本质的自身维持的对象，由此推动反思领会这超越存在与心灵、自我的同一性。于是反思就升华为超验反思。精神意识到其内在自我乃是一个否定了全部经验、自然内容，包括时间、空间和因果性的超验实体。超验反思是真正的精神超越与反思的统一，它既是否定的自由，也是反省的自由。精神由于对自然的彻底否定，因而具有真正的自我尊严，也才具有了真正的宗教性。这种反思在奥义书思想中也有充分体现。但是在奥义书中，同在其他思想中一样，这种超验反思一开始总是将心灵理解为一种封闭的实体，而不是绝对。这反映出精神的自反势用，尚未在这反思中展开为同一维持。

奥义书这种超验反思的形成和发展也体现了精神生命的普遍逻辑。在西方思想中，反思也表现了同样的进展。在古希腊哲学中，阿那克萨哥拉的努斯观念，与柏拉图的理念论，体现了超验反思的两种形态，尽管这种反思缺乏奥义书的超验反思的主观性维度。但是华夏传统不仅无真正的反思，也没有任何真正的超越，因而印欧精神那种超验反思在这里根本无从产生。在这里，心灵始终从自然得到规定，从来没有成为独立自为的实体。因此在这里，精神从未获得任何自身尊严，从来没有意识到自我的权利。不过佛教东渐，给中土思想带来了一种真正的超越思维，其影响波及佛教之外。比如程朱理学对形上与形下、理与气的区分，就是一种形而上学的区分，它反映了一种超验反思。在这里，理学受佛教的影响是很明显的。

(4) 同一的反思。同在其他思想中一样，在奥义书中，超验反思一开始总是形而上学的，它将心灵理解为一种封闭的实体，而不是绝对。这种形而上学的反思的典型体现就是心与物、意识与对象的二元论。这在印度与西方思想中都曾广泛存在。然而精神更内在的自我，既非物质的实体，亦非与之对立的意识实体，而是作为二者共同基础的绝对主体。因此自由必然促使精神的自反势用展开为对这绝对主体的维持，即同一维持。在超验反思中，这同一维持乃以全部生命、存在来维持那心灵的实体，以这实体为全部存在的绝对目的。它于是推动超验反思领会到这实体就是全部存在的绝对真理，于是超验反思成为同一反思，即超验的绝对反思。如果说形而上学的超验反思对于自然与心灵实体关系的理解是消极的，那么同一反思对于这种关系的理解则是积极的。在这里，精神不仅将自然从它的纯粹自我排除出去，而且用全部自然的存在来维持这自我。自我成为超越、内在的绝对。精神由此确立其纯粹内在价值。我们的分析表明在奥义书中，这种同一反思也很常见，甚至是其思想的主流。我们阐明了在这里，同一反思领会的自我有两种，即先验实在与澄明。但是同一反思仍有其精神局限。这在于它仍然将这绝对实体理解为一种现实存在，所以它同前此的思想一样，仍然把现实性当成了绝对真理，仍属实在思维范畴。在这里，现实的精神自由尚未涉足自我的本真存在领域，精神还不具有本真的自由。然而本体自由不会被现实存在窒息，它必然推动精神突破现实存在的覆障，实现对本真的自我的自主设定，推动反思进入下一阶段。

同样，奥义书这种同一反思的形成和发展也符合精神生命的普遍必然。西方思想也表现了与之平行的发展。比如普罗提诺、奥古斯丁的神秘哲学和神学，体现了一种直觉的反思。但由于西方思想到近代才具有了一种主观、绝对反思，因此直到康德、黑格尔的哲学，才体现了一种思辨反思。这两种同一反思都在奥义书思想中有其对应物。华夏思想绝不可能自发孕育出印欧精神这种同一反思。然而由于佛教东渐，印度精神的反思与超越得以渗透到中土传统中，促进了道、儒二家的反思与超越思维的形成和发展。南北朝道士宋文明的道体即心论，就体现了一种思辨反思；而阳明的良知本体论，则体现了一种直觉的反思。

(5) 本真的反思。唯觉性的本体自由才是存在、自我的最内在本质，唯它才是本真的自我。这自由就是绝对的自否定运动。它超越全部现实性，即思想、理性、传统，而又规定之、构造之，以其作为自我实现的中介，因而我们称之为超绝的。现实性不具有自为的存在，它只有被当作自由的体现才是具体、真实的。因此实在思维对现实性的绝对化，实际上是对它的抽象化、虚假化。它使现实性完全遮蔽了本体自身，因而扭曲了理性、传统与自由的关系，也使精神无法进入这本体自身的领域，实现本真的自由。然而本体自由既是超绝的，就不会被现实性、传统完全窒息，它必然通过呼唤和倾注，促使精神内在的自主势用恢复其本真存在，从而推动精神打破现实性的笼罩。本体自由的绝对性决定现实精神自由乃以实现对这本体自身的直接自主设定为最终理想。它必然促使精神的自反、自舍势用展开为对全部现实和现存存在的否定和对这本体自身的维持，使这两种势用成为绝对的。其中自舍势用的绝对化的实现就是精神的绝对否定，它使精神领会到一切现实存在皆不具有自为的真理性，存在的绝对真理就是超绝的自由本身。自反势用的绝对化的实现就是绝对反省，它使精神领会到那超绝的自由与内在自我的同一性。本真的反思就是这精神的绝对否定与绝对反省的结合；它领会到自我的本质就是超绝的自由，因而首次接触到自我的本真存在。由于上述结合是在不同层面进行的，本真的反思就因此表现为启示的反思和本己的反思两种类型。晚期奥义书的神圣的自我和本己的自我观念，充分体现了这种本真的反思。在这里，奥义书的精神实现了其本真的自由。然而奥义书这种本真的反思仍有局限。这在于它对于本真的自我的领会并不充分、甚至也不够纯粹、具体。它只模糊领会到本体自由的自主否定（自舍势用）方面，而完全没有领会自由的其他丰富内容。它反映出精神的自反势用的自身绝对化没有充分展开，其他自主势用甚至尚未得到真正实现。这种现实精神自由的局限，也只有在自由自身的推动下被克服。

西方思想也表现了与奥义书上述反思一致的发展。首先，早期基督教神学也经历了从直觉神学到启示神学的过渡，体现了与奥义书思想从直觉反思到本真反思的转型一致的过程。其次，现代西方哲学经历了从思辨哲学到存在论哲学的转型，同样体现了从同一反思到本真反思的转化。而背后推动西方思想这种转型的，乃是与推动奥义书类似转型的同样的精神逻辑。在中土思想中，同样是佛教给华夏民族带来了一种真正的反思。这种反思也影响到华夏本土的传统。道教的精英们就积极汲取大乘佛学的超绝思维。比如王重阳的内丹心性学，乃将佛教的本真反思引入道教的精神之中。但是儒家由于其顽固的现实执着，始终没有接受这种本真觉悟。另外，正如佛教其他所有有价值的思想一样，在华夏思想中，本真反思也始终只属于少数精英的精神世界，始终没有成为民族精神的客观现实，而且注定最终被磨灭。

# 第三章　奥义书的神性论

## 引　言

神性的观念，是人的存在追问和生存要求的结果。一方面，人对宇宙和他自身的存在充满困惑，总在试图找到一个原因解释他面临的众多疑团；另一方面，面对危险、恐惧、灾难、孤独，他需要安全、庇护、安慰、爱，不仅如此，他还渴望超出眼前狭隘的生活、获得更大的自由。而神就在这两方面为人提供满足。

影响神性观念的形成和发展的因素是多方面的，可以初步将其归纳为以下几点：

(1) 对于存在的统一性的追求。这表现在原始人对“为什么”的追问。追问表明他试图将全部存在把握成一个统一体，他相信事情的发生应有其因果的根据，这因果性就是存在统一性的法则。但是在他尚未形成客观的因果观念的情况下，因果性就拟人化地被理解为一种目的—手段关联，而神或神意就是这一关联的规定者。在所有动物中，唯人类有问题。唯人类有对“为什么”的提问。这样的提问表明人试图用一种普遍法则把全部存在统一起来，这体现了精神最原始的理性思维，反映了精神的自我建构的意志（自凝势用）。在更成熟的文化中，这一提问表现为对于世界起源的思考。它把上帝作为创造者、宇宙的始基、归宿。不过，对于存在统一性的思考不会直接导致神性观念，因为：即使某物被当作宇宙的第一原因，它也不会因此成为被崇拜的对象，不会在我们心中引起崇拜的体验；反过来说，神，作为被崇拜的个体，也不一定都有创世的大能。因此对于存在的统一性的追求，并不是导致神性观念的根本原因。事情的更合理的解释毋宁是，人们正因为先觉得某物可崇拜，然后才把它作为宇宙的主宰者，作为存在统一性的规定者。但即使如此，对存在统一性的思考无疑会参与到神性观念的形成、发展中。

(2) 人自身的焦虑、对危险的恐惧、对安全、庇护的需要。它揭示神为保护者、天父、爱、至善等。但是保护者不一定会成为真正的精神崇拜的对象。世俗的历史表明了这一点。也就是说，一种存在，仅仅是具有提供完全、庇护、关爱之功德，也不足以成为神；反过来说，没有这些性质的神，也可以存在（比如阿兹台克人的神；

在奥林匹斯和吠陀神话中，也并非每一个神都有这些性质）。这些性质并不直接就是神性。因此人的上述心理需要，也并不是导致神性观念的根本原因。为满足这需要而有的这些性质，之所以成为神性的组成部分，或者是因为具有这类性质的存在被神化，或者是因为它们后来被整合到崇拜对象之中。人这方面需要仅仅关乎自然的生存，没有纯粹精神的价值。

（3）人克服自身和当前世界的局限性，追求一种超越存在的冲动。自草昧之初，人类就相信有某种存在超越他和他的世界，并且对这一存在充满了敬畏、渴望。宗教学家安德鲁·朗和威廉·施密特证明原始人也有对超越存在者的信念。蒙德布罗姆（Soederblom）、伊利亚德（Eliade）也认为对神圣与世间的区分是所有真正宗教的最基本特征。原始人相信有一个超人类的存在和力量居于其中的神圣世界。人当前的可感觉世界并非唯一的世界。大量的原始文明的文献、术语都在描述这种超人间的境界。人意识到他的自身存在及他的世界的有限性，渴望一种超越这世界的神秘存在，这就是自由和无限。这是人类精神的超越思维的最原始、最朴素的表现。这种超越性不仅表现在对超出人间的存在的信念，而且更进一步表现在相信此存在比日常存在，比人的世间生存更真实、更有价值。人对超越存在的追求，是产生崇拜的本质条件（人不可能真正崇拜一种完全属世间的、无超越性的东西，比如钱），因而也是导致神性概念产生的根本前提。正如宗教学者潘尼卡（Raimundo Panikkar）说：人之所以会有神的观念，是因为他意识到他自己及其世界都不完满，人按其本性，需要从日常的、世间的生活中冲出去，而神性观念则为人们冲出日常世间生活提供了一个出口①。人类这种超越自身存在的冲动，明确反映了精神的自身否定的意志（自舍势用）。

（4）人对自身本质的反省。人只能崇拜一个有人格性，有主体性、意志的东西，实际上是更充分体现了他的自身本质的东西。一种超越的存在，如果不是有人格、有主体性的，就不会成为崇拜的对象。比如佛教的涅槃、空性，尽管是超越的，但不会在信徒心中引发崇拜的情绪。因此人所崇拜者，只能是另一个我，一个完全理想的自我。因此人对自身本质的反省，也是导致神性观念产生的本质前提。它揭示上帝为主体、精神、自由、生命。它把神的超越性理解为具有超出人类本质的、超越他的有限世界的自由、主体性。神就是自由本身。但人的自我反省也是由浅入深地展开的。主体性、自由、生命在自我反省的不同层次，将会具有不同的意义。自我反省的深度决定神性概念的深度。当人还厕身于鸟兽中，他的神也只能以动物的面貌出

① ERIV, 275.

现。当人将自己与动物区分开来，就也随之使神具有了人性。唯有当人意识到其内在心灵的独立、自为的存在，才会使神成为精神的神。人类对神作为自由、无限性的崇拜、渴慕，明确体现了精神生命本真的自身维持意志（自反势用）。

以上考察表明了，在上述因素中，导致神性观念形成的最根本的方面，是后面两项，即人类的超越冲动和自我反省。一方面，在所有动物中，唯有人试图超越他的当前世界和自身存在，于是神就作为那超越者对他呈现出来，神是超存在（superbeing）。另一方面，神也表现了他的自我，他的人格性（主体性、内在性、自由、意志等）。一个完全否定了自我性的东西（比如一块石头）本身不可能被当作神。只有当这东西被赋予某种人格，它才可能成为神。神是人自身的超越性、主体性的表象。

这种情况由崇拜的性质决定。神性观念是崇拜的产物。最终是崇拜使对象成为神。而真正崇拜的形成，必以人的超越冲动和自我反省为前提。这在于，只有一个超越了人自身及其世界的主体，才能成为他的理想，或他的崇拜对象。易言之，这崇拜对象必须具有超越性和主体性双重特性。这由崇拜的本质决定。盖宗教崇拜应当包括以下环节：(1) 崇高（mysterious）体验。这就是对对象的绝对超越性的直接经验。在较朴素幼稚的思想中，这种超越性表现为：一、对象的秘密性，它超越了人日常的认识和理解能力；二、对象比人自己更有威力，具有神通；三、对象具有与人及其世界不同的、更理想的存在（永恒天国）。在此后的思想发展中，这种超越性不断被纯粹化，最后成为超绝性，即对象对全部现实存在的绝对否定。(2) 神秘（numinous）体验。崇高的东西（比如佛教的涅槃、空性）并不一定成为崇拜的对象。只有当这超越物凝聚了人内在本质的理想，而不是一种冷漠的外在性，它才可能被崇拜。神秘体验就是对对象作为超越的主体的感受。人感到对象比他自己更自由，是更真实的主体，而自己则是受对象支配，因而他将自身的主体性交给对方。(3) 敬畏（tremendous）体验。敬畏体验则是对神与人及其世界的关系的体验。它既意识到神与人的分裂，又意识到二者的亲缘性。一方面，它意识到人与神的巨大差距，为了维护神的威严而对人进行彻底的贬斥。它包括以下感受：(a) 威严感，就是人对神的不可接近性的体验。这里，人的世俗自我对他与神作为绝对者的距离的任何跨越都是对神圣性的冒犯和亵渎。(b) 罪感，是对人的此岸性的消极体验。人们在把善、完美等理想的东西归属于神和天国的同时，也把一切污秽、邪恶的东西归属于人的现实世界。人被认为天生就是有罪的。(c) 畏惧感。在这里，神的超越性表现为神的忿怒，即对人的现存状况的直接否定。(d) 受造感。它意识到人不是独立存在的，而是神的创造物，必须依赖神而存在。另一方面，敬畏感还包含了人对自己与神的本质亲缘性。在这里，人模糊意识到神尽管远远超越了他自己，但却比他的自我更充分地表达了他自身的真理,因而它现实地就是他的理想。这种感受,前反思地造成对神的神往感、归属感。简单地说,崇拜就是因为认识到对象超越自身,于是把对象当作唯一的主体,将自身的主体性让渡给对象,并从对象感受到敬畏。这一过程,唯有当对象具有超越性和主体性双重特性,才能够实现。

正是在上述意义上,神是人实现其自我理解的途径。这就在于,在缺乏清晰的理论思辨的情况下,人类正是通过神,才得以自在地领悟他的自我的超越性、普遍性层面。神的本质就是觉性、自由,它也是自我、存在的本质。正如晚近的印度哲学家拉达克利须南所说,神是世界的灵魂、是遍满之光辉、是永恒之能源、是无限的生命与精神①。本真意义上的神,就是普遍的人类精神,亦即是"大我"(从梵书到毗湿奴教,皆迳以神、我等同,神或成为原我之化身)。神是觉性的生命运动的全体,在此运动中,万有得以显现或复归于遮蔽。觉性即是我心虚灵不昧的灵明,物来则应,以其照了,万相森然以具。神者明也。然而有光明必有接受光照者。光明必定为明亮在它之外的东西而存在,生命也唯在否定非生命中才能存在。神明、觉性作为光、生命,预设了某种在它之外的完全黑暗、死寂的原理的存在,这就是冥性本体。许多宗教都保留了对觉性、光明与冥性、黑暗的交织创造世界的原始体验。神光之运动与冥境之涌现,乃为存有发生之二元。

然而人对于超越性和主体性的理解,都不是现存不变的,而是随着否定与反省思维的发展不断提升和深化的。在这种意义上,同存在、自我观念一样,神性观念的进展也是由否定与反省思维的交织构成的。对神性的省思反映了存在省思和自我省思的统一。一方面,它以存在省思为前提,它包含对存在真理的思考,它确立了一个超越存在作为日常存在的理想,但始终将这超越存在当作一个主体、人格,一个更真实的自我,因而包含了自我省思;另一方面,它以自我省思为前提,但是将最终的主体当成了超越人的自我的客观普遍原理,即存在本质,因而包含了存在省思。因此神性思考的深度由存在省思和自我省思决定,它的发展由这二者促进。

对神性的思考,同样也表明了否定与反省思维发展的不同层次,体现了现实精神的不同阶段。根据精神发展的一般逻辑,它同样包括自然思维、理智思维和超绝思维三个层次。它在这三个层次上理解的神分别是:自然的神、超越的神和本真的神。

奥义书的神性观念的发展,符合上述逻辑。奥义书思想,首先,是继承吠陀和梵书的神性观念,把神当作一种自然的力量。神对人世间的超越性表现在它的神通、

① Sarvepalli Radhakrishnan, *Indian Philosophy Vol.1*, the Macmilian Company, London, 1924. 95.

威力，它的人格性表现在它具有人的思想、意志、情感。也就是说神的超越性和主体性都以自然的方式表现。这就是自然的神。精神只能以自然为起点。正如它领会的最早的存在是自然的存在、最早的自我是自然的自我，同样它理解的最早的神也是自然的神。尽管神性观念本身就表明了精神的否定思维企图超越人的当前存在，反省思维试图领会主体的更大自由，但是这否定与反省始终在自然领域内活动。精神在这里只有一种自然的自由，而没有实现真正的超越与反思，不具有真实的自由。神也戴上了自然的面具，也只有一种自然的自由。但是本体自由必然促使精神内在的自舍和自反势用展开为对自然、经验存在的否定，以及对觉性超越、内在的存在的维持，从而推动奥义书的否定与反省思维取消自然的、外在的存在的自为真理性，确认那超越、内在的存在才是自为、绝对的真理。于是这否定与反省就转化为精神的纯粹超越与反思，也就是从知性上升到理智层面。神也随之具有了新的面貌。其次，奥义书的神性观念的更深层次意义，是把神当作一种超越自然的、纯粹内在的存在，即纯粹的精神。神对世界的超越被理解为它与自然的分裂，被理解为它不受自然污损的清净性、不被自然限制的自由。神超越了自然的时间、空间和因果关联，成为一个超验的精神实体。这就是超越的神。同时神也是每个人的纯粹内在自我、心灵。正是对神的超越性和内在性的领会，使奥义书的神性思考超越了吠陀和梵书的观念。奥义书这种神性观念，体现了精神的纯粹超越与反思，表明奥义书的精神自由进入了新阶段。然而这种神性观念仍有其根本的局限性，这就是实在思维的局限。精神在这里把现实性当作绝对真理，因而把神也理解为一种现实存在。神是最真实、最完美、最纯粹的实在。然而神的超越性、自由，在其最本真的意义上，就是对现实性的超越和自由。精神最初正是通过对神的绝对超越性的模糊体验，表现了本体自由对现实性的否定。随着自由推动超越和反思思维的持续深化，精神最后必然彻底否定现实存在的自为真理性，领会神性就是超绝的自由。精神由此克服实在思维，进入本真觉悟的领域。奥义书的神性观念因此得到进一步深化。最后，奥义书的神性观念发展的最高阶段，就是把神当作一个完全超越现实存在的心灵本体。全部现实存在都被当作神制造的幻境，只有神自身是唯一的存在真理。同时，神也是觉性、精神的内在存在。因此神就是一个超绝、内在的本体。然而，唯一的超绝存在，就是本体自由自身。因此奥义书对神性的新理解，就体现了精神对本体自由的本真领会，即真正的精神觉悟。正如唯超绝的存在、自我才是本真的存在、自我，超绝的神也才是本真的神。奥义书这种本真的神性观念，表明精神的超越与反思都实现为思想从现实性到本体自由自身的持续运动，二者都进入了绝对自由层面。这反映出精神的自舍、自反势用得到绝对实现。精神具有了一种本真的自由。但是在奥义书思想中，这种本真的精神自由仍有局限。这体现在奥义书思想在这里对神性本质的理解，同对存在、自我本质的理解一样，仍然不够具体、不够充分、不够完整（参考本编前两章结语）。这表现在神性本质的内容，即自由，没有得到具体、究竟、完全的揭示。然而本体自由作为绝对，必然推动精神进一步发展，使精神的绝对自由在完全意义上得到实现。

因此，我们就将奥义书神性观念的发展，分为以上三个层次予以阐明。每一层次还包括若干环节。神性观念在不同层次及每一层次的不同环节之间的转变，最终都是由精神的自由推动的。我们还将对奥义书的神性观念与西方、中土思想进行广泛比较，以证明其开展的普遍逻辑。

## 第一节　自然的神

正是因为神的本质就是自我、存在的本质，所以神的历史与人的历史、存在的历史是完全一致的。对存在、自我、神性本质的思考，作为奥义书思想的三条主线，是相互交织、互为前提的，对存在、自我的思考决定了对神性的思考的高度和深度。神性的观念同样是精神的否定与反省等思维的构造产物，而且其精神层次完全由后者决定。而否定与反省思维的发展，则最终由自由本身所推动，且就是后者的实现。因此神性的观念，也体现了现实的精神自由的情况。

精神的起点是自然。人类精神最早只能把自然当作存在、自我的绝对真理，同样它也只能把自然当作神性的真理。既然神性的本质就是觉性，就是存在、自我的本质，它也会像后者一样隐藏自身。神是人自身的超越性、主体性的表象。但是在人类精神的童年，觉性自身的超越性、主体性，都只能以自然形式表现。于是神只能是自然的神。这样的神性观念，就是自然神论。这是所有早期宗教的共同情况。印度宗教也是如此。吠陀、梵书和奥义书最早的神性观念，就是把神当作一种自然的存在，一种处在自然现象之中起支配作用的东西。神的超越性、自由表现为超人的神通、威力，它的人格性表现为与人一样的思想、意志、情感。因此神的超越性和主体性都表现为自然的。尽管精神在这里试图捕捉一个超越当前现实的、绝对自由的实体，从而实现自身更大的自由，体现了本体自由自身绝对化的意志。然而它在自然思维的昏暗光线之中，并没有把这超越性、自由看得足够清楚，没有看出这实体的超越性、自由恰恰在于它是与自然截然不同的，就是对自然的否定，而是将这实体也当成一种自然物（尽管是最好的自然物），把宝珠当成了石头。因而它在这里就错失了觉性、自我的超越性、自由的真实意义。早期印度宗教的神就完全被自然化。神成为自然力量的化身，以致它本来包含的超越、自由的意义丧失殆尽，它与觉性本质的关联也变得非常模糊。

奥义书最早的神性观念，完全继承了吠陀、梵书的自然神论的传统。其最原始的神性观念，仍然反映了吠陀的多神崇拜的影响。因陀罗、婆楼那、伐育、补鲁沙、阿耆尼等吠陀神祇仍然被崇拜。由于自然思维最初未能领会存在的客观、普遍关联（时间、因果性），因而世界的统一性只能来自神的任意性，因而世界是神话的、感性的世界，神也是神话的、感性的神。每一个神都属于或寄托于某种感性表象。世界与诸神，都是一个松散、偶然的聚合。吠陀的神就是这种感性的神。奥林匹斯、阿吠斯塔乃至条顿部落的神，亦皆如此。奥义书也继承了这种神性观念。尽管吠陀诸神往往被认为是大梵、至上我的化身，但是在许多文本中，它们仍然被当作独立的神祇受到崇拜。这种感性的神性观念，反映了奥义书精神省思的较低层次。首先在这里，省思完全没有深入存在的本质，只看到存在最外在的感性表象，以之为绝对真理，并将神性与之等同。神本来应有的超越性、内在性，在这里完全丧失了。这反映出反省与否定思维皆没有突破存在最外在的符号、标记，实现对觉性内在存在的直接自主设定，表明精神内在的自反势用还没有积极展开。其次，这众神只形成一个松散的聚合，没有真正的统一性；神也失去其本有的绝对性、普遍性。这反映出理性思维的极度薄弱，表明精神的自凝势用没有展开为积极的活动。这种感性的神性观念遮蔽了神性的真理。然而自由必然促使精神的自主势用进一步展开，推动奥义书的省思否定感性的个别性，确立某种绝对性或普遍实质为存在的真理。于是奥义书思想乃否定那感性的神，揭示神为唯一、绝对的存在。于是奥义书的神性观念的发展进入下一阶段。

实际上这种思想转型，在吠陀后期中就已见端倪。在《黎俱吠陀》思想中，就存在着从多神论向一神论，且最终向一元论过渡的趋势。一些神分有了某种共同的功能、特征，这使他们渐渐融合成一个神。一些吠陀神祇逐渐成为同一普遍存在的不同名称。这最终导致一个唯一的至上神观念的形成。在梵书思想中，一神论或一元论取得支配地位，生主、元气、补鲁沙、梵天、毗湿奴、湿婆和那罗衍那等成为最重要的神，他们常常被认为是同一个神。但是无论是在吠陀晚期还是梵书中，一神论的确立并没有使神的精神本质呈现出来，神仍然是自然神。在梵书中，至上神是宇宙的创造者、维持者、归宿，是过去、现在、将来一切存在的总体。这种观念就是一种万有在神论。神成为全部存在的量上的整体，因而成为绝对。

奥义书自然的神性观念的第二个阶段，就继承了梵书这种作为量的绝对的至上神观念。在这里，吠陀的多神教被一神教所代替，生主、梵、阿特曼、原人（补鲁沙）、元气、年等成为至上神。在这里，神作为绝对、普遍者出现。这个绝对是根据某种普遍、必然法则（在这里是祭祀和时间）构成的统一体，因而完全否定原先的偶然的个别性，具有了客观实在性。神因而成为客观的神。唯知性赋予世界客观性，感性不能把握客观实在。奥义书神性观念的上述发展，乃精神省思（否定、反省和理性思维）在自由推动下，从感性思维到知性思维转化的结果。在这里，省思通过确立某种普遍的法则，把存在、世界构建为一个统一整体，从而克服了感性存在的偶然性、杂多性。知性使存在成为绝对，从而也使神性成为绝对。不过梵书与奥义书最早领会的绝对，只是一个量的绝对（参考本书第一部分第一编第一章引言和结语）。神只是存在的全体，而不是存在的内在统一体。存在的内在本质和关联（因果性）没有被领会。至上神只是一个根据祭祀、时间等外在法则构成的整体。这种神性观念，可以称为一种万有在神论。首先，通过这一观念，省思将世界把握成一个整体。这就是理性思维的作用，反映了精神的自凝势用的展开。其次，神的绝对性也是对世俗存在的有限性的否定。省思以此领会觉性的超越性，这就是否定思维，反映了精神的自舍势用的展开。因此奥义书这种神性思考体现了现实精神自由的状况。奥义书所谓神性的绝对，在这里只是一种表面的、空洞的整体，还没有一种内在的实质或法则作为其统一性的基础。然而唯一真实的绝对，乃是觉性的生命运动整体。在这里，所有存在者皆是觉性的内在存在（本质）的表象，由这本质所构成，并作为后者的中介被纳入生命的整体之中。这内在本质就是觉性的绝对性的质的方面。它就是全部存在的内在普遍性。奥义书的万有在神论，意味着精神省思还完全没有领会到觉性的内在存在。精神的自舍、自反、自凝等势用尚未展开为对觉性内在存在的维持。然而自由作为绝对，要求实现为对这本质的规定，它必通过呼唤与倾注，促使上述自主势用进一步展开，推动奥义书精神省思的内向化。省思于是否定那形器的、表象的神，确立一种超越表象的内在实质或本质作为神性的真理。至上神不仅是世界的全体、根源，而且是万有的内在本质。一切存在皆是神的表象。于是奥义书否定梵书对神性的完全外在化，使神真正成为一个内在的上帝，成为质的绝对。在这里，一种宇宙生成论的因果关联（内在关联），终于代替祭祀和时间的关联，将全部存在者以及存在者与神连接起来。至上神作为这种因果关联的终端，乃是一个功利的神（其崇拜仅为满足功利需要）。

然而由于真正的精神超越和反思尚未建立，奥义书思想在这里所理解的存在本质仍是自然的，因而其所理解的神性，也仍是一种自然的东西，它其实就是宇宙的大全或实质。这种神性观念仍然是外在的。盖觉性的真正内在性、本质不是自然，而是精神、心灵。它的超越性就在于心灵对自然、经验的否定。一种外在、自然的超越性、本质其实是虚假的。奥义书的自然神论反映精神省思仍没有实现为对其真正内在存在的直接自主设定。这种思维局限，也唯有通过自由的进一步展开来克服。

总之，在自然神论阶段，奥义书所谓的神，可以分为两个层次：其一，感性的神（见于 ChānIII・6—10, V；BṛihVI・2；KauṣI・2—7；Tait I 等）。神仍然作为具有感性形象的人格神出现。其二，客观的神（见于 BṛihI・4,5, II・5；ChānIII・3・1, IV・5—8, VI, VII・1—26；MuṇḍII・1・3—10 等）。神作为一个具有普遍客观形式的绝对者出现。兹论之如下：

## 一、感性的神

奥义书最早神性观念，完全继承吠陀和梵书的思想。其中梵书的一神论，在奥义书中仍为主流的思想；而吠陀的多神教，则构成了奥义书思想的背景。因此奥义书最原始的神性观念，乃与吠陀衔接。

神是人类自我的超越性和普遍性的表象，但是首先，人们最初对这超越性的领会未达纯粹（只将其领会成一种自然的否定），因此神的超自然性尚不明确。这就是自然宗教的特点。在这里，自然不是象征或符号，它就是实在，就是神自身。但即使如此，使自然物成为神的原因还是因为它比其他东西体现了更大的超越性、自由。其次，人们刚开始对于自身主体性和人格的领会亦很模糊，因此神的人格性也不明确。草昧之初，自然与人尚未完全区分，自然现象甚至比人自身更能反映人的本质；因此在历史上首先成为神的是自然现象、动植物，而不是人类自身。但即使这样的动植物神，也是人类本质的表象，也以人对自身主体性的反省为基础。随着人的自我反省的深化，自然宗教发展为对人格神的崇拜，然而人格神仍然保留了很多自然崇拜的遗迹，他仍然是自然界的人格化。而自然的多样性决定这一阶段的崇拜必然是多神教。吠陀的神据说就有 3306 种之多①。由于人类最初还未能根据某种普遍、内在原理（本质、因果性），将自然界领会成一个内在统一体，因此多神教构想的万神殿，也必然是一个松散、偶然的聚合。世界的统一性只能来自神的任意性，因而世界是神话的、感性的世界，神也是神话的、感性的神。吠陀的神，与奥林匹斯的神、阿吠斯塔的神乃至条顿部落的神，都属于这种感性的神。随着自我反省的深入，神也逐渐从单纯的自然现象的神化，过渡为人格神。因此吠陀的多神崇拜，同希腊、波

① 拉姆・莫汉・罗易认为吠陀诸神是唯一的最高神的不同属性的表象。阿罗频多・高斯认为吠陀的诸神是人的心理活动的符号：日神象征理智，火神象征意志，须摩神象征情感。这些说法都是用后来的一神教的立场来解释吠陀神话，而忽视了吠陀自然宗教的特点。

斯等的类似崇拜一样，也包括分别以自然现象崇拜、动植物崇拜以及神的拟人化为主的几个发展阶段。

其中最原始的是对单纯的自然现象的崇拜。有些吠陀诗篇就表达了对朝霞、青山、大海、日月、江河等的崇拜之情。人们认为这些自然现象，也像他们自身一样，具有灵魂。盖人在草昧之初，乃将自身与自然物混然同一。人甚至没有意识到自己作为一种生命存在与非生命存在的差别。而一些无生命的自然现象如山川、大海、日月等，似乎显得更为强大，因而受到人类的崇拜。它们就成为神。它们是神的最粗陋的形态，在吠陀中已不占主流，但吠陀中大多数人格化的神，如雷神（因陀罗）、日神（苏黎雅）、暴风雨神（马禄特）等，都带有这种单纯自然现象崇拜的遗迹。甚至在奥义书中也能看出这种崇拜的影响。

其次，是动植物崇拜。随着自我反省的开展，人开始意识到自己是有生命、自由的存在，与无机自然有区别，但还没有将自己从其他生命区别开来。于这种自我理解相应的是动植物崇拜。吠陀中就出现了一些动物神和植物神。当时盛行的须摩崇拜、阿湿婆陀树的崇拜，都是这种植物崇拜的表现①。另外，大多数吠陀神祇仍然保留着与动物的特殊关联②，表明了过去动物崇拜的遗迹。这种动植物崇拜的影响，施及奥义书时代。比如须摩崇拜、阿湿婆陀树崇拜，在奥义书中常有表现。在奥义书祭祀中，普遍存在动物偶像③，也可以视为动物崇拜的遗迹。

最后，是人格化的自然神崇拜。这一阶段构成吠陀宗教的主体。随着自我反省把人自身从其他自然物完全区分出来，山河大地与动植物都失去神圣性。于是神从这类存在中脱身出来，逐渐具有了人的形象和品格。这就是人格化的自然神，吠陀万神殿中的大多数神祇都属此列。这些神具有人的形象，但也带有其自然性的遗迹④。神还具有人的情感、意志，甚至具有嫉妒、虚荣、暴躁、轻率等所有属于人的缺点，其品性并不优于人类。其优于人者，在于形体较人类高大美好，力量较人类更

---

① Keith, Arthur B, *The Religion and Philosophy of Veda and Upaniṣads I,* Harvard University Press Cambridge, 1925.170.

② 比如因陀罗有时被说成是一头公牛，而他的母亲阿底提被称为母牛，阿耆尼据说是一匹马，马禄特则被说成是狮子或黑天鹅等等，这可能是动物神向拟人神的过渡阶段的残留。

③ 比如在某种须摩祭中，一匹经过特别挑选的马（其皮毛一般应是纯白色）作为阿耆尼的象征，接受人的祭品，并始终注视、参与祭祀的全过程（Keith, Arthur B, *The Religion and Philosophy of Veda and Upaniṣads I,* Harvard University Press Cambridge, 1925. 68—71）。

④ 学者认为，吠陀诸神的拟人化，不如希腊神话充分，他们可能尝未完全摆脱自然性。但毫无疑问，神已经具有了人的品质（Keith, Arthur B, *The Religion and Philosophy of Veda and Upaniṣads I,* Harvard University Press Cambridge, 1925. 58）。

强，而且长生不死。吠陀根据这些神所处的位置，将其分为三种，即：地神，如阿耆尼（火神）等；天神，如婆楼那、苏黎雅（日神）等；中界神，如因陀罗（雷电及暴风雨神），居于天、地之间的空中。其中最重要的神为因陀罗、阿耆尼、苏黎雅、婆楼那以及死神阎摩等。其中因陀罗可能是地位最高的，为雷雨以及战争之神。在吠陀颂歌中，以献给他的最多①。婆楼那则是道德神，主管宇宙、人伦之秩序。苏黎雅往往象征真理。阿耆尼主管祭祀。阎摩则为人类祖先和冥界之王。吠陀宗教这一阶段的思想，对于奥义书的影响最大。因陀罗、阿耆尼、苏黎雅、阎摩，皆是奥义书中经常出现的神。

在奥义书思想中，尽管神在本质意义上被当作绝对、唯一的存在，吠陀的多神崇拜已不占主流，但其影响仍然可以清晰地感觉到。在奥义书更彻底的思想中，吠陀诸神一般被视为一个至上神、梵的不同表象，但是在许多情况下，它们看来与大梵失去明确的关联，而仍然保留了其在吠陀时代享有的独立人格。它们仍然是人们崇拜、祈祷的对象。比如 Tait I·1，12 皆为祈祷于吠陀诸神，求其保佑从事梵学之师生。§1 云："密特罗请护我！婆楼那请护我！阿黎曼请护我！因陀罗、梵主请护我！毗湿奴、宽步者请护我！敬礼梵天！敬礼伐育！汝等即可见之梵。我且告于汝等可见之梵。我将说正法，我将说真实。请眷顾我！请眷顾演说者！" Tait I·4 则专为祈祷于因陀罗者，即请其赐我以智慧、精力、语言甜美、耳根聪敏、记忆，最后是祈求获得牲畜、财富、荣耀，其云："吠陀（chandas）中最胜，具有一切相，彼既由吠陀，及不朽生出！惟愿因陀罗，救（spṛ）我以智慧！嗟乎彼尊神，我愿得不死！愿我身有力！愿我舌甘甜！愿我耳多闻！汝为大梵窟，为智慧所包。请护我所学！彼吉祥天女，既携且乐施，且长时生成（财富），是故衣、牛、食于我常满足。请致此吉祥，卷发（此神为卷发）与畜群！Svāhā！愿梵志就我！Svāhā！愿彼多方来！Svāhā！愿梵志就我！Svāhā！愿彼能自制！Svāhā！愿彼能寂静！Svāhā！愿我得光荣，于众人之中！

① 我们这里选译一首献给因陀罗的颂诗，表明吠陀对神性的理解："1 稽礼因陀罗，最伟大的英雄，他以强力分开天地；他遍满一切，为人类之依止。2 他是苏黎雅：穿过广阔的空间，因陀罗将他引向前来，迅疾如车轮；如河流般永远活动，从不停息：他用光明摧毁了黝黑的黑神。3 我应对他吟诵神圣的祈祷，它清新鲜活，举世无匹，永不停息，为天地所共；他区分一切生物，好像在布上打上记号：高贵的因陀罗，永不失为朋友。4 对因陀罗，我将放歌，如大江之水，永不停息，如重溟之水，永不枯竭。天与地被安置于其车之两端，如轮之安于轴。5 那震撼者，从干渴中醒来，猛烈地向前冲撞，他手执弓箭，强大无比，他就是须摩；林中树并不以其相似欺骗因陀罗。6 须摩流向他，无有能与之匹敌者，大地，诸天，太空，山脉。当其愤怒生起时，他摧毁一切坚固者，将强大者撕为碎片。7 他杀死毗黎特罗，摧毁坚壁，凿出河流。他摧裂山脉，如毁土罐。因陀罗及其战友，乃将牛群释放出来。8 那些过着邪恶生活的人，那违背盟约者，以及伤害婆楼那、阿黎曼和密特罗的人，——对于这些怨敌，强大的因陀罗严阵以待，如愤怒的死神。……10 因陀罗是天地之至上主宰，因陀罗是山川和诸水之主宰。因陀罗是精进者和圣人的主宰：无论在工作中，或在偃息中，人皆应召唤因陀罗。"（ṚVX·89）。

Svāhā！胜过最富者！Svāhā！愿我能进入，薄伽（Bhaga，日神之一，亦为财富之神）自身中！Svāhā！愿薄伽进入，我自身之中！Svāhā！于汝千分者，嗟乎薄伽神，愿我得净化！Svāhā！如水流于下，如月入于年，如是创造者（Dhātṛ），愿彼众梵志，多方趣我所！Svāhā！汝即是依处！请显现于我！请降临于我！”这些祈祷，在精神上与吠陀完全一致。因此这些神也应当是从与吠陀的自然神相同意义上理解的。另外，奥义书还将吠陀神教糅合到其转世论中。ChānV，BṛihVI・2，KauṣI・2—7等都以为，人死之后有天神道和父祖道两种归趣。人死后，亡灵都要进入月神处，然后走上不同的道路。前者由太阳北行之半年进入阿耆尼界、伐育界、日神界、婆楼那界、因陀罗界、生主界、光焰界，最终进入梵界。后者则经父祖界、月神界、空、风而化为云雨，降落于地，转为粮食，待人食之化为精液，后者入女人之腹并最终出生为人。在这些说法中，吠陀诸神也仍然是从原来的意义上理解的，仍然是神话的、感性的神。ChānIII・6—10则开示了一个新的神话秩序。其云婆苏诸神（Vasus）唯依《黎俱吠陀》（为太阳之所生之第一分甘露）而活，以阿耆尼为首。禄陀罗诸神（Rudras）唯依《夜珠吠陀》（为太阳之所生之第二分甘露）而活，以因陀罗为首。阿底提诸神（Ādityas）唯依《娑摩吠陀》（为太阳之所生之第三分甘露）而活，以婆楼那为首。摩鲁特诸神（Maruts）唯依《阿闼婆吠陀》（为太阳之所生之第四分甘露）而活，以须摩神为首。娑底夜诸神（Sādhyas）唯依《奥义书》（为太阳之所生之第五分甘露）而活，以梵天为首。人若知此，遂得进入婆苏诸神、禄陀罗诸神等之中。在这里，吠陀诸神仍然是独立的个体。ChānII・22以为吟唱娑摩的七种形式，分别属于七位天神。低沉者属阿耆尼，模糊者属生主，清晰者属须摩神，柔软顺畅者属伐育，顺畅有力者属因陀罗，声如苍鹭者属梵主神，声音不当者属婆楼那。又说所有元音是因陀罗化身，所有咝音是生主化身，所有辅音是死神化身。所有元音应发得有力，且应伴以“我且给予因陀罗力量”的观想。所有咝音应发得开朗清晰，不缺不损，且应伴以“我且自托于生主”的观想。所有其他辅音应发得缓慢且不粘连，且应伴以“我且离于死神”的观想。以上这些，都反映了吠陀的感性的神性观念，仍构成奥义书思想的背景，而且在许多地方，仍然是奥义书的真实思想。

这种感性的神性观念，反映了奥义书精神省思的较低层次。在这里，省思只领会了个别、感性的自然物。首先，神的超越性、人格，都完全是在自然、经验意义上被理解，以致其真实意义被遮盖了。这反映出在这里，精神真正的超越和反思思维还没有建立起来。省思只领会了存在最外在的感性表象，以之为绝对真理，并将神性与之等同。这表明精神还不具有对其自身纯粹内在存在的直接自主设定，其内在的自舍、自反势用尚未实现为自由的否定与反省思维。其次，众神在这里只形成一个松散的聚合，没有真正的统一性；神在这里完全失去其本来应有的绝对性、普遍性。这反映出在这里，理性的思维，即精神的自身统握活动，极为薄弱，精神尚未将自身内容组织为一个整体。这种理性的薄弱表明精神的自凝势用没有展开为积极活动以推动省思的存在建构。因此可以说，这种感性的神性观念遮蔽了神性的真理。然而自由必然促使精神的自舍、自反、自凝势用进一步展开，推动精神的否定、反省与理性思维否定感性的个别性，确立某种绝对性或普遍实质为存在的真理。从而使奥义书的神性观念克服这种感性的局限性，揭示神为唯一、绝对、超越、内在的存在。

这种思想转型，在吠陀思想中就已见端倪。在《黎俱吠陀》思想中，就存在着众多神论向一神论（且最终向一元论）过渡的趋势。

对于一种真实的宗教意识来说，神只能是唯一的。在真正的宗教崇拜中人的虔诚的自我放弃，只有面对绝对唯一的神才是可能的。从多神论转变到一神论，是一切宗教发展的必然趋势。对于吠陀思想来说，这个转化的第一阶段，是建立了一种“单一神教”（henotheism）。所谓单一神教，就是说在这种信仰中，每一个神都会轮流成为至上神而受到崇拜，而其他神则暂时被遗忘，或被降低到次要或从属地位。在《黎俱吠陀》中，婆楼那、因陀罗或阿耆尼都曾居于至上神的地位。这样一种信仰，有的学者称之为一种“机会主义一神教”①。但是这种“机会主义一神教”，仍然不是真正的一神教。单一神教必然要过渡到真正的一神教。某个唯一的神永远居于至上神的地位，而且成为唯一真实的神。在印度思想中，这种一神教的建立，不像在犹太教、波斯宗教、伊斯兰教那样，是通过某一个神对其他神的消灭，而是所有以前的神都成为了一个最高存在的名号或化身，这至上存在是他们的共同本质，也是他们的真理。如《黎俱吠陀》说：“神是唯一者，虽则有阿耆尼，因陀罗，婆楼那，密特拉，阿黎曼，或阿姆苏等名称。”（ṚVII · 1 · 4）“彼是一，虽则圣者称之以异名：因陀罗，密特拉，婆楼那，阿耆尼，天空神，苏拔那，贾鲁特曼，阎摩和造物者。”（ṚVI · 164 · 46）“唯彼是阿耆尼，彼同样是阿提雅，同样被当作风神与乾陀罗玛。彼又同于苏克罗，梵，阿拔赫或生主。”（YV XXXII · 1）

至上神不仅是其他神的本质，而且是诸神、人类和世界的绝对主宰。诸神都出于对他的恐惧而履行职责，一切自然现象也遵其命令而运行。如ṚVIII · 54 · 8说：“（至上神主宰）一切动与不动者，一切爬行与飞行者，一切异生者。”《黎俱》“未知神歌”亦云：“唯初光卵生；一切之主宰。安立天与地。此主我应颂。彼乃生元气，生机与活力，众神以之王，影相即不朽；彼即是死亡，此主我应颂。彼以殊胜过，呼吸、

① Sarvepalli Radhakrishnan, *Indian Philosophy Vol.1*, the Macmilian Company, London, 1924. 91.

瞬目者，为其唯一主；彼人、兽之主；此主我应颂。以其大神通，雪山因之存，江海为其资。天界是其臂。此主我应颂。诸天因之强，大地因以固；天穹、光明界，因之得支持；中界他量度。此主我应颂。何时洪水至，包含宇宙卵，由此而生火，由此彼乃生，诸神之精神。此主我应颂。他乃以神通，遍视大洪水，包含生育力，亦能生虔敬。彼乃神中神，无在其右者。此主我应颂。”（ṚVX · 121）《阿闼婆吠陀》亦云：“一切诸神皆在梵天之中，如牛在牛棚。于初梵天即是此宇宙。他创造诸神。即创造已，他又将他们放在各自世界中，如火神在此世界，风神在中界，日神在天界。在更高的世界中，他安置的神就更高。于是梵天进入至上界。诸神本来皆有死，唯因梵天遍入之，故成不死。”①

在吠陀晚期思想中，有神论向一元论过渡。一元论把至上神视为宇宙最高之本体，神不仅超越诸有，而且它就是万有之整体。神生存于万有之中并使之运动，它随花儿之开放而显现、随云彩之闪耀而显现、随风雨雷电之强力而显现。所以这种一元论同时又是泛神论。这种观念是奥义书梵我一如观念之嚆矢。

吠陀这种思想进展，在奥义书中仍有回响。在这里，吠陀诸神往往被认为是至上神、大梵的化身。比如 Tait I · 1 说诸神皆为可见之梵，KauṣIII 以因陀罗为至上我的化身。KenaIII—IV 以寓言形式表明梵超越诸神，因陀罗、伐育、阿耆尼唯因接触了梵，故高于其他诸神，也反映了从吠陀的多神论向一神论过渡的痕迹。

## 二、客观的神

多神论与人的宗教意识、与人们对无限和普遍东西的渴望，都是相矛盾的。因此从多神论过渡到一神论是宗教思想发展的必然逻辑。吠陀诸神在后来的印度教中，都居于次要地位。在梵书和奥义书思想中，生主、梵、阿特曼、原人（补鲁沙）、元气、年等成为至上神，他们在这里是同一的。吠陀的多神教乃最终为一神教所代替。

唯知性赋予世界客观性。感性的存在是偶然的个别性，因而不是客观实在。唯知性赋予对象必然性、普遍性，从而使对象成为客观的。知性通过普遍的法则，把存在、世界构建为一个统一整体，从而克服了感性存在的偶然性、杂多性。因此，是知性使存在成为绝对，从而也使神性成为绝对。在梵书和奥义书思想中，神完全作为绝对、普遍者出现，因而否定原先的偶然的个别性，成为客观的神。如前所述，奥义书思想从感性思维到知性思维的转变，也是精神省思（否定、反省和理性思维）在自由推动下进一步提升和深化的结果。

---

① OSTV · 387FF.

不过，梵书与奥义书最早领会的绝对，只是一个量的绝对（参考本书第一部分第一编第一章引言和结语）。在这里，神是存在的全体，是宇宙的灵魂，而以宇宙万物为其肢体。这种思想，可以称为一种万有在神论。另外，在梵书时代，祭祀的空前发展导致真正的崇拜渐趋淡化。祭祀成为超越神的客观力量。神的本质来自祭祀。神的一切光荣、力量以及永生，都是通过祭祀获得。梵书的神性观念，给人的感觉是闳大不经，但其实很贫乏、幼稚。它完全从魔法化的祭祀宗教得到规定。在这里，吠陀的众神完全丧失其神性，沦为自然物，不复成为崇拜的对象。反之，至上神、生主（Prajāpati）则脱离自然形态，克服其感性的个别特征，而成为普遍的存在根源。但这种至上神也很难说是崇拜的对象。他在精神上也不是独立的，而是完全从祭祀学得到规定。

生主是宇宙的整体，是宇宙创造者。他是绝对、无限。梵书称之为三十三天（神）之上的第三十四天、十六种元气之外的第十七种元气。他从口中生出诸神，从腹气生出阿修罗，并成为他们的主宰。他永离痛苦，绝对平静，是三界之主。实际上生主乃是祭祀的化身。生主在祭祀中献出自身，产生出神、人以及宇宙万物，因而祭祀与生主乃被等同（Sat BrāI・5・1・16, I・6・3・5）。梵书所说的生主创世，实际上就是祭祀创世。创造活动常常被认为就是达帕推动的。接着产生了包含宇宙热力的金卵，从金卵中产生了世界的一切。然后生主自身进入世界，于是产生了生命，并且生主进入后成为世界的维持者、主宰者。这些故事的结尾总要谈到生主被创造活动消耗殆尽，因而感到空虚，需要通过祭祀的程序重新被填补。另外创世是在时间中进行的，所以时间也被等同于创造者、生主。又因创世的祭祀是在一年中完成的，所以祭祀乃与年等同（Sat BrāI・1・1・13, I・5・2・17）。另外梵书中一个常见主题是对神，即宇宙大我，与人的小我，乃至与祭祀、时间（年）、语言的同质、同构的阐明。比如天、太阳、虚空、火、月、风、水、地等，被与人的头、眼、耳、语言、意、气息、精液、足一一等同。但这只是对于宇宙的形器上的拟人化，并无深意。

梵书思想未曾试图将万有归宿到某种普遍的实质或本质。它对存在统一性的理解是外在的、量上的。在这里，存在的统一性来自祭祀和时间。一方面，祭祀将存在统一起来，祭祀的形式被等同于宇宙法则，祭祀也被等同于至上神自身；另一方面，时间也被认为是普遍的宇宙法则，是存在统一性的形式。时间与祭祀也往往被等同。但是无论是祭祀，还是时间，对于事物来说，都是一种外在的、量的普遍性，而不是其内在的实质。

梵书这种至上神的观念，在奥义书最早的思想中仍然被继承。首先，最早的奥义书，甚至一些晚期奥义书的思想，都继承了梵书的生主创世说。如 BṛihI・5・1—

14 说生主通过智慧和苦行创造食、火祭、供品、奶、意、语言、元气七种食物。其中语言是地、《黎俱吠陀》、诸神、父、已知者，意是中界、《夜珠吠陀》、父祖、母、将知者，元气是天界、《娑摩吠陀》、人类、子、不知者。这七种食物就代指世界的全部存在。BṛihI·5·21 说生主分别创造语言、眼、耳、元气诸根与火、日、虚空、风诸神，诸根与诸神皆各自争胜，最后元气、风胜出，元气、风就是生主。这样的说法完全来自梵书。BṛihI·4·1—6 的创世论也完全是梵书式的，其云："1 于初此世界唯有自我，为一人形。彼环视无有别于它者。彼乃曰：'有我。'于是生'我'之名。是故即使今日，若人被呼，乃答曰'是我'，然后说其名字。彼（自我）以先于（pūrva）全世界焚（√ uṣ）尽诸恶，故得名补鲁沙（pur-uṣ-a）。信然，人若知此，乃焚尽欲先之者。2 彼乃畏惧。是故人若独处乃畏惧。彼乃自思曰：'既无有别于我者，夫何所惧？'于是其畏惧乃退，彼有何可惧？如实唯于他者方有畏惧产生。3 信然，彼不乐。是故人若独处则不乐。彼欲得其偶。彼如实为男女合抱之形。彼乃自分为二。于是生夫妇。是故有云'人若为一半'，耶若婆佉即说此。是故此虚空乃为女人所据。彼与之交。于是人类生焉。4 此女乃自思曰：'彼既生我，岂能与我交？我其自隐。'乃为一母牛，彼遂为公牛而与之交，遂生牛犊。乃为一母马，彼遂为公马而与之交。乃为一母驴，如实，彼遂为公驴而与之交。于是有诸独蹄兽。乃为一母山羊，彼遂为公山羊而与之交。乃为一母绵羊，如实，彼遂为公绵羊而与之交。于是生山羊和绵羊。如是，彼如实创造一切，一切成对者，至于虫蚁。5 彼知：'如实我即是此一切造物，以我由自身生出此一切故。'如是有创造。信然，人若知此，乃参与彼（生主之）创造中。6 于是彼乃摩擦而生火。彼由口中，如于火穴，且由双手而生火。此二者内侧皆无毛，如火穴于内侧无毛。人曰：'应敬拜此神！应敬拜彼神！'如实，此神及彼神，皆彼（生主）之造物！是故彼为一切神。复次，凡湿润者（水），皆生于其精液，彼即须摩。信然，此全世界只是食与食者。此即大梵之至上创造。"此种创世论，完全是沿袭梵书而来，没有任何有价值的创造。BṛihI·4·10—17 接着讲了大梵、自我创世之说，皆颇杂乱，而且亦随顺梵书，了无新意。在这里，自我、大梵乃与生主等同。ChānIV·17 说生主于诸界之上苦行，乃由地生火，由虚空生风，由天生日，此谓由原始的质料提炼出三种元素，以构成宇宙万物；生主复于火、风、日之上苦行，遂由火生黎俱，由风生夜珠，由日生娑摩。AitaI·1·4 说原人自身分化，开八处（八窍），由此生八根（身心机能），由后者生八神（自然存在），于是构成世界。如是等等。此种创世论，在晚期奥义书中仍然被继承。如MuṇḍII·1·3—10 云："3 由彼生元气，及诸根与俱，空、风、火及水，承万有之地。4 火即是其头，日月为其目，诸方为其耳，吠陀为其言，风为其元气，其心即世界，地出于其足①。信然彼乃是，一切之自我。5 由彼且生火，其薪为太阳。由月生雨水，草木生于地。阳注精于阴，原人生众生。6 由彼生《黎俱》,《娑摩》与《夜珠》，以及开导仪，诸祭祀、仪法，祭祀之布施（为献于祭司者），年与施祭者，及日月于彼，闪耀之世界。7 复次诸天神，多方由彼生，娑底天、人、畜、禽，入气与出气，稻、麦与苦行……9 由彼生诸海，及所有群山。由彼生草木，以及其菁华。10 补鲁沙自身，即此每一物。" MaitII・6 乃为最详细接受生主创世论者，故在奥义书中为最具代表性，其云："信然，于初生主独立无二。彼寂寞不乐。彼于是因沉思其自我，而创生多有。彼视彼等无识、无生命如顽石，呆立如杌。彼不乐。彼乃自思曰：我其进入彼等中，使彼等有识。彼乃变似为风而试图进入。彼作为一体则不能入。是故彼乃自分为五——彼遂得名上气、下气、腹气、出气、通气。信然，其上行之气，即上气。信然，其下行之气，即下气。信然，彼支持此二气者，即通气。彼导食物之最粗成分入下气，分配（食物之）最微细成分于肢体者，彼即腹气。其中通气依其自性为最后，而出气之生成（按先后）则处于此二者（通气与另外三气）之间。复次，彼将食物分解、消化者——信然，彼即出气。……信然，彼既自分为五，乃隐藏于密处——彼由意所成，其体为元气，其相为光，其念为真理，其我为虚空。信然，彼仍未得其义，乃由此内心自思曰：'我其受用诸义'。是以，彼凿开诸窍，出而'以五绳受诸境'。其诸绳即诸知根。"这些说法皆完全属于梵书思想，奥义书的否定和反省思维的新进展在这里完全没有得到反映。其次，最早的奥义书，甚至一些晚期奥义书的思想，都继承了梵书的将至上神、生主视为一个量的绝对的观念。此如《阿闼婆吠陀》、梵书经常开示生主为十六分，即以为生主是这十六分的总体，此十六分实际上概括了全部存在者在内（AVXI・4；Sat BrāVI・3・1・9, VIII・7・4・21, IX・1・2・32, X・4・1・17—19；Vāj SaṃVIII・36）。在奥义书中，BṛihI・5・14—15, II・1；ChānIV・5—8, VI・7, VII・1—26；KauṣIV；PraśVI・4；ŚVET・I・4 等皆继承其说，谓十六分之内容有异。如 ChānIV・5—8 谓大梵有物质、诸方、光明、元气四足，其中每一足又包括四分，总为十六分，此即：天、空、地、大洋、东、西、南、北、火、日、月、闪电、气息、眼、耳、意。PraśVI・4 谓十六分为：元气、信仰、虚空、风、火、水、土、根（十根被视为一体）、末那、食、力、苦行、真言、业、界、名。可以看出，此中所谓十六分，往往缺乏一种内在的统一性。因此十六分所成之神，只是世界的松散总体。它同在梵书中一样，只是一个量的绝对。此外，ChānIII・15, IV・3, V・12—18, Tait I・5 等亦将自我设想为一个形器的聚合体。宇宙被设想为一个大我、原人，与人的自我同

---

① 见 ṚVX・90・14。

构。这个大我就是神，也就是绝对。在这里，奥义书对至上神、自我的统一性形式的理解，也完全依照梵书。祭祀、时间（年）常被认为就是生主的结构。另外早期奥义书中大量的拟物化、拟人化（ChānIII・13,18, VII・1—26, BṛihI・4・1, II・1, III・9・10—17；KauṣIV；MuṇḍII・1・3—10），认为生主、原人（即宇宙）的结构，与动物或人完全相同。凡此之说，皆是将一种外在于事物存在的形式，加到至上神（宇宙）之上，使后者成为一个量的整体。这都属于一种万有在神论。

梵书、奥义书作为宇宙全体的神性观念，表明在这里，精神不再只满足于个别、相对、有限的东西，而是试图领会绝对、普遍。它也是自由推动精神省思构成的。首先，以神为宇宙全体的观念，表现了奥义书思想对存在的统一性的最初领会。通过这一观念，省思将世界把握成一个整体。这就是理性思维的作用。它反映了精神的自身建构（自凝）势用的展开。其次，神的绝对性也是对人及世俗的存在的有限性的否定，是觉性超越性的表象，体现了精神的否定思维的活动，反映了精神的自身否定（自舍）势用的展开。最后，以神为绝对存在的观念，也是觉性内在性的表象，体现了精神的反省思维的活动，反映了精神的自身维持（自反）势用的展开；因为真正的绝对就是觉性的自我，故奥义书的神性观念表现了一种客观反省。因此梵书、奥义书这种神性思考体现了现实精神自由的状况。

然而梵书、奥义书所谓神性的绝对，在这里其实只是一种表面的、空洞的整体。这绝对只是一个形器的、量上的整体，还没有一种内在的实质或法则作为其统一性的基础。然而觉性、存在的绝对性的真理，就是由觉性的内在存在（实质）的展开构成的运动整体。觉性将全部存在包含在其内在的自我运动中，把它们作为展开它的内在实质或本质的中介、表象。这内在实质就是觉性的绝对性的质的方面。它就是全部存在的内在普遍性。因此，奥义书这种神性观念，表明精神的自舍、自反、自凝等势用尚未展开为对觉性内在存在的维持。然而自由作为绝对，要求实现为对这内在存在的自主设定，因而必将促使精神的自主势用持续展开，推动奥义书的反省、理性和否定思维的不断内向化。省思必将否定那形器的、表象的神，确立一种超越表象的内在实质或本质作为神性的真理。于是奥义书的神性观念，终于开始否定梵书对神性的完全外在化，试图将神性理解为存在的内在本质。

把至上神理解为存在的本质的观念，在早期奥义书中颇为常见。BṛihII・5；ChānIII・3・1, VI等，皆以为世界万有，皆是由某种共同本质，谓火、风、甘露、实有等生出，且以后者为其存在真理。这本质就是至上神、宇宙大我。其说以BṛihII・5的甘露说（madhu-vidyā）为典型，其云："1 土是万有之甘露，万有亦是土之甘露。此土中光辉、不灭之人（Puruṣa），及对于（人）自身而言，此身中光辉、不灭之人，彼即阿特曼、不灭者、大梵、一切。2 水是万有之甘露，万有亦是水之甘露。此水中光辉、不灭之人，及对于自身而言，此作为精液的光辉、不灭之人，彼即阿特曼、不灭者、大梵、大全。3 火是万有之甘露，万有亦是火之甘露。此火中光辉、不灭之人，及对于自身而言，此作为语言的光辉、不灭之人，彼即阿特曼、不灭者、大梵、大全。……10 虚空是万有之甘露，万有亦是虚空之甘露。此虚空中光辉、不灭之人，及对于自身而言，此住于心中虚空的光辉、不灭之人，彼即阿特曼、不灭者、大梵、大全。11 法是万有之甘露，万有亦是法之甘露。此法中光辉、不灭之人，及对于自身而言，此作为称法行的光辉、不灭之人，彼即阿特曼、不灭者、大梵、大全。12 真理是万有之甘露，万有亦是真理之甘露。此真理中光辉、不灭之人，及对于自身而言，此作为守真的光辉、不灭之人，彼即阿特曼、不灭者、大梵、大全。13 人类是万有之甘露，万有亦是人类之甘露。此人类中光辉、不灭之人，及对于自身而言，此作为人类的光辉、不灭之人，彼即阿特曼、不灭者、大梵、大全。14 此自我是万有之甘露，万有亦是自我之甘露。此自我中光辉、不灭之人，及对于自身而言，此作为自我的光辉、不灭之人，彼即阿特曼、不灭者、大梵、大全。15 信然，此自我即是世界之主宰，万有之王。正如车轮之所有辐条安立于轴心，一切事物、一切天神、一切世界、一切生命、一切自我皆安立于此大我。18 仙圣云：'彼作二足城，彼作四足城。原人化为鸟（喻细身），遂入此诸城。'信然，此即住于一切诸城之原人。无物不覆藏彼，无物不为彼充满。19 仙圣云：'彼乃依众形，而为种种相。因陀罗以幻，而入于众相，其骏马千万，皆因此被缚。'① 彼（原人）即众骏马。信然，彼即千万，众多无量。梵无先无后、无内无外。此自我即是梵，遍满一切。"其说开示了一个无限圆融的世界图景。其将全部世界存在，从宇宙方面分为土、水、火、风、日、诸方、月、闪电、雷、虚空、真理、人类、自我共十四分，从个人方面分为身、精液、语言、呼吸、眼、耳、意、热、言音（言词与音调）、心中虚空、诚实（守真）、人类、自我十四分，二者的每一分皆一一相对且实质相同。十四分之间各自相互融摄、转化、贯通以构成一个圆满的整体；而这种融通的依据在于，十四分之每一分皆以至上神（原人、自我、梵）为其实质，是后者的表象，故十四分之间的转化，其实只是同一个至上神的流转，是神在不同阶段表现为不同形态。此义由 §18 所谓"无物不覆藏彼，无物不为彼充满"，§19 所谓原人依众形化为种种相之说，得到更清晰的彰显。神在此乃真正成为内在的（immanent）于世界之中的上帝。这是典型的泛神论的上帝。

然而由于真正的精神超越和反思尚未建立，奥义书思想在这里所理解的存在的

① 此偈取自 ṚVVI · 47 · 18。

内在性、本质仍是自然的，因而是虚假的。其所理解的神性，也仍是一种自然的东西。在以上文本中，至上神其实就是一种宇宙实质。这种神性观念仍然是外在的。它表明奥义书的精神省思仍然没有实现为对觉性的真正内在存在的直接自主设定。神是存在的本质，但存在的真正本质不是自然，而是精神、心灵、纯粹主体，这才是觉性的真正内在性。把神作为一种外在、自然的本质的观念其实是虚假的。但是精神的自舍与自反势用必然推动奥义书的否定与反省思维取消外在自然的真理性，领会内在的心灵为唯一自为、绝对的真理，从而转化为真正的精神超越与反思。于是神就作为超越的精神实体呈现出来。在这里，神的超越性和主体性才得到纯粹、清晰、真实的领会。

宗教学者潘尼卡 (Raimundo Panikkar) 说：人之所以会有神的观念，是因为他意识到他自己及其世界都不完满，他意识到“尚有超越他眼所见、心所想的范围的某种它者。有某种此外的东西，某种人所不能充分命名但却一直困扰他的添加之物。这个添加物就是自由和无限。上帝代表一切未完成（无限）者且如此允许某种意义上的实现。人需要（而且发现了）一个逸出日常生活的完全是经验的或观念的事务的出口或通道。上帝观念就可以提供这样一个出口，如果它不具有个别内容的话。”① 从斯堪的纳维亚到巴尔干，从埃及、巴比伦到印度，人类从一开始就被神所伴随。对神的崇拜，表现出跨文化的普遍性。而在所有导致神性观念形成的因素中，最根本的是人类的超越冲动和自我反省。一方面，人的本质是自由（本体自由），而真实的自由是绝对和无限，因而本质在呼唤人实现其绝对性、无限性，这决定人始终对他自身和他的世界不满，而将一种绝对自由作为其理想。神就是这绝对自由，因而神超越了人及其世界。因此对神的想象，表现了人企图超越他的当前世界和自身存在强烈渴望。人渴望超出眼前狭隘的生活、获得更大的自由。人类这种与生俱来的超越冲动，就是精神的自身否定或自舍势用的体现。这自舍势用的展开，是唤起人们对超越性的渴望，推动神性观念产生的最根本力量。另一方面，正因为神体现了人自身存在的理想，所以神性观念也体现了人的自我反省。神只能是一个具有人格性（主体性、内在性、自由、意志等）的存在。一个完全否定了自我性的，被动的、无生命的东西，不可能被当作神。神其实就是最理想的主体，尽管人未必意识到这主体与他自身的同一性。因此，神就是人自身的超越性、主体性的表象。因为人刚开始只看到他渺小的形器之我，未敢与那超越者、绝对主体等同，于是便将后者当作一个它者。

精神的起点是自然。正如存在、自我省思只能开始于自然，对神性的思考也是

---

① ERIV.275.

如此。神性观念体现了精神的否定与反省。但是这否定与反省最初只能在自然领域内活动。神的超越性与主体性，都只能从自然角度被理解。于是神成为自然神。神沦落为自然力量的化身。而且起初神总是多数的。每一个神都与特定自然现象相关。众多的神构成一个杂乱的聚合体。但是随着人的理性和反省思维能力的增长，人们逐渐注意到自然的普遍关联及内在同一性，因而开始把神当作一个绝对的整体，于是多神论渐渐过渡到一神论。但是这唯一的至上神最早也属于自然神之列。从吠陀、梵书到最早的奥义书思想，就体现了这种自然神论。同样，北欧、希腊、波斯的神话也属于这种自然神论。奥林匹斯教、阿吠斯塔教与吠陀宗教具有本质的同一性，而且同样表现出从多神到一神过渡的趋势。在晚期希腊和罗马思想中，一种泛神论崇拜开始兴起，并与基督教衔接。这些都表明，奥义书神性观念的产生及其最初的发展，属于人类精神的普遍逻辑。

不过在这一点上，与印欧精神相比，华夏精神也属于完全不同的情况。盖导致神性观念形成的最根本因素，即人的超越冲动，在华夏精神中极为薄弱。这一点，我们从华夏民族绝对的现实态度，就可见一斑。盖印欧文化属于出世文化，华夏文化属于即世文化。前者的特点是精神具有否定其直接现实存在的强烈冲动；后者的特点是精神这种否定冲动极为薄弱，精神只求顺应自然，在自然境界中自怿自乐。因此，印欧宗教表现的人对自己本来的存在的追求，对于当前世界的强烈不满足，及超越这直接自然的冲动，实际上在华夏思想中难觅踪影。儒、法、墨等家，固然皆以自然为唯一真理，从未设想过有一个超越当前直接现实的、更真实的彼岸世界，从未有过彼岸的理想。道家的遁世亦非寻求一个更真实的彼岸，而其实仍是在此岸世界中获得安慰、满足的策略。此外，无论儒、墨，还是道家之徒，都始终将他的直接、自然存在当作唯一真实的自我，未曾有过对于一个超越这自然之我的更自由、更理想的自我的渴望；在这里，被奉为最高智慧的，恰恰是回到那更直接、更自然的我（“复归于婴儿”及“如保赤子”等）。这种即世精神抵消了自由的呼声，抑制了精神自身否定势用的展开，同时又因为自舍势用的薄弱而被强化。这最终造成文化精神的极端卑俗狭隘。

世界上再也没有哪种文化，像华夏文化那样，完全沉醉在最直接的现实性中，彻底被切除了彼岸理想。这一特点，从华夏文化最早的文本，比如殷墟卜辞、《周易》古经和《尚书》中，就可以清楚看到。在这里，只能看到对自然的极端依赖和恐惧，以及自然的工具理性，完全看不出印欧文化那种对超越人的局限性以及当前现实的自由的渴望。这样的文化，不可能产生真正的宗教意识，不可能有真正的神性观念。华夏精神甚至是前神话的。卜辞只表现了对自然的原始恐惧。它的上帝，完全是自然界的强力的表象，并不具有真正的神性，还不是真正的神。这在于：(1) 与在印欧文化中不同，卜辞的神没有任何的超自然性。与世界其他神话都不同，卜辞的神完全从人的自然需要得到规定。在卜辞中，"帝"几乎只作为"令风"、"令雨"、"降饥"、"降诺"、"受(授)禾"等的主语出现。甚至"上帝是什么形象?""上帝到底是什么?"之类的问题，皆从未被问及。因此，神的自身存在极为空洞。卜辞也没有天国观念。这些表明华夏民族没有真正的神话。神没有独立于自然的存在。他除了作为自然力量之外，实在是什么都没有了。他只是巫术迷信的对象，而不是真正的神。(2) 在华夏民族的所有远古文献中，居然找不到像在吠陀、阿吠斯塔和《圣经》中占主要篇幅的对神的祈祷、赞美之辞，这表明真正的宗教崇拜在华夏民族中并不存在。卜辞和易卦都是人窥测天意、洞晓天命之术。但是在这里，没有任何证据表明"天(帝)"可与人交流、对人的赞美、祈祷做出呼应。因而"天"没有真正的人格性，它完全是一种盲目、冷漠的自然力量。它从未真正成为崇拜的对象，故未成为真正的神。这些分析表明，华夏民族没有真正的神性观念。然而这里，楚民族似乎是个例外。在楚文化语境中，凤凰翱翔苍穹、屈子周游九天以及道士羽化登天的想象，皆体现了楚人对超越其当前世界的更大自由的渴望，反映了与印欧文化类似的超越冲动。在《离骚》、《九歌》等篇中，不仅神脱离与"令风"、"令雨"等世俗需要的关联，获得自身独立且具体的存在，并且许多诗篇就是献给神的赞美诗。因此唯楚民族，可能具有真正的神性观念。不过由于大一统帝国的建立导致楚文化被扼杀及巫术和工具理性思维取得支配地位，楚人的神话也归于灭绝。尽管佛教后来带来了印度的神话，中国的道教也在佛教刺激下构造了自己的神话，但很难说这佛、道诸神(如玉皇大帝等)，是普通民众真正崇拜的对象。在这种意义上，他们还没有获得真正的神性。正是因为没有真正的神性观念，所以华夏民族不可能形成真自然神论的局限性，在于完全从自然角度理解神的超越性、自由。神完全被套进自然的网络中，被戴上了自然的面具。然而觉性的超越性、自由的真理就是对自然的否定，就是绝对、无限。自然神论将神理解为自然，就完全错失了神性的真理。一切自然的东西，都不可能具有超越性、自由，也不可能具有绝对性、内在性，因而自然神完全是思维的主观构造。真正具有超越性、自由，真正作为绝对者和内在存在的东西，就是觉性纯粹的心灵或精神。因此，神的本质只有作为超越的心灵，才是真实的。早期奥义书的神性观念，表明精神在这里把自然当成了绝对真理。精神仍完全受自然思维支配，而没有实现真正的超越与反思，不具有真实的自由。但是本体自由要求现实精神穿透自然的迷雾，实现对觉性的超越内在存在的自主设定。它必然促使精神内在的自舍和自反势用展开为对自然、经验存在的否定、对觉性的纯粹内在存在的维持，从而推动奥义书的精神省思取消自然的、外在的存在的自为真理性，确认那超越、内在的存在才是自为、绝对的真理。于是奥义书的否定与反省思维，就从知性上升到理智层面，转化为精神的纯粹超越与反思。神也随之成为超越、内在的神。

## 第二节　超越的神

神性的本质只有作为超越的精神，才是真实的。神就是超越、内在的存在被赋予经验的人格。神的纯粹人格是它的主体性、内在现实，而经验人格是神的表象；神是本质与表象的统一。唯其如此，它才能成为精神崇拜的对象。在自然神论阶段，神的人格性能够被保持，而神的超越性、内在性则容易被遗忘。这种神性本质的沦丧最终将导致神失去其真理性。自然神论总不能避免两个矛盾：其一，是神的自然性与其超越性、主体性的矛盾。神的超越性、主体性首先就是对自然的否定。把神理解为一种自然存在，企图把神的超越性、主体性放在自然之中理解，必然会遮蔽了这超越性、主体性的真理。其二，是神的绝对性与其超越性、人格性的矛盾。与前一点相关，当神成为一个自然物，它就成为一个被确定的存在而失去其绝对超越性、自由。在这种情况下，当人类思维的发展使它不能再被当作个体，而是成为绝对，它就失去了与其他存在的距离。神成了一种宇宙实质。于是原来感性的神与人及其世界的距离消失。神作为这种宇宙实质，失去了原先的超越性表象，而且也失去其人格性。它再也不可能唤起真正的崇拜之情。因此，自然神论包含的内在矛盾，最终必然导致神性的失落。

在印度传统中，这种神性的失落表现为沙门的无神论，也表现为梵书和早期奥义书中绝对者失去了神圣性。

《百道梵书》曾屡次谈到，神、生主被创造活动耗尽了（Sat BrāIII · 9 · 1 · 1），这种说法实际上反映了梵书时代的精神状况。此时，一方面是客观性思维发展使世界被“去神话化”。事物离神而去，脱离神的创造，而具有了自身的客观必然关联，神意成为多余的。这大大削弱了吠陀的天神崇拜的基础。另一方面，祭祀的空前发展也导致真正的崇拜渐趋淡化。正如有的学者所说，梵书的祭祀主义，是以唯物主义为理论基础的[①]。祭祀主义的强化，也使祭祀最终脱离神意，具有了超越神的客观力量，而直接产生果报，以至生主神如果要重新获得他创造的事物的话，都必须通过祭

---

① Benimadhab Baru, *A History of pre-Buddhistic Indian Philosophy*, University of Calcutta Press, 1921. 55.

祀才能达到（Sat BrāIII · 9 · 1 · 4）。梵书的神性观念，完全从这种魔法化的祭祀宗教得到规定。神的本质来自祭祀。吠陀的众神不复成为崇拜的对象。至上神、生主也被祭祀规定，另外它由于克服其感性的个别性，而成为宇宙论的存在总体，因而不复具有真正的超越性、人格，所以生主也无法成为崇拜的对象。早期奥义书思想继承、发展了梵书的绝对观念，而且在这里，绝对者进一步失去神圣性。奥义书首先继承了梵书的量的绝对。生主、大梵、阿特曼、原人（补鲁沙）、元气、年等就是宇宙的总体。尽管它被当成至上神，但由于其与自然、世界的完全等同，因而恐怕难以引发真正的崇拜。奥义书稍晚的思想，则从梵书更进一步，将绝对理解为自然的实质、本质，这绝对就成为质的绝对。在这种意义上，早期奥义书曾明确将日、火、水、风等感性实在规定为绝对，也曾经将一种抽象的自然本质当作绝对。于是绝对就成了宇宙论的始基、质料、本质，更加不可能成为宗教崇拜的对象了。

在梵书和早期奥义书中，这种丧失了神圣性、没有了任何生气的神，是注定要死亡的，而神的死亡在沙门思想中就成为现实。盖神本来就不是自然，所以自然神的破灭是必然的。神性本质的超越性与内在性，皆不存在于自然，而只存在于觉性、精神的纯粹心灵之中。但是沙门由于缺乏一种更深刻的自我反思，结果就导致了无神论。

沙门思潮是约于公元前 7 世纪左右兴起的异端思想，佛教、顺世论、生活派、耆那教等皆属于此，其立场总的来说都属于无神论。其中，早期佛教谓世间刹那无常，法皆无我，故神亦不得常住，亦无实体。顺世论一方面以为世界纯为物质，由地、水、火、风四大组成，故灵魂及神的存在乃为妄想；另一方面持无因论，认为一切世间，皆不由因，自然而生，自然而灭，神即使存在，也无创造之功，且其存在亦属生、灭。生活派也坚持多元的唯物论。如拘舍罗认为宇宙人生，是由地、水、火、风、空、得、失、苦、乐、生、死、命十二种原素组成。波浮陀认为是由地、水、火、风、空、苦、乐、命七原素构成。宿命被认为是使这些原素相互结合的动力。这都使神的存在无立足之地。耆那教持多元的实体论，认为一切存有，包括在六实六德之中。一切有生、住、灭者皆称为实。实有六种，即命、空、法、非法、时、补特伽罗（物质）。神属于神、人、兽、地狱、植物一种生命之一，被归宿于命，而不再是神圣经验的内容。在这种意义上耆那教应该算作一种无神论。

祭祀主义迷于形式，拜物教愚于形物，其见物而丧心，执世俗而失神圣，道理为一。有印度学者说，印度人的精神包括两种：一种是提婆（神）的精神，另一种是阿修罗（魔）的精神。其实此种区分不仅适合印土，且适于其他文化。明心见性之方、虔敬解脱之想、出世超越之道，皆属于神的精神。而尘世卑琐之念、魔法淫怪之行、功利计度之思，皆属于魔的精神。推而广之，金丹之法，房中之术，权谋之学，也应属于魔道；现代科技，实亦不离于此（古代科技即起源于魔术）。一种宗教若失去对超越性的理想和对内在存在的追寻，则即使有神圣的起点，也终会堕于魔道。在印度传统中，不仅沙门思潮，而且《阿闼婆吠陀》、梵书和早期奥义书的思想，都具有明显的魔道色彩。这两种精神，其实就是我们所谓觉道意志和玄道意志。唯觉道是促进精神自由增长的。而玄道则旨在消解自由，使其重归于舒适逍遥的精神死亡之境。这在于玄道意志阻碍精神的自主势用，主要是自舍与自反的展开，使精神丧失对绝对超越性和内在性的追求。于是精神便满足于其直接现实的自我和存在，即自然。这就使神性丧失其立足之地。

然而自由就是无限，它正是以绝对的超越性和内在性为现实理想。因而它必然通过呼唤和倾注，促使精神的自舍与自反势用重新恢复其本真存在，战胜精神内在惰性的消解，展开为积极的活动，从而推动否定与反省思维的进一步提升。首先，否定思维在自舍势用的持续推动下，终于否定自然、经验的自为真理性，确立超自然的实体为究竟真理，于是否定思维转化为真正的精神超越。其次，反省思维在自反势用的持续推动下，也逐渐内向化，领会到内在的思想、心灵是自为、绝对的真理，于是反省转化为真正的反思。正是通过这种超越和反思，精神才实现其真实的自由。

奥义书思想的发展，就体现了上述精神转型。早期奥义书中，被归属于桑底厘耶、阿阇世、波罗多陀等的思想，就表现了一种真正的精神反思，但这反思刚开始是经验的。到《羯陀》、《六问》、《由谁》、《伊莎》等的思想，则克服前些的经验反思的局限，领会到心灵是一个超越经验、自然的实体。这实体超越了自然的时间、空间、因果性，否定了任何经验表象，也否定了与自然的实质关联。因而这种领会不仅体现了反思，而且体现了真正的精神超越。它是一种内在超越思维。于是在神沦为一种自然的实质，且与世界的界线被取消之后，实体乃恢复了与世界的距离，且恢复了主体性的真理（作为心灵、精神）。

奥义书思想由此恢复了对绝对超越性和内在性的理想，并由此为神性观念的复归创造了条件。《伊莎》、《羯陀》、《由谁》等的思想，标志着奥义书信仰主义的重生。在这里，省思以真正的精神超越和反思为基础，将那超验的心灵实体等同于至上神。但奥义书最早的超越思维是形而上学的，其神性观念也是如此。《伊莎》、《羯陀》、《由谁》等的思想就属此阶段。在这里，神对世界的超越，被理解为形而上学的实体与自然、心与物的分离。我们称这个神为实体的神。只有看到神性本质对自然的否定，才是领会了其超越性的真理。然而实体神学通过设想实体与自然的鸿沟，固然拯救了神的超越性，却使神成为一个封闭、相对的原理，也使神的超越性被固定化，于是神丧失其绝对自由。在这里，神的绝对性与其超越性再次发生矛盾。

然而在自由推动下，奥义书超越与反思思维的进一步发展，必然带来这一矛盾的最终解决。在实体神学中，神丧失其本有的绝对性，成为处在自然之外的主体。这表明在这里，精神的反思没有领会到主、客体的本质同一性，没有成为同一反思。从生命现象学角度看来，这反映出这至上神、纯粹心灵，没有成为精神的绝对目的；易言之，精神的自反势用还没有展开针对它的同一维持。然而精神的实体就是绝对，对它的同一维持乃是精神自反势用的理想。故自由必促动这同一维持的展开，推动精神把这心灵实体当作全部生命的绝对目的。于是反思领会到这实体不是自我封闭的，而是全部存在的绝对真理、本体。这反思就是同一反思。在奥义书思想中，这同一反思最早表现为耶若婆佉（《广林》）和步厉古（《鹧鸪氏》）达到的思辨反思。思辨反思把心灵实体当作一种先验本体，它是心与物、主体与客观的共同本质，因而是绝对。然而先验本体也是现实性的一种。思辨反思把它作为存在、自我的内在本质，使形而上学神学中本来存在的实体与自然的鸿沟被填平，实体对于世界的超越性不复存在。另一方面，实体完全沉浸在现实存在之中也使它失去了人格性。因而它不可能再作为崇拜对象、作为神存在。因此，正如泛神论对神性本质的绝对化导致神性的丧失，思辨反思对实体的绝对化，也最终导致神的退隐。在耶若婆佉和步厉古等的思想中，作为崇拜对象的神已不复存在。在这里，同样是神的绝对性与其超越性发生矛盾，使神性观念成为不可能的。

只要神仍然被当作一个现实的存在，它的绝对性与其超越性、人格的矛盾就会永远存在，并将最终导致已有神性观念的消解。这一矛盾的最终解决，有待于精神认识到神性的本质就是对现实性的否定，这也是神的超越性的本真意义。全部现实存在都被这本质规定，没有自为的存在，因而这本质就是存在的绝对真理。于是神性本质，就在其本真的层面，既是超越的，又是绝对的。神既是存在的绝对真理，又永远拉开了与人、世界的距离。这种神性思考，唯有当超越和反思思维的发展，使存在和自我理解进入超现实的本体领域，并且确立这本体为唯一的存在真理，取消现实性的自为存在，才可能形成。

在奥义书思想中，《蒙查羯》、《蛙氏》最早开始这一尝试。《蒙查羯》、《蛙氏》否定的思辨思维的先验实在，试图确立本体为超越包括先验实在在内的全部现实性的原理。一方面，本体超越了觉性的现实性、思想（在这里被当成理性），与后者保持了距离，无相无表、不可思议、不可知解，因而为一神秘的存在。而另一方面，它又是绝对的，现实性只是它的表象。这就是一种同一反思。它似乎克服了本体的绝对性与其本真的超越性之间的矛盾。然而精神最早对现实性的否定是不彻底的，这在于它没有经历（像后来的奥义书幻化论和大乘佛教的）对现实性的彻底空洞化（存在论区分），因而无法从根本上将本体从现实性领域抽离出来（参考本书第一部分第二编第四章引言和结语）。实际上这本体就仍然是一种现实。《蒙查羯》、《蛙氏》的思想就是这样。它把觉性的现实性、思想窄化为纯粹的形式，即理性（般若）。而本体就被理解为无形式、非理性的清净意识，即澄明。于是本体对现实的超越就表现为澄明与理性的区分。然而澄明其实仍是一种现实的存在，它与理性（存在揭示与存在指引），构成觉性内在现实的一体二面。这种同一性思维，由于只能诉诸超理性的神秘直觉，故我们称之为直觉思维。在此基础上，《蒙查羯》等乃赋予本体以人格性，使它重新成为神，于是在一个更高的精神层面使神性得以复归。而这之所以可能，就是因为在这里，澄明与理性的区分，不仅使神保持了与人、世界的距离，而且确保了神的绝对性，从而在一定意义上恢复了神性的真理。这个神既是超越的，又是存在的绝对本质、基础。这就是同一的神。然而这种直觉的神学，把本体对现实性的超越理解为澄明对理性、逻各斯的否定。然而澄明其实仍是一种现实的存在，它与理性为觉性内在现实的一体二面、不可分离，因此一种脱离理性的澄明，完全是思维的抽象。通过这种否定来理解神性本质对现实存在的绝对超越性，也无法最终成立。因此，这种直觉神学的问题根源，就出在它对现实存在的否定是不彻底的，而神性思考唯有当其将全部现实存在空洞化甚至虚无化，领会神性本质是绝对超现实的本体，才能最终解决神性本质的超越性与绝对性的矛盾，揭示神的本真存在（即纯粹、绝对的自由），从而使宗教崇拜获得最真实的基础。这一点，唯有当自由推动精神的超越与反思进一步提升和深化，最终达到对本体自由的本真觉悟的层面，才能得以实现。

因此，在奥义书思想中，神性的复归是与超越思维的发展相关联的。与后者呼应，在奥义书中，这超越的神就具有两个意义层面：其一，实体的神（Īśā；Kāṭh；Kena）。神被理解为一个形而上学的封闭的心灵实体。其二，同一的神（Muṇḍ）。神被理解为绝对、超理性的本体，即澄明。兹论之如下：

## 一、实体的神

神性的本质是超越、内在的存在，即纯粹的精神实体。神就是这精神实体与经验人格的统一。这实体既是对自然、经验的否定，也是对外在的物质存在的否定。对它的领会体现了真正的精神超越和反思。对神性本质的超越性和内在性的理解，都与对存在、自我本质的省思紧密相关。唯有当省思领会到存在、自我的本质超越性、内在性，它才会将神当作一个精神实体。因此，奥义书的实体的神性观念，必然以《羯陀》、《由谁》等对自我、存在的内在超越性的阐明为前提。

在奥义书思想中，《羯陀》、《由谁》不仅最早清晰地阐明存在、自我的内在超越之义，而且往往将这超越者等同于神。《羯陀》的原人、至上我有时就表现为至上神。如KāṭhIII · 10—11 云："超越觉谛者，乃为彼大我。超越彼大者，乃为非显者。超越非显者，乃为彼原人。更无有一物，超越原人者。彼即是归趣。彼即至上道。"V · 12："万有内自我，唯一主宰者，依其一味性，而作杂多相。智者若觉彼，安立于自身，唯彼等非余，得永恒喜乐。"VI · 2—3："彼最可怖畏，如闪电升起，人以知彼故，乃成为不死。由畏惧彼故，阿耆尼（火神）焚烧。由畏惧彼故，苏黎耶（日神）生热。闪电因陀罗，及第五死神，亦因畏惧彼，各匆忙奔走。"这些说法，不仅表明原人是超越全部自然的纯粹心灵实体，而且表明它是一个有意志的主宰者、是一个可怖畏的对象，因而是一个人格神。KāṭhII · 23 谓证真解脱来自神的恩宠，其云："此至上自我，非由自慧得，非由习吠陀，亦非由饱学，彼唯现自身，于彼所择者。"① 《由谁》表明存在的本质、大梵，是否定全部经验、自然存在的超验实体。而其开头一颂（KenaI · 1），"由谁之所欲，末那乃飞翔？由谁之所使，元气乃初发。由谁之所欲，人乃发语言。复次眼及耳，何神所驱使？"也表明这实体同样被当作一个有意志的人格神。KenaIII 谓大梵为诸神赢得胜利，且设法使诸神证悟这超越者，也表明了梵的人格性。

在奥义书中，最直接表明这种实体的神性观念者，应当是《伊莎奥义书》。《伊莎》（Īśā 或 Īśāvāsya Up.）乃得名于其书之首字。其书属于《白夜珠吠陀》的伐遮桑内以（Vājasaneyi）学派，为四十章的《伐遮桑内以本集》之最末一章，故亦名《伐遮桑内以奥义书》（Vājasaneyi Up.）。印度原来的奥义书辑本，大多以此篇开首。然而事实上其在年代上相当晚出。不过，如杜伊森说："由于其书为吠檀多哲学的基本教义给出了一个很好的概括，故置之于首，亦不为失当。"其时代大概与《广林》、《唱赞》最晚出部分，及《由谁》、《羯陀》最接近。其思想大致与《羯陀》、《由谁》及《考史多启》属于相同的层次。杜伊森表明其书的基本思想在于揭示知至上自我者与沉溺于自然的个别性者之对立，尽管这一思路屡次被打断。其书一开头既表明伊莎（Īśa）、至上神是世界存在的基础、根据，然后阐明神是一个内在、超越的实体，广泛汲取了《广林》、《羯陀》、《由谁》等的思想。

① 此颂等同于 MuṇḍIII · 2 · 3。同样的思想亦见于 ŚvetIII · 20，VI · 21。

印度的哲人（如甘地、拉达克利希南等），往往从泛神论角度理解其书第一颂，并以此为全篇之主旨。他们认为此颂表明一切皆在神之中，皆属于神且都以神为其本质，因此一方面人应舍弃贪心，另一方面应对一切生命充满爱心。如甘地曾说："此颂形容神为创造者、统治者和主宰者。受此颂启示的智者不再满足于神遍在一切处的陈说，而是更进一步说：'既然神充满一切，故无物属于你，即使你自己的身体。'神是你所有的一切的不容争议的支配者。在此颂中，我发现了普遍的同胞之义；不仅人类是你的同胞，一切生命皆是你的同胞。在此颂中，我发现了对主宰者、尊神（无论你以何种方式形容）的坚定信仰。我还会说，我在此颂中发现了彻底委身于神并深信神将供给我一切所需的观念。既然此颂表明神充满了你我的存在的每一微细部分，我就从此颂引申出世间众生平等的主张，它也会满足人们对大同社会的渴望。此颂教导我不应把属于神的东西当作属于我的，而且如果我及其他信奉此颂的人要过完全奉献的生活，那么这将是持续服务于众生的生活。"① 这种解释固然很高尚，且对现实人生充满启迪，但是似乎与此奥义书的宗旨不合。

《伊莎》的旨趣，与《羯陀》、《由谁》的形而上学一致，不在于表明神内在于万有、体现或转化为万有，而在于表明神否定万有；不在于表明神就是世界，而在于表明神超越世界；此由 §4—5 对至上神的一系列矛盾的解释，以 §9—13 所谓至上神超越智慧与无明、有生与无生，可见一斑。书云：

1 唯彼伊莎神，藏此全世界，凡地上动者②。若能舍离此（世界），汝遂得欣乐，不羡于人财。2 纵人行其业，欲得寿百岁。而于汝非余，业不得染着③。3④

---

① Radhakrishnan, Sarvepalli, *The Principal Upaniṣads,* George Allen & Unwin LTD, London, 1953. 568.

② 此或为祈祷至上神包藏宇宙，及我的生命完全进入至上神之中。

③ 此颂后二句，原文（evaṁ tvayi nānyatheto' sti na karma lipyate nare）直译为："若你如此生活，则无其他异地之道，可使业力不染于你者。"联系上二句，此二句意义颇暧昧。印度传统的注释家（比如商羯罗）以为此颂乃针对不能悟自我，仅能行吠陀之业者而言，谓其依业可致解脱。商羯罗喜（Śaṃkarānanda）认为此颂是针对欲得解脱但不能舍离世界而言。拉达克利希南认为此颂的侧重点在于强调行业的重要性，解脱不是逃避行业，而是内在精神的转变，必智、业双运，才是解脱之正道（Sarvepalli Radhakrishnan, *The Principal Upaniṣads*, George Allen & Unwin LTD, London, 1953.569）。但西方学者（杜伊森、休谟等）大都认为此颂后两句与前两句意义对立，表明前两句所形容的业道不是"汝"所应行，"汝"既不行业道，则业不染着于"汝"，在逻辑上更通畅，故本译文亦从之。

④ BṛihIV · 4 · 11，14："11 黑暗（无明）所覆界，悉皆为悲苦。无智不觉者，死后归彼处。14 信然于此处，吾人或知梵。否则无智我，将受大坏灭。知此得不死，否则唯受苦。"其与 Īśā 此颂可能来自同一文本。

为盲暗（tamas）所覆，彼乃名魔界（asuryā）[①]；人若弑自我[②]，死后归彼处。4[③]惟彼唯一者，不动、速于想。诸神（诸根）所不及，彼行于其（诸神）前。超过奔跑者，而彼实静立。风神（Mātariśvan）之功德，皆安立彼中[④]。5[⑤]彼动而非动。彼远而亦近[⑥]。彼在一切中，亦外于一切。6[⑦]复次人若见，一切于我中，亦复见自我，于一切之中，如是于彼神（tatas）[⑧]，不复有怖畏（na vijugupsate）[⑨]。7若观者之我，乃为此一切——复有何颠倒（moha），复有何痛苦（śoka）[⑩]，于彼如实见，唯一者之人？8彼包围一切，光明无形体，无肉且清净，不染于过恶。为圣哲（kavi）、智慧（manīṣin），周遍（paribhū）且自存（svayaṃbhū）。彼如义处

① ChānVIII・8・5谓阿修罗为无施、无信、不行祭祀而唯崇拜肉体者。魔界或阿修罗界（asuryā），传统注释家谓义指“执着于肉体生命（asu）者界”。或以“asuryā”应为“asūryā”，谓“无日（sūryā）界”，不见自我光明故，义解亦通。商羯罗谓阿修罗即不知自我者。故此词乃指一切无自我之智的众生，从人以至神。商羯罗喜谓指追求财富者，彼等如是乃弑（遗忘）其内在自我。人若不知澄明之自我，乃执着于混沌的自性，故谓入于黑暗。

② 其说看似与KāṭhII・19所谓至上神不杀、不被杀之义矛盾。此处所谓“弑自我”，应为比喻的说法，谓遗忘、弃绝自我之真理。

③ 与§4—5类似的表达，见AVX・8・11：“飞动而安立，呼吸而无气，不开眼而活，为多亦为一。”KāṭhII・21—22：“安坐而行远，偃卧赴四方。非余孰能知，彼乐非乐神？知身中无身、于动中不动、广大、遍满我，故智者离苦。”§4—5可能是沿袭后者而来。

④ 此处“Mātariśvan”即风神（伐育）。古代注释者皆以为此即智至上神自身。如商羯罗释云：“彼（风）即以其活动维持诸元气者，一切因果皆依于彼，万有皆存于彼中。彼乃得名为贯穿诸界之经（sūtra）。其说有圣教根据，如BṛihIII・7・2云：“信然，此世界其彼世界，乃至一切，皆被风系于一处，如系于线（sūtra）。”商羯罗喜（Śaṃkarānanda）亦称Mātariśvan即是“经我”（Sūtrātman）。但如是解释此颂，可能并不应理。盖此书旨在以此表明至上神超越全部经验的运动，而风神则是这全部运动的象征。因此，至上神应当超越风神之上而非与之同一。这一旨趣，联系与此颂有亲缘性的KāṭhII・21—22、此颂前两句及下一颂的前两句，是很清楚的。有鉴于此，此颂末两句意思其实很简单，就是以风指造成一切运动者，而其功德乃安立于神，故神是所有运动的基础。

⑤ BGXIII・15的意义与此颂相同。

⑥ 拉达克利希南释云：彼遥远，为愚者所不达故，彼亦贴近，为智者所现证故（Sarvepalli Radhakrishnan, *The Principal Upaniṣads,* George Allen & Unwin LTD, London1953, p.571）。

⑦ 谓人若知一切皆我，乃于世间一切无怖畏，或于至上神无怖畏。此颂的基本思想及其最后一句亦见于BṛihIV・4・15和KāṭhIV・5，12。BṛihIV・4・15：“亲证光耀我，为至上神祇，过、未有之主，则人无所畏。”KāṭhIV・5：“人若亲证彼，食一切如蜜，生命之自我，过去未来主，则不复畏惧。”KāṭhIV・12：“原人大如指，居于人身中，过去将来主，知彼则无畏。”

⑧ tatas为不定代词ta（彼、彼等）的由格（由彼、由彼等）。ta在这里指不明，故tatas的意思亦不明确，可能指“由彼等一切”或“由彼神”等，考虑到其书宗旨在于标举至上神的超越性，故从后解。

⑨ “无怖畏”（na vijugupsate）或应为“无疑惑”（na vicikitsate）。

⑩ 商羯罗云痛苦（śoka）来自执着表象而生的散乱心。

置，诸法于永年①。9② 人若敬无明，乃入于盲暗；溺智慧则入，更大之黑暗。10③ 人说彼异于，智慧之所得，亦说彼异于，得自无明者。如是我等闻，于说此哲人(dhīra)。11④ 人若双知此，智慧与无明，彼遂以无明，得离于死亡，亦复以智慧，得不死常存。12 人若敬无生(a-saṃbhūti)，乃入于盲暗；溺有生(saṃbhūti)则入，更大之黑暗⑤。13 人说彼异于，有生之所得，亦说彼异于，得自无生者。如是我等闻，于说此哲人。14⑥ 人若双知此，有生与坏灭(vināśa)⑦，彼遂以坏灭，得离于死亡，亦复以有生，得不死常存。15⑧ 真理之面目，为金盘(指日轮)所覆。呜

① 末二句谓神根据诸法的自性，将其安置于时间秩序中。亦见 BṛihI·5·14；PraśI·9。

② 此颂与 BṛihIV·4·10 相同。商羯罗谓无明指谨行祭祀，智慧指知晓诸神。前者导向父祖界，后者导向天神界。又云此所谓无明指追求世间财富享乐之人，智慧指空说“我即是梵”而无实证之人。其以为此颂宗旨，乃为弹斥业道，标举智道，但此释似与 §11 矛盾。拉达克利希南认为此颂表明对智道与业道的截然二分不应道理。若执于业行而昧于正智，耽于智慧而废业行，皆非正道，故皆入于黑暗。此应为对这一颂的正确解释。人若无知而耽于肉欲，固然悲惨，但若知识丰富而精神贫乏，唯记言辞而无亲证者，乃比无知者更可悲。§11 表明正确的道路是业、智双运。

③ 此颂与 KenaI·3（“彼既非所知，亦超非所知。——如是我听闻，往圣所开示”）显然来自同一文本，而 Kena 此段之前有较充分铺垫，故其意思显得更自然，而 Īśā 则较为突兀，这表明 Īśā 此处文本应当是沿袭 Kena 而来。

④ 此颂亦见于 MaitVII·9。商羯罗解释说，此处无明谓业，智慧谓对诸神之知识；人通过行祭祀之业克服死亡，通过敬思诸神而与诸神同一，故为不死常存。业固然不会直接导致解脱，但是能为修行者积累资粮，为其获得解脱的前提条件。

⑤ 无生（asaṃbhūti），或指尚未展开、未得区分的自然始基，即根本自性，或指超越轮回再生的至上神，未定孰是。有生（saṃbhūti），指已得显现的世界，即现象界。商羯罗释之为金胎神（Hiraṇya-garbha），即有为梵（kārya-brahman），世界创造者。其云人若崇拜创造神金胎（有生），乃得创造之神力。若崇拜混沌、非显现、无分别、寂静的自性原理（无生），乃没入自性之中。人只能得到他想得到的东西。

或以为无生指至上神，有生指自然。只孤立地承认神而排除自然，或只见自然而遗忘神，都是错误的。盖神既非与自然等同，又非完全将自己排除在世界之外。将神对于世界的内在性理解为神的全部存在都轮化为世界而无余义，就是泛神论。认为神完全否定世界、完全无世界，则有虚无论之嫌。这两种看法都是片面、错误的。必须将二者统一，才是正确的认识。

⑥ 比较 KenaII·4—5：“人以其自我，乃得其能力；以其智慧故，乃得乎不死。若人于此知，于是得真理。若于此不知，则有大坏灭（vinasṭi）。于每一物中，智者皆见彼，故于离世时，乃成为不死。”

⑦ 商羯罗谓此处“有生”实指“无生”，而“坏灭”（vināśa）乃指“有生”。毗湿奴派学者德须迦（Vedānta Deśika）谓修道有两个极端，一是完全沉溺于现象世界而遗忘本体；二是完全陷于对超越本体的沉思而回避现象世界，而此颂则揭橥不着二边的中道，要求志存本体而躬履世业，以无为心作有为事。

⑧ §15—18 的基本内容亦见于 BṛihV·15，应为沿袭自后者。同样的意思亦见于 MaitVI·35。§15—18 皆为死前的祈祷，迄今仍用于印度教葬礼。印度教徒临死时须记忆其所曾作之业，因为业与识体（灵魂）结合，决定识体轮回的趋向。

呼普鄯神，请汝揭开之，故我求真者（satyadharma）[①]，乃得见于彼。16 嗟乎普鄯神，唯一之仙圣！嗟乎阎摩神！嗟乎苏黎耶（日神），生主之子孙！请发汝光明！请聚汝威光（tejas）！我今已得见，汝净妙自相。彼处补鲁沙，我即彼所是。17 气息（vāyu）且归于，彼不死之风（anila）[②]！此身乃灰灭！Om！心意（kratu）且牢记！牢记汝之业[③]！心意（kratu）且牢记！牢记汝之业！18[④] 嗟乎阿耆尼，汝知于一切，请由善道引，我等至福财（rai）。请保护我等，远离于邪恶。我等将献汝，丰富之赞颂。

《伊莎》的思想，大体可以分为两个方面。一方面是与《羯陀》、《由谁》一致的形而上学实体论。其以为最究竟、真实的存在，乃是一个超越、内在的原理，即纯粹的心灵实体。首先它是超越的，是对全部自然表象的否定。比如 §4 谓其不动而速于思想，静立而超过奔跑者，安住而为诸根所不能追及，而且世间一切运动皆安立彼中，表明此自我超越全部经验运动且规定之。§5 谓此我远而亦近、在一切中亦外于一切，表明它超越经验的空间，§8 谓彼安排讲法的时间（年），表明它超越自然的时间、空间且规定之。此外 §8 说至上我无形体、无肉，表明其超越自然的感性表象，说它清净、不染于过恶，表明它不受自然的影响。§10，13 亦说它异于有生和无生（分别指自性之显现的与未显现的层面）、异于无明和智慧所得（无明和智慧分别指祭仪和观想，合指祭祀之业，其所得即祭祀的果报，皆属自性、经验范畴），也表明它对于全部自然（自性）的超越性。其次，其书亦表明这实体不是一个外在的东西，而就是纯粹的精神、心灵。在这里，《伊莎》尽管没有像《考史多启》（KauṣI）、《广林》（BṛihIV）、《羯陀》、《由谁》等明确指出至上我的实质（比如识、般若等），但是 §8 说至上我是包围一切、清净无体的光明，而且形容它为圣哲（kavi）、智慧（manīṣin），暗示了这实体就是纯粹心灵、精神。就此而言，《伊莎》所谓原人、至上我与《羯陀》、《由谁》等所理解的一样，是一种超验的精神实体。另一方面，其书与《羯陀》、《由谁》不同之处，在于更直接表明这实体不是一个抽象、冷漠的存在原理，而就是一个人格神。尽管由于其篇幅短小，于此亦缺乏更充分的说明，但其开头即表明伊莎神是全部生命及世界存在的基础、根据，§8 说此神根据存在者的自性、目的将其安置于宇宙的

---

① satyadharma：以真理为法者，执着于真理者，为说者自指。

② 同样的表述亦见于 BṛihV · 15。人死后呼吸归于风之说，早已存在于吠陀、梵书中（ṚVX · 16 · 3；Sat BrāX · 3 · 3 · 8；Ait BrāII · 6）。

③ 奥义书早有意念决定往生之说（如 ChānIII · 14 · 1）。

④ 此颂来自 ṚVI · 189 · 1。

时间秩序中，也表明它是一个有经验人格的存在。因此，《伊莎》的基本思想，可以概括为一种内在超越的神学，就是把至上神当作一个超验的精神实体，为宇宙和人的自我的基础。《伊莎》这种实体的神学，表明了与《羯陀》等一样的精神超越和反思，体现了真正的精神自由。

可以说，《伊莎奥义书》标志着奥义书信仰主义的重生。在梵书和早期奥义书思想中，理性思维的增强不可避免地导致信仰的退失。一方面是客观化思维的发展，导致人们认为自然不是受制于某种偶然意志，而是依其自身必然性运行的。于是神意要么被忽视，要么被等同于自然法则。这导致神意和神自身都成为依附自然的东西。这种情况在梵书和早期奥义书中，导致祭祀、时间成为支配性的法则。另一方面是本质思维的发展，导致人们相信自然是从其自身根源产生。于是神，作为世界的原因，要么被完全否定，要么被与这自然根源等同。早期奥义书的泛神论就属于这种立场。这两方面的结果，都使神对于世界和自我的超越性变得很模糊，也使人格性无从安置。这样的神，已无法再成为真正的宗教崇拜的对象。因此随着精神自身的发展，印度的自然神信仰的丧失是必然的。沙门的无神论就是这一过程的极端表现。而在早期奥义书中，更占主流的倾向，也是以梵我代天神、以智慧替信仰、以形上学为宗教。然而较为晚出的《伊莎》、《羯陀》、《由谁》等书，则表现出明显地向信仰主义复归的倾向。大梵、自我作为绝对者乃被神圣化，成为崇拜对象；证得真解脱也被认为是来自神的恩宠。

这种神性复归，不排除有受外来传统（主要是西亚宗教）影响的可能[①]，但主要是奥义书自身的超越和反思思维的成果。省思在这里正是通过领会绝对者的纯粹超越性和主体性，才真正认识到神性本质的真理，从而克服了早期奥义书自然神论对神性本质的超越性及神与世界和人的距离的模糊化（这种模糊化使真正的崇拜变得不可能）。盖精神一旦领会到一个超越的绝对主体，便自然会将后者与自然、与人的直接、有限的经验自我对立起来。同样自然地，这主体对于我，便表现为一个外在的理想人格、一个“它者”。于是省思在这里也恢复了在早期奥义书泛神论中丧失的神的人格性。神便重新成为宗教崇拜的对象，而且是真正的精神崇拜（不同于早先的自然崇拜）的对象。此即任何宗教中真正精神的上帝观念形成的根据。在此意义上，

---

① 晚期奥义书所处的公元前四至后一世纪，由于与西亚民族的频繁交通，尤其是希腊人、塞种人等的相继入侵，使西北印度成为本土文化与波斯、希腊等外来文化交融的场所（Eliot, Charles, *Hinduism and Buddhism*, An Historical Sketch, Vol.2, Sri Satguru Publications, Delhi1988, p.12）。奥义书和佛教的信仰化倾向，可能都受到这些外来文化，尤其是重信仰的波斯宗教影响（吴学国：《奥义书与大乘佛教的发生》，《哲学研究》2010 年第 3 期）。

可以说《伊莎》等书的神性观念，是更晚的奥义书以及后来的巴克提道的信仰主义的滥觞。

不过，《伊莎》、《羯陀》等的实体的神性观念，也有其明显的局限性。首先，它像中世纪基督教的唯实论一样，把上帝对自然的超越性，理解为神与自然的完全分裂，使神成为一个封闭的实体。在其更清晰表述中，神与自然被说成两种相互外在的实体。如 KāṭhV · 9—11："9 譬如唯一火，进入于世界，依其每一相，作种种差别。如是于万有，内在之自我，依其每一相，作种种差别；而此至上我，如实在于外。10 譬如唯一风，进入于世界，依其每一相，作种种差别。如是于万有，内在之自我，依其每一相，作种种差别；而此至上我，如实在于外。11 譬如彼太阳，全世界之眼，不为眼所见，外不净所染。如是于万有，内在之自我，世间苦不染，彼为外在故。"这明确强调了一味无别的至上我，尽管进入万有之后被赋予杂多的形式、生成诸相，但它实未参与到诸相之中，它对于后者始终是外在的。在同样意义上，Īśā5 也说至上神"彼在一切中，亦外于一切。"§13 亦说神"异于"有生与无生，为处在自然之外的它者。正如当《羯陀》说至上我内在于万有之中时，并不意味着神成为万有的本质，只是说它在内部支持它们；同样，《伊莎》所谓"亦复见自我，于一切之中"（§6）等表述，也并不意味着神在这里重新成为一种泛神论的绝对，或思辨的同一性。《伊莎》等为了保证神的超越性而牺牲了其绝对性。这是所有形而上学思维共同的误区。它体现了超验反思的局限性，表明反思没有成为绝对的，没有领会神作为纯粹主体，其实是精神与自然、主观与客观的共同根源、基础，是存在与自我的绝对同一。这表明精神尚未实现对这实体的绝对维持。然而自由必然通过呼唤与倾注，促使奥义书的精神展开其绝对维持；后者确立心灵的实体为生命的绝对目的，推动反思领会这心灵实体为主、客观存在的共同本质或本体，于是反思进入思辨和直觉的同一性层面。于是神就成为存在的超越、绝对的本体。其次，实体的神性观念，将神的超越性理解为实体对自然、经验的否定，其实将这超越性狭隘化了。从其本真意义上说，神的超越性是绝对的。它是对一切现实存在的绝对否定，不仅是对自然、经验的否定，而且是对形而上学的超验实体、本体的否定。这种对现实的绝对超越性，我们称之为超绝性。只有作为超绝的存在，神才是神圣的，才是绝对自由，也才表现其本真的存在。因此《伊莎》等的实体神学，也表明奥义书的省思没有上升到精神的本真觉悟层面。精神还不具有对自身本真存在的直接自主设定，不具有本真的自由。然而本体自由作为绝对，也必然促使精神的自舍与自反势用展开为对这本真存在的直接自主设定，从而推动省思逐渐否定现实存在的自为真理性，领会存在真理为一种超现实的本体。于是神的超越性成为对现实性的否定。《蒙查羯》及更晚期的奥义书的神性观念，就体现了上述思想进展。

《伊莎奥义书》的实体神学的形成，符合精神发展的普遍逻辑，在西方思想中也能看到同样的进展。基督教神学也曾由于受希腊实体思维影响，从而将上帝对世界的超越理解为实体对自然的否定。希腊教父圣巴西尔就指出，说上帝是实体（ousia），并不是从否定意义上说，而是揭示了“上帝的本已存在”（auto to einai tou theou），上帝就是超越自然和经验的永恒实在。其说乃为中世纪唯实论实体神学的先驱。其后，安瑟伦也阐明上帝是全知、全能、永恒、不变、超越时间与空间的绝对精神实体，是最高、最丰富、最充沛的存在，是对虚无的否定，是现实（entity）的充足性，是完全、绝对的现实；上帝在这里完全丧失了它应当包含的超现实意义。波爱修（Boethius）将实体理解为柏拉图式的理念。他认为，理念是超越自然、经验的普遍实在，是永恒、纯粹的形式，是世界的超验基础。理念在物质世界形成自己的影像，这影像才是事物的形式，它构成事物的存在本质，它才是存在的真理。邓斯·斯各脱认为上帝是最高的普遍性，即现实（ens），它超越了一切自然事物，先于事物而独立存在，又作为事物的本质和一般性存在于事物之中。这也是把上帝当作一个形而上学的实体。拉佩的吉尔伯特（Gilbert of la Porree）认为上帝是而且仅仅是绝对实体（essentia）。它包含全部理念。构成感性事物本质的形式，只是其理念原型（exemplum）的摹本（exemplar），唯理念是纯粹、永恒的实体。夏特勒的第利（Thierry of Chartres）说，唯世界运动、变化，而上帝自身则为不变、不动、永恒、稳固。上帝是一切存在者的形式，它使存在者成为其所是。但上帝作为形式，没有进入物质之中。总之，基督教唯实论的神学，都是将上帝理解为超越于变动不居的经验世界、自然之上的永恒、常住、不动的现实性，即实体。这与《伊莎》的实体神学是完全一致的。它也与《伊莎》有同样的局限，这种局限也同样必须通过精神超越与反思的进一步发展来克服。

## 二、同一的神

奥义书的实体神学，把神对世界的超越性，理解为实体与现象的分离。它为保证神性的超越性而切断了神与自然、经验的实质关联，结果使这二者之间横亘了一条鸿沟，从而使神丧失其本有的绝对性，成为处在自然之外的主体。反思没有领会到主、客体的本质同一性，没有成为同一反思。然而精神的实体必然就是绝对。故自由必然要实现为对这绝对的直接自主设定。它必促使精神的自反势用展开为同一维持，于是精神就把这心灵实体当作全部生命的绝对目的。这同一维持推动反思领会到这实体不是一个封闭的东西，而就是存在的绝对真理。这反思就是同一反思。在奥义书思想中，《广林》的耶若婆佉之学和《鹧鸪氏》的步厉古之学，就最早体现了这种同一反思。耶若婆佉和步厉古之学，皆以为心灵的实体，既超越自然、经验，又是后者的根源、基础，这实体就是先验本体。这本体就是心与物、主体与客观的共同本质，因而是绝对。然而实体就是超验的现实，故先验本体也是现实性的一种。它是现实的存在、自我的内在本质。这就是思辨反思，是同一反思的最初阶段。然而，与早期奥义书泛神论对神性本质的绝对化导致神性丧失的逻辑一样，耶若婆佉等的思辨反思对实体的绝对化，也最终导致神的退隐。在耶若婆佉和步厉古等的思想中，神完全被遗忘。思辨思维不能容许神的存在。这是因为：一方面，由于实体仍然被当作一种现实性，因而对实体的绝对化，导致它成为内在于世界之中的，于是神与人、世界的鸿沟被抹平，神无法再成为崇拜的对象。另一方面，神完全沉浸在现实存在之中也使它失去了人格性，思辨思维的先验本体不可能是一个人格。因此，同理智思维（泛神论）的情况一样，思辨思维也由于把绝对者理解为现实的，导致神的绝对性与它的超越性、人格的不可克服的矛盾，最终导致神性观念的消解。神性的复归，有待于神重新拉开与人、世界的距离。这一点，唯有通过精神对现实存在的否定才有可能。

神性的本质，在其本真的意义上，就是对现实性的否定。神作为绝对的超越性、自由，永远是没有实现的东西，它与现实性之间有一条永恒的界限，因而它本来就是人、世界的"它者"。唯有当精神省思领会到本体的超现实意义，并且确立本体为唯一的存在真理，取消现实性的自为存在，才可能克服这本体的绝对性与其本真的超越性之间的矛盾，从而在一个更高的精神层面使神性复归。在奥义书思想中，《蒙查羯》、《蛙氏》最早开始这一尝试。《蒙查羯》、《蛙氏》否定的思辨思维的先验实在，试图确立本体为超越先验实在，从而超越一切现实性的原理。一方面，本体为现实性即思想、理性所不能通达，与后者保持了距离，为神秘的存在；另一方面，现实性只是这不可思议的本体的表象，因而这本体是绝对的。对这种神秘本体的领会，就是直觉思维。直觉思维似乎克服了本体的绝对性与其本真的超越性之的矛盾。正是在此基础上，《蒙查羯》重新赋予本体以人格性（或神格性），从而在一个更高的精神层面恢复了对神性的崇拜。于是神既是超越的，又是存在的绝对本质、基础。这就是同一的神。只有在直觉思维层面，奥义书思想才领会到这同一的神。然而直觉思维对于现实性的否定是不彻底的（参考本书第一部分第二编第四章引言和结语）。它把本体对现实性的否定理解为对理性、逻各斯的否定。在这里，觉性的现实性、思想被窄化为纯粹的形式，即理性。而本体作为对现实的否定，就被理解为无形式、非理性的清净意识，即澄明。于是，本体对现实的超越，就呈现为澄明与理性的区分。神的本质就是超理性的神秘的澄明。

在《蒙查羯》和《蛙氏》两种奥义书中，《蛙氏》的思想完全是形上学的，它旨在通过内证存在、自我的神秘本体而得解脱，并不包含信仰的因素；而《蒙查羯》则赋予这本体以经验的人格性，使之成为有意志、决定的主体，即成为神。因此，我们讨论奥义书的同一的（而且是直觉的）神学，就以《蒙查羯》为主。

《蒙查羯》的思想可以分为两个方面：一方面，是与《蛙氏》一致的直觉思维。在这里，它将本体理解为一种超越现实的澄明，后者又是存在的绝对真理。比如MuṇḍII·1·2云："言彼补鲁沙，神圣且无相，在外亦在内，无生、无元气，无意且清净，高于不坏者（akṣara）。"II·2·1："举凡存在者，若有（sat）及非有（a-sat），至上所欲者，超越心识者，众生之最胜，皆归趋其中。"III·2·8："如诸川奔流，归于大海洋，消失其名色，知者离名色，归神圣原人，超彼超越者（parāt-para）。"其中所谓"不坏者（akṣara）"、"非有（a-sat）"、"超越心识（vijñāna）者"、"超越者（parāt）"，就是超验的实体或本体，而大梵则超越它们而为其归宿，因而它是超越现实的最高原理。这最高原理，在《蒙查羯》书中，就是一种照亮存在的本源性的清净光明，即澄明。如III·1·5说大梵"居于色身中，体相即光明"。II·2·10—11亦云："无上金壳中，即是彼大梵，无染无方分，性清净澄澈，光明之光明，知我者知之。太阳与星月，于彼乃黯然。闪电失其光，遑论地上火！以彼光耀故，从彼之光耀，万物乃闪耀，世界彼照明。"澄明超越理性、概念，因而被认为超越了觉性的现实性、思想。另一方面，《蒙查羯》又将这神秘的本体，当作一个有意志、作为的人格神。如I·1·8说大梵通过苦行而得增长，从而创造世界万物，I·1·9说大梵的苦行就是识，大梵为"全知（sarva-jña）"、"全智（sarva-vid）"者。II·2·7—8亦说梵为全知、全智，住于心中梵城，是心、元气、身之主。III·1·2—3云："此（人）若见于它（至上我），主宰且自足，以及其伟大，遂离于苦厄。见者若见彼，金色创造者，主宰、补鲁沙，以及梵胎藏，于是彼知者，摇落善与恶，脱离于垢染，得至上一如。"III·1·7亦说大梵"广大且神圣，其相不思议，微于极微者，彼光辉闪耀。远于遥远者，然近在眼前，彼现居观者 / 心中秘密处。"这些描述，都与世界其他宗教对人格神的描述无异，表明大梵、至上我在这里就是被当成了一个人格神。与此相应，《蒙查羯》也提示了一种与《蛙氏》等的单纯靠禅定、智慧得解脱的自力宗教不同的实践，即通过人的虔敬和神的恩宠，得以证真、解脱。如III·2·1云："离欲、敬神我，睿智、过种子。彼乃得知此，无上大梵住，安立于彼故，世界得显明。"III·2·3："非由于教导，非由思维力，亦非由多闻，可得此自我。唯彼所择者，乃可得乎彼。于如是一人，自我现自体。"总之，在《蒙查羯》的思想中，神就是一个超理性的神秘本体。这就是奥义书所领会的同一的神。

奥义书的直觉的神学，与普罗提诺、奥古斯丁的神秘神学一致，都旨在通过强调神对理性、逻各斯的否定，来确保神的绝对超越性，然而由于未能将现实存在空洞化（缺乏严格的存在论区分），因而最终还是把神置于现实性中。神作为一种超理性的现实，其实就是澄明。实际上澄明与理性皆属于觉性的现实性、思想，是后者的不同方面，分别为存在领会的揭示与指引作用。这二者是一体二面，不可分割，任一方脱离另一方都会成为虚假的。一种完全脱离理性、逻各斯的澄明性只是思维的抽象。通过它实现的对现实的超越也是虚假的。因而奥义书的直觉的神学，与欧洲的神秘神学，其神性观念都有很大的局限。这种局限，也只有通过自由推动超越与反思思维的进一步发展，才能被克服。

耶稣·基督说："若有人要跟从我，就必须先放弃自己的一切。"（《马可福音》VIII·34）斐洛也说："当你面对任何事物都想起自身的虚无，你就能想起上帝对任何事物的超越性。"圣伯纳德："人须完全放弃自我，如蜡烛烧尽。"伯门："当生命要成为自身的主宰，它必先消失。若生命不能自弃于死，就不能获得彼岸。"（Sex Puncta Teosophica VII·10）波默："你不须做任何事，只需放弃你的自我意志，即你称作'我'的东西。这意味着你所有的邪恶，都会衰弱，接近消亡。于是你将重新下沉到你本来由之而来的源泉。"（《两个灵魂的对话》）爱克哈特："圣经在每一地方宣布了人必须空掉自己。当你放弃了自我，你就能控制自我，而当你控制了自我，你就占有了自我。当你占有了自我，你就能占有上帝及他的一切造物。""神的国只属于那彻底死亡的人。"阿奎那："任何生命只有停止存在，才能获得更高的境界。"（STI·63·3）对于神对人的自我及其世界的绝对超越性的感受，是所有真正的宗教崇拜的根源，也是真正的神性观念的根源。神性的本质就是其绝对的超越性和主体性。然而人们最初对这超越性的感受是模糊的。人们不能否定现实存在的真理性，因而往往将这种超越性理解为一种现实的距离。自然神论就把这超越性理解为神与人、世界的自然差异。超越神学试图通过领会实体对自然、经验的否定，来获得对神的超越性的更真实理解。然而它也未能克服实在思维的局限，神仍然被理解为一种现实性。比如实体神学将上帝理解为形而上学的封闭实体，将上帝对人和世界的超越理解为实体对自然的否定；这实体就是一种超越的现实性。而同一神学试图将上帝理解为一种超现实的存在，但是它对现实性的否定不彻底，使上帝对现实存在的超越收缩为澄明对理性、逻各斯的超越，上帝成为神秘的澄明，但这澄明仍然是一种现实性。因此在超越神学阶段，尽管省思努力把握上帝超越性的本真意义，但这超越性只能在现实领域之内表现。在奥义书思想中如此，在基督教神学中也是如此。

《旧约》强调上帝对世界的绝对超越性。然而基督教在其不同发展阶段对于这超越性的理解各不相同，乃至其差异几乎构成了其整个神学发展史。基督教同样经历了实体神学和同一神学的阶段。从希腊教父神学开始，上帝就被理解为一种超越自然和经验的永恒实体（ousia）。自然、世界是无常变化的、多样纷呈的，而神则是不动、不变、唯一而且不受自然因果性影响的。中世纪唯实论继承、发展其说。像安瑟伦，波爱修，邓斯·斯各脱，拉佩的吉尔伯特，夏特勒的第利、伯纳德，沙里斯伯里的约翰，伯纳德·西尔维斯特，里尔的阿兰以及马西亚努斯·加佩拉等一大批神学家，都把神当作一种全知、全能、永恒、不变、超越时间与空间的绝对精神实体。唯世界运动、变化，而上帝自身则为不变、不动、永恒、稳固。上帝是自然的基础，但它没有进入自然之中。神与自然的这种区分，就是一种典型的"形而上学的区分"。同在《伊莎》、《羯陀》等奥义书中一样，这种实体神学，也把神对于人、世界的绝对超越性，理解为实体与自然的分离，而且也由于这种分离，使神丧失了绝对性，成为一个封闭的实在；另外实体仍然是一种现实性，把上帝的绝对超越性理解为实体的超越，丧失了上帝超越性的本真意义（对于现实性的超越）。这种神性观念反映了精神自由的局限。然而本体自由作为绝对，必然推动精神超越和反思的进一步发展，从而导致基督教神性观念的突破。一方面，它必促使精神的自反势用展开为同一维持（参考本书第二部分第一编第二章引言与结语），使精神以全部生命维持这超越实体，即以这实体为绝对目的，于是推动反思领会实体是包括主体与客观、心与物的全部存在的本质、根源，使实体成为同一的本体。唯其如此，基督教神学才能恢复神的绝对性。另一方面，它必促使精神的自舍势用展开为对现实性本身的否定，推动超越思维领会本体为一超现实的原理。但与奥义书的情况一样，欧洲精神对现实性的超越一开始也是不彻底的（没有经历真正的存在论区分或对全部现实性的空洞化），它同样只是对逻各斯、理性的否定，并确定超理性的神秘原理即澄明为存在的本体，而这澄明仍然属于现实性的范畴。这就是直觉思维。它对本体的超越性的理解显然比实体神学深了一层。与印度宗教思想发展一致，正是由于上述两个方面进展，使基督教神学得以突破实体神学的局限，领会到上帝本质不仅是存在的绝对，而且是超越逻各斯、理性的神秘本体。这就是同一神学，它同样是一种神秘神学。奥古斯丁的神学就是这种神秘神学的典型代表。一方面，他认为上帝超越逻各斯、理性；另一方面，他并不否定现实为绝对的真理，而以为上帝也属于现实，是最真实、最究竟的现实。而这种超理性的现实只能解释为澄明。在这里，奥古斯丁的神学其实达到了与《蒙查羯》的神秘神学同样的结论。它也具有与后者同样的局限性。这就是实在思维的局限。上帝最终仍被理解为一种现实性。这使得上帝的超越性的本真意义再次被错失了。这种神性思考的局限，同样只有由于本体自由推动精神超越与反思的继续提升和深化，才能最终被克服。

在这里，我们又看到了华夏精神的鲜明特征。事实上，印欧文化所理解的神性的本质，作为对人的自我及其世界的绝对超越性，在华夏文化中是完全缺失的。华夏文化从来没有产生过真正的神。盖神性的存在，与人类精神的自在理想相关。这理想就是精神的现实的圆满、绝对的自由。它是构成人性本质的本体自由（自身否定和自身维持等）的绝对实现。本体自由本身就是绝对，是精神绝对的自否定和自维持。因而它要求在精神的现实存在中，把它自己的绝对性完整地展开。这自在地就是它的理想，也是现实精神的理想。本体自由的这一要求，就是它的自身绝对化冲动。当这种冲动足够强烈，且现实存在为其提供了实现条件，这理想就会成为精神的自觉。这种理想当其被自觉地表现出来，就是神。

然而这种绝对自由的理想，在华夏文化中从未存在。盖印欧文化属于自由的自身绝对化冲动（觉道意志）强烈的文化，即觉道文化；华夏文化属于自由的自身绝对化冲动羸弱的文化，即玄道文化。与觉道意志相反，玄道意志恰恰旨在消解自由、自主性。它就是精神内在的惰性、自在势用的意志。它表现在华夏文化对一种绝对直接、感性、被动，完全没有主体性生命境界的向往。这种境界就是玄道文化的理想，其实就是人的精神性、自由彻底死亡的境界。玄道意志对精神自由的消解，导致玄道文化对绝对自由的理想的消解，所以在华夏文化中，从没有过真正的神。华夏精神总是完全沉溺于直接、当前的现实中，在其中得到完全满足。中国人总是在努力退回到他的最原初的此，即最直接自然之中。他的全部幸福、忧虑、恐惧，皆属于自然。他就是自然的最忠实奴仆。他从未设想过一个超越他的自我和世界的存在，没有对这样的存在产生过丝毫的向往。神性观念在这里殆乎不可能（见上一节结语的讨论）。

另外，玄道文化对精神的自身否定、自身维持势用的消解，使得华夏精神从未有过真正的超越和反思思维（参考本书第一部分第二编引论）。这使得两千多年来，中国人不仅从未获得尊严和自由，反倒使奴役不断加深。然而只有当人自己获得自由，神才会成为自由的，从而才会成为真正的神。在两千多年的专制极权社会中定型的华夏文化，消灭了任何存在的实体性和主体性，粉碎了任何存在的尊严，将一切都消融到绝对强权的流动之中。在这里，精神从未没有确立自己的自为、绝对的真理性，从未像在印欧传统中那样，确信自己为一超越自然、否定任何外在强权的心灵实体。因此华夏精神不可能理解神的超越性和精神性。即使后来中国人在佛教刺激下所构想的那些众多的神，也没有一个具有超越性和精神性。财神和灶神无疑是中国人最普遍贡奉的神。玉皇大帝、太上老君及嫦娥、关公等，也都没有任何超越性可言，一样的粗俗鄙陋。任何从外国来的神，无论佛祖还是基督，一旦踏上中土大地，也都注定了终会变成帮助发财享福的手段，都要变成财神，都避免不了被粗俗化的命运。

总之，印欧思想中那种超越的神，距离华夏文化可以说是无限遥远的，以至于除非将这种文化完全清除，否则无论基督教还是伊斯兰教的神，都不可能真正在中国这片土地上立足①。

不过，正因为神性本真的超越性、自由是绝对、无限，因而现实思想对它的任何规定都难免有局限。因此在印欧宗教中，无论实体的神还是同一的神，其超越性都是相对、片面的；超越性的本真意义还没有呈现出来。而精神只有绝对否定一切现实和现存存在的自为的真理性，领会觉性本体为超绝、绝对的自由，才能使神的超越性的本真意义呈现出来。这是印欧宗教的继续深化所必经的道路。

## 第三节 本真的神

神是人类精神的自我理想。神性的本真意义就是绝对的超越性和主体性，就是绝对自由。这绝对自由是精神自否定和自维持的绝对现实。这就是精神否定全部现实和现存存在，维持存在的超绝的（绝对超越现实的）真理（即本体自由自身）。然而到此为止的印度思想，始终受实在思维支配。实在思维把现实性当作存在的绝对真理，完全遮蔽了存在的超绝本质。迄今为止的印度宗教对神性的理解，都未能摆脱实在思维限制，因而始终将神理解为这种或那种现实性。然而神唯有作为对全部现实和现存存在（精神的“此”）的否定，才是绝对自由（绝对自由没有“此”）。因此，必须重新领会神的超越性和主体性，才能使神性的本真意义呈现出来。为此精神必须克服实在思维的局限，领会觉性、自我的超绝自由。这种领会就是精神本真的觉悟。本体自由必然推动这一精神转型。盖本体自由作为绝对，要求实现为对它自己的自由（这就是精神对本体自由自身的自主设定）。它必通过呼唤和倾注，使精神内在的自舍与自反势用实现为绝对的，即对全部现实性的否定和对本体自由自身的维持，从而推动超越思维领会存在真理为一个超绝的本体，也推动反思领会这本体与精神的内在自我的同一性。于是这超越思维就升华为超绝否定，反思成为超绝反思。超绝思维就是这二者的统一。而唯一的超绝存在就是本体自由自身，所以这超绝思维就实现了对本体自由的本真觉悟。通过这超绝思维，精神领会到自身的绝对自由。在此基础上，神性的本真存在才得以呈现出来。

晚期奥义书思想就经历了上述发展。其中标志性的事件就是《白骡》等奥义书

① 参考邓晓芒先生《在张力中思索》一书的相关讨论（邓晓芒：《在张力中思索》，福建教育出版社 2009 年版，第 37 页以下）。

的幻化论的提出。幻化论以为一切现实存在皆是幻化非实，唯超绝的本体为存在的绝对真理。幻化论对现实与本体的区分，乃是一种严格的存在论区分（参考本书第一部分第三编引言和结语）。通过这种区分，精神领会到存在的本真意义，也认识到自己的绝对自由。它于是就将这自由作为神，使神获得其本真存在。这个神就是本真的神。我们称奥义书这种神学为超绝神学。在奥义书思想中，这种超绝神学包括两个阶段。第一个阶段以《白骡奥义书》为代表。《白骡》最早提出幻化论。其以为全部现实世界皆为幻化产物，唯至上神是制造世界幻相的幻师。至上神作为世界幻相的制造者，完全超越这幻相，不受其影响。在这里，神与世界的差别，就是一种存在论的差别。《白骡》以此呈现神的超绝性，使神获得神圣性。不过《白骡》的神性观念仍有局限：它仍然将神性本质当作一个现存的实体。然而唯一的超绝存在就是本体自由自身，它就是绝对自否定的运动，因而是对现存性的否定，所以一个超绝的现存实体只是思维的假相。因此《白骡》在这里还没有领会超绝本体、神的实质（即自由本身）。精神的本真觉悟在它这里是抽象的。这种思维的局限也反映了现实精神自由的局限。它表明精神在这里仍未能实现绝对自由（在这里是绝对否定）的充分性。这在于精神没有实现对存在的究竟否定，即对全部现存存在的否定，因而不能在此基础上领会超绝本体的实质就是自由本身，故仍然将本体当作现实精神自由无法涉足的现存的、不可被否定的东西，当作一个精神的避风港、庇护所。精神在这里仍然是有执、有住的，离绝对自由的理想仍有距离。这也是本真精神在其最初阶段的共同局限。

然而本体自由要求展开自身为充分、绝对的现实，它必然促使精神的自舍、自反势用的自身绝对化进程进一步展开。于是自舍势用乃实现为精神的绝对否定。在这里，超越思维绝对地否定了任何现实和现存东西的真理性，结果只能确定它自己为唯一直接的真理。这就是究竟否定。绝对否定就是超绝否定与究竟否定的统一。精神正是通过这究竟否定，才取消了任何现存的执着，首次领会到存在的真理就是自由，并由此领会超绝本体的实质，使本真觉悟成为具体的。另外，精神的自反势用也必在本体自由推动下实现为绝对反省。自反势用首先展开为质上的绝对，即对本体自由自身的维持，推动反思领会这自由就是觉性、精神的内在存在；其次展开为量上的绝对，即对这本体的自我维持，推动反思领会这超绝、内在的自由与自我的同一性。于是这反思就成为绝对反省。精神的本真觉悟作为绝对否定与绝对反省的辩证统一，就是本己的觉悟。正是在这种本己的觉悟基础上，神性本质才得以作为自由呈现出来。在奥义书中，这一精神进展是与大乘佛学的启发分不开的。《慈氏》等更晚期的文本就体现了这一精神进展。《慈氏》不仅继承了奥义书幻化论的超绝思维，以为一切现实存在皆属幻化、虚假非实，而且进一步明确提出那超绝本体也是空，是无住、无得、无所取的真理，所以它不是任何现存存在，而就是绝对自由本身。神就是这个绝对自由。因此可以说，到了《慈氏》，神性的本真存在才获得其具体的意义然而《慈氏》等对神性本质的规定，同样有其局限性。首先它对神作为绝对自由的领会，往往模糊而不确定（神往往被说成是一种不动、不变、常住的存在，似乎又退回神圣实体状态），表明本己觉悟在这里仍未能完全克服其抽象性。在这于，晚期奥义书尽管汲取了佛教的究竟觉悟，对本体的无住性的领会，并将其主观化，但它对无住性的领会丧失了后者在大乘中原有的究竟性、具体性。这表明奥义书的绝对否定并不彻底。盖于大乘佛学，本体的无住性实质上就是否定的绝对自由，就是自身否定势用的本真存在，因而无住性在这里是具体的。在这一点上，奥义书是从大乘佛学的立场倒退了。其次，《慈氏》对神性本质的理解也不完整。神性本质就是本体自由自身，而后者实质上就是觉性、精神的自主势用的本真存在的全体。在这里，大乘佛学所领会的自由其实就是自身否定势用的本真存在，自由的其他内容被忽视，也就是说精神的绝对反省在这里仍然不全面。《慈氏》也无逾于此，因而其神性本质未能克服片面性。因此在奥义书思想中，本己的反思仍然是不全面的。奥义书神性思考的这些局限，也只有通过印度文化的精神省思在自由推动下的进一步发展，才能被克服。

总之，在奥义书思想中，所谓本真的神，大致包括两个层次（或阶段）：一是上帝作为神圣（《白骡》）。在这里，神呈现为一个超绝本体，因而获得神圣性，但它仍然是一种不动、不变的现存实体或本质。二是上帝作为自由（《慈氏》）。在这里，神不仅是一个超绝本体，而且呈现为无住、无取的存在，因而其实质就是绝对自由。兹详论之：

## 一、上帝作为神圣

人类的任何思想进步都是在自由与现实精神的无限对话中展开的。精神的现实性包括一种文化的全部思想、概念、观念等，它就是传统。本体则是自由本身，是绝对超现实的原理，它以现实性作为实现自身的中介、工具、符号。正是这自由的无限开展，推动精神的现实存在不断自我提升和深化。然而由于本体自身的不触目性，导致精神把现实性当作唯一的真理，这就是所有实在思维的误区。实在思维也只能把神、上帝理解为一种现实的存在。然而实在思维对现实的绝对化，终究会使现实与传统成为精神自由无法逾越的东西，这从理论上就会使精神丧失进一步发展的余地。然而本体自由既然超越现实，就必定不会被现实性、传统完全窒息。它必将通过其呼吁与倾注，促使精神的自舍与自反势用展开其自身绝对化，从而推动精神的超越与反思打破这种现实性执着，领悟存在的超绝真理，于是精神便从实在阶段过渡到本真阶段。在此基础上，神性本质的超绝意义得以呈现出来。神成为真正神圣的。

在印度精神史上，《白骡奥义书》的神性观念，最早反映了这一重大思想进展。这在于《白骡》书首次提出幻化论（māyā-vādā）学说，将现实存在彻底空洞化、虚无化，从而将神性本质置于超绝的领域。对于《白骡》的神性观念，可由以下几方面论之：

第一，神性的本质是超绝的主体、真心。《白骡》的幻化论，以为全部现实世界只是一幻相（māyā，摩耶），而至上神则是制造幻相的幻师（māyin），它以此将全部现实存在、“有”空洞化或虚无化，而将本体（大梵、至上神）置于“无”、“空”的领域，唯其如此，才使本体的绝对超越性得以呈现出来。其IV·9—10云：“9 唱赞与祭祀，仪礼与训诫，过去及将来，吠陀之所示（吠陀所开示的全部内容），凡此全世界，皆为摩耶主（māyin），由此投射出①。维彼另一者（命我），遂尔被摩耶（māyā），囚闭于此（世界）中。10 复次人应知，自性（Prakṛiti）即摩耶。而彼摩耶主，即是大自在。遍满世界之，万有皆其分（皆为彼之部分）。”

联系上下文，《白骡》的幻化论包含以下基本意义层面：（1）全部现实存在皆是至上神以其幻化力创造的假相，空幻虚妄、举体非有。以上文本就充分表明了这一点。其以为一切现实存在，包括吠陀及其所开示的全部内容，还有祭祀、仪礼与训诫，乃至现在、过去、未来的一切，皆是由至上神即所谓幻师（māyin）制造出的幻相（māyā）。故全部世界，作为名色的总体，就是一个彻底虚假的影像。I·10也表明修道的理想，在于进入至上神中，从而断灭“世界幻相”，其云：“变易（自性）及命我，唯一神所主。静虑、一于彼，进入其体中，由此而渐进，尽灭世界幻（viśva-māyā）。”唯梵为真，世界为假。梵创造世界，是梵幻现为世界，而不是转变为世界。梵的创世是通过摩耶进行的。摩耶就是大梵创造幻相的活动、能力。在此奥义书中，摩耶被等同于通常作为世界直接根源的自性（pradhāna或prakṛti），它就是世界的种子或胎藏。摩耶是世界的本源，与世界体性相同，故世界也可以说是摩耶的转变产生。摩耶、自性被认为就是神的自力（ātma-śakti）。全部现实世界皆是摩耶的产物，因而皆是虚妄非有。一切现实的东西，依其自相，皆毕竟空幻，本来是无或非有（asat），甚至非非有（na-asat）。如人在暗处视绳为蛇，或在海滩上见到贝壳以为是银子。梵是世界的依止，但这依止仅仅是幻相投射的主体与对象，而没有参与到幻相的存在中去。世界只是由无明、颠倒而生的错误影像。（2）本体是对现实存在的绝对超越性。幻化论认为唯有梵实有，其他皆幻。它将现实存在彻底空洞化、虚无化，因而使唯一

① “由此生出”之“此”指大梵或自性三德，释为三德更合理。创造者即大自在，以幻化生成万有。

的存在真理，即梵成为绝对超现实的原理。梵是现实世界的“完全的他者（schlechthin Andere）”。梵对现实存在的彻底否定，意味着它属于非实在的、本无或空的领域。梵就是空或空性。《白骡》对梵与现实世界的区分，就是一种严格意义上的存在论区分。通过这种区分，梵的超绝性得以彰显出来。除了IV·9—10，开示大梵的超绝性的尚有多处。如IV·18云：“当黑暗消失，昼夜乃俱泯，非有非非有，唯彼吉祥（śiva）存。”V·14：“人称彼无体，唯以心意得，创造有、非有，为吉祥（śiva）、神圣。”这些说法皆表明至上神超越了现实的有与非有、肯定与否定。实际上在《白骡》书中，与真与幻的区分相呼应的，尚有有德梵（saguṇa Brahman）与无德梵（nirguṇa Brahman）的区分。尽管此前《六问》、《羯陀》、《蛙氏》等已提出至上梵是否定了自性的本体，但《白骡》才首次明确提出大梵为无德的说义，且使无德梵和有德梵的区分，上升为一种存在论区分。如VI·11云大梵“为观者、知者，独存而无德”。另外II·15亦说大梵为“无生、脱离一切谛（sarva-tattvair）、不动之神圣”。VI·6说“彼超越、高于宇宙树、时间、一切相”。这些说法，旨趣相同，皆指出大梵是一个无德、无相、不二、一味、无时间性、无分位、不可说、其自性与现实世界无任何关联的绝对超越的本体。《白骡》对无德梵和有德梵的区分，与其对真与幻的区分，宗旨完全一致。（3）大梵不仅是超绝的神圣，而且是纯粹的主体、真心。此如IV·11说大梵为诸胎藏（存在根源）之主宰者。VI·12也说之为居于物质存在（惰性多法）中的唯一主体，依唯一种子（自性，即胎藏），创造世界的杂多行相。VI·16谓其为诸德主宰。如此等等。这些说法都表明大梵是一个绝对的主体。另外IV·17，20谓至上神为恒居于众生心中、不可见的自我。VI·11谓彼为居于万有中的观者、知者。VI·13说之为不住中住者，无觉中觉者（cetanaś cetanānām）。VI·2，16谓彼为“遍智且自生；彼即为知者，创造时间者，具有诸德者，遍知一切者”。VI·17谓彼为“智慧且遍在”。VI·14则借用KāṭhV·15；MuṇḍII·2·10的偈颂，形容大梵为照亮世界的光明之光明，是一切光明之根源。这些说法都表明大梵就是觉性、精神的内在存在、心灵。因此，大梵就是超绝的主体、真心。

第二，神作为经验人格。神性的真理是本质与表象、超绝性与现实性的统一。神必须既是超绝的本体，又是经验的人格，唯其如此它才能引起真正的崇拜和爱。《白骡》书的大梵、至上神就是超绝本体与经验人格的统一。不过它对这种统一性的理解，乃与其思维的含糊性相关。盖奥义书之说大梵的统一性者，比如从耶若婆佉的三位说、《鹧鸪氏》的五身说、《蒙查羯》的上下二梵说以至《蛙氏》的四位说，皆是在对本体与现象的清晰区分的基础上，将这两个方面统一起来。但是《白骡》书论及神性之时，往往这种区分很含糊，往往是将幻化论的超绝本体与经验的人格神直接等同；对本体的绝对超越性的描述，往往与源自吠陀的对神作为经验人格的崇拜混杂在一起①。大梵、本体被认为就是大自在神（Īśvara）、禄陀罗（Rudra）。

《白骡》于开示幻化论之处，就已明确表示大梵、幻师不是无人格的抽象本体，而就是有意志、有作为的至上神。如IV·1，11—13，15—16，21—22："1彼一本无色，依其隐密义，多方以能力，分施众形色。世界没于彼，以彼为始终。惟愿彼天神，赐我等明智。11主宰诸胎藏，万物没入彼，复由彼出来，主宰、赐福者，可敬之神圣，敬彼得永寂。12彼为诸天之，源泉与根柢，为宇宙主宰，禄陀罗大圣。彼亦曾经见，金胎自生成，愿彼赐我等，清明之智慧。13彼为天神主，诸界安于彼；二足四足类，皆彼为主宰。吾人以祭品，当礼拜何神。15彼实于适时，为世界护持；（彼为）一切之主宰，隐藏于万有。证梵者、诸神，皆于彼合一。人由知彼故，乃断死亡索。16知彼为吉祥（śiva），隐藏于万有，极微妙如酥，微细过于酪。彼即唯一者，囊括全宇宙。人若知彼神，遂解一切缠。21'彼是无生者'！以如是思维，人于恐惧中，乃求近汝前。嗟禄陀罗神，汝有慈悲容，愿汝即以彼（慈悲容），长久护持我！22请毋伤我等，于我之子孙（意即毋害我之子孙以伤我）！请毋伤我等，于我之牛群！毋损我马群！嗟禄陀罗神！请毋于怒中，杀戮我英雄！我辈以牺牲，常祈求于汝②！"此外，III·1—6，IV·10，V·2—3；VI·3—4，17，18等亦有类似表述。在这里，大梵被认为就是Īś，Īśa，Īśāna，Īśvara，Rudra或Hara③，就是一个人格神。至上神被认为是世界的主宰、创造者或根源，他支配自性三德，并通过三德创生世界、护持万有。神不仅全知、全能，还有意志、神通以及慈悲、愤怒等情感，他会回应人的祈祷，满足人的渴望，并且通过其恩宠使众生得到拯救。

《白骡奥义书》第三、六章对至上神的体性的开示最为充分。其中，第六章主要开示了一种创世论。VI·1—5，7—8，10—11云："1智者说自性，亦有说时间，是皆为惑者！唯由神之大（mahimā），乃于世界中，旋转大梵轮。2彼恒常包藏，此全部世间。彼即为知者，创造时间者，具有诸德者，遍知一切者。由彼之主宰，业（兹指世界）开显自身，由此被视为，地、水、火、风、空。3彼既创此业，而又归止息。既入

① 根据彻底的幻化论立场，至上梵作为对现实存在的否定，因而只能是没有人格性的无德梵。盖人格性也是一种属性或德，也属于现实性的范畴。这意味着大自在神也应是摩耶作用于梵的结果，而不即是梵。这是不二吠檀多派的理解，但在《白骡》中，似乎看不到这种清晰的区分。

② 此偈同于ṚVX·114·8；Tait SaṃIV·5·10·3；Vāj SaṃXVI·16。

③ Īśvara（大自在）为奥义书时代崇拜的最高神，往往与大梵等同，Īś，Īśa，Īśāna乃与之同。Rudra（禄陀罗）为《黎俱吠陀》的风暴神，为摩鲁特（Marut）之父。在这里他也被与大梵等同。Īśvara、Rudra和Hara后来都成为湿婆的称号。

与诸谛，一一之联结，与一复与二、与三或与八①；又与时间合，及我微妙德；4 既由与诸德，合之诸业始，彼分施万有。如若无此等（诸德），则往昔所作，业悉皆坏灭。彼业灭后为，实质相异者。5 既先敬思彼，可敬之神圣，为居于人心，具一切相者，及存在根源；于是证彼为，亘古之开始，（心与物）聚合之因缘，超越三时际，亦是无方分。7 诸自在之中，无上大自在，诸神之最尊，主宰之最上，乃存于彼中，彼为至尊者。吾等其敬彼，世主、应敬神（应得到崇拜之神）。8 不见彼之业，亦无作业身；不见彼同等，更无超彼者。彼之至上力，如实多样现。彼智、力之作，属其内自性。10 此唯一神圣，乃依其本性，由原质生网，如蛛覆其身。愿彼许吾等，归入于大梵。11 此唯一神圣，遍满于世界，潜藏于万有，为其内自我。监临一切业，居于万有中。为观者、知者，独存而无德。”在这里，神被认为是世界的创造者、支配者。世界不是由自性、时间等无意识原理产生，而是神以其大（mahimā）创造出来并由此被控制。此所谓大，就是 I·3 所谓神的自力（ātma-śakti），也就是大自在的神通、伟力，当与自性、摩耶的所指相同。《白骡》在这里开示了一种创世论。首先是神将业力与自性三德结合，使后者转变出地、水、火、风、空五唯。然后神又进入三德、五唯之中，推动其进一步转化。§10 说世界为至上神由原质生成之一张巨网（III·1 亦称至上神为“唯一张网者”，V·3 亦说神投网于世界而收回之），神即以之覆藏自身。神创造世界而又绝对超越世界。就 §1—11 的文本而言，其所开示的宇宙起源论，实与其他任何一神教的创世论没有多大区别。不过《白骡》书的创世论，乃应当结合其幻化论（IV·9—10）和数论学（I·3—6）理解。神由以创世的自力，就是数论的自性，也就是幻化论的摩耶。神的创造过程，就是自性在神推动下的转化过程（其细节见于 I·3—6），也就是神将他自己构造的幻相（世界网）投射于自身的过程。世界既是大梵幻化的产物，也是大自在创造的产物，同时是自性（摩耶）转变的产物。

《白骡》此章既有多处表明，至上神是人的命运的主宰者，也是人的拯救者。§6 说神为“大法建立者，罪恶泯除者，福德之主宰”。§10 祈求至上神许吾等归入大梵。§13 说神多赐所欲，人若知彼，乃脱一切缠缚。§17 谓神是永远治理、护持此世界者。§18 谓彼创造梵天且授之以吠陀，且因慈悲而对虔信者显现自身。§21 谓苦行与神的恩宠，是证知大梵的条件。§23 亦云至上虔敬（bhakti）是证得大梵义趣的前提。而最充分表明神作为主宰者、拯救者之义者，乃是其书第三章。如 III·1—6，20 云：“1 唯一张网者，以其力主宰；主宰一切界，以其主宰力。独持存为一，于（世界之）生

① 此中“一”谓神我（puruṣa），“二”谓神我与自性（prakṛti），“三”谓罗阇、萨埵、答摩三德，“八”谓五唯及自性、觉谛、我慢。

成、持续。人若知彼者，乃成为永生。2 信然禄陀罗，即彼唯一者，不容有第二，主宰一切界，以其主宰力。与诸生灵对。彼为护持者，创造万有矣，复于时之末，融彼等为一。3 每侧有一目，每侧有一面，每侧有一臂，每侧有一足，彼唯一神圣，创造天与地，以其手与翼，熔铸锻造之①。4 为诸神根源，一切之主宰，彼禄陀罗神，乃为大仙圣。彼曾于亘古，诞生金胎藏，愿彼赐我等，清明之智慧②。5 惟禄陀罗神，汝身为吉祥，慈柔无暴恶，嗟汝山居者，请示于我等，此最福德身。6 嗟乎山居者！请使之吉祥，汝手中之矢，既欲以发射。嗟乎护山者！幸毋伤人畜！ 20 细于微细者，大于广大者，为此至上我，居于众生心③。若由造物恩，见主及其大，乃知其（指神）无为，遂离于苦厄。”在这里，神不仅是世界的创造者、护持者，以及唯一的主宰者，而且更加具体地被想象为居于山中的禄陀罗，手持弓箭，射杀众生。其中不仅有对禄陀罗神的虔诚祈祷和赞美，而且明确指出唯有通过神的恩宠，证悟神的自性，才能脱离苦厄，获得解脱。在《白骡》中，如此表现的神，实与一般虔诚崇拜的上帝没有区别。

第三，神与命我。在奥义书思想中，人的灵魂被称作命我（jīva）。此词最早出现于 ChānVI · 3 · 2,11 · 1—2, KāṭhIV · 5，初指元气，后指个人的心灵实体。《白骡》书之说命我，思想颇不一致。其中一种说法，是把至上神、命我、自性当作三个不同的、而且各自独立的实体（I · 5—7）。同理，I · 7—9 亦提出大梵为受者（Bhoktṛ）、所受者（Bhogya）、主宰者（Prerayitṛ），即命我、自性、大自在三个永恒实体构成的整体，此即所谓三相梵（trayam brahman），其云：“彼乃被赞为，无上之大梵。彼中有三者。为不变、依止。……彼主宰（īśa）摄持，一切之聚合：变者非变者，显者非显者。非主、受用故，命我被系缚；人若知此神，乃脱一切缠。有二无生者：知者、非知者，主宰、非主宰（神与命我）。彼（自性）亦为无生，联结于受者，及所受诸境。自我（ātman）为无限，遍满且无为。人若见此三④，此即是大梵。”VI · 16 亦提出所谓自性（pradhāna）、田智（kṣetra-jña，指命我）与主宰（prabhū）三种实体之说。这些说法都以为至上神、命我、自性是三种相互独立的、无生的实体，应当被视为后来瑜伽派的神、原我（Puruṣa）、自性的三种实体观念，湿婆教的主（pati）、兽（paśu，指命我）、缚（paśa，指自性）的三元化世界观，以及罗摩努阇的以神、命我、自性为基础的差别

---

① 此偈来自 ṚVX · 81 · 3，稍有改作，内容同于 AVXIII · 2 · 26；Vāj SaṃXVII · 19；Tait SaṃIV · 6 · 2 · 4 等。

② 此二偈即 Vāj SaṃXVI · 2，3。

③ 此四句亦见于 KāṭhII · 20；Tait ĀraX · 10 · 1。

④ “三”者谓受用者（Bhoktṛ，命我），所受者（Bhogya，自性），主宰者（Prerayitṛ，推动者、大自在）。

一元论教义的先驱。然而这些说法，一方面使大梵与至上神的关系变得模糊（大梵作为上述三种实体之大全，到底是与至上神同一还是仅以之为其一部分？）；另一方面也使至上神与命我的关系变得模糊，因为命我在这里被说成是独立于至上神而存在的，这与奥义书通常的观念以及此则奥义书的绝对主义旨趣相矛盾。对于至上神与命我关系的另一种说法，是把二者理解为本质与表象的关系。I·13—15（有删节）："如火藏于木，其相不可见。其性固未灭，钻木又得之。如油在麻中，如酥之于酪，如川中之水，如燧中之火；如是见自我，藏于命我中。"这表明神就是命我的本质，如油是麻的本质，酥是酪的本质，故命我不复为独立的实体。此外，I·12："居我之永恒（即至上神），此是所应知"；III·7曰："大梵高于此，为至上、盛大，隐藏于众生，一一随其体"；III·11："彼于一切向，皆有面、头、颈，藏于众生心，遍满且宽裕"，表明大梵进入人的身体之中，成为人的内在自我；IV·17："彼神圣、大我（mahātman），创造一切者，恒居众生心。"这些说法，也都表明至上神为命我的实体、真理，命我只是神的表象、外壳，因而是与上述"三相梵"之说以为命我与神是各自不同的实体的立场直接对立的。

I·8—10提出在三种实体中，自性无心智，神与命我皆有心智。这后二者的区别在于：神是世界主宰者，且不受用自性；人则非主宰，且受用。所谓受用就是取著，指命我执取自性、三德及其产物，与之联结在一起，因而被自性系缚，随自性的流转而流转。如V·7云："孰若有诸德，则作业受报。彼即为受者，受用其业果。"反之，神则始终不受自性、三德及果报，故永远保持无为、独存。V·7—9表明命我的形成，在于自我因受用诸德，被后者限制，失去其无限性，因而形成个人的命我。诸德即自性、三德及其全部产物，包括我慢、念、觉谛及自我诸德（贪、嗔、爱、惑、老、病、苦等）。于是命我在结构上就包括了二序的存在，即大梵与自性。它因而既具有梵的实质（心智），也具有三德之相。另一方面，命我因有诸德，故作业受报，轮回不已（I·10—12）。盖唯三德生生不息，恒处相续，造化万有；大梵则无为无作，为不动之知者。命我因执著三德，乃因三德之活动而有作业，因而接受不同的业带来的报应。业决定命我往生的归趣，是轮回的牵引者。命我往生的载体是元气。人死后，元气携业与命我离色身而去，并被业引导，投于相应之善、恶胎。神是命我的主宰，命我的作业受报、修道解脱，皆由神的自力支配。

《白骡》的思想，反映了印度教中虔敬（bhakti）思潮的兴起。盖此前的奥义书，大多以为解脱之道，在于通过苦行、观想、禅定等途径，产生智慧，亲证大梵自相，从而脱离世俗的世界，融入大梵之中，是为智道（jñāna-marga）。此外，最早的奥义书仍继承梵书的祭祀宗教，以为勤行祭祀、恪守职责，就可以死后升天，是为业道（karma-marga)。然而此则奥义书则强调应通过虔敬至上神，通过神的恩宠产生智慧，以证知神的自性，进入神的自体，从而获得解脱，此即后世所谓虔敬道或巴克提道（bhakti-marga）。尽管此前有《羯陀》、《蒙查羯》等书亦偶有提及通过人的虔敬和神的恩宠而得证真、解脱者[①]，然而在《白骡》中，虔敬道才成为一种主要的宗教实践。首先《白骡》表明神的恩宠是得道的原因。如I·6云："由彼之恩宠，乃得乎不死"。VI·18云："复次彼神圣，慈悲现自身。"VI·16云："轮回与解脱，归止与缠缚，皆彼（至上神）为其因。"VI·21亦称"由苦行之力，由天神之恩，彼白骡仙圣，已证知大梵"。其次，人的虔敬是获得神恩的前提。比如VI·23说人的虔敬（bhakti）是神显现的条件，I·10指出人应观想神、与神联结、融入于神，最终妄境止灭，得清净独存（kevala）。生命的痛苦来自与至上神分离而与自性、世界的联结，而幸福在于脱离自性、世界重新回归于神。盖世界及现实人生皆是虚假的幻相，唯超绝的至上神自身为绝对真理，故解脱在于由神的启示，泯除世界幻相，进入神性的超绝本体。

《白骡奥义书》的幻化论将现实存在空洞化、虚无化，彻底否定其存在的真理性，从而确立神性本质为超绝的真理。它由此使神真正成为神圣。精神在这里实现了一种绝对超越性（超绝否定）。它由此首次从根本上排除偶像对神性本质的遮蔽，使这本质作为超绝的真理，即本体自由而直接呈现出来，因而进入对存在本质（本体自由）的本真觉悟领域。精神这种绝对超越，表明其内在的自舍势用已经展开为绝对活动。另外，其书又将这绝对超越的本体与作为绝对心灵的至上神、至上我等同，体现了一种精神的绝对反省，即超绝、绝对的反思。这绝对反省也表明精神内在的自反势用已经展开为绝对活动。因此《白骡奥义书》的超绝思维，作为超绝否定与超绝反思的统一，反映了奥义书精神自由的新局面。然而《白骡》的神性思考亦有其局限。除了其思想的含糊混杂之外，其最大的问题是仍然将神性本质理解为一种现存的实体或本质（至上神被说成是一种不动、不变、无为的存在）。然而一种超绝的现存存在其实只是思维的假相。盖真正的超绝存在就是本体自由自身，而这就是觉性、精神的绝对自否定运动，所以绝不是一种现存的东西。这意味着，《白骡奥义书》并未领会超绝本体的实质，精神的本真觉悟在这里是抽象的。《白骡》的现存的神性观念，反映出精神仍然在寻求安全和庇护，因而仍然有执、有住，易言之其超越思维仍不究竟。只有当超越思维上升为一种究竟否定，它才能彻底打破对现存存在的执着，

---

① 如KāṭhII·23："此至上自我，非由自慧得，非由习吠陀，亦非由饱学，彼唯现自身，于彼所择者。"MuṇḍIII·2·1："离欲、敬神我，睿智、过种子。彼乃得知此，无上大梵住，安立于彼故，世界得显明。"MuṇḍIII·2·3："非由于教导，非由思维力，亦非由多闻，可得此自我。唯彼所择者，乃可得乎彼。于如是一人，自我现自体。"

领会存在的真理就是自由本身（参考本书第一部分第三编第二章引言和结语）。超越思维作为超绝否定与究竟否定的统一，就是绝对否定。精神只有通过这绝对否定，才能克服启示思维的现存性执着，领会超绝本体的自由实质。

然而本体自由作为绝对自否定，不允许有它不能进入的禁地。它必然通过呼唤与倾注，促使精神的自舍势用恢复其本真的无限性，展开其量的绝对性，从而推动超越思维成为究竟否定。这就是否定一切现存存在，只确定它超越思维自己为唯一直接的真理。这超越思维就是绝对否定。精神由此领会到本体就是自由，是究竟的无所住、无所得境界。在印度思想中，这一精神进展最早通过大乘佛教得到完成。大乘佛教觉悟到绝对真理就是“空性”，即绝对自由，因而首次具有了对存在本体实质的具体、纯粹的领会。《慈氏》等更晚期奥义书，乃从大乘佛教汲取灵感，并将其与奥义书的反思传统结合，故领悟到这“空性”就是内在自我，因而进入本己的觉悟领域；另外，这些晚期奥义书还把这种本己的觉悟，同奥义书中日益浓厚的信仰主义趋向结合起来，因而赋予这超绝、内在的本体以经验的人格，使它成为一个神。于是奥义书的神性思考乃进入下一阶段。

在西方基督教传统中，从奥利金、马利乌斯·维克托利努斯、忏悔者马克西姆到阿娄帕果的但尼斯的基督教否定神学，体现了与奥义书幻化论一致的精神进展。他们取消了一切现实性、“有”的自为存在，使现实存在成为神的影像，而神自身则超越一切现实存在，因而是非有、“无”。上帝、存在本质成为现实世界的是“完全的它者”(schlechthin Andere)。他们以此在神学中引进了一种清晰的“存在论区分”，从而使神的超绝性或神圣性充分呈现出来，实际上是把《旧约》包含的对上帝的绝对超越性的体验更明显地阐发出来。但是在这里，神本身的空无性没有得到领会（参考本书第一部分第三编第一章小结），因而他仍然被理解为一种现存的本质、实体，所以这种否定神学实际上就是一种与《白骡奥义书》的神学类似的启示神学。它的形成与奥义书幻化论遵循的是同样的精神逻辑。

## 二、上帝作为自由

作为觉性、存在的本质，本体自由乃是绝对、无限。它在其展开过程中，不容许有任何障碍物，也必将冲破任何看起来打不开的门。一个现存的上帝就是这样一扇门。他使精神不能进入自由的绝对、无限性的领域，反而使它安顿于他提供的庇护所、家园。于是精神的现实自由丧失其本真的无限性。然而自由既然是绝对，就要求实现为对现存性假相的否定，及对绝对自由本身的维持。它必通过呼唤和倾注，促使精神内在的自舍、自反势用进一步展开其自身绝对化，推动精神的绝对否定和绝对反省的形成。首先自舍势用的自身绝对化的完全实现即绝对否定，它就是否定思维的绝对自由。它否定一切在它之外的存在，只确定它自己为唯一的直接真理。它因而领会到本体不是任何现存的东西，而就是自由本身，是无住、无得、无取的真理。在印度思想史上，佛教大乘般若思想最早实现了这一精神进展。它领会到存在真理是空性，而空性就是无住性，就是精神否定的绝对自由。其次自反势用的自身绝对化的完全实现即绝对反省，它就是反省思维的绝对自由。它领会到空性，即超绝、绝对的自由，就是觉性、精神的内在自我。它在大乘般若学中并未得到实现，而在《慈氏》等晚期奥义书中得到了实现。在这里，《慈氏》等书（与如来藏佛教和不二吠檀多派的思路一致），其实就是将般若学的绝对否定与奥义书的反思传统结合起来。它于是领会到存在的究竟本体就是超绝的自由，也是觉性、精神的内在存在、自我。这种领会就是精神本己的觉悟。在这些奥义书中，唯《慈氏》最系统地开示了一种有神论的立场，故我们以它为奥义书这一阶段的神性观念的代表。《慈氏》神性论的旨趣，在于把上述本己的觉悟同晚期奥义书日益浓厚的虔敬主义结合起来，把本体的超绝的自由同经验的人格结合起来，使空性不仅成为真心，而且成为真神。在《慈氏》的思想中，神性本质就是空性，就是自由本身。对于《慈氏》的神性观念，可由以下几方面论之：

第一，神性的本质是空、无住的真心。首先，它继承、发展了《白骡》等书及大乘佛学的超绝思想，以为全部现实存在皆属虚妄，至上神、补鲁沙则为超绝的真心。IV · 2 充分表现了现实世界的虚妄和无意义："如大河浪，已作宿业无回转；如大海潮，将近死亡不可避；如瘫痪者，为善不善业枷锁系缚；如人处囚中，而不得自在；如人立阎摩之前，恒处大怖畏；如人于酒醉，为妄相所惑；如被恶灵制，而疯狂奔走；如被巨蛇咬，而被诸境噬；如处深夜中，而处贪执之黑暗；如因陀罗网，唯由幻术成；如梦中境，唯虚妄显现；如芭蕉芯，空虚而无实；如戏子，暂时着其装；如画中景，虚妄悦人心。复次有偈云：声、触及余相，为人中无义。若彼大种我，执著于此事，彼乃遗忘其，至上究竟处。"一切现实存在，皆如因陀罗网、如梦境、如芭蕉芯、如戏子着装、如画中景，虚假空幻，举体非有。《慈氏》就是通过对现实存在的彻底否定，故将本体置于超绝的领域。如 II · 4 说补鲁沙为"清净、无染、空、寂灭、无气、无我、无终、不坏、安住、恒常、无生、独立。"VII · 4 亦说本体为"内清净、无垢、空、寂灭、无元气、无我、无尽。"VI · 28 说解脱者融入本体，故"微妙、清净、空、寂灭、无元气、无我、不灭、不坏、坚住、永恒、无生、自存"。这些表述表明本体绝对地超越了现实的存在、运动的系统。另外，VI · 19,20 说本体为立于心中之非心者 (acitta)，应通过无念、灭心，也表明本体是对觉性的内在现实性的否定，应通过现实精神活动的消灭来证悟。总之在这里，补鲁沙就是存在的超绝真理或本质。这表明在《慈氏》思想中，超绝否定已经得到充分实现。其次,《慈氏》还在大乘佛学的启发之下,否定了《白骡》、《频伽罗子》等奥义书执着的超绝的现存实体,首次表明补鲁沙是空、无住、无依的本体。II · 4, VI · 28, VII · 4 都说到本体是空、无我。此外, VI · 19 说本体是无住(nirāśraya), VI · 20 谓真我为无根源(a-yoni)等,也表明了真我无住、无依、无根源、无归宿的体性。盖《白骡》等书,只说现实存在是空,而不说超绝本体是空,因而将本体当作一种现存的东西。但是《慈氏》的上述说法,都是对现存性的否定,表明本体不是一种可以依靠的现存实体,而是无住、无依的空性。对于存在真理的空或无住性的领会,体现了一种与大乘佛教类似的究竟否定。空、无住就是否定的绝对自由。因此,同大乘般若思想一样,《慈氏》的思想也包含了超绝否定与究竟否定的统一,也体现了精神的绝对否定。精神由此否定全部现实、现存存在的偶像,领会到神性本质的真理就是空性、无住性,而空、无住性的实质即自由。上述领会,在一些更晚的奥义书中表述得更清楚。比如《慈氏奥义书》的另一(可能是较晚的)版本,说大梵为非二非不二、非有非非有、非实非非实、非平等非不平等、非一非多、非善非恶、非此非彼、非义非不义、非遮非表、非解脱非非解脱①。TejobinduI · 10—11 亦云大梵:"彼是空非空,且超空非空,非想非所想,可想又不可。彼既为一切,亦复为空无,至上非至上,非实不可知。" TejobinduIV · 79 谓自我"其相为空、无分别、无念、不可见、无声……无前中后际、无般若、无'我即是梵'想,无'我即是汝'想、超 Om、越三界(或三位梵)、言语道断、不可知、非明非暗"。这些说法都更清楚地阐明大梵是否定一切现实、现存存在的,无住、无得的空性、自由。最后,《慈氏》等书之论空性,也与大乘般若思想有根本的区别,这在于它理解的空性,不是一种客观的、非精神的原理,而就是觉性、精神的内在存在、自我。如 II · 3,5 说本体为有心智者(cetana)或唯心(caitāmātra)。本体不仅是内在自我、心灵,而且是立于心中之非心者(acitta, VI · 19),为无住、无取、空、寂灭、无念、无气、无我、无终、不坏、清净、无染、无生、独立(II · 4, VII · 4, VI · 28)。在这里,《慈氏》思想就克服了般若学中反思性的缺乏,具有了对本体自由(空性)的直接、纯粹的反思,这就是绝对反省。因此,《慈氏》的思想体现了绝对否定与绝对反省的统一。这就是本己的觉悟。在它这里,本体既是内在的存在,也是空性,是二者的同一。

第二,神也是经验的人格。在《慈氏》思想中,补鲁沙、大梵不是抽象、冷漠的本体,而是具有慈悲、爱和正义,关怀着人世疾苦与世界命运的,是一个经验的人格。

---

① Maitreya Up III · 4—24 (Olivelle, Patrick, *Saṁnyāsa Upaniṣads*, Oxford University Press, New York, 1998).

唯其如此，它才是祈祷、崇拜和爱的对象，才是一个真正的神。同其他信仰主义色彩较浓厚的奥义书（如《羯陀》、《白骡》等）一样，《慈氏》也试图将数论学与神性论结合在一起，将自性转变当作至上神主宰之下的宇宙生成过程。其书提出将自性三德分别等同于湿婆（答摩）、梵天（罗阇）、毗湿奴（萨埵）三位神祇的说义（V·2），为后来印度教采用。在这里，这三位神祇似乎是某个唯一大神（即补鲁沙）的化身。其以为的自性三德存于至上神中，本来无相无别，但至上神推动其从无分别进入有分别状态，逐渐分化而产生现实的世界。其信仰主义最充分表现于第5章。它在这里试图把对神（补鲁沙）的赞美和创世论结合起来。V·1—2云："1 汝即是梵天，且信然，汝即毗湿奴。汝即禄陀罗。汝即是生主。汝即因陀罗。汝即阿耆尼、婆楼那、伐育。汝即是夜光（月）。汝即是食物。汝即是阎摩。汝即是大地。汝即是大全。噫，汝即是不可动摇者！（以下为三偈韵文）万有以多相，存于汝之中，为其自身义，或为自性义①。我稽首于汝，万有之主宰！万有之自我，且创作一切，复受用一切，为所有生命。为一切欣喜、/ 快乐之主宰！我稽首于汝，寂灭之自我！（以下复为散文）噫，稽首于汝，最为深隐者，不可思、无量，无始亦无终！ 2 信然，于初此世界只是答摩。自然，彼存于至上有中。彼为至上有推动，而入有分别相。信然，此相即罗阇。复次，罗阇亦为至上有推动，而入有分别相。信然，此相即萨埵。彼萨埵，适被（至上有）推动，乃溢出为汁（rasa）。此（汁）即彼（萨埵）部分，即于此每一人中之识体，为色身之知者，具末那、觉谛、我慢、细身。此即生主，或曰毗湿婆（Viśva）。其相已于前（即IV·5）表明。复次，信然，彼中具答摩相之部分——噫，梵志，如实此即禄陀罗。复次，信然，彼中具罗阇相之部分——噫，梵志，如实此即梵天。复次，彼中具萨埵相之部分——噫，梵志，如实此即毗湿奴。信然，彼一成为三。彼遂开展为八、十一、十二、无量。彼因如是开展，遂成为诸有。彼进入有中且于中活动，遂成为众有之主宰。此即在内与在外之主宰——噫，在内与在外！"§1 乃为对至上神的赞美，谓万有皆存于神中，以神为本质、主宰者。此类表述，固为一切一神论宗教所常见者。§2 乃阐明至上神创世的过程。其说法基本上是吠陀的神创论和数论的自性转变说之结合。其以为自性的答摩、罗阇、萨埵三德，就是至上神的三种表象或功能，神推动此三者次第转化，最后导致世界的形成。它似乎将根本自性等同于答摩。答摩为至上神推动，转化为有分别相，即为罗阇。罗阇亦为神推动，转化为萨埵。萨埵被推动，乃生成末那、觉谛、我慢、细身等。总之，同一自性由于三德的转化而开展为自性、觉谛、我慢

① 按照古典数论的解释，自性转变既为自我之受用解脱，亦表现出自身目的性；《慈氏》即以神我自性皆属于大梵，故以前义为"为自义"，以后义为"为自性义"。

及五唯[①]，并进一步开展为十一根（五知根、五觉根、末那）乃至无量的现实存在。至上神乃重新进入根身中，成为其内在自我，即是所谓田智或命我。《慈氏》论转化的具体环节，与《频伽罗子》大体一致，但《频伽罗子》始终自觉地将自性转变论与幻化论结合，《慈氏》却脱离幻化论，而采取数论的实在论立场，并将其与吠陀、梵书的神创论结合，因此其神性观念与其本己觉悟的一致性大可质疑。

《慈氏》的修道论，也贯彻了本己的觉悟与虔敬思想的统一。其修道诸目，乃以瑜伽学为最有价值者。其以为，至上神为居于自我中、引发作业之神圣主宰，但命我被自性诸德所制，故入迷惑，不见此内在之神圣，因而被诸德之流所转、不定、动摇、困惑、多欲、散乱，进入我慢之境，由于我、我所想而将自己缚于其根身，如鸟陷于罟（III・1）。此至上神虽居根身中，却不受后者污染，如同莲叶上之水珠。人应当通过修瑜伽等，以证悟此内在神圣，与其融合为一，从而获得解脱。此所谓瑜伽即六支瑜伽。如 VI・18 云："得此（与至上神之合一）之法即此：调息、止根、静虑、总持、思择、三昧。此被称为六道瑜伽。由此之故：见者若见彼，金色创造者，主宰、补鲁沙，以及梵胎藏，于是彼知者，摇落善与恶[②]，乃融一切于，至上不坏者。如是有云：如山着于火，鸟鹿皆逃之，故于知梵者，罪恶无处藏。"

相对于《羯陀》等，《慈氏》瑜伽的进步首先是形式上的，这在于它首次把散见于奥义书的瑜伽科目进行抉择、料简，按次第深入的顺序构成瑜伽六支（调息、止根、静虑、总持、思择、三昧），使之成为一个系统整体，从而奠定了后世瑜伽学的基本框架（古典瑜伽就是在此六支基础上增删而为八支）。其次《慈氏》瑜伽的进步还是内容上的。这在于《慈氏》瑜伽体现了本己的觉悟与虔敬思想的统一。六支瑜伽的每一支都包含对内在空性的观想，且都旨在将其针对的现实环节（元气、诸根、末那、我慢、觉谛）消融到这空性之中[③]。如其所谓静虑（dhyāna），就是通过持念 Om，使末那专注，以消灭无明（即自性、现实世界）的黑暗，次第破除大种、诸根、诸境、我慢、觉谛即一切内在与外在的现实存在，证悟空寂的至上神（VI・24—28）。其所谓三昧（samādhi）为静虑最高境界，强调与至上神的融合为一。它指内心脱离染着，专注于至上神、空性本体，最终断灭一切现实存有，达到心、境皆灭，于是修行者的自

① 此种解释的根据，请参考本编第 1 章第 1 节第 3 目对 ŚvetI・4 的注释。

② 此六句引自 MuṇḍIII・1・3。

③ 这一点，在后来的《光明点奥义书》中表现得更清晰，如云："于一切心及，余境中见梵，故制诸转变，是名为调息。于境见自我，且以意悦心。彼即是止根，应数数修习。随其意所之，举目皆见梵，恣意于善念，此即是总持。我唯是大梵，无住无所依。此即是静虑，生至上喜乐。初入不易位，次证梵实性，以故忘彼位，此即三摩地。"（TejobinduI・31—37，有删节）

我完全消融于空、寂灭、无我、无生的神性本质之中、一味无别（VI·27,30,34）。瑜伽的理想境界，即解脱（mokṣa），就是精神否定一切现实性，以至否定自身的存在，而融入至上神即超绝、无住的心灵本体或内在的空性之中，无所住、无所得、无所取（VI·28,34）。《慈氏》瑜伽以证入内在的空性为宗旨，由此克服了《羯陀》及古典瑜伽的实在论，而为不二吠檀多派本觉的实践的先驱。

总之，《慈氏》的神性观念，体现了本己的觉悟和虔敬思想的统一。至上神既是内在的空性，又具有经验的人格。《慈氏》的本己觉悟，包含精神的绝对否定和绝对反省的统一，反映出精神的自舍与自反势用都展开为绝对自由。然而，《慈氏》中，绝对否定和绝对反省都仍然有其问题。《慈氏》、《光明点》等奥义书，尽管强调本体的空、无住性，但始终没有像佛教般若思想那样，明确领会空性和无住性的本质就是自由，而是仍然经常将本体说成是一种圆满、不动、不变、恒常的存在；它们在将佛教的空性本体内在化的同时，也使这本体的实质模糊化、抽象化了。这表明，《慈氏》等的绝对否定尚未达到般若思想的究竟性，绝对反省也没有达到本体自由的实质。这种思维局限也反映出精神自由的局限。它表明在这里，无论是精神的自舍还是自反势用，其自身绝对化都没有得到充分、全面的展开。这种精神的局限性也只有通过自由的进一步展开来克服。

基督教神学，同样经历了从启示思维到对本体的纯粹、具体觉悟的过渡。盖奥利金、马利乌斯·维克托利努斯、忏悔者马克西姆到阿娄帕果的但尼斯的否定神学，尽管领会到神性本质的超绝性，但仍然将这超绝本质当作一种不可被否定的现存实体。他就成为精神的避难所、依靠、家园。这表明基督教的精神仍然是有所执、有所住的。但托马斯的神学，乃揭示上帝不是任何现存、不动的本质或实体（ons），而就是纯粹的存在行动（esse），因而就是自由。在这一点上，托马斯神学对上帝本质的理解，与大乘般若学和《慈氏》等奥义书对本体作为无住的空性的理解，乃可作桴鼓应，其形成也遵循与后者相同的精神逻辑。

神性的观念总是包含了神的绝对性和超越性的矛盾。在实在思维层面，这种矛盾往往会导致神性观念的自身消解。在这里，对神的超越性的强调会使神断绝与世界的存在关联而成为一种相对的东西，而对神的绝对性的强调则会使神丧失与世界的距离，这两种情况都会使神失去神圣性，不复成为真正崇拜的对象。其中后一种情况就是奥义书的思辨思维和直觉思维的典型结果。在这里，精神把一种超越的现实原理当成绝对，使超越者与世界的鸿沟被填平，结果超越者不复为神圣。在这里，问题的关键出在这超越者的超越性不是一种本真的超越。本真的超越是对全部现实存在的否定，它表现为对现实性的空洞化、虚幻化。这使超越者成为绝对。唯在这一思维层面，超越者的绝对性与超越性的矛盾才得到消解，从而使神性观念获得其本真的基础。这一思维，就是精神的本真觉悟。它领会的神，就是本真的神。

自由作为绝对，必然推动精神从实在思维到本真觉悟的进展。它必促使精神的自舍和自反势用展开其自身绝对化成为对现实性的否定和对超绝本体的维持，从而推动精神超越与反思扬弃现实存在（对现实的空洞化），领会那超绝本体为绝对真理；省思遂由实在思维上升到本真觉悟层面。这在精神进展，在现实思想史上，就表现为对现实存在的虚幻化。在这里，现实存在被当作假相或幻影，唯一真实的存在就是那超绝的本体。这种思想表现在神性观念的领域，就在于将现实世界虚无化，唯确立上帝为绝对的真理。无论是西方还是印度宗教，都经历了这一思想进展。

在奥义书思想中，这一进展最早表现为《白骡》、《频伽罗子》等的幻化论的提出。尽管在后来的印度教乃至吠檀多学派内部，幻化论（māyā-vāda）最早不是用来标榜自宗的，而是在贬义上使用的，幻化论往往被与佛教画等号①，但是思想史的考察表明幻化论思想是奥义书最早提出，且在吠陀中就已经酝酿②，而佛教的性空如幻思想乃是以奥义书幻化论为先驱的③。在印度思想史上，《白骡》最早把幻化论提升为一

---

① Hajime Nakamura, *A History of Early Vedānta Philosophy*, Motilal Banarsidass, Delhi, 1983. 124。《莲花往事书》（Padma-purāna）最早提及此词，乃责幻化论为“非吠陀教”（avaidika），是“伪装的佛说”（SDSVII・96）。其云：“幻化论表面是成立吠陀，而其实是反吠陀的。它的立说，就是为了毁灭世界。幻化论是伪学，其实是伪装的佛教。它是由迦厘（黑暗）期的毁灭力量，现身为婆罗门（指商羯罗本人）所宣布。”（转引自 Mahendra P.Mittal（Ed）, *Buddha and Early Buddhism Vol.1*, Originals, Delhi, 2002.141）吠檀多派也曾一直对幻化论持质疑、批判的立场（*A History of Early Vedānta Philosophy*, 120）。比如识比丘说幻化论表面上是吠檀多，其实只是佛教之一派（*A History of Early Vedānta Philosophy*, 120）。识比丘、阎摩那、罗曼奴遮认为幻化论是唯识说的变体，而伐拉婆则说它是大乘佛教“中观论的另一种化身”（Ibid, 121）。薄须伽说幻化论者往往执于佛说，而不与《梵经》一致（Bhāskara, Brahma-sutras-bhaṣyaII・2・29）：“他们（指幻化论者）执于佛氏荒诞无据的幻化论，误导众生。”（I・4・25）。直至商羯罗去世数世纪以后，吠檀多不二派才开始用幻化论指本宗的理论（*A History of Early Vedānta Philosophy*.120）。

② W.M. Apte 说：“作为后期吠檀多全部哲学之关键的 māyā（幻）和 rūpa（色）概念，在黎俱吠陀中，就已经被在与吠檀多派完全同样的意义上使用了。色在黎俱吠陀中指的从来不是实在的形式，而是易逝的、欺骗性的表象。Māyā 在大多数情况下指一种使欺骗性的表象得以产生或消失的神秘力量。如果幻与色的学说是吠檀多的精髓，那么它同样是吠陀的精髓。”（Pande, G.C, *The dawn of Indian civilization, Vol1*, Centre for Studies in Civilization, Delhi, 1999. 604）“在黎俱吠陀中，māyā 一般反映神秘的力量，可译为英文的‘craft’，有类似的双面意义：当它属于神的时候是褒义的，属于魔鬼的时候是贬义的。但在 ṚV・54・2 中它被在‘幻象’和‘表象’意义上使用，因而开启了后期吠檀多哲学。”（Ibid.604—605）

③ 吴学国：《存在・自我・神性：印度哲学与宗教思想研究》，中国社会科学出版社 2006 年版，第一编第四章引言。

种存在论的立场。全部现实世界是大梵变出的幻相，举体非真，唯大梵才是绝对真理，它就是一个绝对超现实的（超绝的）本体。梵与现实存在的区分就是一种真正的存在论区分。《白骡》还将这种对超绝本体的领会，与当时兴起的虔敬思潮结合，以为这本体就是至上神。它因而在本真觉悟层面，重新恢复了对神的崇拜。唯有在这一层面，神的超越性与绝对性的矛盾才得到克服。然而《白骡》的神，尽管是超绝、神圣的，却仍然被当作一个现存的实体，成为精神的执着、依赖的对象，成为现实自由的禁地。但是自由必然促使精神内在的自舍、自反势用的自身绝对化进一步展开，推动奥义书的精神打破现存性的执着，领会超绝本体是无住的真心或内在的空性，其实质就是自由。这种领会就是本己的觉悟。在大乘佛学的启发之下，更晚期的《慈氏》、《光明点》等奥义书，就实现了这一精神进展。其中《慈氏》更将这种本己的觉悟同当时取得长足发展的虔敬思想结合起来，认为那内在的空性就是神，是真正宗教崇拜的对象。然而《慈氏》对本体的空、无住性的理解仍然是抽象、含糊的。盖（正如大乘般若思想所揭示）无住性的实质就是绝对自由，但《慈氏》对此并无明确领会，在有些地方仍将本体说成是不动、不变、无差别的存在，表现出退回到《白骡》等的现存实体观念的倾向。这是晚期奥义书未能克服的一个思想局限。因而神性本质的自由在这里也是抽象、含糊的。晚期奥义书的另一个思想局限，是它同大乘佛学一样，对自由的理解是消极、片面的。大乘佛学领悟到本体就是绝对自由，但这自由只是否定的自由（自舍势用的本真存在）。然而本体自由应当是觉性全部自主势用的本真的整体。这一点无论大乘佛学还是晚期奥义书思想都没有认识到。因此在晚期奥义书中，神性本质的自由也没有得到充分呈现。奥义书思想的上述局限，表明精神的绝对否定和绝对反省在这里的开展都没有达到完全充分、究竟的程度（参考本书第一部分第三编结语）。

晚期奥义书思想克服实在思维的局限，领会到本真的神性，并且进一步扬弃神性本质的现存性，领会到神就是内在的空性、无住的真心，即绝对自由，于是奥义书最终从启示的神学过渡到无住的神学。这一过程，体现了精神的本真觉悟在自由推动下的形成的发展，遵循的是精神自身运动的普遍、必然的逻辑，因而在其他文化中也能发现与之对应的进程。西方基督教思想，就表现了同样的发展。

对于基督教精神来说，同样是自由推动它否定实在思维，进入启示思维，再否定启示思维，进入无住思维。这一进展充分表现在其神性观念的演化中。盖《旧约》对上帝对世界的绝对超越性的强调，就表现了精神对绝对自由的理想，反映了本体自由实现其绝对性的冲动。正是后者呼唤精神内在的自舍势用展开其自身绝对化，成为对全部现实、现存偶像的否定及对这自由本身的维持，从而推动西方的精神进入本真觉悟的领域。而在这自由展开的不同阶段，上述精神理想，即神性，就会显现为不同实质。早期基督教神学，由于受希腊的实在思维影响，往往也将上帝理解为一种实在（自然实质、实体、理念、澄明等），使《旧约》中上帝的超越性失去其本真意义。但同在奥义书思想中一样，在这里，本体自由也必然促使精神内在自舍势用的自身绝对化，推动超越思维升华为对现实的绝对否定及对某种超绝真理的确认，省思于是克服实在性的局限，进入本真觉悟的领域。在这里，神就显现为超绝的本体。

这表现在奥利金、马利乌斯·维克托利努斯、忏悔者马克西姆、阿娄帕果的但尼斯等代表的启示神学否定早期的希腊化神学中存在的实在论倾向（比如将上帝等同于实体、逻各斯等）。在这里，上帝作为存在本质被理解成现实性的否定，为超绝的本体。比如奥利金上帝超越全部现实世界、超越“存在”（esse）自身。存在的本质是逻各斯，或圣子、耶稣基督，但它只是圣父的形象、摹本。一个脱离神的抽象的现实就是一个空洞的影像。上帝是对一切现实性的否定，因而是超绝、神圣的本体。上帝与现实存在的区分就是一种存在论区分。这种上帝观念，与《白骡奥义书》的至上神观念，具有共同的本质。维克托利努斯以至但尼斯的神学，基本上只是进一步拓展了奥利金的思想。同奥义书幻化论的神学一样，基督教的启示神学，也是在上帝与现实之间引入一种“存在论区分”（Ontologische Unterscheidung），从而将附加在神性真理之上的全部偶像彻底凿落，神首次脱离现实性的缠障，呈现出其纯粹、神圣的本质。基督教神学由此获得对于上帝存在的本真的领会。这对于基督教乃至整个西方精神的影响都是极深远的（现代西方思想克服逻各斯中心论，都必须从基督教对上帝的超现实性的领会汲取资源）。不过基督教的启示神学也与《白骡》的神性观念有同样的局限性。这就在于它仍然将上帝理解为一种超绝的现存实体或本质，但觉性的超绝存在的实质就是本体自由自身，后者恰恰是对任何现存性的否定。这表明在这种启示神学中，精神对存在本质（本体自由）的觉悟还是抽象的。然而本体自由必然促使精神自舍势用彻底展开其自身绝对化，成为对任何现存存在的否定、对绝对自由本身的维持，推动否定思维达到量上的绝对化，而成为究竟否定；于是否定思维成为绝对否定，精神由此领会到存在本质就是自由本身（参考本书第一部分第三编第二章引言与结语）。在印度思想中，大乘佛学和《慈氏》、《光明点》等晚期奥义书就体现了这一思想进展。在基督教思想中，托马斯的神学也体现了同样的思想进展。其以为作为超绝的本体，上帝不是任何现存的“存在者”（on），它没有本质，不是任何“什么”（what），而是纯粹的“存在行动”（esse 或 einai），即存有（exist）的力量、活动。上帝的行动只能是对死亡、惰性的否定，只能是绝对、无限的生命、自由。它只能是绝对的自否定，而不是消极、惰性的自我肯定。因而上帝的本体就是无住、无碍的自由本身。在这里，托马斯神学对上帝本质的阐明，与大乘佛学和《慈氏》等奥义书对空性、至上神的领会表现出本质的一致性。它表达了一种对于神性本质的纯粹觉悟，在基督教思想发展中具有里程碑的意义。然而同《慈氏》等一样，托马斯神学也仍有其局限性，它对神性本质，即绝对自由的内容没有领会，它的觉悟还不够具体、全面；另外，它还缺乏奥义书思想的那种绝对反思，因而神始终只是一种客观的心灵，而没有成为人的内在自我。这种局限性，也唯有通过自由的进一步展开被克服。在这里，实际上海德格尔通过将存在本质、自由归结到人类此在之中，以扬弃欧洲传统中存在本质、上帝原有的客观化意味，就为基督教神学克服上述思维局限提供了契机。

印欧文化中这种本真的神，在华夏文化中是完全未曾存在过的。盖印欧文化的精神是一种觉道精神，华夏精神乃是一种玄道精神。在后者这里，精神的惰性、自在势用占据了主导，抵制了自主势用的作用，使后者不能展开为现实自由，所以华夏固有的文化没能产生出真正的精神超越与反思。华夏精神是最执着的，它紧紧抓住最直接、最感性、最外在的自然不放，没有丝毫的超越性，更何况放弃全部现实和现存的存在，实现精神的绝对否定，因此印欧精神达到的那种本真觉悟，对华夏民族是很陌生且难以接受的，那种本真的神性观念在华夏文化中更是无法立足。中国佛教徒中，始终存在着上层精英的纯粹精神觉悟同下层佛众的信仰主义的分离；前者一般将空性本体视为一种非人格原理，因而也非神性，后者则大多将诸佛菩萨仅仅当作一种自然神来崇拜。奥义书和基督教那种本真的神性观念在这里其实并不存在。道教尽管后来在佛教渗透之下发展出自身的超绝思维，但它的神基本上也仍然是神话的、自然的神，而不是本真的上帝。而儒家由于其极端的精神狭隘性，尽管受到大乘佛教一千多年的渗透，也始终没能接受佛教那种空思维，更没有由此领会一种本真的神性，它的宗教始终没有脱离原始的巫术和自然崇拜（如祭祀天地、山川、祖先等）的范畴。

## 小　结

### 一

宗教起源于人类精神超越其当前现实，追求一种更理想存在的永恒渴望，因而从根本上说，它起源于觉性的自否定或本体自由的呼声。与其他精神现象一样，宗教是自由的产物。自由以宗教为其自身实现的中介。自由构成现实的思想即概念、观念的系统并借助它们展开自身。精神为了使这思想成为普遍、必然的，就必须对它进行客观化，即通过构成社会存在的系统，如宗教、伦理、政治等，使思想具有了物质外壳，由此得到巩固和传递。然而与其他精神现象相比，宗教的一个特殊性在于，它的根本价值和生命在于守护某种特别的真理，或者说守护对这真理的领会。而这真理的特别性就在于它是非世俗的、超越的，也唯其如此它才是需要守护的（世俗的真理，比如科学的真理，不需要守护，只需要教育）。

精神对这种超越存在的守护，就反映了它对现实的永恒不满，以及对于本体自由的呼声的永恒谛听。这种不满就是一种存在论的情绪，它其实就是本体自由的本真存在对于现实个人的现身方式。而宗教的另一个特殊性就在于对于它来说这不满是永恒的，而且是永恒地呈现的。宗教就产生于人对自我和世界存在的永恒不满。这种不满，就是苦恼，或者苦恼感。苦恼感就是人对本体自由的谛听。宗教精神正因为其不满情绪，乃确立一个绝对非世俗的存在作为真理、理想，它由此守护了其对于绝对自由的开放性。这只有在觉道文化才是如此，玄道文化则从来是自怿自得，对现实完全满足的。在觉道文化中，人的苦恼感与自由感，作为本体自由的呼唤和肯定，永远引导着现实精神包括宗教精神朝绝对自由的进展。

对于宗教精神而言，它的内在现实性、生命就是宗教经验。宗教经验的核心就是对这非世俗的超越真理的领会。宗教的本质就是通过建立观念、自然的组织，使领会成为客观必然的（即概念），从而使这真理得到守护。这真理就成为存在的理想，成为精神生命的绝对目的。宗教的价值就是对这种特殊真理的守护。然而从究竟意义上说，存在的真理只有两种，即冥性本体和觉性本体。因而人类宗教只可以有两种，即冥性宗教和觉性宗教。前者如佛教，后者如印度教、基督教等。冥性宗教是冥性精神的产物，它把冥性作为存在的绝对真理、理想，这真理就是处在觉性的生命、自由之外的一种绝对寂灭、死亡之境。它可以是理想的存在，但不是理想的自我，因而它不会成为真正的神。反之觉性宗教是觉性精神的产物，它把觉性作为存在的绝对真理、理想，这真理就是绝对自由、生命。在这里，真理就成为一个理想的自我或自我的理想，而这就是神性的本质。因此，只有在觉性宗教或觉性文化中，神性的观念才是可能的。

宗教的真理是宗教经验的相关项，而宗教经验才是宗教的生命源泉。宗教经验其实是一种真理经验。每一种宗教经验都揭示出不同的真理或真理的不同侧面。它总是包括了不同层次的体验（即直接的、简单的经验）要素，每一体验的深度和清晰性往往大有差别。其中神性的经验，应当包含如下体验：(1) 崇高 (mysterious) 体验。这就是对真理本质的绝对超越性的直接经验。任何高等宗教（如佛教、基督教）都应具有这样的体验。这里所谓“崇高”乃是秘密之意，代表了一种与海德格尔描述的“畏”(angst)类似的体验。它是指究竟本体不可到、不可解，凌轹万有、深隐难知。它之所以是所有理想宗教的共同体验是因为，冥性本体和觉性本体，作为一切理想宗教证会的究竟真理，在对日常意识的关系上的共同点是它们的绝对超越性，因而相对于世俗的现实性，它们就是无，且作为存在之究竟本体，就是本无。崇高就是对本无的直接体验，所以是对世俗的彻底超越。(2)高明(numinous)体验。这就是领会到真理不仅是超越的，而且就是自由、绝对主体性，不仅崇高，而且是光明。这一体验是神圣体验的构成要素。盖崇高的东西并不一定能带来神圣的感受，比如佛教的空，只是崇高，而无神圣可言；因为崇高感只表象着绝对的超越，但只有当这超越物，不是仅仅沦为一种僵死的外在性，而就是主体性、自由，从而凝聚了人的内在本质的理想，它才可能是神圣的，只有觉性本体才是如此。因此高明体验还需要一种反思性。只有觉性文化，由于其自在地把存在本质规定为觉性的，因而才有这种高明体验，而觉性宗教的宗旨就在于守护这个体验。而冥性文化，由于其自在地把存在本质规定为冥性的，则只可能有崇高体验，绝无高明体验。(3)绝对(absolutus)体验。一种存在要成为崇拜的对象，不能是一个相对、有限的东西，还必须是绝对、无限。它必须是绝对的存在真理。神性的本质不仅是超越性、主体性，而且是绝对。(4)神圣(sanctus)体验。在高明体验中我们亲证了神的本质，但神的本质还不是神的全部真理。高明也还不等于神圣。神圣性的体验还需要另外的要素，这包括对本体的人格化，这就是使本觉成为神。只有当这高明的本体被赋予了人格性，它才体现了神圣经验的全部真理，也才能成为真正的宗教崇拜的对象，一句话，即成为真正的神。因为显然，一个绝对地停留在本质领域的超越者，不管它是冥性存在体还是觉性存在体，对于现实的宗教意识而言，都还只是一个冷漠的抽象物；而人们真正需要的是一个有血有肉，具有爱、同情、正义并深切地关注着人类事务的、值得我们托付全部生命的上帝。只有这样的上帝才能引起真正的崇拜，才是神圣的，反之单纯的超越本质，尽管可以作为哲人沉思的真理，但却不能成为宗教崇拜的对象。(5)敬畏(tremendous)体验。敬畏体验则是对神与人和世界的关系的体验。在这里，一方面人们体验到神与人的、天国与世间的巨大鸿沟，另一方面也体验到神与人之间奇特的亲缘性。敬畏体验首先是通过神与人的分裂而实现对超越真理的守护。它包括以下感受：(a)威严感，这是人对神的不可接近性的体验。这里，人的世俗自我对他与神的距离的任何跨越都被视为一种冒犯和亵渎。(b)罪感，是对人的此岸性的消极体验。在这里，人一切美好的东西全都归属于神和天国，也把一切污秽丑陋的东西归属于人的现实世界。于是人的直接存在就被视为罪。(c)畏惧感。在这里，绝对者的超越性表现为上帝对人的现实存在的直接否定，即神的忿怒。人由于认识到他对超越者的背离而感到应受惩罚。惩罚作为对罪的否定，其实是使灵魂净化的途径。(d) 受造 (creatus) 感，这是对人的直接存在之卑微性的体验。它与畏惧感的积极意义在于，在感受神、人之间的巨大鸿沟时，也感受到神对人的拯救和创造行动。其次敬畏感不仅包括对神的超越性、神与人的距离的体验，还包括对人自己与超越者、神的本质亲缘性的体验。在这里，实际上是人的我觉自在地意识到，那超越的他者，尽管与他的现实此在有本质差别，但却比后者更充分地表达了他自身的真理，因而它现实地就是他的理想。然而这种意识，前反思地就造成对那超越者的神往感、归属感。神学家鲁道夫·奥托曾经详细地分析了在"神秘"意识中，畏惧与着迷的奇特的对立统一①。威廉·詹姆士在《宗教经验之种种》一书中，收集了大量文献，描述对彼岸的出神迷恋，以及神性经验中的狂喜②。这些体验揭示的神性真理，大致包括以下方面：其一，超越性（崇高）；其二，主体性或内在性；其三，绝对性；四、经验的人格性。前三者构成神的本质，后者是神的表象。其中，神的超越性、主体性和绝对性，就是绝对自由，而人格性就是绝对自由的表象。因此神性真理，作为绝对自由，就是人类自我的自在理想（神与自我的同一性往往并未被明确意识到）。

然而在宗教经验中，人何以确定某种存在为真理？最根本的是自由感。一种存在之为真理，就在于觉性通过对它的领会实现了自由，这领会成了觉性现实的生命内容；如果这自由是初次实现，就必然伴随一种愉悦感，但是在一般情况，存在的真理性通过这领会在觉性生命整体中的有效性确定。

不过如果这种领会本身是绝对的目的，它就是精神的生命和自由本身，那么它认识的真理也就是绝对真理，这真理就无法通过上述的有效性确定。在这里，真理性实际上是通过一种积极的存在论情绪，即自由感被确定。自由感不是通常的经验心理感觉，而是本体自由通过情绪对人的现实自由新进展的肯定。当人进入了某种新的自由境界，本体自由就会通过在他心中造成一种愉悦的感觉来告诉他。这种感觉就是自由感。

联系到宗教经验领域，当人领会到一种超越世俗的真理，一方面他的精神实现了更大的自由；另一方面，他也会感到自己摆脱了那些原先限制他的存在，更加自由了，并且由此具有一种心理的愉悦。这也就是自由感。因此对于宗教精神来说，是本体自由通过苦恼感来呼唤它克服其现实局限，否定其当前此处，实现更大自由，又

① 鲁道夫·奥托：《论神圣》，四川人民出版社 1995 年版，第 36 页及以下。

② 威廉·詹姆士：《宗教经验之种种》，商务印书馆 2002 年版，第 11 章，第 376 页及以下。

通过自由感对它的新进展表示肯定。精神就是在苦恼感和自由感的引导下，逐渐摆脱奴役、烦恼和罪恶，迈向绝对自由之境。

人类精神总是具有实现绝对自由的冲动，但只有宗教精神，始终保持着对于绝对自由的（尽管可能模糊的）意识，并把这绝对自由作为自我的理想，即作为神加以崇拜。首先，神的超世俗性就是自由的绝对性。一切世俗东西都是有限的，其自由也是有限的。神超越一切世俗的东西，因而他的自由是绝对的。其次，神的绝对主体性（即全知、全能）的本质也是绝对自由。盖主体性即是自由，而人的主体性，他的知识、能力皆是有限的，故其自由是相对的；但神的智慧、能力则是无限、绝对的，故其自由是绝对的。再次，神的绝对性也是绝对自由的体现。如果神只是一种相对的存在，那么必然有处在他的自由之外的东西。只有当神就是绝对存在本身，他的自由也才是绝对的。神性的真理就是绝对自由。宗教就是通过对神的崇拜使绝对自由，或者说使精神对绝对自由的无限开放性得到守护。

宗教的神性观念也是随着人类思维的进步而发展的。推动其发展的因素主要有两方面：一方面是精神的否定与反省思维在自由推动下的发展，导致省思从自然思维到理智思维最终到对自由自身的本真觉悟的演进。盖绝对自由尽管始终是宗教精神的理想，但它的呈现一开始总是模糊的、表面化的。然而它作为绝对，又始终在抗拒、逃避任何这类确定的领会。因而精神对这绝对自由的领会是不断深化、纯化和升华的。这种领会随着精神的否定与反省思维的发展而不断提升，使神的绝对自由在不同的精神阶段，分别呈现为自然的、超越的乃至本真的形态。与之相应，奥义书的神，分别为自然的神、超越的神，本真的神。另一方面，神性观念自身包含的超越性与绝对性的矛盾，也是推动其发展的一个主要因素。神的超越性与绝对性，皆是自由的方面，也是神性的两个不可分割的方面。然而在实在思维层面，对神的超越性与绝对性的强调往往会导致矛盾。神的超越性就是神与人、世界的距离，但对它的强调，在实在思维层面，往往导致神成为与人和世界分离的、相对的东西，使它丧失了绝对性，故不复为神圣。对此问题的克服有待于重新恢复对神性本质的绝对性的领会。反过来，神的绝对性就是指神是存在的绝对真理，但是对它的强调，在实在思维层面，往往导致神与人和世界的距离消失，使它丧失了对世俗的超越性，亦不复为神圣。对此问题的克服有待于重新恢复对神性本质的超越性的领会。这就使得在任何宗教中，神性观念总是在超越性与绝对性之间来回摇摆。无论在自然思维、理智思维还是直觉思维层面，都存在这样的矛盾。其中，宗教精神正是通过对神的超越性的不断发掘，使神性观念逐渐从自然的神进化到理智的神、直觉的神乃至本真的神；而在这每一阶段，又通过对神的绝对性的重新恢复，使神性克服其封闭性、相对性而成为绝对的存在。只有在精神本真觉悟的层面，这一矛盾才得到真正解决。因为这觉悟由于对全部现实性的彻底空洞化，使本真的神，作为超绝的本体，既成为绝对的超越性，也成为存在的绝对真理。

在任何宗教中，神性观念的发展线索，在很大程度上都是由上述这两方面因素的重叠构成的。奥义书的神性论也是如此。在这里，首先是超越与反思的发展，使神依次呈现为自然的神、超越的神、本真的神。其次是对神性的绝对性的复归促使自然神从感性的过渡到客观的（自然的绝对），促使超越的神从实体的过渡到同一的。最后在本真神学的阶段，神的超越性与绝对性达到完全的统一。于是，奥义书的神性论的发展就区分为上述几个大的阶段。而西方宗教也表现出大体一致的发展轨迹。

## 二

同印度宗教的情况一样，在西方宗教中，首先出现的神也是自然神。其中最早的是奥林匹斯的诸神，乃是一种与吠陀及奥义书最原始部分所理解的类似的感性的神。在这里，神具有经验、感性的形象，其品德固无逾于人。神的超越性被理解为自然的，即天国与尘世的距离，以及神比人类更美、更有力量、具有超人的神通等。神只是一种经验的、感性的个体。然而随着希腊思想逐渐领会到一种宇宙的绝对实质或本质，这感性的神便无法再成为真正的崇拜对象。于是在米利都学派中，神被认为就是宇宙的绝对实质，即水、气、无限等。于是神成为一个自然的绝对，即客观的神。这样的神与梵书和早期奥义书中常见的宇宙论的大梵是完全一致的。然而同在梵书和早期奥义书中的情况一样，对神性的这种理解，取消了神与世界的距离，最终导致神性的消解。

神性的恢复有待于思想重新理解神的超世俗性。更真实的超世俗性首先是对自然、经验的超越性。这才是真正的超越。神只有作为对自然、经验的否定，才是超越的神。思想只有通过领会神的这种真正的超越性，才能重新恢复其神圣性。这一点随着希腊的超验形而上学的建立而成为可能。最早提出形而上学的神性观念的，当属阿那克萨哥拉。他提出作为实体的奴斯（Nous）观念。奴斯是不与自然混合的、超越的精神实体，是宇宙的灵魂，它就是神。苏格拉底认为神即理性，它是一个非人格化的普遍，全智全能，是世界的创造者、支配者。就像心灵支配身体一样，“充满宇宙的理性也可以随意指挥宇宙间的一切”。神创造万物都是为了人的目的。在苏格拉底思想中，神就是一个超越的精神实体。柏拉图继续这一思路。《蒂迈欧篇》提出有一个宇宙创造者（Demiurge），它就是神、天父，以理念为摹本创造宇宙。《法律篇》

提出神是住在物体中的灵魂，是物体运动的推动者。在柏拉图思想中，神与理性是两个不同的实体。因此他的神不是存在的本质，因而不是绝对。它只是形而上学的实体而不是本体。亚里士多德也认为神是超越超越自然的时间、空间和因果性、超越全部经验表象的实体，这实体就是理性的活动，是宇宙的第一原因和推动者。斯多葛派基本上继承柏拉图、亚里士多德的思路，认为神就是宇宙灵魂、逻各斯（Logos），超越自然和经验，是宇宙的永恒主宰者。在所有这些思想中，神都被当作一种形而上学实体，即使是最高级的实体，而不是存在、世界的本质。这固然恢复了神对世俗世界的超越性，却使神成为一个相对的存在。这个神，与《羯陀》《伊莎》的实体的神是一致的。对神的这种相对化，也必将导致神性的丧失。因此思想必须重新领会神的绝对性。对一种超越、绝对的神性的领会，在新柏拉图主义那里最早得到实现。普罗提诺的太一就是这样的神性。太一超越自然、灵魂、理智或理性，而同时又是自然、灵魂、理智的最终根源、本体。太一通过流射，产生出宇宙的全部存在。它就是存在的绝对本质、真理。这个神就是绝对的。它就是同《蒙查羯》的大梵类似的同一的神，而且本质上也是非理性的澄明。然而这澄明也仍是一种现实存在。把它作为绝对，必然再次使神与人、世界的距离变得模糊，从而使神丧失神圣性。

对于神的本真超越性的再度恢复，有待于精神否定全部现实存在，领会神性本质为超绝的真理。在西方思想中，这是通过基督教实现的；这在于基督教在希腊传统的影响下，重新解读《旧约》对上帝对世界的绝对超越性的发明，将这种超越性理解为上帝的超现实性。

然而基督教达到这种神性观念，也经历了相当漫长曲折的过程，其中包含了希伯来精神和希腊精神的长期斗争和交融。其中，上述希腊神性观念，在基督教传统中都有对应物。首先是自然神的观念。比如耶稣和使徒时期的基督教，仍然承认除了耶和华之外，还有许多其他神（外邦的神）及众多的魔鬼和天使，后者有时也被称为神。在这种意义上，基督教中也存在吠陀、奥林匹斯那种感性的多神论的遗迹。另外，在希腊宇宙论影响之下，基督教也曾产生过将上帝理解为与米利都学派的宇宙始基相同的思想。比如迪南的戴维认为上帝和原初物质相同，因而上帝必然是融会到事物之中的。然而同希腊和奥义书的客观的神性观念一样，对上帝本质的这种理解，也使上帝对世界的超越性完全被埋没，从而使神丧失了神圣性。为了恢复上帝的神圣性，基督教就必须重新领会《旧约》对上帝的绝对超越性的启示。而这种领会，在基督教中，无疑受到希腊思想的影响。比如早期的希腊教父神学，就是在希腊形而上学启发下，将上帝的超世界性理解为对自然的超越性即实体性。比如圣巴西尔（Basil the Great）就指出，说上帝是实体（ousia），并不是从否定意义上说，而是揭示了“上帝的本已存在”（auto to einai tou theou）。与之呼应，尼莎的格列高里（Gregory of Nyssa）指出上帝是至上的思想，通过逻各斯得到表达。希腊神学用原型与摹本、理念与影像的关系解释神对世界的超越性。神就是超越的理念、逻各斯，就是实体。这种思想影响到后来的唯实论。比如圣伯纳德将以形象与模型关系为基础的希腊神学，与以本性与恩典为基础的拉丁神学综合起来。正是在希腊神学基础上，他提出对作为本体、模型的上帝，与作为结果、形象的现实世界的“形而上学区分”。波爱修、安瑟伦以至夏特勒学派，都是继承和发展了这种实体神学的思路。然而这种神学也具有与从阿那克萨哥拉到亚里士多德的实体神学相同的问题。这就在于把神对世界的超越，理解为形而上学的实体与现象界或自然的分离，结果使上帝成为相对、有限的存在。同在希腊思想中一样，对神的这种有限化，也必将导致神性的丧失。因此基督教思想必须重新领会神的绝对性，这一步发展也是在希腊思想的启发下展开的。在基督教传统中，对一种超越、绝对的神性的领会，在奥古斯丁等的思想中得到实现。正是在普罗提诺的太一哲学启发下，奥古斯丁认识到神不是一个封闭的实体，而是世界万有的根源，是存在的绝对本质、真理，而且他的神，同普罗提诺的太一一样，是一个超理性的神秘本体，即澄明。于是神恢复了它的绝对性。这个神也就是与《蒙查羯》的大梵类似的同一的神，而且作为澄明，奥古斯丁的神与普罗提诺、《蒙查羯》的神一样，也仍是一种现实存在。因此把它作为绝对，必然再次使神与世界的距离变得模糊。

正是为了克服实在论的误区，挽救神的神圣性，迫使基督教重新解读《旧约》对上帝对世界的绝对超越性的教诲，将这种超越性理解为上帝对现实性的绝对否定。基督教思想由此才真正克服希腊精神的局限，即对现实性、逻各斯的执着，从而彻底打破存在的偶像，使神的超绝本体呈现出来。唯其如此，上帝超越性的本真意义才被揭示出来。这一思想进展，通过奥利金、马利乌斯·维克托利努斯、忏悔者马克西姆、托名的但尼斯以至托马斯·阿奎那的超绝神学得到实现。这种神学否定早期的希腊化神学中存在的实在论倾向，以为上帝就是对现实性的否定。上帝超越作为存在本质的逻各斯，或圣子、耶稣基督，因而超越全部现实世界、超越存在自身（esse）。存在、逻各斯只是上帝本质的形象、摹本。现实性若脱离神，就是一个空洞的影像。上帝与现实存在的区分就是一种存在论区分。这区分表明上帝是一个超绝、神圣的本体。上帝也只有作为超绝的本体，才首次呈现其本真的存在，其超越性与绝对性的矛盾也才得到克服。这种上帝观念，与《白骡》、《慈氏》等晚期奥义书的至上神观念，具有共同的本质。但是奥义书幻化论的情况一样，基督教这种超绝神学在其早期，比如在奥利金、维克托利努斯等人那里，仍然将至上神当作一种超绝的现存实体。

这个神同在《白骡奥义书》中的一样，就是作为神圣性的上帝。同样也是精神超越与反思推动基督教思想打破这种现存性执着，领会到上帝本质不是任何固定不变的实体、本质，而就是自由。托马斯的神学就体现了这一思想进展。他以为上帝作为超绝的本体不是现存的存在。上帝没有本质，不是任何“什么”，而是纯粹的“存在行动”，是绝对、无限的生命、自由。上帝的本体就是无住、无碍的自由本身。托马斯神学对上帝本质的这种理解，与《慈氏》等奥义书的作为内在的空性、无住的真心的神性观念，具有本质的一致性。它们都揭示出神性本质就是绝对自由。神成了作为自由的上帝。只有达到这一领会，对神性本质的追问才找到了真正的归宿。

我们的讨论表明了，神性观念在西方宗教的发展，与其在奥义书中是大致平行的。这也表明了它们遵循同样的精神逻辑。这在于神性观念的发展，在根本上是由精神的超越与反思思维在自由推动下的不断提升和深化决定的。

## 三

神性自在地体现了人类对于自我的理想，这理想就是绝对自由。神性的本真存在就是绝对自由，而这自由表现为绝对的超越性、主体性等。神性观念起源于人超越其当前的自我和世界达到一种更理想存在的渴望，起源于人的良心即本体自由的呼声。如前所说，良心的呼声表现为苦恼感。从人这方面来说，苦恼感就是对良心的谛听。苦恼感就是人对自己的不自由的不快感，与之相反的自由感则是人对自己的自由的愉悦感。苦恼感和愉悦感就是人的良知。

然而无论是人对自己的不自由的苦恼感，还是对绝对自由的渴望，都是觉道文化精神所特有，而为玄道文化精神所无。这表现在，在像华夏文化这种典型的玄道文化中，作为印欧精神的理想的神性、天国、彼岸观念，从来未曾产生。在这里也不曾产生过精神对超越人和世界的更高级、更自由境界的追求。世界上再也找不到哪个民族的精神像华夏精神那样，如此绝对地执着于当前、直接的现实性，即自然。它对于这现实完全满足，在其中总是自怿自乐。它的最大智慧是在这直接自然中逍遥自得、陶然忘机，其最高道德是完全服从自然的意志、顺天安命。它对当前、直接的现实性没有任何不满，也未曾有过对自己不自由的苦恼，更未曾有过对一个超越这现实的存在的渴望和认真思考。这种自怿自得实际上表现了人类良知（对本体自由的谛听）的完全泯灭，也意味着真正的神性观念、真正的宗教在这里是不可能出现的。

只需对于所谓的华夏宗教和神话作一粗略考察就可验证这一点。上古华夏民族所谓神或上帝，有以下几个特点：其一，神对于世俗世界没有任何超越性。与印欧神话不同，在华夏远古宗教中，神完全从人的世俗需要得到规定。这一特点从华夏文化最早的文本，比如殷墟卜辞、《尚书》和《诗经》中，都可以清楚看到。在现存的卜辞中，“帝”的出现有数千例，但每次都是作为“令风”、“令雨”、“降饥”、“降诺”、“受（授）禾”等的主语，而且卜辞中竟然从未发现过对“帝”的自身存在的思考。也就是说在这里，“帝”的存在完全是由人的世俗功利关怀规定，所以它没有任何超越性可言（《尚书》、《诗经》中的“帝”、“天”也完全由人对国家和自身命运的关怀规定）。另外，在卜辞等文献中，表示神与世俗世界距离的天国、彼岸的观念也从未出现过。在上述意义上，“帝”或“天”等根本没有神性，而只是自然强力的模糊化身。其二，神的自身存在极为苍白、贫乏、抽象，没有生命与活力，更不具有其在印欧文化所具有的绝对主体性（全知、全能）。上述文献与印欧宗教和神话文本相比还有一个突出之点，就是在其中甚至从未有过对上帝的本质、属性或形象的任何思考。无论卜辞，还是《尚书》、《诗经》，都从未谈及神是什么样子，更未提到过神的本质。因此在这里，神的自身存在极为空洞，因而它完全不具有真理性。神既没有上升为明确的个体性，也没有成为真正的绝对性。神与宇宙、自然的关系极模糊。它到底是在自然之内的还是之外的，都不清楚。神作为宇宙创造者的观念也未曾被提到。因此在这里，神除了作为由人对自然力量的原始恐惧和依赖构造出来的极端昏暗、模糊的表象，实在什么都不是。其三，神还没有人格性。如前所述，华夏远古的神，只是自然界的野蛮暴力的极端模糊且飘忽不定的表象，它没有上升为个体、没有明确的人格。这样一个神，不可能与人有精神、情感的交流，因而不可能成为真诚的崇拜和爱的对象。这一点通过如下事实得到验证：华夏的上古宗教性文献与吠陀、阿吠室塔、犹太圣经等相比，在内容上还有一个十分突出的特点，就是它们尽管经常表现出对于“帝”或“天”的恐惧或依赖之情，但在所有这些文献中，从没有过对于神的祈祷、赞美。吠陀和圣经中充斥的祈祷词或赞美诗，在商周文献中一篇都找不到。这清楚表明，在这里，所谓“帝”、“天”并没有成为真正的崇拜对象。

总之，商周文献的“帝”、“天”或神，既没有对世俗世界的超越性，也没有绝对主体性，也不具备人格性，因而它没有寄托人对自身存在的理想（这理想就是绝对自由，表现为超越性与绝对主体性等）。事实上商周思想从来也没有真正把神当作自我的理想。这神也就不会是真正崇拜的对象。它其实只是一种原始自然恐惧和依赖的产物，完全从人的尘世的、物质的目的得到规定，因而本质上只是巫术迷信的对象，而不是真正的神。因此，商周思想实际上没有真正的神性观念。因此，华夏民族只有巫术和迷信，既没有真正的神话，也没有真正的宗教。与此相关的一个事实是，由于秦的暴力统一摧毁了客观理性的空间，于是华夏思想就迅速退化到野蛮的谶纬恐怖中。

在东土大地，唯楚民族具有真正的神话。《楚辞》的神，已不是卜辞、《尚书》的“帝”那样的昏暗模糊的“一”神，而是各有其鲜明特征的“多”神。神成为非常具体的存在，具有了属人的美好形象、具有人的情感、思想和性格，被赋予鲜明的个体性和人格。《楚辞》呈现了一个与吠陀、荷马史诗类似的众神殿。其中太一（宇宙起源）、日神（东君）、月神、云神（云中君）、命运神（大司命与少司命）、山神（山鬼）、河神（河伯）等众神，大都非常具体皆具有人格性。比如《山鬼》写巫山女神：“若有人兮山之阿，披薜荔兮带女萝。既含睇兮又宜笑，子慕予兮善窈窕。乘赤豹兮从文狸，辛夷车兮结桂旗。被石兰兮带杜蘅，折芳馨兮遗所思。余处幽篁兮终不见天，路险难兮独后来。”一个美丽多情的女神形象清晰呈现在我们面前，她就是美与爱的化身。在这些诗作中，看不到卜辞、《尚书》那种对自然的原始恐惧以及世俗的巫术理性，唯有对神的真挚崇拜和热爱，昭于简篇、溢于言表。象奥林匹斯的众神一样，《楚辞》的神，比人更美好、更自由，因而就是人的理想自我，所以成为真正的崇拜和爱的对象。《楚辞》中也有大量的祈祷诗和赞美诗，这也是华夏文献中所不见的。《九歌》乃为请、赞神之曲，其内容与从吠陀到《圣经》旧约的祈祷和赞美诗颇有一致。这在所有非高加索族裔的文化中，几乎是独有的。另外，《楚辞》中屈子升天的故事，以及后来道士们羽化登天而与诸神同游的想象，都表明了楚民族对神与人及其世界的距离的意识，表现了楚人的天国观念。这些也是商周思想所无的。它们表现了一种对神的超世俗性的领会。总之，在东土大地，唯楚民族的神，才是真正崇拜的对象，才是真正的神。这种神话和神性观念，寄托了楚民族的超越理想。

不过秦灭楚导致楚文化被扼杀，楚人的神话也归于灭绝。楚人的超越理想也归于澌灭。精神若失去超越的冲动、失去对更高自由的理想，就不再会有真正的神性观念。尽管后来佛教的长期渗透，使华夏民族也具有了一点超越和反思的思维，但经过彻底“去神话”的华夏精神，已不可能再认真对待人格神的观念。

因此，尽管后来佛教带来了印度的神话，道教也在佛教刺激下构造了自己的神话，但很难说这佛、道诸神是一种真正崇拜的对象。佛教的法身佛就是非人格的空性，它只是觉悟的对象，而非真正崇拜的对象。而所谓报身佛、化身佛及至诸菩萨，尽管被人格化，但这往往只是一种譬喻的、文学化的表述，而且他们只是法身佛的表象，因而本身就不是绝对，所以佛教徒对他们的情感，也很难说是一种完全、真实的崇拜。道教有三清、四御、日月五星及四方之神等等。道教的神话，大体是在楚国神话与佛教神话启发之下创造出来的。与佛教神话的情况类似，道教以非人格的宇宙始基即道为绝对，其所谓诸神只是道的化身、产物以及道教的守护神、悟道者等，无法成为一种完全、真实的崇拜的对象。而且道教的实践以证悟道体、神与道合为宗旨，包括服食、行气、房中、守一、外丹、内丹，以及斋醮、符录等一系列道功，而没有通过祈祷、崇拜神而得以悟道登天的思想。因此道教同样缺乏真正的宗教崇拜，它的众神也没有成为真正崇拜的对象。在这种意义上，它们还没有获得真正的神性。

总之，印欧民族那种真正的神性观念，以及真正的宗教崇拜，在东土思想都不可能形成。华夏文化没有那种神圣，也很能容纳那种神圣的东西。

# 结　语

我们将奥义书的观念史，分为存在论、自我论和神性论三个部分予以阐述。本编阐明了奥义书的存在、自我、神性观念在自由推动下不断演变的精神逻辑。在精神的自舍、自反势用推动下，奥义书的否定、反省思维不断自身提升和深化，因而不断否定和重构着精神的观念，使奥义书的存在、自我、神性观念不断推陈出新。我们还通过将奥义书观念史的每一环节与中、西思想进行广泛的比较，阐明了上述精神逻辑的普遍意义。

奥义书的存在观念包括了以下发展阶段：(1) 自然的存在观念。人类精神由于其有限性，最初只能看到自然，并将其绝对化。因此最早的奥义书思想都是把自然当作存在的绝对真理。但是由于自然的否定、理性和反省思维在自由推动下的发展，导致自然的存在观念也经历了从个别到普遍、从表象到本质的进步。其最原始者，为莱克婆、该祇夜等的神话的存在观念，以为存在的真理为一种无内在关联的空洞的、量的绝对。耆跛厘、优陀罗羯等的学说，则将存在真理视为一种普遍的宇宙实质，此为宇宙论的存在观念。茶跋拉、考史多启、爱多列亚则以存在本质为一种能动原理、主体性，即生命元气，此为伦理的存在观念。然而在上述阶段，这绝对、本质、主体性，皆仍是自然的。精神省思仍然把自然当成绝对，还没有转化为真正的超越与反思。因此精神的自由是自然的、不真实的。然而自由作为绝对必然推动奥义书的存在理解最终否定自然，进入觉性的内在、本质存在的领域。(2) 内在的存在观念。自由推动精神的内在转向，导致奥义书存在观念的内在化。这种内在存在观念以为存在的真理是人内在的心识。它体现了真正的精神反思，反映了精神的内在自由。但由于人类精神的局限，其最早的反思是自然、经验的。相应的存在理解，乃将绝对心识视为经验的意识、心灵。奥义书最初的心识论就是如此。这种心识论又包括：其一，ChānIII · 14 的意说，以为存在的绝对真理是意即感性意识，但感性意识只属于心灵的最外在的、表象的、偶然的层面。随着奥义书的反省与理性思维在自由推动下的深化，其存在思考乃扬弃感性的表面性，认识到作为感性的基础的心灵本质。其二，KauṣIII, IV（以及 BṛihII · 1），ChānVII · 1—7 的识说和般若说，以为存在的绝对真理是某种超越感觉表象的本质意识或理智。然而无论是所谓的意，还是识、般若，都还属于经验意识或内在的自然。精神没有意识到自己的超越性和自身尊严。但自由必然推动精神扬弃这经验意识，进入心灵的纯粹本质即超验领域。(3) 超越的存在观念。自由必然推动奥义书的否定思维转化为真正的精神超越，从而彻底破除存在的自然偶像，使存在真理呈现为超验的实体。精神由此实现其超越的自由。而奥义书的超越思维是在反思的基础上展开的，一开始就是与反思结合的，所以是一种内在超越。它揭示的超验实体，就是心灵、意识。在奥义书中，这种超越的存在观念又包括：其一，KauṣI 等的现存实体观念，将作为存在基础的超验心识理解为一种不动、现存的实质；其二，KenaI—IV 等的超验的主体观念，将这心灵实体理解为能动的主体；其三，KāṭhII，V；PraśIV 等的二元论的实体观念，把主、客体理解成相互分离、各自独立的两种实体。但是这些观念都把存在真理当作一种现存的、自我封闭的、相互分离的抽象实体。精神没有领会这心灵实体的内在实质（纯粹的自由、思想），没有实现对其纯粹内在存在的直接自主设定。但是自由必然推动奥义书的精神克服这种形而上学的局限，达到对作为主观与客观、意识与对象共同基础的绝对存在的领会。(4) 同一的存在观念。精神唯有领会觉性的纯粹内在存在，即觉性的纯粹自由与先验思想，才能实现主体与客体、意识与对象的绝对同一；这存在，我们称之为同一的存在。奥义书这种同一的存在观念包括两种类型，其形成和发展，也是自由推动超越与反思进一步发展的结果：一是BṛihII，III，IV 的耶若婆佉学说，TaitII，III 的步厉古学说所揭示的先验的实在观念。其说提出熟眠位识或喜乐身作为心识的本质层面，它超越全部经验、自然的存在，又是其基础、本体，因而它就是先验的实在。这种先验实在仍然是一种现实存在，它就是纯粹的思想、理性。对它的绝对化必然导致理性、传统对自由的遮蔽。故自由必推动精神克服这种先验反思的局限，领会存在真理为超理性的神秘本体。二是《蒙查羯》、《蛙氏》等所揭示的神秘存在观念。其以为存在真理是超越了理性、理智、思想的神秘本体，这就是觉性纯粹的澄明性。但是它仍然是一种现实的存在。奥义书思想在这里其实是把现实与本体的“存在论区分”，理解为理性与澄明的“直觉的区分”。但是一种脱离理性的神秘的澄明其实是思维的假相。因此精神企图通过对这澄明的领悟实现对理性、传统的超越是不可能的。奥义书的存在理解必须进一步发展。(5) 超绝的存在观念。自由必然推动奥义书的精神突破现实性的网罗，领会作为理性、思想本质的超绝存在。这超绝存在不受现实、逻各斯束缚，而是规定它、构成它。其实质就是本体自由自身。奥义书精神由此进入本真阶段。在印度思想中，这种超绝存在的观念还包括：第一，神圣存在的观念（《白骡》、《频伽罗子》等奥义书的幻化论）。在这里，现实性被彻底空无化、虚幻化，存在本质被理解为一种绝对超现实的本体。但是由于奥义书的本真精神最初仍然未能摆脱自在势用的牵制，其自舍势用没能展开为充分、绝对的自由，导致精神仍然有执、有住。因此在这里，超绝本体被理解为一种不动、不变、永恒的现存实体。但这种超绝的现存实体观念其实是一个假相，因为这超绝本体的实体是自由本身，而后者是绝对自否定的运动，是对一切现存存在的否定。自由要实现对自身实质的维持，就必然推动印度精神否定现存性执着，领会存在本体的空性。第二，空的观念（大乘般若思想）。自由必将推动精神的否定思维的绝对化，使印度思想最终打破现存存在的偶像，领会存在本质就是自由本身。大乘般若的空性论最早体现了这种存在理解。其以为存在本质是空性，后者是对一切现实、现存存在的否定或超越，它就是绝对自由。但是般若思想缺乏真正的精神反思，它领会的空性乃是一种客观的、甚至非精神的原理。自由必然推动般若思想的内在化，使其建立真正的精神反思。第三，本己的存在（《慈氏》、《光明点》等奥义书的思想）。在般若思想基础上，《慈氏》等奥义书，乃将空性等同于精神的内在本质、自我。因而使般若的超绝自由内化为本己的存在。然而奥义书的超绝存在观念仍有其局限。首先它是片面的。它的超绝存在、空性，在其最究竟意义上，其实指的也只是自舍势用的本真存在，而没有包括本体自由的运动整体。其次，它对于本体的无住、空性的实质就是自由，并不明确，甚至在多处仍将这本体表述为一种现存存在。在这里它实际上将大乘佛学对于本体的理解抽象化、模糊化了。总之，奥义书的存在理解还有很大的发展空间。它的最终结论是在纯粹觉悟的层面领会到存在的真理就是自我本质：存在＝自我。存在思考与自我思考乃达到最终融合。

自我观念的发展乃由反省思维的深化构成。奥义书的自我观念包括了以下发展阶段：(1) 自然的自我观念。奥义书最早的自我理解，继承吠陀和梵书的自然思维，不仅将自然视为绝对真理，而且将自我也当成一种自然的东西。这就是自然反省。不过由于自然反省也是在精神的自舍与自反势用的辩证推动下逐渐深化、提升的，所以在奥义书中这种自然的自我观念也是处在发展中的。它包括以下环节：其一，自我作为宇宙全体的观念。这是奥义书从吠陀晚期和梵书继承而来的一种自我观念。它的形成也体现了自由的推动。盖自我的真理乃是绝对、普遍，然而自然意识的自我则是物质的个体，它其实是虚假的。但是精神的自反势用必然展开为同一维持，推动反省领会自我是绝对、大全。但是在这里，自我实际上只是一个量的、抽象绝对。这表明奥义书精神尚未实现对自我内在本质的维持。其二，自我作为宇宙实质的观念。精神自反势用必然展开为本质维持，推动奥义书的自我反省内向化，领会这作为绝对的自我为一种普遍实质或本质。但这本质被当成了一种现存的质料。然而自我的真实本质不是一种现存物质，而是能动性、主体、生命。因此精神的自反（本质维持）和自舍势用，必然推动奥义书的反省进一步否定那被动、物化的自我，领会自我的本质是主体性、生命。其三，自我作为自然主体的观念。这就是奥义书的元气论的自我观念。它把自我、存在本质理解为一种生命元气。后者就是能动性、主体。元气转化为万有、为其本质。然而这所谓绝对、本质、主体，都仍属于自然。自我被当成一种自然的存在。因此在这里反省完全没有领会自我的内在本质，没有实现对自身内在性的规定，因此反省还没有真正的自由。(2) 内在的自我观念。精神的自反势用要求展开为对自我的内在存在的维持。它必推动奥义书的反省思维的真正内在化。于是反省认识到外在的自然其实只是内在心灵的表象、产物，心灵才是自我、存在的本质、真理。奥义书思想因而领会到一种内在的自我观念。在这里，反省由于认识到自我的内在存在的绝对性，就成为反思。然而由于人类精神的固有局限，自然、经验的东西总是更触目，因而在奥义书中，这反思最早也只是一种经验反思，它把绝对自我理解为经验的意识。奥义书这种经验反思也是在自反与自舍势用推动下发展着的。因此这种经验的自我观念包括：一是感性的自我观念。在奥义书中，自我作为内在心灵，最早被当作一个感觉的总体或感性意识。但感性只是心灵的表象层面，是变幻无常的，缺乏必然性和自身同一性。因此精神的自反势用必然推动反思领会作为表象基础的心灵本质，即理智。二是理智的自我观念。奥义书更深一层的反思，是把一种抽象的心灵本质，即理智，作为自我、存在的根源、真理，然而这种理智也仍然是经验的、心理学的。总的来说，经验反思领会的自我，仍属于内在的自然，是不纯粹的。自我的纯粹内在存在必然是超越全部经验、自然的，因而是实体。精神唯有否定全部经验现象，领会自我的实体性，才能获得自身的尊严。(3) 实体的自我观念。精神的自舍与自反势用的进一步展开，必然推动奥义书的反思否定经验意识的自为真理性，领会真实的自我、心灵为超验的实体。于是反思就成为超验反思（纯粹反思）。它认识到真实自我乃是与宇宙和心理的自然完全不同的实体。实体否定了全部经验现象而为其基础。超验反思为了保证心灵的纯粹性，把自然从心灵中完全排除出去，使自然成为在心灵之外的东西。这也使心灵也成为一个封闭的实体。这是一个典型的形而上学的自我。ChānVIII · 1—6、《六问》、《羯陀》等就体现了这种实体的自我观念。在 ChānVIII · 1—6，自我实体被理解为一种无意识的虚空。随着反思的内在化，在《六问》、《羯陀》中，自我实体被明确等同于意识、心灵。这种形而上学的自我观念使自我丧失绝对性，实际上使自我外在化了。然而精神的自反势用的自身绝对化，必然展开为对自我的同一维持，推动奥义书的反思重新领会自我的绝对性。(4) 绝对的自我观念。由于精神自反势用的推动，奥义书的反思终于领会到那内在的自我实体不是一个自我封闭的存在，而是主体与客体、意识与对象的共同本质、内核。这就是绝对之我。它是全部经验、自然的存在的超越的本体、根源。奥义书思想最早领会的绝对自我，就是耶若婆佉、步厉古学说中的熟眠位、喜乐身，其实质是先验理性。这就是思辨的自我。然而自由要恢复对于传统、概念的超越性，因而它必推动奥义书的反思深入自我的超理性之维。《蒙查羯》、《蛙氏》就达到了这种自我理解。但《蒙查羯》、《蛙氏》的自我，仍然是一种现实性。它由于其对理性的否定，因而只能在神秘的直觉中呈现。这就是直觉的自我（澄明）。但是无论是这思辨的自我，还是直觉的自我，都仍然是现实性。在这里，反思仍然将现实性当作绝对，没有领会自我的超绝存在。然而自由必然推动奥义书的反思否定任何现实偶像，呈现自我的本真意义。(5) 本真的自我。唯本体自由自身是觉性、精神最究竟、最本质的内在性、自我。它超越了全部现实性而为其本质，故为一超绝的本体。自我唯作为这超绝的本体，才是本真的。实在精神让现实性遮蔽了自我的本真意义。然而自由必促使精神的自舍和自反势用展开其自身绝对化，从而推动奥义书的反思否定实在的自我的真理性，领会真我为一种超绝本体。于是反思便从那外在、绝对的现实性假相，回到自我最内在的真理。不过与其存在理解一致，奥义书的自我理解，最初也是把超绝的自我当成一种现存实体（《白骡》、《频伽罗子》等）。这就是神圣的自我。这种反思就是启示的反思。启示的反思领会自我为一超绝的现存存在，表明奥义书精神在这里仍然是有执、有住的。它的本真自我仍是抽象的。但精神的自舍势用的自身绝对化，必然推动奥义书的反思否定任何处在精神的自由之外的现存东西，从而领会那超绝的自我就是本体自由自身。这就是本己的自我。《慈氏》、《光明点》等晚期奥义书反映了这种自我理解。但是奥义书这种本真的自我观念，与其存在观念一样，仍然具有其片面性、抽象性和模糊性。这些局限也唯有通过自由的进一步展开来克服。

神是自我的自在的理想。神性的本质是绝对自由，包括绝对的超越性（神对世界的否定）和绝对的主体性（神的全智、全能）。奥义书的神性观念的发展，乃与其存在和自我观念的发展相呼应。决定神性观念发展的，除了精神的否定与反省思维的进展，还有神性观念本来包含的神的超越性与绝对性以及神的本质与人格表象的矛盾。奥义书的神性观念的发展，包括以下阶段：(1) 自然的神性观念。它把神当成一种自然的存在，把神的超越性和主体性理解为一种自然距离（天堂与人间）和自然神通。奥义书这种自然的神性观念还包括：一是感性的神性观念。这就是将神设想为多种与不同自然现象相关，具有各自感性形象的个体人格神。这是奥义书最原始的神性观念，完全是继承吠陀而来。神作为个体是相对的，然而神性的真理必然是绝对。因此，随着奥义书的存在、自我思考，从感性个体性到绝对、本质的迁移，其神性观念也扬弃个体性，领会神的绝对存在。二是客观的神性观念。由于知性思维的发展，在梵书和奥义书思想中，自然神已经作为绝对、普遍者出现，因而否定原先的偶然的个别性，成为客观的神。生主、原人、自我、元气、大梵等都曾被当作这样的神。神成为宇宙万有的共同本质和根源，实际上成了一个宇宙论的始基。但是，如果说感性的神通过保持它的个体性，从而保持了与世界的距离，这客观的神却为保障其绝对性而丧失了与世界的距离。在这两种情况下，神都丧失了神性的真理。自然神论的这一矛盾，只有当精神打破神性的自然面具，重新领会神的绝对自由，才有可能被克服。因此奥义书的神性论将进入下一阶段。(2) 超越的神性观念。神性的复归，有待于精神否定自然的绝对性，领会神的超自然性，这就是神的超越性的真理。神因而成为超越的神。自由必然推动奥义书神性观念的这一进展。它必推动奥义书的否定与反省思维取消自然的、外在的存在的自为真理性，确认那超验的精神实体才是自为、绝对的真理，从而使这否定与反省转化为精神的纯粹超越与反思，于是神性本质就获得了真正的超越性。《伊莎》、《由谁》、《羯陀》等就体现了这种超越的神性观念。其以为神超越了自然的时间、空间和因果关联，是一个超验的精神实体。同时神也是每个人的纯粹内在自我、心灵。但是这种神性观念仍有很大局限：首先，是形而上学的局限。在这里，神对世界的超越被理解为它与自然的分裂，被理解为它不受自然污损的清净性。神成为一个与世界分离的实体，这使神丧失了绝对性。然而当更晚的耶若婆佉以至蛙氏之学，将大梵理解为一个同一的本体，从而挽救了梵的绝对性，又使梵与世界的距离完全丧失，使梵丧失了其超世俗性的本真意义，因而也不复为神（因此在实在思维层面，神的超越性与绝对性的矛盾是无法解决的）。其次，是实在思维的局限。神作为超验实体，仍然是一种现实存在。神被认为是最真实、最完美、最纯粹的实在。然而神的超越性、自由，在其本真的意义上，就是对现实性的超越和自由。神的超世俗性的本真意义是其超现实性。唯超绝的神才具有真正的神圣性。奥义书的精神超越和反思的进展，最终使其神性观念打破神的全部现实偶像，领会神的本真存在。(3) 本真的神性观念。唯有在精神的本真觉悟领域，神性本质的超越性和绝对性的矛盾才能得以解决，因这二者唯有在本真觉悟的超绝本体之中才得到完全统一。从《白骡》到《慈氏》的神性观念，就达到了这一成就。它们认为全部现实存在都是神制造的幻境，唯神自身是唯一的存在真理，同时神也是觉性、精神的内在存在。因此神就是一个超绝、内在的本体。而这超绝存在的实质就是本体自由自身。正如超绝的存在、自我才是本真的存在、自我，超绝的神也才是本真的神。奥义书这种本真的神性观念，反映出精神的自舍、自反势用得到绝对实现。精神具有了一种本真的自由。然而同其对存在、自我本质的理解一样，奥义书思想在这里对神性本质的理解，仍然不够具体、不够充分、不够完整。神性本质的内容，即自由，没有得到具体、究竟、完全的揭示。这也反映了奥义书精神自由的局限，这种局限也唯有通过自由的进一步展开来克服。

我们立足于自由本体论，阐明了决定奥义书存在、自我和神性观念发展的内在精神逻辑，阐明了自由推动观念不断构成、演化的过程。另外，由于这三个观念的展开，同样都是由精神的否定、反省和理性等思维在其发展中构成的。后三者相互渗透、相互支持。这决定这三个观念总是互为前提的，其发展也是相互交织、互相促进的，且在其发展各阶段、环节也存在着相互呼应的关系。

奥义书的观念史所表现的这种精神逻辑，具有普遍必然性。在西方思想中，存在、自我和神性三个观念，也是其最核心的观念。它们的发展，也与其在奥义书中的发展，表现出一致的逻辑。我们对这二者进行了全面、充分的对比阐释，既证明了其基本的一致性，也阐明了其各自特点。我们阐明了，是同样一种自由推动西方文化的存在、自我和神性观念从自然到自由，从实在到本真层次的转化。其发展在每一阶段、环节皆可与印度思想的发展一一对应，二者表现为一种平行的进展。

我们也将华夏传统思想与这二者进行了充分比较，表明华夏本来的存在、自我理解完全停留在自然的层面，对于存在、自我的内在、超越领域皆完全未曾进入。尽管其由于通过佛教接受到印度精神的超越与反思，接受过存在、自我的本质为某种超越、内在的本体的观念，但这类思想在中土思想中并未真正扎根。由于缺乏超越的理想，华夏民族也没有形成真正的神性观念，没有产生过真正的神话和宗教。其所理解的神，只具有巫术迷信的意义，或只是神道设教的手段，不具有任何神圣性。这一点，或许只有南方的楚民族有些例外。《楚辞》就呈现了一个真正的神话系统，而且表现了对神的真实崇拜，它的神可以算得上是真正的神。在这一点上，楚文化的精神，较之华夏精神，表现出更大的普遍性。但楚国的灭亡也导致楚文化的断灭，它所领会的神性真理也遭磨灭。尽管后来佛教给中国思想带来真正的超越理想，但由于华夏民族早已经历了“去神话化”，所以中国思想不可能在这种理想的基础上恢复神性的真理。

第二编

# 奥义书的伦理与宗教思想

# 引　论

实践与观念皆是思想的自然化（生存论化），即被赋予显著的自然、经验表象的思想。观念是理念（事物存在的先验的原型）的自然化，实践是概念（依理念展开的、构成事物存在的先验活动）的自然化。我们通常所谓思想指的就是活动、概念，故兹以实践指自然化的思想。

盖纯粹思想是先验的，不为意识直接涉及，必须被赋予观念的标记，才能对意识直接显示出来，成为可以被规定、操作、改造的东西，即成为实践。实践是自然化的思想，或思想的自然、生存论存在。实践包括主观的实践与客观的实践。前者是内在的、思想上的磨砺，与观念的领域重叠；后者则是外在的行动，就是伦理、宗教、道德、政治等的活动。一般所谓实践指后者。在这种意义上，实践就是概念的客观、自然的存在。

观念揭示真理，实践守护真理；观念引导实践，实践构造观念。观念揭示某事物的真理时，也标记了这事物的理念。理念是事物意义的先验原型，也是构造这事物意义的概念活动的指引、蓝图。每一观念皆提示相应的概念。观念与相应的概念，以及作为后者自然化的实践，必然处在相同的发展水平。观念与实践被同一种思想进展推动，是同一精神运动在不同侧面的表现，因而其发展必然是平行、一致的。观念经历了从自然的观念到自由的观念，再到本真的观念的发展阶段。实践也同样经历了从自然的实践到自由的实践，再到本真的实践的发展，它的每一历史环节与观念的历史一致。

实践的本质应从其真理意义被规定。实践的价值是守护真理。人的全部思想活动都是领会某种真理。精神通过省思领会到事物的真理。当这领会成为必然的，它就是概念。省思为使这领会成为必然，必构造出这事物的理念，以作为其活动的指引，并构造相应的观念以作为这理念的标记。当省思追踪这观念的标记，遵循理念的指引而活动，它才得以克服其偶然性，成为必然的思想，即概念。概念使精神对真理的领会成为必然的，因此也是对这真理的守护。这概念可以完全是个人的、主观的思想。然而精神要在一个更普遍、恒久的意义上守护其对真理的领会、思想，就必须使后者不仅成为必然的，而且要具有跨越主体间性、跨越时间和空间界限持存的能力。为此，精神必须给这思想和观念加上一个可以普遍识别的物质外壳，使思想具有客观物质的形式。于是思想扬弃主观性，成为客观的活动，即成为实践。实践就是精神把思想转化为外在、必然的行动，并通过确立某种客观形式，比如伦理、道德、宗教等的组织、制度和设施，使这行动得到巩固、传播和保护。思想只有作为实践，才使对真理的领会成为可普遍传递的、可持续的，因而才真正完成对真理的守护。通过这种守护，精神实现其自身的自由。实践是精神现实的自由。

正是这种精神的守护使真理成为真理。作为被思想、实践守护的东西，真理就是目的。绝对真理就是绝对目的。绝对真理就是这样一个东西，唯独对于它，精神的全部实践、全部生命，最终都是为了维持它的存在。绝对真理是觉性（存在、生命、光明）和冥性（寂灭、死亡、黑暗）两种超绝存在体。其中觉性存在体就是自由，是精神的本质、自我。除了追求绝对寂灭的本寂的文化（比如佛教、耆那教），在其他文化中，绝对真理就是自我。只有自我才是绝对目的。精神的全部活动就是为了守护它的自我。然而这个自我，往往没有被现实个人自觉地当成他的自我（没有成为精神直接维持的对象：绝对目的没有成为最终目的），于是绝对真理就表现为在自我之外的存在、神性。觉性的绝对真理的本质就是自由。实践守护的最终是这个自由。当精神意识到这一点，那么实践守护的就是它自己的自由，它与它守护的对象合而为一。在这里，实践实现了它的自身本质。这是人类实践的最高理想。

自由推动精神省思的发展，也推动观念和实践的发展。精神的历史起点是自然，实践的起点也是自然。自然精神把自然当作存在、自我和神性的绝对真理。全部实践的最终目的都是为了自然的、物质的利益，而且表现出对外在自然的极度依赖。实践的自由也只是一种自然的自由。这种自然的实践，包括神话的实践（祭祀、巫术）、功利的实践以及自然的伦理。实践没有确立任何超越自然的目的。然而自然只是觉性、精神的生存论外壳。自然的实践只是对觉性的物质外壳进行规定，还没有对觉性的内在、本质存在的规定，因此它的自由还不是真实的自由。奥义书最早的实践就是这种自然的实践。其大量内容是继承了梵书的祭祀宗教。其于伦理的阐明颇为贫乏平庸。

然而本体自由作为绝对，要求实现为对觉性、精神的内在、本质存在的规定，它必通过呼唤和倾注，促使精神的自舍、自反势用重新展开，推动真正的精神反思和超越的形成。奥义书的精神就经历了这一从自然阶段进入自由阶段的转型（参考本书

第一部分第二编引论)。它的实践也成为自由的。自由的实践就是精神反思和超越的客观化。在奥义书中,这种自由最早是道德的。这在于,奥义书精神的绝对反思的确立,使精神内在的心灵、思想成为实践的绝对目的。实践于是克服其在自然阶段的外在化,绝对地服务于精神的内在价值,因而成为道德的实践。但由于奥义书精神反思的非理性主义,这种道德只是主观的,不能转化为客观的法则,因而没有产生积极的伦理效应。另一方面,这种反思原有的经验性也导致它对宗教性的消解。因而奥义书的道德实践内容极为贫乏,还没有上升到客观性(没有成为真正健全的道德),以至可以将其忽略。在奥义书中,真正具有客观意义的自由实践,最早是超越的实践,我们称之为宗教的实践(在此特指超越的宗教)。它就是精神超越的客观化。它是人通过特定的修炼,以使自我与自然、经验的存在分离,否定自己的自然性,达到自身净化,从而与超验的实体合一。这样的宗教会有一整套修证系统(比如瑜伽)。当奥义书的精神在自由推动下克服这种形而上学思维局限,发展出思辨和直觉的思维,领会到作为存在的绝对同一基础的超越本体,它的实践也进展到思辨和直觉的实践。同超越的实践一样,这思辨和直觉的实践,也是宗教意义远远大于伦理意义。其中,所谓思辨的宗教,就是修行者通过苦行、静虑、禅定等手段,努力消除自己的经验性和个体性,将自身彻底融入一个超越、绝对的本体即先验实在之中。所谓直觉的宗教,则要求人进一步消除自己的全部思维、理性,融入一种超理性的澄明本体。然而到此为止,奥义书的实践始终是一种实在的实践。它把现实作为绝对,以之为实践的全部目的。实践仍未能突破现实的厚幕,对本体自由自身进行规定。然而本体自由作为绝对,要求实现为精神对它自己的直接规定,因而它必然推动奥义书的精神打破全部现实性偶像,领会存在的绝对真理为超绝的本体、至上神(参考本书第一部分第三编引论)。奥义书精神由此进入本真觉悟的领域,它的实践也成为本真的实践。在这里,本真的实践同样也主要是宗教的,而非伦理的。在奥义书中,本真的宗教包括启示的宗教和本己的宗教。启示的宗教在实践上,就是修行者通过修习瑜伽、静虑等,将现实的自我和世界都虚无化,把它们当作幻相彻底消灭,从而将自我融入一种超现实的本体,即神性本质之中。但启示的宗教仍将超绝本体、至上神当作一个现存实体,而没有领会到它其实就是自由,因而仍然有执、有住。奥义书的本己的宗教,则在大乘佛学影响下,将现存实体亦彻底打破。它的实践在于把佛教的空观与奥义书已有的瑜伽、静虑等结合,使人逐步打破对一切现实、现存存在的执着,以在一种无得、无住的心境中冥契本体自由自身。

我们试图将奥义书的上述实践,分为伦理的与宗教的两个大类予以阐明。二者的区别在于，在伦理的实践中，绝对真理是主体性，主体性是实践的最终目的；在宗教的实践中，绝对真理是某种（在不同精神阶段得到不同领会的）超世俗的存在（和绝对自由），这种超世俗的存在（和绝对自由）是实践的最终目的。但是这两大类是可以相互重叠的。比如思辨的宗教就有明确的道德意义，本己的宗教也同样如此。我们还试图把奥义书的实践，同中、西文化的伦理、宗教实践进行广泛的比较，以揭示各自的特点。

# 第一章　奥义书的伦理思想

## 引　言

20世纪的圣人史怀哲曾指出："出世的世界观与主体的行为，特别是爱的伦理的行为的根本矛盾，是印度伦理思想一直以来如此不完善的原因。"① 这无疑指出了印度伦理思想的问题所在。印度思想，总的说来是越来越忽视伦理的建设，以至于其伦理学，较之泰西与中土，皆显贫乏，且散乱无章。然而其早期（吠陀和奥义书最早阶段），出世超越之念尚未足够强烈，故于世间生活，仍颇关注，于家庭伦常，亦多留意。此处所论之伦理，即属此期。

在《罗摩衍那》中，圣人婆尸致（Vasiṣṭha，相传为第七卷《黎俱吠陀》之作者）告诫罗摩说："应追求财富，财为世之根。我视于穷人，与死者无异。"大致属于奥义书时代的考底厘耶（Kauṭilya）《利论》（Arthaśāstra），亦将对财富、权力的追求（artha）置于宗教职责（dharma）之上。从吠陀、梵书到奥义书的自然精神阶段，世俗生活的价值仍被接受。尘世的幸福仍是第一位的价值。对于牲畜、财富、子嗣、长寿、权力、名声、情爱的追求，皆属于人生之大事，以至祭祀、敬思、祈祷，亦每为邀福之具。此期奥义书，亦强调伦理生活的重要性。人生而负有对天神、父祖、往圣、人类之职责。对于神的职责须尽之以祭祀。对于父祖的职责须尽之以生殖。对于往圣的职责须尽之以梵学。对于人类的职责须尽之以仁爱。唯未见提及对于国家、君主的职责。人若属于不同种姓，处在不同行期，其职责皆有不同。家庭伦理亦颇受重视。尤其父子亲情，颇有流露。业报轮回的观念，反映了人们相互的正义诉求，以及对伦理责任的关注，人应该对自己的行为负责。一种深重的罪恶意识，在此亦得到表现。罪恶最早被认为就是对神的冒犯，或对其他生命的触犯，对自身职责的背离。此期奥义书的伦理，就是一种自然伦理。伦理实践在于对职责的遵守。这些职责是在历史中

---

① Schweitzer, Albert, *Indian Thought and its Development*, Henry Holt and Company, New York, 1936. 200.

自然形成的，没有经过反思，没有与人的主观自由联系起来，对于人的精神是外在的。伦理实践的目的也是自然的，内在精神的自由尚未成为伦理的目的。因而这种伦理还没有上升为真正的道德。而且奥义书的自然伦理对于伦理的内容、根据的阐述，较之中土乃至希腊罗马、犹太思想，皆显得贫乏且散乱，表明此一项目，固非印度思想之所长也。

与泰西思想发展的逻辑一致，奥义书也经历了克服自然伦理，建立真正道德的过程。盖自然伦理只属于一种自然的自由，而不是真实的精神自由。因为在这里，精神只是听命于某种外在的规范，而没有意识到自己的内在存在的价值。然而伦理的本质是精神以客观的形式对其普遍的自我的维持、守护。精神通过确认普遍必然的法则，以使其自我得到维持，使其自由得到守护。在自然伦理阶段，精神对其自我和自由缺乏反思，因而对它们的维持是间接的。然而自由必呼唤精神实现对其内在存在的直接维持，它因而促使精神的自反势用的内在化，推动省思深化为真正的精神反思，即对精神的内在自我、心灵的领会。而这种反思在实践层面，就是精神将其内在自我作为绝对真理和目的，而把全部存在作为维持这内在性的手段，这就是道德。因此自由本身必然推动精神从自然思维到真正的反思，从自然伦理到道德的过渡。不仅希腊和基督教传统经历了这样的过渡，奥义书思想也是如此。在奥义书更成熟时期的发展中，对于内在自我的觉悟以及精神自身的自由，逐渐成为人生的绝对目的，也成为伦理的目的。伦理因而转化为真正的道德。祭祀、德行，皆成为精神觉悟之准备手段。全部生命实践的目的，都是为了证悟自我本质，从而实现精神的自由。道德本身就是这种反思的客观表现，就是自由。在这里，奥义书思想对于实践主体的理解也经历了深化。它从原先将主体与自我（这自我完全是经验的）等同，将主体理解为一个单纯存在体，转变到因为领会到真我的超越性，因而将实践主体理解为自我的超越性与经验性的某种联结，因而使主体成为聚合的。同时奥义书对于罪的理解也在深化。罪恶从原先只被理解为行为的过犯（对神、对自身职责的触犯），逐渐被理解为人的个别、经验的存在，从绝对、超越的真我、神的分离。因此，罪就是内在于人的自身存在中的。这就是原罪。

如耶稣使徒宣称："德行，我已永离你。服侍你带来太多烦劳。我曾是你的仆人，事事听命于你。如今我已走出你的门槛。"在奥义书也常常有一些超越伦理的表述。如 BṛihIV・4・22 谓得解脱时，父不复为父，母不复为母，诸神不复为诸神，贼不复为贼，杀婆罗门者不复为杀婆罗门者，乾陀罗不复为乾陀罗，商人不复为商人，苦行者不复为苦行者，不系于善业，亦不系于恶业。听起来与基督教的因信称义亦有一致之处，但与世俗伦理格格不入。杜伊森对此也不禁感慨地说："多么深刻正确的思想！而若它仅被理解了一半，又是多么危险！”① 事实证明杜伊森的担忧决非无的放矢。由于奥义书的反思及出世超越的精神与以下两点结合，导致了奥义书道德思考的困境。这两点是：(1) 强调知解而非实践的传统。对真我的当下顿悟而非实践的渐进式积累，才被认为是转凡成圣的直接原因。这一点导致奥义书思想对实践的轻视。(2) 自我理解的非理性主义倾向。真实自我被理解为一个排除了思维念虑因而非理性的清净意识。这自我没有自身立法的能力，它的自由不能转化为客观的伦理法则，因而只是主观、个人的。伦理法则对于它仍是外在的。这两点导致奥义书道德精神的确立，不仅没有在伦理实践上产生多少积极的结果，反倒导致了奥义书实践思想的非伦理甚至反伦理倾向。如 KauṣIII・1 谓若得梵智则不为善恶所染，乃至杀父母婆罗门之业亦无染于身，等等。这种倾向无疑是危险的。要解决这一困难，除了重新强调实践在获得精神解脱中的关键意义（后来的瑜伽派、吠檀多派及佛教、耆那教等都在不同程度上采取了这一点），最根本的途径是领会自我的现实性就是思想、理性，因而本来具有为自身立法的能力，所以它的自由才会不至与客观法则矛盾，而且就表现为这法则。应当承认，印度思想始终没有做到这一点。唯西方传统做到了这一点。这是因为与印度不同，西方的精神反思（古希腊、基督教）一开始就是理性的。理性与精神的现实性的同一一直是西方精神的传统。因此唯有西方思想，才正确解决了自我的自由与客观伦理法则的矛盾。

在这一章的内容中，我们先分析了奥义书的实践主体的结构、意义转变及其与轮回的关系等；接着讨论了奥义书伦理思想的大致内容。我们还对奥义书伦理思想与西方、中土思想进行了广泛的比较。兹论之如下：

## 第一节　伦理的主体

实践的主体是伦理、宗教活动的积极组成部分。它就是人的经验、现实的自我，包含自然和精神的统一。不同的自我理解，不仅决定对实践主体的理解，而且影响实践本身的性质、倾向和目标。在印度思想中，随着自我理解的不断深化，人们对实践主体的看法也是不断变化的。在吠陀早期，人们还没有达到真正的自我理解：一方面，人的精神受神话支配，神意支配人的实践，因而神才是真正的主体，人自己还没有上升到真正主体的地位；另一方面，人自己当作自然家庭中的一员，还没有将自己从自然中区分出来，往往将自己与自然界的事物，尤其是各种动物，混为一谈，没

① Paul Deussen, *Sechzig Upaniṣaden des Veda*, F.A. Brockhaus Leipzig, 1921. 44.

有意识到他与它们的根本区别，这也表明他对自己的主体性还很模糊。奥义书起初以为真实自我就是实践的主体，它就是作者、受者，也是轮回的承担者。随着奥义书思想进入超越、内在反思的层次，自我的个体、经验、时间性、活动的层面，被与普遍、超验、永恒、不动的层面区分开来，这就是一种形而上学的区分。实践主体就是自我的现象与实体、自然与精神两方面的结合。因而它从早期奥义书的单纯主体变为聚合的主体。这主体就是命我。晚期奥义书将自我的全部经验、自然存在视为虚幻，因而实践主体、命我成为虚假的。一个寂灭无为的绝对自我，成为唯一的存在真理。

奥义书对于实践主体的说法，颇为模糊混乱。以下且以三义明之：一是作为实践主体的命我的结构；二是命我的轮回；三是个人自我或命我与宇宙大我的关系。兹略论之。

## 一、命我的结构

奥义书和吠檀多派的通常思想，乃以为实践的主体是个人的灵魂，即所谓命我(jīva)。命我乃是一个超越、无为、不变的心灵实体与恒处流转变灭的诸根、觉谛等心理、生理功能的聚合体。在奥义书中，命我观念的出现，乃至对实践主体的专题思考，是中、晚期以后的事。在 PraśIII・10 中才首次出现“命我（jīvātma）”一词（另外见 MaitVI・19），其后《羯陀》、《白骡》、《慈氏》等，皆明确以这作为心灵实体与诸根聚合体的命我，为真正的作者、受者和轮回的承担者。

由于继承了吠陀、梵书的宇宙拟人论，奥义书思想从一开始就相信自我包含宇宙大我和个人小我两个层面。后者来自前者，并且在内容或结构上与前者完全相同。作为现实的实践主体的，只能是小我。不过奥义书思想随着其自我反省的深化，对于这个人自我的内容、结构的看法也是处在不断变化中的。它在最古老的思想层面上，完全继承梵书的形器自我观念，并以此为基础标榜个人自我与宇宙大我（阿特曼）的同质同构。比如 ChānV・12—18 说人有头、眼、呼吸、躯体、膀胱、足，阿特曼有天、日、风、空、水、地，一一对应等同，前者皆来自后者。MuṇḍII・1・3—10 也反映了与此大致相同的自我观念。这些说法都旨在强调自我是一个形器的整体。与此相近但理论上稍微成熟且更为常见的是所谓十六分说（BṛihI・5・14—15；BṛihII・1；ChānIV・5—8，VI・7，VII・1—26；KauṣIV；PraśVI・4；ŚvetI・4）。其说将人分为十六分，但这十六分的内容则颇不一致，且非常任意。如 ChānVII・1—26 谓此十六分为名、语言、末那、念、想、定、识、力、食物、水、火、空、忆、希望、元气、圆满。PraśVI・4 说为元气、信、虚空、风、火、水、土、根、意、食、力、精进、咒、祭祀、世界、名。十六分说还相信，宇宙大我也包含十六分，与人之十六分，一一同质同构，后者皆由前者转化生成。在这方面进一步的思想发展是元气说的提出。元气说同样持个人自我与宇宙大我的同构论，但明确提出元气是自我的实质。典型的说法如ChānIII·13说人有上气、通气、下气、腹气、出气五种元气，其实质分别同于眼、耳、语言、意、呼吸五根，及日、月、火、雨、空五境。这些说法的理论进步在于，五种元气其实是同一种根本元气的不同分位、功能，故根本元气也是五根、五境的实质，因而无论宇宙的还是个人的自我，都不复为一形器的聚合，而成为一个实质的整体。与此旨趣一致的是KauṣII·12—13的语言、眼、意、耳、呼吸诸根以及火、日、月、闪电、风诸神皆入于元气又复由元气生出的说法。在奥义书中，轮回说总是与元气论结合在一起。元气是轮回的承担者。人死时元气不灭，故诸根皆没入元气。元气乃携诸根逸出上升，达到月宫，后经天神道进入太阳，或经父祖道，化为雨水、植物、精液，再次为人。总而言之，奥义书以上说法，皆为继承梵书的观念。它的自我完全是自然的。由于它没有认识到自我的真实内在性，因而它对自我与宇宙的等同，非但没有像一些后来的注释者所期望的那样使宇宙成为精神性的，反倒是使自我成为宇宙论的了。此类说法一个共同的误区，是将人的自我当作一种自然物，因而对自我作为实践主体的意义缺乏专题思考。元气论固然反映了一种主体观念，但在这里主体或元气乃是应当领会、保守的对象，它在实践中的关键作用还没有得到呈现，因而它还不是我们一般的实践论的主体。

对于人的自我作为参与实践的主体的分析，实际上是奥义书识论形成以后的事。识论以为心识才是自我的本质，是诸根的主宰者、归宿，因而是认识和实践的真正主体，也是轮回的承担者。此如KauṣIV·19—20（BṛihII·1·19—20）说当人沉睡无梦，其语言及诸名、眼及诸色、耳及诸声、意及诸想皆归入识，且于彼醒时又由识生出。诸根皆依止此识我，如臣依君且服侍于君。KauṣIII·4—5谓彼识我由语言得一切名、由呼吸得一切香、由眼得一切色、由耳得一切声、由意得一切想。KauṣIII·6亦云："以识驭语言故，人依语言得一切名。以识驭呼吸故，人依呼吸得一切香。以识驭眼故，人依眼得一切相。以识驭耳故，人依耳得一切声。以识驭舌故，人依舌得一切味。以识驭手故，人以手得一切业。以识驭身故，人以身得一切苦、乐。以识驭生殖根故，人以生殖根得一切喜乐、快慰、子嗣。以识驭足故，人以足得一切行走。以识驭意故，人得一切想。"这些说法都表明了识与诸根的区别，且识才是真正的主体，或曰主体是识我与诸根的聚合。人作为这聚合体，乃有作业、轮回。这种观念可以说是奥义书的命我（jīva）观念的前身。

奥义书思想的进一步发展，是将心识、自我视为一超验实体。自我超越诸根、元气，为永恒、不动的意识，但是却以某种方式支配诸根、元气的活动，因而是最终的主体。典型的如 KāṭhIII · 10—11 所云："超越诸根者，乃为彼诸境。超越诸境者，乃为彼末那。超越末那者，乃为彼觉谛。超越觉谛者，乃为彼大我。超越彼大者，乃为非显者。超越非显者，乃为彼原人。更无有一物，超越原人者。彼即是归趣。彼即至上道。"此说表明真我超越诸根、末那、觉谛乃至自性（非显者），为数论的神我、自性二元实体论的先驱。III · 3—4 谓人的真实自我为乘车者，色身为车，觉谛为驾者，末那为缰绳，诸根为骏马，诸境为所行之道路；并且明确提出，真正的认识主体（bhoktṛ 即受者，它与实践主体 kartṛ 即作者等同），即是这自我与根、意等的结合。这样一个作者和受者，就是命我。从《羯陀》的阐述中可以看到命我的构成要素为：(1) 至上我，(2) 觉谛，(3) 末那（意），(4) 诸根。另外再加上色身，就组成人的全部存在。人死时唯色身毁灭，命我乃脱离肉体，再次往生。晚期奥义书之论命我，乃继承、发展了《羯陀》的数论立场。如 ŚvetV · 8 表明命我在结构上包括了二序的存在，即：(1) 自我，无为无作，为不动之知者；(2) 自性三德及其产物，包括我慢、念、觉谛及自我诸德（贪、嗔、爱、惑、怖、失意、饥、渴、老、病、苦等）。唯自性三德有为有作，恒处相续转变。命我因有诸德，故作业受报，陷于轮回。就现实自我的内容，《慈氏》论之最详，与后来的数论和吠檀多派说义基本一致。它提到了命我由五种成分构成：(1) 补鲁沙，即真我；(2) 大种我，即内根，包括觉谛、我慢，唯大种我是作者、受者，补鲁沙则无作无受，然而却是大种我的一切作业的决定者；(3) 五唯、五大所成身；(4) 诸根，即语言、呼吸、眼、耳、意、舌、手、身、足、生殖十根（MaitIII · 1—5）；(5) 五种元气（II · 6）。真我作为纯粹主体，乃是无作、无受的恒常实体，唯因与觉谛等联结，乃现似为作者、受者。这样一个聚合体，就是实践和认识的主体。

自我如何与根等联结？这在早期奥义书本来不成问题，因其所谓我本来就是一自然物（元气），为作为自然的生理、心理诸机能的根等的根源，与后者本无隔阂，故浑然为一整体。然而自《羯陀》以后，现象与实体、心与物得到清晰区分。自我与自性乃为性质上截然不同的存在，故它们如何结合在一起也就成了问题。奥义书对此有两种解释：一为内入说，其说乃继承梵书和早期奥义书的创世论，认为自我创造宇宙万物及元气（诸根、末那、觉谛等）之后，乃携元气进入人的"心窟"，成为人的内在主宰即命我（KāṭhIV · 6,7），自我通过所谓"心结"与觉谛等联结（VI · 15）。二为映现说，以为自我实未与觉谛等联结，而是通过投其光于觉谛，使后者现似为知者、作者。KāṭhIV · 1, PraśIII · 3 皆模糊地提到自我与觉谛等的关系，如光与影。MaitIII · 3 乃对此说给出最明确的阐释，其云："信然，彼作者即大种我（觉谛）。通过诸根引发作业者即内在补鲁沙。复次，信然，如一铁块，被火渗透，匠人锻打，乃转变为不同相状——如是，信然彼大种我，被内在补鲁沙渗透，诸德锻打，乃转变为不同相状。"这是一种典型的数论式解释，以为自我与觉谛等之联结，乃如火与烧红的铁的联结。火性进入铁之中，且受形，但其实质并未真正与铁融合。此喻后来成为数论派的经典譬喻。总之，奥义书晚期最成熟的说法中，命我就是由有知、无为的自我与有为、无知的觉谛等如是联结构成的现似有为、有知的作者、受者。它就是现实的实践主体。

## 二、轮　回

梵语所谓"轮回 (saṃsāra)"，与西人所谓"转世 (metempsychosis)"，意思基本相同。其说以为灵魂永恒，人死后，灵魂乃无限次投生其他动物（甚至植物）体内，继续生活。与转世相关的还有两个观念，即"异形 (metamorphosis)"与"末世论 (eschatology，更好的翻译应当是"末时论")"。前者指死后灵魂寄寓于其他生命或无生命的东西之中，但对灵魂永恒及是否再次往生都不清楚。后者则为一般意义上对死后灵魂归宿的设想，皆以灵魂永恒为前提，但严格意义上的末世论确信尘世生命有明确归宿（比如最后审判），因而否定永恒轮回之说。异形之说，乃是远古物活论的一个结论，是人类原始时代的普遍信念。此种信念在现代原始民族中，亦颇盛行。如中美洲的特拉斯堪人相信他们的贵族死后，灵魂将进入会歌唱的美丽的鸟之内，而老百姓的灵魂则入于甲虫、黄鼠狼等卑微的动物之内。非洲的祖鲁人相信死者会进入黄蜂、蛇和蜥蜴体内。达雅克人 (Dayak) 相信死者的灵魂进入树木之内。桑达尔人 (Sonthal) 相信好人死后，灵魂进入结满果实的树。鲍哈顿人 (Powhattan) 相信他们首领的灵魂进入木雕的鸟之内。末世论流行的范围也极广泛，在从古代埃及、巴比伦到印度的宗教中，这都是基本的信念。末世论还包括人生的和宇宙的两个层面。前者是对人死后最终归宿的设想，以灵魂不灭和彼岸理想为前提；后者是对现在的宇宙最终毁灭和一个全新的世界降临的设想。古代埃及人的末世论是人生的。他们相信灵魂不死，人死后灵魂会在地狱受到审判，并根据其生前行为决定相应的奖惩，但未曾想象过世界末日的问题①。与此类似，《黎俱吠陀》早期也设想人死后，将会进入父祖所居住的天界 (svarga)，获得一光辉、明亮、完美的新身 (tanu)，永不再回来 (ṚVX · 14 · 8；16 · 5)。琐罗亚斯德教则将人生的和宇宙的末世论结合起来。其以为世界历史，乃是由光明神马自达和黑暗神阿黎曼的永恒斗争构成。其最

① 如《死者书》云若人于世间善行多于恶行，死后乃进入天堂。若其善行与恶行等，乃进入俄西里斯之界。多行不义者，必受严惩。目光短浅者死后食物和水悬于其前，但当其欲取之，则有人在其脚下挖坑，使其不得，故备受饥渴之苦。

终结局是光明神的完全胜利。于是所有人都将受到审判。已死者将复活，被投入融化的金属中接受考验。善者将得幸免，恶者乃被毁灭。基督教末世论的死者复活接受审判之说，无疑受到琐罗亚斯德教影响。日耳曼神话所谓众神黄昏的信念，亦属宇宙末世论的一种形态。其以为，众神和宇宙，到时候都将进入毁灭的程序。届时持续的严冬笼罩，宇宙秩序毁坏。被锁住的恶狼 Fenrir 挣脱锁链，吞下太阳，并与众神作战。天堂崩裂，宇宙树 Yggdrasill 摇撼。最终一场大火将世界焚毁。在犹太教传统中，由于诸王败德、国家沦亡、圣殿毁坏、流离囚虏等导致的连续的希望破灭，使得对世界末日的渴望得以萌生并日益强化。《旧约》就包含了一种宇宙末世论愿景。它所期待的黄金时代，就是现实世界的终结和人间天国（包含了理想化的过去和乌托邦的未来的结合）的最后实现。基督教接受了犹太教的末世信念。耶稣其人的教诲，就充分体现了这一信念。他宣告末日的审判即将来临，到时世界将终结，上帝的国将降临。早期基督教则在耶稣受难和复活之后，强调对他即将来到的第二次降临的期待。正如卡尔·巴特所说，耶稣的一生，乃至基督教会的存在，就是由在末世论背景下的一系列决定构成。甚至马克思主义也被学者认为是基督教传统的末世乌托邦和千禧年理想的世俗版。末世论在早期伊斯兰教中也具有重要地位。先知穆罕默德的教诲中，世界历史的终结和上帝的最终审判也是主要的议题。唯神所知的最后审判的“时刻”成为关注的焦点。《古兰经》从犹太—基督教袭取了在世界末日死者复活与生者一并受审判的观念[①]。这些也都是一种宇宙末世论。印度教、耆那教和佛教对超越尘世、断灭轮回、恒常圆满的涅槃境界的理想，也表现了典型的末世论信念。华夏文化缺乏超越冲动，为自怿自乐的玄道文化，不可能产生末世论思想。儒、道二教，从没有过建立新世界的理想，倒是表现出让世界重回失去的本源状态的愿望。比如道教复归原始的混沌之世，以及儒家回到远古大同社会的祈望。但佛教却表现出末世论。比如中土弥勒佛信仰，相信在现在的末法时代结束时，弥勒将从都率天降临，普度众生，建立千年佛国，这也是一种与基督教类似的宇宙末世论理想。

尽管异形说与末世论在古代文化中如此常见，然而明确的转世论观念却并不多见。在毕达哥拉斯以前的希腊思想中没有，在早期吠陀思想中也不存在。从希腊和罗马乃至北欧、波斯的神话，都看不出有灵魂无数次轮回转世的信念。它可能来自远古的地中海—达罗毗荼文化。在古希腊中，最早持此义者为奥菲斯教，后者很可能是从地中海文化接受了此种观念。奥菲斯教也持灵魂不灭观念，相信人有前生后世。其云灵魂离此生而到彼生，如换衣装相似。灵魂本来光明纯洁，与神为侣，乃因

① ERXIII.227.

犯罪受到惩罚，从而堕于浊世，被囚于肉体。其教有一句名言："肉体是灵魂的坟墓"。人的投生乃是灵魂经历了一次死亡。死亡倒使灵魂脱离坟墓，因而是真正生命的开始。人死后其灵魂要根据功过受到审判，审判的结果决定其再次投生的去向。奥菲斯教也将生命比作不断转动、充满痛苦、烦恼的轮子，并以为人生的最高理想在于从这生命之轮脱离出去。解脱之道，在于以苦行禁欲，断除贪婪、淫欲、罪恶，使灵魂得到净化，因此从往生的无限循环中脱离出来。奥菲斯教的这些说法，与奥义书、佛教、耆那教的轮回说，表现出本质的亲缘性。奥菲斯教的转世观念后来逐渐渗透到古希腊哲学之中。毕达哥拉斯是希腊哲学家中最早持明确灵魂转世说者。因为其说显然不属于希腊传统，故希腊人认为他是从埃及人那里接受了这样的观念，但这种说法没有多少根据。他的这些观念应当是受到奥菲斯教的启发。毕达哥拉斯声称他能够知道人的前世经历。据其同辈人色诺芬记载，他曾对一个打狗的人叫道："不要再打那狗！我从它的叫声听出那是我以前的一位朋友。"恩培多克勒也相信某种形式的转世说。他认为自己的灵魂本在于天国，因为得罪蒙污，被逐下界，一再投身以接受惩罚，直至重获清白。柏拉图的《斐多篇》、《克拉底鲁篇》、《美诺篇》、《蒂迈欧篇》、《法律篇》、《理想国》，都反映了转世论观念。在《斐多篇》中，苏格拉底指出灵魂是永恒实体，它会经历无数次投生。凡饕餮者死后将变为驴，横暴不义者将变为狼和鹰，遵纪守法者将变为蜂、蚁。灵魂与肉体的结合是一种坠落，而哲学可以净化人的灵魂，使之解除与肉体的联结，最后上升到神的永恒居所。柏拉图此种观念，后被新柏拉图主义、诺斯替教继承，并由此延续到中世纪思想中。转世论要求素食。新柏拉图主义、诺斯替教、摩尼教的素食，并非仅为苦行禁欲的考虑，而且也是因为相信有人的灵魂居于动物体内。有些摩尼教圣者甚至不可以断植物生命，而要求更低层信徒代之。与此相反的是犹太教的卡巴拉（Qabbbalah）思想，则认为动物若被卡巴拉圣者如法、如理地宰杀、吃掉，就可以得到救赎，从而脱离动物的肉体。摩尼教的转世论来自印度影响，其相信灵魂最好的归宿是转世为瓜果等食物，被摩尼教圣者所食，从而才能脱离轮回。在正统的一神教思想（如犹太教、基督教、伊斯兰教）中，转世论都是被否定的。比如在正统基督教思想中，人的灵魂是上帝创造，故不允许有前世之说。另外，灵魂只能与一个肉体结合，且在最后复活之前这种结合只有一次。但是这些宗教，由于受到摩尼教、新柏拉图主义等的影响，后来都产生了一些主张转世论的异端或边缘思想。比如一些穆斯林边缘派别、犹太教的卡巴拉思想（13世纪）、基督教的诺斯替派等等。在基督教中，由于受新柏拉图主义影响，转世论的信念也在一定时期和范围存在。尤其是文艺复兴以来，由于向希腊传统的回归，希腊的转世观念也得到许多思想家的同情和赞赏（比如康德、莱辛、赫尔德、歌德等）。

叔本华以及现代的灵智主义（spiritualism）也从印度的转世论接受启迪。

可见，古代印度是转世论观念的最重要来源地，而且其说在其他任何传统中都不具有在印度思想中所有的核心地位。Monier Williams 曾说："轮回说或转世论，乃是印度哲学家和玄学家的一个可怕的噩梦。他们的全部努力都是为了摆脱这一恐怖。问题不在何谓真理。最紧迫的问题是，人如何断开无限往生的铁链？"① 但是灵魂转世观念，在印度思想中也是逐渐形成的。它在吠陀中不见记载，本为雅利安民族所无，乃是来自土著信仰②。它本来不属于印欧民族，而是来自地中海—达罗毗荼文化，通过印欧民族与后者的交往而渗透进来。在印度思想中，其说刚开始并未被婆罗门普遍接受。在 BṛihIII・2・13 中，当阿多跋伽问耶若婆佉人死之后将归于何处时，耶若婆佉回答说："请执我手，吾友。此义唯我二人可与知，不可于众人中讨论也。"于是将阿多跋伽从众人引开，然后授以业力轮回说。这就暗示了此说是全新的，且难以为祭司阶层接受。BṛihVI・2・8—16；ChānV・3・7 亦云："此智慧初唯属刹帝利，而不属于婆罗门"，并称之为"刹帝利智"（Kṣatrīya-vidyā）。盖业力轮回说，主张人的福祸寿恙、系缚解脱皆是由人自身业力所为，与神意无关，故与婆罗门祭祀宗教基础相扞格，因而初必不为婆罗门所容，唯刹帝利可以对此保持更为开放的态度，故其学谅必先被刹帝利阶层汲取，后逐渐进入婆罗门思想之中。这种来自土著的观念，逐渐被与吠陀文化中发展出的此岸、彼岸的分裂图景结合。于是此岸被认为是受轮回业报主宰，而彼岸则是轮回的断绝，故曰解脱。

在印度思想中，轮回说经历了漫长的发展。《黎俱吠陀》尚无轮回观念，但相信灵魂不死，持一种人生末世论。其云人死后得入天神界或阎摩之国，不再返回人间；但其中有《招魂诗》，又说人死后灵魂会逃逸它处，或进入动植物的体内。但没有灵魂再次投生到人间的说法。早期奥义书关于亡灵归宿的想象，有许多是直接继承吠陀这些说法。如 BṛihIII・3 说行马祭者，其亡灵将随毗荼烟焰上升，经虚空界，到达彼岸（天神界）。BṛihV・10・1 说当人死后，其灵魂离开此世界而入于风，由风入于日，由日入于月，由月入乎无冷、无忧界，而长住于此。BṛihIII・1 说施祭者死后依次经历火、昼夜、太阳、弦望月、风、空、月达到天界，并说施祭者依 Hotṛi 祭司吟诵的《黎俱》颂得众生界，Adhvaryu 祭司的三种献祭得天神界、父祖界、人界，依 Brahman 祭司的念祷得无限界，依 Udgātṛi 唱的三种《娑摩》颂得地界、空界、天界

① Monier-Williams, M, Buddhism, *In its Connexion with Brāmanism and Hinduism*, The Chowkhamba Sanskrit Series Office, Varanasi-1, India, 1964. 41.

② A.E.Gough, *The Philosophy of the Upaniṣads and Ancient Indian Metaphysics*, Kegan Paul, London, 1891. 25.

(BṛihIII · 1 · 7—9)。这些说法都与吠陀直接衔接。BṛihV · 3 说知大梵、心的真实意义者，将入天神界。在这里，亡灵都是一去不返，而不会再生于人世。这些都不是完全的轮回说。轮回之说，在《阿闼婆吠陀》始有萌芽。如 AVV · 1 · 2 ："人若在前生依法或正义而行，因此之故，他将在来生得善趣。灵魂在离开此生之后，乃进入下一胎藏。在此他接受神圣之语言的祝福并受用诸福报。"但在梵书中才获得确定的形式。梵书载步历古游至地极，见众人分一人而食。殆问及此是何为，答曰此一人过去世曾加害此众人，故于此受报[①]。Sat BrāX · 2 · 6 · 18—19 说元气是不死之火，知此则征服不断的死亡。对此生命殒后还要经历无数次死亡的恐惧感，在梵书中已极常见 (Tait BrāIII · 11 · 8)。但在梵书中，往生说似乎没有与业力说结合起来。比如 Sat BrāX · 2 · 6 · 8 说人去世的年龄决定往生的去处，若寿百岁以上，则入不死界。而且大梵书中，轮回说并没被普遍接受。直到奥义书中、晚期，其说才成为被普遍接受的观念。

在早期奥义书中，轮回、业报、解脱的观念还处在发展中，但在中晚期奥义书中，它们成为被普遍接受的确定的观念[②]。奥义书轮回观念的发展，乃可分为以下阶段：

(1) 直接往生说。BṛihIII · 2 · 13, IV · 4 · 2—6 提到亡灵会再投生人间，但以为它依前世善恶，直接投入不同的生处，为业报说之雏形，而没有经过升天这一环节。轮回也仅只是人间的。如 ChānV · 10 · 7 ："信然，于世间，凡为净行者，乃入净胎，如婆罗门胎、刹帝利胎、吠舍胎。凡为秽行者，乃入秽胎，如狗胎、猪胎及不可接触者之胎。" BṛihIII · 9 · 28 说梵是人死后不断重新由之生出的树根。BṛihIV · 4 · 4,5 说人死时，其识体离身体而去，其智、业、习气不失，支配此识体，决定其往生，行善得善趣，行恶得恶趣。

(2) 五火说。BṛihVI · 2 · 8—14 谓亡灵进入包括天、地、空三界及男人、女人等五者 (五种祭火) 且由之出，再投生为人。其中没有谈到不同的人的往生差异，以及天神道、父祖道等的不同，也没有将业报与往生观念结合起来。因而其说较为原始。

(3) 二道往生说。此谓人依信仰、智慧、出家的修道死后得入天神道，不复返回；依祭祀、布施得入父祖道，于月宫受尽福报后返回人间；行恶者死后得入恶虫道。如 KauṣI · 2—7 说有智慧者其亡灵乃经祭火、望月、天神界、阿耆尼界、伐育界、婆楼那界、日神界、因陀罗界、生主界，最后进入梵界，不复返回是为天神道；无智慧者死后乃经祭火、朔月进入父祖界，待业受尽，乃重新入月，化为雨，进入人畜，再次轮回，

① OSTV.322.

② Hajime Nakamura, *A History of Early Vedānta Philosophy,* Motilal Banarsidass, 1983. 38.

是为父祖道。BṛihI·5·16说有三道，曰天神道、父祖道、人道。天神道依圣智而得，父祖道依祭祀而得，人道唯因子嗣而得。BṛihI·5·17彼知通过儿子而得世界者，当入灭之时，其有灭的元气（即语言、意、呼吸）入于其子，然后语言、意、呼吸等不灭的元气，分别从火、日、月进入他，于是彼乃如生主（Prajāpati），成为众生之自我，为众生所欣乐，众生之一切痛苦、罪染皆不入于彼，一切善皆归向彼。

(4) 五火说与二道往生说的结合。BṛihVI·2与ChānV·3—10，乃将五火说与二道往生说结合起来。其云凡知五火之义，且于丛林中敬思信仰与真理者，死后其灵魂乃经祭火、昼、望月、太阳北行之半年、天神界、日、光焰界，最后进入梵界，不复返回，是为天神道。凡依在家的祭祀、布施等功德者，其灵魂乃经祭火、夜、朔方、太阳南行之半年，进入父祖界，又返回月亮，并化为云雨，降落于地，转为粮食，人食后化为精液，乃入女人并出生为人。其旅程为：祭火、夜、朔月、太阳南行之半年、父祖界、月、空、风、雨、地、食、人，是为父祖道。BṛihVI·2·16实际上还提到第三条道路，谓若不知往生之理者，死后将则将入于虫道。

以上是奥义书较早的轮回观念。我们注意到以下几点：首先是，与奥义书更晚期的思想相比，在此期思想中，轮回尚未被视为一种重负，其说法旨在解释众生生命内容的差异。出离二道、断灭轮回、获得解脱的理想尚未确立。其次，与奥义书成熟的思想不同，在这里，轮回主体、灵魂是自然的生命元气，而不是纯粹精神的原理。第三，往生说与业力说仍没有得到稳固的结合。来自梵书的意欲决定往生趣向的说法，仍被继承（BṛihIV·4·5，MuṇḍII·2·2；佛教意欲决定投生的趣向的说法，奥义书已启其端），智慧有时也被认为是决定往生趣向的力量（BṛihVI·2·15）。第四，在这里，轮回尚未获得确定性，早期奥义书有许多说法与轮回说直接违背。比如ChānVI·8·6和VI·15中，优陀罗羯谓人死亡时其生命归入至上我，语言（人的全部心理活动）入意，意入呼吸，呼吸入火，火入至上我。另外BṛihV·10谓人若离此世，乃进入风，由风入日，由日入月，由月入非冷非热处（梵界），皆与轮回说相忤。AitaII·1—6等继承、改造了梵书三生说，以阐明父与子的同一，以及生命通过两性的生殖而延续，其宗旨也与灵魂轮回冲突。盖Sat BrāXI·2·1·1即谓人有三生，父母所生生；祭祀所成生；毗荼所成生（死后的往生）①。AitaII·1—6乃说三生为：(1)男子注其精液于女人子宫，此即所谓注其自我入女人，此谓初生。(2)胎儿由母腹生

① 此种三生说曾经是人类早期文明的普遍观念。人不仅有从母腹的出生，在原始人中，年轻男人加入成年人的“入会礼”，就往往被当作“再生”（婆罗门之视接受圣带为再生乃与此相似），而且死后灵魂再生的模糊观念也是普遍的。

出并受到教育、抚养，此谓次生。(3) 父亲死后的再次投生，是为第三生。这三生的主体似乎不同，(1)、(2) 是儿子，(3) 是父亲。但这其实反映了一个这样一个观念，即儿子是父亲自我的延续，父与子具有同一自我，因而三生的主体是相同的。这种父与子为同一体的观念在早期奥义书中仍然经常出现①。这些说法其实是人类原始的祖先崇拜的遗迹，是与认为人的自我是独立相续、自作自受的轮回主体的灵魂往生说相矛盾的。奥义书轮回说的进一步发展，在于确立轮回主体是精神性的识、命我，而非自然元气，并逐渐认识到轮回是系缚、苦，以为生命意义在于断除轮回，得到解脱，且提出解脱之道在于获得梵智、证得恒常的自我。此奥义书成熟时期的轮回观念，亦可大致分为两个阶段：

(5) 以识为作业、受报的轮回主体。尽管在自由的精神阶段，早期奥义书也提出了自我、识为独立于流转的元气的绝对者，提出人生理想在于依梵智直接入于大梵，不再轮回 (ChānIII · 14 · 4, IV · 15 · 5—6)，解脱者以梵智焚灭诸业 (BṛihIV · 4 · 22—23；ChānIV · 3 · 22)，甚至提出自我不因善恶业而增损 (BṛihIV · 4 · 22)，但它最初仍然认为真我、识是轮回的直接主体。如 BṛihIV · 4 · 3, 4 云：“譬如毛虫爬到草叶之尖，乃将身体收拢，朝向下一目标。故此自我在朝向下一目标（来生）时，乃离弃此色身，离弃无明，收回自身。譬如金匠取一块金，塑成更新更美之相，故此自我，离弃色身、无明，为自己塑成更新更美之相，如父祖、乾达婆、诸天、生主、梵天及其他生命。”人死时其诸根皆没入元气，元气乃进入心室中，与自我结合，于是心室顶部被照亮。自我、元气乃循此光亮而离开。在这里，元气乃为自我出行的载体。而自我的智、业与习气决定其往生的趣向 (BṛihIV · 4 · 1—5)。解脱者的自我乃成为宇宙大我 (BṛihIV · 2)。或云得梵智者，须待死后，其灵魂方入于无二至上我，不复有意识 (BṛihII · 4 · 12, IV · 5 · 13, 以 KāṭhVI · 4)。或云人若离欲而证自我，乃不离元气，直接于此身现证入大梵 (BṛihIV · 4 · 6—7, 以及 KāṭhVI · 2,9,14,17)。或云其死后经天神道进入梵界，由梵界进入至上梵，此道路乃与天神道重叠。此中有一个通常的说法是，人体内有 101 支（或云 72000 支）从心脏发出的脉管 (hitā)，其中每一支又分成许多细脉。这些脉管中有一条（名曰 suṣumnā，或即颈动脉）连接心脏与颅顶的梵窍 (brahmarandhram)②。得梵智者，其死时灵魂乃由心室出发，循此脉管上行，最后从梵窍出离，并循与此脉管连接的太阳

① 比如 BṛihIII · 9 · 22 说儿子是从父亲的心（汗栗驮）中产生的。在 KauṣII · 11 中，远归的父亲对儿子说：“来自我肢体，从我心中生，汝即我之我，惟信然吾儿！”在 KauṣII · 15 中，临死的父亲将其视、听、言、业、思维、意志、识一一交给其子。

② 另见 AitaI · 3 · 12；ChānVIII · 6 · 6；ŚvetIII · 18；MaitVI · 21；BGV · 13。

光线上升，最后进入太阳，且终由太阳进入梵界（ChānVIII・6・6；BṛihII・1・19；KāṭhVI・16；PraśIII・6；MaitVI・21,30）；反之人若无智且为欲望所染，其灵魂乃下行，由身体九窍逸出，趣向其诸欲所求之界。

(6) 明确将真我排除在轮回之外，以为轮回主体为命我。此为奥义书论轮回之最成熟的思想。这种看法就完全是数论化的。PraśIII・10 指出轮回的主体其实是命我（jīvātma），命我与元气等结合，乃引死者趣向其所念之界。KāṭhII・18—19 表明自我为不生、不灭、不来、不成、不动、恒常，因而没有轮回流转，轮回如实只属于自性及作为其产物的觉谛。KāṭhIII・3—4 喻色身譬如车，觉谛为驾者，末那为缰绳，诸根为骏马，而自我则为不动的乘车者。唯当自我与觉谛、诸根、末那结合，才成为受者，即命我。只有命我有作有受，而真我其实无作无受。晚期奥义书继承并进一步阐发这种数论化的理解。ŚvetVI・8 谓真我无作业，亦无作业之具，VI・4 云任何作业都必须通过自我与三德的结合，若无此结合则无诸业；V・7 云："孰若有诸德，则作业受报。彼即为受者，受用其业果。取一切形及 / 三德，入三道，此元气主宰（指命我），追随其诸业"，更清楚表明真我无作业，其作业、轮回者乃为命我。同理，MaitII・7 表明真我虽现似为无常、为作者，而实为恒常、非作者，III・2 严格区分大种我（bhūtātman）与真我（Puruṣa），唯前者为作者，后者则无作无受、清静无为。修道的目标，在于以内在瑜伽，使诸根、末那、我慢、觉谛皆断外缘，心注自我，最终证得自我无为无染的实性，从而恢复自我的清净独存。

与轮回密切相关的是死亡主题。这也是奥义书极为关心的问题。奥义书一般以为人死只是色身的朽坏，而灵魂乃可脱离肉身而去，或融入宇宙，或继续往生。其最早的思想，以为自我的视、听、言、嗅、意等根，乃秉日、空、火、风、月等物质元素而生，故人死时，其诸根皆归入其相应之元素，因此人消没于宇宙之中。其后的元气论思想乃以为视、听、言、嗅、意等诸根，日、空、火、风、月等诸有，皆本乎元气，故人死时其自我乃归没于宇宙元气。更成熟的思想，乃以为人死时，色身消解，唯余识我（精神实体）与元气，乃离开肉体，继续往生。其于死亡开示最详者，乃为《广林奥义书》的耶若婆佉之说。BṛihIII・2・13 谓若人死后，其声音归于火，呼吸归于风，眼归于日，意归于月，听归于方，身归于土，自我归于空，头毛归于木，体毛归于树，精血归于水，唯余识我，携元气、善恶业而游。BṛihIV・3・35—38 形容人老朽时，其色身乃如一辆破旧的车子，无法负载其灵魂或识我。此色身最后坏损，此识我乃离此而去，如芒果、无花果或草莓从其茎脱落，重归于元气。当人咽气之时，所有元气皆集于自我周围。于是识我收加诸元气，回到心室之中，而不觉外境。此时心室顶部被照亮。于是识我循此光亮，携元气、诸根离开，或由双眼，或由头顶，或由其他肢体部位。于是，与心识、元气结合的意念、业与习气便决定自我再次投生的色身，如云："其意执何境，则自我趣之，宿业相伴随，取着此境界。既已于彼界，受此界业果，复归于此界，以造诸新业。"（BṛihIV・4・1—6）。此为未离欲者的死后归宿。至于离欲者，BṛihIV・4・6，7皆表明其死后，乃进入大梵，由有死境入于不死界。识我离开腐朽的色身后，循太阳光上升。BṛihIV・4・8谓其所行之路狭窄且漫长。据说它于其不同道路，不同阶段，会见到白、蓝、黄、绿、红五种不同颜色①。最后自我穿越太阳，进入大梵的绝对光明之中，完全消灭了个体的存在，与大梵一味不二。

奥义书思想家对于死后的存在，有一以贯之的崇高祈望，大抵皆希望破琐屑而入高广、舍有限而为无限、弃个体而得绝对、去黑暗而就光明、离虚妄而入真理、涓罪恶而取正道。其尤为感人者，如BṛihV・15（亦见于Īśā15—16；MaitVI・35），为婆罗门临终祈祷，援用至今，其云："真理之面目，黄金盖（指日轮）所蔽。普鄯兮请揭，于我执真者（satya-dharma），使我得见之（以上为韵文）。嗟乎养育者（指普鄯）、唯一仙圣、阎摩、生主之族裔，请放汝光明，请聚汝光辉！汝之最妙相，我今已见之。彼太阳中之人，我即是彼！原我息入于风！我身堕于灰！意念请牢记，牢记所成就者！意念请牢记，牢记所成就者！嗟乎阿耆尼，汝知于一切，请由善道引，我等至福财（rai）。请保护我等，远离于邪恶。我等将献汝，丰富之赞颂②。"

奥义书之论轮回，可谓异解纷呈、歧义丛出。其论轮回之具体途径、决定往生之力量等等，皆极混乱杂厕，对于轮回之趣向也未形成固定的结论。在奥义书中，明确的地狱观念尚未出现。BṛihIV・4・17提到有五道，即父祖、天神、乾达婆、阿修罗、罗刹。BṛihIV・4・4提到父祖、乾达婆、诸天、生主、梵天及其他生命，实为六道。但其所说皆极随意，尚未形成像耆那教和佛教那样确定的轮回系统（六道轮回）。

## 三、大我与小我

命我是每一个人的现实生命，是为小我；它包含的真我则是普遍精神，是为大我。大我本来皆为同一，且无作无受，但由于与自性、元气等相结合（即所谓"执受"），遂显现为知者、作者、受者，有尊卑贵贱、贤愚美丑，有老死、饥渴、疾病、苦乐等，是为小我。而其实这些差别、转变、作用相，皆属于色身、元气，而无染于真我（此种观念在奥义书早期尚不清楚，到晚期始明确）。自我完全不动，然而是元气、色身的内

① 此或许与对太阳光包含不同色光的猜测有关。佛教十遍处观中亦有青遍、黄遍、赤遍、白遍、光明遍处观，应当由此而来。

② 此颂来自ṚVI・189・1。

在主宰。如《羯陀》说自我就像乘车的游览者，身体是车，觉谛是御者，意是缰绳，诸根是乘马，根境是其所历之景（KāṭhIII·3—4）。兹论大我与小我，略为以下几点：

其一，大我与小我相互联系。根据奥义书的观念，首先，小我的实性即是大我。《唱赞》书说小我就像无花果种子中的小虚空，而大我则是其外的大虚空；小我的虚空就是末那包围形成。晚期《慈氏》书，认为大我与自性结合，受到业力、根身等的限制，因而成为小我。小我的实性与元气、色身完全不同，而是与梵我相同，为无始即有、湛然常明、不生不灭、体性清净，常住不动、无为无欲。其次，小我也是从大我产生的。据说生主（宇宙大我）在创造人形之后，命令风进入其鼻，而成为呼吸；火进入其口，而成为语言；四方进入其耳，而成为听……最后生主在人的前额打开一口，自身进入之，于是产生了人类。又如《广林》书说人如树，而宇宙自我则是其根，人在每次轮回中，都是从后者生长出来，然后又被死亡割断（BṛihIII·9·28）。或云大我产生小我，如猛火溅出火星。晚期奥义书则认为小我是大我幻化产生。人生的价值在于破除小我的限制，而融入自在恒常之大我。最后，小我不能与大我分离，它以后者为实质、归宿，只是大我的一个表相或部分。至上神包括所有小我，并内在于其中，是我中之我、灵魂的灵魂。一方面大我摄尽所有命我；另一方面大我又在命我之中，如同油在芝麻中，酪在乳中，火在硝石中（ŚvetI·15）。小我与大我是现象与本质，一与多，有限与无限，假与实，部分与整体的关系。体会、实现大我，是小我的目标。

其二，大我与小我的差别。小我的自相就是它与大我的差别相。这差别相主要包括三方面：(1) 作用相。大我不动，而每个人的命我则表现出种种作用，有起作云谓，有生老病死，有轮回相续。但奥义书更成熟的看法，认为自我也只是看似有作用，有轮回，实际是无为无作，常住不动的。一切所作只是根、身的作用，根、身的作用是自我所发动，如艺人牵制玩偶。(2) 限制相。大我为遍在，为全知、全能、自在（绝对自由）。但小我执受根身，其存在被限制于末那的微小空间内，且智识、能力都受感官的制约，故十分片面、有限，不能如其本然地自由作用。(3) 有对相。在小我有内、外，彼、此，自、他的差别，故感官可把握；而大我则包举宇宙，无内无外，故无对待，故感官无所施。此外命我恒欲不足，而神则一切欲恒已满足。命我有轮回、常处苦恼，而神无轮回、恒处妙乐（命我只有在熟眠中才受此妙乐）。吠檀多认为命我的存在在本质上是虚妄的，它们都是摩耶作用的结果。摩耶无始即与梵联结，从这种联结产生不同的命我。所以命我与命我之差别是虚假的。一切事物的差别相也都是虚假的，因为它们同属一个大我，即神，证道者乃知其融合为一，不可分割。醒位、梦位的差别也是虚假的，因为它们都以熟眠位为基础，都属于神的幻现（自在即熟眠我）。同时命我与神的差别也是虚假的，得圣者乃证得它们同属于无相的至上我，即大梵；这就是要最后除熟眠，离喜覆，圆证无覆、无相、不二的真常净心，即奥义书的绝对精神。所以究竟而言，神的存在也是虚假的，它也是摩耶幻化的结果，是摩耶最初的产物。

其三，早期奥义书的大我与小我同构论。在《黎俱吠陀》中，就有了将宇宙比作一个巨人的观念，从巨人的眼生出太阳，从他的口生出火与雷电，从他的脐生出气，从他的呼吸生风，从他的头生天，从他的脚生地……（ṚVX · 90）。《阿闼婆吠陀》也说地是至上梵的臀，空界是其腹，火是其口，日月是其目，风是其呼吸（AVX · 7 · 32—34）。与此相关，吠陀就已开示宇宙大我与人的小我的同构，比如伐摩提婆（Vāmadeva）就觉悟到了万有与内在自我的同一："我即是摩奴，我即是太阳"（ṚVIV · 26 · 1），同样特罗娑达修王亦说他就是因陀罗，就是婆楼那（ṚVIV · 42 · 2）。在梵书中，宇宙大我、至上神与人的同构论，泛滥充斥，几至令人生厌。典型的如 Tait BrāIII · 10 · 8："风神居于我息，日神居于我眼，月神居于我意，空居于我耳，水居于我精，土居于我身，草木住于我毛发，因陀罗住于我力，云神住于我首，风暴神住于我怒，阿特曼（自我）住于我之自我，阿特曼住于心，心住于我，我住于不死者，不死者住于梵。（以下为韵文）归来兮我身，归来兮我生，归来兮我耳，归来兮我意。安住于我兮彼大梵，恒生长兮以其光。" Sat BrāX · 4 · 5 · 2："（于宇宙大我）火为语言，风为呼吸，日为目，月为意，生殖力为水，足为热，关节为月份，脉管为半月，白、黄毛为昼、夜。"《唱赞奥义书》和《广林奥义书》就大量沿袭了这样的说法（BṛihI · 2）。早期奥义书并将这种观念贯彻到对人类形成的解释中。据说，由巨人之口所生之火，进入人的口中，成为语言；由巨人的呼吸所生之风，进入人的鼻，成为人的呼吸；如是太阳进入人的眼睛，而成为视；四方进入其耳，而成为听；月进入其心，而成为意；死进入其生殖根，而成为精（AitI）。另外，当人死后，其眼又归于太阳，其意又归于月亮，其听又归于四方，其身又归于大地，其自我归于虚空，其毛发归于植物，其精血归于水（BṛihIII · 2 · 13）。因此自然的大宇宙与人的小宇宙内容是相同的。自我即是宇宙，知自我即知此宇宙，即知宇宙中之一切（BṛihI · 4 · 7）。但是随着奥义书的自我理解的进一步加深，人们逐渐认识到自我的本质不是形器的自然，而是心灵，因而早期完全站在宇宙论立场上的人神同构论，乃逐渐让位于晚期以绝对心灵为人和宇宙共同本质的绝对唯心论。

其四，大我生成小我的机制。早期奥义书的自然思维，没有在至上我与命我、宇宙之间进行形而上学的区分，因此大我生成世界和命我，皆为一种宇宙论的转变或分化（如 BṛihI · 4 · 7；AitaI · 1—2）。此种生成机制，固未受到置疑。然而到中、晚期奥义书，乃划分实体与现象、真我与自性之二元，于是大我如何与自性联结而生成人的小我，乃成为问题。奥义书、吠檀多学对此的解释，亦颇有差殊。其中代表性的说法，概有四种：第一，是分有说，认为至上我因执受末那、觉谛等，显现出个别性，成为有限的、个体的灵魂，故命我是梵的分位（aṃśa）或表象。如 ŚvetI·15 喻大我在命我之中，若油之于麻，酪之于乳，火之于硝石。跋陀罗衍尼《梵经》喻大我与小我如火与四溅的火星，即承此义（BSII·3·43）。乔荼波陀喻至上我与命我如大虚空显现为众瓶中的小虚空，亦同此解（ĀŚIII·3）。第二，是映像说，以为真我不是被觉谛等执受所分隔，而是投影于觉谛之上，如人照镜子，命我如是现似作者、受者，并随诸执受的轮回而轮回。在奥义书中，KāṭhIV·1；PraśIII·3；MaitIII·3 等皆提示此义，但意思含糊。后来《梵经》亦说命我仅仅是梵的映像（ābhāsa）（BSII·3·50），商羯罗喻自我映入觉谛如月映水中（BSBHII·3·50）。第三，是幻化说，认为命我像是自我梦中所见或魔术师幻化的存在一样，至上我在摩耶（幻、无明）的影响下，自身幻现为命我，这命我相当然是完全虚假的。ŚvetIV·9—10 即提出觉谛等执受，皆是至上我产生的幻相，至上我被这幻相限制，成为命我。此义后来被不二吠檀多派继承、发挥（USI·17·28）。第四，是结合（yoga）说，以为真我、纯粹意识本来就是多元的实体，与自性、执受结合而成为命我，《六问》、《羯陀》皆暗示了此种理解（如 Kāṭh V·3），这后来成为数论—瑜伽派的立场。然而这些说法在理论上都有问题。其中，分有说难以解释本不属于同一层面的自性如何对自我进行分割，而且有违真我的实体性。映像说和幻化说则把命我完全当成假相，完全否定了命我与真我的同一性。结合说则持自我为多元的实体，与奥义书对绝对大我的信念相忤。

实践主体只能是人的经验、现实的自我。奥义书对于实践主体的说法，颇为模糊混乱。总的说来，其初期以为实践主体就是绝对自我，是一个单纯的存在。随着出世解脱理想的确立，以及对自我的超越性的领会，实践主体从单纯的变为聚合的。然后对自我的绝对性的强调，最终导致经验、自然存在的真理性被否定，于是实践主体、命我成为虚假的。

奥义书对于实践主体的思考，除了其混乱含糊性之外，还有更严重的误区。其一，是把自我实体对现象界、自然的超越，误解为对生命、活动的否定，因而把自我当作一个寂然不动、消极无为的实体。在中、晚期奥义书中，人的实践、作为被从真实自我排除，甚至被当成假相，而一种断除生命的彻底寂灭境界成为人生的理想。这导致印度精神在实践上的消极甚至悲观倾向。其二，是把自我对经验的思想、认识的超越，误解为对概念、理性的排除。早期奥义书就已强调自我是没有名言差别、一味均匀的实质。在其后来的发展中，奥义书思想越来越明确地将自我理解为一个无思维念虑、非理性的纯粹意识或澄明。正是这种自我理解，导致印度精神在实践上的神秘主义和非理性态度，导致其非伦理甚至反道德倾向。然而真实的自我就是生命、自由，其现实性就是思想、理性的活动。一种寂然不动、没有生命、没有思维、一味无别的自我，只是一个思维假相。奥义书的这种认识和实践的误区，都有待通过精神自由的进一步展开来克服。

## 第二节 伦理的实践

在奥义书思想中，一方面由于其日益强烈的出世精神与伦理的实践相违[①]，另一方面由于其自我理解的非理性倾向导致自由与伦理规定的冲突，因此在这里，实践上的非伦理甚至反伦理倾向越来越强烈。其以为解脱者以梵智之火焚灭一切业，彼处贼不复为贼，乾陀罗不复为乾陀罗，波伽沙不复为波伽沙……彼既不染于善，亦不染于恶（BṛihIV·3·22）；若得梵智则不为善恶所染，乃至杀父母婆罗门之业亦无染于身（KauṣIII·1）。然而在出世倾向尚未占支配地位的自然精神阶段，世俗伦理的价值仍然是被坚持的。

在奥义书的这一阶段，对实践的思考基本上沿袭了吠陀和梵书的精神。世间职责与德行受到强调。业力的观念表现了一种朴素的正义诉求。另外人的职责因不同种姓和行期而各有不同。家庭伦理亦颇受重视，其思想基础是人的自我通过生殖延续的原始观念。奥义书也表现出明确的罪恶意识，但早期奥义书理解的罪只是一种行为过犯，晚期奥义书乃将罪的本质理解为人的现实存在与真实自我的矛盾，因而罪是内在于人的存在之中，人生而有罪。但奥义书对于伦理的内容、根据的阐述，较之中土乃至泰西思想，皆显得单薄而且零散。

此期奥义书的伦理是一种自然伦理。伦理实践在于对一些外在的、来自自然习俗的职责、规范、仪式的遵守。实践的目的也是自然的，主要是维护外在秩序，或延续、扩大自我的自然存在。内在精神的自由尚未成为伦理的目的。因而这种伦理还没有上升为真正的道德。然而由于自由推动奥义书精神反省的内在化，导致真正的反思的形成，于是精神、觉性的内在存在，成为绝对的真理，因而成为全部存在的目的。精神遂以其全部生命内容，维持其内在心灵的存在，它因而具有的真正的自由。精神于是脱离自然伦理，进入真正道德的阶段。但是由于前面谈到的原因，奥义书道德精神的建立，没有产生积极的伦理效应。奥义书将精神的自我理解为非理性的意识，使得自我丧失为自身立法的能力，因而它的自由永远只是主观的、个人的，而

① Schweitzer, Albert, *Indian Thought and its Development,* Henry Holt and Company, New York, 1936. 111.

不能转化为客观的伦理法则。奥义书思想的这一特点，决定了后来印度精神的面貌。在这里，精神自由的不断提升和深化，并没有导致伦理思想的实质进步。以至于印度的伦理思想始终没有达到泰西乃至中土思想的完善程度。

## 一、美德、职责、业

早期奥义书少有悲观厌世之想，故于世俗生活，尚未至否定其意义，于世间职责与德行，亦颇留意。盖印度思想，自梵书时代开始即有了明确的责任概念。梵书规定每一婆罗门有五种天赋的职责：一是对天神之责，需以祭祀实之；二是对仙圣之责，需以传诵吠陀实之；三是对父祖之责，需以子嗣实之；四是对人类之责，需以正行实之；五是对低等生命之责，需以仁爱实之。奥义书早期思想基本上继承梵书的精神。但在这方面少有发明，且思想颇为粗略，说法颇为散乱，并无系统的伦理学，其于职责与德行乃无明确区别。如 BṛihI·5·16 说有三界，谓人界、父祖界、天神界，而以天神界最善；人界唯由子嗣可得，父祖界唯由祭祀，天神界唯由智识（对吠陀的知识）。这实际上是强调祭祀、生育和学习吠陀知识，为人生之最重要职责。BṛihI·4·16 亦开示了一种仁爱和奉献的美德："信然，此自我即是一切所造物之世界。若人施舍且献祭，彼乃成为诸神之世界。若人勤学吠陀，彼乃成为仙圣之世界。若人祭奠父祖且生育子嗣，彼乃成为父祖之世界。若人为他人施饮食住处，彼乃成为众人之世界。若人为兽觅水草，彼乃成为兽之世界。若于其家，鸟兽虫蚁得以活命，彼乃成为彼等之世界。信然，于有如此智之人，众生皆愿彼安稳，如愿其自身世界安稳。"BṛihV·2 说自制、布施、怜悯为三个根本德行。ChānII·23 亦谓有三种职责：初谓祭祀、习吠陀与布施，次谓苦行，最后是为梵志永住师家，此皆能致福界，但唯安立于大梵者得不死。其于世间职责开示最详者，乃为《鹧鸪奥义书》。如 TaitI·9 说人一方面应以教、学吠陀为首要职责，另一方面还应行正直、诚实、苦行、调伏、定、事火、火祭、待客、人道（mānuṣa）、婚姻、生育、养育孩子共十二种职责，这两方面不可偏废。在 I·11，师傅授徒弟二十余项律仪：不诳语、行正法、不废吠陀学习、如法供奉导师、不失子嗣、不失诚实、不失正法、不失平安、不失利乐、不忽视吠陀学习与传教；祭祀诸神、父祖，事母如神、事父如神、事师如神、事宾客如神；行事无亏、从善去恶、敬事婆罗门之胜者，应以信仰、吉祥、谦恭、敬畏、爱忍而布施等。总而言之，奥义书对于日常伦理之思考，皆无任何独到深刻之处，且琐碎而无系统。盖此一主题固非印度哲人之所长。在奥义书后来思想发展中，此种日常伦理日益退居次要，而仅为学梵之预备性的净化手段。在后世印度教中，日常伦理与祭祀一并被归于业犍度（karm-khaṇḍa），为修智犍度（jñāna-khaṇḍa）之必须，二者并为解脱之资粮。奥义书中、晚期思想乃认为，此类伦理规范唯对于年青梵志乃为必要；已得梵智者，不着于业，故无善无恶，因而上述世俗道德说教，乃全无意义。

与此相关的是关于业的思考。盖奥义书初期的道德倾向是功利的。人们相信人的善恶行为，皆可产生一种支配灵魂去向的自然力量，即业力。“人由善业得善报，恶业得恶报”（BṛihIII・2・13），乃成为奥义书乃至整个印度文化的普遍信念。在奥义书最早的伦理、宗教思想中，行善、祭祀皆是为积累善业，以求死后得到好的报应，获得好的往生。一般以为，人若一生勤行布施、善待众生、远离邪恶，来世可以投身高贵、富有的家庭，过上优越的生活，反之则投生为低等种姓甚至畜牲、虫类；而人若谨行祭祀、敬奉吠陀，则死后灵魂可以升天，与诸神为侣。奥义书中、晚期的实践思想，乃超越这种狭隘的功利主义，且超越自然伦理对精神自由的限制，因而业的道德、宗教价值完全转变成负面的。无论善、恶业，皆被认为是人的最终自由的障碍，善报与恶报皆被认为是对灵魂的系缚。真实自我被认为是超越诸业的，既不因善业而增，亦不因恶业而减，为恒常、绝对的实体。人若证知此我，则成为此大我，遂断一切业、染（BṛihIV・4・22—23）。或云人于熟眠位、死亡中亦可脱离业染，回归至上我（BṛihIV・3・21—22）。然而业有正受（prarabdha）业与未受（sanchita）业二种。前者为正在生起活动，其招引的果报正在现前，有其惯性力量，不可中断；后者为尚未生起活动的，乃可断尽。所以在这里更严格的说法是：人若得正智、悟自我，则当下除尽未受业；而正受业还有待受尽，当其受尽，则根身毁坏，命我无间（没有时间间隔）融入大梵。

在印度实践思想中，与世俗伦理相关的，尚有关于种姓与行期的说法。早期奥义书相关的说法大体都是继承晚期吠陀和梵书而来，且较为疏略。ṚVX・90就提出原人从其口生婆罗门，从其双臂生刹帝利，从其双腿生吠舍，从其双足生首陀罗的设想，表明婆罗门最高贵。在奥义书中，提及种姓之形成者，仅BṛihI・4・11一处，其云梵天创造四种姓。梵天首先创造刹帝利，包括属于刹帝利的诸神，如因陀罗、婆楼那、须摩、阎摩等，故无有高于刹帝利者，而婆罗门乃位于刹帝利下手；其次彼创造婆罗门，以为刹帝利之支持；再次创造吠舍及其相应诸神，如婆苏众、禄陀罗众、摩鲁特众等；最后创造首陀罗及其相应之神，即普鄯。其说可谓是ṚVX・90相应说法的修正版，其所作的最大改变，乃在于将刹帝利置于婆罗门之上。每一种姓都有自己不同的职责。婆罗门（Brāhmaṇa）的职责是敬奉吠陀、执行祭祀；刹帝利（kṣatriya）的职责是维持秩序、护卫国土；吠舍（vaiśya）的职责是工商农事、提供贷殖。这三个种姓都是雅利安征服者的后代，为社会的主人。首陀罗（śudra）则为被征服的土著后代，被剥夺宗教生活的权利，处于被歧视地位，只能从事最低贱的行业。种姓由出生决定。每一种姓的人只能行该种姓之法，否则若婆罗门行首陀罗法，吠舍行婆罗门法，皆不合道德。另外，再生族（前三种姓）男子完整的一生，应该包括四个阶段，每一阶段都有其严格规定的义务，这就是婆罗门教的“四行期”（āsrama）。第一阶段即梵行期（brahmacarin）或曰求学期、梵志期，始于再生礼，终于学业完成，这一阶段要求独身在导师家中度过，保持身心纯洁，勤心事奉导师，学习吠陀及诸圣书。第二阶段叫作居家期（grhastha），即学业结束后，成家立业，主持家政，举行祭祀，履行社会义务，并潜心领悟吠陀的精义。第三阶段为林栖期（vanaprastha），再生族到了老年，得以从繁重的社会义务中解脱出来，到森林中过隐修生活，在远离尘世的环境中冥想宗教哲理。第四阶段为游方期（sannyasinsamnyasin）或曰苦行期，修行者在生命的最后阶段，实践瑜伽苦行，居无定所，游方乞食。从奥义书反映的情况来看，无疑在其时四行期制度已完全确立。但其中直接反映此内容者甚少。仅有ChānVIII·15说人若于师家如法完成吠陀学习，并且返回后能续其学业且生子授徒，最终系诸根于自我，且于众生无害，其死后乃达梵界而不复返回；即使在这里，四行期似也不完整。在奥义书中、晚期思想中，一方面由于领会到真实自我对于人的经验个体性的超越，也由于刹帝利在精神领域地位的上升（奥义书中就有多处婆罗门受教于刹帝利的故事）导致婆罗门精神垄断地位的动摇，使得种姓差别的绝对化被打破（如BṛihIV·4·22—23等强调人若得正智、解脱，则婆罗门不复为婆罗门、首陀罗不复为首陀罗、贼不复为贼）；另一方面，奥义书中、晚期思想由于否定世俗、追求厌离之心日益强烈，及由于对于吠陀名言和祭祀宗教的超越，使得吠陀学习和在家祭祀的意义越来越变为次要，而出家苦行则日益被赋予崇高地位，这也使得四行期制度变得松懈。

## 二、家庭伦理

最初的奥义书说义，厌世出家之想尚且缺乏，故于家庭伦常，亦颇关注，且言之甚多。其所言最详者，一为夫妻，二为父子。而夫妻之义，乃完全从生育儿子确定。奥义书早期对于家庭生活的强调，不仅与作为奥义书典型观念的，对真实自我的绝对性和超越性的领会相冲突，而且与轮回观念相矛盾。盖若自我为一绝对、超越的原理，则仅与经验、个体之我相关的家庭生活，其意义便极有限；若自我为一不断轮回的实体，则旨在延续自我的夫妻、父子之义，亦全失其本来的价值。由此可见，奥义书对于家庭伦理的开示，乃相应于其绝对、超越的自我观念，以及轮回之说尚未完全确立的思想阶段，属于其最原初的观念层面。其中，《爱氏奥义书》所谓三生说，乃大致可作为奥义书家庭伦理观念之基础。三生说与生命轮回说直接矛盾，旨在阐明生命通过两性的生殖而延续，强调父与子的同一。如 AitaII・1—4 云："1 信然，此(自我) 最早于人中成为一胎藏。彼精液为来自肢体之光。如实人于自我中有一自我。当他注此自我于女人，乃使其生出。此为其初生。2 彼进入女人之自我，如其自身之部分。故彼无害于她。她养育他进入她之自我。3 她既为养育者，故应被养育。女人受他为胎藏。如实，自孩子初生后，他应护之。当他自其初生后护此孩儿，其实是护其自身自我，为诸界之持续故；盖此诸界如是得以持续。此为人之次生。4 彼 (儿子)，作为他 (父亲) 之我，乃取代他而完成其善业。彼另一自我 (父亲)，既已尽其业且老矣，乃由此而逝。于是，彼如实由此逝矣，复再生。此为人之第三生。" 其以为父亲之精液即为其浓缩之自我。当其注入母腹，乃由此自我生一胎儿。母亲善护此儿，实即护其夫之自我。故为夫者对其妇应怀无限感恩之心，因她孕育、生出、养护其自我。故夫妇关系为极神圣者。父与子具有同一自我，儿子的自我、生命来自其父，是父亲自我的延续，或曰父亲通过生殖而成为其子。因而三生的主体是相同的。夫妻、父子之义，乃安立于斯。于家庭伦理开示最多的 BṛihI・5，BṛihVI・4 等，也表明了与此类似的思想基础。如 BṛihVI・4・1 便指出于一切形物，土为其精华，水为土之精华，植物为水之精华，花为植物之精华，果实为花之精华，人为果实之精华，精液为人之精华，此谓有某物一味之精华，流贯于生命、万有之中，与 AitaII・1—4 的自我义相同。在奥义书中，唯此种作为宇宙实质，于生命中流动、转化之自我，乃可作为其家庭伦理之前提。

1. **夫妻伦理**

奥义书对于夫妻关系之思考，几乎完全从生育后代之功能考虑，鲜有论及男女爱情之价值者，亦似缺乏对女性之尊敬。BṛihVI・4 论其事最详。其义大体以夫妇为祭祀。其云生主初造女人，乃以之为容器。故其置此女于下而敬之 (即以交配为祭祀)。因此人亦应置女子于下而敬之，乃伸其须摩杵 (即以阳具为祭器) 于女体内而射之。其说乃包括以下内容：(1) 求合与交遘之法。若人欲与某女交合而欲其悦已，乃应自鉴于水而祝曰："愿我有生气、强力、美貌、财富、成就！" 于是乃可得女人欢心。此人应于女子经期结束，容颜正美时，请求交合。若其不许，则可贿之。若女终许之，此人应祝："以强力、以荣耀我授汝荣耀！" 于是二人皆得荣耀。若女仍不许，乃应以棍棒或掌击之，迫使就范，云："以强力、以荣耀我夺汝荣耀！" 于是此女失其荣耀。若人于交合时，欲女爱已，乃应于交遘、亲吻之时，抚其髀而祝曰："肢体之精华，来自于诸肢，生成于心胸！且使之疯狂，我怀中女人，如中于毒箭！" BṛihVI・4・12 又述败情敌之法。若此女另有情人，乃可置火于盆，然后反向陈一列芦箭，以酥油涂其尖，而献之于火，祝曰："汝已献于我祭火中！我且夺汝出气与入气！汝某某某 (此处为情敌之名)！汝已献于我祭火中！我且夺汝儿子、牲畜！汝某某某！汝已献于我祭火中！我且夺汝祭祀、福业！汝某某某！汝已献于我祭火中！我且夺汝希望、前程！汝某某某！”人若如是诅某人，则被诅者死时乃失其福德、能力。次晨，乃取融化之乳糜，一次一点献于祭火，祝曰：“敬礼阿耆尼！敬礼阿努马提（爱神）！敬礼日神，真实创造者（satya-prasava）！”事毕乃取糜而食，然后使妇亦食。于是洗手，以钵盛水，洒此妇三次，祝曰：“謇毗湿婆苏（淫欲之神），且起离此处，求它可意女！此妇已有主！”于是就其妇祝曰：“嗟乎我与汝，为夫与其妇，为娑摩、黎俱，为天空大地，我等其相拥，精血且融合，愿能生儿郎！”于是乃分开妇之双腿，祝曰：“分兮天与地！”乃与之交，对嘴且三抚其发，再祝曰：“毗湿奴备胎！埵须妥授形！生主许注入！达蹉且置种！产神且授种，汝粗辫女神！阿湿文成种，带莲花环者（指阿湿文）！以二金相摩，阿湿文生火；我等且求汝，十月出此种。如地藏火种，如天孕雷电，诸方怀风种，如是我且置，种子于汝中，汝某某某（此为妇名）！”其以为，若如此交合，乃可生子，且谓婆罗门若交合而不知此理，死时乃失其福德、能力。(2) 收回精液之方。人若于梦中、醒时遗其精，应祝曰：“吾精泄于地，入草木与水，嗟惟此精液，其重回我身！精气回我身！力量与容光，其复归于我！祭坛及祭火，再设于其处！”言毕乃以无名指和拇指取之，涂于胸前及眉毛上，谓如此精液即可返回体内。(3) 行房事时的正确观想。其法即以房中为祭祀之场，观房事为行祭，在奥义书中也颇为常见。这要求观想性交的各环节与祭祀和娑摩唱赞的环节等同。其云人交合时，应观想女人下体为祭坛，其毛发为圣草，肌肤为榨须摩器，阴户为祭坛中间之火。人若知此而交合，乃可得广大如 Vājapeya 祭所致之界。人若知此而交，则取得女人善业于自身；若不知此而交，则女人取得其善业。除 BṛihVI・4 之外，ChānII・13・1 乃以房事之五阶段为娑摩之五唱；BṛihVI・2・13 要求观想女人为一祭火，其性器为薪，其阴毛为烟，阴户为火焰，插入时是炽炭，快乐是火花，而射精乃是诸神献精液于此祭火中，由此祭品而生人。(4) 求生理想儿女之法。若人与女交而不欲使受孕，乃应于交合时，先吸气，后呼出，祝曰：“以力及以精，我且由汝收回精液！”其云如是则女人不会受孕。反之若人欲得子，乃应于交合时，先呼气，后吸入，祝曰：“以力及以精，我且置精液于汝！”其云如是则女人受孕。女人若入经期，三日内不可饮于金属杯，不可换衣，身体不可与低种姓者接触。三日后须沐浴且为脱粒。若欲得一白肤、能诵一吠陀之儿子，且冀其全寿，则夫妻二人应于房事前食以乳烹之米饭，佐以奶油。若欲得一褐肤、棕瞳、能诵二吠陀之儿子，且冀其全寿，则夫妻应于房事前食以酸乳烹之米饭，佐以奶油。若欲得一黑肤、红瞳、能诵三吠陀之儿子，且冀其全寿，则应食以水煮之米饭，佐以奶油。若欲得一饱学之女，且冀其全寿，则应食与掺芝麻烹成之米饭，佐以奶油。若欲得一博学有令誉、言辞便给、出入朝庙、能诵全部吠陀之儿子，且冀其全寿，则应于房事前食和肉烹成之米饭，佐以奶油。奥义书最详细开示夫妇之义者，乃如上所说。总之其以为夫妻生活完全为满足生儿育女、延续人的自然生命这一功利目的。其思想基本属于原始巫术范畴，亦难免淫怪之嫌，故多为治吠檀多学者所弹斥（多种西文译本乃于此缺译），其说对于今天的人们也不可能再有任何启迪，但它也表现了当时印度社会生活之一方面，我们为反映早期奥义书实践思想之全貌，乃述之如上。奥义书此后的思想，一方面由于对众生平等的自我的领会导致对妻子更尊重[①]；另一方面又由于出世超越精神日益增强导致夫妇之义逐渐被漠视。

**2. 父子关系伦理**

在奥义书中，关于父子关系伦理的内容远较关于夫妻者丰富。KauṣII；BṛihI·5等皆论及父子相接之仪礼，其所说包括以下内容：(1) 祈于天地以保儿子寿命之仪。此如ChānIII·15·1—3即以宇宙为一能装百宝且牢固不坏之匣子，故祈于彼以求能庇护儿子使不受伤害也，其祷云："1 匣里为空界[②]，地为不坏底。诸方为其角，上天为其盖。此匣藏财宝，一切于中住。2 匣之东面曰祭勺，南面谓阎摩国，西谓婆楼那王所，北面曰善财 (subhūtā)。风乃是此诸方之子。谁若如是知风为诸方之子，乃不为儿子（早夭）而悲哭。我如是知风为诸方之子，我其不为儿子（早夭）而悲哭矣。3 我其求彼不坏之匣，庇护此某、此某、此某。我其求彼元气，庇护此某、此某、此某。我其求地界 (bhūr)，庇护此某、此某、此某（此处为连续念儿子名字三次）。我其求空界，庇护此某、此某、此某。我其求天界，庇护此某、此某、此某。"(2) 敬拜日、月以求儿长命或求生子之仪。KauṣII·8—10 乃示此仪。首先求得子之仪，应诵三句吠陀，谓："其增乎，须摩！愿生气归于汝。""愿奶、食物归于汝。""彼为日神充满之光芒……"[③] 然后应祝曰："请勿以吾等之元气，以吾等之子孙、牲畜而增；彼憎恨吾等及吾等所憎恨者，请以其元气，以其子孙、牲畜而增[④]。于是我转因陀罗之所转，我

---

① 如BṛihII·4·5："信然，人非因爱其夫，故其夫珍贵，而因爱此大我，故其夫珍贵。人非因爱其妻，故其妻珍贵，而因爱此大我，故其妻珍贵。人非因爱子孙，故子孙珍贵，而因爱此大我，故子孙珍贵。人非因爱财富，故财富珍贵，而因爱此大我，故财富珍贵。人非因爱婆罗门，故婆罗门珍贵，而因爱此大我，故婆罗门珍贵。人非因爱刹帝利，故刹帝利珍贵，而因爱此大我，故刹帝利珍贵。人非因爱世界，故世界珍贵，而因爱此大我，故世界珍贵。人非因爱诸神，故诸神珍贵，而因爱此大我，故诸神珍贵。"

② 空界，兹指天、地之间的大气界。

③ 此三句咒分别见于：ṚV I·91·16（IX·31·4），I·91·18；AVVII·81·6。

④ 以上祝词的基本内容取自AVVII·81·5。

转日神之所转！”① 事毕面向北而立，举右臂由西向东而转（或说以头由左向右转），以象征日神于夜间的运动；而太阳由此运动再生于东方，又象征父亲的生命于儿子再生；故这里的象征是双重的（KauṣII · 9 开示的敬满月仪式与此基本相同）。其次求儿长命之法，此即是祈新月勿取其子孙元气，而应取仇人子孙元气。盖以为月之盈亏乃因其积取、释放众生元气故。其法为每当新月于西方出现时敬拜月神，其仪式与上述敬拜日神相同，或以两片绿草叶投之，祝曰：“轮廓甚美妙，吾心住天月②。我知此信仰，愿不为儿恙，而悲哀哭泣！”事毕与妻卧，抚摸妻子心胸，祝曰：“发际优美者，汝心既置于，生主神之中③。我即以此（指妻子之心）祈，永恒之女王，其不遇儿恙！”据信若行此礼，则她的儿子不会夭折。(3) 父亲久别后对儿子的问候礼。见于 KauṣII · 11。若父亲久出归家，应吻其儿子之头，祝曰：“从吾肢体来，由吾心而生！信然，吾爱儿！汝即吾自我。汝其寿百岁，某某（此处念儿子名字）！”再祝：“如石亦如斧，如不坏之金！信然汝即光，汝其寿百岁，吾儿某某（此处念儿子名字）！”乃拥抱其子，曰：“如生主拥抱万物，为保全之，如是我拥抱你，某某！”然后对其右耳低语：“哦！摩伽梵，请施与他，如激流……”④ 于是对其左耳低语：“哦！因陀罗，请施与他最胜资财！”⑤ 然后祝曰：“其勿被割断⑥！勿恼！应寿百岁。我儿，我念你名，吻你头，某某！”于是吻其头三次。再祝：“如母牛于牛犊上低鸣，我亦于汝头上低鸣。”于是在其头上模仿母牛的声音作三次低鸣（KauṣII · 11）。此仪式的目的亦是保儿子长命、有福。(4) 父、子传受礼，即父亲临终时传其元气于儿子之仪。BṛihI · 5 · 17—20 和 KauṣII · 15 皆开示此仪，而以 KauṣII · 15 所说最详。其法为，若父亲觉其将死，应遣人召其子，然后撒草于地，设祭火，置一碟、一水盆于其侧。然后着净衣，卧等其子。其子既来，或与父对面而坐，或卧其父之上，其肢体、器官皆与其父一一相接。于是父祝曰：“吾将置我语言于汝！”儿对：“吾受汝语言于我。”“吾将置我气息于汝！”儿对：“吾受汝气息于我。”“吾将置我眼于汝！”“吾受汝眼于我。”“吾将置我耳于汝！”“吾受汝耳于我。”“吾将置我味于汝！”“吾受汝

---

① KauṣII · 8。“转因陀罗之所转……”即以手臂向东而转，盖印人以为因陀罗、日神，于夜间由西方转向东方，故以此手臂动作象征此二神之运动。

② 此处以日、月暗指夫妻。梵文“susiman hṛdayam”，此处解为“轮廓甚美妙之心”，以月为吾心，示其亲也。此处赞月亮之轮廓甚美。或以为此中“susiman”应是“susīme”，谓“发际优美者”，即指妻子（下文对 KauṣII · 10 中相应一偈的翻译乃从此解）。

③ 生主神（Prajāpati），即生育万物者，故在此与妻子的生育力联系起来。

④ 此句取自 ṚVIII · 36 · 10。Maghavan 为因陀罗的称号，意为“善施者”。

⑤ 此句取自 ṚVII · 21 · 6。

⑥ 谓儿子生命被断绝，或家庭血缘被割断，可能前者意思更恰当。

味于我。”“吾将置我业于汝！”“吾受汝业于我。”“吾将置我苦乐于汝！”“吾受汝苦乐于我。”“吾将置我喜、乐、生殖于汝！”“吾受汝喜、乐、生殖于我。”“吾将置我行走于汝！”“吾受汝行走于我。”“吾将置我意于汝！”“吾受汝意于我。”“吾将置我识于汝！”“吾受汝识于我。”若父极衰难以尽言，可唯祝曰：“吾将置我诸元气于汝！”儿对：“吾受汝诸元气于我。”其后儿乃右转，东向而去。父在其后呼曰：“愿荣华、梵光、令誉充满于汝！”儿子乃转头于左肩视父，以手或衣角掩面，曰：“汝其得天界与诸欲！”倘若行此礼后，父竟然痊愈，将从其子而活，或出家乞食，尽其余生。此种仪礼以元气论为前提，它表明了生命是传承于祖先（而非来自轮回）的观念。

## 三、罪　恶

对罪的意识使罪成其为罪。认为人生而有罪的观念，唯属于觉道文化。罪感属于苦恼感。它是人的良心或本体自由通过情绪对人的当前自我的否定。当现实精神偏离了本体自由的绝对实现之路，构成了自我迈向绝对自由理想的障碍，良心就会通过罪感告诉它。罪感其实就是自我对它与绝对自由的距离的意识。这绝对自由往往就表现为神（因而神就是人类自我的自在理想）。因此罪往往表现为人与神的距离，而且在精神史上，唯其如此，罪感才得到最清晰的表达。罪感既来自人本有的良心，因而从人类之初就已然存在，并折磨着人的心灵。有一篇古巴比伦祷文就充分表现了这种罪感和忏悔，其云：“啊，主啊，我的罪孽深重。不知名的神啊，我的罪孽深重。不知名的女神啊，我的罪孽深重。无知的人类，他甚至辨不清自己是在行恶还是为善。我的主啊，不要抛下你的仆人。我的罪有七七四十九重，请赦免我的罪吧。”① 在这里，祈祷者应大声忏悔，并匍匐在地，以鼻触土。罪还被认为属于人的内在本性，且可遗传。如另一首巴比伦祈祷诗云：“愿我父亲、祖父、母亲、外祖母，我的家庭、亲友之罚不落于我，而至别处。啊，居于天堂的神，请释我罪。我年轻时所犯过恶，请驱散、赦免之。”② 尽管古埃及贵族似乎完全缺乏对自身罪恶的意识，但十九王朝的出土文献中的一些赞美诗，表明一种罪恶意识和真诚忏悔，至少在祭司阶层是确实存在的。如在一首献给阿蒙神的诗中，作者坦陈其为罪人，应受到神的惩罚，自恨“愚蠢无知，不辨善恶”且“本性向恶”，唯赖神恩，或可得宥。其云：“请勿因我之多重罪恶惩罚我，因我是无智之人。我为无识之人。我整日自以为是，如

① 转引自伊利亚德：《宗教思想史》，晏可佳等译，上海社会科学院出版社2004年版，第61页。
② EREXI.532.

牛追随饲料。”① 在古希腊，奥菲斯教认为人生而有罪，因为人有肉体。肉体是灵魂的囚牢。或云灵魂因原先的罪而被囚以受罚。若其罪不能在此期生命中偿尽，灵魂将再次投生。唯依奥菲斯教的方式生活，苦行禁欲、清净离染，才有望使罪恶断除。《圣经·旧约》也声称一切受造物皆有罪，人的必死是原罪的结果。《诗篇》说“我的罪始终在面前”。在《创世记》中，亚伯的血从地中呼喊。在《约伯记》中，义人约伯也只有当承认并忏悔他的罪，才被赦免。罪使人心完全腐败，故必须以新的心替之，甚至世界也被罪污染，唯通过神的末日拯救才能得免。《新约》以为人是肉体，故天生有罪。罪是人性的自然，是人的永恒污点，世界被邪恶统治，死是罪的报应。同在希伯来传统中一样，在《古兰经》中，罪也被认为是人心灵的自然倾向，忏悔亦被认为是获得拯救的必要前提。甚至先知穆罕默德也自陈有罪并忏悔：“我一日七十次向神悔过并求神赦免。”罪是普遍的，尽管它被归结为人的软弱。

在印度思想中，《黎俱吠陀》就已经表现了一种罪恶意识。罪被认为是一种系缚，是由人的恶行导致的一种身心疾病。在《黎俱》中，地母阿底提（Aditi）、天神提奥斯（Dyaus）、婆楼那（Varuna）皆被认为是罪恶的宽宥者。吠陀常有请求此诸神赦免其罪恶之祈祷，如云：“愿阿底提饶恕我”，“阿底提请发慈悲，饶恕我们对你的罪”“无论我们犯有何种罪恶，请阿底提帮助我们消除它。”② 此种请求，固出于畏惧处罚之心，但亦反映出人确实认为自己有罪，与华夏远古思想（卜辞、《尚书》、《诗经》）以及埃及贵族的（完全没有对自身罪恶的意识的）道德自豪感是截然不同的。在《阿闼婆吠陀》中，这种罪恶意识大大得到强化。其表现之一是祈求神赦免的祷文和祝词大大增加，AVII·10，IV·23—29，VI·45，51，96，115，116，VII·34，42，83，89，106，112，XVI·1，XIX·50等，皆为此目的而设。其文字清楚表明了人受内心罪感折磨急欲挣脱的情形。尘世生活有种种罪恶。阿闼婆谓罪恶有四种：pāpa（深重的罪），amhas（邪行），enas（过恶），agha（不净）。其中pāpa指意罪，即我们起心动念之间，未及于实行，亦皆有邪伪。AVVI·45·1—3乃为祈求神使免于意罪之辞，其云：“1意罪！且去！其速离我！何汝言所不当言？汝且远去，吾不悦汝。且去于森林、树中。吾心且留于家中、牛群。2无论我所为何恶，于睡眠、醒时，由恶意、憎恨或谤言，此一切应得处罚之过犯，愿阿耆尼从我移去，置于远处。3因陀罗、梵主！无论我所念之愚行为何，祈明察之案吉罗斯护我离罪、恼。”VI·115·1—3则请神净化其一切罪：“1 O，无论我等因愚昧、无智所犯何过恶，请众神一概使我脱离之。2若罪人我

① EREXI.545.

② OSTV·47.

于睡眠、醒时犯罪，请使我免于栓，免于现在、过去之疚。3 如人离于栓，或沐浴得净，如筛滤油脂，请净我于罪。”如果说黎俱旨在通过祈祷求神免罪，阿闼婆则强调通过某种净化仪式或法术祛恶。火、水、药草、咒语等皆可使人净化除罪。吠陀相信人可以将罪转移到别物或他人身上（ṚVX·36·9）。比如马祭结尾有祛罪仪，其法为：祭主沐浴毕，乃使一头秃面陋之人立于此浴后之水中，施祭于其头上，如此则祭主之罪恶皆可转移到此秃者身上。作为四月祭之一的 Varuṇapraghāṣas 仪，为献婆楼那神麦饼求其免罪缚之仪，陈之更详，其法为：祭主之妇应先于祭司前坦白其情夫为谁，盖以主妇之蒙羞为家人禳罪也；后为家中每人焙一麦饼，掷于火中，冀以此饼带走家人之罪；最后为夫妇共浴，互为净身，亦寓祛罪净化之意，其时应祈祷婆楼那神宽宥祭主及家室之罪。尽管在吠陀思想中，其罪感不可谓不真诚，其忏悔不可谓不强烈，但总的说来，其对罪的理解仍然肤浅。其以为罪是由于人的不义行为产生、潜存于人中的一种心理或生理疾病，是一种可以转移出去的东西。人本性有罪或原罪的观念，在吠陀思想中仍然是陌生的。

通过以上分析，可以看出在不同文化中，人类对自身罪恶有三种不同态度：其一，完全无罪感的、无忏悔意识的。典型的如埃及世俗贵族、希腊奥林匹斯文化、华夏文化，从不认为自己有罪恶，或从不相信自己的过错是因为自身内在的恶。其二，有真正罪感和忏悔意识的。比如巴比伦宗教、吠陀思想、伊斯兰教，以及古埃及的僧侣，都表现了这种态度。在这里，人们相信罪恶内在于其自身，而且这内在的恶才是其犯罪的真正原因，但人们似乎并不认为这罪恶是先天存在于人性之中的，恶并没有被认为是人的本性。许多文化都表现了这种态度。其三，有明确的原罪意识的。认为罪恶属于人的本性，由人的自身存在决定，是人的自然倾向。持这种态度的，只有犹太—基督教和奥菲斯教，颇为少见。

在奥义书中，由于精神反思的深化，对罪恶的思考也较吠陀有本质的深化。奥义书也具有一种深沉的罪感意识。这通过其中众多的祛罪法门得到表现。比如 BṛihV·15，Īśā18 皆为求火神阿耆尼赦免罪恶。KauṣII·7 则记每日敬拜太阳以除罪之仪（其辞云：“汝摄取者！且摄我之罪恶！”）。BṛihIV·4·23、MuṇḍIII·2·9、PraśV·5 皆表明人通过沉思和证悟自我、大梵以除去罪恶的理想，此为奥义书典型的祛罪之法。晚期奥义书则重新强调神的恩宠意义，谓神是罪恶的泯除者，人唯有通过自身的苦行与神的恩宠结合，人才能证得神圣并与之联结，从而免除罪恶（ŚvetVI·6，20—21，MaitIV·4）。

奥义书对于罪恶思考的深化，在于认识到：其一，罪是人与至上神（在奥义书中即是真实自我）的分离，这根本上就在于人的个体性和自然性。其二，因此之故，罪是内在于人的现实存在中的，是人本有的。这些想法乃与奥菲斯教和犹太—基督教的原罪思想一致。

早期奥义书在其自然思维阶段，就表现了一种原罪观念的存在。此如BṛihI・3・1—11（ChānI・2・1—14内容与此基本相同）以神话方式解释了人类罪恶的历史起源。其云："1诸神与阿修罗众皆为生主子嗣。诸神年幼，阿修罗年长。二者乃互争此世界。诸神曰：'其来，我等且于祭祀中以Udgītha胜阿修罗。'2彼等遂命语言：'其为我等唱Udgītha。'语言曰'如是'，且为彼等唱之。是故凡语言中之可乐者，皆为诸神唱之；凡言之美者，乃为彼（语言）自身。彼等（阿修罗众）知之：'信然，彼等将因此唱者胜我。'彼等遂奔向彼且以罪恶穿之。故凡言不良之事所为之恶，皆是彼恶。3彼等（诸神）遂命呼吸（prāṇa）：'其为我等唱Udgītha。'呼吸曰'如是'，且为彼等唱之。是故凡呼吸中之可乐者，皆为诸神唱之；凡嗅之美者，乃为彼（呼吸）自身。彼等（阿修罗众）知之：'信然，彼等将因此唱者胜我。'彼等遂奔向彼且以罪恶穿之。故凡嗅不良之物所为之恶，皆是彼恶。4彼等（诸神）遂命眼：'其为我等唱Udgītha。'眼曰'如是'，且为彼等唱之。是故凡眼中之可乐者，皆为诸神唱之；凡见之美者，乃为彼（眼）自身。彼等（阿修罗众）知之：'信然，彼等将因此唱者胜我。'彼等遂奔向彼且以罪恶穿之。故凡见不良之事所为之恶，皆是彼恶。5彼等（诸神）遂命耳：'其为我等唱Udgītha。'耳曰'如是'，且为彼等唱之。是故凡耳中之可乐者，皆为诸神唱之；凡听之美者，乃为彼（耳）自身。彼等（阿修罗众）知之：'信然，彼等将因此唱者胜我。'彼等遂奔向彼且以罪恶穿之。故凡闻不良之事所为之恶，皆是彼恶。6彼等（诸神）遂命意：'其为我等唱Udgītha。'意曰'如是'，且为彼等唱之。是故凡意中之可乐者，皆为诸神唱之；凡思之美者，乃为彼（意）自身。彼等（阿修罗众）知之：'信然，彼等将因此唱者胜我。'彼等遂奔向彼且以罪恶穿之。故凡思不良之事所为之恶，皆是彼恶。如是彼等乃以罪恶胜此诸神（此指语言等五者），彼等穿之以罪恶。7于是彼等（诸神）遂命元气（āsanya prāṇa）：'其为我等唱Udgītha。'元气曰'如是'，且为彼等唱之。彼等（阿修罗众）知之，曰：'信然，彼等将因此唱者胜我。'彼等遂奔向彼且以罪恶穿之。如土击石而自溃，彼等乃四散而灭。是故诸神增盛，阿修罗转劣。人若知此，则自身增盛，其仇敌转劣。10信然，此神既由此诸神中击除罪恶、死亡，乃逐死亡于诸方之极地，且置罪恶于彼处。是故人不应就边方、极地，以免堕于罪恶、死亡。11信然，此神既由此诸神中击除罪恶、死亡，乃度此诸神于死亡之外。"其谓人的诸根（言、呼吸、视、听、意）本来纯洁，秉性端正，适于祭祀天神。而阿修罗惧天神由此胜己，乃以罪恶一一刺入诸根，以败其事，于是诸根皆为罪恶污染。这就是说人的现实存在本来就是包含了罪恶的，因而人乃言其所不当言，听其所不当听，乃至想其所不当想。但唯有元气，为罪恶所不入。人唯借此元气之力方能胜罪恶、死亡。然而同吠陀一样，奥义书在自然思维阶段对罪恶本质的看法也是肤浅的。其以为罪是某种物质化的东西（一种疾病），因而可以驱之于边方极地。

在奥义书成熟时期思想中，罪才被认为就是对真实自我的遗忘、偏离。在这里，其实是自我反思的深化导致了对于罪恶本质思考的深化。这一思考，与奥义书精神反思的两个向度对应，实际上也包含两个向度：(1) 由于领会到真我的超越性、实体性，因而将自我的现实、自然的存在（命我）当作罪，这是形而上学的向度。ChānVIII·4·1 表明世界与自我，为现象界、自然与超验实体之二元，至上我无罪恶，罪恶唯属自然。恶就在于自然性（即其失真）。故自然之我，即人的现实存在，必然包含了恶，因为它失去了自我的真理。在 KāṭhVI·15 中，恶就是所谓“心结”（hṛdaya-granthi），它将自我与自然的根身联结起来（亦见于 ChānVII·26·2；MuṇḍII·1·10,2·8, III·2·9）。有三种“心结”，即痴、贪、业。这实际上是三种根本恶。其中痴即无明，指人失明辨之智，不能分别我、非我，从而执根身为我，我被等同于作者、受者，因而被缚于生灭之轮。贪即因无明而生的欲望，它使人更加执着自然、非我之物而不能自拔。业是由此贪欲引发的行为以及此行为在生命中产生的潜在势力，它迫使自我缚着于根身并轮回以受用此业的果报。这三结将自我与根身、自然捆绑在一起。只有断除痴、贪、业三恶，才能打破命我的自然囚笼，恢复真我纯洁、超越的本性。同理，ŚvetV·7 云：“孰若有诸德，/ 则作业受报。/ 彼即为受者，/ 受用其业果。/ 取一切形及 / 三德，入三道，/ 此元气主宰（指命我），/ 追随其诸业。”I·8 亦说：“非主、受用故，/ 命我被系缚；/ 人若知此神，/ 乃脱一切缠。”个人自我或命我的形成，在于取着、受用自性三德（即根身），而这种与自性的联结就是与至上神的分离，因而就是罪。与 ŚvetV·7 理趣相同，MaitIII·2—3 亦云命我因执着于诸德被伏，故入迷惑，不见居于自我之神圣，被诸德之流所转、不定、动摇、困惑、多欲、散乱，此人遂进入我慢之境，彼遂将自己缚于其根身，如鸟陷于罟。晚期奥义书这些说法更清楚地表明了：一、罪恶的本质是人与自然联结而离开神、至上我；二、个人现实自我本身就包含自然存在，就是自我与自然联结形成，其存在就是对至上神的遮蔽。因此人是有原罪的。而且世界就是无明、幻化的产物，就是对神的遮蔽，这意味着世界也是有罪性的。在晚期奥义书和不二吠檀多学中，这种罪的消除，乃是通过一种带有末世论意味的途径。这就是通过瑜伽，使命我断除与自性的联结，重新融入至上神中，最终使世界幻相彻底消灭（ŚvetIV·6,7），其中包含了人生的末世论与宇宙末世论的结合。(2) 在奥义书成熟思想中，思考罪恶本质的另一向度是由于领会到真我的超越性、普遍性，因而将自我的个体性当作对真我的背离，所以它就是罪，这是思辨的向度。典型的如 BṛihIV·3·8—9 所云："8 此自我一旦出生，与根身联结，就有罪恶。当其死亡，离根身而去，亦离罪恶。9 信然，自我有二种有：此岸之有与彼岸之有。复有第三种有位于二者中间，即梦位有。人立于此中间有，遍视彼二种有，即此岸有与彼岸有。无论以何方式进入彼岸之有，人已经由此见此岸之罪染与彼岸之乐。"其以为自我一旦出生，与根身联结，就有罪恶；当其死亡，离根身而去，亦脱离罪恶。这并不是说罪恶就在人的肉体之内，勿宁说它就是自我的个体化。自我因此而脱离其绝对、普遍的大我，而成为相对、有限的命我。罪是人的现实自我与绝对自我的分离。最根本的罪是人的个体性，但人作为现实存在，是无法免除其个体性的。因此之故，罪是内在于人的现实存在中的，是人本有的。罪不仅是个人的，而且是宇宙论的。它就是与绝对自我对立的差别世界：自我是永生，罪恶是死亡（BṛihI·3·11,28,5·23）；自我是彼岸，罪恶是此岸（BṛihIV·3·9）；自我是一味，罪恶是差别[①]。罪就是因为只见世间差别的假相，不见一味的真我、至上神。因而罪的本质就是无明，这是现实世界得以产生的根源。在这里，罪的最终消除同样包含了一种宇宙末世论与人生末世论的结合。这就是通过梵智，消除一切差别，从而使现实世界和个人自我都归于泯灭，使一味无别的大梵呈现；唯其如此才能使世间罪恶最终被消灭。

奥义书论脱离罪恶之道，完全放弃了吠陀原始的巫术禳罪之法，然而其说亦颇多且乱，包括祈祷（KauṣII·7）、苦行（PraśI·14；MuṇḍIII·2·6；ŚvetI·15—16，VI·21；MaitIV·4）、静虑（MuṇḍIII·1·8；ŚvetI·3，VI·13；MaitIV·4）、瑜伽（KāṭhIII·10—13，VI·6—13；ŚvetII·8—17）、虔敬（ŚvetVI·23）、神恩（KauṣIII·8；KāṭhII·23；ŚvetI·8，III·20，VI·21,23；MaitIII·2，V·1—2，VI·8,18）等，甚至熟眠位和死亡亦被认为脱离了罪染（BṛihIV·3·8,21）。然而其中最典型的说法是以梵智为最根本的救赎途径，而以其他诸项为引生梵智的条件。此如 BṛihIV·4·23："常住广大梵，不因业增减。人应亲证彼，知彼离业染。人若得此圣智，得寂静、安住、忍、定，则见我中之我，见一切为我。彼不为罪染所胜，已胜一切罪染故。不为罪染所烧，已烧一切罪染故。彼乃成为大梵，无罪、无染、无疑。"其谓因得寂静、安住、忍、定，则见真我，故胜一切罪染。晚期奥义书，乃以瑜伽总摄引生梵智之全部修行，如 MaitVI·18："得此（自我之智）之法即此：调息、止根、静虑、总持、思择、三昧。此被称为六道瑜伽。由此之故：见者若见彼，金色创造者，主宰、

① BṛihIV·4·19—20："世间无差别，视有差别者，将一再受死。应视为一味，无相且常住，无垢超虚空，无生遍常我。"

补鲁沙，以及梵胎藏，于是彼知者，摇落善与恶，乃融一切于，至上不坏者。如是有云：如山着于火，鸟鹿皆逃之，故于知梵者，罪恶无处藏。”唯通过修瑜伽，以内证自我、神圣（ŚvetII · 1—17 也提出了与此基本一致的瑜伽法门），方可彻底断除罪恶，恢复自我清净的本性。

总之，在奥义书中、晚期思想看来，人作为小我生存，其存在便意味着对神、至上我的背离，因此人生而有罪；人还有对他人之罪，对其他生命之罪，对世界本身之罪。罪恶的原因是人本性的无明使人执着于个体小我，而不悟宇宙大我。唯其罪恶之深，故脱离罪恶之祈求亦多。由罪恶而有轮回之缚，而有生生死死之惩罚；但人亦可于无限相续生中，积累功德，最终得到成就。人如欲脱离罪的魔掌，必以智慧对治无明，以正行对治邪僻，以勇猛对治软弱，以苦行消除污秽，以瑜伽克服散乱，以神恩获得拯救，最后使人的个体性和自然性的假相消灭，人完全回归于超越、绝对的至上我。

与奥菲斯教、犹太—基督教和伊斯兰教强调通过长期、艰苦的实践（自制、正义、爱等）来克服罪恶相比，奥义书把梵智作为脱离罪孽的究竟途径，表现了一种纯粹理智的态度。人只要证知大梵、自我，就可以立即泯灭其全部罪恶（BṛihIV · 4 · 23；Tait II · 9；KauṣIII · 1；PraśV · 5；Muṇḍ III · 2 · 9）。在奥义书思想中，这种态度很容易导致对伦理和宗教实践的轻视。另外奥义书的自我反思带有神秘、非理性主义的特点，它将真实自我理解为一种排除了任何思维、观念的非理性意识，因而自我丧失道德立法的能力。这使得对实践法则的遵守在根本上总是与我的自由相矛盾。由于以上两点，使奥义书的上述纯粹理智态度面临道德的困境。它对梵智作为脱离罪孽的究竟途径的强调，表现出强烈的非道德甚至反道德意味。如 KāṭhII · 14 谓知自我者：“离法与非法，离已作非作，离已生未生，汝见应当说！” Tait II · 9 谓知大梵者，遂离一切道德的自责，“乃不复忧于所未作之善，已作之恶。人若知此，则救自身脱离彼（善、恶）而入于自我。” BṛihIV · 4 · 22 谓得梵智时：“此处父不复为父，母不复为母，世界不复为世界，诸神不复为诸神，吠陀不复为吠陀，贼不复为贼，杀婆罗门者不复为杀婆罗门者，乾陀罗不复为乾陀罗（首陀罗父亲与婆罗门母亲所生之子），波伽沙（首陀罗父亲与刹帝利母亲所生之子）不复为波伽沙，商人不复为商人，苦行者不复为苦行者。彼不系于善业，亦不系于恶业，以心离一切苦故。” KauṣIII · 1：“是以人若知我，则无论所作为何，其界无损，若盗、若杀胎、若弑母、若弑父，无论其犯何罪恶，其色不失。”因此，奥义书的罪恶意识和对罪的思考的深化，尽管其宗教价值不容否定，但积极的道德价值很有限。

与从奥菲斯教到吠陀宗教的罪感意识形成强烈反差的是华夏民族完全无罪感的

文化。至于原罪观念，更是无法在华夏文化中立足。中国人的一个特点是天生不会相信自己有罪，只认为别人有罪，而自己只会有过错。他从不认为自己的非道德行为是出于内在的恶，而总是解释以外在的原因。因此从君子到小人，没有一个人有过良心不安。道德的自欺是每一个中国人的本性。从孔孟到程朱陆王，没有一个圣人表现过良心的焦虑或忏悔，相反却更多表现出一种道德的自我陶醉，即所谓"浩然之气"。宋儒的培养"气象"，本质上在于形成一种道德上更强烈的自我认同、自我欣赏。有人说基督教在生命中无限的自我拷问是一种道德的自虐，那么儒家在良心上的自我陶醉则无异于一种道德的手淫！罪感意识的完全缺失表明华夏精神没有对自然的真正超越与反思，因而没有真正的宗教和道德。

## 小　　结

奥古斯丁说："良好教育的职责就是通过确定的秩序达到智慧，没有秩序，这就是一个难以依赖的偶然之事。"(《独语录》23)① 对于社会道德秩序的自觉遵守，就是伦理。在人类早期思想中，伦理表现为一种自然伦理。在这里，行为的法则都是来自自然的习俗与情感，而没有经过精神的反思。其价值也是从一种自然的目的得到规定(为了家族、国家和人的自然生命等的利益)。吠陀的伦理思想，就属于这种自然伦理。早期奥义书的实践，乃继承了吠陀的自然伦理。在这里，日常的美德、职责被强调，家庭伦常亦受重视。对于家庭生活的重视，乃以生命、自我通过生殖延续的观念为基础，而随着一种超越、绝对的自我观念和业报轮回观念的确立被大大地削弱，乃至家庭的价值最终被否定。另外业报轮回的观念也从另一角度反映了人们对道德责任的关注，以及一种原始的正义追求。一方面，善有善报、恶有恶报，任何人的恶行皆不应免于惩罚；另一方面，人应该对自己的行为负责，是他自身的罪使他遭受苦难。在一定程度上，业报轮回的观念也可使人由于相信惩罚的不可逃脱性而对自身犯罪产生恐惧感。罪恶有多种。在奥义书更成熟的思想看来，最根本的罪恶在于人的现实自我从真实自我的分离，这就是人的个体性和自然性，因而罪是内在于人的现实存在之中的。早期奥义书的伦理思想主要就是这种自然伦理。应当承认，早期奥义书的伦理思考和实践，总体而言，相比较同时期的西方和华夏思想，都显得较单薄、贫乏而且平庸。

吠陀、奥义书的自然伦理，有其精神的局限性。在这里，实践的法则，作为自由

---

① 奥古斯丁：《论自由意志》，上海世纪出版集团 2010 年版，第 24 页。

的客观规定，被当成一种外在、自然的原则。精神的全部自由只体现为对这种自然的原则的确认和服从，不包含真正的精神超越和反思。另外实践的目的也完全是自然的，因为精神超越和反思尚未形成，所以精神未能给自己确立一个自由的目的。因此这种实践完全是自然的。这种伦理的自由只是一种自然的自由。然而，实践的本质就是现实精神自由的客观化，因而自由必然推动精神克服这种自然伦理的局限。实践必须成为真实的自由。而在伦理的领域，这自由就在于实践必须成为对精神的内在自我的自觉维持，这就是精神的内在反思。在这里，人意识到自己的内在存在、心灵是绝对的真理和价值，因而其伦理实践，就将全部存在作为维持这内在存在的手段。这种伦理实践就是道德。

无论是西方还是印度的伦理学，都经历了这种由于真正精神反思的确立，导致自然伦理被内在化，向真正的道德转变的过程。黑格尔指出，"苏格拉底以前的雅典人，是伦理的人，而不是道德的人"①。在古希腊早期的伦理学中，赫拉克利特的逻各斯和毕达哥拉斯的数，都曾经是一种实践的法则，但逻各斯和数的法则，并没有真正从自然区分开来，还不是一个纯粹精神法则。因而把它作为伦理实践的目的和法则，就是一种自然伦理。只有到柏拉图建立一种纯粹的客观反思，因而逻各斯作为精神的纯粹内在存在成为全部实践的目的，那么由它规定的伦理实践才成为真正的道德。斯多葛派、基督教的伦理也是如此。逻各斯、上帝是实践的绝对目的，而上帝就是纯粹的精神。因而全部伦理实践都是为了维持精神本身。这样的伦理就是道德的。

在奥义书更成熟的思想中，伦理的实践也表现出与希腊—基督教的伦理类似的，将自身内在化为真正的道德的趋势。从阿阇世、沙那库摩罗、波罗多陀一直到耶若婆佉、步厉古的思想，都体现了一种内在的精神反思。在这里，外在自然被认为是表象性的、相对的甚至是假立的存在，内在的心灵本身被认为是存在的绝对真理。因而在实践领域，心灵就成为全部生命的绝对价值和目的。奥义书思想因而克服自然伦理精神的局限，进入道德精神层面。在这里，自然伦理被扬弃，一种真正的道德得以建立。

然而与希腊—基督教传统的情况不同的是，在奥义书思想中，这种精神的内在化，并没有对伦理实践产生多少积极影响。这在于，奥义书的道德只是主观的，而不具有客观性，没有伦理的意义。如果说伦理是对客观的行为法则的确认和遵守，道德是对内在精神或它的自由的维持，那么：(a) 这伦理要成为道德的，前提必须是这法则被认为是来自内在精神的，是精神自身建立的。这种自觉性的前提，是反思领

① 黑格尔：《哲学史讲演录》第二卷，商务印书馆 1997 年版，第 43 页。

会精神的现实性就是理性，因为唯有理性才有立法的能力，才是法则的根源。也只有由于这种领会，精神对于法则的服从与其自身自由才不致矛盾。(b) 只有这种领会，也才使道德得以成为伦理的。只有由于这种领会，精神才使法则成为自由，同时使自由也得以成为法则，因为精神只有作为理性，它的自由才是法则，因而它的道德才是客观、普遍的，才是伦理。在希腊—基督教传统中，道德就具有了这种客观性，因为绝对精神、上帝就是理性、逻各斯，它的自由就是普遍的道德法则。人对这种法则的服从就是一种客观的、伦理的道德。但这种道德的缺点是缺乏主观性，绝对精神及其法则都被理解为处在人的自我之外的超越之物。奥义书的道德则一开始就是主观的。这同样是由其反思的特点决定的。奥义书的反思是一种主观反思，它明确意识到那绝对、超越的精神就是自我的真理。自我作为实践的绝对目的，决定道德的主观意义。奥义书因此而超越了其早期的日常伦理，但是它并没有像西方伦理学所做的那样，通过领会实践的主体自身就是理性，从而使伦理法则内在化为理性的自身立法，而成为主体的自由。奥义书的自我是一个排除了思维、观念的非理性意识。它作为道德主体，不具备立法的能力。因而它的自由不能转化为客观法则，而完全是个人化的、主观的东西。在这里，道德的自由与法则始终是相互外在的。道德乃与伦理分离。道德不能转化为积极的伦理实践。总之，奥义书道德的特点，决定奥义书思想在伦理方面无所建树，而是表现出强烈的非伦理甚至反伦理倾向。这一点，通过我们前面提到的奥义书对得解脱者可以脱离善恶及任何伦理职责的束缚的标榜，可以得到明确体现。BṛihIV · 4 · 22 谓得解脱时，父不复为父，母不复为母，诸神不复为诸神，贼不复为贼，杀婆罗门者不复为杀婆罗门者，乾陀罗不复为乾陀罗，商人不复为商人，苦行者不复为苦行者，不系于善业，亦不系于恶业。KauṣIII · 1 亦谓人于此时，则无论其犯何罪恶，对于他皆无所损害，甚至若盗、若杀胎、若弑母、若弑父等，也不会让他有所恐惧。实际上，始于奥义书的这种道德困境，在婆罗门思想中一致存在。正如当代圣人史怀哲指出，婆罗门的宗教与伦理无关，它的精神是彻底超伦理的，婆罗门思想并未赋予那作为宇宙本体的超感存在以丝毫的伦理特征，从它的形上学沉思中得不出任何伦理学的结论①。精神只要没有领会到自我就是理性，那么它对于自由的强调就必然导致伦理的丧失，也导致客观的道德的瓦解。

至于华夏传统的伦理，也是一种与在吠陀和早期希腊人所见的大体一致的自然伦理。礼就是一种自然的伦理规范，完全来自自然的习俗和情感："礼从宜，使从

① Schweitzer, Albert, *Indian Thought and its Development*, Henry Holt and Company, New York, 1936. 43.

俗。”(《礼记・曲礼》)。当儒者试图追问礼的形上学根据时,就将其追溯到一种外在的自然秩序或内在的情感。如《礼记・玉藻》:“乐者,天地之和也;礼者,天地之序也。和故百物皆化;序故群物皆别。乐由天作,礼以地制。过制则乱,过作则暴。明于天地,然后能兴礼乐也。”孟子四端之说,也是把仁、义、礼、智四德的根源,归结于人的恻隐之心等自然的情感:“恻隐之心,仁之端也;羞恶之心,义之端也;辞让之心,礼之端也;是非之心,智之端也。”(《孟子・公孙丑上》)。《中庸》所谓:“天命之谓性,率性之为道”,亦是以人的自然本性作为伦理行为的基础。这自然本性是先天地被规定的,因而我对它是不自由的。同时在儒家传统中,伦理行为不是服从于内在精神的目的,不是为了精神的自由,而完全是为了一种自然、物质的目的,比如国家、君主的利益。典型的如《礼记・文王世子》:“礼者君之大柄也,所以别嫌明微,傧鬼神,考制度,别仁义,所以治政安君也。”因此在儒家乃至整个华夏固有传统中,顶多只有一种自然伦理,而没有一种真正的道德。正如黑格尔所指出:“在中国,我们发现有一个伦理的(sittlich)整体或全体,但却没有主观性”①;在中国,“人不是自由的,他不具有道德的环节,而只是服从外在的命令”②,“中国人把伦理仿佛看做是自然律,仿佛看做是实证的外在的命令,是强制的义务”③。归根结底,这就是因为华夏文化始终没有形成真正的精神反思,从未意识到内在精神的自由,因而“既没有良心,也没有内心道德”④。

然而始于奥义书的精神反思,通过如来藏佛教的中介,最终渗透到华夏传统中,导致中土伦理思想的极大变革,以至于到了宋明心学,乃克服自然伦理,进入真正道德的阶段。陆九渊所谓“宇宙便是吾心,吾心便是宇宙”(《杂说》)就表明了一种不同于先儒的绝对反思。由于心灵是绝对,因而将伦理法则也纳入其内,从而为真正的道德奠定了基础。陆九渊在这里明确对“理在心外”的自然伦理进行了批评,指出理本于心:“理本天与我者,非外铄。明得此理,便是主宰。”(《与曾宅之》)“人皆有是心,心皆具是理。心即理也。”(《与李之宰》)道德实践的宗旨乃是发明本心,而非对外在的自然伦理法则的盲目服从,否则就是反客为主。另外与先儒将国家、君主的利益作为伦理的最高目的不同,陆九渊首次明确提出伦理的修为乃是为了心灵、精神自身,故一切修为“在乎自立”,从而达到一种精神的自由,即所谓“仰首攀南斗,

① Hegel, *Vorlesungen uber die Philosophie der Weltgeschichte* II: *Die Orienalische Welt*, Verlag von Felix Meiner, Leipzig, 1919. 417. 引文采用了卿文光先生的译文。

② Ibid. 417. 引文为卿文光先生的译文。

③ 黑格尔:《历史中的理性》,第 145 页。

④ 黑格尔:《哲学史讲演录》第一卷,商务印书馆 1997 年版,第 97 页。

翻身倚北辰，举头天外望，无所这般人”（《语录》）。因此儒家心学，乃实现了从自然伦理到真正的道德的过渡。这一过渡，乃是由一种绝对精神反思所导致。这种反思不属于原儒的自然思维传统，只能视为如来藏佛教影响的结果。在这种意义上说，是佛教精神反思的长期渗透，使得真正的道德在儒家思想中得以确立。心学的道德在明代王学中得到进一步巩固和深化。王学在禅佛教的进一步渗透之下，将绝对反思推进到超越层面。其所谓良知，首先是无声无嗅、无色无味的超验实体。他大谈良知本体之“虚”，之“无”，之“空净寂寥”（《全书》卷二），说“良知本体原来无有，本体只是太虚”（《全书》卷三十四），都表明了良知、真我的超越性。另一方面，良知又是天地外物所从出的本体：“虚灵不昧之心，众理俱而万事出”，“天没有我的灵明，谁去仰他高？地没有我的灵明，谁去俯他深？……离却我的灵明，便没有天地鬼神万物了。”（《传习录》黄以方录）“心外无物，心外无言，心外无理”（《与王纯甫书》）。因此阳明的良知就是一个先验的精神本体。这种先验反思，成为王学的道德实践的基础。另一方面，良知作为先验本体，超越了自然伦理，良知本体之空虚寂寥、无善无恶，就表明了它对自然伦理法则的超越性。这种超越，明确地表现在阳明对“乡愿”的批评和对“狂者”境界的标榜之上。另一方面，良知又是伦理的最终根源、规定者：“心之主宰便是心，心之所发便是意，意之本体便是知，意之所在便是物，如意在于事亲，则事亲便是一物……”（《传习录》），“集义只是致良知”（《传习录》卷中）。良知是伦理的根源、实践的立法者；伦理的笃行之功，不过将吾心良知予以扩充使至于极而已。尤为值得关注的一点是，阳明心学明确认识到良知本体就是自由。真心既是超越的理体，又是“为物不贰”，“生物不息”的运动。成圣的境界，就是否定现实性、自然对本体的窒碍、束缚，恢复本体往来无滞、活泼泼的、生机不息、自在无碍的活动（《传习录》陈九川录）。因此良知就是自由本身，而道德的最终目的在于使这自由成为现实。在明代王学这里，儒家思想从自然伦理向道德的转化得到最终完成。

应当承认，儒家伦理思想的这种转化，乃是儒学的精神从自然思维深化为真正的反思思维的结果。这种反思只能视为佛教影响的结果，是佛教给华夏文化带来了一种精神反思。这种反思通过禅佛教逐渐渗透到儒家心学中，使得真正的道德在儒家思想中得以确立。另外应当指出的是，中国佛学的主流是如来藏佛学。后者与印度正统的佛学有很大距离，而更接近奥义书—吠檀多的传统。盖如来藏佛教是反思型宗教，持心性一如、真心缘起的立场。这些都是典型的吠檀多思想特征。印度佛教本来的传统却是缺乏反思的，从佛陀到般若思想皆明确反对心性一如、真心缘起的立场，也从未把对内在真心的反思作为修道宗旨。因此如来藏佛教的精神反思的确立，最终是佛教受奥义书—吠檀多思想长期渗透的结果。印度的如来藏佛教是一种被严重吠檀多化的宗教。而中国佛教的主流思想正来自于此。这意味着在这里，儒家心学其实是通过如来藏佛教的中介受到奥义书—吠檀多思想的影响。或者说，是印度奥义书的精神反思，通过佛教的中介，宛转渗透到华夏文化、渗透到儒家思想中，从而促使儒家思想实现从自然伦理到真正的道德的转化。

儒学的精神反思既然是通过佛教中介最终渊源于奥义书，它也同样沿袭了奥义书精神反思的问题，即它的非理性倾向，并由此导致儒家心学的道德困境。如王学就把真心理解为一个无思无虑、清静澄澈、空净寂寥的本体（《全书》卷二），这与奥义书的非理性的真心观念是一致的。王学的真心本体这种非理性特征，同样导致它的自由与伦理法则的矛盾。结果在心学中，也很难避免一个与奥义书的道德实践相类似的困境，就是一个人越是专注于内心的自由，就越是悖离了伦理的规范。心学末流之误入“狂禅”，乃与奥义书的非伦理倾向遥相呼应，而且就是以后者为先驱。

# 第二章　奥义书的宗教思想

## 引　言

作为精神的实践，宗教与伦理，都是客观的思想。与其他精神现象一样，宗教是自由的产物，是自由实现自身的中介。宗教起源于人类精神超越其当前现实，追求一种更理想存在的永恒渴望，因而从根本上说，它起源于觉性的自否定或本体自由的呼声。自由构成现实的思想。精神为了使这思想成为普遍、必然的，就必须对它进行客观化。它将思想转化为客观实在的形式（内在的灵修形式及外在的制度设施等），使思想具有了物质外壳，由此得到巩固和传递。宗教、伦理、政治等社会存在的系统，就属于这样的形式。人类自由的实现唯有通过它们才是可能的。

然而与其他精神现象相比，宗教的一个特殊性在于，它的根本价值和生命在于守护某种非世俗的、超越的真理，或者说守护对这真理的体验。而这真理正因为是超世俗的，才是需要守护的（世俗的真理，比如牛顿力学，不需要守护，只需要教育）。超世俗的体验是任何宗教必有的经验。这种体验之产生和被肯定，来自人对本体自由呼声的永恒谛听。这种谛听表现为苦恼感和自由感。本体自由呼唤沉湎于有限的生活中的人感受到它的无限性，并对现实不满。不满作为一种存在论的情绪，就是本体自由的本真存在对于现实个人现身的方式。它就是苦恼感。正因为被这永恒的不满情绪折磨，精神乃确立一个绝对非世俗的存在作为真理、理想，并努力去领会它，而这正是宗教的根源。宗教就产生于人对自我和世界存在的永恒不满。通过这种不满，精神守护了其对于绝对自由的开放性。另外，当人真正进入某种超世俗的体验中，切实领会了某种超越的真理，或至少确信其存在，他就会在心理上感觉到超越了原先限制着他的现实性，于是他就会产生一种精神愉悦，这就是自由感。自由感也是本体自由的本真存在对于现实个人现身的方式。当人在超越体验中时，他较之原先完全沉湎于世俗的存在，确实实现了某种精神自由。一旦人实现某种精神自由，本体自由就会通过自由感告知他。本体自由通过苦恼感和自由感的现身，使人确信有一个超出他的自我和世界的神秘存在，尽管他对这一存在的把握往往是恍惚不定的。本体自由正是通过苦恼感对现实的否定和自由感对新的现实的确认，引导精神不断展开其新的自由。而在这里，宗教精神的特点是，它的自由感是倏忽即失，而苦恼感则是永恒存在的。宗教对超越存在的守护，就反映了它对现实的永恒不满，以及对于本体自由的呼声的永恒谛听。

与此相应，宗教的另一个特殊性在于，它会把它守护的超越真理，与一种理想的自我结合起来。它同时是守护这理想的自我或对这理想的崇拜体验。崇拜体验，尽管不像超世俗体验那样对于宗教经验是普遍的（佛教就无前者而只有后者），但也是大多数宗教的生命所在。崇拜就是主体对自身存在不满足，而努力将自己融入一个绝对完美的主体或被它代替，后者就被作为自我的理想。人作为主体，他所崇拜的对象也必然是主体（另一个自我）。只有主体才可能在人心中引生崇拜之情。某一主体被崇拜是因为它更符合主体性之所当是，即更符合主体性的理想。而这理想就是绝对自由（绝对主体性就是绝对自由）。神就是绝对自由。神作为自我是自在的。也就是说，人尽管将它作为理想的主体，但在通常情况下，尚未自觉地将它当作内在于他自己的精神之中的，反倒是更强调它与他自己的距离。崇拜体验同样领会了某种超越的真理并力图否定人的现实存在。它同样由本体自由规定，同样由于苦恼感和自由感而产生和被肯定。但与超世俗体验不同，它把自由本身当成超越的真理，它的否定只针对人的现实自我。在这里，人的苦恼感是对他的自身存在，即他的主体性、自由的有限性不满。当他通过某种修行（比如苦行、斋戒、催眠术）暂时打破了这种有限性的限制，偶然体会到一种绝对自由，就会产生一种强烈的精神愉悦，这就是自由感。他会相信某种存在永远具有这种绝对的自由（这就是神），而且相信他在这超越体验中，已经脱离凡界，进入神的国度。崇拜体验直接把绝对自由作为真理，要求人否定自己的有限性，通过完善自身主体性，迈向绝对自由。在这里，它同样是被良心的呼声，即苦恼感和自由感引导的。与超世俗体验不同，崇拜体验所理解的超越性，乃是绝对自由对人的不自由或有限自由的超越。当宗教真理的这种超越性与超世俗性结合，就会赋予这超越性（以及超世俗性）十分丰富的（而且往往没有被清晰把握的）内涵，比如把它理解成神与人的距离，这种距离会表现为天堂与人间的分离，等等。

宗教还有一个与上述两点联系的特点，就是它的个体的、精英的性质。正因为它是对世俗的否定，亦非世俗生存所必须，因而它不可能在世俗生活中成为普遍的。对于理想与现实的距离的预设，以及人类自我的不同完善性的承认（还有获得启示的偶然性等)，使得一种精神上的等级制或精英主义在任何宗教中都是不能避免的。宗教的理想是自由。但就像在艺术中一样，在宗教中，本真的自由也是天才独享的。艺术中的民主化(比如波普艺术)只会导致艺术的平庸无聊。宗教的民主化也同样无聊；它如果被理解为使某种宗教的经验成为全体市民所必须，则必然导致极权主义。盖凡人只能乐于凡人的生活。若勉强他们都过天才的生活，则非但不能使他们成为天才，反倒使天才也销没为凡人。

在一种有神的宗教中，神性的真理就是超世俗性与绝对自由的(往往是模糊的)统一。在这里，宗教就是守护精神对超世俗的绝对自由，即神性本质的领会。超世俗存在被当作神，即绝对自由。宗教通过对神性本质的这种领会，不断把人带向更高的自由，甚至绝对自由的境界。人类全部宗教生活，就是人从他当前、直接存在的此岸，迈向绝对自由的彼岸的进程。

然而在实在精神阶段，神性的超世俗性与绝对自由两个方面，总是相互矛盾。盖神的超世俗性的本真意义是神的超现实性。这就是说，神是对一切现实性的否定，因而是超绝的本体。神性的超世俗性强调的是神与世界的距离，神的“它者”性。然而在现实存在领域，这必然与神的绝对自由矛盾，因为它使神成为一个相对、有限的东西。神作为绝对自由，要求它是一个绝对、无限的存在。一方面，神性真理内在的超越性与绝对性的矛盾，推动神性观念乃至宗教本身不断的自我消解、自我重建。另一方面，随着自由推动精神省思不断地深化和提升，人对神的超越性和主体性的理解也不断发展。这两个方面的交织，决定宗教的神性思考乃至宗教自身不断地自我扬弃、自我提升。

作为一种客观化的精神省思，宗教符合精神发展的一般规律。正如精神的起点是自然，宗教也是如此。最早的宗教就是自然的宗教。在这里，人真切地感受到他自身的有限性，感受到一种超越他的自我和世界的存在。但是他总是把这存在从自然的角度来理解。他把神的超世俗性理解为天国与人世的空间距离，把神的绝对自由理解为某种不可思议的、超自然的神通，乃至神具有全知全能之德。神的绝对自由也往往被理解为它不受疾病、死亡等的束缚。而宗教的实践就在于通过公开的祭祀、私下的秘仪，以及苦行、自残和服药等，达到与神的某种沟通。由于其固有的思维局限，自然的宗教最早把神理解为一种个别、感性的存在。然而当自由推动精神省思进入到本质思维领域，宗教便意识到那个别、感性的神是相对、有限的。它必须否定神的个别性，领会神为一种内在的绝对，即本质。但是这一理解，最后导致神成为自然的一个环节，神与世界的距离被消解，于是神丧失了神圣性。然而由于精神在自由推动下，从自然思维过渡到真正的超越和反思，因而得以否定自然的绝对真理性，领会存在真理为超越、内在的实体性。这就使宗教一方面得以在超越思维起点上，重新领会神的超世俗性。宗教把神与世界的距离理解为超验的实体界对自然、现象界的否定，使神的超越性成为真实的超越。神重新获得与世界的距离，因而重获其神圣性。神从自然的罗网中挣脱出来，获得了自由。另外，神也克服自然的外在化，被理解为纯粹的心灵、精神，获得其绝对价值。总之精神省思从自然到自由的进展，使自然的宗教过渡到自由的宗教。这自由的宗教的实践，就是超越和反思的实践。其全部修炼，都在于否定自我的自然性，从自然的世界脱离，以与某种超验的真理联结。然而这自由的宗教，在挽救神的超越性时，最初是将神理解为与世界分离的形而上学实体，这反过来又使神再次失去绝对性。宗教为了挽救神的绝对性，乃将这超验实体理解为存在的本质、本体，是绝对同一的基础。这就是同一的宗教。随着自由推动形而上学思维朝思辨思维和直觉思维的转化，这种同一的宗教得以建立。然而同一的宗教仍然将上帝本质理解为一种现实性，结果又再次使神与世界的鸿沟被抹杀。神又丧失其真理性。为了真正解决神的超越性与绝对性的矛盾，宗教必须否定神的现实性，领会神性本质为本体自由自身。于是神的超越性和绝对性，都指的是自由本身。因此神的超越性和绝对性都回到其本真的意义。宗教因而扬弃此前的实在的宗教局限，进入本真的宗教阶段。在人类精神史上，由于本体自由推动精神从执着于现实性的实在思维进展到对本体自由自身的本真觉悟，这本真的宗教乃得以建立。在实践上，这本真的宗教的宗旨在于彻底打破现实的偶像，努力回到虚无，通过对自我和世界的虚无化守护神性的超绝真理。然而这本真的宗教刚开始仍然将神的超绝真理领会成一种现存的实体，而没有领会超绝性的实质就是自由，因而它的觉悟是抽象的。而自由推动精神觉悟的进一步深化，乃促使宗教领会超绝的神性本质就是绝对自由本身。于是本真的宗教便获得了一种具体的觉悟。最后，精神省思进一步领会到这自由不是一种客观性，而就是精神内在自我的本质，这就是本己的觉悟。本己的宗教就是把神性的本质理解为一种超绝、内在的自由，而且认识到它就是自我的本质。本己的宗教是人类宗教发展的最高阶段。宗教是人类精神省思的客观体现。它的发展也是人类思维发展的体现，因而遵循的就是后者的逻辑。所以理解了人类思维发展的必然性，也就理解了宗教思想发展的必然性；理解了自由推动思维发展的逻辑，也就理解了自由推动宗教发展的逻辑。

奥义书宗教的发展，符合人类宗教发展的一般规律。因此我们将其分为以下三个大阶段予以阐明，即：其一，自然的宗教；其二，自由的宗教；其三，本真的宗教。我们将阐明自由推动奥义书宗教从自然的宗教逐步发展到本真的宗教，乃至推动每一阶段各环节过渡的逻辑。我们也将奥义书宗教的发展与中、西方宗教进行广泛的比照，以阐明其普遍必然意义。

## 第一节 自然的宗教

人类精神的起点是自然。无论是观念还是实践，皆以自然为其历史的出发点。精神在其最早阶段，完全没有领会到其纯粹、内在的存在，而只能把其最外在的生存论存在，即自然当作存在的绝对真理。它的实践也只能是以这自然为绝对目的，因而人类最早的道德只是一种自然伦理，同理，它最早的宗教也只能是一种自然的宗教。盖宗教是以某种客观化的形式（包括外在的组织与内在的修行形式）实现对某种超越真理的守护，或曰对这种超越真理的领会的守护（其途径是以客观的形式把这种领会保护起来）。这超越真理就表现为一种存在的理想，它的超越性就在于理想与现实的距离。任何宗教实践，都是要否定现实，达到理想之境，因此任何宗教都要求牺牲与奉献。在这里，人们为了达到一种更完善的存在，必须奉献出自身直接、现实的存在。然而自然精神既然以自然为绝对，因而把超越性领会成一种自然对另一种自然的否定（比如天堂与人间的分离，以及神的全能、无限对人的有限性的否定等等）。因此在自然宗教中，理想与现实都表现为一种自然存在（神也披上自然的外衣）。尽管自然宗教对对超越性的理解并不纯粹，但是它对超越性的追求、对人的直接现实存在的不满，都是非常炽烈的。这是它区别于一般的巫术迷信的地方。奥义书最早的宗教就是这种自然的宗教。

即使自然精神，在自由推动之下，也经历了反省和否定思维逐渐深化和提升的过程。自然省思最早领会的存在、自我，是完全表象的、外在的。我们在前文将这种存在领会归属于神话精神。然而反省和否定思维的发展，也使得自然省思的存在、自我理解逐渐本质化、内在化，尽管它领会的本质和内在性仍是自然的。所谓自然的本质，就是内在于多样的自然表象之中，作为其抽象实质的普遍性，对于它的领会属于功利精神。所谓自然的内在性，就是自然生命表现出的能动性、主体性，对于它的领会是伦理精神的体现。

作为自然精神的一个方面，自然的宗教同样经历了上述本质化和内在化的过程。不过在自然精神中，功利精神与宗教意识不侔，因而不足以构成自然宗教的一个阶段。故一般所谓自然宗教，乃包括神话的宗教和伦理的宗教两个阶段。奥义书的自然宗教就是如此。不过奥义书的神话宗教完全是祭祀的宗教。其一方面继承吠陀、梵书的祭祀主义，对于祭祀仪轨、观想之开示，占了相当大的篇幅，其思想基础是物我、主客不分，故以为通过个人主观的行动可影响宇宙进程，这仍属于神话思维；另一方面吠陀祭祀尚有的对于神的天真的爱和崇拜已经丧失，故祭祀完全成了禳灾、邀福和除罪的手段。这种祭祀宗教的目的都是世俗的，但它与其他世俗实践（比如伦理实践）的区别在于，它确信有一个超世俗的绝对人格（即至上神）存在，且其所有祭祀都是献给这个神的，并希望通过对神的牺牲，实现世俗的目标。但是在奥义书最早的祭祀宗教中，人与神都被理解为形器的、宇宙论的存在，祭祀的手段、目的都完全是外在的、形器层面的。因而在这里，精神的生活仍然是非常肤浅、粗俗的。然而自由必然推动自然精神的内在化，也推动奥义书的自然宗教的内在化。精神终于认识到，人的生命、主体性，才是自我，也是存在的绝对真理，因而才是宗教真正的理想。于是宗教生活就成为人为了进入一种理想的生命，而对自身主体性的持续修炼。或者说，人将自己的生命奉献给他的理想。这就是伦理的宗教。在这里祭祀的外在仪式被完全废弃，宗教生活完全是针对人内在的生命，且以生命为理想的。伦理的宗教有别于世俗伦理的特点在于，它对人的自身主体性的规定，是为了维持一种超世俗的普遍人格。

总之，在奥义书思想中，自然的宗教包括两个阶段：其一，祭祀的宗教；其二，伦理的宗教。兹论之如下：

## 一、祭祀的宗教

所谓祭祀，指以特定仪式奉献礼物于神（或祖先），以表感恩、爱戴、崇拜、赞美之意，或以此祈求赐福、禳灾、赦罪。祭祀宗教属于巫术范畴，其思想基础是物我、主客不分，故以为通过主观意志可改变客观存在，通过我的行为可影响宇宙秩序。祭祀是所有古代文化共有的现象，尽管其形式、内容、目的在不同文化中皆有很大差异。在伊朗宗教中，宰杀牲畜以祭神之仪，始自远古。在古希腊，谷物、果实亦可献祭于诸神，而且祭饼往往被做成神的标志物形状（如献阿波罗的祭饼被做成月桂形），以引神来享；此外奥菲斯教、厄琉西斯教，亦有颇多秘仪，以祭德米特尔或狄奥尼修斯等神。在犹太—基督教中，燔祭和谷物献祭上帝的例证颇多；该隐和亚伯之争，反映了牲畜祭祀和谷物祭祀的争议。在印度思想史中，吠陀—梵书的宗教就是一种祭祀宗教。祭祀被婆罗门垄断。随着婆罗门教的发展，祭祀日益复杂化，祭司也出现固定的分工。祭司依其职责分为四种：一曰荐神祭司（Hotṛ），在祭祀开始时，通过诵读祷词，请神降临、享祀，这些祷词集成《黎俱吠陀》；二曰执事祭司（Adhvaryu），为具体祭仪的执行者或操作者，在行祭同时念诵经文，这些经文集成《夜珠吠陀》；三曰高唱祭司（Udgātṛ），吟唱有调性的颂歌伴随祭祀全程，这些颂歌集成《娑摩吠陀》；

四为梵祭司（Brahman），静坐一边，掌管祭祀全局，随时纠正祭祀的差错，必须掌握三吠陀全部①。每一吠陀除其本集之外，皆包括专门解释祭祀方法和象征意义的梵书（Brāhmaṇam）部分，后者发展成一类非常庞大的文献。祭祀分为常祭（nitya）和时祭（naimittika），或天启祭（śrauta）和家庭祭（gṛhya）两大类。前者为依时间的便宜的区分，后者为依祭祀内容的区分。常祭谓属于人终生职责，或需一年中持续进行的祭祀；时祭谓出于人的偶然目的而随时举行的祭祀。家庭祭为人出生、成人、婚丧等时举行的祭祀，只与人的日常生活相关，目的为祈求福禄、财运、长寿、生育及禳除灾祸等。家庭祭很简单，只需设一堆祭火（家火），通常由一家之主、妇执行，亦可请祭司协助或代替。祭者将祭品（奶油等）投于火中，同时祝愿。天启祭则由国王出面，必须请婆罗门祭司主持执行，须设家火、东火、南火三堆祭火②，仪式极复杂，四种祭司皆必参与，其数可多至十六位。天启祭的内容乃关乎宗教、政事、国运、节候乃至宇宙的存在。马祭与须摩祭皆属此列。祭品不仅包括谷物果实，还有牲畜（马祭就包括大规模屠宰牺牲的环节）。天启祭必须请出自婆罗门种姓且熟谙祭事的祭司主持。盖其仪式既复杂，执行亦极严格。甚至极微小的差错（比如祷词的重音念错）就有可能产生相反的结果，甚至危及祭司和祭主生命。祭司享有绝对权威，其极端者甚至可取祭主性命。而祭主的作用仅是事前准备、事中尸位、事后补遗而已。

拉达克利须南说："奥义书对祭祀之责难被大为夸大了。对于已得解脱之人，行祭固已不必，但它却是获得解脱的条件。"③ 甚至在晚期奥义书中，我们也可以看到对祭祀的热情，如MuṇḍI·2·1—6："1 诸圣于圣典，所见之行业，分流入三门（三吠陀）。嗟汝爱真者，应恒遵从之！此即汝之道，通达善业界。2 当祭火点燃，火焰方闪烁，于是人应于，两钵炼乳间，而投其祭品，且信心充满。3 若先于火祭，不行新月祭，以及满月祭，四月（秋雨祭）、收获祭，又若此火祭，无宾客、献礼（施于宾客之礼

① ChānIV·17·4—9谈及婆罗门祭司纠正祭祀错误之法。其云若诵读黎俱有误，应献祭于家火（Gārhapatya），且口念"bhūr！敬礼!"盖以bhūr声为黎俱之精华，故可以之弥补祭祀中诵读黎俱之失。若执行夜珠仪轨有误，应献祭于南火（Dakṣiṇa），且念"bhuvas！敬礼!"以bhuvas声为夜珠之精华，故可以之弥补祭祀中夜珠之失。若唱娑摩有误，应献祭于东火（Āhavanīya），且念"svar！敬礼!"以svar声为娑摩之精华，故可以弥补于娑摩之损伤。其云婆罗门祭司乃由此守护祭祀，如犬护家。

② 其中，家火（Gārhapatya）设在祭坛西边，是每一家庭都应保有的一持续不灭之火，故谓家火。所谓南火（Anvāhāryapacana或Dakṣiṇa）或施火，设在祭坛南边，为谢礼之火。东火（Āhavanīya）或献火设在祭坛东边，为献祭之火。东火南火皆由家火中取出。

③ Sarvepalli Radhakrishnan, *The Principal Upaniṣads*, George Allen & Unwin LTD, London, 1953. 675.

品），非遍礼诸神，行之不如仪，如是乃毁其，往生之七界[①]。4 黑色及可怖，迅疾如意想，大赤及烟色，闪烁、具众形，如是之神女，是为七火舌。5 适彼等（七火舌）炽盛，若人行祭祀，且供奉以时，彼等遂导之，入诸神之主，所居之世界。以彼等即是，日之光线故。6 曰'来兮！来兮！'华美之供品，乃以日光线，承此施祭者，稽礼且称颂：'此即汝所有，福德之梵界，修善业所致。'"这不仅表现了对祭祀的热情和认真态度，而且表现了对祭祀所得果报的殷切期盼。而早期奥义书因为思想直接与梵书衔接，故于祭祀尤为强调，因而为我们这里讨论祭祀学所主要针对者。学人之强调奥义书的反祭祀内容，乃是因为错把奥义书当作一种革命思想，但事实上奥义书思想不是来自一场猛烈的革命，而是来自内在的进化，是在吠陀、梵书中的传统中缓慢发展出来的。因此奥义书最早期、最原始层面的思想，与吠陀、梵书在精神上完全一致。吠陀的祭祀宗教在这里是完全被接受的。

奥义书最早的宗教，完全继承吠陀、梵书的祭祀主义。其于祭祀仪轨、观想之开示，占了相当大的篇幅。在奥义书中，祭祀的思想，同其他方面一样，也经历了跨度非常大的变化：其宗旨从初期最卑陋的祈福禳灾，转变到后来最崇高的牺牲直接自我以合于理想自我；其形式也从最初外在的谷物牲畜之献，转变到后来纯粹的内在精神净化。我们此处所讨论的，将是其最原初的、表现自然精神的祭祀，故其学乃与梵书直接衔接。梵书—奥义书所谓祭祀，包括祭仪（vidhi）与敬思（upāsana）两部分。祭仪即祭祀的仪轨，敬思是执祭者在祭祀中伴随祭礼而进行的观想、沉思。祭礼为外，敬思为内，二者为祭祀之二足。祭祀若要取得成功，不仅要在祭仪上绝对准确无误，而且应伴随正确的敬思。在奥义书较成熟的思想中，祭祀不复为得世俗利益，而成了为出世解脱服务的手段。于是祭礼与敬思之意义皆随之升华，祭礼之施乃为制伏念想，敬思则旨在摄心内证。与梵书相比，奥义书的祭祀学直接阐明祭仪的内容相对少些，而更强调的是敬思。兹以此二义明之：

**1. 祭　仪**

奥义书直接阐明的祭仪，主要有以下几种：

（1）ChānII · 24 开示的每日应行的须摩祭仪，属天启祭。其祭分为晨奠、午奠、暮奠三分。于晨奠，祭者应北面坐于家火（Gārhapatya）之后，为婆苏众唱娑摩："请开汝界门，使我等见汝，以得主宰力！"彼于是投祭品于火中，祝曰："敬礼阿耆尼，居于地上者，居于此界者！且为祭者我觅得一界！信然，彼即是祭者之界！我将就彼。

① 七界，谓七天界（Bhūr, Bhuvar, Svar, Mahar, Jana, Tapas, Satya），或七人界，后者即从曾祖至曾孙，与自己共为七。

祭者我逝后，将就彼处！敬礼！请撤其栓（谓撤除入婆苏界之门栓）！”彼于是起。于午奠，祭者祭者北面坐于南火（Āgnīdhrīya）之后，为禄陀罗众唱娑摩：“请开汝界门，使我等见汝，以得主宰力！”彼于是投祭品于火中，祝曰：“敬礼伐育，居于空界者，居于此界者！且为祭者我觅得一界！信然，彼即是祭者之界！我将就彼。祭者我逝后，将就彼处！敬礼！请撤其栓！”彼于是起。于暮奠，祭者北面坐于东火（Āhavanīya）之后，为阿底提耶众唱娑摩：“请开汝界门，使我等见汝，得大主宰力！”复为毗湿婆天众唱娑摩：“请开汝界门，使我等见汝，得圆满主宰！”彼于是投祭品于火中，祝曰：“敬礼阿底提耶众和毗湿婆天众，居于天界者，居于此界者！且为祭者我觅得一界！信然，彼即是祭者之界！我将就彼。祭者我逝后，将就彼处！敬礼！请撤其栓！”彼于是起。其云如此法而祭者，死后乃可至以上四种天界。

（2）BṛihVI·3开示的糜祭，属家庭祭。此为祭诸根、诸天以求世间成就之仪。其法大致为，在太阳北行之半年，于望月持优波沙斋戒（唯食乳品）十二日满，乃择吉日，以无花果木杯或盘盛各种果蔬，洒扫，设祭火，以圣草铺地，备炼乳。然后以米、大麦、芝麻、豌豆、粟、小米、小麦等十种粮食混合磨成粉，加以凝乳、蜜、奶油，调和成糜。于是献炼乳于火，祝曰：“嗟乎全知者（即火神）！在汝之治下，无论何众神，而沮人所欲，我今在此处，敬献彼一分。愿彼得满足，而遂我所欲！敬礼！即汝横进（此为形容火焰行进之态）者，曰我为主宰，我其倾炼乳，愿汝眷顾我。敬礼！”此后为分别献祭诸根与诸天之仪。诸根（内在神）包括元气、语言、眼、耳、意、生殖。其祭献之法为：先祭元气，应祝曰：“敬礼彼最尊、最胜者！”后投炼乳于火，投余乳于糜。次祭语言，应祝曰：“敬礼彼最富足者！”投炼乳于火，投余乳于糜。准此祭眼、耳、意、生殖[①]。诸天即火、须摩、地、空、天（外在神），以及婆罗门、刹帝利、一切有、大全、过去、现在、生主等。其献祭之法为：先祭火神，应祝曰：“敬礼火神！”后献炼乳于祭火，投其乳于糜。祭其余诸天准此而行。此二种献祭完毕，乃以手沾糜，祝曰：“汝为活动者（即元气）。汝为炽然者（即火）。汝为圆满者（即梵）。汝为安住（即天）。汝为一切依处（即地）。汝为已（被Hotṛi祭司）诵之hiṅ声，汝为正诵之hiṅ声。汝为已（被Udgātṛi祭司）唱之udgītha，汝为正唱之udgītha。汝为已被（adhvaryu祭司）呼者，汝为正被呼者。汝为云中焰。汝为遍满者。汝为有力者。汝为食。汝为光。汝为归灭处。汝为吞摄一切者。”于是举其糜，祝曰：“汝（既能）思想，且思汝之伟大。信然，彼（元气）为王、主宰、至上主子。彼且使我为王、主宰、至上主子！”于是食此

① 此处对元气、语言、眼、意等献祭，方法与完全相同，故；但后者只提及元气、语言、眼、意四者，而无耳、生殖二者。

糜且以吠陀祝曰："敬思彼妙光[①]：于彼正行者，诸风降蜜汁，河流淌蜜汁。唯愿于我等，草木如蜜汁[②]。敬礼大地神（bhūr）！[③]敬思彼神光[④]。旦暮光如蜜！气界其如蜜！天父其如蜜[⑤]！敬礼空界神（bhuvas）！愿彼启吾思[⑥]！唯愿于我等，树木其如蜜！太阳其如蜜！母牛多蜜汁[⑦]！敬礼天界神（svar）！"然后诵日神颂（ṚVIII・62・10）全部及"蜜颂"，祝曰："我其如实为此全世界！敬礼地神、空神、天神！"然后尽食其糜，洗手，头朝东卧于祭火后面。晨起敬礼太阳，祝曰："汝为天界之莲花，愿我为人中之莲花！"于是循其来路而回，坐于祭火后，诵此祭师资名号。其云人由此祭，可致世间名声、财富。此祭法与ChānV・2・4—8大体相同，应是从后者袭来。其法被收于《家居经》（如 āśvalāyanaI・3・1，pāraskaraI・1・2）。MaitVI・9—10开示的"自我祭"（ātma-yajña），乃试图将此糜祭内在化。这就是把进食当作对于至上我的献祭活动。VI・9云："人若知此二者（元气与日）为其自我，则唯静虑于我，献祭于我。此种静虑及事此之意乐，乃为智者所赞叹。"其具体实践，乃是将BṛihVI・3和ChānV・2・4—8开示的糜祭与其对自我的数论学领会结合起来。其仪为：以所谓"剩食所污咒"除心中不净。其咒云："剩食、剩所污，及恶人所施，或由难产污；婆苏火神力，及日神之光，其净化吾食，及余秽恶事！"然后饮水，祝曰："敬礼上气！敬礼下气！敬礼通气！敬礼腹气！敬礼止气！"于每一祝皆献部分食物于祭火，且敛声而食其余。食毕再饮水。以上仪式全来自BṛihVI・3和ChānV・2・4—8。其所增加者，在于应观想此祭为献于自我者，且于祭事结束应以"如元气与火"及"汝即是一切"二咒敬思自我[⑧]。《慈氏》根据数论立场将祭祀内在化。一方面，人应当将一切当作补鲁沙之食物，将其作为献于自我之祭品。另一方面这祭祀也是一种内在的自我牺牲。人应当使其心从外境收回，唯敬思真实自我，以求最终完全融入此自我之中。此种祭祀，就成为苦行、瑜伽（MaitVI・10）。

（3）KauṣII开示的元气祭，属家庭祭。此祭亦完全为求世间利益，以对元气的观想为邀福的手段。其祭仪包括：其一，献祭诸神（诸元气）以求获得某人财宝。其法

① 此为吠陀著名的日神颂（ṚVIII・62・10）之初行。

② 以上五句，见于ṚVI・90・6，Vāj SaṃXIII・27。

③ 此句为前面数句之结束咒，以下准此。

④ 此为日神颂（ṚVIII・62・10）之次行。

⑤ 以上三句，见于ṚVI・90・7，Vāj SaṃXIII・28。

⑥ Dhiyo yo nah prokodayāt，此为吠陀著名的日神颂（ṚVIII・62・10）之第三行。

⑦ 以上四句，见于ṚVI・90・8，Vāj SaṃXIII・29。

⑧ 此二咒乃为："如元气与火，此至上自我，以五风进入。愿彼自悦已，复能悦万有——彼受一切者！""汝即是一切，汝即遍在者！汝支持万有，祭品皆归汝！汝常者所在，是处众生存。"

为，选择于新月、满月或星象吉祥的月明之夜设祭火，洒扫地面，曲右膝，以勺或木钵、铁杯献酥油于祭火。祝曰："语言神为取得者。彼其为我从某某（此处应具呈其人姓名）取得此物！敬礼语言神！气息神为取得者。彼其为我从某某取得此物！敬礼气息神！眼神为取得者。彼其为我从某某取得此物！敬礼眼神！耳神为取得者。彼其为我从某某取得此物！敬礼耳神！意神为取得者。彼其为我从某某取得此物！敬礼意神！般若神（prajña）为取得者。彼其为我从某某取得此物！敬礼般若神！"（KauṣII·3）于是嗅祭火之烟，以酥油搽身，然后此人就可前去或派人去宣称此物为自己所有。据信他此时必得此物。其二，祭诸元气以催情之法。其仪式与前一种献祭相同。唯祝词不同。应祝曰："汝之语言且献祭于我中，汝某某（此处应说该人姓名）！敬礼！汝之气息且献祭于我中，汝某某！敬礼！……汝之意且献祭于我中，汝某某！敬礼！汝之般若且献祭于我中，汝某某！敬礼！"据信人若行此祭，即可激发某人对我的爱情。

（4）ChānV·19—24开示的生命火祭，属天启祭。此亦是家主每日应行的一种祭仪，为献祭于五种元气，以求满足宇宙万有之愿望，从而使祭者亦满足其所愿。家主被要求敬事三种祭火，即家火、东火、南火，且敬思此火为内在于宇宙大我及吾人内自我之中者（谓其与元气或消食之火同一），并敬思此祭事为在自我中进行的活动。故进食与燔祭，皆为祭于元气者。生命火祭将对元气的献祭，推扩为对一切生命、一切存在的献祭。家主应于餐前，先将前五口食物，当作对五种元气（上气、通气、下气、腹气、出气）的献祭。此五气与五根（目、耳、语言、意、呼吸）实质相同，五根为五神（日、月、火、雨水、风）实质相同，五神为五界（天、四方、地、闪电、空）实质相同（此为婆罗门传统的人与宇宙同构论），此五气、五根、五神、五界乃包括宇宙间一切存在。故祭于五气者亦是祭于五根、五神、五界者，因而祭于万有者。万有皆由此祭得到满足，乃至赖此而活。其法为，人吃第一口食物时，应于心中默祝："献礼于上气！"并如是观想。于是上气得到满足。由于上气得到满足，故眼得到满足。由于眼得到满足，故日得到满足。由于日得到满足，故天界得到满足。由于天界得到满足，故属于天界之众有皆得满足。按照这一程序，当人吃第二口食物时，应献礼于通气；吃第三、四、五口食物时，应分别献祭于下气、腹气、出气。于是五根、五神、五界及彼等包括之宇宙万有，皆得到满足。五次献祭的对象，皆从内在的元气，逐渐递推到根、神、界等，至乎最外在的宇宙现象。然而由于万有皆属自我，故此每一献祭，其果报最终皆汇集于自我。由于此祭，宇宙大我，包括其内的一切存在物，皆得其满足，皆得其存在。祭者亦因此获致财富、光荣和智慧。与吠陀祭祀不同，生命火祭开启了一种新的实践。这种实践要求人在任何日常活动中，领会自我的存在。人若能观想其自身为宇宙大我，则其全部日常活动甚至吃饭穿衣等等，都成为大我的作用，都成为一种献祭。这与禅宗的守一乃至挑水砍柴、着衣吃饭、屙屎放尿等皆是妙道，气脉相通，故很可能是后者的最初源头。

2. 敬　思

商羯罗说："吾人之第一职责是祭祀，如吠陀初分，即本集、梵书及森林书一分所云。此后遂生追求智慧之心。彼唯当一人获得心识完全专注，方可得到满足。"为得此专注，实行某种敬思（upāsana）是必须的，而此即奥义书所开示者（Śaṃkara's commentary on the Ait ĀrII·1·2）。奥义书强调的不是祭仪，而是敬思。敬思，梵语"upāsana"，意为侍坐、敬事、敬思、皈依、侍候、寻伺。奥义书的敬思有两种，即梵敬思（brahmopāsana）与相敬思（pratīkopāsana）。前者为直接敬思大梵之功德；后者为敬思某种世间东西为梵（后学谓以此可收摄内心，排除外扰）。此类作为大梵影像的世间东西，又分为两种，即属祭祀的与不属祭祀的。罗摩努阇在时间上，将其分为五分，曰近前分、备祭分、献祭分、吟诵分、瑜伽分。

在奥义书中，敬思的性质和内容经历了很大的历史变迁。其大致可分为以下阶段或类型：其一，完全被祭祀学规定、作为祭祀部分的敬思。此为其最早的意义。此即沉思祭祀诸环节的意蕴、果效。若祭仪伴以正确的敬思，则必致更大果报；反之祭祀非但无效，且致灾祸。盖组成祭祀者，包括仪轨、祭司、吠陀、唱颂、祈祷、祭火、祭品等环节，每一环节都包含神秘的宇宙论意义，对其处置之正当与否皆直接影响祭祀果效。对此意义、果效之观想，乃是决定祭祀成败之关键因素。其二，将祭祀内在化，以人生为祭祀的敬思。这种敬思是奥义书后来发展出的。它脱离具体的祭祀活动，以整个人生为一场（献给至上神的）祭祀。如五火说，观想生命的往生为祭品之投于祭火。ChānIII·16—17 谓应观人的全部生活为一场须摩祭。其饥渴痛苦、饮食欢笑，乃至苦行、布施、正直、不害、真诚等，皆为献祭的内容。此种敬思，实际上是对生命的反省和自律，故超出祭祀宗教，而属于知性的宗教。其三，以证梵为目的的敬思。此种敬思有直接的与间接的之分，其中直接者，为观想大梵的喜乐、无畏、常住等自相，奥义书中对大梵自相的种种阐明，皆服务于这种观想，或是由此种观想产生的体验；其间接者，为观想神像、神的符号（如"Om"）或表象（如 TaitII 的五身观想，就是从梵的最外在表象即物质开始逐渐深入，最后观想大梵就是喜乐），以求由此逐渐悟入梵的自相。在奥义书更成熟思想中，此种观想也超出了祭祀学范畴，而进入理智思维乃至本真觉悟的领域。其四，禅定。奥义书所谓禅定或静虑，乃从祭祀敬思发展而出，但其内容已完全与祭祀无关，而且也非不包含崇拜，而仅是对事物实相的观想。奥义书以为，人若正确观想某种存在原理，则得后者之德①。盖万有本属于我，禅定乃使其我本有之德呈现出来。其五，瑜伽。瑜伽也是从祭祀敬思发展出来并与祭祀完全脱离关联。瑜伽是通过收摄诸根、控制心理活动，使心由外境转向内心，从而最终断除命我与自性的联结，使命我融入至上我之中。从《羯陀》到《白骡》、《慈氏》皆详明其学。其六，巴克提。巴克提也是敬思的一种形式。这就是带着强烈的崇拜和热爱敬思至上神的圣洁、美妙、伟大，且完全献身于神，并希望由此使心灵清净，并获得神的恩宠，遂得以证悟神的自体，得到最终解脱。巴克提思想也是奥义书中、晚期后才有的。奥义书的敬思或为欲得果报，或为无欲而仅为敬神而敬神，后者即巴克提。巴克提的形成标志婆罗门教信仰主义的复兴。

在以上六类敬思中，后面五类皆超出祭祀学范畴，故可放在奥义书宗教、哲学的其他地方讨论。完全属于祭祀学者，仅有第一类，此即我们以下要讨论者。此种敬思的思想基础，是来自梵书的祭祀与宇宙、人、季节、语言的同构观念。如 Sat BrāXI・7・4・4 云："祭祀为五分，牺牲为五分，季节为五分……" 早期奥义书继承此种想象。如 BṛihI・4・17 云："祭祀为五分。牺牲为五分。人为五分。世界为五分。人若知此则得此五分之全世界。" 祭祀五分即祭祀对诸神、人类、仙圣、父祖、生灵之五献，人之五分即五根（末那、语言、眼、耳、元气），世界五分即五神（月、火、日、空、风）。此中五分皆一一同质同构，而以祭祀五分为模型。此外，祭祀之祭火、祭品、祷文、歌调等，亦皆可与人、宇宙同构。祭祀敬思，就是观想这些祭祀环节与人、宇宙的相应存在的同质性，唯此祭祀方能作用于人与宇宙。此种敬思亦可根据其对象大致分为以下两大类：

(1) 对于祭祀诸要素的敬思，包括：其一，对于吠陀的敬思。这首先是观想吠陀与人、宇宙之等同。如 TaitI・5・1 说黎俱是地、娑摩是空界、夜珠是天界。Tait II・3 说《夜珠吠陀》为宇宙原人之头，《黎俱吠陀》为其右，《娑摩吠陀》为其左，《梵书》为其躯干，《阿闼婆吠陀》为其下体，也表明了一种类似的观想。BṛihI・5・3—5 则要求敬思吠陀、自我、世界的三重同构，其云："3 信然，此自我即由语言、末那、元气构成。4 三界亦如是。地是语言，空界是末那，天界是元气。5 吠陀亦如是。《黎俱吠陀》是语言，《夜珠吠陀》是末那，《娑摩吠陀》是元气。" ChānI・6—7 亦开示这

① 如 ChānV・1・1："1Om！信然，人若知彼最尊、最胜者，则为最尊、最胜者。信然，气息即是彼最尊、最胜者。2 信然，人若知彼最富足者，则（于人中）成为最富足者。信然，语言即是彼最富足者。3 信然，人若知彼安住处，则于此岸、彼岸皆得安住处。信然，眼即是彼安住处。4 信然，人若知彼成就，则于人、天界，凡其所愿皆得成就。信然，耳即是彼成就。5 信然，人若知彼依止，则成为其人民之依止。信然，意即是彼依止。"

种三重同构。其谓黎俱是地，娑摩是火，是故娑摩立于黎俱；sā 是地，ama 是火，此即 sāma。黎俱是空界，娑摩是风，是故娑摩立于黎俱；sā 是空界，ama 是风。黎俱是天，娑摩是日，是故娑摩立于黎俱；sā 是天，ama 是日。黎俱是日宫，娑摩是月宫，是故娑摩立于黎俱；sā 是日宫，ama 是月宫。黎俱是日之亮色，娑摩是日之暗色，是故娑摩立于黎俱；sā 是亮色，ama 是暗色。日中之补鲁沙即是黎俱、娑摩、uktha（黎俱之诵读）、祭仪、祈祷。黎俱是语言，娑摩是元气，是故娑摩立于黎俱；sā 是语言，ama 是元气，此即是 sāma。黎俱是眼，娑摩是自我，是故娑摩立于黎俱；sā 是眼，ama 是自我。黎俱是耳，娑摩是意，是故娑摩立于黎俱；sā 是耳，ama 是意。黎俱是眼中亮色，娑摩是眼中暗色，是故娑摩立于黎俱；sā 是眼中亮色，ama 是眼中暗色。眼中之补鲁沙即是黎俱、娑摩、uktha（黎俱之诵读）、祭仪、祈祷。另外，奥义书还开示应敬思吠陀为万有之根源与实质。如 ChānIII · 1—11 开示应观想吠陀为宇宙之根源。其谓太阳为从全部吠陀中流出之甘露，婆苏众乃得其初露而活，禄陀罗众乃得其次露而活，阿底提耶众乃得其三露而活，摩鲁特众乃得其四露而活，娑底耶众乃得其五露而活。人若知此乃可得相应之界，不生不灭。此谓世界来自吠陀。ChānIV · 17 · 1—3 乃云吠陀来自世界，实谓吠陀为万有之实质、精华。其云生主于诸界苦行，乃出其精华：由地出火，由空界出风，由天出日。复于此三神苦行，乃由火出《黎俱》，由风出《夜珠》，由日出《娑摩》。彼复于吠陀苦行而出其精华，由黎俱出 bhūr 声，由夜珠出 bhuvas 声，由娑摩出 svar 声。故吠陀是万有之实质，而 bhūr，bhuvas，svar 三声乃为吠陀之实质。亦有对每一吠陀单独的敬思，如 ChānII · 1 谓娑摩是善、圆满，人若如是敬思娑摩，乃得善与圆满。其二，对于祭火的敬思。这就是观想祭坛与祭火与人和宇宙的等同。此种敬思在奥义书中亦颇常见。如 PraśIV · 33 谓应敬思元气为身中不眠之祭火。其中下气是家火，通气是南火，上气是东火，平气为 Hotṛi 祭司，意即是祭主，出气为祭祀之果。MaitVI · 33—34 谓应依次敬思家火即是年，其五砖即春、夏、雨、秋、冬①；南火是元气，其五砖即上气、通气、下气、腹气、出气；东火是因陀罗或吠陀，其五砖即《黎俱吠陀》、《夜珠吠陀》、《娑摩吠陀》、《阿闼婆吠陀》、《史传》与《往事书》。家火亦是地界，南火亦是空界，东火亦是天界。在这种敬思中还应包含一种观想，即观每一祭火为至上我之不同表象（至上我被设想为具祭坛之鸟形），如此则家火（地界）托举此人入空界、风，而风即元气。南火即元气，故若人观至上我在南火之中，则南火（空界）托举此人入天界、日。东火即日，故若人观至上我在东火之中，则东火（天界）托举此人入梵界，乃得喜乐、欣悦。另外 ChānV · 18 所谓

① 祭坛被砌为鸟形，具一首、二翼、一脊、一尾，所谓五砖即与此五分对应之祭砖。

祭坛是宇宙大我之胸，圣草是其发，家火是其心，南火是其意，东火是其口，亦表明了一种类似的观想。BṛihVI・2・8—16 的所谓五火说，反映了从另一角度对祭火的敬思。其以每一祭火皆为薪、烟、焰、炭、火星五分，而天界、空界、世间及男女亦皆为五分，故皆为一祭火。天界为一祭火，太阳为薪，阳光为烟，白昼为焰，四方为炭，中央为火星。空界为一祭火，以年为薪，云层为烟，闪电为焰，雷为炭，雷声为火星。世间为一祭火，以地为薪，火为烟，夜为焰，月为炭，星为火星。人为一祭火，以口为薪，气息为烟气，语言为焰，眼为炭，耳为火星……ChānV・3—10 的基本内容与此一致。其三，对于祭司的敬思。执行祭祀的四位祭司也被等同于人和宇宙的不同存在方面。BṛihIII・1・3—6 就表明了这样的敬思。其云 Hotṛi 祭司即是火、语言，即是解脱，彼使祭主脱离死亡；Adhvaryu 祭司即是日、眼，即是解脱，彼使祭主脱离昼夜；Udgātṛi 祭司即是风、元气，即是解脱，唯彼使祭主脱离月之盈亏；Brahman 祭司即是月、末那，即是解脱，彼使祭主升入天界。奥义书中也有多处对每一祭司单独的敬思。如 ChānI・6・8 即表明对 Udgātṛi 祭司的敬思。其云 Udgātṛi 祭司高唱黎俱与娑摩，故彼即是 Udgītha，为超越日界之诸界主宰，为诸神之所欲。I・7・8 云 Udgātṛi 祭司为"赢得所愿"之主宰，故彼以歌唱为祭主赢得一切。KauṣII・6 要求敬思 Adhvaryu 祭司即是 Uktha、祭仪和业、三吠陀（大梵）、元气。（四）对祭马的敬思。此即敬思祭马与宇宙之等同。由于马祭在祭祀学中的重要性，此种敬思在梵书和奥义书中皆颇常见。BṛihI・1・1 即开示此义，其云朝霞乃祭马之首，日为其目，风为其气息，火为其口，年为祭马之身，天为其背，空界为其腹，地为其腹底，四方为其侧，四方之间为其肋骨，季节为其四肢，月与半月为其关节，昼夜为其足，星辰为其骨，云彩为其肉，沙子为腹中食，江河为其肠，草木为其毛，东方为其前，西方为其后，万籁为其声，其肝肺即众山，其溺为雨，其呵欠为闪电，当其摇动其身，乃为暴雷。BṛihI・2 云死亡或大梵将自身乃转化为宇宙马，即以马为其形体："东方即其首。彼与彼方（依商羯罗，即东北与东南）为其前肢。西方为其尾。彼与彼方（依商羯罗，即西北与西南）为其后肢。南北为其侧。天为其背。空界为其腹。地为其胸。彼安立水中。"此宇宙马乃以其意与语言交，生成精液、年、吠陀、诗韵、祭祀、人畜以至全世界。大梵如此将其自体作为马形，以使其合于祭祀（谓即马祭之所由来）。此种敬思可能是从梵书中常见的对宇宙作为一个巨人的想像转化而来。

（2）对于唱诵吠陀的形式，包括声调、音韵、字音等，以及特定咒语的敬思。此即思考这些因素的神秘宇宙论含义。此类敬思占的比重远远高于前一类，但内容极杂乱，大体包括以下几种：其一，对 Gāyatrī 诗律的敬思。此即敬思 Gāyatrī 与人、宇宙的同一性。如 ChānIII・12・1—7 谓 Gāyatrī 律即是一切现在和将来者。Gāyatrī

是语言，语言吟唱（gāyati）和守护（trāyate）一切现在和将来者故。Gāyatrī 是地，万有皆于彼安立故；是故 Gāyatrī 亦是人之色身，元气安立于色身故。Gāyatrī 即是具四足十六分之原人[①]，其中一分为无为、圆满、不死之本体。这就开示了一种对 Gāyatrī 的敬思。其云人若如此敬思，乃得不死、圆满。BṛihV · 14 · 1—3 谓人应敬思 Gāyatrī 与人、宇宙的同构。首先，应观 Gāyatrī 与宇宙同构，盖 Gāyatrī 诗每行八音（共三行），而地（bhū-mir）、空（an-ta-ri-kṣa）、天（dy-aur）共为八音，故二者同构。其次，应观 Gāyatrī 与人。盖上气（prā-ṇa）、下气（ap-ā-na）、通气（vy-ā-na）亦合为八音，是故由 Gāyatrī 乃与此同一。再次应观 Gāyatrī 与吠陀同构。盖三吠陀，即颂诗（ṛ-cas）、诵祝（ya-jūṁ-ṣi）、唱赞（sā-mā-ni）亦合为八音，是故 Gāyatrī 乃与其同一。以上为观想 Gāyatrī 三行的意义。最后应敬思其第四行为超越的至上我（自我四位之第四位）。是故人若欲得宇宙，乃应敬思 Gāyatrī 之初行。人若欲得吠陀，乃应敬思 Gāyatrī 之次行。人若欲得元气，乃应敬思 Gāyatrī 之第三行。而第四及其界乃为不可得。其二，对吠陀诗颂的敬思。此即观想祭祀中所吟、唱之诗颂（属《娑摩吠陀》者曰 stotra，属《黎俱吠陀》者曰 śastra）的密意，占据了早期奥义书的很大篇幅。在火祭中，Udgātṛi 祭司及其助手唱 stotra，Hotṛi 祭司及其助手吟 śastra 答之。在奥义书中，对 stotra 的敬思更多。每一 stotra 由取自《娑摩吠陀》之若干诗句组成，且有专名。每一 stotra 皆有五分，曰：Hiṅkāra（仅为开头之“兴”音），prastāva（预唱），udgītha（高唱），pratihāra（回唱），nidhana（仅为结尾之“阿”音）。而 prastāva、udgītha 和 pratihāra 的内容则取自吠陀。stotra 依此式将《娑摩吠陀》诗句编入五分之中，在祭祀中由不同祭司唱出，故曰“五分娑摩”。奥义书（主要是《唱赞奥义书》）有多处开示对五分娑摩的敬思。ChānII · 2—22 以极大篇幅，开示应敬思五分娑摩摄世间一切。其云应观想宇宙之整体以及其中一切，皆具五分娑摩之结构。如于宇宙，地是 Hiṅkāra，火是 Prastāva，空界是 Udgītha，太阳是 Pratihāra，天界是 Nidhana。或曰火是 Hiṅkāra，风是 Prastāva，日是 Udgītha，星是 Pratihāra，月是 Nidhana。如于诸界，则地界即是 Hiṅkāra，空界是 Prastāva，天界是 Udgītha，边界是 Pratihāra，大洋界是 Nidhana。如于诸水，则五分娑摩依次是云、雨、东流水、西流水、大洋。如于季节，则彼依次是春、夏、雨季、秋、冬。如于时刻，则彼依次是日出、日升、正午、下午、日落时。如于元气，则彼依次是呼吸、语言、眼、耳、末那。如于人体，则彼依次是毛发、皮、肉、骨、髓。如是等等。此种敬思亦以祭祀与人、宇宙、时间等的同构为思想基础。在 ChānI · 10 · 8—11 · 9 中，斫克罗衍尼亦开示应敬思 prastāva 所属之

① 原人十六分之义，参考本书第一部分第二编第二章第二节第二目等处。

神为元气，udgītha 所属之神为太阳，pratihāra 所属之神为食物。奥义书中此类敬思还有不少。其三，Uktha 敬思。Uktha 为 śastra 之一分。Śastra 为须摩祭中 Hotṛi 祭司以吟诵形式对 Udgātṛi 祭司所唱之《娑摩》歌咏（stotra）的呼应，内容取自《黎俱吠陀》。故属《黎俱吠陀》之奥义书，皆标榜 Uktha 敬思；而属《娑摩吠陀》者，乃主张敬思 Udgītha。前者包括 KauṣII・6, III・3；Ait ĀrII・1（此外尚有 BṛihV・13・1），皆云应敬思 Uktha 为元气、梵。而于此 Uktha 敬思开示最详者，乃为 KauṣII・6。其法为：其一，敬思 Uktha 为梵：为《黎俱》，为《夜珠》，为《娑摩》。其云人若如此敬思，众人乃赞颂、共许、服膺其尊胜。其二，敬思 Uktha 为至上吉祥、荣华、光辉（tejas）。人若如此敬思，则其自身得至上吉祥、荣华、光辉。其三，敬思 Adhvaryu 祭司之自我即是 Uktha，即是祭仪和业，即是三吠陀（大梵）、元气之自我。人若如是敬思，则其自我乃等同于因陀罗之自我。其四，Udgītha 敬思。Udgītha 即高声唱颂《娑摩吠陀》，为火祭中 Udgātṛi 祭司及其助手所唱的 stotra 之主体。奥义书每以 Uktha 代指黎俱，以 Udgītha 代指娑摩。其中，对 Udgītha 敬思的阐明远远多于 Uktha 敬思，且主要集中于《唱赞》书中。如 ChānI・1 说万有的实质是土，土的实质是水，水的实质是植物，植物的实质是人，人的实质是语言，语言的实质是黎俱，黎俱的实质是娑摩，娑摩的实质是 Udgītha；故应敬思 Udgītha 是实质之实质，是至上者、究竟者。I・2（以及 BṛihI・3・1—11）开示应敬思 Udgītha 为根本元气。其云诸神依敬思 Udgītha 为呼吸、语言、眼、耳、意，且被罪恶、死亡所制伏，唯当敬思 Udgītha 为作为呼吸、语言等之根本的元气，方能胜罪恶，为不死。故唯此为正确的敬思。人唯知 Udgītha 为元气，乃不染于罪恶、死亡。ChānI・3 谓应敬思 Udgītha 为能驱除黑暗、恐惧之太阳；且应敬思 Udgītha 为出气、入气本质的通气，此即是语言，即是黎俱、娑摩；应敬思 Udgītha 包含的 ud、gī、tha 三音，分别为天、空、地三界；日、风、火三神；娑摩、夜珠、黎俱三明，以及元气、语言、食物三有，故人应敬思 Udgītha 包含三界、三神、三明、三有。ChānI・4 谓应敬思 Udgītha 为 Om，彼即不死者、无畏者。其云诸神乃托庇于三吠陀以避死，而最终不能逃脱死神，乃从黎俱、夜珠、娑摩逃出，而托庇于 Om，故成为不死者、无畏者。人若如是敬思，乃可成为不死者。ChānI・8—9 谓应观想 Udgītha 为虚空（ākāśa），谓虚空大于万有，生成万有，为无限、究竟、依止，此即最胜 Udgītha。人敬思此最胜 Udgītha，则最胜者属于彼，彼且致最胜界。其五，对 Om 的敬思。奥义书要求敬思祭祀祈祷、唱颂的每一声调、音节、字母的宇宙论象征意义。对 Om 的敬思即属于此，且为其中最重要者。Om 本来是婆罗门在吟诵、唱颂吠陀之前、后的呼语，以吁请天神或表示诵经结束。其本无所指。梵书、奥义书后来以之代指吠陀本身，并逐渐将其神秘化，把它当成崇拜对象。如果说 Uktham, Udgītha 的敬思在奥义书早期思想中更常见，那么在奥义书中、晚期思想中，对Om的敬思则代替此二种敬思，而成为最主要者。在奥义书中，对Om的敬思也经历了漫长的意义转变。梵书和早期奥义书提到Om为吠陀精华、本质，认为它包括一切语言。在这种意义上，亦譬喻说"Om即是全世界"（Ait BrV · 32；Sat BrāXI · 5 · 8；ChānI · 5 · 1，II · 22 · 2—3；TaitI · 8），但实际上在这里还不存在把Om声作为专门对象，当作存有之本质、真理来观想的实践。但是在后来，观想Om就是大梵、世界，乃逐渐成为中、晚期奥义书敬思的主要内容。此如KāṭhII · 15—17："15 吠陀所开演，苦行所宣示，为得彼真言，众人为梵志。我今开汝，彼即Om声。16 如实彼声即大梵，如实彼即至上者。如实若人知彼声，乃得一切所欲者。17 彼即至善依，彼即至是依。人若知彼依，乃得梵界乐。"这里即开示应敬思Om即是大梵、至上神。PraśV乃在此基础上，将Om分成三个音素：A、U、M，提出应一一敬思其秘意；其云人若只敬思其中之一，即可直接投生人间善处；若同时敬思其中二者，则先入月宫受用福报，再返回人间；唯敬思三者全部，则通过天神道入于梵，永不返回。MuṇḍII · 2 · 4亦开示通过敬思Om为梵以获得最终觉悟，其云人应以大梵为靶，以Om为弓，以心为矢，以不放逸射穿大梵之的。MāṇḍIX—XII则首先在PraśV基础上，进一步将A、U、M的敬思具体化。它要求应分别敬思A音、U音、M音为自我的醒位、梦位、熟眠位，而此三位乃为世间存在的全体。其次它还提出有超越此三音的无音（amatra），且谓人应敬思此无音与至上位等同。人通过前三种敬思，唯致世间福报；唯通过第四种，即敬思无音，乃可进入无诠表、止息、安乐、无二的大梵之中。除了敬思四音与自我四位的等同，修道者还应依A—U—M的顺序，观想醒位入于梦位，梦位入于熟眠位；最后依此三音皆入于无音，观想此三位皆入于第四位即至上梵。可以看出，在奥义书中、晚期思想中，Om敬思已经完全脱离祭祀观想的巫术特性，而是成为禅定、瑜伽的修行手段。在这里，修行者只是自觉将Om当作至上本体的一个偶像、符号，故最后必须舍弃它才能亲证本体。这一点，从《蛙氏》以A、U、M三音归于无音，得到清楚表现。其六，对vyāhṛtis的敬思。vyāhṛti者，乃为"Bhūr！ Bhuvas！ Suvar！"三音，原皆无义，为唱、诵吠陀时插入的感叹声。早期奥义书乃提出应敬思vyāhṛti与宇宙之结构同一。如BṛihV · 5 · 3—4谓应敬思vyāhṛti即宇宙巨人，其头即Bhūr，其臂即Bhuvar，其足即Svar；且应以同样方式敬思vyāhṛti亦是人的自我。Tait I · 5则在vyāhṛti三音中再加上"Mahas"，遂为四音。其云应分别敬思此四音为：一是地、空、天、日四界；二是火、风、阿底提耶（日）、月四神；三是黎俱、娑摩、夜珠、圣智四明；四是上气、下气、通气、食四身。此即四分vyāhṛti。其中前三音即世界、世间智、元气；Mahas则为大梵、自我，为彼岸（以日、月为象征）、梵智、食物，是前三者之本体。其云敬思Bhūr

者，其死后乃入于火，敬思 Bhuvas 者入于风，敬思 Suvar 者入于日。敬思 Mahas 者乃入于梵，乃超越此世间诸有，遂得大自在，成为意、语言、眼、耳、识等之主宰。与 vyāhṛtis 敬思类似的，尚有 ChānI · 13 等开示的 stobhākṣara 敬思。stobhākṣara 为唱《娑摩吠陀》时，于颂文空阙处所补之声，以谐于音乐。彼总有十三声，即 hā-u、hā-i、atha、iha、ī、e、ū、au-ho-i、hiṅ、svara、yā、vāc、hum。所谓 stobhākṣara 敬思即观想此十三声音与世界存在之同构。其中 hā-u 声是地，hā-i 声是风，atha 声是月，iha 声是自己，ī 声是火，ū 声是日，e 声是吁请仪，au-ho-i 声是众神，hiṅ 声是生主，svara 声是元气，yā 声是食，vāc 声是毗罗吒，hum 声是不定者，故 stobhākṣara 乃统摄此全部世界为一体。此种观想，同 vyāhṛtis 一样，皆极平庸迂怪，没有任何精神的价值。其七，对连声 (saṃhita) 的敬思。连声为梵语中邻近两词中前一词的尾音与后一词的首音结合起来发音。在婆罗门思想中，吠陀既被认为是世界的原型，故连声作为吠陀词语之连接，亦每被认为是宇宙间一切事物关联的原型。因而便有了对连声的敬思。此即观想连声为事物之结合。TaitI · 3 · 1—4 就开示了这一观想。此观想分为五门，分别为相应于宇宙、天神、智慧、子嗣、自我者，且将连声区分为和合 (saṃdhi，二音同时发出) 与联结 (saṃdhānam，二音连续发出)。其云：1 地是前相，天是后相，空为其和合，风为其联结。此为相应于宇宙之观想。复次相应于天神之观想。火是前相，日是后相，2 水为其和合，闪电为其联结。此为相应于天神之观想。复次相应于智慧之观想。导师是前相，学生是后相，智慧为其和合，教导为其联结。3 此为相应于智慧之观想。复次相应于子嗣之观想。母亲是前相，父亲是后相，子嗣为其和合，生育为其联结。4 此为相应于子嗣之观想。复次相应于自我之观想。下颏是前相，上颏是后相，语言为其和合，舌为其联结。此为相应于自我之观想。此为大结合。人若知如此开示之结合，则与子嗣、牲畜、圣智卓越、食物、天界结合对早期奥义书的祭祀学我们就讨论到这里。事实上，无论是在吠陀还是早期奥义书中，祈祷、祭祀都没有如其在更高级的有神宗教（犹太教、基督教）中那样，成为领会、分享神圣存在的内在修炼，而是完全针对外在对象的，且包含有强烈的世俗色彩，正是这一点导致梵书和早期奥义书祭祀学的魔法化。奥义书祭祀学的思想基础是祭祀与人、宇宙同质同构的观念。这种观念的根据只是一些肤浅、粗鄙的意相类比或文字游戏。奥义书的祭祀学之所以仍是一种宗教，就在于它尽管只服务于世俗的目的，但维持了对于超越个人存在的宇宙真理的领会。奥义书祭祀宗教属于原始巫术范畴。它反映了人类精神的这样一个阶段，在这里，一方面人尚未建立清晰的主客、物我区分，故以为个人的行动、观念可以影响宇宙进程；另一方面人原先具有的对神的天真的崇拜和爱已经丧失，祭祀完全成为邀福禳灾的手段。这种祭祀宗教已经没有任何精神性，散发着陈腐、平庸、怪诞、粗俗的气息，基本上应视为奥义书思想中的垃圾。但是反过来说，奥义书的垃圾也未必比其他文化更多。比如中土的厚黑学、官场经、象数学、风水等，无一不属于民族精神的垃圾，但至今仍被崇拜，且被中华民族以其最大智慧不断丰富着。

我们之所以如此详细地阐明奥义书祭祀学，不是因为它本身有什么精神价值，而是因为：第一，它毕竟代表了人类精神发展的一个阶段，因而是一种精神史阐释不能略过的；第二，本书此前的内容对它的阐述非常缺乏，这是由于：首先本书第一部分以介绍奥义书思想家为线索，而祭祀学属于奥义书最原始思想层面，故其大部分内容无法落实到确定的作者，因而没有被涉及；其次由于祭祀学在观念上极贫乏，故本书在第二部分对奥义书观念的讨论中也很少涉及。

后来随着奥义书精神的成熟、发展，祭祀宗教被扬弃。一方面，祭祀在宗教生活中丧失其原先的重要地位，它不再是宗教实践的核心，而是被当成更高的修道的条件。比如 MaitIV · 3 表明祭祀是为正智服务的，其目的是为证悟空寂的自我理体作准备，VI · 38 亦云“彼行火祭者乃破贪爱网。”这都是把祭祀作为瑜伽修行的前提。另一方面，祭祀被内在化，成为自我牺牲、自身净化的手段。KauṣII 所谓内在火祭，将人的呼吸、语言等活动都当作献于至上神的祭品；ChānIII · 16—17 以人的全部生命为献祭；MaitVI · 26 谓如渔夫以网捕鱼而献于腹中之火，人以 Om 收诸元气而献之于大梵之火。这都是强调为了一个更理想的存在，奉献人的直接自我，由此使自己得到净化。尤其随着真正的精神反思和超越的确立，在有些中、晚期奥义书中，祭祀学的意义被彻底否定。

## 二、伦理的宗教

祭祀宗教完全是自然、外在的宗教。在这里，超世俗的真理仍然表现为一种自然、外在的东西。超世俗性表现为以自然方式对人类直接的自我和世界的否定。祭祀就是为了赢得更理想的自身存在，牺牲人的当前、直接的存在，但是这种牺牲和理想，都表现为一种完全自然、外在的东西。精神还没有对自身纯粹内在存在的规定，没有真正的超越与反思。然而自由作为绝对，必然推动精神的内在化，使宗教成为对精神内在存在的守护。因而在奥义书思想的发展中，祭祀逐渐的内在化，成为为了维持存在、自我的本质，而自觉地对人的自身主体性进行的规定，即伦理。伦理的宗教也属于一般的伦理，它有别于世俗伦理的特点在于，它对人的自身主体性的规定，是为了维持一种普遍的人格。伦理的宗教尽管将祭祀内在化，但它将这内在性仍理解为自然的，为一种自然的主体性、生命。

在奥义书中，这种伦理的宗教最早就是将祭祀从外在仪式转化为一种内在的修行。此如ChānIII·16—17谓应以人的全部生活为一场须摩祭。其初二十四年为须摩祭之晨奠。其次四十四年为午奠。最后四十八年为暮奠。分别为祭于婆苏众、禄陀罗众和阿底提耶众。人若在此三期中某期生病，应各祈求相应之神，使此相应的祭奠不断（即生命继续）。人若饥渴痛苦，此为先导仪（dīkṣā）。人若饮食且悦乐，此为Upasada节（预备节，为压榨须摩的Sutyā节前的节日，为Sutyā节作各种准备工作）。人若欢笑、饮食且享交合之乐，此为祭祀之唱、诵。苦行、布施、正直、不害、真诚，此为与祭司之酬。生育为再生仪（即成人礼）。死亡为祭后沐浴。死前应念："汝为不坏者，汝为坚固者，汝为生命实质。"如此则可以超越黑暗，升入至上光明，与日神为伍。这就把祭祀转化为对人的生命、主体性的修养，使之成为伦理的。在这里，人的生命本身被当成为了一种更崇高、更普遍的目的而作的牺牲，因而具有了一种宗教的意义。苦行、布施、正直、不害、真诚等美德，也成为宗教修行的内容，人自身也在这种修行中得到净化。

ChānVIII·4—5则以梵行（brahmacarya）代替祭祀，以之为修道之总纲。所谓梵行，其实是古代梵志必须遵守的一系列伦理规定的总和，除了服侍导师、学习圣典，还包括以上所说的苦行、不害、诚实、正直等一般的美德。在这里，所有伦理的实践的最终目的都是超越的、宗教性的，即得以进入梵界、彼岸。其云："然则唯彼等依梵行见梵界者，唯彼等乃得梵界。彼等乃于一切界得无量自由。人所谓祭祀，实际是梵行，知者唯由梵行得彼故。复次，人所谓献祭，实际是梵行，人唯以梵行希求方得见自我故。复次，人所谓长祭（大须摩祭），实际是梵行，人唯由梵行发现真我之护持故。复次，人所谓寂默，实际是梵行，人唯当由梵行见自我方得思维故。复次，人所谓斋戒，实际是梵行，人由梵行得见之自我不坏灭故。复次，人所谓林栖，实际是梵行。……然唯彼等以梵行于梵界见Ara和Ṇya二海者①，唯彼等得梵界。彼等乃于一切界得无量自由。"在这里，梵行成为最基本的宗教实践，祭祀被归属到梵行之中。其书其实是以祭祀、寂默、斋戒代指全部生命修行。人唯当为获得理想的自我，而毕生致力于对其生命、主体性进行塑造、扬弃，死后才能进入梵界，获得无量自由。

在奥义书中，这种伦理的宗教以对生命元气的反省为前提，这一点在BṛihVI·8—16的五火说和KauṣII的内在火祭（Agnihotra）中，表现得更清楚。在奥义书中，人的生命与主体性，都是通过元气这一观念得到表述。五火说和内在火祭，都是把元气作为宗教实践的对象和目的。

① Ara和Ṇya二海，在奥义书的神话中，指位于梵界第三天的两个大海。

BṛihVI·8—16 的五火说，以为生命是流动的元气。元气在其流转中要经历五个阶段，且在每一阶段会寄寓在不同的存在体中。后者被形容为生命的祭火。因此元气于其流转中，应经历五种祭火：天界、空界、地界、男人、女人。盖祭火乃是牺牲、净化之所，将祭品带到天界。毗荼（火葬）之火也被认为是祭火，因为据信它亦将死者带至天神、父祖界。因此祭火亦被视为生命由以获得升华的熔炼之处。五火说就是这样理解的。其以为，生命作为祭品被投入不同祭火，然后在其中发育、酝酿，最后以更美好的形态再生。天界、空界、地界、男人、女人，皆是元气流转中必经的熔炼之处，故称之为祭火。祭火在这里完全只有譬喻意义。五火说讲的就是生命的相互转化、相互贯通。人在这里参与到宇宙的整体演进之中。生命的全部过程被当作是诸神通过人完成的一种献祭，因而获得一种神圣性。五火说表明了一种生命累世净化的图景，但似乎认为信仰是决定生命趣向的唯一因素，对于伦理实践的内容和影响说得不够。

元气作为人的生命与主体性，在早期奥义书思想中还完全被当作一种自然的存在，它就是人的呼吸。于是伦理的宗教就表现为通过对呼吸的调节，使生命得到净化。这就是调息法。尽管调息（prāṇāyāma）一词迟至 MaitVI·18 才出现，但调息的实践在早期奥义书中就已经开始发展。KauṣII 的内在火祭，其实就是最原始的调息法。内在火祭或曰自制（sāṃyamana），乃是以控制人的呼吸代替火祭。盖火祭为婆罗门应每日持续、不可废止之祭祀，而呼吸亦为不可一时停止者，故可以将呼吸作为一种火祭。其法为：其一，当人说话时，就不能呼吸，此时应观想献祭呼吸于语言中；其二，当人呼吸时，就不能说话，此时他应观想献祭语言于呼吸中。此法抛弃祭祀的外在仪式，把宗教转化为针对人的内在生命自身的修行。事实上，人不仅要把每一次呼吸，而且应当把全部生命活动都作为献给元气的祭品而献出，这样就使日常生活得到了升华。在这里，元气或至上神，作为超越个人的生命的绝对人格，就是自我的真理、理想。

在印度宗教实践中，调息法后来完全脱离与祭祀的比附，成为一种独立的修道方法。如 BṛihI·5·23 说："是故人应行一法，彼应行出息与入息，且念'愿罪恶、死亡不得我。'彼既行此法，应持之以终。彼如是乃得与彼神为一，且安住彼界。"这就是要求在吸进和呼出气息时，默念"愿罪恶、死亡不得我"，如此持之以恒，才能最终与元气合而为一。BṛihIII·9·26 说色身安立于上气，上气安立于下气，下气安立于通气，通气安立于出气，出气安立于腹气，腹气安立于超越的至上我，表明了一种伴随呼吸的观想。ChānI·3·3 说人应敬通气为 Udgītha，而以通气为上气与下气之结合。这也是一种调息法，就是努力使人粗显的出、入息，即下气与上气，逐渐变得微细、均匀，从而消失到最微细的通气之中；同时在调息中应专心念 Udgītha，最终使 Udgītha 与气息完全合一。与此性质相似，ChānI · 5 · 3 要求观想口中呼吸为念 Om 声，这是将呼吸与专念 Om 结合。Tait III · 10 亦说人欲得大梵，应制伏、持守出、入息。ŚvetII · 9："既制诸动作，及调息于此（指体内），人当由鼻孔，运微弱气息。意念如烈马，所系之车乘，有智慧者应，制之不放逸。"此即以调息为意念安定的手段。MaitVI · 25："何人若联结，呼吸与 Om，及多样世界，或彼等已结，乃称为瑜伽。息与意合一，以及与诸根，离弃一切有，乃得名瑜伽。"此处开示通过心念 Om 以调整呼吸，最后达到呼吸与 Om 合一、息与意合一，从而离弃一切有，才是瑜伽之道。在中、晚期奥义书中，调息逐渐成为瑜伽的一支（ŚvetII · 8—16；MaitVI · 18）。

奥义书的调息法，乃是后来瑜伽派和佛教的调息法（安那婆那念）的前身。然而由于奥义书的实践是重观想的，对于操作层面的东西说得不多。因此调息的具体实施方法，相关的材料较少，其内容也远较佛教乃至瑜伽派贫乏。

自然是精神的历史起点。最初的精神省思只能是自然的，它将自然当成绝对真理，所以最早的宗教、道德也只能是一种自然的宗教、道德。自然的宗教把超越真理自然化，把超越性理解成某种更高的自然（比如自然神）对人的直接自我和存在的有限性的否定。这种更高的自然在这里就成为宗教的理想。自然的宗教就在于为这理想而奉献出人自身直接、现实的存在。

在自由推动下，自然精神也经历了从执着于最外在表象的神话精神到确立内在的生命和主体性的绝对意义的伦理精神的内化过程。这一过程在奥义书的自然宗教中得到体现。奥义书最早的宗教是继承吠陀、梵书而来的、神话式的祭祀宗教。它一方面继承了神话思维的物我、主客不分的特点，相信通过个人的行为可影响宇宙发展；另一方面丧失了吠陀思想对于神真诚的爱和崇拜，使祭祀完全成了禳灾、邀福、除罪的手段。奥义书祭祀宗教的内容完全是外在的，其目的完全是世俗的。它企图通过外在的仪式获取功利，既无对精神内在价值的追求，亦未成为对自身生命的规定。然而自由推动奥义书的自然精神的从存在的最外在表象层面转移到本质、内在的层面，确立主体性、生命为存在的真理。这也导致自然宗教的内在化。奥义书的宗教因而否定了外在仪式，转向对人内在的生命、主体性自身的规定。这就是伦理的宗教。但是在这里，人的内在性仍然是从自然理解的，生命、主体性也只是一种自然的生命、主体性。

从祭祀的宗教到伦理的宗教的发展，属于精神的普遍必然性。在犹太教中，在寺庙中宰杀、贡献牛羊的原始祭祀宗教逐渐退出，被代之以人通过内在生命的修炼得到自身净化的实践。这与奥义书宗教从祭祀宗教到伦理宗教的转型是一致的。在这里，旨在净化人生命的仁爱、祈祷、遵守律法、斋戒、除罪、敬思圣名等，代替外在的献祭，成为崇拜的主要内容。华夏上古宗教，也经历了类似的转型。殷商的宗教是一种典型的祭祀宗教。其主要的实践，就是通过祭祀天帝、祖先，以确保自己的世俗利益。这种宗教没有任何内在性可言。但华夏宗教在周初经历了一次重大变革。这表现在"以德配天"观念的提出。于是宗教生活最关心的，不再是消极地等待天命，或通过外在的祭祀仪式邀福，而是完善主体的德行，以求获得"天"的保佑。这种宗教就是一种伦理的宗教。在这里，祭祀尽管在形式上一直被保留，但仅仅是维持社会伦理秩序的一种手段，是为伦理服务的（典型的"神道设教"）。

自然的宗教体现了自然精神一般的局限性。这就在于它把自然当成绝对真理，因而当成宗教的理想。它对超越真理的理解完全是自然的。比如将神对人的超越，理解为更美丽、更健康、更有威力、自由飞翔、长生不死。其更成熟的思想，将这超越性理解为神的知识、能力和存在在量上的无限性（全知、全在、全能）。这种超越性完全是经验的、自然的，而不是纯粹、真实的，没有抓住神的超世俗性的真理。另外，自然的宗教也是外在的。即使伦理的宗教领会的生命、主体性也是一种自然的东西，而不是精神真实的内在存在，即心灵、思想。总之自然的宗教缺乏真正的精神超越和反思，没能把握住它所守护的超越真理的实质。它完全把这真理错当成一种自然的偶像。精神在这里还没有实现真正的自由。然而本体自由作为绝对，必然推动精神省思的本质深化和提升，促使真正的精神反思和超越得以形成，从而使奥义书思想克服自然宗教的外在性和经验性的局限，进入一种真正自由的宗教。

## 第二节 自由的宗教

自然精神没有真实的自由。这在于它完全将自己束缚在觉性的生存论外壳即自然的樊笼之内，没有领会觉性及精神自身真实的本质、内在存在，因而也没有对于自身本质和内在性的自主设定，只有这样的自主设定才是现实精神真实的自由。然而本体自由通过呼唤和倾注，促使现实精神内在的自舍与自反势用朝存在的本质、内在层面展开，从而推动精神省思领会真理的超越性和内在性。精神因而得以最终克服自然思维的局限，形成真正的超越和反思，实现真实的自由。于是宗教也得以扬弃自然宗教，而成为自由的宗教。

正是精神的自舍与自反势用的辩证交替，推动省思的无限肯定、否定运动，使真理在超越性和内在性之间来回摆动。精神这种辩证循环运动，也决定宗教思想的发展。宗教与伦理都是精神省思（对于存在、自我的领会）的客观化。在这里，宗教的特点在于它的超世俗的理想性。在这里，真理被理解为超世俗的存在，而它就是生命的目的，生命要达到的理想。一切宗教思想的基础都是理想与现实的分裂。而理想之为理想正在于对现实性的否定。这否定包括质上和量上的。前者意味着这理想即真理是迥然不同于现实的“它者”，后者意味着这真理同时是绝对的。易言之，超越性（超世俗性）和绝对性，是宗教真理的两个方面。精神自舍与自反势用的辩证法，推动省思的无限提升和深化，从而使真理在超越性和内在性之间来回摆动。这最终也决定宗教思想的辩证展开。盖内在性（本质）就是质的绝对性，它与量的绝对性（全体），都是自我的属性（因此对绝对的领会，总是由自反势用推动的）。精神的自舍与自反势用的辩证展开，最终决定宗教的真理在超越性（超世俗性）和绝对性之间来回运动。由于在实在精神阶段，存在的超世俗性和绝对性之间是根本无法达到最终统一的，因此宗教真理的这种辩证运动，总是不断导致真理的理想性的消解和重建。

这使得宗教思想也体现出精神自身运动的辩证循环特征。无论是在精神的自然阶段还是在实在自由阶段，当省思在精神内在的自舍势用推动下，进入一个新的层次，领会到绝对真理、神的超越性，从而确立宗教真理、神与人和世界的距离（以体现真理的理想性），也会同时导致宗教真理与人和世界的分裂，使其丧失了绝对性，成为有限的，因而丧失了其理想性（而不复为真神）。然而精神内在的自反势用，必然推动省思不断打破这种观念的隔越，领会存在真理是绝对（全体与本质），因而使宗教思想有可能借此挽回真理的理想性。但是事实上，这一点往往导致宗教真理与人、世界的距离完全消解，因而反过来又导致这真理的理想性（神性）的消解。然而自舍势用作为无限，必然再次推动省思从这绝对性走出，在新的精神起点上，重新领会真理的超越性，因而使宗教得以重新恢复其真理、神与人、世界的距离，即这真理的理想性。然而恰恰又是这种恢复，再度造成宗教真理人、世界的分裂，使之丧失绝对性、理想性。于是省思必须再次确立宗教真理的绝对性，以挽回其理想性，而这同样又导致真理的超越性的沦丧。这决定宗教真理总是在超越性与绝对性之间不断作矛盾运动。在这里，对神性的挽回总是埋伏着对神性的消解，且唯有对神性的消解才使得对更真实的神性的挽回成为可能。这导致宗教自身的不断消解和重建。宗教正是在这种辩证运动中不断自我深化和提升。

奥义书宗教思想的发展，就体现了这种辩证逻辑。其在自然宗教阶段，将神的超越性理解为自然的，即神在自然层面对人的直接、有限存在的否定。这包含了对神的超越性的误读，后者必然随着宗教思想的进一步深化而暴露出来。神被当成完全外在、形器、感性的偶像，而不具有绝对性。当自由推动自然精神否定感性个别性，领会存在真理为绝对本质，宗教便试图由此发明神的绝对性。一些早期奥义书思想就是把神当成宇宙论上的绝对本质，但正是因此而使神与世界的距离消失。于是神丧失其超越性，而不复为真神。因此在持宇宙本质论立场的奥义书思想（典型的如优陀罗羯的思想）中，宗教其实被消解，而让位于自然哲学。因此我们在上一节就把此类思想全都略过了。

应当承认，就奥义书思想而言，在这种自然哲学占据主导地位的很长时期内，超越的理想已经非常模糊，真正的宗教意识已几近夷灭。奥义书宗教的复活，有待于精神重新领会超越性的实质，从而恢复神与人、世界的距离。这一点，由于自由推动奥义书的精神彻底否定自然的偶像，领会真理的超自然意义，而成为可能。精神在此从自然阶段过渡到自由阶段，也使宗教得以从自然的宗教转型为自由的宗教。

自由的宗教首先是超越的宗教，它就是超越思维的客观化。精神真实的自由包括反思和超越等。但是一种没有超越维度的反思，即经验反思，也同自然哲学一样，取消了神与现实的距离，因而也不可能成为宗教。在奥义书中，像阿阇世等的识论，就是把经验意识，实际上是人的内在自然，当作绝对真理。这个意识尽管是内在的绝对，但不具有超越性，不能成为精神的理想，也不可能引发真正的崇拜之情。因此这种经验反思，其道德、思辨的意义远远大于其直接的宗教意义。因此我们在考察奥义书宗教思想时，也将其略过。然而一种真正的超越思维，必然可以将精神从自然哲学的泥淖中拖出来，并通过在真理和自然之间挖出一条鸿沟，从而使宗教能以一种更清晰、更真实的方式，恢复真理与世界的距离。所以说，正因为自由推动省思升华为超越思维，才使奥义书思想得以恢复了神、至上我的理想性，使神得以重新成为崇拜的对象，也使真正的宗教成为可能。事实上，在奥义书中巴克提思想的出现，作为婆罗门教信仰主义的复归，就是以奥义书真正的精神超越的形成前提的。《伊莎》、《羯陀》、《由谁》就表现了奥义书宗教的这种新进展。在这里，绝对的真理，即至上我、神，被领会成一种超越经验的时间、空间和因果性的存在，因而是一种超自然的实体。神的超越性就是实体对现象、超验对经验的否定。只有这样的超越才是真实的超越。只有在这里宗教真理的超世俗性才得到纯粹的领会。于是这宗教就是超越的宗教。在这里，宗教脱离任何世俗、功利的生存，与神性真理联结，才首次成为明确的生命理想。只有超越的宗教才是真实的宗教。

然而奥义书这种超越的宗教，也同样未能解决神的超越性与绝对性的矛盾。它在挽救神的超越性的同时，使神成为一个自我封闭的形而上学实体。它最终把神与世界的距离理解为心与物两种实体的分裂。因而它在否定奥义书早期的存在本质的宇宙论意义时，也将真理的绝对性一并否定了。神成为一个相对的东西，因而在精神对绝对性更明确的追求之下，最终会丧失其理想性。因此，奥义书宗教为拯救这理想性，必然要在超验层面，重新将实体领会成绝对，试图以此实现超越性与绝对性的统一。随着精神反思的进一步深化，奥义书宗教最终领会到神不仅是超越的实体，而且是主体与客体、心与物的共同本质和基础，是存在的绝对同一性。这就是同一的宗教。耶若婆佉和步厉古等的思辨思维，就曾经作出过这样的尝试。在这里，神、至上我被理解为一种先验实在（纯粹思维、理性），既是超越的，又是全部存在的绝对本质。这种同一的宗教就是思辨的宗教。然而思辨宗教的这种同一，与自然宗教中的主、客同一一样，再次抹杀了神与世界的距离，使神丧失了超世俗性。盖先验实在仍然是一种现实性。在这里，思辨宗教较之超越的宗教，更明确地将神性本质置于现实之中，也使自由宗教对神的超越性的本真意义（超现实性）的遮蔽更明显地暴露出来。奥义书宗教为了挽救神的理想性，必须在一个更高的精神层面，否定这种先验的绝对，重新确立神的超越性。《蒙查羯》、《蛙氏》的宗教就表现了这种企图。它试图通过否定先验理性，来重新领会神对现实的超越。然而由于它没能在神与世界之间进行存在论的区分，没有将现实世界彻底空洞化，因而对现实性的否定仍不彻底。神仍然作为一个现实的原理，即非理性的澄明呈现出来。于是，现实与本无的区分蜕变为理性与澄明的分离。一方面，澄明作为非理性的神秘原理，是感觉、思维皆无法达到的领域，只能在直觉中呈现；另一方面，它又是唯一的存在真理，是绝对的同一性。《蒙查羯》、《蛙氏》的宗教，试图由此调和神的超越性和绝对性的矛盾。同一宗教的这一阶段，就是直觉的宗教。然而澄明既然仍属现实，它的超越也就还不是神性本真的超越或超世俗性（神性本真的超越是对现实的绝对否定，是觉性的超绝性），而且澄明与理性本来是精神现实性的一体二面，一种与理性分离的澄明只是思维的抽象，因此澄明对理性的超越是无法实现的。因此，为了解决神的超越性和绝对性的矛盾，奥义书的宗教必须在自由推动下，克服实在思维的局限，领会神的超越性的本真意义。

总之，在奥义书思想中，自由的宗教包括两个阶段：一是超越的宗教（《伊莎》、《由谁》、《羯陀》等）；二是同一的宗教（耶若婆佉、步厉古、首那伽等）。兹论之如下：

## 一、超越的宗教

早期奥义书的自然宗教，由于其自身的内在和本质追问，最后导致神与世界的距离丧失，导致宗教自身的消解。在兹后很长时间内，在奥义书思想中已经难以找到真正的宗教意识，而只是一种理智的思辨。哲理的思辨几乎完全将原先的祭祀宗教排挤出去，但它自身又缺乏宗教性。比如在优陀罗羯这样的思想家这里，就只能看到一种与米利都学派类似的宇宙论，神、彼岸世界完全被漠视。即使阿阇世等人的经验反思，也仍然主要是思辨而非宗教的。在这样一段时间，真正的宗教精神似乎已经离去。

奥义书中、晚期思想，由于真正的精神超越的形成，使得奥义书的宗教得以克服对神与自然的汗漫混同，神的超世俗性被理解为对自然、经验的否定。神成为与现象界对立的超验实体界，因而恢复了与世界的距离，也重新获得了理想性。这一点使得在奥义书中，吠陀原先对神的真正崇拜得以恢复。在此期的《伊莎》、《由谁》、《羯陀》等奥义书，都可以看出一种信仰主义的复归。这种建立在对神的真实的超越性的领会基础上的宗教，就是超越的宗教。

神只有作为超越现象界，超越自然、经验的实体，才可能是真神。在奥义书思想中，《羯陀》、《由谁》、《伊莎》不仅最早清晰地阐明存在、自我的内在超越之义，而且开始明确将这超越者等同于神，当作崇拜对象。其中，《羯陀》阐明了奥义书中最完善的超验形而上学系统。其以为原人、至上我，超越时间与空间、超越经验的因果性、超越诸境（全部客观对象）、诸根、末那、我慢、觉谛、自性（KāṭhIII），因而是一个超验的实体，而且是精神的实体。它由此彻底否定了以往的自然思维。正是对实体的超自然、超现象性的阐明，使得奥义书宗教有可能立足于实体与自然的分裂，而重新理解神与世界的距离，从而恢复神的理想性，使神再次成为神。《羯陀》有时就将这自我实体当作至上神。如KāṭhV·12："万有内自我，唯一主宰者，依其一味性，而作杂多相。"VI·2—3："彼最可怖畏，如闪电升起，人以知彼故，乃成为不死。由畏惧彼故，阿耆尼（火神）焚烧。由畏惧彼故，苏黎耶（日神）生热。闪电因陀罗，及第五死神，亦因畏惧彼，各匆忙奔走。"这些说法，表明原人是一个有意志的主宰者、一个人格神。同理，《由谁》也表明大梵是超越全部经验的精神实体，如KenaI·3—5："眼不到彼处，及语言、末那。吾人不知、解，若何开示之。彼既非所知，亦超非所知。如是我听闻，往圣所开示。非语言所诠，语言依彼诠，应知彼即梵，非世所尊者。彼非思所思，思依彼而思，应知彼即梵，非世所尊者。"同时KenaI·1表明这实体就是神，其云："由谁之所欲，末那乃飞翔？由谁之所使，元气乃初发。由谁之所欲，人乃发语言。复次眼及耳，何神所驱使？"在这里，超越的大梵被当成了一个有意志、人格的存在，即神。在奥义书中，最直接表明这种实体的神性观念者，当属《伊莎》。其云："1 唯彼伊莎神，藏此全世界，凡地上动者。若能舍离此（世界），汝遂得欣乐，不羡于人财。4 惟彼唯一者，不动、速于想。诸神（诸根）所不及，彼行于其（诸神）前。超过奔跑者，而彼实静立。风神之功德，皆安立彼中。5 彼动而非动。彼远而亦近。彼在一切中，亦外于一切。"大梵、至上我就是神。神超越世界、陵夷万有。它超越时空、因果，超越任何自然表象，也超越人的全部经验认识，超越智慧与无明、有生与无生，为无形、无肉、不灭、无染。领会神的真理、与神合一，成为解脱的根本途径。在《伊莎奥义书》中，我们看到了婆罗门教信仰主义的重生。神性在经历了沉溺于自然的泥淖之后，在此终于洗净渣滓，恢复其圣洁的容貌。在奥义书中，这种神性复归，不排除有受外来传统（比如波斯宗教）影响的可能[①]，但从根本上说，是在自由推动下，婆罗门精神自身的超越和反思思维发展的成果。精神一旦领会到一个超越的绝对主体，便自然会将后者与自然、与人的经验自我对立起来。这绝对主体不仅恢复了超世俗性，而且它作为主体就成为自我的理想，因而就成为神。神不仅重新成为崇拜的对象，而且是真正的精神崇拜的对象。神在这里成为精神的上帝。

不过《伊莎》等的实体神学，完全是形而上学的。它像欧洲中世纪的唯实论一样，把上帝对自然的超越性理解为其与自然的完全分裂。神与自然往往被说成两种相互外在的实体。如 KāṭhV · 9—11 说神如火、风、太阳，尽管进入世界之中，但如实却在世界之外，神、至上我对于万有亦是如此："如是于万有，内在之自我，依其每一相，作种种差别；而此至上我，如实在于外。" Īśā5 亦强调至上神"彼在一切中，亦外于一切。"这就使神成为一个封闭的实体，因而丧失其绝对性，这最终将使神失去理想性。因此实体神学的形而上学基础，必将最终导致神性真理的丧失。

在奥义书思想中，这种超越的宗教的特点也体现在实践方面。正是因为看到现实与宗教真理的鸿沟，尘世生活的价值被否定，出世解脱开始成为人生的理想。悲观厌世情绪开始笼罩印度精神，且随着时间的积累终于成为一层挥之不去的浓雾。盖精神的超越是真实的自由。超越的宗教使后者成为客观、必然的，因而是最早的自由宗教。但是奥义书强调的是超越的否定意义。超越就是精神脱离自然的束缚，获得自身的纯粹存在，或脱离轮回生死，进入永恒之境。这就是解脱。其中，BṛihIII · 1 · 3 最早提及解脱（mukti）一词。但解脱的观念，甚至可以上溯至《阿闼婆吠陀》。如 AVX · 8 · 44 开示灵魂的终极自由即是从时间之域脱离。其以为生与死皆是时间的领域，脱离生死，故得永恒；解脱者亦荡尽业力，如野马摇落鬃毛，如明月脱离云影，如莲叶倾洒雨珠。如果说此种解脱的思想在《阿闼婆吠陀》中还较模糊不定，且无达到解脱之途径，那么在《羯陀》、《伊莎》等的宗教中，解脱就成为一种必然、清晰的思想，而且转化为客观实践。这种实践的宗旨，乃与奥义书此前的宗教、伦理皆有本质区别。它不仅超越了自然的宗教、伦理的外在形式，而且丧失了世俗、功利的兴趣，故宗教的理想乃在于彻底断除与现实生活、自然的联结，而复归于超越的至上我、神性。人的一切罪染在于与自然联结而遗忘超越的精神，这种联结的原

① 吴学国：《奥义书与大乘佛教的发生》，《哲学研究》2010 年第 3 期。

因是无明；而拯救在于脱离自然而与超越的精神联结，其前提是获得梵智，认识到真我与自然无涉，而就是神。故梵智乃是解脱的根本条件。而所有修道，皆是为获得梵智准备资粮。其具体修道乃包括以下几种：

**1. 巴克提道（bhakti）**

后世印度教将全部宗教实践归结为三种：智道、业道、巴克提道。巴克提者，为虔信、崇拜、献身、挚爱等意。此种精神，乃主导着早期吠陀思想。然而在早期奥义书中，宇宙论的兴起，使得原先的自然神全失其尊荣。故对神的虔诚崇拜几乎消失。然而超越的宗教，重新领会神的超世俗性，使一种新的精神崇拜成为可能。所谓巴克提道（此词最早出现于 ŚvetVI・23），宗旨在于通过对神的爱和崇拜，最终达到与神的和合。巴克提后来成为毗湿奴教的修道论的主体，然而在《羯陀》中、晚期奥义书中就已开始萌芽，尽管并不系统。在奥义书中，KauṣIII・8 首次提出了一种恩宠观念，它要求敬思此至上我为神，称神为护世者、世界主、一切之主宰，以为当神欲使某人提升时乃引其为善，当其欲使其堕落时乃引其为恶，因而人是否得救最终来自神的决定。但 KauṣIII 缺乏明确的超越领会，它的这些说法大致应视为吠陀自然神崇拜的延续。然而中、晚期奥义书的宗教，由于领会到神的超越性，使得人依靠自身领会神的能力受到怀疑，故证真解脱，乃必须依靠神的恩赐。于是恩宠论神学乃逐渐进入宗教思想之主流。如 KāṭhII・23："此至上自我，非由自慧得，非由习吠陀，亦非由饱学，彼唯现自身，于彼所择者。"故谓证真解脱，最终来自神的恩宠。后来的《蒙查羯》、《白骡》诸书，亦皆说至上神不从训诫而得，不从理智而得，不从多闻而得，唯神所挑选者，神乃向他显示自身（MuṇḍIII・2・3；ŚvetVI・21）。而且中、晚期奥义书宗教，开始思考获得神恩的条件。唯有远离邪恶、内心清净、自持不怠者，才能得神恩赐，生般若之智，从而证悟神的实性（KāṭhII・24；MuṇḍIII・2・4）。其谓修道解脱，要之有四阶段：其一，对神的亲近（sāmīpya）；其二，与神的相似（sārūpya）；其三，与神同处一界（sālokya）；其四，与神的亲密结合（sāyujya）。奥义书的巴克提思想，经过印度中世纪巴克提道的信仰主义的发展，遂成为毗湿奴教之圭臬。

**2. 对"Om"的观想**

大梵作为超越的实体，无相无表，为人的经验认识无法直接把握。故中、晚期奥义书的超越宗教，往往通过以沉思"Om"声为中介，以最终达致对梵的领悟。在这里，"Om"观想完全脱离其在早期奥义书的祭祀学意蕴，而属于静虑、禅定范畴，略似于释子之念弥陀、观音。KāṭhII・15—17 谓应以 Om 为梵而念之。PraśV 谓应分别崇拜 Om 的三个音素：A、U、M。其说人应三者合敬，唯此方能通过 Om 的符号，最终证入大梵的本体，故 V・6 云："三音分离用，仅致生死道，若合用三音，于外、中、内行[①]，而不分离之，智者不动摇。”这要求人于一切行中，恒念 Om，且合观 A，U，M 三声，唯此方能证入大梵。Om 声只是至上神的符号，而非神性自身。神性本身无声无相。因此念 Om 只是为了使心专注于神的方便手段，最终 Om 声应被舍弃而归于无声，后者才是大梵的本体。这一点，通过更晚的《蛙氏奥义书》要求敬思大梵超越 A、U、M 三音而为无音（amatra），MaitVI・22—23 开示 Om 只是有声梵（śabdabrahman）、行者最终应离有声梵与无声梵（aśabdabrahman）等说法，表明得更清楚。

### 3. 瑜　伽

“瑜伽（yoga）”兼有制伏、联结之意，制伏诸根，并与神圣联结。奥义书的超越宗教既以真理与自然的截然分裂为基本世界图景，那么修道的旨归，就在于断除与自然的联结，而建立与超验真理的联结。瑜伽的本质乃由此得到规定，它就是通过修炼人内在的心性，使之逐渐净化自身，从而脱离自然的习染，最后融入至上我、神，获得解脱的方式。瑜伽后来成为印度各宗教共有的修行。乃至佛教、耆那教的禅定之学亦从此发展而来。后来的《薄伽梵歌》，以瑜伽赅摄全部修行，提出了三种瑜伽：业瑜伽，为在世俗实践中修道，谓以离欲心而尽世间职责，相当于前述祭祀与伦理宗教的内容；智瑜伽，即以数论学领会唯自性有为而自我无为、恒住；巴克提瑜伽，为由信爱神而得解脱，即上述巴克提道。

《羯陀奥义书》为最早阐明瑜伽行法者。其修行道，要在依自我瑜伽（adhyātma-yoga），断染除杂、摄心内指，由此证入超越之自我，从而得离缚解脱。如 KāṭhVI・10，11，15：“10 当五识止息，末那亦与俱，觉谛亦不动，是谓至上道。11 人谓之瑜伽——收摄、制诸根，以此离放逸[②]。15 惟当于此处，断一切心结，故有死者成不死，是为教。”《羯陀》的瑜伽，非常简朴古老，要在修止，且主摄心内缘，以证真我。其说瑜伽，缺乏后来古典瑜伽乃至《慈氏》瑜伽的系统性。其言之最充分者，在 KāṭhIII，其云：“5 人若无智识，末那不坚住，诸根未制伏，如驾之悍马。6 人若有智识，末那亦坚住，诸根已制伏，如驾之良马。7 人若无智识，意乱恒不净，则不得成就，而入于轮回。8 人若有智识，摄意恒清净，则其得成就，由此不再生。9 若有驭者智，善制意缰绳，其人达途终，毗湿奴胜处。12 虽藏于一切，彼我不显现。唯深识者见，以最深细智。13 智者应制其，语言以末那。应以彼智我，制伏其末那。复以其大我，制伏其智我。终以寂静我，制伏此大我。”其所谓瑜伽，大致包括以下环节：其一，以

① 所谓外、中、内行可能分别指以高声、低声或意念念咒的方式。

② 放逸（pramatta）为瑜伽九障之一（YSI・30）。

智识（即觉谛）抉择实相，产生明辨（viveka，即对我与非我之区别），并摄伏末那，使其安稳、坚住，制伏诸根，使不外缘。其二，末那由于坚住、安稳而转为清净，如静水自然澄清。瑜伽士应以智识驭末那，使其从驰逐外境，转向印忍内心，从而使其从躁动变为安宁，渐渐由染转净。唯其如此，瑜伽士方有望证入自我实相。其三，次第伏灭全部经验意识，最终使超越的精神实体呈现出来。应先以末那止息诸根（语言代指诸根）。当诸根全部归于止灭，乃以智我（觉谛）止息末那。然后用大我止息智我，用寂静我，即自性止息大我。这也就是将全部经验意识次第消融到无相的自性冥体之中，使其不复执受、遮蔽自我的理体。四、通过静虑使自我与自性最终分离。前面三个环节侧重于对妄心的伏灭，静虑则侧重于对真我提炼。此如 KāṭhVI · 17 云："原人大如指，恒居众生心，为其内自我，人应以勇韧，拔之于色身，适如抽芦心。人应知彼为，清净不死者。"

尽管更晚期的《蒙查羯》、《白骡》、《慈氏》等书，对于瑜伽的开示更为详细，更具系统，但应当承认《羯陀》瑜伽由于其二元论形而上学的背景，因而与古典瑜伽的精神更为接近。此如《羯陀》瑜伽只以自我与自性的彻底分离为理想，而《慈氏》瑜伽则要求将世界作为幻相断除，从而进入大梵的绝对一元性。《羯陀》瑜伽之异于古典瑜伽者，除其简单朴素之外，还在于明确将至上我等同于神，而以瑜伽为证悟神的方式。如 II · 12 云："以自我瑜伽，敬思彼为神，智者以此故，得离苦与乐。"

在人类宗教史上，精神的苦行一般以二元论为理论背景。① 希腊化的基督教苦行主义，就是以灵与肉的分裂为前提，肉体被视为罪恶，是对灵魂的污染，只有折磨肉体才能使灵魂得到净化、救赎。在印度宗教中，耆那教的严苛苦行，也是以灵魂（jīva）与物质世界的分裂为理论基础，其以为人因有贪欲等，使物质渗透到灵魂中，这就是业，它是造成污染、系缚的原因，人只有通过苦行残身，才能将灵魂内的业质清除干净，从而最终获得自由。佛教上座部的苦行实践，也是以生死与涅槃的对立图景为前提。在婆罗门传统中，瑜伽一开始就是以数论的二元论为理论基础。最早开示瑜伽实践的《羯陀奥义书》，就提出了奥义书中最严格的二元论哲学。古瑜伽也是以数论的二元论为理论基础。即使《白骡》、《慈氏》等晚期奥义书的主旨是吠檀多的绝对主义，然而其瑜伽之学亦旨在彻底脱离自性，恢复自我之真理，这也暗示了某种层面的二元论（参考本书第三部分第一编第一章第二节第一目）。

奥义书唯有到超越宗教阶段，才提出了解脱的理想。解脱境界是对世俗生活的否定、对超越实体的肯定。这就是消灭无明、贪、业的束缚，摆脱充满转变、差异、欲望、

① ERI.444.

痛苦的此岸，进入恒常、一味、无欲、妙乐的彼岸。此即精神脱离与自然的联结，进入与实体的联结。奥义书的超越宗教，描述解脱境界有以下特点：其一，离一切苦厄，得永恒喜乐（KāṭhII·22, V·12—13）；其二，为无差别、一味之境（KāṭhIV·14）；其三，是恒常、无念、不动、无为的境界（KāṭhII·18, III·15）。后来吠檀多派明确区分解脱为生解脱（jīva mukti）与灭解脱（videha mukti）。前者谓已证得大梵，灭尽痴、贪、业，但未寿尽，仍留色身；后者谓得梵智者于身灭后，即得究竟解脱。奥义书在这里似乎已有这种区分。比如KāṭhVI·16说已得解脱的智者，其末那已清净无欲，其死时命我便通过连接心脏与颅顶的"suṣumṇā"脉上行，从梵窍逸出，最终趣入梵界。得解脱的圣者，已超越善恶，不为业力所缚，成为真正的主宰者、神。在这里，德行的善的价值是相对的，只是手段而非目的。它只是解脱的条件，而且吠檀多相信人若得解脱，则德行自然完备。"人若得自我之智，则不嗔及其他诸德即可自在任运而得。"（NaiṣkarmyasiddhiIV·69）

总之，奥义书的超越宗教，首次领会了精神超越性的真理，并通过对自然的否定来守护这种真理，因而它是一种纯粹、真实的宗教。印度精神正是通过这一宗教，实现了自我内在的尊严。然而这种超越宗教仍然有严重的局限性，这就在于它的形而上学性。它为了挽救被自然的一元论模糊化的神与世界的距离，而引入了一种心、物二元论形而上学。这使神成为一个相对的实体。神失去了绝对性。然而绝对性也是神的理想性的必要方面。因此，随着精神自反势用推动奥义书的绝对反思形成，实体的神就丧失了真理性。奥义书宗教为了挽救神性的真理，就必须在这超越思维层面，重新确立神的绝对性，领会神不仅是超越的实体，而且是全部存在的同一根源、本体。于是奥义书宗教就进入同一宗教阶段。

## 二、同一的宗教

形而上学把自我理解为一个封闭的实体，从而丧失了自我真理。因为自我的真理是绝对。自我也是唯一的实体。形而上学思维也反映精神自由的局限。精神在这里给自己设立了一个障碍物，没有实现对自身绝对性的维持。然而本体自由必然通过呼唤和倾注，促使精神内在的自身维持势用展开为同一维持，最终推动奥义书的绝对反思在超越思维领域的形成。精神于是领会到那超越的实体，同时是主、客观的共同本体，是存在的绝对同一基础。正是这种同一思维的基础上，奥义书宗教乃得以将神性的两个方面，即超越性与绝对性统一起来，从而挽救了神性的真理。这就是同一的宗教。在奥义书中，这种同一思维包括思辨思维和直觉思维两个层次（参考本书第二部分第二编第一章第四节，第三章第二节），前者以耶若婆佉、步厉古学说为代表，以为那超越的同一性就是先验的理性；后者以《蒙查羯》、《蛙氏》为代表，以为这同一性是超理性的澄明。同一的宗教，作为同一思维的客观化，也包括两个层次，即思辨的宗教和直觉的宗教。兹略论之：

**1. 思辨的宗教**

在奥义书中，耶若婆佉和步厉古的宗教，就属于这种思辨的宗教。其中，耶若婆佉的宗教思想更为丰富。此种宗教，亦强调世俗与真实的区别，强调舍俗证真。如BṛihIV·4·11,12 说："黑暗（无明）所覆界，悉皆为悲苦。无智不觉者，死后归彼处。由'吾即彼'想，若人证此我，竟由何贪、爱，而执于色身？"证我则得自由、解脱，失我则陷悲苦、轮回。此类说法，看似皆与《羯陀》、《伊莎》等无别，区别在于其以为自我是唯一的实体，解脱不是自我与自然的分离，而是万有融入绝对自我之中。这绝对自我就是世界的先验本体。不过耶若婆佉的宗教思想，内容颇杂。其中许多内容可能与其思辨宗教的立场不一致。

对于死亡、轮回与业的思考在耶若婆佉思想中占有重要地位。但他对死亡的说法颇不一致，或以死亡为轮回之环节，或以为是灵魂最终归宿于至上我、至上界。BṛihIV·3·35—38 的说法，就属于后一种情况。其云人秉元气而生，死时乃脱离色身，复归于元气。人临死之时诸根皆集于自我周围，当自我离此色身而去，乃携诸根进入至上我。BṛihII·4·12 亦云人死时色身消解，灵魂乃重新融入大梵，类似盐溶于水，或瓶子破后里面的虚空融入大空。此类思想，以为死亡即归于大梵，故智慧、正业皆失去意义。这等于消解了宗教生活的意义，与耶若婆佉宗教思想的超越追求不侔。应当承认，在耶若婆佉的整体思想中，智、业决定人的轮回、解脱差别的说法是占主导的。如 BṛihIII·2·13 云："人由善业得善报，恶业得恶报。"人死时业力、诸元气伴随自我出离，且随自我轮回往生。智、业与习气等决定往生的趣向、内容。欲望决定作业，有如是欲遂作如是业，受如是果报，所以欲望是轮回的根源。这些思想都很平常，没有体现耶若婆佉宗教思想的特点。

不过在此基础上，耶若婆佉的宗教思想又有重要深化。他强调自我是超越的精神本体，而不受轮回、死亡的影响。人唯有证得自我，才能脱离轮回、罪染，得究竟解脱。BṛihIV·4·23："常住广大梵，不因业增减。人应亲证彼，知彼离业染。……彼不为罪染所胜，已胜一切罪染故。不为罪染所烧，已烧一切罪染故。彼乃成为大梵，无罪、无染、无疑。此即是梵界。"其以为，有欲与无欲，是轮回、解脱的关键。如BṛihIV·4·6,7 说，人若有欲望，即末那执着外境，则其自我必趣之，遂造业。此种人死后，必然继续轮回，以受其果报。人若解脱了一切欲望，则超越死亡、轮回，直接入于自我、大梵，"人若心中欲，皆扫荡无余，乃由有死境，而入不死界。即于此根身，现证入大梵”，“彼已成为大梵故，乃径入于大梵。”此种解脱理想，既包含超越性，也与《羯陀》等的超越宗教有很大区别。这就在于，它不是神与世界和人的自然性的分离，而是人和世界消除其个体性、融入大梵的绝对同一性中。

然而要获得解脱，必须通过艰苦的修道。IV·4·8—9以偈云：“亘古有窄道，漫漫其修远，我今已见之，我今已发之。彼有圣智者，彼知大梵者，由此达天界，最终得解脱。或说此道有，白蓝黄绿红[①]。婆罗门所开；其他证梵者，行善且光净，乃得入此道。”其云修行之道漫长而艰苦。人唯有得梵智，且行善而内心光净，才得入此道，最终到达梵界。因此，欲得解脱，必须智、业结合。IV·4·10云：“彼崇无明者，将入于黑暗；彼崇智慧者，入更深黑暗。”这表明单纯从智（智慧）或业（无明），都只能导向黑暗。正确的修道，必须将智（证梵）与业（行善、祭祀）结合起来。在耶若婆佉看来，业是净心、证梵的条件。人们通过祭祀牺牲，通过闻、思、修往圣之学，可以断除欲望的染着，使内心清净，为最终的觉悟做好准备。梵智才是得道、解脱的关键。人若知梵则解脱轮回，得大喜乐；若不知梵则永陷生灭、轮回的苦海。如IV·4·14所云：“信然于此身，吾人已知梵。否则无智我，将受大坏灭。知此得不死，否则唯受苦。”梵智之所以是解脱的原因，在于：其一，知自我实相乃破无明，遂离诸苦而得解脱（IV·4·11—15）；其二，知自我实相则除业染，遂离系缚而得自在（IV·4·22）。耶若婆佉还以为真我是一个人格神、至上主宰。III·8·9云：“信然，遵彼不灭者之命，人类称赞布施者，诸天歆乐祭祀者，父祖欲求酌奠。”IV·4·15：“亲证光耀我，为至上神祇，过、未有之主，则人无所畏。”敬思神、领会神性的真理，方为解脱之道。但恩宠与救赎之道，在此未被提及。

耶若婆佉以为自我是世间万有的真理、本质，世间一切皆属我，唯因分有我而对我有价值。他由此提出所谓“自爱论”（Ātman-kāma），以为自我才是人之最爱，一切（包括妻、子、婆罗门）皆因分有此我而可爱。其云：“人非因爱一切，故一切珍贵，而因爱此大我，故一切珍贵。信然，唯此自我是所应见者，应持者，应思者，应证者。信然，人若见、持、思、证此自我，则知全世界。”（BṛihII·4，IV·5）婆罗门、刹帝利、世界、诸神、诸大，乃至一切，皆是此自我，皆以自我为其本质、真理。因此人若证知自我，乃得此一切。为何要自爱？耶若婆佉给出了一个幸福论的解释（步厉古持义亦与此同）。其以为，自我的本质即是喜乐，是人生所有幸福的根源（IV·3·33；TaitII·8亦持此义）。能否通过自我觉证获得此我，决定人生的根本价值。故伦理

① 灵魂在解脱的不同阶段，会见到不同颜色（佛教亦有青遍、黄遍、赤遍、白遍、光明遍处观）。

与宗教的价值，皆依是否有利于自我觉证来衡量。人的全部德行、修道的目的在于获得至上幸福。自爱是一切价值之鹄的。甚至世俗欲望、人间亲情，也归根结蒂来自人对自我之爱。但只有依梵智证得自我超越、绝对的实相，才能得到喜乐之极致（BṛihIV・3・21）。

不过与《羯陀》等相比，耶若婆佉的宗教在实践方面显得很贫乏。唯IV・4・23提到寂静、安住、忍、定，但亦未展开其实践意义。离欲、清净亦作为得梵智的条件被提及。然而通过系统的心性修炼，以获得最终觉悟的实践，在耶若婆佉的宗教中尚付阙如。步厉古的思想与耶若婆佉一致，皆旨在开示对先验自我的领悟，同样将此我规定为喜乐，以之为存在的绝对真理、为思辨的同一性。其宗教思想，乃极端芜杂，有大量内容直接延续梵书的祭祀宗教（参考本章第一节）。唯其于TaitIII开示一种五身观想，乃属思辨宗教的实践。其云应通过苦行（tapas），依次证食、元气、意、识、喜乐为万有之真理、大梵。此所谓苦行，实即禅定。TaitIII在此开示了一种禅观的方法。这就是在定中先思择食，即宇宙论的质料，为万物始基。如实印忍之后，再进一步思择食乃以生命元气为根源，元气才是万有的本质。对元气如实印忍之后，再进一步思择元气乃以意（感觉）为本质为根源，意才是万有的本质。然后再进一步思择识，即经验的理智，是感觉的基础，是存在的真理。接着应思择喜乐，即先验意识，是经验意识的基础，因而是全部存在的最终本质。故喜乐即是大梵，"万物由喜乐而生，生已复赖喜乐而活，且死时复归于喜乐"（TaitIII・6）。人若证大梵即得至上喜乐。这与耶若婆佉的宗旨是一样的。唯其开示了一套从自我最外在、粗显的存在，逐渐深入、逐步提炼，以最终到达先验本体的次第，因而使思辨宗教的修道有阶可循。

思辨的宗教试图通过领会神为先验本体，以恢复被超越宗教遗失的神的绝对性。然而这种思辨的宗教亦有其不可克服的困难。首先，由于在实在思维领域神性的绝对性和超越性不可克服的矛盾，思辨的宗教对神的绝对性的恢复，同样导致其超越性真理的丧失。在耶若婆佉、步厉古之学中，至上我作为一个先验本体，再次内化到世界之中，神与世界的鸿沟被再一次填平，神的超世俗性失去着落。其次，至上我作为一个思辨哲学的本体，也不可能具有人格性。这些都使思辨宗教的神性观念丧失了真理性。这也表现在，尽管耶若婆佉、步厉古仍然把至上我称为神，但其思想中实在难以找到对神的真正崇拜、热爱之情。因此，要挽救神性的真理，恢复宗教的生命，精神必须在先验实在起点上，重新领会神的超世俗性，必须意识到神是对先验实在的否定。在奥义书思想中，精神的自身否定势用推动省思从思辨思维到直觉思维的转型。奥义书的宗教也得以从思辨的宗教转化为直觉的宗教。

### 2. 直觉的宗教

觉性的自身否定势用要求实现为对全部现实性的绝对否定、对觉性的超现实真理的确认。它必然通过呼吁与倾注，促使精神内在的自舍势用进一步展开，从而推动奥义书的省思否定先验实在，领会绝对真理为超越理性、思维的神秘本体，使奥义书思想从思辨思维过渡到直觉思维。在《蒙查羯》（首那伽）、《蛙氏》之学中，直觉思维得以确立。在这里，精神试图通过否定先验实在，达到对一切现实性的超越，从而挽救神的超世俗性。首先，奥义书的省思在这里克服了耶若婆佉等的思辨的抽象性，明确将先验实在规定为理性（般若）。其次，省思阐明绝对真理不是理性，而是超理性的澄明，后者只在神秘直觉中呈现。这种直觉思维认识到，理性不仅是先验的，而且是经验的，它是全部现实性的根源、本质。澄明超越理性，因而超越全部现实。正是这一思想，使一种直觉的宗教得以可能。直觉的宗教正是在领会澄明的超理性意义的基础上，试图恢复神与世界的距离，从而挽救神的理想性。《蒙查羯》、《蛙氏》的神就是这样一个神。此如MāṇḍVII所云："既无内识，亦无外识，亦无内、外识，不为识体，非般若，非非般若，不可见，无对待，不可触，无相，不可思议，不可言诠，唯于自证安立；止息、寂灭、安乐、不二。圣者思彼即第四位。"此所谓第四位，即神的究竟本质。直觉的宗教通过理性与澄明的分裂，挽救了被思辨宗教埋没的神的超世俗性，再次恢复了神性的真理。神得以重新成为崇拜的对象。其具体实践，主要包括以下二门：(1) 瑜伽。其术于《蒙查羯》开示最详。《蒙查羯》的修道论，颇为芜杂。其最典型者，如MuṇḍI·2·1—6开示祭祀之道，精神与梵书无异；而紧接着I·2·7—13则斥祭祀为虚妄，谓唯有通过苦行离欲证悟大梵，方为解脱之正道。其书开示有下智与上智。下智即对吠陀的知识；上智即亲证大梵之智。与此二智相关的修行，就是祭祀与出世瑜伽（saṃnyāsa-yoga）。唯通过后者才能脱离生死，得究竟解脱。但其对于修道具体环节的开示，竟不如《羯陀》详尽且有系统。而其宗旨亦异于《羯陀》，在于其非以自我、自然之分离为目的，而在于断灭世界，融入神秘的澄明本体为究竟。其云修习瑜伽应满足一定条件，除了行祭祀、习吠陀、供奉祭火之外，还应观世界无常，从而厌离尘世、希求大梵，从而达到内心安定、虔诚清净、寂静专一。当这些条件实现后，应择善知识，求授以瑜伽。但其对瑜伽方法的阐述却颇为零散、缺乏系统性。苦行、离欲、禅定被认为是瑜伽的重要内容。III·1·5说真知、苦行、正智、常守净行、除诸过恶是证知自我的必要环节。III·2·1则要求离欲、敬思神我、观业之虚妄（睿智），以断除轮回的种子。III·1·8—9认为禅定是瑜伽的根本内容，只有通过它才能直接证悟自我，苦行、离欲等皆服务于它，其云："8 非由眼可得，亦非由语言，非由余诸根，苦行与功业。由心识安定，人得净其性，如是依禅定，证彼无分者。9 彼微妙自我，唯独以心知，五元气入故。以心之全体，与诸根交织，若彼得清净（不复依诸根而动），自我乃显现。”其云要获得禅定，必须先使心识安定。这要求收回诸根，使心识不随根、境动摇。于是心识获得安宁。当心识长期处于安宁状态，便得以自身净化，如浊水澄清。当心识清净，便能如实证悟自我。II·2·3 以为欲证自我，除修禅定之外，还应勤习奥义书，且专心观想大梵自性，其云：“《奥义》之利器，应持以为弓；应置其上者，禅定磨就矢。拔之以专注，彼（大梵）性之思想，穿之吾善友，不坏者之的！”其书认为得梵智之后，仍须经历艰苦的修行，包括林居、乞食、苦行、无欲、精进、不放逸、寂静、专一、智慧、信仰等（I·2·11，III·2·4）。人若已得梵智，且修行圆满，则最终进入大梵，消失其自我，与梵合一，如 III·2·8 云：“如诸川奔流，归于大海洋，消失其名色，知者离名色，归神圣原人，超彼超越者。”

（2）Om 敬思。奥义书在直觉宗教阶段，同样提倡 Om 敬思，然敬思的旨趣有别。大致以为至上我为无限、超越，为言语道断、心行处灭，本来无名，但若不以名诠表，则难以使众生起思维、觉解，故圣者强名之以 Om[①]。奥义书的直觉宗教，乃以为 Om 唯表有相梵，而非至上梵。故修 Om 敬思，应先依 Om 观想有相梵，最后 Om、有相梵皆泯灭，进入至上梵。此 Om 敬思乃属于禅定法门。MuṇḍII·2·4 说应通过敬思 Om 为梵以证入大梵自体。修行者应以 Om 为弓，以自心为矢，以大梵为靶，以心不放逸射穿之。《蛙氏》则在一方面把 PraśV 对 A、U、M 三音的敬思具体化，要求分别观想其为自我的醒位、梦位、熟眠三位；另一方面超越 PraśV，于三音之上别立第四无音（amatra），以为无音超越三音，而为其依处，应观想无音就是第四位、至上梵。MāṇḍXII：“第四位为无音者，故无诠表、止息、安乐、无二。”其以为，A、U、M 三音就是全世界。三音为大梵、自我三位，即醒位、梦位、熟眠位。前二者分别为客观经验和主观经验，后者为超越前二者而为其共同根源的本体，即先验意识（参考本书第一部分第二编第四章第二节的讨论）。《蛙氏》以为此三位包括了全部现实存在。其中，作为存在本体的 M 音就是般若、理性（MāṇḍV, XI），因此理性就是现实。在这里，修道者除了观想 A 音、U 音、M 音以及无音与四位的等同，还应依 A—U—M 的顺序，观想醒位入于梦位，梦位入于熟眠位；最后既然三音皆归于无音，应如是观想醒位、梦位、熟眠位皆入于至上梵。这种“Om”敬思，乃是通过有声梵（śabdabrahman）达到无声梵（aśadbdabrahman），即泯灭增益于梵的全部偶像、证会那超越现实的神秘本体（至上梵），即澄明。

然而，由于直觉思维没有经历对现实的空洞化（否定现实存在的自为真理性），

---

① Ram K. Piparaiya, *Ten Upaniṣads of Four Vedas*, Yatisha Creations, Mumbai, 2003. 277.

因而没有领会本体的超绝性，因而它的神秘本体，仍然是一种现实性。在这里，现实性被窄化为理性，神与现实的距离被领会成澄明和理性的分裂。对于一种宗教意识而言，这种分裂，的确挽救了在思辨思维中几致湮灭的神的理想性，而且确实使神重新成为真诚崇拜的对象。MuṇḍIII・2・3的恩宠论神学就表现了这一点，其云："非由于教导，非由思维力，亦非由多闻，可得此自我。唯彼所择者，乃可得乎彼。于如是一人，自我现自体。"问题是，这种澄明和理性的分裂，缺乏本体论的根据。盖理性与澄明，乃为精神现实性之一体二面，一种脱离理性的澄明根本不存在。因此通过澄明和理性的分裂来领会神的超现实性，其实是虚假的。

耶稣・基督说："人若不能尽弃他所有的一切，就不能成为我的门徒。"圣约翰说："灵魂若执着任何东西，都不能获得神圣和合的自由，无论这东西有多好。一只鸟被缚住，那么缚住它的是一根粗绳，还是细线，都是一样的。同样，被人类情感束缚的灵魂，无论这束缚多么微细，只要它们存在，它就不能走向上帝之路。""不要爱此邪恶的世界及其中的一切。如果一个人爱此世界，则对神的爱就不会在他之中。这世界的邪恶东西是：想望某种东西来愉悦我们有罪的自我；想望我们看到的罪恶之物；因我们所有之物而生骄傲"。（约翰一书二・十五）保罗也说："不要依从这个世界的标准，倒要让神彻底改变你的思想，借此更新你的内心。这样，你就能明白神的旨意。"（罗马书十二・二）中世纪神秘论者波默宣称："你不须做任何事，只需放弃你的自我意志，即你称作'我'的东西。这意味着你所有的邪恶，都会衰弱，接近消亡。于是你将重新下沉到你本来由之而来的源泉。"（《两个灵魂的对话》）

人对于自己的直接、自然的存在的舍弃和超越，乃是全部宗教生命的基础。真实的宗教必然是超越的宗教。或者说，超越的宗教才是任何真实宗教的起点。精神最早的超越是形而上学的。超越的宗教最早也是（在本书中也特指）一种形而上学的宗教。《伊莎》、《羯陀》、《由谁》等的宗教即属于此。它将超越真理领会为超自然的形而上学实体，其全部实践皆是为了守护这个真理或这一领会。然而在实在思维领域，神性观念的超越性与绝对性总会存在不可调和的矛盾。超越的宗教也是如此。它的超越真理，作为一个形而上学的实体，便丧失了神性应有的绝对性。奥义书的宗教为了挽救神性的真理，必须重新确立神的绝对性。同一的宗教就是如此。它的神不仅是超越的实体，而且是全部存在的绝对真理、本体。其中，思辨的宗教将本体、至上神领会成先验实在，或纯粹理性（般若）。耶若婆佉、步厉古学说，乃开示此种宗教。然而思辨宗教对神性的绝对性的恢复，反过来又使神丧失了与世界的距离，且无法确立其人格性，因而导致神性真理的丧失（一个纯粹的先验本体很难真正成为宗教崇拜和爱的对象）。《蒙查羯》、《蛙氏》的直觉宗教，则超越理性、现实，把神性理解为纯粹的澄明。它试图通过阐明澄明与理性的分离，恢复神性与世界的距离，从而恢复神的理想性。在宗教经验层面，这一尝试可能是成功的，但它缺乏本体论的基础。一种超理性的澄明根本不存在。因此直觉宗教理解的上帝超越性是虚假的。神性的超越性与绝对性的矛盾仍然没有得到解决。这一矛盾的最终解决，只有当精神进入本真觉悟的层次，领会到神就是超绝的自由，于是神的超越性与绝对性都获得其本真的意义，才得以可能。从《伊莎》、《羯陀》，到《蒙查羯》、《蛙氏》，奥义书精神在这一阶段，实现了真正的反思和超越，但始终不出实在思维范畴，而将现实性作为绝对真理。这一精神阶段，就是精神实在的自由的阶段。我们称属于它的精神省思为自由的省思，它的宗教为自由的宗教。宗教是省思的客观化。我们阐明了最终是自由推动精神省思从形而上学思维到思辨思维再到直觉思维的转化。因此也是自由推动奥义书宗教从超越的宗教过渡到思辨的宗教，最终过渡到直觉的宗教。自由还将推动奥义书宗教扬弃这种直觉的宗教，进展到本真的宗教。

宗教在奥义书中的上述发展，最终是由人类本有的自由推动，而且遵循必然的精神逻辑，因而具有普遍意义。西方宗教思想的发展，乃与此相呼应。盖其超越的宗教，最早也是一种形而上学的宗教。柏拉图、斯多葛派的宗教就是如此。他们将神理解为超验的理性实体。受此影响，希腊教父神学也曾明确说上帝是实体（ousia），一直到中世纪唯实论，仍然持此种实体神学立场。这种神学，乃与《伊莎》、《羯陀》等的超越宗教一致。由于基督教神学始终缺乏主观反思，因此一种思辨神学在其中没有出现过。基督教对于这实体神学的克服，乃是通过奥古斯丁的直觉神学。他认为上帝是超理性的存在，同时是万有的本体。他试图通过阐明上帝的超理性意义，使神的超越性和绝对性统一起来。但他没有将现实存在空洞化，因而他的上帝仍然是一种现实性。它就是超理性的澄明，只在神秘直觉中显现。因此奥古斯丁的宗教也是一种直觉的宗教。它与《蒙查羯》、《蛙氏》的宗教，在精神上完全一致。同样，西方宗教的这种发展，最终也是由自由推动的。

然而这种自由的宗教仍有其根本的局限，这就在于对现实性的执着。它把现实性当成绝对、上帝。然而真正的绝对者不是现实，而是自由本身，后者才是上帝的本质。因此自由的宗教在这里实际上是用现实遮蔽了神性的本质。这种宗教的局限也反映现实精神自由的局限：精神没有脱离传统、理性的符咒，进入本真的自由领域。另外，只要将神性本质理解为现实性，就不可能真正解决神性的超越性与绝对性的矛盾。这种矛盾，随着思想的发展，将导致神性观念不断的自我解构。只有当精神克服实在思维的局限，打破现实存在的偶像，领会存在的本质是绝对自由，才能使神性着落到本真的、真正安稳的地基上。盖神作为人类自我的自在理想，就是自由。

神性的超越性的本真意义，就是指神（作为自由）不受任何现实性支配，而是规定着全部现实性，这就是绝对自由；神性的绝对性的本真意义，是指神的自由不受任何限制，是无限的，这也是绝对自由。因此唯有当精神领会到神的本质是绝对自由，才会使神性的超越性和绝对性的矛盾得到最终解决，神性观念才获得一个最终安稳的地基。这一点，只有当精神在自由推动下，揭开现实存在的遮蔽，进入对自身超绝性的本真觉悟，才有可能。于是这自由的宗教，便过渡到本真的宗教。

## 第三节　本真的宗教

神性的本真意义就是绝对的超越性和主体性，就是绝对自由。宗教就是对这自由的守护。精神在这守护中，实现其自身的自由。人类精神现实的自由与神的自由一致。精神的自身自由实现到什么程度，它领会、守护的神性自由就到达什么程度。只有当精神自身实现绝对自由，神的绝对自由才呈现出来。作为绝对自由，神自在地是精神自否定和自维持的绝对现实：即否定全部现实和现存存在，维持存在的超绝真理（即本体自由自身）。只有当精神打破现实和现存存在的遮蔽，领会到存在真理是本体自由自身，才能使神性的本真意义呈现出来。宗教作为对神的本真意义的守护，就是本真的宗教。

在奥义书思想中，由于本体自由推动精神从实在的自由到本真的自由的转型，使自由的宗教将自己提升为本真的宗教得以可能。盖此前的印度思想始终受实在思维支配，遮蔽了存在的超绝本质，精神自身尚未展开绝对自由。与此相应，印度宗教也是把神理解为一种现实。然而神唯有作为对全部现实、现存存在的否定才是绝对自由。因此，为揭示神的本真意义，精神必须否定现实性的偶像，领会自我的超绝自由。它于是从实在思维上升到本真的觉悟。本体自由必然推动这一精神转型。盖本体自由作为绝对，要求实现为对它自己的自由。它必通过呼唤和倾注，使精神内在的自舍与自反势用实现为绝对的，即对全部现实、现存存在的否定和对本体自由自身的维持，从而推动省思领会存在真理为一个超绝、自由的本体，同时领会这本体与精神的内在自我的同一性。这种领会就是精神对本体自由的本真觉悟。精神由此领会到自身的绝对自由，并且在此基础上，使神性的本真存在得以呈现。本真的宗教遂得以成立。

奥义书晚期的宗教思想就经历了上述发展。其中《白骡》、《频伽罗子》等奥义书提出幻化论，标志着奥义书思想从实在思维到本真觉悟，从自由的宗教到本真的宗教的转化。幻化论认为一切现实存在皆是幻化非实，唯超绝的本体为存在的绝对真理。它将全部现实性空洞化、虚幻化，因而将真理、本体置于绝对超现实（即超绝）的领域。然而唯一的超绝存在就是本体自由。因此幻化论体现了精神对这自由的本真觉悟。在这里，精神领会到存在的本真意义，也认识到自己的绝对自由。它于是就将这自由作为神。于是神成为本真的神，宗教亦成为本真的宗教。然而《白骡》等的本真宗教对现实的虚无化，使人从自身到达神的直接通道被阻断，所以对真理的觉悟只能来自唯一的现存实体即神的启示；因而这是一种启示的宗教。然而这种启示的宗教仍有其本质的局限性。它将超绝的神性当作一个现存实体。它的实践就是守护这个超绝的现存实体。然而，那唯一的超绝存在其实就是本体自由自身。这自由作为绝对自否定的运动，否定任何现存存在。因此一个超绝的现存实体观念只是思维的假相。因此启示的宗教还没有领会超绝本体、神的实质（即自由本身）。启示的宗教将神性当作精神自由无法涉足的现存的、不可被否定的东西，表明精神在这里仍然是有执、有住的，仍未能实现绝对自由（在这里是绝对否定）的充分性（参考本书第一部分第三编第二章引言）。这在于精神没有实现对存在的绝对否定，并由此使超绝本体呈现为绝对自由本身。因而它离绝对自由的理想仍有距离，它的神离这一理想亦有距离。

然而本体自由要求展开自身为充分、绝对的现实，它必然促使精神的自舍、自反势用进一步展开其自身绝对化。于是自舍势用乃实现为精神的绝对否定。后者绝对地否定了任何现实和现存东西的真理性，结果只能确定它自己为唯一直接的真理。精神由此取消了任何现存的执着，领会到超绝本体的实质就是自由，由此使本真觉悟成为具体的。另外在本体自由推动下，精神的自反势用也必实现为绝对反省。后者领会这自由就是觉性、精神的内在、本己的存在，就是自我。精神的本真觉悟作为绝对否定与绝对反省的辩证统一，就是本己的觉悟。在这本己的觉悟领域，神性本质才得以作为自由呈现出来。于是奥义书的精神乃从启示的宗教过渡到本己的宗教。《慈氏》、《光明点》等更晚期奥义书的宗教，就体现了这一精神进展。《慈氏》等的宗教就是一种本己的宗教。此种宗教，不仅继承了启示宗教的超绝思维，以为一切现实存在皆属空幻，而且领会超绝的至上神也是空，是无住、无得、无所取的真理。神不是任何现存存在，而就是绝对自由本身。因此只有到这里，神性的本真存在才获得其具体的意义。另外这自由也不是一种处在现实精神之外的客观，而就是这精神的内在自由，因而是本己的自由。《慈氏》等的宗教实践，就是守护这绝对自由，并通过这种守护，使人的现实精神自身成为自由。在奥义书中，这一精神进展是与大乘佛学的启发分不开的，但从根本上是自由推动奥义书精神自身发育的结果。然而在《慈氏》等的思想中，这种本己的宗教仍有其局限性。首先它对神作为绝对自由的领会，往往模糊而不确定。它尽管汲取了佛教对本体的无住性的领会，但没有充分接受后者的绝对否定思维，没有在此基础上领会无住性的实质就是绝对自由，因而它对神性本真存在的领会仍不够清晰、具体。其次，它对神性本质的理解也不完整。神性本质作为本体自由自身实质上就是觉性自主势用的本真存在的全体。然而印度大乘佛学将这自由领会成本真的自身否定势用，忽视了自由的其他内容。《慈氏》等的宗教继承了这一片面性，将神性本质只理解为这种否定的自由（无住性的实质就是否定的自由）。这种局限性，也只有通过现实精神在自由推动下进一步发展，才能得到克服。

总之，奥义书思想中，所谓本真的宗教，大致包括两个阶段：其一，启示的宗教（《白骡》、《频伽罗子》等）。它把神性本质理解为一个超绝的现存实体，其实践就是对这实体的守护。其二，本己的宗教（《慈氏》、《光明点》等）。它领会到神性不仅是超绝的，而且是无住、无取的存在，其实质就是绝对自由。它的实践就是对这自由的守护。兹论之如下：

## 一、启示的宗教

《白骡》等书提出幻化论（māyā-vādā）学说，标志着奥义书宗教思想进入新的阶段。幻化论将现实存在彻底空洞化、虚无化，从而将神性本质置于超绝的领域。唯本体自由自身是超绝的。因而幻化论揭示了神性真理的本真意义（神性的究竟本质就是这自由本身）。因此奥义书在此进入本真的宗教阶段。如ŚvetIV・10说："复次人应知，自性即摩耶（幻化）。而彼摩耶主，即是大自在。遍满世界之，万有皆其分。"全部现实世界是大梵以幻力投射出妄境，举体非实。于是现实存在被彻底虚无化。唯一真实的存在，就是至上神，即制造现实幻相者。这表明神是超绝、神圣的本体。IV・18云："当黑暗消失，昼夜乃俱泯，非有非非有，唯彼吉祥（śiva）存。"V・14："人称彼无体，唯以心意得，创造有、非有，为吉祥、神圣。"这也表明至上神是否定现实的有与非有的超绝本体。同理，PaiṇgalaI比喻现实存在，即所谓自性，为于沙漠、贝壳、杌、水晶等上产生的水相、银相、人相、光影相，因而是彻底虚无，而大梵则是这些影相被增益于其上的贝壳、水晶，是超绝的真理；其书并详细阐明了从摩耶产生世界的过程。在这里，神因为获得其超绝性，因而成为真正神圣的。然而，奥义书的启示宗教，尽管将全部现实存在空掉，却没有认识到超绝本体也是空，而是将本体当成永远处在精神否定之外的、现存的实体或本质。这一点，通过它经常形容至上神为恒常、不动、不变、清净、无差别、微细等（II・15，IV・16，VI・19），表现得很清楚。启示的宗教将神理解为超绝的现存实体，它的全部实践就旨在守护这一神性真理，或守护对这一真理的领会。

就宗教实践方面，《白骡》所阐明者，远比《频伽罗子》等其他启示奥义书更丰富，但其思想亦颇芜杂。可以尝试从启示宗教的角度，将其实践综合起来。其实践大致包括以下环节：

（1）皈依。神不仅是超绝的本体，而且作为真正宗教崇拜的对象，它也应当是经验的人格。ŚvetIII · 2—6；IV · 11—13，21—22 所谓皈依，就是对于自然的人格神的崇拜。在这里，大梵被等同于吠陀的禄陀罗（Rudra）。皈依可以作为达到更高的宗教生活的一个阶段。

（2）瑜伽。ŚvetI · 3 云："彼等习静虑，以及瑜伽行，遂见神自力，隐于其自德。"这表明瑜伽（yoga）与静虑（dhyāna）被当作宗教实践的核心。瑜伽谓摄根制意，凝心不动；静虑谓深密的思考、抉择。二者相辅相成，共同导致智慧的生成。瑜伽作为解脱之道，《羯陀》即已提及（KāṭhIII · 10—13，VI · 6—13），而《白骡》则使之构成完整的系统。其论瑜伽之法（见 ŚvetII），包括以下内容：其一，对修瑜伽地点的选择。合适的地点应当满足避风、安静、清洁、平正，无火、无砂砾、不刺眼等要求。其二，调身。这包括头、胸、颈要笔直等，且须长时间持续。其三，调息。此即调整呼吸，应使呼吸微细、均匀，且要心息相依。其四，止根。此即收摄诸根与末那，使其脱离外缘，指向内心。其五，总持。此即将意念系于一处（如日、月、神像或自己的眉间、鼻端等），使不放逸，由此增长定心。六、三昧。此即心一境性（能观心与所观境完全融合为一）。有两种三昧。其一所谓五德瑜伽（II · 12），相当于古典瑜伽的有寻三昧[①]。有寻三昧即心识专注于某一粗显行相，如五大元素、神像等，以达到心一境性（心境完全同一）。所谓五德瑜伽，就是行者依次专注观想身中的地、水、火、风、空五大，与其一一达到心一境性，从而使五大得到净化，以炼成清净、不坏的微细色身。其二是无觉三昧，即心识泯灭一切自性转变相，唯缘内自我，且与之合一（II · 14，15）。瑜伽还可以分为策励（通过对色身的修炼，达到身体的健康安适）、精勤（通过专注于自我而生明辨，悟世间诸苦无豫于我）、熟知（灭有二入一味，一切心相止熄，心如空无）、圆成（命我与至上我的完全合一）四个高低不同的阶段（ŚvetII · 11—15）。与《羯陀》、《蒙查羯》等相比，《白骡》的瑜伽不仅内容更全面、系统，涉及了后来古典瑜伽的多数环节，而且在于其宗旨与前者有不同。它不仅是要达到自我与世

① YBI · 1F；YBI · 17F；YBI · 41—50；TVI · 17，41–44；Āraṇya, H, *Yoga philosophy of Patanjali*, Trans by P.N. Mukerji, State University of New York Press Albany1983.90—91，110—111；Dasgupta, S, *Yoga as Philosophy and Religion*, Motilal Banarsidass, Dehli1987.151F；吴学国：《存在 · 自我 · 神性：印度哲学与宗教思想研究》，中国社会科学出版社 2006 年版，第 513 页及以下。

界的分离，或个人融入大梵，而且是要求断灭全部现实存在，进入超绝本体的领域。如 I・10 云："静虑、一于彼，进入其体中，由此而渐进，尽灭世界幻。" I・7 亦说瑜伽士于静虑中，"乃没入大梵，精一、断胎生（断灭由自性生成的全部现实存在）"。因而在这里，瑜伽是为启示宗教服务的。

（3）静虑。静虑是对于某一对象的持续、专注、深密的思考，以求引发知见。（ŚvetI・3；VI・13）以之为一个独立的法门，使之成为修道的一个重要环节。在启示宗教中，静虑即观想现实世界皆为幻相，举体非真，而神为超越全部现实存在的本体；应观神为唯一的真实，其超越实有实无，为寂灭虚空、"非有非非有"（I・10；IV・9—10；IV・18）。至于静虑的方法，就《白骡》所提及者，主要有以下几种，其中并无系统：1、排除感觉的作用，唯以内心缘取（IV・17,20）。2、排除外境，唯缘自我（I・15—16）。3、将念诵 Om 与上述内向静虑之法结合起来（I・13—14），此即在静虑中观想"Om"一一等同于自我的粗身、元气、诸根以至我慢、觉谛，最后觉谛亦除，自我的超绝本质得以呈现。根据《白骡》所论，静虑应包含以下阶段：1、与止根相应者，即收摄诸根、末那，使之内缘（II・8）。2、与总持相应者，即系心一处、坚住不动（II・9）。3、与五德瑜伽相应者，即依次静虑身中的地、水、火、风、空五大（II・12）。4、与无觉三昧相应者，即离一切自性转变相，唯缘内自我、至上神，行者通过静虑进入大梵之中，与之合一，灭尽世界幻相（I・10, II・14,15, IV・15）。这是静虑的最高阶段。人于此亲证自我、大梵，得至上实智。

（4）智慧。修静虑是为了获得智慧。静虑是深思，智慧是明辨（viveka）。智慧是理智的分辨抉择，即知至上神迥绝于世界，且知现实世界为虚幻、唯至上神为超绝、独存。智慧是对至上神实相的亲证。智慧是解脱的根本条件。如 ŚvetIII・7 云："人若证知彼，究竟之主宰，乃可得永生。" III・10："知彼得永生，昧者沦苦厄。" IV・15："人由知彼故，乃断死亡索。"人生的烦恼在于迷失于虚妄的现实世界，解脱在于戡破世界妄境，回到超绝的神性。当智慧生起，神的真实体性呈现，则世界幻相彻底消失，行者遂入梵涅槃。

（5）虔敬与启示。若严格根据幻化论神学立场，则现实与至上神之间存在巨大鸿沟。于是人的全部修行，皆不是作用于神性真理，而只作用于属于幻化的心识意念，其价值只在于泯灭幻相，而非抓住真理。智慧的直接来源只能是神性真理的自身呈现或启示。这是启示宗教的基本立场。ŚvetII・1—7 就是对作为启示神的日神之颂歌，以此祈求日神给予启示。在这里，日神乃是至上神、大梵之代称。其云人必通过瑜伽与静虑制心使净，乃可得神启示，由此证神、解脱。此外，III・12, IV・18 等处亦表明启示是人的证悟解脱的直接原因；IV・1,12 亦是祈求神赐予智慧。既然那超绝真理被当作一个神圣人格，那么启示就是神的恩宠。因此奥义书的启示宗教，也是恩宠论宗教。如 ŚvetI · 6："由彼之恩宠，乃得乎不死。"III · 20："若由造物恩，见主及其大，乃知其无为，遂离于苦厄。"VI · 16："轮回与解脱，归止与缠缚，皆彼为其因。"VI · 18："复次彼神圣，慈悲现自身；我愿归依彼，欲求解脱故。"VI · 21："由苦行之力，由天神之恩，彼白骡仙圣，已证知大梵。"VI · 19 将神比作将灵魂从现实世界引向彼岸的桥梁，亦表明神的恩宠是解脱的原因。

恩宠论宗教必然包含神、人的互爱。恩宠论认为，人的最大福祇，正在于最大限度地脱离世界与自我，而与至上神融为一体。这一运动正是爱的旨趣。在印度宗教中，所谓巴克提（bhakti）或虔敬，就是对神的爱和崇拜。在奥义书的启示宗教中，亦包含巴克提的内容。其以为生命的痛苦来自与世界联结而与神分离，幸福则在于脱离世界复归于神。巴克提也渗透到其具体修道实践中。如《白骡》所谓静虑就带有虔敬色彩，指带着渴望和热爱而专注、强烈地深思、仰慕神，以期引发对神性真理的证知，且在定境中与神性合一。如 ŚvetI · 7："乃没入大梵，精一、断胎（自性）生。"这就是在静虑中脱离与现实世界的联结，而将自己完全融入至上神中。与此意义相同的是 I · 10："静虑、一于彼，进入其体中。"另外 VI · 18："我愿归依彼，欲求解脱故"，也是将自我融入神、与神合一当作解脱的途径，而这正是巴克提的理想。但是奥义书的启示宗教还没有阐明对于神、人互爱的结构，与后来的毗湿奴教的巴克提思想有很大距离。

解脱境界是全部现实世界的彻底断灭以及神圣真理的显现。启示的宗教既以为世界及现实人生皆是虚假幻境，故其修道理想、解脱，即在于由神的启示，泯除世界幻相，最终证知神的真实体相，进入神性的超绝本体。于是烦恼、系缚断尽，行者遂达到神圣独存（kevala）的境界。这种解脱，不仅是人生末世论的，而且是宇宙末世论的结局。

启示的宗教反映了奥义书精神自由的新局面，但它亦有其局限。其最大的问题是仍然将超绝的神性本质理解为一种现存的实体。然而这种超绝的现存存在观念只是思维的假相。盖唯一的超绝存在就是本体自由自身，这就是觉性的绝对自否定运动，而绝不是一种现存的东西。因此启示的宗教并未领会超绝本体的实质，它的觉悟是抽象的。精神仍然有执、有住，其超越性仍不究竟。当超越性上升为一种绝对否定，从而彻底打破对现存存在的执着，省思才得以领会存在的真理就是自由本身，因而它的觉悟才成为具体的（参考本书第一部分第三编第二章引言和结语）。这种转化是由本体自由最终推动的。这自由作为绝对自否定，不允许有它不能进入的现存实体。它必通过呼唤与倾注，促使精神的自舍势用恢复其本真的无限性，从而推动超越思维提升为绝对否定。后者就是精神否定的绝对自由，它否定一切现存存在，只确定它自己为唯一直接的真理。精神由此领会到本体就是自由，是究竟的无所住、无所得境界（参考本书第一部分第三编第二章引言和结语）。在印度思想中，大乘佛教的“空性”思想最早体现了这一精神进展。“空性”就是绝对真理，也是绝对自由。最晚的《慈氏》、《光明点》等奥义书，乃汲取大乘佛教的“空性”领悟，并将其与奥义书的绝对反思传统结合，领会到这“空性”就是至上我。于是省思认识到绝对自由不是一种客观的东西，而就是精神的内在存在、自我。奥义书的本真觉悟就转化为一种本己的觉悟。它的实践就成为一种本己的宗教。

## 二、本己的宗教

神性的真理是绝对自由。神的所有属性，包括他的超越性、主体性、绝对性等，都是绝对自由的体现。在印度宗教史上，正是因为大乘佛学首次领会到存在真理就是绝对自由，使得对神性真理实质的领会得以可能。晚期的《慈氏》、《光明点》等奥义书，正是在大乘佛学的启发之下，领会到空性，即超绝、绝对的自由，就是觉性的内在自我。这就是它们所理解的神性本质。而奥义书的宗教，在这里就成为对这作为本己自由的神性真理的守护。这就是本己的宗教。大致说来，这种本己的宗教，就是将精神本己的觉悟同晚期奥义书中日益浓厚的虔敬主义结合起来，把本体的超绝的自由同经验的人格结合起来，使空性不仅成为真心，而且成为真神。在理论上，它领会到神性本质就是空性，就是自由本身。首先，奥义书的本己宗教，继承、发展了启示宗教对神性本质的内在超绝性的领悟。其以为全部现实存在皆属虚妄，至上神则为超绝的真心。MaitIV・2 表明一切现实存在，皆虚假空幻，如因陀罗网、如梦境、如芭蕉芯、如戏子着装、如画中景，举体非有。II・4，VII・4，VI・28 则谓至上神为“内清净、无垢、空、寂灭、无元气、无我、无尽”，因而就是超绝的真心。同理 TejobinduIII・48—53：“48 末那与觉谛、/ 我慢皆非有，唯自我无系、/ 恒常且无生。49 三身与三时、/ 三德皆非有，唯自我性为，真实且清净。50 所闻皆非有，并吠陀、诸论，唯我为真实，亦且为心性。51 一切有体者，转变及诸谛（数论二十四谛），皆唯是虚妄，应知唯我真。……53 所思、一切法、/ 及一切善事，皆非为实有，应知唯我真。”其次，奥义书的本己宗教还在大乘佛学的启发下，否定了启示宗教执着的超绝现存实体，领会至上神是空、无住、无依的本体。如 MaitII・4，VI・28，VII・4 都说到本体是空、无我，VI・19 说本体是无住，VI・20 谓真我为无根源（a-yoni）。《慈氏》的另一版本，说至上神为非二非不二、非有非非有、非实非非实、非平等非不平等、非一非多、非善非恶、非此非彼、非义非不义、非遮非表、非解脱非非解脱（III・4—

24)①。TejobinduI · 10—11 亦云大梵:“彼是空非空,且超空非空,非想非所想,可想又不可。彼既为一切,亦复为空无,至上非至上,非实不可知。”这些说法都清楚地表明了,至上神、大梵是否定一切现实、现存存在的,无住、无得的空性,其实质就是自由。在这里,空性、自由,不是一种客观的、非精神的原理,而就是觉性、精神的内在存在、自我(MaitII · 3,5)。对于神性真理的这种理解,就是本己的觉悟。

奥义书的本己宗教的实践,就是对本己的神性真理的守护。其最根本的方法是瑜伽。这种本己宗教,给奥义书的瑜伽学带来了很大进步。首先,在形式上,它首次把散见于奥义书的瑜伽科目进行抉择、料简,按其次第深入的顺序构成严密的系统。如 MaitVI · 18 即开示了所谓六支瑜伽,谓调息、止根、静虑、总持、思择、三昧。TejobinduI · 15—16 列出了瑜伽的全部十三个环节,包括:夜摩、尼夜摩、出世、牟那、持身、根结、等观、注目、调息、摄制、总持、静虑、三昧。其次,在内容上,它把瑜伽同本己的神学统一起来,以瑜伽为证悟空性的手段,此为其与《羯陀》以至《白骡》瑜伽根本不同者。故其瑜伽的每一支都贯彻了对内在的空性的观想,且都将不同的现实存在(元气、诸根、末那、我慢、觉谛)消融到空性本体之中。如 TejobinduI · 31—37 云:“于一切心及,余境中见梵,故制诸转变,是名为调息。于境见自我,且以意悦心。彼即是止根,应数数修习。随其意所之,举目皆见梵,恣意于善念,此即是总持。我唯是大梵,无住无所依。此即是静虑,生至上喜乐。初入不易位,次证梵实性,以故忘彼位,此即三摩地。”其所谓瑜伽之法,亦颇有不一致,择其为后世认可者,乃包括:(1)夜摩,即止戒、禁戒。按通常的瑜伽术语,其本意为防非止恶,是消极的实践法则,包括不害、不盗、不淫等。在奥义书的本己宗教中,它指因知外境皆无,唯梵实有,从而制伏诸根、使不外缘(TejobinduI · 17)。这与通常瑜伽所理解者大不一样。(2)尼夜摩,即作戒、加持戒。本意指积极的实践法则,包括忍、清净、精进等。在这里指心注平等大梵、离一切差别之相(I · 18)。(3)持身。本意为定前坚持某种特定身体姿势(比如结跌座),以利心理的集中、安适。在这里指安稳、无怠倦、无间断地沉思大梵,与梵无二(I · 25)。(4)调息。本意为控制呼吸,包括对出入息的观想和调节,主要是为了集中注意、培养定心。在这里则要求将元气与空性联结,并使之止灭于此本体之中(MaitVI · 19)。TejobinduI · 31—33 说调息并非制御呼吸之谓,而是通过于一切处见空性,以制御觉谛之活动,谓出息即断伏世界幻相,入息即证空性、大梵,止息即心住于梵而不动。(5)止根。本意为收摄诸根、识,使其内指,而非外

① Maitreya Up III · 4—24 (Olivelle, *Patrick, Saṁnyāsa Upaniṣads,* Oxford University Press, New York, 1998).

缘。在这里则指不见外、异相，唯见内在空性，故心不骛外，唯乐于内（MaitVI・25；TejobinduI・34）。（6）总持。本意为使元气、诸根、末那等安立于某处而持守之。在这里指固守于空性、大梵，以成就无住（MaitVI・19；TejobinduI・35）。（7）静虑。本意为专心思维、观想，谓系心一处，全断它缘。在这里指通过持念 Om 等法，使末那专注，以消灭无明，次第破除大种、诸根、诸境、我慢、觉谛，证悟空寂、无住的神性真理（ŚvetVI・24—28；TejobinduI・36）。（8）三昧。三昧是静虑的最高境界，即心一境性，指因修静虑达到的心境合一状态。在这里指专注于至上神、空性，最终断灭一切现实存有之相，达到心、境皆灭，修行者的心识完全消融于空寂的神性本质之中（MaitVI・27,30,34；TejobinduI・37—39）。

解脱（mokṣa）就是行者否定一切现实的世界和自我，融入至上神即超绝、内在的空性之中，无所住、无所得、无所取（MaitVI・28,34）。由于神性就是绝对自由，故人在此亦成为绝对自由。TejobinduIV 区分解脱为两种，即生解脱和灭解脱。其所谓两种解脱，亦与瑜伽通常所谓不同。其以为生解脱，人已获得正智，断烦恼但尚余觉谛（念）的状态。这指人已得到本己的觉悟，实现了本己的自由，但仍然作为个体存在着。灭解脱即觉谛以及全部根身皆消灭无余，于是人的个体性消失，唯余空性大梵。总之，奥义书本己宗教的解脱境界，就是精神本己的觉悟的完成，是精神的本己自由。这种自由就是自我超越全部现实与现存的存在，重新返回其自身本质，即内在、超绝的自由。

总之，奥义书的本己宗教，体现了本己的觉悟和虔敬思想的统一。它的本己觉悟，包含精神的绝对否定和绝对反省的统一，反映出精神的自舍与自反势用都展开为绝对自由，精神在这里进入本己的自由阶段（参考本书第一部分第三编第三章小结）。然而，奥义书的本己宗教仍有其问题。它尽管强调本体的空、无住性，但始终没有像佛教般若思想那样，明确领会空性和无住性的本质就是自由。它事实上使佛教的空性本体的实质模糊化、抽象化了。这表明其绝对否定和绝对反省都没有达到本体自由的实质。这种思维局限也反映出精神自由的局限。它表明精神的自舍、自反势用的自身绝对化都没有得到充分、全面的展开（同上）。这种精神的局限性也只有通过自由的进一步展开来克服。

宗教是人类精神以客观必然的形式守护对某种超越真理的领会，是客观化的思想。自由推动人类精神省思的不断发展，因而也推动宗教的发展。自由推动印度精神从实在思维过渡到本真的觉悟，又推动它扬弃启示思维的局限，进入空性思维，又扬弃空性思维的客观性，进入本己的觉悟领域。因此，奥义书的宗教也是从实在的宗教过渡到本真的宗教，从启示的宗教过渡到本己的宗教。我们阐明了自由推动这一宗教发展的精神逻辑。

这一发展，既是由人类本质的自由推动，且遵从必然的精神逻辑，因而它必定带有相当大的普遍性。西方宗教思想的发展，乃与之呼应。盖早期的希腊教父思想，就存在将上帝本质实在化的倾向。这实际上遮蔽了《旧约》强调的上帝绝对超世俗性的真理。正是为了克服实在论的误区，奥利金、维克托利努斯、但尼斯等的否定神学，乃重新解读圣经对上帝的绝对超越性的教诲，将这种超越性理解为上帝对现实性的绝对否定，从而彻底打破存在的偶像，挽救了神的神圣性。但这神圣存在仍然被当成一种不变、永恒的东西，一种现存的存在。相应地，人的全部精神修炼就成为对上帝的超绝真理的守护。这就是通过在精神上完全舍弃现实的人和世界，以等待超绝上帝的启示。基督教于是成为一种启示宗教，与《白骡》等的宗教类似。这种启示宗教的局限性，也同样在于没有领会上帝超绝真理的实质，即自由。在这种意义上，托马斯·阿奎那的神学体现了基督教的新进展。他以为上帝不是任何现存的存在，不是任何"什么"，而是纯粹的"存在行动"，是绝对的自由。他因而真正领会了上帝超绝真理的实质。他的宗教的旨趣就是守护对这超绝的绝对自由的领会。人在这里必须放弃任何对本质的执着，直接进入虚无，使自己的心灵达到完全无住、无得状态，才能使神性的本质呈现。托马斯的宗教，可以称为一种无住的宗教。它与《慈氏》等的本己的宗教的一致之处，在于都领会了神的超绝真理的实质，其与后者的一个不同处，在于它缺乏主观反思，没有像后者那样领会那超绝的自由就是人类精神内在的自我。因而它作为宗教是无住的，而不具本己性，实与大乘佛教更一致（参考本书第一部分第三编第二章结语）。而一些当代哲学家，如海德格尔的哲学，则试图将神学中作为客观自由的存在本质，当成内在于现实精神之中的，因而使这存在本质成为本己的，所以这种思想也体现了一种与《慈氏》等类似的本己的觉悟，然而这种觉悟并不是宗教的。基督教思想从启示的宗教到无住的宗教的发展，也是在自由推动下而必然地展开的。盖宗教是客观化的精神省思。本真的宗教只是精神本真觉悟的客观化。从启示的宗教到无住的宗教的发展，只是精神省思从抽象的觉悟到具体的觉悟的发展的客观表现。精神省思从抽象的觉悟到具体觉悟，再到本己觉悟的发展，乃是精神在本体自由推动下的必然展开（参考本书第一部分第三编结语）。基督教的上述发展只是这一展开的客观表现。

华夏精神既无真正的超越，亦无真正的反思，不可能产生印欧文化那种本真的宗教（甚至不可能产生任何真正的宗教）。不过它在佛教的持续渗透之下，情况也有所变化。其中，就儒学而言，由于其缺乏超世俗的追求，故佛教的渗透在其中没有产生一种宗教效应，而只促进了其伦理思想的发展，甚至是儒家真正的道德产生的前提①。儒家的宗教始终是远古的祭祀宗教，其活动仍然限制在祭祀天地、祖先等，没有什么深化。相反，道教由于精神更开放，因而能更迅速、深入的汲取佛教的资源，促进自身的宗教转型。此如《本际经》、《秘密藏经》以及全真道，都具有了本真的宗教的特征。在这里，宗教修行的最终目的不是为了长生，而是为了领会超绝、空寂的真心本体。然而在道教后来的发展中，这种严重非华夏化的宗教最终被抛弃了，道教又回到原先符录斋醮的粗鄙实践中。

## 小　结

以上阐明了奥义书宗教从自然的宗教到自由的宗教，再到本真的宗教的发展，并且阐明了自由推动奥义书宗教不断自我提升的逻辑。这种逻辑，符合人类宗教发展的普遍必然性。因此，西方宗教的发展，也与之表现了一致的进程。

古希腊最早的宗教就是自然的宗教。它的神是感性的自然神。其宗教实践，就是通过祭祀，乃至种种秘仪（奥菲斯秘仪、厄琉西斯秘仪等），达到与神的沟通。这种宗教与吠陀宗教（和奥义书宗教的最原始层面）一致。然而随着希腊思想领会到一种宇宙的绝对实质或本质，这感性的神便无法再成为真正的崇拜对象。于是在米利都学派中，神被认为就是水、气、无限等宇宙实质。于是神成为一个自然的绝对，这与早期奥义书中常见的宇宙论的大梵是一致的。然而这种神性观念取消了神与世界的距离，最终导致神性的消解。米利都学派的思想基本上是非宗教的。早期基督教受此启发，也曾有过将上帝理解为宇宙始基的尝试。

随着自由推动西方文化真正的超越和反思的形成，它的精神升华为自由的精神，它的宗教也进入自由的宗教阶段。在柏拉图的宗教中，绝对真理、理念就是超越的精神实体。一切宗教实践的最终目的是否定自然，领会纯粹理念。斯多葛派认为那超越自然和经验的理念、逻各斯就是神，宗教生活的宗旨应当是消除自然东西对灵魂的影响（不动心），完全合乎理念地行动。早期的希腊教父神学乃至中世纪的唯实论都受此类思想影响，将上帝理解为超自然的形而上学实体，于是宗教实践乃成为脱离自然而朝向上帝实体的努力。这也是一种超越的宗教，与《羯陀》、《伊莎》等的宗教一致。同在后者的情况一样，这种超越的宗教，固然恢复了神对世俗世界的超越性，却使神成为一个相对的存在，从而威胁到神的真理性。因此宗教必须重新领会神的绝对性。这在新柏拉图主义那里得到实现。普罗提诺的太一就是这样的神性。

---

① 吴学国：《从印度吠檀多到中国阳明心学》，《学术月刊》2007 年第 2 期。

太一超越自然、灵魂、理智或理性，又是它们绝对根源、本体。宗教的修行的基本方针，就是要超越自然进入灵魂，超越灵魂进入理智或理性，最终超越理智进入太一的纯粹光明之中。这是一种同一的宗教，而且是与《蒙查羯》、《蛙氏》等类似的直觉的宗教，因为太一就是一个超理性的澄明，与《蛙氏》等本质上一致。奥古斯丁的宗教乃与普罗提诺一致，也是把上帝当作超理性的现实即澄明，把最终否定理性，证会上帝的神秘本质当作宗教的最高目标。然而与《蛙氏》等的直觉宗教一样，无论普罗提诺，还是奥古斯丁的宗教，都没有将现实空洞化，因而没有将神从现实撤离，因而它将神性本质视为绝对，必然再次使神与人、世界的距离变得模糊，从而使神丧失神圣性。

然而在本体自由的推动之下，基督教思想终于克服实在思维的局限，打破全部现实性的偶像，领会上帝本质为超绝的本体，由此使上帝真正成为神圣的。基督教于是扬弃自由的宗教，进入本真的宗教阶段。其最早阶段，是奥利金、马利乌斯·维克托利努斯、忏悔者马克西姆到阿娄帕果的但尼斯的宗教。在这里，宗教实践的宗旨就是努力将现实空洞化，否定人的现实存在，舍弃现实的世界，以使超绝的神性本质对人启示出来。这是一种与《白骡》等类似的启示宗教。同后者一样，在这里超绝的上帝仍被认为是一种不动、完满的现存实体，还不是自由本身。因而这种启示宗教的觉悟同样是抽象的。然而本体自由必然推动本真的精神实现对这自由自身的规定，领会其自身的实质。基督教思想也体现了这一精神进展。托马斯的宗教乃揭示上帝不是任何现存、不动的本质或实体，而就是纯粹的存在行动，因而就是自由。宗教生活的最高旨趣，在于舍弃任何现实和现存偶像，打破家园与归宿，达到精神无住、无得的状态，从而冥契神性本质的自由。因而这也是一种与大乘佛教类似的无住的宗教，就其对上帝本质之为超绝、内在自由的觉悟而言，与《慈氏》等的本己的宗教亦有一致。

宗教的本质是对某种超世俗真理的守护。而有神的宗教，就将这超世俗真理当作绝对的自由、主体性。宗教产生于对世界和人自身的直接存在的永恒不满或苦恼感，以及对于获得超越当前现实的自由的渴望。当人在宗教体验中，接触到超越的真理，就暂时进入了一种更自由的境界，于是便产生了一种自由感。苦恼感和自由感，都是本体自由的呼唤，是这自由通过情绪对于人直接现身。苦恼感就是人对自己的不自由的不快感，与之相反的自由感则是人对自己的自由的愉悦感。本体自由通过这两种情绪引导宗教精神。由于苦恼感和自由感，宗教经验才得以产生和被确定下来。宗教起源于人的良心即本体自由的呼声，起源于人超越其当前的自我和世界达到一种更理想存在的渴望。

然而无论是人对自己的不自由的苦恼，还是对绝对自由的渴望，都是印欧的觉道文化精神所特有，而为华夏等的玄道文化精神所无。华夏精神对于这现实完全满足，在其中总是自怿自乐。它的最大智慧是在直接现实中逍遥自得，最高道德是完全服从自然的天命、天理。它对此岸的存在没有任何不满，亦未曾有对自己不自由的苦恼，更未曾有过对一个超越的彼岸的渴望和认真思考。它的这种自怿自得，实际上表现了它对本体自由的呼声充耳不闻，这意味着真正的宗教、真正的神性在这里是不可能出现的。只需对于所谓的华夏宗教和神话作一粗略考察就可验证这一点。

严格意义上说，华夏上古的祭祀宗教，并不是真正的宗教。在卜辞、尚书等文献中，“帝”的存在完全是由人的世俗功利关怀规定，没有任何超越性可言。人们甚至从未关心过“帝”是什么。另外表示神与世俗世界距离的天国、彼岸的观念也从未出现过。从这些文献中也看不到任何类似吠陀和奥林匹斯宗教的对“帝”的真诚崇拜和爱。在上述意义上，“帝”或“天”等根本没有神性，而只是自然强力的模糊化身。在这些文献中，也看不出对世俗生活的不满和获得超越世俗的自由的渴望。总之，所谓华夏上古宗教，没有任何超世俗的体验，因而不是真正的宗教。它的实践要么是通过占卜等猜测神意，要么是神道设教，没有理想，不包含任何对超越真理的领会和守护，是完全的巫术，与印欧的祭祀宗教根本不同。

佛教的东传，给东土带来了一种本真的宗教。而且这种宗教，通过长期渗透，也对华夏本土思想产生了影响。其中，儒家由于其执着的现实态度和极端的精神狭隘性，佛教精神的影响尽管在其哲学、道德方面都有表现，却始终没有产生什么宗教的效应。事实上儒家的宗教始终没有脱离原始的巫术和自然崇拜（如祭祀天地、山川、祖先等）范畴。道教则具有更大的精神开放性，因而能更深入的汲取佛教的资源，促进自身的宗教转型。此如《本际经》、《秘密藏经》就反映了一种与般若类似的无住的宗教。在这里，修道不是为了长生，而在于断灭世间执着，使无住、无取的道体呈现。后来王重阳的全真道，则具有了与如来藏思想类似的本己宗教的特征。在这里，宗教修行在于消除滞染，融入超绝、空寂的真心本体。道教这种新的形态，精神本质其实是来自印度。因此在道教后来的发展中，这种严重异族化的宗教也被最终抛弃了。

# 结　语

实践是精神的思想的客观化。实践的自由是精神客观的自由。我们阐明了奥义书的实践在自由推动下的发展历史。这其实也是一部逐步展开的自由史。我们将奥义书的实践分为伦理的实践和宗教的实践两大类。奥义书的伦理思想，较之西方和中土，显得平庸散乱、乏善可陈。它只是一种自然伦理，始终没有上升为真正道德的，即成为内在的自由。反过来它的精神反思导致一种真正道德的形成，但由于这反思的非理性特点，这道德只是主观的，不能成为自身立法，即成为伦理的。故奥义书在实践上的进展，主要在宗教方面。在自由推动下，其宗教乃经历了从自然的宗教到自由的宗教，再到本真的宗教的较为完整的发展过程。奥义书的宗教，从最初的祭祀宗教的最陈腐粗俗形态，历经曲折，到最后的本己宗教的最高贵结局，经历了人类精神的最大跨度，把人类精神沉积的丰富层面展现在我们面前，至今仍能给我们宝贵的启发。它的这一发展，与欧洲宗教的发展，表现出相互平行和呼应，体现了基本相同的精神逻辑。

在精神的实践方面，华夏文化也与印欧文化存在根本的反差。其原先的实践，完全是自然的实践。在其中，从来没有存在过任何内在和超越的真理、目的。我们大致可以用从“窥测神意”到“以德配天”，来概括殷商到周初的实践转型。这其实就是从巫术实践到伦理实践的转型。巫术实践当然也没有完全消失，只是退居次要。因此，周初的实践，主要是巫术与伦理的结合。儒家的实践一直继承了这一传统。同在其他早期文化一样，周人和儒家的伦理，始终是自然伦理。它只是以自然的习俗规范对主体进行规定，以自然主体为绝对目的。但是一方面，它完全没有反思性，没有把内在的思想当作绝对真理，因而精神自身没有成为实践的绝对目的，所以它不是道德。整个华夏文化的实践，也从未承认精神自身的价值。另一方面，儒家的伦理也缺乏超越性，没有把超自然的实体当作绝对真理，否定自然也没有成为实践的目的，所以它也没有宗教意义。不仅如此，儒家正因为没有意识到自我的实体性，因而从未意识到人的权利和尊严。这也是整个中国文化共有的缺陷。因此，不论是在伦理生活中，还是在政治、法律思想中，对权利和尊严都是完全抹杀的。除了这种巫术和伦理实践，在春秋以来的思想中，“去神话化”还导致了纯粹的功利实践，这表现在政治、法律和经济领域。然而真正的道德和宗教是完全没有的。

然而佛教的进入，极大改变了华夏文化精神的结构，从而对它的实践也产生了重大影响。就儒家而言，这种影响完全是伦理的。这主要在于，禅佛教经过长期渗透，给儒家带了一种真正的精神反思，导致心学实现了从自然伦理到真正道德的转型①。对道教而言，这种影响更为深远。正是在大乘佛教影响下，南北朝时期的道教就开始脱离原先的巫术、伦理的实践，逐步形成一种思辨的宗教（宋文明）、无住的宗教（《本际经》）和本己的宗教（全真道）。然而可惜的是，这类梵化的实践，在华夏民族的历史长河中，后来竟被消磨得干干净净。自满清征服华夏以来，任何自由的思想，以及自由的实践在华夏精神中都完全销声匿迹。华夏精神又全面退回秦汉时代的面貌。

① 吴学国：《内外之辨：略论中国哲学的自我概念》，《哲学研究》2004 年第 9 期。

本书获得国家社会科学基金项目（07BZX040）和
中央基础研究专项基金（NKZXTD1105）资助

# 奥义书思想研究

## 第五卷

## 奥义书思想的影响

*The Upanishadic Thought and Its Development*

吴学国◎著

人民出版社

责任编辑：洪　琼
版式设计：顾杰珍
封面设计：林芝玉

**图书在版编目（CIP）数据**

奥义书思想研究：1－5卷／吴学国 著．—北京：人民出版社，2017.1（2024.1重印）
ISBN 978－7－01－016223－2

Ⅰ．①奥…　Ⅱ．①吴…　Ⅲ．①婆罗门教－宗教经典－研究　Ⅳ．①B982

中国版本图书馆CIP数据核字（2016）第109875号

**奥义书思想研究**

AOYISHU SIXIANG YANJIU

第一——五卷

吴学国 著

人民出版社 出版发行
（100706　北京市东城区隆福寺街99号）

北京九州迅驰传媒文化有限公司印刷　新华书店经销

2017年1月第1版　2024年1月北京第4次印刷
开本：787毫米×1092毫米 1/16　印张：140
字数：2600千字

ISBN 978－7－01－016223－2　定价：749.00元（全五卷）

邮购地址 100706　北京市东城区隆福寺街99号
人民东方图书销售中心　电话：（010）65250042　65289539

版权所有·侵权必究
凡购买本社图书，如有印制质量问题，我社负责调换。
服务电话：（010）65250042

# 第 三 部

# 奥义书思想的影响

# 引　子

我们谈到奥义书的意义，不可缺少的就是奥义书对后世思想的影响。这种影响无疑是巨大的。奥义书是后来印度各宗教、哲学派别思想的渊薮。有些派别的思想直接从奥义书发展出来。另外一些派别，则即使不是起源于奥义书，也从中汲取了大量养分，其形成和发展受到了奥义书的实质影响。不过奥义书的思想极其芜杂。其中，不同学派、不同成熟程度的观念，完全不加区分地混杂在一起。正如达斯古普塔所说，奥义书思想并不是一个可以与后来诸宗的体系等同的相互关联的整体，尽管所有这些宗派都有许多基本内容可以追溯到奥义书①，奥义书的观念"一般来说只是诗人和圣哲的未经证实的构想。其中包含了后来诸哲学体系由以发展而出的种子，但很难把它们自身与任何后来由之生成的体系等同起来"②。

造成这种思想的瞬昧纷挐的原因，一方面，是因为婆罗门、奥义书传统本有的开放态度，以及对真理的执着追求。比如在佛典中，我们可以看到大量婆罗门向佛弟子问道的记载，但没有看到佛教徒向婆罗门学习的记载。这至少表明婆罗门对于异己思想持有远比佛教更开放的态度。这种情况在奥义书中也可以得到某种程度的证实，奥义书也记载了大量婆罗门耆宿向年轻刹帝利问道之事（释迦也是刹帝利族）。J.Muir 指出："很清楚，甚至在婆罗门教体系已经更稳固地建立起来、它的细节已经得到更详细的规定之后，在其形上学思辨的领域也没有建立明确的排他性。只要他（婆罗门）遵守祭祀的制度，维护本阶级的利益，他可以持有和宣扬差不多任何哲学看法。"③ 众多的佛教和印度教文献都表明，直到印度教六派哲学开始出现，许多仍没有被归宿于任何确定派别的思想，都被笼统地当作婆罗门思想，亦即奥义书思想，后来才缓慢地从后者独立出来。在这些文献中我们注意到以下情况：首先，汉译佛教文献对于数论、胜论、弥曼差派、耆那教、顺世论等，都有大量记录；对于《罗摩衍那》和《摩诃婆罗多》亦有涉及④；唯独对吠檀多以及奥义书，竟只字未提。在婆罗门

① S.Dasgupta, *Yoga in Relation to Other Systems of Indian Thought*, Motilal Banarsidass, Dehli, 1979. 167.

② S.Dasgupta, Yoga in Relation to Other Systems of Indian Thought, Motilal Banarsidass, Dehli, 1979. 15.

③ J.Muir, *the Royal Asiatic Journal Vol.19*. 331.

④ 参见什译《大庄严论经》第五卷等。

文献中，所谓奥义书学派（Aupaniṣada）的出现也非常晚，可能迟至商羯罗的时代①。其原因可能是奥义书思想被笼统地与婆罗门思想等同，奥义书也尚未从吠陀文献中独立，只是被当作吠陀的一部分，未予以特别注意；吠檀多学亦未被佛教视为独立学派，未从笼统的婆罗门思想整体中区分出来。在这里，奥义书思想实际上可以把所有无派别归宿的思想都包括在内。其次在佛教文献中，属于数论、胜论、顺世论等的思想都较单一，但被归属于婆罗门的却极其多样。佛典记载的婆罗门思想极为驳杂，许多婆罗门的议论都站在反传统的异端立场，大量的婆罗门说法甚至与佛世六师沙门并无实质的区别②。史诗也记载婆罗门信奉并传授顺世论思想的情况③。这表明所谓婆罗门思想，包含了众多不同学派的思想，在这里未被区分对待。奥义书是对婆罗门思想的未加批判的记录。尽管上述文献记载的有些婆罗门学说不见于奥义书，但考虑到许多奥义书文本已经佚失（保留下来的只是曾经存在的极小部分），这类记载可以被认为是保留了奥义书遗失的内容。因此，所谓婆罗门思想与奥义书思想的所指是相同的。婆罗门思想的开放性在奥义书中也有表现。奥义书虚怀若谷地接纳各种新思想。直到晚期的《慈氏奥义书》，明确的宗派意识才开始出现，而且只是着眼于对婆罗门与非婆罗门思想的区分，而没有对婆罗门思想的内在差异的区分。另一方面，奥义书思想的驳杂笼统，也与其思维的辨别力缺乏、理性统握能力较差有关。许多奥义书都是把凡能得到的文本现存地编在一起，甚至都没有一个统一的主张，对于这些文本的巨大思想差异完全无意识。即使有的奥义书试图坚持某种确定的主张，但由于思想辨别能力的缺乏，许多与其主张不一致的文本也被接受进来。作为一个整体的奥义书文献，更看不出对于文本内容有任何辨别和取舍。另外，由于理性统握能力的缺乏，奥义书无法把它的观念构成一个逻辑整体。在奥义书思想中，最多只有一种直觉的统一性，甚至这种直觉的统一性也很难保证；其不同观念之间缺乏逻辑的自洽。对于大多数奥义书而言，其观念都无法构成一个大致统一的思想整体。在同一种奥义书中，往往相互矛盾的观念被懒散、杂乱地堆砌在一起，没有经过任何逻辑的统一。有时完全相反的意见仅仅隔数行甚至紧接着出现。对于作为一个全体的奥义书文献，则理性的任何努力都不可能将它构成一个观念的统一体。

这些都造成奥义书的极端含糊、笼统、驳杂。这种情况，可以从正反两方面评价。其负面意义自然很明显。其正面意义则在于使奥义书传统得以将众多不同思想倾向

① Hajime Nakamura, *A History of Early Vedānta Philosophy*, Motilal Banarsidass, Delhi, 1983. 118.

② 可参看《长阿含布吒婆楼经》（大正藏第 1 册），以及下面第一编第三章第一节结尾部分的讨论。

③ J.Muir, *the Royal Asiatic Journal Vol.19*. 303F.

保留起来。随着思想的发展，奥义书中不同思想潜在的差异越来越显著，彼此一致的观念被组织起来构成排他性的思想系统，于是就形成了不同的宗派或学派。

在本书这一部分，我们试图充分、系统地阐明奥义书传统对印度各派思想的影响。印度不同的宗教、哲学流派，都或多或少地从奥义书汲取资源，或从中寻找立说根据。其中吠檀多派以继承、发展奥义书思想为己任。《吠檀多纲要》提到佛教、弥曼差派、正理派、胜论派，甚至强烈反传统的唯物主义者斫婆伽派，都从奥义书中寻找理论根据①。正理、胜论派就常引奥义书证明神的存在。数论与奥义书的关系更密切。此派学者经常引用《羯陀》、《白骡》和《慈氏》等奥义书的文本作为教证。瑜伽派学者亦是如此。沙门思想的发展则具有更大的独立性。它们一般立足于自身传统对奥义书进行抉择，有时只是从中摘取于己有用的片断，以获得某种权威性②。印度教的正统派与非正统派受奥义书的影响有所不同。大致说来，正统派往往从吠陀、奥义书发展出来，但可能会不同程度地汲取非雅利安的土著文化资源；沙门思想则在土著文化中萌芽，但在其生成、发展中受到奥义书传统的深刻影响。不同派别与奥义书思想的关联度有颇大差别。

在这里，我们使用的主要是观念史分析和比照的方法。这就是发现奥义书中与不同宗派的主要观念相同或类似的观念；然后我们可以阐明奥义书这类观念，在奥义书思想中符合内在逻辑的、缓慢的酝酿形成过程，这种阐述在事实层面证明奥义书这类观念是在其自身传统之内发展出来；另外我们还必须确认这些观念不属于非婆罗门—奥义书传统。这种分析足以证明不同宗派的这些观念，就是来自奥义书或以奥义书的观念为先驱。通过这种考察我们发现，印度宗教、哲学的绝大多数宗派（除正理、弥曼差）形上学的主要观念甚至基本体系，都应追溯到奥义书思想：要么在奥义书中已经具备，要么是在奥义书相应观念的基础上发展而出。

我们的讨论将根据不同宗派在印度思想中的重要性及其与奥义书思想的关联程度不同而有所侧重。其中吠檀多派无疑与奥义书思想的关联最强，它就是奥义书思想的直接继承者。尽管佛教经常提到数论、瑜伽、胜论、正理等正统派别，却迟至晚期大乘才提到吠檀多派③。这表明吠檀多的思想，即使在这些正统学派都从奥义书分离出去之后，仍然被归属于奥义书之中，而最早的吠檀多派可能就是由上述分离剩下的奥义书学者所构成。因此吠檀多派是最忠实地传承、延续了奥义书的思想和精

① Jacobi, *Manual of Hindu Pantheism*, Kegan Paul, London, 1891. 76—78.

② Hajime Nakamura, *A History of Early Vedānta Philosophy*, Motilal Banarsidass, Delhi, 1983. 115.

③ Hajime Nakamura, *A History of Early Vedānta Philosophy*, Motilal Banarsidass, Delhi, 1983. 132.

神的。其中跋陀罗衍那《梵经》就是对奥义书要点的摘录，商羯罗和罗摩努阇的思想，都是通过对《梵经》和奥义书的注释而形成。但是不同的吠檀多学者，可能会由于对奥义书的理解相差、取舍不同、侧重有异，而导致相互的思想差别。正由于吠檀多派是奥义书思想的直接继承者，因此再去讨论奥义书对它的影响就是多余的。反之，有一些印度思想流派，比如弥曼差派、正理派，与奥义书关系颇为疏远，也可以从我们的讨论中排除出去。还有一些流派（比如沙门思想中的生活派等）则对印度思想影响较小，或只短暂存在过，因而也不在讨论之列。因此，我们对奥义书对印度各宗派思想影响的讨论，将限定在数论、瑜伽、耆那教、顺世论和佛教。其中佛教最重要，故作为专门一编，其余各派乃合为一编。

首先，我们将通过追溯数论的基本观念及其体系的发展，阐明数论体系在奥义书中的形成史。盖数论有早期数论与古典数论之别。早期数论持有绝对自我、至上神，且以二者同一；古典数论持多元实体自我，且否认至上神。古典数论从早期数论发展出来，而早期数论则是在奥义书中酝酿形成。我们的分析将表明：第一，作为数论学基础，原我和自性的二元论就是从奥义书中缓慢发展形成的。数论的原我（puruṣa）应当追溯到吠陀、梵书的宇宙原人（Puruṣa）。在奥义书中，补鲁沙的意义逐渐脱离自然、经验表象，朝内在、超越的方向发展；在《羯陀》等奥义书中，它已经成为一个超越的意识实体，从而与数论学衔接起来。我们将追溯这一意义演变过程。数论的自性（prakṛti），作为一种盲目混沌的宇宙质料，最早可以追溯到吠陀早期的阿底提（无形者、无限者）母神崇拜，由此发展出晚期吠陀和梵书以水为宇宙质料之说，接着是一种更抽象的原理即非有（asat）代替水成为质料，早期奥义书还另外提出有（sat）作为宇宙的实质。这类宇宙论的绝对，在中、晚期奥义书中被非显（avyakta）、原质（pradhāna）代替，后者被明确当成与精神的实体、原我对立或从属于它的物质原理；到《白骡》、《慈氏》，自性（prakṛti）这个术语才得到确立，并开始取代其他表述成为数论的核心观念。第二，数论的三德（tri-guṇa）说，也是在吠陀、奥义书思想中经历漫长的酝酿过程形成的。在印度思想中，认为存在本原由三种成分构成的说法，从《阿闼婆吠陀》就已有表现。在梵书和早期奥义书中，这种本原的三分说亦颇为常见。早期奥义书将三分说从宇宙结构论（火、风、日或日、风、地）转化为宇宙实质论（火、水、土）。后一说法于ChānVI・2・2—4・7得到最确定的表述，其云实有包含火、水、土三有（三种实质），分别为赤、白、黑三色，转变生成世界万有。三有说无疑启发了晚期奥义书的数论学。ŚvetIV・5云："无生之玄牝，其色赤、白、黑，生子其众多，皆与彼相似。"这被认为是早期数论学的表述，而历来注释家皆以为其中自性具赤、白、黑三色的观念，就是从三有说发展出来。《白骡》不仅提到自性（prakṛti）、原质

(pradhāna) 之名，亦经常提及“德”(guṇa) 甚至“三德”(triguṇa)，且其意义与数论的一般理解一致。但迟至《慈氏》才提到三德的具体名称，即萨埵、罗阇、答摩。《慈氏》以为补鲁沙是食者，自性是食，自性由三德所成而转化为万有，其书并且开示了其由三德转化生成世界的逻辑。数论三德说的基本内容，在晚期奥义书中已经酝酿形成了。第三，奥义书中后期的觉谛 (buddhi)、命我 (jīva) 观念，都已经是典型的数论观念，它们都是在奥义书中经过长期发展形成的。其中觉谛这个观念到中、晚期奥义书才出现，但其意义经历了漫长的前史。它可以追溯到吠陀晚期的金卵观念。金卵从原水中产生，然后转化生成世界万有，这是觉谛从自性产生而生成万物的图式的原型。早期奥义书则将金卵内在化，把识作为万有根源。《羯陀》首次以觉谛代替识，且完全从数论立场理解其意义，但是以觉谛与大 (mahāt) 为二物。在晚期奥义书中，觉谛同化了大，并与我慢区分开，数论的体系进一步完善。觉谛、我慢、末那 (意) 被作为内根的三个方面并列在一起。这已经是典型的数论学表述。数论所谓命我，是自我的超验、恒住的实体与流转变灭的经验生命的结合体。规定命我观念的有两方面：一是对自我实质的理解；二是对补鲁沙与命我关系的理解。二者都在梵书、奥义书中经过了长期酝酿。以此为根据，我们可以将命我观念的源流史分为以下阶段：其一，比拟说。此说属于吠陀晚期和梵书的原人论，以宇宙为一大我，人为一小我；小我生于大我且复归于大我，二者同质同构。其二，再生说。拟人说只将自我理解为形器的聚合体，而再生说则认识到自我是一个有别于这聚合的，始终自身同一的基础，即灵魂，但仍然在人与宇宙同构论的框架内展开。其说以为宇宙灵魂，即补鲁沙创造世界、塑成人身，复进入此人身之中，成为人的小我。其三，转化说。此说以为绝对自我即元气，个人小我是由绝对自我经过系列的自身转化形成，死时复归于彼。此说很难解释个人自我与至上我的同一性，以及至上我的超越性。其四，分有说。为解决转化说的困难，早期奥义书提出分有说。其说以为至上我为一味、无分别的质料，而个人自我，乃分有此至上我为其实质。其五，识转变说。奥义书思想最终意识到真实自我是识，命我及一切皆是识转变生成。其六，识分有说。其说强调究竟我为超验的意识实体，它不是转变成了名色，而是作为一味的基础，外在地被名色所塑造、分别。所有差别都是虚假的，乃是由此识构造出来并增益于自身之上。其七，执受说。中、晚期奥义书将识分有说转变成执受说，使命我成了一个真正的数论学观念。其说一方面将命我的非补鲁沙部分进一步细化，以之为由元气、诸根、末那、我慢、觉谛构成的整体；另一方面，它们都被认为是自性转变的产物，而不是真我直接转化产生的，然后被自我所执受。这使觉谛与真我进一步分离开，真我的超越性得到更清晰的表述。这种说法已经与数论对命我的理解完全一致。第四，数论的心、物二元论也是从吠陀、奥义书传统中逐渐发展出来。心、物二元论应追溯到吠陀对神与自然、此岸和彼岸的区分。然而吠陀晚期和梵书的泛神论的确立，使神与自然的距离被抹杀。为了维持神与自然区分，梵书、奥义书乃构想出一种神性再生模式，以为神创造自然以后又重新进入其中作为其主体，因而神尽管进入世界之中，它的自体却与后者始终保持距离。随着真正的精神反思和超越的形成，奥义书思想遂在神性再生论基础上，扬弃神、至上我的自然性，将其理解为一个超验心灵实体，于是神性再生论被一种超验的一神论代替。这种超验一神论其实是在至上神背景下的心、物二元论，在这种意义上它已经将数论的二元论包含在其体系之内了。奥义书思想更晚的发展，是将这至上神淡化、取消，于是一种与古典数论一致的心、物实体二元论得以确立。晚期奥义书说原我与自性为食者与食，就表现了这一阶段。第五，数论体系的另一个重要方面是自性转变说，其说将除原我实体之外的全部世界存在区分为二十四谛，并且以为二十四谛是从自性次第转化生成，此说也可以是在吠陀、奥义书思想中酝酿形成的。其说也可以追溯到吠陀晚期和梵书的宇宙起源论。晚期吠陀提出泰初的唯一者、水（原初物质）、金卵三个原理作为世界的本原，金卵由水中生成而转化为万物。这三者是数论的三个根本原理，即原我、自性、觉谛的源头。此说在奥义书中逐渐发展成数论的自性转变论。奥义书的存在转化论经历了以下发展阶段：一、宇宙转化论，把世界起源理解为从某种无分别的原初物质分化、演变出来的过程。二、识转化论，将存在本原内化为识，存在发生被理解为从识转变生成世界的过程。三、自性转化论，以觉谛代替识，觉谛从自性产生出来，然后通过自身转变产生我慢以及诸根、诸尘，而原我则独立于这自性转化之外。数论的自性转化论在此形成。在《慈氏》中，数论的体系已经非常成熟。当对于命我的实体性的逐渐强化导致多元自我论和实体二元论得到完全确立和巩固，古典数论的体系就形成了。

其次，我们也将以同样的方式，阐明印度瑜伽学是来自土著文化的苦行实践与奥义书的精神超越和反思结合的产物。瑜伽学的发展有两个向度：一是从土著苦行发展出沙门瑜伽，最后发展到佛教禅学；二是从渗透到奥义书中的苦行发展出婆罗门瑜伽，最后发展到古典瑜伽。对于前者而言，奥义书传统的超越形上学渗透到土著的苦行实践中，使苦行成为领悟某种超越真理的途径，其目的也从获得魔法转化为进入超越的彼岸，即涅槃。由此形成沙门瑜伽。耆那教瑜伽就属于沙门瑜伽范畴。沙门瑜伽还在奥义书思想影响下不断自我深化，导致佛教禅学的形成。我们也将重点阐明婆罗门瑜伽的形成史。从吠陀晚期，土著的原始苦行就开始渗透到婆罗门传统之中，导致在早期奥义书中，外在的祭祀最终被内向的生命修炼（内在苦行）代替，内在苦行成为婆罗门宗教实践的核心。这种内在苦行一开始就被与奥义书形上学结合起来，成为领悟形上学真理的手段。随着奥义书的超越和反思思维的形成，内在苦行也逐渐与之衔接，被转化为实现这一超越和反思，领会自我的内在、超验实体的途径。于是苦行就转化为瑜伽。婆罗门瑜伽利用来自原始苦行的生命修炼方法（比如禅定等），对其加以调整、改造，试图通过这种修炼达到对奥义书的超越、内在真理的觉证，并由此实现精神的自由。在这里，瑜伽的本质就是奥义书的超越和反思思维，是后者的客观化、必然化。正是超越和反思思维的不断自我提升和深化决定奥义书瑜伽的持续深化、充实和系统化。涉及婆罗门瑜伽的直接、系统的资料只见于奥义书。我们将通过对这些资料的研究，阐明婆罗门瑜伽在奥义书中酝酿形成，且在形式上逐渐系统化，在内容上逐渐自我深化和提升的过程。其中《鹧鸪氏奥义书》最早在修道论意义上提及"瑜伽"一词，但未说明其内容。可以肯定婆罗门瑜伽在此之前早已出现了。《蒙查羯》的出世瑜伽属于婆罗门瑜伽可以见到的最原始形态，内容颇为粗疏、零散。在《羯陀》中，瑜伽在形式上得到初步系统化。在其中，止根、总持、禅定、三昧等环节得到初步说明，且按照大致被后来瑜伽学接受的秩序组织起来。然而这个系统并不完备，各瑜伽环节的内容仍然显得粗略、模糊。《白骡》开始对每一瑜伽支的具体操作给出说明。它较详细阐明了调身、调息、离欲、止根、总持等瑜伽行法，但仍缺乏完备的系统。《慈氏》将瑜伽的全部实践摄为调息、止根、静虑、总持、思择、三昧六支，且首次确定了六个瑜伽支全部的名称，开示了奥义书中最完备的瑜伽系统。在奥义书中，瑜伽在思想内容方面也经历了由前瑜伽、出世瑜伽（《蒙查羯》），经历内在瑜伽（《羯陀》），到幻化瑜伽（《白骡》）、无住瑜伽（《慈氏》）的持续深化和提升。前瑜伽和出世瑜伽把原先的苦行提升为超越的实践，然而其内容仍非常零散、任意、暧昧。内在瑜伽在思想上大为深化，它提出了通过禅定逐次超越诸境、诸根、意、我慢、觉谛、自性，最后证悟原我的修道法门，旨在使原我从自性彻底分离，体现了明显的心、物实体二元论思路。幻化瑜伽则旨在悟解自性、世界为幻，彻底断灭世界幻相，证入自我的超绝、内在本体。无住瑜伽则受般若思想明显影响，旨在破除一切现实和现存存在，证入自我的无住、无得的空性本体。婆罗门瑜伽的发展，从根本上说是因自由推动奥义书的超越和反思思维不断自我提升和深化的结果，这一过程完全合乎精神自身展开的逻辑。因而通过对这个发展过程的阐明，我们就可以在观念史层面证明婆罗门瑜伽就是在奥义书思想中形成的。巴檀遮厘瑜伽也属于婆罗门瑜伽范畴，它也是从奥义书瑜伽中发展出来的。事实上，《慈氏》六支瑜伽已经具备巴檀遮厘八支瑜伽的核心内容。我们通过对奥义书瑜伽的形成史的追溯，就在思想史层面证明了古典瑜伽主要是从奥义书瑜伽中发展出来的，尽管不排除其受沙门瑜伽影响。最后我们还将通过分析古典瑜伽对自我、解脱、神的理解，证明古典瑜伽的形上学是从奥义书传统发展出来，但可能经过了数论的中介。

第三，我们将阐明属于沙门思想的顺世论、耆那教思想与奥义书的关联。从思想根源来说，沙门思想是从土著传统发展出来，但在形成过程中从婆罗门尤其是奥义书思想汲取了不少内容。大致来说，沙门思想更侧重于实践方面，在形上学方面缺少建树，往往是现存地从婆罗门—奥义书摘取一些内容并相应于自身传统作一些调整；而在修道论方面则立足于传统实践并将其与来自奥义书的形上学结合。顺世论和耆那教思想与这种情况大致符合。

我们将通过观念史分析，表明顺世论就是从奥义书的唯物主义发展出来的，而且顺世论的主要思想在奥义书中已经基本形成。关于顺世论只余二手文献。对于顺世论的实践，我们所知不多，现有的文献很缺乏，其记载可能有故意扭曲，因而我们只分析顺世论的形上学方面。严格的唯物主义是理性的去魔法化产物，也包含理性对感性个别性的抽象，以一种绝对实质观念为标志。因此，印度的唯物主义，其实对于世界观仍处在巫术魔法时代，仍然执着于感性个别性的土著文化是很陌生的，却在吠陀晚期和梵书对宇宙本原的探讨中就已见端倪。我们将追溯顺世论形上学的主要观念在吠陀、梵书中开始出现，在最早的奥义书中发展为主流，并在此后逐渐得到提炼和定型的过程。顺世论的主要学说包括：一是唯物论；二是元素（四大）说；三是身论（以肉体为我）。其中，与顺世论类似的唯物论，其实早在吠陀晚期和梵书中就已经出现。随着神性的失落，吠陀晚期和梵书已经开始把世界理解为一个完全物质的结构整体（宇宙结构论），把世界的生成完全解释为一种物质演化过程（宇宙生成论）。在早期奥义书中，宇宙实质论扬弃原先的结构论和生成论，而成为思想主流，世界万物都被认为是某种单一的宇宙实质（水、火、风等）的表现、产物。同时，人的自我也被理解为一种自然的、物质性的存在。独立于物质的灵魂、意识被抛弃，所有存在都是从自然因果关系来解释。奥义书的唯物论也是无神论。神的存在被漠视或取消，世界发展完全被认为是一个物质演化的过程。在奥义书晚期，这种唯物论仍然很活跃，在当时的婆罗门思想中被广泛接受，也对沙门思想产生了深刻影响，应当被认为是包括顺世论在内的沙门唯物论的根源。顺世论的四元素说也是从奥义书的宇宙论发展出来。吠陀、梵书就已经提出了多种宇宙结构论（以为宇宙由天、日、月、空、地等结构要素组成）。早期奥义书将后者转化为宇宙实质论（以为宇宙及万物由地、水、火等实质要素生成）。最初是分别以水、火、风为绝对的宇宙实质；然后是不同的宇宙实质逐渐被综合起来，出现了火、水、土的三元素（三有）说等多种元素说。从这些说法逐渐过渡到地、水、火、风、空五元素（五大）说。在中、晚期奥义书，五大说已经完全成为宇宙论的主流且在表述上已定型。在后奥义书时代，五大说被印度的婆罗门和沙门思想普遍接受，成为印度各宗的自然观基础。我们完全可以认为顺世论的四大说的形成，遵循的是与耆那教、佛教、胜论等同样的逻辑，这就是将奥义书五大说中的虚空当作空间或以太，从而将其从事物的构成元素中排除。顺世论的四大说是五大说的自然发展。顺世派的身我论是一种唯物的自我观，以为自我由四大元素组成。在印度思想中，梵书最早表明了一种唯物的自我观念，它把自我理解为由不同宇宙结构要素组成的复合体，人死时这些要素皆复归于宇宙。在早期奥义书中，经过缓慢的思想演变，梵书的宇宙结构论最终转化成实质论。自我也被认为是由地、水、火、风等物质元素组成。随着五大说形成，自我也被认为是地、水、火、风、空五大聚合形成，意识乃由此聚合产生，人死后复归于五大，意识消失。奥义书这种自我观念的形成，早于顺世论的身我论存在本质的亲缘性，应视为后者的先驱。总之顺世论的这些基本观念，在奥义书中早已形成，并且呈现了一个完全符合逻辑的独立发展过程。因此我们通过阐明这些观念在奥义书中的形成史，就证明了顺世论就是从奥义书思想中发展出来的。

耆那教的形成也离不开奥义书思想的影响。耆那教思想大致可视为源于土著的苦行实践与奥义书的形上学理论结合的成果。耆那教严酷的苦行实践，它的泛灵论，以及它的强烈反祭祀、反吠陀立场等，都暴露了它的非雅利安文化根源；同时它的二元论形而上学、作为心灵实体的自我观念以及内在超越的理想等等，则无疑来自奥义书传统的影响。因而它就是两大文化传统交融的产物。耆那教的形上学基本上来自奥义书，但亦有自己的创造；其瑜伽实践则来自土著苦行，但是将后者与奥义书形上学嫁接起来。我们通过观念史分析阐明了这几点：其一，耆那教作为超验心灵实体的自我观念，基本是来自奥义书的超验反思的渗透，但也整合了土著文化的因素。在耆那教中，自我被认为是遍满、恒常、清净、全知、喜乐的实体，以识为实质。这些表述体现了一种超验反思，它们都是奥义书早已有的，却与缺乏反思性的土著—沙门传统明显冲突，因而应当认为是来自奥义书思想的渗透，但也整合了来自土著文化的泛灵论，自我同时被认为是居住于所有物质中的灵魂实体。其二，耆那教的多元实体哲学，也是在奥义书的形上学基础上形成的，但也有所发明。其中，它的实体观念，以为超越时间、因果的永恒自住的实体才是存在的真理，体现了真正的精神超越。另外，其实体哲学的基础是一种二元论形而上学图景，由心灵与物质这两个相互对立的实体构成。这种二元论体现了一种超验反思。它完全不属于局限于自然思维的土著传统，而是从奥义书传统汲取过来。耆那教的六实之说，除法、非法二者为独创，其他皆为直接或间接取资于奥义书。其三，耆那教瑜伽来源于土著的原始苦行，但奥义书的超验反思渗透到这种苦行实践中，并规定了它的人生观基础、修行方法和最终理想，使耆那教瑜伽扬弃了原先苦行的巫术、魔法色彩，成为精神内在超越的实践。其中作为其实践前提的九句义人生观，以源于奥义书数论学的心、物二元形而上学为基础；其漏、缚、止、断、解脱等表述也基本上都来自奥义书传统。耆那教的瑜伽行法则是沙门苦行与奥义书思想融合的结果，它将奥义书的内在超越理想嫁接到原始苦行之上，且将这内在超越贯彻到苦行之中。它的解脱理想也直接或间接沿袭自奥义书思想。总之，观念史考察表明耆那教的思想，就是来源于奥义书的超验反思与土著传统的苦行融合形成。

第四，我们最后将用整整一编来讨论奥义书传统对佛教的产生和发展的影响。原始佛教的形成就离不开奥义书的影响。此后，奥义书、吠檀多思想的持续渗透也是促进佛教每一次精神转型的重要原因，且正是它导致佛教最终被吠檀多思想同化。从内在精神层面，这个过程在于奥义书传统的超越和反思思维渗透到佛教之中，导致后者的精神转型，同时佛教也根据自身精神语境对它汲取的内容进行改造和发展。在这过程的前期，是奥义书传统的超越思维渗透到佛教之中。这种渗透首先促进了原始佛教的形成，它促使佛教把超越自然的解脱之道作为其教旨，从而脱离原先沙门传统的自然思维。而早期佛教对奥义书的发展主要在于通过其禅学实践把奥义书的超越思维客观化、必然化，另外把精神超越理解为生命的断灭。其次，在晚期奥义书的幻化论思想中，超越思维转化为超绝思维（对现实性的绝对否定），后者也逐渐渗透到大乘佛学中，导致般若性空如幻思想的产生。般若思想继承奥义书的幻化论对现实存在的绝对否定，又进一步扬弃奥义书的超绝现存实体，将存在真理理解为无住、无得的空性，于是把超绝思维进一步提升到无住思维或空思维的领域，实现了精神否定的绝对自由。然而在这里，佛教的精神自由仍有重大缺陷。这在于它仍然是无反思的。不过到大乘佛教的中、后期，奥义书的反思思维也逐渐渗透进来，促进了佛教精神反思的形成。佛教最早的反思通过瑜伽唯识的思想得到表现。我们将表明唯识思想就是以奥义书识论为先驱的。不过唯识思想还只有一种客观反思（把识当作一种在反思者的自我之外的东西）。奥义书绝对反思的进一步渗透，促使大乘佛教在其最后的精神阶段，认识到识与自我的同一性，因而自我成为世界的精神本体，于是佛教的反思也具有了主观性和绝对性，真心如来藏思想乃由此形成。佛教发展到这一步，在精神层面就与奥义书、吠檀多思想完全同化了。不过本书将会把讨论集中在观念和实践层面，仅从一般学术史的角度来阐明奥义书对于印度佛教的产生和发展的影响，内容包括：其一，奥义书对早期佛教的影响。我们将通过观念史分析表明，原始佛教的世界观以奥义书思想为基础，但受到沙门思潮的影响：其有为法与无为法、此岸与彼岸、生灭与涅槃的对立图景，就植根于奥义书的超越形上学；把出世解脱作为生命意义，以及把觉悟和无明作为解脱、系缚的根本原因，也植根于奥义书的人生观；业力轮回说与无我说，也可追溯到奥义书思想，但可能经过了数论的中介。而原始佛教的修道论，则是在古印度瑜伽学的基础上形成，后者通过土著的苦行与奥义书的世界观和宗教理想结合而生成，故佛教的修道论也由此间接受到奥义书的影响。其二，大乘佛教的形成离不开奥义书的长期渗透。由于婆罗门教的东扩和佛教的西进，在大乘产生的年代，佛教已处在婆罗门思想的包围之下。这使佛教徒接受奥义书的影响更加容易。另外大量皈依的婆罗门也必然把奥义书思想带进来。大乘佛学就是在佛教与奥义书传统的进一步交融中产生的。大乘的产生其实是佛教内部出现的几种新的思想趋势整合的结果。这包括：禅观的发展；菩萨行的形成；信仰主义的兴起；脱离部派实在论回归佛陀本旨的冲动。我们的考察将表明这些思想的形成和整合，都离不开奥义书和印度传统的强烈影响。其三，涉及大乘的理论，首先般若的形上学的形成就离不开奥义书思想的渗透。原始佛教拒绝任何绝对形上学，但发展到大乘佛学，绝对、真如法性乃蔚然成为思想的核心，而且得到越来越肯定的描述。导致这种思想转化的一个重要原因，就是奥义书传统长期渗透。我们看到，一方面，般若学通过否定经验存在以诠显绝对的思路与奥义书是完全一致的：大乘以“如幻性空”理解名色世界，但“如幻”论就源自奥义书的幻化论；大乘把无明、虚妄分别、戏论当作名色世界根源，也是沿袭奥义书的现存说法。另一方面大乘对绝对（诸法空性）的描述，如非有非无、平等、无分别、不二等，无不是奥义书用以描述无德梵的。它在这里对奥义书的沿袭是勿庸置疑的。最后，大乘以二谛论整合经验与绝对也以奥义书的二智之说为最早的先驱。总之，般若的形上学与佛教传统有巨大鸿沟，但其基本体系都被打上了奥义书的鲜明烙印。可以肯定它就是在奥义书形上学基础上形成的。但是它也对奥义书思想作出了重大改造。这在于它一方面完全取消了奥义书形上学的反思性，绝对不再是内在的心灵、精神，而是诸法的空性；另一方面，它克服奥义书形上学对现存实体的执着，将空性真如理解为存在的无住、无得、无依，即绝对自由。其四，瑜伽唯识的思想则反映了奥义书的精神反思对大乘佛教的渗透。由于继承沙门思想的特点，早期佛教和般若大乘都是无反思的（没有认识到精神的内在存在的实体性和绝对性），但瑜伽唯识以为诸法皆属于识，真如即识之无分别状态，把识当作存在真理，与佛教传统完全不相容，而体现了一种真正的精神反思，这只能被当成佛教受奥义书传统进一步影响的结果。唯识的形上学，由于与佛教传统的巨大差异，绝不可能是从后者自发形成，而是来自奥义书的识论对大乘佛教更深入的渗透。构成唯识学基础的几种理论，如唯识说（包括“三性”、“唯识中道”）；本识说；种子与识转变说；旨在断除习气种子的修道论等，都与无视心灵的存在论优先性的早期佛教和初期大乘有巨大鸿沟，却与奥义书的识论表现出本质的亲缘性，因而它们肯定是大乘瑜伽行派汲取奥义书思想形成的。奥义书对大乘佛学的渗透，主要通过禅观的途径。瑜伽行派将来自奥义书的“识”论与大乘原有的“空”论结合，以“空”作为“唯识”的宗旨，破除了奥义书识论对作为现存实体的真常心的执着。但由于愈益深入地受奥义书传统的影响，唯识在以后的发展中也逐渐由“空”向“有”的立场转化，从而越来越与奥义书、吠檀多思想趋同。其五，佛教如来藏思想的形成和发展，是奥义书绝对反思的渗透进一步深化的结果。作为如来藏佛教思想基础的心性一如、真如缘起观念，都与佛教传统的形上学相 格，其反思型的修道论也是佛教乃至沙门传统十分陌生的，但这些都是奥义书传统的特点，因而这类新思想在佛教中的形成肯定是奥义书传统持续渗透的结果。我们将以心性一如和真心缘起观念的形成线索，阐明奥义书、吠檀多思想对如来藏学的形成和发展的影响。如来藏学的发展可以分为法身如来藏、我性如来藏、法界如来藏、法性如来藏、净心如来藏、真心如来藏几个阶段。我们将表明其每一阶段的思想都包含奥义书影响的明显痕迹，而且这种影响是逐渐积累的。这一探讨表明如来藏学的产生和发展，从根源上是由婆罗门—奥义书传统的渗透和影响所推动的。到了真心如来藏思想确立，则如来藏佛教就与奥义书传统完全同化了。总之，在印度佛教的整个发展过程中，我们可以清晰地看到它与吠檀多日益同化的趋势，这只能认为是奥义书传统的持续渗透和影响的结果。

应当承认，“渗透”一词是对一种文化精神对它者影响的一种过于简化的表述。一种真正有价值的精神内容的文化间传播，绝不是一个无机物那样的自然扩散和吸收的过程，而必须来自自主自觉的行动。因为精神是生命，其本质是无限、绝对的自由。精神本己的意志，是在现实层面展开其自由的绝对、无限的本体。它的所有高尚的思想都被这个究竟目的规定。因而精神在接受任何新内容时，都必先返回这自由本身。它是为了实现其自由的绝对化而接受这新内容——这就是精神生命自身的成长。精神对异己的概念、观念，不可能是自然、现存地拿来，而是必须自主地在自身内部构成它们，使之成为自己生命的官能。精神通过这种“学习”实现了自身的成长，并上升到更高的自由境界。在文化交往中，精神直接接触到的是异己的观念。对这观念与自身现实的巨大反差的感觉，使精神意识到自身与自由的距离。这激励精神领会这观念，并由此构成新的省思、概念，从而展开新的自由。奥义书传统对印度沙门思想的影响，就属于这种类型。盖真正自由的省思就是精神的反思和超越。而在印度精神史上，奥义书最早形成纯粹的超越和反思思维。奥义书对耆那教、佛教等的影响，就在于它体现这超越和反思的观念进入这些传统，后者在努力理解这些观念的长期过程中，形成了自身的超越和反思思维，实现了精神生命的成长。然而奥义书的反思和超越思维总是在不断深化和提升的，这最终也将推动受它影响传统的精神发展。耆那教、佛教等的精神发展，与影响着它们的婆罗门—奥义书传统的自身思想进步相呼应。当然，反过来，耆那教、佛教也影响了奥义书、吠檀多思想的发展。

在本书下面的部分，我们试图对奥义书对印度各宗的影响作出更详细的说明。

第一编

# 奥义书与印度哲学

# 引　论

拉达克利须南说："奥义书是后来印度大多数哲学与宗教的基础……后来的哲学派别都表现了一种与奥义书观念保持一致的强烈冲动，即使它们并不全都能在奥义书中找到其起源。在印度，唯心论的每一次复兴，都要追溯到奥义书之教。"① 奥义书是后来的哲学、宗教思想的渊薮，并且从根本上规定了其后印度精神的面貌及其发展轨迹。几乎所有重要的印度哲学、宗教流派，都在奥义书思想中有其渊源。其中，吠檀多派为奥义书思想的直接继承者，其基本理论可以视作对奥义书思想的阐发。于其他各派中，顺世论（唯物主义）的思想在自然论奥义书中有充分的根据，应当视作是从后者发展而来；数论派的二元论在《羯陀》等奥义书中就有其雏形，其范畴体系在晚期奥义书中也大致确立；瑜伽派的核心内容则在奥义书瑜伽中已经形成；耆那教、胜论的实体思维，也同中、晚期奥义书的实体形而上学倾向有关；甚至弥曼差派和正理都以奥义书作为其立论根据②；而佛教与奥义书的亲缘性更是我们将在下一编专门讨论的问题。

我们在这里将首先把佛教之外的所有其他各印度思想宗派与奥义书的关联作为讨论的课题，但是将会根据这些宗派在印度思想中的重要性及其与奥义书思想的关联程度不同，而有所侧重。

在所有印度思想流派中，吠檀多派或奥义书学派，无疑与奥义书思想的关联最强，就是奥义书思想的直接继承者。早期吠檀多派与婆罗门—奥义书思想融然未分。尽管吠檀多是印度教思想的主流，尽管佛教先后提到了数论、瑜伽、胜论、正理等派，却在相当长时期内，未提及吠檀多派③。这意味着后者未从婆罗门教传统独立出来，而是被笼统称为婆罗门说。直到晚期大乘方提到吠檀多思想④。这表明最

---

① Sarvepalli Radhakrishnan, *Indian Philosophy Vol.1*, the Macmilian Company, London 1924, p.138.

② Jacob, Col, *Manual of Hindu Pantheism,* London1891. 76—78.

③ Hajime Nakamura, *A History of Early Vedānta Philosophy*, Motilal Banarsidass, Delhi, 1983. 130. 比如属于有部的《普曜经》提到当时的外道有数论、瑜伽、胜论、正理等，而未及吠檀多派。

④ Hajime Nakamura, *A History of Early Vedānta Philosophy*, Motilal Banarsidass, Delhi, 1983. 132.

早的吠檀多派，可能就是当数论、瑜伽、胜论等都从婆罗门传统独立出去之后，剩下的婆罗门—奥义书学派。至于所谓奥义书学派（Aupaniṣada），则得名更晚，可能迟至商羯罗的时代[①]。总之吠檀多派直到在其他绝大多数正统学派（除弥曼差）都成立后，都仍然属于婆罗门—奥义书学派之内。因此它是最忠实地传承、延续了奥义书的思想和精神的。不过即使是最忠实的传承，也不可避免地会由于侧重点的不同、读解的差异以及奥义书自身的芜杂性导致思想的分歧，最终导致不同的吠檀多学派形成。其中，跋陀罗衍那《梵经》，就是对奥义书观念的摘录，但文字过于简约，导致其意义晦涩模糊，且它的思想本身也有存在许多含糊笼统之处；其总的倾向是早期奥义书的精神一元论和实在的转变论。杜伊森从《梵经》的引用明显偏向唱赞奥义书[②]，推测它可能是以唱赞奥义书所属学派的某一作品为基础，再补充来自其他学派的内容而成[③]。《梵经》说梵有二门义：一曰有相，一曰无相，即有德梵和无德梵，而以无德梵为究竟；梵是无差别的原理，是绝对的一，一切差别行相都非梵的本体（BSIII・2・11FF）。梵包括宇宙，因此说梵是"一切动与不动的东西的吞噬者"（BSI・2・9），是神秘的咒语"奥姆"（AUM）。梵作为万有的绝对真理，既内在于事物之中，又超越于世界之外（IV・4・19）。梵即是在熟眠位体会到的喜乐状态（I・1・12）。梵既非感官所能接触，也非思维所能到达。这个无相无表、不可思议的东西，又被称为"非有"或"无"。这个"无"却是一切存有的根源、护持和终结，而且体性常住不变，是天国和大地乃至一切存在之依处（I・3・1,10），还是吠陀的来源。《梵经》的思想并没有达到彻底的一致。梵有时指一种无相的心性本体，有时又意味着有相的人格神。梵作为至上神，是清净无染、全知全能、遍在万物、无为常住的主宰，它单纯通过思想就创造了世界；另一方面，它又被说成是小于芥子，居于心内莲花室内；或是居于人心和太阳中大如拇指的小人，或是同时住在瞳仁和太阳中的金人（I・1・6—7,20）。梵只有作为神，才是创造者。梵经说梵具有全部殊胜之德（I・2・23），并由此使创造成为可能。《梵经》所有这些说法全都是来自奥义书，其思想的矛盾也是奥义书的已有的矛盾的延续。后来的吠檀多派不同学者都把奥义书和《梵经》的思想当做一贯的系统，但解释上有很大差别。商羯罗（Śaṃkara）持无差别不二论。他主张至上梵为不二而世界为有二。梵即绝对真理，超越世间一切存在，因而也超越了只属于世间的差别、对立、喧扰、流转，而为一味、澄澈、寂

---

① Hajime Nakamura, *A History of Early Vedānta Philosophy*, Motilal Banarsidass, Delhi, 1983. 118.

② 在其可以明确奥义书来源的第一章的二十八条基本经文中，有十二条出自唱赞。

③ Paul Deussen, *Sechzig Upaniṣaden des Veda*, F.A. Brockhaus Leipzig, 1921. 29.

静、常住的本体。梵也超越了世间的一切思维、语言，言语道断，心行处灭，为渊默的实性。生死苦乐、相续转变，乃至世界的一切，皆为幻有，唯自我为真实。人若要从喧嚣纷扰的世界，复归寂静一如的大梵，必以对“我即大梵”之觉悟为锁钥。商羯罗的思想，基本上是继承《白骡》、《慈氏》的幻化论，并对其加以系统化。跋致波罗（Bhartṛprapañca）认为人的灵魂与物质宇宙皆为实有，但都不离于梵，二者与梵不一不异。灵魂、物质、大梵三者构成一个差别整体。大梵有寂灭（pralaya）和创生（sṛṣṭi）二位，在寂灭位一切存在没于大梵，在创生位大梵又转化出一切存在；二者无限交替。罗曼奴遮（Rāmānuja）持差别一元论，把大梵当做人格神，梵、人的灵魂、世界，皆为永恒的实体，三者的关系为不一但不离。其中大梵是一切存在的灵魂和最高自我。梵与人、世界是灵魂与身体的关系，三者共同构成一个有生命的整体。寂灭与创生，皆是世界的实在的转变，但大梵却历此而常住。人生的理想在于通过牺牲（prapatti）和爱（bhakti），最终得神恩宠，脱离凡尘，进入那罗衍那（Nārāyaṇa）界，永远在神的左右。故解脱即是拯救。但与商羯罗不同，罗曼奴遮相信人即使得到解脱，也不可能与神合一。这些说法，都是晚期奥义书中出现的神、命我、自然三元实体论（MuṇḍIII · 1 · 1；ŚvetI · 7—9，IV · 5，6）的延续。罗曼奴遮还发挥了奥义书中、后期形成的恩宠论神学（KāṭhII · 12；MuṇḍIII · 2 · 3；ŚvetI · 6，III · 20，VI · 21；MaitVI · 18），认为解脱最终通过神的恩宠实现。此后，跋拉提婆（Baladeva）持同异俱有论（acintya-bhedābheda），认为事物之同与异是不可调和的，但大梵却是不可调和的对立面的“不可思议”（acintya）的综合。其说应视为对奥义书通行的以大梵为绝对、无二之神秘整体的观念，以及《白骡》提出的“三相梵”（trayam brahman）观念（ŚvetI · 7—9）的另一种解读。摩陀婆（Madhva）的立场与罗曼奴遮接近。他认为大梵、神是一个包括所有差别的存在整体，其中有五种差别：即神与个体灵魂的差别；神与物质世界的差别；灵魂与物质世界的差别；个体灵魂之间的差别；物质存在之间的差别。这些差别都是实在的。每一个体灵魂皆是永恒的实体。解脱即得到救赎。人的得救在于通过圣智、皈敬而得到神的恩宠。得救的灵魂脱离生死轮回，而永远与神共处。他同罗曼奴遮一样，也是强化了奥义书有神论和经验实在论倾向。尽管不能否认吠檀多派的哲学受到它攻击的其他学派的持续影响，如商羯罗不二吠檀多派受大乘佛学的影响，罗曼奴遮派、尼跋伽、伐拉跋和后期吠檀多派受数论派的影响，摩陀婆派受胜论、正理派的影响，但是应当承认两点：其一，这些影响吠檀多的思想派别，都与奥义书思想有渊源，根植于奥义书的观念，比如大乘佛学的性空幻有论就是对晚期奥义书幻化论的进一步发展，古典数论也是从中、晚期奥义书的数论学发展出来，因此吠檀多受这些学说影响，也可视为奥义书思想自身的进一步开展。其二，奥义书本身就已经受到不同学派影响，故吠檀多上述不同思想倾向，在奥义书中其实已经在不同程度上具备，比如晚期奥义书明显受大乘佛学影响，在这种影响下，《慈氏》的幻化论已经达到与吠檀多不二论基本相同的立场；在这种情况下，其他学派的影响，就不会影响吠檀多派作为奥义书思想直接继承者的地位。也正因为吠檀多派是奥义书思想的直接继承者，因此没有必要再去证明奥义书对它的影响，所以本书将此问题从将要进行的奥义书对印度哲学影响的讨论中略去。

还有一些印度思想流派，比如弥曼差派、正理派，与奥义书关系颇为疏远，也可以从我们的讨论中排除出去。弥曼差派与奥义书—吠檀多思想乃是从完全不同的方向发展了梵书的祭祀宗教。弥曼差本意指对祭祀的思索、抉择。其学又分前弥曼差（pūrva-Mimāṃsā）和后弥曼差（uttara-Mimāṃsā）二派。后者即吠檀多派，专注于对最高本体、大梵的沉思，前者则主要讨论祭祀的方法。一般所谓弥曼差派指的是前弥曼差。盖梵书的祭祀本来包括祭仪（viddhi）和敬思（upasana）两部分。在其后来发展中，这两部分逐渐分化，关于祭仪的部分独立出来，成为《天启经》，并发展出专精祭仪的前弥曼差派；关于敬思的部分也独立发展，形成奥义书，以此为基础形成后来的吠檀多派。就《弥曼差经》而言，它的思想只发展了梵书的祭仪部分，而忽视其敬思部分。因此其精神与从敬思发展出来并最终脱离其祭祀关联的奥义书思想判然有别。它的祭仪学正是奥义书—吠檀多思想力图扬弃或超越的对象。总之弥曼差派与奥义书出发点完全不同甚至相反，它受后者的影响可以忽略不计。正理派是印度的逻辑学派，其思想也与奥义书没有实质关联。尽管 Muṇḍ III·2·4 提到相（liṅga），被认为可能是正理派的术语，但没有其他证据表明此派思想是起源于奥义书的。印度人对逻辑学的兴趣，是与沙门思潮兴起造成的百家争鸣状况分不开的。只有在一种民主的、平等争论的精神语境之下，当观念的真理性不是来自权威的力量，亦非仅由神秘的直观，而是必须经过理性的抉择、检验，逻辑学才能成为一门最重要的学问。因此，印度的正理派，不会起源于依赖权威的吠陀崇拜，也不会产生于强调神秘直觉的奥义书思想，而只能兴起于耆那教、佛教等异端思潮的流行造成的思想大争论局面。以下事实可以支持这一看法：(1) 印度逻辑学最早就是作为论辩术出现的，本身就反映了其时思想辩论的状况；(2) 作为正理派思想基础的《正理经》就形成于沙门思潮已经盛行的时代；(3)《正理经》的逻辑学明显是从耆那教、佛教等更早的逻辑探讨中、而非从婆罗门思想发展出来，比如正理的五支论式就是在耆那教的十支论式基础上改作而成，与婆罗门思想实无任何关系。因此正理派的逻辑学与奥义书基本上无关，其世界观为与胜论一致的多元实在论，也是渊源于沙门思想（与佛世的六师思想较为一致），与奥义书没有直接关联。因此，弥曼差派和正理派的思想，也可以从我们以下的讨论中排除出去。

鉴于上述考虑，我们对奥义书对印度各宗派思想影响的讨论，将限定在佛教、数论、瑜伽、耆那教、顺世论。其中佛教最重要，故作为专门一编。在接着的内容中我们将要讨论的是余下四个宗派。其中数论、瑜伽较为重要，且资料较充分，故各辟专章讨论；而对于耆那教和顺世论，则将其合为一章，也作了尽量充分的分析。

# 第一章　奥义书与数论思想

## 引　言

达斯古普塔说，奥义书“不仅包含了商羯罗派所发扬的纯粹的一元论，而且其中也可看出一种二元论的倾向，与彻底的一元论同时酝酿，逐渐发展、成长为瑜伽、数论、毗湿奴和湿婆系统”①。拉达克利希南也说：“在奥义书、《薄伽梵歌》及其他印度教文献中，我们看到的是各种学派的结合。这些学说后来各自变迁，以至无法互融，于是经历一个不确定的时期，最终被区分为数论派、吠檀多派。”② 许多学者都认为数论是从奥义书思想发展出来的。也有不少人谈到了数论从奥义书中形成的机制。比如达斯古普塔认为，早期奥义书是从两条不同路向理解绝对：其一以为绝对者是一个同一的实质，故一切差别、多样性只是在此同一体上安立的假相，此一路向后来发展出吠檀多派；其二以为差别、多样性亦有实在性，故绝对是一个包含差别的整体，此一路向后来发展出数论、瑜伽和毗湿奴派。后一路向也包括两种态度，其一以为绝对者最初是混沌无差别的一，然后转变成为多，这是奥义书最早思想中常见的宇宙生成论；其二以为自我处在创造之外，完全不受世界的存在影响，从这种倾向发展出后来的数论学派③。高额认为，数论最早只是奥义书哲学的一个术语列表，是对于从自性开始一直到它通过转变依次产生的诸种存在体的罗列，数论学的独特教义，即自性与众多原我的独立、实在的存在，则为后来的发展④；奥义书中数论学本来是与吠檀多不加区分的，《白骡》和《薄伽梵歌》的数论学，是“与任何吠檀多派作品同

① Dasgupta, S, *Yoga in Relation to Other Systems of Indian Thought,* Motilal Banarsidass, Dehli, 1979. 18.

② Sarvepalli Radhakrishnan, *Indian Philosophy Vol.1*, the Macmilian Company, London, 1924. 528.

③ Dasgupta, S, *Yoga in Relation to Other Systems of Indian Thought,* Motilal Banarsidass, Dehli, 1979. 19.

④ A.E.Gough, *The Philosophy of the Upaniṣads and Ancient Indian Metaphysics,* Kegan Paul, London, 1891. 200.

样纯粹的吠檀多”①。古典数论乃是在奥义书的早期数论基础上，逐渐强化个体自我和自性的实体性而形成。巴鲁提出早期数论的四个发展阶段：一是黎俱的“原我颂”；二是《广林》的“原我书”；三是《摩诃婆罗多·寂静章》中般遮尸弃（Pañcaśikha）之学；四是《薄伽梵歌》中自在黑（Īśvara-Kṛiṣṇa）之学②，但对于这每一阶段的具体内容未作阐明。拉达克利希南把数论的产生归结为这样一个过程，首先是奥义书主导的一元论自然地转化为一神论，后者导致命我与至上我的分离和它的多数性，而当人们意识到至上我的绝对性与命我的独立性、多数性之矛盾，就只能取消这二者之一，于是数论就取消了至上我的存在③；他所理解的数论就是古典数论。然而所有这些想法，都停留在一种提纲式的、猜想的层面，缺乏更详细的展开和论证。我们将从思想史角度，通过阐明奥义书的理论体系及其主要观念在奥义书中酝酿、形成的详细过程，以证明数论学就是从奥义书思想发展而来的。

数论（Sāṃkhyā），从古译，又译僧佉，其本来意义有多种解释。此词源于saṃkhyā，为数、思维二义。古代注释家释僧佉为思维、抉择之义。如《摩诃婆罗多·寂静章》：“所谓僧佉，以彼作思择（saṃkhyā），揭示自性、原我之实相，以及二十四谛、真理、法、实有故。”巴檀遮厘《瑜伽经》亦说数论为至上智（YS IV·29），《瑜伽经注》也在同样意义上使用此语（YSB I·15, II·2）。考底厘耶《利论》（Arthaśāstra）将数论与瑜伽并举，以之为对正、误的抉择④。商羯罗亦曾引用数论师的定义，谓数论即对自我实性之智。或谓saṃkhyā由前缀sam（完全）加词根khyā（揭示），故其本意为完全之揭示，故数论本来指对一切真理，或对自我实性之完全开示⑤。识比丘《数论经注》云“数论谓通过彻底区分，揭示自我实性”⑥，乃从此解。总的说来，数论的原义，应当为思择、智慧、静虑、明辨等，其作为此学派之名，应取意于此。也有学者，比如早期的数论学研究者加尔伯，认为数论得名于数，因为此派思想乐于枚举其

① A.E.Gough, *The Philosophy of the Upaniṣads and Ancient Indian Metaphysics*, Kegan Paul, London, 1891. 201.

② Benimadhab Baru, *A History of pre-Buddhistic Indian Philosophy*, University of Calcutta Press, 1921. 214.

③ S.Radhakrishnan, *The Principal Upaniṣads,* George Allen & Unwin LTD, London, 1953. 136.

④ P.Chakravarti, *Origin and Development of the Sāṃkhya System of Thought,* Oriental Books Reprint Corporation, 1975. 2.

⑤ Nandalal Sinha (Trans), *The Sāṃkhya Philosophy,* Orietal Books Reprint Corporation, New Delhi, 1979. 11.

⑥ Nandalal Sinha (Trans), *The Sāṃkhya Philosophy,* Orietal Books Reprint Corporation, New Delhi, 1979.11.

范畴（比如三德、八本、二十三谛等义）。中土佛典译家乃从此解，此为译此词为“数论”之由。《百论疏》（卷三）：“僧佉名制数论，明一切法不出二十五谛，一切法摄入二十五谛中名制数论。”《因明入正理论疏》（卷中）：“梵言僧佉奢萨坦罗，此名数论，谓以智数数度诸法，从数起论，论能生数，复名数论。”不过此解并无充分根据①。数论派的自身文献并无持此解者，另外印度宗教中热衷于以数目概括诸法的派别有许多（比如耆那教、胜论等）。佛教等说数论为数目之学，往往具有讽刺意义，勿宁说是后来的附会。

数论派区别于奥义书以及其中的数论学的一个显著特点，是它强调通过逻辑的论证，而不是依靠吠陀权威或神秘启示来确立自己学说的合法性。它即使引用奥义书文本，也仅是为了支持其论证。《理趣灯论》比喻数论为象，而理证与教证为其二牙。这种理性倾向，即使在《数论颂》之前的早期数论派中就已开始形成。《梵经》就提到数论的自性原理是“依比量安立”（anumāna）的（BSI·1·18，3·3），《利论》的作者考底厘耶亦称数论为“建立于推理之学（ānvīkṣakī）”②。数论派以理性的方式论证世界起源。其以为因果同一，故相信从果的性质可推知因的性质。以自然界为无意识，故自性为无意识，以可见的自然物皆有三德，故知自性有三德。自性既为无意识、物质的原理，且本来处在均衡状态，故为解释自性何以发生转变，必假设没有一原因，其影响使自性脱离本来的均衡，进入转变，这个原理就是原我。数论以五因证明自我是有③，以五因证明自我为多④，以五因证自性是有⑤。其他每一种重要原理的提出，也都伴随对其存在的逻辑证明。

数论的主要学说包括：其一，原我、自性的二元论。其中原我（补鲁沙）为一超越、无为、恒住的纯粹意识实体，它构成人的现实自我的本质。而自性为盲目、混沌的创造力量，是全部物质和精神现象的根源和全体。二者皆是无相、无差别、遍满宇宙、不可知的原理。其二，二十五谛说。世界的全部存在可分为二十五个范畴，即二十五谛，包括原我、自性，以及由自性转变所生成的觉谛（理智）、我慢（自我意识）、十一根（全部身、心机能）、五唯（色声香味触）、五大（地水火风空）。其三，宇宙万有皆是自性转变所生，而原我始终处在转变之外。转变的过程大致是由根本自性生

---

① A.B.Keith, *A History of the Sāṃkhya Philosophy*. Oxford University Press, 1924. 22.

② P.Chakravarti, *Origin and Development of the Sāṃkhya System of Thought*, Oriental Books Reprint Corporation, 1975. 41.

③ 《金七十论》卷上：“聚集为他故，异三德、依故，食者、独离故，五因立我有。”

④ 《金七十论》卷上：“生死根别故，做事不共故，三德别异故，各我义成立。”

⑤ 《金七十论》卷上：“别类有量故，同性、能生故，因果差别故，遍相无别故。”

觉谛，觉谛生我慢，我慢生十一根、五唯，五唯生五大，五大构成物质宇宙。觉谛、我慢、十一根、五唯构成人的细身。原我以某种方式与细身结合形成现实的生命。转变的目的是为了原我的受用、解脱。其四，自性由萨埵、罗阇、答摩三德组成。其中萨埵为轻、光、喜之德；罗阇为动、扰、苦之德；答摩为重、黯、钝之德。当三德均衡，自性便处于寂静状态。然而当原我欲受用自性，便使三德失去均衡，自性于是开始转化。由自性所生二十三谛亦皆具此三德。其五，原我本来无为、无作、无受，只是世界进程的不动的观者，但当它与觉谛等联结，就形成了现实的自我即命我，命我乃为作者、受者。原我不入轮回，命我则处于轮回之中。命我的轮回是无始即有的，是无数前生所作业留下的习气导致的结果。原我与觉谛只具有一种外在的结合，如花映于水晶或火渗入赤热的铁球。其六，自性所生之二十三谛皆是苦。解脱不是获得某种肯定的幸福，而只在于痛苦的永远消灭。这在于心灵断除与自性的联结，回到无德、清净之原我。自性、觉谛之苦是无意识的。当原我与觉谛等联结，便使这诸苦被带到意识中。解脱断开这种联结，因而也断除生命之苦。解脱也导致轮回的结束。其七，轮回与解脱都既是个人的，也是宇宙的。自性是因为原我的受用而发生转变，当原我不再受用，则转变亦止息，自性退回其无相、黑暗状态。解脱之道在于修瑜伽而生明辨智，知原我、自性为异，从而使自性止息，故原我离缚。

应当区分数论学与数论派。数论学为一种理论体系，其内容大体如上，但是不一定有明确的宗派意识，而是可以被不同学派接受（如吠檀多派就将数论学整合到自身宗教之内），其具体说法也可能会有变迁。数论派则是以数论学为根本教义成立的学派或宗派，其教义也可能有历史变迁。在奥义书中，Śvet VI · 13 最早提及数论或僧佉一词，谓人依数论、瑜伽乃可得至上界。这里数论指的只是数论学，而不是数论派。大多数学者认为，直到史诗时代，数论都没有与奥义书思想明确分离，也就是说它不是作为一个独立学派存在的①。它只是当时众多的奥义书学说中的一种，与其他学说混杂在一起，而不存在对于彼此差异的理论自觉。这种情况在每一种篇幅稍大的晚期奥义书中都不同程度的存在。比如在《白骡》、《慈氏》等中，我们都可以看到数论与晚期奥义书的幻化论、早期奥义书的宇宙发生论、吠陀的天神崇拜和梵书的祭祀宗教等的杂乱混合。另外，在《数论颂》之前已经有早期的数论学派存在。《数论颂》于结尾提到其所阐明的内容，皆来自更早的数论经典《六十义论》（Ṣaṣṭitantra）。此说应当属实，因为后来五夜教（Pañcarātra，为毗湿奴教之一派）的《阿孜菩陀本集》也提及此书并列出其六十个主题（Ahirbudhna-saṃhitā XII · 17）。这表

① Sarvepalli Radhakrishnan, *Indian Philosophy Vol.1*, the Macmilian Company, London, 1924. 527.

明存在着某种在《数论颂》之前的数论派。

无论是数论学还是数论派，其思想都经历了长期的发展、演变。早期的数论学和数论派思想，都应当与以《数论颂》为代表的古典数论有较大差异。比如求那勒拿（Guṇaratna）在其《真见集论注》中提到最早的数论派是牟厘启（Maulikya）学派，后者以为每人各有一自性，于解脱时此自性即消灭①。另外，佛典记载的早期数论学也与古典数论有较大区别：一、彼持有绝对自我，无多我论，以为在此岸命我存在，在彼岸（涅槃界）命我消失，归于绝对；二、认为自我受缚，受苦②。这些说法，都与持多元自我、唯一自性的古典数论立场有很大不同。数论思想一直是处在流变中的，不能说不同于古典数论的就不是数论思想。

任何哲学、宗教的观念、学说，都是精神省思的体现。作为数论学基础的，是对自我作为超验的心灵实体的领会，这种领会，是纯粹的精神反思和超越。数论二元论就是这种精神反思和超越的产物。在印度文化中，只有吠陀传统，通过其对尘世与天国的想象，对神的无限主体性、自由的仰慕，体现了一种自在的超越和反思（我们称这种传统为觉道传统）。只有从这样的传统中才能发展出真正的（自觉的）精神超越和反思。于是精神领会到自我的真理不仅是超越自然的实体，而且是内在的主体即心灵、意识。这种领会很自然会导致一种心、物二元论，而后者就是数论的形上学基础。因此，数论学只能是从吠陀—婆罗门传统发展出来的。有学者推测这种心、物二元论来自前雅利安的陵伽和约尼（即男、女生殖器，代表自然的两种生殖力量）崇拜，故认为数论的起源应追溯到土著传统③。此说缺乏更充分的论证。盖土著人崇拜的陵伽和约尼实际是自然的两个方面④，类似于中土所谓阴、阳，既不是心、物对待，也不包含对心灵的超越性的领会，所以它与数论的心物二元论没有任何相似之处。从土著传统中也看不到任何超越和反思冲动（我们称这种传统为玄道传统），不可能产生真正的精神超越和反思。因此从土著生殖崇拜不可能发展出数论的体系，这同中土阴阳说不可能发展为心物二元论是一样的道理（参见第二节第一目中更详细的讨论）。同样，Garbe 推测数论原来是作为一种反婆罗思想产生后来被婆罗门传统吸收并成为婆罗门正统的六派哲学之一⑤，这样的看法也由于持数论的非婆罗门

① Dasgupta, S, *Yoga in Relation to Other Systems of Indian Thought,* Motilal Banarsidass, Dehli, 1979. 28.

② Oldenberg, Hermann, *Die Lehre der Upaniṣaden und die Anfange des Buddhismus*, Vandenhoeck & Ruprecht, Goettingen, 1915.318–319.

③ Pande, G.C, *The dawn of Indian civilization, Vol.1,* Centre for Studies in Civilization, Delhi, 1999. 387.

④ Pande, G.C, *The dawn of Indian civilization, Vol.1,* Centre for Studies in Civilization, Delhi, 1999. 387.

⑤ EREXI. 189.

起源故不能成立。不少学者认为数论来自吠陀传统与非吠陀传统的交融①。这一看法当然是可成立的。不过这种交融是以吠陀传统为主体，而汲取了土著文化因素。总之，数论学的产生，从根本上应视为吠陀—婆罗门传统自身的思想发展的产物，而且必然是以奥义书为渊源的。

数论学派自其成立，就一直在奥义书中寻求理论依据。“同跋陀罗衍那和商羯罗的吠檀多派一样，数论派也是一个建立在奥义书基础上的系统。”②跋陀罗衍那《梵经》和商羯罗的注释就举出了被当时的数论派作为立说依据的诸奥义书文本，并企图表明数论的理解是错误的（BSBHI・1・5，4・5，4・7，4・14 等）。这表明早在《数论颂》出现之前的跋陀罗衍尼（公元 2 世纪）时代，就已经有数论学派存在，而且已明确将奥义书视为其理论来源。

无疑奥义书中已经包含大量数论学因素③。从早期奥义书中就可以发现数论的自性和原我观念及其二元论、自性转变说、三德说等的萌芽。在《羯陀》中最早出现了数论学的明确表述④。在这里，原我被认为是超越诸根、我慢、觉谛以及自性本身的清净意识。有些章节开示了一种明确的实体二元论。《六问》提到了包括觉谛、我慢、末那、五知根、五觉根、五大、五唯在内的自性二十四谛的全部内容，且表明自我超越此诸谛，已经具备数论的基本框架。《白骡》、《慈氏》都有大量内容无疑是数论的。在奥义书中，《白骡》最早提及数论一词且将其与瑜伽并举，它还提出了奥义书中最完备的数论自性转变体系，开示了由自性转化生成十六变易（五大、五知根、五作根、意）、五十种觉相以及六科八品等的机制（详见第二节第二目的讨论），提出自性具三德之说，以为自我受用自性与否是轮回、解脱的条件。这些说法表明数论的完整体系在当时的奥义书思想中已经存在了。《慈氏》的数论学，较《白骡》又有进一步完善。《白骡》将三德归诸自我，而《慈氏》则将其归之于自性。《慈氏》首次阐明了三德的内容和性质，以及三德在转变中的作用，其云自性在补鲁沙推动下转化出三德，且由于三德的转化，次第生成八本（自性、觉谛、我慢及五唯）、十一根（五知根、五觉根、末那）乃至无量的现实存在。另外，它还明确指出原我是否受用自性是自性的转变与寂灭的原因。可见，在《慈氏》中，数论的体系已经非常成熟了。

不过，对于奥义书中的数论学，在这里还应当指出以下几点：

---

① K.N. Upadhyaya, *Early Buddhism and the Bhagavadgīta,* Motilal Banarsidass Press Delhi, 1983. 92.

② A.B.Keith, *A History of the Sāṃkhya Philosophy*. Oxford University Press, 1924. 7.

③ R.E.Hume（trans）, *The Thirteen Principal Upaniṣads,* Oxford University Press（India）, 1995. 8.

④ P.Chakravarti, *Origin and Development of the Sāṃkhya System of Thought*, Oriental Books Reprint Corporation, 1975. 19.

第一，奥义书思想往往极为含混、芜杂，其涉及数论者亦是如此。在同一部奥义书中，往往数论学的内容被与神性论、幻化论乃至宇宙论等内容不加区分地混杂在一起，相互之间并没有在逻辑上达到很好的整合；另外其中数论学本身也包括不同思想倾向，比如持有神论和无神论的、持严格的实体二元论和持弱化的二元论乃至吠檀多一元论的等，对于它们的相互差异，奥义书作者似乎完全没有意识到。西方学者往往从逻辑一致性，认为古奥义书既然基本的主张是绝对一元论的，因而不可能真正接受数论立场（比如《白骡》的幻化论就与数论直接矛盾，因此对于其书大量随顺数论的表述，都只能从幻化论解释，而不能视之为真正表现了数论体系的存在），所以我们只能说古奥义书表现了从一元论过渡到数论的趋势，但不能认为古奥义书包含了数论思想在内①。然而现在看来，这种看法是不能成立的。因为奥义书思想往往并不具有西方学者希望见到的逻辑的一致性和清晰性。相反在其中理论的含混、模糊和矛盾比清晰、一致的逻辑更为常见，因而在奥义书中，甚至在它的同一文本中，每每混杂着与其（一元论的）基本立场相矛盾的异说，甚至同一文本前后两段的思想也有可能截然对立。这种情况，如果我们要更尊重文本的思想原貌的话，是不应当被主观地清除的。这种情况尤其在数论学得到充分发展的晚期奥义书中更为显著。比如 Śvet IV · 5 的数论立场就与其后的 IV · 10 的幻化论立场直接矛盾，二者相距不过数行。《羯陀》前半部分完全是无神论的，其以为补鲁沙是至上有，为修道证解之目标；后半部分则是有神论的，谓人必依造物主的恩宠方能悟道，两部分的矛盾也非常明显②。在《白骡》和《慈氏》中，思想的混杂最严重。《白骡》的编者企图把当时流行的各种思想收罗起来，其中有数论、瑜伽、幻化论、湿婆和鲁陀罗崇拜、巴克提道等，但这些内容并未达到一种内在的一致性。《慈氏》也试图把数论、幻化论等同古老的宇宙起源论、吠陀的祭祀学甚至原始魔法烩于一炉，其理论杂糅、混乱的特征十分明显。我们也只能承认文本思想事实上的含混性，而不能像有些学者所做的那样，力图把奥义书涉及的数论因素统一到占主导地位的吠檀多一元论中（比如凯思就企图将《白骡》的数论学完全消融到吠檀多的幻化论中；事实上就《白骡》书而言，数论学的立场较之幻化论，更占主导地位）。

第二，奥义书的数论学与以《数论颂》为代表的古典数论有很大区别。首先，古

---

① 比如 A.B.Keith, *A History of the Sāṃkhya Philosophy*, Oxford University Press, 1924. 13.

② P.Chakravarti, *Origin and Development of the Sāṃkhya System of Thought*, Oriental Books Reprint Corporation, 1 975. 31.

典数论是无神论的，其以为自性转变完全是独立的过程，无须假定一个主宰神的存在，但是奥义书的数论学，大都与神性论结合在一起。从早期奥义书直到在《羯陀》前半部分的数论学，神性的观念皆极淡薄。晚期奥义书思想则逐渐突出至上神的观念。在《白骡》、《慈氏》中，数论学被与有神论和吠檀多绝对一元论和幻化论混杂在一起，否定自性与命我的独立性成为主流倾向。神被视为命我和世界的主宰者、创造者；自性被认为是神的创造力；数论、瑜伽被当作证悟至上神的手段。其次，古典数论持多元自我论，否定绝对自我观念，但这却是奥义书数论学的共同观念。其中，即使一些脱离神性论的学说（比如《羯陀》、《慈氏》的食者与食之说），也都持续绝对自我的存在，而个人自我只是以某种方式分有绝对自我的结果。另外，古典数论是严格的实体二元论，而奥义书的数论学，则有三种类型：实体二元论（比如《羯陀》、《慈氏》的乘者与车、食者与食之喻）；弱化的实在二元论（以为自性、个人自我皆为实有，但从属于一个绝对者，比如《白骡》说自性为神之自力、个人自我为分有神而存）；完全与吠檀多同化的绝对一元论（把自性、命我的二元性完全当做唯一的至上神变生的幻相，比如《白骡》、《慈氏》的幻化论）。其中，后两种类型占主导，因而奥义书数论的二元论也与古典数论很不相同。

尽管如此，我们也不能否认数论学在奥义书中的存在。盖数论学也有不同理论形态，晚期数论派就脱离古典数论的无神论和严格二元论，而重新确立（与奥义书基本立场更一致的）神性论和唯心的一元论。早期的数论派同样如此。《六十义论》持自我为绝对。诃黎跋陀罗《真见集论》提到有一数论学派承认大自在神（Haribhadra, Ṣaḍdarsana-samuccaya I · 35）。《瑜伽经》也持有大自在神（YSI · 24），反映了早期数论的遗迹①。在佛教文献中，寂护的《摄真实论》及莲花戒对它的注，也提及有持大自在神与自性结合创世观点的数论流派。佛典记载的早期数论学也持绝对自我论，以为在解脱中自我的个体性消失，复归于绝对②。因此可以肯定早期数论派曾经持神性论和绝对自我论③。这些说法，都与持多元自我、唯一自性的古典数论立场有很大

① 《瑜伽经》也同《数论经》一样，称自己为“数论明”（Sāṃkhyā-pravacana），它的数论学代表了另种数论立场。达斯古普塔指出瑜伽派所直接继承的数论不是古典数论，而是某种更为原始的数论（S.Dasgupta, *Yoga in Relation to Other Systems of Indian Thought*, Motilal Banarsidass, Dehli, 1979. 7.）。

② Oldenberg, Hermann, *Die Lehre der Upaniṣaden und die Anfange des Buddhismus,* Vandenhoeck & Ruprecht, Goettingen, 1915. 318–319.

③ 晚期数论学者（如识比丘）也试图以真俗二谛调和数论的多数自我和吠檀多的一元自我之矛盾，以为说自我为多只是从俗谛言，所说为世间我；说自我为一是从真谛言，所说为胜义我（Nandalal Sinha（trans）, *The Sāṃkhya Philosophy,* Orietal Books Reprint Corporation, New Delhi, 1979. 10）。这实际上是退回早期数论的立场。

不同。奥义书的数论与早期数论派的立场一致。数论思想一直是处在流变中的，不能因为奥义书的数论学不同于古典数论就否定它是数论思想。

也有学者推测奥义书的数论学是从某种已有的原始数论学派沿袭而来。比如有学者从《白骡》的独特的数论立场，推断它表现了有别于自在黑的古典数论的另一数论学派的思想，或以为它企图调和数论派与吠檀多的矛盾①。但其实这些看法都是不能成立的，因为：第一，我们没有证据表明在古奥义书的时代，数论学就已经作为一个独立的学派存在，更谈不上自觉对数论与吠檀多两个学派的立场进行调和。在奥义书及更早的吠陀、梵书等文献中，完全看不到有此派体系存在的影子。事实上，直到《慈氏》之前，奥义书的宗派意识都非常模糊，奥义书的思想家们对于异己学说的态度非常开放，接受不同思想也非常自由，这使得在奥义书思想中，严格意义上的宗派或思想流派都很难形成（各梵书学派并不是真正的宗派）。第二，已知数论派的最早文献（比如佚失的《六十义论》）也不会早于 1 世纪，数论派现存的最早经典《数论颂》（Sāṃkhya-Kārika）迟至公元 3 世纪才出现；然而早在《羯陀》（约公元前 6 世纪）中，数论学就已经明显存在了，因而它不可能是从这些数论派沿袭而来，反倒应当被认为是后者的根源。第三，最重要的是，在奥义书中，我们可以看到数论学从最早的一些朴素、零散的观念，经过逐渐提炼、整合，以不断接近数论的较纯粹、完备形态的明确线索，证明数论学是在奥义书孕育，从中发展出来的。

以下我们试图追溯数论的心物二元论和自性转变论的体系，以及数论的几个最重要观念，包括原我、自性、三德、觉谛、命我等，从吠陀晚期发轫，经奥义书的长期酝酿，终于在奥义书中、后期思想中形成、完善，并最终构成成熟的理论系统的漫长过程；并试图由此证明数论的奥义书渊源。

## 第一节　数论的主要观念在奥义书中的发展

杜伊森说："数论学的全部组成要素，皆是从奥义书的吠檀多中发展出来，它只是把在奥义书中已经出现而且其影响在逐渐增强的实在论倾向推向极端。"② 大多数学者都相信数论学起源于奥义书，但对于数论学的观念从奥义书中演变形成的详细过程还缺乏充分的阐明。我们试图通过梳理数论学的几个基本观念，来表明数论学

---

① P.Chakravarti, *Origin and Development of the Sāṃkhya System of Thought,* Oriental Books Reprint Corporation, 1975. 26, 33.

② Paul Deussen, *The Philosophy of the Upaniṣads*, Motilal Banarsidass Press Delhi, 2000. 239.

就是从奥义书中发展出来，而且在晚期奥义书中已经形成。数论学最重要的几个观念是：(1) 原我 (puruṣa)，即真实自我，为一超越、不动、清净、遍满、恒常的意识实体，与世界进程完全无关，为消极的观者。(2) 自性 (prakṛti)，为盲目混沌的创造原理，是一切心、物现象的根源，也是一个超验的实体。(3) 三德 (tri-guṇa)，为组成自性的三种潜能、属性或成分，即萨埵（明德）、罗阇（动德）、答摩（暗德），自性通过三德的转变，产生世间万有。(4) 觉谛 (buddhi) 或大，即理智、思维、知性，属于自性而非原我，为自性转变的第一个产物，它既通过转变产生其余诸谛（从我慢、末那以至地水火风空五大），也将来自诸根的信息最终交付原我。(5) 命我 (jīva)，即个人灵魂，为原我执受觉谛及我慢、诸根等形成的聚合体，由于被觉谛系统而轮回流转。以下我们将阐明这些观念在吠陀、奥义书思想中的缓慢形成过程。这将证明数论学就是在奥义书中酝酿出来的。

## 一、原 我

原我 (puruṣa)，直接意义为男人、人类。此词在从吠陀、奥义书到数论的发展中经历了很大的意义变化。我们根据其意义不同，分别译为补鲁沙、原人、原我。在数论中，它指超越自然、超越了时间、空间、因果、感觉、运动等经验表象的意识实体。原我是人的真实自我。它是单纯的知者，无作无受、清净恒常、遍满世界而不入于世界。古典数论一方面将原我理解为与自性对立的形而上学实体，世间一切（包括全部物质和精神现象）的生成、演变皆完全是自性（自然的始基）的作为，与原我无关；另一方面以为每人有一原我，故其数目为无限多。

数论的原我观念应当通过奥义书，最终追溯到吠陀、梵书作为世界根源的原人 (puruṣa) 观念。《穆迦罗奥义书》(Mudgala Up) 称《黎俱吠陀》的“原人颂”(puruṣa sūkta) 是数论的出发点，即着眼于其最早提出补鲁沙之说。近世亦颇有些学者指出吠陀的原人创世说包含数论原我观念的萌芽①，但亦不乏反对者。持肯定意见者的理由，除了数论的“原我 (puruṣa)”在术语层面是继承吠陀的“原人 (puruṣa)”，暗示其意义应是从后者发展而来，另外还有一个关键之点是：数论谓原我遍满宇宙，也明确透露了原我观念与吠陀、梵书的原人论理解的普遍大我的渊源关系（如果数论的原我一开始就是古典数论理解的多数个体，那么它的这种遍满性就是不可理喻的）。我们认为这些理由是成立的。反对者的主要理由是：(1) 数论持自我为多数的实体，

① Benimadhab Baru, *A History of pre-Buddhistic Indian Philosophy,* University of Calcutta Press, 1921. 221.

反对有所谓绝对自我。(2) 数论持个人自我和自性皆为无生的实体，反对二者从某种宇宙大我生成的观念。(3) 数论持原我为超越的意识实体，而吠陀的原人只是一个自然的躯体。这些理由都值得商榷。首先，数论学说是处在历史流变中的，不能用古典数论来概括数论学的全部。在《数论颂》之前的早期数论就曾经持有绝对自我，并以之为宇宙和个人小我的根源（详见下文讨论）。其次，原人观念也是处在演化过程中的。在吠陀、梵书和奥义书中，其意义逐渐朝内在、超越的方向发展；在《羯陀》等奥义书中，它已经脱离任何自然、经验表象成为一个超越的意识实体。我们下面将追溯这一意义演变过程。因此，我们确定数论的原我观念应当追溯到吠陀、梵书的原人 (puruṣa) 观念。在吠陀、奥义书思想中，原人观念经历了如下发展：一、从原先仅作为自然的外在总体，逐渐深化为事物的普遍实质；二、从外在的自然实质，逐渐内化为作为存在的绝对真理、实质的意识、心灵；三、彻底扬弃原先的宇宙论、心理学意义，升华为一种超越自然、经验的心灵实体。经过这一发展，补鲁沙的观念就完全与数论学衔接了。试对这一观念演变过程分析如下：

原人说最早由《黎俱》晚期的《原人歌》(ṚVX · 90) 提出。其以为世界是从一个独一无二的宇宙巨人 (Puruṣa) 产生，万物来自原人自身的分解或诸神以原人为牺牲的祭祀。原人是宇宙的根源、全体。歌云：“1 原人具有千首、千目、千足。他从一切方面包含大地，其形量为十指之广（为太阳或人心脏之量，此谓原人居于太阳或人心中）。2 原人是一切世间，是一切已在和当在者。他是不死的主宰，由祭食而生长。4 原人的四分之三生长在天国，四分之一生长在大地。所以他遍满一切方面，遍满一切食者与非食者。5 由原人生毗罗吒 (Virāṭ，物质宇宙)，由毗罗吒复生原人。他出生后遍满大地的东方和西方。6 诸神行祭祀，以原人为牺牲。其油是春天，其圣礼是秋天，其木是夏天。8 从祭祀中溅出油汁，神将其收集。神乃以之做成森林、村庄和空界中的生命。13 从其意生月，从其目生日，从其口生因陀罗与阿耆尼，从其气息生风。14 从其脐生中界，从其头生天，从其脚生地，从其耳生四方。由此形成世界。”世间万有，从天地、日月到一切生物、人类，都是由原人生成。这里可以看出：一、原人不是一种精神的存在，而只是一个物质的始基和全体；二、原人生成世界是一个宇宙论过程。因此吠陀的原人论，只是一种宇宙拟人论，并没有反映什么深刻的自我理解。

《阿闼婆吠陀》和梵书继承、发展了《黎俱》的原人论。AVXIX · 6 完全沿袭 ṚVX · 90 的内容。AVXI · 7 · 24—27 将原人创世论与宇宙轮回说结合起来。它提出在整个世界的寂灭状态，宇宙归于原质，一切名色皆不复存在，只有原人、至上神独存。此时一切名色都潜在地存在于至上神之中，甚至吠陀、诸天也只有在至上神中得以持存。然后宇宙又进入创造期，故吠陀、诸神、天界、地界、日月、风雷、草木、人物，以及法、诸根、元气等等，一切名色之物，又重新从寂灭中开展出来。这种创世论已经暗示了数论的补鲁沙（原人）、自性（原质）的二元体系。Sat BrāX・6・1・1—11 说至上神即是补鲁沙，包含地、水、空、风、火、天（即宇宙全体）而超越之。Sat BrāXIV・4・2・1："于初，此世界只是阿特曼，有人（puruṣa）之形。彼环视没有余物，仅有我。彼乃云：'此是我'。于是成为有'我（aham）'之名者。……彼乃恐惧。故人若独处者乃恐惧。彼乃思曰：'我之外既无所有，则何所惧焉？'遂不复恐惧。"其书接着叙述了此原人独处不乐，乃创造世界以自娱。另外，《阿闼婆》和梵书大量的人与宇宙同构论，乃是对《黎俱》原人论的直接发挥。如 Sat BrāX・3・3・7—8 说人由意、语言、眼、耳、气息五者组成，它们的实质分别是月、火、日、四方、风。而月、火、日、四方，在毁灭时皆入于风，并从风中再次生起。人死后，其先依其语言入于火，次依眼入于日，次依意入于月，次依耳入于四方，最后依气息入于风。还有一个流行的说法，认为太阳中的金人与人右眼中闪闪发光的小人是相同的，都是至上补鲁沙（Sat BrāVII・4・2・17）。这些说法都是从自然、宇宙论意义上理解自我，没有什么深意。

不过，我们也可以看到《阿闼婆吠陀》和梵书对于原人论的发展。这在于：首先，原人被与至上神等同。《黎俱》的原人本是一个无主体性、无人格的宇宙始基。《阿闼婆》和梵书则试图赋予它以主体性和人格性，将其等同于神。原人分解生成世界的过程被认为是神出于自身欲望、意志而进行的存在转化。其次，梵书后期还在以下两方面对原人论作出了发展：第一，开始领会到补鲁沙是一个超越的原理。如偈云："超越众生与诸界，超越诸方与诸极，彼达宇宙初生者，乃见、成彼本是者。超越天地、诸世界，超越诸极与光明；智者既释世界网，乃见、成彼本是者。"（Vāj Saṃ32・11—12）类似地，Tait ĀraIII・13 云原人在诸神之前就已存在，复被诸神造出；Tait ĀraX・1・2—4 说原人是时间之源，而自身却是无时间的。第二，开始领会到补鲁沙是一个内在的、心灵的原理。如 Sat BrāX・6・3・2："应沉思至上我，彼由智慧而成，以心识为体，以光明为相，体性微妙，如意变化，迅如思想，是真决、真愿，包括一切妙味，主宰四方，遍满宇宙，无言诠、无差别。小如米粒、大麦粒、粟粒，甚至最小的粟米粒，此即心中金色的补鲁沙；如无焰之光，大于天，大于空，大于地，大于一切存在者；——此元气之我，即是我的自我：当离此世时，我乃得此自我。"Ait ĀrII・6・1・5："此至上我，体即是识，彼即是梵，即是因陀罗，即是生主。一切诸天，地、水、火、风、空五大，……一切诸由，皆是由此心识而生。"梵书的上述思想已经与奥义书衔接起来，但是总的说来，它对原人的超越性、内在性的领会，仍然是很偶然的，而且表述得较模糊（比如说补鲁沙以心识为体，同时又大如拇指等），同时补鲁沙的内在性与超越性两方面没有结合起来，因而与数论的原我观念尚有很大距离。

奥义书就是继承了吠陀和梵书的原人论思考，并将其逐步引向数论的原我观念。最早的奥义书思想完全沿袭了梵书原人论的宇宙拟人观念。如ChānV・11说到优波毗尸、包鲁尸、阿室婆多罗室毗、荼跋拉、跋罗毗耶、阇那沙伽罗叉六人，共诣该祇夜问至上神、补鲁沙之本质。此六人各以地、水、空、风、火（日），天为至上神。该祇夜乃说补鲁沙包含这六者而超越之，谁若知此至上神之本质，则克服死亡。故补鲁沙就是宇宙之全体。其说完全是梵书，而且主要内容就是来自Sat BrāX・6・1。BṛihI・4・1亦云："于初此世界只是自我，具原人（puruṣa）之形。彼遍视而不见余物。彼遂言：'我有'。于是有'我'之名。如是即使今日，若人被请问，乃先答曰'是我'，然后说其无论何名。彼于全世界之前（pūrva）焚（uṣ）一切罪恶，故称为'pur-uṣ-a'（原人、原我）。信然，人若知此，乃焚欲前于彼者。"AitaII・4・1说至上我从原初之水创造原人，施苦行于原人之上，由后者乃生口、鼻孔、眼、耳、皮、心、脐、生殖根诸窍，由诸窍生语言、上气、视、听、毛发、意、下气、精液诸根，由诸根生火、风、日、四方、草木、月、死、水诸有。BṛihI・5・15；ChānIV・5—8，VI・7；PraśVI・1等继承梵书的补鲁沙十六分之说，所谓十六分包括：天、空、地、大洋、四方、火、日、月、闪电、气息、眼、耳、意等。其说以为人具此十六分，宇宙原人亦具十六分，人与宇宙一一同构。十六分生于原人，且复归于原人。然而由于奥义书精神省思的逐渐深化和提升，奥义书思想逐渐扬弃这种形器的原人观念。奥义书的补鲁沙观念，经历了以下发展阶段：

第一，由于理性思维的逐渐成熟，奥义书否定了原先仅作为一个形器的自然总体的原人观念，而将原人理解为事物的普遍实质。如BṛihII・5・1—19的甘露说，谓补鲁沙是万有之实质、甘露。在宇宙方面，补鲁沙居于地、水、火、风、日、诸方、月、电、雷、空、法、真如、人类、自我共十四法之中，是隐藏于它们之中的大梵、至上我、实性。就自我方面，它也是居于身、精液、语言、呼吸、眼、耳、意、热、言音、心中空、如法行、如真行、人类、自我十四法之中的大梵、至上我、实性。补鲁沙是全部物质和生命存在的内在实质，而全部存在只是它的行相。同理，PraśVI・5—6说包含十六分之世界，其实只是一味地补鲁沙的名色，皆由补鲁沙转变生出，而当其复归于补鲁沙，则其自身存在即消失，其名色亦消灭，而融入原人的一味、恒常的实质中，如百川入海。其云："譬如诸江河，向大海奔流，当其入海，则自身消失，其名色消灭，人仅称之为唯一大海；如是此全知者（补鲁沙）之十六分，当其趣向补鲁沙，达到补鲁沙，乃自身消失，其名色消灭，人仅视之为唯一补鲁沙。彼无分而常存不灭！于彼有偈云：诸分依止彼，如辐于轮毂。我且知彼为，至上补鲁沙！人应识知彼，免为死所害。”

第二，由于真正的精神反思的确立，奥义书进一步扬弃了这种外在的自然实质，领会原人为某种绝对意识、心灵，为万有的实质和真理。其中，由于最初的反思不可避免的局限性，早期奥义书将识理解为经验意识，补鲁沙就是经验意识的整体。ChānIII · 14 的桑底厘耶说（Sanḍily-vāda），表现了这种经验反思的最早形态。在这里，补鲁沙被等同于意（manas），即知觉的全体或感性意识。其云：“2（自我）其实质为意，其身为元气，其相为光，其思想为真，其自性是虚空，包含一切业，包含一切欲，包含一切嗅，包含一切味，包含全世界，而无言、无着。3 此即吾心中之自我，细于谷粒、大麦粒、芥子、黍子、黍米心；而此心中之自我，乃大于地，大于虚空，大于天，大于诸世界。4 包含一切业，包含一切欲，包含一切嗅，包含一切味，包含全世界，而无言、无着——此即吾心中之自我，此即是大梵。吾死时将入于彼。”此文本基本内容来自 Sat BrāX · 6 · 3，与后者思想相同①，唯（于 §3,4 处）将后者的“心中补鲁沙”换成“心中自我（阿特曼）”，所以可以肯定其所谓自我，乃等同于补鲁沙。它表明补鲁沙不仅是全部感性（欲、嗅、味等）的总体，而且是包含全世界在内。在这里，世界万有都被还原为感性的存在，被归属于补鲁沙。然而知觉是流变不已的，不能由此确立自我的同一性。由于自我反思的进一步深化，更成熟的奥义书思想乃试图将补鲁沙、自我理解为一种作为知觉之潜藏底层的、抽象的本质意识，即理智。BṛihII · 1 · 16—20 的阿阇世学说，就体现了这种思考，其云：“16 当此人如此睡倒，则彼由识（vijñāna）所成之补鲁沙趣于何处？复次彼由何处归来？ 17 当此人如此睡倒，于是彼由识所成之补鲁沙，既以其识摄诸根（元气）之识，入而息于心腔中的虚空。当此人收回诸根，故说此人沉睡。于是其呼吸被收回，声音被收回，眼被收回，耳被收回，意识被收回。18 当彼于梦中游历时，凡其所历皆为其世界。彼乃现似为大婆罗门，遨游高下，或如大王携其民人，随其意乐而游于其国中。如是此人亦携其诸根，随其意乐而游于其身中。19 当人进入深沉睡眠（suṣupta），不知任何物，于是彼由从心中达到心膜的 72000 条名为悉多的脉管，进入心膜并停留于此。信然，如大婆罗门、大王、少年达乎极乐，乃止于此，如是此人亦止于此。20 如蜘蛛吐出其丝，

---

① Sat BrāX · 6 · 3 · 2：“人应敬思自我，彼由意所成，其身为元气，其相为光，其自性为虚空，随意变形，迅速如想，其思想为真，其意念为真，包含一切嗅、一切味，统摄诸方，包含全世界，而无言、无着、无作；如谷粒，大麦粒，黍子，乃至黍米心；彼心中补鲁沙即是如此；彼如无烟之火，大于天，大于虚空，大于地，大于一切存在者；——此元气我即是吾自我：我离世时将得此自我。信然，人若信此，则不复有疑惑——此即桑底厘耶所教者。”

如微小火星由火焰中溅出，一切元气、一切界、一切神、一切有皆从此至上我生出。”至上我被认为就是由识所成之补鲁沙，这补鲁沙一方面是存在的绝对真理、本原，另一方面是在醒、梦、熟眠三位中保持不变的同一性，因而就是一个本质意识或理智。因此补鲁沙的观念在这里得到深化，但这本质只是一种经验的本质；理智在此仍属于经验范畴，离数论的超验的原我还有距离。

第三，随着在中、晚期奥义书中超越思维的形成，经验的绝对意识被扬弃，补鲁沙彻底脱离原先的宇宙论、心理学意义，升华为一种超越自然、经验的心灵实体；这超越思维与奥义书已有的反思结合，形成内在超越或超验反思。超验反思认识到补鲁沙不仅超越外在自然，而且超越心中的所有思想、观念、意志、情感、欲望等全部精神活动，与之完全分离，不为所染，它是一个清净、恒常、不易、不动、无为的纯粹知者、意识。在这里，奥义书补鲁沙的观念就完全进入数论学的范畴之内了（数论所谓补鲁沙，与吠陀和早期奥义书的“原人”意义很不相同，为示区别，我们特译之为“原我”）。《羯陀》、《蒙查羯》以至《慈氏》的补鲁沙观念就是如此。奥义书的超验反思，可以分为形而上学的反思和同一的（思辨的、直觉的、超绝的）反思两种。前者以为超验自我是一种与世界、自然完全分离的清净意识，自我与自然各为封闭、独立的实体；其说为典型的二元论形而上学，与古典数论的立场一致。后者以为超验自我不是一个封闭、相对的实体，而是作为人与自然的共同基础、本原的绝对本体；其说为先验的本体论（包括思辨的、直觉的和超绝的本体论），与吠檀多派的立场一致。

相应地，我们也可以把中、晚期奥义书所谓补鲁沙区分为形而上学的原我和同一的原我两种类型（但是看来奥义书对于这二者的意义差别很模糊）。这二者的共同点为：(1) 皆以原我为清净、无德、无分、无染、无欲、无苦乐、坚住、无分别、遍满、无为、不动、不坏，为居于身中之纯粹心智。此如 KāṭhIII · 15 形容补鲁沙：“彼无声、无触，无相亦不坏，无味及恒常，无始且无终，无嗅并安稳、超越于彼大（mahat），人因了彼故，得离死之口。” PraśV · 7 亦谓自我、至上补鲁沙为无相、寂静、不老、不死、无畏。MuṇḍII · 1 · 2 偈云：“言彼补鲁沙，神圣且无相，在外亦在内，无生、无元气，无意且清净，高于不坏者。” ŚvetIII · 21：“不坏、亘古我，遍满故遍在，人说其无生” VI · 11：“此唯一神圣，遍满于世界，潜藏于万有，为其内自我。监临一切业，居于万有中。为观者、知者，独存而无德。” VI · 19：“彼乃无方分，无为且寂灭，无过、无垢染，永生至上桥，如薪尽之火。” MaitII · 4 亦说补鲁沙为“为清净、无染、空、寂灭、无气、无我、无终、不坏、安住、恒常、无生、独立”。此类描述，都与古典数论一致，清楚表明古典数论的原我观念是从奥义书转变过来的。另一方面，此类描述其实表现的是奥义书成熟时期普遍的自我理解。它们是从早期奥义书发展而来的。在早期奥义书中，类似的表述也颇多。如ChānVIII · 7 · 1谓自我离一切染、不老、不灭、无苦、无饥、无渴。BṛihIV · 4 · 22—25亦谓自我为广大、无生、不坏、不死、常恒、无畏、无执、无缚、无损、不败。《羯陀》等书的补鲁沙观念，只是把早期奥义书对自我的清净性的描述，同自我作为意识的观念统一起来。由此我们可以充分肯定数论的补鲁沙观念是从早期奥义书发展而来的。它从早期奥义书开始萌芽，到奥义书中、晚期已经达到成熟。(2) 不仅认识到原我与自然的分离，而且明确将原我与觉谛等心理内容区别开来，将这些心理内容归属于自然而非自我。如KāṭhIII · 10—11云："超越诸根者，乃为彼诸境。超越诸境者，乃为彼末那。超越末那者，乃为彼觉谛。超越觉谛者，乃为彼大我。超越彼大 (mahat) 者，乃为非显者。超越非显者，乃为彼原人。更无有一物，超越原我者。" VI · 6—9："知诸根为异（于自我），及其（于醒与睡眠二位之）起与没，皆属其自性（而非自我），智者不复忧。超越诸根者，如是为末那；超越末那者，如是为萨埵；超越萨埵者，如是为大我（即觉谛）；超越大我者，如是为非显。超越非显者，为原我遍满。" 这些说法都表明，补鲁沙是与觉谛、末那、诸根这些意识活动不同的存在，这些都是自性的产物，不属于自我。同理，III · 3—4喻自我为乘车者，色身譬如车，觉谛为驾者，末那为缰绳，诸根为骏马，诸境为其途；这也表明补鲁沙本来是与人的全部身心活动分离的存在。此外，MuṇḍII · 1 · 2亦云补鲁沙无元气 (a-prāṇa，即诸根)、无思想 (a-manas)、清净。PraśIV · 8说五大、五唯、十根、末那、觉谛、我慢、心、光、元气等皆安住于无变至上我，如鸟归于树以为依处。ŚvetV · 8说补鲁沙本来无德、无为，唯因执取觉谛及自我诸德（即人的全部生理、心理内容），因而显现为命我。MaitII · 5说补鲁沙，以其一分进入人的生命中，执取意、觉谛、我慢等，遂成田智或命我。这些说法都表明，补鲁沙，作为纯粹意识，是被排除了全部思维、观念、感觉、意志、情感、欲望，被排除了任何生命、运动的一味、均匀实体；而全部这些心灵活动都被归属于混沌盲目的自性领域，为自性产物。奥义书这种独特的无思维、无活动的清净意识观念，完全是数论学的。它不仅毫无疑问是古典数论的原我观念的前身，而且是吠檀多派和如来藏佛教的真心自我观念的最终根源。不过奥义书这种补鲁沙作为无思维、无活动的纯粹意识的观念，也经历了漫长的酝酿过程。首先，它应追溯到梵书和早期奥义书大量关于补鲁沙创造世界及人之后又重新进入之以为其主宰的说法。Tait II · 6, ChānVI · 3 · 3—4, AitaI · 1—3等皆提及此义，以AitaI · 1—3所云最为典型。其说大致以为至上神创造包括诸窍、诸根、元气等之一人，然后进入此人之中为其主宰。在这里，至上神虽然进入此人之中，但其实是游离于人的现实生命活动之外的。其中BṛihII · 5 · 18对补鲁沙的解释已经与数论的原我观念很接近。其云："仙圣云：彼作二足城（pura，喻人的粗色身），彼作四足城。原人（puruṣa）化为鸟（pakṣī，喻细身），遂入此诸城。信然，此即住于一切诸城（puriśaya）之原人（puruṣa）。无物不覆藏彼，无物不为彼充满。”[①]MaitII·6则明显暴露了数论的驾车者喻与补鲁沙重新进入世界与人的神话的关联。其云补鲁沙创造人已，见其呆立无智，遂再次进入之，且凿出诸窍，以了别外境，故补鲁沙为无心智者中之有心智者，如驾车者然。可以认为数论的驾车者喻乃是从补鲁沙重新进入世界与人以为其主体的神话发展出来的。早期奥义书上述说法都表明这一点，即补鲁沙尽管住于人之中，但完全是外来的，与人生命内容无关，为一独存的实体。其次，在早期奥义书中，补鲁沙作为独存的实体被逐渐内在化成为一个意识实体。相应地人的生命活动也被内在化从而将全部思想、感觉、记忆、表象、意志等精神活动都包含在内，于是补鲁沙从现实生命的分离，成为纯粹意识从思想、感觉等全部心灵活动的分离。BṛihIII·7·16—22就作出了这样的尝试，其谓清净意识作为内在主宰，不仅居于自然中，而且居于人的全部身心中而异于彼且不为彼所知：“彼居于元气中，而异于元气，不为元气所知，其身为元气，且从内部主宰此元气。彼即汝之自我，即内在主宰，不死者。彼居于语言中，而异于语言，不为语言所知，其身为语言，且从内部主宰此语言。彼即汝之自我，即内在主宰，不死者。彼居于意中，而异于意，不为意所知，其身为意，且从内部主宰此意。彼即汝之自我，即内在主宰，不死者。……彼居于识中，而异于识，不为识所知，其身为识，且从内部主宰此识。彼即汝之自我，即内在主宰，不死者。”在这里，清净意识被从全部感觉、认识、思维活动分离，成为一个无思维、无活动的一味单纯、恒常不动的意识。同理，BṛihIV·3将人的现实思想活动分为三个层次，即醒位、梦位和熟眠位，补鲁沙于三位来回游历，而不改其性，且完全不为所染，这也表明补鲁沙是独立于全部思想活动的清净意识。BṛihIV·3·15—18云：“既于熟眠位受用诸境，经历善与恶，彼乃由其进入处，速回梦位。其于前位（熟眠位）中所见，不复跟随，此补鲁沙无执着故。既于梦位受用诸境，经历善与恶，彼乃由其进入处，速回醒位。其于前位（梦位）中所见，不复跟随，此补鲁沙无执着故。既于醒位受用诸境，经历善与恶，彼乃由其进入处，速回梦位。其于前位（梦位）中所见，不复跟随，此补鲁沙无执着故。”在这里，补鲁沙被比喻为一只隼鹰，在三位即人的全部意识内容中自由翱翔，却不染不着，从中我们可以看到晚期奥义书补鲁沙与觉谛分离图式的影子。KauṣIII·6的说法则与这一图式更接近

① 其中对于“puriśaya”与“puruṣa”的文字游戏，其更早的尚有AVX·2·30：“彼大梵之城，原人因之名，人若知此者，离早夭目盲”；Sat BrāXIII·6·2·1：“此城（pura）即诸界，原人即是气（vāyu）。彼因住（śete）于此城而名为补鲁沙（puru ṣa：于城中住者）。”

了，其云："以识驭语言故，人依语言得一切名。以识驭呼吸故，人依呼吸得一切香。以识驭眼故，人依眼得一切相。以识驭耳故，人依耳得一切声。……以识驭意故，人得一切想①。"这就是一方面把人的诸根、思维都当做盲目的力量，唯有在识的驾驭之下，才能了别外境；另一方面也把识当做脱离了诸根、思维的实体。其中驭的梵文字"samāruhya"，本意为登上、爬上、骑上之意。此文本让人想起KāṭhIII·3—4和MaitII·6的原我为乘者或驾者喻，及数论的跛子与盲人为达一目的地结合起来对此喻②。其思想旨趣与它们一致，皆为标榜一无为、清净的纯粹意识实体，可以视为它们的先驱。因此数论学的与觉谛等全部精神活动分离的清净意识观念，是从奥义书中逐步发展而来的。这种观念很容易导向古典数论的二元论。在上述两点上，中、晚期奥义书两种类型的原我观念，尽管其出发点不一样，但都与古典数论对原我的描述一致。考虑到数论学可能有多种类型（既有古典数论的严格二元论，也有随顺吠檀多的一元论——见下一节的讨论），这类原我观念都可以纳入数论范畴。

然而由于奥义书思想的混杂性，这两种类型的原我似乎没有得到明确区分，往往同时在一种奥义书中出现。首先是所谓形而上学的原我。此种原我观念，乃立足于原我与自性的二元论，与古典数论完全一致。此如KāṭhIII·3，MaitII·6等的乘车者喻，比喻色身如车、觉谛为驾者、末那为缰绳、诸根为骏马、诸境为其途，而补鲁沙为车中不动的观者（sākṣin），它与人和世界的全部活动无关，其实游离于没有心智的世界之外。这显然已经属于古典数论的二元图景。V·9—12取譬于火、风、太阳三者各自进入万物而被赋予种种差别形相却不改其一味性且其实质是外在于此诸相，表明补鲁沙进入世界之中，但实质上仍然与之分离，为不动的意识、观者。MuṇḍIII·1·1和ŚvetIV·6喻原我与命我为栖于同一树之二鸟，后者被自性系缚，故受果；前者不被自性所缚，亦不受果。这也符合古典数论的二元论图式。原我尽管栖于树（自性）上，但与后者的存在是分离的。其谓原我执受自性故为命我，与古典数论一致。唯其谓原我为绝对、命我为分有原我而成，则与古典数论不侔，然亦不违其二元论立场。ŚvetI·9谓原我（知者）、自性（非知者）为两个无生者，且原我、

① 按A本，此句应译为："以识驭想（dhī）故，人得一切所知及所欲。"

② 《金七十论》云："我求见三德，自性为独存。如跛盲人合，由义生世间。"释云："如跛盲人合者，此中有譬。昔有商侣往优禅尼。为劫所破各分散走。有一生盲及一生跛，众人弃择。盲人漫走，跛者坐看。跛者问言：'汝是何人？'盲者答言：'我是生盲，不识道故，所以漫走。汝复何人？'跛者答言：'我生跛人，唯能见道，不能走行。故汝今当安我肩上。我能导路，汝负我行。'如是二人以共和合遂至所在。此之和合，由义得成就，至所在各各相离。"（《金七十论》卷上；及SKBXXI）

命我和自性为三个各自独立的实体。IV・5 喻自性为具赤、白、黑三色（三德）之母羊，原我为与之交欢、执着于她或离她而去之公羊。在这些表述中，原我与自性作为心、物之二元实体的地位是很明显的。MaitVI・10 则说此二者为食者与食："彼有心智之补鲁沙居于原质（pradhāna = prakṛti）之中。彼即食者，食自性（prakṛti）之食物故。……补鲁沙是食者，自性是被食者。彼于其中而食。"这是明确的形而上学二元论，与古典数论立场完全相同。由此可以看出古典数论的原我观念其实在奥义书中已经存在，数论派只是将其发掘出来、予以提纯而已。其次是所谓同一的原我。在这里，原我不仅超越世界和人的现实生命，而且是它们的绝对根源、本体。在中、晚期奥义书中，一方面这个绝对之自我，与前述形而上学之我，并未得到明晰的区分；另一方面，这绝对自我也是从不同意义层面（先验的、神秘的、超绝的）被理解的。以下我们晚期奥义书的同一的原我的三种不同意义层面中后两个更常见的意义，即神秘的和超绝的原我。（1）《蒙查羯》的神秘的原我。MuṇḍII・1・1—10 开示一切物质与精神存在，皆由此超越的补鲁沙生出，"彼内在自我，以此居万有。补鲁沙自身，即此每一物：谓业与苦行，及不死梵天。"II・2・5 云："天、地以及空，意及诸元气，凡此皆由彼，编织而生成。"补鲁沙是存在的内在、超越的本体。然而《蒙查羯》的自我，乃是一个超理性的、神秘的清净意识，故所谓同一的原我在这里就是神秘的自我（参考本书第一部分第二编第四章第一节第一目）。（2）《白骡》、《慈氏》等的超绝的原我。《白骡》、《慈氏》等对于原我绝对性的最典型的说法，是以为世界是此自我以原质（即自性）亦即其自身势力为工具转化出来的。ŚvetVI・10—12："此唯一神圣，乃依其本性，由原质（pradhāna）生网，如蛛覆其身。愿彼许吾等，归入于大梵。此唯一神圣，遍满于世界，潜藏于万有，为其内自我。监临一切业，居于万有中。为观者、知者，独存而无德。于惰性多法，唯一主宰者，依唯一种子，而作杂多相。"MaitV・1—2 则阐明了补鲁沙推动三德转化产生世界的过程。其云于初此世界只是答摩。答摩在补鲁沙推动下发生转化，进入有分别相，此即罗阇。罗阇亦在补鲁沙推动下转化进入有分别相，此即萨埵。萨埵又被补鲁沙推动，乃溢出为汁，即每一人中之识体，具末那、觉谛、我慢、细身（心理机能）。在此过程中，自性在补鲁沙推动下，由一成为三，"彼遂开展为八、十一、十二、无量。彼因如是开展，遂成为诸有。"此种模式，为《光明点》、《频伽罗子》等众多新奥义书沿用。所有这些奥义书，皆相信原我创造万有然后进入之以为其内在自我、真理，而万有皆是原我的外在表象。它对于世界既是超越的，又是内在的。因此原我是存在的绝对同一性。不过《白骡》、《慈氏》的同一原我，乃是一个超绝之我。这在于，现实世界的存在在这里被彻底虚无化，于是原我成为一个绝对超现实的原理、空（参考本书第一部分第三编引论和结语）。

ŚvetIV · 9—10 以为现实世界只是至上我用自身幻力（māyā）即自性变化产生的幻相、举体非实，而此自我本身才是唯一真实的存在，所以它是一个超绝本体。同样，MaitII · 4, VI · 28, VII · 4 说至上我为空、寂灭、无气、无我、清净、无染、无生、独立，也表明这本体否定了一切现实存在，为存在的超绝真理或本质。VI · 19—20 进一步阐明了真我无住、无依、无根源、无归宿的体性，表明这自我的实质就是超绝的自由。晚期奥义书这种同一的原我，尽管与古典数论的形而上学的原我有别，但是我们看到在这里，原我仍然基本上是以数论学的术语，从它与自性、三德、觉谛、我慢等的关系中得到定义的，而且奥义书对原我的上述绝对化描述与某些早期数论派文献完全一致，因而这种原我观念也应当被归属于（早期）数论学范畴之内。总之，奥义书中后期这两种原我观念，都已经是典型的数论学观念，且都是从早期奥义书就开始逐渐酝酿形成的，可以肯定它们是数论派的原我观念的来源此外，古典数论谓原我遍满宇宙，也明确透露了此观念源于奥义书思想。古典数论认为原我为众多的、互不相关的个体，而且每一个体的系缚、解脱皆存差异，生存境遇更是千差万别。在这种情况下，设想每一自我为遍满宇宙会导致理论上的许多困难。在这种情况下看，如果数论会自己发明这样一个观念，那也太不必要、太笨拙了，不符合理论建构的正常思路，所以是不可能的。因此只能认为此观念来自一种以自我为普遍、绝对存在的思想，即奥义书。实际上，《阿闼婆吠陀》就已经将补鲁沙的绝对性说成一种空间上的遍满性，如 AVX · 2 · 28 颂曰："唯彼补鲁沙，居于至上处，遍满一切处，延伸极高、广。"此种观念在梵书和早期奥义书变得极为常见，如 BṛihII · 5 · 18—19 说："此即住于一切诸城之原人。无物不覆藏彼，无物不为彼充满""此自我即是梵，遍满一切。"ChānIII · 12 · 7—9 亦云自我为遍满、恒常。AitaI · 3 · 13 谓原人为遍满之大梵。在这里，中、晚期奥义书的数论学显然是继承了传统的说法，如 KāṭhVI · 8："超越非显者，为原我遍满。" ŚvetIII · 9："由彼补鲁沙，世间被充满。"其中的观念延续是无可置疑的，所以古典数论的原我遍满宇宙的观念，应当通过奥义书追溯到吠陀晚期和梵书思想。

值得注意的是，除古典数论之外，持自我为众多，且皆遍满宇宙之义者，还为数不少。由于此类说法，在逻辑上皆颇勉强，且与各自体系皆不是很协调，所以可以肯定它们在这些学派中都是外来的，而且最终都应追溯到吠陀、奥义书的原我遍满观念。比如《大般涅槃经》卷三十五记先尼梵志说我遍一切处，且谓一人各有一我。一切众生我遍一切，法与非法不遍一切。其云我有两种：作身我、常身我。作身我修离恶法不入地狱，修诸善法生于天上。常身我亦在作身中亦是常法，如人失火烧舍宅时，其主出去，不可言舍宅被烧，主亦被烧，我法亦尔。先尼梵志的说法与数论的关联很明显。他所说的作身我与常身我，显然就是数论的觉谛与原我。此外，耆那教亦说自我本来形量遍满宇宙，且常恒不动，不同自我相互重叠在一起，但是都能保持自身的区别，而不会融合为一。然而当我与诸根、末那、身、业组成的物质存在结合，便为形骸所限，故其身量由无限而卷缩为一有定限的形状。胜论和正理派也认为，每个人的自我其实都是常住、遍满整个宇宙的，但由于与末那、根、身的联结，其知、情、意等活动乃被限制于身体所在的区域，因此我们也方便地说我在某某处。这些说法，都暴露了这些学派的起源与奥义书的关联。这表明耆那教等派的自我观念，最终应追溯到奥义书的绝对自我。然而同在古典数论的情况一样，他们为了解释个体生命差异，不得不将奥义书的自我原有的作为世界绝对本原的意义去除，但仍保留了它在空间上的遍满性。

通过上述考察，我们得出的结论是：数论（包括古典数论）的原我观念，完全是从奥义书的超越的补鲁沙观念发展出来的。对于这一结论的异议，主要是立足于奥义书在此与古典数论的矛盾。其以为：古典数论的原我观念属于严格的二元论，以为原我是一个与自性对立的封闭实体，而且每人有一原我，各各独立、不相关联；这与奥义书通常的作为世界和个人灵魂的共同本原、基础的绝对自我观念相矛盾，因而不可能由后者发展而出，而可能是来自非婆罗门的土著传统影响（研究数论学的权威加尔伯即持此议）。然而这种异见是不能成立的，因为数论学可能有不同形态，不是局限于古典数论一种，而且有很长的发展历史。现有文献表明早期数论派曾经持绝对大我为世界之本原，且个人命我是从绝对大我分离出来的观念。比如在 MBII · 218 · 14 中，阿修利（Āsuri）开示梵为唯一、不变者，而显现为杂多，与奥义书的绝对自我观念完全一致。《六十义论》（Ṣaṣṭitantra）将大梵置于原我（Puruṣa）之前（Ahirbyudhna XII · 20），意味着前者是后者的根源。在 MBXII · 219 · 42—43 中，般遮尸弃（Pañcaśikha）对解脱境界的描述，也表明了相同的立场，其云："如江河入海，而失其名色，如是于解脱，命我自相灭。因有颠倒故，命我取诸德。命我若入于，大梵、至上我，则灭除诸德，无相无分别。如是断轮回，入至上我故。"这些都意味着众生自我是从一个绝对大我生成的，解脱时又复归于此大我。佛典的记载也表明，佛陀时代的数论学尚无多个实体自我之义，而是持有一个绝对至上我，众生命我由此我生出；命我唯在此岸存在，在彼岸即解脱位命我消失而归于绝对大我；自我亦能被系缚、受苦乐[①]。因此，早期数论派与古典数论有较大区别，它完全能接受奥义

---

① Oldenberg, Hermann, *Die Lehre der Upaniṣaden und die Anfange des Buddhismus,* Vandenhoeck & Ruprecht, Goettingen 1915, pp.318–319.

书的绝对大我观念[①]。从奥义书数论的绝对大我观念，发展到古典数论的多元自我观念，从逻辑上是为了解释每人的祸福遭际和系缚解脱的差别（这一点从古典数论自己的解释就可看出，如《金七十论》卷上以五因释有多我："生死根别故，做事不共故，三德别异故，各我义成立"[②]），从历史上则必然经历了较长的思想转变[③]。

因此，数论学可以有多种形态：有二元论的，比如古典数论；也可以有一元论的，奥义书和早期数论派就有此类型。然而从逻辑上说，只有二元论的数论才能从吠檀多思想完全分离出来，从而形成独立的宗派；但一元论的数论在理论旨趣上与吠檀多完全一致，因而无法从后者分离出来，不能形成独立宗派，最多只能作为一个学派。奥义书的数论主要是这种一元论的数论。它一方面采用了数论的全套术语系统，融合了数论的体系框架，因而无疑应归属于数论范畴之内；另一方面又不同于古典数论的严格二元论，而是坚持奥义书传统的绝对一元论，从而与吠檀多思想没有界限。正是由于这一特点，导致它后来很容易被吠檀多派吸收（商羯罗和罗摩努阇的思想都融会了大量的数论学内容）。另外，可以设想这种一元论的数论后来也成了数论宗内部的一种思想倾向，从而促使晚期数论重新朝一元论复归乃至最终被吠檀多思想同化。

## 二、自　性

同样，数论派的自性观念，也是在奥义书思想中酝酿形成。尽管自性（prakṛti）一词直到晚期奥义书才出现，但吠陀和早期奥义书对于宇宙生成之前的原初混沌、无分别状态的大量描述，与数论对自性的描述是一致的，应视为后者的渊源。我们在此试图阐明数论派的自性观念的漫长前史。它最早始于吠陀早期的阿底提母神崇拜，从后者发展出晚期吠陀和梵书以水为始基的宇宙论；然后是一种更抽象的原理

---

① Gough 也曾说古典数论的独特教义，即以自性与众多原我为各自独立的实体，为数论后来的发展（A.E.Gough, *The Philosophy of the Upaniṣads and Ancient Indian Metaphysics*, Kegan Paul, London 1891. 200）。

② 这五因，一是众生生不同，若我是一，一人生时则一切皆生；二是死不同，道理同前；三是众生根别，若唯有一我，则一人聋时一切悉应聋，盲及暗哑诸疾病等并皆一时；四是众生做事不共，如人行坐卧等，不影响他人，若我是一，无如是义故；五是众生三德有差别，如一婆罗门生三子，一聪明欢乐，一可畏困苦，一黯黑愚痴，若我一者，是义不然。是故因五义则知我有多。

③ 《薄伽梵歌》表现了从奥义书数论的绝对自我转化到古典数论的多元自我的出发点。它一方面持个人灵魂与世界皆依止绝对自我，另一方面又经常表明每个人的灵魂都是独立于绝对自我的多元实体，如 BGII · 12 云："由我以及汝，以至此诸王，未曾有一时，而不存在者，亦非在将来，而停止存在。"这明确指出了每个自我都是不生不灭的实体。数论的多元自我论正是从这里发展出来的。

即非有（asat）或混沌代替水成为宇宙始基。早期奥义书除了继承水和非有的宇宙论，还提出有（sat）、大梵作为宇宙的实质；中、晚期奥义书中，非显（avyakta）、原质（pradhāna）代替以前的宇宙论绝对，被明确当成与精神的实体、补鲁沙对立或从属于它的物质始基；到古奥义书的最晚阶段（《白骡》与《慈氏》等），自性（prakṛti）这个术语才得到确立，并逐渐取代非显、原质而成为数论的核心概念。同古典数论的自性类似，这些观念都指称一种无分别的、黑暗混沌的、惰性的、无意识的自然实质，而且都处在与一个主体（从提奥斯、太阳到补鲁沙）某种程度的二元关系中。其中的发展在于，这自然实质变得越来越抽象，而且被越来越清晰地与意识、心灵实体区分开来，成为自然的盲目力量，并最终被虚无化，成为这主体的幻化力及由此变出的幻相。兹将此观念演变追溯如下：

**1. 阿底提**

印度人对一种与精神的光明相对的黑暗创造原理的体验，最早应追溯到《黎俱》早期的母神阿底提（Aditi）观念。阿底提与提奥斯，属于吠陀神祇中最古老的一对。其中提奥斯是天空、光明之神，他似乎是无作为的；阿底提是大地、黑暗之神，是积极的创生原理。从这里可以看到数论的不动的光明原理和创造着的黑暗原理的二元图景的最初萌芽。

从字面上说，"Aditi" 即无限、自由之意。大致说来，它意指一种存在的颟顸混同状态。其中没有形式、表象的差别，也无主客的分剖，自然与精神同属于一个模糊的全体。在吠陀颂歌中，阿底提并未完全被神格化，它指诸神和世间产生之前的玄冥之境。阿底提实际上是"普遍的、包容一切的自然的人格化"①。其意思差不多与古希腊人所谓"physis"和古代中国人所谓"自然"相同。它被认为是诸神之母，万有的根源、实质，且将万有包围②。ṚVI・89 云："阿底提是天，阿底提是中界，阿底提是父、母、子，阿底提是诸神及五部众，阿底提是所有已生及当生者。"学者指出："她（阿底提）作为宇宙子宫的观念似乎最早地揭示了所有存在的基质。"③ 然而孤阴不生，独阳不发。诸神与万有，必是阿底提与提奥斯，即混沌与光明结合产生。吠陀乃通过阿底提与提奥斯的互生，表明二者的关联："达蹉（提奥斯）是阿底提所生，阿底提又是达蹉的孩子。"（ṚVX・72・4）可见，吠陀中的阿底提，与其他许多原始文化

① W.J. Wilkins, *Hindu Mythology*, Thacker, Spink and co, Calcutta, 1913. 17.

② Benimadhab Barua, *A History of Pre-Buddhistic Indian Philosophy*, University of Calculta, 1921. 18.

③ A.B.Barth, *The Religions of India*, London Kegan Paul, 1921. 19.

中的大母神一样①,是一个生育万物的黑暗子宫(比如ṚV VIII·101·15,IX·26·1称之为宇宙母牛)或原始的混沌,其实就是神格化的自然。

从阿底提可以看到数论自性概念的最早源头②。在吠陀晚期和梵书中,阿底提被理解为水、非有,乃被除去原有的神话色彩,成为一种宇宙论的始基,因而朝数论的自性原理进一步靠拢。KāṭhIV·7就明确地以阿底提称呼自性。在奥义书中,阿底提完全被非显、原质、自性代替。

2. 水

在晚期吠陀和梵书中,原先的阿底提女神被转化为一种宇宙实质,即水。如AVXII·1·8说阿底提本来就是水,ṚVX·30·10说水为世界之母③。相应地,阿底提与提奥斯的二元被水与太阳、金卵、补鲁沙的二元代替。这种新的二元宇宙模式,仍然保留了原先黑暗与光明的对立。如ṚVX·82·5—6说:"那先于天、地,先于阿修罗与诸神者,是水中的原卵,众神皆在其内。……它位于不生者的脐上,它包含一切事物。"其诗云世界产生前,只有这原始的金卵漂浮于黑暗的大水中,从这卵中产生了造物神,他以水为原料创造世界万物。ṚVX·121亦云金卵以神通遍视包含生育力的大洪水。《黎俱》晚期的金卵说相比于早期的阿底提说的进步在于其对创世的质料因和作用因进行了更明确的区分。金卵说大多以为世界万物的直接根源是混沌的原初之水,而金卵则为外在的创造者,没有真正进入事物的存在之中。也就是说,世界的根源、实质是惰性的黑暗原理,而非主体性、光明原理;反之光明原理对于这世界似乎是外在的,没有参与到事物的存在之中。这与数论创世论的自性与原我对待模式更接近了。《阿闼婆吠陀》和梵书继承此义,且开始用补鲁沙(即数论的原我)、太阳(=补鲁沙)代替金卵,水与金卵的二元性被水与补鲁沙的二元性代替,进一步朝数论的体系靠拢。如AVI·5·7说永恒者(原初之水)中的原卵就是太阳(Rohita);X·7·38说神于水面施苦行创世;XI·8·34说补鲁沙由置于原初洪水中之胚胎生长而成;XIII·1·1—2,3·15说太阳浮于水中,而为万有根源(在吠陀晚期和梵书中,太阳被与补鲁沙等同,其典型的说法是太阳中的补鲁沙与人眼中的补鲁沙为同一人)。AVX·8·34;Tait ĀraI·23喻金卵为水中之莲花,并以为彼即是太阳、原人、生主、大梵。Tait ĀraI·23说于初世界唯有水;于是生主生于莲花瓣上,

① 学者们早就阐明了阿底提与石器时代崇拜的大母神有共同起源和内涵(参考Arthur B.Keith, *The Religion and Philosophy of Veda and Upaniṣads*I, Harvard University Press Cambridge, 1925. 217)。

② Sarvepalli Radhakrishnan, *Indian Philosophy Vol.1*, the Macmilian Company, London, 1924. 82.

③ 拉达克利希南说《黎俱吠陀》也提出"水是所有其他存在从中缓慢演化而出的原始物质。"(Sarvepalli Radhakrishnan, *Indian Philosophy Vol.1*, the Macmilian Company, London, 1924. 104)

并意中产生了创造欲望，遂以水为材料创造世界，仍然包含了一种二元模式。Sat BrāVI・8・2・2—3说水是宇宙的归宿、根源，是万有之母。VII・5・1・8形容太阳于水深处发光。XI・1・6・1—17说于初世界只是大洪水，水由于热力而生金卵，由金卵生生主（Prajāpati），即原人（Puruṣa），原人创造大地日月神魔及人类等，其中仍然包含了水与原人共同创造世界的模式。尽管在《阿闼婆》和梵书中，水与补鲁沙的二元模式看来尚未完全巩固，但它相对于水—金卵模式确有进步，这在于它以补鲁沙（自我、人）这个来自事实观察的原理，代替了金卵这个仅属于想象和神话的东西。Sat BrāVIII・2・3・6进一步将水规定为食物，这可以视为奥义书、数论中关于自性、原我为食与食者的大量说法之滥觞。食者与食的二元，相对于原先的补鲁沙与水的二元，也有明显进步，这在于它不仅使补鲁沙与水的二元性进一步抽象化，而且首次明确将后者规定为主体或意识与客体的对待，因而向数论的意识与物质二元形而上学又前进了一步。

早期奥义书也继承了梵书以水为本原的说法。其说有两种，一种如BṛihV・5・1，以为存在的本原是水，梵、生主以至万有，皆由水而生，其云："于初世界只是水。彼水生实有。梵即实有。梵生生主。生主生诸天。"这是把水当做绝对本原，否定了水与补鲁沙的二元性。另一种如AitaI・3・2，以为自我与原初之水并存，自我以水为质料创生万物，其云："彼（自我）乃修苦行于诸水之上。由彼诸水，当诸水被施苦行，乃生万有。"AitaI・1・3亦说自我创造诸水，从水中创造补鲁沙，然后补鲁沙分解形成世界。第二种说法仍以某种形式包含了水与自我、补鲁沙的二元性，与数论更接近。此外，BṛihI・2说至上神作为补鲁沙（Puruṣa），立于水中，创造万有；KauṣI・7说梵以诸水为其界，也表明了同样的二元模式。可以看出，早期奥义书以水为存在本原之说，相对于梵书没有实质进步。

奥义书的上述两种说法，都可以作为数论的自性观念的源头。杜伊森指出吠陀以至早期奥义书的洪水或原初之水，乃是晚期奥义书和数论的自性的前身[①]。这一点从晚期奥义书的一些说法可以得到证明。如KāṭhIV・6云："于热衷先与，诸水初生者，复入居心窟。人若得见彼，于心中逗留，则过一切有，得见彼自性。如实彼即此。"此偈旨在阐明数论的二元创世模式，其中所谓诸水（adbhya）毫无疑问指的就是数论的自性（prakṛti）。晚期奥义书和数论的此类表述，证明它们的自性概念渊源于水的宇宙论。

① Paul Deussen, *Allgemeine Geschichte der Philosophie Bd1,* Abteilung I, F.A. Brockhaus Leipzig, 1922. 253n.

### 3. 实　有

吠陀和最早的奥义书以水为世界本原的思想，仍然停留于感性、形器的层面。然而随着理性思维的进一步成熟，奥义书思想开始把本原理解为一种超感觉的、抽象的原理。ChānVI・1・4—4・7 的有论（Sat-vāda）可视为这种思想的一个代表。其说以更抽象的、纯粹省思的概念“实有”（Sat），代替神话的阿底提、水等想象或感性的存在，作为宇宙基本原理、万有的本质。

实有是存在的无分别、一味、无二（advitīya）、唯一的实质。一种无差别存在的观念，可以追溯到吠陀早期①，但它在吠陀中还是偶然的。在奥义书中，它最早在 ChānVI・1・4—4・7 中得到阐明。其书以为杂多的名色世界只是一味地实有的表象，而实有则是存在的本原、真理。其云实有作为事物的无差别、均匀、单一的实质，就像可以做成各种陶器的土、各种铜器的铜、各种铁器的铁。而一切有差别的、具体的存在本质上仍是这实有，如各种陶器、铜器或铁器本质上仍然是土、铜或铁：“如从一块土，可知一切由土所成器，而其变异（vikāra）② 亦只是语言生成，只是名字——实相只是土；如从一块铜，可知一切由铜所成器，而其变异亦只是语言生成，只是名字——实相只是铜；如从一把剪刀，可知一切由铁所成器，而其变异亦只是语言生成，只是名字——实相只是铁。”（VI・1・4—6）

有论与数论学的关联，不仅在于它对实有的抽象化使它朝数论的自性观念更加靠拢，以及它对实有的无分别、一味、无二性的描述与数论的自性观念完全一致，而且更重要的一点，在于它将实有区分为火（tejas）、水（āpas）、食（annam）三种成分（三有）。火、水、食分别为红、白、黑三色。实有包含此三有，并作为命我进入三有中，使三有每一方皆各自包含火、水、食三者，具红、白、黑三色。三有因此转化为日、月、闪电以至世间万物。每一事物皆是由三有和合而成，有红、白、黑三相。将三有说为红、白、黑三相，且以为三有转化生成万物，万物皆具三相之说，皆与数论的自性依红、白、黑三德（sattva, rajas, tamas）转变论，明显相似，因而可以肯定它启发了后者。故杜伊森、拉达克利须南皆谓三有说是数论三德说的前身③。然而一方面，有论对于吠陀、梵书的二元模式还有一个改造，就是把物质的、黑暗的原理当成绝对，而把原先的补鲁沙、光明原理取消了，它因而成为一种物质的一元论，在这一点上，它其实是在从吠陀到数论派的漫长演变之路上退回了一步；另一方面，有论对于现象与本质的区

① 如 ṚVI・164・46 说：“诸神之体其实是一”，“彼真实者是一，圣者称之以多名。”

② vikāra：转变，变易，差异，异常；兹译“变异”，兼有转变、差异之意。

③ Sarvepalli Radhakrishnan, *The Philosophy Of The Upaniṣads*, George Allen & Unwin LTD, London, 1924. 234; Sarvepalli Radhakrishnan, *The Principal Upaniṣads,* George Allen & Unwin LTD, London, 1953. 452.

分是宇宙论的，而非形上学的，它的绝对本质还只是自然的、物质的始基，而不是超越的实体或本体。因此它的“实有”离数论的“自性”还有相当的距离。

**4. 非有、非有非无、梵**

印度精神的进一步发展，使省思得以提升到真正的超越思维层面。它因而扬弃了从前所执着的经验的、自然的始基，比如水、实有等，把世界根源追溯到一种超验的原理。吠陀、奥义书的非有、非有非无之说，就体现了这一思维进展。与有论相比，此说以为世界的根源不是任何经验的存在，而是非有，或非有非无。此说旨在否定此前被作为存在本原的水、有等原理的自然、经验性质，把存在本原领会成一种超越感觉、时间、空间和自然的原因性等全部经验表象的实体，一种处在黑暗玄冥之中的无生者。非有、非有非无就是这样的无生者。在吠陀、奥义书，此二者的意义基本相同，都是指一种超越感性表象、超越时间和空间、无生、不灭但却是全部自然、经验世界的根源的永恒实体。大梵一词在《阿闼婆吠陀》、梵书的时代被当成存在本原，在奥义书被理解为无差别的超验本体，其意义与非有、非有非无基本相同。此三义皆应视为数论的自性义的根源。兹将其意义源流说之如下：

非有说或非有非无说，最早应追溯到《黎俱》晚期。如ṚVX・72・2—4诗云：“梵主如冶匠，熔铸此世界。有生于非有，在诸神之前。有生于非有，在诸神之前。此后诸方生，由彼生殖力。”其中，非有被认为是世界产生之前的原始生殖力，而梵主乃以非有为质料进行创造，这里也包含了二元性（于是梵主以非有为质料创造世界，又进入质料之中再次出生）。ṚVX・129・1—5则阐明了最初非有非无的唯一者，由于热力的作用而生成世界的过程，其中也隐藏了一种二元性（非有非无与热力）模式，诗云世界本原为非有非无、无差别、“黑暗隐藏着黑暗”等，皆与数论对自性的描述一致。古代注释家往往将非有和非有非无，解释为数论学所谓的非显（avyaktam = prakṛti［自性］），即世界产生之前的、作为存在本原的无相、无分别的超验原理。因而非有和非有非无，往往被作为数论的自性的源头（这不意味着数论对它们的理解是准确的）。

《阿闼婆》和梵书对此二义大肆发扬，如AVXVII・1・19云：“非有安立有，有安立世界。现在与将来，皆相互安立。”Tait BrāI・11・2・9亦云宇宙最初为非有，没有天，没有地，也没有空界。这非有想成为有，于是宇宙转变就开始了。先是经过一系列过程从虚无中产生了水（首先从虚无中产生的是烟，接着是火，然后依次是光、焰、明、耀，然后这些东西逐渐凝聚成了一种云雾状物质，接着从它中间又产生了水），从水中形成天、地和空界。意识也是从虚无中产生的。意识创造了生主，而生主则创造一切存在。意识生于非有，复创造生主，是故一切存有皆来源于意识，因此他又被称为梵天。Sat BrāVI·1·1也具有类似的宇宙起源模式。另外,《阿闼婆》和梵书也经常将存在本质、至上神说为"非有非无"(Sat BrāX·5·3·2—3)。这些说法往往极为模糊、混乱。在全部上述说法中,非有或非有非无都被当成构成世界存在的无分别、无意识的原始质料,而且是一种超验的实体。关于此二义的思考,在《阿闼婆》和梵书中才成为了一种主要的思想,但其在内容上并没有什么实质进步。

非有说在奥义书的时代仍然存在。ChānIII·19·1—2:"于初此世界只是非有。唯此非有存在。彼遂发育。彼遂为一胚胎。彼存在一年时间。于是彼裂开。其一半为银,一半为金。彼为银者是地。彼为金者是天。其外膜为山。其内膜为云雾。其脉管为江河。胎中的水为大洋。"TaitII·7亦云:"泰初者非有,由此而生有。彼自生其自,是故曰善成。信然,此善成之所是,即是实质。因为信然,人因得此实质故,而得喜乐。因为信然,若无虚空中之喜乐,其孰能呼吸,孰能得活?因为信然,此(实质)生此喜乐。因为信然,人若于彼不可见、无体、不可说、无依处者之中,见无畏、住处,彼于是得无畏界。"其说皆以为非有是世界的实质。由非有生成有。其中,有谓显现的名色世界,即自然、经验的宇宙;非有谓非显现的、潜在的存在,谓自然的超越根源。可以看出,奥义书这些说法是从吠陀、梵书思想发展而来,其主要进步是对非有的超越性有了更清晰的理解。比如TaitII·7描述非有为"不可见、无体、不可说、无依处",使吠陀、梵书吠陀对于它的超越性的含混表述变得具体而明确。

吠陀、奥义书的非有、非有非无之说,可以视为佛教空论的最早萌芽,另一方面其说也将存在的本原理解为一种超验的实体,因而朝数论的自性观念又迈进了一步。比如,商羯罗就提到数论派每每释奥义书的非有为自性(BSBH I·1·5,2·19etc),表明数论派的自性论是以奥义书的非有说为根据的。数论派对自性的描述也表明了它对非有、非有非无义的继承。如《数论经注》谓自性为:"彼非有非无、亦有亦无、圆满无阙、无形无相,而为一切(诸法)之根氐。"(SPBI·61)非有、非有非无这样的术语,在更晚的奥义书、数论和吠檀多思想中,就逐渐被非显(avyaktam)、原质(pradhāna)、自性(prakṛti)这些更明确的概念所代替。然而应当承认这种非有、非有非无说与数论的自性论仍有距离,这在于前者,与有论类似,往往将这非有、非有非无这种无意识原理当成绝对,使吠陀原先包含的光明与黑暗的二元存在模式被取消了。

奥义书中另一个与数论的自性密切相关的概念是大梵(brahman)。尽管《数论颂》中没有大梵一词,但在其前的数论文献(见下),以及对《数论颂》的诸注释书中,大梵亦被提及,且被等同于自性。《金七十论》卷上:"自性者,或名胜因,或名为梵,或名众持。"(亦见SKB22)。乔荼波陀注(SK22)和摩吒罗注皆释自性为大梵,摩吒罗又曰数论以开示梵智为宗旨①,《理趣灯论》亦谓大梵是最高境界(Yuktidīpikā 173, 129,113)②。这些说法暗示了自性与梵的关联。另外,数论对自性的描述与奥义书对梵的描述基本相同。如《金七十论》卷上形容自性为无分别、唯一、遍满一切、恒常、超越,为一切法本原,这些表述完全是早期奥义书用来描述大梵的。如 ChānVI・1 说大梵为无分别、不二、一味而为差别万有的本原,BṛihIV・4・19 说大梵为无分别、无相、超越、常住,IV・3・23 说大梵"无二、无他",IV・4・25 说大梵为广大、无生、不坏、不死、常恒、无畏等。这些事实表明数论的自性概念也是以奥义书的大梵概念为意义来源。古典数论释奥义书的大梵为二义,谓当奥义书说大梵为同一之自我,乃是指大梵是众多原我之总体。这里自我的同一性指的是众多自我具有共同的实质,只是种属的一,而非数量的唯一;而当奥义书说大梵是万有根源时,大梵就是自性的同义语③。因此可以认为晚期奥义书和数论的自性义是从大梵分化出来的。

不过,奥义书的大梵是一个绝对一元的原理,与古典数论的二元论不同。然而早期数论也曾经持大梵的一元论。比如五夜教《阿孜菩陀本集》列出被认为是数论派的最早典籍《六十义论》之六十义,乃以大梵列为第一(Ahirbyudhna XII・20),表明梵是全部其他存在的最终根源。在 MBXII・218・14 中,阿修利(Āsuri)在劫比罗(Kapila)第子集会中,阐明大梵是唯一、恒常者,而显现为差别、变异(MBXII・221・18 亦开示大梵之义)。在斫罗迦《身论》(Caraka on Śarīra I・19, V・99)和马鸣《佛所行赞》对数论的介绍中,大梵被认为是究竟存在,或内自我④。YSBIV・22 亦云:"彼常住大梵所居之窟,即是觉谛之转变,现似与之不异,如圣者所示。"在这些文献中,大梵要么被与原我等同,要么被当成原我的根源。这些说法表明早期数论对大梵的理解,与奥义书的一元论完全一致。而早期数论,由于其自身的理论困难,因而在其此后的发展中,逐渐把作为绝对存在的大梵分裂为梵与原我的二元,从而脱离来自奥义书的大梵一元论,而形成古典数论的梵(自性)与原我的二元论。从上述分析我们可以确定数论的自性义是从奥义书的大梵分化出来的。

---

① 弥曼差派的光显(Prabhākara)论师亦曾说数论派为知梵者(Bṛhati I・1・5)。

② P.Chakravarti, *Origin and Development of the Sāṃkhya System of Thought*, Oriental Books Reprint Corporation, 1975.28.

③ A.E.Gough, *The Philosophy of the Upaniṣads and Ancient Indian Metaphysics,* Kegan Paul, London, 1891. 199.

④ P.Chakravarti, *Origin and Development of the Sāṃkhya System of Thought*, Oriental Books Reprint Corporation, 1975. 27.

5. 非显、答摩

印度精神的进一步发展，也使省思深化到真正的反思思维层面，于是它克服了此前的自然反省对自我与某种外在宇宙实质的等同（如上述水的宇宙论和有论分别将自我的实质归结为水或实有），领会到自我是一个内在的精神存在。在中、晚期奥义书（《羯陀》、《六问》等）中，这种反思与超越思维结合，使省思转化为一种内在的超越，或超验的反思。后者一方面将世界存在的根源当作一种无意识的超验原理，但是否定它的绝对性；另一方面将自我理解为一种纯粹意识实体，于是恢复了吠陀的光明与黑暗的对立模式，而且将其发展为清晰的二元论形而上学（参考本书第一部分第二编第二章引言和结语）。这种无意识的超验原理，就是非显、答摩。

非显（avyakta）一词，乃与奥义书中明确的数论学说同时出现。其字义为不显现者、无表象者、不可见者，意义与前面所谓非有、非有非无接近。此词最早出现于《羯陀》。KāṭhIII · 11 超越彼大者，乃为非显者。超越非显者，乃为彼原人。更无有一物，超越原人者。VI · 7—8："超越诸根者，如是为末那；超越末那者，如是为萨埵；超越萨埵者，如是为大我；超越大我者，如是为非显。超越非显者，为原我遍满。"在这里，非显毫无疑问指的就是数论的自性（prakṛti）。而自性（此词迟至《白骡》才出现）在这里之所以被称为非显，就是因为它超越了所有经验表象。上述文本就表明它既超越客观的物质世界（诸境），也超越内在的意识经验（诸根、末那、觉谛等），所以是一个超验的实体。这个实体就是世界万物的直接根源。对于非显就是自性的前身，在学界未曾有过置疑。商羯罗和语主都将奥义书的非显等同于自性（BSBH I · 1 · 5，2 · 19；KaumudiXIV）。数论派的文献也往往以非显为自性的异名。如《金七十论》释云："不了者（非显）是自性别名，已过根故，故亦称为冥（答摩）。"（《金七十论》卷下）

以答摩（tamas）作为世界万有的实质，也最早出现于奥义书。此词原意为黑暗、愚蠢，故在此被用以指一种不可见的玄奥本原。BṛihIII · 19 · 14 提到补鲁沙居于答摩之中，为人的自我的来源。这里答摩就是指的包围补鲁沙的黑暗、混沌原理。ŚvetIII · 8 亦云："我知彼至上，原人（补鲁沙）色如日，超越于答摩。唯以知彼故，乃可离死域，余无归彼（解脱）途。"此偈即 Vāj SaṃXXXI · 18。它显然受 BṛihIII · 19 · 14 思想的启发，但是在这里，答摩明确指的就是自性。因为在《白骡》中数论学已经很成熟，这里原人与答摩的关系显然就是其书在别处讲的补鲁沙与自性的关系。此外，MaitVI · 24 亦有与此一致的表述，其云："身是弓。Om 是箭。末那是箭镞。答摩（黑暗）为靶。既穿破答摩，人遂人不为答摩覆蔽者。于是，当其穿破被答摩覆蔽者，人遂见彼闪耀如火轮、其色如日、有力、超越答摩之大梵。"这也显然是以答摩指包围补鲁沙的自性。MaitV · 2 则明确指出答摩就是世界根源："信然，于初此世界只是答摩（黑暗、迟滞）。自然，彼存于至上有中。彼为至上有推动，而入有分别相。信然，此相即罗阇（忧、染）。复次，罗阇亦为至上有推动，而入有分别相。信然，此相即萨埵（清净、明慧）。"这是奥义书最早提及三德的名目，因而显然已经属于数论的说义。然而与古典数论的三德均衡之说不同，此则奥义书以为答摩是另外二德的根源，因而也就是万有根源，所以答摩其实就是根本自性本身。这可能属于早期数论思想。MaitIII · 5 则已将答摩作为三德之一，且将其归属于自性，与其他二德同等。晚期奥义书以答摩指自性，旨在表明自性的超越性，自性超越全部经验、自然的表象，为寻常认识无法达到，玄奥难知，故谓之答摩。甚至古典数论亦有以答摩指自性者。《金七十论》就提出世界刚开始只是答摩，从答摩中生田智（Kṣetrajña）的说义。

总之，中、晚期奥义书中出现的非显、答摩，就是古典数论的自性（prakṛti）的前身。非显、答摩意思基本相同，都是指一种超越自然、经验的无意识的存在本原。奥义书的非显、答摩说相对于更早的非有、非有非无说的进步在于，它在这无意识的黑暗本原之外，另立一种光辉的纯粹意识实体，即补鲁沙，将二者明确分离开，于是数论的二元论形而上学便初具雏形了。

**6. 原质、自性**

在晚期奥义书中，原质（pradhāna）和自性（prakṛti），作为数论的独特术语，开始代替以上这些表述。这两个词的意义完全相同，而且晚期奥义书对它们的描述与对非显、答摩的描述也没有区别。它们实际上是继承了此前非显、答摩的意义。晚期奥义书在这里仅仅是在术语层面作了替换，用自性和原质这两个更明确、更典型的数论术语代替原先的较含糊、易至混淆的术语（如补鲁沙同样有"非显现"的特性，而答摩则易混同于作为三德之一者）。其中原质（pradhāna）一词最早出现于《白骡》，其云："变灭者原质（pradhāna），无变灭者我（Hara）。变易及命我，唯一神所主。"（ŚvetI · 10）"此唯一神圣（即补鲁沙），乃依其本性，由原质生网，如蛛覆其身。愿彼许吾等，归入于大梵。"（VI · 10）"原质与田智（命我），彼乃为其主，为诸德主宰。"（VI · 16）自性（prakṛti）一词首次出现于 ŚvetIV · 10，且被与作为宇宙直接根源的幻化力或摩耶（māyā）等同。在《慈氏》中，此词成为一个固定的术语，且自性与补鲁沙的二元对立图式得到明确阐发。如 MaitVI · 10："彼有心智之补鲁沙居于原质之中。彼即食者，食自性之食物故。……原质是食物。是故补鲁沙是食者，自性是被食者。彼于其中而食。"在晚期奥义书中，原质与自性就是生成世界万有、不可知、无相、无分别、超越自然和经验存在的无意识原理，在这一点上它们与古典数论的自性完全相同。所不同者，在于晚期奥义书中，原质、自性与补鲁沙的关系不是很确定。原质、自性在更多情况下被认为是属于补鲁沙的，是后者的自力（ātma-śakti），因而不是一个独立的原理（如 ŚvetIV・10，VI・10），但有时也表现为一个独立的、与补鲁沙并列的实体，比如 MaitVI・10 说二者为食与食者，于是二者的关系就是二元论的。考虑到数论学本身的理论多样性，这些说法都可以被归属于数论的范畴中。

以上我们追溯了从吠陀的阿底提到数论的自性、原质概念的漫长意义源流。这种考察使我们确信，数论的自性概念，就是从吠陀、奥义书的传统缓慢发展出来的。

## 三、三　德

数论以为自性由三德（tri-guṇa）组成。德（guṇa）者，属性义，绳义，言诸德性能为系缚（SPBI・61），或说三德如绳三股绞合，以成世间。所谓三德，不仅仅是三种属性，而是组成世界的三种要素，是作为世界本原的自性包含的三种原理①；自性除此三德外，无别自体。关于三德的体性，《金七十论》卷上云："是三德者，何等为相？以偈答曰：喜、忧、闇为体 / 照、造、缚为事 / 更互伏、依、生、/ 双、起三德法。"所谓三德就是：其一，萨埵（sattva），为智慧、喜乐、清净、轻光、安适、厌离等相；其二，罗阇（rajas），为苦、冲动、烦恼、忧虑等相；其三，答摩（tamas），为愚痴、睡眠、滞重、昏暗等相。萨埵能照，唯当萨埵显现时，自我才能受用境界，故萨埵是我的一切知识的条件。从萨埵生法、智慧、离欲、自在、乐等。罗阇为自性中的躁动之力，能激起萨埵、答摩运动，若罗阇增长，则能造诸业。从罗阇生贪、嗔、骄慢、苦等。答摩为自性中的重复成分，若答摩增长，则诸根被覆，不能执诸尘，能为系缚。从答摩生非法、无能、愚痴等。三德此消彼长，分散又聚合，生起世间种种存在。自性通过三德转化生成万有，因而万有皆具三德。三德其实是日常认识无法达到的超验原理，即使圣者羯毗罗也只能看到三德之果并通过果推知三德的存在，而不能看到三德自体。另外三德既不是单纯的物质或心理现象，而是前于经验的心、物之分且作为后者共同根源的原理。

数论的三德（tri-guṇa）说，也不是突然出现的，而是在吠陀、奥义书思想中经历了漫长的酝酿过程。

在印度思想中，认为存在本原由三种成分构成的说法，从《阿闼婆吠陀》就已有

---

① Mahadeva Vedantin, Vritti-Sāra to SPSI・61（*The Sāṃkhya Philosophy*, Orietal Books Reprint Corporation, New Delhi, 1979. 94）："自性是三德之和合，而非作为三德基础之另一种存在。萨埵等德不是自性属性，而是其自相、实质。"

表现。如 AV X・8・43 云“九门之莲花，为三绳所覆，居中之妙有，梵智者知之。”此中“三绳”指构成世界的三种成分，与数论三德说有亲缘性。盖梵语中德（guṇa）有绳义、属性义。数论的三德也往往被说成是构成世界、系缚众生之三条绳索。其说就可能与《阿闼婆》此偈存在关联。AVIX・9・2 云：“彼三毂之轮，坚稳且不坏，众生诸世界，皆安立于彼。”（此偈重现于 XIII・3・18）此中存在的绝对本质被喻为独一无二的车轮，它的自体包含三个部分。类似地，II・1・2 亦说，那作为永恒的存在根源，藏于至上秘密处的黑暗原理，包含三部分内容（三步）。数论谓自性为包含三德之黑暗原理，可能与上述说法有关联。

在梵书和早期奥义书中，这种本原的三分说亦颇为常见。比如 Sat BrāVII・1・2・5 说由生主分解，生风、日、食三者，此三者为世界根源。BṛihI・2・3 说死亡，即黑暗原理、混沌将自己区分为火、风、日三分，由此三分生一切[①]。在早期奥义书中，此类说法于 ChānVI・2・2—4・7 得到最确定、最系统的表述，其云：“2・2 于初此世界只是有，唯一、无二。3 彼自思维：‘我其为多乎！我其繁殖自身！’彼于是生火（tejas）。彼（火）自思维：‘我其为多乎！我其繁殖自身！’彼于是生水（āpas）。是故无论何时，若人苦痛或流汗，皆由火生成水。4 彼水自思维：‘我其为多乎！我其繁殖自身！’彼于是生食（annam，即土）。……3・2 彼神自思维：‘噫！我其以命我入于此三神且分别名色乎。3 我且复使三者各自为三。’彼神以命我入此三神，而分别名色。4 彼复使三者各自为三。复次信然，吾爱，且由我信解云何三者各自为三。4・1 于火（agni，与 tejas 不同）之中，凡红相，即火之相；凡白相，即水之相；凡黑相，即食之相。是故火失其火性，盖一切变异只是言语所起，只是名字。实性只是此三相。2 于日之中，凡红相，即火之相；凡白相，即水之相；凡黑相，即食之相。是故日失其日性，盖一切变异只是言语所起，只是名字。实性只是此三相。……6 凡现红色者即火相；凡现白色者即水相；凡现黑色者，即食相。7 其知凡现为不曾解之物，唯是此三神之和合。信然，吾爱，且从我受解云何此三神，当其至于人身，乃各自变为三分。”其云唯一者、实有（sat）本来无生、恒常、无分别，然而创造出火、水、食三种原质，分别为赤、白、黑三色，以作为创世的质料。此三有亦为彼唯一者之行相。由此唯一者所生之一切，皆具赤、白、黑三色。实有复进入此三有，使每一有再次分化为火、水、食三有，乃至使三者之三进一步三分化，如此以至无限，因而形成名色世界。所有世间存在，皆由火、水、食三有构成，皆具赤、白、黑三色。火、日、月、闪电等等皆因如是转化形成，故皆具三色。一切差别、转变相只是语言安立，其实只有火、水、食。故谓知三有则

① MaitIV・5 谓大梵具火、风、日三相，分别为时、气、食三有，亦来自这类早期思想。

知一切。三有说与数论三德说颇有一致之处。盖以赤、白、黑喻三德，亦为数论文献常用的比喻（其说法亦见于《往事书》等）。另外数论以为原质包含三德，三德恒转而产生无数差别行相，彼等皆是三德行相，体性乃无异于三德。这些说法都与三有说一致。

跋陀罗衍那和商羯罗皆认为《唱赞》的三有说是ŚvetIV·5提出的数论三德说的源头（BSI·4·8—10），现在学者也多持此义。我们将上引《唱赞》文本与ŚvetIV·5对比，可以对此得到非常肯定的结论。ŚvetIV·5云："无生之玄牝，其色赤、白、黑，生子其众多，皆与彼相似。一牡为无生，乐与其交欢；一牡亦无生，乐矣乃离去。"商羯罗注云："此中赤、白、黑，即是罗阇、萨埵、答摩。赤即罗阇（冲动），彼生赤热故。白即萨埵（光），彼生光明故。黑即答摩，彼生冥暗故。此即三德均衡状态，由组成它的赤、白、黑三要素之德而得表现。此即本有者，故曰无生（ajā，亦指牝羊），如数论师云：本性非所变，而转变生物（见于SKIII）。……此本原之有乃生诸转变，皆具三德。其云有一无生者，即一补鲁沙，乃由于执着、贪爱，而与之交媾。此补鲁沙因无明而以彼（自性）为其自我，且因缺乏明辨力故，以自我为具冲动、淡泊、盲暗（即罗阇、萨埵、答摩三德）者，故缚于命我之轮回。与之相反，另有一无生者即补鲁沙，得分别之智，故非执于彼（自性），已于其陪伴之乐生厌心故，乃弃舍之。此谓由彼而得解脱。"①故《白骡》此偈为开示数论三德说，可谓无疑。比较此偈与ChānVI·2·2—4·7，可以看出：(1) ChānVI·2而其对三色之列举，与ŚvetIV·5的赤、白、黑三德，不仅内容相同，而且顺序也相同，故ŚvetIV·5在此肯定是沿袭ChānVI·2或与之类似的思想。(2) 三有说谓宇宙本原分为三种成分或存在方面且通过三有转化生成名色世界故万物皆具三有的思想与《白骡》的自性三德说完全一致，自我进入水、火、食并进入之以推动其开展的说法也与《白骡》的原我通过与自性结合推动三德转化的模式一致。这种思想的一致性很难说是一种偶然，而只能解释为《白骡》的三德说是从ChānVI·2·2—4·7所表达的或与此相关的思想发展出来的。

《白骡》不仅提到自性（prakṛti）、原质（pradhāna）之名（Śvet IV·10，VI·16）。亦经常提及"德"（guṇa）这个词（Śvet V·5,7,8，VI·4），且其意义与数论的一般理解一致。Śvet V·7甚至提到"三德"（triguṇa）一词。但三德的具体名称，即萨埵、罗阇、答摩，则迟至《慈氏》才出现（III·5，V·2）。

MaitVI·10明确指出补鲁沙是食者，自性是食，自性由三德所成而转化为万有，

① 转引自Paul Deussen, *The Philosophy of the Upaniṣads*, Motilal Banarsidass Press Delhi, 2000. 252.

万有皆为具三德之食。V・2 则不仅举出三德各自的名称，即萨埵、罗阇、答摩，而且开示了其由三德转化生成世界的逻辑。其云世界的最初根源是存于至上有中的答摩。答摩被至上有推动而入有分别相，乃生罗阇。罗阇亦被至上有推动而有分别，乃生萨埵。萨埵被至上有推动，乃生成觉谛、我慢、末那、细身。如是"彼一成为三。彼遂开展为八、十一、十二、无量。彼因如是开展，遂成为诸有"。此谓同一自性转起三德，且由于三德的转化开展为八种成分，即自性、觉谛、我慢及五唯（即数论所谓"八本"）；并进一步开展为十一根（五知根、五觉根、末那）乃至无量的现实存在。其云觉谛、我慢等与补鲁沙结合，乃形成即至上神或人的命我（田智），并以为禄陀罗（湿婆）、梵天、毗湿奴分别就是此至上神之具答摩相、罗阇相、萨埵相的部分。《慈氏》还进一步阐明了三德的行相、内容。如 III・5："答摩之相为惑乱、畏怖、失意、沉睡、倦怠、懈怠、衰老、疼痛、饥、渴、羸劣、愤怒、异端、无明、嫉妒、凶残、愚痴、无耻、无施、骄傲、无恒；罗阇之相为渴望、爱、激情、贪、不善、欲、嗔、欺诳、妒忌、无厌足、不定、易变、散乱、野心、贪财、爱友、依赖家族、于不可爱境生憎恶、于可爱境生贪爱、恶语、贪食。此大种我被此等注满，为此等所制。"这种描述（缺失对萨埵行相的描述）与数论完全一致。另外还应当指出，与古典数论的三德说不同，《唱赞》的三有说完全是宇宙论的，水、火、食为三种物质要素。在《白骡》中，三德的心理意义也仍然不清晰；只有《慈氏》，不仅视三德为物质的要素，且视之为心理要素，故不仅全部外在自然，而且人内在的罪染、烦恼、认识等全部精神活动皆被分类归属于三德之中，从而与古典数论的三德说达到一致。总之，《慈氏》对三德的解释，与古典数论基本一致，所以说数论三德说，于《慈氏》乃得完成。

此外，在新奥义书中，开示数论学者极多。如《荼婆拉奥义书》（Jāvāla Up IV）说三德为三界等，即属于数论思想范畴；《频伽罗子》、《光明点》等，也对数论三德转变说有详细阐述（参考本书第一部分第三编第一章第二节，第三章第二节）。然而其说皆完全被统一到吠檀多绝对主义的体系中。这也是《蒙查羯》、《白骡》、《慈氏》等的晚期古奥义书的主要倾向。这些晚期奥义书，大多将自性、三德归属原我，其说与古典数论的自性、原我二元性相悖，但也可以归属于数论的早期说义。在《数论颂》出现之前的早期数论派，即有明确以三德从属于原我者（YSII・23；YSBI・4）。

## 四、觉谛、命我

数论学中的另外两个基本概念，觉谛（buddhi）和命我（jīva ātma），也在奥义书中经历了漫长的酝酿过程。

在古典数论中，觉谛（buddhi）是自性的最初产物。觉谛又被称为大（mahāt），就是理智、思维、抉择、认知的官能。如《金七十论》卷上:“大者或名觉,或名为想,或名遍满,或名为智,或名为慧,是大即于智故大,得智名。”觉谛同补鲁沙、自性一样,也是超越自然和经验,为日常认识无法了知的原理,其体相亦为无分别、遍满。一方面,觉谛不仅仅是一种心理官能,而且是一种宇宙创生原理,从我慢以至于五大(地、水、火、风、空)、十一根(眼耳鼻舌身五知根、舌手足男女大遗五作根、心根),皆是从觉谛次第转化产生。另一方面,眼等诸根,唯依觉谛方有认知和决定,故觉谛是诸根的主宰者。

尽管觉谛(buddhi)这个观念到中、晚期奥义书才出现,但其意义经历了漫长的前史。吠陀晚期经常提到具有光明性、作为宇宙的智性原理和创造者的金卵,就是在混沌、盲目的原水(宇宙实质)中产生,然后转化生成世界万有(ṚVX·121)。其中金卵与原水的关系与数论的觉谛或大与自性的关系一致,肯定对后者构成了启发①。梵书的创世神话也经常提到自我创造原初之水后,再次作为金卵在原水中生出(或云金卵由原水生出,而至上我进入之),而由金卵发育演变产生全世界。自我重新进入金卵的模式,可能为数论的原我通过映现于觉谛使后者现似有知,或原我执受觉谛形成命我的说法,提供了启示②。另外,ṚV I·164·20 提及二鸟栖于同一树,其一食其果,另一则不食而观之。尽管《黎俱》此颂的原义仍有争议,但后来婆罗门文献多是从类似数论的立场理解它。比如《频几罗诃梵书》(Paiṅgirahasya Brāhmaṇa)以萨埵(sattva)与智(jña)释彼二鸟,而这二者分别对应于后来奥义书及数论派的觉谛和命我(奥义书、数论亦称命我、补鲁沙为 Kṣetra-jña,即田智)。此种想象后在古奥义书中多次出现(KāṭhIII·1, MuṇḍIII·1·1, ŚvetIV·6),而且这些奥义书都是从数论立场出发,将二鸟理解为数论的觉谛与原我:觉谛作业受果,如其中第一鸟;原我则无受作,仅为观者,如其第二鸟。这至少表明数论的觉谛观念受到吠陀和梵书此喻的启发。

早期奥义书还经常提到识(vijñāna)、智(jñāna)和觉(prajñāna)作为全部物质和精神现象的根源,这些观念都可以视为数论的觉谛的前身③。KauṣIII·5—8 说识我(prajñātman)无相、无差别,而生成语言、呼吸、眼、耳、舌、手、身、生殖根、脚、意十根与名称、香、色、声、味、业、苦乐、喜乐和子嗣、行走、思想及欲望十境,皆是由

① 杜伊森指出,金卵说就是数论的大或觉谛的原型,数论只是去除了前者的神话色彩(Paul Deussen, *The Philosophy of the Upaniṣads*, Motilal Banarsidass Press Delhi, 2000. 248)。

② Paul Deussen, *The Philosophy of the Upaniṣads*, Motilal Banarsidass Press Delhi, 2000. 246.

③ P.Chakravarti, *Origin and Development of the Sāṃkhya System of Thought*, Oriental Books Reprint Corporation, 1975. 13.

识我取出之一分，且复归于识我，如是十境归宿于十根，十根归宿于识我，如辐集于毂，毂集于轴，故识我是全部经验的物质和意识存在的根源。同时，在视、听、嗅、思等活动中，其实是识我通过眼、耳等在观察，故这识我才是视、听、嗅、思的真正主体。这个识我就是识（vijñāna）（类似的说义，亦见于 KauṣIV·20）。AitaIII·1—4 则于诸心理现象论之更详，其云意识、感觉、分别识、觉、智、见、忍、慧（mati）、思、冲动、忆、念、谋虑、精气、欲、意志等所有心理内容，皆以觉（prajñāna）为依止，为觉的产物、表象，地、风、空、水、火五大及诸有生命者亦然，而且觉谛是诸根的主宰。数论的觉谛，同样是全部自然、心理存在的根源，诸根的主宰。这与早期奥义书的识与智意义相近，应当以后者为观念的先驱。不过这二者仍有距离，这在于早期奥义书的识论、智论，都是心识的一元论，识或智是存在的绝对真理，同时也是自我的真理，而数论的觉谛则既非绝对，亦非自我；它是自性的产物，且与自我对立。

《羯陀》首次提出觉谛一词，且完全从数论立场理解其意义。KāṭhIII·10—13 说超越诸根、诸境者为末那，超越末那者为觉谛（buddhi），超越觉谛者为大我（ātmā mahān），超越大（mahāt）者为非显（自性），超越非显者为彼原人。又曰人应以末那制伏诸根，以智我（jñāna ātman = 觉谛）制伏末那，以大我制伏其智我，终以寂静我（自性）制伏大我。VI·7—8，立意亦同于此，其云："超越诸根者，如是为末那；超越末那者，如是为萨埵；超越萨埵者，如是为大我；超越大我者，如是为非显。超越非显者，为原我遍满。"将两段文本对应，可以确定 VI·7—8 所谓萨埵就是觉谛。古代注释家往往将大我（ātmā mahān）——在此显然等同于大（mahāt）——解释为命我①。这种解释容易导致理解混乱，因为数论学一般将大等同于觉谛而非命我。但是《羯陀》代表了数论学的这一阶段，在这里显然大与觉谛尚未被等同，而是两个分离的原理。只是到数论更成熟的思想中，这二者才合而为一。不过《羯陀》也没有指出这二者的各自意义，但是考虑到《羯陀》没有提到数论的另一个重要观念即我慢，故"大我"很可能是"我慢"的前身。另外古典数论的二十五谛系列将觉谛放到了我慢前面，以为前者转变产生后者，但是《羯陀》则将我慢作为比觉谛更根本的原理。此义在晚期奥义书中是很自然的，比如 MaitII·5 及 V·2 皆列举命我"具末那、觉谛、我慢"，也反映了同样的理解。

在晚期奥义书中，由于数论体系的进一步完善，觉谛同化了大，并与我慢区分开。觉谛、我慢、末那（意）被作为内根（antahkarana）的三个方面并列在一起，这是典型的数论学表述。比如 PraśIV·8 列出了数论二十三谛的主要内容，包括五大、五唯、

① 如罗摩努阇释之为自我入居之命我（kartṛ）（SBI·4·1）。

五知根、五觉根、末那、我慢、觉谛等。ŚvetV・8亦云原我因执受觉谛、我慢联结，具贪、嗔、爱、惑等德，故显现为命我。MaitII・5亦云原我因为与末那、我慢、觉谛联结，故表现为命我（kṣetrajña）。至于古典数论赋予觉谛在宇宙发生中的核心地位，则在晚期奥义书中尚未得到阐明。《蒙查羯》、《白骡》皆未提及觉谛在创世中的作用，《慈氏》则语焉不详。如MaitV・2说萨埵转变生成识体，后者具末那、觉谛、我慢等。VI・10说："于（自我食）原质之时，乃生起觉谛等，即决智、念、我慢。于是生诸作根和诸知根。"《频伽罗子》开示了从非显到觉谛再到我慢、诸根等的转变过程（PaiṇgalaI・1—12），但其说法亦极含糊，且可能受到古典数论影响。晚期奥义书尽管从数论自性转变立场对世界起源过程有很详细的阐述，但对于古典数论赋予觉谛在此过程中的独特作用，都未曾提及。

在数论学中，与觉谛密切相关的还有一个重要观念，即命我（jīva-ātma）。它指个人现实的灵魂或生命实体。数论一般以为命我是补鲁沙执受觉谛、我慢、十一根等而成，非补鲁沙或胜义我自身（SPBVI・63）。补鲁沙无作无受、不动恒住、独存离染、自性解脱；命我因与觉谛的联结，乃表现为作者、受教，并处轮回流转中。这种独特的命我观念，也在婆罗门传统中经历了漫长的形成史。

《黎俱》有时设想自我是居于人的肉体之上的不生不死的控制者（ṚVX・16・4），或云它是普遍的宇宙灵魂（ṚVI・113・161；ṚVI・164・30）。在这两种情况下，灵魂与肉体的联结，都被认为是它成为现实个体的条件。然而这种联结被认为是一个秘密："谁曾见到，无骨的灵魂，大地之生命与精神，以何种方式居于身窟？"（ṚVI・164・4）《黎俱》称此结为"婆楼那之结"，谓婆楼那以此将灵魂缚于三种不同命运。与数论的命我概念最接近的是ṚVI・164・17，22。此二颂将人类自我一分为二：其一作诸事业且受用苦乐，其二则不作不受，仅仅是消极的观者，此即超越之大我。这一观念后来被奥义书大加发扬，并以此成为数论学的基础。不过总的说来，在《黎俱吠陀》中，一种超越、绝对的自我观念尚未完全确立，这样一个自我与个人小我的关系亦未成为思考的主题。

从梵书开始，一个作为世界的本原和全体的绝对自我观念，俨然已居于思想的主流，这个大我和个人的现实自我、灵魂的关系也成为哲学思考的重要问题。奥义书乃继承梵书的思考，并由于反思和超越思维的发展不断将其深化、提升，从而与数论的命我观念衔接。这主要在于反思和超越思维的发展使奥义书思想最终将真实自我领会成一个超验的意识实体，从而与人的千差万别的生活经验有了断裂，因而必须将这两个层面联结起来，才能既可解释人生之差异，又容许解脱之可能，这个联结就是命我。所谓命我，就是自我的超验、恒住的实体与流转变灭的经验生命以某种方式的结合体。实际上，规定数论命我观念的无外乎两个基本方面：一是对补鲁沙的实质的理解，补鲁沙被认为是一个独存、恒住的意识实体；二是对补鲁沙与命我关系的理解，这种关系被认为是一种外在的联结。这两个方面的理解都是在梵书、奥义书中经过长期酝酿形成的。以此为根据，我们可以将命我观念的源流史分为以下阶段：

第一，比拟说。此说渊源于吠陀晚期的原人说，而盛行于梵书。其说甚为杂驳，大致以宇宙比拟为人体。此即是一大我，人为一小我。小我生于大我且复归于大我，二者完全同质同构。其中一个最典型的说法，是以为世界最初只是一个宇宙巨人（补鲁沙），后者分解自身而成为宇宙。其眼、耳、呼吸、精液、毛发等，分别成为日、四方、风、水、草木等；然后日、四方、风、水、草木等又进入人体（即聚合为人），分别转化为眼、耳、呼吸、精液、毛发等，形成人的小我（Vāj SaṃXXXII・11—12；Tait BrāIII・10・8；Sat BrāX・6・3, XIV・4・2・1—5）。这其实是把宇宙想象为一个人体，为一个大我，这大我自然与人的小我同构。此种同构论，即印度传统所谓"桑底厘耶智"（Śāṇḍilya-vidyā）。这里无论是宇宙大我，还是人的小我，都完全是从形器角度着眼。奥义书最早的思想，也继承这种宇宙拟人论。其以为由宇宙原人之口、鼻、眼、耳、皮、心、脐、生殖器，生语言、上气、视、听、毛发、意、下气、精液诸根；复由语言等诸根，生火、风、日、诸方、草木、月、死亡、水诸有。于是至上神乃创造一与宇宙原人同样的小人为诸有居处，故诸有乃化为对应的诸根而入居之，如此形成人的小我。故小我与绝对大我实质相同，ChānIII・13,18, V・18・1—2, VII・1—26；TaitI・7；MuṇḍII・1・3—10, ŚvetIII・14—16 等皆从不同角度演绎此说。拟人说既以宇宙为人体的放大，故人的小我与绝对自我的同质性，乃是其自然的结论。然其说仅以我为形器聚合，于人类自我的差异性亦未遑多虑。尽管拟人说及以下的再生说、转变说、分有说的相应观念，都与数论的命我说有较大距离，但是它们毕竟提出了一个究竟自我的观念，且以此我为个人自我的基础，因而为数论的探讨开辟了空间。

第二，再生说。拟人说只将自我理解为形器的整体，而没有思考自我的内在同一性，即灵魂。反省的逐渐深入使印度思想认识到自我不仅仅是一个形器的聚合，而是还有一个有别于这聚合的，始终自身同一的基础，即通常所谓灵魂。梵书的宇宙灵魂观念，就是这一思想发展的结果。其说仍然在人与宇宙同构论的框架内展开。其中一个最常见的说法，是说宇宙灵魂，即大我、补鲁沙，是世界创造者。他在创造世界之后，又于此世界中再生，为宇宙主宰。然后他又进入他所塑造的人身之中，与人身同其大小，成为人的小我（Sat BrāVII・1・1・37）。还有一个常见的说法，谓太阳中的金人与人右眼中闪闪发光的小人是相同的，分别即是宇宙灵魂与人的灵魂，二者的实质都是补鲁沙（VII·4·2·17）。在这里，人的小我同宇宙大我一样，都被认为是灵魂和色身的聚合。人的灵魂的实质就是至上补鲁沙，因为与有限的色身结合而成为个体的，这种结合被认为是补鲁沙于人体中再次出生。在早期奥义书中，这种再生论仍然极常见。如AitaI·1—3以为至上我首先创造汽、光、死、水四界，由水造出宇宙原人，然后为其开口、眼等八窍，由此生语言、视等八根，由后者生火、日等八种自然存在，于是大梵进入宇宙中，为其主宰。接着大梵又由水中造一人，使八根、八尘各入其处，复从水中生食，为诸根受用，最后大梵进入人之中，为其灵魂。这个至上我两次再生的模式，在奥义书中经过不同变奏经常地再现。这些说法，都以为人的小我是绝对自我与个人形器之身结合的产物，其实质即绝对自我。此类说法，与数论的原我映现于觉谛从而形成命我的思路存在很明显的亲缘性。在这一点上，可以肯定它是直接或间接地启发了数论。

第三，转化说，以为个人小我是由绝对自我经过系列的自身转化形成。在以上的思考中，自我的实质仍未得到规定。随着反省思维的具体化，在梵书中出现了把自我、补鲁沙等同于生命元气或风的思想。元气论仍继承人与宇宙同构论。其以为宇宙大我即元气，元气转化生成意、语言、眼、耳、气息五种功能，此五者分别转化为月、火、日、四方、风五物，形成客观宇宙；此五物又分别转化为意、语言、眼、耳、气息进入人身中，所以灵魂由意、语言、眼、耳、气息五者组成，它们的实质分别是月、火、日、四方、风，人死后其灵魂亦先依其语言入于火，次依眼入于日，次依意入于月，次依耳入于四方，最后依气息入于风，而月、火、日、四方，在毁灭时皆入于风，并从风中再次生起（Sat BrāX·3·3·6—8，Tait ĀraIII·14·9）。如此则物质宇宙和人的小我，皆是至上我、元气经过多次转化形成。此说在奥义书中有广泛影响。如ChānIV·3·1—4提出元气、风是万有“摄尽者”，其云水、火、日、月等皆归入于风复由风生出，意、语言、眼、耳等皆归入元气复由元气生出。KauṣII·12—13云当诸神（宇宙现象）入没，火入于日、日入于月、月入于闪电、闪电入于风，风即宇宙元气、至上我，此即彼等的究竟实质，然后彼等又会从风中重新生出，重生的次序当与没入的次序相反；同理，当人进入深层睡眠或死亡，诸根皆没入元气，语言入于眼、眼入耳、耳入意、意入元气，当人醒来或往生时彼等又依相反次序从元气中重新生出。总之，至上我、元气是万有实质，并通过自身转化，成为人的生命内容、自我。早期奥义书的这种思想，完全来自梵书。然而立足于这种转化论，我们恐怕很难坚持个人自我与至上我的同一性，以及至上我的超越性。

第四，分有说。奥义书的分有说企图解决转化说的困难。其以为至上我为一味、无分别的质料；而个人自我，同其他事物一样，皆分有此至上我的一部分作为其实质。ChānVI · 9 · 1—16 · 3 的优陀罗羯之说，即持此义。优陀罗羯首次提出命我（jīva-ātma）一词（ChānVI · 3 · 2），它即是指至上我被事物分有的实质。其说立花蜜喻、江海喻、树喻、尼拘陀树子喻、盐水喻、归乾达罗村喻、斧刑喻个譬喻，及睡眠、死亡二例，说明个人自我及一切现实存在，都是在某种一味、无差别、微细的实质之上，增益差别名色而成，其实皆因分有此实质而存在。优陀罗羯在这九段的每一段，都以如下几句话结尾："彼最精微实质，全世界以之为自我。彼即真理。彼即自我。彼即是汝。"其说提出当人在睡眠或死亡时，其小我乃进入一味的本原，故尔冥漠玄同，废知绝照，不复分辨其为此我、彼我。如万千花朵酿成同一蜜汁，不复分辨其为此花之蜜、彼花之蜜；千江归海，亦不复分辨其为此江之水、彼江之水；然而当其再生或醒来，其名色差别又重新转起如前。分有说将绝对自我规定为无差别、一味的实质，而将全部差别理解为增益于其上的名色，故众生命我的实质相同，只是因为增益其上的名色而显现为多样个体。因此，分有说相对于再生说和转化说的理论进步，在于它既可解释自我实质的同一，又能解释这同一自我如何成为众多命我。然而，优陀罗羯的分有说，仍然不彻底且意义模糊，有时与转变说混同。如 ChānVI · 8 · 6 说，当人死时，其语言归于意，意归于呼吸，呼吸归于火，火归于至上我，这似乎表明语言等是至上我转化生成的；另外它仍将至上我理解为一种自然实质，而非精神的原理。因此它与数论立场还有很大距离。不过，由于奥义书的反思和超越思维的发展，分有说也逐渐朝内在、超验的领域前进，从而越来越接近数论的说义。此如 BṛihII · 4，IV · 5 指出个人自我皆因分有同一精神本体（识）而得以存在，且以后者为其真理；KāṭhV · 9—11 明确指出至上我尽管进入名色之中，但其实并未参与到名色的存在，而其实仍停留在外，故不染于世间烦之苦恼。这种发展，使分有说最终进入数论体系中。这从 MaitIII · 3 提出的，具有典型数论意义的赤铁喻，就可了然。其说以为觉谛或大种我如铁块，补鲁沙如火，如火烧铁块使其炽热，于是火渗透到铁之中，如是补鲁沙渗透到觉谛中，使其现似有心智，但二者并没有融合在一起。古典数论的赤铁球喻，即立足于此义①。

第五，识转变说。反省思维的深化，使奥义书思想最终意识到觉性的内在存在，即识、思想，才是存在的绝对本原，即至上我，一切差别存在皆是识转变形成，且其

① SPSII · 8："自我尽管与自性存在联结，但这种联结并非直接存在于自我中，如火并不真正存在于炽铁之中。"SPVII · 8："如铁被火烧赤，此铁似乎有能烧之用，但其实此能烧仍属于与铁联结之火，而不属于铁本身。"

实质就是识，命我也是如此。其以为命我是这心识的本体与自身转变产物的结合。此说于 KauṣIII・2—4，IV・19—20 等得到表现。其云当人陷入深层睡眠或死亡时，诸根、诸境入于元气，元气入于识，当人醒来或再生，则“如从猛火中，火星四溅”，如是从识转起元气，从元气转起诸根、从诸根转起诸境。命我就是识与元气、诸根的结合体。色身依止命我，如臣依君。人死后命我不失，而是继续进入新的色身并充满之，达于须发、指尖，如刀藏于匣。在这里，元气、诸根、诸境等全部差别相，都被认为是识转变的产物。识其实是与其自身产物结合形成命我。较之（实有的）转化说、再生说等，识转变说的命我观念朝数论学又前进了一步，在于明确领会到究竟自我的实质是一种内在的心灵原理，并且确立了命我为此真我与元气、诸根之结合的框架。然而此说以为元气、诸根等全部差别相都是识的产物，且实质是识，故完全没有领会识的超验性，亦与原我、觉谛的二元性大相径庭，因而离数论的命我说尚有不小的距离。

第六，识分有说。随着奥义书的超越思维的形成，究竟我被理解为超验的识本体，与名色世界有本质距离，于是识转变说中以至上我为名色实质之义被扬弃。所以本识不是变成了名色，而是作为一味的质料，外在地被名色所塑造、分割。命我就是一味、清净的识体被如是塑造、分割的产物。这就是识分有说的立场。此说可被视为分有说与识转变说的辩证统一。它一方面克服分有说的外在化，将真我理解为心识；另一方面也克服识转化说的经验色彩，将自我理解为超越的实体。BṛihIV・3—4 的耶若婆佉说法，即持此义。耶若婆佉首次开示自我为一种无差别、一味均匀、超验的本体意识，所有差别都是虚假的，乃是由此识构造出来并增益于自身之上。其云：“世间无差别，视有差别者，将一再受死”，“应视（绝对者）为一味，无相且常住，无垢超虚空，无生遍常我。”（IV・4・19—20）真我是遍在万物的无差别的一，如水中之盐味、陶中之黏土。它就是无量、无表、一味的心体（II・4・12）。差别的万有皆是人的妄情将名色的分别增益于此一味的心体而呈现的。名色差别塑造、分割这一，使成为多，但不能改变其实质，故万有皆分有本识而存在。命我亦是如此。一方面，命我以元气、诸根、识等与此至上我联结、将其分割；另一方面这至上我又处在元气等之外，为超越的实体。如 BṛihIII・7・15—23 说此至上我居于元气、语言、眼、耳、皮肤、精液、意、识之中为其内在主宰，然而又异于彼等，且不为彼等所知。由于真我的超越性，故它与元气、识等在命我中的联结乃是一种外在的联结，它的实质没有与元气等融合在一起[①]。IV・4・1—5 对死亡的描述，表明命我由本识、诸识（此

---

① 如 BṛihIII・9・26：“彼不可缘取，以彼不被缘取故。常住不灭，以彼不可毁坏故。无执，以彼自身不执着故。彼无缚、无损、不败。”

二类识的区分仍较模糊）、元气、诸根、业、习气等构成。元气是往生的载体，当人死时，诸根、业、习气等都融入元气中，于是识与元气合为一体，此聚合体乃从色身出离，而智慧、愿欲、业与习气则决定往生的去向。识分有说领会到究竟自我为超验的心灵实体，且将命我识为此心灵实体与元气等的外在联结。因而相比于此前诸说，无疑朝数论的命我观念前进了一大步。不过此说与典型的数论观念仍有差距。这在于它仍持元气、诸根等是由真我直接转变产生的观念，因而命我包含真我、元气等的关系，是本体与现象的对待，而不是数论理解的心与物的二元性。

第七，执受说。在中、晚期奥义书中，命我观念在识分有说基础上进一步发展，终于转变成了一个真正的数论学观念。这种转变，主要在于一方面将命我与真我联结的存在进一步细化，后者除元气、诸根，还包括末那（感觉意识）、我慢（自我意识）、觉谛（理智）这些经验的意识活动（这些存在后来被统称为细身），这使真我的超越性得到更清晰的表述；另一方面，从觉谛到诸根，都被认为是自性转变的产物，而不是真我直接转化产生的，这使觉谛与真我进一步分离开。这种转变使得数论典型的心、物二元模式得以成立。在这里，真我与觉谛等没有直接因果关系，它完全将后者作为外在对象而执取。我们称相应的命我观念为执受说。此说在《羯陀》到《慈氏》等书中都得到表现，比如《羯陀》的驾者喻，《慈氏》的赤铁喻，都清楚表明了命我的这种心、物二元模式。此说又因为奥义书后期思想赋予自性的实在性程度有别而分为以下三种类型：其一是典型二元论的，以为自性、原我皆为独立的实体，原我进入觉谛中，但其实处于觉谛之外。此说通过 KāṭhV · 9—12 的火、风、太阳，虽进入差别万物而其实外在于彼等之喻、KāṭhIII · 3 和 MaitII · 6 等的乘车者喻、ŚvetIV · 5 等的牝、牡羊喻以及 MaitVI · 10 的食与食者喻等得到表现，这些说法都表明尽管在命我中原我与觉谛联结在一起，但其实觉谛与原我没有任何内在关联，此说与古典数论完全一致，但在奥义书思想中不占主流。其二是自力论的，以为自性虽为实有，但不是一个独立的实体，而其实是原我的能力、属性或产物。原我通过自性转化产生觉谛、诸根并执受之，遂成命我。如 ŚvetVI · 10 ："此唯一神圣，乃依其本性，由原质生网，如蛛覆其身"，ŚvetI · 1—7, VI · 1—2 ；MaitV · 1—2 等的持义也大体与此类似，此为晚期奥义书的主流观念。以上二论，既持真我为绝对，且以觉谛为实有，故皆以为命我以某种方式分有了真我。其与识分有论之区别在于强调真我为超验实体且觉谛作为执受非为真我产物，故二者的关系符合数论的二元模式。其三是幻化论的，完全取消自性、觉谛的实在性，如此则命我，作为真我与觉谛的聚合，亦属虚幻。如 ŚvetIV · 9—10 说自性只是至上我自身的幻力，觉谛、我慢、诸根等都是真我依这幻力变化生出的幻相，举体非实，MaitII · 4, IV · 2, VI · 28, VII · 4 等亦同此说，不过若按此说，则自我本身成为唯一的真有、绝对，觉谛对自我的系缚是虚假的，不存在真我被“分有”的问题，命我的存在本身也应当属于幻相之列。中、晚期奥义书的以上三种命我观念都是数论的。这在于它们都以为命我是真我与觉谛构成的心物二元复合体，属于典型的数论立场。不过应当承认，上述观念都与古典数论有所区别。这在于它们都坚持究竟自我是一个绝对大我，它以某种方式分化形成众生的命我，而数论则否定这样的绝对大我，而以为真我只是众多的个体（每人有一我），命我是此真我与觉谛等执受联结的产物。然而正如我们前面指出，数论学也有多种形态，早期（以及晚期）数论派就曾有持真我为绝对、个人小我为真我分化形成之说者。不过也应当承认，这样的数论思想确实与吠檀多思想难分伯仲，因而很难作为一个独立学派的立场被坚持下来。事实也是如此，早期数论与吠檀多融然不分，只是奥义书中的一种思想倾向，没有自觉的学派意识①；晚期数论派又接受绝对自我观念，也不复为一个独立学派，而被吠檀多思想同化。

总之，奥义书中后期的觉谛、命我观念，都已经是典型的数论观念。尽管奥义书对它们的意义规定，较之在以后的数论派和吠檀多派，仍不够确定和细致（比如觉谛与大、我慢的关系仍不够确定；命我所执受的细身内容在不同文本中也不一致，且不如古典数论区分得详尽），然而数论的基本理解在这里已经确立。我们可以看出古典数论在这里所作的改进，除了给这些观念确立了一个更牢固的二元论基础，就是把它们的内涵进一步深化、细化（比如把晚期奥义书内容颇含糊的细身，发展为觉谛、我慢、十一根、五唯的聚合体），并使它们的意义结构得到进一步巩固。

以上我们阐明了奥义书的几个最重要观念在吠陀、奥义书思想中的漫长源流。我们的分析表明了，数论学的这些独特观念，都不是一蹴而就的，而是经历了长期发展形成的。尽管不能排除这些观念在其发展过程中可能受到外来传统某种程度的影响（比如原我、自性的二元模式在表述上可能受土著的湿婆、萨克蒂崇拜启发），但是我们的分析表明，这一发展遵循婆罗门思想自身深化和自我提升的逻辑，而且主要利用的是吠陀、奥义书自身的思想资源；所以这些观念都可以视为奥义书思想自身发展的产物。因此，数论学就是在奥义书中酝酿出来的。早期的数论学说可能有

---

① Sarvepalli Radhakrishnan, *Indian Philosophy Vol.2*, G.Allen&Unwin LTD, London, 1931. 253。佛典的记载也验证了这一点。《大般涅槃经》（昙无谶译）记先尼婆罗门说有一切众生有两种我，曰作身我、常身我，前者造业轮回，为无常，后者遍、常，为一作者，而且表示“不但我说一切智人亦如是说”，可见此说在当时已很流行（卷三十九）。其中作身我即命我，这是典型的数论观念，但在这里被作为一般的婆罗门思想。《佛所行赞》中佛的导师迦罗摩也把数论学归属于婆罗门学说（卷三）。可见当时数论学尚未成为一个独立的学派。

许多种类，且在相当长的时期内，没有被当作一个独立学派，而是被模糊地当作婆罗门学说之一类。古典数论只是这许多种数论学说中发展为独立学派的一种。

## 第二节 数论的体系在奥义书中的逐渐成熟

对数论学有精深研究的著名梵学家凯思曾说："数论的学说，鲜有未尝在奥义书之某处出现者。"① 规定古典数论的形上学基本框架的，有两种学说，即实体的二元论和自性转变的系统。其中二元论是其世界观的最终基础，而转变说则把数论除原我以外的全部存在（二十四谛）构成一个相互关联的系统。

古典数论认为构成世界最终基础的，是原我（Puruṣa）和自性（prakṛti）两种超越的实体。其中原我是纯粹的精神实体（SPBI · 75.），无德无形、常住不灭、无为无染、无缚无解、遍满无限，是不动的意识或知者，譬如明镜，物来则应，而物之来去，于镜之明性未尝有所损益。古典数论否定奥义书的绝对自我观念，认为原我是数目无限多的实体，每人有一我。与原我对立的是自性，也是一个独立的实体，为盲目的创造原理，是（除原我的）世界万有的最终根源，通过三德转变而产生一切。古典数论认为原我与自性完全相互分离，没有任何内在关联。前者能知而无作，后者有作而无知，二者如跛与盲，为了某种共同目的而结合在一起。如《金七十论》云："我求见三德，自性为独存。如跛盲人合，由义生世间。"（《金七十论》卷上，大正 54—1450；SKXXI）这是一种极端的形而上学心物二元论。原我与自性就其纯粹存在而言，是无法区分的。二者皆为觉谛所不知。

数论将世间万有分为二十五个范畴，即所谓二十五谛（谛理或实在）。其中除原我之外二十四谛皆属自性，而自性转变说，则将二十四谛解释为从自性开始的次第转化生成的系统，从而确立了数论存在发生论的基本结构。其以为自性当其三德平衡，乃混沌不显，但是为了原我的受用、解脱，三德平衡被打破，自性开始转变。其转变的第一个产物是大或觉谛（理智、识），觉谛进一步转变生我慢（自我意识），我慢生十一根（眼、耳、鼻、舌、身五知根；言、手、足、生殖、排泄五作根；作为思维机能的末那或意根）、五唯（色、声、香、味、触）、五大（地、水、火、风、空）。复由此二十三谛构成全部有情和器世间。原我没有参与到转变过程中。包括觉谛在内，人的全部心理活动、思想都是混沌盲目的自性的产物，而与作为精神实体的原我无关。

我们试图追溯数论的二元论和自性转变在吠陀、奥义书中的形成过程，以此证

① Keith, Arthur B, *A History of the Sāṃkhya Philosophy,* Oxford University Press, London, 1924. 60.

明数论的基本体系是从奥义书思想发展出来的。

## 一、二元论的确立

对于数论的原我、自性二元论，学术界有不同看法。有学者提到数论的原我、自性来自达罗毗荼文化的生殖崇拜①。在前雅利安的印度河文明中，就广泛存在对陵伽（līṅga）和约尼（yoni），即男、女生殖器的崇拜。这二者分别代表自然的两种生殖力量，或创造世界的两种原理，由二者交会而生成宇宙万物。有学者推测此二者是原我和自性的象征②，但缺乏充分证据。在前雅利安人群中，这二者实际是自然的两个方面③，类似于中土所谓阴、阳，与数论的心物二元论没有任何相似之处。不过在印度河文明中，男、女生殖器崇拜就已经开始表现为湿婆、萨克蒂崇拜。一方面，摩亨焦达罗的一些印章表明当时的土著居民把自然的生育力当作丰产女神崇拜；另一方面，同时出土的湿婆像，表现为阴茎勃起状态，表现了对男性生殖力的崇拜。这两类崇拜本来应当是各自独立的。至于它们后来是如何结合起来的，学界尚无明确的认识④。湿婆、萨克蒂崇拜可能会导致这样一种转化，即原来的阳性和阴性原理，被转化为创造出的能动的主体和被动的质料两部分；但没有更充分证据表明这种理解在前达罗毗荼文化中确实存在，而且即使存在，这种理解其实也与数论的二元论相去甚远。直到后来的密教中，这种理解才得到清楚的表现。在这里，湿婆神与其配偶萨克蒂（性力女神）不仅象征了主体和质料，而且分别被等同于纯粹精神和自然原理，世界万有通过二者的交媾生成。这一说法毫无疑问包含了数论二元论的因素，然而它的内容实际上已经被完全婆罗门化了，与原先的达罗毗荼文化已经没有多少联系，其所表达的完全是晚期奥义书（《白骡》、《慈氏》）常见的至上神以其自力转化产生世界的图景。易言之此说只是用湿婆、萨克蒂的旧瓶装进了奥义书的新酒。它的数论因素来自奥义书，而非来自土著的生殖崇拜。

达罗毗荼文化的生殖崇拜，在所有初等文明中皆曾广泛存在。从它不可能发展出数论的二元论，这是由二者的巨大精神差异决定的。盖奥义书和数论的心物二元形而上学，同笛卡尔的主体哲学一样，体现了真正的精神反思和超越（参考本书第一部分第二编第二章引言和结语）。反之达罗毗荼文化的原始生殖崇拜，则完全属于自然思维的低级层面。在这里阴、阳两种生殖力量都只是自然的两个方面。此说既不

---

① 比如德·恰托巴底亚耶：《顺世论》，商务印书馆 1992 年版，第 77 页。

② Pande, G.C, *The dawn of Indian civilization, Vol.1*, Centre for Studies in Civilization, Delhi, 1999. 387.

③ Pande, G.C, *The dawn of Indian civilization, Vol.1*, Centre for Studies in Civilization, Delhi, 1999. 387.

④ Pande, G.C, *The dawn of Indian civilization, Vol.1*, Centre for Studies in Civilization, Delhi, 1999. 388.

包含对纯粹心灵的反思以及由此而来的心、物区分，也不包含对某种超自然的原理即实体的领会。易言之，在这里，阴与阳既不是心与物，也没有成为两种实体。因此这种阴阳互动观念，与数论的心物二元实体论，没有任何关系。从这种观念也不可能发展出数论的二元论。因为它只是原始理性思维的构想，既不是内在反省的产物，也没有（象吠陀的彼岸观念那样）表现一种否定当前现实的理想性，也就是说从中我们看不到任何追求觉性的内在、超越存在的精神冲动，所以不可能从它发展出真正的精神反思和超越，即对精神的超越性和纯粹性的领会，而后者正是数论二元论的基础。因此古典数论的二元论与土著生殖崇拜没有任何精神的一致之处，从后者也不可能发展出二元论的形上学。这同我们不能设想从中土阴阳学说发展出心物二元论，道理是完全一样的。由此可见，把生殖崇拜当成数论的二元论渊源的想法，是很表面化的。在远古印度，只有入侵的吠陀文化明确表现出否定当前现实，追求觉性的内在、超越存在的精神冲动，因而具有发展出真正精神反思和超越的潜能。本书也阐明了这种反思和超越在吠陀、奥义书思想中逐渐由可能发展成了精神的现实，而数论则是这种反思和超越的理论表现，它只能被认为是从婆罗门传统发展出来的。尽管后来数论学有些表述与上述生殖崇拜有关，如《金七十论》卷上："譬如男女由两和合故得生子。如是我与自性合，能生于大等。"但特罗教也用男、女二性解释原我和自性。但应当承认这些说法要表达的思想其实是早已成熟了的。它们是数论学在形成之后借用来自土著文化意象或受其影响的结果。因此，对于数论的二元论，我们必须从吠陀、奥义书思想寻求其起源。

数论的心、物二元论，应追溯到吠陀对神与自然、此岸和彼岸的区分。在这种区分基础上，一方面反省思维的发展，使得在吠陀晚期，神与自然的区分被明确理解为主体性与质料的区分，另一方面理性思维的发展也导致神性被绝对化，泛神论得以确立。这两方面发展的结果是使神与自然的距离被抹杀。在这种情况下，为了维持神与自然区分，梵书、奥义书乃引进了独特的神性再生模式，即神创造自然以后，又重新进入自然之中作为其主体，因而神尽管进入世界之中，它的自体却与后者始终保持距离。然而神的超越性在这里还没有得到领会，神仍然是一种自然的存在。随着奥义书的反省和否定思维通过自身深化和提升而转化为真正的精神反思和超越，奥义书思想遂在神性再生论基础上，扬弃神、自我的自然性，将其理解为与自然彻底分离的超验心灵实体，于是神性再生论被一种超验的一神论代替。这种超验一神论其实是在至上神背景下的心、物二元论，在这种意义上它已经将数论的二元论包含在其体系之内了。它与数论的主要区别在于它坚持一个作为心、物二元性基础的至上神存在，使得数论的实体二元论在这里往往显得很模糊。因此奥义书思想更晚的发展，是将这至上神淡化、取消，于是一种与古典数论一致的心、物实体二元论得以确立。晚期奥义书说原我与自性为食者与食，就表现了这一阶段。在上述过程中，数论的二元论，从刚开始的模糊暗示，逐渐成形、发展，最后在晚期奥义书中转化为一种清晰的实体形而上学。因此，我们可以把在吠陀、奥义书中，二元思维从最初的萌芽，到发展为与古典数论一致的形而上学的过程大致分为以下阶段：

(1) 神与自然。在吠陀神话中，我们可以明显感受到精神企图脱离直接的自然、人的生存、此岸，返回或升华到一种光明的本原、神性、彼岸的追求，后者通过吠陀的二元思维模式得到表达。吠陀基本的神话框架，经历了从提奥斯 (Dyaus) 与阿底提 (Aditi)，到因陀罗 (Indra) 与毗黎特罗 (Vṛtra)，再到金卵 (Hiraṇyagarbha) 与原水 (Āpas) 的转型，其中光明与黑暗、此岸与彼岸的二元性是贯穿始终的。

其中，提奥斯与阿底提是印度的始祖神。尽管吠陀也把他们表现为一对男、女神祇，但与原始生殖崇拜不同的是，它明显是以这二者象征光明与黑暗两种原理。在所有印欧神话中，光明都是觉性、精神的象征。因此吠陀对于存在的光明性的领会，以及对于光明与黑暗的区分，体现了一种自在的精神反思。精神领会到它的自身存在，但只能以神话的、自然的术语将其表达出来。在吠陀早期思想中，提奥斯象征照亮存在、世界的原始光明，而阿底提则象征被照亮的无相、混沌、黑暗之境①。在吠陀中，象征光明的提奥斯已经是一个无所作为的逊位神，而阿底提作为“诸神之母”的地位得到强化，神与世界都被认为是阿底提所生出。从这里，我们看到了古典数论无为的意识实体（原我）与发育万物的混沌（自性）的二元模式的最早源头。

在吠陀中，因陀罗、毗黎特罗模式逐渐代替提奥斯、阿底提模式，成为神话的核心主题。在这里，光明和黑暗的二元性被转化为神、魔的战斗，所以这种二元性被注入价值判断，而且采取了斗争的模式②。象征精神的光明被当作神，象征混沌、自然的黑暗被贬低为魔鬼。神与魔的斗争模式，一方面，解释了存在的起源，其中闪电（因陀罗）摧毁魔鬼的黑暗巢穴，把牛群、太阳（象征存在）拯救出来的神话，象征了光明从黑暗中把存在揭示出来的过程，这与数论所谓自性转变只是二十三谛向原我显现的说义一致；另一方面，这种斗争模式，相对于提奥斯、阿底提模式，在价值取向上更明确表现了对混沌、自然的否定，表现了人们通过精神、意识超越自然的理想，因而它体现了一种自在的精神超越。

---

① 参考吴学国：《存在 · 自我 · 神性：印度哲学与宗教思想研究》，中国社会科学出版社 2006 年版，第 797—800 页。

② 参考吴学国：《存在 · 自我 · 神性：印度哲学与宗教思想研究》，中国社会科学出版社 2006 年版，第 800—809 页。

在吠陀晚期，金卵（或补鲁沙、太阳）、原水模式代替因陀罗、金卵模式，成为存在发生的二元机制。金卵、太阳象征光明，原水象征黑暗、混沌。其说以为，在世界产生以前，只有无限、黑暗的大洪水，以及一枚漂浮在其中的闪闪发光的原卵（ṚVX・82・5—6,121・1—9），通过此二者演变出万有，或云是金卵孵化产生世界，或云金卵生成至上神，至上神以洪水为原料创造世界。尽管说法颇为模糊不定，但都以光明、黑暗的二元性为思想背景。其说在梵书、奥义书思想中被继承、发展（ChānIII・19, VI・3・2—4；ŚvetIII・4, IV・12, MaitVI・8, VII・7），但梵书、奥义书往往对它加以一神论的改造，比如说至上神先创造原初之水，然后化为金卵进入水中，推动水转化产生出地、水、火、风等界。在这里，金卵和原水仍然构成一种二元性。这些说法启发了早期的数论学。早期数论学就是持有神论，主张在唯一的至上神主宰下原我和自性的二元创世说。

（2）再生的至上神与世界。杜伊森指出数论的二元论在奥义书中的形成，经历了从泛神论到一神论，再从一神论到二元论的转化过程①。拉达克利希南看法与此一致，他把数论的产生归结为这样一个过程，首先是奥义书的一元论（泛神论）自然地转化为一神论，后者导致命我从至上神的分离和它的多数性，而当人们意识到至上神的绝对性与命我的独立性、多数性之矛盾，就只能取消这二者之一，于是数论就取消了至上神的存在②。这一看法符合思想发展的事实。

奥义书的泛神论，乃是直接继承吠陀晚期和梵书而来。在吠陀晚期思想对世界起源的解释中，神创论让位于宇宙发生论，至上神被认为是世界由以发展而出的绝对本原。典型的如ṚVX・90的“原人说”，以为神、补鲁沙分解生成世界。这种思想就是泛神论。《黎俱》晚期的不同作品，往往将三个不同原理作为宇宙本原，即：其一，泰初的唯一者、至上神；其二，原初物质，往往被说成是水；其三，金卵，往往被说成是宇宙初生者，从水中生成（后两种原理经常结合在一起）。在梵书思想中，这三者的意义出现越来越明确的分化，并且被结合到一个宇宙起源论整体中。在细节上，梵书对于这一起源论有许多往往相互矛盾的解释。其中最典型的一种说法，是认为至上神最先创造了水，然后自身又作为金卵在水中再次出生，此金卵转化为原人（补鲁沙），于是至上神将创造之功委诸原人，原人乃与水共同创造世界（Sat BrāVI・1・1, XI・1・6・1）。此说可以称为一种神性再生论。梵书的这种再生论在早期奥义书中也是经常出现的主题。如ChānVI・3・2—4提出至上神三次再生

① Paul Deussen, *The Philosophy of the Upaniṣads*, Motilal Banarsidass Press Delhi, 2000. 245.

② S.Radhakrishnan, *The Principal Upaniṣads*, George Allen & Unwin LTD, London, 1953. 136.

之说：一是创造原初之水后化为金卵于原水中再生；二是当此金卵分化出地、水、火、风等界，至上神复进入诸界中，使后者进一步分化、组合，生成名色；其三是至上神创造出人体后，再进入其中，成为其灵魂（命我）①。其中，原水无疑象征作为宇宙质料的黑暗混沌原理。这里原人与水的二元关系，无疑朝数论的补鲁沙与自性的二元模式又前进了一步。

早期奥义书思想从泛神论到一神论的转化，是梵书中发生的同样转化的重演。最早的奥义书思想都继承梵书的泛神论。至上神被认为是存在、自我的内在实质。包括个人的自我在内的全部存在者，都是大梵的表现或转化产物，因而其本质就是梵。比如 BṛihII·5；ChānIII·3·1，VI 等以为世界万有皆是由某种共同本质，比如火、风、甘露、实有等生出且以后者为其存在真理，这本质就是至上神、宇宙大我。不过泛神论在坚持神的绝对性的同时，一方面使得事物丧失其独立的个别存在，另一方面也使得神丧失了与世界的距离，神失去其理想性而无法再作为崇拜的对象。然而一种真正的精神崇拜呼吁重新恢复神的理想性，恢复神与世界的距离，因此神不能再直接转变为世间事物，神的本质必须从存在转化中脱离出来；另外，理性思维的发展也使人清楚地认识到无论是物质的自然还是主体的自身实践都服从其自身内在的因果关联，这使得事物越来越获得其独立的自身实在，从而也使得神性本质被从世界事务中排除出去。以上发展使得，尽管神仍然以某种方式是世界的主宰者，但它的本质或实体已经与世界分离，神与世界都是独立的实体，于是泛神论被一神论替代。作为这一思想发展的结果，在一些奥义书文本中，人的灵魂和自然从以前的泛神论整体中分离出来，神、人的灵魂、自然成为三种实在②。然而这样一来，一神论又使神丧失其本有的绝对性，而且神从世界事务的分离也会使它成为一个多余的假设。奥义书的至上神在世界中再生的设想（如 ChānVI·3·2—4 等），就是为了解决这一矛盾而确立。其以为至上神先创造现实的宇宙，然后进入其中，与其各种元素一一结合，以推动其转化，是为宇宙灵魂；并创造且进入人的身体以支配其活动，是谓人的命我。在这里，神的实体尽管处在世界之外，但它却通过转化为宇宙灵魂和命我，间接参与到世界事务中，自然和实践的内在关联分别被归属于宇宙灵魂

---

① ManuI·5—9 记载了与此类似的创世机制："5 此世界最初只是黑暗，无区分、不可见、不可知，如沉于睡眠。6 于是彼无敌之自有主宰，未得显现，乃使五大及万有之宇宙呈现，于是彼驱逐黑暗，显现自身。7 彼超越诸感官的认识，微细不可见，常住，为万有之本质，不可思议，自身光明。8 彼乃意欲，求从自身生多，于是先产生诸水，且投一精子于其中。9 此（精子）成为金卵，光曜如日，于是彼自有者复入于金卵，再生为梵天，即诸世界之产生者。"

② 参考 Paul Deussen, *The Philosophy of the Upaniṣads,* Motilal Banarsidass Press Delhi, 2000. 245.

和命我的意志。早期奥义书试图通过这一设计，既恢复神与世界的距离，也保持神的绝对性。神性再生论是奥义书一神论的早期形态。

奥义书这种神性再生说，很容易过渡到数论的二元形而上学。其说有两点值得注意：首先，在此说之中灵魂（宇宙灵魂、命我）与同它结合的自然（物质的世界）构成了一种明确的二元对立。在这种神性再生模式中，灵魂与自然具有本质的不同，而且在存在和起源上各自独立，但二者却以某种（尚未得到清晰解释的）方式结合在一起，且灵魂作为主体支配着自然。这意味着，至少在（排除神性本质的）现实层面，存在着单一、不变的自我与多样化的转变的世界的主、客二元关系①。比如奥义书经常说自我进入人身体而充满之、及于指尖，或进入地、水、火、风、空五大及支配其发展，都表明现实主体是与物质自然不同的实体。物质自然直接来自大梵，且先于现实主体产生，与后者是并列关系。因此早期奥义书同梵书一样接受了至上神、绝对者将自然和灵魂两个各自独立的实在包含在内的世界图景。正如拉达克利希南等人指出，这种图景是导向后来典型数论的原我、自性二元论的一个漫长发展过程的最早源头②。这一推测，如果我们考虑到：第一，这一图景在中、晚期奥义书中，转化为一种超越的一神论，后者将绝对者、灵魂、自性当成三个超验、独立的实体（后来印度教的毗湿奴派和湿婆派的神学，即以此观念为根源）；第二，奥义书的数论思想之产生乃与一神论在奥义书中、晚期的恢复基本同时，且其教义一直与后者结合在一起，应当是可以接受的。一旦这绝对者的存在被逐渐淡化乃至最终消失，一种典型的数论二元论就呼之欲出了。其次，在神性再生论中，至上神由于从宇宙、个人生命的现实进程中完全退出，因而对于后者就成为一个多余的东西。印度教中一个流行的说法是至上神创造补鲁沙或梵天与原质二者之后，便将接下的工作交给补鲁沙，而自己则完全从宇宙进程退出。于是，人的实践被完全交付命我，而业报轮回决定了人的全部生存境遇；同时自然也成为一个按自身因果性转变的独立自足系统。因此，神的实体无论对宇宙还是人的现实生活，都不再发生影响。它实际上已经从现实世界中退出了。这种神性再生论的进一步发展，是灵魂与自然从至上神完全独立，不再被认为是由后者创造的。于是神、灵魂、自然三种实在，变成三个各自完全独立的实体。比如ŚvetIV · 5 说神、命我、自性为三个"无生者"。ŚvetI · 7—9 也提出所谓"三相梵"（trayam brahman）之说，以为大梵包含了这三个实体。这种思想就与早

① 凯思认为除了自我一元论，在奥义书中其实还一直存在着另一种思想，它认为有某种不可完全还原到自我的元素，后者也是现实存在的一部分。

② S.Radhakrishnan, *The Principal Upaniṣads,* George Allen & Unwin LTD, London, 1953. 136；Paul Deussen, *The Philosophy of the Upaniṣads*, Motilal Banarsidass Press Delhi, 2000. 245.

期数论和瑜伽派的思想完全衔接起来了。瑜伽派的神性概念保留了早期数论向无神论过渡的形态。在瑜伽派的思想中，神已经不是原我和自性的创造者，它完全处在二者之外，且没有任何活动，与世界演变没有任何关系。因此这个神在理论上是完全多余的。由此可见，它肯定不是瑜伽学自己的发明，而是早期奥义书的绝对自我的一个退化的残余物。而古典数论只是把这无用的残余物拿掉而已。总之，奥义书的一神论或神性再生论必然会进一步发展，从而导致无神论①，于是三个实在最终变成两个，数论典型的二元论便由此而来。

由此可见，杜伊森阐明的泛神论——神论—二元论的数论起源模式，基本上符合奥义书中数论学演变的历史。这里须要指出的是，奥义书从泛神论到一神论的转化，可能并非如他所说是由于自然思维的强化（他提出这是由于"经验认识"的增强导致自然的个别事物成为实体），相反应当是由于对自然思维的超越。在这里，更合理的解释是梵书和早期奥义书的泛神论使神性本质与现实性的距离丧失，神完全失去超越性，故不复成为真正崇拜的对象，不复为真实的神。要恢复神性的真理就需要恢复神与现实的距离，就需要领会神是一种超越自然、经验的实体。然而在自然思维领域，神的超越性仍然以自然的方式表现。这就是：神性的实体只是在直接的因果关系层面被从现实世界中排除出去，从而使现实的存在也成为独立的实体。奥义书的神性再生论就是如此。在这里，思想试图以上述方式把握神性本质的超越性，但没有领会到实体的真正超越性是对自然的否定（神似乎仍然是一种自然之物），因此这种思想是一种自在的超越，而不是自觉的超越。后者则自觉地领会到：神性的本质就在于对全部自然、现象界，对经验的时间、空间和因果性，对所有自然表象的否定。这就是早期数论和瑜伽的一神论。如此则再生的模式也不需要了。因此在奥义书思想中，从泛神论到再生论、再从再生论到早期数论和瑜伽的一神论的转化，其实就是自在的超越思维否定自然的一元论，并转化为自觉的超越的过程，所以它完全是超越思维发展的结果。在中、晚期奥义书，比如《伊莎》、《由谁》和《羯陀》等中，这种一神论的恢复正是以对自然、经验存在的否定和对神或自我的超越性的领会为前提的（参考本书第二部分第一编第三章第二节第一目）；这种有神论的数论自其在奥义书中出现，便始终是以明显的悲观主义，以对现实生活和外在自然的价值的彻底否定为特征的。

以上我们阐明了奥义书思想中神性再生论的形成，以及从神性再生论到一种超验的一神论的过渡，而后者已经将数论的二元论包含在内。这一分析表明这种神性

① Paul Deussen, *The Philosophy of the Upaniṣads*, Motilal Banarsidass Press Delhi 2000, p.245.

再生论是数论的原我、自性二元论的思想先驱。而神性再生论与数论学的距离在于它仍然从自然立场理解神、自我，没有认识到自我是超越的实体。这种距离，将随着在奥义书中真正的超越思维的确立而被最终克服。

(3) 超验一神论中的自我与自然。以上我们谈到了奥义书的超验一神论是在神性再生说基础上发展而来的，而且它已经进入早期数论范畴，是从再生说发展到古典数论的实体二元论的中间环节。这种超验一神论试图通过否定神的自然性以拉开神与现实世界的距离，把再生论的神性本质与世界的距离理解为一种“形而上学的差异”（参考本书第一部分第二编第二章引言），即超验的实体与现象界、自然的鸿沟。它把神作为一个超验实体排除在自然之外，结果使自然也被从神分离出去而被当成某种盲目混沌力量（自性）的产物，于是神作为心灵的实体，与无心的自然构成一种二元性。这已经进入数论原我、自性的二元世界观范畴。古典数论的实体二元论正是由此发展而出。从《伊莎》、《羯陀》一直到《白骡》、《慈氏》，都表现了这种超验一神论的思想。

正如我们在本书中多次阐明的，在现实性的层面，神的绝对性与超越性的矛盾是无法避免的（参考本书第二部分第一编第三章第三节结语）。奥义书的超越思维在挽救神与世界的距离的同时，又使神丧失绝对性，成为一个与自然分离的形而上学实体。这反过来也使自然成为脱离神而独立存在的实体。于是形成了数论典型的心、物二元论世界观。然而在处理神与个人自我的关系时，早期数论其实有两种情况：

在第一种情况下，个人自我与神的区分，及自我到底是“多”还是“一”都很模糊，《羯陀》、《由谁》等奥义书就属于这样的情况，当其说到至上神的时候，往往指的就是个人的内自我，自我与自然有时是一种明显的实体二元论关系（比如KāṭhV・9—12），有时自然的实体性却不明确。这些奥义书其实是为了保留至上神的绝对性，将再生论中至上神在自然、色身中的再次出生，理解为神的同一实体被赋予不同表象；宇宙论的因果转化机制被形而上学的实体显现机制代替。命我与宇宙都被认为是至上神的个别表现，其实体即至上神，而其自身不是独立的个体。此如KāṭhIII・3, MaitII・6 等的乘车者喻，比喻色身如车、觉谛为驾者、诸根为骏马等，这些都是无意识的活动者，而唯一有意识的补鲁沙乃为车中不动的观者，这显然已经属于数论的二元论范畴。但是这补鲁沙的所指到底是个人命我还是至上神？看来很模糊，或者说这二者其实不能分割。奥义书中、后期的主流思想认为，补鲁沙作为至上神，绝对的意识实体，在人的个人生命即命我中出现，它就是命我的本体，而命我则不具备独立于至上神的实体性。如KāṭhIV・5 云：“人若亲证彼，食一切如蜜，生命之自我，过去未来主，则不复畏惧。”IV・12：“原人大如指，居于人身中，过去将来主，知彼则无畏。” ĪśāVI—VII ：“复次人若见，一切于我中，亦复见自我，于一切之中，如是于彼神，不复有怖畏。若观者之我，乃为此一切——复有何颠倒，复有何痛苦，于彼如实见，唯一者之人?” 这些都明确指出个人自我的实质就是至上神、绝对自我，故自我的现实个体不是一个独立的存在。另一方面，有别于命我之缺乏实体性，在《羯陀》等中，自性作为与补鲁沙对立的普遍原理，则具有更大独立性，甚至往往被明确当作一种实体。此如 KāṭhV · 9—12 说补鲁沙进入万物而被赋予种种差别形相但其实质是外在于此诸相，表明补鲁沙与自性是始终相互外在的两个实体；前者是不动的观者、意识，后者是生生不息的混沌。这是明确的形而上学二元论，与古典数论立场基本相同，区别仅在于《羯陀》以补鲁沙为绝对自我，否定个人自我的实体性，而古典数论则将补鲁沙等同于个体自我。《羯陀》等对至上神与个人自我关系的上述理解，在奥义书的数论学中占据主流。晚期奥义书亦多从此解（如 ŚvetVI · 10—12 ；MaitV · 1—2），甚至有时企图取消自性的独立存在，将其归属于至上神的潜能。在这一点上，奥义书的数论学主流是随顺吠檀多的。

在第二种情况下，个人自我或命我与神被明确区分为两种各自独立的实体，命我是“多”而神是“一”，这二者加上独立于它们的自然，构成三种实体。这种思想在奥义书晚期才出现。如 MuṇḍIII · 1 · 1 和 ŚvetIV · 6 喻原我与命我为栖于同一树之二鸟，后者被缚、受果；前者离缚、不受。ŚvetI · 9, IV · 5 皆谓原我、命我和自性为三个“无生者”，即各自独立的三个实体。这种思想也把古典数论的二元实体论模式包含在内了。它其实是一种处在至上神支配下的二元论。比如在 MuṇḍIII · 1 · 1 和 ŚvetIV · 6 中，个人自我尽管栖于树（自性）上，但与后者的存在是分离的；ŚvetIV · 5, I · 9 也表明这二者为对立的实体。可见，古典数论的心、物二元实体论是明显存在于这些说法之中的，而且在理论上与它们的亲缘性要大于与更早的神性的形而上学（《羯陀》）。这种三元实体论的进一步发展，是使至上神完全与自然和人的现实生命失去关联，因而决定宇宙和人生的其实是个人自我与自然的实体二元性。在这里，首先是奥义书的至上神对世界的直接干预变成间接的。这种观念出现于后奥义书的婆罗门思想中。比如一行《大毗卢遮那成佛经疏》记那罗延天外道义云：“那罗延天外道，计此天湛然，常住不动，而有辅相造成万物，譬如人主无为而治，有司受命行之。以能造之主，更无有所尊贵者，故云尊贵。又此宗计，尊贵者，遍一切地、水、火、风、空处。” 神是湛然、遍满、常住不动，这与奥义书所说相同。所不同者，神不再直接作用于世界，而是将这种作用交付自性、命我，它自身是完全不动的，却又以某种神秘的方式影响自性、命我的作为。《薄伽梵歌》也表现了类似的神性论。这种神性论的进一步发展，就是神完全被从世界进程排除出去，成为一种与世界事务无关的存在。瑜伽派的神性论就代表了这一阶段。《瑜伽经》论原我、自性关系与古典数论的二元形而上学完全一致，唯独在二十五谛之外另立神为第二十六谛，后者与原我及自性转变都没有任何关系。这个神对宇宙、人生都没有任何影响，因而它完全成为多余的。一旦其中多余的第二十六谛，即至上神被取消，古典数论的完备体系就形成了。因此那罗延天外道和瑜伽派这方面的思考，代表了从晚期奥义书的三元实体论过渡到古典数论的二元论的中间环节。

在这两种情况下，奥义书的超验一神论实际上都已经把一种心、物的实体二元论为其理论基础。总之，中、晚期奥义书思想从神性再生论到超验一神论的转化，使其思想与数论的二元论直接衔接起来了。

古典数论对于原我与自性关系的独特构想，也暴露了它的一神论起源。古典数论以跛盲人喻解释这种关系。如《金七十论》卷上："如跛盲人合，由义生世间。"然而有知识的原我与有能力的自性，作为两种完全互不相干的原理，何以如有视的跛子与能行的盲人一样，如此理想地相互适应、相互结合，以达到一共同目的？这的确只有当考虑到这二者其实是由一个本来既有知识、又有能力的神的两个存在方面分解而来的，才能得到解释①。

然而奥义书的一神论始终保留了一个绝对者的残余，所以与古典数论仍有不同。在这里，奥义书的进一步发展，是要将这残余物去除，建立一种更明确的二元论形而上学，而晚期奥义书的食与食者对待之说，就表现了这一进步。

(4) 食者与食。将世界区分为食者与食，即主体与客体两种存在的说法，在奥义书中其实很早就出现了。不过在奥义书最早的思想中，这主体仍然是自然的，主体作为觉性、精神的内在性，以及作为实体的意义尚未确立。然而随着奥义书的反思和超越思维的发展，这主体的意义逐渐被转移到觉性的内在、超验领域，且最终与奥义书中的数论学整合，使后者的实体二元论趋向得以进一步巩固。于是主体便作为一个超验的意识实体出现，食者与食乃转化成古典数论的补鲁沙与自性的二元性。

在奥义书中，以至上神或自我为食者、自然为食的说法，其实很早就开始酝酿了。它应追溯到最古老的奥义书思想中一个经常出现的设想，即自我、至上神创造自然以供自己食用。如BṛihI · 2说至上神、补鲁沙创造自然，以作为自己的食物，I · 5 · 1—3亦云生主创造万有作为自己的食物，如此等等。尽管这些说法离一种清晰、自觉的二元论尚有距离，但正如学者指出，在其中一种二元性的观念是模糊地存

① 参考 Paul Deussen, *The Philosophy of the Upaniṣads*, Motilal Banarsidass Press Delhi, 2000. 246.

在的，通向一种更明确的二元论的道路是敞开的①。在这里，奥义书思想需要做的，首先是取消自我、食者的绝对性，使它与世界成为一个并列的主、客体关系。在早期奥义书中也出现了这样的思想倾向。比如 BṛihI · 3 · 18 说元气是食者，世界一切皆是元气之食。更典型的是 I · 4 · 6 云："信然，此世界唯有食与食者。"此说被认为是奥义书中最早提及二元论者。在这里，自我、主体作为食者，淡化甚至取消了其绝对意蕴，成为与食，即世界、客体并列的存在。这种食者与食的二元模式，应当被视为数论二元论的思想先驱。数论亦谓补鲁沙与自性为受者（bhoktṛ，原义即为进食者）与被受者（bhogya，原义为被食者），就表明了这种亲缘性。然而早期奥义书这种二元论，离数论尤其是古典数论的二元论还有很大距离。这在于它的食者仍然只是一个自然的主体，还不是数论的内在、超验的心灵实体。这种二元论，较之数论的心、物二元实体论，还很朴素、幼稚。然而奥义书的反思与超越思维的形成和发展，决定这种二元论朝觉性、精神的内在、超验领域不断深化、提升自己，并最终蜕变为数论的实体二元论。

首先，反省思维的持续深化使奥义书更成熟的思想认识到心识才是自我的本质，于是反省进入觉性的内在存在领域，成为真正的反思，所以奥义书思想乃抛弃早期以元气、诸根为食者、主体的观念，确定心识才是真正的主体。此如 KauṣIII · 6—8 谓语言、呼吸、眼、耳、意、舌、手、身、足、生殖十根，皆非真正的主体，唯以识驭诸根，诸根才能缘境，故识我才是真正的主体，诸根只是它的工具。同理，KauṣIV · 19—20 说语言、眼、耳、意四根安立于元气，元气安立于识我；BṛihII · 1 · 17 亦云诸根以"彼由识（vijñāna）所成之补鲁沙"为归宿，都旨在强调主体是觉性内在的心灵、意识。而只有作为心灵、意识，主体才是内在的。

其次，否定思维的自我提升使奥义书中、后期思想认识到这内在主体，不是一种经验、自然的现象，而是一个超自然的实体，于是否定思维转变为真正的精神超越。比如 KenaI · 1—8 就表示那支配末那、元气、语言、眼、耳等诸根的主体，乃是超越思想、语言、视、听等的不可知的原理。ĪśāIV—VIII 谓彼超越自然的空间、运动、变化，完全与自然进程无关，体性清净无染。KāṭhII · 18 亦谓主宰者超越自然的时间、空间、运动和因果性，为不动、恒住、无为、清净的意识。这些说法都表明主体是一种超验实体。从上述例子也可以看出，在奥义书思想中，超越思维一般已是一种内在的超越，因为它领会到那超验实体就是心灵。

以上两方面发展的结果是在《羯陀》、《慈氏》等的思想中，早期奥义书提出的食

① A.B.Keith, *A History of the Sāṃkhya Philosophy*. Oxford University Press, 1924. 8.

者与食的二元关系，被理解为意识与自然，即数论的原我与自性的实体二元性。这是因为，奥义书的内在超越思维，往往将意识实体与现象自然之间的形而上学区分，表现为主、客体的截然分割，于是意识与自然成为两个各自独立的实体。如前面提到的 KāṭhIII · 3, MaitII · 6 等的乘车者喻；MuṇḍIII · 1 · 1, ŚvetIV · 6 喻人的自我为栖于树上食果之鸟；等等，都是将主、客体理解为两个不同实体。这种思想已经进入数论二元论的范畴。

另外，中、后期奥义书仍然将这两种实体分别称为食者与食，表明它的二元论同早期的食者与食说的亲缘性。KāṭhIII · 4 说自我为受者（食者），而在 ŚvetI · 12 中，则受者与被受者皆被提及。MaitVI · 10 则言之最详，其云所谓食者即补鲁沙，食即包括三德、大种我在内的全部自性，其云："关于食与食者之说，有更胜义。详说如下：彼有心智之补鲁沙居于原质之中。彼即食者，食自性之食物故。甚至此大种我亦是其食物。彼为原质之造物。是故一切被食者由三德成，而食者乃为居于其中之补鲁沙。……名为乐、苦、惑（即萨埵、罗阇、答摩三德），信然，此全世界乃为食物！"其说与 BṛihI · 4 · 7 等的亲缘性是一目了然的。在这里，自性、三德、大种我（觉谛）以至世界，都被认为是补鲁沙的食物。《慈氏》在此还提出了一个后来被古典数论接受的深刻思想，即以为自性转化的原因，就是为了食者能食自性[①]。盖自性本来无相、不显现，不可被食，而当补鲁沙欲食，乃促使自性生起觉谛、末那、我慢、诸根等为进食之具，亦促使自性转化产生二十三谛，从而使自己得以显现，以作为补鲁沙之食物。反之，人若不食诸境，则自性转变停止，自性恢复其不显现状态，人于是得独存、解脱。可见，食者与食之说，在这里已经完成被转化成了古典数论的主、客实体二元论。

奥义书中、后期思想将自性与原我解释为食与食者，使二者成为两个对立的实体。这种观念与奥义书的一元唯心论基本立场对立，也与晚期奥义书中随顺吠檀多的早期数论立场不同，而是与古典数论的实体二元论完全一致。这也表明奥义书中的数论学也有多种不同取向。

以上我们阐明了在奥义书中，数论学的二元论的形成和发展，经历从泛神论到神性再生论，再到超验一神论，最后是食者与食的实体二元论的过程；且以上每一阶段也都有其历史并相互重叠。这种分析充分表明了数论学就是在婆罗门—奥义书传统内酝酿形成的。另外，如前所述，奥义书中的数论学也有多种不同取向。在《羯陀》、《慈氏》等数论学表现得最清晰的奥义书中，随顺古典数论的二元论，和随顺吠檀多的、具有绝对一元论形式的数论，被完全未加区分地放置在一起，表明这些奥义书的

---

① 《金七十论》云："我求见三德，自性为独存。如跛盲人合，由义生世间。"

编者没有意识到它们之间以及它们与吠檀多思想的差别。在这些不同的数论思想取向中，只有实体二元论的数论才能将自己从吠檀多学清晰地区分开来并保持这种区别意识，从而形成独立的学派。因此后来持严格的实体二元论的古典数论成为数论派的主流立场，也是必然的。

还应当指出的是，晚期奥义书的数论学说中，即使随顺古典数论者，也与后者有一个很大的区别，就在于它仍然将自我理解为一个普遍的大我，而不是后者的纯粹个体性，但是它通向后者的道路是敞开的：如果人们将每个人现实生命的独特性和不同遭遇当作真实的，那么，为了解释这一点，就必须把自我当作各各独立的众多实体。

## 二、转变的系统

除了原我、自性的二元论，数论体系的另一个重要方面是自性转变说。其说将除原我实体之外的全部世界存在区分为二十四谛；并且以从自性开始的次第转化生成机制，将二十四谛构成一个存在发生论系统，由此规定了数论世界的基本框架。其以为自性本为混沌不显，但为了原我的受用、解脱，自性必须将其自身内容呈现出来，于是自性转变开始。其转变的最初产物是大或觉谛（识），觉谛进一步转变生我慢（自我意识），我慢（智慧我慢、炎炽我慢、大初我慢）生十一根（眼等五知根、手等五作根、末那或意根）、五唯（色、声、香、味、触）、五大（地、水、火、风、空）。由此二十三谛构成全部有情和器世间。《金七十论》卷上述其纲要云："若次第生者，自性本有故则无所从生。自性先生大。大者，或名觉，或名为想，或名遍满，或名为智，或名为慧。是大即于智故大，得智名。大次生我慢。我慢者，或名五大初，或名转异，或名焰炽。慢次生十六。十六者：一五唯。五唯者，一声、二触、三色、四味、五香。是香物唯体唯能。次五知根。五知根者，一耳、二皮、三眼、四舌、五鼻。次五作根。五作根者，一舌、二手、三足、四男女、五大遗。次心根。是十六从我慢生。故说大我慢十六。复次十六内有五，从此生五大。十六有五。谓五唯生五大：声唯生空大，触唯生风大，色唯生火大，味唯生水大，香唯生地大。见自性、变异、我三法得解脱。"不仅物质的自然（五唯、五大所成的世界），而且包括觉谛在内的全部心理活动、思想都是自性的产物。原我没有参与到转变过程中。我们将表明这种独特的存在发生论，也在吠陀、奥义书思想中有其漫长的形成史。

吠陀晚期和梵书的宇宙起源论，提出三个原理作为世界的本原，即：泰初的唯一者；代表原初物质的水、非有；金卵，为从原初物质中最初生成者（ṚVX·82·5—6，X·121·1—5,7—9）。杜伊森表明这三者是数论的三个根本原理，即原我、自性、大（觉谛）的源头①。同数论一样，吠陀晚期和梵书的存在转变论也很复杂，而且往往是既是宇宙论的，也具有心理学的意义（解释心理现象的根源）。其中一个很常见的说法，是唯一者、绝对最先创造了水，然后从水中生出金卵，此金卵转化产生出由诸根、诸境构成的经验世界（Sat BrāVI · 1 · 1, XI · 1 · 6 · 1, etc）。这些说法，与早期数论所谓补鲁沙生成自性，自性生成觉谛，觉谛生成万有的模式，存在明显的家庭相似性。在这里，原我往往被认为是进入金卵之中，使其成为创造的主体，这与数论的原我映现于觉谛中使后者有知的独特说法，也表现出实质的亲缘性。另外一种同样常见的说法，是把原初的混沌（非有、水）当成绝对，由混沌生成金卵，金卵转变产生意、眼、语言、呼吸等诸根与日、月、火、风诸界，从而构成现实世界（AVX · 8 · 34；Tait BrāII · 2 · 9；Tait ĀraI · 23, etc）。此说与无神论数论所谓的原初混沌作为现实世界的最终本原生成觉谛，然后觉谛通过次第转化生成诸根、诸境之说表现出同样的思维理路。这两种常见的说法都认为：其一，宇宙发生离不开一种觉性原理同混沌、原初物质的互动；其二，宇宙万物都是由一种无分别的原初物质分化形成，转变就是从无分别到有分别；其三，转变是先由觉性原理与原初物质的共同作用产生具有现实主体性的原理，即金卵（觉谛），然后金卵进一步转化，产生诸根、诸境。这与数论自性转变说所谓的自性、原初物质由于补鲁沙的影响而发生转变，从而生成觉谛（现实的主体），由觉谛进一步转化，直至生成诸根、诸境乃至万有，基本的思维结构是相同的。因此吠陀和梵书的宇宙论，应视为数论自性转变说的源头。另外，同在数论一样，在吠陀、梵书中，混沌、金卵等往往不是单纯的物质原理，而是具有心、物双重意义，故同时为自然和精神现象的本原。

吠陀、梵书的存在转化论，经过在奥义书中的长期酝酿，终于发展成数论的自性转变论。奥义书最早的存在转化论，完全继承梵书的宇宙论，把世界起源理解为从某种无分别的原初物质分化、演变出来的过程，其中掺杂了神话和寓言。随着绝对反思的确立，奥义书思想乃将存在本原内化为心识，存在发生被理解为从绝对的识转变生成世界的过程。最后，由于超越思维的确立，奥义书中、后期思想领会到识，作为经验的存在，并不是究竟的原理，存在的究竟原理是超越经验的实体，这就是奥义书所谓补鲁沙（意识实体）和自性（无分别的混沌），识（在这里被等同于觉谛）被认为是从自性产生出来，然后通过自身转变产生我慢以及诸根、诸尘。这就是自性转变论，它已经完全是数论的思想。因此，奥义书的存在转化论可以分为以下三个阶段：其一，宇宙转化论；其二，识转化论；其三，自性转化论。兹论之如下：

---

① Paul Deussen, *The Philosophy of the Upaniṣads*, Motilal Banarsidass Press Delhi, 2000. 247.

(1) 宇宙转化论。奥义书最早的思想，认为世界万有从某种无分别的原初物质演变生成，宇宙转化就是从无分别到有分别。然而与米利都学派的宇宙起源论不同的是，印度思想始终将宇宙转化视为一种目的行为。那么这盲目混沌的原初物质的活动怎么会具有目的性呢？对于这一问题，在奥义书中只有两种主要的解决方式：其一是赋予原初物质自身以主体性、意志；其二是认为原初物质先转化产生具有主体性和意志的金卵神，由后者转化产生万有。这决定了奥义书宇宙转化论的两种类型：

第一种是认为原初物质自身产生了欲望，于是通过苦行等，转化生成万有。如 BṛihI · 2 · 1—7 谓宇宙泰初的非有、死亡，产生了将自身转化有形存在的欲望，于是它便通过崇拜（arcan，象征创造的活动），产生了水，水即是光，其泡沫凝而为土，于是此非有乃施苦行，其光与水变为火，彼遂分此火为三，即火、日、风，在此基础上，最终形成四方、天、空界、地、大洋等，此为其宇宙自体；彼又欲得一生命自体，于是以意与语言（vāc）交，遂生精液，精液生年，年生语言、语言生三吠陀、祭祀、人、牲畜，乃至全世界，接着死亡依祭祀、苦行生诸元气，即谓由混沌演化生诸根，亦生末那，以此形成其生命自体，如是等等。学者指出此为数论转化说的最早前身①。然而从上述叙述可见其说颇为混乱。BṛihI · 4 · 1—9 开示了一种以补鲁沙开始的转变说。其说以为世界最初为无分别，唯因名色而有分别，故人云彼有如是如是名，谓由名色分别形成世间万有。此种最初的同一、无分别、混沌的存在，或原初物质，就是补鲁沙。至于形成名色分别的机制，其说如下：此世界最初唯有补鲁沙，彼环视无二物，遂曰："我是"，遂有"我"。彼孤独不乐，而欲得伴侣，乃使自身分为男、女两半。彼乃作为男与女交而生人类，乃至牛马虫蚁等。是故一切皆由补鲁沙流出，补鲁沙即是一切。彼遂以口或以手相摩，遂创造火（兹处以口、手像燧石，且语言与火被认为实质相同）；又从精液生成水。宇宙万物皆是在一味补鲁沙之上增益名色形成，故皆包含补鲁沙为其内在实质，皆是补鲁沙之体现。补鲁沙入于人与万物，如刀藏于鞘、火藏于燧。故若人呼吸，彼乃得呼吸之名；若人见，彼乃得眼之名；若人言，彼乃得声音之名；若人听，彼乃得耳之名；故若人思想，彼乃得意之名。凡此一切差别相皆只是其作业之名。自我既为万有实质、真理，故自我比子孙、财富更珍贵，知自我则知一切，得自我则得一切。BṛihI · 4 · 17 同样采取自我由于欲望而发生自身转化的模式。其云自我本来唯一、绝对。于是彼欲得一妻子以繁殖，欲得财富以行祭。故欲望为大，

① Benimadhab Baru, *A History of pre-Buddhistic Indian Philosophy,* University of Calcutta Press, 1921. 220.

唯依欲望而可得一切，而欲望是为着存在的完满。此自我因为欲望推动而自我转化，遂生成意以为其体；语言以为其妻；呼吸以为其子孙；眼以为其世间财富，以眼得见之故；耳以为其天国财富，以耳得闻之故；色身以为其业，以身作业故。通过自我转化，最终生成祭祀之五分，生类之五分（鸟兽等五种生命类型），人之五分，世界之五分。早期奥义书的这些说法，都掺杂神话，且思维大都混乱，但其论存在转变环节，皆颇复杂，且皆以为转变是由某种原初质料从无差别到有差别、从无相到有相、从一到多的演化，其说应视为晚期奥义书的自性转变说的最早先驱。

第二种模式同样将转变视为从某种无分别的原初绝对者通过逐步分化产生世界万有的过程，但是为了解释转变过程呈现的目的性，以及表现这绝对者的超越性，乃继承梵书的神性再生论，认为首先是无意识的绝对者将自己转化为有意识的金卵、命我，然后金卵作为主体，展开余下的创造活动。此种说法在奥义书中颇为常见，且相互颇不一致。如ChānIII · 19谓由非有发育为金卵，金卵发育为世界；ChānVI · 1—6谓原初的一味存在先创造诸宇宙实质，然后化为命我进入其中并推动其进一步分化产生出全部物质、精神的现象；ChānVI · 8 · 6所谓人死时语言入于意，意入元气，元气入光，光（金卵）入至上有，也暗示了一种至上有经过金卵生成万有的转化论；ŚvetIII · 4, IV · 12谓禄陀罗创造金卵，金卵生成世界。其中以ChānVI · 1—6所说最为典型，且被认为是三德转变说之最早源头。其云实有(sat)作为世界的本原，本来是无分别、一味的实质，唯一、无二。实有产生繁殖欲望，乃从自身转变生火、水、食三有，分别具赤、白、黑三相。于是实有化为命我(jīva ātman)进入三有之中，推动三者进一步分解、组合，生成种种名色。因此外至火、日、月、电等一切宇宙现象，内至呼吸、语言、意等一切心理、生理官能，皆是由三有产生，皆包含三有在内，且具赤、白、黑三相。此类说法皆以为原初的无意识绝对必须先转化为一种有意识的原理（金卵、命我）且由后者转化生成万有，与数论的自性先转化为觉谛，并通过由觉谛开始的进一步转化产生余二十二谛的模式一致；尤其是ChānVI · 1—6的无差别实有通过三有转化生成全部物质和精神现象的图式，肯定是数论自性以三德转变之说的前身。因此，此类说法，比上述第一种转化模式，离数论的自性转变说更接近了。

当然，早期奥义书的宇宙转化论，离数论二十四谛的体系尚有很大距离。这不仅因为它在表述上的任意、混乱性和神话、寓言残余，更重要的是，它的基本立场是宇宙论的：一方面它没有真正的反思性，它将原初存在规定为一种物质性原理，没有充分认识到心识的独立意义；另一方面它也没有真正的超越性，在其中原初存在超越自然、经验的性质没有得到阐明。然而随着奥义书逐渐建立起反思和超越的思维，它对存在发生的理解也逐渐转移到内在、超验的领域，并最终与数论衔接。

(2) 识转变论。在奥义书思想中，从宇宙转化论演变到数论的自性转变论，首先是由于反思思维的确立所导致的。反思的形成使奥义书抛弃宇宙论的外在思维，领会到心识才是存在的真理、本原，存在的转变实质上是由心识演化生成宇宙万物的过程。识转化说，其实在《阿闼婆吠陀》和梵书中就已经开始酝酿。AVIX・2・19—23，XIX・52・1 等论及存在起源时，皆把意欲，或意欲与情绪两种精神原理，当作世界根源，如 XIX・52・1："最初生意欲，即原初种子，心灵之胎藏。"意欲与情绪通过转化，生成世间万有。这种以精神原理为根源的发生论，必然跟详细的心理现象分析结合起来。如 AVXI・2 乃询问人的苦乐、睡眠、疲乏、恐惧、愉悦、期盼、邪恶、痛苦、成功、荣耀、思想、语言、意识、行动、气息、理智等何由产生。AVXI・8・1—18 的答案是：人的存在源自情绪和意欲的婚姻，通过这种婚姻，产生了人的勤奋与懒惰、智慧与愚笨、正直与邪伪、快乐与悲痛、善良与歹毒等。这些分析，应当视为数论列举全部心理现象，并通过识转变解释其成因的思路的先驱。而梵书晚期，则出现了把意 (manas) 或识 (vijñāna) 当作存在本原、真理的思想 (Vāj SaṃXXXIV・3；Tait ĀraIII・11・1；Sat BrāX・6・3・2)。Ait ĀraII・6・1・5 则为最早开示识转变论者，其云："此至上我，体即是识，彼即是梵，即是因陀罗，即是生主。一切诸天，地、水、火、风、空五大，……一切诸有，皆是由此心识而生。"然而识转变说，在吠陀晚期和梵书思想中，要么很模糊，要么仍是偶然的，只有在奥义书思想中，它才成为思想的主流。

奥义书的识转变说，既随反思思维的形成而形成，也随后者的发展而发展。奥义书的反思经历了从经验反思到超验反思的转型，前者将识理解为经验意识或自然的心理，后者将识理解为超验的实体。与此相应，奥义书的识转变说也分别包括先后两种类型。最初的是经验的识转变说，以为世间万有，皆是从一种有表象心识本原转化产生；在此基础上，由于超越思维的进入导致超验的识转变说的形成，其说以为上述心识本原仍不究竟，而是产生于一种无相、无分别的精神原理 (喜乐)，后者才是转变的最终根源。兹说之如下：

首先，所谓经验的识转变说，属于早期奥义书的主流思想。相比于吠陀和梵书，早期奥义书在两方面对这一主题进行了进一步扩展：一方面是对心识内容进行了更详尽的分析。如 AitaIII・1—4 将心识内容区分为意识、感觉、分别识 (vijñāna)、觉 (prajñāna)、智 (medhas)、见、忍、慧、思、冲动、忆、念、谋虑、精气、欲、意志，这一切皆是觉或心、意的表现或转变产物；地、风、空、水、火 (jyotīṃṣi) 五大以及卵生、胎生、湿生、芽生乃至马、牛、人、象等一切有生命与无生命者、活动者与植立者，亦皆是通过觉的转变产生。其中对心识内容的分析以及五大说，皆为中后期奥义书的数论体系所继承。另一方面，早期奥义书识转变论较之梵书等说的进步，还表现在对识转变的机制作出了更详细、合理的说明。早期奥义书主要是立足于心识在熟眠位、梦位、醒位三种境界的转化来解释这一机制。KauṣIII · 1—8，IV · 19—20；BṛihII · 1 · 17—20 皆持此义。其中 KauṣIV · 19—20；BṛihII · 1 · 17—20 的说法基本相同，谓当人进入熟眠位，乃将诸识、诸根、诸境全收摄于内，进入无分别混沌状态；而当人醒来时，诸识、诸根、诸境又再次从中转变生出；其说不仅是心理学的，也是本体论的，其中熟眠位识就是一切存在的绝对本体。从熟眠识产生出元气及眼、耳、语言、呼吸、意等诸根，当此诸根不缘外境，相应的识就是梦位识。由梦位识转变产生醒位识。这就在于眼、耳、语言、呼吸、意等诸根生成相应的色、声、名、嗅、想等处，复由后者生日、方、火、风、月等界。可以用其中一段后来被广泛引用的表述概括其立场，其云："如蜘蛛吐出其丝，如微小火星由火焰中溅出，一切元气、一切界、一切神、一切有皆从此至上我（熟眠位识）生出。" KauṣIII · 1—8 则对诸根、诸境给予更详细、合理的规定，而且开示了由识生成元气，元气生成诸根，诸根生成诸尘的转变次第。它详细区分诸根为语言、呼吸、眼、耳、舌、手、身、生殖根、脚、意十觉唯（prajñā-mātrā，即十根），且区分由此而生之诸尘为名称、香、色、声、味、业、苦乐、性快感和子嗣、行、思想和欲望十大唯（bhūta-mātrā，即十处）。这比此前奥义书的（眼、语言、呼吸、意等）四根或五根、（色、名、嗅、想等）四处或五处之说更全面。§8 说："如于一车，辐集于毂，毂集于轴，如是十大唯集于十觉唯，十觉唯集于元气。如实此元气即是识我。" 识为无差别、喜乐、不老、不死。由此无分别之识取出一分，乃转化为语言、呼吸等十根，而十根生相应的名、味等十处，由十处形成客观世界。后来数论继承 KauṣIII · 1—8 的上述发展，并在此基础上进一步合理化，提出耳、皮、眼、舌、鼻、口、手、足、生殖、排泄、意十一根（其中鼻相当于呼吸根、口相当于语言根，另外增加了排泄根），并区分前五为五知根，后五为五作根，别立意为心根；另外数论的五唯，也包括在十大唯里面了。如果考虑到 KauṣIII · 1—8 所谓识其实就是数论的觉谛的前身，且早期奥义书中元气的意义往往可对应于数论的我慢，而且 AitaIII · 1—4 已提出地、风、空、水、火五大，则数论学从自性以下的二十四谛，在早期奥义书的识转变论中已具二十三谛（此外，BṛihII · 4 · 11，IV · 5 · 12 亦已提及十根、五唯；AitaV · 3 亦提及五大），唯自性本身尚付阙如。早期奥义书的识转变说与数论的区别主要在于，它没有看到潜藏在识之下，作为识根源的超验实体，即自性。这种情况，在更晚的奥义书思想中，由于超越思维的形成，而得到了改变，从而最终导致数论体系形成。

其次，所谓超验的识转变说，则形成更晚。随着超越思维的形成，中、后期的奥义书试图在有差别、有表象、有生成的经验心识（对应于觉谛）的背后寻找一个无差别、无相、无生的超验实体，作为这心识的根源、基础。这导致原先笼统的心识被分为有相的和无相的、经验的和超验的两个层面。这种区分是数论的觉谛与自性分别的前身，因而它使奥义书的识转变论朝数论体系又迈进了一步。《鹧鸪氏》等的五身说和《蛙氏》的四位说，就表现了这种区分。TaitII 提出人的自我可以由外到内，分为五个存在层面，即所谓五身（pañca-kośa），依次为食身（肉体、粗身）、元气身（生命机能）、意身（感性意识）、识身（经验的理性意识）、喜乐身（潜意识或超验意识）；由于人与宇宙的同构，整个世界的存在也包含这五个意义层面。这种区分也应当与存在转变论结合起来。在这里，喜乐是万有根源、种子，由喜乐转变生成识，由识转变生成意，意生成元气，元气生成食，食形成客观的宇宙。五身说的结构与数论体系对应。其中食身与数论五唯、五大对应，元气就是数论的十一根和五元气（上气、下气、腹气、通气、止气）之整体，意身对应数论的意根（尽管实际内容有所区别）。另外我们要表明的是识身与喜乐身，就对应于数论的觉谛与自性，而且就是后者的前身。因为一方面，早期奥义书识转变论对识的描述，与数论对觉谛的描述基本一致，识与觉谛都是有表象、有差别、不断流转的意识，为诸根、诸境的根源；另一方面，五身说对喜乐的描述也与数论对自性的描述基本相同，如 TaitII・4—7 说喜乐是识的根源，其体相为非有、不二、无分别、无相、无表、不可见、无体、不可说、无饥、无苦、无渴、离一切染，它不在时间、空间之内，且脱离经验的因果关联，所以是无生、无依处、不老、不死、不灭，所以喜乐是一个无分别的超验实体，是识以及万有的根源、种子，这些描述与古典数论对自性的描述完全相同。事实上，后来的吠檀多派就把喜乐和自性都称为"因身"（kāraṇa kośa），以之为万有的胎藏、种子，显然是将二者视为同一个东西。因此我们可以肯定数论的觉谛与自性的分离，渊源于《鹧鸪氏》等对识与喜乐的区分。这种区分无疑是识转变说迈向自性转变说的重要一步。而 ChānVIII・7—14 和 MāṇḍII—VII 则在五身说的基础上又前进一步。这在于，它们都试图超越此喜乐，另立一永恒不动的至上自我，从而具有了早期数论的自性、原我区分的雏形。如 ChānVIII・7—14 说欲得解脱者，应离食身（诸境）入元气身（诸根）、离元气入末那、离末那入识、离识入熟眠位、冥暗，最终超越冥暗进入至上补鲁沙。这与 KāṭhIII・10—11 的数论学所谓超越诸根、诸境者为觉谛、大，超越觉谛、大者为非显，超越非显者为补鲁沙的说法，遵循同样的思维逻辑。可以肯定后者就是直接或间接从前者发展而来的。MāṇḍII—VII 则将早期奥义书的自我三位说，拓展到自我四位，即在醒位、梦位、熟眠位基础上，增加第四位，即无德梵。其中醒位了别外境，受用粗色，由诸根及所缘境界规定；梦位了别内境，受用细色，相当于数论的觉谛及所缘境界；熟眠位则体相一如，了无分别，由喜乐所成，为万有胎藏、种子和全体，就是数论的自性；第四位则是非般若、非非般若、不可见、无对待、不可触、无相、不可思议、不可言诠、止息、寂灭、安乐、不二，这也与数论对补鲁沙的描述一致。其云梦位有分别，熟眠位无分别，与数论对觉谛与自性的规定一致。其云无分别、混沌的熟眠位为世界的直接根源，而至上我则为寂灭、不动、清净，完全超越于世界之外，与早期数论学对自性与原我的区分具有同样的思维逻辑。《蒙查羯》也开示了类似的转变次第。如MuṇḍI·1·8—9说转变是从原初的全知者（sarvajña，对应于补鲁沙）生食（anna，商羯罗释为非显，对应于自性），由食生元气（prāṇa，商羯罗释为金卵，对应于觉谛），元气生末那，末那生真理（satya，此处应指地、水、火、风、空五大）、世界（lokā）、业（karmāni，此处应指五作根）。MuṇḍII·1·2—3说转变是从补鲁沙到无生者（非显、自性），由无生者生元气，由元气生末那和诸根，由诸根生五大。与《蛙氏》等一致，《蒙查羯》的说法同样区分了清净的至上我（补鲁沙）、无生的本原（无生者、食）以及有生的创造者（元气）。其与《羯陀》的数论学的区别，仅在于其所谓元气被以大我、觉谛代替。因此，ChānVIII·7—14、《蛙氏》、《蒙查羯》的理论，已经具有了数论的基本雏形，可以视为从奥义书的超验识转变论向数论的自性转变论过渡的中间环节。

（3）自性转变论。自性转化论就是认为一种无相、永恒、盲目的根源，即自性，通过转变产生理智即觉谛，然后通过从后者出发的次第转变，生成所有物质和精神现象。此说到奥义书中、后期思想才出现。如果我们把自性、觉谛这些概念的提出，对补鲁沙、自性、觉谛的清晰区分，以及自性至五大的二十四谛基本具备，视为数论学的特征，那么《六问》、《羯陀》、《白骡》、《慈氏》等无疑已经包含了数论的思想。这些特征，都被包括在自性转变论的体系内。

在奥义书中，存在转变的次第与存在入没的次第刚好相反，从后者可以看出前者。存在的入没，包括死亡、深层睡眠和瑜伽三种方式。一直到《六问》、《羯陀》等中期奥义书，这三者的次第和目标都没有得到明确的区分。从它们对于存在入没次第的说明，可以看出其自性转变的体系。PraśIV·8—9描述熟眠位："地与地唯，水与水唯，火与火唯，风与风唯，空与空唯，视与所视，听与所听，嗅与所嗅，尝与所尝，皮与所触，言与所言，手与所执，生殖根与所乐，排泄根与所排泄，足与所行，意与所意，觉谛与所觉，我慢与我所，心与所思，光与所照，元气与所支持。信然，此视者、触者、听者、嗅者、尝者、意者、觉者、作者、识我、原人，乃于彼不变之至上我之中安住。"熟眠位是五知根、五觉根、五大和五唯没入末那，末那没入觉谛，觉谛没入我慢，我慢没入心（citta），心没入火（tejas），火没入元气，元气没入至上我中。其中，元气与自性对应，为此后诸法之根源；心（citta）与火（tejas），可能是对属于自性三德的萨埵、罗阇二德的早期表述[①]。如果我们在这里把元气等同于自性，且将心、火二法归属于自性之中，那么数论二十四谛的基本内容（自性、觉谛、我慢、末那、五知根、五觉根、五大、五唯）在此已经具备。此诸谛即全部自然、经验的存在，皆安立于至上我。而至上我则超越此诸谛，为"无影、无体、无血、清净之不变者"。二十四谛入没的次第，暗示了一个从元气（自性）经觉谛、我慢，直到生成五大、十根的转变论系统，已经具备数论自性转变论的基本框架。KāṭhIII·10—13的自性转变论，则思路更清晰，表述更明确，更接近数论成熟的理论。它将PraśIV·8—9的意义含糊的心、火二法抛弃，且以一个更准确的、被后来的数论学普遍采用的概念"非显（avyakta）"代替元气，去除了PraśIV·8—9的元气论残余。其云在瑜伽中，是诸根与境没入末那，末那没入觉谛，觉谛没入大，大没入寂静我或非显，非显没入补鲁沙。这其实暗示了一个从非显生成大、从大生成觉谛，从觉谛生成末那，从末那生成诸根、诸境的转化次第。其中非显就是自性或原质的异名，而且《羯陀》还明确提到了原质（pradhāna）的观念。可以看出，上述次第，除去觉谛与大的关系仍有待厘定，以及从末那生成诸根、诸境的说法与数论通常的说法不一致之外，已与数论成熟的说法一致。KāṭhVI·7—8也提出超越诸根末那，超越末那者为萨埵，超越萨埵者为大我，超越大我者为非显，超越非显者为遍满、无相、解脱的原我，与III·10—13次第其实是完全一致的；显然前者所说的萨埵显然就是后者所说的觉谛。可见，《羯陀》不仅提到了数论二十五谛的全部内容，删除了其中多余的环节，而且将其按与数论学中基本相同的秩序排列。因此我们可以说，《羯陀》已经明确地包含了数论的体系。

《羯陀》与古典数论的主要区别在于两点：其一是以意为根、境之本原，而古典数论以为觉谛转变生我慢，我慢分三种，由其中的智慧我慢生眼等诸根，大初我慢生五唯、五大诸境，意包含在诸根之内。其二是以觉谛和大为二，且阙我慢，而古典数论则将觉谛和大等同，以为我慢从觉谛形成。这两点基本上对奥义书的数论学都成立。从这两点我们可以看出奥义书的数论学和古典数论的不同，而且前者明显是从奥义书发展到古典数论的过渡环节。对此我们可以通过以下分析来进一步阐明：(a) 奥义书的数论学从觉谛和我慢到意，从意到诸根、诸境的转变次第，不仅更符合从同一到差异渐次分化的逻辑（因为意是不同于眼等根的普遍机能），而且与梵书和早期奥

---

① 参考 P.Chakravarti, *Origin and Development of the Sāṃkhya System of Thought*, Oriental Books Reprint Corporation, 1975, p.15。古典数论以为由罗阇增长而生炎炽我慢，由萨埵增长而生智慧我慢，亦暗示数论可能曾经以火称罗阇，以心、智慧称萨埵。

义书以意为根、境始基的思想衔接，因而它较之古典数论，更加一贯、本原，而后者则应当是在此基础上调整形成的。(b) 在奥义书的数论学中，大与觉谛不同，而应释为我慢，且它是觉谛的直接根源。在中、后期奥义书对诸谛的列举中，PraśIV · 8—9；MaitII · 5, V · 2 都遵从诸根、意、觉谛、我慢的固定顺序，这暗示了一个存在转变的相反的顺序，而 KāṭhIII · 10,13 则列举了诸根、意、觉谛、大的顺序。将两个顺序比较，可知前一顺序中的我慢是代替后一顺序中大的位置出现的。另外 KāṭhIII · 10, 13 已经明确将大等同于"mahān-ātman"（大我），后者与"ahaṃkāra"（我慢）意义相通，都具有"以我为大"之意。这些证据表明，在奥义书的数论学中，大和我慢本来是同义的，但是古典数论在其形成过程中，将这二者分离，将大与觉谛等同，而使我慢成为独立的原理，并置之于觉谛之后。(c) 奥义书的数论学，持自性、我慢、觉谛、意、诸根和诸境的转变次第，比古典数论的自性、觉谛、我慢、诸根和诸境的次第更具有逻辑的一贯性。在前者，我慢或我执的提出是为了解释自性转变产生的原因，故它是包括觉谛在内的后来全部诸谛的根源，所以设立这一原理是完全必要的，而且我慢——觉谛——意——诸根和诸境的转变次第在逻辑上也很通顺。然而在后者，即觉谛既然都已经从自性产生，则我慢或我执之设立乃成为多余，而且在觉谛产生我慢、我慢产生诸根和诸境的次第中，我慢明显表现得很突兀。这些证据都表明古典数论的自性转变论是在奥义书的类似说法基础上形成的，但是将后者的"我慢"改变了位置，因而打乱了原先一贯的逻辑。(d) 奥义书对我慢与觉谛关系的看法，清晰地表现出与婆罗门、奥义书传统的关联。从逻辑上说，把我慢作为心、物现象的共同根源，必以绝对自我的预设为前提。在印度思想中，这一观念必然是以奥义书对绝对自我的领会为根据的。对于我慢这个观念的形成史的考察也可以验证这一点。它最早可以追溯到早期奥义书大量关于原初的绝对自我通过自我意识的觉醒或称呼自我而开始创世过程的设想。如 BṛihI · 4 · 1："于初此世界只是自我，具原人（puruṣa）之形。彼遍视而不见余物。彼遂言：'我有！'于是有'我（aham）'之名。"在这里，"我（aham）"是世界创造进程的第一个环节。BṛihI · 4 · 10 亦云："彼唯知自身，曰：'我即是梵！'彼遂成为万有。"数论学研究者 Van Beutenen 释"ahaṃkāra"（我慢）本意为"突然呼出'我'之名"①，这意味着自我意识的觉醒。早期奥义书关于宇宙起源的许多说法都可与此互证。在这里，自我意识的觉醒往往被认为是世界创造的开端，类似于《摩诃婆罗多》中神的觉醒（MBXII · 291），而这就是我慢的前身。我慢

① Van Beutenen, "Studies in SāṃkhyaII: Ahaṃkāra", *Journal of the American Oriental Society,* 1957. Vol.77. 17.

(ahaṃkāra)一词最早出现于ChānVII·25·1,其意义就是绝对自我①。而到《六问》,它才具有了数论的存在转变论意义。以自我意识的觉醒作为创世的第一个环节,还与奥义书如下观念相关,即万有皆潜藏于绝对自我之中,并通过自我意识的觉醒而被呈现,故曰知自我则得一切、成一切(BṛihI·4·9)。正是在此基础上,奥义书的数论学提出世界万有本来都是作为无相、不可知的自性潜藏于补鲁沙之中,并由于我慢的出现,而得以次第开展出来的说法。总之,奥义书的自性转变论把我慢作为一个重要原理,乃是以奥义书的绝对自我观念为根据,是奥义书思想长期发展的自然结果,且在理论上完全协调,并且它必然要把我慢置于觉谛之前。考虑到这些因素,再来看古典数论。它以为每一众生各有一个自我,取消了奥义书的绝对自我观念,如此则把我慢作为心、物存在(十一根、五唯、五大)的共同根源就失去了原有的逻辑支持,从而显得突兀;而且将我慢插在觉谛和余二十一谛之间,显得笨拙而且多余。为什么认识、理智的活动(觉谛)既然已经产生,还必须经过自我觉醒(我慢)才能过渡到现象世界?这在逻辑上是很难解释得通的。(e)综合(c)(d),我们可以得到如下结论:第一,奥义书的自性转变论对我慢、觉谛的解释,与早期奥义书传统的关联更清晰,而且其理论建构更合理,因而可以肯定它是在奥义书传统的基础上,经过独立的理论发挥形成的。第二,古典数论转变论的相应解释,与早期奥义书传统的关联明显更疏远且其理论建构缺乏一贯性,它既不是直接发挥早期奥义书思想,也不是来自自身独立的逻辑构造,而是沿袭中后期奥义书的自性转变论的陈说,但经过了调整,比如把我慢调整到觉谛之后,不过这种调整并不一定很成功。

以上是《羯陀》等代表的奥义书中期的自性转变说。它已经属于数论的范畴,但是在这里,自性转变的次第只是被暗示的。《羯陀》、《六问》都只列举了二十四谛的内容,但只是将其视为(在熟眠、瑜伽中)存在入没的次第,它们关注的是如何将经验、自然的存在泯灭于无相、混沌的自性,从而使人进入寂静、无为、清净的补鲁沙,而不是阐明从这自性转起的现象世界的存在起源论。到了晚期的《白骡》、《慈氏》等,才明确将自性转变的机制作为思考的主要课题。另外,到晚期奥义书才提出自性三德说,并通过三德的转化解释诸谛的生成。最后,晚期奥义书对由转变而生起的心、身现象有了更详尽的阐明。因此晚期奥义书的自性转变论更加完善。

其中,《白骡》提出了奥义书中最完备的自性转变论体系。ŚvetIV·5说自性为无生唯一者(ajāmekām),喻之为具三色(三德)之牝羊,通过与牡羊交配而生出同

---

① ChānVII·25·1:"信然,我为在下,我为在上,我为在西,我为在东,我为在南,我为在北。信然,我即是此全世界。"

样具三色之众多羊羔。ŚvetI · 3—5 则开示了数论自性转变的全部环节。其云："3 彼等习静虑，以及瑜伽行，遂见神自力，隐于其自德。彼即唯一者，主宰一切因，由时至自我。4 彼为一轮毂，三胎十六端，其间五十辐，二十助辐楔，六科之八品。一绳有多相。分别有三道，二因生一惑。5 一川具五流，且发于五源，漂疾多弯曲，五浪为五气，生于五重觉，又有五旋涡，及五苦急流，支流有五十，归之于五束，吾辈已知之。"《白骡》仅举提纲，却并未表明每一目的具体所指，但此提纲与后来古典数论所列举者一致，它无疑就是数论的，应当从数论角度解释。在这里，自性被喻为轮的全部辐条安立其上的辐圈，它是杂多世界的唯一归宿、根源。自性三德被喻为车轮的三胎。世间一切皆由三德而生，且被包含在三德之内。由轮发出之十六端（ṣoḍaśāntam），即数论通常所谓的十六变易，唯转变所生，不复变生余物，故为自性转变之终端，包括五大（地、水、火、风、空五种物质元素）、五知根（眼、耳、鼻、舌、身）、五作根（手、足、尿道、肛门、性器官）、意（末那）。车轮之五十辐，即数论所谓由觉谛所生之五十变异，或五十种心理状态（觉相），如《金七十论》（卷中）云："觉生五十分，疑倒有五分，无能二十八，由具不具故，喜九成八分。"此五十变异为：其一，五惑，为觉谛中答摩与罗阇增长所生，包括：无明、我慢、贪、嗔、执着（尤指对生死的执着），每一种还可细分为许多种。其二，二十八种无能，是产生惑的原因，为觉谛中答摩增长所生之生理或心理方面的缺陷，包括：(1) 十一种根损坏，包括聋、盲、癞、癫、狂、哑、跛、生殖器发育不全等；(2) 十七种智害，即与九喜八成相反者。其三，九喜，为萨埵增长所生之欣喜、满足之感，包括：(1) 四种依内喜，即依觉慢心生之喜，谓由自性喜、由求取喜、由时节喜、由感得喜；(2) 五种依外喜，即远离五尘所生之喜，谓过喜、成就喜、胜过喜、无上喜、上喜。其四，八成，即八种获得解脱、成就之途径、方法，谓思量成、闻成、读诵（学习圣典）成、离三苦成、善友得成、清净成[①]。二十助辐楔，即十根（见上文）及相应之境。六科之八品亦是对数论学的概括，但其每一八品的具体所指并不清楚。联系古典数论，此六科可能是指：其一，八本，即自性、觉谛、我慢、五唯，能生余诸谛，故名为本；其二，八界，即组成色身之八种成分，包括皮、肤、血、肉、脂、骨、髓、腺；其三，八种转变，即由觉谛所生之八种存在，包括正直与不正、有智与不智、出世与染着、有能与无能八种对立之法；其四，八成，即上述八种成就之道；其五，八种神通，即修瑜伽所得之八种超自然能力，包括：变小、变轻、变大、获得力、意欲力、控制力、自在力、如意力；其六，八德，即所谓自我的八种善德，谓慈、忍、

① 对于这些内容的更详细解释，请参见吴学国：《存在 · 自我 · 神性：印度哲学与宗教思想研究》，中国社会科学出版社 2006 年版，第 494 页及以下。

安、无嫉、清净、无怠、无乏、无欲①。在接着的叙述中，或谓“一绳”指自性，“具多相”（viśvarūpaika-pāśam）谓自性有众相，如戏子取众形以系缚原我；或谓“一绳”指爱欲，人由爱欲为三道所缚故。三道为父祖道、天神道、解脱道，二因谓善恶业，一惑为我见或自我幻相，为使命我受缚的根本颠倒②。§5 乃是试图换个角度阐明自性转变过程。它将自性比喻为一条河流，把自性转变产生宇宙和人生之诸现实存在的过程比喻为河流生诸急流、波浪、旋涡、支流等。其中所谓五流即五根③，五源即五大。五浪即五种生命元气（上气、下气、腹气、止气、出气），被认为是从五重的觉谛（即五知根）生成。五旋涡即瑜伽五障，包括无明（avidyā）、爱（rāga）、无能（aśakti）、执着（abhiniveśa）、我见（asmitā）。五苦即古典数论所谓求乞、积蓄、消耗、执持、杀戮五苦（Tattva-kaumudī 50），或谓《瑜伽经》所谓五种烦恼（YS II · 3）。五十支流即上面所谓觉谛所生之五十变异。从上述分析可见，《白骡》毫无疑问已经包含了数论自性转变论的成熟系统，甚至吠檀多坚持绝对主义立场的古代注释家们，也不得不承认以上的说法只能是数论的。《白骡》于数论体系之开示，远较《羯陀》详尽，它基本上展开了数论形上学的全部系统。其第 1 章提及了古典数论自性转变论的几乎整套术语，包括自性、三德、八本、五大、五知根、五觉根以及五气、五十种变异等。在奥义书中，《白骡》最早提及数论一词，且首次将数论与瑜伽并举，以为证得究竟实性之途径（Śvet VI · 25）。此外，它还提到了其他许多重要的数论观念，如非显（I · 3）、观者与田智（I · 19, VI · 2,17）、食与食者（I · 12），并指出自性具赤、白、黑三德（IV · 5）、自我受用自性与否是轮回、解脱的条件（IV · 6—7）等。因此，许多学者认为《白骡》应被视为早期数论学派的文献④。尽管《白骡》在别处也经常提及自性转变论，但以 I · 3—5 最系统。后者很可能是为了便于记诵而作的韵文式提纲（印度传统的习惯，往往将较庞大的文献压缩为极简洁的韵文以便记忆，如佛经之偈颂

① 此处应补充的是，数论的存在分类，以八为目者甚多，除了以上所举，还有：八神，包括梵天、生主、诸天、罗刹、乾达婆、夜叉、鬼、毗沙遮八种超自然的生命；八种无明，即执自性、大、我慢、五唯八本为我；八种我慢，如以微细、自在、轻柔、广大、持重、一切能得、一切欲能满足、至尊、主宰等殊胜德为常属我；八智慧分，即欲乐听闻、专心谛听、摄受、忆持、知句义、思量、简择、如实入八种学习圣教之法。此外尚有八黯、八颠倒、八瑜伽支、八种瑜伽系缚等。以上究竟孰为所谓“六科”所包含者，现在仍无法确定。

② P.Chakravarti, *Origin and Development of the Sāṃkhya System of Thought*, Oriental Books Reprint Corporation, 1975. 22.

③ 五流也可能指根之五境（色、声、香、味、触），盖以河流喻外境，乃为数论、瑜伽文献中常见表述（YS I · 12，MBXII · 218 · 10—11）。

④ P.Chakravarti, *Origin and Development of the Sāṃkhya System of Thought*, Oriental Books Reprint Corporation, 1975. 25.

部分)。就此我们至少可以肯定,数论的完整体系(自性转变的系统)在《白骡》时代的奥义书思想中已经存在了。

《慈氏》的自性转变论,较《白骡》又有明显进步。这首先在于对三德在转变中的作用的阐明。尽管《白骡》已经提到三德(triguṇa)一词(ŚvetV・7),但是它:其一,对三德的具体内容未作解释;其二,对三德的具体名称即萨埵、罗阇、答摩亦未提及;其三,只是将三德当作三种属性,而未将其视为自性的三种组成要素(如IV・5的三色牝羊喻);其四,没有阐明三德在转变中的基础地位。到《慈氏》才明确提出三德即萨埵、罗阇、答摩,对其每一种都作了描述(MaitII・5, V・2),并表明三德不是依附于实体的属性,而是自性的组成成分。如MaitIII・5释三德云:"答摩之相为惑乱、畏怖、失意、沉睡、倦怠、懈怠、衰老、疼痛、饥、渴、羸劣、愤怒、异端、无明、嫉妒、凶残、愚痴、无耻、无施、骄傲、无恒;罗阇之相为渴望、爱、激情、贪、不善、欲、嗔、欺诳、妒忌、无餍足、不定、易变、散乱、野心、贪财、爱友、依赖家族、于不可爱境生憎恶、于可爱境生贪爱、恶语、贪食。此大种我(人的生命)被此等注满,为此等所制。是故彼经历诸身。"这不仅是对三德相状的描述,而且是奥义书思想对日常心理现象所作的最详细分析。其中共提到了42种心理活动,但还不是全部(如属于萨埵的特征没有谈及)。这些不同的心理现象被认为是从三德产生的,并且是三德的表相。此外其书还提到有所谓"大种我"(bhūtātman),应释为觉谛,彼因有我慢,故系缚自身,如鸟如罟(MaitIII・2)[①]。MaitV・2则明确提出数论的三德转变机制,其云:"信然,于初此世界只是答摩。自然,彼存于至上有中。彼为至上有推动,而入有分别相。信然,此相即罗阇。复次,罗阇亦为至上有推动,而入有分别相。信然,此相即萨埵。彼萨埵,适被(至上有)推动,乃溢出为汁。此(汁)即彼(萨埵)部分,即于此每一人中之识体,为色身之知者,具末那、觉谛、我慢(ahaṃkāra)、细身。此即生主,或曰毗湿婆(Viśva)。其相已于前表明。复次,信然,彼中具答摩相之部分——噫,梵志,如实此即禄陀罗。复次,信然,彼中具罗阇相之部分——噫,梵志,如实此即梵天。复次,彼中具萨埵相之部分——噫,梵志,如实此即毗湿奴。信然,彼一成为三。彼遂开展为八、十一、十二、无量。彼因如是开展,遂成为诸有(bhūta)。彼进入有中且于中活动,遂成为众有之主宰。此即在内与在外之主宰——噫,在内与在外!"除去其中的神性论色彩,此文本开示了从答摩转变生成世界的机制。尽管《数论颂》不承认以答摩转化生成世界的机制,但它的一些注释本仍持此义,且皆提及劫比罗授阿修利之教,谓

① 觉谛既为自性产物,又被自性系缚。这一点与古典数论也不相违,SK63亦有自性系缚自身之说。

于初唯有答摩，由答摩生田智，由田智生其余，等等（《金七十论》，摩吒罗注 SK70），因而此义可视为早期数论的说义。V·2 云答摩存于至上有（补鲁沙）中，为后者推动而发生转变，生成罗阇。罗阇亦为补鲁沙推动而发生转变，生成萨埵。萨埵再被推动，乃生成田智（kṣetrajña，灵魂），具末那、觉谛、我慢、细身。此宇宙灵魂中具各别三德之部分，分别被等同于湿婆、梵天、毗湿奴三位大神。文本结尾处对自性转变过程作了粗略的概括。谓唯一自性在补鲁沙推动下转化出三德的差别，且由于三德的转化，转化为八本（自性、觉谛、我慢及五唯），并进一步开展为十一根（五知根、五觉根、末那）乃至无量的现实存在。V·2 的说法与古典数论的不同，不仅在于其神性论背景，而且它对三德及其作用的理解也与后者不一样。鉴于它阐明的仍然是吠陀、奥义书传统的从原初黑暗逐渐显现出森罗万象的主题，它所谓答摩实际上是与吠陀和早期奥义书的宇宙泰初的黑暗原理（非有、原水）对应的①，它应当被解释为自性未发生转变时的原始黑暗状态，如此则罗阇、萨埵也是自性在转变之初的不同阶段、状态，但它们（同其他转变产物一样）又都是具有相对独立性的不同存在体。这可能是三德转变论的最原始形态。易言之，最原始的三德转变论将三德当作自性的三种状态、阶段甚至产物，而不是三种组成成分。只是随着数论学的长期发展，三德越来越被实在化，被当成自性的组成成分、实质，自性除三德外无别自体。三德的实在化，在《慈氏》中就已经有表现。如上引 III·5 就不是把罗阇、萨埵当成自性的不同阶段，而是以二者为各不相同的实在。因此《慈氏》在这一点上的看法也是不统一的。总之，《慈氏》最早提出三德转变说，尽管此说相对于古典数论仍然原始，但应视为古典数论相应说法的源头，且应纳入早期数论学的范畴。此外，《慈氏》还首次解释了自性转变的目的，以为是为了原我的受用。MaitVI·10："复次，于（自我食）原质之时，乃生起觉谛等，即抉智、念、我慢。于是生诸作根和诸知根。"自性转化的原因，就是为了食者能食，或补鲁沙的受用。自性本来无相、不显现，不能被受用，而当补鲁沙欲受用，乃一方面促使自性转化产生二十三谛从而使之得以显现而能被受用，另一方面也促使自性转起觉谛、末那、我慢、诸根等为受用的工具。其说被数论派普遍接受。如《金七十论》云："我求见三德，自性为独存。如跛盲人合，由义生世间。"反之，MaitVI·10 同样表明，若人不食诸境，即补鲁沙不再通过觉谛等受用自性，则自性转变停止，自性复归于无相，补鲁沙于是得独存、解脱。总之，原我是否受用自性，是自性的转变与寂灭的原因。这一思想后来也被古典数论继承。它使自性转变论的逻辑更加完备。

---

① 如ṚVX·190·1—3就开示了由热力生答摩，由答摩生原水，由原水生宇宙万物的演化模式。

以上我们探讨了自性转变论从吠陀晚期发轫，经奥义书的长期酝酿，最后在晚期奥义书中形成完备系统的过程。晚期奥义书的自性转变论尽管与古典数论有区别，但也毫无疑问应当被归属于数论的范畴。它属于早期数论的思想。数论学正是通过自性转变论，将其二十五谛构成一个系统的整体。在此意义上，我们通过追溯自性转变论的发展，也就阐明了数论体系在奥义书中的形成史。

以上我们探讨了数论的二元论和自性转变在奥义书中的形成过程，由此证明了数论的基本体系是从奥义书思想发展出来的。

不过，与古典数论相比，在奥义书中保留的数论学说，具有以下特点：

第一，它基本都与神性论结合起来。在奥义书中，作为数论学基础的心灵实体观念的形成，以及神性的超越真理的恢复，都是同一种精神运动，即超越思维形成的结果（参考本书第一部分第二编第二章引言和结语），所以很自然，最早阐明自我的超验意义的《伊莎》、《由谁》、《羯陀》诸书，同时也比早期奥义书（往往是无神论的）具有更鲜明的神教色彩。因而，从《羯陀》、《六问》、《蒙查羯》的最初的数论学，就开始与神性论紧密结合起来。这一立场在晚期奥义书中也未改变。补鲁沙往往被等同于神。不过神与自性的关系看来不是很确定。神有时被认为是处在自性之外的主宰者、创造者，有时被认为是将自性包含在自身之内的。这与古典数论不同，应视为早期数论的特点。

第二，奥义书的数论学说，全都接受绝对自我的观念，都认为个人自我只是以某种方式分有绝对自我形成，而不是独立的实体。奥义书的数论学，有时采取完全随顺吠檀多的立场，持精神一元论，明确以为自性及万有皆从自我产生，且包含在自我之内，甚至认为现实的世界、人生皆为虚幻，唯自我为唯一真理（ŚvetIV・9—10）；有时则将自我与自性说为两个相互外在、相互独立的原理，此如 KāṭhV・9—12 明确指出自我对于世界万有的外在性；MuṇḍIII・1・1 和 ŚvetIV・6 喻自我为栖于树上之鸟，MaitVI・10 说自我与自性为食者与食等，这些都表明自我和自性是两个独立的实体，这种说法应视为从吠檀多一元论向古典数论的二元论过渡的中间环节。

第三，奥义书的学说，往往内容极为含糊、芜杂，其涉及数论学说者亦是如此。尽管奥义书的主导立场是精神的一元本体论，然而在其中神性论、二元论的也（与主导的一元论缺乏明确区分而）模糊地存在着。这种异质因素甚至有时表达得很明确，与一元本体论表现出明显矛盾，但奥义书编成者们对这种理论的不一致通常都是不自觉的。在中、后期奥义书中，往往是吠檀多的一元本体论、早期数论模糊的心物二元论以及一种更明确的实体二元论等多种倾向不加区分地混于一篇之中。这固然反映了一种理性思辨能力的薄弱，客观上也保留了各种学术流派由以形成的不同的思想可能性。

由以上特点，我们大致可以将奥义书中的数论体系，视为从婆罗门传统的一元论到古典数论的过渡阶段。

## 小　结

以上我们追溯了数论的基本体系和它的一些重要观念在吠陀、奥义书中的形成过程，由此证明了数论学是从奥义书思想中发展出来的。此外，数论的其他一些重要思想也透露出其奥义书渊源。这包括如下三方面。

（1）轮回说。轮回说在早期奥义书中就已经形成（如ChānV·3—10；BṛihVI·2等的“五火二道说”）。奥义书最初只是将轮回作为一种生命的既定事实，而未探讨其形成的原因，以及出离之道。这后两个方面的内容，在奥义书思想的成熟时期才出现，而且是同时出现的。比如BṛihIV·4·1—7就表明轮回的原因是人的无明（不知一味自我）与爱欲（执着差别外境），若断无明、爱欲，则离轮回而入大梵、得解脱。

当数论学说在奥义书中出现，便试图与古老的轮回说结合起来，并对它作出新的解释。这在于，它试图将奥义书的轮回和解脱之义，与它对补鲁沙与自性的二元化理解结合起来。于是，轮回被认为是因为补鲁沙执着于自性。这种执着甚至被认为是自性转变，即宇宙起源的原因。这方面最早的尝试见于MuṇḍIII·1·1—3，它明确指出人受用、取着自性的产物，乃是人沉沦于轮回苦海的原因，而唯有证悟那超越自性、清净独存的补鲁沙，才能摇落善恶、脱离垢染，融入大我，从轮回解脱。其说固然仍保留奥义书融入至上我的解脱理想，但首次把对自性的受用与脱离当成轮回、解脱的实质，这已经明显属于数论的立场。ŚvetV·7则把轮回的机制更深入地追溯到对于三德及其产物的取着，其云：“孰若有诸德，则作业受报。彼即为受者，受用其业果。拟取具三德/众相、入三道，此元气主宰（指命我），随其诸业游。”其以为补鲁沙本来清净、无为常住，但由于执着三德及其产物（有、取皆是执着、与某物连接之意），遂失去原来的自由，而被缚于三德的流转，故于三道（父祖道、天神道、人道）之间永恒轮回；反之，解脱就在于对三德不取不受。

然而补鲁沙的本性既然是独存、清净、不染，那么它究竟是如何执着自性三德、与之联结的呢？与此相关，它怎么会有轮回？在奥义书中，似乎唯有MaitIII·2—3试图对此给予回答，其以为补鲁沙其实并无轮回，轮回者乃是与之不同的另一不同自我，即所谓“大种我（bhūtātman）”。其云：“如实有另一不同自我，曰‘大种我’，彼为黑、白业果所制，入善不善胎，是故趣上、下（诸天与地狱）及于此间漫游，受制于双昧。……此（大种我）被自性诸德所制。复次，彼因被制，故入迷惑，因入迷惑，故不见居于自我中、引发作业之神圣主宰。被诸德之流所转、不定、动摇、困惑、多欲、散乱，此人遂进入我慢之境。由于'此是我'、'彼是我所'之想，彼遂将自己缚于其自我，如鸟陷于罟。是故，彼为黑、白业果所制，入善不善胎，是故趣上、下及于此间漫游，受制于双昧。复次，余处有云：'信然，彼作者即大种我。通过诸根引发作业者即内在补鲁沙。复次，信然，如一铁块，被火渗透，匠人锻打，乃转变为不同相状——如是，信然彼大种我，被内在补鲁沙渗透，诸德锻打，乃转变为不同相状。此大种我，乃有多种相状，包括四类（卵生、胎生等）、十四界，复转变为八十四不同道，此一切皆具多种相状。信然，此类杂多，皆由补鲁沙驱使，如陶轮被陶匠驱使。复次，如当铁块被锻打，其中之火不被伏，如是补鲁沙不被伏。'"此所谓大种我就是觉谛。唯觉谛为作者、受者，故处轮回，补鲁沙始终无为、不受、常住。觉谛因执着于三德而不见自我，遂生我慢，即以三德的产物即细身（由觉谛、我慢、十一根、五唯构成）为我，故被缚着于此细身而入轮回，但真实自我，即补鲁沙始终处在轮回之外。补鲁沙与觉谛的联结，在此通过赤铁喻得到解释。其云觉谛如铁块，补鲁沙如火。如火烧铁块使其炽热而有火性，补鲁沙亦以某种方式渗透到觉谛中使其现有心智。如赤铁块被锻打成多种相状而其中的火性不变，觉谛亦在轮回中被赋予千差万别的生命形态但渗透在其中的补鲁沙却始终不变。《慈氏》对轮回的上述解释，与古典数论一致①。

由此可见，数论意义上的轮回说，作为轮回说与数论的二元论的结合，在奥义书中已经形成，所以古典数论的相关说法基本上是继承奥义书来的。

（2）解脱论。数论对于解脱的说法，也透露其奥义书渊源。对此可以从以下两点来看：

首先，数论以智慧为解脱之途，就表明它是从奥义书发展而来的②。杜伊森指出以智慧为解脱之根本途径的说法，是吠檀多的必然结论，但与古典数论的形上学却不甚符合，因而应当是奥义书思想的余留③。盖吠檀多持绝对一元论，以为大梵是唯一的实有，所有个别之物皆是在大梵之上安立的假法，而非独立的实体。烦恼的原

① SPSII·8："自我尽管与自性存在联结，但这种联结并非直接存在于自我中，如火并不真正存在于炽铁之中。"SPVII·8："如铁被火烧赤，此铁似乎有能烧之用，但其实此能烧仍属于与铁联结之火，而不属于铁本身。"

② 参考 A.B.Keith, *A History of the Sāṃkhya Philosophy,* Oxford University Press, 1924. 16.

③ Paul Deussen, *The Philosophy of the Upaniṣads,* Motilal Banarsidass Press Delhi, 2000. 253—255.

因在于把个体的灵魂或事物当成脱离绝对者的实体，这就是无明。这样的实体完全是假相。然而当梵智升起，无明澌灭，灵魂实体的假相消失，则灵魂即融入绝对一味的大梵之中，一切烦恼痛苦皆烟消云散。因此说，吠檀多持智慧为解脱之根本途径，乃是其绝对主义形上学的自然结论。然而古典数论的立场则为二元论。其以为原我、自性皆为独立的实体，而原我与自性的联结造成系缚，这是生命痛苦之源。然而若二者的联结不存在，则由它导致的痛苦也不存在，智慧解脱之方亦不必要。若此联结是确实存在的，那么它就不是一种（由无明而生的）假相，则此联结乃不可仅由智慧而断灭。因此，智慧解脱之道，与数论的二元论模式不侔，不可能是后者的自然结论，而只能是袭自奥义书的解脱之道。直到公元3世纪古典数论体系形成，数论学才对这种智慧解脱途径提供了一个较合理的解释。其以为人生之痛苦，在于自性映现于原我，故使原我误以为自性的全部转变（本质上都是苦），都属于自身。故解脱之道，在于以明辨智，领会原我之离自性而独存，从而使自性的映像最终消灭，而原我乃得解脱。但这样的解释，在数论学漫长的发展史中，是很晚才出现的，在奥义书的早期数论思想中还不存在，因此它应当被视为数论有意识调和智慧解脱之道与其自身二元形上学体系矛盾的结果。奥义书的主流观念与古典数论所谓智慧的区别，在于前者为绝对智（证悟自我为存在的绝对本体），后者为明辨智（证悟自我为超越、独立于自然的存在），而奥义书的早期数论学的智慧，则既为绝对，又是明辨。典型的如KāṭhII · 15所云："当以我自性，譬若灯光明，见大梵体性，证知彼无生、脱离一切谛、不动之神圣，彼瑜伽行者，尽解诸系缚。"其以为自我既是绝对，又是超越、独存，故证此我乃得解脱。这说法脱胎于早期奥义书解脱论的痕迹是很明显的。而古典数论同样是以证自我为解脱之途，其说法与KāṭhII · 15颇一致，只是在后者基础上，将自我改造成众多个体，因而它只有明辨智，而无绝对智。在此意义上，显然《羯陀》、《慈氏》等的早期数论的解脱论，是从典型的奥义书解脱论到古典数论过渡的中间环节。

其次，数论对解脱的理解，透露出与奥义书思想的亲缘性。古典数论也常常宣称解脱是与熟眠位、昏厥等相同的无意识状态①；以为解脱境界是自我脱离尘世的惑与苦，而得恒住，如见者不见一切境、镜不映一切相，如纯洁清净的光不照一切物②。古典数论对解脱的这类描述，不会是从它自身的理论基础（二元论形而上学）推导出来的，而是与奥义书的现存说法一致，应视为从后者沿袭而来的。另外，即使古典

① EREXI. 192.

② EREXI. 192.

数论以解脱为断除自我与自性联结的更典型观念，也是在奥义书中酝酿形成的。其以为自我本来为超越、清净的实体，自我与苦的联结在于将自性（内根）之苦带入意识中，而这又是因为人没有明辨智，因而没有看到自我与内根本质上的分离，故把二者等同。解脱则在于以明辨智，证悟自我清净、超越的本来体性，从而断除其与自性的联结。这样的解脱观念，来自对自我的超越性的领会。这种领会完全来自婆罗门—奥义书精神自身的必然发展，是精神的自身展开（参考本书第一部分第二编第二章引言）。当奥义书思想在其自身发展中，终于意识到自我是一个本来自由、超越自然的实体，那么现实的痛苦就只是自然对这实体的遮蔽和系缚，解脱就在于打破这遮蔽和系缚，恢复这自我实体本来的孤立、无缚状态——这就已经与数论的理想一致了。在《羯陀》中，修道的理想就不再只是从差别万相中证悟作为其本质的绝对、一味的大梵，而是证悟自我与根身之分离，证悟其独立、自存，如KāṭhII · 18—19 说应知自我为无身、不灭、不杀、不被杀等。KāṭhII · 18—19 几乎原样被《薄伽梵歌》引用，后者明确声称其说属数论（BG II · 39），表明《羯陀》的解脱观念已经是数论的。在《白骡》等晚期奥义书中，解脱作为离自性得独存的境界，得到了更清晰的表述。如 ŚvetI · 10—11 云："变灭者自性，无变灭者我。变易及命我，唯一神所主。静虑、一于彼，进入其体中，由此而渐进，尽灭世界幻。若知彼神圣，遂脱尽诸缠，断尽诸烦恼，生死皆止灭。定观于彼故，身灭入三道（解脱道），所愿皆成就，神圣且独存。"这里开示的宗教理想就是通过静虑产生智慧，亲证自我（至上神）的实相，从而脱尽诸缠、断灭烦恼、出离生死，于是获得解脱、独存（kevala）。同理，IV · 6—7 也表明自我受用自性是相续轮回的原因，若不受用则得独存、解脱。可见，把解脱当作断除自我与自性联结的观念，在奥义书的早期数论中就已经存在了。不过，在奥义书的绝对主义语境之下，轮回是一个宇宙事件，解脱也具有了宇宙末世论维度：它是全部差别存在融入一味大梵，故不仅是个人的解脱，也是宇宙的救赎（寂灭）。奥义书的数论学亦持此义。后者在《慈氏》中得到清楚表达。比如MaitVI · 10说宇宙发生和生命轮回的原因是补鲁沙受用自性：一方面，正是为了补鲁沙的受用，自性才发生转变；另一方面，补鲁沙的受用也造成现实自我被自性系缚而陷于轮回。反过来，若补鲁沙不受用，则一方面使自己恢复自由，另一方面亦使自性重新退回其本源，譬如妓入空室，乃因无人触之故退也。V · 1—2 亦表明解脱亦是自性从分别状态退回到无别的黑暗状态（答摩）。这些说法都表明，奥义书的早期数论所谓解脱，既是命我的解脱，也是自性的解脱。这种解脱观，是以承认真我为绝对大我，以及绝对自我为存在的唯一根源为前提的，因而它是早期数论学的自然结论。古典数论尽管不承认上述两个前提，但也持自性解脱之说，认为解脱是自性转变终止，回到原初的黑暗状态[①]。这些说法，都与以实体二元论和多元自我论为特征的古典数论世界观相矛盾[②]，因而不可能是从后者导出的，而只能是继承奥义书的早期数论而来。

可见，古典数论对于解脱的说法，大都来自奥义书的早期数论学，而后者则是奥义书思想自身长期酝酿形成。这也表明古典数论乃至任何形式的数论学，都是渊源于奥义书的。

(3) 悲观主义。数论的悲观主义，亦在奥义书中有其渊源，并且也透露出古典数论等的奥义书起源。

尽管在奥义书中，明确的悲观主义是与数论联结在一起的，但也可以看出它在数论学出现之前就已经开始酝酿了。比如 BṛihIII·4·2 说舍至上我之外，一切皆为悲苦。BṛihIII·5·1 也说："唯欲求梵故，苦行者离家出走。信然，知此故，古圣人不欲子嗣，曰：'吾等既已得此我，得此界，子嗣何益？'信然，彼已脱离子嗣欲、财富欲、世界欲，乞食而活。盖子嗣欲即财富欲，财富欲即世界欲；二者皆是欲故。是故婆罗门厌恶有学而求复归于婴儿。当其厌恶有学与婴儿，乃成为苦行者。当其厌恶非苦行与苦行，乃成为真婆罗门。"在早期奥义书中，这些表述尽管很偶然，而且它表现的只是对尘世享乐的怀疑，却不是对生命本身的厌恶，因而与明确的悲观主义尚有距离，但是毫无疑问，这种怀疑正是悲观主义的起点，而且它表明悲观主义总是以一种理想存在的确立为前提的。在早期奥义书中，这种理想存在就是超越、绝对的大梵、自我。它被视为存在的意义和真理，因而与它相对的经验、自然的世界便完全失去价值，乃至成为人的精神自由的累赘。因此，同在其他文化中的情况一样，在奥义书中，最初也是这种理想与现实的分裂，构成悲观主义的起点。从这一起点出发，奥义书的悲观主义越来越被强化。到中期的《羯陀奥义书》，悲观主义变得十分明确。如 KāṭhI·25—29："凡此之一切，皆仅至明朝，且损诸根力，嗟乎死亡神！尽人一生寿，如实亦短暂。请收汝宝车，请收汝歌舞！非由财富故，人可得欣足。吾等若见汝(死)，岂复欲财富？……尘世老死者，其若得亲知，不老不死者，复善知可爱、欲乐与欢喜(之无常)，岂乐于长生？"在这里，世间的一切财富、享乐，不仅被认为是无常幻灭的，而且被当成获得自由和真正幸福的障碍。在晚期奥义书中，悲观主义已经成为主流，

---

① A.B.Keith, *A History of the Sāṃkhya Philosophy,* Oxford University Press, 1924. 15.

② 数论派也意识到这些矛盾，并试图予以解决。比如有的数论派别（牟厘启学派）为解决个人自我的解脱何以为导致自性（一般被认为是普遍的宇宙根源）的退隐，乃提出每人各有一自性，于解脱时此自性即消灭（Dasgupta, S, *Yoga in Relation to Other Systems of Indian Thought,* Motilal Banarsidass, Dehli, 1979. 28）。

对生命的幻灭感和极端厌恶之情溢于言表。如 MaitI·2—3："此骨、皮、筋、髓、肉、精、血、涎、泪、涕、粪、溺、风、胆汁、痰液之所聚集，此臭恶无实之身中，有何欲而可乐耶？此欲、贪、嗔、畏、忧、嫉、爱别离、怨憎会、饥、渴、生、老、病、死，患等所袭，于此身中，有何欲而可乐耶？"在这里，世界成为空虚无聊的幻相，生命成为污浊臭秽的囚笼。因此，人生之究竟价值，就在于毁灭世界之幻相，断尽生命之流转，达到存在的绝对虚无（空）和生命的彻底死亡（涅槃）。

在人类精神史上，悲观主义是与真正的精神超越的形成不可分离的，它就是后者的产物。超越思维把超自然、超经验的实体界当作存在的真理和意义源泉，同时全部经验、自然的东西都成为超验实体的表象、影子，因而丧失了属于自身的真理性和价值。在这种情况下，执着于自然、经验的存在就会昧于真理本身，这就是生命沉沦的根源。在思想的发展中，对于这一点的认识，必然导致人对于一切自然的、世俗的东西，乃至对于全部现实的厌恶和反感。早期基督教就是因为将真理、至善、实存、幸福，总之将一切美好的东西都转移到超验的天国，从而使现实世间只剩下罪恶、污秽、丑陋和痛苦。同样，在耆那教、佛教中，也正是在不生不灭的涅槃境界的反衬之下，生灭不已的自然和生命成为不可忍受的苦难。因此，超越思维使精神否定直接的现实性即自然的专制奴役，获得自身的自由和尊严，但同时也自然地导向悲观主义。

奥义书的超越思维的发展也不免于此。在这里，超越思维的形成同样导致了悲观主义，二者皆是在早期奥义书中萌芽，而在中、晚期出现的数论学中得到明确化。奥义书的超越思维（最早表现于《伊莎》、《由谁》、《羯陀》等），以自我为完全超自然的实体，它超越了包括经验的时间、空间、因果性在内的所有自然表象，为一恒常寂灭、无为不染、本来解脱、遍满喜乐的清净意识；然而人若取着世俗，则会使自我与自然联结，从而导致自我被遮蔽，被当作经验的个体，且被缚着于自性的轮回之中，这是尘世生命产生的原因，也是人类全部苦难的根源。这些思想，最终导致《羯陀》及晚期奥义书的明确的悲观主义。在这里，一切世俗、现实的东西，以及尘世生命本身，都是苦；唯断除与生命、自然的关联，才能恢复自我本来的自由和喜乐。因此悲观主义是奥义书的自身精神发展的产物。在奥义书中，数论学的产生也是超越思维发展的结果，而且自其产生就与悲观主义不分。奥义书的悲观主义因数论学的发展而逐渐得到明确和强化。到晚期奥义书，数论学形成了成熟的体系，而悲观主义也趋于极致。

总之，数论的悲观主义也是来自奥义书的。印度精神的超越思维的发展导致奥义书中早期数论学的悲观主义，后者是古典数论等的悲观主义的来源。滥觞于奥义书的悲观主义，后来成为所有印度宗教的精神特质。无论是印度教还是耆那教、佛教，都把对生命的绝对断灭，对现实的彻底舍离，当作究竟的理想。

我们在以上讨论中表明了数论的奥义书渊源。另外奥义书的早期数论，还对其他印度思想流派产生了重要影响。佛经记载的许多外道学说，都与早期数论学一致。如《长阿含·梵动经》说有外道持“我及世间是常，此实余虚。”《布吒婆楼经》把“我、世间有常，此实余虚”，归诸婆罗门立场。这些说法已经是数论的。《梵网经》中，亦有外道以为我与世界同为恒住，学者以为即指数论①。同样，《阿毗达摩发智论》（卷二十）也说：“诸有此见，我及世间常恒坚住，无变异法，正尔安住。”《大般涅槃经》（卷三）中，婆罗门遮提首那的思想，也完全是数论学。《大般涅槃经》（卷三十五）亦记先尼梵志说我遍一切处，且谓一人各有一我，一切众生我遍一切，法与非法不遍一切；我有两种：作身我、常身我。作身我修离恶法不入地狱，修诸善法生于天上；常身我亦在作身中亦是常法，如人失火烧舍宅时，其主出去，不可言舍宅被烧，主亦被烧，我法亦尔。先尼梵志的说法与奥义书的早期数论立场完全相同。《佛所行赞》中佛的导师迦罗摩也把数论学归属于婆罗门学说，谓“世间婆罗门，皆悉依此义，修行于梵行，亦为人广说。”

在这些记述中，数论学并未被从其他学派独立出来，而是笼统地被称为沙门、婆罗门学说。与此相关，早期佛典尽管提到六师之名，却既没有提到数论，也没有提到奥义书之名。这些都表明，数论学尽管很古老，但它直至佛世亦未作为独立的一个学派而存在，它可能被归属于笼统的婆罗门传统，甚至可能被当作一种公共知识。正是这一点，使这种早期数论对几乎所有印度思想流派都发生了影响。公元前后出现的印度文献，如《摩诃婆罗多》史诗、《摩奴法典》以及记载神话与传奇的《往事书》等，皆浸透了数论思想。佛世六师外道中迦旃延与富楼那迦叶认为灵魂不作，善、恶等业皆于灵魂无损，苦、乐无予于我（如迦旃延云以刀杀人，亦无损于人命），就反映了数论自我无为、恒住观念影响②。耆那教、胜论、正理皆亦皆持自我与物质存在为恒有，且自我为遍满宇宙的实体，这些都表现出与早期数论的思想亲缘性。

而佛教之沾溉数论，亦同样不少。佛教承认数论派的祖师劫比罗比要早于佛陀几代，数论思想可能远在佛陀以前就存在，在佛世已经很有影响了。佛教的十二支缘起论的形成，就来自数论二十四谛转变论的启发③。二者基本的宗旨是一致的，而且在具体环节上也有对应关系，如无明对应自性、行对应觉谛、识对应我慢、名色对

① R.Garbe: *Sāṃkhya Philosophie*, Leipzig: Haessel, 1894. 5.

② K.N. Upadhyaya, *Early Buddhism and the Bhagavadgīta*, Motilal Banarsidass Press Delhi, 1983. 86.

③ Oldenberg, Hermann, *Die Lehre der Upaniṣaden und die Anfange des Buddhismus*, Vandenhoeck & Ruprecht, Goettingen, 1915. 316.

应五唯等[①]。然而原始佛教仅仅以缘起解释苦的根源，而缺乏数论的形上学兴趣，因此数论作为生灭存在的绝对根源的自性在佛教中消失，那处在转变之外的绝对自我在佛教中也被隐藏起来[②]。另外，与佛教的苦、集、灭、道相应，数论也有四谛之说，如识比丘《数论经注》云："吾人应从之解脱者，为苦；解脱是苦灭；苦因是对自我与自性缺乏分别，导致二者相续连结；解脱之途径为分别智。"数论关于世界是苦，解脱在于从它脱离的观念，也是佛教世界观的基础。不过，在佛教看来，解脱在于中止苦的进程；而数论则认为解脱只是从这进程中抽身而出。因此，原始佛教在其思想形成中受早期数论学的重大影响是毫无疑问的，而且其时数论仍不是一个独立学派，而是被一般地归属于婆罗门—奥义书思想。

直至古典数论成立（一般以《数论颂》为标志），数论才形成了一个独立的学派。

① Sarvepalli Radhakrishnan, *Indian Philosophy Vol.1*, the Macmilian Company, London, 1924. 472.

② Oldenberg, Hermann, *Die Lehre der Upaniṣaden und die Anfange des Buddhismus,* Vandenhoeck & Ruprecht, Goettingen, 1915. 332.

# 第二章　奥义书与瑜伽思想

## 引　言

《羯陀奥义书》云："收摄、制诸根，以此离放逸，人谓之瑜伽。"（KāṭhVI · 11）。近世瑜伽大师 Swāmi Hariharānanda Āraṇya 说："通过持续修行获得的，可以为出世目的任意使心识活动停止的能力，就是瑜伽。真正的瑜伽实践的目的是为了得到解脱。"①Yoga 一词，来自动词根 yuj（套、联结、制伏），本义为轭、套、套住、联结、获得等。此词在《黎俱吠陀》中多次出现，都在其本义上使用（ṚV II · 2 · 39 · 4, III · 53 · 17, VI · 115 · 2, VIII · 80 · 7, X · 60 · 8,101 · 3）。此词是一个典型的印欧语系单词，与现代英语的 yoke，德语的 joch，法语的 joug，古英语的 geoc 和 iuc，拉丁语的 iugum 来自同一词源。在西语中，这些词始终在其本意（轭）或直接引申意（负担、桎梏）上使用。而在梵语文献中，在其本义上使用 Yoga 一词的越来越稀少，以至到奥义书的中期，此词一般指的就是制伏诸根的宗教修炼方法，即通常所谓瑜伽。

今天人们谈到瑜伽（yoga），一般指的就是巴檀遮厘（Patañjali）的古典瑜伽。古典瑜伽是婆罗门瑜伽的最成熟形态，其代表作是巴檀遮厘的《瑜伽经》，大多数学者认为后者成书年代应在公元 300—500 年之间②，但可以肯定其思想元素早已存在。"古典瑜伽是瑜伽士逐渐从生活的进程与社会行为规范脱离出来的诸种手段。"③其宗旨在于使心灵逐步与自性、世界分离，恢复自我的纯粹内在、超越的存在。古典瑜伽的形上学是心、物实体二元论。其以为自我为无为、不动、清净解脱的纯粹意识实体，但由于与自性、觉谛联结，故陷于充满痛苦烦恼的生命之流。古典瑜伽

---

① H.Āraṇya, *Yoga philosophy of Patanjali*, Trans by P.N. Mukerji, State University of New York Press Albany, 1983. Introduction. xxi.

② Haughton Woods, *The Yoga-System of Patanjali,* Motilal Banarsidass, Delhi, 1966. Introduction XVII.

③ ERXV. 523.

的世界图景基本上来自数论，唯于数论二十五谛之上增加至上神（Īśvara），以为第二十六谛。神是永恒自由的自我，是泰古之世的瑜伽圣者的导师，但它不是创世者，不能干预世界演变，亦无惩罚拯救之功。人的修道全赖自力。瑜伽派以为世间皆苦（YS II·15），而离苦解脱之道在于舍离世间，得究竟独存。苦来自无明，无明就是对自我与觉谛的等同。解脱在于通过刻苦修习瑜伽获得智慧，证悟自我的纯粹、超越，从而断除这种虚妄等同，恢复自我的独存。此派开八支瑜伽，总摄其全部修道（YSII·29FF），谓：(1) 夜摩（yama），即禁诫，包括不害、不诳、不盗、不淫、不有私财。(2) 尼夜摩（niyama），即劝诫，包括清净、轻安、苦行、诵习、虔信。(3) 持身（āsana），即保持一种安稳、舒适的姿势而不动摇，如所谓莲花坐、狮子坐等。(4) 调息（prāṇāyāma），即以某种特定方式控制呼吸。(5) 止根（pratyāhāra），就是把感官从对象收回，不缘外境，唯指内心。(6) 总持（dhāraṇā），就是把心固定在某一对象之上，如日、月、神像或自己的眉间、肚脐等，由此增长定心。(7) 禅定（dhyāna），即心完全专注于一境而不间断。瑜伽定学，要求从专注观想某一物体、观念或至上神开始，从而把散乱的心识集中起来，使其最终绝对地集中于一点。这种状态就是所谓"心一境性"（ekāgratā）。(8) 三昧（samādhi），即心、境一如，物我皆泯。三昧要求通过修定达到心境完全融合为一的境界，从而使对象的真理呈现出来。瑜伽三昧又分为有觉三昧和无觉三昧。有觉三昧（saṃprajñāta samādhi），又称有种三昧（bīja samādhi），以可见事物为对象，且未断习气。它分为由粗到细的四个或六个阶段①。其中六种有觉三昧即：其一，有寻三昧，心识仍缘取某一粗显的行相，并伴有名言思维。其二，有伺三昧，不缘粗境，只缘五唯（色、声、香、味、触）等细境。其三，无寻三昧，缘粗境但无名言思维。其四，无伺三昧，缘五唯细境但无名言思维。其五，欢喜三昧，厌离由答摩所生之粗、细境，但缘由喜德增长所生的十一根、元气等心理存在。其六，有我三昧，欢喜亦灭，三昧心但缘我慢为境。所谓四种有觉三昧即其中前四。每一种三昧的圆满修行，都要求达到"绝对智"（ṛtambharāprajñā）。绝对智领会心境的绝对等同。当瑜伽行者最后不仅灭所观境之相，对能观心相也生厌离，则一切心相皆止熄，心如空无，这就到了无觉三昧（asaṃprajñata samādhi）或无种三昧境界。无觉三昧不仅要伏灭诸根，荡尽心中行相，而且要断除习气（saṃskāra），从而消灭轮回往生的种子。这种修行，又称为想受灭（cittavṛti-nirodha）（YS I·2），等同于佛教的无

① 参考 YBI·1F; YBI·17F; YBI·41—50; TVI·17, 41–44; H.Āraṇya, *Yoga philosophy of Patanjali*, State University of New York Press Albany, 1983. 90—91, 110—111; Dasgupta, S, *Yoga as Philosophy and Religion*, Motilal Banarsidass, Dehli, 1987. 151F.

想定。“为使心识活动停止，瑜伽行者应唯住于一念，伏灭其他诸念，最后此一念亦灭。不经修炼而偶然获得无心状态不是瑜伽。”① 通过三昧之力，瑜伽士得以最后直接悟入自我实相，终于使自性转变终止，自我恢复其超越、独存。八支瑜伽的前二支，即夜摩和尼夜摩，乃是瑜伽的准备阶段，基本上是所有印度宗教共同遵守的一些戒律；后面六支才构成瑜伽的核心内容。这六支与《慈氏》的六支瑜伽相比，名目基本上是相同的，唯去掉思择（tarka），加上了持身（āsana），不过《白骡》已有对持身的详细介绍。由此可见，古典瑜伽的基本框架在晚期奥义书中已经确立。而八支瑜伽之前二支，在从奥义书到史诗的婆罗门瑜伽中都未出现，而其内容早已见于耆那教和佛教戒律，故可以肯定是从这二者袭取的。

不过，巴檀遮厘并不是瑜伽的创始者，他声称自己只是把传统的瑜伽理论与方法编辑、整合起来（YSI · 1）。《瑜伽经》的两位杰出注释者，即语主和识比丘，也承认巴檀遮厘不是瑜伽的创始者，而只是编辑者。可以确定在巴檀遮厘之前就已有瑜伽学和瑜伽派存在。首先，可以肯定甚至在巴檀遮厘之前近千年瑜伽学就已经出现了。早在《羯陀》（约公元前 7 世纪）就已经阐明瑜伽的实践。在奥义书中，还存在远比《羯陀》更原始的瑜伽形态，后者的形成年代会更早。从佛典的记载看来，在佛陀时代瑜伽已经达到完全的成熟，这意味着它必然在此前已经经历了非常漫长的发展史。其次，我们也可以肯定独立的瑜伽学派早在巴檀遮厘之前就已出现，且在他之后仍然存在。考底厘耶（约公元前 3 世纪）《利论》（Arthaśāstra）提到的思想流派就有数论、瑜伽和顺世论。也就是说，瑜伽派早在巴檀遮厘以前很久就存在了。无论瑜伽学还是瑜伽派，都可以被归入婆罗门瑜伽和沙门瑜伽两大系统。在婆罗门传统中，除了巴檀遮厘瑜伽，还有许多别的瑜伽派别。《瑜伽谛奥义书》（Yogatattva Up）说有四种瑜伽：曼陀罗瑜伽、灭瑜伽、诃陀瑜伽和王瑜伽（即巴檀遮厘瑜伽）。达斯古普塔指出大量瑜伽汇奥义书中的瑜伽学就基本上是独立于古典瑜伽发展的，尽管其时代可推延至古典瑜伽之后。后来许多印度教派别，如萨克提派（Śaktas）、湿婆派（Śaivas）（以及某些佛教密宗派别）吸收的正是这种新奥义书瑜伽而非巴檀遮厘瑜伽②。这些都属于婆罗门瑜伽范畴。此外还有佛教、耆那教等派所习的非婆罗门传统的瑜伽，通称沙门瑜伽，它也具有其独立的系统，而且其形成皆远早于古典瑜伽。婆罗门瑜伽和沙门瑜伽的最根本区别，在于前者的精神是本觉的，即反思性的，以领

---

① H.Āraṇya, *Yoga philosophy of Patanjali, Trans by P.N*. Mukerji, State University of New York Press Albany, 1983. Introduction. xxi.

② S.Dasgupta, *Yoga in Relation to Other Systems of Indian Thought,* Motilal Banarsidass, Dehli, 1979. 41.

会内在自我的真理为核心，以恢复自我、心灵的本真存在为解脱（典型的如巴檀遮厘瑜伽）；后者的精神是本寂的，以泯灭生命和意识，回归绝对黑暗和死亡（如小乘涅槃）为解脱（典型的如早期佛教禅学）。在印度宗教史上，这些不同流派、不同形式的瑜伽还相互交流、沿袭。这种情况使瑜伽的起源问题变得非常复杂。它大致应视为婆罗门传统与土著文化交融的产物。

尽管从佛教、耆那教的大量记述，我们可以肯定有独立于婆罗门传统之外的沙门瑜伽实践存在，且此二教的瑜伽即归属其中，但是对于沙门瑜伽的形成史，我们已经无法找到直接的文献资料。对于婆罗门瑜伽的形成史，则奥义书本身就是直接的，而且是最主要的资料。因此我们主要讨论的将是婆罗门瑜伽的形成史。

无论是沙门瑜伽还是婆罗门瑜伽，其形成都离不开婆罗门—奥义书思想的影响。两种瑜伽都是婆罗门传统与土著文化交融的产物，更准确地说，是来自土著文化的原始苦行与来自婆罗门文化的世界观和宗教理想结合的成果。瑜伽派自己就承认其形上学方面是取资于奥义书，旨在为其实践提供理论解释①。在这种结合中，形上学理论被用来解释和引导实践，实践也被用作悟入、验证理论真理的手段。“全部道德之行为、自我之奉献、心灵之净化、欲望之克服的价值在于有助于使心灵易于接受哲学的教义。”②瑜伽使人直观超感觉的真理，因而较比量和圣言更有效准。这样的结合，不仅属于婆罗门瑜伽，沙门瑜伽也是如此。一方面，瑜伽及与之相关的湿婆崇拜皆有其非雅利安起源。在哈拉帕的出土文物中就有许多表现了一位正在修苦行的男神的形象，可以肯定它就是后来印度教中作为独居于深山的苦行者的湿婆的前身。苦行与湿婆崇拜不分。二者是同时传入雅利安社会的。另一方面，苦行实践进入雅利安社会，便逐渐与后者的传统融合。事实上，“瑜伽”（yoga；以及“苦行”[tapas]）这样的词是典型的印欧语系词汇。可以肯定这是土著的苦行实践传入婆罗门文化之后，雅利安人给予它的名字（对比非雅利安起源的佛教、耆那教，尽管其所说的禅定、苦行的内容皆完全属于瑜伽范畴，但最初并没有被称为瑜伽）；这本身就表明了一种初步的文化融合。盖土著苦行之积热难持，如受火炙，故雅利安人接受此种实践之后，乃以“tapas（火、热）”名之，乃是很自然的事；同理，瑜伽之收摄诸根，与制伏、驾驭烈马相似，故雅利安人乃以“yoga”名之③。而更深的文化融合在于，苦行取资婆罗门的世界观作为其思想背景，并抛弃原先的巫术目的，而把领悟某种来自婆罗门传统

① S.Dasgupta, *Yoga in Relation to Other Systems of Indian Thought*, Motilal Banarsidass, Dehli, 1979. 7.

② S.Dasgupta, *Yoga in Relation to Other Systems of Indian Thought*, Motilal Banarsidass, Dehli, 1979. 11.

③ Kāṭh III · 4 和 Mait II · 6 皆喻诸根为烈马，末那为缰绳，觉谛为驭者，而瑜伽乃如制伏烈马然。

的形上学真理，以及由此获得灵魂的超越和自由作为自身的理想，于是它就使自己成为实现这理想的手段。于是这种新的实践相比于原始苦行，就有了脱胎换骨的变化，因而它被冠以新的名字，即瑜伽。所谓瑜伽可以指任何这样类型的实践，即人通过对自己的生理和心理状态的长期、系统的控制、调节，达到高度的精神专注，由此直觉到某种超越的真理，从而得到自由、解脱。因此，任何类型的瑜伽都是以一种超验形上学为思想背景，以否定自然和现实的世界到达超越、自由的彼岸为理想，而且在自身实践中就贯彻了一种精神超越。可见，瑜伽体现了真正的精神超越。这种精神超越，首先不是土著的苦行传统本来就有的。印度的前雅利安土著文化，同其他许多原始文化一样，仍处于自然崇拜（尤其是对自然的生殖力量的崇拜）阶段，没有任何精神超越。苦行只是为了获得魔法、增强性能力或促进丰产等，而不是为了领会某种超越真理、获得精神自由，既无任何形上学关怀，也无超越的理想。其次这种精神超越在吠陀、梵书中也是潜在的。在这里，精神超越仍通过自然的方式呈现，而没有成为真理。超越性表现为天国与尘世、神与人的距离，而自由则表现为神的力量、神通。这些都是一些自然表象。只有超越性被理解为实体对自然的否定，它才成为真实的。在婆罗门传统中，这种理解最早在奥义书中发展出来。因此在印度宗教中，奥义书才首次形成真正的超越思维。可以推论，无论是婆罗门瑜伽还是沙门瑜伽，其包含的超越思维都是从奥义书思想嫁接而来；其实践体现的超越性，其力图证入的超验形上学真理，其超越尘世的自由，皆沿于奥义书。正因为嫁接了奥义书思想，从原始苦行到瑜伽的转化才得以实现。对于婆罗门传统来说，瑜伽的形成就在于，从吠陀、梵书时代就已经渗透到雅利安社会之中的原始苦行，与奥义书成熟时期形成的超越和反思思维结合起来，于是超越和反思被贯彻到苦行之中，苦行被作为领悟超验、内在的真理，恢复自我的真实存在，实现心灵的自由、解脱的手段。婆罗门瑜伽在奥义书成熟时期才出现，而且奥义书对精神解脱的追求与瑜伽的出现基本是同时的。

关于巴檀遮厘之前的婆罗门瑜伽，目前能找到的直接资料，除了奥义书，还有史诗（《摩诃婆罗多》、《薄伽梵歌》的零散材料。此外政论家考底厘耶《利论》（Arthaśāstra）、医学家遮罗迦（约公元后 2 世纪初）所著《遮罗迦本集》（Caraka-saṃhita），还有耆那教和佛教文献，都保留了早期婆罗门瑜伽的一些资料。其中，奥义书对瑜伽的阐明，无疑是这方面最主要的材料，不仅内容最丰富，而且时间跨度很大，基本上涵盖了婆罗门瑜伽从萌芽到最终定型的全过程。

我们将试图详细阐明婆罗门瑜伽在奥义书中最初从原始苦行脱胎形成，然后经过在形式上的逐渐系统化和内容上的逐渐自身深化，到最后（在《慈氏》中）形成一个完备系统（六支瑜伽）这样一个完全合乎自身内在逻辑的发展过程，从而在思想史层面证明婆罗门瑜伽就是在奥义书思想中形成的。巴檀遮厘瑜伽，由于其证悟内在自我真理的宗旨，及恢复自我作为纯粹意识实体的解脱理想，因而与沙门瑜伽根本不同，而属于婆罗门瑜伽范畴，所以它也是从奥义书瑜伽中发展出来，或以后者为先驱的（《慈氏》六支瑜伽已经具备了巴檀遮厘八支瑜伽的核心框架）。因此，我们通过对奥义书瑜伽的形成史的追溯，将会在思想史层面证明古典瑜伽乃是从奥义书瑜伽中发展出来的。

从上述情况可以看出印度瑜伽学的发展有两个向度：一是从土著苦行发展出沙门瑜伽，以佛教禅学为其最终成果；二是从梵书、奥义书的苦行发展出婆罗门瑜伽，以古典瑜伽为其最终成果。二者在其发展中会相互交织、相互影响。一方面婆罗门瑜伽受到沙门瑜伽影响。比如《摩诃婆罗多》瑜伽把来自沙门瑜伽的涅槃作为理想，谓牟揭罗仙人"于禅定得神通，得至上觉，达到恒常圆满境界，名为涅槃。"[①]《瑜伽经》也受到佛教和耆那教影响[②]。八支瑜伽的夜摩和尼夜摩二支，可以肯定是从这二者沿袭过来的[③]。另一方面沙门瑜伽也从婆罗门瑜伽吸取养分。如耆那教将瑜伽的宗旨，理解为通过证悟真实自我，恢复自我的清净性，从而得到解脱、自由，其中包含的反思性，与沙门传统存在根本矛盾，因而可以肯定是受婆罗门瑜伽影响的结果。另外，婆罗门瑜伽将三昧分为有觉三昧与无觉三昧，又将有觉三昧分为有寻、有伺、无寻、无伺等位，佛教将定学分为色界四禅和无色界四定，将色界定分为有寻有伺、无寻唯伺、无寻无伺等三三昧（《俱舍论》卷二十八），在这里佛教定学明显受到婆罗门瑜伽影响。我们着重梳理的将是从梵书、奥义书的苦行发展到古典瑜伽的向度。

总的说来，奥义书的实践经历了从祭祀到苦行，从苦行到瑜伽，以及瑜伽逐渐自身完善、越来越向古典瑜伽靠拢的过程。在早期奥义书最初阶段的宗教实践，仍然继承梵书的祭祀学，但苦行逐渐兴起并最终取代了祭祀。在婆罗门传统中，《鹧鸪氏奥义书》最早提及"瑜伽"一词（TaitI·6，II·4），但未展开其内容。然而可以肯定，从苦行到瑜伽实践的转化，在此之前早就已经发生了。《蒙查羯》的出世瑜伽（MuṇḍIII·2·6），反映了婆罗门瑜伽的最原始形态，内容颇为粗疏、零散。在《羯陀》中，瑜伽的方法得到初步系统化（KāṭhIII·10—13，VI·6—13），其思想也进一步深化，但其系统仍不完备，内容仍然粗略。《白骡》较详细阐明了调身、调息、离欲、止根、

① Mahendra P.Mittal（Ed），*Buddha and Early Buddhism Vol.1*，Originals，Delhi，2002. 21.

② S.Dasgupta，*Yoga in Relation to Other Systems of Indian Thought*，Motilal Banarsidass，Dehli，1979. 65.

③ 中村元分析过佛教戒律与婆罗门教的对应（Hajime Nakamura，*Indian Buddhism*，Motilal Banarsidass，1987. 80）。

总持等瑜伽环节的方法（ŚvetII · 8—15），但仍缺乏完备的系统。可称得上完备的瑜伽系统的，在婆罗门传统中，最早见于《慈氏》。《慈氏》将瑜伽的全部实践摄为六支（VI · 18），且首次确定了六个瑜伽支全部的名称，谓调息、止根、静虑、总持、思择、三昧。六支瑜伽不仅具备了古典的八支瑜伽的核心内容，且其排列顺序也与古典瑜伽相同，可以说后者的基本框架在这里已经构成了。后来《薄伽梵歌》对晚期奥义书提出的全部实践加以综合，提出了三种瑜伽：业瑜伽（karma yoga），它要求在世俗实践中修道，为离欲之行；智瑜伽（jñāna yoga），即以数论学领会唯自性有为而自我无为、恒住；巴克提或信爱瑜伽（bhakti yoga），即由信爱神而得解脱。业瑜伽在于除无明、我慢、贪、嗔、爱五毒，智瑜伽在于得禅定、解脱。古典瑜伽乃属于其中的智瑜伽范畴。

在本章的第一节，我们将在两种传统交融的大背景下，首先阐明婆罗门—奥义书的形上学和超越理想渗透到土著的苦行实践中，导致沙门瑜伽形成和发展；其次阐明土著苦行渗透到婆罗门传统之中，导致后者的外在的祭祀被内向的生命修炼代替。在第二节，我们将阐明在奥义书思想发展中，渗透到婆罗门传统之中的原始苦行，因为与奥义书的超越和反思思维衔接而转化为婆罗门的瑜伽实践，以及瑜伽经历出世瑜伽、《羯陀》的内在瑜伽、《白骡》的幻化瑜伽、《慈氏》的六支瑜伽的发展，从而在形式上逐渐系统化、在内容上逐渐自我深化和提升的过程。从这一分析也可以看出，婆罗门瑜伽的发展方向是以古典瑜伽为目标的。我们将表明古典瑜伽属于婆罗门瑜伽范畴，它的基本体系是从奥义书瑜伽中发展出来，其核心框架在《慈氏》六支瑜伽中已经具备（但是它后来还经历了史诗阶段的发展，并汲取了耆那教和佛教的元素，从而最终形成）。我们将通过对奥义书瑜伽的构成史的回溯，在思想史层面阐明上述结论。最后我们还通过分析古典瑜伽的形上学，包括它的数论体系以及它对自我、解脱、神的理解，进一步阐明它与奥义书思想的亲缘性。

## 第一节　两种传统在瑜伽形成中的交融

印度的所有宗教都是雅利安—吠陀传统和土著的达罗毗荼传统相互对话、融合的产物。

雅利安—吠陀传统属于觉道文化，后者的特点是具有否定直接、现实的存在、领会超越、内在的真理的强烈冲动，即出世冲动和自反冲动；这表现在这种文化普遍具有的天国与尘世、神与人、光明与黑暗的对立模式以及对绝对自由、主体性的渴望。天国、神而不是世俗世界、自然，被认为是存在的真理和意义源泉（参考本书绪论第一节)。这决定:第一,在这类文化中,宗教实践的核心,是通过祭祀和祈祷使神显现并开示真理或赐福宥罪等,而不是像其他许多原始文化那样,企图通过巫术掌握某种魔力以驱使鬼神来满足自己的生存需要或通过苦行以达到某种神秘体验。原因在于,在这里,对神的绝对自由和无限主体性以及对人的有限性的领会,不仅使得人的宗教理想的实现完全维系于神的意志,故祭祀、祈祷成为实践的核心,而且也使得人通过自身修炼达到宗教理想的途径被抛弃,因而也使(在巫术实践中)人通过修行获得的神通、魔力的价值也被完全否定,因此导致宗教实践的外在化。无论是在希腊、罗马,还是北欧、伊朗的古代宗教,乃至《黎俱吠陀》的早期思想中,巫术和苦行的实践基本上都被排除。第二,在这类文化中,热忱的真理追求、纯粹的理论兴趣成为重要特征。真理问题是以对自然、世俗存在的怀疑为前提的(彻底的自然、世俗态度关心的其实只有效用问题,而非真理问题);只有当精神企图超出自然、功利的层面,体会到一个作为自然存在基础的超越、内在领域,真理问题才会真正出现。因此只有具有强烈的出世和自反冲动的印欧觉道文化,才具有一种明确的真理追求,并因而表现出纯粹的理论兴趣(以至于无论是奥林匹斯神话、阿吠斯塔神话还是吠陀神话,都是围绕解释宇宙的起源和运动这一核心主题展开的),而对于非雅利安的玄道文化,这种真理追求是很陌生的。与此相应,印度的雅利安—吠陀传统就具有以下特点:其一,表现出强烈的出世和自反冲动,具有对彼岸、自由的热烈的渴望;其二,具有热忱的真理追求和纯粹的理论兴趣,热衷于形上学的省思;其三,外在化的祭祀成为宗教实践的核心,抵吠陀晚期尤甚。这些特点都是所有雅利安文化共有的。另外一点,可能并未被其他雅利安文化分享,这就是对作为全部世界存在基础、根源的绝对者的执着求索。

达罗毗荼传统则属于玄道文化。后者的特点是其精神始终胶着于最直接、当前的现实,没有任何否定这现实而寻求一种超越、内在意义的冲动,即缺乏出世冲动和自反冲动。这表现在:这种文化把人的全部生命意义、真理都禁锢在自然、世俗的存在中,只求在世俗生活中的满足,在其中没有彼岸的渴望,也没有对绝对自由、主体性的理想,不存在真正的神和神话。在这里既没有真正的崇拜、祈祷等宗教活动,也不存在纯粹的真理追求。人们所唯一关注的,是如何利用自然力量扩大自己的福利。而这一点,在人格神观念尚未形成,且自然的客观性尚未确立的情况下,往往是通过巫术、魔法的途径实现的。这就是通过某种主观的实践来影响自然。其中有一种巫术实践就是通过个人修炼以掌握某种神圣的秘密,从而驾驭自然力量,以达到自己的目的。苦行就属于此列。苦行是在非印欧的原始文化中十分普遍的现象,在印度的前雅利安文化也颇盛行。它在原始文化中,指人为了掌握某种神圣秘密或获得某种能力、资格或神秘体验而有意给自己肉体和精神增加痛苦的实践。许多原始民族都有形形色色的苦行实践。这些实践大体可分为两大类型：其一为准入礼型，这是原始人要获得某种资格，或进行某项重大活动之前须进行的苦行。在这里面，有些是与人从事的行业有关的。比如某些非洲部落的猎人在出发前要经历蜂蜇全身、鞭笞、暴晒或以带绒刺的毛虫搓身使全身红肿。许多文化中，铁匠、战士、农夫亦有类似的苦行仪式。苦行使人得以参透带有神圣或魔法性质的行业技术秘密，或见到行业的守护神、控制影响技艺的神秘力量。有些是男子成年礼或行业入会礼必经的环节。许多原始文化（比如澳洲土著）中，男子成年之前都要经历一种再生仪式。其中他必须经历被殴打、隔绝、不眠、饥饿、自残、灼烧、割破皮肤甚至被咬破头皮露出颅骨等系列肉体和精神折磨，最后达到一种昏厥状态（在美洲，行成年仪式者被绳穿锁骨悬掉起来并被不停旋转以至其完全丧失意识），当他重新觉醒时，便被认为获得新生，从而进入成年之列。这些活动大都具有巫术—神话基础。这类苦行的实践在所有文明的初期阶段都曾经历过，但在所有较高级文明中都被抛弃了。其二为萨满型，则较为独特，是属于从地中海、亚洲到美洲的全部早期文明共有的现象，但对于雅利安文明则很陌生，正是它对于印度宗教产生了最大影响。这种苦行旨在通过长期饥渴、不眠、自残、狂舞、催眠及吸食麻醉品等，达到一种狂喜、通神的体验，或获得超自然的魔力。萨满就是通过这类方式，脱离世俗世界，看到神、精灵和魔鬼的世界，与它们直接交流，自由出入它们的领域，并获得驱魔、降灾、除病的法力。以准入礼型苦行，以及大多数情况下的萨满型苦行，都是一种外在的苦行，属于苦行的最原始层面。此外，在萨满型苦行中，还有一种内在、心理的苦行，其目的最初与一般的萨满苦行无异，但其手段则从肉体的自残转移到一种自觉的心理控制。这就是有意识地将注意力长时间固着于一点。这种苦行是地中海—达罗毗荼文化特有的。它将外在苦行的疯狂、盲目的肉体折磨，转化为行之有效的身心修炼，因而比外在苦行更高级，但其目的也在于获得神秘体验或魔法力量。另外这种实践与后来高等宗教的精神修炼、沉思的区别在于，它只旨在获得魔力和神秘体验、狂喜，不包含真正的宗教修炼应有的超越理想，也没有真理追求，缺乏理论思考的兴趣。它只属于非雅利安文化，在同属印欧文化的波斯和希腊、罗马思想中都并无对应物①。印度前雅利安的达罗毗荼传统中的原始瑜伽实践，就属于这种内在苦行。哈拉帕和摩亨焦达罗的大量出土文物表明这种实践在当时已经非常盛行。它的特点是，通过长时间保持某种

① K.N. Upadhyaya, *Early Buddhism and the Bhagavadgīta*, Motilal Banarsidass Press Delhi, 1983. 91; Heinrich Dumoulin, *Zen Buddhism,* Macmillan Publishing Company, New York, 1994. 14.

僵硬的体姿并将注意集中到一点，以求获得某种魔力、神秘体验和狂喜，而不是为了获得某种究竟真理或达到对现实的超越。其基本精神也应与萨满教一致。在印度的土著文化中，除了这种内在苦行，还应当包括在其他野蛮文化中通行的更原始的外在苦行。

由此可见，吠陀传统和达罗毗荼传统，都各有其优、缺点。吠陀传统有超越的理想、真理的追求和纯粹理论的兴趣，在《黎俱》晚期表现出深刻的形上学洞见和绝对主义立场，但是其实践停留在外在的神话维度，没有成为一种针对人的生命自身的修炼，没有进入真正的伦理、宗教领域。达罗毗荼传统的苦行、原始瑜伽，则强调对人自身生命的修炼，甚至发展出控制心理活动的技术，使其实践包含了伦理维度，但其实践只是为了获得魔力和神秘体验，而不包含理想和真理之维，因而也没有进入真正宗教的领域。前者发展出系统的形上学，后者则无形上学兴趣，但发展出系统的伦理实践。

大致说来，婆罗门思想是植根于雅利安传统而吸收了达罗毗荼文化因素，而兴起于东部的沙门思想则是植根于土著传统并吸收了婆罗门文化因素。然而也有特殊的情况，比如胜论就是形成于沙门传统，后来被婆罗门传统接纳。婆罗门传统与沙门传统构成印度文化的新的二元性。前者具有超越理想，长于理论思辨，持绝对主义形上学，但其宗教实践的发展相对滞后；后者长于生命的修炼，但缺乏理论思辨的兴趣，拒绝绝对主义的形上学。从奥义书到后来许多印度宗教派别（佛教、耆那教乃至毗湿奴教等），都是试图将婆罗门传统的形上学和宗教理想与沙门的苦行实践结合起来，但这种结合的立足点和侧重点均各有不同。比如吠檀多派、数论派立足于婆罗门传统，而对沙门的苦行实践进行改造，以作为领会其形上学的途径；而佛教、耆那教等则立足于沙门传统，而借鉴婆罗门形上学以提升其实践或为其提供理论解释。

瑜伽由原始苦行发展而出①。它来源于土著文化，也可以说是婆罗门传统的世界观和土著传统的苦行实践结合的产物。这种结合其实包括两个方面：一方面，是土著原始的苦行实践，被嫁接婆罗门传统的形上学基础、真理追求和超越理想，而被大大提升，最终完全克服其巫术、魔法性质，成为否定世俗和肉体的局限，体验超越的真理的手段，导致瑜伽学系统的形成，于是这苦行成为真正的宗教实践②。另一方面，婆罗门思想也积极吸取苦行、瑜伽的实践以作为实现自身宗教理想的手段，在奥义

① EREXII. 833.

② 吴学国：《奥义书与佛教的发生》，《宗教学研究》2013 年第 1 期。

书中，瑜伽学逐渐成熟，而后来的印度教各派都将瑜伽学纳入自己的实践系统之中。尽管奥义书发展了自己的瑜伽学，但考虑到某种原始形式的瑜伽在前雅利安文化中就已经存在，而且佛教、耆那教等沙门思想皆把瑜伽作为其主要修炼方法，可以肯定有在婆罗门传统之外的瑜伽学说或学派存在。这里，属于奥义书的瑜伽学与处于婆罗门传统之外的瑜伽学到底是什么关系，在细节上已无法考证，但无疑存在着相互借鉴和渗透。总之，婆罗门与沙门传统的融合，在瑜伽派形成之前就已经开始，在其形成之后仍在继续。

我们在以下内容中，将首先讨论土著—沙门传统的苦行或原始瑜伽实践及其受婆罗门传统的影响，再讨论这种实践被婆罗门传统吸收和改造的过程。

## 一、从原始苦行到沙门瑜伽

在印度文化中，苦行的意义很宽泛，指一切勉力而为之事，包括从记诵经典、思维抉择、劳力生存以至有意的饥饿、自残等事。当这种苦行旨在通过艰苦的身、心控制以使人复归其真实的自我，这种苦行就称为瑜伽——“瑜伽”（yoga）本来就具有控制、复归的双重意义。在严格意义上，瑜伽是苦行的一种或一个方面，但在印度宗教中它往往被与苦行等同。严格意义上的瑜伽学到奥义书中、后期思想才出现，但某种原始瑜伽在达罗毗荼文化中就已广泛存在。这种原始瑜伽，尽管是瑜伽学的最早根源，但只是在最宽泛意义上可称之为瑜伽。它指为任何宗教、世俗目的而进行的自觉的身、心控制，是一种内在、心理的苦行。这种内在苦行是印度前雅利安文化特有的。印度后来的瑜伽学，可以说是雅利安—吠陀传统和非雅利安的土著—沙门传统融合的产物。前者富于理想性、长于理论思维；后者着重苦行实践、长于身心修炼。瑜伽学的形成，就在于将吠陀传统的理想性和世界观理论嫁接到土著传统的身心修炼之上，使原始的苦行具有了世界观的基础、超越的理想和真理的追求——而这是土著的苦行或原始瑜伽所没有的。

瑜伽的直接根源是土著的非雅利安人苦行与巫术结合的实践。出土于哈拉帕和摩亨焦达罗遗址的多枚印章、环饰、滚筒章图案，都表明了某种原始瑜伽（内在苦行）的存在，而且都与某种原始的湿婆崇拜有关。其中较大的一枚，中间为一人采取瑜伽坐姿。其中一枚印章刻有一尊男性神祇，采取典型的瑜伽 kūrmāsana 坐式，双腿叠于身下，脚心相对，脚趾朝下，坐于低座，阳具勃起。其神微闭双目，呈冥想状态，脸有三面，头戴倒置的三叉形兽角，扇形发髻，饰以珍宝；胸前佩三角形胸饰，腰中束带，两臂各带多个镯子；其左上方刻有一象、一虎，右上方刻有一犀牛、一水牛；下方则刻有八只羚羊。此神具有了后来印度教的湿婆神像的明显特征，包括有三面、阳具勃起、行苦行、为群兽之主等，故学界确定此即原始形态的湿婆（兽主）形象[①]。这些文物图案表明了苦行与原始湿婆的联系。这也与印度教中苦行、瑜伽与湿婆的关联是一致的（湿婆被认为是苦行之王、瑜伽之王）。共有三枚印章描绘了苦行的原始湿婆神的形象。除以上描述者，还有两枚较小的印章，其中神戴有同样的发髻，同样的臂镯，同样以 Kūrmāsana 瑜伽坐式坐于低座。另外，从此遗址还发掘出一尊祭司或国王胸像，微闭双目，呈冥想状态。邻近哈拉帕遗址出土的石雕男性舞者躯干，也与后来印度教舞王湿婆造型颇有共同之处[②]。另有一尊红色石灰石的男性躯干雕像，表现了瑜伽调息的观念。这些都表明苦行实践以及相关的湿婆崇拜在达罗毗荼文明中已经极为盛行。主持遗址发掘的考古学家马歇尔的结论是："湿婆教自身和瑜伽皆起源于前雅利安人群。"[③] 湿婆崇拜与瑜伽不可分割。盖湿婆就是瑜伽之王，瑜伽的象征。

湿婆像勃起的阳具表现了在印度宗教独有的苦行与性的关联。湿婆既是苦行之神，又是生殖之神。这表明苦行的一个来源就是原始的生殖崇拜。原始人将苦行所生的内在热力与性高潮中的热等同，并且相信通过苦行可以积累热力，使男根充盈、勃起，从而射出更多精液。在这里，苦行的一个目的就是为了增强生育能力。这通过印度古代典籍中常见的通过苦行求子的说法可以得到验证[④]。在达罗毗荼传统中，神的创造力被表现为性或生殖的能力。哈拉帕遗址出土了大量石雕的勃起男根（陵伽）形象，这其实是湿婆的象征。后来湿婆教的陵伽（līṅga）崇拜即根源于此[⑤]。湿婆作为永远勃起的硕大阴茎，就是无限的雄性生殖力，而这正是来自于苦行。通过对于这种哈拉帕文化的进一步考察，发现这种苦行与性的关联还有更广大的意义背景。通过苦行获得雄性生殖力，似乎不是最终目标。我们下面的分析将表明，在许多情况下（如果不是全部），它是由当时占支配地位的母神崇拜规定的。在这里，增强雄性生殖力是为了服务于母神，与她交配，而母神象征一种阴性的生殖力。

哈拉帕文化出土的大量母神雕像以及石雕的约尼（yoni，即女性生殖器）形象，都表现了生殖崇拜的另一个方面，即对女性生殖力的崇拜。这些雕塑往往明显强调母神的外阴部位，以及硕大的乳房和膨胀的腹部（表示怀孕）。这些作品中的母神

---

① Chatterji, S.K（ed）, *The Cultural Heritage of India*I, The Ramakrishna Mission Institute of Culture, Calcutta, 1993. 122.

② 克雷文：《印度艺术简史》，中国人民大学出版社 2004 年版，第 8 页。

③ Pande, G.C, *The dawn of Indian civilization, Vol.1,* Centre for Studies in Civilization, Delhi, 1999. 387.

④ 赵国华：《热与光：苦行与精进》，《南亚研究》1991 年第 4 期。

⑤ Pande, G.C, *The dawn of Indian civilization, Vol.1,* Centre for Studies in Civilization, Delhi, 1999. 386.

实质上就是一个巨大的子宫或阴户，象征宇宙无限的吸纳和创造能力，也象征丰产和生育。雕塑中女性形象的数量远远多于男性（约为后者两倍）。在印度河文明中，陵伽和约尼的崇拜并行。而有些作品表明对约尼或雌性生殖力的崇拜是更根本的，雄性生殖力之增强是为了更好地满足雌性，象征雄性生殖力的湿婆，是被奉献给母神的。

在一枚印章中，在取瑜伽坐姿的男神（原始湿婆）形象的另一边，有一站立的女神像，作为其坐骑的狮子立于其侧，似乎在走向此男神。最近的研究表明此图像旨在表现某种原始形态的牛祭。此祭在今天的南印度仍有进行，即以公牛献给农业、丰产女神，带有明显的性隐喻（丰产和旺盛的生殖力是分不开的），其目的在于与女神的结合。对此祭的解释是，公牛渴望与女神结合，它现身为女神的低种姓的丈夫或情人来追求她。在这里，公牛就是雄性生殖力的化身。在上述印章中，原始湿婆神就是公牛。他戴的牛角和勃起的男根分别象征此祭包含的毁灭和创造力量。他被奉献给女神，经历了牺牲，然后又从女神中被生出来[①]；这象征性交中的进入、射精和繁衍。女神既是宇宙万物的子宫，也是作为庄稼、牲畜及妇女的生殖力源泉的丰产女神。在这两种情况下，她都需要吸纳、吞噬雄性的种子，使其孕育，再将其分娩出来。上述印章图案就表现了这种思路。这一图案表现了苦行、勃起、交媾、再生的主题，而苦行乃是这一过程的第一个环节。这表明苦行的最终目的是增强男性生殖力，从而更多射精，以保证农业的丰产和妇女的多生。从这一图案，也可以看出湿婆—萨克蒂崇拜的前身。密教认为萨克蒂是宇宙的生命力量，没有她湿婆将如同僵尸。哈拉帕遗址发现了一些男女生殖器的雕塑。女阴雕像具有圆柱形的洞，开口为圆形或波浪形。女神和女阴应当是等同的，后者是前者的符号或简化版（如同后来印度教中萨克蒂的女神像和女阴像）。对女神献祭其实是对女阴献祭（现在一些湿婆—萨克蒂教徒仍献祭于叉腿露出阴户的萨克蒂神像或巨大的女阴雕像），而女阴就是宇宙生殖力。这种献祭的牺牲和再生意义也十分明显。

由于哈拉帕文字还没有被解读，所以我们对于上述苦行的具体操作，很难给出详细说明。从此处出土的许多男性的神或祭司形象呈半闭双眼的冥想状态，我们推测这种苦行应当包括一种原始的禅定，即注意力集中的修炼。这些形象表现的苦行者，似乎在注视眉间或鼻尖，或正专注于沉思某种观念。另外，调息法可能已经被运用于定心的培养中。这些都是印度后来的瑜伽、禅定之学普遍使用的方法。

尽管哈拉帕文字未被破解使我们无法更深入了解这种苦行的思想背景，但是从

① ERXV. 531.

大量出土文物，可以大致看出其思想有以下特点：母神崇拜（母神其实是具有无限生育力的混沌自然的象征）、植物（菩提树）崇拜、动物（牛、蛇等）崇拜、性器官崇拜等，这些都属于最原始的自然崇拜。在这里，人们崇拜的都是直接存在于外在自然之中的东西，崇拜的动机也完全是为满足自然、世俗的需求。欧洲的史前文明，西亚的阿拉姆—美索不达米亚文明，都表现了类似的崇拜。在这类原始文明中，精神都仍被完全系缚于直接的自然，既无对内在心灵的反思，亦无对超验的彼岸世界的理想。一种崇拜性器官、崇拜自然的生殖力量的文化，不可能有任何的精神反思和超越。

总之，在达罗毗荼传统中，最早的苦行就是以原始的自然思维为背景，以生殖崇拜为根据，以增强性能力从而保证农业丰产和多生子嗣为目标；所以它完全没有雅利安传统那种心与物、神与人、此岸与彼岸分离的世界观，也没有超越自然或回归灵魂自身的追求，在这一点上，它带有明显的巫术性质，与旨在获得魔法、神秘体验的萨满教苦行一致。而它与其他传统相比的独特性在于：其一，苦行与性的结合。苦行以性交、生殖为思想背景。这一点，无论是在雅利安传统，还是在其他非雅利安文化中，皆未被发现。其二，培养定心成为苦行的重要内容。这一点在其他传统的原始苦行中也未曾见到。另外，可以肯定除瑜伽外，那些在其他野蛮文化中通行的更原始的各种外在苦行，在达罗毗荼传统中也广泛存在。

佛教和耆那教的记载都表明有独立于婆罗门传统之外的瑜伽学存在（见下文讨论），而且我们已指出瑜伽学本来就植根于非婆罗门传统。因此可以肯定，瑜伽在一定时期内是在吠陀—婆罗门传统之外发展的，即使后来成熟的瑜伽学受到婆罗门思想影响，也可以肯定至少有很大一部分瑜伽修炼者（沙门）没有进入婆罗门传统之内，他们的瑜伽就是沙门瑜伽。比如佛教的禅定和耆那教的瑜伽。那么从原始苦行是如何发展出后来沙门的瑜伽学的？学界对此无法给出详细阐明。这是因为哈拉帕文化之后的土著传统，没有留下文字和文物的遗产，因此其内容和发展线索，仍然处在黑暗之中。相应地，对于一直到佛世以前的非婆罗门苦行、瑜伽实践，我们都没有找到任何文献记述，因此无法弄清这种实践的内容，也无法阐明它是如何从原始苦行发展到后来沙门成熟的瑜伽学的。只有在婆罗门传统中，瑜伽学的形成过程才保留了较充分的文献证据，而且正是在奥义书中这方面文献保留得最充分。因此我们只能从佛教和耆那教文献推测沙门的苦行、瑜伽术的发展。

一方面，佛教和耆那教典籍记载的当时形形色色的外在苦行，乃是继承、发展了原始的外在苦行并将其极端化。此如佛教《方广大庄严经》（卷七）载："彼下劣众生、诸外道等着我见者，修诸苦行。无明所覆，虚妄推求。自苦身心，用求解脱。所谓：或有执器巡乞，行而食之。或有唯一掬食，以济一日。或不乞食，任彼来施。或有不受求请，须自往乞，以求解脱。或有恒食草木根茎、枝叶、花果、莲藕、兽粪、糠汁、米泔、油滓。或有不食砂糖、酥油、石蜜、醇酒、甜酢种种美味，以求解脱。或有乞一家食，若二若三，乃至七家。或有一日一食、二日一食，乃至半月、一月、一度而食，以求解脱。或有所食渐顿多少，随月增减。或有日食一撮，乃至七撮。或有日食一麦、一麻、一米。或有唯饮净水，以求解脱。或有名称神所，自饿而死，谓随己意生天人中。或有纺绩鸺鹠毛羽，以为衣服。或着树皮，或着牛羊皮革、粪扫毯毹。或着一衣，乃至七衣。或黑或赤，以为衣服。或复露形。或手提三杖，或贯髑髅，以求解脱。或一日一浴、一日二浴，乃至七浴，或常不浴。或有涂灰，或有涂墨。或坌粪土，或带萎花。或五热炙身，以烟熏鼻，自坠高岩，常翘一足仰观日月。或卧编椽、棘刺、灰粪、瓦石、板杵之上，以求解脱。或作唵声、婆娑声、苏陀声、娑婆诃声，受持呪术、讽诵韦陀，以求解脱。或依……阿履致、旃陀罗、干闼婆、阿修罗、迦娄、罗摩睺罗伽、夜叉、步多、鸠盘茶诸天鬼神，以求解脱。或有归依地、水、火、风、空、山川、河池、溪壑大海、林树蔓草、塚墓四衢、养牛之处及里肆间。或事刀剑、轮矟一切兵器，以求解脱。是诸外道怖生死故，勤求出离修习苦行，都无利益。非归依处而作归依，非吉祥事生吉祥想。"《大涅槃经》(昙无谶译，卷十六)与《百论》(卷上)记载了如下苦行：其一，自饿法，即长时间拒绝饮食、忍受饥饿。其二，投渊法，即在寒冷季节进入水中以受冻苦。其三，事火法，于炎热季节以火炙身、薰鼻。其四，自苦法，常卧于灰土、棘刺、编椽、树叶、恶草、牛粪等之上。五、寂默法，远离村庄，以尸林冢间为住处，寂默不语。六、持牛狗鸡雉戒，以为人的前世是牛、狗、鸡雉等，于是持牛等之道，噬草食秽。如此等等。这类实践仍然停留在最原始的外在苦行层次。

另一方面，佛典也记载了当时沙门的瑜伽实践，后者的特点则是扬弃上述外在苦行，而继承、发展土著传统的内在苦行，终于形成了成熟的瑜伽、禅定之学，佛教自身和耆那教的苦行亦属此列。

在我们所知的沙门瑜伽中，耆那教瑜伽沙门色彩最浓，离奥义书瑜伽和古典瑜伽最远，但已经明显受到婆罗门—奥义书世界观的影响。前者表现在它强调外在苦行，它的泛灵论背景；后者表现在它对现实生命的超越，对于摆脱物质世界的制约获得灵魂自由的渴望，等等。

耆那教用九句义概括其人生哲学。这九句义是：命、非命、漏、缚、止、断、解脱、善、恶。这是其瑜伽的理论背景。第一句义是命，即自我、灵魂。一方面，耆那教持古老的泛灵论立场，以为上至解脱离系，下至四大极微，无不有灵魂居住其中，所有的灵魂本质上皆同一，与我无别。故严防杀生，乃人生之第一要务，而领悟众生与我为一，乃是修道之根本。其云："无论其为白衣或天衣，其为释子或他教徒，彼若能悟知命我之同一，即视一切众生同于已身者，则得解脱。”① 命有世间命、解脱命两种（TSII·11）。世间命即处系缚轮回中者，包括不动者与动者两种。前者谓地、水、火、风及植物之命，后者谓由虫子至人、神等之命（TSII12—15）。解脱命即通过断除业的束缚而获得完全自由的生命。建立在泛灵论基础上的对所有生命的真诚的同情，是耆那教伦理思想的一个显著特点。这种泛灵论不属于婆罗门传统，而应当来自土著思想，且与婆罗门传统存在冲突。这表现在耆那教对婆罗门教血祭的激烈反对中，它甚至反对用纸做的牲畜模型献祭。另一方面，耆那教认为自我本来体性为遍满、恒常、清净、无为、喜乐，且具圆正智、圆正觉、圆正见（TS X·4），但由于被业污染、遮蔽，使其存在被扭曲。它对真实自我的这种描述，与奥义书的描述高度一致，因而也受到后者影响。这种影响主要在于使耆那教克服了土著—沙门传统的自然自我观念，使自我成为一个超越的实体。第二句义是非命，主要指组成生命的业、身、根、意。其中最重要的是业。现实生存境遇的每一种细微不同都可以归结到业的性质、强弱等差别（TSVIII·21—26）。耆那教的业也是一种物质，是补特伽罗的一种，它具有重量，而且可以充满空间，具有产生善、恶的果报的功能。它充满宇宙空间，当灵魂与物质世界接触时，业的粒子就会流入自我之中，形成一个特殊的“业身”。业之染着命我，还有一个条件就是贪。业因为命我有贪著而附于其上，如尘粘于油衣。在人得最终解脱之前，业身会始终附着在灵魂之上，随其轮回受果。但任何业都是有限量的，除非人立身行道，将业断伏，否则这业应始终附着于我，直至成熟生果以后，方能消失。业的存在，使命我的本性被遮蔽、污染了②。第三句义是漏，就是业流入灵魂之中的过程。业之漏入灵魂是通过身、语、意三种活动而实现。宇宙间充满业质，这些业质有许多不同种类。不同的行为会漏入不同的业。第四句义是缚，这是指由于业的漏入，使灵魂束缚于物质。第五句义是止，这就是我们通过自制、慎、持、观、忍、正行阻断了新业漏入灵魂的通道，“漏是世界生存的原因，止是解脱的原因”③。第六

---

① Ratnasekhara, *Saṃbodhasattari*（Sarvepalli Radhakrishnan, *Indian Philosophy Vol.1*, the Macmilian Company, London 1924. 328）.

② 耆那教根据业对命我的影响，将其分为八种：其一，智障业，覆障命我本有的圆智，使众生愚、智各有差等；其二，觉障业，覆障众生本具的圆觉，造成知觉、悟解方面的限制；其三，领受业，覆障命我本性的妙乐，使其产生苦、乐等受；其四，惑乱业，覆障众生的正知、正见，阻碍其求道，使其产生邪见、疑惑、狂悖等；其五，寿业，决定众生寿命长短；其六，名业，决定有情身体之净、丑等差别；其七，种姓业，决定有情的种族、种姓、门第等的差别；其八，障正行业，阻碍灵魂的道德本能，使其纵有向善之心，也乏行善之力。（TSVIII·4）

③ Madhavāchārya, *Sarva-darsana-samgraha*, trans by E.B.Cowell and A.E.Gough, The Chowkhamba Sanskrit Series Office, Varanasi-1, India, 1961.57；TSIX·1—3.

句义是断，就是通过修习内外各种苦行而完全消除命我中已经存在的业质①。第七句义就是解脱，解脱就是命我的系缚不复存在，业力完全断除时的自由（TSX·2）。第八句义是善和恶。善就是能导致灵魂的平静，且有利于生命最终解脱的行为，恶则相反。除命句义，业、漏、缚、止、断、解脱等诸句义，都是把自然、世俗存在对自我的系缚、污染当成生命痛苦的根源，把自我脱离自然而恢复其超验和独立的实体、把灵魂的超越和自由当作生命的目的。这些思想都与沉溺于自然崇拜的土著玄道文化不同，而是体现了婆罗门—奥义书的觉道文化精神，可以肯定耆那教的超越追求是来自奥义书宗教的长期渗透。

在上述九句义中，止、断二句义属于耆那教的解脱之道，即瑜伽。耆那教所谓瑜伽，与巴檀遮厘瑜伽不同，内容既广且杂，它包括正信、正智、正行，是为“三宝”。止、断二句义应归属于正行。属于止者有慎、自制、慎、持、观、忍等（TSIX·1—18）。慎即五戒，谓不害、不诳语、不淫、不盗、不有私财。五戒以不害为核心，其他四戒皆由不害引申出来。视众生平等为耆那教苦行的主要特点。自制即对身、语、意的控制。盖命我本来清净，因被四染（即嗔、贪、慢、欺他）、诸根所制，故陷于轮回。唯制意使清净，才能控制诸根，并断除四染。故制意是瑜伽的基础。持即持守十种正法，谓自制、真实、清净、梵行、无贪、苦行、忍、忏、慈柔、诚、离恶。观即思择，就是修以下观想：无常观，即观诸法无常，一切可乐之物皆如梦境、飞絮；无依观，即观生命无依，诸神、亲、友、天、地，无一可为依怙；业感差别观；不净观，即观已身、他身不净；漏观，观为恶者恶业漏入灵魂，行善则善业漏入；法依持观，观唯以十种正法可以得至上界，故唯此十法可为依持；界观，即依耆那教的宇宙论来观想世界；觉观，即观一切众生生命差别由业决定。人若修此观想成熟，乃视一切平等，遂断除一切过染。修止的宗旨是断除四染，从而阻止业的进一步漏入。但是要把已经漏入灵魂之内的业清除出去，必须修苦行。耆那教的苦行包括外苦行和内苦行。外苦行有六种，包括毁身、持斋、减食、弃味、乞食、禁欲。外苦行的目标，是要达到对诸根所缘境的完全漠视状态，从而完全脱离世俗诱惑。内苦行亦有六种：忏悔、皈敬、服侍、学、舍（不执着身体）、禅定。其中最为后来瑜伽学强调者，即为禅定。通过禅定，身、语、意三业完全归于寂灭。当业完全被耗尽之后，灵魂就得到解脱。禅定是思维专注于一境。在耆那教的瑜伽中，禅定以思择（观）为前提。人若通过修上述观想，得悟一切平等，不系于一切存在，漠视一切世间享乐，于是其心寂静，离诸过染，这时他就应修禅定。

---

① Madhavāchārya, *Sarva-darsana-samgraha,* trans by E.B.Cowell and A.E.Gough, The Chowkhamba Sanskrit Series Office, Varanasi-1, India, 1961.57.

只有当人以禅定焚一切业，其自我乃得自由。平等与禅定相互依赖，无此则无彼。另外，为使心入定，还应观慈、悲、忍（不见人恶）、喜（唯见人善）。不过与巴檀遮厘瑜伽和佛教定学相比，在耆那教瑜伽中，禅定的具体方法仍然较粗疏。修禅定者，要求系念于耆那教的祷文（类似于佛教念咒），以达到精神专注。耆那教分禅定为四种，即苦定、邪定、正定和清净定。其中正定和清净定是解脱的原因。正定是专注沉思圣教之说义、邪信之蠲除、业力之报应，以及宇宙的性质和结构等。清净定的特征是清净、无欲、无倒、舍离外境，与佛教的禅定类似。其有四种：第一是专注于自我之不同属性；第二是深思自我存在之一个方面；第三是专注于自我中最微细的活动；第四是灵魂完全融入自我自身之中（TSIX・18—39）。清净定还可分为有寻与无寻，或有相与无相等不同阶段。禅定的最高阶段唯解脱者能入，亦有二位：第一，不动位，身体与心识、语言等的活动皆停止，唯余生理活动（如呼吸）仍在进行；第二，灭尽位，断尽所有生命活动。在耆那教中，禅定只是使心达到安定和等视一切的手段。解脱唯来自业质的断除。耆那教的理想境界是涅槃（nirvaṇa），即断灭自然生命，进入寂静的彼岸，这也就是解脱。但这不是灵魂的消灭，而是精神脱离物质的束缚获得彻底的自由。这种脱离被说成是一个永恒向上的运动，"譬如葫芦在塞满泥土之后沉于水中，当去除那些重物后，又浮到水面上，如是命我当诸业消除之时，就因离系而上升。"① 耆那教认为宇宙的形状就像一个被大虚空包围的巨人身躯，它的顶部是成就界（siddhasīla），就是巨人的头，这就是得到解脱的灵魂的住处。据说灵魂重量很轻，本来都是应该上升到最高处的，但由于业、身等较粗重的物质黏附、系着于它之上，使它坠落下沉。随着修道者消除业质，其灵魂也在宇宙中不断上升②。当诸业完全断灭，灵魂就会上升到成就界，且永远住于该处，不会再回到轮回中。与佛教、吠檀多派等不同，耆那教并不认为解脱是个体自我的消灭。解脱的灵魂仍然具有其个别性。但耆那教对解脱境界的描述，与奥义书非常一致。其云在解脱中自我恢复了它的本性，第一次成为"真我"，恢复其全知、清净、无为、喜乐。"解脱之命我，乃保持其圆正信、圆正智、圆正见、圆正成。"（TSX・4）解脱者的自我完全超越世间，因此不能用寻常言语诠表，所以耆那教对此是但遮不表，成就者的自我被描述为无作、无愿、无变易、无始终、寂静、安乐（"寂静"遮"言动"，"安乐"遮苦恼）、自在无碍。这种对于解脱我的超越性描述，在奥义书中是极常见的（见下文的进一步讨论），但

① Madhavāchārya, *Sarva-darsana-samgraha*, The Chowkhamba Sanskrit Series Office, Varanasi-1, India, 1961. 58.

② Madhavāchārya, *Sarva-darsana-samgraha*, The Chowkhamba Sanskrit Series Office, Varanasi-1, India, 1961. 59.

它与处于自然崇拜阶段的达罗毗荼传统是相冲突的，因而可以肯定它是受奥义书影响的结果。在这里，耆那教瑜伽就是把奥义书的超越理想嫁接到沙门的苦行实践之上了。

从总体上看，耆那教的瑜伽属于从土著的原始苦行向婆罗门教、佛教更成熟的瑜伽过渡的阶段。这种过渡性质表现在以下两方面：

一方面，耆那教瑜伽比婆罗门教、佛教的瑜伽都保留了更多的原始苦行特点。第一点，作为耆那教瑜伽的思想基础的泛灵论，就直接来自土著原始思维。这种思想在吠陀中并不存在。它与婆罗门传统存在冲突。这种冲突，表现在耆那教对婆罗门教的杀牲血祭的强烈反对中。耆那教灵魂轮回的观念也是达罗毗荼传统本有的。第二点，婆罗门瑜伽（奥义书瑜伽、巴檀遮厘瑜伽）总是与有神论背景分不开的，但耆那教瑜伽却是无神论的，在这一点上它也与土著的内在苦行更一致。在耆那教中，一方面，神也被认为是处在生死轮回中的，没有任何超越性，不会对人的修行有所帮助；另一方面，耆那教的成就者们尽管已经进入超越境界，但已与世间不存在任何联系，不会对它施加影响，所以人的修道最终还是完全要靠自身的努力。然而在婆罗门传统中，超越思维的形成导致此岸与彼岸的分离以及对人的现实存在的否定。这使得人单独依靠自身力量到达彼岸成为不可能的，因而解脱离不开神的恩宠。所以瑜伽必须与对神恩的期待结合，这在奥义书瑜伽中得到充分表现。即使巴檀遮厘瑜伽不承认神恩在解脱中的作用，但仍然保留了神的存在。反之，土著传统由于没有形成真正的超越思维，因而对于通过自力获得成就充满信心，所以在所有原始苦行（包括达罗毗荼的内在苦行）中，都没有一种恩宠论神学。在这一点上，耆那教以至沙门瑜伽的自力解脱观念，也暴露其与土著的内在苦行的密切关联。第三点，耆那教乃至所有印度宗教对修瑜伽所得神通的信念，也应当视为土著传统对苦行所获得魔力的体验的遗迹。第四点，也是最重要的一点，耆那教瑜伽的具体实践也表明它是处在从原始苦行到一种更成熟的瑜伽学的形成过程中的。首先与婆罗门教和佛教更系统、更成熟的瑜伽相比，耆那教瑜伽的内容既广且杂，表现出原始性和初等性。它一方面几乎将耆那教的全部实践都包含在内，使瑜伽的内容显得芜杂，其作为精神修炼的宗旨显得模糊，另一方面又遗漏了后来成熟的瑜伽学的一些最重要的环节，故瑜伽的体系仍不完备。如果我们拿巴檀遮厘的八支瑜伽体系来作对比，那么前者的夜摩、尼夜摩，大体包含在其止句义的戒、持等项中，而止根、总持、三昧等支，则在耆那教瑜伽中皆未出现。这意味着在耆那教中，瑜伽的成熟体系尚未形成。其次，婆罗门教和佛教更系统、更成熟的瑜伽相比，耆那教瑜伽对外在苦行的强调，也清楚表明了它的原始性、初等性。它的种类繁多的严酷肉体自残手段，暴露它与野蛮的外在苦行的亲缘性。与此相应，禅定还没有成为瑜伽的核心。禅定只是其修行之一。禅定只是使心达到安定和等视一切的手段。至于三昧则未被提及。这些表明耆那教瑜伽的重心尚未从原始的外在苦行完全转移到内在精神的修炼之上，这也是它比婆罗门教和佛教瑜伽明显落后之处。

另一方面，耆那教瑜伽的理论基础和宗教理想，则脱离原始苦行，而是沾溉奥义书思想而来，而且其实践也体现了奥义书的超越精神。首先，耆那教把证悟真我作为解脱之道，认为自我本来体性为遍满、恒常、清净、无为，具无量智、无量见、无量能、无量喜，但被业质染污、遮蔽而不能展开，解脱就在于断除业质，使自我的真实面目得以恢复，这些想法体现的真正精神超越与反思，对处于原始自然思维的土著苦行是很陌生的，但与奥义书的说法完全一致，因而无疑是受后者影响而来。其次，耆那教的瑜伽也反映了数论二元论的影响，它预设了物、我分离的前提，以为生命痛苦来自物质、世俗的染污，故必须断除世俗世界的系缚，实现精神的超越、独立，从而脱离轮回，回归真实自我；这种思路也必然是以奥义书和数论对自我的内在性和超越性的体验为前提的。再次，耆那教瑜伽的具体实践体现了对世俗世界、自然的超越和否定，这是奥义书的超越和反思思维被贯彻到内在苦行中的结果。在耆那教瑜伽中，修止的实践在于断除四染（即嗔、贪、慢、欺他）。四染就是人的自然情感，皆包含对世俗存在的执着。因此修止就是否定人的自然欲望，及自然对自我的自由、清净实体的影响。这体现了真正的精神超越和反思，故与土著的自然崇拜是不相容的，肯定是奥义书的超越和反思思维渗透到耆那教之中，并被贯彻到其苦行实践的结果。耆那教修断的实践也体现了同样的精神超越和反思，其旨趣在于断除自我与自然的联结，使自我恢复其超越和独立的存在。比如所谓清净定的特点是清净、无欲、无倒、舍离外境，并沉思自我实相且最终完全融入自我自身，这既是超越又是反思。这样的实践也不见于土著的苦行，而只能来自奥义书思想。在这里，可以肯定是奥义书的超越和反思思维，经过长期渗透，进入耆那教的精神之中，并贯彻到苦行实践之内。最后，耆那教瑜伽的目的，也从土著苦行的魔法、神秘体验转移到自我的自由、解脱，这也来自奥义书精神的渗透。其云在解脱中，自我恢复其全知、清净、无为、喜乐，成为“真我”。然而首先以获得真实自我为解脱的实质，是奥义书绝对自我反思的必然结论，但与处于自然崇拜阶段的土著传统不侔，因而可以肯定这是来自奥义书反思思维的渗透。其次耆那教对解脱境界的描述，与奥义书高度一致，证明这种解脱理想是汲取了奥义书的资源，甚至耆那教在此可能直接接触到奥义书文本。比如耆那教说解脱者脱离物质的系缚，超越至上天界，“恒久自驻于无为、全知、喜乐”，“无种姓，不为嗅、味所染，无受、无色、无饥、无老、无死、无身、无业，恒处无尽不坏的寂静之中。”(Vedāntakesarī LI·1)[①] 以及“解脱者非长、非短……非黑、非蓝、非苦、非辣、非冷、非热……无有形体，永断轮回”[②]。故解脱既包含纯粹反思，也包含纯粹超越。然而这些表述都完全是奥义书的。如 BṛihIII·8·8：“婆罗门称彼(自我)为不灭者。彼非粗非细、非长非短、无光、不沾、无影、无暗、无风、无空、不粘、不可触、无嗅、无味、无眼、无耳、无声、无意、无力、无气、无口、无名、无老、无死、无畏、不灭、无染、非显、非隐、无度量、无内、无外。它不食于一切，亦不为一切所食。”MuṇḍII·2·7 说自我“为全知、全智，世界显其尊”。如此等等。这些文本都是描述真我体性，而这同时也是自我得解脱后的状态。真我既是内在的、也是超越的，故解脱既是反思，也是超越。应当说，耆那教以超越和反思为特征的宗教理想，显然与沉溺于巫术、魔法的土著传统存在巨大鸿沟，而无疑是从奥义书嫁接而来的。

总之，耆那教瑜伽一方面将苦行实践推至极致且将其体系化。这种极端苦行，以及其原始泛灵论背景以及对伤害其他生命的极端警惕，在古代希腊、罗马、北欧以至阿吠斯塔和早期吠陀都不存在，因此肯定是从达罗毗荼传统实践发展而来。然而另一方面，耆那教的瑜伽也反映了婆罗门传统的深刻影响。这在于奥义书的精神超越和反思渗透到耆那教中，规定其实践的本质，使耆那教的瑜伽成为精神超越和反思的客观化，从而脱离巫术，成为真正的宗教。然而我们的考察也表明，耆那教瑜伽仍具有诸多原始、初等特征，它应被当作从原始苦行到婆罗门教和佛教等的更成熟瑜伽的过渡阶段。

佛典的记载表明在佛的时代，沙门的瑜伽学有些已经超越耆那教的苦行，达到非常成熟的程度。如《长阿含·梵动经》记当时外道禅学：“复有现在泥洹微妙第一，汝所不知，独我知耳。如我去欲、恶、不善法，有觉、有观，离生喜、乐，入初禅。此名现在泥洹，是第二见。复有沙门、婆罗门作如是说：此是现在泥洹，非不是。复有现在泥洹，微妙第一，汝所不知。独我知耳。如我灭有觉、观，内喜、一心，无觉、无观，定生喜、乐，入第二禅。齐是名现在泥洹，是为第三见。复有沙门、婆罗门作是说，言此现在泥洹，非不是。复有现在泥洹微妙第一，汝所不知，独我知耳。如我除舍喜，住乐，护念一心，自知身乐。贤圣所说，入第三禅。齐是名现在泥洹，是为第四见。复有沙门、婆罗门作是说，言此是现在泥洹，非不是。复有现在泥洹，微妙第一，汝所不知，独我知耳。如我乐灭、苦灭，先除忧、喜，不苦不乐，护念清净，入第四禅。此名第一泥洹，是为第五见。”在其中，四禅的体系已经具备，每一步的具体操作都

① S.R.Goyal, *A Religious History of Ancient India Vol.1—2*, Kusumanjali Prakashan, Meerut, 1984. 177.

② SBEXXII, p.52.

很清楚，其功夫尽管与古典瑜伽有所区别，但其系统性和成熟性实不亚于古典瑜伽和奥义书瑜伽。《过去现在因果经》（卷三）所记载迦罗摩仙人的瑜伽，则超越四禅，另立四无色定，以非想非非想处为最高定境。其云："（迦罗摩仙人）即便说曰：'众生之始，始于冥初。从于冥初，起于我慢。从于我慢，生于痴心。从于痴心，生于染爱。从于染爱，生五微尘气。从五微尘气，生于五大。从于五大，生贪欲、瞋恚等诸烦恼。于是流转生、老、病、死，忧悲苦恼。今为太子，略言之耳。'尔时太子，即便问曰：'我今已知汝之所说，生死根本。复何方便，而能断之？'仙人答言：'若欲断此生死本者，先当出家修持戒行，谦卑忍辱。住空闲处，修习禅定。离欲恶不善法，有觉有观，得初禅。除觉观定，生入喜心，得第二禅。舍喜心，得正念，具乐根，得第三禅。除苦乐，得净念，入舍根，得第四禅，获无想报。别有一师，说如此处名为解脱。从定觉已，然后方知非解脱处。离色想，入空处。灭有对想，入识处。灭无量识想，唯观一识，入无所有处。离于种种想，入非想非非想处。斯处名为究竟解脱，是诸学者之彼岸也。'"可见迦罗摩的瑜伽，一方面已经具有了四禅八定的完整系统，并被佛教所继承；另一方面开始把数论学作为瑜伽实践的思想基础，因而较之耆那教瑜伽，向婆罗门瑜伽大大靠近了一步。沙门瑜伽在具体实践上与古典瑜伽的区别是：前者的重点在禅定，而后者的重点在三昧。这一点也决定了佛教禅学与古典瑜伽的不同。总之，佛世的一些沙门瑜伽学派，已经彻底抛弃原始的外在苦行而完全集中于身心的修炼，其功夫也达到完全的系统化、合理化，因而较之耆那教，朝婆罗门教和佛教的更成熟瑜伽进一步迈进。

尽管瑜伽一词很晚才被佛教采用（在早期佛教中，瑜伽被称以它名，至阿毗达摩和瑜伽行派始提及瑜伽一词），但它的全部修道论（包括戒、定、慧三学），皆应归属于瑜伽范畴之内。在所有瑜伽系统中，佛教瑜伽是最成熟的。这在于其修道系统最完备、可行。它包括七科三十七道品的复杂修炼体系。其定学包括了从持身、调息等前方便以及定境各阶段的心理调节，其中每一环节都被阐述得空前详细、具体，而且都是围绕断除自然生命的束缚和证得真理、自由这一目的的，都在整个修道体系中有其合理位置；另外其全部僧团组织，最终都是为了保障这一宗教理想的实现而建立。奥登堡曾指出佛教的修道论主要是沿自瑜伽①。佛教的实践应视为耆那教等代表的沙门瑜伽的进一步发展，而且同其他的沙门瑜伽学一样，佛教瑜伽也是以定学为核心。它也是以沙门的苦行实践为根源，并通过与奥义书的形上学融合而得到

① Oldenberg, Hermann, *Die Lehre der Upaniṣaden und die Anfange des Buddhismus,* Vandenhoeck & Ruprecht, Goettingen, 1915. 328–330.

提高、升华(它的直接来源是沙门的瑜伽学,并且通过后者间接地受到奥义书影响)。一方面,同其他沙门瑜伽的情况一样,佛教瑜伽作为一种身心修炼本身,就与吠陀传统的祭祀、祈祷的实践迥异,另外它的自力解脱之道、它的无神论,以及其无我的解脱境界,都暴露出其与土著内在苦行的渊源。另一方面,同其他沙门瑜伽的情况一样,佛教瑜伽包含的此岸与彼岸对立的世界图景,瑜伽实践体现的对人的自然存在的彻底否定,以及涅槃作为超自然绝对的理想,都表现了一种决不属于土著自然思维传统的绝对精神超越,这只能是来自奥义书思想的渗透(参考本书第三部分第二编第一章的更详细讨论)。因此包括佛教在内,所有的沙门瑜伽学,都是由于奥义书精神超越的渗透,而得以从原先巫术、魔法化的苦行实践,升华为真正的宗教。

以上我们讨论了从印度达罗毗荼传统的原始苦行到佛教等成熟的沙门瑜伽的发展过程、在此过程中土著传统与吠陀传统的交融,以及沙门瑜伽的特点。这种苦行、瑜伽实践,本来对婆罗门传统是很陌生的,但后者在与土著传统的长期交融中,也逐渐吸收这种苦行实践,并对它进行改造,于是形成了有别于沙门瑜伽的婆罗门教瑜伽。以下我们将初步讨论由于土著传统渗透导致的苦行实践在婆罗门传统中的发展过程,然后在下一节讨论婆罗门教瑜伽在奥义书思想中的形成和发展。

## 二、苦行实践在婆罗门传统中的发展

从宗教史上看,在许多非雅利安的原始宗教,比如印第安宗教和萨满教中都曾广泛存在的苦行通神的实践,在属印欧民族的波斯、希腊罗马文化乃至早期吠陀文化中,却皆无对应的现象,所以说苦行对于雅利安民族本来都是很陌生的。造成这种区别的原因,是因为雅利安的觉道文化,更清楚地意识到此岸与彼岸、神与人、现实与理想之间的鸿沟,以及人的有限性同他的超越理想的矛盾,因而都不是将理想的实现完全附诸自身努力,而是企图通过对神的祈祷、祭祀以获得恩宠和拯救。因此,无论是古代波斯宗教、希腊罗马宗教,还是早期吠陀宗教,其实践的核心都是祈祷与祭祀。人们试图通过献出赞美和祭品,请神降临并满足人的要求,赦免人的罪过,乃至赐予人永生。人们不会相信通过自己的身心修炼,可以超越自然、获得永恒。反之,非雅利安的原始宗教的苦行恰恰建立在对于通过自力的修炼实现宗教理想的信念之上(其精神基础在于玄道文化没有实现此岸和彼岸的分裂)。这样的苦行或身心修炼,与印欧宗教是不相容的。

不过,就印度吠陀传统而言,在《黎俱》晚期出现了对林栖、披发的孤独修行者,即牟尼(Muni)和仙圣(Yati)的崇拜,以及神通过苦行创世的设想,表明苦行的实践在其时的吠陀社会中已有影响。在《阿闼婆吠陀》、梵书中,苦行实践取得极重要地位，在奥义书中其意义甚至超过祭祀，成为宗教的核心。我们可以肯定婆罗门传统中的苦行实践来自非雅利安的土著影响[1]。这种影响从雅利安人逋入印土就开始了。婆罗门瑜伽就是从这种苦行缓慢发展出来的。它是婆罗门传统对后者加以融摄、提升的结果，这使它从原来旨在获取魔力、神通和催眠效果的巫术实践，转化为使人超越世俗、冥契真理、获得精神自由的修炼方式。

在吠陀晚期才出现苦行一词，即所谓达帕（tapas）。此词来自动词根“tap”。后者为一典型印欧语系词汇，与拉丁语的“tep-eo”，“tep-or”及古德语的“damf”同，即焚烧、变热之意，并无其他含义[2]。“tap”在早期《黎俱》颂歌中就已出现，其意为焚烧、加热，与其他印欧语的对应词没有区别，而到《黎俱》后期乃引申出内心悔恨、焦虑之意。因此“tapas”本义为热，在吠陀中逐渐引申出冲动、痛苦、苦行等义，姑译之为苦行、热力。达帕转变为苦行之义，以及苦行实践在《黎俱》的出现，反映了达罗毗荼传统对吠陀的影响。

此词于《黎俱》后期始出现（此词基本上只出现于其最末的第十曼荼罗）。在这里，它指：其一，一种宇宙的热力，表现为热、火以及激情、热情、狂热、冲动。故阿耆尼（火神）、苏黎耶（日神）有热力，而因陀罗及其武器亦可在狂热战斗中产生热力。这热力逐渐被认为是有独特智慧和神通、励行苦行之人可以汲取的能量。在许多巫术宗教中，通过身心修炼产生的（甚至吃辛辣食物、性高潮带来的）强烈内在热力，都被认为来自一种神秘的宇宙能量。其二，这热力成为创造的能量。如X·190·1—3谓由热力生正法、真实以及答摩，然后由答摩生大水，从大水生时间乃至宇宙。X·129说泰初的唯一者因为有了欲望、思想，遂以热力创造世界。吠陀的热力创世说，与母禽以热孵卵、钻木取火和性高潮射精等意像都有紧密关联。其三，苦行。《黎俱》提到通过事火或其他生热、流汗之术以自苦，从而获得神通的仙人。印度自远古之世，即有所谓事五火之仪。此即于盛夏炎日之下，燃四处烈火（共为五火）于周，而自身裸处于四火中间。苦行的内容还扩展到事火仪式之外，如ṚVX·136记载的苦行者（muni），即蓄长发、着褐污衣或以风为带（裸体）。苦行带来的神通或神秘体验，《黎俱》亦有记述。如X·167说苦行可以退敌，IX·113说唯通过苦行、信仰、正法、真实可生须摩，X·154说人通过苦行可进入天国。神、人甚至魔、兽皆通过苦行创造奇迹，应视为对热力创世作用的引申。X·136说诸神降临苦行的牟尼身上，

① 高鄂认为瑜伽苦行对黎俱的快乐精神来说很陌生，来自北部山区的半野蛮民族，是伴随着湿婆崇拜被引入婆罗门教的（A.E.Gough, *The Philosophy of the Upaniṣads and Ancient Indian Metaphysics*, Kegan Paul, London, 1891. 18）。

② EREII. 87.

他喊到："既于牟尼性，沉醉而忘形，吾等随风举，汝等诸凡人，唯见吾肉身，未得见其余。"

不过，从吠陀的记述看来，苦行者仍处在雅利安社会的边缘。他们属于被婆罗门系统排斥的"流浪者"（Vrātyas，誓戒者）群体，后者包括未接受婆罗门教再生礼者、被婆罗门社会抛弃或主动从中脱离者、拒绝举行祭祀者、未被种姓制度接纳者、处在婆罗门祭祀之外的巫师、出神者等。学者们从这一群体"看到了湿婆教的苦行者、神秘主义者、瑜伽修炼者的先驱或是非雅利安民族的代表"①。这暗示了苦行实践的非雅利安起源。这些居住在雅利安社会边缘的各种类型的苦行者、巫师和出神者，大部分后来都融入印度教之中②，因而也把他们的苦行实践带入吠陀传统中。

总之，达帕一词在《黎俱》中是很晚才出现的，它作为苦行的意义则在《黎俱》最末阶段才开始有零星表现，而且苦行和苦行者都处于雅利安社会的边缘地位。这些都表明，苦行实践本不属于雅利安传统，而是吠陀思想受非雅利安传统影响的结果。总的来说，此词在《黎俱》的出现并不很多，意义也不甚重要。

然而在《阿闼婆吠陀》和梵书中，达帕乃获得重要的意义。达帕不再是一种非人格的力量。在这里，它既指神或人的苦行，也指苦行积累的热力、能量。比如AVXI·5赞颂梵志行如是苦行，至于以由此产生的热力充满诸神、父祖、师傅和地、空、天三界。XV·1—17说苦行的流浪者能促使生主行动，能使自己生长成为摩诃提婆、众神之首，他也是众神的根源、与宇宙等同，当其在世界上游历，诸神皆追随而行。这些说法都与苦行带来的神秘体验有关。梵书的苦行思想，有以下特点：第一点，梵书的宇宙拟人论使得《黎俱》的完全宇宙论的热力创世说得以与对苦行的创造力的崇拜结合起来。一方面，在梵书中，《黎俱》的完全宇宙论的热力创世说，被转化为至上神、生主通过苦行创世的神话。其中最典型的说法是生主本来独一无二，因为产生爱欲（kāma），所以行苦行，由苦行生热力，因而从自身流出宇宙万物（Sat BrāII·5·1·1—3, XI·1·6·1—2；Ait BrāV·32；Tait ĀraI·23）；其中生主由爱生热，由热而流射出全部自身存在甚至掏空了自己并陷入极度疲乏（以至须要人通过献祭使其恢复精力），这里性高潮的隐喻很明显。在梵书宗教中，苦行总是与性联结在一起（在此后印度教中也往往如此），苦行的积聚和创造，被与性交中的高潮积累和最终流泻在实质上等同起来。另一方面，人的苦行也具有了宇宙效应。Sat BrāIII·4·4·27, VIII·7·1·1说苦行能征服世界。苦行者积累的热力，甚至

① 伊利亚德：《宗教思想史》，上海社会科学院出版社2004年版，第200页。

② 伊利亚德：《宗教思想史》，上海社会科学院出版社2004年版，第201页。

可以强大到能创造、改变和毁灭世界。在梵书和史诗中经常出现这一主题，即人或魔的苦行达到威胁世界和诸神的存在的程度，于是诸神必须想出某种计策以平息之。苦行包含的孵化、性交和钻木取火的意像，都指向一种带来新的生命、存在和知识的创造力。苦行使人获得再生，从此岸过渡到彼岸，从人世过渡到天界。苦行还使人"孵化"出神秘知识，洞察玄妙的真理。人通过苦行甚至可以生育、创造出新的存在。第二点，在梵书中，苦行经常被与同样具有创世意义的祭祀等同，二者都具有同样明显的生殖隐喻，都须劬劳身心甚至经历痛苦，都有除罪净化作用，都须竭尽其全部存在而繁育新的存在，都是实现对世界的创造、维持的途径。这种同化，首先是使苦行具有了决定宇宙进程的作用。生主通过祭祀创造世界，人在苦行中与生主等同（人的语言、眼、呼吸、意分别被等同于宇宙的火、日、风、月），故可通过苦行影响宇宙。其次，这种同化也开启了苦行代替祭祀的可能。据信诸神不仅通过人的献祭，而且通过苦行获得永生。后者就是所谓"内在祭祀"，即以语言、视、呼吸、意诸根的奉献代替供品。《伐蚁伽那天启经》（VaikhānasasmārtasātraII・18）记载的所谓"生命火祭"（prāṇāgnihotra）即属于此。在这里，人不再奉献须摩、奶油，而代之观想自己的每一次呼吸都是一次献礼。这就为苦行代替祭祀打开了大门。《阿闼婆吠陀》和梵书对苦行强调，应当认为是土著传统进一步渗透的结果，而其对苦行的宇宙论意义的沉思，以及对苦行与祭祀的同化，则反映出婆罗门传统试图将这种外来实践与自身传统融合起来。

然而对于苦行实践的具体内容，《阿闼婆》与梵书都没有详细的说明。AVXV・3说苦行者站立一年，另外XV・15将其诸元气等同于日、月、水、火等，也可能暗示了一种调息或观想之术。梵书对苦行与祭祀的同化，必然使祭祀观想（优波舍那）加入到苦行之中。斋戒、事火、暴晒也包括在苦行之列。《伐蚁伽那天启经》记载了一长串苦行者及其修行①。其中有些人以树皮为食，着粪扫衣；有些人居于墓地，食牛粪，饮尿，一丝不挂；有些人久立不坐卧，且恒露处，如是等等。但总的来说，苦行的内容似乎仍很简单、贫乏，远未形成系统。

总结起来，达帕在吠陀、梵书中的意义，可以分为以下演化阶段：其一，热、使热（ṚVX・16・4），为此词最基本意义。其二，由此引申出的热情、愤怒、激动、狂躁等义（ṚVX・83・2），以及作为宇宙能量的热力之义（X・190・1—3）。其三，由火烤、灼引起来的痛苦感受，并进而指一般意义上之肉体和精神的痛苦、焦虑、折磨（X・34・10，95・17，109・4，154・2，167・1）。其四，出于宗教目的主动

① Eliade, Mircea, *Yoga: Immortal and Freedom,* Princeton, 1969. 138.

给自己施加痛苦的行为，即苦行，包括禁欲、斋戒、自残等，冀以此获得神通、魔力(ṚVX·154·4—5；AVXI·5；Sat BrāX·4·4·4)。其五，为生主所有的，作为苦行与祭祀之结合的创造力量或创世过程(Sat BrāXI·1·6·1—2；Ait BrāV·32；Tait ĀraI·23)。其中，苦行义在梵书中已经成为此词的主要意义。达帕作为苦行，不属于雅利安传统，而是来自土著文化的渗透。不过，吠陀晚期和梵书的实践仍然以祭祀为主，苦行尝不占据主要地位，但这种情况在森林书和奥义书阶段开始发生变化。

一般说森林书、奥义书是服务于婆罗门的最后两个行期，即林栖期和乞食期宗教生活的文献。在这两个阶段，修行者离家出走，故失去了举行祭祀的条件。这导致奥义书早期阶段的实践转型：一方面是“观祭”(通过观想进行的祭祀)代替了“实祭”，且“观祭”发展为对绝对者的亲证，即“梵智”。另一方面是苦行代替祭祀，成为达到更高宗教理想的手段。早期奥义书一个常见的说法是人依祭祀可以获得来世善果，依苦行则可以通过天界达到永恒。另外，苦行的内容和目标也发生了变化。它不再是原来的事火之仪，而是变得极丰富，诸如祭祀、布施、劳作、思维、谋划、忧虑、愤怒、烦恼、性交、出神、孤独、遁世、自制、离欲、静修、定心等一切生热恼或须勉力而为之事，皆可归属其中。苦行的主要目标也不再是为了获得神通、魔力，而是为了超越宇宙的变易和时间，进入不死、永恒的境界。在一些早期奥义书文本中，苦行的意义得到极大强调，它被认为是脱离世俗世界、获得永恒生命的必然途径。在奥义书中，苦行也被用来指林栖期和乞食期(二者在奥义书最初阶段还没有明确分开)，被用来概括婆罗门的全部出世的生活。因此可以推测在早期奥义书的某一阶段，苦行代替祭祀成为宗教实践的核心①。

智慧与苦行成为奥义书早期突出强调的实践方面。如ChānIV·10—15记述了茶跋拉的弟子优婆拘舍罗辛勤侍火十二年，行极度苦行，于是诸火遂相携为他开示梵为元气、喜乐、空之义。PraśI·2亦以修苦行、净行、正信为受持大梵义之条件，I·10谓人若依苦行、净行、正信、正智而追求至上我者，则死后由北道而得日界，遂成不死者、无畏者，I·15谓人若有苦行、净行、守真，则得梵界。不过这些文献也表明，苦行在这里始终是为了得到智慧，而智慧才能直接把灵魂带入永恒。另外，早期奥义书也继承了梵书的生主通过苦行创世的模式。如ChānIV·17说生主于诸界之

① 《摩奴法典》的一段话反映了这样的情况。其云：“得吠陀智之圣者，乃开示一切天人之喜乐皆以苦行为根本，以苦行为中心，以苦行为归宿。智识是婆罗门之苦行，庇护是刹帝利之苦行，产业是吠舍之苦行，服侍是首陀罗之苦行。”

上修苦行，乃抽出诸界之实质：由地出火，由空界出风，由天界出日；复于此火、风、日三天上修苦行，乃抽出其实质：由火出《黎俱》，由风出《夜珠》，由日出《娑摩》。AitaI · 3 · 2 说最初水与生主并存，生主修苦行于诸水之上，由彼诸水被施苦行，乃生万有；I · 1 · 3—4 谓生主由诸水创造补鲁沙（原人）且于其上苦行，其人受如是苦行矣，遂开其口、眼、耳、鼻、舌、皮、心、脐、生殖诸窍，从此诸窍生语言、呼吸、视、听、毛发、末那、下气、精液机能，由此诸机能生火、风、日、诸方、草木、月、死、水，故宇宙与人的生命皆是生主的苦行所创造。PraśI · 3 亦云生主欲得众生，乃修苦行，修苦行已，乃生物质与元气，以此二者为配偶，遂造众生及万有。

总之，早期奥义书以苦行，即人的身心修炼代替外在祭祀。苦行甚至被赋予创世的魔力。这种发展是婆罗门传统进一步受到土著实践渗透的结果。不过从吠陀、梵书到早期奥义书，达帕的内容仍然较模糊①。苦行意味着一切需要勉力而为之事，祭祀、劳作、谋划、忧虑、烦恼、性交、自制、离欲、自残等等，皆可归属其中。苦行具有个人和宇宙的双重涵义，既指人的身心修炼，也指神创造之前，专注思考所要创造的事物。但是看来它的具体实践方法不清楚，其目的也不确定。另外，奥义书总的倾向是强调智慧，这一点越到后来越明确；苦行是为智慧服务的，是获得智慧的手段，智慧才是实现宗教理想的直接途径。不过只有通过艰巨的苦行才能获得智慧，即只有通过刻苦的身心修炼才能获得对真理的直觉。

早期奥义书以苦行代替祭祀，为奥义书瑜伽学的形成奠定了基础。在奥义书的发展中，瑜伽刚开始是作为苦行众多形式之一出现的，但渐居主导。到中、后期奥义书，瑜伽乃取消苦行的其他项目或将其整合到自身体系之内，因而最终代替苦行、祭祀而成为宗教实践的核心。

## 第二节　瑜伽学在奥义书中的发展

黑格尔曾如是评价印度的苦行—瑜伽之道："要在有生命的时候，达到这种'生命的死亡'——来造成这一种抽象——必须消灭一切道德的活动和一切道德的意志，而且一切的认识也得消灭，就像在佛教中一样；以前所述的种种苦行，便是以取得这种'生命的死亡'，这种抽象作为目的或对象。"② 黑格尔的评价，反映了站在以实现精神和生命的内在、超越存在为理想的本觉文化传统中的欧洲人，对属于以精神和

① S.Dasgupta, *Yoga in Relation to Other Systems of Indian Thought*, Motilal Banarsidass, Dehli, 1979. 43.

② 黑格尔：《历史哲学》，上海书店 1999 年版，第 161 页。

生命的绝对死亡为理想的本寂文化传统的东方苦行主义的理解，尽管不无成见，但大体是敏锐、中肯的①。不过应当看到的是，印度文化本身包含了本觉和本寂两种传统的交织。婆罗门思想就属于本觉的传统，但受到沙门的本寂传统的渗透；沙门思想属于本寂传统，但也接受了本觉传统的思想要素。

婆罗门传统与沙门传统的精神差异，导致了瑜伽学的两种不同形态，即婆罗门瑜伽和沙门瑜伽，也决定了印度宗教的苦行实践的两个发展向度：一是从沙门苦行发展到佛教禅学；二是从婆罗门苦行发展到古典瑜伽。对于前者我们在上一节已作了讨论，后者是这一节要讨论的话题。一方面，婆罗门苦行无疑应当追溯到土著传统的渗透。考虑到某种原始瑜伽或内在苦行在达罗毗荼文化中的表现，可以肯定婆罗门思想最早是从达罗毗荼文化袭取这一实践，但是后来对它不断加以完善、提升。对于苦行与对湿婆崇拜的接受是同时的。盖湿婆就是苦行之王，苦行的象征。湿婆崇拜与苦行—瑜伽不可分割。另一方面，苦行实践在进入婆罗门传统之后，逐渐与后者达到完全融合，以至于最终成为婆罗门精神实现自身的手段。这种融合的逐渐深入，以及婆罗门精神的自身发展，推动相应的苦行实践在内容上不断丰富和深化，在形式上不断系统化，导致原始苦行朝瑜伽的转化，以及瑜伽的不断发展。

我们试图在以下内容中，通过对奥义书的宗教实践的疏理，从思想史的角度阐明婆罗门瑜伽是其自身传统之内缓慢酝酿形成的。

婆罗门瑜伽也是两大传统融合的产物。这种融合从梵书、奥义书的原始苦行阶段就已经开始。在这里，一方面苦行实践的内容，基本上都与土著的内在苦行相同，肯定是从后者直接沿袭而来。这种内在苦行的发展，促使婆罗门的宗教实践逐渐从外在的祭祀学，转移到内向的生命修炼领域。另一方面，梵书和早期奥义书思想，已经把这种内在苦行与婆罗门的世界观衔接起来，苦行成为获得对某种形上学绝对真理的直觉（梵智）的手段，而通过这种梵智，人就可以赢得世界和永恒。被视为形上学的绝对的，乃是一个作为世界总体和根源的宇宙大我。不过这个绝对只是宇宙论和自然泛神论的。在这里，省思还没有进入真正的超越和反思的自由国度，而仍与原始土著思想一样处于自然思维领域。我们将这类苦行称为原始苦行。它还不是真正的宗教。这种原始苦行，在《阿闼婆吠陀》和梵书时代就已十分流行。在早期奥义书中，它终于代替祭祀，占据了宗教实践的主流。奥义书最早的实践仍是以祭祀为

① 不过由于文化传统的差异，欧洲人对印度瑜伽经常会有误解。瑜伽往往被与原始民族的魔法化的苦行等同。比如 A.E.Gough 说："瑜伽是意识消失在无分别的空虚状态，是一个属于低等文明的原始民族的病态活动。"（A.E.Gough, *The Philosophy of the Upaniṣads and Ancient Indian Metaphysics*, Kegan Paul, London, 1891. 19）。

核心，以祭祀观想为主要内容的，但是由于土著的苦行实践的持续渗透，也由于林栖阶段祭祀受到很大限制，导致在早期奥义书阶段，苦行就已经取代祭祀成为实践的核心。因此早期奥义书的实践经历了从祭祀到苦行的转型。

苦行之最终取代祭祀，为瑜伽的形成准备了条件。在奥义书中，瑜伽其实就是一种新的苦行。它是原始苦行与婆罗门的超越和反思思维结合形成的。这种超越和反思的形成，对婆罗门传统而言，是其自身精神成长的结果，是其精神自由的真正实现（参考本书第一部分第二编引言和结语）。奥义书瑜伽最早的内容与原始苦行基本相同，但是在这里，苦行被作为证悟一种超越、内在的真理的途径，具有了超越的理想，因而成了真正的宗教。最早的奥义书瑜伽，比如《蒙查羯》的出世瑜伽，内容是非常粗略、模糊而且零散的。到了《羯陀》的内在瑜伽，其各修行环节才开始构成一个有内在次第的系统。内在瑜伽初步构成了一个包括止根、总持、禅定、三昧等固定环节的体系，而且瑜伽包含的思想进一步深化，瑜伽成为一种形而上学的内在超越的体现；其修道宗旨和解脱境界都强调原我与自性的分离，更符合古典瑜伽的精神；但是内在瑜伽的体系仍很不完备，各环节的内容还嫌粗略、模糊。事实上在婆罗门传统中，成熟的瑜伽体系到晚期奥义书，比如《白骡》和《慈氏》才出现。《白骡》瑜伽明显更成熟，它具有更强的系统性，瑜伽支之间有清晰的衔接、过渡，另外它还增加了一些重要的瑜伽支，且各支的内容也更详尽、更富于可操作性。其中，调身、调息、静虑等支都是首次出现，总持、有觉三昧等则首次得到清晰阐明。它的最大特点，是把打破世界幻相、证入超绝本体作为修道的方针和解脱的理想，故我们称之为幻化瑜伽。到《慈氏》的六支瑜伽，奥义书的瑜伽学才具有了最完备的系统。《慈氏》首次对各重要的瑜伽都进行了命名，并明确将其综合起来形成固定的修道整体。六支瑜伽是巴檀遮厘八支瑜伽的先驱，将八支中最重要的内容都包含在内，且其名称和顺序都基本被八支瑜伽沿袭。《慈氏》瑜伽可以说是奥义书瑜伽的最成熟形态。它的特点是把证入无住、无得、空寂的自我本体作为瑜伽修行的核心和最终理想，故我们称之为无住瑜伽。幻化瑜伽和无住瑜伽都明显受到佛教影响。

我们将阐明奥义书宗教实践，经历了以下转移：其一，祭祀（为其最原始层面，以观祭为主）；其二，原始苦行（继承吠陀、梵书的苦行，尚无精神反思与超越）；其三，前瑜伽（精神的超越与反思贯彻到苦行实践中，但尚未得瑜伽之名）；其四，出世瑜伽（苦行实践之最早被称为瑜伽者，但内容仍粗略且无系统）；其五，内在瑜伽（实现初步系统化，以证悟心、物之截然分离为宗旨）；其六，幻化瑜伽（瑜伽系统得到进一步充实和加强，以证悟本体之内在超绝性为宗旨）；其七，无住瑜伽（形成完备的瑜伽系统，以证悟本体之无得、无住性为宗旨）。

从原始苦行到无住瑜伽的发展，是符合精神的内在逻辑而展开的。这一方面在于瑜伽操作层面的逐渐系统化、具体化、丰富化，另一方面在于在思想层面的逐渐深化和提升。这种发展最终是由奥义书精神省思的进展决定的。盖实践是精神省思的客观实在，其发展是省思发展的客观体现（参考本书第二部分第二编引论）。奥义书瑜伽也是如此。首先它的逐渐系统化，是由省思的自身必然化即概念化决定的。当奥义书的超越和反思思维凝固为必然的概念，那么瑜伽实践作为这省思的客观实在，便形成了固定的组织、系统。其次瑜伽的不断深化，是由奥义书的否定和反省思维的不断自我提升和自身深化决定的。否定思维总是要不断否定自我和世界的直接、现实的存在而确立一种更高远的真理，反省思维则不断否定自我的外在偶像而追寻一种更本质、内在的存在。二者的无限交替进行，使奥义书的精神省思从自然思维深化为真正的超越与反思，再过渡到对超绝本体的觉悟，最终落实到对无住本体即自由本身之本己的觉悟（参考本书第一部分引论）。正是奥义书精神省思的这种转化，决定奥义书的实践从原始苦行到出世瑜伽、内在瑜伽、幻化瑜伽、无住瑜伽的逐渐深化。这种省思的发展，最终来自自由的推动。自由本有的自身绝对化意志推动着省思的无限发展，导致奥义书的瑜伽实践不断企图否定任何直接、外在的存在，领会更本质、内在的真理，从而不断地深化自身。

因此我们对婆罗门瑜伽的形成和发展过程的疏理将从思想史的角度证明：婆罗门瑜伽尽管最早的根源是渗透到吠陀传统中的苦行实践，但是它是在婆罗门、奥义书思想中孕育形成的，应视为奥义书思想自身发展的结果，而不是从沙门传统中现存拿来的。

由此我们将可以证明，古典瑜伽也是以奥义书为根源的，而且其基本体系在奥义书中已经形成。盖婆罗门瑜伽在奥义书中发展形成，而古典瑜伽也属于婆罗门瑜伽。这在于：其一，八支瑜伽的结构在奥义书瑜伽中就已基本成形，但在沙门瑜伽中却是完全没有的；其二，古典瑜伽的宗旨是通过证悟真实自我获得解脱，与沙门瑜伽的旨趣判然有别，可以肯定是从奥义书瑜伽发展而来的；其三，古典瑜伽的二元论形而上学，与《羯陀》瑜伽基本一致，但也与沙门传统格格不入（耆那教的类似思想应来自数论影响），这也暴露出它与奥义书瑜伽的亲缘性；四、古典瑜伽的理想是自我恢复其真理、清净和自由，这也与沙门瑜伽旨在生命、灵魂之断灭的理想根本不同，而完全是由奥义书瑜伽发展而来。这些对比表明，古典瑜伽不是从沙门传统中，而是在婆罗门传统中发展出来的。它的基本框架在奥义书（比如《慈氏》中已经形成。兹后婆罗门瑜伽经过在史诗时代的进一步完善，并汲取耆那教和佛教瑜伽的一些内容（比如夜摩和尼夜摩二支，肯定来自这二者的影响），终于导致古典瑜伽的形成。

我们在下面的讨论中，将把奥义书宗教实践的上述七个阶段分成两个大阶段，以梳理婆罗门瑜伽的形成史，即：其一，早期奥义书的实践（祭祀、苦行）；其二，瑜伽在奥义书的产生和发展（前瑜伽、出世瑜伽、内在瑜伽、幻化瑜伽、无住瑜伽）。兹论之如下：

## 一、早期奥义书的实践

对于奥义书而言，一方面，其最早的实践仍然与梵书的祭祀学衔接。《广林》和《唱赞》等早期奥义书，就包含了大量祭祀学内容。其于祭祀仪轨、观想之开示，占了相当大的篇幅。其所涉及的祭祀，有须摩祭、糜祭、元气祭、生命火祭等（详请参考本书第二部分第二编第二章第一节第一目），此外还有求欢、交合、求子等诸多仪式。在奥义书中，首先，祭祀完全失去与神性的关联，成为操纵宇宙力量的手段，因而被魔法化。其次，与林栖、苦行的生活对应，观祭（在观想中进行的祭祀）代替实祭（在家婆罗门举行的实际祭祀活动）成为祭祀的主要内容。盖吠陀祭祀本来就包括祭仪与敬思两部分。祭仪即祭祀的仪轨，敬思是执祭者在祭祀中伴随祭礼而进行的观想、沉思。在奥义书针对的苦行阶段，大多数祭祀已经不具备实施的条件，因而被以单纯观想代替。这种观想主要是沉思祭祀各环节与人、宇宙的同构。如 BṛihI・4・17 云应观想祭祀为五分（即祭祀之五献：诸神、人类、仙圣、父祖、生灵），牺牲为五分，人为五分（末那、语言、眼、耳、元气），世界为五分（月、火、日、空、风），此各五分——实质相同。BṛihIII・1・3—6 则以四位祭司等同于宇宙、自我的四种存在方面。ChānI・3・6—7 要求观想 Udgītha 包含的 ud、gī、tha 三音，分别即是天、空界、地；日、风、火；元气、语言、食物。ChānII・2—22 则将世界万有皆分为五分，提出应观想其与五分娑摩之等同。在早期奥义书中，祈祷、祭祀都没有如其在更高级的有神宗教（犹太教、基督教）中那样，成为领会、分享神圣存在的内在修炼，而完全只针对外在对象，且服务于功利目的。无论是实祭还是观祭，都既脱离了原先的神性崇拜，也没有成为一种身心修炼的途径，因而几乎没有什么精神价值。随着苦行的日益渗透，祭祀学的主导地位最终被苦行取代，祭祀本身也被纳入到了苦行之中。

另一方面，苦行也是早期奥义书的重要内容并且最终成为宗教实践的核心，这使祭祀学的外在化弊端得到克服。正如我们在上一节谈到的，苦行本属于土著的带有魔法性质的实践，但是它从《黎俱》晚期就开始渗透到婆罗门传统中，且逐渐变得重要。《黎俱》就提到过蓄长发的裸体苦行者及苦行带来的神通或神秘体验。《阿闼婆》说人通过苦行可以控制宇宙和诸神。在梵书时代，苦行乃进入婆罗门宗教的主流。苦行经常被与祭祀等同，被赋予创世的意义。然而它们对于苦行实践的具体内容都缺乏清晰的说明。苦行看来包括外在苦行和内在苦行。然而到此为止，它在婆罗门的宗教实践中仍未占据主导地位。然而这种情况在森林和奥义书时期发生了变化。在这一阶段，苦行最终代替祭祀成为宗教活动的核心。被记载的苦行形式，除了诸如乞食、斋戒、自饿、暴晒、事火等外在苦行，还包括调息、观想、布施、世家、离欲、寂静、安住、忍、定、清净、自制等内在苦行。据信人依祭祀只可获得来世善果，依苦行则可以获得永恒。关于婆罗门的外在苦行，耆那教和佛教的记载颇多。如《长阿含经·散陀那经》记当时的婆罗门苦行有："离服裸形，以手障蔽。不受瓨食，不受盂食，不受两壁中间食，不受二人中间食，不受两刀中间食，不受两盂中间食，不受共食家食，不受怀妊家食。见狗在门则不受其食，不受多蝇家食，不受请食。他言先识则不受其食。不食鱼，不食肉，不饮酒，不两器食。一餐一咽，至七餐止。受人益食，不过七益。或一日一食，或二日、三日、四日、五日、六日、七日一食。或复食果，或复食莠，或食饭汁，或食麻米，或食穄稻。或食牛粪，或食鹿粪，或食树根、枝叶、果实，或食自落果。或被衣，或披莎衣，或衣树皮，或草襜身，或衣鹿皮。或留头发，或被毛编，或着塚间衣。或有常举手者，或不坐床席，或有常蹲者，或有剃发留髦须者。或有卧荆棘者，或有卧果蓏上者，或有裸形卧牛粪上者。或一日三浴，或有一夜三浴。以无数众苦，苦役此身。"这些都属于外在苦行之列。

然而，对于内在苦行的实际操作，不仅早期奥义书中相关的素材很少且缺乏系统，其他文献中也殊乏记载。在早期奥义书中，较多的是对苦行包含的观想的说明。BṛihIV·4·23 提到寂静、安住、忍、定，但未展开其实践意义，此外，离欲、清净亦被提及。TaitIII 开示通过苦行（tapas）依次证食、元气、意、识、喜乐为万有之真理；此所谓苦行，实即禅定。TaitIII 其实阐明了一种禅观的方法。这就是在定中先思择食即物质质料为万物始基。如实印忍之后，再进一步观想食乃以元气为根源，元气才是万有的真理。如此再进一步深入，依次观想意、识、喜乐，最终证悟喜乐为万有之真理、大梵，人若证此即得至上喜乐。另外，多种早期奥义书都开示了调息之法，尽管调息（prāṇāyāma）一词迟至 MaitVI·18 才正式出现。KauṣII 提出的所谓内在火祭，其实就是最原始的调息法。其法乃是以控制人的呼吸代替火祭，要求人说话时，应观想献祭呼吸于语言中；当人呼吸时，应观想献祭语言于呼吸中。这实际上是把每一次呼吸都作为献给元气即至上我的祭品而献出。在奥义书中，调息法后来脱离与祭祀的关联，成为一种独立的修道方法。如 BṛihI·5·23 要求控制出息与入息，同时默念"愿罪恶、死亡不得我"，谓如此持之以恒，即可最终与元气合而为一。ChānI·3·3 也开示了一种调息法，就是努力使人粗显的出、入息逐渐变得微细、均匀并消失到最微细的通气之中；且在调息中专念 Udgītha，使 Udgītha 与气息合一。

类似地,ChānI·5·3要求观想出息和入息为念Om声,这是将呼吸专念Om结合(与佛教的数息法原理一致)。Tait III·10亦说人欲得大梵,应制伏、持守出、入息。在中、晚期奥义书中,调息法得到更详细的规定且逐渐成为瑜伽的一支(ŚvetII·8—16;MaitVI·18)。尽管TaitIII试图将其苦行实践体系化,但总的说来,在早期奥义书中,上面所提到的诸苦行项目并没有被构成一个系统。早期奥义书中论及苦行,最详尽的是在苦行的观想方面,而且这种观想被与祭祀同化了。这种观想的理论基础是人与宇宙的等同,这导致早期奥义书将人的生命与祭祀本身等同。于是苦行就是把生命的全部内容当作一种献祭。生命的意义随之得到升华。在这里,献祭不再是一种外在行为,而是内在的精神修炼;不再是为了获得世俗利益,而是为了出世解脱。外在仪式被转化为内在的修行。此如ChānIII·16—17谓应以人的全部生活为一场须摩祭。其初二十四年为须摩祭之晨奠,次四十四年为午奠,最后四十八年为暮奠。饥渴痛苦为先导仪,饮食且悦乐为预备节,欢笑、饮食和性爱为祭祀之唱、诵,苦行、布施、正直、不害、真诚为与祭酬,生育为再生仪,死亡为祭后沐浴。在这里,人的生命本身被当成为了一种更崇高的目的而作的牺牲,因而具有了一种宗教的意义,苦行、布施、正直、不害、真诚等美德都成为宗教修行的内容,人的全部一生成为一个自我净化过程。BṛihVI·8—16的五火说,也是把人生命轮回的每一阶段的存在,视为献给元气、至上我的祭品。其云生命于流转中应经历五种祭火:天界、空界、地界、男人、女人。祭火在这里只有譬喻意义,指生命净化必经的阶段。生命作为祭品被投入不同祭火,在其中熔炼、升华,然后再生。ChānVIII·5则以梵行总概全部苦行,其云:"人所谓祭祀,实际是梵行,知者唯由梵行得彼故。复次,人所谓献祭,实际是梵行,人唯以梵行希求方得见自我故。复次,人所谓长祭,实际是梵行,人唯由梵行发现真我之护持故。复次,人所谓寂默,实际是梵行,人唯当由梵行见自我方得思维故。复次,人所谓斋戒,实际是梵行,人由梵行得见之自我不坏灭故。复次,人所谓林栖,实际是梵行。"其书实际上是以祭祀、寂默、斋戒等代指全部生命修行,要求观想此一切皆是梵行,以为唯其如此才能于一切界得无量自由。所有这类观想的最终目的都是超越的、宗教性的,这就是进入梵界、彼岸,获得无限自由。正是作为观想,祭祀学被整合到苦行之中,成为并作为其修观的方面,丰富了苦行的内容。苦行也正是通过其观想,同化并彻底取代了祭祀的地位。

在梵书、早期奥义书的苦行中,来自土著文化的实践被与婆罗门的世界观和真理追求结合起来。首先,苦行的魔法力量被给予了典型婆罗门的宇宙拟人论和泛神论解释。苦行之所以能控制宇宙、诸神,在于人、宇宙、诸神三界之同质同构,或在于世界就是一个大我,所以人的行为必有宇宙效应。这种解释是其他原始文化的苦行所没有的。其次，苦行被与雅利安文化特有的真理追求的理想性嫁接，苦行成为追求某种绝对真理，实现伟大理想的途径。在奥义书中，苦行是为了获得智慧，即对真理的觉悟，只有通过智慧才能实现理想。在这里，所谓真理其实是一种泛神论或泛我论的真理，所谓智慧就是领会世界皆属于大我，以大我为根源。苦行的目的就在于通过刻苦的身心修炼，达到这一领会。通过这一领会，个人的小我得以成为宇宙大我、绝对，因而获得永恒。

总之，在早期奥义书中，苦行最终取代祭祀，成为宗教实践的核心，这为瑜伽的形成准备了条件①。前文以上一节第二目的分析，表明早期奥义书的上述内在苦行的基本实践与吠陀、梵书乃至土著的内在苦行没有实质区别，基本上是继承它们而来的；在这种意义上，我们姑且称奥义书的上述苦行为原始苦行，以与后来新的苦行形式即瑜伽区别开来。梵书、奥义书的原始苦行与土著苦行的区别，在于它被嫁接了婆罗门的世界观和真理追求，成为证悟绝对、获得永恒的途径。这体现了来自土著的苦行实践与婆罗门思想的初步融合。

不过，梵书和最早的奥义书领会的绝对真理，完全是宇宙论和泛神论的，既非超越，亦非内在。因此它们的内在苦行还不是真正的宗教。然而婆罗门思想的自身发展，导致真正的超越和反思思维的形成，而瑜伽的产生，就在于奥义书的内在苦行被与这种超越和反思思维衔接起来，苦行成为证悟一种超越、内在的真理的途径，成为超越和反思思维的客观化，它于是成为真正的宗教。在瑜伽直接由原始苦行发展而来，其具体操作最初与后者没有大的区别，二者的历史会相互重叠。

## 二、瑜伽在奥义书的产生和发展

无论是从文化比较还是文物考古的角度，都可以证明瑜伽是从土著苦行发展而来的②。学者早就设想瑜伽及与之相关的湿婆崇拜的非雅利安起源，这一点后来通过考古发掘被证实。湿婆后来与吠陀的风暴神鲁陀罗结合。他被设想为独居于深山的苦行者，辫发涂灰，止息摄念、断诸思想、萧然静坐。但同"苦行"（tapas）一样，"瑜伽"（Yoga）一词则是典型的印欧语系词汇，其本意为"轭"或"给……上轭"、"驾

---

① 中、晚期奥义书更清楚地反映了这一过程的结局，如 MuṇḍI・2・10—11 云："祭祀与功德，奉为至上行，彼等迷狂者，不知有余善。既于善业致，天界之顶端，受尽复坠于，此世或更劣。清净之智者，乞食以自活，且于丛林中，修苦行、信仰，乃由日之门，无欲离此世，达不死原人、阿特曼之处。"

② 参考本章上一节的讨论，以及 A.E.Gough, *The Philosophy of the Upaniṣads and Ancient Indian Metaphysics*, Kegan Paul, London, 1891. 18.

驭”。可以肯定这是土著的苦行实践传入婆罗门文化之后，雅利安人给予它的名字。对此一个有力证据是非雅利安起源的佛教、耆那教，尽管其所修的禅定、苦行的内容皆完全属于瑜伽范畴，但却没有被称为瑜伽（其被称为瑜伽是很晚的事）。盖瑜伽之收摄诸根，与制伏、驾驭烈马相似，故雅利安人接受这种土著的苦行实践之后，乃以“yoga”名之，也是很自然的事。比如 Kāṭh III・4 和 MaitII・6 皆明确喻诸根为烈马，末那为缰绳，觉谛为驭者，而将瑜伽比作制伏烈马。可以肯定瑜伽之名最早出现于婆罗门传统，而且出于奥义书。

此词的出现应当是苦行实践被婆罗门传统接纳之后很长时间的事情（从《阿闼婆吠陀》到早期奥义书，皆未提及此词）。或者说，当婆罗门传统以瑜伽来指苦行实践时，苦行已经发展到了与原始的外在苦行和内在苦行都大不相同的阶段。因此在婆罗门传统中，我们说到的瑜伽，实际上是专指这一阶段的苦行，而与达帕（tapas）区别。这种新的苦行实践，即瑜伽，具有以下特点：其一，在苦行的目标方面，它已经彻底被排除魔法、功利的要求，而完全是为了获得对存在和自我的真理之超越的直觉；其二，在苦行的方法上，它删除了原先内在苦行的许多原始的、带有巫术和祭祀学色彩的内容，增加了不少有助于精神提升的新项目，并将原先零散的苦行实践组成较为严密的系统，其中每一项目都是为了净化心灵、培养精神专注，为获得超越的直觉作准备；其三，苦行的理想已经排除任何世俗因素，而只是为了解脱现实世界的系缚，恢复自我本有的超越、自由、独存。由此可见，在瑜伽与原先的苦行，包括早期奥义书的苦行之间，都存在巨大鸿沟。这些特点归结为一点，就是瑜伽具有了真正的精神超越和反思。这反映出原始的苦行实践在进入婆罗门传统相当长时期之后，终于与奥义书的精神超越和反思结合起来，以至其修道的措施、目标和理想都发生了本质的改变。这种新的实践在奥义书中期才出现，而且被明确称之以瑜伽之名。我们称这种在婆罗门传统之内形成的瑜伽为婆罗门瑜伽。婆罗门瑜伽与沙门瑜伽在其形成和发展中，肯定是相互沿袭、相互影响的。

关于佛世以前沙门瑜伽的发展史，目前没有发现直接的资料，而关于婆罗门瑜伽，我们也只有在奥义书中才能找到关于其形成史的直接资料，而且这方面资料同样也是很不充分的。我们根据这些资料，可以将奥义书中瑜伽学的发展分为以下几个阶段：

第一，前瑜伽。

考虑到一方面瑜伽的许多内容都与早先的苦行相同（如调息、观想、禅定等），另一方面最早的瑜伽内容也极不完备，这意味着我们如果以是否具备某一瑜伽环节作为标准来区分苦行与瑜伽，将根本无法在二者之间划出清晰的界限。有鉴于此，更合理的选择，只能是从二者的宗旨和目的上进行区分。也就是说，这种苦行是否具有超越的理想，是否将超越的精神贯彻到实践之中。如果符合这样的条件，那么它就是瑜伽，否则就仍然属于早期奥义书的内在苦行。倘若如此，那么我们可以确定，在奥义书中，瑜伽实践在有“瑜伽”这个名称之前就已经出现了。从我们以下分析的将可以看出，依内在苦行超越世俗世界，回归超验、内在的自我，早期奥义书就已有此类实践。这种实践既是反思，又是超越，所以它是一种内在超越。如果我们将这种实践同《蒙查羯》的“出世瑜伽”进行比较，就会发现二者的宗旨、内容都基本上是相同的。因而这种实践无疑也应属于瑜伽的范畴。我们姑且称之为前瑜伽。易言之，前瑜伽在早期奥义书即已存在，与奥义书的内在苦行直接衔接甚至重叠，二者之间没有不可逾越的鸿沟（本节前一目谈到的内在苦行，许多都属于前瑜伽范畴）。前瑜伽的特点就在于把奥义书原先的苦行与一种超越理想衔接，使苦行成为超越的实践，然而其内容往往非常零散、任意、暧昧，反映了瑜伽在其最初萌芽阶段的情况。

KauṣI · 2—7 就反映了这种前瑜伽的实践。它所描述的灵魂进入天神界之后的经历，其实暗示一种精神修炼的经历。其云灵魂既行天神道，乃依次经火、风、婆楼那、日、因陀罗等诸界，最终进入梵界，此后灵魂还要经过贪恚湖、制贪时、不老河、如意树、强弩城、无胜幢、因陀罗和生主、广大堂（我慢）、远照床（识）、无量光座（元气）、意、眼、诸天女、诸母、诸保姆（觉谛）、小母河，最后与大梵合一。在印度思想中，亡灵的归宿往往与宗教实践的环节、境界对应（如佛教与四禅八定对应的有色界四禅天和四无色天）。KauṣI · 2—7 就预设了一种苦行实践。这一点，通过 I · 4 的叙述得到较清晰表现，其云：“彼至贪恚湖，乃以意渡之。既至此，彼唯知当前境者，则溺。彼遂至制贪时。彼等皆逃去。彼至不老河，亦唯以意渡之。彼于此脱落善恶业。其亲朋承其善业，非亲者承其恶业。于是，适如驾者俯视车之二轮，彼亦如是俯视昼夜、善恶，及一切有二相。彼人既离善业，离恶业，为知梵者，乃趋向此大梵。”可以肯定这暗示了苦行者通过其心灵（意）否定感觉、情感、时间、善恶乃至一切经验表象，领会自我的永恒、超验存在的实践。总的来说，KauṣI · 2—7 暗示了这样一种实践，即依次敬事火、风、婆楼那、日等且超越之（此种实践甚至在原始佛教中都存在），然后再依次超越情感、诸根、意、我慢、识、元气、觉谛等心识内容，超越全部有二、有差别相，全部流转的、时间性的现实，进入超验、恒常、内在的自我实体。可以看出，KauṣI 的上述实践的具体内容，大多是早期奥义书的内在苦行早就具有的。KauṣI 只不过是将这些苦行与婆罗门的超越理想衔接起来而已，而这正是瑜伽最根本的特点。不过 KauṣI 的说法极为混乱、模糊，其神话、寓言式的表述使其思想显得十分幼稚、笨拙。在这里，瑜伽还是试探性的。

这种前瑜伽，在一些别的奥义书中往往表述得更清楚。如BṛihIV·4·23云："常住广大梵，不因业增减。人应亲证彼，知彼离业染。人若得此圣智，得寂静、安住、忍、定，则见我（色身）中之我，见一切为我。……彼乃成为大梵，无罪、无染、无疑。"在这里，寂静、安住、忍、定，此外还有离欲、梵行、乞食、出世、自制、布施、慈悲等苦行之法，被当作否定世俗世界的污染和系缚，证悟超越、绝对的真理、自我，获得灵魂最终解脱的手段（BṛihIV·3·21）。这同样是把奥义书原先的内在苦行与婆罗门的精神超越和反思衔接起来，而这正是瑜伽的根本特点。同样，TaitIII的五身观想，也旨在通过苦行证入自我的超越、绝对真理。这就依苦行依次证食、元气、意、识、喜乐为真理，其归宿是喜乐，即超越、内在的存在本体。与BṛihIV·4·23一样，这也是将原先的苦行与婆罗门的超越和反思结合起来。ChānVIII·5的梵行也同样包含了婆罗门的超越理想。这通过VIII·13—14对解脱境界的描述得到证明。其云："我从黑暗（熟眠位）进入多色（梦、醒二位）。从多色进入黑暗。捐除罪恶，如马摇落其毛；捐除根身，如月离罗睺之口。我为成熟者，乃入不生之梵界。噫！入不生梵界！信然，虚空是名色依止。大梵为彼等（万有）依止。彼即不死者，彼即自我。"

PraśV·1—7的瑜伽则试图把持念Om咒（口念或默念）同观想补鲁沙合并起来，试图通过长期持续这样的实践，达到高度的精神集中，就可以豁然开悟，亲证并融入至上补鲁沙之中。KāṭhII·15—17；MuṇḍII·2·4反映了此种瑜伽的最早方法，就是在持续念诵Om的同时，观想Om与大梵的同一。此种瑜伽越到奥义书后期，越得到巩固。《六问》与《蛙氏》皆开示其法，且对《羯陀》、《蒙查羯》之义有所发展。PraśV·1—7将Om分成三个音素：A、U、M。其云持念Om的正解方法，是即同样、连续地唱出A、U、M三个音，同时观想这三者就是梵的三个方面（醒位、梦位、熟眠位），而Om则为梵之整体（至上梵）。其云："三音分离用，仅致生死道，若合用三音，于外、中、内行，而不分离之，智者不动摇。"此中所谓外、中、内行，可能分别指以高声、低声和意念进行唱祷的方式。人若只持念三音之一，死后可投生人间善处；若持其中二者（A、U），则入月宫，再返回人间。但是这二法皆只能致生死之中的果报，而不能得解脱。只有同时若持念三者全部，才能通过天神道最终入于梵。总之其法将持念Om瑜伽复杂化。它与佛教念佛三昧实质相同[①]。再进一步的发展是《蛙氏奥义书》（MāṇḍIX—XI），它在组成Om声的A、U、M三个音之外，还立一个无音（amatra），要求在持念Om的同时分别此四者与自我的醒位、梦位、熟眠位、第四

① 类似地，佛教的念佛法门也有将"南无阿弥陀佛"分为"南—无—阿—弥—陀—佛"六个字分别念出并观想每一字的寓意最后合观其整体含义者。

位（turīya）的等同，使其法具有了超理性的神秘意蕴；这应当是以PraśV的法门为前提的。

总之，尽管早期奥义书的上述实践，尚未被称之为瑜伽，但它们同《蒙查羯》的"出世瑜伽"的内容都基本上相同，因而也完全应纳入瑜伽的范畴。前瑜伽就是已进入奥义书传统中的苦行实践与婆罗门的超越理想衔接的结果。否定世俗存在、进入某种超越真理的追求，贯彻到前瑜伽的全部实践之中。如果说实践是客观的思想，那么前瑜伽就是客观化的内在超越。从吠陀、奥义书最早的苦行到前瑜伽，是一个连续的发展过程。但作为瑜伽的最初阶段，前瑜伽在内容上仍然很零散、任意、模糊，缺乏系统性。前瑜伽达到的内在超越，也是任意、模糊的。

第二，出世瑜伽。

尽管在奥义书文献中，瑜伽一词及瑜伽实践最早出现于《羯陀》，但是《羯陀》的瑜伽，看上去已经较成熟了，而一些在年代上更晚的奥义书，比如《蒙查羯》提到的瑜伽，就明显比《羯陀》的更粗略、零散。由于晚期奥义书的极端杂糅性，我们推测在这里，它们肯定是揉入了比《羯陀》更早的文本片断。在这些片断中，一种更早的瑜伽实践已经出现且被明确冠之以瑜伽之名。有鉴于此，可以认为《蒙查羯》的瑜伽，即所谓出世瑜伽（saṃnyāsa-yoga），是奥义书最早被冠以瑜伽之名者。与奥义书更成熟的瑜伽相比，它的特点是形式上仍然零散无序，内容上仍然模糊粗略。它应当被视为从早期奥义书的内在苦行和前瑜伽向《羯陀》等的更成熟、系统的瑜伽的过渡阶段。我们所谓出世瑜伽，不局限于《蒙查羯》瑜伽，而是指所有处于上述阶段的奥义书瑜伽。

《蒙查羯奥义书》明确提出解脱不是通过祭祀，而在于修所谓出世瑜伽（MuṇḍIII·2·6），但它所开示的瑜伽实践，颇为零散，尚未形成严密的系统。其书谈到了修习瑜伽的条件，包括勉行祭祀、谙习吠陀、顺吠陀教、供奉祭火；省思大梵非由业得，对业果生厌离想，对梵智生希求心；由厌离达到内心的清净安宁、寂静专一。当求道者满足上述条件，就应束薪从学于一得梵智之师傅，由此师傅授以瑜伽之法。以上这些内容在文本中的出现都很随意散乱，是我们将其概括起来。正式的瑜伽修行以证知大梵、自我为目标，然而其具体的方法，同样颇为零散、随意。苦行、持咒、清净、离欲、禅定等被认为是瑜伽的主要内容。如Muṇḍ III·1·8—9云："由心识安定，人得净其性，如是依禅定，证彼无分者。彼微妙自我，唯独以心知，五元气（五根）入故。以心之全体，与诸根（元气）交织，若彼得清净（不复依诸根而动），自我乃显现。"如果我们对此文本的内容作一些整理，那么它开示的瑜伽实践包括：其一，止根，即收摄眼、耳、鼻、舌、身五根，使其脱离外境，返指内心。其二，总持，此即将被驰逐不已的意念系于一处，使不放逸。此如其书所谓心与诸根之交织，后者要求于诸根作用中恒使意念专注于心体。其四，安定，即心平等，不动摇。其五，清净，即由于以上修炼，使得心识清净，不见外杂行相、唯见内一本体。其六，禅定，即心识完全专注，亲证无分别的至上我。大致说来，这就是首先通过止根使意念专注，而意念的专注使人的心识安定，当心识久处安宁就会变得清净，心若清净才能入禅定并如实证悟自我。不过以上先后次第也是我们整理的结果。II·2·3则以为瑜伽除禅定，还应包括勤习奥义书、专注于大梵，其云："《奥义》之利器，应持以为弓；应置其上者，禅定磨就矢。拔之以专注，彼（大梵）性之思想，穿之吾善友，不坏者之的！"II·2·4又提出持念Om咒为瑜伽的核心，谓人应以Om为弓，以心识为矢，以大梵为靶，以心不放逸射穿之，这其实是指人应在念Om时，专注于观想大梵，以期达到心、梵合一。III·2·3还提出了一种与瑜伽的上述自力途径不同的他力途径，即通过神的恩宠获得觉悟、解脱，其云："非由于教导，非由思维力，亦非由多闻，可得此自我。唯彼所择者，乃可得乎彼。于如是一人，自我现自体。"这暗示了巴克提（虔敬）也是瑜伽的环节，甚至是其核心。此外，MuṇḍIII·1·5还提到真知、苦行、正智、常守净行、除诸过恶，III·2·1—6提到离欲、精进、不放逸、专一、敬思神我、睿智（知行业之虚妄）、超越轮回种子等，这些内容也是作为瑜伽的环节被提出来的。但这些内容都缺乏逻辑的整体性，有些甚至相互矛盾。总的说来，《蒙查羯》并不认为得到梵智就是生命理想的实现，即得到了最终解脱，而是认为得梵智之后，仍须经历艰苦的修行，包括林居、乞食、苦行、无欲、精进、不放逸、寂静、专一、智慧、信仰等。若人修行瑜伽圆满，亲证大梵，那么此人逝后，最终将融入至上补鲁沙之中，消失差别、彼此，得至上解脱（III·2·8）。

由此可见，《蒙查羯》出世瑜伽的基本内容，与早期奥义书的前瑜伽实践，基本内容是相同的。它只是把奥义书中早已存在的这种旨在否定自然、回归真我的内在苦行明确冠之以瑜伽之名。如果将出世瑜伽与早期奥义书的苦行和前瑜伽相比，可以明显看出瑜伽在奥义书中酝酿和形成的历程。从吠陀、奥义书最早的苦行到前瑜伽，再从前瑜伽到出世瑜伽，是一个连续的演进过程。不过，同前瑜伽一样，出世瑜伽在形式上仍然零散无序，内容上仍然模糊粗略。同前瑜伽一样，出世瑜伽达到的内在超越，同样是任意、模糊的。

第三，内在瑜伽。

所谓内在瑜伽或自我瑜伽（ādhyātma yoga），就是《羯陀奥义书》开示的瑜伽（KāṭhII·12）。与前瑜伽和出世瑜伽相比，内在瑜伽首先是在实践的内容方面大为深化，如KāṭhIII·5—13提出了通过瑜伽逐次超越诸境、诸根、意、我慢、觉谛、自性，最后证悟补鲁沙的修道法门；其次是在形式方面，它首次把瑜伽作为一个修行的系统，在其中，止根、总持、禅定、三昧等环节得到初步说明，且按照大致被后来瑜伽学接受的秩序组织起来。然而在其中，各瑜伽环节的内容仍然显得粗略、模糊。

《羯陀》所谓瑜伽，包括闻、思、修三学，即：(1) 从学于得觉悟的善知识并听闻其开示实性。(2) 寻思所闻道理，如理抉择。其中最究竟者为抉择真、非真，常、无常，我、非我，是为明辨。(3) 于禅定中摄心内住，观想自我实性，以求证解。其中闻、思是瑜伽的准备，修就是内在瑜伽的内容。

其书开示瑜伽的内容者，集中在 KāṭhVI · 10—15 和 III · 5—13。如 KāṭhVI · 10，11，15 云："10 当五识止息，末那亦与俱，觉谛亦不动，是谓至上道。11 人谓之瑜伽——收摄、制诸根，以此离放逸。15 惟当于此处，断一切心结，故有死者成 / 不死，是为教。" 其中提到了止根、总持、禅定等瑜伽支（后两项较模糊）。于瑜伽开示最详者为 III · 5—13，其云："5 人若无智识，末那不坚住，诸根未制伏，如驾之悍马。6 人若有智识，末那亦坚住，诸根已制伏，如驾之良马。7 人若无智识，意乱恒不净，则不得成就，而入于轮回。8 人若有智识，摄意恒清净，则其得成就，由此不再生。9 若有驭者智，善制意缰绳，其人达途终，毗湿奴胜处。12 虽藏于一切，彼我不显现。唯深识者见，以最深细智。13 智者应制其，语言以末那。应以彼智我（觉谛），制伏其末那。复以其大我（我慢），制伏其智我。终以寂静我（自性），制伏此大我。" 可以看出，瑜伽实践在这里有了初步的系统性，它包括以下环节：其一，止根。这就是以意制伏语言等根，使其不再如烈马一样驰骋、追逐，而是安住于内心。其二，制意。这就是以觉谛制意，使它从跟随诸根摇荡不定，转变为坚住不动，相当于后来的总持。其三，制心（觉谛）。这就是所谓以我慢制伏觉谛，意思较模糊，可能指将心完全固定于确定对象，即禅定。其四，制我慢。盖我慢包含心、物分别，禅定的更高境界是心、物融合，故必须制伏我慢，等同物我，此即三昧。《羯陀》在这里所谓以自性制伏我慢，意味着将我慢以至诸根的全部表象都泯灭到自性之中，进入无见、无相的境界。这其实就是后世瑜伽所谓的无觉三昧（asaṃprajnata samādhi）①。另外，在《羯陀》中，还有一些瑜伽法门没有被整合到上述系统中去，比如 KāṭhII · 15—17 的持念 Om 法门，KāṭhII · 12，23 提示了通过虔敬皈依神获得亲证的巴克提瑜伽，等等。

内在瑜伽的理想，是通过禅定最终使原我从自性分离，证入原我的纯粹存在。

---

① YSI · 18："无觉三昧是另一种三昧。它通过一贯坚持修习胜义离欲而生。后者引心相之灭尽，唯余习气。" YBI · 18："心相灭尽生于胜义离欲，后者断灭一切境，故无觉三昧心完全无对、无相，而且其自身似乎亦不存在。此种无种三昧，即是无觉三昧。"

这种理想以心、物的彻底分离为目的，体现了明显的实体二元论思路。如 VI・17 云："原人大如指，恒居众生心，为其内自我，人应以勇韧，拔之于色身，适如抽芦心。人应知彼为，清净不死者。"这就是通过禅定把真我从遮蔽、系缚它的自性中抽离出来。这须要长期且极仔细的工夫，如从芦苇中抽其心然。这种抽离工夫，既是去除妄心的覆蔽而领会真我的本体，也是将自我从自性拔出，去其漏染，复其清净，即断惑、贪、业三种"心结"，使自我得其独存。这是奥义书瑜伽的解脱理想中，最具二元论形而上学色彩者。这种理想也体现在内在瑜伽的实践宗旨之中。这在于在这里，宗教实践不再像早期奥义书追求的那样，仅仅是把自我"融入"某种绝对本体，而是更强调自我与世界的"分离"。这种实践就是一种清晰的形而上学或理智的超越（参考本书第一部分第二编第二章引言和小结），或曰这一超越的客观化。这一点，通过 VI・17 将自我从自性抽离出来的实践得到充分表现，同样也通过 III・5—13，VI・7—8 开示的次第超越诸尘、诸根乃至自性本身以恢复自我的纯粹、超验存在的过程得到表现。《羯陀》瑜伽这种立足于更清晰的实体二元论的修道宗旨和解脱理想，使得它成为奥义书瑜伽中最符合古典瑜伽精神者。与后者一样，内在瑜伽体现了一种形而上学的超越。

总之，与前瑜伽和出世瑜伽相比，《羯陀》的内在瑜伽，在内容上得到了实质的深化，在形式上也得到了初步体系化，其修道宗旨和解脱境界都更符合古典瑜伽的精神，体现了一种形而上学的超越，但其修证的系统仍然很不完备，各瑜伽环节缺乏详细说明，有些环节的内容仍十分模糊。这意味着它离婆罗门成熟的瑜伽还有很长的路要走。在奥义书中，成熟的瑜伽体系到晚期奥义书才出现。

第四，幻化瑜伽。

我们用幻化瑜伽来指《白骡奥义书》所开示的一种瑜伽行法。与内在瑜伽旨在实现原我与自性的分离不同，幻化瑜伽的宗旨在于证解自性为幻，从而使其彻底断灭，自我遂呈现为唯一真实的存在，即超绝、内在的本体。另外与内在瑜伽相比，幻化瑜伽的系统性明显加强，内容也更丰富：修道环节更多，各环节的内容也更具体、详细，更富于可操作性。

《白骡》于瑜伽开示最为系统者，见于 ŚvetII・8—15，其云："8 三部（头、胸、颈）要笔直，身躯不动摇，收诸根与意，归之于内心。……9 既制诸动作，及调息于此（指体内），人当由鼻孔，运微弱气息。意念如烈马，所系之车乘，有智慧者应，制之不放逸。10 于清洁平正，无凸石、火、砂砾，有水声以及，类似悦思相，无犯于目处，人应择避风，清净安隐所，于此行瑜伽。11 雾、烟、日、风、火，飞萤与闪电，琉璃与月光，此诸影像现，于瑜伽先于，大梵之显现。12 地、水、火、风、空，五德瑜伽起，得瑜伽火身（得瑜伽火所成之身），乃无老病死。13 轻、安且康健，面貌之清敷（容貌之清新、舒展），声音之和悦，体芬少排泄，人言此诸相，乃瑜伽初果。14 如镜蒙尘埃，拂拭生光辉。一俟有身者，见自我自性，乃成为一如，成就、离苦厄。15 当以我自性，譬若灯光明，见大梵体性，证知彼无生、脱离一切谛、不动之神圣，彼瑜伽行者，尽解诸系缚。"其瑜伽行法包括以下环节：其一，调身，即 §8 开示的瑜伽坐法，要求头、胸、颈笔直，身躯不动摇，且长时间保持此种姿势不变。这是奥义书中首次提出调身法，古典瑜伽的坐法即由此延续而来。其二，调息，即调整呼吸，于 §9 有详细解释，不仅要使呼吸更微弱、均匀，而且要把意念集中于对呼吸的观想之上，即心息相依。这也是奥义书中首次明确提出调息法（早期奥义书的元气论似乎暗示了某种对呼吸的观想，但与调息法尚有距离），古典瑜伽的调息法即由此而来，并进一步将调息分为数息、随息、观息三环节。其三，止根，见于 §8，即收摄诸感觉与末那，使其脱离外境，返指内心。止根一项，《羯陀》等已有开示，《白骡》在这里基本上是继承旧说。其四，总持，即 §9 的制意，就是将被驰逐不已的意念系于一处，使不放逸。按照古典瑜伽的方法，这就是在修定时，将心思意念完全固定于选择某一具体对象（如日、月、神像或自己的眉间、鼻端、肚脐等）之上，以增长定心。总持之法《羯陀》、《蒙查羯》等皆已涉及，但极模糊，《白骡》始对其有清楚的说明。其五，三昧，即心一境性（心、境完全融合为一）。古典瑜伽所谓三昧有有觉三昧和无觉三昧之分，前者仍有心相生起，后者则一切心相灭尽（与佛教的无想定相同）（YBI·1）。二者在以上文本中皆有体现。首先，§12 所谓五德瑜伽，应当被归属于古典瑜伽有觉三昧中的有寻三昧位①。在有寻三昧位，心识绝对专注地观想五大等粗显的行相（完全排除其余世界的存在），达到心境一如。而所谓五德瑜伽，就是瑜伽士依次身中的地、水、火、风、空五大，与其一一达到心一境性。这与有寻三昧的内容相同。瑜伽学相信，此种三昧能使组成色身的五大得到净化，从而获得无老、病、死的瑜伽火身②。《白骡》对有寻三昧的开示，及修此而得瑜伽净妙身的观念，都是此前奥义书所没有，且被后来的婆罗门瑜伽普遍接受。其次，§14，15 所阐明的瑜伽

① 古典瑜伽所谓有觉三昧，又分以下四位：第一是有寻三昧位，心识仍缘取某一粗显的行相，如五大（地、水、火、风、空）元素、神像等，并伴有名言思维。第二是有伺三昧位，不缘粗境，只缘五唯（色、声、香、味、触）等细境并使心识与其等同起来。第三是无寻三昧，缘粗境但无名言思维。第四是无伺三昧，缘五唯细境但无名言思维。当瑜伽行者最后对我相也生厌离，则一切心相皆止熄，心如空无，这就到了无觉三昧境界（参考 YBI·1F; YBI·17F; YBI·41—50; TVI·17, 41—44; *Yoga philosophy of Patañjali*, 90—91, 110—111; *Yoga as philosophy and religion*.151F）。

② 印度瑜伽行者相信，瑜伽士死后，其五大并不坏灭而是得到净化，变得微细，因而脱离粗身得净妙身（sūkṣmatva）。

境界，相当于古典瑜伽的无觉三昧。其云瑜伽士在此境界乃泯灭自性、觉谛的一切行相（“脱离一切谛”），融入无相、无分别的自我本体之中（I·7，I·10，IV·15表达了同样的想法）。其对心相之断灭，与无觉三昧和佛教的无想定相同。这就是《白骡》的瑜伽行的最高阶段。就以上文本而言，《白骡》开示了瑜伽行法的一个较为完备的系统。

《白骡》还将瑜伽的修行分为高低不同的四个阶段，即：（1）策励或瑜伽起：通过对色身的修炼达到身体的健康安适（II·12，13）。（2）精勤：通过专注于自我而生明辨，悟到世间诸苦无豫于我（II·14）。（3）熟知：在瑜伽中止灭心相，进入空虚寂灭、无二无表的境界（II·15）。（4）圆成：命我与至上我完全合一，一即一切，一切即一（II·16，17），这就是独存（kevala）、解脱。至于解脱境界，I·11提出了两种：一是瑜伽士亲证至上神，断尽烦恼，得清净独存，但根身犹存，故仍未能全离自性，这就是后来瑜伽派所谓“生解脱”；二是当这得道者死后，根身已灭，自我遂永离自性，此即瑜伽派所谓“灭解脱”。

《白骡》的瑜伽以幻化论为思想背景，因而其在修行的方针和最终理想方面，都与《羯陀》乃至巴檀遮厘瑜伽和佛教早期的定学不同。这一特点通过I·10得到充分表现。其云：“静虑、一于彼，进入其体中，由此而渐进，尽灭世界幻。”一方面，《白骡》理解的解脱，与《羯陀》瑜伽和古典瑜伽甚至早期佛教禅学都不相同。这在于，《羯陀》和古典瑜伽的理论基础是心、物的实体二元论，其以为痛苦在于物我的混同，解脱则是心物之决裂，未尝以物为空无。甚至早期佛教的涅槃，也旨在断染，未尝以为染法全是虚幻。然而《白骡》、《慈氏》的幻化论，则将现实世界彻底虚无化，故解脱的境界，乃是泯灭世界幻相，呈现超绝的本体。这种超绝的宗教理想，与大乘佛学较为接近。另一方面，《白骡》还将这种理想贯彻到瑜伽、静虑的实践中去，故瑜伽修行的方针，就是逐步戡破世界之幻相，证得自我之超绝。这一点，在I·10中表现得很清楚。这也是与《羯陀》和古典瑜伽旨在断开物我联结，以及耆那教、早期佛教旨在通过断除惑、业而离苦的修行方针不同的。正由于上述特点，我们把《白骡》的瑜伽称为幻化瑜伽。幻化瑜伽体现的精神超越，已经不再（如内在瑜伽）是达到形而上学的彼岸，而是否定全部现实，达到一个空寂、无生、恒住、无动的超绝本体。正如本书在第一部分讨论中表明的，这其实仍是一个现存的实体，而不是作为唯一的超绝真理的自由本身，与之相应的精神超越也不是究竟的超越（进入无住、无得的自由本身），而只是一种（仍然有住、有得的）启示的超越（参考本书第一部分第三编第一章引言和小结）。幻化瑜伽就是客观化的启示思维。

另外，除了瑜伽，《白骡》还阐明了皈依、静虑、智慧（明辨）、虔敬等法门，这些都没有被整合到瑜伽的体系之内。其中较重要者有：其一，静虑。静虑（dhyāna）或禅定一词，尽管在ChānVII·6·1就已出现，但在《白骡》始具有重要意义。《白骡》所谓静虑，就是观想至上神或自我的体相。然而《白骡》对至上我的理解不一，故静虑有以下几种：(1)观想世界为幻，而神为超绝的本体（I·10；IV·9—10；IV·18）。(2)观想神为脱离自性、独存恒住、无为无染的形而上学实体（IV·5—7；VI·11—15）。(3)观想神为具有人格的宇宙主宰，为创造者和护持者（III·1—4；IV·11—15；VI·2—6）。(4)观想神为万有的内在实质（I·15—16；II·17；IV·2—4；IV·16）。上述内容是被无区分地混杂在一起的。静虑包括两个方面：一是排除感觉的作用，唯以内心缘取，其云至上我超越感觉、语言，唯于静虑中通过心、想及意进行抉择，才能证入（IV·17,20）；二是排除外境，唯缘自我，其云至上神藏于人的自我中，如酥之于酪，如川中之水，如燧中之火，无明覆蔽故不现，故必须通过静虑，使心专注于神，从而剥落覆蔽，使神的体相显现出来（I·15—16）。不过与更成熟的瑜伽系统相比，《白骡》说瑜伽有以下特点：(1)静虑没有被整合到瑜伽体系之内，而是与瑜伽并列。如ŚvetI·3说："彼等习静虑，以及瑜伽行，遂见神自力，隐于其自德。"亦见VI·13。(2)静虑只是思维、观想、抉择，而非定心，且专指对至上我的观想。这是"dhyāna"（来自动词根dhyai：思维、思索）的本义。这与《慈氏》及以后的瑜伽专以静虑指定学不同。可以肯定这是瑜伽最早引入此词时的含义，而其作为定学乃是以后发展出来。(3)静虑其实就是对神的敬思，故与巴檀遮厘等的禅定不同，如ŚvetI·10："变易及命我，唯一神所主。静虑、一于彼，进入其体中，由此而渐进，尽灭世界幻。"此种静虑与虔敬（巴克提）存在重叠。(4)相对于后世瑜伽对禅定的复杂说明，在这里静虑的具体内容仍然贫乏。因此，《白骡》所谓静虑，与后来更成熟瑜伽所理解的很不一样，内容仍很初级、朴素、单薄，这反映了静虑最早被引进婆罗门宗教时的情况。其二，持念"Om"。此即将念诵"Om"与上述静虑之法结合起来，观想"Om"即是至上神、自我。如I·13—14云："13如火藏于木，其相不可见。其性固未灭，钻木又得之。此二在身内，由'Om'乃得之。14以'Om'为上燧，己身为其下，以静虑钻之，则见所藏神。"如钻木生火，通过敬思"Om"，乃可使自我显现。这要求在静虑中一一观想"Om"等同于自我的根身、觉谛，最后觉谛亦除，自我实相乃得以昭显。这可以说是将《羯陀》等的"Om"崇拜纳入静虑中。其方法类似于佛教的念佛禅。其三，虔敬。《蒙查羯》、《羯陀》，甚至更早的《考史多启》就已经提出通过神的恩宠获得解脱的神学，但通过虔敬获得神恩的修道论，到《白骡》才首次明确提出。如VI·18说："我愿归依彼，欲求解脱故"，VI·23也说人的虔敬（bhakti）是神显现的条件。在《白骡》中，虔敬是爱与观想（静虑）的统一。如I·7："乃没入大梵，精一、断胎生"，I·10："静虑、一于彼，进入其体中"。在这里，大梵、至上我被当作人格神，人与神的合一被当作最高福祗。《白骡》以为修道者应带着爱和崇拜，观想至上神超绝神圣、亘古恒存、深密难知、不二唯一、光明澄澈、无昼无夜、非有非非有，同时又是现实世界的根源、创造者、主宰、吉祥、赐福者、护持者、依止、大全等等。《白骡》所谓静虑的最大特点在于它包含了对神的爱，它是带着挚爱专注地思索、想念神。但是以上这些环节，都没有被纳入瑜伽系统之中，也没有同瑜伽一起，组成一个修道论的整体。

总之，《白骡》的幻化瑜伽，不仅增加了一些瑜伽重要环节，且具有更强的系统性，其各环节的内容也更清晰、具体、详细。其中，调身、调息、总持、有觉三昧、静虑等，都是要么首次出现，要么首次得到清楚阐明。《白骡》还对瑜伽心理学进行前所未有的详尽分析。I·4—5提到觉谛的五十种心相（包括贪、痴、嗔、颠倒、无力、成就等），瑜伽的八种神通（变小、变轻、变大、获得力、意欲力、控制力、自在力、如意力），瑜伽五障（无明、爱、无能、执着、我见），自我的八种善德（慈、忍、安、无嫉、清净、无怠、无乏、无欲）等等。幻化瑜伽的最大特点，是把打破世界幻相、证入空无本体作为修道的方针和解脱的理想。不过《白骡》瑜伽的系统仍不完整。一些重要的瑜伽环节没有被纳入瑜伽体系中。幻化瑜伽体现的是（执着于超绝现存实体的）启示思维，它的超越只是一种启示的超越，而不是究竟的超越（无住思维）或绝对自由。另外，由于《白骡》思想的极端杂糅性，也不排除它还有一些不能被纳入幻化瑜伽的瑜伽学思想。

第五，无住瑜伽。

瑜伽学在奥义书中经过了长期酝酿，在《慈氏》中才具有了最完备的系统。《慈氏》对已有的每一瑜伽支命名并将其概括起来，提出了"六支瑜伽"的系统，具备了古典瑜伽的基本框架。《慈氏》瑜伽的最高理想，是证入无住、无得的空性本体，且将对这本体的领会贯彻到瑜伽的每一环节中。此种瑜伽，我们称之为无住瑜伽。

《慈氏》之瑜伽学，乃集中于VI·18—30，其云："18调息、止根、静虑、总持、思择、三昧，此被称为六道瑜伽。由此之故：见者若见彼，金色创造者，主宰、补鲁沙，以及梵胎藏，于是彼知者，摇落善与恶，乃融一切于，至上不坏者。如是有云：'如山着于火，鸟鹿皆逃之，故于知梵者，罪恶无处藏。'19复次，余处有云：'信然，若知者从外境收回其心，安立元气于别境（非外感官的境界），应住于无念。彼名为元气之命我，既于此由非元气者生出，是故信然，彼作为元气，应止其元气于名为第四位者。'如是有云：彼为非心者，遂立于心中，为不可思议，至上之奥秘！人应注其心，以及其细身，于彼非心者，是以成无住。20 复次，余处有云：‘人应具较此更高之总持。以其舌尖抵上颚，制言、意、呼吸，乃通过思择见大梵。’当人以灭心，通过自我而见细于微细者之光辉自我，既由我而见我，人遂成无我。彼因成为无我，乃被视为不可计度、无根源。此即解脱相，为至上秘义。如是有云：‘由心识清净，善恶业皆除。净我立于我，人遂得永乐！’”

在《慈氏》之前，瑜伽已经经过了长达数百年的酝酿。此前《羯陀》、《白骡》等都对瑜伽的发展作出了很大贡献，但《羯陀》的瑜伽仍然很零散而且粗略，《白骡》虽然较详细阐明了调身、调息、离欲、止根、总持、静虑等瑜伽的环节，但也没有把这些环节整理成一个全面、有序的瑜伽修证系统，许多环节都与后来瑜伽学理解的不一样。在印度思想史上，实际上是《慈氏》最早明确提出了完整的瑜伽系统。它将瑜伽的全部实践摄为六支，谓调息（prāṇāyāma）、止根（pratyāhārā）、静虑（dhyāna）、总持（dhāraṇā）、思择（tarka）、三昧（samādhi）。其中，除了静虑，每一支的名称都是首次出现。对比《瑜伽经》可以发现，巴檀遮厘八支瑜伽的核心环节和基本框架在《慈氏》中已经存在，而且这些环节是在基本与古典瑜伽和佛教禅学一致的意义上被理解的。与《羯陀》、《白骡》和巴檀遮厘瑜伽相比，《慈氏》瑜伽的最大特点在于它以实现无住、无得的空性、真心为理想，且将这理想贯彻到瑜伽的实行之中，故六支瑜伽的每一支皆应包含对空寂、无住、无依、无得的至上我的观想。无住瑜伽的目标是否定心灵可以安息于其上的任何现存存在（包括《白骡》的超绝现存实体），证悟真我的绝对无所依、无所得、无所取、无根源之彻底无家可归状态。此种瑜伽，与大乘般若行作桴鼓应，应当受到后者影响（参考本书第一部分第三编第三章引言和结语）。

修习瑜伽的前提条件，为居清净（选择适于瑜伽清净处所）、自清净（末那厌离诸欲、不攀外境而专注内心）、持清净（持守、观想清净之法）、习真实、言真实、静虑真实、祭祀真实（献祭于或崇拜至上我），此外还应专注于梵、无欲（MaitVI · 30）。满足这些条件，方能修习瑜伽。以下为六支瑜伽的内容：

(1) 调息。调息就是控制呼吸。ŚvetII · 9 已提及调息法，但此术语名称为《慈氏》最早提出。MaitVI · 21 云：“既已制呼吸，复使之止息，于是超越彼，一切限制者，终与无限者，于颅中合一。”古典瑜伽所谓调息有数息、观息、随息、止息等详细科目。《慈氏》尚未及此。其调息法有以下特别之处：一是在观想中将气息与无住、超绝的大梵联结并使之止灭于其中（VI · 19）；二是将调息与持念 Om 结合，使气息与 Om、意合一，最后使气息没入寂灭的大梵。如 VI · 25 说：“何人若联结，呼吸与 Om，及多样世界，或彼等已结，乃称为瑜伽。息与意合一，以及与诸根，离弃一切有，乃得名瑜伽。”VI · 26 亦谓以 Om 收元气而献之于大梵。

(2) 止根。尽管《羯陀》、《白骡》等对于止根的实践皆有涉及，但在奥义书中，《慈氏》最早为此瑜伽支命名。止根即将诸感觉从外境收回，使其指向内心，如 VI · 25 所谓“收诸根如于睡眠；藏于诸根之窟而不受制于诸根”，VI · 21 谓“既以舌尖抵上颚，且聚摄诸根，当以大见大”。在《慈氏》中，调息与止根不分，其目标是息、诸根与心彻底合一，使心捐弃俗有，证得无住的空性、至上我（VI · 25）。

(3) 总持。在奥义书中，尽管《羯陀》、《白骡》均在不同程度上开示了总持的实践，但也是《慈氏》最早提及此瑜伽支的名称。总持就是使气息、诸根、末那等安立于某处而持守之，它往往与调息、止根、思择结合在一起（VI · 19,20）。《慈氏》总持法的主要特点，是以无住、超绝的至上我或空性作为心、元气等持守的对象，旨在使心、元气等一并泯灭于无住、空寂的本体中。如 VI · 19 云：“人应注其心，以及其细身，于彼非心者，是以成无住。”

(4) 思择。在《慈氏》中，思择就是通过寻思、分辨，抉择大梵、至上我的真实意义。这就是在现实自我的存在中，抉择空与有、真与俗、我与非我、心与非心、原我与自性，并最终断除末那、心、诸根等幻有，使无住的自我理体呈现出来。如 VI · 20 说人应通过灭心而达到无我、不可思议、无根源的境界。后来更成熟的瑜伽学将思择归于静虑支中。

(5) 静虑。一般所谓静虑或禅定，就是专心地思维、观想，系心一处，全断它缘。《白骡》已提及静虑之法，但它在这里仅为一般意义上的思维、观想、抉择之意，而非专门培养定心的方法。《慈氏》首次以静虑为定心的修炼。其静虑与古典瑜伽和佛教相比，仍显简单粗略。其最大特点，一是将 Om 观想作为静虑的功夫核心，二是以否定现实存有、证入无住、空寂的真心为宗旨。其云人应通过持念 Om，使末那专注，次第戡破大种、诸根、诸境、我慢、觉谛，揭四覆（食、元气、意、识）之遮蔽、穿自性之黑暗、弃命我之鄙琐，最终证悟自我的真理（VI · 24,28）。

(6) 三昧。三昧即心一境性，指通过修习静虑达到的心、境合一状态。在奥义书中，尽管《羯陀》、《白骡》皆于此瑜伽支的内容有模糊说明，但到《慈氏》才首次提出三昧之名。在《慈氏》中，三昧指心通过专注于无住、空寂的至上我，最终断灭世界幻相，使自身消融于此自我之中、一味无别。VI · 34 · 8—10 云：“应系意于心，直至其灭尽。此即智、解脱，余皆为赘言。人若以三昧，净其心垢染，进入自我中，则其所得乐，非言语能表，唯以内根触。如水于水中，如火于火中，如风于风中，人皆不能辨。若其意入没，人遂得解脱。”VI · 27 也形容道：“如一铁块藏于土中即速变成为土……如是（于瑜伽中）心及其处皆灭。”§30 开示的离欲去染，断灭意、我慢、觉谛之道，亦属三昧。与古典瑜伽和佛教定学相比，《慈氏》三昧除了内容仍显粗疏[①]，最大特点就在于它是无行相的，它要求泯灭世界及现实自我自身存在的幻相，证入无住、无得、空寂、坚住、自存的自我理体。

与《慈氏》的无住思维一致，其瑜伽的理想境界或所谓解脱，是修行者破除一切现实和现存存在的幻境，包括否定自身的存在，而融入超绝、无住、无得、无依的空寂之境。VI·34·1—2 形容此种境界为："如薪尽之火，遂于自处灭，心若无活动，亦于自处灭。纵使求真心，已于自处灭，若为诸境乱，宿业生颠倒。"VI·28 亦说之为空、寂灭、无我、无生、不灭、微妙、清净、无元气、不坏、坚住、自存等。由于这种境界是理智不分、智如融合的，因而对解脱的上述描述，也是作为对真如理体的描述（II·4，VII·4）。六支瑜伽的每一支都是围绕证入无住、空寂的自我理体而展开，其中都贯彻了对于这理体的观想。这就是《慈氏》无住瑜伽的根本特点。在这一点上，一方面无住瑜伽体现了比《白骡》幻化瑜伽更高的思维。这在于尽管这二者都领会到现实的空幻性和本体的超绝性，但后者仍然将本体理解为一种可以依赖的、恒住不动的超绝现存实体，而前者则领会到本体是不可住、不可得、不可取的真理，因而就是自由本身，从幻化瑜伽到无住瑜伽，体现了超越思维从启示到绝对觉悟领域的升华（参考本书第一部分第三编引论与第三章引言）。另一方面，无住瑜伽也与大乘般若不同，这在于它包含奥义书传统的绝对反思，所以它体现了上述绝对觉悟（绝对否定）和绝对反思的统一即本觉思维。无住瑜伽就是奥义书的本觉思维的客观化。

除了瑜伽，《慈氏》还提到以下几种主要实践：其一，祭祀。其二，智慧。其三，苦行。其四，思维（cintā）。其五，观想（大梵二相的观想、虚空观想）。其六，持念 Om。与《白骡》修道论的极端芜杂不同，《慈氏》试图将其全部修行统一起来。以上有些环节被认为是为瑜伽服务的，且所有环节都以证悟自我理体为最终目的（参考本书第一部分第三编第三章第一节第三目）。不过总的看来，《慈氏》的各种修行道结合并不紧密，相互关联仍较松散。

总之，《慈氏》的六支瑜伽相对于以往的奥义书瑜伽有巨大进步。它在奥义书中首次明确阐明了一个完备的瑜伽系统。它首次对各重要的瑜伽都进行了命名，且按照合理的修道次第将其结合起来。《慈氏》六支瑜伽奠定了古典瑜伽的基本

① 古典瑜伽将三昧分为有觉三昧和无觉三昧，又分有觉三昧为有寻、有伺、无寻、无伺、欢喜、有我六位，对每一阶段的行相和修持都有详细说明（YBI·1F；YBI·17F；YBI·41—50；TVI·17,41—44）。佛教对三昧（定）的阐释亦极详细。早期佛教将就将三昧分为四静虑（四禅）、四无色定、八等至、三等持（有寻有伺、无寻唯伺、无寻无伺）等等（《俱舍论》卷二十八）。此外还有空、无相、无愿三三昧等诸多说法。而大乘则有数百上千种种三昧之说。

框架①，是奥义书瑜伽的最成熟形态。可以肯定《慈氏》六支瑜伽反映了巴檀遮厘之前某种瑜伽学派的思想。事实上，除了古典的八支瑜伽，六支瑜伽（ṣaḍaṅgayoga）无论在婆罗门传统之内还是之外，都还一直存在着。某些印度教派别和佛教密宗仍引用此法②。这就是去除八支瑜伽之前三支，而增加思择（tarka）支，故与《慈氏》瑜伽完全相同。因此《慈氏》无疑反映了这些早期瑜伽派的思想，而古典瑜伽肯定是从这类瑜伽派发展出来的。在此意义上，可以说《慈氏》六支瑜伽是古典瑜伽的先驱③。不过与古典瑜伽和佛教定学相比，《慈氏》瑜伽还显得较粗略、模糊，其每一支的内容往往缺乏充分阐明，且各支的区分有时也不够清晰；另外，《慈氏》受到大乘佛学的深刻影响，将证入无住、无得、空寂的超绝本体作为瑜伽修行的核心和最终理想（六支瑜伽的每一支都包含对空性本体的观想且都旨在消解现实以呈现本体，而解脱就是彻底泯灭存在幻相并使自身融入空性之中），这也与以二元论形而上学为背景，追求心、物隔离的古典瑜伽有本质不同。

以上我们追溯了婆罗门瑜伽在奥义书中形成和发展的过程。这种分析表明这种瑜伽的产生，是本来已渗透到婆罗门传统中的苦行实践，同奥义书的精神超越和反思衔接的成果。最早的瑜伽直接从上述苦行发展出来。而由前瑜伽和出世瑜伽，到内在瑜伽，再到幻化瑜伽和无住瑜伽的演进：一方面是奥义书瑜伽的逐渐系统化、丰富化，在形式上是从开始的零散无序到最后形成完备的组织，在内容上也在逐渐充实，其内在环节不断扩展，每一环节的内容也日益清晰、具体；另一方面也是瑜伽的

① 古典瑜伽包含八瑜伽支（YSII・29FF），谓：其一，夜摩（禁戒，谓不害、不诳等五戒）；其二，尼夜摩（劝诫，谓清净、轻安等）；其三，持身（保持特定的瑜伽姿势不动摇）；其四，调息；其五，止根；其六，总持（就是把心固定在某一对象之上，以增长定心）；其七，禅定（心完全专注于一境而不间断）；其八，三昧（心、境一如）。其中，夜摩和尼夜摩，乃是瑜伽的准备阶段，基本上是所有印度宗教共同遵守的一些戒律，与耆那教、佛教的止持戒和作持戒内容基本一致，应视为从后者沿袭而来。从持身至三昧六支才构成瑜伽的核心内容。这六支与《慈氏》相比，名称和排列顺序都基本上是相同的，唯去掉思择，加上了持身。由此可见，古典瑜伽的基本体系在《慈氏》中已经形成了。

② ER XV. 520.

③ 大多数学者认为巴檀遮厘和《瑜伽经》的年代应在公元 300—500 年之间（Haughton Woods, *Introduction XVII, The Yoga-System of Patanjali,* Motilal Banarsidass, Delhi, 1966），而《慈氏》的年代肯定远早于此。《慈氏》的内容被《摩诃婆罗多》引用（MBXII；P.Chakravarti, *Origin and Development of the Sāṃkhya System of Thought*, Oriental Books Reprint Corporation, 1975. 39），后者的主要内容据认为可以追溯到公元前 2 世纪以前（EREVIII.325），但不妨有更晚近的内容加入。不过，《慈氏》明显受大乘佛学影响，故它的年代必定晚于大乘产生的公元前 2 世纪。我们将它的年代大致确定在公元前 1 到后 2 世纪之间。复次古典瑜伽远比《慈氏》瑜伽内容更复杂、丰富、完备，根据思想发展的一般规律，前者应以后者或与之类似的思想为基础，而非相反。另外对于《慈氏》瑜伽，可以清晰地看出其从《羯陀》经《白骡》发展出来的过程。因此《慈氏》受《瑜伽经》影响是不可能的，相反的影响才是可能的。

逐渐深化，它体现的思想，从前瑜伽和出世瑜伽的模糊的超越思维，深化为内在瑜伽清晰的理智、形而上学的超越，再发展到幻化瑜伽的启示思维，最后归属于无住瑜伽的本己的觉悟。盖实践是客观的思想。奥义书瑜伽是其精神超越和反思的客观体现，它的深化是由超越和反思思维的不断进展决定的。

我们在这一节梳理了婆罗门瑜伽在奥义书中形成和发展的过程。这一研究从另一侧面表明瑜伽的形成是土著传统的苦行实践与婆罗门宗教长期对话和融合的结果。

土著传统对婆罗门宗教实践的影响无疑是巨大的。这种影响既有消极面，也有积极面。一方面，从《阿闼婆吠陀》、梵书和早期奥义书，我们都可以看到大量直接来自土著文化或受后者影响产生的巫术、魔法实践，包括求欢生子之法、去魔禳灾之仪、害敌灭仇之术等。此外巫术思维也完全占据了原先的祭祀学，祭祀脱离神性，完全丧失原先真正宗教的、超越的意蕴，而堕落成为蛮族盛行的通过主体活动影响宇宙进程的法术；要之其事皆粗鄙茫昧，毫无精神性可言，完全丧失婆罗门传统原有的超越和自由的理想，应视为婆罗门文化受土著影响而自身腐败、退化的结果。另一方面，吠陀、奥义书大量吸收土著的苦行实践，又对婆罗门宗教从外在的祭祀狂热转移到内向的生命修炼起到重大作用，这是我们重点讨论的方面。盖土著的原始苦行有外在苦行（表现为对肉体的折磨）和内在苦行（表现为对自身身心活动的自觉调节）。其内在苦行，尽管同样具有蛮野巫术性质，但是与外在化的祭祀相比，它是内向的，是对人自身身心的调整，旨在由此直接使人的自身存在发生转化。因此与吠陀祭祀不同，这种内在苦行才是一种真正的生命修炼。正是它的进入促使婆罗门的宗教实践发生了一种内在转向，原先幼稚、外在的祭祀宗教被替代；同时这种生命修炼逐渐与婆罗门传统的世界观和宗教理想融合，成为人领悟绝对真理、实现自身超越的途径，所以这内在苦行自身也在经历脱胎换骨的变化。而婆罗门瑜伽就是在这种精神融合中产生的。

我们的分析表明这种融合是分阶段的。我们可以依此把苦行在婆罗门传统中的发展大致分为以下四个时期：其一，原始苦行时期。这是苦行在婆罗门文化中出现的最早阶段，其内容仍基本保持其土著特色，尚未与婆罗门传统实现充分融合。其二，瑜伽形成时期，即瑜伽系统在奥义书中从萌芽到基本形成的时期。其三，古典瑜伽时间，即巴檀遮厘《瑜伽经》及其主要注释出现的时期。此时古典瑜伽居于主流并被印度教各派接受。四、密教时期。瑜伽复归于晚期奥义书实现绝对自我的理想，并大量吸收土著的魔法、性崇拜等内容。我们主要讨论了前两个时期：

第一，原始苦行时期。

我们所谓原始苦行，指苦行从在婆罗门文化中出现，到它转变为瑜伽之前的阶段。它涵盖了从《黎俱》晚期到早期奥义书共数百年的时期。

《黎俱》就提到过蓄长发的裸体苦行者（muni 或 yati），并且谈到苦行带来的神通或神秘体验（X・136,154,167），具体的苦行实践可能包括事五火仪式等。在《阿闼婆吠陀》和梵书中，苦行乃获得重要的意义。《阿闼婆》相信人的苦行积累的能量，可以充满地、空、天三界，控制宇宙和诸神（AVXI・5, XV・1—17）。在梵书时代，苦行才完全进入婆罗门宗教的主流。苦行具有了创世的意义（Sat BrāII・5・1・1—3；Ait BrāV・32；Tait ĀraI・23），且经常被与祭祀等同，二者都具有同样明显的性隐喻。《阿闼婆吠陀》和梵书对苦行强调，是土著传统进一步渗透的结果。然而它们对于苦行实践的具体内容都缺乏清晰的说明。其苦行看来包括外在苦行和内在苦行，而其内容似乎仍很简单、贫乏，在宗教实践中仍未占据主导地位。

然而，在奥义书早期，苦行的内容变得很丰富，且最终代替祭祀，成为宗教实践的核心。奥义书认为人依祭祀只可获得来世善果，依苦行则可以获得永恒。苦行的内容，除了诸如久立不卧、食秽饮溺、墓居露处、绝食斋戒以及裸体、暴晒、事火、性交、自残等外在苦行，还包括调息、观想、布施、遁世、离欲、寂静、安住、忍、定、清净、孤独、自制、静修、出神、定心等内在苦行。祭祀也往往被包含在苦行之列。事实上，奥义书早期的这类实践，绝大部分在其他原始文化皆属常见，但对雅利安文化则极陌生，因此应视为直接从土著传统沿袭而来。我们将这类实践，以及更早的吠陀、梵书的苦行，通称为原始苦行。不过在奥义书中，外在苦行已趋式微，内在苦行成为主流。这种内在苦行代替外在祭祀，使得婆罗门的宗教实践首次转移到内向的生命修炼领域。这应当视为土著传统进一步渗透的结果。不过在梵书和早期奥义书中，这种原始苦行被与婆罗门的世界观衔接起来，成为证悟某种形上学的绝对真理的手段。不过梵书和奥义书最早的思想中，这绝对真理既非超越的，也不是内在的，而是宇宙论和泛神论的。因此，旨在领会这真理的内在苦行，也不是真正的宗教。苦行之最终取代祭祀，为瑜伽的形成准备了条件。事实上，在奥义书的发展中，瑜伽刚开始就是作为苦行的众多形式之一出现的。瑜伽就是一种新的苦行类型。它是原先的苦行与奥义书的超越和反思思维结合形成的。在这里，苦行成为证悟一种超越、内在的真理的途径。在瑜伽与原始苦行之间没有清晰的历史界限。

第二，瑜伽在奥义书中形成时期。

瑜伽是奥义书的内在苦行同婆罗门传统的精神超越和反思衔接的成果。在早期奥义书中，由于苦行被嫁接了婆罗门的超越理想，导致一种新的宗教实践的形成；这种实践直接从奥义书的苦行实践发展出来，其内容与后者没有实质区别，但是具有了超越的理想；不过在早期奥义书中，这种新的苦行实践尚未获得瑜伽之名。

最早被称为瑜伽的修道形式，应当是《蒙查羯》的出世瑜伽。出世瑜伽与早期奥义书中发展出的上述新苦行实践的内容和宗旨都基本上是相同的。在这里，瑜伽实践仍同原先的苦行一样，没有形成系统，其内容往往非常任意、零散、模糊。

到《羯陀》的内在瑜伽，奥义书瑜伽才获得最初的系统化，初步成为一个包括止根、总持、禅定、三昧等固定环节的体系；不仅如此，《羯陀》开示了通过瑜伽逐次超越诸境、诸根、意、我慢、觉谛、自性，最终恢复补鲁沙清净实体的修行法门，使瑜伽实践的内容得到大大深化；其修道宗旨和解脱境界都强调原我与自性的分离，更符合古典瑜伽的精神；但是这种内在瑜伽仍不够成熟，它的系统仍然很不完备，各瑜伽环节的内容仍显得粗略、模糊。

在奥义书中，成熟的瑜伽体系到晚期奥义书才出现。《白骡》的幻化瑜伽就比内在瑜伽明显成熟。它增加了一些重要的瑜伽支，且各支的内容也更清晰、详细，更富于可操作性。其中，调身、调息、总持、有觉三昧、静虑等，都是要么首次出现，要么首次得到清楚阐明。另外，《白骡》的幻化瑜伽还具有更强的系统性，瑜伽支之间有清晰的衔接、过渡。《白骡》还对瑜伽心理学进行前所未有的详尽分析。幻化瑜伽的最大特点，是把打破世界幻相、证入超绝本体作为修道的方针和解脱的理想。不过《白骡》瑜伽的系统仍不完备，一些重要的瑜伽支仍未被纳入其中。

奥义书的瑜伽学，到《慈氏》的无住瑜伽才具有了最完备的系统。它首次对各重要的瑜伽都进行了命名并明确将其综合起来形成固定的工夫整体。它的六支瑜伽奠定了古典瑜伽的基本框架，是八支瑜伽的先驱。六瑜伽支将八支中最重要者都包含在内，且其名称和顺序都基本被八支瑜伽沿袭。《慈氏》六支瑜伽是奥义书瑜伽中与古典瑜伽乃至佛教定学最接近的。在此意义上，可以说它是奥义书瑜伽的最成熟形态。《慈氏》把证入无住、无得、空寂的自我本体作为瑜伽修行的核心和最终理想。其每一瑜伽支都包含对无住、空寂的本体的观想且都旨在消解现实、现存的幻相以使这本体呈现出来。这反映出它受到大乘佛学的深刻影响，与以实体二元论为背景，追求心、物分离的古典瑜伽，乃至具有朴素实在论背景，追求心识熄灭的小乘禅学，都有本质不同。不过与古典瑜伽和佛教定学相比，《慈氏》瑜伽仍显得较粗略、模糊，各瑜伽支的内容往往缺乏详细的阐明，且相互区分有时也不够清晰。

总之，在奥义书中，我们看到了从原始苦行到前瑜伽和出世瑜伽，到内在瑜伽，再到幻化瑜伽和无住瑜伽的发展；这一发展在于在瑜伽的操作层面的逐渐系统化、具体化、丰富化，以及在瑜伽包含的思想层面的逐渐深化和提升。这整个发展过程是符合精神的内在逻辑而次第展开的。因此，我们对婆罗门瑜伽的形成和发展过程的梳理就充分证明了：尽管婆罗门瑜伽最早的根源是渗透到吠陀传统中的原始苦行，但是它就是在婆罗门、尤其是奥义书思想中孕育形成的，应视为奥义书思想自身发展的结果。盖实践只是思想或内在精神省思的客观化，它的发展最终是由省思的进展决定的。首先，奥义书瑜伽的系统化，是由于奥义书精神省思的自身必然化即概念化决定的。当奥义书的超越和反思思维被赋予必然的形式，也使作为这省思的客观实在的瑜伽实践获得必然的秩序，即形成固定的组织、系统。其次，瑜伽的不断深化，也是由奥义书精神省思包含的超越思维的不断自我提升和反思思维的不断自身深化决定的。这种省思的发展，最终来自自由的推动。盖精神省思是自由的内在现实，正是精神自由本有的绝对自我实现的意志，推动着省思的无限发展。在这种推动下，超越思维不断否定自我和世界的直接、现实的存在而确立一种更高远的真理，反思思维则不断否定自我的外在偶像而追寻一种更本质、内在的存在。省思必然表现为实践，因而这种省思的发展就导致奥义书的瑜伽实践不断否定原先仍然直接、外在的存在，同时努力领会一种更超越、内在的真理，以此得到不断的自身深化。因此由前瑜伽和出世瑜伽，到内在瑜伽，再到幻化瑜伽和无住瑜伽的演进，与奥义书的精神省思从理智的超越（从完全偶然到形成概念）到启示思维再到本己的觉悟的发展过程是完全一致的（参考本书第一部分引论）；它就是后者在客观实在层面的体现。我们也不能排除婆罗门瑜伽在其形成中与沙门瑜伽的交流，不过这种交流应当纳入前者的自身成长之中。

另外，从形式上看，我们的分析也表明了婆罗门、奥义书瑜伽始终是向古典瑜伽的方向发展的；到《慈氏奥义书》八支瑜伽的核心体系就已基本形成，并且在接着的《摩诃婆罗多》瑜伽中得到进一步完善。在这种意义上，婆罗门、奥义书瑜伽的发展史可以而且应当被视为古典瑜伽的形成史。这种分析从思想史层面证明了古典瑜伽是从吠陀、奥义书传统中酝酿形成的。

## 小　结

在以上内容中，我们考察了瑜伽学的两个发展向度：一是从沙门苦行发展到佛教禅学；二是从婆罗门苦行发展到古典瑜伽，而且把重点放在第二个向度。我们追溯了奥义书的实践从祭祀转移到苦行，从苦行转化为瑜伽，然后通过瑜伽的不断系统化和深化，最终形成《慈氏》六支瑜伽的较完备系统的过程；在这里，古典的八支瑜伽的核心框架已经被构成了。这整个过程是一个合乎思想的内在逻辑的进程。因此我们的分析在思想史层面证明了古典瑜伽的实践的主要内容是从奥义书思想中发展出来。

在其形上学方面，古典瑜伽更明显暴露出与奥义书思想的亲缘性。瑜伽派自身就承认其形上学方面是取资于奥义书，以解释其实践的结果①。对于这一点，我们可通过以下几点讨论予以阐明：

(1) 瑜伽与数论的关系。瑜伽以数论为其形上学基础，但数论思想完全是从奥义书发展出来的，也就是说瑜伽的形上学是来源于奥义书的。

古典瑜伽的形上学基础，是数论的心、物实体二元论。《往事书》说："数论与瑜伽何异？如实谁若知此，乃为有智者。"按照学界通常的说法，二者的区别其实在于，"数论学者相信通过谛审作为现象世界基础的诸原理且彻底离弃世间生活就可证悟自我，瑜伽学则努力通过持续不懈的自制、研习圣典、诵读吠陀和虔敬神以达到同样目的。"② 智林《妙灯论》(Citradīpa) 亦云："谁若心执差别之境，则不可能通过思择得究竟智，是故瑜伽乃为破慢心之道；而于心识之覆障微薄者，则思择或数论可速致解脱。"③ 古典瑜伽以数论为理论根据，其形上学以古典数论的二十五谛为基础，唯增加至上神为第二十六谛。达斯古普塔指出："事实上瑜伽哲学的历史表明其思辨的部分可能是后来添加的，以作为瑜伽实践的理论基础。"④ 这"思辨的部分"指的就是数论。在这里，瑜伽与数论结合，用后者的心理学指导、规定其宗教实践；同时数论则把瑜伽作为获得其形上学体验、实现其超越理想的手段。

以下我们将表明两点：

第一，古典数论的形上学与瑜伽的实践一样，也是从奥义书中发展出来。正如达斯古普塔所说，在奥义书中不仅有商羯罗及其信徒所理解的纯粹的一元论，而且包含了二元论的倾向，由后者逐渐发展出瑜伽、数论和毗湿奴、湿婆宗的体系⑤。我们在前一章通过疏理数论的二元论和自性转变在奥义书中的形成过程，证明了数论的基本体系是从奥义书思想发展出来的。不过，与古典数论相比，奥义书的数论学有以下特点：其一，它基本都与神性论结合起来。奥义书的数论学自其产生就与神性论紧密结合在一起，这一点在晚期奥义书中也未改变。在这里，补鲁沙往往被等同于神。神有时被认为是处在自性之外的主宰者，有时被认为是将自性包含在自身

---

① S.Dasgupta, *Yoga in Relation to Other Systems of Indian Thought*, Motilal Banarsidass, Dehli, 1979. 7.

② H.Āraṇya, *Yoga philosophy of Patanjali*, Trans by P.N. Mukerji, State University of New York Press Albany, 1983. Introduction. xvii.

③ S.Dasgupta, *Yoga in Relation to Other Systems of Indian Thought*, Motilal Banarsidass, Dehli, 1979. 49.

④ S.Dasgupta, *Yoga in Relation to Other Systems of Indian Thought*, Motilal Banarsidass, Dehli, 1979. 7.

⑤ S.Dasgupta, *Yoga in Relation to Other Systems of Indian Thought*, Motilal Banarsidass, Dehli, 1979. 18.

之内的。其二，奥义书的数论学，全都接受绝对自我的观念。它有时持与吠檀多精神一元论的完全一致的立场，以为自性从自我产生，且包含在自我之内；有时则将自我与自性说为两个相互外在、相互独立的实体，但是都认为个人自我只是以某种方式分有绝对自我形成。其三，奥义书的数论学包含多种不同类型或思想取向，在其中吠檀多的一元本体论、早期数论模糊的心物二元论以及一种更明确的实体二元论等多种倾向不加区分地混杂在一起，反映了一种理性思辨能力的薄弱。古典数论乃是从其中的实体二元论发展出来，但是从其自身逻辑出发将至上神和绝对自我的观念取消了。

第二，从瑜伽构成的历史来看，它不是将古典数论体系现存地拿来，而是与数论在一个结合体中或相互呼应地发展的，在其中，数论、瑜伽都是从奥义书典型的唯心的一元论缓慢过渡到心、物实体二元论。

达斯古普塔认为在奥义书中，瑜伽和古典数论还没有结合起来，把古典数论作为瑜伽的理论基础，是此后学者的事，而巴檀遮厘《瑜伽经》则是这种结合的最终成果①。拉达克利希南也指出，“在《薄伽梵歌》的时代，数论、瑜伽尚未与奥义书思想明确分离。”② 二人的看法其实是一致的。这就在于，作为瑜伽的形上学基础的数论学，与瑜伽本身，都是处在发展中的，而古典瑜伽和古典数论，乃是这个漫长发展过程的两方面结果。达斯古普塔指出瑜伽固然继承了数论不少内容，但它所直接继承的数论可能不是我们所知的劫比罗之学（即古典数论），而是某种更为原始的数论，“我的看法是我们失去了最原初的数论文献，而现今被称为数论和瑜伽的系统乃是由同一原始数论学派通过变异演化生成的两个学派。瑜伽不是从劫比罗数论沿袭而来，而是自身为原始数论的转变产物，因而与劫比罗之学同样有权得数论之名。”③ 这就是说，巴檀遮厘瑜伽包含的数论学部分，不是直接沿袭了古典数论，而是与后者同样从某种更早的、尚未与奥义书和瑜伽思想分享的数论学发展出来。一方面，从我们在本章第二节的讨论可以看出，在奥义书中，瑜伽及其数论基础就经历了漫长的发展。在前瑜伽和出世瑜伽阶段，数论的因素即便存在也很含糊；发展到《羯陀》瑜伽，才出现了较为典型的数论二元论系统；到《白骡》、《慈氏》瑜伽，数论的体系更加充实、完备。在其中瑜伽的实践和数论学是同时成熟的，其各自内容都经历了很大的转型。另一方面，无疑存在未被记录或已遗失的奥义书思想，它应当包括梵书

① S.Dasgupta, *Yoga in Relation to Other Systems of Indian Thought*, Motilal Banarsidass, Dehli. 1979. 48.

② Sarvepalli Radhakrishnan, *Indian Philosophy Vol.1*, the Macmilian Company, London, 1924. 527.

③ S.Dasgupta, *Yoga in Relation to Other Systems of Indian Thought*, Motilal Banarsidass, Dehli, 1979. 7.

以后、史诗以前全部没有进入文献的婆罗门思想。佛典记载的大量婆罗门思想都应当归属其中。从中我们可以看到奥义书的瑜伽和数论的一个更高的发展阶段，它事实上已经与古典瑜伽和古典数论非常一致了。《阿含经》记载佛陀从迦罗摩得四禅，“度一切识处，得无所有处”；复于罗摩子处“度一切无所有处，得非有想非无想处”（《中阿含》卷五十六《罗摩经》）。从这些佛典的描述可知古典瑜伽和佛教四禅八定的体系在当时就已经具备了。而这二仙人就属于婆罗门传统[①]，迦罗摩自己就以婆罗门自居（《佛所行传》卷三）。从这些间接材料可以肯定，在已遗失的奥义书思想中，已经存在与古典瑜伽非常接近的体系。我们同样也可以肯定在其中已经存在与古典数论非常接近的体系。比如在《过去现在因果经》（卷三）中迦罗摩说：“众生之始，始于冥初。从于冥初，起于我慢。从于我慢，生于痴心。从于痴心，生于染爱。从于染爱，生五微尘气。从五微尘气，生于五大。从于五大，生贪欲、瞋恚等诸烦恼，于是流转生老病死、忧悲苦恼。”因此可以肯定，瑜伽与数论在奥义书中是共生发展的，而且古典瑜伽和古典数论的基本体系在奥义书中已经大致形成，只是还没有作为独立于奥义书的学派存在。

在这里可以纠正学界的一个常见误解。古典瑜伽将其师祖追溯到劫比罗，现在的瑜伽学者也以为数论为劫比罗所创，后来被吸收到瑜伽中[②]。然而实际情况是：不仅沙门瑜伽从未谈及与劫比罗的任何关联，而且就婆罗门瑜伽而言，从早期奥义书瑜伽的萌芽，到《羯陀》的内在瑜伽、《蒙查羯》的出世瑜伽，以至《白骡》、《慈氏》的瑜伽之学，都未曾提及劫比罗之名。直到《瑜伽经》，此人与瑜伽的关联才首次建立。另外奥义书中数论学的历史也表明在其中数论学不是现存沿袭的，而是缓慢形成的。因此上述说法都不成立。可以肯定这是瑜伽派采取了古典数论形成后的说法。

（2）瑜伽的自我观念与奥义书的关联。古典瑜伽的自我观念颇为特别。它持多元自我论，以为每一自我都是一个遍满宇宙的恒常意识实体；每一自我有一心（citta，即数论的觉谛），心由自性产生，但它本来也是遍满宇宙的。古典瑜伽这种独特的自我观念，暴露了它的形上学是根源于奥义书的。

首先，古典瑜伽遍满宇宙的自我观念，明确透露了其奥义书起源。盖古典瑜伽持自我为众多的个别实体，而且每一自我的苦乐福祸、系缚解脱皆无内在关联，人生的理想唯在于个体的出离。在这种情况下看，一个遍满宇宙的自我观念，显得太

---

① Alexander Wynne, *The Origin of Buddhist Meditation,* Routledge, London, 2007. 106.

② H.Āraṇya, *Yoga philosophy of Patanjali*, Trans by P.N. Mukerji, State University of New York Press Albany, 1983. Introduction. xvii—xviii.

笨拙了，根本不可能是正常理论建构的结果，而应当认为它是一种以自我为普遍、绝对存在的传统的遗迹。在印度思想中，这种遍满的自我观念，不属于沙门传统，唯属于婆罗门—奥义书传统。实际上，早在《阿闼婆吠陀》，就已经将自我的绝对性说成一种空间上的遍满性（AVX・2・28）。此种说法在早期奥义书中变得极为常见，如BṛihII・5・18—19；ChānIII・12・7—9；AitaI・3・13皆谓自我、原人空间上遍满的实体。奥义书的瑜伽显然继承了这类传统的说法，如KāṭhVI・8："超越非显者，为原我遍满。"ŚvetIII・9："由彼补鲁沙，世间被充满。"其中的观念延续是无可置疑的，所以可以肯定古典瑜伽的这种自我观念，就是奥义书的绝对自我观念的历史遗迹。

其次，古典瑜伽用"心"（citta）代替"觉谛"的位置，也反映了它与奥义书的关联。其以为每一自我有一心，而且心本来也是遍满宇宙的，它应当与我慢（自我意识）意义等同。心又可随色身形量而扩大缩小，与其身体弥合无间，故随其所投身的躯壳不同，或为狗形，或为人形。心在其本来遍满状态，称作因位心；其与粗身结合而有屈伸的状态，称作果位心。瑜伽认为从因位心转变到果位心，乃是由于心中罗阇和答摩强盛，故当三昧力逐渐除灭此二德，修行圆满，瑜伽士可恢复因位心的本来遍满状态，从而得全知。此时由于心变得完全清净，故能如实反映自我，于是自我了别自身，故从自性解脱，安住独存。这些看法都不属于古典数论，而与奥义书思想一致。兹处且指出以下事实：第一，用"觉谛"代替"心"，在奥义书中还没有确定下来，只有在古典数论才得以确定，故古典瑜伽的"心"的观念反映出它与奥义书的亲缘性。在奥义书中，ChānVII・1—7首次将人的心理成分区分为名、语言、末那、念（saṃkalpa，等于觉谛）、心（citta）、静虑（dhyāna）、智（vijñāna）等，其中心就是思维之意。KauṣIII・3所谓当人寝疾而失心，其心（citta）已逝，故彼不复见，不复言说，不复想。《羯陀》首次提出觉谛一词（KāṭhIII・10—13，VI・7—8），但认为觉谛产生于大我（ātmā mahān），即我慢、心，后者则直接从自性产生。类似地，PraśIV・8—9描述在熟眠位或解脱位中，五知根、五觉根、五大和五唯没入末那，末那没入觉谛，觉谛没入我慢，我慢没入心（citta），心没入火（tejas），火没入元气，元气没入至上我中。其中，元气与自性对应，觉谛乃以我慢、心为根源。其书同KāṭhIII・10—13一样也暗示了一种瑜伽行法。其中，将心与火（二者可能指心的不同层面）没入自性，乃与瑜伽的想受灭（cittavṛti-nirodha）（YS I・2）一致。而MaitVI・34・1所云："如薪尽之火，遂于自处灭，心（citta）若无活动，亦于自处灭"，则明确供述了想受灭的境界。奥义书之说觉谛与古典数论最不同的一点，在于以为觉谛不是最根本的心识原理，而是植根于我慢，或心，我慢、心才是最根本的心识原理（KāṭhIII・10—13；

PraśIV・8—9；ŚvetV・8；MaitV・2, VI・10)。因此，心这样一个重要术语，暴露出巴檀遮厘瑜伽的形上学是从奥义书的数论瑜伽之学发展而来，而非现存地沿袭古典数论，尽管它可能从后者汲取一些内容。第二，在巴檀遮厘瑜伽中，心的本来状态，即因位心，是遍满宇宙的，这与古典数论的形量有限的觉谛大不一样，而与早期奥义书的绝对心识论对心识的无量、遍满性的理解存在一致，应视为后者的遗迹。早在Sat BrāX・6・3・2就已提出作为识体的至上我主宰四方、遍满宇宙，大于天，大于空，大于地，大于一切存在者。早期奥义书进一步发挥此义，说意(manas)、识(vijñāna)、智(jñāna)和觉(prajñāna)是全部物质和精神现象的绝对根源、全体，且经常把这种绝对性设想为空间上的遍满性。比如AitaIII・1—4说一切存在皆依止于觉(prajñāna)或识，故觉乃包容宇宙。KauṣIII・1—8说十尘、十根皆是从作为绝对的识中取出的一分且仍属于这识，故识是包容宇宙的原理。ChānIII・14乃明确地将这种包容说成空间性的，如其云心识“大于地，大于虚空，大于天，大于诸世界。包含一切业，包含一切欲，包含一切嗅，包含一切味，包含全世界，而无言、无着。”同样，BṛihIII・7・3—23说心识居于宇宙万有而不为所知，等等，也表明了心识在空间上的遍满性。MuṇḍI・1・6谓真心：“恒常且遍满，遍在极微妙，彼即不灭者”。这些都是把心识当成绝对所导致的一个颇为自然的想象。反之，古典数论的觉谛既非绝对，亦非无限。因此，巴檀遮厘对心的这种独特理解，透露出它的形上学不是直接来自古典数论，而是从奥义书发展出来。

(3)与其自我观念相关，古典瑜伽的解脱观也透露了其奥义书渊源。

一方面，古典瑜伽的解脱，体现了奥义书的精神超越与反思。古典瑜伽所谓解脱，不是佛教那种毁灭自我、灰飞烟灭的涅槃境界，也不是耆那教所谓灵魂上升至宇宙之顶极处(成就界)或进入大虚空，也不仅仅是其他沙门瑜伽所以为的那样仅仅作为灭尽苦、乐等属德的消极的舍离，而是自我去除无明的遮蔽，恢复其作为纯粹意识的存在(SPSV・75F；TVI・16)。其与沙门瑜伽的主要区别在于以为仅有舍离(apavarga)还不是解脱，解脱还必包括自我回归，此时觉谛消灭，自我唯安住自身(灭解脱)。故解脱不仅是超越，而且是反思，是真正的精神自由。正如我们多次阐明(参考本书第一部分第二编引论)，在印度传统中，真正的精神超越和反思，完全是奥义书思想的成就。

另一方面，古典瑜伽的解脱是自我恢复其遍满、恒常的实性；在生解脱中，觉谛也恢复为遍满的识体。这些说法都与古典瑜伽追求强调自我个体性的立场及追求个人解脱的宗教理想不侔，只能视为来自奥义书的绝对自我观念留下的遗迹。事实上，不仅在奥义书中，解脱被理解为朝向绝对、遍满的自我的回归①，甚至在奥义书之后的婆罗门瑜伽，也仍继承了这样的理想。如《摩诃婆罗多》(MBXII・219・42—43)云："如江河入海，而失其名色，如是于解脱，命我自相灭。因有颠倒故，命我取诸德。命我若入于，大梵、至上我，则灭除诸德，无相无分别。如是断轮回，入至上我故。"在这里，众生自我被认为是从一个绝对大我生成的，解脱时又复归于此绝对、遍满之大我。可以肯定古典瑜伽的上述解脱观不是其凭空虚造，而是从奥义书、史诗的解脱理想演变而来的。

总之，对古典瑜伽的解脱观的考察，也表明了它的奥义书渊源。此外，古典瑜伽也谈到获得生解脱者的神通，谓：一能变小、二能变大、三能变极轻、四随所欲皆能成办、五能得一切自由、六随所欲能到达一切处、七能促进世界的变化、八能阻止一切事物的发展(YSIII・15)。此外瑜伽师据说还可获得以下能力：可调伏一切毒蛇猛兽，听懂所有生物的声音；能知过去、现在、未来；具天眼、天耳、天鼻，能见细身、诸天之相，具他心智；能隐身，并透视墙壁、穿越岩石；等等。对于神通的信念，是所有瑜伽派别共同具有的。它一方面应视为原始土著实践的魔法迷信的残余，另一方面也可能与瑜伽的神秘体验有关，但是像佛教一样，古典瑜伽并不把神通作为修行的目标。

(4)古典瑜伽的至上神观念，也很明确地透露出它与有神论奥义书的关联。

巴檀遮厘瑜伽的形上学基本同于古典数论，唯于数论二十五谛之上，增加了第二十六谛，即至上神(Īśvara)。然而这个至上神在瑜伽的体系中显得笨拙而多余。盖瑜伽宗教的宗旨，是完全通过修道者自身的艰苦努力，从而消除爱染，断绝无明，恢复自我光明澄澈的实性，以获得最终解脱，而这解脱也不是与神和合，而是回归自我。这样的思路是完全非信仰主义的，与有神论颇为不侔。另外，在形上学方面，神的存在在这里也显得完全多余。其以为神只是另一种自我，与人的自我并存，且与之本质无异。神既无创世之功，亦无治世之力，且无奖善惩恶之行，以及诱引救赎之德。总之在这里，神的存在显得十分笨拙而多余，与古典瑜伽的体系明显不协调，因而他显然不是根据其体系的自身逻辑推导出来的。学者们认为他是被插入的②。不过如果我们回到奥义书的思想史，那么更准确地说，他应被视为有神论的奥义书瑜伽的残余。

---

① 如KāṭhIV・14描述解脱境界为："如雨水落山，流岩石四周，若见法差别，人亦逐此去。15如净水入净，而融然为一，是故乔答摩，于有识牟尼，其我亦如是。"

② EREXII. 831.

在奥义书中，瑜伽是与真正的宗教有神论同时产生，而且不可分离的。神被认为是超越的主宰者、绝对本体、至上我。人生痛苦在于脱离神而与自性联结，解脱就是脱离自性而复归于神，这不仅以艰苦的瑜伽修行为前提，而且离不开神的恩宠。《羯陀》就提出一种恩宠论神学，谓神唯现身于它所选择者（KāṭhII·23；MuṇḍIII·2·3；ŚvetIII·20, VI·21）。与此相应，同古典瑜伽有别，在奥义书中，瑜伽一开始指的就是与神的联结（yuj），或专注于神、充满虔敬地沉思神。如KāṭhII·12云："以自我瑜伽，敬思彼为神，智者以此故，得离苦与乐。"这种瑜伽的宗旨，就在于通过虔敬至上神，以期获得神的恩宠，从而产生智慧以证知神的自性，进入神的自体，并最终获得解脱。这一点直到奥义书晚期也没有改变。如ŚvetI·6云："由彼之恩宠，乃得乎不死"，VI·21亦称"由苦行（瑜伽）之力，由天神之恩，彼白骡仙圣，已证知大梵。"另ŚvetI·10指出人应观想神、与神联结、融入于神，最终妄境止灭，得清净独存（kevala）。MaitVI·18亦谓瑜伽是获得与至上神之合一之法，唯通过修六支瑜伽，方得亲证神圣，从而断除自性的系缚，将自身融入神的绝对存在之中。这就是《薄伽梵歌》所谓的巴克提瑜伽（bhakti-yoga）。因此奥义书瑜伽始终是处在有神论背景之下的，瑜伽就是与神或绝对自我的联结。

可以肯定，这种情况在奥义书之后的婆罗门瑜伽中也没有改变。比如《薄伽梵歌》所谓瑜伽，就不仅仅是古典瑜伽的意识控制，而是指心识与至上神的联结①，这仍然是延续了奥义书瑜伽的思路。

古典瑜伽的有神论应当是从这种早期婆罗门瑜伽发展而来的。尽管奥义书、《薄伽梵歌》的主流思想以为至上神是绝对的意识实体，而个人自我或命我则不具备独立于至上神的实体性，但是从晚期奥义书就出现了一种新的倾向，即命我和自然的实体性、独立性逐渐被加强，最终它与神、自然成为三种实体（MuṇḍIII·1·1；ŚvetI·9, IV·5,6）。我们完全可以推测命我、自然的实体性的进一步加强将会使得这二者成为决定宇宙和人生的力量，而神则只能对世界有间接影响。这种观念在后奥义书的婆罗门思想得到表现。比如佛典记载属于早期数论派的那罗延天外道义云："那罗延天外道，计此天湛然，常住不动，而有辅相造成万物，譬如人主无为而治，有司受命行之。以能造之主，更无有所尊贵者，故云尊贵。又此宗计，尊贵者，遍一切地、水、火、风、空处。"（一行：《大毗卢遮那成佛经疏》）在这里，神对世界就只有间接的影响。这种神性论的进一步发展，必会导致这样一个结果，就是神即使被保留，也被

① Sarvepalli Radhakrishnan (Ed), *The Cultural Heritage of India Vol.3*.The Ramakrishna Mission Institute of Culture, Calcutta, 1993. 401.

完全从自然和人的现实生命的进程中排除出去。于是神成为一种与世界事务完全无关的存在。而古典瑜伽所接受的，正是这样一个神。由此可见，古典瑜伽的有神论，是很自然地从奥义书的有神论发展出来的，而不是在古典数论体系之上再添加了一个神。

我们以上的分析表明了巴檀遮厘瑜伽的形上学，尽管与古典数论相似，但其实是从奥义书发展而来的。而在其更晚时期，比如在属于瑜伽汇的众多新奥义书（如《桑底厘耶》、《瑜伽谛》、《禅定点》、《飞鸿》、《声点》、《婆罗诃》等）中，瑜伽日益丧失形上学兴趣，而只关注修定的工夫，故与数论也逐渐失去关联。

在以上内容中，我们考察了瑜伽学的两个发展向度：一是沙门传统汲取奥义书的超越与反思思维，并将其嫁接到原有的苦行实践之上，形成沙门瑜伽，后者发展到佛教禅学；二是婆罗门传统吸收土著的苦行，并将其与奥义书的超越与反思结合，形成婆罗门瑜伽，后者发展到古典瑜伽。我们把重点放在第二个向度。分析表明，不仅古典瑜伽实践的核心内容是通过奥义书瑜伽的不断系统化和深化形成并最终应追溯到奥义书的苦行实践，而且其形上学也是从奥义书的绝对唯心论缓慢发展出来的。奥义书的苦行实践，尽管最终应追溯到土著影响，但是它从吠陀、梵书时代起就已经成为婆罗门传统的一部分，它向瑜伽的转型，以及瑜伽的系统化和深化，从根本上都应视为婆罗门思想自身发展的结果，但不排除受沙门传统影响。

# 第三章　奥义书与顺世论和耆那教的思想

## 引　言

在公元前 7 世纪前后，印度精神的发展进入一个新的局面：一方面，统治雅利安社会的婆罗门教，已日益腐化。这表现在，一是在宗教活动中，祭祀主义泛滥，而且祭祀完全被功利化、魔法化，导致真正的宗教意识几乎消失殆尽。二是婆罗门作为世袭的祭司阶层，也日渐腐朽。这些不可避免地激发了其他种姓对婆罗门教的反叛。另一方面，随着雅利安文化与土著文化交融日益深入，后者的思想越来越多地得到表达、承认和接受。沙门思潮，作为印度的异端思想[①]，就是在这种精神语境之中产生的。佛教以及佛陀所提到的六师外道，都属于沙门思想。六师中，阿耆多・翅舍钦婆罗（Ajita Kesakambala）属于顺世派，他的哲学是唯物论，认为宇宙人生仅为地、水、火、风四大所合成，除人的身体以外没有另外一个自我，人生的目的只在于肉体享乐，反对一切道德，否认因果论。当时与顺世论最接近的尚有生活派（邪命外道）。现在的学者认为拘舍罗（Makkhali Gosala）与六师中的富兰那迦叶、婆浮陀迦旃延（Pukudha Kaccayana）其实属于同一学说的不同组成部分，我们都把他们归之于生活派。与顺世外道持无因论不同的是，拘舍罗主张极端的宿命论，认为业力极大，非人力、神恩所能改变，而业力只能通过生命在八百四十万大劫的漫长时期的累次转生中，自然地成熟脱落，非修道所能为。如耆那教引拘舍罗语曰："我如是见——凡完成未完成或将完成者，须经八百四十万大劫。于此期中，均须依次转生，七次为天上神，七次世间入无想胎，七次世间入有想胎，而终须七次再生于不同之身体而于此轮回除尽五业三业半业之效用，各依十万六万六百之比例——如此乃达完成。"[②]此派有所谓抛缕丸之说，谓道不须求，业力深重，须经生死劫数，苦尽自得，如转缕丸，于

---

① 此派被婆罗门教称其为"Nāstika（异端）"，巴檀遮厘和遮耶第底耶对语法学的注疏皆谓此词指不信吠陀、不信彼岸和死后生命者（Kāśikā on Panini IV・4・60）。

② 亦请参见《大毗婆沙论》卷一九八，大正 27・991。

高山缕尽自止，何假求耶[①]。拘舍罗还持多元的唯物论，认为宇宙人生，是由地、水、火、风、空、得、失、苦、乐、生、死、命（生命）十二种原素组成，命运是原素相互结合的最终动力。婆浮陀的思想也与拘舍罗大体一致。据《长阿含·沙门果经》记载，婆浮陀在回答阿阇世王的问话时也说："大王，无力，无精进人，无力，无方便，无因无缘，众生染著，无因无缘，从生清净，一切众生有命之类，皆悉无力，不得自在，无有怨仇，定在数中。"（《长阿含经》卷十七）这种命定论认为一切都是业力决定，因而神的存在成为多余，虔敬、祭祀及道德上的行善去恶都毫无意义。波浮陀则持七原素说，认为宇宙人生，是由地、水、火、风、苦、乐、命七大元素组成。依七元素之集散离合，而有死生、成毁之现象。但这些元素自身，则为不生不灭的实在。原素之相互结合与分离最终由命运决定。死生、祸福、成毁等完全是命定的，人力丝毫不能改变。耆那教与早期佛教哲学的基本精神，与上述思想也大致上是一致的。耆那教的哲学也是多元的实在论，认为一切存有，包括在六实六德之中，宇宙由命、空、法、非法、时、补特伽罗（质）六种实体组成。原始佛教也接受传统的地、水、火、风四大之说，认为四大形成一切形物。

沙门思想在反对婆罗门教的精神权威的同时，也完全抛弃了奥义书的绝对一元论和精神本体观念，故都以多元实在论为归宿，而我们要表明的是：沙门思想在实践方面，尽管主要源于土著的苦行，但由于与奥义书的形上学和人生观结合而得到提升；它在世界观方面，则基本上都是汲取奥义书形上学的内容并加以调整形成。在这些沙门思想中，除佛教以外，对后世影响较大的是顺世论和耆那教两家。以下我们将分别阐明奥义书思想对顺世论和耆那教的影响，而把佛教在最后单独放在下一编来讨论。

首先，我们将通过观念史分析表明顺世论或印度的唯物主义就是从奥义书思想中发展出来，其主要思想在奥义书中已经基本形成。彻底的唯物主义其实是人类理性思维发展成熟的产物，它把一种抽象、普遍的物质原理作为存在的绝对本质、基础。在印度文化中，这一思想对于仍处在沉湎于个别、感性表象的巫术、魔法思维的土著传统来说是很陌生的，我们将表明它是从吠陀和早期奥义书的宇宙论经过逐渐抽象、概括形成。在早期奥义书中，一种彻底的唯物主义已经形成。我们将表明顺世论形上学包含的几个最重要观念，即：其一，唯物论；其二，元素（四大）说；其三，身论，都是从吠陀、梵书就开始出现，在最早的奥义书中逐渐占据主流，并在奥义书思想接着的发展中逐渐得到提炼和定型。这些分析将证明顺世论就是在奥义书的唯物主义

① 见吉藏：《维摩经义疏》卷三，大正 38·941。

思想基础上形成的。

其次，我们也将通过观念史分析表明耆那教的思想是在土著—沙门传统与婆罗门—奥义书传统的对话、融合中产生的。一方面它的极端苦行，以及其原始泛灵论背景和强烈的反祭祀、反吠陀立场，表明它是从土著传统发展而来。然而另一方面，它的二元论形而上学、作为心灵实体的自我观念以及内在超越的理想等，则无疑来自婆罗门—奥义书思想的影响。我们的分析将表明以下几点：第一，耆那教遍满、恒常、清净的超验心灵实体的自我观念，就完全是来自奥义书的渗透，但也整合了来自土著文化的泛灵论。第二，耆那教的多元实体哲学，也是在奥义书形而上学基础上形成的。它的实体观念、心物二元的形而上学图景，都是从奥义书传统汲取过来。其所谓六实之中，除法、非法二者为其独创，其他皆为直接或间接取资于奥义书。第三，耆那教的瑜伽可溯源于土著—沙门传统的苦行，但它抛弃了原先苦行的巫术、魔法色彩，成为心灵摆脱自然的系缚和遮蔽，回归超越、清净、全知的真实自我的工夫，这就是奥义书的超验反思逐渐渗透到这种苦行实践中并最终规定其宗旨造成的结果，于是瑜伽本身便成为实现奥义书的内在、超越理想的手段，成为超验反思的客观体现。

当然，在受奥义书思想影响的同时，顺世论、耆那教等沙门思想也会对奥义书传统发生影响；沙门思想的交互影响也十分频繁，这也决定顺世论和耆那教思想的形成和发展。

## 第一节　奥义书与顺世论思想的形成

德·恰托巴底亚耶通过对顺世论思想与吠陀传统的比较，发现了一个让他自己“感到吃惊的”事实，“那就是顺世论和较古老层次的吠陀传统之间具有基本相似之处。”① 这种惊讶其实是由于两方面因素：其一，由于印度教宗派主义的强化，最终导致婆罗门思想与顺世论被完全对立，由此而来的成见一直影响到近代的学者；其二，对于印度教的有神论和唯心主义的强调，导致梵书和早期奥义书的唯物论思想完全被忽视。也正是由于这两方面因素的制约，使得在印度学术界，对于奥义书对顺世论思想的影响，迄今仍然没有见到值得尊重的、充分、系统的研究。但是对于我们这些外面的研究者来说，这里面其实没有什么太让人“感到吃惊”的，因为只要我们回到更古老的婆罗门教文献，就可以看到与顺世论类似的唯物主义，其实早在吠陀晚

① 德·恰托巴底亚耶：《顺世论》，商务印书馆 1992 年版，第 8 页。

期和梵书中就已经出现，而且在奥义书最早的思想中还曾经成为主流。随着神性的失落，吠陀晚期和梵书已经开始一方面把世界理解为一个完全物质的结构整体，这是一种宇宙结构论；另一方面把世界的生成完全解释为一种物质演化过程（比如认为宇宙是由时间、水、火等转变生成），这是一种宇宙生成论。同时，人的自我也被理解为一种自然的、物质性的存在。在早期奥义书中，宇宙实质论扬弃原先的结构论和生成论，而成为思想主流，世界万物都被认为是某种单一的宇宙实质（水、火、风等）的表现、产物。在此后的发展中，这些不同的宇宙实质逐渐被结合起来，世界万有都被认为是由这些实质聚合形成的。这就是所谓元素说。在奥义书的漫长思想发展中，这些元素也逐渐固定下来，于是形成地、水、火、风、空五大之说（此说后来被印度各宗普遍接受）。自我也被认为是五大聚合形成，意识乃由此聚合产生，人死后复归于五大，意识消失。早期奥义书的唯物主义思想伴随着彻底的无神论。在奥义书最早的思想中，神的存在完全被从宇宙转化中排除。我们可以肯定在奥义书晚期，这种唯物主义思想仍然很活跃，事实上来自婆罗门教和耆那教、佛教的大量记载表明唯物论、五大（或四大）说和身我论（以肉体为自我的说法）在当时的婆罗门—奥义书思想中被广泛接受。由于奥义书这类观念形成既久，且与顺世论表现出实质的亲缘性，因此应当视为顺世论的根源。我们将通过观念史分析表明顺世论的唯物主义是在奥义书思想中发展出来的，而且顺世论的主要思想在奥义书中已经基本形成。

顺世论（Lokāyata）即印度古代唯物论，摩陀婆说其为梵主（Bṛihaspati）所开示（SDSI）。在印度传统中，此词（Lokāyata）有二义：一谓“为世间凡夫普遍接受者”；二谓“论辩、立说、推究之学。”① 不知其因此中何义得名②。一般以为顺世论即斫婆迦派（Cārvāka）（但商羯罗、薄须迦等以为顺世论是斫婆迦的一个分支）③。此派起

① S.Dasgupta, *A Histroy of Indian Philosophy Vol.3*, Cambridge University Press, 1952. 515.

② 汉译佛典记载皆依前义。如《入楞伽经》（元魏菩提留支译）卷六：“卢迦耶陀，种种辩才，巧妙辞句，迷惑世间。不依如法说，不依如义说。但随世间愚痴凡夫情所乐故，说世俗事。但有巧辞，言章美妙，失于正义。”唐代慧琳《一切经音义》（卷十五）：“路迦耶底迦，此则顺世外道，随顺世间凡情所说，执计之法是常、是有等。”摩陀婆亦云顺世论难以消灭，因为它是与人民大众的思想一致的，“广大的群众视财富与欲望为人生唯一目的，不承认来世，故追随斫婆迦之教。”（SDSI·2）此外，印度亦有许多古代文献依后义。它们将顺世论与逻辑学联系起来，以为其因注重逻辑而得名。比如考底厘耶在《利论》中与数论、瑜伽一起提及顺世论，称之为因论（逻辑学）。弥达底提的《摩奴法典注》也提到过斫婆伽的因明论（Manu BhaṣyaVII·23）。这些都表明顺世论一开始就是一个特别强调逻辑的学派。

③ 斫婆迦（Cārvāka）一词的原意也不清楚。或以为其为立宗者之名；亦有说此词乃由动词根carv一词而来，后者为吃、嚼之意，大概为学者对此派之贬称；也有说此词由cāru（美妙、快乐）和vāk（言辞）合成，谓此派学说能迎合大众，使其感到美妙、快乐。

源甚早。早期佛典就已大量提及此派思想。六师中主张四元素说的阿耆多，是顺世论的先驱，后来六师富兰那、拘舍罗门徒，也渐归其宗。阿耆多翅舍钦婆罗的学说，佛典颇有记载，但说法颇有参差（《长阿含经》卷十七《沙门果经》、《杂阿含经》卷三十五、《增一阿含经》卷三十二、《大般涅槃经》［北本］卷十九等）。其大致立场为唯物论、断灭论，以为唯地、水、火、风四大元素实有，虚空为此四大存在、运动之场所。人亦由此四大所成，死后地大还归地、水大还归水、火大还归火、风大还归风，五官之能力归入虚空。人无论贤愚，皆因身死而断灭。无死后灵魂，无来世，无善恶业报。行祭、布施皆无意义。后来的顺世论正是以这些学说为立论基础的。关于顺世论的实践，我们了解的内容不多，而其执着现实、否定神性和彼岸、不求超越和解脱、反对祭祀和崇拜，透露其非吠陀起源。我们了解的顺世论主要是其世界观方面，在这方面它与（仍然沉湎于由阴阳二性规定的、魔法化的世界观的）土著文化关联甚少，而与婆罗门—奥义书思想存在本质的亲缘性。

尽管顺世论没有专著留传至今，但不能因此认为一种属于顺世论的原典从来未曾存在过。佛教《天业譬喻经》提到顺世论有一部论书和注疏。提婆的《百论》、月称的《明句论》等都引用过据称是顺世论的文献。公元前 3 世纪的文法家迦旃延那提到有一部《顺世论注疏》[1]。如果这些记载可信，那么顺世论应当早在公元前 3 世纪就有自己独立的文献了。可惜这些文献后来全都消失了，而且从其他学派表现的对于顺世论的尖锐敌视看来，这些文献很可能是被故意摧毁的[2]。因此很不幸今天我们只能通过其敌对学派的转述，比如摩陀婆的《摄一切见论》，以及佛教的记述，来了解顺世论的学说。摩陀婆《摄一切见论》曾引用据说是梵主所造的一偈，以作为顺世论思想的概括，其云："无天堂、解脱，无彼岸灵魂。四种姓等业，不生任何果。火祭三吠陀，苦行者三杖，及涂身以灰，本来皆唯是，无识吝懦者，谋生之资具。光祭（Jyotiṣṭoma）所杀兽，若得升天国，为何施祭者，非祭以其父？若献祭能使，死者得满足，是则勿须为，旅者备资粮（谓于此处供食等即可使其于彼处享用）。若奉献于此，居天者得受，则堂下供馔，屋顶得以食。若人生一日，即应享快乐，纵使背债累，亦当食乳酪。一旦身成灰，如何可复返？若人身死后，进入它世界，则何不复返，念爱其亲故？故祭于死后，皆无任何果，仅为婆罗门，谋生之资具。三吠陀作者，俳优、骗与魔。诸祭祀仪轨，马祭中施诸 / 王后之亵礼，施祭司之酬，皆俳优所造。且其食肉事，如夜行恶魔。"（SDSI · 1—11）此派哲学的理论，可大致说为以下几点：(1) 无

① 德 · 恰托巴底亚耶：《顺世论》，商务印书馆 1992 年版，第 10 页。

② Nehru, Jawaharlal, *The Discovery of India*, London: Meridian Books Limited, 1951. 100.

因论，认为一切世间，皆不由因，自然而有，因此反对自在（神）化作论，也反对自性转变（属数论派）等说。一切现象皆因事物内在本性而生，其云“火热及水冷，朝飒凉怡人。缘何此差别？皆其本性生。”（SDSI）《大毗婆沙论》（卷一百九十九）载无因论者（即顺世派）言：“现见孔雀鸾风鸡等，山石草木花果刺等，色形差别，皆不由因，自然而有。彼作是说，‘谁刮诸刺？谁画禽兽？谁积山原？谁凿涧谷？谁复雕镂？草木花木，如是一切，皆不由因。于造世间，无自在者’。由此但执我及世间皆无因生，自然而有。”[①]（2）四大说。其以为唯四大为实有，世间万物皆由地、水、火、风四大组成。灵魂乃是物质的另一形态或功能，而神的存在徒然为妄想。（3）无灵魂或恒常自我。自我或灵魂亦自然而生，自然而灭。其或言身与我一（堵塔伽伐卡派），或言身与我异（苏湿伽伐卡派），然皆主张身死我灭。无灵魂常住，亦无业报轮回。神即使存在，也无创造之功，且其存在亦属生、灭。故佛教斥为断见之极。（4）唯许现量。顺世论仅信现量，即感觉知识，比量只是狂漫之夸饰，全无效准[②]。顺世派也否定圣言量，反对吠陀的权威[③]，也反对超越的真理[④]。既以感觉为唯一的知识，则物

① 根据佛典记载，唯物论有执无因者，亦有执实有因论者。前者除上文所引，尝有如《成实论》（卷十一）说：“邪见谓无施、无祠、无烧、无善、无恶、无善恶业极，无今世、无后世，无父母、无众生、受生，世间无阿罗汉正行、正智，自明了证此世、后世，知我生尽，梵行已成，所作已办，从此身已，更无余身。”后者如《大毗婆沙论》（卷一百九十八）所记：“诸有情生，皆因现在精血等事，无有无缘忽然生者，譬如如芽生必因种子、水土、时节，无有无缘而得生者。”

② 根据耆那教学者迦耶罗湿·跋多的《毁坏真理之狮》和吠檀多学者摩陀婆的《摄一切见论》的说明，顺世论否定比量的有效性，集中在比量中的中词与大词的普遍伴随关系（遍充性）永远无法得到证明。比如这样一个因明论式：（宗）此山有火；（因）以有烟故；（喻）如灶。其论证为真的前提是有烟（中词）必有火（大词）。这种遍充关系就是三段论中的大前提，它是一个普遍陈述。顺世论认为，我们无论通过现量、比量、圣言量还是譬喻量，都无法证明这大前提为真。首先就现量而言，这是因为现量只能认识个别性，故：（1）全类（如所有的烟）无法被知觉；（2）共相亦非现量所知；（3）（表述共相与殊相关系的）全称命题也属于共相，故亦非现量所取。一切因果关系皆非现量所取，皆不成立。另外，比量无法证明比量的可靠性。这在于不能以比量证明大前提为真，否则新的比量的大前提亦待证明，如此导致无穷倒退。圣言量也不能证明比量之为真，因为它自身要么可以化归为比量，要么必须以其他圣言量来加以证明。最后比喻量（类推）也不能证明比量为真，因为它只涉及两个个别事物（从已知的个别物类推未知的个别物），而不能获得（作为大前提的）全称命题。正如比量是不可靠的，同样圣言量、比喻量也是不可靠的，皆不是获得真知的途径。故真知唯来自现量。唯感官所直接认识的当前、个别境界才是真实存在，诸神、灵魂、大梵、天堂、甚至过去未来，皆非实有。

③ 其云三吠陀为三恶（虚假、自相矛盾、重复）所玷，仅为骗术，火祭只足为婆罗门之生计（SDSI）。

④ 其云：唯可感官可触者存在，不可触者不在……彼不可感知者，如免之角，岂能存在？故无来世，亦无天堂地狱；湿婆界等，皆愚夫所计（SSSII）。

质为唯一实在，故其说为唯物论。天堂、地狱、不死的灵魂等，皆非感官所知，应如兔角龟毛，全非实有。业力（adṛiṣṭa）亦不存在，唯由比量得证故。（5）感官快乐是人追求的唯一目的。人不应因快乐总与痛苦相伴而放弃对快乐的追求，正如不因鸟兽偷食而不播种稻谷，不因乞丐求食而不开火做饭，不因米粒在谷壳与尘土中而弃之。（6）一切宗教、道德行为悉皆无益。此派既不承认祭祀升天①，也不承认禅定解脱，故人生目的唯在欲望之满足。其云天堂即肉欲之满足，地狱即肉体之苦，至上者即尘世之君王，解脱即肉体之殒灭（SDSI；SSSII）；吠陀只是无赖的狂想，为三恶所染（虚伪、自相矛盾和同义反复），且诸吠陀论师亦说法互异；祭祀是（婆罗门）谋生之资具，庙宇唯旅人所赞扬②。总之顺世论不仅不承认神、灵魂、天堂、轮回、业力的存在，而且否认吠陀、祭祀、布施的价值，似乎完全否定了婆罗门教的存在意义。

然而如摩陀婆在《摄一切见论》中所提到的，这样一个强烈反传统的学派，居然接受奥义书的权威，且试图从中寻找理论根据③，这是否会很奇怪呢？答案是否定的。盖其揭吠陀神祇之伪，祭祀之妄，祭司之悭，未尝不与奥义书一致，而其唯物论立场，亦与早期奥义书的宇宙论宗旨相同。顾于吠陀末期，理性思维之萌发导致印度精神的去神话化，原先将人的主体性和命运交给神意的神话思维，最终不可避免地被人通过把握自然因果关联从而独立决定自己命运的功利思维代替。功利思维不再像神话思维那样，把事物的关联建立在神意和时间之上，而是完全将其建立在自然的因果性之上，且确信因果性是一个（无断裂的）绝对普遍法则。于是它一方面把神和神意从自然彻底排除出去，自然成了一个无神的、完全物质化的宇宙；另一方面它使宇宙成为一个由普遍因果法则构成的整体，其中每一事物都是普遍因果关联中的一个环节，于是它得以根据因果法则把每一事物的存在追溯到某种宇宙最初原因，即宇宙始基。这一思想转型，最早不是体现在沙门思潮，包括顺世论思想之中，而是体现在早期奥义书思想中。奥义书早期思想中的无神论、唯物主义和宇宙论思考，应当被视为顺世论及沙门唯物主义的先驱。我们试图通过追溯顺世论形上学的几个最重要观念，即：一、唯物论；二、四大说；三、身论的奥义书渊源，证明此派的世界观

① 其云：“若天堂为祭司、祭事、牺牲之毁可得，则何以林火过后，大树之灰不能结出硕果？若祭祀中宰杀的牺牲可以升开，则为子何不献其双亲？”（Kṛṣṇa Miśra, *Prabodha-Candrodaya* II · 247 [Bombay, 1811]）

② 商羯罗《一切悉檀要集》记顺世论观点：“无它界，无天界、地狱。湿婆界及此类，皆愚妄异端所发明。”（SSSVIII）“敌、兵、疾所至之逼恼，即地狱之苦。气断而亡，是为解脱。”（SSSX）

③ Jacobi, *Manual of Hindu Pantheism*, London, 1891. 76—78.

是来自奥义书的。

## 一、奥义书与顺世论的唯物主义

人们往往以为古代印度的唯物论是沙门思想的产物，但这并不符合思想史的事实，因为远在沙门思潮兴起之前的早期奥义书，就已经提出了很彻底的唯物论体系，这些思想甚至可以追溯到吠陀晚期和梵书的思考。比如奥义书最早对于存在的实质和起源的解释，有所谓日说、风说、水说、火说、甘露说等，分别以为世间万有由日、风、水、火、甘露等宇宙始基生成，后者就是存在的实质，这些思想就完全是继承了晚期吠陀和梵书的宇宙论。可见唯物主义的思想在吠陀和梵书中已经开始萌芽。不过它只有到了早期奥义书，才由于精神的去神话化的彻底完成，而成为了一种主流的思想。另一方面，在奥义书中，唯物论在内容上也经历了重大发展。这在于，更早唯物论的日、风、水、火、甘露等感性原理，逐渐被一种更抽象、本质的原理代替。优陀罗羯之学就体现了唯物论的这一发展。这在于他提出了所谓实有论（sat-vāda）。盖更早的唯物论从事物的多样性中抽出火、日、水等原理作为它们的共同实质，然而这些仍只是一种感性的实质，因而这种抽象只是一种感性的抽象。但是优陀罗羯的实有，则是纯粹理智的观念，脱离任何感性的意蕴。他明确指出火、水等都仍属于现象（变异）的范畴，而实有则是它们的本质，因而实有被剥除了存在的最外在的、感性的外壳，真正作为本质呈现出来。这种抽象是一种本质抽象或理智的抽象。在这一点上，优陀罗羯的哲学扬弃了以前宇宙论的粗糙的"形下学"（physischen），进入"形上学"（metaphysischen）领域①，且明确指出火、水、食或土三种"形下学"的实在乃植根于"形上学"的实有（sat）。

在 ChānVI · 2—4，优陀罗羯还开示了从实有转化产生世界万物的过程。实有首先通过转变，依次从自身产生出火、水、土三种物质成分，即所谓三有。然后它就进入三有之中，推动后者各分化为三，于是生成名色。比如由原来的火，再次分化生出火、水、地三种成分，水、土二有亦可同样分别。接着又可继续分此三有之三为三，……以此达乎无穷。非如此不足以解释自然界之无限差异。此被无限分化之三有，又须在不同层面相互杂糅，以构成万物，因此一切自然物与人的生命，皆由三有构成。唯有三有是真实的存在，而一切可感的事物皆是在此基础上由于语言的作用而产生的因缘聚合，只是名字，而没有自身的实体性。

---

① Paul Deussen, *Sechzig Upaniṣaden des Veda*, F.A. Brockhaus Leipzig, 1921. 154.

优陀罗羯又被认为是古印度哲学的“臼论”(Mānthanika)创始者[①]。此说以为绝对者是包括所有事物在内的不可分割的整体，不同事物存在于其中，就如同麦、椒、黍等种子被投入臼中，捣碎研磨，最终了无彼此，混然同一。而男女交配、阴阳和合，尤其被以为是宇宙生成之范式。这与优陀罗羯三有和合生成万物的宇宙论是一致的。优陀罗羯的哲学，应视为奥义书的唯物论的完成。他的说法被认为是印度后来的原子论（耆那教、胜论）和聚合说（迦旃延、佛教）的先驱[②]。

总之我们看到在早期奥义书思想中，唯物论已经成为当时的一种主流思想。在其中，独立于物质的灵魂、意识被抛弃，所有存在都是从自然因果关系来解释。奥义书的唯物论也是无神论。神的存在被漠视或取消，世界发展完全被认为是一个物质演化的过程。这些说法都与顺世论完全一致。应当看到，真正的唯物论其实并不是土著文化的产物。因为印度非雅利安文化的一个特点，是注重生命实践而缺乏真理追求，拙于理论建构。就达罗毗荼文明而言，其苦行实践已颇发达，而其世界观似仍处在巫术魔法的时代，其思想仍然执着于感性个别事物而从未意识到有某种绝对的实质。而严格的唯物论，一方面是理性的去魔法化产物；另一方面也包含理性对感性个别性的抽象，而以一种绝对实质观念为标志。这样的思想对于非雅利安文化是很陌生的，而是最早见于吠陀晚期和梵书，到早期奥义书一度成为思想主流。因此早期奥义书思想应当是顺世论唯物论的先驱。盖新兴的沙门思想，大体上都是一方面坚持土著的苦行实践，另一方面放弃土著传统的原始、粗野的世界观而接受婆罗门—奥义书的成熟理论，为其实践提供解释和指导。比如原始佛教就基本上应视为源于非雅利安文化的禅定实践与源于奥义书的形上学衔接的成果（参考本书第三部分第二编第一章），其世界观的基本要素都来自奥义书。顺世论同样如此，它的唯物论来自吠陀和早期奥义书对宇宙绝对本原和实质的思考，而这种绝对本原和实质的观念在非雅利安文化中并不存在。

## 二、顺世论四大说的奥义书渊源

顺世论以地、水、火、风四大元素(bhūtāni)为存在的基本原理。宇宙万物皆是四大聚合形成。人的生命也是如此，四大通过聚合、转变形成人的肉身，于是产生识，就像某些物质混合会产生麻醉力。顺世论的四大说，于佛典多有记载。如《大乘广

---

① Benimadhab Baru, *A History of pre-Buddhistic Indian Philosophy*, University of Calcutta Press, 1921. 127.

② Benimadhab Baru, *A History of pre-Buddhistic Indian Philosophy*, University of Calcutta Press, 1921. 139.

百论》（卷二）所记："顺世外道作如是言：诸法及我，大种为性。四大种外，无别有物。即四大种，和合为我，及身心等内外诸法。现世是有，前后世无。有情数法，如浮诡等，皆从现在众缘而生、非前世来、不往后世。身根和合，安立差别。为缘发起，男女等心。受用所依，与我和合。令我体有男等相现。缘此我境复起我见，谓我是男、女及非二（中性人）。"在沙门时代，四大说已经成为通途的说法，佛教、耆那教皆持此义。另外正统哲学的胜论、正理等也持地、水、火、风等四种极微之说。作为一个理论上这样完整、系统的观念，四大说不可能是突然出现的。我们看到在奥义书中，唯物论最早将宇宙万有的绝对实质分别说成是地、水、火、风、空等原理，接着这些原理被逐渐组合起来，形成宇宙由多种元素构成之说，最后这多元素逐渐固定为地、水、火、风四种，于是四大说就形成了。这个发展过程完全是一个符合思想演变的自身内在逻辑的过程。因此，我们将通过对这一过程的阐明，从思想史的角度证明四大说是在婆罗门—奥义书思想中酝酿形成的。

首先，在吠陀晚期和梵书中，就开始出现了一种将全部存在物的起源归结到某种自然实质的宇宙论观念。此说在奥义书最早的思想中占据了主流，其所谓宇宙实质，包括以下几种：(1) 水。在吠陀中，水常与金卵一起成为创造的基本原理（ṚVX・82・5—6, X・121・1—5,7—9）。在梵书中，水乃成为世界的绝对根源和实质，火、土及万有皆由此转化生成（Sat BrāXI・1・6・1；Tait SaṃV・6・4・2, VII・1・5・1）。这种水的宇宙论在早期奥义书中被继承。如BṛihV・5・1说万物本原是水，梵天、生主皆由水而生；AitaI・3・2则以为最初水与梵并存，梵作用于水，遂生万物，这也是认为万物的本原、实质就是水。(2) 火。早期奥义书中还有一种说法，以为宇宙及人生命中之一切，皆起源于火，风、水、土等皆为火凝聚、转变形成。如ChānIII・13・7说包围世界的是绝对的宇宙之火，它通过太阳作为孔道进入此世界，就凝聚为世内的万物，转化为人的内在生命。BṛihV・9亦持此义。这种火的宇宙论，基本上是继承了吠陀、梵书的思想。盖吠陀、梵书即已有将永恒、绝对的火作为世界的实质、生命的猜想（ṚVI・164・1—52；AVXIII・1・6—55, 3・1—8；Sat BrāXI・8・3・2）；奥义书的说法与此基本一致。(3) 风。把风（或气）作为存在本原的说法，最早见于梵书，而且在其中是一种主要的观念。风被与人的生命气息等同。宇宙万物及人的生命皆被认为是由风产生（Ait BrāVIII・28；Sat BrāX・3・3・6—8）。此说亦被早期奥义书继承。如ChānIV・1・4说在宇宙层面，火、日、月、水四者皆入于风且复由之生出，故曰风为摄尽者；同样在个体生命层面，眼、耳、意、语言皆入于元气且复由之生出，故曰元气为摄尽者，而元气的实质就是风。不过早期奥义书常常认为风归属于元气，认为元气才是最根本的原理，因此完全宇宙论意义上的风说，在奥义书中保留的直接资料很少，但除上引文本，ChānV · 14；BṛihIII · 3 · 2,7 · 2 都提到了此说，表明此说在奥义书中仍有影响。总之奥义书最早的思想继承了吠陀、梵书的宇宙论，将万有本原归结到某种绝对实质，而经常被说为宇宙实质的，包括水、火、风三种原理。

其次，在奥义书宇宙论的发展中，逐渐出现了把上述原理结合起来解释宇宙起源的说法，于是出现宇宙由多种元素构成之说。元素说最早可以追溯到梵书对宇宙构成的设想。梵书持宇宙拟人论，以为眼、耳、意、语言四根与火、日、月、水四有同质同构；正如四根构成人，火、日、月、水四有构成宇宙（Sat BrāVII · 1 · 2 · 5，X · 3 · 3 · 6-8；Ait BrāVIII · 28）。而意、语言、眼、耳、气息五根与月、火、日、空、风五有之说，则更为常见（Sat BrāX · 3 · 3 · 7；Tait BrāIII · 10 · 8）。但首先其中四有、五有的说法并不固定，有时甚至云、雨、闪电等也加入其中；其次从中可以看到四有、五有说皆是在一种宇宙结构论和元素说之间摇摆。奥义书最早的宇宙论完全继承此说，如 ChānIV · 3 · 1—4 以为宇宙由火、日、月、水、风构成，而以风为根本；ChānV · 12—18 提出宇宙由天、日、风、空、水、土、火等构成，ChānIII · 13 亦提出日、月、火、雨、空五有之说，ChānIII · 18 则提出火、风、日、方四有之说。在这里，梵书宇宙论的局限性仍未得到克服。

然而奥义书思想在其发展中，逐渐从宇宙论结构论向宇宙实质论转移。AitaII · 1 · 7 说组成物质宇宙的成分为土、火、空、风、天、日、四方、月、水。BṛihIII · 7 · 3—23 说为土、水、火、气、风、天、日、诸方、虚空等。BṛihIV · 4 · 5 说为地、水、风、空。ChānVII · 1—7 说为天、地、风、空、水、火六者。而优陀罗羯的三有说，标志着宇宙实质论的完全确立。其云天地万物皆由火、水、土三种物质成分，即所谓三有生成，三有无限分化并聚合，构成世间万物，故万物实质上就是此火、水、土三有（ChānVI · 2—4）。此后的奥义书宇宙论，又在三有基础上，加上风、空[①]，于是从三元素（trivṛtkarana）说发展出五元素（pañcīkarana）说，或五大种（bhūtāni）说。在奥义书思想中，地、水、火、风、空五大之说，逐渐被固定下来。BṛihII · 4 · 11，IV · 5 · 12 最早提到诸大（bhūta）的观念，而未开示诸大的内容，不过根据其上下文，可以肯定它指的就是构成宇宙的地、水、火等元素。KauṣIII · 5 则同时提到大（bhūta）与大唯（bhūta-mātrā），二者的意思可能相同，乃是指与十根相对之十境。AitaIII · 3 首次明确列出土、风、空、水、火五大（mahā-bhūtāni），以为物质世界的一切皆由此构成。TaitII · 1 · 1 谓五大为空、风、火、水、土，乃依从细到粗的顺序排列，认为这五

① Paul Deussen, *Sechzig Upaniṣaden des Veda*, F.A. Brockhaus Leipzig, 1921. 154.

者不仅生成物质自然，而且生成人类。可以肯定，到奥义书中期思想，五大说已基本上代替以前对世界构成的种种幼稚的猜测，而得到完全巩固。

最后，在晚期奥义书中，五大说得到进一步发展。MuṇḍII・1・3 亦提及空、风、火、水、土。PraśII・2，VI・4 也提出空、风、火、水、土五种物质元素之说；IV・11 提及五大（bhūta），所指应当即是上述五元素；IV・8 则说有“地与地唯（pṛthivīmātra），水与水唯，火与火唯，风与风唯，空与空唯”，可能意味着它已经开始区分五大（bhūta）与五唯（mātra）。ŚvetI・2 提及以大种（bhūtāni）为因之说；II・12，VI・2 提到的五大亦为地、水、火、风、空。MaitVI・3 也提及地、水、火、风、空五大，III・2 明确区分五大（mahā-bhūta）与五唯（tan-mātra：色、声、香、味、触）。可以看出，在晚期奥义书中，五大说不仅已经完全成为宇宙论的主流，而且五大已经被与五唯区分开来，另外五大的顺序也成为固定的（或空、风、火、水、地）。这些分析表明，地、水、火、风、空五大说在晚期奥义书中已经成为被普遍接受的宇宙论。

以上我们分析了奥义书的宇宙论，最初是分别以水、火、风为基本原理的宇宙实质论；然后是通过不同原理的组合形成了火、水、土的三元素（三有）说，并逐渐过渡到地、水、火、风、空五大之说；在中、晚期奥义书，五大说已经完全成为宇宙论的主流且在表述上逐渐定形（五大的排列排序成为固定）。这种分析从思想史层面充分表明了，奥义书的五大说就是在奥义书传统之内逐渐发展形成的。

在后奥义书时代，五大说被正统和非正统学派普遍接受。比如史诗《摩诃婆罗多》的宇宙论也认为地、水、火、风、空五大构成物质世界（BGVII・4—6）；数论派、瑜伽派对于物质世界的认识亦同于此。胜论、正理派持地、水、火、风、空、时、方、我、意九实之说，而以为其中地、水、火、风、空五大组成自然界。五大说也被沙门思想接受。如拘舍罗认为宇宙人生由地、水、火、风、空、得、失、苦、乐、生、死、命十二种元素组成，其中地、水、火、风、空五大构成物质自然。迦旃延持地、水、火、风、空、苦乐、命（有的记述说为地、水、火、风、苦、乐、命）七元素说，亦以为组成器世间的就是地等五大。早期佛教也有地、水、火、风、空、识六界之说，亦以为五大是器世间的构成要素。《大般涅槃经》（卷三十六）记纳衣梵志亦云五大皆有自性不以因缘生，且云此是一切有智人的说法。由此可见，来自奥义书的五大说，在部派哲学时期已经成为印度各宗的自然观基础。

顺世论的四大说，可以肯定是从奥义书的五大说演化而来。首先，顺世论和佛教等列举的四大，即地、水、火、风，其内容与排列的顺序都与五大，即地、水、火、风、空一致或相同，而正如我们前面的分析表明，五大的内容及其顺序，早在顺世论出现之前的中期奥义书阶段就已经确定。在这里，顺世论显然只是把空这一元素除去了。

其次，设想四大说在历史上是把空从五大排除而形成，是完全符合逻辑的。一方面，在远古印度哲学术语中，空（ākāśa）有虚空（ether）、空间（space，亦译为诸方）二义，随着它在其概念史中，越来越清晰地确定为空间之义，比如ChānVII·12说空为包容地、风、水、火者；BṛihIII·8，IV·1—2所说亦大同于此，这都是明确把虚空当作一个包容宇宙万物的场所。这样被理解的虚空，就显然不能再作为具体自然物的组成成分，所以必须被从诸元素中排除。事实上，耆那教就是由于完全把空理解为空间，因而只承认地、水、火、风四大。另一方面在印度哲学中，空作为虚空，也逐渐被当成一种无限、恒常的实体，因而也不能再作为具体自然物的组成成分。早期佛教的虚空无为，就是这样的实体，这使佛教不得不排除六界说中的空大，而只以四大作为组成客观事物的原子（极微）。胜论、正理亦同此义；彼等以为空虽与前四者并称五大，但体性为恒常、一味、无形、无限、不可分，不可作为组成事物的元素，故只承认地、水、火、风等四种极微（VSII·1·1—31，II·2·10—11；III·1·2）。在这里，我们完全可以认为顺世论的四大说与耆那教、佛教、胜论等的四大说的形成，遵循的是同样的逻辑。总之，奥义书的元素说，是后来印度哲学，包括顺世论、耆那教和早期佛教，以及胜论、正理派的四大说的根源，也是数论、瑜伽等的五大说的根源。

## 三、身论的奥义书渊源

顺世论的另一个基本观念是身论（deha-vāda）或唯身观，即以为人的自我只是其肉体[①]，没有不同于肉体的灵魂。唯当以肉身为我，诸如“我瘦”、“我肥”、“我黑”之类说法才可理喻，瘦等相唯属肉体故。此派认为死亡即肉体毁灭。人完全由地、水、火、风四大组成，死后复归于四大，灰飞烟灭，更无一物遗留。如《般若灯论释》（卷十一）谓顺世外道持唯有身及诸根，无我自体，于诸行中假名众生，而实无我受持诸行，亦不可言有自我生死流转。顺世论中，有的认为诸根就是自我，有的认为末那（思维器官）是自我，都没有看到自我的本质是精神、心灵。所有心理活动，都要么被认为是四大的功能，如澄观《大方广佛华严经随疏演义钞》（卷十三）记云：“路迦耶，此云顺世外道，计一切色、心等法，皆用四大极微为因。然四大中极精灵者，能有缘虑，即为心法。如色虽皆是大，而灯发光，余则不尔。故四大中有能缘虑，其必无失。”《成唯识论演秘》（卷一末）记此派主张四大极微共三种：（1）极精虚，生成心、心所，（2）清净，生眼等六根，（3）非虚净，生色、声等六尘；要么心理活动被认为是四大聚合之后产生的现象，如谓四大合成诸根、末那，而诸根、末那生识等活动。

① 德·恰托巴底亚耶：《顺世论》，商务印书馆1992年版，第45页。

ChānVIII · 7 · 8批评以身为我者（dehātmavādin）为阿修罗道。阿修罗以身为我，以华衣、珠宝装饰死者，且为之置食，以备其于死后享用。达斯古普塔认为这种习俗表明身论来自苏美尔文化，而婆罗门传统对此持批判态度①。这一看法表明作者对梵书和奥义书最早的思想缺乏充分考虑。其实此种身我论早在梵书和早期奥义书就已经存在，而且曾经是思想主流，而ChānVIII · 7 · 8对身我论的批评，乃是奥义书思想完全成熟之后才有的。盖自我观念来自自我反省，而由于人类精神的局限性，反省只能从自我的最粗显、外在的存在，即肉体、感觉开始。因此人类最早理解的自我，都是自然的，而且根据一种更彻底的立场，就是物质的。在印度思想中，梵书最早表明了一种唯物的自我观念，它把自我理解为由来自宇宙的不同物质要素构成的复合体，人死时这些要素皆复归于宇宙，但在梵书中，这些要素（天、日、月等）是宇宙结构论的，而不是实质论的。不过在早期奥义书中，经过缓慢的思想演变，梵书的结构论最终转化成实质论的，于是宇宙、自我皆被认为是由地、水、火、风等物质元素组成。奥义书这种自我观念的形成，早于顺世论数百年，与后者的身我论存在本质的亲缘性。这一点，如果我们把《长阿含经 · 沙门果经》记载的顺世派（阿耆多 · 翅舍钦婆罗）的说法与奥义书对比，将是很明显的。经云："受四大人，取命终者，地大还归地，水还归水，火还归火，风还归风。皆悉坏败，诸根归空。若人死时，床舆举身，置于 间，烧其骨，如鸽色，或变为灰土。若愚、若智，取命终者，皆悉坏败，为断灭法。"在早期奥义书中，BṛihII · 4 · 12, IV · 5 · 13；ChānVI · 5 · 1—7 · 6皆有类似的表述，而且这一思想还以不同变奏在早期奥义书中经常出现。恰托巴底亚耶也指出奥义书的身论可能是真正的顺世论②。我们断定顺世论的身论是从奥义书发展而来。这不仅因为奥义书身论的出现更早，而且通过思想史的疏理我们可以清晰地看出它从梵书的结构论发展出来的过程，从而在历史层面证明它就是婆罗门—奥义书自身思想发展的产物。

在婆罗门传统中，身论最早可以追溯到吠陀。《黎俱》就开始对人的自我进行思考。它将自我说为末那（意）、阿特曼（肉体）、阿苏（精气），但这些都仍是一种自然的东西，远未上升到意识、精神的层面。更重要的是《黎俱》晚期提出的补鲁沙（Puruṣa）观念（ṚVX · 90），一方面补鲁沙作为自我是一个结构整体，另一方面补鲁沙被与宇宙等同，所以人与宇宙同质同构。人由头、意、语言、眼、耳、呼吸、脚等组成，后者的实质分别是天、月、火、日、四方、风、地，与各宇宙要素一一等同。这自我

① S.Dasgupta, *A Histroy of Indian Philosophy Vol.3*, Cambridge University Press, 1952. 529.

② 德 · 恰托巴底亚耶：《顺世论》，商务印书馆 1992 年版，第 60 页。

完全是一个物质、形器之我。这是印度最早的自我结构论，对梵书、奥义书的自我思考发生了重大影响。

梵书普遍继承、发展了这种自我结构论。其云由月、火、日、四方、风五种物质要素，转化成人的意、语言、眼、耳、气息五种生命要素；人死后，其语言入于火，眼入于日，意入于月，耳入于四方，气息入于风，故无物遗留（Sat BrāX・3・3・6—8；Ait ĀrII・1・7・2—5）。这种自我观念同样是形器的、唯物论的。

奥义书最早的自我观念，完全继承吠陀、梵书的身论，从不同角度发挥人与物质宇宙的同质同构。如ChānV・12—18谓人的意、语言、眼、耳、气息的实质分别等同于月、火、日、四方、风诸天，故人由诸天生成，死时复归于诸天。MuṇḍII・1・3—10亦云由宇宙大我的头、目、呼吸、腹、膀胱、双足等生出天、日、风、空、水、地诸天，此诸天一一进入人体，转化为人的头、目、呼吸、腹、膀胱、双足等。这也是说人的存在来自天、日、风、空、水、地这些物质要素，死时复归于彼。ChānIII・18说人由语言、呼吸、眼、耳四分构成，后者的实质分别即是火、风、日、方四种自然存在。此外ChānIII・13；BṛihIII・9・10—17等的说法，宗旨也与此基本相同。可以看出，奥义书在开始阶段，也完全把自我当作一种物质的，而且是由不同自然要素组成的存在，并且这些自然要素完全是结构论的，而不是实质论的（只是构成自我形骸，没有成为内在的实质）。这个自我只是形器之我（参考本书第二部分第一编第二章第一节第一目）。反省还没有把握到一种作为人的存在基础的实质或本质观念，仍然停留在自然的个体性、差别性、表象性的层面。

然而随着精神反省的持续内向化，奥义书的反省开始克服那种外在的形器之见，寻求自我的实质或本质。不过由于人类思维的局限，反省一开始仍只能把一种自然实质当作自我的真理。这就是所谓实质之我。如ChānIII・3・1谓自我的实质是宇宙火，BṛihII・5认为自我的实质是一种宇宙原汁（甘露），ChānIV・1・4说自我为风，等等。这种自我实质也是宇宙的实质。为了更好解释事物的多样性，奥义书的宇宙论以及身论在兹后的发展中，便试图将这些单一的实质组合起来，于是宇宙以及自我被认为是由多种宇宙实质（元素）聚合形成的。ChānVI・5・1—8・7的土、水、火三有说，标志着这种元素说的确立。其说将生命分为三类：胎生、卵生、芽生。一切有生命者，包括人，皆由水、火、土三有的成分被食用后形成；而三有是可分的，它们被食用后接着在体内分解，形成生命中粗细不同的成分。其中食物（土）被吃进去后分解为三分。最粗者为粪，中间者为肉，最精细者为意；准此，水分解为尿、血、呼吸；火分解为骨、髓、语言；故曰意由食而成，呼吸由水而成，语言由火而成。人死时肉体分解，复归于三有，于是人不复有意识（ChānVI・15・2）。随着在奥义书的宇宙论中，地、水、火、风、空五大说逐渐定形，自我也被认为是五大和合而成，如 BṛihII・4・11, IV・5・12 云：“人由诸大而生，(死时) 复消失于彼，于是心识亦灭。”人由五大聚合而有识，当其死而复归五大，遂成为无意识 (BṛihII・4・12, IV・5・13)。这些表述与顺世论对于自我的看法基本相同。不过，随着奥义书真正的精神反思的建立，自我的实质逐渐被理解为心灵、意识，这导致在奥义书的主流思想中，身我论被扬弃，五大便只用来解释肉体的形成；但由于奥义书思想的杂糅性，一直到其晚期，身我论仍然存在，并对沙门思想发生影响。

奥义书的身我论，还有多种表现。比如 AitaII・1—6 提出三生说，以为自我应经历三次出生，即：其一，男子由其体内生精液且注之于女人子宫；其二，胎儿由母腹诞出，以及随后父亲对儿子的教育、抚养；其三，父亲死后的再次投生。三生说反映了一个在奥义书中仍然经常出现的观念，即父与子具有同一自我，通过生殖，父成为其子。类似的说法还有很多，比如 BṛihIII・9・22 说儿子是从父亲的心 (汗栗驮) 中产生的。在 KauṣII・11 中，远归的父亲对儿子说：“来自我肢体，从我心中生，汝即我之我，惟信然吾儿!”这些说法都是与轮回说直接矛盾的，其前提也是完全把自我当作一种肉体的存在。

以上分析表明，一方面奥义书的身我论，完全是在婆罗门自身传统之内逐渐酝酿形成，而不是现存地沿袭异己传统而来；另一方面，顺世论的身我论无论在精神实质还是在理论表述上，都与奥义书的身我论存在根本的一致。在这种情况下，我们可以肯定顺世论的身我论就是继承、发展奥义书的说法而来的。

恰托巴底亚耶谈到对于顺世论的起源，有好些相互矛盾的看法：“有人猜测是传统崩溃的结果。也有人认为它是后者得以巩固的原因。有些人判断顺世论原是从古代苏美尔输入印度的。另外一些人认为它自始至终就是构成僧侣权术的一部分。甚至还有人认为宣称顺世论不仅属于古代，因为它仍然以某种暧昧且非常淫秽的原始崇拜的形式存在于这个国家。”① 拉达克利希南说，顺世论是公元前 600 到后 200 年的巨大思想动荡的产物，是旧信仰垮台的结果②。但是参照我们这一部分的讨论，可以看出所有这些看法，要么根本站不住脚，要么也是片面的。造成这类认识误区的原因，是印度学人很难避免的两方面成见：一是把婆罗门思想与顺世论完全对立，二是由于强调印度教的有神论和唯心论，导致忽视了梵书和早期奥义书的唯物论思想，于是顺世论的唯物主义被认为要么是来自外部影响，要么是受土著文化污染，要么

① 德・恰托巴底亚耶：《顺世论》，商务印书馆 1992 年版，第 15 页。

② Sarvepalli Radhakrishnan, *Indian Philosophy Vol.1*, the Macmilian Company, London, 1924. 271F.

完全是反婆罗门思想的创造。

然而我们通过以上观念史分析表明了，顺世论或印度的唯物主义，就是从奥义书思想中发展出来的，而且顺世论的主要思想在奥义书中已经基本形成。我们追溯了顺世论形上学包含的几个最重要观念，即：其一，唯物论；其二，元素（四大）说；其三，身论从吠陀、梵书开始出现，在最早的奥义书中逐渐占据主流，并在奥义书思想接着的发展中逐渐得到提炼和定型的过程。奥义书的唯物主义思想与顺世论表现出实质的亲缘性，而由于前者的形成早于顺世论数百年且溯源自古，并且呈现了一个完全符合逻辑的独立发展过程，因而只能认为它是顺世论的理论根源。顺世论的世界观就是在奥义书思想基础上形成的。

如果我们设想一种完全与顺世论相同的学说，在尚未见诸文字的婆罗门—奥义书思想中已经被包含（因为毕竟流传下来的奥义书只是曾经存在的文本的极小部分），不仅完全合乎逻辑，而且可以得到文献的充分证明。印度教和耆那教、佛教的大量文献都表明了，直至佛陀前后的时代，唯物主义也完全是可以被婆罗门—奥义书思想所包含的。正如 J.Muir 指出，甚至在史诗时代，一个人仍然可能既是一个婆罗门，又继续传播顺世论观点①，“很清楚，甚至在婆罗门教体系已经更稳固地建立起来、它的细节已经得到更详细的规定之后，在其形上学思辨的领域也没有建立明确的排他性。只要他（婆罗门）遵守祭祀的制度，维护本阶级的利益，他可以持有和宣扬差不多任何哲学看法。”② 在《罗摩衍那》中，婆罗门荼跋厘就试图说服罗摩乾陀接受顺世论观点。《摩诃婆罗多》也曾表明顺世论是一个博学的婆罗门所应当精通的；在其“森林篇”，陀楼波底也说她从一位婆罗门长者那里接受了梵主派（即顺世论）的学说。在佛典中对于婆罗门所持的唯物主义或顺世论立场，也有大量记载。如《长阿含·弊宿经》中，弊宿婆罗门持无有他世，亦无更生，无善恶报，无身外灵魂，与顺世论的立场完全一致。《大般涅槃经》（卷三十六）记纳衣梵志亦云“一切诸法皆有自性不以因缘生。复次瞿昙，坚是地性，湿是水性，热是火性，动是风性，无所窒碍是虚空性，是五大性非因缘有，若使世间有一法性非因缘有，一切法性亦应如是非因缘有。若有一法从因缘有，何因缘故五大之性不从因缘？瞿昙，众生善身及不善身获得解脱，皆是自性不从因缘，是故我说一切诸法自性故有非因缘生。”他并声称一切有智人皆如此说，证明这也是在婆罗门中被广泛接受的思想，这种思想也完全是唯物论的。在《增一阿含经》（卷三十九）中，梵志不兰迦叶持“无福、无施，无今世、

① J.Muir, *the Royal Asiatic Journal Vol. 19*. 303F.

② J.Muir, *the Royal Asiatic Journal Vol. 19*. 331.

后世、善恶之极”的明显非吠陀的唯物论立场。《寂志果经》记不兰迦叶云：“无世尊，无答善恩，亦无罪福，无有父母，亦无罗汉得道之人。供养无福，亦无今世、后世，亦无专行一心道者，于是虽有身命，寿终之后，四事散坏，心灭归无，后不复生，虽葬土藏、各自腐败，悉尽如空，无所复有。”此说亦与顺世论唯物主义无异。在《长阿含·沙门果经》中，婆罗门雨舍及其弟须尼陀建议阿阇世王向富兰迦叶和瞿舍梨问道。此二人所说亦皆为唯物论。瞿舍梨的说法与富兰迦叶接近，谓：“无施、无与，与祭祀法，亦无善恶，无善恶极。无有今世，亦无后世。无父、无母、无天、灭化众生世，无沙门、婆罗门，平等行者，亦无今世、后世，自身作证，布现他人，诸言有者，皆是虚妄。”上述思想都反吠陀、反祭祀、否定前身后世，持无因论、唯物论、身我论，与顺世论完全一致，但都被婆罗门认可甚至坚持。这些事实表明，在相当长的时期内，顺世论或任何形式的唯物主义，与婆罗门—奥义书传统之间，完全是圆融无间的。顺世论的唯物主义被排斥且被与婆罗门传统完全对立起来，在印度思想史上其实是一个很晚近的事件。它是印度教使其宗派意识（在《慈氏》中才最早有所反映）完全巩固且重新恢复其精神领域的主导地位的结果，其时代肯定是在六派哲学形成之后。在六派哲学形成之前，所有婆罗门思想都被笼统地归属于为数众多且相当芜杂的奥义书学派之中，而顺世论或与之类似的唯物主义也曾属于这样的婆罗门思想之列。

我们分析了从奥义书发展到顺世论的唯物主义的过程，但是不排除顺世论的形成还有其他途径。印度古代的学者（如耆那教的 Sīlānka）就曾指出数论与顺世论之间有本质关联，谓二者的学说区别甚微①。盖数论以为原我无为，一切作用都是原初物质的活动。宇宙完全是原初物质转化的结果。这和顺世论的大种构成宇宙的观念一致。数论派认为人的身体和心灵都是原初物质的产物，全部心理活动都是自性的转变，也与唯物主义完全一致。原我与宇宙进程和人的生命活动都没有关系，对世界无任何影响。因此它对于世界的转变来说，实质上是多余的。如果我们将这多余的实体去除掉，那么数论的形而上学就与顺世论没有什么区别了。达斯古普塔也认为顺世论的宇宙论就是在数论基础上将其没有任何作用的原我取消而形成②。另外，奥义书中、后期尽管确立了以五大说为基础的自然观，但自然本身常常（虽然不能说总是）被归属于更本质的绝对精神实体，我们同样也可以设想顺世论是在此基础上将这个绝对逐渐淡化、排除而形成。不过这些途径都是间接的。我们阐明的是更直接的途径，即顺世论就是从奥义书已有的唯物主义思想发展出来的，而且其基本内

---

① S.Dasgupta, *A Histroy of Indian Philosophy Vol.3*, Cambridge University Press, 1952. 527.

② S.Dasgupta, *A Histroy of Indian Philosophy Vol.3,* Cambridge University Press, 1952. 572.

容在婆罗门—奥义书传统中已经形成。

## 第二节　奥义书与耆那教的思想

传统上认为耆那教的创始人是大雄（540BC—468BC），即佛教所说的尼乾陀若提子。可以肯定它的起源远早于佛教。据说它始于黎沙薄（Ṛisabha），历二十三传，始至若提。耆那教在大雄以前可能已有十分漫长的传承史。

耆那教的哲学是一种形而上学的多元实体论。它认为一切存有，包括在六实六德之中。最根本的存在是实体。实有六种，即命、空、法、非法、时、补特伽罗（物质）。其中命就是灵魂，是有生命、有心识的存在，本性为遍满、恒常。后五者为非命，即无灵魂的存在。世间一切，除命、空以外，皆由原子积聚而成。耆那教持泛灵论，以为每一原子皆包含一个生命体在内。在耆那教的思想中，作为宇宙创造者和统治者的神完全消失了。神成了一种普通的生命，为五种生物（神、人、兽、地狱、植物）中之一种，而不再是神圣经验的内容。耆那教以为祭祀魔咒皆毫无意义，唯禅定解脱方是人生终的，尤其反对祭祀中宰杀动物的行为。认为业力果报决定人生，无关于神。解脱是自我彻底否定与自然、生命的关联，进入涅槃、彼岸。解脱之道有三：正智、正信、正行，而其宗旨在于通过苦行伏断业染，使灵魂超越自然，恢复其本来清净的体性。解脱者的灵魂断除业力的重负，而升至最上界，德侔于神。

耆那教的强烈反祭祀、反吠陀立场，以及它的泛灵论，还有其严酷的苦行实践，都暴露了它的非雅利安文化根源。然而无论是其形上学，还是实践，同时也都包含了许多来自婆罗门—奥义书传统的因素，因而它就是两大文化传统交融的产物。耆那教思想大致可以视为源于土著传统的苦行实践与源于奥义书的形上学理论结合的成果。我们将会就以下几方面予以阐明：(1) 耆那教作为超验心灵实体的自我观念，基本上是来自奥义书思想的渗透，但也整合了土著文化的因素。耆那教把自我理解为一个遍满、恒常、清净、超越的实体，其实质是识，这样一个超验的心灵实体观念完全是来自奥义书的。尽管耆那教试图把来自土著文化的原始泛灵论糅合到这个超验心灵实体观念之中，但这样的尝试在奥义书中已经有过。(2) 耆那教的多元实体哲学，也是在奥义书形而上学基础上形成的，但也有所发明。首先，耆那教的实体观念体现了精神超越，不属于局限于自然思维的土著思想，完全来自奥义书传统。其次，耆那教的心、物二元形而上学，作为其实体哲学的基础，体现了一种超验反思，这也完全不属于土著传统，而是从奥义书传统汲取过来。最后，在耆那教的命、法、非法、时、空、补特伽罗（土、水、火、风等）六种实体中，除法、非法二者为独创，其他皆为直接或间接取资于奥义书。(3) 耆那教的实践也反映了土著传统和奥义书传统的交融。其中，作为其实践的前提，耆那教九句义说的精神实质和基本的表述都来源于奥义书传统。耆那教的瑜伽则是沙门苦行与奥义书思想融合的结果。耆那教瑜伽来源于土著—沙门传统的苦行，但奥义书的超验反思渗透到这种苦行实践中，并最终规定了它的本质，使耆那教的实践扬弃了原先苦行的巫术、魔法色彩，成为心灵的自由、解脱之道。耆那教的解脱理想也直接或间接沿袭自奥义书思想。总之奥义书思想的渗透使耆那教瑜伽成为内在超越的实践。兹论之如下：

## 一、耆那教的自我观念的奥义书渊源

耆那教称人的自我、灵魂为命 (jīva，或译命我)。它的自我观念，就清楚地表现了土著传统和奥义书传统的交融。一方面，自我的本性被认为是遍满、恒常、清净的实体，其实质是识；我们将表明这种自我观念是来自奥义书的。另一方面，自我又被从一种原始泛灵论角度理解；我们将表明这种理解来自土著文化，但也受奥义书思想影响。

耆那教对命的定义是："凡知解、觉了不同对象，贪乐厌苦，行善作恶，受相应果者，彼即是命。"① 命就是一切生物体的生命、灵魂、意识、自我。命我与识无别，其实质即是识 (耆那教在这一点上看法颇不一致，命我与识有时亦被说为实与德的关系)。识也是常住不灭的实在，表现为知觉与理智。命我的存在通过其自我意识就可直接证明。如灯照物亦自照，识了境且自了。耆那教认为命我是一个常住的精神实体，也是知识、行为的主体。它也承受其作业的果报，是业力轮回的承担者。命我在解脱之前，要与诸根、末那、身、业组成的物质存在结合，而且随它所居住的身体的形状大小而伸张或蜷缩，而与身的形状完全相合，譬如灯照亮的范围随房间大小而变；这样它才能觉了身体每一部位的感受。耆那教接受了奥义书的灵魂轮回观念，相信人死之后，灵魂随即进入下一生物的胎中。灵魂刚受胎时很小 (与精子大小相同)，随着胎儿的成长而逐渐展开，最终具有了成人的形量。宇宙间命我的数量无限，而且种类不同。但种类不同并不是命我的实体有别，而是因为同样的实体与不同物质结合造成的。这种结合使同一命我具有了无数种不同的行相。实体常住不变，行相则恒处变易。同样含识之一生，经历生、老、病、死，其为实体不变。生、老等只是行相。行相就是变易。实际上德与实都无变化，唯行相变易。此如金之体性与色泽皆无变

① Kundakundācārya, *Pañcāstikāyasamayasāra,* Sacred Books of the Jains, The Central Jaina Publishing House, 1920. 129.

易，而可作成链、环等形，故其相可有变化。耆那教还持一种特殊的泛灵论，以为不仅动植物，甚至日月星辰，乃至每一原子都有一个灵魂居住其中。命我有三种存在状态：圆满我、解脱我、系缚我。在解脱位，自我除去业染，恢复了它本然的超越、内在的体性。在解脱位每一命我的形量遍满宇宙，不同命我相互重叠在一起，但是都能保持自身的区别，而没有融合为一。另外由于命我形体遍满常住，所以它是全知的。但是在系缚我由于与物质的联结，就丧失了全知的能力。命我与物质的联结就是业。当业产生相应结果之后就会脱离。但不幸的是在旧业不断成熟脱落之时，人们还总是在造新业，因此业的附着始终没有停止。

首先，在其中，自我被明确与物质自然和人的诸根、肉体区别开来，其实质被等同于识，而且被视为一个超越自然的实体，这体现了一种真正的精神超越和反思，这种自我观念就表明了奥义书思想的影响。

在印度文化中，这种超越和反思最早形成于婆罗门—奥义书传统，而不属于非雅利安的土著传统。本书前面多处的分析（参考本书在第三部分第一编第一章第二节第一目，第二章第一节等处的讨论）表明，不仅达罗毗荼文化完全停留在原始的自然思维之中，沉迷于巫术实践，崇拜神秘的自然生殖力，绝无任何对于超验实体界和纯粹心灵的观念；甚至植根于土著传统的沙门思想，与婆罗门思想相比，绝大多数也仍未能脱离自然思维，它们否认超验的彼岸，否认有超越自然的时空、因果关联的实体，也否认有独立于自然的心灵。其中最典型的是顺世论，其他各家亦在不同程度上分享了这些观念。事实上，由于超越和反思思维的缺乏，一种超验的心灵实体观念，不仅对于达罗毗荼文化，而且对于诸如西伯利亚文化、东亚文化、澳洲文化、美洲文化，都是完全陌生的。在印度文化中，这一观念最早出现于婆罗门—奥义书传统。在其中，把心识而非肉体当成自我的本质的说法，从梵书时就开始出现（Sat BrāX · 6 · 3），早期在奥义书中已经成为思想的主流，比如 ChānIII · 14 的桑底厘耶学说、KauṣIV 和 BṛihII · 1 的阿阇世学说、KauṣIII · 1—5 的波罗多陀学说等，都表明心识不仅是自我的本质，而且是存在的唯一真理，体现了奥义书最早的精神反思。奥义书思想在其进一步的发展中，又逐渐认识到心识不是一个经验心理学的主体，而是超越自然和经验的纯粹意识实体。比如 KāṭhII 的那支启多学说，PraśIV 的毕钵罗陀学说等，揭示自我为超越时间、空间，超越自然因果，甚至超越全部心理活动的，无为、恒住的清净意识实体。这种超验意识实体观念，就是奥义书的超越和反思思维的成果。唯有超越和反思才是真正的精神自由，所以对于印度精神而言，唯奥义书思想才最早享有真正的自由。

耆那教的命我就是这样一个超验的心灵实体。耆那教认为命我就是恒常不变的心识，本来遍满宇宙且具无量智、无量见、无量能、无量喜。命我有三种存在状态：一是圆满我，是本来完满之我；二是解脱我，是通过修道而得解脱之我，体性绝对纯净、了无物染；三是系缚我，是处于惑乱轮回中之我。耆那教认为命我本来为遍满常住，而且以识为体，所以它应当是全知的。但是在系缚我中，首先命我执受根身，为形骸所限，故其身量由无限而卷缩为一有定限的形状，自我由于折叠起来，使其不能自如地遍缘一切，于是它就丧失了全知的能力；其次命我的识体亦被业质遮蔽、附着而失其清明之自性。在解脱位，自我完全脱离根身，也彻底断除业质，于是自我就恢复其本来的知识能力。于是识之产生已不必再通过诸根的作用，而是自我直接认识事物，而且由于自我体性遍满宇宙，它与事物接触是全面的，也就是说此时的自我是全知的①。解脱的自我除去业染，恢复了它的本然体性，具备真理、智慧、妙乐三德，有无量智、无量能、无量喜乐。解脱的境界就是涅槃，迥异世间、超出言诠。因此耆那教对解脱的自我是以遮为表。这自我被描述为无作、无愿、无变易、无始终、寂静、安乐、自在无碍。

耆那教对于命我的以上表述，都在奥义书中出现而且极常见，可以肯定它的这样一个超验的心灵实体观念是来自奥义书的。比如KāṭhII・11—25说自我为不生不灭、恒常不变、无为不动、一味无别、清净无染、广大遍满、离根与身、无思虑欲望的自我实体。III・3—15说自我无声、无触、无相、不坏、无味、恒常、无始、无终、无嗅、安稳、超越。V・8—12亦描述自我为真实、伟大、不死、超越、内在、一味、无相、无差别、清净，自我进入万有之中，而其实质不被万有系缚、染着。Bṛihii・4・12，III・9・28，IV・4・22，5・13说真我是广大、无限、无量、无生之识体，亦即是妙乐。TaitII・1说真我为真理（satya）、智慧（jñāna）、妙乐（ananda）。如此等等。可以肯定耆那教对于命我的以上表述，完全是来自奥义书的这些说法。另外，耆那教声称解脱我才是真实的自我，而其解脱我的观念，对于奥义书思想的沿袭乃更为显著、直接。拉达克利希南就指出耆那教的解脱的自我"与奥义书的作为前于任何认识、情感、意志的绝对、自存、恒住的主体的阿特曼相呼应"②。如果我们把耆那教对解脱我的描述与奥义书文本进行对照，这二者的亲缘性将是一目了然的。比如耆那教谓解脱我因超越物质世界而不再具有形质，"解脱者脱离物质的系缚，到达宇宙顶端，超越至上天界，恒久自驻于无为、全知、喜乐"，"无种姓，不为嗅、味所染，无受、无色、

① Madhavāchārya, *Sarva-darsana-samgraha*, trans by E.B.Cowell and A.E.Gough, The Chowkhamba Sanskrit Series Office, Varanasi-1, India, 1961. 43.

② Sarvepalli Radhakrishnan, *Indian Philosophy Vol.1,* the Macmilian Company, London 1924. 321.

无饥、无老、无死、无身、无业，恒处无尽不坏的寂静之中”（Vedāntakesarī LI · 1）①；“解脱者非长、非短……非黑、非蓝、非苦、非辣、非冷、非热……无有形体，永断轮回”。② 对比 BṛihIII · 8 · 8：“婆罗门称彼（解脱者的自我）为不灭者。彼非粗非细、非长非短、无光（非火）、不沾（非水）、无影、无暗、无风、无空、不粘、不可触、无嗅、无味、无眼、无耳、无声、无意、无力、无气、无口、无名、无老、无死、无畏、不灭、无染、非显、非隐、无度量、无内、无外。它不食于一切，亦不为一切所食。” BṛihIII · 9 · 26：“此自我非此，非彼。彼不可缘取，以彼不被缘取故。常住不灭，以彼不可毁坏故。无执，以彼自身不执着故。彼无缚、无损、不败。”在这里，耆那教对奥义书观念的沿袭可以说是确凿无疑的。

其次，耆那教的泛灵论，尽管根植于土著传统，但也反映了奥义书的影响。

耆那教认为不仅人、动物、植物等有生命之物有命我居住其中，而且无机物之内也有命。日月星辰，皆有其命。乃至四大元素亦各有命。如土有土命、火有火命等。而且其中每一命还各有寿夭之分，寿尽则命仍转生别的元素之中。不过与原始思维的通常理解不同的是，耆那教并不认为这些无机物就是命，而是说有命住于其中，其中灵魂与物质始终有别。所有这些命体性皆同，皆以识为实质，完全平等。无机物也有意识，但由于业障的覆蔽，其意识只是潜在存在的。耆那教还认为生物依其根之多少，可以由低到高分为五类。其最低者仅有一根，即触，植物属此。最高者有五种根，即触、味、嗅、视、听，人及其他高等的动物属此。动物具二至四根，居于二者之间（如虫具二根，蚁具三根，蜂具四根）。一些更高等的动物以及人和神，则除了五根，还具有末那（思维），因而他们是有理性的生命（TSII · 24）。命我状态的差别，完全由它所居于其中的身体决定。当它居住在金石瓦砾等无机物中时，其识处于休眠状态。当它居于一般生物体内时，其识处于混沌的骚动状态。只有当居于人身，识才有明确的作用。这也大致与现在所谓从无机物的完全无意识阶段，到生物的潜意识的本能，再到人类具有明确的意识的认识和活动阶段的发展过程相应。

应当指出，以为每一种自然物，甚至石头土块都有灵魂，属于原始思维的拟人化想象，是许多原始民族都曾有过的信念，但是却是雅利安文化所没有的，无论是在希腊思想还是阿吠斯塔、吠陀中，都找不到这种观念的证据。因此耆那教的泛灵论不可能来自吠陀传统的影响，而肯定是从土著思想发展而来。然而耆那教与原始的泛灵论还有一个重大的不同。这就在于原始的泛灵论认为自然物本身就有灵魂，且将

① S.R.Goyal, *A Religious History of Ancient India Vol.1—2*, Kusumanjali Prakashan, Meerut, 1984. 177.

② SBEXXII. 52.

灵魂与这自然物模糊地等同，而不认为灵魂有独立于这自然物的存在。耆那教则明确表明不仅石头瓦片并不就是命，而且动物甚至人本身也不就是命，只能是说有灵魂住于其中；其中灵魂与物质始终有别，灵魂尽管被物质系缚，但本质上却是独立的心灵实体。可以看出，耆那教在这里是试图把泛灵论同来自奥义书的超验意识实体观念结合起来。泛灵论与婆罗门传统的交融，在早期奥义书中早就有所表现。比如BṛihII・5・1—19说土、水、火、风、日、月、诸方、闪电、雷、虚空、人类等中，皆有一"光辉、不灭"之人，彼即阿特曼、不灭者、大梵，其说与耆那教的万物有灵论相呼应，反映了土著思想的明显影响。随着超越和反思思维的建立导致超验意识实体观念的构成，将泛灵论与这一观念结合的尝试，在奥义书中已经出现。比如BṛihIII・7・3—23（有删节）形容自我："彼居于土中，而异于土，不为土所知，其身为土，且从内部主宰此土。彼居于水中，而异于水，不为水所知，其身为水，且从内部主宰此水。彼居于火中，而异于火，不为火所知，其身为火，且从内部主宰此火。彼即汝之自我，即内在主宰，不死者。……彼居于日中，而异于日，不为日所知，其身为日，且从内部主宰此日。彼居于星月中，而异于星月，不为星月所知，其身为星月，且从内部主宰此星月。彼居于万有中，而异于万有，不为万有所知，其身为万有，且从内部主宰此万有。"这就是说，一方面，不仅人和生命体，甚至在天、日、诸方、星月、气、虚空等自然现象，乃至土、水、火、风四大元素中，也有自我居于其中，为其主宰；另一方面，这自我又是与土等物质东西实质有别的，它是超越这些物质存在之外的意识实体（这样的观念在奥义书还颇为常见，KāṭhV・9—12也表达了相同的意思）。应当说这一观念与耆那教泛灵论的亲缘性是极显著的，然而它又是极为独特的，在其他民族文化中都没有见到过对应物。在这种情况下，我们可以推断耆那教独特的泛灵论，绝不是由于忽发奇想，而是受到了奥义书上述观念或类似观念的启发。总之，耆那教企图把泛灵论同来自奥义书的超验意识实体观念结合起来，而它的这种企图本身也受奥义书的启发，其基本的思想也在奥义书中已经具备了。

总之，耆那教的超验心灵实体观念基本上是来自奥义书的，其独特的泛灵论虽然植根于土著文化，但也受奥义书思想的深刻影响。事实上，奥义书的心灵实体观念，对于土著—沙门思想曾有广泛影响，除耆那教外，六师外道中迦旃延与富楼那迦叶认为灵魂不作，善、恶等业皆于灵魂无损，苦、乐无予于我（如迦旃延云以刀杀人，亦无损于人命），就反映了奥义书自我无为、恒住观念影响。与沙门思想关系密切的胜论、正理皆亦皆持自我与物质存在为恒有，且自我为遍满宇宙的实体，这些都表现出与奥义书和早期数论思想的亲缘性。

还应当指出的是，耆那教的自我观念，理论的问题颇多。首先，在印度思想中，命(jīva)或命我这个概念往往包括生命、精气、灵魂、意识、自我五个方面的意思,耆那教使用此词时,意义也颇不确定,往往把自然的生命和意识混淆起来①。尤其在早期耆那教中,生命(āyā)与命我(jīva)两个概念被等同起来②。后来耆那教才逐渐明确把命我的本质规定为意识,而学者们也往往是从这个角度理解耆那教的。如摩陀婆《摄诸宗论》:"命即纯粹意识,非命即纯粹非意识。"③商羯罗的《摄一切教论》也有类似的表述(SSSIII)。其次耆那教关于命我的许多说法很难达到逻辑自洽。比如说命我有变化,无论其内容还是形式都处在变易之中,但它又是恒常的实体;命我既包含全部心理活动在内,又恒守其清净自性。这类听起来相互矛盾的说法还有不少。

## 二、耆那教的实体哲学与奥义书的关联

耆那教的形上学是一种多元的实体哲学。耆那教认为,现实的存在物都由实与德两个方面组成。实即实体,德即属性。只有实体才是最真实的存在,才是世界的基础。关于实体,哈黎跋陀罗《真见集论》的定义是:"实体是事物中的一,是所有事实的内在本质,它通过不同的行相表现自身,具有生、住、灭的特征,而且可以从各个对立方面得到描述。"④实体是在生、住、灭中保持同一者,因此它虽然有生、住、灭等相,但实际上是永恒存在、没有始终的。组成世界的实体可分为两大类,一类是有生命的、有灵魂的,即命;另一类是无生命、无灵魂的,称为非命(ajīva),包括法(运动的原理)、非法(静止的原理)、空(空间)、时、补特伽罗(土、水、火、风)。可见,耆那教的实体论是很极端的,不仅构成宇宙的诸原子,而且生命,乃至时间、空间,以及事物的运动和静止,都被当作超越时间的永恒不灭的实体。实体形而上学是对自然思维的否定,是超越思维的体现。它是印欧文化所独有的(参考本书第一部分第二编第二章引言)。古希腊人的原子观念、奴斯观念,都属于这种实体哲学。同样,波斯宗教的二元论也揭示了一种超越自然的精神实体。在印度婆罗门传统中,一些中、晚期奥义书和数论的二元论,也属于实体哲学范畴。反之,实体观念对于所有黄

---

① 参考 Sarvepalli Radhakrishnan, *Indian Philosophy Vol.1*, the Macmilian Company, London, 1924. 320—321。

② Walther Schubring, *Doctrine of the Jainas*, Motilal Banarsidass Press Delhi, 1995. 152.

③ Madhavāchārya, *Sarva-darsana-samgraha,* Trans by E.B.Cowell and A.E.Gough, The Chowkhamba Sanskrit Series Office, Varanasi-1, India, 1961. 49.

④ Haribhadra, Saddarsanasamuccaya IV; Sarvepalli Radhakrishnan, *Indian Philosophy Vol.1,* the Macmilian Company, London, 1924. 313.

色、黑色人种的文化都很陌生。这些思想更清楚地把握住存在的时间性，把世界理解为无限的生生之流（比如中国人强调体会宇宙的大化流行，阿兹台克认为时间是世界的统治者），从未设想过一种超越时间的永恒实体的存在。从这一比较文化视角，我们肯定耆那教的实体观念，不是土著—沙门传统本有的，而是来自婆罗门—奥义书的超越思维影响。

耆那教的实体哲学还在几个重要方面透露出奥义书思想的影响。

首先，其六实之说，尽管有自己的创造，但主要内容都与婆罗门—奥义书思想有关。

六实中，除命我，所余者为非命。《真理证得经》云："非命者，运动之中介（法）、静止之中介（非法）、空，以及物质（补特伽罗）。凡此皆谓实体。"（TSV · 1—2）非命共有五种，其中四种为无色（arūpa），即法、非法、空、时，它们是没有形体的存在，但也是物质的实体；另一种为色（rūpa），即补特伽罗（pudgala），为有形体的物质。其中空（ākāśa）就是宇宙的空间，也有类似于西人所说以太之意。空也是一种实体，是宇宙万物的容器，"空的作用是给其他实体的处所"（TSV · 18）。耆即教所谓法（dharma）与其他派别不同，它是事物运动的原理。法也是一种实体，其特点是无色无相、没有任何感觉属性、有广延、遍满宇宙、常住不变。法是运动的条件，但不是运动的原因。据说运动的事物与法，就如同鱼和水的关系。耆那教对非法（adharma）的描述与法基本相同，唯一的差别是法是事物运动的原理，非法是事物静止的原理（TSV · 17）。空间、法以及非法，是世界的运动和静止的条件，三者行相相同、不可分割，唯依功能而有区别。时间是运动的尺度。它是一个无色无相、没有形体、没有广延的线性连续体，即是所谓"无分实"。"时的作用是（安立）现前、变化、运动、及长期的和短暂地持续的存在。"（TSV · 22）时间也是一个常住不灭的实体。在耆那教中，补特伽罗（pudgala）指的是一切有形体而无生命的存在。"凡被各种感觉所知的存在，如诸根、色身、末那、业等，皆是有相状之对象。此即是补特伽罗。"① 质包括了一切有确定形状、可以感知的实体，是世界的物质基础。有粗质和细质，前者组成一般意义上的物质世界；后者即业，均匀地分布在宇宙之内，当其流入人的灵魂，就形成存在于人生命中而决定其命运的一种特殊的"业身"（kārmanasārira）。补特伽罗的粗质又有极微和蕴两种形式。极微（anu）即原子，不可见、无形量方分，无内部空间，是单个的基本粒子，包括土、水、火、风四种。蕴指原子不同程度的聚合体。

① Kundakundācārya, *Pañcāstikāyasamayasāra,* Sacred Books of the Jains, The Central Jaina Publishing House, 1920. 89.

凡可见之物皆属于蕴。整个宇宙最终是由无数原子（极微）组成的。原子是无始恒有、究竟常住的实体。耆那教对极微的规定，与古希腊的原子论几乎相同。原子积聚形成地、水、火、风四大，四大形成一切形物。

六实义中，命我义来自婆罗门传统影响，已如前所论。法、非法两种实体，完全是耆那教的独创。以时间为实体，与吠陀、奥义书的时间思考有关。盖《黎俱》晚期、《阿闼婆》、梵书就有了以时间为存在的根本原理的说法（ṚVX・190・1—3；AVXIX・53・1；Sat BrāX・2・4・1—3）。MaitVI・14—15也提到了以时间为宇宙根源的理论，当属于早期奥义书。在奥义书的宇宙论中，时间与地、水、火、风、虚空一样，被当作存在的根本原理，而且这些原理被综合起来。尽管在可见的奥义书文献中，这种综合只包括地、水、火、风、虚空五大，而耆那教的综合则是地、水、火、风（此四者即补特伽罗）、虚空、时间。可以肯定耆那教在这里是对奥义书宇宙论进行了不同的综合。许多其他宗派也尝试了类似的综合。比如波浮陀的地、水、火、风、苦、乐、命七元素说，拘舍罗的地、水、火、风、空、得、失、苦、乐、生、死、命十二种元素说等。不能否认它们也会对耆那教的形上学有所启迪。不过从对这些学说的记载看来，其所谓五大等元素都很难说上升到（超越时间、因果性的）纯粹实体的层面，而耆那教的六实都是真正的实体。正如我们前面表明（参考上一目的讨论），耆那教的实体观念，离不开奥义书超越思维的更强烈渗透。实体观念就是超越思维构成的。然而这种超越思维的发展，在奥义书和耆那教中导致了不同的结果。在奥义书的绝对反思语境下，超越思维发展的结果是自我、心灵被当成绝对实体，而五大的实在性反倒被逐渐削弱。但是耆那教没有这种绝对反思，也不接受这种绝对自我，因而超越思维的发展是使五大也成为实体。在这一点上，它的思维理路，与属于婆罗门传统的数论派、瑜伽派，以及一些倾向于古典数论的中、晚期奥义书思想是一致的，这都是典型的实体形而上学的思路。总之，耆那教六实说的主要内容都是来自婆罗门—奥义书传统，但经过了它自己的改造。

其次，耆那教实体哲学的二元论图式，也应明显表现了婆罗门—奥义书传统的影响。

耆那教六实说的基本图景是有知的灵魂（命）与无知的物质世界（非命）构成。二者都是相互独立、恒常不灭且无任何内在关联的实体。这一设想越到后来，越清晰地表现为心、物对立的二元形而上学图景。其中，命我逐渐被等同于意识本身，它就是知者、作者，并承受其作业的果报，是业力轮回的承担者。而非命则是完全惰性、消极的存在。命我体性是全知，但由于自我与世界的完全隔离，人其实永远不能知觉外在对象，而只能在心灵中产生对于外在对象的主观印象。耆那教认为，根境相触只是产生知识的条件，而非直接原因，其作用在于除去命我识性的遮蔽，使识自身展开。解脱者的全知在于其识可将全世界的存在悉皆映现于内，但其命我又与世界本身没有任何关联，故完全不被后者染污、附着。耆那教的人生哲学，即所谓九句义，也是以这种心与物或命与非命的二元性为形上学基础，此外的七句义，都是从这两者的关系而言的。人的存在本身就包含能动有识的命我与不动、无识的肉体的二元性。灵与肉本来完全分离，但人由于不悟自我，故产生种种贪欲，后者导致命我与物质的链接。这种链接就是业。贪欲导致业质漏入命我，使命我被物质世界系缚。业漏入之后形成业身（Kārmanasārira）。在耆那教哲学中，命与业二者体性完全不同，是两个相互独立的、自身完备的系列。不过由于业十分微细，具有能被灵魂吸附的特性。一旦业与命我相互接触，业质就会被命我吸附。这就像一个白色木盒长期盛着碳粉，最后也渗入碳粉而变黑了。但是如果命我和业是相互隔绝的实体，那么即使业渗透到命我之中，二者也只有一种外在联结，其内在实质仍没有关联起来。这样我们解释业如何导致命我自身的变化有仍有困难。在这种情况下，二者的相互作用，似乎只能通过一种预定和谐来解释。耆那教解释道："业质自身通过其自性产生自身变化。同样，命我也由于（由业决定的）染污的智识状态形成自身的智识变易。"① 这就是说，命我由于与业的关联，引发了其预定的智识转变序列②。耆那教认为业在产生相应结果之后就会脱离，但不幸的是在旧业不断成熟脱落之时，人们还总是在造新业，因此业的附着始终没有停止。唯当业力断尽，自我才能脱离物质的桎梏，回归真实自我，获得心灵自由，这唯有通过瑜伽修行才可能。

应当承认，耆那教的上述观念，对于基本处在自然思维层面的土著—沙门传统来说是很陌生的。大致说来，印度的沙门传统，同其他东方思想（比如中土思想）一样，不承认或从未构想出一个独立、清净、超然的意识实体观念，也没有所谓心灵被物质污染的说法，更没有灵魂完全脱离自然，回归真实自我的宗教理想。然而这些观念，在婆罗门—奥义书思想中，则是极常见的。在婆罗门思想中，由于超验反思的确立，最晚在《羯陀》的思想中，一种心、物实体二元论得以建立起来（KāṭhIII・3，V・9—12；MuṇḍIII・1・1；ŚvetI・9，VI・5—6，10—12；MaitV・1—2）。在这里，自我被认为是超越自然、恒常不灭、遍满广大的清净意识实体，为纯粹的知者；自我

① Kundakundācārya, *Pañcāstikāyasamayasāra*, Sacred Books of the Jains, The Central Jaina Publishing House, 1920. 68.

② Kundakundācārya, *Pañcāstikāyasamayasāra*, Sacred Books of the Jains, The Central Jaina Publishing House, 1920. 70—77.

以某种方式进入物质世界，但又完全“外在”于它；自我的系缚是人因为无明，不悟自我的真理，对于物质世界产生贪欲，从而造业、轮回；只有通过瑜伽，断除欲望和业力，证入真实自我，才能获得解脱、自由。我们阐明了这些思想在奥义书中经过长期发展形成的内在逻辑（参考本书第一部分第二编第二章引言）。这些思想与耆那教二元论的亲缘性是很明显的，可以肯定它是后者的先驱。在这里，奥义书之影响耆那教者，主要来自其包含的数论学思想。它可能是直接通过其数论学，也可能通过由此派生的某种独立的早期数论派间接地影响耆那教。例如耆那教称命我为知者、受者（bhoktṛ），物质为被受者（bhogya），这种二元论表述最早见于奥义书（KāṭhIII・4；ŚvetI・12；MaitVI・10），也是数论的典型表述。耆那教的业身（Kārmanasārira）观念，也可能受奥义书、数论的五唯细身（liṅgasārira）观念启发①。耆那教受奥义书和数论二元论的影响，将通过我们下面对其修道论的讨论得到进一步阐明。耆那教的二元论对奥义书的最大改造，就在于将奥义书的绝对自我转化为众多的个体自我。这与古典数论对奥义书数论的改造，基本思路是一致的。事实上在奥义书的数论学说中，通向古典数论和耆那教多元自我论的道路是敞开的：只要人们将个人现实生命的不同遭遇当作真实的，那么只有把自我当作各各独立的众多实体，才能合理地解释这一点。总之，耆那教哲学的二元论图景，完全不属于土著—沙门传统，而是直接或间接地来自奥义书思想的影响，且与婆罗门传统完全一致。

最后，耆那教对宇宙的一个很特别想象，也明显透露出梵书、奥义书思想的渊源。耆那教认为我们所处的被大虚空包围的宇宙，其形状就象人的身躯，它的顶部是成就界，就是躯干的头，据说这就是得到解脱的灵魂的住处。命我在解脱中完全断除业力，抛开了重力。因此，如同沉于水中的葫芦被掏出沙子后自然上浮，命我也在这巨人体内逐渐上升，直到停留于最高处。在印度思想中，将宇宙设想为一个站立的巨人身体的观念，应追溯到《黎俱》的“原人歌”（ṚVX・90）。在梵书和早期奥义书中，它成为一个被普遍接受的观念。宇宙被设想为一个巨人，以天为头，以空为腹，以地为足，以日为目，以风为呼吸，等等。耆那教的独特宇宙结构论，肯定受到梵书和奥义书这种宇宙拟人论的启发。

总之，就耆那教的实体形而上学的形成离不开奥义书思想的直接或间接影响。其实体观念本身就是沾溉奥义书而来，六实说的主要内容也汲取了奥义书宇宙论的资源，其心物二元论也是在奥义书的数论学基础上发展出来的。

---

① S.R.Goyal, *A Religious History of Ancient India Vol.1*, Kusumanjali Prakashan, Meerut, 1984. 175.

## 三、奥义书思想与耆那教的实践

实践是思想的客观化。耆那教在奥义书思想渗透下形成了超验反思。这反思既表现在观念层面（如上面所讨论），也表现在实践层面。对于耆那教的实践而言，其心、物分离的二元形而上学背景，其断除世俗世界的系缚获得自由的超越理想，其断灭轮回、回归真实自我的反思追求，以及对现实自我、世界的染污性，对真实自我的清净、内在、无限性的描述，对于土著—沙门传统皆是很陌生的，而无不反映出奥义书的超越和反思思维的影响。耆那教的修道，就在于将来自土著传统的苦行，同来自奥义书的超验反思结合起来，把后者贯彻到苦行的实践中去，同时把领会、实现奥义书的超越、内在的真理成为苦行的理想。

首先，作为耆那教人生观的所谓九句义说，基本上是把沿自婆罗门—奥义书传统的理论嫁接到其宗教实践之上。

耆那教所谓九句义，即命、非命、漏、缚、止、断、解脱、善、恶。耆那教以此概括现实生命的全部内容。九句义以心、物二元形而上学为基础。其中命与非命，就是灵魂与物质自然，为两个相互对立、完全隔绝的实体。命我是永恒、同一的心灵实体。命我数量无限，而且种类不同，但后者并不是因命我的实体有别，而是由于它与不同物质结合造成的。命我在解脱之前，恒与诸根、末那、身、业组成的物质存在结合，因此同样的命我就具有了无数种不同的行相。命我的实体常住不变，而它的行相则始终处在变易中。个体生命的生、住、坏、灭，都只是我的行相。所谓系缚或解脱，也只是我与物质的关系发生改变，我的体性仍始终如一。众生之命我，本质上皆同一，与我无别。领悟众生与我为一，乃是修道之根本。非命为全部物质的实在，包括人的业、身、根、意（末那根），皆由实体组成，其中最重要的是业。现实生存境遇的每一种细微不同都可以归结到业的性质、强弱等差别（TSVIII・21—26）。耆那教认为业也是一种物质，是补特伽罗的一种，与道德行为有关，具有产生善、恶的果报的功能。业质充满宇宙空间，当灵魂与物质世界接触时，业质的粒子就会流入自我之中，形成"业身"。业之染着命我，还有一个条件就是贪欲。业因为命我有贪欲而附于其上，如尘粘于油衣；油比喻贪欲，衣比喻命我，尘比喻业质。在人得最终解脱之前，业身会始终附着在灵魂之上，随其轮回受果。然而即使业附着于命我，二者仍无实质的融合，而是相互隔绝、外在的。总之命与非命，体性完全不同，且都是独立的实体。耆那教对命与非命的理解，乃立足于一种心物实体二元论，而这种二元论，正如我们前面所表明，并不属于沙门传统，而是应最终溯源于奥义书的数论学。

命与非命的二元论是耆那教九句义的基础，另外七句义，都被这种二元论所规定。其中漏就是业质流入灵魂之中①。业漏入灵魂是通过身、语、意三种活动而实现。不同的行为会漏入不同的业，导致不同的果报。缚指由于业的漏入导致的灵魂被束缚于物质，这是轮回和苦的根源。漏和缚是造成轮回和苦的原因，而止和断则是断绝漏缚、获得解脱之道。其中所谓止就是通过持、慎、观、思择、忍、正行阻断了新业漏入灵魂的通道，“漏是世界生存的原因，止是解脱的原因”②。断就是通过修习内外各种苦行而完全消除命我中已经存在的业质③。当业完全被耗尽之后，灵魂就得到解脱。解脱就是修习止、断的结果。这是命我的系缚不复存在，业力完全断除时的自由境界（TSX·2）。但与佛教、吠檀多派等不同，耆那教并不认为解脱是个体自我的消灭。解脱的灵魂仍然具有其个别性，此时自我完全脱离物质的束缚和遮蔽，恢复了它的本性，第一次成为“真我”。这时命我就会上升到宇宙的最高处去居住。善和恶完全根据行为对自身生命的影响来规定。善就是有助于灵魂去除对外境的贪染、返证内我之清净超然，并有利于生命最终解脱的行为，恶则相反。可见，漏、缚、止、断、解脱、善、恶七句义，也完全是建立在心物二元论基础上的，后者应追溯到奥义书思想。事实上，漏、缚、止、断、解脱等表述，都属于包含超验反思的婆罗门传统，而不可能来自自然思维支配的土著—沙门传统。

其次，耆那教的宗教实践，即瑜伽，则是把原先的沙门苦行与奥义书思想结合起来形成的。

瑜伽即耆那教的解脱之道，相当于止、断二句义，但内容既广且杂。属于止者有慎、自制、慎、持、观、忍等（TSIX·1—18）。慎即不害、不诳语、不淫、不盗、不有私财五戒。五戒的宗旨，除了对其他生命的尊重，就是对克服对自然的欲望、执着。自制即对身、语、意的控制。其宗旨也在于断除四染（即嗔、贪、慢、欺他），使诸根及意不再追逐外境。持即持守十种正法（自制、真实、清净、梵行、无贪、苦行、忍、忏、慈柔、诚、离恶），目的也在于除灭外染，增长定心。观即思择，就是修以下观想：无常观；无依观；业感差别观；不净观；漏观（观业之漏入）；法依持观（观唯此十正法可为依持）；界观（依耆那教的宇宙论来看世界）；觉观（观众生生命差别由业决定）。修观的目的是克服对可爱物的欲望、对己身的执着，悟此贪执是苦难的根本，离染清

① Madhavāchārya, *Sarva-darsana-samgraha*, Trans by E.B.Cowell and A.E.Gough, The Chowkhamba Sanskrit Series Office, Varanasi-1, India, 1961. 53.

② Madhavāchārya, *Sarva-darsana-samgraha*, The Chowkhamba Sanskrit Series Office, Varanasi-1, India, 1961. 57; TS Ⅸ .1—3.

③ Madhavāchārya, *Sarva-darsana-samgraha*, The Chowkhamba Sanskrit Series Office, Varanasi-1, India, 1961. 57.

净是解脱的条件。总之，修止的宗旨是断除四染，阻止业的漏入。而断则是要把已经漏入灵魂之内的业清除出去，这必须通过苦行。苦行包括外苦行和内苦行。外苦行包括毁身、持斋、减食、弃味、乞食、禁欲共六种；其目标是要达到对物质的完全漠视，从而脱离物质的诱惑。内苦行也包括忏悔、皈敬、服侍、学、舍（不执着身体）、禅定六种；其宗旨在于使心灵清净，舍离自然的污染，证入自我实性。其中以禅定最重要。人唯通过禅定才能清除身、语、意三业。只有当人以禅定焚一切业，其自我乃得自由。不过在耆那教瑜伽中，禅定的具体方法仍然较粗疏。耆那教分禅定为四种，即苦定、邪定、正定和清净定。其中正定和清净定是解脱的原因。正定是专注沉思耆那教的世界观。清净定的特征是清净、无欲、无倒、舍离外境，其宗旨在于克服对物质与自我的等同，证入自我的真理。它包括：(1) 专注沉思自我的不同属性；(2) 沉思自我存在的某一个方面；(3) 专注沉思自我中最微细的活动；(4) 灵魂完全融入自我自身之中（TSIX · 18—39）。唯解脱者才可进入禅定的最高境界。此种境界有不动位、灭尽位二种。前者停止了所有身体与心识、语言等的活动，唯余生理活动仍在进行；后者断尽所有生命活动。二者分别对应于奥义书所谓生解脱和灭解脱。总之，耆那教所谓断或苦行，就是采取一系列极端苛刻的修行，从而一方面打破对物质与自我的虚妄等同（无明）以呈现真实自我，另一方面断除业的污染使自我与物质彻底分离。

从对止、断二句义的上述分析，可以看出耆那教的宗教实践，就是人努力摆脱物质自然对自我的束缚和遮蔽，恢复自我作为超越的心灵实体的真理。这种实践就是内在超越或超验反思，是后者的客观化。这种超验反思不属于沙门传统（比如在顺世论和早期佛教中都找不到一个超越的心灵实体观念），而只属于奥义书思想。在这里，我们推断耆那教瑜伽的形成，就是由于奥义书思想的长期渗透，使土著—沙门的苦行缓慢转移到超验反思层面的结果，于是苦行、瑜伽成为实现超验反思的方式。从上述分析可以看出，耆那教瑜伽在具体操作层面，与《羯陀》、《慈氏》等的奥义书瑜伽没有实质区别。其受奥义书影响最明显者，在于其对自我觉悟的强调。其云："无论其为白衣或天衣，其为释子或他教徒，彼若能悟知命我之同一，即视一切众生同于已身者，则得解脱。"① 其以为痛苦来自无明，无明就是将命我与物质等同；反之人若破除无明，证悟真我，则可得到解脱。一方面，这种实践方针不仅对于沙门传统是完全陌生的，而且与耆那教的实体形而上学存在明显的矛盾。盖耆那教既以物质为实

① Ratnasekhara, Saṃbodhasattari（Sarvepalli Radhakrishnan, *Indian Philosophy Vol.1*, the Macmilian Company, London, 1924. 328）.

体，则物质对自我的缚着也是实在的，因而不是人证悟真我就可断除的。尤其是在耆那教坚持自我个体性的语境下，其强调对我与众生自我同一性的觉悟为修道之根本，就完全不符合正常的思维逻辑；另一方面，这一方针完全是奥义书式的。只有在奥义书强调自我的绝对性，并以物质和个人自我为相对甚至虚幻的存在语境之下，才能理解何以自我觉悟就是解脱，以及何以觉悟就是认识到我与其他人自我的同一性。此外，耆那教瑜伽断除自然的污染恢复心灵的清净性以及脱离与物质的关联获得心灵的自由、解脱的宗旨，也不属于沙门苦行，而与奥义书瑜伽完全一致，也可以肯定是受奥义书超验反思影响的结果。总之，同奥义书瑜伽一样，耆那教瑜伽也是一种超验反思的客观化。在这里，尽管我们很难断定耆那教在多大程度上汲取了奥义书瑜伽学的内容（沙门瑜伽与婆罗门瑜伽的相互影响是始终存在的），但完全可以肯定耆那教向超验反思的转型是奥义书思想的长期渗透的结果。

第三，耆那教把解脱作为实践的理想，也可以肯定是受奥义书思想影响的结果。耆那教的理想境界是涅槃（nirvaṇa），即断灭自然生命，进入寂静的彼岸，这也就是解脱。涅槃不是灵魂的消灭，而是精神脱离物质的束缚获得彻底的自由。

一方面，解脱就是心灵对自然的超越。耆那教以一种很朴拙的语言表述这种超越。心灵从物质的脱离被说成是一个永恒向上的运动。据说灵魂重量很轻，但由于业、身等较粗重的物质黏附、系着于它之上，使它坠落下沉。随着业质的消除，灵魂也在宇宙中不断上升①。当灵魂完全断灭诸业后，它就会上升到位于宇宙最高处的“成就界”（siddhaśīla），并且永远住于该处，不会再回到轮回中。涅槃完全超越世间，所以不能用寻常言语诠表，故耆那教对它是但遮不表，形容它为无作、无愿、无变易、无始终、寂静安乐、自在无碍。灵魂实现这种超越，是因为它的本来自体就是超越的，它在这里只是自我恢复了它的真实存在。正如我们的文化比较所表明，这种超越理想，是雅利安觉道文化的特征，对于所有非雅利安的玄道文化（达罗毗荼文化、中土文化、美洲文化）都是很陌生的。在印度文化中它最早形成于奥义书思想（比如《羯陀》），而与土著—沙门传统有巨大鸿沟（参考本书第一部分第二编第二章引言和结语），因而可以肯定耆那教的这种超越理想来自奥义书思想的渗透。

另一方面，解脱是心灵对自身内在真理的回归。耆那教相信自我的实质本是自性清净、不生不灭、广大遍满、全知独存的意识。在解脱中，由于灵魂的所有障碍

① Madhavāchārya, *Sarva-darsana-samgraha,* The Chowkhamba Sanskrit Series Office, Varanasi-1, India, 1961. 59.

被去除，自我就恢复了它的本性，于是获得其全知、清净、无为、喜乐，第一次成为“真我”，即超越、遍满、恒住的意识实体。因此耆那教的解脱也包含了一种纯粹反思。这种纯粹反思也不属于土著—沙门传统，而是奥义书传统所特有的，因而它也应当是后者长期渗透的结果。总之，耆那教的解脱既是超越，又是反思，因而是内在超越或超验反思。在印度思想中，这种内在超越，是奥义书的贡献。耆那教的内在超越无疑是汲取奥义书而来的。拉达克利希南就指出耆那教对解脱境界的描述与奥义书相呼应①。耆那教描述解脱的自我为非长、非短、非黑、非蓝、非苦、非辣、非冷、非热②、无受、无色、无饥、无老、无死、无身、无业、无为、全知、喜乐、恒处无尽不坏的寂静之中（Vedāntakesarī LI · 1）③，具有圆正信、圆正智、圆正见、圆正成（TS X · 4）。这些表述大都利用奥义书现存的语言（对比 BṛihIII · 8 · 8，9 · 26），其沿自奥义书是一目了然的。

总之，耆那教的宗教实践的形成离不开奥义书的深刻影响。首先，作为实践的前提，耆那教的九句义的人生观，其精神实质和基本的表述都来源于婆罗门—奥义书传统。九句义以源于奥义书数论学的心、物二元形而上学为基础，后者体现了耆那教人生观的精神实质（内在超越）。漏、缚、止、断、解脱等表述，也基本上都来自奥义书传统。在这里耆那教就是把奥义书的形上学嫁接到沙门的苦行实践之上，以作为后者的理论基础。其次，耆那教的宗教实践，即瑜伽，则是沙门苦行与奥义书思想融合的结果。耆那教瑜伽保持了沙门苦行的许多内容，但是将奥义书的内在超越理想与这些内容嫁接起来，且将这内在超越贯彻到苦行之中，使苦行成为实现这理想的手段。第三，作为实践的目的，耆那教的解脱理想，完全是直接或间接沿袭自奥义书思想。

耆那教尽管是从土著—沙门传统中形成，但它在其形成中又受到婆罗门—奥义书传统的深刻影响。上述分析旨在阐明耆那教的思想是在这两大传统的对话、融合中产生的。一方面它的极端苦行，以及其原始泛灵论背景和强烈的反祭祀、反吠陀立场，表明它是从土著传统发展而来。然而另一方面，它的二元论形而上学、作为心灵实体的自我观念以及内在超越的理想，等等，则无疑来自婆罗门—奥义书思想的影响。耆那教的思想大致可以视为源于土著传统的苦行实践与源于奥义书的形上学理论结合的产物。

---

① Sarvepalli Radhakrishnan, *Indian Philosophy Vol.1*, the Macmilian Company, London, 1924. 321.

② 以上见 SBEXXII. 52。

③ S.R.Goyal, *A Religious History of Ancient India Vol 1—2*, Kusumanjali Prakashan, Meerut, 1984. 177.

首先，耆那教的自我观念，就清楚地表现了土著传统和奥义书传统的交融。自我被认为是遍满、恒常、清净的实体，其实质是识，是一个超验的心灵实体，这种理解就完全是来自奥义书的。另外，自我又被从一种来自土著文化的原始泛灵论角度理解，并且这种理解也被与奥义书的超验心灵实体观念结合起来，而一种泛灵论意义上的心灵实体观念在奥义书中也被广泛接受。总的说来，耆那教作为超验心灵实体的自我观念，基本上是来自奥义书思想的渗透，但也整合了土著文化的因素。

其次，耆那教的多元实体哲学，也是在奥义书形而上学基础上形成的。实体哲学以为超越时间、因果的自我满足且永恒地自身同一的实体，才是存在的真理，是现实世界的基础。实体形而上学是对自然思维的否定，是超越思维的体现。耆那教认为不仅构成宇宙的诸原子，而且生命，乃至时间、空间，以及事物的运动和静止，都是实体。这种实体观念不属于土著思想，完全来自奥义书传统。另外，耆那教实体哲学的基础是一种心、物二元形而上学图式，由有知的灵魂（命）与无知的物质世界（非命）这两个相互对立、永远隔绝的两种实体构成。这种二元论形而上学，体现了精神的内在超越，完全不属于局限于自然思维的土著传统，而是从奥义书传统汲取过来。最后，耆那教提出有命、法、非法、时、空、补特伽罗（土、水、火、风等）六种实体。其中除法、非法二者为其独创，其他皆为直接或间接取资于奥义书。盖以土、水、火、风、空五大及时间为存在基本原理之说，早已为奥义书宇宙论所发明，且为婆罗门和沙门思想普遍接受，耆那教则企图对这些思想进行一种新的综合。

最后，耆那教的实践也反映了土著传统和奥义书传统的交融。耆那教的实践来源于土著—沙门传统的苦行，但奥义书的超验反思逐渐渗透到这种苦行实践中，并最终规定了它的本质，使耆那教的实践成为超验反思的客观化，从而扬弃了原先苦行的巫术、魔法色彩，成为心灵的自由、解脱之道，耆那教的瑜伽便由此形成。其中，作为其实践的前提，耆那教九句义人生观，其精神实质和基本的表述都来源于婆罗门—奥义书传统。九句义以源于奥义书数论学的心、物二元形而上学为基础。其漏、缚、止、断、解脱等表述也基本上都来自奥义书传统。耆那教的瑜伽则是沙门苦行与奥义书思想融合的结果，它既保持了沙门苦行的许多内容，又将奥义书的内在超越理想与这些内容嫁接起来，且将这内在超越贯彻到苦行之中，使苦行成为实现这理想的手段。耆那教的解脱理想也直接或间接沿袭自奥义书思想。总之，由于奥义书思想的渗透，耆那教瑜伽成为内在超越的实践。

当然，在受奥义书思想影响的同时，耆那教等沙门思想也会对奥义书传统发生影响，同时耆那教与其他沙门思想的交互影响也十分频繁并且这也决定了耆那教思想的形成和发展。

# 小　结

沙门思想与奥义书的关联无疑会更复杂一些。总的说来，沙门思想的特点是更着重实践，而其理论思考是为了满足实践的需要，对与实践无关的理论没有兴趣，缺乏单纯的真理追求，因此在形上学方面少有独到建树。因此，沙门思想在形上学方面，基本上是现存地取资婆罗门—奥义书的内容并相应于自身传统作一些调整，而在实践方面则立足于自身传统，并努力将它与来自奥义书的形上学内容衔接起来。在众多沙门学派中，除佛教以外，顺世论和耆那教的思想最重要，而且有关它们的资料也相对多一些，因而我们在这里只对这两家作了讨论，希望以它们作为沙门思想的代表。

首先，我们通过观念史分析表明顺世论或印度的唯物主义就是从奥义书思想中发展出来的，而且顺世论的主要思想在奥义书中已经基本形成。我们追溯了顺世论形上学包含的几个最重要观念，即唯物论、要素说、身论从吠陀、梵书开始出现，在最早的奥义书中逐渐占据主流，并在奥义书思想接着的发展中逐渐得到提炼和定型的过程。由于这些观念在奥义书中的形成早于顺世论数百年且溯源自古，并且呈现了一个完全符合逻辑的独立发展过程，因而只能认为它们是顺世论的理论根源。通过较详细的观念史考察，我们得出了以下结论：(1) 顺世论的唯物论是从早期奥义书的唯物论发展出来。严格的唯物论体现了成熟的理性思维，它是理性的去魔法化产物，也包含理性对感性个别性的抽象，而以一种绝对实质观念为标志。因此在印度思想中，这样的观念对于沉湎于魔法和感性个别性的非雅利安文化其实是很陌生的。它最早见于吠陀晚期和梵书。由于神的退隐，吠陀晚期和梵书已经开始把世界理解为一个完全物质的整体，把世界的生成完全解释为一种物质演化过程。这样的唯物论，在奥义书最早的思想中还成为主流，且在婆罗门思想中不断发展，并被沙门思想广泛接受。因此，可以肯定顺世派的唯物论立场必定直接或间接来自吠陀——奥义书思想。(2) 顺世论的四元素说也是从奥义书的宇宙论发展出来的。吠陀、梵书就已经提出了多种唯物论的宇宙结构论和生成论（以为世界完全由日、月、天等物质结构要素构成）。后者在早期奥义书中，被宇宙实质论扬弃（水、火、风等实质要素代替了结构要素）。此论以为所有个别的自然物，都是某种共同的宇宙实质（水、火、风等）的表现、转化。此论逐渐成为早期奥义书的思想主流。在此后的观念发展中，不同的宇宙实质逐渐被综合起来，世界万有都被认为是由它们聚合形成。这就是所谓元素说。在随后的漫长发展中，这些元素逐渐固定下来，于是形成地、水、火、风、空五大之说。五大说后来被印度各宗普遍接受。其中前四大，较之顺世论所说，不仅意义完全相同，而且排列顺序也相同。由此可以肯定顺世论的四大说是来自奥义书的。其主要的变更在于把奥义书所谓虚空明确理解为空间，因而将它从事物的组成元素中排除（耆那教也是如此）。这种变更在婆罗门思想中也有过，所以它其实可以视为奥义书五大说自身发展的结果。(3) 顺世派的身我论，也是来自婆罗门—奥义书传统。在印度思想中，梵书最早表明了一种唯物的自我观念，它把自我理解为由来自宇宙要素（日、月、风等）构成的复合体，人死时这些要素皆复归于宇宙。早期奥义书把梵书的宇宙结构论（要素说）最终转化成实质论，于是认为宇宙、自我皆是由土、水、火、风等物质元素组成。奥义书这种自我观念，与顺世论的身我论存在本质的亲缘性，但早于后者数百年形成，因而后者肯定是在它的基础上形成的。总之，通过观念史考察，我们阐明了顺世论的唯物主义是在奥义书思想基础上发展出来的。不过对于顺世论的实践，我们所知不多，所以我们以上考察只是针对其世界而言。

至于耆那教与奥义书思想的关系，则更复杂一些。我们的分析表明耆那教的思想是在婆罗门—奥义书和土著思想两大传统的对话、融合中产生的。耆那教的极端苦行实践、原始的泛灵论以及强烈的反祭祀、反吠陀立场，表明它是植根于土著传统的，而它的二元论形而上学、心灵实体观念以及超越的理想等等则反映了奥义书思想的影响。我们也是根据观念史分析，从理论和实践两方面对耆那教与奥义书思想的关系进行了考察，结论如下：(1) 耆那教作为超验心灵实体的自我观念，基本上是来自奥义书思想的渗透，但也整合了土著文化的因素。耆那教把自我的真实存在理解为一个遍满、恒常、清净、超越的实体，且以识为实质，所以自我是一个超验的心灵实体。对于自我的这种描述，完全是来自奥义书的，而根本不属于沙门传统。不过耆那教也把来自土著文化的原始泛灵论糅合到这种超验心灵实体观念之中。(2) 耆那教的多元实体哲学也是在奥义书思想基础上形成的。首先，实体观念本身就体现了对自然思维的否定。它本来就不属于局限于自然思维的土著传统，而是来自奥义书的发明，并逐渐渗透到耆那教思想中。其次，耆那教实体哲学的基础是一种心、物二元形而上学。这种二元论体现了精神的内在超越，也与土著的自然思维传统存在巨大鸿沟，而与奥义书思想存在本质的亲缘性，可以肯定来自后者的渗透。最后，耆那教的六实说中，除法、非法二义为其独创，其他皆为直接或间接取资于奥义书。(3) 耆那教的实践也反映了土著传统和奥义书传统的交融。耆那教的实践植根于土著—沙门传统的苦行，但奥义书的超验反思逐渐渗透到这种苦行之中，并规定了它的本质，使它从原先巫术、魔法化的实践转化为心灵的自由、解脱之道，成为超验反思的客观化，耆那教的瑜伽便由此形成。首先，耆那教把证悟真我作为解脱之道，其瑜伽的目标在于断除自然对于自我的染污和遮蔽，使自我恢复其遍满、恒常、清净、无为、全知的真实体性，获得真实、智识、喜乐三德及无量智、无量见、无量能、无量喜。这些表述体现了精神的超验反思，其来自奥义书是一目了然的。其次，耆那教瑜伽的理论基础是心物二元论形而上学，这也与土著—沙门传统不侔，体现了对自我的内在性和超越性的领会，可以肯定是来自奥义书数论学的超验反思的渗透。再次，耆那教瑜伽的具体实践贯彻了对世俗世界、自然的超越和否定，这是奥义书的超越和反思思维渗透到内在苦行中的结果。耆那教瑜伽包括止、断两个环节。止即断除四染，即否定人的自然欲望及自然对自我的束缚。断即断除业质，从而彻底断开心灵与自然的联结，使心灵恢复其清净、超然的体性。这样的实践都不见于土著的苦行，而只能来自奥义书思想。止和断体现了真正的精神超越和反思，是奥义书的超越和反思思维渗透到耆那教之中，并被贯彻到实践中的结果。最后，耆那教瑜伽的目的，也从土著苦行追求的魔力和神秘体验，转移到心灵的自由、解脱，这也应归因于奥义书精神的渗透。这里的结论是，由于奥义书思想的渗透，耆那教瑜伽相对于土著苦行发生了根本转变，成为一种内在超越的实践。总之，通过观念史考察，我们阐明了耆那教的思想，就是来源于奥义书的超验反思渗透到土著传统的苦行中并与后者结合形成。

# 结　语

布鲁姆菲尔德："没有一种重要的印度思想，无论是正统的还是异端的，不是植根于奥义书。"① 在以上讨论中，我们首先追溯了数论和瑜伽之学在奥义书中酝酿、形成和演化的过程，由此从观念史角度证明了数论和瑜伽派是从奥义书思想发展出来的；其次我们也梳理了顺世论、耆那教的沙门思想在土著传统和奥义书传统的对话、交融中形成的过程，从而从观念史角度证明了：其一。顺世论的唯物主义是在奥义书形上学的基础上形成；其二，耆那教的世界观也以奥义书思想为基础，而其瑜伽则是土著苦行与奥义书形上学嫁接的产物。

我们的分析表明，在早期奥义书中就存在数论的自性和原我观念及其二元论、自性转变说、三德说等的萌芽。在《羯陀》中，原我被认为是超越诸根、我慢、觉谛以及自性本身的清净意识，此外一种明确的实体二元论得以确立。这些可以视为数论学最早的明确表述。《六问》提到了包括觉谛、我慢、末那、五知根、五觉根、五大、五唯在内的自性二十四谛的全部内容，且表明自我超越此诸谛，已经具备数论的基本框架。《白骡》最早提及数论一词，还提出了奥义书中最完备的数论自性转变体系，开示了由自性转化生成十六变易（五大、五知根、五作根、意）、五十种觉相以及六科八品等的机制，提出自性具三德之说，以为自我受用自性与否是轮回、解脱的条件。《慈氏》对于数论学又作了进一步完善。它将三德归诸自性，首次阐明了三德的内容和性质，及其在转变中不同的作用。其云自性在补鲁沙推动下转化出三德，且由于三德的转化，次第生成自性、觉谛、我慢及五唯，然后是十一根（五知根、五觉根、末那），乃至无量的现实存在，还明确指出原我受用自性是自性转变的原因。可见，在《慈氏》中，数论的体系已经非常成熟了。奥义书的数论学与古典数论有区别，这在于奥义书的数论学基本都是持有神论的，且全都接受绝对自我的观念，认为个人自我只是以某种方式分有绝对自我形成，此外它还有绝对一元论、实体二元论等多种倾向，对于神、人关系的看法也不确定。当对于命我的实体性的逐渐强化导致多

---

① 转引自 Sarvepalli Radhakrishnan, Indian *Philosophy Vol.1*, the Macmilian Company, London, 1924. 138。

元自我论和实体二元论得到完全确立和巩固，古典数论的体系就形成了。我们通过追溯数论的基本观念及其体系的发展，阐明了数论体系在奥义书中的形成史。可以肯定曾有多种不同的早期数论学说存在，但唯独持多元自我论和实体二元论的古典数论，能够把自己同奥义书—吠檀多思想明确区分开来，从而得以形成一个独立的学派。

我们也阐明了印度瑜伽学是来自土著文化的苦行实践与奥义书的超越和反思思维结合的产物。瑜伽学的发展有两个向度：一是从土著苦行发展出沙门瑜伽，最终导向佛教禅学；二是从奥义书的苦行发展出婆罗门瑜伽，最终导向古典瑜伽。一方面，我们阐明了婆罗门—奥义书的形上学和超越理想渗透到土著的苦行实践中，于是苦行成为获得对某种超越真理的直觉的途径，它的理想也从获得魔法转化为进入超越的彼岸，即涅槃。这导致沙门瑜伽的形成。沙门瑜伽在婆罗门—奥义书思想影响不断自我深化，导致佛教禅学的形成。另一方面，我们也阐明了在奥义书思想发展中，渗透到婆罗门传统之中的原始苦行，因为与奥义书的超越和反思思维衔接而转化为婆罗门的瑜伽实践，以及婆罗门瑜伽在形式上逐渐系统化、在内容上逐渐自我深化和提升的过程。土著苦行渗透到吠陀社会之中，导致在早期奥义书中，外在的祭祀最终被内向的生命修炼（内在苦行）代替。婆罗门传统利用这种内在苦行，作为领会奥义书的超越、内在真理，实现精神自由的方式，于是原始苦行转化为瑜伽，所以瑜伽的本质就是奥义书的超越和反思思维，是后者的客观化。正是超越和反思思维的不断自我提升和深化，决定奥义书瑜伽的持续深化、充实和系统化。涉及婆罗门瑜伽的直接、系统的资料只见于奥义书。其中《鹧鸪氏奥义书》最早提及“瑜伽”一词，但未展开其内容。可以肯定婆罗门瑜伽实践在此之前早已出现了。《蒙查羯》的出世瑜伽属于婆罗门瑜伽的最原始形态，内容颇为粗疏、零散。在《羯陀》中，瑜伽得到初步系统化，其思想也大为深化，但体系仍不完备，内容仍然粗略。《白骡》较详细阐明了调身、调息、离欲、止根、总持等瑜伽行法，但仍缺乏完备的系统。《慈氏》将瑜伽的全部实践摄为调息、止根、静虑、总持、思择、三昧六支，且首次确定了六个瑜伽支全部的名称，开示了奥义书中最完备的瑜伽系统。在奥义书中，瑜伽的思想也经历了从出世瑜伽（《蒙查羯》）、内在瑜伽（《羯陀》）、幻化瑜伽（《白骡》）到无住瑜伽（《慈氏》）的持续深化和提升。婆罗门瑜伽是精神自由的实现，它的上述发展，从根本上说是因自由推动奥义书的超越和反思思维不断自我提升和深化的结果，这一过程完全合乎精神自身展开的逻辑。通过对这个发展过程的阐明，我们就在观念史层面证明了，婆罗门瑜伽就是在奥义书思想中形成的。巴檀遮厘瑜伽也属于婆罗门瑜伽范畴，它也是从奥义书瑜伽中发展出来，或以后者为先驱的。事实上，《慈氏》六支瑜伽不仅具备了巴檀遮厘八支瑜伽的核心内容，且其排列顺序也与之相同，可以说古典瑜伽的基本框架在这里已经构成了。我们通过对奥义书瑜伽的形成史的追溯，就在思想史层面证明了古典瑜伽主要是从奥义书瑜伽中发展出来的，尽管不排除其受沙门瑜伽影响。最后我们还通过分析古典瑜伽对自我、解脱、神的理解，进一步阐明它与奥义书思想的亲缘性。

我们也阐明了代表沙门思想的顺世论和耆那教学说与奥义书的关联。沙门思想与奥义书的关联无疑会更复杂一些。从思想根源来说，沙门思想是从土著传统发展出来，但在形成过程中从婆罗门尤其是奥义书思想汲取了不少内容。大致来说，沙门思想更侧重于实践方面，缺乏单纯的真理追求和理论兴趣，故其在世界观方面缺少根本的创造，往往是现存地从婆罗门—奥义书摘取一些内容，并相应于自身传统作一些调整；而在修道论方面则植根于自身传统的实践并将其与来自奥义书的形上学衔接起来。在众多沙门学派中，顺世论和耆那教的思想是比较重要的，我们讨论了奥义书对这两家的思想形成的影响，希望通过它们管窥沙门思想与奥义书的关联。我们追溯了顺世论形上学的主要观念在吠陀、梵书中开始出现，在最早的奥义书中发展为主流，并在此后逐渐得到提炼和定型的过程。其中，顺世论的唯物论是从早期奥义书的唯物论发展出来，但还可以追溯到吠陀晚期和梵书的宇宙论。顺世论的四元素说也是从奥义书的宇宙论发展出来的。盖吠陀、梵书就已经提出了多种宇宙结构论（要素说），早期奥义书将后者转化为宇宙实质论，并且逐渐把不同的宇宙实质综合起来，形成所谓元素说。在随后的漫长发展中，地、水、火、风、空五大说逐渐定型，并被印度的沙门思想普遍接受。顺世论的四大说是这种五大说的自然发展。顺世派的身我论，即唯物的自我观念，以为自我由四大元素组成。然而梵书就开始把自我理解为由不同宇宙结构要素组的复合体。早期奥义书把梵书的宇宙结构论转化成实质论，以为自我也是由土、水、火、风等物质元素组成。这种观念，与顺世论身我论具有实质的一致性。这些观念在奥义书中的形成远早于顺世论，并且呈现了一个完全符合逻辑的独立发展过程。因此我们通过观念史分析，就证明顺世论就是从奥义书思想中发展出来的。我们的分析表明耆那教的思想是在婆罗门—奥义书和土著思想两大传统的对话、融合中产生的。耆那教的形上学基本上来自奥义书，但亦有自己的创造；其瑜伽实践则来自土著苦行，但是将后者与奥义书形上学嫁接起来。耆那教思想大致可视为源于土著的苦行实践与奥义书的形上学理论结合的成果。耆那教的强烈反祭祀、反吠陀立场，以及它的泛灵论，还有其严酷的苦行实践，都暴露了它的非雅利安文化根源。然而无论是其形上学，还是实践，同时也都包含了许多来自婆罗门—奥义书传统的因素，因而它就是两大文化传统交融的产物。我们通过观念史分析阐明了这几点：第一，耆那教作为超验心灵实体的自我观念，基本是来自奥义书的超验反思的渗透，但也整合了土著文化的因素。第二，耆那教的多元实体哲学，也是在奥义书的形上学基础上形成的，但也有所发明。它的实体观念，以及它的心、物二元形而上学，体现了一种真正的精神超越和反思，这完全不属于土著思想，而是从奥义书传统汲取过来；其六实之说，除法、非法二者为独创，乃以奥义书五大说为基础。第三，耆那教瑜伽来源于土著的原始苦行，但奥义书的超验反思渗透到这种苦行实践中，并规定了它的人生观基础、修行方法和最终理想，使耆那教的实践扬弃了原先苦行的巫术、魔法色彩，成为心灵的自由、解脱之道，成为精神内在超越的客观表现。总之，通过观念史考察，我们也阐明了耆那教的思想就是来源于奥义书的超验反思渗透到坚持苦行实践土著传统中并与后者结合形成。

沙门思想与婆罗门思想的关系颇复杂。一方面，沙门思想有其婆罗门渊源；另一方面，沙门思想反映了当时的时代思潮，它也反过来影响婆罗门思想。比如属印度教正统的胜论、正理等派的形上学，就明显受耆那教、顺世论的影响，瑜伽派则从耆那教和佛教瑜伽吸收了不少内容，以至于有些学者提出这些学派开始时可能是非正统思想的一种，后来才被正统思想包容了。然而最大的沙门思想是佛教。对于佛教与奥义书思想的关系，值得花更大篇幅来研究。这是我们下一编要讨论的。

# 第二编

# 奥义书与佛教

# 引　论

印度学者库马拉室瓦弥说道："对佛教研究得越浅，它就越像是与它从其中产生的婆罗门教有区别；对它研究越深，就越难把佛教与婆罗门教区别开来，或在任何意义说佛教是异端。"① 佛教固然反对婆罗门的吠陀崇拜、祭祀主义和世袭的宗教特权，但大多数印度思想史家认为佛陀的教法，乃是从被称为"吠陀终结"（Vedānta，吠檀多）的奥义书发展而来。比如拉达克利须南说："佛教是婆罗门教朝其自身基本原则的回归"，早期佛教"只是在新的起点上重述奥义书思想。"② 奥登堡也说："佛教不仅从婆罗门传统继承了一系列重要的理论，而且继承了宗教的思想和情感倾向。"③ 客观上正是奥义书思想，使佛教与婆罗门传统衔接起来；这二教的关系，适如基督教与犹太教④。而且，在佛灭后一千多年内，奥义书思想日益深入地渗透到佛教思想中，影响了部派和大乘佛教思想的演变；当然，反过来，佛教对奥义书和婆罗门—印度教的思想发展的影响也是同样显著的。

不同传统之间任何真正有价值的精神交流，都不是无意识的、消极的相互资取，而是双方都被迫返回到精神之最本源的出发点，即人类的良心（一般情况下这种返回都是无意识的）。良心就是精神自由的绝对无限性。精神对于这良心的意识就是良知。然而由于精神内在的惰性，一旦这自由凝固成现实性、传统，那么这传统就会在某种程度上，被当成最终的目的和绝对的真理，于是传统就成为限制自由的无限性的壁垒，这最终可能导致对良心的彻底遗忘。在这种情况下，如果一种文化精神的良心还有其生命，那么与异己传统的相遇会把精神逼回良心的面前，即唤醒它对

---

① Ananda K.Coomaraswamy, *Hinduism and Buddhism*, Indira Ghandi Centre, New Delhi, 1999. 45.

② Sarvepalli Radhakrishnan, *Indian Philosophy Vol.1*, the Macmilian Company, London, 1924. 471, 361.

③ Hermann Oldenberg, *Buddha,* Motilal Banarsidass, Delhi 2006. 52. 中村元亦云："佛教继承了雅利安传统的许多内容。它有许多内容来自婆罗门教，尤其是奥义书的思想，也有些来自耆那教等非婆罗门思想。"（Hajime Nakamura, *Indian Buddhism*, Motilal Banarsidass, 1987. 61—62）

④ Charles Eliot, *Hinduism and Buddhism*, *A Historical Sketch* I, Sri Satguru Publications, Delhi, 1988. preface. XLIX.

于自由的无限性和自身的有限性的意识，以及对于实现自由的绝对性的希望，从而产生了否定直接现实、获得新生的强烈渴望；唯有在这一情形下，对异己传统的汲取才是自由的、精神性的，而它就是由本体自由推动的。这是文化交流与对话中最理想的经历。在这样的交流中，精神实现了更大的自由，它的生命得到了成长。精神的现实自由就是省思，包括反思与超越思维，这二者的不断自身深化和自我提升构成了精神生命的成长。真正有价值的文化交流，就在于一种更高的精神自由，包括超越与反思，通过对话渗透到对方的思想世界，促进后者的精神成长，使它进入更宽广的自由境界。

不过，用“渗透”一词表述一种文化精神对它者的影响，仅仅是从效果上说的，没有反映文化的自由交往的实质。因为精神是生命和自由。一种文化中真正具有精神性的内容的传播，绝不是像无机物那样从其起源自然扩散，在末端也是自然地、无意识地被接受，而至少必须是接受方的自主自觉的行动。精神作为自由，其唯一的意志是实现其自身的绝对化，它对任何有价值的新内容的接受，都以此为究竟目的。因而精神在接受任何新内容时，都必先返回自身，根据自身的愿求确定这内容的意义。而在现实性层面，精神通过接受新内容而实现其自身自由绝对化的努力，就体现为精神自身的成长，后者实质上是精神自否定之新的现实。易言之精神对异己传统的自主的汲取，是对自身现实此在的否定。这当然是一个克服自身，逆势而上的苦旅，绝不会是一段心旷神怡、顺其自然的舒适游程。

同样，说一种传统“汲取”另一传统的内容，也往往是一种过于简化的表述。事实上，正如在生命的体内没有简单、现存地从外部移植的官能，精神对异己的概念、观念，也不可能是自然、现存地拿来，而是必须自主地在自身内部构成它们。因此所谓“汲取”，实质上是“养成”，即精神长出了新的功能。在文化交往，一种文化精神首先接触的是对方的最外在、直接的存在，即观念（精神的自然外壳）。它对于这观念与自身的巨大差异的意识，促使它通过反复的领会，来把握这观念。在这里，观念就对思想构成“启示”。观念指导领会，后者是一个活动整体，而当观念真正被“弄懂”或熟练把握了，这领会就在形式上被固定下来，成为精神经验的必然原则，亦即精神的概念。概念依观念构成，又反过来构成观念。

总之，说一种文化对另一种文化“渗透”也好，还是后者对前者“汲取”、“接受”也好，对于后者来说，严格意义上都属于精神的自身成长，但这成长接受了来自他者的“启示”。这里“启示”只给予可能的目标，全部过程都得靠精神自身的努力。既然如此，外来文化的渗透，就不可能打乱精神自身生长的秩序和逻辑。后者的本质是精神的时间，即其自由实现其绝对化的时间，亦即精神的超越与反思无限自我提升和深化的时间。“渗透”进来的观念，只是一个目标，一种可能性。它能否转化为现实性，还在于它能否适宜于接受方的精神超越与反思自身发展的境界，易言之是否适宜于对象精神省思发展的“时机”。只有适宜的观念才会被吸收，参与到超越与反思思维的发展中。

正是反思与超越思维的不断自身深化和自我提升构成精神生命的成长。在文化交流中最有意义的事情莫过于，精神的超越与反思得以渗透到对方的生命中，促进了后者的思想构成和成长。而这正是我们在佛教与奥义书传统（晚期奥义书和吠檀多学）的交流中将要看到的。

在印度文化中，尽管这反思与超越最终都可追溯到早期奥义书，但在后来的思想发展中，佛教与奥义书、吠檀多思想发挥了早期奥义书的不同方面。一方面，佛教继承奥义书的超越思维并对它作出了重大发展。早期佛教的涅槃理想，就继承了奥义书的出世追求发展成对现实世界的绝对超越。在大乘的空性智中，超越思维又将奥义书对世界的虚无化，发展为精神的绝对无住性，于是精神的否定的自由得到了最完美的实现。我们将表明的是，佛教的超越思想，并不是从它原来的沙门传统生长出来，而是最初来自奥义书传统的渗透。佛教从奥义书中获取超越思维的因子，通过禅定的实践给它注入生命，并且不断对它进行强化、提升。于是超越思维，在佛教中比在印度教中获得更为强大的力量，且更为成熟。到了大乘佛学，乃一跃成为这种超越思维或否定的自由的主导力量。正是在这一点上，大乘佛学得以反馈奥义书传统，对晚期奥义书和吠檀多学的发展产生了重要影响。然而我们也将表明，早期佛教和初期大乘，始终没有发展出一种真正的精神反思。另一方面，晚期奥义书和吠檀多学则坚持奥义书原来的绝对反思，并吸纳佛教的超越思维，对这反思进行提升，使之成为对超绝、自由的真心的觉悟。因此在奥义书传统中，反思思维达到了绝对的自由。奥义书传统成为反思的主导力量。同时，它的反思思维也日渐渗透到佛教之中，导致佛教唯识学和如来藏思想的形成。总之，佛教与奥义书传统，分别代表了印度精神的超越和反思的两极。二者的相互影响、相互渗透，大致可以视为超越和反思作为精神自由的两个方面在各自发展中的相互交织。

我们主要讨论的将是奥义书传统对佛教的影响。从精神层面，这个过程，一方面在于奥义书传统的超越和反思思维渗透到佛教之中，导致后者的精神转型；另一方面佛教也根据自身精神语境，对它汲取的内容进行了调整，并且作出了发展。在这过程的前期，是奥义书传统的超越思维渗透到佛教之中，导致后者的精神转型。这种渗透，首先是促使佛教脱离原先沙门传统的自然思维，把超越自然的解脱之道作为其教旨，从而促进了佛教的形成。在这里，早期佛教一方面通过其禅学实践把奥义书的超越思维客观化、必然化，另一方面把超越理解为生命的断灭。其次，在晚期奥义书中，超越思维转化为对现实性的绝对否定即超绝思维，表现为幻化论；这种超绝思维也逐渐渗透到大乘佛学中，这表现为般若学的性空如幻思想的产生。般若思想继承奥义书的幻化论对现实存在的虚幻化，又进一步扬弃奥义书的超绝本体。它否定奥义书的超绝现存实体，将存在真理理解为无住、无得的空性，因而把超绝思维进一步转化到无住思维或空思维的领域。然而到此为止的印度佛学，仍然是无反思的。到这过程的后期，奥义书的反思思维也逐渐渗透到大乘佛学之中，促进佛教的精神反思形成。佛教最早的反思表现在瑜伽唯识的形上学中，而我们将表明唯识思想就是以奥义书识论为先驱的。不过唯识思想还只把识当作一种在反思者的自我之外的东西，它的反思还只是客观的。不过奥义书绝对反思的进一步渗透，最终促使真心如来藏思想认识到识与自我的同一性，使大乘佛教的反思也具有了主观性，从而形成了一种绝对反思。佛教发展到这一步，在精神层面就与奥义书、吠檀多思想完全同化了。

以上是在内在精神层面，对奥义书的超越与反思思维的渗透对佛教的精神构成的影响的一个提示。不过在本书这部分内容中，我们会将讨论集中在观念和实践层面，仅从一般学术史的角度来阐明奥义书对于印度佛教的产生和发展的影响。我们将要阐明的内容包括：(1) 奥义书对早期佛教的影响。在早期佛教思想中，有为法与无为法、此岸与彼岸、生灭与涅槃的对立图景，就植根于奥义书的形上学；把出世解脱作为生命意义，以及把解脱、系缚归因于觉悟和无明，也植根于奥义书的人生观；业力轮回说与无我说，也继承和发展了奥义书的思想，但可能经过了数论的中介。因此早期佛教的世界观以奥义书思想为基础，但受到沙门思潮的影响。而早期佛教的修道论，则基本来源于印度的瑜伽学，后者是由于非雅利安的苦行实践与奥义书的世界观和宗教理想结合形成。因此佛教的修道论通过瑜伽间接受到奥义书的影响。(2) 大乘佛教的形成离不开奥义书的长期渗透。首先，在大乘产生的年代，婆罗门教的东扩和佛教的西进，已使佛教处在婆罗门思想的包围之下，佛教徒接受奥义书的影响更加容易。其次，大量皈依的婆罗门，也必然把奥义书思想带入佛教。在这一情势下诞生的大乘佛学，势必表现出与奥义书思想的密切关系。大乘佛教的产生，其实是相互松散地联系的几种新思想趋势整合的结果。这包括：第一，禅观的发展；第二，菩萨行的发展；第三，信仰主义的趋向；第四，脱离部派实在论回归佛之本义的冲动；第五，居士佛教地位之提升。我们的考察将表明这些思想，无论是从个别还是从整体上看，都反映出奥义书和印度传统的强烈影响。(3) 般若的形上学的形成就离不开奥义书思想的影响。原始佛教对超验的绝对存在一般是保持沉默，但发展到大乘佛学，绝对、真如法性不仅成为讨论的主题，而且得到越来越肯定的描述。奥义书传统长期渗透，就是推动这一思想转化的一个重要因素。般若学通过否定经验存在以诠显绝对的思路与奥义书完全一致：一方面大乘以“如幻性空”理解名色世界，但“如幻”论就源自奥义书；大乘把与幻同义的无明、虚妄分别、戏论当作名色世界根源的观念也是来自奥义书的。另一方面大乘的绝对真理为诸法空性，但它对这绝对的描述，如非有非无、平等、无分别、不二等都沿自奥义书对无德梵的描述。它以二谛论整合经验与绝对也是沿袭了奥义书的思路。但是它进一步破除奥义书形上学对超验的现存实体的执着，实现了完全的无所住、无所得，即精神的绝对自由。(4)唯识思想的产生是奥义书的识论对大乘佛教的渗透进一步深化的结果。构成唯识学基础的几种理论，如唯识说（包括“三性”、“唯识中道”）、本识说、种子与识转变说，及以断除习气为核心的修道论等，都与持朴素实在论的早期佛教和同样忽视心灵的存在论地位的般若大乘有巨大鸿沟，却与奥义书的识论存在本质的亲缘性，因而它们肯定是大乘瑜伽行派汲取奥义书思想形成的。在这里，瑜伽行派将来自奥义书的“识”论与大乘原有的“空”论结合，形成了自己的理论体系。奥义书对大乘佛学的渗透，主要通过禅观的途径。根本唯识以“空”作为“唯识”的宗旨，因而破除了奥义书识论对作为现存实体的真常心的执着。但它在以后的发展中，由于愈益深入地受奥义书传统的影响，遂逐渐由“空”向“有”的立场转化。空性真如被越来越清楚地等同于自性清净心。(5)奥义书的反思思维的渗透推动佛教如来藏思想的形成和发展。我们将以作为如来藏思想基础的心性一如和真心缘起观念的形成线索，来探讨奥义书、吠檀多思想对如来藏学的形成和发展的影响。我们大体依时间的顺序把如来藏学的发展分为法身如来藏、我性如来藏、法界如来藏、法性如来藏、净心如来藏、真心如来藏几个阶段。其每一阶段的思想都包含奥义书影响的明显痕迹，而且这种影响是逐渐积累的。这一分析表明如来藏学的产生和发展，从根源上是由婆罗门—奥义书传统的渗透和影响所推动的。而到《大乘起信论》的真心如来藏思想，则无论在内容还是形式上都与奥义书传统完全同化了。以下是对这些内容的更详细阐明。

# 第一章 奥义书与早期佛教

## 引　言

佛陀曾说："我见古之路、古之道，曾为先觉者所取。我即随此行。"[①] 故佛陀的教法，当是来源于某种远古传统。但具体是何种传统，学者们仍有争议。有人认为佛教起源于婆罗门教传统[②]，也有人认为源于非雅利安传统[③]。但都不能否定佛教乃是两种传统交互影响的结果[④]。然而佛教兴起于东部喜马拉雅山麓，而婆罗门教的根据地则是在西部的印度河和恒河上游之间的区域，且直到佛陀时代，这两个地区在语言、思想和宗教生活上都仍有较大的差异[⑤]。东部的文化受非雅利安因素影响更大，如佛世的沙门思潮（包括佛教本身，以及耆那教、顺世论等），都源于非雅利安传统[⑥]，远比佛教古老的瑜伽学最早亦来自于此[⑦]。婆罗门思想本身，也由于这种

---

① Samyutta Nīkaya; S.B.EXXX. 13–14.

② Sarvepalli Radhakrishnan, *Indian Philosophy Vol.1*, the Macmilian Company, London, 1924. 361.

③ G.C.Pande, *Studies in the Origins of Buddhism*, University of Allahabad, 1957. 327; K.N. Upadhyaya, *Early Buddhism and the Bhagavadgīta*, Motilal Banarsidass Press Delhi, 1983. 105.

④ K.N. Upadhyaya, *Early Buddhism and the Bhagavadgīta,* Motilal Banarsidass Press Delhi, 1983. 105.

⑤ 《百道梵书》暗示了吠陀文化由西向东扩张的历史（Sat BrāI·4·1·10—19）。其云主管祭火的阿耆尼神，在摩吒婆王和乔答摩梵志的伴随下，从娑拉斯伐底河向东游行，他的火焰烧过诸多河流，但到了从雪山流下的娑德尼罗河，阿耆尼便无法再焚烧过去；书云："早些时候婆罗门不过此河，因为阿耆尼未尝焚烧过。但是现在许多婆罗门居住在此河以东。原先此地非常荒芜，因为没有被阿耆尼焚烧过。但是，由于婆罗门通过祭祀让阿耆尼品尝了它，所以现在这片土地变得很好了。"（Sat BrāI·4·1·14—16）这表明在更早的时候婆罗门尚不惯东行；反之，直到佛及其弟子，对西方亦仍极陌生（*Die Lehre der Upaniṣaden und die Anfange des Buddhismus,* Vandenhoeck & Ruprecht, Goettingen, 1915. 283）。

⑥ K.N. Upadhyaya, *Early Buddhism and the Bhagavadgīta*, Motilal Banarsidass Press Delhi, 1983. 91.

⑦ 拉易说"瑜伽、数论以及流行崇拜，在起源上都与吠陀传统很不一样。"（*Buddha and Early Buddhism,* Ed by Mahendra P.Mittal, Vol.1, Originals, Delhi, 2002. 26）

地域背景的影响，而逐渐导致内部的分化①。在东部地区，思想更为自由一些，因而婆罗门学者更积极地汲取非雅利安的思想资源。奥义书思想本身，就应当视作这两种传统交融的产物，比如渊源于非雅利安文化的业力说、灵魂轮回说及苦行主义在奥义书中的突然出现②，就充分表明了这一点③。在佛陀时代，婆罗门教已完全占领了恒河流域，但根据佛典的记载推测，那时东部地区的婆罗门，更多地倾向于奥义书立场④。我们要阐明的是，后者至少在世界观的方面，构成了佛教理论的基础。

而鉴于上述考虑，佛教到底有哪些内容来自奥义书，就涉及奥义书本身的思想来源问题，对此我们大致可以确定以下几点：

第一，奥义书的宗教实践方面，即禅定、瑜伽之学，应是吸取了非雅利安文化的苦行实践的结果。瑜伽起源于原始民族苦行与巫术结合的实践⑤。在许多原始宗教，比如萨满教和原始的印第安人宗教中，都曾存在由苦行通神的实践⑥，但后者在同属印欧民族的波斯和希腊、罗马文化中却并无对应物⑦，因而可以确定婆罗门传统中的

---

① 《夜珠吠陀》之分为黑、白两种，就意味着婆罗门内部的不一致（Charles Eliot, *Hinduism and Buddhism, An Historical Sketch, Vol.1*, Sri Satguru Publications, Delhi, 1988. 93）；这实际上暗示了婆罗门思想在相对保守的西部与更多吸收非雅利安要素的东部之间的分歧。《广林奥义书》中，耶若婆佉开示（明显来自非雅利安思想的）业报轮回说，乃选择私下讨论，而不是在婆罗门大众中讲论（BṛihIII · 2 · 13），这也意味着婆罗门内部保守派与“开明”派存在很大分歧。

② 灵魂转世与苦行倾向，学界已公认是来自土著文化。盖转世观念在吠陀中不见记载，亦为希腊、罗马、北欧等雅利安民族所无，故可以肯定是来自土著信仰（A.E.Gough, *The Philosophy of the Upaniṣads and Ancient Indian Metaphysics,* Kegan Paul, London, 1891. 25）；苦行倾向亦同样如此。

③ 优波底耶：“所有这些都意味着在奥义书时代，雅利安社会已达到可以充分感受到前吠陀的非雅利安思想影响的阶段。”（K.N. Upadhyaya, *Early Buddhism and the Bhagavadgīta,* Motilal Banarsidass Press Delhi, 1983. 75）

④ 如《梵动经》中被归宿于婆罗门的思想有：“我于此处，是梵、大梵，我自然有，有能造我者，我尽知诸义，典千世界，于中自在，最为尊贵，能为变化，微妙第一，为众生父，我独先有，余众后来，后来众生，我所化成。”（《长阿含 · 梵动经》）此为奥义书最早期思想的典型。而《中阿含 · 阿伽罗诃那经》佛提到婆罗门持“吠陀、人及诸大、诸天依梵界住，梵界依大梵住”，这里对梵界与大梵的区分，不属梵书，唯属奥义书立场。中村元认为在早期佛教，尽管有组织的吠檀多学派尚未成立，但信奉奥义书的婆罗门遍布各地，故奥义书的各种理论得到广泛传播（*A History of Early Vedānta Philosophy*, Motilal Banarsidass, 1983.139）。

⑤ Mahendra P.Mittal（Ed）, *Buddha and Early Buddhism Vol.1*, Originals, Delhi, 2002. 19.

⑥ Charles Eliot, *Hinduism and Buddhism, An Historical Sketch, Vol.1*, Sri Satguru Publications, Delhi, 1988. 304.

⑦ K.N. Upadhyaya, *Early Buddhism and the Bhagavadgīta,* Motilal Banarsidass Press Delhi, 1983. 91; Heinrich Dumoulin, *Zen Buddhism,* Macmillan Publishing Company, New York, 1994. 14.

苦行实践是来自非雅利安的土著影响①。这种影响从雅利安人逋入印土就开始了，这从黎俱吠陀关于神由苦行创世的设想②，以及对牟尼、沙门的崇拜，即可得到反映。我们认为瑜伽乃是婆罗门传统对这种原始的苦行实践加以提升的结果。盖原始文化，缺乏成熟的形上学，不能真正理解精神的超越和自由③。所以像萨满教等的原始苦行，唯旨在通过巫术、自残的手段，以获取魔力、神通和催眠的状态。但正如我们将要表明的，印度婆罗门传统从吠陀开始，逐渐发展出成熟、深刻的形上学，意识到本体、绝对对经验自然的超越性，并且把自由理解为这种超越性的实现（相应地，也唯有婆罗门传统有解脱、拯救的理想），因而它很自然地就把这种彼岸理想嫁接到苦行的实践中，使后者成为实现前者的手段，于是真正的瑜伽产生了：瑜伽即是通过精神修炼，使人超越世俗的存在，而获得精神自由④。奥义书就充分吸收了瑜伽的实践，以作为解脱、证真的途径⑤。

第二，奥义书典型的形上学，包括绝对一元的本体论，本体与名色世界、此岸与彼岸的分离，人与宇宙的同一以及绝对精神的观念等⑥，可以肯定是从婆罗门传统自身发展出来的。这样的思想对于土著原始文化是陌生的；而思想史的考察可以清晰地再现它从吠陀文化诞育的连续过程。盖奥义书的绝对，在晚期吠陀和梵书中就已露端倪。比如《黎俱吠陀》“无所有歌”描述了一个神秘莫测，非有非无，而为一切有、无之根源的“唯一者”（ṚVX·129），就已经“提示了奥义书的基本观念，即世界及一切形式的生命，都是从唯一实在流溢出来。”⑦这唯一者就是奥义书的大梵的

① 考古发现在印度前吠陀的莫享焦达罗和哈拉波文明中，就已有类似瑜伽的实践。高鄂认为瑜伽苦行对黎俱的快乐精神来说很陌生，来自北部山区的半野蛮民族，是伴随着湿婆崇拜被引入婆罗门教的（A.E.Gough, *The Philosophy of the Upaniṣads and Ancient Indian Metaphysics,* Kegan Paul, London, 1891. 18）。

② 吠陀中最早的宇宙生成论，据说由阿贾氏（Aghamarṣana）仙人提出，即阐明了由苦行生成法则、真理、水、时间等，最后生成整个世界的过程（ṚVX·190·1—3）此种说法，在梵书中更为普遍，如说生主、元气、意等通过苦行创世（Sat BrāVI·1·1.etc），并明确声明“（彼）知苦行之力且行之者，将得永存”（Tait BrāII·2·9·1—2）。

③ 吴学国：《存在·自我·神性：印度宗教与哲学思想研究》，中国社会科学出版社2006年版，第518—525页。

④ Heinrich Dumoulin, *Zen Buddhism,* Macmillan Publishing Company, New York, 1994. 13.

⑤ 数论与瑜伽之归属奥义书传统，请参见：Oldenberg, *Hermann, Die Lehre der Upaniṣaden und die Anfange des Buddhismus*, Vandenhoeck & Ruprecht, Goettingen, 1915. 282.

⑥ 参考吴学国：《存在·自我·神性：印度宗教与哲学思想研究》，中国社会科学出版社2006年版，第36页以下。

⑦ A.E.Gough, *The Philosophy of the Upaniṣads and Ancient Indian Metaphysics,* Kegan Paul, London, 1891. 15.

前身①。《阿闼婆吠陀》和《梵书》进而肯定了这绝对者对经验世界（即所谓名色）的超越性，使之真正成为存在的本体。大梵就是超越世界、名色，超越一切自然和精神现象（Sat BrāXI・2・3；AVXI・8・19—27），甚至超越时间和空间的绝对本体（AVX・8・1,2,7,13,14,30, etc.）②。奥义书于是把相续、流转的名色世界与寂静、常住的大梵的对立，提炼为一种"形上学区分"，并把大梵确定为绝对的精神本体③。

第三，奥义书的人生哲学对超越经验有限性的自由、对存在之本质真理的强烈渴望，生命是苦的悲观主义，以及对真理的证悟在解脱苦难中的关键作用的强调，乃是其形上学的逻辑结论，因而是植根于婆罗门传统。正如奥登堡所说："作为生灭法之止息、绝对之呈现，作为真正的精神自由的解脱观念，当属于婆罗门传统。"④"当思想构造出一个绝对、唯一、圆满、恒常的自我，那杂多的世界就必然表现为混浊、灾难和痛苦。"⑤另外吠陀传统中，对绝对的证悟在宗教生命中有极重要意义。《梵书》即称"人若悟真梵，则命终时入于彼岸"（Sat BrāX・6・3・1），"人若悟大我者，即为大我，悟此则不被恶业所染。"⑥奥义书进而以觉悟与无明为解脱、系缚的原因。如BṛihIV・4・19—20云："世间并无差别，彼视此处有差别者，将一再受死。彼为唯一、无相、常住之有。"ChānVIII・7・1云："此自我离一切染、不老、不灭、无苦、无饥、无渴……人若寻得、证知此自我，则得一切世界、一切欲。"因无明而生贪执，因贪执而生诸苦⑦，而"解脱在于破除无明、我执，理论上这是破

① A.E.Gough, *The Philosophy of the Upaniṣads and Ancient Indian Metaphysics*, Kegan Paul, London, 1891. 16.

② 《阿闼婆吠陀》把大梵称为与名色对立的"剩余者"（Ucchiṣṭa）："1 名色与世界，因陀罗、火神，及余一切神，安立剩余中。2 天地与众生，诸水与大洋，以及风与月，安立剩余中。3 有以及非有，死亡与食物，乃至生主神，安立剩余中。"（AVXI・7・1—3）《百道梵书》说大梵"遍满宇宙，无言诠、无差别。小如米粒、大麦粒、粟粒，甚至最小的粟米粒；如无焰之光，大于天，大于空，大于地，大于一切存在者"（Sat BrāX・6・3・1—2），亦可视作对本体的超越性的描述。

③ 参考吴学国：《存在・自我・神性：印度宗教与哲学思想研究》，中国社会科学出版社 2006 年版，第 16 页。

④ Oldenberg, Hermann, *Die Lehre der Upaniṣaden und die Anfange des Buddhismus*, Vandenhoeck & Ruprecht, Goettingen, 1915. 297.

⑤ Hermann Oldenberg, Buddha, Motilal Banarsidass, Delhi 2006.41。拉达克利须南也说："（在奥义书中）永恒才是喜乐，而相续是苦。"（Sarvepalli Radhakrishnan, *Indian Philosophy Vol.1*, the Macmilian Company, London, 1924. 365）

⑥ Pañca BrāXXV・18・5; Paul Deussen, *Allgemeine Geschichte der Philosophie Bd1,* Abteilung I, F.A. Brockhaus Leipzig, 1922. 263.

⑦ 拉达克利须南说："在奥义书中，苦的根源被追溯到无明，后者即以自我等同于宇宙灵魂，从而导致我执。"（Sarvepalli Radhakrishnan, *Indian Philosophy Vol.1*, the Macmilian Company, London, 1924. 416）

我相，实践上是破我贪。”① 盖人若悟绝对，则自超然于感性世界，离贪爱之心，故得解脱。

第四，奥义书的业力说、生命轮回说，当是从土著文化引进，但也被嫁接到吠陀传统的本体论基础上。首先业报与轮回，都被归诸生灭的现象层面，而恒住的本体，则超越业力的影响。如《羯闼奥义书》说至上我远离一切作业、和一切已生未生的存在（KāṭhII・14）。奥义书否定了世俗生活的意义，于是生命无限重复、没有终点的轮回，就成为人生之最大恐怖，所以解脱轮回就成为奥义书及以后几乎所有印度宗教的修道目标。其次，奥义书把轮回的观念，自然地嫁接到婆罗门的唯心论传统之上②，轮回于是成为识体的相续（BṛihIV・4・2；KauṣIII・3）。

考虑到以上因素，也考虑到早期佛教与属于异端的沙门思潮的本质关联，所以在分析其思想来源时，我们可以确定以下原则：在佛教与奥义书一致的思想中，(1) 凡与婆罗门传统一致者，即可肯定是植根于奥义书的；(2) 其他思想则有两种可能，或植根于同化了异端的奥义书思想，或同化了奥义书的异端思想。在此基础上，我们将佛教思想分为理论和实践两个方面进行讨论。

## 第一节　奥义书的形上学与早期佛教的理论方面

根据我们以上确立的原则，对于早期佛教思想的理论方面与奥义书的关联，可以肯定：

(1) 早期佛教的基本世界观，包括有为法与无为法、此岸与彼岸、生灭与涅槃的对待，在理论上预设了相对与绝对、本体与现象的区分（这种形上学属婆罗门思想，而不属于土著传统），故植根于奥义书的形上学。首先佛教的涅槃观即植根于奥义书的形上学传统。奥登堡指出：“构成佛教的基本世界观的生灭与涅槃之对立，乃是源自奥义书。”③《大般涅槃经》讲“诸行无常，是生灭法，生灭灭已，寂灭为乐”（卷二十五）。这种无常、流转的此岸世间与寂静、安乐的绝对彼岸的对立，正是奥义书

---

① Sarvepalli Radhakrishnan, *Indian Philosophy Vol.1*, the Macmilian Company, London, 1924. 432.

② 梵书即已明确地把自我的本质从自然生命区分出来，规定为意（manas）或识（vijñāna）。如 Vāj SaṃXXXIV・3 说：“为识、思、抉择，为不死之光，彼至上自我，居于有情中。” Sat BrāX・6・3・1—2：“应沉思至上我，彼由智慧而成，以心识为体”。Ait ĀrII・6・1・5：“此至上我，体即是识……一切诸有，皆由此心识而生。”

③ Oldenberg, Hermann, *Die Lehre der Upaniṣaden und die Anfange des Buddhismus,* Vandenhoeck & Ruprecht, Goettingen, 1915. 315, 311。拉达克利须南：“（佛教的）五蕴是从奥义书的名色发展出来。”（Sarvepalli Radhakrishnan, *Indian Philosophy Vol.1*, the Macmilian Company, London, 1924. 384）

经常强调的①。其次，早期佛教沿袭了奥义书名色与绝对存在的对立②，并进一步将名色扩展为五蕴（《中阿含》卷二十四），摄一切有为法，而有为法与无为法的对待，同样植根于奥义书的本体论区分。世间、法与宗教的彼岸之分为二边，亦是如此③。此外，《奥义书》以为解脱在于名色世界之止息④，《大般涅槃经》认为解脱是生灭法之消泯，当然是继承前者而来⑤。

（2）佛教人生观的厌世与渴望出离，以及把解脱、系缚归因于觉悟和无明，也是沿袭了奥义书思想：首先，持生命是苦的悲观主义，即以奥义书的形上学为理论基础。如《中阿含经》（卷十一）说："比丘，于意云何。色为有常，为无常耶？答曰：无常也。世尊复问曰：若无常者，是苦，非苦耶？答曰：苦，变易也。"巴利文《杂阿含经》也说："以是无常，故苦；以是苦，故非我。"（Samyuttaka NikāyaII）然而何以无常、变化就是苦（孔子说"逝者如斯"，就完全没有一种苦难的感受）？这只有根据婆罗门传统中恒常的绝对与无常的现象界之对立才能得到阐明。其次，奥义书正是以这种绝对思考为立足点，使印度宗教的目标，转变为对精神的自由、对绝对和彼岸的追求；而佛教的涅槃（nirvāna）就是生灭法的止息，它既是绝对的呈现，也是精神超越名色世界的自由，这同奥义书的解脱（mokṣa）一致，显然是后者的发展⑥。最后，佛教把生命的系缚归结于无明、贪执，反之通过对绝对真理的觉悟而离贪执，乃成为解脱的因缘，这样的理论也不属于非雅利安的沙门传统，只可能来自奥义书思想⑦。

---

① 奥义书往往以否定的方式，彰显本体对现象界的绝对超越性，譬如说大梵为"非此、非彼"（BṛihIV·4·22），"非内亦非外"（BṛihII·5·19），乃至非粗非细、非长非短、非明非暗、非色、声、嗅、味等等（BṛihIII·8·8）；易言之现象界为杂多、变易，本体界为一味、恒常，泾渭分明。

② 《阿含经》说"如来离一切名、色"（巴利文《杂阿含经》，引自 Wynne, Alexander, *The Origin of Buddhist Meditation*, Routledge, London, 2007. 95），及涅槃为名色之消灭（《中阿含》卷七），在奥义书中都有相同的说法（ChānVI·1·4—6；BṛihI·4·7；MuṇḍIII·2·8）。

③ 如《杂阿含经》："于彼世界边，平等觉知者，是名贤圣行，度世间彼岸"（卷四十九），"觉慧达世间，故说度彼岸"（卷九），"善分别显示，一切法彼岸"（卷四十六）。

④ MuṇḍIII·2·8.

⑤ 佛教学者优波底耶即指出佛教的涅槃与奥义书的解脱是一致的（K.N. Upadhyaya, *Early Buddhism and the Bhagavadgīta*, Motilal Banarsidass Press Delhi, 1983. 99）。

⑥ 参见 Hajime Nakamura, *Indian Buddhism,* Motilal Banarsidass, 1987. 70。另外 Lindtner 指出巴利文《长阿含经》中旧的涅槃概念是一个可以实际地到达的，超越六界的处所，更明确地证明其与奥义书的解脱的亲缘性（*The Origin of Buddhist Meditation*, Routledge.114）。奥登堡也认为佛教关于彼岸、涅槃的思想，主要沿自古代思想遗产（*Die Lehre der Upaniṣaden und die Anfange des Buddhismus*. 313）。中村元还认为，"佛教的修行可被理解为一个形成真实的自我的过程"，因而与奥义书的修道理想一致（*Indian Buddhism*. 64）。

⑦ Sarvepalli Radhakrishnan, *Indian Philosophy Vol.1*, the Macmilian Company, London, 1924. 416.

(3) 早期佛教的业力轮回说与无我说，都可视作对奥义书思想的继承和发展，但可能经过了数论的中介。首先佛教识体轮回的观念，可以肯定是来自奥义书。佛教以十二支缘起解释生命轮回，谓缘无明而有行，缘行而有识，缘识而有名色，缘名色而有六入……如此以至生、老、死；其中识起到联结过去、现在、未来三世的枢纽作用，就是轮回的承担者（《杂阿含经》卷十二）。《中阿含经》将缘名色之识，分为入胎识、在胎识、出胎识（卷二十四《大因经》），以识体的相续不断构成生命的连续。这种识体轮回的观念，与沙门思潮普遍的观念极不相同，只能是来自奥义书的相同观念①。其次，佛教的无我说，也不同于沙门所说，而可视作奥义书的自然结论②。盖奥义书以为自我超越万有，"非此，非彼"（BṛihII · 3 · 6）、非有非无、非想非非想、非色法、非心法、非一切世间（BṛihIII · 8 · 8, II · 3 · 6, IV · 4 · 22；MuṇḍIII · 2 · 2；ChānVII · 24；KāṭhII · 1—2）；对于自我的这种否定描述，实为佛教无我说的先驱③。还应当指出，佛陀本人对于自我的问题，皆报之以沉默，但不是直接地否定④，因而于奥义书的立场随顺无违。如《杂阿含经》记佛陀对婆蹉三问是否有我，皆默然不答，他后来解释说："我若答言有我，则增彼先来邪见：若答言无我，彼先痴惑岂不更增痴惑；言先有我从今断灭，若先来有我则是常见，于今断灭则是断见。"（卷三十四）同样对于婆蹉所问如来为"有后死，无后死，有无后死，非有非无后死"，佛祖亦皆予以否定（同上）；对于涅槃的相状等等，佛陀也从不给予正面的回答。从上述对话我们可以看出，如来之沉默是因为绝对存在，超越诸法，不可言诠，言之无益，且增惑、恼。同理，奥义书的至上我也是"言语道断、心行处灭"的绝对（KenaI · 3；TaitII · 9；MuṇḍIII · 1 · 7；MāṇḍVII），亦只能以沉默表现⑤。商羯罗引用过一段已佚失的奥义书，与佛陀上述对话极为类似，谓婆须陵请问圣者白伐至上我的意义，后者应之以默然。于是经过再次、三次请问，乃回答"我实教你而你不悟。

---

① 识说在佛教与奥义书中皆为基础性概念。《阿含经》有时也像奥义书那样，把识作为最高存在（Dīgha NikāyaI · 223。参考 K.N. Upadhyaya, *Early Buddhism and the Bhagavadgīta,* Motilal Banarsidass Press Delhi, 1983. 99）。

② K.N. Upadhyaya, *Early Buddhism and the Bhagavadgīta,* Motilal Banarsidass Press Delhi, 1983. 99.

③ K.N. Upadhyaya, *Early Buddhism and the Bhagavadgīta,* Motilal Banarsidass Press Delhi, 1983. 82.

④ 中村元说："与许多把无我说当作某种虚无论的学者通常以为的不同，佛教并不否定自我本身"，"（佛教）论无我的最终目的，旨在消除我执（自私的欲望）"，"早期佛教相信人只要不把非我当作我，就能断除烦恼。"（*Indian Buddhism,* 63—64）拉达克利须南也说："佛陀清楚告诉我们自我不是什么，但对自我是什么却保持沉默。然而认为佛陀根本否定自我的存在，却是错误的。"（Sarvepalli Radhakrishnan, *Indian Philosophy Vol.1*, the Macmilian Company, London, 1924. 386）

⑤ 《广林奥义书》："让他不要追逐名言，因为那只是徒劳的饶舌。"（BṛihIV · 4 · 21）

默然即彼自我”（BSBH III・2・17），此实可与佛的说法相发明。但到了那先和觉音，就把佛陀对自我问题的沉默，转变成了完全的否定。此外还应当指出，在这里，佛教也可能汲取了数论学。盖数论在时间上远早于佛教且对后者有实质性的影响，已基本成为学界的共识①。数论学以命我与觉谛、我慢及十一种心理功能组成的识体为轮回之主体②，可能为佛教的识体轮回说的理论根源。数论把轮回的生命体称作执受（upadhi），解脱就是执受的断除③，可以肯定是原始佛教的相同说法的根源④。此外有多位学者指出，“无我”（anātman）的观念，起源于数论而非佛教⑤。然而许多学者据此断定佛教上述理论全是继承数论而来⑥，恐也未必。因为一方面，数论的这些学说，大都与奥义书的上述思想一致，故很难确定佛教的类似说法到底是直接来自哪一方；另一方面，数论本身也源于婆罗门—奥义书传统⑦，这意味着，像佛教的轮回、无我之类说法，即便是来源于数论的，最终亦根源于奥义书。

总之早期佛教的世界观，乃是以奥义书思想为根源、基础，但受到沙门思潮的影响。

---

① Mahendra P.Mittal（Ed），*Buddha and Early Buddhism Vol.1*, Originals, Delhi, 2002. 115。佛原先的导师迦罗摩和罗摩子，可能就属于数论师。《佛所行赞》迦罗摩等同于传说中的数论祖师之一阿罗陀（Arada）。

② KaumudiXL; SPBII・47.

③ A.B. Keith, *A History of the Sāṃkhya Philosophy,* Oxford University Press, London, 1924. 111.

④ *Die Lehre der Upaniṣaden und die Anfange des Buddhismus*. 312–313.

⑤ *Buddha and Early Buddhism Vol.1*, Originals, Delhi 2002, pp.115–116。盖“无我”梵言“anātman”，实有非我、无我二义。数论原来用它指一切非我者，以一切生灭法皆非我，故生灭法中无我（非我为原有义，无我为引申义）。同理，佛陀最初说“受、想、行、识，若过去、若未来、若现在，若内、若外，若粗、若细，若好、若丑，若远、若近，彼一切非我。”（《杂阿含经》卷十）讲的也是诸蕴非我，故蕴法中无我；意思与数论完全一致。

⑥ 如奥登堡说：“佛教的基本世界观，主要来自数论”*Die Lehre der Upaniṣaden und die Anfange des Buddhismus*. 318–319；拉达克利须南相信佛教、耆那教都是以数论为基础的（Sarvepalli Radhakrishnan, *Indian Philosophy* Vol.1, the Macmilian Company, London, 1924. 472）；皮歇尔说“佛教的思想几乎全部来自数论 - 瑜伽”，“佛陀把他导师作为一种哲学教给他的内容变成宗教。”（*Buddha and Early Buddhism Vol.1*. 115）。

⑦ 凯思说：“数论的学说，鲜有未尝在奥义书之某处出现者。”（*A History of the Sāṃkhya Philosophy*, Association Press, 1924. 60）。在《黎俱吠陀》和《梵书》中都可以找到数论学的萌芽（参见ṚVX・129），《羯陀奥义书》则包括了数论的明确形态（KāṭhIII・11—13；VI・7—8）。另外，在《长阿含・布吒婆楼经》中，像“我、世间有常，此实余虚”这样实际属于数论的学说（R.Garbe, *Sāṃkhya Philosophie,* Leipzig: Haessel, 1894. 5），被归诸婆罗门立场；《大般涅槃经》中，婆罗门遮提首那的思想，就完全是数论学（卷三十五）；《佛所行赞》中佛的导师迦罗摩也把数论学归属于婆罗门学说，谓“世间婆罗门，皆悉依此义，修行于梵行，亦为人广说。”（卷三）这表明，数论尽管很古老，但它作为一个学派，直至佛世也未尝独立于婆罗门—奥义书传统而存在过。

## 第二节　奥义书与早期佛教的实践

就早期佛教的实践方面，即它的修道论，我们将表明：第一，它是以沙门的苦行实践为根源，但通过与奥义书的形上学融合而得到提高、升华；第二，佛教修道论的直接来源是印度的瑜伽学，并且通过后者间接地受到奥义书影响。

佛教修道论，包括戒、定、慧三学，而以定学为核心。奥登堡曾说："如果说佛教的世界观或慧学，主要是数论的继承和发展，其修道论则主要是沿自瑜伽"①。瑜伽的梵文字根为"yuj"，为"置于轭"、"套住"、"联结"之意。尽管瑜伽的主要经典，《瑜伽经》的成书可能迟至公元后二世纪，但其作为一种宗教实践，可以上溯到前吠陀时代，且在古奥义书时代即已十分流行②。目前学界公认佛教的定学是继承瑜伽而来③。

盖一方面早期佛经提到佛陀的定学最初得自迦罗摩和罗摩子传授的瑜伽学④，但从未提及佛陀本人于此有何创造⑤，而且肯定沙门、婆罗门亦因禅定得涅槃⑥。另一方面，与古典瑜伽的比较，也进一步证实了佛教定学的实质内容与传统瑜伽是相同的。这两方面材料相互印证，因而佛教定学是继承传统瑜伽而来，乃是确定无疑的。对于后一方面，这里姑且指出以下几点：第一，佛教定学整套的术语，基本上都取自瑜伽⑦：像无明、五种烦恼、四颠倒、染净、掉举、昏觉、流转、还灭、涅槃等概念，无非

---

① Oldenberg, Hermann, *Die Lehre der Upaniṣaden und die Anfange des Buddhismus*, Vandenhoeck & Ruprecht, Goettingen, 1915. 328—330.

② Alexander Wynne, *The Origin of Buddhist Meditation,* Routledge, London, 2007. 108.

③ 参考 Heinrich Dumoulin, *Zen Buddhism,* Macmillan Publishing Company, New York 1994. 15; K.N. Upadhyaya, *Early Buddhism and the Bhagavadgīta,* Motilal Banarsidass Press Delhi, 1983. 95; *Buddha and Early Buddhism Vol.1*, Originals, Delhi 2002.IntroductionXI。但在早期佛教中，瑜伽被称以它名，至阿毗达摩和瑜伽行派，始提及瑜伽一词（Hajime Nakamura, *Indian Buddhism*, Motilal Banarsidass, 1987 .77）。

④ 目前学界相信佛从阿罗罗迦罗摩和优陀迦罗摩子二仙人受瑜伽，乃是无可置疑的事实（Mahendra P.Mittal（Ed）, *Buddha and Early Buddhism Vol.1*, Originals, Delhi 2002.IntroductionXI; Alexander Wynne, *The Origin of Buddhist Meditation,* Routledge, London, 2007. 106）。

⑤ 尽管佛传记载释迦于二仙人所授的四禅八定，外加灭尽定（nirodha-samāpatti），但"灭定"（nirodha）其实也是属于瑜伽的传统（参见 YBI・51 [*The Yoga-System of Patanjali*, Trans by James Haughton Woods, Motilal Banarsidass, Delhi, 1966]），它作为禅的最高目标也是源于瑜伽的（*M.Monier-Williams, Buddhism*, *In its Connexion with Brāmanism and Hinduism*, The Chowkhamba Sanskrit Series Office, Varanasi-1, India, 1964. 231）

⑥ Oldenberg, Hermann, *Die Lehre der Upaniṣaden und die Anfange des Buddhismus,* Vandenhoeck & Ruprecht, Goettingen, 1915. 326.

⑦ K.N. Upadhyaya, *Early Buddhism and the Bhagavadgīta*, Motilal Banarsidass Press Delhi, 1983. 96; *Die Lehre der Upaniṣaden und die Anfange des Buddhismus*. 324.

绍袭瑜伽而来①；苦、集、灭、道四谛在瑜伽中亦有其雏形②；五根、五力、四梵住（慈、悲、喜、舍）、八正道、总持、禅定、三昧、色界定、无色定乃至非想非非想处定等，皆是沿用瑜伽的术语③。第二，禅定的具体修持方法，无论是定前的调身、调息等，还是四禅的内容，都与瑜伽一致。佛教的定前方便，包括三调的方法，就来自瑜伽④。而四禅八定的主要内容，也来自瑜伽三昧。在《过去现在因果经》中，迦罗摩传授于佛的瑜伽行法，实际上包含的佛教禅学的基本轮廓，其云："若欲断此生死本者，先当出家修持戒行。谦卑忍辱，住空闲处，修习禅定。离欲恶不善法，有觉有观，得初禅。除觉观，定生入喜心，得第二禅。舍喜心，得正念，具乐根，得第三禅。除苦乐，得净念，入舍根，得第四禅。获无想报，别有一师，说如此处，名为解脱。从定觉已，然后方知非解脱处离色想，入空处，灭有对想。入识处，灭无量识想，唯观一识。入无所有处，离于种种想。入非想非非想处，斯处名为究竟解脱。是诸学者之彼岸也。"（卷三）现代学者将禅定与巴檀遮厘的古典瑜伽比较，进一步印证了瑜伽对于佛教禅学的根源性⑤。所以，尽管早期的佛传都声称佛陀放弃了迦罗摩和罗摩子所传授的定学，但对佛教定学的实际内容的考察表明了相反的情况⑥。第三，佛教与修道有关的戒律、神通也与瑜伽派的完全一致（佛教的五戒等于瑜伽的五夜摩，作持戒类于尼夜摩），其最终境界亦类似⑦。早期佛教以无余涅槃为修道的理想。而"涅槃"作为宗教术语，即始于瑜伽⑧。瑜伽的涅槃或灭尽，即一切心法的"流转"（vṛitti）完全伏灭，乃至习气断尽，达到"还灭"（nirodha），心识转变永不复生，

① Oldenberg, Hermann, *Die Lehre der Upaniṣaden und die Anfange des Buddhismus,* Vandenhoeck & Ruprecht, Goettingen, 1915. 328; M.Monier-Williams, *Buddhism, In its Connexion with Brāmanism and Hinduism*, The Chowkhamba Sanskrit Series Office, Varanasi-1, India, 1964. 231.

② *Die Lehre der Upaniṣaden und die Anfange des Buddhismus*. 329.

③ 参看吴学国：《存在 · 自我 · 神性：印度哲学与宗教思想研究》，中国社会科学出版社 2006 年版，第 506—518 页。

④ Heinrich Dumoulin, *Zen Buddhism,* Macmillan Publishing Company, New York, 1994. 16.

⑤ 奥登堡经过详细的比较，认为四色界禅与四无色定，与瑜伽的四种有觉三昧和四种无觉三昧一致，乃是对瑜伽的继承和发展（请参见 Oldenberg, *Hermann, Die Lehre der Upaniṣaden und die Anfange des Buddhismus*, Vandenhoeck & Ruprecht, Goettingen, 1915. 320–330）。优波底耶也得出了同样的结论（K.N. Upadhyaya, *Early Buddhism and the Bhagavadgīta*.96）。拉易亦云"佛教四禅是从瑜伽继承过来的"（*Buddha and Early Buddhism* Vol.1.17）。

⑥ Alexander Wynne, *The Origin of Buddhist Meditation,* Routledge, London, 2007. 3

⑦ Charles Eliot, Hinduism and Buddhism, *An Historical Sketch, Vol.1*, Sri Satguru Publications, Delhi, 1988. 311.

⑧ *Die Lehre der Upaniṣaden und die Anfange des Buddhismus*. 311, 329.

自我乃得清净独存①。佛教的涅槃，也是因为断伏了心法的流转，达到"还灭"，即自我脱离心识、住于真实②，这显然是源于瑜伽的理想③。

然而印度瑜伽，尽管起源于非雅利安文化，却经过了婆罗门的形上学，即奥义书思想的重新塑造；这本质上在于瑜伽接受了奥义书的世界观，尤其是其形上学的绝对、彼岸和自由观念，并将后者的实现作为修道的理想。佛教的修道论接续瑜伽，因而也以奥义书的世界观为其理论基础。第一，佛教的涅槃观念以奥义书的本体论为前提。学者指出佛教的涅槃，"与奥义书的大梵一样，是与生灭法对立的绝对"④，区别只在于涅槃不再是世界基础，而仅为最高目标，但此区别实亦来自瑜伽（盖瑜伽的解脱仅为自我之独存，而非与绝对的同一）；奥义书把解脱定义为名色之消灭："如江河奔流海中，消失名色，永归于斯；圣者离弃名色，归于大梵，彼遍满之自我。"（MuṇḍIII · 2 · 8）早期佛教亦缘此把名色之灭尽作为修道目标："知名色习、知名色灭、知名色灭道如真者，是谓比丘成就见"（《中阿含》卷七）；早期佛教断伏诸法的"流转"（vṛitti），达到"还灭"（nirodha）的修道路线，乃源于瑜伽⑤，而后者则以奥义书的形上学为理论基础。第二，早期佛教和瑜伽的止观次第，都是以奥义书的世界观为基础的。《鹧鸪奥义书》先说由自我生成空，由空生风……火、水、地依次生成（TaitII · 1），它接着在精神层面，将这模糊的"我"分为意、识、阿难陀（无想处），最后是大梵（非想非非想处）（TaitII · 2—3）。所以根据奥义书的观念，存在之构成，由本之末，应为大梵、阿难陀、识、空、风、火、水、地⑥；而修道证真，乃是由末趋本，故秩序正好相反，《摩诃婆罗多》中的瑜伽观法，正是如此（MBXII · 228）。早期佛教禅观无疑继承了这类瑜伽观法，如《杂阿含经》佛告跋迦利依如下法界观空、无我："比丘于地想能伏地想，于水、火、风想、无量空入处想、识入处想、无所有入处、非想非非想入处想……若得若求，若觉若观，悉伏彼想。"（卷三十三）《中阿含 · 例经》所谓十一切处观，宗旨与此相同。第三、婆罗门传统将绝对说为元气、空、识，以至

---

① YBI · 51（*The Yoga-System of Patanjali,* Trans by James Haughton Woods, Motilal Banarsidass, Delhi, 1966）.

② 如《俱舍论》卷六："如灯涅槃，唯灯焰谢无别有物，如是世尊心得解脱，唯诸蕴灭，更无所有"；《大般涅槃经》（昙无谶译）则肯定了涅槃中法性、法身的存在（卷六、卷四）。

③ M.Monier-Williams, *Buddhism, In its Connexion with Brāmanism and Hinduism*, The Chowkhamba Sanskrit Series Office, Varanasi-1, India, 1964. 231.

④ *Die Lehre der Upaniṣaden und die Anfange des Buddhismus*. 311.

⑤ M.Monier-Williams, *Buddhism, In its Connexion with Brāmanism and Hinduism*, The Chowkhamba Sanskrit Series Office, Varanasi-1, India, 1964. 231.

⑥ 《摩诃婆罗多》完整地给出了这一次第（MBXII · 224）。

非有、非有非无，导致以相应的观证为宗教理想，这些都成为瑜伽和早期佛教观法的基础。比如数息观就是《梵书》以来的元气说为理论基础①。此外如世尊开示："思念非有，心常作意，依止彼非有，可渡生死渊。"② 当是以奥义书的"非有"说为基础③。佛教、瑜伽的空无边处定、识无边处定，其理论基础也应追溯到奥义书以空、识为绝对的观念④；而所谓无所有处，非想非非想处，《吠陀》即提示了此种境界⑤，兹后的婆罗门思想更于此大肆发扬⑥，且将相应的观证作为宗教理想。佛教从二仙人得到的无所有处定和非想非非想处定，就是瑜伽袭取这种宗教理想的结果⑦。由此可见，同瑜伽一样，佛教禅学尽管源于沙门传统，但嫁接了吠陀——奥义书的世界观，结果很大程度上使自己变成了后者的实践应用，由此使自己得到提升⑧。

而考虑到奥义书中就已经包含瑜伽学⑨，那么奥义书能否构成早期佛教的修道论的来源呢？答案是否定的。这关系到另一个问题，即在佛陀时代，是否有独立于奥义书的瑜伽学存在？对此的答案是肯定的。因为奥义书反映的瑜伽是很简单、初级的，但从早期佛经看来，佛从迦罗摩和罗摩子二仙人学到的禅学则要复杂得多，且佛教禅学本身也是一个完全独立的系统，这些都表明瑜伽当时是独立于奥义书而存在的，已经是"印度精神的公共财富"⑩。但这种瑜伽已经接受奥义书的世界观为其理论基础。故早期佛教的修道论，正是通过瑜伽，而间接地受了奥义书的理论前提。

至于为什么早期佛教在世界观方面并不排斥奥义书的思想，但在修道方法方面却只间接地受后者影响。这是因为，佛关注的是解脱众生苦难的实践问题，并无建

---

① 《中阿含·分别六界经》所谓"今我此身有内风界而受于生，此为云何，谓上风、下风、胁风、掣缩风、蹴风、非道风、节节风、息出风、息入风。"显然是以《梵书》的"五风"为基础（Sat BrāIX·2·2·5；Sat BrāVIII·1·3·6）。盖元气既为人之本质，故人应持守（Ait ĀraII·1·4·9，10），元气观即由此而来。后者（即佛教所谓阿那波那念），在佛世已被各教派广泛采用（K.N. Upadhyaya, *Early Buddhism and the Bhagavadgīta,* Motilal Banarsidass Press Delhi, 1983. 96）。

② Alexander Wynne, *The Origin of Buddhist Meditation,* Routledge, London, 2007. 76.

③ 如《鹧鸪奥义书》："于初世界只是非有，由非有生有。"（TaitII·7·1）

④ 请参考吴学国：《存在·自我·神性：印度宗教与哲学思想研究》，中国社会科学出版社2006年版，第315—344页。

⑤ 如《黎俱吠陀》"无所有歌"以绝对者为"非有非无"（ṚVX·129），适可作为瑜伽"非有想非无想处"的最早理论渊源（Wynne, Alexander, *The Origin of Buddhist Meditation,* Routledge, London, 2007. 43）。

⑥ Sat BrāX·5·3·3.

⑦ Wynne, Alexander, *The Origin of Buddhist Meditation,* Routledge, London, 2007. 50.

⑧ Wynne, Alexander, *The Origin of Buddhist Meditation,* Routledge, London, 2007. 50.

⑨ 《羯陀奥义书》谈到修持瑜伽之法（KāṭhVI·11,18），《白骡奥义书》也说到"禅定瑜伽"（ŚvetI·3）。

⑩ Heinrich Dumoulin, *Zen Buddhism,* Macmillan Publishing Company, New York, 1994. 16.

构一种新的世界观理论的雄心[①]；故于修道论的发明，自远逾奥义书传统，而于世界观方面，则通常沿用陈说。

以上分析的结论是：早期佛教的基本世界观，包括有为法与无为法、此岸与彼岸、生灭与涅槃的对待，都植根于奥义书的形上学；其人生观的悲观与出世取向，以及把解脱、系缚归因于觉悟和无明，也是沿袭了奥义书思想；佛教的业力轮回说与无我说，都可视作对奥义书思想的继承和发展，但可能经过了数论的中介；故早期佛教的世界观是以奥义书思想为根源、基础的，但受到沙门思潮的影响。而早期佛教的修道论，直接来源于沙门的瑜伽学，后者来源于非雅利安的苦行实践，但被嫁接了奥义书的世界观和宗教理想，故佛教的修道论通过瑜伽间接受到奥义书的影响。

① 学者们指出佛的说法“悬置奥义书中对思想不能予以显示、对道德无甚必要的超验方面”，而强调其伦理的方面（Sarvepalli Radhakrishnan, *Indian Philosophy* Vol.1, the Macmilian Company, London 1924.360–361）；“早期佛教哲学关注的是心理学，而不是形上学。”（Charles Eliot, *Hinduism and Buddhism, An Historical Sketch*, Vol.1, Sri Satguru Publications, Delhi, 1988. 192）

# 第二章　奥义书与大乘佛学的发生

## 引　言

大乘佛学是在约公元前1世纪前后出现的一种新的思想[①]。其主要特点包括：菩萨信仰和实践、自利利他精神、绝对的佛陀观、超验的形上学、梵化的佛性与涅槃观念、信仰主义、偶像崇拜和仪式化的恢复等[②]。学界充分注意到，一方面，这种思想在理论上的确与早期佛学存在巨大的断裂[③]；另一方面它却与吠陀——奥义书传统表现出更强烈的一致性[④]。大多数学者认为这主要是因为奥义书影响了大乘佛学[⑤]，或以为是大乘佛学影响了奥义书的发展[⑥]，或以为二者基本上是平行发展的[⑦]。我想，要确定这一问题，是否可以提出以下区分原则：首先凡一种真正独特的思想，若为这两种传统共有，则可以确定其必以这二者之一为最终的起源；其次若此思想在其中

---

① 最早的大乘经出现在约公元前1世纪（Nakamura, Hajime（中村元）, *Indian Buddhism,* Motilal Banarsidass, 1987.153）。可以肯定早在大乘经出现之前，大乘佛教就已经存在（Paul Williams（Ed）, *Buddhism Vol* III, Routledge, New York, 2005. 330）。

② Charles Eliot, *Hinduism and Buddhism, Vol*II, Sri Satguru Publications, Delhi, 1988. 6.

③ 如舍尔巴茨基说："当我们看到一种主张无神、无我，旨在最终的解脱，即生命之绝对消灭，且对教主怀着质朴崇拜的传统，被一个有着被无数天神圣贤簇拥的至上神的庄严堂皇的教会代替，后者是高度信仰化、仪式化的，具有普渡一切众生之理想，主张通过佛菩萨的慈悲得解脱，且解脱不在永灭，而在永生。我们有理由认为：在新、旧两派在经历如此巨大断裂之后，还能声称其于同一教主的共同渊源，在宗教史上是罕见的。"（Th.Stcherbatsky, *The Conception of Buddhist Nirvāna,* Motilal Banarsidass, Delhi, 1977. 42.）杜牟林认为大乘佛教体现了与佛教传统的完全决裂（Heinrich Dumoulin, *Zen Buddhism,* Macmillan Publishing Company, New York, 1994. 27）。

④ 这正如舍尔巴茨基所指出的："大乘佛学是一种全新的宗教，它与早期佛教如此不同，以些它与后期婆罗门教的相同点，同与早期佛教一样多。"（*The Conception of Buddhist Nirvāna*. Motilal Banarsidass, Delhi, 1977. 41）

⑤ Williams, Paul（ed）, *Buddhism Vol* III, Routledge, New York, 2005. 337.

⑥ 中村元持有类似的看法（Hajime Nakamura, *A History of Early Vedānta Philosophy*, Motilal Banarsidass, Delhi, 1983. 265）。

⑦ 如埃略特说："大乘佛教的思想特点，许多都是与同时的印度教平行发展的"（Eliot, Charles, *Hinduism and Buddhism, An Historical Sketch, Vol.2*, Sri Satguru Publications, Delhi, 1988. 6）。

一种传统中可以清晰追溯其萌芽和发展线索，而在另一种则否，即可确定后者的同类思想是来自前者。就大乘佛学而言，其形上学的基本观念，如"如幻"、"假有"、"二谛"、"非有非无"、"无分别境"、"唯心"等，都在沙门传统中找不到根源；而奥义书的相同观念，不仅出现得比佛教的早，而且可以上溯至吠陀、梵书，因而我们可以肯定大乘的这些观念是继承、发展了奥义书的形上学而来的。这一点我们将通过更详细的事实分析予以验证。

大乘佛教的产生离不开奥义书的长期渗透。在大乘产生的年代，婆罗门教的东扩已使佛教"处在印度教的包围之下"，"婆罗门教对佛教的影响开始迅速增长"①。此时主要的奥义书已经集成并被作为天启文献，信奉它的婆罗门遍布各地②，它的影响已达到鼎盛③。而佛教，一方面由于流布的区域与印度教逐渐重合，另一方面逐渐开始使用梵语，得以直接理解婆罗门典籍④，因而它终于对婆罗门的文献、思想很熟悉了⑤，这为奥义书思想影响佛学大开了方便之门。另外，大量皈依的婆罗门，必然把奥义书思想（尤其通过新的禅观）带入佛教⑥。在这一情势下诞生的大乘佛学，势必表现出更强烈的"吠檀多化"趋势⑦。学界以为，大乘佛教的产生，可能不是一种单一的运动，而是相互松散地联系的几种新思想趋势整合的结果⑧。这包括：一、禅观的发展；二、菩萨行的发展；三、信仰主义的趋向；四、脱离部派实在论回归佛之本义的冲动；五、居士佛教地位之提升。我们将表明这些思想，无论是从个别还是从整体上看，都反映出奥义书和印度传统的强烈影响。

---

① Eliot, Charles, *Hinduism and Buddhism, An Historical Sketch, Vol.2*, Sri Satguru Publications, Delhi, 1988. 69.

② Hajime Nakamura, *A History of Early Vedānta Philosophy,* Motilal Banarsidass, Delhi, 1983. 139.

③ Hajime Nakamura, *A History of Early Vedānta Philosophy,* Motilal Banarsidass, Delhi, 1983. 144。盖此时祭祀学已经衰落，知识阶层感兴趣的是主张梵我一如的奥义书哲学（Hirakawa Akira, *A History of Indian Buddhism,* University of Hawaii Press, 1990. 15）。婆罗门尽管以祭祀为职事，亦献身于对绝对的寻思（Ibid.16）。

④ Hajime Nakamura, *A History of Early Vedānta Philosophy,* Motilal Banarsidass, Delhi, 1983. 145.

⑤ Hajime Nakamura, *A History of Early Vedānta Philosophy,* Motilal Banarsidass, Delhi, 1983. 144.

⑥ 在佛陀的十一个上首弟子中，就有八个是婆罗门种姓（包括舍利弗兄弟、目犍连、迦叶等），后世佛教史上许多重要人物，如那先、龙树、马鸣、无着、世亲、陈那、觉音等，也都是婆罗门种姓。

⑦ "大乘佛教，较之早期佛教，勿宁说更接近传统的印度宗教。"（Williams, Paul（ed）, *Buddhism Vol.III*, Routledge, New York, 2005. 337）"在大乘佛教中，我们既看到了对前佛教的印度宗教的重新肯定，也看到对新的宗教运动的反映（如巴克提和化身神学）。"（Ibid）

⑧ Williams, Paul（ed）, *Buddhism Vol.III,* Routledge, New York, 2005. 175, 330；三枝充惠：《印度佛教思想史》，大展出版社有限公司 1998 年版，第 119 页。印顺法师说："初期大乘经的传出者，编集者，或重信仰，或重智慧，也有重悲愿的；或重佛，或重正法，或着重世俗的适应；或重理想，或兼顾现实；更通过了传出与编集者的意境，所以内容是不完全一致的。"（释印顺：《初期大乘佛教之起源与开展》，正闻出版社 1994 年版，第 1327 页）

## 第一节　奥义书与大乘佛教禅观的形成

重智的原始般若思想（如《道智大经》），应当主要来自禅观的发展。学者们指出禅法的运动在般若思想产生中起到了决定性的作用，这主要是因为“它为新的启示和觉悟提供了一个通道”①。这一点在大乘经中也可到证实。如《大方等大集经·贤护分》说：“然后起此三昧；其出观已，次第思惟，如所见闻，为他广说。”这表明三昧乃是大乘经的重要来源。最早的般若经都是讲三昧的。现存最早的《八千颂般若》，说有“六百万三昧门”，谓：“得是诸三昧已，了达般若波罗蜜，住阿毘跋致地。”（《摩诃般若波罗蜜经》卷十《萨陀波仑品》）也就是说三昧是般若的根源。

从逻辑上讲，在婆罗门文化的包围下，奥义书的形上学，通过禅的渠道，被皈依的婆罗门大量引进佛教，乃是极自然的事。另外般若思想可能来自不属于任何正统僧团的游方苦行僧②，他们这种相对于部派僧伽的独立性使之更易接受新的启示③。《般若经》本身就表明了这种三昧与奥义书形上学的一致性。它说到有：其一，离幻三昧、散华三昧、如镜像三昧；其二，无碍解脱三昧、性常默然三昧、不坏三昧、光明三昧、得安隐三昧、离垢三昧、无垢净三昧；其三，无差别见三昧、诸法不异三昧、离一切见三昧、离一切相三昧；其四，诸法不可得三昧、离一切着三昧、破诸法无明三昧、离尘垢三昧、离一切闇三昧等等（同上）。对于早期佛教来说，这种新的禅观是很陌生的，然而它却与奥义书对大梵的沉思具有本质上的一致性。比如第一离幻三昧等，就与奥义书的幻化论一致。《白骡奥义书》要求沉思大梵为幻师，名色为幻有（ŚvetIV·9—10）。后来吠檀多派以七喻观幻有，期除幻以证真。此即焰喻、梦喻、泡喻、虚空喻、珠母喻、绳蛇喻、（猫头鹰）见昼为夜喻，其中多被大乘采用。而第二无碍解脱三昧等，也与奥义书要求证悟大梵的离言诠、解脱、常恒、光明、安隐、清净离染，没有实质区别（ChānVIII·7·1，VI·1·4—6，III·13·7）。第三无差别见三昧，也与奥义书的圣者沉思大梵的一味、无见、无相、无差别完全一致，肯定来自后者

---

① Williams, Paul（ed）, *Buddhism Vol* III, Routledge, New York, 2005. 175.

② Nakamura, Hajime, *Indian Buddhism,* Motilal Banarsidass, 1987. 151; Williams, Paul（ed）, *Buddhism Vol* III, *Routledge,* New York, 2005. 389.

③ 如《摩诃般若波罗蜜经》卷一说：“佛诸弟子敢有所说皆是佛力。所以者何。佛所说法于中学者。能证诸法相。证已有所言说。皆与法相不相违背。以法相力故。”故佛诸弟子所说如法者，皆是佛说（Williams, Paul（ed）, *Buddhism Vol* III, Routledge, New York, 2005. 325）。可以设想，没有了部派对三藏的严格限定，新思想是很容易渗入佛教之中的。

(BṛihIII・8・8；ChānVI・1・4—6) ①。第四不可得三昧，与奥义书沉思大梵的无明与名色、不可知、不可得、不可执取，亦如出一辙 (BṛihIII・9・26, III・4・2)。由于这类观法在奥义书中的出现远早于佛教，而早期佛教并无这样的传统，因而可以肯定，般若的三昧来自奥义书的影响，乃至般若思想自身就是在奥义书的启示下产生的。

同样，大乘瑜伽行派的产生，也可能是由禅观的进展引起的。盖小乘部派中，就有了不事议论、专修瑜伽的瑜伽师 ②，后者正是因导入唯识性的观法而变成了大乘瑜伽师 ③ (《解深密经》的“分别瑜伽品”，就明确表示了万法唯识是以禅定的体验为基础的)。这种唯识观，或以为是从《阿含经》中一些随顺识本论的说法 (如上所引《杂阿含经》卷二) 发展而来 ④。然而应当承认在原始佛教中，这类说法的出现是极偶然的。很难想象从这里会独立地发展出作为大乘之主流的唯识思想。但心识本体论，乃是奥义书的主流思想 (《阿含》的识本论，本亦源出于此)。奥义书要求行者观名色世界为心识的显现 (KauṣIII・5)。因此这里更自然的情况可能是，皈依佛教的婆罗门，把这种观法带入到佛教禅观中，促使唯识观法以及大乘瑜伽行派形成。

所以我认为是奥义书的形上学沉思，渗透到佛教禅观中，引起后者的变革；当由此形成的新的觉证被表达出来，就形成了最早的般若经及后来的唯识经典 ⑤，所以无论般若还是大乘瑜伽思想，都表现为对奥义书形上学的回归，我们下文还要更详细地阐明这二者与奥义书思想的内在亲缘性 ⑥。

---

① 松本史朗指出，“无分别”“无分别智”一类的词，在早期佛教中很难找到，而是来自奥义书的一元论哲学 (参考松本史朗：《缘起与空》，中国人民大学出版社 2006 年版，第 140 页；杰米・霍巴德等主编：《修剪菩提树》，上海古籍出版社 2004 年版，第 251 页)。

② Nakamura, *Hajime, Indian Buddhism*, Motilal Banarsidass, 1987. 171.

③ 高崎直道等：《唯识思想》，华宇出版社 1985 年版，第 18 页。

④ 比如：释印顺：《唯识学探源》，正闻出版社 1992 年版，第 4—5 页。

⑤ 此外，净土思想可能也与禅的发展有关，多佛观本亦为修定而设 (Nakamura, Hajime, *Indian Buddhism*, Motilal Banarsidass, 1987. 171)。

⑥ 另外学界注意到，最早的般若经，仍保持小乘经的朴素气氛，其提到的听法者中，并没有菩萨出现 (Nakamura, Hajime, *Indian Buddhism*, Motilal Banarsidass, 1987. 159)；原始般若也没有反映佛塔信仰 (释印顺：《初期大乘佛教之起源与开展》，正闻出版社 1994 年版，第 566 页)、净土信仰。故菩萨道的悲行与净土的信行，可能都不是般若思想本有的。同样，净土思想最早也不包含般若和菩萨行的内容 (释印顺：《初期大乘佛教之起源与开展》，正闻出版社 1994 年版，第 554 页)；菩萨行一开始也没有与般若、净土思想结合 (与后二者不同，菩萨道乃是从小乘的本生、因缘、譬喻文献发展出来的。大乘经说：“菩萨但从大悲生，不从余善生”，表明了菩萨道与智、信二道的实质性区别。) 故原始大乘的这三种思想，是各有相对独立的起源的。所以一般地问大乘起源于何地 (或认为是印度南部，或认为是西北 [Nakamura, *Hajime, Indian Buddhism*, Motilal Banarsidass, 1987. 159]) 是无意义的。但这三者之中，般若思想可能起源于东南，阿弥陀佛信仰、菩萨思想可能起源于西北。

## 第二节　婆罗门思想与菩萨道的发生

菩萨道的最早根源是小乘十二分教中的《本生》、《譬喻》、《因缘》、《方广》类圣典[①]，还有后来的佛传文学。菩萨最早唯指佛陀的觉悟前的生活，后来凡发誓救度苦难众生者皆称菩萨，菩萨道即由此产生[②]。菩萨不入涅槃，因为他必须住众生处来救度他们，因而大慈悲（maitrya，即爱护众生，拔苦与乐。或以 maitrya 为慈，karuna 为悲）以及相应的大愿、大行成为菩萨的主要特征[③]。然而，从原始佛传的朴素生平故事，逐渐演变产生佛菩萨出于大悲的系统拯救行为；从早期佛教自利、避世、消极的取向转变为大乘菩萨利他的、入世的、积极的精神，没有外来思想的影响恐怕是不可能的[④]。学者指出作为菩萨行基础的慈悲观，就可能到受波斯盛行的密特拉崇拜启发[⑤]。无独有偶，佛教作为大悲象征的观世音菩萨，也可能有波斯来源[⑥]；但我认为，由吠陀——奥义书传统与克里希那崇拜融合，并吸取波斯文化因素而产生的薄伽梵思想（在《薄伽梵歌》之中得到表现）[⑦]，对大乘菩萨思想的影响要更大一些[⑧]。

《薄伽梵歌》（Bhagavadgīta，约成于公元前2至前4世纪），印度教徒或称之为“歌者奥义书”、“瑜伽奥义书”，或以其摄奥义书之精华故称之为“奥义书的奥义书”[⑨]，表明其思想的主体部分是对奥义书的继承和发展。我们试图阐明，大乘菩萨重悲的、利他的、积极入世的、行动的基本精神，与重禅的、自利的、消极避世的、求灭的小乘

---

① 释印顺：《初期大乘佛教之起源与开展》，正闻出版社 1994 年版，第 533 页。

② Nakamura, *Hajime, Indian Buddhism,* Motilal Banarsidass, 1987. 152；三枝充惠：《印度佛教思想史》，大展出版社有限公司 1998 年版，第 105 页。

③ Nakamura, Hajime, *Indian Buddhism*, Motilal Banarsidass, 1987. 153。大乘经说：“菩萨但从大悲生，不从余善生”。

④ 印顺指出大乘初期的佛菩萨，为适应印度神教的文化而不得不受其影响（学者发现《佛所行赞》就袭取了史诗的内容），另外菩萨思想起源于印度西北（释印顺：《初期大乘佛教之起源与开展》，正闻出版社 1994 年版，第 378 页），故“也可能与西方的传说相融合”（释印顺：《初期大乘佛教之起源与开展》，正闻出版社 1994 年版，第 464—465 页）。与佛教平行，耆那教亦有菩萨理想（Nakamura, Hajime, *Indian Buddhism,* Motilal Banarsidass, 1987. 154）。

⑤ 三枝充惠：《印度佛教思想史》，大展出版社有限公司 1998 年版，第 109 页。

⑥ 释印顺：《初期大乘佛教之起源与开展》，正闻出版社 1994 年版，第 483 页。

⑦ 克里希那崇拜，发端于受拜火教影响的马图拉地区的耶陀婆族，最初专属刹帝利种姓，它反对吠陀的祭祀学和泛神论，主张一神教，崇拜克里希那。它后来（约在公元前 2 至 4 世纪）因结合了奥义书、数论、瑜伽的学说而形成薄伽梵派。

⑧ 埃略特指出大乘的菩萨行实质上与《薄伽梵歌》的主要原则一致（Eliot, Charles, *Hinduism and Buddhism, An Historical Sketch, Vol.2*, Sri Satguru Publications, Delhi, 1988. 72）。

⑨ Bansi Pandit, *Explore Hinduism*. Heart of Albion Press, 2005. 27.

立场判然有别①，而是与奥义书——《薄伽梵歌》的立场根本一致，因而肯定是受后者影响而来的。

首先，正如学者指出，《薄伽梵歌》与早期佛教的精神，有自利与济他、寂灭与作用、入世与离世之别②。它的基本宗旨，是涅槃与世间、出世理想与入世实践之调和③。一方面，《薄伽梵歌》继承奥义书的否定精神，以世界如幻如化，为苦、不净、无常，故以离舍为修道之理想（BGIX·33，VI·2）；但与早期佛教主张断灭、离世、无为不同，它更强调世俗生活的意义，强调责任与慈悲，故标榜有为瑜伽，以业道（入世的实践）为修道之纲④。故瑜伽行者，必于断染之后，继续从事利生之事业，才能达到圆满（BGV·25，IV·38）；而已得成就者，仍要献身于护法济世的事业（BGXVIII·45）。与之相反，在早期佛教中，涅槃和世间，是不可能达到融合的；故解脱在于个人的出世、离名色、断生死⑤。故早期佛教缺乏入世的精神，也不重视悲行⑥；发展到部派佛教，僧院生活甚至往往与世俗完全隔绝。故大乘菩萨不住生死、不住涅槃的大行（如最早的《六度集经》所谓的在秽土修行，在秽土成佛度众生⑦），

---

① 《六度集经》表明菩萨道是重悲行而不重禅定的（参考释印顺：《初期大乘佛教之起源与开展》，正闻出版社 1994 年版，第 561 页）。

② Upadhyaya, K.N, *Early Buddhism and the Bhagavadgīta,* Motilal Banarsidass Press Delhi, 1983. 483.

③ Upadhyaya, K.N, *Early Buddhism and the Bhagavadgīta,* Motilal Banarsidass Press Delhi, 1983. 467.

④ Upadhyaya, K.N, *Early Buddhism and the Bhagavadgīta*. 480. 但奥义书有慈悲观念而无悲行，到《薄伽梵歌》方有悲行的实践。《唱赞奥义书》提到证自我实性的圣者，因悲悯故，使凡夫破无明，见真我（Chān VI·14·1—2；另请参考缪勒的注释［Mueller, Max（trans）, *The Upaniṣads* I, The Clarendon Press, Oxford, 1879. 107.）。《羯陀奥义书》等说人依神的慈悲见真我（KāṭhI·2·20；Śvet III·20；Śvet VII·21）。但慈悲似乎没有成为人的修行。慈悲在史诗中始成为修行的手段，可能是波斯宗教的影响促成的。

⑤ 佛学家优波底耶阐明了《薄伽梵歌》与早期佛教的上述区别（*Early Buddhism and the Bhagavadgīta*. 409）。

⑥ 尽管佛陀亦鼓励得成就的弟子弘法利生，但并没有把这作为成道必修的内容。早期佛教基本的宗教实践包括八正道、五停心观、四念处等，在其中慈悲不具有重要意义。早期佛教提到慈悲喜舍四梵住，但只是一种禅观的方法，且本身是从婆罗门教而来的（参考释印顺：《空之探究》第一章）。早期佛教很少提到积极为众生拔苦与乐，只是消极地讲“不害”。

⑦ 印顺法师说：《六度集经》的布施，忍辱，精进，充满了对众生的悲心悲行，其中“布施度利济众生，共二十六事，占全经百分之二十九，可见悲济众生的重要！”（释印顺：《初期大乘佛教之起源与开展》，正闻出版社 1994 年版，第 561 页）。中村元也说“慈悲是大乘伦理的核心”（*Indian Buddhism*. 152）。孔兹：“悲心同智慧一样强有力地推动菩萨行的展开，使菩萨不满足于自身解脱，而是致力于佛性的普遍实现。”（Edward Conze, *Buddist Thought in India*, George Allen&Unwin LTD, London, 1962. 217）拉达克利须南也说：“大乘佛教要求我们参与世界，实现新的社会宗教理念。”（Sarvepalli Radhakrishnan, *Indian Philosophy Vol.1,* the Macmilian Company, London, 1924. 592）

当然不可能从这样的实践直接发展出来的①，而且除了薄伽梵教它似乎也没有其他精神资源。所以应当承认大乘菩萨行的出现，乃是奥义书—薄伽梵思想深刻地渗透到佛教中的结果②。

与此相关，最早的大乘菩萨众应当是成立于公元前2世纪末的印度西北的在家佛教信徒团体③，它的兴起与薄伽梵教的流行在时间和空间上都是重合的，后者极力贬低出家修道，强调在家持法④，故居士佛教运动应当受到了后者影响；反过来菩萨众作为独立于僧团的在家佛教信徒团体的成立，更为包括薄伽梵崇拜在内的异端思想进入佛教大开方便之门。

其次，菩萨与慈悲相应的自他平等、诸法平等之智，也肯定是来自奥义书—薄伽梵歌的传统。第一，早期佛教讲不害，理由完全是"经验的"，盖因众生同有乐生畏死之想，而奥义书—薄伽梵思想讲慈悲，其理由则是"形上学的"⑤。奥义书称人必爱自我方能爱其妻、其夫，乃至众生，而此我即众生平等（无二）之大我（BṛihII·4·5，IV·5·15）。在此基础上，《薄伽梵歌》标榜同体大悲，谓真我平等（samatva）、无二（nirdvandva）、遍入一切众生，故瑜伽行者视众生之苦乐属我⑥；歌云："彼入瑜伽者，视一切有我，我亦有一切，故一切平等。"（BGIV·29）圣者出于自他平等之智，才有济世利生之大行（BGXVIII·45）。而大乘以平等性智为慈悲之基础，当渊源于此⑦。第二，〈薄伽梵歌〉又从自我平等，发展出苦乐平等、诸法平等。其以为慈柔与暴戾、净行与不贞、正直与邪伪，以及凡圣、苦乐、勇怯等一切对立之相，皆从我出，皆以我为共同本质（BGX·4—5），故圣者等视万有，歌云："整个宇宙为一体，千差万别各相同"，"视苦乐平等，视自他平等，乃真瑜伽士。"（BGXI·13，IV·30）这与菩萨依空慧，观诸法平等，苦乐平等⑧、凡圣平等，在精神上是一致的，故实际上

---

① 凯思说："大乘佛教几乎是一下子活跃起来的，它所教导的教条：人的责任不应是赶快求得脱离轮回，而是要选择菩萨道，以救度整个世间的有情为己任。……但除非来自外部的作用，它（这种新的精神）多半不能自动发生。"（A.B.凯思：《印度和锡兰佛教哲学》，上海古籍出版社2004年版，第209页）

② 参考 Nakamura, Hajime, *Indian Buddhism*, Motilal Banarsidass, 1987. 153。

③ 参考释印顺：《初期大乘佛教之起源与开展》，正闻出版社1994年版，第378页。

④ 优婆底耶说："《薄伽梵歌》的精神，在于对世俗生活的肯定"（*Early Buddhism and the Bhagavadgīta*, 464）。这一点是与作为凡夫修道的人间菩萨的精神一致的。

⑤ Upadhyaya, K.N, *Early Buddhism and the Bhagavadgīta*. 417.

⑥ Upadhyaya, K.N, *Early Buddhism and the Bhagavadgīta*. 417.

⑦ 无论其承认与否，大乘所谓的平等性智必以众生皆有的普遍、常在之自我为其形上学的预设，而早期佛教拒斥了这个自我；这意味着平等性智只可能袭自奥义书—薄伽梵传统。

⑧ 孔兹说："大乘佛教企图通过把苦等同于其反面来超越它。"（Conze, Edward, *Buddist Thought in India*, George Allen&Unwin LTD, London, 1962. 211）

是后者的理论先驱[①]。第三，“不二”（advaya）作为菩萨深智的境界，也是来自奥义书—薄伽梵传统。奥义书提到心、物不二（adaita）为认识的最高境界，主客对待是因为有二（BṛihIV·3·30-32）。《薄伽梵歌》则把心、物的不二，扩展为一切诸法的不二，其以为“有二”或“双昧”（dvandva）统摄一切虚妄分别，就是创造万物的幻力（BGVII·27），世界由此显现出一多、同异、妍媸、苦乐、香臭、好恶等差别对立，导致贪欲和斗争；圣者得“不二”（nirdvandva）之智（BGII·45，IV·23），等视一切，复归于一味之自我（VII·28）。大乘的“不二”法门，在早期佛教中都不存在，它预设了奥义书的一元论[②]，这意味着它必定是来自奥义书的影响。大乘讲的不二，既是诸法不二，也是涅槃与世间、真与俗、有二与不二的不二，因而它接受这种影响应当是以《薄伽梵歌》的不二论为中介，且对后者有进一步的发展。

再次，菩萨化身的观念，也印证了菩萨思想与吠陀—薄伽梵传统的关联。拉达克利须南说：“佛教为数众多的菩萨，只是稍加修饰的吠陀诸神”[③]。尤其是薄伽梵教的神学，对大乘的影响尤为显著。学者指出：“佛菩萨降临下界、开导众生的说法，只是毗湿奴化身的翻版，乃是源于巴克提运动，尤其是克里希那崇拜。”[④] 比如观世音菩萨，有光焰之身，充满了全宇宙，身上的每一个毛孔中都是一个他方世界，其中有无量多的众生、解脱者，与克里希那在阿周那面前呈现幻身，显然出于同样的思维图式[⑤]。薄伽梵教的影响也使大乘佛教通过佛菩萨实行拯救的外力佛教得到强调[⑥]。另外大乘特有的诸法如幻、心性本净和如来藏的观念，也暗示了与奥义书——《薄

---

① 像“平等”（samatā）、无差别（nirvikalpa）、“无分别智”之类的观念，都只有植根于绝对的一元论才有意义——这是与早期佛教的多元论立场相反的。松本史朗等学者指出这类观念皆不见于巴利五部经中（松本史朗：《缘起与空》，中国人民大学出版社2006年版，第137、133页；杰米·霍巴德等主编：《修剪菩提树》，上海古籍出版社2004年版，第251页），它们都“是在反佛教的印度一元论的影响下发展起来的”（《修剪菩提树》，第251页）。“无差别”（nirvikalpa）奥义书即已开示（BṛihIV·4·19—20），“平等”（samatva）则为《薄伽梵歌》最早提到，故可以肯定大乘的同类观念，是以奥义书——《薄伽梵歌》的思想为根源的。

② 松本说：“‘不二’也是以一味的绝对的观念为前提的。”（松本史朗：《缘起与空》，中国人民大学出版社2006年版，第141页）

③ Sarvepalli Radhakrishnan, *Indian Philosophy Vol.1*, the Macmilian Company, London, 1924. 598.

④ *Buddha and Early Buddhism Vol.*1.20；巴克提最早起源于边远的非吠陀传统的印欧民族，后来与来自吠陀的毗湿奴崇拜同化，于是被婆罗门化（*A Historical Study of the Terms Hinayāna and Mahāyāna and the Origin of Mahāyāna Buddhism*.27—28）。这种同化，早在森林书中就已出现（Tait ĀraX·1·6）。考虑到彼时毗湿奴（那罗衍那）已上升到主神地位，所以当这种边远宗教被吸纳进印度教传统时，这种、样的同化是很自然的。

⑤ 凯思：《印度和锡兰佛教哲学》，上海古籍出版社2004年版，第258页。

⑥ Nakamura, Hajime（中村元）, *Indian Buddhism*, Motilal Banarsidass, 1987, p.153.

伽梵歌》的关联①。

## 第三节 大乘信仰主义的兴起与吠陀—奥义书传统

信仰主义的强化也是促使大乘佛教产生的重要因素，原始大乘中，重信的《三品经》——礼十方诸佛的《忏悔法门》，就是由此而来的；这一运动与西亚文化和吠陀——奥义书传统都有密切联系②。佛法本来重自证而不重信仰，如《杂阿含经》（卷二十一）说："尼犍若提子语质多罗长者言：汝信沙门瞿昙得无觉无观三昧耶？质多罗长者答言：我不以信故来也。……（我已）常住此三昧，有如是智，何用信世尊为。"③而属于最古大乘经的《阿閦佛国经》、《大阿弥陀经》，主张通过信仰往生净土，《般舟三昧经》主张通过念佛得三昧，"现在诸佛悉在前立"，佛教在这里成了真正的信仰宗教④。这种巨大的思想演变，必然是外来思想影响的结果⑤。

首先，信仰佛教的产生，与希腊、波斯文化的影响有很大关系。公元前3至后1世纪，希腊人、塞种人、贵霜人等的相继入侵，使西北印度成为本土文化与波斯、希腊等外来文化交融的场所⑥。当时留存的佛教艺术（包括文学）作品，反映的希腊、波斯文化影响，是深刻而显著的⑦，那么佛教的思想受后者影响也是自然的；但这主要应当通过文化比较来验证。就净土信仰而言，它的波斯因素是很明显的。首先阿弥陀佛或无量光佛信仰就是袭自波斯宗教。《阿吠斯塔》描述西方有极乐世界曰"无量光"，后者在《往事书》中成为某一神众之名，大概是佛教把它们变成了一个神，即无

① 如歌云"因瑜伽摩耶覆障，我对众生不显现自身"（BGVII・25），"不灭至上我，无始亦无德，纵囿躯骸中，不失无为性"（BGXIII・31），一切众生皆以此元我为胎藏（BGVII・4—6）。

② 由于在家信众更易接受外来影响，早期净土信仰就是从他们中起源的（*Indian Buddhism*.201）。

③ 尽管早期佛教也强调信（saddhā），但解脱之道根本在于自身努力，而不在于佛菩萨的慈悲，故它不是一种信仰宗教。

④ 拉达克利须南谈道："小乘只讲通过智慧觉悟得解脱，而大乘为一切众生准备了不仅通过智慧，而且通过信、爱的解脱之路。"（Sarvepalli Radhakrishnan, *Indian Philosophy Vol.1*, the Macmilian Company, London, 1924. 591）

⑤ 埃略特指出佛教朝信仰方向的发展，肯定是受到当时其他宗教尤其是印度教的信仰化倾向的影响（Eliot, Charles, *Hinduism and Buddhism, An Historical Sketch, Vol.2,* Sri Satguru Publications, Delhi, 1988. 12）。

⑥ Eliot, Charles, Hinduism and Buddhism, *An Historical Sketch, Vol.2*, Sri Satguru Publications, Delhi, 1988. 12.

⑦ 山口益："在这里，希腊、伊朗、印度等所有的宗教艺术作品都被采纳到佛教中，成为众多绘画及经典文学的题材。马鸣的真正具有艺术气息的长篇诗作《佛所行赞》正是在这种氛围下获得孕育的。"（《般若思想史》，上海古籍出版社2006年版，第12页）

量光佛①。大日如来、阿閦佛的形象，也反映了波斯、希腊的太阳神崇拜影响②。另外大乘菩萨，如观音和文殊，都是某种抽象原理（如慈悲、智慧）的化身，与吠陀的自然神有本质不同，而是更像琐罗亚德斯教、犹太教的天使。这意味着它们的形象，若非源自外来宗教，也是在后者熏染下被净化了③。

其次，佛教的信仰运动，可能更多地是从本土的巴克提教汲取营养。巴克提教是民间崇拜与外来文化和吠陀——奥义书思想融合的结果④。换个角度说，印度教本身的信仰化，乃是奥义书中本来的信仰实践，与异端信仰融合的结果⑤。

奥义书就提到了通过虔信（upāsanā）、持咒（“Om”）达到禅定的方法（KāṭhII・15—17；MuṇḍII・2—4）；也相信可以通过虔诚的皈依，得到神的慈悲，从而得到觉悟、解脱（ŚvetVI・21）；另外奥义书还相信，人的愿力（kratu）决定其往生，若人临终前一心愿入于梵，则死后必入于梵⑥；从中我们确实可以看出净土佛教重视愿力、信仰、他力的思想的萌芽。印度教的巴克提教，尤其是薄伽梵崇拜，就是将奥义书的这些思想整合，并吸取其他文化因素发展起来的⑦。巴克提（bakti）者，为虔信、崇拜、献身、挚爱等意，虔信生于对神的殊胜存在的领悟。《薄伽梵歌》认为，薄伽梵、至上我是万物之源，是无生无灭、恒常清净、究竟圆满的；在诸修行道中，以虔信此我者为最高（BGVI・46—47），依吠陀、苦行、布施、祭祀，皆不能见薄伽梵的实相，唯有依专注的虔信，以及世尊的大悲，才能如实见之（BGXI・53—54）；亲证此我者，若在临死之前，发大誓愿，这样命殒之后就能入清净的梵界，最终与此神我融为一体（VIII・10）。至于薄伽梵教与信仰佛教的关系，

---

① *Hinduism and Buddhism, Vol.2*.28—29。史实亦可映证这一点。阿弥陀佛土在西方，就暗示了与西方的渊源。《三宝感应要略录》记安息国人（波斯人后裔）信仰阿弥陀佛净土，故“从是已来，安息国人少识佛法，往生净土者盖多矣”（大正 51・831）。印顺法师也肯定了阿弥陀佛与琐罗亚斯德教的光明崇拜的关联（释印顺：《初期大乘佛教之起源与开展》，正闻出版社 1994 年版，第 803 页）。

② *Hinduism and Buddhism, Vol.2*.70；释印顺：《初期大乘佛教之起源与开展》，正闻出版社 1994 年版，第 482 页。

③ *Hinduism and Buddhism, Vol.2*.12.

④ 学者指出，湿婆、毗湿奴、薄伽梵——克里希那崇拜都包括显著的外来文化影响的痕迹（*Hinduism and Buddhism, Vol.2*.12）。克里希那崇拜就发端于受拜火教影响的马图拉地区。

⑤ 拉达克利须南曾说，“巴克提是奥义书的虔信的直接发展。”（Sarvepalli Radhakrishnan, *Indian Philosophy Vol.1*, the Macmilian Company, London, 1924. 525）

⑥ ChānIII・14・1—4。盖愿力决定人生的观念，在婆罗门传统中由来已久。《阿闼婆吠陀》即已说人的存在来自情绪（Manyu）和愿望（Akūti）女神的婚姻（AVXI・8・2—18）。《百道梵书》亦云：“人当敬此大梵为真如。信然人生于愿力，彼命终时所愿为何，将依此意力投生彼世界。”（Sat BrāX・6・3・1）

⑦ Sarvepalli Radhakrishnan, *Indian Philosophy Vol.1,* the Macmilian Company, London, 1924. 525.

我们可以确定以下几点：第一，我们看出，净土信仰在理论上与薄伽梵教有很明显的家族相似性。这表现在：净土对佛、净土的描述，与《薄伽梵歌》对至上神、梵界的描述是一样的；阿弥陀佛信仰以为，依据阿弥陀佛的誓愿，任何人只要具足信愿行，如法念佛，则临终时一定会得到他的接引，往生至他的清净佛国，这与巴克提的拯救图式是一样的。由于《薄伽梵歌》的产生应当远在大乘佛教之前，故设想后者沿袭了前者的思想是很自然的①。第二，大乘佛教的有神论，主要来自晚期奥义书和《薄伽梵歌》②。佛菩萨降临下界、开导众生的说法，源于巴克提运动，尤其是克里希那—薄伽梵崇拜，“它只是毗湿奴化身的翻版”③。印度教诸神被大量引入大乘佛教。埃略特指出观音的形象与毗湿奴—克里希那崇拜有关（荻原云来以为弥陀佛的形象也与毗湿奴神有关）④；文殊与普贤乃是由梵天与帝释发展而来⑤；七位如来对应于吠陀的七仙；佛的三身分别与《薄伽梵歌》的无德梵、有德梵、化身梵对应⑥；与毗湿奴一样，如来不仅是神，而且是创造菩萨、众生的“神中之神”（devātideva）⑦；《观音德藏经》说本际佛（Adi-Buddha）依禅定生观自在，后者与众神创造宇宙，这与《吠陀》——《薄伽梵歌》的至上神通过苦行创造生主或梵天，后者再创造世界，遵循同一思维范式，显然是来源于此。另外，作为净土思想起源之一的佛塔崇拜，也以在家信众为主体⑧，其产生也与巴克提运动造成的浓厚信仰主义气氛有关。

---

① 拉达克利须南指出，“正是在《薄伽梵歌》的巴克提道的浸染下，大乘佛教也相信了拯救的神。”（Sarvepalli Radhakrishnan, *Indian Philosophy Vol.1*, the Macmilian Company, London, 1924. 596）大乘佛教的信仰主义为密教开了方便之门（Ibid.598）。但与净土佛教不同的是，《薄伽梵歌》所宣扬的是一种积极的有为哲学，对神的虔信并不是单独念想，而要投入到积极的道德实践中，将一切事业看作是对神的献身（吴学国：《存在·自我·神性：印度哲学与宗教思想研究》，中国社会科学出版社 2006 年版，第 868—872 页）。

② *Indian Philosophy Vol.1*.591。中村元也说：“佛教一开始是无神的，但逐渐吸收了婆罗门教和流行信仰中的诸神。”（*Indian Buddhism*, p.82）这一点在佛教艺术中得到充分反映。

③ Mittal, Mahendra P（ed）, *Buddha and Early Buddhism Vol.1*, Originals, Delhi, 2002. 20.

④ 观自在的形象最早可以追溯至吠陀的医神阿湿文（Aśvin）（*Indian Buddhism*. 180）。

⑤ 小乘佛教使梵天与帝释成为佛在天上的两大弟子（《增壹阿含经》卷二十八），在大乘中，他们与佛在人间二大弟子舍利弗与目犍连的形象融合，成为毘卢遮那佛的二大弟子——文殊与普贤（释印顺：《初期大乘佛教之起源与开展》，正闻出版社 1994 年版，第 466—467 页）。

⑥ Sarvepalli Radhakrishnan, *Indian Philosophy Vol.1*, the Macmilian Company, London, 1924. 599.

⑦ Saddharmapunadarīka VII · 31。《妙法莲华经》（罗什译）：“我为众生之父，应拔其苦难，与无量无边佛智慧乐。”（卷二）

⑧ Williams, Paul（ed）, *Buddhism Vol.III*, Routledge, New York, 2005. 214, 215.

## 第四节 奥义书与佛教对部派实在论的否定

部派佛教由于受时代思潮的影响，有实体论哲学倾向，大乘佛学旨在解构这种实体论，复归于原始佛教的诸法无自性思想。正如学者们所说，“许多大乘经表明，它们不是城市的在家信众的虔信的产物，而见证了出家的苦行僧人回到佛教本原启示，追求佛性或觉智的冲动”，“许多最早的大乘僧团与其说是革命的、大众的，勿宁说是‘原教旨主义’的”[①]。我们将表明这一思想运动，离不开奥义书的否定思维的感召，对原始佛教的复归在很大程度上表现为对奥义书形上学的复归。

从佛典的记载来看，部派时期影响最大的外道，为胜论派、数论派和耆那教[②]。与奥义书和原始佛教思想相比，这些思想的一个共同特点，是其经验论的、多元的实体哲学[③]。其中胜论的哲学，可以说是这种实体论的典型。它主张实、德、业、同、异、合六句义说。其中实体共有九种，谓地、水、火、风、空、时、方、我、意。实体超越时、空，不为任何因、果消灭，是组成世界的基础（PDSI · 1—II · 9）。这种实体论哲学的盛行，很可能是因为受到希腊思想影响；它对于当时的部派佛学产生了决定性的影响。其中最有影响的部派，如有部、上座部、经部、正量部都持外境实有的立场。有部讲法体实有，把法理解为自性（svabāva）永远不变的、超验的实体（dravyasat）[④]，甚至涅槃也被当作一种实际存在的法[⑤]。这与原始佛教诸法缘生而无实体的观念有实质的冲突[⑥]，而与胜论一致。有部对法的机械分类（如《俱舍》的五位 75 法）和枚举（如色法有 11 种，心所法 46 种），对于属性的罗列，也体现了与胜论的多元论同样的逻辑（有部说色有 8 德，胜论说有 10 德）。所以有部受胜论思想影响是无疑的。此外耆那教的哲学也对部派佛学有很大影响[⑦]。数论的自性转变论，也影响了经量部的心识转变说。另外希腊思想也可能对阿毗达摩的体系化起到直接的影响[⑧]。在补须密

---

① Williams, Paul（ed）, *Buddhism Vol.III*, Routledge, New York, 2005. 48.

② *A History of Early Vedānta Philosophy*. 131.

③ Sarvepalli Radhakrishnan, *Indian Philosophy Vol.1*, the Macmilian Company, London, 1924. 695.

④ 以此区别于施设有（如人类、军、林等）、相对有（长短、彼此等）、唯名有（兔角龟毛等）、聚集有（如补特伽罗）（*Indian Buddhism*.123–124）。

⑤ Hirakawa Akira, *A History of Indian Buddhism*, University of Hawaii Press 1990. 46.

⑥ 梶山雄一：《中观思想》，华宇出版社 1985 年版，第 124—125 页；松本史朗：《缘起与空》，中国人民大学出版社 2006 年版，第 21、22 页。

⑦ *Indian Buddhism*. 124—125.

⑧ 山口益：《般若思想史》，上海古籍出版社 2006 年版，第 10 页。

多罗以后,异族征服者大都对佛教很有兴趣①。这一点从《弥兰陀王问经》得到反映。经中记录了那先比丘与希腊人的大夏国弥兰陀王的对话。据说后者被折服,先成为在家信徒,后来传位给儿子,出家当了和尚并修成罗汉。我想,由此至少可以肯定当时西北印的希腊人、波斯人、塞种人等,有许多皈依了佛教。这些皈依的异族人肯定会把他们原有的思想元素也带进了佛教。尽管由于教派立场,佛教文献没有记述这种影响。但这种影响从佛教与异族文化接触前后的巨大思想变化,却得到充分的体现。比如佛教正是在与希腊文化接触以后,强化了对法的组织和原子式思维②。但实体论的影响,却使佛教从原有的"缘起"立场大大偏离了。

在这种情况下,大乘的旨趣,乃是要重新洗脱来自外来影响的实在论,回到佛教本来的无自性论③。但这也不是要回到佛教本来的经验的、自然主义的立场,而是用"空性"以阐明"缘起"④;其宗旨在于通过否定经验事物的实在性,诠显绝对的存在⑤。大乘佛教所谓真如(tathatā)、空性、法性、实相(satya)、实有(bhūtatā)、实谛(tattva)、实际、胜义、法界、法身、不二、绝对、涅槃、寂灭、佛性,当然是要描述某种作为万有本质的、形上学的绝对⑥。大乘通过否定经验的现实性来诠显绝对,这对于早期佛教是陌生的,而完全属于奥义书的思路。大多数学者认为大乘的真如、空性、涅槃与奥义书的大梵概念有本质的一致性。如日本佛学家长尾雅人说,大乘空论通过否定相对性而证悟绝对,"这种绝对在奥义书哲学中即已被证悟。"⑦松本史朗指出,在《般若经》中就已经存在着像奥义书的大梵那样作为存在的绝对基础的观念⑧。拉达克利须南指出,大乘对空性的描述"使用的几乎是与奥义书描述无德梵完全相同的语言"⑨,其实性真如(Bhūtatathatā)是"贯彻于所有时间和空间、作为万有基础的绝对。这种宇宙的永恒基础,相当

① Nalinaksha Dutt, *Mahāyāna Buddhism,* Bharatiya Kala Prakashan, Delhi 2003. 3.

② 山口益:《般若思想史》,上海古籍出版社 2006 年版,第 10 页。

③ 梶山雄一:《中观思想》,华宇出版社 1985 年版,第 125 页;山口益:《般若思想史》,上海古籍出版社 2006 年版,第 12 页。

④ 梶山雄一:《中观思想》,华宇出版社 1985 年版,第 125 页。

⑤ 长尾雅人说:空是对现象界的否定,"但这种否定不仅仅是虚无。它勿宁说是揭示了一个肯定的绝对存在","当佛教徒用此词表达一种强烈否定时,它同时亦肯定地意指绝对的实在。因为它通过经历了否定的确认,指向对绝对的亲证。这否定是对相对性的否定。"(Gadjin Nagao, *Mādhyamika and Yogācāra*, State University of New York Press, Albany, 1991.209)

⑥ *Buddist Thought in India*. 225—226;*Indian Buddhism*. 168—169.

⑦ *Mādhyamika and Yogācāra*. 209.

⑧ 松本史朗:《缘起与空》,中国人民大学出版社 2006 年版,第 139 页。

⑨ Sarvepalli Radhakrishnan, *Indian Philosophy Vol.1*, the Macmilian Company, London, 1924. 700.

于奥义书的大梵”①。因此大乘思想朝原始佛教的复归，很大程度上是复归于奥义书的形上学传统。而且这一运动就是在奥义书思想的影响下发生的，因为大乘哲学的一些最基本表述，如不生、无分别、不二、平等、非有非无、如幻、如虚空、唯心、心性本净等，都不属于前此的佛教传统，而就是汲取奥义书的形上学而来的②。总之，佛教的这一复归本旨运动，是奥义书思想进一步渗透的结果，由此产生的大乘思想实质上是佛学的进一步吠檀多化。

因此大乘佛教的发生，主要是奥义书思想对于佛教进一步渗透、影响的结果。这种渗透，使大乘佛学确立了一个形上学的绝对。后者在般若思想中，一般只得到否定的表述，但大乘在随后的发展中，逐渐地由“空”向“有”的立场倾斜③。最后在如来藏佛教中，它被明确地等同于至上我，于是佛教就完全被吠檀多思想同化了。

---

① Sarvepalli Radhakrishnan, *Indian Philosophy Vol.1*, the Macmilian Company, London 1924. 593。相同的看法还可参见 *Mahāyāna Buddhism*. 171, 201 ；A.B. 凯思：《印度和锡兰佛教哲学》，上海古籍出版社 2004 年版，第 246 页；穆提：《中观哲学》，华宇出版社 1984 年版，第 504 页。

② 松本史朗：《缘起与空》，中国人民大学出版社 2006 年版，第 133、134、137、140、141 页；杰米・霍巴德主编：《修剪菩提树》，上海古籍出版社 2004 年版，第 251 页；A.B. 凯思：《印度和锡兰佛教哲学》，上海古籍出版社 2004 年版，第 243 页。凯思也说：“大乘佛教无疑从奥义书的传统中借用了有关世界的终极真实性的观念。”（A.B. 凯思：《印度和锡兰佛教哲学》，上海古籍出版社 2004 年版，第 252 页）。长尾雅人认为奥义书的绝对为后来佛教的空论的基础（*Mādhyamika and Yogācāra*.209）。

③ 松本史朗：《缘起与空》，中国人民大学出版社 2006 年版，第 122 页。

# 第三章　奥义书与般若中观思想

## 引　言

奥义书作为印度哲学之渊薮，其思想的主要部分在佛陀以前就已经形成。它是重觉证而轻践履、重形上学而轻宗教，以阐发绝对者之意义为宗旨。相反，早期佛学是实践的、宗教的，而非形上学的，往往对超验的绝对保持沉默。然而大乘佛学在这里却表现出明显地随顺奥义书的立场，"许多大乘经典完全是形上学，而非宗教的"①。大乘佛学热心探讨的，恰恰是佛陀认为求道者应予回避或保持沉默的问题。最早的大乘经，有重信的《三品经》，重悲的《六度集经》，重智的《般若经》等。大乘的形上学，主要是从重智的般若思想发展出来，而龙树的中观学则被认为是后者的最佳阐释。故我们讨论大乘的形上学，乃集中于般若——中观思想。我们将通过对初期大乘的般若思想与奥义书思想关联的考察，表明佛学上述重大转型，离不开奥义书思想的长期渗透。

在大乘发生之际，印度佛教面临如下事态：(1) 部派佛教时期，由于婆罗门教的东扩和佛教的西进，二者流布的区域逐渐重合，同时奥义书思想的影响力达到鼎盛②，而佛教对婆罗门文献、思想变得非常熟悉③。(2) 越来越多的婆罗门皈依了佛教，比如在佛陀的十一个上首弟子中就有八个是婆罗门种姓（包括舍利弗兄弟、目犍连、迦叶等），后世佛教史上许多重要人物如那先、龙树、马鸣、无着、世亲、陈那、觉音等，也都是婆罗门种姓，大量皈依的婆罗门势必把他们原有的思想，包括奥义书思想带入佛教之内。这些都将为奥义书的渗透大开方便之门，从而对大乘的形上学的

---

① Charles Eliot, *Hinduism and Buddhism, Vol.II,* Sri Satguru Publications, Delhi, 1988. 36.

② Hajime Nakamura, *A History of Early Vedānta Philosophy*. Motilal Banarsidass, 1983. 139, 144。盖此时祭祀学已经衰落，知识阶层感兴趣的是主张梵我一如的奥义书哲学（Hirakawa Akira, *A History of Indian Buddhism,* University of Hawaii Press, 1990. 15）。婆罗门尽管以祭祀为职事，亦献身于对绝对的寻思（Ibid.16）。

③ *A History of Early Vedānta Philosophy*. 144.

形成产生重要影响。

学界充分意识到，大乘思想与早期佛学存在巨大的断裂，却与奥义书表现出更强烈的一致性①。如般若思想旨在通过“空”否定经验的、相对的世界的实在性，达到诠显某种超验绝对之目的②；这种思路，与排斥绝对主义的早期佛学判然有别，而与奥义书形上学完全一致。另外般若中观哲学的一些最独特的观念，如“如幻”、“不二”、“平等”等都不属于沙门传统③，却是奥义书的核心观念。针对这种情况，大多数学者认为是奥义书影响了大乘佛学④，也有人持不同看法⑤。我想，要确定这一问题可以先达成以下共识：首先凡一种真正独特的思想，若为几种传统共有，则其定非平行地出现的，而必以其中之一为最终起源；其次若此思想在其中一种传统中可以清晰追溯其萌芽和发展线索，而在其他传统则否，即可确定后者的同类思想是来自前者。显然大乘的上述思想，在早期佛教中找不到根源。但奥义书的同类观念则可以追溯到吠陀、梵书中的萌芽，而且从思想史上可以阐明其从后者发展而来的清晰脉络。所以可以肯定般若的这些思想是奥义书的形上学长期渗透的结果⑥。我们试图通过阐明它们从奥义书发展到大乘形态的历史来验证这一点。我们将表明大乘形上学的基本内容，即以性空如幻等解释经验的存在，以非有非无、不二、无分别等描述绝对，并用二谛论把这两方面统一起来，都是奥义书的绝对主义影响的结果。

## 第一节 奥义书的“幻”与般若的“空”

大乘佛学解释经验世界的“性空如幻”论，是以奥义书哲学为基础的。原始佛教世界观的核心是十二支缘起论，它将世界万物，看作是因缘而生的，因而是无自性

---

① Th.Stcherbatsky, *The Conception of Buddhist Nirvāna*, Delhi, 1977. 41, 42；Heinrich Dumoulin, *Zen Buddhism,* Macmillan Publishing Company, New York, 1994. 27.

② Gadjin Nagao, *Mādhyamika and Yogācāra*, State University of New York Press, Albany, 1991. 209.

③ 松本史朗：《缘起与空》，中国人民大学出版社 2006 年版，第 133、134、137、140、141 页；杰米·霍巴德等主编：《修剪菩提树》，上海古籍出版社 2004 年版，第 251 页。

④ Paul Williams（Ed）, *Buddhism Vol.III*, Routledge, New York, 2005. 337.

⑤ *A History of Early Vedānta Philosophy*. 265; Charles Eliot, *Hinduism and Buddhism, Vol.2*, Sri Satguru Publications, Delhi, 1988. 6.

⑥ 大多数学者相信般若思想与小乘佛教的这种差异，是因为受到外道思想影响。比如山口益提出般若可能产生于西亚主张神秘主义泛神论的诺斯替教影响（山口益：《般若思想史》，上海古籍出版社 2006 年版，第 20 页）。但般若思想与奥义书的亲缘性显然大于诺斯替教，另外般若思想可能发生于南印度（释印顺：《初期大乘佛教之起源与开展》，正闻出版社 1994 年版，第 802 页），与诺斯替教在地域上也不重合。

的。它所谓无自性、空，指的是诸法没有常住的实体，着眼点在于诠显一切有为法的时间性①。但这里的时间，不是真正宗教的时间（如十字架体现的罪、献身与复活的时间），而就是朴素的自然时间。实际上，把世界理解为生生不息的时间之流，乃是人类早期自然思维的共同特点②，盖自然思维把存在理解为直接、朴素的现实性，后者就是一个现象的流动整体。原始佛教无疑继承了这种朴素的、自然主义的世界观。它尽管也从吠陀——奥义书传统借用了“如幻”、“幻化”这样的词语③，但其意义朴素，并没有在存在论上斥一切法为根本虚妄之意④。如《杂阿含经》说：“诸行如幻、如炎，刹那时顷尽朽，不实来实去。”（卷十）乃是用如幻、如焰比喻有为法之变灭、易逝，即阐明其时间性。但早期佛学的侧重点，并不在世界观方面，而在于伦理学方面。它的旨趣不仅仅在于说明自然的时间性，而在于依缘起的时间性开示“无我”、“苦”、“空”的道理，以达到让众生断染得净的目的，盖十二支既为因缘生灭，故皆无常住的自性，无常故无我，若住无我则离我慢、得涅槃⑤。然而无论是印度还是西方思想，都力图超越直接、朴素的现象之流，而实现一种超时间的、永恒的意义。这种超越在印度思想中有两种代表性的路向。其一为绝对主义的，即构想一超验本体，与世界对立，并否定世界的实在性，这是奥义书的路向。其二为多元论的，即设想有众多超时间的实体，作为世界的基础，这是胜论、耆那教等的路向。原始佛教尽管在经验层面，接受了对世界的自然主义理解，但来自奥义书的形上学和沙门传统的苦行实践使它力图超越经验的、自然的存在，而实现某种超验的绝对，即涅槃，但与奥义书不同，早期佛教对任何绝对保持沉默⑥。到了部派佛学，由于受胜论、耆那教乃至希腊文化

① 松本史朗：《缘起与空》，中国人民大学出版社2006年版，第14页。

② 参考吴学国：《关于中国哲学的生命性》，《哲学研究》2007年第1期。孔子的“逝者如斯”，庄周的“与时俱化”，乃至赫拉克利特的“万物皆流”，都体现了古人强烈的时间意识。

③ 这种借用最明显的证据是《杂阿含经》中提到因陀罗请阿修罗授幻法（卷四十），显然是以吠陀——奥义书中因陀罗用幻术变出众相的说法（如 BṛihII·5·19）为母本的。

④ 在《阿含经》中，“幻”主要仍指“魔术”（如《中阿含经》云“尊人，彼幻化呪令我父母长夜得利饶益，安隐快乐”[卷三十二]），引申为“欺诈”（如《中阿含经》有云“无有谀谄，亦无欺诳，无幻质直。”[卷三十三]）。这也与奥义书本身的“幻”的观念发展一致。盖早期奥义书所谓的幻主要是魔术、神通，在晚期奥义书中它才成为展开世界幻相的存在论原理（参考吴学国：《存在·自我·神性：印度哲学与宗教思想研究》，中国社会科学出版社2006年版，第22、61页）。

⑤ 《中阿含经》说：“若比丘得无常想者，必得无我想。若比丘得无我想者，便于现法断一切我慢，得息、灭、尽、无为、涅槃”（卷十）。《杂阿含经》说：“无常想者，能建立无我想。圣弟子住无我想，心离我慢，顺得涅槃”（卷十）这都是以观缘起的时间性（无常）为修证的逻辑起点。

⑥ Sarvepalli Radhakrishnan, *Indian Philosophy Vol.1*, the Macmilian Company, London, 1924. 386, 447, 682.

的影响，遂确立了一种多元实体论的哲学。比如有部讲法体实有，把法理解为自性永远不变的、超验的实体（dravyasat）①。这些说法都与胜论一致，却严重偏离了原始佛教诸法缘生而无实体的立场②。

在这种情况下，般若标榜如幻性空，就旨在克服这种来自外来影响的实在论，回到佛教本来的无自性论③。如《小品般若波罗蜜经》说："一切法性空，一切法无我无众生，一切法如幻、如梦、如响、如影、如炎。"（卷十）《金刚经》最后也归结到"一切有为法，如星翳灯幻，露泡梦电云，应作如是观"（《金刚般若波罗蜜经》元魏菩提流支译）。但般若讲如幻，绝不是要回到《阿含》的经验的、自然主义的立场。这在于：其一，这里如幻是虚妄、虚假、性空的意思，其目的不在于诠显有为法的经验时间性，而是揭示有为法在存在论上的虚妄非真。如《小品般若波罗蜜经》说诸法"无相无作无起无生"（卷九），《大智度论》说"一切法若生若灭皆如化"（卷九十六），《中论》说"如幻亦如梦，如乾闼婆城，所说生住灭，其相亦如是"（卷二），都明确表明同缘起的法一样，生灭的时间性过程本身也是虚幻不实的，故不是般若的归宿④。其二，与此相关，般若把幻的观念大大深化了。这里诸法不仅如幻，而且就是幻，色不异幻幻不异色，色即是幻幻即是色（《小品般若波罗蜜经》卷一）。一切诸法皆是无明所幻作，空虚无实。世界的本质就是幻有。故"幻"成为普遍的、存在论的观念。可以看出，大乘的如幻论，与原始佛教的自然实在论，和部派的多元实体论哲学，皆判然有别。

但它与晚期奥义书—吠檀多的幻化论（māyā-vāda），却如出一辙。杜伊森说："奥义书开示此宇宙非自我，或事物之实有，而只是幻，一种假相或错觉。"⑤同般若一样，奥义书所谓幻（摩耶），也是一个真正存在论的概念。如《白骡奥义书》说："圣者是应知：世界即是幻，自在即幻师，充满全世界，皆是彼资具。"（ŚvetIV · 9—10）幻不仅是世界万物的本质，而且是其存在的根源。《白骡奥义书》还把摩耶创世说和数论自性转变结合起来，认为梵首先通过作为其自力的摩耶幻现自性三德，再通过三德转化产生现实世间（ŚvetI · 3）。这里幻就是无明、虚妄分别，它同时具有隐覆和生显的能力，即隐覆无差别的真如，生显差别的假有，这些观念都与大乘的说法随顺

① Hajime Nakamura, *Indian Buddhism*, Motilal Banarsidass, 1987. 123—124.

② 梶山雄一：《中观思想》，华宇出版社 1985 年版，第 124—125 页；松本史朗：《缘起与空》，中国人民大学出版社 2006 年版，第 21、22 页。

③ 梶山雄一：《中观思想》，华宇出版社 1985 年版，第 125 页；山口益：《般若思想史》，上海古籍出版社 2006 年版，第 12 页。

④ 梶山雄一说："（中观）所谓'不生亦不灭'是指诸法并非作为实体而生、灭，以此表示诸法是'空'。"（《中观思想》，第 129 页）

⑤ Paul Deussen, *The Philosophy of the Upaniṣads*, Motilal Banarsidass Press Delhi, 2000. 227.

无违[①]。其次，奥义书的幻也是对世界的真实性的否定。晚期的《光明点奥义书》和《瑜伽顶奥义书》，举阳焰、影、兔角、乾达婆城、珠母、绳蛇、石女儿等七喻以明世界虚妄(TejobinduIV・74—9；Yogaśikha UpIV・16)，与般若经的五喻、十喻（如幻、如焰、如水中月、如虚空、如响、如犍闼婆城、如梦、如影、如镜中像、如化），明显具有同源性[②]。

与大乘思想相比，奥义书的幻化论，不仅出现的年代更早[③]，而且更重要的是我们可以看出它从吠陀自身传统发展而来的清晰线索。这两点就足以证明它不是沿袭了佛教，而可能正好相反。盖摩耶这个概念，可以上溯至吠陀。同所有原始宗教一样，吠陀也包含魔术（即摩耶之本义）崇拜（而以《阿闼婆吠陀》尤甚）。天神、阿修罗都可以通过摩耶完成某种不可思议的工作。如黎俱吠陀说婆楼那通过摩耶丈量世界[④]，阿闼婆吠陀说因陀罗以摩耶战胜魔鬼（AVVIII・4・24）。但吠陀晚期思想朝绝对形上学方向发展，导致摩耶的概念逐渐被提升到存在论的层面。首先，后世所谓摩耶的生显和隐覆作用，在吠陀中即有了雏形。如《黎俱吠陀》说因陀罗作为绝对、唯一者，以幻力变现为差别万有："彼依一切相，而变为其相。如是应视此，乃是彼一相。帝释以摩耶，入于一切相。千百之生灵，皆由是生出。"（ṚVVI・47・18）《阿闼婆吠陀》说大梵作为众生、万有之本源，被摩耶所包裹、隐藏（AVX・8・34）。一方面，可以肯定奥义书—吠檀多所谓幻化的两种功能，就是以吠陀的上述说法为基础整合而成的[⑤]；另一方面由于晚期吠陀的天神逐渐被去神话化，而成为与奥义书的大梵一致的普遍精神本体，使摩耶作为神的幻力也成为一种普遍的形上学的原理，奥义书幻化论只是把这种发展完全确定下来了。另外，吠陀说摩耶隐藏了大梵、绝对，显现出差别世界，就暗示了世界只是相对、假立的存在[⑥]。当吠陀传统的绝对主义的进一步发展，使大梵被确定为唯一的真理，那么世界、摩耶作为假立的存在，就自然

---

① 大乘同样把无明、虚妄分别作为世俗世界产生的根源。可能因为受摩耶说的启发，梵言"世俗"（saṃvrti）亦具隐覆（实性）与生显（妄境）的双重意义（Hajime Nakamura, *Indian Buddhism*, Motilal Banarsidass, 1987. 251）。

② 正由于与大乘佛学的亲缘性，奥义书—吠檀多的幻化论常常受到一些印度教正统人士的斥责。早如《莲花往事书》说幻化论"非吠陀教"（avaidika），是"伪装的佛说"（SDSVII・96）。兹后这种看法在吠檀多派中就一直存在（*A History of Early Vedānta Philosophy*. 120）。

③ 阐明幻化论的《白骡奥义书》、《慈氏奥义书》，约是公元前三世纪左右的作品；包含同样思想的《薄伽梵歌》的年代也大约在公元前二至四世纪，但般若经出现的年代不会早于公元前一世纪。

④ 这里"丈量"、"测度"可能也具有"认识"、"分别"的意思（ṚVVIII・41）。

⑤ W.M. Apte 说："作为后期吠檀多全部哲学之关键的 māyā（幻）和 rūpa（色）概念，在黎俱吠陀中，就已经被在与吠檀多派完全同样的意义上使用了。"（Pande, G.C, *The dawn of Indian civilization, Vol.1*, Centre for Studies in Civilization, Delhi, 1999. 604）

⑥ Paul Deussen, *The Philosophy of the Upaniṣads*. 229.

成为虚妄的存在。这就与奥义书的幻化论完全衔接起来了。

所以随着吠陀传统自身形上学的成熟，从它原先的魔术宗教，发展到奥义书的幻化论哲学，是一个很自然的过程①，而不是因为沿袭了外来传统。相反般若的幻论，作为一种存在论的原理，在早期佛教中没有根源。而这一理论的独特性也排除了“双重原创”的可能，所以在这里肯定是般若思想沿袭了奥义书传统的幻化论。事实上，后者对经验存在的现实性的否定，是刺激般若破解小乘的实在论的最根本原因②。但般若中观学对后者的思想也有实质的发展。这在于，奥义书和《薄伽梵歌》的幻化论，完全是形而上学的，旨在遮世界为幻有，显大梵为真实，造成了本体与现象、涅槃与世间的对立③。在大乘看来，这仍然是“有二”、有执（对梵界、彼岸之执）。但大乘佛学的精神是彻底批判性的，它讲“如幻”，最终落实到“性空”。“空”即破执，不仅要破对经验的、现象的世界之执，而且要破对本体的超验领域之执。因而它力图解构幻化论隐含的形而上学基础。大乘的空、有之辨，是对奥义书传统的大梵、世界的区分的扬弃。一方面，空不是与幻有相对的另一世界，否则还是有。空性法界就是诸法的实相，而不是离开诸法的另外一种有，空、有不一不异、相即不离。如《大品般若经》说“色即是空，空即是色”（卷一），《中论》说“如来所有性，即是世间性”（卷四）“涅槃与世间，无有少分别；世间与涅槃，亦无少分别”（同上）。另一方面，不仅世界是性空如幻，涅槃、佛法身亦如是，如《小品般若波罗蜜经》说：“我说佛法亦如幻如梦。我说涅槃亦如幻如梦。”（卷一）不应把空性、涅槃、法性当作现存的避风港，而是应当空亦复空。所以，如果说幻化论的大梵与世界的区分是一种典型的形而上学区分，那么大乘对空、有的区分则是与海德格尔（旨在解构传统形而上学的）对作为存在自身的本无与现存的存在进行的“存在论区分”，具有相同旨趣④。

另外在大乘佛学中，像无明、戏论（言说）、虚妄分别等概念，都被理解为经验世界产生的根源，故具有与“幻”同样的本体论意义。首先虚妄分别是世界的根源。如《大品般若经》说：“诸所有色，若粗、若细、若好、若丑皆是空，是空法中忆想分别（即虚妄分别——引者），着心取相，是名为色相。”（卷二十四）智度亦云：“有为法无为

① 实际上奥义书在自身内部就呈现了这一发展过程，盖早期奥义书论幻化，意思基本与吠陀一致（如 BṛihII · 5 · 19 说到摩耶，仍不外乎“因陀罗以摩耶，从一显现为多”），真正意义上的幻化论，发展到晚期奥义书和《薄伽梵歌》才得以完成。

② 吴学国：《存在 · 自我 · 神性：印度哲学与宗教思想研究》，中国社会科学出版社 2006 年版，第 156 页。

③ 这样一个超验本体，与柏拉图主义的理念，基督教神学的上帝，在理论上是十分类似的。

④ 吴学国：《存在 · 自我 · 神性：印度哲学与宗教思想研究》，中国社会科学出版社 2006 年版，第 135—136 页。

法实相无有作者，因缘和合故有，皆是虚妄，从忆想分别生”（卷三十一）。其次，无明、言说，也具有同样的意义。如《小品般若波罗蜜经》说一切法但假名字，一切法以言说故有（卷九），《中论》亦说色等诸行本来是空依世俗语言故有（卷二）。《大乘稻干经》说无明生显世界，《六十颂如理论》亦说万有从“无明种”生[①]。大乘也明确表明无明、言说、虚妄分别、幻化乃是同一原理。如《六十颂如理论》说“彼智现证时，无妄无分别……此最胜无妄，无智即分别”，表明无明（无智）就是虚妄分别；智论说一切法皆忆想分别强为其名（卷三十五），把虚妄分别和戏论等同起来[②]；而智论所引《德女经》把无明、虚妄分别之生虚妄法，比作幻师的化作（卷六），论所谓“如幻息，幻所作亦息，无明亦尔，无明尽行亦尽”（同上），把无明等同于幻[③]。把无明、戏论、分别作为世界存在根源的观念，对于持朴素实在论世界观的早期佛教来说，是完全陌生的（在这里虚妄分别等至多只具有认识论的意义），它们在大乘思想中可以说是突然而且是同时出现的。这一点暗示了它们肯定来自某种外来传统的影响。

从思想史角度来看，这传统只能是奥义书——《薄伽梵歌》的传统。在奥义书传统中，幻作为本体论的原理，也被与言说、虚妄分别、无明等同。盖奥义书最基本的世界观，为一味、唯一、常恒、真实之绝对本体，与差别、多样、生灭、虚假之现象界的对待。故现象界之生起，乃裂一以为多、舍同而执异、失真而著妄，故为分别，为无明，言虽异而所指一。且分别必由名相，故只是戏论言说（ChānVI·1·4—6）。分别等既妄，故其升起纯为幻诳，所以在晚期奥义书和《薄伽梵歌》中，虚妄分别、无明被同于幻化（BGVII·27）。把言说、分别等等作为世界存在的根源，在吠陀——奥义书传统中亦有悠久的历史。盖吠陀晚期，就有大量关于从一味、无区分的原初之水或原汁（madhu）通过区分、分化产生世界万有的说法（ṚVIX·96·5，X·190·1—3，I·22；Sat BrāXI·1·6·1），或谓由唯一的金卵、原人分裂而生世界（ṚVX·121·1—5，7，8，9；X·90·1—6，8，12—14），或云泰初为非有非无、无相无表的绝对，以意识的分别作用为种子而产生世间万相（ṚVX·129·1—3）。这些都蕴含了本原无差别，万有通过分别作用而生的基本思维范式。另外黎俱吠陀歌

① 穆提分析道：“无明是表象的因，一切形象皆是无明加诸于绝对的。如果说绝对是究竟的真理，则无明即是属于表相——世俗法，甚至可说就是世俗法本身。”（穆提：《中观哲学》，华宇出版社1984年版，第392页）

② 穆提也指出般若中观的无明，与言说、妄分别等同（穆提：《中观哲学》，华宇出版社1984年版，第394页）。

③ 但般若、中观论分别与幻，主要是在“遮诠”的意义上说。后来唯识为解释妄法的因缘，建立识转变论，认为虚妄分别就是心，是依他起的实有，因而它就具有了“表诠”的意义（参考吴学国：《存在·自我·神性：印度哲学与宗教思想研究》，中国社会科学出版社2006年版，第178页）。

颂语言为世界的护持、本源（X·125·1—8），在阿闼婆吠陀、梵书的时代，语言被比喻为养育万物的母牛（AVIX·2·5），故言说也是世界的根源。而百道梵书说大梵以名、相入于世界，使其脱离一味状态而现出分别（Sat BrāXI·2·3·1—5），意味着言说就是分别。这些观念在奥义书中都得到继承和发展。最早的奥义书思想（如《唱赞奥义书》和《广林奥义书》的一些文本），完全继承晚期吠陀的上述宇宙论，亦认为世界乃由某种无分别的自然始基（大梵），分化产生，与晚期吠陀的说法完全相同。这始基后来逐渐转化为意识、精神，思维的分别、言说，后者乃成为存在发生的原理，如《大林奥义书》说："于初世界只是一味无别，彼唯因名相而被分别"（BṛihI·4·7）；《唱赞奥义书》也说大梵本来是一味，因语言的作用而现诸差别（ChānVI·1·4—6）。而在奥义书成熟的思想中，一种严格的形而上学区分被确定下来。于是绝对、梵（纯粹精神）成为唯一真实的存在，一切差别相都成为假相。这样，那产生假相的分别、言说，就自然被贬斥为无明、幻，如《广林奥义书》说世间本无差别，凡夫因无明而见差别（BṛihIV·4·19—20）；《白骡奥义书》说大梵是一味，一切差别都是幻化产生（ŚvetIV·1）。总之奥义书的无明、言说、虚妄分别等，被作为世界现象的根源，并与幻化等同，完全是吠陀——奥义书传统自身发展的结果。而大乘佛学的相同观念，则是奥义书思想更深刻地渗透到佛教中的结果①。

## 第二节　奥义书与般若的形上学绝对

奥义书的渗透使大乘佛学确立了一个形上学的绝对。有些学者完全把空等于缘起，这等于仅仅把空当作否定而不承认其绝对意蕴②，但更多的学者相信空论的宗旨是破除经验、世俗、相对之有而诠显某种超越的绝对本质。如长尾雅人说空之否定"不是归于虚无。它勿宁说是揭示了一个肯定的绝对存在"，"当佛教徒用'空'表达一种强烈否定时，它同时亦肯定地意指绝对的实在，因为它通过经历了否定的确

---

① 例如《大乘稻芊经》论无明有两种功能：其一，覆障（āvarana），覆障诸法之实相故；其二，分别（asatkhyapana），生成虚妄境相。此说与奥义书的无明、幻包括隐覆、生显功能之说完全相同，无疑是沿袭后者而来（穆提：《中观哲学》，华宇出版社 1984 年版，第 393 页）。

② 如中村元说"《中论》的空性即是缘起"（Hajime Nakamura, *Indian Buddhism,* Motilal Banarsidass, 1987. 248）。松本也说"空"的思想只有在指示"缘起"时，才具有佛教的意义（松本史朗：《缘起与空》，中国人民大学出版社 2006 年版，第 223 页）。实际上中观论者月称就试图把空性论还原为缘起说以克服其虚无论的嫌疑（梶山雄一：《中观思想》，华宇出版社 1985 年版，第 127—128 页）。

认，指向对绝对的亲证。这否定只是对相对性的否定。”① 瓜生津隆真说：“空性是超越分别、戏论止灭的世界——真如（法性）。于是空性不是分别的否定，而是没有分别的实相；是超越相对的不二绝对。”② 拉达克利须南也说”（大乘的）空被认为是万有之基础、真理。”③ 台湾的印顺法师也说《般若经》论自性空，既有说世俗自性虚妄无实的方面，也有说胜义自性不生不灭、不垢不净、不增不减的、自性涅槃的方面④。我认为，大乘的绝对主义，从般若经论中表现得很明确了，如《大品般若经》说：诸法实相是法性、涅槃、法界、法住、实际、绝对，无为无染，有佛无佛是如、法相、法性常住不生不灭（卷二十）。《大智度论》说：“法性者，法名涅槃，不可坏，不可戏论。法性名本分种，如黄石中有金性，白石中有银性，如是一切世间法中皆有涅槃性。”（卷三十二）大乘的绝对主义通过它描述空性的一系列表述，如真如（tathatā）、法性、法住、实相（satya）、实有（bhūtatā）、实谛（tattva）、实际、胜义、涅槃、法界、不二、绝对、法身、佛性等，得到充分的体现⑤。在般若思想中，空的意义逐渐从“行”的方面（无所住）扩展到“境”（胜义法性）的方面⑥，于是空或空性就被等同于绝对、真如。故

---

① Gadjin Nagao, *Mādhyamika and Yogācāra,* State University of New York Press, Albany 1991. 209。拉达克利须南亦云：“龙树承认更高的实在之存在，尽管他同奥义书一样否定其为经验的对象。”（Sarvepalli Radhakrishnan, *Indian Philosophy Vol.1,* the Macmilian Company, London 1924. 662）H. Sāstri 说：“在所有这些否定性描述中，仍有一个不可思议的肯定方面，即空。”（*Journal of the Buddhist Text Society, Vol.II.* 4）。

② 瓜生津隆真：《中观与空义》，华宇出版社 1986 年版，第 43 页。

③ Sarvepalli Radhakrishnan, *Indian Philosophy Vol.1*. 697。凯思也说：“这里再清楚不过地可以看到，这种如性或真如是同吠檀多派的绝对差不多的东西。”（A.B. 凯思：《印度和锡兰佛教哲学》，上海古籍出版社 2004 年版，第 246 页）杜特说根据般若中观思想“全部世界可以包括两个方面，即变易的与常住的。后者即是实法真如（bhūta-tathatā）、绝对。它超越一切时空，是万有基础，遍在恒常之基质。这与奥义书的大梵概念是对应的。”（Nalinaksha Dutt, *Mahāyāna Buddhism*, Bharatiya Kala Prakashan, Delhi 2003, p.171）“像龙树这样的辩证法家，在建立实有方面不能走得更远。他正是通过对一切非实有法，包括所谓的如来之存在的否定，诠显了绝对的实有，即真实如来身、法身。”（Nalinaksha Dutt, *Mahāyāna Buddhism,* Bharatiya Kala Prakashan, Delhi 2003. 169）舍尔巴茨基也说小乘涅槃是绝对死亡，而大乘的涅槃是永恒的生命，后者与吠檀多的绝对、不二梵是完全相同的（Nalinaksha Dutt, *Mahāyāna Buddhism,* Bharatiya Kala Prakashan, Delhi 2003. 201）。穆提说：“中观明确地告诫我们不要把空当作无，并且很明确地接受所谓的‘真实’，只不过是绝对禁止我们以经验性的词语来定性、解释‘真实’。事实上，每一种绝对主义（包括吠檀多在内）都必须如此。‘绝对’是万有的‘实在’——诸法法性，为一切事物的本质、真如，即是胜义有、如来。”（穆提：《中观哲学》，华宇出版社 1984 年版，第 504 页）就龙树而言，如果不承认其思想的绝对主义方面，他对信仰佛教的强调就会是不可理解的（Sarvepalli Radhakrishnan, *Indian Philosophy Vol.1*. 701）。

④ 释印顺：《印度佛教思想史》，正闻出版社 1993 年版，第 99 页。

⑤ Edward Conze, *Buddist Thought in India*, George Allen&Unwin LTD, London, 1962. 225–226; Hajime Nakamura, *Indian Buddhism*, Motilal Banarsidass, 1987. 168—169.

⑥ 参考释印顺：《印度佛教思想史》，中华书局 2010 年版，第 98 页。

大乘的空，兼有遮、显的两方面的意义①。

大乘空论通过否定经验的、相对的世界来诠显超验绝对的思路，乃是来自奥义书传统的影响②。在描述绝对时，“空”与“非有非无”（na sattanna-asat）、“无分别”（nirvikalpa）、“平等”（sama）、“不二”（advaya）、“无生”（avikāra）等，完全互通。我们将表明后面这些说法，都在沙门传统中找不到根源，却都是吠陀——奥义书形上学的典型表述③，足以揭露大乘思想的绝对主义之来源。

第一，大乘释空、绝对为“非有非无”，乃是沿袭了奥义书的传统。“空”论的渊源可追溯到印度传统中把存在的本质当作“无”（asat）的观念。在《黎俱吠陀》中，相传梵主（Brāhmaṇaspati）提出所谓“非有说”（asat-vāda），认为作为存在之本原、真理的绝对者乃是“无”，“有生于非有，在诸神之前”（ṚVX・72・2）。吠陀后来又从“无”说发展到“非有非无”说。如托名生主的（Prajāpati Paramesthin）的《无所有歌》云：“彼时，无有，亦无非有：无气，亦无超越于彼之天……太初，黑暗隐蔽着黑暗，无相无表，唯有玄冥。虚空覆盖存在，彼唯一者因为热力而生。”（ṚVX・129・1,3）显然这无、非有非无，都指的是一种无分别境界，它无相无表、渊玄寂静、极窅难言，所以诗人强说之为“虚空”。后来奥义书所说的“无德梵”，耆那教、早期佛教的涅槃，瑜伽派所谓“无觉三昧”境界等，从理论上皆可上溯于此。吠陀的“无”与“非有非无”之说，都被梵书大为发扬（如 Tait BrāII・2・9・1—2；Sat BrāX・5・3・2—3），而融入奥义书的绝对证悟；如《广林奥义书》云绝对者“非此，非彼”（neti neti）（BṛihII・3・6），《慈氏奥义书》说大梵“离有与非有，及离诸言说，离空与非空”（Mait UpII・5）④，《白骡奥义书》说“若除无明时，无昼亦无夜，无有亦无无，唯自我

① Gadjin Nagao, *Mādhyamika and Yogācāra,* State University of New York Press, Albany, 1991. 210.

② 学界对此有所提示。如长尾雅人说：大乘空论通过否定相对性而证悟绝对实相，“这种绝对在奥义书哲学中即已被证悟，这在奥义书‘非此、非彼’这样的遮诠表述中得到表现。奥义书的绝对为后来佛教的空观的基础。”（Gadjin Nagao, *Mādhyamika and Yogācāra,* State University of New York Press, Albany, 1991. 209）拉达克利须南也肯定般若中观思想的绝对主义来自奥义书（Sarvepalli Radhakrishnan, *Indian Philosophy Vol.1*, the Macmilian Company, London, 1924. 644）。

原始佛教中也有一些随顺奥义书的绝对的思想，或有以为这是大乘佛学本体论的渊源，但这是不能成立的，因为这类观念实际上也是来自奥义书的影响，而且它们在原始佛教中的出现是极为少见和偶然的，并未引起特别注意，若无外来思想（这只能是奥义书思想）的强烈影响，佛教不大可能由此发展出大乘的绝对主义形上学。所以更自然的想法是大乘与小乘的绝对思想都是来自奥义书的长期持续影响，而从早期佛学到大乘的转化也体现了这种持续影响。

③ 松本史朗：《缘起与空》，中国人民大学出版社 2006 年版，第 133、134、137、140、141 页；杰米・霍巴德等（主编）：《修剪菩提树》，上海古籍出版社 2004 年版，第 251 页。

④ A. A. Ramanathan（Trans.）*Maitreya Upaniṣad,* The Theosophical Publishing House, Chennai.

恒住。”（ŚvetIV—18）奥义书这种“非有非无”的体悟，早在《阿含》时期就通过瑜伽进入佛教禅观中[①]，但它在这里只停留于“行”（如非有想非无想的观法）层面，而不涉及“境”（诸法实相）[②]。原始佛教的“境”，是生生不已的缘起法，既无实体，亦无形上学的绝对。它也讲有为法实相为空，但指的是缘起法的时间性或不坚住性[③]，而无绝对的意蕴。但小乘有部等宗，乃舍缘起法的时间性而执超时间的实体，由“空”入“有”。而般若则旨在破“有”而复入“空”。这当然离不开奥义书以名色、差别为妄幻的观念的感召。这从般若的以“幻”解“空”，即可了然。另外，在奥义书绝对主义的影响之下，以前局限在禅观（行）中的绝对，被般若思想释放到存在论（境）的领域，成为诸法的实相，因而大乘很自然地用原本阐明实相的“空”来指称它，于是空成为绝对，因而自然地融摄了对后者的全部描述。所以，前此的佛教中仅系于观行的“非有”（无所有处）、“非有非无”（非想非非想处），就被用来阐明作为诸法实相的空性。如《大品般若经》说“摩诃衍与空等，须菩提，如虚空非空非不空、非相非无相、非作非无作、摩诃衍亦如是”（卷六），“是般若波罗蜜非此非彼、非高非下、非等非不等、非相非无相……非善非不善、非过去、非未来、非现在。”（卷十）《中论·观涅槃品》说实相“非有非无非有无、非非有非非无、一切法不受”。《大智度论》说毕竟空义“不得言有、不得言无、不得言有无、不得言非有非无、非非有非非无亦无、一切心行处灭言语道断故。”（卷五十四）对实相的这些描述，不见于早期佛教，在奥义书中却都曾以同样形式出现过[④]，因而肯定是沿袭了后者的思想[⑤]。凯思也指出般若说实相超

---

① 早期佛经证实佛陀的定学最初得自迦罗摩和罗摩子传授的瑜伽学（*Buddha and Early Buddhism Vol.1*. IntroductionXI; *The Origin of Buddhist Meditation*.106）。后者以无所有处和非有想非无想处为禅定的目标，这显然是瑜伽袭取奥义书传统的“非有非无”的绝对境界作为其宗教理想的结果（*The Origin of Buddhist Meditation*.50）。

② 松本史朗说佛教“无所有处”和“非想非非想处”，都起源于非佛教的传统（杰米·霍巴德等主编：《修剪菩提树》，上海古籍出版社 2004 年版，第 256 页），实际上即脱胎于奥义书对大梵“非有”、“非有非非有”的观想。

③ 如《杂阿含经》：“谛观思惟分别，无所有、无牢、无实、无有坚固……无常、苦、空、非我。所以者何，色无坚实故。”（卷十）

④ 如 Bṛih III·8·8，II·5·19；KenaII·11；KāṭhIV·15。拉达克利须南指出般若中观思想对空性的描述使用的“几乎是与奥义书描述无德梵完全相同的语言”（Sarvepalli Radhakrishnan, *Indian Philosophy Vol.1*, the Macmilian Company, London, 1924.700）。凯思也说大乘的“空”，与吠檀多的绝对者相去不远（A.B. 凯思：《印度和锡兰佛教哲学》，上海古籍出版社 2004 年版，第 243 页）。《往事书》和一些晚期吠檀多派认为奥义书的大梵与中观的空是一回事（Mahendra P.Mittal（Ed), *Buddha and Early Buddhism Vol.1*, Originals, Delhi 2002. IntroductionX）

⑤ Sarvepalli Radhakrishnan, *Indian Philosophy Vol.1*, the Macmilian Company, London, 1924. 644.

越“有”、“非有”、“非有非非有”乃是从奥义书的“非此、非彼”发展而来①。这种发展在于，奥义书的“非有非无”指的是一种形而上学的超验实在，而大乘则打破了这种形而上学的执着，即超越“非有非无”，而“非非有非非无”，乃至“非非有非非无亦无”（同上）。大乘由此才实现了彻底的无着，即精神的绝对自由②。

其次大乘的形上学把绝对实相（空性或胜义有）理解为无差别的一味境界。如学者所说：“空性是超越分别、戏论止灭的世界——真如。于是空性不是分别的否定，而是没有分别的实相；是超越相对的不二绝对”③。大乘说绝对实相“无分别”，可以肯定是袭自奥义书传统。盖吠陀就开示了一个没有区分、无相无表的“唯一者”，作为世界的基础（ṚVX · 129）。奥义书的形上学乃由此类思想发展而出④。其最早的思想完全继承晚期吠陀和梵书的宇宙起源论，认为世界是由某种无分别的宇宙原质，因其自身分化欲望的促进，而发展出来（BṛihVI · 2 · 3）。但奥义书在其漫长演变中，乃将这种宇宙起源论提炼为严格的本体论⑤。其以为从一到多，不再是宇宙的演化，而是由于语言、分别心或无明、摩耶的作用，覆障了绝对实相，生显出杂多的世界。如大林奥义书说：“信然，世界本是一味无别，彼唯因名相而被分别，如说：‘彼有如是名，如是名’。甚至现在此世界也因名色而被分别，如说：‘彼有如是名，如是名’”（BṛihI · 4 · 7）；“世间并无差别，彼视此处有差别者，将一再受死。彼（梵）只能被当作一：此无相、常住之有。”（BṛihIV · 4 · 19—20）梵是无差别的单一体，一切差别都是戏论分别，因而都是虚假的（ChānVI · 1 · 4—6；KāṭhII · 4 · 10）。总之奥义书的无差别绝对观念，是从自身传统发展来的。大乘佛学对于空性、真如实性的描述，一方面与奥义书非常一致⑥，如《大品般若经》说“知色如如相不坏、无分别、无相、无

① A.B. 凯思：《印度和锡兰佛教哲学》，上海古籍出版社 2004 年版，第 243 页。

② 般若、无住涅槃就是这种自由的境界（穆提：《中观哲学》，华宇出版社 1984 年版，第 539 页）。

③ 瓜生津隆真：《中观与空义》，华宇出版社 1986 年版，第 43 页。

④ A.E.Gough, *The Philosophy of the Upaniṣads and Ancient Indian Metaphysics,* Kegan Paul, London 1891, p.15。缪勒、杜伊森等人也认为奥义书关于无相绝对的观念，在吠陀、梵书中已经存在。晚期吠陀的思考展现了“一种清晰的一元论”（Eliot Deutsch and J.A.B van Buitenen, *A Source Book of Advaita Vedānta*, The University of Hawaii Press, Honolulu, 1971. 8），具有“绝对主义的萌芽”（T.M.P. Mahadeva, *Outlines of Hinduism,* Chetana Limited, Bombay, 1971. 251.），“已经站处在奥义书一元论的门槛上”（M.Hiriyana, *Outlines of Indian Philosophy,* Motilal Banarsidass Publishers, Dehli, 1993. 42—43）。反之这种绝对形上学在同时期的原始、部派佛教之中尚无踪影。

⑤ 吴学国：《存在 · 自我 · 神性：印度哲学与宗教思想研究》，中国社会科学出版社 2006 年版，第 50—53 页。

⑥ 参考松本史朗：《缘起与空》，中国人民大学出版社 2006 年版，第 133 页。

忆、无戏论、无得。”（卷十四）“色究竟相中无有分别，受想行识究竟相中无有分别，乃至一切种智究竟相中无有分别。”（卷十五）“当知一切法无有分别，不坏相、诸法如、法性、实际故。”（卷十九）《中论》云：“戏论无故，无忆想分别，无别异相，是名实相”，“自知不随他，寂灭无戏论，无异无分别，是则名实相。”（卷三）另一方面，“无分别”一词在早期佛教中极为罕见，且根本不具有诸法实相、本质之义①。对此唯一合理的解释是大乘的诸法实相“无分别”论乃是汲取奥义书的绝对主义发展而来的。同样，作为了证空、无分别境的能动性的无分别智，也是沿袭奥义书而来（奥义书的胜义智就是不见差别、有二相之智）②。佛教在这方面的发展主要在于，破除了奥义书“一”、“多”对立，“无分别”不再是对一种形而上学的现实性的描述，而是精神的“无住”或自由。

第三，说实相为“平等”（sama），最早亦见于奥义书，乃是后者从晚期吠陀的无分别绝对发挥而来。奥义书说大梵、自我“于草木平等、于蚊蝇平等、于大象平等，于三界平等，于宇宙平等”（BṛihI·3·22），“离不平等相，亦离平等相，澄明、常、清净”（MaitIII—6）；人若悟此大梵，则“脱落善业恶业，无垢无染而得绝对平等”（MuṇḍIII·1·3。类似说法见 Śvet II·14）。与此呼应，《般若经》亦首先肯定平等即是恒常、超越的存在真理或本质：“何等是诸法平等？所谓如、不异、不诳、法相、法性、法住、法位、实际，有佛无佛法性常住，是名净”，“如佛于诸法平等中不动，凡夫人亦于诸法平等中亦不动，须陀洹乃至辟支佛，亦于诸法平等中不动。”（《大品般若经》卷二十六）它所理解的平等，与奥义书所说很一致，如《大品般若经》说平等“无有有法无有无法，亦不说诸法平等相，除平等更无余法，离一切法平等相”（卷二十六）。至少从文字表述上，我们看不出般若经与奥义书在这里有什么实质区别③。学者指出《般若经》的“平等”、“似虚空”皆不见于巴利五部经中，“若非沿自奥义书的一元论，是绝对不可能出现于佛教中的”④。

第四，与此相关，大乘所谓“不二”（advaya），也以绝对一元论为前提，亦是来

① 参考松本史朗：《缘起与空》，中国人民大学出版社 2006 年版，第 140 页。

② 学者表明大乘佛教的“‘无分别智’及相关的表现形式，是在反佛教的印度一元论的影响下发展起来的。”（杰米·霍巴德等主编：《修剪菩提树》，上海古籍出版社 2004 年版，第 251 页）

③ 《般若经》讲的平等，包括诸法无自相故平等、无自性故平等、无生无灭故平等，以及本来清净、离缚、离戏论、无为、非有、非无、不二故平等，如幻、如梦、如影、如水中月、如镜中像、如化故平等（梶山雄一：《中观思想》，华宇出版社 1985 年版，第 132 页）。从本文即可看出此类说法皆已于奥义书出现。

④ 参考松本史朗：《缘起与空》，中国人民大学出版社 2006 年版，第 137。

自奥义书传统的①。“不二”（advaya）、“无二”（advaita）之类表述，最早见于奥义书，乃是晚期吠陀作为“唯一”（ekam）的绝对者观念的自然延伸；这在于奥义书把这绝对者理解为纯粹精神，一切客观对象都是它的表现，都不具有区别或外在于它的实在，故曰“不二”。故奥义书最早所谓不二（advaita）本质上是主、客不二，如《广林奥义书》说：“当似有二相现，于是彼一者见另一者、闻另一者……思另一者、知另一者。当知梵者悟一切皆我，复有何者见另一者、闻另一者……思另一者、知另一者？”（BṛihII・4・14）故知梵者乃“不知而知”，“不见而见”，“彼知者乃大海洋，不二绝对；此即梵界。”（BṛihIV・3・30—32）晚期奥义书和《薄伽梵歌》乃将不二扩展为本体之泯灭一切对待。如《蛙氏奥义书》说至上梵为“不生、清净、不二”，差别万有，皆于中泯灭（MāṇḍVII）。《薄伽梵歌》以“有二”或“双昧”（dvandva）统摄一切虚妄分别，世界由此显现出一多、同异、妍媸、苦乐、香臭、好恶等差别，导致贪欲和斗争（BGVII・27）；圣者得“不二”（nirdvandva）之智（BGII・45；IV・23），等视一切，复归于一味之自我（BGVII・28）。这些说法与大乘思想已经非常接近了。大乘亦开示空性、绝对为“不二”：如《大品般若经》说诸法空性“不生、不灭、不二、无分别”（卷七），“诸佛如来皆是一如相、不二、不别、不尽、不坏，是名一切诸法如相”（卷十四），“一切相皆是二，一切二皆是有法，适有有法便有生死”（卷二十二）。这些说法都与奥义书的立场一致。大乘的无分别智，也是同奥义书一样的“不见而见”的不二之智②。但大乘的“不二”法门的出现远较奥义书为晚，它在早期佛教中并不存在，甚至在原始般若中还没有出现③，可以推测它必是奥义书——《薄伽梵歌》的形上学进一步渗透到般若思想中的结果④。另外大乘讲的不二，既是诸法不二，也是涅槃与世间、真与俗、有二与不二的不二（如般若所谓“不以二法不以不二法”[同上卷十]），表明它克服了奥义书不二论仍然隐含的真、俗对立的形而上学以及对超验本体的执着，而是以破一切执、无所得为宗旨，如经云“诸有二者是有所得，无有二者是无所得”，又云菩萨不以二法不以不二法故无所得，而“无所得即是得，以是得无所得”（《大品般若经》卷二十一）。无所得就是无住，是精神的绝对自由。

最后般若的空性、诸法实相“无生”（avikāra，另有 anutpāda 为同义词）的观念，也不属于沙门思想和早期佛学，而是来自奥义书传统。梵语的“vikāra”意为生起差异，变化，生灭，也指一切生灭的存在。“avikāra”则指超越生灭的绝对。晚期吠陀即

---

① 松本史朗：《缘起与空》，中国人民大学出版社 2006 年版，第 141 页。

② 瓜生津隆真：《中观与空义》，华宇出版社 1986 年版，第 36 页。

③ Paul Williams（Ed.），*Buddhism Vol.III,* Routledge, New York, 2005. 307.

④ 松本史朗：《缘起与空》，中国人民大学出版社 2006 年版，第 141 页。

暗示了一个非有非无、无生无灭的绝对（ṚVX·129）。奥义书讲无生，乃是从这一传统发展而来。如《唱赞奥义书》说一切生起法皆是语言把握的名字，唯不生之大梵为真（ChānVI·4·2, VI·1·4）。《羯陀奥义书》也说至上我不生不灭，不来不出，无生常住（KāṭhI·2·18；另见MāṇḍVII）。在晚期奥义书和《薄伽梵歌》中，无生指神的不变易性、永恒性（MaitIII·18；Śvet II·15），而一切差别、多、变易皆只是幻。在早期佛教中，不见有"无生"（avikāra）一词。大乘佛学开始讲"无生"。般若中观之说"无生"，一是指诸法空、如幻，故无实在之生，"如我毕竟不生，诸法性亦如是"（《小品般若经》卷一），"一切法中各各自相空故，言不生不灭"（《大智度论》卷六十二）；二是指作为存在绝对本质的诸法空性、法性超越了经验的生灭，"诸法如、法相、法性、法住、法位、实际、无为法无缚无脱，无所有故，离故，寂灭故不生"（《大品般若经》卷五），"不生、不住、不灭，若染尽、瞋尽、痴尽、如、不异，法相、法性、法住、实际，是名无为法"（《大智度论》卷四十五），"诸法实相者，心行言语断；无生亦无灭，寂灭如涅槃"（《中论》卷三）。正如学者指出，"无生"较之"无分别"，奥义书的味道更为强烈①，这尤其表现在上面第二点上。但大乘"无生"的法门，也不见于前此的佛教传统。因而可以推定它是汲取了奥义书的相应说法，加以发展而来的②。就般若思想而言，这一发展在于，第一，奥义书说无生，是在肯定意义上使用的，用以描述绝对者的超越时间、变易的永恒性，但般若说无生，则是否定性的，以有为法非实故无生，空性、法性亦非实在故无生③。第二，与此相关，般若讲无生不是为了彰显某种非时间性的彼岸实在，而旨在破除一切形而上学的实在性之执，实现"无所住"、"无所得"的完全自由，如《小品般若经》说："此中何等是色不着不生，何等是受想行识不着不生？色是菩萨不可得，受想行识是菩萨不可得，不可得亦不可得。"（卷一）

总之，观绝对实相为"非有非无"等等，不属于早期佛教传统，却是奥义书形上学的归宿。故大乘佛学在这里汲取了奥义书的绝对，乃是确定无疑的④。"无分别"等用语，乃是逐渐渗透到大乘佛教之中（如原始般若可能尝无"无生"、"不二"之类说

---

① 松本史朗：《缘起与空》，中国人民大学出版社2006年版，第134页。

② 如松本指出"从'avikāra'、'nirvikāra'一眼就可以看出奥义书一元论哲学的影响"（松本史朗：《缘起与空》，中国人民大学出版社2006年版，第134页）。

③ "无生"在龙树思想中还只用于否定意义，但到《辨中边论》，乃开始将它用于肯定意义，即用来描述一种超越的实在，这当然是奥义书的绝对形上学进一步渗透的结果（参考瓜生津隆真：《中观与空义》，华宇出版社1986年版，第241页；松本史朗：《缘起与空》，中国人民大学出版社2006年版，第131页）。

④ 参考松本史朗：《缘起与空》，中国人民大学出版社2006年版，第137页。

法），并被用于肯定的意义[①]。实际上直到龙树的中观学它们的意义都还是否定性的；但到唯识思想中它们都被在肯定意义上使用，在《辨中边论》中，它们被用来描述某种超越的实在[②]；而当奥义书形上学的进一步渗透使得这一实在被明确等于心性、自我，就导致了如来藏佛教的产生，于是大乘佛教就被彻底吠檀多化。

与此相关的还有大乘的“法界”、“法身”等观念，尽管不是直接来源于奥义书，但它们之被当作存在的绝对真理、本质，也与奥义书的影响有关。

首先早期佛教持多元实在论只承认有复数的“法”（dharma）而不认为有一种作为它们的单一的基础、本质的东西，但大乘所谓“法界”（dharma-dhātu）显然就是这样的东西。这种“法界”观念的产生，当然离不开以“界论”（dhātu-vāda）为特征的奥义书形上学的影响[③]。聊举一例，如《须真天子经》云“譬如天子！万川四流，各自有名，尽归于海，合为一味。所以者何？无有异故也。如是天子！不晓了法界者，便呼有异；晓了法界者，便见而无异也。……法界不可得见知也。所以者何？总合聚一切诸法故，于法界而不相知”（卷四）。而奥义书充斥着同样的比喻，如《唱赞奥义书》云：“吾子，如蜜蜂由诸树采蜜，归其于一味。此蜜不复分别我为此树或彼树之蜜。吾子，同理，万有归于真如，而不知其归焉。如万川四流，尽归于海，成为一味。诸水不复知我为此水，我为彼水。吾子，同理，万有归于真如，而不知其归焉。”（ChānVI・9・1—10・3。译文略有删节）这里大乘对奥义书的沿袭是很明显的。隋译的《入法界体性经》甚至说“法界即是我界”，与奥义书的“梵我一如”主张，如合符节。印顺法师曾说，大乘“法界”的梵化倾向，时代愈迟，便愈明显[④]。法界观的吠檀多特征，尤以华严学为显著[⑤]。

其次，大乘的“法身”（dharma-kāya），指佛的自性真如清净法界，即存在之真理、本质、基础，其体性无漏无为、无生无灭。在这种法身观念中，奥义书的大梵概念的影响也是显而易见的[⑥]。盖小乘曾立戒、定、慧、解脱、解脱知见五分法身。但这“法身”意即佛的诸教法的类聚，没有存在的真理、本质的意义。最早的大乘经，如《八千颂般若》，也没有法身观念以及佛二身、三身之说，其佛身观念仍然是质朴的、色身

---

① 松本史朗：《缘起与空》，中国人民大学出版社 2006 年版，第 130 页及以下。

② 松本史朗：《缘起与空》，中国人民大学出版社 2006 年版，第 134 页。

③ 松本史朗：《缘起与空》，中国人民大学出版社 2006 年版，第 57 页。

④ 释印顺：《初期大乘佛教之起源与开展》，正闻出版社 1994 年版，第 967 页。最早的《八千颂般若》仍无法界一词（Paul Williams（Ed.），*Buddhism Vol.III*, Routledge, New York, 2005. 308）。

⑤ 松本史朗：《缘起与空》，中国人民大学出版社 2006 年版，第 63 页。

⑥ 拉达克利须南曾说作为现象界的永恒基础的法身概念，就是奥义书的大梵的对应物（Indian Philosophy Vol.1.593）。

性质的①。但我们已表明，由于奥义书形上学的渗透，使原始般若经确立了空性为诸法之绝对真理（实相）和本质（法性、法住）的观念。后来般若便以此空性或空智为法身，如《大品般若经》说空即是佛，诸法如即是佛，无生法即是佛，寂灭即是佛，虚空性即是佛（卷二十七）。《大智度论》引佛说："须菩提观诸法空，是为见佛法身"（卷十一）。后起的"文殊法门"，俨然将法身等同于象奥义书的大梵那样的无差别、一味的本体，如汉支谶译《阿阇世王经》云："法身无所不入诸法，亦不见法身有所入。何以故？诸法是法身，如诸法等故，法身亦等，故曰法身所入"。唯识以自性清净的真如法界为法身，起信、楞伽等以如来藏自性清净心为法身，正是在此基础上的进一步发展。大乘法身观念的出现，一方面是奥义书作为万有、众生之本质的大梵概念渗透到佛教中的结果；另一方面也反映了晚期奥义书——《薄伽梵歌》神学的影响，比如如来常住法身出于慈悲，作为受用、应化身回到此岸救度众生②，显然受到《薄伽梵歌》中不动的大梵通过化身救世的图式的启发③。

总之大乘佛教对空性、实相的理解，受到奥义书的绝对主义的影响。而且在后者的持续渗透之下，大乘佛教由"空"向"有"立场大幅度倾斜，最终的结果就是导致在如来藏思想中，空性、实相被确定为一种超验的实在，即本觉的自性清净心④，从而导致佛教被吠檀多思想同化。这种结果也决定了中国佛学的命运。

## 第三节 二谛论的奥义书渊源

以上我们讨论了大乘佛学关于经验和绝对存在的观念都深受奥义书思想的影响。大乘还通过二谛论整合这两种存在，将二者分别称为世俗有与胜义有，而以真俗不离、不二为鹄的。《大品般若经》说"菩萨摩诃萨住二谛中为众生说法，世谛、第一义谛。"（卷二十五）《中论》青目释云"世俗谛者，一切法性空，而世间颠倒故生虚妄法，于世间是实。诸贤圣真知颠倒性，故知一切法皆空无生，于圣人是第一义谛名

① Paul Williams（Ed）, *Buddhism Vol.III,* Routledge, New York, 2005. 305.

② Gadjin Nagao, *Mādhyamika and Yogācāra,* State University of New York Press, Albany, 1991. 114.

③ 拉达克利须南说大乘佛教的法身、报身与应化身，分别与奥义书——《薄伽梵歌》的无德梵、大自在和化身相对应（Sarvepalli Radhakrishnan, *Indian Philosophy Vol.1*. 599）。库摩罗室瓦弥和杜特持同样的观点（A.K. Coomaraswamy, *Buddha and the Gospel of Buddhism*, Bombay, 1952. 39；Nalinaksha Dutt, *Mahāyāna Buddhism*, Bharatiya Kala Prakashan, Delhi, 2003. 166）。这只能是因为前者受到了后者的影响（A.B. 凯思：《印度和锡兰佛教哲学》，上海古籍出版社 2004 年版，第 212 页；Nalinaksha Dutt, *Mahāyāna Buddhism,* Bharatiya Kala Prakashan, Delhi, 2003. 165）。

④ 参考松本史朗：《缘起与空》，中国人民大学出版社 2006 年版，第 122 页。

为实。”（卷四）此即所谓俗有真空，一切由名言分别，因缘安立的，皆是世俗，虚妄不实，而唯空性真如为胜义，为实性。但不由俗有，则无以显真空，故二谛论亦旨在肯定世俗的价值，真俗不离、二谛不二①。我们从“二谛”的图式，仍然可看到奥义书的渊源②。盖《阿含经》中不见有“二谛”之说。小乘有部说有真俗二谛，如瓶等，唯诸缘和合，假名施设，为俗谛；而色、香等则本质恒存，不待因缘，为胜义谛（《俱舍论》卷二十二），但这里并没有一种绝对实相、本质的观念，故与大乘二谛说没有实质联系。而我们将表明大乘二谛论与奥义书对上梵与下梵、胜义有与世俗有的区分具有本质的一致性③。

《广林奥义书》最早区分上梵和下梵，“信然，有两种梵：有相与无相、有死与不死、固定与流转、此岸与彼岸。”（BṛihII · 3 · 1—3）其云至上梵是真理之真理（satyasya satyam），即胜义真理；而下梵为隐藏这真理的真理，即世俗真理（BṛihI · 6 · 3），但此种区分仍然是宇宙论的④。然而奥义书在随后的发展中，逐渐将这种区分深化为本体论的，即以下梵包容一切现象存在，上梵则为绝对的超验本体。如《广林奥义书》一方面说大梵“由识所成，由意所成，由气息所成，由视见所成，由听闻所成，由地所成，由水所成，由风所成，由空所成，由作与非作所成……由一切存有所成”（BṛihIV · 4 · 5）；另一方面又说它“非此，非彼”（BṛihII · 3 · 6），“无明无暗、无影无像、无风、无空、无见、无嗅、无味、无眼、无耳、无声、无意、无作、无名、不灭”（BṛihIII · 8 · 8）。下梵有德，有差别，有相，有杂多，有时间，有因果，有分位，可言说；而上梵无德，无差别，无相，一味，无时间性，无因果，无分位，不可言说（MaitVI · 3—22）。晚期奥义书把早期奥义书对下梵与上梵的区分，转化为“实”与“幻”的区分，以世间一切为幻，唯至上梵是实有（ŚvetIV · 9—10）。与此呼应，《蒙查羯奥义书》还提出上智与下智之说，上智直证大梵的本体，下智但取名色世界（MuṇḍIII · 2 · 1—9）。奥义书亦强调不废世俗，《羯陀奥义书》说梵与世间无差别（KāṭhII · 4 · 10），《伊沙奥义书》说“必同时得二智，方得不死”（Īśā11,14），《慈氏奥义书》谓言说梵达圆满，乃是得至上梵的条件，并进而提出超越二与不二，空与非

① 中村元：“大乘对世俗的肯定，是佛的慈悲和众生的拯救的需要”，“世俗不应被放弃，相反，唯有回到此岸，宗教生活才得完满。”（Hajime Nakamura, *Indian Buddhism*, Motilal Banarsidass, 1987. 251）

② 穆提指出二谛论并非中观学派的创建，甚至也不是佛陀的创见，而是以奥义书对两种真实的区分为雏形（穆提：《中观哲学》，华宇出版社 1984 年版，第 401 页）。

③ Sarvepalli Radhakrishnan, *Indian Philosophy Vol.1*, p.668.

④ 其云“无相者即风与大气，彼即不死者，彼即运动者，彼即超越者……”（BṛihII · 3 · 1—3）故其所谓“无相”实即“无形”，如风、气等等，无定形故；“有相”则为“有形”，如大地山石。

空、有分别与无分别（MaitIII·4—6）①。到此为止，大乘佛学的二谛论可以说是呼之欲出了②。

大乘的二谛论与奥义书说的区别，在于它的胜义有，不是大梵那样的形而上学本体，而就是诸法的空性，它完全不可住、不可得，是精神真正的无执、自由；故不二乃是有执与无执之不二。于是精神的无执和自由，乃成为绝对的。但正如松本指出，大乘佛学在其发展中，逐渐由“空”向“有”的立场转移③，实际上是进一步朝奥义书—吠檀多的形上学靠拢。结果到《楞伽》和《起信》的如来藏思想中，空性、实相或胜义有被等同于如来藏我，而世俗有乃是此自我幻现的存在，如此理解的二谛，则完全与晚期奥义书和吠檀多不二论不分轩轾了。应当承认这都是奥义书形上学渗透的结果。

所以说大乘的形上学，与奥义书思想有本质的亲缘性，它就是在后者长期渗透之下形成的。这种渗透可能主要通过禅观的途径。大乘般若与瑜伽思想都产生于禅观的新进展。印顺认为原始般若就是“从阿兰若比丘专精修行的定慧中来的”④。在般若经里，空就是直接的宗教观证的对象（龙树把它作为行者禅观的对象，瑜伽行者亦将其用于瑜伽禅定的实践）⑤。《般若经》常说菩萨不见色，不见色相行识，不见法，不见佛的三十二相，这显然是禅观的境界。大乘瑜伽行派也主要是小乘的瑜伽师导入了唯识观法而转化产生的⑥。而禅的运动在般若思想产生中的决定性作用主要在于“它为新的启示和觉悟提供了一个通道。”⑦由于佛教徒对于禅定体验的信任，导致大量皈依的婆罗门把奥义书对大梵的观证带进佛教禅观，乃是极自然之事⑧。

---

① Ramanathan（Trans.），A. A., *Maitreya Upaniṣad*, The Theosophical Publishing House, Chennai.

② 有学者注意到清辩《中观心论》批判了奥义书—吠檀多派的自我论，但没有提及其幻化论，及其对上梵和下梵的区分（*A History of Early Vedānta Philosophy*. 212—213）。我们猜想可以因为此说与中观思想一致，因而被归于自宗，不归于它说。

③ 松本史朗：《缘起与空》，中国人民大学出版社 2006 年版，第 122 页。

④ 释印顺：《初期大乘佛教之起源与开展》，正闻出版社 1994 年版，第 1262 页。

⑤ Gadjin Nagao, *Mādhyamika and Yogācāra*, State University of New York Press, Albany, 1991. 214–215。孔兹也说：“中观的立场不是哲学推理的结论，而是来自历史久远的禅定实践，在其中，绝对被实际地直观到。”（Edward Conze, *Buddist Thought in India*, George Allen&Unwin LTD, London, 1962. 244）

⑥ 高崎直道等：《唯识思想》，华宇出版社 1985 年版，第 18 页。

⑦ *Buddhism Vol.III*. 175.

⑧ 奥义书形上学对佛教禅观的渗透，实际上自有佛教便开始了。比如原始佛教观空无边处、识无边处、无所有处、非想非非想处，乃至受想灭，都以奥义书的形上学为前提；另外所谓无分别境，也是由于后者渗透到佛教禅观中而出现的（杰米·霍巴德等主编：《修剪菩提树》，上海古籍出版社 2004 年版，第 164 页）。

加之佛教徒对启示（pratibhāna）说经的认可①，禅观的新内容被以经的形式表述出来，也是同样自然的。所以佛教禅观为奥义书思想的渗透大开了方便之门。例如《八千颂般若》开"六百万三昧门"，以三昧为般若的根源（《小品般若波罗蜜经》卷十《萨陀波仑品》）。我们可以看出其所谓的三昧，与奥义书对大梵的沉思具有本质上的一致性②。由于这类观法在奥义书中的出现远早于般若，而早期佛教并无这样的传统③，因而可以肯定，般若的三昧来自奥义书的影响，而由三昧而来的教法，自然表现出与奥义书形上学的本质亲缘性。

结论是：般若思想的产生离不开奥义书思想对佛教的逐渐渗透。初期大乘通过否定经验存在的现实性以诠显绝对的思路与奥义书完全一致。一方面大乘释名色世界，以"如幻性空"为纲要，但"如幻"论就源自奥义书；大乘把与幻同义的无明、虚妄分别、戏论当作生成经验世界的原理的观念也是来自奥义书的。另一方面大乘以诸法空性为绝对，但它对这绝对的描述，如非有非无、平等、无分别、不二等都沿自奥义书对无德梵的描述。它以二谛论整合经验与绝对也是沿袭了奥义书的思路。般若思想对奥义书形上学的超越在于它破除了后者对超验的形而上学本体的执着，实现了完全的无所住、无所得，即精神的绝对自由。但奥义书传统的进一步渗透又使大乘的立场逐渐由"空"向"有"转移，最终导致在如来藏思想中，空性、实相被确定为一种超验的实在，即如来藏我，佛学于是被吠檀多思想同化。

---

① 如巴利文《增一阿含》中优多罗："凡所说善巧，皆是世尊、阿罗汉、大觉语，吾等及其他，皆依之说。"（Aṅguttara-Nikāya（Trans by E.M. Hare），Luzac，London，1935. IV. 112）启示说法成为大乘经的重要来源（Paul Williams（Ed），*Buddhism Vol.III*，Routledge，New York，2005. 335）。如《道行般若波罗蜜经》（支谶译）说："善男子、善女人，深入般若波罗蜜者，于是中自解出一一深法以为经卷。"（卷四）《文殊师利所说小品般若波罗蜜经》："能如是谛了斯义，如闻而说，为诸如来之所赞叹，不违法相，是即佛说"（卷下）。

② 其中所谓离幻、散华、如镜像三昧等，就与奥义书的幻化论一致（ŚvetIV・9—10）。所谓无碍解脱、性常默然、不坏、光明、得安隐、离垢、清净三昧等，也与奥义书观想大梵的离言诠、解脱、常恒、光明、安隐、清净离染，没有实质区别（ChānVIII・7・1，VI・1・4—6，III・13・7）。所谓无差别见、诸法不异、离一切见、离一切相三昧，也与奥义书观想大梵的一味、无见、无相、无差别一致。所谓不可得、离一切着、离尘垢、离一切闇三昧等，与奥义书观想大梵的断灭无明与名色、不可知、不可得、不可执取，如出一辙（BṛihIII・9・26，III・4・2）。

③ 松本史朗：《缘起与空》，中国人民大学出版社 2006 年版，第 133、134、137、140、141 页；杰米・霍巴德等主编：《修剪菩提树》，上海古籍出版社 2004 年版，第 251 页；A.B. 凯思：《印度和锡兰佛教哲学》，上海古籍出版社 2004 年版，第 243 页。

# 第四章　奥义书与大乘唯识学的形成

## 引　言

在印度思想中，奥义书—吠檀多传统是最大的正统思想，而佛教则是最大的异端，二者的相互斗争、相互渗透和对话，影响了印度精神史①。吠檀多不二论与大乘佛学，可视作两种传统的对话在双方的产物②。般若思想中作为绝对实相的空性概念，就是在奥义书的形上学渗透之下产生的③。而相比起来，唯识学的理论向主张唯心论的奥义书更加靠拢了。我们将表明它的产生，是奥义书的识论对大乘佛教的渗透进一步深化的结果。因为构成唯识学基础的几种理论，如唯识说（包括“三性”、“唯识中道”）；本识说；种子与识转变说；以断除习气为核心的修道论等，都与持朴素实在论的早期佛教和无视心灵的存在论意义的般若大乘有巨大鸿沟，却与奥义书的识论存在本质的亲缘性，因而它们肯定是大乘瑜伽行派汲取奥义书思想形成的。在这里，瑜伽行派将来自奥义书的“识”论与大乘原有的“空”论结合，形成了自己的理论体系。奥义书对大乘佛学的渗透，主要通过禅观的途径。初期唯识学，以“空”作为“唯识”的宗旨，因而破除了奥义书的识论对作为形而上学实体的真常心的执着，大大提升了奥义书的精神层次。但在唯识学以后的发展中，由于奥义书传统的影响愈益深化，遂逐渐由“空”向“有”的立场转化④。空性真如被越来越清楚地等同于自性清净心。而《楞伽经》等建立如来藏（真心）缘起，标志着唯识学的理论被奥义书传统完全同化了。

---

① Hajime Nakamura, *A History of Early Vedānta Philosophy*, Motilal Banarsidass, Delhi, 1983. 131.

② 参考 Stcherbatsky, Th, *The Conception of Buddhist Nirvāna*, Motilal Banarsidass, Delhi, 2000. 41 ；Williams (Ed), P., *Buddhism Vol.III*, New York: Routledge, 2005.6 ；Gadjin Nagao, *Mādhyamika and Yogācāra,* State University of New York Press, Albany, 1991. 209 ；A.B. 凯思：《印度和锡兰佛教哲学》，上海古籍出版社 2004 年版，第 243、252 页。

③ 松本史朗：《缘起与空》，中国人民大学出版社 2006 年版，第 133、134、137、140、141 页；杰米·霍巴德等主编：《修剪菩提树》，上海古籍出版社 2004 年版，第 251 页。

④ 松本史朗：《缘起与空》，中国人民大学出版社 2006 年版，第 122 页。

我们的讨论将分为以下几点：其一，唯识说的奥义书渊源；其二，本识概念与婆罗门—奥义书思想的关联；其三，种子与识转变说的奥义书渊源；其四，奥义书识论通过禅观进入唯识的过程。我们也将阐明唯识学立足于大乘性空思想，对于奥义书识论的发展。兹论之如下：

## 第一节　唯识说的奥义书渊源

万法唯识说或“唯识无境”，可以说是唯识学（vijñapti-mātratā）的基本的理论[①]，如《唯识三十论》说：“是诸识转变，分别所分别，由此彼皆无，故一切唯识。”这就是认为一切物质和精神现象，都是通过我们心识的分别，变现出来，故皆唯识，无有心识之外的任何实在[②]。唯识的理论，是从“广义的有部土壤中出现的”[③]。然而它在佛学传统中是极独特的。盖孕育了佛教的沙门传统，其世界观乃是朴素的多元实在论（这一点我们从佛世六师外道的说法中可以看出）；无论是原始佛教，还是小乘有部学，在世界观上都是顺随这种实在论的。而认为世界产生于某种唯一的心识根源的说法，乃是属于奥义书的形上学传统，这对于包括早期佛教在内的沙门思想来说，都是很陌生的。

奥义书在印度思想史上最早明确提出了唯心论的体系。后者最早的形态，是认为世界万物存在的真理、本质或根源，乃是人的心识，《爱多列亚奥义书》和《考史多启奥义书》最充分表现了这种思想。盖奥义书早就有世界只是心识的主观表象的猜测，如《广林奥义书》云：“无车、无引车之畜、无路，然彼造作车、畜、路。无喜、无乐，而彼造作喜、乐。无水池、无莲花湖、无河流，而彼造作水池、莲花湖、河流。信然，彼为作者”，“自我如是为自身创造许多境相。”（BṛihIV · 3 · 10）而在《爱氏》和《考氏》奥义书，这种思想完全成为肯定性的，易言之，心识在这里被着重作为存在的根源、本质得到阐明。此如 AitIII · 1—4：“诸天，地、风、空、水、火五大，极微与和合的存在，一切种子……一切有生命者，无论飞行或走动的，乃至所有无生命者，一切皆由识（prajñāna）所生，且安立于识。全世界由识而生，且安立于识。识为世界之根源。”KauṣIII · 3：“从元气（即识）生诸天（各种感觉及其对象），从诸天生诸世界，如从烈焰中溅出火星。”这里“prajñāna”与“vijñāna”是在同

① 高崎直道等：《唯识思想》，华宇出版社 1985 年版，第 117 页。

② 高崎直道等：《唯识思想》，华宇出版社 1985 年版，第 117 页。

③ 高崎直道等：《唯识思想》，华宇出版社 1985 年版，第 16 页。

样意义上使用的①。一切存在皆生于识,而且体即是识,识外无境。这可能也是人类思想史上最早的唯心论思想。晚期的《光明点奥义书》,亦说世界只是识,唯识无境(TejobinduII, IV, V)。

奥义书的唯识说,是从吠陀、梵书的传统逐渐发展来的。这在于:(1)吠陀、梵书思想中就有把元气(prāṇa)作为一切存在和生命的本质、根源的观念。阿闼婆吠陀说元气是不息的生命,它以其一半造出世界,而另一半则隐藏起来(AVXI·4·25;22)。《梵书》说"元气即是生主神",为宇宙之最高存在,一切存在来源于它,且依止于它(Sat BrāVIII·7·4·21, VI·1·1, VI·3·1·9, VIII·2·2·8)。而奥义书思想的最大成就,在于精神反思的觉醒,于是"元气"(prāṇa)或生命的本质被精神化,成为"识"(prajña),"至于元气,实即是识!至于心识,实即元气。"(KauṣIII·3)于是元气生成的心、物现象,变为由识生成:"吾宗如是开演诸界与识为一。语言是由识取出之一分,名是其境界;气息是由识取出之一分,香是其境界;眼是由识取出之一分,色是其境界。"(KauṣIII·5)(2)吠陀传统中早就有把意(manas)作为世界的创造者、根源的观念,如《百道梵书》说泰初唯有意,由意生存在、自我、语言、元气、诸根(Sat BrāX·5·3·4—8)(见下文的讨论)。意也属于心识,故这也是说心识是存在之根源。最早的奥义书思想亦继承此说。但意之为心识,本是感性与知觉不分的,奥义书较后的思想对二者进行了区分,将末那限于感觉层面,而用般若(prajñāna)来指一般意义上的心识。另外,奥义书进一步把心识确定为存在之本质和真理,世界不仅来自于识,而且体即是识,唯识无境(TejobinduII, IV, V)。(3)在《阿闼婆吠陀》和《梵书》思想中,早就存在由诸种心理机能(元气)生成相应对象的说法。如《阿闼婆吠陀》说由语言、呼吸、听觉等十神生地、水、雷电等自然现象(AVXI·8·2—18。见下文的讨论)②。而奥义书力图阐明一种统摄这些心理机能的主体,这一主体即是"识"(prajñāna或vijñāna),如KauṣIII·4说:"语言将一切名倾注其中;气息将一切香倾注其中;眼将一切色倾注其中;耳将一切声倾注其中;末那将一切思维倾注其中。"于是由诸心理机能生诸境,成为由心识变现诸境,从《考史多启奥义书》可以看出这种转型的清晰的逻辑

① "prajñāna"与"vijñāna"是由同一词根"jñāna"(知、认识)衍生出来,最早的奥义书,乃至许多唯识典籍都把它们当作同义语使用(参考山口益:《般若思想史》,上海古籍出版社2006年版,第29页;Ranade, R.D, *A Constructive Survey of Upaniṣadic Philosophy,* Oriental Book Agency, Poona, 1926. 181)。

② 另请参考Paul Deussen, *Allgemeine Geschichte der Philosophie Bd1,* Abteilung I, F.A. Brockhaus Leipzig, 1922. 274FF.

(KauṣIII・5)。总之，奥义书的唯识说，是从婆罗门的自身传统发展出来的，易言之它是自源性的。由于其产生的年代最古老，可以肯定它是古代印度所有唯心论哲学的根源。

佛教唯识思想也应当不例外。因为一方面，奥义书的上述思想已经与唯识学非常接近了。如《摄大乘论》云“又此诸识皆唯有识都无义故。此中以何为喻显示，应知梦等为喻显示，谓如梦中都无其义，独唯有识。虽种种色声香味触舍林地山似义影现，而于此中都无有义。由此喻显，应随了知一切时处皆唯有识。”（卷中）上所引《广林奥义书》同样以梦喻显示诸境唯属于识，与摄论的立场实质上没有区别。而《解深密经》说：“善男子，此中无有少法能见少法。然即此心如是生时，即有如是影像显现。善男子，如依善莹清净镜面，以质为缘还见本质，而谓我今见于影像，及谓离质别有所行影像显现，如是此心生时相似有异三摩地所行影像显现。世尊，若诸有情自性而住，缘色等心所行影像，彼与此心亦无异耶。善男子，亦无有异。而诸愚夫由颠倒觉，于诸影像不能如实知唯是识，作颠倒解。”（卷三）与上述说法的立场也是完全一致的。其次《摄大乘论》又说：“安立阿赖耶识识为义识。应知此中余一切识是其相识，若意识识及所依止是其见识，由彼相识是此见识生缘相故，似义现时能作见识生依止事，如是名为安立诸识成唯识性。”（卷中）此说同样是把某种绝对的心识作为世界一切存在的实质、根源和依止，与爱氏、考氏奥义书上述理论存在明显的家族相似性。对于唯识学与奥义书思想的这种一致性，较合理的解释是它们具有某种共同起源。

另一方面，瑜伽行派“万法唯识”的观念，却与早期佛教的理论存在巨大的断裂。原始佛教世界观的核心是十二支缘起论，认为诸法皆是因缘生灭的，因而是无自性的。它所谓无自性，乃是指一切无常生灭的有为法的时间性[①]，但并没有否定诸法存在的现实性。因而它是一种朴素的实在论。另外同所有沙门思想一样，这种实在论也否定诸法有一共同的基础，或绝对，因而是一种多元实在论。在小乘中占主导的有部思想，由于受胜论、耆那教乃至希腊文化的影响，偏离了原始佛教诸法缘生而无实体的立场[②]，乃确立一种多元实体论的哲学，将法理解为自性永远不变的、超验的实体（dravyasat）[③]。显然，像唯识那样否定客观世界的现实性，认为世界只是心识的展现的理论，对于早期佛教是很陌生的。所以说唯识的世界观，更接近奥义书的形

---

① 松本史朗：《缘起与空》，中国人民大学出版社 2006 年版，第 14 页。.

② 梶山雄一：《中观思想》，华宇出版社 1985 年版，第 124—125 页；松本史朗：《缘起与空》，中国人民大学出版社 2006 年版，第 21、22 页。

③ Nakamura, Hajime, *Indian Buddhism,* Delhi: Motilal Banarsidass, 1987. 123.

上学，而不是早期佛教的传统①。因而这里很自然的设想是大乘瑜伽行派万法唯识的理论，乃是汲取了奥义书资源而来的②。

学者指出大乘瑜伽行派，乃是由于小乘佛教引入了大乘的空观，而形成的③。然而瑜伽派的特有的禅观是唯识观④。后者以唯识说为基础，因而不可能来自般若中观思想，而更可能来自奥义书思想的影响（实际上皈依佛教的婆罗门，把他们原来的识论带入禅观，是很自然的）。所以这里较为合理的说法是，瑜伽的唯识观乃是由大乘空观与来自奥义书的唯识论融合而成的；唯识学的产生就来自这一融合⑤。

瑜伽行派对于奥义书的唯识思想的实质性发展，就在于把"唯识"与大乘"空论"结合起来，从而使唯识说的侧重点乃从奥义书的表真心之实有转向大乘的遣外境之全无。这主要体现在：(1) 大乘的唯识论，是以实现空性为宗旨⑥，它将唯识说与般若的"性空如幻"嫁接，"唯识"就是"如幻"，或者说是对"如幻"的发挥⑦。至少就虚妄唯识一派而言，"唯识"旨在遮除实境，境妄识亦妄，如云"三界心心所，是虚妄分别"。尽管识或虚妄分别是有，然而是如幻如化的⑧，在究竟位应悉除灭，故奥义书那样的作为识的实质的真心（梵我），在这里是不被承认的。(2) 大乘瑜伽派还把"唯识"与大乘的"二谛"结合起来，发展出"三自性"说。中观的"二谛论"以经验的存

---

① 参考 Ranade, R.D, *A Constructive Survey of Upaniṣadic Philosophy*.181；山口益：《般若思想史》，上海古籍出版社 2006 年版，第 29 页。

② 实际上奥义书的识论对佛学的渗透，从原始佛教就已经开始。《阿含经》有时也像奥义书那样把识作为最高存在（Dīgha NikāyaI · 223。参考 K.N. Upadhyaya, *Early Buddhism and the Bhagavadgīta*, Motilal Banarsidass Press Delhi, 1983. 99）；或把识作为四大、名色等的根源如经说："何由无四大？地、水、火、风灭？何由无粗、细，及长、短、好、丑？何由无名色，永灭无有余？应答识无形，无量自有光，此灭四大灭，粗、细、好、丑灭，于此名色灭，识灭余亦灭。"（《长阿含经》卷十六）。但这些说法在《阿含经》中的出现极偶然且罕见，因而假定由此独立发展出像唯识学这样有重大影响的学派，是不大可能的。更合理的设想是唯识学乃是奥义书的识说进一步渗透到佛教中的结果。

③ 高崎直道等：《唯识思想》，华宇出版社 1985 年版，第 16 页。

④ 高崎直道等：《唯识思想》，华宇出版社 1985 年版，第 16 页。

⑤ 高崎直道也曾指出瑜伽行派的理论，来自"万法唯识"的观念与般若经的"空、无自性"的教义的融合（高崎直道等：《唯识思想》，华宇出版社 1985 年版，第 19 页）。不过他认为"万法唯识"的理论来自《华严经》，但我认为，除非是大乘瑜伽派受到奥义书唯识说的长期渗透，否则它把《华严经》的这一单独的说法作为其思想基础，乃至这一说法在《华严经》中的出现，恐怕都是不可能的。

⑥ 高崎直道等：《唯识思想》，华宇出版社 1985 年版，第 312 页。

⑦ 学者指出瑜伽的"唯识"乃是以中观派的"假有"（或"幻有"）的思想为基础的（高崎直道等：《唯识思想》，华宇出版社 1985 年版，第 312 页）。

⑧ 参考释印顺：《印度佛教思想史》，正闻出版社 1993 年版，第 256 页。

在为俗有，以诸法空性为胜义有①。俗有完全是虚妄分别的结果，实际是无②。然而对“唯识”的坚持，使瑜伽派不得不在一定程度上肯定俗有的意义，这促使它把世俗区分为因缘生的（心识的直接内容）与执着起的（依前者分别而生的境相）二种，即“如幻”的依他起自性与“体无”的遍计所执自性，再加上“胜义”的圆成实自性，遂成三性之说③。(3) 大乘的“中道”，亦被用来诠显唯识，由此成立“唯识中道”。龙树《中论颂》云：“因缘所生法，我说即是空，亦为是假名，亦是中道义。”盖缘起法以“假（立）”故，既非实有，亦非实无，非有非无，是为中道，兹姑称之为“唯假”中道。但唯识对有无、假实的理解都与中观不同，如《述记》曰：“内境是有，外境都无，皆依内识而说为假。”（卷一本）外境都无，内识是有，非有非空，故为中道，如《成唯识论》云：“故说一切法，非空非不空，有无及有故，是则契中道。”（卷七）于是从中观的“唯假”中道转变为“唯识”中道。与奥义书思想相比，此说不仅强化了唯识的绝对性，而且把识区分为实（识的直接内容）与假（虚妄安立的存在，包括外境）两个方面，也是一种理论的深化。

可以看出，瑜伽的上述发展，不仅使印度的唯识说在理论上更加充分、细致、完备；更重要的是，大乘依“空”论，破除了奥义书的唯识说的形而上学执着。盖奥义书的识论，要么把识本身当作究竟的真理（如上述爱氏、考氏奥义书），要么认为有一种真心，作为识之绝对根源，二者都是一种非时间性的形而上学本体。这都是为严格的佛教唯识学（虚妄唯识论）所否定的。而后者的“唯识”，其实就是“如幻”、“唯假”之义，“三性、三无性”以及“唯识中道”，乃是对这二者的阐明。故大乘论唯识，乃是为了实现彻底的“空”，这是心、境皆灭的无所住、无所得状态；大乘因此摧毁了精神可以依赖、攀缘的一切基础，也正由此而呈现出精神的绝对自由。

另外，奥义书的识论也是处在发展中的。较早的爱氏、考氏学派认为识就是绝对、至上真理（AitV · 3），但对于心识缺乏更明确的剖析。后来的《鹧鸪奥义书》和《蛙氏奥义书》等的思想，一方面从心识中区分出流转识（醒位与梦位识）即经验意识与本识（即阿难陀识或熟眠位识）或先验意识，后者是前者的根源、本体，如TaitII · 5：“信然，在识之中，且异于识者，为喜乐我，前者为彼所充满。”TaitII · 6：“（彼）从自身

① 吴学国：《存在 · 自我 · 神性：印度哲学与宗教思想研究》，中国社会科学出版社2006年版，第171页。

② 如《中论》青目释云：“世俗谛者，一切法性空，而世间颠倒故生虚妄法，于世间是实。诸贤圣真知颠倒性，故知一切法皆空无生，于圣人是第一义谛，名为实。”（卷四）

③ 参考 Sarvepalli Radhakrishnan, *Indian Philosophy Vol.1*, the Macmilian Company, London, 1924. 634；吴学国：《存在 · 自我 · 神性：印度哲学与宗教思想研究》，中国社会科学出版社2006年版，第185页。

创造全世界，囊括万有。既创造已，乃进入之。……遂显现为万有”；另一方面认为诸识及由它生成的世界皆是虚假的，唯一的真理乃是超越诸识的真常心，即实智、实有、实乐，如MāṇḍVII说此真心“既无内识，亦无外识，亦无内、外识。不为识体，不为识性，不为非识性，不可见，不可触，无对待，不可捉摸，无差别，不可思议，不可表示，唯因证悟平等而得；不动、清净、安详、不二……是万有之来源与归宿。”我们下文将要表明前者是唯识学的本识概念的雏形，后者是其“四智”、法界和如来藏观念的来源。

## 第二节　本识概念的渊源

在黎俱吠陀时期，表示人的内在心识的词语为“manas”（末那）。它来自动词根“man”（思维、想、了知）。其本原意义为思想、了知。后被实物化，为人的心识、灵魂。吠陀颂诗表现的以下几种心识观念，与唯识思想有关联。第一为《末那之歌》表现的人的心识独立于肉体生命而存在，且在后者结束之后仍继续存在的观念。其云：“汝之末那，已经离开，竟至遥远，阎摩境内。我等招之，重回汝身，长享生活，在斯人间。汝之末那，已经离开，竟至遥远，天地之间。我等招之，重回汝身，长享生活，在斯人间。汝之末那，已经离开，竟至遥远，地之四维。我等招之，重回汝身，长享生活，在斯人间。汝之末那，已经离开，竟至遥远，汹涌大洋。我等招之，重回汝身，长享生活，在斯人间。汝之末那，已经离开，竟至遥远，光芒之端。我等招之，重回汝身，长享生活，在斯人间。汝之末那，已经离开，竟至遥远，树丛水边。我等招之，重回汝身，长享生活，在斯人间。汝之末那，已经离开，竟至遥远，极地边疆。我等招之，重回汝身，长享生活，在斯人间。汝之末那，已经离开，竟至遥远，过去未来。我等招之，重回汝身，长享生活，在斯人间。”（ṚVX · 58 · 1—12）尽管吠陀时期，灵魂轮回观念尚不明确，但人们似乎相信心识是不灭的，死亡只是心识离开了身体，从而改变了生存的方式。这识体可能是迁徙到了别处，或进入于其他生物体内。这可以视作印度思想的心识流转观念的最早萌芽，因而与大乘佛教瑜伽行派的种识观念有关。第二为《无所有歌》对心识在世界发生中的作用的猜想，其云：“于是，爱欲入乎彼唯一者：此是末那之种子。圣者以智慧在自心中探寻，觅得有在非有中之因缘。”（ṚVX · 129 · 4）此以为爱欲（kāma）是心识的产物，然而吠陀、梵书思想，亦将爱欲当作万有之根源，歌云：“伽麻（爱欲）最初生，诸神与诸父、诸人无其匹。至尊且伟大，我稽首敬汝。”（AVIX · 2 · 19）于是心识作为爱欲之母，自然地被当作最初的本源。心识作为绝对本源的观念，在梵书中被大为强调，如Sat BrāX · 5 · 3 · 1—3云：“信然，于初此世界，如其所是，非有非非有，彼时唯有末那。故仙圣说彼时既无有亦无非有。因为末那，如其所是，非有非非有。此末那生已，乃欲成为显明，成为确定、实在：彼欲得一自我。彼遂沉思（paryālokana），彼遂得其实在（prāmūrakhat，摩陀婆释之为‘大、显’）。”接着，末那生语言，语言生元气，元气生眼根，后者生耳根，后者生业，业复凝聚为元气，“业无元气则不全，元气无业亦不全”（Sat BrāX・5・3・4—8）。故心识乃是世界和人的生命的根源、基础。这种思想可以说是印度最原始的心识本体论，因而与唯识的识本论有关联。第三是认为世界生于某种精神胎藏的观念。黎俱晚期提出所谓金胎说（Hiraṇyagarbha- vāda），认为世界是从一种原始的生命胚胎发育而成。如《造物神歌》说：“那先于天、地，先于阿修罗与诸神者，是水中的原胚，众神皆在其内。……它位于不生者的脐上，它包含一切事物。”（ṚVX・82・5—6）据说世界产生前，只有这原始的胚胎漂浮于混沌的水面上，然后这金胎开始发育、演变，开展出万事万物。金胎被等同于太阳、生主（Prajapati）、宇宙原人（Puruṣa）。这里金胎说表现的还只是一种宇宙起源论。《阿闼婆吠陀》则提出世界的“种子”、胎藏为一种精神的原理，其云：“天界之种子，爰为七胎藏，且由识、末那，覆之以智慧。”（AVX・10・17）这里“种子”指超越心识的原人、自我，“七胎藏”应指由前者分化出的七个原人或七种元气（prāṇa）①。在《梵书》中，由于末那、心识被当作绝对者，因而它被等同于太阳、生主（Sat BrāVIII・5・2・3），所以被与吠陀宇宙论的金胎等同，因而心识成为孕育世界万物的胎藏。可以说，唯识以心识为世界的胎藏和种子的思想，在梵书中就开始酝酿了。

奥义书将上述心识概念大大深化了。早期奥义书亦有继承梵书，把末那当作我之说（BṛihIII・9・4），但更多地是把末那当作：(1) 元气之一种，由元气所生，而与视、听、语言并列（此亦是继承梵书思想而来）（ChānV・1・1—12）。(2) 以感性为特征的意识之全体，如《唱赞奥义书》说末那是至上我之神目：“彼自我以此神目，视诸快乐，并受用之”（ChānVIII・12・5），即是以末那囊括全部感知。在 (2) 的基础上，晚期奥义书把末那当作处理全部感觉内容的官能，即内根（兹后大多数印度学派都是在此意义上使用末那一词）。在奥义书较后的思想中，元气被理解为心理的机能，因而末那的上述两种意义，往往是可以重合的。

而奥义书此后的思想发展，表现出一个明确的方向，就是要超越作为感性意识的心识概念，寻找作为其基础和根源的精神存在，或者更准确地说，是把心识概念从感性意识中提纯出来。此如《考史多启奥义书》，有区别于末那之“般若”

① 在阿闼婆吠陀和梵书中，元气往往与末那、生主、原人等同，如《百道梵书》说元气被点燃，产生七个原人，然后这七个结合成一体，后者即是生主（Sat BrāVI・1・1—6）。

(prajña)，后者高于前者而为其基础，如云："眼是由意识取出之一分，色是其境界；耳是由意识取出之一分，声是其境界……意是由意识取出之一分，思维是其境界"(KauṣIII · 5)。《唱赞奥义书》说思虑 (saṃkalpa) 较末那殊胜，智性 (citta，心所) 较思虑殊胜、禅定 (dhyāna) 较智性殊胜、识 (vijñāna) 较禅定殊胜："食与食者，此岸与彼岸，一切皆依识而知。应沉思此识。人若沉思识为梵者，识之所届，彼必致之。"(ChānVII · 4 · 1-7 · 2) 这些说法都试图把一般意义上的心识从已被作为感性意识的末那区分出来，以"识"或"般若"替代后者作为心识之通称[①]。在这里，识与般若，就是经验意识或心理的主体[②]。它同时又是世界和人的生命的来源。如《考史多启奥义书》说，当人在熟眠位或在昏厥时，他的自我便与般若合而为一，而当他重新醒过来时，则诸根及境重新从般若产生出来，"如从烈焰中，火星四溅；自我于是将元气驱向各自不同的方向。从元气生诸天 (各种感觉及其对象)，从诸天生诸世间。"(KauṣIII · 3) 盖诸根生于般若，境则生于根，故一切存在最终生于心识。所谓经验意识，在唯识中被称为现行识。作为经验的感觉意识和一般经验意识的末那与识，分别相当于唯识的前五识 (包括五俱意识) 与第六识。

但奥义书思想的深化，人们将心识区分为现象与本体，或经验的与先验的两个层面。《鹧鸪奥义书》开自我五身之说，即以食所成身、元气所成身、末那所成身、识所成身，喜乐所成身，前者一一以后者为依持和根源 (TaitIII · 3-6)。感觉 (末那) 被意识规定，其意义来自识 (般若)。但这识也不是究竟的存在，因为经验意识是生生灭灭、不断流转的，因此必有一超越它的，常住不灭的存在作为其本质，《鹧鸪奥义书》称后者为喜乐 (ananda，阿难陀)。阿难陀识体极微细玄妙、没有分别、非有非无、无记无表，混沌难知。它深藏于经验 (意、识) 之下，而不能成为经验的内容。它就是本体界，经验意识是现象界，后者是可感世界，前者是超感世界，不可通过任何感官认识，而唯有通过理智来思想 (TaitII · 4)。这样一个超感的根源意识，就是现代西方哲学中的先验意识。这是印度思想史上首次提出一个超感的根源意识的观念。此后，这种混沌玄妙而作为一切意识现象之本源的心识概念，就成为印度哲学的共同财产。晚期奥义书、《薄伽梵歌》和吠檀多派的摩耶 (māyā)、自性 (prakṛti)、无明 (ajñāna)，数论作为全部心理现象基础的自性 (prakṛti)、觉谛 (buddhi)，唯识作为现

---

① 奥义书这种转化想必远在佛教产生以前就发生了。根据之一是，在《阿含经》中，"末那"已不复在心识的意义被使用，意只是"内六根"(即眼、耳、鼻、舌、身、意六种官能) 之一。它原来的意义完全被"识"代替了。

② 吴学国：《存在 · 自我 · 神性：印度哲学与宗教思想研究》，中国社会科学出版社 2006 年版，第 331 页。

行识（经验意识）基础的阿赖耶识（ālayavijñāna），都应当溯源于此。

而到《广林奥义书》的耶若婆佉之学，以及《羯陀》、《蛙氏》奥义书的思想，一方面对阿难陀识的本体意义有更详细明确的规定，另一方面确立了一个超越它的、恒常清净的自我，即自性清净心、纯粹意识；后者可以说是印度传统的心识概念的一个重大发展。耶若婆佉（Yājñavalkya）将心理现象分为醒位（客观意识）、梦位（内在意识）、熟眠位（先验意识），其中熟眠位的心识即阿难陀识，而人的真实自我，乃是在三者中自由翱翔的"不死鸟"（BṛihIV·3·12）。书云："（自我）既于熟眠位游历，见诸善恶，他于是由其所从来，复归于梦位。而他于彼（熟眠位）中所见亦不随他，因为彼（真实自我）离诸执受。"（BṛihIV·3·15）接着自我又从梦位复归于醒位。自我脱离所有执受，它在三位中的迁移完全是自由的，不受它们的任何影响、污染、系缚。这明确表明了真我是超越根源意识的纯粹精神、自性清净心。在此基础上，《蛙氏奥义书》提出自我四位之说，即于醒位、梦位、熟眠位之上复加"第四位"（turiya），即是耶若婆佉的真我，MāṇḍVII 云："既无内知识，亦无外识，亦无内、外识。不为识体，不为识性，不为非识性，不可见，不可触，无对待，不可捉摸，无差别，不可思议，不可表示，唯通过吾人与大我之本质同一性的证悟而得；不动（prapañcopasama）、清净（santa）、安详（siva）、不二（advaita），圣者思彼即第四位。它是万有之来源与归宿。此即是我。"在印度思想史上，奥义书最早构想出作为无德、无为、不动、恒常、一味、清净，体性超越且无内容的实性（真理）、自我的绝对者概念。除了直接继承奥义书之学的吠檀多派之外，数论的神我是继承了这本体作为自我的意义方面，而大乘佛学的真如法界则是发展了它作为实性的意义方面。首先，奥义书阐明了印度哲学独特的绝对超越的，作为无思维、无意志、无理性、无任何观念内容的纯粹意识的自我概念①。因而，吠檀多派和数论的类似的自我概念，必定是继承、发展奥义书思想而来的。盖数论的神我，完全无染于由三德组成的自性原理，这肯定沿袭了奥义书的无德至上我的观念②；另外与古典数论不同，原始数论仍持唯一自我，故其本体论与奥义书无本质不同③。数论描述神我是

① 在其他哲学传统中找不到类似的概念。中国哲学没有构想出纯粹意识的概念（参考吴学国：《内外之辨：略论中国哲学的自我概念》；《哲学研究》2004 年第 9 期）；而西方哲学所谓意识，就是思维、意志、理性，就是观念的运动，因而它也难以想象印度人这种无思维、无观念的意识。

② 《慈氏奥义书》说神我为无德之受者（MaitVI·10）。

③ 如《白骡奥义书》和《慈氏奥义书》中的数论思想，就是如此。般遮尸弃（Pañcaśikha）仍相信解脱是自我入于梵（Pulinbihari Chakravarti, *Origin and Development of the Sāṃkhya System of Thought*, Oriental Books Reprint Corporation, New Delhi, 1975. 39）。

无德无形、无为常住、无思无虑、清净无染、遍满无限的纯粹精神和永恒的光①，与《蛙氏奥义书》对自我的描述是一致的。而已初步具备数论雏形的《慈氏奥义书》，谓神我（Puruṣa）为“清净、澄明、无相、安详、无风、无体、无际、不灭、坚固、恒常、无生、自在独存。”（MaitII·4）这可以说是奥义书典型的自我观念与数论之间的桥梁。

其次奥义书的绝对的另一面，即无差别、不二、无生的真理或本质观念，也是印度哲学特有的，因而应当被认为是包括大乘佛学在内的后来诸学派的真理、实相（如大乘的真如法界）观念的最终来源。此如《解深密经》云：“当知胜义谛是遍一切一味相。善现，譬如种种非一品类异相色中虚空、无相、无分别、无变异，遍一切一味相，如是异性异相一切法中胜义谛，遍一切一味相，当知亦尔。”（卷一）《成唯识论》云：“一切法相真如理，虽有客染而本性净，具无数量妙功德，无生无灭，湛若虚空，一切有情平等共有，与一切法不一不异，离一切相一切分别，寻思路绝，名言道断，唯真圣者自内所证，其性本寂，故名涅槃。”（《成唯识论》卷十）唯识对真如法界的这类描述，与《蛙氏奥义书》对至上梵的描述，至少在文字上看是非常一致的。学者指出，大乘描述绝对实相所用的典型表述，如“非有非无”（na sattanna-asat）、“无分别”（nirvikalpa）、“平等”（sama）、“不二”（advaya）、“无生”（avikāra）等，都不属于佛教原来的传统，却都是奥义书形上学的典型表述，因而至少在表述上是以奥义书为来源的②。

另外它如此规定熟眠位的心识：“其窍为心（cetas）、识（prājña）。此即一切之主宰（Sarveśvara）。此即全知者。……此即胎藏（yoni），因其为众有之本源和归宿。”（MāṇḍV；VI）奥义书以熟眠位识为醒、梦二位意识的本体，因而也是名色世界的本体。吠檀多派释之为醒位和梦位意识的种子（USI·16·18）；《慈氏奥义书》也明确说摩耶、自性是万有之“种子”（MaitVI·10，31），因而熟眠意识就是种子识。故晚期奥义书在印度思想史上，最早提出了作为名色世界“种子”的心识概念。而唯识作为诸法种子的阿赖耶识概念，实应上溯到这个源头处。如经云：“譬如大海浪，斯由猛风起，洪波鼓冥壑，无有断绝时；藏识海亦然，境界风所动，种种诸识浪，腾跃而转生”（续藏77·0269）。论云：“阿赖耶识如是而生，有能生彼功能差别，名一切种子识。又若略说阿赖耶识用异熟识一切种子为其自性，能摄三界一切自体一切趣等。”（《摄大乘论》卷一）“阿赖耶识是一切诸法真实种子，缘击便生转识波浪，恒无间断，犹如

---

① SPBI·75；Sarvepalli Radhakrishnan, *Indian Philosophy Vol.2*, G.Allen&Unwin LTD, London, 1931. 281. 另参考吴学国：《存在·自我·神性：印度哲学与宗教思想研究》，中国社会科学出版社2006年版，第436页。

② 松本史朗：《缘起与空》，中国人民大学出版社2006年版，第133、134、137、140、141页；杰米·霍巴德等主编：《修剪菩提树》，上海古籍出版社2004年版，第251页。

暴流”（《成唯识论》卷四）。这些说法都与奥义书的立场完全一致，即认为有一种潜伏在经验的波浪底下的根本意识，为一切经验意识以及相应的境界生起的本体。

奥义书也最早提出了一味无分别的精神真理与差别意识，以及真常的自性清净心与作为世界种子的根本识对立这一印度哲学独有的本体论范式。此后吠檀多派作为清净心的大梵与作为世界本原的摩耶（幻）、数论派作为纯粹意识的神我与作为一切心、物现象基础的自性之对待，都遵循同样的范式，可以肯定它们都是以奥义书的上述思想为源头的。唯识的法性依（真如法界）与种子依（意言）两所依、如来藏佛教的自性清净心与阿赖耶识之二元性，也必然是以奥义书的这一本体论范式为前提发展而来的。唯识以为一切诸法皆有两种所依（《成唯识论》卷十），其中法性依即真如法界，无为、无生、无分别、无变异、不二、平等、无相、如虚空、遍满、一味（《解深密经》卷一），为究竟真实的本体，诸染净法依之得生；持种依即阿赖耶识，其中名言种子展转现行，为虚妄分别识及诸法的根源[①]。故唯识所谓阿赖耶识缘起，乃以法界为依事，以名言分别种子为亲因，遂于法界起分别，种种诸法形相展转而生，如《解深密经》说：“彼诸有情，于依他起自性，及圆成实自性中，随起言说如如，随起言说如是如是，由言说熏习心故，由言说随觉故，由言说随眠故，于依他起自性，及圆成实自性中，执著遍计所执自性相如如，执著如是如是……由是因缘，生当来世依他起自性；由此因缘，或为烦恼杂染所染，或为业杂染所染于生死中，长时驰骋、长时流转，无有休息。”（卷二）这里一味、恒常的本体（法界）与流转的妄心的独特二元结构，同奥义书论真常的大梵与肇生万有的本识（熟眠识），其理论的亲缘性是显而易见的，因而可以肯定后者是前者的理论来源。

## 第三节　种子与识转变说的奥义书渊源

在吠陀、梵书思想中，还有名色的概念，也与唯识有关。在印度古代思想中，曾有把语言和事物的存在等同的观念。黎俱更早的诗篇，把语言称作承担万有的母牛（ṚVVIII・89・11），到了晚期，更明确地把它当作“形上学的原理”[②]。其“语言赞歌”云：“富有宝藏，充满思想，在所有神圣之中最值钦敬，我（语言）乃女王。诸天为我，广置宅宇，让我进入，让我居住。……渗透了大地和天空，我将所有的存在汇积。”

---

① 周贵华先生阐明无为依唯识学的缘起说给出了两种因：一是根本因，即真如、法界、空性、自性清净心、佛性，二是直接因或发生因、亲因，即阿赖耶识（周贵华：《唯识、心性与如来藏》，宗教文化出版社 2006 年版，第 41 页）。其实这一解释对于有为依唯识学也同样成立。

② Paul Deussen, *Allgemeine Geschichte der Philosophie Bd1*, Abteilung I. 148.

(ṚVX·125·3,6,8) 语言容纳一切存在，并居于万有之中。它还是世界秩序的维持者，将万有置于自己的威力之下。在《阿闼婆吠陀》、梵书的时代，语言被比喻为养育万物的母牛 (AVIX·2·5)。梵书把语言当作神借以创造世界的原理，它有时说神从语言创造原初之水，从水创造世界万物 (Sat BrāVI·1·1·9FF)，有时说神通过言说、命名创造世界（这都是说世界本无分别，由于语言的作用而被分别）①，有时说由心识与语言结合而生育万有 (Sat BrāVI·1·2·6—9)，都明确表达了语言作为存在物根源的思想。梵书还着重探讨了语言与心识（末那）的关系。其代表性的立场，是以心识为绝对者，而语言作为一切存在之源，产生且安立于心识之中 (Sat BrāX·5·3·1—7, XIV·3·2·3)。这里实际上隐含了心识就是语言及万物之胎藏、种子，以及语言在未生起（即分别、命名事物）时，是以潜在状态存在于心识之中的思想。《阿闼婆吠陀》则提出终极的持存者 (ucchiṣṭa) 摄藏一切名色 (nāma-rūpa) 乃至世界、诸神、祭祀、善恶业及果报等，并将后者一一创生出来 (AVXI·7·1—27)。这里摄藏和生成，相当于唯识的阿赖耶识摄藏种子和现起诸法的作用。其中"名色"在《阿闼婆吠陀》和《梵书》中始出现，当是指现存事物之全体。而被摄藏的名色，应是以潜伏状态存在的。吠陀、梵书关于名色、语言的潜伏状态的设想，是印度思想最早涉及个体的现象在生起之前的存在，它应当是后来奥义书—吠檀多的"潜名色"和唯识的"名言种子"概念的前身。这里心识与语言、名色的关系，对应于唯识学的藏识和种子的关系。另外《阿闼婆吠陀》还提出了一个萌生世界万物的精神本原的观念，后者包括七种胎藏或种子 (AVX·10·17)。这七种种子，乃是人的眼、耳、鼻、口等七种元气（心理、生理机能）(AVX·8·9)，以及对应的日、月、诸方、风、火等自然现象②；易言之种子、胎藏是全部精神和物质现象，即名色世界的始基③。《阿闼婆吠陀》的这一观念，亦是印度哲学后来的种子说的理论根源之一。

奥义书这里对于吠陀、梵书的发展，在于克服了后者掺杂的神话学和宇宙论因素，更明确地把根本识或其生果的功能称为种子。此如《唱赞奥义书》说大梵、世界精神是"宇宙泰初之种子"(ChānIII·17·7)。然而奥义书在其更成熟的思想中，认为大梵、至上我是超越全部作为名色的、流转的心识存在的恒常本体。于是，在

---

① 百道梵书："生主说'bhūr'，乃生大地；说'bhuvah'，乃生空界；说'svah'，乃生天界。" Sat BrāII·1·4·11FF。

② 参考 Deussen, Paul, *Allgemeine Geschichte der Philosophie Bd1*, Abteilung I, F.A. Brockhaus Leipzig, 1922. 320。

③ 《阿闼婆吠陀》还以为未来的存在是作为种子潜伏着的，并祈祷神让此潜伏的种子显发出来 (AVII·34·2)。

晚期奥义书中，种子的功能不再属于至上我，而只属于流转的心识，如《蒙查羯奥义书》说“既知大梵界，智者得无欲，稽首至上我，超越生命种。”（Muṇḍ III·2·1）晚期奥义书说至上我使“唯一的种子转变为多”（ŚvetVI·12），或曰世上唯有食（世界）与食者（自我），凡夫我唯食粗境，而此境之种子，不现起故，无味无别，不为所食（MaitVI·10）。可以肯定这所谓种子，就是阿难陀或熟眠位识，因为末那等识皆有相、有分别、已现起，唯熟眠位识无相、无分别，如种子潜伏。

而产生于公元前一世纪以后（约与小乘经量部和数论派同时或略早）的所谓新奥义书（即《阿闼婆奥义书》，与“晚期奥义书”不是同一概念），在上述思想基础上，进而明确了每一存在皆有其各别自种的观念，并探讨了种子与现行的互生关系，其思想可能与数论和经部存在呼应。种子被等同于由于名色熏习在心识（末那、熟眠位识或觉谛）中留下的有生自果功能的习气。如 Mukti Up II·2·24—31 说：“圣者知熏习摄由心识（manas）转起之一切有。散乱心识，为生、老、死之因缘，乃由贪着外境而生。由于熏习（vasana）而动气（prāṇa），由气动而生熏习，如种子与芽。熏习与气动，为心识之两种种子，此灭则彼灭。由离世想、出世行及观身无常，潜在习气被伏灭。”Mukti Up II·2·32-37：“心识即是由千百枝、芽、果等的相续（saṃsara）之根。心识只是假设施。”Annapurna Up IV·39：“知细身（即相续轮回的心识体）是相续种子，摄善、恶之万有的胚芽，诸有皆于中有功能潜伏。”新奥义书所谓心识（manas）、细身（liṅga sārīra）、元气（prāṇa），意义往往是相通的，而熏习（vasana）、种子（bija）、习气（saṃskāra）亦每互通。新奥义书由名色熏成种子，复由种子生成名色，以种子为世间万物的本体的思想，与唯识的“种子”论是完全一致的。如《摄大乘论》（卷二）说：“由此意识用自名言熏习为种子及用一切识名言熏习为种子，是故意识无边行相分别而转，普于一切分别计度，故名遍计。……谓缘名为境，于依他起自性中取彼相貌；由见执著，由寻起语，由见闻等四种言说而起言说，于无义增益为有，由此遍计能遍计度。”唯识的种子论对于奥义书思想的发展在于：其一，明确了种子是分别心的根源，如《唯识三十颂》云：“识有一切种。以相互力故，如是如是转，彼彼分别生。”① 此即说，以有一切种子存在故，方生种种心识分别活动，故种子实即一切分别活动之最后根据。《大乘庄严经论·述求品》亦说：“意言与习光，名义互光起，非真分别故，是名分别相。”② 这里意言即虚妄分别，习即意言种子，二者互为因

① 此与以下之所引，分别是世亲《唯识三十颂》之第十八、二十颂，依香港霍韬晦译（《安慧唯识三十论释原典译注》，第6、7页）。

② 大正31·613下。

果。奥义书虽也讲一切差别的存在来自分别，只是语言（ChānVI·1·4—6），也讲万有皆由心识种子而生，惜未曾明确将种子作为心识分别的根据，因而对于种子的本体论规定性及其现起的机制，皆缺乏清晰的了解，而唯识则克服了此类不足。其二，唯识明确了种子就是心识的概念。如《大乘庄严经论》将心识的所有活动总称为“意言”，即语言的虚妄分别活动，而此分别之潜在状态曰意言种子或名言种子（《述求品》）。唯识学作为经验构成的根据的名言种子，略相当于西人所谓之潜在词或先验概念①。唯识以概念作为存在意义的根源，完全是语言本体论的思想。

此外，在奥义书的识说中，亦可见到“识转变”观念的雏形。实际上，早在《阿闼婆吠陀》，就谈到人的存在源自情绪（Manyu）和愿欲（Akūti，愿、目的、希求）女神的婚姻（AVXI·8·2—18）②。情绪是由诸种生命元气与语言、末那等“十神”结合而生，愿欲乃是“分别”（saṃkalpa）的女儿，而深海（混沌）中的励劳（tapas）与业（karman）作为傧相把新娘引出，大梵是傧相之首。此十神生地、水、火、雷电等诸天（即全部自然现象），盖此神中包含地、水等之原种，地等由各自原种而生（如所谓“因陀罗［雷电］生于因陀罗、须摩［水］生于须摩、阿耆尼［火］生于阿耆尼”）。于是诸神乃为自己造一人形，且凿窍以入居之。于是（由此婚姻而生的）昏睡、懒惰、罪恶、愚痴、阴谋、贪欲、怀疑、喜乐、思维、智慧、信仰、理智、定等数十神，皆随入以居。我们从中可以看出两点：一是全部心识现象，都是从某一共同本源展转生起的；二是自然现象也由心识产生。梵书中由末那产生世界的图式，也提示了一种心识转变论。这些说法都被奥义书继承，但奥义书的识说克服了上述说法的含混性和神话色彩。中村元指出早期奥义书持识转变说（vijñāna-parināma），以为经验意识及名色世界由一个本识转变而生③。奥义书把转变识分为醒位、梦位、熟眠位，而自我有生显与寂灭二相，其在生显中，乃出熟眠位识入梦位识，又出梦位识入醒位识（于寂灭相乃反之）（BṛihIV·3·15）。这一过程，实即由混沌无分别的本识或种子生有差别的主观意识，由此主观意识向外投射境相而生客观意识。新奥义书，则一方面明确把熟眠识规定为心识的种子。如《诃萨奥义书》继承《蛙氏奥义书》的“自我四位”，明确认为世界只是心识展现，而一切心识之种子为熟眠识，第四位（至上位）我则超越全部心识（Haṃsa Up4；另见 Sarva Sara Up 2）。另一方面，如《解脱奥义书》，着重阐明了由心识熏习在本识中形成种子的机制（Mukti Up II·2·24—31）。所以作为

① 参考吴学国：《境界与言诠：唯识的存有论向语言层面的转化》，上海人民出版社 2003 年版，第 153 页。

② 参考 Deussen, *Allgemeine Geschichte der Philosophie Bd1,* AbteilungI. 274FF.

③ Nakamura, Hajime, *A History of Early Vedānta Philosophy,* Motilal Banarsidass, Delhi, 1983. 156.

差别识的醒位与梦位识，与本识是互为因果的。唯识的识转变论，基本立场与此一致。如《摄大乘论》说诸现行识，若身、身者、受者识、彼所受识、彼能受识、世识、数识、处识、言说识，与本识互为因缘而生（卷二）。世亲释云："唯一本识由熏习差别故有三种，……若能见色根有声说谓眼，数习此言说，于中起爱熏习本识，此熏习是眼根生因。若果报眼根应生，从此本识中言说爱熏习生，是故立言说熏习为眼根因，如眼根于于耳等根一切言说熏习生应作如此知。"（《摄大乘论释》卷四）其中诸现行识与阿赖耶识互为因果的结构，显然与奥义书所说，来自同一思维范式。

而唯识的种子与识转变思想，都不属于早期佛教，故应当是以奥义书思想为来源的。但奥义书思想对于唯识的影响，可能是以数论和小乘经部学为中介的。吠檀多派和数论派，都继承了奥义书的识转变说，并使之更加明确化。如吠檀多派认为作为诸名色识本体的内根储存了生命体无始以来的熏习，"内根是我们在清醒时的欲望留下的许多熏习的仓库。"① 这些熏习由个人过去的善恶行为产生，潜伏于内心，而在将来产生果报——即决定他的世界经验与其他人不同的内容。但佛教这里是否受吠檀多派影响，尚不清楚。但唯识的识转变（vijñāna-parināma），肯定受到数论的自性转变（prakṛti-parināma）的很大影响②。

首先可以肯定的是，数论的自性转变，讲的就是（或至少包括了）心识的转变。因为数论的转变，是宇宙论和心理学不分的③。数论的自性，同奥义书的阿难陀识、摩耶一样，既是宇宙的原理，也是心理的原理。如《数论经注》对自性的描述为"彼非有非无、亦有亦无、圆满无阙、无形无相，而为一切（诸法）之根氐"（SPBI・61）。这与奥义书对阿难陀识或熟眠识的描述是一样的。其所谓自性的三德（明德、动德、闇德）不仅是物质的，而且指心识的原理④。故自性转变，也是一种心识转变。数论把觉谛（buddhi）作为精神现象的基础，其意义相当于奥义书的识（vijñāna）⑤（但它仅仅是个体的）。它也被认为是储藏一切熏习（vāsana）或习气（saṃskara）的容器："觉谛是无量熏习之依止。"（SPSII・42）"觉谛是所有熏习之依止。因为在即使末那、我慢由于谛智而消失时，仍然有忆持，因此时觉谛尚存也。"（SPBII・42。略有删节）

---

① Saṃkaracarya, *Viveka-Chudamani, Trans with an Introduction by Swami Prabhavananda and Christopher Isherwood*, Vedānta Press, Hollywood, 1978, p.47.

② 高崎直道等：《唯识思想》，华宇出版社 1985 年版，第 161 页。

③ Hermann Oldenberg, *Die Lehre der Upaniṣaden und die Anfange des Buddhismus,* Vandenhoeck & Ruprecht, Goettingen, 1915. 232.

④ Arthur B.Keith, *A History of the Sāṃkhya Philosophy*, Association Press, 1924. 15.

⑤ Pulinbihari Chakravarti, *Origin and Development of the Sāṃkhya System of Thought*. 13.

熏习又是产生新的同类经验的种子。数论由觉谛的熏习产生不同生命内容的观念，与唯识的异熟识生异熟果，道理是一致的。其次，数论阐明了种子与现行互为因果的识转变机制。数论称识的所有现实活动为意相（vṛtti），任一意相消失，都要在觉谛中留下一种潜在印相，此即熏习（YSIV・11）；熏习又有产生相似意相的作用，心识的全部意相都是从熏习产生的（TTSIX）。故熏习与意相，互为因果，循环不已，如稻与种。在转起现行之前，熏习会始终作为一种潜在力量流转相续（YBIV・9）。这与上面讨论的唯识学论种子、现行互生的机制是一样的。第三，熏习对于现实生命的影响在于两点：一是觉谛等由于熏习而具有不同形态、不同内容；二是由于留存在觉谛中的熏习的影响，诸根转向不同境界，有不同受用（TTSVIII）。这两点，分别对应于唯识的名言熏习与有支熏习（业种子）。另外数论认为熏习是生命的根本，是贪、痴等生起之作用因，因而是自性解脱的障碍（SPVV・119），故修道的究竟，唯在断除熏习①。这也与下文讨论的唯识修道论宗旨一致。

多数学者认为数论是以奥义书为基础发展起来的②。奥登堡指出数论自性转变的系列，在奥义书中已经存在③。实际上，在《六问》、《羯陀》、《白骡》等奥义书中，像五唯、五知根、五作根、末那、我慢、心所、觉谛、神我、自性、三德等数论哲学的基本概念都已经出现，而且已经致力于思考这些心识环节之间的缘生关系④。因而有的学者说数论学最早可能仅仅是以数的形式对奥义书思想的一种概括⑤。可以说数论的心识转变论是通过对奥义书相应的观念进行概括、整理形成的。

佛教的世界观，从开始就受到了数论的实质性影响⑥。原始佛教的十二支缘起说，即是借鉴了数论的心识转变论，但摒弃了后者的形上学趣味而把侧重点放在解释苦的根源⑦；乃至“习气”（saṃskāras）一词，亦当是沿自数论⑧。然而小乘思想中，

① *Vedāntin Mahādeva,* Vṛtti to SPSV・119.

② Arthur B.Keith, *A History of the Sāṃkhya Philosophy*. 7.

③ *Die Lehre der Upaniṣaden und die Anfange des Buddhismus*. 227.

④ 吴学国：《存在・自我・神性：印度哲学与宗教思想研究》，中国社会科学出版社 2006 年版，第 432 页；Arthur B.Keith, *A History of the Sāṃkhya Philosophy*, p.10FF ；Pulinbihari Chakravarti, *Origin and Development of the Sāṃkhya System of Thought*. 11–34.

⑤ Arthur B.Keith, *A History of the Sāṃkhya Philosophy*. 13.

⑥ 如奥登堡说：“佛教的基本世界观，主要来自数论”（*Die Lehre der Upaniṣaden und die Anfange des Buddhismus*. 318–319）；拉达克利须南相信佛教、耆那教都是以数论为基础的（Sarvepalli Radhakrishnan, *Indian Philosophy Vol.1*, the Macmilian Company, London, 1924. 472）；皮歇尔说“佛教的思想几乎全部来自数论—瑜伽”（Mittal（Ed）, M. P., *Buddha and Early Buddhism Vol.1*, Delhi: Originals, 2002. 115）。

⑦ Arthur B.Keith, *A History of the Sāṃkhya Philosophy*. 25.

⑧ Arthur B.Keith, *A History of the Sāṃkhya Philosophy*. 29.

受数论影响最深的应当是作为唯识思想直接来源的经量部。后者正是由于吸收了数论的心识转变说，而提出了“相续转变差别”（samtati-parināma-viseṣa）说[①]。所谓“相续转变差别”，如《俱舍论》说：“谓业为先，后色心起，中无间断，名为相续，后后刹那异前前生，名为转变。于最后时有胜功能，无间生果，胜余转变，故名差别”（卷三十）。经部完全接受了数论的习气自身流转相续、习气与意相互为因果的理论，并称习气为心识的“种子”（bija）。如《俱舍论》云：“种子是名色生自果之功能，此功能依相续转变差别”（卷四），“异熟果由相续转变差别而生”（卷六）。种子不仅生业果，而且是一切诸法的本原。《俱舍论》依业所引色心种子“相续转变差别”建立一切世间诸法体相。所以习气一方面是由一切诸法熏习而成，另一方面也是诸法的本体。然而在经部学，种子始终是作为一个心理主体的机能，而没有真正成为精神的先验概念；熏习也主要指过去的心理现象对此后的心理的影响，因而其论缘起有浓厚的心理主义色彩，而没有成为严格意义上的本体论。

而唯识的种子与识转变说，乃是从经部的“相续转变差别”说脱胎而出[②]。此如《瑜伽师地论》卷五十二云：“过去生中净不净业已起已灭，能感当来爱不爱果，此种子摄受熏习，于行相续展转不断。”《摄大乘论》卷一：“此中安立阿赖耶识因相者，谓即如是一切种子阿赖耶识，于一切时与彼杂染品类诸法现前为因。此中安立阿赖耶识果相者，谓即依彼杂染品法无始时来所有熏习，阿赖耶识相续而生。”其对经部学的沿袭都是显而易见的。

其与经部学不同者，首先在于提出能持种的阿赖耶识，作为相续的基础[③]。不同于经部随顺数论的，作为个体潜在心理的所谓“细意识”，唯识的阿赖耶识乃是超越心理经验的，而且是普遍的本体，故唯识的识转变论是严格意义上的本体论[④]。在这种意义上，唯识离奥义书的本识论更近了。其次，由于受奥义书的绝对主义形上学影响，大乘确立了一个无分别、一味的真如法界观念[⑤]，反过来以为世间万有，皆属言说戏论、虚妄分别。唯识进而以熏习解释言说、虚妄分别的根据。如《瑜伽师地论》云：“一切种子识，谓无始以来乐着戏论，熏习为因，所生一切种子异熟识”（卷一），“诸名言熏习之想所建立识，缘色等想事，计为色等性，……是故如此色等想法，唯

---

① 高崎直道等：《唯识思想》，华宇出版社 1985 年版，第 163 页。

② 高崎直道等：《唯识思想》，华宇出版社 1985 年版，第 167—168 页。

③ 高崎直道等：《唯识思想》，华宇出版社 1985 年版，第 167 页。

④ 吴学国：《境界与言诠：唯识的存有论向语言层面的转化》，上海人民出版社 2003 年版，第 148—149 页。

⑤ 参考松本史朗：《缘起与空》，中国人民大学出版社 2006 年版，第 133、134、137、140、141 页。

是遍计所执自性，当知假有。”（卷七十四）另如《摄大乘论》云：“此识自言熏习为种子，及一切识言熏习为种子，由无边分别，一切处分别。”释曰：“如说根尘之名，数习此名熏习于本识以为种子，由此种子，后时意识变似根似尘而起名为境界；如说六识名，数习此名熏习本识为种子，由此种子，意识后时似六识而起，名为识识[①]。”世间诸法皆是虚妄分别所建立，后者即语言的思维、言说（戏论），而产生分别的根据是名言种子，即先验概念，后者是世间诸法之本体，反过来它又是在虚妄分别中熏习构成。这都表明唯识所谓识转变，即是语言的概念运动[②]。

我认为唯识对经部转变说的本体论化，应当是因为受到奥义书的绝对主义的直接影响。第一，唯识思想中清晰表现的对现象（现行识）与本体（阿赖耶识）、经验的与先验的区分，以及由此建立的精神本体论，都并不属于此前的佛教传统，而却是一直以来为吠陀——奥义书的形上学独有的立场。而且考虑到奥义书思想影响唯识的有利条件，及唯识的其他理论受到它深刻影响的事实，唯识的本识学说汲取了奥义书思想，也是很自然的事。第二，唯识以真如法界为无分别、一味的绝对，而世间万有，皆属言说戏论、虚妄分别的说法，与早期佛教的朴素实在论存在明显冲突，而与奥义书的立场完全一致，可以肯定是来自后者影响[③]。

唯识既认为杂染的习气、种子既是相续的根源，故修道的宗旨在于杂染种子之断伏。这是唯识修道论有别于佛教其他派别的思想。盖瑜伽行者于地前，以无分别智伏除虚妄分别之现起，为唯识共大乘的内容，而自修习位起，修道旨在断灭意言分别之种子，是则为瑜伽所独有。盖中观的空，要在遮破现前的虚妄分别，即是悬置当下的语言运用的现实性。但在唯识看来，不但要取消这种语言使用的“现实性”，也要取消它的“可能性”（即名言熏习）。以此为准的，菩萨于十地中复数修习无分别智以数数断除本识中世间法种子，渐证得转依。最后于十地金刚无间道，法空智果现在前时，顿断一切虚妄分别种子，一切言说戏论分别之相永不生起。唯识这种以断识中杂染种子为旨归的修道论，对于早期佛教和中观思想都是陌生的。但新奥义书的修道目标却与它非常一致。如 Annapurna Up IV · 52 云：“若生命之潜伏、未受用的习气，如烤焦之种子，不复生芽，则为真解脱。”Annapurna Up V · 16：“若习气但伏不起，是为熟眠境，非真成就。若种子断尽，习气永无生果功能，此为成就，此即第四位。”Annapurna Up V · 18：“若习气种耗尽，与胜义有相应，乃永离诸苦。”我

---

① 此中“名”指词语的感性存在，“种子”指其概念性存在（大正 31 · 187 上）。

② 吴学国：《境界与言诠：唯识的存有论向语言层面的转化》，上海人民出版社 2003 年版，第 150 页。

③ 参考松本史朗：《缘起与空》，中国人民大学出版社 2006 年版，第 133、134、137、140、141 页。

们可以肯定唯识与奥义书的修道论存在着亲缘性。

总之，佛教《唯识思想》，与早期佛教的传统之间存在巨大断裂，而却与奥义书的识论存在本质的亲缘性。自古以来，这种亲缘性就已经被佛教和印度教双方的学者所注意。在佛教内部，甚至攻击吠檀多思想的唯识学者寂护（Santaraksita），也说吠檀多的持论，较之佛教只是“稍有差失”①。而鸠摩利罗（Kumārila）作为正统的印度教思想家，就明确认为佛教的唯识学乃是渊源于奥义书思想的②。我们也表明大乘唯识学的产生，就是奥义书的唯心论思想长期渗透的结果。

## 第四节　禅观作为奥义书思想渗透的途径

我们认为这种思想渗透，主要是通过引入新的禅观实现的。在大乘佛学产生的时代，婆罗门教的东扩已使佛教“处在印度教的包围之下”，“婆罗门教对佛教的影响开始迅速增长”③，信奉奥义书的婆罗门遍布各地④，奥义书思想的影响已达到鼎盛⑤。而大量皈依的婆罗门⑥，必然把奥义书思想带入佛教。而禅观在其中的决定性作用就在于，它“为新的启示和觉悟提供了一个通道”⑦，从而为奥义书思想的渗透打开了方便之门。

大乘般若和唯识思想都产生于禅观的新进展，其中般若思想是由于引入空三昧而产生的⑧，而此外大乘瑜伽行派主要是小乘的瑜伽师导入了唯识观法而转化产生的⑨。《解深密经》的思想就表明了这一点，经云：“世尊，诸毗钵舍那三摩地所行影

---

① *A History of Early Vedānta Philosophy*. 156.

② Tantravārttika I・3・2；S.Radhakrishnan, *Indian Philosophy Vol.1*, the Macmilian Company, London, 1924. 676.

③ Charles Eliot, *Hinduism and Buddhism, An Historical Sketch, Vol.2*, Sri Satguru Publications, Delhi, 1988. 69.

④ *A History of Early Vedānta Philosophy*. 139.

⑤ *A History of Early Vedānta Philosophy*. 144. 盖此时祭祀学已经衰落，知识阶层感兴趣的是主张梵我一如的奥义书哲学（Hirakawa Akira, *A History of Indian Buddhism,* University of Hawaii Press, 1990. 15）。婆罗门尽管以祭祀为职事，亦献身于对绝对的寻思（Ibid.16）。

⑥ 在佛陀的十一个上首弟子中，就有八个是婆罗门种姓（包括舍利弗兄弟、目犍连、迦叶等），后世佛教史上许多重要人物，如那先、龙树、马鸣、无着、世亲、陈那、觉音等，也都是婆罗门种姓。

⑦ Paul Williams（Ed）, *Buddhism Vol.III*. 175.

⑧ 参考释印顺：《初期大乘佛教之起源与开展》，正闻出版社 1994 年版，第 1262 页。

⑨ 高崎直道等：《唯识思想》，华宇出版社 1985 年版，第 18 页。

像，彼与此心当言有异当言无异？佛告慈氏菩萨曰：善男子，当言无异。何以故？由彼影像唯是识故。善男子，我说识所缘唯识所现故。……世尊，若诸有情自性而住，缘色等心所行影像，彼与此心亦无异耶。善男子，亦无有异。而诸愚夫由颠倒觉，于诸影像不能如实知唯是识，作颠倒解。”（卷三）此经先是阐明定中影像唯是识，然后推广到一切存在皆唯是识，这清楚地表明万法唯识是从禅定的影像唯识发展来的[①]。

这种唯识观，或以为是从《阿含经》中一些随顺唯识的说法（如上所引《杂阿含经》等）为基础的[②]。然而这类说法在原始佛教中的出现是极偶然的。但唯识或唯心，乃是奥义书的主流思想（《阿含》的识本论，亦源出于此）。实际上自有释教，奥义书思想就一直在对佛教禅观进行渗透[③]。因而假定大乘的唯识观来自奥义书的唯识说，比起它来自阿含，显得更为合理。奥义书要求行者观名色世界为心识的显现（KauṣIII · 5）。由于佛教徒对于禅定体验的信任，导致大量皈依的婆罗门把奥义书的这种观证带进佛教禅观，并与般若的空观结合而形成大乘的唯识观，是很自然的事情[④]。而由于佛教徒对启示（pratibhāna）说经的承认[⑤]，禅观的新内容被以经的形式表述出来，也是同样自然的。总之，奥义书思想（尤其是其识论）正是通过禅观不断渗透入佛学之中，并与佛教本有的学说（如有部与般若思想）结合，终于导致大乘唯识学的产生。

可以说自公元1世纪以后，“性空”的大乘佛教与“唯心”的奥义书传统的对话与交融，决定了此后数百年的印度思想发展。前者是“空”宗，破一切法“空”，后者是“有”宗，立识、心为“有”。大乘唯识学可以说就是这“空”、“有”二宗的视界融合的产物。

我们上面已提到它对于奥义书的识论的发展，主要在于汲取了般若的“空”观，以破除奥义书思想的形而上学执着。奥义书的识论，以为外境都是假立的，但是把

① 高崎直道等：《唯识思想》，华宇出版社1985年版，第117页。

② 如释印顺：《唯识学探源》，正闻出版社1992年版，第4—5页。

③ 奥义书形上学对佛教禅观的渗透，实际上自有佛教便开始了。比如原始佛教观空无边处、识无边处、无所有处、非想非非想处，乃至受想灭，都以奥义书的形上学为前提；另外所谓无分别境，也是由于后者渗透到佛教禅观中而出现的（杰米·霍巴德等主编：《修剪菩提树》，上海古籍出版社2004年版，第164页）。

④ 高崎直道指出大乘唯识观，既来自般若空观，亦有他相信来自《华严经》的“万法唯识”观的因素（高崎直道等：《唯识思想》，华宇出版社1985年版，第19、45页）。

⑤ 如《道行般若波罗蜜经》（支谶译）说：“善男子、善女人，深入般若波罗蜜者，于是中自解出一一深法以为经卷。”（卷四）启示说法成为大乘经的重要来源（Paul Williams（Ed），*Buddhism Vol III*. 335）。

心、识作为实有、绝对，为假有的实质、始基。其中较早的爱氏、考氏学派，把识作为存在的绝对真理；较晚的《蛙氏奥义书》等，把超越于识的真常心作为究竟实相。其所谓识与心，皆是超越俗有的常住、不动、无为、清净的实体，因而都是形而上学的。精神一旦为自己建立起一个可以攀缘、依附的永恒基础，一个安全的避风港，一个逃离世间苦难的庇护所，那么随之而来的就是它丧失自身自由的致命危险。无论是在印度教还是基督教，甚至在佛教中，我们都看到这样一种风险，即精神克服了对世俗世界的执着，却又陷入对超验的本体界的执着。而大乘说“空”，就在于破除所有这类执着。唯识学汲取空的精神①，故意必破除奥义书对心识之执。如虚妄唯识论，以为世间实法，皆是空无，依虚妄分别生起。心识只是虚妄分别，其体性亦幻化非实，其中识种、转变，皆是幻法。修道之要，首在除妄境界，其次妄心熄灭，甚至能生起妄心的习气亦焚毁无余，最后实现“空”的境界。“空”才是一切存在的绝对真理、本质。然而，“空”也不是一种（奥义书的梵我、真心那样的）基础，而恰恰是“无基础”，不是精神的避风港，反倒是吁请我们勇敢地面对“虚无”的风暴。菩萨即使真空智现前，亦非实有所得，而是实现了彻底的无所得、无所住，易言之即精神的绝对自由。

然而，大乘瑜伽把来自奥义书的识说向空的方面发展，也不能说是违背了奥义书的本旨。盖一方面，空论也是在奥义书思想渗透下产生的②，或者说是在奥义书的“幻”论基础上发展起来的。另一方面奥义书的识说自身也在发展。新奥义书也像佛教一样持境识皆空，三性说、识转变说等亦被当时吠檀多学者接受③，乔荼婆陀的不二论完全随顺大乘唯识，晚期吠檀多的见起论（Drṣti-srṣti-vāda），认为万物皆妄，只因被觉知而有，若不被觉知即行消灭④，其对世界的否定甚至比佛教唯识和中观都走得更远。这也表明大乘唯识学从逻辑上可视作奥义书识论的升华和发展，而不是对它的否定。

此外，由于婆罗门—奥义书传统的进一步渗透，使得大乘佛学，包括唯识学的立

---

① 参考高崎直道等：《唯识思想》，华宇出版社1985年版，第45页。

② 拉达克利须南指出般若中观思想对空性的描述使用的“几乎是与奥义书描述无德梵完全相同的语言”（Sarvepalli Radhakrishnan, *Indian Philosophy Vol.1*, the Macmilian Company, London, 1924. 700）。长尾雅人说：大乘空论通过否定相对性而证悟绝对实相，“这种绝对在奥义书哲学中即已被证悟，这在奥义书‘非此、非彼’这样的遮诠表述中得到表现。奥义书的绝对为后来佛教的空观的基础。”（Gadjin Nagao, Mādhyamika and Yogācāra.209）凯思也说：“这里再清楚不过地可以看到，这种如性或真如是同吠檀多派的绝对差不多的东西。”（A.B. 凯思：《印度和锡兰佛教哲学》，上海古籍出版社2004年版，第246页）

③ *A History of Early Vedānta Philosophy*. 156.

④ Shuchta C.Divatia, *Idealistic Thought in Indian Philosophy,* D. K. Printworld, New Delhi, 1994. 41.

场，更进一步朝吠檀多靠拢，以致最终被后者同化。印度唯识学的发展，总的方向是逐渐脱离《深密》和《瑜伽》等的早期唯识学的性空学和心、性各别，理、智分别立场，而向真心实有、心性一如、理智一如立场转移。

一方面，在唯识学的发展中，"空性"得到越来越肯定的描述，逐渐被当作类似于奥义书的大梵的，作为世界基础或始基的东西。如《摄大乘论》立金土藏喻，曰："譬如世间金土藏中，三法可得：一地界；二土；三金。于地界中，土非实有而现可得，金是实有而不可得；火烧炼时土相不现，金相显现又此地界，土显现时，虚妄显现；金显现时，真实显现，是故地界是彼二分。"（卷二）此喻即包含胜义有是世间法的基础的意思。日人松本史朗指出，与奥义书相同的"界论"结构在全部瑜伽行与如来藏文献中皆成立①。印顺法师也说在唯识和如来藏思想中都有"从'空'进入'不空'"的倾向②。到《宝性论》、《楞伽经》和《密严经》等，一种作为存在之本体、基础的"不空"的真我或如来藏得以确立。唯识这种由"空"向"有"的逐渐转移，离不开吠檀多思想的渗透③。事实上，晚期唯识对于如来藏我的描述，与晚期奥义书和不二吠檀多对梵我的描述基本一致，表明它在这里已经被吠檀多同化了。

另一方面，在从《解深密经》到《楞伽经》的唯识学发展中，一个与作为存在真理的真心概念被逐渐确立，最终导致与奥义书一致的心性一如立场。事实上，由于唯识学摄万有于识，那么大乘标榜为万有实相的空、不二、无分别、自性清净涅槃境界，也只能内在于识中。这意味着心识被分成两个层面，即有差别的"相"和无差别的"性"的层面④。这种心识中的无差别的真如空性，被称为"智"（jñāna），以别于有差别的"识"（vijñāna）。所以在唯识学中一开始就隐藏了一个作为诸识的实性或本质的绝对心性概念。一旦后者从隐藏变为显明的，并且被作为诸识的独立的基础，那它实际上就与吠檀多的真心概念无异了。事实上，大乘唯识思想基本就是朝这一方向发展的。这里只就两方面来表明这一点：(1) 唯识三性说向心性一如立场的转化。在《解深密经》、《瑜伽师地论》等最早的唯识学典籍中，依他（识）就是杂染，而无着之学，立杂染、清净二分依他⑤，这就使真心成为显明的。与此相应，在《解深密经》等典籍中，圆成实性仅指实相、空、真如，只是在后来的思想（比如无着、世亲的

---

① 杰米·霍巴德等主编：《修剪菩提树》，上海古籍出版社 2004 年版，第 212 页。

② 释印顺：《初期大乘佛教之起源与开展》，正闻出版社 1994 年版，第 23 页。

③ 松本史朗：《缘起与空》，中国人民大学出版社 2006 年版，第 122 页。

④ 《摄大乘论》以"二分依他"解释这一立场（见下文）。

⑤ 如《摄大乘论》云："此中生死谓依他起性杂染分，涅槃谓依他起性清净分。二所依止，谓通二分依他起性。"（卷下）

思想）中，它才逐渐具有了“智”，即真心的意义①。印度唯识学从无着、世亲，又进一步发展到《楞伽》、《密严》，于是真心被明确理解成万有的绝对真理、本质，心性一如观念得到正式确立。心性一如的观念，与早期唯识乃至整个印度佛教传统都存在矛盾，却是奥义书的主导观念。因此，唯识三性说的上述转变，也意味着唯识学被吠檀多同化了。（2）“转依”从心识之泯灭到无分别心之实现的转化。《解深密经》等说“转依”，立足于“趣向真如临入真如”（卷三），《瑜伽师地论》也说“得转依故超过影像，即于所知事有无分别”（卷二十六），这其实都是顺随般若思想的，把转依说成是心识的彻底泯灭。到无着、世亲，乃将转依说为“转识成智”，即于心识转灭其杂染的状态，转得其清净状态，即《摄论》所谓“转舍杂染分转得清净分”（卷下）。这等于承认了在转依后仍存在一个被称作“智”的“纯粹的主体”②，以及究竟位的心、性一如。这一点在后来的《佛地经论》中，得到明确的表述，其云：“诸有情心平等性，即是真实，是圆成实自性摄”（卷三）。无着、世亲唯识分别识与智，以智为“离开了能、所的二元性的超世间的识”或自性清净心③，都与奥义书的立场相同。盖《鹧鸪奥义书》就把识与智区分，以前者为假有，而以后者等同于实性、绝对（satya-jñāna-ānanda），为清净的真常心（TaitII · 1）；《广林奥义书》、《慈氏奥义书》等亦以有能、所的二元对待者为识，超越此对待者为智（BṛihII · 4 · 14；MaitII · 3—4）。超越差别识，而实现一种无分别、清净的绝对真心（或智），以实现心性一如的解脱观，不属于佛教的传统甚至早期唯识，乃是奥义书的独特思想，所以唯识学的上述说法，应当视为奥义书的绝对唯心论进一步渗透的结果④。在《楞伽》、《密严》的晚期唯识学中，智或真心就是存在的绝对本质，也是究竟自我，解脱就是识泯除差别，归宿到无分别真心，从而与奥义书梵我一如的解脱观没有了实质区别。可见在唯识学中，无论是三性说还是转依说的立场转变，都表现为逐渐被吠檀多思想同化的过程。在这里，奥义书—吠檀多思想的渗透是确定无疑的。正是这种渗透使唯识学从初期大乘的心、性各别逐渐过渡到吠檀多式的“心、性一如”立场。

总之，印度佛教的唯识学，从随顺大乘的性空学，主张心性各别，理智分别，追求心境俱灭的早期唯识学（《深密》和《瑜伽》等），经过初步确立起无分别真心观念的无著、世亲唯识，发展到以真心为世界万有的绝对根源、基础的晚期唯识（《宝性

---

① 高崎直道等：《唯识思想》，华宇出版社1985年版，第122页。

② 高崎直道等：《唯识思想》，华宇出版社1985年版，第142页。

③ 高崎直道等：《唯识思想》，华宇出版社1985年版，第324页。

④ 参考杰米·霍巴德等主编：《修剪菩提树》，上海古籍出版社2004年版，第212页；A.B.凯思：《印度和锡兰佛教哲学》，上海古籍出版社2004年版，第250页。

论》、《楞伽经》、《密严经》等），就意味着唯识思想最终被吠檀多传统彻底同化了①。盖晚期唯识确立真我或如来藏作为存在之本体，建立了如来藏的心性一如和真心缘起观念及反观自心的反思型修道论。这样的思想与吠檀多的学说已经没有实质区别。唯识学的这种转化，一方面是由于如来藏思想的影响，但从根源上说是由于奥义书—吠檀多传统对唯识学进一步渗透导致的结果②。

① 杰米·霍巴德等：《修剪菩提树》，上海古籍出版社2004年版，第173、315页；《唯识、心性与如来藏》，第161页。

② 对此问题的更详细讨论，请参考吴学国：《心识的如来藏化：奥义书影响下的唯识思想转型》，《普门学报》2010年第2期。

# 第五章　奥义书与如来藏佛教

## 引　言

印度佛教的如来藏思想，当出现于2世纪以前。其最早的文献为《如来藏经》、《胜鬘经》等。它认为有众生本具的如来藏、真我，作为修道成佛的根据。在印度佛教史上，如来藏思想尽管早就已经存在，但它被认为是从属于中观、瑜伽派的，并没有被当作一个独立的学派或宗派。直到中国华严宗的法藏大师，才把这类思想，予以独立，命名为"如来藏缘起宗"①。

随着如来藏学的演变，"如来藏"（tathāgata-garbha）一词的字面意义也有变化。其最本原的意义，是众生本来具备的成佛的因性，与佛性、法身意思最接近②。在印度的日常语言法中，"藏"（garbha）一词，既指藏有某物的容器，如佛教所谓"金刚藏"、"智藏"，即藏有金刚或智的存在；亦可指被藏的东西，如种子或胎儿，此如《华严经·入法界品》称善财童子为"如来藏"（如来的胎儿）。在如来藏佛教中，这两种意义往往含混不分。"如来藏"往往与"佛性"（buddha-dhātu）等同。"buddha-

---

① 法藏《起信论义记》（卷一）将印度佛学区分为四宗，即：其一，随相法执宗，包括原始佛教和部派佛教；其二，真宗无相宗，即般若中观之学；其三，唯识法相宗，即《深密》、《瑜伽》等的根本唯识；其四，如来藏缘起宗，即《楞伽》、《起信》等的真心如来藏思想。他认为无相宗与法相宗具三乘，排除定性二乘成佛的可能，而如来藏缘起宗则"入寂二乘，亦许成佛"，所以是一乘，名为实相宗。

② 《佛性论》立如来藏的三义：一所摄藏、二隐覆藏、三能摄藏。其中第一是以所摄为藏，指众生被摄于如来，故云如来为藏；第二以隐覆为藏，谓如来隐覆自身故云藏；第三以能摄为藏，指如来本来就具有一切功德，故云藏。《宝性论》亦立如来藏三义，谓法身、真如、种姓："有三种义，是故如来说一切时、一切众生有如来藏。何等为三？一者，如来法身遍在一切诸众生身，偈言法身遍故；二者，真如之体，一切众生无差别，偈言无差故；三者，一切众生皆悉实有真如佛性，偈言皆实有佛性故。"（卷三）

dhātu”一词可能来源于佛骨崇拜[1]。“如来藏”又被称为“宝种”(ratna-gotra)、“金界”(suvarṇa-dhātu)、“宝藏”(ratna-ākara)。“gotra”为种姓、种族、血统之意[2]。“dhātu”意为基础、要素、基本元素、界。“ākara”意为根源、藏、渊薮、仓室、矿脉。这些说法,无非表明如来藏是众生生命的本质、基础,以及成佛的因性。这些意义要素一起构成如来藏思想后来的发展起点。

佛教如来藏思想也是处在不断发展中的,其比较固定的立场,可以概括为以下几点:(1)烦恼所缠的众生,皆本具如来藏,具足如来智、如来眼;(2)此如来藏即众生真实自我;(3)解脱在于如来藏的净化;(4)无论如来出世与否,此如来藏是遍常的真理[3]。而在如来藏思想的演进中,如来藏本身的含义,也从仅仅作为如来智德的法身如来藏,最终转变为作为存在、自我的本质、真理和基础的真心如来藏,具有了精神本体论意义。

影响如来藏思想的形成和发展的因素,既有对佛教内部的般若、唯识思想的融摄,也有婆罗门—奥义书传统的渗透。首先,就如来藏思想与般若、唯识的关系而言,它在起源上应当是独立于后二者,但在其发展中逐渐融摄二家之学来弥补自身理论的不足[4]。其中它与瑜伽行派的关系更为密切:一方面,如来藏思想在其展开中要借助唯识论典。比如《宝性论》就引用了《大乘庄严经论》,其佛身论、转依说,以及对自性清净与离垢清净、有垢真如和无垢真如的区分,即是来自瑜伽行派。《起信论》正是因为受到唯识的阿赖耶识缘起说的启发,而建立真心缘起说[5]。另一方面,如来藏思想也影响唯识学的发展,使自性清净心的观念逐渐进入后者

---

① 盖佛舍利(buddha-dhātu)藏于塔中,而被神秘化,于是舍利与佛塔的关系被放大,成了佛的本质(buddha-dhātu)与世俗存在关系的隐喻。于是佛性也用来指众生本具的佛之智德。

② 初期大乘相信大乘菩萨们组成了一大家族(所谓“生如来家”),而种姓乃为其成员所共有的佛之血统。后来这家庭扩大到一切众生,故曰一切众生皆具如来藏。

③ 高崎直道等:《如来藏思想》,华宇出版社1986年版,第10页。

④ 至于如来藏学与般若、唯识思想的关系,有些学者相信如来藏思想本来不是独立的,而是寄寓于后二者,尤其是唯识思想之中。但从《如来藏经》的内容来看,它似乎对般若、唯识思想都很陌生,而且它的起源可能比唯识思想更早。从内容上看早期如来藏思想与净土思想的关系,可能比与般若、唯识的关系更接近一些。所以它在起源上可能与般若、瑜伽并无关联,而是后来融会此二家之学以构成自己的理论体系。

⑤ 中村元从如来藏思想与唯识关系的角度,把它的发展分为三个阶段:其一,如来藏思想与阿赖耶识说尚未发生交涉的阶段,包括《如来藏经》、《不增不减经》、《无上依经》等。其二,二说并存,但尚未建立内在关联的阶段,如《佛性论》、《大乘庄严经论》等。其三,通过结合阿赖耶识建立如来藏缘起的阶段,如《楞伽经》、《起信论》等(Hajime Nakamura, *Indian Buddhism,* Motilal Banarsidass, 1987. 229—231)。

之中①。于是，这两种思想逐渐通过对话走向融合。而这种融合的成果，即《楞伽》、《起信》的真心如来藏说。而考虑到影响如来藏学的般若性空思想以及唯识的阿赖耶识缘起思想，都是在奥义书思想的渗透之下发展出来的（参考本书第三部分第二编第三、四章），因而奥义书传统对如来藏思想发展的影响是根源性的。如来藏思想的发展整体上就表现为一个逐渐向吠檀多靠拢，并最终被后者同化的过程。实际上，《楞伽》、《起信》的真心如来藏说，已经成为与奥义书心性一如、真心缘起的形上学基本上相同的东西。如来藏思想的这种发展，当然离不开婆罗门——吠檀多传统的直接渗透和诱导现代学者普遍确信如来藏佛教的形成离不开奥义书思想的影响②。首先"如来藏"（tathāgatagarbha）之名，就沾溉了印度教传统中作为世界起源的"胎藏"（Hiraṇyagarbha）观念③。晚期《黎俱吠陀》即有所谓"金胎"神的崇拜，其以为此金胎神是一枚漂浮在原初水中、闪闪发光的宇宙胚胎，万物皆由此发育出来。此胎藏起初被与日神，后来被与生主、梵天等同。在晚期奥义书和《薄伽梵歌》的形上学中，把存在、自我之根源、基础说成"胎藏"（garbha 或 yoni），乃是极常见的；由于它们的年代比早期如来藏学要早一些，因而它们的思想渗透到如来藏学中是很自然的。而从思想内容上看，如来藏思想受奥义书思想影响也颇为明显。比如：其一，如来藏学明确标榜我论，也被认为是违背了佛教传统，明显是受到了奥义书的自我论的影响④。其二，如来藏作为诸法的共同基础、本质的法界（dhātu）观念，就是来自吠檀多的大梵观念⑤。其三，在早期如来藏学中，如来藏其实还是一个具有美妙色身和圆满智德的人格化的神⑥，其

① 《深密》、《瑜伽》等最初的《唯识思想》，不含有如来藏学的因素。到无着、世亲唯识，乃将如来藏作为自性清净法界，予以吸纳，但排除了如来藏本来的智性、心性的因素（参考高崎直道等：《如来藏思想》，华宇出版社 1986 年版，第 247—248 页）。到《大乘庄严经论》，开始接受如来藏的"心性本净"观念，但仍立足于法性本净(参考释印顺：《如来藏之研究》，正闻出版社 1992 年版，第 196 页)。到了《佛性论》，乃将"自性清净心"观念与法界、众生界、我等同，且试图把它与"心真如"或"心法性"结合。《佛性论》的这些尝试，在后期唯识的《楞伽经》、《密严经》等的真心如来藏说中得到圆满完成。真心如来藏是真如、法界、法性与自性清净心的融合，它与奥义书—吠檀多的梵我是本质上相同的东西。

② *A History of Early Vedānta Philosophy,* Motilal Banarsidass, 1983. 182.

③ 释印顺：《如来藏之研究》，正闻出版社 1992 年版，第 16、133 页。

④ 杰米·霍巴德等主编：《修剪菩提树》，上海古籍出版社 2004 年版，第 172 页。有趣的是，一些如来藏经典，如《涅槃经》与《楞伽经》，尽管也意识到它与奥义书传统的类似性，但却都认为奥义书等的自我论都是取资佛教，并加以歪曲形成的。

⑤ 高崎直道等：《如来藏思想》，华宇出版社 1986 年版，第 29 页。

⑥ 如《胜鬘经》说："如来妙色身，世间无与等。……如来色无尽，智慧亦复然。"此外，如来藏也是如来法身之人格化，具佛智、佛眼以及十力、四无畏等佛诸德藏（高崎直道等：《如来藏思想》，华宇出版社 1986 年版，第 33 页）。

中反映的印度神教的影响是很明显的①。另外，我们也将表明作为如来藏思想基础的心性一如和真心缘起观念，也是来源于奥义书思想的。正由于如来藏思想与奥义书传统的明显亲缘性，导致有不少佛学研究者甚至认为如来藏思想根本就不是佛教，而是与吠檀多属于同一范畴②。

我们试图以作为如来藏思想基础的心性一如和真心缘起观念的形成线索，来探讨奥义书、吠檀多思想对如来藏学的形成和发展的影响。我们大体依时间的顺序，把它的发展分为法身如来藏、我性如来藏、法界如来藏、法性如来藏、净心如来藏、真心如来藏几个阶段。通过将它们与奥义书的观念进行比较，我们将发现如来藏学每一阶段的思想都包含奥义书影响的明显痕迹，而且这种影响是逐渐积累的。这一分析表明，至少就历史的角度来看，如来藏学的产生和发展，从根源上是由婆罗门—奥义书传统的渗透和影响所推动的。

这种影响的最大成果，是促使佛教的精神反思得到形成、深化和提升。盖佛教体现了一种绝对超越，但它本质上不是一种反思宗教。从传统上来说，它并没有把心灵、思想当作存在、自我的真理③。在佛教中，只有到唯识学，真正的反思才开始形成④。不过，唯识的反思还不具有主观性，它还没有领会到存在真理及先验意识与自我的同一性，故这反思只是客观的。然而如来藏思想则形成了一种主观反思。这在于它明确把作为一个精神实体的如来藏置于现实自我之内，并将其等同于自我本质。不过，在如来藏思想中，这种精神反思也经历了较长的形成和发展过程。

如来藏思想发展的大致历程可以说之如下：(1) 最早出现的法身如来藏说，以如来智德、法身（菩提和菩提心）为如来藏，确信具有如来藏就在众生的现实自我内，如婴儿处于胎中。在这里，如来藏只是从譬喻上说，而没有被当成一个实在。(2) 稍后的众生界性如来藏说，乃进一步明确提出如来藏作为法身，就是众生界，即众生生命的本质、基础，而我性如来藏说则明确标榜这个如来藏就是真实的自我，于是如来藏被实在化。在这里，如来藏被当作精神实体，一种主观反思被确立。不过在这里如来藏的实质，作为心灵、意识尚未被清楚地领会，所以这反思仍没有实现为内在的。

---

① 释印顺：《如来藏之研究》，正闻出版社 1992 年版，第 19 页。

② 杰米·霍巴德等主编：《修剪菩提树》，上海古籍出版社 2004 年版，第 172、173、191 页。

③ 早期佛学只有一种自然反省，视“我”为一相续生灭的时间性的因缘聚合。般若思想领会到作为一切存在的本质和真理的空性，但也不包括真正的精神反思，因为它仍未意识到心灵在本体论上的优先性，更没有将这本质与心灵沟通起来。

④ 这在于唯识学才开始把心识作为存在的真理，并且把阿赖耶识作为心识的先验根源，因而它体现了一种先验反思。

(3) 法界如来藏说则认为如来藏既是佛性，又是作为诸法基础、依持的法界。这实际上是把自我作为世界的基础。这意味着一种绝对反思被确立。但是在这里，自我仍没有被与心灵等同，反思仍没有实现为内在。法界如来藏说，同法身、众生界性、我性如来藏说一样，都属于如来藏学的早期阶段，其思想皆没有确立内在的反思。(4) 法性如来藏说则明确以诸法空性为如来藏我。它在如来藏思想中是较后期出现的，与般若思想关系极为密切。它可能是从般若中观学发展出来并寄寓其中，也可能是立足于早期如来藏思想而汲取了般若的法性论。但其说仍没有达到内在反思，空性自我的实质仍没有被与心灵等同。(5) 净心如来藏说，把空性、自我等同于自性清净心、纯粹意识。在这里，反思终于发现如来藏我就是内在的心灵、意识，而且是超越的实体。于是如来藏佛教的主观反思首次实现为内在的、超越的，成为超验反思。但净心如来藏说，尚未把净心当作世界存在的绝对真理和根源，因而反思没有成为绝对的、先验的。(6) 真心如来藏思想，一方面领悟了真心就是一切存在的本质和真理，达到心性一如，从而实现了一种绝对反思（主客体的同一）；另一方面用阿赖耶识缘起解释真心生成世界存在的先验发生机制，从而也实现了一种先验反思。可见，如来藏思想的形成和发展，就是一个精神反思不断深化和提升的过程。这一过程，既是佛教的精神自身成长的结果，也是受奥义书的反思长期渗透的结果。

应当承认，用“渗透”一词表述精神对话中一方对另一方的影响，是很勉强的，因为在文化交往中真正精神性的内容，对被影响的一方而言，不可能是像无机物那样自然扩散到这新的空间的。文化交往中完全自然渗透的内容，都不具有真正的精神性。精神是自由。它接受任何新内容（新的概念、观念），都以实现更完善的自由为唯一的宗旨。因而它在任何这种接受之前，都必须先返回自身，诉诸其本有的意志，根据本己的良知确定这内容的适宜性，一般来说这整个过程都是精神的先验的、无意识的活动。而且这接受也不可能是自然、现存地拿来，它是教养、修炼。因为新的概念乃是新的经验、活动，只有通过精神的教养，融入到现实精神的整体活动之中，它才能成为必然的、现实的。所以这接受，实质上是“养成”，即精神长出了新的功能。精神通过这新的功能（概念），以实现新的自由。所以一种文化精神接受异己文化的内容，就是它的自身成长，是它实现更大程度的自由或自否定的途径，因而这本质上就不会是一个顺势、自然的无意识过程，而必是逆势的、自主的、自觉的艰难之旅。另外，精神自由的成长或实现，具有自身的时间，即自否定的时间，这是一种生命时间。这在于，同一切生命过程一样，自否定的每一更高境界的实现，都必须以较低的阶段为基础，而不会反过来。精神由此实现否定的积累。而在这积累过程中最终构成的概念，亦以这过程本身为其现实性，是历史和逻辑的统一。再回到如来藏佛教的历史，可以得到两点结论：第一，在如来藏佛教的精神发展中，它的任何随顺吠檀多传统的概念、观念，都不是被动地、无意识地被后者“渗透”的，也不是作为后者现存的“礼品”拿来的，也不是像动物攫取食物那样把后者的形式完全消解然后用自己的形式再组织，其自身存在却没有任何改变，而必须是通过自主自觉的艰难教养和修炼过程构成的，它由此否定了自己原先的存在。这过程就是通过对异己的反思观念的反复修证，构成了相应的反思概念和经验，通过这概念构成完全属于精神自己的观念。总之在如来藏思想中，任何被“接受”的概念、观念，其实都还是从佛教精神自身内部生长出来的。第二，在如来藏学的历史中，反思性的、随顺吠檀多的因素总是持续积累、不断深化的，原因正如上所说，佛学对吠檀多思想的“接受”，实际上是佛教的精神反思的自身成长，因而必然从属于后者的时间——这实质上就是本质反思的概念构成时间。净心如来藏的本质反思必须在前此的全部反思的基础上构成并包容、整合它们，后者也同样要以前此的反思为基础，如此递推形成的反思的历史整体，同时就是本质反思的现实性。所以净心如来藏的观念，作为本质反思的工具，必然预设并在某种程度上包括了我性如来藏、法界如来藏、法性如来藏等观念。

另外还应当看到，奥义书的思想是一个复杂的系统，而与它敌对的佛教，也不允许一次性地把它的完整理论移植过来。所以如来藏思想的各种学说，以至般若、唯识之学，往往只是从不同方面，在不同程度上汲取、继承奥义书的思想，并加以发挥。在这过程中，后起的学说一般会汲取前面的学说的内容，导致随顺吠檀多的内容在如来藏学中不断积累。最终所有这些源自吠檀多的思想，都在《起信》、《楞伽》等经论中汇集起来。

以下我们将探讨如来藏学每一阶段的思想受奥义书影响的情况，以阐明如来藏佛教在婆罗门—奥义书传统持续渗透之下不断发展，从法身如来藏逐渐过渡到真心如来藏思想的过程。兹论之如下：

## 第一节 法身如来藏说

最早的如来藏学，或者说如来藏经的产生，一方面是受当时教内的新思潮影响的结果。第一是佛教的通俗化运动。部派佛学发展到后来，导致僧院生活与世俗完全隔绝，这也限制了佛教的发展。因而在公元前约三世纪，佛教内部兴起了一个打破佛教的经院化、精英化的运动，居士运动就是其中的一部分。如来藏法门就是响应这种通俗化、大众化运动而产生的。它鼓吹“一切众生同有如来智慧德相”，并用九种譬喻使之通俗化（《如来藏经》），以激发普通大众的信心[1]。第二是信仰佛教运动。如来藏佛教以为如来既是世界的基础，也是具有人格的神，这种思想与净土信仰是息息相通的。第三是佛塔崇拜。如来藏说的兴起与对如来舍利（buddha-dhātu）的崇拜有关[2]，后者催生了人在自己身中藏有如来的信念。而婆罗门思想，正是通过这三种途径，渗透到如来藏佛教之中。盖佛教的通俗化、大众化运动，要求它打开门槛，既要与群众接触，也要随顺他们的思想，以成就弘法的方便。这就为印度传统思想进入佛教提供了一个便捷的通道。信仰佛教运动是受婆罗门传统、民间崇拜与西亚宗教的影响产生的，其中薄伽梵崇拜打上了尤为鲜明的印记。而从佛骨崇拜转变到众生身中有如来的观念，也受到奥义书、《薄伽梵歌》关于众生身中有大梵、至上神的观念的启发。第四是禅法的革新。正如历次标志佛学重大转型的新经的产生，都是以禅法的突破为起点，如来藏经也不例外。以上三种运动，最终都落实到禅观的实践中。其中佛教的通俗化运动为奥义书等思想进入禅观大开方便之门。信仰佛教要求观想佛的妙色身，以及佛在心中，类似的观法在印度教中全都有，而且明显在这里是佛教禅观沿袭了后者。对自己身中有至上神的观法，乃是晚期奥义书和《薄伽梵歌》的禅法宗旨，伴随着佛教信仰主义的强化，这种观法逐渐渗透到佛教的禅观中，导致对众生身中有如来的观法。新的禅观导致一系列新的体验，从而使如来藏经作为它们的表达，得以产生出来。而大乘佛教一向对新的经持开放态度："所未闻经，闻便信受，如所说行；依止于法，不依言说。"（《大宝积经》卷一一二）于是在公元二世纪前，早期的如来藏经，便开始流行起来，此后陆续有新经加入，后来又有了《宝性论》等论书，逐渐汇集成一类有自身特点的文献。另一方面，最早的如来藏思想的产生，也离不开奥义书传统的渗透，这是我们以下要加以讨论的。

最早的如来藏思想是以如来智德、法身（菩提和菩提心）为如来藏，此即所谓法身如来藏。印顺法师指出，初期大乘如来藏，"约如来（性）在众生身中说。众生身中有如来藏，主要是说明本有如来德性，所以众生有成佛的可能。"[3] 此种如来藏观念，为《华严经·如来性起品》最早提及，其云："如来智慧、无相智慧、无碍智慧，具足在于众生身中，但愚痴众生颠倒想覆，不知不见，不生信心。尔时，如来以无障碍清净天眼，观察一切众生，观已作如是言：奇哉！奇哉！云何如来具足智慧在于身中而不知见！我当教彼众生，觉悟圣道，悉令永离妄想颠倒垢缚，具见如来智慧在其身内，

---

① 这一法门看来是很有成效的。多拉那他《印度佛教史》提到在南印度毘土耶那竭罗地方：《如来藏经》的偈颂连童女们都会吟唱。

② 释印顺：《如来藏之研究》，正闻出版社 1992 年版，第 19 页。

③ 释印顺：《如来藏之研究》，正闻出版社 1992 年版，第 134 页。

与佛无异。”(《大方广佛华严经》卷三十五)而《如来藏经》、《大法鼓经》乃将此说予以全面的开示。如《如来藏经》以莲花中的如来、众花中的美蜜、诸果中种芽、贱女怀转轮圣王等九种譬喻,表明如来法身,是众生烦恼所缠的胎藏,唯待去除缠缚,使之显发出来。

在如来藏思想产生以前的佛学,也曾在法的类聚、成佛根据(例如空、般若)、佛舍利等意义上使用过法身、佛性概念,但把它们当作一种众生生命中自有的东西(如来藏),则是如来藏思想特有的立场;而且后者在其发展中,越来越明确地将此如来藏等同于众生的真实自我。这种法身如来藏观念的出现,可以肯定是佛教受婆罗门传统影响的结果。这一点,可以通过指出《如来藏经》九喻的婆罗门渊源,予以证明。

第一,莲花喻。《大方等如来藏经》开首即以莲花中的佛,喻众生本有的如来藏。其云:“佛言善男子,如佛所化无数莲花忽然萎变,无量化佛在莲花内,相好庄严结加趺坐,放大光明。众睹希有靡不恭敬。如是善男子,我以佛眼观一切众生贪欲恚痴诸烦恼中,有如来智、如来眼、如来身,结加趺坐俨然不动。善男子,一切众生,虽在诸趣烦恼身中,有如来藏常无染污,德相备足如我无异。又善男子,譬如天眼之人,观未敷花见诸花内有如来身结加趺坐,除去萎花便得显现。如是善男子,佛见众生如来藏已,欲令开敷为说经法,除灭烦恼显现佛性。善男子,诸佛法尔,若佛出世若不出世,一切众生如来之藏常住不变。但彼众生烦恼覆故,如来出世广为说法,除灭尘劳净一切智。”这一譬喻的婆罗门色彩是很明显的。盖大梵、自我居于莲花中,是印度教自古已有的神话。如《阿闼婆吠陀》说:“九门妙莲花,覆之以三茎,童子住其中,唯证梵者知。无欲且安住、不灭而自存、自足且圆满,知彼者无畏。”(AVX·8·43,44)《百道梵书》也说至上神以水中的莲花为胎藏,在其中发育成熟并居于其中(Sat BrāVII·3·2·14;VII·4·1·11)。奥义书以为这莲花,即在人的心内。如ChānVIII·1·1:“此身即梵城,其中有莲花宫,后者中复有虚空。彼居于此虚空者,是所应知、应得。”MaitVI·1:“彼(自我)居于心中莲花中,受用诸境。”印度教通俗的神话,说宇宙太初唯有大洪水,水上有金胎漂浮,从中生梵天,从梵天脐上生出一枝莲花,从莲花中生毗湿奴神(梵天与毗湿奴的次序有时是颠倒的)。应当承认佛教上述譬喻是沿袭自印度教神话并加以改造而成的。这种沿袭的痕迹,通过其他相关的佛教经典,可以看得更清楚。如《大方等大集经》(卷四)说:“魔王闻是语已,如教谛观,见其脐中有一世界名水王光,有佛世尊号宝优钵罗(晋译‘乐莲华首’)。其世界中,有大宝山(晋译‘又有莲华名宝庄严’),如来处中,结加趺坐,与诸菩萨宣说正法。”唐译《大方广佛华严经》(卷八):“华藏世界海,法界等无别,庄严极清净,安住于虚空。此世界海中, 种难思议。……如是诸刹种,悉在莲华住。”

两段经文的基本神话元素，包括：宇宙洪水（或世界海）、水上的莲花、莲花生长于神的脐上、人或神居住在莲花中，都与印度教完全相同，因而毫无疑问它们都从后者沿袭而来，只是把神的名号换成了佛、如来。而《大智度论》（卷八）说："劫尽烧时，一切皆空。众生福德因缘力故，十方风至，相对相触，能持大水。水上有一千头人，二千手足，名为韦纽。是人脐中出千叶金色妙宝莲华，其光大明，如万日俱照。华中有人，结跏趺坐，此人复有无量光明，名曰梵天王。此梵天王心生八子，八子生天地人民。是梵天王于诸淫瞋已尽无余，以是故言，若有人修禅净行断除淫欲，名为行梵道，佛转法轮或名法轮或名梵轮。是梵天王坐莲华上，是故诸佛随世俗故，于宝华上结跏趺坐，说六波罗蜜。"不仅原样接受了印度教的神话，而且暗示了佛教的同样譬喻是"随顺世俗"，即吸收印度神教因素而来的。

第二，蜜喻。《大方等如来藏经》接着以树中淳蜜喻众生在缠的如来藏，其云："一切众生有如来藏，如彼淳蜜在于岩树，为诸烦恼之所覆蔽，亦如彼蜜群蜂守护。我以佛眼如实观之，以善方便随应说法，灭除烦恼开佛知见。"以植物的蜜汁比喻自我的本真存在，也是婆罗门—奥义书传统自古已有的常用表述。盖《黎俱吠陀》中即有所谓蜜论（Madhuvidyā）①，厥以为有一种神秘的宇宙汁液，是一切生命、存在的精华和实质。此说盖渊源于古雅利安人的须摩（soma）崇拜②。后者导致这样一种观念，即认为存在一种宇宙的原始汁液和精华，是所有生命活力的源泉，它作为一种宇宙原汁贯穿在群有之中，是它们的实质，就像蜜存在于所有花中。《黎俱吠陀》说它是"光曜的蜜汁"，闪电、日光皆是其流射（ṚVIX・61・16—19）。《阿闼婆吠陀》称闪电为"蜜鞭"，盖以此光曜蜜汁之射出如鞭击然。此"蜜鞭"为下滴之金色酥油，为诸神之母，为众生之元气，为不死者之毂，为孵育有死者且入于彼中之胎藏（AVIX・1・4），同时又是吾人生命、自我的实质（AVIX・1・16—17）。此论在奥义书时代仍有广泛影响，BṛihII・5・16即详述其学。奥义书更加强调的是这神秘的蜜汁是人的生命、自我的本质，因而与《如来藏经》的上述说法衔接起来。例如ChānVI・9・1—2,4说："吾子，如蜜蜂采诸树之蜜，融入一味。此诸蜜不复有分别，曰我为此树彼树之蜜。

① 据说因陀罗初授此论于陀底耶(Dadhyan Atharvaṇa)，并威胁他若将此说传与别人，将取其首。神医阿湿文（Ashvins，为骑马之双胞胎）急欲闻道，乃预先行手术，以马首替陀底耶之首，后者乃宣此论。待因陀罗取此马首，阿湿文遂复陀之真首（ṚVI・84・13；I・116・12）。此论另见于：ṚVI・22；I・117；I・157。

② 须摩本为一种植物，亦指从中提炼的汁液，后来因有麻醉、致幻的作用而导致其被神化，成为人们崇拜的对象。须摩崇拜甚至可以追溯到原始的印欧古代（Julius Eggeling, *Introduction to Satapatha Brāhmaṇa Part two*. xi）。

同理，一切众生入于彼实性，而不复知其入彼实性。……此微细原质，万有以之为体。此即是实性，此即自我，此即是汝。”BṛihII · 5 · 14 ：“此自我为万有之蜜，万有亦为此自我之蜜。同理大梵为自我之蜜，自我亦为大梵之蜜。”此外，上引《唱赞奥义书》还表明了，此蜜既然是众生自我的一味本质，故必须以圣智去除对于众生差别相的执着，才能证得。这与《如来藏经》的所谓以佛眼观众生本有的如来藏、除烦恼覆，说法也是一致的。因而《如来藏经》的这一譬喻，应当是沿袭婆罗门传统而来的。

第三，皮糩喻。《如来藏经》又以皮糩中的粮米喻众生本具的如来藏，其云：“譬一切粳粮，皮糩未除荡，贫者犹贱之，谓为可弃物。外虽似无用，内实不毁坏，除去皮糩已，乃为王者膳。我见众生类，烦恼隐佛藏。为说除灭法，令得一切智。如我如来性，众生亦复然。开化令清净，速成无上道。”类似的，以皮糩（kośa）中的粮米喻众生本然之自我，也属于《奥义书》最通常的表述。奥义书此喻，应当是从吠陀传统中以自我居于心室细如谷子的说法发展来的，其沿袭此说者，如 BṛihV · 6 · 1 ：“彼原人具末那之相，彼即是光明，在于心中，细小如谷粒或麦粒。”奥义书后来的思想，乃由此发展出这样的观念，即自我是众生生命的共同实质，而一切属于生命的个别性的内容，包括肉体的、心灵的（元气、末那、识、般若等，以及其包括的无明、业、习气、烦恼），都是包裹、覆盖此实质的皮壳（kośa）。修道之要，在于以圣智剥除此皮壳，使自我实质呈露出来。如 MuṇḍII · 2 · 9 说：“彼大梵在于金色皮壳中，无欲、无分别……唯悟自我者知之。”Skand UpVI—VII ：“我即是自在，自在即是我。此如粳粮，为皮糩包裹者为稻，去除皮糩者为米。被业力覆藏者为命我，从中解脱者为常住的自在。被绳索（即个体生命的内容）系缚的是命我，未被系缚的是自在。”《唱赞奥义书》说自我的本体为一味清净的真心，但凡夫在无明的作用下，乃执受某种外在的存在，以覆蔽自我，如皮壳然；这种执受由粗到细、由外到内共有五重，是谓五壳（kośa）或五身，即色身（食身）、气息身、意身、识身、阿难陀身（无明）（ChānVIII · 7 · 1—VIII · 11 · 3）。五身皆是真我的覆障，必须重重破除，谓破色身得气息身、破气息身得意身，最后连喜乐我也要克服，才能呈现自我的本来面目（ChānVIII · 12 · 1 ；Subala UpVI 亦云：“人必须破五壳，显真我。”）。奥义书与《如来藏经》的这一譬喻，基本的思想元素是相同的，即众生自有某种共同的实质；后者被无明、烦恼乃至色身等覆蔽，如皮壳包裹米粒；解脱在于以圣智除荡皮壳，使自我的实质内容显现出来。由于二者显著的亲缘性，因而认为《如来藏经》的说法沿袭了奥义书传统，是比较合理的解释。

第四，真金宝喻。《大方等如来藏经》又以隐没的金宝喻如来藏：“譬如真金堕不净处，隐没不现经历年载，真金不坏而莫能知。有天眼者语众人言，此不净中有真金宝，汝等出之随意受用。如是善男子，不净处者无量烦恼是，真金宝者如来藏是，有天眼者谓如来是。是故如来广为说法，令诸众生除灭烦恼，悉成正觉施作佛事。”另外此经第五喻即贫家藏宝喻，第七秽物裹金像喻，第九焦黑模铸金像喻，实质内容与此相同。奥义书也有大量用隐藏的金宝显示众生本来的自我的譬喻。如ChānVIII・3・2说：“譬如人不知地下有金宝，故屡经历其处，而不识之，众生日日入于梵界，而不识之；因为彼等实已被妄境系缚。”而ChānVIII・12・5人唯以末那的“天眼”（daiva cakṣu），才能看见这隐没的宝藏。Annapurna Up I・56—II・11也说，人若除遣诸行、诸想、诸有，恒住于不二真心，其隐蔽之自我方能显出，如金宝放出光明。《如来藏经》与奥义书的上述说法，基本的思想要素是相同的，即：一、众生本来具有某种自我实质，但是被隐藏着；二、无明、烦恼、妄境是遮蔽物；三、唯圣者以天眼观察此实质；四、众生唯有除去自我的遮蔽物，恢复自我本来清净的实相，才能得到解脱。由于二者这种明显的家族相似性，因而应当认为这里是佛教沿袭了奥义书的我论。

第五，庵罗果喻。《如来藏经》第六喻，以庵罗果内含大树种，显示众生本有如来藏。其云：“譬如庵罗果内实不坏，种之于地成大树王。如是善男子，我以佛眼观诸众生，如来宝藏在无明壳，犹如果种在于核内。”奥义书亦常以树种子比喻众生的真实自我。比如在《唱赞奥义书》第六篇，优陀拉羯即以此喻为其子开示自我实质。他先让儿子拿来一个无花果并将其剖开，见到里面极微细的种子，然后要他将种子剖开，问他看见何物？儿子回答说没有看见任何东西。于是优陀拉羯说：“信然，吾子，彼最微细原质，是你所不见——信然，吾子，从彼最微细原质，此无花果树如是生长而出。彼即全世界以为灵魂的最微细原质。彼即真如。彼即自我。彼即是汝。”（ChānVI・12・2—3）新奥义书亦常用此喻：“譬如无花果树存于种子，全世界存在于罗摩种子（即至上我）之中。”①“我即至上光，由自身生出宇宙，如浸泡的种子发芽；我即大梵之光，作为万有之最内在实质而闪耀。”（Maha-Narayana Up I・67）Sarva-Sara UpII将树种喻与《唱赞奥义书》等的“五身说”（见上文）结合起来，认为众生内自我作为阿难陀身，是其他诸身，亦即其全部生命内容的种子：“如无花果树潜在于无花果种之内，当四身潜在于藏识内，彼藏识即谓阿难陀身，为众生心识之种子。”

① Rama Tapaniya UpI・2。把宇宙、自我比作一棵神树（asvattha），源于古雅利安人的植物崇拜（*The Religion and Philosophy of the Veda and Upaniṣads I*. 170），是婆罗门教中自吠陀已来就已存在的观念（ṚVVII・34・23，X・64・8）；后者直至早期奥义书——《薄伽梵歌》的时代都很盛行（比如：BṛihIV・3・19FF；BGXV・1—2）。因而用种子与树比喻宇宙、自我的本质与现象的关系，在婆罗门传统中是很自然的。

在这里，如来藏思想与奥义书的亲缘性也是同样明显的。

第六，贫女怀子喻。此为《如来藏经》第八喻。经云："譬如女人贫贱丑陋，众人所恶，而怀贵子，当为圣王王四天下。此人不知经历时节，常作下劣生贱子想。如是善男子，如来观察一切众生，轮转生死受诸苦毒，其身皆有如来宝藏，如彼女人而不觉知。是故如来普为说法，言善男子莫自轻鄙，汝等自身皆有佛性，若勤精进，灭众过恶，则受菩萨及世尊号。"此喻亦在奥义书中有其雏形。盖《梵书》就经常提到至上神为自己创造一妇人，而将自我作为胎藏置入此妇人之身，并重新从中生出；早期奥义书沿袭此说，唯将至上神替换成"自我"（BṛihI·4·17）。奥义书并以为，男人通过与妇人交合，将其自我置于妇人之腹，使其再生，"此种子（自我）遂成为妇人之自我，彼遂滋养此内在之我"（AitaII·5·4,5）；或说自我是居于种子中的不变原理，故不被妇人所污（BṛihIII·9·17）。此外奥义书还以为自我在众生生命之内，如处胎藏中，故人人都怀有圣胎。如 AitaII·5·2："自我开始只是一胎藏，在众生之内，谓之种子。"ChānIII·17·7："圣者在自我中悟见世界之种子。"Annapurna Up IV·39："应知此因身（识体）即是相续之种子，潜藏诸功能，生无量善恶芽。"Muktika UpII·2·1·9 还说人应精勤养护自我，如护心中幼子，通过修习增长善习气，使其成熟得果。由此可见，《如来藏经》的贫女怀子喻的基本内容，包括：一、在缠的众生皆内在包含一理想自我，如妇人怀子；二、人应通过积极的修行，使此幼子得到滋养，成长状大，等等，这些思想在奥义书中都已经具备。考虑到这些说法在奥义书传统中很常见，很可能它们随着奥义书影响的增强而构成一时的思想语境，从而渗透到思想较为开放的如来藏佛教之中。

总之，《如来藏经》描述法身如来藏的全部表述，基本上都可以在婆罗门传统中找到根源。此外，别的如来藏经典中显示法身如来藏常用的表述，比如木中有火喻、宝珠喻、种子喻、虚空喻等，亦在奥义书传统中有踪迹可寻①。这些足以表明，法身如来藏的观念，是由于奥义书思想渗透而产生的。

尽管佛教不是一种反思宗教，但与吠檀多传统的相遇，迫使它返回其宗教之最本源的出发点，即绝对的精神自由或良心（但这种返回是无意识的）。这是佛教精神的良知觉醒。盖自由不仅是自否定，而且是反思。但长期以来，佛教只是把自由当

---

① 木中有火喻最早当见于《白骡奥义书》（ŚvetI·13）。宝珠喻见 Muṇḍ III·1·6；Annapurna Up II·11 等。《宝性论》（卷一）以虚空喻如来藏："如虚空遍至，体细尘不染。此性（原译为"佛性"，据梵本略改）遍众生，诸烦恼不染。"学者发现此颂与《薄伽梵歌》的一偈几乎完全相同（BGXIII·32），故当是沿袭后者而来（Hajime Nakamura: *History of Early Vedānta Philosophy,* Motilal Banarsidass, 1983. 182）。

作自否定，忽视了自由的反思层面，所以它只代表印度精神的否定的一极；而早期吠檀多传统尽管没有实现大乘佛学那种绝对的否定性，却使反思持续深入，所以它代表了印度精神的反思的一极。但是与吠檀多思想的长期交往，最终唤醒了佛教精神的良知，使之意识到其自由的局限性。于是在如来藏思想中，佛教首次对吠檀多的反思观念持开放态度，有了最早的精神反思。

在思想交往中，观念总是精神最直接接触的东西。但精神作为生命和自由，对任何有价值的观念都不是自然地、无意识地接受的，而是将它转化为自身自主的否定和成长。佛教对吠檀多的反思观念也是这样。在这里，观念被转化为精神的自身修炼和教养的图式，即概念构造的图式，而且唯其如此它才是真正被把握了。比如佛学要领会这种源于吠檀多传统的众生在缠的如来藏观念，就必须通过在自己生命中除染去垢、返本还原的一套修炼活动，后者的本质就是如来藏的概念构成。故观念的把握和概念的生成是同一个过程，二者都实现为精神的修炼。在这个意义上，如来藏思想的发生，属于佛教精神的自身成长。

正是由于“渗透”进来的观念必须转化为精神的自身成长，所以它必然符合精神发育的秩序和时间。反思的时间就是精神内在化实现其绝对性的时间。反思必然从最幼稚、外在的形式开始，不断否定其外在性，以达乎存在之绝对内在本质。反思精神对外来思想的接受，亦必符合这一秩序。如来藏佛教之沿袭奥义书传统的我论，亦是如此。许多学者都指出了如来藏与奥义书的梵我的一致①。然而前者对后者的接受有一个时间过程，至少其最初的如来藏观念，与后者成熟时期的梵我观念，尚有较大距离。盖初期大乘所谓的法身如来藏，还是外在的。如来藏尝未被明确等同于自我，也没有被等同于法性、自性清净心、众生生命，因而它还属于一种间接反思的阶段。法身如来藏作为成佛的因性，只具备人生的、修道论的意义，而不具备本体论的意义。所以法身如来藏与奥义书作为存在本体的自我相比，还显得比较粗浅。但是这种距离，在如来藏思想后来的发展中，由于奥义书传统的持续渗透，以及佛教精神反思在其成长中不断从外在到内在的转移，也逐渐地被淡化、抹平了。

## 第二节　我性如来藏说

稍后出的《胜鬘经》、《无上依经》、《不增不减经》，进而明确提出作为佛性、法身的如来藏，就是众生界，即众生生命的本质、基础，此即众生界性如来藏；而《大法

① 释印顺：《如来藏之研究》，正闻出版社 1992 年版，第 134 页。

鼓经》、《大般涅槃经》则明确标榜如来藏就是自我，此即我性如来藏；二者实质上是一致的。这些新思想，都与传统的印度佛教有根本的不同，其实质内容却与奥义书的思想完全一致，因而肯定是沿袭后者而来的。对此我们试图给予更详细的阐明。

《胜鬘经》、《无上依经》等，将法身理解为众生生命的本质或基础。如《胜鬘经》说："生死者依如来藏。以如来藏故，说本际不可知。世尊，有如来藏故说生死，是名善说。世尊，生死者，诸受根没，次第不受根起，是名生死。世尊，死生者此二法是如来藏，世间言说故，有死有生。死者谓根坏，生者新诸根起，非如来藏有生有死。"《佛说无上依经》（卷上）也说："阿难，是如来界无量无边，诸烦恼壳之所隐蔽，随生死流，漂没六道，无始轮转，我说名众生界。阿难，是众生界于生死苦而起厌离，除六尘欲，依八万四千法门十波罗蜜所摄，修菩提道，我说名菩萨。阿难，是众生界已得出离诸烦恼壳，过一切苦洗除垢秽，究竟淡然，清净澄洁，为诸众生之所愿见，微妙上地一切智地，一切无碍，入此中住至无比能已得法王大自在力，我说名多陀阿伽度阿罗诃三藐三佛陀。阿难。是如来界于三位中一切处等，悉无罣碍，本来寂静，譬如虚空，一切色种不能覆，不能满，不能塞，若土器若银器若金器，虚空处等，如来界者亦复如是。""如来界自性净故，于众生处无异相故，无差别故，极随平等清亮润滑。"①

这些说法与奥义书的生命论（prāṇa-Vidyā，即元气说），表现出本质的亲缘性。盖如来藏经上述说法，包括以下基本要点：其一，众生生命具有某种普遍共同的本质、基础（众生界），后者是其全部生命内容的来源。这种观念在反对任何绝对主义的早期佛教，以及标榜"众生空"的初期大乘中，都是根本不存在的。但婆罗门思想，早在《梵书》就已提出"生命元气"（prāṇa）为众生生命的本质（Ait ĀrII·1·4·9，10），并将后者直接等同于我（Sat BrāVIII·4·1·3，XIII·5·2·15）。奥义书亦云："众生皆归宿于此生命元气，复由此生命元气生出。"（ChānI·11·5）"彼（众生的自我）即生命元气，为生死因。"（AitaII·1·8·5）其以为人的所有生命机能，包括语言、视、听、意、气息等，都是生命元气的表现，或说是从它衍生出来的②。奥义书更成熟的思想，将众生的自我、梵与生命元气区别开来，前者是后者的本体，因而也是一切生命的基础："生命元气由自我而生……此生命元气复生其他生命功能，各

① 《佛说不增不减经》的立场与此相同，如云："甚深义者即是第一义谛。第一义谛者即是众生界。众生界者即是如来藏。如来藏者即是法身。舍利弗。如我所说法身义者。过于恒沙不离不脱不断不异。不思议佛法如来功德智慧。""不离众生界有法身。不离法身有众生界。众生界即法身。法身即众生界。"

② Ait ĀraII·1·4·9—18。相似内容亦见于 ChānV·1·1—15；BṛihVI·1·7—14 等。

司其职。”① 奥义书认为，众生的生命都是一个普遍的本体（众生界）的个体化、现实化。这种独特观念，应当是后来印度类似思想的源头。可以设想佛教的众生界性如来藏，亦渊源于此。其二，现实生命是流转变灭的，但生命的本体是常住不灭的。这种立场，同样与持诸法缘起无常的原始佛教和主张无自性空的初期大乘相矛盾，而随顺奥义书传统的生命论。后者以为组成现实生命的根身，乃至全部生理、心理内容，都是相续生灭的，而这生命的本体则为常恒不灭。如 KauṣIII · 2 ：“生命元气是不灭者，不灭者是生命元气。人依生命元气于彼岸得不灭。” KauṣIII · 8 ：“彼生命元气实即识中自我，吉祥、常住、不灭。彼不因善业而增，不因恶业而损。” KāṭhI · 2 · 18 也说作为众生生命之基础的至上我是“不生、不死，无所来，无所出。彼为不生、永恒、常住、古老，不因根身被杀而见杀。” ChānVI · 11 · 3, VIII · 12 · 1 ；Sarva Sara UpVI ；Ātma UpI · 2,4 等亦说唯根身有生死，至上我无生死。死亡只是诸根入没，生是诸根再次生起活动，而作为众生生命基础的自我则未尝有变（ChānVI · 8 · 6, VIII · 1 · 5 ；MaitII · 2）。这些说法与上述如来藏经说众生界，实质上也是一致的。其三，这本体是生命相续轮回的基础。早期佛教主要从婆罗门传统汲取了生命相续轮回的观念，但以为生命的整体只是一个生生灭灭的现象之流，没有任何常住的基础；初期大乘也认为诸法皆是缘生如幻的。所以，像如来藏思想这种超越生、死，而作为二者根源的不变的界性（dhātu）或自我实质，对于传统的佛教是很陌生的。但这种生命界性概念，是奥义书的基本信念。如 KauṣII · 13 说轮回：“（当人死时）于是诸天（诸根）没于生命元气，故虽死而不失；（当人出生时）彼复由此生命元气生起。”② BṛihIII · 9 · 4 把生命比作大树，当树根被砍断后，又会从原处长出一棵新的树，轮回就是如此。BṛihIV · 4 · 7 喻生命的轮回如蛇蜕皮。这里树根与蛇，比喻众生的本我，后者在生命的相续轮回中始终保持同一。这里奥义书的上述观念，也与如来藏经对作为生命轮回基础的众生界的解释相同，乃是后者可能的思想源头。其四，现实生命是有差别、烦恼、杂染的，但生命的本体是一味、清净、无染的。这一观念，同样也背离了印度正统佛教的立场，而随顺奥义书的传统。盖奥义书的形上学，严析现象与本体。现象界为有差别、烦恼、杂染的，而本体则为无差别、平等、无漏、清净的。如 ChānVIII · 7 · 1 ：“此自我离一切染、不老、不灭、无苦、无饥、无渴……” MāṇḍVII 形容自我：“既无内知识，亦无外识，亦无内、外识。不为识体，不为识性，不为非识性，

① Praś III · 3—4。《慈氏奥义书》亦云：“从这居于人内的自我，生出全部生命元气。”（MaitVI · 32）

② 另见 KauṣIII · 3。《唱赞奥义书》的说法也与此类似（ChānVI · 11 · 3, IV · 3 · 3）。

不可见，不可触，无对待，不可捉摸，无差别，不可思议，不可表示，唯因内证而得；不动、清净、安详、不二。它是万有之来源与归宿。此即是我。”这里如来藏经所说，也与奥义书表现出明显的家族相似性。总之，众生界性如来藏说的以上基本要点，都完全背离了印度佛教的传统，而本质上与奥义书的生命论趋同。这种趋势当然不可能是偶然发生的，它只能解释为奥义书传统日益深入地渗透到佛学中的结果。

尽管在我们看来，上面这些经所说的众生界性如来藏，实质上就是我，然而可能由于它们对于直说“我论”尚有顾虑，故终未提出“如来藏我”之说；另一方面，在这些经中，如来藏还只是众生生命的基础，尚未成为宇宙存在之本体，即“法界如来藏”。

而与它们基本同时的《大般涅槃经》、《央掘魔罗经》则明确指出如来藏、众生界，就是我①。如《央掘魔罗经》说：“一切众生界、我界，即是一界”，“一切众生皆有如来藏我。……断一切烦恼，故见我界。”《大法鼓经》也说：“若勤方便，除烦恼垢，尔乃得我。”其中《大般涅槃经》说“我”，立义较前二者充分，也最为有名。经云：“佛法有我，即是佛性”，“我者，即是如来藏义；一切众生悉有佛性，即是我义。”（卷七）“若法是实、是真、是常、是主、是依，性不变易者，是名为我。”（卷二）

《涅槃经》等标榜“我”论，从根本上背离了持“无我”论的印度正统佛学，而明显与持我论的奥义书传统合流了②。盖此经对真我体性的描述，如“是实、是真、是常、是主、是依，性不变易”等，无一不与奥义书所说相同③。另外，此经及其他同类经，以为真我是绝对普遍性，分化为众生的小我。这种观念也不属于正统佛学，而属于奥义书传统。将二者的说法进行比较，可以验证其亲缘性。如经云：“雪山有一味药。……如是一味，随其流处，有种种异；是药真味，停留在山，犹如满月。……一味者，喻如佛性。以烦恼故，出种种味，所谓地狱、畜生、饿鬼、天、人。”（《大般涅槃经》卷七）“彼自体变百千亿种形色别异，谓地狱色、畜生色、饿鬼色、天色、人色、声闻色、缘觉色、菩萨色、佛色。”（《清净毗尼方广经》）这些与奥义书的说法都极相似。如BṛihIV·4·4：“如金匠以一金块，重塑为一更新更美相状。如是自我离此身，去无明，变为另一更新更美相状，如诸父、乾达婆、诸天、生主、梵天或其他众

---

① 日本学者长尾雅人说：“大乘经论通过吸取与外道我说一致的‘大我’（māhātmya）概念，使自我得以恢复。真实的觉悟，或佛性之获得，被说为消灭‘小我’，实现‘大我’。”（Gadjin Nagao, *Mādhyamika and Yogācāra*, State University of New York Press, Albany, 1991. 9）

② 参考释印顺：《如来藏之研究》，正闻出版社1992年版，第139页。

③ 参考吴学国：《存在·自我·神性：印度哲学与宗教思想研究》，中国社会科学出版社2006年版，第46—48、60—61页。

生。”MaitIII・3：“如一铁球，火烧炽然，由于铁匠锻造，而具诸形，如是诸识，由于诸德锻造，而现多色，如四生（胎生、卵生等）、十四界（天界乃至地狱诸界）……”这也证实了如来藏我论对奥义书思想的沿袭。

与此相关，《大般涅槃经》从两个方面为其“我”论作了辩护。首先是指出真我论不违佛说。本经卷二，举了旧医与新医、治病用乳的比喻。谓如来为良医，为治外道我执，故说诸法无我，实际上是为显示真我。本经又以苦毒涂乳的比喻佛说“无我”。如小儿有病不宜服乳，所以在母乳上涂了苦味，告诉他不能吃，待其病好，再让他服乳。经云：“如来诱进化众生故，初为众生说一切法修无我行。修无我时，灭除我见；灭我见已，入于泥洹。除世俗我，故说非我方便密教，然后为说如来之性，是名离世真实之我。”（《大般泥洹经》卷五）其次，本经还提出，如来藏我论与外道我论的相似性非但不是由于前者沿袭了后者，相反后者是从佛教引申而来的。本经卷八说：“所有种种异论，咒术，言语文字，皆是佛说，非外道说。”经中以刀为喻，譬如有人只听说刀而没有见过刀的真相，尽管如此，这印相到底是从真刀来的，同理外道说我，也是在说如来藏我，只是外道仅凭传说而妄解，并无真知（卷八）。其中第一条，只是试图调和有我论与早期佛学的矛盾，并没有对前者是从后者发展出来给予真正有说服力的证明；第二条等于承认了如来藏我论与外道我论有共同来源，但是说后者来自前者完全不符合历史事实。我想这种辩护，反而从侧面证实了奥义书我论对如来藏佛教的渗透。

由于吠檀多传统的渗透，到了如来藏思想，佛教便有了自身的精神反思。而精神反思本有的自由，从内部促使它不断深化自身。它会汲取更内在的观念，借此构成新的反思活动，以实现自我深化，同时它也唯有如此才能真正将这观念掌握。所以这观念，其实也是反思自我发育出来的。佛教的精神也是如此，它从印度传统汲取并由以实现自我深化的每一反思观念，其实都是它从自己内部构成的。这种深化从根本上由反思自身的时间决定。反思的内在化冲动，使它不会满足于法身如来藏说的间接反思，但这冲动或自由只是精神的左冲右突的无规定的潜流，它的不满也是无意识的。而吠檀多的影响，不仅使精神自觉其不满，而且为它的内在化提供了观念的图式，从而为它的自由潜流提供了突破口（即自我规定、自身明确化的形式）。也可以说，正是佛教精神反思的自由寻找突破口或自我规定的要求，促使它超越间接反思，从印度思想中寻求、汲取并同化、掌握直接反思的观念。众生界性如来藏说和我性如来藏说，就是由此形成的。这类如来藏思想的出现意味着佛教精神从自己内部发育、构成了直接反思的概念、活动，实现了生命的成长。但在这类如来藏思想中，直接反思仍是外在的，因为精神、自我的内在性是意识和生命，而我性如来藏说还没有领会自我本质上就是意识，众生界性如来藏说也没有真正领会自我的生命性，盖生命的本质是运动，而作为众生界的我则是一个不动的实体。这类反思就是自然反思。但反思的自由要求精神内在化的无限性，精神必然进一步寻求克服外在的实体性返回其本质的形式，即克服自然反思实现（对意识的）纯粹反思和（对概念、活动的）先验反思。这种精神情境，构成了如来藏思想与吠檀多传统进一步交流的历史背景。

## 第三节　法界如来藏说

法界如来藏说，同法身、众生界性、我性如来藏说一样，都属于如来藏学的早期阶段。法界如来藏说的特点，是认为“如来藏既是佛性，又是生灭法之根源。”① 易言之即以为如来藏就是作为诸法基础、依持的法界。法界如来藏与《如来藏经》、《胜鬘经》等的法身如来藏、众生界性、我性如来藏等都有区别。

佛教很早就开始使用“法界”（dharmadhātu）一词。早期佛教谈到法界，有所谓十八界（六根、六境、六识）之说。这里“界”既是一种存在的分类，也是构成世间存在的基础、元素。但小乘的基本倾向是多元实在论，它的法界观念不同于后来大乘佛学的绝对、唯一的，作为一切诸法的共同本质、基础的法界观念。大乘佛学假定了某种绝对本质的存在，“持有那种本质的每一个东西，也叫着法。相对于那些多数的法，而把根源的法，叫做‘法界’。”② 大乘这种法界观念，汲取了奥义书的绝对形上学。学者指出它是作为奥义书的梵我的代替物出现的③。但奥义书的梵我，既有作为诸法的实质、真理、本质的一面，又有作为诸法根源、种子的一面，而初期大乘并没有将二者同时继承。如般若中观思想所谓法界，就是法性、空真如，但还不是诸法根源。唯识以法界代指种子，为诸法的根源，但不同于真如、法性。而法界如来藏说，则大致对这二者同时继承（但或许是因为对二者的区分较模糊）。这决定了它与奥义书传统的亲缘性，客观上要大于般若、瑜伽之学。

法界如来藏的观念，为《不增不减经》首次阐明。尽管《胜鬘经》说过“如来藏者，是法界藏、法身藏、出世间上上藏、自性清净藏。”但这所谓“法界”，同“法身”一样，更可能指的是如来教法的整体，而不是作为诸法的基础、根源的法界概念。

① Hajime Nakamura, *Indian Buddhism,* Motilal Banarsidass, 1987. 229.

② 高崎直道等：《如来藏思想》，华宇出版社 1986 年版，第 29 页。

③ 高崎直道等：《如来藏思想》，华宇出版社 1986 年版，第 29 页。

《不增不减经》表明，《胜鬘经》等的众生界与法界等同，而且就是恒常不变之本体："众生即法界，无论开悟与否，众生与法界皆无增减。""不离众生界有法身，离法身有众生界。众生界即法身，法身即众生界。""不如实知一法界故，不如实见一法界故，起邪见心，谓众生界增，众生界减。"本经接着阐明了此法界如来藏，是生成、任持一切诸法的本体："众生界中亦三种法，皆真实、如、不异、不差。何谓三法：一者如来藏本际相应体及清净法；二者如来藏本际不相应体及烦恼缠不清净法；三者如来藏未来际平等恒及有法。舍利弗当知，如来藏本际相应体及清净法者，此法如实不虚妄不离不脱，慧清净真如法界不思议法。无始本际来，有此清净相应法体。舍利弗，我依此清净真如法界，为众生故说为不可思议法自性清净心。舍利弗当知，如来藏本际不相应体及烦恼缠不清净法者，此本际来离、脱、不相应烦恼所缠不清净法，唯有如来菩提智之所能断。……如来藏未来际平等恒及有法者，即是一切诸法根本，备一切法，具一切法，于世法中不离不脱真实一切法，住持一切法，摄一切法。舍利弗，我依此不生不灭常恒清凉不变归依，不可思议清净法界说名众生。"

以上说法，可以总结为：作为众生生命之普遍基础的东西（众生界），同时又是世界万有的根源、本体（法界）；这本体是本来清净的，但由于有了与真如"离、脱、不相应"的烦恼、无明而被染污。此种观念亦不见于前此的佛教，但在婆罗门传统中却源远流长。盖吠陀——梵书就有了人的生命存在与宇宙同质同构的观念（Sat BrāX・3・3・6,7,8）；人的意、视、言、听、呼吸等生命机能，分别与月、日、火、空、风等宇宙成分同质，故作为前者根源的生命元气（众生界）、自我，同样是后者的根源（法界）（Vāj SaṃXXXII・11—12；Tait BrāIII・10・8），此即印度传统所谓"桑底厘耶智"（Śāṇḍilya-vidyā）①。生命元气是唯一、绝对，而现起并进入无限多样的众生、万有，"是一而贯穿于多"②。而奥义书的生命论，于此义发挥得更为详细、完备。其云"彼（生命元气）置自身于万有之中（为其本质）。"（AitaII・2・1・2）"万有归于元气，如辐集于轴。"（PraśII・6）"彼（本体、梵）即梵天，彼即因陀罗，彼即生主，彼即在此之一切神，彼即五大……彼卵生者，彼胎生者，彼湿生者，彼菌生者，马、牛、人、象，一切有生者——一切飞行、蠕动、不动者"（AitaII・6・1・5）；"信然，梵即是世界之全体。彼由意所成，体即生气，形即光明，思即真理，自我即虚空，包含一切业、

---

① 另见于 Sat BrāX・6・3。

② Tait ĀraIII・14・6.《阿闼婆吠陀》也有同样说法，其云同一生命元气，由于进入万物，而被赋予不同行相，由一变多，这就是生命元气的"再生"（AVXI・4・20）。

一切欲、一切味、一切嗅，包含这全世界，一切无言者、被遗忘者……细于谷粒，甚至燕麦之芒，……而大于地，大于空界，大于天，大于诸世界。”（ChānIII · 14）“如同蜘蛛吐出丝网，如同烈焰溅出火星，故从此自我产生所有生命、所有世界、所有天神、所有存在。信然，生命元气即是实在。彼（梵）乃实在之实在。”（BṛihII · 1 · 20）“如一味的生命元气进入世界，与事物相应，成为各种相状；如是一切有之内自我，与一切事物相应，成为各种相状，但它其实在一切事物之外。”（KāṭhV · 10）“彼（自我）作为生命元气进入世界。……彼现似有为，而实无为、不变。彼为清净、安住、寂静、不染、不动、无欲。”（MaitII · 6）奥义书这些思想，与前文总结的法界如来藏说，并无实质的区别，但由于前者的形成远早于后者，且它在自身传统中有深厚渊源，而后者没有，因而应当承认这里是后者沿袭了前者。

佛教法界如来藏说之出现，固然是由于吠檀多绝对本体论的渗透，但最终是由于佛教精神反思的自由推动的。在早期如来藏学已经实现自然反思的情境下，这种无规定的自由，转化为自然反思将自身绝对化的冲动。盖众生界性如来藏和我性如来藏说，尽管直接反思众生之内自我，但后者还没有在本体论上与客观世界关联起来，而反思的自由要求打破这种局限，使自我绝对化。这种冲动本来可能是盲目的，但由于接受吠檀多的绝对自我观念，而获得了自我规定的形式；易言之，实现了绝对的自然反思的概念。这种反思领会真我为存在、世界的本体论基础，为唯一、绝对的基础、理体。而由于这反思对新观念的接受是由其自身精神发育的情境决定，故吠檀多的影响，及随顺吠檀多的观念在佛教精神反思中的出现，总是“适时”的。吠檀多的绝对自我观念，尽管可能早就现存地摆在那里，但只有在佛教的自然反思产生了自我绝对化的冲动时，它才会对这反思现身，给后者带来启示。

但自由的反思是一个无限的过程，它本来具有一种不断暴露自身外在性，以返回更内在本质的冲动。一旦它接触了适时的新观念，这种冲动就会具体化为对已有反思的否定，对更内在反思的愿求。佛教的精神，在与吠檀多思想的进一步接触中终于意识到，法界如来藏说的这种绝对反思，仍然是外在的、自然的。它是外在的，因为它尚未明确领会自我的内在本质是纯粹意识和概念的活动；它也是自然的，因为它没有领会精神的绝对超越性，它不是任何意义上的现存存在，而就是自由，是自否定的无限性，是彻底的无所执、无所住的空性。所以佛教精神要求彻底克服这类自然反思，实现纯粹反思和超验反思。前者通过净心如来藏说得到体现，后者以法性如来藏说为出发点。

## 第四节　法性如来藏说

在如来藏思想中，法性如来藏说是较后期出现的，它是以诸法空性为如来藏，故与般若思想关系极为密切。它可能是从般若中观学发展出来并寄寓其中，也可能是立足于早期如来藏思想而汲取了般若的法性论。法性如来藏说的代表，是北本《大般涅槃经》（昙无谶译）续译部分，此部应属于上述的后一种情况，它的内容是接着属于早期如来藏思想的《大般涅槃经》前部分的。盖昙无谶译《大般涅槃经》的初十卷，与法显译《大般泥洹经》是同本异译，表现的是早期的我性如来藏思想，尚未与般若、瑜伽结合。但续译的部分（即经的后三十卷），在年代上既为后出，而且由于融入后者的思想，内容上也有了很大改变。

有不少学者认为印度如来藏思想是一直寄寓于或起源于瑜伽行派学说的①，但这种看法可能不合实情。因为，不仅大乘瑜伽行派，般若中观派的学说也同样包含了如来藏思想的因素②，而且早期如来藏经自身反映出它们与般若学关系还更密切一些，这可能是当时般若学影响更为广泛之故。其次这里我们想进一步表明，认为早期如来藏思想是寄寓于或起源于般若、瑜伽学系的看法都是不成立的，理由如下：(1) 早期如来藏思想，强调的不是“空”而是如来藏的“不空”，与般若、瑜伽的思想都有实质的差异。如《央掘魔罗经》说：“有异法是空，有异法不空。……云何于空相，而言真解脱！……如来真解脱，不空亦如是。出离一切过，故说解脱空，如来实不空。离一切烦恼，及诸天人阴，是故说名空。”（卷二）《大般泥洹经》说：“又其空者，如酥蜜瓶，无酥蜜故，名为空瓶。其实不空，因无物故，形色犹存，当知非空。解脱不空，亦复如是，有形有色，故说不空。……灭诸过患，故名为空。”（卷三）印顺法师曾指出如来藏学“宣说真实不空的究竟法门，与《般若》、《深密》经意，恰好相反。”③这也表明了早期如来藏思想与般若、瑜伽学之根本的不同，在前者思想中也看不出后者的实质性影响，因而我认为前者并不是一开始就寄寓于或起源于后者的。(2) 早期如来藏经对般若、瑜伽的性空学是明确反对的。如《大法鼓经》斥责说空的般若经为“诸不了义空相应经”，“一切空经是有余说”（卷下）。《央掘魔罗经》呵责文殊说大空为：“呜呼蚊蚋行，不知真空义。”并提出了“有异法是空，有异法不空”。《大般涅

---

① 参考高崎直道等：《如来藏思想》，华宇出版社 1986 年版，第 3 页；周贵华：《唯识、心性与如来藏》，宗教文化出版社 2006 年版，第 109 页。

② 如松本史朗指出：“以如来藏思想解释《般若经》的活动，实际上在印度就已经开始了。”（松本史朗《缘起与空》，中国人民大学出版社 2006 年版，第 177 页）

③ 释印顺：《如来藏之研究》，正闻出版社 1992 年版，第 145 页。

槃经》也说“莫谓如来唯修诸法本性空寂”（卷三）。有鉴于此，设想早期如来藏思想是寄寓般若、瑜伽学中，是不符合正常逻辑的。所以我认为如来藏思想有其不同于般若、瑜伽的独立起源。而从最早的如来藏经中，我们可以明显看出它们与大众的信仰佛教、佛塔崇拜精神上完全一致，所以我认为它们与后者应该是同一思想运动的产物。比如早期如来藏经的如来都是有妙色身以及无限智慧的人格化的崇拜对象，如《胜鬘经》说："如来妙色身，世间无与等。……如来色无尽，智慧亦复然。"这透露了如来藏思想与信仰佛教的关系。另外如来藏说的兴起，也与对如来舍利和塔寺崇拜有关①。但如来藏思想在其发展中，逐渐融摄般若、瑜伽系的法性学说，它正是通过不断吸收般若与瑜伽的思想实现其理论上的完善的。其中如来藏与瑜伽学的融合形成了心性如来藏观念，而在此之前，是如来藏与般若法性论融合形成了法性如来藏观念，后者集中表现在《大般涅槃经》续译部分。如来藏思想由于融摄了学理上更成熟的般若、瑜伽思想，也大大淡化了其原先信仰化的、神话的因素。

同一部《大般涅槃经》，由于其形成经历了较长的时期，因而其前后部分在思想上存在很大张力。其前部分属于早期如来藏思想，遮初期大乘的“空”而显如来藏的“不空”，其续译部分则力图把早期如来藏说，转移到般若空性论基础之上。这种情况的形成只能是因为《涅槃经》的早期如来藏说在起源上与般若思想不同，因而刚开始对后者有排斥，后来逐渐从排斥走向融合，从而形成其后续部分的法性如来藏说。

对于《涅槃经》的续译部分，其特点这里主要谈两点：第一点，它把如来藏、佛性完全等同于空、法性真如，故其实质的思想已经与般若经完全一致。如经云："佛性无生无灭，无去无来，非过去非未来非现在，非因所作，非无因作，非作非作者，非相非无相，非有名非无名，非名非色，非长非短，非阴界入之所摄持，是故名常。……佛性无为，是故为常。虚空者，即是佛性。"（卷一四）"若见佛性，则不复见一切法性。以修如是空三昧故，不见法性，以不见故，则见佛性。"（卷二六）"善男子！佛性者名第一义空，第一义空名为智慧。所言空者，不见空与不空。智者见空及与不空，常与无常，苦之与乐，我与无我。空者一切生死，不空者谓大涅槃；乃至无我者即是生死，我者谓大涅槃。见一切空不见不空，不名中道；乃至见一切无我不见我者，不名中道。中道者名为佛性，以是义故，佛性常恒无有变易，无明覆故，令诸众生不能得见。声闻缘觉见一切空不见不空，乃至见一切无我不见于我，以是义故，不得第一义空；不得第一义空故，不行中道；无中道故，不见佛性。"（卷二七）印顺法师曾总结

① 释印顺：《如来藏之研究》，正闻出版社1992年版，第19页。佛舍利与藏舍利的塔寺，也名如来界（buddha-dhātu）。

说，《涅槃经》续译部分对佛性的理解，与般若、瑜伽的空性义相同[①]。法性如来藏说也完全被《宝性论》接受[②]，如论云："如来藏究竟如来法身无差别、真如体相、毕竟定佛性体，于一切时一切众生身中皆无余尽应知。"（卷四）

第二点，它淡化了早期如来藏思想的真我论和神学色彩。首先，它完全根据诸法性空说我，恰好是以般若的"空""无我"代替"我"。如经云"如来法身无边无碍，不生不灭，得八自在，是名为我。"（卷三二）"有大我故，名大涅槃。涅槃无我，大自在故，名为大我。"（卷二三）"无我法中有真我。"（卷三八）我们可以看出，在这里《涅槃经》试图通过融摄般若性空思想，以淡化早期如来藏经过于浓厚的真我论色彩[③]。其次，它完全以法性、真如说如来，否认如来有妙色身、无限智慧之类神格化的说法，甚至不再提如来藏一词了。这也是与般若立场一致的。

传统佛教发扬了婆罗门精神的否定的自由，其中性空学使后者实现为绝对的，但传统佛教没有继承婆罗门精神的反思性。而早期如来藏思想却主要沿袭了婆罗门精神中肯定的、反思的一面，从而与佛教传统有了距离。但自由愿求其自否定的绝对性[④]。这种愿求或意志的现实性，就是精神自否定的良知。自由的良知，在体现这种绝对自否定的般若思想的冲击下，在如来藏思想中得以觉醒。这自否定的自由，必须借助概念，即精神经验的先验形式中介才能实现自身。它必须融摄"空"概念，即空智（空的经验）的先验形式，而这空智作为精神的现实活动，必借助于空性、法性诸精神观念以为工具。是为法性如来藏学得以形成的精神根源。然而般若的法性论，最终沿自奥义书的形上学。所以法性如来藏说对前者的融摄亦应视为后者对如来藏思想的渗透，它在这里实际上是重新同化了婆罗门精神的否定的一面。而且如来藏思想产生于印度教复兴的时代，故也不能排除奥义书传统对它的直接影响。

而精神的反思，本来就是以自否定作为其本质生命的。当现实的反思陷于感性的、实体的、形而上学的等种种执着而丧失其本真的绝对、无限性，精神自否定的暗流便四处寻找突破。而佛教被如来藏的自然反思限制的精神自由，一旦与性空学的绝对自否定相遇，便迅速实现了其自我规定。盖性空学在理论的层面，旨在发明一个超越一切世俗性、一切偶像思维、一切形而上学的绝对本质。但这本质是"无我"

① 释印顺：《如来藏之研究》，正闻出版社 1992 年版，第 256、260 页。

② 参考山口益：《般若思想史》，上海古籍出版社 2006 年版，第 52 页；周贵华：《唯识、心性与如来藏》，宗教文化出版社 2006 年版，第 33 页。

③ 释印顺：《如来藏之研究》，正闻出版社 1992 年版，第 252 页。

④ 在印欧语系中，"意志"（willen）既是名词，又是动词，且以动词义更根本。中文此词无动词义。故我们权以"意愿"或"愿求"，为"意志"之动词形态。

的，在这个意义上可以说性空学的自我观念是间接的。法性如来藏说的意义在于它领会了这超越的本质就是自我，剥离了自我的一切现存性的、形而上学的、经验性的假象，在绝对超越性的层面实现了直接反思。

但法性如来藏说仍属于超越的直接反思的外在化阶段，它领会了自我的超越的一面，却忽视了它之为精神的内在性，即它作为意识和活动的一面。反过来，经验的内在反思（如耆那教、数论、胜论的自我反思）领会了自我的意识实质，但没有真正理解它的超越性。而反思本有的自由，要求如来藏佛教将超验反思实现为内在的。这在某种意义上意味着对上述两种反思加以融会。净心如来藏的观念，可以说是超验反思内在化的成果。

在如来藏思想的发展中，法性如来藏说逐渐与我性如来藏说、早期佛学的“净心”观念、（唯识的）心性如来藏思想融合，最终形成了《宝性论》的净心如来藏说和《楞伽经》、《起信论》的真心如来藏说。于是如来藏说就与奥义书传统完全同化了。像《摄论》等的心性如来藏说，《楞伽经》等的真心如来藏说，都是以唯识学为主体而汲取如来藏思想，我们将其放在讨论唯识学的一章中处理。故以下我们只着重分析《宝性论》的净心如来藏说、《大乘起信论》的真心如来藏说与奥义书传统的关联。

## 第五节　净心如来藏说

精神返回自我（自反或反思）的自由，本具实现自身绝对性的意志、愿求。现实精神直接具有自然的反省，即朴素的自我意识。在早期如来藏经中，精神自反作用实现为自然反思。而后者的现实存在，作为概念与观念，都是融摄吠檀多传统而来。但吠檀多还有更高的反思自由。后者首先体现为精神对其纯粹意识、纯粹概念活动的反思，即纯粹反思和先验反思；精神由此真正返回自身的内在性，故这两种反思就是本质反思。本质反思是精神的自反作用实现自身绝对性之必要概念环节。如来藏佛学在与吠檀多传统的长期对话中，其反思的生命得以成长，终于在净心如来藏思想中，反思成为内在的、本质的。其次，晚期奥义书和《薄伽梵歌》还实现了一种超越的内在反思，但这种反思渗透到大乘性空学中的时候，被剥离了“我”的因素，而成为间接、外在的了。在吠檀多传统影响下，法性如来藏说重新领会性空学的超越绝对为自我，实现了超越的直接反思。净心如来藏说将这种超验反思与内在反思结合起来，领悟到绝对超越者就是意识、精神，因而实现了一种超越的内在反思。我们将阐明净心如来藏这种反思的形成，也是吠檀多传统持续的直接渗透的结果。就像自然生命的功能进化一样，新的、更高级的精神概念，必须在已有的、较低级的概念基础上形成，它不可能凭空出现，而必须通过重组、改造旧的观念和概念，以构成新的活动整体，实现新经验。在如来藏学的发展中，本质反思与超验反思一方面以自然反思为基础，另一方面它又是实现更高程度反思的前提。而佛教精神反思的绝对性，正是在这个发展的现实全体中得到实现。

佛教如来藏说，起初并没有与心性本净相关联①。尽管《胜鬘经》、《无上依经》提到了"自性清净藏"、"众生清净界"，但没有表明后者是一个清净的意识实体（净心）。《胜鬘经》和《不增不减经》还提到了"自性清净心"，但后者指的更可能是"发菩提心"的"心"或意乐（āśaya）。只有当众生身中的清净法界、如来藏，被等同于一个纯粹的意识实体或本体，所谓净心如来藏才算形成了。这一如来藏观念，直到《宝性论》才得到明确、系统的表述。论云："如灯明触色，性功德如是。见实者说言，凡夫、圣人、佛、众生如来藏，真如无差别。有不净、杂、净，及以善净等，如是次第说，众生菩萨佛。如空遍一切，而空无分别，自性无垢心，亦遍无分别。如虚空遍至，体细尘不染，佛性遍众生，诸烦恼不染。如一切世间，依虚空生灭，依于无漏界，有诸根生灭。"（卷一）"阴入界如地，烦恼业如水，不正念如风，净心界如空。依性起邪念，念起烦恼业，依因烦恼业，能起阴界入。依止于五阴，界入等诸法，有诸根生灭，如世界成坏。净心如虚空，无因复无缘，及无和合义，亦无生住灭。"（卷一）

但是认为自我、存在的本质是无分别的自性清净心，并不是佛教传统的看法，而是印度奥义书—吠檀多传统的形上学特有的观念，且为奥义书最早提出。吠檀多同样将梵我或自性清净心比作虚空。尤其是晚期奥义书与《薄伽梵歌》对净心自我的理解，体现了与《宝性论》的净心如来藏说相同的逻辑结构。我们可以把上面所引《宝性论》对自性清净心的阐释，概括为以下几点，并表明它们全都在奥义书中已经存在：

第一，自性清净心是众生自我的本质、真理，是自我内在的虚空。这也是奥义书基本的说法。如ChānIII・12・7—9云："信然，所谓自我，乃与一人之外的虚空相同。信然，人之外的虚空，乃与人之内的虚空相同。信然，人之内的虚空，乃与心内的虚空相同。彼即遍满、恒常。"ChānI・9・1："信然，一切皆生于空。它们亦复归于空，因为唯有空比它们殊胜；故空是万有之依止。"MaitIV・5,6也说元气、色身，及梵天、禄陀罗、毗湿奴，皆是至上、不死、无相之自我的体现；自我在此一切之中，即是此一切（之内在本质）。此外KāṭhV・10："如一味的气进入世界，与事物相应，成为各种相状，如是一切有之内自我，与一切事物相应，成为各种相状，但它其实在一切事物

① 释印顺：《如来藏之研究》，正闻出版社1992年版，第67页。

之外。”ŚvetVII·11 亦说自我如虚空遍入一切，包容一切：“彼隐藏于一切，遍入一切，彼万物中之自我，摄一切业，居于众生中”。这些说法，立场与《宝性论》没有区别。

第二，依止自性清净心，由无明（邪念、烦恼）生一切心身存在。这也是与奥义书立场完全一致的。奥义书一方面表明自我、清净心是世间一切存在的依止，如BṛihII·5·14—15：“正如车轮之所有辐条安立于轴心，一切事物、一切天神、一切世界、一切生命、一切自我皆安立于此大我。”另一方面，它又认为世间存在从其直接根源上说，乃是无明、幻、自性的产物，这一思想，到晚期奥义书尤为清楚，如ŚvetIV·10—11：“圣者是应知：自性即是幻，自在即幻师，充满全世界，皆是彼肢体。主宰诸胎藏，一切由彼出，亦复归于彼，彼即则福主，可敬之尊神——人若皈敬彼，得至福永远。”也就是说，世界是自我的幻力（maya）变现出来的。后者在吠檀多传统中，又被称作自性（prakṛti）、无明（ajñāna）（MaitVI·10；BGVII·24,27）。这些说法都同净心佛教所说完全一致。同如来藏思想一样，奥义书传统对净心与无明在世界缘起中的相互关系或各自的作用的阐释，也是很模糊的①。

第三，依此净心所生的一切世间存在，皆为有差别、杂染、流转变异的，而净心则完全超越后者，为一味、不二、清净、恒常的。奥义书也持同样的看法。如ŚvetI·10（有删节）：“自性（无明、幻）恒有变易，真我则无变易、不灭。若融入此真我，则由幻而起的一切境界皆灭。”MaitIII·3：“唯（由无明、幻所生的）相续识（bhūta-ātman）有为，而彼使其有为者，是为内自我（antaḥ Puruṣa）。如一铁球，由火遍入（而炽热），由铁匠锻造，而具诸形，如是相续识，由内自我遍入，由诸德锻造，而现多色，如四生（胎生、卵生等）、十四界（天界乃至地狱诸界）……譬如当此赤铁球被锻造时，其中的火不被改变，故（于生命相续中），内自我不变，唯相续识有变，以其与根身连接故。”MāṇḍVII：“既无内知识，亦无外识，亦无内、外识。不为识体，不为识性，不为非识性，不可见，不可触，无对待，不可捉摸，无差别，不可思议，不可表示，唯通过吾人与大我之本质同一性的证悟而得；不动、清净、安详、不二……此即是我。”ŚvetII·14—15：“如镜染灰尘，尘净复其光，命我悟大梵，一味、除众苦。以我光如灯，瑜伽者见梵，不生、坚固性，离自性无缚。”BGXIII·29：“一切诸业，惟自性作，人若识此，悟我无为。”BGV·14：“梵我既非作者，亦非作业，亦无果报。”故自我、净心尽管因与无明、根身联络而现似有为、有生死、有差别、有染，但其自性始终

① Sarvepalli Radhakrishnan, *Indian Philosophy Vol.2*, G.Allen&Unwin LTD, London, 1931. 575—578；Deussen, *System of the Vedānta*, Motilal Banarsidass Press Delhi, 1972. 302；吴学国：《存在·自我·神性：印度哲学与宗教思想研究》，中国社会科学出版社 2006 年版，第 651 页。

是无为、一味、无生、不变、清净、解脱的。这也与净心佛教所说的完全一致。

第四，净心是绝对超越的存在，是否定一切实体、一切形而上学的现存之“有”的空性，而一切现实性皆为虚幻。《宝性论》说：“如空不思议，常恒及清凉，不变与寂静，遍离诸分别。一切处不着，离阂麁涩触，亦不可见取，佛净心无垢。”（卷一）“如来无为身，自性本来净。客尘虚妄染，本来自性空。”（卷四）这种超越一切现实存在的空净的真心观念，也不见于佛教传统，却亦是奥义书早已具有的。如 MaitI · 4 说真心为“清净、空、寂静、无垢、无我、无生、不灭、不变、坚固、恒常、无息、自足。” TejobinduI · 9 也如此描述究竟自我：“彼即真心自我，不可思议，超越虚空。彼非空非不空，超越彼空而居于心内。非观，非观者，亦非所观，亦非非所观。”这些说法，反映了吠檀多传统的一种超越的内在反思。应当承认奥义书作为空性的真心观念，与《宝性论》所说本质上是相同的。所以在这里，可以肯定是《宝性论》沿袭了吠檀多的说法。它正是通过这种真心观念，实现了对法性如来藏的超验反思的内在化。

总之，净心如来藏说的基本理论与奥义书，尤其是晚期奥义书的思想本质上是相同的。它的本质反思的观念，直接来自吠檀多传统的渗透；其超验反思的观念，则首先是通过性空学与法性如来藏说间接袭取吠檀多，且它对这超越的绝对者的内在化（心性化）也不能排除吠檀多传统的直接影响。然而宗教若要将新的观念转化为真实的反思经验，则必须通过依观念的修证而展开的实践。对于如来藏佛教来说，它若要理解、证得来自吠檀多的内在反思观念，就必须以它为依据，进行反思的实践，即现实的修道。这包括体察真心不二、无染、无分别、清净的状态，“明心见性”、“透彻心源”的一整套工夫。由此内在反思经验成为必然的，即成为概念的活动。净心如来藏的内在反思，不仅通过观念，而且其实践也直接受到吠檀多传统的渗透。盖净心如来藏通过反思真心的无生、一味的自性获得清净解脱、脱离生死的修道方针，与传统佛教存在极大反差，却是奥义书修道论的宗旨①，所以我们认为它们是奥义书的反思实践渗透到如来藏佛教之中的结果。

在事实层面，净心如来藏学对吠檀多的沿袭，从《宝性论》等使用的主要譬喻皆来自奥义书可以得到验证。从上面的引文就可以看出，《宝性论》的虚空喻、灯喻都是奥义书中已现存的②。《宝性论》继承《如来藏经》的九喻，亦大都是奥义书已有的。

---

① 《宝性论》卷一：“菩萨摩诃萨，如实知佛性，不生亦不灭，又无老病等。菩萨如是知，得离于生死。”对比《白骡奥义书》：“瑜伽者见梵，不生、坚固性，离自性无缚。”（ŚvetII · 14—15）

② 比如《宝性论》描述如来藏性无变易：“如虚空遍至，体细尘不染。佛性遍众生，诸烦恼不染。”（卷一）学者发现此颂与《薄伽梵歌》的一偈几乎完全相同（BGXIII · 32），故当是沿袭后者而来（*History of Early Vedānta Philosophy*, Motilal Banarsidass, 1983.182）。

此外《宝性论》说净心如来藏的体性，尚有宝珠喻、净水喻、月离罗睺喻、镜像喻等，也都是婆罗门传统已有的，试作如下比较：(1) 净水喻。《宝性论》云："如清净池水，无有诸尘浊，种种杂花树，周匝常围绕。如月离罗睺，日无云翳等……如是等诸法，即是如来身。"（卷一）而以水、镜喻心，实始于奥义书。如新奥义书有云："如岸种种树，皆映于湖中，一切所知境，映于大心镜。"（Annapurna Up IV · 71）瑜伽派则有与《宝性论》差不多同样的说法。其云凡夫俗子的心识，就像湍流、混浊的湖面，故映照岸上山、林等的景象都是昏乱的；圣者修三昧，使心识澄定，得以证见自我实性，就好比平静的湖面，如实照显岸上诸景①。瑜伽派的正式成立可能是与《宝性论》同时或稍早（而瑜伽学则早在佛教以前的古奥义书［如《羯陀奥义书》］中即已存在），故后者这里很可能是沿袭了前者。此外以月离罗睺、日无云翳等喻净心，皆为奥义书传统中所常见者②。(2) 宝珠喻。此如《宝性论》云："如摩尼宝王，能现种种形，而彼体非实……如来镜像身，而不离本体。"（卷一）婆罗门传统中，奥义书早有以摩尼珠比喻映境之心识者（Annapurna UpII · 11, IV · 40）。而数论学则常以清净宝珠因外物映照现似有种种诸色，而诸色实非宝自相，来比喻真我现种种相，其立说与净心如来藏并无二致。SPBVI · 20 云："因为自我本性是自由解脱，而覆障使之不得显现，故去障就使本来的自由得以实现。此如水晶本来无色，但由于玫瑰花的联结而生的红色，其实就是对水晶之无色的本质的覆障，而此本质实际并未损坏，当玫瑰被移开时，此本质就显现出来。如是自我本来离苦，由于相续识（即觉谛）的执受而生之苦的映像，只是对自我清净性的一种覆障，但非由此识之执受或舍离而实有苦生，实有苦灭。"③ 盖数论学本属于奥义书传统，且一直在影响佛学。至自在黑于公元四世纪倾造《数论颂》，此论已成为一大显学，其对佛教尤其是如来藏学的影响及后者对它的重视，从真谛三藏译《金七十论》可见一斑。因而在这期间形成的净心如来藏观念，沿袭了奥义书—数论的观念，乃是很自然的事情。(3) 镜像喻。此如《宝性论》云："如彼毘琉璃，清净大地中，天主帝释身，于中镜像现。如是众生心，清净大地中，诸佛如来身，于中镜像现。帝释现不现，依地净不净……依浊不浊心，如是诸众生，镜像现不现。"（卷一）而以镜喻心，以镜之染净喻心之清浊，亦为吠檀多传统之经典说

---

① 参考吴学国：《存在 · 自我 · 神性：印度哲学与宗教思想研究》，中国社会科学出版社 2006 年版，第 515 页，以及 YBI · 41F；*Yoga philosophy of Patañjali*, 90—111；*Yoga as philosophy and religion*, 151F, etc.

② ChānVIII · 13 · 1；Ātma UpII · 14 · 17；Varaha Up74；Ātma-Bodha UpII · 1 · 10；Nada Bindu Up29—30；Paiṅgala UpIII · 8.etc.

③ 另请参考吴学国：《存在 · 自我 · 神性：印度哲学与宗教思想研究》，中国社会科学出版社 2006 年版，第 473 页。

法。盖奥义书即已提出此说①，而数论学乃于此大为发扬。后者以为，众生清净的自我，须通过相续心（觉谛）才能认识自身，如以镜自照然（SPBI·99）。如本来洁净的面庞，照于不净的镜子中，而似为不净，故若众生心（觉谛）被习气染污，其中自我亦现似有染。唯通过禅定断除习气，自我本来清净的自性才能得以呈现②。这些说法与《宝性论》的譬喻，具有显著的家族相似性，所以《宝性论》在这里肯定是沿袭了婆罗门传统的内容。实际上，净心如来藏的本质内容，没有一项不是在奥义书传统中已经出现的。它的形成，就是如来藏佛教被奥义书传统进一步渗透、同化的结果。

当然净心如来藏说的形成在佛教内部亦有其资源：(1)前面提到净心如来藏的超验反思受般若思想影响。《宝性论》就反映了这种影响。如论卷一说："非有亦非无，亦复非有无。亦非即于彼，亦复不离彼。不可得思量，非闻慧境界，出离言语道，内心知清凉。彼真妙法日，清净无尘垢。"这同般若思想一样，是以法性空、不可得故说清净③。故有的学者甚至将《宝性论》的如来藏说看成是中观说，也不是没有道理④。(2)《阿含经》和《庄严论》等关于清净心的说法，无疑也是净心如来藏说的内在反思的理论依据⑤。但小乘说心性本净（同初期如来藏的《胜鬘经》、《不增不减经》说"自性清净心"一样），指的更可能只是"发菩提心"的"心"，而不是一个纯粹精神的实体或本体⑥。如巴利文阿含经《增支部》："此心极光净，而客随烦恼杂染，无闻异生不如实解，我说无闻异生无修心故。比丘众！此心极光净，而客随烦恼解脱，有闻圣弟子能如实解，我说有闻圣弟子有修心故。"《舍利弗阿毗昙论》："心性清净，为客尘染。凡夫未闻故，不能如实知见，亦无修心。圣人闻故，如实知见，亦有修心。"（卷二七）另外《庄严论》说"心性本净"，可能也是随顺般若的"法性清净"的⑦。所以这类净心观念，与《宝性论》的净心如来藏的距离，要远远大于后者与吠檀多的净

---

① KāṭhII·3·5；Annapurna Up IV·71，V·34，V·98；Sarasvati-Rahasya Up 47，48，49.

② SPV VI·59；SPBVI·30；《存在·自我·神性：印度哲学与宗教思想研究》，中国社会科学出版社2006年版，第443页。

③ 如《大般若波罗蜜多经》说："云何一切法本性清净故说是法清净？佛言：舍利子，以一切法不可得故本性清净，说是法清净。"（卷四三六）《佛说遍照般若波罗蜜经》云："一切法无性故无相，一切法无相故无作，无作故无愿，无愿故一切法本来清净。"

④ 山口益：《般若思想史》，上海古籍出版社2006年版，第52页。

⑤ 小乘持"自性清净心"的部派，除了分别论者（南方上座部）之外，还有大众部和法藏部（高崎直道等：《如来藏思想》，华宇出版社1986年版，第17页）。

⑥ 印顺法师说："《般若经》的心性本净说，可能引发如来藏说，却不是如来藏说。"（释印顺：《如来藏之研究》，正闻出版社1992年版，第85页）早期佛教的心性本净观念与净心如来藏说也有实质的区别。

⑦ 释印顺：《如来藏之研究》，正闻出版社1992年版，第195页。

心观念的距离。所以更可能的情况是,《宝性论》只是把它们当作理论的凭据,但它们却并不构成净心如来藏说的主要资源。无论是般若的法性论,还是上述这类净心观念,其实皆不属于早期佛学的正统,它们归根结底也都是来自奥义书绝对形上学的渗透(见本编第二、四、五章的讨论)。以上这些最终意味着,净心如来藏的主要观念并不是佛教的原创,而是汲取自奥义书传统。

正如我们前面谈到的,说如来藏思想对吠檀多观念的“汲取”也好,还是说后者对前者的“渗透”也好,都必须根据反思的生命自身成长的需要,而且必须通过反思从自身内部构造出来。反思本有的绝对化意志,始终内在地规定如来藏佛教的思想进程。这个自由意志,在我性如来藏说和法性如来藏说等共同造成的思想语境之下,必然转化成为自然反思和超验反思的内在化冲动。这冲动一开始肯定是盲目、模糊而且不自觉的。若找不到合适的观念和概念,它很可能永远潜伏下去甚至最终熄灭。但就如来藏佛教而言,正由于它从吠檀多传统汲取了超越的内在反思的观念,就使上述冲动迅速获得了自我规定和自身明确化的依据。于是佛教的精神反思,就根据这观念构成现实的修道实践,最终形成超越的内在反思的必然经验,而概念就是这经验的先验形式。易言之,这个概念就是精神通过上述修道在自身中构成的反思功能,它在适当的时候就会转变成自发的反思活动。然而反思的自由是无限,由于它的推动,这超越的内在反思也终将成为外在,因而也将为更深刻的反思所扬弃。这种新的反思,就是《大乘起信论》、《楞伽经》的超越的绝对、先验反思。

## 第六节　真心如来藏说

佛教如来藏思想与《唯识思想》,存在非常紧密的关系。一方面,如来藏思想最初(《如来藏经》、《不增不减经》等经)可能早于唯识形成,但在后来发展中日益融摄唯识之学以获得理论支撑①。如《大乘十法经》、《宝性论》、《佛性论》等,与唯识的联系都很密切。《起信论》也以印度的无为依唯识学为其重要理论资源。另一方面,唯识对于如来藏学,也是从《瑜伽》、《深密》最初的漠视,到后来《摄论》、《庄严论》等有条件的接受,再到《楞伽》的完全融会,如来藏思想的影响总的来说表现出日益深入的态势②。这种互动的结果,是两种思想在《起信》、《楞伽》中达到完全融合。

其中《起信论》可视为印度如来藏学发展的最高阶段。首先它是在如来藏思想

---

① 高崎直道等:《如来藏思想》,华宇出版社 1986 年版,第 227 页。

② 参考山口益:《般若思想史》,上海古籍出版社 2006 年版,第 52 页。

基础上融摄瑜伽唯识的最终成果。《起信》一方面通过融摄《楞伽》等的阿赖耶识缘起论，既使法界、法性如来藏心性化，又使净心如来藏本体化。其结果是在如来藏思想中确立了一个在本体论层面与奥义书的作为存在本体、根源的真心、自我完全相同的心真如概念。另一方面，它又淡化了根本唯识的八识论、种子论、阿赖耶识缘起论、三自性论等，而只是一般地采用心、意、识三位以及觉心四位解释本心与世界现象的关系。在这里，凡它抛弃的内容，都是奥义书传统所没有或欠缺的，而它所采用的则是与奥义书传统理论随顺无违的。其次，《起信》把印度如来藏佛教各阶段的思想熔为一炉，故它是如来藏思想的集大成者。这意味着，在如来藏学发展各阶段渗透到其中的奥义书、吠檀多思想，在《起信》中最后汇集起来。因此，《起信》的思想，标志着奥义书传统对如来藏佛教的同化的完成。

《起信》的本体论的基本结构是所谓一心二门，即唯一的如来藏心包括真如与生灭二门，前者即真如心，是单纯的本体；后者包括全部现象世界。论从体、相、用三个方面来描述这如来藏心的状态。如来藏心的体，或真如理体，是绝对、平等、周遍、圆满、无增无减的。如来藏心的相，为大智慧光明、遍照法界、如实了知、本性清净心、常乐我净、寂静不变、涵载万法、无欠无余、自在广大等相。如来藏心的用，即法身产生一切世间、出世间的善因、善果。这些说法无一不在奥义书传统中有迹可寻。事实上，《起信论》如来藏说的基本内容，比如以为如来藏的本体为无差别、恒常、不二、平等的清净心，认为它包容、生成一切世间和出世间的存在（真心缘起）并且为其真理、本质（心、性一如），都与佛教"正统"的说法有很大距离，而与奥义书传统对自我、真心的理解相同，我们认为起信的本体论应当是以后者为最终来源的①。下文试图从《起信》思想的几个主要方面，更详细阐明它与奥义书传统的本质亲缘性。

### 1. 心真如与奥义书传统

如来藏作为实相或本体，就是心真如。《起信论》的基本立场是心、性一如，或心即真如。这心真如既是纯粹的意识或精神，又是诸法实相，又是肇生万法的本源或本体。这种实相观，与奥义书是完全相同的。如论云："心真如者，即是一法界大总相法门体。以心本性不生不灭相，一切诸法皆由妄念而有差别，若离妄念则无境界差别之相。是故诸法从本已来性离语言，一切文字不能显说，离心攀缘无有诸相。究竟平等、永无变异、不可破坏，唯是一心，说名真如。以真如故，从本已来不可言

① 以真心为平等、不二、无差别、恒常、寂静的本体的观念，本不属于佛教传统，而是奥义书—吠檀多特有的观念。心性一如与真心缘起，皆是奥义书传统渗透到佛学中的结果。如来三身的说法也是大乘佛教汲取奥义书—《薄伽梵歌》的神教而来。

说不可分别，一切言说唯假非实，但随妄念无所有故。”（《大乘起信论》卷上）此段的主要内容可以展开为以下几点，可以看出其中每一点都与奥义书的实相观有本质的一致性：

其一，心性一如。如来藏的真如心，既是存在的最普遍的本质（大总相），又是其唯一、绝对的本体（一法界），此即心性一如。这种说法与印度佛教的正统立场，有本质的差异。盖早期佛教持诸法因缘生灭，否认有任何作为绝对本质、基础的存在（如初期大乘的真如法界、法性）。中观持一切法实性是空，无所住，无所得，否认有一种（像如来藏这样的）超时间的本体。根本唯识认为心识皆是缘起法，即是虚妄分别，且持心性分别，否认有真心的存在。故心性一如的说法，完全不属于佛教的传统，而是奥义书形上学的独特立场。如《鹧鸪氏奥义书》说：“知梵为真理，为心识、为圆满，安住深隐处，安住至上界，得自在满足。”（TaitII·1）其书以为梵是“真—心—圆满”（satya-jñāna-ananta）：其为真，乃是因为它是存在的究竟真理和本体；其为心，乃是因为这本体不是非心之物，而是纯粹的心性；其为圆满，乃因为它体是绝对，涵载全有，无对无待，也无形量、方所的限制。故梵我是心、性的绝对同一。如《精要奥义书》云：“彼真理、心性、圆满、妙乐，即是梵。真理，即是不灭者，若于名色、时间、空间、实体、因果皆毁灭时仍然不坏，即是不灭者，此即真理，即实有。心性（或智），即心识之不生不灭的本质，说为心性。圆满，如土于土器，金于金器，线于布，彼内在于始自无明之一切世间存在（为其本质、真理），作为其依持且遍满其中的真心，即是圆满。”（Sarva Sara Up3，4）

其二，真心清净、无分别、恒常。论云“心本性不生不灭相，一切诸法皆由妄念而有差别，若离妄念则无境界差别之相。是故诸法从本已来性离语言，一切文字不能显说，离心攀缘无有诸相。究竟平等、永无变异、不可破坏，唯是一心，说名真如。”（《大乘起信论》卷上）“复次真如自体相者，一切凡夫声闻缘觉菩萨诸佛无有增减，非前际生，非后际灭，常恒究竟，从无始来本性具足一切功德。谓大智慧光明义、遍照法界义、如实了知义、本性清净心义、常乐我净义、寂静不变自在义。如是等过恒沙数非同非异不思议佛法，无有断绝。”（同上）这种无分别、恒常的绝对真心概念，也不属于佛教传统，而与奥义书的真理和心性概念完全相同①。盖奥义书即以真如心为究竟平等、一味无别、常住不坏、无相无言、清净澄明，是超验的、神秘的；反之，以差别为特征的一切经验存在，是通过虚妄分别增益名相、覆障真心的本体而产生的。比如《唱赞奥义书》中优陀拉羯开示其子室吠塔羯图说：“吾子，如识一团泥，则知一

① 吴学国：《奥义书与唯识思想的发生》，《唯识研究》2012 年第 1 期。

切泥所制器，彼为名言，唯泥是真实；吾子，如识一金块，则知一切金所制器，彼为名言，唯金是真实；吾子，如识一铁块，则知一切铁所制器，彼为名言，唯铁是真实；吾子，此即汝当闻教者”（ChānVI·1·4—6）。《大林奥义书》也说：“信然，于初世界只是一味无别，彼唯因名相而被分别，如说：‘彼有如是名。如是名’。甚至现在此世界也因名色而被分别，如说：‘彼有如是名，如是名’”（BṛihI·4·7）。《桑底厘耶奥义书》说：“至上我即真理、心性、圆满，万有以它为实质，皆生于它而归宿于它。……彼为无体，不可执、不可到、不可表，言语道断，心行处灭。彼为一味、不二，如遍满万物如虚空，微妙、清净、无染、无为、实有、法性、妙乐、吉祥、寂静、恒常、超越。为万有之内在本质，居于万有之中而为其依止。”（Śāṇḍilya UpII。有删节）商羯罗在对TaitII·8，TaitIII·1—6节的注释中说：“任何非本原的、由它物产生之存在皆为假，皆只是语言、名字、变易。而比如制成诸陶器的土，作为本原，则是唯一的真实。……‘自我即真如’遮除自我的一切变易。是故梵是一切存在的因缘或最终本体。其所以如此，乃因其为真如”。奥义书认为虚妄分别就是将属于语言的种种概念、种种差别添加到本来一味、无分别的真如理体之上，使后者也显现出差别的相状，而真如理体则被掩盖了。但万物都是以真如心为质料塑造成形的，其实质仍是真心，离真心别无所有。得道之人，触类是道，举目皆真，于一切法，只见真如，不见差别，因而冥契这真心无言无相的实性。这些说法全部都可在《起信》的真心论中得到印证。所以，《起信论》的真心观念明显不属于佛教传统，而与吠檀多的说法，本质上是一致的，故可以断定它是从吠檀多传统沿袭而来的①。

其三，理智一如。《起信论》持理智一如，认为在究竟位亲证真如（理）的主体（智），与对象是完全同一的。这种观念也与传统的佛教有很大差异。盖小乘涅槃是“灰身灭智”，为主体性、意识完全消灭之境界。般若中观学以空性为智，智是观证真如（无分别境）的主体，而真如（理）是智观证的对象或内容，二者不是一回事②。唯识学尽管把智与法性、真如、空性一起包括在圆成实性以内，且以智为无漏的，但又认为智是有为法，是悟入、转依，与无为的真如法性（理）有严格的区别③。无着、世亲唯识尽管接纳了如来藏的概念，但严格地将它解释为初期大乘的真如、法界，完全剥离了其智的因素（主体性）④。后来继承根本唯识的护法、玄奘之学，在这一点上做得尤为彻底。尽管如此，唯识讲“转识成智”，认为转依后，识并不是被消灭，而是转

① 吴学国：《奥义书与唯识思想的发生》，《唯识研究》2012年第1期。
② 瓜生津隆真：《中观与空义》，华宇出版社1986年版，第44页。
③ 高崎直道等：《如来藏思想》，华宇出版社1986年版，第232页。
④ 高崎直道等：《如来藏思想》，华宇出版社1986年版，第247—248页。

化成了智，这等于承认了转依后仍然有一恒常的主体存在，不过仍没有将后者等同于真如理体①。但理、智（法身）一如是如来藏思想的根本②。如《大乘入楞伽经》（唐译）："生灭是识，不生灭是智。堕相无相及以有无种种相因是识，离相无相及有无因是智。有积集相是识，无积集相是智。着境界相是识，不着境界相是智。三和合相应生是识，无碍相应自性相是智。有得相是识，无得相是智，证自圣智所行境界。"（卷四）《大乘密严经》说："如来清净藏，亦名无垢智，常住无始终，离四句言说。"（卷下）这里智就是作为诸识及万法之本质、实性的恒常理体。如来藏的理智一如，在《起信论》中得到最确定的理解。论云："所谓真如，以依转识说为境界，而此证者无有境界，唯真如智，名为法身。"（真谛译《大乘起信论》）"以法身是色实体故，能现种种色。谓从本已来色心无二，以色本性即心自性，说名智身。以心本性即色自性，说名法身。"（实叉难陀译《大乘起信论》卷上）"净智相者，谓依法熏习，如实修行，功行满足，破和合识，灭转识相，显现法身清净智故。一切心识相即是无明相，与本觉非一非异，非是可坏非不可坏。……自性清净心因无明风动起识波浪，如是三事皆无形相非一非异。然性净心是动识本，无明灭时动识随灭，智性不坏。"（同上）故真如、净心即是如来智，此智无差别、清净，而为有差别、杂染的诸转识之恒常本体。如来藏的理智一如，乃是心性一如在修道论上的结论。盖若心就是性、理，则它就是绝对。所谓如来智的生起或证得此绝对，更准确地说应是这绝对的自我实现。绝对者在这里实现为唯一的存在，但我们还是勉强从中区分为证得的能观心（主体）方面即智，及所观境方面即理，实际上二者在这里是完全同一的。盖一味的真心，既是唯一的主体（智），又是一切差别存在的真理、本质。《起信论》对理智一如的这些说法，与奥义书—吠檀多传统所说是完全一致的。如《唱赞奥义书》说识是有二（主、客）、有差别的；智则是不二、无差别，而为识之本体（即"识性"或"心性"）："如盐溶于水，不可执取，但水无论各处皆咸。是故此广大、不灭、无量之真理即是清净智。彼脱离诸境，复入于诸境。彼若脱离（诸境），则不复有识。"③《考史多启奥义书》云："此智体为无差别。如于一车，轮辋依止于辐，辐依止于毂，是故诸境依止于诸心，诸心依止于诸

① 高崎直道等：《如来藏思想》，华宇出版社 1986 年版，第 251 页。

② 高崎直道等：《如来藏思想》，华宇出版社 1986 年版，第 33 页。

③ BṛihII・4・12。"若脱离诸境，则不复有识"，盖识（vijñāna）为有二、有分别之智（jñāna 或 prajñāna），此智为除去差别、对待等虚妄相之识，故为识之清净、真实状态。智若脱离诸境，则泯灭有二、差别而归于其一味性，即舍识以入智。奥义书此类说法，实为大乘佛教"转识成智"说之滥觞。如云："彼虽无识，而实有识；因彼为不灭，故识者不离识。彼时无二，故识者不能识别物。信然，唯当似有二现起，则一者见另一者；一者嗅另一者；一者触一者；一者味另一者；一者言于另一者；一者闻另一者；一者思另一者；一者触另一者；一者知另一者。"（BṛihIV・3・30，31；另见 Bṛih II・4・14）

觉，诸觉依止于命。此命即是智体，为妙乐、常住、不死。”（KauṣIII · 8）《阿那富那奥义书》奥义书说：“当心不随外境起，唯余清净圆满之智”（Annapurna UpV · 22），“彼智体是万有依止”（IV · 27），“彼（真理、绝对）即是一切依止，为不二、无上、恒住、法性、智、妙乐、言语道断、心行处灭。”（IV · 28—29）《光明点奥义书》说：“自我唯是净智相”（TejobinduIV · 39—47），“自我即是心性……，是妙乐海，一切智光，根本智性，超越诸心境界之恒常心、真如、遍入天、虚空心、不生不死之大梵，体性清净无染、绝对解脱、无碍自在、无我、无相。”（VI · 65—71）故智为识性、理智一如，是奥义书的基本立场。总之心性一如、理智一如的观点，都是违背了大乘佛教本来宗旨，而与作为印度思想主流的奥义书、吠檀多的观念相同；可以肯定如来藏的这种立场的转移，不是孤立、偶然地发生的，而是因为受到后者渗透而自然进行的。大乘发展到《起信论》的晚期如来藏佛教阶段，可以说与吠檀多派就没有实质的区别了①。

其四，心性本觉。《起信论》论如来藏理体，还有一个对后世佛学有重大影响的说法，即心性本觉。心性本觉是与理智一如一致的。盖所谓觉悟，即通过修习断除无明遮染，现证真如实性。但由于真如就是心自性，因而觉悟其实就是心现证其自身自性。此时既无境、智之分别，因而这觉悟准确地说就不是对象性的“认识”，而就是心识呈现为绝对的一味性。此时被除去染污的清净心，就实现为湔尽遮蔽、恒照全知的（无对象的）绝对主体，即能觉能照之智（后者是全部心识、存在之本质）。觉就是心识实现为这一味之智，而既然后者就是心性（众生心的本真存在），故曰众生心是本来觉悟的。《起信论》云：“言觉义者，谓心第一义性，离一切妄念相。离一切妄念相故，等虚空界无所不遍，法界一相，即是一切如来平等法身。依此法身，说一切如来为本觉。以待始觉立为本觉，然始觉时即是本觉，无别觉起立。始觉者，谓依本觉有不觉，依不觉说有始觉，又以觉心源故名究竟觉。不觉心源故非究竟觉。”（卷上）故真心、法界即是本觉，而且本觉是众生觉悟（始觉）的基础。关于本觉的相状，论以虚空明镜为喻显示：“觉相有四种大义，清净如虚空明镜：一真实空大义如虚空明镜，谓一切心境界相及觉相皆不可得故；二真实不空大义如虚空明镜，谓一切法圆满成就无能坏性，一切世间境界之相皆于中现，不出不入、不灭不坏、常住一心，一切染法所不能染，智体具足无边无漏功德为因，熏习一切众生心故；三真实不空离障大义如虚空明镜，谓烦恼所知二障永断，和合识灭，本性清净常安住故；四真实不

① 吴学国：《存在 · 自我 · 神性：印度哲学与宗教思想研究》，中国社会科学出版社 2006 年版，第 232 页。

空示现大义如虚空明镜，谓依离障法随所应化，现如来等种种色声，令彼修行诸善根故。”（卷上）本觉之相如虚空明镜，其中一切差别境界相不可得，所有影相于彼中显现而彼不被染污，永断烦恼、无明，清净常住，一味、无差别，熏习众生心。

《起信论》的心性本觉，也与正统的印度佛学有实质的区别。吕澄先生曾指出，传统的印度佛学持“心性本寂”①。“心性本寂”侧重于遮，就是说心的本性就是空，因而本来是寂灭的。而“心性本觉”则侧重于表，强调真心是妄念遮蔽的实有，本有觉照之性，妄念一息，就会恢复它本来的觉性②。显然这里《起信论》的立场与印度佛教的传统是有很大距离的③。但它再次与奥义书—吠檀多传统走到了一起。奥义书的心性本觉，同样也是理智一如的理论延伸。尽管我们在早期奥义书中没有发现“觉悟”（bodhi）及“本觉”之类的词，但奥义书把对自我、大梵之知作为解脱的根本途径或实质，这种知与心性如来藏所谓对自我、真心的觉悟本质上是相同的。觉智也可以说是对自我一味性的恢复；早期奥义书说到自我在解脱位，一味、无二，一切对象都消失，故自我不复有对象之知，而唯知自我自身（BṛihIV·3·30,31），故自我唯是觉智，而且是恒常不灭的；然而，奥义书以为一切有别于一味心性的差别对象都是无明产物，本来非实，故从本质上说，自我始终没有失去其一味性，即始终包含有觉智的。因而可以说心性本觉其实是奥义书的根本立场。奥义书后来的思想，乃将这种立场发挥得更加明确、充分。如TejobinduIII·11云：“唯自我为无碍、清净的真理、妙乐、心性。我即常恒、本觉、清净的真理、心性、妙乐。”III·40—43（略有删节）“真我之自性为虚空，本来解脱，自性涅槃，性即真如、真智，唯是实有妙乐性，无妄、无生，无漏无染。真我自性清净、本来觉悟、恒常遍满，即是无垢心，非有非无。”Tara Sara UpIII·8（略有删节）：“彼（自我、真心）为常住、清净、本觉、本来解脱、真如、至上妙乐、无量、不二、圆满。”心性本觉，亦为后来的吠檀多派发扬。乔荼波陀的真我，即是“镜智、灵明、心性、本觉”④，商羯罗亦说：“那遍满的真心、照显一切者，体是常

---

① 吕澄：《试论中国佛学有关心性的基本思想》，见吕澄：《吕澄佛学论著选集》第三册，齐鲁书社1991年版。

② 中国佛教各宗，如天台宗、贤首宗、禅宗等，讲到心性问题，都采用了《起信论》的心性本觉说（同上）。

③ 真谛所传的无为依唯识，也提倡本觉。如圆测《解深密经疏》曾引真谛的九识义：“于一真如有其二义：一所缘境，名为真如及实际等；二能缘义，名无垢识，亦名本觉。”（卷三）此说可能是由于将唯识的自性清净法界，与如来藏的智性融合而形成的。此说可能与《起信论》来自同一传统，但这方面文献很缺乏。故一般以《起信论》为本觉说之代表。

④ 吴学国：《存在·自我·神性：印度哲学与宗教思想研究》，中国社会科学出版社2006年版，第262页。

住、清净、本觉、自在、真如，此即是真实自我。”① “唯因我有无明，故我必依法，虽则我是永恒自由，清净，本觉。”（USI · 13 · 16）“自我是本觉、无量心，是一切境界的揭示者，但又与一切境界有别。它是永恒的实有、全在、遍满，是微细者中之最微细者。它无内无外，就是隐藏在心中的实性。”② 可以看出《起信论》对本觉的理解，与奥义书—吠檀多传统没有实质的区别。这意味着在这一点上，《起信论》也与吠檀多传统同化了。

其五，真心为超越万有之本体。《起信论》阐明真如心为超越的绝对，它在这方面的思想实质上也与奥义书传统相同。《起信》结合《胜鬘经》提出的“空”与“不空”二义释真如，其云：“真如者，依言说建立有二种别：第一，真实空，究竟远离不实之相显实体故；第二，真实不空，本性具足无边功德，有自体故。”（卷上）此释真如，有遮有表：遮除“不实”，而表显“真实”。其中遮的方面更集中表明了真心的超越性。如论释“真实空”曰：“真实空者，从本已来一切染法不相应故，离一切法差别相故，无有虚妄分别心故，应知真如非有相、非无相、非有无相、非非有无相、非一相、非异相、非一异相、非非一异相。略说以一切众生妄分别心所不能触故立为空。据实道理，妄念非有，空性亦空。以所遮是无，能遮亦无故。”（卷上）尽管《起信论》的真实空义，让我们想起了中观学“离四句绝百非”的中道智慧③，而且遮诠之法，在佛教中早已有之④。然而一方面，佛学的遮诠法，本来是汲取了奥义书形上学对本体超越性的否定表述并加以发挥而来的⑤；另一方面，传统佛学的理论侧重点，是遮现象之“空”，

---

① Jacob, G.A（trans), *The Vedāntasāra of Sadananda,* Kegan Paul, Trench, Truebner & Co. Ltd, London, 1904. 79.

② Prabhavananda, S and Isherwood, C（trans), *Viveka-Chudamani*, Vedānta Press, Hollywood, 1978. 68—69.

③ 如《大智度论》释真如法性：“毕竟空义无有定相，不可取不可传译得悟，不得言有，不得言无，不得言有无，不得言非有非无、非非有非非无亦无。一切心行处灭，言语道断故。……是法无所说，乃至不说一字可着可取。无字无语是诸佛道。”（《大智度论》卷五十四《释天主品》）又说：“观一切法不生不灭，非不生非不灭，亦非不生亦非不灭，非非不生非非不灭，过诸语言心行处灭。”（同上卷三十《释初品》）

④ 佛教的遮诠法，由来已久。如《杂阿含经》说：“外道中有言世间是常，或言世间无常，或言世间常无常，或言世间非常非无常”（《杂阿含经》卷三十四）。《大般涅槃经》云：“如来之身，无量亿劫坚牢难坏，非人天身，非恐怖身，非杂食身。如来之身，非身是身，不生不灭……非称非量，非一非异，非像非相。”（《大般涅槃经》卷三；大正 12 · 383a）又云：“如来涅槃，非有非无，非有为非无为，非有漏非无漏，……非十二因缘非不十二缘。”（《大般涅槃经》卷二十一；大正 12 · 487a）“涅槃之体，非生非出，非实非虚，非作业生，非是有漏有为之法，非闻非见，……非因非果，非我我所。”（《大般涅槃经》卷二十一；大正 12 · 492a）。

⑤ 吴学国：《奥义书与佛教的发生》，《宗教学研究》2013 年第 1 期。

而非表本体之“有”，但是在婆罗门（奥义书）传统的持续影响之下，大乘佛学不仅立场越来越由“空”转向“有”，而且到《楞伽》《起信》的真心如来藏思想，还确定这经历了“空”而呈显的真“有”，就是本净的真如心，从而最终与奥义书传统完全融合了。比如《起信论》说真实“空”，同时亦必说其“不空”，论云：“言真实不空者，由妄念空无故，即显真心常恒不变、净法圆满，故名不空。亦无不空相，以非妄念心所行故，唯离念智之所证故。”（卷上）盖真心的本体，是真实、圆满、绝对、恒常的存在，为离念智所亲证，在此意义上说它为不空。这理体既无相，离念，故亦无不空的相。这类说法，在奥义书中皆可找到。盖自吠陀时代，印度思想就有了以“非有”或“非有非无”为世界本体的说法[①]。到了奥义书，遂明确把这非有非无的本体等同于人的自我或意识的本质，此即作为吠檀多传统的根本特质的心、性一如观念的滥觞[②]。奥义书开显的遮诠之法，就旨在诠示真心本体的绝对超越性。此如《广林奥义书》说自我、真心为“非此，非彼”（BṛihII・3・6），“无先亦无后，无内亦无外”（BṛihII・5・19），“非粗非细、非长非短、无明无暗、无影无像、无风、无空、无违、无见、无嗅、无味、无眼、无耳、无声、无意、无作、无气、无口、无名、无老死、无畏惧、不灭、非显、非隐、无度量、无内外。它不食于一切，亦不为一切所食”（BṛihIII・8・8）。《羯闼奥义书》说梵我、真心为“无声、无触、无形、不灭，而且无味、常恒、无嗅、无始、无终、超越大者（觉谛）、安住不动”（KāṭhIII・15）。《慈氏奥义书》说绝对理体为“无相、不二、吉祥、无对、非有非无、非空非不空、非平等非不等、清净恒常、澄明一味、遍在圆满、离诸言诠、非一非异、了无分别、不可思议、不可言诠之真心、真识”（MaitIII・2—7。略有删节）。《摩诃奥义书》说之为“空、无相、无见、无生、不灭、恒常无染、非有非无、不可思议、圆满自足、澄明清净、超越心行、尽前中后际”（Maha UpII・63—69）[③]。应当承认这些说法，与《起信论》的“真实空”义，表达的是一种本质上相同的领悟。

其六，真心涵载万有，生成万有。《起信论》认为真如心包容且生成一切存在。论曰：“言有法者，谓一切众生心，是心则摄一切世间出世间法”；或曰如来藏有生灭心，是心“能摄一切法，能生一切法”（卷上）；它还以心意识说，解释由真心转起万有的过程，其中生灭相不离心真如。《起信》是即用显体，相用即是本体；真赅妄

① 吴学国：《存在・自我・神性：印度哲学与宗教思想研究》，中国社会科学出版社 2006 年版，第 22 页及以下。

② 吴学国：《存在・自我・神性：印度哲学与宗教思想研究》，中国社会科学出版社 2006 年版，第 47 页。

③ 同样的说法，还见于《蛙氏奥义书》（MāṇḍVII），及《薄伽梵歌》（BGXIV・20，VIII・20—21），等等。

末，妄澈真源，一切诸法，无非真心的显现，且入于真心彀中。这可说是一种“绝对的唯心论”[①]。但是这种绝对唯心论也不属于佛学的传统，而是奥义书宗教特有的学说。盖早期佛教是一种朴素实在论，对于任何形式的唯心论都不感兴趣[②]。般若讲一切法自性“空”，不表内心之“有”，故也不是唯心论。根本唯识持“识有境无”，但认为在究竟位心、境俱灭，并不承认有常恒、绝对的真心本体，因而尽管它是一种唯心论，却不是绝对唯心论。在印度思想中，绝对唯心论是婆罗门传统特有的，而且被奥义书系统地阐发。比如《唱赞奥义书》说真心本体包容一切味、一切嗅、一切欲、一切业、一切言，包括全世界（ChānIII・14・4），“如实我即是这全宇宙”（Aham eva idam savo' smi），“唯独自我即是世界之大全。”（ChānVII・25・2）《广林奥义书》亦说：“正如车轮之所有辐条依止于毂，一切事物、一切天神、一切世界、一切生命、一切自我皆依止于此大我（真心）。”（BṛihII・5・14—15）《蒙查羯奥义书》说万有都是由同一真心生成、显现：“由彼不灭（真心）者，万物遂得其存在。宛如由彼猛火中，火花四溅，彼彼事物由此喷涌而出。由彼不灭者，万有得生，而复归于彼。”（MuṇḍI・1・7, II・1・1）故奥义书以为真心、自我包容万有，且生成万有，为其依止。它在这里与《起信论》的思想其实是相同的。所以在这里，《起信论》是背离了佛教的自身传统，而与婆罗门思想同化了。

总之，《起信论》对于作为绝对本体的真心的理解，包括它的心性一如观念，真心清净、恒常、无分别的观念，理智一如观念，心性本觉观念，以及真心涵载万有、生成万有的观念，都与佛教传统的世界观存在相当大的差距甚至是对立，却与奥义书—吠檀多的形上学本质上相同。这种情况的发生，只能解释为奥义书宗教对佛教日益深入地渗透乃至同化的结果。

### 2. 真如缘起与奥义书传统

佛教缘起论，在于解释事物存在的原因、根据，是一种存在发生论。后者既可以是宇宙论层面的（如小乘有部的缘起论），也可以是本体论层面的（如唯识的阿赖耶识缘起论），《起信》的缘起论无疑属于后者。学界认为《起信论》立足于如来藏学，融摄唯识的阿赖耶识缘起论，形成了真如缘起说[③]。相比起来，《楞伽》的缘起思想同样融合了如来藏与阿赖耶识缘起，但它是立足于唯识的，保留了八识论，以现行识与阿赖耶识的双重因果释阿赖耶识缘起的结构，转识内容与种子存在严格对应关系；

---

① 释印顺：《大乘起信论讲记》，正闻出版社 1992 年版，第 22 页。

② 吴学国：《奥义书与佛教的发生》，《宗教学研究》2013 年第 1 期。

③ Hajime Nakamura, *Indian Buddhism,* Motilal Banarsidass, 1987. 229–231.

但《起信》把这些内容都大大模糊化甚至完全丢掉了，因而可以说它只是袭取了阿赖耶识说的一些名称，并没有继承阿赖耶识缘起论的多少实质内容，我们认为它倒是与奥义书的本体论有着更大的亲缘性。《起信》真如缘起的基本思路，是认为缘起乃是真心（如来藏、本觉）与无明（不觉）的相互作用。真心无念、无相、空净，但被无明熏习而起念，即心体产生波动，从而显现出能见心、所见境，最终生成现实世界的存在。这种思路与奥义书—吠檀多的存在发生论是完全相同的①。这种共同的理论归宿，决定二者在具体说法上的相互沟通，甚至融然一味。下文试图表明《起信论》特有所谓真如无明互熏说，完全不属于佛教传统，乃是直接袭取吠檀多之学而来的。

一般来说，如果真如心始终是唯一、一味的，那么说从它里面升起差别的万有，是很难讲得通的。所以凡讲真如缘起者，都必须在真如之外，以某种形式（公开地或隐晦地）接纳一个非真的或妄的原理，将缘起视为真与妄的互动。对于所有在印度讲真如缘起的理论而言，这个原理就是无明、幻或自性。《起信》的真如、无明互熏说，可以说是此类理论的代表。论以真如、无明、妄心、妄境四法互熏，来解释染法和净法生起的因缘。其云："复次以四种法熏习义故，染净法起，无有断绝。第一，净法，谓真如。第二，染因，谓无明。第三，妄心，谓业识。第四，妄境，谓六尘。熏习义者，如世衣服非臭非香，随以物熏则有彼气。真如净法性非是染，无明熏故，则有染相。无明染法实无净业，真如熏故说有净用。"（《大乘起信论》卷上）

四法互熏可分为染法熏习和净法熏习两个向度。对于旨在解释染污世界之根源的存在发生论而言，染法熏习无疑是更重要的，而且其中最根本的就是真如与无明两个环节。所谓染法熏习，首先是依于真如生起无明或不觉，后者是所有染污的最根本因缘。染法的熏习可以分为以下环节：(1) 无明熏习真如，产生妄念心。这妄心《起信》只提到业识，其实应包括从业识以至意识的全部生灭心。这种无明熏有两种：一是根本熏，产生较微细的业识，乃至现识；二是见爱熏，产生最粗显的意识识。(2) 妄念心反过来又熏习无明。实际上是使无明或不觉得到强化，由微细转粗重。这首先是使不觉的业相转粗为能见相、境界相，使心识更加不能觉悟一真法界，而使妄境相现；其次妄念心的熏习，还使不觉由三细相转出六种粗相，全部的妄法即由此产生出来，此即论所谓"生于种种差别执着，造种种业，受身心等众苦果报"，所以妄心熏习的结果是产生妄境。(3) 妄境又熏习妄心。与唯识一致，《起信》以为妄境有两种，

① 《起信论》释真如缘起为"自性清净心因无明风动起识波浪"（卷上）；吠檀多亦云"譬如风吹水动而起泡沫，心（被无明风）动而生诸念。"（Trisikhi Brāhmaṇa Up14）"心动而现为能见、所见……心若不动则无存在、生起。"（ĀŚIV · 47，48）

第一，所取境，即识中的相分；第二，所执境，即心外的实法。与此相关，妄境的熏习也有两个层面：一增长分别熏，即熏习妄心使分别所取的现识增长；二增长执取熏，即熏习妄心，使执着外境的意识增长。

然而《起信》开示的真心和无明互熏的存在发生论，不属于印度佛学的传统，而是来自奥义书、吠檀多特有的真心（大梵、自我）——无明（摩耶）二元互动的存在发生机制。因为：第一，把真心作为缘起的所依，就不符合印度佛学传统的教法。盖原始佛教和部派佛教的世界观都属于多元实在论，不承认有作为世界基础的绝对者存在。性空大乘讲缘起空，既不承认缘起是一个（如奥义书和《起信论》所说的）真实的存在发生过程，也否认有个形上学的真心作为缘起之本体。早期大乘瑜伽行派的识转变，也是一种妄识缘起，它同样否认真如心作为所依。故《起信》的真心为依说，并不属于印度佛学的正统。而正如我们已多次表明的，在印度思想史上，以真心为基础的存在发生论，乃是奥义书形上学的独明孤发，也是它的世界观的基础（MāṇḍVII）；因而奥义书的真心为依说应当是印度其他类似的（包括佛学的）理论的最终根源。第二，把无明作为存在的所依[①]，亦非印度佛教正统之教。盖早期佛教只是从心理的和人生论的意义上讲无明对于众生生命的影响，并没有把它作为一种本体论的原理；性空大乘尽管讲无明是世界幻相升起的原因，却但遮不表，没有在积极意义上对它加以探讨，并立足于此建立一套存在发生论体系；唯识尽管也把阿赖耶识作为虚妄分别的根源，但是从没有明确地把它等同于无明，而仍然只将无明当作一种心理现象，而不是一个存在发生论的原理；故曰《起信》的无明为依说，亦不属于印度佛教传统。在印度思想史上，也是奥义书最早明确把无明作为一个积极的本体论原理，而且它也应当是后来所有同类说法的源头[②]。第三，《起信》对真如与无明在存在发生中的不同作用的解释，更充分地暴露了它对奥义书存在发生论的沿袭。论云："一切心识相即是无明相，与本觉非一非异，非是可坏非不可坏，如海水与波非一非异。波因风动非水性动，若风止时波动即灭，非水性灭。众生亦尔，自性清净心因无明风动，起识波浪。如是三事皆无形相非一非异。然性净心是动识本，无明灭时动识随灭。"其以为真心一味无别，如海水，而无明如风，熏击海水，产生波浪，亦即使之产生差别、形相，生成诸识及一切世间。这实际上是以心真如为万法的质料因，以无明为形式因。这可以说完全不是佛教本有的思想，乃至从后者的立场很难理解，

① 论云："一切心识相即是无明相"，"一切染法悉无有相，皆因无明而生起故。"（《大乘起信论》卷上）

② Nada Bindu Up 25—26："譬如土是罐之亲因，应知无明是宇宙的亲因。当无明消灭，何来宇宙？"

只有联系奥义书—吠檀多学传统，才能真正理解。盖奥义书以为真心是无形式的、一味无分别的本体，无明则包含全部概念、思维和形式；无明将其名言概念增益于真心，于是差别的诸法才得以产生，如匠人塑牛马等形于同样的泥土①，或如风吹海水起波浪之形（Kundika Up20）。这种看法是奥义书—吠檀多特有的（甚至在其他文化中也未曾见过类似观念），因而可以肯定《起信》的同样理论是从后者沿袭来的。第四，《起信》关于不觉转变的理论，也充分暴露了它与吠檀多传统的亲缘性。首先，《起信》将不觉或无明区分为根本不觉和枝末不觉，后者包括业相、能见相、境界相三种细相，以及智相、相续相、执着相、执名等相、起业相、业系苦相六种粗相。盖由根本不觉而生业相，依业相生能见相，依能见相生境界相，乃至六种粗相，它们的相续转变，构成众生苦难的生命之流（《大乘起信论》卷上）。其次，《起信》的无明熏习真如之"熏习"，不同于唯识现行熏种子之熏习，它与"和合"、"摄"同义②，即真如与无明结合、被无明染污、被无明赋予差别行相之意。盖真心常恒不变，故心识的转变，就是由不觉转变产生的上述不觉相，被增益到真心之上，使它显似有转变，于是由阿赖耶识转起业识、能见识、境界识、智识、相续识等。至于这种独特的存在发生理论是来自吠檀多传统，我们只要稍作比较即可了然。首先，吠檀多就已将作为存在根源、整体的无明区分为总相无明与异相无明、根本无明（mula-avidyā）和枝末无明（tula-avidyā）、"等愚"（tulājnana）和"分位愚"（avasthajnana），或根本自性（mula-prakṛti）与转变自性（pariṇama-prakṛti）（Kāṭharudra Up43—44；Śāṇḍilya UpIII）。由根本无明（或自性）转变产生一切心、物现象的机制，在早期奥义书中即开始酝酿，而通过晚期奥义书和《薄伽梵歌》的数论学得到最充分的阐明。其以为由于根本自性发生转变，产生觉谛或心识，从觉谛生我慢或自我意识，从我慢生五唯（色、声、香、味、触）、五知根（视、听、味、触、嗅五种感觉机能）、五作根（语言、运动、排泄等活动机能），复由五唯生五大（地、水、火、风、空），总之全部的精神和物质现象，皆由根本无明、自性转变生起③。其次，以为真心、自我依无明、自性转起种种差别相，并与之结合，生成全部心识及世间万有，最初是吠檀多的独特构想，如云："彼创造诸行，复得其休息。乃与彼诸谛，一一相结合（yoga），与一、二、三、八④，及自我细质。"

① 参考吴学国：《存在·自我·神性：印度哲学与宗教思想研究》，中国社会科学出版社2006年版，第47页。

② 参考周贵华：《唯识、心性与如来藏》，宗教文化出版社2006年版，第159页。

③ MaitVI·1；Maha UpI·5—6；SPSI·61.

④ 此为数论心识转变说前身。其中"一"谓无明、自性，"二"谓自性之转起与寂灭，"三"谓自性三德（组成自性的明、动、暗三种要素），"八"谓五唯（色声香味触）及末那、我慢、觉谛。

(ŚvetVI・3) 此种说法，后来全被数论派、吠檀多派继承、发展，为印度教之谌论，并影响到包括佛教在内的其他宗教。通过以上两点比较，足以使我们确信《起信》的不觉转变论，就是从吠檀多袭取过来的。第五，就无明自相，《起信》谓无明及由它产生的染净法皆“无有自相可说。是故一切法从本已来，非色非心，非智非识，非有非无，毕竟不可说相。”(《大乘起信论》真谛译) 无明及诸法，一切非实，故若了自心，则世界消失。此说亦与吠檀多如出一辙[①]。如奥义书说无明“非有非无，亦非有无俱，(与真心) 非一非异，亦非一异俱。非有分别非无分别，亦非二者俱。人若证梵我一如，则此无明不复存在，彼为幻化因故。”(Para-Brahma UpIV)“无始而生果，非实非非实，亦非实非实，亦有亦非有，毕竟不可说，名之为幻因。”(Sarva Sara UpIV。有删节) 不仅无明非实，由无明转变产生之一切存在亦皆非实 (Tejobindu III・57—59)。这些说法，都与《起信论》所云如合符节。这也可作为《起信》的无明概念最终来自吠檀多传统的验证。

总之，《起信》的真如、无明互熏学说，体现了与奥义书—吠檀多的存在发生论本质上相同的内容与结构。两种学说如此高度的一致性，绝不可能是偶然发生的，而只能解释为前者沿袭后者的结果。

《起信》的真如缘起论对奥义书传统的沿袭有两个途径：其一是吸纳了佛教已有的真如缘起思想，但正如我们所表明，这方面思想在佛学中的出现就是奥义书传统渗透的结果。其二是直接受到奥义书传统影响。《起信论》的许多重要的说法在此前的如来藏佛教中都未曾见过，比如真如、无明的二元发生结构，以及由无明 (不觉) 自身转变产生出诸行相并将后者施于真心的理论等等。这类说法是奥义书传统特有的。因而《起信》这类思想可以肯定是直接从奥义书传统沿袭而来的。事实上，《起信》的真如缘起论的每一点都与印度传统的佛学格格不入，却都是奥义书传统的一贯主张，故它只能视为后者渗透的结果，它意味着《起信》的缘起论完全与吠檀多形上学同化了。

### 3.《起信》的反思型修道论与奥义书思想

我们前面表明，从起源上说，属于雅利安传统的奥义书宗教，既是反思的，也是超越的；而诞生于沙门传统的原始佛教，从奥义书思想汲取了超越的精神，但却不是反思的。这不仅表现在其理论上，也表现在其实践上。然而这两大传统总是在相互影响、相互渗透。奥义书传统的反思精神也逐渐渗透到佛教之中，我们前面表明如来藏思想就是这种渗透的产物。作为如来藏学之集大成者，《起信论》的宗教完全变

---

① 参考 Hajime Nakamura, *Indian Buddhism,* Motilal Banarsidass, 1987. 232.

成反思性的。《起信》的修道论就是反思型的。它所谓修道本质上就是精神深入反省自身究竟真理的实践。

《起信论》的实践论中对后世发生根本性影响的，是它的本觉说。本觉理论并不属于佛教的传统，而是奥义书—吠檀多思想特有的。到《起信论》，它才被佛学完全吸收且被明确化。在中国佛学中，本觉说经过法藏《义记》的进一步发挥，后来成为各宗共同的理论基础。正是本觉理论决定了《起信》实践论的反思特征。本觉是众生觉悟（始觉）的基础。论云："言觉义者，谓心第一义性，离一切妄念相。离一切妄念相故，等虚空界无所不遍，法界一相，即是一切如来平等法身。依此法身，说一切如来为本觉。"（卷上）故所谓觉，就是真心的清净一味性、解脱无缚性、恒知恒照性。众生心皆内在地具有此如来藏真心，故曰本觉；它同时亦具有被染污、缠缚的一面，故曰不觉[①]。心性既然是本觉，故只待去除遮蔽，它就会在众生心中自然显现出来；这实际上是真心实现其绝对的自我反思。故相应的修道工夫，唯在于净心、观心、尽心、守心，即除去尘浊，使心清净；除去遮蔽，观心实性；除尽覆染、系缚，使心性得到究竟、圆满的呈现；守真不移，使觉体恒常现前。

《起信》的始觉四位，以本觉论为基础，乃是逐渐舍断杂染，证入心真如的过程[②]，同时也是真心自身的"不断的开发和发见"[③]，即本觉逐渐地自身显现，即实现其绝对的自我反思的过程。其中初位是凡夫的不觉，盖凡夫尽管自觉调伏内心，但仍然执着于外在的境相。第二位，是声闻、缘觉的二乘智慧与十住、十行、十回向等三贤的相似觉。它克服了凡夫对于外境的粗分别，只观察内心，但仍持念相的差别，不见真心一味。第三位，是初地乃至十地之法身菩萨的随分觉，也就是全部伏除了现行分别或"中品分别"，即心识不再起念，但未全断潜伏于根本不觉中的微细的分别习气，故仍非究竟。第四位是究竟觉，谓菩萨修习圆满，现证佛果之位，此位断尽无明之一切习气与染、缚，故真心本体恒常现前，无念无相、无缚无染、澄明寂灭，为本、始合一。

然而，正如我们多次表明的，佛教本来就不是一种反思宗教，其本来的修道论也不是反思型的。不能否认，《阿含经》就经常讲修心，但这还不能算作真正的反思，因为心识还没有被作为修证的直接的对象。比如《杂阿含经》谓得道者"其心如刚石，

---

① 参考高崎直道等：《如来藏思想》，华宇出版社 1986 年版，第 350 页。《大乘起信论义记》云："今在生灭门中，约随染义，形本觉说于始觉。而实始觉至心源时，染缘既尽，始本不殊，平等绝言，即真如门摄也。是故本觉之名，在生灭门中，非真如门摄。"（大正 44 · 256 下）

② 高崎直道等：《如来藏思想》，华宇出版社 1986 年版，第 355、360—361 页。

③ 高崎直道等：《如来藏思想》，华宇出版社 1986 年版，第 361 页。

坚住不倾动，染着心已离，瞋者不反报。若如此修心，何有苦痛忧。”（卷五十）《增支部》“六品”说：“心极光净，与客随烦恼脱。有闻圣弟子能如实解故，有闻圣弟子有修心。”（南传一七・一五）其中强调的都是修道的结果导致了心的净化，但并未把心识当作现存的实体，其观法也未将心识作为主要对象①，易言之原始佛教的修行，并非自觉以心性为对象或目的而修的。初期大乘的实践，以空观为核心，六度皆依此展开，但“空”观与六度行，都没有把心或心性作为根本的修、证对象。早期瑜伽行派尽管把心识作为修观的直接对象，但仍随顺般若立场，其唯识观亦仅遮境无，不表识有，并不承认某种绝对真心的自我呈现才是修道的宗旨，因而这种修道同上述诸家一样，也没有实现为（境智一如的）绝对反思。只有像《楞伽》、《起信》代表的真心如来藏佛教，才具有绝对反思的实践。因为《起信》的究竟觉，就是本觉与始觉、证智与真如的完全同一。如云：“以一切色法本来是心实无外色，若无色者则无虚空之相，所谓一初境界唯心妄起故有。若心离于妄动，则一切境界灭，唯一真心无所不遍，此谓如来广大性智究竟之义。”（《大乘起信论》真谛译）因而《起信》的觉就是绝对反思，它的全部修道就是实现这一反思的实践。

因此《起信论》这种反思型的修道论，与佛教的实践传统之间，存在着巨大的断裂，这表明它必然来自某种外来传统的影响。而在印度宗教传统中，唯有奥义书—吠檀多的实践，一开始就是以观证自我、心识的实性为目标。如《蛙氏奥义书》说：“彼究竟真心，无分别，不可见，澄明、不二、寂灭，此即自我。人若证此自我，乃以其自我入于此自我。”（MāṇḍXII）《羯陀奥义书》云：“智者证自我，无相居于身，为变中不变，究竟而遍满，故离诸烦恼。”（KāṭhII・22）《鹧鸪奥义书》阐明不同的修道方法有舍、正行、慈悲、无害、正知、布施、信受、禅定约八种（TaitI・9），或谓听闻、诚信、苦行三种。《慈氏奥义书》提出了六重瑜伽，即调息、止根、禅定、等持、思择、等至（MaitVI・18，20）。凡此一切，皆在于次第去除五覆，昭示真心，从而离缚染，得解脱。要言之，奥义书修道的核心，亦无外乎净心、观心、尽心、守心，这种实践理路与《起信论》本质上是一致的。这种反思型的修道论，一直构成吠檀多与包括佛教在内的沙门传统截然不同的实践宗旨。所以我们可以设想上述一致性是因为，晚期的如来藏思想在公元四至六世纪印度教对印度精神的影响日益增强的情势下，终于舍弃沙门的传统而融入了吠檀多反思真心的实践。易言之，晚期如来藏佛教的反思实践之形成，是奥义书的修道，尤其是其观法渗透到佛教实践中的结果。对于这一点，我们可以通过阐明《起信》与奥义书修道论共同的逻辑结构，进一步予以验证：

① 早期佛教的观法，如四无量、十遍处、十不净、十随念等，并非以心性为直接对象。

第一,《起信论》依心性本觉规定修道论的反思路线,与奥义书的思路是相同的。如书云真心“于世间灭时,亦常觉、遍满,如虚空不坏”(MaitVI · 17),“真我之自性为虚空,本来解脱,自性涅槃,性即真如、真智,唯是实有妙乐性,无妄、无生,无漏无染。真我自性清净、本来觉悟、恒常遍满,即是无垢心,非有非无。”(TejobinduIII · 40—43。略有删节)故真心本觉,而修道的宗旨,在于证梵我一如、“我即是梵”,此即被无明、不觉所染的众生心,与本觉真心之绝对同一;此实即《起信论》的本、始合一之道。

第二,《起信论》的始觉四位作为修道次第,与奥义书的自我四位基本上是相同的。奥义书自我四位之说,谓众生心包括:其一,真心;其二,真心被根本无明所熏形成的熟眠位识;其三,停留于内心世界的梦位识;其四,执着外境、粗分别的醒位识(MāṇḍII, III, IV, V, VI, VII)。这四位的内容与《起信论》的始觉四位基本上相同(奥义书类似的说法还有五身说)。同样奥义书也是把四位、五身作为修道的阶段。谓人须依真心的观证,由粗入细,由显入微,次第破除食、息、末那、识、熟眠五身,及醒位、梦位、熟眠位三心之遮、染,而融入于无垢真心之中(TejobinduIV · 79 ;Mandala Brahamana UpII · 4)。这实是与《起信》始觉四位相同的次第。

第三,《起信论》以为修道是本觉的自身呈现,即所谓真如熏习无明,其中的主体是本觉自身,这些想法都是奥义书传统早已提出的。首先奥义书以为真心常觉常照,自性清净解脱,故恒熏无明,使众生生厌求、智慧(Śvet III · 12, IV · 12, 16.etc)。此与《起信论》所谓真如体熏,意义一致。其次,真如的用熏,即如来通过其应化身熏习众生,使发道心的观念,在奥义书传统中亦有前身。盖如来三身的观念,就沿自晚期奥义书——《薄伽梵歌》神学[①]。在晚期奥义书中,自我四位被神格化,其中熟眠等三位,就是至上我的化身。《薄伽梵歌》由于受巴克提信仰的影响[②],大大强化了不动的大梵或毗湿奴出于慈悲通过种种化身救世的观念[③]。如来通过应化身熏习众生,应当来自大梵通过其化身诱导众生的图式[④]。再次,《起信》的妄心熏习真如,本质上是真心促使业识等净化,从而使本觉呈现出来。奥义书对此种思想亦不陌生,

---

① 吴学国:《奥义书与初期大乘佛教的形上学》,《湖湘论坛》2012 年第 6 期。拉达克利须南说大乘佛教的法身、报身与应化身,分别与奥义书——《薄伽梵歌》的无德梵、大自在和化身相对应(Sarvepalli Radhakrishnan, *Indian Philosophy Vol.1*. 599)。

② 巴克提运动的产生,是婆罗门传统与民间崇拜及波斯等外来信仰融合的结果(参考本书第三部分第二编第二章)。

③ 吴学国:《奥义书与大乘佛教的发生》,《哲学研究》2010 年第 3 期。

④ 吴学国:《奥义书与大乘佛教的发生》,《哲学研究》2010 年第 3 期。

如《慈氏奥义书》等说真心内化为众生心识（kṣetrajña），而为其活动的主宰，导其向善（MaitII・5；Śvet III・12）。《白骡奥义书》亦云："真我即主宰，策励众生心（sattva），得至上清净。"（ŚvetIII・12）其以为众生内在真心之诱导，可使转识（buddhi）等除无明履障，进入见心、解脱之道（ŚvetVI・15，19）。最后，《起信》以为究竟的觉悟是真心如实证见自身，并与之融合为一，而这正是奥义书一开始就孜孜以求的理想（KāṭhI・2・22；MāṇḍXII）。

第四，《起信论》以起念为世相生起之源，而以无念为清净的心性真如、为修道究竟，亦与奥义书一致。如《起信论》云："复次显示从生灭门即入真如门，所谓推求五阴色之与心、六尘境界毕竟无念……无明迷故谓心为念，心实不动。若能观察知心无念，即得随顺入真如门故。"（《大乘起信论》真谛译）对比奥义书的说法："一切世间唯因念起。唯依念宇宙显现。应弃世间，彼唯是念故，安心于无念，于是沉思心中自我。"（Varaha UpII・45）"若人之心识为无念，无分别，无声无相，为虚空性，……则彼得究竟解脱。"（TejobinduIV・79）"若无念、无为，则唯余大梵（真心）而无非我。"（V・16—17）应当承认二者的思想是相同的。

总之，《起信》与奥义书的修道论，都是以心性本觉为基础，以净心、观心、尽心、守心为工夫，以本始合一为目标，以本觉真心为根本主体，以心体无念为究竟，以由外到内、由粗到细的行相依次断灭为途径，其实质的内容与理论的结构都是一致的。故《起信论》实际上是脱离佛教修行道的传统，而融入奥义书的传统；这只有作为奥义书的修道论直接渗透的结果，才能得到合理解释。盖佛教的禅法实践，较之其理论教条，更容易对外来思想保持开放。实际上，婆罗门传统以观证真心为宗旨的修法，长期以来即已经开始对佛教禅学进行渗透。般若的空观与瑜伽的唯识观，都是这种渗透的产物。而《起信》、《楞伽》等晚期大乘的反思型修道论，其基本宗旨则与婆罗门传统同化。

《起信论》这种反思型的修道工夫，对于中国佛教的影响无疑是非常深远的。中国佛教的"即心是佛"，"直指本心"，"透彻心源"的法门，即根源于此①。这种反思实践还通过佛教的中介，对中国宋明儒学的道德从一种朴素的自然伦理转变为建立在自我反思基础上的自觉道德，起到了根本的影响。然而，正如在如来藏（和印度吠檀多不二论）思想中，对非理性的真如心的反思往往与现实的道德自律难以整合，同样儒家心学由于以本心、良知为"无思无虑"（没有理性的活动）、"无善无恶"的单纯的澄明性，故往往越是强化内向反思的工夫，反倒越忽视了社会道德，而流于"空疏"、

---

① 参考释印顺：《如来藏之研究》，正闻出版社 1992 年版，第 10 页。

“狂禅”之境。这问题的根子不出在中国，而出在印度。这就在于如来藏佛教和印度教的内在反思是抽象的：它只把自我、精神理解成清静无为的意识，而没有领会这自我同时是理性、生命；它完全消极地理解精神的超越性，以为后者就是对理性、生命，乃至全部世界存在的排除，以为意识的纯洁性就是没有任何思想、生命的空虚状态，而没有领会超越性就是精神积极的自否定，是精神本质的自由和生命。这样的反思必然导致社会生活中消极的、非道德甚至反道德的倾向。

通过以上讨论，我们可以得到以下结论：《起信》的真心如来藏说以心性一如、真如缘起为核心的形上学，以及以心性本觉为基础的反思型修道论，都与印度传统的佛教存在很大的鸿沟，而是与奥义书、吠檀多思想本质上一致，且就是直接或间接地沿袭后者而来。因此真心如来藏说就是奥义书传统的持续渗透的结果。如来藏思想发展到这一步，就与吠檀多完全同化了。

阐明《起信论》与奥义书思想的本质亲缘性，对于我们弄清前者的起源、真伪问题亦将有所帮助。从中唐以来人们对《起信》的真伪、来源问题便多有争论。施及近世，由于本论梵本已不存，亦无藏译本，遂使其真伪成为学界争论的一大问题。总之《起信》的真伪问题，是目前仍未解决的悬案。归纳起来，对于本论的来源有三种代表性的看法：其一是认为本论是龙树以前的马鸣所作，因而其思想属于大乘之最早形态，这是大多数西方和印度学者的看法；其二是认为本论作于印度，但作者并非马鸣，或为龙树之后另一个马鸣；其三认为本论是中国人的伪作。

根据我们对《起信》思想的上述分析，我认为它应当是印度文化的产物，而非中土所作。我想从思想与事实两方面进一步表明这一点：(1) 从思想方面，证明这一点有正反两面的根据：第一是它与非佛教的印度传统，尤其是吠檀多思想的本质亲缘性。其心性一如、真心缘起的形上学和内向反思型的修道论，皆不合于传统佛学，而是吠檀多绝对唯心论的立场，尤其是其真如、无明的二元存在发生机制，在任何其他佛典中皆未曾见，而是吠檀多独有的形上学。这表明它必然是直接暴露在浓厚的印度思想氛围中的。第二是它完全没有受中土思想影响的痕迹。南北朝时期中国的佛教学者，尚未形成独立构造体系的著作习惯。而且限于当时学者对佛学理解的水平，这类少见的独立著述，都被打上了传统中国思想的烙印，如道安、慧远的作品。但在《起信论》中我们却找不到中国思想的任何影响。它若产生于中土的话，这种思想的“纯粹性”是难以想象的。因此从思想方面来看，《起信论》来源是印度而非中土，是无可置疑的。(2) 从事实方面来看，《起信论》也不大可能是中土所作。此论现有二译，一为南朝梁真谛译，二为唐实叉难陀译。真谛的年代距离贤首不远。实叉难陀则与后者是同时代人，二者合译过《华严经》。贤首依难陀译本作有《大乘起信论疏》，为此论重要注疏作品。如果此论真是伪作，那只能是实叉难陀、贤首本人也参与作伪。这样佛教围绕《起信》就构成了“多重作伪”，即：真谛译本为伪造；实叉难陀译本并无梵本依据，只是在真谛译本基础上增删而成，故亦属伪作；贤首明知其伪而标榜其学，属于参与作伪。于是形成了佛门一大作伪的“窝案”。这种设想的可信性几乎是不存在的。

奥义书思想对《起信论》的渗透，既有直接的，也有间接的方式。我们多次表明奥义书——婆罗门思想自佛教形成之日就开始渗入后者的理论和实践之中[①]。原始佛教、部派佛教及初期大乘，都在不同程度、不同方面汲取了奥义书的思想（参考前面第二章的讨论）。初期大乘无分别、不二、无生的绝对（法性、真如）观念，及各种形式的如来藏观念，都可追溯到奥义书形上学的不同侧面（参考前几章的结论）。从佛教思想史上看，这些通过不同渠道渗入佛学中的奥义书思想的涓涓细流，逐渐汇合，到了《起信论》的如来藏思想，它们终于汇成了滔滔江河。因为在某种意义上，《起信》、《楞伽》的真心如来藏说，不仅是对如来藏学的综合，也是对如来藏学与性空、唯识之学的综合。由于透入佛学的奥义书形上学的所有因素最终在《起信论》中汇集起来，就使得《起信论》的形上学与奥义书完全趣同了。

《大乘起信论》阐明的如来藏思想，后来成为中国佛教的理论基础。这种影响使得心性一如的本体论，和心性本觉、求道在于反照自心、本始合一的工夫论，成为中国汉地佛教的主要特色。并且如来藏思想通过华严、禅宗等的影响，无论在本体论还是工夫论上，都对中国本土的思想，包括儒、道二家之学，产生了深远影响，使后者不自觉地朝内向反思型思维漂移。

我们通过分析如来藏思想的发展，阐明了吠檀多思想持续渗透到佛学之中的过程。盖奥义书、吠檀多的我论，是包含多层次、多方面的整体。其所谓自我，既是修道证解的根据、主体，又是众生生命的本质基础，是世界万有的始基、根源，是存在的超越真理，其体性乃是清净、纯洁的意识。这些意义方面，在梵、佛两种宗教的长期对话中，一一渗透到佛学内部，而在晚期佛教的法身如来藏、我性如来藏、法界如来藏、法性如来藏、净心如来藏等诸说之中，次第展现出来。

可以看出吠檀多思想对如来藏佛教的渗透不仅从未中断，而且是逐渐深入的。这不仅表现在如来藏文献在其发展中，随顺吠檀多的内容是持续积累的，而且表现在如来藏思想在其理论提升中，越来越脱离传统佛学的立场，向吠檀多的绝对唯心论靠拢。我们将这一过程阐明如下：（1）最初的法身如来藏说，以《如来藏经》、《大

① 吴学国：《奥义书与佛教的发生》，《宗教学研究》2013 年第 1 期。

法鼓经》为代表，借鉴印度教的神话，比喻如来法身为众生烦恼所缠的胎藏，唯待去除缠缚，才能使之显发出来。其对如来藏的几种典型描述，比如莲花喻、蜜喻、皮糩喻、真金宝喻、庵罗果喻、贫女怀子喻、木中有火喻、宝珠喻、种子喻、虚空喻等，皆为直接或间接取资于奥义书传统。但其说义甚为朴素。其所谓法身如来藏，仅仅是譬喻上说，它指的是如来智德，即菩提和菩提心，不是一种实在，亦非吠檀多的绝对自我。(2) 紧接着出现的众生界性和我性如来藏说，接受了作为众生生命的共同本质、基础的自我。其中以《胜鬘经》、《无上依经》、《不增不减经》为代表的众生界性如来藏说，明确提出作为佛性、法身的如来藏，就是众生界，即众生生命的本质、基础。这些说法与主张无生、无我的传统印度佛教有根本的不同，而与奥义书的生命论 (prāṇa-Vidyā) 表现出本质的亲缘性，可以肯定来自后者的影响。而以《大法鼓经》、《大般涅槃经》为代表的我性如来藏说，则明确标榜如来藏就是自我。这些经标榜"我"论，从根本上背离了持"无我"论的印度正统佛学，而明显与持我论的奥义书传统合流。《涅槃经》对真我体性的描述，如"是实、是真、是常、是主、是依，性不变易"等，无一不与奥义书所说相同①。这类经甚至以为真我是绝对普遍性，分化为众生的小我。这种观念也不属于正统佛学，而属于奥义书传统。这种比较表明，我性如来藏说的形成离不开奥义书、吠檀多思想的进一步渗透。但直到这时，如来藏学仍未像吠檀多那样明确把这自我当作存在之真理、根源。(3) 而由于吠檀多思想的进一步渗透产生的法界如来藏说，就采纳了以如来藏或绝对自我作为世界存在之根源、本体的观念。其说为《不增不减经》首次阐明。此经以为，作为众生生命之普遍基础的众生界、如来藏我，同时又是世界万有的绝对基础、依持，即法界，故如来藏就是绝对自我；法界本来清净，但被烦恼、无明所染污。此种观念亦与前此的佛教传统矛盾，其形成离不开奥义书、吠檀多思想的绝对反思的进一步渗透。但此说仍将法界当作一种实在 (宇宙论的或形而上学的)，尚未认识到如来藏的超现实 (超绝) 意义，故仍没有达到奥义书反思的超绝层面。(4) 而同时或稍后出现的法性如来藏说，则发挥如来藏作为超绝真理即空、法性的意义，反过来大大淡化了如来藏原有的我性、智性意义，可以说它是从另一个方面沿袭了奥义书的自我形上学。法性如来藏说的代表，是北本《大般涅槃经》(昙无谶译) 续译部分。此说力图把早期如来藏说，转移到般若空性论基础之上，它以为诸法空性就是如来藏、自我。然而一方面，般若性空如幻论就是在奥义书幻化论基础上形成 (参考以上第三章)，所以法性如来藏说对它的融摄亦

① 参考吴学国：《存在·自我·神性：印度哲学与宗教思想研究》，中国社会科学出版社 2006 年版，第 46—48、60—61 页。

应视为奥义书对如来藏思想的进一步渗透，这使如来藏我被当作超绝的真理。另一方面，如来藏思想产生于印度教复兴的时代，故也不能排除奥义书传统对它的直接影响。事实上，把空性说成自我，亦是晚期奥义书（《白骡》、《慈氏》）的说法，其中至少《白骡》这一说法是早于法性如来藏说的，因而它也可能直接或间接影响到如来藏学。但法性如来藏说淡化了如来藏原有的我性、智性意义，没有将如来藏与心灵、意识关联起来，因而仍没有发现自我的内在本质，没有达到一种内在反思。(5) 到净心如来藏说，乃将如来藏等同于一个纯粹的意识实体或本体，才算具有了一种内在反思。净心如来藏既是法身，又是真我、法界、法性；既是自我本质，又是存在的依持。因此在净心如来藏说中，以前诸种如来藏说汲取的吠檀多自我论的不同方面，全都汇集起来了，并被融入自性清净心的观念之中。此说直到《宝性论》才得到明确、系统的表述。根据《宝性论》的说法，自性清净心是众生自我的本质、真理，是自我内在的虚空；依止自性清净心，由无明生一切心身存在；依此净心所生的一切世间存在皆为有差别、杂染、流转变异的，而净心则完全超越后者，为一味、不二、清净、恒常的；净心是绝对超越的存在，是否定一切实体、一切形而上学的现存之“有”的空性，而一切现实性皆为虚幻。总之，在净心如来藏说中，几乎就可以看到晚期奥义书自我论的绝大部分内容了。此外《宝性论》以宝珠喻、净水喻、月离罗睺喻、镜像喻等形容净心如来藏的体性。这些表述也都是吠檀多传统已有的。净心如来藏就是一个超绝、内在的实体，它不属于佛教传统，而与晚期奥义书（《白骡》、《慈氏》）的究竟自我一致。因此这一观念的形成，既是如来藏思想自身发展的结果，也离不开奥义书、吠檀多的超绝反思的进一步渗透。但净心如来藏说，尚未把净心当作世界存在的绝对真理和根源，因而反思没有成为绝对的、先验的。(6) 真心如来藏思想则体现了超绝反思向绝对的、先验领域的迈进。真心如来藏思想最充分体现在《起信论》、《楞伽经》等典籍之中。它一方面领会到真心就是一切存在的本质和真理，达到了心性一如，从而实现了一种绝对反思（主客体的同一）；另一方面联系阿赖耶识转变解释真心生成世界存在的先验发生机制，即真心缘起，从而也实现了一种先验反思。真心如来藏思想是如来藏佛教发展的完成。在这里，如来藏学的两个最终结论，即心性一如和真心缘起，都已经形成。然而心性一如和真心缘起，乃是奥义书的基本立场，而与传统佛学格格不入。因而可以说，到了《起信论》、《楞伽经》的思想，如来藏佛学至少在理论的、世界观的层面，就与吠檀多完全同化了。此外，《起信论》等还建立了一种与小乘禅学和大乘六度皆有本质区别，但与奥义书的梵我观证实质一致的反思型修道论，意味着真心如来藏佛教在实践方面也被吠檀多同化了。总之，如来藏思想的形成和发展，就是一个精神反思不断深化和提升的过程。这既是佛教的精神自身成长的结果，也是受奥义书的反思长期渗透的结果。如来藏思想就是在不断汲取奥义书的精神超越和反思的过程中实现了自身的精神成长。

然而奥义书、吠檀多思想的长期渗透，导致如来藏思想在最终被吠檀多传统同化。也正因为这一点，日本上世纪下半叶兴起的“批判佛教”，乃认为如来藏思想根本就不是佛教，而是与吠檀多属于同一范畴①。在这里应当指出的是：一方面，把如来藏与奥义书思想的共同性作为其“非佛教”的理由还有待商榷。如果把佛学中凡随顺奥义书者都称为“非佛教”，那么佛学中剩余的内容将会非常少了。事实上，一些奥义书色彩浓厚的观念，在佛陀时期就已经开始渗入佛教中②。这就是为什么佛学史上历次“回归佛陀本旨”的运动，常常会表现为对于奥义书传统的回归③。在如来藏思想中也有类似的情况。所以拉达克利须南说：“晚期佛教，把涅槃理解为与普遍的如来藏的融合，或对于自身本有佛性的觉悟，实际上比将涅槃理解为一切存在之消灭的学说更接近佛的教法。”④ 另一方面，佛教的如来藏化，最终导致梵佛界限完全消失，这恐怕是佛教在印度最后消亡的根本原因。

另外，尽管如来藏思想在印度佛教史上长期处于边缘地位，但一到中国，却一跃成为佛教的主流，而且决定中国佛教面貌的《起信论》、《楞伽经》等如来藏经论，都代表晚期真心如来藏说，属于如来藏学的形上学与吠檀多完全同化的阶段。这决定了中国佛学具有非常浓厚的吠檀多色彩。至少在理论的、形上学的层面，中国佛学与印度主流佛学的距离，要明显大于与吠檀多的距离。中国佛教如此易于接受真心如来藏说，其中一个原因正是中国佛学没有婆罗门—奥义书传统作为对照，无法激起、保持对于佛学与后者差别的清晰意识，因而佛学中一些与后者强烈一致的内容，也被不加怀疑地接受下来。

大乘佛教与吠檀多传统的这种同化，对中国佛教的影响是极为深远的。如来藏佛教是中国佛教的主流⑤。在中国主要的佛教宗派，究其渊源，都沾濡了如来藏，尤

---

① 杰米·霍巴德等主编：《修剪菩提树》，上海古籍出版社 2004 年版，第 172、173、191 页。

② 在《阿含经》中即已有一些与佛教正统相违的思想，诸如我论、识说，如《六界经》说有恒常识，涅槃即“无相、无限、遍满照耀之识”（Edward Conze, *Buddist Thought in India*, George Allen&Unwin LTD, London, 1962. 196）。此外《阿含经》中还可以找到把涅槃当作实在化的绝对的观念（《赞叹经》提到的涅槃界，就是一个实有的超验所在［Udāna VIII · 1–4］），以及超越人格佛陀的法身佛观念等（*Buddist Thought in India*.196f）。而显然这些思想都是与奥义书一致的。总之自有佛教，奥义书思想就开始了对它的渗透。

③ 吴学国：《奥义书与大乘佛教的发生》，《哲学研究》2010 年第 3 期。

④ Sarvepalli Radhakrishnan, *Indian Philosophy Vol.1*, the Macmilian Company, London, 1924. 690.

⑤ 释印顺：《如来藏之研究》，正闻出版社 1992 年版，第 3 页。

其是《起信》、《楞伽》的真心如来藏观念；其中华严和禅宗，乃以此作为其理论的基础。于是通过《起信》等的如来藏佛教的中介，中国佛学就与奥义书—吠檀多思想具有了本质的亲缘性。

其中华严宗不仅从随顺真心如来藏的摄论、地论学汲取思想资源，而且一开始就对《起信》极为重视。法藏就作有《大乘起信论义记》、《大乘起信论疏》、《大乘起信论别记》等，他的思想体系就是糅合了《华严经》与《起信》以及地论师和摄论师等的思想形成的[①]。华严讲缘起，是性起缘起，就是把缘起归结于如来性的展现，一切佛境皆由一心现起，立场与起信的如来藏心缘起相同。就如来藏与阿赖耶识的关系，贤首也继承和发展了《起信》的说法，认为"如来藏随缘变化成阿赖耶识"，显现为万事万物，因此是"理澈于事"；又认为"依他缘起无性同如"，缘起法本性空无，不离如性，因此是"事澈于理"。如来藏与诸法是本末、体用、表里、假实的关系，一切法皆是如来藏心缘起显现。至于禅宗，印顺曾说"禅宗是从如来藏禅来的"[②]。禅宗早期奉持《楞伽》，而其著述（如《楞伽师资记》、《传法宝记》等）在引用经论时，总是把《起信》放在第一位，其思想和《楞伽》、《起信》的真心如来藏说是一脉相承的[③]。如《坛经》强调"万法尽在自心"，要求"从自心顿见真如本性"（《般若品》），就是来自起信的心性本觉。就"自心"与万物的缘起关系来说，禅宗的说法也是以《起信》、《楞伽》的如来藏缘起论为基础的，如《坛经·咐嘱品》说："自性能念万法，名藏识，若起思量，即是转识，生六识，出六门，见六尘。如是一十八界，皆从自性起用。"这就是把众生的清净心，作为现起一切世法的精神本体。禅宗修道论的根本方针也与《起信》等一致。比如东山法门说的是"息妄修心"的禅法，但无论"观心"，还是"息念"，都与《起信》一致。首先其所谓"如镜昏尘，须勤拂拭，尘尽明现，无所不照"的观心，与《起信》的"住于静处……前心依境，次舍于境，后念依心，复舍于心，以心驰外境，摄住内心"显然是同一法门。而"背境观心，熄灭妄念。念尽即觉，无所不知"的息念，与《起信》"远离觉相，微细分别究竟永尽，心根本性常住现前，是为如来，名究竟觉"，也是同一流类。此外，《起信》也是天台、三论等宗所依用重要经论之一。天台大师早年从学于摄论师，后来受《起信》的本觉说激发，提出了性具的实相观，以为众生本性具足一切法界；而"一念三千"的说法，是用心包摄万法。这都是受到如来藏思想启发。荆溪湛然进而用真如随缘释"一念三千"，使天台的思想更加朝真

① 吕澂：《中国佛学源流略讲》，中华书局 1979 年版，第 193、353—358 页等。
② 释印顺：《如来藏之研究》，正闻出版社 1992 年版，第 2 页。
③ 吕澂：《中国佛学源流略讲》，中华书局 1979 年版，第 361 页及以后。

心本体论倾斜。总之，中国佛学大致上都是把作为本心的“真我”、“大我”，当作世界的精神本体。

因而中国主流佛学就具有以下特点：(1) 在本体层面讲的真如与心性之绝对同一。比如华严谈理、事圆融，一、多相摄，而其所谓的“理”、“一”，就是真如心，故理即心；禅宗也主张真心即性：“心是道，心是理，则是心外无理，理外无心，心能平等，名之为理；理照能明，名之为心”（《大乘开心显性顿悟真宗论》）。(2) 在缘起层面讲的真心缘起。如华严就是把众生本具的如来藏心，作为一切法的根源、本体①；禅宗也主张真心缘起：“心者，万法之根本也。一切诸法，唯心所生。犹如大树，所有枝条及诸花果，皆悉因根。”（《少室六门集》第二破相门）。(3) 在修道论上主张心性本觉，从把握真心而入，由悟而修以达到返本还源的目标。中国佛学认为真心本来具足功德，故修为应当是反求诸己，不待外求的。如宗密：“我等多劫未遇真宗，不解近自原身……今得至教原文，方觉本来是佛。故须行依佛行，心契佛心，返本还源，解除凡习，损之又损，以至无为，自然应用恒沙，名之为佛。”（《原人论》）

我们在前面的分析表明了，以上这几点，作为晚期如来藏的特点，实际上与印度传统佛学之间都存在巨大鸿沟，而是来自奥义书—吠檀多思想的渗透。因而中国佛学在其思想上与吠檀多学的亲缘性已经远远大于与传统佛学的亲缘性。因而中国佛学甚至可以视作印度吠檀多学的一个支派②。

而正是通过如来藏佛教的中介，吠檀多的思想对中国的儒、道二家，乃至中国文学、艺术思想，都产生了深刻的影响。这里我们只谈谈它对儒家心学的影响。传统中国思想的一个特点是缺乏精神的自我反思：它从未提出过“我是谁”这样的问题，没有把自我意识本身当作对象；它也没有经历在古希腊和印度思想中发生的那种对自然的“颠倒”（在希腊是“逻各斯的颠倒”③，在印度是“心性的颠倒”），故也不可能从世界现象中意识到自我。因而在宋明以前的中国思想中，没有真正的唯心论哲学④。然而儒家心学，尤其是阳明哲学，则是一种以反思为特征的绝对唯心论。这种唯心论不属于儒家传统，而“是印度对中国哲学的贡献”⑤。这一贡献当然是通过

---

① 如圭峰大师说：“依如来藏故，有生灭心相。所谓不生灭真心，与生灭妄想和合，非一非异，名为阿赖耶识……转成能见之识，及所见境界相现。”（《原人论·会通本末第四》）

② 科特伽在谈到日本的大乘佛教时说：“在佛教的名义之下，实际传入日本的是印度教”(S.V.Ketkar, *Hinduism*, Delhi, Caxton Publications, 1988. 57)。这一看法对中国佛学也同样成立。

③ 参考邓晓芒：《思辨的张力》，湖南教育出版社 1992 年版，第 257—264 页。

④ 吴学国：《佛教唯识思想与儒家心学本体论》，《北京社会科学》2002 年第 2 期。

⑤ 冯友兰：《中国哲学简史》，北京大学出版社 1985 年版，第 294 页。

佛教。吠檀多与如来藏佛教三个最重要的方面，即心、性一如，真心缘起以及反思型的工夫论，都被儒家心学所继承。如象山说：“心一心也，理一理也，至当归一，精义无二，此心此理，实不容有二。”（《与曾宅之书》）；阳明说：“心之本体即是性”，“心即性”，“心即道，道即天”（《传习录》与王纯甫）。这些立场与原始儒家有很大差别，而与如来藏佛教（以及吠檀多）中本具的真心即是性、即是理的说法并无大异。另外，象慈湖作《己易》云：“天者吾性中之象，地者吾性中之形，故曰在天成象，在地成形，皆我之所为也”，阳明说人的良知之心是天地万物的本根，造作宇宙间一切事物，是“造化的精灵”（《传习录》卷下）等等，皆为先儒所未到，而与如来藏佛教以真心为本体的缘起论完全相同。而且阳明对这真心之体性的解释，本体论上亦与佛教和吠檀多一致。比如他说心之本体是清净澄澈、无滞无碍、无善无恶、空虚寂寥、湛然灵明、了了常知（《王文成公全书》卷一、卷三），是一个平等、无差别的纯粹灵明，即是自家本来面目。这些说法，与我们前面讨论的吠檀多和如来藏佛教对真心的描述没有什么差别。与此相应，心学以内在反思为导向的工夫论，也渊源于禅佛教与吠檀多的观心、守心法门。在心学产生以前，儒家思想并无真正精神的自我反思[①]。而吠檀多与如来藏佛教，由于一方面持心、性一如，另一方面主张见性成道，故自我反思一开始就成为修道之根本方针，中国佛教修道论的特质就在于此。心学尤其是阳明学，汲取了佛学这种反思工夫，把先儒较为外在的“集义”、“格物”工夫都理解为实现对我的内在良知的反省的途径，如阳明说格物“是致知之功，即佛氏之常惺惺，亦是常存他本来面目”（《全书》卷二），“集义只是致良知”（《传习录》卷中）等。这种内在反思使中国思想具有了道德的自我意识，这可以说是阳明心学对儒家道德哲学的最大贡献。总之儒家心学的真心本体论，与传统儒学（乃至整个华夏传统）存在巨大鸿沟，根本不可能是从后者直接蕴出，而只能袭自如来藏佛教，并最终渊源于印度的吠檀多思想[②]。在这种意义上，如果我们说阳明的心学其实就是儒学化的吠檀多思想，也不为过[③]。

吠檀多对中国文化的影响，根本在于给执着于朴素、外在思维的中国精神，注入了一种真正的反思，使中国人有了良知。尽管这种外来的良知，在中国精神中的实际存在是非常短暂的，因为一方面阳明心学在明代以后即已失势，儒学最终消除其佛学影响，重新向“汉学”传统回归；另一方面本来以“见心”、“守心”为宗旨的中国

① 像曾子的“三省”，其实只是对我的一种行为上的反省，而不是对自我的内在本质的反省；孟子的“反身而诚”，也不是对我的意识自身的反省；因而这都不是真正的反思。

② 吴学国：《从印度吠檀多到中国阳明心学》，《学术月刊》2007 年第 2 期。

③ 吴学国：《从印度吠檀多到中国阳明心学》，《学术月刊》2007 年第 2 期。

佛教，后来也逐渐朝标榜“妄知废照”、“冥然无心”的老庄思想靠拢。于是印度思想馈赠中国传统的精神反思，又终于被磨灭了。正是这种精神上彻底的自我遗忘，造成了中国文化的最大困境。

无论是佛教对印度教的反思汲取，还是中国思想对佛教精神反思的汲取，都属于精神生命的自身发育。因为当任何一种文化精神自由地汲取新的、异己的内容，都必须先返回自身的良心，即自由的无限性。这种良心返回就是精神的良知。良知根据这自由的现实情境，确定这些可能是无限多样的新观念中，何者是适宜的，即适合自由自身的时间性的。精神只接受甚至只“看见”那些“适时”的观念，并通过自身教养、修为，使后者转化普遍的，并同时生成精神经验的必然形式，即相应的概念。佛教以及中国思想对源于吠檀多传统的精神反思的汲取，一方面完全是由精神自由的内在冲动规定，另一方面接受者“掌握”的任何外来观念、概念，都必须是它自身内在地构造出来的。于是这新的反思才会成为它的自身精神生命的功能、内容。它的精神便由此获得自身成长，从而更大程度地否定自身，以实现更充分的自由。在任何一种固化的传统中，唯有外来文化的冲击方能迫使其良知觉醒。而若传统僵固得竟然已经使良心窒息死亡，则新的精神再强烈的撞击也不能使良知苏醒。于是精神既无法看出对方的真正价值，也根本不可能从中学到什么。甚至它无意识地从外面拿来的东西，也由于它不能承受这种高贵，而最终必定无意识地扔掉。

# 结　语

中村元曾说："在印度思想中，最大正统为吠檀多，最大异端是佛教，二者的相互关系影响了印度精神史。"[①] 大多数印度思想史家认为佛教乃是从被称为"吠陀终结"（吠檀多）的奥义书思想发展而来[②]；反过来，佛教对奥义书和婆罗门—印度教的思想发展的影响也是同样显著的[③]。我们这里重点讨论前一方面的影响。

盖印度文化，源于属雅利安的吠陀传统和非雅利安的沙门传统的整合，前者的特征是祭祀主义、彼岸的理想、对形上绝对的追求（奥义书乃是吠陀传统的绝对思考发展的顶点，并由此得名为吠檀多）；后者旨在通过巫术、苦行的实践获得某种神秘体验。而佛教乃是融会这两种传统而来的[④]：一方面，原始佛教尽管渊源于苦行

---

① Nakamura, Hajime, *A History of Early Vedānta Philosophy*, Motilal Banarsidass, Delhi, 1983.131.

② 如缪勒说："奥义书的许多观念已经无疑是纯粹佛教的，或者说佛教在许多方面只是在奥义书中已经存在的原理的展开。"（Max Mueller, SBEXV, Introduction XXXVII）大卫斯说："在佛的学说中，很少有不能在其他正统思想中发现的内容。他的独创性在于对前人的说法的吸收、扩展、提升，并系统化。"（Rhys Davids, *Buddhism*, 83—84）奥登堡说："佛教不仅从婆罗门传统继承了一系列重要的理论，而且继承了宗教的思想和情感倾向。"（Hermann Oldenberg, *Buddha,* Motilal Banarsidass, Delhi, 2006. 52）。拉达克利须南说早期佛教"只是在新的起点上重述奥义书思想"，"奥义书和佛教，只是同一思想运动的早期和晚期阶段。"（Sarvepalli Radhakrishnan, *Indian Philosophy Vol.1*. 361, 470）。A.E. 高额："佛教只是排除了大梵的奥义书思想。"（Mahendra P.Mittal（Ed）, *Buddha and Early Buddhism Vol.1,* Originals, Delhi 2002.IntroductionX）。"历史地看，佛教是作为对奥义书立场的补充、完善和发展而产生的。"（Mahendra P.Mittal（Ed）, *Buddha and Early Buddhism Vol.1*, Originals, Delhi, 2002. 264）

③ "尽管不能说每一个印度人都是佛教徒，但佛教已然渗透到印度的全部宗教、哲学思想中，渗入到今天的印度人的宗教意识的深处。"（Mahendra P.Mittal（Ed）, *Buddha and Early Buddhism Vol.1,* Originals, Delhi 2002.Introduction IX）"所谓佛教在印度消失的观点是错误的。这只是印度传统对一种本来从它自己产生的东西的同化、吸收。"（Ibid, XIII）

④ 中村元指出"佛教继承了雅利安传统的许多内容。它有许多内容来自婆罗门教，尤其是奥义书的思想，也有些来自耆那教等非婆罗门思想。"（Hajime Nakamura, *Indian Buddhism,* Motilal Banarsidass, 1987. 61—62）。

传统①，但后者并没有成熟的世界观，没有对形上学的绝对、彼岸的追求。另一方面，原始佛教是在奥义书造成的思想语境下展开的，所以它反映出的很成熟的世界观，应当是来自奥义书的，其修道论也被嫁接了奥义书的形上学理想②。尽管佛陀从其实践至上的考虑出发，每对于形上学的绝对保持沉默，然而他始终没有明确否定其存在③。如果把《阿含经》的涅槃与奥义书的大梵概念进行比较，就可以确证早期佛教是默认了奥义书的形上学④。就本体的层面上看，涅槃与大梵一样都是对名色世界的否定；名色与实际，相续、苦与涅槃的对立，乃是来自奥义书中名色世界与大梵的对立图景。即使早期佛教回避对涅槃的肯定性描述，并不意味着它否认了形上学的

---

① 目前学界公认佛教的定学是继承瑜伽而来（参考 Heinrich Dumoulin, *Zen Buddhism*, Macmillan Publishing Company, New York, 1994. 15 ；K.N. Upadhyaya, *Early Buddhism and the Bhagavadgīta,* Motilal Banarsidass Press Delhi, 1983. 95 ；*Buddha and Early Buddhism Vol.1*, Originals, Delhi 2002.IntroductionXI）。

② 佛学家季穆尔说："佛教对宇宙和人生的本体论，并没有超越奥义书；区别在于实现（这种本体论）的方式，前者的方式是宗教的，后者的方式是哲学的。"（Ryukan Kimura, *A Historical Study of the Terms Hinayāna and Mahāyāna and the Origin of Mahāyāna Buddhism*, University of Calcutta, 1927. 97）。这意味着佛教是把奥义书的形上学融会到其修道论中。这其实是大多数印度思想史家的看法。优波底耶将早期佛教与奥义书一致的观念、表述，进行了罗列（K.N. Upadhyaya, *Early Buddhism and the Bhagavadgīta*, Motilal Banarsidass Press Delhi, 1983. 101—104），甚为充分（比如佛教的螺与声喻、蛇蜕皮喻、驭者与车喻等，皆应来自奥义书），读者可以参看。

③ 拉达克利须南曾指出"佛陀从未反对过奥义书的大梵、绝对者的观念"，尽管他的批评涉及各种外道异见，"但从未涉及一个不变的实性的问题。这些可以表明佛陀接受了奥义书的立场。"（Sarvepalli Radhakrishnan, *Indian Philosophy Vol.1*, the Macmilian Company, London 1924. 682）

④ 如巴利文《杂阿含经》说："如来离一切名、色，深隐不测，不可思议，如大海洋。不可说其有生，不可说其无生，不可说其有生亦无生，不可说其非有生非无生。"（转引自 Alexander Wynne, *The Origin of Buddhist Meditation,* Routledge, London 2007. 95）相应地，奥义书说大梵离诸名色，"非此，非彼"（neti neti）、不可捉摸、不可执取（BṛihIII・9・26）。《长阿含经》说涅槃境界无地、水、火、风，无粗细、长短、好丑，灭名色、识（卷十六），或说解脱者灭无量空处、识入处、无所有入处、非想非非想入处、此世他世、日、月、见、闻、觉、识想（卷三十三）。奥义书说至上梵"它非粗非细、非长非短、无明无暗、无影无像、无风、无空、无违、无见、无嗅、无味、无眼、无耳、无声、无意、无作、无气、无口、无名、无老死、无畏惧、不灭、非显、非隐、无度量、无内外。它不食于一切，亦不为一切所食。"（BṛihIII・8・8）正如学者指出，"佛教的这些观念与表达，与奥义书的说法是完全一样的。在奥义书中这种表述诠显至上梵，而在佛教中，它显示涅槃的境界。"（Ryukan Kimura, *A Historical Study of the Terms Hinayāna and Mahāyāna and the Origin of Mahāyāna Buddhism*, University of Calcutta, 1927. 97）另外，有些学者相信，与奥义书一致，佛陀尽管否定名色是我，但仍接受了某种"真我"。松本史朗说："有清楚的迹象表明，甚至在佛陀的教义中也接受了实我的存在。"（杰米・霍巴德等主编：《修剪菩提树》，上海古籍出版社 2004 年版，第 164 页）。原始佛典中确有一些承认阿特曼的表述，大概佛教最早是持"我论"的，后来它被模糊化了（松本史朗：《缘起与空》，中国人民大学出版社 2006 年版，第 97 页）。

绝对①。另外，《阿含经》也有对绝对、彼岸的肯定描述，后者更强烈地暗示了与奥义书形上学的一致性②。可以肯定，原始佛学中潜藏着一个形上学的绝对，后者不是佛教所从属的沙门思潮的产物，而只能是来自奥义书思想的渗透③。

在佛灭后一千多年内，奥义书思想日益深入地渗透到佛教思想中，影响了部派和大乘佛教思想的演变。盖原始佛教对超验的绝对存在一般是保持沉默。但发展到大乘佛学，绝对、真如法性不仅成为讨论的主题，而且得到越来越肯定的描述。最后在如来藏佛教中，这绝对、真如被等同于众生的真实自我、自性清净心，从而实现了与奥义书形上学的同构。奥义书—吠檀多思想日益深化的影响，对于大乘佛教的产生、发展乃至消亡，都起着本质的推动作用。第一，大乘佛教的产生离不开奥义书的长期渗透。大乘佛教的产生其实是相互松散地联系的几种新思想趋势整合的结果。这包括：(1) 禅观的发展；(2) 菩萨行的发展；(3) 信仰主义的趋向；(4) 脱离部派实在论回归佛之本义的冲动；(5) 居士佛教地位之提升。这些思想，无论是从个别还是

① 正如学者指出，无论是在佛教还是在吠檀多思想中，"只要当本体论的观念被用否定方式来表述，那么始终只是现象界的存在被否定"(Ryukan Kimura, *A Historical Study of the Terms Hinayāna and Mahāyāna and the Origin of Mahāyāna Buddhism*, University of Calcutta, 1927. 98)。

② 如《杂阿含经》(卷二) 说解脱者的心识："于诸世间都无所取、无所著。……不至东、西、南、北、四维、上、下，无所至趣。……涅槃、寂灭、清凉、清净、真实。"其中以识为超验的本体的观念，为沙门思潮所无，可以肯定是来自梵书——奥义书的唯心论传统，盖《考史多启奥义书》即表明识是一切存在之超越、常住的基础 (KauṣIII・5)；《广林奥义书》说解脱者的心识，不复知有内、外，彼、此 (BṛihIV・3・21)，无为、寂灭、离染、清净、离惑 (真实) (BṛihIV・4・22—23)。另外《杂阿含经》(卷十二) 说："此法常住法住法界。……法住、法空、法如、法尔，法不离如、法不异如，审谛真实不颠倒。"这与奥义书对大梵的描述也是一致的 (BṛihIII・8・8)。

③ 这种渗透还有更明确的证据，如巴利文长部的《起世因本经》说："法身与梵身，法体与梵体，此是如来名号。"(《长阿含经》[卷六] 译为："大梵名者，即如来号。")；中阿含《婆罗婆堂经》说"彼梵天者，是说如来无所著等正觉。梵是如来，冷是如来，无烦无热、不离如者是如来。"(《中阿含经》卷三十九)。我设想，在原始佛教思想中，这一类的说法可能是很平常的。但后来，持多元实在论的部派佛学在确定三藏时，就把其中有梵化的、绝对主义的色彩的内容去除或模糊化了。

另外，奥义书思想自身也是发展的。如《提婆菩萨释楞伽经中外道小乘涅槃论》，除提到胜论、正理、数论、瑜伽、耆那教、顺世论之外，反映的基本上是奥义书最早的、吠陀衔接时期的思想（比如所谓方论师、虚空论师、风论师、时论师、服水论师，都是继承了吠陀晚期的宇宙论，而违陀论师、伊赊那 [Īśāna] 论师、摩陀罗论师、摩醯首罗 [Maheśvara] 论师、本生安荼论师的说法，也只是吠陀晚期和梵书的创世论的延续。这些思想后来被奥义书成熟的精神本体论扬弃）。早期佛教的涅槃，与奥义书绝对观念的最原始形态更接近。后者尚未开出那种作为纯粹精神的大梵，而是信仰梵天、梵界（Nalinaksha Dutt, *Mahāyāna Buddhism,* Bharatiya Kala Prakashan, Delhi, 2003. 196）。早期佛教所接触到的梵的观念，就止于此。而原始佛教的涅槃，是一个先觉者入于其中的，不可见但可实际到达的居处（Nalinaksha Dutt, *Mahāyāna Buddhism,* Bharatiya Kala Prakashan, Delhi, 2003. 197），可以确定它来自奥义书最早构想的梵界（brahma-loka）的启发。

从整体上看，都反映出奥义书和印度传统的强烈影响。第二，奥义书思想的影响促进了般若中观形上学的形成。奥义书传统长期渗透，使得在大乘佛学中，绝对、真如法性也得以成为讨论的主题，而且得到越来越肯定的描述。般若学通过否定经验存在的现实性以诠显绝对的思路与奥义书完全一致。其以“如幻性空”释名色世界就受到晚期奥义书幻化论的启发；其以无明、虚妄分别、戏论为经验世界的根源，也沿袭了奥义书的表述；其描述诸法空性、绝对为非有非无、平等、无分别、不二等，都沿自奥义书对无德梵的描述；以“二谛”整合经验与绝对也是发展了奥义书的“二智”说。但是它破除了奥义书的超绝现存实体，领会到存在本质的无得、无住性，体现了精神的绝对自由。第三，唯识思想也是在奥义书的识论对大乘佛教的渗透之下形成。其中唯识说（包括“三性”、“唯识中道”）；本识说；种子与识转变说；以断除习气为核心的修道论等，都与奥义书的识论存在本质的亲缘性。在这里，瑜伽行派将来自奥义书的“识”论与大乘原有的“空”论结合，形成了自己的理论体系。奥义书的渗透主要通过禅观的途径。唯识学在以后的发展中，由于奥义书传统的影响愈益深化，遂逐渐由“空”向“有”的立场转化。到《楞伽经》等确立真心如来藏，唯识学至少在理论方面，就被奥义书传统完全同化了。第四，导致佛教如来藏思想的形成和发展的最重要原因，是奥义书的主观反思的渗透。印度如来藏学的发展包括法身如来藏、我性如来藏、法界如来藏、法性如来藏、净心如来藏、真心如来藏几个阶段。其中从法身如来藏的观念就已可以看出奥义书传统的显著影响，而且这方面的影响在如来藏学以后的每一发展阶段中，都是逐渐积累的。这导致如来藏佛教在其发展中，逐渐被奥义书传统同化。到《大乘起信论》的真心如来藏思想，就与晚期奥义书和吠檀多派没有什么实质区别了。

尽管我们只是从一般学术史的角度来阐明奥义书对于印度佛教的产生和发展的影响，将我们的讨论集中在了观念和实践层面；而从内在精神层面，这种影响主要在于奥义书传统的超越和反思思维渗透到佛教之中，促进了佛教的精神成长。在这过程中，佛教也在根据其自身情况对它汲取的内容进行了改造、发展。其中，在原始佛教和初期大乘阶段，是奥义书传统的超越思维的渗透，导致原始佛教确立出离生死的宗趣和解脱尘世的理想，也导致般若的超绝思维的形成，但无论原始佛教还是般若大乘，都对它袭取的奥义书思想进行了改造，主要在于：原始佛教把超越理解为生命的断灭，般若思想则把超绝思维进一步转化为无住思维或空思维，实现了精神否定的绝对自由。到了中、后期大乘佛教阶段，奥义书传统的反思思维也逐渐渗透到大乘佛学之中。这首先是导致瑜伽唯识的客观反思（识被当作一种在反思者的自我之外的东西）的形成；而它的进一步渗透导致大乘佛教认识到识与自我的同一性，从而形成了一种绝对反思，于是真心如来藏思想得以形成。发展到这一步，佛教在内在精神层面就与奥义书、吠檀多思想融然无别了。因此，奥义书传统对佛教的长期渗透，最终结果是导致佛教被印度教同化。

从根本上说，正因为佛教与印度传统的同化，最终导致了佛教在印度的消亡。诚如学者指出："佛教被印度主流文化同化是很自然的。它们的相互渗透如此之深，以致佛教在印度的单独存在都成为不必要的。"① 这种同化既包括印度教传统对佛教的渗透，也包括佛教对印度教的渗透②。但由于印度教构成印度文化的主体，因而这同化最终表现为前者对佛教的完全吸收。

对于这种佛教的"梵化"，我们到底该持什么态度？首先，从某种佛教原教旨主义出发对这种"梵化"的一味排斥是不可取，也是不现实的。正如高崎直道教授所说，佛教与作为印度主流思想的奥义书或吠檀多学有一定的相通之处，这是很自然的事③。即使佛陀的思想，都已经受到了奥义书形上学的深刻影响。如果把佛学中凡随顺奥义书者都称为"非佛教"，那么佛学中剩余的内容将会非常少了。一些吠檀多色彩浓厚的观念在佛陀时期就已经开始渗入佛教中④。这就是为什么佛学史上历次"回归佛陀本旨"的运动，常常会表现为对于奥义书传统的回归⑤。在多数情况下，奥义书传统的影响其实是促进了佛教的精神提升。比如原始佛教的超越思维的形成离不开奥义书思想的渗透，奥义书幻化论启发了大乘的如幻性空思想，唯识和如来藏佛教的精神反思的形成就是奥义书长期影响的结果，如此等等。在这种情况下，奥义书的影响就应当被充分肯定。其次，我们需要对于奥义书对佛教的影响给予更客观、自由、全面的评价。其中，除了上述正面影响，也包括一些负面影响。其中最主要的有：其一，奥义书重视智慧而轻视实践的传统，直接或间接影响到佛教的实践，

---

① Mahendra P.Mittal（Ed）, *Buddha and Early Buddhism Vol.1*, Originals, Delhi 2002.IntroductionXIII.

② 一位印度学者说道："印度是彻头彻尾佛教化的，无论我们相信与否。这不待论证，而是可以直接感受的。"（Mahendra P.Mittal（Ed）, *Buddha and Early Buddhism Vol.1*, Originals, Delhi 2002.IntroductionXIII）

③ 杰米·霍巴德等主编：《修剪菩提树》，上海古籍出版社2004年版，第315页。

④ 在《阿含经》中即已有一些与佛教正统相违的思想，诸如我论、识说，如《六界经》说有恒常识，涅槃即"无相、无限、遍满照耀之识"（Edward Conze, *Buddist Thought in India*, George Allen&Unwin LTD, London, 1962. 196）。此外《阿含经》还可以找到把涅槃当作实在化的绝对的观念（《赞叹经》提到的涅槃界，就是一个实有的超验所在［Udāna VIII · 1—4］），以及超越人格佛陀的法身佛观念等（*Buddist Thought in India*.196f）。而显然这些思想都是与奥义书一致的。总之自有佛教，奥义书思想就开始了对它的渗透。

⑤ 吴学国：《奥义书与大乘佛教的发生》，《哲学研究》2010年第3期。

使得大乘佛学开始走向以智慧统摄全部修行的道路，解脱被维系于顿悟，这导致早期佛教的复杂修道工夫被逐渐简化，导致晚期佛教实践的粗疏之弊。其二，奥义书传统的持续渗透，也使大乘佛学逐渐由“空”到“有”转移，结果是在真心如来藏思想中，般若思想的无住、无得的空性真如最终被转化为与晚期奥义书作为超绝现存实体的真心、大梵实质上相同的如来藏心。其三，印度教的大量巫术、符咒、魔法内容渗透到佛教之中，也导致佛教的精神退化。在这种情况下，佛教要保持与印度教的距离而不被同化，最应当做的就是想办法杜绝这些负面影响。总的说来，我认为，从佛教的立场，我们对于奥义书对佛教的影响这个问题，应该采取一个更开放、自由的态度，既要避免使精神止步不前的狭隘宗派主义，也要警惕外来影响侵蚀、遮蔽了佛教精神本来的自由。在这里，我们应当用自由本身作为考量的标准。盖一切宗教的最终价值在于使人获得自由。从这一根本立场出发，就佛教而言，对于来自印度教，甚至西方宗教的影响，只要它是能促进佛教达到更大精神自由的，就应当予以充分肯定；而凡起到相反作用的，则是应当否定的。

中国佛学的主流是真心如来藏思想，因而与奥义书—吠檀多思想具有本质的亲缘性。佛教给中华民族带来的真正的精神反思和超越，使之具有了真实的自由。中国佛教的长期渗透，又导致传统的儒、道二家之学的根本转型。我们阐明了在佛教影响下儒、道二家的精神超越和反思的形成，而这种影响的最终结果是儒家和道教心学的形成。然而阳明的良知本体论和王重阳的内丹心性学，作为儒家和道教心学的最高成就，基本立场就是心性一如、真如缘起的形上学和反思型的修道论。这样的立场既是如来藏的，也是奥义书的。可以看到在这里，其实是奥义书、吠檀多思想通过如来藏佛教的中介渗透到中国儒、道二家的传统之中了（参考本书第一部分第二编第四章小结，第三编第三章小结）。

# 总　结

柏拉图认为真知是一种回忆,“回忆我们的灵魂随着神灵游历时所见到的一切;那时它高瞻远瞩,超出我们误以为真实的东西,抬头望见了那真正的本体。因此我们有理由说,只有哲学家的心灵长着翅膀,因为他时时刻刻尽可能地通过回忆与那些使神成为神的东西保持联系。一个正确地运用这种回忆的人,不断地分享着真正的、完满的神秘;只有这样的人才成为真正完善的人。可是他由于漠视人间的利益,一心向往神圣的东西,不免受到世俗的非难,被目为癫狂,殊不知他是通灵的。这种被目为癫狂的人看到下界的美,就回忆到上界真正的美,感到自己羽翼长成,急于展翅高飞,可是又做不到,于是像一只鸟似的,引首高瞻,不顾下界的事物。因为一个人的灵魂本来见过那些本体……但是并非所有的灵魂都能轻而易举地从尘世的事物回忆到本体,那些只是匆匆瞥见过本体的人见不到,那些入世以后不幸沾染了尘世的不义、忘掉自己一度见过的神圣景象的灵魂尤其办不到。所以,仍能保持适当回忆的只有少数;这些灵魂在下界见到上界事物的影像时,就惊喜交集,不能自制,却又不知道所以然,因为它们看不清楚。”① 哲学就是一种回忆。哲学史则不仅是回忆,而且是回忆古人所回忆的。本书不仅是对奥义书思想的回忆,而且是对这些思想似乎忆起,且在其中一直呈现着的超绝本体的回忆。这本体就是我们的自我本质,即自由本身。

自由是一切存在的本质和真理。自由作为绝对的生命,是存在之本体。盖万物的存在,皆有赖于意识的揭示。人的全部意识都是觉性的自我意识,而人所以对某种存在产生意识,或曰使它成为觉性的现象,必是因为觉性对它,或曰对自己的某种内容具有了自由;故自由作为根源和目的,把存在和世界引导、呈现到此处。自由作为觉性的本质生命,决定思想、逻各斯的形式,从而决定真理的意义。生命的本质是自由,即自否定。这是生命的内在冲动或意志,生命要求无限地否定它的当前自我,永远牺牲它的此在。正因为如此,生命就是痛苦,而且是无限自身积累的痛苦。因此,我们在生命之中也能看到与之相反的另一种冲动,即解脱痛苦,追求幸福的冲动,实即解脱生命、趋向死亡的冲动。生命是覆盖存在真理的一层梦幻般的薄纱,唯死是存在之基础,或究竟本质。生与死是导致存在发生的两个基本原理,即觉性与冥性。求生与向死是每个现实生命都同时具有的两种冲动,即自主势用(阖)和自在势用(辟)。现实生命就是在这两种冲动的辩证互动中,确定自身的发展道路。人类精神也是生命。同其他生命一样,精神也始终包含生与死(自主势用与自在势用)两种力量的斗争。这两种力量在其展开中达到某种张力中的平衡,决定了精神的现实自由。

① 柏拉图:《斐德罗》249b—250b。

这现实的自由是精神处在不同展开程度的不同势用的结构统一体，它规定精神的内在现实即思想，从而规定观念的形态。思想与观念构成精神的内在传统。精神的自主势用就是自由，构成精神生命的本质方面。它就是精神绝对的自否定意志，是推动精神生命成长的唯一力量。它推动精神无限地否定其自身的此在，展开其更高明宽广的自由境界。与之对立的是精神的自在势用。它是精神内在的惰性、消极力量，旨在抵消自主势用的作用，消解省思的意识和概念，复归于精神的死亡之境。现实精神就是在其内在的自主性与自在性、生与死、自由与惰性的永恒斗争中向前迈进。其中，自主性或自由的本真存在是绝对、无限，它要求在现实层面展开其绝对性和无限性。精神的思想、观念，就是自由的现实展开。精神的自主性总是力图实现为无限。然而在现实的历史中，它迈向无限性的道路总会在某一地点被与之对立的自在性所阻断。自在性总是力图把自主性固定在精神的当前此处，使自由得到规定、限制。同一般的生命存在一样，精神的自主性包括精神的自身建构（自凝）、自身否定（自舍）、自身维持（自反）、自身出离（自离）四种势用。自在性则是对这四者的消解，分别为自肆（自身解构）、自任（自身肯定）、自放（自身离散）、自适（自身满足）四种势用。至于这种自主性与自在性的之间达到何种平衡态，则由精神与已有传统以及客观环境的相互作用确定。在这里，自由凝聚成思想的传统。然而自由既然是绝对、无限，它就不会被传统所窒息。一旦它再度意识到自己本真的绝对和无限，它必然恢复其力量，否定传统的桎梏，战胜自在性的抵消，重新展开为省思的活动，推动思想和观念的发展。作为存在和精神的本质，本体自由的绝对性和无限性，实现为精神省思的无限自否定、无限地接近现实的绝对自由的运动。其中，自舍和自反势用分别展开为否定和反省思维，并且推动它们无限的自身提升和自我深化。由于人类精神自身的局限，省思只能从最直接、外在的现实性即自然开始，它的开端只是自然否定、自然反省、自然理性等。自然思维的特点是把自然当成究竟的真理，其否定、反省等都只在自然领域内活动。但即使在自然思维层次，自舍和自反势用也在推动否定思维不断否定直接、现存的偶像，确认超越偶像的存在本质，推动反省思维不断否定外在的、物质性的存在，确认更内在的自我。这种推动最终使精神省思发生突变。省思脱离了自然，即觉性的生存论外壳，进入觉性的纯粹本质。否定思维和反省思维分别领会到，存在的究竟真理不是自然，而是超越的实体，或内在的心灵。于是它们转化为真正的精神超越和反思，实现为真实的自由。自舍与自反势用的无限展开，还将推动超越和反思的持续发展。最终，精神省思超越觉性的全部现实、现存的存在，领会到存在本质是觉性的超绝、内在、无住的运动，即自由本身。于是精神的超越与反思达到了对自由的本真觉悟的层面。在这里，自由通过精神现实存在（思想、观念）

的中介，实现了对自身本质的自由，即绝对自由。在印欧精神中，尽管经过艰苦卓绝的努力，这种绝对自由得到了某种程度的实现，但它仍然是很片面、很不究竟、很不完善的。在本体自由推动下，精神必将无限地逼近绝对自由的圆满实现。

在本书第一部分，我们试图通过分析奥义书思想的发展，来展示自由推动现实精神演化的机制。奥义书思想的历史，在观念层面表现为精神不断地否定直接、外在的观念，构成更本质、内在的观念的持续发展进程。这种观念的演变是直接明证的。奥义书的观念朝存在的更本质、内在层面的持续转化，使否定和反省思维的发展成为明证的。奥义书观念的演变，把在这样一个巨大的时间和思想跨度内，否定思维的持续提升和反省思维的持续深化进程呈现在我们面前。在这里，否定思维的提升反映出精神在不断脱离它的直接现存性而迈向一种更高远的存在，而反省思维的深化则反映出精神在不断否定存在的外在性以寻求一种更内在的自我。透过这种思维进展，精神持续的自身否定和自身维持（自身返回）运动（自舍与自反）成为明证的。可以看出，在这运动中，精神不断否定它的当前此在，走向无限遥远的他乡。这运动是精神对自然的永恒扬弃，它就是本真的自由、自否定。因此，对奥义书的精神史分析，最终把自由之本体向我们呈现出来。我们就在精神史的结尾处，回到了精神的真正开端。

奥义书的精神发展，经历了自然阶段、自由阶段、本真阶段三个大阶段，每一阶段又包括多个环节。

第一个大的精神阶段是自然阶段。自然是精神的起点。在这一阶段，精神只能认识到自然的、物质的、现存的、无生命东西的存在，并把它当作绝对真理。其否定与反省思维只能在自然领域内活动。早期奥义书就经历了这样的阶段。最早的奥义书思想（从莱克婆、该祇夜，到茶跋拉、考史多启、爱多列亚等）就是把绝对真理当作一种自然的东西。这表明在这里，精神还没有真正看到觉性的内在、超越的存在。因而事物被抹杀了与觉性内在生命的联系，成为独立、自为的东西，即物质。奥义书在其自然阶段，就是把一种外在的物质性原理当作存在的绝对真理。自然精神也是在自由推动下不断自我提升的。

自然精神的最原始层次的观念，在吠陀、梵书以及一些最早期的奥义书思想中都有所保留。在这里，省思只把眼前偶然的感性、个别、形器之物当作真理，没有明确的自我意识，也无绝对、整体的观念。它呈现给精神的就是所有外在、个别、感性、孤立、偶然事物的杂乱堆积。这是因为自然省思抹杀了觉性的内在生命，故使存在瓦解为由经验的个别、偶然事物组成的一堆碎片。这就是奥义书精神的最初起点。这样的思维就是野蛮思维。

不过，奥义书思想在以后的发展中，显然克服了野蛮思维的偶然性和个别性，而开始把存在、世界理解为绝对。绝对是第一个真正的精神观念。斫克罗衍尼、莱克婆、该祇夜等的思想中作为总体、大全的大梵，就是这样的绝对。不过这个大全不是一种共同的实质或本质，而只是全部感性个别存在的外在、松散的统一体，它只是一个量的绝对，而不是实质的绝对。这就是神话精神领会的总体、宇宙。这种省思就是感性省思。从野蛮思维到这种感性省思的进展，最终是自由推动的。自由要求实现为精神对觉性自身存在的自主规定，而这自身存在就是绝对、普遍。因而它必然推动省思克服存在的分散、孤立、和无序性，重新建立事物的关联，将存在、世界把握成为一个绝对。但最早的自然省思对于这绝对没有任何实质的领会，故它理解的绝对只是一个量的整体。

奥义书的思想也很快克服了这种神话思维的幼稚贫乏，确立一种普遍实质为全部存在的真理、始基，并且将万有的发生根据因果性全都追溯到这一共同根源。早期奥义书以日、水、火、风、虚空等为宇宙实质的说法，都体现了这一思维进展。但是这种宇宙实质仍然是感性的。而优陀罗羯的实有论，则剥离了这宇宙实质的感性色彩，使之成为一种抽象的本质，即实有（sat）；万物都是从这无分别的实有转变生起。于是奥义书思想进入知性省思层面。上述绝对省思的具体现实就是功利精神。从神话精神到功利精神的转型也不是偶然发生的，而是最终也应归因于自由的推动。自由要求实现为对觉性自身存在的规定，而觉性的自身存在不仅是全体，而且是本质。为了把握这个本质，省思努力寻求事物的内在、普遍的原理，并将其进一步抽象化。不过无论是感性的实质还是知性的本质，都仍然是自然的，它作为存在根源是宇宙生成论的。

奥义书的知性省思在以上阶段仍然是外在的，它把存在本质理解为某种现存的自然质料，但本质应当是觉性的内在生命，即自主性和能动性。奥义书更成熟的思想，就扬弃了这种外在、现存的本质，而认识到觉性的主体性、生命性，于是知性省思成为内在的。这种内在的知性省思就是反省。荼跋拉、考史多启、爱多列亚等的元气说就体现了这一思想进展，而且在这里，主体性被当成绝对。元气就是绝对生命，就是能动的主体。这种主体性反省是伦理精神的体现。元气说在实践层面强调对主体性的修炼、提升，此即伦理的实质。省思的这种内向化，也是精神自由的进一步深化。自由作为绝对，必然要求实现为对觉性内在生命的自主设定，它因而促使精神领会觉性内在的能动性、主体性。但是在奥义书的元气论中，这主体性完全被从自然的角度理解，所谓元气仍然是一种自然物，而不是心灵、精神，不是觉性的真实内在性。

奥义书自然精神的上述进展，表现为理性和反省思维的发展。而理性思维对更普遍、抽象的原理的追求，反省思维对主体性的领会，最终都是由精神本有的自由所推动的。精神本质上就是对觉性的自身存在的自由。这本质推动精神实现对觉性自身存在更深刻、更充分、更彻底的自主规定，因而推动省思对这存在的更深刻、更充分的领会。这个自身存在不是原始思维的粗野、偶然的外在性和个别性，而是绝对、本质。于是自由必促使精神省思普遍化、内向化。自由通过呼唤和倾注，促使现实精神内在的自主势用克服惰性而重新展开其自身绝对化进程，推动理性与反省思维扬弃外在、个别、感性的东西，返回到觉性的绝对性、本质。但精神最初理解的绝对、本质仍是自然的，只是对自然的外在、个别、偶然事物归纳和抽象。在这里，觉性、精神的内在、超越存在还完全没有被领会到。这就是精神在自然阶段的特点。奥义书的自然精神也是如此。在这里，精神未能超越自然，实现对自身内在本质的自主设定，因而还没有真正的自由，没有获得精神真实的尊严与价值。但本体自由最终必然推动精神打破自然的囚笼，使它成为真正自由的精神。

奥义书思想在此后的发展中，逐渐领会到外在自然不是绝对、自为的存在，唯觉性的内在性即心灵、意识才是这样的存在。心灵不仅被当成存在的绝对真理、本质，成为一切自然、经验存在的根源，而且被当成超越自然、经验的实体。因而奥义书精神在这里便具有一种真正的超越和反思。通过超越和反思，精神否定外在自然对内在心灵的遮蔽和管制，领会到心灵的绝对、自为的真理性。于是精神打破自然的奴役，实现了对其内在存在的自主规定，获得真正的自由。它因而成为自由的精神。于是奥义书精神就进入了一个新的阶段。

在奥义书中，最早的精神自由体现为一种经验的绝对反思。这种反思通过从桑底厘耶到波罗多陀的识论得到表现。奥义书的识论把内在的心灵即识、般若当成唯一自在自为的存在，为一切存在的绝对真理、根源和真实的自我。然而由于人类精神的局限，反思也总是更容易抓住心灵的外在、直接的表象。奥义书的识论最初领会的就是心灵的自然、经验内容。它的反思是一种经验反思。在桑底厘耶那里，心灵就是经验的感性意识。这是心灵最外在的表象。然而奥义书的识论也在逐渐深化。阿阇世、波罗多陀等的学说，乃超越这感性意识，领会到作为后者基础、本质的“般若”，即理智或理性，然而这也只是经验的理智。反思是反省思维的内在化。它否定了外在自然的独立性和绝对性，确认觉性内在的意识、思想为绝对真理，为一切存在的本质、基础。这种内在化体现了精神的自反势用的展开。它表明自反势用实现为真实的自由（对觉性内在存在的绝对维持）。另外，反思从感性意识到理智的深化，也只能归因于自反势用的进一步推动。绝对反思意味着精神把心灵当成了全部思想和实践的最终价值和目的。由此之故，奥义书精神才进入道德精神阶段。但经验反思所领会的其实就是内在的自然。它仍未认识到心灵的纯粹、本质的存在。

然而奥义书思想的发展，还表现出与这反思并行的另一个向度，即超越的向度。这在于彻底否定全部心理、物理的表象，确立某种超越经验、自然的实体作为自为的真理。《唱赞》的一些文本（ChānVIII·1—6）、《考史多启》的伽吉耶夜尼学说、《六问》的毕钵罗陀学说和《羯陀》中被那支启多传承的学说，就体现了这种精神进展。奥义书思想在这里否定了元气论的自然生命，也否定了早期识论的经验意识，而确立一种超越全部自然、经验表象的实体为存在真理。大梵与名色世界，被置于一种形而上学的对立图景。其中，名色世界或自然是相续变灭的时间、因果现象的总体，而大梵则是超越了时间、空间和因果性，否定了任何经验表象的无相、无差别、寂静、无为的超验实体。这是一种严格的形而上学区分。它表明真正的超越思维在这里被确立。超越思维是真正自由的否定思维。超越思维否定尘世的价值，将真理、意义确立在彼岸，属于真正宗教的精神。在奥义书思想中，超越思维也是在不断发展的。它刚开始是无反思的，这表现在实体最初没有被明确理解为心灵、意识（ChānVIII·1—6）。随着奥义书思想的发展，不仅实体的超越性越来越清晰，而且越来越明确地被与心灵、意识等同。于是超越思维具有了反思性，深化为一种内在的超越（超验反思）。这一思维发展，在《羯陀》中得到最清晰的表达。《羯陀》不仅更清晰地阐明了实体界与现象界的对立图景，而且明确将实体等同于意识、自我。超越思维对独立、自为的心灵实体的领会，标志着印度精神首次具有了一种内在的自我尊严。奥义书超越思维的形成，体现了精神否定的持续升华，验证了精神内在的自身否定（自舍）势用的作用。然而在奥义书的宗教精神阶段，超越思维仍将实体领会成一个形而上学的孤立、封闭的单子，没有领会实体其实是存在的绝对全体、本质。实体没有获得绝对性。即使《羯陀》的超验反思，也不是绝对的。可见，在奥义书思想很长时期内，内在超越与绝对反思，构成两条独立的思想路线，而没有达到绝对融合。这二者都有其内在的精神局限。前者执着于经验意识，完全没有超越性。后者把心灵当作一种封闭的实体，没有实现对心灵的绝对维持。因而现实的精神自由仍然具有很大局限性。这样的反思与超越，我们称之为理智的，而非思辨的。

我们的观念史分析表明，奥义书思想在其后来的发展中，逐渐将反思与超越绝对地统一起来，由此进入思辨思维的层次。这表现在奥义书的先验实在观念的提出。先验实在不仅是超越的意识实体，而且是全部经验、自然存在的根源、本体。它是超越、绝对的存在真理。这种先验实在在《广林奥义书》中被归属于耶若婆佉的学说，以及《鹧鸪奥义书》中被归属于步厉古的学说得到阐明。其中耶若婆佉的三位说，将自我分为醒位、梦位、熟眠位三个层面。醒、梦二位分别即客观经验和主观经验。熟眠位则超越二者而为其共同根源、本体，因而它就是先验实在（先验意识）。三位说不仅指个人意识的、而且是世界存在的三个层面。与此一致，步厉古的五身说，将大梵区分为由外到内、层层相裹的五个层面，即：食身（肉体）、元气身（生命机能）、意身（感性意识）、识身（经验的理智）、喜乐身（先验实在）。其说亦以先验实在为自我的最内在本质。由于五身说以个人自我与宇宙大我的同构为前提，因而它也不仅是对个人的生命存在的分析，而且也是对世界存在的分析。因此食身不仅指人的肉体，也指物质的宇宙；元气身不仅指个人的生命，而且指宇宙的生命；意身、识身不仅指经验意识，而且指经验意识的对象；最终喜乐身，即先验实在，不仅指个人的心灵本质，而且指存在的本体。奥义书思辨思维的形成，体现了自由的双向展开：一方面是自舍势用在绝对反思领域展开为积极活动，推动反思向超越领域的提升；另一方面是自反势用在内在超越领域展开为积极活动，推动超越思维向绝对反思领域深化。思辨思维就是这种双向运动最终汇合的结果。然而耶若婆佉和步厉古的思想，对于先验实在的具体内容都未作充分阐明，所以思辨思维在这里仍然是抽象的，而奥义书思辨思维后来更清晰、具体的说法（《蛙氏》），表明先验意识的实质就是纯粹理性、概念。此外，思辨思维亦有其根本局限。被它当作存在的绝对基础的先验理性，仍然是一种现实存在。然而存在的究竟本质应当是超越现实、理性的自由本身。精神如果把现实性、理性当作绝对，就会颠倒传统与自由的关系，最终可能使自由被传统禁锢，使精神的发展陷于停滞。精神必须超越理性，确立某种超理性的真理，才能恢复自由与传统的正当关系，为自由开辟更广阔的空间。

奥义书思想的进一步发展，就在于领会到理性的局限性，而把一种超理性的原理当作存在、自我的本质。《蒙查羯》中被归属于首那伽的思想，和《蛙氏》的思想，最早反映了这种思想转型。《蒙查羯》以为，至上我不仅超越经验实在，而且超越“非有”、“超越心识者”、“不坏者”、“超越者”，因而既超越那支启多的超验实体，又超越耶若婆佉等的先验理性。因而至上我超越了全部理性、思维而为其归宿。《蛙氏》则使这种思想更明确。它提出所谓自我四位之说，即在耶若婆佉所谓醒位、梦位、熟眠位之上再加第四位（究竟本体）。这四位的意义依次是：客观经验；主观经验；先验实在；超越理性的真心。其书明确规定先验实在就是般若即理性；同时阐明究竟本体为“非般若，非非般若”，即超越了先验理性的清净真心（澄明）。在这里，先验实在与本体的区分被明确规定为理性与澄明的区分。《蛙氏》把《蒙查羯》对本体对现实的超越性的抽象、含糊的领会，清晰地表述为澄明对理性的否定。这澄明既是超理性的，对它的领会就不再是理性思维，而是一种超理性的直观。这就是一种直觉思维。它的具体现实性即神秘精神。然而在这里，奥义书思想对现实的超越并不绝对。

对于现实性的绝对超越就是对它的意义空洞化，而这在精神史上就表现为对现实性的彻底虚无化，从而将本体置于空无即超绝存在的领域。这就是所谓“存在论区分”。《蒙查羯》和《蛙氏》还没有将现实存在彻底虚无化，其所谓澄明其实仍然是一种现实性。于是“存在论区分”就沉沦为理性与澄明两种现实存在的区分。通过澄明实现的对现实、传统的超越其实是虚假的，因为一种超理性的澄明在本体论上并不存在。因此在这里，精神仍然未能真正冲破现实性的铁垒，进入超绝的自由本体领域，未能实现对这本体自身的自由，即精神本真的自由。

奥义书思想从自然精神到自由精神的转化，就是否定思维的持续提升和反省思维的持续深化以臻于真实的自由之境的过程。这过程是具有跨文化的普遍性，因而它不是偶然发生的；另外它也不是自然而发的。它的必然性只能归因于自由的推动，它就是自由的历史实现。否定思维的无限提升和反省思维的无限深化，本身就使得在本体层面的自身否定（自舍）和自身维持（自反）两种自主势用成为明证的。正是自由促使精神的自舍势用展开为自然本身的否定，自反势用展开为对内在心灵的维持，从而推动精神超越和反思的形成，而且这自舍和自反势用还会进一步在自由促进之下，推动超越和反思的持续发展。然而，实在思维的一个根本局限，在于把现实性当成绝对，从而遮蔽了本体的超绝存在。现实性的偶像阻断了自由本真的无限性。精神在这里只有一种实在的自由，而没有本真的自由。因而奥义书的自由精神还有待进一步升华。

奥义书精神发展的最后阶段，就是本真精神阶段。晚期奥义书的幻化论思想，就使这种本真的精神得到表现。幻化论将全部现实存在视为空洞的幻相，将本体理解为绝对超现实的原理，即空、本无，因而它表明奥义书已经具有了一种超绝思维。超绝思维是否定思维的绝对化，是否定的绝对自由。同时晚期奥义书又将超绝的本体理解理解为真心、自我，表明了超绝思维与绝对反思的统一。因此在这里，超绝思维其实包括两个方面，即超绝的否定与超绝的反省。超绝思维领会的超绝存在，实质上就是本体自由自身。因而超绝思维才是精神对其最内在本质的本真觉悟。其中超绝的否定即本真的超越，超绝的反省即本真的反思，超绝思维就是二者的辩证统一。这也就是精神本真的自由。本真的精神于焉形成。它在《白骡》、《慈氏》等更晚期的奥义书、《薄伽梵歌》以及大乘佛学的思想中得到体现。

《白骡》、《频伽罗子》、《清净》、《自我》、《我觉》等奥义书的思想，体现了精神的本真觉悟的最早形态。《白骡》等最先提出所谓幻化论。其说以为全部现实存在皆空洞虚幻、举体非实，本体就是对现实性的绝对否定，即超绝真理、空。这种现实与本体的区分就是一种真正的“存在论区分”。它体现了对本体的超绝性的领会，这就是超绝思维。幻化对现实性的虚无化体现了一种超绝否定，其对超绝本体与内在存在、自我的同一性的理解体现了一种超绝反省。这正是超绝思维的两个方面。因此奥义书的超绝思维领会的本体，既是超绝的，又是内在的，因而它就是一种内在觉悟。只有这样的本体才真正是神圣的。这内在觉悟的具体现实，就是神圣的精神。然而这种内在觉悟对现实性的虚无化，使得从现实的人到达神的通道被阻断，于是觉悟最终只能来自神的启示，所以这也是一种启示思维。内在觉悟既体现了精神在现实层面的超越与反思的交织，也反映了在本体层面的自舍与自反势用的互动。这种双重辩证运动，体现为精神在"有"与"无"之间的持续运动。这就是精神本真的自由的现实。然而奥义书的本真精神在这一阶段仍有其局限。这表现在，《白骡》等仍然将超绝本体领会成一种不变、不动、恒常、静止的现存实体，这使本体成为现实自由永远无法打开的一扇门。这表明精神仍然有所住、有所执，未能达到无住、绝对的自由。然而一种超绝的现存实体观念并不真实，因为唯一的超绝存在的实质就是本体自由自身，它作为绝对自否定恰恰就是对现存性的绝对否定。可见在启示思维对本体的觉悟是抽象的、虚假的。它对这种现存实体的执着必然会成为自由进一步展开的障碍。精神要实现更高的自由，就必须打破这种现存性的偶像，实现对自由自身的直接自主规定。这就是超越和反思成为现实的绝对自由，于是否定一切在自身之外的现存东西，只以其自身的具体现实为唯一真理。唯有在此基础上，精神才会认识到那超绝本体不是一种固定不变的实体，而就是运动、自由，从而才有了对本体自由的具体的觉悟。

在印度精神史上，大乘佛学及更晚的《慈氏》等奥义书的思想，就体现了这种具体的觉悟。大乘般若思想最早实现对一切现存存在的否定。般若的空思维首先继承了幻化论奥义书的超绝否定。这体现在存在真理、空对一切有为法、世俗法的否定中。其次，空思维还是一种究竟否定。这体现在其"毕竟空"及"不二"的思想中。在这里，空思维不仅否定现实的存在，也悬置了在它之外的超绝存在（真如、法身等）。最终的结果是它只能确定它自身为唯一真理。于是一切处在空思维之外的现存本体都被取消。空思维作为超绝否定和究竟否定的辩证统一，就是绝对否定。它是精神自舍势用的绝对实现，否定思维的绝对自由。同时般若正是通过这绝对否定，领会到超绝本体、空性就是无所受、无所取、无所行、无所住、无所得的运动，就是自由本身。它因而首次领会到本体的实质，成为具体的觉悟。我们称它的具体现实为无住的精神。大乘佛教这种觉悟，构成晚期奥义书思想进一步发展的起点。然而般若的空思维的根本局限，在于它不包含任何反思，表明在这里，精神的自反势用没有得到任何真实的实现。精神要克服无住精神的自由局限，就必须在其具体觉悟中引入绝对反思的维度。佛教的大乘瑜伽唯识学、真心如来藏思想，以及晚期的《慈氏》、《光明点》等奥义书思想就体现了这一精神进展。这里我们将只讨论涉及奥义书的内容。

《慈氏》、《光明点》等的最大思想成就，就是将大乘佛学的绝对否定与奥义书的绝对反思统一起来。这种统一从历史角度看是佛学和奥义书两大传统交融的结果。这个交融其实有两条路线，一是大乘佛学向真心如来藏思想之转移，二是晚期奥义书对大乘性空思想之引入。二者的共同结局都是导致两大传统的同化。《慈氏》等的思想，代表了后一条路线。一方面，它在大乘空思维启发下，破除了《白骡》等执着的超绝现实实体，以为一切现实、现存的存在皆属空无虚妄，且唯一的存在真理就是超绝、无住的本体。因而它体现了与般若类似的绝对否定。另一方面，它还表明本体不仅是无住、无依、无得的空性，而且就是每个人真心、真我；这反映出它对奥义书绝对反思传统的坚持。在这里，精神否定了《白骡》等的现存性执着，也克服了大乘佛学的反思性的缺乏，实现了绝对否定与绝对反省的辩证统一。在这里，作为存在真理的绝对自由被等同于人的内在自我。因而《慈氏》等的思想体现了一种本己的觉悟。精神的自舍、自舍势用在这里都得到了绝对实现。精神达到了一种本己的自由。

正如其从自然精神向自由精神的转型一样，奥义书从自由精神的实在阶段向本真阶段（本真的精神）的转型，以及本真精神的发展，也表现为否定思维的持续提升和反省思维的持续深化，以臻其极的进程。同样，这一进程由于其明确的自我疏离特征，因而不是一种自然的演变；也由于其具有跨文化的普遍性，因而不是一种偶然的运动。它表现为现实自由不断积累、升华以臻于绝对的无限旅程。这只能被理解成由自由本身所推动的。首先，实在思维对现实性的绝对化，导致现实性偶像对自由的遮蔽和桎梏。然而自由本来就是绝对、无限。它要求实现为对自由本质的自由。于是精神必须否定现实性的遮蔽，领会本体的超绝性。为此自由必然促使精神内在的自舍势用展开其积极活动，实现为对现实性的彻底否定和对超绝真理的维持，推动省思将现实性空洞化，破“有”入“空”，进入超绝本体的领域；同时自反势用也推动省思进一步确认这本体为一种实体或本体。这种精神省思就转化为超绝思维。而且立足于奥义书的绝对反思，超绝思维也领会到这本体就是觉性的内在存在、自我，因而它也是超绝的反省。奥义书的超绝思维遂得以构成。其次，启示思维作为奥义书最早的超绝思维，其超越性仍然不够究竟。这在于它仍然把超绝本体设想为一个否定思维永远无法进入的现存实体。于是这本体就成为自由无法打开的门。自由只有打破这种现存性的偶像，才能实现对自由自身的自由，即绝对自由。这首先是否定思维的绝对自由。于是这否定思维否定一切在自身之外的现存东西，只以自身的具体现实为唯一真理。唯有在此基础上领会那超绝本体，精神才会认识到本体不是一种固定、不变、僵死之物，而就是运动、自由，因而才有了对本体自由的具体的觉悟。否定思维的这种自身绝对化，验证了自舍势用的展开，而这最终是由本体自由促动的。这就是大乘空思维所由产生的精神逻辑。最后，大乘般若思想，尽管达到了超越思维的绝对自由，但却没有任何精神反思，因而它的自由仍然有根本局限。然而自由要求实现对其自身本质的绝对维持，这在于精神把自由的超绝本体当成内在自我。为此，自由必然促使精神的自反势用实现其自身绝对化，从而推动省思把本体自由作为觉性全部生命的最终目的，即自我。于是一种绝对反省在大乘的空思维基础上形成。它领会到那超绝的自由本体，就是内在的自我、心性。在这里，反思也达到了绝对自由。这种绝对否定与绝对反省的辩证统一，就是本己的觉悟。《慈氏》等就体现了这一精神进展。

然而，作为奥义书精神发展的最高阶段，《慈氏》等的本己的精神，仍有其根本的局限。首先它没有在完整意义上继承大乘的绝对否定，未能领会到本体的无住性的实质就是自由，它的觉悟仍然是抽象的。其次，它包含的绝对反省也不完整。绝对反省不仅应当是超绝反省，而且必须是一种究竟反省，即反省只确认它自己为唯一直接的真理。这样的反省在印度思想中未曾形成。这两点表明在奥义书的本己精神中，自舍与自反势用自身绝对化的实现皆不完整。精神尽管在某种程度上实现了绝对自由，但后者无论在超越还是在反思方面都不完整。另外，奥义书思想表现出的非理性主义，表明奥义书精神始终缺乏一种理性的自由。在这里，存在、自我的真理往往被描述为一个无思维、无分别、无形式的"一"。这表明理性思维基本上没有参加到存在和自我理解中。理性的缺失表明精神的自凝或自我建构势用没有展开为真实的自由。可见，即使在奥义书精神发展的最后阶段，本体自由的自主势用的展开仍然很不平衡，绝对自由的实现仍不完整。这种精神局限的克服，只有在自由的进一步推动下才有可能。精神的最终理想是全部自主性的自身绝对化的充分实现，是现实的绝对自由的完整和圆满性。正是这一永恒理想引导着精神不断克服自身局限，迈向更高的自由境界。

总之，奥义书的精神发展，在于超越和反思思维的持续升华，这是一个精神无限地疏离它的直接现存存在而迈向远方的进程。这个远方，其实就是精神的最深刻本质，即自由的本体自身。在奥义书思想中，精神的这种无限自我疏离，表现了自由不懈地实现自身的过程。这就在于，自由克服重重障碍，逐渐将它的绝对、无限性展开为现实的存在。自由的绝对性和无限性，就在于它对自身最内在本质的直接、充分、自主的规定。奥义书思想表现的这种自由的无限自我展开、自我实现进程，只能是自由自身推动的。通过对奥义书的漫长精神发展的生命现象学阐释，我们揭示了自由促使精神内在的自主性展开自身，推动反思和超越思维的发展，从而不断构成新观念、淘汰旧观念的内在逻辑。我们的阐释使这一逻辑获得了现象学的明证性。在这里，我们其实是以奥义书精神为例示，证明了一种自由本体论。在其中自由是人类精神的超绝本体，它不断构成现实的思想、观念以作为自我实现的中介，并且在展开其自身绝对性的进程中不断扬弃当前的思想、观念，推动精神的无限发展。

本书的内容在横向上包括以下部分：其一，奥义书内在精神的历史。其二，奥义书的观念。其三，奥义书的实践。其四，奥义书对印度思想的影响。其中第二、第三部分合为一部，故合为三部。本书前三部分其实是从不同侧面阐明同一精神发展的历程。第一部分旨在通过对奥义书精神的生存论还原，阐明其内在思想在自由推动下发展的历史。然而精神外在的观念与实践，也各有其历史。第二、三部分就试图阐明奥义书的观念与实践的历史。奥义书内在精神的历史，与其观念史和实践史互为表里。另外，本书的内容还应在纵向上分为三个大的阶段：自然阶段、自由阶段、本真阶段，每一阶段都包括若干发展环节。奥义书的思想、观念和实践，尽管属于精神存在的不同层面，但都经历了精神发展的上述三个阶段，其发展服从同一种逻辑，走过了一致的路径。本书的前面三个部分其实是从不同侧面阐明奥义书精神发展的同一过程。其中第一部分着眼于精神的内在、本质层面，旨在通过对奥义书精神的生命现象学阐释，呈现奥义书思想（纯粹省思）的历史，以及自由推动省思（超越与反思思维）发展的内在必然逻辑。它直接以奥义书的精神为阐释对象。然而精神以及省思是一个包含诸多概念、观念的复杂生命体整体。只有把属于不同类型、阶段的每一种省思都当作一个有机整体，才能呈现精神的生命演进过程。因而为了呈现内在精神或思维的发展，我们只能把每一奥义书学派或学者的（包括诸多观念、理论的）思想整体作为一个意义单元，而不是抽离出个别观念进行讨论。因此，本书第一部分，就是对奥义书的学派史阐释，并通过这种阐释，揭示奥义书的内在精神进展。不过，由于大量的奥义书观念无法归属于任何学派，而我们在这里只着眼于阐明奥义书思想发展的逻辑必然性，所以对于上述观念作出了大量裁剪。因此，从通常的思想史角度来说，这一部分涉及的奥义书观念是不全面的。本书第二部则是对奥义书的观念和实践的全面、充分的阐释。它与第一部分的区别在于三个方面：第一，它着眼于精神的现象的、自然层面，把观念和实践作为对象。精神的现实性包括纯粹内在存在即思想和生存论的外在存在即自然两个层面。后者即观念与实践，是纯粹思想的自然的、生存论的表象。观念和实践也有其自身价值，有其丰富内涵和自身发展的连续性，因而应当被作为独立的研究对象。第二，它着眼于对奥义书的全部观念和实践的全面、完整的阐释。如前所述，本书一部分涉及的奥义书观念和实践都是不全面的。而在第二部，我们对所有前面被遗漏的内容都作出了详细阐明，将奥义书的观念和实践发展的线索更完整、更连贯地呈现出来。第三，如果说我们在第一部分旨在阐明一种自由本体论，那么在第二、第三部分则旨在立足于自由本体论阐明奥义书的观念和实践的发展。第四部分则局限在通常的学术史分析层面，以期从一个侧面表明奥义书思想对印度哲学和宗教的影响。

本书第二部阐明了奥义书的观念与实践，在自由推动下从自然阶段进入自由阶段，又从实在的自由进入本真阶段的发展。以此为线索，本书对奥义书的全部观念与实践形态（从朴素的神话观念到超绝、自由的真心观念，从原始的魔法实践到本己的宗教）都给予充分的阐述。

本书将奥义书的观念史，分为存在论、自我论和神性论三个部分予以阐述。我们把存在、自我、神性三个观念的演变作为主线，通过阐明其各自发展和相互交织，呈现出奥义书观念史的基本框架，并且把奥义书所有重要观念都放在这一框架中进行定位和阐释。奥义书的观念发展是在自由推动之下展开的。在精神的自舍、自反势用推动奥义书的否定、反省思维不断自身提升和深化，因而这省思不断否定和重构着精神的观念，使奥义书的存在、自我、神性观念不断推陈出新。观念史就是精神省思的历史的表现，也是自由现实展开的历史的表现。人类精神由于其有限性，最初只能看到自然，并将其绝对化。因此最早的奥义书思想都是把自然当作存在、自我、神性的究竟真理。但是由于理性、反省和否定的思维在自由推动下的发展，导致奥义书的观念经历了从自然到内在、超越的实在，再从实在到超现实本体的转型。其中，存在观念包括了以下发展阶段：(1) 自然的存在。自然被当成存在的绝对真理。但是由于理性和反省思维在自由推动下的发展，导致自然的存在观念也经历了从个别到普遍、从表象到本质的进步。其最原始者为莱克婆、该祇夜等的神话的存在观念，以为存在的真理为一空洞的、量的绝对。耆跋厘、优陀罗羯等的宇宙论的存在观念，则将存在真理深化为一种普遍的宇宙实质。茶跋拉、考史多启、爱多列亚的伦理的存在观念，则以把存在本质内向化为一种主体性，即生命元气。然而这绝对、实质、主体性，皆仍是自然的。精神省思仍然把自然当成绝对，还没有成为真正的超越与反思。然而在自由推动奥义书的存在理解最终否定自然，进入觉性的内在、本质存在的领域。(2) 内在的存在。自由推动精神的内在转向，导致真正的反思得到确立，内在的存在观念得以构成。此种观念以为存在的真理是心灵、意识。精神的内在自由得到体现。然而由于人类精神的局限，最早的反思是自然、经验的。在这里，作为存在的绝对真理的心灵仍然是经验性的。奥义书最初的心识论就是如此。这种心识论又包括：第一，意说，以为存在真理是意即感觉表象的总体或感性意识。不过奥义书的反省与理性思维也在自由推动下进一步深化，乃扬弃感性的表面性，认识到心灵的更深层次内容。第二，识说和般若说，以为存在真理是某种超越感觉表象的本质意识或理智。然而这所谓的意、识、般若，都还属于经验意识范畴。精神还没有意识到自己的超越性和尊严。但奥义书的存在理解，最终在自由推动下扬弃这经验意识，进入心灵的超验性领域。(3) 超越的存在。奥义书的否定思维在自由推动下转化为真正的精神超越，从而彻底破除自然的偶像，使存在真理呈现为超验的实体。奥义书的超越思维一开始就是与反思结合的，所以是一种内在超越（超验反思）。它的超验实体就是心灵、意识。奥义书的超验实体又包括：其一，现存实体，即作为一种不动、现存的实质的超验心灵；其二，超验的主体，即实体被理解为能动的主体；其三，二元论的实体，即相互分离、各自独立的主、客体两种实体。不过这些观念都是形而上学的。其局限在于都是把实体当作一种自我封闭的、相互分离的原理，使实体丧失了其本有的绝对性。但是自由推动奥义书的超越与反思进一步升华，使奥义书思想达到对作为意识与对象共同基础的绝对存在的领会，从而克服了这种形而上学的局限。(4) 同一的存在。在自由推动下，奥义书的超越与反思进一步发展，于是省思打破形而上学实体的封闭性，领会到觉性、存在的纯粹内在真理，是作为主体与客体、意识与对象的共同基础的超越的心灵。只有这个超越、绝对的心灵，才是主体和客体的同一性的基础。它就是同一的存在。在奥义书中，这种同一的存在观念包括两种类型：一是先验的实在。耶若婆佉和步厉古学说所开示的熟眠位识或喜乐身，超越全部经验、自然的存在，又是后者的基础、本体，因而它就是先验的实在。对它的领会就是先验反思。这种先验实在就是纯粹的思想、理性。但是把它当作绝对真理就会导致传统、理性对自由的遮蔽。自由为实现对自身超绝本质的自主规定，遂推动精神扬弃这先验实在，领会存在真理为超理性的神秘本体。二是神秘的存在。《蒙查羯》、《蛙氏》等以为存在真理是超越了理性、思想的神秘本体，这就是觉性纯粹的澄明性。但是这仍然是一种现实的存在。在这里现实与本体的“存在论区分”被理解为理性与澄明的“直觉的区分”。然而一种脱离理性的澄明其实是思维的假相。精神企图通过澄明实现对理性、传统的超越是不可能的。奥义书的存在理解必须进一步发展。(5) 超绝的存在。在自由推动下，奥义书的精神最终打破现实性的铁壁，领会作为理性、思想本质的超绝存在，后者的实质就是本体自由自身。精神由此进入本真阶段。在印度思想中，这种超绝存在的观念还包括：其一，神圣的存在。《白骡》、《频伽罗子》等的幻化论把现实存在彻底空无化、虚幻化，确立存在本质为一种绝对超现实的本体（神圣）。但是本真精神在其开始时往往仍不究竟，仍然有执、有住，其自舍势用不能绝对展开。奥义书的本真精神也是如此。在这里，超绝本体仍被理解为一种不动、不变、永恒的现存实体。但是这超绝本体的实质乃是自由本身，后者是对一切现存存在的否定。然而自由要求实现为究竟、绝对，它最终推动印度精神否定现存性执着，领会本体就是自由本身。其二，空性的存在。印度精神的否定思维在自由推动之下的自身绝对化，导致大乘般若思想打破现存存在的偶像，领会存在本质就是自由本身。存在本质被认为就是空性，是对一切现实、现存存在的否定或超越，它就是绝对自由。但是般若思想是无反思的，其所谓空性尚未与觉性的内在性、自我建立本质关联。为实现更充分的自身绝对化，自由必然推动这种绝对否定思维的内在化，使其建立反思之维。其三，本己的存在。《慈氏》、《光明点》等奥义书的存在理解就是上述精神进展的成果。《慈氏》等在般若思想基础上，将空性等同于精神的内在本质、自我，因而使超绝自由内化为本己的存在。然而奥义书的超绝存在观念仍有片面性、抽象性、含糊性等局限。奥义书的存在理解还有很大的发展空间。总之，奥义书的存在理解的最终结论，是在绝对觉悟（对空性的领悟）的层面领会到存在的真理就是内在自我：存在＝自我。存在思考与自我思考乃达到最终融合。奥义书的自我观念的发展与存在观念平行。自我是存在、生命的最终目的，也是绝对的真理，是精神自身维持的究竟对象。自我观念的发展由反省思维的深化构成，而后者是精神自反势用的实现，由自反和自舍势用的辩证展开所推动。奥义书的自我观念包括了以下发展阶段：(1) 自然的自我。人类最早的反省也以自然为起点，把自我理解为一种自然的存在。奥义书最早的自我观念，就是把自我当成一种自然的东西。这自然反省也是在自由推动下逐渐深化的。这决定奥义书的自然自我观念也处在发展中。这自然自我的观念包括以下环节：第一，自我作为宇宙全体。这是奥义书从吠陀晚期和梵书继承而来的一种自我观念。精神的自反势用推动反省领会自我为绝对、大全。在奥义书中，最早的绝对自我就是宇宙的大全。这个自我实际上只是一个量的、抽象绝对。这表明奥义书精神尚未实现对自我内在本质的维持。第二，自我作为宇宙实质。精神自反势用必然进一步推动奥义书的反省思维内向化，领会这绝对自我为一种普遍实质或本质。这本质最初被当成了一种现存的质料。然而自我的真实本质乃是能动性、主体、生命。第三，自我作为自然主体。在精神的自反和自舍势用推动下，奥义书的反省进一步否定那被动、物化的自我，领会自我的本质是能动性、生命、主体，但这反省仍然把能动性、主体表象为一种自然物。奥义书的元气论自我观念就是这一进展的产物。它把自我本质理解为一种生命元气。元气也是存在的本质。然而元气作为主体，其实仍是一种自然的主体。在奥义书这一思想阶段，精神始终把自我当成一种自然的存在。反省没有领会自我的内在本质，还没有达到真正的自由。(2) 内在的自我。精神的自反势用要求展开为对自我的内在存在的维持。它必然推动反省思维的内在化，使反省认识到外在自然其实只是内在心灵的表象、产物，心灵才是自我、存在的真理，于是反省转化为真正的反思。作为这种反省思维进展的结果，奥义书思想领会到一种内在的自我观念。然而即使对于反思而言，自然、经验的东西也总是更触目，因而奥义书的反思最早也只是一种经验反思，它把绝对自我理解为经验的意识。奥义书这种经验反思也是在自反与自舍势用推动下发展着的。这种经验的自我观念包括：一是感性的自我。自我被当作一个感觉的总体或感性意识。但精神的自反势用必然推动反思领会作为表象基础的心灵本质，即理智。二是理智的自我。奥义书更深层的反思把一种抽象的心灵本质，即理智，作为自我、存在的真理。然而这种理智也仍然是经验的、心理学的。总的来说，经验反思领会的自我，仍属于内在的自然。自我的纯粹内在存在是超越全部经验、自然的，因而是实体。(3) 实体的自我。唯有领会到自我的实体性，精神才能获得自身的尊严。为此，自由必然促使精神的自舍与自反势用进一步展开，推动反思扬弃经验意识，领会真实的自我、心灵为超验的实体。于是反思就成为超验反思。超验反思为了保证心灵的纯粹性，把自然从心灵中完全排除出去，结果导致心灵成为一个封闭实体。这是一个典型的形而上学的自我。ChānVIII・1—6、《六问》、《羯陀》等就体现了这种实体的自我观念。在 ChānVIII・1—6，自我实体被理解为一种无意识的虚空。随着反思的内在化，在《六问》、《羯陀》中，自我实体被明确等同于意识、心灵。形而上学的自我观念使自我丧失其原有的绝对性。然而精神的自反势用必然展开为对自我的同一维持，从而推动反思重新确认自我的绝对性。(4) 绝对的自我。由于精神自反势用的推动，奥义书的反思终于领会到那内在的自我实体不是一个自我封闭的存在，而是绝对，是全部经验、自然存在的超越本体。在奥义书思想中，这绝对自我包括两种：一是思辨的自我。这就是耶若婆佉、步厉古学说中的熟眠位、喜乐身，其实质是先验理性。然而自由要恢复对于传统、概念的超越性，因而它必推动奥义书的反思深入自我的超理性之维。二是直觉的自我(澄明)。《蒙查羯》、《蛙氏》就把自我本质理解为超理性的神秘的澄明。但是无论是思辨之我，还是直觉之我，都仍属现实性范畴。在这里，反思仍然没有领会自我的超绝存在。总之实在精神让现实性遮蔽了自我的本真意义。然而自由必然推动反思否定任何现实偶像，呈现自我的超绝真理。(5) 本真的自我。自我最究竟、最本质、最内在的真理，其实就是本体自由自身。它是一个超绝的本体。自我唯作为这超绝本体才是本真的。自由作为绝对，要求实现为对它自身的超绝存在的自由。它必促使反思的自舍和自反势用展开其自身绝对化，从而推动反思扬弃实在的自我，领会真我为一种超绝本体。这反思于是成为超绝反思。这种反思的进展，在晚期奥义书的自我观念中得到体现。晚期奥义书打破了那外在、绝对的现实性假相，领会到自我的超绝本质。不过与其存在理解一致，奥义书对于超绝的自我，最初也是把它当成一种现存实体（《白骡》、《频伽罗子》等）。这就是神圣的自我。这种反思就是启示的反思。启示的反思没有领会到自我的实质是自由。它的本真自我仍是抽象的。但精神的自舍势用的自身绝对化，必然推动反思否定任何处在精神的自由之外的现存东西，从而领会那超绝的自我就是本体自由自身。这就是本己的自我。《慈氏》、《光明点》等更晚的奥义书就反映了这种自我理解。但是奥义书的本真自我观念，与其存在观念一样，仍然具有其片面性、抽象性和模糊性。这些局限也唯有通过自由的进一步展开来克服。奥义书的神性观念的发展，乃与其存在和自我观念的发展相呼应。神是人类自在的自我理想。神性的本质是绝对自由，包括绝对的超越性和绝对的主体性。决定神性观念发展的，除了精神的否定与反省思维的进展，还有神性观念包含的超越性与绝对性的矛盾。奥义书的神性观念，经历了以下发展阶段：(1) 自然的神。神性观念的起点也只能是自然。奥义书最早的神性观念，把神当成一种自然的存在，把神的超越性和主体性理解为一种自然的距离（天堂与人间）和神通。奥义书这种神性观念还包括：一是感性的神。神被设想为与自然现象相关具有各自感性形象的个体人格神。这种神性观念完全是继承吠陀而来。神的个体性必然与神性真理的绝对性相矛盾。二是客观的神。随着奥义书的存在、自我思考从感性个体性到绝对、本质的迁移，其神性观念也经历了同样的转型。在早期奥义书中，生主、原人、自我、元气、大梵等神，都否定了吠陀神的偶然的个别性，而作为绝对、普遍者出现，因而成为客观的神。这个神是宇宙万有的共同本质和根源。但是这种神性观念为了保障神的绝对性，却使神丧失了与世界的距离，成为一个宇宙论的始基。这客观的神同个体的神一样，也丧失了神性的真理。其结果是真正的无神论在早期奥义书思想中蔚然流行起来。神性的复归，有待于精神扬弃自然思维，领会神的超自然性，这就是神的超越性的真理。(2) 超越的神。自由推动否定与反省思维转化为精神的纯粹超越与反思。省思于是扬弃自然的真理性，确认那超验的精神实体才是自为、绝对的真理，从而使自我、神性获得了真正的超越性。神于是成为超越的神。《伊莎》、《由谁》、《羯陀》等的神性观念就体现了这一思想进展。其以为神超越了自然的时间、空间和因果关联，是一个超验的精神实体。但是这种神性观念在挽救神的超越性的同时，又使神丧失了绝对性。在这里，神的超越性被理解为它与自然的分裂。神成为一个与世界分离的实体，而不是绝对的本体。在这种情况下，为了挽救神的绝对性，更晚的耶若婆佉以至《蛙氏》之学，将大梵理解为一个同一的本体。然而这样一来，又使梵与世界的距离完全丧失，使梵丧失了其超世俗性的本真意义，因而也不复为神。这意味着在现实性层面，神的超越性与绝对性的矛盾是无法解决的。另外，任何实在的神性观念，都误解了神的超越性或超世俗性。超世俗性的本真意义是超现实性。唯超绝的神才具有真正的神圣性。奥义书的精神超越和反思的进展，最终使其神性观念打破神的全部现实偶像，领会神的本真存在。在此基础上，神的超越性和绝对性的矛盾才有望得到解决。(3) 本真的神。唯当自由推动精神扬弃实在思维，进入本真觉悟领域，神性本质的超越性和绝对性的矛盾才能得到解决。唯有在本真觉悟的超绝本体之中，神性本质的两个方面才得到完全统一。从《白骡》到《慈氏》的神性观念，就达到了这一成就。其以为全部现实存在都是神制造的幻境，唯神自身是唯一的存在真理，且同时是真心、真我。因此神就是一个超绝、内在的本体。正如超绝的存在、自我才是本真的存在、自我，超绝的神也才是本真的神。这超绝存在的实质就是本体自由自身。然而同其对存在、自我的理解一样，奥义书对神的超绝本质的理解仍显抽象、模糊、片面，对于超绝本体的实质即自由，缺乏具体、究竟、完整的揭示。这种神性观念的局限，也从一个侧面反映了奥义书精神自由的局限，这种局限也唯有通过自由的进一步展开来克服。这样，我们立足于自由本体论，阐明了奥义书的存在、自我和神性观念发展的内在精神逻辑，阐明了自由推动观念不断构成、演化的过程。这三个观念的展开，都是由精神的否定、反省和理性等思维在其发展中构成，后者相互渗透、相互支持，决定这三个观念是互为前提的，其发展也是相互交织、互相促进的。

实践是精神的思想的客观化。实践是被赋予显著的自然、经验表象的思想。实践的自由是精神客观的自由。我们阐明了奥义书的实践在自由推动下的发展历史。这其实也是一部逐步展开的自由史。奥义书的伦理思想乏善可陈，它只是一种自然伦理，始终没有上升为内在的自由，没有成为道德的；反过来它的道德也因其反思的非理性特点，只属于个人的主观性，没有成为伦理的。故奥义书实践的价值，主要在于宗教方面。在自由推动下，奥义书的宗教经历了从自然的宗教到自由的宗教，再到本真的宗教的较为完整的发展过程。精神的历史起点是自然，实践的起点也是自然。奥义书最早的实践就是一种自然的实践。在这里，实践的最终目的只是为了自然的、物质的利益，而没有确立任何超越的目的。在奥义书中，这种自然的实践包括神话的实践（祭祀、巫术）、功利的实践以及自然的伦理。但自然的实践没有实现对觉性的内在、本质存在的规定，因此还不具有真实的自由。自由推动精神省思的发展，也推动实践的发展。它推动真正的精神反思和超越的形成，于是实践也具有了反思和超越性，成为真正的自由。奥义书的实践就在自由推动下经历了从自然到自由的转型。在奥义书中，最早的自由实践是道德。在奥义书思想中，绝对反思的确立使精神的内在存在成为实践的绝对目的。于是实践得以克服自然实践的外在化，而以精神的内在价值为宗旨，故成为道德的实践。但由于反思的非理性主义，奥义书这种道德只是主观的，不能转化为客观的法则。另一方面，这种反思的经验性也导致它对宗教性的消解。因而奥义书的道德实践内容极为贫乏。然而随着奥义书的超越思维在自由推动下的形成，其实践也转化为超越的实践。后者就是精神超越的客观化，我们称之为宗教的实践。这就是瑜伽。它是人通过特定的修炼，使自我与自然彻底分离，否定自己的自然性，达到自身净化，从而与超验的实体合一。瑜伽有一整套修证系统。通过它，超越思维成为客观、必然的。然而这种宗教实践，带有明显的形而上学隔越褊狭之病。它的自由也是有限的。随着奥义书的精神在自由推动下克服实体思维的局限，发展出思辨和直觉的思维，领会到存在的绝对、超越的本体，它的实践也进展到思辨和直觉层面。这思辨和直觉的实践，也是宗教意义远大于伦理意义。其中所谓思辨的宗教，就是修行者通过苦行、静虑、禅定等手段，努力消除自己的经验性和个体性，将自身融入一个绝对的先验实在之中。所谓直觉的宗教，则进而要求消除全部思维、观念，融入超理性的澄明本体。然而到此为止的奥义书宗教是一种实在的宗教。它把现实性作为实践的最终目的，未能突破现实的厚幕，对本体自由自身进行规定。然而由于自由推动奥义书的精神打破全部现实性偶像，领会至上神的超绝本体，进入本真觉悟的领域，它的实践也成为本真的。这本真的实践同样也主要是宗教的，而非伦理的。在奥义书中，本真的宗教最早是一种启示的宗教。后者的实践在于通过修习瑜伽、静虑等将现实的自我和世界都虚无化，从而将自我融入一种超绝的神性本质之中。但启示的宗教仍将超绝的神性本质当作一个现存实体，其实践仍然有执、有住。本己的宗教则更高明，它因受大乘佛学影响，彻底破除了超绝现存实体的假相。它的实践把佛教的空观与奥义书已有的瑜伽、静虑等结合，使人逐步打破对一切现实、现存存在的执着，在一种无得、无住的心境中冥契本体自由自身的绝对性和无限性。

本书还将奥义书精神的上述发展，与西方和中国思想进行了广泛、系统的比较。这种比较表明这一发展具有普遍的精神逻辑。它表明奥义书精神史与欧洲思想几千年的发展存在本质上的一致和呼应，体现了共同的精神规律。而中国本土传统只停留在自然精神阶段，其后来的发展离不开佛教的启发和刺激。本书表明华夏民族真正的精神自由（超越与反思）都是受印度佛教影响的产物，且随佛教的衰微而终被抛弃，民族精神又回到原来的老路上去。

第四部分则在通常的学术源流分析层面，全面阐明了奥义书思想对后来印度各派哲学、宗教的影响。在这里，我们主要使用观念史分析和比照的方法。这就是阐明与不同宗派的主要观念相同或类似的一些观念在奥义书思想中符合内在逻辑的、缓慢的酝酿形成过程。这种阐述就在事实层面证明奥义书这类观念是在其自身传统之内发展出来。另外我们还确认这些观念不属于非婆罗门—奥义书传统。这表明这些观念就是来自奥义书或以奥义书的观念为先驱。通过这种考察我们发现，印度宗教、哲学的绝大多数宗派的形上学主要观念甚至基本体系都应追溯到奥义书思想，而其实践则反映了土著传统和奥义书传统的交融。

我们首先通过追溯数论的基本观念及其体系的发展，阐明了数论体系在奥义书中的形成史。我们的分析表明：(1) 作为数论学基础，原我和自性的二元论就是从奥义书中缓慢发展形成。我们阐明了原我观念从吠陀、梵书的宇宙原人开始，逐渐脱离自然、经验表象，朝内在、超越的方向发展的过程。结果在《羯陀》等中，原我成为一个超验意识实体，从而与数论学衔接起来。自性最早可以追溯到吠陀早期的阿底提神，后者通过去神话化转化为晚期吠陀和梵书的原初之水，然后是水被一种更抽象的原理即非有或有所代替。这类宇宙实质，在中、晚期奥义书中被非显、原质代替，后者被明确当成与原我对立或从属于它的物质原理。到《白骡》、《慈氏》，才开始用数论的典型术语自性取代非显、原质这类不确定的表述。(2) 数论的三德说可以追溯到《阿闼婆吠陀》和梵书以为宇宙由三种结构要素（火、风、日或日、风、地）构成之说。早期奥义书将三种结构要素转化为实质要素。然后三有说确定其为火、水、土三有，以为三者分别为赤、白、黑三色，转变生成世界万有。晚期奥义书的数论学，乃明确将三有释为三德。《白骡》明确在数论意义上提及“德”甚至“三德”之名。《慈氏》提到三德的具体名称，即萨埵、罗阇、答摩。其书并且开示了其由三德转化生成世界的逻辑。在这里，数论三德说的基本内容已基本酝酿形成了。(3) 奥义书中后期的觉谛、命我观念，都已经是典型的数论观念，它们都是在奥义书中经过长期发展形成的。其中觉谛这个观念可以追溯到吠陀晚期的金卵观念。金卵从原水产生然后转化生成万有是觉谛从自性产生而生成万物的图式的原型。早期奥义书则将金卵转化为识，识是万有根源。《羯陀》首次以觉谛代替识，且完全从数论立场理解其意义。在晚期奥义书中，觉谛、我慢、末那被作为内根的三个方面。这已经是典型的数论学表述。数论所谓命我，是自我的超验、恒住的实体与流转变灭的经验生命的结合体。命我观念从吠陀晚期和梵书与宇宙大我对应的小我观念开始，经过再生说、转化说、分有说、识转变说、识分有说等发展阶段，到中、晚期奥义书将识分有说转变成执受说，就使命我成了一个真正的数论学观念。(4) 数论的心、物二元论，可追溯到吠陀对神与自然、此岸和彼岸的区分。然而泛神论的确立使神与自然的距离被抹杀。为此，梵书、奥义书乃构想出一种神性再生模式，以为神创造自然以后又重新进入其中作为其灵魂，因而神尽管在世界之中，其自体却与后者保持距离。超越思维的发生使奥义书在此论的基础上，扬弃神的自然性，将其理解为一个超验心灵实体，于是形成一种超验的一神论。此论其实是在至上神背景下的心、物二元论。当这至上神在更晚的奥义书思想中被淡化、取消，于是一种与古典数论一致的心、物实体二元论得以确立。晚期奥义书说原我与自性为食者与食，就表现了这一阶段。(5) 数论的自性转变说，也可以追溯到吠陀晚期和梵书的宇宙起源论。晚期吠陀提出唯一者、水、金卵三个原理为万有的根源。在奥义书中，这种起源论先是被改造成一种更系统、完备的宇宙转化论；后者经过内在化，蜕变为识转化论；到中、晚期奥义书，乃以觉谛代替识，以为万有皆是由觉谛、自性的转变产生，而原我则清净、超然，未直接参与转变之中，这就是自性转化论，其说已经属于数论学范畴。可见，数论的基本思想在奥义书中已经形成。当命我的实体性的逐渐强化（这一趋势在晚期奥义书中已见端倪）导致多元自我论和实体二元论得到完全确立和巩固，古典数论的体系就形成了。其次我们将以同样的方式阐明印度瑜伽学是来自土著文化的苦行实践与奥义书的精神超越和反思结合的产物。印度瑜伽学有沙门瑜伽和婆罗门瑜伽，耆那教和佛教瑜伽属于前者，古典瑜伽属于后者。我们重点阐明了婆罗门瑜伽的形成史。从吠陀晚期，土著的原始苦行就开始渗透到婆罗门传统之中。这导致在早期奥义书中，外在的祭祀最终被内向的生命修炼（内在苦行）代替。这种内在苦行被与奥义书形上学结合起来。随着奥义书思想实现朝超越和反思思维的转化，它就逐渐把内在苦行与这超越和反思衔接起来，把苦行提升为领会自我的内在、超验实体，实现精神自由的途径。于是苦行就转化为瑜伽。在这里，瑜伽的本质就是超越和反思，是后者的客观化、必然化。正是超越和反思思维的不断自我提升和深化决定奥义书瑜伽的持续深化、充实和系统化。我们梳理了婆罗门瑜伽在奥义书中酝酿形成，且在形式上逐渐系统化，在内容上逐渐自我深化和提升的过程。其中《鹧鸪氏》最早在修道论意义上提及“瑜伽”一词，但未说明其内容。《蒙查羯》的出世瑜伽属于婆罗门瑜伽的最原始形态，内容颇为粗疏、零散。在《羯陀》中，瑜伽在形式上得到初步系统化，其中止根、总持、禅定、三昧等环节得到初步说明。然而这个系统并不完备，各瑜伽环节的内容仍显粗略。《白骡》开始对调身、调息、离欲、止根、总持等瑜伽支的具体操作给出较详细的说明，但仍缺乏完备的系统。《慈氏》开示了奥义书中最完备的瑜伽系统，它将全部瑜伽行法摄为调息、止根、静虑、总持、思择、三昧六支，且首次确定了六个瑜伽支全部的名称。另外，在奥义书中，瑜伽在思想内容方面也经历了由前瑜伽、出世瑜伽（《蒙查羯》），经历内在瑜伽（《羯陀》），到幻化瑜伽（《白骡》）、无住瑜伽（《慈氏》）的持续深化和提升。前瑜伽和出世瑜伽的内容仍非常零散、任意、暧昧。内在瑜伽在思想上大为深化，它提出了通过禅定逐次超越自性诸转变，最后证悟原我的法门，旨在实现心、物彻底分离。幻化瑜伽则旨在彻底断灭世界幻相，证入自我的超绝本体。无住瑜伽则受大乘佛教影响，旨在破除一切现实和现存存在，证入无住、无得的空性、真心。婆罗门瑜伽的发展，从根本上说是奥义书的超越和反思思维不断自我提升和深化的结果，完全合乎精神自身展开的逻辑。因而通过对这个发展过程的阐明，我们就在观念史层面证明婆罗门瑜伽就是在奥义书思想中形成。巴檀遮厘瑜伽也属于婆罗门瑜伽范畴，它也是从奥义书瑜伽中发展出来的，其核心内容在《慈氏》等中已经具备。第三，我们将通过观念史分析，表明顺世论就是从奥义书的唯物主义发展出来的，而且其形上学的主要观念在奥义书中已经基本形成。关于顺世论的实践我们所知甚少。我们的讨论只涉及其形上学部分。顺世论就是印度的唯物主义。严格的唯物主义是理性思维成熟的成果。它是精神去魔法化产物，并且将全部感性个别性归结到一种抽象的普遍实质。这种唯物主义对于仍处在巫术魔法时代，仍然执着于感性个别性的土著文化是很陌生的，却在吠陀晚期和梵书的宇宙论中就已见端倪，因而它就是来源于婆罗门—奥义书传统。我们追溯了顺世论形上学的主要观念，包括唯物论、元素（四大）说、身论在吠陀、梵书中开始出现，在最早的奥义书中发展为主流，并在此后逐渐得到提炼和定型的过程。我们的分析表明这些基本观念在奥义书中早已形成，并且呈现了一个完全符合逻辑的独立发展过程。这就从观念史角度证明了顺世论的形上学是从奥义书思想中发展出来的。第四，耆那教思想大致可视为源于土著的苦行实践与奥义书的形上学理论结合的成果。我们通过观念史分析阐明了这几点：其一，耆那教作为超验心灵实体的自我观念，基本是来自奥义书思想的渗透。自我被认为是遍满、恒常、清净、全知、喜乐的实体，以识为实质。这样的自我理解显然来自奥义书而非土著—沙门传统。其二，耆那教的多元实体哲学，也是在奥义书的形上学基础上形成的。实体观念就属于奥义书而非土著—沙门传统。耆那教实体哲学的二元论形而上学图景，也不属于局限于自然思维的土著传统，而是从奥义书传统汲取过来。其六实之说，除法、非法二者为独创，其他皆为直接或间接取资于奥义书。其三，耆那教瑜伽来源于土著的原始苦行，但奥义书的超验反思渗透到这种苦行实践中，使其扬弃原先的巫术、魔法色彩，成为精神内在超越的实践，从而转化为瑜伽。其九句义的人生观奠基于奥义书的心、物二元形而上学，漏、缚、止、断、解脱等表述也基本上都来自奥义书传统；其瑜伽行法则是将奥义书的内在超越贯彻到苦行之中；其解脱理想也直接或间接沿袭自奥义书思想。总之，耆那教的形上学基本上来自奥义书，但亦有自己的创造；其瑜伽实践则来自土著苦行，但是将后者与奥义书形上学嫁接起来。

我们最后用整整一编来讨论奥义书传统对佛教的产生和发展的影响。原始佛教的形成就离不开奥义书的影响。此后，奥义书、吠檀多思想的持续渗透促进了佛教的每一次重大精神转型，且正是它导致佛教最终被吠檀多思想同化。从内在精神层面，这个过程在于奥义书传统的超越和反思思维渗透到佛教之中，导致后者的精神蜕变，同时佛教也对奥义书思想作出了重大的改造和发展。本书从观念层面讨论了奥义书对于印度佛教产生和发展的影响。我们通过观念史分析表明：(1) 早期佛教的形成离不开奥义书传统的影响：其一，原始佛教的世界观以奥义书思想为基础，但受到沙门思潮的影响，其此岸与彼岸、生灭与涅槃的对立图景就植根于奥义书的超越形上学；把出世解脱作为生命意义，以及把觉悟和无明作为解脱、系缚的根本原因，也植根于奥义书的人生观；业力轮回说与无我说，也可追溯到奥义书思想，但可能经过了数论的中介。其二，原始佛教的修道论，则是在古印度瑜伽学的基础上形成，后者通过土著的苦行与奥义书的世界观和宗教理想结合而生成。(2) 大乘佛教的形成离不开奥义书的长期渗透。大乘的产生是以下几种新的思想趋势整合的结果，包括：禅观的发展；菩萨行的形成；信仰主义的兴起；脱离部派实在论回归佛陀本旨的冲动。我们阐明了这些思想的形成和整合，都离不开奥义书和印度传统的强烈影响。(3) 般若的形上学的形成就离不开奥义书思想的渗透。般若的形上学与佛教传统有巨大鸿沟，但其基本体系都被打上了奥义书的鲜明烙印。般若学通过否定经验存在以诠显绝对的思路与奥义书是完全一致的，其对经验存在的否定表述，多是沿袭奥义书的现存说法。大乘对绝对，即诸法空性的描述，如非有非无、平等、无分别、不二等，也无不是沿用奥义书针对无德梵的表述。大乘以二谛论整合经验与绝对也以奥义书的二智之说为最早的先驱。可以肯定般若的形上学就是在奥义书思想基础上进一步发展形成的。(4) 瑜伽唯识思想的形成则主要是奥义书的精神反思对大乘佛教渗透的结果。早期佛教和般若大乘都是无反思的，但瑜伽唯识体现了一种真正的精神反思，这只能被当成佛教受奥义书传统进一步影响的结果。唯识的形上学，以为诸法皆属于识，真如即识之无分别状态，把识当作存在真理，与佛教传统完全不相容，绝不可能是从后者自发形成，而是来自奥义书的识论对大乘佛教更深入的渗透。我们阐明了构成唯识学基础的几种理论，如唯识说（包括"三性"、"唯识中道"）；本识说；种子与识转变说；旨在断除习气种子的修道论等，都是汲取奥义书的"识"论，并将其与大乘原有的"空"论结合而形成。但由于在奥义书传统的进一步影响下，唯识学也逐渐由"空"向"有"的立场转化，从而越来越与奥义书传统趋同。(5) 佛教如来藏思想的形成和发展，是奥义书绝对反思的渗透进一步深化的结果。如来藏学的发展可以分为法身如来藏、我性如来藏、法界如来藏、法性如来藏、净心如来藏、真心如来藏几个阶段。我们阐明了其每一阶段的思想都包含奥义书影响的明显痕迹,而且这种影响是逐渐积累的。这种观念史分析表明了如来藏学的产生和发展,从根源上是由婆罗门—奥义书传统的渗透和影响所推动的。到了真心如来藏思想确立,则如来藏佛教就与奥义书传统完全同化了。总之,在印度佛教的整个发展过程中,我们可以清晰地看到它与奥义书、吠檀多思想日益同化的趋势,这只能认为是后者的持续渗透和影响的结果。

奥义书对耆那教、佛教等的积极影响,从根本上就在于它的超越和反思渗透到这些传统中,促进了后者精神生命的成长。然而一方面,奥义书的反思和超越思维总是在不断发展的,这也将推动受它影响的传统的精神发展;另一方面,耆那教、佛教等也反过来影响了奥义书、吠檀多思想的发展。

奥义书思想,还通过如来藏佛教的中介,渗透到中国传统之中,促进中国思想从自然思维到真正的精神超越和反思的转型,使华夏精神具有了真实的自由,并促进这超越和反思的进一步提升和深化。从儒家传统的自然思维到程朱对理的超验实体化再到阳明的良知的先验本体论,从早期道教旨在保养肉体的巫术魔法宗教到南北朝旨在证悟空性的道教再到王重阳以悟入空寂真心为宗旨的内丹心性之学,都体现了华夏思想在以如来藏学为主体的中土佛教渗透之下逐渐形成其超越和反思思维,且这超越和反思持续发展的进程,而如来藏佛教影响华夏思想最深刻的心性一如、真如缘起和反思型的修道论,最终都是渊源于奥义书、吠檀多思想。我们阐明了奥义书传统通过如来藏佛教中介渗透到华夏思想之中并促进其深化和提升的过程。

# 附录一　常用外文文献名缩写

（详细版本信息见附录三）

**ĀB**　Ātmabodha（Self-Knowledge, with Notes, Comments, and Introduction, New York1946）

**Ait**　Āra Aitareya Āraṇyaka（The Aitareya Āraṇyaka, Clarendon Press, Oxford1969）

**Ait**　Brā Aitareya Brāhmaṇa（The Ṛg-veda Brāhmaṇas: The Aitareya and Kauṣītaki Brāhmaṇas, Motilal Banarsidass, Delhi1981）

**Aita**　Aitareya Upaniṣad（Radhakrishnan, The Principal Upaniṣads, London1953）

**ĀŚ**　Āgama-śāstra（the Māṇḍūkya Upaniṣad and the Agama Sāstra, Honolulu 1990）

**AV**　Atharva-Veda（Hymns of the Atharva-Veda, Oxford: The Clarendon Press, 1897）

**BG**　Bhagavad Gita（S.Radhakrishnan, G.Allen&Unwin, London1948）

**Bhāmatī**　Brahmasūtra-Śaṃkarabhāṣyaṁ Bhāmatī（The Brahmasūtra-Śaṃkarabhāṣyam with the commentaries Ratnaprabhā, Bhāmatī and Nyāyanirnaya, Bombay 1909）

**Bṛih**　Bṛihad-āraṇyaka Upaniṣad（Radhakrishnan, The Principal Upaniṣads, London1953）

**BS**　Brahma Sūtras（The Brahma Sūtras, George Allen & Unwin LTD London1960）

**BSBH**　Brahma-Sūtras-Bhaṣya（The Vedānta Sūtras with the Commentary by Śaṃkarākary, SBEXXXIV, XXXVIII，Clarendon Press, Oxford 1890，1896）

**Chān**　Chāndogya Upaniṣad（Radhakrishnan, The Principal Upaniṣads, London1953）

**Haṃsa**　Haṃsa Upaniṣad（Thirty Minor Upaniṣads, Madras1914）

**Īśā**　Īśā Upaniṣad（Radhakrishnan, The Principal Upaniṣads, London1953）

**Kāṭh**　Kāṭha Upaniṣad（Radhakrishnan, The Principal Upaniṣads, London1953）

**Kauṣ**　Kauṣītaki Upaniṣad（Radhakrishnan, The Principal Upaniṣads, London1953）

**Kau**　Brā Kauṣītaki Brāhmaṇa（The Ṛg-veda Brāhmaṇas: The Aitareya and Kauṣītaki Brāhmaṇas, Delhi1981）

**Kaumudi**　Sāṃkhyattavakaumudī（The Sāṃkhya Kārikā with The Sāṃkhya Kārikā Bhaṣya by Gaudapāda, The Oriental Translation Fund Oxford, London, 1837）

**Kena**　Kena Upaniṣad（Radhakrishnan, The Principal Upaniṣads, London1953）

**MB**　Mahabharata（The Mahabharata, ed by Nath Dutt, Elysium Press Calcutta 1895—1897）

**Mait**　Maitrāyaṇa Upaniṣad（Radhakrishnan, The Principal Upaniṣads, London1953）

**Māṇḍ**　Māṇḍūkya Upaniṣad（Radhakrishnan, The Principal Upaniṣads, London1953）

**Manu**　Mānava-Dharmáśāstra（Olivelle, Oxford 2005）

**Muṇḍ**　Muṇḍaka Upaniṣad（Radhakrishnan, The Principal Upaniṣads, London1953）

**NS**　Nyāya Sūtras（Nyaya Surtras of Gotama, The Panini Office1930）

**Paṇca** Brā Paṇcavimśa-Brāhmaṇa (Paṇcavimśa-Brāhmaṇa, Calcutt, 1931)

**Paiṇgala** Paiṇgala Upaniṣad (The Principal Upaniṣads, London1953; Thirty Minor Upaniṣads, Madras1914)

**PDS** Padārthadharmasamgraha (Padārthadharmasamgraha, A Source Book in Indian Philophy, Princeton University press, 1957)

**Praś** Praśna Upaniṣad (Radhakrishnan, The Principal Upaniṣads, London1953)

**ṚV** Ṛgveda (The Hymns of the Ṛgveda), E.J.Larzarus, Benares 1963)

**Sat** Brā Satapatha Brāhmaṇa (The Satapatha BrāhmaṇaI—V,The Sacred Books Of The EastXII—XLIV, Delhi 1963)

**SB** Brahma-Sūtras-Bhaṣya (The Vedānta Sūtras with the Commentary by Rāmānuja, SBEXLVIII,Oxford 1904)

**SDS** Sarvadarśanasaṃgraha (The Chowkhamba Sanskrit Series Office, Varanasi-1, 1961)

**SK** Sāṃkhya Kārikā (The Sāṃkhya Kārikā with The Sāṃkhya Kārikā Bhaṣya by Gaudapāda, The Oriental Translation Found Oxford, London, 1837)

**SKB** Sāṃkhya Kārikā Bhāṣya (The Sāṃkhya Kārikā with The Sāṃkhya Kārikā Bhaṣya by Gaudapāda, The Oriental Translation Fund Oxford, London, 1837)

**SPB** Sāṃkhya Pravachana Sūtra Bhaṣya (The Sāṃkhya Philosophy, Orietal Books Reprint Corporation, New Delhi, 1979)

**SPS** Sāṃkhya Pravachana Sūtra (The Sāṃkhya Philosophy, Orietal Books Reprint Corporation, New Delhi, 1979)

**SPV** Sāṃkhya Pravachana Sūtra Vritti (The Sāṃkhya Philosophy, Orietal Books Reprint Corporation, New Delhi, 1979)

**SSS** Sarva-Siddhānta Sangraha (The Sarva-Siddhānta Sangraha, Ajay Book Service, New Delhi, 1983)

**Śvet** Śvetāśvatara Upaniṣad (Radhakrishnan, The Principal Upaniṣads, London1953)

**Tait** Taittirīya Upaniṣad (Radhakrishnan, The Principal Upaniṣads, London1953)

**Tait** Āra Taittirīya Āraṇyaka (The Veda of the Black Yajus School entitled Taittirīya Saṃhita, Delhi1967.)

**Tait** Brā Taittirīya Brāhmaṇa (The Veda of the Black-Yajus School entitled Taittirīya Saṃhita, Delhi1967)

**Tejobindu** Tejobindu Upaniṣad (Thirty Minor Upaniṣads, Madras1914)

**TMK** Tattva-mukta-kālapa (Tattva-mukta-kālapa, Kāsī 1900)

**TS** Tattvārthādhigama Sūtra (The Central Jaina Publishing House, 1920)

**TTS** Tattva-Samāsa (The Sāṃkhya Philosophy, Orietal Books Reprint Corporation, New Delhi, 1979)

**TV** Tattva-vāisāradī (The Yoga-System of Patanjali, Motilal Banarsidass, Delhi, 1966)

**US** Upadesasāhasrī (The Upadesasāhasrī of Śaṃkara, State University of New York Press)

**Vāj** Saṃ Vājasaneyi Saṃhitā (The Chowkhamba Sanskrit Series Office, Varanasi)

**VC** Viveka-Chudamani (Viveka-Chudamani, Vedānta Press, Hollywood, 1978)

**VP** Vedāntaparibhāsā (Vedāntaparibhāsā, the Adyar Series, No. 34, 1942)

**VS** Vaiśeṣika Surtras（The Vaiśeṣika Surtras of Kaṇāda, The Panini Office 1923）

**VSS** Vedāntasāra（The Vedāntasāra of Sadananda, Kegan Paul, London 1904）

**YB** Yoga-Bhāṣya（The Yoga-System of Patanjali, Motilal Banarsidass, Delhi, 1966）

**YS** Yoga-Sūtras（The Yoga-System of Patanjali, Motilal Banarsidass, Delhi, 1966）

**ERE** Encyclopedia of Religion and Ethics（Hastings, Encyclopedia of Religion and Ethics, Charles Scribner's Sons, 1928）

**ERThe** Encyclopedia of Religion（Eliade, Macmillan Publishing Company, 1987）

**OST** Original Sanskrit Texts（Muir, Original Sanskrit TextsI—IV, London1873—1890）

**SBE** The Sacred Books of the East（Mueller, Clarendon Press 1879—1903）

**ST** Summa theologiae（Summa theologiae: questions on God, Cambridge University Press, 2006）

# 附录二　梵汉译名对照

（按罗马字排序、包括少量波斯及阿拉伯文名称）

Abd al-karīm al-Jīlī（人名）阿尔基里（苏菲派哲学家）

Abd al-Ra　mān Jāmī（人名）阿拉曼·贾米（苏菲派诗人）

ābhāsa 影像、映像、表象

abhāva 无、非存在、非存在

abheda 不异、不可分、无差别

Abhidhamma-piṭaka（书名）论藏

Abhidharma 阿毗达磨、论

abhi-jñā 记忆、明通、神通

abhilapa 言说、语言

abhimāna 慢、骄慢、我慢

abhiniveśa 取、染着、执着（瑜伽五障之一）

abhiṣeka 灌顶

ācārya 阿奢梨、导师

acetana 无心智、无知、非情

acetanaś cetanānā 无觉中觉者、无心识中有心识者（命我）

a-cintya 不可思议、难思量

acintya-bhedābheda 不思议同异俱有论

acinty-jñāna 不思议智

acinty-śakti 不可议的神力

acitta 非心、不思议、无心

ādatta 领取、接受、执持、攫取

ādhāra 基础、支持、容器

adharma 恶法、非法、静止的条件

adheya-śakti 行事的能力

ādhibhautīka 依大界、属于诸大的（即由地、水、火、风、空五大构成的物质宇宙）

ādhibhautika-duḥkha 依外苦

adhi-bhūta 器世间

ādhidaivika 依天界（即由诸根、末那、元气构成的领域，亦即人的全部生理、心理存在）

ādhidaivika-duḥkha 依天苦、由于自然原因导致的苦

adhigama 通达、成、证得

adhi-kāra 支配、统治、处置

ādhipatya 主子、自在者

adhi-prajña 觉、智慧

adhi-ṣṭhāna 依处、住处、支持、依止、基础

adhvaryu 执事祭司（为行须摩祭的四位祭司之一，负责祭仪之执行，在行祭的同时念诵《夜珠吠陀》）

adhyāropa 增益、附加、虚假联结、错误判断

adhyāropāpavāda 增益、附加

adhyāśaya 意向、意乐、愿欲

adhyātman 内在自我（居于我中之神）、自身、自己、内身、内心

adhyātma-vidyā 自我智、内明

adhyātma-yoga 自我瑜伽、内观瑜伽

ādhyātmika 依内界、主观的、至上我、有情世间

ādhyātmika-duḥkha 依内苦

Ādibuddha 本初佛

Aditi（神名）阿底提、无限（诸神之母）

Āditya（神名）阿底提耶、太阳神、阿迭底之子

āditya 日、太阳

āditya-vāda 日说（即以日为存在本原和基础的说法）
adṛṣṭa 非显、不可见、非显现者、不可见力、业力
adṛśya 不可见、不现
advaita 不二、唯一、一元
advaita-vāda 不二论、一元论、不二一元论
advaya 俱非、无二、不二
advitīya 无二、独一、唯一
Āgama（书名）阿含经、阿笈摩
āgama 圣言量
Āgama-śāstra（书名）圣教论、阿笈摩论
aghamarṣana（人名）阿贾氏（吠陀仙圣）
agni 火
agni（神名）阿耆尼、火神
agni vaiśvānara 宇宙火
agnihotra 火祭、事火法
agnikayana 设火仪式（即祭火坛的建筑，须摩祭一个复杂部分）
agni-Mārut śastra（《黎俱吠陀》的）阿耆尼—摩禄特赞，在须摩祭中最后诵出
agniṣṭoma 赞火祭（七种须摩祭中的一种）
agnyupasthāna 祝火仪式（火祭中奉献于火及奶牛的仪式，于夜间进行）
a-grāhya 不可触、不可取、不得解
aham 我、我相
aham brahman amsi“我即是梵”
ahaṃkāra 我慢、我觉、自我意识
āhavavanīya 东火（天启祭三个圣火之一，为献祭之火，设于祭坛东边，火坛为方形）
Ahetu-appaccaaya-vāda 无因无缘说
ahiṃsā 不害、不杀
Ahirbudhna-saṃhitā 阿孜菩陀本集（五夜教经典）
aiṣṭika 祭仪
Aitareya 爱多列亚学派（梵书学派名，受持《黎俱吠陀》）
Aitareya Brāhmaṇa（书名）爱多列亚梵书
Aitareya Upaniṣad（书名）爱多列亚奥义书
aja 无生、不生
Ajara 不坏
Ajātaśatru（人名）阿阇世、阿阇世王（奥义书中的人物）
Ajata-vāda 不生说、世界不存在说
Ajita Keśakambalī（人名）阿耆多·翅舍钦婆罗（佛世六师外道之一）
ajīva 非灵魂、非命
Ājīvika 生活派、邪命外道
ajñāna 无明、无智、盲昧、无知
Ajñāna-vāda 不可知论
a-kala 无方分、超越空间、不可分
a-kāla 无时、超越时间、非时
akalpaka 无分别、离分别
ākara 根源、藏、渊薮、仓室、矿脉
akartṛ 非作者、观者
akārya 不可为、不应作、无作
ākāśa 空、虚空、空间
Akbar（人名）阿克巴大帝
akratu 无愿、无力、无欲、无为
akriyā 无为、无作、不动
Akriyā-Vāda 无诈用论、无行为论
Akṣapāda Gautama（人名）恶叉波陀、足目（正理派创始人）
akṣara 无变灭、不坏、不灭、常恒、无变易
akṣiti 不坏、不灭
Akṣobhya 阿閦佛、不动佛
Akūti 愿望、愿、目的、希求
a-lakṣaṇa 无相、无性
ālambana 所缘
Ālara Kālāma（人名）阿罗逻·迦罗摩
ālaya 宅舍、住处、仓库、藏
ālayavijñāna 阿赖耶识
Al-Berūnī（人名）贝鲁尼（伊斯兰教学者）
al-Ghazzālī（人名）安萨里（伊斯兰教中世纪哲学家）
aliṅga 无相、无征
aloka 超世界、非世间、出世间
alpa 小、劣、卑、弱

Ālvar 阿尔伐（虔敬派的流浪诗人）
a-manas 无意、无想、无思想、无觉
amara 不死、不灭
Amarāvikkhepika 诡辩论、异问异答
amatra 无音、“A—U—M”三音中间的停顿（象征自我四位之第四位（tūriya））
ambhas 天上之水、汽
Amirkhusro（人名）阿尔库室罗（苏菲派哲学家）
Amitābha 阿弥陀佛、无量寿佛
Amitāyus 无量寿佛
amṛta 不死、不灭、甘露
aṃśa 分位、部分
a-mūrtta 无形体、无相
an-abhilāpya 离言、无言、不可说
an-abhimāna 无执、无我执
an-abhiniveśa 不著、不取、无执着
anadanugata samādhi 欢喜三昧（有觉三昧之阶段，厌离由答摩所生之粗、细境，但缘由喜德增长所生的十一根、元气等心理存在）
anādara 无着、无执、轻慢、不关心、不计较、平静
Ānamabha-vāda 积聚说、原素结合说
ānanda 阿难陀、妙乐、喜乐
Ānandagiri（人名）阿难陀及黎（吠檀多学者）
ānandamaya atman 喜乐成身、喜乐我
ānandamaya ātman 喜乐所成我、喜乐身
ānandāmugata samādhi 欢喜三昧
ānandasya mīmāṃsā 喜乐思择
ananta 无极、无限、无终、无际
anapekṣatvāt 独立、无待
anātman 无我、非我
an-ātmya 无体、无自制
aṇḍa 卵、蛋
aṇḍaja 卵生
andhakāra 黑暗、冥黯、愚痴
Andhra（地名）案达罗
Anekāntā-vāda 非一端说、相对主义
Aṅga（地名）鸯伽国
aṅga 肢体、支节、分、部分
Aṅgiras（人名）案吉罗斯（吠陀十圣之一）
Aṅgiras Pippalāda（人名）案吉罗斯·毕钵罗陀（奥义书中的人物）
Aṅguttara-nikāya（书名）增支部经典
anidrā 无眠
Anila（人名）阿尼罗（吠陀仙圣，传统上将风说归属于他）
anilambha 无相、无住、无得
ānilayana 无依处、无住处、无归处
ānilayanaṃ 无依处者
anirukta（对神名）不说、隐密
anitya 无常、非恒
anna 食、食物
annāda 食者、受用者
Annaṁ Bhaṭṭa（人名）阿难·跋陀
annamaya ātman 食所成身、食我
anṛta 虚妄、不真
anta karaṇa 内根
anta puruṣa 内在补鲁沙、内在原我、内我
antarātman 内在自我
antaryāmin 内在主宰、内制者、灵魂
aṇu 原子、极微、唯、尘
anumāna 推理、比量
Anutarayoga-tantra 无上瑜伽
anuttarasamyaksaṃbodhi 无上正觉、阿耨多罗三藐三菩提
anuvyākhyāna 注疏、疏解
anuyājas（祭祀的）后祭、后献仪
ānvīkṣikī 哲学、论究学、寻究
anya-rāj 为它者所主、被它者支配
anyathā 差异、别异
anyathā-bhāva 变化、差异
Anyathā-khyāti 别异幻觉论
apadāna 譬喻
apāna 下气、下行气（五种生命元气之一）
apara-vidyā 下智、下劣智
aparoksa 直接的认识
Āpas（神名）水神

āpas 水
Āpastamba-dharma-sūtra（书名）阿跋斯檀婆法经
apavāda 减损法、遮诠、否定
apavarga 离系、解脱
a-prajña 非般若（超越般若）、非智、不知
apramatta 无放逸
a-prāṇa 无元气、超越元气
Apsaras 天女
Ap-vāda 水说（以水为存在本原的学说）
Āra（梵界的）贪恚湖
ārāma 喜悦、游乐场、园林
āramba 策励（瑜伽行的阶段）、瑜伽起，即通过对色身的修炼达到身体的健康安适
Āraṇyaka（书名）森林书
araṇyāyana 斋戒、隐遁
arcā 偶像、（神的）偶像身
arhat 阿罗汉、罗汉
arka 光耀者、光、太阳
Ārtabhāga（人名）阿多跋伽（奥义书中的人物）
artha 意义、境、利益、目的
Arthaśāstra（书名）利论、政事论
Aruṇandi Śivacārya（人名）阿鲁难提·湿婆恰利耶
arūpa 无色、非色
ārya 尊贵、贤圣
Āryadeva（人名）提婆（佛教中观派学者）
Aryaman（神名）阿黎曼（阿底提耶诸神之一）
āśa 希望、意愿
aśabdabrahman 无声梵
asac-śastra 伪论、邪说
asad-bhuta 非有、非实、虚妄
aśakti 无能（瑜伽五障之一）
asambhrama 不动、心不动摇
a-sambhūti 无生、无起
asaṃjña 无想、无意识状态
a-Sāṃkhya 不可计度
asaṃprajñāta samādhi 无觉三昧、无想三昧（瑜伽三昧之阶段，觉谛及其意相完全伏灭，不再有意识）
asaṃsargābhāva 不能交会的非存在、不会无
āsana 持身、坐法（瑜伽八支之一，即保持一种安稳、舒适的姿势而不动摇，如趺坐等）
Asaṅga（人名）无著、无着（佛教大乘瑜伽行派思想家）
asat 无、非有
Asatkarya-vāda 因中无果论
asmitā 我见（瑜伽五障之一）
asmitānugata samādhi 有我三昧位、自存三昧（有觉三昧之阶段，欢喜心灭，三昧心但缘我慢为境）
Aśoka（人名）阿育王
āśrama 四行期
āsrava（业）漏入、流入
Assam（地名）阿萨姆、阿萨密
aṣṭapura 八重城（喻人的身体）
āstika 正统派
aṣu 阿苏、精气、生命活力
Asūra 魔、阿修罗
Āsuri（人名）阿修利（数论祖师之一）
Asvabhāva（人名）无性（大乘佛教学者）
Aśvaghoṣa（人名）马鸣（大乘佛教思想家）
Āśvālāyana（人名）马行（吠陀仙圣，相传为《爱多列亚森林书》第四编的作者）
aśvamedha 马祭
Aśvapati Kaikeya（人名）阿湿婆波底·该祇夜（奥义书中的人物）
asvapna 无眠、不眠
asvatantra 不自主、依属
Aśvatāyana-dharma-sūtra（书名）阿湿伐多耶那法经
Aśvattha 阿湿婆陀树、宇宙树
Aśvin（神名）阿湿文、双马童（为马身人首之孪生兄弟，是天上的神医）
atattvata 非实、非本质的
Atharvāṇgirasa（书名）阿闼婆案吉罗斯（即阿闼婆吠陀）
Atharva-Upaniṣads（书名）阿闼婆奥义书、新

奥义书（被归属于阿闼婆吠陀的一类奥义书）
Atharva-veda（书名）阿闼婆吠陀、禳灾明论、咒术、术论
Athavaveda-saṃhitā（书名）阿闼婆吠陀本集、禳灾明论
Atidhanvan Śaunaka（人名）首那伽（传说为马行之师，毕钵罗陀之徒）
ātma-boddha 对自我的觉悟、自证
Ātmabodha（书名）我之觉知
ātma-guṇa 我德、自我的属性
ātmaka 体、自体、属我的
ātma-kṛta 自作
ātman 阿特曼、我、自我、至上我、身体
Ātman-kāma-vāda 自爱论
ātma-śakti 自力
ātma-yajña 自我祭祀
Ātreya-saṃhitā（书名）爱多列亚本集
Atri（人名）阿特黎（吠陀十圣之一）
Aupaniṣada 奥义书学派
Aurang-zīb（人名）奥仑泽布（莫卧儿帝国皇帝，系弑兄篡位）
Aurobindo Ghose（人名）奥罗宾多·高斯（近代印度哲学家）
avadhi 有限的认识、直观知
avaidika 非吠陀教、邪说
Avalokiteśvara 观音、观自在
avara 卑者、劣者（指命我）
avaraṇa 掩盖、隐藏、覆障
avaraṇa-śakti 隐覆（大梵）力、妄想力
avarṇa 无色、诃责
avatāra 化身
avayava 论式
avicāra 无审思、愚昧
avidyā 无明、无智
avidyā-granthi 无明结、无明缚
a-vijñāna 无智识、无识
avijñapti-rūpa 无表色
avikāra 不动、不变、不易
āvṛttacakṣu 内省、内视
avyākṛta 非显、无相者、混沌
avyaktam 非显、无相、混沌、冥谛
a-vyapadeśya 不可言诠
a-vyavahārya 无对待
avyayam 无损耗、不坏、无尽、无减少
ayamātmā brahman“阿特曼即是大梵”
āyatana 处、依处、根
āyatanavat 安住者
a-yoni 无根源
Ayur-veda（书名）阿由吠陀、寿命吠陀、医方吠陀
āyus 生命、命、寿命
babhasa 食者
Babur（人名）巴布尔
Bactria（地名）大夏
Bādarāyaṇa（人名）跋陀罗衍那（《吠檀多经》的作者）
bādhate 弃绝、减损
bahubhavitumccha 繁殖增多的愿望
bahu-dhānaka 摄藏、含藏
bala 力、力量
Baladeva（人名）跋拉提婆（吠檀多学者）
Bālāki Gārgya（人名）跋拉启·伽吉耶（奥义书中的人物）
bandha 束缚、系缚
Bauddhamatavalambin 执于佛说者、佞佛者
Bāyazīd（人名）巴亚齐德（苏菲派哲学家）
Benaras（Vānarasī）（地名）贝拿勒斯、瓦纳拉西、伽尸
Bhaṭṭa 跋多派、童中师派（弥曼差的支派）
Bhadrabāhu（人名）贤臂（耆那教圣者）
Bhaga（神名）薄伽（阿底提耶诸神之一）
Bhagavadgīta（书名）薄伽梵歌、世尊歌
Bhagavan（神名）薄伽梵、世尊
Bhāgavata 薄伽梵派
bhakti 虔敬、虔信、信爱
bhakti yoga 巴克提或信爱瑜伽
bhakti-marga 巴克提道
Bhāmatī（书名）有光释（吠檀多学者语主对

商羯罗《梵经注》的疏释）
Bhārata（地名）婆罗多
Bhārgavī Vāruṇī Vidyā 步厉古·婆楼尼智
Bhartṛhari（人名）跋致诃利（文法家、诗人）
Bhāskara（人名）薄须羯（吠檀多学者）
Bhava（神名）善有（禄陀罗之神尊称）、大有
bhava 有、存在、生成
Bhāvaviveka（人名）清辩（佛教中观派思想家）
bhava-Vritti 有相
bhaya 怖畏、灾祸
bheda 分别、分割、差异
Bhedābheda-vāda 不一不异论
Bhogya 所食、所受用
Bhoja（人名）薄阇（《瑜伽经》注释者）
Bhojavṛtti（书名）菩阇提婆评注
bhojya 所食、所受用
bhoktṛ 食者、受者、命我
Bhṛigu（人名）步厉古（吠陀十圣之一，奥义书中的人物）
bhuj 食用、受用、享受、占有、缘取
bhūman 圆满、丰富、大地
bhūma-vidyā 圆满说
Bhūr 布（吠陀祝祷所用的三个叹词之一，被解为地界之意）
bhuta 大、大种（如所谓地水火风四大）、存在、物质、众生、精灵
bhūta-mātrā 大唯、元素
bhūta-mātrā 十大唯（即十处）
bhūtatā 实有
bhūtatathatā 实性真如
bhūtātman 大种我、觉谛
bhūta-vidyā 魔学
bhuvas 布伐（吠陀祝祷所用的三个叹词之一，被解为空界之意）
bhūyas 更胜、更大、更多、更强、更重要（主要指量的方面）
bīja 种子
Bodhiruci（人名）菩提流支
bodhisattva 菩萨
Brahma Samaj 梵社（罗易成立于孟加拉）
brahmacarya 梵行、净行
brahmacaryāśrama 梵行期（婆罗门四行期之一）
brahma-maya 由吠陀而成的
brahman 梵、大梵、魔咒
Brahman svayambhū 自存梵
Brāhmaṇa（书名）梵书、净行书、婆罗门书
Brāhmaṇaspati（神名）祈祷主
brahmāṇḍas 梵卵、宇宙
brahma-nirvāṇa 梵涅槃
brahman-pariṇāma-vāda 梵转变论
Brahma-pura 梵城
Brahma-sūtra（书名）梵经、吠檀多经
Brahma-sūtrabhāṣya（书名）梵经注
Brahma-tatatama 遍满之大梵
Brahmātmaikyam 梵我一如
brahma-vādin 梵论师
brahma-vidyā 梵学
Brahma-Vṛtti 梵相
Brahma-yoni 梵胎藏
brahmopāsana 梵敬思
Bṛihadāraṇyaka-Upanṣad（书名）广林奥义书
Bṛhaspati（神名）梵主、（人名）毗诃跋提（吠陀仙圣，相传为唯物论始祖）
Bṛhaspati Sūtra（书名）《毗诃跋提经》
bṛhat 伟大、高大、广大
Bṛhatī（书名）大释补
Bṛihadratha（人名）步励诃陀罗特、巨车（奥义书中的人物）
Buddha 佛
Buddhacarita（书名）佛所行赞
buddha-dhātu 佛性
buddha-sthāna 醒位、觉位
buddhi 觉谛、觉、理智、决智、菩提
buddhindrjya 知根、觉根
caitāmātra 心性、心体、心量、唯心
caitanya 心、智性
caitāsika dharma 心所法、心的作用
Cakravartin 轮轮圣王

cakṣus 视、眼根
Cāṇḍāla 乾陀罗、贱民、不可接触种姓
Candragupta（人名）旃陀罗笈多、月护
Candrakirti（人名）月称（大乘佛教学者）
Candrama 月
Caraka（人名）遮罗迦、斫罗迦（医学家）
Caraka-saṃhitā（书名）遮罗迦本集
Cārvāka 斫婆迦派、顺世论（印度唯物论派别）
caturtha 第四位（无德梵）
catuṣpāt 四足、自我四位
cetana 心识、心智、觉、思
Chāndogya Upaniṣad（书名）唱赞奥义书
chāyā 影子、阴影、映像
cidātma 真心、真心自我
cintā 思量、深思、静虑
Citra Gāṇgyāyani（人名）质多罗·伽吉耶夜尼（奥义书中的人物）
cit-rupa 心体
citta 心、识、思想
citta-mātra 唯心、心量、但心、心体
cittavṛti-nirodha 想受灭
citta-vṛtti-nirodha 息心、停止心的活动
Dadhyach Atharvana（人名）陀底耶·阿闼婆那（吠陀仙圣）
daiva 关于神的、命运的、占卜学的
daiva cakṣu 天眼
daiva parimara 诸神入没
Dakṣa（神名）达蹉、天空神
dakṣiṇā 祭礼（祭司的酬报）、布施
dakṣiṇa 南边的、南火（祭礼之火，设于祭坛南面，火坛为半圆形）
damayata 自制、调伏
Dara Shikoh, Muhammed（人名）陀罗室可（莫卧儿帝国的皇储，组织翻译奥义书的波斯文译本）
darśana 见、哲学体系、学说
darvihoma 酌奠
Daśapadārthaśāstra（书名）《胜宗十句义论》
data 布施、给予
dayadhvam 慈悲
Dayananda Sarasvati（人名）边耶难陀·娑罗室伐底
Dehātmavādin 以身为我者、唯物论者
deha-vāda 身论者、唯物论者
dehī 有形体者、有身者、人
deva 天、神、天体、诸根
deva-vidyā 天神学
devayāna 天神道
dhāman 依持、依止、依处、住处、寓处
dhanu 弓
dhāraṇā 总持（瑜伽八支之一，就是把心固定在某一对象之上以增长定心）
dharma 法、法则、存在
dharma-dhātu 法界
dharma-kāya 法身
Dharmakirti（人名）法称（佛教逻辑学家）
Dharma-śāstra（书名）法论
Dharma-sūtra（书名）法经
Dhātar（神名）创造者
dhātu 基础、要素、基本元素、界
dhātu-vāda 界论
dhṛti 忍
dhyāna 禅定、静虑（瑜伽八支之一，即心注一境而不间断）
Dīgha-nikāya（书名）长部经典
dik 空间、方
dīkṣā 开导仪（在须摩祭中祭主在祭祀开始前应行的预备性净身仪）
dina 贫弱、下劣、卑贱
Dinaga（人名）陈那（佛教逻辑学家）
Dirghatamas（人名）迪贾氏（吠陀仙圣）
diśa 方向、方位、方、空间
divya 神圣
Drajāpati（神名）生主神
Dravida 达罗毗荼族、达罗毗荼人
dravya 实体、实有
dṛṣṭi 见、看
Drṣti-srṣti-vāda 见起论（属于晚期吠檀多，认

为万物皆妄，只因被觉知而有）
duḥkha 苦
Durgā（神名）杜尔迦、嗜血女神
dvaita 有二
Dvaita-vāda 二元论
dvanda 双昧
dvija 再生族
Dyaus（神名）提奥斯、天空神
Dyaus Pitrā（神名）天父（即提奥斯）
ekāgra 一心、一缘
Ekāgratā 心一境性
ekam 唯一、唯一者
eka-nemin 辐圈、辋、轮毂
ekāyana 集合处、中心、依止、住处、界、一致性、合一、会合
ekāyana 一行、合一、一元
ekī-bhāva 融合为一、一体、一如
gambhīra 深奥、深远
Gandhāra（地名）犍陀罗
Gandharva 乾闼婆、天上乐师、食香
Gaṇeśa（神名）象头神、欢喜天
Gangā（地名）恒河
garbha 胎藏、子宫、胎儿
Gārgī Vācaknavī（人名）伽姬（奥义书中的人物）
Gārhapatya 家火（设在祭坛西边，是每一家庭都应保有的一持续不灭之火，故谓家火，祭火坛为圆形。天启祭须设家火、东火、南火三堆祭火，东火、南火由家火取出）
Garutmān-vāda 日说（以太阳为世界本原之说）
Garutmāt 金翅鸟、太阳
Gauḍapāda（人名）乔荼波陀（不二吠檀多派思想家，《圣教论》的作者；数论派注释家）
Gauḍapāda bhāṣya（书名）乔荼波陀注
Gautama（人名）乔答摩
gāyatri 日神律（吠陀的一种诗律，为三行乘八音节）
Gāyatri 日神咒（吠陀中祷于日神的颂文）
Gāyatri mantra 日神咒（即 Gāyatri）
ghaṭa 精勤（瑜伽行的阶段），以自我体性之清净离染而离苦为标志。
Giriśa（神名）山居者（湿婆神之号）
Gītābhāṣya（书名）薄伽梵歌注
gotra 种、种族、种姓、血统
Govinda（人名）乔频陀、牧尊（不二吠檀多派思想家）
grāha 取、执、受
grāhaka 能取、能受、主体
grāhya 客体、所取、所受
granthi 结、关节、系缚、缠、惑
gṛhastha 居家期（婆罗门四行期之一）
Gṛihya-sūtra（书名）家居经（阐明家庭祭的内容）
guṇa 德、属性
Guṇaratna（人名）求那勒拿、德宝
Gupta 笈多王朝
guru 导师、师傅
Hallādj（人名）哈拉智（苏菲派哲学家）
haṃsa 鸿雁、日、元气、命我、至上我
Hara（神名）诃罗（湿婆神的号）
Harappa（地名）哈拉帕
Hari（神名）诃黎（毗湿奴神的号）
Haṭha-yoga-pradīpika（书名）诃陀瑜伽灯论
Haṭh-yoga 诃陀瑜伽、努力瑜伽
haviryajña 供养祭
Hemachandra（人名）金月（耆那教学者）
hetu 因
Hetuvidyā 因明
Himālaya（地名）喜马拉雅山
hiṃkāra“兴”音（五分娑摩之一，为开始唱娑摩时所发之音）
Hīnayāna 小乘佛教
Hindu（Sindu）（地名）印度、印度河
Hinduism 印度教
hiraṇyagarbha 金胎、金卵
Hiraṇyagarbha-vāda 金卵说（以为世界由一宇宙卵发育而出）
hitā 悉多、脉（由心脏发出达到心膜或皮肤的

脉管）
Hotṛ 荐神祭司（行须摩祭的四位祭司之一，在祭祀开始时诵出《黎俱》，以请神降临、享祀）
hotra 祭祀、祭仪
hṛdaya 心、心脏、内心
hṛdaya-granthi 心结
Ibn al-Arabī（人名）伊本·阿拉比（苏菲派哲学家）
Īinga 林加、男性生殖器、相、细身
Ilya（梵界的）如意树
Indra（神名）因陀罗、帝释天、雷雨神
indrajāla 因陀罗网
indriya 根、诸根
Īśā Upaniṣad（书名）伊莎奥义书
īśā（īśāna）主宰者、主人
iṣṭakā 砖、祭砖
iṣṭa-kṛt 献祭
Iśvara（神名）自在天、主宰者
Īśvarakṛṣṇa（人名）自在黑（数论派祖师之一）
Īśvara-nimmāṇa-hetu-vāda 自在化作因说、神创世说
itihāsa 传说、史传
Jaḍa 无感觉、愚顽、痴冥、物质
jāgarita-sthāna 醒位
jagat 世界、世间
Jaimini（人名）耆弥尼（梵书、奥义书中的人物、《弥曼差经》的作者）
Jaiminīya 耆米尼学派（梵书学派名，受持《娑摩吠陀》）
Jaina 耆那、胜者、修行完成的人
Jainism 耆那教
jāla 网
Janaka（人名）阇那伽（梵书、奥义书中的人物）
janana 出生、生产
jāruja 胎生
Jātavedas（神名）知生者（为阿耆尼之号）
jāti 种姓、种族、种类
jīva 命、个体灵魂
jīva ātman 命我
jiva-mukta 生解脱
jīvanmukti 生前解脱
jñāna 智
jñāna 智慧、正智、智识
jñāna ātman 智我
jñāna yoga 智瑜伽
Jñāna-kāṇḍa 智犍度、吠陀的知识篇
jñānalakṣaṇa 智相
jñāna-loka 识界、智界
jñāna-mārga（jñāna-patha）智道（由智识获得解脱之道）
jñāna-prasāda 心识安定
jñāna-yoga 智瑜伽
juhū 祭勺
jūti 冲动、精力
jyāyās 大、尊贵、优先、强大、尊长
jyotīṃṣi 火、光
jyotiśāstra（jyotiṣa）天文学
jyotiṣṭoma 光赞祭（须摩祭的一种）
Kāṭha Upaniṣad（书名）羯陀奥义书
Kālī（神名）伽厘、黑色女神、时母
Kabīr（人名）伽比尔（神秘主义诗人）
Kailāsa（地名）须弥山
kaivalya 独存、解脱、清净
kalā 部分、方分
kāla 时间
Kāla-vāda 时间说
Kaliṅga（地名）羯陵迦
kalpa 祭仪学、仪式学
Kalpa-sūtra（书名）祭事经
kāma 意欲、愿欲、爱
kāma-cārin 自在者
Kāma-vāda 意欲说（以为世界是神出于欲望而创造出来）
kampa 摇动、颤抖、战栗
Kaṇada（人名）伽那陀（胜论派创始人）
Kaniṣka（人名）迦腻色迦

kanīyas 较少、较小、减损
Kapila（人名）迦毗罗（梵书、奥义书中的人物，传说中的数论始祖）
Kapilavastu（地名）迦毗罗卫
kāraṇa 原因、因缘
kāraṇa kośa 因身（即喜乐身）
Kāraṇabheda-vāda 因果差别论
kāraṇa-śakti 因力、生成力
kārika 颂、诗体论文
kārita 所作、所为
karma 业、行为
karma kāṇḍa 业犍度、吠陀的祭事篇
karma marga（karma patha）业道
karma yoga 业瑜伽、行瑜伽
karmajita loka 业所得之界
kārmaṣasārira 业身
karmendriyā 作根、业根
karuna 慈悲、悲悯
kārya-brahman 有为梵
Kashmir（地名）迦湿弥罗、克什米尔
Kāśi（Kasī）（地名）伽尸（即贝拿勒斯）
Kāṭha 羯陀学派（梵书学派名，受持《黑夜珠吠陀》）
Katyāna（人名）迦旃衍那（奥义书中的人物）
Kaumudī（书名）明谛论（即《数论明谛论》，作者为语主）
Kauṣītaki（人名）考史多启（梵书、奥义书中的人物）
Kauṣītaki 考史多启学派（梵书学派名，受持《黎俱吠陀》）
Kauṣītaki-Brāhmaṇa（书名）考史多启梵书
Kauṣītaki-Upaniṣad（书名）考史多启奥义书
Kauthuma 考图马学派（梵书学派名，受持《娑摩吠陀》）
Kauṭilya（人名）考底利耶（《利论》的作者
kavi（吠陀的）诗人、仙圣
Kena Upaniṣad（书名）由谁奥义书
Kesin（吠陀的）长发褐衣仙人
kevala（kaivala）独存、解脱、清净
kha 空、虚空
kleśa 烦恼、缠
Kosala（地名）拘萨罗
kramamukti 渐解脱
kratu 意念、念、意志、意向、谋虑
kratu-maya 由意念而生的
kṛiti 作、造
kriyā-guṇa 业德
Kṛṣṇa（神名）克里希那、黑天
Kṛṣṇa Yajurveda（书名）黑夜柔吠陀
kṛtātman 成就者
kṣaṇa 刹那、瞬间
kṣatra-vidyā 军事学
kṣatriya 刹帝利、刹利、王族
Kṣatriya Vidyā 刹帝利智（轮回的学说）
kṣaya 减损、灭亡
kṣema 安隐
kṣepa 投射、摇动
ksetra-jña 田智（指命我）
kṣipta 扰心
kṣudra 微细者
Kumārajīva（人名）鸠摩罗什、童寿（佛教中观派学者）
Kumārila（人名）鸠摩利罗、童中师（弥曼差派学者）
Kunda kunda（人名）军陀军陀（耆那教学者）
Kūrmāsana 瑜伽的拘摩坐式（龟式）
Kuru（地名）俱卢
lakṣaṇa 相、性、标志
Lakṣmī（神名）吉祥天女（毗湿奴之妻）
lakṣya 准的、靶子
Laṅkāvatāra-sūtra（书名）楞伽经
laukika 世间的（现量）、通常的、经验的
laya 休止、沉没、死灭
līlā 游戏
liṅga 相、细身、男根
liṅga-śarīra 细身
Liṅgāyata 林加派（湿婆教派之一）
lobha 贪爱

loka 世界、世间、界
lokādhipati 世界主
lokākāsa 充实的空间、现实的世界
loka-pāla 护世者
Lokāyata 顺世论、自性论、路迦耶陀
Māṭharavṛtti（书名）摩吒罗评注（Māṭhara 对于《数论颂》的疏解）
mada 欢喜、狂喜、迷醉
madhu 蜜汁、甘露、奶汁
madhu-ada 食蜜者、经验自我、受业果者
Madhuvidyā 蜜汁说、甘露论（以为万物以某种宇宙原汁为实质）
Mādhva（人名）摩陀婆（吠檀多学者）
Madhyamaka-kārikā（书名）中论颂
Mādhyamika 中观派、空宗
Madhyāntovibhāga（书名）中边分别论
Magadha（地名）摩揭陀
Maghā 末伽（镰）
Maghavan（神名）摩伽梵、善施者（为因陀罗之号）
maghavan 慷慨、宽裕
maha 广大、大
Mahābhārata（书名）摩诃婆罗多
mahā-bhūtāni 五大种
Mahadeva（神名）大神（禄陀罗之神尊称）
mahān ātmā 大我（即大［mahat］）
Mahāsaṃghika 大众部
mahāt 大、觉谛、理智
mahāvākyas（奥义书的四句）伟言（即“彼即是汝”、“我即是梵”、“阿特曼即是大梵”、“识即大梵”）
Mahāvastu（书名）大史、大事记
Mahāvīra（人名）大雄，即尼乾子（耆那教创始人）
Mahā-vrata 大誓戒、一种新年祭
Mahāyāna 大乘佛教
Mahāyāna-sūtrālaṅkāraṭīkā（书名）大乘庄严经论
Mahāyāna-uttaratantra-śāstra（书名）究竟一乘宝性论
Maheśvara（神名）大自在天、大主宰神
Mahīdāsa Aitareya（人名）摩蚁陀娑·爱多列亚（梵书、奥义书中的人物）
mahiman 伟大、大、力用、相用
MaitrāyaṇaUpaniṣad（书名）慈氏奥义
Maitrāyanī 慈氏学派（梵书学派名，受持《黑夜珠吠陀》）
Maitreya（人名）慈氏、弥勒（奥义书、佛典中的人物）
maitrya 慈、慈悲
Majjhima-nikāya（书名）中部经典
Makkhal Gosala（人名）末伽黎·拘舍罗（佛世六师外道之一）
Maliṣeṇa（人名）摩利舍那（耆那教学者）
manaḥ-kṣaya 灭心
manas 末那、意、心、感觉、心根
Mānava-dharma-sāstra（书名）摩奴法论
manḍala 曼荼罗、坛
Māṇḍūkya-Upaniṣad（书名）蛙氏奥义书
maṇi 摩尼、宝珠、宝石
manīṣā 深思、理解
mañju 妙、美丽
manojalpa 想像、意言、意言分别
manomaya ātman 意所成我、意身
mantha 糜祭
Mānthanika 臼论（以为万物皆由诸有杂糅混合而成）
mantṛ 思者
mantra 曼陀罗、吠陀赞歌、祭词、咒语
Manu（人名）摩奴、人类始祖
manuja 人类
mānuṣa 人、人道
Manu-smṛti（书名）摩奴法典
manuṣya-yāna 士夫道（轮回的一种趣向）
manyu 情绪、热情、激情
mara 死
Māra（神名）死神、魔
Marāṭha（地名）马拉特

Marāthi 马拉提语
mārga 道、迳
marīci 光、焰
Marīcī（人名）摩黎支（吠陀十圣之一）
Marut（神名）摩禄特、暴风雨神
Mātariśvan（神名）众神使者（阿耆尼之号）
mati 慧、智慧
mātra 唯、全体、要素、量
Maulikya 牟厘启学派（最早的数论派）
Maurya 孔雀王朝
māyā 幻、摩耶
māyā-maya 以幻为体的
māyā-pariṇam-vādā 幻化转变论
Māyā-vāda 幻化论
māyin 摩耶主、幻师
medhas 智、智力
Mīmāṃsā 弥曼差、弥曼差派
Mīmāṃsā-sūtra（书名）弥曼差经
Mithilā（地名）米提拉
mithyā 虚妄、不真、虚假
mithyā darśana 邪见、妄见
mithyā jñāna 邪智、不正知、妄智
mithyā saṃvṛti 邪世俗
mithyatva 虚妄、不真、邪
Mitra（神名）蜜特罗、善友（阿底提耶八神之一）
mleccha 外国人、雅利安人以外的异国人
moda 欢喜、喜悦
moha 颠倒、迷惑、愚妄
Mohenjo-daro（地名）莫享焦·达罗
mokṣa 解脱
mouna 牟那、默如、寂默
Mṛtya（Māra）（神名）死神
mṛtyu 死
mṛtyu-pāśāṃś 死亡索
mukhya 首、面、口
mukhya-praṇa 首气、根本元气
mukta 解脱者
mukti 解脱、离系
mūlabandha 根结（谓系结心识使不动）
Mūlamadhyama-kārikā（书名）中论颂
mūlaprakṛti 根本自性
Muṇḍaka Upaniṣad（书名）蒙查羯奥义书
muni 圣人、贤人、沉默者、牟尼
mūrtatva 有形体、有质碍
mūrti 有形状、有表象之物、固体物
na sattanna-asat 非有非无
na-asat 非非有
nabhas 虚空、空中
Nāciketa（人名）那支启多（梵书、奥义书中的人物）
Nāciketa Agni 那支启多火（设置祭火的五种方式［即所谓 Sāvitra, Nāciketa, Cāturhotṛa, Vaiśvasṛija 和 Āruṇa 五火］之一）
nāḍī 脉管、管
nāga 龙蛇
Nāgājuna（人名）龙树（大乘佛教中观派思想家）
nakṣatra-vidyā 星象学、天文学
Nakulīśa-Pāśupata 兽主派、涂灰外道
nāman 名、名称
nāma-rupa 名色、名与相、心与物
nānā 差异、区别、多、杂多
nana-bhāva 种种、多有、诸种有
Nānak（人名）那纳克（锡克教创始人）
Nanda（人名）难陀
Nanda Vaccha（人名）难陀·伐蹉（《阿含经》中的人物）
Nandīśvara（神名）喜自在、作为牛神的湿婆
Nārada（人名）那罗陀（吠陀十圣之一）
Nārāyaṇa（神名、人名）那罗延那（毗湿奴尊称、吠陀仙圣）
Nāsadāsiya sukta（《黎俱吠陀》的）无有歌
nāsas āīn no sas āsīt tadānīm 非有非无
Nāstika 非正统派、虚无论者、异端
nāstitā 无、不存在
naya 观察法、论法、判断法
neti neti 非此非彼

nidadhyāsana 静虑
nidhana 五分娑摩之一（为结尾之“阿”音）
Nidhi 历法学
Nigaṇṭha Nātaputta（人名）尼乾陀·若提子（即大雄、耆那教的创始人）
nigūḍhā 隐藏
nigūḍhā 隐藏
niḥsaṃkalpa 无念
niḥśreyasādāna 最胜、无胜
nilayanaṁ 依处、住处
nimeṣa 瞬间、瞬目
Nimitta-vādi 流出论
nindati 诃责
nirālamba 无支撑、无著
nirañjana 无作的、真实的、无垢的、无染的、清净的
nirāśraya 无住、无依
nirātman 无我
niravadya 无过失、无不善、无恶
niraya 地狱
nirdvandva 无二、无诤
nir-guṇa 无德、无属性、无相
Nir-guṇa-Brahman 无德梵
Nirṛti（神名）尼黎底（黑暗、死亡之神）
niruddha（niroddha）灭、灭心、灭尽
nirukta 显现者、所示、所诠
Nirukta（书名）尼禄多、词源学
nirvāṇa 涅槃
nirveda 厌离、厌想
nirvicāra samādhi 无伺三昧（有觉三昧之阶段，缘细境但无名言思维）
nirvikalpa 无差别、无分别
nirvikalpa-jñāna 无分别智
nirvitarka samādhi 无寻三昧（有觉三昧之阶段，缘粗境但无名言思维）
nirvṛtatva 寂灭、灭
niṣkānkṣā 无疑、离疑
niṣkriyāṇā 惰性、怠惰
niṣpatti 圆成（瑜伽行的阶段），其标志是命我与至上我的完全合一
niṣṭhā 安住于、专注于、以……为基础、立于……之上
niyama 尼夜摩（瑜伽八支之一）、劝戒、作持戒
niyati 必然、定数、命运
Nizamuddin Auliya（人名）奥黎耶（苏菲派哲学家）
nṛyajña 人祭
Nyāya 正理派
Pāṭaliputra（地名）华氏城
paṭiccasamuppāda 缘起
pāda 足、四分之一、句
padārth 句义、范畴
Padārtha-dharma-saṃgraha（书名）摄句义法论
Padma-pūraṇa（书名）莲花往事书
pakuddha Kaccayana（人名）婆浮陀·伽旃衍（佛世六师外道之一）
pālaya 护、保护、支持
pañca-bhūtā 五大
Pañcāgni-vidyā 五火说（耆跋厘的理论）
pañca-kośa vidyā 五身说（《鹧鸪奥义书》的学说）
Pañcāla（地名）般遮罗、持五
Pañcarātra 五夜教（为毗湿奴教之一派）
Pañcaśikha（人名）般遮尸迦（数论派祖师之一）
pañcaskandha 五蕴
Pañcastikāyasāra（书名）五原理精要
pañcīkaraṇa 五聚、五分（以水、火、土、风、空五唯各自分裂、组合构成五大）
pañcī-kṛta-bhūtā 五聚大种
Pāṇini（人名）波尼尼（《方法书》的作者）
Panjāb（地名）般遮普、五河地区
Paryaṇka-vidyā 座前智（亡灵在梵天座前接受的考问）
pāpman 恶、罪
pāra 度、彼岸

para 至上、超越、胜义
para-akṣara-ātman 不变至上我
Para-Brahman 至上梵
Paradevatā（神名）至上神（大自在神的尊号）
pāra-gata 度、到彼岸
parama 最胜、最上、至上、胜义
Paramabrahman 最上梵
paramagati 最上归趋
param-ākāśa 至上虚空
paramānu 原子、极微
paramārth 胜义、第一义
Paramārtha（人名）真谛（唯识学者）
paramārthasatya 胜义真理、真谛
pāramārthika 胜义有
paramāśamdrk 最高的显示
paramatā 最胜地、至上位
paramātman 至上我
Parameṣṭhin 至上者、最胜者、主
parāt 超越者
parāt-para 超彼超越者
para-vidyā 上智
parāyaṇa 究竟依持、究竟道、最终归趣
paribhū 周遍、包围
paricaya 熟知（瑜伽行的阶段，其特征是灭有二相）
pariṇāma 转变、变易、开展
Pariṇāma-vāda 转变说
Parjanya（神名）雨神
parokṣa 不可见、唯心能知、间接知识
Parśva（人名）波湿伐
paryagnikaraṇa（动物祭中的）绕火仪
paryālocana 沉思
pāśa 缚（指自性）、绳索
paśu 家畜、兽（或指命我）
paśubandha 动物祭
Paśupati（神名）兽主神（即禄陀罗—湿婆）
Patañjali（人名）巴檀遮厘（《瑜伽经》的作者）
pati 主人、主宰（或指至上神）
Pāyāci（人名）弊宿（《阿含经》中的人物）
Pesāca 魔鬼
pitā-putrīya saṃpradāna 父、子传受礼（即父亲临终时传其元气于儿子之仪）
Pitṛya 祭祖学
pitṛyāna 父祖道（轮回的趣向之一）
Prabhākara（人名）波罗跋迦罗、光显（弥曼差派学者）
prabhū 主、主宰
Pracchauma bauddha 假面的佛教徒
pradhāna 原质、自性
Pradhāna-kāraṇa-vāda 原质为因说、自性说
Prajāpati（神名）生主
Prajāpatya sūkta（《黎俱吠陀》的）生主歌
prajñā 智、识、般若、熟眠意识
prajñā-mātrā 十觉唯（即十根）
prajñāna 觉、识
prajñāna brahman 梵即是觉
prajñāna-ghana 识体
Prajñāpāramitā-sūtra（书名）般若波罗蜜多经
Prajñāpradīpa（书名）般若灯论
prajñāpti 假名、假有、被施设的存在
prajñātman 般若我
prakāśa 照、照明
prākāśavat 遍及者
prakṛti 自性、原初物质
prakṛti-maya 自性所成
Prakṛti-pariṇāma-vāda 自性转变说
pralaya 寂灭、劫灭
pramāṇa 量、认识手段
pramatta 放逸（为瑜伽九障之一）
pramoda 大喜、欢喜
prāmūrakhat 实在、形物
prāṇa 气息、生气、呼吸
Prāṇa Agnihotra 生命火祭
prāṇamaya ātman 元气所成我、元气身
prāṇava 真言 Om
Prāṇa-vāda 元气说
prāṇāyāma 调息（瑜伽八支之一，即调节、控制呼吸）

prapañca 游戏
prapañcopaśama 止息、不动
prapatti 归依、献身
prarabdha 正受用的（业）
prasāda 恩赐、清净
prasajyapratiṣedha 纯粹的否定、绝对否定
prasangāpādanam 应成归谬法
Prāsaṅgika 应成归谬派
prasannātma 清净我
Praśastapāda（人名）钵罗奢思多波陀、因赞（胜论派学者）
prasava 使生产、榨取（须摩）、启示、启发、激励、生成。
praśna 问、疑问
Praśna Upaniṣad（书名）六问奥义书
prastāva 序颂、预唱（五分娑摩之一）
Prastotṛi 序颂祭司（三位 Udgātṛi 祭司之一，为唱 prastāva 之祭司）
Pratardana Daivodāsi（人名）波罗多陀·提婆达尸（奥义书中的人物）
pratibhāsa 影像、映像、幻影、妄相
prātibhāsika 幻有、妄情有
pratibimba（chājāpatti）影现、影像、映像
pratihāra 回唱、应答颂（五分娑摩之一）
Pratihartṛi 回唱祭司（三位 Udgātṛi 祭司之一，为唱 pratihāra 之祭司）
pratīkopāsana 相敬思（相对于梵敬思）
pratipatti 得、行
pratirūpa 像、似相
pratisaṃkhyā-nirodha 择灭
prati-ṣṭhā 安住处、依止、支持、依持
pratyag-ātman 内自我、命我
pratyāhāra 止根、制感（瑜伽八支之一，就是把感觉从外境收回，使其指向内心）
pratyakṣa 现量、感觉、直观
pratyañc 相反、对立、转回
Pravāhaṇa Jaibali（人名）耆跋厘（梵书、奥义书中的人物）
pravivikta 细色、难见色
pravṛtti 造、活动、生成、作业
prayojana 目的、动机
Prerayitṛ（神名）主宰者、推动者、大自在
pretyabhāva 彼岸的存在、彼有
priya 喜、愉悦、爱
pṛthaktva 别、各别、别异性
pṛthivī 地、土
Pubb-kata-hetu-vāda 宿作因说
pudgala 补特伽罗、我、轮回的主体、物质
puṃsavana 成男式
puṇya 善、福德
Pūrāṇa（书名）往世书
Puraṇa Kassapa（人名）富兰那·迦叶（佛世六师外道之一）
puruṣa 神我、原我、原人、人
Puruṣa sūkta（《黎俱吠陀》的）原人歌
Purva-Mimaṃśa 前弥曼差派（即一般所谓弥曼差派）
pūrvaprajñā 习气、过去知识、记忆
Pūsan（神名）普鄯（阿底提耶诸神之一）
puskala 圣池
Rābiah al-Adawīyah（人名）拉比娅（伊斯兰教神秘派诗人）
rāga 爱、贪爱（瑜伽五障之一）
rahaṣyam 秘密知识
rai 财富、福财
Raikva（人名）莱克婆（奥义书中的人物）
Rājagṛha（地名）王舍城
rājan 罗阇、王
rajas 罗阇（数论三德之一）、忧、欲染、冲动、动性
rajasūya 国王灌顶祭（七种须摩祭之一种）
Rāja-yoga 王瑜伽
rajo-dhātu 尘界、欲界
Rāma（神名）罗摩
Rāmanānda（人名）罗摩难陀（吠檀多派学者）
Rāmānuja（人名）罗摩努阇（毗湿奴派思想家）
Rāmāyaṇa（书名）罗摩衍那
rasa 原汁、实质、汁液、味

rasānām rasā 实质的实质
Rasa-vidyā 原质论（以为万有皆有某种宇宙原汁转化生成）
Rāsi 算学
rati 欲乐
rayi 物质［与元气（prāṇa）相对］
ṛc 赞歌、吠陀诗节
Ṛg-veda（书名）梨俱吠陀
Rohita（神名）日神
Ṛṣabha（人名）黎沙勃（吠陀仙圣、传说中的耆那教祖师）
ṛṣi（吠陀的）仙圣、仙人
ṛta 黎答、天理、法则、秩序
Rudra（神名）禄陀罗、暴风雨神
rūpa 色、色相、物质、对象
śabda 声、声音、言语、圣言量
śabdabrahman 有声梵
sabīja-samādhi 有种三昧.
Sadananda（人名）真喜（《吠檀多纲要》［Vedānta-sāra］的作者）
ṣaḍangayoga 六支瑜伽（《慈氏奥义书》中的早期瑜伽形式）
ṣaḍ-āyatana 六处
ṣaḍdarśanasamuccaya 六派哲学集论（书名）
Saddharma-Puṇḍarīka-sūtra 妙法莲华经（书名）
sādhana 亲证
Sādhana 生命的亲证（书名）
sādhu 善好、正直、高尚
Sādhya（神名）娑底耶众
sadyo-mukti 顿解脱
Saguṇa-Brahman 有德梵
sahamāna 阎摩国
Śaiva 湿婆派、湿婆教徒
Saka 塞种、塞族
ṣakh al-Junayd（人名）阿贾尼（伊斯兰教神秘派诗人）
śākhā 吠陀（梵书）学派
sākṣin 观者（指原我）
Śākta 萨克提派、性力派
śakti 能、力、性力
Śaktiviśiṣṭādvaita 性力制限不二论
sālokya 与神同处一界（崇拜的阶段）
śama 寂止、定、止息
sama 平等、平和
samādhi 三昧（瑜伽八支之一，即心境合一而忘我）、等持
samagra 全体、大全、一切
sāman 配上曲调的吠陀颂诗、歌词
samāna 腹气（五种生命元气之一）
sāmānya 普遍、同
sāmānyalakṣaṇa 共相、类
sāmāpatti 等至
samāruhya 登上、爬上、骑上、驭、驾驭
śamatha 止、寂灭、定
samatva 平等、等
samavāya 和合、内在联结
Sāma-veda（书名）娑摩吠陀、歌咏明论
śaṃbhu 吉祥
saṃbhūti 有生、生成、生起
saṃdeha 聚集、身
saṃgha 僧伽、僧团
Saṃhitā 本集
saṃhita 连声
sāmīpya 对神的亲近（崇拜的阶段）
śamitṛ 宰牲祭司（在动物祭中以绳索将牲口勒死）
saṃjñā 想、意识、清晰的思想
saṃjñāna 意识
saṃkalpa 念、想、分别、觉
Śaṃkara（人名）商羯罗（不二吠檀多派大师）
Śaṃkarānanda（人名）商羯罗喜（吠檀多学者）
Sāṃkhya 数论、僧佉
Sāṃkhya sūtra（书名）数论经
Sāṃkhya-Kārika（书名）数论颂
Sāṃkhya-Pravacana-bhāṣya（书名）数论解明注
Sāṃkhya-sūtra-vṛtti（书名）数论经评注
Sāṃkhyattavakaumudī（书名）明谛论

Sāṃkhya-vrttisāra（书名）数论评注精要
Śaṃkra Miśra（人名）商羯罗·弥室罗（吠檀多学者）
sammoha 颠倒、失心、痴
saṃnyāsa 舍弃
saṃnyāsa-yoga 舍弃瑜伽
saṃnyāsin（sannyāsin）出世、乞食期、苦行期（婆罗门四行期之一）
sampada 成就、达成
sāmparāya 死、后世、来世
saṃprajñāta-samādhi 有想三昧、有觉三昧（瑜伽三昧之阶段，觉谛仍然在活动，还有意识存在）
saṃprasāda-sthāna 熟眠位
samrāj 大王、自在者
samṛddha 增长、生长
saṃsāra 轮回
saṃsārārṇave 轮回大海
saṃskāra 习气、行、意志
saṃskṛta 有为、完成
Samuccheda-vādi 断灭论
saṃvara 制御、遮
Saṃvarga Vidyā 摄尽说（谓风或元气将一切存在赅摄无余）
saṃvṛti 世俗、俗谛
saṃvṛtisatyam 俗谛、世俗真理
samyagdṛṣṭi 正见
saṃyamana 自制、总制、抑制
saṃyoga 结合、外在联结
saṃ-yojya 聚摄、聚属
Sanatkumāra（人名）沙那库摩罗（吠陀英雄、奥义书中的人物）
Sanchī（地名）桑奇
sanchita 未受（业）
Sandhyas 交时仪（昼夜结合之时所行祭仪）
Śāṇḍilya（人名）桑底厘耶（梵书、奥义书中的人物）
Śāṇḍilya Vidyā 桑底厘耶说
Sañjaya Belaṭṭihiputta（人名）散惹耶·毗罗梨子（佛世六师外道之一）
Śāṅkhāyana（人名）僧劫衍那（梵书、奥义书中的人物，考史多启的徒弟）
śānta 寂灭、寂静
śānta ātman 寂静我（即自性）
śānti 灭、寂灭、灭度
Śāntideva（人名）寂天（大乘佛教学者）
Śantirakṣita（人名）寂护（大乘中观派学者）
Saptapadārthi（书名）七句义篇
sara 海、湖
Sarasvatī（神名）辨才天女、（人名）娑罗室伐底（吠檀多学者）
sarga 创造、受造物、世间
śarīra 身、色身
śarīra-ātman 身我
Sarpa 蛇（为星宿名）
sārūpya 与神的相似（崇拜的阶段）
sarva 一切、大全
Sarva（神名）大全（禄陀罗之神尊称）
Sarvadarśanasaṃgraha（书名）摄一切见论
sarva-jña 全知、一切智
Sarvamatasaṃgraha（书名）各种思想纲要、摄一切思论
sarvāṇi bhūtānī 万有
Sarvasiddhāntasārasaṃgraha（书名）摄一切悉檀
Sarvāstivādin 说一切有部、萨婆多部
sarva-tattva 一切谛、一切有
sarvātmatva 一切有、存在全体
sarva-vid 全智
sarvāyuṣa 一切之生命
sarveśa 一切之主宰、主宰一切者
Sarveśvara 主宰一切者（湿婆神的尊号）
Ṣaṣṭitantra（书名）六十义论（数论早期经典）
śastra 赞颂、祷颂（须摩祭中 Hotṛi 祭司对 Udgātṛi 祭司所唱的歌咏[stotra]而作的应答）
śāstra 论、论著
Śāstra-dīpikā（书名）论灯明、论明
Śāstṛi 调御师

śāśvatadṛṣṭi 常见
sat 有、存在
Śatapatha-Brāhmaṇa（书名）百道梵书
satasat 有无
Sat-cit-ananda 真实—心—喜乐（大梵）
satī 萨提、寡妇殉夫焚死
Satkārya-vāda 因中有果论
sattā 存在性、有性
sattrāyaṇa 长祭（大须摩祭）
sattva 萨埵、喜、轻、光、明、清净、明慧、众生、有情
sat-vāda 实有论
satya 真理、实性
satya saṃkalpa 真决、真念
satya-jñāna-ānanda 真实—智识—喜乐（大梵）
Satyakāma Jābāla（人名）娑底耶迦摩·茶跋拉（梵书、奥义书中的人物）
satyam eva jayate 唯真理能胜（此句为印度国徽格言）
satyasya satya 真理之真理、至上真理
Śaunaka（人名）首那伽（吠陀仙圣，相传为《爱多列亚森林书》第五编的作者）
savicara samādhi 有伺三昧位（有觉三昧之阶段，不缘粗境只缘五唯等细境并伴有名言思维）
savicāra-samādhi 有伺三昧（有觉三昧之阶段，心缘某一微细行相并伴有名言思维）
savikalpaka 有分别、明晰、确定
savitarka samādhi 有寻三昧位（有觉三昧之阶段，心缘某一粗显的行相并伴有名言思维）
Savitṛ（神名）萨维德丽（太阳神之一）
Sāyaṇa（人名）娑衍那（吠陀注释者）
sāyujya 究竟合一、灵魂与神的亲密结合（崇拜的阶段）
sāyujyatva 究竟联结
Seśvara-Sāṃkhya 有神数论
Sheikh Fariduddin（人名）法里杜丁（苏菲派哲学家）
siddhānta 悉檀、结论、定论、成就
siddhaśīla 成就界（耆那教）
siddhi 成就、成满
Sikhism 锡克教
śikṣā 式叉学、音韵学
śīla 戒、禁戒
śilpasthāna-vidyā 工巧明、工艺学
śiṣṭa 剩余、所剩、残余
śiva 安乐、清净、吉祥、安隐
Śiva（神名）湿婆
skambha 正持、支持、支柱、支撑
skandha 蕴、聚
śloka 诗颂、首卢伽韵（一种四行乘八音节的诗律）
Ślokavarttika（书名）颂释补
smara 忆、回忆
Smṛti 传承文学、圣传、法典
smṛti 忆、记、忆念
Sodaṣa-Kala Vidyā 十六分说（以为人由元气等十六分构成）
ṣoḍaśin 十六分祭、十六日祭（须摩祭的一种）
śoka 痛苦、热恼、忧悲
soma 须摩酒、须摩祭
Soma（神名）须摩神、月神
somamedha 须摩祭（为梵书祭祀之最重要者）
sopadhiśeṣa-nirvāṇa 有余涅槃
sprṇute 救、拯救
śraddhā 皈敬、信仰
śraiṣṭhya 殊胜者
Śramaṇa 沙门、苦行者
Śrauta-sūtra（书名）天启经（阐明天启祭仪式的经典）
Śraviṣṭhā 室罗毗吒（鼓）（为星宿名）
sreṣṭha 殊胜、卓越、最尊
sreṣṭhin 长者、尊者、权威
śreyas 善、胜、卓越
Śrī（神名）吉祥天女（Lakṣmī 名号）
śrī 吉祥、光辉
Śrīnivāsa（人名）室利尼婆娑（吠檀多注释家）
sṛjate 生出、流出、射出、投出

śrotra 听、听觉、耳
śrovrata 头礼、顶火之礼（头顶火盆，求纳为徒，为拜师之礼）
Śruti 天启经典
ṣṭha 立于、坐于、住
sthala 地、岸、基础
sthāna 立、停留、住、住处、基础
sthāṇu 固定者、不动者、屹立者
sthiti 依持、依止
sthūla 粗重、厚、呆笨、物质的
sthūla-bhūtā 粗显大种
sthūla-śarīra 粗身（人粗显的躯壳）
stihili 固守、安固、保持、停留
stobhākṣara 唱娑摩时于颂文空阙处所补之感叹词（如"hum"、"ho"）
Stotra 歌咏（须摩祭中 Udgātṛi 祭司所唱的歌咏，内容取自《娑摩吠陀》，与 Hotṛi 祭司的祷颂［śastra］对应）
stūpa 宝塔、窣堵波
śubha 净妙、白净
śubhra 清净、皎洁
subhūtā 善财（财神俱比罗之所）
śuddha 净、清净、净妙、纯粹
Śuddhāvaita 清净不二论
Śūdra 首陀罗、第四种姓
sukha 喜乐、喜悦、怡乐
sukhāvatī 极乐世界
Śukla Yajurveda（书名）白夜珠吠陀
śukra 光、（闪光的）须摩汁、酒、精液
sukṛta 善成
sūkṣma 微细、微妙
sūkṣmatva 净妙身、瑜伽所得微细色身（瑜伽士死后，其五大并不坏灭而是得到净化，变得微细）
sūkta（吠陀的）赞歌、颂歌
Sumeru（地名）须弥山
Śuṅga 巽伽王朝
śūnya 空
śūnya-bhūta 空寂、寂灭
śūnyata 空性
Śūnyavādin 中观派、空宗
śunya-vritti 空相
Suraṣṭra（地名）苏罗湿特罗（卡提瓦）
Sureśvara 苏罗湿瓦罗（吠檀多派哲学家）
Sūrya（神名）苏黎雅、太阳神之一
sūskṣma śarīra 细身
suṣumnā 颈脉
suṣupta 深沉睡眠、熟眠位
sutejas 有光辉者
sūtra 经、线、经文、修多罗
sūtrātman 经我（即经验意识之全体）
sutyā 献祭日（压榨须摩的当日）
Suvarnasapṭati sāstra（书名）金七十论
svabhāva 自性
svadharma 自法（与自己的种姓、阶位相应之职责和权利）
svadhayā 自能
Svāhā 莎婆诃（祈祷结束时的祝词）
sva-lakṣaṇa 个别相、自相
svapna-sthāna 梦位
svapnāya 如梦、梦位
Svar（Suvar）苏婆（吠陀祝祷所用的三个叹词之一，被解为天界之意）
sva-rāj 自主者、独立自治者
sva-rājya 自主、自治、自在
svarga 天界、天国
svarga-loka 天界、天国
svārtha 自义、自身目的
svarūpa 自色、自相、自所有性
Svarūpa（神名）自色（即 Virāt、物质）
svatantra 自存、独立、自为
Svātantrika 自立论证派
sva-vyatiriktābhāvāt 无外、无物外在于彼
svayambhū 自有、自存
Svayambhu（神名）自有者、自存者（即大梵）
svedaja 湿生
Švetaketu（人名）室韦塔克图（奥义书中的人物，优陀罗羯之子）

Śvetāmbara 白衣派
Śvetāśvatara 白骡氏学派（梵书学派名，受持《黑夜珠吠陀》）
Śvetāśvatara（人名）白骡氏（梵书、奥义书中的人物）
Śvetāśvatara Upaniṣad 白骡奥义书（书名）
Syād-vāda 或然论、或是说
Syādvādamañjarī（书名）或然论束
Syed Ali Hamadani（人名）哈马丹尼（苏菲派哲学家）
tad ekam 彼唯一者、彼一
tādātma 同一
taijasa 炎炽者、梦位意识
Taittirīya 鹧鸪氏学派（梵书学派名，受持《黑夜珠吠陀》）
Taittirīya Upaniṣad（书名）鹧鸪奥义书
Tajjalān 绝对者（大梵）、万有于其中出生、生存、归没的唯一者
Takshaśīla（Taxila）（地名）坦叉始罗
Talavakāra 多罗婆羯罗学派（梵书学派名，即 Jaiminīya 学派，受持《娑摩吠陀》）
tamas 答摩（数论三德之一）、暗德、黑暗、迟滞、愚痴、粗重
tanavas 行相
Tāṇḍin 檀丁学派（梵书学派名，即 Kauthuma 学派，受持《娑摩吠陀》）
tanmātra 唯、量、细微原素
tanmaya 一于彼、专注于彼、与彼同一、由彼所成
tantra 怛多罗、咒语、真言、密教经典
tanu 身、身体
tapas 达帕、苦行、热力
tarka 思择、思量、计度
Tarka-kaumudī（书名）思择之光
Tarka-Saṃgraha（书名）思择纲要、思择要义
tat tvam asi 彼即是汝
Tathāgata 如来
tathāgata-garbha 如来藏
tathatā 真如
tathyā saṃvṛti 实世俗
tattva 实谛、谛理、真理、实有
Tattvacintāmaṇi（书名）真理如意珠
Tattvapradīpikā（书名）真理灯论
Tattvārthādhjgamasūtra（书名）真理证得经、人谛义经
Tattvasaṃgraha（书名）真理纲要、摄真实论
Tattvavaiśāradī（书名）真理明晰
tejas 火、热、光
tejasa 力
tejasa ātmā 光明之我
tīrthik 外道、异教徒
trayam brahman 三相梵
trayapāt（自我、梵的）三位（醒位、梦位、熟眠位）
trayī 吠陀学
tri-guṇa 三德
trimūrti 三神一体、三位一体
tripatha（天、地、冥界）三界、三道
Tripiṭaka 三藏
trivṛtkarana（水、火、土）三元素说
tṛṣṇā 渴望、欲望
tryaṇuka 三重极微、三微
turīya 第四位（无德梵、至上我）
Tvaṣṭṛi（神名）埵须妥（工艺创造神）
tya 彼、彼岸
tyaga 出世、舍
ucchiṣṭa 剩余、所剩、恒持者、超越者（大梵）
udāna 出气（五种生命元气之一，人死时将灵魂带出）
udbījja 种生
Uddaka Rāmaputta（人名）乌陀迦·罗摩子
Uddālaka Āruṇi（人名）优陀罗羯·阿楼尼（梵书、奥义书中的人物）
Udgātṛi 歌咏祭司（在祭祀中高声吟唱《娑摩吠陀》，以伴随祭祀全程）
Udgītha 高唱（五分娑摩之一，由 Udgātṛi 祭司高声唱出）
Ugra（神名）最胜（禄陀罗神之尊称）

Uktha 赞颂（śastra 之一部分，为须摩祭中 Hotṛi 祭司以吟诵形式对 Udgātṛi 祭司所唱之《娑摩》歌咏的呼应，内容取自《黎俱吠陀》）
Umā（神名）乌玛（湿婆之妻，即 Pārvatā, Durgā）
Umāsvatī（人名）乌摩斯伐底（耆那教学者）
upādāna 取、取著、所取
Upadeśasāhasrī（书名）示教千则
upādhi 限制、执受、增益
Upakosala Kāmalāyana（人名）优婆拘舍罗（奥义书中的人物，荼跋拉的弟子）
upamāna 类比、比喻、譬喻量
upāṃśu 一种榨须摩时使用的器皿
upanaya 适用、合
Upaniṣad（书名）奥义书
upasad 优波沙斋戒（即唯食乳品戒）、（须摩祭的）备献日
upāsana 敬思、敬事、观想
upekṣa 舍、舍除
Uṣas（神名）乌莎斯、黎明神
Ushasti Cākrāyaṇa（人名）优沙湿底·斫克罗衍尼（奥义书中的人物）
Uttara-Mimaṃsa 后弥曼差（即吠檀多派）
Uttaratantra（书名）究竟一乘宝性论
Vācaspati Miśra（人名）筏遮塞波底·弥室罗、语主（吠檀多学者）
Vaikuṇṭha 遍胜天（毗湿奴天宫、毗湿奴的尊号）
vairāgya 离欲、厌离
Vaiśāli（地名）毗舍离
Vaisampāyana（人名）维桑波衍那（梵书、奥义书中的人物，Vyāsa 的弟子）
Vaiśeṣika 胜论、胜论派
Vaiśṇava 毗湿奴派、毗湿奴教
vaiśvānara 普遍位、遍有者
vaiśvānara ātman 宇宙大我
Vaiśvānara Vidyā 总相智
vaiśya 吠舍（四种姓之一）、庶民
vaiyākaraṇa 文典家、文法学
vājapeya 生力祭（七种须摩祭之一）
Vājasaneyi 伐遮桑内以学派（梵书学派名，受持《白夜珠吠陀》）
Vajji（地名）跋耆
vāk（vāc）语言
Vāk（神名）语言神
Vāk-vāda 语言说（以为语言是存在本质）
Vallabha（人名）伐拉巴（吠檀多学者）
Vāmadeva（人名）伐摩提婆（吠陀仙圣）
vāmana 侏儒（住于人心中的原人）
vaṃśa 世系、传承、师资
vanaprastha 林栖期
vānaprastha 林住期、林栖期（婆罗门四行期之一）
varga 品类、众、聚
vārivas 空间、容器所包括的虚空
varṇa 种姓、色
varṇāśrama dharma 种姓法
Vārṣagaṇya 雨众（某一婆罗门学派之名）
Varuṇa（神名）伐楼那、天空神、道德神、海神
Varuṇapaśa 婆楼那结（将灵魂与肉体连起来的结）
vaśa 意志、力、愿
vāsanā 熏习、习气
Vasiṣṭha（人名）婆尸致（吠陀十圣之一，相传为第七卷《黎俱吠陀》之作者）
vasu 遍入者、善、财、宝
Vasu（神名）善财、婆苏天（包括伐育、阿耆尼、因陀罗等八神）
Vasubandhu（人名）婆数槃豆、世亲（佛教大乘瑜伽行派哲学家）
vāyu 风
Vāyu（神名）伐育、风神
Vāyu-Pūraṇa（书名）风神往事书
Vāyu-vāda 风说
Veda 吠陀、明论
vedanā 受、领受、苦乐
vedāṅga 吠陀支、吠陀辅助文献（包括音韵学、

语源学等六种）
Vedānta 吠檀多、奥义书、吠檀多派
Vedānta Deśika（人名）德须迦（毗湿奴派学者）
Vedāntasāra（书名）吠檀多精要
Vedānta-sūtra（书名）吠檀多经、梵经
Vedānta-sūtrabhāṣya（书名）吠檀多经注
Vedānta-sūtravṛtti（书名）吠檀多经评注
veddhavya 应入者、应被悟入者、应被穿透者
Vedeha（地名）毗提诃
vedi 祭场（在地面挖成如妇人腰形的浅坑，铺上草，中间设祭坛，东西南三面设祭火，祭司、祭主夫妇分坐于周围固定地点）
vibhūta 伏、伏灭
vibhūti 神通力、自在力、财德
vicāra 审思、伺察
videha mukti 灭解脱
vidhātṛi 安排者、支配者、创造者
vidhi 祭仪、宗教的轨范、职责
vidṛti 颅缝（死时灵魂逸出之处，位于头顶颅骨的弥合处，或曰梵窍（brahma-randhra））
vidyā 智慧、明、学说
vidyut 闪电、电光
Vijarā（梵界的）不老河
vijñāna 识、了别、心识、意识
Vijñānabhikṣu（人名）识比丘（吠檀多学者）
vijñāna-ghana 识体、以识为体
vijñānamaya ātman 识所成我、识身
vijñānamaya puruṣa 由识所成之人
vijñāna-parināma 识转变
Vijñāptimātrasiddhitriṃśākārikāśāstra（书名）唯识三十颂
vijñāptimātratā 唯识
vikāra 变异、转变、转变相
vikṣepa 投射、投出
vikṣepa-śakti 生显力（产生虚妄存在的能力）
vināśa 坏灭、朽败、死
Vinaya-Piṭaka 律藏
Vindhya（地名）频陀山
viparyaya 颠倒、错误、相违
vipaśyanā 观、毗婆舍那
vi-rāja 无欲、无垢、无染
Virāṭ（神名）毗罗吒、大有、遍照者、自然界
Virāṭ Puruṣa 宇宙原人
virāṭ（virāj）大有、物质世界的全体
Virocana（神名）毗卢遮那（阿修罗的首领）
vīrya 力、勇、精液
viṣāsahi 征服一切者
viṣaya 诸境、尘
viśeṣa 差别、殊胜
Visiṣṭa-advita-vāda 差别不二论
Viṣṇu（神名）毗湿奴
visṛjya 结果
visṛṣṭi 生出、造化
viśva 一切、醒位意识
viśva bhuvanāni 万有
Viśvadeva（神名）诸神天
Viśvakarman（神名）造物神（神名）、一切物的创造者
Viśvakarman sūkta（《黎俱吠陀》的）造物神歌）
viśvam idam 万象、现象界
viśva-māyā 世界幻相
viśva-rūpa 众形、众相、种种色
Viśvarūpa（神名）具众相者（Tvaṣṭṛ 的三头儿子、毗罗吒）
Viśvasṛij（神名）造一切者、创造神
vitta 财富、财宝
vivāha 结婚式
Vivartavāda 幻现说、幻变说
viveka 明辨、明辨智
Vivekānanda（人名）辩喜（近代吠檀多哲学家）
Vrātya 未被引入正统婆罗门社会者、无种姓者、流浪者、乞食者、元气、原人
vṛṣṭi 雨水
vṛta 流转、转变相
Vṛtra（神名）毗黎特罗、云魔（Tvaṣṭṛ 之子，被因陀罗所杀）
vṛtti 转起、作用、行相、意相

vyāhṛtis 即吟诵吠陀时插入的四种感叹声，即 Bhūr、Bhuvaḥ、Suvar、Mahas
vyākhyāna 传注、疏解
vyakti 特殊、个别
vyāna 通气（五种生命元气之一）
Vyāsa（人名）毗耶娑、广博仙人（传说中《吠陀》、《摩诃婆罗多》、《往事书》等的编纂者）
Vyavahāra 俗谛、世俗、语言、约定
vyāvahārika 世俗有、现实存在
vyoma 虚空、空界、气界
Vyūha（毗湿奴等的）分身
yadṛcchā 偶然
Yadṛcchā-vāda 偶然论
yajamāna 祭主（出资行祭者）
yajña 祭祀
Yājñavalkya Vajasaneyi（人名）耶若婆佉·伐遮桑内以（梵书、奥义书中的人物）
Yājñavalkya-smṛti（书名）耶若婆佉法典
yajñopavīta 祭绳
Yajurveda（书名）夜柔吠陀、祭祀明论
yajus 祭仪、祭词
Yakṣa 夜叉、药叉
yama 夜摩（瑜伽八支之一）、禁戒、止持戒
Yama（神名）阎摩、死神
Yamunā（地名）阎牟那河
Yamuna（人名）阎摩那（毗湿奴派思想家）
yaśas 令誉、美名、荣华
Yāska（人名）耶斯迦（《尼禄克多》的作者）
Yati 仙圣、苦行者
yavana 希腊人
yoga 瑜伽、相应
Yoga 瑜伽派
Yogācāra 瑜伽行派、唯识论
Yoga-sūtra（书名）瑜伽经
Yoga-sūtrabhāṣya（书名）瑜伽经注
Yoga-vārttika（书名）瑜伽复注
Yogavāsiṣṭha 瑜伽胜论
yogin 瑜伽师、瑜伽士
yojna 由旬（计量单位）
yoni 胎藏、子宫、根源、女阴
yujyate 被结合的、被束缚的
Yuktidīpikā（书名）道理之光

# 附录三　主要参考文献


Aiyar, K.N（trans）, Thirty Minor Upaniṣads, Parimal Publications, Madras1997.

Akira, Hirakawa（平川彰）, A History of Indian Buddhism, University of Hawaii Press 1990.

Aquinas, Thomas, Summa Theologiae, Cambridge University Press， New York2006.

Āraṇya, H, Yoga philosophy of Patanjali, Trans by P.N. Mukerji, State University of New York Press Albany1983.

Aurobindo, Sri, The Upaniṣads: Texts, Translations and Commentaries, Sri Aurobindo Ashram, Pondichery1971.

Bahadur, K.P, The Wisdom of Nyaaya, Sterling Publishers PVT LTD, Dehli1978.

Baladeva, The Vedānta-sūtras with the Commentry of Baladeva, Ed by B.D.Basu, The Pānini Office Allahabad, 1934.

Barth, A.B, The Religions of India, London Kegan Paul, 1921

Baru, Benimadhab, A History of pre-Buddhistic Indian Philosophy, University of Calcutta Press1921.

Basu, Jogiraj, India of the Age of the Brāhmaṇas, Calcutt, 1969.

Batt, S. R, Studies in Rāmānuja Vedānta, New Delhi1975.

Belvalkar, S.K. and Ranade, R.D, History of Indian Philosophy: the Creative Period, Oriental Books Reprint Corporation, New Delhi 1974.

Bharadwaj, K.Datt, The Philosophy of Rāmānuja, Sir Shankar Lall Charitable Trust Society, New Delhi 1958.

Bloomfield, M（trans）, Hymns of the Atharva-Veda, Oxford: The Clarendon Press, 1897.

Bodewitz, H.W（trans）, Jaiminīya Brāhmaṇa, Orientalia Rheno-Traiectina17.Leiden.1973

Brehier, E, the philosophy of Plotinus, the University of Chicago Press 1958.

Brown, E.G, A Year amongst the Persians, Cambridge 1926.

Caland, W, Paṇcavimśa-Brāhmaṇa, Asiatic Society, Calcutt, 1931.

Chakravarti, Pulinbihari, Origin and Development of the Sāṃkhya System of Thought, Oriental Books Reprint Corporation, New Delhi1975.

Chatterjee, S. & Datta, D, An Introduction to Indian Philosophy, University of Calcutta, Calcutta 1960.

Chatterjee, S.C, Nyāya Theory of Knowledge, Calcutta University Press1950.

Chatterji, Sunti.K（ed）, The Cultural Heritage of IndiaI,The Ramakrishna Mission Institute of Culture, Calcutta1993.

Chattopadhyay, N.K, Indian Philosophy, Sanskrit Pustak Bhadar, Calcutta.

Chattopadhyaya, Sudhakar, Evolution of Hindu Sects, Munshiram Manoharlal, New Delhi1970.

Chinmayananda, Swami, Discourses on Upaniṣads, Central Chinmaya Mission Trust, Mumbai, 1952-1954.

Clooney, Francis X, Theology after Vedānta, State University of New York, Albany1993.

Cole, Colin A （trans）: Asparsa-Yoga, Motilal Banarsidass Press Delhi1982.

Conze, Edward, Buddist Thought in India, George Allen&Unwin LTD, London1962.

Coomaraswamy, Ananda K, Hinduism and Buddhism, Indira Ghandi Centre, New Delhi 1999.

Crawford, S.Cromwell, The Evolution of Hindu Ethical Ideals, The University Press of Hawaii1982.

Das A.C, Ṛgvedic India, Rani Kapoor（Mrs）Cosmos Publications, Delhi1987.

Das, S. K, A Study of the Vedānta, Calcutta1937.

Dasgupta, S, A Histroy of Indian Philophy Vol.1, Cambridge University Press, 1957.

Dasgupta, S, A History of Indian PhilosophyVol.5, Cambridge University Press 1955.

Dasgupta, S, A Histroy of Indian Philophy Vol.2, Motilal Banarsidass Publishers, Dehhli1975.

Dasgupta, S, A Histroy of Indian Philophy Vol.3, Cambridge University Press, 1952.

Dasgupta, S, Yoga as Philosophy and Religion, Motilal Banarsidass, Dehli1987.

Dasgupta, S, Yoga in Relation to Other Systems of Indian Thought, Motilal Banarsidass, Dehli1979.

Davies, John, Hindu Philosophy, Trubner & CO., Ludgate Hill London1881.

Desika, Vedānta, Tattva-mukta-kālapa（TMK）, Kāsī 1900.

Deussen, Paul, Allgemeine Geschichte der Philosophie Bd1, Abteilung I, F.A. Brockhaus Leipzig 1922.

Deussen, Paul, Outline Of The Vedant System Of Philosophy, The Creation Press, New York1900.

Deussen, Paul, Sechzig Upaniṣad’s des Veda, F.A. Brockhaus Leipzig 1921.

Deussen, Paul, The Philosophy of the Upaniṣads, Motilal Banarsidass Press Delhi 2000.

Deussen, Paul, The System Of The Vedant, Motilal Banarsidass Press Delhi1972.

Deutsch, Eliot and Buitenen, J.A.B van, A Source Book of Advaita Vedānta, The University of Hawaii Press, Honolulu 1971.

Deutsch, Eliot, Advaita Vedānta, East-West Center Press, Honolulu1969.

Dharmaraja Adhvarin, Vedāntaparibhāsa by Dharmaraja Adhvarin, The Adyar Library Series, No34, 1942.

Divatia, Shuchta C, Idealistic Thought in Indian Philosophy, D. K. Printworld, New Delhi 1994.

Dumoulin, Heinrich, Zen Buddhism, Macmillan Publishing Company, New York 1994.

Dutt, Nalinaksha, Mahāyāna Buddhism, Bharatiya Kala Prakashan, Delhi 2003.

Eggeling, Julius（trans）, The Satapatha Brāhmaṇa I—V,（The Sacred Books Of The EastXII—XLIV）Motilal Banarsidass, Delhi 1963.

Eliade, Mircea, The Encyclopedia of Religion, Macmillan Publishing Company, New York1987.

Eliade, Mircea, Yoga: Immortal and Freedom, Princeton1969.

Eliot, Charles, Hinduism and Buddhism, An Historical Sketch, Vol.1, Sri Satguru Publications, Delhi1988.

Faddegon, B, The Vaiśeṣika System, Johannes Mueller, Amsterdam 1918.

Fichte, Gottlieb, The popular works of Johann Gottlieb Fichte, Bristol: Thoemmes Press, 1999.

Foard, James, etc (ed), The Pure Land Tradition, Berkley Buddhist Studies Series1996.

Fox, Douglas A (trans), Dispelling Illussion, Gauḍapāda' s Alātaśanti, State University of New York Press, Albany 1993.

Frauwllner, E, Geschichte der Indischen Philosophie Bd1, Otto Mueller Verlag Salzburg1953.

Gall, Robert, Beyond Theism and Atheism: Heidegger' s Significance for Religious Thinking, Martinus Nijhoff Publishers1987.

Gambhirananda, Swami (trans), Eight Upaniṣads, Translation of Commentaries of Śaṃkarācharya on Upaniṣads, Advaita Ashram, Kolkatta1957.

Garbe, R, Sāṃkhya Philosophie, Leipzig: Haessel, 1894. Gauḍapāda bhāṣya

Gauḍapāda, Gauḍapādiyabhāṣya, Ananasrama Sanskrit Series, Vol 10, 1900.

Georg, Gadamer Hans, Wahrheit und Methode, J.C.B.Mohr, Tuebingen1986.

Gilson, Etienne, Histroy of Christian Philosophy in the Middle Ages, Sheed and Ward, London1980.

Gonda, Jan, Die Religionen Indiens, vol.1, Veda und alterer Hinduismus, Stuttgart, 1978.

Gotama, Akṣapada, Nyaya Surtras of Gotama, Sacred Books of the Hindus No8, The PaniniOffice1930.

Gotshalk, Richard, The Beginnings of Philosophy in India, University Press of America, New York1998.

Gough, A.E, The Philosophy of the Upaniṣads and Ancient Indian Metaphysics, Kegan Paul, Trench, Truebner, &CO.LTD, London 1891.

Goyal, S.R, A Religious History of Ancient India Vol 1—2, Kusumanjali Prakashan, Meerut1984.

Granoff, P.E, Philosophy and Argument in Late Vedānta, D.Reidel Publishing Company, 1947.

Gregorios, P.M (ed), Neoplatonism and Indian Philosophy, State University of New York Press, Albany2002.

Griffth, R.T.H (trans), The Hymns of the Sāmaveda, The Chowkhamba Sanskrit Series Office, Varanasi-1, 1963.

Griffth, R.T.H (trans),The Hymns of the Ṛgveda, E.J.Larzarus, Benares 1963.

Grombich, R.F, How Buddhism Began, Athlone Press, New Jersey1996.

Gupta, Bina, The disinterested witness: a fragment of Advaita Vedānta phenomenology, Northwestern University Press, Evanston 1998.

Guthrie, W.K.C, The Greeks and Their Gods, Boston: Beacon Press, 1950.

Hacker, P, Untersuchungen uber Texte des Fruhen Advait-vada, Mainz: Verlag der Akademie der Wissenschaften und der Literatur, 1950.

Halbfass, Wilhelm, Tradition and Reflection: Explorations in Indian Thought, State University of New York Press, Albany1991.

Hanfeld, E, Philosophische Haupttext der alteren Upaniṣaden, Otto Harrassowitz, Wiesbaden1976

Harrison, M. H, Hindu Monism and Pluralism, Oxford University Press, London1932.

Harrison, Jane, Religion, Cambridge: Cambridge University Press1922.

Hastings, James (ed), Encyclopedia of Religion and Ethics, Charles Scribner' s Sons, New York, 1928.

Hegel, G.W, Lectures on the Philosophy of Religion, University of California Press, 1984.

Heidegger, Martin, Beitraege zur Philosophie, Vittorio Klostermann, Frankfurt am Main, 1989.

Heidegger, Martin, Heideggers Basic Wrtings, London: Routledge, 1978.

Heidegger, Martin, Nietzsche. Pfullingen: Neske, 1961.

Heidegger, Martin, Sein und Zeit, Max Niemeyer Verlag, Tuebingen1979.

Heidegger, Martin, Zur Sache des Denkens, Max Niemeyer Verlag, Tuebingen1976.

Hillbrandt, Alfred, Vedic Mythology, Motilal Banarsidass, Delhi 1980.

Hiriyana, M, Outlines of Indian Philophy, Motilal Banarsidass Publishers, Dehli1993.

Hiriyana, M, The essentials of Indian Philosophy, George Allen & Unwin London1949.

Hooper, J.S.M, Hynmns of the Ālvars, Association Press, Calcutta1928.

Hume, R.E (edited by N.C. Panda), Thirteen principal Upanisads: original Sanskrit text with English translation, Bharatiya Kala Prakashan, Delhi: 2012.

Hume, R.E (trans), The Thirteen Principal Upaniṣads, Oxford University Press (India) 1995.

Husserl E, Cartesianische Meditationen, Felix Meiner Verlag, Hamburg1980.

Husserl, E, Ideen zu einer reinen Phaenomenologie und Phaenomenologischen Philosophie (Ideen1), Max Niemeyer Verlag, Tuebingen1980.

Īśvara-Kriṣṇa, The Sāṃkhya Kārikā(SK)[with The Sāṃkhya Kārikā Bhaṣya by Gaudapāda(SKB)] ,The Oriental Translation Fund Oxford, London, 1837.

Jacob, G.A (trans), The Vedāntasāra of Sadananda (translated with annotations), Kegan Paul, Trench, Truebner & Co. Ltd, London 1904.

Jaimini, Mīmāṃsā Sūtra, with the commentary of Sabara, Gaekwad's Oriental Series, Oriental Institute1933, 1934, 1936.

Jaini, P.S, The Jaina Path of Purification, University of California Press, Berkeley1979.

Johnson, Clive (ed), Vedānta, Harper & Row Publishers 1971.

Kalupahana, David, Causality: The Central Philosophy of Buddhism. The University Press of Hawaii, 1975.

Kaṇāda, The Vaiśeṣika Sūtras of Kaṇāda, Sacred Books of the Hindus No6, The PaniniOffice1923.

Kar, Bijayananda, The Theories of Error in Indian Philosophy, Ajanta Publications1978.

Keith, Arthur B (trans), The Aitareya Āraṇyaka, Clarendon Press, Oxford1969.

Keith, Arthur B (trans), The Ṛg-veda Brāhmaṇas: The Aitareya and Kauṣītaki Brāhmaṇas, Motilal Banarsidass, Delhi1981

Keith, Arthur B, A History of the Sāṃkhya Philosophy, Oxford University Press, Lodon1924.

Keith, Arthur B, The Religion and Philosophy of Veda and UpaniṣadsI&II, Harvard University Press Cambridge1925.

Keith, B, Indian Logic and Atomism, Oxford University Press, London 1984.

Keith, Arthur B (trans), The Veda of the Black Yajus School entitled Taittirīya Saṃhita, Motilal Banarsidass, Delhi1967.

Ketkar, S.V, Hinduism, Caxton Publications, Delhi1988.

Kimura, Ryukan, A Historical Study of the Terms Hinayāna and Mahāyāna and the Origin of Mahāyāna Buddhism, University of Calcutta 1927.

King, Richard, Early Advaita Vedānta and Buddhism, State University of New York, Albany1995.

Koller, John M, Oriental Philosophy, Charles Scribner' s Sons, New York1985.
Krishnananda, Swami, The Chandogya Upaniṣad, Divine Life Society 1984.
Krishnananda, Swami, The Mandukya Upaniṣad, An Exposition, Divine Life Society 1984.
Kumar, R, Hindu Saints and Mysticism, Crescent Publishing Corporation2008.
Kumarappa, B, The Hindu Conception of the Deity, as Culminating in Rāmānuja, London1934.
Kundakundācārya, Pañcāstikāyasamayasāra, Sacred Books of the Jains, The Central Jaina Publishing House, 1920.
Limaye, V.P and Vadekar, R.D (eds),Eighteen Principal Upaniṣads, Vaidika Saṁśaodhana Maṇḍala, Poona1958.
Lott, Erica, Vedāntic Approaches to God, the Macmillan Press LTD, London1980.
Macdonell, A.A, Vedic Mythology, Motilal Banarsidass, Delhi1974.
Macquarrie, John, Heidegger and Christianity, The Continuum Publishing Company1994.
Madhavāchārya, Sarvadarśanasaṃgraha, trans by E.B.Cowell and A.E.Gough (The Chowkhamba Sanskrit Series Studies X), The Chowkhamba Sanskrit Series Office, Varanasi-1, India, 1961.
Madhavananda, Swami (trans), The Bṛhadaranyaka Upaniṣad with the commentary of Śaṃkarācharya. Advaita Ashram, Kolkatta.1934.
Madhvāchārya, The Bṛihadāranyaka Upaniṣad with the Commentry of Srī Madhvāchārya, Union Press Allahabad 1933.
Mahādeva Shāstri (ed), The Brahmasūtra-Śaṃkarabhāṣyam with the commentaries Ratnaprabhā, Bhāmatī and Nyāyanirnaya, ed. By Mahādeva Shāstri Bākre, Bombay 1909
Mahādeva Shāstri, The Vedānta Doctrine of Srī Samkarācarya, Sri Satguru Publications, Delhi 1986.
Mahadeva, T.M.P, Outlines of Hinduism, Chetana Limited, Bombay 1971.
Majumdar, R.C, Ancient India. Delhi: Motilal Banarsidass, 1982.
Mallisena, Mallisena' s Syādvādamañjarī with Anyayoga-Vyavacchedadvātrimsika of Hemacandra, Bhandarkar Oriental Research Institute, 1933
Matilal, B.B and Evans, R.D (ed), Buddhist Logic and Epistemology, D.Raidel Publishing Company, Dordrecht, Holland 1986.
Mayeda, S (trans), The Upadesasāhasrī of Śaṃkara, State University of New York Press.
Mehta, Rohit, The Call of the Upaniṣads. Motilal Banarasidas, Delhi1970.
Misra, R.S, philosophica foundation of Hinduism, Munshiram Manoharlal Publishers PVT. Ltd, New Delhi 2002.
Mittal, Mahendra P (ed), Buddha and Early Buddhism Vol.1, Originals, Delhi 2002.
Mommsen, Thedor, The History of Rome, London: Routledge/Thoemmes Press, 1996
Monier-Williams, M, Buddhism, In its Connexion with Brāmanism and Hinduism, The Chowkhamba Sanskrit Series Office, Varanasi-1, India, 1964.
Mueller, Max (ed),the Sacred Books Of the East, Oxford: Clarendon Press 1879—1903.
Mueller, Max (trans), The UpaniṣadsI,II, The Clarendon Press, Oxford 1879, 1900.
Mueller, Max, The Six Systems of Indian Philosophy, Associated Publishing House New Delhi1982.
Mueller, Max, The Vedānta Philosophy, Nag Publishers, Delhi 1979.

Muir, J（trans）, Original Sanskrit Texts I—IV, Truebner & Co.,Ludgate Hill, London 1873—1890.

Murty, K. S, Revelation and Reason in Advaita Vedānta, Delhi1974.

Murty, K.S, The Indian Spirit, Andhra University Press, Waltair1965.

Mussen, P.H.etc: Child development and personality, Haiper &Row Publishers, New York1974.

Nagao, Gadjin（长尾雅人）, Mādhyamika and Yogācāra, State University of New York Press, Albany 1991.

Nakamura, Hajime（中村元）, Indian Buddhism, Motilal Banarsidass, 1987.

Nakamura, Hajime, A History of Early Vedānta Philosophy, Motilal Banarsidass, Delhi, 1983.

Nath Dutt, Manmatha（ed）,The Mahabharata, Elysium Press Calcutta 1895—1897.

Nehru, Jawaharlal, The Discovery of India, London: Meridian Books Limited, 1951.100.

Nikhilānanda, Swāmī（trans）, Māṇḍūkya Upaniṣad with Gauḍapāda' s Kārikā and Śaṃkara's Commentary, Sri Ramakrishna Ashrama, Mysore, 1936.

Nikhilananda, Swami（trans）, Self-Knowledge（ĀB）, with Notes, Comments, and Introduction, Ramakrishna-Vivekanada Center, New York1946.

Oldenberg, Hermann, Die Religion des Veda, J.G. Cottasche Buchhandlung Nachfolger, 1917.

Oldenberg, Hermann, Buddha, Motilal Banarsidass, Delhi 2006.

Oldenberg, Hermann, Die Lehre der Upaniṣadden und die Anfange des Buddhismus, Vandenhoeck & Ruprecht, Goettingen 1915.

Olivelle, Patrick, Manu' s code of law: a critical edition and translation of the Mānava-Dharmáśāstra, New York: Oxford University Press, 2005.

Olivelle, Patrick, Upaniṣads, Oxford University Press, Oxford, 1996.

Olivelle, Patrick, Saṁnyāsa Upaniṣads, Oxford University Press, New York1998.

Olivelle, Patrick, The Early Upaniṣads, Oxford University Press, Oxford, 1998.

Pande, G.C: The dawn of Indian civilization, Centre for Studies in Civilization, Delhi 1999.

Pārthasārathi, Misra, Sāstradīpikā, Nirnayasāgara Press, Bombay1915

Piparaiya, Ram K, Ten Upaniṣads of Four Vedas, Yatisha Creations, Mumbai2003.

Plotinus, The Enneads, Faber and Faber Limited, London.

Potter, Karl H（ed）, Encyclopedia of Indian PhilosophiesII, Motilal Banarsidass 1977..

Potter, Karl H（ed）, Encyclopedia of Indian PhilosophiesIII, Motilal Banarsidass Press Delhi1981.

Prabhavananda, S and Isherwood, C（trans）, Viveka-Chudamani（VCH）, with an Introduction, Vedānta Press, Hollywood, 1978.

Prasastapāda, Padārthadharmasamgraha, A Source Book in Indian Philophy, Princton University press, 1957.

Prudhomme, J.O, God and Being: Heidegger's Relation to Theology（GB）, Humanities Press International, Inc1997.

Qvarnstroem, Olle, Hindu Philosophy in Buddhist Perspective, Lund Plus Ultra 1989.

Radhakrishnan, S（trans）, The Brahma Sūtras（BS）, George Allen & Unwin LTD London, 1960.

Radhakrishnan, Sarvepalli & Moore, Charles A, A Source Book in Indian Philosophy ,Princeton University press, 1957.

Radhakrishnan, Sarvepalli (ed), The Cultural Heritage of India vol1-5.The Ramakrishna Mission Institute of Culture, Calcutta 1993.

Radhakrishnan, Sarvepalli (trans), Bhagavadgītā, G.Allen&Unwin, London1948.

Radhakrishnan, Sarvepalli, Indian Philophy Vol.1, the Macmilian Company, London 1924.

Radhakrishnan, Sarvepalli, Indian Philophy Vol.2, G.Allen&Unwin LTD, London1931.

Radhakrishnan, Sarvepalli, The Philosophy Of The Upaniṣads, George Allen & Unwin LTD, London1924.

Radhakrishnan, Sarvepalli, The Principal Upaniṣads, George Allen & Unwin LTD, London1953.

Raghavan, V.K.S, History of Visishtādvaita Literature, Ajanta Publications1979.

Rāmānuja, Commentary on the Gītā, Lakshmī Venkatesvara Press, Bombay 1959.

Rāmānuja, The Vedānta Sūtras with the Commentary by Rāmānuga (SB), (the Sacred Books Of the East, XLVIII), Oxford: Clarendon Press 1904.

Rāmānuja, Vedārtha-samgraha, the Pandit, Bebares 1924.

Ranade, R.D, A Constructive Survey of Upaniṣadic Philosophy, Oriental Book Agency, Poona 1926.

Rex, Warner (trans), The Confessions of St Augustine, New York: New American Library, 1963.

Śaṃkara, Bṛhadaranyakopanisadbhaṣya, Anandasrama Sanskrit Series, Vol 15, 1939.

Śaṃkara, The Complete Commentary by Śaṃkara on the Yoga-Sūtras, Kegan Paul International Ltd London, 1990.

Saṃkara, Māṇḍūkya Upaniṣad with Gauḍapāda' s Kārikā and Saṃkara's Commentary, introduction, Sri Ramakrishna Ashrama, Mysore, 1936.

Saṃkara, The Sarva-Siddhānta Sangraha, Ajay Book Service, New Delhi, 1983.

Śāṇḍilya, The Aphorisms of Śāṇḍilya, Bibliotheca Indica Series. Calcutta, 1878.

Śantideva, S, Sufi Saints and Mysticism, Cosmo Publications, New Delhi1999.

Sarasvati, S.S.P and Vidyalankar, S (trans), Ṛgveda Samhita I—VIII, Veda Pratishthana, Shiksha bharati Press, New Delhi1977—1980.

Sargeant, Winthrop (trans),The Bhagavad Gita, State University of New York Press Albany, 1984.

Sarvajnatman, The Samksepasariraka of Sarvajnatman, University of Madras, 1972.

Sarvananda, Swami, Upaniṣad, Series (Aitareya, Isa, Katha, Mundaka and Taittiriya) . Sri Ramakrishna Math, Chennai.

Schubring, Walther, Doctrine of the Jainas, Motilal Banarsidass Press Delhi1995.

Schweitzer, Albert, Indian Thought and its Development, Henry Holt and Company, New York 1936.

Sharm, B.N.K, Histroy of the Dvait School of Vedānta, Motilal Banarsidass Press Delhi1981.

Sharma, B.N.K (trans), The Brahmasūtras and Their Principal Commentaries, Bharatiya Vidya Bhavan Press, Bombay, 1974.

Sharma, Chandradhar, A critical survey of Indian philosophy, Motilal Banarsidass Press Delhi, 1987.

Sikka, S, Forms of Transcendence: Heidegger and Medieval Mystical Theology, State University of New York Press1997.

Singh, M, The Upaniṣadic Etymologies, Nirmal Publications, Delhi1994.

Singha, Jadunath, History of Indian Philosophy, vol1.Sinha Publishing House, Calcutta 1956.

Sinha, Nandalal (trans), The Sāṃkhya Philosophy, Orietal Books Reprint Corporation, New Delhi, 1979. Including: the Sāṃkhya Pravachana Sūtra (SPS);Sāṃkhya Pravachana Sūtra Vritti of Aniruddha (SPV); Sāṃkhya Pravachana Sūtra Bhaṣya of Vijñāna Bhikshu (SPB); the Tattva-Samāsa with the commentary by Narendra (TTS)

Sircar, Mahenndranath, The System of Vedāntic Thought and Culture, Oriental Books Reprint Corporation, New Delhi1975.

Sivananda, Swami, The Brhadaranyaka Upaniṣad. Divine Life Society 1985.

Sivananda, Swami, The Principal Upaniṣads. Divine Life Society 1942.

Smith, B.K, Reflections on Resemblance, Ritual, and Religion, Oxford University Press, New York1989.

Srinivasachari, P. N, The Philosophy of Visishtādvaita, Madras 1943

Srinivasachari, S.M, Fundamentals of Visishtādvaita Vedānta, Motilal Banarsidass, Delhi, 1988.

Stcherbatsky, Th, The Conception of Buddhist Nirvāna, Motilal Banarsidass, Delhi 2000.

Subrahmanian, N.S, Encyclopedia of the Upaniṣads, Sterling Publishers Private Limited, New Delhi1990.

Sukhlalji, P and Bechardasji, P (trans), Siddhasena Divākara, Sanmati Tarka, Bombay: Shrī Jain Shivetamber Education Board, 1939.

Sureśvara, The Naiskarrnya-siddhi of Sureśvara-acarya with the Candrika of Jnanottama, Bombay Sanskrit and Prakrit Series NoXXXVIII,1925.

Swahananda, Swami, The Chandogya Upaniṣad. Sri Ramakrishna math, Chennai1956.

Mainkar, T.G., The Making of the Vedānta, Ajanta Publications, Delhi1980.

Taber, John, Transformative Philosophy: A Study in Śaṃkara, Fichte and Heidegger, University of Hawaii Press, Honolulu1983

Tatis, N, Studies in Jaina Philosophy, Jain Culture Research Society, Varanasi1951.

Thibaut, G (trans), The Vedānta Sūtras with the Commentary by ŚaṃkarākaryI, II (BSBH) (the Sacred Books Of the East, XXXIV, XXXVIII), Oxford : Clarendon Press 1890, 1896.

Ui, H, The Vaiśeṣika Philosophy, The Chowkhamba Sanskrit Series Office, Varanasi-1, India, 1962.

Umāsvāti Acārya, Srī, Tattvārthādhigama Sūtra (TS), The Central Jaina Publishing House, 1920.

Underhill, E, Essentials of Mysticism, London: Routledge 1920.

Upadhyaya, K.N, Early Buddhism and the Bhagavadgīta, Motilal Banarsidass Press Delhi, 1983.

Vedalankar, P.N, Essential Teachings of Hinduism, Veda Niketan Arya Pratinidhi Sabha, South Africa1979.

Venkatarama Iyer, M. K, Advaita Vedānta, Asia Publishing House, Bombay 1964.

Vidyabhusana, S.Chandra, Histroy of the Mediaeval School of Indian Logic, Oriental Books Reprint Corporation, New Delhi1977.

Vidyāranya, Bhāratītīrtha, Panchadasī, Bombay 1879.

Vinayak, Govind, Religion and Mythology of Brāhmaṇas, Devasthali Series, Poona, 1965.

Vivekananda, Swami, A Study of Mundaka Upaniṣad. Advaita Ashram, Kolkatta2000.

Vivekananda, Swami, Selection from the Complete Works of Swami Vivekananda, Advaita Ashrama, Calcultta1991.

Vivekananda, Swami, Vedānta: Voice of Freedom, Pholosophical Library, New York, 1986.
Vyas, R.N, Significant Philosophiers and Readings from India, Asian Publication Services, New Delhi 1979.
Weber, Albrecht, Literaturgeschichte.Walter de Gruyter1960.
Weber, Max, Gesammelte Aufsaetze zur ReligionssoziologieI—III, J.C.B.Mohr Tuebingen 1978—1983.
Whitney, William.D（trans）, The Taittirīya Pratiṣakhya and Tribhaṣyaratn, Motilal Banarsidass, Delhi, 1973.
Whitney, William.D（trans）, Atharva-Veda Pratiṣakhya, The Chowkhamba Sanskrit Series Office, Varanasi, 1962.
Wilkins, W.J, Hindu Mythology, Thacker, Spink and co, Calcutta, 1913.
Williams, Paul（ed）, Buddhism vol III, Routledge, New York 2005.
Winternitz, M, History of Indian Literature, vol1, Calcutta, 1927.
Witz, Klaus G, The Supreme Wisdom of the Upaniṣads, Motilal Banarsidas Publishers 1980.
Wood, Thomas E（trans）, the Māṇḍūkya Upaniṣad and the Agama Sāstra（ĀŚ）, University of Hawaii Press, Honolulu 1990.
Woods, James H (trans),The Yoga-System of Patanjali, Motilal Banarsidass, Delhi, 1966. Including:（1）the Yoga-Sūtras of Patanjali（YS）;（2）the Yoga-Bhāṣya of Vyāsa（YB）;（3）the Tattva-vāisāradī of Vācaspati Miśra（TV）
Wynne, Alexander, The Origin of Buddhist Meditation, Routledge, London 2007.
赫西俄德:《神谱》，商务印书馆，1991 年。
普罗提诺:《九章集》，中国社会科学出版社，2009 年。
亚里士多德:《形而上学》，商务印书馆，1991 年。
狄奥尼修斯（托名）:《神秘神学》，三联书店，1998 年。
奥古斯丁:《论自由意志》，上海世纪出版集团，2010 年。
奥古斯丁:《忏悔录》，商务印书馆，1981 年。
开姆尼茨:《基督的二性》，译林出版社，1996 年。
吕斯布鲁克:《吕斯布鲁克文集》，陈建洪、张仕颖等译，华东师范大学出版社，2011 年。
孟德斯鸠:《论法的精神》上册，商务印书馆 1961 年。
笛卡尔:《第一哲学深思集》，商务印书馆，1998 年。
康德:《纯粹理性批判》，商务印书馆，1997 年。
康德:《判断力批判》，人民出版社，2002 年。
克雷文:《印度艺术简史》，中国人民大学出版社，2004 年。
黑格尔:《黑格尔早期神学著作》，商务印书馆，1988 年。
黑格尔:《精神现象学》，商务印书馆，1979 年。
黑格尔:《历史哲学》，上海书店，1999 年。
黑格尔:《哲学史讲演录》，商务印书馆，1997 年。
黑格尔:《美学》，商务印书馆，2006 年。
黑格尔:《逻辑学》上、下卷，商务印书馆，1991 年。
叔本华:《作为意志和表象的世界》，商务印书馆，2009 年。

詹姆士·威廉:《宗教经验之种种》，商务印书馆，2002 年。
胡塞尔:《纯粹现象学通论》，商务印书馆，1996 年。
胡塞尔:《胡塞尔选集》，上海三联书店，1997 年。
德布尔·泰奥多:《胡塞尔思想的发展》，三联书店，1995 年。
舍勒:《舍勒选集》，上海三联书店，1999 年。
奥托·鲁道夫:《论神圣》，四川人民出版社，1995 年。
海德格尔:《存在与时间》，三联书店，1987 年。
海德格尔:《在通向语言的路中》，商务印书馆，1997 年。
薇依:《重负与神恩》，中国人民大学出版社，2003 年。
伊利亚德:《宗教思想史》，晏可佳等译，上海社会科学院出版社，2004 年。
蒂里希:《蒂里希选集》，上海三联书店，1999 年。
莫尔特曼:《被钉十字架的上帝》，上海三联书店，1997 年。
巴特:《教会教义学》，三联书店，1998 年。
弗雷泽:《金枝》，中国民间文艺出版社，1987 年。
恰托巴底亚耶·德:《顺世论》，商务印书馆，1992 年。
皮亚杰:《发生认识论原理》，商务印书馆，1997 年。
伽达默尔:《真理与方法》，上海译文出版社，1999 年。
伽达默尔:《哲学解释学》，上海译文出版社，1994 年。
北京大学哲学系编:《西方哲学原著选读》，商务印书馆，1981 年。
巴沙姆主编:《印度文化史》，商务印书馆，1999 年。
三枝充惠:《印度佛教思想史》，大展出版社有限公司，1998 年。
穆提:《中观哲学》，华宇出版社，1984 年。
山口益:《般若思想史》，上海古籍出版社，2006 年。
舍尔巴茨基:《大乘佛学》，中国社会科学出版社，1994 年。
舍尔巴茨基:《佛教逻辑》，商务印书馆，1997 年。
舍尔巴茨基:《小乘佛学》，中国社会科学出版社，1994 年。
凯思:《印度和锡兰佛教哲学》，上海古籍出版社，2004 年。
梶山雄一:《中观思想》，华宇出版社，1985 年。
高崎直道等:《如来藏思想》，华宇出版社，1986 年。
高崎直道等:《唯识思想》，华宇出版社，1985 年。
瓜生津隆真:《中观与空义》，华宇出版社，1986 年。
松本史朗:《缘起与空》，中国人民大学出版社，2006 年。
霍巴德等主编:《修剪菩提树》，上海古籍出版社，2004 年。
今道友信:《东西方哲学美学比较》，中国人民大学出版社，1991 年。
《长阿含经》（大正新修大藏经）
《华严经》（六十华严，金陵刻经处刻本）
《摩诃般若波罗蜜经》（金陵刻经处刻本）
《解深密经》（金陵刻经处刻本）
《大乘入楞伽经》（金陵刻经处刻本）

《大乘起信论》(金陵刻经处刻本)
《中论》(金陵刻经处刻本)
《大智度论》(大正新修大藏经)
《辨法法性论》(法尊译，张曼涛编:《现代佛学研究丛刊》,《唯识典籍研究》之二)
《辩中边论》(金陵刻经处刻本)
《瑜伽师地论》(金陵刻经处刻本)
《摄大乘论本》(金陵刻经处刻本)
《成唯识论》(金陵刻经处刻本)
《三论玄义》(金陵刻经处刻本)
《大乘法苑义林章》(窥基，续藏经)
《六祖坛经》(金陵刻经处刻本)
宋普济:《五灯会元》，中华书局，1984年。
孔颖达疏:《周易正义》,《十三经注疏》，中华书局，1980年。
玄奘译:《胜宗十句义论》(大正新修大藏经第54册)
真谛译:《金七十论》(大正新修大藏经第54册)
刘勰:《文心雕龙》，黄叔琳辑注本。
魏源:《老子本义》,《诸子集成》本。
白如祥辑校:《王重阳集》，齐鲁书社，2005年。
朱森溥:《玄珠录校释》，巴蜀书社，1989年。
邓晓芒:《灵之舞》，东方出版社，1995年。
邓晓芒:《思辨的张力》，湖南教育出版社，1992年。
邓晓芒:《文学与文化三论》，湖北人民出版社，2005年。
方广錩:《渊源与流变:印度初期佛教研究》，中国社会科学出版社，2004年。
冯友兰:《中国哲学史新编》(下)，人民出版社，1999年。
韩清净:《瑜伽师地论披寻记》，北京三时学会。
侯外庐、邱汉生、张岂之:《宋明理学史》上册，人民出版社，1984年。
侯外庐、邱汉生、张岂之:《宋明理学史》下册，人民出版社，1987年。
侯外庐、赵纪彬、杜国庠:《中国思想通史》第一卷，人民出版社，1995年。
黄宝生译:《奥义书》，商务印书馆，2010年。
黄宝生:《印度古典诗学》，北京大学出版社，2000年。
黄心川:《印度哲学史》，商务印书馆，1989年。
霍韬晦:《安慧唯识三十论释原典译注》，香港中文大学出版社，1980年。
霍涌泉:《意识心理学》，上海教育出版社，2006年。
江亦丽:《商羯罗》，东大图书公司，1997年。
季羡林:《季羡林文集》，江西教育出版社，2008年。
金克木:《比较文化论集》，三联书店，1984年。
金克木:《印度文化论集》，中国社会科学出版社，1983年。
金克木:《梵语文学史》，江西教育出版社，1999年。
李建欣:《印度古典瑜伽哲学思想研究》，北京大学出版社，2000年。

刘文英:《中国古代的时空观念》，南开大学出版社，2000 年。
刘小枫主编:《20 世纪西方宗教哲学文选》，上海三联书店 1991 年。
刘泽华:《中国政治思想史（先秦卷）》，浙江人民出版社，1996 年。
龙达瑞:《大梵与自我——商羯罗研究》，宗教文化出版社，2000 年。
吕澄:《印度佛学源流略讲》，上海人民出版社，1979 年。
吕澄:《中国佛学源流略讲》，中华书局，1979 年。
牟宗三:《中国哲学十九讲》，（台湾）学生书局，1997 年。
牟宗三:《中西哲学会通十四讲》，（台湾）学生书局 1996 年。
欧阳渐:《欧阳渐文选》，上海远东出版社，1996 年。
钱钟书:《谈艺录》，中华书局，1984 年。
卿文光:《论黑格尔的中国文化观》，社会科学文献出版社，2005 年。
任继愈等:《中国佛教史》，中国社会科学出版社，1981 年。
尚会鹏:《印度文化史》，广西师范大学出版社，2007 年。
释印顺:《初期大乘佛教之起源与开展》，正闻出版社，1994 年。
释印顺:《如来藏之研究》，正闻出版社，1992 年。
释印顺:《唯识学探源》，正闻出版社，1992 年。
释印顺:《印度佛教思想史》，正闻出版社，1993 年。
孙晶:《印度吠檀多不二论哲学》，东方出版社，2002 年。
汤用彤选编:《汉文佛经中的印度哲学史料》，中华书局，1994 年。
汤用彤:《汤用彤学术论文集》，中华书局 ,1983 年。
汤用彤:《印度哲学史略》，中华书局，1988 年。
汪子嵩等:《希腊哲学史》第一卷，人民出版社，1997 年。
王国维:《人间词话》，上海古籍出版社，1998 年。
巫白慧译:《圣教论》，商务印书馆，1999 年。
吴学国:《存在・自我・神性——印度哲学与宗教思想研究》，中国社会科学出版社，2006 年。
吴学国:《境界与言诠：唯识的存有论向语言层面的转化》，上海人民出版社，2003 年。
熊十力:《新唯识论》，中华书局，1985 年。
徐梵澄译:《五十奥义书》，中国社会科学出版社，1984 年。
张保胜译:《薄伽梵歌》，中国社会科学出版社，1989 年。
张岱年:《中国哲学大纲》，中国社会科学出版社，1982 年。
张汝伦:《历史与实践》，上海人民出版社，1995 年。
张祥龙:《海德格尔思想与中国天道》，三联书店，1996 年。
周贵华:《唯识、心性与如来藏》，宗教文化出版社，2006 年。

# 后　记

历史家乔治·格罗特对所谓高等文明和低等文明进行了对比。他指出，像肉刑、断肢、割鼻，以及一夫多妻制、群众对某一个人的无限的恭顺，等等，这些在古代东方社会都曾经普遍存在过（在中土社会，还应当加上连坐、灭族、凌迟、殉葬、庞大的后宫和阉人系统、复杂的叩头仪式、不计其数的屠城、大规模的活埋等），但在希腊的任何一个城邦都没有过。这是因为在东方社会，“政治和宗教的限制，绝对地决定了每个人的生活形式，他的信念，他的职责，他在社会中的位置，而没有给他自己的理性和意志留下任何空间。”人们可以说，格罗特的看法包含了文化偏见，但他至少指出了一个健康的文明和扭曲的文明的区别。这区别可以概括为是否具有对人的尊严和价值的普遍尊重。后者的基础是一种文化始终意识到每个人都是生来自由的，而且自由是他的本质，以及他的全部价值的根源。反之，如果一种文化脱离了这种意识，那么在其中普遍的人格扭曲和价值观颠倒，以及社会走向专制奴役甚至彻底野蛮化，都是不可避免的。然而正是在这里，我们看到了哲学的真正价值。

哲学到底有什么用？学人或曰其有助于提高吾人思维水平、塑造健全人格云云。但我想，哲学尝有其关乎人类文明存亡的更根本意义。盖人类文明自其诞生起，就从未远离这样一个致命的威胁，即蜕化到极权社会的可能。极权政治就是一种绝对奴隶制，它不仅把以往的暴力专制扩展至极，而且把社会的经济、文化、舆论、思想、艺术、宗教、伦理，全都当作权力的衍生物，当作控制人民的手段。一切技术的成就只不过使权力对人民的控制更加强化。极权社会就意味着人类精神的毁灭。人们只要回想一下苏联时期的极权统治，就会看到这种危险其实离我们如此之近。而在一个经历了几千年绝对奴役的国度，它更始终是一种呼之欲出的灾难。人类将如何避免这一灾难？唯有赖于人们时刻保守对自由的反思，并时刻意识到自由的绝对价值。而哲学的使命就在于，倾听自由的呼声，唤醒人类对自由的意识，并以自身存在实践自由的可能性。哲学守护自由，从而守护人类文明。

哲学对自由的守护，在于它通过时刻唤醒对自由的良知，使精神保持自由与存在的正当关系，使人认识到自由才是他真正的存在使命并勇于承担它。这种承担在于人时刻意识到并守护自由本真的绝对性和无限性。为了实现这种承担和守护，哲学要求人必须正确看待、处理以下三种关系。

第一，自由与现实。自由不仅是生命、精神的本质，而且是存在的本质和真理，是所有存在最终的意义和价值根源。全部现实存在的意义都是自由所揭示、构成，只是自由实现自身的中介。存在的现实性包括内在的思想、意识和外在的自然。自由决定思想、意识，思想和意识构造自然。无论是内在的现实还是外在的现实，都植根于自由且由后者规定，不具有独立、绝对的存在。自由必通过现实性才能展开自身，但现实性由于其更直接、更醒目，往往遮盖了自由本身，于是它自身成了绝对。现实与自由，就是“有”和“无”。由于无的不可取、不可得性，人总是舍无逐有。然而当人把现实、有当作绝对，就会执着于当前的存在，从而远离自由的绝对性和无限性，遗忘了他的真实使命。其中，把内在的现实即思想、理性当作绝对真理，会导致自由无法超越现有的精神，势必使精神的发展停滞；而把自然当作绝对，则必导致物质对精神的奴役。前者使精神局限于已有的实在的自由，而不能实现自由本真的绝对性。后者则使精神永远处在自然的樊篱之中，无法实现真实的自由。对于东亚传统来说，后者始终是最现实的危险。在这里，由于人们没有意识到内在精神、心灵的实体性和绝对性，没有经历任何精神反思与超越，因而把最直接、朴素的自然当成绝对真理。心灵没有从自然获得独立，也没有认识到自身对于存在的根源性，因而没有确立自身的尊严与价值。于是精神就处在自然的奴役之中。在东亚社会，自然崇拜导致普遍的拜物教和良知的丧失。可悲的事实表明，在这里绝大多数人都会为了一点点物质利益，毫不犹豫地放弃正义、尊严和真理，而选择支持暴力、非正义与谎言，而且终身不会忏悔。当人们渴望更自由和正义的社会之时，真得好好反思一下自己配得到它么？在这样的文化环境中，哲学所开出的通过领会自由对现实、心灵对自然的绝对超越性以将精神从强权奴役中解救出来的道路，显得多么苍白无力啊。正是精神对自然强权的崇拜和对自身自由的贱视，使得任何残暴的专制奴役都成为可能。所有的奴役都是文化精神的选择，都是人民的选择。东亚的自然思维从未有过任何精神的反思与超越，即未有过真实的自由。这导致东方社会价值观的严重混乱。高尚与低贱、善与恶、美与丑经常被颠倒。其中，反思的缺失使东亚传统完全未曾意识到精神内在存在的价值，这使真正的道德完全不可能。在这里，知识、信仰都只有为了国家和个人利益才有真实的价值。文学、艺术、法律、德行，都只以确保社会稳定与和谐为最高目的。内在心灵、思想的自由总是被社会的巨大物质偶像和个人的渺小欲望吞噬。而华夏近代知识人追求宪政、民主的失败，原因正在于他们一开始就是把救亡图存、富国强兵、兴族保种，而非确保人的自由、权利当成了宪政、民主的最高目的，从起点上就比印度知识分子低了一大截。总之，在东亚传统中，精神从未把心灵、思想自身当作实践的绝对价值，因而未曾有过真实的道德。在这里，把心灵作为达到国家物质利益的手段，竟被认为是最高尚之事。精神自身还完全没有获得真实的价值。另外，在东亚传统中，超越性的缺乏也使精神完全没有自身尊严。精神陷于自然的泥淖，夸随顺自然、因循自然为最高智德，而始终没有否定自然，将自己超拔出来。超越精神的缺失使东亚思想不可能有真正的崇高。在这里，纵使被褒为高尚的行事，亦每表现出猥琐鄙俗的品格。比如在儒者的伦理世界中，充斥的只是对名分、习俗、仪节、服饰、饮食等细节的操心，对君、父、天地的崇拜，对社稷、道统的关心，以及对荣辱得失等的忧患。在这里，精神只抓住了一堆自然的碎片，从未与任何超越自然的东西谋面。另外超越精神的缺失也使东亚思想缺少批判的勇气和能力，而尤以儒为最。在这里，精神委身于自然、传统、权威之卵翼，斥怀疑批判为忤逆，褒因循顺从为贤德，致使沉渍废质，油然垢积；庸鄙凡夫，夸为圣人；卑言常行，饰为典谟；村妪识见，故作高深。致使世界各国思想中，亦未见有如儒门之做作夸张以致可笑可呕者。精神反思与超越的缺失导致的严重价值观颠倒，是东亚社会所有病态的主要原因。自然崇拜导致的自由良知的泯灭，才是专制痼疾的最终精神根源。在这种情况下，只有唤起人们对自由对于自然或现实的超越性的回忆，促进精神反思与超越的发展，使人们意识到自身内在的价值和尊严，东方文化才有望克服价值观的严重扭曲，脱离漫长的专制梦魇。

第二，自由与传统。自由与传统构成精神的全部存在。自由是精神的本质。自由是绝对和无限，超越历史和时间。它超越传统，但是构造传统作为自我实现的中介，并通过其自身展开推动传统的发展。传统就是自由的展开。传统是精神的现实性，包括属于内在现实的纯粹概念、思想，与属于经验、自然的观念和社会存在。它也是一个活动的整体。一种新的文化精神，往往在经过一段时期的剧烈动荡之后，便获得了较强的稳定性，如同一个通过长期努力最终适应了环境的物种。在这里，精神生命给自己构造了固定的组织。这就是传统。在传统与自由，或“有”和“无”之间，始终存在一种张力。一方面，自由绝对超越传统，它构造传统只是为了作为实现自身的绝对性和无限性的中介；另一方面，传统一旦形成，就对自由具有了约束力，它在现实层面规定着自由，并且具有了非常稳固的形式。自由必须通过与传统的对话，才能推动精神的发展。然而人类精神依其本性，总倾向于舍“无”执“有”，而我辈凡夫，总是顺从这种本性。一方面，人只有通过传统才能实现其精神自由。传统为人的自由设定了目标，并通过教化将他提高到这目标；另一方面，传统也由此规定了个人的自由的界限。这界限只有天才能突破。反之，庸人的自由则完全被传统规定。

他只能永远蜷缩在传统的坚硬但安全的壳内,“从心所欲不逾矩”。这硬壳构成他的全部自我、存在。他彻底地遗忘了自由本身。对无或自由的本真存在的遗忘,使传统被当成神圣、绝对的,成为自由不可逾越的东西。这使自由与传统的正当对话结构被破坏,自由丧失其绝对性和无限性,而精神也丧失了进一步发展的动力。然而自由超越了传统。它即便被隐蔽,其本质却丝毫无损,并从将来对现在的精神发出呼吁。精神对这呼吁的警觉和倾听就是良知。然而庸人的意识已酣睡于传统的囚笼,对于这呼声充耳不闻。只有被拣选的天才,方能穿透传统的层层帘幕而听清自由的呼声。本真的良知是天才的事业。天才不仅要倾听神圣的呼声,而且要呼应、回答,也就是把本真自由实现于逻各斯、思想之中。这是他的天职。在这里,实际上是自由通过他把自己转化为精神的现实性。良知和天职不仅超越传统,而且突破、否定、改造传统。当新思想从天才的灵感转化为客观必然的真理,就导致文化精神的革命。自由是任何精神唯一的源头活水。正是对它的倾听和呼应引领文化精神的发展,引领其思想、观念的深化和丰富。总之,对于自由的遗忘和对传统的绝对化,属于庸人的需求。庸人总是把传统、“有”当作庇护所,以逃避“无”,即自由本身。其实庸人对这“无”从未体验,他是在逃避他所不知的东西,甚至不知道他在逃避。这种庸人精神也是在东土儒家文化中发扬至极。在这里,对于虚无的逃避和遗忘使精神把最琐屑卑下的东西当成偶像,沉湎于对它们的顶礼膜拜之中;“述而不作”的自我标榜、做作的传统崇拜、对祖先的夸张的尊敬,也无一不暴露出精神对“有”的极端执着和对“无”的极端恐惧。儒者理解的“崇高”,大抵都来自偶像崇拜。天、地、君、亲、师、礼、乐、社稷、国家、家族等等,无一不是可以彻底压垮人的自由、尊严和权利的巨大偶像!这样的偶像我们随便就可以数出几十个!以至于在今天,我们还经常(事实上是越来越多地)接触到这样的青年儒士。他们认为自由、尊严、人权和正义这些观念都来自西方,与华夏传统尤其是儒家道统违背,因而应当被摒弃,甚至为表示对“夷化”的彻底拒绝而重新留上了辫子、穿起了马褂。从这些人身上,我们看到的是一种良知甚至人格的沦丧和扭曲!在这世界上,恐怕也只有在儒家信徒中,才能找到如此多的这样一种人,他们甚至缺乏最起码的良知、尊严,却始终为一种“崇高”情绪陶醉着。真是一大奇观!我以为对一个人何以形成这种奇特的儒者人格,倒是有必要进行一种发生学研究。我相信任何偶像崇拜,开始的时候总不免显得虚假、做作,但是装到后来居然就跟真的一样,而且成为一种“使命感”!今日世上,恐怕再也没有谁比这些儒士们更具有“使命感”的了!而今天的儒者之所以仍能把传统偶像当“真”,我相信无外乎两个原因,即外在利益的诱导和内在精神的平庸。总之,儒家最充分表现了华夏精神对自由的遗忘。儒学乃至东土文化都缺乏真正的精神超越与反思，导致在这样的传统中，人的内在价值、尊严和权利皆被付之阙如，人们的价值观被严重颠倒。因此在今天，同鲁迅先生当年指出的那样，儒学复兴、国粹重盛仍然是中国人面临的最大精神威胁。解决这类困境的根本途径，是恢复自由与传统的正当关系，避免传统扼杀自由的绝对性和无限性，使精神对自由保持开放。这需要永远把自由作为衡量传统价值的标准，根据本真自由的要求对传统进行全面的反思。

第三，自由与惰性。一切生命，都同时包含了求生的取向和与之对抗的向死的取向。此即自由与惰性。精神作为生命亦不外乎此。其中求生取向表现为追求自由的冲动，向死的取向表现为追求幸福的冲动。盖生命作为自否定即是痛苦，作为自维持则是劳累，而存在作为生命的内容乃是一种重负。生命的积累若无限制，必加至自身无法承受之重。反之，若消解了生命的自否定和自维持，就消解了生命之劳苦与重负，于是生命必然体验到一种巨大的轻松、安适，乃至狂喜。这种体验是人类一切幸福的源泉。但这种体验就是死亡的境界。是故人生之快适，下至吸毒酗酒纵欲，上至禅定、三昧，乃至涅槃，皆无外乎在生命之劳苦紧张中，预先啜饮死亡之静谧甘露也。然而人的现实生命，包含自然意识（构成自然经验）和精神（构成省思经验）两个层面。它的生与死也包含两层意思，都与现实精神的品格有关。在自然意识层面，生即是觉性通过构造、维持、扩充自然的经验、存在，以否定绝对虚无（冥性存在体）；死即自然的经验、存在被消解，觉性断灭，复归于绝对虚无、冥性。这样的死，只有当人的生命结束，或在印度宗教（通过精神的绝对超越达到）的涅槃境界，才有可能。在精神层面，生就是现实精神否定自然的经验、存在，克服自然的直接性、外在性、混沌性，促使超越、反思和理性思维的持续发展，构成省思的独立世界；死则是消解超越、反思和理性，解构省思的世界，使精神重新退回到直接自然的混沌玄冥之境。两种死亡（意识的死亡与精神的死亡）都会带来愉悦：前者是涅槃，在这里，精神通过绝对否定超越了现实存在、生命，从而解除了苦难的根源，体验到绝对幸福；后者是逍遥，在这里，精神消解自身的否定、反省与理性思维，通过自我消灭回到最直接的现实存在即自然的温暖怀抱，这里所谓幸福只是放弃精神努力的舒适感。前者为印度宗教之特创，后者乃为一切原始文化所共享。精神生命就内在地包含了生与死，即自由与惰性两种取向。自由是绝对和无限。它势必推动精神无限地脱离其当前现存的存在，即精神的此，而无休止地朝远方、彼处飞翔。同时精神也有其内在的惰性，后者始终试图把有如断线风筝一样飞向无限的精神重新拽回其最初的此处，即自然。二者之中，只有自由才是精神生命的本质，惰性则植根于人类精神中的自然存在。惰性抵消自由的无限性，诱使精神委身于当前现存存在的绝对权威，从中寻求舒适与安全，而放弃了自由的本真存在；因而它就是人内在的奴性，是人类奴役的最终根源。每一种文化精神都预设了生与死两种力量的平衡。但如果其中死即惰性力量占据了主导，那么精神就必然会退回、停滞于原初自然，把自然当作绝对，不会形成任何反思与超越。这样的精神我们称为怿乐精神（或辟势精神）。这就是东土文化的特点。在这里，如儒家论天和老庄论道，都企图把最朴素、直接的自然当成绝对真理；无论是儒家的如保赤子，还是道家的返璞归真，都是把回归自我的自然原始状态当作生命理想。在这种传统中，怿乐感其实来自精神的惰性力量对反省、否定和理性思维的解构（这最清楚地体现在道家的丧我、自然、独化境界中），进一步说是来自死亡对精神的生命意志或自由的抵消。于是精神得以放弃劳苦，在原初的自然中彻底自怿自得、自任自放、酣畅淋漓。自由固然是痛苦和劳累，但精神若为求得舒适而放弃自由，就完全丧失了自身存在的价值和真理，它就不可能再有任何进步，也不会有真正高尚的生活。东土辟势文化对怿乐、舒适的选择，一方面使精神逃离自由的无限性而托庇于最直接、原始的自然，完全消解了精神进一步发展的可能，甚至势必消解全部精神和文明而进入野蛮；另一方面也使精神放弃自身的自主性而接受（完全消极地随顺环境、他者的）奴性和依赖，导致精神的奴役。要治疗民族精神的这一痼疾，须要精神确立自由与幸福的正当关系。它要求人们在生的劳累与死的舒适、自由的痛苦与奴役的逍遥、无家的危险与囚笼的安全之间作出正确选择。人必须认识到自由是其精神存在的唯一意义、价值和真理。精神只有勇于承担虚无和痛苦，才能避免死亡和奴役。

总之，克服民族精神的困境，最根本的途径只有唤醒人对自由的良知，使人重新意识到他的本质是自由而且这自由是绝对和无限，从而以自由为终极价值来衡量一切精神事物并勇于把展开自由的无限性作为自己的使命。应当看到的是，东方社会最迫切需要的其实是健全的、合乎人性的精神，而不是现代化。如果一个民族连健全的良知和人格、正常的人性都尚未建立，那么现代化的议题只会使它错失了真正的问题。对于这样的民族，现代化往往只是物质力量的空前发达，从而使物质更彻底地将精神置于它的奴役之下，物质作为控制人类的手段更加坚强有力，于是现代化只能导致奴役的进一步加重。这样的民族需要的不是现代化，而是文明。这在于人认识到自由的真理和价值，过上合乎人性的生活。哲学通过揭示自由是精神、存在的本质、它对现实、传统的超越以及其本真存在的绝对性和无限性，使自由的真理和价值不被湮灭，而得以昭然于天下。哲学以此守护自由，也守护了人的自身本质。这是哲学的究竟价值，也是哲学史研究最崇高的意义。真正有良知的哲学史研究，不是仅仅将古人曾经的观念罗列起来并加以整理，以供有闲的雅人们欣赏，甚至也不仅仅是揭示观念史背后的理性运动；而是要进一步阐明人本有的自由，作为永恒的良心和无穷的创造力量推动思想和观念不断生成和重构，从而无限地积淀为人类精神现实的进程；阐明这自由的绝对超越性和无限性，及它在其历史实现过程中的种种成功与失败、曲折与坦途，以使我们每个人对于现实精神的自身存在、对于人生的真正使命和意义有更深刻的了解，由此呼唤人类守护精神的本真存在，阻止人类社会退回野蛮。

本书所以选择将奥义书思想作为研究对象，就是出于以上考虑。因为我真正想做的，是通过哲学史研究阐明自由的本真存在，以及它推动精神的现实存在，推动思想和观念乃至全部传统构成和发展的逻辑，并且以现象学的方式使之具有充分的明证性。对于这一研究来说，奥义书思想是非常适合的。这一方面因为它的发展跨越一千多年，经历了从最原始鄙陋的思想，到最高明深广的思想的漫长转型，因而较充分地体现了人类思想发展的完整历程。另一方面还因为，奥义书的全部真理，都是宗教的、实践的，它不是来自书斋的思辨，而是真实反映了现实的精神自由的处境。奥义书思想的发展，体现了反思与超越思维不断的自我深化和自身提升，反映了自由无限地迈向其绝对自我实现的进程。因此以奥义书思想为出发点，我们可以更充分地把自由的运动以及它推动人类精神进展的一般历史揭示出来。奥义书思想的永恒精神价值，首先在于它通过对自我的绝对性和超越性的反思，守护了人类精神的自由。曾几何时，当东亚民族在生存的重压下喘息、被传统的桎梏窒息、被暴力专制剥夺了任何精神的生命，正是这种源于奥义书的自由，像涓涓细流，通过佛教的中介渗透进来，滋润了枯槁的心灵，唤起了灵性的追求，促使人们意识到了自身的内在价值和尊严。其次更根本的是，在奥义书思想中，精神超越和反思的不竭进展，使自由本真的绝对性和无限性在精神史层面得到了实现，使自由的本质内容得以充分彰显，并获得现象学的明证性。

本书从最初构思到最终完成，历时十年有余，费尽艰辛。而其工作之艰难，主要来自作者一开始就给本书确定的目标。它不是仅仅对奥义书思想作一个观念和逻辑的分析，而是试图通过对奥义书思想的阐释，揭示自由推动精神的纯粹思想、概念的演进以及纯粹思维构成观念并转化为实践的逻辑。我们阐明了自由推动奥义书精神从自然阶段升华到自由阶段，再从实在的自由阶段升华到本真阶段的历程，并将这过程包含的每一环节都作为自由展开的途径予以阐释，试图阐明自由通过其自身绝对化的展开推动每一精神环节形成和演变的机制。此外，我们试图将奥义书精神发展的每一环节，都与西方和中国思想进行对比，以揭示其普遍性。这种研究思路决定了本书的巨大篇幅，以及极高的写作难度。本书通过奥义书精神史的研究阐明了，人类精神正是在自由的引导和推动之下，不断提升和深化现实自由的境界，无限地朝精神绝对自由的理想迈进，而人类全部精神成果，都是在这漫长的自由之旅中创造出来。没有自由，人什么也不是。没有自由，人什么都做不了。

本研究得以顺利完成，首先应当感谢国家社科基金的资助，也应当感谢参与评审的专家学者。本研究在选题和论证中得到过王南湜先生、王功先生和李翔海先生的鼓励、帮助和建议。黄心川先生一直以来的慷慨支持也是本研究得以顺利完成的重要条件。在此请允许我一并表示谢意！本书的出版还得到中央基础研究专项基金（NKZXTD1105）和南开大学哲学院的资助；在此应特别向王新生教授和南开大学哲学院表示诚挚的感谢！洪琼先生为本书的出版付出了比其他著作多得多的烦劳，对此我除了感激还深感歉疚。

感谢哺育了我心灵的精神故土。楚民族的浪漫、睿思和超越气质，及她追求自由的悲壮历史，昭示了一个真理，即存活在这片土地上的人们，本不是生该为奴的。

感谢南开大学哲学院良好的氛围。与诸位同事的愉快交往也对我学术的成长起到促进作用。

在这里，我还应当感谢承担了书稿校对的博士同学们，他们是金鑫、徐长波、王斯斯、周会民。他们每人都校完了本书的全稿，这也是一项极辛苦的劳动。另外还应当感谢参与我的比较哲学课程的博士和硕士生们，他们是金刚、郭延成、冯相磊、周博、朱慧、王志平、刘风雪、王汐朋等，他们的鼓励和批评促使我对一些问题进行更深入的思考。

吴学国

丙申年冬于南开思郢斋